**Langenscheidt**

**Taschenwörterbuch Türkisch
Cep Sözlüğü Türkçe**

# Langenscheidt Taschenwörterbuch
# Türkisch

**Türkisch – Deutsch**
**Deutsch – Türkisch**

Herausgegeben von der
Langenscheidt-Redaktion

Teil I
von Dr. Heinz F. Wendt
überarbeitet von Tevfik Turan

Teil II
begründet von Prof. Dr. Hans-Jürgen Kornrumpf
überarbeitet von Tevfik Turan

Langenscheidt

München · Wien

| | |
|---|---|
| **erfrisch\|en** ⟨ohne -ge-, h.⟩ **A** V/T serinletmek **B** V/R: **sich ~** serinlemek **~end** ADJ serinletici; fig tazelik getiren, iç açıcı **2ung** F ⟨-; -en⟩ serinleme, canlanma | Buchstaben zur Unterscheidung von Wortarten<br><br>Kelime türlerinde fark belirleyici harfler |
| **Miene** F ⟨-; -n⟩ yüz (ifadesi), davranış, tavır; **gute ~ zum bösen Spiel machen** içine atıp bş-e katlanmak; **ohne e-e ~ zu verziehen** içinden geçeni hiç belli etmeden | Die Tilde ersetzt in Wendungen das vorausgehende Stichwort<br><br>Deyimlerde tekrar işareti maddebaşı kelimenin yerini tutar |
| **Messe\|neuheit** F fuar yeniliği; **~pavillon** M fuar pavyonu | Die Tilde ersetzt einen Teil des Stichworts<br><br>Tekrar işareti maddebaşı kelimenin bir bölümünün yerini tutar |
| **Parfüm** N ⟨-s, -e, -s⟩ parfüm **~erie** F ⟨-; -n⟩ parfümeri **2ieren** V/R: **sich ~** ⟨ohne ge-, h.⟩ parfüm sürünmek<br>**fortführ\|en** V/T ⟨-ge-, h.⟩ devam ettirmek, sürdürmek **2ung** F ⟨-; ohne pl⟩ devam; sürdürme | Kreistilde bei Wechsel von Groß- zu Kleinschreibung und umgekehrt<br><br>Maddebaşı kelimenin ilk harfinin büyükken küçük yazılmasını veya tersini belirten dairesel tekrar işareti |
| **E-Mail** ['i:me:l] F ⟨-; -s⟩ e-mail, e-posta<br>**Laptop** ['lɛp-] M ⟨-s; -s⟩ dizüstü<br>**Gebäck** N ⟨-s; -e⟩ hamur işi; kurabiye, çörek | Wortart- bzw. Genusangaben bei deutschen Stichwörtern<br><br>Almanca maddebaşı kelimelerde tür veya cinsiyet belirtimi |
| **Kandidat** M ⟨-en; -en⟩, **-in** F ⟨-; -nen⟩ aday **~ur** F ⟨-; -en⟩ adaylık | Genitiv- und Pluralendungen bei deutschen Substantiven<br><br>Almanca isimlerde -in hali ve çoğul ekleri |
| **finden** ⟨fand, gefunden, h.⟩ **A** V/T bulmak; düşünmek; **gut ~** beğenmek ... | Unregelmäßige Formen und Hilfsverb bei deutschen Verben<br><br>Almanca fiillerde düzensizler ve yardımcı fiiller |

# Langenscheidt
# Cep Sözlüğü

# Türkçe

**Türkçe — Almanca**
**Almanca — Türkçe**

Langenscheidt Yayın Kurulu
tarafından yayınlanmıştır

Bölüm I
Hazırlayan: Dr. Heinz F. Wendt
Gözden geçiren: Tevfik Turan

Bölüm II
Temel: Prof. Dr. Hans-Jürgen Kornrumpf
Gözden geçiren: Tevfik Turan

## Langenscheidt

Münih · Viyana

Teil I von Dr. Heinz F. Wendt, überarbeitet von Tevfik Turan
Teil II begründet von Prof. Dr. Hans-Jürgen Kornrumpf, überarbeitet von Tevfik Turan
Redaktion: Ingrid Lenz-Aktaş, Dr. Esther Debus-Gregor
Neue deutsche Rechtschreibung nach den gültigen amtlichen Regeln und DUDEN-Empfehlungen

Als Marken geschützte Wörter werden in diesem Wörterbuch in der Regel durch das Zeichen ®
kenntlich gemacht. Das Fehlen eines solchen Hinweises begründet jedoch nicht die Annahme,
eine nicht gekennzeichnete Ware oder Dienstleistung sei frei.

Bu sözlükte geçen, korunmuş marka niteliğindeki kelimeler genellikle tescilli marka işareti olan ®
ile gösterilmiştir. Bununla birlikte, bu işaretin konulmamış olması söz konusu malın veya
hizmetin serbest olduğunu kabul etmek için gerekçe oluşturmaz.

Ergänzende Hinweise, für die wir jederzeit dankbar sind, bitten wir zu richten an:
Langenscheidt Verlag, Postfach 40 11 20, 80711 München
redaktion.wb@langenscheidt.de

© 2009 Langenscheidt KG, Berlin und München
Typografisches Konzept: KOCHAN & PARTNER GmbH, München
Satz: Hagedorn medien[design], Stuttgart
Druck und Bindung: Druckerei C. H. Beck, Nördlingen
Printed in Germany
ISBN 978-3-468-11374-1

# Inhalt | İçindekiler

| | |
|---|---|
| Vorwort | 6 |
| Önsöz | 7 |
| Hinweise für die Benutzer | 8 |
| Sözlüğün Kullanımı Hakkında Bilgiler | 11 |
| Die Aussprache des Türkischen | 14 |
| Almanca'nın Telaffuzu | 19 |

**Türkisch – Deutsch**
**Türkçe – Almanca** ............................................................................................. 27

**Deutsch – Türkisch**
**Almanca – Türkçe** ............................................................................................. 521

**Anhang**

| | |
|---|---|
| Türkische Kurzgrammatik | 1055 |
| Wortbildungssuffixe im Türkischen | 1069 |
| Almanca Çekim Kuralları | 1079 |
| Almanca'nın Kuraldışı Fiilleri | 1096 |
| Zahlwörter \| Sayı Sıfatları | 1101 |
| Abkürzungen und Symbole \| Sözlükte Kullanılan Kısaltmalar | 1104 |

# Vorwort

Mit dem vorliegenden **Taschenwörterbuch Türkisch** präsentiert der Verlag sein Standard-Nachschlagewerk in der speziell für Langenscheidt neu entwickelten Wörterbuchgestaltung. Sie sorgt für optimale Lesbarkeit und ermöglicht besonders schnelles Nachschlagen in zweisprachigen Wörterbüchern. Das Wörterbuch, das für deutsch- und türkischsprachige Benutzer gleichermaßen konzipiert ist, bietet rund 95.000 aktuelle Stichwörter und Wendungen.

Die Autoren haben sich bei der Auswahl des Wortschatzes an Alltags-, Reise- und berufsrelevanten Themen sowie an der modernen gesprochenen Sprache orientiert. Darüber hinaus enthält das Wörterbuch nützliche Fachbegriffe besonders aus den Bereichen Wirtschaft, Politik, Umwelt, Kommunikation und Sport.

Die Darstellung der Stichwörter in ihrem sprachlichen Kontext erleichtert den Benutzern die Wahl der treffenden Übersetzung: Neben zahlreichen typischen Wortverbindungen und illustrierenden Anwendungsbeispielen finden sich erläuternde Angaben zur Bedeutungsunterscheidung in Deutsch.

Die Schreibung des Deutschen folgt den gültigen amtlichen Regelungen sowie den DUDEN-Empfehlungen (Stand: 1.8.2006).

Eine zusätzliche Hilfestellung für die richtige Übersetzung und das idiomatisch korrekte Formulieren geben die grammatischen Hilfen in beiden Wörterbuchteilen sowie die detaillierten Übersichten zur Deklination, Konjugation und Wortbildung im Anhang.

Dr. Heinz F. Wendt hatte mit seinem Taschenwörterbuch Türkisch – Deutsch ein Standardwerk vorgelegt, das auf einem reichen Erfahrungsschatz aus langjähriger Tätigkeit als Übersetzer, Dozent und Verlagslektor beruhte.

Wir sind sicher, mit dieser Neubearbeitung ein nützliches Hilfsmittel für ein breites Publikum von Sprachlernenden und -interessierten geschaffen zu haben, und wünschen allen Benutzern viel Erfolg damit.

LANGENSCHEIDT VERLAG

# Önsöz

Elinizdeki bu temel Türkçe Cep Sözlüğünü, Langenscheidt yayınevi kendisi için özel geliştirilen yeni düzenlemesiyle, sunmaktadır. Bu düzenleme, en uygun okunurluk ve iki dildeki sözlüklerde özellikle hızla kelime bulmayı sağlamaktadır. Ana dili Almanca veya Türkçe olan kullanıcılar için hazırlanan bu sözlük, yaklaşık 95.000 güncel kelime ve deyim sunmaktadır.

Yazarlar kelime haznesinin seçiminde gündelik hayat, yolculuk ve meslek hayatıyla ilgili konulara ve konuşma diline öncelik vermişlerdir. Sözlük bundan başka iktisat, siyaset, çevre, iletişim ve spor gibi alanlardan seçilmiş yararlı terimleri içermektedir.

Maddebaşı kelimelerin dilsel bağlamları içinde açıklanması kullanıcının sözlükte bulduğu karşılıklar içinden doğru seçimi yapmasını kolaylaştırmaktadır. Tipik kelime bileşimleri ve kullanımı somutlaştırıcı örneklerin yanı sıra, verilen Almanca ek bilgiler de anlam farklarına açıklık getirmektedir.

Almanca yazım, geçerli resmî kurallara ve 1.8.2006'daki DUDEN-Önerileri'ne uygundur.

Sözlük bunlardan başka, kullanıcının dile getirmek istediği düşünce için gerek kelimelerde, gerek deyimlerde doğru karşılığı bulmasına yardımcı olmak amacıyla, maddebaşları üzerine dilbilgisel bilgiler, «Ek» bölümünde ise, isim çekimi, fiil çekimi ve kelime türetimi üzerine ayrıntılı tablolar içermektedir.

Dr. Heinz F. Wendt uzun yıllara dayanan çevirmenlik, öğretim üyeliği ve yayınevi redaktörlüğü tecrübeleriyle oluşturduğu bu Türkçe-Almanca Cep Sözlüğüyle bir temel eser yaratmıştır.

Sözlüğün bu yeni biçimi ile de ortaya, dil öğrenen dille ilgisi olan geniş bir çevrenin yararlanacağı bir araç koymuş olduğumuzdan eminiz. Bütün kullanıcılara başarılar dileriz.

LANGENSCHEIDT YAYINEVİ

# Hinweise für die Benutzer

## 1 Alphabetische Reihenfolge

Die Stichwörter sind streng alphabetisch geordnet. An alphabetischer Stelle sind ebenfalls angegeben:

a) die wichtigsten geografischen Namen,
b) die gebräuchlichsten Abkürzungen.

Hochgestellte Ziffern nach dem Stichwort wie [1,2] unterscheiden gleichlautende Wörter (Homonyme):

**Bremse**[1] F̱ ⟨-; -n⟩ TECH fren
**Bremse**[2] F̱ ⟨-; -n⟩ ZOOL atsineği

## 2 Rechtschreibung

Die Schreibung der deutschen Wörter entspricht der neuen deutschen Rechtschreibung, wie sie in *DUDEN Band 1: Die deutsche Rechtschreibung*, 24. Auflage 2006, verwendet wird. Die Schreibung der türkischen Wörter folgt *Büyük Dil Kılavuzu* von Nijat Özön, Istanbul 1995.

## 3 Die Tilde

Die Tilde ~ ersetzt das Stichwort (das auch selbst schon mithilfe der Tilde gebildet sein kann) oder den vor dem senkrechten Strich stehenden Wortteil, z. B.:

**Selbst|achtung** ... **~bedienung** = Selbstbedienung;
**~bedienung** mit ~ = mit Selbstbedienung
**Laden** ... **~dieb** = Ladendieb

Wenn sich die Schreibung des ersten Buchstabens eines Stichworts ändert, also von groß auf klein und umgekehrt, erscheint die Kreistilde, z. B.:

**drei** ... **⚬bettzimmer** = Dreibettzimmer

## 4 Aussprache

Bei Stichwörtern, deren Aussprache nicht ohne Weiteres aus der Schreibung ersichtlich ist oder von den allgemeinen Regeln abweicht, ist in eckigen Klammern die Lautschrift nach dem System der International Phonetic Association (IPA) aufgeführt. Dies gilt insbesondere für Fremd- und Lehnwörter im Deutschen. Wo sich Aussprachprobleme nur bei einzelnen Lauten oder bei Teilen eines Wortes ergeben, wurden nur die betreffenden Laute oder Wortteile in der Lautschrift hinzugefügt.

Im türkisch-deutschen Teil ist die abweichende Betonung von Stichwörtern durch das Betonungszeichen ' angegeben.

## 5 Geschlecht

Das Geschlecht der deutschen Substantive ist immer angegeben, und zwar durch M̄, *m* (= männlich, Artikel der), F̄, *f* (= weiblich, Artikel die), N̄, *n* (= sächlich, Artikel das). Substantive, die nur im Plural auftreten, sind mit *pl* gekennzeichnet.

## 6 Aoristvokale

Im türkisch-deutschen Teil wurden bei den einsilbigen Verbstämmen die Aoristvokale angegeben (also -*ar*/-*er*...; -*ır*/-*ir*/-*ür*/-*ur*). Außerdem wurden die Aoristformen der 3. Person Singular als Stichwort mit Verweis auf den Infinitiv aufgenommen. Bei den Nomen wird auf Lautveränderungen hingewiesen, die durch das Hinzufügen von Endungen erfolgen, z. B.:

**bucak** ⟨-ğı⟩, **beyin** ⟨beyni⟩, **af** ⟨affı⟩

## 7 Flexionsformen

Im deutsch-türkischen Teil stehen die Flexionsformen (= Genitiv Singular; Nominativ Plural) unmittelbar hinter der Genusangabe:

**Affäre** F̄ ⟨-; -n⟩ = *Genitiv:* der Affäre; *Plural:* die Affären

Das Zeichen ⸚ weist auf einen Umlaut in der flektierten Form hin:

**Blatt** N̄ ⟨-s, ⸚er⟩ = *Genitiv:* des Blatts; *Plural:* die Blätter

Keine Angaben erfolgen bei zusammengesetzten Substantiven, wenn die Teile als eigene Stichwörter verzeichnet sind.

**Klee** ... **~blatt** N̄ ~ **Blatt** N̄ ⟨-s, ⸚er⟩

## 8 Deutsche Verben

Bei den deutschen Verben ist angegeben, ob das Perfekt mit *haben* ⟨*h.*⟩ oder *sein* ⟨*s.*⟩ gebildet wird (außer bei zusammengesetzten Verben). Außerdem stehen bei unregelmäßigen und trennbaren Verben die wichtigsten Merkmale:

**schreiben** V/T u V/I ⟨schrieb, geschrieben, h⟩ ...
**einspringen** V/I ⟨*irr, -ge-, s.*⟩ ...

## 9 Übersetzung

Wird das Stichwort (Verb, Adjektiv oder Substantiv) von bestimmten Präpositionen regiert, so werden diese mit der entsprechenden Übersetzung angeführt:

**güven** Vertrauen *n* (*-e karşı zu dat*)
**einsteigen** ... (**in** *akk -e*) binmek

Bei deutschen Präpositionen, die den Dativ und den Akkusativ regieren können, wird der Fall jeweils angegeben:

**knallen** ... **an** (*akk*) (*od* **gegen**) ...

## 10 Rektion

Die Rektion der Verben und Substantive ist weitgehend berücksichtigt worden. Bei Verben, die im Deutschen und Türkischen mit jeweils unterschiedlichen Kasus gebraucht werden, stehen durchweg die entsprechenden Angaben:

**değinmek** berühren (*-e akk*)
**entlaufen** ... kaçmak (*dat -den*)

## 11 Suffixe

Die türkischen Suffixe, die der Vokalharmonie unterliegen (siehe Kurzgrammatik im Anhang), werden durch ihre hellen Varianten repräsentiert, z.B. -diğini = (ver)diğini, (yap)tığını, (ol)duğunu, (öp)tüğünü.
Zu -de, -e, -i usw. siehe auch das Abkürzungsverzeichnis hinten im Buch.

## 12 Bedeutungsunterschiede

Die Bedeutungsunterschiede der Übersetzungen werden durch Abkürzungen (wie *fig* = übertragen; IT = Informatik; *umg* = umgangssprachlich) sowie durch erklärende Zusätze, typische Zusammensetzungen oder Synonyme verdeutlicht.
Dabei stehen Synonyme in Klammern, Objekt- und Subjektergänzungen ohne Klammern, z.B.:

**eher** ... ADV (*früher*) daha erken, daha önce
**einbringen** ... V/T *Ernte* kaldırmak; *Lob, Kritik* getirmek

# Sözlüğün Kullanımı Hakkında Bilgiler

## 1 Alfabetik dizim

Maddebaşı kelimeler tamamen alfabe sırasına göre dizilmiştir. Aynı şekilde, a) coğrafî adlar ve b) yararlı kısaltmalar da alfabetik sıralamada yer almaktadır. Yazılışları aynı, fakat kökenleri, türleri veya anlamları farklı olan kelimeler, [1,2] gibi üste yazılmış sayılarla birbirlerinden ayrılmıştır; örn.

 **hayat**[1] ⟨-tı⟩ Leben *n*
 **hayat**[2] ⟨-tı⟩ Vordach *n*

## 2 İmla

Almanca kelimelerin yazılımı yeni Almanca Yazım Kuralları, DUDEN sözlüğü Cilt 1: Almanca Yazım Kuralları, 24. Baskı 2006'da kullanıldığı şekliyle uygulanmıştır. Türkçe kelimelerde ise Nijat Özön'ün Büyük Dil Kılavuzu'na (İstanbul 1995) uyulmus.

## 3 Tekrar işareti

Tilde işareti (~) maddebaşı kelimenin (bu kelimenin kendisi de tilde kullanılarak kurulmuş olabilir) veya dik çizginin solunda bulunan kelime parçasının yerini tutar, örn.:

 **çağıl|damak** ... **~tı** = çağıltı
 **olası** ... **~lık** = olasılık; **~lar hesabı** = olasılıklar hesabı

Maddebaşı kelimenin baş harfinde küçükken büyük, büyükken küçük olma gibi bir değişiklik halkalı tilde işaretiyle gösterilmiştir, örn.:

 **drei** ... **⌾bettzimmer** = Dreibettzimmer

## 4 Telaffuz

Telaffuzları doğrudan doğruya yazılışlarından anlaşılmayan kelimeler veya genel kurallarda belirtilenden değişik biçimde söylenen kelimeler köşeli parantezler içinde, International Phonetic Association'ın (IPA) sistemine uygun fonetik yazıyla belirtilmiştir. Telaffuz sorunları kelimenin sadece belirli sesleri veya bir parçası için söz konusuysa, fonetik yazı sadece bu kısımların telaffuzunu gösterir.

Sözlüğün Türkçe-Almanca bölümünde, vurgusu genel kurallardan ayrılan maddebaşı kelimelerde, vurgulanan hecenin hemen önüne (') işareti konmuştur.

## 5 Cinsiyet

Almanca isim türünden kelimelerin tanımlığı (Artikel) ve dolayısıyla dilbilgisel cinsiyeti daima belirtilmiştir: M̄, m («maskulin», *der* tanımlığı ve eril cinsiyet için), F̄, f («feminin», *die* tanımlığı ve dişil cinsiyet için), N̄, n («neutral», *das* tanımlığı ve cinsiyeti nötr kelimeler için). Sadece çoğul biçimde (*die* tanımlığıyla) kullanılan kelimeler *pl* «plural» ile gösterilmiştir.

## 6 Geniş zaman kipi

Sözlüğün Türkçe-Almanca bölümünde tek heceli fiil köklerine gelen *-ar/-er* veya *-ir/-ır/-ür/-ir* geniş zaman eklerinden geçerli olanı belirtilmiş, ayrıca geniş zamanın 3. tekil şahıs biçimine maddebaşı olarak yer verilerek mastara göndermede yapılmıştır. Takı alan isimlerde ortaya çıkan ses değişiklikleri şöyle belirtilmiştir:

**bucak** ⟨-ğı⟩, **beyin** ⟨beyni⟩, **af** ⟨affı⟩

## 7 Çekim biçimleri

Almanca-Türkçe bölümde isimlerin çekimleniş biçimleri (= tekil tamlama hali; çoğul yalın hal) tanımlığın (Artikel) hemen ardında yer almaktadır:

**Affäre** F̄ ⟨-; -n⟩ = *Genitiv:* der Affäre; *Plural:* die Affären

¨ işareti, çekimlenme durumunda incelme (Umlaut) olduğunu gösterir:

**Blatt** N̄ ⟨-s, ¨er⟩ = *Genitiv:* des Blatts; *Plural:* die Blätter

Bileşik kelimelerde bu bilgiler tekrarlanmadığından, bileşimin son parçasının maddebaşı olduğu yere bakılmalıdır:

**Klee** ... **~blatt** N̄ ~ **Blatt** N̄ ⟨-s, ¨er⟩

## 8 Almanca fiiller

Almanca fiillerden (bileşik fiiller dışında) geçmiş zamanı (Perfekt, Plusquamperfekt) *haben* yardımcı fiiliyle kurulanlar ⟨h.⟩ ile, *sein* yardımcı fiiliyle kurulanlar da ⟨s.⟩ ile gösterilmiştir. Ayrıca, kuraldışı fiiller ile öntakısı ayrılan fiillerin bu özellikleri de belirtilmiştir, örn.:

**schreiben** V/T u V/I ⟨schrieb, geschrieben, h.⟩ ...
**einspringen** V/I ⟨*irr*, -ge-, s.⟩ ...

Bu konuyla ilgili olarak ayrıca, ekteki dilbilgisi çizelgelerine bakınız.

## 9 Tercüme

Maddebaşı kelime (fiil, sıfat veya isim) eğer belli bir edat ile kullanılıyorsa, bu duruma işaret edilmiştir:

> **güven** Vertrauen *n* (*-e karşı* zu *dat*)
> **einsteigen** ... (in *akk -e*) binmek

Hem -i hali (Akkusativ), hem e hali (Dativ) ile kullanılan edatlar için geçerli hal belirtilmiştir:

> **knallen** ... **an** (*akk*) (*od* **gegen**) ...

## 10 İsim ve fiillerin halleri

Fiillerin ve isimlerin gerektirdiği haller geniş ölçüde belirtilmiştir. Almanca ve Türkçe'de ismin değişik farklı hallerini gerektiren fiillerde bu duruma ayrıca işaret edilmiştir:

> **değinmek** berühren (*-e akk*)
> **entlaufen** ... kaçmak (*dat -den*)

## 11 Takılar

Ünlü uyumuna bağlı olarak değişen takılar (ekteki dilbilgisi çizelgesine bakınız) ince ünlü biçimleriyle gösterilmiştir, örn. -diği = (ver)diği, (yap)tığı, (ol)duğu, (öp)tüğü.

-de, -e, -i vs. takıları için özlüğün arkasındaki Kısaltmalar Listesi'ne bakınız.

## 12 Anlam farklılıkları

Çevirilerdeki anlam farkları (*fig* = mecazî; IT = informatik, bilişim; *umg* = konuşma dili) gibi kısaltmalarla, açıklayıcı ilavelerle, tipik sözcük birleşmeleri veya anlamdaş sözcükler yoluyla belirtilmiştir.

Burada açıklayıcı ilaveler parantezsiz, anlamdaş kelimeler parantez içinde verilmiştir:

> **eher** ... ADV (*früher*) daha erken, daha önce
> **einbringen** ... V/T *Ernte* kaldırmak; *Lob, Kritik* getirmek

# Die Aussprache des Türkischen

## 1 Vokale und Diphthonge

Die türkischen Vokale **a, e, i, o, ö, u, ü** klingen ähnlich wie die entsprechenden Laute im Deutschen; sie werden im Allgemeinen offen und kurz ausgesprochen:

| | | | | | | | | |
|---|---|---|---|---|---|---|---|---|
| **a** | [ɑ] | wie | Bach | | **o** | [ɔ] | wie | doch |
| **e** | [ɛ] | wie | Ecke | | **ö** | [œ] | wie | können |
| **i** | [ɪ] | wie | bin  | | **u** | [ʊ] | wie | unten |
| | | | | | **ü** | [y] | wie | dünn |

In Lehnwörtern arabischer oder persischer Herkunft können lange Vokale vorkommen: **sade** [sɑːˈdɛ] (langes a). Außerdem bewirkt der Halbkonsonant ğ eine Längung des vorangegangenen Vokals (s.u.).
Das Türkische kennt außer dem **i** (mit Punkt) noch ein **ı** (ohne Punkt). Dieses ı klingt dumpf, etwa wie das e in Bulle, z.B. kırmızı (rot).
Zur Aussprache von **â, î, û** siehe unter 3.

## 2 Konsonanten

Von den Konsonanten klingen **b, d, f, m, n, p, t** ähnlich wie im Deutschen. Zu beachten ist die Aussprache folgender Konsonanten:

**c** [dʒ] **dsch** wie in englisch **g**entleman.

**ç** [tʃ] **tsch** wie in deu**tsch**.

**g** meist wie das deutsche **g**, vor â (s. unten) jedoch erweicht und etwa wie **gj** gesprochen, z.B. ikametgâh (Wohnsitz).

**ğ** (yumuşak g)
    1. nach dumpfen Vokalen nicht hörbar; längt lediglich den davor stehenden dumpfen Vokal;
    2. nach hellen Vokalen etwa wie das deutsche **j**;
    3. zwischen Vokalen in der Aussprache kaum hörbar.

**h** wie das deutsche **h** mit Neigung nach **ch**; in der Umgebung von dumpfen Vokalen klingt es etwa wie das **ch** in au**ch**: ahbap (Freund), in der Umgebung von hellen Vokalen wie **ch** in i**ch**: tarih (Datum). Es steht aber kaum als Dehnungs-h; ahbap, ihsan werden also etwa wie a**ch**bap, i**ch**san gesprochen (Ausnahmen oft bei Ahmet, Mehmet, kahve [ɑːmɛt, mɛːmɛt, kɑːvɛ]).

**j** [ʒ] wie das französische **j** in **j**ournal.

| | |
|---|---|
| **k** | 1. in Wörtern mit dumpfen Vokalen etwa wie das deutsche **k**: **k**um (Sand), **k**urt (Wolf); |
| | 2. in Wörtern mit hellen Vokalen wird es erweicht und klingt etwa wie **kj**, wobei das nachklingende **j** nur schwach zu hören ist, z.B. **k**öy (Dorf), ma**k**ina (Maschine), e**k** (Anhang, Endung). |
| **l** | 1. in Wörtern mit hellen Vokalen wie das deutsche **l**; |
| | 2. in Wörtern mit dumpfen Vokalen immer dunkel wie das englische **l** [ɫ] in a**ll**, fu**ll**. |
| | Abweichend von dieser Regel wird das **l** in Fremd- und Lehnwörtern auch in der Umgebung dumpfer Vokale erweicht, d.h. wie das deutsche l gesprochen. Solche Vokale werden meist mit dem Zirkumflex versehen, z.B. **l**âle (Tulpe), **l**âstik (Gummi); jedoch nicht bei z.B. **l**okal (lokal, Vereinslokal). |
| **r** | ist meist Zungenspitzen-r, das im Auslaut (am Wortende) seinen Stimmton verliert, d.h. es entwickelt sich ein deutliches Reibungsgeräusch. |
| **s** | ist immer stimmlos wie **ß** in Maß, weiß. |
| **ş** [ʃ] | **sch**. |
| **v** | wie das deutsche **w**. |
| **y** [j] | wie das deutsche **j** in Jagd, jetzt. |
| **z** | ist immer stimmhaft, also wie **s** in Hase, Rose. |

## 3 Zirkumflex und Apostroph

Der Zirkumflex ˆ (düzeltme işareti)
– bezeichnet die Palatalisierung (Erweichung) der vorangegangenen Konsonanten g, k und l, z.B. ikametgâh (Wohnsitz), kâğıt (Papier).
– zeigt einen langen Vokal an, wenn damit eine Unterscheidung gleich geschriebener Wörter möglich ist, z.B. alem (Fahne), âlem (Welt).
– zeigt ein langes i im Auslaut an, das eine vom Arabischen entlehnte Relationsendung ist: Avrupaî (europäisch).

Der Apostroph ' (kesme işareti)
– bezeichnet die Grundform eines Eigennamens vor den Flexionsendungen, z.B. Almanya'**da** (in Deutschland), Ankara'**ya** (nach Ankara). Es gibt die Tendenz, diese Verwendung auf Personennamen zu beschränken.
– wird bei Buchstaben, Zahlen und Abkürzungen gebraucht, wenn diese Endungen bekommen, z.B. a'**dan** z'**ye** (von A bis Z), saat 9'**da** (um neun Uhr), KDV'**siz** (ohne MwSt).

– Als Zeichen (uzatma işareti) für Stimmabsatz bei arabischen und persischen Wörtern wird der Apostroph seit Anfang der 1980er-Jahre nicht mehr verwendet, z.B san'at ~ sanat.

# 4 Betonung

Der Ton liegt grundsätzlich auf der letzten Silbe und verlagert sich bei Wortstammerweiterung auf die letzte Silbe:

| | |
|---|---|
| o'kul | die Schule |
| okul'**lar** | die Schulen |
| okullar'**da** | in den Schulen |
| okullarda'**ki** | der/die/das in den Schulen befindliche |

Es gibt allerdings einige Suffixe, die nicht betont sind und die Verlagerung der Betonung auf die letzte Silbe verhindern. Die Betonung bleibt dort, wo sie ohne dieses Suffix gewesen wäre. Die wichtigsten unbetonten Suffixe sind:

1. Kopulativsuffixe:
   okul'da**yım**     ich bin in der Schule
   ge'lir**sin**      du kommst

2. Imperativsuffix der 2. Person Plural:
   'gel**in**         kommt!, kommen Sie!
   'gel**iniz**       kommen Sie!

3. Frage- und Verneinungssuffix:
   gel'ir **mi?**     kommt er?
   'gel**me**yeceksin du wirst nicht kommen
   (Ausnahme: Verneinter Aorist, z. B.: gel'**mez**sin du kommst nicht/du wirst nicht kommen)

4. Das Tempussuffix des Präsens:
   o'**ku**yor        er liest gerade
   ge'**li**yor       er kommt gerade

5. Das Sprachbezeichnungssuffix bzw. der nur noch in festen Formen erhaltene Äquativ (-ce) und die Adverbialsuffixe (-leyin und -in) sind stets unbetont:
   İngi'liz**ce** (Englisch), Al'man**ca** (Deutsch); 'ben**ce** (meiner Meinung nach); sa'bah**leyin** (morgens), ak'şam**leyin** (abends); 'kış**ın** (im Winter)

6. Die suffigierten Formen von idi, imiş, ise, iken und ile, also (y)di, (y)miş, (y)se, (y)ken und (y)le sind ebenfalls stets unbetont:
   gel'mişti (er war gekommen), gele'cekmiş (er wird angeblich kommen), ge'lirse (wenn er kommt), o'kurken (während er liest), ara'bayla (mit dem Wagen)

7. Das stets getrennt geschriebene konjunktionale Suffix de/da und die Konjunktion ki sind ebenfalls nicht betont:
   Ha'san **da** gitti.                Hasan ging auch/Und Hasan ging.
   Öyle hoşuma git'ti **ki!**          Es gefiel mir so sehr!

8. Bei den Intensivformen der Adjektive liegt die Betonung auf der verdoppelten Silbe:
   te'miz    sauber         '**ter**temiz       ganz sauber
   çıp'lak   nackt          çı'**rıl**çıplak    splitternackt

9. Eigennamen (Personen wie Ortsnamen) werden grundsätzlich nicht auf der letzten Silbe betont, mit Ausnahme von Ortsnamen auf -istan, die endbetont sind:
   Al'manya (Deutschland), 'Türkiye (Türkei); aber Yunanis'tan (Griechenland)

# 5 Erklärung der Lautschriftzeichen

' steht vor der betonten Silbe:

   '**kolza** Raps *m*
   **pi'yango** Lotterie *f*

Das Betonungszeichen entfällt, wenn die letzte Silbe betont wird, oder genauer, wenn alle Silben fast gleichmäßig betont sind, was im Türkischen die Regel ist.

: dient zur Angabe der Länge des Vokals oder des Konsonanten:

   **dağ** [dɑː] Berg *m*
   **etti** [ɛtːɪ] er machte

b, d, f, g, j, l, m, n, p, t lauten wie im Deutschen; p und t sind ebenso wie im Deutschen leicht aspiriert, also genauer ph, th.

| | | | |
|---|---|---|---|
| ɑ | „dunkles" a wie in Vater, aber kurz; im Deutschen nicht vorhanden | **bardak** [bɑrˈdɑk] | Trinkglas |
| ɑː | langes „dunkles" a wie in Vater | **dağ** [dɑː] | Berg |

| | | | |
|---|---|---|---|
| a | kurzes **a** wie in St**a**dt | **plak** [plak] | Schallplatte |
| a: | langes mittleres **a** als ob man das **a** in St**a**dt dehnt. | **lâzım** [laːˈzēm] | nötig |
| ʤ | enge Verbindung zwischen stimmhaftem **d** in **d**a und stimmhaftem **j** in **J**ournal | **cep** [ʤep] | Tasche |
| e'ı | halblanges geschlossenes **e** wie in T**e**lefon mit folgendem sehr schwachem i-Laut; fast wie **ee** in S**ee** | **değil** [ˈdeˌɪl] | nicht |
| ɛ | kurzes offenes **e** wie in **E**cke, f**e**st | **erkek** [ɛrˈkɛk] | Mann |
| ɛː | langes offenes **e** wie **ä** in w**ä**hrend | **memur** [mɛːˈmuːr] | Beamter |
| h | bezeichnet niemals die Dehnung des vorangegangenen Vokals, sondern ist auch vor Konsonanten deutlich hörbar; s. a. [x] | **hayır** [ˈhajɨr] | nein |
| iː | langes, ziemlich geschlossenes **i**, doch nicht ganz so geschlossen wie in L**ie**d | **tamir** [taːˈmiːr] | Reparatur |
| ı | kurzes, sehr offenes **i** wie in b**i**n, **i**st; wird auch in offener Silbe und am Ende eines Wortes offen gesprochen | **bir** [bır] | eins |
| ĭ | flüchtiges **i** in F**e**rien oder sehr schwaches **j** | **büyük** [byɪ̆yk] | groß |
| ɨ | ein dumpfer i-Laut, keine Entsprechung im Deutschen. Man spricht ein **i** mit zurückgezogener Zunge. | **altın** [aɫˈtɨn] | Gold |
| ɨː | langer dumpfer i-Laut | **antepfıstığı** [ˈantɛpfɨstiːɨ] Pistazie | |
| j | wie das deutsche **j** in **j**a, **j**eder | **yol** [jɔɫ] | Reise |
| ʒ | wie französisches **j** in **J**ournal | **plâj** [plaʒ] | Strand |
| k | wird bei dunklen Vokalen etwas weiter hinten am Gaumen gebildet als das deutsche **k** in **K**unde, bei hellen Vokalen fast wie **k**(j). Es ist wie im Deutschen aspiriert. | **kaç** [katʃ] | wie viel |
| ɫ | "hartes" **l**; wird in der Umgebung von dumpfen Vokalen hohl gesprochen und klingt wie das englische **l** in fa**ll**, du**ll** | **halı** [haˈɫɨ] | Teppich |

| | | | |
|---|---|---|---|
| ŋ | wie **ng** in Ri**ng** | **kamping** [kamˈpıŋ] Camping | |
| ɔ | kurzes offenes **o** wie in S**o**nne | **roman** [rɔˈman] Roman | |
| ɔː | langes halboffenes **o**, etwa zwischen **o** in S**oh**n und **o** in d**o**rt | **fotoğraf** [fɔtɔːˈraf] Bild | |
| œ | kurzes **ö**, etwa wie in k**ö**nnen, doch nicht ganz so offen | **sözlük** [sœzˈlyk] Wörterbuch | |
| œː | langes **ö**, offener als in F**ö**hn | **böğür** [bœːˈyr] Seite, Flanke | |
| r | Zungenspitzen-r, am Ende eines Wortes wird es mit deutlichem Reibegeräusch (fast wie **rs**) gesprochen | **opera** [ˈɔpɛra] Oper **var** [var] es gibt | |
| s | wie **ss** in Wa**ss**er oder **ß** in Mu**ß**e | **su** [su] Wasser | |
| ʃ | wie **sch** in **sch**on | **şapka** [ˈʃapka] Hut | |
| tʃ | wie **tsch** in deu**tsch** | **çok** [tʃɔk] viel | |
| u | kurzes **u** wie in **U**niversität | **uzun** [uˈzun] lang | |
| uː | langes **u** wie in M**u**t | **uğramak** [uːraˈmak] vorbeikommen | |
| v | wie **w** in **W**asser | **takvim** [takˈviːm] Kalender | |
| x | wie **ch** in Na**ch**t, jedoch ohne Kratzgeräusch; nur am Ende einer Silbe nach dunklem Vokal | **anahtar** [anaxˈtar] Schlüssel | |
| y | wie **ü** in am**ü**sieren | **gümüş** [gyˈmyʃ] Silber | |
| yː | langes **ü** wie in H**ü**te | **güneş gözlüğü** [gyˈnɛʃgœzlyːy] Sonnenbrille | |
| z | wie stimmhaftes **s** in **S**onne, **S**ee | **yüzük** [jyˈzyk] Ring | |

# Almanca'nın Telaffuzu

Dikkat! Sözlükte kullanılan uluslararası fonetik alfabesinin (IPA) şu işaretleri Türkçe alfabedeki benzerlerinden farklıdır: [ç], [ı], [j], [y]. Bu harflerin okunuşu için aşağıdaki «Telaffuz İşaretleri Üzerine Açıklamalar» bölümüne bakınız.

## 1 Ünlüler ve Bileşik Ünlüler

Ünlüler, Almancada kısa veya uzun söylenir. Ünlünün kısa söylenişi bazen ondan sonra gelen ünsüzün ikilenmesi ile işaretlenir, ünlünün uzun söylenişi ise kendisinin ikilenmesi veya okunmayan uzatma harfi (h) ile gösterilir. Çoğu zaman ünlülerin kısa veya uzun söylenişi belirtilmez. Aşağıda ['] işareti, vurguyu göstermektedir:

**a** sesi ne Türkçe kaz kelimesinde olduğu kadar kalın, ne de laf ve kâğıt kelimelerinde olduğu kadar incedir.

| a | ganz | [gants] | bütün |
|---|------|---------|-------|
|   | Halle | ['halə] | salon, hol, hal (sebze hali) |
|   | sagen | ['za:gən] | söylemek, demek |
|   | Waage | [va:gə] | terazi, kantar |
|   | Fahrt | [fa:t] | gidiş, yolculuk |

Uzun söylenen **e** (ee), Türkçe tesir kelimesindeki gibidir. Vurgusuz e Türkçedeki ı gibi söylenir.

| e | Ende | ['ɛndə] | son, bitiş |
|---|------|---------|-------|
|   | Ebbe | ['ɛbə] | cezir, inme |
|   | eben | [e:bən, e:bm] | düz |
|   | Tee | [te:] | çay |
|   | Ehre | ['e:rə] | şeref |

**i** harfi e'nin veya h'nin önündeyse uzun okunur.

| i | bilden | ['bıldən] | teşkil etmek |
|---|--------|-----------|--------------|
|   | billig | ['bılıç] | ucuz |
|   | Olive | [o'li:və] | zeytin |
|   | Bier | [bi:ɐ] | bira |
|   | ihn | [i:n] | onu (eril) |

Uzun söylenen **o** (oo) Türkçe oğlum kelimesinde uzun söylenen o'ya benzer.

| o | Orden | ['ɔrdən] | nişan, madalya |
|---|-------|----------|----------------|
|   | kommen | ['kɔmən] | gelmek |
|   | holen | ['ho:lən] | alıp getirmek |
|   | Moor | [mo:ɐ] | bataklık, turba |
|   | hohl | [ho:l] | oyuk |

Uzun okunan **u** ise çift yazılmaz.

| u | Hund | [hunt] | köpek |
|---|------|--------|-------|
|   | knurren | ['knʊrən] | hırlamak |
|   | gut | [gu:t] | iyi |
|   | Stuhl | [ʃtu:l] | sandalye |

**Y** harfi yalnız yabancı kelimelerde bulunur ve ü gibi okunur.

| y | Physik | [fy'zık] | fizik |
|---|--------|----------|-------|
|   | Psychologie | [psvçolo'gi:] | psikoloji |

Kısa **ä/ae** Türkçedeki **e** gibi açık söylenir, uzun **ä/ae** ise çoğu zaman uzun (**ee**) gibi söylenir.

| ä/ae | gänzlich | ['gɛntslıç] | tamamen |
|---|---|---|---|
| | fällen | ['fɛlən] | (ağaç) kesmek |
| | Märchen | ['mɛːeçən] | masal |
| | Zähler | ['tsɛːle] | sayaç |

Üzerinde iki nokta olan ünlüler (yani Umlaut'lar) çift yazılmaz. Aynı şey bunların iki nokta yerine kendilerinden sonra bir **e** harfiyle yazılmış olmaları hali için de geçerlidir (**Goe**the gibi).

Uzun **ö** (**öö**), Türkçe'deki uzun **ö**'den daha dar (**ü**'ye yakın) söylenir.

| ö/oe | Börse | ['bœrzə] | borsa |
|---|---|---|---|
| | Hölle | ['hœlə] | cehennem |
| | schön | [ʃøːn] | güzel |
| | Höhle | ['høːlə] | in, mağara |
| ü/ue | Bürger | ['bʏrge] | şehirli, vatandaş |
| | Hülle | ['hʏlə] | kılıf |
| | müde | ['myːdə] | yorgun |
| | Bühne | ['byːnə] | sahne |

İkili ünlülerden özellikle şunlar önemlidir:

| ei/ey | mein | [maɪn] | benim |
|---|---|---|---|
| eu | deutsch | [dɔʏtʃ] | Alman(ca) |

# 2 Ünsüzler

Ünsüzlerden **b, d, f, m, n, p** ve **t** hemen hemen Türkçe'de olduğu gibi söylenir.

**c** tek başına yalnız yabancı sözcüklerde bulunur ve çoğu zaman **ts** gibi söylenir. Kendisinden sonra gelen **h** ile birlikte hemen hemen Türkçedeki **h** gibi okunur: i**ch** [ıç] (ben), Kra**ch** [krax] (gürültü). **Chs** ünsüzler grubu **ks** gibi okunur: Bü**chs**e ['bʊksə] (kutu). **Ck** iki **k** yerine yazılır.

**g** sözcük sonunda **k** veya **h** gibi söylenir: Ta**g** [taːk] (gün), farbi**g** [faːbiç] (renkli). **G**'den önce gelen **n** genizden söylenir: gi**ng**en ['gıŋən] (gittiler).

**h** sözcük veya hece başında Türkçedeki **h** gibi söylenir: **H**aar [haːe] (saç), Ge**h**alt [gəˈhalt] (aylık, maaş). Dikkat: H harfi, çoğu zaman kendisinden önceki ünlünün uzun okunacağını gösterdiğinden herhangi bir ses değeri taşımaz: ge**h**t [geːt] (gidiyor), ste**h**en ['ʃteːn] (ayakta durmak).

| | |
|---|---|
| j | Almanca sözcüklerde y gibi, yabancı kökenli sözcüklerde j gibi söylenir: **J**ahr [ja:ɐ] (yıl), **J**ournalist [ʒuɐnaˈlɪst] (gazeteci). |
| k | daima Türkçedeki kalın ünlülerin yanındaki k gibi söylenir: **K**ampf [kampf] (kavga). |
| l | daima Türkçedeki ince ünlülerin yanındaki l gibi söylenir: **L**ampe [ˈlampə] (lamba), **L**ager [ˈlaːgɐ] (depo). |
| ph | f: **Ph**ysik (füsik) fizik. |
| r | Bölgelere bağlı olarak, ya Türkçe'deki r gibi, ya da ğ ile h'ya benzeyen, gırtlaksı bir sesle söylenir. |
| s | sözcük veya hece başında bir ünlüden önce z gibi söylenir: **S**ahne [ˈzaːnə] (kaymak), be**s**itzen [bəˈzɪtsən] (sahip olmak). |
| sch | ş: **Sch**ule [ˈʃuːlə] okul. |
| sp | ve **st** sözcük veya hece başında **şp** ve **şt** gibi söylenir: **Sp**atz [ʃpats] (serçe), ge**sp**rochen [gəˈʃprɔxən] (konuş(ul)muş), **St**ein [ʃtaɪn] (taş), ge**st**ehen [gəˈʃteːən] (itiraf etmek). |
| ß | s gibi söylenir, bazen ss şeklinde de yazılır. |
| v | Almanca sözcüklerde f gibi, yabancı kökenli sözcüklerde v gibi söylenir: **v**oll [fɔl] (dolu), **V**ase [ˈvaːzə] (vazo). |
| w | v: **W**agen [ˈvaːgən] (araba). |
| x | ks: A**x**t [akst] (balta). |
| z | ts: **Z**eitung [ˈtsaɪtʊŋ] (gazete). |

## 3 Vurgulama

Vurgu genellikle kök hecededir:

    ˈ**geben** vermek, geˈ**schrieben** yaz(ıl)mış, yazılı.

Bu da bileşik kelimeler için geçerlidir:

    ˈ**Buchbinder** ciltçi, mücellit,
    ˈ**Buchbindermeister** ciltçi/mücellit ustası.

Öntakısı ayrılan fiillerde vurgu, ayrılan hecededir:

    ˈ**übersetzen** (er setzt über) *gemiyle geçmek,* fakat
    überˈ**setzen** (er übersetzt) *tercüme etmek;*
    verˈ**wandeln** (er verwandelte) *değiştirmek.*

# 4 Telaffuz İşaretleri Üzerine Açıklamalar

## Ünlüler

| | | | |
|---|---|---|---|
| [a] | **hat** [hat], **Tag** [ta:k] | Türkçe normal a'dan ince, ince a'dan kalın arası | **kaz** ile **kâğıt** arası |
| [ɐ] | **Theater** [te'a:tɐ], **Lehrer** ['le:rɐ] | zayıf a, «...er» ile biten kelimelerde | |
| [ɐ] | **Uhr** [u:ɐ], **leer** [le:ɐ], **sehr** [ze:ɐ] | zayıf a, kelime sonundaki r'den önce uzatılan bir ses varsa | |
| [e] | **Tenor** [te'no:ɐ], **sehen** ['ze:ən] | i'ye benzeyen, kapalı e | **elma, dede** |
| [ɛ] | **hätte** ['hɛtə], **wählen** ['vɛ:lən] | açık e | **dere, efendi** |
| [ə] | **Affe** ['afə] | mırıltı sesi (sadece vurgusuz hecelerde), İngilizce «the» daki «e» gibi | |
| [i] | **Triumph** [tri'ʊmf], **viel** [fi:l], **Podium** ['po:diʊm] | kapalı i | **iğde, hibe** |
| [ɪ] | **bitte** ['bɪtə] | kapalı i (daima kısa) | **simit, bilet** |
| [o] | **Poesie** [poe'zi:], **rot** [ro:t] | kapalı o | **oğlak, oy** |
| [ɔ] | **toll** [tɔl] | açık o (daima kısa) | **oya, sol** |
| [ø] | **ökonomisch** [øko'no:mɪʃ] | kapalı ö | **öğren** |
| [œ] | **spöttisch** ['ʃpœtɪʃ] | açık ö | **örtü** |
| [u] | **kulant** [ku'lant], **Schuhe** ['ʃu:ə], **aktuell** [ak'tuɛl] | kapalı u | **uğur** |
| [ʊ] | **null** [nʊl] | açık u (daima kısa) | **kulak** |
| [y] | **dynamisch** [dy'na:mɪʃ], **über** ['y:bɐ], **Mühe** ['my:ə] | kapalı ü | **düğme** |
| [ʏ] | **Schüsse** ['ʏsə], **synchron** [zʏn'kro:n] | açık ü | **ümit** |
| [ã, ɛ̃, ɔ̃, œ̃] | **balancieren** [balã'si:rən], **Interieur** [ɛ̃te'riøɐ], **Parfüm** [par'fœ̃:] | genizsi ünlüler (sadece yabancı kelimelerde ve bazı Anadolu ağızlarında) | |

## Çiftünlüler

| | | | | |
|---|---|---|---|---|
| [ai] | **steil** [ʃtail] | a'yla i'nin sıkı beraberliği | **kaymak** |
| [au] | **Laut** [laut] | a'yla u'nun sıkı beraberliği | **aut** |
| [ɔy] | **heute** ['hɔytə] | o'yla ü'nün sıkı beraberliği | **poyraz** |

## Ünsüzler

| | | | |
|---|---|---|---|
| [k, p, t] | **Kunst** [kunst], **Pelz** [pɛlts], **Text** [tɛkst] | vurgulu bir hecenin başında hafif soluklu söylenir | **kol, pasta, tel** |
| [b, d, g] | **Ball** [bal], **du** [du:], **gern** [gɛrn] | yumuşak ve soluksuz söylenir | **baba, dede, gaga** |
| [f] | **Fenster** ['fɛnstɐ], **Vater** ['fa:tɐ] | f sesi | **fark** |
| [v] | **Wasser** ['vasɐ], **Vase** ['va:sə] | ötümlü sürtünmeli ses, İngilizce'deki «w» değil! | **vazo** |
| [s] | **Nest** [nɛst], **Ruß** [ru:s], **besser** ['bɛsɐ] | keskin, ötümsüz s | **selam** |
| [z] | **sagen** ['za:g(ə)n], **Reise** ['raizə] | yumuşak, ötümlü z | **zor** |
| [pf, ts, tʃ] | **Pferd** [pfe:ɐt], **Zunge** [tsuə], **Benzin** [bɛn'tsi:n], **Putsch** [putʃ] | t ile s, t ile ş veya p ile f kaynaşması | **gitsek**, **çiçek** |
| [x] | **achten** ['axt(ə)n], **Loch** [lɔx], **Flucht** [fluxt] | kalın h (Türkçe h'den daha kalın) | |
| [ç] | **ich** [iç], **flechte** [flɛçtə] | ince h (Türkçe h'den daha ince) | |
| [j] | **ja** [ja:] | y sesi | **yoğurt** |
| [ʃ] | **Schotte** ['ʃɔtə] | ş sesi | **şasi** |
| [ʒ] | **Manege** [ma'ne:ʒə] | j sesi (sadece yabancı kökenli kelimelerde) | **jelatin** |
| [dʒ] | **Gin** [dʒın], **Joint** [dʒɔint] | c sesi (sadece yabancı kökenli kelimelerde) | **cin** |
| [m, n] | **Moment** [mo'mɛnt] | m ve n sesleri | **manda** |

| | | | |
|---|---|---|---|
| [l] | **Nebel** [ne:b(ə)l], **Lust** [lʊst] | «kalın» değil, Türkçe'de kelime başında, ince ünlüden önce ve yabancı kökenli kelimelerdeki l sesi | **kelime** |
| [ŋ] | **lang** [laŋ], **Mangan** [maŋ'ga:n] | n ile g'nin kaynaşması, fakat g artık neredeyse duyulmaz olmuştur; İngilizce «song» gibi. | |
| [r] | **Ring** [rıŋ] | çoğunlukla gırtlaktan söylenir, ğ'ye benzer | |
| [h] | **Hut** [hu:t] | soluklu ses (sadece hece başında) | **hece** |

## Fonetik Alfabesine Özgü İşaretler

| | | | |
|---|---|---|---|
| ['] | **Rhythmus** ['rʏtmʊs] | vurgu işareti; vurgulu hecenin hemen önüne konur | **bodrum** [bɔd'rʊm], **Bodrum** ['bɔdrʊm] |
| [:] | **Baby** ['be:bi] | uzatma işareti; kendisinden önceki ünlü uzun söylenir | **sakin** [sa:'kın] |
| [õ] | **Fonds** [fõ:] | genizsi ünlü işareti; söz konusu ünlünün üstünde bulunur | |
| [‿] | **Funktion** [fʊŋk'tsi̯o:n], **weit** [va͜it] | kaynaşma eğrisi; kaynaşan sesleri birleştirir/kaynaşan seslerin ardından gelir | **soğuk** [sɔu̯k] |
| [˘] | **Studie** ['ʃtu:di̯ə] | ünlü üzerinde yarım daire hece yapmayan, yani bir hece içinde hissedilen, fakat özellikle belirtilmeden söylenen ünlüyü gösterir | |
| [•] | **beachten** [bə•'axt(ə)n] | gırtlak vuruşu ünlülerden önce gelir, vurgulu ünlüden önce kısa bir susuş gibidir | |

# En Çok Kullanılan Almanca Eklerin Telaffuzu

- **bar(keit)** [-ba:ɐ(kaɪt)]
- **ei** [ˈ-aɪ]
- **el** [-əl], **-eln(d)** [-əln(t)]
- **en** [-(ə)n], **-ens...** [-(ə)ns...]
- **end** [-ənt], **-ende** [-əndə], **-ender,** [-əndɐ]
- **er** [-ɐ], **-erin** [-ərɪn], **-erisch** [-ərɪʃ]
- **ern** [-ɐn]
- **et** [-ət]
- **haft(s...)** [-haft(s...)], **-haftigkeit** [-haftɪkkaɪt]
- **heit(s...)** [-haɪt(s...)]
- **ieren** [-ˈiːrən]
- **ig** [-ɪç], **-igen** [-ɪgən], **-ige** [-ɪgə], **-iger** [-ɪgɐ], **-igkeit** [-ɪçkaɪt], **-igt** [-ɪçt],
- **igung** [-ɪgʊŋ]
- **isch** [-ɪʃ]
- **istisch** [-ɪstɪʃ]
- **keit(s...)** [-kaɪt(s...)]
- **lich(keit)** [-lɪç(kaɪt)]
- **los** [-loːs], **-losigkeit** [-loːzɪçkaɪt]
- **nis** [-nɪs]
- **sal** [-zaːl]
- **sam(keit)** [-zaːm(kaɪt)]
- **schaft(s...)** [-ʃaft(s...)]
- **ste** [-stə], **-stel** [-st(ə)l], **-stens** [-st(ə)ns]
- **te** [-tə], **-tel** [-t(ə)l], **-tens** [-t(ə)ns]
- **tum** [-tuːm]
- **ung(s...)** [-ʊŋ(s...)]

# TÜRKISCH – DEUTSCH

**a¹, A** [a] a, A n; MUS a-Moll, A-Dur; **a'dan z'ye kadar** von A bis Z

**a²** [a:] oh!, ach!; **a ne güzel** o wie schön!; *zur Verstärkung oft denn*; **a çocuk** (aber) Kind!; **a, sen burada mıydın?** huch, bist du hier?

**-a¹, -e** *Suffix des Dativs und der Richtung*: an *akk*, auf *akk*, nach, zu *etc*; **bir haftalığına** auf e-e Woche

**-a², -e** *mit -sa*: **okusana!** nun lies mal!, **gitsene!** geh doch!; *andere Personenformen* → -ya

**aa, aah** *umg* nicht doch, i wo!

**a a a:** ~ **bu ne hal!** oje! oje!, was ist denn das!

**AB** *abk* → Avrupa Birliği

**aba** Filztuch *f*; dicke(r) Überwurf; ~**yı yakmak** (-e in akk) sich verlieben

**abajur** (siper) Lampenschirm *m*; (siperli lamba) Stehlampe *f*, Tischlampe *f*

**abaküs** Abakus *m*

**abalı: vur** ~**ya!** es trifft immer den Schwächsten

**abandırmak** *v/t* niedersitzen lassen (Tier)

**abandone** kampfunfähig (beim Boxen)

**abanmak** sich lehnen (-e an akk); sich stützen (-e auf akk); *umg* j-m auf der Tasche liegen (-e dat)

**abanoz** Ebenholz *n*; Ebenholz–

**abart|ı** Übertreibung *f* ~**ıcı** übertreibend ~**ma** Übertreibung *f*; Hyperbel *f* ~**mak** übertreiben

**Abaza** Abchase *m*, Abchasin *f* ~**ca** (das) Abchasisch(e)

**Abbasî** Abbaside *m*; abbasidisch

**ABC** *abk für* atom, biyoloji, kimya atomare, biologische und chemische (Waffen); ~ **silahları** ABC-Waffen *f/pl*

**ABD** *abk* → Amerika Birleşik Devletleri

**abdest** *v* aptes

**abe** he!, he, du (da)!

**abece** Alphabet, Abc *n*

**aberasyon** PHYS Abweichung *f*

**abes** (saçma) absurd; (faydasız) zwecklos; Unsinn *m*, dumme(s) Zeug; ~ **kaçmak** Wort fehl am Platz sein; ~**le uğraşmak** sich in Kleinkram verlieren

**Abhazya** Abchasien *n* ~**lı** Abchase *m*

**abıhayat** Lebenswasser *n*, Jungbrunnen *m*; ~ **içmiş** jung geblieben

**abi** (→ **ağabey**) ältere(r) Bruder; *umg* respektvolle Anrede an e-n älteren Mann

**abide** [a:] Denkmal *n*, Monument *n*

**abiye** elegant, festlich (Kleid etc)

**abla** ['abla] ältere Schwester; *umg* Anrede an e-e ältere Frau

**ablak** pausbäckig; Pausback *m*

**abluka** [-'lu-] Blockade *f*; ~ **etmek** blockieren (-i akk); ~**ya almak** die Blockade verhängen (-i über akk); ~**yı kaldırmak** die Blockade aufheben; ~**yı yarmak** die Blockade durchbrechen

**abone** [a'bɔnɛ] Abonnement *n*; Abonnent *m*; ~ **bedeli, fiyatı** Abonnementspreis *m*; ~**yi kesmek** das Abonnement abbestellen; ~ **olmak** abonnieren (-e akk, auf akk) ~**lik** ⟨-ği⟩ Abonnements-, Abonnenten- (z. B. Zentrale)

**abonman** Abonnement *n*; ~ **bileti** Zeitkarte *f*

**aborda** [-'bɔr-] Anlegen *n* eines Schiffes; ~ **etmek** anlegen (-e an dat)

**abraş** scheckig; *Blatt* (weiß) fleckig

**abstre** abstrakt (a. Zahl)

**abuk** ~ **sabuk** wirr, konfus, unsinnig

**abullabut** vertrottelt; verlottert

**abur cubur** alles durcheinander (essen); verworren

**abus** [a'bu:s] mürrisch, brummig ~**luk** ⟨-ğu⟩ Brummigkeit *f*

**acaba** ['adʒaba:] denn, wohl; vielleicht; ob ... wohl; **o bunu ~ biliyor mu?** weiß er das überhaupt?; ~ **kim geldi?** wer ist denn da gekommen?; ~ **gelmeyecek mi?** ob er etwa nicht kommt?

**-acak** *Futursuffix*; *a. zur Bildung von Gerundien* **içecek bir şey** etwas zum Trinken, *u. Substantiven* **içecek** Getränk *n* ~**mış, ~tı** *Vergangenheitssuffixe für die vorweggenommene Zukunft*

**acar** couragiert, ungestüm ~**lık** ⟨-ğı⟩ *fig* Schwung *m*

**acayip** [-dʒa:-] ⟨-bi⟩ sonderbar, merkwürdig, komisch; *int* ~! ist nicht möglich!; merkwürdig!; *-in* **acayibine gitmek** *j-m* komisch vorkommen ~**leşmek** sonderbar werden ~**lik** ⟨-ği⟩ (etwas) Komisches, Seltsames

**acele** Eile f, Hast f; Hetze f; eilig, dringend; ~ ~ sehr eilig, dringend; ~ **etmek** sich beeilen; ~ **ile** in Eile; ~**m** (od ~ **işim**) **var** ich habe es eilig; ~**si yok** es eilt nicht; ~**den** aus Eile; ~**ye gelmek** in Eile erledigt werden; ~**ye getirmek** eilig und schlecht erledigen

**aceleci** geschäftig, hektisch (Person)

**acelecilik** ⟨-ği⟩ Eile f, Überstürzung f

**Acem** osm Perser m; persisch ~**ce** (das) Persisch(e); (auf) Persisch

**acemi** unerfahren, ungeübt; Anfänger m, -in f; Neuling m; ~ **çaylak** blutige(r) Anfänger; MIL Rekrut m; **ben bu şehirin ~siyim** ich bin fremd in der Stadt ~**lik** ⟨-ği⟩ Unerfahrenheit f

**acenta** [a'dʒɛnta] (temsilcilik) Agentur f, Vertretung f; (kişi) Vertreter m ~**lık** ⟨-ği⟩ Vertretung f, Vertretertätigkeit f

**acı**[1] adj allg bitter, scharf; fig schmerzlich; Geschrei laut; Stimme scharf, durchdringend; Farbe grell, schreiend; Nachricht traurig; ~ ~ heftig, durchdringend; bitter; ~ **kuvvet** rohe Gewalt f

**acı**[2] subst (tat) Bitterkeit, Schärfe f; (ağrı) Schmerz m; Leid n; Trauer f; ~ **çekmek** leidend; ~ **çekmek** Leiden haben; **b-ne ~ gelmek** j-m bitter sein/werden; **-in ~sını (b-nden) çıkarmak** sich für etw (an j-m) schadlos halten; **bş-in ~sı içine** (od **yüreğine**) **çökmek** sich etw sehr zu Herzen nehmen

**acılağaç** ⟨-cı⟩ BOT Quassie f ~**badem** BOT bittere Mandel f ~**bakla** BOT Lupine f ~**çiğdem** BOT Herbstzeitlose f ~**hıyar** BOT Eselsgurke f

**acık** umg → azıcık

**acıklı** kişi traurig; hikâye herzzerreißend; ~ **komedi** Tragikomödie f

**acık|mak** Hunger bekommen/haben ~**mış** hungrig ~**tım** ich habe Hunger ~**tırmak** Appetit machen (-i j-m)

**acı|laşmak** e-n bitteren Geschmack bekommen; Trauer: ranzig werden ~**lı** in Trauer; Speise scharf angemacht ~**lık** ⟨-ğı⟩ Bitterkeit f, Gram m

**acıma** Mitleid n

**acımak** wehtun, schmerzen; bitter werden; bedauern (-e akk); Mitleid haben (-e mit dat); Aufwand bereuen (-i akk); Fett ranzig werden; **ona çok acıyorum** es tut mir sehr leid um ihn

**acımarul** Chicorée m, a. f

**acı|masız, ~maz** mitleidlos

**acım|sı, ~tırak** schwach bitter, herb

**acınacak** bedauernswert

**acındırıcı** mitleiderregend

**acındırmak** Mitleid erregen (-i -e bei j-m für j-n)

**acınmak** -e bedauern akk; Aufwand bereuen akk

**acısız** schmerzlos; fig sorgenfrei

**acıtmak** j-m wehtun (-i an dat); bitter machen

**acil** [a:] adj eilig, dringend; (hemen) baldig, rasch; ~ **servis** MED Intensivstation f; ~ **şifalar dilemek** baldige Genesung wünschen ~**en** ['a:-] adv dringend

**aciz**[1] ⟨aczi⟩ Kraftlosigkeit f; Unfähigkeit f; ~ **hali** WIRTSCH Zahlungsunfähigkeit f; ~**e düşmek** e-n Rückgang verzeichnen

**aciz**[2] [a:] elend, kraftlos; hilfsbedürftig; unfähig; -**den** ~ **olmak** nicht in der Lage sein, zu ...

**acun** osm Weltall n, Kosmos m

**acur** Art Gurke f

**acuze** [-u:-] alte(s) Weib; Hexe f

**acyo** ['adʒjɔ] WIRTSCH Agio n

**acze, aczi** [ad:z-] → aciz

**aç**[1] ⟨-çı⟩ adj hungrig; mittellos; unersättlich; versessen (-e auf akk); ~ **açına** mit nüchternem Magen; ~ **bırakmak** hungern lassen; ~ **biilaç** in Not und Elend; ~ **kalmak** sich nicht satt essen können; verarmen; ~ **kar(n)ına** auf nüchternem Magen; **karnım** ~ ich habe Hunger; ~ **susuz kalmak** in Not und Elend geraten

**aç**[2] ⟨acı⟩: **acından ölmek** verhungern

**açalya** [-'tʃa-] Azalee f

**açan** ANAT Streckmuskel m

**açgözlü** unersättlich ~**lük** ⟨-ğü⟩ Unersättlichkeit f; ~ **etmek** gierig sein

**açı** Gesichtswinkel m, Aspekt m; MATH Winkel m; **bu ~dan** unter diesem Gesichtswinkel

**açıcı** (ümit verici) verheißungsvoll; (açıklayıcı) erklärend; **iç ~ sözler** fig erleichternde Worte

**açık**[1] ⟨-ğı⟩ adj Tür etc offen (a. Meer); Geschäft, Museum geöffnet; Platz, Stelle frei; Schritt weit; Farbe hell; Film etc frei, schamlos; Tee leicht; ~ ~ in aller Offenheit, freimütig; ~ **ağızlı** deppenhaft; ~ **arttırma** Auktion f; ~ **çek** Blankoscheck m; ~ **eksiltme** (öffentliche) Ausschrei-

**bung** f; **~ fikirli** vorurteilsfrei, aufgeschlossen; **~ fikirlilik** Aufgeschlossenheit f; **~ hava** Freilicht...; **~ havada** im Freien; **~ liman** Freihafen m; **~ mektup** offene(r) Brief; **~ seçik** deutlich; **~ olmak** offen sein (-e für etw); offenstehen (-e j-m); **~ söylemek** offen aussprechen

**açık²** ⟨-ğı⟩ subst (das) Freie; freie Stelle f, Vakanz f; WIRTSCH Defizit n, Fehlbetrag m; Lücke f, Ausfall m; **~ vermek** WIRTSCH in den roten Zahlen stehen; sich ertappen lassen; **açığa çıkarmak** ans Licht bringen (etw); entlassen od freistellen (j-n); **açığa çıkmak** an den Tag kommen; **açığa vurmak** offenkundig werden; (-i) bekunden (akk); **bütçe açığı** Haushaltsdefizit n; **şehrin açığından** an der Stadt vorbei; **~ larında** vor ... (im Meer); **~ ta** im Freien; **-i ~ ta bırakmak** j-n ohne Arbeit od ohne Unterkommen lassen; **~ ta kalmak** od **olmak** keine Arbeit od kein Unterkommen haben; nicht berücksichtigt werden; → açıktan

**a'çıkça** freiheraus; überzeugend beweisen

**açıkçı** WIRTSCH Baissier m
**açıkgöz** schlau, pfiffig; Schlauberger m **~(lü)lük** ⟨-ğü⟩ Schlauheit f
**açıkla|ma** Erklärung f, Erläuterung f; (veri) Angabe f; (atıf) Hinweis m; **~da bulunmak** erklären, deutlich machen **~mak** v/t erläutern; (detaya inmek) präzisieren; (belirtmek) kundtun **~malı** erklärend; **Türkçe ~** mit türkischen Erläuterungen **~nmak** passiv von **açıklamak** **~yıcı** erläuternd; subst GRAM Apposition f
**açık|lık** ⟨-ğı⟩ allg Raum m, Weite f; offene(r) Platz m, Öffnung f; Zwischenraum m; Klarheit f, Deutlichkeit f; Offenheit f, Geradheit f; ASTRON Azimut m; Foto Blende(nöffnung) f; **~ hızı** Winkelgeschwindigkeit f **~saçık** pej halb nackt; fig zotig **~sözlü** offenherzig **~tan** mühelos (z. B. Geld verdienen); **~ açığa** in aller Offenheit

**açıktohumlular** BOT Nacktsamer m/pl
**açılabilir**: **~ tavan** AUTO Schiebedach n
**açılım** ASTRON Deklination f; → açılma
**açılır**: **~ kapanır** zusammenlegbar; Klapp-; **~ kapanır metre** Zollstock m; **~** (od **açılabilir**) **tavan** Auto Schiebedach n; **~ meyva** BOT Kapsel f

**açılış** Eröffnung f
**açılma**: **denize ~** SCHIFF Auslaufen n
**açılmak** geöffnet werden etc (→ açmak); Geschäft eröffnet werden; Blume erblühen; Farbe heller werden; Fenster gehen (-e auf akk); Kranker wieder zu sich kommen; Schiff in See stechen; Schule wieder beginnen; Schwimmen (zu) weit hinausschwimmen; Theater etc seine Pforten wieder öffnen; Tür aufgehen; Person Scheu verlieren; **-e ~ sich** j-m eröffnen, anvertrauen; **fazla ~ sich** übernehmen (bes mit den Kosten)

**açımlamak** v/t erläutern, analysieren
**açın|dırmak** entwickeln; MATH projizieren **~ım** Entwicklung f; fig Aufdeckung f **~lamak** enthüllen, aufklären **~mak** keimen, sich entwickeln **~sama** GEOG Erforschung f **~samak** MIL erkunden; Gebiet erforschen

**açıortay** Winkelhalbierende f
**açısal** Winkel- (Geschwindigkeit)
**açış**: **~ konuşması** Eröffnungsrede f
**açkı** Polieren n; Politur f; Locheisen n; Öffner m **~cı** Polierer m **~lamak** polieren

**açlık** ⟨-ğı⟩ Hunger m; (Hungers)Not f; **~ grevi** Hungerstreik m; **-in ~tan nefesi kokmak** fig am Hungertuch nagen

**açma** Öffnen n etc (→ açmak); orman Rodung f; Durchlass m, Abzug m; GASTR Butterkringel m

**açmak** ⟨-ar⟩ allg Tür, Paket etc öffnen, aufmachen; (-i j-n) heiter stimmen; Arme ausbreiten; Ausdruck erläutern; Aussehen freundlich(er) machen; Bleistift anspitzen; Beine spreizen; Farbe aufhellen; Gerät anstellen; Gespräch eröffnen; Grube, Kanal graben, ausheben; Geschäft, Konto eröffnen; Krieg entfesseln; Knoten lösen; Licht anmachen; Schirm aufspannen; Schritte beschleunigen; Segel hissen; HIST Stadt einnehmen; Thema anschneiden; Blumen (auf)blühen; Wetter sich aufklären; **-i, -e ~** j-m ein Geheimnis offenbaren; **-e telefon ~** anrufen akk

**açmaz** Auswegslosigkeit f; Schach Patt n; **~a düşmek** od **gelmek** fig weder ein noch aus wissen

**açtırmak** öffnen lassen, Kaus. → açmak; (-e -i j-n etw); **-e ağız açtırmamak**

# A

**AD** | 30

*j-n* nicht zu Wort kommen lassen
**ad** ⟨adı⟩ Vorname *m*; Name *m*, Bezeichnung *f*; Ruf *m*, Berühmtheit *f*; GRAM Nomen *n*; Titel *m* (*Buch*); **~ koymak** *od* **vermek** (*-e j-m*) e-n Namen geben; e-n Namen nennen; **~ı batası(ca)** hol ihn der Teufel!; verflixt, verteufelt; **~ı batası hastalık** diese verflixte Krankheit!; **~ı belirsiz** ganz unbekannt; *-in* **~ı (fenaya) çıkmak** in Verruf kommen; (*yukarıda*) **~ı geçen** oben erwähnt; **~ı geçmek** erwähnt werden; **~ı sanı var** allen bekannt; *-in* **~ına** im Namen (*gen*); im Auftrag (von *dat*); **~ını vermek** *j-s* Namen nennen; **~ımı var** beruf dich auf mich!; **~ınızı bağışlar mısınız?** darf ich Ihren werten Namen wissen?
**ada** Insel *f* **~balığı** Schleie *f*
**a'daçayı** ⟨-nı⟩ Salbei *m*
**adak** ⟨-ğı⟩ Gelübde *n*; Opfer *n*; **~ adamak** *od* **etmek** ein Opfer bringen, ein Gelübde ablegen (*-e* für)
**Adalar** (die) Prinzeninseln *f/pl* → **Denizi** Ägäisches Meer
**adale** Muskel *m* **~li** muskulös
**adalet** [-da:-] Gerechtigkeit *f*; Justiz *f*; Gerechtigkeitsgefühl *n*; **Divanı** Haager Gerichtshof *m* **~li** gerecht **~siz** ungerecht **~sizlik** ⟨-ği⟩ Ungerechtigkeit *f*
**adalı** Inselbewohner *m*, -in *f*, Insulaner *m*, -in *f*
**adam** Mann *m*; (*insan*) Mensch *m*; (*büyük*) **~ı** Persönlichkeit *f*; **bilim ~ı** Wissenschaftler *m*; **~ evladı** Mensch mit guter Kinderstube; **~ gibi** ordentlich, anständig; **~ almamak** von Menschen wimmeln; **~ beğenmemek** sich (*dat*) aus niemandem etwas machen; **-i ~ etmek** *j-n* gut ausbilden; *etw* in Schuss bringen; **~ gibi** vernünftig, mit Hand und Fuß; **~ olmak** ein anständiger Mensch werden, *umg* sich machen; **~!** *od* **~ sen de** [a-'da:m] es ist doch nicht so wichtig!; **~dan saymak** ernst nehmen (-i *j-n*)
**adamak** *j-m* (z. B. *ein Buch*) widmen; *j-m* sein Leben weihen
**adam|akıllı** [-'dam-] ⟨'dam-⟩ großartig, *umg* toll (z. B. *Haus*); ordentlich, tüchtig; mächtig (z. B. *sich fürchten*); vor *adj umg* ganz schön kalt *etc* **~cağız** [-'dʒa:z] (der) Ärmste **~lık** ⟨-ğı⟩ Menschlichkeit *f* **~otu** BOT Alraune *f*
**adamsendeci** dickfellige(r) Mensch

**~lik** ⟨-ği⟩ *umg* Wurstigkeit *f*
**adamsız** ohne Hilfskräfte, ohne Leute **~lik** ⟨-ği⟩ Personalmangel *m*
**adan(ıl)mak** *passiv von* adamak
**adap** [a:'da:p] ⟨-bı⟩ Traditionen *f/pl*; **adabı muaşeret** gute(s) Benehmen
**adaptasyon** LIT, THEAT Bearbeitung *f*; **~ yapmak** (frei) bearbeiten
**adapte** (frei) bearbeitet (*-den* nach); **~ etmek** (frei) bearbeiten
**adaptör** TECH Verbindungsstück *n*
**adasoğanı** [-'da-] ⟨-nı⟩ BOT Meerzwiebel *f* (Urginea maritima)
**adaş** Namensvetter *m*, gleichnamig
**adatavşanı** [-'da-] ⟨-nı⟩ Kaninchen *n*
**aday** Kandidat *m*, -in *f*, Bewerber *m*, -in *f*; **~ göstermek** *j-n* als Kandidaten aufstellen **~lık** ⟨-ğı⟩ Kandidatur *f*; **adaylığını koymak** kandidieren (*-e* für)
**adcı** PHIL Nominalist *m*
**adçek|me** Auslosung *f* **~mek** (-*i*) auslosen; *j-n* durch das Los bestimmen
**add|edilmek** *passiv von* addetmek **~etmek** (-*i* ... olarak) betrachten, rechnen (*akk* als ...); halten (für *akk*); zählen (zu *dat*) **~olunmak** *passiv von* addetmek
**adem**: **~i merkeziyetçilik** Subsidiarismus *m*
**Âdem** Adam *m*; **~ ve Havva** Adam und Eva **âdemelması** ⟨-nı⟩ Adamsapfel *m*
**âdemoğlu** ⟨-nu⟩ Adam, Mensch *m*
**adet** ⟨-di⟩ Zahl *f*, Stück *n*, Exemplar *n*; *Zählwort* **beş ~ kitap** fünf Bücher
**âdet** ⟨-ti⟩ Gewohnheit *f*; Brauch *m*, Tradition *f*; Menstruation *f*; **~ görmek** die Regel haben; (k-ne) **bş-i ~ etmek** *od* **edinmek** sich (*dat*) *etw* (*akk*) angewöhnen; **~ yerini bulsun diye** um den Schein zu wahren; aus reiner Gewohnheit
**âdeta** ['a:dɛta:] fast, einfach; richtiggehend; normalerweise
**adıl** Pronomen *n*, Fürwort *n*; **belgisiz ~** unbestimmte(s) Fürwort; **gösterme ~** hinweisende(s) Fürwort; **iyelik ~ı** persönliche(s) Fürwort; **soru ~ı** Fragefürwort *n*
**adım** Schritt *m*; **~ ~** Schritt für Schritt; **~ atmak** e-n Schritt tun; *fig* den ersten Schritt tun; **~ başında** auf Schritt und Tritt; **~ını denk almak** vorsichtig zu Werke gehen; **geri ~ atmak** e-n Schritt

zurück tun; **~larını açmak** s-e Schritte beschleunigen
**adımlamak** (-i) e-e Strecke abgehen; hin- und hergehen
**adi** [a:di:] gewöhnlich; banal; ordinär
**adil** ['a:-] gerecht; angemessen (Preis etc) **~ane** [a:dıla:nɛ] adj gerecht; adv gerecht, mit Recht
**adilik** [a:di:lik] ⟨-ği⟩ umg Gemeinheit f; Banalität f; schlechte Qualität
**adisyon** GASTR Rechnung f
**adlandırmak** (-i) bezeichnen (akk); benennen, charakterisieren
**adlanmak** sich nennen, bezeichnet werden; sich (dat) einen Namen machen
**adlı** mit Namen ...; **~ (sanlı)** ganz bekannt, berühmt
**adlî** Gerichts-, Justiz-; **~ hata** Justizirrtum m; **~ tıp** Gerichtsmedizin f
**adliye** Justiz f; Gerichtsgebäude n; Justizbeamte(r) **~lik**; **~ olmak** mit dem Gericht zu tun haben
**Adr.** abk → adres
**adres** Anschrift f, Adresse f; **~ defteri** Adressbuch n; **~ sahibi** Adressat m, -in f
**Adriyatik**: ⟨- (denizi)⟩ Adria f
**adsız** namenlos, unbekannt
**adsızparmak** Ringfinger m
**aerodinamik** ⟨-ği⟩ Aerodynamik f
**af** ⟨affı⟩ Verzeihung f, Entschuldigung f; Amnestie f; Entlassung f aus dem Dienst; **~ dilemek** um Entschuldigung bitten; JUR um Begnadigung nachsuchen; **~fa uğramak** begnadigt werden; **~federsiniz!** entschuldigen Sie (bitte)!; **Uluslararası Af Örgütü** Amnesty International
**afacan** Schlingel m, Bengel m **~laşmak** immer frecher werden
**afakan** → hafakan
**afakî** [a:fa:'ki:] fig seicht, oberflächlich; PHIL objektiv
**afal**: **~ ~** od **~ tapal** verdutzt, ratlos
**afalla|mak** sprachlos sein, aus der Fassung geraten **~tmak** verblüffen
**afat** [a:fa:t] umg → afet¹
**AFC** abk → Almanya Federal Cumhuriyeti
**aferin** ['a:-] bravo!, ausgezeichnet!; **~ almak** ein „Ausgezeichnet" erhalten
**aferist** Hochstapler m, -in f; Geschäftemacher m, -in f
**afet**¹ [a:] ⟨-ti⟩ Unglück n, Katastrophe f; MED Gewebstod m, Nekrose f

**afet**² atemraubend schön
**aff|eden** REL Vergebende(r) **~edici** gnädig; nachsichtig
**affedilmek** passiv von affetmek
**affetmek** (-i) entschuldigen (akk); amnestieren, begnadigen (akk); entheben (-den gen); **affedersiniz** → af; als Vorwurf a. **affetmişsin sen onu** hast du eine Ahnung!
**affolunmak** passiv von affetmek
**affolunmaz** unverzeihlich
**Afgan** afghanisch **~istan** Afghanistan n **~lı** Afghane m, Afghanin f; afghanisch
**afi** umg Angeberei f; **~ kesmek** angeben, sich wichtig machen
**afili** umg angeberisch
**afiş** Plakat n, Anschlag m; umg faule(r) Trick; **~te kalmak** THEAT auf dem Spielplan bleiben
**afişe**: **~ etmek** ausposaunen
**afişlemek** v/t plakatieren
**afiyet** [a:] ⟨-ti⟩ Gesundheit f; **~ olsun** guten Appetit!; zum Wohl!; **~le** mit Appetit, mit Wohlbehagen **~sizlik** ⟨-ği⟩ Unwohlsein n
**aforoz** Kirchenbann m; umg Rausschmiss m; **-i ~ etmek** exkommunizieren; mit j-m brechen **~lamak** → aforoz etmek
**Af'rika** Afrika n **~lı** Afrikaner m, -in f; afrikanisch
**afsun** Zauber m
**Afşar** Afscharen m/pl (türk. Volksstamm)
**aft** ⟨-ti⟩ Aphthe f
**aftos** umg Liebchen n; Geliebte(r)
**afur**: **~ tafur etmek** wichtigtun
**afyon** Opium n; **~u basına vurmak** vor Wut rasen **~keş** Opiumraucher m **~lu** opiumhaltig; im Opiumrausch
**AGİT** abk → Avrupa Güvenlik ve İşbirliği Teşkilatı
**agraf** Schnalle f, Spange f
**agrandisman** FOTO Vergrößerung f
**agrega** Aggregat n
**agresif** aggressiv
**agu** int gluck!; **~ bebek** Säugling m
**ağ** [a:] a. IT Netz n; (pantalon ~ı) Schritt m; **~ gözü** Masche f; **~ yatak** Hängematte f; fig **-in ~ına düşmek** j-m ins Netz gehen
**ağa** [a:a] umg (~bey) ältere(r) Bruder; (toprak ~sı) Großbauer m; umg Anrede,

*etwa* Meister (*m*), Chef (*m*); HIST Aga *m*, Titel verschiedener Amtsträger, Handwerker u. Offiziere; **♀ Paşa** Oberhaupt der Janitscharen; **harem~sı** Obereunuch *m*

**ağababa** ['a:baba] *umg* Doyen *m*

**ağabey** [a:bi] ältere(r) Bruder; ältere(r) Kollege (*a. Anrede; im Deutschen meist Name*) **~lik** ⟨-ği⟩ -*e* ~ **etmek** *j-n* unter *s-e* Fittiche nehmen

**ağaç** ⟨-cı⟩ Baum *m*; Stock *m*; Holz-; ~ **bayramı** (das) Baumfest (*Pflanzung e-s Baumes zu j-s Ehren*); ~ **kurdu** Holzwurm *m*; ~ **kabuğu** Baumrinde *f*; ~ **kabuğu elyafı** Bast *m*; *umg* ~ **olmak** sich (*dat*) die Beine in den Leib stehen **~çık** ⟨-ğı⟩ Strauch *m*; Bäumchen **~çılık** ⟨-ğı⟩ Baumzucht *f*

**ağaç|çileği** ⟨-ni⟩ BOT Himbeere *f* **~kakan** ZOOL Specht *m*

**ağaç|lamak, ~landırmak** aufforsten

**ağaç|lı:** ~ **yol** Allee *f* **~lık** ⟨-ğı⟩ Wäldchen *n*, Hain *m*; bewaldet **~sıl** Holz-, hölzern

**ağa|lanmak** großtun **~lık** ⟨-ğı⟩ Rang *m*, Würde *f s-s* Ağa

**ağar|ık** ergraut; verblichen **~ma** Dämmerung *f* **~mak** ergrauen; verbleichen; *Morgen* grauen **~tı** Schimmer *m*

**ağartıcı** Bleich- **~mak** (aus)bleichen

**ağcık** ⟨-ğı⟩ ANAT Netzhaut *f*; geflochtene Handtasche *f*

**ağda** Zuckerlösung *f* (*zähe*); Obstpaste *f*; Enthaarungspaste *f* **~laşmak** dick (*zähflüssig*) werden **~lı** dickflüssig; *Stil* schwülstig, altertümelnd

**ağdırmak** einkochen (-*i akk*); *Holz* sich verziehen; *z. B. Traglast* (ver)rutschen, kippen

**ağı** Gift *n*; ~ **gibi** gallebitter **~ağacı** Oleander *m*

**ağıl** ⟨-lı⟩ Pferch *m*; Koppel *f*; Hof *m des Mondes*

**ağıllamak** vergiften **~lı** giftig

**ağıllanmak** sich zusammenpferchen; *Mond e-n* Hof bekommen

**ağım** Spann *m des* Fußes

**ağır** [a:ɪr] *Arbeit, Krankheit, Waffen* schwer; *Problem, Lage* schwierig; *vorangehen* langsam; *Geruch* intensiv; *Schlaf* fest; *Worte* kränkend; *Mensch* (*yavaş*) schwerfällig; (*ciddî*) seriös; ~ ~ *adv* allmählich, langsam; ~ **basmak** überwiegen, sich durchsetzen; ~ **işitmek** schwerhörig sein; ~ **siklet** Boxen Schwergewicht *n*; **~dan almak** (-*i*) kein Interesse zeigen; auf die lange Bank schieben; *-in* **~ına gitmek** *fig j-n* schwer treffen, kränken

**ağırayak** hochschwanger

**ağırbaşlı** besonnen, vernünftig; seriös **~lık** ⟨-ğı⟩ Besonnenheit *f*

**ağırkanlı** PSYCH phlegmatisch

**ağırküre** GEOL Barysphäre *f*

**ağırlamak** bewirten

**ağırlaşmak** schwerer werden; *Gang* (-*art*) sich verlangsamen; *Mensch* vernünftiger werden; *Fleisch etc* nicht mehr gut sein; **hasta ağırlaştı** der Zustand des Kranken hat sich verschlimmert

**ağırlaştır|ıcı:** ~ **sebepler** erschwerende Umstände *m/pl* **~mak** (-*i*) schwerer machen; verschlimmern; erschweren

**ağırlık** ⟨-ğı⟩ Gewicht *n*; (*yük*) Last *f* (*kâbus*) Albtraum *m*; (*yavaşlık*) Langsamkeit *f*; (*ağırbaşlılık*) Besonnenheit *f*, Seriosität *f*; (*mahmurluk*) Schläfrigkeit *f*; (*değer*) Wert *m e-s* Geschenks; **olta** Senkblei *n* der Angel; ~ **merkezi** PHYS Schwerpunkt *m*; ~ **sınıfı** Gewichtsklasse *f*; **özgül** ~ spezifische(s) Gewicht; **safî** (od **net**) ~ Nettogewicht *n*; **tam** (od **brüt**) ~ Bruttogewicht *n*; -*e* ~ **basmak** (od **çökmek**) vom Schlaf übermannt werden; *e-n* Albtraum haben

**ağırlıklandırmak** MATH gewichten

**ağırlıksız** PHYS schwerelos

**ağır|samak, ~sınmak** (-*i*) *dial* als lästig empfinden

**ağırsu** CHEM schwere(s) Wasser

**ağırşak** ⟨-ğı⟩ Wirtel *m e-r* Spindel; Knauf *m*; **diz ağırşağı** Kniescheibe *f*; **emzik ağırşağı** Schnullerring *m* **~lanmak** anschwellen, sich runden

**ağıruslu** seriös, vernünftig **~yağ** Schweröl *n*

**ağıt** ⟨-dı⟩ Nekrolog *m*; Totenklage *f*; Wehklagen *n* **~çı (kadın)** Klageweib *n*

**ağız** ⟨ağzı⟩ Mund *m*; *hayvan a.* Maul *n*; *kap, torba* Öffnung *f*; *körfez, galeri* Einfahrt *f*; *mağara* Eingang *m*; *volkan* Krater *m*; *yol* Abzweigung *f*, Kreuzung *f*; GRAM Mundart *f*, Dialekt *m*; Ton *m*, Art *f des Sprechers*; MUS Art zu singen; *bıçak* Schneide *f*; ~ **açmamak** den Mund nicht aufmachen (*umg* aufkriegen), schweigen; ~ **ağza konuşmak** unter vier Augen sprechen; ~ **ağza vermek** tuscheln; *-e* ~ **etmek** *j-m etw* weismachen wollen; ~ **kavgası** Schimpferei *f*; ~ **kokusu** üble(r) Mundgeruch; **yumuşak** *etc* **bir** ~ **kullanmak** einen sanften *etc* Ton einsetzen; **ağzı** ~ prahlen; ~ **tadı** Genuss *m*, Behaglichkeit *f*; ~ **tadıyla** genießend, in aller Ruhe; ~ **tütünü** Kautabak *m*; ~ **yapmak** heucheln; **ağza alınmaz** ungenießbar; unanständig (*Worte*); **ağzı(n)da almamak** verschweigen, übergehen; **ağza düşmek** ins Gerede kommen; **ağza koyacak bir şey** etwas Essbares; **ilk** ~**da** auf Anhieb; ~**dan** *MED* oral; vom Hörensagen; ~**dan ağza** von Mund zu Mund; auf den Zahn fühlen; *-in* **ağzı açık kalmak** Mund und Nase aufsperren; **ağzı bozuk** *adj* Schandmaul *n*; **ağzı büyük** *adj* Aufschneider *m*; **ağzı gevşek** Schwätzer *m*; **ağzı kara** *adj* Schwarzseher *m*; Lästermaul *n*; *-e* **ağzı varmamak** sich nicht trauen zu sagen; *-in* **ağzına bakmak** nach dem Mund reden; **ağzına burnuna bulaştırmak** verpatzen; *b-ne* **ağzına geleni söylemek** *j-n* ausschimpfen; **ağzına kadar dolu** bis zum Rand gefüllt; *b-nin* **ağzına lâyık** *j-m* sehr zu empfehlen (*zu essen, trinken*); **birbirinin ağzına tükürmek** *einander* heruntermachen; *-in* **ağzında bakla ıslanmamak** kein Geheimnis für sich behalten können; *-in* **ağzından çıkmak** Wort *j-m* entschlüpfen; **bş-i b-nin ağzından kapmak** *j-m* (mit Worten) zuvorkommen; **ağzına so raufahren;** *-in* **ağzından laf almak** *j-n* aushorchen; **ağzından (laf) kaçırmak** sich verplappern; **ağzına açmak** den Mund aufmachen (*a. zum Sprechen*); losschimpfen; dumm gucken; **ağzını havaya** *od* **poyraza açmak** das Nachsehen haben; *-in* **ağzını açtırmamak** *j-n* nicht zu Worte kommen lassen; *-in* **ağzını aramak** *j-n* ausfragen, ausforschen; **ağzını bozmak** fluchen (und wettern); **ağzını kiraya mı verdin?** hast du die Sprache verloren?; **ağzını kısmak** verschwiegen sein; **ağzını pek** *od* **sıkı tutmak** den Mund halten können, *umg* dichthalten; *-in* **ağzını içine bakmak** an *j-s* Mund hängen; *-in* **ağzının kâhyası olmak** *j-m* vorschreiben, was er sagt; *-in* **ağzının kokusunu çekmek** *j-n* ertragen müssen; *-in* **ağzının suyu akıyor** das Wasser läuft *j-m* im Munde zusammen; *-den* **ağzının tadını almak** böse Erfahrungen machen mit; *b-nin* **ağzının tadını kaçırmak** *j-m* *etw* verderben

**ağızbirliği**: ~ **etmek** *fig* sich absprechen

**ağızdan** → **ağız**

**ağızlamak** TECH anpassen (*Öffnung etc*); SCHIFF die Einfahrt *e-r* Bucht anpeilen

**ağızlık** ⟨-ğı⟩ Zigarettenspitze *f*; MUS Mundstück *n*; Maulkorb *m*; Brunnenrand *m*; Blätter *n*/*pl auf e-m Obstkorb*

**ağızsıl** Mund-; GRAM oral (*Vokal*)

**ağızsız** still (und bescheiden)

**ağlamak** *v*/*i* weinen (*-e* über *akk*); trauern (*-e* um *akk*); *Baum* schwitzen, harzen; *Stimme* **ağlar gibi** weinerlich

**ağla|ma(k)lı** weinerlich; ~ **etmek** zum Weinen bringen ~**mış** verweint ~**şmak** zusammen weinen (*-le* mit *j-m*); ewig jammern ~**tmak** zum Weinen bringen ~**yıcı** Klageweib *n*

**ağma** Sternschnuppe *f*, Meteor *m*

**ağmak** ⟨-ar⟩ (empor)steigen, ziehen

**ağrı** Schmerz *m*; ~ **kesici** schmerzstillend; ~ **kesici ilaç** Schmerzmittel *n*; *-in* ~**sı tutmak** *doğum öncesi* Wehen bekommen; *organ* beginnen zu schmerzen

**Ağrı Dağı** ⟨-nı⟩ Ararat *m*

**ağrı|lı** schmerzend; an Schmerzen leidend ~**mak** wehtun ~**sız** schmerzlos; sorglos

**ağrıtmak** *v*/*t* zum Schmerzen bringen; *b-nin* **başmı** ~ *j-m* Kopfschmerzen bereiten; *umg j-n* vollquasseln

**ağtabaka** Netzhaut *f*

**ağu** → **ağı** ~**lu** → **ağılı**

**ağustos** August *m*; ~ **ayı** der Monat August; ~ **ayında** im (Monat) August ~**böceği** ⟨-ni⟩ Zikade *f*; *fig* Schwätzer *m*

**ağız** → **ağız**

**ah** [ɑx, ɑːx] ach!; oh!; [ɑː] ~ **çekmek** tief seufzen; viel durchmachen; ~ **etmek** seufzen; verwünschen; ~ **la vahla** mit Ach und Krach; ~, **başım!** oh, mein Kopf!; ~, **ben ne ettim** ach, was habe ich getan!; *-in* ~**ını almak**, ~**na uğramak** die verdiente Strafe wegen *j-s* bekommen; ~**ı (yerde) kalmasın!** soll sein Fluch in Erfüllung gehen!

# A AHAL

**ahali** [-ha:-] Bevölkerung f; **sivil ~** Zivilbevölkerung f
**ahar** [a:-] TECH Schlichten n; Schlichte f; Appretieren n; Appretur f **~lamak** TECH schlichten; appretieren
**ahbap** [-ba:p] ⟨-bı⟩ Freund m, -in f, Bekannte(r); **~ çavuşlar** unzertrennliche Freunde **~ça** freundschaftlich **~laşmak** sich anfreunden **~lık** ⟨-ğı⟩ Freundschaft f; **göz ahbaplığı** Grußbekanntschaft f
**ahçı** etc → aşçı
**ahdetmek** ['oxd-] ⟨-e⟩ sich verpflichten (zu dat); geloben (akk)
**ahdî** [i:] vertraglich; → ahit
**ahenk** [a:] ⟨-gi⟩ Einklang m; MUS Harmonie f; **~ tahtası** MUS Wirbel m f allg harmonierend; gut organisiert **~siz** allg unharmonisch **~sizlik** ⟨-ği⟩ Disharmonie f; fig schlechte(s) Zusammenspiel
**aheste** [a:] bedächtig
**ahım şahım**: **~ bir şey değil** nichts Berauschendes
**ahır** Stall m **~lamak** im Stall bleiben; umg faul werden, sich ausruhen
**ahir** [a:'hir] letzt-; **~ zaman** in letzter Zeit; das Ende der Welt
**ahiret** Jenseits n; **~ suali** heikle Frage; **~i boylamak** umg aus der Welt scheiden
**ahit** ⟨ahdi⟩ Gelöbnis n; Abmachung f; **Eski ve Yeni Ahit** Altes und Neues Testament; **ahdim olsun!** auf Ehre! **~leşmek** ein Abkommen schließen; sich (gegenseitig) verpflichten **~li** vertraglich verpflichtet **~name** Abkommen n, Pakt m
**ahize** [a:] TEL Hörer m
**ahkâm** Bestimmungen f/pl; **~ çıkarmak** merkwürdige Ansichten vertreten; **~ kesmek** ein vorschnelles Urteil fällen
**ahlak** ⟨-kı⟩ Moral f, Sitten f/pl **~bilim** Ethik f **~çı** Moralist m **~dışı** amoralisch **~lı|lî** [-a:ki:] moralisch, ethisch **~lı** gut erzogen; **fena ~** charakterlos **~sal** ethisch **~sız** unmoralisch; sittenlos; schlecht erzogen **~sızlık** ⟨-ği⟩ Unmoral f, Sittenlosigkeit f
**ahlamak** stöhnen (-den über akk)
**ahlat** ⟨-tı⟩ wilde Birne f; Holzbirne f; **~ (ağa)** umg Tölpel m; lange(r) Laban
**ahmak** Dummkopf m **~ça** dumm, idiotisch
**ahmakıslatan** Sprühregen m
**ahret** ⟨-ti⟩ → ahiret **~lik** ⟨-ği⟩ veraltet Pflegekind n
**ahşap** ⟨-bı⟩ Holz n (als Baumaterial); Holz-, hölzern; **~ kaplama** Furnier(holz) n; **~ nefesli saz** Holzblasinstrument n
**ahtapot** ⟨-tu⟩ ZOOL Krake m; MED Polyp m; umg Schmarotzer m
**ahu** [a:hu:] Gazelle f, Antilope f; Gämse f
**a'hududu** Himbeere f
**ahval** [-va:l] ⟨-li⟩ Lage f, Verhältnisse n/pl; **dünya ~i** Weltlage f; JUR **~i şahsiye** Personenstand m
**aidat** [a:ida:t] ⟨-tı⟩ Mitgliedsbeitrag m; Unkostenbeitrag m, umg Mietnebenkosten m/pl
**aidiyet** ⟨-ti⟩ Zugehörigkeit f; Zuständigkeit f
**aile** [a:] Familie f, umg Ehefrau f; **~ doktoru** Hausarzt m; **~ reisi** Familienoberhaupt n; **~ye mahsustur** gesperrt für Männer ohne weibliche Begleitung
**ait** [a:it] betreffend (-e akk); **~ olmak** gehören (-e dat); **-e ~tir** ist verknüpft (mit dat), betrifft (akk); **-e ~ evrak** Papiere n/pl (über akk); **-e ~ mallar** j-m gehörige Waren f/pl; **-e ~ ödev** j-m auferlegte Pflicht f; **~ olduğu yere** an den entsprechenden Ort
**ajan** allg (casus) Geheimagent m, -in f; (temsilci) Vertreter m, -in f, Agent m, -in f
**a'janda** Terminkalender m
**ajanlık** ⟨-ğı⟩ Vertretung f, Agentur f
**ajans** Agentur f; WIRTSCH Vertretung f; **Anadolu Ajansı** Anatolische Presseagentur; **reklam ~ı** Werbeagentur f
**ajitasyon** Agitation f
**ajur** WIRTSCH à jour; durchbrochene Arbeit, Häkelei f **~lu** durchbrochen; gehäkelt
**ak** ⟨akı⟩ weiß (in Wendungen); fig rein; **yumurta ~ı** Eiweiß n; **b-nin saçına ~ düşmek** graue Haare bekommen; **~ yüzle** mit reinem Gewissen; **~la karayı seçmek** sich abmühen
**akabinde** gleich danach
**akaç** ⟨-cı⟩ Abflussrohr n; (Entwässerungs)Kanal m **~lama** Entwässerung f, Dränierung f **~lamak** dränieren
**akademi** Akademie f; Akt(studie f) m
**akademik** akademisch; Hochschul-

**akademisyen** Akademiker m, -in f
**akait** [-ka:-] ⟨-di⟩ REL Katechismus m
**akan** → akar¹ **~yıldız** Sternschnuppe f
**akar** Wasser fließend; Brennstoff flüssig
**akarbant** ⟨-dı⟩ Fließband n
**akarsu** Wasserlauf m; Bach m; Perlenhalsband f
**akaryakıt** flüssige(r) Brennstoff; **organik ~** Biosprit m
**akasma** ['-a-] Klematis f, Waldrebe f
**akasya** [-'ka-] Akazie f; Robinie f
**akbaba** ['ak-] Geier m
**akbasma** MED graue(r) Star
**akbenek** ⟨-ği⟩ MED weiße(r) Star
**akciğer** Lunge f; **~ veremi** Lungentuberkulose f; **~ zarı** Rippenfell n
**akça** weißlich, blässlich; **~ pakça** Mädchen ung appetitlich **~ağaç** ⟨-cı⟩ Ahorn m **~kavak** ⟨-ğı⟩ Silberpappel f
**akçe** fig Geld n; osm Asper m; **geçer ~** fig angesehen, akzeptiert; **~ farkı** WIRTSCH Agio n
**akçıl** ausgeblichen; **~ bir yeşil** blassgrün
**akçınlık** ⟨-ğı⟩ Albinismus m
**Akdeniz** Mittelmeer n
**akdetmek** ['a-] ⟨-i⟩ Pakt etc schließen; Versammlung einberufen
**akgünlük** Weihrauch m
**akı** PHYS Fluss m, Strom m
**akıbet** ⟨-ti⟩ **A** subst (son) Ende n, Ausgang m (z. B. e-s Kampfes); (kader) Schicksal n **B** adv schließlich, letzten Endes
**akıcı** fließend; flüssig (a. fig); Gang leicht; **~ madde** Flüssigkeit f; **~ ünsüz** LING Liquida f (= l, r) **~lık** ⟨-ğı⟩ flüssige(r) Zustand; Flüssigkeit f des Stils; Leichtigkeit f
**akıl** ⟨aklı⟩ Verstand m (Intelligenz, Geist); Vernunft f (Einsicht); Gedächtnis n, Erinnerung f; Gedanke m; Klugheit f, Weisheit f; Ratschlag m; **~ almaz** unbegreiflich, unvorstellbar; **~ danışmak** um Rat fragen; **~ defteri** Notizbuch n; **-e ~ erdirememek** nicht begreifen können; **-i ~ etmek** kommen auf (e-n Gedanken); **~ hastalığı** Geisteskrankheit f; **~ hastanesi** psychiatrische Klinik; **~ hocası** hum ein schöner Ratgeber; **~ istemek** um Rat fragen; **~ kârı** iş vernünftig, machbar; **~ kutusu** hum Alleswisser m, -in f; **~dan çıkarmak** sich (dat) aus dem Kopf schlagen; **akla gelmez** unvorstellbar, unwahrscheinlich; **akla sığmaz** unvorstellbar, immens; **akla yakın** einleuchtend, plausibel; **-i aklı almamak** etw nicht begreifen können; **-in aklı başına gelmek** zur Vernunft kommen; unp es dämmert j-m; **aklı başında** vernünftig; **aklı başında olmamak** nicht logisch denken können; **aklı (başından) gitmek** aus der Fassung geraten; **aklı bokuna karışmak** vulg vor Angst den Kopf verlieren; **aklı durmak** baff sein; **-e aklı ermek** begreifen (fassen) können (akk); verständig werden; **b-nin aklı fikri -de** jd denkt nur an (akk); **-i aklı kesmek** einsehen; **aklı oynamak** den Verstand verlieren; **-in aklı sıra** wie er glaubt; **-e aklı yatmak** vertrauen (auf akk); **-in aklına esmek** j-m einfach in den Sinn kommen; **aklına gelmek** j-m einfallen, in den Sinn kommen; **bş-i aklına koymak** sich (dat) etw in den Kopf setzen; **bu benim aklıma sığmıyor** das will mir nicht in den Kopf; **aklına yazmak** sich (dat) einprägen; **-i aklında tutmak** sich (dat) merken (akk); (im Kopf) behalten; **-i aklından geçirmek** sich (dat) etw durch den Kopf gehen lassen; **b-nin aklından geçmek** j-m durch den Kopf gehen; **aklını başına almak** od **toplamak** Vernunft annehmen, zur Einsicht kommen; **-in aklını beğenmemek** sich mit j-s Idee nicht anfreunden können; **-le aklını bozmak** versessen sein (auf akk); **-in aklını çekmek** j-m abraten, j-m e-n Plan ausreden; **b-nin aklını bş-e çelmek** j-n verführen (od überreden) zu etw; **aklını oynatmak** den Verstand verlieren
**akılcı** Rationalist m, -in f **~lık** ⟨-ğı⟩ Rationalismus m
**akıldişi** ⟨-ni⟩ Weisheitszahn m
**akıllan|dırmak** ⟨-i akk⟩ zur Vernunft bringen **~mak** klug werden; vernünftig werden, Vernunft annehmen **~maz** unverbesserlich, hoffnungslos
**akıllı** vernünftig, klug; **~ uslu** weise; umsichtig **~lık** ⟨-ğı⟩ Verständigkeit f; Umsicht f
**akılsız** unvernünftig; unklug; **~ca işler görmek** Dummheiten machen **~lık** ⟨-ğı⟩ Dummheit f; Unbesonnenheit f
**akım** Fließen n, Fluss m; ELEK Strom m; fig Bewegung f; **alternatif** (od **dalgalı**) **~** Wechselstrom m; **doğru ~** Gleich-

strom *m*
**akımlık** ⟨-ğı⟩ Flussbett *n*; TECH Leitung *f*; Kanal *m*; **gaz akımlığı** Gasleitung *f*
**akın** MIL Überfall *m*, Streifzug *m*, Sturm *m auf die Festung*; *fig* Andrang *m*, Ansturm *m* (*von akk*); SPORT Angriff *m*; **hava ~ı** Luftangriff *m*; **turist ~ı** Touristenstrom *m*; **-e etmek** stürmen (*akk*); strömen (*in akk*); **~ ~ gelmek** in Scharen herbeiströmen
**akıncı** SPORT Stürmer *m*; HIST leichter Reiter der Osmanen, Streifzügler *m*
**akıntı** Fließen *n*; *deniz vs* Strömung *f*; *musluk* Leck *n*; (*eğim*) Neigung *f* (*z. B. des Daches*); **~ kapılmak** von der Strömung mitgerissen werden; **~ya** (*karşı*) **kürek çekmek** *fig* gegen den Strom schwimmen **~lı** ansteckend; ... mit e-r Strömung **~sız** *Wasser* stehend
**akış** Strömung *f*; Lauf *m e-s Flusses, a. fig der Tage*; Fahrt *f*, Ausfahrt *f*; **~ aşağı** stromabwärts; **~ yukarı** stromaufwärts
**akışkan** PHYS flüssig; *Gas* flüchtig
**akıtmak** ⟨-ır⟩ gießen, schütten (*akk*); **bş-e para ~** Geld hineinstecken in etw
**akide**[1] [ki:] Glaube *m*, Überzeugung *f*
**akide**[2] [ki:]: **~ şekeri** Art Zuckerbonbon *n*
**akik** [i:] ⟨-ği⟩ Achat *m*
**akis**[1] ⟨aksi⟩ Widerspiegelung *f*; Reflex *m*; *Logik* Umkehrung *f*; **aksi gibi** unglücklicherweise, wie zum Trotz; **-in aksine** im Gegensatz zu, entgegen (*dat*); **-in aksini söylemek** das Gegenteil *gen/von* sagen
**akis**[2] *umg* Achse *f*
**akit** ⟨akdi⟩ JUR Abschluss *m e-s Vertrages*; Vertrag *m*; (*evlenme akdi*) Eheschließung *f*
**âkit** ⟨akdi⟩ JUR Vertragschließende(r)
**akkan** ANAT Lymphe *f*
**akkavak** Silberpappel *f*
**akkor** weißglühend
**aklamak** *v/t* JUR freisprechen; WIRTSCH entlasten
**aklanmak** *passiv von* **aklamak**; weiß werden
**aklen** ['a-] verstandesmäßig
**aklı**[1] → **akıl**
**aklı**[2] weiß getupft
**aklıevvel** neunmalklug
**aklıselim** ['aklıseli:m] gesunde(r) Menschenverstand

**aklî** [i:] geistig; **~ dengesi bozuk** geisteskrank **~leştirmek** PSYCH rationalisieren
**akma**: **~ borusu** Abflussrohr *n*
**akmak** ⟨-ar⟩ fließen; (*akıtmak*) lecken, undicht sein; herausrieseln (*aus e-m Sack*); *Menschen* herbeiströmen; *Schlange* kriechen; *Meteor* fallen; *Stoff* fadenscheinig werden, ausfransen; *umg* sich verdrücken; **akan sular durdu** da blieb nichts mehr zu sagen
**akmaz** stehend (*Wasser*)
**akompanye** MUS Begleitung *f*
**akont** ⟨-tu⟩ WIRTSCH Akontozahlung *f*
**akordeon** Akkordeon *n*
**akort**[1] ⟨-du⟩ MUS Akkord *m*; Stimmen *n*; **~ etmek** *Instrument* stimmen; **akordu bozuk** verstimmt
**akort**[2] ⟨-tu⟩ Akkord *m*, Stücklohn *m*; **~ usulü ile çalışmak** im Akkord arbeiten
**akort|çu** MUS Stimmer *m* **~lamak** ⟨-*ı*⟩ MUS stimmen (*akk*) **~lu** gestimmt **~suz** verstimmt
**akraba** [-ba:] Verwandte(r) *f*(*m*); *selten a.* Verwandte *pl*; **uzak(tan) ~** entfernte(r) Verwandte(r); **~ diller** verwandte Sprachen *f*/*pl*
**akrabalık** ⟨-ğı⟩ Verwandtschaft *f*; **~ bağları** verwandtschaftliche Beziehungen *f*/*pl*
**akran** [-a:n] Altersgenosse *m*, -genossin *f*; **benim ~larım** meine Altersgenossen
**akredite**: **~ olmak** akkreditiert sein *od* werden
**akreditif** WIRTSCH Akkreditiv *n*
**akrep** ⟨-bi⟩ ZOOL Skorpion *m*; *saat* kleine(r) Zeiger, Stundenzeiger *m*; ASTROL **Akrep** Skorpion *m*
**akroba|si** Akrobatik *f* **~t** Akrobat *m*, -in *f*, Seilkünstler *m*, -in *f* **~tik** akrobatisch; (*tehlikeli*) halsbrecherisch
**akropol** ⟨-lü⟩ ARCH Akropolis *f* **Akropol** Akropolis *f* (*Athen*)
**aks** TECH Achse *f*
**aksak** lahm, hinkend; *adv a.* unregelmäßig (*z. B. e-e Schule besuchen*)
**aksaklık** ⟨-ğı⟩ Hinken *n*, Lahmen *n*; *fig* Defekt *m*, Unstimmigkeit *f*
**aksam** [-a:m] *osm* (*Ersatz-*) Teile *n*/*pl*
**aksamak** *v*/*i* hinken, (er)lahmen; *Arbeit* sich verzögern; *Motor* stottern
**aksan** *umg* Akzent *m*, mundartliche Färbung

**aksat|madan** reibungslos **~mak** fig Arbeit verzögern, verschleppen

**akseptans** WIRTSCH Akzept n; Aufnahmebestätigung f (e-r Schule etc)

**aksesuar** THEAT Requisiten n/pl, AUTO Zubehör n; moda Accessoires n/pl

**akset|mek** reflektiert werden; Stimme widerhallen; Gegenstand sich (wider-) spiegeln; Angelegenheit bekannt (ruchbar) werden; zu Ohren kommen

**aksettirmek** widerspiegeln; zur Kenntnis bringen

**aksır|lık** ⟨-ğı⟩ Niesen n; **~lı taksırıklı** alt und gebrechlich **~mak** niesen

**aksi**[1] → **akis**[1]

**aksi**[2] yön entgegengesetzt; kişi, hayvan störrisch; durum widrig; **~ cevap** Absage f, abschlägige Antwort; **~ gibi** unglücklicherweise; **~ gitmek** schief- od danebengehen; **~ halde** od **takdirde** andernfalls, sonst; **~ tesadüf** Missgeschick n

**aksi|lenmek** -e störrisch reagieren auf (akk) **~lik** ⟨-ği⟩ Widerspenstigkeit f; (engel) Hindernis n; umg Haken m; **eğer bir ~ çıkmazsa** wenn nichts dazwischenkommt **~ne** umgekehrt, im Gegenteil; (wie) zum Trotz

**'aksiseda** Widerhall m

**aksiyon** Aktion f, Handlung f; WIRTSCH Aktie f **~er** Aktionär m, -in f

**aksöğüt** ⟨-dü⟩ Silberweide f

**aksu** ['ak-] MED graue(r) Star

**akşam** Abend m; am Abend; **bir ~** eines Abends; **iyi ~lar!** Guten Abend!; **~ları** abends, jeden Abend; **~ güneşi** Abendsonne f, fig Lebensabend m; **~ olmak** Abend werden; **~ üstü** gegen Abend; **~ yemeği** Abendessen n; **~a doğru** gegen Abend; **~ı etmek** → **akşamlamak**

**akşam|cı** Nachtarbeiter m, -in f; Nachtschwärmer m, -in f **~cılık** ⟨-ğı⟩ (geselliger) Abendtrunk m; **~ gibi** vergänglich, schnell dahin **~ki** Abend- **~lamak** bis zum Abend sein, bleiben od arbeiten **~leyin** [ak'ʃamlejin] am Abend

**akşamlı: ~ sabahlı** morgens und abends

**akşam|üstü, ~üzeri** gegen Abend

**akşın** Albino m

**aktar** Drogist m, -in f; Kräuterhändler m, -in f; **~ dükkânı** Drogerie f

**aktarıcı** Dachdecker m

**aktarılabilir** WIRTSCH übertragbar

**aktarım** Vermittlung f; MUS Transponierung f; TECH Übertragung f

**aktarma** Umladen n; Umsteigen n; WIRTSCH Übertrag m; WIRTSCH Transit-; **~ eşyası** Transitwaren f/pl; **~ sistemi** Schaltvorrichtung f; **~ yapmak** umsteigen; **~ yeri** Umsteigestation f; Umladeplatz m; **~lı yolcu** FLUG Transitreisende m, f

**aktarmak** (-i) umfüllen, umschütten; umsetzen; Waren umladen; WIRTSCH Posten, Erbe übertragen; Text, Erzählung übersetzen; bearbeiten; umarbeiten; Feld umpflügen; Ball zuspielen, abgeben; Tasche umstülpen; Textstelle zitieren; damı ~ Dach neu decken

**aktarma|lı** mit Umsteigen; Anschluss- (Zug); **~ bilet** Umsteigefahrschein m **~sız** ohne Umsteigen, direkt; FLUG ohne Zwischenlandung

**aktif** WIRTSCH Aktiva pl; Aktiv-; aktiv, wirksam **~leşmek** aktiv werden **~lik** ⟨-ği⟩ Aktivität f

**aktivite** Aktivität f

**aktör** Schauspieler m

**aktöre** neol Moral f

**aktörlük** ⟨-ğü⟩ Schauspielerberuf m

**aktris** Schauspielerin f

**aktü|alite** Aktualität f; Kino Wochenschau f **~el** aktuell **~ellik** ⟨-ği⟩ Aktualität f

**akupunktur** Akupunktur f

**akustik** ⟨-ği⟩ Akustik f; akustisch

**akut** akut

**akü, ~mülatör** Akkumulator m, AUTO Batterie f

**akülü** Akku..., ... mit Akkubetrieb; **~ vidalama** Akkuschrauber m

**akvaryum** Aquarium n

**akyuvar** weiße(s) Blutkörperchen n

**al** rot (nur in Wendungen); **~ at** Pferd Fuchs m; **~ ~ olmak** ganz rot werden; **~ı ~, moru mor** rot vor Aufregung; außer Atem; **~lı güllü** bunt gemustert

**ala** bunt; gefleckt; ZOOL Forelle f

**alâ** vorzüglich, prima; **ne ~!** wie schön! **pek ~** in Ordnung!

**alabalık** ⟨-ğı⟩ ZOOL Forelle f

**ala'banda** Schiff Seite f; Breitseite f; SCHIFF **~ etmek** das Steuer ganz herumwerfen; -e **~ vermek** j-m e-n Rüffel ertei-

**ALAB** 38

len; ~ **yemek** e-n Rüffel bekommen
**alabildiğine** nach Kräften; unglaublich *dick etc*; unendlich; aus Leibeskräften *laufen*; *göz* ~ so weit das Auge reicht
**ala'bora** Kentern *n*; ~ **olmak** kentern; (um)kippen; *fig* durcheinandergeraten
**alaca** bunt; Buntheit *f*; Zwielicht *n*; *fig* Unbeständigkeit *f*; (schlechter) Charakter; Tupfen *m*, Tüpfelchen *n*; ~ **at** *Pferd* Schecke *m, f*; ~ **dostluk** lose Freundschaft; ~ **karanlık** Halbdunkel *n*
**alacadoğan** ZOOL Wanderfalke *m*
**alacak** ⟨-ğı⟩ WIRTSCH Forderung *f*; Anspruch *m*; **ondan yüz lira alacağım var** er schuldet mir noch hundert Lira; **alacağın olsun** dafür wirst du mir noch büßen
**alacakarga** Elster *f* (*Pica pica*)
**alacak|landırmak** (*-i*) *j-m etw* gutschreiben **~lı** Gläubiger *m*, *-in f*
**alaca|lanmak** bunt *od* scheckig werden; *fig* rot werden **~lı** bunt **~lık** ⟨-ğı⟩ Buntheit *f*; Unbeständigkeit *f*; Abenddämmerung *f*
**alaçam** BOT Fichte *f*
**aladoğan** ZOOL Habicht *m*
**ala'franga** (west)europäisch; nach europäischer Art; ~ **tuvalet** (Sitz)Klosett *n*
**alagarson** Bubikopf *m*
**alaka** [a'la:ka] Interesse *n*; Beziehungen *f/pl* **~dar** interessiert (*-le an dat*); zusammenhängend (*-le mit*); ~ **etmek** interessieren, angehen; *-le* ~ **olmak** sich kümmern um ~ **landırmak** interessieren **~lanmak** sich interessieren (*-le für*) **~lı** wachsam, interessiert; beteiligt, zuständig
**alakarga** Eichelhäher *m*; *umg a.* Elster *f*; *fig umg* Quatschkopf *m*
**alakart** à la carte
**alakasız** uninteressiert, unbeteiligt **~ca** unbeteiligt **~lık** ⟨-ğı⟩ → ilgisizlik
**alakok** übel gekocht
**alako(y)mak** → alıko(y)mak
**alamamak**: *-mekten* **kendi(si)ni** ~ nicht umhinkönnen, zu ...
**Alaman** *umg* → Alman
**alamana** [-'ma-] Fischerboot *n*; Art Schute *f*; ~ (**ağı**) große(s) Schleppnetz
**alamet** [ala:'mɛt] ⟨-ti⟩ Zeichen *n*, Symptom *n*; *umg* Koloss *m* **~ifarika** Warenzeichen *n*; *fig* Beiname *m*

**alamod** modisch
**alan**¹ Platz *m*, *a*. PHYS Feld *n*; *fig* Gebiet *n*; TEL Ortsnetz *n*; ~ **kodu** Ortsnetzkennzahl *f*, Vorwahl(nummer) *f*; ~ **korkusu** Platzangst *f*; ~ **sağlayıcı(sı)** TEL Netzanbieter *m*; **savaş** ~**ı** Kriegsschauplatz *m*; *fig* **her** ~**da** auf allen Gebieten
**alan**² Käufer *m*, *-in f*; (*Pass*)Empfänger *m*, *-in f*; ~ **memnun, satan memnun** keiner fühlt sich übervorteilt
**alan**³: ~ **talan** wüst durcheinander
**a'larga** SCHIFF offene(s) Meer; auf offener See; *int umg* verdufte!; ~ **durmak** abseits stehen; sich abseits halten; ~ **etmek** in See stechen; *umg* verduften; **~da yatmak** auf der Reede *od* vor Anker liegen
**alarm** Alarm *m*; ~ **tertibatı** Alarmvorrichtung *f*; **uçak** ~**ı** Fliegeralarm *m*; **yanlış** ~ falsche(r) Alarm
**alaşağı**: ~ **etmek** zu Boden schmettern; *fig j-n* stürzen
**alaşım** Legierung *f* **~lamak** *v/t* legieren
**alaşımlı**: ~ **jant** Leichtmetallfelge *f*
**ala'turka** auf türkische Weise; türkisch (*Musik*); *fig* unmethodisch; ~ **tuvalet** Toilette ohne Sitzstein **~laşmak** *v/i* vertürken **~laştırmak** (*-i*) türkisieren
**ala'vere** (Bilden e-r) Kette *f* (*z. B. beim Entladen*); Wiederverkauf *m*; SCHIFF Ladesteg *m*; *fig* Tohuwabohu *n*; ~ **dalavere** List *f*; ~ **tulumbası** Saugpumpe *f* **~ci** Spekulant *m*
**alay**¹ (*Menschen*)Menge *f*; Haufen *m* (*Sachen*), (*tören* ~**ı**) Festzug *m*, Umzug *m*, Prozession *f*; MIL Regiment *n*; **bir** ~ eine Menge (*od* Schar); **cenaze** ~**ı** Trauerzug *m*; **geçit** ~**ı** Parade *f*; ~**la** *od* ~**lı** in Mengen, massenhaft
**alay**² Spott *m*; ~ **geçmek** *umg* spotten, spötteln, sticheln; ~ **etme!** Scherz beiseite!; ~ **etmek** sich lustig machen (*-le über akk*); *j-n* auslachen; *-i* ~**a almak** *j-n* verspotten; ~**ında olmak** *et* nicht ernst nehmen **~cı** spöttisch; ironisch; höhnisch **~cılık** ⟨-ğı⟩ Spott *m*, Ironie *f*
**alayiş** [a:la:-] Pomp *m* **~li** zum Schein; rein äußerlich
**alaylı**¹ HIST von der Pike auf gedienter Offizier
**alaylı**² *adj u. adv* spöttisch; ironisch; scherzhaft

**alaz** Flamme f **~lama** MED Erythem n **~lamak** v/t brennen; fig ausmerzen
**albastı** Wochenbettfieber n
**albaştan**: ~ **etmek** alles von vorn machen
**albay** MIL Oberst m
**albeni** [al-] Charme m, Anmut f **~li** anmutig **~siz** ... ohne Charme
**albino** Albino m
**albüm** Album n; Bildband m
**albümin** Eiweißstoff m
**alçacık** ⟨-ğı⟩ sehr niedrig
**alçak** niedrig; fig niederträchtig, gemein; ~ **basınç** Tief n, Tiefdruck m; umg ~ **boylu** kleinwüchsig; ~ **sesle** leise
**alçakgönüllü** bescheiden **~lük** ⟨-ğü⟩ Bescheidenheit f
**alçaklık** ⟨-ğı⟩ fig Niedertracht f
**alçaktan** adv leise, verhalten; ~ **almak** sich friedliebend zeigen; klein beigeben
**alçalış** FLUG Landeflug m; fig Sich-Herabwürdigen n
**alçalma** GEOL Senkung f; Ebbe f; → alçalış
**alçal|mak** sich senken, FLUG zur Landung ansetzen; verfallen; sich erniedrigen **~tıcı** erniedrigend **~tmak** senken (a. Stimme); hinunterlassen; fig herabsetzen
**alçarak** etwas niedrig
**alçı** Gips m; -i ~**ya almak** (od **koymak**) in Gips legen; ~ **sargısı** Gipsverband m
**alçı|lamak** vergipsen **~lı** in Gips **~pan** ARCH Gipskartonplatte f **~taşı** GEOL Gips m
**aldangıç** ⟨-cı⟩ Falle f; fig Schwindel m
**aldanmak** sich täuschen, sich irren (-de in dat); getäuscht werden (-e durch akk); umg reinfallen (-e auf akk); **eğer aldanmıyorsam** wenn ich mich nicht irre
**aldat|ıcı** irreführend; lügenhaft **~ılmak** passiv von aldatmak **~ma** Betrug m; Irreführung f; ehelicher Untreue f **~maca** Täuschung f, List f **~mak** (-i) j-n betrügen; j-n irreführen; vertrösten
**aldırış**: ~ **etmemek** keine Beachtung schenken **~sız** nicht achtend
**aldır|mak** kaus von almak; sich (dat) operativ entfernen lassen; **çocuk** ~ sich (dat) ein Kind abtreiben lassen; Beachtung schenken (meist verneint); (es) wichtig nehmen; **aldırma!** mach dir nichts daraus! **~maz** unbekümmert **~maz-**

**lık** ⟨-ğı⟩ Unbekümmertheit f; Gleichgültigkeit f
**alel|acele** hastig; flüchtig **~ade** [-a:-] gewöhnlich, normal; ordinär **~hesap** a conto **~usul** ordnungsgemäß
**alem** Halbmond, Stern etc als Schmuck an der Spitze e-s Minaretts etc
**âlem** Welt f (bes fig); Lage f, Zustand m; die (anderen) Leute; Vergnügen n, Party f; **hayvanlar ~i** Tierwelt f; **ticaret ~i** Geschäftswelt f; ~ **yapmak** umg e-e Orgie feiern; **~e ne?** wen geht das wen an?; **o bir** ~ man wird aus ihm nicht schlau
**alemdar** [-da:r] Fahnenträger m; fig Bannerträger m
**alenen** ['a-] adv öffentlich
**alenî** [-i:] adj öffentlich (Sitzung, Verhandlung etc)
**alerji** Allergie f **~k** allergisch
**a'lesta** bereit; fertig; SCHIFF klar
**alet** [a:-] ⟨-ti⟩ Werkzeug n, Instrument n; Gerät n; (Maschinen-, Körper-) Teil m; umg Penis m; **b-ni bş-e ~ etmek** j-n zu etw missbrauchen; -e ~ **olmak** Handlanger sein (zu)
**aletli**: ~ **jimnastik** Geräteturnen n
**alev** Flamme f; Wimpel m; ~ **cihazı** Flammenwerfer m; ~ **lambası** Lötlampe f; ~ **almak** Feuer fangen; fig aufbrausen; ~ **kesilmek** vor Wut schäumen; ~ **saçağı sardı** die Sache nahm e-e gefährliche Wendung
**Alevî** [i:] Alevit m, -in f **~lik** ⟨-ğı⟩ Alevitentum n
**alevlen|dirmek** v/t Feuer schüren (a. fig) **~ir** leicht entflammbar **~mek** fig brenzlig werden, sich zuspitzen; Person außer sich geraten
**alevli** lodernd; in Flammen; feuergefährlich
**aleyh**: -in -**inde** etc gegen akk, zuungunsten gen
**aleyhtar** Gegner m; -feindlich; **savaş ~ı** Kriegsgegner m, -in f; Antikriegs-
**aleykümselam** Grußformel als Antwort auf → selamünaleyküm
**alfa** Alpha n; ~ **ışınları** Alphastrahlen m/pl
**alfabe** Alphabet n; (~ **kitabı**) Fibel f; ~ **sırasıyla** in alphabetischer Reihenfolge **~tik** ⟨-ği⟩ alphabetisch
**alg** Alge f
**algı** PSYCH Wahrnehmung f **~lamak**

wahrnehmen; erkennen **~lanır** wahrnehmbar; erkennbar **~lanmak** passiv von **algılamak**

**alıcı** subst Käufer m, -in f; TECH, POST Empfänger m, -in f; adj interessiert (etw zu kaufen); ~ **gözle bakmak** prüfend ansehen; ~ **kuş** Raubvogel m; ~ **melek** Todesengel m

**alık**[1] (a. ~ **salık**) blöd, dämlich

**alık**[2] ⟨-ğı⟩ Decke f (für Tiere)

**alıkça**: ~ **bir iş** e-e dämliche Sache **~lık** ⟨-ğı⟩ Dummheit f

**alıko(y)mak** zurücklegen, behalten; **b-ni yemeğe ~** j-n zum Essen dabehalten; **b-ni** -**den ~** j-n abhalten von

**alım** Kauf m, Ankauf m; Charme m; ~ **gücü** Kaufkraft f; ~ **satım** Handel m; **veri ~ı** IT Datenimport m; umg **~cı** Einkassierer m **~lı** charmant, anziehend

**alın** ⟨alnı⟩ Stirn f; Fassade f; Vorderseite f; ~ **damarı** (od **derisi**) **çatlamak** jede Scham verlieren; ~ **teriyle** im Schweiße des Angesichts; ~ **yazısı** Los n, Schicksal n; **alnı açık** (yüzü ak) untadelig; -in **alnından ter boşanmak** tüchtig schwitzen, halb totarbeiten; **alnını karışlarım!** ich werde es dir schon zeigen!

**alındı** Quittung f; POST Empfangsbestätigung f

**alıngan** leicht beleidigt; argwöhnisch **alınganlık** ⟨-ğı⟩ Empfindlichkeit f; Argwohn m

**alınlık** ⟨-ğı⟩ Diadem n; (Zier)Giebel m

**alın|ma**: **-den ~** GRAM Lehn- (-den von); gekauft **~mak** (mit)genommen werden; übel nehmen (-den etw); sich anpassen (-den an akk); → **almak**; **üstüne ~** etw auf sich beziehen; **alınabilir** erhältlich (-den bei, in dat) **~tı** Entlehnung f (a. GRAM) **~tılamak** v/t entlehnen

**alınyazısı** Los n, Schicksal n

**alış** Kaufen n; Kauf-; Öffnung f (nach dat, z. B. Fenster)

**alışık** gewöhnt (-e an akk); vertraut (-e mit dat); Tier zahm **~lık** ⟨-ğı⟩ Vertrautheit f (-e mit dat); Fertigkeit f (-e in dat)

**alışılmadık, ~mamış** (garip) ungewöhnlich; (aşina olmayan) ungewohnt

**alışılmak**: passiv von **alışma**

**alış|kanlık** ⟨-ğı⟩ Gewohnheit f; Geübtheit f **~kın** ⟨-a⟩ = **alışık**

**alışmak** sich gewöhnen (-e an akk); Tier zahm (od zutraulich) werden

**alıştırma** Übung f; TECH Anpassung f

**alıştırmak** (-i -e) j-n gewöhnen (an akk); Tier zähmen; TECH anpassen (an akk); **b-ne bş-i ~ alıştırarak haber vermek** j-m etw schonend beibringen

**alışveriş** Einkauf m; Austausch m; **fikir ~i** Meinungsaustausch m

**âli** [a:li:] osm hoch, erhaben

**âlicenap** [-a:p] ⟨-bı⟩ großzügig; gutmütig **~lık** ⟨-ğı⟩ Großzügigkeit f

**alim** Gelehrte(r)

**alimallah** int bei Gott, weiß Gott

**aliterasyon** Stabreim m, Alliteration f

**alivre** WIRTSCH auf Abruf (kaufen)

**alize** Passat(wind) m

**alkali** CHEM Alkali n

**alkalik** CHEM alkalisch

**alkış** Beifall m, Applaus m; ~ **tufanı** Beifallssturm m; ~ **tutmak** starken Beifall spenden; begrüßen, billigen **~cı** Liebediener m; THEAT Claqueur m **~lamak** (-i dat) applaudieren; fig begrüßen **~lanmak** bejubelt werden

**alkol** ⟨-lü⟩ Alkohol m **~ik** Alkoholiker m, -in f **~izm** Alkoholismus m; Trunksucht f **~lü** alkoholhaltig **~süz** alkoholfrei

**Allah** [a'a:x] Gott (m); ~ od **~ım!** mein Gott!, großer Gott!; ~ ~! ach, du liebe Zeit!; **ach, du meine Güte!; Donnerwetter!;** ~ **aşkına** um Gottes willen!; ~ **bağışlasın** behüte dich (od ihn etc) Gott!; ~ **bilir** weiß Gott ...; ~ **derim** weiß der Himmel; ~ **esirgesin** (od **saklasın**) Gott behüte; ~ **göstermesin** da sei Gott vor; ~ **için** bei Gott, wirklich; um Gottes willen; ~ **kabul etsin** vergelts Gott!; ~ **korusun** Gott behüte!; ~ **ona lâyığını versin** Gott möge ihn strafen; ~ **ömürler versin** lange mögen Sie leben (als Dank); ~ **rahatlık versin** schlaf(en Sie) gut!; ~ **razı olsun** Gott segne Sie (od ihn, dich)! (als Dank); ~ **rızası için** um Gottes willen!; ~ **selâmet versin** Gott behüte dich (ihn etc)! (vor e-r Reise); ~ **vere (de) ...** wollte Gott ...!; ~ **versin** Gott gebe es; zu Bettlern Gott wird dir geben; **~a ısmarladık** = **allahaısmarladık**; **~a şükür** Gott sei Dank!; **~ı(nı) seversen** um Gottes willen!; **~ın belası** Gottes Geißel f; gottverlassen (Ort); (**her**) **~ın günü** jeden Tag, den Gott werden lässt; **~ın izniyle** mit Gottes Hilfe, so Gott will; **~tan** *als adv* glücklicherweise, Gott sei Dank; **~tan bulsun** Gott strafe ihn!; **~tan kork!** schäm dich!; **~tan korkmaz** unmenschlich

**allahaısmarladık** auf Wiedersehen! (*sagt der Weggehende*)

**allah|lık** ⟨-ğı⟩ *adj* harmlos (*Person*); naiv, unbedarft **~sız** *adj* gewissenlos

**allak**: **~ bullak** wüst durcheinander; **-*i* ~ bullak etmek** durcheinanderbringen; **~ bullak olmak** durcheinanderkommen, durcheinander sein

**allâme** [-lɑ:-] allwissend; **~i cihan kesilmek** hum neunmalklug sein

**allasen** [-'lɑ:-] → Allahını seversen

**allem**: **~ kallem** (vage) Zusage; Floskeln *f/pl*; **~ etmek kallem etmek ak** die Register ziehen (*um j-n zu überzeugen*)

**allık** ⟨-ğı⟩ Rouge *n*; **~ sürmek** Rouge auflegen

**Alm.** *abk* → Almanca, Almanya

**alma** Entlehnung *f*

**almak** ⟨-ır⟩ nehmen (*-i akk*); (*satın* ~) kaufen; MED *ilaç* einnehmen; MED *organ, cenin* entfernen; *iş, öğüt, izin vs* bekommen; (*kabul etmek*) annehmen; (*elde etmek*) erzielen; *ürün* einbringen; *koku vs* wahrnehmen; *kız* zur Frau (*od als Schwiegertochter*) nehmen; *ölçü* nehmen; *kiracı* aufnehmen; *in ein Verzeichnis vs* (*çekmek*) rücken, verschieben; *radyo vs* empfangen; *şehir* einnehmen; *nehir* mit sich fortreißen; *içerebilmek* fassen; **banda ~** aufs Band aufnehmen; **sağa ~** nach rechts verschieben; rechts anhalten; **su ~** leck sein; **şakaya ~** als Scherz auffassen; **omuzlarına ~** sich (*dat*) überwerfen; schultern; **alıp götürmek** wegtragen, abfahren, abtransportieren; *-in* **b-le bir alıp veremediği var/olmak** mit j-m nicht auskommen können; **alıp yürümek** um sich greifen; **al sana ...!, alın size ...!** da haben wir ...!; LIT **aldı Kerem da hob Kerem an**; → alamamak

**almamazlık**: **~ etmemek** nicht ablehnen

**Alman** deutsch; Deutsche(r); **~ gümüşü** deutsches Silber; **~ usulü** getrennte Bezahlung der Ausgaben **~ca** [-'mɑndʒɑ] (das) Deutsch(e); Deutsch (*nur sprachlich*); **~ öğretmeni** Deutschlehrer *m*, -in *f*

**Alman|calaştırmak** verdeutschen **~cı** *umg* Deutschlandtürke *m* **~lık** ⟨-lığı⟩ Deutschtum *n*

**Almanya** Deutschland; **~ Federal Cumhuriyeti** Bundesrepublik *f* Deutschland; **Batı ~** *umg* BRD; **Doğu ~** *umg* (ehemalige) DDR *f* **~lı** aus Deutschland; → **Almancı**

**almaşık** abwechselnd; *yaprak* wechselständig

**'alo** TEL hallo!; **~, orası neresi?** (*od* **kim siniz?**) hallo, wer ist am Apparat?

**alonj** WIRTSCH Allonge *f*

**al'paka** (*alaşım, hayvan*) Alpaka *n*; (*yün*) Alpaka *m*

**Alp Dağları** (*a.* **Alpler**) (die) Alpen *pl*

**alpinist** Bergsteiger *m*, -in *f*

**Alsas** Elsass *n*; **~ Loren** Elsass-Lothringen *n*

**alt** ⟨-tı⟩ **A** *subst/adj* Untere(s), untere(r) Teil; Boden *m* (*e-s Gefäßes*); (*taban*) Sohle *f*; unter-; **~ bölüm** Unterabteilung *f*; **~ kat** untere(s) Stockwerk; **(bahçenin) ~ köşesi** die hinterste (*od* äußerste) Ecke (*des Gartens*); **~ ~ a** eins unter dem anderen; **~ ~ a üst üste** drunter und drüber; **~ etmek** unterkriegen; bezwingen; **~ taraf** Unterseite *f*; **~ tarafı (on lira)** weiter nichts als, nur (zehn Lira); **~ yanı çıkmaz sokak** es führt zu nichts; **~ına almak** niederwerfen (*im Kampf*); **sıkı kontrol ~ına almak** e-r scharfen Kontrolle unterziehen; **~ına etmek** *umg* sich (*dat*) in die Hosen machen; *-in* **~ında kalmamak** nicht unbeantwortet (*od* unvergolten) lassen; *bş-in* **~ından kalkmak** mit etw fertig werden; **~ta kalmak** unterliegen **B** *Ortssubstantiv -in* **~ına** unter *akk*; **masanın ~ına** unter den Tisch (*legen etc*); *-in* **~ında** unter *dat*; **masanın ~ında** unter dem Tisch (*liegen etc*); *-in* **~ından** unter *dat* ... hervor; **masanın ~ından** unter dem Tisch hervor (*kommen etc*)

**alt-** *oft* unter-, Unter-

**altcins** BIOL Unterart *f*

**altçene** Unterkiefer *m*

**alternatif** alternativ; **~ akım** Wechselstrom *m*

**alternatör** Wechselstromgenerator *m*

**altgeçit** ⟨-di⟩ Unterführung *f*

**altı** Sechs *f*; **~mız** wir sechs; **~da bir** ein Sechstel; **~ köşeli** sechseckig **~gen** Sechseck *n*

**altık** *mantık* Subsumtion *f*

**altıköşe** Sechseck n
**altın** Gold n; Goldstück n; adj golden, Gold-; **~ arayıcısı** Goldgräber m; **~ bilezik** Goldarmband n; fig lukrativ, e-e Goldgrube; **~ çağ(ı)** goldene(s) Zeitalter n; **~ esası** Goldstandard m; **~ değerinde** Gold wert; **~ dünyası** Eldorado n; **~ kesmek** steinreich sein; Geld machen; **~ külçesi** Goldbarren m; **~ küpü** fig Geldsack m; **~ sikke** Goldmünze f; **~ stoku** (a. rezervi) Goldvorrat m; **~ yaldızlı** vergoldet; **~lar** Goldmünzen f/pl; **külçe ~** Barrengold n
**altına** → alt B
**altınbaş** Art Zuckermelone f; adj vergoldet (z. B. Kuppel)
**altıncı** sechste
**altında(n)** → alt B
**altından** aus Gold, golden
**altınlamak** vergolden
**altınlı** goldhaltig; steinreich
**Altınordu** HIST (die) Goldene Horde
**altıparmak** ⟨-ğı⟩ Art große Makrele, Bonito; adj sechsfingrig; **mit sechs Zehen ~şar** je sechs; **~ ~** zu sechsen
**altkimlik** Unteridentität f
**altlı**: **~ üstlü** unten und oben; Jackenkleid n; Kostüm n
**altlık** ⟨-ğı⟩ (Schreib) Unterlage f; Untersatz m; Ständer m
**altmış** sechzig
**altmışaltı** Kartenspiel Sechsundsechzig n; umg **~ya bağlamak** hinhalten, abwimmeln
**altmışıncı** sechzigst-; **~lık** ⟨-ğı⟩ Sechzigjährige(r)
**alto** ['alto] Bratsche f; Alt m, Altstimme f
**altunî** [-u:ni:] goldfarben
**altüst** in heilloser Unordnung, chaotisch; **-i ~ etmek** durcheinanderbringen (akk); zerstören
**altyapı** Infrastruktur f; Erschließung f (e-s Grundstücks); PHIL fig Unterbau m; **-in ~sını getirmek** erschließen (Bauland)
**altyazı** FILM Untertitel m **~lamak** mit Untertiteln versehen
**alümin** Tonerde f; Korund m
**alüminyum** Aluminium n
**alüvyon** GEOL Anschwemmung f **~laşmak** angeschwemmt werden **~lu** Schwemm-, angeschwemmt
**alveol** ⟨-lü⟩ ANAT Alveole f

**alyans** Verlobungsring m; **par~** (akraba) verschwägert
**alyuvar** rote(s) Blutkörperchen
**am** vulg Fotze f
**ama** ['ama] aber, doch; jedoch; Verstärkung wirklich, bestimmt; **güzel, ~ çok güzel** wirklich sehr schön; **~ ne film** etc umg ein toller Film! etc
**amaç** ⟨-cı⟩ Zweck m; fig Ziel n; **~ edinmek** sich (dat) zum Ziel setzen; **bu ~la** zu diesem Zweck; **... amacıyla** zwecks, mit dem Zweck zu ...
**amaçlamak** bezwecken
**amaçlı**: **birkaç ~** Mehrzweck-; **çok ~** Vielzweck- **~sız** ziellos
**amade** [a:ma:-] bereit (-e zu)
**aman** [-ma:n] Hilfe!; Gnade!, Erbarmen!; ach bitte!; öfke, bıkkınlık zum Kuckuck!; uyarı Vorsicht!, lieber nicht!; o weh!; **~ (da) ne güzel şey!** Donnerwetter, wie ist das schön!; **~ Allahım hilf mir Gott!**; **~ beni rahat bırak!** zum Kuckuck, lass mich in Ruhe!; **~ bir daha yapmam** verzeih, ich tu's nicht wieder; **~ (zaman) dilemek** um Gnade bitten; **~ efendim ...** stellen Sie sich mal vor!, also so was!; **b-ne ~ vermek** j-n begnadigen; **b-ne ~ vermemek** j-m keine Ruhe geben; **~ vermez** schonungslos; **~ ne yaptım!** o weh, was habe ich getan!; **~ı zamanı yok** da gibt's kein Wenn und kein Aber
**amansız** gnadenlos; hastalık bösartig
**amatör** Amateur m, -in f; **fotoğraf ~ü** Amateurfotograf m, -in f
**-amaz** → -emez, oft darf (dürfen) nicht; z. B. **taşıt geçemez** (= Fahrzeug darf nicht durchfahren) Durchfahrt verboten
**ambalaj** Verpackung f; **~ dahil (hariç)** einschließlich (ausschließlich) Verpackung; **~ kağıdı** Packpapier n; **-i ~ etmek** od **yapmak** verpacken (akk) **~cı** Packer m, -in f **~lamak** v/t verpacken
**ambale**: **~ etmek** j-n benebeln; **~ olmak** ganz benommen sein
**ambar** Lager(haus) n, Speicher m; SCHIFF Laderaum m; Hohlmaß n von 75 cm³ (für Sand, Kies etc); Spedition(sfirma) f; **buğday ~ı** fig Kornkammer f; **~ etmek** (ein)lagern, speichern **~cı** Lagerist m; Lagerverwalter m
**am'bargo** Embargo n, Ausfuhrverbot n; SCHIFF Auslaufverbot n; **~ koymak**

ein Embargo verhängen; **~yu kaldırmak** das Embargo aufheben
**ambarlamak** lagern, speichern
**amber** Amber *m* **~baris** [-ba:-] BOT Berberitze *f* **~bu (pirinç)** Basmatireis *m* **~çiçeği** *Art* Mimose *f*
**amboli** MED Embolie *f*
**ambulans** Krankenwagen *m*
**'amca** Onkel *m* (*Bruder des Vaters*); *umg* Anrede an e-n älteren Mann; **~ kızı** Kusine *f*; **~ oğlu** Cousin *m*
**amel¹** *osm* Tat *f*, Werk *n*; REL Werke *n/pl*
**amel²** MED Durchfall *m*; **~ olmak** Durchfall haben
**amele** Arbeiter *m* (*bes am Bau*)
**ameliyat** [-a:t] ⟨-ti⟩ MED Operation *f*; **masası** Operationstisch *m*; **~ odası** Operationssaal *m*; **~ etmek** operieren; **~ olmak** operiert werden, sich operieren lassen (*akk* von)
**ameliye** Prozess *m*, Vorgang *m*; **petrol arma ~si** Erdölbohrungen *f/pl*
**amenna** [a:'mɛn:a:] richtig, ganz recht; **~ demek** *umg* Ja sagen
**Ame'rika** A'merika *n*; **~ Birleşik Devletleri (ABD)** Vereinigte Staaten von Amerika (USA)
**Amerikalı** Amerikaner *m*, -in *f*, amerikanisch; **~ şarkıcı** amerikanische Sängerin
**Amerikan** amerikanisch, US-; **~ şarkıcı** (*od şirketi*) amerikanische Sängerin (*od* Firma); **~ (bezi)** (kräftiges) Nesseltuch *n*; **~ bar** Bar *f*, Theke *f*; **~ espirisi** Kalauer *m*; **~ salatası** → Rus salatası **~ca** (das) Amerikanisch(e)
**ametal** nichtmetallisch
**ametist** ⟨-ti⟩ Amethyst *m*
**'amfi** Hörsaal *m*; umg Verstärker *m* (*Hi-Fi*) **~bik** amphibisch **~tiyatro** Amphitheater *n*
**amfor** Amphore *f*
**amil** [a:] tätig; Motiv *n*, Faktor *m*
**amin** Amen *n*; **~ çekmek** Amen sagen; *fig -e* **~ demek** zustimmen
**amino-**: **~ asitler** Aminosäuren *f/pl*
**amip** ⟨-bi⟩ ZOOL Amöbe *f* **~li** Amöben-
**amir** [a:] Vorgesetzte(r)
**amiral** ⟨-li⟩ Admiral *m*; **~ gemisi** Flaggschiff *n*
**amit** ⟨-di⟩ CHEM Amide *n/pl*
**amiyane** [a:mija:nɛ] volkstümlich (*Ausdruck etc*)

**amma** → ama
**amme** [a:] → kamu
**amonyak** ⟨-ğı⟩ Ammoniak *n*; Salmiakgeist *m*
**a'monyum** CHEM Ammonium *n*
**amorf** amorph
**amorti** WIRTSCH Tilgung *f*; *piyango* Kleingewinn *m*; Trostpreis *m*; **k-ni ~ etmek** (WIRTSCH) sich amortisieren
**amortisman** Amortisierung *f*; Abschreibung *f*; **~ akçesi** Tilgungsrate *f*
**amortisör** AUTO Stoßdämpfer *m*
**amper** ELEK Ampere *n* **~lik** ⟨-ği⟩ von ... Ampere **~metre** Amperemeter *n*
**ampir** üslubu Empirestil *m*
**ampirik** empirisch
**ampiyem** MED Empyem *n*
**ampli(fikatör)** ELEK Verstärker *m*
**amplifiye**: **~ etmek** verstärken
**amplitüt** ⟨-dü⟩ PHYS Amplitude *f*
**ampul** ⟨-lü⟩ Ampulle *f*; ELEK Glühlampe *f*
**ampütasyon** MED Amputation *f*
**amut**: **amuda kalkmak** e-n Handstand machen
**amyant** Asbest *m*; Asbestplatte *f*
**an** Augenblick *m*, Moment *m*; **bir ~da im** Augenblick; sofort; **bir ~ evvel** so bald wie möglich
**ana¹** *umg* Mutter *f*
**ana²** Haupt-, Zentral-, Grund- *etc*; **~ akçe** Stammkapital *n*; **~ atardamar** Hauptschlagader *f*, Aorta *f*; **b-ne ~ avrat sövmek** *j-n* mit äußerst schweren Schimpfworten beleidigen; **~ baba günü** übervoll (von Menschen); **~ baba bir** *adj* leiblich (*Geschwister*); **~ bir baba ayrı** *adj* Stiefgeschwister *pl*; **~ cadde** Hauptstraße *f*; **~ çizgi** MATH Seitenlinie *f*; Mantellinie *f*; **~ çizgileriyle** in großen Zügen; **~ defter** WIRTSCH Hauptbuch *n*; **~ fikir** Leitgedanke *m*; **~ hatlar** Hauptverkehrswege *m/pl*; Grundlagen *f/pl*; **~ işlem ünitesi** IT Hauptprozessor *m*; **~ kapı** Portal *n*; **~ kart** IT Hauptplatine *f*; **~ koynu** Gott (**kucağı**) Mutterschoß *m*; **~ motif** Leitmotiv *n*; **~ sütü** Muttermilch *f*; **~ tarafından** mütterlicherseits; *umg* **~m!** mein Liebe!, meine Liebe!; o weh; prima!; ach was!; **~m babam** *umg* Menschenskind!; du meine Güte!; **-in ~sı ağlamak** in großer Not sein; (*çalışmak*) schuften; **b-nin ~sını ağlatmak** *j-n* hart drannehmen;

**~sı danası** fig (mit) Kind und Kegel; sl **onun ~sını bellerim** (vulg **sikerim**) ich werd's ihm schon zeigen; umg **onun ~sını sat** (od **satayım**) pfeif' drauf! (od ich pfeife drauf!); **Meryem Ana** (die) Jungfrau Maria; **uçak ~ gemisi** Flugzeugmutterschiff n
**anaarı** Bienenkönigin f
**anababa** sg Eltern pl
**anaç** ZOOL fruchtbar; BOT vermehrungsfähig
**ana|dil** Ursprache f **~dili** Muttersprache f
**Anadolu** die ganze asiatische Türkei; HIST Anatolien n **~lu** Anatolier m, -in f
**ana|erki** Matriarchat n **~erkil** matriarchalisch
**anafor**[1] Gegenströmung f; Strudel m
**anafor**[2] umg Reibach m; **~dan** auf fremde Kosten; **~a konmak** schmarotzen **~cu** Schmarotzer m; umg Schieber m **~lamak** (-i) umsonst bekommen; umg schieben
**anahtar** a. MUS, TECH Schlüssel m; **~ deliği** Schlüsselloch n; **elektrik ~ı** Schalter m; **İngiliz ~ı** TECH Engländer m; **~ını bulmak** fig Mittel und Wege finden **~cı** Beschließer m, -in f; Schlüsselmacher m
**anakara** Kontinent m
**anakronizm** Anachronismus m
**ana|lık** ⟨-ğı⟩ Mutterschaft f; Mutterliebe f; Stiefmutter f; **b-ne ~ etmek** wie e-e Mutter zu j-m sein
**analitik** analytisch
**analiz** Analyse f; **~ etmek** analysieren; **~ yapmak** e-e Analyse durchführen
**analizlemek** (-i) analysieren
**analjezi** MED Analg(es)ie f; Betäubung f
**analo|g** ⟨-ği⟩ analog **~ji** Analogie f
**a'namal** ⟨-lı⟩ Kapital n **~cı** Kapitalist m, -in f
**ananas** Ananas f
**anane** Tradition f; → **gelenek**; **~ olmak** zur Tradition werden **~ci** Traditionalist m, -in f
**ananet** [-na:-] ⟨-ti⟩ MED Impotenz f
**ananevî** [i:] traditionell, herkömmlich
**a'naokulu** ⟨-nu⟩ Kindergarten m
**a'napara** Stammkapital n
**anarşli** Anarchie f; Terror m **~ik** anarchisch; umg terroristisch **~ist** ⟨-ti⟩ Anarchist m, -in f; umg Terrorist m, -in f
**anasız** mutterlos; **~ babasız** Vollwaise f

**anason** BOT Anis m
**anatom|i** anatomie f **~ik** anatomisch
**a'navatan** Heimat f (e-r Pflanze etc); Vaterland n
**a'na|yasa** POL Verfassung f; Satzung f der UNO; **Anayasa Mahkemesi** Verfassungsgericht n **~yasal** verfassungsmäßig, konstitutionell
**a'na|yol** Hauptstraße f; Fernverkehrsstraße f **~yön** ['-na-] Himmelsrichtung f **~yurt** ⟨-du⟩ → **anavatan**
**anbean** ['a:nbɛa:n] jeden Augenblick
**'anca** ancak; **~ beraber, kanca beraber** umg mitgegangen, mitgefangen
**'ancak** adv nur, lediglich; höchstens, kaum; **~ yarın** erst morgen
**ançüez** Anchovis f
**andetmek** -e geloben zu
**andırış** Ähnlichkeit f
**andırmak** -i erinnern an (akk), ähneln dat
**andiçmek** → **ant içmek**
**anemi** MED Anämie f
**anemon** Anemone f
**anestezi** Anästhesie f; **lokal ~** örtliche Betäubung f
**anfizem** MED Emphysem n
**angaje** engagiert; **~ olmak** sich engagieren **~man** Engagement n
**an'garya** Zwangsarbeit f; fig Knochenarbeit f **~cı** Leuteschinder m
**Anglikan** anglikanisch
**Anglosakson** Angelsachse m, angelsächsisch
**angut** ⟨-du⟩ ZOOL Rostgans f; fig Dummkopf m
**anı** Erinnerung f; **~lar** Memoiren pl
**anılmak** in Erinnerung sein; erwähnt werden; **anılmaya değer** erwähnenswert
**anımsa|mak** -i sich (dunkel) erinnern an (akk) **~tmak**: **b-ne ~ı** j-n erinnern an (akk)
**aninda** [a:n-] augenblicklich, sofort
**anır|mak** schreien (Esel); fig sich unfein ausdrücken **~tmak** fig zum Schreien bringen; umg **radyoyu anırtma!** mach das Radio leiser!
**anıştırmak** andeuten
**anıt** ⟨-tı⟩ Denkmal n; Ehrenmal n
**Anıtkabir** ⟨-bri⟩ Atatürks Mausoleum
**anıtlaşmak** zur Legende werden
**anıtsal** monumental; imposant

**anız** Stoppeln f/pl
**anızlık** ⟨-ğı⟩ Stoppelfeld n
**ani** [a:ni:] augenblicklich; plötzlich; unerwartet (*Ereignis*) **~den** adv unversehens **~lik** ⟨-ği⟩ Plötzlichkeit f
**anilin** Anilin n; **~ boyalar** Anilinfarben f/pl
**animasyon**: **~ filmi** Trickfilm m
**anjin** MED Angina f; **~ olmak** Angina haben *od* bekommen
**Ank.** *abk für* Ankara
**anka** [-ka:] *Vogel* Greif m; Phönix m; *fig* steinreich; **~ gibi** sagenhaft, legendär
**ankastre** eingebaut, Einbau-
**ankes** Kassenbestand m **~man** Inkasso n, Zahlungseingang m
**anket** ⟨-ti⟩ Umfrage f; **~ yapmak** e-e Befragung durchführen **~çi** Interviewer m, -in f; Meinungsforscher m, -in f
**anlak** ⟨-ğı⟩ PHIL Verstand m **~sal** verstandesmäßig
**anlam** Bedeutung f, Sinn m; **~ına gelmek, ~ında olmak** bedeuten, heißen; darauf hinauslaufen (dass); **~ aykırılığı** Widerspruch m; **bş-e ~ katmak** etw (*dat*) Sinn geben
**anlamak** v/t verstehen, begreifen; feststellen; *umg* herausfinden; nachsehen (was da los ist); **-den ~** etwas verstehen von; **-den hiç bir şey anlamadım** ich habe nichts von … gehabt; **şakadan ~** Spaß verstehen
**anlamazlık** (*a.* **anlamamazlık**): **~tan gelmek** sich dumm stellen
**anlam|bilim** Semantik f **~daş** synonym **~landırmak** v/t interpretieren; e-n Sinn hineinlesen **~lı** sinnvoll; bedeutungsvoll; bezeichnend
**anlam|sal** bedeutungsmäßig **~sız** bedeutungslos, sinnlos, absurd **~sızlık** ⟨-ğı⟩ Bedeutungslosigkeit f; Unsinnigkeit f
**anlaş|ılan** adv offensichtlich **~ılır** begreiflich; klar
**anlaş|ılmak** klar (*od* deutlich) werden; **bundan şu anlaşılır** daraus geht Folgendes hervor **~ılmaz** unbegreiflich
**anlaşma** Verständigung f; Vereinbarung f; Abkommen n; **~ yapmak** ein Abkommen treffen; **yanlış ~** Missverständnis n; **bir yanlış ~ olmuş** es liegt ein Missverständnis vor
**anlaşmak** sich verstehen; (*-de*) sich verständigen (über *akk*)
**anlaşmalı**: **~ hekim** Kassenarzt m, Kassenärztin f
**anlaşmazlık** ⟨-ğı⟩ Meinungsverschiedenheit f; Konflikt m
**anlatan** Erzähler(r)
**anlatı** LIT Erzählung n; **~ (türü)** Epik f
**anlatıcı** ⟨-ğı⟩ Erzähler m, -in f
**anlatılmak** *passiv von* anlatmak; **dille anlatılamaz** unbeschreiblich; **anlatıldığına göre** es wird erzählt, dass
**anlatım** Ausdruck m **~bilim** Stilistik f **~bilimsel** stilistisch **~cılık** ⟨-ğı⟩ Expressionismus m
**anlatış** Erzählweise f; Darstellungsart f
**anlatmak** ⟨-*i -e*⟩ *j-m etw* (*akk*) erklären, erläutern; *Geschichte* erzählen; *Ereignis* schildern; abrechnen (*-e mit j-m*; *-i* wegen *gen*)
**anlayış** Auffassungsgabe f; Verständnis n; Mentalität f; **hizmet ~i** Kundenorientiertheit f; **~ göstermek** Verständnis zeigen *od* haben
**anlayışla** adv verständnisvoll; **~ karşılamak** Verständnis entgegenbringen (*-i j-m*)
**anlayış|lı** adj verständnisvoll **~sız** verständnislos **~sızlık** ⟨-ğı⟩ Verständnislosigkeit f
**anlı**: **~ şanlı** (*od* **şanlı**) ansehnlich; angesehen
**anlık** vergänglich, flüchtig
**anma** Gedenken n; **~ günü** Gedenktag m; **~ töreni** Gedenkfeier f
**anmak** ⟨anar⟩ gedenken (-*i gen*); *Namen* erwähnen, nennen
**anne** ['an:ɛ] Mutter f; **~ler günü** Muttertag m
**anneanne** Großmutter f (*mütterlicherseits*); *umg* Oma f
**anne-baba** sg Eltern pl; **annem-babam** meine Eltern
**anne|ciğim** [-dʒi:m] Mutti f, Mama f **~lik** ⟨-ği⟩ Mutterschaft f; **~ etmek** -*e* wie e-e Mutter sein zu
**anofel** ZOOL Malariamücke f
**anonim** anonym; namenlos; **~ şirket (AŞ)** Aktiengesellschaft f (AG)
**anons** *radyo* Ansage f; Durchsage f
**anorganik** anorganisch
**anormal** anomal **~lik** ⟨-ği⟩ Anomalie f
**anot** ⟨-du⟩ Anode f
**ansambl** Ensemble n

**ansefalit** ⟨-ti⟩ MED Hirnhautentzündung f
**ansımak** sich entsinnen -i gen
**ansızın** plötzlich
**ansiklopedi** Enzyklopädie f
**ant** ⟨-dı⟩ Eid m; Gelöbnis n; **~ etmek** (od **içmek**, a. **vermek**) e-n Eid ablegen od leisten; schwören; **b-ne ~ ettirmek** j-m den Eid abnehmen; **andını bozmak** s-n Eid brechen; **andım var** ich habe mein Wort gegeben
**antagonizm** Antagonismus m
**antant** ⟨-tı⟩ Übereinkommen n; POL Block m; HIST Entente f
**antarkti|k** antarktisch **~ka** Antarktis f
**anten** Antenne f; ZOOL Fühler m
**antepfıstığı** ⟨-nı⟩ BOT Pistazie f
**anterit** ⟨-ti⟩ MED Darmentzündung f
**antet** ⟨-ti⟩ Briefkopf m; **~li kağıt** Briefbogen m (mit Briefkopf)
**antibiyotik** ⟨-ği⟩ Antibiotikum n
**anti|demokratik** antidemokratisch **~emperyalist** antiimperialistisch **~faşist** antifaschistisch; Antifaschist m, -in f **~friz** Frostschutzmittel n
**antik** antik; **~ çağ** Antike f
**an'tika** Antiquität f; Hohlsaumarbeit f; umg komisch, sonderbar; **~cı (mağazası)** Antiquitätenladen m; **~ biri** komischer Kauz m **~lık** ⟨-ğı⟩ Rarität f; Schrulle f
**antikor** MED Antikörper(chen) n m
**antilop** ⟨-pu⟩ Antilope f
**antipati** Antipathie f, Abneigung f
**antipatik** unsympathisch; **~ bulmak** unsympathisch finden
**antisemit** ⟨-ti⟩ Antisemit m, -in f **~izm** Antisemitismus m
**antiseptik** antiseptisch
**antitez** Antithese f
**antlaş|ma** POL Pakt m; **barış ~sı** Friedensvertrag m; **saldırmazlık ~sı** Nichtangriffspakt m
**antoloji** Anthologie f
**antrakt** ⟨-tı⟩ FILM, THEAT Pause f
**antrasit** ⟨-ti⟩ Anthrazit m
**antre** Eingang m; Diele f
**antrekot** ⟨-tu⟩ Mittelrippenstück n
**antren|man** Training n; **~ yapmak** trainieren **~ör** Trainer m, -in f
**antrepo** Lagerhaus n
**antrparantez** fig nebenbei bemerkt; beiläufig (sagen)

**anut** [u:] ⟨-du⟩ störrisch
**anüs** ANAT After m
**AO** abk → anonim şirket
**aort** ⟨-tu⟩ Aorta f
**'apaçık** sperrangelweit offen; fig völlig klar
**'apak** schneeweiß
**apalak** ⟨-ğı⟩ Pausback m; pummelig
**apandis** Wurmfortsatz m; Blinddarm m **~it** Blinddarmentzündung f
**'apansız(ın)** jäh, ganz plötzlich
**aparat, aparey** Apparat m
**aparmak** dial v/t wegbringen; umg klauen
**apartman** Mehrfamilienhaus n; **~ dairesi** Etagenwohnung f; **~ kapıcısı** Hauswart m; **~ yöneticisi** Hausverwalter m, -in f
**apar topar** überstürzt, Hals über Kopf
**apaş** Rowdy m
**'apayrı** ganz verschieden
**apazlamak** v/t zusammenraffen; fig einheimsen; v/i mit dem Wind segeln
**aperitif** Aperitif m
**apış** Innenseite f des Schenkels; **~(ını) açmak** die Beine grätschen od gegrätscht halten; **~ arası** ANAT Schamgegend f; Schritt m (bei Kleidung) **~lık** ⟨-ğı⟩ Zwickel m
**apışmak** Tier hinsinken (vor Entkräftung); die Beine grätschen; mit gegrätschten Beinen sitzen od stehen; **apışıp kalmak** verdattert sein
**a'piko** SCHIFF segelklar; umg flink, fix; fesch
**aplik** ⟨-ği⟩ Wandleuchter m
**aplikasyon** auf Kleidern Besatz m
**aplike** Besatz m; ... mit Besatz
**apolet** ⟨-ti⟩ Schulterklappe f
**apopleksi** MED Schlaganfall m
**apre** Appretur f **~lemek** v/t appretieren
**apse** MED Abszess m **~lenmek** eitern; unp (es) bilden sich Eiterherde
**apsent** Absinth m
**apsis** MATH Abszisse f; ARCH Apsis f
**Apt.** abk → apartman(ı)
**aptal** ⟨-lı⟩ dumm; Dummkopf m, Idiot m; **-i ~ yerine koymak** j-n für e-n Dummkopf halten **~laşmak** verblöden; verdattert sein **~lık** ⟨-ğı⟩ Dummheit f; **gitmekle** etc **~ ettim** es war dumm von mir hinzugehen; **~ yapmak**

Dummheiten machen **~sı** albern
**aptes** REL Waschung *f*; **büyük ~** Stuhlgang *m*, große(s) Geschäft; **küçük ~** Urinieren *n*, kleine(s) Geschäft; **~ almak** REL e-e Waschung vornehmen; **~ bozmak** auf die Toilette gehen; REL unrein werden **~hane** [-sa:-] Toilette *f*
**apul: ~ ~ yürümek** (dahin)watscheln
**ar¹** Ar *n* (= 100 m2)
**ar²** Scham(gefühl *n*) *f*; **~ etmek** sich schämen
**ara** ◪ *subst* Abstand *m*; Zwischenraum *m*; Pause *f*; *fig* Kluft *f*; (menschliche) Beziehungen *f/pl*; Zwischen-, Inter-; **~ hattı** Demarkationslinie *f*; **~ kapı** Durchgang *m*; **~ kararı** JUR Zwischenentscheid *m*; **~ mal** Zwischenprodukt *n*; **~ renk** Nuance *f*; Schattierung *f*; **~ seçim** POL Nachwahl *f*; **~ vermek** Arbeit (zeitweilig) unterbrechen (*-e akk*), e-e (kleine) Pause machen; **~da kalmak** das Nachsehen haben, leer ausgehen; in e-e Affäre verwickelt sein; **~da kaynamak** unbeachtet bleiben; sich in der Menge verlieren; **iki ~da bir derede (kalmak)** zwischen allen Stühlen (sitzen); im Ungewissen (sein); **~(da) sıra(da)** von Zeit zu Zeit; **~dan üç yıl geçti** es sind drei Jahre her; **~dan çıkarmak** hinter sich bringen; **~dan çıkmak** sich zurückziehen; erledigt werden; *-i* **~larına almak** aufnehmen (*in ihre Gruppe*); *-in* **~larına karışmak** geraten zwischen (*akk*); sich gesellen zu; **kendi ~larında** sie unter sich; *-in* **~larını açmak** (*od* bozmak) sie (einander) entzweien; *-in* **~larını bulmak** *v/t* versöhnen; **~mız (~ nız, ~ları)** unsere (eure, ihre) Beziehungen; **~mız açık** (*od* **bozuk**) unser Verhältnis ist kühl; **~mız açıldı** die Entfernung zwischen uns ist größer geworden; *fig* wir haben uns überworfen; **~mız düzeldi** wir haben uns versöhnt; *-le* **~sı hoş olmamak** auf dem Kriegsfuß stehen mit; **A ile B'nin ~sını açmak** einen Keil zwischen A und B treiben; **A ile B'nin ~sını bulmak** zwischen A und B vermitteln; **~ya** *od* **~larına girmek** vermitteln (*bei Streit*); sich einmischen; dazwischenkommen; **~ya yamuk** *ung Person* dabei draufgehen; *Sache* flöten gehen; *-i* **~ya koymak** *j-n* zum Vermittler machen; *j-n* als Werkzeug benutzen ◨ *Ortssubstantiv:* **masayla dolabın ~sına** zwischen den Tisch und den Schrank (*stellen etc*); **masayla dolabın ~sında** zwischen dem Tisch und dem Schrank (*stehen etc*); **masayla dolabın ~sından** zwischen dem Tisch und dem Schrank hervor/hindurch (*kommen etc*); **~nızda doktor var mı?** ist unter Ihnen ein Arzt?; **iş ~sında** während der Arbeit
**araba** Wagen *m*; Auto *n*; Wagenladung *f*, Fuhre *f*; **~ vapuru**, **~ı vapur** Autofähre *f*; **~ kullanmak** Auto fahren; **çocuk ~sı** Kinderwagen *m*; **çek ~nı** *umg* zieh Leine! **~cı** Kutscher *m*; HIST Stellmacher *m* **~cık** ⟨-ğı⟩ AUTO Aufhängung *f*
**arabaşlık** Zwischentitel *m*
**Arabi** [i:] arabisch
**Arabî** IT Interface *n*
**Arabistan** Arabien *n*
**Arabiyat** [-a:t] ⟨-tı⟩ Arabistik *f* **~çı** Arabist *m*, -in *f*
**a'ra|bozan** Streithammel *m* **~bozanlık** ⟨-ğı⟩ Streit *m*, Zwietracht *f* **~bozucu** Störenfried *m*; Hetzer *m*
**ara|bulma** Vermittlung *f* (*zwischen Streitenden*) **~bulucu** Vermittler *m*, -in *f* **~buluculuk** ⟨-ğu⟩ Vermittlung *f*
**aracı** Vermittler *m*, -in *f*; Makler *m*, -in *f* **~lık** ⟨-ğı⟩ Vermittlung *f*; *-in* **aracılığıyla** durch Vermittlung *gen/von*
**a'racümle** GRAM Einschiebsel *n*
**araç** ⟨-cı⟩ Mittel *n*; (*cihaz*) Gerät *n*, Instrument *n*; (*taşıt*) Fahrzeug *n*; **~ gereç** Materialien *n/pl*, Ausrüstung *f*; **ulaşım ~ları** Transportmittel *n/pl*; Verkehrsmittel *n/pl*; **üretim ~ları** Produktionsmittel *n/pl*
**arada, aradan** → **ara**
**Araf** [ɑːrɑːf] REL Fegefeuer *n*
**arak¹** Arrak *m*
**arak²: ~ işi** Diebesgut *n* **~çı** *f* Langfinger *m* **~çılık** ⟨-ğı⟩ Diebereî *f*
**a'rakesit** ⟨-ti⟩ MATH Schnittpunkt *m*
**araklamak** *v/t* umg stibitzen
**arala|mak** *v/t* e-n Spalt öffnen; auseinanderrücken **~nmak** *umg* türmen (*-den* aus *dat*); *passiv von* **aralamak**
**aralık¹** ⟨-ğı⟩ ◪ *subst* Abstand *m*; Zwischenraum *m*; Zeit *f*; Pause *f*; enge(r) Durchgang, Gasse *f*; Spalt *m*, Ritze *f* ◨ *adj* e-n Spalt offen, *kapı* angelehnt; **bir ~** eine Zeit lang; irgendwann; während-

dessen; bei Gelegenheit; **bu ~ zurzeit; ~ vermeden** pausenlos
**aralık**² ⟨-ğı⟩ Dezember *m*; **~ ayı** der Monat Dezember; **~ta, ~ ayında** im (Monat) Dezember
**aralıklı** durchbrochen; mit Unterbrechungen; TYPO mit Durchschuss; **1,5 ~** mit 1,5 Zeilenabstand
**aralıksız** ununterbrochen, pausenlos
**arama** Nachforschung *f*; Durchsuchung *f*; **~ tarama** Razzia *f*, Durchkämmung *f* *e-s Ortes*
**aramak** *v/t* suchen; nachforschen; fragen nach *j-m*; aufsuchen; (*telefonla*) anrufen; bestehen auf (*z. B. s-m Recht*); sich sehnen nach (*Vergangenem*); sich interessieren für *j-n*; *Haus, Taschen* durchsuchen; *Ort* durchkämmen; *fig* provozieren (*Probleme etc*); **telefonla ~** anrufen, am Telefon verlangen; **arayıp sormak** *v/t* sich kümmern (um *j-n*); **arayıp taramak** *v/t* durchkämmen; *Zeitungen* auswerten;
**aramamak** (es) nicht bereuen
**aran|an** WIRTSCH gesucht, gefragt **~mak** *passiv* von *aramak*; vermisst sein; Bedingung sein; *Taschen etc* durchwühlen; herumsuchen; provozieren (*Probleme etc*)
**Arap** ⟨-bı⟩ Araber *m*, -in *f*; *umg a.* Schwarze(r); *umg* (Schwarzweiß)Negativ *n*; arabisch **~ça** (das) Arabisch(e); arabisch
**arapsabunu** ⟨-nu⟩ Schmierseife *f*
**arapsaçı** Kraushaar *n*; *fig* Wirrwarr *m*
**arasına, arasında, arasından** → **ara** B
**a'rasıra** dann und wann
**arasız** pausenlos, dauernd
**araştırıcı** Forscher *m*, -in *f*; forschend (*Blick*)
**araştırma** Forschung *f*; Erforschung *f*; Untersuchung *f*; GEOL Schürfen *n*; Schürfung *f*; **~ görevlisi** Assistent *m*, -in *f* (*an der Universität*); **kamu ~sı** Meinungsumfrage *f*
**araştırmacı** Forscher *m*, -in *f*
**araştırmak** *v/t Zimmer* durchsuchen; *Frage* prüfen, untersuchen; *Gebiet* erforschen; *Ursache* erforschen, feststellen
**aratmak** *kausativ* von *aramak*; *v/t* vermissen lassen (*Vergangenes*), wehmütig erinnern an (*akk*)
**arayıcı** (*altın ~ vs*) Goldgräber *m etc*

**arayış** Suche *f*, Bestreben *n*
**a'ralyön** sekundäre Himmelsrichtung (*Südosten etc*) **~yüz** IT Oberfläche *f*
**araz** [aːraːz] MED Symptom *n*; Nebenumstand *m*; PHIL Attribut *n*
**arazi** [-raːziː] Gelände *n*; Grundstück *n*; Grund und Boden *m*; **~ arabası** Geländewagen *m*; **~ sahibi** Grundbesitzer *m*; **~ olmak** *umg* Schule schwänzen, blaumachen
**arbede** Radau *m*, Schlägerei *f*
**arbitraj** WIRTSCH Arbitrage *f*; Schiedsgericht *n*
**ardıç** ⟨-cı⟩ BOT Wacholder *m*; **~ rakısı** Gin *m*, Wacholderschnaps *m*
**ardıçkuşu** ZOOL Drossel *f*, Amsel *f*
**ardıl** Nachfolger *m*, -in *f*; konsekutiv
**ardın:** *fig* ~ rückwärts
**ardına** → **art** B
**ar'dınca:** (*-in*) ~ hinter (*dat*) her; **birbiri ~** im Gänsemarsch
**ardında, ardından** → **art** B
**ardışık** aufeinanderfolgend; fortlaufend (*Zahl*); MED Nach-(*Wirkung*)
**ardiye** Depot *n*, Lagerhaus *n*; Lagergebühr *f*
**arduaz** Schiefer *m*; Schiefertafel *f*
**arena** Arena *f*, *fig* Schauplatz *m*
**argaç** ⟨-cı⟩ Schuss *m* (*beim Weben*) **~lamak** *Fäden* einschießen; weben
**argın** = yorgun
**'argo** Slang *m*; *adj* ... im Slang
**arı**¹ Biene *f*; **kovanı** Bienenstock *m*; **~ gibi** sehr fleißig, emsig
**arı**² rein, pur
**arıbeyi** Bienenkönigin *f*
**arıcı** Imker *m*, Bienenzüchter *m* **~lık** ⟨-ğı⟩ Imkerei *f*; Bienenzucht *f*
**arık** → **ark**¹
**arıkil** Kaolin *n*
**arılaşmak** sich reinigen
**arılık** ⟨-ğı⟩ Reinheit *f*
**arın|dırmak** *v/t* säubern, befreien (*-den von*) **~ma** Reinigung *f*, Säuberung *f*; PHIL Läuterung *f*
**arın|mak** sich reinigen, sich läutern **~mış** befreit (*-den von*); **nükleer silahlardan ~ bölge** atomwaffenfreie Zone
**arısütü** (Bienen)Futtersaft *m*
**arış** Deichsel *f*; Kette *f* (*beim Weben*); Unterarm *m*; HIST Elle *f*
**arıt|ım, ~ma** TECH Klärung *f*; **~ tesisi** Kläranlage *f* **~mak** *v/t* reinigen (*-den*

von); *Wasser* klären; TECH raffinieren

**arız** [a:] plötzlich auftretend; zufällig; ~ **olmak** *Unruhe etc* überkommen (*-e akk*)

**arıza** [a:] Störung *f*; Panne *f*; MED Komplikation *f*; MUS Versetzungszeichen *n*; GEOL Unebenheit *f*; ~ **yapmak** zu e-r Komplikation führen; → **arızalanmak**

**arıza‖lanmak** e-e Panne haben, Schaden erleiden ~**lı** *arazi* uneben; *yol* holperig; *makina* defekt, gestört; MED *organ* angegriffen, geschädigt; AUTO ~ **çalışmak** *umg* stottern ~**sız** eben; störungsfrei; reibungslos

**arızî** [a:] vorübergehend, zufällig

**arızî** [a:rızi:] zufällig

**Ari** [a:ri:] Arier *m*, -in *f*; arisch

**arif** [a:] klug; erfahren; gebildet

**arife** Vortag *m*; Vorabend *m*; *fig -in* ~**sinde bulunmak** unmittelbar bevorstehen (*zeitlich*)

**aristokrasi** Aristokratie *f*, Adel *m*

**aristokrat** ⟨-tı⟩ Aristokrat *m*, -in *f*, Adlige(r)

**aritmetik** ⟨-ği⟩ Arithmetik *f*; arithmetisch ~**sel** arithmetisch

**ariyet** [a:] Notbehelf *m*; SCHIFF Havarie *f*

**ariyeten** leihweise

**Arjantin** Argentinien *n* ~**li** Argentinier *m*, -in *f*; argentinisch

**ark¹** ⟨-kü⟩ Bewässerungsgraben *m*

**ark²** ⟨-kü⟩ *a.* ELEK Bogen *m*

**arka** A *subst* Rücken *m*; Rückseite *f*; Fortsetzung *f* (*e-r Erzählung etc*); Rückenlehne *f*; *fig* Beschützer *m*; Rück- (*Seite, Wand*); Hinter- (*Tür, Rad*); ~ **koltuk** AUTO Rücksitz *m*; ~ ~**ya** hintereinander; ~ ~**ya vermek** sich gegenseitig unterstützen; ~ **çıkmak** Unterstützung geben; ~ **kapıdan çıkmak** *Schule* ohne Abschluss verlassen; **b**- **ne** ~ **olmak** j-m e-e Stütze sein; ~ **plan** Hintergrund *m*; ~ **üstü yatmak** auf dem Rücken liegen; **b-ne** ~ **vermek** j- m Hilfe leisten; ~**da** hinten; ~**da bırakmak** überholen; *Toter* zurücklassen; *Jahre* durchleben; ~**da kalanlar** (die) Hinterbliebenen; (die) Zurückgelassenen; ~**da kalmak** im Hintergrund treten; zurückliegen (*Zeit, Lage*); ~**dan** von hinten; ~**dan** ~**ya** *fig* hinter dem Rücken; ~**sı** ~**sı alınmak** e-r Sache (*dat*) ein Ende setzen; ~**sı gelmek** *fig* weitergehen; ~**sı kesilmek** aufgebraucht werden/sein; versiegen; **bş-in**

~**sına düşmek** *etw* eifrig verfolgen; **b-nin** ~**sına düşmek** j-m auf den Fersen sein; **b-nin** ~**sında dolaşmak** sich j-m anzunähern versuchen; *-in* ~**sından** hinter … her, nach (*zeitlich*); **b-nin** ~**sından konuşmak** hinter j-s Rücken reden; *-in* ~**sını bırakmak** nicht mehr verfolgen, loslassen; *-in* ~**sını bırakmamak** nicht ablassen von; ~**ya bırakmak** (auf später) verschieben B *Ortssubstantiv*: *-in* ~**sına** hinter *akk*; **dolabın** ~**sına** hinter den Schrank (*stellen etc*); *-in* ~**sında** hinter *dat*; **dolabın** ~**sında** hinter dem Schrank (*stehen etc*); *-in* ~**sından** hinter *dat* … hervor (*kommen etc*)

**arka-** hinter-, Hinter-

**arkada, arkadan** → arka

**arkadaş** Freund *m*, -in *f*; (*tanıdık*) Bekannte(r); (*iş* ~**ı**) Kollege *m*, Kollegin *f*; **asker(lik)** ~**ı** Kamerad *m*; **sınıf** ~**ı** Klassenkamerad *m*; **yol** ~**ı** Reisebekanntschaft *f* ~**ça** freundschaftlich

**arkadaşlık** ⟨-ğı⟩ Freundschaft *f*; Kameradschaft *f*; ~ **etmek** befreundet sein

**arka‖lamak** (*-e*) *j-m* Hilfe leisten; *j-n* unterstützen; protegieren; *sich* (*dat*) auf den Rücken laden ~**lı** breitschultrig; protegiert ~**lık** ⟨-ğı⟩ Rückenlehne *f*; (*Fahrrad*) Gepäckträger *m*; Schulterkissen *n* (*des Lastträgers*)

**arkasına, arkasında, arkasından** → arka B

**arkasız** ohne Protektion

**arkeolo‖g** Archäologe *m*; Archäologin *f* ~**ji** Archäologie *f* ~**jik** archäologisch

**Arkti‖k** arktisch ~**ka** Arktis *f*

**arlan‖mak** sich schämen ~**maz** schamlos

'**arma** Wappen *n*; SCHIFF Takelwerk *n*; ~ **etmek** SCHIFF ausrüsten

**armağan** Geschenk *n*; Festschrift *f*; **Nobel** ~**ı** Nobelpreis *m*; **b-ne bş-i** ~ **etmek** j-m etw schenken

**armatör** Reeder *m*, -in *f*

**armatür** Armatur *f*

**armoni** Harmonie *f*; ~ **orkestrası** Blasorchester *n*

**armo'nika** Mundharmonika *f*; Akkordeon *n*

**armoz** SCHIFF Fuge *f*, Nut *f* (*der Planken*)

**armut** ⟨-du⟩ BOT Birne *f*; *umg* Trottel *m*; ~ **gibi** blöd

**Arnavut** ⟨-du⟩ Albanier *m*, -in *f*; alba-

# A ARNA | 50

nisch; **~ ciğeri** GASTR panierte Leber; **~ kaldırımı** Kopfsteinpflaster n **~ça** (das) Albanisch(e); (auf) Albanisch **~luk** ⟨-ğu⟩ Albanien n

**aromatik** aromatisch

**arozöz** Sprengwagen m

**arpa** Gerste f; klein; **bir ~ boyu yol gitmek** kaum vorankommen **~cık** ⟨-ğı⟩ MED Gerstenkorn n; MIL Korn n

**arpalık** ⟨-ğı⟩ Gerstenspeicher m; Gerstenfeld n; **burası ~ değil!** hier kann man sich nicht frei bedienen!

**¹arsa** Baugrundstück n

**arsenik** ⟨-ği⟩ Arsenik n

**arsız** schamlos; frech, ungezogen; bitki anspruchslos **~lanmak, ~laşmak** unverschämt, zudringlich sein **~lık** ⟨-ğı⟩ Schamlosigkeit f; Frechheit f

**arsin** Arsen n

**arslan** → aslan

**arş¹** (der) "siebte Himmel"; Thron m Gottes; Alkoven m

**arş²** osm MIL marsch! (im Schritt)

**arşın** Elle f (WIRTSCH 0,68 m; TECH 0,75 m) **~lamak** (aus)schreiten; **sokakları ~** durch die Straßen schlendern

**arşidük** Erzherzog m

**arşipel** Archipel m

**arşiv** Archiv n **~ci** Archivar m, -in f **~lemek** archivieren; ablegen

**art** ⟨-dı⟩ **A** subst Rücken m; hintere Seite f, hintere(r) Teil; Rückseite f, Kehrseite f; Fortsetzung f; Ende n; Hinter- (Beine, Tür); nachfolgend (Generation); **~ arda gelmek** nacheinander kommen (od gehen); **~ düşünce** Hintergedanke m; **~ta kalmak** zurückbleiben; heil bleiben; übrig bleiben; **ardı ardına** hintereinander, umg dicht aufeinander; unaufhörlich; **ardı (arkası) kesilmek** ein Ende nehmen; **-in ardı arkası kesilmez** unablässig; **ardı sıra** hinterher; **-in ardından bakmak** nachschauen dat; **-in ardına düşmek** auf dem Fuß folgen dat; **ardına kadar açık** weit offen (Tür etc); **-in ardından koşmak** hinter j-m herlaufen; **-in ardını boşlamak** etw aufgeben, fig hinwerfen, umg hinschmeißen; **-in ardını getirmek** zu Ende führen **B** Ortssubstantiv → arka

**art-** hinter-, Hinter-

**artakalmak** übrig bleiben; überleben

**artan** übrig geblieben; zunehmend

**artavurt** subst GRAM velar

**artçı** MIL Nachhut f; Epigone m; **~ deprem** Nachbeben n

**artdamak** ⟨-ğı⟩ hintere(r) Gaumen, Velum n **~sı** GRAM velar, Hintergaumen-

**arterioskleroz** MED Arteriosklerose f

**artezyen**: **~ kuyusu** artesische(r) Brunnen

**artı** zusätzlich; a. MATH plus; positiv (Zahl); **~ değer** Mehrwert m; **~ işareti** Pluszeichen n; **~ kutup** ELEK positive(r) Pol; **~ uç** ELEK Anode f; **~ yüklü** positiv geladen

**artık¹** ⟨-ğı⟩ Rest m; CHEM Niederschlag m, Rückstand m; Relikt n; **~ eksik** mehr oder weniger

**¹artık²** endlich, nunmehr, inzwischen; nicht mehr (in verneintem Satz); **~ yaz geldi** endlich ist der Sommer da; **~ çocuk değil** sie ist kein Kind mehr; **~ gelmez** jetzt kommt er nicht mehr

**artık|değer** Mehrwert m **~gün** Schalttag m (29. Februar) **~yıl** Schaltjahr n

**artım** Wachstum n; Steigerung f **~lı** gequollen (durch Kochen)

**artır|ım** Sparen n **~ma** Erhöhung f; (müzayede) Auktion f

**artırmak** v/t erhöhen, anheben; Produktivität steigern; Geld mehren, sparen; auf der Auktion bieten

**artış** Zuwachs m; Steigerung f

**artist** ⟨-ti⟩ Schauspieler m; Künstler m; **~ kadın** Schauspielerin f; Künstlerin f; **~ gibi** schön (Person)

**artistik** künstlerisch

**artma** Zuwachs m; Steigerung f

**artmak** ⟨-ar⟩ v/i zunehmen, steigen; **fiyat yüzde on arttı** der Preis stieg um 10%; **-den ~** übrig bleiben von; **yeter de artar** mehr als genug

**artsız**: **~ arasız** unaufhaltsam; **~ uçsuz** eine Unzahl von

**arttırma(k)** → artırma(k)

**¹artzamanlı** GRAM diachronisch **~lık** Diachronie f

**aruz** [u:] Metrik f (der osm Hofliteratur)

**¹arya** MUS Arie f

**arz** Vorlage f, Unterbreitung f; WIRTSCH Angebot n; Bericht m; **~ ve talep** Angebot und Nachfrage; **b-ne b-ş-i ~ etmek** j-m etw vorlegen, unterbreiten; zum Verkauf vorschlagen

**arzu** [u:] Wunsch *m*; **~ üzerine** auf Wunsch; **~ etmek** wünschen; *-mek* **~sunda olmak** den Wunsch haben + *inf*; **başka ~nuz** sonst noch einen Wunsch?

**arzuhal** [a:] ⟨-li⟩ *osm* Bittschrift *f* **~ci** Schreiber *m* (*für Antragstellende*)

**arzulamak** *v/t* herbeisehnen; begehren

**as¹** Hermelin *n*

**as²** Myrte *f*

**as³** (*Karte*) Ass *n*; *fig* Kanone *f*; Beste(r)

**as-⁴** Unter-, Vize-

**asa** [asa:] Krückstock *m*; Zepter *n*; REL Hirtenstab *m*

**asabi** [i:] nervös **~leşmek** nervös werden, sich aufregen **~yet** ⟨-ti⟩ Nervosität *f*

**asal** Haupt-, Grund-; **~ sayı** Primzahl *f*

**asalak** ⟨-ğı⟩ BOT, ZOOL, *fig* Schmarotzer *m*, Parasit *m* **~lık** ⟨-ğı⟩ *fig* Schmarotzertum *n*

**asalet** [-sa:-] ⟨-ti⟩ Adel *m* **~en** [-'sa:-] JUR in eigener Person, eigenverantwortlich; hauptamtlich (*Beamte*)

**asamble** Versammlung *f*

**asansör** Fahrstuhl *m*, Aufzug *m* **~cü** Fahrstuhlführer *m*

**asap** [a:sa:p] ⟨-bı⟩: **b-nin asabını bozmak** j-m auf die Nerven gehen

**asarıatika** [i:] Antiquitäten *f/pl*

**asayiş** [a:sa:-] Sicherheit *f*, Ordnung *f*

**asbaşkan** Vizepräsident *m*, *-in f*

**asbest** ⟨-ti⟩ Asbest *m*

**aseptik** aseptisch

**ases** HIST Nachtwache *f*; HIST Sicherheitsbeamte(r)

**asetat** ⟨-tı⟩ Acetat *n*; Acetatfolie *f*

**asetilen** Acetylen *n*

**aseton** Aceton *n*; *umg* Nagellackentferner *m*

**asfalt** ⟨-tı⟩ Asphalt *m*; asphaltiert; Teerstraße *f* **~lamak** *v/t* asphaltieren

**asgarî** [i:] mindest-; Mindest-; minimal, Minimum *n*

**ashap** [-a:p] REL Augen- und Ohrenzeugen *Mohammeds*

**ası: ~da bırakmak** in der Schwebe lassen; **~da kalmak** Sache in der Schwebe *od* unentschieden bleiben

**asık** yüz mürrisch, sauertöpfisch, finster; *pej* **~ suratlı** *fig* ein Sauertopf

**asıl** ⟨aslı⟩ Grundlage *f*, Basis *f*; Wesen *n*, Kern *m*; Grund *m* (*e-r Sache*); Herkunft *f*; Wurzel *f*; Original *n* (*e-s Dokumentes*); Echtheit *f*, Richtigkeit *f*; *adj* richtig, eigentlich, wahr (*Problem*); Haupt- (*Strecke, Grund*); **~ önemlisi** (das) eigentlich Wichtige; **~ sayı** ganze Zahl, Grundzahl *f*; **aslı astarı olmayan** aus der Luft gegriffen; **aslı çıkmamak** sich nicht als wahr erweisen; **aslı gibi** originalgetreu; **aslı nesli bellisiz** (*od* **belirsiz**) von unbekannter Herkunft; **aslı var** (es ist) begründet, es ist etwas dran; **aslı yok** (es ist) unbegründet; unglaubwürdig; **aslına bakarsan(ız), aslında** im Grunde genommen

**asılı** hängend, aufgehängt

**asıllı: Alman ~** *vs* von deutscher *etc* Herkunft

**asılmak** *passiv von* asmak; sich hängen (*-e an akk*); auf die Nerven gehen; anmachen *-e akk*; *-in* **yüzü** (*od pej* **suratı**) **~** ein langes Gesicht machen; **küreklere ~** sich in die Riemen legen

**asılmış** hängend; (*idam edilmiş*) gehenkt

**asılsız** unbegründet, frei erfunden **~lık** ⟨-ğı⟩ Haltlosigkeit *f* (*e-r Nachricht*)

**asıntı: işi ~ya bırakmak** die Arbeit aufschieben; **~ olmak → askıntı olmak**

**asır** (asrı) Jahrhundert *n*; Zeitalter *n* **~lık** ⟨-ğı⟩ hundertjährig

**asi** [a:] aufrührerisch; Rebell *m*, *-in f*

**asidite** Säuregehalt *m*

**asil** [i:] adlig; *fig* edel; *Beamter* unkündbar

**asi|leşmek** rebellisch werden **~lik** ⟨-ği⟩ Aufsässigkeit *f*; **~ etmek** aufbegehren

**asil|lik** ⟨-ği⟩ Adel *m*; (Ehren)Titel *m* **~zade** [-za:-] Adlige(r), Aristokrat *m*

**asimetrik** asymmetrisch

**asimptot** ⟨-tu⟩ Asymptote *f*

**asistan** Assistent *m*, *-in f* **~lık** ⟨-ğı⟩ Assistentenstelle *f*; Assistenz *f*

**asit** ⟨-di⟩ Säure *f* **~li** säurehaltig; **~ yağmur** saure(r) Regen

**asitlik** ⟨-ği⟩ Säuregehalt *m*

**asker** Soldat *m*; *umg* (*askerlik*) Wehrdienst *m*; *adj fig Mensch* diszipliniert; *Volk* heldenhaft; **~ kaçağı** Deserteur *m*; **~ olmak** Soldat werden; **~ selamı** Soldatengruß *m*; **~de olmak** beim Militär sein; **~den arındırmak** entmilitarisieren; **~den kaçmak** desertieren; **~e çağırmak**

**ASKE**

zum Wehrdienst einberufen; **~e gitmek** zum Militär gehen; **~ler** Militärs n/pl

**askerî** militärisch; Militär-; Wehr-; ~ **hizmet** Militärdienst m; ~ **mahkeme** Militärgericht n

**askerîleş|me** Militarisierung f **~tirmek** v/t militarisieren

**askerlik** ⟨-ği⟩ Wehrdienst m; ~ **çağı** dienstpflichtige(s) Alter; ~ **yapmak** (in der Armee) dienen; ~ **hizmeti** Wehrdienst m; **askerliği bitirmek** den Wehrdienst ableisten

**askı** Haken m; (Kleider) Bügel m, Ablage f; Tragriemen m; Träger m (an Kleidung); Hosenträger m/pl; Bund n von Früchten (zum Nachreifen); MED (Arm)Binde f; JUR Aufgebot n; fig Unentschiedenheit f; **~da aufgehängt**; MED in der Binde; fig in der Schwebe; **~da bırakmak** in der Schwebe lassen; **~da kalmak** unentschieden sein; **~ya almak** abstützen; Schiff flottmachen; e-e Beschlussfassung zurückstellen; **~ya çıkmak** sich verpuppen; Bekanntmachung ausgehängt werden; **~ya çıkarmak** JUR ein Aufgebot erlassen

**askılı** Hänge-; aufhängbar; ~ **yatak** Hängematte f

**askıntı** Quälgeist m; **b-ne ~ olmak** j-n bedrängen, belästigen

**'asla** keineswegs, durchaus nicht

**aslan** Löwe m; fig Held m, Recke m; **dişi ~** Löwin f; **~ ağzında olmak** fast unerreichbar sein; **~ gibi** stattlich, imposant; verwegen; kerngesund; ~ **payı** Löwenanteil m; ~ **sütü** hum Anisschnaps m; ~ **yürekli** heldenmütig; HIST Richard Löwenherz; **~ım!** Bursche!, Junge!; mein Lieber!

**Aslan, ~ burcu** ASTROL Löwe m; **~ burcundan olmak** ein Löwe sein

**as'lanağzı** ⟨-nı⟩ BOT Löwenmaul n; Wasserspeier m

**aslanlık** ⟨-ğı⟩ Heldentum n

**'aslen** im Grunde genommen; der Herkunft nach, von Geburt ...

**aslı** → asıl

**aslî** [i:] Grund-, Haupt-; Original-; ursprünglich, eigentlich; ~ **görev** Hauptaufgabe f

**asliye:** ~ **mahkemesi** etwa Amtsgericht n

**asma¹** Hängen n, Aufhängen n; Hänge-,

hängend; ~ **bahçe** Dachgarten m; ~ **kat** Hängeboden m; Zwischenstock m; ~ **kilit** ⟨-di⟩ Vorhängeschloss n; ~ **köprü** Hängebrücke f; ~ **yatak** SCHIFF Hängematte f

**asma²** Lianen f/pl, Kletterpflanzen f/pl; (Wein)Reben f/pl; ~ **çardağı** Weinlaube f; ~ **kütüğü** Weinrebe f; ~ **yaprağı** Weinblatt n

**asmagiller** Schlingpflanzen f/pl

**asmak** ⟨-ar⟩ hängen (-i -e akk an akk), aufhängen (an dat; (idam etmek) (auf-)hängen, henken (-i j-n); umg Schule schwänzen; sich drücken -i vor dat; Arbeit a. blaumachen; **asıp kesmek** j-n tyrannisieren; wie ein Tyrann wüten

**asorti** zueinanderpassend (Kleidung) **~man** Sortiment n

**aspiratör** Lüfter m

**asrî** [i:] modern, zeitgemäß

**assubay** Unteroffizier m

**astar** Futter n (Kleidung); TECH Grundierung f; **~ boyası** Grundierfarbe f; **bş-e ~ çekmek** etw grundieren; **-in ~ı yüzünden pahalı** unrentabel (durch unsichtbare Kosten) **~lamak** v/t Anzug füttern; TECH grundieren; **~lı** gefüttert; grundiert **~lık** ⟨-ğı⟩ Futterstoff m

**asteğmen** Leutnant m (wörtlich: Unterleutnant)

**astım** Asthma n **~lı** asthmatisch

**astırmak** kaus von asmak

**astragan** Astrachanpelz m, Persianer (-pelz) m

**astro|log** Astrologe m **~loji** Astrologie f

**astro|nom** Astronom m **~nomi** Astronomie f **~nomik** astronomisch

**astronot** ⟨-tı⟩ Astronaut m, -in f

**'astropik|a** Subtropen pl **~al** subtropisch

**astsubay** → assubay

**asude** [ɑːsuː-] ruhig, still

**Asurca** (das) Assyrisch(e)

**Asya** Asien n **~lı** Asiate m, Asiatin f; asiatisch (Person)

**aş** Essen n, Gericht n

**AŞ** abk → anonim şirket

**aşağı** ⓐ subst untere(r) Teil; unter-; Ware minderwertig; Wert niedrig, gering; nieder- (Pflanzen, Tiere); ~ **almak** unterwerfen, umstürzen; ~ **görmek** j-n verachten; unterschätzen; **-den ~ kal(ma)-**

**mak** (nicht) nachstehen *dat*; **~ yukarı** mehr oder weniger, ungefähr; rauf und runter; hin und her; **Ahmet ~, Ahmet yukarı** Ahmet hin und Ahmet her; immer nur Ahmet; **~da** unten; **~da adları yazılı eserler** weiter unten (*od* nachstehend) aufgeführte Werke; **~da belirtilen** unten genannt; **~da imza eden** (der *od* die) Unterzeichnete; **~daki** unten stehend; **~dan** von unten her; **~(ya)** nach unten, abwärts **B** *Ortssubstantiv -in* **~sında** unterhalb *gen*; *-in* **~sından** unter *dat* her(vor); *-in* **~sına** unter *akk*

**aşağı|lamak** erniedrigen, beleidigen; **aşağılayıcı** erniedrigend **~lar** *Unten n*; *tiefer liegende Gegend*(*en*) **~lık** ⟨-ğı⟩ Niedertracht *f*; niederträchtig; **~ duygusu** *od* **kompleksi** Minderwertigkeitskomplex *m*

**aşağısa|ma** Geringschätzung *f* **~mak** *v/t* gering schätzen

**aşağısı** Unten *n*; *tiefer liegende Gegend*(*en*) **~na, ~nda(n), ~ya** → **aşağı B**

**aşama** Phase; Hierarchie *f* **~lı** (ab)gestuft

**aşçı** Koch *m*; Wirt *m e-r Imbissstube*; **~ dükkânı** Garküche *f*; **~ yamağı** Küchenjunge *m*; **~ kadın** Köchin *f* **~başı** ⟨-nı, -yı⟩ Küchenchef *m* **~lık** ⟨-ğı⟩ Kochkunst *f*; Kochberuf *m*

**aşermek** Schwangerengelüste haben

**'aşevi** ⟨-ni⟩, **aşhane** *f* Volksküche *f*

**aşı** Impfstoff *m*; Impfung *f*; BOT Pfropfreis *n*; Okulieren *n*, Veredeln *n*; **~ erik** *etc* veredelter Pflaumenbaum *etc*; **~ kâğıdı** Impfschein *m*; *-e* **~ yapmak** (*od* **vurmak**) impfen *akk*; **çiçek ~sı** Pockenimpfung *f*

**aşıboya|lı** ockerfarben **~sı** ⟨-nı⟩ Ocker *m* (*a. n*); ockerfarben

**aşık** ⟨-ğı⟩ ANAT (Fuß)Knöchel *m*; **~ atmak** Knöchel werfen; *fig* sich messen (*-le* mit *dat*); **~ kemiği** Knöchel *m*

**âşık** ⟨-ğı⟩ (*-e*) verliebt (in *akk*); Verehrer *m*; Volksdichter *m*, *-in f*; *-e* **olmak** sich verlieben in *akk*; **özgürlüğe ~** freiheitsliebend

**âşık|lık** ⟨-ğı⟩ Verliebtheit *f* **~taşlık** ⟨-ğı⟩ Techtelmechtel *n*

**aşılama** Impfen *n*

**aşılamak** impfen; BOT veredeln; *Wasser* lauwarm machen; *fig* **b-ne bş-i ~** j-n anstecken mit; j-m etw einflößen, suggerieren (*Ideen etc*)

**aşılanmak** *passiv von* aşılamak

**aşılı** MED geimpft; BOT veredelt; **tifoya karşı ~** gegen Typhus geimpft

**aşılmak** *passiv von* aşmak; **aşılmaz engel** unüberwindliches Hindernis

**aşım** *Tiere* Paarung *f*

**aşındır|an, ~ıcı** Erosions-; scharf; zersetzend; ätzend **~ma** GEOL Erosion *f*; MED Ausschabung *f* **~mak** *v/t* abnutzen; j-n ermüden, mitnehmen; CHEM zerfressen, auswaschen, erodieren; *-in* **eşiğini** (*od* **kapısını**) **~** sehr oft ein- und ausgehen bei

**aşınma** TECH Abnutzung *f*, Verschleiß *m*; GEOG Erosion *f*; **~ payı** WIRTSCH Abschreibung(ssumme) *f*

**aşınmak** sich abnutzen, *umg* ausleiern

**aşıra'mento** *umg* Klauerei *f*

**aşırı** übermäßig; äußerst-, extrem; über-, übertrieben; Extremist *m*; **~ derecede** über die Maßen; **~ doyma** Übersättigung *f*; **~ duyarlık** Überempfindlichkeit *f*; **~ gitmek** *fig* zu weit gehen; **~ hareket** abweigige(s) Verhalten *n*; **~ hız** Geschwindigkeitsüberschreitung *f*; **~ sağ** (**sol**) POL extreme Rechte (Linke); **~ sağcı** Rechtsextremist *m*, *-in f*; **~ solcu** Linksextremist *m*, *-in f*; **~ uç** POL Extrem *n*; **~ya kaçmak** in ein Extrem verfallen; **deniz ~** Übersee-

**aşırılık** ⟨-ğı⟩ Übermaß *n*; Übertreibung *f*; Exzess *m*

**aşırma** Plagiat *n*; *umg* geklaut **~cı** Plagiator *m*; Langfinger *m*

**aşırmak** *umg* mausen, klauen; *-den* hinübersetzen über *akk*

**aşırmasyon** *umg* Klauerei *f*

**aşısız** MED ungeimpft; BOT ungepfropft

**aşifte** → aşüfte

**aşikâr** offenkundig

**aşina** [a:ʃina:] bekannt (*vom Sehen etc*) **~lık** ⟨-ğı⟩ Vertrautheit *f*

**aşiret** [i:] Volksstamm *m*; Nomadenstamm *m*

**aşk** ⟨-kı⟩ Liebe *f* (*leidenschaftlich, sexuell*); Begeisterung *f*; **~ yapmak** Liebe machen; **~ şarkısı** Liebeslied *n*; **~a gelmek** in Verzückung geraten; **bilim ~ı** Liebe zur Wissenschaft; **Allah ~ına** um Gottes willen!

**aşketmek**: **b-ne bir tokat ~** j-m e-e

Ohrfeige verpassen

**aşkın** übersteigend, über; **elliyi ~ bir adam** ein Mann über fünfzig; **otuzu ~ ağaç** über (od mehr als) dreißig Bäume
**aşkolsun** bravo!; **~ size!** nicht nett von Ihnen!; *hum* ich bedanke mich!
**aşmak** ⟨-ar⟩ *v/t* Berg übersteigen; Meer, Schlucht durchqueren; Grenze, Frist überschreiten; Hindernisse überwinden; Hürde nehmen; *-e* bespringen *akk* (Tier); *-den* klettern über *akk*
**aşoz** Rille *f*, Nute *f*
**aşure** [u:] Art Süßspeise; Sammelsurium *n*; ~ **ayı** *der islamische Monat Muharrem*
**aşüfte** [a:] liebestoll; Dirne *f*
**aşyermek** → aşermek
**at** Pferd *n*; **~ başı gitmek** Kopf an Kopf rennen; *fig* auf gleichem Niveau stehen; **~ cambazı** Zirkusreiter *m*; Pferdehändler *m*; **~ gibi** *hum* Walküre *f*; **~ oğlanı** Pferdeknecht *m*; **~ oynatmak** zeigen, was man kann; nach Gutdünken verfahren; **~ uşağı** Stallknecht *m*; **~ yarışı** (*od* **koşusu**) Pferderennen *n*; **~a binmek** reiten; **~ı arabaya koşmak** ein Pferd vor den Wagen spannen; **~lar anası** *hum* Walküre *f*, Hünin *f*
**AT** *abk* → Avrupa Topluluğu
**ata** Ahn *m*; Vorfahr *m*; *fig* Vorgänger *m*
**atacak** ⟨-ğı⟩ TECH Auswerfer *m*
**atacılık** ⟨-ğı⟩ Atavismus *m*
**ataerk|i** Patriarchat *n* **~il** patriarchalisch **~illik** Patriarchat *f*; Patriarchalismus *m*, (männlicher) Chauvinismus *m*
**atak**[1] ⟨-ğı⟩ kühn, frech; rücksichtslos; *umg* Klatschmaul *n*
**atak**[2] ⟨-ğı⟩ Attacke *f*
**ataklık** ⟨-ğı⟩ Kühnheit *f*; Frechheit *f*
**atalet** [-a:-] ⟨-ti⟩ *a.* PHYS Trägheit *f*
**atamak** ⟨-ar⟩ *-e* berufen zu
**ataman** HIST Anführer *m*, Hetman *m*
**atan|ma** Berufung *f* **~mak** *passiv von* atamak
**atardamar** Schlagader *f*, Arterie *f*; *fig* Verkehrsader *f*; **büyük ~** Hauptschlagader *f*
**atasözü** Sprichwort *n*
**ataşe** POL Attaché *m*; **basın ~si** Presseattaché *m*
**Atatürkçü** Kemalist *m*, -in *f*; kemalistisch **~lük** ⟨-ğü⟩ Kemalismus *m*
**atavi|k** atavistisch **~zm** Atavismus *m*
**atbalığı** ZOOL Wels *m*

**atçılık** ⟨-ğı⟩ Pferdezucht *f*; Reitsport *m*
**ateist** ⟨-ti⟩ Atheist *m*, -in *f*; atheistisch
**ateizm** Atheismus *m*
**atelye** → atölye
**ate'rina** ZOOL Meeräsche *f*
**ateş** Feuer *n*; Begeisterung *f*; MED Fieber *n*, erhöhte Temperatur; *fig* Jähzorn *m*, Hitzköpfigkeit *f*; **~ açmak** das Feuer eröffnen; **~ almak** Feuer fangen; sich aufregen; beschossen werden; **yüzüme bastı** mir schoss das Blut in den Kopf; *-e* **(bir el) ~ etmek** einen Schuss abfeuern auf *akk*; **~ gecesi** Johannisnacht *f* (24. Juni); **~ gibi** glühend heiß; voller Elan; **~ pahasına** sündhaft teuer; **kendini ~e atmak** sich ins Unglück stürzen; sein Leben riskieren; **~e dayanıklı** feuerfest; *-i* **~e tutmak** anwärmen (*akk*); unter Beschuss nehmen; *-i* **~e vermek** in Brand stecken (*akk*); *j-n* in Panik versetzen; *ein Land* in Brand stecken; **~i kesmek** MIL das Feuer einstellen; **~le oynamak** *fig* mit dem Feuer spielen; **~ten indirmek** vom Feuer *od* Herd nehmen
**ateş|balığı** ⟨-nı⟩ ZOOL Sardine *f* **~böceği** ⟨-ni⟩ ZOOL Glühwürmchen *n*, Leuchtkäfer *m*
**ateşçi** Heizer *m*
**ateşkes** Feuereinstellung *f*; **~ ilan etmek** e-e Feuerpause ausrufen
**ateşleme** TECH Zündung *f*
**ateşlemek** *v/t* Ofen heizen; in Brand stecken; anstecken; TECH zünden; *Pistole* abfeuern
**ateşlendirmek** *fig* aufregen, in Fahrt bringen; *kaus von* ateşlenmek
**ateşlenmek** in Brand geraten; wütend werden; heftiger werden; MED Fieber bekommen
**ateş|letmek** *kaus von* ateşlemek; anzünden lassen **~leyici** zündend; Zündvorrichtung *f*
**ateşli** feurig, fiebrig; *fig* feurig, impulsiv; **~ silah** Feuerwaffe *f*
**'atfen** *-e* unter Bezugnahme auf *akk*
**'atfetmek** zuschreiben
**atıcı** Scharfschütze *m* **~lık** ⟨-ğı⟩ Schießsport *m*; *umg* Fantasterei *f*
**atıf** ⟨atfı⟩ Hinweis *m*, Bezug *m*
**atık** Abfall *m*; **~ sular** Abwässer *n/pl*
**atıl** [a:] *a.* PHYS träge; *kapasite* brachliegend

**atılgan** unternehmungslustig **~lık** ⟨-ğı⟩ Unternehmungslust *f*
**atılım** Ruck *m*, Schwung *m*; Initiative *f*; Aufschwung *m* **~cı** Vorreiter, Initiator *m*, -in *f*
**atılış** → atılım
**atılmak** *passiv von* atmak; *fig* sich melden (*mit Begeisterung*); *-e* (*od* *-in* **üstüne/içine**) sich stürzen auf/in *akk*; *-den* ~ hinausgeworfen werden; «Hayır!» diye atıldı sie warf ein: „Nein!"; yola ~ sich auf den Weg machen (*mit Elan*)
**atım** Schuss *m*; Ladung *f* (*e-s Geschosses*); Schussweite *f*; ... **~lık** für ... Ladungen, ... Schuss
**atış** Wurf *m*; Abschuss *m* *e-r Rakete*; Schießen *n*, Schuss *m*; ~ **bilgisi** Ballistik *f*; ~ **yeri** Schießplatz *m*
**atışma** Schusswechsel *m*; LIT Dichterwettstreit *m* **~mak** sich (gegenseitig) beschießen; *-le* sich bewerfen mit *dat*; ein Wortgefecht führen
**atıştırmak** A *v/t* essen (*e-e Kleinigkeit*) B *v/i* nieseln; leicht schneien
**atik** ⟨-ği⟩ rasch, flink
**A'tina** Athen *n* **~lı** Athener *m*, -in *f*; athenisch
**atkafalı** dämlich
**atkestanesi** ⟨-ni⟩ BOT Rosskastanie *f*
**atkı** Schal *m*, Halstuch *n*; *Weberei* Schuss *m*; Heugabel *f*; Schuhspange *f*
**atkuyruğu** Pferdeschwanz *m* (*Frisur*); BOT Tannenwedel *m*
**atlama** Springen *n*; Sprung *m*; Wurf *m*; **sırıkla** ~ Stabhochsprung *m*; **uzun** ~ Weitsprung *m*; **yüksek** ~ Hochsprung *m*; ~ **beygiri** Pferd *n* (*Turngerät*); ~ **sehpası** Bock *m* (*Turngerät*); ~ **tahtası** Sprungbrett *n*; ~ **taşı yapmak** *fig* als Sprungbrett benutzen
**atlamak** A *v/i* springen; **duvardan** ~ über die Mauer springen; **pencereden** ~ aus dem Fenster springen; **ata** ~ auf das Pferd springen; **çukura** ~ in die Grube springen; **konudan konuya** ~ (*od fig* **daldan dala**) ~ von e-m Thema auf das andere springen B *v/t* überspringen; versäumen (*Nachricht*)
**atlambaç** ⟨-cı⟩ Bockspringen *n*
**atlanmak**[1] aufsitzen (*aufs Pferd*)
**atlan|mak**[2] ausgelassen/übersprungen werden **~mış** ausgelassen, übergangen
**Atlantik** Atlantische(r) Ozean, Atlantik *m* **~ötesi** transatlantisch
**atlas**[1] *Stoff* Atlas *m*; Satin *m*
**atlas**[2] GEOG Atlas *m*; **& Okyanusu** Atlantische(r) Ozean, Atlantik *m*
**atlas**[3] ANAT Atlas *m*
**atlasçiçeği** ⟨-ni⟩ BOT (Glieder)Kaktus *m*, Kakteen *pl*
**atlat|ılmak** *passiv von* atlatmak **~mak** *Gefahr* abwenden; *Hindernis* überwinden; *Krankheit* gut überstehen; *Person* abwimmeln; **bş-i ucuz** ~ von etw glimpflich davonkommen
**atlayış** Sprung *m*, Absprung *m*
**atlet** ⟨-ti⟩ Athlet *m*, -in *f*; ärmelloses Unterhemd *n* **~ik** athletisch **~izm** Athletik *f*
**atlı** Reiter *m*; beritten; Pferde- (*Wagen*)
**atlıkarınca** Karussell *n*; ZOOL Riesenameise *f*
**atma** Werfen *n*; **gülle** ~ Kugelstoßen *n*
**atmaca** ZOOL Habicht *m*, Falke *m*
**atmak** ⟨-ar⟩ *v/t* werfen; schießen; wegwerfen; *j-n* hinauswerfen; verbannen; *umg* flunkern; *Besprechung etc* verschieben *-e* auf *akk*; *Brief* einwerfen; *Brücke etc* sprengen; *Fremdkörper* ausscheiden; *Mängel* beheben, beseitigen; *Kugel* stoßen; *Pfeil* abschießen; tun, geben (*-e* in *akk*, *Salz etc*); *Satellit* starten, abschießen; *Farbe* verschießen, verbleichen; *Naht*, *Marmor etc* platzen; **b-ni** *-den* ~ j-n hinauswerfen, ausschließen aus; **b-ne dayak** ~ j-n verprügeln; **hapse** ~ ins Gefängnis werfen; **ok** (**tüfek** *etc*) ~ mit dem Pfeil (Gewehr *etc*) schießen; *-in* **rengi** ~ *Person* erblassen; *Sachen* verblassen; (**havaya**) **silah** ~ e-n Schuss (in die Luft) abgeben; **sırtına** ~ sich (*dat*) auf den Rücken werfen; *Schal* umlegen *od* umwerfen; **b-ni sokağa** ~ j-n auf die Straße setzen; **bş-i sokağa** ~ etw zum Fenster hinauswerfen; **şafak atıyor** der Tag bricht an; **b-nde şafak** ~ es mit der Angst zu tun bekommen; **bş-e tarih** ~ das Datum auf etw setzen; *-in* **tohumunu** ~ den Keim legen zu; *-e* **tokat** (**tekme**, **yumruk** *etc*) ~ *dat* e-e Ohrfeige (e-n Fußtritt, Faustieb *etc*) versetzen; **bş-i b-nin üstüne** ~ j-m etw zuschieben; **atma Recep, din kardeşiyiz** *hum* wer's glaubt, wird selig!
**atmasyon** *umg* Angeberei *f* **~cu** *f* Angeber *m*

**atmık** ⟨-ğı⟩ Samen m, Sperma n
**atmosfer** Atmosphäre f; Milieu n; **bozucu** Klimakiller m **~ik** atmosphärisch
**atol** ⟨-lü⟩ Atoll n
**atom** Atom n; **~ ağırlığı** Atomgewicht n; **~ bombası** Atombombe f; **~ çağı** Atomzeitalter n; **~ çekirdeği** Atomkern m; **~ denizaltısı** Atom-U-Boot n; **~ dışı saha** atomwaffenfreie(s) Gebiet; **~ enerjisi** Atomenergie f, Atomkraft f; **~un parçalanması** Kernspaltung f; **~ santrali** Atomkraftwerk n; **~ silahları** Atomwaffen f/pl; **~ silahlarından arındırılmış bölge** atomwaffenfreie Zone; **~ savaşı** Atomkrieg m
**atom|al** Atom-, atomar **~cu** PHIL Atomist m **~ik** Atom-
**atomlu**: CHEM ... - atomig
**atonal** MUS atonal
**atölye** tamir Werkstatt f; sanat Atelier n; eğitim Workshop m
**atraksiyon** Attraktion f
**atsineği** ZOOL (Pferde)Bremse f
**attırmak** kaus von atmak
**aut** ⟨-tu⟩ SPORT out; Out n, Aus n; **~a atmak** ins Aus schlagen; **~a gitmek** ins Aus gehen; **~ atışı** Einwurf m
**av** Jagd f; Jagdbeute f; fig Beute f; **~ hayvanı** Wild n; **~ köpeği** Jagdhund m; **~ tezkeresi** Jagdschein m; **~ aramak** Wild aufspüren; fig auf Gewinn aus sein; **~a çıkmak** auf die Jagd gehen
**Av.** abk für **avukat** Rechtsanwalt (RA)
**avadan** dial Werkzeug(kasten m) n **~lık** ⟨-ğı⟩ (ein) Satz Werkzeuge
**aval**[1] ⟨-li⟩ WIRTSCH Wechselbürgschaft f; **~ veren** Wechselbürge m
**aval**[2]: **~ bakmak** umg glotzen
**avam** [-'va:m] einfache(s) Volk; Pöbel m; **♀ Kamarası** Unterhaus n (Großbritanniens)
**avanak** ⟨-ğı⟩ umg Trottel m; leichtgläubig
**avangart** ⟨-dı⟩ Avantgarde f
**avans** Vorschuss m; **~ ayarı** AUTO Vergasereinstellung f; **b-ne ~ vermek** j-m etw vorschießen, vorstrecken
**a'vanta** umg Reibach m **~cı** profitgierige(r) Mensch **~dan** umsonst
**avantaj** Vorteil m **~lı** vorteilhaft **~sız** unvorteilhaft
**a'vara**[1] SCHIFF stoß ab!; **~ etmek** SCHIFF abstoßen, absegeln
**ava'ra**[2] TECH Leerlauf m; **~ya almak** den Leerlauf einschalten
**avare** [a:va:'re] Tagedieb m; adj faulenzend; **~ etmek** bei der Arbeit stören **~lik** ⟨-ğı⟩ Müßiggang m
**a'varya** SCHIFF Havarie f
**avaz** Geschrei n; **~ ~ bağırmak** od **~ı çıktığı kadar bağırmak** aus voller Kehle schreien
**avcı** Jäger m; Fischer m; MIL Schütze m; ZOOL Raub-, Wild-; Jäger-; **~ çukuru** Schützengraben m; **~ uçağı** Jagdflugzeug n **~lık** ⟨-ğı⟩ Jägerei f; Fischfang m
**avdet** ⟨-ti⟩ Rückkehr f; **~ etmek** zurückkehren
**averaj** Mittelwert m (bes der Punkte)
**a'visto** WIRTSCH bei Sicht, bei Vorlage
**avize** Kronleuchter m
**avlak** ⟨-ğı⟩ Jagdgrund m
**avlamak** v/t jagen; Fische fangen; Kunden anlocken; (kandırmak) übers Ohr hauen
**avlanmak**[1] jagen, auf der Jagd sein
**avlanmak**[2] passiv von avlamak
**avlu** Hof m (am Haus), Innenhof m
**avrat** ⟨-tı⟩ umg Weib n
**avret** ⟨-ti⟩ Schamteile n/pl
**avro** Euro m (europäische Währungseinheit)
**Av'rupa** Europa n; **~ Birliği** (AB) Europäische Union f (EU); **~ Güvenliği ve İşbirliği Teşkilatı** (AGİT) Organisation für Sicherheit und Zusammenarbeit in Europa (OSZE); **~ Konseyi** Europarat m; **~ Kupası** Europacup m; **~ normu** Euronorm f; **~ Para Birimi** Europäische Währungseinheit f, Euro m; **~ Parlamentosu** Europaparlament n; **~ Şampiyonası** Europameisterschaft f; **~ Şampiyonu** Europameister m, -in f; **~ Topluluğu** (AT) Europäische Gemeinschaft (EG)
**Avrupa|i** [-pa:i:] europäisch, westlich **~lı** Europäer m, -in f; europäisch
**Avrupalılaşmak** sich europäisieren
**avuç** ⟨-cu⟩ Handfläche f, hohle Hand f, Handteller m; **(bir) ~** (eine) Handvoll; **-e ~ açmak** um Almosen bitten akk; **~ ~** reichlich; **~ dolusu** in Hülle und Fülle; **~ içi kadar** winzig, klitzeklein; **avucunu yalamak** das Nachsehen haben; **avucunda tutmak** in der Hand haben
**avuçlamak** ... Handvoll ... nehmen;

Besitz ergreifen von; grapschen nach
**avukat** ⟨-tı⟩ Rechtsanwalt *m*, Rechtsanwältin *f*; *fig* Fürsprecher *m*
**avukatlık** ⟨-ğı⟩ Anwaltschaft *f*; Beruf *m* e-s Rechtsanwalts; **b-ne ~ etmek** sich für j-n einsetzen; **~lık yapmak** als Rechtsanwalt tätig sein
**avun|durmak** ⟨-dı⟩ j-n trösten; j-n vertrösten **~mak** sich trösten; vertröstet werden **~tu** Trost *m*, Tröstung *f*
**avurt** ⟨-du⟩ (innere Seite der) Wange *f*, Backe *f*; **avurdu avurduna geçmiş** mit eingefallenen Wangen, abgemagert; **~ şişirmek** die Wangen aufblasen; *fig* wichtigtun; **b-ne ~ zavurt etmek** *umg* j-n zur Schnecke machen
**Avus'tralya** Australien *n* **~lı** Australier *m*, -in *f*; australisch
**Avus'turya** Österreich *n* **~lı** Österreicher *m*, -in *f*; österreichisch
**avut** ⟨-tu⟩ → aut
**avutmak** zerstreuen; besänftigen, trösten; *fig* hinhalten; **k-ni bş-le ~** sich mit etw trösten
**avü** WIRTSCH bei Sicht
**ay**¹ şaşkınlık ach, ach nee!; **hoşlanma ~, ne güzel o**; *acı* au!
**ay**² Mond *m*; **~ ışığı** Mondlicht *n*; **~ parçası (gibi)** bildhübsch; **~ tutulması** Mondfinsternis *f*; **~ yıldız** Halbmond und Stern (*türk. Fahne*); **~ yılı** Mondjahr *n*
**ay**³ Monat *m*; **~da bir** (**iki** *etc* **kere**) einmal (zweimal *etc*) im Monat; *umg* **~da yılda bir** ganz ganz selten
**aya** Handteller *m*; Fußsohle *f*
**ayak** ⟨-ğı⟩ Fuß *m*; *Tier* Pfote *m*, Huf *m*; Gestell *n*, Ständer *m*; Pfeiler *m* e-r Brücke; Bein *n*; *Maß* Fuß (30,5cm); Tempo *n*, Gangart *f*; Flussarm *m*, Zustrom *m*; Abfluss *m* (e-s Sees); Reim *m*; Abschnitt *m* (e-s Rennens); **~ altında kalmak** zertrampelt werden; **~ atmak** ausschreiten; betreten (*-e akk*); **~ üstüne atmak** die Beine übereinanderschlagen; **~ bağı** *fig* Klotz *m* am Bein; **~ basmak** *allg* betreten (*-e akk*); bei seiner Meinung bleiben; **~ değiştirmek** den Tritt wechseln; **~ diremek** hartnäckig sein; **~ işi** Besorgungen *f* (*e-s Laufburschen etc*); **~ tedavisi** ambulante Behandlung; **~ uydurmak** Tritt fassen; sich anpassen (*-e dat*); **ayağa düşmek** herunterkommen; *-i* **ayağa**

**kaldırmak** *j-n* auf die Beine bringen; *fig* aufrütteln; aufwiegeln; **ayağa kalkmak** aufstehen; *Kranker* wieder auf die Beine kommen; meutern; (*-e*) vor j-m aufstehen; *-in -e* **ayağı alışmak** e-n Ort *etc* regelmäßig aufsuchen; **ayağı bağlı** gebunden, verheiratet; **(kendi) ayağıyla gelmek** aus eigenem Antrieb kommen; **ayağına dolaşmak** *fig* auf j-n zurückfallen; am Vorankommen hindern; *-in* **ayağına düşmek** j-m zu Füßen fallen; *-in* **ayağına ip takmak** j-n in Misskredit bringen; *-in* **ayağına kadar gelmek** sich zu j-m bequemen; *-in* **ayağına gelmek** *fig* j-m in den Schoß fallen; *-in* **ayağını çelmek** j-m ein Bein stellen (*a. fig*); *-den* **ayağını kesmek** keinen Fuß mehr setzen (in *akk*); **j-n abwimmeln; ayağını çabuk tutmak** schnell machen; **~ta** auf den Beinen; im Stehen; MED ambulant; **~ta durmak** (auf den Beinen) stehen; **~ta kalmak** k-n Sitzplatz bekommen; **~ta tedavi** MED ambulante Behandlung; **ayağı uğurlu** Glücksbringer *m* (*Person*)
**ayak|altı** ⟨-nı⟩ belebte Gegend; Durchgang *m* **~çı** Bote *m*; Laufbursche *m*
**a'yakkabı** ⟨-yı⟩ Schuh *m*; **~ bağı** Schnürsenkel *m*; **~ boyası** Schuhcreme *f*; **~ fırçası** Schuhbürste *f*; **~ mantarı** Einlage *f*; **~ mağazası** Schuhgeschäft *n* **~cı** Schuhmacher *m*, Schuster *m* **~cılık** ⟨-ğı⟩ Schuhmacherei *f*
**ayaklamak** ausschreiten (*-i akk*) (*messen*)
**ayaklanma** Aufstand *m*; Rebellion *f*
**ayaklanmak** rebellieren; sich empören; *Kind* anfangen zu laufen; *Kranker* wieder aufstehen
**ayaklı** mit Fuß/Bein, mit ... Füßen/Beinen; **~ bardak** *od* **kadeh** Pokal *m*, Römer *m*; **~ kütüphane** (*-i*) wandelndes Lexikon; **dört ~lar** ZOOL Vierbeiner *m/pl*
**ayaklık** ⟨-ğı⟩ Pedal *n*; Schemel *m*; Sockel *m*; (*Leiter*) Tritt *m*; Stelzen *f/pl*
**ayak|ta** im Stehen; → **ayak ~takımı** ⟨-nı⟩ Pöbel *m* **~ucu** ⟨-nu⟩ Fußende *n* **~üstü** ⟨-nü⟩ stehend; zwischen Tür und Angel **~yolu** ⟨-nu⟩ *umg* Klo *n*
**ayal** [-a:l] ⟨-li⟩ Gattin *f*
**ayan:** **~ beyan** sonnenklar
**âyan** HIST Senatoren *m/pl*; Honoratioren *pl*; **~ meclisi** Senat *m*
**ayar** [-a:r] Feingehalt *m*; (*Gold*) Karat *n*;

**AYAR**

TECH Einstellung f; Regulierung f; Regulator m; Eichmaß n; Eichung f von Maßen u. Gewichten; Regulieren n (Schraube etc); umg **o benim ~ım değil** er ist nicht mein Kaliber; **~ dairesi** Eichamt n; **-ı etmek** eichen; TECH regulieren, einstellen; CHEM e-e (qualitative) Analyse durchführen; **~ı bozuk** Uhr etc nicht od falsch gestellt; Person charakterlos; **saat ~ı Stellen** n der Uhr; **~ını bozmak** TECH verstellen, falsch einstellen etc **~cı** Eichmeister m

**ayar|lamak** v/t allg einstellen, regulieren, regeln; Uhr stellen; standardisieren, normieren; Gewehr einschießen; umg j-n rumkriegen, beklatschen; etw organisieren, beschaffen **~layıcı** Regulator m **~lı** (genau) eingestellt; Farbe etc abgestimmt; ...karätig (Gold)

**ayarsız** ungeeicht; Uhr falsch gehend, ungenau; Person unberechenbar; unkultiviert

**ayartı** Verführung f **~cı** Verführer m, -in f; verführerisch

**ayartmak** v/t verführen; Angestellte abwerben

**Aya'sofya** Hagia Sophia f (in Istanbul)

**ayaz** eisige (trockene) Kälte; klare(s) Winterwetter; **~ yemek** Frost abbekommen; **~ kafa** Kahlkopf m; **~da kalmak** in der Kälte stehen bleiben; fig leer ausgehen **~la(n)mak** Wetter kalt werden; (durch)frieren

**a'yazma** heilige Quelle

**aybaşı** ⟨-nı⟩ Monatsbeginn m; MED Menstruation f; **~ görmek** die Regel haben; **~nda** am Monatsbeginn

**ayçiçeği** ⟨-ni⟩ BOT Sonnenblume f

**aydın** gebildet, intellektuell; Intellektuelle(r); fröhlich (Tage); **~lar** Intellektuelle pl, Intelligenz f; **gözün(üz) ~!** herzlichen Glückwunsch!

**aydınla|nma** Beleuchtung f; Informiertwerden n, Aufklärung f; ♀ (çağı) (Zeitalter n der) Aufklärung f **~nmak** beleuchtet werden; dämmern, Tag werden; Himmel sich aufklären; Person informiert werden **~tıcı** Leucht- (Rakete); Aufklärungs- (Arbeit); informativ

**aydınlat|ma** Beleuchtung f; Aufklärung f; Leucht- **~mak** v/t beleuchten; aufklären

**aydınlık** ⟨-ğı⟩ (Tages)Licht n; Helligkeit f; Klarheit f, Deutlichkeit f; Luke f; Lichtschacht m; adj hell (Zimmer); klar (Sprache); **aydınlığa çıkarmak** (od **kavuşturmak**) ans Tageslicht bringen, aufklären

**ayet** [a:] ⟨-ti⟩ Koranvers m

**aygın: ~ baygın** erschöpft; umg ganz hin (vor Liebe etc), verschossen (-e in akk)

**aygır** (Zucht)Hengst m; fig Ignorant m; Rüpel m

**aygıt** ⟨-tı⟩ Apparat m; ANAT System n; **sindirim ~ı** Verdauungssystem n

**ayı** ZOOL Bär m; pej **~ gibi** bullig; **~ herif** ungehobelte(r) Mensch; **~ yürüyüşü** (Gang m) auf allen Vieren

**a'yıbalığı** ZOOL Seehund m, Robbe f

**ayıcı** Bärenführer m; fig Rüpel m

**ayık** nüchtern; aufgeweckt; fig kühl (Kopf)

**ayık|lamak** v/t auslesen, sortieren; umg herauspicken; Gemüse waschen, putzen **~lanma** a. BIOL Auslese f; **tabii ~** natürliche Auslese

**ayıklık** ⟨-ğı⟩ Nüchternheit f

**ayıkmak** nüchtern werden (nach Rausch)

**ayılmak** zu sich kommen (nach Ohnmacht)

**ayıltı** Katzenjammer m; Ernüchterung f

**ayıltı|cı** ernüchternd **~mak** wieder zu sich bringen

**ayıp** ⟨-bı⟩ Schande f; Mangel m, Fehler m; adj schändlich, schimpflich; beschämend; **~ değil** das ist keine Schande; **~ etmek** sich vorbeibenehmen; **söylemesi ~** (od **~tır söylemesi**) mit Verlaub zu sagen; **size ~** ⟨-tır⟩ schämen Sie sich!; **sorması ~** (od **~tır sorması**) wenn ich fragen darf

**ayıp|lamak** tadeln **~lı** tadelnswert **~sız** untadelig; Mensch ohne Fehler

**ayır: ~-buyur** teile und herrsche!

**ayıraç** CHEM Reagenz n; Norm f; Sortiermaschine f; Reaktions- **~an** dispergierend, Streu-; MATH Diskriminante f

**ayırıcı** Ausschalter m; Sortier-; spezifisch; Dispersions- (Mittel) **~ıcılık** ⟨-ğı⟩ Unterscheidungsmerkmal n

**ayırım** → ayrım

**ayırmak** (-i -den) j-n trennen (von dat); etw unterscheiden (von dat); j-n entfernen (von j-m); (-i -e) (ein)teilen (in akk); etw reservieren, zurückbehalten, Buch zurücklegen (für j-n)

# AYRI

**ayırt**: ~ **etmek** (tanımak) ausmachen; unterscheiden (-i -den akk von); ~ **edilmek** sich unterscheiden (-den von); ~ **edilir** merklich; ~ **edilmez** unmerklich

**ayırtlı** Nuance f ~**mak** kaus von ayırmak

**ayin** ⟨a:⟩ REL Gottesdienst m

**aykırı** asozial; widersprechend (-e dat); zuwiderlaufend (-e dat); -feindlich, -widrig; schräg; -e ~ **çekmek** gegen j-n auftreten; -e ~ **gelmek** od **olmak** widersprechen (dat); -i -e ~ **görmek** etw für unvereinbar halten (mit dat); **yasaya** ~ gesetzwidrig

**aykırılaşmak** widersprechen, zuwiderlaufen (-e dat) ~**lık** ⟨-ğı⟩ Unvereinbarkeit f, Widersprüchlichkeit f

**ayla** ASTRON Hof m

**aylak** ⟨-ğı⟩ müßig; herumlungernd ~**çı** Gelegenheitsarbeiter m ~**çılığı** ⟨-ğı⟩ Herumlungern n, Faulenzerei f

**ayle** umg → aile

**aylı** mondbeschienen

**aylık** ⟨-ğı⟩ (Monats)Gehalt n, Lohn m; monatlich, Monats-; ~ **dergi** Monatszeitschrift f ~**çı** Gehaltsempfänger m ~**lı** umg fest eingestellt

**aylmak** ⟨-ar⟩ zur Besinnung kommen, sich besinnen ~**maz** unbesonnen, unbekümmert ~**mazlık** ⟨-ğı⟩ Unbesonnenheit f; Sorglosigkeit f

**ayna** Spiegel m; auch Reflektor m; Türfüllung f; TECH Einsatz m; SCHIFF Teleskop n ~**cı** umg Schwindler m; SCHIFF Signalmast m

**aynalı** ... mit Spiegel, Spiegel-; ~ **kapı** Kassettentür f

**aynasız** ... ohne Spiegel; umg (Polizist) Bulle m; **işler** ... ~ **gidiyor** es läuft schlecht

¹**aynen** genauso; wörtlich; WIRTSCH in natura bezahlen

¹**aynı** derselbe; gleich, identisch; ~ **şey** (-**dir**) das ist dasselbe; ~ **zamanda** gleichzeitig, zur gleichen Zeit ~**lık** ⟨-ğı⟩ Identität f

**aynıyla** in derselben Weise; Wort für Wort

**ayni** ⟨i:⟩ materiell (z. B. Hilfe); stofflich; ~ **hak** JUR Sachenrecht n

**ayniyat** ⟨-tı⟩ Mobilien pl; Inventar n; ~**iyle** in Sachwerten

**ayniyet** ⟨-ti⟩ Identität f

¹**ayol** int Frauensprache du!, ach!; doch!

**ayraç** ⟨-cı⟩ GRAM Klammer f

**ayran** Ayran m (Joghurt mit Wasser); Buttermilch f; ~**ı kabarmak** außer sich (dat) geraten

**ayrı** getrennt, isoliert; Einzel-; Sonder-; verschieden; selbstständig (Organisation); ~ ~ adv getrennt; einzeln, im Einzelnen; **gayrı bilmemek** alles gemeinsam tun etc; **bu, ~ bir konu** das ist eine andere Frage; -**den ~ olarak** über (akk) ... hinaus; ~ **tutmak** gesondert behandeln von, unterscheiden von

**ayrıbasım** TYPO Sonderdruck m

¹**ayrıca** getrennt, allein; insbesondere, besonders; außerdem ~**lık** ⟨-ğı⟩ Privileg n, Vorrecht n

**ayrıcinsten** heterogen

**ayrık** ⟨-ğı⟩ Abtrennung f; Frisur Scheitel m; adj sonder-, besonder-; getrennt (-**den von** dat); gescheitelt; GRAM Logik disjunktiv; Beine gespreizt; Augen weit auseinanderliegend ~**lık** ⟨-ğı⟩ Ausschließlichkeit f, Besonderheit f

**ayrıkotu** ⟨-nu⟩ BOT (Gemeine) Ackerquecke f; Fig Unkraut n

**ayrıksı** exzentrisch; extravagant

**ayrıksız** ausnahmslos

**ayrılık** ⟨-ğı⟩ Abschied m, Abreise f; Besonderheit f; Abweichung f; JUR Trennung f; **görüş ayrılığı** Meinungsverschiedenheit f ~**lıkçı** POL Separatist m, -in f ~**lıkçılık** ⟨-ğı⟩ Separatismus m ~**lış** Trennung f

**ayrılma** JUR Trennung f; PHYS Dispersion f ~**mak** passiv von ayırmak; sich trennen, absondern; (-**den**) verlassen (akk), abfahren aus; ausscheiden (aus e-m Amt); sich verabschieden von dat (weggehen); **bu konuda görüşlerimiz ayrılıyor** in dieser Frage gehen unsere Ansichten auseinander

**ayrılmaz** unteilbar

**ayrım** Unterschied m; Auslese f; Diskriminierung f; **A ile B arasında ~ gözetmek** A und B ungleich behandeln; **A ile B arasında ~ yapmak** A und B (voneinander) unterscheiden, zwischen A und B differenzieren; → ~ **gözetmek**; **ırk** ~**ı** Rassendiskriminierung f; **yol** ~**ı** Weggabelung f

**ayrımlaşma** Differenzierung f ~**laşmak** sich differenzieren ~**sal** differen-

# A AYRI | 60

ziert, differenzierend; *Destillation* fraktioniert **~sız** sich nicht unterscheiden (*-den von dat*)

**ayrıntı** Einzelheit *f*, Detail *n*; *-in* **~sına inmek** ins Detail gehen **~lı** ausführlich, detailliert

**ayrışık** CHEM zerlegt, zersetzt **~şım** CHEM Zersetzung *f*; PHYS Spaltung *f*; Zerfall *m*

**ayrışma** Differenzierung *f*

**ayrışmak** sich zersetzen; sich spalten; zerfallen; **ayrışabilir** spaltbar **~tırmak** CHEM analysieren; PHYS spalten

**aysberg** ⟨-ki⟩ Eisberg *m*

**ayşekadın** *f*: **fasulye** *Art* grüne Bohnen *f/pl*

**ayva** BOT Quitte *f*; **~ tüyü** Flaum *m*

**ayvan** ARCH Veranda *f*

**ayyaş** Trunkenbold *m*, Säufer *m* **~lık** ⟨-ğı⟩ Trunksucht *f*

**ayyuk** [u:] ⟨-ku⟩ ASTRON Kapella *f*; **~a çıkmak** *fig* Stadtgespräch sein; *-in sesi* **~a çıkmak** aus voller Kehle schreien

**az** *adj* gering; wenig; **~ ~** ein bisschen, nach und nach; **~ buçuk** leidlich, einigermaßen; **~ bulunur** selten, spärlich; *-i* **~ bulmak** (*od* **görmek**) unterschätzen; für zu wenig halten; **~ buz (şey) değil** das ist keine Kleinigkeit; **~ çok** mehr oder weniger; **~ çok dememek** mit dem Vorhandenen vorliebnehmen; **~ daha** fast, beinahe; **~ değil** *hum* (*du bist mir*) gerade der Richtige!; **~ kala** (*od* **kalsın**) fast, beinahe; **~ maz** mehr oder weniger; **~ önce** kurz vorher, zuvor; **~ sonra** kurz danach, gleich; **~ söylemek** untertreiben; **~ zamanda**, **~ zaman içinde** in kurzer Zeit; **daha ~** weniger, geringer; **en ~**, **en ~ından** mindestens; nicht weniger als

**aza** [a:zɑ] *osm* Mitglied *n*; ANAT Organ *n*, Körperteil *m*

**azade** [azɑː'de] unabhängig; frei (*-den von dat*)

**azalık** ⟨-ğı⟩ Mitgliedschaft *f*

**azal|ma** Verminderung *f*, Abnahme *f*, Schwund *m* **~mak** abnehmen, nachlassen

**azalt|ılma** Senkung *f der Kosten*; (*Personal*)Abbau *m*; (*Rüstungs*)Begrenzung *f*; *allg* Verringerung *f* **~ılmak** *passiv von* azaltmak **~mak** *v/t* verringern, beschränken; *Gefahr* bannen

**azamet** ⟨-ti⟩ Größe *f*; Pracht *f*; Hochmut *m* **~li** groß, prächtig; hochmütig

**azamî** [aːzɑmiː] Höchst-, maximal; Maximum *n*; **~ hız**, **~ sürat** Höchstgeschwindigkeit *f*

**azap** [-a:p] ⟨-bı⟩ Qual *f*, *meist pl* Qualen; **~ çekmek** Qualen erleiden; *-e* **~ vermek** *j-m* Qualen bereiten; **vicdan azabı** Gewissensbisse *pl* **~lı** quälend

**azar**¹ Verweis *m*, Rüffel *m*; Vorwurf *m*; **~ işitmek** *e-n* Rüffel bekommen

**azar**²: **~ ~** nach und nach; in kleinen Mengen

**azarla|ma** Vorwurf *m*, Verweis *m* **~mak** *v/t* tadeln; Vorwürfe machen (*-den ötürü wegen gen*)

**azat** [ɑːzɑːt] ⟨-dı⟩ Freilassung *f* (*von Tieren*); **~ etmek** → azatlamak

**azatlamak** freilassen

**azcık** → azıcık

**azdırmak** reizen

**Azerbaycan** Aserbeidschan *n* **~lı** Aserbeidschaner *m*, *-in f*

**Azer|î** [ɑːzeriː] aserbeidschanisch; Aserbeidschaner *m*, *-in f* **~îce** (*das*) Aserbeidschanisch(e); aserbaidschanisch

**azgelişmiş** unterentwickelt

**azgın** wild, rasend; *Kind* wild, unbändig; *umg* geil

**azgınlık** ⟨-ğı⟩ Raserei *f*; **~ etmek** rasen, toben; *umg* Geilheit *f*

**azı** → azıdişi

**azıcık** ein bisschen

**a'zıdişi** Backenzahn *m*

**azık** ⟨-ğı⟩ Proviant *m* **~lanmak** sich verproviantieren **~lı** eingedeckt (*mit Proviant*); freigebig **~lık** ⟨-ğı⟩ Verpflegung *f*

**azılı** wild; aufsässig; unbarmherzig

**azımsamak** unterschätzen; **azımsanmayacak** nicht zu unterschätzen(d)

**azınlık** ⟨-ğı⟩ Minderheit *f*, Minorität *f*

**azıştırmak** *Streit etc* schüren, *umg* anheizen

**azıtmak** → azmak; **işi ~** sich (*dat*) immer mehr herausnehmen

**azil** ⟨azli⟩ Entlassung *f*, Abberufung *f*

**azim** ⟨azmi⟩ feste(r) Entschluss, Entschlossenheit *f*; **~ sahibi** resolut, entschlossen

**azimli** (fest) entschlossen; resolut

**aziz** [i:] lieb, teuer; geschätzt; REL Heilige(r) **~lik** ⟨-ği⟩ schlechte(r) Scherz; **~**

**etmek** e-n bösen Streich spielen
**'azledilmek** *passiv von* azletmek
**azletmek** *v/t j-n* absetzen, entlassen
**azlık** ⟨-ğı⟩ Knappheit *f*; Mangel *m* (an *dat*); geringe Zahl *od* Menge
**azma** Bastard *m*; Raserei *f*
**azmak**[1] ⟨azar⟩ toben, rasen; *Wunde* sich entzünden; *Wind* heftiger werden; *Fluss* über die Ufer treten; *fig a.* ausufern; *Wäsche* verwaschen sein
**azmak**[2] ⟨-ğı⟩ Tümpel *m*; ausgetrocknete(r) Brunnen; Moor *n*
**azman** riesig; Balken *m*, Bohle *f*; **adam ~ı** Hüne *m*; **kurt ~ı bir köpek** Kreuzung *f* zwischen Hund und Wolf
**'azmetmek** sich (*dat*) vornehmen (*-e akk*)
**azot** ⟨-tu⟩ Stickstoff *m* **~lu** Stickstoff-
**Azrail** [-ra:-] Todesengel *m*

# B

**b, B** [be] b, B *n*; MUS b-Moll, B-Dur
**B** *abk. für* batı Westen (W); Bay Herr
**baba** Vater *m*; Pfosten *m*; Vorsteher *m* (*e-s Derwischordens*), Abt *m*; Mafiaboss *m*, große(r) Fisch; *vulg* Penis *m*; **~ adam** *väterlicher Typ*; gutmütiger, großzügiger Mann; **~ evi** Elternhaus *n*; **~ nasihati** väterliche(r) Rat; **~dan oğula** von Geschlecht zu Geschlecht; **~larımız** unsere Väter *od* Vorväter; **~na rahmet** vergelts Gott; *-in* **~sı** (*od* **~ları**) **tutmak** verrückt spielen; *umg* vor Wut außer sich geraten; **~sının hayrına çalışmak** für ein (Ei und ein) Butterbrot arbeiten; **(tam) ~sının oğlu (kızı)** wie der Vater, (genau) so der Sohn (die Tochter); **ha ~m (ha)** immer weiter, immer mehr; **içiyor ~m içiyor** er trinkt und trinkt
**ba'baane** Großmutter *f*, *umg* Oma *f* (*väterlicherseits*)
**ba'baca** väterlich; väterlicherseits
**babacan** *umg* nett, sympathisch, väterlich wohlwollend
**babacığım!** [-dʒɯːm] Papa!, Vati!
**babacıl** am Vater hängend

**babaç** ⟨-cı⟩ Leittier *n*; *umg* Leithammel *m*
**baba'fingo** SCHIFF Bramstange *f*
**babaköş** Blindschleiche *f*
**babalanmak** aus der Haut fahren; *umg* große Töne spucken
**babalı**: *umg* **~ kağıt** gezinkte Karte *f*
**babalık** ⟨-ğı⟩ Vaterschaft *f*; väterliche Sorge *f*; Pflegevater *m*; Stiefvater *m*; Schwiegervater *m*; *hum* Väterchen (*a. als Anrede*); *iron* mein Guter!; **b-ne ~ etmek** wie ein Vater sein zu j-m
**babayani** [-'jaː-] schlicht, anspruchslos; väterlich **~yiğit** [-jiːˈit] ⟨-di⟩ Recke *m*; verwegen **~yiğitlik** ⟨-ği⟩ Bravour *f*
**Babıâli** [baːbı(ı)aːliː] HIST (die) Hohe Pforte
**baca** Schornstein *m*; TECH Abzug *m* (*für Dämpfe etc*); **-in ~sı tütmek** in Ordnung sein; **~sı tütmez** *Haus* verödet; *Familie, Geschäft* zerrüttet
**bacak** ⟨-ğı⟩ Bein *n*; *Karte* Bube *m*; **~ kadar** winzig (klein); **~ ~ üstüne atmak** die Beine übereinanderschlagen; **~ protezi, takma ~** Beinprothese *f*; *-in* **~ları kopmak** sich kaum auf den Beinen halten können
**bacaksız** ohne Beine; Dreikäsehoch *m*, Schlingel *m*
**bacanak** ⟨-ğı⟩ Schwager *m* (*Mann der Schwägerin*)
**bacı** *umg* Schwester (*jüngere*); *umg* Anrede, *auch für e-e gleichaltrige od jüngere Frau*; *osm* Kinderfrau *f*
**baç** ⟨-cı⟩ HIST Zoll *m*, Tribut *m*
**ba'dana** Tünche *f*; Anstrich *m*; *-i* **~ etmek** tünchen, anstreichen (*akk*) **~cı** Maler *m*, Anstreicher *m* **~cılık** ⟨-ğı⟩ Malerhandwerk *n* **~lamak** *v/t* weißen, anstreichen **~lı** geweißt; angestrichen; *umg* geschminkt (*Frau*) **~sız** ungeweißt, nicht angestrichen
**badas** Spreu *f*
**badem** [aː] BOT Mandel *f*; *adj* mandelförmig; **~ ağacı** Mandelbaum *m*; **~ ezmesi** Marzipan *n* **~cik** ⟨-ği⟩ ANAT Mandel *f*
**badıç** ⟨-cı⟩ Hülse *f*, Schote *f*
**badi**: **~ ~ yürümek** watscheln
**badik** ⟨-ği⟩ kurzbeinig, gedrungen **~lemek** watscheln
**badire** [aː] plötzliche Notlage
**badminton** Badminton *n*

'**badya** Kübel m, Zuber m
**bagaj** Gepäck n; Auto Gepäckraum m; umg Hintern m; **~ deposu** Gepäckaufbewahrung f; **~ vagonu** Gepäckwagen m
**bağ**¹ Weinberg m; Garten m; **~ bozmak** Weinlese halten; **~ çubuğu** Weinstock m
**bağ**² a. ANAT Band f; Schnur f; Bündel n, Bund n; Garbe f; **ayakkabı ~ı** Schnürsenkel m; **kasık ~ı** Bruchband n; **eklem ~ı** Gelenkband n; **kol ~ı** Armbinde f; **ot ~ı** Grasbüschel n; **dostluk ~ları** freundschaftliche Bande n/pl; **siyasî ~lar** politische Beziehungen f/pl
**bağa** Schildpatt n; Schildpatt-; umg Schildkröte f; **~ gözlük** Hornbrille f
**bağbozumu** ⟨-nu⟩ Weinlese f
**bağcı** Winzer m, -in f
**bağcık** ⟨-ğı⟩ Schnur f; Schnürsenkel m
**bağcılık** ⟨-ğı⟩ Weinbau m
**bağdadî** [baːdaːdiː] ARCH Fachwerk n (mit Lehmfüllung)
**bağdamak** v/t miteinander verflechten; fig verwirren; Beine kreuzen
**bağdaş** Schneidersitz m; **~ kurmak** den Schneidersitz einnehmen **~ık** homogen **~ıklık** ⟨-ğı⟩ Homogenität f **~ma** Verbindung f, Vereinigung f **~mak** im Einklang sein; vereinbar sein **~maz** unvereinbar **~mazlık** ⟨-ğı⟩ Unvereinbarkeit f **~tırmak** in Einklang bringen
'**Bağdat** ⟨-dı⟩ Bagdad n
**bağdoku** Bindegewebe n
**bağfiil** GRAM Konverb m
**bağıl** MATH, PHYS relativ
**bağıllık** ⟨-ğı⟩ Relativität f; **~ teorisi** Relativitätstheorie f
**bağım|lı** abhängig (-e von); GRAM Nebenben- (Satz) **~lılık** ⟨-ğı⟩ Abhängigkeit f
**bağımsız** unabhängig, selbstständig; **~ cümle** GRAM Hauptsatz m **~laşmak** unabhängig werden **~lık** ⟨-ğı⟩ Unabhängigkeit f, Selbstständigkeit f; **bağımsızlığa kavuşmak** die Unabhängigkeit erlangen
**bağıntı** Verhältnis n; Korrelation f; MATH Proportion f **~lı** relativ; gebunden
**bağır**¹ ⟨-ğrı⟩ Brust f; pl innere Organe n/pl, Eingeweide pl; innere(r) Teil; fig Herz n, poet Busen m; **bağrı çökük** mit eingefallener Brust; **bağrı yanık** schwer geprüft; **-i bağrına basmak** an die Brust drücken akk

**bağır²**: **~ ~** lauthals; **~ ~ bağırmak** aus vollem Halse brüllen **~ış** Schrei m; Gebrüll n **~mak** schreien, brüllen; aufschreien; anschreien (-e j-n); sich melden, rufen
**bağırsak** → barsak
**bağırtı** Schrei m; Ruf m
**bağırtkan** ein Schreihals
**bağış** Geschenk n; Spende f
**bağışık** MED immun; **vergiden ~** nicht steuerpflichtig
**bağışıklık** ⟨-ğı⟩ MED Immunität f; **vergi bağışıklığı** Steuerfreiheit f; **~ kazan(dır)ma** Immunisierung f
**bağışlama** Spende f; Erlass m der Strafe; REL Vergebung f; JUR Schenkung f
**bağışlamak** schenken; spenden; Strafe erlassen; Sünde vergeben; Gott gnädig sein; **bş-i b-nin gençliğine** etc **~** j-m etw wegen seiner Jugend etc verzeihen
**bağışlayıcı** REL barmherzig, gnädig
**bağlaç** ⟨-cı⟩ GRAM Konjunktion f
**bağlam** Zusammenhang m, Kontext m; Bündel n; Kehlbalken m; MUS Refrain m; Verbindungs- (Stange); **~ limanı** Heimathafen m
**bağlama** Verbinden n; (Quer)Balken m, Träger m; Langhalslaute f (mit drei Saiten); ELEK parallel **~** Nebenschaltung f; ELEK **seri ~** Serienschaltung f
**bağlamak** v/t (-e) anbinden (an akk); Schiff festmachen (an dat); ankuppeln (an akk); Gehalt gewähren (-e j-m); Hoffnungen etc knüpfen (-e an akk); j-m etw zuschreiben, zuschieben; j-n binden, fesseln; Krawatte umbinden; Sachen verpacken; Wunde verbinden; fig gewogen machen (-i -e j-n j-m); Weg sperren; **buz ~** vereisen; **kabuk ~** e-e Kruste (Rinde etc) bilden; **karara ~** beschließen; **kir (pas, yosun** etc) **~** Schmutz (Rost, Algen etc) ansetzen; **maaşa ~** fest einstellen/engagieren
**bağlan|ım, ~ma** Verbindung f
**bağlanmak** passiv von **bağlamak**; sich verpflichten (-e zu)
**bağlantı** Verbindung f; Anknüpfung f; BAHN, FLUG Anschluss m; TECH Verbindungs- (Stück etc); **telefon ~sı** Telefonverbindung f **~lı** verbunden (-le mit) **~sız** blockfrei (Land)
**bağlaşlık** verbündet **~mak** sich verbünden

**bağlayıcı** verbindlich
**bağlı** verbunden (-e mit); angebunden (-e an akk); Institut etc angegliedert (-e dat); abhängig (-e von); unterstellt, a. GRAM untergeordnet; TECH angeschlossen (-e an akk); Person verbunden, ergeben, treu; ~ **cümle** Nebensatz m; -e ~ **kalmak** treu bleiben dat; -e ~ **olmak** hängen (an j-m); abhängen von; unterstehen dat
**bağlık** ⟨-ğı⟩ Weinanbaugebiet n
**bağlılık** ⟨-ğı⟩ (-e) Bindung f (an akk); Abhängigkeit f (von); Treue f (zu); Korrelation f
**bağnaz** Fanatiker m, -in f; fanatisch ~**lık** ⟨-ğı⟩ Fanatismus m
**bağrış**, ~ **çağrış** Herumschreien n
**bağrışmak** herumschreien
**bağsalyangozu** Weinbergschnecke f
**bahadır** [-ha:-] LIT Recke m
**bahane** [-ha:-] Vorwand m, Ausrede f; -i ~ **etmek** vorschützen (akk); ~**siyle** unter dem Vorwand
**bahar**¹ Frühling m; **hayatın** ~**ı** fig Jugend f
**bahar**² Gewürz n ~**at** ⟨-tı⟩ Gewürze n/pl ~**lı** gewürzt, aromatisch
**baharlık**: ~ **manto** Übergangsmantel m
**bahçe** Garten m; ~ **evi** Landhaus n; **çay** ~**si** Café n; **çocuk** (od **oyun**) ~**si** Kinderspielplatz m ~**ci** Gärtner m ~**cilik** ⟨-ğı⟩ Gartenarbeit f
**bahçeli**: ~ **ev** Haus n mit Garten
**bahçıvan** Gärtner m, -in f ~**lık** ⟨-ğı⟩ Gartenarbeit f; **in bahçıvanlığını yapmak** fig den Boden bereiten (für)
**bahis** ⟨bahsi⟩ Besprechung f, Erörterung f; Frage f, Thema n; Wette f; ~ **konusu** Diskussionsthema n; **bahsi geçen** oben erwähnt
**bahriye** osm Marine f; Seeflotte f ~**li** Marinesoldat m; Student m an der Navigationsschule
**bahsetmek** (-den) sprechen (über akk, von), erörtern akk; handeln von; behandeln akk ~**olunmak** -den erwähnt od erörtert werden etc
**bahşetmek** (-i –e) j-m Ehre erweisen; Hoffnung geben; Glück bringen, bescheren; j-m vergeben
**bahşiş** Trinkgeld n, Bakschisch n
**baht** ⟨-tı⟩ Schicksal n; Los n; ~ **işi**
Glückssache f; ~**ı açık** Glückspilz m; ~**ı kara** Pechvogel m ~**iyar** [-a:r] glücklich ~**iyarlık** ⟨-ğı⟩ Glück n ~**lı** glücklich ~**sız** unglücklich; Unglücksrabe m
**bak** abk für **bakınız** siehe (s.)
**bakakalmak** anstarren (-e akk); sprachlos sein (vor Erstaunen etc)
**baka'lorya** Reifeprüfung f
**bakan** Minister m, -in f; ~**lar kurulu** Ministerrat m
**bakan|lığı**: **çalışma** ~ Arbeitsministerium n; **çevre** ~ Umweltministerium n; **dışişleri** ~ Außenministerium n; **içişleri** ~ Innenministerium n; **eğitim** ~ Schulministerium n; **sağlık** ~ Gesundheitsministerium n; **savunma** ~ Verteidigungsministerium n; **sosyal yardım** ~ Ministerium n für Soziales; **ulaştırma** ~ Verkehrsministerium n ~**lık** ⟨-ğı⟩ Ministerium n
**bakar**¹ Rindvieh n (a. Schimpfwort)
**bakar**² → **bakmak**
**bakarkör** fig Schlafmütze f
**bakaya** [-a:ja:] ein im Jahr zurückgestellte Steuern; MIL Dienstflüchtige(r)
**bakıcı** Pfleger m, -in f
**bakılmak** passiv von **bakmak**
**bakım** Pflege f (-e gen); TECH Überholung f; ~ **sigortası** Pflegeversicherung f; ~ **yurdu** Pflegeheim n; ~ **yükümlülüğü** Sorgepflicht f; ~**a muhtaç** pflegebedürftig; **depo** ~ Generalüberholung f; **bir** ~**a** (od ~**dan**) in gewisser Hinsicht; **bu** (**her** etc) ~**dan** in dieser (jeder etc) Hinsicht f; ... ~**ından** vom Standpunkt ... gen/von aus; **sağlık** ~ in gesundheitlicher Hinsicht
**bakımevi** Pflegeheim n
**bakımlı** gut betreut; gepflegt
**bakımsız** verwahrlost; ungepflegt
**bakımsızlık** ⟨-ğı⟩ Verwahrlosung f
**'bakındı**: ~ **yalancıya!** nun schau mal einer den Lügner an!
**bakınmak**: (etrafa) ~ sich umsehen
**bakır** Kupfer n; Kupfergeschirr n; Kupfer-; ~ **çağı** Bronzezeitalter n; ~ **kaplamak** verkupfern; ~ **pası** Grünspan m ~**cı** Kupferschmied m ~**lı** Kupfer-; kupferhaltig; ~ **pirit** Kupferkies m
**bakış** Blick m (-e auf akk); ~ **açısı** Blickwinkel m; **kuş** ~**ı** Vogelperspektive f; **ilk** ~**ta** auf den ersten Blick; ~**larını b-nden kaçırmak** j-s Blicken ausweichen

**bakışlık** symmetrisch **~ım** Symmetrie f **~ımsız** asymmetrisch **~ımsızlık** ‹-ğı› Asymmetrie f

**bakışmak** sich (einander) ansehen; Blicke tauschen

**baki** [ba:ki:] verbleibend; ewig, bleibend

**bakir** [a:] unbefleckt, jungfräulich; keusch; ~ **orman** Urwald m; ~ **toprak** Neuland n

**bakire** Jungfrau f; jungfräulich **~lik** ‹-ği› Jungfräulichkeit f

**bakiye** WIRTSCH Saldo m

**bakkal** Lebensmittelhändler m, -in f, Krämer m, -in f **~iye** Lebensmittel(geschäft n) pl

**bakla** Saubohne f; ~ **kadar** erbsengroß; **~yı ağzından çıkarmak** umg (endlich) den Mund auftun; etw ausplaudern **~çiçeği** ‹-ni› schmutzig weiß, gelblich **~kırı** Apfelschimmel m

**baklava** Gebäck aus Teigblättern, Zuckersirup und Nüssen; ~ **biçimi(nde)** rautenförmig

**bakliyat** [-a:t] ‹-tı› Hülsenfrüchte f/pl

**bakmak** ‹-ar› v/i hinsehen; (-e) (suchen) sehen, schauen (nach dat; in, auf akk); pflegen, sich kümmern um; achten auf akk, aufpassen (auf akk); besorgen akk; zuständig sein für; abhängen (von), Arzt behandeln; Farbe spielen in akk; Fenster gehen auf akk; Angelegenheit bearbeiten; Rechnung (nach)prüfen; Papiere etc überprüfen, kontrollieren; Schularbeiten machen; sich beschäftigen (mit); -meye zusehen, dass; darauf aus sein, zu ...; **bak!** pass auf!; MIL **sola bak!** Augen links!; **bak bak!** sieh mal, schau mal; **bana bak!** hallo!, hör mal!; **bakar mısın(ız)!** hallo!, hör(en Sie)!; **bu iş paraya bakar** das ist eine Geldfrage; **bakalım** od **bakayım** [-ı:m] in Anrufen doch, (doch) mal, nun; **anlat bakalım ...** erklär doch mal; in Fragen denn; **ne yaptın bakalım?** was hast du denn (da) gemacht?; -e **bakarak** im Vergleich (zu); -e **bakınız** siehe ...; -e **bakmadan** ungeachtet gen; **baksana!**; **baksanıza!** hallo!, hör mal!; hören Sie bitte!; **(bir de) bakarsın** ehe man sich versieht, ehe du dichs versiehst; **bu renk yeşile bakıyor** diese Farbe spielt ins Grün

**bakraç** ‹-cı› Kupfernapf m

**bakteri** Bakterie f **~giller** Bakterien f/pl **~yel** bakteriell **~yolog** Bakteriologe m **~yoloji** Bakteriologie f **~yolojik** bakteriologisch

**baktırmak** kaus von bakmak

**bal** Honig m; Gummi m (a. m) aus Obstbäumen; Saft m (übereifer Früchte); ~ **alacak çiçeği bulmak** fig e-e Goldgrube entdecken; ~ **gibi** honigsüß; Stimme angenehm, einschmeichelnd; Sache umg geht wie geschmiert; umg klar, selbstverständlich

**balaban** ZOOL Rohrdommel f; Hühnerhabicht m

**balad, balat** ‹-dı› Ballade f

**balans** Balance f; ~ **ayarı** AUTO Auswuchten pl

**balarısı** Honigbiene f

**balast** ‹-tı› TECH Schotter m, Bettung f; Ballast m

¹**balayı** Flitterwochen f/pl; ~ **seyahati** (od **gezisi**) Hochzeitsreise f; ~ **yapmak**, **~nda olmak** Flitterwochen haben

**balcı** Imker m, -in f; Honighändler m, -in f

**balçık** ‹-ğı› Ton m, Lehm m; Matsch m; matschig **~lı** Ton-

**baldır** Unterschenkel m; Wade f; ~ **kemiği** Wadenbein n, Fibula f

**baldırak** Gamaschen f/pl

**baldıran** BOT Schierling m

**baldırıçıplak** bettelarm

**baldırıkara** BOT Frauenhaar n

**baldız** Schwägerin f (Schwester der Frau)

**bale** Ballett n; ~ **öğretmeni** Ballettmeister m; ~ **sanatçısı** Balletttänzer m, -in f **~rin** Balletttänzerin f

**balgam** Schleim m; Auswurf m; ~ **söktürmek** Schleim lösen **~lı** Schleim-

**balık** ‹-ğı› Fisch m; ♌ (**burcu**) ASTROL Fische m/pl; ♌ **burcundanım** ich bin Fisch; ~ **ağı** Fischnetz n; ~ **avı** Fischerei f; ~ **eti** Fischfleisch n; ~ **istifi gibi** fig wie die Heringe; ~ **tutkalı** Fischleim m; Gelatine f; ~ **tutmak** fischen, angeln; ~ **yumurtası** Rogen m; ~ **kavağa çıkınca** hum am Sanktnimmerleinstag; **balığa çıkmak** auf Fischfang gehen

**balık|adam** Froschmann m **~çı** Fischer m; Fischhändler m **~çıl** ZOOL Fischreiher m **~çılık** ‹-ğı› Fischfang m; Fischereibetrieb m **~çın** ZOOL Seeschwalbe f

**balıketinde** vollschlank (*Frau*)
**balıkhane** [ba'lıka:nɛ] Fischhalle *f*
**balıklama** Kopfsprung *m*; **-e ~ dalmak** *umg* (sich) auf *akk* stürzen
**balıklava** Fischteich *m*; Fischgrund *m*
**balıksırtı** ⟨-nı⟩ *Weg* gewölbt; (im) Fischgrätenmuster *n*
**balıkyağı** Tran *m*, Lebertran *m*
**baliğ** [ba:li:] reif, volljährig; **~ olmak** die (volle) Reife erlangen, volljährig werden; *(-e)* sich belaufen (auf *akk*); erreichen *(akk)*
**ba'lina** Wal(fisch) *m*; **~ avı** Walfang *m*
**balistik** ⟨-ği⟩ Ballistik *f*
**'balkabağı** ⟨-nı⟩ BOT Moschuskürbis *m*
**Balkan**: **~ Yarımadası** Balkanhalbinsel *f* **~lar** Balkan *m*; balkanisch, Balkan-
**balkı** glänzend; stechend **~mak** funkeln; *Wunde* ziehen, stechen
**balkır** Funkeln *n*; Blitz *m*
**balkon** Balkon *m*
**ballan|dırmak** *v/t* mit Honig (ver)süßen; *fig* ausmalen, farbig darstellen **~mak** süß werden (*Früchte*); *fig* attraktiv werden
**ballı** Honig-, mit Honig; honigsüß; *umg* lukrativ **~baba** BOT Taubnessel *f* **~babagiller** Lippenblütler *m/pl*
**'balmumu** ⟨-nu⟩ Bienenwachs *n*; **-e ~ yapıştırmak** sich *(dat) etw* hinter die Ohren schreiben
**'balo** *Fest* Ball *m*; **maskeli ~** Maskenball *m*
**balon** Ballon *m*; Luftballon *m*; Sprechblase *f* (*Cartoon*); **~ haber** *fig* unwahre Nachricht; **~ uçurmak** e-n Versuchsballon loslassen; *fig* e-e Lügengeschichte in die Welt setzen **~cu** Luftschiffer *m*
**'ballözü** ⟨-nü⟩ Nektar *m* **~sıra** Manna *n*
**balta** Axt *f*, Beil *n*; **~ girmemiş** *Wald* undurchdringlich; **-e ~ olmak** *umg* j-m auf die Nerven gehen **~cı** Holzhauer *m*; Feuerwehrmann *m* **~lama** Sabotage *f*; **~ hareketi** Sabotageakte *m/pl*; **~dan girmek** *umg* dazwischenfunken
**balta|lamak** *v/t* zu vereiteln versuchen; sabotieren; Obstruktion üben; *Glauben, Vertrauen* untergraben **~layıcı** Sabotage-; Saboteur *m* **~lık** ⟨-ğı⟩ Waldnutzung *f*; **~ hakkı** Holzungsrecht *n*
**Baltık** ⟨-ğı⟩ baltisch; das Baltikum; **~**

## BANT

**Denizi** Ostsee *f*; **~ Devletleri** die baltischen Staaten
**'balya** Ballen *m*; Paket *n*; **-i ~ yapmak** (ballenweise) verpacken **~lamak** *v/t* (in Ballen) verpacken **~lı** (in Ballen) verpackt
**balyoz** (Schmiede)Hammer *m*
**bam**: **~ bum!** bum, bums!; **-ın teline basmak** *fig* j-m auf die Hühneraugen treten, j-n an seiner empfindlichsten Stelle treffen
**'bambaşka** grundverschieden
**bambu** Bambus *m*
**'bamteli** Basssaite *f*; (*Bart*) Fliege *f*; *fig* wunde(r) Punkt; → **bam**
**'bamya** BOT Okra *f*, Bamia *f*; **~ tarlası** *umg* Totenacker *m*
**bana** *dat von* **ben**; mir; zu mir; **~ kalırsa** nach meiner Ansicht; was mich betrifft; **~ mısın dememek** dickfällig sein; **~ ne!** meinetwegen; *umg* ist mir schnuppe; *umg* was geht mich das an
**banal** banal
**bandaj** Bandage *f*, Verband *m*
**'bandıra** SCHIFF Fahne *f*, Flagge *f* **~lı** unter ... Flagge (*fahrend*)
**bandırmak** eintauchen *(-i -e etw in akk)*
**bandırol** ⟨-lu⟩ Streifband *n*; (Steuer-) Banderole *f*
**'bando** MUS Kapelle *f*
**bangır**: **~ ~** ganz laut; **~ ~ bağırmak** grölen, brüllen; laut schreiend sagen
**bank** ⟨-kı⟩ (Sitz)Bank *f*
**'banka** WIRTSCH Bank *f*, Bankhaus *n*; **~ gibi** steinreich; **~ müdürü** Bankdirektor *m*, -in *f*; **~ ödeme emri** Bankanweisung *f*
**bankacı** Bankbeamte(r), Bankangestellte(r); Banksachverständige(r); Bankkaufmann *m*, Bankkauffrau *m*; *Spiel* Bankhalter *m* **~lık** ⟨-ğı⟩ Bankwesen *n*; Bankfach *n*
**banker** Bankier *m*; *umg* Geldsack *m*
**banket** ⟨-ti⟩ AUTO Seitenstreifen *m*; Bank *f*; **alçak/gevşek ~** Seitenstreifen nicht befahrbar
**banknot** Banknote *f*, (Geld)Schein *m*
**'banko** Theke *f*; *Spielbank* Einsatz *m*
**'banliyö** Vorort *m*; **~ treni** Vorortzug *m*
**banmak** eintauchen *(-i -e etw in akk)*
**bant** ⟨-dı⟩ Band *n*; Tonband *n*; Klebeband *n*; Tonband *n*, Videoband *n*; Streifen *m*; **banda alınmış** auf (Ton)Band auf-

genommen; ~ **kaydı** Bandaufnahme f; (automatische) Telefonansage; **~tan vermek** von Band wiedergeben

**bantlamak** v/t mit Band zukleben

¹**banyo** Bad n, Badezimmer n; MED, FOTO Bad n; **~ yapmak** baden, ein Bad nehmen; **çamur ~su** Schlammbad n; **güneş ~su** Sonnenbad n; **kükürt ~su** Schwefelbad n; **göz ~su** Augenbad n; **göz ~ yapmak** Frauen wohlgefällig betrachten (Männer)

**bar**¹ Bar f

**bar**² PHYS Bar n

**bar**³ Reigentanz aus der Osttürkei

**bar**⁴ Belag m der Zunge; Staubschicht f; Spur f von Schmutz

**bar**⁵: **~ ~ bağırmak** aus vollem Hals schreien

**baraj** Staudamm m; (Tal)Sperre f; Sperr-; **~ gölü** Stausee m; **~ yapmak** e-n Staudamm errichten; **~ı aşmak** fig die Hürde nehmen (in der Wahl, Prüfung etc); **% 5'lik ~** Fünfprozenthürde f

**barak** ⟨-ğı⟩ Tier zottig, haarig; Filz flauschig, wollig; Art Jagdhund m; Art Efeu m

**ba'raka** Baracke f; **~lar** Barackensiedlung f

**barbar** Barbar m, -in f; barbarisch **~ca** barbarisch **~lık** ⟨-ğı⟩ Barbarei f

**bar'bunya** ZOOL Meerbarbe f; BOT e-e Bohnenart; **~ fasulya** GASTR kalte Speise aus Barbunya-Bohnen

¹**barça** Barke f; HIST Galeere f

**bardak** ⟨-ğı⟩ Becher m; (Wasser)Glas n; **bira bardağı** Seidel n

**bardakaltı** Untersetzer m

**barem** Besoldungssystem n; **~ cetveli** Tarif m (für Beamte)

**barfiks** SPORT Reck n; **~ demiri** Reckstange f; **~ yapmak** am Reck turnen

**barınak** ⟨-ğı⟩ Zufluchtsort m; umg Dach n über dem Kopf; **balıkçı barınağı** (kleiner) Hafen

**barın|dırmak** (-i -de) j-n unterbringen (bei dat); j-n schonen; beinhalten; (in sich) bergen **~mak** Unterschlupf (od Auskommen) finden (-de in, bei dat); hausen, leben

**barış** Friede m; **♀ Gücü** Friedenstruppe f (der UNO); **~ yapmak** Frieden schließen; **~ yoluyla** auf friedlichem Wege; **~ zamanında** in Friedenszeiten

**barışçı, barışçıl** friedliebend; Zweck friedlich **barışçılık** ⟨-ğı⟩ Friedensliebe f

**barışık** versöhnt **~lık** ⟨-ğı⟩ Versöhnung f, Friede m

**barış|ma** Schlichtung f, Ausgleich m **~mak** (-le) sich aussöhnen mit; sich abfinden mit etw **~maz** unversöhnlich **~sızlık** ⟨-ğı⟩ Misshelligkeit f **~tırıcı** Friedensstifter m, -in f **~tırmak** v/t versöhnen

¹**bari** [a:] wenigstens; nun denn; **onun ~ bir haberini alsam!** wenn ich wenigstens e-e Nachricht von ihr/ihm hätte; **kimse gelmedi, ~ biz de gidelim!** niemand ist gekommen, nun dann gehen wir auch

**barikat** ⟨-tı⟩ Barrikade f; **~la kapatmak** verbarrikadieren **~lamak** v/t verbarrikadieren

**baritin** GEOL Barit m

**bariton** Bariton m

**bariz** ['ba:-] offensichtlich; auffallend

**bark** ⟨-kı⟩ → **ev**

¹**barka** Barke f **~cı** Bootsmann m

**barkarol** ⟨-lü⟩ Barkarole f

**barklanmak, barklı** → **evlenmek, evli**

¹**barko** SCHIFF Dreimaster m

**barmen** Barkeeper m

**baro** Rechtsanwaltskammer f

**Barok** Barock n od m; Barock-

**baro'metre** Barometer n

**baron** Baron m

**barparalel** Barren m (zum Turnen)

**barsak** ⟨-ğı⟩ Darm m; **~ düğümlenmesi** Darmverschlingung f; **~ tıkanması** MED Verstopfung f; **kuru ~** Darmsaite f; **onikiparmak barsağı** Zwölffingerdarm m

**barut** ⟨-tu⟩ (Schieß)Pulver n; **~ gibi** Person aufbrausend; **~ kesilmek** (od **olmak**) in Wut geraten; **~la oynamak** fig mit dem Feuer spielen **~hane** [a:] Pulverfabrik f; Pulvermagazin n

¹**baryum** Barium n

**bas**¹ MUS Bass m, tief; **~ gitar** Bassgitarre f

**bas**²: **~ ~** → **bar**⁵

**basamak** ⟨-ğı⟩ Stufe f; Trittbrett n; MATH (Zehner)Reihe f; MATH Gleichung Grad m; **~ yapmak** od etw als Sprungbrett benutzen **~lı** Stufen- (Pyramide); Steuer progressiv

**basan** Albdruck *m*
**basar** → basmak
**basbayağı** *adv* einfach, schlicht und ergreifend
**basçı**, **~ist** Bassist *m*, -in *f*
**basen** ANAT Becken *n*
**bası** TYPO Auflage *f*
**basık** platt (gedrückt); *Schuhabsatz* flach; *Decke* niedrig; **~ konuşmak** nuscheln
**basılı|ı** gedrückt, gepresst; TYPO gedruckt **~ış** Auflage *f* **~mış** gedruckt
**basım** Buchdruck *m*, Druck *m* **~cı** Drucker *m* **~cılık** ⟨-ğı⟩ Druckereiwesen *n* **~evi** Druckerei *f*
**basın** Presse *f*; **~ kartı** Presseauswiffs *m*; **~ konferansı** Pressekonferenz *f*
**basınç** ⟨-cı⟩ PHYS Druck *m*; **alçak ~ (alanı)** Tiefdruck(gebiet *n*) *m*; **yüksek ~ (alanı)** Hochdruck(gebiet *n*) *m*
**basınçlı** Hochdruck-; **~ hava** Pressluft *f*; **~ hava tokmağı** Presslufthammer *m*
**basınçölçer** Barometer *n*
**basil** Bazillus *m*
**basiret** [i:] ⟨-ti⟩ Weitblick *m*, Scharfsinn *m*; **-in ~i bağlanmak** nicht klar denken können **~li** weitblickend **~siz** *fig* kurzsichtig **~sizlik** ⟨-ği⟩ *fig* Kurzsichtigkeit *f*
**basit** ⟨-ti⟩ einfach; MATH **~ kesir** gemeine(r) Bruch; GRAM **~ zamanlar** Grundtempora *n/pl*
**basita**¹ ANAT Streckmuskel *m*
**basit|leşmek** (*kolaylaşmak*) einfach werden; (*adileşmek*) verflachen **~leştirme** Vereinfachung *f* **~leştirmek** *v/t* vereinfachen **~lik** ⟨-ği⟩ Einfachheit *f*, Unkompliziertheit *f*
**basketbol** ⟨-lu, -lü⟩ Basketball *m* **~cu**, **~cü** Basketballspieler *m*, -in *f*
**baskı** Druck *m*, Zwang *m*; TECH Presse *f*; Schraubstock *m*; Pressform *f*; Auflage *f* *e-s Buches*; TYPO Druck (*e-s Buches*); Auflagenhöhe *f e-r Zeitung*; Überfall *m*, Angriff *m*; **~ altında** unter Druck; **~ altında tutmak** unterjochen, unterdrücken; **~ grubu** Interessengruppe *f*; **~ yapmak** Druck ausüben **~lık** ⟨-ğı⟩ Briefbeschwerer *m*
**baskın** Überfall *m*; Handstreich *m*; Überrumpelung *f*; (*Polizei*)Razzia *f*; *-den* **~ çıkmak** *j-m* überlegen sein; **~ etmek** auf frischer Tat ertappen; **~ yapmak** e-n Überfall durchführen; *j-n* überrumpeln; **~a uğramak** plötzlich überfallen werden; überrumpelt werden; auf frischer Tat ertappt werden
**baskınlık** ⟨-ğı⟩ Überlegenheit *f*
**baskül** Hebelwaage *f*
**basma** Druck(erzeugnis *n*) *m*; bedruckte(r) Baumwollstoff; gedruckt; **~ kalıbı** Klischee *n*; **ağır ~** Übergewicht *f*, Dominanz *f*
**basmak** ⟨-ar⟩ treten (*-e* auf *akk*); eindringen (*-e* in *akk*); drücken (*-i -e akk Siegel etc* auf *akk*); (*-i*) überfallen, *j-n* überrumpeln; auf frischer Tat ertappen; *umg* verduften; *Alter* erreichen; *Buch* drucken; *Gäste* plötzlich hereinschneien; *Dunkelheit* hereinbrechen; *Kälte etc* einsetzen; *Schlaf* übermommen; **haydi bas (git)!** hau ab!; **zile ~** klingeln; **çocuk yedisine bastı** das Kind trat in sein siebtes Lebensjahr *od* wurde sechs Jahre alt
**basmakalıp** stereotyp; *Ausdruck* feststehend; abgedroschen
¹**basso** MUS Bass *m*; baso
**bas'tarda** SCHIFF Galeere *f*; Flaggoffizier *m*
**bastı** *Gemüsesuppe mit Fleisch*; Ragout *n* mit Gemüse
**bastıbacak** krummbeinig; Knirps *m*; altkluge(s) Kind
**bastırıl|ma** Unterdrückung *f* *e-r* Demonstration **~mış** gepresst
**bastırmak** Ⓐ *v/t* ⟨-*i*⟩ *kaus von* **basmak**; *Antwort etc* parat haben; *-e* drücken auf *akk*; *Aufstand* unterdrücken; *Brand* löschen; *j-n* als Gast überfallen; Gefühl bezwingen; *Stoff* absenten; (*-i -de*) *j-n* antreffen (in *dat*); (*-i -e*) *etw* stopfen (in *akk, z. B. e-e Kiste*), verstauen (in *akk*) Ⓑ *v/i* Kälte, Schneefall einsetzen
**baston** Stock *m*; **~ francala** (*Stangenbrot*) Baguette *n*; **~ araba** Buggy *m*; **~ yutmuş gibi** stocksteif
**basur** [ba:sur] Hämorrhoiden *pl*; **kanlı ~** Ruhr *f*
**baş** Ⓐ *subst* Kopf *m*; LIT Haupt *n*; *fig* Chef *m*, Leiter *m*; Anfang *m der Woche, des Weges etc*; Gipfel *m*, Spitze *f der Berges*; SCHIFF Bug *m*; Schnecke *f* (*an der Geige*); Grundlage *f* *e-r Sache*; Vermittlungsgebühr *f*; Haupt- (*Stadt*); Chef- (*Arzt*); Ober- (*Befehlshaber*); **beş ~ soğan** fünf Zwiebeln; **~ ağrısı** Kopfschmerzen *m/pl*; *-e* **~ ağrısı vermek** *fig j-m* Kopf-

schmerzen bereiten; *-den* ~ **alamamak** überlastet sein (mit); *fig* sich nicht retten können vor *dat*; ~ **aşağı** auf dem Kopf, kopfüber; ~ **aşağı gelmek** kopfstehen; kein Glück haben; ~ **aşağı gitmek** e-e böse Wendung nehmen, *umg* schiefgehen; ~ ~**a** allein, unter vier Augen; *-e* ~**a vermek** sich zusammensetzen (zur *Beratung*); ~ **belası** Ungemach *n*; *Person* Quälgeist *m*; ~ **bulmak** WIRTSCH e-n Überschuss haben; ~ **dayanağı** AUTO Kopfstütze *f*; ~ **döndürücü** *fig* schwindelerregend; *-le* ~ **edememek** nicht fertig werden (mit); ~ **göstermek** erscheinen, auftreten; *Aufstand* ausbrechen; ~**ım,** ~**ın,** ~**ı** *etc* e-e Umschreibung für *die Person selbst*; *-in* ~(**ını**) **göz(ünü) yarmak** *fig* radebrechen *akk*; *-e* ~ **kaldırmak** sich erheben gegen; *-den* ~ **kaldırmamak** pausenlos sitzen (*od* arbeiten); *-e* ~ **ko(y)mak** sich *e-r Sache* (*dat*) hingeben; ~ **köşe** Ehrenplatz *m*; *-e* ~ **sallamak** einverstanden sein (mit); ~ **üstüne** jawohl!; zu Befehl!; mit Vergnügen!; ~ **vurmak** → **başvurmak**; ~**a** ~ → **başabaş**; *-e* ~**a çıkmak** fertig werden (mit); ~**a geçmek** an die Spitze treten; ~**ı açık** barhäuptig; ~**ı bağlı** gebunden (z. B. *verheiratet*); ~**ı belaya girmek** (*od* **düşmek**) in Not geraten; ~ **çekmek** der Initiator sein; *ein Spiel* leiten; ~**ımla beraber** sehr gern; ~**ın(ız) sağ olsun!** mein Beileid!; ~**ına** pro Kopf; allein, für sich; **iş** ~**ına** an die Arbeit; **tek** ~**ına** ganz allein; ~**ına bir hal gelmek** *fig* in e-e böse Lage geraten; (*etwas Böses*) passieren; ~**ına buyruk** selbstherrlich; *-i* ~**ına geçirmek** sich (*dat*) aufsetzen (*Mütze etc*); **bş-i b-nin** ~**ına geçirmek** j-m eins auf den Kopf geben; *-in* ~**ına gelmek** passieren *dat* (*etwas Unangenehmes*); **vay** ~**ına gelen(ler)!** o weh!; **bş-i b-nin** ~**ına kakmak** j-m *etw* unter die Nase reiben; *-in* ~**ına vurmak** *Wein* j-m zu Kopf steigen; *Gas etc* j-n ganz benommen machen; **bu dert benim de başımda** *umg* das ist auch mein Problem; *-i* ~**ından atmak** (*od* **savmak**) *etw od* j-n abwimmeln; **b-nin** ~**ından aşmak** *Arbeit* j-m zu viel sein; **b-nin** ~**ından başından geçmiş** von j-m erlebt/durchgemacht werden; ~**ını kesmek** köpfen *akk*; ~**ını alıp gitmek** sich auf und davon machen; *-in* ~**ını bekle-**

**mek** j-n, *etw* betreuen/bewachen; *-in* ~**ını ezmek** j-n unschädlich machen; ~**ını ortaya koymak** seinen Kopf riskieren; *-e* ~**ını sokmak** *umg* schon irgendwo landen (*od* unterkommen); ~**ını taştan taşta vurmak** sich (*dat*) den Kopf einrennen; sich (*dat*) die Haare raufen (*vor Reue*); *-e/... için* ~**ını vermek** kein Opfer scheuen für; ~**ta taşımak** große Ehre erweisen; ~**tan** ~**a** von e-m Ende zum anderen; durch und durch; ganz; ~**tan aşağı** von Kopf bis Fuß; gänzlich; ~**tan çıkmak** auf die schiefe Bahn geraten; aus der Fassung geraten; ~**tan savmak** sich um nichts kümmern; ~**tan savsar** flüchtig; undeutlich; ~**tan vurulmuş** am Kopf verwundet **B** *Ortssubstantiv*: ~**ına** an *akk*, zu *dat*; **masanın** ~**ına otur!** setz dich an den Tisch!; **iş** ~**ına!** ran an die Arbeit!; ~**ında** an (*dat*), bei; **masa** ~**ında çalışıyor** sie arbeitet am Tisch; **ay** ~**ında** (am) Anfang des Monats; *-in* ~**ında durmak** dabeistehen; *umg* überwachen

**başabaş** patt, *Wahl* Kopf-an-Kopf (-*Rennen*); ~ **gelmek** zur rechten Zeit kommen; *Spiel* unentschieden ausgehen

**başağırlık** ⟨-ğı⟩ SPORT Schwergewicht *n*

**başak** ⟨-ğı⟩ Ähre *f*; ~ **bağlamak** Ähren ansetzen; **2 burcu** ASTROL Jungfrau *f*; **o 2 burcundan** er ist eine Jungfrau

**başak|lama** Ährenlese *f* ~**lı** Ähren-, mit Ähren (*od* Früchten); unaufgelesen

**başaltı** Mannschaftskajüte *f*; SPORT zweite Klasse

**başarı** Erfolg *m*; ~ **göstermek** Erfolg haben; *v/t* erfolgreich durchführen ~**cı** erfolgreich(er Mensch); Arrivist *m* ~**lı** erfolgreich; *Ergebnis* positiv; ~ **olmak** Erfolg haben (*Person und Sache*); gelingen (*Sache*) ~**lmak** *passiv von* başarmak; gelingen

**başarı|m** Leistung(sfähigkeit) *f* ~**sız** erfolglos; gescheitert; ~ **kalmak** keinen Erfolg haben (*Person und Sache*); misslingen (*Sache*) ~**sızlık** ⟨-ğı⟩ Misserfolg *m*; **başarısızlığa uğramak** scheitern

**başarmak** zustande bringen; verhelfen zu; erfolgreich durchführen; **anlamayı** *etc* **başardım** *unp*: es gelang mir, es zu verstehen

**başat** ⟨-dı⟩ (vor)herrschend, dominie-

rend, Haupt- **~lanmak** v/i herrschen; dominieren **~lık** ⟨-ğı⟩ BIOL Dominanz f
'**başbakan** Premierminister m, -in f; Almanya, eyaletler Ministerpräsident m, -in f; Almanya, federal hükümet Bundeskanzler m, -in f **~lık** ⟨-ğı⟩ Premierministeramt n; Ministerpräsidium n; Bundeskanzleramt n
'**başbuğ** HIST Oberbefehlshaber m **~çavuş** Feldwebel m, Wachtmeister m **~çı** Vorarbeiter m, Polier m; Verkäufer m von Hammel- od Rindsköpfen
'**başdöndürücü** → baş
**baş|garson** Oberkellner m **~gedikli** Oberfeldwebel m, Oberwachtmeister m **~hekim** Oberarzt m **~hemşire** Oberschwester f
**ba'şıboş** frei (umherlaufend), herrenlos; ungezügelt; **-i ~ bırakmak** j-n alleinlassen; freien Lauf lassen dat
**başıbozuk** HIST Zivilist m; Meute f; verwahrlost **~luk** ⟨-ğu⟩ Anarchie f, Verwahrlosung f, Disziplinlosigkeit f
**başıkabak** kahlköpfig
**başına, başında** → baş
**başka** Ⓐ pron ander-; verschieden (-den von); **~ ~** unterschiedlich, verschieden; **~ (bir) arzunuz?** sonst noch einen Wunsch? **~ bir deyişle** anders gesagt, mit anderen Worten; **~ biri(si)** ein anderer; etwas anderes; **onun ~ işi yok mu?** hat er denn nichts zu tun?, was mischt er sich ein?; **~ları** andere (Leute); **bize ~ ne lazım** was brauchen wir noch?— **sefer(e)** ein andermal; **~sı** ein(e) andere(r), etwas anderes; **~ türlü** anders Ⓑ präp -den ~ außer dat; **bundan ~** außerdem
**baş'kaca** sonst, darüber hinaus
**başkacıl** Altruist m, -in f
**başkalaş|ım, ~ma** Metamorphose f **~mak** sich verwandeln; (kötüleşmek) sich verschlechtern
**başkaldırı|ı** Aufstand m; Erhebung f; Meuterei f **~cı** Aufständische(r), Rebell m, -in f; Meuterer m **~mak** sich empören, rebellieren (-e gegen)
**başkalık** ⟨-ğı⟩ Veränderung f; Eigenart f
**başkan** Vorsitzende(r); Chef m, -in f; Präsident m, -in f **~lık** ⟨-ğı⟩ Präsidentschaft f; Vorsitz m; -e **etmek** den Vorsitz gen/von führen; (-in) **başkanlığında** unter Vorsitz (gen)
'**baş|kâtip** Generalsekretär m, -in f; JUR Urkundsbeamte(r), Urkundsbeamtin f **~kent** ⟨-ti⟩ Hauptstadt f **~kilise** Kathedrale f **~kişi** Hauptperson f; Held m, -in f (e-s Romans) **~komutan** Oberbefehlshaber m **~komutanlık** ⟨-ğı⟩ Oberbefehl m **~konsolos** Generalkonsul m, -in f **~konsolosluk** ⟨-ğu⟩ Generalkonsulat n **~köşe** Ehrenplatz m **~kumandan** → başkomutan
**başlama** Anfang m
**başlamak** (-e) anfangen, beginnen (akk od mit); Freundschaft sich entspinnen; Landschaft sichtbar werden; **-den ~** anfangen mit/bei; **gene başlama!** fang nicht schon wieder an!
**başlangıç** ⟨-cı⟩ Anfang m, Beginn m; Anfangs-; (Vorwort) Einführung f; **~ noktası** Ausgangspunkt m; **~ sürati** Anfangsgeschwindigkeit f; **yüzyılın baş(langıc)ında** am Anfang des Jahrhunderts
**başlanmak** passiv von **başlamak**; BOT Knollen ansetzen (Zwiebeln etc)
**başlatmak** kaus von **başlamak**; schaffen (Feindschaft etc); Kampagne einleiten; Krieg auslösen; fig einführen (-e in akk); **çocuğu okula ~** ein Kind einschulen
**başlayan**: **yeni ~lar (için)** (für) Anfänger m/pl
**başlı** etw mit Kopf, -köpfig; **belli ~** wichtigst-, bekanntest- **~başına** für sich (allein); umg an und für sich **~ca** wesentlich, Haupt-
**başlık** ⟨-ğı⟩ Kopfbedeckung f; Haube f, Helm m; Kapitell n; (Rad)Nabe f; TYPO Titel m, Überschrift f; Kolumnentitel m; AUTO Kopfstütze f; TECH Kopf m (e-r Schraube, e-r Rakete); Brenner m (am Gasherd); ... **başlığı altında** unter dem Titel ...; **atom başlığı** od **nükleer ~** Atomsprengkopf m; **çelik ~** Stahlhelm m; **~lar halinde** in Stichworten; **~ (parası)** Geld, das der Bräutigam der Familie der Braut zahlt
**başlılık** ⟨-ğı⟩: **ağır ~** Gesetztheit f, Seriosität f
**başmakçı** Schuhmacher m; Schuhwärter m vor der Moschee
**başmaklık** ⟨-ğı⟩ Schuhabstellplatz m
**baş|müdür** Generaldirektor m, -in f **~müfettiş** Oberinspektor m, -in f

**~oyuncu** Hauptdarsteller m, -in f
**~öğretmen** Schulrektor m, -in f **~örtü(sü)** Kopftuch n **~papaz** Bischof m **~parmak** ⟨-ğı⟩ Daumen m; große Zehe **~piskopos** Erzbischof m **~rol** ⟨-lü⟩ FILM, THEAT Hauptrolle f
**başsağlığı** Beileid n; -e **dilemek** j-m sein Beileid aussprechen
**başsavcı** Generalstaatsanwalt m
**başsız** ... ohne Kopf; führungslos **~lık** ⟨-ğı⟩ Führungslosigkeit f
**başşehir** Hauptstadt f
**başta** anfangs; **(en) ~** zuvörderst, allen voran, vor allem
**baştaban** Architrav m
**baştan** von Anfang an; (tekrar) von Neuem; **~ başlamak** von vorn anfangen
**baştankara** ZOOL Kohlmeise f; **~ etmek** SCHIFF stranden; fig alles riskieren
**'başl|ucu** ⟨-nu⟩ Kopfende n; **~ (noktası)** ASTRON Zenit m **~ucul** Zenit-
**başvurma** Antragstellung f; Anfrage f; Nachschlagen n; Anwendung f; → başvuru
**'başvurmak** -e sich wenden an akk; nachschlagen akk in dat od bei dat; greifen zu (Mitteln etc); sich bewerben (-e/için um akk)
**başvuru** Anmeldung f; Bewerbung f; Antragstellung f; **~ kitabı** Nachschlagewerk n; **~ sahibi** Antragsteller m, -in f
**başyapıt** ⟨-dı⟩ Meisterwerk n
**başyazar** Chefredakteur m, -in f
**başyazı** Leitartikel m
**başyazman** Generalsekretär m, -in f
**batak** ⟨-ğı⟩ Sumpf m; sumpfig; Sache verloren; Geld vergeudet **~çı** Schwindler m, -in f; Zechpreller m, -in f; Verschwender m, -in f **~çıl** sumpfig **~çılık** ⟨-ğı⟩ Gaunerei f; Zechprellerei f
**batakhane** [-ha:-] Spelunke f; fig Sumpf m
**bataklık** ⟨-ğı⟩ Sumpf m **~gazı** Sumpfgas n; Methan n **~kömürü** ⟨-nü⟩ Torf m
**ba'tarya** MIL, ELEK Batterie f
**bateri** MUS Schlagzeug n
**baterist** Schlagzeuger m, -in f
**batı** Westen m; West-, westlich; **Batı Almanya** Westdeutschland n **~cı** prowestlich eingestellt
**batık** untergegangen, versenkt; versunken (Kultur); eingefallen
**batıl** [a:] REL unwahr, falsch; **~ itikat** Aberglaube m
**batılı** (West)Europäer m, -in f; Westler m, -in f; westlich **~laşmak** sich europäisieren/verwestlichen **~lık** ⟨-ğı⟩ Verwestlichung f
**batım** Untergang m der Sonne; fig Niedergang m
**batın**[1]: **bir ~da** bei einer Geburt, hayvan bei einem Wurf
**batın**[2] REL Innere(s); Wesen n
**batıni** REL verborgen
**batır|mak** v/t versenken; (ein)tauchen (-e in akk); stechen (-e in akk); zugrunde richten, vergeuden; ruinieren, zum Bankrott führen (Geschäft); verlieren (Kapital); **-i (yerin dibine) ~** schlechtmachen
**batış** Untergang m; **güneş ~ı** Sonnenuntergang m
**batıyel** Westwind m
**batik** Batik f; **~ yapmak** batiken
**batiskaf** Tiefseetauchgerät n
**batkı** Bankrott m; Börsenkrach m
**batkın** bankrott; **~ yer** Grube f **~lık** ⟨-ğı⟩ a. fig Bankrott m; Vertiefung f
**batmak** ⟨-ar⟩ versinken; Boot, Himmelskörper untergehen; fig zugrunde gehen; Fingernagel hineinwachsen; Nadel eindringen, sich hineinbohren (-e in akk); Geld verloren gehen, umg perdu gehen; Worte treffen, berühren (-e j-n); in die Hände fallen; **borca ~** tief in Schulden stecken; **tere ~** in Schweiß gebadet sein
**battal** [-a:] ausgedient; Brunnen ausgetrocknet; sperrig; schwerfällig; **~ etmek** abschaffen
**battaniye** [-'ta:-] Wolldecke f
**bav** Dressur f (zur Jagd) **~cı** Dresseur m, Abrichter m **~lı** abgerichtet **~lımak** v/t dressieren, abrichten
**bavul** ⟨-lu⟩ Koffer m; **~ ticareti** Import und Export durch mitgebrachte Waren von Auslandsreisenden
**Ba'vyera** Bayern n **~lı** Bayer m, -in f; bay(e)risch
**bay** Herr m; ♀ Anrede Herr ... (m) (vor Vor- u. Nachnamen)
**bayağı** üblich, gewöhnlich; ordinär, gewöhnlich; Qualität niedrig, schlecht; BOT gewöhnlich; adv einfach; fast; tüchtig, ordentlich; **~dan aşağı** primitiv; schlechtest-
**bayağı|kesir** MATH gemeine(r) Bruch **~laşmak** verflachen; gewöhnlich wer-

den **~lık** ⟨-ğı⟩ Mittelmäßigkeit f; Geschmacklosigkeit f; Banalität f; *Ware* Schund m
**bayan** Dame f; ♀ *Anrede* Frau ... (f) (*vor Vor- u. Nachnamen*); gnädige Frau; **~lar, baylar!** meine Damen und Herren!
**bayar** angesehen
**bayat** ⟨-tı⟩ nicht frisch; *Fisch* verdorben; *Butter* ranzig; *Brot* altbacken; *Idee, Nachricht* überholt; veraltet **~lamak** Lebensmittel verderben, alt werden; veralten; schal werden (*Witz etc*)
**baygın** besinnungslos, bewusstlos, ohnmächtig; matt; *Blick* schmachtend; *Stimme* einschmeichelnd; *Geruch* betäubend; *Pflanze* verwelkt; (-e) *umg* verschossen in *akk* **~lık** ⟨-ğı⟩ Ohnmacht f, Besinnungslosigkeit f; **~ geçirmek** in Ohnmacht fallen
**bayıl|ma** Ohnmacht f **~mak** ohnmächtig werden; *Pflanze* welken; *umg* hingerissen sein (*-e* von); *umg Geld* blechen; **bayıla bayıla** *umg* wahnsinnig gern
**bayılt|ıcı** betäubend; *Hitze* erstickend **~mak** (*-e*) MED anästhesieren, narkotisieren; **b-nin içini ~** bei j-m Übelkeit verursachen; *fig* schrecklich langweilen
**bayındır** *fig* urban(isiert) **~laştırmak** v/t urbanisieren **~lık** ⟨-ğı⟩ Stadtentwicklung f; Stadtplanung f; ♀ **ve İskân Bakanlığı** Ministerium n für Straßenbau, Urbanisierung und Besiedlung
**bayır** Abhang m **~laşmak** v/i ansteigen, emporführen
**bayi** [a:] Vertragshändler m **~lik** ⟨-ğı⟩ Verkauf(sstelle f) m
**baykuş** Eule f; **~ gibi** Unglücksbringer m; unheilvoll
**bayonet** ⟨-ti⟩ FOTO Bajonett n
**baypas** MED Bypass m; TECH Stutzen m
**bayrak** ⟨-ğı⟩ Fahne f, Flagge f; **~ açmak** Freiwillige anwerben; meutern; **~ları açmak** ein Geschrei erheben; sich schlecht auffführen; **~ koşusu, ~ yarışı** Stafettenlauf m **~tar** Fahnenträger m, -in f; Anführer m (*e-s Stammes*); *fig* Verfechter m, -in f
**bayram** REL Fest n; (National)Feiertag m; *fig* große Freude, Jubel m; **~ arifesi** Vortag m (*eines Festes*); **Cumhuriyet** ♀ Tag m der Republik (29. Oktober); **~ koçu gibi** aufgedonnert; **Kurban** ♀ Opferfest n; **Şeker** (*od* **Ramazan**) ♀ı Ramadan-Fest n; **~ üstü** vor dem Fest; **~ etmek** (*od* **yapmak**) feiern, jubeln; **~dan ~a** an Festtagen; *fig* höchst selten; **iyi ~lar!** frohe Festtage!; **~ınızı kutlarım, ~ınız kutlu olsun!** herzlichen Glückwunsch zum Fest!
**bayram|laşmak** einander frohe Festtage wünschen **~lık** ⟨-ğı⟩ Festtags-, Sonntags- (*Kleid etc*); Festtagsgeschenk n; Festtagseinkäufe m/pl; **~ ağzını açmak** fluchen
**bayt** IT Byte n
**baytar** *umg* Tierarzt m **~lık** ⟨-ğı⟩ *umg* Veterinärmedizin f
**baz** Basis f, Grundlage f; CHEM Base f; Grund-, Eck- (*Lohn*); **~ (istasyonu)** TEL Basisstation f; **... ~ında** auf -basis **~al** CHEM basisch, alkalisch
**bazan, bazen** [ba:-] manchmal; **~ iyi, ~ kötü** mal gut, mal schlecht
**bazı** [ba:-] einige; **~ ~, ~ kere** zuweilen; **~lar(ı)** einige, manche; **~mız** manche(r) von uns; **~sı** mancher
**bazik** CHEM basisch
**bazilika** Basilika f
**bazlama(ç)** ⟨-cı⟩ *Art* Fladen m, Pfannkuchen m
**BDT** *abk für* Bağımsız Devletler Topluluğu Gemeinschaft f unabhängiger Staaten (GUS)
**be** s/ du (da), Sie (da), Mensch!; doch; denn; **dur ~ çocuk** bleib doch stehen, Kind; **yapma ~!** nun lass das doch!; nicht doch; **neredesin ~?** *umg* wo bist du eigentlich?
**bebe** → **bebek**; **~ mağazası** Geschäft n für Babyartikel; **port ~** Babytragetasche f
**bebek** ⟨-ği⟩ Baby n; Puppe f; **~ beklemek** ein Baby erwarten; **~ arabası** Kinderwagen m; **~ (alt) bezi** Windel f; **~lik** Babyalter n; **~ maması** Babynahrung f
**beceri** Geschicklichkeit f; Fertigkeit f, Befähigung f
**becerik|li** geschickt; begabt; unternehmungslustig **~siz** Versager m; ungeschickt; hilflos **~sizlik** ⟨-ğı⟩ Ungeschicklichkeit f; Unvermögen n
**becermek** (*-i*) *Arbeit etc* erledigen; (es) schaffen, fertigbringen + *inf*; *hum* kaputt machen; *umg* j-n erledigen wollen; *umg*

*Frau umlegen;* **işler ~** *fig* was Schönes anrichten

**Beç** ⟨-ci⟩ HIST Wien *n* **2tavuğu** Perlhuhn *n*

**bedava** [-da:-] umsonst; **~dan ucuz** spottbillig **~cı** Schnorrer *m*

**bedbaht** ⟨-tı⟩ unglücklich **~lık** ⟨-ğı⟩ Unglück *n*, Missgeschick *n*

**bedbin** [i:] pessimistisch

**beddua** [a:] Fluch *m*; *-e* **~ etmek** verfluchen, verwünschen *akk*; *-in* **bedduası tutmak** j-s Fluch in Erfüllung gehen

**bedel** Gegenwert *m*, Preis *m*; Gegenleistung *f*; Ersatz *m*; Pilger, der für einen anderen nach Mekka geht; Wehrersatzleistung *f (Geld)*; **~ olarak** anstattdessen; im Austausch (für); **~ ödemek** sich (vom Militärdienst) freikaufen; **~ usulü** Ersatzsystem *n*; **... buna ~(dir)** ... wiegt das auf

**bedelli: ~ asker** Wehrpflichtiger, der gegen Devisen e-n verkürzten Wehrdienst ableistet

**bedelsiz** unentgeltlich

**beden** Körper *m*, Rumpf *m*; BOT Stamm *m*; Festungswall *m*; **~ dili** Körpersprache *f*; **~ eğitimi** Leibeserziehung *f*; **~i ile** körperlich *(arbeiten)*

**beden|î** [i:], **~sel** physisch, Leibes-, körperlich; **~ iş** körperliche Arbeit

**bedensellik** Körperlichkeit *f*

**bedesten** großer Basar; *in Istanbul* Antiquitätenbasar *m*

**bedevi** [i:] Beduine *m*

**bedir** ⟨-dri⟩ Vollmond *m*

**be'gonya** BOT Begonie *f*

**beğendi** Auberginenpüree *n (mit Fleisch)*

**beğen|dirmek** Zuneigung *(od* Interesse*)* wecken *(-e ~i bei* j-m für*)* **~i** Gefallen *n*; Vergnügen *n*; Geschmack *m* **~ilmek** Anklang finden

**beğen|mek** ⟨-i⟩ mögen, gernhaben; Gefallen finden an *dat*; wählen, sich *(dat)* aussuchen; **kendini beğenmiş** hochnäsig; **kimi görsem beğenirsiniz?** raten Sie mal *(od* was meinen Sie wohl*)*, wen ich gesehen habe? **~memek** *v/t* missbilligen, ablehnen; verachten; kein Gefallen finden an *dat*; *-e* **karşı beğenmemezlik etmemek** nicht unangenehm finden *akk*

**beher** je, pro

**behey!** he!

**beis** ⟨be'si⟩ **-mekte ~ görmemek** nichts dabei finden + *inf*; **~ yok** *od* **ne ~ var!** nicht schlimm, nicht der Rede wert

**bej: ~ (rengi, renkli)** beige

**bek**¹ ⟨-ki⟩ SPORT Verteidiger *m*

**bek**² ⟨-ki⟩ (Gas)Brenner *m*

**bekâr** Junggeselle *m*, Junggesellin *f*; ledig; **yaz ~ı** Strohwitwe *m* **~et** ⟨-ti⟩ Jungfräulichkeit *f* **~lık** ⟨-ğı⟩ Junggesellenleben *n*; Ehelosigkeit *f*

**bekas** Waldschnepfe *f* **~in** Sumpfschnepfe *f*

**bekçi** (Nacht)Wächter *m*; **~ köpeği** Wachhund *m* **~lik** ⟨-ği⟩ Wachdienst *m*; Wache *f*; *-e* **~ etmek** bewachen *akk*; **evde ~ yapmak** das Haus hüten

**beklegör: ~ politikası** Politik *f* des Abwartens

**bekleme** Wartezeit *f*; Warte-; Stillstand *m der Maschine;* **~ odası** Wartezimmer *n*; **~ salonu** Wartesaal *m*; **~ yapmak** am Straßenrand auf mögliche Fahrgäste warten (Bus etc)

**beklemek** warten (auf *akk*), hoffen (auf *akk*); erwarten (*-i -den akk* von); aufpassen (auf *akk*); Gefangene bewachen; **hastanın başını ~** am Bett e-s Kranken wachen; **(gene) bekleriz** besuchen Sie uns doch (wieder)!

**beklen|en: ~ haklar** JUR Anrecht *n* auf e-e Vakanz; **~i aşmak** die Erwartungen übertreffen **~(il)meyen**, **~medik** unerwartet **~mek** *passiv von* beklemek **~ti** Erwartung *f*; Ansprüche *m/pl*

**bekleşmek** warten (als Gruppe); *fig* belagern (-*de akk*)

**bekletmek** *kaus von* beklemek; *im* Kühlschrank *etc* aufbewahren; *im* Wasser stehen lassen; bewachen lassen (-*e -i akk/von akk*); **sizi çok beklettim mi?** habe ich Sie lange warten lassen?

**Bektaşi** [-a:ʃi:] Mitglied *n* des Bektaschi-Ordens; *fig* **~ sırrı** Mysterium *n* **2üzümü** BOT Stachelbeere *f*

**bel**¹ Taille *f*; Kreuz *n*; Lende *f*; Gürtel *m*; Mittelteil *m (e-s Schiffes)*; Bergpass *m*; *-e* **~ bağlamak** vertrauen (j-m *od* j-n); **~ bölgesi** Lendengegend *f*; **~ gevşekliği** MED Impotenz *f*; **~ vermek** *Holz* sich durchbiegen, sich werfen; *Gebäude* sich senken, sich setzen; *-in* **~i çökmek** e-n

Buckel bekommen; sich krümmen; *-in* **~ini bükmek** bettelarm machen
**bel**[2] Spaten *m*
**bel**[3] Sperma *n*; *-in* **~i gelmek** ejakulieren
**bela** [-la:] Unglück *n*; Unheil *n*; Strafe *f*, Heimsuchung *f*; **b-nin başına ~ açmak** j-m große Unannehmlichkeiten bereiten; **~ çıkarmak** Streit anfangen, Unheil stiften; **bşı-i b-nin başına bela etmek** j-m etw aufhalsen; *-e* **~ okumak** verfluchen *akk*; **namus ~sına** wegen des guten Rufes; **~ya çatmak** *od* **~yı bulmak** in Not geraten; **~yı gör ki** zu allem Übel; **bin** (*od* **güç**) **~** mit Müh und Not
**belagat** [-la:-] ⟨-ti⟩ Beredsamkeit *f*
**belalı** [-la:-] unheilvoll; *umg* Zuhälter *m*; **~ herif** (ein) streitsüchtiger Kerl
**Bel'çika** Belgien *n* **~lı** belgisch; Belgier *m*, -in *f*
**belde** Ort *m*, Gemeinde *f*; *osm* Stadt *f*
**belediye** Magistrat *m*, Stadtverwaltung *f*; *umg* → **~ zabıtası**; **~ başkanı** (Ober-)Bürgermeister *m*, -in *f*; **~ zabıtası** Ordnungskraft *e-s* Magistrats; **~ci** Magistratsbeamte(r), -beamtin *f*; *umg* → **belediye zabıtası**
**belemek** *v/t umg* in Windeln legen, wickeln; wälzen (*in dat*)
**beler|mek** *Augen* groß werden **~tmek** *Augen* aufreißen
**beleş** *umg* gratis, für nichts; **~e konmak** nassauern **~ci** Schmarotzer *m*, -in *f*
**belge** Bescheinigung *f*, Schein *m*; Schriftstück *n*; Urkunde *f*; **~ almak** von der Schule gewiesen werden; Schule abbrechen; **~ (niteliğinde) dokumentarisch; ~si bulunmayan** unbewiesen
**belge|leme** Dokumentation *f* **~lemek** *v/t* bescheinigen; nachweisen; Belege anführen (*od* beibringen); den Nachweis führen **~li** nachgewiesen, belegt; von der Schule gewiesen **~lik** ⟨-ği⟩ Archiv *n*
**belgesel** dokumentarisch; **~ film** Dokumentarfilm *m*
**belgisiz** GRAM unbestimmt
**beliğ** beredt
**belik** ⟨-ği⟩ (Haar)Zopf *m*
**belirgin** offenkundig, auffallend; deutlich **~leşmek** zutage treten; deutlich(er) werden **~leştirmek** verdeutlichen **~sizlik** ⟨-ği⟩ Unbestimmtheit *f*,

Vagheit *f*
**beliriş** Erscheinen *n*, Auftauchen *n*
**belir|lemek** *v/t* bestimmen; festsetzen; determinieren **~lenim** Eingrenzung *f*; Merkmal *n*; PHIL Determination *f* **~li** bestimmt; festgesetzt; offenbar **~me** Äußerung *f*; Offenbarung *f*; GRAM **~ geçmiş** Vergangenheit *f* auf -di
**belir|mek** erscheinen, auftauchen; sich klären **~siz** unbestimmt, vage; unbekannt; GRAM **~ geçmiş** Vergangenheit *f* auf -miş **~sizlik** ⟨-ği⟩ Unbestimmtheit *f*
**belirt|eç** GRAM Adverb *n* **~en** GRAM Bestimmung *f*, Attribut *n*; MATH Determinante *f*
**belirti** Kennzeichen *n*, Merkmal *n*; Symptom *n*; MATH Kennziffer *f*; **hayat ~sı** Lebenszeichen *n* **~ci** kennzeichnend; GRAM bestimmend; Kennzeichen *n*
**belirti|len** GRAM attribuiertes Substantiv **~li** bestimmend; **~ (isim) tamlama(sı)** GRAM Genitivkonstruktion *f* **~siz** unbestimmt; GRAM **~ (isim) tamlama(sı)** Possessivkonstruktion *f* (*Ankara kedisi* = *Angorakatze etc*)
**belirt|ken** Sinnbild *n*; GRAM diakritische(s) Zeichen **~me** Hervorhebung *f*; **~ durumu** GRAM bestimmte(r) Akkusativ (*auf -i*)
**belirtmek** *v/t* anmerken; erklären; deutlich machen; bestimmen; betonen, klarstellen; nachweisen; hinweisen auf *akk*; MATH benennen; **yukarıda belirtilen** oben angegeben
**belit** ⟨-ti⟩ MATH Axiom *n*
**belkemiği** ⟨-ni⟩ Wirbelsäule *f*, Rückgrat *n*; *fig* Stütze *f*
**'belki** vielleicht; **~ de** vielleicht auch
**belladona** BOT Tollkirsche *f*, Belladonna *f*; Atropin *f*
**bellek** ⟨-ği⟩ Gedächtnis *n*; IT Speicher *m*; **~ yitimi** Gedächtnisschwund *m*; **belleğe almak** IT speichern **~sel** Gedächtnis-; mnemotechnisch
**belleme** Satteldecke *f*
**bellemek**[1] auswendig lernen; behalten; denken, glauben; *-in* **anasını ~** *vulg* schinden
**bellemek**[2] *Boden* umgraben
**belleten** Bulletin *n*; Artikelsammlung *f*
**belletici** Repetitor *m*, -in *f*
**belli**[1] bekannt; klar, offenbar; bestimmt;

**~ başlı** *Person* führend, prominent; *Sache* wichtigst-; **~ belirsiz** kaum merklich; andeutungsweise; **-i ~ etmek** bekunden, zu erkennen geben; **~ etmeden** unbemerkt, verstohlen; **~ olmak** sich zeigen/herausstellen; zu erkennen sein (*-den* an *dat*)

**belli²** ⟨-*i*⟩ rank und schlank

**bellibaşlı** → belli¹

**bellilik** ⟨-ği⟩ Klarheit *f*; Bestimmtheit *f*; Zeichen *n* **~siz** unklar

**belsoğukluğu** ⟨-nu⟩ MED Tripper *m*, Gonorrhö *f*

**bembeyaz** schneeweiß

**bemol** ⟨-lü⟩ MUS b-Moll, Erniedrigungszeichen *n*

**ben¹** ich; Ich *n*

**ben²** Muttermal *n*

**benben|ci** selbstgefällig, egozentrisch; Narziss *m* **~lik** ⟨-ği⟩ Selbstgefälligkeit *f*; Arroganz *f*

**bence** meiner Meinung nach

**bencil** Egoist *m*, -in *f*; egoistisch **~eyin** ['bεn-] genauso wie ich **~lik** ⟨-ği⟩ Egoismus *m*

**bende¹** bei mir; **~ para kalmadı** ich habe kein Geld mehr

**bende²** Sklave *m*, Sklavin *f*

**benden:** **~ geçti** ich bin zu alt dafür; **~ sonra tufan** nach mir die Sintflut

**bendeniz** *osm* Ihr gehorsamster Diener

**benek** ⟨-ği⟩ Fleck *m*, Tüpfelchen *n*; Muttermal *n*; Lichtpunkt *m* **~li** ⟨-*i*⟩ gefleckt; **~ yüzlü** sommersprossig

**bengi** ewig **~lemek** verewigen; unsterblich machen **~lik** ⟨-ği⟩ Ewigkeit *f*; Unsterblichkeit *f* **~su** ⟨-yu⟩ Lebenswasser *n*

**beni** mich

**beniadem** [-ni:-] Menschheit *f*, Menschen *m/pl*

**benim** mein(e); (*gen von* ben) meiner; **~ için** für mich

**'benim** ich bin es; **~ diyen geldi** wer etwas von sich hielt, kam

**benimki** mein; der/die/das mein(ig)e

**benimse|mek** *v/t* sich (*dat*) *etw* aneignen; sich (*dat*) *etw* zu eigen machen; *Vorschlag etc* annehmen, akzeptieren **~nmek** *passiv von* benimsemek

**beniz** ⟨-nzi⟩ Teint *m*, Gesichtsfarbe *f*; **benzi bozulmak** (*od* **atmak**) blass werden; **benzi yerinde** er/sie sieht gut aus; **benzine kan gelmek** wieder Farbe bekommen

**benli:** **senli ~ konuşmak** sich duzen

**benlik** ⟨-ği⟩ Wesen *n*; Selbst *n*; Ich *n*; Identität *f*; Egoismus *m*; **~ ikileşmesi** Persönlichkeitsspaltung *f*

**benmari** GASTR Wasserbad *n*

**bent** ⟨-di⟩ Deich *m*, Damm *m*; JUR Absatz *m*

**benzek** ⟨-ği⟩ Parodie *f*, Nachahmung *f*

**benze|mek** *-e* ähneln *dat*; (aus)sehen nach; **-e benziyor** es sieht so aus, als ob …; es scheint, dass …; **yağmur yağacağa benziyor** es sieht nach Regen aus **~mezlik** ⟨-ği⟩ Unähnlichkeit *f*

**benzer** ⟨-*e*⟩ ähnlich (*dat*); *subst* Double *n*; **~i yok** einmalig, einzig; **buna ~** und Ähnliches (u. Ä.) **~lik** ⟨-ği⟩ Ähnlichkeit *f* **~siz** unähnlich

**benzeş** ähnlich; analog **~en** GRAM assimilierte(r) Laut **~im** Assimilation *f*, Angleichung *f* **~me** GRAM Assimilation *f* **~mek** sich (=*einander*) ähneln

**benzeti** Nachahmung *f*, Imitation *f* **~ci** Nachahmer *m*, -in *f*, Imitator *m*, -in *f*

**benzetiş** Vergleich *m*

**benzetmek** vergleichen (-*e* mit); verwechseln (-*e* mit); *j-n* halten (-*e* für); kaputt machen; *fig* (-*i j-m*) den Kopf waschen; vertrimmen

**benzetsel** nachahmend, Nachahmungs-

**benzeyiş** Ähnlichkeit *f*

**benzin** Benzin *n*; **~ deposu** Benzintank *m*; Tanklager *n*; **~ istasyonu** Tankstelle *f*; **~ koymak** tanken **~ci** Tankwart *m*

**benzol** ⟨-lü⟩ Benzol *n*

**beraat** [a:] ⟨-tı⟩ Freispruch *m*; **~ kararı** Freispruchsurteil *n*; **~ etmek** freigesprochen werden; **~ ettirmek** freisprechen; JUR **~ı zimmet** Freisein *n* von Verpflichtungen

**beraber** [a:] **A** *adv* zusammen; gemeinsam; gleichbedeutend (-*le* mit); gleicher Meinung (-*de* mit), (-*le* von) gleicher Größe *etc*; **bununla ~** trotzdem, ungeachtet dessen; **~e bitmek** unentschieden enden; **1:1 ~e kalmak** 1 zu 1 enden **B** *konj* **-mekle ~** obwohl …; **-mesiyle ~** kaum … (als); sobald **C** *präp* **-inde** bei sich (*dat*); in (seiner) Begleitung

**beraberlik** ⟨-ği⟩ Zusammensein *n*; Solidarität *f*; Gemeinsamkeit *f* *der Interes-*

sen; Ähnlichkeit f; SPORT unentschieden; **~ golü** Ausgleichstor n

**berat** ⟨-tı⟩ Patent n; Bescheinigung f; **ℒ gecesi** Nacht der Berufung Mohammeds zum Propheten; **ihtira ~ı** Erfindungspatent n

**berbat** verdorben, zerstört; dreckig; Zustand miserabel; **~ etmek** verderben, herunterwirtschaften; beschmutzen; **~ olmak** verdorben etc werden **~lık** ⟨-ğı⟩ Zerrüttung f; schmutzige(r) Zustand

**berber** Frisör m; **~ aynası** Handspiegel m

**Berberî** [i:] Berber m, -in f

**berdevam** [a:] (an)dauernd; noch erhalten; **~ etmek** andauern, sich hinziehen

**bere**[1] ANAT blaue(r) Fleck; Striemen m

**bere**[2] Baskenmütze f

**bereket** ⟨-ti⟩ Segen m; Fruchtbarkeit f, Überfluss f; **~ versin** danke! (nach dem Essen, traditionell); Verkäufer etwa Gott segne Sie!; **~ (versin) ki, ...** Gott sei Dank ... **~li** gesegnet, segensreich; fruchtbar, ertragreich (Erde etc); ergiebig **~siz** unfruchtbar; unergiebig

**bere|lemek** v/t stoßen, schlagen, zerkratzen **~li** mit blauen Flecken (Haut); mit Druckstellen (Obst etc); zerkratzt

**bergamot** ⟨-tu⟩ Bergamotte f

**berhava** [-va:] **~ etmek** (in die Luft) sprengen; **~ olmak** in die Luft fliegen; fig ins Wasser fallen

**berhudar** **~ ol!** das Glück sei mit dir!

**beri** diesseitig; hier(her); **~de** auf dieser Seite, hier; **~den** von hier (aus); biraz **~ye** näher, hierher kommen

**beri**[1] **A** präp: **-den ~** seit **B** konj: **-eli ~** seit(dem)

**beri'beri** MED Beriberi f

**beriki** diese(r), dieses hier

**berk** fest, hart

**bermuda** **~ şort** Bermudas pl

**'bermutat** [-mu:ta:t] wie üblich

**berrak** ⟨-kı, -ğı⟩ kristallklar; glänzend **~laşmak** kristallklar werden; glänzend werden **~lık** ⟨-ğı⟩ Klarheit f; Glanz m

**bertaraf** beseitigt; abgelegen; **~ etmek** beiseitelegen; beseitigen; **şaka ~!** Scherz beiseite!

**berzah** Landenge f

**'besbelli** völlig klar; offensichtlich

**besi** Ernährung f; Mast f; TECH Klotz m, Keil m; **aşırı ~** Überfütterung f

**besidoku** Albumin n; BOT Endosperm n

**besili** gefüttert; gut genährt

**besin** Nährstoff m; Nahrungsmittel n **~suyu** ⟨-nu⟩ BOT Saft m

**beslek** ⟨-ği⟩ Pflegekind n

**besleme** Füttern m; Verpflegung f; Pflegekind n; subventioniert; **~ hattı** TECH Speiseleitung f

**beslemek** ernähren; verpflegen; füttern; mästen; Boden düngen; erziehen; aufziehen; Liebe, Hoffnung hegen; Hühner etc züchten, halten; TECH durch Keil etc unterfüttern, festigen

**beslenme**: Ernährung f; **~ bozukluğu** Ernährungsstörung f; **~ rejimi** Ernährungsweise f; **~ değeri** Nährwert m; **yetersiz ~** Unterernährung f **~yici** nahrhaft

**besmele** islamisches Glaubensbekenntnis; **~ çekmek** das islamische Glaubensbekenntnis aussprechen **~siz** unehrlich; Kind außerehelich

**beste** MUS Komposition f **~ci, ~kâr** Komponist m, -in f **~lemek** v/t komponieren; vertonen **~li** vertont

**beş** fünf; **~ aşağı, ~ yukarı** ungefähr; **~ kardeş** umg Watschen f; **~ para etmez** keinen Heller wert; **-i ~ paralık etmek** j-n gehörig blamieren; **~ vakit namaz** die fünf täglichen Gebete; **Beş Yıllık Plan** Fünfjahresplan m; **~ yüz** fünfhundert; **~i bir yerde** → **beşibirlik**; **~imiz** wir fünf

**beşbıyık** ⟨-ğı⟩ BOT große Mispel f

**beşer**[1] je fünf

**beşer**[2] (der) Mensch

**beşerî** [i:] menschlich; human; **~ bilimler** Humanwissenschaften f/pl

**beşgen** Fünfeck n, Pentagon n

**beşibirlik** ⟨-ği⟩ Kettchen mit fünf Goldmünzen (Schmuck)

**beşik** ⟨-ği⟩ Wiege f

**beşinci** fünft-; **~ kol** die fünfte Kolonne

**beşiz** Fünflinge pl

**beşli** Fünf f (Spielkarte etc); Leuchter fünfflammig **~lik** ⟨-ği⟩ Fünfer m

**beşyüz** → **beş yüz** **~lük** ⟨-ğü⟩ mit je 500; Fünfhunderter m

**bet** ⟨-ti⟩: **~ beniz**, meist **~i benzi** Gesichtsfarbe f; **~ bereket** Wohlhabenheit f; Überfluss m; **-in ~i bereketi kalma-**

**mak** Geld etc schnell dahinschmelzen **~elemek** sich beklagen
**beter** schlechter
**betim|lemek** schildern, beschreiben; darstellen **~sel** GRAM beschreibend, synchronisch
**beton** Beton m; -e **~ dökmek** betonieren akk **~arme** Stahlbeton m **~iyer** Betonmischmaschine f
**bevliye** Krankheiten f/pl der Harnorgane; **~ koğuşu** urologische Abteilung
**bevliyeci** Urologe m
**bey** Herrscher m; Fürst m; Reiche(r); Karte Ass n; Herr m; hitap **Hasan (Sontürk)** ⩾ Herr Hasan (Sontürk); ⩾**im!** mein Herr!; ⩾**ler!** meine Herren! **bir ~ sizi aradı** ein Herr hat nach Ihnen gefragt
**beyan** [a:] Erklärung f; Deklaration f; **ayan ~** völlig klar; **~ etmek** erklären; deklarieren, anmelden (Steuern, Zoll etc); **~da bulunmak** e-e Erklärung abgeben
**beyanat** ⟨-ti⟩ (Presse)Erklärung f
**beyanname** [-na:-] Erklärung f (Zoll, Steuern etc); Verlautbarung f, Kommuniqué n; Manifest n
**'beyefendi** gnädiger Herr; **~**
**beygir** Pferd n **~gücü** ⟨-nü⟩ PHYS Pferdestärke f
**beyhude** [u:]: **~ (yere)** vergeblich **~lik** ⟨-ği⟩ Nutzlosigkeit f
**beyin** ⟨beyni⟩ Gehirn n; Auffassungsgabe f, umg Grips m; **elektronik ~** elektronengehirn n; **~ patlatmak** sich (dat) den Kopf zerbrechen; **~ sarsıntısı** Gehirnerschütterung f; **~ sektesi** Gehirnschlag m; **~ yıkama** Gehirnwäsche f; -in **beyni atmak** in Wut geraten; **b-nin beyni sulanmak** umg unp j-m raucht der Kopf **~cik** ⟨-ği⟩ ANAT Kleinhirn n **~sel** Zerebral- **~siz** beschränkt, dämlich **~sizlik** ⟨-ği⟩ Dämlichkeit f **~zarı** ANAT Gehirn-

haut f
**beyit** ⟨-ti⟩ (Doppel)Vers m
**beylerbeyi** ⟨-ni⟩ osm Generalgouverneur m
**beylik** ⟨-ği⟩ Wort abgedroschen; Waffe Dienst-; HIST Fürstentum n; Vornehmheit f; kleine Wolldecke für Soldaten; **~ satmak** fig den großen Herrn spielen
**'beynelmilel** international
**beyzade** [a:] junge(r) Herr
**beyzbol** Baseball m
**beyzî** [i:] oval
**bez¹** Gewebe n; (Baumwoll)Stoff m; Lappen m; Stoff-; **gaz ~i** Gaze f, Mull m; **tahta ~i** Scheuertuch n; **toz ~i** Staubtuch n; **~(den) bebek** Stoffpuppe f
**bez²** Drüse f; **pankreas ~i** Bauchspeicheldrüse f; **tükürük ~i** Speicheldrüse f
**bezdir|ici** zudringlich, lästig **~mek** lästig fallen (-i -ine j-m mit)
**bezek** ⟨-ği⟩ Verzierung f, Ornament n; Dekoration f **~çi** Dekorationsmaler m **~li** verziert **~sel** ornamental
**be'zelye** Erbse f
**bezemek** dekorieren; ausstatten
**bezenmek**: -e **özenip ~** sich viel Mühe geben mit
**bezgin** resigniert; frustriert, enttäuscht; niedergeschlagen **~leşmek** niedergeschlagen sein (od werden) **~lik** ⟨-ği⟩ Resignation f; Frustration f, Niedergeschlagenheit f
**bezir**: **~ yağı** Leinöl n
**bezirgân** osm Händler m; Schacherer m, Wucherer m
**bezmek** ⟨-er⟩: -den **~** e-r Sache (gen) überdrüssig sein; **hayattan ~** lebensmüde sein
**BG** abk für beygir gücü Pferdestärke (PS)
**bıçak** ⟨-ğı⟩ Messer n; **~ kemiğe dayandı** es ist unerträglich geworden; es ist allerhöchste Zeit; -e **~ çekmek** mit dem Messer bedrohen akk; **~ yeri** Stichwunde f; **~ yüzü** Schneide f; **bıçağın ağzında olmak** fig auf des Messers Schneide stehen **~cı** Messerschmied m; Messerstecher m, Radaubruder m **~lamak** v/t erstechen; mit dem Messer verletzen (-den an dat)
**bıçkı** Motorsäge f; Doppelgriffsäge f
**bıçkın** fig großspurig, machohaft
**bıdık** kurz und dick, Dickerchen f
**bıkılmak**: passiv von bıkmak

**bıkkın** überdrüssig (-den gen); gelangweilt **~lık** ⟨-ğı⟩ Überdruss m
**bıkmak** ⟨-ar⟩ (-den) überdrüssig sein (gen), genug haben (von); **bıktım (artık)!** ich hab' genug davon, ich bin es satt!
**bıktır|ıcı** langweilig, lästig **~mak** lästig fallen, umg fig j-m auf die Nerven gehen; umg löchern (-i -den j-n mit)
**'bıldır** umg voriges Jahr; **~ki** vorjährig
**bıldırcın** Wachtel f
**bıngıldak** ⟨-ğı⟩ ANAT Fontanelle f
**bıngıldamak** leicht zittern, umg bibbern
**bırakışma**: **silah ~sı** Waffenstillstand m
**bırakmak** lassen; loslassen; gehen lassen; Angelegenheit dabei belassen; Bart stehen lassen; Frau sich scheiden lassen von; Gewinn abwerfen; z. B. Kinder verlassen; Schüler sitzen bleiben lassen; Spur, Vermögen hinterlassen; Tätigkeit aufgeben; Tier freilassen; (unterwegs) sich von j-m trennen; Politur, Furnier sich ablösen, abblättern; (-i -e) etw überlassen; Sache, Person j-m anvertrauen; etw um eine Woche verschieben; **b-ni (arabayla) eve** etc ~ j-n nach Hause etc begleiten (fahren); **-i aç ~** j-n hungern lassen; **elden ~** aus der Hand legen; **içeri ~** hineinlassen; **b-ne bş-i ... liraya ~** j-m etw für ... Lira überlassen; **sigarayı ~** das Rauchen aufgeben; **-i bir yana ~** beiseitelegen; fig absehen von; **b-ni bir yere** (od **yerde**) **~** j-n an einem Ort absetzen; **bırak!** gib nichts drauf!; lass (ihn/sie nur machen)!
**bıraktırmak** (-i -e) kaus von bırakmak
**bıyık** ⟨-ğı⟩ Schnurrbart m; **~ altından gülmek** verschmitzt lachen **~lanmak** e-n Bart bekommen **~lı** bärtig **~sız** bartlos
**biber** Pfeffer m; **~ dolması** gefüllte Paprikaschote; **kırmızı ~** rote(r) Pfeffer, Paprika f
**biberiye** BOT Rosmarin m
**biberlemek** v/t pfeffern; fig sticheln
**biberli** gepfeffert
**biberon** Saugflasche f
**bibliyografya** Bibliografie f
**'biblo** Nippes pl; **~ gibi** sehr zart
**biçare** [biːtʃaː-] arm, bedauernswert
**biçem** Stil m
**biçer** → biçmek

**biçerbağlar** Garbenbindemaschine f
**biçerdöver** Mähdrescher m
**biçilmez**: **paha ~** unschätzbar, sehr wertvoll
**biçilmiş**: **... için ~ kaftan** genau das Richtige für
**biçim** A subst Schnitt m, Fasson f; Art f; Form f; Gestalt f; Mähen n, Ernte f; **verme** TECH Formung f; **ne ~ adam?** pej was für ein Mensch?; **bu ne ~ şey?** was ist/soll denn das? B konj **-ecek/-eceği ~de** so..., dass
**biçim|bilgisi** LING Formenlehre f, Morphologie f **~bilim** BIOL, LING Morphologie f **~birim** LING Morphem n **~ci** Formalist m, -in f **~cilik** ⟨-ği⟩ Formalismus m
**biçimlen|dirmek** v/t formen, gestalten **~mek** sich gestalten, Gestalt annehmen
**biçimli** gut geformt; Kleid gut sitzend; Zimmer gut geschnitten; **... ~** in der Art gen
**biçimsel** formal; formalistisch; **~ hususlar** Formalien f/pl
**biçimsiz** formlos, unförmig; plump; schlecht sitzend; schlecht geschnitten; PHYS amorph **~leştirmek** verunstalten, verstümmeln **~lik** ⟨-ği⟩ Verunstaltung f, Entstellung f
**biçki** Zuschneiden n, Zuschnitt m **~ci** Zuschneider m, -in f
**biçme** behauene(r) Stein
**biçmek** ⟨-er⟩ v/t schneiden; Kleid zuschneiden; mähen; **-e fiyat ~** e-n Preis ansetzen für
**bidon** Kanister m
**biftek** ⟨-ği⟩ Beefsteak n
**bigudi** Lockenwickler m
**bikarbonat** ⟨-tı⟩: **sodyum ~** doppeltkohlensaure(s) Natron
**bikir** ⟨bikri⟩ JUR **-in bikrini izale etmek** entjungfern; **~asması** wilde(r) Wein
**bila-** [-laː] ohne ..., ...los
**bilahare** danach, später
**bilakis** ['bılakıs] im Gegenteil
**bi'lanço** WIRTSCH Bilanz f; **~ dökümü** Aufstellung f e-r Bilanz; **~ yapmak** Bilanz ziehen
**bilandajı** ELEK Abschirmung f
**bi'lardo** Billard n; **~ masası** Billardtisch m; **~ salonu** Billardsaal m; **~ sopası** Billardstock m; **~ topu** Billardkugel f

'**bilcümle** alle(s); zur Gänze
**bildik** ⟨-ği⟩ Bekannte(r)
**bildirge** Bekanntmachung f; Charta f, Erklärung f (*der Menschenrechte*)
**bildiri** Mitteilung f; Kommuniqué n, Manifest n; Flugblatt n; **~ dağıtmak** Flugblätter verteilen
**bildir|ilmek** *passiv von* bildirmek; verlauten **~im** Mitteilung f; Deklaration f (*Steuern, Zoll etc*) **~iş** Benachrichtigung f, Meldung f **~işmek** Nachrichten austauschen **~me** Mitteilen n; **~ kipi** GRAM Indikativ m **~mek** mitteilen, melden (*-e –i j-m etw*)
**bile** A *adv* sogar, selbst; dazu noch B *konj* **-se ~** selbst wenn ...
**bileği**, **~ taşı** Schleifstein m **~ci** Schleifer m
**bilek** ⟨-ği⟩ Handgelenk n; Handwurzel f; Fessel f *des Pferdes*; **~ kuvveti** Brachialgewalt f; **bileğine güvenmek** sich auf seine Kraft (*od* Geschicklichkeit) verlassen
**bileklik** ⟨-ği⟩ Handgelenkbinde f
**bileme**: **~ taşı** Schleifstein m
**bilemek** *v/t* schleifen; *fig* stärken; **-e diş ~** ärgster Feind sein *fig*
**bilerek** bewusst, vorsätzlich
**bileşen** PHYS Komponente f, Baustein m
**bileşik** *a.* GRAM zusammengesetzt; kombiniert, CHEM Verbindung f; **~ faiz** Zinseszins m; **~ kaplar** kommunizierende Röhren
**bileşim** CHEM Zusammensetzung f, Verbindung f **~ke** PHYS Resultante f
**bileş|mek** sich verbinden (*-le* mit); zusammengesetzt sein **~tirmek** verbinden; MATH *Vektoren* addieren
**bilet** ⟨-ti⟩ Fahrkarte f; Fahrschein m; Eintrittskarte f; **~ gişesi** (Fahrkarten-)Schalter m; Kasse f; **piyango ~i** (Lotterie)Los n **~çi** Schaffner m, -in f; Fahrkartenverkäufer m, -in f; **~siz**: **~ var mı?** noch jemand ohne Fahrschein?
**bilezik** ⟨-ği⟩ Armband n; Armreif(en) m; TECH Muffe f, Ring m (*Kolbenring etc*); *umg* Handschellen f/pl
'**bilfarz** angenommen, dass ...
'**bil fiil** in der Tat; faktisch
**bilge** Weise(r) **~ce** weise **~lik** ⟨-ği⟩ Weisheit f
**bilgi** Nachricht f, Information f; Kenntnisse f/pl, Angaben f/pl; Kunde f; **~ bankası** Datenbank f; **~ işlem** Datenverarbeitung f; **daha geniş ~ için** für weitere Informationen; **-e ~ vermek** informieren, briefen *akk*
**bilgiç** ⟨-ci⟩ neunmalklug, *sl* Klugscheißer m **~lik** ⟨-ği⟩ Neunmalklugsein n, *sl* Klugscheißerei f
**bilgilen|dirme** Information f **~dirmek** informieren **~mek** Informationen erhalten; sich informieren
**bilgili** *Person* informiert; gebildet
**bilgin** Gelehrte(r); Wissenschaftler m, -in f **~lik** ⟨-ği⟩ Gelehrsamkeit f
**bilgisayar** Computer m; **~a geç(ir)mek** auf Computer umstellen; **~ destekli** computerunterstützt; **~ mühendisliği** Informatik f **~cı** Computerspezialist m, -in f **~lı** computerisiert; computergesteuert
**bilgisiz** unwissend **~lik** ⟨-ği⟩ Unwissenheit f
'**bilhassa** insbesondere; speziell
**bilim** Wissenschaft f; Wissen n; -kunde f; **~ adamı** Wissenschaftler m; **fen ~leri** Naturwissenschaften f/pl; **sosyal ~ler** Sozialwissenschaften f/pl **~ci** Wissenschaftler m, -in f **~dışı** unwissenschaftlich; Positivismus m **~sel** wissenschaftlich **~sellik** Wissenschaftlichkeit f; **~ten uzak** (ganz und gar) unwissenschaftlich
**bilinç** ⟨-ci⟩ Bewusstsein n; **(anlık) ~ kararması** Blackout n (*a. m*); *-in* **bilincine varmak** sich (*dat*) bewusst werden *gen* **~altı** ⟨-nı⟩ Unterbewusstsein n; unterbewusst **~dışı** unbewusst **~lendirmek** bewusst machen **~lenmek** Bewusstsein erlangen **~li** bewusst; mit Bewusstsein **~siz** unbewusst, ohne Bewusstsein
**bilin|en** ⟨-ği⟩ MATH Bekannte f **~mek** *passiv von* bilmek bekannt sein **~meyen** ⟨-ni⟩ unbekannt; MATH Unbekannte f **~mez** *fig* dunkel, unerklärlich **~mezlik** ⟨-ği⟩ Unerklärbarkeit f, Geheimnis n
**bilirkişi** Experte m, Expertin f; JUR Sachverständige(r)
**bilişim** Informatik f **~ci** Informatiker m, -in f
'**billâh(i), vallah(i) ~ bei** Gott!
**billur** Kristall m; Kristallglas n; kristall-

klar; Kristall- **~iye** Kristallwarengeschäft n
**bilmece** Rätsel n; **~ çözmek** Rätsel raten/lösen; **-e ~ sormak** Rätsel raten lassen
**'bilmeden** ohne es zu wissen, unabsichtlich
**'bilmedik** unbekannt; Nichtwissende(r)
**bilmek** ⟨-ir⟩ *Sache* wissen; *Person u. meist Inhalt* kennen; *Sprache* können; sich verstehen (-i auf akk), verstehen (-mesini zu ...); sich besinnen (-i auf akk); (-i j-n) betrachten als (z. B. Freund); **bildiğime göre** soviel ich weiß; **bildiğini okumak** s-n Kopf durchsetzen; **bildiğinden şaşmamak** stur s-n Weg gehen; **bile bile mi** Mit Vorbedacht; extra; **bilemedin(iz)** umg sagen wir (mal); ja sogar; **bilmem hangi** irgendein; **bilmem kim** irgendjemand; **bilmem nasıl** irgendwie; **dinmek bilmiyor** will nicht nachlassen (z. B. Wind)
**bilmemezlik** ⟨-ği⟩ → bilmezlik
**bil|meyiş** Unwissenheit f **~mez** unwissend; **~den gelmek** v/t sich dumm stellen **~mezlenmek** → bilmezden gelmek
**bilmezlik**: **~ten gelmek** → bilmezden gelmek
**bilmiş, çok ~** durchtrieben; *çocuk* altklug
**'bilmukabele** [a:] ganz meinerseits, gleichfalls
**'bilumum** [-u:m] sämtliche(e)
**'bilye** Murmel f **~li** ⟨-ği⟩ ANAT Kugelgelenk n; **~ oynak** Kugellager n; **~ yatak** Kugellager n
**bin** tausend; Tausend f; **~ (bir)** ungeheuer(e) (Schwierigkeiten); alle möglichen (Gefahren); **~ bir gece** Tausendundeine Nacht; **~ dikkatle** mit größter Vorsicht; **~de bir** ein Tausendstel, in Promille; sehr selten; **~i bir paraya** im Überfluss; spottbillig; **~lerce** zu Tausenden
**bina** [a:] Gebäude n; **~ sorumlusu** Hausmeister m
**binaen** [-'na:-]: **-e ~** aufgrund gen; **buna ~** aufgrund dessen **~aleyh** daher, deshalb
**'binbaşı** Major m **~lık** ⟨-ğı⟩ Majorsrang m
**bindi** Stütze f
**bindirilmiş** MIL motorisiert

**bindirme** Verladen n; *Bau* Fachwerk n; TECH Überlappung f; AUTO Auffahren n; **~ iskelesi** Verladerampe f
**bindirmek** einsteigen lassen (-i -e j-n in akk); aufsteigen od aufsitzen lassen; (-i) verladen (akk); stoßen (-e auf akk); an (akk), fahren (-e gegen akk); fig häufen (üstüne auf akk)
**binek** ⟨-ği⟩ Reittier n; **~ atı** Reitpferd n; **~ otomobili** Personenauto n
**biner**[1] je Tausend
**biner**[2] binär
**binici** Reiter m, -in f **~lik** ⟨-ği⟩ Reitkunst f; **~ sporu** Reitsport m
**bininci** tausendst-
**biniş** Reiten n, Ritt m
**binlik** ⟨-ği⟩ Tausender m
**binmek** ⟨-er⟩ (-e) *Verkehrsmittel* nehmen, einsteigen in akk; besteigen; steigen (auf akk); **gerçeğe ~** Wirklichkeit werden; fig dazu kommen (-e zu); **ata ~** reiten; **bisiklete (motosiklete** etc**) ~** (Fahr)Rad (Motorrad etc) fahren; **iş fenaya (ciddiye, gerçeğe) bindi** die Sache nahm eine schlechte (ernsthafte, reale) Wendung
**bir** eins; Eins f; *Artikel* ein, eine; einzig (z. B. Gott); (nicht verschieden) gleich; gemeinsam (z. B. Kasse);( nur) allein ich, du; ein Mal; adv einmal; mal; **~ ağızdan** im Chor *singen*; **~ araba** eine Fuhre; fig eine Menge; **~ araya** zusammen; **~ araya gelmek** zusammenkommen; **~ aşağı ~ yukarı dolaşmak** hin- und herspazieren; **~ bakıma** bei näherem Hinsehen; **~ ~** einer nach dem anderen; eins nach dem anderen; **~ çift** ein paar *Worte*; **~ daha** noch (ein)mal; **~ de** auch; noch dazu; und da ...; nun; mal *nachsehen etc*; **~ defa** (od **kere**) nun (ein)mal; schließlich; erstens; vor allem; **~ derece** (od **dereceye kadar**) bis zu einem (gewissen) Grad; **-i ~ etmek** vereinen; vereinheitlichen; **~ gelmek** sich ausgleichen; **~ gün** eines Tages; **-e ~ hal olmak** e-n Unfall haben; nicht geheuer zumute sein dat; sich seltsam aufführen; **~ hoş** seltsam, merkwürdig; **~ içim su** Mädchen bildhübsch; **~ iki** einige; ein- zweimal; **~ iki derken** im Handumdrehen; **~ iyi(ce)** gehörig, ordentlich; **1 Nisan şakası** Aprilscherz m; **1 Mayıs** Tag m der Arbeit; **~ nice** eine ganze Menge; **~ nu-**

**maralı** Nummer eins, hervorragend; **~ o kadar** noch einmal so viel; **~ olmak** *od* **kalmak** identisch sein; *umg* ganz hin (*erschöpft*) sein; **~ örnek** uniform, unisex; einheitlich; **~ şeyler, ~ şeyler** und so weiter, und so weiter; **~ türlü** ein und derselbe; **~ türlü olmuyor** es klappt einfach nicht; **yapsam ~ türlü, yapmasam ~ türlü** ob ich es tue oder lasse, habe ich Nachteile; **~ vakit** damals; (der)einst; **~ varmış ~ yokmuş** Märchen es war einmal; **~ yastığa baş koymak** Mann und Frau sein; **~ yerde** irgendwo, gewissermaßen; **~ yere getirmek** ansammeln, konzentrieren; **~ yığın** eine Masse; viel (*Zeit*); **~e bin katmak** maßlos übertreiben; **günün ~inde** eines schönen Tages; **~ tuhaf bakıyor** er sieht so seltsam herüber; **gitmesiyle gelmesi ~ oldu** kaum war sie gegangen, kam sie schon wieder

**¹bira** Bier *n*; **~ fabrikası** Brauerei *f* **~cı** Bierbrauer *m*; Biertrinker(in) *f*

**birader** [a:] *umg* Bruder *m*; mein Lieber!

**birahane** [-ha:-] Bierlokal *n*, Bierhalle *f*

**²biraz** etwas, ein bisschen; **~ da** (nur) zum Teil; **~ sonra** kurz darauf **~dan** gleich (danach)

**birbiri** ⟨-ni-⟩ birbirine, birbirlerine einander; **~ ardınca** (*od* **arkasına, arkasından**) hintereinander; **~ne girmek** aneinandergeraten; sich verwickeln (*a. fig*)

**bircilik** ⟨-ği⟩ PHIL Monismus *m*

**birçok** viele, zahlreiche; (recht) viel; **~ları, birçoğu** sehr viele; **~ kimseler** Personen eine ganze Reihe

**birden** zugleich; plötzlich, auf einmal

**birdenbire** [-'den-] auf einmal, plötzlich **~lik** ⟨-ği⟩ Plötzlichkeit *f*

**¹birdirbir** Bockspringen *n*

**bi'rebir:** **bş-e ~ gelmek/olmak** garantiert wirksam sein bei/gegen

**birer** je eine(r); jeweils; **~ ~** jeder einzelne, einer nach dem anderen

**bireşim** Synthese *f* **~sel** synthetisch

**birey** Individuum *n* **~ci** Individualist *m*, -in *f* **~cilik** ⟨-ği⟩ Individualismus *m* **~sel** individuell, persönlich

**biri** der eine; jemand; **~ ... ~ ...** der eine ... und der andere ... **~cik** einzig, alleinig; unverwechselbar

**birik|im** Ansammlung *f*, Anhäufung *f*; Akkumulation *f*; Background *m* (e-*r Person*) **~inti** Pfütze *f*, (Wasser)Lache *f*; (Müll)Haufen *m*; **~ havzası** GEOG Wasserbecken *n*

**birik|mek** sich ansammeln **~tirmek** ansammeln; *v/t* Geld sparen; Briefmarken *etc* sammeln; TECH speichern

**birim** (Mess)Einheit *f*; IT Baustein *m*

**birinci** erst-; erstklassig; primär (*Alkohol*); **~ elden** aus erster Hand *kaufen*; **~ gelmek** (*a.* **çıkmak**) Erste(r) werden; die erste Stelle einnehmen (-*de in dat*)

**birinci|l** primär **~lik** ⟨-ği⟩ Vorrang *m*; SPORT erster Platz **~si** erstens

**birkaç** ⟨-çı⟩ einige; ein paar; mehrere; **~ günlüğüne** auf ein paar Tage; **~ kere** (*od* **defa/sefer**) einige Male; **~ımız** einige von uns; **~ ata birden oynamak** *umg* mehrere Eisen im Feuer haben **~ıncı** soundsoviel-

**birler** MATH Einer *m/pl*

**birleşik** vereinigt; GRAM Verb *etc* zusammengesetzt; **Amerika ♀ Devletleri (ABD)** Vereinigte Staaten von Amerika (USA)

**birleş|im** Sitzung *f*; Einberufung *f*; Konsolidierung *f*; WIRTSCH Fusion *f*; BIOL Paarung *f* **~me** Vereinigung *f*; TECH Kupplung *f*; MATH Schnitt- (Punkt); **~ değeri** CHEM Valenz *f*

**birleşmek** sich vereinigen (-*le* mit); zusammenkommen, sich treffen; sich einigen; Linien sich schneiden; **Birleşmiş Milletler (BM)** Vereinte Nationen (UN); **birleşip kaynaşmak** zusammenwachsen

**birleştir|ici** verbindend, Einheit stiftend; Binde-; **~ madde** CHEM Bindemittel *n* **~ilme** Zusammenführung *f*; **aile** (-*leri*) **~si** Familienzusammenführung *f* **~me** ~ **çizgisi** GRAM Bindestrich *m*; **~ kanalı** Verbindungskanal *m*

**birleştirmek** *v/t* (ver)einigen; schlichten; in Einklang bringen

**birli** Ass *n*; Domino Eins *f*

**birlik** ⟨-ği⟩ Einmaligkeit *f*; *a.* MIL Einheit *f*; Gemeinschaft *f* der Gedanken; Verband *m*; Verein *m*; Liga *f*; Union *f*; Bund *m*; MUS ganze Note; *adv* zusammen; **üçü ~** alle drei zusammen, zu dritt; **~ olmak** sich verständigen; sich verabreden; sich vereinigen; **o da ~** er ist auch dabei, er handelt im Einverständnis (mit ihnen)

**birlikte** *adv* gemeinsam; **... ile ~** zusammen (mit); **~ çalışmak** zusammenar-

beiten; **~ getirmek** mitbringen; **~ öğretim** Koedukation f 🅱 *konj* **-mekle ~** abgesehen davon, dass ...; obwohl, obgleich
'**birtakım** einige; eine ganze Anzahl
**bis!** da capo!; **~ etmek** da capo rufen
**bisiklet** ⟨-ti⟩ Fahrrad n; **~ sporu** → bisikletçilik; **~ yolu** Rad(fahr)weg m; **~e binmek** Fahrrad fahren, radeln **~çi** Radsportler m, -in f **~çilik** Radsport m **~li** Radfahrer m, -in f
**bisküvi** ⟨-yi⟩, **~t** Keks m, Biskuit m
**bismillah** im Namen Gottes; um Gottes willen!; → besmele
'**bistro** Wirtschaft f, Kneipe f
**bit**[1] ⟨-ti⟩ Laus f; **~ sirkesi** Nisse f; **bu işte bir ~ yeniği var** *fig* hier ist etwas faul; **yaprak ~i** Blattlaus f; **~i kanlandı** *fig* er ist wieder zu Geld gekommen
**bit**[2] IT Bit n
**bitap** [bi:ta:p] kraftlos, entkräftet
**bitaraf** [bi:-] neutral **~lık** ⟨-ğı⟩ Neutralität f
**bitek** fruchtbar **~siz** unfruchtbar
**biter** → bitmek
'**bitevi(ye)** unaufhörlich; eintönig
**bitik** erschöpft, schlapp; *Sache* übel; verliebt, *umg* verschossen
**bitim** Ende n; Beendigung f
**bitirim** ein im Traum von, prächtig
**bitirme** Beenden, Beendigung f; Vollendung f; **~ sınavı** Abschlussprüfung f
**bitir|mek** v/t beenden; vernichten; *Alter* vollenden; *Buch* auslesen; *Sauerstoff etc* (ver)brauchen; *Schule, Kurs* abschließen; **bu iş beni bitirdi** diese Angelegenheit hat mich ausgelaugt
**bitiş** Aufhören n; Ende n, Ausklang m; **~ düdüğü** Abpfiff m **~ik** ⟨-ği⟩ aneinandergrenzend; Neben- (*Zimmer*); zusammen *schreiben*; Nachbarschaft f; **~ ikizler** siamesische Zwillinge m/pl; **~ komşu** der Nachbar von nebenan; **~te** nebenan **~ken** *Sprache* agglutinierend
**bitiş|mek** sich berühren; *Gürtel; Wunde* zugehen **~tirmek** ansetzen, anstückeln (-e an akk); zusammenfügen
**bitki** Pflanze f, Gewächs n; Pflanzen- (*Fett*); **~ örtüsü** Flora f; Vegetation f **~bilim** Botanik f, Pflanzenkunde f **~ci** Pflanzenzüchter m, -in f **~cil** pflanzenfressend **~cilik** ⟨-ği⟩ Pflanzenzucht f

**bitkin** völlig erschöpft, abgespannt; deprimiert; *Stimme* kaum vernehmbar
**bitkisel** pflanzlich; **~ hayat** Koma n; **~ örtü** → bitki örtüsü
**bit|lemek** ⟨-i⟩ j-n lausen; *umg* e-n Streit vom Zaune brechen **~lenmek** v/i Läuse bekommen, verlausen; sich lausen; *umg* zu Geld kommen **~li** verlaust
**bitmek**[1] ⟨-er⟩ enden, zu Ende gehen; aufhören; *Bau etc* fertig (*od* vollendet) sein; aufgebraucht sein; *umg* ganz weg (= berauscht) sein (von); (-den) nicht mehr auf den Beinen halten können (*vor Müdigkeit*); **bitip** (*od* **bitmez) tükenmez** unerschöpflich
**bitmek**[2] ⟨-er⟩ wachsen
**bitmemiş** unvollendet, unfertig, halb
**bitpazarı** ⟨-nı⟩ Flohmarkt m, Trödelmarkt m
'**bittabi** selbstverständlich
'**bitter** bitter (*Schokolade*)
**bitüm** Bitumen n, Asphalt m
'**bityeniği** ⟨-ni⟩: **bu işte bir ~ var** diese Sache hat einen Haken
**biyel** Pleuelstange f, Zugstange f
**biyo|fizik** Biophysik f; biophysisch **~genetik** Biogenetik f; biogenetisch **~grafi** Biografie f **~grafik** biografisch **~kimya** Biochemie f **~kütle** Biomasse f **~log** Biologe m, Biologin f **~loji** Biologie f **~lojik** biologisch
**biyo|psi** Gewebeprobe f **~ritm** Biorhythmus m
**biz**[1] wir; **~ ~e** wir allein; unter uns; **~ler** wir; **~lerden biri** einer von uns; **~siz** ohne uns
**biz**[2] Ahle f, Pfriem m
**Bizans** Byzanz n **~lı** Byzantiner m, -in f; byzantinisch
**bizar** [bi:za:r] erschöpft, abgearbeitet; gelangweilt; **~ etmek** erschöpfen, anstrengen; **-den ~ olmak** Abneigung hegen (gegen *akk*)
**bi'zatihi** selbsttätig; an und für sich
**bizi** uns (*akk*)
**bizim** *gen von* **~** biz; unser(e); **~ için** für uns; **~ki** der, die, das Unsrige; **~ler** die Unsrigen
**bizmut** ⟨-tu⟩ Wismut n
'**bizzat** persönlich, selbst
'**ceket**, **ceket** Blazer m
**blok** ⟨-ku⟩ a. POL Block m; Mehrfamilienhaus n (*bes in Siedlungen*)

**blokaj** Blockieren n; Sperre f
**bloke** WIRTSCH gesperrt; blockiert; ~ **hesap** Sperrkonto n; -i ~ **etmek** sperren, einfrieren; blockieren; SPORT Ball auffangen, stoppen
**bloknot** ⟨-tu⟩ Notizblock m
**bloksuz** POL blockfrei, bündnisfrei
**blöf** Bluff m; ~ **yapmak** bluffen
**blucin** Bluejeans pl
**bluz** Bluse f
**BM** abk. → **Birleşmiş Milletler**
**Bn** abk. für **Bayan** Frau (Fr.)
**boa** Boa f
**bob**: ~ **kızağı** Bob m; ~**(sled) pisti** Bobbahn f
**bobin** a. ELEK Spule f; ELEK Anker m
**bobinaj** Umspulung f; Ankerreparatur f
'**boca** SCHIFF Lee f
**bocala|mak** fig schwanken; irren, den Faden verlieren; sich sehr anstrengen müssen ~**nmak** fig hin- und hergeworfen werden
**bocurgat** ⟨-dı⟩ Hebewinde f; Ankerwinde f; ~**sız iş görmez** (er) tut es nur gezwungenermaßen
**bodoslama** SCHIFF Steven m
**bodrum** Keller m; ~ **katı** Kellergeschoss n
**bodur** untersetzt, kurzbeinig; gedrungen
**boğa** Stier m, Bulle m; **♌** (**burcu**) ASTROL Stier m; **o ♌ burcundan** er/sie ist ein Stier; ~ **güreşi** Stierkampf m
**boğalık** ⟨-ğı⟩ Zuchtstier m
**boğar** → **boğmak**
**boğaz** Kehle f; Schlund m; Hals m (a. der Flasche); GEOG Pass m; Engpass m; Meerenge f, Straße f; Esser m (in der Familie); Essen und Trinken n; ~**a gelmek** sich in die Haare kriegen; ~ **kavgası** Kampf m ums tägliche Brot; ~ **ola!** umg wohl bekomms!; ~ **olmak** Halsschmerzen haben; ~ **tokluğuna çalışmak** gegen freie Verpflegung arbeiten; ~**ı açıldı** er/sie hat Appetit bekommen; -in ~**ı işlemek** gerade beim Essen sein; ~**ına** (od ~**inda**) **durmak** in der Kehle stecken bleiben; -in ~**ina sarılmak** j-m an die Kehle gehen; ~**indan artırmak** am Essen sparen; ~**indan geçmemek** vor Trübsinn nichts hinunterbringen können; ~**inı doyurmak** nähren, sättigen; ~**inı yırtmak** umg fig wie am Spieß brüllen

**Bo'aziçi** ⟨-ni⟩ Bosporus m
**boğazkesen** Küstenfestung f; enge Gasse f; Engpass m; **Boğazkesen** HIST Rumelihisar am Bosporus
**boğazla|mak** ⟨-i j-m⟩ die Kehle durchschneiden ~**nmak** passiv von **boğazlamak**; umg reingelegt werden
**Boğazlar** Meerengen f/pl (Bosporus und Dardanellen)
**boğaz|lı** Vielfraß m ~**sız** schlechte(r) Esser(in)
**boğdur|mak** ⟨-i –e⟩ j-n erdrosseln lassen (durch akk)
**boğmaca** Keuchhusten m
**boğmak**[1] ⟨-ar⟩ v/t erwürgen, erdrosseln; (-e) ertränken; (-e durch Lärm etc) übertönen, verdrängen; -e bedecken (mit Küssen); überhäufen (-e mit); umg reinlegen (-i j-n)
**boğmak**[2] ⟨-ğı⟩ Knoten m, Verdickung f
**boğucu** erstickend; Hitze, Stille drückend; Gift- (Gas)
**boğuk** Stimme heiser, gepresst, rau ~**laşmak** heiser werden ~**laştırmak** Stimme dämpfen ~**luk** ⟨-ğu⟩ Heiserkeit f
**boğulmak** passiv von **boğmak**[1]; ertrinken; a. fig ersticken (-den vor dat; -e in dat); fig sterben (-den vor, z. B. Langeweile); fig übergossen werden (-e von)
**boğum** BOT, BIOL Knoten m, Verdickung f; **lenf** ~**u** Lymphknoten m; **sinir** ~**u** Nervenknoten m; **tırtıl** ~**u** TECH Raupenkettenglied n
**boğumlanma** GRAM Artikulation f
**boğumlu** knotig
**boğuntu** Erstickung f; Langeweile f; umg Wucher m; umg Mogelei f (im Spiel); ~ **yeri** Spielhölle f
**boğunuk** gedämpft
**boğuşmak** handgemein werden, sich raufen
**bohça** Einschlagetuch n; Bündel n; ~**sını koltuğuna vermek** fig aus dem Haus jagen ~**cı** Hausiererin f ~**lamak** v/t in e-m Bündel zusammenpacken, bündeln
**bohem** Boheme f
**bok** ⟨-ku⟩ vulg Scheiße f; ~ **herif** Scheißkerl m; -e ~ **atmak** fig j-n mit Schmutz bewerfen; -i ~ **etmek** (es) versauen, Mist machen; ~ **yemek** Mist machen; -in ~**u çıkmak** sich von der mie-

sesten Seite zeigen; **~ püsür** (der) ganze Mist (*od* Quatsch); (das) Drum und Dran; **~tan** beschissen, Scheiß-; **~umu ye!** leck mich am Arsch! **~lamak** *v/t* beschmutzen; *umg* versauen; *j-m* alles verpatzen **~laşmak** sich beschmutzen **~lu** dreckig
**bokluca**: **~ bülbül** ZOOL Zaunkönig *m*
**bokluk** ⟨-ğu⟩ Misthaufen *m*; Dreckneŝt *n*; *fig* Mist *m*, dummes Zeug; *umg* miese Seite *e-r* Person
**boks**[1] Boxen *n*; (Faust)Schlag *m*; **~ maçı** Boxkampf *m*; **~ yapmak** boxen
**boks**[2] (Lautsprecher)Box *f*
**bokser**: **~ şort** Boxershorts *pl*
**boksör** Boxer *m*
**bol**[1] weit; reichlich; *Schuh, Kleid* (zu) weit, reichlich; **~ ~ od ~ bolamaç** in Hülle und Fülle; **~ doğramak** Geld verguden; **~ gelirli** einbringlich; rentabel; **~ keseden atmak** dick auftragen; goldene Berge versprechen; **~ sözlü** Schwätzer *m*, -in *f*; **~ şans(lar)** viel Glück
**bol**[2] ⟨-lü⟩ Ballspiel *n*; Kegeln *n*
**bol**[3] ⟨-lü⟩ Bowle *f*
**bolla|nmak, ~şmak** ausgeleiert sein; (inzwischen) reichlich vorhanden sein **~ştırmak** weiten, größer machen; ausleiern; *kaus von* bollaşmak
**bolluk** ⟨-ğu⟩ Weite *f*, Fülle *f*; **~ içinde yaşamak** in Überfluss leben
**bolşekilli** mannigfaltig; polymorph
**bolşevik** ⟨-ği⟩ Bolschewist *m*, -in *f*; bolschewistisch **~lik** ⟨-ği⟩ Bolschewismus *m*
**bom** *int* bums!; (Glücks)Spiel *n*; *umg* Schwindelei *f*; **~ atmak** schwindeln, flunkern
'**bomba** Bombe *f*; Granate *f*; große(s) Fass, Tonne *f*; *fig* (Film)Schönheit *f*; **~ gibi** blendend (aussehend); *umg* super; **el ~sı** Handgranate *f*; **oksijen ~sı** Sauerstoffflasche *f*; **yangın ~sı** Brandbombe *f* **~cı** Handgranatenwerfer *m*; Bombenleger *m*
'**bombalamak** *v/t* bombardieren
**bombardıman** Bombardierung *f*, Beschießung *f*; **~ etmek** bombardieren; beschießen; **~ uçağı** FLUG Bomber *m*
**bombe** gewölbt, bauchig; Wölbung *f*; Ausbauchung *f* **~li** gewölbt
'**bombok** ⟨-ku⟩ *vulg* beschissen
'**bomboş** völlig leer

**bomcu** Schwindler *m*, -in *f*
**bo'naça** Windstille *f*
**bonbon** Bonbon *m* **~iyer** Bonbonniere *f*
**boncuk** ⟨-ğu⟩ (blaue) Glasperle; **~ mavisi** türkisblau
**bone** Mütze *f*
'**bonfile** Filet(stück) *n*
**bonkör** gutmütig; freigebig
**bonmarşe** Kaufhaus *n*
'**bono** Anleihe *f*; Wechsel *m*
'**bonservis** Arbeitszeugnis *n*
**bor**[1] Brachland *n*; Neuland *n*
**bor**[2] CHEM Bor *n*
'**bora** Bora *f*, Nordostwind *m*; Orkan *m*
**borak** Boden unfruchtbar
**boraks** CHEM Borat *n*; Borax *n*
**boran** Gewitter *n*
**borana** GASTR Salat mit Joghurt und Eiern
**borani** [a:] GASTR Gemüsegericht mit Reis und Joghurt
**borat** → boraks
**borazan** MUS Trompete *f*; Trompeter *m*, Hornist *m*; ... **diye ~ çalmak** *fig* etw ausposaunen
**borazancı** Trompeter *m*
**borç** ⟨-cu⟩ Geldschuld *f*, Schulden *f/pl*; Pflicht *f*; Anleihe *f*; **~ almak** sich (*dat*) leihen *od* borgen (*Geld*), ein Darlehen aufnehmen; *-meyi* **~ bilmek** sich verpflichtet fühlen (zu ...); **~ istemek/almak** anpumpen *umg* (*-den akk*); **~ kaydetmek** ausbuchen; **~ yapmak** Schulden machen; **~ harç** mit zusammengepumptem Geld; **~ vermek** Geld verleihen, ein Darlehen geben; **borca girmek** in Schulden geraten
**borçlan|dırmak** *Konto* belasten, debitieren **~ma** Schuldenmachen *n*; Nachentrichten *n*; WIRTSCH Verschuldung *f*; WIRTSCH Anleihe *f* **~mak** Schulden machen; schuldig sein (*-e j-m*); Versicherungsbeiträge nachentrichten
**borçlu** schuldig (*-e -i j-m etw*); zu Dank verpflichtet (*-e -den dolayı j-m* für); Schuldner *m*, -in *f*; **b-ne ~ kalmak** in j-s Schuld stehen; **b-ne bş-i ~ olmak** j-m etw verdanken
**borçluk** Verschuldung *f*
**borçsuz**: **~ harçsız** ohne Schulden zu machen

**'borda** SCHIFF (Schiffs)Deck n; Bordwand f; **~dan atmak** über Bord werfen
**'bordo** weinrot
**'bordro** Verzeichnis n, Liste f, Register n
**bordür** Bordüre f, Borte f
**bornoz, bornuz** Burnus m; Bademantel m
**'borsa** Börse f; **~ işlemi** Börsengeschäft n
**'borsacı** Börsenmakler m, -in f; Börsenspekulant m, -in f
**boru** Rohr n, Röhre f; MUS Trompete f; Signal n; **~ anahtarı** Rohrschlüssel m; **~ çalmak** Trompete blasen; Signal geben, hupen; **~ değil!** umg das ist kein Pappenstiel!; **~ hattı** Rohrleitung f, Pipeline f; **-in ~su ötmek** fig etw zu sagen haben **~cu** Rohrleger m; MUS Trompeter m
**borucuk** ⟨-ğu⟩ ANAT Gefäß n
**bos** → boy
**'Bosna** Bosnien n
**bostan** Gemüsegarten m; Melonenfeld n; Melonenanbau m; **~ çukuru** Dunggrube f; **~ dolabı** Schöpfwerk m; **~ korkuluğu** Vogelscheuche f (a. fig)
**bostancı** Gemüsegärtner m, -in f
**bostancılık** ⟨-ğı⟩ Gemüseanbau m
**boş** leer; Haus leer (stehend); Person, Taxi, Zeit frei; unbeschäftigt; Furcht, Worte sinnlos; Niete f (beim Losziehen); **~ bulunmak** f (einen Augenblick) abwesend sein; **~ çıktı** nichts gewonnen (beim Losziehen); (eli) **~ dönmek** unverrichteter Dinge zurückkehren; **~ durmak** rührig sein; **~ düşmek** Frau geschieden werden (nach islamischem Recht); **~ gezmek** faulenzen; umg arbeitslos sein; **~ gezenin boş kalfası** Oberfaulenzer m; **~ inanç** Aberglaube m; **-i ~ koymak** entbehren (akk); fig j-m übergehen; j-n sich (dat) selbst überlassen; **~ söz** dumme(s) Zeug; **~ ver!** mach dir nichts daraus!, egal!; **-i/-e ~ vermek** sich (dat) nichts machen aus; **~ zaman** Freizeit f; **~ yere** unnötig; **-i ~a almak** TECH, AUTO umg den Leerlauf einlegen; **~a çıkmak** sich nicht erfüllen, enttäuscht werden; **~a gitmek** verpuffen, unnütz sein
**boşal|ma** ELEK Entladung f; Entleerung f; MED Ejakulation f; MED Orgasmus m; **~ borusu** TECH Abflussrohr n **~mak** leer od frei werden; sich leeren; Wasser herausfließen, heraustropfen; Batterien sich losreißen; Knoten aufgehen; Person sich aussprechen; MED ejakulieren
**boşalt|ım** MED Ausscheidung f, Absonderung f; sekretorisch **~ma** Entlade-; Abfluss-; **~ müddeti** WIRTSCH Liegezeit f **~mak** leeren; Akku entladen; Posten aufgeben; Fracht ausladen, löschen; Haus räumen; Bewohner evakuieren; Luft herauslassen; Feder etc abschnellen lassen; Suppe füllen (-e in akk); Wasser gießen (-e in akk); Waffe abfeuern
**boşamak** sich scheiden lassen (-i von)
**boşandırmak** v/t JUR Ehe scheiden
**boşanma** (Ehe)Scheidung f; **~ davası** Scheidungsprozess m
**boşanmak** sich scheiden lassen (-den von); sich losreißen (-den von); Regen strömen; Pfeil, Feder losgehen; Schuss, Waffe losgehen; **gök boşandı** es gießt in Strömen; **bardaktan boşanırcasına yağmak** wie aus Kübeln gießen
**boşboğaz** schwatzhaft; Schwätzer m, -in f
**boşboğazlık** ⟨-ğı⟩ Schwatzhaftigkeit f
**boşlamak** vernachlässigen
**boşluk** ⟨-ğu⟩ Leere f; Hohlraum m; Vakuum n; Lücke f (im Gesetz, auf e-m Gebiet); ANAT Höhle f; Raum m; TECH Spielraum m; **~, uzay boşluğu** Weltraum m; **~ gidermek** eine Lücke ausfüllen; **ağız boşluğu** Mundhöhle f
**Boşnak** ⟨-ğı⟩ Bosnier m, -in f **~ça** Bosnisch n
**boşta** arbeitslos; TECH im Leerlauf; **~ kalmak** arbeitslos werden
**boşuna** umsonst, vergebens; zwecklos; **~ geçirmek** Zeit vertrödeln
**bot**[1] ⟨-tu⟩ Paddelboot n, Kanu n; Boot n (in festen Bildungen wie → hücumbot etc)
**bot**[2] ⟨-tu⟩ Stiefelette f, Boots pl
**botanik** ⟨-ği⟩ Botanik f; botanisch; **~ bahçesi** botanische(r) Garten
**botanikçi** Botaniker m, -in f
**'bovling** Bowling n; Kegeln n
**boy**[1] Stamm m; Sippe f; Geschlecht n
**boy**[2] Wuchs m; Größe f, Höhe f; Länge f, Ausdehnung f; Ausmaß n, Format n; **~ ~** in verschiedener Größe od Preislage; verschiedenartig; **~ almak** (od **atmak**)

groß werden, *umg* sich rausmachen; ~ **göstermek** sich zeigen; *umg* aufkreuzen; prunken; *-le* **~ ölçüşmek** sich messen mit; ~ **bos** *umg* Wuchs *m*, Größe *f*; **büyük ~** großformatig; **~a çekmek** Kind in die Höhe schießen; **~dan ~a** in ganzer Länge; völlig; **bir ~da** in gleicher Größe; **dalga ~u** *Radio* Wellenlänge *f*; **diz ~u** bis zum Knie; **ömür ~u** zeitlebens

**boya** Farbe *f*; Anstrich *m*; Farbstoff *m*; Tinte *f*; Schminke *f*; *fig* Tünche *f*, Schein *m*; ~ **astarı sürmek** grundieren; ~ **kalemi** Farbstift *m*; **~sı atmak** verschießen, verblassen; **atmaz** ~ lichtbeständige Farbe; **dudak ~sı** Lippenrot *n*; **yağlı ~** Ölfarbe *f*

**boya|cı** Farbenhändler *m*; Färber *m*; Maler *m*, Anstreicher *m*; *(ayakkabı ~sı)* Schuhputzer *m*; ~ **küpü değil ya!** das ist kein Kinderspiel **~cılık** (-ğı) Malerei *f*; Malerhandwerk *n* **~hane** Färberei *f*

**boya|lı** gestrichen, angemalt; bunt, farbig; *Schuh* geputzt; ~ **basın** Boulevardpresse *f* **~ma** bunte(s) Tuch; gefärbt

**boya|mak** *v/t* färben (**siyaha** schwarz); (an)streichen; *Schuhe* putzen **~nmak** *f passiv von* boyamak; sich anmalen; **yeni boyanmıştır** frisch gestrichen

**boyarmadde** Farbstoff *m*; Pigment *n*

**boyatmak** *kaus von* boyamak; (-*e*) **ayakkabı ~** sich (*dat*) die Schuhe putzen lassen (von)

**boyca** der Länge (*od* Größe) nach

**boykot** (-tu) Boykott *m*; Streik *m* (*Studenten etc*); ~ **etmek** boykottieren **~çu** Boykottierer *m*, -in *f*

**boyla|m** GEOG Länge *f*; **batı ~ı** westliche Länge **~mak** *v/t Länge* messen; *Strecke* durchschreiten, zurücklegen; sich hinziehen; der Länge nach hinfallen; zugehen (auf *akk*) (z. B. die fünfzig); geraten, landen (-*i* in *akk*) **~nmak** länger werden, in die Höhe schießen; weitergehen

**boylu** von ... Wuchs (*od* Größe); hochgewachsen; ~ **boslu** hochgewachsen; ~ **boyunca** der Länge nach; die ganze Zeit hindurch; **uzun ~** lang und weit; **kısa ~** von kleinem Wuchs

**boyna** kurze(s) Ruder

**boynu** → boyun

**boynuz** Horn *n e-s Tieres*; Horn-; MED Schröpfkopf *m*; **b-ne ~ takmak** *fig* j-m Hörner aufsetzen **~lu** gehörnt; *subst umg* Trolleybus *m*

**boy|un** ⟨boynu⟩ Hals *m* (*a. der Flasche*); Nacken *m*; (Berg)Sattel *m*, Pass *m*; ~ **borcu** (unabdingbare) Pflicht; ~ **eğmek** *fig* sich ergeben; nachgeben; **boynu bükük** hilflos, allein; **boynuna almak** auf sich nehmen; *-i -in* **boynuna atmak** *j-m etw* in die Schuhe schieben; *-in* **boynuna binmek** *j-m* zusetzen; ~ *od* **boynunu bükmek** sich fügen, nachgeben; **boynunu vur(dur)mak** *j-n* enthaupten (lassen)

**boyu'na¹** (-*i*) der Länge nach; durch (*akk*); ... (*akk*) entlang; **enine ~** kreuz und quer

**'boyuna²** ständig, dauernd

**boyunbağı** ⟨-*nı*⟩ Krawatte *f*

**bo'yunca**: ... längs (*gen*), ... (*akk*) entlang; **yıllar ~** im Laufe der Jahre; **yol ~** auf der gesamten Strecke

**boyun|duruk** ⟨-ğu⟩ Joch *n*; *Ringen* Umklammerung *f* des Halses (*des Gegners*) **~luk** ⟨-ğu⟩ Halstuch *n*

**boyut** ⟨-*tu*⟩ Dimension *f*; Format *n*; **~lar** *fig* Ausmaße *n/pl*; **... ~lara ulaşmak** ... Ausmaße annehmen **~landırmak** -*i* die Ausmaße (*gen/von*) feststellen/beziffern **~lu:** **üç ~** dreidimensional

**boz** (asch)grau

**boza** gegorenes Hirsegetränk; ~ **olmak** *umg* verlegen werden

**bozar** → bozmak

**bozarmak: kızarıp ~** *fig* verlegen werden, erröten

**'bozdoğan** ZOO Falke *m*

**bozdurma: para ~ mecburiyeti** Zwangsumtausch *m*

**bozdurmak** *kaus von* bozmak; *Geld* wechseln lassen (*in kleinere Scheine od andere Währung*)

**bozgun** Niederlage *f*; Zerrüttung *f*; Auflösung *f*; zerrüttet, in Auflösung; ~ **vermek**, **~a uğramak** *a*. MIL sich auflösen, in voller Auflösung begriffen sein; **e-e totale Niederlage erleiden ~cu** Panikmacher *m*, -in *f*; Defätist *m*, -in *f*; defätistisch **~culuk** ⟨-ğu⟩ Defätismus *m*; Panikmache *f*

**bozkır** Steppe *f*

**bozlak** ⟨-ğı⟩ *e-e Gesangart aus Mittel- und Südanatolien*

**bozma** Aufhebung *f*, Annullierung *f*;

-den bozma umgebaut, umfunktioniert *etc* aus

**bozmadde** graue Hirnrinde *f*

**bozmak** ⟨-ar⟩ *v/t* verderben; kaputt machen; *umg* j-n verlegen machen, blamieren; den Verstand verlieren; *Eid, Fasten, Schweigen, Wort* brechen; *Feind* schlagen, vernichten; *Geld* wechseln; *Strafe* aufheben; *Trauben* abernten; *Ordnung* zerrütten; *Verlobung* lösen; *Vertrag* verletzen; *Lebensmittel* verderben; *Wetter* sich verschlechtern; -mekle aklını ~ die fixe Idee haben + *inf*; birbirini ~ sich stören, sich überlagern; ... ile ~ versessen sein (auf *akk*); -in keyfini ~ die Laune verderben *dat*; kızlığını ~ e-m Mädchen die Unschuld rauben; -in midesini ~ den Magen verderben

**bozuk** ⟨-ğu⟩ kaputt; verdorben; defekt, nicht intakt; *Mensch* sittenlos, verderbt; *Tag, Zensur, Zeugnis* schlecht; -e ~ atmak (*od* çalmak) *umg* schimpfen mit; ~ para Kleingeld *n*; sinir(ler)im ~ ich bin mit meinen Nerven am Ende; gayet ~ bir Fransızca ile in e-m sehr gebrochenen Französisch ~düzen unordentlich, systemlos; *MUS* verstimmt

**bozukluk** ⟨-ğu⟩ *a.* MED Defekt *m*, Störung *f*; Missstände *m/pl*; Kleingeld *n*

**bozulabil|ecek**, ~en verderblich; **çabuk** ~ leicht verderblich

**bozulmak** zerschellen; *Auto* beschädigt werden; *Fleisch* schlecht werden; *Verlobung etc* in die Brüche gehen; *Person* abmagern; verlegen werden; bana bozuldu sie ist böse auf mich

**bozum** Zerstreuung *f*; *umg* Verlegenheit *f*, Blamage *f*; ~ etmek *umg* blamieren; ~ havası verlegene Stimmung

**bozuntu** Bruchstücke *n/pl*; Schrott *m*; völlige(r) Wirrwarr; doktor *etc* ~su eine Karikatur von einem Arzt *etc*; ~ya vermemek sich (*dat*) nichts anmerken lassen

**bozuş|mak** sich überwerfen ~uk verfeindet, entzweit ~ukluk ⟨-ğu⟩ Zwietracht *f*

**böbrek** ⟨-ği⟩ Niere *f*

**böbürlenmek** sich brüsten; -le angeben mit

**böcek** ⟨-ği⟩ Insekt *n*; Käfer *m* ~çi Seidenraupenzüchter *m* ~kabuğu grünblaue(r) metallische(r) Schimmer

**böceklenmek** von Insekten (*od* Käfern) befallen werden; wurmstichig werden

**böcü** Käfer *m*; Holzwurm *m*; schwarze(r) Mann (*Kinderschreck*)

**böğür** ⟨-ğrü⟩ Seite *f*; Flanke *f*

**böğürmek** *Tier* brüllen (*a. fig Person*)

**böğürtlen** Brombeere *f*

**böğürtü** Brüllen *n*

**bölen** MATH Teiler *m*, Divisor *m*

**böler** → bölmek

**bölge** Gebiet *n*; Zone *f*, Region *f*; Bereich *m*; Bezirk *m*; ANAT Gegend *f*; Türkei: jede der 7 geografischen Regionen ohne verwaltungsmäßigen Charakter ~cilik ⟨-ği⟩ Regionalismus *m*; Kastengeist *m* ~leştirilme Dezentralisierung *f* (*der Produktion*) ~sel regional; Bezirks-; MED örtlich

**bölme** Spaltung *f* (*a. fig*); Trennungs-(Zeichen); MATH Teilung *f*; Division *f*; Trennwand *f*; Zelle *f*; Verschlag *m*; ~ çizgisi Trennungsstrich *m*; ~li, *umg* ~ ~ in Fächer geteilt, unterteilt

**bölmek** ⟨-er⟩ *v/t a.* MATH teilen (-e in *akk*); dividieren; zerlegen (-e in *akk*); *Volk etc* spalten; böl ve hükmet teile und herrsche!; **bölmeli** abgeteilt, gesondert

**bölü** (geteilt) durch (*akk*) ~cü POL Separatist *m*, -in *f*; separatistisch ~cülük ⟨-ğü⟩ Separatismus *m*

**bölük** ⟨-ğü⟩ Teil *m*; Gruppe *f*; MIL Kompanie *f*; Schwadron *f*; Batterie *f*; MATH Gruppe *f* (*der Einer etc*)

**bölüm** Teilung *f*; Abteilung *f*; Kapitel *n*, Abschnitt *m e-s Buches*; Verteilung *f der Pflichten*; MATH Quotient *m*; ~ müdürü Abteilungsleiter *m*, -in *f* ~leme Klassifizierung *f*

**bölümlemek** *v/t* unterteilen, klassifizieren, gliedern

**bölünebil|en**: iki ile ~ durch zwei teilbar (*Zahl*) ~me Teilbarkeit *f*

**bölün|en** MATH Dividend *m* ~me Spaltung *f*; Zellteilung *f*

**bölün|mek** geteilt, gegliedert werden (-e in *akk*) ~mez unteilbar ~müş geteilt

**bölüş** Teilung *f* ~mek *v/t* sich (*dat*) (*od* untereinander) teilen ~türmek *v/t* aufteilen

**bön** blöd; naiv; Dummkopf *m*; ~ ~ bakmak anglotzen (-e *akk*) ~lük ⟨-ğü⟩

Blödheit f; Naivität f
**börek** ⟨-ği⟩ Pastete f; Teigrolle f **~çi** Pastetenverkäufer m
**böyle** so; solche (+ pl); **şeyler** solche Sachen, so etwas; **~ bir** ein(e) solche(r), solches; **~leri** solche Leute pl; **~ olunca** wenn dem so ist; **bundan ~** von nun an; **nereye ~?** wohin möchten Sie (wollen Sie) denn?
'**böylece** derart, auf diese Weise; somit
**böylelikle** auf diese Weise, dadurch
**böylesi** etwas Ähnliches, ein(e) solche(r/s)
**böylesine** pej so, auf diese Weise
**Braille** ~ **alfabesi** Blindenschrift f
'**branda** Plane f; SCHIFF Hängematte f; **~ bezi** Segeltuch n
**branş** Branche f; Fachrichtung f
'**bravo** bravo
**bre** he (du da)!; guck mal ...!; **~ aman** ach, du liebe Zeit!; o weh!; z. B. **bekle ~ bekle** er wartete und wartete (od wir ... etc)
**Bre'zilya** Brasilien n **~lı** Brasilianer m, -in f; brasilianisch
**briç** ⟨-ci⟩ Spiel Bridge n
**brifing** MIL Briefing n
**brik** ⟨-ki⟩ SCHIFF Brigg f
**briket** ⟨-ti⟩ Brikett n; Ziegelstein m; Parkettstab m
**briyantin** Brillantine f
**brokar** Brokat m
**brokoli** BOT Brokkoli m
**brom** CHEM Brom n
**bronş** ANAT Bronchus m; meist pl **~lar** Bronchien m/pl **~it** ⟨-ti⟩ Bronchitis f
**bronz** Bronze f; Bronze-
**broş** Brosche f
**broşür** Broschüre f, Prospekt m
**bröve** Diplom n; Abzeichen n
**bruto** = brüt
**Brüksel** Brüssel n; **~ lahanası** Rosenkohl m
**brüt** brutto; **~ tonaj** Bruttoregistertonnen f/pl; **~ millî hasıla** Bruttosozialprodukt n
**Bşk.** abk für Başkan(ı) Vorsitzende(r) (gen/von)
**bu** dieser, diese, dies(es); **~ arada** inzwischen; in dieser Zeit; dabei, gleichzeitig; **~ defa** (od **kere, sefer**) diesmal; **~ gibi** solch-; **~ günlerde** (od **yakınlarda**) dieser Tage, demnächst; **~ kadar** so viel,

so sehr; das ist alles; Radio so viel für heute; → **bundan, bunun** etc
**buat** Abzweigdose f
**bucak** ⟨-ğı⟩ Winkel m; Ecke f; Gemeinde f, Bezirk m
**buçuk** ⟨-ğu⟩ halb; Hälfte f; **bir ~** ein-einhalb; **saat iki ~** es ist halb drei **~lu** Bruch-; Klein-
**budak** ⟨-ğı⟩ Zweig m; Ast m (a. im Holz); **~ deliği** Astloch n **~lanmak** in die Zweige schießen; sich verzweigen; fig kompliziert werden
**budala** dumm; Fan m; (Mode)Narr m; futbol **~sı** Fußballfan m
**budalalık** ⟨-ğı⟩ Dummheit f, Idiotie f
**buda|lma** (Baum)Schnitt m; **~ makası** Baumschere f **~mak** v/t beschneiden (a. Rechte), kappen; Lohn kürzen; SPORT (dem Zugriff) ausweichen **~ntı** abgehauene Äste m/pl
**Bud|ist** Buddhist(in f)m; buddhistisch **~izm** Buddhismus m
'**bugün** heute; die/heutige Zeit; **~ yarın, ~den yarına** baldigst; in den nächsten Tagen; **~e** letzten Endes; **~lerde** in diesen Tagen **~kü** heutig; zeitgenössisch **~lük** für heute; **~ yarınlık** jeden Augenblick; demnächst
**buğday** Weizen m; **~ rengi** brünett
**buğu** (Wasser)Dampf m; **~ bağlamak** Scheibe anlaufen **~lamak** v/t dämpfen; z. B. Gemüse dünsten **~lanmak** Scheiben beschlagen; verdampfen, verdunsten **~laşma** Verdunstung f **~lu** angelaufen, beschlagen; diesig, feucht; Auge getrübt
**buhar** Dampf m; **~ kazanı** Dampfkessel m; **~ makinesi** Dampfmaschine f; **~ olmak** umg verschwinden **~laşan** ätherisch **~laşma** Verdunstung f **~laşmak** v/i verdunsten
**buharlı** Dampf-; **~ ısıtma** Dampfheizung f; **~ ütü** Dampfbügeleisen n
**buhran** [a:] Krise f; **~ geçirmek** e-e Krise durchmachen **~lı** kritisch (Lage etc)
**buhur** [-u:r] Weihrauch m **~dan(lık)** ⟨-ğı⟩ Weihrauchgefäß n **~lamak** weihräuchern
**buhurumeryem** BOT Alpenveilchen n
**buji** AUTO Zündkerze f
**bukağı** Fußfesseln f/pl **~lamak** Fußfesseln anlegen (-i j-m)
**bukalemun** ZOOL Chamäleon n (a. fig)

**buket** ⟨-ti⟩ (Blumen)Strauß *m*, Bukett *n*
**bukle** Locke *f* **~li** lockig (*Haar*), mit Schlingen (*Teppich*)
**bulama** Obst- *od* Weintraubensirup *m*
**bulamaç** ⟨-cı⟩ (dünner) Brei *m*, Schleimsuppe *f*
**bulamak** wälzen (-*i* -*e akk* in *dat*, z. B. *Mehl*); beschmieren, besudeln (-*e* mit)
**bulandırıcı** Übelkeit verursachend; ekelerregend
**bulandırmak** *v/t etw* trüben; *j-n* aufhetzen; *fig* durcheinanderbringen; **midesi(yi) ~** Übelkeit erregen
**bulanık** *Wasser, Wetter* trübe; *Zeichnung* verschwommen; POL verworren **~lık** ⟨-ğı⟩ Verschwommenheit *f*; *fig* Trübung *f des Urteils*
**bulanmak** sich besudeln (-*e* mit); trübe werden, sich trüben; *Wetter* sich eintrüben; **tere ~** in Schweiß gebadet sein; **midem bulanıyor** mir ist übel
**bulantı** MED Übelkeit *f*; Wirrwarr *m*
**bulaşıcı** *a*. ansteckend, Infektions-
**bulaşık** ⟨-ğı⟩ beschmiert; schmutzig; Abwasch *m*, schmutzige(s) Geschirr; gewälzt (z. B. in *Mehl*); unrein; infiziert (-*e* mit); *Person umg* zudringlich; *Sache* unpassend; *Schiff* mit infizierten Kranken an Bord; **~ deterjanı** Spülmittel *n*; **~ iş** dunkle Angelegenheit; **~ makinası** Geschirrspülmaschine *f*; **~ suyu** Aufwaschwasser *n*; **~ yıkamak** aufwaschen, Geschirr spülen **~çı** Geschirrspüler *m*, -in *f* **~kan** *fig* Streithammel *m*
**bulaş|ma** Ansteckung *f*; **radyoaktif ~ radioaktive** Verseuchung *f* **~mak** schmutzig werden; sich aufdrängen (-*e j-m*); übergreifen (-*e auf akk*), ergreifen (-*e akk*); sich anlegen (-*e* mit); **çocuğa suçiçeği bulaşmış** das Kind hat sich die Windpocken geholt; **nezlem size bulaşmasın** ich möchte Sie mit meinem Schnupfen nicht anstecken
**bulaştırmak** beschmieren, beschmutzen; verseuchen; *bş-i b-ne ~* j-n mit etw anstecken; *bş-i yüzüne gözüne ~ umg* etw versauen
**buldog** ⟨-ğu⟩ (*a.* **~ köpeği**) Bulldogge *f*
**buldozer** Bulldozer *m*
**buldumcuk**: **~ olmak** *etwa* über s-e (eigene) Findigkeit jubeln
**buldurmak** *kaus von* bulmak
**Bulgar** Bulgare *m*, Bulgarin *f*; bulgarisch **~ca** bulgarisch; (das) Bulgarisch(e) **~istan** Bulgarien *n*
**bulgu** Befund *m*
**bulgulamak** feststellen, entdecken
**bulgur** Weizengrütze *f*; **~ pilavı** Speise aus Weizengrütze
**bulgusal** heuretisch (*Methode*)
**bulmaca** (Kreuzwort)Rätsel *n*; **~ çözmek** Kreuzworträtsel lösen
**bulmak** ⟨-ur⟩ *v/t* finden; *etw Vorhandenes* entdecken; *etw Nichtvorhandenes* erfinden; kommen auf (*z. B. e-n Namen*); *Zeitpunkt, Summe* erreichen; *Betrag* sich belaufen (-*i auf akk*); *Arbeit* vermitteln; *e-n Ort, ein Alter* erreichen; *Uhr* schlagen (*z. B.* neun); *j-n, etw* für ... halten, ... finden (*z. B.* gut); *als Stützverb, z. B.* **son ~** zu Ende gehen; **vuku ~** stattfinden; **bulup çıkarmak** ausfindig machen
**bulucu** Entdecker *m*, -in *f*; Detektor *m*
**buluğ** [-u:] ⟨-ğı⟩ Pubertät *f*; **~a ermek** pubertieren
**bulundurmak** *v/t* bereithalten, in Reserve haben; **yanında ~** bei sich (*dat*) führen
**bulunmak** **A** *passiv von* bulmak; **bulunmuş eşya deposu** Fundbüro *n* **B** *v/r* sich befinden; sich aufhalten; vorhanden sein; **sizde ... bulunur mu?** führen/haben Sie ...?; **boş bulundum** ich war etwas abwesend (und habe mich erschreckt) **C** *als Hilfsverb*: haben/sein; **başlamış bulundum** ich habe nun einmal angefangen **D** *Stützverb mit* -*da*: **açıklamada ~** erklären, e-e Erklärung abgeben
**bulun|maz** selten, rar; unauffindbar; **~ Hint kumaşı** *hum* etwas höchst Wertvolles **~mazlık** ⟨-ğı⟩ Fehlen *n* (*von*) **~tu** Fund *m*; Findelkind *n* **~ur** vorhanden, vorrätig
**buluş** TECH Errungenschaft *f*; Findigkeit *f*; Einfall *m* **~ma** Treffen *n*; **~ yeri** Treffpunkt *m*
**buluşmak** sich treffen; sich verabreden (-*le* mit)
**bulut** ⟨-tu⟩ Wolke *f*; **~ kesilmek** *umg* sich besaufen; **~tan nem kapmak** leicht eingeschnappt sein; sehr argwöhnisch sein **~lanmak** sich bewölken; *fig* getrübt werden **~lu** bewölkt, wolkig
**bulutsu** ASTRON Nebel *m*
**bulvar** Boulevard *m*, Allee *f*

**bum** bums
**bumbar** Dickdarm *m*; *Art* Wurst *f*; Watterolle *f zum Abdichten von Türen etc*
**'bum|bulanık** sehr trübe **~buruşuk** ganz zerknüllt, faltig **~buz** eisig kalt
**'bumerang** Bumerang *m*
**bumlamak** platzen
**buna** *dat von* **bu**; **~ gelince** was das anbetrifft; **~ göre** dementsprechend; **~ mukabil** stattdessen; andererseits; **~ oranla** im Vergleich/Verhältnis dazu; **~ rağmen** trotzdem
**bunak** *pej* senil **~lık** ⟨-ğı⟩ *pej* Senilität *f*
**bunalım** Krise *f*
**bunal|mak** bedrückt sein (*-den* durch); gestresst sein (*-den* durch) **~mış** ganz benommen **~tı** Bedrängnis *f*, Not *f*; Niedergeschlagenheit *f*; Gedrücktheit *f* **~tıcı** bedrückend; *Hitze* drückend, schwül
**bunaltmak** in Atem halten
**bunamak** kindisch (*od* senil) werden
**'bunca** so viel, dermaßen (viel); *Zeit* lange; so groß
**bun|da** darin, daran, dabei; **~ bir iş var** es steckt etwas dahinter **~dan** daher, deshalb; **~ böyle** künftig, in Zukunft; **~ dolayı** deswegen
**'bungalov** Bungalow *m*
**bunlar** *a. pej* sie, die *pl*
**bunsuz** ohne das, ohne dies
**bunun** davon, dessen; **~ burası** letzten Endes, schließlich; **~la beraber** (*od* **birlikte**) zusammen damit; trotzdem, trotz allem; **~ için** deshalb; dafür; **~ kadar** so viel (groß, schnell *etc*); **~ üzerine** daraufhin
**'bunzen:** **~ beki** Bunsenbrenner *m*
**bura** diese Stelle, dieser Ort; *gazetesi* hiesige Zeitung; **~larda** in dieser Gegend **~da** hier; ... **~ biter** hier(mit) endet ... **~la** hiesig **~dan** von hier (aus); **~ geçilmez** Durchgang verboten
**burağan** heftige Bö; Unwetter *n*; Gewitterregen *m*
**buralı** hiesig (*nur Personen*); **~yım** ich bin von hier
**buram:** **~ ~ kokmak** stark (*pej* penetrant) riechen; **~ ~ tütmek** qualmen
**buran** → **burağan**
**burası** dieser Ort, hier; **~ neresi?** wo ist das hier?; **~ Kent Radyosu** hier spricht Radio Kent

**buraya** hierher
**burcu:** **~ ~ kokmak** (stark) duften
**burç**[1] ⟨-cu⟩ Turm *m*; Bastion *f*, Festung *f*; Tierkreiszeichen *n*; **~lar kuşağı** Tierkreis *m*
**burç**[2] ⟨-cu⟩ BOT Mistel *f*
**burçak** ⟨-ğı⟩ BOT (Acker)Wicke *f*; **~ ~** gewunden; gelockt
**burdurmak** ⟨-i -e⟩ *kaus von* **burmak**
**burgaç** ⟨-cı⟩ Strudel *m*; gekrümmt; gewunden **~lamak** sich winden; sich krümmen
**burgu** Bohrer *m*; Korkenzieher *m*; **~ hareketi** FLUG Trudeln *n*; **~ kuyusu** artesische(r) Brunnen
**burgu|lamak** *v/t* bohren (*a. fig*); ausbohren **~lu** gewunden, Schraub-
**burjuva** [-'wa] Bourgeois *m*, Bürger *m*; **büyük ~** Großbürger *m*; **küçük ~** Kleinbürger *m*, Spießer *m*
**burjuvazi** Bourgeoisie *f*, Bürgertum *n*
**burk|mak** ⟨-ar⟩ *v/t* umdrehen **~ucu** *fig* beklemmend; Dreh- **~ulmak** *Schraube* sich drehen lassen; sich (*dat*) den Fuß verstauchen; **yüreğim burkuldu** mir tat das Herz weh; **ayağım burkuldu** ich habe mir den Fuß verrenkt (*od* verstaucht)
**burma** gedreht, gewunden; spiralförmig; MED Kolik *f*; Bart gezwirbelt
**burmak** ⟨-ar⟩ *v/t* drehen; winden; kastrieren; *Bart* zwirbeln; *das Herz wird j-m* schwer; *Schmerz* stechen (*in e-m Organ*); *Zitrone* den Mund zusammenziehen; kastrieren (*Tier*); **bura bura sıkmak** *Wäsche* auswringen
**burnaz** mit großer Nase
**burs** Stipendium *n*; **-e ~ vermek** *j-m* ein Stipendium gewähren **~lu** Stipendiat *m*,-in *f*
**buruk** ⟨-ğu⟩ gedreht, gewunden; gezwirbelt; herb; traurig, schmerzlich; *Abschied m; Mund* zusammengezogen; *Person* leicht gekränkt; *Tier* kastriert; Verrenkung *f*, Verstauchung *f* **~luk** ⟨-ğu⟩ Herbheit *f*; Gekränktheit *f* **~su** säuerlich, herb
**burulmak:** *midesi etc* **~** stechende Schmerzen im Magen *etc* haben
**burun** ⟨-nu⟩ Nase *f*; Schnabel *m*; FLUG, SCHIFF Bug *m*; Spitze *f* (*Schuh*); GEOG Kap *n*, Landzunge *f*; **~ boşluğu** Nasenhöhle *f*; *-e* **~ burmak** die Nase rümpfen (über

*akk)*; -le ~ ~a gelmek ganz nahe kommen *(dat)*; ~ deliği Nasenloch *n*; Nüster *f*; ~ kanadı Nasenflügel *m*; ~ perdesi Nasenscheidewand *f*; -e ~ yapmak hochnäsig sein gegenüber; -in burnu büyümek *(od* kabarmak) überheblich werden; (-in) burnu havada aufgeblasen; -in burnu bile kanamamak mit heiler Haut davonkommen; -in burnuna çıkmak nicht ertragen können; -in burnuna girmek j-m unter die Augen kommen; sich in j-s Vertrauen schleichen; -in burnunda tütmek j-s Sehnsucht erwecken; -in burnundan (fitil fitil) gelmek j-n teuer zu stehen kommen *(etw Angenehmes)*; burnunu çekmek schnäuzen, schnüffeln; *fig* das Nachsehen haben; -e burnunu sokmak *umg fig* s-e Nase stecken (in *akk*); AUTO drängeln; b-nin burnunu sürtmek j-n kleinkriegen; burnunun dibinde in nächster Nähe, *umg fig* vor der Nase (sein, liegen); burnunun dikine gitmek nach s-m eigenen Kopf handeln; burnunun direği sızlamak traurig sein

**burun|luk** hochnäsig; mit ... Nase ⟨-ğu⟩ Nasenring *m*; Schuhbeschlag Spitze *f* **~salık** ⟨-ğı⟩ Maulkorb *m* **~suz** ohne Nase; *umg* bescheiden

**buruntu** MED Kolik *f*, Stiche *m/pl*

**buruş**: ~ ~ *(od* kırış) runzelig *(Gesicht, Früchte)*; zerknittert *(Papier, Kleidung)* **~mak** runzelig *(od* faltig) werden; *Papier* sich runzeln; *Stoff* knittern; *Mund* sich zusammenziehen **~maz** *Stoff* knitterfrei **~turmak** *v/t* Falten werfen; *Stirn* runzeln

**buruşuk** runzelig, faltig; *Stoff* zerknittert

**buse** [u:] Kuss *m*

**but** ⟨-du⟩ Oberschenkel *m*; Keule *f*

**butafor** THEAT Requisiten *n/pl*

**butaforcu** Requisiteur *m*, -in *f*

**butik** ⟨-ki⟩ Boutique *f*

**buut**: üç ~lu dreidimensional

**buymak** ⟨-ar⟩ *umg* erfrieren

**buyruk** ⟨-ğu⟩ Befehl *m*; başına ~ eigensinnig

**buyur**: içeri(ye) ~ etmek hereinbitten; sofraya ~ etmek zu Tisch bitten

**buyurmak**: b-ne bş(-i) ~ j-m etw befehlen; LIT geruhen, belieben *(zu tun)*; buyurun(uz)! bitte!, herein!; bitte, treten Sie näher!; bitte, nehmen Sie Platz!; bitte, bedienen Sie sich! bir şey mi buyurdunuz? wollten Sie etwas sagen?; bize (de) buyurun! besuchen Sie uns doch (auch)!; yine buyurun! beehren Sie uns wieder!; buyur! zu Befehl!; buyur? ja?, wie bitte?

**buyuru** → buyruk

**buz** Eis *n*; ~ gibi wie Eis; *fig* kalt(herzig); richtig(gehend); *Angelegenheit* wahr; *Fleisch* frisch und zart; ~ kes(il)mek *Glieder (vor Kälte)* steif werden; erstarren; ~ tutmuş (an)gefroren; *Straße* vereist; ~ tutmak einfrieren; vereisen; ~ tutması Vereisung *f*; ~lar çözüldü *fig* das Eis ist gebrochen; Kuzey & Denizi Nördliche(s) Eismeer

**buz|çözer** Abtauvorrichtung *f* **~dağı** Eisberg *m* **~dolabı** Kühlschrank *m* **~hane** Kühlhaus *n* **~kıran** Eisbrecher *m* **~lanmak** zufrieren; sich mit Reif bedecken

**buz|lu** (ein)gefroren; Eis-; eisgekühlt; mit Eis (serviert); *Glas* mattiert, Milch- **~luk** ⟨-ğu⟩ Gefrierfach *n*

**buzul** Gletscher *m*; ~ çağı *od* devri Eiszeit *f* **~taş** Moräne *f*

**bücür** Dreikäsehoch *m*

**büfe** Büfett *n*; Anrichte *f*; *(Zeitungs)*Kiosk *m*; Imbissstube *f*, Imbissstand *m*; açık ~ offene(s) Büfett; soğuk ~ kalte(s) Büfett **~ci** Imbissbetreiber *m*, Kioskbesitzer *m*

**büge** ZOOL Bremse *f*

**bük** ⟨-kü⟩ Au *f*; Schilf *n*; Gestrüpp *n*

**büken** Beugemuskel *m*, Flexor *m*

**büklüm** Windung *f*; Kurve *f*; Falte *f*; Knick *m*; gekrümmt, bucklig; gewunden; iki ~ olmak sich zusammenducken

**bük|me** Schnur *f*; Litze *f* **~mek** ⟨-er⟩ *fig* winden; *Faden* (zusammen)drehen; spinnen; krümmen, (um)biegen; falten; knicken; *Teppich* zusammenlegen

**¹Bükreş** Bukarest *n*

**bükücü** Spinner *m*, -in *f*

**bükük** zusammengedreht; gebogen; gefaltet; gebeugt

**bükülgen** GRAM flektierend; biegsam

**bükül|mek** → bükmek; sich verbiegen; beli ~ vom Alter gebeugt sein **~mez** unbiegsam, steif; *fig* unbeugsam

**bükül|ü** gekrümmt, gebogen, gedreht, gewunden; gesponnen **~üş** wiegende

Bewegung; Knick m
**büküm** Zusammendrehen n; Spinnen n; Biegen n; Falz m; Knicken n; ~ **oynağı** Kniegelenk n **~cü** Spinner m, -in f
**bükün** GRAM Flexion f **~lü** LING flektierend
**bükünmek** sich winden (vor Schmerz)
**büküntü** Falte f; (Magen)Kolik f; (Weg-)Biegung f, Kurve f
**bülbül** Nachtigall f; ~ **gibi** fließend sprechen; ~ **gibi açılmak** gesprächig werden, fig auftauen; -i ~ **gibi söylemek** ausplaudern (akk); sein Herz ausschütten
**bülten** (amtliche) Mitteilung; Bulletin n; Informationsblatt n
**bünye** Bau m; Struktur f (z. B. soziale); Körperbau m, Konstitution f
¹**büro** Büro n; JUR Anwaltspraxis f; Abteilung f; Schreibtisch m; ~ **malzemesi** Bürobedarf m, Büroartikel m/pl
**büro|krasi** Bürokratie f **~krat** Bürokrat m, -in f **~kratik** bürokratisch
**bürülü** eingehüllt; eingewickelt; vermummt
**bürüm** Schicht f, Haut f, Hülle f; Paket n
**bürüm|cek** ⟨-ği⟩ Zusammengerollte(s); Packen m **~cük** ⟨-ğü⟩ Musselin m
**bürü|mek** einwickeln; bedecken; Nebel einhüllen **~nmek** eingehüllt sein (-e von); versinken, sich einhüllen (-e in)
¹**büsbütün** ganz und gar, völlig, durchaus
**büst** ⟨-tü⟩ Büste f
**bütan, bütangaz** CHEM Butan n
**bütçe** Budget n, Haushalt(splan) m
**bütün** ganz, völlig, pl alle; (das) Ganze, Ungeteilte; Summe f; ~ **gün** den ganzen Tag; ~ **çocuklar** alle Kinder; ~ ~ od **~üyle** völlig, restlos **~cül** totalitär
**bütünleme**: ~ **imtihanı** Nachprüfung f; (**Türkçe dersinden**) **~ye kalmak** e-e Wiederholungsprüfung (im Fach Türkisch) machen müssen
**bütünle|mek** vervollständigen, ergänzen **~meli** nachprüfender Schüler
**bütünler** ergänzend; PHYS Komplementär
**bütünlük** ⟨-ğü⟩ Ganzheit f; Einheit f; Integrität f
**bütünsel** vollständig; total, ganzheitlich; ~ **tıp** ganzheitliche Medizin
**büve, büvelek** → büğe

**büyü** Zauber m; Hexerei f; -e ~ **yapmak** behexen akk, verzaubern akk
**büyücek** ziemlich groß; ansehnlich
**büyücü** Zauberer m; Hexe f; ~ **çırağı** Zauberlehrling m **~lük** ⟨-ğü⟩ Zauberei f, Magie f
**büyük** ⟨-ğü⟩ groß; älter, erwachsen; mächtig; ~ **abdest** (a. **aptes**) ~ abdest; **-in büyüğü** (od ~ **aptesi**) **gelmek** umg groß machen müssen; **büyüğünü** (od ~ **aptesini**) **yapmak** umg groß machen; ~ **devletler** (die) Großmächte; ~ **dilbalığı** ZOOL Heilbutt m; ⚹ **İskender** Alexander der Große; ⚹ **Sahra** (die) Sahara; ~ **sanayi** Großindustrie f; -e ~ **gelmek** Kleidung j-m zu groß sein
**büyük|ana, ~anne** Großmutter f
**Büyükayı** ASTRON (der) Große Bär
**büyük|baba** Großvater m **~elçi** Botschafter m **~hanım** (die) ältere Dame
**büyük|lenmek** großtun **~lük** ⟨-ğü⟩ Größe f; Bedeutung f; Großmut f; ~ **bakımından ikincisi** (der) Zweitgrößte; ~ **hastalığı** Größenwahnsinn m
**büyük|semek** übertreiben, überziehen **~sü** Kind wie ein Erwachsener, altklug
**büyülemek** bezaubern, verhexen
**büyüleyici** bezaubernd
**büyült|eç** ⟨-ci⟩ → büyüteç **~mek** größer machen; Foto vergrößern; Tisch ausziehen
**büyülü** Zauber-; ~ **değnek** Zauberstab m
**büyüme** Wachstum n; ~ **göstermek** Brand um sich greifen; ~ **hızı** Wachstumsrate f
**büyümek** groß (od größer) werden (a. Kind); aufwachsen, heranwachsen; Feuer sich ausbreiten; Streit sich verschärfen; **büyümüş de küçülmüş** Kind wie ein Erwachsener, altklug
**büyüteç** ⟨-ci⟩ Vergrößerungsglas n
**büyütme** Pflegekind n
**büyütmek** v/t vergrößern (a. Bild); Kind großziehen; Kräfte verstärken; Industrie erweitern; Problem komplizieren
**büzgen** ANAT Schließmuskel m
**büzgü** Plissee n, Fältelung f **~lü** mit Falten; plissiert
**büzme** Sack (oben) zusammengezogen
**büzmek** ⟨-er⟩ v/t zusammenziehen; Kleid plissieren; MED Gefäße verengen

**büzmeli** zusammengezogen; plissiert
**büzük** ⟨-ğü⟩ gekräuselt; plissiert; eingeschrumpft; *umg* After *m*; *umg fig* Schneid *m*
**büzülmek** sich zusammenziehen; schrumpfen; Falten werfen; sich verkriechen (*in e-e Ecke*); Stoff einlaufen
**büzüş|mek** sich kräuseln **~ük** (zusammen)geschrumpft

# C

**c, C** [dʒɛː, *deutsch etwa* dsch], c, C *n*; MUS c-Moll, C-Dur
**c.** *abk. für* cilt Band (Bd.)
**-ca** → -ce
'**caba** umsonst; obendrein; ~ **etmek** schenken; dazugeben; **bu da onun ~sı** und das kommt noch (gratis) dazu **~dan** unentgeltlich
**cacık** ⟨-ğı⟩ GASTR Zaziki *n*; Beilage aus frischen Gurken und Joghurt
**cad.** *abk. für* cadde(si) Straße *f* (Str.)
**cadaloz** Xanthippe *f*, alte Hexe **~luk** ⟨-ğu⟩ Bosheit *f*, Boshaftigkeit *f*
**cadde** Straße *f*; Avenue *f*; **ana ~** Chaussee *f*; Fernverkehrsstraße *f*
**cadı** Hexe *f*; Furie *f*
**cafcaf** Pomp *m*; hochtrabende(s) Gerede; klatschsüchtig; ~ **etmek** *f* klatschen
**cahil** [aː] unwissend; unerfahren; laienhaft; -*in* **~i olmak** ein Laie sein (in *dat*) **~leşmek** *v/i* verdummen **~lik** ⟨-ği⟩ Unwissenheit *f*; ~ **etmek** e-e Dummheit begehen
**caiz** [aː] erlaubt, zulässig; legal; ~ **değil** nicht am Platze; unstatthaft; **tabir(i) ~se** mit Verlaub gesagt
'**caka** *umg* Angeberei *f*; Effekthascherei *f*; ~ **satmak** (*od* **yapmak**) sich wichtig machen, prunken, paradieren **~cı** *f* Angeber *m*, -*in f*; Stutzer *m* **~lı** wichtigtuend; stutzerhaft
**calip** [aː]: -*i* ~ **olmak** *z. B.* Zweifel wecken
**cam** Glas *n*; (Glas)Scheibe *f*; FOTO Platte *f*; Glas-; **~ elyafı** Glasfaser *f*; *-e* ~ **takmak**

Scheibe(n) einsetzen (in *akk*), verglasen (*akk*)
**camadan** SCHIFF Reff *n*; ~ **bağlamak** reffen
**cambaz** Akrobat *m*, Seiltänzer *m*; Pferdehändler *m*; Meister *m* (*des Wortes etc*); Gauner *m*, Spitzbube *m*; *adj* verschlagen **~hane** [aː] Zirkus *m* **~lık** ⟨-ğı⟩ Akrobatik *f*, Seilkunst *f*; *fig* Verschlagenheit *f*; ~ **yapmak** mogeln
**camcı** Glaser *m*; ~ **dükkanı** Glaserei *f*
**camdolap** Glasschrank *m*
**camekân** Schaukasten *m*; Schaufenster *n*; Vitrine *f*; Treibhaus *n*, Orangerie *f* **~lı** verglast; ... mit Schaufenstern
**camgöbeği** Türkis *n*; türkis(farben)
**camgöz** Glasauge *n*; *fig* gierig; ~ (**balığı**) Hundshai *m*, Biethai *m*
**cami** ⟨-i *od* –si⟩ Moschee *f*
**camia** [dʒaː-] Gesamtheit *f*; Gesellschaft *f*; Gemeinschaft *f*; Block *m*
**camipliği** ⟨-ni⟩ Glasfaser *f*
**cam|lamak** *v/t* einrahmen **~latmak** einrahmen lassen
**cam|lı** Glas- **~lık** ⟨-ğı⟩ Glaswand *f*; Glasveranda *f* **~sı** glasig; ANAT Glas-(Körper) **~yünü** Glaswolle *f*
**can** Leben *n*; Seele *f*; (*a. als Zählwort*); Gesundheit *f*; Lebenskraft *f*; *adj* Person feinfühlig; entgegenkommend; aufrichtig; *bes* Kind lieb; ~ **acısı** heftige(r) Schmerz; ~ **alacak nokta** (*od* **yer**) Kernpunkt *m*, des Pudels Kern; ~ **alıcı** ohrenbetäubend; vernichtend; *fig* heikel; wunde(r) Punkt; ~ **almak** (Todes)Opfer fordern; ~ **atarcasına** leidenschaftlich; -*e* ~ **atmak** sehnlichst wünschen (*akk od* zu …); sich flüchten (zu *dat*); ~ **baş üstüne** … wird gern erledigt; ~ **borcunu ödemek** das Zeitliche segnen; ~ **çekişmek** mit dem Tode kämpfen; sich herumquälen; ~ **damarı** Lebensnerv *m*; ~ **dostu** Busenfreund *m*; ~ **düşmanı** Todfeind *m*; ~ **hayliye** aus Leibeskräften; ~ **kaybı** Verluste *m/pl* an Menschenleben; ~ **kurtaran yok mu** Hilfe!; ~ **sıkıntısı** Langeweile *f*; Ärgernis *n*, Verdruss *m*; ~ **vermek** umkommen; (-*e*) *j-m* wieder Mut geben; wieder zum Leben erwecken *akk*; … **için** ~ **vermek** sein Leben opfern für; lechzen nach; ~ **yakmak** peinigen; *j-m* schaden; *umg* ins Geld laufen; ~**a yakın** sympathisch; *Lied* rührend; **~ı ağ-**

**zına gelmek** wie gerädert sein; abgehärmt sein; e-n Schreck bekommen; *-i* **~ı çekiyor** er/sie hat Appetit (auf *akk*); **~ı çıkmak** den Geist aufgeben; *umg* krepieren; sich umbringen (*-den* vor *dat*); *Kleid* sich abtragen, zerschleißen; **~ı pek** *Person* zäh; *-in* **~ı sıkılmak** sich langweilen; bedrückt sein; sich ärgern (*-den* über *akk*); *-in* **~ı yanmak** heftige Schmerzen haben; satthaben (*-den* j-n); *-in* **~ına tak demek** (od **etmek**) j-m unerträglich werden; **~ına yandığım(ın)** *umg* verflixt; herrlich; Teufels-; **~la başla** mit Herz und Seele; **canım** mein(e) Liebe(r)!; mein Kind; **yok canım** aber nicht doch!?; wirklich!?; sieh mal an!; **canım** [dʒaːˈnɯm] herrlich, wunderschön

**canavar** wilde(s) Tier, Raubtier *n*; Drache *m*; *fig* Unhold *m*, Unmensch *m*; *adj* wild, brutal; **~ düdüğü** Sirene *f*; **~ gibi** wie ein Pferd *(arbeiten)*; mit einem Affentempo **~ca** brutal, bestialisch **~laşmak** zur Bestie werden

**canciğer** intim, nahe, innig (*Person*); **biz onunla ~iz** wir sind unzertrennlich; **~ kuzu sarması** *hum* sehr innig

**candan** von Herzen, herzlich; lebhaft *interessiert*; aufrichtig *verbunden*; **(en) ~ dilek** Herzenswunsch *m*; *-i* **~ kutlarım** ich gratuliere herzlich (zu *dat*); **~ dileklerime** (od **selamlarımla**) mit besten Wünschen (od Grüßen) **~lık** ⟨-ğı⟩ Herzlichkeit *f*, Aufrichtigkeit *f*

'**canevi** ⟨-ni⟩ **b-ni ~nden vurmak** j-n bis ins Mark treffen; **b-ni ~nden yakalamak** ein schlagendes Argument gegenüber j-m anbringen

**canfes** Taft *m*

**cangıl**: **~ congul** bim bam; Gebimmel *n*

**canhıraş** [aː] herzzerreißend; ohrenbetäubend (*Lärm*)

**cani** [dʒaːniː] Verbrecher *m*, -in *f*; Mörder *m*, -in *f* **~yane** verbrecherisch

**cankurtaran** Rettungswagen *m*; (Lebens)Retter *m*; **~ ceketi** Schwimmweste *f*; **~ gemisi** Rettungsschiff *n*; **~ kemeri** Rettungsgürtel *m*; **~ sandalı** Rettungsboot *n*; **~ simidi** Rettungsring *m*

**canlandırıcı** belebend; Trickfilmzeichner *m* **~ma** Belebung *f*; Wiederbelebung *f*; **~ filmi** Trickfilm *m* **~mak** wiederbeleben; nachvollziehen; *Beziehungen* wieder aufnehmen; Schauspieler darstellen

**canlanmak** wieder aufleben; *Kranker* wieder zu Kräften kommen; *fig* wieder lebendig werden

**canlı** lebendig; lebend; GRAM belebt; -süchtig; *Kind*, *Handelsplatz* lebhaft; *Rede* anschaulich; TV live, Live-, Direkt- (*Übertragung*); *subst* Lebewesen *n*; Liebhaber *m*, Freund *m* (von *dat*); *umg* Fan *m*; **~ varlık** Lebewesen *n*; **çocuk ~sı** Kinderfreund *m*; kinderliebend; **içki ~sı** trunksüchtig; Alkoholiker *m*; **para ~sı** geldgierig **~laştırma** Personifizierung *f* **~lık** ⟨-ğı⟩ Lebhaftigkeit *f*; *wirtschaftliche* Belebung *f*; (*Farben*)Pracht *f*

**cansız** leblos; GRAM unbelebt; *Darstellung* farblos, *umg* lahm; WIRTSCH tot; *Person* schlapp, lahm; **~ düşmek** sehr schwach (*umg* schlapp) werden (od sein); **~ madde(ler)** anorganische Materie **~laştırmak** zum Erliegen bringen; entseelen **~lık** ⟨-ğı⟩ Leblosigkeit *f*; Schlappheit *f*

**cant** ⟨-tı⟩ Felgenkranz *m*

**'capcanlı** quicklebendig

**car**: **~ ~ etmek** (laut) plappern, quatschen

**carcar** Plaudertasche *f*, Schwätzer *m*, -in *f*

**carcur**[1] *f* Reißverschluss *m*

**carcur**[2]: **~ etmek** etw daherquasseln

**cari** [dʒaːriː] Verfahren geltend, üblich; *Geld* gültig; *Monat etc* laufend; **~ harcamalar** laufende Kosten *pl*; **~ hesap** Girokonto *n*

**carlamak** laut schwatzen; *v/t* ausplaudern; ausposaunen

**cart** ⟨-dı⟩ Krach *m*; Knistern *n*; **~ ~ ötmek** krachen; *fig* schwadronieren

'**carta** *umg* Furz *m*; **~yı çekmek** e-n (Furz) fahren lassen; *umg fig* abkratzen

'**cartadak** bums; mit e-m Bums

'**cascavlak** splitternackt; *Kopf* völlig kahl; **~ etmek** *Tier* kahl fressen (*akk*); **~ kalmak** *umg* sich der Tinte sitzen

**casus** [aː] Spion *m*, -in *f*

**casusluk** ⟨-ğu⟩ Spionage *f*; **casusluğa karşı koruma** Spionageabwehr *f*; **~ etmek** spionieren

**cavlak** nackt; kahl; kurz geschoren; **cavlağı çekmek** *umg* abkratzen

**cavlamak** *umg* abnibbeln

**caydırıcı** beschwörend, überredend

**caydırmak** (-i -den) j-m etw ausreden, j-n abbringen von

**cayır**: ~ ~ ritsche, ratsche; knisternd; mit sanfter Gewalt *nehmen*; ~ ~ **işlemek** *Geschäft* blendend gehen; ~ ~ **yanmak** *Feuer* knistern; *Haus* lichterloh abbrennen; ~ ~ **yırtılmak** ritsch, ratsch zu Fetzen werden ~**damak** knistern; *Tür* knarren ~**tı** Krachen *n*; Knistern *n*, Knarren *n*; ~(yı) **vermek** e-n Schrecken einjagen (*-e j-m*)

**caymak** (-ar) Abstand nehmen (-den von *dat*); sein Wort zurücknehmen; *umg* sich verdrücken

**caz** Jazz *m* '~**bant** ‹-tı› Jazzband *f* ~**cı** Jazzmusiker *m*, -in *f*, *umg* Jazzer *m*, -in *f*

**cazgır** Ausrufer und Fürbitter der Ringkämpfer

**cazırdamak** *Feuer* knistern, prasseln

**cazırtı** Knistern *n*; Knarren *n*, Quietschen *n der Wagen*

**cazibe** [a:] Charme *m*, Zauber *m*, Anziehungskraft *f*

**cazibeli** attraktiv

**cazip** [a:] ‹-bi› interessant (*Vorschlag*); attraktiv

**CD** [si:di:] CD *f*; ~ **çalar** CD-Spieler *m*; ~ **yazıcı** CD-Brenner *m*

**-ce** Äquativsuffix; Passivsuffix von (*dat*), durch (*akk*) → *tarafından*

**cebbar** [a:] Tyrann *m*; gewalttätig; mächtig; *Gott* allmächtig; *umg* pfiffig

**Cebelitarık** Gibraltar *n*; ~ **Boğazı** Straße *f* von Gibraltar

**cebelleşmek** diskutieren, debattieren

**ce'bellezi**: ~ **etmek** *umg* mitgehen lassen

**ceberut** ‹-tu› Hochmut *m*; Gewalttätigkeit *f*; gewalttätig

**cebir**[1] ‹-bri› Gewalt *f*; MED Einrenkung *f*; Kompensation *f*

**cebir**[2] ‹-bri› Algebra *f*

**cebire** [i:] MED Schiene *f*; TECH Lasche *f*; ~(**yle**) **bağlamak** schienen (*akk*)

**Cebrail** [-a:i:l] REL Gabriel *m*

**cebr|en** gewaltsam ~**etmek** zwingen (-*i -e j-n zu dat*); sich enthalten (-*den gen*)

**cebrî** [i:] gewaltsam; Zwangs- (*Maßnahmen*); Sturm- (*Angriff*); ~ **yürüyüş** Gewaltmarsch *m*

**cefa** [a:] Quälerei *f*; Leiden *n/pl*; ~ **çekmek** schwere Prüfungen durchmachen

**~keş** [a:] Dulder *m*, -in *f*

**cehalet** [a:] ‹-ti› Unwissenheit *f*

**cehennem** Hölle *f*; ~ **azabı çekmek** Höllenqualen erleiden; ~ **ol (buradan)** scher dich zum Teufel!; **♀ Tanrısı** Satan *m*

**cehennem|î** [i:] höllisch (*Hitze, Tempo*) ~**lik** ‹-ği› Heizung *f* (*im türk. Bad*); *fig* Ausgeburt *f* der Hölle

**ceket** ‹-ti› Jackett *n*, Sakko *n*; TECH Mantel *m*, Hülle *f*; MED ~ **k(u)ron** Jacketkrone *f*

**celal** [a:] *fig* Größe *f*; Zorn *m*, Unmut *m*

**celbe** Jagdtasche *f*

**celep** ‹-bi›, ~**çi** Viehhändler *m*

**cellat** ‹-dı› Scharfrichter *m*; grausam

**celp** ‹-bi› JUR Einberufung *f* (*a. e-r Versammlung*); **dikkati ~ etmek** die Aufmerksamkeit fesseln ~**name** JUR Vorladung *f*

**celse** Sitzung *f*; JUR Gerichtsverhandlung *f*; ~ **raporu** Sitzungsprotokoll *n*

**cemaat** [-ma:-] ‹-ti› (Menschen)Menge *f*; (Dorf)Bevölkerung *f*; REL Gemeinde *f*

'**ceman** insgesamt; Gesamt- (*Tonnage*)

**cemaziyülevvel** [-a:-]: ~**ini bilmek** *j-s (dunkle)* Vorgeschichte kennen

**cemiyet** ‹-ti› Gesellschaft *f*; Verein *m*; Kreis *m*; Bund *m*; *türk.* Bevölkerung(steil *m*) *f*; Feierlichkeit *f*

**cemiyetçi** Vereinsaktivist *m*, -in *f*; *fig* Organisationstalent *n*

**cemre** Erwärmung *f* (*im Februar*); MED Furunkel *m*

**cenabet** [a:] ‹-ti› REL Unreinheit *f* (*bes durch sexuelle Betätigung*); *fig* Sache verdammt; *Person* Ekel *n*; ~ **olmak** REL unrein werden

**cenah** [a:] MIL Flanke *f*

**cenap** [a:] ‹-bı›: **Cenabı Allah, Cenabı Hak** (der) Herrgott; **...ları** Seine Exzellenz

**cenaze** [a:] Verstorbene(r), sterbliche Überreste *pl*; Bestattung *f*; Leichenzug *m*; ~ **namazı** REL Trauergebet *n* (*vor der Moschee*); ~ **töreni** Trauerfeier *f* (*weltlich*); ~ **marşı** Trauermarsch *m*; **buyurun ~ namazına** *hum* na dann, gute Nacht!; ~**yi kaldırmak** zu Grabe tragen

**cendere** Walze *f*; Rolle *f*, Mangel *f*; Engpass *m*; **-i ~ye koymak** (*od* **sokmak**) *fig j-m* gehörig zusetzen

**Ce'nevre** Genf *n*

**cengâver** kriegerisch; Krieger *m*
**cengel** Dschungel *m*
**Cengiz**: ~ **Han** Dschingis Khan *m*
**cenin** [i:] Embryo *m*; **~i sakıt** Fehlgeburt *f*; Frühgeburt *f*
**cenk** ⟨-gi⟩ Kampf *m*
**cennet** ⟨-ti⟩ Paradies *n*; ~ **öküzü** Dorfdepp *m* **~kuşu** ⟨-nu⟩ Paradiesvogel *m*; Uferschwalbe *f*
**cennetli** seligen Angedenkens, selig
**cennetlik** ⟨-ği⟩ fromm; selig; *umg* (er, sie ist etc) ... im Himmel
**'Cenova** Genua *n*
**centilmen** Gentleman *m*, feine(r) Mann **~ce** fair, anständig, ritterlich
**centilmenlik** ⟨-ği⟩ Korrektheit *f*
**cep** ⟨-bi⟩ Tasche *f*; AUTO Einbuchtung *f*; ~ **feneri** Taschenlampe *f*; ~ **harçlığı** Taschengeld *n*; ~ **kitabı** Taschenbuch *n*; ~ **saati** Taschenuhr *f*; ~ (**telefonu**) *umg* Handy *m*; **cebi boş** (*od* **delik**) Habenichts *m*; **~te** in der Tasche; *fig* gemacht, geregelt; **~ten aramak** vom Handy aus anrufen; **~ten** (*od* **cebinden**) **ödemek** aus der eigenen Tasche zahlen
**cephane** [a:] Munition *f* **~lik** ⟨-ği⟩ Munitionslager *n*
**cephe** (Haus)Fassade *f*, Frontseite *f*; MIL Front *f* (*a.* Wetter); *fig* Seite *f*; Frontal- (Angriff); *-e* (**karşı**) ~ **almak** Front machen gegen; ~ **gerisi** MIL Etappe *f* **~li**: **iki ~ savaş** Zweifrontenkrieg *m*
**cerahat** [-ra:-] ⟨-ti⟩ Eiter *m*
**cerbeze** Wortgewandtheit *f*
**cereyan** [-a:n] Fließen *n*; Strom *m* (*a.* ELEK); Ablauf *m der Ereignisse*; Strömung *f in der Kunst etc*; (Luft)Zug *m*; ~ **etmek** stattfinden; im Gange sein; *Gespräche, Kämpfe* geführt werden; **burası ~ yapıyor** es zieht hier; *-e* ~ **vermek** unter Strom stellen *akk*
**cereyanlı**: **yüksek ~** Hochspannungs-
**ceride** [i:] HIST Zeitung *f*; Journal *n*; Register *n*
**Cermen** Germane *m*, Germanin *f*
**Cermence** (das) Germanisch(e)
**cerrah** [-a:x] Chirurg *m*, *-in f*; HIST Quacksalber *m*
**cerrahi** Chirurgie *f* (Fach, Abteilung)
**cerrahî** [-i:] chirurgisch; ~ **müdahale** chirurgische(r) Eingriff, Operation *f*
**cesaret** [a:] ⟨-ti⟩ Mut *m*; Kühnheit *f*; Verwegenheit *f*; ~ **almak** Mut schöpfen

(*-den* aus *dat*); *-e* ~ **etmek** (es) wagen zu ...; sich entschließen zu ...; *-e* ~ **vermek** *j-n* ermutigen (zu *dat*) **~lenmek** Mut fassen; *-den* Mut schöpfen aus **~li** mutig; kühn; dreist **~siz** mutlos; schüchtern
**ceset** ⟨-di⟩ Leiche *f*; Körper *m*
**cesur** mutig; furchtlos; entschlossen
**cet** ⟨-ddi⟩ Vorfahr *m*; **ceddine rahmet!** danke; prima!, Donnerwetter!
**cetvel** *fig* Lineal *n*; Tafel *f*, Tabelle *f*; (Bewässerungs)Kanal *m*; Graben *m*; **puan ~i** SPORT Punktetabelle *f*; **T ~i** Reißschiene *f*
**ce'vaben** [a:] in Beantwortung (*-e gen*)
**cevabî** [i:] Antwort- (z. B. Note)
**cevahir** [a:] Juwelen *n*/*pl* **~ci** Juwelier *m*
**cevap** ⟨-bı⟩ Antwort *f*, → **karşılık**; ~ **lâyihası** JUR *etwa* Verteidigungsschrift *f*; *-e* ~ **vermek** *j-m* antworten; *e-n Brief* beantworten; **cevabı yapıştırmak** kontern **~landırmak** *v*/*t* beantworten **~sız**: *-i* ~ **bırakmak** unbeantwortet lassen
**cevaz** [a:]: *-e* ~ **vermek** zulassen (*akk*), gestatten (*dat*)
**cevher** PHIL Wesen *n*, Substanz *f*; Edelstein *m*; *fig* Talent *n*, Anlagen *f*/*pl*; ~ **yumurtlamak** *hum* mal wieder Weisheiten verzapfen
**cevherli** kostbar; *Kind* talentiert, begabt
**ceviz** Walnuss *f*; Nussbaum(holz *n*) *m*; ... **aus Nussbaum**; **çetin ~** harte Nuss; *Person* stur(er) Mensch
**ceylan** Gazelle *f*
**ceza** [a:] Strafe *f*, Bußgeld *n*; ~ **alanı** → ~ **sahası**; ~ **almak** e-e Strafe bekommen; ~ **çekmek** e-e Strafe verbüßen (*-den* wegen *gen*); ~ **hukuku** Strafrecht *n*; ~ **kanunu** Strafgesetzbuch *n*; *-e* ~ **kesmek** *j-m* e-e Geldstrafe auferlegen; ~ **muhakemeleri usulü kanunu** Strafprozessordnung *f*; ~ **ödemek** Strafe zahlen; ~ **sahası** SPORT Strafraum *m*; **b-ni** ~ **vermek** *j-n* bestrafen; ~ **vermek** (*od* **ödemek**) Strafe zahlen; ~ **vuruşu** SPORT Strafstoß *m*; ~ **yazmak** *umg j-n* aufschreiben → ~ **kesmek**; **~yı ağırlatıcı sebepler** strafverschärfende Umstände *m*/*pl*; **~sını bitirmek** (*od* **doldurmak**) *s-e* Strafe absitzen; **~sını bulmak** *s-e* verdiente Strafe finden; *-in* **~sını çek-**

**mek** *od* **görmek** büßen müssen (für *akk*); **~ya kalmak** Schüler nachsitzen müssen; **ağır ~** Freiheitsstrafe *f (Türkei über 5 Jahre)*; **hapis ~sı** Gefängnisstrafe *f*; **idam** (*od* **ölüm**) **~sı** Todesstrafe *f*

**ce'zaevi** Gefängnis *n*, Strafanstalt *f*

**cezaî** [i:] JUR strafrechtlich

**cezalandır|ılma** Bestrafung *f*; Zahlung *f* e-r Strafe **~ılmak** bestraft werden; e-e Geldstrafe zahlen müssen **~mak** bestrafen; e-e Geldstrafe auferlegen

**cezalı** verurteilt; *bes* Schüler bestraft; zu e-r Geldstrafe verurteilt; **~ bilet** Fahrschein *m* mit Strafzuschlag; **~ posta ücreti** Strafporto *n*

**Ce'zayir** [a:] Algier *n*; Algerien *n* **~li** Algerier *m*, -in *f*; algerisch

**cezbe** Ekstase *f*, Verzückung *f*

**cezbelenmek** in Ekstase geraten

**'cezbetmek** *v/t* anziehen; *fig* betören

**cezir** ⟨cezri⟩ Ebbe *f*

**cezve** Kaffee-, Mokkakännchen *n*

**cıbıl** *dial* nackt; bettelarm

**cıcık** ⟨-ğı⟩ *umg* etwas Hübsches; Schmuck *m*; *-in* **cıcığını çıkarmak** abnutzen, zerfleddern *akk*; *fig* zerreden; *-in* **cıcığı çıkmak** sich abnutzen; sich abhetzen

**cı'gara** *umg* Zigarette *f*

**cılız** hinfällig; *Licht* trübe **~laşmak** schwach (*od* schwächer) werden; *fig* schwächer (*inhaltslos*) werden

**cılk** ⟨-kı⟩ *Ei* faul; *Weg* matschig; *Wunde* eiternd, eitrig; **~ çıkmak** faul sein; *Sache* fehlschlagen; *Bemühungen umg* für die Katz sein; *-in* **~ı çıkmak** matschig werden; degenerieren, versaut werden

**cılklaşmak** faulen, *umg* angehen

**cımbız** Pinzette *f; fig* Stichelei *f* **~lamak** mit e-r Pinzette entfernen; *fig* sticheln

**cır: ~ ~ ötmek** Grasmücke zirpen; *fig* plappern, quasseln; *Kind* schreien

**cırcır** Knarre *f*, Klapper *f*; *umg* Durchfall *m*; *fig* Quasseltante *f*; TECH Drillbohrer *m*; **~ olmak** Durchfall haben **~böceği** ZOOL Grille *f*, Heimchen *n*

**cırıldamak** zirpen; *umg* quäken; quasseln

**cırlak** ⟨-ğı⟩ Fistelstimme *f*; ZOOL Grille *f*; Neuntöter *m*; Schwätzer *m*, -in *f*; *Farbe* schreiend

**cırlamak** winseln; quieken; *umg* quasseln

**cırnak** *umg* (Finger/Fuß)Nagel *m*

**cırnaklamak** *v/t umg* verkratzen

**cırt** ritsch, ratsch; Klettverschluss *m* **~lak** ⟨-ğı⟩ *Frucht* platzend vor Reife, vollreif; Aufschneider *m*; → **cırlak ~lamak** platzen (vor Reife); *Papier* ratsch machen

**cıva** Quecksilber *n*; **~ gibi olmak** *fig* kein Sitzfleisch haben

**cı'vadra** SCHIFF Bugspriet *m*

**cıvalı** Quecksilber-; quecksilberhaltig

**cı'vata** TECH Bolzen *m*; Schraube *f*

**cı'vatalamak** verbolzen; verschrauben

**cı'vatalı** verbolzt; Schrauben-

**cıvık** ⟨-ğı⟩ klebrig, schlammig; *umg* matschig; *Farbe* auffallend; *Person* zynisch; frech; **~ etmek → cıvıklamak ~lamak** das Spiel verderben

**cıvık|lanmak, ~laşmak** klebrig werden; frech werden **~lık** ⟨-ğı⟩ Frechheit *f*

**cıvıl** *Stadt* geräuschvoll; **~ ~ konuşmak** plappern; **~ ~ ötmek** zwitschern; piepen **~damak** zwitschern

**cıvıltı** Zwitschern *n*; Piepen *n*; *Spatz* Tschilpen *n*

**cıvımak** → **cıvıklamak, cıvıklanmak**

**cıvıtmak** *kaus von* **cıvımak**; frech werden

**cıyak: ~ ~ bağırmak → cıyaklamak**

**cıyaklamak** *fig* wie am Spieß schreien; piepsen; plappern

**cıyırtı** (ein) Ratsch-Geräusch *n*; Rascheln *n*, Knistern *n*

**cız** *bei Kinderspiel* es brennt!; **~ diye** ganz gehörig *stechen etc*; **~ etmek** zischen; brutzeln; **içim** (*od* **yüreğim**) **cız etti** das gab mir einen Stich

**cızbız** gegrillt (*Fleisch*)

**cızık** ⟨-ğı⟩ Grieben *f/pl*

**cızıltı** Brutzeln *n*, Zischen *n*; Knarren *n*; Kritzeln *n*

**cızır: ~ ~ kızarmak** *v/i* brutzeln, zischen **~damak** brutzeln; *Feder* kratzen; *Schnee* knirschen; *Tür* knarren

**cızlam: ~ı çekmek** *umg* verduften

**cızlamak →** **cız etmek**

**'cızsineği** ⟨-ni⟩ ZOOL (Pferde)Bremse *f*

**cibinlik** ⟨-ği⟩ Moskitonetz *n*

**'cibre** ZOOL Brassen *m*, Blei *m*

**cici** *etwas Schönes, Neues etc (für Kinder);* **~m!** mein Liebling!; **~m ayı** Honigmond *m* **~anne** *Kindersprache* Oma!, Tante!
**cicili:** ~ **bicili** mit Verzierungen überladen; *(allzu)* verspielt; protzig
**cicim** *Art* Kelim *m*
**cicoz** Murmel(spiel *n*) *f*
**cicozlamak** *umg* abhauen, verduften
**cidar** [a:] *(z. B. Magen)*Wand *f*
**'cidden** ernstlich, im Ernst, wirklich
**ciddî** [-i:] ernst; seriös; *Grundlage* solide, gesichert; *Liebe* echt, wirklich; *adv* ernstlich *(sprechen etc)*, *-i* **~ye almak** *etw (akk)* ernst nehmen; *-i* **~ye almamak** *etw (zu)* leicht nehmen
**ciddîleşmek** e-e ernste Wendung nehmen; sich zuspitzen **~lik** ⟨-ği⟩ Ernst *m (der Lage)*; Ernsthaftigkeit *f*
**ciddiyet** → ciddîlik
**cif** [sıf] WIRTSCH cif. = Kosten, Versicherung und Fracht eingeschlossen
**ciğer** *(a. ~ler) umg* Eingeweide *pl*, Innereien *pl*; *(karaciğer)* Leber *f*; *(akciğer)* Lunge *f*; *fig* Seele *f*, Herz *n*, Innerste(s); **~i beş para etmez** Taugenichts *m*; **~imin köşesi** mein Herz!; mein geliebtes Kind!; *-in* **~ini okumak** *j-s* Gedanken lesen; *-in* **~i yanıyor** *j-m* blutet das Herz *(-den* vor *dat)*; **bu adamın ~i yok** dieser Mensch hat keinen Mumm
**ciğerparе** [a:] Herzblatt *n*
**cihan** [a:] Welt *f* **~gir** Welteroberer *m*
**cihar** [dʒɑ:r] *Würfel* vier; **hep** ~ Pasch *m* vier **~idü** vier und zwei **~ise** vier und drei **~iyek** vier und eins
**cihat** ⟨-dı⟩ Heilige(r) Krieg
**cihaz** [a:] Gerät *n*; Apparatur *f*; ANAT System *n*; **devlet ~ı** Staatsapparat *m*
**cihet** ⟨-ti⟩ Seite *f*; Richtung *f*; Gesichtspunkt *m*, Aspekt *m*, Modalität *f*; Motiv *n*; *-diği* **~(iy)le** *konj* da, weil; angesichts dessen, dass
**cila** [a:] Politur *f*, Lack *m*, Firnis *m*; *fig* Glanz *m*; Polieren *n*; *fig* Tünche *f*, Firnis *m* **~cı** Polierer *m*; Lackierer *m*
**cila|lamak** *v/t* polieren; lackieren; firnissen; *fig* (-e) Stimmung bringen (in *akk*), aufheitern *(akk)* **~latmak** polieren lassen *etc* **~lı** poliert, lackiert; Glanz-; glänzend; ⚳ **Taş Devri** Jungsteinzeit *f*
**cild|iye** Dermatologie *f*; Hautklinik *f* **~iyeci** *umg* Hautarzt *m*, -ärztin *f*

**cilt** ⟨-di⟩ Haut *f*; Einband *m*; Band *m (e-s Werkes)*; ~ **atölyesi** Buchbinderei *f*; ~ **hastalığı** Hautkrankheit *f*; ~ **rengi** Hautfarbe *f* **~çi** Buchbinder *m*, -in *f* **~lemek** *Buch* binden **~li** gebunden; **iki** ~ zweibändig **~lik** ...bändig; Einband- **~siz** ungebunden
**cilve** Reiz *m*, Anmut *f*; Koketterie *f*; *fig* Laune *f*; Erscheinung(sbild *n*) *f*, Aspekt *m*; **kaderin ~si** Ironie *f* des Schicksals; ~ **etmek** (*od* **yapmak**) → cilvelenmek **~lenmek** kokettieren, anbändeln **~leşmek** kokettieren (*-le* mit *dat*); sich (= einander) necken **~li** kokett
**cima** [a:] ⟨-aı⟩ Beischlaf *m*, Koitus *m*
**cimcime** *Art* kleine, süße Melone; nett, reizend *(Kind)*
**cimnastik** ⟨-ği⟩ Gymnastik *f*; ~ **aleti** Heimtrainer *m*
**cimri** geizig, knauserig **~lik** ⟨-ği⟩ Geiz *m*; Knauserei *f*; ~ **etmek** geizen
**cin**[1] ⟨-nni⟩ Dämon *m*, böse(r) Geist; Schelm *m*, Spitzbube *m*; ~ **fikirli** superklug; aufgeweckt; verschlagen; *Kind* Wildfang *m*; *-de* **~ler cirit oynuyor** (*od* **atıyor**) da sagen sich die Füchse Gute Nacht; **~leri başına toplanmak** (*od* **üşüşmek**) fuchsteufelswild werden
**cin**[2] Gin *m*, Wacholderbranntwein *m*
**cinaî** [ɑ:i:] kriminell; Kriminal-
**cinas** [ɑ:] Wortspiel *n*; Zweideutigkeit *f* **~lı** zweideutig, anzüglich
**cinayet** [ɑ:] Mord *m*; ~ **davası** Mordprozess *m*; ~ **romanı** Kriminalroman *m*; ~ **işlemek** einen Mord begehen
**cingöz** → cin fikirli
**cinli** fuchsteufelswild
**cinnet** ⟨-ti⟩ Wahnsinn *m*; ~ **geçirmek** wahnsinnig werden; Amok laufen
**cins** Art *f*, Sorte *f*; BIOL Gattung *f*; *(Tier-)* Rasse *f*, Abstammung *f*, Schlag *m*; BIOL, GRAM Geschlecht *n*; ~ ~ verschiedenartig; ~ ~ **ayırmak** sortieren; sichten; **bir köpek** ein Rassehund; ~ **boğa** Zuchtstier *m*; ~ **çelik** Qualitätsstahl *m*; **~i latif** *fig* (das) schöne Geschlecht; **ayrı ~ten** heterogen; **bir ~ten** homogen; **bu ~ten** derartig ...; **karşı ~** das andere Geschlecht
**cinsel** geschlechtlich, sexuell; Geschlechts-; ~ **doyum** sexuelle Befriedigung; ~ **hayat** Sexualleben *n*; ~ **iktidarsızlık** Impotenz *f*; ~ **ilişki** (*od* **temas**) Ge-

**schlechtsverkehr** *m*; **~ yaşama** Geschlechtsleben *n* **~lik** ⟨-ği⟩ Sexualität *f*, Sex *m*
**cinsî** → cinsel
**cinsiyet** ⟨-ti⟩ Geschlecht *n*, Sexus *m*; Geschlechts-, sexuell; **cinsiyet değiştirmek** das Geschlecht wechseln **~li: çifte ~** Hermaphrodit *m*
**cinslik** ⟨-ği⟩ BIOL, GRAM Geschlecht *n*
**cinsliksiz** geschlechtslos; vegetativ
**cip** ⟨-pi⟩ Geländewagen *m*, *bes* Jeep® *m*
**cips** Kartoffelchips *pl*
**ci'ranta** WIRTSCH Indossant *m*
**cirit** ⟨-di⟩ Wurfspieß *m*, Speer *m*; **~ atma** Speerwerfen *n*; **~ atmak** mit dem Speer werfen; *fig* sich tummeln
**ciritçi** Speerwerfer *m*
'**ciro** WIRTSCH Indossament *n*; **~ etmek** WIRTSCH indossieren **~lu** übertragbar
**cisim** ⟨cismi⟩ Gegenstand *m*; PHYS Körper *m*; Stoff *m*, Materie *f*; **yabancı ~** Fremdkörper *m* **~cik** ⟨-ği⟩ PHYS Korpuskel *f*, Partikel *n* **~lenmek** körperliche Gestalt annehmen
**cismani** [-i:] körperlich; materiell; **~ zarar** Körperverletzung *f*
**civa** → cıva
**civan** [a:] LIT hübsch, nett; hübsche(s) Mädchen, hübsche(r) Junge **~mert** LIT edelmütig
**civanperçemi** ⟨-ni⟩ Schafgarbe *f*
**civar** [a:] Umgebung *f*; Nähe *f*; **~ında** Ort in der Umgebung von; in der Nähe (*gen*); **yüzde altmış ~ında** ungefähr 60%
**civciv** Küken *n*; Piepen *n*, Gequieke *n*; Zwitschern *n* **~li** turbulent, stürmisch; *fig* heiß (*Kampf*)
**civelek** ⟨-ği⟩ lebhaft; forsch; gesellig; HIST Janitscharenrekrut *m*
**cizvit** ⟨-ti⟩ Jesuit *m*
**coğrafi** [i:] geografisch
**coğ'rafya** Geografie *f*; Erdkunde *f* **~cı** Geograf *m*, -in *f*; *umg* Geografielehrer *m*, -in *f*
'**cokey** Jockey *m*; Joker *m* (*Spielkarte*)
'**conta** TECH Dichtung *f*; Zwischenfutter *n*; **~ macunu** Dichtungsmasse *f* **~lamak** abdichten
**cop** ⟨-bu⟩ (Gummi)Knüppel *m* **~lamak** (nieder)knüppeln
**coşku** Erregung *f*; Pathos *n*
**coşkulu** erregt; pathetisch
**coşkun** überflutend; *Empfang* begeis-

tert; *Freude* überschäumend; *Fluss* ausufernd; *Meer* stürmisch; *Tätigkeit* rastlos **~luk** ⟨-ğu⟩ Begeisterung *f*; (*Arbeits*)Eifer *m*; Aufgeräumtheit *f*
**coşmak** ⟨-ar⟩ *Person* in Begeisterung geraten; feuriger werden; stürmischer (*od* heftiger) werden; *Fluss* ausufern
**coştur|mak** in Begeisterung versetzen (*-i j-n*) **~ucu** aufwühlend; begeisternd
**cömert** ⟨-di⟩ großzügig, freigebig; *Boden* fruchtbar **~lik** ⟨-ği⟩ Freigebigkeit *f*; Fruchtbarkeit *f*
**cönk** ⟨-gü⟩ HIST Anthologie *f*
**ct.** *abk. für* **cumartesi** Samstag (Sa.)
**cu.** *abk. für* **cuma** Freitag (Fr.)
**cuma**, **~ günü** Freitag *m*; am Freitag
**cu'martesi**, **~ günü** Samstag *m*; am Samstag
'**cumba** Erker *m*
**cumbada(na)k** plumps!; **-e ~ düşmek** plumpsen (in *akk*)
**cumbalak** ⟨-ğı⟩ Purzelbaum *m*
**cumbul**: **~ ~** platsch!; sehr wässerig; **~ yıkanmak** (herum)plätschern
**cumbuldamak** plätschern; plumpsen; *Magen* knurren
**cumbur(tu)** → cumbul(tu)
**cumburlop!** plumps!
**cumburtu** Plumps *m*; Wirrwarr *m*
**cumhurbaşkanı** Staatspräsident *m*, -in *f*
**cumhuriyet** [-hu:r-] ⟨-ti⟩ Republik *f*; ♀ **Bayramı** Tag der Republik (*29. Oktober*); ♀ **Halk Partisi** (**CHP**) Republikanische Volkspartei *f* **~çi** Republikaner *m*, -in *f* **~çilik** ⟨-ği⟩ republikanische(s) System
'**cunta** Junta *f*; **askerî ~** Militärjunta *f*; **~ yönetimi** Juntaregierung *f*
**cup!** plumps!, platsch!
**cura**[1] kleine Langhalslaute
**cura**[2] letzte(r) Zigarettenzug; *umg* Popo *m*
**cur'cuna** sehr lebhafte(s) Tempo (türkische Musik); Krach *m*, Höllenlärm *m*; **~ yapmak** e-n Höllenlärm machen
**curnal** → jurnal
**cüce** Zwerg *m*, -in *f*; Liliputaner *m*, -in *f* **~lik** ⟨-ği⟩ Zwergenhaftigkeit *f*
**cücük** ⟨-ğü⟩ Keim *m*; BOT Schössling *m*; Herz *n* (*der Zwiebel etc*) **~lenmek** keimen, knospen
**cülûs** HIST Thronbesteigung *f*
**cümbür**: **~ cemaat** in hellen Scharen

**cümbüş** (Tanz)Vergnügen n; umg Ringelpiez m, Schwof m; Art Gitarre f; ~ **yapmak**, sich vergnügen; umg schwofen
**cümle¹** GRAM Satz m; ~ **üyesi** Satzglied n; **bağımlı** ~ Nebensatz m, Gliedsatz m; **bağımsız** ~ Hauptsatz m; **bağlı** ~ Konjunktionalsatz m; **bileşik** ~ Satzgefüge n; **bir** ~ **ile** kurz gesagt
**cümle²** Gesamtheit f; alles, alle, sämtliche; ~ **kapısı** Haupteingang m, Tor n; **~miz** wir alle; **bu ~den** fig darunter, so zum Beispiel
**cümlecik** ⟨-ği⟩ GRAM untergeordnete(r) Satz
**'cümleten** insgesamt; gänzlich; ~ **Allaha ısmarladık** auf Wiedersehen allerseits!
**cünha** JUR Vergehen n, Delikt n
**cüppe** (Richter)Robe f; Talar m
**cüret** ⟨-ti⟩ Kühnheit f; Frechheit f; Mutwilligkeit f, Leichtsinnigkeit f; ~ **etmek** sich (dat) etw (akk) herausnehmen **~kâr, ~li** kühn, mutig; hitzig, mutwillig; dreist
**cürmümeşhut** in flagranti; -e ~ **yapmak** in flagranti ertappen akk
**cüruf** [u:] Schlacke f
**cürüm** ⟨cürmü⟩ strafbare Handlung, Gesetzübertretung f
**cüsse** Wohlbeleibtheit f; Massigkeit f
**cüsseli** riesig, massig; wohlbeleibt
**cüz** ⟨-z'ü⟩ Teil m; (Koran)Abschnitt m
**cüzam** [a:] Aussatz m, Lepra f
**cüzamlı** Aussätzige(r)
**cüzdan** Brieftasche f; Aktentasche f; Ausweis m; **askerlik ~ı** Soldbuch n; **evlenme ~ı** Heiratsurkunde f; **kimlik ~ı** Personalausweis m; **sağlık ~ı** Gesundheitspass m
**cüzi** [i:], **cüz'î** geringfügig

**ç, Ç** [tʃɛ, deutsch etwa tsch] 4. Buchstabe des türk. Alphabets
**-ça** → -ce
**ça.** abk. für çarşamba Mittwoch (Mi.)
**çaba** Anstrengung f, Bemühungen f/pl (-me ~sı zu + inf); ~ **göstermek** (od **harcamak**) alles daransetzen (... için um zu)
**çabala|ma** Bemühungen f/pl **~mak** sich anstrengen; sich bemühen (-e um akk) **~yış** Bemühungen f/pl (-e um akk)
**'çabucacık, çabucak** im Handumdrehen, im Nu; schnellstens
**çabuk** schnell; ~ ~ adv rasch; ~ **ağlayan** weinerlich; ~ **olmak** schnell machen **~ça** schnell **~laşmak** schneller werden **~laştırmak** beschleunigen **~luk** ⟨-ğu⟩ Schnelligkeit f
**'çaça¹** fig Seebär m; umg Puffbesitzer m, Puffmutter f
**çaça², ~balığı** ⟨-nı⟩ ZOOL Sprotte f
**çaçaron** Phrasendrescher m; Schreier m
**çadır** Zelt n; ~ **bezi** Zeltleinwand f; ~ **direği** Zeltstock m; ~ **kurmak** das Zelt aufschlagen **~lı**; ~ **kamp** Zeltlager n
**çağ** Zeit f; Lebensalter n; Zeitabschnitt m, Epoche f; Reife f
**çağanoz** Krabbe f
**Çağatay** Tschagataier m, -in f; **~ca** (das) Tschagataisch(e)
**çağcıl(laşmak)** → çağdaş(laşmak)
**çağdaş** Zeitgenosse m; zeitgenössisch
**çağdaşlaşma** Modernisierung f **~mak** sich modernisieren **~tırmak** v/t modernisieren; der Zeit anpassen
**'çağdışı** unzeitgemäß; ~ **kalmak** hinter der Zeit zurückbleiben
**çağıl**: ~ ~ **akmak** → çağıldamak
**çağıl|damak** plätschern, murmeln; rauschen **~tı** Plätschern n, Rauschen n
**çağırma** Ruf m; JUR Vorladung f; **askere** ~ MIL Einberufung f
**çağırmak** v/t rufen; (-i -e) j-n einladen (zu dat); Arzt rufen zu j-m; einberufen (zu dat); POL aufrufen (zu dat, z. B. e-r

**ÇAĞI** | 100

*Tat*); appellieren (an *akk*); **türkü ~** *umg* singen

**çağırt|ı** Ruf *m*, Zuruf *m* **~kan** Lockvogel *m* **~mak** *kaus von* çağırmak

**'çağla** grüne Mandeln; unreif (*Obst*)

**çağla|mak** *Wasser* rauschen; brodeln, wallen **~nmak** heranreifen

**çağla|r,~yan** Wasserfall *m*, Kaskade *f*

**çağmak** ⟨-ar⟩ ⟨-e⟩ *Sonne* fallen (auf *akk*), beleuchten (*akk*)

**çağnak** ⟨-ğı⟩ MED Fruchtwasser *n*

**çağrı** Einladung *f*; Aufforderung *f*; Aufruf *m*, Appell *m*; **~ hali** Vokativ *m*

**çağrıcı** Einladende(r); Aufrufer *m*, -in *f*

**çağrı|lı** Gast *m*, ~lık ⟨-ğı⟩ *schriftliche* Einladung *f*; **~lma** Einladung *f*; Berufung *f*; MIL Einberufung *f*; **geri ~** Abberufung *f* (*e-s Botschafters*)

**çağrılmak** *passiv von* çağırmak; **geri(ye) ~** abberufen werden

**çağrılım** Rufweite *f*; **iki ~ ötede** e-n Katzensprung von hier **~sız** ungeladen

**çağrışım** Assoziation *f* (*der Gedanken*)

**çağrış|mak** (*-le*) einander zurufen; Radau machen **~tırmak** *v/t* assoziieren; denken lassen (an *akk*), wachrufen (*akk*)

**çakal** Schakal *m*; *umg* Spitzbube *m*

**çakaleriği** Schlehe *f*, Schlehdorn *m*

**çakar** Leuchtfeuer *n*; → çakmak[2]

**çakı** Taschenmesser *n*; **~ gibi** scharf; flink, sehr fix

**çakıl** Kieselstein *m*, Kies *m*

**çakıldak** ⟨-ğı⟩ (Sperr)Klinke *f*; Klapper *f* (*Spielzeug*); Schnarre *f*; Dreckklümpchen *n*; *umg* Quasselkopf *m*

**çakıldaklı: ~ çark** Sperrklinke *f*

**çakıldamak** knirschen; rasseln, klirren

**çakılı** angenagelt

**çakılmak** *passiv von* çakmak[2]; **yere ~** (ab)stürzen; **çakılıp kalmak** festsitzen

**çakıltı** Gerassel *n*; Knirschen *n*

**çakıntı** Aufleuchten *n*; *umg* Trunkenbold *m*

**çakır**[1] blaugrau

**çakır**[2]: **~ çukur** schmatzend *kauen*

**çakırdiken** BOT Klette *f*

**çakırkeyf** *umg* beschwipst

**çakırpençe** Raffer *m*; raffgierig

**çakışık** MATH kongruent

**çakışmak** zusammenfallen, kongruent sein; sich kreuzen (*Termine*); aneinandergeraten; *Dichter* wetteifern

**çakıştırmak** *kaus von* çakışmak; *umg* sich einen genehmigen, einen heben

**çakma** genagelt; **~ kapı** Brettertür *f*

**çakmak**[1] ⟨-ğı⟩ (*-i —e*) Feuerzeug *n*; Feuerstein *m*; Zünder *m*; **~ benzini** Feuerzeugbenzin *n*; **~ gazı** Feuerzeuggas *n*

**çakmak**[2] ⟨-ar⟩ (*-i*) *Nagel* einschlagen (in *akk*); *etw* an der Wand befestigen, annageln (an *akk*); anbinden (an *akk*); *Tier* anpflocken; *Zündholz* anzünden; *umg* einen heben, zechen; *umg* j-m *etw* (*akk*) andrehen; *etw* verstehen, e-e Ahnung haben (*-den von dat*); durchfallen (*-de* in *der Prüfung*; *-din* in *einem Fach*); *Blitz* aufleuchten; **işi ~** *umg* den Braten riechen; **selam ~** grüßen, salutieren; **sınıfta ~** *umg* sitzen bleiben; **-in suratına tokadı ~** *umg* j-m eine kleben

**çakmaktaşı** ⟨-nı⟩ Feuerstein *m*

**çakşır** HIST *Art* Pumphose *f* (*mit angenähten Schuhen*)

**çaktırmak** *kaus von* çakmak; **b-ne bş-i ~** j-m *etw* zu verstehen geben, j-n *etw* merken lassen

**çala|kalem: ~ yazmak** (schnell) hinschreiben **~kaşık: ~ yemek** *umg* tüchtig reinhauen (*essen*)

**Çalap** ⟨-bı⟩ HIST Gott *m*

**çalar** Schlagwerk *n*; **~ saat** Wecker *m*

**çalçene** Schwätzer *m*, -in *f*

**çaldırmak** *kaus von* çalmak; **saatimi çaldırdım** man hat mir die Uhr gestohlen

**çalgı** Musik *f*, (Musik)Spiel *n*; Musikinstrument *n*; Kapelle *f*; **~ çalmak** ein Instrument spielen; **nefesli ~** Blasinstrument *n* **~cı** Musikant *m*, -in *f*

**çalgıç** ⟨-cı⟩ MUS Schlagring *m*; Kehrbesen *m*

**çalgılı** mit Livemusik; **~ kutu** Spieldose *f*

**çalı** Strauch *m*, Busch *m*; Reisig *n*; Maurerleine *f*; **~ çırpı** Reisig *n*; **~ gibi** buschig; struppig

**çalık** ⟨-ğı⟩ krumm; schief; *Person* gestört, neurotisch; *Stoff* diagonal geschnitten; Schramme *f*, Narbe *f*; **~ adam** *umg* Spinner *m*; **aklı ~** launisch; gestört, neurotisch; *umg* übergeschnappt

**çalıkavak** ⟨-ğı⟩ BOT Silberpappel *f*

**çalıkuşu** ⟨-nu⟩ ZOOL Zaunkönig *m*; Goldhähnchen *n*

**çalılık** ⟨-ğı⟩ Gebüsch *n*, Dickicht *n*

**çalım** Dünkel *m*, Selbstgefälligkeit *f*;

## ÇAMU

Schneide *f des Säbels*; Reichweite *f*; SPORT Täuschungsmanöver *n*, Finte *f*; **~ etmek** (*od* **satmak**) sich wichtigmachen; *-i* **~ına getirmek** die Lage ausnutzen (für *akk*); **sert ~ lamak** die Gelegenheit wahrnehmen; sich anpassen (*-e an akk*); SPORT täuschen

**çalımlı** dünkelhaft, aufgeblasen; **~ ~ wichtigtuerisch**; **~ ~ gülmek** herablassend lächeln

**çalınmak** *passiv von* çalmak; **çalına çalına aşınmış** *fig* abgedroschen

**çalıntı** Diebesgut *n*; *adj* gestohlen

**çalışan** Mitarbeiter *m*, *-in f* (*e-s Betriebes*); **~lar** Personal *n* (*e-s Betriebes*)

**çalışkan** fleißig, arbeitsam

**çalışkanlık** ⟨-ğı⟩ Fleiß *m*, Eifer *m*

**çalışma** Arbeit *f*; Diplomarbeit *f etc*; Werk *n*; Training *n*; ⚲ **Bakanlığı** Arbeitsministerium *n*; **~ dairesi** Arbeitsamt *n*; **~ gücü** *Person* Arbeitskraft *f*; **~ hakkı** Recht *n* auf Arbeit; **~ izni** Arbeitsgenehmigung *f*; **~ odası** Arbeitszimmer *n*; **~ saatleri** Arbeitsstunden *f/pl*; **~ şartları** Arbeitsbedingungen *f/pl*; **kısa ~** Kurzarbeit *f*; **kurtarma ~ları** Rettungsarbeiten *f/pl*

**çalışmak** *v/i* arbeiten; TECH laufen, funktionieren; *Bus etc* verkehren; *-e* **~** sich bemühen (um *akk*); **... üzerinde ~** arbeiten an; **çalışamayacak olan** nicht arbeitsfähig; **çalışır halde** in Gang; TECH funktionsfähig

**çalışman**: **sosyal ~** Sozialarbeiter *m*, *-in f*

**çalıştırıcı** Trainer *m*, *-in f*

**çalıştırma**: **~ cezası** Zwangsarbeit *f*

**çalıştırmak** *Arbeiter* beschäftigen; (*-i j-n*) beschäftigen (*-e mit dat*); zur Arbeit anspornen; *Busse etc* in Betrieb haben, betreiben; *Fähigkeiten* aktivieren; *Schüler* (*-e*) üben (*od* machen) lassen; *Sportler* trainieren; MIL exerzieren lassen; (*-i*) *Motor* starten, ankurbeln

**çalkalamak** schütteln; (durch)rütteln; *Eier* schlagen; *Getreide* worfeln; *Henne Eier* umdrehen; *Mund*, *Wäsche* spülen; *Schiff* hin und her werfen; **kullanmadan önce çalkalayınız** vor Gebrauch schütteln! **~lanmak** *passiv von* çalkalamak; *Boot* schaukeln

**çalkama** Omelett *n*

**çalkamak** → çalkalamak

**çalkanmak** *fig* in Aufruhr versetzt werden; *Wasser* plätschern, glucksen; *Meer* tosen, brausen; *Boot* hin und her geworfen werden; **şehir bu haberle çalkandı** die Stadt geriet bei dieser Nachricht in Aufruhr

**çalkantı** Tosen *n des Meeres*; *fig* Erschütterung *f*, Schock *m* **~sız** regungslos, unbewegt

**çalma** Schlag *m der Uhr*; MUS Spiel *n*; Turban *m*; Diebstahl *m*; *adj* gestohlen

**çalmak¹** ⟨-ar⟩ (*-i*) *Glocke*, *Klingel* läuten; *ein Instrument* spielen; *mit der Peitsche* knallen; *Trompete* blasen; *v/i* TEL läuten; *Uhr* schlagen; sich (*dat*) etw holen, etw abbekommen; **kapıyı ~** an die Tür klopfen; an der Tür klingeln; **bu halıyı güneş çalmış** der Teppich hat Sonne abbekommen

**çalmak²** stehlen; anstreichen; (*-e*) werfen *od* schmeißen (auf *akk*); (auf)streichen (auf *akk*); bitter, nach Rauch *etc* schmecken; *Farbe* spielen (z. B. *ins Blaue*); *-in* **dili ~** e-n Akzent haben

**çalpara** Kastagnette *f*; TECH Scheibe *f*; ZOOL Schwimmkrabbe *f*

**'çalyaka**: *-i* **~ etmek** *j-n* beim Schlafittchen packen

**çam** Tanne *f*; Kiefer *f*, Föhre *f*; **~ devirmek** einen Fauxpas begehen; **~ yarması** lange(r) Laban; *adj* robust; **fıstık ~ı** Pinie *f*

**çamaşır** Wäsche *f*; Waschtag *m*; **~ makinesi** Waschmaschine *f*; **~ suyu** (chlorhaltiges) Bleichmittel *n*; **~ tozu** Waschpulver *n*; **~ yıkamak** Wäsche waschen; **~a gitmek** als Wäscherin arbeiten gehen; **iç ~ı** Unterwäsche *f* **~cı**, **~cı kadın** Wäscherin *f*, Waschfrau *f* **~hane** [a:] Wäscherei *f*

**çamçak** ⟨-ğı⟩ Zuber *m*

**'çamfıstığı** ⟨-nı⟩ Pinienkern *m*

**'çamsakızı** ⟨-nı⟩ Fichtenharz *n*; **~ gibi yapışmak** *fig* wie e-e Klette sein

**çamur** Schmutz *m*; *a.* MED Schlamm *m*; *fig* Mist *m*; *Person* unsauber; *-e* **~ atmak** *fig* mit Schmutz bewerfen; **~a bulaşmak** sich beschmutzen; *fig* in dunkle Geschäfte verwickelt sein; **~a yatmak** nicht Wort halten; **~a** sich schmutzig machen; *umg* im Eimer sein

**çamurcuk** ⟨-ğu⟩ ZOOL Schlei *m*

**çamurlamak** v/t beschmutzen; beschmieren

**çamurlu** Weg schlammig, umg matschig

**çamurluk** ⟨-ğu⟩ AUTO Kotflügel m; Schutzblech n (Fahrrad); Gamaschen f/pl

**çan** Glocke f; **~ kulesi** Glockenturm m; **kilise ~ı** Kirchenglocke f; **tehlike ~ı** Sturmglocke f; **-in ~ına ot tık(a)mak** mundtot machen akk

**çanak** ⟨-ğı⟩ (Keramik)Topf; Schüssel f; BOT Kelch m; GEOG Talkessel m; TECH (Ventil)Teller m; **~ anten(i)** Parabolantenne f, umg (Satelliten)Schüssel f; **-e ~ tutmak** (od **açmak**) Kritik f etc provozieren; **~ yalayıcı** Speichellecker m; Schmarotzer m

**Ça'nakkale: ~ Boğazı** Dardanellen pl

**çanaklık** ⟨-ğı⟩ SCHIFF Mastkorb m

**çançan** dumme(s) Geschwätz

**çangıl: ~ çungul** klirrend; klappernd

**çangırdamak** klirren; klappern; poltern

**çangırtı** Geklirr n; Geklapper n

'**çanta** Tasche f, Mappe f; Aktentasche f; **el ~sı** Handtasche f; **para ~sı** Brieftasche f; Portemonnaie n; **sırt ~sı** Rucksack m; Ranzen m; **~da keklik** die Sache ist (od scheint) perfekt

**çap** ⟨-pı⟩ Durchmesser m; Kaliber n; fig Größe f, Umfang m; fig Rahmen m; Maßstab m; Katasterplan m; **büyük ~ta** umfangreich, erheblich; **dünya ~ında** im Weltmaßstab; **ülke ~ında** landesweit; **geniş ~ta** weitgehend; **~tan düşmek** abnehmen; fig an Bedeutung verlieren

**çapa** Hacke f; SCHIFF Anker m; **~ makinası** AGR Fräse f

**çapaçul** unordentlich, liederlich

**çapaçulluk** ⟨-ğu⟩ Liederlichkeit f

**çapak**[1] ⟨-ğı⟩ Augenschmalz n; TECH Schnittreste m/pl, Splitter m/pl; Zunder m

**çapak**[2] ⟨-ğı⟩ ZOOL Blei m, Brachsen m

**çapalamak** hacken, lockern; Hacken n, Lockern n

**Ça'panoğlu** ⟨-nu⟩: **-in ... altından ~ çıkar** dabei kommt nichts Gutes heraus

**çapariz** Hindernis n; Dilemma n

**çapari** Angel f (mit vielen Haken)

**çapkın** Schürzenjäger m; Nichtsnutz m; gute(s) Pferd; Blick lüstern; Erzählung frivol **~lık** ⟨-ğı⟩ Lüsternheit f; Übermut m

**çapla** Stichel m **~mak** kalibrieren

**çaplı** umfangreich; **büyük ~** großkalibrig; von großem Ausmaß; **küçük ~** kleinkalibrig; begrenzt

**çapraşık** verworren, vertrackt **~lık** ⟨-ğı⟩ Vertracktheit f

**çapraşmak** (immer) verzwickter werden

**çapraz** Quer-; Kreuz- (Feuer) diagonal; kreuzförmig; Schnittpunkt m; TECH Kreuzstück n; MATH Diagonale f; Dreikantfeile f; (Gürtel)Spange f; **-in ~ında** schräg gegenüber

**çaprazla|ma** über Kreuz, kreuzweise; a. BIOL Kreuzung f **~mak** kreuzen **~masına** kreuzförmig **~nmak** sich schneiden; sich kreuzen

**çaprazlaş|ma** fig Komplizierung f; fig Verflechtung f **~mak** verzwickt werden; sich kreuzen

**çapul** Plünderung f **~cu** Räuber m, **~culuk** ⟨-ğu⟩ Räuberei f

**çaput** ⟨-tu⟩ Lappen m

**çar** Zar m

'**çarçabuk** blitzschnell, im Nu

**çarçur: ~ etmek** zum Fenster hinauswerfen, vergeuden

**çardak** ⟨-ğı⟩ Pergola f

**çare** [a:] Mittel n; Ausweg m; **-e ~ bulmak** e-e Lösung finden für; **-in ~sine bakmak** e-n Ausweg suchen (aus dat); **ne ~!** leider!; o weh!; was hilfts?

**çaresiz** ausweglos, hoffnungslos (Person, Situation); unheilbar (Krankheit); hilflos; adv wohl oder übel **~lik** ⟨-ği⟩ Ausweglosigkeit f; Unheilbarkeit f; Hilflosigkeit f

**çarık** ⟨-ğı⟩ Ledersandale f; umg Portemonnaie n; **fren çarığı** Bremsschuh m

**çarıklı** fig abgerissen **~ kurmay** hum j-d mit Bauernschläue

**ça'riçe** Zarin f

**çark**[1] ⟨-kı⟩ Rad n; Schleifscheibe f; Räderwerk n; **dişli ~** Zahnrad n; **devlet ~ı** Staatsapparat m; **~ işkencesi** HIST Rädern n; **-in ~ına etmek** triezen akk

**çark**[2] ⟨-kı⟩ MIL Schwenkung f; **~ hareketi** Umgehungsbewegung f; Kreisbewegung f

**çarkçı** SCHIFF Maschinist m; Scherenschleifer m

**çarkıfelek** ⟨-ği⟩ Passionsblume f; Feuerwerk(skörper) n; fig Schicksal n

**çarklı** Rad- (*Dampfer*)
**çarlık** ⟨-ğı⟩ Zarentum *n*; Herrschaft *f*; (Zaren)Reich *n*; ♀ **Rusyası** (das) zaristische Russland
**çarmıh** HIST Kreuz *n*; -*i* **~a germek** kreuzigen
**çarmık** ⟨-ğı⟩ SCHIFF Want *f*
**çarnaçar** ['tʃaːrnatʃaːr] wohl oder übel
**çarpan** MATH Multiplikator *m*; **~lara ayırmak** in (Prim)Faktoren zerlegen
**çarpı**[1] Malzeichen *n*; mal
**çarpı**[2] (Kalk)Bewurf *m*, Tünche *f*
**çarpıcı** wirksam, ergreifend
**çarpık** schief; krumm; verkehrt; **~ ~ yürümek** watscheln
**çarpılan** MATH Multiplikand *m*
**çarpılmak** *passiv von* çarpmak; sich verbiegen; krumm werden; *Holz* sich verziehen; *fig* einschnappen
**çarpım** MATH Produkt *n*; **~ tablosu** Einmaleins *n*
**çarpıntı** Herzklopfen *n*; (*Wellen*)Schlag *m*; MED Zuckungen *f/pl*
**çarpışma** AUTO Zusammenstoß *m*; MIL Scharmützel *n*; (Luft)Kampf *m*
**çarpışmak** zusammenstoßen; sich schlagen (-*le* mit *dat*); aufeinanderprallen
**çarpma** Stoß *m*, Schlag *m* (*a*. ELEK); Anprall *m*; Malnehmen *n*; **~ kapı** Schwingtür *f*; **güneş ~sı** Sonnenstich *m*
**çarpmak** ⟨-ar⟩ stoßen; schlagen (-*e* gegen *akk*); anfahren (-*e j-n*); AUTO prallen (-*e* gegen *akk*); *Herz* schlagen, klopfen; *Blitz* treffen (-*e j-n*); *Tür* zuschlagen, zuknallen (-*i akk*); multiplizieren (-*le* mit *dat*); *fig* Vorwurf ins Gesicht schleudern; *umg* klauen; -*i yere* **~** *j-n* zu Boden werfen; *fig* vernichten
**çarptır**|**ılmak** verurteilt werden (-*e zu e-r Strafe*) **~mak** *kaus von* çarpmak; **bş-i ~** *umg* sich (*dat*) etw klauen lassen
**çarş.** *abk. für* çarşamba Mittwoch (Mi.)
**çarşaf** Bettlaken *n*; Tschador *m*
**çarşamba** Mittwoch *m*; **~ pazarı gibi** durcheinander, desolat
**çarşı** Markt *m*, Basar *m*; Geschäftsstraße *f*; **kapalı ~** Basar *m*
**çat** ⟨-tı⟩ bums!; zack!; **~ kapı gelmek** unangemeldet kommen; **~ pat** mit Händen und Füßen (*e-e Fremdsprache sprechen*)

**çatak**[1] ⟨-ğı⟩ GEOG Sattel *m*, Pass *m*
**çatak**[2] ⟨-ğı⟩ Paar-, Doppel-; zänkisch; Raufbold *m*; *fig* verzwickt
**çatal** Gabel *f*; Gabelung *f*; (Hirsch)Geweih *n*; gegabelt; Doppel-; Doppelbart- (*Schlüssel*); *Wort* zweideutig; *Angelegenheit* heikel; **~ görmek** schielen; **~ sürgüsü** TECH Schalthebel *m*; **~ takımı** Besteck *n*
**çatal**|**lanmak** sich verzweigen; *Weg* abzweigen; sich verzwicken (*Lage*) **~laşmak** → çatallanmak **~lı** gegabelt; gabelförmig; *Stimme* brüchig
**çataltırnaklılar** ZOOL Paarhufer *m/pl*
**ça'tana** SCHIFF kleine(s) Dampfschiff
**çatapat** *Art* Knaller *m*
**çatar** → çatmak
**çatı** (Holz)Gerüst *n*; Gerippe *n*, Skelett *n*; Dach *n*; Dachboden *m*; (Gewehr)Pyramide *f*; ANAT Gelenk *n*; GRAM Verbgenus *n*; LIT Handlung *f*, Aufbau *m*; **~ altı** Mansarde *f*; **~ katı** Dachetage *f*
**çatık** ⟨-ğı⟩ *Miene* finster; *Stirn* gerunzelt; *Brauen* zusammengezogen, zusammengewachsen
**çatılmak** *passiv von* → çatmak; *Stirn etc* sich verfinstern
**çatır**: **~ ~** krachend; *Feuer* prasselnd; mit Gewalt, unter mildem Druck; fließend *sprechen, lesen*; **~ almak** ohne Rücksicht (wieder)bekommen **~damak** krachen; prasseln; aus den Fugen gehen; *dişleri* **~** mit den Zähnen knirschen (*od* klappern *vor Kälte*); **~tı** Krachen *n*; Prasseln *n*; Knirschen *n*
**çatışık** sich kreuzend; widersprüchlich
**çatışkı** PSYCH Konflikt *m*
**çatışma** Konflikt *m*; Streit *m*, Zank *m*
**çatışmak** zusammenstoßen; in Konflikt geraten (-*le* mit *dat*); widersprechen (-*le dat*); sich zanken; *Tiere* sich begatten; **birbirine ~** übereinander herfallen
**çatkı** Stirnband *n*; (*Gewehr*)Pyramide *f*; Fachwerk *n*; TECH Niete *f*
**çatkın** *fig* finster, mürrisch
**çatlak** ⟨-ğı⟩ *Glas* gesprungen; *Stimme* brüchig; Sprung *m*, Riss *m*, Spalte *f*; *umg* (**kafadan**) ♀ spinnert
**çatlama** Aufbrechen *n*, Platzen *n*; Brandung *f*
**çatlamak** platzen (*a*. *fig Kopf*); zerspringen; **meraktan ~** vor Neugier fast umkommen; **çatlama!** *umg* nicht so hitzig!

**çatlatmak** A (-*ı*) zertrümmern (*akk*); *fig* j-n rasend machen B *v/i* überschnappen

**çatma** Zusammenstoß *m*; Überfall *m*; angeheftete(s) Besatzstück; Gerippe *n*; Augenbrauen zusammengewachsen

**çatmak** <-*ar*> A *v/t* Gewehre, Stangen zusammenstellen; (lose) anheften; *Kleid* abstecken; bepacken (-*i* -*e Tier* mit *dat*); binden (-*i* -*e etw* um *den Kopf*); stoßen (-*e* auf *j-n*); rühren (-*i* -*n*); (-*e*) belästigen B *v/i Leid, Winter etc* hereinbrechen; *Frist* heranrücken; betroffen sein (-*e* von *dat*)

**'çatra 'patra** → çat pat

**çavdar** BOT Roggen *m*; ~ **ekmeği** Roggenbrot *n*

**çavlanmak** rauschen; *fig* ruchbar werden; bekannt werden

**çavuş** Unteroffizier *m*; Kadett *m*; (Bau-) Aufseher *m*; Vorarbeiter *m*; *yapı* ~**u** Bauleiter *m*, Polier *m*

**çavuşkuşu** ZOOL Wiedehopf *m*

**çay**¹ Flüsschen *n*

**çay**² *m* Teegesellschaft *f*; ~ **bahçesi** Gartencafé *n*; ~ **kaşığı** Teelöffel *m*; ~ **süzgeci** Teesieb *n*; ~ **yapmak** Tee machen; e-e Teeparty veranstalten; ~**a davet etmek** zum (Nachmittags)Tee einladen; **açık (koyu)** ~ leichter (starker) Tee ~**cı** Teehändler *m*, -in *f*; Teetrinker *m*, -in *f*

**çaydanlık** <-*ğı*> Teekessel *m*

**çay|evi**, ~**hane** [a:] Teestube *f*

**çayır** Wiese *f*, Weide *f*; Grasfutter *n*

**çayırkuşu** <-*nu*> ZOOL Feldlerche *f*

**çayır|lamak** weiden (lassen) ~**lan-mak** weiden, grasen ~**latmak** *v/t* weiden ~**lık** <-*ğı*> Weideland *n*; Fußballplatz *m*

**çaylak** <-*ğı*> ZOOL Schwarze(r) Milan; Gabelweihe *f*; *fig* Tollpatsch *m*; **acemi** ~ *umg* Grünschnabel *m*

**çayocağı** Teeküche *f*

**-çe** → -ce

**'çeçe**, ~ **sineği** Tsetsefliege *f*

**çehre** Gesicht *n*; Physiognomie *f*; Aussehen *n*; Äußere(s); Miene *f*; *fig* Gestalt *f*, Aspekt *m*; **bu** ~ **kime?** auf wen sind Sie böse?; ~**niz pek bozuk görünüyor** Sie sehen sehr schlecht aus ~**li**: **asık** ~ mit saurer Miene ~**siz** entstellt

**çek** <-*ki*> WIRTSCH Scheck *m*; ~ **defteri** (*od* **karnesi**) Scheckheft *n*; **çizgili** (*od* **ba-re**) ~ Verrechnungsscheck *m*

**Çek** <-*ki*> Tscheche *m*, Tschechin *f*; tschechisch

**çekap** MED Check-up *m*, Gesamtuntersuchung *f*

**Çekçe** (das) Tschechisch(e); (auf) Tschechisch

**çekçek** <-*ği*> vierrädrige(r) Handwagen; *umg* Blockwagen *m*

**çekecek** <-*ği*> Schuhanzieher *m*; **çizme çekeceği** Stiefelknecht *m*

**çe'keme|mek** *v/t* nicht ertragen können; *Person* nicht ausstehen können ~(**me**)**zlik** <-*ği*> Neid *m*, Missgunst *f*

**çeker** → çekmek

**çeki** Gewichtsmaß von 250 kg; **o her** ~**ye gelir** er ist ein Opportunist; ~**ye gelmez** unangebracht; unermesslich; unüberlegt

**çekici** *fig* anziehend, attraktiv; SCHIFF Schlepper *m*; AUTO Abschleppwagen *m*; TIR ~(**si**) *umg* Sattelschlepper *m* ~**lik** <-*ği*> Charme *m*, Anziehungskraft *f*

**çekiç** <-*ci*> Hammer *m*; ~ **atma** Hammerwerfen *n*; **hava (basınçlı)** ~ Presslufthammer *m*; **orak -** ~ Hammer und Sichel; ~ **sesi** Hammerschlag *m* ~**hane** [a:] Schmiede *f*

**çekiçle|mek** *v/t* (be)hämmern; schmieden ~'**nebilir** schmiedbar

**çekidüzen** Ordnung *f*; Reinlichkeit *f*; Schmuck *m*, Verzierung *f*, Ausstattung *f*; -*e* ~ **vermek** in Ordnung bringen *akk*

**çekik** lang gezogen; *Bauch* eingezogen; ~ **gözlü** schlitzäugig

**çekil|im** Abschied *m*, Rücktritt *m*; Rückzug *m* ~**ir** erträglich ~**iş** (Los)Ziehung *f* ~**me** MIL Rückzug *m*; Abschied *m*, Rücktritt *m* (-*den* von *dat*)

**çekilmek** *passiv von* çekmek; sich zurückziehen (-*e* in *akk*, nach *dat*, zur Beratung; -*den* von *dat*); weggehen (-*den* von, aus *dat*); *Meer* zurückweichen, zurückgehen; *Spiel* aufgeben (-*den akk*); *Stoff* einlaufen; s-n Abschied nehmen, zurücktreten; **sahneden** ~ *a*. ~ abtreten; **çekil oradan!** geh weg hier!, mach Platz!

**çekil|mez** unerträglich ~**miş** gemahlen

**çekim** FILM, FOTO Aufnahme *f*; GRAM Flexion *f*; ~ **eki** grammatisch(es) Suffix ~**lemek** *v/t* GRAM flektieren ~**li** flektierbar

**çekimseme** Enthaltung f
**çekimsemek** sich enthalten (*-den gen*)
**çekimser** sich enthaltend; ablehnend; **(oylamada) ~ kalmak** sich der Stimme enthalten; **~ oy** Stimmenthaltung f
**~lik** ⟨-ği⟩ Stimmenthaltung f
**çekimsiz** GRAM unflektierbar
**çekince** Vorbehalt m, Reserve f; **~ koymak** Vorbehalte machen
**çekingen** schüchtern; verlegen; verschlossen **~leşmek** sich verschließen, sich in sich zurückziehen **~lik** ⟨-ği⟩ Schüchternheit f; Verlegenheit f; Zurückhaltung f
**çekinik** BIOL rezessiv (*Merkmal*)
**çekinme** Schüchternheit f; Unschlüssigkeit f; Verzicht m (auf *akk*) **~den** ungezwungen, frei; ohne Weiteres
**çekinmek** sich genieren (*-den* vor *dat*); bange sein (*-den* vor *dat*); fig (*-den*) sich scheuen (vor *dat*)
**çekinmemek** (*-den*) nicht bange sein *etc*; sich nicht scheuen (zu); nicht zurückschrecken (vor *dat*)
**çekinmezlik** ⟨-ği⟩ Verwegenheit f
**çekirdek** ⟨-ği⟩ BOT, PHYS, fig Kern m; **~ten** für es auf die Pike auf; **atom çekirdeği** Atomkern m
**çekirdek|lenmek** Frucht ansetzen **~li** ... mit Kern(en), Kern- (*Frucht*) **~siz** kernlos
**çekirge** Heuschrecke f
**çekiş** Zugkraft f; Ziehen n
**çekişme** Geschimpfe n; *bes* fig Tauziehen n; **~li bir maç** ein hartes (Fußball-)Spiel
**çekişmek**: **b-ne ~** mit j-m schimpfen
**çekiştirmek** herumzerren; herumzupfen (*-i* an *dat*); ziehen (*an der Zigarette*); fig herziehen (*-i* über *j-n*); *umg* madig machen (*-i j-n*); zwiebeln (*-i j-n*)
**çekme** Ziehung f (*Lose*); Ziehen n; Schublade f; Gewichtsschrumpfung f; Gartenmesser n; Anziehungs- (*Kraft*); TECH Walz-; MUS Zupf-; TECH gewalzt; **~ halatı** AUTO Abschleppseil n; **~ kat** Dachgeschoss n; **~ aracı** Abschleppwagen m
**çekmece** Schublade f; Schatulle f; HIST Zugbrücke f; Hafen m
**çekmek** ⟨-er⟩ A v/t ziehen; schleppen; einziehen, einsaugen, in sich aufnehmen, absorbieren; *umg* sich (*dat*) e-n gen-

nehmigen; FILM, FOTO machen, aufnehmen; *Interesse, Neugier* (er)wecken; *Kaffee etc* mahlen; *Kleid, Schuhe* anziehen; *Kunden* anziehen, anlocken; *Last* tragen (können), schaffen; *Messer, Säbel* ziehen, zücken; *Pferd* abführen; *Fax, Telex, Telegramm* senden; *Kleidung, Stoff* einlaufen; *Unangenehmes, Launen etc* aushalten, erdulden; erleiden, ertragen; mitnehmen; *Wand, Zaun etc* ziehen; *-e* ~ auftragen (auf *akk*); *etw* (*akk*) umschreiben (in *akk*); *-den* ~ zupfen (an *dat*); **ah** *etc* ~ ach! *etc* rufen; **burnunu** ~ schnüffeln; fig leer ausgehen; **bş-in ceremesini** ~ die Folgen *gen/von* tragen müssen; **çizgi** ~ e-n Strich ziehen; **dikkat(i)** ~ Aufmerksamkeit auf sich ziehen; *-in* **dişini** ~ j-m e-n Zahn ziehen; **ettiğini** ~ es nicht besser verdienen; *-in* **fotokopisini** ~ fotokopieren *akk*; **geri** ~ zurückziehen; *Botschafter etc* abberufen; **gol** ~ ein Tor schießen; **kafayı** ~ *umg* saufen; *-den* **kopya** ~ abzeichnen von; abschreiben (*bei der Prüfung*); **nutuk** ~ e-e Rede vom Stapel lassen; **otuzbir** ~ *umg* onanieren; **para** ~ Geld abheben; **sorguya** ~ e-m Verhör unterziehen; *-in* **sözlerini başka manaya** ~ Worte *gen/von* falsch auslegen; **su** ~ Wasser schöpfen; **tarladan** ~ *Getreide* einfahren; **temize** ~ ins Reine schreiben; **çek (arabanı!)** zieh Leine!; **bu ay 30 (31) çekiyor** dieser Monat hat 30 (31) Tage B v/i (schwer) wiegen; *Stoff* einlaufen; *-e* ~ nachkommen, ähneln *dat*
**çekmen** BIOL Saugorgan n
**çekmez** nicht einlaufend
**Çekoslovak** HIST tschechoslowakisch **~ya** Tschechoslowakei f (*bis 1992*) **~yalı** Tschechoslowake m, -kin f
**çektirmek** *kaus von* çekmek; **resim** ~ (sich) fotografieren lassen; *-i* **görevde el** ~ vom Dienst suspendieren *akk*
**çekül** Lot n, Senkblei n; Senkrechte f
**Çekya** Tschechien (f)
**çekyat** ⟨-tı⟩ Klappsofa n, Bettsofa n
**çelebi** vornehm; höflich; HIST Herr m; HIST *Titel e-s Ordensoberhauptes*
**çelenç** ⟨-ci⟩ SPORT Wanderpokal m; Aufforderung f zum Kampf
**çelenk** ⟨-gi⟩ Kranz m; Girlande f; **~ koymak** e-n Kranz niederlegen; **defne çelengi** Lorbeerkranz m

## ÇELE | 106

**çeler** → **çelmek**
**çelik**¹ ⟨-ği⟩ BOT Steckling *m*, Ableger *m*; Aststück *n*
**çelik**² ⟨-ği⟩ Stahl *m*; ~ **başlık** Stahlhelm *m*; ~ **dolap** Stahlschrank *m*; ~ **üretimi** Stahlproduktion *f*; ~ **gibi** sehnig
**çelikane** [a:] Stahlwerk *n*
**çeliklemek** TECH härten; BOT mit Stecklingen vermehren
**çelikleşmek** gehärtet werden; *fig* sich stählen
**çelim**|**li** gut gebaut **~siz** schmächtig **~sizlik** ⟨-ği⟩ Schmächtigkeit *f*
**çelişik** ⟨-ği⟩ widersprüchlich
**çelişiklik** ⟨-ği⟩ Widersprüchlichkeit *f*
**çelişki** Widerspruch *m*; Kontrast *m*; **kendisiyle** (*od* **b-le, bş-le**) ~**ye düşmek** in Widersprüche geraten mit sich selbst (*od* j-m, etw)
**çelişme** Widerspruch *m* ~**mek** im Widerspruch stehen (*-le* zu *dat*)
**çelme**: **b-ne** ~ **atmak** (*od* **takmak**), **b-ne çelmelemek** j-m ein Bein stellen
**çelmek** ⟨-er⟩ abbringen (*von dat*); *j-m* **den Schlaf rauben**; **b-nin aklını** ~ ⟨es⟩ j-m ausreden, j-n auf andere Ideen bringen, j-n verführen
**çeltik** ⟨-ği⟩ ungeschälte(r) Reis; ~ **tarlası** Reisfeld *n* **~çilik** ⟨-ği⟩ Reisanbau *m* **~lik** ⟨-ği⟩ Reisfeld *n*
**çember** MATH Kreis(linie *f*) *m*; Reifen *m*; Bandeisen *n*; Radreifen *m*, Fassreifen *m*; MIL Kessel *m*, Einkesselung *f*; rund, kreisförmig; Kreis-; *-i* ~**e almak** einkesseln **~imsi** rundlich; kreisförmig
**çember**|**lemek** *v*/*t* mit Reifen beschlagen; einfassen; einkreisen, einkesseln **~li** Reifen-; Ring-
**çemen** Kreuzkümmel *m*; *besondere Gewürzmischung für Schinkenkruste*
**çene** Kinn *n*; Kinnlade *f*, Kiefer *m*; TECH Backe *f* (*e-s Schraubstocks etc*); *fig* Geschwätzigkeit *f*; ~ **yapmak** (miteinander) schwatzen; **alt** ~ Unterkiefer *m*; **üst** ~ Oberkiefer *m*; **~si düşük** *fig* schwatzhaft; **~sini kapatmak** den Mund halten, schweigen; **~ye kuvvet** durch die Kraft des Wortes
**çengel** Haken *m*; Paragrafenzeichen *n*; hakenförmig, Haken-
**çengelle**|**mek** anhaken; *Tür* zuhaken **~nmek** *passiv von* **çengellemek**; sich festhaken; *fig* sich im Kopf festsetzen

**çengelli** ... mit Haken **~iğne** Sicherheitsnadel *f*
**çengelsakızı** *Art* Mastix *m*
**çentik** ⟨-ği⟩ Kerbe *f*; Scharte *f*; Kehle *f*, Rinne *f*; GEOL Spalt *m*; *adj* schartig; gezackt **~lenmek** schartig werden **~li** schartig, ... mit Kerben *etc*; gezackt, gezahnt
**çentmek** ⟨-er⟩ *v*/*t* einkerben; *Zwiebeln etc* klein schneiden, (zer)hacken
'**çep(e)çevre** ringsum (*akk*)
**çepel** schmutzig, unsauber; ungereinigt; ... mit Beimengungen **~lemek** *v*/*t* verunreinigen; *fig* verhunzen
**çeper** TECH (Innen)Wand *f*; Membrane *f*
**çer**: **~den çöpten** ~**dan** zusammengeschustert
**çerçeve** Rahmen *m*; (Brillen)Fassung *f*; *-in* **~sini aşmak** *fig* den Rahmen (*gen*) überschreiten (*od* sprengen)
**çerçeve**|**lemek** (ein)rahmen **~li** (ein)gerahmt
**çerçi** Hausierer *m*
**çerçöp** ⟨-pü⟩ Späne *m/pl*, Holzabfälle *m/pl*; Kehricht *m*
**çerez** GASTR etwas zum Knabbern; Imbiss *m*; Nachtisch *m*
**çerezlenmek** e-e Kleinigkeit zu sich (*dat*) nehmen; *umg* Profitchen machen
**çerge** (Zigeuner)Zelt *n*; kleine Werkstatt
**Çerkez** Tscherkesse *m*, Tscherkessin *f*; ~ **tavuğu** GASTR Hühnerpaste mit Walnüssen
**çeşit** ⟨-di⟩ Art *f*; Sorte *f*; WIRTSCH Artikel *m*; ~**(ler)** (Waren)Sortiment *n*; ~ ~ verschieden, alle Möglichen; verschiedener Art; sortiert; **her** ~ ... aller Art; ~ **düzmek** das Sortiment erweitern **~lendirmek** ⟨-*i*⟩ Abwechslung bringen (in *akk*) **~li** verschieden(artig) **~lilik** ⟨-ği⟩ Verschiedenartigkeit *f*
**çeşme** Quelle *f*; Springbrunnen *m*
**çeşni** Geschmack *m*; Kostprobe *f*; Zutat *f*, Würze *f*
**çeşnilenmek** schmackhaft werden
'**çete** Partisanenabteilung *f*; Partisan *m*; (Räuber)Bande *f*; ~ **savaşı** Partisanenkrieg *m* **~başı** Bandenführer *m*, *-in f* **~ci** Partisan *m*; Räuber *m* **~cilik** ⟨-ği⟩ Partisanenbewegung *f*
'**çetele** Kerbholz *n*
**çetin** *Frage, Lage, Weg* schwierig; *Kampf* hart; ~ **ceviz** *a. fig* harte Nuss; schwieri-

ge(r) Mensch **~leşmek** schwieriger werden **~leştirmek** erschweren
**çetrefil** verworren; vertrackt
**çev** *abk.* → çeviren, çeviri
**çevik** flink, beweglich; **~ kuvvet** Einsatzkommando *n* **~lik** ⟨-ği⟩ Gewandtheit *f*; Beweglichkeit *f*
**çeviren** Übersetzer *m*, -in *f*; übersetzt von
**çeviri** Übersetzung *f*; ELEK Kommutator *m*, Kollektor *m*
**çevirim** Wendung *f*; Verwaltung *f*
**çevirme** Wendung *f*; Drehung *f*; Spießbraten *m*; Übersetzen *n*; *adj* übersetzt; **~ hareketi** MIL Umfassungsbewegung *f*
**çevirmek** *v/t* wenden; drehen; umgeben, einfassen (*-le mit dat*); verwandeln (*-i -e etw* in *akk*); GRAM, JUR umwandeln (*-e* in *akk*); *Person, Taxi* anhalten; *Buchseite* umschlagen, wenden; *Festung* umzingeln, einkreisen; *Haus* umwandeln (*-e* in *akk*); *Intrigen* spinnen; *Kopf* (um)wenden; *Kurbel* drehen; *Richtung* ändern; *Rücken* wenden, kehren; *Sprache* übersetzen (*-den -e aus dat* in *akk*); ELEK *Strom* umformen (*-e* in *akk*); *Strafe* umwandeln (*-e* in *akk*); *Worte* verdrehen, falsch deuten; **dört yanını ~** von allen Seiten einkreisen; **geri ~** zurückweisen; *Geld* zurückschicken; **harabeye ~** in Trümmer legen; **işleri ~** schalten und walten; *-den* **yüz ~** sich abwenden (von *dat*)
**çevirmen** Übersetzer *m*, -in *f*
**çevirmenlik** ⟨-ği⟩ Übersetzertätigkeit *f*
**çevre** Kreis *m*; Umkreis *m*; Umgebung *f*; (Brust)Umfang *m*; Umriss *m*; Umwelt *f*, Milieu *n*; Umlaufbahn *f* (*e-s* Satelliten); (Taschen)Tuch *n* mit Bordüre; **~ dostu** umweltfreundlich; **~ kirlenmesi** Umweltverschmutzung *f*; **~ koruyucu** umweltfreundlich; **~ sağlığı** (*od* **koruması**) Umweltschutz *m*; **~ yolu** Umgehungsstraße *f*; **siyasi** *etc* **~ler** *fig* politische *etc* Kreise *m/pl*; *-in* **~sinde** um (*akk*), um ... (*akk*) herum
**çevrebilim** Ökologie *f* **~ci** Ökologe *m*, Ökologin *f* **~sel** ökologisch
**çevreci** Umweltschützer *m*, -in *f* **~lik** Umweltschutz *m*
**çevrel** begrenzt; MATH umschrieben
**çevrelemek** *v/t* umgeben; umschließen; *Personen* umringen; begrenzen

**çevresel** ökologisch, Umwelt-
**çevri** Strudel *m*; **hava ~si** Wirbelsturm *m*
**çevrik** Gemüsegarten *m*; → çevrili
**çevrili** umgeben; eingezäunt (*-le* mit *dat*)
**çevrilmek** passiv von çevirmek; sich drehen (*-e auf, z. B. die Seite*); sich wenden (*-e zu dat*); **b-nin gözü** *-e* **çevrilmek** j-s Aufmerksamkeit gerichtet sein auf *akk*
**çevrim** Zyklus *m*, Periode *f*; ELEK geschlossene(r) Stromkreis **~li** sparsam, haushälterisch **~sel** zyklisch
**çevrinti** Kreisbewegung *f*; Strudel *m*; Wirbelwind *m*; Siebreste *m/pl*
**çevriyazı** GRAM Transkription *f*, Umschrift *f*
**çeyiz** Aussteuer *f*, Mitgift *f* **~lik** ⟨-ği⟩ Mitgift *f*; etwas für die Aussteuer
**çeyrek** ⟨-ği⟩ Viertel *n*; Viertelstunde *f*; SPORT **~** (*od* **son**) **final** Viertelfinale *n*
**çıban** Eiterbeule *f*, Geschwür *n*; Furunkel *m* (*od n*); **~ başı** Eiterkopf *m*; *fig* heikle Frage; **şark** (*od* **Halep**) **~ı** MED Aleppobeule *f*
**çığ** Lawine *f*
**çığa** ZOOL Sterlet(t) *m* (*Fisch*)
**çığıltı** Geschrei *n*, Heidenlärm *m*
**çığır** ⟨-ğrı⟩ Lawinenbahn *f*; *fig* Weg *m*, Bahn *f*; **~ açmak** bahnbrechend sein
**çığırmak** schreien; **türkü ~** *umg* singen
**çığırtkan** Anreißer *m*; *fig* Lakaienseele *f*
**çığlık** ⟨-ğı⟩ Schrei *m*; Geschrei *n*; Gejammer *n*; Lärm *m*; **~ atmak** (*od* **koparmak**) *umg* wie am Spieß schreien; laut jammern **~çı** Greiner *m*
**çığrışmak** schreien; lärmen
**çı'kagelmek** plötzlich auftauchen
**çıkak** ⟨-ğı⟩ LING Artikulationsstelle *f*
**çıkan** MATH Subtrahend *m*
**çıkar** Nutzen *m*, Vorteil *m*; Ausweg *m*; einzig möglich; **~ına düşkün** gewinnsüchtig; *-in* **~ına uygun** profitabel für; **~ yol** Ausweg *m*, einzig mögliche Lösung **~cı** Konjunkturritter *m*; gewinnsüchtig, profitgierig **~cılık** ⟨-ğı⟩ Gewinnsucht *f*
**çıkarılmak** passiv von çıkarmak
**çıkar|ım** Schlussfolgerung *f*; Entlassung *f* **~ma** MIL Landung *f*; Subtraktion *f*; Ausschluss *m* (*-den* aus *dat*); **işten ~** Ent-

**ÇIKA** | 108

lassung f, Kündigung f

**çıkarmak** *kaus von* çıkmak **A** *(-den)* entfernen (von *dat*, aus *dat*); *Kleidung, Schuh* ausziehen; *Brille* abnehmen; weisen (aus *dat*), hinauswerfen (aus *dat*); *Mitglied* ausschließen (aus *dat*); *b-ni* **işten ~ j-n** entlassen, j-m kündigen **B** *(-den)* herausholen; *Nagel etc* herausziehen (aus *dat*); ELEK *Birne* ausdrehen; *Formel etc* ableiten (von *dat*); MATH subtrahieren, abziehen; *Handschrift* entziffern; *Kopie* machen (von *dat*) **C** *(-e) Truppen* landen (in *dat*); *Frist* verlängern *(-den -e* von *dat* auf *akk*); **piyasaya ~** auf den Markt bringen **D** *v/t über den Winter* kommen; *Essen* erbrechen, von sich (dat) geben; *(neues) Modell* herausbringen; auskommen *(-le* mit *dat);* *Ausgaben* decken; *Fell* abziehen; *Gewässer* ausbeuten; *Gesetz* verabschieden; *(-den) Kosten* decken; *Krieg* beginnen; *Schuld* begleichen; *Tote* bergen; *s-n Unterhalt* verdienen; *(-i) Zeitung* herausgeben; *Waren, Produkte* ausstoßen, produzieren; *s-e Wut* auslassen *(-den* an *dat);* **büyük para ~** viel Geld verdienen; **diş ~** Zähne bekommen, zahnen; **haç ~** sich bekreuzigen; *-in* **suretini ~** e-e Abschrift *gen/von* anfertigen; *j-n* hinstellen, bezeichnen (als *akk);* *-i -e ~* j-m (z. B. die *Tochter)* vorstellen, vorführen

**çıkarsama** PHIL Folgerung *f*

**çıkartma** Abziehbild *n;* Reproduktion *f;* Räumung *f*

**çıkartmak** *kaus von* çıkmak; → çıkarmak

**çıkı** Bündel *n*

**çıkık** ⟨-ğı⟩ verrenkt; *Stirn* hervorstehend; *Haus* vorspringend; **~ (tahtası)** MED Schiene *f* **~çı** Orthopäde *m (in der Volksmedizin)*

**çıkılır** Ausgang *m (als Aufschrift)*

**çıkılmak** *passiv von* çıkmak; **içinden çıkılmaz** ausweglos; unlösbar

**çıkın** Bündel *n* **~lamak** *v/t* bündeln

**çıkıntı** Vorsprung *m;* Hervortreten *n;* GEOG Kap *n;* LIT Randbemerkung *f*

**çıkış** Ausgang *m;* Abfahrt *f; fig* Ausweg *m (-e* aus *dat);* Auftreten *n (-e* gegen); Aufstieg *m;* Besteigung *f (-e* gen); Ausgangsstellung *f,* Start *m;* MIL Ausfall *m;* Einsatz *m (m der Luftwaffe);* Kündigung *m,* Entlassung *f;* Kundgebung *f;* IT Ausdruck *m;* IT Port *m;* **~ almak** gekündigt werden *(Arbeiter);* **~ belgesi** Abgangszeugnis *n;* Ausfuhrgenehmigung *f;* **~ tonu** GRAM steigende(r) Ton; *-e* **~ vermek** kündigen *(e-m Arbeiter);* **bir ~ yapmak** die Stimme erheben

**çıkışlı:** ... **~** Abgänger *m,* -in *f gen/von*

**çıkışmak** ausschimpfen *(-e j-n);* tadeln; *Geld* (aus)reichen

**çıkıştırmak** *Geld umg* zusammenkratzen

**çıkma** Austritt *m (-den* aus *dat);* Ausbruch *m e-s Brandes;* Badetuch *n;* Balkon *m;* Randbemerkung *f;* Absolvent *m,* -in *f; adj* vorspringend; *(-den)* stammend (aus *dat);* **~ durumu** GRAM Ablativ *m (-den, -dan)*

**çıkmak** ⟨-ar⟩ **A** *(-den)* (hervor)kommen (aus *dat);* stammen (aus *dat); Käfer etc* kriechen (aus *dat); Arbeit, Stellung* aufgeben, ausscheiden (aus *dat); Büro, Haus* verlassen, kommen (aus *dat); Geld* ausgeben müssen, verbrauchen; sich lossagen (von *e-r Religion); Schule, Klasse* absolvieren, abschließen; **bundan ne çıkar?** was wäre schon dabei?; was ergibt sich daraus? **B** *v/i* ausgehen; *Ausschlag* sich bilden; *Bart* sprießen; *Befehl* ergehen; *Brand, Krieg* ausbrechen; *Buch, Zeitung* erscheinen, herauskommen; *Einband* abgehen; *Fett* gewonnen werden *(-den* aus *dat);* *Fleck* herausgehen; *Flugzeug* aufsteigen; *Gesagtes* sich bewahrheiten, sich erfüllen; *Geschwür* aufgehen; *Gesetz* herauskommen; *Gestirn* aufgehen; *Kleid* gehen (aus *e-m Stoff); Laub* herauskommen; *Preis* (an)steigen; *Saat* sprießen; *Schuh* gehen *(vom Fuß); Ware* auf den Markt kommen; *Wort* entfallen *(-den); Zahl* abgehen *(-den* von *dat); Zeit, Monat* vergehen; auf die Toilette gehen, austreten; sich erweisen als, sich herausstellen als; **bu iş çıkmadı** die Sache hat nicht geklappt; **çocuğun kolu çıktı** das Kind hat sich den Arm ausgerenkt **C** *(-e) Treppe* hinaufgehen; *(-den -e)* ziehen (aus *dat* in *akk);* *(-e)* sich auf den Weg machen; steigen auf *e-n Berg,* besteigen *(akk);* fahren, gehen an den Bosporus; landen in *dat,* an *dat;* sich *j-m* zeigen; auftauchen *(önüne* vor *j-m);* erscheinen (vor *dat,* z. B. *Gericht);* an *e-n* Ort gelangen; gelangen zu *e-r* Stellung; *j-m* gleichkommen; *Los j-m* zufallen; *Tür, Fenster* gehen (auf *akk*); THEAT *e-e Rolle* spielen; *Weg* führen (nach *dat*); **geziye ~** auf Reisen gehen; **karaya ~** an Land gehen; *-e karşı ~* fig auftreten (gegen *akk*); **müdüre ~** sich beim Direktor melden; **turneye ~** auf Tournee gehen D ohne Suffix: *Betrag noch dazulegen*; *(-i) Geld* rausrücken

**çıkmaz** ausweglos; aussichtslos; **~ (sokak)** Sackgasse f; fig **~a girmek** in e-e Sackgasse geraten

**çıkrık** ⟨-ğı⟩ (Brunnen)Winde f; Spinnrad n; Haspel f; TECH Kabeltrommel f

**çıktı** Erzeugnis n; Ausstoß m, Produktion f; Output m (a. n); IT Ausdruck m

**çılbır**¹ verlorene Eier (*in Joghurt*)

**çılbır**² Longe f, Führungsleine f

**çıldır: ~ ~** mit glänzenden Augen *gucken*; strahlend kalt *brennen*

**çıldırmak** wahnsinnig werden (-den vor *dat*); fig brennen (için auf *akk*)

**çıldırtan** nervenzerreißend **~tmak** v/t wahnsinnig machen

**çılgın** a. fig verrückt, wahnsinnig; *Geschwindigkeit* rasend **~lık** ⟨-ğı⟩ Wahnsinn m, Verrücktheit f

**'çıma** SCHIFF Anlegetau n

**çınar** Platane f

**çınarlık** ⟨-ğı⟩ Platanenhain m

**çınçın** bim bam!; dröhnend; **~ ötmek** dröhnen; fig ein Quatschkopf sein

**çıngar** Klamauk m, Radau m; **~ çıkarmak** krakeelen

**çıngır: ~ ~** dröhnend

**çıngırak** ⟨-ğı⟩ Glöckchen n; (Tür)Klingel f; Rassel f; **çıngırağı çekmek** *umg* abkratzen **~lı** tönend; schallend (*Lachen etc*) **~yılan** Klapperschlange f

**çıngırdamak** läuten; dröhnen; schallen; klirren, rasseln

**çıngırtı** Klirren n; Dröhnen n

**çınlamak** klingeln, klingen (*a. Ohren*); tönen; widerhallen

**çıpıldak** ⟨-ğı⟩ Nackedei m

**çıplak** ⟨-ğı⟩ nackt; *Baum, Kopf* kahl; *Fuß, Auge* bloß; *Akt*(bildnis n) m; Nudist m, -in f; **~lar kampı** FKK-Lager n; **~lar plajı** Nacktbadestrand m

**çıplaklaşmak** kahl werden

**çıplaklık** ⟨-ğı⟩ Nacktheit f; **bütün çıplaklığıyla** unverblümt

**çıra** Kienspan m; Kienholz n

**çırak** Lehrling m; Geselle m; Gehilfe m; **marangoz çırağı** Tischlerlehrling

m **~lık** ⟨-ğı⟩ Lehre f; Lehrzeit f; Lehrlingsgehalt n

**'çırçıplak** splitternackt

**çırçır** Egreniermaschine f; kleine Quelle; fig Geplapper n; **~ böceği** ZOOL Grille f

**çı'rılçıplak** → çırçıplak

**çırpacak** GASTR Rührbesen m

**çırpar** → çırpmak

**çırpı** Rute f, Gerte f; Markierung(slinie) f; **~ya getirmek** (aus)richten; **bir ~da** auf Anhieb; **çalı ~** Reisig n

**çırpıcı** Tuchwalker m

**çırpı|nmak** zappeln; fig zittern (*-den* vor *dat*); flattern; sich aufregen; *Muskeln* sich verkrampfen; mit den Flügeln schlagen; *Meer* plätschern; fig sich abrackern **~ntı** Zappeln n; (Herz)Klopfen n; Aufregung f; Krampf m; Plätschern n **~ştırmak** v/t oberflächlich machen, *umg* hinhauen; hinkritzeln

**çırpmak** ⟨-ar⟩ schlagen; abschütteln; *Teppich* ausklopfen; *Wäsche* spülen; *Zweige* abschneiden; **el ~** in die Hände klatschen; **çalıp ~** unehrliche Geschäfte machen

**çıt** knacks!; zack!; Laut m, *umg* Piep m; **(bir) ~ yok** kein Piep war zu hören

**'çıta** Latte f, Leiste f

**çıtçıt** ⟨-tı⟩ Druckknopf m

**çıtı: ~ pıtı** nett, niedlich

**çıtır: ~ ~** *Kind* nett, niedlich; prasselnd, knisternd *brennen*; geräuschvoll *essen*; **~ ~ konuşmak** redselig sein

**çıtırdamak** knarren

**çıtırtı** Knacken n; Prasseln n; Geraschel n

**çıtkırıldım** zartbesaitet; fig Mimose f

**çıtla|mak** v/t knacken; knirschen; *Feuer* knistern **~tmak** v/t knacken (mit *dat*); fig **b-ne bş-i ~** j-m etw andeuten

**çıtpıt** ⟨-tı⟩ Knallkörper m, Knallerbse f

**çıvgın** Schneeregen m; Schneesturm m

**çıyan** ZOOL Skolopender m

**çiçek**¹ ⟨-ği⟩ Blume f; fig *Person* schöne(s) Früchtchen; Blumenmuster n; CHEM Kristalle n/pl; **~ gibi** reinlich, adrett; *Ware* erstklassig; *Zimmer* wie geleckt; **~ gibi açılmak** fig aufblühen, sich herausmachen; **çiçeği burnunda** neuest-, letzt-; ganz neu, *umg* taufrisch

**çiçek**² ⟨-ği⟩ MED Pocken pl; **~ aşısı** Pockenimpfung f **~bozuğu** ⟨-nu⟩ pockennarbig; Pockennarbe f

**çiçekçi** Blumenzüchter m, -in f; Blumenhändler m, -in f; umg Zuhälter m **~lik** ⟨-ği⟩ Blumenzucht f; umg Zuhälterei f

**çiçek|lenmek** Blüten bekommen, (auf)blühen **~li** ... mit Blüten; Blumen-; Muster geblümt; BOT Blüten- (Pflanze) **~lik** ⟨-ği⟩ Blumenvase f; Orangerie f, Wintergarten m; HIST Blumennische f; BOT Fruchtboden m

**çiçek|simek** CHEM effloreszieren, ausblühen **~siz** blütenlos; **~ bitki** Kryptogame f **~tozu** ⟨-nu⟩ Blütenstaub m, Pollen m

**çif-** → **çift-**

**çift** ⟨-ti⟩ Paar n Schuhe etc; Pärchen n (z. B. Tauben); Gespann n; gerade (Zahl); **~ başlı** doppelköpfig; **~ parti** ELEK Doppelstecker m; **~ sürmek** pflügen; **sana bir ~ sözüm var** ich möchte ein paar Worte sagen

**çiftçi** Bauer m, Bäuerin f, Landwirt m, -in f **~lik** ⟨-ği⟩ Ackerbau m, Landwirtschaft f

**çifte** Doppel-; zweiarmig (Leuchter); Doppelflinte f; Schule Sitzenbleiber m, -in f; **~ atmak** Pferd (nach hinten) ausschlagen; fig j-n kränken, verletzen; **~ dikiş** Doppelnaht f; fig Sitzenbleiben n; **~ kavrulmuş** zweifach (Glück), zweifacher Art; Person umg ausgefuchst; gerissene(r) Patron; Art Lokum (hart und fein geschnitten) **~lemek** Pferd ausschlagen (-i nach j-m); SCHIFF den zweiten Anker auswerfen

**çifteli** unberechenbar; schikanös

**çiftenağra** kleine Doppeltrommel

**çifter**: **~ ~** (immer) paarweise

**çiftetelli** Art Bauchtanz(musik f) m

**çiftkanatlılar** ZOOL Zweiflügler m/pl

**çiftlemek** v/t paaren

**çiftleş|me** Paarung f **~mek** sich paaren

**çiftlik** ⟨-ği⟩ Landgut n, Farm f; Landwirtschafts-; **~ kahyası** Gutsverwalter m, -in f

**çiftparmaklılar** ZOOL Paarhufer m/pl

**çiftsayı** gerade Zahl

**çiğ** Fleisch etc roh; Farbe grell, auffallend; Mensch unreif; Wort unpassend; **~ düşmek** (od kaçmak) sehr taktlos sein; grell sein, sehr auffallen; **~ hareket** Taktlosigkeit f

**çiğde** BOT Jujube f

**çiğdem** BOT Colchicum n; **güz ~i** Herbstzeitlose f

**çiğit** ⟨-di⟩ (Baumwoll)Samen m, Kern m; Sommersprosse f

**çiğlik** ⟨-ği⟩ Unreife f; Taktlosigkeit f

**çiğneme** Verletzung f, Verstoß m (gegen akk)

**çiğnemek** v/t kauen; niedertreten; AUTO überfahren; Abkommen verletzen; verstoßen gegen; **çiğneyip geçmek** achtlos vorübergehen an dat; ignorieren

**çiğne|nmek** passiv von çiğnemek **~nmiş** Thema oft durchgekaut **~tmek** kaus von çiğnemek

**çiklet** ⟨-ti⟩ Kaugummi m

**çiko'lata** Schokolade f

**çil**[1] Haselhuhn n; **~ yavrusu gibi dağılmak** auseinanderlaufen

**çil**[2] Sommersprosse f; Spiegel blinde Stelle; scheckig, gesprenkelt; (funkel)nagelneu (Münze)

**çile**[1] Strähne f; (Garn)Docke f

**çile**[2] Drangsal f, Sorge f; HIST 40-tägige Probezeit e-s Ordensnovizen; **~ çekmek** Schweres durchmachen; **~ doldurmak** auf das Ende der Sorgen warten; **~den çıkar(t)mak** aufs Äußerste reizen; aus dem Häuschen bringen; **~den çıkmak** außer sich geraten **~cilik** ⟨-ği⟩ Asketentum n

**çilek** ⟨-ği⟩ BOT Erdbeere f

**çilekeş** schwer geprüft; Märtyrer m, -in f

**çileli** leidgeprüft; sehr verdrießlich

**çilemek** Nachtigall schlagen; Regen nieseln

**çilingir** Schlosser m; umg Einbrecher m; **~ sofrası** Vorspeisen f/pl mit Schnaps

**çilingirlik** ⟨-ği⟩ Schlosserhandwerk n

**çillenmek** Sommersprossen bekommen

**çilli** sommersprossig

**çim** Rasen m

**çimdik** ⟨-ği⟩ Prise f Salz; Kneifen n; fig Stichelei f **~lemek** v/t kneifen; knabbern (an dat); fig sticheln

**çimen** Rasen m; Wiese f; Gras n

**çimenlik** ⟨-ği⟩ Rasenplatz m; Wiese f

**çi'mento** Zement m; Zement-

**çi'mentolamak** v/t zementieren

**çimlendirmek** keimen lassen

**çimlenmek** keimen, sprossen; grünen,

grün werden; *umg* für sich *etw* abzwacken; nippen (*von e-m Essen*)

**çimmek** ⟨-er⟩ *umg* sich baden

**Çin** China *n*; chinesisch

**çinakop** ZOOL kleine(r) Blaubarsch

**çince** (das) Chinesisch; chinesisch

**Çingene** *neg!* Zigeuner *m*, -in *f*

**çingene** *umg pej* habgierig; knauserig **~leşmek** sich knauserig *od* habgierig zeigen **~lik** ⟨-ği⟩ Zigeunerwesen *n*; Geiz *m*, Habgier *f*

**çingenepalamudu** ⟨-nu⟩ ZOOL Bonito *m* (*Fisch*)

**çini** Kachel *f*; Fliese *f*; Fayence *f*; Keramik *f*; Kachel- (*Ofen*); **~ mavisi** Kobaltblau; **~ mürekkebi** Tusche *f*; **~ soba** Kachelofen *m*

**çini|ci** Keramiker *m*, -in *f* **~cilik** ⟨-ği⟩ Keramik *f* **~li** Kachel-, Fliesen-

**¹çinko¹** Zink *n*; **~ (ile) kaplamak** verzinken; **~ leğen** Zinkwanne *f*

**¹çinko²** Tombola: etwa Bingo *n*

**Çinli** Chinese *m*, Chinesin *f*

**çipil** ... *mit geschwollenen, triefenden, wimperlosen Augen*

**çipilti** Nieselwetter *n*

**çi'pura** ZOOL Goldbrassen *m*, Dorade *f*

**çiriş** Kleister *m*, Klebstoff *m*; Appretur *f*

**çiriş|lenmek** *v/t* kleistern, kleben; *Gewebe* appretieren **~li** geklebt; appretiert; klebrig **~otu** BOT Affodill *m*

**çirkef** Aufwaschwasser *n*, (dreckige) Brühe; *Sache umg* dreckig; mulmig; **~ adam** gemeine(r) Kerl, *umg* Mistvieh *m*; **~e taş atmak** sich mit e-m üblen Subjekt einlassen

**çirkin** hässlich; *Verhalten, Wort* übel, gemein; *subst* Scheusal *n* **~leşmek** *v/i* hässlich werden **~leştirmek** *kaus von* çirkinleşmek **~lik** ⟨-ği⟩ Hässlichkeit *f*; Gemeinheit *f*

**çiroz** gedörrte Makrele; *fig* Hering *m* **~laşmak** *v/t* laichen; sehr dünn (*od* spitz) werden

**çise|lemek** nieseln **~nti** Sprühregen *m*

**çiş** *Kindersprache* Pipi *n*; **~ yapmak** Pipi machen; *-in* **~i geldi**, **~i var** er/sie muss mal Pipi machen

**çit¹** ⟨-ti⟩ Hecke *f*; Zaun *m*

**çit²** ⟨-ti⟩ *Art* Kattun *m*, Chintz *m*

**çitilemek** *v/t* Wäsche reiben, waschen

**çitişmek** *v/i* filzen, sich verfilzen

**çitlembik** ⟨-ği⟩ BOT Terebinthe(nfrucht) *f* (Pistazienart); **~ gibi** *Mädchen* dunkelhäutig und zierlich

**çitlemek** *v/t* einfrieden; *umg* knacken (*Kürbiskerne etc*)

**çitmek** ⟨-er⟩ *v/t* vereinigen; *Strumpf* stopfen; *Wäsche* waschen, reiben

**çitmik** ⟨-ği⟩ Traubenbüschel *n*; Prise *f* (*Tabak*)

**çivi** Nagel *m*; Stift *m*; Pflock *m* (*aus Holz*), Keil *m*; Dübel *m*; **~ çakmak** Nägel einschlagen; **~ gibi** robust; fix; stramm; vor Kälte erstarrt; **~si çıkık** *fig* Spinner *m*, (seelisch) Gestörte(r); *-in* **~si çıkmak** verkommen

**çividî** [-i:] indigoblau, ultramarin

**çivileme** Annageln *n*; Fußsprung *m* (*beim Schwimmen*)

**çivilemek** *v/t* nageln (*-i -e etw an akk*)

**çivilenmek** *passiv von* çivilemek; wie angenagelt stehen

**çivili** genagelt; angenagelt; Nagelschuh *m*

**çivit** ⟨-di⟩ Indigo *n*, Waschblau *n*

**çivit|lemek** *v/t Wäsche* bläuen; blau färben **~otu** ⟨-nu⟩ Indigopflanze *f* (*Indigofera*)

**çiviyazısı** ⟨-nı⟩ Keilschrift *f*

**çiy** Tau *m* **~lemek** tauen, *v/unpers* es fällt Tau; es tröpfelt

**çizelge** Tabelle *f*; **uçuş ~si** Flugplan *m*

**çizer** Zeichner *m*, -in *f*; → çizmek

**çizgi** Strich *m*, *a.* MATH Linie *f*; (Stirn-, Gesichts)Falte *f*; Kratzer *m*; **~ film** Zeichentrickfilm *m*; **düz ~** MATH Gerade *f*; **eğri ~** Kurve *f*; **kısa ~ (işareti)** Divis *n*, kurzer Bindestrich *m*; **Trennungsstrich *m*; **uzun ~ (işareti)** Bindestrich *m* **~lemek** (e-n Strich) ziehen **~li** liniert; *Muskel* quer gestreift; *Stoff* gestreift **~siz** unliniert

**çiziktirmek** *v/t* hinkritzeln

**çizili**, **üstü ~** durchgestrichen; **altı ~** unterstrichen

**çizilmek** *passiv von* çizmek

**çizim** Zeichnung *f*, TECH Zeichnen *n*; MATH Konstruktion *f*

**çizinti** Schramme *f*; Markierung *f*

**çizme** (Schaft)Stiefel *m*

**çizmek** ⟨-er⟩ *v/t* Linie ziehen; (aus)streichen; *Skizze* zeichnen, entwerfen; *Nadel* ritzen, stechen; schrammen; *fig Gebiet* umreißen, aufzeichnen; *-in* **altını ~** *a.*

*fig* unterstreichen; *-in* **üstünü ~** durchstreichen

**çizmeli** gestiefelt
**çoban** Schäfer *m*, Hirt *m* **~aldatan** ZOOL Ziegenmelker *m*, Nachtschwalbe *f* **~lama** Pastorale *n* (*od* f) **~püskülü** BOT Stechpalme *f*
**Çobanyıldızı** ASTRON Venus *f*; Morgenstern *m*
**çocuğumsu** kindlich
**çocuk** ⟨-ğu⟩ Kind *n*; *umg* junge(r) Mann, Bursche *m*; **~ aldırma** MED Abtreibung *f*; **~ arabası** Kinderwagen *m*; **~ bahçesi** Kinderspielplatz *m*; **~ bakımevi** Kinderheim *n*; **~ bezi** Windel *f*; **~ dünyaya getirmek** ein Kind zur Welt bringen; **~ düşürme** MED Fehlgeburt *f*; **~ hekimi** (*umg* **doktoru**) Kinderarzt *m*, -ärztin *f*; **~ işi** kinderleicht, Kinderei *f*; **~ mahkemesi** JUR Jugendgericht *n*; **~ odası** Kinderzimmer *n*; **~ oyun alanı** Kinderspielplatz *m*; **~ parası** Kindergeld *n*; **~ yoksulluğu** Kinderarmut *f*; **~ yuvası** Kindergarten *m*; *-in* **çocuğu olmak** ein Kind bekommen; **okul çağındaki ~** Kind *n* im schulpflichtigen Alter; **okul çocuğu** Schulkind *n*; **toy ~** grüne(r) Junge
**çocukça** kindlich
**çocukçağız** arme(s) Kind
**çocuklaşmak** wie ein Kind sein; wieder kindisch werden **~lu mit** ... Kindern; **çok ~** kinderreich **~luk** ⟨-ğu⟩ Kindheit *f*; Kinderei *f*; **~ arkadaşı** Jugendfreund *m*, -in *f*
**çocuksu** kindlich
**çocuksuz** kinderlos **~luk** ⟨-ğu⟩ Kinderlosigkeit *f*
**çoğal|ma** Vermehrung *f*; BIOL Fortpflanzung *f* **~mak** sich vermehren; *Gedränge etc* zunehmen, noch größer werden **~tım** Vermehrung *f*; Vervielfältigung *f* **~tmak** *v/t* vermehren, kopieren, vervielfältigen
**çoğu** meist-; **~ (defa, kere)** Zeit meistens; **~ insan(lar)** die meisten Menschen; **~ zaman** meistens
**çoğul** GRAM Mehrzahl *f*, Plural *m*; Plural-; **... um Plural
**çoğulcu** pluralistisch **~luk** ⟨-ğu⟩ Pluralismus *m*
**çoğumsamak** (*-i*) *fig* (es) viel finden
**'çoğun** meistens
**çoğunluk** ⟨-ğu⟩ Mehrheit *f*, Majorität *f*; **~ almak** die Mehrheit erringen; **oy çoğunluğu ile** mit Stimmenmehrheit
**çoğunlukla** meistens; größtenteils
**çok** ⟨-ğu⟩ *adj* viel, viele; *adv* viel; vielmulti-; sehr schön *etc*; durchaus; lange *warten, arbeiten*; den (**daha**) ~ mehr als; **daha ~ var mı?** ist es noch weit?; **~ ~** höchstens; **~ defa(lar)** (*a.* **~ kere**, **~ sefer**) (sehr) oft; meistens; **~ geçmeden** kurz darauf, bald danach; **~ gelmek** zu viel sein (*od* werden); zu viel scheinen; **~ görme** Missgunst *f*; **~ görmek** (*-i -e*) *etw* (*akk*) als überflüssig für *j-n* erachten; *j-m etw* missgönnen; viel durchmachen; **~ heceli** GRAM mehrsilbig; **~ olmak** *fig* zu weit gehen, keine Grenzen kennen; **~ olmuş** überreif; *Tee* zu stark; **~ şey!** erstaunlich!, *umg* ein dolles Stück; **az ~** mehr oder weniger; **en ~** höchstens; meistens; **pek ~** sehr viel; **çoğumuz** viele (*od* die meisten) von uns
**çok|amaçlı** Mehrzweck- **~anlamlı** vieldeutig **~ayaklı** ZOOL Vielfüßer *m* **~bilmiş** verschmitzt; frühreif; *hum* allwissend **~ca** ziemlich viel (*od* oft); ordentlich; mehr **~düzlemli** MATH vielflächig **~eşlilik** ⟨-ği⟩ Polygamie *f* **~fazlı** ELEK Vielphasen- **~gen** Vieleck *n* **~gözlü** TECH vielstufig; zerlegbar; Glieder-; ... mit vielen Fächern **~hücreli** BIOL Vielzeller *m* **~katlı** mehrstöckig **~kültürlü** multikulturell
**çokluk** ⟨-ğu⟩ Menge *f*, Masse *f*; Unmenge *f*; (Stimmen)Mehrheit *f*; oft, häufig; **işin çokluğu** Arbeitsüberlastung *f*
**çokpartili** Vielparteien- (*System*)
**çoksamak** als überflüssig (*od* zu ausgedehnt) betrachten
**çoksatan** *adj* Bestseller *m*
**çoksesli** vielstimmig; GRAM mehrlautig
**çoktan**, **~ beri** seit Langem; schon lange; **~ geçmiş** längst vergangen
**çoktanrıcılık** ⟨-ğı⟩ Polytheismus *m*
**çoktanrılı** polytheistisch
**çok|taraflı** multilateral; *Problem* verzwickt **~terimli** MATH vielgliedrig; Polynom *n* **~yanlı** vielseitig **~yıllık** BOT mehrjährig **~yüzlü** MATH vielflächig
**çolak** Einarmige(r); Einhändige(r)
**çolpa** tollpatschig; unbeholfen
**çoluk**: **~ çocuk** Kind und Kegel (*ohne Artikel*); unbedarfte Leute *pl*; **~ yok, çocuk yok** ganz ohne Anhang

**çomak** ⟨-ğı⟩ Knüppel m; Trommelstock m

**çomar** große(r) (Schäfer)Hund

**çopra** Fischgräte f; Röhricht n

**çopur** blatternarbig; Pockennarbe f

**çorak** ⟨-ğı⟩ Boden unfruchtbar; Wasser ungenießbar, bitter; Salzboden m; Art Lehm m für Dächer **~laşmak** v/i unfruchtbar werden **~lık** ⟨-ğı⟩ Unfruchtbarkeit f; bittere(r) Geschmack

**çorap** ⟨-bı⟩ Strumpf m; Socke f; **~ bağı** Strumpfband m; **~ kaçtı** der Strumpf hat e-e Laufmasche; **~ örmek** Strümpfe stricken; fig Ränke schmieden; **~ şişi** Stricknadel f; **~ söküğü** Laufmasche f; **~ söküğü gibi gitmek** (od **gelmek**) es geht wie geschmiert

**çorba** Suppe f; **~ içmek** Suppe essen; **~ kaşığı** Suppenlöffel m; **~ tabağı** Suppenteller m; **~ tableti** Brühwürfel m; **~da tuzu bulunmak** fig sein Scherflein dazu beitragen; **~ya dönmek** (od **olmak**) völlig durcheinandergeraten **~cı** HIST umg ein reicher Christ; umg Boss m, Chef m; HIST Janitscharenoberst m

**çorbalık** Suppen- (Fleisch); **~ pirinç** Bruchreis m

**çotuk** ⟨-ğu⟩ BOT Luftwurzel f; hängende Weinrebe

**çöğ|dürmek** umg urinieren; v/t schleudern, (ab)spritzen **~mek** ⟨-er⟩ Geschoss auf Erde fallen

**çökel|ek** ⟨-ği⟩ Art Quark m **~mek** sich niederschlagen, sich absetzen **~ten** Reagenz n **~ti** CHEM Rückstand m, Bodensatz m; BIOL Alterung f **~tmek** v/t CHEM ausfällen

**çöker** → çökmek

**çökertmek** v/t niederknien lassen; einrammen; MIL einbrechen; fig niederzwingen, zum Kollaps führen

**çökkün** zusammengefallen, eingestürzt; Person erschöpft; depressiv

**çökme** Senkung f; fig Zusammenbruch m; Zerfall m

**çök|mek** ⟨-er⟩ v/i Boden etc sich senken; einstürzen, zusammenfallen; Person altern, zusammenbrechen; sich (hin)hocken; Nacht hereinbrechen; Nebel herabsinken; sich fallen lassen (in akk); Wangen einfallen; (-in **önünde/karşısında**) **diz ~** knien, niederknien (vor dat); **yere ~** landen, niedergehen **~müş** ingefallen

**çökük** Boden eingesunken; Brust etc eingefallen; Schultern hängend; **~ saha** GEOG Niederung f

**çöküntü** Verfall m; Trümmer pl; Bodensatz m; GEOL Senkung f; PSYCH Depression f

**çöküş** fig Niedergang m, Zerfall m; Hinhocken n (des Kamels)

**çöküşmek** Vögel sich in Scharen niederlassen (-e auf dat); sich hinhocken

**çöl** Wüste f; **~ faresi** Wüstenspringmaus f; **~e dönmek** zur Wüste werden

**çölleşmek** zur Wüste werden

**çömelmek** sich (hin)hocken (-e auf akk)

**çömez** Schüler m, Jünger m; HIST Kostschüler m (e-r Medrese)

**çömezlik** ⟨-ği⟩: -in **çömezliğini yapmak** dienststeifig sein gegenüber

**çömlek** ⟨-ği⟩ Tontopf m

**çöp**[1] ⟨çöpü⟩ Müll m; **~ arabası** Müllwagen m; **~ bidonu** Mülltonne f; **~ gibi** spindeldürr; **~ tenekesi** Mülleimer m; **~ yığını** Müllhaufen m; **~lerin toplanması** Müllabfuhr f; **atom ~leri** Atommüll m; **otomatik ~ boşaltıcısı** Müllschlucker m

**çöp**[2] ⟨çöpü⟩ Hälmchen n, Hölzchen n; Span m; Splitter m; **~ atlamamak** kleinlich (od pedantisch) sein; **~ gibi** spindeldürr; **~ kebabı** Art Schaschlik m; **kibrit ~ü** Streichholz n

**çöpatlamaz** pedantisch; kleinlich

**çöpçatan** Heiratsvermittler m, -in f

**çöpçü** Müllmann m; Straßenkehrer m

**çöpleme** BOT Nieswurz f

**çöplenmek** von allem ein bisschen kosten; sich (dat) kleine Vorteile sichern

**çöp|lük** ⟨-ğü⟩ Müllplatz m; Schutthaufen m **~süz**: **~ üzüm** jemand ohne Anhang; einwandfrei

**çörçöp** → çerçöp

**çörek** ⟨-ği⟩ Plätzchen n, Gebäck n

**çöreklenmek** sich zusammenrollen; bes Schlange sich zusammenringeln; fig sich festsetzen (-de z. B. im Kopf); Gast umg bis in die Puppen bleiben; **lök gibi ~** umg zusammenglucken

**çöven** BOT Seifenkraut n

**çözelti** CHEM Lösung f

**çözgü** Kette f (Weben); gestreifte(s) Leinentuch

**çözgün** Auflösung f, Schmelzen n; adj

geschmolzen; *Schnee* matschig
**çözmek** ⟨-er⟩ lösen; *etw friedlich regeln*; *Knoten* lösen, aufmachen; *Meinungsverschiedenheit* beilegen, aus dem Weg räumen; *Paket* aufmachen, aufbinden; *Problem* lösen; *Rätsel* lösen; *Schrift* entziffern; *Text* analysieren; *Tier* losbinden; **düğmeleri ~** aufknöpfen; **işi ~** die Lösung finden
**çözülme** MIL Absetzbewegung f; PSYCH gestörte(s) Verhalten
**çözülmek** passiv von çözmek; *Schnürsenkel* aufgehen; schmelzen (*Gefrorenes*); MIL sich absetzen; *umg* abhauen, verduften; **buzlar çözüldü** *fig* das Eis ist geschmolzen
**çözülmez** unlösbar (*Problem*); **~ düğüm** gordische(r) Knoten
**çözüm** *fig* Lösung f (*e-s Problems*); friedliche Regelung; **~e bağlamak** e-r Lösung zuführen
**çözümle|me** Analyse f **~mek** v/t analysieren **~meli** auf e-e Analyse gestützt
**çözümsel** analytisch
**çözünebilir** löslich
**çözünmek** sich (auf)lösen
**çözüntü** → çözelti; Eisscholle f
**çözünürlük** ⟨-ğü⟩ Löslichkeit f; FOTO, IT Auflösung f
**çözüşmek** v/i zerfallen, zerlegt werden
**çubuk** ⟨-ğu⟩ (*Eisen*)Stange f, Stab m; SCHIFF Stenge f; (*Tabaks*)Pfeife f; Zigarettenspitze f; Streifen m auf Stoff; **asma çubuğu** Weinstock m; **atlama çubuğu** SPORT Stab m; **~ aşısı** Pfropfen in; **tuzlu ~** Salzstange(n) f(pl)
**çubuklu** gestreift; gerippt
**çuha** Tuch n; Tweed m **~cı** Tuchhändler m **~çiçeği** ZOOL Primel f
**çukur** Grube f, Loch n, Vertiefung f; Trichter m; Mulde f; Grübchen n in der Wange; GEOG Schlucht f, Kluft f; *fig* Grab n; *adj* unter-; konkav; **~ açmak** e-e Grube graben (*od* ausheben); **~ yol** Hohlweg m; **pislik ~u** Kloake f
**çukur|lanmak, ~laşmak** einsinken, einfallen **~laşmış** *Augen* eingesunken
**çukurluk** ⟨-ğu⟩ Vertiefung f; GEOG Niederung f; *adj* vertieft
**çul** grobe(r) Wollstoff; Pferdedecke f; *umg* Klamotte f
**çullanmak**: *-in* üstüne **~** sich stürzen auf *akk*
**çulluk** ⟨-ğu⟩ ZOOL Waldschnepfe f
**Çulpan** ASTRON Venus f
**çulsuz** Hungerleider m, -in f
**cultutmaz** Verschwender m, -in f
**çurçur** ZOOL Art Lippfisch m (*Crenilabrus*); *adj* belanglos
**çuval** Sack m; *umg* Dickwanst m; **~ gibi** *Stoff* grob; *Kleidung* schlottrig; **uyku ~ı** Schlafmütze f, Langschläfer m, -in f **~dız** Sacknadel f; Ahle f **~lamak A** v/t einsacken; *umg -i* verpfuschen *akk* **B** v/i *umg* jämmerlich versagen
**çük** ⟨-kü⟩ *umg* (männliches) Glied
'**çünkü** weil, da (*Nebensatz*); denn (*Hauptsatz*)
**çürük** ⟨-ğü⟩ Fäulnis f; blaue(r) Fleck; faul, verfault; zweifelhaft, dunkel; *Argument* leicht widerlegbar; *Baum, Brett* morsch; *Angaben* unhaltbar; *Angelegenheit* hoffnungslos; MIL diensttauglich; ausgemustert; **~ gaz** Abgase n/pl; **~ mal** alte(r) Kram, Gerümpel n; **~ tahtaya basmak** sich auf e-e faule Sache einlassen; **çürüğe çıkarmak** MIL als diensttauglich erklären; ausrangieren; **diş çürüğü** Zahnfäule f **~lük** ⟨-ğü⟩ Fäule f, Fäulnis f; *fig* Unhaltbarkeit f; Zweifelhaftigkeit f; Hoffnungslosigkeit f
**çürüme** Fäulnis f; Zersetzung f; Verwesung f; **diş çürümesi** Zahnfäule f
**çürümek** (ver)faulen; verderben; *Behauptung, Idee etc* gegenstandslos werden; *Hoffnungen* zunichtewerden; *Person* hinfällig werden; altern; *Sache* sich abnutzen, verschleißen
**çürümüş** verdorben
**çürütme** Widerlegung f
**çürütmek** v/t verderben, verfaulen lassen; *Lüge* widerlegen; **birbirini çürüten** sich widersprechend; **dirsek ~** die Schulbank drücken
**çürütülmek** passiv von çürütmek
**çürüyüş** Faulen n, Verfaulen n; Zunichtewerden n
**çüş** halt! (*für Esel*); *umg* na!, he!; **~ ki ~!** na!, da ...; zum Donnerwetter!; **-e ~ demek** zum Halten bringen (*Esel*)

# D

**d, D** [dɛ] d, D n; MUS d-Moll, D-Dur
**D** abk. für **doğu** Osten (O)
**da (de)** **A** adv auch; **onu ben de gördüm** auch ich habe ihn gesehen; **ben onu da gördüm** auch ihn habe ich gesehen **B** *Intensivierung* **bu iş hiç de doğru değil** diese Sache ist keineswegs richtig; **bu yol o kadar da uzun ki!** dieser Weg ist sehr weit **C** adv noch, sogar, selbst; **böylesi daha da iyi** so ist es noch besser; **onu babam da yapar** das kann sogar ein Greis! **D** konj und; **... konuşur da konuşur** er redet und redet; *nach dem ersten Satzglied* **... ben de ona dedim ki** ... und ich sagte zu ihr **E** konj aber; **gördü de selam vermedi** er sah (mich, uns ...), grüßte aber nicht; *zwischen zwei Verben oder Adjektiv und Verb:* **F** konj (so)dass; **hava sıcak da terledim** es war heiß, sodass ich schwitzte; **siz nasıl oldu da böyle geciktiniz?** wie kommt es, dass Sie so spät gekommen sind? **G** konj sowohl ... als auch; **çay da var, kahve de (var)** es gibt sowohl Tee als auch Kaffee; **ben de, sen de, o da hep gideceğiz** ich, du und er, alle werden wir gehen
**-da** Suffix → **-de**
**dadanmak** *-e* versessen sein auf *akk*; befallen *akk*; häufig kommen zu
**dadı** Kindermädchen n, Kinderfrau f
**dağ**[1] Berg m; Berg-; Gebirgs- (*Klima*); ~ **adamı** Bergbewohner m; Hinterwäldler m; ~ **ardında** hinter den Bergen; ~ **ayısı** *umg* Tölpel m; ~ **eteği** Fuß m des Berges; ~ **gibi** mächtig; bergehoch; ~ **sıçanı** Murmeltier n; ~ **sporu** Alpinismus m; ~ **taş** riesig (viel); so weit das Auge reicht; **~lar kadar fark** ein himmelweiter Unterschied
**dağ**[2] Brandmal n; Narbe f; MED Ätzung f
**dağar** Lederbeutel m; Tongefäß n mit breitem Hals **~cık** ⟨-ğı⟩ *fig* Wissen n; (Wort)Schatz m; **dağarcığı yüklü** *umg* er hat Grips
**dağcı** Bergsteiger m, -in f **~lık** ⟨-ğı⟩ Alpinismus m

**dağdağa** Lärm m, Tumult m
**dağdağalı** aufregend, bewegt
**dağılım** PSYCH, CHEM Dissoziation f; Zerfall m; WIRTSCH Verteilung f
**dağılış** Auflösung f; Verbreitung f; Untergang m (*e-s Reiches*)
**dağılmak** sich auflösen (*a. Armee, Wolken*); sich verbreiten; *Briefe* ausgetragen (*od verteilt*) werden; *Essen* verteilt werden; *Menge* sich zerstreuen; auseinanderbrechen (*Möbel etc*); *umg* sich verzetteln; **dağılan enerji** PHYS Strahlungsenergie f; **-in aklı** (*od kafası*) ~ sich nicht konzentrieren können
**dağınık** unaufgeräumt (*Zimmer etc*); zerstreut (*Dörfer etc*); *Boden* locker, porös; *Haare* zerzaust; MIL aufgelockert (*Formation*); *Reflexion* verstreut, diffus; *Gedanken* wirr **~ışık** Flutlicht n
**dağıtıcı** Briefträger m, -in f; (Zeitungs-)Austräger m, -in f; auflösend, zerstörend
**dağıtılmak** *passiv von* dağıtmak
**dağıtım** Verteilung f; Zustellung f (*der Post*); Vertrieb m (*von Waren*)
**dağıtmak** v/t verteilen (*-e an akk*); zuteilen (*-e j-m*); *Bücher* vertreiben; *Dividende* ausschütten; zerschlagen (*a. organisatorisch*); *Feind* vertreiben; *Post* austragen, zustellen; *Wolken, Zweifel* zerstreuen; *z. B. Zimmer* in Unordnung bringen; *Karten* geben
**¹dağkeçisi** ⟨-ni⟩ ZOOL Gämse f
**dağlamak** v/t mit e-m Brandmal versehen; *Wunde* ausbrennen; *Hitze j-m das Gesicht* verbrennen; *Pfeffer j-m den Mund, die Zunge* verbrennen; *fig* **-in içini** ~ das Herz schwer machen *dat*
**dağlı**[1] Bergbewohner m, -in f
**dağlı**[2] ... mit e-m Brandmal; narbig
**dağlıç** ⟨-cı⟩ *Art* Fettschwanzschaf n
**dağlık** gebirgig; gebirgige Gegend
**daha** noch; immer noch; MATH plus, und; ~ **gelmedi** er/sie ist noch nicht gekommen; **siz** ~ **burada mısınız?** sind Sie noch hier?; *Komparativ:* **-den** ~ **az** weniger als; ~ **çok** mehr; ~ **fazla** noch mehr; ~ **iyi** besser; ~ **iyi ya!** umso besser!; ~ **olmazsa** schlimmstenfalls; ~ **sonra** später; ~ **da zor** noch schwerer; ~ **neler**, **so was!**; **was nicht alles**; ~**sı mı?** noch mehr?, genügt das?; ~**sı var** das ist noch nicht alles

**dahi** auch; selbst; → da 3.
**dâhi** Genie *n*
**dahil** [a:] einschließlich (-*l*gen od ohne Artikel); -i ~ **etmek** etw einschließen (in akk, die Rechnung etc); -e ~ **olmak** teilnehmen (an dat); eingeschlossen sein (in dat, der Rechnung etc); gehören (zu dat, z. B. e-r Gruppe); (-in) **~inde** innerhalb gen/von; **imkan ~inde** innerhalb des Möglichen
**dahilen** ['da:-]: MED **kullanılır** innerlich anzuwenden
**dahilî** [da:hi:li:] inner- (Sicherheit, Krankheit); Innen- (Politik); Binnen- (Markt); innenpolitisch (Lage); inländisch; intern; ~ **telefon** Haustelefon(anlage *f*) *n*
**dahiliye** innere Krankheiten *f/pl*; Abteilung *f* für innere Krankheiten; ~ **uzmanı** Internist *m*, -in *f* **~ci** *umg* Internist(in *f*)
**daim** [a:] dauernd; ~ **olmak** andauern
**daima** ['da:-] immer, ständig
**daimî** [i:] dauernd; ständig, stehend (Heer); alltäglich (Arbeit)
**dair** [a:] (-e) über (akk); betreffend (akk), bezüglich (gen); **buna ~** diesbezüglich
**daire** [a:] MATH Kreis *m*; (Etagen)Wohnung *f*; Büro *n*, Amt *n*; (Verwaltungs)Abteilung *f*; (Maschinen)Raum *m*; MUS Tamburin
**dakik** genau; Präzisions-; fein(körnig), gestoßen; Angelegenheit heikel; Person gewissenhaft
**dakika** [i:] Minute *f*; **bir ~ (lütfen)!** einen Moment (bitte)!; **~sı ~sına** auf die Minute, pünktlich; **~sında** auf der Stelle, sofort
**'daktilo** Schreibmaschine *f*; Maschinenschreiben *n*; ~ **(bayan)** (Steno)Typistin *f*, Sekretärin *f*; ~ **bilmek** Maschine schreiben können; ~ **etmek** (mit der) Maschine schreiben; *umg* tippen; ~ **ile yazılmış** maschinengeschrieben; *umg* getippt; ~ **şeridi** Farbband *n* **~grafi** Maschinenschreiben *n*
**dal**¹ Zweig *m*, Ast *m*; *fig* Gebiet *n*; (Industrie)Zweig *m*; ~ **budak salmak** wachsen und wuchern; *fig* sich komplizieren; **~dan ~a konmak** es nicht lange aushalten (im Beruf); vom Hundertsten in Tausendste kommen; ~ **gibi** schlank
**dal**² Rücken *m*, -*in* **~ına basmak** akk reizen, ärgern

**dal**³ nackt, bloß
**dalak** ⟨-ğı⟩ Milz *f*
**dalakotu** ⟨-nu⟩ BOT Gamander *m*
**dalamak** *v/t* kratzen (Wolle etc)
**dalar** → dalmak
**dalaşmak** sich zanken, sich beschimpfen; Hunde sich beißen; **b-ne ~** sich mit j-m auf e-n Streit einlassen
**dala'vere** Schwindel *m*; Machenschaften *pl* **~ci** Hochstapler *m*; Intrigant *m*
**daldırma** BOT Vermehrung *f* durch Stecklinge; Steckling *m*
**daldırmak** *v/t* kaus von dalmak; Hände stecken (-e in akk); Löffel tauchen (-e in akk); Pflanzen durch Stecklinge vermehren; Taucher hinablassen (-e in akk)
**dalga** Welle *f*; Woge *f*; *umg* Schwindel *m*; *umg* Rausch(zustand) *m*; PHYS ~ **boyu** Wellenlänge *f*; ~ **çizgisi** Wellenlinie *f*; ~ **wellig**; streifenförmig; fleckenartig; ~ **geçmek** *umg* verträumen (akk), träumen (von dat); **b-le ~ geçmek** j-n veräppeln; **en kısa, kısa, orta, uzun ~** Ultrakurz-, Kurz-, Mittel-, Langwelle *f*; **ses ~sı** Schallwelle *f* **~cı** *f* Schwindler *m*; Hans Guckindieluft *m*; wetterwendisch
**dalgakıran** Wellenbrecher *m*
**dalgalanmak** *v/i* wogen; Fahne flattern; Farbe schillern, changieren; Haare wehen; **dalgalanmaya bırakmak** *fig* in der Schwebe lassen; WIRTSCH floaten lassen
**dalgalı** wogend, wellenförmig; *fig* in Gedanken (versunken); Radio mit ... Wellenbereichen; PHYS Wechsel- (Strom); *fig* gut ausgeheckt; schwebend (Schuld)
**dalgıç** ⟨-cı⟩ Taucher *m*; *fig* Gauner *m*; ~ **başlığı** Taucherglocke *f*
**dalgın** zerstreut, abwesend; apathisch; Kranker im Dämmerzustand
**dalgınlık** ⟨-ğı⟩ Zerstreutheit *f*; Apathie *f*; MED Dämmerzustand *m*
**dalkavuk** ⟨-ğu⟩ *umg* Speichellecker *m*; Schleimer *m*
**dalkılıç** ⟨-cı⟩ mit blankem Säbel
**dallandırmak** Zweige treiben lassen; *fig* aufbauschen; komplizieren
**dallanmak** *v/i* BOT Triebe ansetzen; **dallanıp budaklanmak** immer verzwickter werden
**dallı** ... mit (vielen) Zweigen; verästelt; ~ **güllü** Stoff bunt gemustert; *fig* verwickelt; ~ **budaklı** verworren

**dalma** *Ringkampf* Griff m nach den Beinen des Gegners

**dalmak** ⟨-ar⟩ (-e) tauchen (in akk); stürzen (in akk), hineinplatzen (in akk); umg sich schleichen (in akk); verschwinden (in akk); geraten (in akk); in Gedanken versinken; eindringen (in akk); fig sich vertiefen (in akk); sich Träumen (dat) hingeben; MIL einbrechen (-e in akk); Kranker das Bewusstsein verlieren; (Ringkampf) greifen nach ...; (**uykuya**) ~ einschlafen

**dalmış** fig (-e) versunken (in akk)

**daltaban** barfuß; Habenichts m

**daltonizm** MED Farbenblindheit f

**'dalya** BOT Dahlie f

**dalyan** ortsfeste Fischernetzgruppe; **~ gibi** gut gebaut, athletisch

**dam**[1] Dach n; Kate f, Hütte f, Bruchbude f; Stall m; umg Kittchen n; **~ altı** Schutzdach n; Dachstube f

**dam**[2] Dame f (im Spiel); Tanzpartnerin f

**'dama** Damespiel n; **~ taşı gibi oynatmak** fig wie eine Marionette hin- und herschieben (od -schicken)

**dama'cana** große Korbflasche

**damak** ⟨-ğı⟩ Gaumen m; Widerhaken m; **eteği weiche(r) Gaumen**; **kemiği harte(r) Gaumen**; **~ ünsüzü** LING Palatal m

**damaklı**: **~ diş** obere Prothese

**damaksı** LING palatal, Gaumen- **~laşma** Palatalisierung f

**'damalı** Stoff kariert

**damar** ANAT, GEOL, BOT Ader f; a. Zeichnung f (Marmor etc) ANAT a. Gefäß n; Erzgang m; fig Veranlagung f, Natur f, Neigung f, Hang m (zu); **-in ~ genişleten** gefäßerweiternd; **~ı tutmak** bockig sein, aus der Haut fahren; **hasislik ~ı tuttu** er neigte zum Geiz

**damaraj** SCHIFF Losmachen n

**damar|lı** geädert; Hand sehnig; fig bockig **~sız** ohne Adern; fig unverschämt

**da'masko** Damaststoff m; Damast-

**damat** [da:-] ⟨-dı⟩ Schwiegersohn m; Bräutigam m

**damga** Stempel m; Plombe f zum Versiegeln; fig Makel m; **~ pulu** Stempelmarke f; **~ vurmak** etw, akk abstempeln **~cı** Beamte(r) des Eichamtes; mit der Abstempelung (od Plombierung) Beauftragte(r) **~lamak** v/t (ab)stempeln plombieren; fig anprangern, verunglimpfen, abstempeln

**damıt|ıcı** Destillierkolben m **~ık** destilliert **~ma** Destillation f

**damıtmak** v/t destillieren

**damızlık** ⟨-ğı⟩ Zucht- (Tier, Pflanze); Ferment n

**damla** Tropfen m; Pipette f; **~ ~** tropfenweise; **~ hastalığı** Gicht f; **bir ~ çocuk** Knirps m

**damla|cık** ⟨-ğı⟩ Tröpfchen n; (Bluts-) Tropfen m; winzig **~lık** ⟨-ğı⟩ Tropfenzähler m; Pipette f; Dachrinne f

**damla|mak** (-e) v/i tropfen (auf, in akk); Hahn tropfen, undicht sein; Gast umg hereinschneien (zu) **~sakızı** Mastix m (bester Qualität) **~taş** GEOL Stalaktit m **~tmak** v/t Arznei eintröpfeln (-e in akk); destillieren

**damper** (Lastwagen) Kippvorrichtung f

**damperli**: **~ kamyon** Kipper m

**damping** Dumping n; **~ fiyatına** zu Dumpingpreisen

**-dan** Suffix → -den

**dana** Kalb n; **~ eti** Kalbfleisch n; **~nın kuyruğu koptu** das Befürchtete traf ein

**'Danca** (das) Dänisch(e); dänisch

**dandik** umg wertlos

**'dandini** hopp!; hoppe, hoppe Reiter; unordentlich; **~ ~** eiapopeia!; **ortalık ~** wüste(s) Durcheinander; Person leichtsinnig

**dangalak** ⟨-ğı⟩ umg Taps m

**dangıl**: **~ dangul** fig ungehobel

**danışıklı** vorher vereinbart; **~ döğüş** abgekartete Sache

**danışım** Konsultation f

**'danışma** Beratung f; Auskunft f; **~ bürosu** Informationsbüro n; ⛬ **Meclisi** beratende Versammlung

**'danışmak** um Rat fragen, befragen (-e akk; -i in dat); konsultieren (-e akk); besprechen, erörtern (-i akk); sich erkundigen (-i nach)

**'danışman** Berater m

**Danıştay** Oberverwaltungsgericht n (Türkei)

**Dani'marka** Dänemark n **~lı** Däne m, Dänin f

**da'niska**: **-in ~sı** das Beste von

**dank**: **-in kafasına ~ etti** (od **dedi**) umg endlich dämmerte es ihm

**dans** Tanz m; **~ etmek** tanzen **~çı** Tänzer m, **-in f ~ör** Tänzer m **~öz** Tänzerin f

f
**dan'tel(a)** Spitze f (am Kleid)
**dan'telli** Spitzen-; Münze gerändelt
**'dapdaracık** furchtbar eng
**dar** eng; schmal; Geld, Zeit knapp; adv kaum, (nur) mit Mühe; ~ **açı** MATH spitze(r) Winkel; ~ **düşünceli** engstirnig; ~ **gelirli** Kleinverdiener m; ~ **hat** Schmalspurbahn f; ~ **anlamıyla** (od **manada**) im engeren Sinn; ~ **ünlü** enger od geschlossene(r) Vokal (ı, i, u, ü); ~**da kalmak** in (Geld)Schwierigkeiten sein
**'dara** WIRTSCH Tara f; **-ın -sını düşmek** Verpackungsgewicht abziehen
**'daracık** mächtig eng
**daradar** mit knapper Not; gerade noch, umg so eben
**'darağacı** ⟨-nı⟩ Galgen m
**daral|mak** eng(er) werden; Kleid zu eng werden; Geld, Zeit knapp werden; **-in nefesi daralmak** in Atemnot kommen ~**tmak** kaus von daralmak; enger machen
**darbe** Schlag m, Hieb m; Staatsstreich m, Putsch m
**'darbımesel** osm Sprichwort n
**darboğaz** Engpass m
**dar'buka** Trommel f (in Form e-s Kruges)
**dardağan** BOT Gemeine(r) Schneeball
**dargın** ärgerlich (-e auf akk); verstimmt; abweisend ~**lık** ⟨-ğı⟩ Verstimmung f; Ärgernis n
**darı** Hirse f; ~**sı başınıza!** das wünsche ich Ihnen auch! (etwas Gutes)
**darılgan** leicht eingeschnappt
**darılmaca**: ~ **yok** nehmen Sie es bitte nicht übel!
**darılmak** (-e) sich ärgern (über akk); böse sein (auf akk); übel nehmen (akk)
**darlık** ⟨-ğı⟩ Enge f, Knappheit f; Beschränktheit f; Not f, Entbehrung f; **para darlığı** Geldknappheit f
**'darmadağın(ık)** wüst durcheinander
**darphane** [a:] Münzanstalt f
**darülaceze** ['da:r-] umg Pflegeheim n; ⚹ öffentliche Pflegeanstalt (Türkei)
**Darwincilik** ⟨-ği⟩ Darwinismus m
**dav** Zug m (Schach); ZOOL Art Zebra n
**dava** [da:va:] JUR Prozess m, Rechtssache f; Klage f; Anspruch m, Forderung f; Anliegen n; Problem n, Frage f; Sache f, Angelegenheit f; ⟨-in⟩ **aleyhine**, **-e** ~ **açmak** e-n Prozess anstrengen, ein Verfahren einleiten (gegen); ~ **etmek** verklagen; ~ **eden** Kläger m, -in f; ~ **edilen** Beklagte(r) ~**cı** Kläger m, -in f; **-den** ~ **olmak** prozessieren gegen ~**lı** Person Beklagte(r); Sache strittig
**davar** (das) kleine Hornvieh; Schafherde f; Ziegenherde f
**davavekili** ⟨-ni⟩ HIST Rechtsanwalt m (ohne Jurastudium)
**davet** [a:] ⟨-ti⟩ Einladung f; Gastmahl n; JUR Vorladung f; ~ **etmek** v/t einladen, auffordern (-e zu); provozieren; Gefahr etc auslösen; Zweifel aufkommen lassen; ~ **vermek** e-n Empfang (od ein Essen) geben ~**iye** Einladung(skarte) f; **bş-e** ~ **çıkarmak** fig etwas heraufbeschwören ~**li** Geladene(r), Gast m ~**siz** Gast ungebeten
**davlumbaz** Dunstabzugshaube f; Rauchfang m
**davranış** a. PSYCH Verhalten n, Haltung f, Benehmen n (-e karşı dat gegenüber); Vorgehen n ~**çılık** ⟨-ğı⟩ PSYCH Behaviorismus m
**davranma** Benehmen n
**davranmak** handeln, etwas tun; sich verhalten, sich benehmen; verfahren, vorgehen, auftreten (-e karşı gegen akk); **-e** ~ greifen zu; zücken akk; **b-ne iyi** etc ~ j-n gut etc behandeln
**davudi** [i:] tief (Männerstimme)
**davul** (große) Trommel f, Pauke f; umg Hintern m; ~ **çalmak** die Trommel rühren; fig ausposaunen ~**cu** Trommler m; umg Schlagzeuger m, -in f
**dayak** ⟨-ğı⟩ Prügel pl, Schläge m/pl; TECH Stütze f, Pfeiler m, Strebe f; ~ **kolu** Konsole f, Kragstein m; ~ **yemek** Prügel beziehen; **b-ne bir temiz** ~ **atmak** j-m e-e gehörige Tracht Prügel verabreichen
**dayaklamak** v/t abstützen
**dayalı** gestützt (-i -e auf akk); beruhend (auf dat); unter Berufung auf (akk); gelehnt (-e an akk); ... mit e-r Stütze; ~ **döşeli** umg voll(ständig) möbliert
**dayamak** (-i -e) lehnen (an akk), stellen (an akk); Ohr legen (an akk), etw stützen (auf akk); Arme in die Seite stemmen; (gözüme mir unter die Nase) schieben; umg kurzerhand anmelden, einreichen; umg kontern (mit); zurückführen (-e auf akk)

# DEĞE

**dayanak** Stütze f; Grundlage f; Substrat n; Widerstand m **~lı** begründet **~sız** unbegründet, weit hergeholt

**daya'namamak** sich nicht behaupten können (-egegen); nicht hinnehmen können, nicht aushalten können (-e akk)

**dayandırmak** v/t gründen (-e auf akk)

**dayanık** ⟨-ğı⟩ gelehnt, gestellt (-e gegen akk); gestützt (-e auf akk) **~lı** solide, widerstandsfähig; Stoff strapazierfähig; gewachsen (-e dat); Person a. ungerührt; SPORT ausdauernd **~lılık** ⟨-ğı⟩ Festigkeit f; Widerstandskraft f; Ausdauer f; Strapazierfähigkeit f **~sız** nicht widerstandsfähig, labil; CHEM unbeständig, flüchtig

**dayanılmaz** unerträglich

**dayanış|ma** Solidarität f **~macı** solidarisch Handelnde(r) **~macılık** ⟨-ğı⟩ Solidarismus m **~mak** sich solidarisieren

**dayanma** Widerstand m

**dayanmak** (-e) sich stützen (auf akk); sich (an)lehnen (an akk); vertrauen (auf akk); irgendwo (nicht) lange bleiben; sich halten, bestehen (-e gegen); Arbeit abwälzen (-e auf akk); Stoff strapazierfähig sein; standhalten; *gaza* ~ Gas geben

**dayatmak** kaus von dayanmak; *... diye* ~ fest darauf bestehen, zu ...; unbedingt (z. B. gehen) wollen; aufzwingen

**dayı** Onkel m (Bruder der Mutter); umg Anrede für e-n älteren Mann; hum Väterchen f **~kızı** Cousine f **~oğlu** Cousin m

**dazlak** ⟨-ğı⟩ Kahlkopf m; Skinhead m

**de** → da

**-de** (-da, -te, -ta) Lokativsuffix in dat, an dat, auf dat, bei; **nerede?** wo?; **Türkiye'de** in der Türkei; **denizde** auf dem Meer; **gökte** am Himmel; **sağ tarafta** auf der rechten Seite; **yemekte** beim Essen; **(saat) kaçta?** um wie viel Uhr? **(saat) ikide** um zwei (Uhr); *-de* **bş var/olmak** haben akk; **bende bir şehir planı var** ich habe e-n Stadtplan; *-de* **bş yok/olmamak** haben akk; **bende para yok** ich habe kein Geld; **yüzde** on zehn Prozent (od von hundert); bei Verben: als, wenn; **vardığında** als er ankam, bei seinem Eintreffen

**debdebe** Prunk m, Pomp m

**debelenmek** strampeln, zappeln; um sich schlagen; fig sich damit herumschlagen

**debriyaj** Kupplung f; ~ **pedalı** Kupplungspedal n

**dede** Großvater m, umg Opa m; Vorfahr m; REL Führer e-r alevitischen Gemeinde

**dedektif** → detektif

**dedikodu** Klatsch m **~cu** Klatschbase f, Klatschmaul n

**dedir(t)mek** kaus von demek; **kendisine tembel** etc **dedir(t)memek için** ... um nicht als faul etc zu gelten

**defa** Mal n; -mal; **~larca** häufig; **bazı** ~ zuweilen; **bir** ~ ein Mal, einmal; **birkaç** ~ einige Male; **bu** ~ diesmal; **her ~sında** mit jedem Mal; **iki** ~ zwei Mal, zweimal

**defans** SPORT Verteidigung f

**defansif** defensiv

**'defetmek** v/t Angriff abschlagen; Feind vertreiben, verjagen; Not abwenden

**defi** ⟨def'i⟩ Ausschluss m; ~ **hacet** Notdurft f

**defile** Modenschau f

**defin** ⟨-fni⟩ Bestattung f

**define** [i:] Schatz m; fig wahre Perle **~ci** Schatzgräber m

**deflasyon** Deflation f

**'defne** Lorbeer(baum) m

**'defnetmek** v/t begraben, beerdigen

**defo** WIRTSCH Fehler m

**'defolmak** sich davonmachen; **defol!** verschwinde (hier)!, raus hier!, weg hier!

**defolu** mit Fehlern

**de|formasyon** MED Missbildung f; TECH Verformung f **~forme** entstellt, verunstaltet, verformt

**defosuz** makellos, ohne Fehler (Ware)

**defroster** Defroster m; Abtauvorrichtung f

**defter** (Schreib)Heft n; WIRTSCH Buch n; Register n, Liste f; ~ **açmak** e-e Spendensammlung durchführen; e-e Freiwilligenliste aufstellen; *-in/-ini* **dürmek** j-n auf die Abschussliste setzen; ~ **tutmak** WIRTSCH Buch führen; **cep ~i** Notizbuch n; **hatıra ~i** Tagebuch n **~dar** Finanzdirektor m (e-r Provinz)

**degaj(man)** SPORT Weitschuss m

**değdirmek** kaus von değmek; **b-ne laf** (od **söz**) ~ e-e kränkende Andeutung auf j-n machen

**değer** Wert m; Preis m; Verdienst n; Vorzug m, Wert m; MATH Größe f; **-e wert** akk/gen, würdig (gen), -wert, -würdig; **-meye ~ es** lohnt sich + inf; **saygı~** ehrenwert; **~ biçilmez** unschätzbar; **-in ~ini bilmek** wertschätzen akk; **~ düşürümü** (Geld)Entwertung f; **~ kaybı** Wertverlust m; **~ vermek** Bedeutung beimessen); **~ yargısı** Werturteil n; **dene(n)meye ~ zahmete** ~ des Versuchs (od der Mühe) wert → değmek **~bilir** Kenner m **~bilmez** Verächter m; undankbar

**değerlemek** v/t schätzen
**değerlendir|me** Beurteilung f, Würdigung f, Wertung f; Aufwertung f; **~ye girmek** in die Rangliste kommen; -in **~sini yapmak** fig e-e Bilanz ziehen **~mek** v/t beurteilen; würdigen; Gebrauch machen (von); TECH verarbeiten; realisieren; -i **değerlendirmeyi bilmek** zu schätzen wissen; **boş zamanını ~** s-e Freizeit gut gestalten
**değerlenmek** an Wert gewinnen; Bedeutung (od Ansehen) gewinnen
**değerli** wertvoll, kostbar; geachtet; verdient; verdienstvoll; **~ eşya** Wertsachen f/pl; **~ kağıt** Wertpapier n
**değerlik** CHEM, GRAM Valenz f, Wertigkeit f
**değersiz** wertlos; bedeutungslos
**değgin: -e ~** akk betreffend
**değil** **A** adv nicht; **~im, ~sin** ich bin nicht, du bist nicht; **-inde ~im** mir liegt nichts (an dat); **parasında ~im, yeter ki ...** mir liegt nichts an dem Geld, wenn nur ...; **-ecek ~im** ich bin nicht gesonnen ..., ich beabsichtige nicht ...; **... bile ~** nicht, nicht einmal ...; **(doğru) ~ mi?** nicht wahr? **B** konj nicht ..., sondern, **sen ~, ben yaptım** nicht du, sondern ich habe es gemacht **C** konj so nicht ..., **~ ki başladık, bitireceğiz** da wir nun angefangen haben, machen wir es zu Ende **D** geschweige denn; **~ ağaç, ot bile yok** es gibt nicht einmal Gras, geschweige denn einen Baum
**değin** → kadar
**değinmek** -e berühren, erwähnen akk; sich beziehen auf akk
**değirmen** Mühle f; Mühl-; **~ taşı** Mühlstein m; **kahve ~i** Kaffeemühle f; **yel ~i** Windmühle f **~ci** Müller m
**değirmi** rund (Gesicht); quadratisch (Tuch)
**değiş: ~ tokuş** (Waren)Austausch m
**değişik** verändert; unterschiedlich, verschieden(artig); neuartig, originell; verschieden (-den von dat) **~lik** ⟨-ği⟩ Änderung f; Veränderung f; Veränderlichkeit f; Reform f; -de **~ yapmak** ändern akk; novellieren akk; **adres değişikliği** Anschriftänderung f; **durumda etc bir ~ var mı** gibt es etwas Neues?, irgendwelche Fortschritte?
**değişim** Änderung f; Veränderung f; Wechsel m; WIRTSCH Warenaustausch m; BIOL Variation f **~li** Wechsel-; GRAM im Wechsel stehend (Konsonanten k/g etc)
**değiş|ir** wechselnd; veränderlich **~ken** wechselhaft (Wetter etc); variabel; MATH Variable f **~me** Veränderung f; Wechsel m; Austausch m
**değiş|mek** sich (ver)ändern; wechseln; Beamter abgelöst werden **B** ersetzen (-i -le akk durch); austauschen (-i -le akk mit); (-i) Wäsche wechseln; **onu dünyaya değişmem** ich tausche ihn für nichts in der Welt ein **~mez** unveränderlich; beständig; MATH Konstante f
**değiştirilme** passiv von değiştirmek Ablösung f (der Wache)
**değiştirme** Umbildung f; Umtausch m (e-r Ware)
**değiştirmek** kaus von değişmek; v/t (ver)ändern; ersetzen (-i -le akk durch); austauschen (-le gegen); Wache ablösen; Wäsche wechseln; **el ~** s-n Besitzer wechseln; **üstünü ~** sich umziehen
**değme** Kontakt m; Berührung f; prominent, ausgesucht
**değmek**[1] ⟨-er⟩ -e berühren (akk); umg kommen (an akk); Ziel treffen
**değmek**[2] ⟨-er⟩ -e lohnen akk; **görmeğe değer** sehenswert; **zahmete değmez** es lohnt die Mühe nicht
**değnek** ⟨-ği⟩ Stock m; Stab m; **kayak değneği** Skistock m **~çi** Parkplatzwächter m
**deh** int hüh!
**deha** [a:] Genie n; Genialität f
**dehlemek** v/t mit „hüh" antreiben; umg akk rausschmeißen
**dehliz** Vestibül n; Korridor m; ANAT Gehörgang m
**dehşet** ⟨-ti⟩ Schrecken m; Terror m;

## DEME

*umg* furchtbar, ganz doll; **-i ~e düşürmek** *akk* in Schrecken versetzen

**dehşetli** schrecklich, fürchterlich

**dejenere** verdorben, degeneriert; **-i ~ etmek** verderben *akk*; **~ olmak** *v/i* verderben, degenerieren

**dek** → kadar

**dekadan** dekadent **~lık** ⟨-ğı⟩ Dekadenz *f*

**dekagram** Dekagramm *n*

**dekan** Dekan *m* (*Universität*)

**deklanşör** Auslöser *m*; FLUG Ausklinkvorrichtung *f*

**deklarasyon** Bekanntgabe *f*; Zollerklärung *f*

**deklare:** **~ etmek** Zoll deklarieren

**dekolte** dekolletiert; ausgeschnitten; Dekolleté *n*; **~ konuşmak** unverblümt (*od* sehr ungeniert) reden

**dekont** ⟨-tu⟩ WIRTSCH Kontoauszug *m*

**dekor** THEAT Dekoration *f*, Bühnenbild *n*; Ausstattung *f*

**dekor|asyon** Dekorierung *f*; Einrichtung *f* **~atif** dekorativ **~atör** Dekorateur *m*, -in *f*

**dekovil** Feldbahn *f*

**dekstr|in** Dextrin *n* **~oz** Dextrose *f*

**delege** Abgesandte(r), Delegierte(r)

**deler** → delmek

**deli** verrückt; wahnsinnig; *fig* stürmisch; *Baum* unveredelt; *Fluss* reißend; *Bach* reißend; **~ pazarı** Tohuwabohu *n*; **kitap ~sı** Büchernarr *m*; **sevinç ~si** wahnsinnig vor Freude; **~ dana(lar) gibi dönmek** *fig* den Kopf verlieren; **~ etmek** verrückt machen; **~ olmak** wahnsinnig werden; **(-e)** verrückt sein (nach *dat*); **~ye dönmek** *fig* verrückt werden (vor *dat*)

**delibozuk** querköpfig, unausgeglichen

**de'lice¹** (wie) verrückt

**delice²** BOT Wildhafer *m*

**delidana** *hum* stürmischer junger Mensch; **~ (hastalığı)** *umg* Rinderwahnsinn *m*

**deli|dolu** unbesonnen **~fişek** leichtsinnig; Windbeutel *m*

**delik** ⟨-ği⟩ Loch *n*; Öffnung *f*; *umg* Loch *n*; durchbort, perforiert, durchlöchert; **~ açmak** ein Loch bohren; **anahtar deliği** Schlüsselloch *n*; **fare deliği** Mauseloch *n*; **-i deliğe tıkmak** *umg* *akk* einlochen; **~ deşik** völlig durchlöchert; *Kleidung* zerrissen, schäbig; **~ deşik etmek** niederschießen; durchlöchern; **~ deşik aramak** alle Winkel durchstöbern

**delikanlı** junge(r) Mann, Bursche *m*; **~ adam** *umg* tugendhafte(r) Mann **~lık** ⟨-ğı⟩ Jugend *f* (*für Männer*)

**delikli** mit Loch, mit Löchern; durchlöchert; **~ tuğla** Hohlziegel *m*

**deliksiz** ohne Loch, ohne Löcher; **~ çıkarmak** Waren ohne Ausschuss auf den Markt bringen; **~ karanlık** ägyptische Finsternis; **~ uyku** feste(r) Schlaf

**delil** Beweis *m*; Beweismittel *n*; Anzeichen *n*; **~ göstermek** Beweise beibringen; **~ yetersizliğinden** aus Mangel an Beweisen

**delilik** ⟨-ği⟩ Verrücktheit *f*; *fig* Unsinn *m*

**delinmek** *passiv von* delmek; ein Loch (*od* Löcher) bekommen; untergraben (*od* umgangen) werden

**delirmek** verrückt werden; *fig umg* ganz weg sein (vor *dat*)

**delişmen** verwöhnt, überspannt

**delko** TECH Zündspule *f*

**del|me** Bohrung *f* **~mek** ⟨-er⟩ *v/t* durchbohren; lochen; durchstechen

**'delta** Delta *n*

**dem** Augenblick *m*, Zeit *f*; *Tee* Aufguss; *umg* Betäubungsmittel *n*; **her ~** die ganze Zeit; **jeden Augenblick; ~ çekmek** Vögel singen; *umg* pichein; **-den ~ vurmak** plaudern über *akk*

**demago|g** Demagoge *m*, Volksverführer *m* **~ji** Demagogie *f*

**demarke:** SPORT **~ etmek** demarkieren

**deme: ~m o ~(k) değil** das meinte ich nicht; **~m şu ki ...** ich will damit sagen, dass ...

**demeç** ⟨-ci⟩ POL Erklärung *f*; Interview *n*; **~ vermek** eine Erklärung abgeben

**demek¹** ⟨der, diyor⟩ sagen; **-e** sagen (zu); **-e ... ~** heißen, nennen *akk*; halten (von); **ona yalancı diyorlar** sie nennen ihn einen Lügner; **deme** sag bloß nicht!; **(bir hafta) demeden** es war noch keine Woche vergangen ...; **desene!** sieh mal an!; **dedi mi kaum** (*geschieht etw*); **saat üç dedi mi ...** kaum schlägt die Uhr drei ...; **der demez kaum ...**, da ...; **olmaz** *etc* **demeye getirdi** sie meinte (indirekt): "Nein"; **deme gitsin** ganz unbeschreiblich; **dur demeye kalmadı** kaum konnte man "Halt!" sagen,

als; *-e* **diyecek yok** es gibt nichts einzuwenden gegen; **dediği dedik olmak** s-n Willen durchsetzen
**demek**² das heißt, also; **~ (oluyor) ki** das heißt also; demnach; **~(tir)** bedeutet, bedeuten; **bu bir servet ~** das ist ja ein Vermögen; **... (Türkçe) ne ~** was bedeutet ... (auf Türkisch)?
**dememek** nicht beachten; **yağmur demeden** ohne den Regen zu beachten
**demet** ⟨-ti⟩ Bukett *n*, Strauß *m*; (Haar-) Büschel *n*; PHYS Bündel *n* **~lemek** *v/t* bündeln; e-n Strauß machen
'**demin** (gerade) eben; vorhin **~cek** *umg* gerade eben **~den: ~ beri** schon die ganze Zeit **~ki** von vorhin
**demir** Eisen *n*; Ketten *f/pl*, Fesseln *f/pl*; SCHIFF Anker *m*; *am Schuh* Eisenplättchen *n*; eiserne(r) Teil; Eisen-, eisern; **~ almak** den Anker lichten; **~ atmak** Anker werfen; **~ eritme fırını** Hochofen *m*; **~ gibi** *fig* eisern; **~ leblebi** *fig* harte Nuss; **~de yatmak** vor Anker liegen
**demirbaş** Inventar *n*; zum Inventar gehörig; *hum* (der) Älteste *im Amt etc* ständig, hartnäckig; **~ erzak** eiserne Ration; **~ eşya** Inventar *n*
**demir|ci** Schmied *m*; Eisenhändler *m* **~cilik** ⟨-ği⟩ Schmiedehandwerk *n* **~hane** [a:] Schmiede *f*; Eisenhütte *f* **~hindi** BOT Tamarinde *f*; Erfrischungsgetränk *n* **~kapı** GEOG Eiserne(s) Tor
**Demirkazık** ⟨-ğı⟩ ASTRON Polarstern *m*
**demirlemek** **A** *v/t* mit Eisen beschlagen; *Tür etc* verriegeln **B** *v/i Schiff* ankern
**demirli** eisenhaltig; vor Anker liegend
**demirperde** HIST Eiserne(r) Vorhang
**demiryol** → demiryolu
**demiryolcu** Eisenbahner *m*, -in *f*
**de'miryolu** Eisenbahn *f*; Eisenbahnlinie *f*; Eisenbahn- (*Station etc*); **~ bekçisi** Bahnwärter *m*; **~ köprüsü** Eisenbahnbrücke *f*; **~ makası** Weiche *f*; **~ şebekesi** Eisenbahnnetz *n*; **dar hatlı ~** Schmalspurbahn *f*
**demle|mek**, **~ndirmek** *v/t Tee* aufgießen, ziehen lassen **~nmek** *v/i Tee* ziehen; *umg* pichelu, einen heben
**demli** Tee gezogen, stark
'**demlik** ⟨-ği⟩ Samowarkännchen *n*
**demo** IT Demoversion *f*

**demode** unmodern, veraltet
**demokrasi** Demokratie *f*
**demokrat** ⟨-tı⟩ Demokrat *m*, -in *f*
**demokratik** demokratisch; **Alman ≈ Cumhuriyeti** Deutsche Demokratische Republik (DDR); **≈ Sol Parti** Partei der Demokratischen Linken (DSP) **~leştirmek** *v/t* demokratisieren
**demokratlaşma** Demokratisierung *f*
**demokratlaşmak** demokratisch werden
**-den** ⟨*-dan; -ten, -tan*⟩ **A** Ablativsuffix aus, von, durch; **nereden?** woher?; **Ankara' dan** aus Ankara; **okuldan** von der Schule; **yemekten** vom Essen **B** *bei Postpositionen* **-den başka** außer *dat*; **-den beri** seit *dat*; **-den dolayı/ötürü** wegen *gen* **C** *beim Komparativ*: als, **bedava sirke baldan tatlıdır** geschenkter Essig ist süßer als Honig
**denek** ⟨-ği⟩ Versuchsperson *f*
**denektaşı** ⟨-nı⟩ Prüfstein *m*
**deneme** Versuch *m*, Experiment *n*; Probe *f*; LIT Essay *m*; **~ süresi** Probezeit *f*; **~ tahtası** *pej* Versuchsobjekt *n*
**denemeci** LIT Essayist *m*, -in *f*
**denemek** *v/t* versuchen, probieren; *e-e Arznei* erproben; *e-m Versuch unterziehen*; experimentieren (mit); **şansını ~** sein Glück versuchen
**den(il)mek** *passiv von* demek
**denenmek** *passiv von* denemek
**denenmiş** Person erprobt, erfahren; *Sache* bewährt
**denet|çi** Kontrolleur *m*, -in *f* **~im** Kontrolle *f*; **~(i) altına almak** unter (seine) Kontrolle bringen **~leme** Kontrolle *f*; Kontroll- **~lemek** kontrollieren **~leyici** Kontrolleur *m*, -in *f*; Kontrollapparat *m*
**deney** Versuch *m*, Experiment *n*; Erfahrung *f* **~ci** PHIL Empirist *m*, -in *f* **~cilik** ⟨-ği⟩ PHIL Empirismus *m* **~im** Erfahrung *f* **~kap** Reagenzglas *n* **~li** erfahren, geschult **~sel** experimentell; Experimental- **~selcilik** ⟨-ği⟩ PHIL Experimentalismus *m*
**denge** Gleichgewicht *n*; *-in* **~si bozulmak** straucheln, taumeln; *a. fig* das Gleichgewicht *gen/von* gestört werden **~lemek** *v/t* ins Gleichgewicht bringen, ausgleichen, ausbalancieren **~leyici** TECH Stabilisator *m* **~li** ausgeglichen,

ausgewogen, ausbalanciert **~siz** unausgeglichen; PSYCH labil **~sizlik** ⟨-ği⟩ Unausgeglichenheit f; Ungleichgewicht n; Labilität f

**denilmek** passiv von demek

**deniz** Meer n, See f; **~ baskını** Sturmflut f; **~ böceği** ZOOL Garnele f; **~ gözlüğü** Tauchermaske f, umg Taucherbrille f; **~ nakliyatı** Seetransport m; **~ tutması** Seekrankheit f; **~ üssü** MIL Marinestützpunkt m; **~ yoluyla** auf dem Seewege; **~e girmek** (im Meer) baden; **~e indirmek** vom Stapel lassen; **iç ~** Binnenmeer n; **beni ~ tutar** ich werde (leicht) seekrank

**deniz|altı** ⟨-nı⟩ Unterseeboot n, U-Boot n **~anası** ZOOL Qualle f **~aşırı** Übersee-, überseeisch **~atı** ⟨-nı⟩ ZOOL Seepferdchen n

**denizci** Matrose m, Seemann m; Seefahrer m **~lik** ⟨-ği⟩ Seefahrt f

**deniz|gergedanı** ⟨-nı⟩ ZOOL Narwal m **~kestanesi** ⟨-ni⟩ ZOOL Seeigel m **~kızı** ⟨-nı⟩ Meerjungfrau f; ZOOL Seekuh f **~kulağı** GEOG Lagune f; ZOOL Seeohr n

**deniz|lik** ⟨-ği⟩ Fenstersims m

**denk**[1] ⟨-gi⟩ Gleichgewicht n; Gegengewicht n; Traglast f; (gewichtsmäßig) gleich; fig zueinanderpassend; **~ gelmek** ins Gleichgewicht kommen; sich ausgleichen; gleiches Gewicht haben; passen; **dengine getirmek** fig den richtigen Moment erwischen (-i für akk); **dengi dengine** zu jedem Topf gibts einen Deckel

**denk**[2] ⟨-gi⟩ Ballen m

**denklem** MATH Gleichung f

**denkle|mek** v/t ausgleichen, ausbalancieren **~şmek** ausbalanciert sein; verglichen werden (-le mit dat); entsprechen (-le dat) **~ştirim** (Steuer)Ausgleich m **~ştirmek** v/t ins Gleichgewicht bringen; fig ausgleichen

**denklik** ⟨-ği⟩ Gleichgewicht n; Angemessenheit f

**denli**[1] taktvoll; **~ densiz konuşmak** ungereimte(s) Zeug reden

**denli**[2] derart ... (ki dass); **ne ~ ..., o ~** je mehr ..., desto ...

**denmek** passiv von demek

**densiz** taktlos; unanständig **~lenmek** sich taktlos benehmen **~lik** ⟨-ği⟩ Taktlosigkeit f; Unanständigkeit f

**deodoran** Deodorant n

**depar** SPORT Start m

**departman** Abteilung f

**deplasman** SPORT Auswärtsspiel n; **~a çıkmak** auswärts spielen

**'depo** Lager n, Depot n; AUTO Tank m; Speicher m; **-i ~ etmek** speichern; auf Lager haben

**'depolamak** lagern; speichern

**depo'zit(o)** WIRTSCH Kaution f, Sicherheit f; Pfand n (für Flaschen etc)

**deprem** Erdbeben n; **artçı ~** Nachbeben n; **~e (karşı) dayanıklı** erdbebensicher **~sel** seismisch **~yazar** Seismograf m

**depresyon** PSYCH Depression f; **~a girmek** in e-e Depression kommen

**depreş|mek** Krankheit etc erneut auftreten **~tirmek** v/t fig (wieder) aufwühlen, aufrühren

**der** → demek

**derbeder** Strolch m; schlampig

**derbent** ⟨-di⟩ Engpass m; HIST Grenzburg f

**dere** Bach m; Tal n, Schlucht f; Rinnstein m

**derebey|i** ⟨-ni⟩ HIST Feudalherr m; Despot m **~lik** ⟨-ği⟩ HIST Feudalherrschaft f; Lehenswesen n

**derece** Grad m; Stufe f; umg Thermometer n; SPORT Klasse f; **~ almak** in die Rangliste kommen; **~ ~** nach und nach; **o ~de ki** derartig (dass); **son ~(de)** äußerst, höchst; **bir ~ye kadar** bis zu e-m gewissen Grad; **sıfatlarda ~** GRAM Steigerung f der Adjektive

**derece|lemek** unterteilen, aufteilen; klassifizieren **~li**: **orta ~** mittleren Grades; **~ deneykap** Messbecher m

**de'reotu** ⟨-nu⟩ BOT Dill m

**dergi** Zeitschrift f

**'derhal** sofort

**deri** Haut f; Tier Fell n; ledern, Leder-(Tasche) **~altı** ANAT subkutan

**derici** Gerber m **~lik** ⟨-ği⟩ Lederproduktion f; Lederhandel m

**derilenmek** v/i zuheilen, vernarben

**derili**: **siyah ~** schwärzhäutig

**derin** tief; Tiefe f; fig tief greifend (Reform etc); fig tiefsinnig; **~ ~ düşünmek** grübeln; angestrengt nachdenken; **~ devlet** Staat m im Staat; **~ dondurucu**

**Tiefkühlschrank** m, -fach n, -truhe f; **~den ~e** von Weitem

**derin|leşmek** tiefer werden; *fig* **-de** sich spezialisieren auf *akk* **~leştirmek** vertiefen **~lik** ⟨-ği⟩ Tiefe f; FOTO Tiefenschärfe f

**derisidikenli** ZOOL Stachelhäuter m

**derişik** CHEM konzentriert, gesättigt

**derişme** CHEM Konzentration f, Sättigung f **~mek** sich konzentrieren, gesättigt werden

**derken** *Konjunktionaladverb* mittlerweile, inzwischen; da, in diesem Augenblick; **~ yağmur başladı** da fing es an zu regnen; *Konjunktion* indem; (gerade) als; obwohl (man wollte, man sollte), so doch ...; **onu kurtarayım ~ az kalsın ben de ...** indem ich ihn retten wollte, wäre ich fast ...

**derle|me** Sammlung f; ausgewählt (*Märchen*) **~mek** v/t sammeln; *Blumen* pflücken; **derleyip toparlamak** aufräumen, ordnen **~nmek** *passiv von* **derlemek**; v/i sich zusammenreißen

**derleyen** Herausgeber m, -in f

**derli: ~ toplu** aufgeräumt; geordnet

**derman** [a:] Kraft f (-e zu dat); Heilmittel n (-e für akk); Ausweg m; Trost m (suchen); **-e bulmak** e-n Ausweg finden (aus dat); **-e ~sız** kraftlos, erschöpft; unheilbar; Kummer unstillbar **~sızlık** ⟨-ğı⟩ Erschöpfung f; Kraftlosigkeit f

**dermatolog** ⟨-ğu⟩ Hautarzt m, -ärztin f

**derme: ~ çatma** Sache zusammengesucht; Arbeit hingepfuscht; Haus zusammengeschustert; Gruppe zusammengewürfelt

**dermek** ⟨-er⟩ sammeln; *Blumen* pflücken

**dernek** ⟨-ği⟩ Verein m

**ders** Lektion f, Stunde f; (Haus)Aufgabe f; *fig* Lektion f, Beispiel n; *meist pl* Unterricht m; **~ almak** Stunden nehmen (den bei); *fig* e-e Lehre ziehen (den aus); **~ gereçleri** Unterrichtsmaterial n; **~ kitabı** Schulbuch n; **~ vermek** Unterricht erteilen; *fig* e-e Lektion erteilen; **~e kaldırmak** die Lektion abfragen; **din ~i** Religionsunterricht m

**dersane** Klassenzimmer n; Privatschule f

**derslik** Klassenzimmer n

**dert** ⟨-di⟩ Leid n; Sorge f, Kummer m; Schmerz m; chronische Krankheit f; Laster n, Übel n; **onun derdi günü** seine einzige Sorge, sein einziges Interesse; **-in derdine yanmak** betrübt sein über *akk*; **~ ortağı** Leidensgenosse m, -genossin f; **~** (*od* **derdini**) **yanmak** sein Herz ausschütten

**dertlenmek** sich grämen

**dertleşmek** *-le* über s-e Sorgen reden mit

**dertli** betrübt; verdrossen; kummervoll

**dertop: ~ etmek** zusammenknüllen

**dertsiz** unbekümmert; schmerzlos

**derviş** Derwisch m; *fig* anspruchslos (*Person*)

**derya** [a:] Meer n; *fig* Anhäufung f (*von dat*); *Person* wandelnde(s) Lexikon

**desen** Muster n, Dessin n; Skizze f; (Mode)Zeichnen n

**desi-** Dezi-

**desinatör** technische(r) Zeichner, technische Zeichnerin; Modezeichner m, -in f

**despot** ⟨-tu⟩ Tyrann m, Despot m; Erzbischof m (*griechisch-orthodox*), Metropolit m **~ik** tyrannisch **~izm** Tyrannei f

**destan** Epos n, Heldenlied n; *fig* **~ gibi** sehr lang (z. B. Brief); **dillere ~** sagenhaft, legendär, in aller Munde; **dillere ~ olmak** zur Legende werden

**deste** Bündel n; Paket n; Bukett n; Satz m, Spiel m (*Karten*); **~ başı** Muster n auf e-r Warensendung

**destek** ⟨-ği⟩ Balken m; TECH Träger m; Widerlager n, Stütze f; MATH Vektorlinie f; *fig* Unterstützung f; Hefter m; **~ görmek** Unterstützung erhalten; **-e ~ olmak** e-e Stütze sein dat; **-e ~ çıkmak** sich hinter *akk* stellen **~doku** ⟨-yu⟩ ANAT Bindegewebe n **~leme** Unterstützung f; Sicherung f; Stütz-

**destek|lemek** v/t (ab)stützen; *fig* unterstützen, befürworten **~leyen** Befürworter m **~siz** schutzlos

**destelemek** bündeln; zu e-m Paket machen

**des'troyer** SCHIFF, MIL Zerstörer m

**'destur**¹ [u:] gestatten Sie!; Vorsicht!

**destur**² [u:] Erlaubnis f

**deşarj** ELEK Entladung f (a. der Waffe); Ausladen n; ELEK **~ olmak** sich entladen, Akku *umg* alle, leer sein; *fig* sich (*dat*)

Luft machen, sich abreagieren
**deşelemek** v/t Boden aufwühlen; fig ausforschen
**deşifre**: **~ etmek** entschlüsseln
**deşik** ⟨-ği⟩ durchstochen, durchlöchert; Loch n; Bresche f
**deşmek** ⟨-er⟩ v/t durchstechen; Furunkel aufstechen; a. fig Wunde (wieder) aufreißen; fig Frage anschneiden
**detant** POL Entspannung f
**detay** Detail n, Einzelheit f; **~lı** → ayrıntılı
**detektif** Detektiv m
**detektör** Detektor m
**deterjan** Waschmittel n; Spülmittel n
**determinant** ⟨-tı⟩ MATH Determinante f
**dev/dak** abk → devir²
**dev** böse(r) Geist, Dämon m; Riese m; Ungeheuer n; **~ adımlar(ıy)la** mit Riesenschritten
**deva** [a:] Arznei f; Heilmittel n
**devalüasyon** WIRTSCH Abwertung f; **~ yapmak** abwerten
**devam** [a:] Fortsetzung f; Dauer f; Besuch m (-e gen); Beharrlichkeit f; **~ etmek** andauern, weitergehen; fortfahren; -e Schule besuchen, Lokal frequentieren; -de **~ etmek** weiter etw sagen (od tun); nicht davon ablassen, zu ...; **~ (et)!** weiter(machen)!, fahr fort!; **~ var** Fortsetzung folgt **~lı** [a] 🅐 adv ununterbrochen, pausenlos 🅑 adj Personal fest (eingestellt); Schüler eifrig, ... der nie fehlt; selten abwesend **~sız** [a] unterbrochen; unregelmäßig (Schulbesuch); Schüler häufig abwesend **~sızlık** ⟨-ğı⟩ Unbeständigkeit f; häufiges Fehlen im Unterricht; **~tan kalmak** wegen häufiger Abwesenheit sitzen bleiben
ˈ**devaynası** ⟨-nı⟩ Vergrößerungsspiegel m; (kendini) **~nda görmek** größenwahnsinnig sein
**deve** Kamel n; **~ adımı ile** ganz gemächlich; **~ gibi** plump; **-i ~ yapmak** einheimsen, beiseiteschaffen; **~de kulak** herzlich wenig (od unbedeutend); **~nin başı** (od **nalı**)! dummes Zeug!
**deve|boynu** ⟨-nu⟩ Rohr n in S- od U-Form **~ci** Kamelkarawanenführer m; Kamelbesitzer m **~dikeni** ⟨-ni⟩ BOT Art Mariendistel f **~dişi** ⟨-ni⟩ grobkörnig

**devekuşu** ⟨-nu⟩ ZOOL Strauß m
**deveran** [a:] Umlauf m; Kreislauf m
**devetabanı** BOT Gemeine(r) Huflattich (Tussilago farfara); BOT Philodendron m (a. n)
**devetüyü** ⟨-nü⟩ Kamelhaar n; Kamelhaar-; hellbraun
**devimbilim** Kinematik f; Dynamik f **~sel** kinematisch; dynamisch
**devin|gen** beweglich, mobil; bewegt, lebhaft **~im** Bewegung f **~mek** sich bewegen; sich vorwärtsbewegen
**devir¹** ⟨-vri⟩ Epoche f; Zeit(abschnitt m) f; Periode f; **Osmanlı Devri** (die) osmanische Epoche
**devir²** ⟨-vri⟩ PHYS Umdrehung f; **~/dakika, dev/dak** Umdrehungen pro Minute (U/min); Umladung f (-den -e von dat auf akk); JUR, WIRTSCH Übertragung f
**devirli** periodisch, mit ... Umdrehungen
**devirmek** Sache, Möbel umstürzen; Baum fällen; umlegen; umg Buch verschlingen; fig Regierung stürzen; Glas Wasser umg runterkippen; auf die Seite schieben
**devlet** ⟨-ti⟩ Staat m; fig Glück n, Chance f; **~ adamı** Staatsmann m; **~ baba** „Vater Staat" m; **~ başkanı** Staatspräsident m, -in f; **b-nin başına ~ kuşu kondu** ein (unerwarteter) Glücksfall für akk
**devlet|çi** POL Etatist m, -in f **~çilik** ⟨-ği⟩ Etatismus m; Dirigismus m **~leştirmek** v/t verstaatlichen **~li** HIST Titel hochwohlgeboren **~siz** staatenlos; unglücklich; erfolglos
ˈ**devralmak** v/t die Wache ablösen; e-e Aufgabe übernehmen
**devran** [a:] Schicksal n; Zeit f
**devre** Periode f; Zeit(abschnitt m) f; Phase f, Zyklus m; ELEK Stromkreis m; Schaltung f; **~ anahtarı** Relais n; **~ sayısı** PHYS Periodenzahl f; **kısa ~** ELEK Kurzschluss m
ˈ**devren** JUR mit Übertragung der Rechte; WIRTSCH mit Übertrag; **~ kiralık** mit Inventar zu vermieten (Betrieb)
**devretmek** 🅐 v/i sich drehen, kreisen; PHYS e-n Umlauf, e-e Umdrehung ausführen 🅑 v/t WIRTSCH übertragen; übergeben, aushändigen
**devri** → devir
**devrî** Umdrehungs-, Rotations-; perio-

disch, zyklisch
**devrik** umgestürzt, umgekippt; POL gestürzt; GRAM **~ cümle** Inversion f; **~ yaka** umgeschlagene(r) Kragen; Schillerkragen m
**devrilmek** passiv von devirmek; v/i umfallen, umkippen; Regierung stürzen
**devrim** Revolution f; Umsturz m; **dil ~i** Sprachreform f; **harf ~i** Schriftreform f
**devrimci** Revolutionär m, -in f; revolutionär **~lik** ⟨-ği⟩ Revolutionismus m, Revolutionsgeist m
**devrisi** nächst-, folgend
**devriye** Patrouille f, Streife f
**devşirim** Ernte f, Ertrag m
**devşirme** Pflücken n; HIST Aushebung f der Janitscharenrekruten; **~ (oğlanı)** HIST Janitscharenrekrut m
**devşirmek** pflücken, (ein)sammeln; Wäsche zusammenlegen
**deyim** Ausdruck m, Redewendung f; Worte n/pl; **~ yerindeyse** mit Verlaub (gesagt); **başka bir ~le** mit anderen Worten
**deyiş** Äußerung f, Erklärung f; Epos n, Heldenlied n, Volkslied n
**deyyus** [u:] Hahnrei m
**dezavantaj** Nachteil m **~lı** nachteilig; im Nachteil; **~ duruma düşmek** im Nachteil sein, übervorteilt werden
**dezenfeksiyon** Desinfektion f
**dezenfektan** Desinfektionsmittel n
**dezenfekte** desinfiziert; **-i ~ etmek** desinfizieren (akk)
**dezenfektuar** Desinfektionsanstalt f
**dığdığı** jemand, der ein Zäpfchen anstatt e-s Zungenspitzen-r spricht
**dımbırdatmak** umg spielen, zupfen, geigen
**dımdızlak** splitternackt; umg **~ kalmak** aufgeschmissen sein
**dırdır** umg Gequassel n; **~ etmek** umg quasseln
**dırıltı** → dırdır; Zänkerei f; Meckerei f; **~ çıkarmak** e-n Streit vom Zaun brechen
**dırla(n)mak** meckern; **o dırlanıp durur** er meckert dauernd
**dırlaşmak** umg stänkern
**dış** **A** adj/subst Außenseite f; außen-, Außen-; Auslands-; (das) Äußere; **görünüşte** dem Aussehen nach; **~ kapı** Haustür f; **~ lastik** Auto Reifen m; **~ siyaset** Außenpolitik f; **~ taraf** Außenseite f; **~ ticaret** Außenhandel m; **~a açılmak** sich (der Außenwelt) öffnen; **evlilik ~ı** außerehelich; **kanun ~ı** illegal; **-i kanun ~ı etmek** akk ächten, in Acht und Bann tun; **~ kapının ~ı mandalı** entfernte(r) Verwandte(r); **yarışma ~ı** außer Konkurrenz **B** postp **-in ~ına** über ... (akk) hinweg; **-in ~ında** Ort außerhalb (gen); draußen (vor dat); fig außer (dat); **şehir ~ında** außerhalb der Stadt **C** adv **bunun ~ında** darüber hinaus
**dı'şadönük** ⟨-ğü⟩ extrovertiert
**'dışalım** WIRTSCH Einfuhr f, Import m
**dışarı** außen; draußen; hinaus-; nach draußen; Ausland n; Provinz f, Dorf n, Land n (Gegensatz Stadt); **-i ~ çıkarmak** etw (z. B. den Kopf) hinausstrecken (**pencereden** zum Fenster); **~ çıkmak** weggehen; umg austreten; **~ çık** umg zieh ab!; **-den ~ çıkmamak** fig im Rahmen (gen) bleiben; **~da** draußen; **~dan** von außen; von draußen; **~sında** → dışında; **~sı soğuk** draußen ist es kalt; **~ya** nach draußen, hinaus; **~ya gitmek** in die Provinz (od aufs Land) gehen; ins Ausland fahren
**dışarlıklı** aus der Provinz (Person)
**dı'savurumcu** Expressionist m, -in f **~luk** ⟨-ğu⟩ Expressionismus m
**'dışbükey** konvex, Konvex-
**'dışderi** ANAT Ektoderm n
**dışık** ⟨-ğı⟩ TECH Schlacke f
**dışında** → dış
**'dışişleri** ⟨-ni⟩ auswärtige Angelegenheiten f/pl; **~ bakanı** Außenminister m, -in f; **♀ Bakanlığı** Außenministerium n, Almanya Auswärtige(s) Amt n (AA)
**dışkı** Exkremente n/pl, MED Stuhl m
**'dışkulak** ⟨-ğı⟩ ANAT äußere(s) Ohr n
**'dışlamak** (-den) ausschließen, ausschalten; diskriminieren
**'dışlanma** Ausgrenzung f; Diskriminierung f
**'dışımerkez** Epizentrum n **~perde** THEAT Vorhang m **~rak** erblich **~sahne** FILM Außenaufnahmen f/pl **~satım** WIRTSCH Ausfuhr f, Export m
**'dıştan** PHIL außer-; zufällig; objektiv; außen-; **~ takma motor** Außenbordmotor m **~yüz** Äußere(s) n
**dızdız** Summen n **~cı** Schwindler m, Taschendieb m **~cılık** ⟨-ğı⟩ Schwindel m; Taschendiebstahl m

**dızlamak** summen
**diba** [di:ba:] *Art* Taft *m*
**dibek** ⟨-ği⟩ große(r) Mörser *m*; **~ kahvesi** Mokka *m (aus zerstoßenem Kaffee)*
**'Dicle** Tigris *m*
**didaktik** ⟨-ği⟩ Didaktik *f*; didaktisch
**dider** → ditmek
**didik**: **~ ~** zerfasert; zerhackt; zerzaust; **~ ~ etmek**, **~lemek** zerfasern, zerzausen; *Vögel* zerhacken, zerpicken; *fig* durchsuchen, durchwühlen; *Thema* zerpflücken; analysieren
**didinmek** sich abrackern
**didişken** Streithammel *m*
**didiş|mek** Streit *m*, Zank *m* **~mek** sich zanken *(-le mit dat)*; schuften
**diferansiyel** *Auto* Differenzial (-getriebe) *n*; MATH Differenzial *n*
**'difteri** MED Diphtherie *f*
**diftong** LING Diphthong *m*
**difüzyon** PHYS Diffusion *f*
**diğer** ander-; **~ biri** ein anderer; **~ taraftan** anderseits **~kâm** altruistisch
**dijital** digital; Digital- **~izasyon** Digitalisierung *f*
**dik** ⟨-ki⟩ vertikal, senkrecht; steil; aufrecht; MATH rechtwinklig; *fig* scharf; giftig; **~ açı** rechte(r) Winkel; **~ başlı** stolz und aufrecht; bockig; **~ ~ bakmak** streng *(od* scharf) blicken; → dikmek; **~ kafalı** halsstarrig; **~ ses** schneidende Stimme; **~ sözlü** sehr direkt, kränkend; **~ yokuş** steile(r) Anstieg
**dikdörtgen** Rechteck *n*
**dikelmek** unbeweglich dastehen; stehen und warten; *fig* scharf antworten
**diken** Dorn *m (der Rose)*; BOT Stachel *m*; BOT Distel *f*; BOT Dornkraut *n*; **~ üstünde oturmak** *(od* **olmak)** wie auf glühenden Kohlen sitzen **~ce** ZOOL Stichling *m*
**di'kenduku** ⟨-nu⟩ BOT Brombeere *f*
**dikenli** dornig; stachelig; *fig* dornig; heikel; **~ tarla** Distelfeld *n*; **~ tel** Stacheldraht *m*
**diker** → dikmek
**dikey** senkrecht
**dikici** (Flick)Schuster *m*; (Änderungs-) Schneider *m*
**dikili**[1] aufrecht stehend; *Baum* gepflanzt; *Denkmal* errichtet
**dikili**[2] genäht
**dikilitaş** Obelisk *m*

**dikilmek** *passiv von* dikmek; *v/i* **-in karşısına ~** *fig* sich erheben gegen *akk*
**dikim**[1]: **~ zamanı** Pflanzzeit *f*
**dikim**[2] Schnitt *m*, Fasson *f* **~evi**, **~hane** Nähstube *f*; Schneiderei *f*
**dikine** senkrecht; *-in* **~ gitmek** zuwiderhandeln *dat*; **başının ~ gitmek** *umg* eigensinnig handeln; **~ tıraş** *umg* Eigensinn *m*; Widerrede *f*
**dikiş** Nähen *n*; Naht *f*; Machart *f e-s Kleides*; MED (Operations)Narbe *f*; **~ iğnesi** Nähnadel *f*; **~ ipliği** Nähgarn *n*; **~ makinesi** Nähmaschine *f*; **~ kaynak ~i** TECH Schweißnaht *f*; **bir ~te** *fig* in einem Zug **~çi** Näher *m*, -in *f*
**dikişli** Naht-; **~ kaynak** Nahtschweißen *n* **~siz** nahtlos
**dikit** ⟨-di⟩ GEOG Stalagmit *m*
**dikiz** *umg* Gucken *n*, Schauen *n*; *-i* **~ etmek** *umg* (hin)gucken; *umg* Schmiere stehen; **-e ~!** siehe mal einer *akk* an! **~ aynası** AUTO Rückspiegel *m*
**dikizci** *umg* Spanner *m*; Schnüffler *m*
**dikizlemek** bespitzeln (*-i akk*)
**dikkat** ⟨-ti⟩ Aufmerksamkeit *f*; Beachtung *f*; Sorgfalt *f*; **~!** Achtung!; **~ edin!** Achtung!, sei sehr vorsichtig!; **~ et!** sei vorsichtig!, pass auf!; *-e* **~ etmek** aufpassen (auf *akk*), achten (auf *akk*); beachten (*akk*), bemerken (*akk*); **~ göstermek** Beachtung schenken; **-e almak** berücksichtigen; **(b-nin) ~(in)i çekmek** (j-s) Interesse erwecken; (j-m) auffallen; **~e değer** beachtenswert; **b-nin ~ini *-e* çekmek** j-n auf *akk* aufmerksam machen; **~le** *adv* aufmerksam (zuhören *etc*); sorgfältig
**dikkat|li** vorsichtig; aufmerksam; *Arbeit* sorgfältig **~siz** unaufmerksam, unvorsichtig **~sizlik** ⟨-ği⟩ Unaufmerksamkeit *f*; Unvorsichtigkeit *f*
**diklemesine** vertikal, senkrecht
**dikle|nmek**, **~şmek** senkrecht werden; *Weg* ansteigen; steiler werden; **b-ne ~** frech werden gegenüber
**diklik** ⟨-ği⟩ Steilheit *f*; *fig* Starrsinnigkeit *f*
**dikme** → dikmek[1]; Setzling *m*; MATH Senkrechte *f*; ARCH Ständer *m*
**dikmek**[1] ⟨-er⟩ errichten, aufstellen *(z. B. Pfahl; Statue)*; anpflanzen (*akk*); pflanzen (*-e in akk, dat*); *Lehne* aufrichten; *Setzling* einpflanzen; *Wache* aufstel-

len; **başına ~** *Getränk umg* runterkippen
**dikmek**² ⟨-er⟩ **A** *v/t* nähen; *Loch, Riss* (zu)nähen **B** *v/i* **dikiş ~** nähen
**dikmelik** ⟨-ği⟩ Anpflanzung *f*; Baumschule *f*
**dikta** Diktat *n*, Befehl *m*; **~ rejimi** Diktatur *f*
**diktatör** Diktator *m* **~lük** ⟨-ğü⟩ Diktatur *f* (*allg*)
**dikte** Diktat *n* (*e-s Textes*); **~ etmek** diktieren
**dil**¹ ANAT Zunge *f*; Sprache *f*; Ausdrucksweise *f*; GEOG Landzunge *f*; MUS Zunge *f*; TECH Zünglein *n* (*der Waage*); Riegel *m* (*des Schlosses*); **~ akrabalığı** Sprachverwandtschaft *f*; **~ çıkarmak** die Zunge herausstrecken; sich lustig machen; **~(ler) dökmek** schöne Worte machen; **~ kavgası** Schimpferei *f*; **~ koymak** sich ins Gespräch mischen; **~ kursu** Fremdsprachenschule *f*; **~ laboratuarı** Sprachlabor *n*; **~ pelesengi** Verlegenheitswörter *n/pl* (*ee, şey, also, hm etc*); **-e ~ uzatmak** lästern über *akk*; verleumden *akk*; **~e, ~lere düşmek** (*od* **gelmek**) in Verruf kommen; **~e gelmek** im Märchen zu sprechen beginnen; **-i ~e getirmek** zur Sprache bringen; schildern; auf *akk* zu sprechen kommen; **~e kolay** leicht gesagt; **-i ~e vermek** ausplaudern (*akk*); **-in ~i açıldı** er wurde gesprächig; **~i bozuk** schlecht sprechend; **-in ~i çalmak** mit Akzent sprechen; **-in ~i damağına yapışmak** e-n trockenen Mund haben; **-in ~i dolaşıyor** er lallt; **~i tutuk** Stotterer *m*; **-i tutuldu** es verschlug ihr die Sprache; **~i uzun** Lästerer *m*; **-i yatkın** sprachbegabt; **~inde tüy bitti** er hat sich den Mund fusselig geredet; **~ine dolamak** ewig dasselbe sagen; **~ini kesmek** den Mund halten; *j-m* den Mund stopfen; **~ini tutamamak** s-n Mund nicht halten können; **~ini yutmak** *fig* sprachlos sein; **~lerde dolaşmak** (*od* **gezmek**) in aller Munde sein
**dil**² *osm* → **gönül**
¹**dilaltı**: **~ (hapı)** Herzmittel *n*; **~ bağı** Zungenband *n*
²**dilbalığı** ZOOL Seezunge *f*, Zungenscholle *f*
**dilber** liebreizend; Schönheit *f*
**dilbilgisel** grammatisch
¹**dilbilgisi** ⟨-ni⟩ Grammatik *f*

¹**dilbilim**|**ci** Linguist *m*, *-in f* **~i** Linguistik *f* **~sel** linguistisch
**dilcik** ⟨-ği⟩ Zünglein *n*; MUS Zunge *f*; BOT Blatthäutchen *n*
**dilek** ⟨-ği⟩ Wunsch *m*; Bitte *f*; Anliegen *n*; **~ kipleri** GRAM *Türkçe* Konditional *m*, Optativ *m*, Imperativ *m*; **senden bir dileğim var** ich habe eine Bitte an dich **~çe** Antrag *m*, Petition *f*; **~ vermek** e-n Antrag stellen; **~ sahibi** Antragsteller *m*, *-in f*
**dilemek** wünschen; bitten; sich (*dat*) *etw* (*akk*) wünschen (*-den* von *dat*)
**dilenci** Bettler *m*, *-in f*; *fig* Quälgeist *m*; unbescheiden; **~ vapuru** „Bummeldampfer" *m* **~lik** ⟨-ği⟩ Bettelei *f*; Unbescheidenheit *f*
**dilenmek** **A** *v/i* betteln **B** *v/t* erbetteln
**diler** → **dilmek**, **dilemek**
**-di'li geçmiş** GRAM *Türkçe* einfache Vergangenheit, *etwa* Perfekt *n*, Präteritum *n*
**dilim** Scheibe *f*, Schnitte *f* (*Brot*); Stück *n* *Brot*; Sektor *m*, Zone *f*; (*Zeit*)Abschnitt *m*; TECH Lamelle *f* *e-s Kühlers*; Rippe *f* *e-s Heizkörpers*
**dilimlemek** in Scheiben schneiden (*akk*)
**dilimli** in Scheiben geschnitten
**dilinim** GEOL Schieferung *f*
**dillenmek** Kind anfangen zu sprechen; ins Gerede kommen; *fig* auftauen, gesprächig werden
**dilli** schwatzhaft; *-sprachig* **~düdük** Art Rohrpfeife *f*; *umg* Plappermaul *n*
**dilmaç** ⟨-cı⟩ HIST Dolmetscher *m*
**dilme** Klotz *m*; Vierkantbalken *m*
**dilmek** ⟨-er⟩ in Scheiben (*od* in Stücke) schneiden
¹**dilpeyniri** ⟨-ni⟩ Schafskäse *m* (*ungesalzener*)
**dilsel** LING Zungen-, lingual; sprachlich
**dilsiz** stumm; schweigsam; Taubstumme(r) **~lik** ⟨-ği⟩ Schweigsamkeit *f*; Taubstummheit *f*
**dilüvyum** GEOL Diluvium *n*
**dimağ** Gehirn *n*; Verstand *m*
**dimdik** kerzengerade; ungebeugt; *-e ~ bakmak* *akk* anstarren, fixieren
**din**¹ PHYS Dyn *n*
**din**² [i:] Religion *f*, Glaube *m*; **~ adamı** Seelsorger *m*; Geistliche(r) *m*; **~ hürriyeti** Religionsfreiheit *f*; **İslam ~i** Islam *m*; *-i*

**~den imanından çıkarmak** *akk* aufs Äußerste reizen; **~den imanından çıkmak** außer sich geraten (*vor Wut*); **~i bütün** sehr fromm

**dinamik** PHYS Dynamik *f*; *adj a. fig* dynamisch

**dinamit** ⟨-ti⟩ Dynamit *n* **~lemek** ⟨-i⟩ (in die Luft) sprengen; *fig* untergraben

**dinamizm** Dynamik *f*

**di'namo**: Dynamo *m*; Gleichstromgenerator *m*

**dinar** Dinar *m* (*Währungseinheit*)

**dinasti** Dynastie *f*

**'dinbilim** [di:n-] Religionswissenschaft *f*

**dincelmek** wieder zu Kräften kommen

**dinç** ⟨-ci⟩ kräftig, stark, robust; rüstig

**dinçleş|mek** kräftig werden, stark werden *etc* **~tirmek** kräftigen

**dinçlik** ⟨-ği⟩ Stärke *f*, Robustheit *f*

**dindar** [di:n-] religiös, gläubig **~lık** ⟨-ği⟩ Religiosität *f*; Frömmigkeit *f*

**dindaş** Glaubensgenosse *m*, -genossin *f*

**'dindışı** profan

**dindirmek** *Schmerz* lindern; *Zorn etc* besänftigen; MED *Blutung* stoppen

**dinelmek** *umg* stehen; aufstehen; sich widersetzen

**diner** ~ dinmek

**dingil** Achse *f*; **~ yatağı** Achsenlager *n*

**dingildemek** TECH Spiel haben; *fig vor Angst* zittern

**dingin** ruhig (*z. B. Meer*), unbeweglich; überarbeitet; verbraucht (*z. B. Pferd*); *Vulkan* erloschen; CHEM passiv **~lık** ⟨-ği⟩ Ruhe *f*, Unbeweglichkeit *f*; Passivität *f*

**dinî** [di:ni:] ~ dinsel

**dinleme**: **~ aygıtı** Abhörgerät *n*; **~ salonu** Musiksaal *m*; Auditorium *n*

**dinlemek** ⟨-i⟩ hören, zuhören; *Vortrag etc* hören, sich (*dat*) anhören; hören auf *e-n* *Rat*; TEL (*unerlaubt*) abhören; MED abhorchen; **başını ~** sich ausruhen

**dinlendirici** beruhigend

**dinlendirmek** ⟨-i⟩ *Feuer* löschen; *Feld* brachliegen lassen; *Wein* ablagern lassen; **kalıbı ~** *umg* sterben

**dinlenme** Entspannung *f*; **~ kampı** Ferienlager *n*; **~ yeri** Raststätte *f*; **~ yurdu** Erholungsheim *n*

**dinlenmek**[1] *passiv von* dinlemek

**dinlenmek**[2] entspannen, sich ausruhen, sich erholen; *es* (*Essen etc*) noch etwas stehen lassen

**dinletmek** zu Gehör bringen (*-i akk*)

**dinleyici** Hörer *m*, -in *f*; Zuhörer *m*, -in *f*

**dinli** religiös, fromm

**dinmek** ⟨-er⟩ aufhören (*Regen, Wind, Schmerz*)

**dinozor** (Dino)Saurier *m*

**dinsel** religiös, sakral, Religions-

**dinsiz** Atheist *m*, -in *f*; gottlos, ungläubig **~lik** ⟨-ği⟩ Atheismus *m*, Gottlosigkeit *f*

**dioksit** ⟨-di⟩ Dioxid *n*

**dip** ⟨-bi⟩ **A** *subst* Grund *m z. B. des Meeres*; Boden *m e-s Gefäßes*; Wurzel *f des Baumes*; Tiefe *f des Raumes*; Fuß *m des Berges*; -in **dibi görünmek** zur Neige gehen **B** *postpos*: -in **dibine** unten (an *akk*); -in **dibine darı ekmek** bis zum Grunde leeren, ausschöpfen; alles ausgeben; -in **dibinde** unten (an *dat*), am Fuße (*gen*); ganz hinten (in *dat*); **salonun dibindeki masalar** die Tische ganz hinten im Saal; -in **dibinden** aus der Tiefe *gen*/ *von* hervor

**dipçik** ⟨-ği⟩ Gewehrkolben *m* **~lemek** ⟨-i⟩ *akk* mit dem Gewehrkolben stoßen

**'dipdiri** kerngesund; quicklebendig

**dipfriz** Tiefkühlschrank *m*

**'dipkoçanı** ⟨-nı⟩ Block *m* mit Kontrollabschnitten; WIRTSCH Juxta *f*

**diplemek** ganz austrinken

**dip|li** fundamental **~lik** ⟨-ği⟩ Hintergrund *m*; Riegel *m*, Querholz *n*

**di'ploma** Diplom *n*; Zeugnis *n*

**di'plomalı** mit Diplom; **~ terzi** Schneidermeister *m*

**diplomasi** Diplomatie *f*

**diplomat** ⟨-tı⟩ Diplomat *m*, -in *f*

**diplomat|lik** diplomatisch **~lik** ⟨-ği⟩ Diplomatie *f*; Stellung *f* als Diplomat

**'dipnot** ⟨-tu⟩ Fußnote *f*

**dipsiz** grundlos, bodenlos; *fig* unbegründet, grundlos; haltlos; *fig adv* ... ohne Ende, ... und immer wieder; **~ kile** Verschwender *m*; **~ kile, boş ambar** verschwenderisch; *Sache* hoffnungslos, enttäuschend; **~ testi** Verschwender *m*

**dirayet** [a:] ⟨-ti⟩ Auffassungsgabe *f*; Aufgewecktheit *f* **~li** fähig; aufgeweckt

**dirayetsiz** unfähig; nicht (sehr) scharfsinnig **~lik** ⟨-ği⟩ Unfähigkeit *f*

**direk¹** ⟨-ği⟩ (Strom- etc) Mast m; Pfahl m, Pfosten m z. B. e-s Vordachs; (Zelt)Stange f; **dam direği** Dachsparren m; **kale direği** SPORT Torpfosten m; **maden direği** Grubenholz n; **taban direği** Brückenpfeiler m; **~ ağacı** Pappel f; **~ ~ bağırmak** schreien wie am Spieß

**direk²** → direkt

**direksiyon** AUTO Lenkrad n, Steuer n; **~ (düzeni)** Steuerung f; **~ başına geçmek** sich ans Steuer setzen; **~ başında** am Steuer; **~ sallamak** umg fahren (beruflich)

**direkt** direkt; **~ sefer** ohne Umsteigen; Direktverbindung f; **~ uçuş** Direktflug m

**direkt|if** Direktive f, Weisung f, Richtlinie f **~ör** Direktor m, -in f **~örlük** ⟨-ğü⟩ Direktion f, Verwaltung f

**diremek: ayak ~** trotzen

**diren** zweizinkige (Heu)Gabel

**direnç** ⟨-ci⟩ ELEK Widerstand m

**direniş** POL Widerstand m; Eigensinn m **~çi** POL Widerstandskämpfer m, -in f

**direnme** → direniş

**direnmek** ⟨-de⟩ bestehen (auf dat), sich versteifen (auf akk); Widerstand leisten

**dirhem** HIST Gewicht von 3,12 g; HIST e-e Silbermünze; **~ ~** fig Stück für Stück; umg **iki ~ bir çekirdek** schick, schicke

**diri** lebendig; Gemüse frisch; Fleisch nicht ganz durchgebraten; Gemüse nicht durchgekocht; Person vital

**dirilik** ⟨-ği⟩ Lebendigkeit f; Vitalität f

**diril|mek** v/i auferstehen; fig sich wieder beleben **~tmek** kaus von dirilmek

**dirim** Leben n **~bilim** Biologie f **~bilimci** Biologe m, Biologin f **~sel** lebenswichtig, vital **~selcilik** ⟨-ği⟩ PHIL Vitalismus m

**dirlik** ⟨-ği⟩ Ruhe f; Wohlstand m; Einvernehmen n; **~ düzenlik** ungestörte Harmonie, Einvernehmen n

**dirliksiz** unverträglich, unwirsch

**dirsek** ⟨-ği⟩ Ellbogen m; (Weg)Biegung f, Kurve f; (Fluss)Windung f; Knie n (e-s Rohres); Kragstein m; **-e ~ atmak** mit dem Ellbogen stoßen akk; **~ mili** Kurbelwelle f; **-e ~ çevirmek** mit j-m brechen; sich von j-m abwenden; **~ çürütmek** umg die Schulbank drücken

**dirseklemek** v/t mit dem Ellbogen stoßen

**disiplin** Disziplin f; Fachgebiet n; **~ cezası** Disziplinarstrafe f; **~ kurulu** Disziplinarausschuss m **~lerarası** interdisziplinär **~li** diszipliniert **~siz** undiszipliniert

**disk** ⟨-ki⟩ SPORT Diskus m; Scheibe f; ANAT Bandscheibe f; MUS, IT CD f; IT a. CD-ROM; **~ atma** Diskuswerfen n; **sabit ~** IT Festplatte f; **~ sürücü** CD(-ROM)-Laufwerk n; **~ yazıcı** CD-Brenner m

**diskalifiye: ~ etmek** disqualifizieren; **~ olmak** disqualifiziert werden

**disket** IT Diskette f; **~ sürücü** Diskettenlaufwerk n

**disko(tek)** Diskothek f

**diskur: ~ geçmek** hum dozieren; **b-ne ~ geçmek** j-m die Leviten lesen

**dislokasyon** GEOL Verschiebung f

**dispanser** Gesundheitsfürsorgestelle f, Poliklinik f

**dispeç** SCHIFF Seeschadenberechnung f

**disponibl** WIRTSCH Geld verfügbar

**distribü|syon** Verteilung f **~tör** allg Verteiler m; AUTO Zündverteiler m

**diş** Zahn m; TECH Zacke f, Zinke f; Gewinde n; Zehe f (des Knoblauchs); umg Haschisch n (a. m); **~ açmak** Gewinde schneiden; **-e ~ bilemek** fig auf Rache sinnen gegen akk; **~ çıkarmak** zahnen; **~ çukuru** ANAT Alveole f, Zahntasche f; **~ çürüğü** Karies f, Zahnfäule f; **~ dolgusu** Füllung f, Plombe f; **~ fırçası** Zahnbürste f; **ona ~ geçiremedi** er/sie konnte nicht mit ihm/ihr fertig werden; **~ gıcırdatmak** mit den Zähnen knirschen; **~ göstermek** fig die Zähne zeigen (drohend); **~ hekimi** → dişhekimi; **~ kemiği** Zahnbein n; **~ macunu** Zahnpasta f; **~ mastarı** TECH Zahngewindekaliber n; **~ ünsüzü** GRAM Zahnlaut m, Dental m; **-e dokunur** genießbar; lohnend; **~ tabibi** → dişhekimi; **~inden tırnağından artırmak** sich ⟨dat⟩ etw vom Munde absparen; **kesici ~** Schneidezahn m; **akıl** (od yirmi yaş) **~i** Weisheitszahn m; **azı ~i** Backenzahn m; **göz ~i** Augenzahn m; **süt ~i** Milchzahn m

**'dişbademi** ⟨-ni⟩ dünnhäutige Mandel

**'dişbudak** ⟨-ğı⟩ BOT Esche f

**'dişbuğdayı** Familienfeier zum ersten Zahn e-s Kindes

**dişçi** umg Zahnarzt m, -ärztin f; umg Leichenfledderer m **~lik** ⟨-ği⟩ umg → dişhekimliği

**dişeti** ⟨-ni⟩ Zahnfleisch n
**dişhekim|i** Zahnarzt m, -ärztin f **~liği** Zahnheilkunde f
**dişi** Weibchen n; weiblich; Öse f; Öhr n; Schlaufe f; GRAM feminin, weiblich; TECH weich, leicht verformbar; **~ fiş** Steckdose f; **~ kopça** Öse f; **~ organ** BOT Stempel m
**dişil** GRAM weiblich
**dişilik** ⟨-ği⟩ Weiblichkeit f; weibliche Attraktivität
**dişlek** mit vorstehenden Zähnen
**dişlemek** (-i) beißen (in akk, z. B. den Apfel); TECH zahnen, rändeln
**dişlenmek** passiv von dişlemek
**dişli** Zahn-; gezahnt, gezackt; fig energisch; Zahnrad n; **~ tırnaklı** energisch, resolut
**'dişotu** ⟨-nu⟩ BOT Art Widerstrahl m, Strandnelke f **~giller** BOT Bleiwurzgewächse n/pl (Plumbaginazeen)
**'dişözü** ⟨-nü⟩ Zahnmark n
**diş|sel** [dɪsˈel] Zahn-; dental; GRAM Zahnlaut m, Dental m **~siz** zahnlos; kerbenlos, glatt **~tacı** ⟨-nı⟩ Zahnkrone f
**diştaşı** Zahnstein m
**ditmek** ⟨dider⟩ Wolle etc kämmen; zerfasern; Fleisch zerpflücken
**divan** a. [diːvaːn] Couch f, Sofa n; HIST Staatsrat m; (hohes) Gericht; öffentliche Ratssitzung; LIT Sammlung f (von Versen e-s Dichters); **2 edebiyatı** klassische (osmanische) Versliteratur; **~ durmak** ehrerbietig dastehen
**divane** [aː] verrückt; Idiot m; **-in ~si olmak** ganz vernarrt sein in akk
**divanıâli** [-vaː-] HIST oberste(s) Gericht
**divanıharp** ⟨-bi⟩ HIST Kriegsgericht n
**divik** ⟨-ği⟩ ZOOL Termite f
**divit** ⟨-ti⟩ HIST Schreibgerät n
**divitin** Baumwollflanell m (beidseitiger)
**diya** Dia n, Diapositiv n; **~ çerçevesi** Diarähmchen n
**diyabet** ⟨-ti⟩ Zuckerkrankheit f, Diabetes m **~ik** ⟨-ği⟩ Diabetiker, -in f
**diyafram** ANAT Zwerchfell n; FOTO Blende f
**diyagonal** Diagonale f; schräg gewebte(r) Stoff
**diyagram** Schaubild n, Diagramm n
**diyalekt** Dialekt m **~ik** Dialektik f; **~ materyalizm** (od **maddecilik**) (der) dialektische Materialismus
**diyalog** Dialog m; **~ yapmak** e-n Dialog führen
**diyanet** ⟨-ti⟩ Religion f, Kult m; Frömmigkeit f; **⚹ İşleri Başkanlığı** Präsidium n für Religiöse Angelegenheiten; **~ işleri** Kultusangelegenheiten f/pl
**diyanetli** fromm
**diyapazon** Stimmgabel f; Kammerton m
**diyapozitif** → dia
**diyar** [aː] Land n
**diyastaz** Diastase f
**diyatome** BOT Diatomeen f/pl
**diye** konj indem (er/sies sagte, dachte); in der Annahme, dass ...; **-eyim, -esin, -sin** (etc) **~** damit, um zu + inf; mit dem Namen; wegen; zu; **bugün ders yoktur ~ okula gitmedi** in der Annahme, dass heute kein Unterricht sei, ging sie nicht in die Schule; **bu işi bitireyim ~ geldim** ich bin gekommen, um diese Angelegenheit zu erledigen; **Ali Er ~ bir müşteri** ein Kunde mit dem Namen Ali Er
**diyecek** → demek
**diyet**[1] ⟨-ti⟩ Sühnegeld n
**diyet**[2] ⟨-ti⟩ Diät f; **~ çikolatası** Diätschokolade f
**diyez** MUS Erhöhungszeichen n
**diyoptri** Optik Dioptrie f; PHYS Diopter m
**diz** Knie n; **~ ağırşağı** Kniescheibe f; **~ boyu** knietief; kniehoch; fig maßlos; **~ çökmek** niederknien; **~ üstü** auf den Knien; **~ ~e** dicht an dicht; **~e gelmek** nachgeben, kapitulieren, umg weich werden; **~ini dövmek** sich (dat) die Haare raufen; **~lerinin bağı çözüldü** ihm begannen die Knie zu schlottern (-den vor Angst etc)
**dizanteri** MED Ruhr f
**dizayn** Design n, Zeichnung f, Muster n
**'dizbağı** Strumpfband n; ANAT Kniescheibenband n (Ligamentum patellae)
**diz'barko** Entladung f e-s Schiffes; Entlade- und Hafengebühren f/pl
**dize** Verszeile f
**'dizel, ~ motoru** Diesel(motor) m
**diz|em** LIT Rhythmus m **~er** → dizmek
**dizge** System n **~li, ~sel** systematisch **~siz** unsystematisch
**dizgi** Ordnung f; System n; TYPO Satz m;

**~ yanlışı** Satzfehler *m* **~ci** Setzer *m*
**dizgin** Zügel *m*; **~ vurmak** die Zügel anlegen; *fig akk* zügeln; **-in ~ini kısmak** *fig akk* im Zaume halten; **~leri salıvermek** *fig* die Zügel schießen lassen **~lemek** ⟨-*i*⟩ zügeln; *fig* bändigen, beherrschen **~li** gezügelt; gebändigt **~siz** ohne Zügel; fig zügellos; unbändig
**dizi** *a.* MATH Reihe *f*; (Perlen)Schnur *f*; MUS Tonleiter *f*; MIL Rotte *f*; Ordnung *f*, Formation *f*; **~ film** Fernsehserie *f*; **~yle** der Reihe nach
**dizi|ci** TYPO Setzer *m* **~lemek** ⟨-*i*⟩ aufreihen; aufgereiht **~li** aufgereiht; aufgefädelt; geordnet; TYPO gesetzt **~lmek** *in e-r* Reihe antreten; aufgefädelt sein (*-e auf dat*)
**dizin** Index *m*; Verzeichnis *n* **~lemek** katalogisieren
**'dizkapağı, ~ kemiği** Kniescheibe *f*
**dizlik** ⟨-ği⟩ Kniehose *f*; Knieschützer *m*
**diz|mek** ⟨-er⟩ *v/t* Gläser *etc* (der Reihe nach) aufstellen (*-e, üstüne auf akk*); Perlen (auf)ziehen (*-e auf akk*), auffädeln; TYPO setzen
**do** MUS C *n*
**'dobra: ~ ~** geradeheraus, ganz offen
**doçent** ⟨-ti⟩ Türkei: akademischer Grad zwischen "*asistan*" und "*profesör*"
**doçentlik** ⟨-ği⟩ Stellung eines "*doçent*"; **~ tezi** *etwa* Habilitation *f*
**'dogma** Dogma *n* **~cı** Dogmatiker *m*, -in *f*; dogmatisch **~cılık** ⟨-ği⟩ Dogmatismus *m* **~tik** Dogmatik *f*; dogmatisch **~tizm** Dogmatismus *m*
**doğ.** *abk. für* **doğum(u)** geboren (geb.)
**doğa** Natur *f* (*a. Art, Eigenschaft*); **~ bilgini** Naturwissenschaftler *m*, -in *f*; **~ bilgisi** Naturkunde *f*; **~ bilimleri** → doğabilimleri; **~ koruma**, **~nın korunması** Naturschutz *m*
**doğabilim|ci** Naturwissenschaftler *m*, -in *f* **~leri** Naturwissenschaft(en) *f(pl)* **~sel** naturwissenschaftlich
**doğa|ca** natürlich; angeboren **~cı** Naturalist *m*, -in *f*; naturalistisch **~cılık** ⟨-ği⟩ Naturalismus *m*; REL Heidentum *n*
**doğaç** ⟨-cı⟩ Improvisation *f*; Inspiration *f*; **~tan** aus dem Stegreif, improvisiert
**doğadışı** unnatürlich
**doğal** natürlich (*z. B. Auslese*), Natur-; angeboren (*Fähigkeit*); **~ atık(lar)** Biomüll *m*; **~ besin** Naturkost *f*; **~ olarak** *adv* natürlich, selbstverständlich; **~ rezervler** Naturschätze *m/pl*; **~ sit alanı** Naturschutzgebiet *n* **~cı** Naturalist *m*, -in *f* **~cılık** ⟨-ği⟩ Naturalismus *m*
**doğalgaz** Erdgas *n*
**doğallıkla** *adv* natürlich, freilich
**doğan** ZOOL Falke *m* **~cı** Falkner *m*
**doğaötesi** ⟨-*ni*⟩ Metaphysik *f*; metaphysisch **~üstü** ⟨-*nü*⟩ übernatürlich
**doğma** Geburt *f* (= *geboren werden*); Aufgang *m* der Sonne *etc*; *-den* **~** aus ... gebürtig; **~ büyüme İstanbullu** ein gebürtiger Istanbuler
**doğmak** ⟨-*ar*⟩ geboren werden; *Gedanke* kommen; *Sonne etc* aufgehen; entstehen; *z. B.* Schulden sich ergeben (*-den* aus *dat*); **bugün geleceğiniz içime doğdu** ich hatte die Vorahnung, als ob Sie heute kämen
**doğrama** Zimmern *n*; Holzbauteile *m/pl*
**doğramacı** Zimmermann *m*; Bautischler *m* **~lık** ⟨-ği⟩ Bautischlerei *f*
**doğra|mak** ⟨-*i*⟩ in Stücke schneiden; zerhacken; brocken (*-e in, z. B. die Milch*); tischlern **~nmak** *passiv von* doğramak; *fig* wie zerschlagen sein
**doğru¹** Ⓐ *adj/subst* richtig; recht-; gerade; direkt; geradeaus; gerecht *handeln*; Richtigkeit *f e-r Angelegenheit*; Wahrheit *f*; Mensch ehrlich; *Nachricht* wahr; **~ açı** MATH gestreckte(r) Winkel; **~ akım** ELEK Gleichstrom *m*; **~ çıkmak** sich als richtig (*od* wahr) erweisen; **~ durmak** gerade stehen; *Kinder* sich ruhig verhalten; **~ dürüst** freimütig, offen; fehlerlos, korrekt *sprechen*; *-i* **~ bulmak** richtig finden (*akk*), **~ mu?** tatsächlich, wirklich?; **~ orantılı** MATH direkt proportional; **~ söylüyorsunuz** Sie haben ganz recht; **~dan** (**~ya**) direkt, unmittelbar Ⓑ *postp -e* **~** gegen (*z. B. Abend*); auf ... (*akk*) zu; in Richtung auf (*akk*)
**'doğru²** direkt; **~! richtig! ~ca** geradewegs; aufrichtig; **~dan** *adv* geradezu
**'doğrucu** aufrichtig; **~ Davut** *hum* Wahrheitsapostel *m* **~luk** ⟨-ğu⟩ Aufrichtigkeit *f*; LIT Verismus *m*
**doğrulamak** *v/t* bestätigen; bescheinigen; berichtigen, korrigieren
**doğrulmak** sich aufrichten; wieder gerade werden; *Angelegenheit* sich klären; sich begeben (*-e* nach, zu *dat*); **gündeliği**

## DOKU

**doğrulttuk** *umg* jetzt stimmt die Kasse
**doğrultmaç** ⟨-cı⟩ ELEK Gleichrichter *m*
**doğrultmak** gerade machen; *akk* aufrichten; *Fehler* berichtigen; *Ausgaben* decken, bestreiten
**doğrultu** MATH Leitlinie *f*
**doğrultu** Richtung *f*; TECH Richtfähigkeit *f*; Kurs *m*; Bewegungsrichtung *f*; Gestaltung *f*; ... **~sunda** gemäß *dat*; im Einklang mit
**doğru|lu|k** geradlinig **~luk** ⟨-ğu⟩ Geradlinigkeit *f*; Richtigkeit *f*; Wahrheit *f*; *Person* Ehrlichkeit *f*; MIL Treffsicherheit *f* **~lum** BIOL Tropismus *m* **~sal** geradlinig
**doğrusu** das stimmt; tatsächlich, aufrichtig gesagt; **daha ~** genauer
**doğu** Osten *m*; Ost-, östlich; Orient *m*; ♀ **Anadolu** Ostanatolien *n*; **Uzak** ♀(der) Ferne Osten; **Orta** ♀, ♀ **Doğu** (der) Nahe Osten; **güney ~** Südosten *m*; **kuzey ~** Nordosten *m*
**doğubilim** Orientalistik *f* **~ci** Orientalist *m*, -in *f*
**doğulu** aus dem Osten stammend; Orientale *m*, Orientalin *f*
**doğum** Geburt *f*; *fig* Durchbruch *m*; Aufgang *m der Sonne*; **~ (olayı)** MED Niederkunft *f*; **~ belgesi** Geburtsurkunde *f*; **~ günü** Geburtstag *m*; **~ kağıdı** Geburtsurkunde *f*; **~ kontrolü** Geburtenkontrolle *f*; **~ kütüğü** Geburtsregister *n*; **~ önleyici hap** Antibabypille *f*; **~ sancıları** Geburtswehen *pl*; **~ tarihi** Geburtsdatum *n*; **~ yeri** Geburtsort *m*; **~ (yılı)** Geburtsjahr *n* **~evi** ⟨-ni⟩ Entbindungsheim *n* **~lu** geboren; **1990 ~ bir çocuk** ein 1990 geborenes Kind
**doğuran** lebend gebärend
**doğurgan** ZOOL fruchtbar
**doğurganlık** ⟨-ğı⟩ Fruchtbarkeit *f*
**doğurmak** *v/t* gebären; *fig Folgen* zeitigen, nach sich ziehen; bewirken
**doğurtmak** e-e Entbindung vornehmen
**doğusal** östlich
**doğuş** Geburt *f*; Aufgang *m der Sonne*; Entstehung *f der Sprachen* **~lu** edel, ... von Geburt **~tan** von Geburt; *adj* angeboren, erbend
**doğut** ⟨-du⟩ ASTRON Aufgangspunkt *m*
**dok** ⟨-ku⟩ SCHIFF Dock *n*; Speicher *m*
**doksan** neunzig; (die) Neunzig **~ar** je neunzig **~ıncı** neunzigst- **~lar** (die) Neunziger(jahre) **~lı:** **~ yıllar** (die) Neunzigerjahre
**doksanlık** neunziger; **~ bir ihtiyar** ein neunzigjähriger Greis
**doktor** Arzt *m*, Ärztin *f*, *umg* Doktor *m*, -in *f*; Doktor *m* *als Titel* (Dr.); **aile ~u** Hausarzt *m*, -ärztin *f*; **göz ~u** Augenarzt *m*, -ärztin *f*; **kadın ~u** Frauenarzt *m*, -ärztin *f*; **hukuk ~u** Doctor juris, (Dr. jur.)
**dok'tora** Doktortitel *m*; Promotion *f*; **~ (tezi)** Doktorarbeit *f*, Dissertation *f*; **~sını yapmak** s-n Doktor machen, promovieren; **felsefe ~sı yapmak** in Philosophie promovieren
**doktorluk** ⟨-ğu⟩ Arztberuf *m*; Doktorgrad *m*; Arztpraxis *f*; **~ okuyan öğrenci** Medizinstudent *m*, -in *f*; **~ etmek** Arzt sein, als Arzt arbeiten
**doktrin** Doktrin *f* **~er** Doktrinär *m*
**doku** BIOL Gewebe *n*
**dokubilimi** Histologie *f*
**dokuma** Weben *n*; Weberei *f*; Gewebe *n*; **~ bir örtü** e-e gewebte Decke; **~ fabrikası** Textilfabrik *f*; **~ makinesi** Webstuhl *m*; **~ sanayii** Textilindustrie *f*
**dokumacı** Weber *m*, -in *f* **~lık** ⟨-ğı⟩ Webware *f*; Weberei *f*; Webwarenhandel *m*
**dokumak** *v/t* weben; *umg* austüfteln; *Matte* flechten; *dial* Früchte vom Baum schlagen
**dokunaklı** rührend; eindringlich; eindrucksvoll; *Lied* rührselig; *Schmerz* fühlbar; *Wein* stark, schwer
**dokunca** Nachteil *m*, Schaden *m*
**dokuncalı** schädlich
**dokundurmak** *(-e akk)* aufs Korn nehmen; *fig* hinnehmen; **kadehini dudaklarına ~** am Glase nippen; **bunu kendime dokundurmam** ich ziehe mir diesen Schuh nicht an
**dokunma** BIOL Tasten *n*; **~ (duyusu)** Tastsinn *m*; Berührung *f*
**dokunmak** *(-e)* berühren *(akk)* *(a. fig Worte etc)*; *z. B.* anfassen; betreffen *(e-e Sache)*; stoßen an, kommen an *(e-n Gegenstand)*; *j-m* nicht bekommen, *j-m* schaden *(z. B. Rauchen)*; *j-m* nahegehen, *akk* rühren; *als Hilfsverb*: *z. B.* **bize faydası dokundu** er ist für uns von Nutzen; er brachte uns Nutzen; **belki bir**

**yardımım dokunur** vielleicht kann ich behilflich sein; *-in* zararı ~ *j-m* Schaden zufügen

**dokunulmaz** unantastbar **~lık** ⟨-ğı⟩ Unantastbarkeit *f*; JUR Immunität *f*

**dokun|um** Tastsinn *m* **~uş** Berührung *f*

**dokuyucu** Weber *m*, -in *f*

**dokuz** neun; (die) Neun; ~ ayın çarşambası bir araya geldi verschiedene unglückliche Umstände trafen zusammen; ~ **babalı** Kind außerehelich; ~ **doğurmak** vor Ungeduld zittern; ungeduldig warten **~ar** je neun **~lu** Karte Neun *f*; (in, zu) Neunergruppe(n) *f*

**dokuzluk** ⟨-ğu⟩ neunjährig; (in, zu) Neunergruppe(n) *f*

**dokuztaş** ⟨-nı⟩ Art Mühlespiel *n*

**dokuzuncu** neunt-

**doküman** Dokument *n* **~tasyon** Dokumentation *f*

**dokümanter** Dokumentar- (Film)

**dolak** ⟨-ğı⟩ Wickelgamaschen *f/pl*

**dolam** Wickel(länge *f*) *m*

**dolama** MED Nagelgeschwür *n*; Wickeln *n*; Überwurf *m*

**dolamak** wickeln (-e um *akk*); -i **b-nin başına** ~ *fig* j-m *akk* aufhalsen

**dolambaç** ⟨-cı⟩ Labyrinth *n* von Straßen etc; (Weg)Kurve *f*; Umweg *m* **~lı** ... mit Labyrinthen; gewunden; Ausdruck verschleiert; gewunden; Frage, Sache verworren; Weg kurvenreich, Serpentinen- **~sız** unumwunden, klipp und klar

**dolan, yalan** ~ Schwindel *m*, Gaunerei *f* **~cı** Lügner *m*, -in *f* **~dırıcı** Schwindler *m*, -in *f*, Gauner *m*, -in *f*

**dolandırıcılık** ⟨-ğı⟩ Schwindelei *f*, Betrug *m*, Hochstapelei *f*

**dolandırmak** (-i) *akk* herumführen; *akk* betrügen (um *akk*), ergaunern

**dolanlı** gefällig, falsch; WIRTSCH betrügerisch (*Bankrott*)

**dolanmak** (-e) sich wickeln (um *akk*); über s-e Beine stolpern; z. B. Efeu sich ranken (um *akk*); gehen, streifen (**evin etrafı**nda, um das Haus); Nachricht sich (wie ein Lauffeuer) verbreiten; *-in* etrafını ~ umfahren, ausweichen

**dolantaşı** ⟨-nı⟩ Dolerit *m*

**dolap** ⟨-bı⟩ Schrank *m*; *fig* List *f*, Intrige *f*; Uhrgehäuse *n*; Wasserrad *n*; (Verkaufs)Bude *f*, Stand *m*; Drehkreuz *n*; Futteral *n*; Karussell *n*; *umg* Direktion *f*; ~ **beygiri gibi dönüp durmak** auf der Stelle treten; ~ **çevirmek** (*od* **döndürmek**) Ränke schmieden, intrigieren; **dolaba düşmek** (*od* **girmek**) hereinfallen, in die Falle gehen; *-i* **dolaba koymak** *akk* überrumpeln

**dolapçı** Schrankhersteller und -verkäufer *m*; Karussellbesitzer *m*; Intrigant *m*; Verschwörer *m*

**dolaplı** Wand- (z. B. Uhr); POL Hetz-

**dolar¹** Dollar *m*

**dolar²** → **dolmak**

**dolaşık** verworren (*a. fig*), verknäuelt; Frage verzwickt; vage; Ausdruck schwammig; ~ **bir deyişle** mit gewundenen Worten; ~ **yol** Umweg *m* **~lık** ⟨-ğı⟩ Verworrenheit *f* (*a. fig*); Verzwicktheit *f*

**dolaşılmak** *passiv von* dolaşmak; **burada dolaşılmaz** unberechtigter Aufenthalt (Herumstehen) verboten

**dolaşım** Umlauf *m*, Zirkulation *f*; BIOL Kreislauf *m*; **serbest** ~ POL Freizügigkeit *f*; **kan** **~ı** Blutkreislauf *m*

**dolaşmak** spazieren gehen; e-n Umweg machen; patrouillieren; (-de) *im Lande* umherreisen; *die Meere* durchqueren; *durch die Straßen* bummeln; Fäden sich verwirren; Blut kreisen, zirkulieren; Gerücht in Umlauf sein; Zunge: nicht gehorchen (j-m); allg, Füße sich verheddern; **saçları dolaşmış** s-e Haare sind zerzaust

**dolaştır|ılmak** Kind spazieren geführt werden; Speisen gereicht werden, angeboten werden (-e j-m) **~mak** (-e -e) j-m (die Stadt) zeigen; *akk* herumführen; herumfahren; Hund ausführen; *fig* durcheinanderbringen

**dolay: 5°** **~(lar)ında** um 5 Grad (herum)

**dolayı** *-den* ~ wegen (*gen*); infolge (*gen*); **bundan** ~ deswegen; *konj -dığından* ~ weil, da **~sıyla** **A** *adv* indirekt; auf indirektem Wege erhalten; dadurch, deshalb **B** *postp* durch (*akk*), dank (*dat*), bei (*dat*), anlässlich (*gen*); **iş** ~ durch die Arbeit; dank (*od* bei) der Arbeit

**dolayları** Umgebung *f* von, Umkreis *m* von; **İzmir** **~nda** in der Nähe von Izmir; → **dolay**

**dolaylı** indirekt; ~ **tümleç** GRAM indirekte(s) Objekt **~sız** unmittelbar, direkt

**doldur|ma** (Ein)Füllen n; TECH Tanken n; ELEK Ladung f; LIT Pleonasmus m **~mak** v/t füllen; fig aufhetzen; umg akk auf die Palme bringen; Akku (auf)laden; Betrag auffüllen (-e auf akk); Formular ausfüllen; Gans füllen, farcieren; Lebensjahr vollenden; Lücke ausfüllen; Pfeife stopfen; fig j-s Platz einnehmen; Waffe laden; Zahn füllen, plombieren; kaset etc ~ e-e Kassette etc bespielen

**doldurus**: **~a getirmek** umg aufhetzen, bearbeiten

**dolgu** a. MED Füllung f; **~ yapmak** füllen, zuschütten; Zahn a. plombieren

**dolgun** voll, gefüllt; prall; Figur mollig, vollschlank; Gehalt ansehnlich, anständig; Kissen prall gefüllt; Person voller Wut, umg geladen; Stimme voll, sonor; **~ kafa** helle(r) Kopf **~laşmak** v/i voller werden, zunehmen **~luk** ⟨-ğu⟩ (Körper)Fülle f; Überfülle f, Korpulenz f; fig Unwille m; Wut f (-e auf akk)

**dolma** 🇦 adj gefüllt; mit Erde zugeschüttet; Speise gefüllt, farciert 🇧 subst Füttern n; Füllung f; Roulade f; Slang: Schwindel m; Kniff m; grobe(r) Streich; **~ yutmak** fig hereinfallen; **biber ~sı** gefüllte Paprikaschoten f/pl; **lahana ~sı** Weißkohlroulade f; **patlıcan ~sı** gefüllte Auberginen f/pl; **kaz ~sı** gefüllte Gans

**dolmak** ⟨-ar⟩ sich füllen; angefüllt sein, voll werden (od sein) (-le von dat); Zeit ablaufen; sich sammeln (-e in dat); fig außer sich geraten (vor Wut); oft **doldu** Bus überfüllt; Augen füllten sich mit Tränen; Zeit abgelaufen, erfüllt; **müddeti dolmadan** vorzeitig, vorfristig

**dol'makalem** Füllfederhalter m, Füller m

**dolmalık** (Gemüse, Reis) zum Füllen

**dolmen** Dolmen m

**dolmuş** 🇦 adj → dolmak; gefüllt, voll; besetzt 🇧 subst Sammeltaxi n, Dolmusch n; **~ motoru** SCHIFF Sammelbarkasse f; **~ yapmak** als Dolmusch verkehren

**dolu**[1] Hagel m; **~ yağıyor** es hagelt

**dolu**[2] voll (-le von dat), voller ...; gefüllt (mit); ... in Mengen, ... im Überfluss; Person beschäftigt, ausgelastet sein; Waffe geladen; **su (ile) ~ şişe** e-e Flasche voll Wasser; **~ ~ güldü** sie lachte laut auf (od aus ganzem Herzen); **...~su** (ganz) voll; **avuç ~su** e-e Handvoll; **bir torba ~su** e-n ganzen Sack voll

**do'ludizgin** wie der Blitz; **~ koşmak** dahinsausen

**dolum** Füllen n, Tanken n; **benzin ~ yeri** Tankstelle f

**do'lunay** Vollmond m

**domalan** BOT Trüffel m; dial Geschwür n

**domalmak** ⟨-e⟩ sich bücken, sich niederbeugen; aufquellen, sich beulen; fig ein mürrisches Gesicht machen

**domaltmak** krümmen, biegen

**do'mates** BOT Tomate f; **~ salatası** Tomatensalat m; **~ salçası** Tomatenmark n; **~ soslu** in Tomatensoße

**dombay** dial Büffel m

**do'mino** Domino n; Domino m (der Maskerade)

**dominyon** POL Dominion n

**domur** Blase f; Tropfen m; **~ ~** tropfenweise

**domuz** Schwein n; a. Schimpfwort boshaft, Flegel m, Bösewicht m; umg Schmutzfink m; **dişi ~** Sau f; **~ eti** Schweinefleisch n; **~una** zum Trotz, mit Absicht (etw tun); tüchtig, ordentlich; **~ gibi** trotzig; boshaft; flegelhaft; tückisch; robust; gehörig, ordentlich; **~ gibi bilir, ama söylemez** er weiß es schon (recht gut), aber er sagt es extra nicht

**domuzlan**: **~ böceği** ZOOL Bombardierkäfer m (Brachymus crepitans)

**domuz|lanmak** umg bockig sein **~luk** ⟨-ğu⟩ umg Schweinerei f; Bockigkeit f

**domuzyağı** Schmalz n

**don**[1] Unterhose f; Farbe f des Pferdes; HIST Gewand n; **~una etmek** sich (dat) in die Hosen machen (-den vor); unter sich machen; **... ~una girmek** Märchen sich verwandeln (in akk)

**don**[2] Frost m; **~ havası** Frostwetter n; **~a çekiyor** es friert; **~ çözüldü** es hat getaut

**do'nakalmak** fig ganz starr sein (-den vor dat); umg ganz baff sein

**donanım** Ausrüstung f; IT Hardware f; (Kühl- etc) Anlage f; SCHIFF Takelage f

**donanma** MIL Flotte f; Illumination f, Festbeflaggung f, Feuerwerk n; **~ desteği** Flottenstützpunkt m

**donanmak** sich schmücken, geschmückt sein (*-le* mit *dat*); SCHIFF aufgetakelt sein; *fig* e-n Rüffel bekommen
**donar** → donmak
**donatan** SCHIFF Reeder *m*
**donat|ı** Ausrüstung *f*; Ausstattung *f* **~ılmak** geschmückt (*od* TECH versehen) sein (*-le* mit *dat*); **~ım** Ausrüstung *f*, Ausstattung *f* **~ma** SCHIFF Betakelung *f* **~mak** *v/t* schmücken; dekorieren; illuminieren; SCHIFF, TECH ausrüsten; *fig* j-m e-n Rüffel erteilen
**dondurma** (Speise)Eis *n*; Gefrieren *n*; gefroren; **~ külahı** Eistüte *f* **~cı** Eisverkäufer *m*
**dondurmak** zum Gefrieren bringen; *akk* frieren lassen; einfrieren (*a. fig* Gehälter)
**dondurucu** Gefriergerät *n*; **~ torbası** Gefrierbeutel *m*; **~ya** → derin
**dondurulmuş** gefroren; eingefroren; **~ et** Gefrierfleisch *n*; **derin ~** tiefgekühlt
**done** Angabe *f*, *pl a.* **Daten** *pl*
**donma** erstarrt; gefroren; Zement abgebunden; **~ noktası** Gefrierpunkt *m*
**donmak** ⟨-ar⟩ gefrieren; Butter fest werden, erstarren; Zement abbinden; *Person* erfrieren; **sular dondu** die Flüsse sind zugefroren; **donup kaldık** *fig* wir waren ganz baff
**donra¹** Tundra *f*
**donra²** Kopfschuppen *pl*; Schmutzschicht *f*
**donsuz** Habenichts *m*, j-d ohne Unterzeug; mittellos
**donuk** trübe, glanzlos, matt; steif gefroren; erfroren; *Glas a.* angelaufen; *Mensch* langweilig, steif; **~ yarası** Erfrierung *f am Körper*
**donuk|lanmak, ~laşmak** sich trüben, matt werden; *Glas* anlaufen; *Person* erlahmen **~luk** ⟨-ğu⟩ Trübung *f*, Mattheit *f*; Schlaffheit *f*, Trägheit *f*
**'donyağı** ⟨-nı⟩ ausgelassene(s) Fett, Schmalz *n*; *Person* sehr distanziert; **~ gibi** *umg* wie ein Ölgötze
**'dopdolu** proppenvoll
**doping** Doping *n*; **~ yapmak** dopen
**dore** vergoldet (*Leder etc*)
**doru** Pferd braun; **yağız ~** dunkelbraun
**doruk** ⟨-ğu⟩ Gipfel *m*; Wipfel *m des Baumes*; **~ çizgisi** Höhenlinie *f*; **~ noktası** Höhepunkt *m*; **~ toplantısı** Gipfelkonferenz *f* **~lama** Erhöhung *f*; in Haufenform
**doruklu** *türk. Silbe z. B.* **tek ~** einpfiffig
**'dosdoğru** kerzengerade, schnurstracks; völlig richtig, *umg* goldrichtig
**dost** ⟨-tu⟩ Freund *m*, Freundin *f*, *fig* Freund *m*, -in *f*, Anhänger *m*, -in *f*; *umg* Geliebte(r); Liebhaber *m*, -in *f* (*Mystik*) Gott *m*; befreundet; **~ ~** freundlich *z. B.* lächeln; **iki ~ devlet** zwei befreundete Staaten; **kitap ~u** Bücherfreund *m*, -in *f*
**dostane** [a:], **dostça** freundlich, freundschaftlich (*a. adv*)
**dostluk** ⟨-ğu⟩ Freundschaft *f*; **~ etmek** Freunde sein; e-n Gefallen tun; nett, freundlich sein; **dostluğu kesmek** die Freundschaft kündigen; **~ kurmak** Freundschaft schließen; **~ yapmak** = **~ etmek**
**'dosya** Akten *pl*; (Akten)Ordner *m*; Ablage *f*; IT Datei *f*; **~ tutmak** e-e Akte führen; **gizli ~** Geheimakten *pl*; **özlük ~sı** Personalakte *f*; **~ya bağlamak** ablegen, abheften, einordnen **~lamak A** *v/i* e-e Ablage (*od* Fregistratur) führen **B** *v/t* → dosyaya bağlamak
**doyasıya** reichlich; *nicht* genug
**doygun** bedürfnislos; zufrieden (-gestellt); anspruchslos; versorgt
**doygunluk** ⟨-ğu⟩ Bedürfnislosigkeit *f*; Anspruchslosigkeit *f*; Wohlstand *m*
**doy|ma** Sättigung *f* (*a.* CHEM); **aşırı ~** Übersättigung *f* **~mak** ⟨-ar⟩ satt werden; *fig* es satthaben, genug haben (*-den* von *dat*); (**suya** mit Wasser) durchtränkt sein; **doydum** (*od* **karnım doydu**) ich bin satt (*od* gesättigt); **bakmaya doyamıyorum** ich kann mich nicht sattsehen **~mamış** ungesättigt **~maz** gierig, lüstern; unersättlich **~muş** Lösung gesättigt
**doyulmak** *passiv von* doymak; **seyretmeye doyulmaz bir manzara** eine Aussicht, von der man sich nicht sattsehen kann
**doyum** Sättigung *f*; Genüge *f*, Zufriedenheit *f*; **-e ~ olmamak** nie genug haben (von *dat*); sich nicht sattsehen können (an *dat*) **~luk** ⟨-ğu⟩ *etw* zum Sattessen; *umg* Beute *f*, Fang *m* **~suz** unbefriedigt; unersättlich
**doyuran** e-e Sättigung bewirkend; ELEK

induzierende(s) Magnetfeld n
**doyurma** Durchtränkung f; Sättigung f
**doyurmak** kaus von doymak; (-i j-m) (ordentlich) zu essen geben; akk ernähren, unterhalten; CHEM sättigen; fig überzeugen; **karnını ~** sich satt essen
**doyurucu** sättigend; fig überzeugend
**Doz.** abk. → doçent
**doz** Dosis f; **~unu kaçırmak** e-e zu große Dosis geben; fig übertreiben, überziehen **~aj** Dosierung f
**dozer** Bulldozer m
**döğmek** → dövmek
**dökme** Gießen n; Guss m; Guss m Wasser; Ware lose, unverpackt; stückweise, mengenweise; ausgegossen (Wasser); **~ demir** Gusseisen n; gusseisern; **~ yük** Schüttgut n
**dökmeci** Gießer m **~lik** ⟨-ği⟩ Gießerei f (als Handlung)
**dökmek** ⟨-er⟩ v/t gießen (-e in, auf akk); streuen, schütten (-e in, auf akk); Abfälle leiten (-e in akk); Gebäck backen; Haare fallen lassen (-e bis auf akk); Mülleimer, Papierkorb leeren, ausschütten (a. fig Herz); Metall gießen; Tränen vergießen; Truppen werfen (-e z. B. an die Grenze); in der Prüfung durchfallen lassen; schriftlich niederlegen, erfassen; e-r Sache (dat) e-e (bestimmte) Wendung geben; **hastalık bütün saçını döktü** die Krankheit hat bei ihm (od ihr) völligen Haarausfall verursacht
**döktürmek** (ver)gießen lassen etc; sich produzieren; fig Seiten füllen
**dökük** hängend (-e bis auf akk); Kleiderstoff weich, gut fallend; vergammelt; **~ saçık** zerzaust, umg strubbelig
**dökülmek** (aus)gegossen werden; (aus)geschüttet werden; Blätter, Früchte abfallen; Farbe abgehen, sich lösen, abbröckeln; Fluss sich ergießen (-e in akk); Haar ausfallen; Haus verfallen; Menschen strömen (-e in akk); sich stürzen (-e auf z. B. e-e Ware); Metall gegossen werden; Person, Körper ermatten; Suppe überschwappen; ausarten (**kavgaya** in e-n Streit); **döküldmüş** Kleidung abgetragen, verschlissen; Hose durchgewetzt; **bugün dökülüyorum** umg fig heute bin ich geschafft
**döküm** A subst Fallen n, Abfallen n; TECH Gießen n; WIRTSCH Spezifizierung f; Auflistung f; Bestandsaufnahme f B adj unansehnlich; umg schlampig (gekleidet) **~cü** Gießer m **~evi** ⟨-ni⟩, **~hane** [a:] Gießerei f (Fabrik)
**dökümlü** Stoff gut fallend, schmiegsam
**dökünmek** sich begießen, sich übergießen; (**su**) ~ sich duschen
**döküntü** Abfall m, Abfälle m/pl; Ausschuss m; Geröll n; MED Ausschlag m; MIL Versprengte m/pl, Nachzügler m/pl; allg (die) Übriggebliebenen; fig Hefe f des Volkes; **radyoaktif ~ler** radioaktive(r) Abfall **~lü** versprengt; übrig geblieben; ... mit Ausschlag behaftet
**döl** Embryo m od n; Keim m; Samen m; BOT Fruchtknoten m; Generation f; Nachkomme m; Tier Junge(s); **~ döş** umg Nachkommenschaft f; **~ vermek** Junge werfen; BOT Frucht tragen
**dölek** ⟨-ği⟩ dial grüne Melone; Person ausgeglichen, bedächtig; Boden eben
**dölle|mek** v/t BIOL befruchten; BOT bestäuben **~nme** Befruchtung f, Bestäubung f
**dölüt** ⟨-dü⟩ Embryo m, Leibesfrucht f
¹**döl|yatağı** ⟨-nı⟩ Gebärmutter f, Uterus m **~yolu** Muttermund m, Scheide f, Vagina f
¹**dömifinal** SPORT Halbfinale n
**döndürmek** v/t drehen; akk zur Umkehr bewegen, zurückholen; umwenden; umkippen; akk verwandeln (-e in akk); Schüler durchfallen lassen; umg e-e Abteilung leiten
**dönek** ⟨-ği⟩ unbeständig, wankelmütig, labil; Schüler Wiederholer m, -in f; sitzen geblieben; Renegat m, -in f, umg Aussteiger m, -in f **~lik** ⟨-ği⟩ Wankelmut m; Labilität f; Unbeständigkeit f; Renegatentum n
**dönem** Periode f; Stadium n; Epoche f; POL Sitzung(speriode) f; Parlamentsperiode f; SPORT Runde f
**dönemeç** ⟨-ci⟩ Kurve f; fig Stadium n, Wende f **~li** kurvenreich
**dönence** GEOG Wendekreis m; Wendepunkt m **~li** astronomisch (Jahr)
**döner** Dreh- (Stuhl, Tür); umlaufend (Kapital); → dönmek; **~ (kebap/kebabı)** Dönerkebab m, umg Döner m BAHN **~ levha** Drehscheibe f
**döngel** BOT Mispel f

## DÖNG | 138

**döngü:** kısır ~ Zirkelschluss m
**dönme** Abtrünnige(r); zum Islam Übergetretene(r); TECH Rotation f; Drehung f; Drehschrank m; **~ ekseni** Drehachse f; **geriye ~** Umkehr f
**dönmedolap** Karussell n
**dönmek** ⟨-er⟩ sich drehen; z. B. Mond kreisen; zurückkehren (-den aus dat; -e nach, zu dat); sich wenden (-e an akk); sich zuwenden (-e j-m); sich verwandeln (-e in akk); werden (-e zu dat); REL abtrünnig werden, übertreten; Gerücht umlaufen; Schüler sitzen bleiben; Wetter umschlagen; -den abrücken, Abstand nehmen von; **arkasını** (od **sırtını**) **~ den** Rücken zukehren; **deliye ~** verrückt werden; **geriye ~** umkehren; **köşeyi ~** um die Ecke biegen; fig (plötzlich) reich werden; **(mutlak bir) ölümden ~** dem (sicheren) Tode entgehen
**dönmüş** zurück; **~ olmak** zurück sein, wieder da sein
**dönük** ⟨-ğü⟩ (-e) interessierend, ausgerichtet (auf akk); gelehnt (an akk); gerichtet (gegen akk); **sırtı duvara ~** mit dem Rücken zur Wand gekehrt
**dönüm** Wendung f; Drehung f; fig Wende f; türk. Flächenmaß Dünüm m (ca. 920 m²); (Arbeits)Gang m; **~ momenti** PHYS Drehmoment n; **~ noktası** fig Wendepunkt m **~lük** ⟨-ğü⟩ ... von (od für) ... Dönüm (Hektar)
**dönüş** Rückkehr f; Kehrtwendung f; Stern Umkreisung f; **~ yapmak** e-e Kehrtwendung machen; **sağa ~** Rechtsabbiegen n; POL Rechtsruck m; **u ~ ü** Umkehren f; **~te** auf dem Rückweg, auf der Rückreise
**dönüşlü** GRAM reflexiv
**dönüşme** Umwandlung f; Änderung f in der Verfassung; GRAM Assimilation f
**dönüş|mek** sich (ver)wandeln (-e zu dat, in akk); (-le) auskommen (mit); zurechtkommen, zusammenleben (z. B. in e-m Zimmer) **~türmek** v/t (um)wandeln (-e in akk); ELEK transformieren; umbauen, umgestalten; IT konvertieren; reorganisieren; umformen **~türücü** ELEK Transformator m
**dönüşüm** Umgestaltung f; Transformation f; Recycling n **~cülük** ⟨-ğü⟩ BIOL Transformismus m **~lü** der Reihe nach; in wechselnder Folge; recycelt; **~**

**kağıt** Recyclingpapier n
**döpiyes** Kostüm n, Zweiteiler m
**dördül** dial Quadrat n; LIT Vierzeiler m
**dördün** Mondviertel n; Quartal n
**dördüncü** viert-; **~ zaman** GEOL Quartär n
**dördüz** Vierling m
**dört** ⟨-dü⟩ vier; (die) Vier; **~ almak** Schüler e-e Vier bekommen; **~ başı mamur** in bester Verfassung; erstklassig; **~ bir tarafı(nda)** (od **yanında**) an allen Ecken und Kanten; **~ gözle beklemek** sehnsüchtig erwarten; **~ işlem** MATH (die) vier Rechnungsarten; **~ taraftan** auf allen Seiten; **dünyanın ~ bucağından** aus allen Himmelsrichtungen
**dört|ayak** vierbeinig; auf allen vieren **~gen**Viereck n; viereckig **~köşe** umg Quadrat-, quadratisch; **(zevkten) ~ olmak** großes Vergnügen haben **~lü** MUS Quarte f; Würfel ... mit vier Augen; vierteilig **~lük** ⟨-ğü⟩ MUS Viertelnote f; Viererreinheit f; LIT Vierzeiler m; LIT vierzeilige Strophe; ASTRON Quadrat n
**'dörtnal** Galopp m; **~a im** Galopp; **~a gitmek** galoppieren
**dörtyol: ~ ağzı** (Straßen)Kreuzung f; fig Drehkreuz n
**'dörtyüzlü** MATH Tetraeder n
**döş** Brust f; Flanke f, Weiche f
**döşek** ⟨-ği⟩ Matratze f; Bett n; **döşeğe düşmek**, **~ esiri olmak** bettlägerig sein
**döşeli** Boden ausgelegt (mit); möbliert
**döşeme** Boden m; Möbel pl, Mobiliar n **~ci** (Polster)Möbelhändler m; Tapezierer m; Parkettleger m; Dekorateur m
**döşemek** (-i) mit Teppich, mit Fliesen etc auslegen; Straße pflastern; Stuhl polstern; Zimmer möblieren, einrichten; TECH Schienen, Leitung legen
**döşemelik** ⟨-ği⟩ Auslegeware f; Tapezieren n; Material n zum Tapezieren (od Beziehen, Polstern)
**döşenmek** passiv von döşemek; bettlägerig sein; fig sich verbreiten, sich lang und breit auslassen (üzerine über akk); umg (akk) runterputzen
**döşeyici** Installateur m
**dövdürmek** kaus von dövmek
**döven** Dreschschlitten m
**döver** → dövmek
**döviz** WIRTSCH Devisen pl; POL Losung f; Devise f; **~ kuru** Wechselkurs m; **~**

**tahditleri** Devisenbeschränkungen *f/pl*
**dövme** → dövmek; Tätowierung *f*; *Tier* Brandmal *n*, Stempel *m*; *Metall* gehämmert; Schmiede- (Eisen); **~ krema** Schlagsahne *f*; **~ dondurma** Eiscreme *f*
**dövmek** ⟨-**er**⟩ (-**i**) *akk* schlagen, prügeln; zerstoßen; *Ei* schlagen; *Eisen* schmieden; *Kaffee* mahlen; *Metall* behämmern; MIL beschießen
**döv├l|gen** schmiedbar, verformbar **~mek** *passiv von* dövmek
**dövünmek** sich (selbst) schlagen; sich zerreißen (-**e** wegen *gen*); (-**e**) **çok pişman olmuş dövünüyorum** ich möchte vor Reue vergehen (wegen *gen*)
**dövüş** Schlägerei *f*, Handgemenge *n*; Kampf *m* **~ken** kämpferisch; rauflustig, streitsüchtig **~kenlik** ⟨-**ği**⟩ Kampflust *f*; Rauflust *f* **~mek** (-**le**) sich schlagen (mit *j-m*); miteinander kämpfen (*od* boxen); *Kinder* sich balgen
**Dr.** *abk. für* doktor Doktor (Dr.)
**drahmi** griechische Drachme
**dra'homa** Mitgift *f bei Nichtmuslimen*
**draje** Dragee *n*
**dram** Drama *n* **~atik** *allg* dramatisch
**dramatize:** **~ etmek** als Drama bearbeiten; *fig* dramatisieren
**dren** MED Kanüle *f*
**drenaj** Entwässerung *f*, Dränage *f*
**dresaj** Dressur *f*
**drosera** BOT Sonnentau *m*
**dua** [a:] Gebet *n*; Fürbitte *f*; **~ etmek** (*od* **okumak**) beten (-**e** für *akk*); Gottes Segen erflehen (-**e** für *akk*) **~cı** Fürbitter *m*; **sana ~yız** wir beten für dich, wir sind dir dankbar
'**duba** Boje *f*; Lastkahn *m*, Schute *f*; **~ köprüsü** Pontonbrücke *f*; *Person* stämmig; **~ gibi** *fig* wie e-e Tonne
**dubara** [-ba:-] *Spiel* Zweierpasch *m*; *fig* Doppelspiel *n*, Trick *m*; **~ya düşmek** *fig* reinfallen **~cı** Schwindler *m*
**dublaj** FILM Synchronisierung *f*; **Türkçe ~lı** türkische Fassung *f*; **~ yapmak** synchronisieren
**duble** doppelt, zweifach; (ein) Doppelte(r) Raki *etc*; zwei Glas Bier *etc*; (Kleider)Futter *n*; **-i ~ etmek** füttern
**dubleks:** **~ daire** Maisonettewohnung *f* (auf zwei Etagen)
**dublör** FILM Double *n*; (Synchronisations)Sprecher *m*, -in *f* **~lük** ⟨-**ğü**⟩ **~ yapmak** als Filmsprecher(in *f*) arbeiten
**dudak** ⟨-**ğı**⟩ Lippe *f*; *fig* Rand *m des Glases*; **alt ~** Unterlippe *f*; **üst ~** Oberlippe *f*; **~ (od dudağını) bükmek** e-n Schmollmund machen, den Mund verziehen **~sıl** LING labial, Lippen-
**dudu** HIST Frau *f*; Papagei *m*; **~ dilli** redselig
**duhuliye** Eintritt(sgebühr *f*) *m*
'**duka** Herzog *m*; *Venedig* Doge *m*; HIST Dukaten *m* **~lık** ⟨-**ğı**⟩ Herzogtum *n*
**dul** verwitwet; Witwe *f*; Witwer *m*; **~ kalmak** Witwe(r) werden
**dulaptalotu** ⟨-**nu**⟩ BOT Kellerhals *m*, *Art* Lorbeer *m* (*Daphne mezereum*)
**dulda** Schlupfwinkel *m*
**duman** Rauch *m*, Qualm *m des Feuers*; *Wetter* Dunst *m*; Nebel *m*; Beschlag *m* *e-r Scheibe*; *Slang* Stoff *m*; *Slang* mies; mulmig; (-**i**) **~ almak** *unp* der Nebel verhüllt (*akk*); **~ attırmak** *akk* dauernd schikanieren; **~ bulutu** Rauchwolke *f*; **~ etmek** *umg* versauen; Glück haben; **~ olmak** *fig* zu Wasser werden; *Person umg* verduften; **~a boğmak** qualmen; **~a tutmak** blaken, rußen; **~ı üstünde** *fig* völlig neu; taufrisch; **~ı vermek** Verwirrung stiften
**dumancı** Rauschgiftsüchtige(r)
**duman|lamak** (-**i**) Fische räuchern; MIL einnebeln, vernebeln; *Zimmer* verräuchern; *fig* trüben **~lanmak** geräuchert werden; voll Rauch sein; eingenebelt werden, vernebelt werden; verräuchert werden; neblig werden; *fig* e-n Schwips bekommen **~lı** Rauch-; Nebel-; verrußt; vernebelt; neblig (*Wetter*); Räucher-(*Fisch*); *Blick* verschleiert; *Glas* beschlagen; **kafası** (*od* **başı**) **~** er ist angeheitert; ihm schwirrt der Kopf
**dumur** [-u:r] Verkümmerung *f*, MED Atrophie *f*; **~a uğramak** verkümmern
**duo** Duett *n*
**dur** → durmak; halt!, (e-n) Moment mal; **~ bakalım!** warten wir mal!; halt!
**duraç** ⟨-**cı**⟩ Sockel *m*, Fuß *m*
**durağan** stabil; stationär; ortsfest; *fig* unbeweglich, tatenlos
**durak** ⟨-**ğı**⟩ **A** *subst* Haltestelle *f*; (Arbeits-, Lese)Pause *f*; GRAM Zäsur *f* **B** *adj* *Wasser* stehend, stagnierend
**duraklama** Stoppen *n*, Stopp *m*; MIL Ruhe *f an der Front*; (Marsch)Pause *f*;

Schwanken n, Unschlüssigkeit f
**duraklamak** halten, *umg* stoppen; stehen bleiben; stocken (*a. in der Rede*); **duraklamadan** unentwegt, ständig
**durak|lı** stationär **~samak** zögern; innehalten **~sız** pausenlos
**dural** statisch
**duralmak** stehen bleiben, (an)halten
**durdurmak** (-i) anhalten, zum Stehen bringen; stoppen; *allg a.* Versuche einstellen; *Waffen* zum Schweigen bringen
**durgu** Pause f; Stillstand m; Stagnation f
**durgun** *Meer* ruhig; *Wasser* stehend, stagnierend; WIRTSCH flau, ruhig; *Person* matt, teilnahmslos; **~ mevsim** tote Saison, *umg* Saueregurkenzeit f
**durgunlaşmak** zum Stillstand kommen; *Person* nachdenklich (*od* still) werden; *Meer* sich beruhigen; *Wind* sich legen
**durgunluk** ⟨-ğu⟩ Stockung f, Stillstand m; WIRTSCH Flaute f; Apathie f
**durmak** ⟨-ur⟩ (*hier- etc*) bleiben; stehen bleiben, (an)halten; wohnen, leben; Geduld haben, warten; verdattert sein, verdutzt sein; wirken, aussehen, sich machen; *Regen* aufhören; *Uhr* stehen bleiben; *Welt* bestehen; **açık ~** offen stehen; **dur!** halt!, stopp!; **-e karşı soğuk ~** *akk* kühl behandeln; **-ip ~**, **-e ~**, **-a ~** ununterbrochen *etw* tun, z. B. **okuyup ~**, **okuya~** ununterbrochen (*od* pausenlos, immer noch) lesen; **-in üstünde** (*od* üzerinde) **~** erörtern (*akk*), diskutieren (*akk*); betonen (*akk*), hinweisen (auf *akk*); **artık duramayacağım** ich kann nicht länger warten; **içim duramıyor** ich habe keine Geduld mehr, ich halte es nicht mehr aus; **durmadan, durmaksızın, 'durmamaca(sı)na** ununterbrochen, ständig, pausenlos; Dauer-; **-dan duramamak** nicht anders können als ...; **durup durup** von Zeit zu Zeit, häufig; **durup dururken** ohne ersichtlichen Grund; plötzlich, auf einmal; **durdu durdu** er wartete lange; **durduğu yerde** ohne Mühe; unnötig; **durmuş oturmuş** bedächtig, gesetzt; gealtert; schwunglos
**dursun: şöyle ~** nicht zu sprechen (von *dat*); geschweige denn ...
**duru** kristallklar; **~ beyaz** blütenweiß
**duruk** ⟨-ğu⟩ ELEK Stator m; potenziell

(*Energie*); unschlüssig; labil **~samak** aufgehalten werden; *fig* schwanken
**durul|amak** *Wäsche* (klar) spülen **~anmak** *Wasser etc* sich klären; sich mit Wasser übergießen, *Hände* abspülen
**durulma** Klärung f, Klarwerden n (*e-s Wassers*)
**durulmak**[1] *v/i Wasser* sich klären; sich beruhigen; *Lärm* sich legen; *fig* vernünftig werden
**durulmaz**[2] *passiv von* durmak; **durulmaz** Halten verboten!; **üzerinde durulması gereken bir nokta** ein beachtenswerter Punkt
**duruluk** ⟨-ğu⟩ Klarheit f, Reinheit f
**durum** Lage f, Situation f; Zustand m; *fig* Färbung f, Anstrich m, Aspekt m; Fall m (*a.* GRAM); **~ almak** Stellung nehmen; e-e bestimmte Haltung einnehmen; **...~a gelmek** ... werden; **güç bir ~a düşmek** in e-e schwierige Lage geraten; **iktisaden bağımsız ~a gelmek** wirtschaftlich unabhängig werden; **geçim ~u** Lebensbedingungen f/pl; **hastanın ~u** der Zustand des Kranken; **hava ~u** Wetterlage f; **sağlık ~u** Gesundheitszustand m; **sıhhî ~** sanitäre Verhältnisse n/pl; **-in kaybolması ~unda** im Falle des Verlustes *gen/von*
**durur** → durmak
**duruş** *subst von* **durmak**; Aufenthalt m; *a.* PSYCH Haltung f, Verhalten n; **~ mesafesi** AUTO Bremsstrecke f
**duruşma** JUR (Gerichts)Verhandlung f, Prozess m
**duş** Dusche f; **~ almak, ~ yapmak** (sich) duschen
**dut** ⟨-tu⟩ Maulbeere f; **~ ağacı** Maulbeerbaum m; **~ gibi olmak** *umg* völlig blau sein; sich schämen
**duvak** ⟨-ğı⟩ Brautschleier m; Babyschleier m; **~ düşkünü** junge Witwe
**duvar** Wand f; Mauer f; **~ gibi** stocktaub; sehr haltbar; **~ kağıdı** Tapete f; **~ları kağıtla kaplamak** tapezieren; **ses ~ı** Schallmauer f; **yangın ~ı** Brandmauer f; **~a yazıyorum** (*ki yazarım*) ich wette; schreib dir das hinter die Ohren!
**duvarcı** Maurer m; *Slang*: Einbrecher m
**duy** Fassung f *e-r* Glühbirne; TECH Buchse f, Hülse f, Muffe f; **~ priz** ELEK Glühlampenfassung f mit Steckdose
**duyar** sensibel; empfindlich; sentimen-

tal, empfindsam; → duymak
**duyarga** BIOL Fühler m
**duyar|lı** empfindlich, feinfühlig ~(lı)-**lık** ⟨-ğı⟩ Einfühlsamkeit f; Sensibilität f; Empfindlichkeit f; Empfindsamkeit f, Sentimentalität f; PHIL Kontemplation f
**duygu** Gefühl n, Empfindung f; ~ **organı** Sinnesorgan n; **güzellik ~su** Schönheitssinn m; **sorumluluk ~su** Verantwortungsgefühl n
**duygudaş** sympathisierend, mitfühlend; Sympathisant m, -in f; teilnahmsvoll ~**lık** ⟨-ğı⟩ Sympathie f, Mitgefühl n
**duygulandırmak** ⟨-i⟩ akk bewegen, beeindrucken
**duygulan|ım** Empfindung f; Wahrnehmung f ~**mak** beeindruckt (od gefesselt) werden; gerührt werden (-den von dat); -den **çok duygulandım** ich bin tief bewegt von
**duygulu** empfindlich; gemütvoll; feinfühlig ~**luk** ⟨-ğu⟩ Empfindlichkeit f; Gefühlsbetontheit f; Feinfühligkeit f
**duygusal** emotional, gefühlsbetont, gefühlsmäßig; PSYCH affektiv
**duygusuz** unempfindlich; gemütlos; herzlos ~**luk** ⟨-ğu⟩ Unempfindlichkeit f; Gefühlsarmut f
**duyma** Wahrnehmung f; Gehör n
**duymak** ⟨-ar⟩ ⟨-i⟩ hören, erfahren; fühlen; wahrnehmen, beobachten; Stolz, Freude empfinden; Sehnsucht verspüren (-e nach dat); Musik richtig auffassen, verstehen; **ihtiyaç ~** für nötig erachten; **kulaktan ~** vom Hörensagen kennen
**duymaz** taub; empfindungslos; ~**dan gelmek** sich taub stellen ~**lık** ⟨-ğı⟩ Empfindungslosigkeit f; ~**tan gelmek** →duymazdan gelmek
**duysal** MED sensorisch; empfindlich
**duyu** (Gehör-, Gesichts- etc) Sinn m; Sinnesorgan n; Intuition f
**duyulmak** passiv von duymak; zu Gehör kommen; **duyulmadık, duyulmamış** unerhört; ungewöhnlich, beispiellos
**duyulur** hörbar; ~ **duyulmaz** kaum hörbar ~**luk** ⟨-ğu⟩ Hörbarkeit f
**duyum** Empfindung f; ~ **eşiği** Reizschwelle f; ~ **ikiliği** Synästhesie f ~**culuk** ⟨-ğu⟩ Sensualismus m ~**sal** wahrnehmbar; sensorisch; Sinnes- (Nerv) ~**samazlık** ⟨-lığı⟩ Apathie f, Teilnahmslosigkeit f

**duyurmak** Gehör verschaffen (-i dat); hören lassen; mitteilen, bekannt geben (-i -e j-m etw); sich j-m verständlich machen; zu erkennen geben; seine Stimme erheben; j-m Schmerz zufügen
**duyuru** Bekanntgabe f, Mitteilung f; Anzeige f
**duyusal** PSYCH affektiv, emotional
**duyuş** Eindruck m; Auffassung f; ~ **vurgusu** GRAM emphatische Betonung
**düdük** ⟨-ğü⟩ Pfeife f, Hupe f des Autos; Flöte f; Horn n; Schalmei f; Sirene f; fig Döskopf m; ~ **çalmak** pfeifen; auf der Schalmei spielen od die Schalmei blasen; ~ **gibi** schrill; hauteng; ~ **gibi kalmak** mutterseelenallein sein; dünn werden; **alarm düdüğü** Alarmsirene f; **başlama düdüğü** SPORT Anpfiff m; **düdüğü çalmak** etw zustande bringen
**düdükçü** Pfeifer m; Flötenspieler m, -in f

**düdük|lemek** ⟨-i⟩ Slang: es treiben (mit j-m); akk irreführen ~**lü** Pfeif-; ~**tencere** Schnellkochtopf m
**dü'ello** Duell n; ~ **etmek** sich duellieren; **söz** ~ Wortgefecht n
**düğme** Knopf m (a. ELEK); BOT Knospe f; TECH Klemme f; ~ **deliği** Knopfloch n; **kapama ~si** Ausschalter m (Radio); **marş ~si** Einschalter m; ~**ye basmak** auf den Knopf drücken
**düğmek** ⟨-er⟩ dial v/t (zu)knoten
**düğmelemek** v/t zuknöpfen
**düğmeli** Knopf-; (zu)geknöpft
**düğüm** Knoten m (a. im Drama); TECH Bündel n; ANAT Ganglion n, Nervenknoten m; ~ **noktası** BAHN Knotenpunkt m; fig (der) entscheidende Augenblick
**düğümle|mek** v/t zuknoten, verknoten; e-n Knoten machen ~**nme** Verknotung f; **bağırsak ~si** MED Darmverschluss m ~**nmek** (in der Kehle) stecken bleiben; fig verstrickt sein (in dat); fig sich konzentrieren; Verkehr (völlig) stocken ~**şmek** sich verstricken
**düğümlü** verknotet; geknotet; knotig
**düğün** Hochzeit f; (Familien)Fest n; umg Fete f; ~ **derneği** ⟨-ği⟩ Hochzeitsgesellschaft f; ~ **hediyesi** Hochzeitsgeschenk n; ~ **yapmak** Hochzeit machen (od feiern); ~ **bayram etmek** laut feiern; jubeln, frohlocken ~**çiçeği** BOT Hahnenfuß m (Ranunculus) ~**çorbası**

Hochzeitssuppe f
**dük** ⟨-kü⟩ Herzog m
**dükkan** Laden m; Werkstatt f; *Slang:* Hosenlatz m; **bakkal ~ı** Lebensmittelgeschäft n
**dükkancı** Ladeninhaber m, -in f
**düldül** alter Klepper; AUTO Klapperkasten m
**dülger** Zimmermann m
**dümbelek** ⟨-ği⟩ MUS kleine Trommel; *Person* Trottel m
¹**dümdüz** völlig eben, flach; direkt; *Kleid etc* sehr schlicht; *Person* borniert; **yerle ~ etmek** dem Erdboden gleichmachen
**dümen** Steuer n, Steuerruder n; Ruder n; *Slang:* Schwindel m; Kniff m; **~i çevirmek** steuern; das Steuer herumwerfen (a. fig ); fig umg e-n Dreh finden; **-e ~ kırmak** SCHIFF zusteuern auf akk; **~i kırmak** umg sich davonstehlen; **~ kolu** Steuerknüppel m; **~(i) kullanmak** steuern, lenken; umg die Sache hindrehen
**dümenci** Steuermann m; umg Gauner m
**dün** gestern; Vergangenheit f; **~ bir bugün iki** in so kurzer Zeit; **~ akşam** gestern Abend
**dünden** von gestern, gestrig; ⟨schon⟩ am Vortage; **~ bugüne** von heute auf morgen; **~ hazır** (od **razı**) er brennt nur darauf; **~ ölmüş** lustlos, apathisch
**dünkü** gestrig; neu; Neuling m
**dünür** Gegenschwiegervater m, Gegenschwiegermutter f; **~(cü)** Brautwerber m, -in f **~ler** Gegenschwiegereltern pl **~leşmek** verschwägert werden
**dünya** [a:] Welt f; Erde f; Diesseits n; alle, die ganze Welt, alle Welt; **~ adamı** Weltmann m; welterfahrene(r) Mensch; **~ evine girmek** in den Ehestand treten; **~ görmüş** weit herumgekommen; **~ görüşü** Weltanschauung f; **~(lar) kadar** ganz galz viel; **~ piyasası** Weltmarkt m; **~ satrancı şampiyonu** Weltmeister m im Schach; **~ güzeli** A *subst* Miss World B *adj* allerhübschest; **~ vatandaşı** Weltbürger m; **~da gitmem** nicht um die Welt (od keineswegs) werde ich gehen; **~nın işi ganz viel Arbeit; ~ya gelmek** Kind auf die Welt kommen; **-i ~ya getirmek** Kind zur Welt bringen; **~ya kazık kakmak** umg ein hohes Alter erreichen

**dünyaca: ~ tanınmış** weltbekannt
**dünyalık** ⟨-ğı⟩ A *adj* weltlich; irdisch B *subst* Vermögen n; *Slang:* Zaster m; **dünyalığı doğrultmak** umg auf den grünen Zweig kommen
**düo** Duo n
¹**düpedüz** A *adj* ganz glatt; absolut (*Unwissenheit etc*) B *adv* rundheraus, direkt ins Gesicht *sagen;* glattweg
**dürbün** Fernrohr n; Opernglas n; **~ün tersiyle bakmak** bagatellisieren (-e akk) **~lü** mit Fernrohr
**dürmek** ⟨-er⟩ v/t zusammenrollen; einrollen; *Wäsche* zusammenlegen
**dürtmek** ⟨-er⟩ v/t leicht stechen; *Tier* antreiben; *mit dem Ellbogen* stoßen; rütteln *-den an*, z. B. *den Schultern;* fig umg anspornen, stimulieren
**dürtü** Ansporn m; Stimulans n; PSYCH Motivation f **~klemek** v/t rütteln; fig warnen **~şmek** sich gegenseitig stoßen
**dürü** Zusammengerollte(s), Rolle f; (Gast)Geschenk n
**dürüm** Rolle f; Falte f im Kleid; Schicht f, Lage f; Art Pfannkuchen m mit Füllung; **~ ~** zusammengerollt; deftig
**dürüst** ⟨-tü⟩ richtig, fehlerfrei; ehrenhaft; gerecht; treu (s-m Wort)
**Dürzî** [-i:] Druse m
**dürzü** *Schimpfwort* gemeiner Kerl!, Schuft!
**düstur** [u:] Kodex m, Gesetzessammlung f; Regel f, Norm f, Leitsatz m; WIRTSCH Hauptbuch n; Arzneibuch n
**düş** Traum m; Fantasie f; **~ azması** Pollution f
**düşer** → düşmek
**düşes** Herzogin f
**düşeş** Glücksfall m; umg Backpfeife f; *Spiel* Sechserpasch m
**düşey** vertikal, senkrecht
**dü'şeyazmak** beinahe hinfallen
**düşkün** A *adj* heruntergekommen; verarmt; niedrig (*Preis*); kläglich (*Zustand*); schwer, böse (*Zeit*); *(dem Spiel etc*) verfallen; -süchtig, z. B. **giyinişe ~** putzsüchtig B *subst* Schwärmer m, -in f (*für*) Freund m, -in f (gen od von dat)
**düşkünlerevi** Obdachlosenheim n
**düşkünleşmek** verarmen; verkommen; e-e Vorliebe haben (-e für akk)

# DÜŞÜ

**düşkünlük** ⟨-ğü⟩ Verkommenheit *f*; Verarmung *f*; (-e) Neigung *f*, Hang *m* (zu); Vorliebe *f* (für)

**düşman** *allg* Feind *m*, -in *f*, Gegner *m*, -in *f*; feindlich; *umg* Verbraucher *m*, -in *f*, Esser *m*, -in *f*, Trinker *m*, -in *f*, *z. B.* **ekmek ~ı** starke(r) Brotesser, Brotverbraucher *m*, -in *f*; **~ ağzı** Verleumdung *f*; feindselige(r) Ton; **amansız ~** Todfeind *m*; **-in ~ı kesilmek** *akk* als Feind betrachten **~ca** feindselig

**düşmanlık** ⟨-ğı⟩ Feindschaft *f*; Feindseligkeit *f*; **bana düşmanlığı olan bir adam** ein mir feindselig gesonnener Mann

**düşme** Fall *m*, Fallen *n*; TECH **~ çekici** Ramme *f*; **çocuğun ~si** Fehlgeburt *f*; **elden ~** gebraucht, zweiter Hand

**düşmek** ⟨-er⟩ **A** *v/i* fallen (*-den* von *dat*; *-e* auf *akk*); hinfallen; *Flugzeug* abstürzen; herunterkommen, verarmen; (*-den* durch, *z. B. Krankheit*) abnehmen; (*-e* in *e-e Lage*, *Angst*) geraten; passen, wirken, sich machen (*-e* zu, *z. B. e-m Bild*); verlieren (*-den* an, *z. B. Vertrauen*); *Hitze* zurückgehen; *Wind*, *Wut* sich legen; sich *dem Spiel* hingeben; *Verhältnis* entfallen (*-e* auf *akk*); (*-e*) irgendwo auftauchen, herkommen; *Leute* strömen (*-e* auf, in *akk*); **arkasına (peşine) ~** verfolgen (*-in akk*); **önüne ~** vorausgehen (*-in dat*); **hastaneye ~** ins Krankenhaus kommen; **şüpheye ~** Zweifel hegen; **kar düştü** es hat geschneit; **dokuzdan iki düş(tü)** neun minus zwei; **bana düşer** es obliegt mir, es ist meine Pflicht; **bana düşmez** es ist nicht meine Sache, es geht mich nichts an; **bana (da) evet demek düşmüştü** (und) mir war nur noch geblieben, Ja zu sagen; **fırsat düşerse** wenn sich die Gelegenheit bietet; **işim düşerse** wenn ich … zu tun haben sollte; **yolum (oraya) düşerse** wenn es mich (dorthin) verschlägt; *-le* **düşüp kalkmak** (intensive) Beziehungen haben zu **B** *v/t* abziehen; **hesaptan ~** von der Rechnung abziehen **C** *v/aux*: **hasta (yorgun, zayıf** *etc*) **~** krank (müde, schwach *etc*) werden

**düssel** traumhaft, Traum-; fantastisch

**düssüz** [-ss-] traumlos (*Schlaf etc*)

**düşük** ⟨-ğü⟩ Preis, Temperatur, Zinsen niedrig; GRAM *Satz etc* regelwidrig; *Ausdruck* hinkend; abfallend (*Schultern*); MED Fehlgeburt *f*; POL gestürzt; ehemalig (*Regierung etc*); *Rock* heruntergerutscht; **~ basınç** Tiefdruck *m*; **~ ücretli** schlecht bezahlt; **~ yapmak** e-e Fehlgeburt haben

**düşüklük** ⟨-ğü⟩ Fallen *n der Preise*; Rückgang *m der Temperatur*; Verfall *m der Sitten*; Regelwidrigkeit *f*; Vertiefung *f*; Tiefdruck(gebiet *n*) *m*

**düşülmek** *passiv von* düşmek

**düşün** Gedanke *m*; Denken *n*

**düşünce** Gedanke *m*; Auffassung *f*, Meinung *f*, Urteil *n*, Gesichtspunkt *m*; Sorge *f*; **~ içinde** nachdenklich; **~ özgürlüğü** Gedankenfreiheit *f*; **art ~** Hintergedanke *m*; **beni bir ~(dir) aldı** ich machte mir Sorgen, mir kamen quälende Gedanken

**düşünceli** nachdenklich; mitdenkend; **özgür ~** Freidenker *m*, -in *f* **~lik** ⟨-ği⟩ Mitdenken *n*; Besorgnis *f*; Nachdenklichkeit *f*

**düşüncesiz** gedankenlos, unüberlegt; sorglos, unbekümmert **~lik** ⟨-ği⟩ Gedankenlosigkeit *f*; Unbekümmertheit *f*; (**-mekle**) **~ etmek** unbekümmert sein (+*inf*)

**düşündürmek** *kaus von* düşünmek; (-*i*) zu denken geben *dat*; nachdenklich stimmen *akk*; beunruhigen *akk*

**düşündürücü** beunruhigend; bedenklich

**düşünme** Denkvermögen *n*; Denken *n*; Überlegung *f*

**düşünmek** (-*i*) denken (an *akk*); sich (*dat*) ausdenken, ersinnen (*akk*); planen, gedenken, beabsichtigen + *inf*; im Begriff sein + *inf*; sich kümmern *um akk*, denken an *akk*; sich (*dat*) Sorgen machen *um akk*

**düşünsel** Denk-; gedanklich

**düşünülmek** *passiv von* düşünmek; **düşünülebilecek** denkbar; **düşünülemez** undenkbar

**düşün|ür** Denker *m*, -in *f* **~üş** Gedankengang *m*; Denkweise *f*; Denken *n*; Weltanschauung *f*

**düşürmek** *kaus von* düşmek; (-*i*) fallen lassen (*akk*); *akk* zu Fall bringen; FLUG zum Absturz bringen; fällen; e-e Fehlgeburt haben; *Arbeitszeit* senken, verkürzen; *Obst* abschlagen (*-den* von *dat*); *Re-*

*gierung* stürzen; *Maske* herunterreißen; **birbir(ler)ine** ~ gegeneinander aufhetzen; **çocuk** ~ eine Fehlgeburt haben; *-i* **çarpıp** ~ *akk* umrennen; *-in* **gözünden** ~ in den Augen *gen*/*von* herabsetzen; **ucuza** ~ *etw* billig erwerben, *umg* ergattern; **uygun(suz)** ~ sich (nicht) schicken; **(zayıf)** ~ schwächen

**düşürtmek** *kaus von* düş(ür)mek; **çocuk** ~ *v*/*i* abtreiben

**düşür|ücü** senkend, herabsetzend (*bes* MED) **~ülmek** *passiv von* düşürmek

**düve** Färse *f*

**düven** Dreschschlitten *m*

**düz** *Boden* eben, flach (*a. Boot*); gerade (*Linie*); geradlinig (*Bewegung*); glatt (*Haar*); *Stoff* einfarbig, uni; Ebene *f*; GRAM ungerundet (*Vokal*) **~ayak** Haus ebenerdig; *Weg* eben; ~ **bir ev** Flachbau *m*; ~ **bağırsak** Mastdarm *m*; ~ **tümleç** GRAM direkte(s) Objekt; **~e çıkmak** aus dem Gröbsten heraus sein

**düzce** ziemlich eben; ehrlich; kurz und gut

**düzelmek** in Ordnung gebracht werden; organisiert werden; geebnet werden; *Fehler* behoben werden; *Kranker* sich erholen; *Wetter* sich bessern

**düzelti** Korrektur-; ordnend; ~ **jimnastik** Krankengymnastik *f*

**düzeltme** Berichtigung *f*; ~ **işareti** GRAM Zirkumflex *m*

**düzeltmek** *kaus von* düzelmek; *v*/*t* glätten; *Betten* machen; *Brille* zurechtrücken; *Fehler* beheben, korrigieren, verbessern; *Kleider* ausbessern, reparieren; *Zimmer* aufräumen

**düzeltmen** Korrektor *m*, -in *f*

**düzem** CHEM Dosierung *f*, prozentuale Zusammensetzung; MUS Kadenz *f*

**düzen** Ordnung *f*; Organisation *f*, Veranstaltung *f*; POL System *n*, Regime *n*; Harmonie *f*; Ausstattung *f des Zimmers*; TECH Einrichtung *f*; *fig* Trick *m*, List *f*; **alfabetik** ~ alphabetische Reihenfolge; ~ **kurmak** ordnen, *fig* Ränke schmieden; **~e koymak** (*od* **sokmak**) in Ordnung bringen; regeln, ordnen

**düzen|baz, ~ci** Gauner *m*; Intrigant *m*

**düzenek** ⟨-ği⟩ Mechanismus *m*; Plan *m*

**düzengeç** ⟨-ci⟩ PHYS Regulator *m*

**düzenle|me** Ordnung *f*, Regelung *f*; Regulierung *f*; MUS Arrangement *n*, Bearbeitung *f* **~mek** ordnen, in Ordnung bringen; aufräumen; *Ausflug, Reise, Konferenz* veranstalten, organisieren; *Streik* organisieren

**düzenlenmek** *passiv von* düzenlemek

**düzenleyici** Regulator *m*, Regler *m*

**düzen|li** in Ordnung gebracht, geregelt; adrett; stetig, regelmäßig; harmonisch; *Wind* anhaltend; *Zimmer* aufgeräumt **~lik** ⟨-ği⟩ (tadellose) Ordnung *f*; Ruhe *f* (und Frieden)

**düzensiz** ungeordnet; unordentlich, schlampig; unsystematisch; unharmonisch; *Entwicklung* unregelmäßig, unstetig; *Wind* wechselnd **~lik** ⟨-ği⟩ Unordnung *f*, Durcheinander *n*, Desorganisation *f*; Disharmonie *f*

**düzer** → düzmek

**düzey** Niveau *n*; Standard *m*; **üst** ~ höhergestellt (*Beamter etc*); **(yüksek) ~li** von hohem Niveau; **~siz** niveaulos

**düzgün** glatt; eben; *fig* regelmäßig, systematisch; gut angelegt (*Garten*); organisiert; tadellos; *Gedanke* klar formuliert; fehlerfrei *sprechen*; *Kleidung* adrett; MATH regelmäßig; PHYS gleichförmig; *Tönungscreme f* **~lük** ⟨-ğü⟩ Glätte *f*; Ebenheit *f*; Regelmäßigkeit *f*

**dü'zine** Dutzend *n*; *fig* e-e (ganze) Menge

'**düzkanatlılar** ZOOL Geradflügler *m*/*pl*

**düzlem** eben, flach; Ebene *f*; Fläche *f*; Projektion *f*; ~ **geometri** Planimetrie *f*

**düzlemek** (*-i*) glätten; ebnen (*akk*); planieren; nivellieren

**düzlemküre** Planisphäre *f*; Planiglob *m*

**düzle|nmek, ~şmek** eingeebnet werden; geglättet werden; sich glätten **~tmek** *kaus von* düzlemek

**düzlük** ⟨-ğü⟩ Ebenheit *f*; Glätte *f*; ebene Fläche *f*; *fig* Schlichtheit *f*

**düzme** erdichtet; falsch, *Wechsel* gefälscht **~ce** gefälscht, Pseudo-

**düzmek** ⟨-er⟩ (*-i*) ordnen; zustande bringen; zusammentragen; *ein Haus* einrichten; *Lied* komponieren; sich (*dat*) *etw* (*akk*) ausdenken, erfinden (*akk*); *vulg* vögeln, nageln

'**düztaban** Plattfuß *m*; *fig* unheilvoll

**düzülmek** *passiv von* düzmek; **yola** ~

sich auf den Weg machen
**'düzyazı** Prosa *f*
**dz.** *abk. für* **deniz** See; Marine

# E

**e, E¹** [ɛː] e, E *n*; MUS e-Moll, E-Dur
**e²** [ɛ] *int* nun (ja), hm: **e, gitsin** nun ja (*od* hm), mag er gehen; [ɛːˈ] (*a.* **ee**): **e, yetişir artık** nun reicht's aber; **e, sonra?** na, und weiter?; **ee?** (*od* **e e?**) na, und?
**e³**: **e mi?** stimmts?, gut so?
**-e¹** *Dativzeichen; an akk, auf akk, in akk, nach, zu etc*; **~ hali** GRAM Dativ *m*
**-e²** *Suffix auf* **-se** → -a, -ya
**ebat** [aː] ⟨-dı⟩ Maße *n/pl*, Ausmaße *n/pl*, Format *n*, Größe *f*; ... **ebadında** im Format, in der Größe von ...
**ebe** Hebamme *f*; Spieler, der e-e Aufgabe zu bewältigen hat, Haschemann *m*
**ebedî** [iː] ewig; endlos **~leştirmek** verewigen **~lik** ⟨-ği⟩ Ewigkeit *f*
**ebediyen** [-ˈdiːjen] *adv* ewig, auf immer; *verneint*: nie und nimmer
**ebediyet** ⟨-ti⟩ Ewigkeit *f*
**e'begümeci** BOT Malve *f*
**e'be(m)kuşağı** ⟨-nı⟩ Regenbogen *m*
**ebelemek** *-i* Kinderspiel zum Haschemann machen
**ebelik** ⟨-ği⟩ Geburtshilfe *f*; Hebammenberuf *m*
**ebeveyn** *osm* Eltern(paar) *n*) *pl*
**e-bilet** E-Ticket *n*
**ebleh** schwachsinnig
**ebru** [uː] Marmorierung *f*; **~ ~** flammend rot (*Wange*) **~li** bunt **~lu** marmoriert
**ecdat** [aː] ⟨-dı⟩ Ahnen *pl*, Vorfahren *pl*
**ece** Königin *f*; *Person*: Schönheit *f*
**-ecek, -ecekmiş, -ecekti** → -acak, -acakmış, -acaktı
**ecel** Todesstunde *f*; **~ beşiği** *umg* alte(r) Kahn; äußerst gefährliche(r) Pass, Übergang *m*; Karussell *n*; **~ teri dökmek** Todesängste ausstehen; **~ime susamadım** ich bin doch nicht lebensmüde; **~iyle ölmek** e-s natürlichen Todes sterben

**ecinni** *umg* böse(r) Geist, → cin
**eciş**: **~ bücüş** krumm und schief; **~ bücüş yazı** Gekritzel *n*
**ecnebi** [iː] **A** *subst* Ausländer *m*, -in *f* **B** *adj* ausländisch; fremd
**ecz.** *abk. für* **eczane** Apotheke *f*
**ecza** [ɛzaː] ⟨-aı⟩ chemisches (*od* pharmazeutisches) Mittel *n* **~cı** Apotheker *m*, -in *f*; Pharmazeut *m*, -in *f* **~cılık** ⟨-ğı⟩ Pharmakologie *f*; Apothekerberuf *m* **~hane, ~ne** Apotheke *f*
**eda¹** [aː] Manieren *f/pl*, Ton *m*; Miene *f*; **sevimli** (*od* **hoş**) **bir ~** Anmut *f*
**eda²** [aː] Zahlung *f*; Erfüllung *f* *e-s Versprechens*; **~ etmek** e-e Zahlung leisten; erfüllen
**edalı** charmant, reizend; prüde, geziert
**edat** [aː] ⟨-tı⟩ GRAM Postposition *f*, Präposition *f*
**edebî** literarisch, Literatur-
**edebiyat** [aː, a] ⟨-tı⟩ Literatur *f*; *pej* Rhetorik *f*; **~ tarihi** Literaturgeschichte *f* **~bilim** Literaturwissenschaft *f* **~çı** Literat *m*, -in *f*
**e'dememek** nicht sein können ohne ...; **ben onsuz edemem** ich kann nicht ohne ihn/sie sein; **ben onunla edemem** ich kann mit ihm/ihr nicht auskommen (zurechtkommen); **okumadan edemem** ich muss unbedingt lesen
**edep** ⟨-bi⟩ Anstand *m*, gute(s) Benehmen; *umg* Benimm *m*; Höflichkeit *f*; **~ etmek** sich genieren, verlegen sein; **~ yeri** Schamgegend *f* **~lenmek** gute Umgangsformen erwerben **~leşmek** sich frech benehmen **~li** höflich; anständig; ... mit gutem Benehmen; verlegen; **~ ~** ganz bescheiden **~lik** ⟨-ği⟩ Unhöflichkeit *f*; Unverschämtheit *f* **~siz** unhöflich; frech
**eder** → etmek
**edevat** [aː] ⟨-tı⟩: **alet ~** Geräte *n/pl*; Zubehör *m* (*od n*); Bedarf *m*
**edici** bewirkend; *z. B.* **hayran ~** erstaunlich
**edilgen** GRAM Passiv *n*; GRAM passiv
**edilgenlik** ⟨-ği⟩ GRAM Passivform *f*
**edilgin** passiv; als Ergebnis (*gen*)
**edilmek** *passiv von* **etmek**
**edim** Handlung *f*; Reale(s); Verkörperung *f* **~sel** faktisch, real
**edinç** ⟨-ci⟩ Erwerbung *f*, (das) Erworbene

**edin|mek** Kenntnisse *etc* erwerben; *Charakterzug, Gewohnheit* annehmen; sich (*dat*) Geld verschaffen; **evlat ~** adoptieren **~ti** Erwerbung *f*
**edip** ⟨-bi⟩ *osm* Schriftsteller *m*
**E'dirne** Edirne *n*; HIST Adrianopel *n*
**edisyon** Ausgabe *f*, Edition *f*
**edit: ~ etmek** IT editieren
**editör** Herausgeber *m*, -in *f*; Redakteur *m*, -in *f*; Lektor *m*, -in *f*
**efe** Räuber *m*; HIST Partisan *m*
**efekt** ⟨-ti⟩ (Ton)Effekt *m*
**efektif** WIRTSCH verfügbar; bar; Effektivbestand *m*
**efelenmek** sich wichtigmachen
**e'fendi** HIST Herr *m*; **Hasan ~** Herr Hasan; Besitzer *m*; Herr *m*, Gebieter *m*; **~(den) adam** anständige(r) *od* seriöser Mensch, taktvolle(r) Mensch **~ce** höflich; anständig, **~lik** ⟨-ği⟩ gute Kinderstube; Höflichkeit *f*; Anständigkeit *f*
**e'fendim** Herr *m*: **~ !** jawohl; hier (bin ich); zu Diensten!; TEL hallo!; **~ ?** bitte?, wie bitte? (*= was sagten Sie?*); *bes höflich:* **hakkınız var, ♀** *etwa:* jawohl, Sie haben ganz recht!; mein Herr (*od* gnädige Frau) (*im Deutschen nicht verbreitet*)
**'Efes** Ephesus *n*
**efkâr** *umg* Kummer *m*; **~ dağıtmak** sich (*dat*) die Sorgen vertreiben **~lanmak** sich (*dat*) Sorgen machen **~lı** sorgenvoll, betrübt
**Eflatun** Plato *m*
**eflatun** Gelehrte(r) *m*; Philosoph *m*; **~ (rengi)** Helllila *n*; **~ (renkli)** helllila
**efor** Anstrengung *f*, **~ göstermek** sich anstrengen; viel leisten; **~ testi** MED Belastungs-EKG *n*
**efsane** [ɑː] Sage *f*; *fig* Lügenmärchen *n* **~leşmek** Legende werden **~vî** legendär
**'Ege** Ägäis *f*; **~ Bölgesi** Region *f* Ägäis *~ Denizi* Ägäische(s) Meer
**egemen** Ⓐ *subst* Herrscher *m*, Souverän *m* Ⓑ *adj* souverän; herrschend; **-e ~ olmak** herrschen über *akk*
**egemenlik** ⟨-ği⟩ Souveränität *f*; Hegemonie *f*; **hava egemenliği** Lufterrschaft *f*; **... üstünde ~ kurmak** Herrschaft installieren über *akk/dat*
**ego|ist** ⟨-ti⟩ Egoist *m*, -in *f* **~istlik** ⟨-ği⟩, **~izm** Egoismus *m*
**eg'zama** MED Ekzem *n*, Ausschlag *m*

**egzersiz** Übung *f*; Training *n*; **~ yapmak** trainieren
**egzoz** ⟨-tu⟩, **egzoz** TECH Auspuff *m*; **~ (gazları)** Abgase *n/pl*; **~ supabı** Auspuffventil *n*
**egzozcu** AUTO Auspuffwerkstatt *f*
**eğdirmek** *kaus von* eğmek; *v/t* schief aufsetzen (*Mütze etc*)
**eğe**[1], **~ kemiği** ANAT Rippe *f*
**eğe**[2] Feile *f* **~lemek** ⟨-i-⟩ feilen, mit der Feile bearbeiten (*akk*)
**'eğer**[1]: **~ ... -se** wenn, falls; **~ hava güzel olursa ...** wenn das Wetter schön ist ...
**eğer**[2] → eğmek
**eğik** geneigt, schief; **~ düzlem** (die) schiefe (geneigte) Ebene
**eğiklik** ⟨-ği⟩ Neigung *f*
**eğilim** Neigung *f* (*a. fig*); Tendenz *f*; Hang *m*; POL Einstellung *f* **~li** mit e-r Neigung, mit e-m Gefälle
**eğilme** geneigte Ebene; Ausschlag *m*, Deklination *f der Magnetnadel*
**eğilmek** sich beugen, sich bücken; *fig* sich beugen, sich unterwerfen; *z. B. Glas:* (um)kippen; schief stehen; (-e) *fig* sich e-s Problems annehmen
**eğil|memezlik** ⟨-ği⟩ Unbiegsamkeit *f*; *fig* Unbeugsamkeit *f* **~mez** unbiegsam, *fig* unbeugsam
**eğim** Neigung *f*, Gefälle *n*; Krümmung *f*
**eğimli** geneigt (*a. fig*)
**eğin** ⟨-ğni⟩ Rückgrat *n*, Wirbelsäule *f*
**eğinti** Späne *m/pl*; Sägespäne *m/pl*
**eğir|me** Spinnen *n* **~meç** ⟨-ci⟩ Spindel *f* **~mek** spinnen **~men** Spinner *f*
**eğiş** Neigung *f*; Verbeugung *f*
**eğitbilim** Pädagogik *f*
**eğitici** Erzieher *m*, -in *f*; Lehr- (*Film*)
**eğitilmek** *passiv von* eğitmek
**eğitim** Erziehung *f*; Ausbildung *f*, Schulung *f*; ZOOL Dressur *f*; Bildung *f*; **~ bilimi** → eğitbilim; **~ enstitüsü** pädagogische Hochschule; **~ filmi** Lehrfilm *m*; **~ almak** (*od* **görmek**) erzogen (*od* ausgebildet) werden; **~ vermek** erziehen, ausbilden; **~ uçağı** Schulflugzeug *n*; **halk ~i** Erwachsenenbildung *f*; **meslek ~i, mesleki ~** Berufsausbildung *f* **~ci** Erzieher *m*, -in *f*; Pädagoge *m*, Pädagogin *f*; Dompteur *m*, -in *f*
**eğitim|li** erzogen; dressiert **~sel** erzieherisch, pädagogisch **~siz** ohne Er-

ziehung (*od* Ausbildung); nicht dressiert
**eğit|mek** *v/t* erziehen; ausbilden; *Tier* dressieren **~sel** erzieherisch
**eğlemek** aufhalten; zerstreuen
**eğlence** Vergnügen *n*, Unterhaltung *f*, Spaß *m*; lustige Gesellschaft; **~ yeri** Vergnügungsstätte *f* **~li** unterhaltsam; lustig; **~ adam** Spaßmacher *m*
**eğlencelik** ⟨-ği⟩ Knabberkonfekt *n*, etwas zum Knabbern; *Person* Gespött *n*
**eğlendirici** amüsant, lustig, komisch
**eğlendirmek** *passiv von* **eğlenmek**; *v/t* aufhalten, *umg* festhalten; amüsieren, erheitern
**eğlenmek** sich amüsieren; *dial* (noch) bleiben, verweilen; sich lustig machen (*-le* über *akk*)
**eğlenti** Zerstreuung *f*, Unterhaltung *f*; kleine Gesellschaft, Vergnügen *n*
**eğleşmek** *dial* wohnen, sich aufhalten; (noch) bleiben, nicht weggehen
**eğletmek** (*-i*) *j-n* aufhalten
**eğmek** ⟨eğer⟩ *v/t* schief halten, neigen; kippen; *Bogen* krümmen, biegen; **öne doğru ~** nach vorn beugen
**eğre** Bolzen *m*, Schraube *f*; Satteldecke *f*
**eğrel'tiotu** ⟨-nu⟩ BOT Farn *m*; *bes* Wurmfarn *m* (*Dryopteris filix-mas*)
**eğreti** provisorisch, Not-, behelfsmäßig; *Bein etc* künstlich; Ersatz-; *Stuhlbein etc* wacklig; **~ almak** leihweise nehmen; **~ye almak** abstützen
**eğretileme** LIT Metapher *f*
**eğri** **A** *adj* krumm (*Linie*), geneigt, schief (*Wand*); *fig* falsch, unredlich; **~ bakmak** finster dreinschauen; **~ gitmek** vom Kurs (*od* vom Weg) abweichen; **~ söz** böse(s) Wort **B** *subst* Krümmung *f*; Zickzack *m*; Kurve *f*, *z. B.* **sıcaklık ~si** Temperaturkurve *f*
**eğri|k** krumm, verbogen **~lik** ⟨-ği⟩ Krümmung *f*, Windung *f*; Neigung *f*; Wölbung *f*; *fig* Winkelzüge *m/pl*
**eğril|mek** sich verbiegen; sich verziehen, sich werfen **~tmek** (ver)biegen, krümmen; verziehen
**eğritmek** (ver)biegen; *Gesicht* verziehen
**eh** *int* nun ja; na ja
**-e hali** → **-e**
**ehemmiyet** ⟨-ti⟩ → **önem**
**ehemmiyetle** inständig *bitten*
**ehemmiyet|li** → **önemli** **~siz** →

önemsiz
**ehil** ⟨ehli⟩ Gesellschaft *f*; Fachmann *m* (*-in* **ehli** in *dat*); *umg* Ehehälfte *f*; (Ehe-)Mann *m*; Besitzer *m*; Träger *m von Eigenschaften*; Intrigant *m*, -in *f*
**ehli** → **evcil** **~hibre** *a. pl* → **bilirkişi**
**ehlileşmek** → **evcilleşmek**
**ehlileştirmek** → **evcilleştirmek**
**ehliyet** ⟨-ti⟩ *umg* Führerschein *m*; Qualifikation *f*; JUR Rechtsfähigkeit *f*; **şoför ~i** Führerschein *m* **~le** qualifiziert, kompetent **~li** qualifiziert; rechtsfähig; **... mit Führerschein**
**ehliyet|name** [a:] Zeugnis *n*, Befähigungsnachweis *m* **~siz** unqualifiziert; JUR rechtsunfähig; ohne Führerschein
**ejder(ha)** [a:] Drache *m*
**ek** ⟨eki⟩ Anlage *f* (*zum Brief*); Zeitung: Beilage *f*; Anhang *m*; TECH Ansatzstück *n*; GRAM Suffix *n*; Endung *f*; zusätzlich; Zusatz- (*Versicherung*); Neben- (*Haus*); -e **~ olarak** zusätzlich (zu *dat*); **~ iş** Nebenarbeit *f*; **~ sefer** zusätzliche(r) Zug (*od* Flug *et*)
**ekarte**: **~ etmek** ausrangieren
**ekber**: **Allahü ~!** Gott ist groß!
**eker** → **ekmek**[1]
**ekici** Anbauer *m*
**ekili** besät, bestellt; **~ arazi** (*od* **toprak**) Anbaufläche *f*
**ekilmek** *passiv von* **ekmek**[1]
**ekim**, **~ ayı** Oktober *m*; Aussaat *f*; **~ makinesi** Sämaschine *f*
**ekin** Saat *f*; Anbau *m* (*bes Getreide*); **~ biçmek** Getreide ernten; **~ ekmek** Getreide säen **~biti** Kornkäfer *m*, Getreiderüssler *m* **~ci** Landmann *m* **~cilik** ⟨-ği⟩ Landwirtschaft *f* **~kargası** Saatkrähe *f* **~lle** ⟨-ği⟩ bestellte(s) Feld
**ekinoks** Tagundnachtgleiche *f*
**ekip** ⟨-bi⟩ Mannschaft *f*; Team *n*; MIL Trupp *m*; Schicht *f*; **kurtarma ekibi** Rettungsmannschaft *f*; **on kişilik bir ~** ein Trupp, eine Truppe von zehn Personen; **üç ~le çalışmak** in drei Schichten arbeiten
**ekipman** Ausrüstung *f*, Ausstattung *f*
**eklem** ANAT Gelenk *n* **~bacaklılar** ZOOL Gliedertiere *n/pl*
**ekle|me** Ansatz *m*; Zusatz *m*; Verlängerung *f* **~mek** ⟨-*i*⟩ ansetzen (*-e an akk*); annähen (*-e an akk*); hinzufügen (*-e dat*); *Geld* zusammenlegen

**ekle|mlemek** v/t zusammenfügen; angliedern (-e an akk) **~nik** angeschlossen, angegliedert **~nti** Anbau m; Zusatz m; Ansatz(stück n) m

**ekler** GASTR Eclair n

**ekli** verlängert; angesetzt, angefügt; zusammengelegt; **~ püklü** zusammengeflickt; **~ yıl** Schaltjahr n

**ekliptik** ⟨-ği⟩ Ekliptik f

**ekme** Säen n, Aussaat f

**ekmek¹** ⟨-er⟩ säen (-i -e etw auf dat); (-i) Feld bestellen; (-i ~e) etw ins Essen streuen, tun; (-i) umg Ware etc verschleudern; vergeuden; umg etw verlieren; Slang: durch die Lappen gehen (-i j-m); (Auto) umg überholen (-i j-i)

**ekmek²** ⟨-ği⟩ Brot n; (das) tägliche Brot, Lebensunterhalt m; **beyaz ~** Weißbrot n; **çavdar ekmeği** Schwarzbrot n; Roggenbrot n; **ekmeğini çıkarmak** (od **kazanmak**) sein Brot verdienen; **ekmeğini taştan çıkarmak** hart für das tägliche Brot arbeiten; **-in ekmeğine yağ sürmek** Wasser auf j-s Mühle gießen; **~ kapısı** auskömmliche Stellung

**ekmekağacı** ⟨-nı⟩ Brot(frucht)baum m

**ekmekçi** Bäcker m **~çilik** ⟨-ği⟩ Bäckerhandwerk n **~hane** Brotbäckerei f **~lik** ⟨-ği⟩ Brot- (Getreide); Auskommen n; umg fig Futterkrippe f; Brotkasten m

**ekol** Schule f, Strömung f

**ekoloji|** Ökologie f **~ik** ökologisch

**ekonomi** Wirtschaft f; Ökonomie f; Wirtschaftskunde f; Wirtschaftlichkeit f

**ekonomik** wirtschaftlich, ökonomisch (a. = sparsam); Wirtschafts-; **~ yükseliş** wirtschaftliche(r) Aufschwung

**ekose** Schottenstoff m

**ekran** FILM Leinwand f; Bildschirm m; **~ kartı** IT Grafikkarte f; **~lı telefon** Bildtelefon n

**eksantrik** exzentrisch; **~ mili** TECH Nockenwelle f

**ekselans(ları)** (seine/ihre) Exzellenz f

**eksen** Achse f **~sel** Achsen-, Axial-

**ekser** Hakennagel m, große(r) Nagel

**ekserî** (die) meisten, (die) Mehrheit; **~ günler** die meisten Tage; **~ insanlar** die meisten Menschen

**ekseriya** [a:] meist(ens)

**ekseriyet** ⟨-ti⟩ Mehrheit f **~le** meistens; mit Stimmenmehrheit

**eksi** minus; **beş ~ üç** fünf minus drei; MATH, PHYS negativ; Minus- (Temperatur); **~ elektrik** negative Ladung; **~ sıcaklık** Minustemperatur f

**eksik** ⟨-ği⟩ **A** subst Mangel m; Lücke f **B** adj unvollständig, mangelhaft; ungenügend; fehlerhaft, defekt; Lohn: kümmerlich; ELEK negativ; **~ etek** pej Weib n; **-i ~ etmemek** immer dahaben; weiter etw tun, z. B. **sigarayı ~ etmiyor** er raucht weiter, er lässt das Rauchen nicht; **mektuplarınızı ~ etmeyiniz** und vergessen Sie nicht, (mir) zu schreiben; **~ gedik** kleine Bedürfnisse n/pl; **~ gelmek** nicht genügen, nicht reichen; **~ olmamak** immer da sein; es fehlt nicht (an dat); **~ olma!** vielen Dank!; **~ olmasın!** möge er glücklich werden!, ihm sei gedankt!; **~ olsun** iron darauf kann man verzichten; **bir bu ~ti!** das hätte noch gefehlt!; **bu kitap ~** dieses Buch ist unvollständig (od fehlerhaft)

**eksik|li** bedürftig; nötig sein; defekt; unvollkommen **~lik** ⟨-ği⟩ Mangel m (an dat); Unzulänglichkeit f; Defekt m **~siz** vollkommen, fehlerfrei, einwandfrei

**eksil|en** MATH Minuend m; sinkend, zurückgehend **~iş** Verminderung f, Rückgang m **~me** Verminderung f, Kürzung f des Umfangs; Senkung f

**eksilmek** weniger werden; abnehmen

**eksiltme** Verminderung f; Begrenzung f; WIRTSCH Ausschreibung f (e-r Arbeit)

**eksiltmek** v/t vermindern, herabsetzen; begrenzen

**ekskavatör** Bagger m

**eksper** Experte m, Expertin f

**ekspres** Express m, Schnellzug m; Schnelldampfer m; Express- (Brief); **~ yol** Schnellstraße f

**'ekstra** hochwertig; extra

**ekşi** sauer (a. Miene); **~ hamur** Sauerteig m **~ce** säuerlich **~lemek** v/t säuern **~li** säuerlich **~lik** ⟨-ği⟩ Säure f; saure Miene f **~me** Übersäuerung f des Magens

**ekşimek** sauer werden; Teig: durchsäuert werden; fig e-e saure Miene machen; sich (dat) den Magen verderben; umg verlegen werden; umg stur sein

**ekşimik** ⟨-ği⟩ Art Käse m aus Magermilch

**ekşimsi** säuerlich

**ekşitmek** ⟨-ği⟩ säuern; *umg j-n* blamieren; **yüzünü ~ e-e** saure Miene ziehen
**ekşiyonca** BOT Sauerampfer *m (Oxalis acetocella)*
**ekti** Schmarotzer *m*, -in *f*; **~ püktüler** Person: Schmarotzer *m*/*pl*
**ekvator** Äquator *m* **~al** Äquatorial-(*Zone*)
**el**¹ Hand *f*; Vorderfuß *m*; **e-e** Partie *f Schach etc, ein* Spiel *n; beim Schachspiel z. B.* Zug *m*; Reihe *f*; *fig* Vermittlung *f*; Gewalt *f*; **~ altında bulundurmak** über *etw, j-n* verfügen; **~ altında olmak** *etw* griffbereit haben; **~ altından** heimlich; *-e* **~ atmak** die Hand ausstrecken, greifen nach; *j-n* streng halten; sich interessiert zeigen (an *dat*); **~ ayak** alle (Menschen); **~ ayası** Handteller *m*; **~ bağlamak** die Hände ehrerbietig übereinanderlegen; **~ bende (oyunu)** Art Haschespiel *n*; **şimdi ~ bende!** jetzt komme ich (an die Reihe); **~ çabukluğu** Handfertigkeit *f*; *fig* Gerissenheit *f*; **~ çantası** Handtasche *f*; **~ çırpmak** in die Hände klatschen; **~ değmeden hazırlanmış** maschinell (und hygienisch) hergestellt; **~ değmemiş** ungebraucht; **~ ele** Hand in Hand *arbeiten*; *-e* **~e vermek** sich die Hände reichen; **~ emeği** manuelle Arbeit; handgearbeitet; Lohn *m*; **~ erimi** in Reichweite; **~ etmek** *j-m* winken, *j-n* herbeiwinken; **~ freni** Handbremse *f*; *~ -le tutulur fig* handgreiflich; **~ işi** Handarbeit *f*; **~ katmak** sich einmischen; eingreifen, *-e* **~ koymak** sich *e-r* Sache (gen) annehmen; *fig* in die Hand nehmen (akk); beschlagnahmen; sich (*dat*) *etw* aneignen; **~ sanatları** Kunstgewerbe *n*; **~ sıkmak** *j-m* die Hand drücken; **~ sokmak** sich einmischen; *-e* **~ sürmek** *Person*: anrühren (akk); *Sache*: berühren (akk); *fig Frage* berühren; *Arbeit* anrühren; **~ topu** Handball *m*; *-e* **~ vermek** *j-m* behilflich sein; **~ vurmak** in die Hände klatschen (*um j-n zu rufen*); **~ vurmamak** keinen Finger rühren; **~ yazılı** handgeschrieben; **~ yazısı** *allg* Handschrift *f (a. Gegenstand)*, Manuskript *n*; **~ yazması** Handschrift *f*; handgeschrieben; **~ yordamıyla** durch Tasten; **~de** *beim Rechnen*: **~de var beş ...** fünf im Sinn; **~de bir** feststehend; **~de bulunmak** vorliegen; **~de edilmez** uneinnehmbar; **~de etmek** beschaffen; *Bodenschätze etc* gewinnen; ziehen; *j-n* abwerben; erobern; einnehmen; **de mi?** (ganz) unmöglich!; **~deki** vorliegend, vorhanden; **~den** persönlich, selbst, von mir aus; **~den ağıza yaşamak** von der Hand in den Mund leben; *-i* **~den bırakmak** verzichten (auf akk); **~den çıkarmak** veräußern, abstoßen (akk); **~den düşme** aus zweiter Hand; **~den geçirmek** durchsehen, überprüfen; **~den geldiği ölçüde** in möglichst großem Umfang; (*-in*) **~den gelmek** (*j-m*) möglich sein; *umg* Geld rausrücken, blechen; **elimden dikiş gelmiyor** ich kann nicht nähen; **~den gitmek** verloren gehen, *e-r* Sache (gen) beraubt werden; **~e alınır** recht nützlich; **~e alınmaz** miserabel; *-i* **~e almak** Thema etc behandeln; Gedanken aufgreifen; *-i* **~e geçirmek** fassen, *umg* erwischen; Land einnehmen; Führung übernehmen; **~e geçmek** in die Hände fallen; **~e vermek** *j-n* ausliefern, verraten; *fig* verraten (z. B. Alter); **~i açık** freigebig; *-i* **ağır** schwerfällig; *Zahler*: unpünktlich; mit schwerer Hand; **~i bayraklı** Streithammel *m*; Aufrührer *m*; **~i boş** mit leeren Händen; mittellos; beschäftigungslos; **~i çabuk** behände, flink; geschickt; **~i hafif** leichte Hand *habend*; **onun ~i kolu bağlı** ihm sind die Hände gebunden, er steht tatenlos da; *-de* **~i olmak** seine Hand (bei *dat*) im Spiele haben; *-e* **~i varmamak**: *-e* **~i varmıyor** ihm liegt *etw* nicht, ist *etw* nicht sympathisch; **~i yordamlı** bewandert, erfahren; **~inde bulunmak** (od **olmak**) haben; besitzen; beherrschen; **~inde ekşimek** liegen bleiben, *umg* schmoren; **~inde kaldı** (er/sie) ist *die Ware* nicht losgeworden; **~inden gelen** sein Möglichstes (*tun*); **~inden gelirse ...** wenn es in seiner Macht steht, ...; **~inden tutmak** für *j-n* sorgen; *-in* **~ine almak** *fig etw* in die Hand nehmen; *j-s* Kontrolle unterstellen; **~in ~ine bakmak** auf *j-n* (materiell) angewiesen sein; *-in* **~ine geçmek** Geld verdienen, bekommen; *-in* **~ine kaldım** (er/sie) war (od ist) meine einzige Stütze; **~ini sürmemek** nicht berühren; sich nicht herablassen; *-e* **~ini uzatmak** *j-n* unterstützen; *-den* **~ini yıkamak** die Finger von (*dat*)

lassen; **~inin altındadır** etw steht zu seiner Verfügung; **~in(iz)e sağlık** gut gelungen!, danke schön! (*für Essen und handwerkliche Tätigkeiten*); **dört ~le** vierhändig *spielen*; **~ler yukarı!** Hände hoch!

**el**² Volk *n*; Land *n*; Heimat *f*; Fremde(r); Außenseiter *m*; **~ gün** alle, (das) Publikum, die anderen; **~ oğlu** (der) Fremde

**ela** [ela:] gelblich braun (*Augen*)

**elâlem** [-la:-] (die) Leute *pl*; (die) Welt

**elaman** [-la-] ~ **senden** jetzt hab ich aber genug von dir!

'**elarabası** ⟨-nı⟩ Schubkarre *f*

**elastik**(**î**) elastisch, federnd, biegsam

**elastikiyet** ⟨-ti⟩ Elastizität *f*; Geschmeidigkeit *f*

'**elbet**, **el'bette** sicher; unbedingt

'**elbezi** Wischlappen *m*

'**elbirliği** ⟨-ni⟩ Zusammenarbeit *f*; **~yle** mit vereinten Kräften

**elbise** Kleidung *f*; (*Damen*)Kleid *n*; (*Herren*)Anzug *m* **~ci** Konfektionsgeschäft *n* **~lik** ⟨-ği⟩ Stoff *m* zum Kleid, Coupon *m*

**elçi** Botschafter *m*, -in *f*, Delegierte/r, Abgesandte(r) **~lik** ⟨-ği⟩ Botschaft *f*; Stellung *f* e-s Botschafters; **~ uzmanı** (Botschafts)Attaché *m*

**eldeci** Verwalter *m*, -in *f*; Leiter *m*, -in *f*

**eldiven** Handschuh *m*

'**elebaşı** ⟨yı⟩ Anführer *m*, Chef *m*, Boss *m* e-r Bande

**elek** ⟨-ği⟩ Sieb *n*; **~ten geçirmek** *v/t* sieben (*a. fig*); *fig* sichten **~çi** Siebhersteller *od* -verkäufer *m*; Zigeunerin *f neg!* **~lemek** *v/t* durchsieben

**elektrik** ⟨-ği⟩ Elektrizität *f*; elektrische(s) Licht; elektrisch; **~ akımı** elektrische(r) Strom; **~ devresi** Stromkreis *m*; **~ anahtarı** (*od* **düğmesi**) (elektrischer) Schalter; **~ santralı** (*od* **santrali**) Elektrizitätswerk *n*; **~ sigortası** elektrische Sicherung; **~ süpürgesi** Staubsauger *m*; **elektriği kesmek** Strom ausschalten; **elektriği yakmak** Licht (*od* Strom) einschalten; -*in* **elektriğini almak** entspannen *akk*

**elektrikçi** Elektriker *m*, -in *f*, Elektrotechniker *m*, -in *f* **~çilik** ⟨-ği⟩ Elektrohandwerk *n*

**elektrikle**|**mek** elektrisieren **~ndirmek** *v/t* elektrifizieren (*z. B. Dorf*); elektrische Kraft erzeugen; *bes fig* elektrisieren, *umg* anheizen **~nmek** elektriziert werden, *fig* nervös, gereizt werden; *Luft*: geladen, schwül sein

**elektrikli** elektrisch; *Atmosphäre*: gespannt (*a. fig*), schwül; **~ araba** Elektroauto *n*; **~ soba** Heizsonne *f*, Heizlüfter *m*; **~ tıraş makinası** Trockenrasierer *m*

**elektriksel** elektrisch

**elektrokardiyogram** → **kardiyogram**

**elektro**|**lit** ⟨-ti⟩ Elektrolyt *m* **~liz** Elektrolyse *f* **~manyetik** elektromagnetisch **~manyetizma** Elektromagnetismus *m* **~mıknatıs** Elektromagnet *m* **~motor** Elektromotor *m*

**elektron** Elektron *n*

**elektronik** Elektronik *f*; elektronisch; **~ beyin** → **bilgisayar**

**elektroskop** ⟨-pu⟩ Elektroskop *n*

**elektro**|**statik** ⟨-ği⟩ Elektrostatik *f*; elektrostatisch **~t** ⟨-du⟩ Elektrode *f*

**elem** Kummer *m*, Schmerz *m*

**eleman** Element *n* (*a. fig*); *Person*: Spezialist *m*, -in *f*, Fachmann *m*, (Fach)Kraft *f* **~sal**, **~ter** elementar

**eleme** **A** *adj* gesiebt **B** *subst* Ausscheidung *f*; Ausscheidungskampf *m*; Auslese *f*; Sichtung *f*; (Vor)Prüfung *f*; Auseleseprüfung *f*

**elemek** *v/t* sieben, *fig* sichten; *Prüfung* auswählen; *SPORT* besiegen; *fig* e-e Säuberung durchführen

**element** *CHEM* Element *n*

**elem**|**li** kummervoll **~siz** sorglos

**Elen** Hellene *m*, Hellenin *f*; hellenisch **~ce** Griechisch(e) *n*; griechisch

**elenme** *SPORT*: Ausscheiden *n*

**elenmek** *passiv von* **elemek**; *v/i SPORT* ausscheiden; *Prüfung*: ausgewählt werden

**eleştirel** kritisch; ... der Kritik

**eleştiri** Kritik *f* (*a. Artikel*); Rezension *f*; **~ler** kritische Äußerungen *f/pl* **~ci** Kritiker *m*, -in *f*; kritisch, prüfend **~cilik** ⟨-ği⟩ kritische Haltung; **~ci olmak** Kritik üben

**eleştirme** Kritik *f*; Rezensieren *n*; Besprechung *f* **~ci** Kritiker *m*, -in *f*

**eleştir**|**mek** *v/t* kritisieren; rezensieren, besprechen **~meli** kritisch **~men** Kritiker *m*, -in *f*

**elfatiha** [-fa:-] *umg* Schluss (-e *mit dat*), und (damit) basta

**elhamdüllilâh** [-a:] Gott sei Dank!

**elhasıl** [a:] kurz und gut
**elif** arabische(r) Buchstabe Alif; **~i ~ine** haargenau
**elim** [i:] schmerzlich, betrüblich
**elips** MATH Ellipse f, Oval n
**'elişi** ⟨-ni⟩ Handarbeit f
**elit** auserwählt; Elite f
**ellemek** v/t befühlen, betasten, umg befummeln
**elleşmek** einander stoßen; einander helfen; umg sich anfrotzeln; miteinander ringen; WIRTSCH durch Handschlag besiegeln
**elli** fünfzig; (die) Fünfzig; **~li yıllar** (die) Fünfzigerjahre **~ler** → **lı yıllar**  **~lik** ⟨-ği⟩ fünfzigjährig; zu (od mit) je fünfzig (Stück, Seiten etc)
**elli|nci** fünfzigste(r) **~şer** je fünfzig
**elma** Apfel m; **~ ağacı** Apfelbaum m; **~ suyu** Apfelsaft m
**elmacık** ⟨-ğı⟩ ANAT Backenknochen m
**elmas** Diamant m; Brillant m; Diamant-; Brillant- (Nadel) **~tıraş** geschliffen; Kristall- (z. B. Karaffe)
**'elsanatları** Kunstgewerbe n
**elsi** BOT gefingert
**elti** ⟨-yi⟩ Schwägerin f (Frau des Bruders des Ehemannes)
**'eltopu** ⟨-nu⟩ Handball m
**elüstü** IT Handheld m od n
**elvan** farbig
**elveda** [a:] ⟨-ı⟩ leb wohl!, lebt wohl!, adieu!, ade!
**elverişli** geeignet (-e für akk); rentabel
**elverişlilik** ⟨-ği⟩ Eignung f; Rentabilität f
**elverişsiz** (-e) ungeeignet (für akk); untauglich **~lik** ⟨-ği⟩ Untauglichkeit f
**elvermek** (-e) reichen (dat); (bes nicht) günstig sein (für akk); **elverir ki** es reicht
**elyaf** [a:] Garn n, Fasern f/pl
**elyazısı** Handschrift f (e-r Person)
**elyazması** Handschrift f (als Buchform)
**elzem** unbedingt erforderlich; unaufschiebbar
**e-mail** ['i:me:l] E-Mail f
**emanet** [a:] ⟨-ti⟩ das, was (-e j-m) anvertraut ist; das (-e j-m) anvertraute Gut; -i **-e ~ etmek** j-m etw (akk) anvertrauen; Kinder etc unter j-s Obhut stellen **~çi** Gepäckaufbewahrung f; Treuhänder m, -in f; Kommissionär m, -in f; Betreuer m, -in f von Kindern etc

**emay** Email(le f) n; -i **~ etmek** emaillieren
**emay|le** emailliert **~lamak** v/t emaillieren
**embriyon** Embryo n
**emcik** ⟨-ği⟩ dial Brustwarze f; Zitze f
**emdirmek** ⟨-i⟩ die Brust geben (dat)
**emek** ⟨-ği⟩ Mühe f (und Arbeit f); Arbeit f; **~ çekmek** sich anstrengen; **emeğiyle geçinmek** von s-r Hände Arbeit leben; -in **emeği geçmek** die Anstrengungen (gen) erfordern **~çi** Werktätige(r); werktätig, Proletarier m, -in f; proletarisch
**emeklemek** Kind: krabbeln
**emekli¹** Rentner m, -in f; (staatlich) Pensionär m, -in f; als adj: ... im Ruhestand; pensioniert; **~ aylığı** (od **maaşı**) Rente f; (staatlich) Pension f; **-ye ayırmak** j-n in den Ruhestand versetzen; **-ye ayrılmak** in den Ruhestand versetzt werden; Rente beziehen od eine in Rente gehen; **-den ~** (od **... ~si**) ... im Ruhestand
**emekli²** mühsam, zeitraubend
**emeklilik** ⟨-ği⟩ Ruhestand m; Versetzung f in den Ruhestand; **~ dilekçesi** Antrag m auf Gewährung von Ruhegeld; **~ yaşı** Rentenalter n
**emeksiz** mühelos; umg Stief- (Kind)
**emektar** [a:] (alt)bewährt, verdient; Sache: ausgedient
**emel** Sehnsucht f; erstrebte(s) Ziel
**emelsiz** wunschlos; ziellos
**emer** → **emmek**
**-emez** → **-amaz**; z. B. **taşınamaz** ... dürfen nicht befördert werden
**emici** (an)saugend; **gürültü ~** schallschluckend, schalldicht; **~ kıllar** BOT Faserwurzeln f/pl
**emilmek** passiv von **emmek**
**emin** [i:] allg sicher; Person: zuverlässig; überzeugt (-e von dat); Leiter m, Verwalter m e-s Lagers; -den **~ olmak** vertrauen (auf akk), Vertrauen haben (zu dat)
**eminleştirmek** v/t bekräftigen; beteuern
**emir¹** ⟨emri⟩ Befehl m; Anordnung f; **~ kipi** GRAM Imperativ m; **~ eri** MIL Ordonnanz f; **-e ~ vermek** j-n e-n Befehl erteilen; (-in) **emr(iy)le** auf Befehl (gen od von dat); **emri altında** unter dem Befehl (gen); **emrinize hazırım** ich stehe zu Ihrer Verfügung; -i **-in emrine vermek** j-m unterstellen (akk); **ödeme emri** Zah-

lungsbefehl *m*
**emir**² [i:] Emir *m* **~lik** ⟨-ği⟩ Emirat *n*
**emirname** [a:] Erlass *m*
**emisyon** WIRTSCH Emission *f*
**emlak** ⟨-ki⟩ Immobilien *pl*, Grundbesitz *m*; **~ bankası** Hypothekenbank *f*
**emlakçı** Immobilienhändler *m*, -in *f*, (Immobilien)Makler *m*, -in *f*
**emme** Saug- (*Pumpe*); Einlass- (*Ventil*)
**emmek** ⟨-er⟩ ⟨-i⟩ saugen (an *dat*); Milch einsaugen; *Boden*: aufsaugen, absorbieren
**emmi** *dial* Onkel *m* (*Bruder des Vaters*)
**emniyet** ⟨-ti⟩ Sicherheit *f*; Vertrauen *n*; Polizei *f*; TECH Sicherung *f*; **~ supabı** Sicherheitsventil *n*; **~ kasası** Panzerschrank *m*; **~ kemeri** Sicherheitsgurt *m*; *-e* **~ etmek** sich verlassen (auf *akk*); *j-m* vertrauen; *j-m* ⟨-i *etw*⟩ anvertrauen; **iş ~i** Unfallschutz *m* **~li** zuverlässig; sicher; glaubwürdig **~siz** unzuverlässig; unglaubwürdig **~sizlik** ⟨-ği⟩ Unzuverlässigkeit *f*
**emperyalist** ⟨-ti⟩ Imperialist *m*; imperialistisch **~izm** Imperialismus *m*
**empoze**: **~ etmek** *v/t* durchsetzen; aufzwingen
**emprenye**: **~ etmek** imprägnieren
**emprime** Druckstoff *m*, Imprimé *n*
**emr-** → **emir¹**
**'emretmek** ⟨-eder⟩ befehlen (*-i -e j-m etw*); anordnen (*-i akk*) **'emredersiniz** wie Sie befehlen, wie es Ihnen beliebt
**emri|hak** ⟨-kkı⟩ Gottes Wille! (*bei Gestorbenen*) **~vaki** ⟨-ii⟩: *-i* **~ karşısında bırakmak** *j-n* vor vollendete Tatsachen stellen
**emsal** [a:] ⟨-li⟩ *Person*: (die) Kameraden, (die) Altersgenossen; meinesgleichen, deinesgleichen *etc*; *Sache*: *etw* Vergleichbares; Präzedenzfall *m*; Beispiel *n*; MATH Koeffizient *m*; *-e* **~ olmak** als Präzedenzfall dienen für; **~i bulunmaz** unvergleichlich; **~i bulunmayan** noch nie da gewesen; **~i misilli** wie in ähnlichen Fällen; **~i yok** einzig in seiner Art, es gibt nicht seinesgleichen **~siz** unvergleichlich; ungewöhnlich, großartig
**emtia** Waren *f/pl*
**emval** ⟨-li⟩ Besitz *m*, Güter *n/pl*
**emzik** ⟨-ği⟩ Saugflasche *f*; Schnuller *m*, Lutscher *m*; ANAT Brustwarze *f*; Tülle *f*; Schnauze *f der Teekanne* **~li** mit Schnuller, mit Tülle; stillend (*Mutter*); **~ çocuk** Säugling *m*, Brustkind *n*
**emzirmek** ⟨-*i*⟩ stillen (*akk*), die Brust geben (*dat*)
**en¹** Breite *f*; **~inde sonunda** schließlich, *umg* letzten Endes; **~ine** in der Breite, ... breit; **~ine boyuna** imposant, stattlich; kreuz und quer; *fig* lang und breit; **~ sonu** schließlich
**en²** *bildet den Superlativ und Elativ; z. B.* **~ büyük** größt-; **~ çabuk** schnellst-; **~ iyi** best-; **~ yüksek** höchst-; **~ az** wenigst-; **~ azından** wenigstens; **~ çok** meist-; am meisten; *zeitlich* meistens; **~ çok beğenilen** Beliebteste(r), die beliebtesten; **~ başta** allen voran; **~ sonra** ganz zum Schluss; **~ büyük ortak bölen** MATH der größte gemeinsame Teiler; **~ iyisi** (*od* **temizi**) am besten
**en³** *dial Tier*: Kennzeichen *n*
**en'am-ı şerif** Koran-Anthologie *f*
**enayi**: dumm; **~ dümbeleği** ausgemachte(r) Dussel **~ce** tölpelhaft
**enayilik** ⟨-ği⟩ Dummheit *f*
**encek, encik** ⟨-ği⟩ (das) Junge *e-s Hundes etc*
**encümen** Ausschuss *m*, Komitee *n*
**endam** [a:] Figur *f*, Wuchs *m*; Stattlichkeit *f* **~lı** stattlich; gut gebaut **~sız** plump, unförmig
**endaze** [a:] Maß *n*; *-i* **~ye vurmak** ausmessen
**endeks** Index *m*; **fiyat ~i** Preisindex *m*
**endirekt** indirekt
**endişe** [i:] Unruhe *f*, Sorge *f*; **~ye kapılmak** sich beunruhigen; *-den* **~ etmek** befürchten; **~ verici** besorgniserregend; *-e* **~ vermek** *j-m* Sorge machen
**endişe|lendirmek** ⟨-*i j-n*⟩ beunruhigen **~lenmek** sich (*dat*) Sorgen machen **~li** beunruhigend **~sizlik** ⟨-ği⟩ Sorglosigkeit *f*
**Endo'nezya** Indonesien *n* **~lı** Indonesier *m*, -in *f*
**endüksiyon** Induktion *f*
**endüstri** Industrie *f*; **~ şehri** Industriestadt *f* **~ci** Industrielle(r) **~leştirilme** Industrialisierung *f* **~leştirmek** *v/t* industrialisieren **~yel** industriell
**enek¹** ⟨-ği⟩ Unterkiefer *m*
**ene|k²** kastriert **~mek** *v/t* kastrieren
**enerji** Energie *f*; **~ kaynağı** Energiequelle *f*; **~ santrali** Elektrizitätswerk *n*;

♀ **ve Tabii Kaynaklar Bakanı** Minister *m* für Energie und natürliche Ressourcen; **nükleer ~** Kernenergie *f*
**enerjik** energisch, resolut
**enerjisiz** energielos **~lik** ⟨-ği⟩ Energielosigkeit *f*
**enez(e)** kraftlos, schlapp
**enezeleşmek** kraftlos werden
**enfarktüs** MED Infarkt *m*
**enfeksiyon** MED Infektion *f*
**enfes** entzückend; *umg* fesch
**enfiye** Schnupftabak *m*
**enflasyon** WIRTSCH Inflation *f*
**enflüˈanza** MED Influenza *f*, Grippe *f*
**enformasyon** Information *f*
**enfra|kırmızı, ~ruj** infrarot
**enfrastrüktür** Infrastruktur *f*
**engebe** GEOG Unebenheit *f* **~li** uneben; *umg* höckerig **~lik** ⟨-ği⟩ Unebenheit *f*, Unebenheiten *f/pl*
**engel** Hindernis *n*; Barriere *f*; **-e ~ olmak** behindern (*akk*); **~ sınavı** Sonderprüfung *f* (*als 2. Wiederholungsprüfung*)
**engelbalığı** ⟨-nı⟩ ZOOL *Art* Makrele *f*
**engelle|me** POL Obstruktion *f* **~mek** *v/t j-n* hindern (*-i* an *dat*), (*-i*) daran hindern, zu ...; behindern, erschweren
**engel|li** behindert; Behinderte(r); Hindernis-; **işitme engelli** hörbehindert; Hörbehinderte(r); **~ koşu** Hindernislauf *m* **~siz** ungehindert; glatt
**engerek** ZOOL Otter *f*, Viper *f*
**engin** weit, unendlich; (die) offene See
**enginar** BOT Artischocke *f*
**enginlik** ⟨-ği⟩ unendliche Weite *f*
**engizisyon** Inquisition *f*
**enik** ⟨-ği⟩ → **encek ~lemek** Junge werfen
**enikonu** gehörig, ordentlich; *umg* Haufen (z. B. Geld)
**enine** Quer-; ANAT quer gestreift; Horizontal-
**eˈnişte** Schwager *m* (Mann der Schwester); Onkel *m* (Mann der Tante)
**enjeksiyon** Injektion *f*, *umg* Spritze *f*
**enjekte: ~ etmek** einspritzen
**enjektör** Spritze *f* (*als Instrument*)
**enkaz** ⟨-a:z⟩ Trümmer *pl*; Wrack *n*
**enlem** GEOG Breite(ngrad *m*) *f*
**enli** breit (liegend, z. B. Stoff)
**enlilik** ⟨-ği⟩ Breite *f*
**ense** Nacken *m*; *umg* Hinterteil *n*, Steiß *m*; **~ kökü** Nacken *m*; **~ yapmak** Faulenzerleben führen; **~si kalın** dick, fett; reich, ... bei Kasse **~lemek** (*-e*) *umg j-n* erwischen; zu fassen kriegen
**ensiz** eng; schmal (*a. Lippe*)
**enstalasyon** *Kunst* Installation *f*
**enstantane** FOTO Schnappschuss *m*
**enstitü** Institut *n*; HIST Berufsschule *f*
**enstrüman** MUS Instrument *n*
**enstrümantal** instrumental
**ensülin** MED Insulin *n*
**entari** [a:] (Frauen)Gewand *n*; **gecelik ~** Nachthemd *n*
**entegral** MATH Integral *n*
**entegrasyon** Integration *f*
**entel** *pej* Intellektuelle(r); **~ takılmak** sich intellektuell geben
**entellektüel** intellektuell; Intellektuelle(r); geistig (*Arbeit*) **~ler** Intellektuelle(n) *pl*, Intelligenz *f*
**enteresan** interessant
**enternasyonal** international; **Komünist ♀** (die) Kommunistische Internationale
**enterne: -i ~ etmek** *j-n* internieren
**entipüften** wertlos; *Worte:* aus der Luft gegriffen; *Person:* ganz unbedeutend; **~ bir ev** *f* Bruchbude *f*
**enˈtrika** Intrige *f*; THEAT Verwicklung *f* **~cı** Intrigant *m*, -in *f*
**ˈenüstünlük** ⟨-ğü⟩ GRAM Superlativ *m*
**enva** ⟨-a:⟩: **~i çeşit** (*od* **türlü**) *adj* mannigfaltig, verschieden(st)
**envanter** Inventar *n*; Bestand *m*; Inventur *f*; **~ yapmak** Inventur machen
**enzim** Enzym *n*
**epey(ce)** ['ɛpi] ziemlich, recht; ziemlich viel; recht wichtig (*Mensch*); eingehend (*sich beschäftigen*)
**epik** episch
**epitel, epitelyum** ANAT Epithel *n*
**epizot** ⟨-du⟩ Episode *f*
**epope** LIT Epos *n*
**e-posta** IT E-Mail *f*
**eprimek** *v/i* sich zersetzen, verderben
**er**[1] Mann *m*; MIL Soldat *m*, Schütze *m* (*Rang*); Gemeine(r); Held *m*; Kenner (*od* Meister *m*) *s-s* Fachs; Herr *m s-s* Wortes; **~e gitmek** *dial* Mädchen: heiraten
**er**[2] *v/i* erken; **~ geç** früher oder später
**erat** ⟨-ti⟩ Unteroffiziere und Mannschaften *pl*
**erbap** [a:] ⟨-bı⟩ Fachmann *m*
**erbaş** MIL Unteroffizier *m*

'**erbezi** ⟨-ni⟩ ANAT Hode f
**erdem** Tugend f **~li** tugendhaft
**erdirmek** *kaus von* ermek: reifen lassen *etc*; **-i sona ~** ein Ende machen *od* setzen *dat*; **bu işe akıl erdiremedim** ich konnte es nicht fassen
'**erdişi** Hermaphrodit *m*
**erek** ⟨-ği⟩ Ziel *n*
**eren** REL Adept *m*; Heilige(r); Seher *m*, -in *f*
**erer** → ermek
**erg** ⟨-ği⟩ PHYS Erg *n*
'**ergeç** früher oder später
**ergen** heiratsfähig; unverheiratet
**ergenlik** ⟨-ği⟩ heiratsfähige(s) Alter; Junggesellenleben *n*; MED Akne *f*
**ergi|me** Schmelzen *n*; **~ noktası** Schmelzpunkt *m* **~mek** *v/i* schmelzen **~mez** unschmelzbar
**ergin** reif; JUR volljährig, mündig
**ergin|leşmek** heranreifen, reif werden; mündig werden **~lik** ⟨-ği⟩ Reife *f*; Volljährigkeit *f*; **~ çağına gelmiş** volljährig geworden
**ergitmek** *v/t* (ein)schmelzen
**ergonom|i** Ergonomie *f* **~ik** ergonomisch
**erguvan** BOT Judasbaum *m*; **~ (rengi)** Purpur(farbe *f*) *m*
**erguvanî** [-a:ni:] purpurn, purpurfarbig
**erik** ⟨-ği⟩ Pflaume *f*
**eril** GRAM männlich, maskulin
**erim** Reichweite *f*, Aktionsradius *m*; **göz ~i** Sehweite *f*; **ses ~i** Hörweite *f*
**erimek** *v/i* schmelzen, sich auflösen; abnehmen, mager werden; *Stoff*: zerschleißen, dünn werden; *fig* sich genieren; **erim erim ~** sehr geschwächt sein
**erinç** ⟨-ci⟩ Ruhe *f*, Entspannung *f*
**erinçli** ruhig, entspannt
**erinmek** zu faul sein (-e zu *dat*)
**erirlik** ⟨-ği⟩ Löslichkeit *f*
**eriş** ⟨-e⟩ Erlangung *f* (*gen*)
**erişilmez** unerreichbar
**erişim** Verbindung *f*, Kommunikation *f*; Verbindungs- (*Wege*); IT Zugang *m* (*Internet*); IT Zugriff *m*; **~ süresi** Zugriffszeit *f*
**erişkin** reif; volljährig
**erişkinlik** ⟨-ği⟩ Reife *f*; Volljährigkeit *f*
**erişmek** ⟨-e⟩ erreichen, erlangen (*akk*); *z. B. Frühling* erleben; *Obst*: reifen; *Zeit*: kommen, eintreten; *Schall*: hallen

**erişte** (Vollkorn)Nudeln *f/pl*; Seetang *m*
**eriştirmek** *kaus von* erişmek; ⟨-i-e⟩ *j-m etw* verschaffen
**eritlici** Löse- **~me** Schmelzen *n*; **~ ocağı** Schmelzofen *m*
**eritmek** *v/t* schmelzen, auflösen; *Geld* vergeuden; *Sache*: *fig* *j-n* mitnehmen, herunter bringen
**eriyik** ⟨-ği⟩ CHEM Lösung *f*
**erk** ⟨-ki⟩ Kraft *f*; Macht *f*; Einfluss *m*
**erkân** HIST höhere Beamte *m/pl*; (die) leitenden Persönlichkeiten *f/pl*; MIL Generalität *f*, Stab *m*; Senioren *pl der Familie*; *a.* **yol ~** Methode *f*, Richtung *f*
**erkeç** ⟨-ci⟩ *dial* Ziegenbock *m*
**erkeçsakalı** ⟨-nı⟩ BOT Mädesüß *n* (*Filipendula ulmaria*)
**erkek** ⟨-ği⟩ Mann *m*; ZOOL Männchen *n*; männlich, maskulin (*a. fig*); mannhaft; **~ adam** (ein) richtiger Mann; **~ çocuk** Junge *m*, Knabe *m*; **~ egemen** männerbeherrscht; **~ kedi** Kater *m*; **~ kopça** Haken *m der Spange*
**erkekçe** männlich, kühn **~leşme** Vermännlichung *f* **~leşmek** mannbar werden; *Frau*: sich maskulin geben **~lik** ⟨-ği⟩ (das) männliche Geschlecht; Mannbarkeit *f*; MED Potenz *f*; Mannhaftigkeit *f*; Mannespflicht *f in der Familie*; ANAT Hoden *f/pl*
**erkek|organ** BOT Staubgefäß *n*; männliche(s) Geschlechtsorgan **~si** *Frau*: maskulin **~siz** ohne Mann, alleinstehend, ohne Stütze
**erken** früh; vorgezogen (*Wahl*); **sabahın çok ~ saatlerinde** in den frühen Morgenstunden **~ce** ziemlich früh **~ci** Frühaufsteher *m*, -in *f*; frühreif (*Obst*) **~den** in aller Frühe
**ermek** ⟨-er⟩ ⟨-e⟩ gelangen (zu *dat*); sein Ziel erreichen; *Hand* strecken (bis an *akk*, *z. B. die Decke*); *Ernte* reifen; *Vorräte* wachsen; REL sich läutern
**Ermeni** Armenier *m*, -in *f* **~ce** armenisch; (das) Armenisch(e)
**Ermenistan** Armenien *n*
**ermiş** A *adj* erwachsen B *subst* Heilige(r)
**eroin** Heroin *n* **~man** Heroinsüchtige(r)
**eros** Eros *m*
**erozyon** Erosion *f*
**erselik** ⟨-ği⟩ Zweigeschlechtlichkeit *f*;

hermaphroditisch; bisexuell
**'ersuyu** BIOL Sperma *n*
**erte** *nur in Zusammensetzungen*: am Tage (*od* in der Zeit) nach ...; *z. B.*: **bayram ~si** der (*od* am) Tag nach Bayram; **savaş ~si** (in der) Nachkriegszeit
**ertelemek** Ⓐ *v/t* verschieben (*-e* auf, *z. B. morgen*); Schulden stunden Ⓑ *v/i* (stehen) lassen (*-e* bis, *z. B. morgen*)
**ertelenmiş** aufgeschoben, vertagt
**ertesi** folgend-, nächst-, *z. B.* **~ gün** am nächsten Tag; **~ yıl** nächste(s) Jahr; im nächsten Jahr; → **erte**
**erzak** [a:] ⟨-kı⟩ Lebensmittelvorräte *m/pl*, Proviant *m*
**erzen** BOT Hirse *f*
**es** MUS Pause(nzeichen) *n*) *f*; *-i* **~ geçmek** *umg* links liegen lassen
**esans** Essenz *f*, Parfum *n*
**esaret** [a:] ⟨-ti⟩ (Kriegs)Gefangenschaft *f*; Sklaverei *f*; Joch *n*
**esas** [a:] Grundlage *f*; Basis *f*; Wesen *n*, Inbegriff *m*; Grund-, Haupt-, wesentlich; *-i* **bilmek** als wesentlich werten; **~ itibariyle** im Wesentlichen, grundsätzlich; *-in* **~larını koymak** den Grund(stein) legen (für *akk*, zu *dat*)
**esasen** [ɛˈsaːsɛn] *adv* von vornherein, schon im Prinzip; eigentlich, an und für sich; sowieso
**esas|lı** Grund-; grundlegend; grundsätzlich **~lı** grundlegend; gründlich; radikal; Haupt- (*Punkt*); eindrucksvoll *sprechen*; **~ tamir** Generalüberholung *f*
**esassız** unbegründet; jeder Grundlage entbehrend (*Nachricht*) **~lık** ⟨-ğı⟩ Unbegründetheit *f*, Grundlosigkeit *f*
**esef** Bedauern *n*; *-e* **~ etmek** etw, j-n bedauern; **~le leider ~li** bedauerlich
**eselemek**: **~ beselemek** *fig* alle Register ziehen
**esen** gesund; klug; **şen ve ~** froh und munter; → **esmek**
**esen|lemek** grüßen (*-i* j-*n*); sich verabschieden **~leşmek** (*-le*) sich grüßen; Abschied nehmen **~lik** ⟨-ği⟩ Gesundheit *f*, Wohl *n*
**eser** Werk *n*; Spur *f*, Anzeichen *n*; **hayat ~i** Lebenszeichen *n*; **Türk ve İslâm ℓeri Müzesi** Museum *n* der türkischen und islamischen Kunst; → **esmek**
**esin** Morgenwind *m*; Inspiration *f*, Einfall *m*; *-den* **~ almak** sich begeistern (für

*akk*); inspiriert werden (von *dat*)
**esinlenmek** sich inspirieren lassen
**esinti** Brise *f*, Lüftchen *n*; Bö *f*
**esir¹** Äther *m*
**esir²** (Kriegs)Gefangene(r) (*a. fig*); *fig* Sklave *m*, Diener *m*; **adet ~i** *fig* Gewohnheitstier *n*; **b-ni ~ almak** gefangen nehmen; j-n mit Beschlag belegen; **~ düşmek** in Gefangenschaft geraten; **~ etmek** gefangen nehmen; **~ olmak** in Gefangenschaft geraten; *fig* abhängig werden (*-e* von *dat*)
**esirci** HIST Sklavenhändler *m*
**esirgeme**: **Çocuk Esirgeme Kurumu** Kinderfürsorgeanstalt *f*
**esirgemek** *v/t* schützen (*-i -den* j-*n* vor *dat*); j-*m* (*-i* etw) versagen; zurückscheuen (vor *dat*); **canını esirgememek** sein Leben nicht schonen (*için* für *akk*)
**esirgemezlik** ⟨-ği⟩ Opferbereitschaft *f*
**esirgeyici** schützend, Schutz-; scheuend; schonend; haushälterisch
**esirlik** ⟨-ği⟩ Gefangenschaft *f*; *fig* Abhängigkeit *f*
**esir|me** Hysterie *f*, Ekstase *f* **~mek** in Ekstase (*od allg* außer sich) geraten
**eski** *Kleid*, *Gewohnheit* alt; *Bekannter* ehemalig; früher- (*z. B. Direktor*), Ex- (*Präsident*); veraltet (*Mode*); **~ kafalı** rückständig, altmodisch; **~ püskü** Trödel *m*, alte(r) Kram; **Eski Dünya** (die) Alte Welt; **~ hayratı da berbat etmek** verschlimmbessern; **~ler** Ahnen *m/pl*; Vorläufer *m/pl*, Wegbereiter *m/pl*; Gerümpel *n*; **~si gibi** wie früher
**eskici** Trödler *m*, Altwarenhändler *m*; Flickschuster *m*
**Eskiçağ** ⟨-ğı⟩ Altertum *n*, Antike *f*
**eskiden** früher, damals; **~ beri** seit jeher
**Eskidünya** → **eski**
**eski|lik** ⟨-ği⟩ Baufälligkeit *f*; Antiquiertheit *f*; Antiquität *f* **~mek** alt werden; veralten; *Sache*: sich abnutzen
**Es'kimo** Eskimo *m* **~ca** (die) Eskimosprache, (das) Eskimo(ische)
**eskişehirtaşı** ⟨-nı⟩ (*a.* **Eskişehir taşı**) Meerschaum *m*
**eskitmek** (*-i*) altern lassen, alt machen; *Kleid etc* abtragen; *fig negativ*: lebendig halten
**eskiyazıbilim** Paläografie *f*
**eskiz** Skizze *f*

**eskrim** Fechten n, Fechtkunst f; **~ meçi** Florett n; **~ yapmak** fechten **~ci** Fechter m, -in f

**esmek** ⟨-er⟩ wehen; *fig* toben, wüten; (-e) j-m in den Sinn kommen, j-m einfallen, kommen (auf *akk*); **bunlar size nereden esti?** wie kommen Sie darauf?; **aklına eseni söylüyor** er/sie sagt, was ihm/ihr (gerade) einfällt

**esmer** braun, brünett

**esna: o ~da** in diesem Moment, gerade in dieser Zeit; *-diği* **~da** *konj* während; im Laufe (*gen*); **iş** *etc* **~sında** während der Arbeit *etc*

**esnaf** [a:] Handwerker m; Kleinhändler m; Handwerker und Kleinhändler pl (e-r Stadt *etc*); *Slang:* Falschspieler m; **~ cemiyeti** Handwerkerinnung f; **~tan bir kadın** *pej* Nutte f

**esnek** ⟨-ği⟩ elastisch, biegsam **~leşmek** elastisch werden **~leştirmek** elastisch, geschmeidig machen **~lik** ⟨-ği⟩ Elastizität f, Biegsamkeit f

**esne|mek** gähnen; nachgeben; federn; sich weiten **~tmek** *kaus von* esnemek; *v/t* langweilen; ausweiten; recken

**esneyiş** Gähnen n

**espri** Witz m, Bonmot n; Geist m; **... ~ içinde** im Geiste ... **~li** geistreich, witzig

**esrar**[1] Haschisch n

**esrar**[2] [-a:r] Geheimnis n (*a. pl*); **~ perdesini kaldırmak** den Schleier des Geheimnisses lüften

**esrarengiz** geheimnisvoll

**esrarkeş** Haschischsüchtige(r)

**esrarlı**[1] ... mit Haschisch

**esrarlı**[2] geheimnisvoll; in Rätseln *sprechen*

**esrik** ⟨-ği⟩ *osm* betrunken; erregt

**esri|(k)leşmek** sich betrinken **~lik** ⟨-ği⟩ Trunkenheit f, Rausch m; Gereiztheit f **~mek** sich betrinken; in Ekstase geraten **~tici** berauschend; aufreizend **~tmek** *v/t* berauschen; aufreizen

**es'tağfurullah** keine Ursache!; (aber) nicht doch!; nichts zu danken!

**estek: ~ köstek etmek** *umg* Fisimatenten machen; **~ köstek etmeden** ohne Fisimatenten

**ester** CHEM Ester m

**estet** ⟨-ti⟩ Ästhet m, -in f **~ik** Ästhetik f; ästhetisch **~ikçi** Ästhetiker m, -in f

**estimatör** Taxator m

**estirmek** *v/t* entfachen, anblasen; *fig* anheizen; *Stimmung* schaffen

**Es'ton|ca** (das) Estnisch(e) **~ya** Estland n **~yalı** Este m; Estin f

**esvap** [a:] ⟨-bı⟩ Kleidung f, Garderobe f **~lık** ⟨-ğı⟩ Kleiderstoff m

**eş** Gegenstück n; Partner m, -in f; passende(r) Gefährte; Ehemann m, Gatte m; Ehefrau f, Gattin f; **~ dost** gute Bekannte *pl*; **~i benzeri görülmemiş** unvergleichlich, einzig dastehend; **~ine az rastlanan** kaum noch vorkommend; **bu masanın bir ~i bizde de var** genauso e-n Tisch haben wir (auch)

**eşaçılı** MATH gleichwinklig

**eşanlamlı** Synonym n; synonym, gleichbedeutend

**eşantiyon** WIRTSCH Muster n; Werbegeschenk n

**eşarp** ⟨-bı⟩ Schal m; Schärpe f

**eşbasınç** ⟨-cı⟩ GEOG Isobare f

**eşbiçim(li)** einheitlich, gleichartig; CHEM isomorph **~lik** ⟨-ği⟩ Gleichartigkeit f; Isomorphismus m

**eşcinsel** homosexuell **~lik** Homosexualität f

**eşdeğer** äquivalent, gleichwertig **~lik** ⟨-ği⟩ Gleichwertigkeit f

**eşek** ⟨-ği⟩ Esel m (*a. Dummkopf*); **~ başı mısın?** *etwa:* hast du gar nichts zu sagen?; bist du eine Null?; *umg* **~ inadı** Stursinn m; **~ kafalı** dämlich; **~ şakası** grobe(r) Scherz; **~ten düşmüşe dönmek** sein blaues Wunder erleben

**eşek|arısı** ⟨-nı⟩ Wespe f **~çe(sine)** dämlich, grob **~dikeni** ⟨-ni⟩ BOT Milchdistel f **~hıyarı** ⟨-nı⟩ BOT Spritzgurke f, Eselsgurke f **~kulağı** ⟨-nı⟩ BOT Acker-, Witwenblume f (*Knautia aroensis*) **~lik** ⟨-ği⟩ Dummheit f; Grobheit f **~otu** ⟨-nu⟩ Süßklee m, Esparsette f

**eşelemek** *v/t* Boden aufscharren, aufwühlen; *Problem* zu ergründen versuchen, analysieren

**eşer** → eşmek

**eşey** BIOL Geschlecht n **~li** geschlechtlich (*Fortpflanzung*) **~lilik** ⟨-ği⟩ Geschlechtlichkeit f **~sel** geschlechtlich **~siz** ungeschlechtlich **~sizlik** ⟨-ği⟩ Geschlechtslosigkeit f

**eşgüdüm** Koordination f **~lü** koordiniert, abgestimmt

**eşik** ⟨-ği⟩ Schwelle f (a. fig); MUS Steg m; Stromschnelle f; **üst ~** (Tür) Sturz m; **-in eşiğini aşındırmak** j-m die Tür einrennen; **-in eşiğine gelmek** (od **yüz sürmek**) j-n beschwören, anflehen

**eşinmek** scharren; ausschlagen mit dem Huf; fig herumstöbern (in dat)

**eşit** gleich (a. MATH) (**-le** dat); gleichartig; **~ haklı** gleichberechtigt; **~ haklılık** ⟨-ğı⟩ Gleichberechtigung f; **yaşça ~** gleichaltrig **~lemek** v/t gleichmachen, ausgleichen **~leyici** ausgleichend

**eşitlik** ⟨-ği⟩ Gleichheit f; **~ eki** GRAM Vergleichspartikel f; Moduspartikel f (z. B. gibi); Moduspartikel f (z. B. göre, -ce); **kadın-erkek eşitliği** Gleichheit f von Mann und Frau; **~ kazanma** Emanzipation f

**eşitsiz** ungleich(artig) **~lik** ⟨-ği⟩ Ungleichheit f

**eşkanatlılar** ZOOL Gleichflügler m/pl

**eşkenar** MATH gleichseitig

**eşkıya** [a:] Bandit m, Rowdy m

**eşkin** leichte(r) Galopp; **im leichten Galopp**

**eşköken** homolog; ähnlich, entsprechend

**eşle|m** Kopie f **~me** FILM Synchronisation f **~mek** paarweise einteilen, zusammenstellen; synchronisieren

**eşleşmek** (-le) ähnlich werden (dat); sich paaren zu

**eşlik** ⟨-ği⟩ Ähnlichkeit f; MUS Begleitung f; **~ etmek** begleiten; **gitar eşliğinde** mit Gitarrenbegleitung

**eşme** kleine Quelle im Sandboden

**eşmek** ⟨-er⟩ v/t aufscharren, aufkratzen, aufwühlen; fig durchforschen, zerpflücken

**eşofman** Trainingsanzug m

**eşraf** [a:] Honoratioren pl

**eşsesli** [es:es'li] GRAM Homonym n, Homophon f

**eşsıcak** [es:-] PHYS Isotherme f

**eşsiz** unvergleichlich; ohne Partner(in)

**eşya** [a:] Sachen f/pl, Gegenstände m/pl; Möbel n/pl; **~ vagonu** Gepäckwagen m; **kayıp ~ bürosu** Fundbüro n

**eşyükselti** GEOG **~ eğrisi** Isohypse f, Höhenlinie f

**eşzamanlı** [esz-] synchron **~lık** Synchronie f

**et** ⟨eti⟩ Fleisch n; Fruchtfleisch n; **~ bağlamak** dick werden; Wunde: (zu)heilen; **kızartma ~** Braten m; **~ suyu →** etsuyu; **~ tutmak** dick werden; umg ansetzen; **~i ne budu ne?** mit ihm ist nicht viel los; **diş ~i** Zahnfleisch n; **kaba ~i** f Hinterbacken f/pl, Sitzfleisch n; **~le tırnak gibi** unzertrennlich (Freunde)

**etajer** Kommode f

**etalon** Standard m; Eichmaß n

**etap** ⟨-bı⟩ Etappe f

**etçil** ZOOL fleischfressend

**etek** ⟨-ği⟩ Schoß m e-s Kleides, untere(r) Teil; Saum m e-r Decke; (Frauen)Rock m; Fuß m e-s Berges; ANAT weiche(r) Gaumen, Velum n; **~ dolusu** od **~ ~** reichlich, im Überfluss; **~ öpmek**, **-in eteğini öpmek** (vor j-m) zu Kreuze kriechen; **~leri tutuşmak** sich aufregen, sich (dat) große Sorge machen; **~leri zil çalmak** vor Freude außer sich (dat) sein

**eteklemek** (-i) vor j-m katzbuckeln

**eteklik** ⟨-ği⟩ (Frauen)Rock m; Stoff m zum Rock; Rauchfang m, (Abzugs)Haube f

**eten** Fruchtmark n

**etene** ANAT Plazenta f, Mutterkuchen m

**eter** Äther m **~lemek** narkotisieren

**etermek**: **~ yetermek** tun, was man kann

**Eti** → Hitit

**etik** Ethik f; ethisch

**etiket** ⟨-ti⟩ Etikett n; Etikette f; **~ bozmak** gegen die Etikette verstoßen

**etiket|çi** pej Formalist m, -in f **~lemek** mit e-m Etikett versehen; Waren auszeichnen **~li** ausgezeichnet; formell, förmlich

**etilen** Äthylen n

**etimoloji** Etymologie f **~k** etymologisch

**etiyoloji** Ätiologie f

**Eti'yopya** Äthiopien n **~lı** äthiopisch

**etkafalı** borniert

**etken** GRAM, CHEM aktiv; GRAM Aktiv n; Faktor m; **-e ~ olmak** bewirken

**etkenlik** ⟨-ği⟩ Wirksamkeit f; Lichteffekt m

**etki** Wirkung f; Einfluss m (üzerine auf akk); **~ yapmak** Einfluss ausüben; einwirken (üzerine auf akk); **-in ~si altına girmek** (od **düşmek**) unter den Einfluss ... (gen) geraten

**etkile|mek** (-i) wirken (auf akk); j-n betreffen; beeinflussen; *Metalle* angreifen **~nmek** passiv von etkilemek; betroffen werden *etc* **~şim** Wechselwirkung f **~yici** wirkend; anregend; **~ madde** Anregungsmittel n

**etki|li** wirksam, wirkungsvoll **~lilik** ⟨-ği⟩ Wirkung f; Wirksamkeit f; Einfluss m; Eindruck m **~mek** wirken (-e auf akk)

**etkin** aktiv, dynamisch **~ci** Aktivist m, -in f **~leştirmek** v/t aktivieren **~lik** ⟨-ği⟩ Aktivität f; (Kultur)Veranstaltung f; Wirksamkeit f

**etkisiz** untätig; unwirksam **~leştirmek** unwirksam machen; vereiteln; außer Betrieb setzen **~lik** ⟨-ği⟩ Untätigkeit f; Unwirksamkeit f

**etlenmek** korpulent werden

**etli** Fleisch-; fleischig; ... mit Fleisch gefüllt; **~ butlu** korpulent, rundlich

**etmek** ⟨eder⟩ **A** v/t machen, tun; etwas Böses (an)tun (-e j-m); j-m wegnehmen (-den etw); -e **etmediğini bırakmamak** an j-m kein gutes Haar lassen; **ettiğini bulmak** (od **çekmek**) büßen für seine Tat; (die) Strafe verdienen; **ettiğini yanına bırakmamak** j-m etw (akk) heimzahlen; **etmesine etmek, ama ... var** etw tun, aber ...; **iyilik ~** Gutes tun; **(ne) iyi ettiniz de geldiniz** Sie haben gut daran getan zu kommen (... dass Sie gekommen sind); **etme!** lass das sein! **B** v/i kosten; *ohne Wasser* etc leben, existieren **C** Stützverb, z. B. **alay ~** scherzen; **berbat ~** verderben

**etmen** Faktor m

**etni** Ethnie f

**etnik** ethnisch

**etnilerarası** interethnisch

**etno|grafya** Ethnografie f, Völkerkunde f **~loji** vergleichende Völkerkunde f

**'etobur** Fleischfresser m (a. *Tier*); **~ dişi** große(r) Backenzahn

**etraf** [a:] Umgebung f; Umkreis m; Milieu n, (die) menschliche Umgebung; **~a haber vermek** etw ausposaunen; -in **~ını almak** sich scharen (um akk); -in **~ında (dört) dönmek** um j-n herumscharwenzeln; **~ına toplamak** um sich scharen; -in **~ında** um (akk), um ... (akk) herum; fig über (akk) **~lı(ca)** ausführlich, eingehend

**etsiz** fleischlos; mager; *Kind*: schmal

**etsuyu** Fleischbrühe f

**ettirgen** GRAM kausativ

**ettirmek** kaus von etmek; machen lassen, dazu bringen, etw zu machen (-e j-n -i etw)

**etüt** ⟨-dü⟩ Studie f; Studien-; Untersuchung f (üzerinde über akk); Lernstunde f im Internat; **~ etmek** studieren, untersuchen

**etyemez** Vegetarier m, -in f; **~ lokanta(sı)** vegetarische(s) Lokal **~lik** ⟨-ği⟩ vegetarische Lebensweise

**ev** Haus n; Heim n; Familie f; **~ açmak** e-e Familie gründen; **~ bark** Familie f; Haushalt m; **~ halkı** gesamte(r) Haushalt; **~ hayvanı** Haustier n; **~ idaresi** Haushalt m; **~ işi** Hausarbeit f; **~ kadını** Hausfrau f; Heimarbeiterin f; **~ sahibi** Hauswirt m, -in f; Gastgeber m, -in f; **~ yapmak** die Eheleute wieder versöhnen; **~de kalmak** *Mädchen*: umg sitzen bleiben; **~e teslim** Lieferung f frei Haus; **ahşap ~** Holzhaus n; **doğum ~i** → doğumevi; **~lerden ırak** bei *Unglücksfällen, Tod* etc etwa: Gott behüte! *die anderen davor*; **~lere şenlik!** pej unglaublich

**evce(k)** mit Kind und Kegel; **evceğiz** umg Bruchbude f

**ev|ci** häusliche(r) Mensch; Internatsschüler m, -in f zu Hause auf Urlaub **~cil** zahm; Haus- (*Tier*)

**evcilik** ⟨-ği⟩ **~ oynamak** *Kinder*: Mann und Frau spielen

**evcilleş|mek** v/i zahm werden **~tirmek** v/t zähmen

**evcimen** häusliche(r) Mensch; gute(r) Familienvater

**evç** ⟨-ci⟩ ASTRON Erdferne f

**ev|deci** Heimarbeiter m, -in f **~deş** einer der Ehepartner; Mitbewohner m

**evecen** → ivecen

**evegen** dial galoppierend (*Krankheit*)

**evel** → evvel

**evermek** v/t dial verheiraten

**evet** ja; *Anfang der Rede* oft: also ...; **~ efendim** jawohl, ganz recht!; **~ efendimci** Liebediener m, Kriecher m

**evetlemek** bejahen

**evham** [a:] Verdächtigungen f/pl; Argwohn m; Zweifel m/pl; **~ etmek** od **getirmek** misstrauisch werden; **~a kapılmak** Verdacht schöpfen

**evhamlı** paranoisch, hypochondrisch

**evirmek** umwandeln; umarbeiten, umbauen; ~ **çevirmek** von allen Seiten prüfen (a. fig); **evire çevire** adv tüchtig, gehörig

**evirt|im** Umwandlung f; Reduktion f; Inversion f; PHYS Reflex m, Reflexion f **~mek** umwandeln; reduzieren; invertieren; reflektieren

**evlat** ⟨-dı⟩ Kind n; Kinder n/pl; Nachkommen m/pl **~lık** ⟨-ğı⟩ Adoptivkind n; Pflegekind n; **-i evlatlığa almak** Kind adoptieren **~sız** kinderlos

**evlek** ⟨-ği⟩ Furche f; 1/4 dönüm (etwa 230 qm); Wassergraben m

**evlendirmek** v/t verheiraten

**evlen|me** Heirat f, Eheschließung f; ~ **cüzdanı**, ~ **kağıdı** Heiratsurkunde f; ~ **dairesi** Standesamt n; ~ **töreni** Hochzeitsfeier f **~mek** (-le) heiraten (akk), sich verheiraten (mit dat) **~melik** ⟨-ği⟩ Hochzeitsgeschenk n **~memiş** unverheiratet **~miş** verheiratet

**evli** verheiratet; mit ... Häusern (Dorf); ~ **barklı** mit Familie, verheiratet **~lik** ⟨-ği⟩ Ehe(stand m) f; ~ **birliği** Ehegemeinschaft f; ~ **dışı** unehelich; ~ **hayatı** Familienleben n; ~ **öncesi** vorehelich; ~ **sözleşmesi** Ehevertrag m

**evliya** [a:] (die) Heiligen pl; Heilige(r); fig Gerechte(r)

**evrak** [a:] ⟨-kı⟩ Papiere n/pl, Schriftstücke n/pl; Dokumente n/pl; Akten f/pl; ~ **çantası** Aktentasche f

**evre** Etappe f, Phase f, Stadium n

**evren** Weltall n, Kosmos m; Erde f, Welt f **~bilim** Kosmologie f

**evrensel** universal; Welt-, international; ~ **ekonomik kriz** Weltwirtschaftskrise f **~leştirmek** internationalisieren

**evrik** umgekehrt, reziprok

**evrilir** umwandelbar, umkehrbar; invertierbar

**evrim** BIOL Evolution f **~cilik** ⟨-ği⟩ Evolutionismus m

**evrişik** Logik: umkehrbar

**evsaf** [a:] Eigenschaften f/pl

**evsiz** obdachlos; ~ **barksız olmak** kein Dach über dem Kopf haben

**evvel** früher, vorher, zuvor; zuerst; ~ **Allah** Gott mit uns; mit Gottes Hilfe; ~ **emirde** vor allem, in erster Linie; → **önce**

**'evvela** [a:] vor allem; anfangs, zuerst

**ev'vel|ce** vorher, etwas früher **~den** seit jeher, schon früher **~en** erstens

**evvel|i(si)**, **~ki** vorherig, alt, ehemalig; erst-; vor(letzt)-; **evvelki gün** vorgestern

**ey** int hallo!, du!, Sie!, he!; ja (verstärkend); ~ **arkadaş!** hallo, (od du, Sie) Kollege!; [ε:j]: ~, **artık çok oluyorsun!** nun reichts aber!, zum Donnerwetter, mir reichts!

**eyalet** [a:] ⟨-ti⟩ Provinz f; Departement n; Bundesland n, Staat m (USA); **2ler Meclisi** Bundesrat m (Deutschland)

**eyer** Sattel m **~lemek** v/t satteln **~li** gesattelt **~siz** ungesattelt

**eylem** Aktion f (-e gegen akk); Tätigkeit f, Aktivität f; Wirken n; Operation f; GRAM Verb n, → **fiil**

**eylemci** Aktivist m, -in f

**eylemek** veraltet für **etmek**

**eylem|li** aktiv; praktisch lernen: ordentlich, planmäßig **~lik** ⟨-ği⟩ GRAM Infinitiv m **~si** GRAM Verbalaffix n; Verbform f **~sizlik** ⟨-ği⟩ Untätigkeit f, Passivität f; PHYS Trägheit f

**eylül** ⟨-lü⟩ September m

**eytişim** PHIL Dialektik f **~sel** dialektisch

**eyvah** [-a:x] o weh!; ~ **çekmek** stöhnen

**'eyvallah** [-a:x] vielen Dank!; tschüs!; alles Gute!; nun sei es!, umg gewiss doch!; ~ **demek** dankbar sein; Danke sagen; Tschüs sagen; **-e ~ etmemek** nicht um j-s Gunst buhlen

**eyyam** [a:] (glückliche) Tage m/pl; Zeit f; **günstige(r) Wind**; ~ **görmüş** ... der bessere Tage gesehen hat

**eyyamcı** Opportunist m, -in f

**eza** [a:] Qual f, Tortur f

**ezan** [a:] Gebetsruf m; ~ **okumak** zum Gebet rufen

**ezber** auswendig, aus dem Gedächtnis; **-i ~e bilmek** auswendig können; ~ **etmek**, ~ **e almak** ⇒ **ezberlemek**; **-i ~e okumak** auswendig hersagen

**ezber|ci** f Büffler m, -in f **~cilik** ⟨-ği⟩ f Paukerei f, Büffelei f **~den** auswendig; unbewusst

**ezbere** so obenhin sagen; unüberlegt

**ezberle|mek** v/t auswendig lernen; sich (dat) etw einprägen; umg büffeln; auswendig lernen; umg pauken **~tmek** einpauken (-i -e j-m etw) '**ezcümle** insbesondere; darunter, unter anderem (*u..a..*); zum Beispiel (*z. B.*); kurz und gut

**ezdirmek**: **kendini** ~ sich nicht schonen; sich unterdrücken lassen

**ezel** Ewigkeit *f*; graue Vorzeit *f*; **~den (beri)** seit unvordenklichen Zeiten

**ezelî** [i:] ewig, uralt

**ezer** → **ezmek**

**ezgi** Melodie *f*

**ezgin** unterdrückt; zerdrückt; zerschlagen **~lik** ⟨-ği⟩ starke(s) Unbehagen; Zerschlagenheit *f*

**ezici** erdrückend (*Mehrheit*); drückend (*Stille, Langeweile*)

**ezik** zerdrückt; zerschlagen, erschöpft; *Obst*: angestoßen, verdorben; braune(r), blaue(r) Fleck **~lik** ⟨-ği⟩ Niedergeschlagenheit *f*; Depression *f*

**ezilmek** passiv von ezmek; *v/i* verlegen werden; **midem eziliyor** mir knurrt der Magen; ich habe Magendrücken

**ezilmiş** unterdrückt (*Volk*), **~lik** ⟨-ği⟩ Unterdrückung *f*, Unterdrücktsein *n*

**ezinmek** sich schwach (*od* unbehaglich) fühlen

**ezinti** Niedergeschlagenheit *f*; Unbehagen *n*; Magenknurren *n*

**eziyet** ⟨-ti⟩ Qual *f*, Leiden *n*; Strapaze *f*; ~ **çekmek** (Qualen) leiden; sich (ab)plagen; sich quälen; *-e* ~ **etmek** *j-n* quälen, plagen, *umg* piesacken

**eziyetli** qualvoll, mühevoll, strapaziös

**eziyetsiz** mühelos, ohne Strapazen

**ezme** Püree *n*, Brei *m*; (Tomaten)Paste *f*; **erik ~si** Pflaumenmus *n*; **patates ~si** Kartoffelpüree *n*

**ezmek** ⟨-*er*⟩ *v/t* Früchte auspressen, ausdrücken; *Kartoffeln* zerquetschen, zerstampfen; *Feind* schlagen, zerschlagen; *Farbe, Zucker in Wasser* auflösen; *Geld umg* durchbringen, verjubeln; *Volk* unterdrücken; aussaugen; *Schüler, Tiere* ermüden, überanstrengen; *Auto*: *j-n* überfahren

**Ezrail** Todesengel *m*

**f, F** [fɛ] f, F *n*; MUS f-Moll, F-Dur

**fa** MUS *f*

**faal** [faː(ː)l] ⟨-li⟩ tätig, aktiv; *Person a.* rührig; werktätig

**faaliyet** ⟨-ti⟩ Tätigkeit *f*, Aktivität *f*; Veranstaltung *f*; Energie *f*, Tatkraft *f*; **~e başlamak** in die Produktion gehen; **~e geçirilme** Inbetriebnahme *f*; *-i* **~e geçirmek** in Betrieb nehmen; *-de* ~ **göstermek** tätig sein (auf *dat*); ~ **sahası** Tätigkeitsbereich *m*

**fab'rika** Fabrik *f*, Werk *n*, Betrieb *m*; ~ **damgası** Fabrikmarke *f* **~cı** Fabrikant *m*, -in *f* **~cılık** ⟨-ğı⟩ Fabrikantentätigkeit *f* **~syon** Fabrikation *f* **~tör** Fabrikant *m*, -in *f*

**FAC** *irrtümliche abk* → **AFC**

**facia** [faː-] Katastrophe *f* **~lı** katastrophal; dramatisch; tragisch

'**faça**¹ SCHIFF Drehung *f* vor dem Wind

**faça**² *umg* Visage *f*, Fratze *f*, Fresse *f*; Klamotten *pl*; **~sını almak** *j-n* blamieren

**fa'çeta** Facette *f*

**fagot** ⟨-tu⟩ MUS Fagott *n*

**fağfur** (*chinesisches*) Porzellan

**fahiş** [aː] *Miete, Preis* überhöht; *Fehler* grob; unanständig, obszön

**fahişe** Prostituierte *f* **~lik** ⟨-ği⟩ Prostitution *f*

**fahrenhayt** ⟨-tı⟩ PHYS Fahrenheit *n*

**fahrî** [iː] Ehren-; ~ **olarak** ehrenhalber

**fail** [aː] JUR Täter *m*, -in *f*; **aslî** ~ Initiator *m*, -in *f*

**faiz** [aː] **A** *subst* Zinsen *m/pl*; ~ **oranı** Zinssatz *m*; **~in ~i** *od* **bileşik** ~ Zinseszinsen *m/pl*; *-e* ~ **vermek** verzinsen (*akk*); *-in* **~i işlemek** sich verzinsen; *-i* **~e vermek** *od* **yatırmak** *Geld* gegen Zinsen verleihen; **yüksek** ~ **politikası** Hochzinspolitik *f* **B** *adj* reichlich **~ci** Wucherer *m* **~cilik** ⟨-ği⟩ Wucher *m*

**faiz'li** Zins-, Zinsen-; ... auf Zinsen; **düşük** ~ mit niedrigem Zinssatz; ~ **senetler** Wertpapiere *n/pl* **~siz** zinslos; unverzinslich

**fak**: **~a basmak** in die Falle gehen; fehl-

**schlagen;** *-i* **~a bastırmak** *j-m* ein Bein stellen
**fak.** *abk.* → **fakülte(si)**
**'fakat** aber, jedoch; **~ı makatı yok** keine Widerrede!, keine Ausflüchte!
**fakir** [-'kır] arm; bedauernswert; (der) Ärmste; Derwisch m; Fakir m; **~ adam** arme(r) Schlucker; **~ düşmek** → **fakirleşmek ~hane** [a:] *hum* „bescheidenes Heim" **~izm** Fakirtum n **~leşmek** *v/i* verarmen **~lik** ⟨-ği⟩ Armut f; Knappheit f
**faks** Fax n
**faksimile** Faksimile n
**fakslamak** faxen (*-e akk*)
**faktör** Faktor m
**fa'külte** Fachbereich m (FB); Fakultät f; *umg* Bordell n
**fal** Orakel n; Wahrsagung f; **~ açmak** wahrsagen; **iskambil ~ı açmak** Karten legen; **kahve ~ına bakmak** aus dem Kaffeesatz wahrsagen; **~ taşı** *etwa* Zauberspiegel m
**fa'laka** Bastonade f; Bastonadenholz n; TECH Zwinge f, Schraubstock m; *-i* **~ya çekmek** (*od* **yatırmak**) *j-m* die Bastonade erteilen
**falan** der und der, die und die, das und das; ein(e) gewisse(r); Herr, Frau so und so; und so weiter; **~ kimse** (*od* **kişi**) *umg* (Herr/Frau) Soundso; **~ yerde f** (in) Dingsda; **15 euro ~** so um die 15 Euro, etwa 15 Euro **~ca ~** **~ kimse**; irgendein(e) **~ıncı** x-te(r); soundsovielt-; **evin ~ katında** im x-ten Stockwerk des Hauses
**falcı** Wahrsager m, -in f; **el ~sı** Handleser m, -in f **~lık** ⟨-ği⟩ Wahrsagerei f
**'falso** MUS falsche(r) Ton, Dissonanz f; Fehlgriff m, Fehler m; **~ yapmak** (*od* **vermek**) e-n Fehler machen, e-n Missgriff tun **~lu** unrichtig; fehlerhaft
**faltaşı:** *-ın* **gözleri ~ gibi açıldı** er riss die Augen weit auf (*vor Staunen*)
**fa'milya** Familie f (*a*. BOT *u*. ZOOL); *umg* Ehehälfte f
**fanati|k** ⟨-ği⟩ Fanatiker m, -in f **~zm** Fanatismus m
**fanfan** Nuscheln n; Lispeln n; nuschelnd, lispelnd; Nuschler m, -in f
**fanfar** Blasorchester n; Fanfare f
**fanfin** *umg* Kauderwelsch n
**fani** [fa:ni:] sterblich, vergänglich; eitel,

nichtig; **~ dünya** Diesseits n
**fa'nila** Unterhemd n (*mit Ärmeln*)
**fanilik** [fa:ni:-] ⟨-ği⟩ Vergänglichkeit f
**fan'tasma** Halluzination f
**fantastik** fantastisch
**fantezi** Fantasie f (*a*. MUS); fantastisch; verspielt, außergewöhnlich; *Stoff* bunt gemustert; Stil- (*Möbel*)
**fanus** [a:] Glasglocke f; Laterne f
**far** *allg* Scheinwerfer m; Leuchtturm m; Augenschminke f; *Slang*: Busen m
**faraş** Kehrschaufel f
**'faraza** [-za:] angenommen, dass …
**faraz|î** [i:] hypothetisch, angenommen **~iye** Hypothese f, Annahme f
**'farbala** Volant m, Rüsche f
**fare** [a:] ZOOL, IT Maus f; **~ deliği** Mauseloch n; **~ kapanı** Mausefalle f **~ kulağı** ⟨-nı⟩ BOT Dost m
**farfara** lärmend, laut; Krakeeler m; Angeber m **~lık** ⟨-ği⟩ Angeberei f
**farımak** *v/i dial* sich abnutzen; hinfällig werden; verzichten (*-den* auf *akk*)
**farika** [fa:-]: **~ alameti** ~ Wahrzeichen n
**fariza** [i:] REL Gebot n; **haç ~sı** (das) Wallfahrtsgebot
**fark** ⟨-kı⟩ Unterschied m (*arasında* zwischen *dat*); Differenz f (*a*. MATH); **~ bileti** Zuschlag(karte f) m; **~ etmek** (*-i*) unterscheiden (*akk*), den Unterschied sehen; bemerken, wahrnehmen (*akk*); anders werden; **~ etmez** das ist egal; das macht nichts; **~ görmek** (*a*. **gözetmek**) e-n Unterschied machen (*od* bemerken); diskriminieren; **~ olunmak** (*-le* durch *akk*) sich auszeichnen; offenbar werden; *-e* **~ yapmak** (*od* **atmak**) *umg* mit deutlichem Unterschied überlegen sein *dat*; **~ı olmak** sich unterscheiden, *etw* ausmachen; *-in* **~ına varmak** merken, bemerken; Notiz nehmen (von *dat*); **~ına varılmamış** unbemerkt; *-in* **~ında olmak** (be)merken, wahrnehmen; begreifen **~ında mısın?** hast du es bemerkt?; hast du es verstanden?; *-in* **~ında olmamak** nicht bewusst sein *gen*; *-in* **~ında (bile) olmamak** keine Ahnung haben von; **benim için ~ı yok** mir ist es gleichgültig; **yalnız şu ~la ki** nur mit dem Unterschied, dass …
**farkedilir** spürbar, merklich
**farklı** verschieden, unterschiedlich; differenziert; **~ farksız** kaum zu unterscheiden; **~ olmak** sich unterscheiden

(*-den* von *dat*); **~ tutmak** Unterschiede machen; diskriminieren **~ca** etwas verändert; *Kranker* etwas besser **~laşma** Differenzierung *f*, Staffelung *f*; BIOL Modifikation *f*

**farklı|laşmak** sich differenzieren; in mehrere Gruppen zerfallen **~lık** ⟨-ğı⟩ Unterschied *m*; Verschiedenheit *f*

**farksız** unterschiedslos; unklar; bedeutungslos **~laşma** MATH Differenziation *f* **~laşmak** die Merkmale verlieren

**farmakolog** Pharmakologe *m*, -login *f*

**farmakoloji** Pharmakologie *f*

**farmason** *a. pej* → mason

**fars** THEAT Farce *f*, Posse *f*

**Fars** Perser *m*, -in *f*; persisch **~ça** (das) Persisch(e); auf Persisch

**fart: ~ furt** Angeberei *f*; leere Drohungen *f/pl*; **~ furt etmek** sich wichtigmachen

**'farta: ~sı furtası olmamak** sich taktlos benehmen; tun, was einem gerade einfällt

**farz** jede der fünf Pflichten eines Muslims; *fig* Pflicht *f*, Notwendigkeit *f*; **~ etmek** annehmen, voraussetzen, davon ausgehen (*ki* dass); **~ olmak** unbedingt notwendig sein

**Fas** Marokko *n*; marokkanisch

**'fasa 'fiso** *umg* dumme(s) Zeug, Blech *n*

**fa'sarya** *umg* Geseiche *f*; Koketterie *f*

**fasıl** ⟨-slı⟩ Abschnitt *m*, Kapitel *n*; WIRTSCH Posten *m* für Ausgaben; Trennungslinie *f*; THEAT Akt *m*, Aufzug *m*; Entschluss *m*; Jahreszeit *f*; *fig* Klatsch *m*; ein Zyklus von Instrumental- und Gesangstücken in der türk. Musik; *fig* Handlung *f*, z. B. **yemek faslı** Essen *n*, Esserei *f*

**fasıla** [fa:] Intervall *n*; Pause *f*, Unterbrechung *f*; **-e vermek** Arbeit etc unterbrechen **~sız** ununterbrochen

**fasih** [i:] klar; HIST **~ Türkçe** (das feine) Türkisch *der Gebildeten*

**fasikül** Lieferung *f* (*e-r Enzyklopädie*)

**fasit** [a:], **~ daire** *fig* Teufelskreis *m*

**Faslı** Marokkaner *m*, -in *f*

**fason** Fasson *f*, Schnitt *m* (*e-s Kleides*); **~ imalat** WIRTSCH Auftragsfertigung *f*

**fa'sulya, fasulye** BOT Bohne *f*; **kuru ~** weiße Bohnen *pl*; **taze ~** grüne Bohnen

**faşist** Faschist *m*, -in *f* **~lik** ⟨-ği⟩ faschistische Machenschaften *pl*

**faşizm** Faschismus *m*

**fatih** [a:] Eroberer *m*

**fatiha** [a:] Fatiha (*f*), *die erste Koransure*; **-e okumak** die Fatiha für *j-s* Seelenheil lesen; die Hoffnung (auf *akk*) begraben

**fa'tura** WIRTSCH Rechnung *f*; **~ çıkarmak** e-e Rechnung ausstellen; **-in ~sını b-ne yüklemek** *j-n* für etwas büßen lassen

**fa'turalamak** (*-i*) e-e Rechnung über *etw* (*akk*) ausstellen; fakturieren

**fa'turalı** mit Rechnung; **~ yaşam** umfassender Rechnungszwang im Einzelhandel (ab ca 1980)

**faul** [fa:ul] ⟨-lü⟩ Foul *n*; **~ (atışı)** Fußball Strafstoß *m*; **-e ~ yapmak** *j-n* foulen

**favori** SPORT Favorit *m*; Backenbart *m*; Lieblings-, z. B. **~ şarkım** mein Lieblingslied *n*

**fay** GEOL Verwerfung *f*; **~ hattı** Verwerfungslinie *f*

**fayans** Fliese *f*, Kachel *f*

**fayda** Nutzen *m*; Vorteil *m*; Profit *m*; **~ etmek** (*od* **~sı olmak**) Nutzen bringen; **... olmasında ~ var** es liegt ein Nutzen darin, dass ...; **-e ~ vermek** guttun; nützlich sein; **ne ~?** was hilft das?; **-e ~sı dokunmak** *j-m* nützlich sein; **~sı yok** ganz unnütz; **-in ~sını görmek** (die gute) Wirkung spüren; profitieren von

**faydacıl** Utilitarist *m*, -in *f*

**faydalan|dırmak** (*-i*) *j-n* Nutzen ziehen lassen **~ış, ~ma** Verwertung *f*, Ausnutzung *f* (*-den gen*) **~mak** (*-den*) ausnutzen (*akk*), nutzen (*akk*), verwerten (*akk*) (*z. B. Energie*); Nutzen ziehen aus, profitieren von

**faydalı** nützlich; vorteilhaft; Nutz-(*Last*); nutzbringend (*Arbeit*) **~lık** ⟨-ğı⟩ Nützlichkeit *f*

**faydasız** unnütz, nutzlos; unproduktiv **~lık** ⟨-ğı⟩ Nutzlosigkeit *f*

**'fayrap: ~ etmek** Dampf aufmachen; Feuer anfachen; *Fenster etc* aufreißen; *Hemd etc* abwerfen

**fayton** Kutsche *f* **~cu** Kutscher *m*

**faz** Phase *f*; **~ kalemi** Spannungsprüfer *m*

**fazıl** → **erdemli**; weise; gesittet; edel

**fazilet** [i:] ⟨-ti⟩ Tugend *f*; Verdienst *n*

**fazla** **A** *subst* Überschuss *m*; Rest *m* **B**

*adj* überflüssig, Über-; (viel) mehr (*-den als*), größer (*-den als*); noch mehr; zu viel; zu weit; übrig *haben*; ~ **ağırlık** ⟨-ğı⟩ Übergewicht *n*; Ballast *m*; ~ **bagaj** Übergepäck *n*; ~ **çalışma (süresi)** Überstunden *f/pl*; ~ **değer** Mehrwert *m*; ~ **gelmek** sich als überflüssig erweisen; ~ **gitmek** zu weit gehen; ~ **olarak** darüber hinaus; **daha** ~ noch mehr; meistens; **en** ~ am meisten, meistens; am liebsten; **pek** (*od* **çok**) ~ sehr viel; zu viel; **bundan** ~ mehr + *Verb*; ~ **besleme** Überfütterung *f*; ~ **doyurmak** überfüttern; CHEM übersättigen; ~ **kaçırmak** zu viel trinken (*od umg* saufen); sich überessen; zu viel reden; ~ **olmak** sich erübrigen; zu viel sein

**fazlaca** ziemlich viel, *umg* ganz schön

**fazla|dan** sehr viel, reichlich; extra, zusätzlich **~laşmak** sich vermehren; sich vergrößern **~laştırmak** *v/t* vermehren; vergrößern; erhöhen

**fazlalık** ⟨-ğı⟩ Überfluss *m*; Überzahl *f*; **nüfus fazlalığı** Überbevölkerung *f*; ~ **etmek** überflüssig sein

**feci** [i:] ⟨-i, -si⟩ tragisch, furchtbar

**feda** [ɑ:] Opfer *n*; ~ **etmek** *Geld, Leben* opfern; ~ **olsun!** mags hingehen; nun, wenn schon!

**fedai** [i:] *e-r* Idee verfallen; glühende(r) Patriot; Bodyguard *m* **~kâr** selbstlos, aufopfernd **~kârlık** ⟨-ğı⟩ Selbstlosigkeit *f*; Opferbereitschaft *f*; Hingabe *f*; ~ **etmek** Opfer bringen; **fedakârlığa katlanmak** Opfer bringen

**federal** Bundes-; ⚙ **Almanya, Almanya** ⚙ **Cumhuriyeti** Bundesrepublik Deutschland; **Federal Meclis** Bundesparlament *n*, *Almanya* Bundestag *m*

**federa|syon** POL Föderation *f*, Bund *m*; Verband *m* **~tif** föderativ, Bundes-

**federe** ~ **devlet** Bundesland *n*

**fek** ⟨-kki⟩ JUR Abtrennen *n*

**felaket** ⟨-ti⟩ 🅐 *subst* Unglück *n*, Katastrophe 🅑 *adj fig* unheimlich; ~ **haberi** Hiobsbotschaft *f* **~zede** Opfer *n* (*e-r Katastrophe*)

**felç** ⟨-ci⟩ Lähmung *f*; Schlaganfall *m*; **çocuk felci** Kinderlähmung *f*; **felce uğramak** e-n Schlaganfall erleiden; gelähmt werden; *-i* **felce uğratmak** lähmen; *fig* lahmlegen

**felek** ⟨-ği⟩ Himmelsgewölbe *n*; Weltall *n*; Firmament *n*; Schicksal *n*; MIL Schellenbaum *m*; ~ **düşkünü** Pechvogel *m*

**'Felemenk** ⟨-gi⟩ HIST (die) Niederlande *pl*; Holland *n*

**felfelek** ⟨-ği⟩ ZOOL kleine(r) Schmetterling; BOT Betelnuss-Palme *f* (*Areca catechu*)

**fellah** Fellache *m*

**fellek** (*od* **fellik**): ~ ~ aufgeregt, nervös *hin- und hergehen*; fieberhaft *suchen*

**felsefe** Philosophie *f*; *hum* ~ **yapmak** philosophieren, dozieren; ~ **doktoru** Doktor der Philosophie (*Dr. phil.*)

**felsefeci** Philosoph *m*, -in *f*; *umg* Philosophielehrer *m*, -in *f*

**felsefi** [i:] philosophisch

**feminist** ⟨-ti⟩ Feminist *m*, -in *f*; feministisch **~zm** Feminismus *m*

**fen** ⟨-nni⟩ Technik *f*; ~ **(bilimleri)** Naturwissenschaften *f/pl*

**fena** [-ɑ:] schlecht (*z. B. Wetter, Nachrichten*); böse (*z. B. Lage, Dinge*); *Mensch* schlecht, böse, übel; ~ **değil!** nicht übel!; -*i* ~ **etmek** *j-m* Übelkeit verursachen; vor den Kopf stoßen; -*e* ~ **gelmek** *j-m* schlecht, übel erscheinen; *Essen j-m* nicht bekommen; ~ **gitmek** *Geschäfte* schlecht gehen; **~sına gitmek** *j-n* verdrießen, ärgern; es tut *j-m* leid; ~ **halde** sehr, furchtbar; ~ **kalpli** böse, bösartig; ~ **kokulu** übel riechend; ~ **olmak** sich schlecht fühlen; aufgeregt werden; -*i* **~ya çekmek** *Wort etc* übel auslegen

**fenalaşmak** schlechter werden; sich verschlechtern; sich schlecht fühlen

**fenalık** ⟨-ğı⟩ Schlechtigkeit *f*; (das) Böse; -*e* ~ **etmek** *j-m* Böses (an)tun; ~ **geçirmek** *j-m* wird schlecht; (fast) ohnmächtig werden

**fener** Lampe *f*; Laterne *f*; Leuchtturm *m*; ~ **alayı** Fackelzug *m*; ~ **direği** Laternenpfahl *m*; ~ **kağıtı** Lampion *m*

**Fe'nike** ⟨-gi⟩ HIST Pfennig *m*

**Fe'nike** ⟨-gi⟩ Phönizien *n* **~li** Phönizier *m*, -in *f*; phönizisch

**fennî** [i:] technisch; naturwissenschaftlich

**fenomen** Phänomen *n*; Erscheinung *f*, Tatsache *f*

**fent** ⟨-di⟩ List *f*, Finte *f*

**feodal** feudal; ~ **bey** Feudalherr *m* **~izm** Feudalismus *m*

**fer** Glanz *m*, *z. B. der Augen*

**feragat** [-ra:-] ⟨-ti⟩ Verzicht m (-den auf akk); JUR **~i caiz olmayan** unveräußerlich; **-den ~ etmek** bes JUR verzichten (auf akk); die Arbeit aufgeben; entsagen (z. B. dem Thron); **~ göstermek** resignieren; **~ sahibi** selbstlos

**ferağ** ⟨-ğı⟩ JUR Zession f, Abtretung f, Übertragung f; Ruhe f; **-den ~ etmek** abtreten (akk), übertragen (akk)

**ferah** B adj geräumig, weitläufig; (über)reichlich; fröhlich, erleichtert; *Zimmer* hell B subst Glück n; **~ ~ gut und gern; ~ yaşamak** auf großem Fuß leben; **içi ~ olmak** sich nicht aufregen; **kalbini ~ tut!** Kopf hoch!; **~ bir Raum** geräumiger werden/wirken; *Person* sich erleichtert fühlen, aufatmen

**ferahlan|dırmak**: **gönlünü ~** sich zerstreuen **~mak** → ferahlamak

**ferah|latıcı** aufmunternd, erfrischend **~latmak** kaus von ferahlamak; MED *j-m* Erleichterung verschaffen **~lık** ⟨-ğı⟩ Geräumigkeit f; Heiterkeit f; Erleichterung f

**feraset** [a:] ⟨-ti⟩ Scharfsinn m

**ferasetli** scharfsinnig

**ferdî** [i:] individuell; SPORT **~ birincilik** Einzelmeisterschaft f

'**feribot** ⟨-tu⟩ Autofähre f; **tren ~u** Eisenbahnfähre f

**ferma** THEAT Hintergrund m; Hinterhalt m; *Jagd* Anstand f

**ferman** [a:] Ferman m, Erlass m; **~ dinlememek** sich über alles hinwegsetzen

**ferment** [a:] Ferment n

**fermuar** Reißverschluss m

**fersah**: **~ ~** meilenweit; **-i ~ ~ geçmek** *j-n* weit übertreffen

**fersiz** schwach, leblos, glanzlos (*Augen*)

**fersizleşmek** schwach (*od* glanzlos) werden; *Zorn* abflauen

**fert** ⟨-di⟩ Individuum n; (Familien)Angehörige(r)

'**fertik** ⟨-ği⟩: *umg* **~, fertiği çekmek** abhauen, türmen

**feryat** [a:] ⟨-dı⟩ Jammergeschrei n; Stöhnen n; **-den ~ etmek** jammern, stöhnen (über *akk*)

**fes** Fes m

**fesat** [a:] ⟨-dı⟩ B *subst* Aufruhr m; Unfriede m; Intrige f; Komplott n; (Magen-)Verstimmung f; (Sitten)Verderbnis f B *adj* ränkesüchtig; misstrauisch, argwöhnisch; **~ çıkarmak** Unruhe stiften; **~ kumkuması** Unruhestifter m; Intrigant m **~çı** Aufwiegler m, Hetzer m; Ränkeschmied m **~çılık** ⟨-ğı⟩ Intrigenspiel n; Aufhetzerei f

'**feshetmek** aufheben, rückgängig machen, annullieren; *a. Abkommen* verletzen; *Parlament* auflösen

'**fesholunmak** *passiv von* feshetmek

**fesih** ⟨-shi⟩ Aufhebung f, Annullierung f; Verletzung f; Auflösung f

**fesleğen** BOT Basilikum n (*Ocimum basilicum*)

**festekiz**: **falan ~** *umg* und so weiter, und so fort

**festival** ⟨-li⟩ Festspiele n/pl, Festival n, Festwochen f/pl; Tohuwabohu n

**fesuphanallah** [-'ha:nala:x] mein Gott!; unmöglich!; Donnerwetter!

**fethedil|me** Eroberung f **~miş** erobert

**fethetmek** v/t erobern (*a. fig, z. B. Herz*); eröffnen; *Gespräch etc* aufnehmen

**fetih** ⟨-thi⟩ Eroberung f, Einnahme f *e-r* Stadt; Eröffnung f **~çi** Eroberer m

**fetiş** Fetisch m **~ist** Fetischist m, -in f

**fettan** [a:] fesselnd, packend; verführerisch; Verführer m

**fetva** [a:] Rechtsgutachten n (*nach islamischem Recht*)

**feveran** [a:] *fig* Aufbrausen n; **~ etmek** *fig* aufbrausen

**fevkalâde** außergewöhnlich, überaus; außerordentlich; Sonder- (*z. B. Gericht*) **~lik** ⟨-ği⟩ Außergewöhnliche(s)

**fevrî** [i:] eilig; vorschnell; impulsiv

**fevrîlik** ⟨-ği⟩ Impulsivität f

**feza** [a:] → uzay

**fıçı** Fass n; Ponton- (*Brücke*); **~ balığı** eingepökelte(r) Fisch; **şarap ~sı** Weinfass n **~cı** Böttcher m, Fassbinder m **~lama** Abfüllen n in Fässer

**fıkar-** → fukar-

**fıkıh** ⟨-khı⟩ islamische Rechtswissenschaft f

**fıkır**: **~ ~** brodelnd; kokett; **~ ~ gülmek** kichern

**fıkırda|k** ⟨-ğı⟩ Koketterie f; kokett; zappelig **~mak** brodeln; kichern

**fıkırtı** Brodeln n

**fıkra** Anekdote f, Witz m; JUR Absatz m; *Zeitung* Kolumne f **~cı** Kolumnist m, -in f

**fıldır**: ~ ~ mit flackerndem Blicken; -i ~ ~ **aramak** (alles) durchstöbern
**fındık** ⟨-ğı⟩ BOT Haselnuss f; klein, winzig; umg gezinkte(r) Würfel; ~ **ağacı** Haselnussstrauch m; ~ **kabuğunu doldurmaz** herzlich unbedeutend ~**çı** Haselnussanbauer m; Haselnussverkäufer m; umg Kokette f ~**kıran** Nussknacker m
**fır**: -in **etrafında** ~ (~) **dönmek** fig herumscharwenzeln
**'Fırat** ⟨-tı⟩ Euphrat m
**fırça** Bürste f; Pinsel m; **diş** ~**sı** Zahnbürste f; **elbise** ~**sı** Kleiderbürste f; -i ~ **atmak** (od **çekmek**) umg j-n runterputzen ~**lamak** v/t abbürsten, ausbürsten; Haar bürsten; Gelände durchkämmen; fig umg j-n runterputzen
**fırdolayı** ringsherum
**fırdöndü** Drehzapfen m; Scharnier n; fig wetterwendisch
**fırfır** Volant m, Rüsche f; ~ ~ **dönmek** Augen unstet kreisen; Kreisel um s-e Achse wirbeln
**fırıldak** ⟨-ğı⟩ Windmühle f (für Kinder); Ventilator m; fig umg Schwindel m, Betrug m; fig Wetterfahne f; **su fırıldağı** Wasserrad n ~**çı** fig Hochstapler m
**fırılda|(n)mak** wirbeln, rotieren ~**tmak** rotieren lassen, kreisen lassen
**fırın** (Back)Ofen m; Herd m; Bäckerei f; **elektrikli** ~ elektrische(r) Backofen m ~**cı** Bäcker m, -in f ~**cılık** ⟨-ğı⟩ Bäckerhandwerk n
**fırınlamak** v/t in den Ofen schieben; Ziegel brennen; im Ofen trocknen
**fırlak** hervorstehend; Augen hervorquellend
**fırlama** Lausbube m, Schlitzohr n
**fırlamak** auffliegen, emporschnellen; (-e) stürzen (in, auf akk), sich stürzen (in, auf akk); Preise in die Höhe schnellen; (-den) abspringen (von dat); **ayağa** ~ auf die Füße springen
**fırlatılabilen**: ~ **koltuk** Schleudersitz m
**fırlat|ma** Werfen n, Schleudern n; Abschuss m, Start m e-s Satelliten ~**mak** v/t wegwerfen; beiseitewerfen; katapultieren; Rakete abschießen, starten
**fırlayış** Auffliegen n; Aufspringen n; rasche(s) Ansteigen der Preise
**fırsat** ⟨-tı⟩ Gelegenheit f; Chance f; ~ **bu** ~ das kommt wie gerufen; ~ **buldukça** bei jeder passenden Gelegenheit; ~ **bulmak** (od **düşürmek**) die Gelegenheit ergreifen; ~ **düşkünü** Opportunist m; ~**ı ganimet bilmek** die Gelegenheit beim Schopfe ergreifen; ~ **kollamak** (od **gözetmek**) e-e günstige Gelegenheit abwarten; **ilk** ~**ta** bei erstbester Gelegenheit ~**çı** Opportunist m, -in f ~**çılık** ⟨-ğı⟩ Opportunismus m
**fırtına** Sturm m; fig Konfusion f; Not f, Notlage f; ~ **koptu** ein Sturm brach los; fig es gab e-n Skandal ~**lı** stürmisch (Wetter; fig Leben)
**fıs**: ~ ~ Klatsch m; ~ ~ **konuşmak** (miteinander) tuscheln
**fısılda|mak** (-i) etw (akk) flüstern, j-m etw zuflüstern; **kulağına** ~ j-m ins Ohr flüstern ~**şmak** (miteinander) tuscheln
**fısıltı** Geflüster n; ~ **gazetesi** Flüsterpropaganda f ~**lı** LING Zisch- (Laut)
**fısır**: ~ ~ rieselnd; zischend (Wasser); knisternd (Feuer); fig im Flüsterton
**fıskıye** Springbrunnen m
**fıslamak** (-i -e) j-m etw (akk) zuflüstern
**fıstık** ⟨-ğı⟩ Nuss f, Kern m der Pistazie, der Erdnuss; ~ (**gibi**) umg wunderschön
**fıstıkî** [i:] pistaziengrün, hellgrün
**fış** → **fışır**
**fışıltı** Plätschern n; Rauschen n, Rieseln n; Knistern n
**fışır**: ~ ~ **akmak** plätschern; rieseln; ~ ~ **etmek** Stoff rauschen; rascheln; Seide knistern ~**damak** → **fışır fışır etmek** (od **akmak**) → **fışıltı**
**fışkı** (Esels-, Pferde)Mist m
**fışkırık** ⟨-ğı⟩ Spritzen n; umg Spritzer m
**fışkır|ma** MED Ejakulation f; ASTRON Protuberanz f ~**mak** hervorsprudeln, emporschießen; Licht durchdringen, herausdringen; Pflanzen üppig (hervor-) sprießen ~**tı** Zischen n des Dampfes etc ~**tıcı** TECH Auswerfer m
**fışkırtmak** v/t ANAT ausspritzen; Öl etc ausstoßen
**fıtık** ⟨-ğı, -tkı⟩ MED Bruch m; ~ **olmak** sehr ungeduldig werden
**fıtır** ⟨-trı⟩ Ende n des Ramadan-Monats
**fiat** → **fiyat**
**fidan** BOT Setzling m, Steckling m; Sproß m; ~ **boylu** rank und schlank
**fidanlık** ⟨-ğı⟩ Baumschule f

**'fide** (Gemüse)Setzling *m*, Pflanzling *m*; junge Pflanze **~lemek** setzen, stecken, pflanzen; umpflanzen, umtopfen
**'fidelik** ⟨-ği⟩ Pflanzenschule *f*; *fig* Ausbildungsstätte *f*; auspflanzbar
**fidye, ~inecat** [a:] ⟨-tı⟩ Lösegeld *n*
**figür** Figur *f*, Gestalt *f* e-r Statue; (Eislauf-, Tanz)Figur *f*; SPORT **mecburi ~ler** Pflichtübung *f*; **serbest ~ler** Kür *f* **~an** Statist *m*, -in *f*, Komparse *m*, Komparsin *f* **~atif** figürlich *(malen)*
**fiğ** BOT Wicke *f*
**fihrist** ⟨-ti⟩ Inhaltsverzeichnis *n*; Notizbuch *n* mit Alphabet
**fiil** Handlung *f*, Tat *f*; GRAM Verb *n*; **-i (kuvveden) ~ çıkarmak** in die Tat umsetzen **~en** [ˈiːlɛn] de facto; praktisch; tatsächlich, wirklich **~î** faktisch, real, tatsächlich; MIL aktiv *(Dienst)*
**fiilimsi** Verbalnomen *n*, Gerundium *n*
**fikir** ⟨-kri⟩ Meinung *f*; Gedanke *m*; Verstand *m*; **fikrimce, fikrime göre** nach meiner Meinung; **~ adamı** Denker *m*; **~ arkadaşı** Gesinnungsgenosse *m*; **-den ~ almak**, **-in fikrini almak** *(od* **sormak)** *j-n* um Rat fragen; **... hakkında ~ edinmek** sich *(dat)* ein Bild machen (von *dat*); **-e ~ vermek** *j-m* raten; *j-n* auf e-n Gedanken bringen; **~ yürütmek** e-e Idee haben; **-mek fikrinde olmak** gedenken, beabsichtigen zu +*inf*; **-diği fikrindeyim** ich bin der Meinung, dass ...; **-mek fikrindeyim** ich beabsichtige, ... zu ...; **-mek fikriyle** mit der Absicht, zu ...
**fikir|ce** geistig **~li** mit ... Gedanken; **dar ~** engstirnig; **geri ~** rückständig; **ileri ~** fortschrittlich
**fikrî** geistig
**fiks** WIRTSCH fest(stehend); **~ menü** Menü *n*
**fiksaj** FOTO Fixieren *n*
**fiksatif** Fixiermittel *n*
**fikstür** SPORT Spielplan *m*
**fil** Elefant *m*; *Schach* Läufer *m*; **~ hastalığı** MED Elefantiasis *f*
**filaman** ELEK Glühfaden *m*
**filan** → **falan** *etc*
**filarmoni** Philharmonie *f*
**filarmonik** philharmonisch
**filateli** Philatelie *f* **~st** ⟨-ti⟩ Briefmarkensammler *m*, -in *f*
**'filbah|ar, ~ri** BOT Waldrebe *f*
**'fildişi** Stoßzahn *m*; ANAT Zahnbein *n*; Elfenbein *n*; Elfenbein-; elfenbeinfarben; ♀ **Kıyısı** Elfenbeinküste *f*
**file** Einkaufsnetz *n*; Haarnetz *n*; Fußball Netz *n*; → **fileto**
**filenç** ⟨-ci⟩ TECH Flansch *m* **~li** Flansch-; **~ boru** Flanschenrohr *n*
**filenk** ⟨-gi⟩ SCHIFF Stapel *m*
**fi'leto** GASTR Filet *n*
**'filhakika** [-kiː-] *osm* tatsächlich; zwar
**Filibe** Plovdiv *n* *(Stadt in Bulgarien)*
**filibit** ⟨-ti⟩ MED Venenentzündung *f*
**filigran** *in Papier* Wasserzeichen *n*
**fi'lika** Beiboot *n*; **cankurtaran ~sı** Rettungsboot *n*
**film** → **film**
**fi'linta** Flinte *f*; Jagdgewehr *n*
**Fi'lipinler** (die) Philippinen *pl*
**Fi'lipinli** Filipino *m*; philippinisch
**Fi'listin** Palästina *n* **~li** Palästinenser *m*, -in *f*
**filiz**[1] Spross *m*, Trieb *m*
**filiz**[2] Erz *n*; **demir ~i** Eisenerz *n*
**filizî** [iː] hellgrün
**filizkıran** kalte(r) Ostwind *(Mitte Mai)*
**filizlenmek** Triebe ansetzen; aufkeimen; *fig* aufflammen
**film** Film *m*; **~ çekmek** e-n Film drehen; e-e Röntgenaufnahme (Schirmbild) machen; **~ çevirmek** e-n Film drehen; *fig* sich amüsieren; **~ festivali** Filmspiele *n/pl*; **~ hilesi** Filmtrick *m*; Gag *m*; **~ kamerası** Filmkamera *f*; **~ yıldızı** Filmstar *m*; **~ yönetmeni** Filmregisseur *m*, -in *f*; **~ oynatmak** e-n Film aufführen; *-i* **~e almak** verfilmen *(akk)*; **~in dublajını yapmak** synchronisieren *(akk)*; *-in* **~ini almak** filmen *(akk)*; **belgesel ~** Dokumentarfilm *m*; **bilimsel ~** Kulturfilm *m*; **canlandırma ~** Trickfilm *m*; **dolu** ~ abfotografierte(r) Film; **kısa (metrajlı) ~** Kurzfilm *m*; **uzun (metrajlı) ~** (Lang-)Spielfilm *m*, abendfüllende(r) Film; **renkli ~** Farbfilm *m*; **sesli ~** Tonfilm *m*; **sessiz ~** Stummfilm *m*; **siyah-beyaz ~** Schwarz-Weiß-Film *m*; **ama ne ~!** *umg* was für ein Schauspieler!; **o anda bende ~ koptu** *umg* da hatte ich ein Blackout
**filmci** Filmemacher *m*, -in *f* **~lik** ⟨-ği⟩ Filmproduktion *f*; **~ sanayii** Filmindustrie *f*
**filmlik** Thema *n* für e-n Film, Film-
**'filo** [-l-] Flotte *f*, Geschwader *n*; Fuhrpark *m*; **~ etmek** die Segel streichen

**filoloji** Philologie *f*; **Alman ~si** Germanistik *f*; **İngiliz ~si** Anglistik *f*
**filo'tilla** Flottille *f*
**filozof** Philosoph *m*, -in *f*; **~ taşı** Stein *m* der Weisen **~ça** *adj*, *adv* weise
**filozof|i** Philosophie *f* **~ik** philosophisch
'**filtre** Filter *m*; **~ kağıdı** Filterpapier *n*; **~ etmek** filtern, filtrieren; **~den geçmiş** gefiltert **~li** Filter- (*Zigarette*)
**Fin** Finne *m*, Finnin *f*; finnisch; **~ hamamı** Sauna *f*
**final** SPORT Endrunde *f*; *a.* MUS Finale *n*; **çeyrek ~** Viertelfinale *n*; **yarı ~** Halbfinale *n*; **~e kalmak** ins Finale kommen **~ist** Finalist *m*
**finans** Finanz-; **~ kaynakları** Geldquellen *f/pl* **~al** finanziell **~çı** Finanzmann *m* **~e- ... etmek** finanzieren (*akk*) **~man** Finanzierung *f* **~ör** Geldgeber *m*, Finanzier *m*
**fincan** Tasse *f*; ELEK (Glocken)Isolator *m*; **~ tabağı** Untertasse *f* **~cı: ~ katırlarını ürkütmek** große Verwirrung stiften **~lık** ... Tassen voll; für ... Tassen
'**Fince** (das) Finnisch(e); finnisch
**fingirdek** ‹-ği› kokett; leichtsinnig (*Handlung*) **~lik** ‹-ği› Koketterie *f*; Leichtsinn *m*
**fingir|demek** kokettieren; leichtsinnig handeln **~deşmek** flirten (*-le mit dat*)
**fingirti** Leichtsinn *m*
**finik**: CHEM **asit ~** Karbolsäure *f*
**finiş** Endspurt *m*; WIRTSCH Finish *n*; **~e geçmek** am Ziel ankommen; **~e kalkmak** zum Endspurt ansetzen
**fink: ~ atmak** flirten; sich amüsieren
**Finlan|dalı** Finne *m*, Finnin *f* **~diya** Finnland *n* **~diyalı** Finne *m*, Finnin *f*
'**fino** Schoßhund *m*; *umg* Stoff *m*
**Fin-Ugur: ~ dilleri** finnisch-ugrische Sprachen *f/pl*
**firar** [a:] Flucht *f* (*Soldaten, Gefangene*); **~ etmek** flüchten, desertieren; *aus dem Gefängnis* ausbrechen; **~ olan** flüchtig; **~ teşebbüsü** Fluchtversuch *m* **~î** Flüchtling *m*; Deserteur *m*
**firavun** Pharao *m*; *fig* Tyrann *m*; **~ faresi** ZOOL Pharaonsratte *f* (*Herpestes ichneumon*) **~î** [i:] Pharaonen-; tyrannisch
'**fire** WIRTSCH Schwund *m*, Ausschuss *m*, Abgänge *m/pl*; **~ vermek** e-n Schwund aufweisen; *fig* e-n Bock schießen

**fir'kete** Haarnadel *f*
'**firma** WIRTSCH Firma *f*
**firuze** [-'u:-] Türkis *m*, türkis(farben)
**Fisagor** Pythagoras; **~ davası** pythagoreische(r) Lehrsatz
**fiske** Schnalzen *n*; Knall *m*; Prise *f Salz*; Wasserbläschen *n*; Pickel *m*; **~ vurmak** schnalzen **~lemek** mit den Fingern schnalzen; *fig* abkanzeln (*-i j-n*)
**fiskos** Getuschel *n*; **~ etmek** tuscheln
**fistan** *dial* Kleid *n*, Rock *m*
'**fisto** Feston *n*, Festonborte *f*, Rüsche *f*
**fistül** MED Fistel *f*
**fisyon** PHYS Kernspaltung *f*
**fiş** ELEK Stecker *m*; Karteikarte *f*; Spielmarke *f*; Automatenmünze *f*; WIRTSCH Kassenbon *m*, Quittung *f*; **~ kutusu** Karteikasten *m*; **~ açmak** e-e Kartei anlegen; **-i ~ini tutmak** über *j-n* Kartei führen; **dişi ~** ELEK Buchse *f*
**fişek** ‹-ği› Patrone *f*; Rakete *f*; Feuerwerkskörper *m*; **~ atmak** Raketen abschießen; ein Feuerwerk veranstalten; aufreizen; Zwietracht säen; *sl* bumsen; **~ gibi** aufbrausend, hitzig; **~ gibi girmek** plötzlich hereinschneien
**fişeklik** ‹-ği› Patronentasche *f*, Patronengürtel *m*
**fişlemek** (in die Kartei) eintragen, aufnehmen, registrieren; *Polizei* erkennungsdienstlich behandeln
**fişli** (in der Karteikarte) stehend, aufgenommen, eingetragen; *Polizei* erkennungsdienstlich behandelt
**fit**[1] ‹-ti› Hetze *f*, Aufwiegelung *f*; Intrige *f*; **-e ~ sokmak** (*od* **vermek**) aufhetzen *j-n*
**fit**[2] ‹-ti› Entgelt *n*; *umg* Jasagen *n* (zu); **~ olmak** quitt sein; **bş-e ~ olmak** sich zufriedengeben mit
**fit**[3] TECH Speise-; *als Maß englisch* feet (= *Fuß*)
**fitçi** Aufhetzer *m*, -in *f*; Intrigant *m*, -in *f*
**fitil** Docht *m*; Zündschnur *f*; Lunte *f*; Mull *m* (*für Wunden*); MED Zäpfchen *n*, Paspel *f*; **~ gibi (sarhoş)** total betrunken; **~i almak** außer sich (*dat*) geraten; sich beunruhigen; **-e ~ vermek** *j-n* zur Raserei bringen; *j-n* aufhetzen
**fitil|lemek** ‹-i› *e-e Bombe etc* zünden; *j-n* rasend machen; intrigieren **~li** ... mit Docht; HIST ... mit Luntenschloss; **~ gaz ocağı** Petroleumkocher *m*
**fitlemek** ‹-i› *j-n* aufhetzen; *fig j-n* an-

schwärzen
**fitleyici** Aufwiegler *m*; Intrigant *m*
**fitne** Aufruhr *m*, Aufwiegelung *f*; Meuterei *f*; Aufstand *m*; Intrige *f* → fitneci; ~ **koymak** (*od* **sokmak**) Unfrieden stiften; ~ **bastı** ein Aufstand ist ausgebrochen; ~ **ficur** gefährliche(r) Hetzer; man hat e-e Intrige gesponnen
**fitneci** Unruhestifter *m* **~lik** ⟨-ği⟩ Hetzerei *f*, Aufwiegelei *f*
**fitne|lemek** (-*i*) über j-n lästern, herziehen; j-n aufhetzen **~lik** ⟨-ği⟩ Klatschsucht *f*; Lästerungen *f/pl*
**fitre** REL Almosen *n* (*in den letzten Tagen des Ramadan*)
**fi'yaka** Angeberei *f*; -*e* ~ **çekmek** *j-m* imponieren; ~ **yapmak** (*od* **satmak**) angeben, sich wichtigmachen **~cı** Angeber *m*, -in *f*, Wichtigtuer *m*, -in *f* **~lı** wichtigtuerisch; ~ **olmak** imponieren
**fi'yasko** Fiasko *n*, *umg* Reinfall *m*; **~ya uğramak**, ~ **vermek** ein Fiasko erleiden
**fiyat** ⟨-tı⟩ WIRTSCH Preis *m*; (*Börsen*)Kurs *m*, Notierung *f*; **artışı** Preiserhöhung *f*; **asgari** ~ Mindestpreis *m*; **azami** ~ Höchstpreis *m*; **değişmez ~lar** feste Preise *m/pl*; **döviz ~ı** Wechselkurs *m*; - **performans oranı** Preis-Leistungs-Verhältnis *n*; ~ **listesi** Preisliste *f*; **~a ilave** Preisaufschlag *m* **~lanmak** teurer werden
**fiyonk** ⟨-gu⟩ Schleife *f*; *umg* Fliege *f*
**fiyort** ⟨-tu⟩ Fjord *m*
**fizik** ⟨-ği⟩ **A** *subst* Physik *f*; Körperbeschaffenheit *f*; **atom fiziği, nükleer ~** Atomphysik *f*, Kernphysik *f* **B** *adj* physisch; ~ **yapısı** Körperbau *m*
**fizikçi** Physiker *m*, -in *f*; *umg* Physiotherapeut *m*, -in *f*; *umg* Physiklehrer *m*, -in *f*
**fiziki** → fiziksel
**fiziköte|sel** metaphysisch **~si** ⟨-ni⟩ Metaphysik *f*; metaphysisch
**fiziksel** physisch; physikalisch
**fizyoloji** Physiologie *f* **~k** physiologisch
**fizyonomi** Physiognomie *f*, Gesichtsausdruck *m*
**flama** Wimpel *m*, Flagge *f*; TECH Nivellierlatte *f*; ~ **işareti** Flaggensignal *n*
**Flaman** Flame *m*; Flämin *f*; flämisch
**flamankuşu, flamingo** Flamingo *m*
¹**flandra** SCHIFF Schiffswimpel *m*
¹**Flandra** Flandern *n*

**flanel** (Woll)Flanell *m*
**flap** ⟨-bı⟩ FLUG Bremsklappe *f*
**flaş** Blitzlicht *n*; *fig* Sondermeldung *f*; *adj* sensationell; ~ (**haber**) Sensation *f*
**flebit** ⟨-ti⟩ MED Venenentzündung *f*
**flegmatik** phlegmatisch
**flit** ⟨-ti⟩ Zerstäuber *m*; Insektenvertilgungsmittel *n* **~lemek** (mit e-m Insektizid be)sprühen
**flore|san** fluoreszierend; ~ **lamba** Leuchtröhre *f* **~sans** Fluoreszenz *f*
**florin** Gulden *m*
**floş** Flockenseide *f*; *Art* Kunstseide *f*
**flöre** Florett *n*
**flört** ⟨-tü⟩ Flirt *m*; Freund *m*, -in *f*; -*le* ~ **etmek** flirten mit **~öz** Schmuse-
**flüor** Fluor *n*
**flüoresan(s)** → floresan(s)
**flüt** ⟨-tü⟩ MUS Flöte *f*
**fob** WIRTSCH fob, frei an Bord
**fobi** Phobie *f*
**fodepar** SPORT Fehlstart *m*
¹**fodra** (Rosshaar)Unterlage *f*, (*Anzug-*) Futter *n*
**fodul** arrogant
**fok** ⟨-ku⟩ ZOOL Robbe *f*, Seehund *m*
**fokur**: ~ ~ brodelnd **~damak** brodeln, blubbern **~datmak** zum Blubbern bringen **~tu** Brodeln *n*
**fokus** PHYS Brennpunkt *m*
**fol** Gipsei *n*, künstliche(s) Ei
**folikül** ANAT Follikel *m*
**folk**: ~ (**müziği**) MUS Folk *m*
**folklor** Folklore *f*, Volkskunde *f*; *umg* Volkstänze *f* **~ik** folkloristisch
**folluk** ⟨-ğu⟩ Legenest *n* für Hühner; *sl* weibliche Scham
¹**folye, folyo** Folie *f*
**fon** WIRTSCH Fonds *m*, Gelder *n/pl*; Ansicht Hintergrund *m*; Geräuschkulisse *f*; *Gemälde* Untergrund *m*; ~ **kartonu** Zeichenpappe *f*; **yedek ~u** Reservefonds *m*; ~ **müziği** Musikkulisse *f*, Begleitmusik *f*
¹**fonda** Meeresgrund *m*; Ankergrund *m*; ~ **etmek** Anker werfen
**fondan** *Art* Bonbon *m*
**fondöten** Make-up *n*
**fonem** GRAM Phonem *n*; → sesbirim
**fonetik** ⟨-ği⟩ Phonetik *f*; phonetisch
**fonksiyon** Funktion *f* (*a. Aufgabe*)
**fonksiyonel** funktional
**font** ⟨-tu⟩ Gusseisen *n*; ~ **karter** AUTO

Ölwanne f
**for:** → **forvet**
**'fora:** ~ **etmek** Segel setzen, aufziehen; *Fenster* weit öffnen; *Flagge* hissen; *Lichter* richten (*-e* auf *akk*); *Messer* zücken
**form** *bes* SPORT Form f; Formular n; ~ **dilekçe** Antragsformular n; ~(**un**)**da olmak** in Form sein; ~**dan düşmek** nicht in Form sein
**'forma** Form f, Gestalt f; TYPO Bogen m; Uniform f; Schulkleidung f; SPORT Dress m; **millî** ~ Nationaltrikot n ~**lık** Uniform- (*Stoff*); TYPO mit ... Bogen
**formalist** ⟨-ti⟩ Formalist m
**formalite** Formalität f; Bürokratismus m; ~ **düşkünü** Pedant m, -in f ~**ci** Formalist m, -in f
**formalizm** Formalismus m
**formasyon** Ausbildung f; Bildung f, Background m
**format** IT, FOTO Format n ~**lamak** formatieren
**formel** formal
**formen** Vorarbeiter m; Polier m; Werkmeister m
**formikasit** ⟨-ti⟩ Ameisensäure f
**formsuz** SPORT nicht in Form
**formül** *allg* Formel f; *fig* Richtung f, Kurs m; Formular n; **yapı** ~**ü** CHEM Strukturformel f
**formüle:** ~ **etmek** formulieren
**formüler** Formular n
**fors** SCHIFF Flagge f; Wimpel m; *umg* Prestige n; Hochmut m; ~ **almak** anmaßend sein; *-in* ~**u olmak** das Sagen haben
**'forsa** Galeerensträfling m
**forseps** MED Geburtszange f
**forslu** einflussreich, mächtig; SCHIFF mit Wimpel
**'forum** Forum n
**forvet** Stürmer m (*Fußball*)
**fos** *umg* windig; faul, mies; ~ **çıkmak** *Sache* danebengehen; faul (*od* mies) sein
**fosfat** CHEM Phosphat n
**fosfor** Phosphor m ~**ışıl** phosphoreszierend ~**ik:** ~ **asit** Phosphorsäure f ~**lu** Phosphor-, phosphorhaltig; *umg* phosphoreszierend
**fosil** versteinert; Fossil n ~**leşmek** v/t versteinern; *fig* verkalken
**fosla|mak** v/i fehlschlagen; *fig* die Fassung verlieren ~**tmak** ⟨-*i* *j-n*⟩ aus der Fassung bringen, blamieren

**fosur:** ~ ~ **içmek** paffen, schmauchen
**fosur|damak** = ~ ~ **içmek** ~**datmak** v/t paffen
**fotin** → **potin**
**'foto** *nur in Zusammensetzungen* Foto n, Fotoatelier n; ~ **muhabiri** Bildberichterstatter m, -in f
**'fotofiniş** Fotofinish n
**fotoğraf** Foto n, Fotografie f, Lichtbild n; ~ (**sanatı**) Fotografie f; ~ **kitabı** Bildband m; ~ **makinesi** Fotoapparat m; (*-in*) ~**ını çekmek** fotografieren, aufnehmen (*akk*); **vesikalık** ~ Passbild n; **hava** ~**ı** Luftaufnahme f ~**çı** Fotograf m, -in f; Fotogeschäft n ~**çılık** ⟨-ğı⟩ Fotografie f; ~ **yapmak** als Fotograf(in) tätig sein ~**landırmak** mit Fotos versehen
**foto|jenik** fotogen ~**kopi** Fotokopie f, Ablichtung f ~**model** Fotomodell n ~**montaj** Fotomontage f
**foton** PHYS Photon n, Lichtquant n
**fotosel** TECH Fotozelle f
**fotosentez** BOT Fotosynthese f
**'foya** *fig* Augenwischerei f; ~**sını ortaya çıkarmak** *j-n* entlarven; ~**sı ortaya çıkmak** entlarvt werden
**fötr** Filz m; ~ **şapka** Filzhut m
**fragman** Fragment n
**frak** ⟨-kı⟩ Frack m
**fraksiyon** POL Gruppierung f (*in e-r Partei etc*)
**fran'cala** Baguette f; Brötchen n
**frank** ⟨-gı⟩ Franc m
**'Fransa** Frankreich n
**Fransız** Franzose m; Französin f; französisch ~**ca** (das) Französisch(e); (auf) Französisch; ~ **öğretmeni** Französischlehrer m, -in f
**frapan** auffallend
**frazeoloji** LING Phraseologie f
**fregat** ⟨-tı⟩ MIL Fregatte f
**frekans** PHYS Frequenz f
**fren** Bremse f; ~ **çarığı** Bremsschuh m; ~ **kolu** Bremshebel m; ~ **mesafesi** (*od* **yolu**) Bremsstrecke f; ~ **pedalı** Bremspedal n; ~ **sıvısı** Bremsflüssigkeit f; ~ **tutmadı** die Bremse versagte; ~ **yapmak** bremsen; ~**e basmak** auf die Bremse treten; **el** ~**i çekmek** die Bremse anziehen
**frengi** Syphilis f
**Frengistan** HIST Europa (n)

**Frenk** ⟨-gi⟩ HIST Europäer m, -in f; Franke m, Franzose m; **~ eriği** BOT Reneklode f; **~ sakalı** Spitzbart m
**frenkasması** wilde(r) Wein
**frenkçileği** ⟨-ni⟩ BOT Gartenerdbeere f
**frenkinciri** ⟨-ni⟩ BOT Feigenkaktus m
**frenklahanası** ⟨-nı⟩ Rosenkohl m
**frenküzümü** ⟨-nü⟩ (rote) Johannisbeere; **siyah ~** schwarze Johannisbeere
**frenlemek** v/t bremsen; fig hemmen, obstruieren; **kendini ~** fig sich bezwingen
**frenleyici** hemmend, obstruktiv
**fresk** ⟨-ki⟩ Freske f, Freskenmalerei f
¹**freze** Fräser m; **~ etmek** fräsen; **makinesi** Fräse f **~ci** Person Fräser m **~lemek** v/t fräsen
¹**frigo** 🅐 subst Gefrorene(s) 🅑 adj umg frigide
**frigorifik** ⟨-ği⟩ Kühl- (Wagen)
**frikik** ⟨-ki⟩ SPORT Freistoß m; sl **~ yakalamak** das nackte Bein sehen
**friksiyon** Einreibung f
**friz** Fries m (a. Bordüre)
**früktoz** Fruchtzucker m
**fuar** WIRTSCH Messe f
**fuarcılık** ⟨-ğı⟩ Messeveranstaltung f
**fuaye** THEAT Foyer n
**fuhuş** ⟨-hşu⟩ Prostitution f
**fukara** [-ra:] arm, mittellos; fig arm; Derwisch m; **~ babası** Freund m der Armen **~lık** ⟨-ğı⟩ Armut f
**ful** ⟨-lü⟩ BOT Jasmin m (*Iasminum sambac*) **~ya** BOT Narzisse f
¹**funda** BOT Erika f, Heidekraut n
**fundalık** ⟨-ğı⟩ Gestrüpp n
¹**funya** Zünder m
**furgon** Gepäckwagen m
**furya** Unmenge f; **balık ~sı** Fischzug m; **sıcağın ~sında** in e-r Gluthitze
¹**futbol** ⟨-ü⟩ Fußball m; **~ delisi** (od **hastası**, **tutkunu**) Fußballfan m; **~ sahası** Fußballplatz m **~cu**, **~cü** Fußballer m, Fußballspieler m
**fuzuli** [-u:li:] überflüssig; JUR unrechtmäßig; umg Quatschkopf m
¹**fücceten**: **~ gitmek** plötzlich von uns (*dat*) gehen (*sterben*)
**füg** MUS Fuge f
**füme** geräuchert; rauchfarben; **-i ~ etmek** räuchern
**fümuar** Rauchzimmer n
**füsun** [u:] *osm* Zauber m

# 170

**fütuhat** [-tu:ha:t] ⟨-tı⟩ HIST Eroberungen f/pl
**fütursuz** rücksichtslos
**fütürist** Futurist m, -in f; futuristisch
**fütürizm** Futurismus m
**füze** Rakete f **~atar** Raketenabschussrampe f
**füzen** Kohlestift m; Kohlezeichnung f
**füzesavar** Raketenabwehr f
**füzyon** WIRTSCH, PHYS Fusion f

# G

**g, G** [gɛ] g, G n; MUS g-Moll, G-Dur
**G** *abk. für* **güney** Süden (S)
**gabardin** Gabardine m; **~ (pardösü)** Gabardinemantel m
**gabi** [i:] stumpfsinnig
¹**gabya** SCHIFF Marssegel n
**gacır**: **~ gucur** schmatzend; *Tür* knarrend
**gaco** sl (*fesches*) Weib; Geliebte f
**gaddar** erbarmungslos; grausam; Tyrann m **~lık** ⟨-ğı⟩ Erbarmungslosigkeit f
**gadir** ⟨-dri⟩, **~lik** ⟨-ği⟩ Grausamkeit f; Ungerechtigkeit f; **-i gadre uğratmak** j-n tyrannisieren, unterdrücken
**gaf** Schnitzer m; Taktlosigkeit f; **~ işlemek** (od **yapmak**) sich danebenbenehmen **~çı** taktlose(r) Mensch; umg Taps m
**gafil** [a:] uneinsichtig, gedankenlos, zerstreut; **-i ~ avlamak** j-n überrumpeln
**gaflet** ⟨-ti⟩ Unachtsamkeit f; Gedankenlosigkeit f; **~ uykusu** Lethargie f, Verträumtheit f
**gaga** Schnabel m; **-i ~sından yakalamak** j-n in die Enge treiben **~burun** ⟨-rnu⟩ mit e-r Adlernase (*od* Hakennase); Adler- oder Hakennase **~lamak** v/t aufpicken; hacken; fig j-n runterputzen **~laşmak** sich schnäbeln, schnäbeln (*-le* mit)
**Gagavuz** Gagause m **~ca** (das) Gagausisch(e)
**gaile** [a:] Sorge f, Kummer m; Fron (-arbeit) f; **hayat ~si** Existenzkampf m;

# GARK

*-in* **başına ~ler açmak** *j-m* Kummer bereiten; **~li** kummervoll; **~siz** sorgenlos; *Person* unbekümmert

**gaip** [a:] ⟨-bi⟩ abwesend; verschollen; Abwesenheit *f*; Jenseits *n*; **~lerin muhakemesi** JUR Kontumazialverfahren *n*; **~ten haber vermek** wahrsagen

**gak** ⟨-kı⟩: **~ ~**, **~ guk** *int* raab, raab *od* krah, krah; **~ guk istemem** keine Ausrede!; **~lamak** krächzen

**Gal(ler)** Wales *n*

**gala** Galaempfang *m*; Galavorstellung *f*; Gala *f*

**galan** galant; Galan *m*; piekfein

**galat** ⟨-tı⟩ Fehler *m*, falsche(s) Wort

**galdır ~ guldur** trapp trapp!

**galebe**: *-e* **~ çalmak** besiegen *akk*

**galeri** Galerie *f*; Bergwerk Stollen *m*; **resim ~si** Gemäldegalerie *f*; **oto ~(si)** Autogeschäft *n* (*Verkaufsstelle*)

**ga'leta** Zwieback *m*; **~ unu** Paniermehl *n*

**galeyan** [-a:n] *fig* Erregung *f*, Wut *f*; **~a gelmek** schäumen (*vor Wut*)

**'galiba** [a:-a:] wahrscheinlich; es scheint (so), dass ..

**galibiyet** [ga:-] ⟨-ti⟩ Sieg *m*; **~ kazanmak** den Sieg davontragen; die Oberhand gewinnen

**galip** [a:] ⟨-bi⟩ Sieger *m*; Preisträger *m*; überlegen; wahrscheinlich; *-e* **~ gelmek** (*od* **olmak**) *j-n* besiegen, schlagen; *j-m* überlegen sein

**galiz** [i:] *Worte* grob, unanständig; *Schicht* dick

**galon** Kanister *m* (*für Öl etc*); *Maß* Gallone *f* (*4½ Liter*)

**galoş** Galosche *f*, Überschuh *m*

**galvan|lik** [ga:-] ⟨-ği⟩ galvanisch; **~ize** galvanisiert; verzinkt; **~izlemek** *v/t* galvanisieren; verzinken; **~izli** → galvanize

**gam¹** MUS Tonleiter *f*; Oktave *f*

**gam²** ⟨gammı⟩ Kummer *m*, Sorge *f*; **~ yemek** sich grämen

**gamalı**: **~ haç** Hakenkreuz *n*

**gamet** ⟨-ti⟩ BIOL Gamet *m*, Keimzelle *f*

**gamlanmak** sich grämen (*-e über akk*)

**gamlı** bekümmert

**gamma**: **~ ışınları** Gammastrahlen *m/pl*

**gammaz** [-a:z] Verleumder *m*, -in *f*; Denunziant *m*, -in *f*

**gammaz|lamak** denunzieren; anschwärzen (*-i -e j-n* bei *j-m*) **~lık** ⟨-ğı⟩ Verleumdung *f*; Denunzierung *f*

**gamze** Grübchen *n*

**gang** GEOL Gangart *f* (*bei Metallen*)

**gangren** MED Gangräne *f*, (heißer) Brand

**gangster** Gangster *m* **~lik** ⟨-ği⟩ Verbrecherunwesen *n*, Gangstertum *n*

**gani** [i:] vermögend; großzügig; **~ ~** in Hülle und Fülle; **~ gönüllü** großzügig

**ganimet** [i:] ⟨-ti⟩ (Kriegs)Beute *f*; *fig* Geschenk *n* des Himmels

**gar** Hauptbahnhof *m*

**garabet** ⟨-ti⟩ Abwegigkeit *f*

**garaj** Garage *f*; (Straßenbahn)Depot *n*

**garanti** **A** *subst* Garantie *f*; Gewähr *f* **B** *adv umg* garantiert; *-i* **~ altına almak** garantieren (*akk*); **~ veren** Garant *m*, Bürge *m*; Gewährsmann *m*; **bu saatin bir yıl ~si var** auf diese Uhr besteht ein Jahr Garantie; *-i* **~ etmek:** **başarınızı ~ ediyorum** ich garantiere Ihnen (e-n) Erfolg **~lemek** (*-i*) *j-m etw* garantieren; (zu)sichern (*hakkını j-m* das Recht) **~li** garantiert; mit Garantie(schein); **bir yıl için ~** mit einjähriger Garantie **~siz** ohne Garantie

**garaz** Groll *m*, Feindseligkeit *f*, böse Absicht; *-e* **~ bağlamak** *j-m* feindlich gesinnt sein; *-e* **~ olmak** gegen *j-n* Groll hegen **~kâr** gehässig, nachtragend **~sız** uneigennützig; ohne Hintergedanken; ohne Groll

**gardırop** ⟨-bu⟩ Kleiderschrank *m*; Garderobe *f* (*a. Kleidung*)

**gardiyan** Gefängniswärter *m* **~lik** ⟨-ğı⟩ Wachdienst *m*

**gargara** Gurgeln *n*; Gurgelmittel *n*; **~ etmek** (*od* **yapmak**) gurgeln; *-i* **~ya getirmek** *umg* übertönen

**garibe** [i:] Kuriosität *f*; **hilkat ~si** Naturwunder *n*; Monstrum *n*

**garip** ⟨-bi⟩ **A** *subst* Alleinstehende(r); Fremde(r); (der) Ärmste **B** *adj* sonderbar, eigentümlich, komisch; erstaunlich; *-in* **garibine gitmek** *j-m* komisch vorkommen **~semek** sich einsam (und verlassen) fühlen; (*-i*) *etw* komisch finden

**gark** ⟨-kı⟩ *fig* Verschwendung *f*; *-i -e* **~etmek** ertränken (*akk*), versenken (*akk*); *z. B.* **Dn. B. den Markt** überschütten mit; *j-n* überhäufen mit; **~olmak** *passiv von* ~etmek; überhäuft werden (**hediye-**

**garni** Beilage f, Zukost f; Kleid Besatz m
**garnitür** GASTR Mischung f; → garni
**~lü** mit Beilage; mit Besatz
**garnizon** MIL Garnison f
**garp** ⟨-bı⟩ → batı; Abendland n
**garplılaşmak** sich europäisieren; verwestlichen
**garson** Kellner m; umg Herr Ober!; **~ kız** Kellnerin f **~iye** Bedienungsgeld n **~iyer** Junggesellenwohnung f; umg Liebesnest n **~luk** ⟨-ğu⟩ Kellnerberuf m; **~ yapmak** servieren; als Kellner arbeiten
**gaseyan** [a:] MED Erbrechen n
**gasıp¹** ⟨-sbı⟩ Usurpation f; JUR Raub m
**gasıp²** [a:] ⟨-ıbı⟩ Usurpator m; Räuber m **~lık** ⟨-ğı⟩ Usurpation f
**gasletmek** REL (den) Toten waschen
**gasp** ⟨-bı⟩ → gasıp¹
**gaspetmek** usurpieren, sich (dat) etw (akk) gewaltsam aneignen
**gastr|al** ⟨-ğu⟩ MED Bauchhöhle f **~it** ⟨-ti⟩ Gastritis f
**gâvur** A subst pej Ungläubige(r) = Christ, Christin); Gottlose(r) B adj unbarmherzig; trotzig, stur; **-i ~ etmek** Geld unnütz rausschmeißen **~ca** pej umg Sprache „ausländisch", europäisch
**'gayda** Dudelsack m
**gaye** [a:] Ziel n; Zweck m; Anliegen n; **-i ~ edinmek** sich (dat) ein Ziel setzen; **bir ~(yi) gütmek** ein Ziel verfolgen; **ne ~ ile** zu welchem Zweck?; **-mek ~sindeyim** ich beabsichtige, zu ...
**gayesiz** [a:] zwecklos, ziellos **~lik** ⟨-ği⟩ Sinnlosigkeit f, Zwecklosigkeit f
**gayet** [a:] äußerst, überaus **~le** umg → gayet
**gaygay** schrill; **~ etmek** schrill (od grell) klingen
**gayret** ⟨-ti⟩ Anstrengung f; Fleiß m; Plackerei f; Eifer m; Ausdauer f; **~ dayıya düştü** so ist die Sache unerledigt; **~ etmek** sich anstrengen; **-e ~ göstermek** sich eifrig bemühen; **-i ~ vermek** j-n anfeuern; trösten; **~e gelmek** die Initiative ergreifen; ans Werk gehen; **-i ~e getirmek** j-n anregen **~keş** übereifrig **~keşlik** Übereifrigkeit f
**gayretlenmek** sich anstrengen
**gayret|li** energisch; kühn; resolut **~siz** apathisch; ohne Initiative **~sizlik** ⟨-ği⟩

Apathie f; Interesselosigkeit f; Unentschlossenheit f
**'gayri** schon; nicht mehr; (auch noch) weiter; **o işi bana bırak!** überlass diese Arbeit schon mir!; **~ oraya gitmeyeceğim** ich gehe nicht mehr dahin; **demek burada kalacaksın ~?** du bleibst also noch weiter hier?
**gayrı², gayri** (der, die, das) andere, alles andere; außer; **bunlardan ~ kimsem yok** außer ihnen habe ich niemanden
**'gayri** un-, nicht-, ohne ...; de-; **~ ahlakî** unsittlich; **~ insanî** unmenschlich; **~ kabili kıyas** unvergleichlich; ... ohnegleichen; **~ sıhhi** unhygienisch; gesundheitsschädlich; **~ tabiî** unnatürlich; übernatürlich; sonderbar
**gayrimenkul** Immobilien f/pl
**gayrimeşru** illegal; unehelich (Kind)
**gayya**: **~ kuyusu** fig Hexentanzplatz m; verzwickte, hoffnungslose Lage
**gayzer** Geysir m
**gaz¹** Gaze f, Mull m; Flor m; **~ bezi** Mullbinde f
**gaz²** Gas n; umg Petroleum n; MED Blähungen f/pl, Winde m/pl; **~ borusu** Gasleitung f; **~ hali** gasförmig(r) Zustand; **~ halinde** gasförmig; **~ lambası** Petroleumlampe f; **~ maskesi** Gasmaske f; **~ sayacı** Gasuhr f; **~ silahı** chemische Waffe f; **~ sobası** Petroleumofen m; **doğal (od tabiî) ~** Erdgas n; **~a basmak** AUTO Gas geben; **-i kesmek** AUTO Gas wegnehmen; allg TECH drosseln; **tam ~(la)** mit Vollgas; **tam ~(la) gitmek** AUTO mit Vollgas fahren; **~e gelmek** sich (durch Lob etc) verleiten lassen; **-e ~ vermek** Gas geben; umg bestärken, loben akk
**gaza** [-za:] heilige(r) Krieg
**gazal** [-a:l] ZOOL Gazelle f
**gazap** ⟨-bı⟩ Wut f, Zorn m; **-e karşı gazaba gelmek** zornig werden; sich empören (gegen akk); **-in gazabına uğramak** sich (dat) den Zorn j-s zuziehen; in Ungnade fallen **~landırmak** (-i j-n) rasend machen **~lı** erzürnt, rasend
**gazel¹** ⟨-li⟩ LIT Ghasele f, Liebesgedicht n; Art Gesang m; **-e ~ okumak** j-m Ghaselen vorlesen (od vorsingen); fig j-m Märchen erzählen, etw vorflunkern
**gazel²** trockene(s) Blatt, Laub n
**ga'zete** Zeitung f; **~ dağıtmak** Zeitun-

gen austragen; **~ kâğıdı** Zeitungspapier n; **~ bayii** Zeitungskiosk m; **~ ilavesi** Beilage f; **~ haftalık** Wochenzeitung f **~ci** Zeitungsherausgeber m, -in f; Journalist m, -in f, Reporter m, -in f; Redakteur m, -in f; Zeitungsverkäufer m, -in f **~cilik** ⟨-ği⟩ Zeitungswesen n, Journalismus m; Journalistenberuf m
**gazhane** [-haː-] Gaswerk n
**'gazısı** Luminiszenz f
**gazi** [gaːziː] Gazi m, Glaubenskämpfer m (für den Islam); Veteran m; Ehrentitel für Feldherren
**'gazibiği** ⟨-ni⟩ Gasbrenner m
**ga'zino** Kasino n, Klub m
**'gazküre** ASTRON Atmosphäre f
**gazlamak** A v/t vergasen; mit Petroleum bestreichen B v/i Auto Gas geben; e-n Gasangriff durchführen; umg abhauen; losziehen; **gazla!** hau ab!
**gazlanmak** vergast werden; sich durch Gas vergiften; Gase sich bilden
**gazlı¹** Gas-; mit Gas betrieben; gasvergiftet
**gazlı²**: **~ bez** → gaz bezi
**gazo'metre** Gasometer m
**gazoz** Brauselimonade f; **~ ağacı** umg Quark m
**'gaztaşı** Schleifstein m
**'gazyağı** ⟨-nı⟩ Petroleum n; **~ ocağı** Petroleumkocher m
**GB** abk für Gümrük Birliği Zollunion f
**gebe** schwanger; Tier trächtig; fig explosive Lage; **-i ~ bırakmak** schwängern; umg ein Kind machen (dat); befruchten; **~ kalmak** schwanger werden; **-e ~ kalmak** pej umg in j-s Schuld stehen; **-den ~ kalmak** geschwängert werden von; **~ olmak** nahe bevorstehen **~lik** ⟨-ği⟩ Schwangerschaft f; Trächtigkeit f; **~ izni** Schwangerschaftsurlaub m
**geberesiye** tod- (müde etc)
**geber|mek** umg krepieren, verrecken (-den vor dat) **~tmek** fig umg j-n umbringen, beseitigen
**gebeş** plump; untersetzt; linkisch; Stimme rau; umg Dussel m **~lik** ⟨-ği⟩ Plumpheit f; Unbeholfenheit f
**gebre** BOT Kapern f/pl **~otu** ⟨-nu⟩ Kapernstrauch m
**gece** Nacht f; nachts; **~ bekçisi** Nachtwächter m; **~ gündüz** Tag und Nacht; **~ hizmeti** Nachtdienst m; **~ işi** Nachtarbeit f; **~ kuşu** fig Nachtschwärmer m; **~ oluyor** es wird Nacht; **~ yarısı** → geceyarısı; **~ yatısına kalmak** übernachten (Gast); **~ yatısına alıkoymak** übernachten lassen (Gast); **çarşambayı perşembeye bağlayan ~** (in der) Nacht von Mittwoch auf Donnerstag; **~i gündüze katmak** die Nacht zum Tage machen; **iyi ~ler!** gute Nacht!
**gececi** Nachtschichtarbeiter m, -in f
**geceki** nächtlich, von (letzter) Nacht
**gecekondu** in e-r Nacht ungesetzlich behelfsmäßig gebautes Haus, Baracke f; fig Bruchbude f; **~ ağası** Barackenspekulant m; **~ mahallesi** Slum m **~laşma** Anhäufung f von Barackensiedlungen
**gecelemek** v/i übernachten
**ge'celeyin** nachts, in der Nacht
**gecelik** ⟨-ği⟩ A subst Nachthemd n B adj pro Nacht (z. B. Preis)
**gecesefası** ⟨-nı⟩ BOT Wunderblume f (Mirabilis jalapa)
**geceyarısı** Mitternacht f; um Mitternacht; **~ operasyonu** fig Nacht- und Nebelaktion f
**gecikme** Verspätung f; Verzögerung f
**gecikmek** sich verspäten; Zug Verspätung haben; sich verzögern; **~sizin** ohne Verspätung; unverzüglich
**gecikmeli** verzögert; Langzeit-
**geciktirim** LIT retardierendes Moment
**geciktirme** Verzögerung f, Aufschub m
**geciktirmek** v/t verzögern; verschieben (-e auf akk); zögern mit; **geciktirmemek** möglichst bald etw tun (z. B. Antwort geben); **geciktirmeden** umgehend
**geç** spät; zu spät; **~ saatte** od **~ vakit** zu später Stunde; **en ~** spätestens; **-e ~ kalmak** zu spät kommen; **trene ~ kalmak** den Zug versäumen (od verpassen); **vakit çok ~** es ist schon spät
**geçe¹** dial Seite f, Gegenseite f
**geçe²** Uhrzeit nach; **üçü beş ~** um fünf nach drei; **yediyi on dakika beş saniye ~** um zehn Minuten und fünf Sekunden nach sieben; **(saat) yediyi çeyrek ~** um viertel nach sieben
**geçek** ⟨-ği⟩ Durchgang m; Durchfahrt f; BAHN Strecke f; kleine Holzbrücke
**geçen** Ort (… önünden ~) vorbeiführend; Fluss vorbeifließend; Zeit vergangen, verflossen, vorig-; letzt- (Brief); **~**

**gün** vor einigen Tagen, kürzlich; **~ hafta** letzte Woche **~de** neulich, vor Kurzem **~ki** vorig-, von neulich **~lerde** → geçende

**geçer** *Ware* gängig, absatzfähig; *Geld* gültig, im Umlauf befindlich; begehrt, beliebt; → geçmek

**geçer|li** gültig; gebräuchlich; **~ olmak** Geltung (*od* Gültigkeit) haben **~lik** ⟨-ği⟩ *Ware* Absatz *m*, Nachfrage *f* (nach); (Geld)Umlauf *m*; Gültigkeit(sdauer) *f*, Laufzeit *f* (*e-s Gesetzes*)

**geçersiz** ohne Nachfrage; ungültig; außer Kraft **~lik** ⟨-ği⟩ Ungültigkeit *f*

**geçici** (*adv* **~ olarak**) vorübergehend, flüchtig (*z. B. Neigung*); zeitweilig, vorläufig, interimistisch (*Regierung*); *Krankheit* ansteckend

**geçilir** befahrbar, begehbar

**geçilmek** *Weg* zurückgelegt werden; (*-den*) auskommen können (ohne *akk*), verzichten (*-den* auf *akk*); (**buradan**) **geçilmez!** Durchgang verboten!

**geçilmemek** (*-den*) in Überfülle da sein (*z. B. Obst*); vor (*Autos*) nicht treten können; unüberbietbar sein

**geçilmez** unpassierbar

**geçim** Lebensunterhalt *m*, Unterhalt *m*; (gegenseitiges) Einvernehmen; **~ derdi** (die) Sorge um das tägliche Brot; **~ düzeyi** Lebensstandard *m*; **~ endeksi** Existenzminimum *n*; **~ kapısı** gute Stellung; **~ seviyesi** Lebensstandard *m*; **~ yolu** gute Einnahmequelle; **~ini çıkartmak** (*od* **kazanmak, sağlamak**) s-n Lebensunterhalt verdienen

**geçim|li** *Person* umgänglich, gesellig; verträglich **~siz** ungesellig, stur **~sizlik** ⟨-ği⟩ Ungeselligkeit *f*; Sturheit *f*; (Familien)Streitigkeiten *f/pl*; **şiddetli ~** JUR Zerrüttung *f* (*Ehe*)

**geçindirmek** (*-i j-n*) unterhalten; *umg* durchbringen; **onu kızı geçindiriyor** seine/ihre Tochter bestreitet seinen/ihren Lebensunterhalt

**geçinme** Existenz *f*, → geçim

**geçinmek** (*-le*) sich ernähren von D; leben von D; in Eintracht leben (*-le* mit *dat*); sich aufspielen (als ...); *-i* **sırtından ~** auf Kosten *gen/von* leben; **marifetli geçiniyor** er hält sich für geschickt; **geçinip gitmek** sich durchschlagen, mehr oder weniger zurechtkommen

**geçirgen** durchlässig; durchdringbar; ELEK leitfähig; **yarı ~** halbleitend **~lik** ⟨-ği⟩ Durchlässigkeit *f*; Leitfähigkeit *f*

**geçirim|li** → geçirgen **~siz** undurchlässig

**geçirme** Eintragung *f*, Registrierung *f*; Abziehbild *n*; **vakit ~** Zeitvertreib *m*

**geçirmek** (*-i*) *Gas, Flüssigkeit* durchlassen; *Krankheit, Krise* durchmachen, überstehen; *Anfall* erleiden; *Urlaub, Zeit* verbringen; *Schüler* versetzen; *Etappen, Stufen* durchlaufen; *Schmerz* stillen; (*-i, -e*) *Scheibe* einsetzen (in *akk*); WIRTSCH *Posten* eintragen (in *akk*); *etw* (*akk*) bringen, schaffen (in *akk*; nach *dat*); MED anstecken (*-e j-n -i* mit *dat*); *-e* **yüz ~** überziehen mit; **b-ni (evine kadar) ~** j-n nach Hause begleiten; (*-i -den*) *Wagen* **köprüden** über die Brücke) bringen, fahren, führen; *-i* **başa ~** j-n an die Spitze stellen; *-i* **dayaktan ~** j-n durchprügeln; *-i* **harekete ~** in Bewegung setzen (*akk*); *Maschine* in Gang setzen; *fig* in Aufregung versetzen; j-n einsetzen (**yolunda** für *akk*); *-i* **huyundan ~** j-n umerziehen, *umg* umkrempeln; *-i* **iğneye ~** Faden einfädeln; *-i* **kılıçtan ~** j-n niedersäbeln; *-i* **sınavdan ~** j-n (gründlich) prüfen; *-i* **sırtına ~** Mantel überziehen; *-ip* **~**: Verstärkung, *z. B.* **kırıp ~** dahinmähen; (völlig) zerschlagen

**geçirmez** undurchlässig; **kurşun ~** kugelsicher; **su ~** wasserdicht

**geçirtmek** *kaus von* geçirmek

**geçiş** Übergang *m* (*a. fig -den -e* von *dat* zu *dat*); Übergangs- (*Periode*); Vorbeimarsch *m*; **sınırdan ~** Grenzüberschreitung *f*; **~ dönemi** Übergangszeit *f*; Wandel *m*; **~ ücreti** Straßengebühr *f*, Maut *f* **~li** GRAM transitiv **~me** Osmose *f*

**geçişmek** durchdringen; sich durchdringen; sich vermischen (*-le* mit)

**geçişsiz** GRAM intransitiv

**geçiştirmek** (*-i*) *e-r Frage* ausweichen, übergehen (*mit Schweigen etc*); überstehen *akk*, entgehen *dat* (*Gefahr etc*)

**geçit** ⟨-di⟩ Durchgang *m*; Durchfahrt *f*; Durchgangsdauer *f* (*e-s Planeten*); Furt *f* *im Fluss*; Schneise *f* *im Wald*; Gebirgspass *m*; Vorbeimarsch *m*, Parade *f*; Spalt *m*; Durchschuss *m*; **~ havuzu** Schleuse *f*; **~ vermek** e-e Furt haben, e-e Durchgangsstelle aufweisen; **~ vermez** unpassierbar; **üst ~** Überführung *f*; **alt ~, yeraltı geçidi** Unterführung *f*; **hemzemin ~** Bahnübergang *m*; **yaya geçidi** Fußgängerübergang *m*

**geçkin** nicht mehr jung; **altmışını ~** über 60 Jahre alt; **~ yaş** vorgerückte(s) Alter; **~ bir karpuz** e-e überreife Wassermelone *o* ce recht alt

**geçme** Durchgehen *n*, Durchfahren *n*; *fig* Übergang *m* (*-e* in *akk*; *zu dat*); TECH Zapfenverbindung *f*; ausziehbar, Auszieh-; Schiebe- (*Rahmen*)

**geçmek** ⟨-er⟩ **A** *v/i Zeit* vergehen; *Geld etc* gelten, gültig sein; *Kleider* in Mode sein; *Krankheit* übertragen werden, vorkommen; *Wort* Eindruck machen, etwas gelten; *Schüler* versetzt werden; *Vokal in e-m Wort etc* vorkommen; **saat dokuzu geçiyor** es ist nach neun (Uhr); **geçti** *Mode etc* ist vorbei; *Schnupfen etc umg* ist weg; **geç!** *od* **geç efendim!** lassen wir das, sprechen wir nicht davon! **B** ⟨-*den*⟩ gehen, fahren; vorbeigehen (an *dat*); *Grenze* verlaufen; *Verkehrsmittel* fahren, (über *akk*, z. B. Eskişehir); *fig* verzichten (auf *akk*), aufgeben (*akk*); nicht rechnen (auf *akk*); *Prüfung* bestehen; **köprüden ~** über die Brücke gehen; **muayeneden ~** untersucht werden; **benden geçti** ich bin zu alt dafür **C** ⟨-*e*⟩ *in ein Haus* umziehen; sich setzen (*in e-n anderen Sessel*), *den Platz* wechseln; *fig j-n* beeindrucken; *die Direktion, Leitung* übernehmen; *Krankheit j-n* anstecken; ansteckend sein; *fig zu e-r Methode* übergehen; *zur Abstimmung* schreiten **D** ⟨-*i*⟩ *Fahrzeug* überholen; *Person j-n* übertreffen; *Grenze* überschreiten; *Thema* übergehen, nicht berühren, (beiseite)lassen **E** ⟨-*i* -*den*⟩ beibringen (*j-m etw*) **F** ⟨-*i* -*e*⟩ *j-n* bei *j-m* schlechtmachen **G** ⟨-*den* -*e*⟩ *fig* übergehen (von *dat* zu *dat*); **düşman tarafına ~** zum Feinde überlaufen; **... ona babasından geçti** ... hat er/sie vom Vater (geerbt)

**geçmez** *Ware* nicht gefragt, nicht absatzfähig; → **geçirmez**

**geçmiş A** *adj* vergangen; *Obst* überreif, faulig; **di'li ~ zaman** GRAM Perfekt *n*; **miş'li ~ zaman** GRAM Narrativ *m*; **~ ola** die Gelegenheit kommt nicht wieder; **~ olsun!** gute Besserung!; (hoffentlich) gut überstanden!; **-e ~ olsuna gitmek** e-m Kranken e-n Besuch abstatten; **ile ~i olmak** mit *j-m* ein Hühnchen zu rupfen haben; *mit j-m* von früher her befreundet sein **B** *subst* Vergangenheit *f*; **~i karanlık** mit dunkler Vergangenheit

**geçmişte** früher, in der Vergangenheit

**gedik** ⟨-ği⟩ Spalt *m*, Ritze *f*; Bresche *f*; Scharte *f*; Lücke *f*; Defekt *m*; Mangel *m*; *fig* Dilemma *n*; **~ açmak** e-e Bresche schlagen; **~ açılıyor** es zeigt sich ein großes Manko; **gediğe takılmak** in ein Dilemma geraten **~lenmek** schartig werden **~li** schartig, mit e-r Bresche; defekt, mit Mängeln (behaftet); ständig; Stammgast *m*; Stamm- (*Kunde*); HIST Berufsunteroffizier *m*

**gedilmek** schartig sein (*od* werden); zerbrochen (*od* kaputt) sein

**geğirmek** aufstoßen, *umg* rülpsen

**geğrek** ⟨-ği⟩ ANAT Seite *f*; **~ batması** Seitenstechen *n*

**Geiger: ~ sayacı** Geigerzähler *m*

**gelberi** Feuerhaken *m*; Stange *f* (mit Haken); *Art* Feger *m*; **~ etmek** *Slang*: klauen

**gele: ~ ~** (so) nach und nach

**gelecek** ⟨-ği⟩ kommend, nächst-, folgend-; Zukunft *f*; **~ zaman** GRAM Futur *n* **~ci** Futurist *m*, **-in f ~çilik** ⟨-ği⟩ Futurismus *m*

**gelen** kommend, eintreffend; künftig; *Strahl* einfallend; **~ giden** Gäste *m/pl*; Passanten *m/pl*

**gelenek** ⟨-ği⟩ Tradition *f*; Gewohnheit *f*; **~ olmak** Tradition sein; zur Gewohnheit werden; **~ ve görenekler** Sitten und Gebräuche *pl* **~çi** Traditionalist *m*, **-in f ~sel** traditionell, Traditions-; **~ olarak** traditionsgemäß, üblicherweise

**gelgeç** unbeständig; vorübergehend, flüchtig; *Person* flatterhaft

**gelgelelim** und sieh da, ...; aber leider ..., aber dabei ...

**gelgit** ⟨-ti⟩ Hin- und Herlauferei *f*; Ebbe und Flut *(f)*; (die) Gezeiten *pl*

**gelim** Flut *f*; Hochwasser *n*

**gelin** Braut *f*, Jungverheiratete *f*; Schwiegertochter *f*; **~ alıcı** *etwa* Brautbegleiter *m* (*der die Braut abholt*); **-i ~ etmek** verheiraten (*akk*); (**kendi kendine**) **~ güvey olmak** sich zu früh freuen, frohlocken; **Bulgurlu'ya ~ mi gidecek?** etwa warum so hektisch?

**ge'lince** (-e) was ... (akk) betrifft; **bana ~** was mich betrifft; **birkaç sene öncesine ~ye kadar** bis vor wenigen Jahren noch

**gelincik** ⟨-ği⟩ **~ çiçeği** Klatschmohn m; ZOOL Wiesel n

**gelinlik** ⟨-ği⟩ Brautstand m; Brautkleid n; **~ (yaşta)** Hochzeits-; heiratsfähig

**gelip** → **gelmek; bunlar ~ geçici şeyler** das geht alles vorüber

**gelir**[1] WIRTSCH Einkommen n; Ertrag m; **~ getirmeyen** unrentabel; **yan ~** Nebeneinkünfte f/pl; **~ vergisi** Einkommensteuer f; **yıllık ~** Jahreseinkommen n; **~ düzeyi düşük (yüksek)** von niedrigem (hohem) Einkommensniveau

**gelir**[2] → **gelmek**

**gelirli: dar ~** Kleinverdiener m; **yüksek ~** Großverdiener m

**geliş** Ankunft f, Eintreffen n; Gang m, Fahrt f, Bewegung f; **gidiş ~ bileti** Hin- und Rückfahrkarte f

**gelişigüzel** aufs Geratewohl, zufällig, durch Zufall; (so) obenhin; x-beliebig; **~ işler** Gelegenheitsarbeiten f/pl

**gelişlim** Wachstum n; Entwicklung f; Fortschritt m **~kin** (hoch) entwickelt

**gelişme** Wachstum n; Entwicklung f

**geliş|mek** allg sich entwickeln; ergänzt werden **~memiş** unentwickelt, zurückgeblieben **~miş** entwickelt

**geliştir|ilme** Entwicklung(sförderung) f **~im** Drehbuch Bearbeitung f

**geliştirmek** v/t entwickeln; fördern

**gelivermek** überraschend kommen, angefahren kommen

**gelme** (-e) Kommen n; stammend (-den aus dat); eingetroffen, angekommen; PHYS Einfall m (von Licht); **soydan ~** erblich

**gelmek** ⟨-ir⟩ (-den -e) kommen a. fig (von dat, aus dat zu dat, nach dat, in akk); WIRTSCH Briefe einlaufen; Waren eingehen; 50 kg etc wiegen; Karte spielen; **çok ~** überflüssig sein; (-de) **birinci ~** Erste(r) werden (in dat); (-e) **zur Hauptsache kommen**, übergehen; etw (akk) aushalten können; -in **işine ~** j-m passen, s-m Wunsch entsprechen, j-m recht kommen; -in **omuzuma ~** j-m bis an die Schulter reichen; -e **iyi ~** j-m guttun, be-

kommen, gut sein (für akk); **sıkıntıya gelmez ...** er hat kein Durchhaltevermögen; **şakaya gelmemek** keinen Spaß verstehen; **... kaça geliyor** was kommt (= kostet) ...?; **bana pahalıya geliyor** es kommt mich teuer zu stehen; **tamam ~** Schuhe z. B. gut passen; **... yaşına ~** das Alter von ... Jahren erreichen; **yolun sağına geliyor** ... befindet sich rechts vom Weg; **o yerlere hiç gelmemiştim** dort war ich noch nie gewesen; **gelmez man darf nicht** ..., z. B. **bu çamaşır kaynatılmaya gelmez** diese Wäsche darf nicht gekocht werden; **dediğime geldiniz mi?** finden (od fanden) Sie es richtig, was ich sagte?; **bana öyle geldi ki ...** mir schien es so; **öyle geliyor ki ...** es scheint, dass ...; ... **bana fazla şekerli geldi** ... kam mir zu süß vor; **arabayla ~** mit dem Auto etc kommen; **gefahren kommen; -(me)mezlikten ~** so tun, als ob ... (+ Konjunktiv II); **bilmemezlikten ~** den Tauben, den Unwissenden spielen; -i **gelip almak** j-n abholen; **gelip çatmak** hereinbrechen; (-e) **gelip gitmek** j-n besuchen; Touren (od Fahrten) machen; (-den) **vorbeifahren; -eceği (od -esi) ~,** z. B. **ağlayacağım geldi** ich hätte am liebsten losgeweint; Verbstamm+e+~, z. B. **söyleyegeldiğimiz şarkılar** Lieder, die wir schon lange singen; umg **futbolcuya gel!** siehe mal einer den Fußballer an!; **gel(in), gelsin** also, nun; los ...; soll (er) doch ...; **gelin, bu akşam sinemaya gidelim** los (od also), gehen wir heute Abend ins Kino!; **gel de, gelsin de** wenn möglich, wenn du kannst etc; **gel zaman git zaman** nach geraumer Zeit; im Laufe der Zeit

**gel|memezlik** ⟨-ği⟩: **~ edeyim deme** komm nicht auf den Gedanken, nicht zu kommen **~miş** ... ist gekommen; → **gelmek; ~ geçmiş** bisherig

**gem** Zaum m, Kandare f; ANAT Zungenbändchen n; **~ almak** dressieren, zähmen; **~ almaz** ungehorsam, widerspenstig; -e **~ takmak** (od **vurmak**) zügeln, bändigen; **~i azıya almak** Pferd durchgehen; fig aufbrausen, sich vergessen

**gemi** Schiff n; **~ adamı** Seemann m; **~ inşaatı** Schiffbau m; **~ inşaat atelyesi** (od **tezgâhı**) Werft f; **~ izi** Kielwasser n;

**~de teslim** fob, frei an Bord; **~den inmek** von Bord gehen; **-i ~ye almak** an Bord nehmen *(akk)*; **~ye binmek** an Bord gehen; **(savaş, ticaret, yolcu) yük ~si** (Kriegs-, Handels-, Passagier-) Frachtschiff *n*
**gemiaslanı** Galionsfigur *f*
**gemici** Matrose *m*, Seemann *m*; **eski ~ hum** alte(r) Seebär **~lik** ⟨-ği⟩ Schifffahrt *f*; **~ şirketi** Schifffahrtsgesellschaft
**gemlemek** (-i) Zügel anlegen *(a. fig j-m)*
**gen**[1] weit, geräumig, frei; *Boden* unbearbeitet
**gen**[2] BIOL Gen *n*; **~ manipülasyonu** Genmanipulation *f*
**-gen** -eck, -eckig, *z. B.* **dörtgen** Viereck *n*
**'gencecik** blutjung; *umg dial* Jungscher *m*
**gencelmek** jünger werden
**genç** ⟨-ci⟩ jung; junge(r) Mann; Jüngling *m*; **~ adam** junge(r) Mann; **~ ihtiyar** Jung und Alt; **~ irisi** ein (junger) Berserker; **~ (yaşta) iken** in jungen Jahren
**gençkız** junge(s) Mädchen
**gençler** junge Leute *pl*
**gençleş|mek** jünger werden; sich erneuern **~miş** verjüngt; erneuert **~tirici** Verjüngungs- *(Mittel)* **~tirmek** *v/t* verjüngen *(a. Organisation)*; erneuern
**gençlik** ⟨-ği⟩ Jugend *f* (*Zeit u. junge Menschen*); **bş-i b-nin gençliğine bağışlamak** etw j-s Jugend zuschreiben, j-m seine Jugend zugute halten
**'gene**[1] wieder; und dennoch, trotzdem *(a. ~ de)*; **~ iyi** (nun) auch gut; **~ görüşürüz!** auf baldiges Wiedersehen!
**gene**[2] ZOOL Milbe *f*
**genel** allgemein, Allgemein-; Öffentlichkeit *f*; öffentlich; **~ grev** Generalstreik *m*; **~ kitaplık** Zentralbibliothek *f*; **~ müdür** Generaldirektor *m*, -in *f*; **~ olarak** im Allgemeinen; **~ oya başvurma** allgemeine Volksbefragung *f*, Referendum *n*, Volksentscheid *m*; **~ prova** Generalprobe *f*; **~ seçimler** allgemeine Wahlen *f/pl*; **~ sekreter** Generalsekretär *m*, -in *f*
**genelde** im Allgemeinen
**genelev** Bordell *n*
**genelge** (amtliches) Rundschreiben *n*
**genelkurmay** Generalstab *m*; **~ başkanı** Generalstabschef *m*, -in *f*

# GERÇ

**genelleme** Verallgemeinerung *f*
**genellemek** *v/t* verallgemeinern
**genelleşmek** Allgemeingut werden
**genelleştirmek** *v/t* verallgemeinern
**genellik** ⟨-ği⟩ Allgemeinheit *f* **~le** im Allgemeinen, in der Regel; ausnahmslos
**general** ⟨-li⟩ General *m* **~ler** Generalität *f* **~lik** ⟨-ği⟩ Generalsrang *m*
**genetik** ⟨-ği⟩ Genetik *f*; genetisch
**gengörü** allgemeine Auffassung
**geniş** breit; weit; *Anzug*; *Begriff* weit; *Garten* groß; *Haus* geräumig; *Mensch* sorglos; *Programm* umfangreich; *Tür, Weg*; *Volksmassen* breit; *Vokal* weit (*in der türk. Phonetik* a e ö ö); **~ açı** MATH stumpfe(r) Winkel; FOTO Weitwinkel *m*; **~ bir nefes almak** (befreit) aufatmen; **~ bir zaman** große(r) Zeitraum *m*; **~ çaplı** umfangreich; **~ gönüllü** gutmütig; **~ ölçüde** weitgehend; **~ perde** Breitwand *f*; **~ yelpazeli** breit gefächert; **~ zaman** GRAM das r-Präsens, *z. B.* **gelirim**
**genişleme** Erweiterung *f*; POL Expansion *f*; PHYS Ausdehnung *f*
**genişle|mek** breiter werden, weiter werden; sich erweitern; *z. B. Brand* sich ausdehnen; *Person* sich nicht so beengt fühlen **~tmek** *v/t* erweitern; ausdehnen
**genişlik** ⟨-ği⟩ Breite *f*; Weite *f*; Amplitude *f*; Umfang *m*; Kaliber *n* e-r Waffe; Innendurchmesser *m* e-s Rohres; **hat genişliği** BAHN Spurweite *f*; **iki metre genişliğinde** zwei Meter breit
**geniz** ⟨-nzi⟩ ANAT Nasenhöhle *f*; Nasenrachenraum *m*; **~den konuşmak** näseln; **~ ünlüsü** Nasal(vokal) *m*; **genzi yakmak** in der Nase beißen
**genizsel** Nasen-, Nasal-
**genizsi** Nasen-, Nasal- *(Laut)* (*z. B.* m) **~leşme** GRAM Nasalierung *f*
**genleşmek** PHYS sich ausdehnen
**genleştirmek** *v/t* ausdehnen
**genlik** ⟨-ği⟩ PHYS Amplitude *f*
**'gensoru** POL Anfrage *f*
**genz|ek** näselnd **~el** → **genizssel**
**'gepegenç** blutjung
**gerçek** ⟨-ği⟩ wirklich, tatsächlich; real; echt; eigentlich (*Bedeutung*); wahr, echt, richtig (*z. B. Gelehrter*); Wahrheit *f*; Wirklichkeit *f*, Tatsache *f*; Grund; Geschichte wahr; **~ler** (die) Fakten, Tatsachen; **gerçeğini söylemek** die Wahrheit sagen

**gerçekçi** Realist m, -in f; realistisch **~lik** ⟨-ği⟩ Realismus m
**gerçek|leme** Bestätigung f; Bescheinigung f; MATH Beweis m **~lemek** v/t bestätigen; bescheinigen; MATH beweisen **~lenmek** passiv von gerçeklemek
**gerçekleş|mek** sich verwirklichen, Nachricht sich bestätigen; sich erweisen (als nom); Hoffnung, Traum sich erfüllen **~tirilme** Verwirklichung f, Erfüllung f e-s Plans **~tirilmek** passiv von gerçekleştirmek **~tirmek** v/t verwirklichen, realisieren; durchführen
**gerçeklik** ⟨-ği⟩ Realität f; Richtigkeit f; Echtheit f
**gerçek|te** in Wirklichkeit **~ten** in der Tat, wirklich, tatsächlich; wahrhaft lieben **~üstü** surrealistisch **~üstücü** Surrealist m, -in f; surrealistisch **~üstücülük** ⟨-ğü⟩ Surrealismus m
**¹gerçi** wenn auch ...; zwar; **~ ben de oradaydım, fakat** (od **ama**) zwar war ich dort, aber ..
**gerdan** Hals m; Kinnpartie f; Dekolleté n; Doppelkinn m; Nacken m e-s Schlachttieres; **~ kırmak** kokettieren; sich aufspielen
**gerdanlık** ⟨-ğı⟩ Halskette f; Halsband n
**gerdirmek** kaus von germek
**gereç** ⟨-ci⟩ Material n, Zubehör n, Ausrüstung f; **yapı ~leri** Baumaterial n
**gereği** laut (gen), gemäß (dat), ... (dat) entsprechend; **~ gibi** dementsprechend, ordnungsgemäß; **yasalar ~** gemäß den Gesetzen
**gereğince** laut (gen), gemäß (dat); entsprechend, ordnungsgemäß z. B. bearbeiten
**gerek¹** ⟨-ği⟩ (-e) nötig, erforderlich; Notwendigkeit f; Bedarf m (-e an dat); **gereğinde** nötigenfalls; nötig haben, brauchen; **bana bir çekiç ~** ich brauche einen Hammer; **neme ~?** was geht mich das an?; **nene ~?** was geht dich das an?; **bunun bize gereği yok** das brauchen wir nicht; **gereği gibi** wie es erforderlich ist; **gereği kadar** so viel wie nötig; ausreichend; **telaşa ~ yok** kein Grund zur Aufregung; mit -se: **gelse ~** wahrscheinlich wird er kommen, er müsste kommen; **olsa ~** vermutlich, aller Wahrscheinlichkeit nach ...: **evde olsa ~** vermutlich ist sie zu Hause; **-mesinden ileri gelmiş olsa ~** das mag wohl daher gekommen sein, dass ...

**gerek²** ob ... oder: **~ ben gideyim, ~ o gitsin** ... ob ich nun gehe oder (ob) er (geht); sowohl ... als auch, ebenso wie; verneint weder ... noch; **~ büyük, ~ küçük** sowohl die Großen (Erwachsenen) als auch die Kleinen
**gerekçe** Motiv n; a. JUR Begründung f; JUR Beweisführung f; **~ göstermek** begründen **~lendirmek** begründen **~li** motiviert, begründet **~siz** unmotiviert, unbegründet
**gerek|en** erforderlich; **bilmemiz ~ ...** (den) wir wissen müssen; **~ hallerde** nötigenfalls **~ir, ~iyor** es ist nötig, man muss; **çok çalışmam gerekir** ich muss viel arbeiten
**gerekirci** PHIL Determinist m, -in f
**gerekircilik** ⟨-ği⟩ Determinismus m
**gerekli** nötig, notwendig; Zwangs-; **-i ~ bulmak** (od **görmek**) für erforderlich halten (akk); **~ gereksiz** ob nötig oder nicht, unbegründet, beliebig
**gereklilik** ⟨-ği⟩ Notwendigkeit f; **~ kipi** GRAM Nezessativ m (Suffix -meli)
**gerekmek** (-e) erforderlich (od notwendig) sein; etw tun sollen od müssen: **bunu bilmeniz gerekirdi** Sie sollten es wissen
**gerekse|me** Erfordernis n, Bedürfnis n **~mek** (-i) nötig haben (akk), brauchen (akk)
**gereksin|im, ~me** → gerekseme **~mek** v/t brauchen
**gereksiz** unnötig, unnütz
**gerektik-: gerektiği gibi** in gebührender Weise; **gerektiğinde** im Bedarfsfalle
**gerektirmek** kaus von gerekmek; (-i) nötig machen (akk); nach sich ziehen
**gerer** → germek
**gergedan** ZOOL Nashorn n, Rhinozeros n
**gergef** Stickrahmen m
**gergi** dial Vorhang m; (Spann)Rahmen m
**gergin** gespannt (a. fig Lage etc); straff
**gerginleşme** fig Zuspitzung f der Lage
**gerginleş|mek** sich straffen; bes fig gespannt werden; Lage sich zuspitzen **~tirmek** (-i) Lage verschärfen, verschlechtern

**gerginlik** ⟨-liği⟩ Spannung f (TECH u. fig); Gespanntheit f; POL gespannte Lage; **gerginliğin giderilmesi** (od **yumuşaması**) Entspannung f

**geri** wieder; zurück, zurück-, Rück-; rückwärts; fig rückständig; veraltet; Raum m hinter z. B. dem Haus; hintere(r) Teil; Hinter-; (das) Übrige; Steiß m, Bürzel m der Vögel; fig Folge f, Ausgang m e-r Sache; **~ adam** rückständige(r) Mensch; Reaktionär m; **-i ~ almak** zurücknehmen (a. Wort); Befehl, Truppen zurückziehen; Auto zurückfahren, zurücknehmen; Botschafter zurückberufen; Stadt zurückerobern; Uhr zurückstellen; **~ basmak** Rückwärtsgang einschalten; rückwärtsgehen; **~ çağırma** Rückberufung f; **~ çekilmek** sich zurückziehen; sich heraushalten (-den aus dat); **~ çevirme** Absage f; Ablehnung f e-r Bitte; -i **~ çevirmek** zurückschicken; fig zurückweisen, ablehnen; **~ye dön!** MIL kehrt!; **~ dönmek** sich umwenden; zurückkehren; **~ durmak** sich heraushalten (-den aus dat); sich scheuen (-mekten zu …); **~ ~ çekilmek** sich rückwärts entfernen, zurückgehen; **~ gitmek** WIRTSCH zurückgehen, schlechter gehen; **~ göndermek** zurückschicken; **~ hizmet** MIL Versorgungsdienst m; **~ kafalı** rückständig; reaktionär; **~ kalmak** zurückbleiben (fig -den hinter dat); Uhr zurückgehen; **~ kalmamak** nicht zurückbleiben (-den hinter dat); nicht versäumen, zu …; **~ kalmış** zurückgeblieben, rückständig; **~ kalmışlık** Rückständigkeit f; **~ ko(y)mamak** (es) nicht versäumen (zu …), alles daransetzen; **~ ödemek** zurückzahlen; **~ olmak** fig auf einem Gebiet nicht ganz zu Hause sein; **~ planda** hinten, im Hintergrund (a. fig ); **~ satın alma hakkı** Rückkaufsrecht n; **~(ye) tepme** Rückstoß m der Waffe; -i **~ vermek** zurückgeben (akk); **~ vites** Auto Rückwärtsgang m; **~ yol** Rückweg m; **~ zekâlı** umg geistig zurückgeblieben; **~sin ~ye → gerisingeri(ye)**; **~ye bırakmak → geriye**; **şimdiden ~** von nun an; postp -in **~sinde** hinter (dat); -in **~sinden** hinter … (dat) hervor; -in **~sine** hinter (akk)

**gerici**[1] Reaktionär m, -in f; reaktionär

**gerici**[2] ANAT Tensor m, Spanner m

**gericilik** ⟨-ği⟩ POL Reaktion f; Rückständigkeit f

**geride** hinten; oft zurück-; **~ bırakmak** zurücklassen; j-n, etw hinter sich (dat) lassen, überholen

**gerideki** hinter-, Hinter-

**geriden** von hinten; **~ geriye** heimlich; umg hintenherum

**gerilek** retrospektiv, rückblickend; regressiv (a. phonetisch)

**gerileme** Regress m; Dekadenz f; Rückgang m; BIOL Atavismus m

**gerilemek** zurückgehen (a. fig Krankheit); zurückfahren; zurückweichen; fig zurückfallen; verfallen; **gerileyen** GRAM regressiv

**geriletmek** kaus von gerilemek; ⟨-i⟩ zurückdrängen (akk); den Verfall gen/ von bewirken, umg runterbringen

**gerileyici: ~ benzeşme** GRAM regressive Assimilation f (Sache z. B. **ecza**) **~iş** Rückfall m; Rückschritt m; Verfall m

**gerili** gespannt; ausgestreckt

**gerilik** ⟨-ği⟩ Rückständigkeit f; Rückschritt m; geistige Zurückgebliebenheit f

**gerilim** a. ELEK, TECH Spannung f; PSYCH Stress m; **~ yükseltici transformatör** spannungserhöhende(r) Transformator; **yüksek ~ hattı** Hochspannungsleitung f **~li** gespannt; Zeit gespannt geladen; vorgespannt (Beton); ELEK **yüksek ~** Hochspannungs- **~ölçer** ELEK Spannungsmesser m

**geriliş** Spannen n; (İsa'nın) **çarmıha ~(ı)** Kreuzigung f (Jesu Christi)

**gerilla** Freischärler m, -in f, Partisan m, -in f, Guerillakämpfer m, -in f

**gerilme** Spannung f, Angespanntsein n; TECH Beanspruchung f; (Dampf)Druck m; **~ kuvveti** PHYS Reißfestigkeit f

**gerilmek** gespannt werden; Muskeln sich spannen; Nerven (an)gespannt sein; fig aufbrausen; **gerile gerile** großspurig

**gerinmek** sich recken; SPORT sich dehnen, stretchen; **gerine gerine** in e-r wohligen Stimmung

**geri'singeri(ye)** rückwärtsgehend; kehrtmachend; … machten (wir) kehrt und …, noch einmal

**geriş** (Berg)Kamm m

**geriye: ~ bırakmak** v/t hinterlassen; aufschieben; zurückstellen

**geriz** ARCH Abfluss m, Abflussrohr n

**germe** Spannen n; Strecken n; Spann-

**germek** ⟨-er⟩ v/t z. B. Bogen spannen; Hände ausstrecken; ausbreiten; (**balkona** über den Balkon) e-e Markise spannen; **gözlerini ~** große Augen machen; **sinirlerimi gerdi** ... ging mir auf die Nerven, machte mich ganz nervös

**germen**[1] Festung f

**germen**[2] Fortpflanzungsorgane n/pl

**getiri** Zinsen pl; **yıllık ~** Jahreszinsen pl

**getiril|me** Lieferung f; Zufuhr f; Ernenung f **~mek** passiv von getirmek; geliefert od eingeführt werden (-den aus dat); **-in yerine ~** an j-s Stelle treten, genannt werden

**getirme: bir araya ~** Vereinigung f aller Kräfte; **yerine ~** Erfüllung f e-s Plans

**getir|mek** (mit)bringen (-i, -den, -e etw akk aus, von dat, dat od nach dat, in akk); Ausbildung zum Abschluss bringen; Beispiel anführen; z. B. Frühling (noch) erleben; Gewinn bringen, abwerfen; Gruß ausrichten; Krise hervorrufen; Schaden verursachen; **alışkanlık ~** zur Gewohnheit werden; **-i bakanlığa ~** zum Minister ernennen; **... haline ~** machen (zu dat, z. B. zur Wüste); **-i sıvı haline ~** verflüssigen; **-i sonuna ~** zu Ende führen (akk); **şahit** (od **tanık**) **~ olarak** als Zeugen heranziehen; **-i yerine ~** Bedingung, Pflicht erfüllen

**getirtmek** kaus von getirmek; bringen od kommen lassen (-e durch)

**getr** Gamasche f

**getto** Getto n

**gevelemek** v/t kauen; wiederkäuen; v/i nuscheln; **(sözleri) ağzında ~** herumdrucksen; mit etw (dat) nicht herausrücken wollen

**gever** → gevmek

**geveze** schwatzhaft; Schwätzer m, -in f

**gevezelenmek** schwatzen; plaudern

**gevezelik** ⟨-ği⟩ Schwatzhaftigkeit f; **~ etmek** dummes Zeug reden; Geheimnis ausplaudern

**geviş** Wiederkäuen n; **~ getirmek** v/t u. v/i wiederkäuen

**gevişgetiren** ZOOL Wiederkäuer m

**gevmek** ⟨-er⟩ v/t kauen, muffeln; nuscheln

**gevrek** ⟨-ği⟩ bröckelig, spröde; Brot knusperig; Zwieback m; Eisen brüchig, spröde; Kuchen zart, mürbe

**gevremek** trocken od bröckelig werden; knusprig sein (od werden); dahinsiechen; Getreide heranreifen

**gevretmek** v/t rösten, aufbacken

**gevşek** ⟨-ği⟩ lose, schlaff; Knoten locker; **~ ağız(lı)** schwatzhaft; **~ biri** willenlose(r) Mensch, umg Waschlappen m; **~ bulunmak** fig ein Auge zudrücken

**gevşeklik** ⟨-ği⟩ Lockerung f; Schwächerwerden n, Nachlassen n; Erschlaffung f; Apathie f; MED Atonie f; **gevşekliğe düşmek** in Apathie verfallen

**gevşeme** Lockerung f; Schwächung f; BIOL Diastola f; TECH Toleranz f; PSYCH Entspannung(szustand m) f

**gevşemek** v/i locker (od schlaff) werden; Person apathisch werden; Angriff schwächer werden; Knie schlottern; Körper erschlaffen; Schraube sich lockern; Wetter milder werden; Wind nachlassen; umg etw mögen, gernhaben

**gevşemiş** Sache lose, locker, wackelig

**gevşetmek** kaus von gevşemek; v/t lockern

**geyik** ⟨-ği⟩ ZOOL Hirsch m; **~ muhabbeti** umg sinnlose Konversation; **~ (muhabbeti) yapmak** umg e-e sinnlose Konversation führen

**gez**[1] Kerbe f; Gewehr Kimme f; Visier n; **~e almak** aufs Ziel richten

**gez**[2] Messschnur f; Lot n, Senkblei n

**gezdirmek** v/t spazieren führen (-de in dat); im Auto herumfahren; (-e, -i) herumführen (j-n in der Stadt), j-m die Stadt zeigen; Hand gleiten lassen; j-n sauber kleiden, anziehen; **salataya yağ ~** den Salat mit Öl anmachen

**gezegen** Planet m **~lerarası** interplanetar

**gezeğen** Vagabund m

**gezelemek** hin- und hergehen, fig schwanken

**gezenti** → gezeğen

**gezer** → gezmek

**gezgin** **A** adj viel herumgekommen, weit gereist; umherziehend, Straßen- **B** subst Reisende(r); Tourist m, -in f

**gezginci** → gezgin; Nomaden- (Leben); Wander- (Theater); (Handels)Reisende(r) **~lik** ⟨-ği⟩: **~ etmek** umherziehen

**gezi**[1] Reise f; Reise- (Notizen); Promenade f, Anlagen f/pl; **~ye çıkmak** auf Reisen gehen

**gezi**[2] Moiré m; ... aus Moiré

**gezici** A *adj* umherziehend; wechselnd; ambulant; Wander- (*Schauspieler*) B *subst* ambulante(r) Händler **~lik** ⟨-ği⟩ ambulante(r) Handel

**gez|ilmek** *passiv von* gezmek; besichtigt werden **~inme** Spaziergehen *n*, Spazierenfahren *n* **~inmek** spazieren gehen, *umg* bummeln; **(ileri geri) ~** umhergehen, auf und ab gehen; MUS Läufe spielen

**gezinti** Spaziergang *m*; Spazierfahrt *f*; Ausflug *m*; Spazierweg(e) m(pl); Flur *m*; Wehrgang *m*; MUS Passage *f*, Lauf *m*; **~ tozuntu** Spaziergänge *mpl etc*; **uzayda ~ yapma** Ausflug *m* in den Weltraum

**gezlemek** *v/t* ausmessen; zielen

**gezmek** ⟨-er⟩ *v/i* spazieren gehen; umhergehen; *Kranker* (wieder) gehen; ⟨-i⟩ *Haus* besichtigen; *Länder* bereisen; **yamalı pantolonla ~** in geflickten Hosen herumlaufen; **nerelerde geziyordun?** wo hast du dich herumgetrieben?; **gezmeye gitmek** e-n Spaziergang machen (*od* unternehmen); *-i* **gezip dolaşma** *Stadt* durchstreifen; *Welt* durchreisen, durchwandern; *-i* **gezip görmek** besichtigen (*akk*), sich (*dat*) ansehen (*akk*); **gezip tozmak** viel herumfahren; sich herumtreiben; **ne gezer** i wo!; woher denn?; nicht die Bohne!; **onda para ne gezer** woher soll der das Geld haben?!

**gıcık** ⟨-ğı⟩ A *subst* Kitzeln *n* im Hals, Hustenreiz *m* B *adj* Niesreiz *m*; ung nervig; **~ etmek** *v/t* kribbelig machen; *umg* nerven; **~ olmak** *v/i* kribbelig werden; **~ ~ olmak**, **-den ~ kapmak** *umg* sauer sein über *akk* **~lamak** (-i) im Hals kitzeln, in der Nase brennen; **... zihnimi gıcıklıyor ...** stimmt mich bedenklich **gıcıklayıcı**, **iç ~** kitzelnd; Reiz-

**gıcılamak** (-i) ein Brennen verursachen (auf *dat*; an der Hand)

**gıcır**[1], **~ ~** *umg* nagelneu, taufrisch; **~ ~ yıkamak** sauber abwaschen; auf Hochglanz putzen

**gıcır**[2]: **~ ~ etmek** quietschen; *Treppe* knarren; knurren; *-i* **~ ~ gıcırdatmak** mit den Zähnen knirschen; **~ ~ ötmek** *Treppe*, *Tür* knarren; **~ ~ ses çıkmak** *Schnee* knirschen

**gıcırdamak** *v/i* (mit den Zähnen) knirschen; *mit der Tür* knarren; *Räder* quietschen

**gıcırtı** Knirschen *n*; Knarren *n*; Quietschen *n* **~lı** knirschend; knarrend

**gıda** [a:] Nahrung *f*; Nahrungsmittel *n*; **~ borusu** ANAT Speiseröhre *f*

**gıdaklamak** gackern; *fig* plappern

**gıdalandırmak** *Kind* hochpäppeln

**gıda|lı** nahrhaft; Nähr- **~sız** ... ohne Nährwert *od* Nahrungsmittel

**gıdı(k)** ⟨-ğı⟩[1] Kinn *n* (beim Kind)

**gıdık**[2] ⟨-ğı⟩ Kitzeln *n*; **~tan korkmak** kitzelig sein

**gıdıklamak** *v/t* kitzeln (*a. fig* ); *fig* reizen; schöne Worte machen

**gıdıklanmak** *passiv von* gıdıklamak; kitzelig sein; **o çok gıdıklanır** er ist sehr kitzlig

**gıdıklayıcı** *fig* kitzelig, heikel

**gıgı** *dial* Kinn *n*

**gık** Piep *m*, Mucks *m*; *-e* **~ dedirtmemek** *j-n* nicht zu Worte kommen lassen; **~ demek** aufmucken; e-n Mucks sagen; (-den *j-n*) satthaben; **~ dememek** keinen Piep (*od* Mucks) sagen

**gıldır**: **~ ~ çalışmak** *Maschine* dröhnen und pochen

**gına** [a:] Überdruss *m*; **b-ne** (-den) **~ gelmek** genug haben von D; *-e* **~ getirmek** *umg j-m* auf den Wecker fallen

**gıpta** Neid *m*; Sehnsucht *f*; **~ edilecek** beneidenswert; *-e* **~ etmek** *j-n* beneiden; sich sehnen (nach *dat*); **~ ettirmek** neidisch machen **~lı** neidisch

**gır** A *subst* Gerede *n*; **~ atmak** reden, *umg* quatschen; **~ geçmek** reden und reden; *fig* abwesend sein; **~ kaynatmak** die Zeit verplaudern (*od umg* verquatschen) B *adj* erdichtet

**gıra** *etc* → gra-

**gırgır**[1] Gebrumme *n*; Geschnarche *n*; (kleines) Motorboot; Fischernetz *n*; Teppichklopfer *m*

**gırgır**[2] *adj* lustig, komisch; *umg* Belustigung *f*; *-le* **~ geçmek**, *-i* **~a almak** sich lustig machen über *akk*, auf den Arm nehmen *akk*

**'gırla** in Mengen, *umg* wie und!; **~ gitmek** in vollem Gange sein; verschleudert (*od umg* verpufft) werden

**gırt** Quietschen *n*; Knirschen *n*; **~ ~** *od* **~ diye** knirschend, quietschend

**gırtlak** ⟨-ğı⟩ ANAT Kehlkopf *m*; Luftröhre *f*; *fig* Essen; **gırtlağına düşkün** Feinschmecker *m*; **gırtlağına kadar borcu**

**var** er steckt bis über die Ohren in Schulden; **gırtlağından kesmek** sich (*dat*) *etw* vom Munde absparen; **~ gırtlağa gelmek** handgemein werden; **~ kapağı** Kehldeckel *m*; **~ kemiği** Adamsapfel *m* **~lamak** *v/t* würgen

**gırtlaksı** LING Kehl- (*Laut*)

**gıy** ~ MUS Fiedeln *n*; Kratzen *n*

**gı'yaben** [a:] JUR in Abwesenheit; nicht persönlich, vom Hörensagen *kennen*

**gıyabî** [-a:bi:] JUR Abwesenheits- (*Urteil*); nicht persönlich (*Bekanntschaft*); **~ tutuklama kararı** Haftbefehl, der in Abwesenheit des Verdächtigen ausgestellt wird

**gıyap** ⟨-bı⟩ Abwesenheit *f*; JUR Abwesenheits-; Versäumnis-; **gıyabında** in s-r Abwesenheit

**gıybet:** **~ hali** JUR Alibi *n*

**gibi** wie; **bal ~** wie Honig, honigsüß; *fig* ganz sicher, sonnenklar; **benim ~** ich; **bu(nun) ~** solch ein, solche; **buz ~** eiskalt (*fig Blick etc*); **bülbül ~** vorzüglich, tadellos *türkisch sprechen*; **senin ~** wie du; **bizim ~ler** Leute wie wir; **bu ~** derartige Leute, solche Leute; **ne ~** was für (ein), welche(r), welches?; **ne ~ şartlarla** zu welchen Bedingungen?; *konj -diği* **~** sobald; kaum ... als; wie ...; *zuweilen* und; **çocuk gittiği ~ geldi** kaum war das Kind gegangen, als es auch schon wieder kam; **gece olduğu ~** sobald es Abend wurde, ...; **istediğiniz ~ yapın** machen Sie es, wie Sie wollen; **söylediğim ~** wie ich sagte; *mit verschiedenen Verbformen* als ob; anscheinend; **beni görmüyormuş ~** als ob er mich nicht sähe; **bir ses duyar ~ oldum** it war, als ob ich e-e Stimme hörte; **kapı çalınır ~ oldu** es war, als ob an die Tür geklopft würde; **nihayet anlar ~ oldu** anscheinend hat er endlich verstanden; **... de ... ~: Ahmet de Mehmet ~** Ahmet ebenso wie Mehmet ...; **~lerden ...** wie jemand, der ...; ... in der Art von Leuten, die ...; **~sine gelmek** *j-m* scheinen, vorkommen; **olmaz ~me geliyor** das scheint mir unmöglich; **bu önerini doğru bulmamış ~sine getirdi** er deutete an, dass er diesen Vorschlag nicht richtig finde **~lerden, ~sinden** so wie, als ob

**gideceği:** **~ yer** Bestimmungsort *m*; Reiseziel *n*

**gideğen** Wasserableitungskanal *m*

**gider**[1] WIRTSCH **~ler** Ausgabe(n) *f(pl)*, Unkosten *pl*; **~e yazmak** ins Debet buchen; (ein Konto) belasten; **~ merkezi** Kostenstelle *f*

**gider**[2] → **gitmek**

**giderayak** beim Weggehen; in der letzten Minute

**gi'derek** nach und nach; immer mehr (*z. B. sich verschlechtern*); sogar

**giderici** beseitigend, entfernend; **ağrı ~ ilaç** schmerzlinderndes Mittel; **leke ~ madde** Fleckenentferner *m*

**gidermek** *v/t* beseitigen; liquidieren; *Bedürfnisse* befriedigen; *Flecke* entfernen (*-den* aus *dat*); *Hunger, Durst* stillen; HIST hinrichten

**gidertmek** *v/t kaus von* gidermek

**gidi** *dial* liederlich; **hay, ~!** ach, der freche Kerl!; **(hey) ~ günler** ja, die gute alte Zeit!; **seni ~ seni** du bist mir eine(r)!

**gidici** gehend; todkrank; zeitweilig, Interims-; **o ~** er ist auf dem Sprung

**gidilmek:** **gidilir man** fährt, kommt, geht *etc*; *-e* **nereden** (*od* **nasıl**) **gidilir** wie kommt man zu ... ?; **oraya gidilmez** Durchgang (*od* Durchfahrt) verboten!

**gidim, gidiş** Gehen *n*; Fortgehen *n*; Weggang *m*; Abfahrt *f*; Reise *f*, Fahrt *f*; Gang *m der Ereignisse*; POL Kurs *m*; Tempo *n*; Verhalten *n*, Benehmen *n*; Lebensweise *f*; **gidiş o gidiş** er ging und war verschwunden

**gidişat** [a:] ⟨-tı⟩ Zustand *m*; Lage *f* (der Dinge), Situation *f*; Verhalten *n*

**gidişgeliş** Verkehr *m*; Hin- und Rückfahrt- (*Karte*)

**gidişmek** jucken

**gidon** Lenkstange *f*; Wimpel *m*, Flagge *f*

**-gil** Familie *f*: **Aligile gittik** wir besuchten die Familie von Ali

**-giller** ZOOL, BOT Art *f*; Gattung *f*, Familie *f*, *z. B.* **gül~** Rosengewächse *pl*

**¹gine** → **gene**

**girdap** [a:] ⟨-bı⟩ Strudel *m*; *fig* Abgrund *m*

**girdi** Ertrag *m*, Gewinn *m*, Einnahmen *f(pl)*; IT Input *m*; **~(si) çıktı(sı)** nähere Beziehungen *f/pl*; Einzelheiten *f/pl*; *umg* Drum und Dran *n*

**girgin** unternehmungslustig; resolut

**~lik** ⟨-ği⟩ Resolutheit f; Unternehmungslust f
**girift** ⟨-ti⟩ vertrackt; *Schrift* eng verschlungen; Ergreifung f
**girilmek** passiv von girmek; **girilir** Aufschrift Eingang m; **(içeriye) girilmez** Zutritt verboten!
**girinti** Vertiefung f; Einbuchtung f **~li** buchtenreich; uneben; **~ çıkıntılı** *Weg* holperig; *Küste* buchtenreich
**giriş** Eingang m; Eintritt m; Einfahrt f; Zugang m; Zufahrt f; Zustrom m von *Devisen*; *fig* Einführung f (*-e in akk*); MUS Ouvertüre f; **~ sınavı** Aufnahmeprüfung f; **~ ücreti** Eintrittsgeld n; **~ yasağı** Einreiseverbot n; **~ ücretsizdir** Eintritt frei
**girişik** verwickelt; verzwickt; **~ bezeme** Arabeske f; arabeskenhaft; **~ cümle** GRAM Schachtelsatz m
**girişilmek** sich machen (*-e an akk*)
**girişim** Schritte m/pl, Bemühungen f/pl; Eingriff m; Initiative f; PHYS Interferenz f; WIRTSCH Unternehmertum n; **~de bulunmak** die Initiative ergreifen; **~ başıtırılmış** funkentsört **~ci** Unternehmer m, -in f; Initiator m, -in f **~cilik** ⟨-ği⟩ Unternehmertum n
**girişken** tatkräftig, aktiv; Initiator m, -in f **~lik** ⟨-ği⟩ Tatkraft f; Dynamik f
**girişmek** (*-e*) sich machen *an die Arbeit*; *Arbeiten* unternehmen, einleiten; sich anschicken (*zu od inf*); sich (*dat*) vornehmen (*akk*); sich einlassen (*in akk*); *Gespräch* anknüpfen; (*in e-n*) *Streik* treten; *Streit* anfangen, vom Zaun brechen
**Girit** ⟨-di⟩ Kreta n
**Giritli** Kreter m, -in f; kretisch
**girizgâh** Einführung f, Einleitung f
**girland** ⟨-dı⟩ Girlande f; Inselkette f
**girme** Einreise f
**girmek** ⟨-er⟩ *allg* gehen (*-e in akk*), eintreten; einreisen (*in akk*); **içeri(ye) ~** eintreten (*in akk*); *Dieb*, *fig Wort* eindringen (*in akk*); *auf Einzelheiten*, *ein Thema (akk)* eingehen; *e-e Farbe* annehmen; *Hände gehen*, passen *in die Handschuhe*; *in e-n Krieg* eintreten; *Krankheit* j-n anstecken; MIL einziehen (*in akk*); *in die Schule* gehen; *Stellung (akk)* antreten; *in Schulden* geraten; *umg* wagen; **başına ~**; **-e ağrı ~** *Schmerz* befallen (*akk*); **birbirine ~** in Streit geraten; durcheinandergeraten; **şarkıya ~** ein Lied anstimmen; **yirmisine ~** in das zwanzigste Jahr gehen; **midesine bir şey girmedi** er nahm nichts zu sich; **-e girip çıkmak** *e-n Ort* häufig aufsuchen

**gişe** (*Post- etc*) Schalter m; **~ filmi** Kassenfüller m; **~ rekoru**
**gitar** MUS Gitarre f **~cı** Gitarrist m, -in f
**gitgide** nach und nach, zunehmend
**gitmek** ⟨-der⟩ gehen (*a. funktionieren, z. B. Uhr*); fahren (*-den von, aus dat*); *-e nach dat, in akk*); *umg* hinüber sein; reichen, genug sein (*-e für akk*); *Geschäfte* gehen (*gut*); *Geld etc umg* draufgehen (*-e für akk*); *Kleidung*, *Stoff (lange)* halten; *Ware* gehen, sich verkaufen; *Weg* führen; abgehen, sich lösen, abbröckeln (*z. B. Farbe von der Wand*); **otomobille ~** mit dem Auto fahren; **uçakla ~** fliegen; **çalışmaya ~** arbeiten gehen; stehen (*dat*), passen (*zu dat*, *z. B. e-r Farbe*); **bu böyle giderse ...** wenn das so weitergeht ...
**gitsin** *mit Befehlsformen* einfach: **sat (al)~!** verkaufe (kaufe) es einfach!
**gitti** *nach Verbformen auf -di etwa* (ganz) einfach; ... und fertig!; **anlayamadım ~** ich konnte es einfach nicht begreifen; **... verdim ~** gab ichs und fertig!
**gittikçe** nach und nach; mehr und mehr
**giydirici** THEAT, FILM Garderobiere f; Gewandmeister m, -in f
**giydirmek** *kaus von* giymek; *j-n* ankleiden; einkleiden (lassen); *umg j-n* abkanzeln; **kılıf ~** abdecken, mit e-m Überzug versehen
**giyecek** Kleidung f; **(kışlık) yazlık ~** (Winter-) Sommerkleidung f
**giyer** → giymek
**giyilmek** *passiv von* giymek; getragen werden
**giyim** Kleidung f; Garnitur f zum Wechseln; Satz m (*z. B. zwei Stück*); **~ kuşam** (Festtags)Kleidung f; *umg* fig Staat m
**giyim[evi** Konfektion (sgeschäft n) f **~li** gekleidet; **~ kuşamlı** gut gekleidet
**giyinik** gekleidet
**giyiniş** Art f sich zu kleiden; Kleidung f
**giyinmek** **A** *v/i* sich kleiden, sich anziehen **B** (*-i*) *Hut* aufsetzen; *Handschuhe* anziehen **C** (*-e*) sich ärgern (*über akk*); schmollen (*wegen gen*)
**giymek** ⟨-er⟩ *Mantel* anziehen; (**başına**)

*Mütze aufsetzen; Kleidung anhaben, tragen; nähen lassen, machen lassen; Beleidigung schlucken (müssen)*
**giyotin** Guillotine f; Papiermesser n
**giysi** Kleidung f; Kleid n; Anzug m
**giz**[1] Geheimnis n
**giz**[2] SCHIFF Gaffel f
**gizem** Geheimnis n, Mysterium n
**gizemci** Mystiker m, -in f
**gizem|li** geheimnisvoll **~sel** mystisch
**gizil** verborgen, latent; potenziell
**gizilgüç** ⟨-cü⟩ a. PHYS Potenzial n
**gizle|me** Verheimlichung f; MIL Tarnung f **~mek** v/t verbergen ⟨-den vor dat⟩; tarnen; verheimlichen; geheim halten ⟨-den vor dat⟩ **~nmek** passiv von gizlemek; sich verbergen, sich verstecken ⟨-e vor dat⟩; -in **arkasına** hinter dat
**gizli** geheim, Geheim-; vertraulich; MIL getarnt; PHYS, MED latent; versteckt (*Arbeitslosigkeit*); **~ kapaklı** dunkel, versteckt; geheim; **~ oylama** geheime Abstimmung; **~ polis** Geheimpolizei f; Geheimpolizist m, -in f; **-i** **tutmak** geheim halten; WIRTSCH vertraulich behandeln; **~den ~ye** verstohlen **~ce** heimlich; vertraulich; illegal
**gizlilik** ⟨-ği⟩ Geheimhaltung f; Vertraulichkeit f, Illegalität f
**glase** Glacéleder n; Glacé-; Lack- (*Schuhe*)
**glikoz** Glykose f
**gliserin** Glyzerin n
**glob** ⟨-bu⟩ (Glas)Kugel f (*e-r Lampe*)
**global** global; überschlägige Rechnung **~leşme** Globalisierung f
**glüten** Glutin n, Knochenleim m
**goblen** Gobelin m
**gocuk** ⟨-ğu⟩ Anorak m; Hirtenmantel m
**gocunmak** ⟨-den⟩ übel nehmen (*akk*), gekränkt sein (*durch*)
**gofret** ⟨-ti⟩ Waffel f
**gol** ⟨-lü⟩ SPORT Tor n; **~ün sahibi** Torschütze m; **~ pozisyonu** Schussposition f; **~ü kurtamak** ein Tor verhindern; **~ü saymak** ein Tor gelten lassen; **(bir) ~ atmak** ein Tor schießen; **~ yemek** ein Tor durchlassen; **~ kralı** Torschützenkönig m **~cü** Torschütze m; umg Bomber m
**golf** ⟨-lü⟩ Golf(spiel) n; **~ pantolonu** Knickerbocker pl
**golfstrim** GEOG Golfstrom m
**gollük** Schuss-; **~ şut** Torschuss m

**gonca** → konca
**gondol** ⟨-lü⟩ Gondel f
**gondolcü** Gondoliere m
**gonk** ⟨-gu⟩ Gong m; **~ çalmak** den Gong schlagen
**Gordium**: **~ düğümü** Gordische(r) Knoten
**goril** ZOOL Gorilla m; *pej* Bodyguard m
**gotik** ⟨-ği, -ki⟩ Gotik f; gotisch; **~ üslup** (*od* **üslubu**) gotische(r) Stil; **~ harfler** Fraktur f, gotische Schrift
**Gotlar** Goten m/pl
**göbek** ⟨-ği⟩ Nabel m; Bauch m; Zentrum n; Mittelstück n; Herz n, Mark n, Gehäuse n (*e-r Frucht*); Generation f; Ornament n in der Mitte; (Rad)Nabe f; ELEK Anker m; BOT Bauchsalat m; **~ atmak** e-n Bauchtanz aufführen; *fig* vor Freude verrückt sein; **~ bağı** Nabelbinde f; **~ bağlamak** e-n Bauch bekommen; **~ kordonu** Nabelschnur f; **göbeği biriyle bağlı** unzertrennlich; **göbeği çatlamak** sich abschuften; **göbeği çıkmak** einen Bauch bekommen
**göbeklenmek** e-n Bauch bekommen; dick werden; *Salat* Köpfe bilden
**göbekli** beleibt; ... mit e-m Ornament in der Mitte; **~ salata** Eisbergsalat m
**göç** ⟨-çü⟩ Wanderung f; Auswanderung f; Abwanderung f (*-e in akk, z. B. die Stadt*); Übersiedlung f; Vogelzug m; Umzug m; Umzugsgut n; Habseligkeiten f/pl; *fig* (die) letzte Reise; **Kavimler &u** HIST Völkerwanderung f; **~ etmek** → göçetmek
**göçebe** Nomade m, Nomadin f; Nomadenstamm m; Nomaden- (*Leben*) **~leşmek** fig ein Nomadenleben führen **~lik** ⟨-ği⟩ Nomadentum n; *fig* Nomadenleben n
**göçer** → göçebe **~i** umherziehend; ohne festen Wohnsitz **~mek** (*-i -e*) j-m etw (*akk*) übertragen; j-n übersiedeln lassen (*nach dat*); umpflanzen, umtopfen
**göçertmek** einschalten, demolieren
**'göçetmek** ⟨-e⟩ übersiedeln (*nach dat*); *Vögel* abfliegen; *fig* in die Ewigkeit eingehen
**göçkün** baufällig; gebrechlich; altersschwach; Nomade m
**göçmek** ⟨-er⟩ übersiedeln; einwandern, auswandern; ziehen (*-e in die Stadt, auf die Berge*); *Vögel* wandern, zie-

hen (nach); *Wand etc* einstürzen; *Person* verscheiden

**göçmen** Auswanderer *m*, -in *f*; Einwanderer *m*, -in *f*; Aussiedler *m*, -in *f*; BIOL Wander-; Zug- (*Vogel*) **~lik** ⟨-ği⟩ Auswanderung *f*; Einwanderung *f*; Migration *f*

**göçücü**: **~ kuş** Zugvogel *m*

**göçük** ⟨-ğü⟩ Einbruch(stelle *f*) *m*; eingestürzt; **~ altında kalmak** verschüttet werden

**göçüm** BIOL Taxie *f*

**göçürmek** (*-i*) *kaus von* göçmek; zwingen, zu verlassen; treiben von *dat*; zum Einsturz bringen; *umg* Essen verschlingen, verdrücken

**göçüş** Übersiedlung *f*; → göçmek

**göden**, **~ barsağı** ANAT Mastdarm *m*, Rektum *n*

**göğem** *dial* violett; fliederfarben

**göğermek** *dial* grün werden, grünen; in violettem Licht erscheinen; *Fleck* blau anlaufen

**göğüs** ⟨-ğsü⟩ Brust *f*; Brustdrüse *f*; Mutterbrust *f*; **~ anjini** MED Angina Pectoris *f*; **~ bağrı açık** mit offener Brust; *umg* in Räuberzivil; **~ darlığı** Asthma *n*; **~ geçirmek** seufzen; *-e* **~ germek** die Stirn bieten (*dat*); ertragen (*akk*); **~ göğse** Brust an Brust *kämpfen*; direkt aufeinander (zu); **~ hastalığı** Tuberkulose *f*; **~ kafesi** Brustkorb *m*; **~ kemiği** Brustbein *n*; **göğsü daralmak** schwer keuchen; tief bedrückt sein; **göğsü kabarmak** sich brüsten; *unp* ihm schwillt die Brust (*-den vor dat*); **göğsünü gere gere** voller Stolz

**göğüslemek** (*-i*) sich (mit der Brust) stemmen (gegen *akk*); *j-n* beiseitestoßen; sich widersetzen; **ipi ~** SPORT das Zielband mit der Brust berühren

**göğüs|lü** ... mit breiter Brust; *Frau* vollbusig **~lük** ⟨-ğü⟩ (Schul)Schürze *f*; Brustriemen *m* **~sel** Brust-

**gök** ⟨-ğü⟩ Himmel *m*; *dial* himmelblau, hellblau; blaugrün; *dial* unreif (*Früchte*); **~ gözlü** blauäugig; grauäugig, helläugig; tückisch; **~ gürlemesi** (*od* gürültüsü) Donner *m*; **~ gürlüyor** es donnert; **~ kırmak** *umg* sternhagelvoll; *-i* **~lere çıkarmak** *fig* in den Himmel heben; **~lere çıkmak** sich in den Himmel erheben; *fig* im siebten Himmel sein; **~ten zembille**

**inmek** etwas Besonderes sein; *fig* (*-e j-m*) vom Himmel fallen, einfach zufallen

**gök|ada** ASTRON Milchstraße *f*, Galaxie *f* **~bilimci** Astronom *m* **~bilimi** Astronomie *f* **~bilimsel** astronomisch **~cismi** Himmelskörper *m*

**gök|delen** Wolkenkratzer *m* **~evi** Planetarium *n* **~fiziği** Astrophysik *f*

**Gökhan** ASTRON Uranus *m*

**gök|kır** graublau **~kuşağı** ⟨-nı⟩ Regenbogen *m* **~küresi** Himmelskugel *f*

**gök|lük** ⟨-ğü⟩ Lazurblau *n* **~men** *dial* blauäugig **~sel** Himmels-

**göktaşı** Meteorit *m*

**Göktürk** Göktürke *m* (*altes Turkvolk in Mittelasien*)

**gökyüzü** ⟨-nü⟩ Firmament *n*; Himmel(szelt *n*) *m*, Himmelsgewölbe *n*

**göl** See *m*; Teich *m*; **~ balığı** Seefisch *m* **~ayağı** Abfluss *m aus e-m See* **~başı** Zufluss *m zu e-m See* **~cük** ⟨-ğü⟩ Teich *m*, Tümpel *m*, Pfütze *f* **~cül** See-

**gölek** ⟨-ği⟩, **gölet** Teich *m*

**gölge** *allg* Schatten *m*; *fig* Schutz *m*; *-e* **~ düşürmek** *fig* e-n Schatten werfen (auf *akk*); **~ etme!** steh mir nicht im Licht!; *-e* **~ etmek** *j-m* Schatten spenden; e-n Schatten werfen (auf *akk*); stören (*akk*); *-e* **~ olmak** *j-n* unter seine Fittiche nehmen; **~ oyunu** Schattenspiel *n*; *-i* **~de bırakmak** *fig* in den Schatten stellen

**gölge|altı** schattige(r) Platz **~cil** schattig; Schatten- (*Gewächs*)

**gölgelemek** (*-i*) beschatten (*akk*), Schatten spenden (*dat*); *fig* e-n Schatten werfen (auf *akk*); *Bild* abschatten, abtönen

**gölge|lendirmek** (*-i*) Schatten werfen (auf *akk*); *fig* verdunkeln; rasten lassen, Ruhe gönnen **~lenmek** schattig sein; im Schatten Rast machen **~li** schattig **~lik** ⟨-ği⟩ schattige(r) Platz; Zelt *n*; Laube *f*

**gömeç** ⟨-ci⟩ → gümeç

**gömer** → gömmek

'**gömgök** durch und durch blau

**gömlek** ⟨-ği⟩ Hemd *n*; Überzug *m*; Futteral *n*; Hülse *f*; Muffe *f*; *fig* Generation *f*; TECH Mantel *m*; TECH (Glüh)Strumpf *m*; TYPO Schutzumschlag *m*; **bir ~** etwas, eine Stufe, ein Grad; **dosya gömleği** Aktendeckel *m*; **gecelik**

~ Nachthemd n; ~ değiştirmek ZOOL Haut wechseln; ~ değiştirir gibi fig wie e-e Wetterfahne; ~ eskitmek große Lebenserfahrung haben; ein langes Leben hinter sich (dat) haben; **gömleği kalın** wohlhabend **~lik** ⟨-ği⟩ Hemdenstoff m

**gömme** eingegraben; Badewanne eingelassen; eingebaut; Einbau-; Bestattungs- (Feierlichkeit); **~ dolap** Einbauschrank m

**gömmek** ⟨-er⟩ v/t begraben, bestatten, beerdigen; vergraben; einlassen, einbauen (-e in akk); Stein einfassen; z. B. Gesicht verbergen (an s-r Schulter); geraten (in akk)

**gömü** Bodenschätze m/pl; fig Schatz m

**gömücü** Schatzsucher m, -in f

**gömüldürük** ⟨-ğü⟩ Spund m, Pfropfen m; Latz m

**gömülmek** passiv von gömmek; versinken (a. fig in Schulden); sinken (-e ins Bett, in e-n Sessel)

**gömülü** begraben; unerwartet (Kurve); **o borca ~** er steckt tief in Schulden

**gömüt** ⟨-tü⟩ Grabstätte f

**gömütlük** ⟨-ğü⟩ Friedhof m

**gön** gegerbte(s) Leder

**gön.** abk für gönderen Absender (Abs.)

**göncü** Sattler m; Schuster m

**gönder** (Fahnen)Stange f; SCHIFF Steuerruder n

**gönderen** Absender m, -in f

**gönder|i** Post Sendung f; Wunsch m für e-e gute Reise **~ici** (Radio)Sender m **~ilmek** passiv von göndermek

**gönderme** Versand m; Wissenschaft (Literatur)Verweis m (-e auf akk); **~ belgesi** Versandschein m; **~ yapmak** verweisen (auf akk)

**göndermek** v/t senden, schicken (-e an akk, zu dat); j-n begleiten, umg bringen; **-i alışverişe ~** j-n zum Einkaufen schicken

**gönen|ç** ⟨-ci⟩ Wohlstand m; Wohlbenheit f **~çli** Leben üppig **~dirmek** v/t j-n glücklich (od reich) machen **~mek** wohlhabend (od zufrieden) werden

**gönlün(üz)ce:** her şey ~ olsun! möge alles nach deinem (Ihrem) Wunsch geschehen

**gönül** ⟨-nlü⟩ fig Herz n, Seele f; Mut m; Zuneigung f; Lust f (zu dat); **~ acısı** Liebeskummer m; **~** (od gönlünü) **almak** j-n erfreuen; j-m Mut machen; j-s Sympathie erwerben; j-n (wieder) versöhnen; **~ borcu** herzliche(r) Dank; Dankbarkeit f; **~** (od gönlünü) **bulandırmak** j-m Übelkeit verursachen; j-n kränken; j-n verdächtigen; Verdacht erwecken; **~ darlığı** Beklommenheit f; **~ eğlendirmek** sich vergnügen; **~ eri** Spaßvogel m; umg fig ein fideles Haus; **-e ~ etmek** j-n etw (akk) wünschen; (bestimmte) Absichten haben; **-in gönlünü etmek** j-n zufriedenstellen; j-s Zustimmung erhalten; **~ ferahlığı** Sorglosigkeit f; **~ hoşluğu ile** von Herzen gern; gütlich (Einigung); **~ işi** Liebesaffäre f; **~ kırmak, -in gönlünü kırmak** (j-m) die Stimmung verderben; j-n kränken; **-e ~ koymak** böse sein (auf akk); **~ okşamak** j-m gefällig sein, freundlich zu j-m sein; **-i gönlünden çıkarmamak** j-n nicht vergessen können; **gönlü açık** ohne Falsch; **gönlü alçak** bescheiden; friedfertig; **(-de) gönlü kalmak: gönlüm kalır** ich nehme (es) übel (od krumm); **gönlüm kaldı** (es) sagte mir sehr zu, ich war sehr angetan von dat; **-in gönlünü hoş etmek** j-n zufriedenstellen; **gönlünden kopmak** von Herzen (etw) geben; **-de gönlü olmak** j-n gernhaben; **-e gönlü olmak** einverstanden sein mit; zufrieden sein mit; **gönlü tez** ungestüm; **-e gönlünü** (od **gönül**) **vermek** j-m sein Herz schenken; **gönlümce** nach meinem Geschmack; meinem Wunsch entsprechend; **gönülden** von Herzen

**gönüllü** freiwillig; Freiwillige(r); Liebhaber m, -in f; **~ gönülsüz** halbherzig; **alçak ~** → alçakgönüllü

**gönülsüz** ungern, lustlos; bescheiden; schlicht; anspruchslos; sanft **~lük** ⟨-ğü⟩ Bescheidenheit f; Sanftmut f

**'gönye** Winkelmaß n

**göre** postp(-e) nach (dat); gemäß (dat), im Einklang mit; ... (dat) zufolge; was ... (akk) anbetrifft; je nach (dat); konj **-diğine ~** da, weil; zumal; wie; soviel ...; **-e ~ olmak** j-m passen; j-n betreffen; genau für j-n sein; **adamına ~** umg es hängt von dem Menschen ab, je nach dem Menschen; **gazetelerin bildirdiğine ~** wie die Zeitungen mitteilen; **arzu-**

nuza ~ Ihrem Wunsch gemäß; **bana ~** nach meiner Meinung; mit passend; **bildiğime ~** soviel ich weiß; **buna ~** dementsprechend; **emeğe ~** nach Leistung; **geç kaldığıma ~** da (od weil) ich mich verspätet habe; **kanunlara ~** im Einklang mit den Gesetzen; nach den Gesetzen; **kimisine ~** nach Ansicht einiger Leute; **ölçünüze ~** nach Ihren Maßen; **plana ~** planmäßig; **son modaya ~** nach der letzten Mode; **yağmur yağdığına ~** weil (od da) es regnet(e)

**görece** relativ **~ci** Relativist *m*, -in *f*
**görececilik** ⟨-ği⟩ Relativismus *m*
**görecek**: *-in ~ği göreceği gelmek* (-i) sich sehnen nach
**görecelik** Relativität *f*
**göreli** → görece
**görelik, görelilik** ⟨-ği⟩ → görecelik
**görenek** ⟨-ği⟩ Tradition *f*; Brauch *m*; Schablone *f*, *umg* alte Leier; Erfahrung *f*
**görenek|sel** traditionell, konventionell
**göresi**: *~ gelmek dial* → görecek
**göresimek** *dial* → görecek
**görev** Amt *n*, Funktion *f*; Dienst(pflicht *f*) *m*; Pflicht(en *pl*) *f*; IT Job *m*; POL Auftrag *m*, Mission *f*; Aufgabe *f*, Rolle *f*; *allg* Funktion *f*, Aufgabe *f z. B. der Mandeln*; (*bir*) **~ almak** e-e Aufgabe übernehmen; **~ başında** bei Ausübung s-r Dienstpflichten; **~den çıkarılma** Dienstenthebung *f*; *-i* **~den çıkarmak** (*od* almak) *j-n* s-s Dienstes entheben; *-i* **~e almak** *j-n* zu e-m Amtsträger ernennen, *j-n* einstellen; **~den alınması** Amtsenthebung *f*; *-e* **~ vermek** einsetzen (*akk*); **~ yapmak** Dienst tun; tätig sein; *fig* die Aufgabe (*gen*) haben; **açık ~** freie Stelle, Vakanz *f*; **askerlik ~ini yapmak** s-n Militärdienst ableisten
**görevdeşlik** ⟨-ği⟩ PHYS Synergie *f*
**görevlen|dirmek** ⟨-i -le⟩ *j-n* beauftragen; mit; verpflichten (*için* zu *dat*); *j-n* in Dienst stellen **~mek** e-e Aufgabe (*od* ein Amt) übernehmen
**görevli** beauftragt; bevollmächtigt; akkreditiert (*-de* bei *dat*); Beamte(r); *-i* **~ kılmak** ⟨-le⟩ *j-n* verpflichten (zu); **gizli ~** Geheimagent *m*, -in *f*; **gümrük ~si** Zollbeamte(r) **~ler** Personal *n*
**görevsel** Funktions-; Dienst-
**görevseverlik** ⟨-ği⟩ Pflichttreue *f*

**görevsiz** ohne Aufgabe, ohne Funktion
**görgü** Erfahrung *f*; Anstand *m*, gute(s) Benehmen; Etikette *f*; **~ tanığı** Augenzeuge *m* **~cülük** ⟨-ğü⟩ PHIL Empirismus *m*
**görgülü** gut erzogen; erfahren; routiniert
**görgüsüz** schlecht erzogen; unerfahren **~lük** ⟨-ğü⟩ Unhöflichkeit *f*; Unerfahrenheit *f*
**görkem** Pomp *m*, Prunk *m*
**görkemli** pompös, prunkvoll
**görme** Sehen *n*; Beobachtung *f*; Treffen *n*; Seh- (*Feld*); Sehkraft *f*; **iş ~ kabiliyeti** Leistungsfähigkeit *f*
**görmece** dem Aussehen nach; in Bausch und Bogen *kaufen*; unter der Bedingung, sich zu sehen (*od* es zu sehen)
**görmek** ⟨-ür⟩ v/t sehen; *j-n* besuchen; sich mit *j-m* treffen, mit *j-m* zusammenkommen, *j-n* sprechen; Zeuge werden (*gen od* von *dat*); *etw* (*akk*) halten (für *akk*); betrachten (als); *Gutes, Interessantes, Liebe* erfahren; *j-m* entgegengebracht werden; sich (*dat*) e-n Film ansehen; *Leid* erfahren, erdulden; *Schlacht, Ereignis* verfolgen; *umg* bestechen; **az ~** für gering, ungenügend halten; **güneş ~** sonnig sein; **hizmet ~** dienen, tätig sein; **iş ~** e-e Arbeit verrichten; **iyilik ~** Gutes erfahren (*-den* von *dat*); **tedavi ~** in Behandlung sein, behandelt werden; **yardım ~** Hilfe bekommen, (*j-m*) geholfen werden; *-den* **ders ~** bei *j-m* Stunden nehmen; *-i* **göreceği gelmek** → görecek; **önceden görerek söylemek** voraussagen; *-i* **görüp geçirmek** erleben, durchmachen; IT *Operation* überstehen; **görüp gözetmek** *j-n* betreuen; **görür gibi olmak** (so) scheinen; **gözü parayı ~** nur aufs Geld sehen; **görmüş geçirmiş** (welt)erfahren; *Blick* verständnisvoll; **görmediği kalmadı** ihr blieb nichts erspart; **gör** *od* **görürsün** du wirst schon sehen!; **-meye görsün** (*od* gör) *etwa* wenn einmal ..., was einmal ...: **aklına esmeye görsün,** ..., wenn er sich *etwas* in den Kopf gesetzt hat, ...; *-i* **görme** (*viel, wunderbar*) ... **elmaları görme** Äpfel hat der (*wie* ...)
**görmemezlik** → görmezlik
**görmemiş** **A** *subst* Gerngroß *m* **B** *adj* ungehobelt **~lik** ⟨-ği⟩ Unerfahren-

heit f; Ignoranz f; Habgier f
**görmez** blind; **uzak ~** kurzsichtig; **yakın ~** weitsichtig **~lik ⟨-ği⟩** Blindheit f; **görmezliğe** (od **~ten**) **gelmek** ignorieren
**görmüşlük** ⟨-ğü⟩: **-i görmüşlüğü var** j-n gesehen haben; **sizi görmüşlüğüm var** ich muss Sie schon mal gesehen haben; **~ duygusu** PSYCH Erinnerungstäuschung f, Déjà-vu n
**görsel** Seh~; visuell; darstellend (Künste); **~ araçlar** Anschauungsmaterial n; **~-işitsel** audiovisuell
**görü** Vision f
**görücü** Brautwerberin f; **~ye çıkmak** sich der Brautwerberin zeigen
**görüldüğünde** WIRTSCH bei Vorlagegen
**görülme**: **sorumsuz ~** JUR Freisprechung f (des Angeklagten)
**gö'rülmedik** einmalig, unbeschreiblich; unerhört
**görülmek** passiv von **görmek**; Seuche auftreten; **görülecek** sehenswert; **görülecek yer** Sehenswürdigkeit f (e-r Stadt etc); **görülmüş şey değil!** das ist ja wohl nicht da gewesen!; **görülüyor** das sieht (od merkt) man; **görülüyor ki** wie man sieht; es scheint, dass ...; **yer yer görülen** sporadisch; **resimde görülen** hier abgebildet
**görülmemiş** → **görülmedik**
**görültü|cü** lärmend, laut; bewegt, stürmisch (Leben); Krakeeler m **~lü** laut; Lärm verursachend, rumpelnd; voller Menschen, belebt; stürmisch (Leben) **~süz** ruhig, lärmgeschützt; unauffällig
**gö'rümce** Schwägerin f (Schwester des Ehemannes)
**görümlük** ⟨-ğü⟩ Attrappe f; Ausstellungsstück n; dial Verlobungsgeschenk des Mannes an die Frau
**görünen** sichtbar; PHYS virtuell
**görüngen** offensichtlich
**görüngü** PHIL Phänomen n
**görünmeden** unbemerkt
**görünmek** v/i erscheinen, sich zeigen; gut, jung etc aussehen; sich treffen; zurechtweisen (-e j-n); **görünüyor ki** es scheint, dass ...; **göründü Sivas'ın bağları** da haben wir die Bescherung!; **-meyi amaçlar ~** zu bezwecken scheinen zu + inf

**görünmez** unvorhergesehen, unerwartet; unsichtbar; **~ olmak** (von der Bildfläche) verschwinden
**görüntü** Erscheinung f, Gespenst n; Ansehen n; Spiegelbild n; fig Aussicht f; Bild n, Filmszene f; **~ işleme** IT Bildbearbeitung f **~lemek** v/t fotografieren, verfilmen **~lü**: **güzel ~** schön anzusehen
**görünüm** Äußere(s), Erscheinung f; (das) Formale, die formale Seite e-r Sache; GRAM Aspekt m
**görünür** sichtbar; offenkundig, klar
**görünürde** anscheinend, scheinbar (z. B. im Recht); **~ yok** ist nicht zu sehen; **~ kimse yoktu** niemand war zu sehen
**görünür|deki** äußerlich **~lerde** → **görünürde**
**görünürlük** ⟨-ğü⟩ Sichtbarkeit f
**görünüş** Aussehen n, Äußere(s), (äußere) Erscheinung f; Panorama n, Aussicht f, Meinung f; GRAM Aspekt m
**görünüşte** dem Anschein nach
**görüş** Sehen n, Beobachtung f; Sicht f; Sehkraft f, Meinung f, Ansicht f, Gesichtspunkt m; politische Einstellung; Anschauung f; Krankenhaus, Gefängnis Besuch m; **~ açısı** Gesichtspunkt m; Standpunkt m; **~ ayrılığı** Meinungsverschiedenheit f; **~ birliği** Übereinstimmung f; gleiche Meinung; **~ değiş tokuşu** Meinungsaustausch m; **~ farkı** Meinungsverschiedenheit f; **benim ~ümce**, **benim ~ümle** nach meiner Meinung; **dünya ~ü** Weltanschauung f; **ilk ~te** auf den ersten Blick
**görüşlü**: **dar ~** kurzsichtig, engstirnig; **demokratik ~** demokratisch eingestellt; **uzak ~** weitsichtig
**görüşme** Treffen n; Wiedersehen n; Diskussion f, Gespräch n; Verhandlung f, Besprechung f; **~ görüşmesi** Telefonat n; **~ yapmak** Besprechungen führen **~ci** Besucher m, -in f (Kaserne, Gefängnis etc)
**görüş|mek** (-le) sich treffen mit; bes POL zusammentreffen mit; sprechen, sich unterhalten mit; mit e-m Nachbarn verkehren; verhandeln mit; (-i) besprechen (mit dat); behandeln, erörtern **~türmek** kaus von **görüşmek**; bekannt machen (-i, -le j-n mit j-m); ein Wiedersehen veranstalten (od ermögli-

**görüşül|me** Behandlung *f e-r Sache* **~mek** *passiv von* görüşmek
**gösteren** LING Bezeichnende(s), Signifikans *n*
**gösterge** Zeichen *n*, Merkmal *n*; Indikator *m*; Display *n*; Anzeiger *m*
**göstergebilim** Semiotik *f*
**gösteri** (*z. B. Sport*) Veranstaltung *f*; Darbietung *f*; (Kino)Vorführung *f*; THEAT Vorstellung *f*; POL Kundgebung *f*, Demonstration *f*; **~ yürüyüşü** Aufmarsch *m* **~ci** Demonstrant *m*, -in *f*; (Film)Projektor *m*
**gösterill|en** LING Bezeichnete(s), Signifikat *n* **~me** (Film)Vorführung *f* **~mek** *passiv von* göstermek; **parmakla gösterilecek kadar az** das ist an den Fingern abzuzählen
**gösterim** (Film)Vorführung *f*; Kino, THEAT *etc* Vorstellung *f*, Veranstaltung *f*; **~e girmek** FILM anlaufen
**gösteriş** A *subst* Zeigen *n*, Vorzeigen *n*; Äußere(s) *n*; Schau *f*, Schaustellung *f*; Glanz *m*, Prunk *m* B *adj* Schein-, Pseudo-, unecht, übertüncht; demonstrativ; **~ yapmak** blenden, sich zur Schau stellen; **~ meraklısı** Blender *m*, -in *f*; ... **-in ~i var** etwas hervorzeigen **~çi** Blender *m*, -in *f*, *fig* Komödiant *m*, -in *f*; demonstrativ; geziert **~li** auffällig; prächtig; extravagant *gekleidet*; angebberisch **~siz** unansehnlich, unauffällig, schlicht; ungezwungen (*Atmosphäre*) **~sizlik** ⟨-ği⟩ Unansehnlichkeit *f*; Unauffälligkeit *f*
**gösterme** Zeigen *n*; Vorführung *f*; Hinweis *m*; **aday ~** (Kandidaten)Aufstellung *f*, Nominierung *f* e-s Kandidaten; **-i aday ~** Nominierung *f j-s* (als Kandidaten); **kaynak ~** (Quellen)Nachweis *m*, (Quellen)Angabe *f*; **~ zamiri** (*od* **adılı**) GRAM Demonstrativpronomen *n*; **~ salonu** Vorführungsraum *m*
**göstermek** A ⟨-i, -e⟩ *j-m etw* (*akk*) zeigen; kennzeichnen (*akk*); hinweisen (auf *akk*); *j-m e-e Arbeit* anweisen; *j-n als schuldig* hinstellen; *j-n als Zeugen* benennen; *gute Absicht etc* zeigen, bekunden; *Brille z. B. Schrift* nicht erkennen lassen; *Liebe etc* zeigen, an den Tag legen; *Mut* beweisen, zeigen; *Pass* (vor)zeigen; *Wort* anführen, angeben B *v/i* alt, jung aussehen, wirken; **-i aday ~** *j-n* als Kandidaten aufstellen, vorschlagen; **-e ders ~** *j-m* die Lektion erläutern; **güneşe ~** der Sonne aussetzen; **kendini ~** sich zeigen; *Wahrheit* an den Tag kommen; **kırktan fazla göstermiyor** sie wirkt nicht älter als vierzig

**göstermelik** ⟨-ği⟩ A *subst* Muster *n*; Probestück *n*; Getue *n*, Ziererei *f* B *adj* prächtig, imposant; repräsentativ; Schein-; **~ aday** Scheinkandidat *m*, -in *f*
**göstermek** *kaus von* göstermek
**göt** ⟨-tü⟩ *vulg* Arsch *m*; *fig* Idiot *m*; **-le tokuşturmak** mit *j-m* warm werden; **~ten bacaklı** kurzbeinig; **~ü trampet çalmak** *umg* in prima Stimmung sein; **-in ~ünü yakmak** *j-m* den Hintern versohlen **~lek** ⟨-ği⟩ passive(r) Schwule(r)
**götün**: **~ ~ gitmek** *umg* zurückgehen, rückwärtsgehen; *fig* immer mieser gehen
**götürme** Bringen *n etc*; **evlere su ~** Wasserversorgung *f* der Häuser
**götürmek** ⟨-ür⟩ *v/t* bringen (*-den -e* von *dat* nach *dat*); (*-i j-n*) mitnehmen; (*evine Hause*) bringen; *Kind* (*okula* zur Schule) bringen; *Waren* transportieren; (*-e*) *zu e-m Ergebnis* führen; (*-e j-m*) Grüße bestellen, ausrichten; *j-m* den Rest geben, *j-n* fertigmachen; *Krankheit j-n* dahinraffen; *Kugel z. B. j-m* das Bein wegreißen; *Mauer* umreißen, wegspülen (*durch Wasser*); *Gewinn, Überschuss* ausgleichen, zunichtemachen; *Slang*: *j-n* abschleppen; **alıp ~** *j-n* (ergreifen und) abführen; **başarıya ~** zum Erfolg führen; **-e selam ~** *j-m* Grüße bestellen, ausrichten; **-i sofraya ~** *j-n* zu Tisch führen; **şaka götürmemek** keinen Spaß verstehen
**götürü** WIRTSCH en gros; Pauschal-; Engros- (*Einkauf*); **~ fiyat** Pauschale *f*
**götürücü** ANAT *Nerven* zentrifugal; TECH Beschicker *m*; ELEK Leiter *m*
**gövde** Rumpf *m* (*a. e-s Flugzeugs*); Körper *m* des Menschen; geschlachtete(s) Tier; *z. B.* **bir ~ koyun** ein geschlachteter Hammel; (Baum)Stamm *m*; TECH Gehäuse *n*; Mantel *m*; GRAM Stamm *m*; **~ gösterisi** Massendemonstration *f*; **-i ~ye indirmek** *umg* runterschlingen (*akk*) **~lenmek** *v/i* dick werden; *Baum* e-n Stamm bilden **~li** robust, stämmig; korpulent; mit ... Stämmen **~sel**

Rumpf-
**gövem** ZOOL Bremse f
**gövermek** *dial* grünen, grün werden; *Fleck* blau werden
**göverti**¹ Grünzeug *n*, Gemüse *n*
**göverti**² blaue(r) Fleck
**göy-** *dial* → yan-; *z. B.* **göymek** ⟨-er⟩ *v/t* verbrennen **göynük** *dial* verbrannt; leidend; *Obst* reif
**göz**¹ Öhr *n* e-r Nadel; Öse f; Fach *n*, Schubfach *n*, Schublade f; Kasten *m*; Waagschale f; Öffnung f; (Brücken)Bogen *m*, Durchfahrt f; *dial* Zimmer *n*
**göz**² Auge *n* (*a. fig* Blick; am Ast); böse(r) Blick; Augenlicht *n*; Gesichtssinn *m*; Seh-; *-den* ~ **açamamak** keine Ruhe finden (*vor dat*); sich von e-r Krankheit nicht erholen können; ~ **açıp kapayıncaya kadar** im Nu; ~ **alabildiğine** so weit das Auge reicht; *-e* ~ **atmak** e-n Blick werfen (*auf akk*); ~ **boyamak** Augenwischerei betreiben; ~ **değmek** behext werden; *-e* ~ **dikmek** begehren (*akk*), ein Auge haben (*auf akk*); ~ **doktoru** Augenarzt *m*, -ärztin f; ~ **doldurmak** SPORT für e-e Überraschung sorgen, überraschen; *-e* ~ **etmek** j-m zuzwinkern; *-e* ~ **gezdirmek** überfliegen (*akk, z. B. einen Text*); ~ **göre (göre)** vor aller Augen; ~ **hapsi** JUR Hausarrest *m*; MIL Stubenarrest *m*; *-e* ~ **kırpmak** j-m zuzwinkern; *-e* ~ **kulak olmak** aufpassen auf *j-n*; betreuen; auskundschaften; *-i* ~ **önünde tutmak** berücksichtigen (*akk*), in Betracht ziehen; ~ **tanışıklığım var** ich kenne ihn vom Sehen; *-i* ~ **yumulmaz** nicht zu unterschätzen; *-i* ~**den çıkarmak** e*tw* (*akk*) opfern, *umg* Geld losmachen; ~**den çıkmak** (*od* **düşmek**) an Interesse (*od* an Ansehen) verlieren; in Ungnade fallen; *-i* ~**den düşürmek** *j-n* diskreditieren; *j-m* den Nimbus nehmen; verhasst machen; *-i* ~**den geçirmek** durchblättern, überfliegen *akk*; prüfen, untersuchen; *Motor* nachsehen; *Theorie* überprüfen; *-i* ~**den sürmeyi çekmek** (*od* **çalmak**) *umg* Meister im Klauen sein; *-i* ~**e almak** e*-r* Gefahr (*dat*) ins Auge sehen; riskieren, wagen (*akk*); ~**e batmak** *fig* ins Auge springen, (unangenehm) auffallen; ~**e çarpan** auffallend; ~**e çarpmak** auffallen, ins Auge springen; *-in* ~**leri kapanmak** *fig* die Augen schließen (*sterben od einschlafen*); *-in* ~**lerinden okumak** *j-m etw* (*akk*) an den Augen ablesen; ~**lerini dört açmak** genau aufpassen; die Augen aufmachen; *fig* die Augen aufreißen; ~**ü açık** *umg* auf Draht, fix; wachsam; ~**ü açılmak** verständig werden; ~**ü bağlı** sorglos; unüberlegt, unbedacht; ~**ü dönmek** zornig werden, rasend werden; *-den* ~**ü dönmüş** rasend (*vor dat*); verblendet; ~**ü gibi sakınmak** wie s-n Augapfel hüten; **onu (bir yerden) gözüm ısırıyor** er kommt mir (irgendwie) bekannt vor; *-de* ~**ü kalmak** begehrt werden; erpicht sein (*auf akk*); neidisch sein (*auf akk*); *-de* ~**ü olmak** *fig* ein Auge haben (*auf akk*); ~**ü pek** beherzt; *-e* ~**ü takılmak** unverwandt blicken (*auf akk*); starren (*auf akk*); ~**ü tok** genügsam, anspruchslos; *-i* ~**ü tutmak** *j-m* gefallen, Interesse haben (*für akk*); **bu işi** ~**üm tutmuyor** diese Arbeit liegt mir nicht; *-in* ~**üne girmek** *j-s* Zuneigung erwerben; ~**ünü** (*a.* ~**lerini**) **açmak** aufpassen, achtgeben; aufwachen; *fig* (*-in j-m*) die Augen öffnen; (*-de in dat*) heimisch werden; ~**ünü doyurmak** mit vollen Händen geben; (*-e*) ~**ünü kapamak** *od* **yummak** die Augen für immer schließen, sterben; *fig* die Augen (*-e vor dat*) verschließen; so tun, als ob man *etw* nicht sähe; ~**ünün içine baka baka** unerschrocken (und kaltblütig); *-in* ~**ünün içine bakmak** *j-m* in die Augen sehen; *um j-n* zittern; *j-n* hätscheln; flehend *j-n* anblicken, *j-n* anflehen; **dört** ~**le** sehnsüchtig *warten*; ~**üm!** mein Liebling!
**göz|açıklığı** ⟨-nı⟩ Wachsamkeit f; Fassungsgabe f; Mutterwitz *m*; **(ilk)** ~**ağrısı** ⟨-nı⟩ (erste) Liebe f ~**akı** ⟨-nı⟩ Weiße *n* (*des Auges*), Sklera f ~**alıcı** *Farbe* auffällig; auffallend schön (*gekleidet*) ~**altı** ⟨-nı⟩ Gewahrsam *m*; Überwachung f; Untersuchungshaft f; *-i* ~**na almak** in Gewahrsam nehmen, festnehmen
**gözbağcı** ⟨-nı⟩ Zauberkünstler *m*; Jongleur *m* ~**lık** ⟨-ğı⟩ Zauberei f; Zauberkunststück *n*, Hokuspokus *m*
**gözbağı** ⟨-nı⟩ Hexerei f; Taschenspielerei f; Augenbinde f
**göz|bebeği** ANAT Pupille f; *fig* Liebling *m*, Augapfel *m* ~**boyama** Augenwi-

**scherei** f; → **göz boyamak**

**gözcü** Beobachter m, -in f; Spion m, -in f; umg Augenarzt m, -ärztin f; **~ uçağı** Aufklärungsflugzeug n **~lük** ⟨-ğü⟩ Beobachtung f; Überwachung f

**gözdağı** ⟨-nı⟩ Drohung f (-e für akk); -e **~ vermek** j-m drohen (-le mit dat)

**gözde** beliebt; populär; Mode- (Farbe); Geliebte f, Auserwählte f

**gözdişi** Augenzahn m

**göze** BIOL → **hücre**

**gözemek** v/t Loch stopfen, zunähen; besticken

**gözene** Bienenschleier m

**gözenek** ⟨-ği⟩ Pore f; Masche f (e-s Netzes)

**gözer** grobe(s) Sieb

**gözet|ici** Aufseher m, -in f **~ilmek** passiv von gözetmek **~im** Aufsicht f; Überwachung f **~özaltı** ⟨-nı⟩ **~imci** Betreuer m, -in f **~leme** Beobachtung f, Beobachtungs-

**gözetle|mek** v/t (heimlich) beobachten; bespitzeln; Unterschied beachten; Ziel verfolgen **~yici** Beobachter m, -in f

**gözetme**: ayrılık **~den** ohne e-n Unterschied zu machen

**gözetmek** v/t beaufsichtigen, aufpassen (auf akk); beschützen; Disziplin wahren; Gelegenheit abwarten; Interessen wahrnehmen; Recht achten, verteidigen; Unterschied machen; Ziel verfolgen

**gözetmen** Aufseher m

**göz|evi** Augenhöhle f **~kapağı** Augenlid n **~leği** Beobachtungsstand m; (Jagd) Anstand m

**gözlem** Beobachtung f; (wissenschaftliche) Untersuchung f, Forschung f **~ci** allg, a. POL Beobachter m, -in f

**gözleme¹** Beobachtung f; Abwarten n

**gözleme²** gefüllter, auf Blech gebackener Fladen

**gözlemek** (-i) warten (auf akk); genau beobachten; untersuchen, erforschen

**gözlemevi** ⟨-ni⟩ ASTRON Sternwarte f

**gözle|mlemek** v/t beobachten; feststellen, ermitteln **~yici** Beobachter m

**gözlü** sehend; klug; -äugig, z. B. **kara ~** schwarzäugig; → **göz¹**; ... mit Fächern, Räumen etc, → **göz²**; z. B. **beş ~ bir ev** ein Haus mit fünf Räumen; **sık ~** Sieb feinmaschig

**gözlük** ⟨-ğü⟩ Brille f; Scheuklappen f/pl; **~ çerçevesi** Brillenfassung f; **güneş gözlüğü** Sonnenbrille f; **o ~ kullanıyor** (od **takıyor**) sie trägt eine Brille; **gözüne ~!** umg pass doch auf!

**gözlük|çü** Optiker m, -in f **~lü** bebrillt, mit Brille; Brillenträger m, -in f

**gözlüklüyılan** ZOOL Brillenschlange f, Kobra f

**gözsüz** blind; ohne Fach etc, → **göz**¹,²

**göztaşı** ⟨-nı⟩ CHEM Kupfervitriol n

**gözüaç** unersättlich; neidisch

**gözüaçık** → **gözü açık**

**gözükmek** sich zeigen; ... **gibi ~** aussehen

**gözüpek** → **gözü pek**

**gözyaşı** ⟨-nı⟩ Träne f; **~ dökmek** Tränen vergießen

**gözyuvası** ⟨-nı⟩ Augenhöhle f

**grado** Grad m; Alkoholgehalt m

**grafik** ⟨-ği⟩ Schaubild n, Diagramm n; grafisch; Grafik f

**grafit** ⟨-ti⟩ CHEM Grafit m

**gram** Gramm n

**gramer** Grammatik f

**gramofon** Grammophon® n

**'grandi** SCHIFF Großmast m

**gran|'duka, '~dük** ⟨-ü⟩ Großherzog m **~düşes** Großherzogin f

**granit** ⟨-ti⟩ Granit m; Granit-

**granül** TECH Korn n; Granulat n

**granüle** gekörnt, granuliert

**gravitasyon** PHYS Gravitation f

**gravür** Stich m, Gravüre f; Gravierkunst f **~cü** Graveur m, Stecher m

**gravyer, ~ peyniri** Gruyère-Käse m

**grayder** Planierraupe f

**Grek** altgriechisch, griechisch **'~çe** Altgriechisch n; (auf) Altgriechisch

**gres, ~ yağı** TECH Schmiere f, Maschinenöl n

**gres|ör** Schmierbüchse f **~yağı** → **gres**

**grev** Streik m; **~ gözcüsü** Streikposten m; **~ kırıcı** Streikbrecher m; **~e girmek** in den Streik treten; **~ hakkı** Streikrecht n; **~e gitmek** e-n Streik beschließen; **~ ilan etmek** e-n Streik ausrufen; **~ kırıcılığı** Niederwerfung f des Streiks; **~ yapmak** streiken; **açlık ~i** Hungerstreik m; **genel ~** Generalstreik m; **açlık ~i** Hungerstreik m; **işi yavaşlatma ~i** Bummelstreik m; **oturma ~i** Sitzstreik m **~ci** Streikende(r)

**greyfrut** ⟨-tu⟩ Pampelmuse f, Grapefruit f
**gri** grau
**grip** ⟨-bi⟩ Grippe f; **~ olmak** die Grippe haben/bekommen
'**grizu** Grubengas n
**grog** ⟨-gu⟩ GASTR Grog m
**grotesk** ⟨-ki⟩ Groteske f; grotesk
**grup** ⟨-bu⟩ Gruppe f; Gruppierung f, POL a. Zelle f; MIL Bataillon n; **bağlama grubu** Volksmusikgruppe f
**grupla|ndırmak** v/t gruppieren; **yeniden ~** umgruppieren **~nmak** sich gruppieren **~şmak**; **-in etrafında ~** sich gruppieren, sich scharen um
**guatr** MED Kropf m
**gudde** ANAT Drüse f
**gudubet** [-du:-] ⟨-ti⟩ **A** adj (abstoßend) hässlich **B** subst Fratze f
**guguk** ⟨-ğu⟩, **~ kuşu** Kuckuck m; **~ gibi kalmak** (od **oturmak**) allein, einsam leben; **~ yapmak** Kuckuck rufen **~lu**: **~ saat** Kuckucksuhr f
**gulden** Gulden m
**gulyabani** Dämon m, Menschenfresser m
**gurbet** ⟨-ti⟩ Fremde f; Ausland n; **~ çekmek** Heimweh haben; **~e gitmek** (od **düşmek**) in die Fremde ziehen; **~ ellerde yaşamak** fern der Heimat leben
**gurbetçi** Auslandstürke m, -türkin f, neg! Gastarbeiter m. -in f
**gurbetçilik** ⟨-ği⟩ Leben n im Ausland
**gurgur**: **~ etmek** Magen knurren, → **guruldamak**
**gurk** ⟨-ku⟩ Glucke f, Bruthenne f; Truthahn m; **~ etmek** kollern; gackern; **~a yatmak** brüten
**gurklamak** Henne gackern; glucken
**guruldamak** knurren; kollern; glucken
**gurultu** Knurren n; Glucken n
**gurup** [-u:p] ⟨-bu⟩ Sonnenuntergang m **~rengi** Abendröte f
**gurur** [-u:r] Stolz m; Hochmut m; **-le duymak** stolz sein (auf akk); **b-ne ~ gelmek** sich brüsten, sich aufblähen; **~unu okşamak** j-s Eitelkeit schmeicheln **~la** stolz, voll Stolz
**gururlanmak** hochmütig sein
**gururlu** stolz; hochmütig
**gusletmek** REL *die rituelle Ganzwaschung vornehmen*
'**gusto** Geschmack m, Stil m der Zeit **~lu**
... mit Geschmack
**gusül** ⟨-slü⟩ REL rituelle Ganzwaschung f **~hane** HIST kleine(r) Waschraum
**gut** MED Gicht f
**gübre** Dung m, (künstlicher) Dünger; **~ böceği** Mistkäfer m; **~ şerbeti** Jauche f; **~ vermek** düngen **~leme** Düngen n
**gübre|lemek** v/t düngen **~li** gedüngt **~lik** ⟨-ği⟩ Dunggrube f, Misthaufen m
**gücen|dirmek** v/t j-n kränken; verstimmen, verdrießen; betrüben **~gen** leicht beleidigt; argwöhnisch **~ik** gekränkt, beleidigt; verdrießlich **~iklik** ⟨-ği⟩ Gekränktheit f, Verstimmung f
**gücenmek** ⟨-e⟩ böse sein auf j-n; es j-m übel nehmen, umg krummnehmen; verstimmt sein (*akk*)
**gücü** Litze f am Webstuhl
**gücük** gestutzt; Tier mit gestutztem Schwanz; **~ ay** dial Februar m
**gücümsemek** ⟨-i⟩ sich schwertun (mit dat)
'**gücün** kaum, umg mit Ach und Krach; mit knapper Not erreichen
**güç¹** ⟨-cü⟩ schwer, schwierig; Schwierigkeit f; adv mit Mühe, schwer; **güçü güçüne**, **~ halle** unter großen Schwierigkeiten; **güce sarmak** schwierig (umg vertrackt) werden; **-in gücüne dokunmak** kränken (*akk*); übel nehmen (*akk*); Sache ärgern, nicht behagen wollen; **-i ~ etmek** etw (*akk*) kaum erwarten können
**güç²** ⟨-cü⟩ Kraft f (Charakter)Stärke f (a. Pferde); Macht f (Gottes, des Geldes; a. POL Staat); Fähigkeit f; Leistung f des Motors; **Barış Gücü** Friedenstruppe f der UNO; **çalışma gücü** Arbeitsfähigkeit f; **iş gücü** Arbeitskraft f (als Person); Menschenpotenzial n; **ödeme gücü** Zahlungsfähigkeit f; **~ birliği** Koalition f; **~ denemesi** Kraftprobe f; **-e gücü yetmek** imstande sein, fähig sein zu; **ona kimin gücü yeter?** wer kann ihn kleinkriegen?; **(onun) buna gücü yetmez** das steht nicht in seiner Macht
**güçbeğenir** Person anspruchsvoll, wählerisch
**güçbela** mit Mühe und Not
**güçlendirici** festigend; Stärkungs-
**güçlendirme** Festigung f, Stärkung f
**güçlendirmek** kaus von güçlenmek; v/t stärken, festigen
**güçlenmek** v/i erstarken

**güçleş|me** Verschlimmerung f; Zuspitzung f der Lage **~mek** sich verschlimmern; schwieriger werden; sich zuspitzen **~tirmek** v/t erschweren; verschlimmern; Beziehungen belasten

**güçlü** stark, kräftig; **~ kuvvetli** stark und kräftig

**güçlük** ⟨-ğü⟩ Schwierigkeit f; Mühe f; **~ çekmek** Schwierigkeiten haben; in Not sein; **~(ler) çıkarmak** j-m Schwierigkeiten machen; **~lerle karşılaşmak** auf Schwierigkeiten stoßen

**güçlülük** ⟨-ğü⟩ Kraft f, Stärke f

**güçsüz** [gy(t)s:yz] kraftlos, schlapp; **~ çıkmak** geschwächt hervorgehen (-den aus); **~ düşmek** zu schwach sein

**güder** → gütmek

**güderi** Wildleder n; Sämischleder n; Fensterleder n

**güdü** Beweggrund m, Motiv n; innere(r) Antrieb **~cü** dial Hirte m

**güdük** ⟨-ğü⟩ unvollendet, unfertig; gestutzt; Tier schwanzlos, kupiert; kurz (Monat); **~ kalmak** unvollendet od klein bleiben

**güdülenme** Motivation f

**güdül|me** Manipulation f **~mek** passiv von gütmek; manipuliert werden

**güdüm** Verwaltung f; Leitung f, Führung f; fig Steuerung f **~bilim** Kybernetik f **~cü** Anhänger m, -in f der Planwirtschaft **~cülük** ⟨-ğü⟩ Planwirtschaft f, Dirigismus m **~lü** lenkbar, Lenk- (Ballon); gesteuert; POL gelenkt (a. Kunst); Plan- (Wirtschaft); spezialisiert, Fach- **~lülük** ⟨-ğü⟩ Planwesen n, Dirigismus m

**güfte** (Lieder)Text m, Libretto n

**güfteci** Librettist m, -in f; Texter m, -in f

**güğüm** Kanne f, Krug m

**güherçile** CHEM Salpeter m

**gül** Rose f; **~ gibi** bezaubernd (Kind); ideal (Beruf); **~e gibi bakmak** liebevoll sorgen (für akk); sorglos leben; **~ gibi geçinmek** (od yaşamak) herrlich und in Freuden leben; in bester Eintracht leben; **her şeyi ~ gülistan görmek** alles durch die rosarote Brille sehen

**güldür: ~ ~ akmak** Wasser dahinbrausen, dahinrinnen; **~ ~ okumak** laut und langsam lesen, psalmodieren

**güldürmek** kaus von gülmek; zum Lachen bringen; **âlemi kendine ~** sich zum Gespött machen

**güldürü** Komödie f **~cü** lustig, komisch, drollig

**güldürücülük** ⟨-ğü⟩ Komik f

**güle: ~ ~** auf Wiedersehen!, alles Gute! (zu den Weggehenden); **~ ~ git (gidin)!** komm (kommen Sie) gut hin!; **~ ~ kullan(ın)!** herzlichen Glückwunsch zur Anschaffung!; **~ ~ otur(un)!** viel Freude an der neuen Wohnung!

**gülecek**, ... zum Lachen; lächerlich; **güleceğim tuttu** ich musste lachen; **bunda ~ ne var?** was gibt es da zu lachen?

**güleç, güler** lächelnd, heiter; Person freundlich; **~ yüz** Freundlichkeit f, Entgegenkommen n; **~ yüzlü** freundlich, entgegenkommend

**güler** → gülmek

**güleş** → güreş

**gülhatmi** BOT Stockrose f, Rote(r) Eibisch

**gülistan** [a:] osm Rosengarten m

**güllabicilik** [a:] ⟨-ği⟩ **b-ne ~ etmek** j-s Verrücktheiten dulden

**güllaç** [-latʃ] ⟨-cı⟩ Süßspeise aus Blätterteig und Milch; Oblate f

**gülle** Kanonenkugel f; Geschoss n; SPORT Scheibenhantel f, Gewicht n; Kugel f; **~ atma** Kugelstoßen n; **~ atmak** die Kugel stoßen **~ci** Kugelstoßer m, -in f

**güllük** ⟨-ğü⟩ Rosengarten m; **~ gülistanlık** Paradies n auf Erden

**gülme** Lachen n

**gülmece** Humor m; humoristische Literatur

**gülmek** ⟨-er⟩ lachen (-e über akk); **~ten bayılmak** sich halb totlachen; **~ten kırılmak** (od **katılmak**) sich kranklachen; laut auflachen; **kıskıs ~** kichern; -in **yüzüne ~** j-m ins Gesicht lachen; j-n auslachen; **gülerim!, güleyim bari** dass ich nicht lache!; **gülersin ya!** du hast gut lachen!; **gülüp oynamak** lachen und scherzen

**gülmez** unfreundlich, brummig

**'gülsuyu** Rosenwasser n

**gülücük** ⟨-ğü⟩ Lächeln n (Kinder)

**gülük** ⟨-ğü⟩ Puter m

**gülümse|me** Lächeln n **~mek** lächeln (-e über akk) **~yiş** Lächeln n

**gülünç** lächerlich; komisch; **~ denecek**

**kadar az** lächerlich gering, wenig
**gülünçleş|mek** lächerlich wirken **~tirmek** lächerlich machen
**gülünçlü** lustig, komisch, humorvoll, witzig
**gülün|ecek** lächerlich, lachhaft; **bunda ~ ne var?** was gibt es dabei zu lachen? **~mek** ausgelacht werden (-e von dat); lächerlich werden
**gülüş** Lachen n
**gülüşmek** miteinander lachen, scherzen
¹**gülyağı** ⟨-nı⟩ Rosenöl n
**güm** int bums, krach!; Krach m, Bums m, Knall m; **-i ~ ~ vurmak** bumsen (an akk); **~ atmak** spinnen, Märchen erzählen; -e **~e gitmek** verloren gehen, umg verpuffen; zugrunde gehen
²**gümbedek** dröhnend, polternd; unversehens; bums, zack
**gümbür ~ ~ etmek** poltern, donnern **~demek** poltern, donnern; umg abkratzen **~tü** Gepolter n, Getöse n, Bumsen n
**gümeç** ⟨-ci⟩ Honigwabe f; **~ balı** Wabenhonig m
**gümlemek** donnern, poltern; umg sitzen bleiben; **gümleyip gitmek** umg plötzlich sein Leben aushauchen
**gümletmek** kaus von gümlemek; ⟨-i⟩ ballern (gegen akk)
**gümrah** Haar dicht, üppig; Stimme volltönend, dröhnend **~lık** ⟨-ğı⟩ Dichte f, Üppigkeit f; Dröhnen n
**gümrük** ⟨-ğü⟩ Zoll m; Zollamt n; Zollbehörde f; **-den ~ almak** von j-m Zoll erheben; **~ muayenesi** Zollabfertigung f; **~ten** (od **~ resminden**) **muaf** zollfrei; **koruyucu ~ resmi** Schutzzoll m; **gümrüğe tabi** zollpflichtig **~çü** Zollbeamte(r) **~leme** Verzollung f **~lemek** v/t verzollen **~lü** zu verzollend; verzollt
**gümrük|lük** zollpflichtig; **~ bir şeyiniz var mı** haben Sie etwas zu verzollen? **~süz** zollfrei; unverzollt, geschmuggelt
**gümüş** Silber n; Silber-, silbern; **~ kaplama** versilbert, Versilberung f; Silberdoublé n; **~ kaplamak** versilbern; **~im!** umg hum mein liebes Kind! **~çü** Silberschmied m
**gümüşgöz** geldgierig
**gümüşî** [i:] silberfarben, silbergrau **~lemek** v/t versilbern

**gümüşlü** silberhaltig; versilbert
**gümüşsuyu** ⟨-nu⟩ galvanische Silberlösung f
**gün** Tag m; Sonne f; **-den ~ almak** sich e-n Termin holen (bei dat); **~ bugün** (od o **~ bugündür**) (das ist) die Gelegenheit; **~ doğar** der Tag bricht an; das kommt (bana mir) zupass; **~ durumu** Sonnenwende f; **çocuğa ~** (od **güneş**) **geçti** das Kind bekam e-n Sonnenstich; **~ gibi açık sonnenklar**; **~ görmedik yer** (ein) Platz ohne Sonne, umg wo die Sonne nicht hinkommt; **bu oda hiç ~** (od **güneş**) **görmez** in diesen Zimmer fällt keine Sonne; **~ görmek** fig gut leben; **~ görmüş** a. ... der viel erlebt hat; **~ günden** von Tag zu Tag; **~ ışığına çıkmak** ans Licht kommen; -e **~ koymak** ein Datum bestimmen, e-n Tag (od Tage) ansetzen (für akk); **~ yapmak** e-n Tag im Monat Gäste haben; **~den ~e** von Tag zu Tag; **~lerden bir ~** eines (schönen) Tages; einst, (es war) einmal; **~ü gecesi gece olmak** in e-e bedauernswerte Lage geraten; **onun ~leri sayılı** seine Tage sind gezählt; **~ü ~üne** fristgerecht; **~ü yetmek** Tod, Geburt nahe bevorstehen; **~ün adamı** Held m des Tages; **~ün birinde** eines Tages; **~ün konusu** Tagesgespräch n; **~ünü doldurmak** e-e bestimmte Frist abwarten; **~ünü ~ etmek** herrlich und in Freuden leben; **~ünü görmek** schlecht ausgehen (für akk); Frau die Regel haben; glückliche Tage s-r Kinder erleben; **~ünü göstermek** (-e) j-m e-n Denkzettel geben; **adi ~, iş ~ü** Werktag m; **tatil ~ü** Feiertag m; **bir ~** eines Tages; einst, einmal; irgendwann; **birkaç ~ önce** vor einigen Tagen; **her ~** jeden Tag; **geçen ~** vorgestern; neulich, dieser Tage; **bu ~lerde** dieser Tage, demnächst; **ak (kara) ~lerde** in guten (schlechten) Zeiten
**günah** [a:] allg Sünde f; **~ çıkarmak** (s-e Sünden) beichten; **~ etmek, ~ işlemek** sündigen, e-e Sünde (e-n Fehler) begehen; **-le ~a girmek** versündigen (an dat); **-i ~a sokmak** j-n verführen, verleiten; **-in ~ına girmek, ~ını almak** j-n zu Unrecht beschuldigen, verdächtigen; **-in ~ını çekmek** für seine (od j-s) Sünden büßen (müssen); **~ını vermez** Geizkragen m; **-mek ~ olur** fig es ist eine

Sünde, zu ...
**günah|kâr, ~lı** Sünder *m*, -in *f*; sündig **~sız** unschuldig, ... ohne Sünde
**'günaşırı** jeden zweiten Tag
**günaydın!** guten Morgen!
**günbatımı** Westen *m*; Westwind *m*
**'günbegün** von Tag zu Tag; täglich
**'günberi** ASTRON Erdnähe *f*
**günce** Tages-; täglich; Tagebuch *n*
**güncel** aktuell
**güncellemek** IT aktualisieren
**güncelleşmek** aktuell werden
**güncelleştirmek** aktualisieren
**güncellik** ⟨-ği⟩ Aktualität *f*
**'günçiçeği** ⟨-ni⟩ *dial* Sonnenblume *f*; **~ tohumu** Sonnenblumenkerne *m/pl*
**gündeleşmek** an der Tagesordnung sein
**gündelik** ⟨-ği⟩ täglich; Tages- (*Zeitung*); Alltags- (*Anzug*); Tage(s)lohn *m*; WIRTSCH Tagebuch *n*, Primanota *f*
**gündelikçi** Tagelöhner *m*, -in *f*; **~ kadın** Putzfrau *f*; **~lik** ⟨-ği⟩: **~ yapmak** als Tagelöhner(in) arbeiten
**gündem** Tagesordnung *f*; *-i* **~e almak** auf die Tagesordnung setzen (*akk*); *-i* **~e getirmek** zur Diskussion stellen (*akk*); zu e-m aktuellen Thema machen; **bu konu ~de** das steht auf der Tagesordnung
**gündoğusu** ⟨-nu⟩ Osten *m*; Ostwind *m*
**göndönümü** ⟨-nü⟩ Tag *m* der Sonnenwende
**gündüz** Tag *m*, Tageszeit *f*; am Tage, tagsüber; **gece ~** Tag und Nacht; **~ ışıklı** Tageslicht- (*Leuchte*) **~cü** tagaktiv; Tagarbeiter *m*, -in *f*; Tag(es)trinker *m* **~lü** externe(r) Schüler
**'gündüzün** bei Tage
**günebakan** *dial* Sonnenblume *f*
**güneğik** ⟨-ği⟩ *dial* Zichorie *f*
**güneş** Sonne *f*; Sonnenschein *m*; **~ almak** (*od* **görmek**) Sonne bekommen; **~(in) altında** in praller Sonne; **~ banyosu yapmak** ein Sonnenbad nehmen; **~in** (*a.* **~**) **batması** Sonnenuntergang *m*; **onu ~ çarptı** *er* hat (sich) e-n Sonnenstich (geholt); **~ çarpması** MED Sonnenstich *m*; **~ gören taraf** Sonnenseite *f*; **~ gözlüğü** Sonnenbrille *f*; **~ tutulması** Sonnenfinsternis *f*; **~ var** die Sonne scheint; **~ yılı** Sonnenjahr *n*; **~ten yanmış** sonnenverbrannt

**güneşlemek, güneşlenmek** sich sonnen
**güneşletmek** *v/t* der Sonne aussetzen
**güneş|li** sonnig **~lik** ⟨-ği⟩ sonnig (*Zimmer*); Sonnenschutz *m* **~siz** ... ohne Sonne, sonnenlos; dunkel; *Himmel* bedeckt
**güney** Süden *m*; südlich; ⚹ **Afrika** südliche(s) Afrika; ⚹ **Afrika Cumhuriyeti** Republik Südafrika; ⚹ **Amerika** Südamerika *n*; ⚹ **Kutbu** Südpol *m* **~batı** Südwesten *m*; südwestlich **~doğu** Südosten *m*; südöstlich **~li** Südländer *m*, -in *f*; südländisch
**güneyönelim** Heliotropismus *m*
**'günışığı** ⟨-nı⟩ FOTO Tageslicht *n*; → **gün ışığına**
**günkü: her ~ iş** tägliche Arbeit; **salı ~ gazete** die Zeitung vom Dienstag
**günlü** mit Datum von (*dat*), vom ...; datiert
**günlük**¹ ⟨-ğü⟩ **A** *subst* Tagebuch *n*; Tagesbericht *m* **B** *adj* täglich (*z. B. Ausgaben*); Tages- (*Ereignisse; Befehl; Zeitung*); für ... Tage; alltäglich, Alltags- (*Kleidung*); -tägig, *z. B.* **sekiz ~** achttägig (*a.* acht Tage alt); Tagesration *f*; **~ güneşlik** hell, sonnig, in Sonne gebadet
**günlük**² ⟨-ğü⟩ Weihrauch *m*
**günlükçü** Tagebuchschreiber *m*, -in *f*
**'günmerkezli** heliozentrisch
**günü** Neid *m*; Eifersucht *f*
**günübirliğine** *adv* (nur) für einen Tag, ohne Übernachtung (*Ausflug etc*)
**günübirlik** ⟨-ği⟩ nur tagsüber, als Tagesgast
**günü|cü** *dial* Neider *m*, -in *f*; Eifersüchtige(r) **~lemek** ⟨-*i*⟩ *j-n* beneiden; eifersüchtig sein auf *j-n*
**gü'pegündüz** am helllichten Tage
**güpgüzel** bildschön
**gür** *Haar* üppig, voll; *Wasser* reichlich; *Stimme* gewaltig, mächtig; **~ diye** mit Gepolter
**gürbüz** kerngesund **~leşmek** sich kräftig entwickeln, sich tüchtig herausmachen
**gürbüzlük** ⟨-ğü⟩ eiserne Gesundheit
**Gürcistan** Georgien *n*
**Gürcü** Georgier *m*, -in *f*; georgisch **~ce** (das) Georgisch(e); (auf) Georgisch
**güre** *dial* energisch, kraftvoll; furchtsam
**güreş** Ringkampf *m*, Ringen *n*; Runde *f*;

**~ etmek, ~ tutmak** (miteinander) ringen; **boğa ~i** Stierkampf *m*; **serbest ~** Freistilringen *n* **~çi** Ringkämpfer *m*; **boğa ~si** Stierkämpfer *m*; **~ köprüsü** SPORT Brücke *f* **~çilik** ⟨-ği⟩ Sektion *f* Ringkampf **~mek** ringen, e-n Ringkampf durchführen

**gürgen** BOT Weißbuche *f*, Hainbuche *f*

**gürleme** Donnern *n*; **gök ~si** Donner *m*

**gürlemek** donnern; *Person fig* brüllen, donnern; **gürleyip gitmek** fig plötzlich den Geist aufgeben; **gürleyivermek** *umg* in die Binsen gehen

**gürleşmek** Haar voller werden, → **gür**

**gürle|tmek** Stimme erzittern lassen, erschüttern **~yiş** Donnern *n*, Krach *m*

**gürlük** ⟨-ğü⟩ Fülle *f*, Üppigkeit *f*; reichliche(s) Vorhandensein, Menge *f*; Mächtigkeit *f der Stimme etc*; *-in* **son gürlüğü olmak** (sein) Schwanengesang sein

**gürp**: **yüreği ~ ~ ediyor** sein Herz pocht mächtig, *umg* ... macht bum, bum

**güruh** [u:], **gürüh** Bande *f*, *umg* Pack *n*

**gürül**: **~ ~ akmak** dahinrauschen; **~ ~ çalışmak** verbissen arbeiten; **~ ~ yanmak** Flamme knistern **~demek** Krach machen, lärmen; rauschen

**gürültü** Lärm *m*, Krach *m*; Geschrei *n*; Hollotria *n*; Krawall *m*; Streit *m*, Zank *m*, *fig* Krach *m*; **~ etmek** (*umg a.* **çıkarmak, yapmak**) Lärm machen, laut sein; rumoren; **~ patırtı** Tamtam *n*; Aufregung *f*; Krach *m*; **~den vor** (lauter) Lärm; **~ye gelmek** in Aufregung geraten; im Lärm untergehen; *-i* **~ye getirmek** zur Farce machen (*akk*), in Aufregung versetzen (*akk*), *etw* im Lärm ersticken; unterschlagen; **~ye pabuç bırakmamak** sich nicht einschüchtern lassen

**gürz** HIST eiserne(r) Streitkolben

**güta'perka** Guttapercha *n od f*

**gütmek** ⟨-der⟩ *v/t* Tiere weiden, hüten; *Politik, Ziel* verfolgen; führen, leiten

**güve** ZOOL Motte *f*

**güveç** ⟨-ci⟩ Schmortopf *m*; Güvetsch *n*, Fleisch- und Gemüsegericht im Tontopf

**güven** Vertrauen *n* (*-e karşı* zu *dat*); Zuversicht *f*; Sicherheit *f*; Obhut *f*, Schutz *m*; **~ altına almak** in Sicherheit nehmen; **~ içinde** mit Vertrauen, vertrauensvoll; **~ mektubu** Beglaubigungsschreiben *n*; *-e* **~i olmak** sich verlassen (auf *akk*)

**güvence** Garantie *f* (... *hakkında* dafür, dass ...); Kaution *f*, Sicherheit *f* **~li** garantiert, sicher **~siz** ungesichert, ... ohne Garantie

**güvenil|ir** zuverlässig (*z. B. Quelle*) **~me** Vertrauenswürdigkeit *f* **~mez** unzuverlässig; nicht vertrauenswürdig

**güven(il)irlik** ⟨-ği⟩ Zuverlässigkeit *f*

**güvenli** sicher, zuverlässig; selbstbewusst, selbstsicher

**güvenlik** ⟨-ği⟩ Sicherheit *f*; Vertrauen *n* (*einflößen*); **~ borusu** Überlaufrohr *n*; **~ kemeri** Sicherheitsgurt *m*; **2 Konseyi** Sicherheitsrat *m* (*der UNO*); **~ vanası** Sicherheitsventil *n*; **iş güvenliği** Arbeitsschutz *m*

**güven|mek** (*-e*) sich verlassen (auf *akk*); sich rühmen (*gen*); **kendine güvenen** selbstbewusst **~mişlik** ⟨-ği⟩ Zuversicht *f*; **kendine ~** Selbstbewusstsein *n*

**güvenoylaması** ⟨-nı⟩ Abstimmung *f* über die Vertrauensfrage

**güvenoyu** ⟨-nu⟩ Vertrauensvotum *n*

**güvensiz** unsicher; misstrauisch

**güvensizlik** ⟨-ği⟩ Misstrauen *n*; Unsicherheit *f*; **~ önergesi** Misstrauensantrag *m*; **~ oyu** Misstrauensvotum *n*

**güvercin** Taube *f*; **~ göğsü** enge Brust, Hühnerbrust *f* (*Sache a.* **güvercin boynu**); **haber** (*od* **posta**) **~i** Brieftaube *f*; **~ boynu** ⟨-nu⟩ grünrosa schillernde Farbe **~lik** ⟨-ği⟩ Taubenschlag *m*; Taubenzucht *f*

**gü'verte** SCHIFF Deck *n*; **ara ~** Mitteldeck *n*; **üst ~** Oberdeck *n*; **~den atmak** über Bord werfen; **~ albayı** Kapitän *m* zur See; **~ binbaşısı** Korvettenkapitän *m*; **~ yarbayı** Fregattenkapitän *m*

**güverteli** Deck-

**güvey** (*a.* **~i, ~si**) Bräutigam *m*; junge(r) Mann; Schwiegersohn *m*; *Mann* **~ girmek** heiraten

**gü'veyeniği** ⟨-ni⟩ Mottenloch *n*

**gü'veyfeneri** BOT Judenkirsche *f*

**güvez** dunkelrot; rotlila schimmernd

**güya** ['gy:ja:] *adv* angeblich; *konj* als ob

**güz** *dial* Herbst *m*; **~ noktası** Herbst-Tagundnachtgleiche *f*

**güzaf** [a:], **laf-ü ~** dumme(s) Zeug, Gewäsch *n*

# HABE

**'güzçiğdemi** ⟨-ni⟩ BOT Herbstzeitlose f

**güzel** schön; hübsch; nett; z. B. Arbeit, Geld gut; Gelegenheit günstig, gut; Idee ausgezeichnet; hum Versprechen, Worte schön; Person Schönheit(skönigin) f, z. B. Türkiye ♀i Miss Türkei; adv gut sprechen; **~im Fatma** meine liebe Fatma; **~ yazı** Kalligrafie f; **ne ~ ettiniz de geldiniz** nett von Ihnen, dass Sie gekommen sind

**güzelavratotu** ⟨-nu⟩ BOT Belladonna f, Tollkirsche f

**güzelce**[1] recht hübsch

**gü'zelce**[2] tüchtig, ordentlich

**güzelduyu** Ästhetik f **~culuk** ⟨-ğu⟩ Ästhetizismus m **~sal** ästhetisch

**güzelim** wunderschön; herrlich; entzückend

**güzelleme** lyrische(s) Gedicht in der türk. Volksliteratur

**güzellenmek** → güzelleşmek

**güzel|leşme** Verschönerung f **~leşmek** schöner werden, sich verschönern; besser werden **~leştirmek, ~letmek** v/t schöner machen, verschönern

**güzellik** ⟨-ği⟩ Schönheit f; Güte f; Zärtlichkeit f; **~ enstitüsü** Schönheitsinstitut n; **~ kraliçesi** Schönheitskönigin f; **~le** gütlich, im Guten; in Güte; friedlich

**güzergâh** Strecke f; Verlauf m der Strecke; Durchgangspunkt m

**güzide** [i:] ausgewählt; erlesen

**güzlek** ⟨-ği⟩ Herbstregen m; Herbstaufenthalt m

**güzlemek** den Herbst verbringen

**güzlük** ⟨-ğü⟩ Herbst- (Ernte); Herbstgetreide n

**'güzün** dial im Herbst

---

**ğ, Ğ** wird buchstabiert als **yumuşak g**, kommt nie als Anlaut vor, nur als Inlaut (-ğ-) und im Auslaut (-ğ); oft als Dehnungslaut

---

**h, H** [he:] h, H n; MUS h-Moll, H-Dur

**H** abk. für Hicrî (Jahr) der Hedschra

**ha**[1] [a] int zur Ermunterung; nun, na: **~ gayret!, ~ göreyim seni!** nur Mut!, nur ran!, na los!

**ha**[2] [a:] int zur Verstärkung wie, doch, nicht; nur, ja; verschiedene Bedeutungen also; aha, ach so!; ja richtig!; **amma güzel ~!** doch schön, nicht!?; **~ bilmiş ol, ben öyle şey istemem** also merke dir (od lass es dir gesagt sein), ich dulde so etwas nicht; **~, şimdi anladım** ah, jetzt habe ich verstanden; **~, size yazmayı unutmuştum** ja, richtig, ich hatte vergessen, Ihnen zu schreiben; **gitti ~, yazık!** er ist also gegangen, schade!; **gelir misin? – ~, gelirim!** du kommst? – na klar, (ich komme)

**ha**[3]: **yürü ~ yürü, yol bitmiyor** man geht und geht, der Weg nimmt kein Ende; **~ babam** in einem fort: **~ babam konuşuyor** er spricht und spricht; **~ bire** → habire; **~ deyince** auf Anhieb, gleich, sofort; **~ ... ~:** **~ bugün ~ yarın** heute oder morgen; über kurz oder lang; **~ bağ, ~ bahçe, ~ tarla** gleich ob Weinberg, ob Garten oder Feld; **~ işte ...** da ist ja ...

**HA** abk. für → haber ajansı

**habbe**: **~yi kubbe yapmak** fig übertreiben

**haber** Nachricht f, Meldung f; Mitteilung f; **~ ajansı** Nachrichtenagentur f;

-diğini ~ almak erfahren, dass ...; ~ atlamak e-e Nachricht verbreiten/auslassen; ~ çıkmamak nichts verlauten lassen; -e ~ etmek j-n informieren, unterrichten; ~ geçmek Nachricht durchgeben; -e ~ göndermek (od salmak, yollamak) j-m Nachricht (od Bescheid) geben; -e ~ uçurmak j-m umgehend Bescheid geben; umg j-m etw stecken; -i -e ~ vermek j-m etw (akk) mitteilen; j-n benachrichtigen; melden (akk); informieren (-e ... hakkında) j-n über (akk); ein Anzeichen sein (-i dafür, dass ...); ~e göre dem Vernehmen nach; -den ~i olmak wissen von; unterrichtet sein von; im Bilde sein; **kara ~** Trauernachricht f; Hiobsbotschaft f; **bugün ne ~ var?** was gibts heute Neues?; **~ ver!** od **~lerini yolla!** lass von dir hören!; **(-den) ne ~?** wie steht's (mit)?

**haberci** Bote m, Botin f; MIL Melder m; Kurier m; fig Vorbote m, Anzeichen n

**haberdar** [-da:r] informiert; **-den ~im** e-e Ahnung haben (von dat); **-i -den ~ etmek** j-n in Kenntnis setzen (von dat), j-n informieren (über akk); **-den ~ olmak** Bescheid wissen (über akk); gewarnt sein

**haberleş|me** Nachrichtenaustausch m **~mek** sich gegenseitig benachrichtigen

**haber|li** informiert; gewarnt; Gast angemeldet **~siz** ohne Nachricht; nicht informiert (-den von dat); **~ geliş** unangemeldete(r) Besuch **~sizce** ohne Benachrichtigung

**Habeş** HIST Äthiopier m, -in f **~istan** Äthiopien n

**Habil** [a:] Bibel Abel m; **~ ile Kaabil** Kain und Abel

**habire** ununterbrochen, in einem fort

**habis** [i:] MED bösartig; Halunke m, Schuft m **~lik** ⟨-ği⟩ Bösartigkeit f

**hac** ⟨-ccı⟩ Wallfahrt f; **~ca gitmek** e-e Wallfahrt machen, pilgern

**hacamat** ⟨-tı⟩ Schröpfen n, Blutabnahme f durch Schröpfköpfe; **~ etmek** → hacamatlamak **~lamak** ⟨-ı⟩ umg j-n leicht verwunden od j-m e-n Messerstich versetzen

**hacet** [a:] ⟨-ti⟩ Bedarf m, Notwendigkeit f; Gebet n; Bitte f; **~ dilemek** zu Gott beten; **-e ~ etmek**, **~ görmek** auf die Toilette gehen, austreten müssen; **bedürfen** (gen), für nötig halten (akk), brauchen (akk); **~ kapısı**, **~ penceresi** Gebetstür f, Gebetsfenster n (am Grabmal e-s Heiligen); **~ yeri** Abort m; **~ yok** es erübrigt sich; **~ini yapmak** s-e Notdurft verrichten

**hacı** Mekkapilger m, -in f; Pilger m, -in f, Wallfahrer m, -in f; (-i) **~ bekler gibi beklemek** (wie) auf Kohlen sitzen (und auf j-n warten); **~sı hocası** Krethi und Plethi

**hacıağa** umg etwa Großkotz m vom Lande

**hacıyatmaz** Stehaufmännchen n (a. fig)

**hacim** ⟨-cmi⟩ Volumen n; Rauminhalt m; fig Umfang m; (Flüssigkeits)Menge f

**hacimli** ... ~ mit e-m Umfang von ...; **(geniş) ~** umfangreich

**hacimsel** Umfangs-, Raum-; volumetrisch (Analyse)

**hacir** ⟨-cri⟩ JUR Vormundschaft f; Entmündigung f; → **kısıt**; **~ altına almak** unter Vormundschaft stellen

**Hacivat** ⟨-tı⟩ zweite Figur im Schattenspiel Karagöz; Karagöz m

**haciz** ⟨-czi⟩ JUR Pfändung f; **-e koymak** pfänden (akk); **~ kararı** Pfändungsbefehl m **~li** gepfändet

**hacker** IT Hacker m, -in f

**hacklamak** IT hacken

**haczetmek** ['ha(dʒ)zet-] v/t pfänden

**haç** ⟨-çı⟩ Kreuz n; **~ çıkarmak** sich bekreuzigen

**Haçlı** HIST Kreuzfahrer m; **~ Seferleri** HIST Kreuzzüge m/pl

**haçvari** kreuzförmig; Kreuz-

**had** ⟨-ddi⟩ Grenze f; Grad m; **~di hesabı olmamak** unzählig sein, sehr zahlreich sein; **~di mi**, **~dine mi düşmüş?** dazu ist er nicht fähig; (-mek) **~di olmamak** j-m nicht zustehen (zu +inf); **~di varsa** wenn er den Schneid hat; er solls nur wagen!; **~di zatında** eigentlich, an und für sich; **~dinden fazla** über die Maßen, über Gebühr; **~dini aşmak** fig zu weit gehen; **~dini bildirmek** j-n in die Schranken weisen; **~dini bilmek** wissen, was sich gehört; **~dini bilmemek** sich (dat) zu viel herausnehmen; **~dini bilmez** taktlos; rücksichtslos; **yaş ~di** Altersgrenze f

**hadde** TECH Walzmaschine f; Drahtziehmaschine *f*; ~ **fabrikası** Walzwerk *n*; **~den çekmek** *v/t* walzen; *fig* auf die Folter spannen; **~den geçirmek** *v/t* walzen; *Drähte ziehen; eingehend prüfen, umg* durchkauen

**haddelemek** *v/t* walzen; *Draht ziehen*
**hademe** Amtsdiener *m*; Putzfrau *f*
**hadım** Eunuch *m*; **~ etmek** kastrieren **~ağası** HIST Eunuchenvorsteher *m* **~laştırmak** *v/t* kastrieren
**'hadi** → haydi
**hadis** [i:] REL Spruch oder Tat Mohammeds (als Richtschnur); Lehre über die Überlieferung von Sprüchen und Taten Mohammeds
**hadise** [a:] Ereignis *n*; ~ **çıkarmak** e-n Zwischenfall verursachen **~li** tumultuös, in erregter Atmosphäre **~siz** ohne Zwischenfälle
**hadsiz**: ~ **hesapsız** unendlich, in unübersehbarer Menge
**hafakan**: **beni** *etc* **~lar basıyor** mir *etc* krampft sich das Herz zusammen (vor Überdruss)
**ha'fazanallah** Gott behüte uns!
**hafız** [a:] *jemand, der den Koran auswendig rezitieren kann; umg* Büffler *m*; *fig* Papagei *m*
**hafıza** [ha:-] Gedächtnis *n*; IT Speicher *m*; **~yı yoklamak** sich zu erinnern suchen
**hafızlamak** *v/t umg* büffeln
**hafızlık** ⟨-ğı⟩ Aufgabe *f* e-s Koranrezitators; Büffelei *f*
**hafif** leicht; leichtsinnig; *Getränk, Licht* schwach; ~ ~ leise sprechen; ~ **bir kahvaltı** ein leichtes Frühstück; ~ **giyinmek** sich dünn anziehen; ~ **sanayi** Leichtindustrie *f*; ~ **sıklet** SPORT Leichtgewicht *n*; -*i* **~e almak** bagatellisieren (*akk*); ~ **atlatmak** noch glimpflich davonkommen **~çe** *adv* leicht; ein wenig, etwas; schwach
**hafiflemek** leichter werden; *Person* erleichtert sein; *Krankheit* im Abklingen sein; *Schmerz, Sturm* nachlassen
**hafifleşmek** → hafiflemek; unsolide, leichtsinnig werden **~tirmek** *v/t* erleichtern; mildern; *j-n (durch schlechten Umgang) verderben
**hafifletici** *a.* JUR mildernd **~mek** *v/t* erleichtern; mildern; *Entzündung* hemmen; POL *Spannung* abbauen, verringern

**hafiflik** ⟨-ği⟩ Leichtigkeit *f*; Erleichterung *f*; Leichtsinnigkeit *f*; ~ **etmek** leichtsinnig handeln; frivol sein
**hafifmeşrep** ⟨-bi⟩ leichtsinnig, frivol; leichte(s) Mädchen
**hafifsemek** *v/t* gering schätzen
**hafiften** leicht; leise *singen*; ~ **almak** *etw* auf die leichte Schulter nehmen; *j-n* gleichgültig behandeln
**hafiye** Detektiv *m*, -in *f*
**hafriyat** [a:] ⟨-tı⟩ ARCH Ausgrabung(en) *f/pl*
**hafta** Woche *f*; ~ **arasında** (*od* **içinde**) im Laufe der Woche; ~ **başı** Wochenanfang *m*; ~ **sekiz, gün dokuz (bizdedir)** ständig, dauernd (sitzt er uns auf der Pelle) **~larca** wochenlang
**haftalık** ⟨-ğı⟩ -wöchig; wöchentlich (*Bericht*); Wochen- (*Zeitung*); Wochenlohn *m*; **iki ~** zweiwöchig
**haftalıkçı, ~lı** Wochenlöhner *m*
**'haftaym** SPORT Halbzeit *f*
**hah** na endlich!; na eben!; na also!; ~ **şöyle** ganz recht so!
**haham** Rabbiner *m*
**hahha** [-ha:-], **'hahhah** *int* haha!
**hain** [ha:-] Verräter *m*, -in *f*; *scherzhaft* Taugenichts *m*, Stromer *m*, Vagabund *m*; boshaft; hinterhältig; **vatan ~i** Hochverräter *m*, -in *f* **~ce** verräterisch; hinterhältig
**hain|leşmek** tückisch sein (*od* werden); als Verräter handeln **~lik** ⟨-ği⟩ Verrat *m*; Hinterlist *f*; **vatan hainliği** Hochverrat *m*; ~ **etmek** e-n Verrat begehen; boshaft sein (*od* werden)
**haiz** [ha:-]: -*i* ~ **olmak** besitzen (*akk*), verfügen (über *akk*); **ehemmiyeti ~** von Wichtigkeit, bedeutend
**Hak** ⟨-kkı⟩ Herrgott *m*; **~kı Cenabı** *od* **Cenabı ~** Herrgott *m*; **hak getire ...** sucht man vergebens; er (man) hat ... nicht; **~ka kavuşmak** (*od* **yürümek**) zu Gott eingehen; **~kın rahmetine kavuşmak** das Zeitliche segnen
**hak**[1] ⟨-kkı⟩ Recht *n*; Gerechtigkeit *f*; Teil *m*, Anteil *m*; *fig* Lohn *m*, Belohnung *f*; Arbeit *f*, Mühe *f*, Einsatz *m z. B.* e-r Mutter; richtig; recht; ~ **eşitliği** Gleichberechtigung *f*; ~ **etmek** verdienen (*akk*), ein Recht haben (auf *akk*); *Vertrauen* rechtfertigen; -*e* **kazanmak** das Recht erwerben (auf *akk*); recht bekommen;

sich als richtig erweisen; *-e* **~ vermek** j-m recht geben; **b-nin ~kını yemek** j-n übervorteilen; j-m gegenüber ungerecht sein; **~ yemez** gerecht, anständig; *-e* **~kı geçmek** j-m Mühe machen; ... **~kı için** im Namen *(gen)*; **Allah ~kı için** im Namen Gottes; **namusum ~kı için** mein Ehrenwort!; **~kı ödenmez** unbezahlbar; **~kı olmak** recht haben; das Recht haben (*-e* auf *akk*); etwas zu bekommen haben; **~kı var** er hat recht; er hat ein Recht dazu; *-in* **~kından gelmek** meistern (*akk*); mit j-m abrechnen, sich (*dat*) j-n vornehmen; **~kını aramak** sein Recht verlangen; *-e* **~kını helal etmek** REL j-m die Schuld *etc* vergeben; j-m *etw* gönnen; *-in* **~kını vermek** ordentlich machen (*akk*); j-n gerecht behandeln; *-in* **~kını yemek** j-n benachteiligen; **emek ~kı** Vergütung *f*; **emeklilik ~kı** Recht *n* auf Ruhegeld; **oturma ~kı** Aufenthaltsberechtigung *f*; Wohnrecht *n*; **tatil ~kı** Recht *n* auf Urlaub; **insan ~ları** Menschenrechte *n/pl*; **yurttaş ~ları** (die) bürgerliche(n) Rechte *n/pl*; **medenî ~lardan istifade ehliyeti** JUR Rechtsfähigkeit *f*; **ne ~la?** mit welchem Recht?

**hak²** ⟨-kkı⟩ Gravur *f*; Gravierkunst *f*; Ziselieren *n*

**hakan** [ha:ka:n] HIST Khan *m*; Titel der osmanischen Herrscher

**hakaret** [-ka:-] ⟨-ti⟩ Beleidigung *f*; Verachtung *f*, Herabsetzung *f*; *-e* **~ etmek** j-n beleidigen; herabsetzen; *-den* **~ görmek** beleidigt (*od* erniedrigt) werden (von *dat*, durch *akk*)

**'hakça** gerechterweise; mit Recht

**hakem** SPORT Schiedsrichter *m* **~lik** ⟨-ği⟩ SPORT Spielleitung *f*; *-e* **~ etmek** (*od* **yapmak**) den Schiedsrichter spielen für

**haketmek** → hak¹

**hakeza** ['ha:keza:] ebenfalls, auch (*nicht*)

**haki** [ha:ki:] kaki(farben)

**hakikat** [-ki:-] ⟨-ti⟩ Wahrheit *f*; Tatsache *f*; **~ gerçek**; **gerçekten**; **~ olmak** → gerçekleşmek

**hakikaten** ['ki:-] → gerçekten

**hakikatli** wahr, aufrichtig, echt

**hakikatsiz** treulos; unbeständig

**hakikî** [haki:'ki:] wahr, wirklich, echt;

richtig; **~ Türk tütünü** echt türkische(r) Tabak; **~ şahis** JUR natürliche Person

**hakim** ⟨-*e*⟩ Herrscher *m*; **Herr** *m* **der Lage, der Gefühle**; Richter *m*, beherrschend (*akk*); *-e* **~ olmak** beherrschen (*j-n*; *akk*); *Pflanzen etc* heimisch sein; **kendine ~ olmak** sich beherrschen

**hakîm** [i:] *osm* Weise(r), Philosoph *m*; **2** (*od* **2i mutlak**) (der) allwissende Gott

**hakimiyet** ⟨-ti⟩ Souveränität *f*; (*-e*) Beherrschung *f* (gen); Herrschaft *f* (über *akk*); → egemenlik

**hakimlik** ⟨-ği⟩ Herrschaft *f*; Richteramt *n*

**hakir** [-ki:r] unbedeutend; *-i* **~ görmek** verachten, herabsetzen

**hakkâk** ⟨-ki⟩ Graveur *m*; Stecher *m*

**hakkaniyet** [-ka:-] ⟨-ti⟩ Gerechtigkeit *f*

**hakketmek** gravieren, stechen (*-i -e akk* in *akk*); ausradieren (*-i* *akk*)

**hakkı|hıyar** HIST Optionsrecht *n* **~huzur** JUR Anwesenheitsvergütung *f*

**hakkında** über (*akk*), bezüglich (*gen*), *akk* betreffend, mit Bezug (auf *akk*); **dil ~ bir yazı** ein Artikel über die Sprache; **(benim) hakkımda** über mich, mich betreffend

**hakkısükût** ⟨-tu⟩ Schweigegeld *n*

**hakkıyla** ordentlich, wie es sich gehört

**hakla|mak** Feind schlagen, besiegen; *Sache* kaputt machen; *umg* aufessen, verputzen **~şmak** (*-le*) mit *j-m*, miteinander abrechnen; quitt sein

**haklı** berechtigt (*z. B.* Forderung); gerecht (*z. B.* Strafe); wahr (*z. B.* Wort); Recht *haben*; *-i* **~ çıkarmak** rechtfertigen (*akk*); richtig finden (*akk*); **~ çıkmak** *Person* recht haben; *Sache* sich als richtig erweisen; **~ olarak** berechtigterweise; **~ olmak** recht haben; **~sınız** Sie haben recht **~lık** ⟨-ği⟩ Gerechtigkeit *f*; Berechtigung *f*; Angemessenheit *f*

**haksever** wahrheitsliebend; gerechtigkeitsliebend

**haksız** ungerecht; unwahr (*z. B.* Behauptung); rnrecht haben; **~ çıkmak** rnrecht haben; *Prozess etc* verlieren; unrecht bekommen; **~ yere** *adv* unverdient, ungerechterweise; **~sınız** Sie haben unrecht **~lık** ⟨-ğı⟩ Ungerechtigkeit *f*; Unwahrheit *f*; Gesetzwidrigkeit *f*, Willkür *f*

**hak|şinas** [a:], **~tanır** das Recht achtend, gerecht

**hakuran** → kumru; **~ kafesi (gibi)** (wie eine) Bruchbude f

**hal¹** ⟨-li⟩ **A** *subst* → durum; Zustand m, Lage f; Auftreten n, Benehmen n, Verhalten n *e-r Person*; Gegenwart f; Kraft f *(etw zu tun)*; GRAM Indikativ m; Fall m, Kasus m *(z. B. i hali* Akkusativ*)*; **~ hatır sormak** nach dem Befinden fragen; **... bir ~ almak** in ein ... Stadium treten; **~ olmak** in Verzückung sein, im Trancezustand sein; **-e (bir) ~ olmak** *unp* j-m stößt etwas zu (= er stirbt); **-i ~(e) uy koymak** richtig stellen, in Ordnung bringen; **~(in)den anlamak** *(od* Bilme**)** Anteilnahme zeigen; **~e bak!** Donnerwetter! *(positiv u. negativ)*; **-in ~i duman olmak**, **-in ~i harap olmak** übel dran sein; **~i olmamak** nicht mehr die Kraft haben; sich nicht wohlfühlen; **~i tavrı yerinde olmak** anständig aussehen, sich anständig benehmen; **~i vakti yerinde olmak** begütert sein; **benim ~im ne olacak?** was wird aus mir werden?; **~im kalmadı** ich bin ganz hinüber, *umg* ich bin geschafft; **... ~inde** in Form *(gen)*; im Falle *(gen)*, bei *(dat)*; **atom savaşı ~inde** im Falle e-s Atomkrieges; **gruplar ~inde** gruppenweise; **öğüt ~inde** in Form e-s Ratschlages; **(kendi) ~ine bakmamak** s-e Kräfte überschätzen; **~ine gelmek** werden *(nom;* zu *dat)*; *(negativ)* ausarten (in *akk)*; **~ine getirmek** auf den Stand *(gen)* bringen, reif machen (für *akk)*; **... ~ini almak** werden (zu *dat)*; ausarten (in *akk)*; den Zustand *(gen)* annehmen, erzeugen, sich entwickeln (zu *dat)* **B** *konj* **-diği ~de** obwohl, obgleich, wenn ... auch, *(adversativ)* während; **hasta olduğu ~de** ... obwohl sie krank ist, ...; **her ~de, her ~ükârda** auf jeden Fall; unter allen Umständen; (höchst) wahrscheinlich; → herhalde; **ihtar ettiğim ~de** ... obwohl ich warnte, ...; **o ~de, şu ~de** in diesem Fall, demnach, das heißt; **yola çıktığı ~de** ... während sie sich auf den Weg machte

**hal²** ⟨-li⟩ Markthalle f

**hal³** ⟨-lli⟩ Lösung f

**hal⁴** ⟨-li⟩ HIST Entthronung f; Raub m

**'hala** Tante f *(Schwester des Vaters)*

**'hâlâ** noch *(nicht)*, immer noch *(nicht)*; **~ o masal** immer dieselbe Leier

**halat** ⟨-tı⟩ Seil n, Tau n, Trosse f; **~ çekme** Tauziehen n

**halay** Art Reigentanz *(mit Trommel und Oboe)*; **~ çekmek** den Halay tanzen

**halayık** Leibeigene f; Dienerin f; Dienstmagd f

**hal'buki** *konj, adv* dabei; indessen, in Wirklichkeit; obwohl

**haldır**: **~ ~** pochend, stampfend; eifrig

**hale** [ha:-] Hof m des Mondes; *fig* Nimbus m, Heiligenschein m

**halef** Nachfolger m; **b-le ~ selef olmak** j-s Nachfolge antreten **~iyet** ⟨-ti⟩ JUR Rechtsnachfolge f

**halel** Schaden m, Beschädigung f; Mangel m; Beeinträchtigung f; **~ gelmek** *Rechte* geschmälert werden; *Ordnung* gestört werden; **-e ~ getirmek** schaden *(dat)*, beeinträchtigen *(akk)*; **-e ~ vermek** Schaden zufügen *(dat)*

**haleldar** [a:-]: **~ olmak** geschädigt werden, beeinträchtigt werden; defekt sein

**halen** [ha:-] (im Augenblick) noch; schon jetzt

**Halep** ⟨-bi⟩ Aleppo n

**halet** [a:] ⟨-ti⟩ *osm* → durum; **~i ruhiye** Gemütsverfassung f

**'haletmek** *v/t* entthronen

**halfa** BOT Alfagras n

**halhal** ⟨-li⟩ Fußreif m

**hal(li)hamur**: **-le ~ olmak** eins sein mit

**halı** Teppich m **~cı** Teppichweber m, -in f; Teppichhändler m **~cılık** ⟨-ğı⟩ Teppichweberei f; Teppichhandel m

**haliç** ⟨-ci⟩ GEOG Förde f; **Haliç** (das) Goldene Horn

**halife** [i:] HIST Kalif m; Kanzlist m der Hohen Pforte; *fig* Person Koryphäe f, Größe f **~lik** ⟨-ği⟩ Kalifat n

**halihazır** [ha:lıha:-] gegenwärtige Lage f **~da** unter den gegenwärtigen Umständen

**halik** [a:] ⟨-kı⟩ *osm* Schöpfer m

**halim** [i:]: **~ selim** verträglich; nachgiebig

**halis** [a:] echt, rein; aufrichtig; **~ muhlis** *Person* untadelig; echt, richtig *(Soldat)*; **~ kahve** Bohnenkaffee m **~ane** [ha:lısa:-] freimütig, ohne Falsch

**halita** [li:] Legierung f; *fig* Mischung f

**haliyle** an sich, an und für sich; wohl oder übel; **~ bırakmak** so, wie es ist, belassen, unverändert lassen

**halk** ⟨-kı⟩ Volk n; Bevölkerung f; Leute pl; osm Schöpfung f; **~ ağzı** Volksmund m; **~ cumhuriyeti** Volksrepublik f; **~ deyimiyle** im Volksmund; **~ müziği** Volksmusik f; **~tan bir adam** ein Mann aus dem Volke; **hane ~ı** Haushaltsmitglieder n/pl; **₴ Eğitim Merkezi** Volksbildungszentrum n

**halka** Ring m; Kreis m; Kettenglied n; Brezel Salzkringel m; **~ olmak** e-n Kreis bilden; **~ oyunu** Ringelreihen m; Spiel n im Kreis; **~lar** SPORT Ringe m/pl; pf Ringe m/pl um die Augen

**halka|lamak** v/t umringen, umschließen; mit Ringen versehen **~lanmak** sich ringeln; kreisen, sich drehen **~lı** mit Ring(en) versehen; ringförmig

**'halkbilgisi** ⟨-ni⟩ Volkskunde f

**'halkbilim** Folklore f; Volkskunde f

**'halkçı** Populist m, -in f, Demokrat m, -in f türkischer Prägung; adj a. völkisch, Volks- **~lık** ⟨-ğı⟩ Populismus m; Demokratie f türkischer Prägung

**'Halk'evi** ⟨-ni⟩ Niederlassung der → Halkevleri **~evleri** ⟨-ni⟩ türk. Volksbildungsorganisation 1932-1950

**'halkoylaması** ⟨-nı⟩ Referendum n, Volksentscheid m

**hallaç** ⟨-cı⟩ (Woll-, Baumwoll)Hechler m, Kämmer m; **~ makinesi** Kämmmaschine f; **-i ~ pamuğu gibi atmak** durcheinanderwerfen; Person bunt durcheinanderwürfeln **~lamak** v/t TECH kämmen

**hallenmek** v/i sich ändern; ohnmächtig werden; umg scharf sein (-e auf akk); **hallenip küllenmek** sich kümmerlich durchschlagen

**halleşmek** einander sein Leid klagen; sich einsetzen (-le für akk)

**'halletmek** v/t Problem, Rätsel etc lösen; Schwierigkeiten beseitigen; Streit schlichten, beilegen

**hallice** (gesundleitlich) besser; Person gut gestellt

**'hallol(un)mak** passiv von halletmek; sich lösen, erledigt werden

**halojen** Halogen n

**halsiz** kraftlos; müde, matt (a. Antwort); **~ düşmek** Person hinfällig werden **~lik** ⟨-ği⟩ Kraftlosigkeit f; Erschöpfungszustand m

**halt** ⟨-tı⟩ Gemisch n; dumme(s) Zeug n; fig Zeug n, Mist m; **~ etmek**, **~ karıştırmak** umg dumme(s) Zeug reden; Mist machen; sich danebenbenehmen; **~ yemek** e-n bösen Schnitzer machen; **ona ~ düşer!** was geht das ihn an?!

**halter** [hal-] SPORT Scheibenhantel f; Gewichtheben n **~ci** Gewichtheber m

**halvet** ⟨-ti⟩ heiße Badekabine; völlige Zurückgezogenheit; **~ etmek** sich zurückziehen; e-e geheime Unterredung führen; **~ gibi** überhitzt, stickig; **~ olmak** unter vier Augen beraten

**ham¹** Roh- (Seide, Eisen etc), roh; unreif (Obst); grob (Wort); Hoffnung leer; Körper ungeübt, untrainiert; Person ungehobelt; unbedarft; Vorschlag unrealistisch, abwegig

**ham²**: **~ hum etmek** vor sich (dat) brummen, nuscheln; **~ hum şaralop** umg nur Gequassel n, Geseire n; Hokuspokus m; Hokuspokus und weg ist es!

**hamak** ⟨-ğı⟩ Hängematte f

**hamal** (Last)Träger m **~iye** [-ma:-] Trägerlohn m **~lık** ⟨-ğı⟩ Trägerberuf m; Trägerlohn m; fig Schufterei f; unnütze Last, umg (eine) Qual

**hamam** (türkisches) Bad; **~ gibi** überhitzt; **~ takımı** Badeutensilien pl; **~ tellağı** Badediener m; fig **~ tellağı gibi** selbstherrlich, unfreundlich; (umg sau-)grob; **çarşı ~ı** öffentliche(s) Bad

**hamam|böceği** ZOOL Küchenschabe f **~cı** Inhaber m (od Pächter m) e-s Bades; **~ olmak** der rituellen Waschung bedürfen; Pollutionen haben

**hamamotu** Enthaarungsmittel n

**hamamtası** Messingschale f

**hamarat** ⟨-tı⟩ tüchtig, emsig (Hausfrau) **~laşmak** an die Arbeit gehen; umg losarbeiten

**hama|set** ⟨-ti⟩ osm Heldenmut m; Helden- (Epos) **~sî** [-a:si:] Helden-

**hamaylı** Schulterriemen m; Amulett n, Talisman m

**Hambelî** REL Hanbalit; hanbalitisch(e Rechtsschule) (e-e der vier Schulen der sunnitischen Rechtslehre)

**'hamd|etmek** ⟨-eder⟩ (-e) Gott loben **~olsun** Gott sei Dank

**hamhalat** ⟨-tı⟩ Person ungehobelt; Rüpel m

**hami** [ha:mi:] Beschützer m; Protektor m; Gönner m; **~ devlet** Protektorat n

**hamil** [ha:-] WIRTSCH Inhaber m, -in f;

Träger *m*, -in *f*; Überbringer *m*, -in *f*; **~ine yazılı çek** Inhaberscheck *m*
**hamile** schwanger; **~ kalmak** (*od* **olmak**) schwanger werden **~lik** ⟨-ği⟩ Schwangerschaft *f*
**ha'minne** (*aus hanım nine*) Großmutter *f*
**hamiş** [ha:-] *osm* Postskriptum *n*; Randbemerkung *f*
**hamla** Ruderschlag *m*; Kurs *m*; **~ küreği** Steuerruder *n*
**hamlaç** ⟨-cı⟩ TECH Düse *f*
**hamla(ş)mak** *v/t* erschlaffen; SPORT nicht mehr in Form sein
**hamle** Angriff *m*; Ansturm *m*; Sprung *m*, Satz *m*; Schwung *m*; Anstrengung *f*; Ruck *m*; *Brettspiel* Zug *m*; PSYCH Ausbruch *m*, Anwandlung *f*; SPORT Stoß *m*; Schlag *m*; **bir ~de** in e-m Zug; mit e-m Ruck; **(-e) ~ etmek** (*od* **yapmak**) angreifen (*akk*); e-n Vorstoß unternehmen; sich ins Mittel legen; e-n Schlag versetzen (*dat*) **~ci** unternehmungslustig
**'hamletmek** *osm* zurückführen (-*i* -*e akk* auf *akk*)
**hamlık** ⟨-ğı⟩ Unerfahrenheit *f*; Ungeübtheit *f*; *Obst* Unreife *f*
**'hammadde** Rohstoff *m*
**hamule** [u:] → **yük**
**hamur** Teig *m*; Sorte *f* (*z. B. Papier*); teigig, nicht durchgebacken; **~ gibi** *fig* hundemüde; **~ işi** Teigwaren *f/pl*; Backwaren *f/pl*; **~ açmak** Teig ausrollen; **~ yoğurmak** Teig kneten
**hamurlaşmak** Teig gesäuert werden; *fig* schlaff werden
**hamursu** nicht durchgebacken
**hamursuz** REL Matzen *f/pl*; **~ bayramı** (jüdisches) Ostern *n*
**hamurumsu** teigartig; klebrig
**han**[1] HIST Khan *m*
**han**[2] HIST Herberge *f*, Karawanserei *f*; Geschäftshaus *n*; **~ gibi** riesengroß; **~ hamam sahibi** *umg* Pfeffersack *m*
**hancı** Herbergsvater *m*; **~ sarhoş, yolcu sarhoş** wer und was – alles nebelhaft
**hançer** Dolch *m* **~lemek** *v/t* erdolchen
**'handikap** ⟨-pı⟩ SPORT, *fig* Handicap *n*
**'handiyse** ehe man sichs versah, im Nu
**hane** [a:] Haus *n*, Haushalt *m*; Raum *m*; MATH Stelle *f*; Feld *n* des Brettspiels; Rubrik *f*, Spalte *f*

**-hane** -ei *f*; -haus *n*, -anstalt *f etc*; **kütüphane** Bücherei *f*
**hanedan** [ha:ne'da:n] Dynastie *f*, Herrscherhaus *n* **~lık** ⟨-ğı⟩ *umg* vornehme Herkunft; Gastfreundschaft *f*
**Hanefî** [-fi:] REL Hanafit; hanafitisch(e Rechtsschule) (*e-e der vier Schulen der sunnitischen Rechtslehre*)
**haneli** mit ... Häusern/Haushalten; mit ... Zellen (*od* Karos, Spalten, Feldern); ...stellig; **beş ~ sayı** fünfstellige Zahl
**hanende** *osm* Sänger *m*, -in *f*
**hangar** Hangar *m*; Schuppen *m*
**'hangi** *in Fragen* welche(r) ...; **~ adam** welcher Mann?; **~ ... ise** welche(r) ... auch (immer); **~ kitabı açsanız, bulursunuz** welches Buch Sie auch aufschlagen, Sie finden es darin **~si** wer (von ihnen)?, welche(r) (-*den* von *dat*); **bu iki kumaştan ~ daha dayanıklı?** welcher von diesen beiden Stoffen ist strapazierfähiger?
**hanım** Frau *f*, Dame *f*; Fräulein *n*; **Ülker Hanım** Frau Ülker; Frau *f*, Ehefrau *f*; Frau *f* des Hauses; Gastgeberin *f*; **~ evladı** *umg* Muttersöhnchen *n*; **pek ~ bir kadındır** e-e bezaubernde Frau; ideale Hausfrau; **~ hanımcık** tüchtig *im Haushalt*; damenhaft
**hanımböceği** ⟨-ni⟩ ZOOL Marienkäfer *m*
**hanımefendi** HIST gnädige Frau; meine Dame!; *nach dem* (*Vor*)*Namen* Frau ...
**hanımeli** ⟨-li⟩ BOT Geißblatt *n*
**hanımgöbeği** ⟨-ni⟩ *Art* Süßspeise *f*
**hanımlık** ⟨-ğı⟩ Sitte *f* feiner Damen; Stand *m*, Rang *m* e-r Dame
**hani** ZOOL Zackenbarsch *m* (*Serranus cabrilla*)
**'hani** wo ist denn ...?; wissen Sie noch, weißt du noch; doch; nur, (doch) wenigstens; ... um ehrlich zu sein; schließlich, übrigens, dazu kommt, dass ...; **~ ya** wieso denn; denn *als Verstärkung*; **~ yok mu** *nachfolgende Worte verstärkend, etwa* ich sage Ihnen (*od* dir); **~dir** seit Langem, schon lange; **~ bana?** wo bleibe ich?, wo ist mein Anteil?; **~ benim kim olduğumu bilmese** wenn sie nur nicht wüsste, wer ich bin; **~ yanlış da değil** dazu kommt, dass es kein Fehler ist; **~, pek de pahalı sayılmaz** um ehrlich zu sein, als sehr teuer kann man

das nicht bezeichnen; ~ (ya) kahve? wo bleibt denn der Kaffee?
**hanlık** ⟨-ğı⟩ HIST Khanat n
**hantal!** plump; unförmig; *Gegenstand* sperrig **~laşmak** plump werden, *umg* auseinandergehen, die Form verlieren
**hantallık** ⟨-ğı⟩ Plumpheit f; Unförmigkeit f, Sperrigkeit f
**hap** ⟨-pı⟩ Pille f, Tablette f; *Slang*: Opium n; **~ı yutmak** *fig* in den sauren Apfel beißen; **~ı yuttuk!** da haben wir die Bescherung!
**hapis** ⟨-psi⟩ Gefängnis n, Haft f; *umg* → hapishane; Gefangene(r), Häftling m; JUR *z. B. Geld* beschlagnahmt, eingezogen; **~ giymek** Gefängnis bekommen; **~ yatmak** im Gefängnis sitzen; *umg* sitzen; *-i* **hapse atmak** (*od* **koymak**) *j-n* ins Gefängnis stecken
**hapishane** [-ha:-] Gefängnis n; **~ kaçkını** Herumtreiber m; Vagabund m
**hapislik** ⟨-ğı⟩ Gefängnisstrafe f, Gefängniszeit f, Inhaftierung f
'**haps|edilme** Gefangennahme f; Inhaftierung f **~etmek** *v/t* verhaften, inhaftieren; einsperren; *j-n* warten lassen, *umg* sitzen lassen **~ettirmek** (*-i -e*) *j-n* verhaften lassen (von)
**hapsolmak** *passiv von* hapsetmek
**hapşırlık** Niesen n **~mak** niesen
**hapşu** [u:] hatschi!
**har¹**: **~ ~ akmak** *Wasser* dahinbrausen; **~ ~ yanmak** *Ofen* bullern; **~ hur** Balgerei f; Zank und Streit (m); **~ vurup harman savurmak** mit (dem) Geld um sich werfen
**har²** *osm* (brennend) heiß; **~ı başına vurmak** e-n unbezähmbaren Wunsch verspüren; außer sich (*dat*) geraten; **~ı geçmek** sich beruhigen; *Zorn etc* sich legen
'**hara** Gestüt n
**harabe** [-ra:-] Ruine f; (halb) verfallen (*Haus*) **~ı** ⟨-ği⟩ Ruinenfeld n
**haraç** ⟨-cı⟩ Tribut m; HIST Wehrsteuer f *der Nichtmuslime*; erpresste(s) Geld, Schutzgeld n; **~ mezat satmak** versteigern, *umg* verauktionieren; **~ yemek** (*od* **almak**) auf Kosten anderer leben, *umg* schnorren; *-i* **haraca bağlamak** *j-m* Tributzahlungen auferlegen **~çı** Erpresser m; HIST Steuereintreiber m
**haram** [-a:m] REL verboten; Verbotene(s); unrechtmäßig erworben; *-e -i* **~ etmek** REL *j-m etw* verbieten; *fig j-m etw* (*akk*) (*z. B. die Freude*) verderben; *-e* **~ olmak** *etw* (*akk*) nicht mehr haben, *keinen* (*Schlaf*) mehr finden; **~ olsun!** möge es dir (*od* Ihnen) nur schaden!; **~ yemek** sich ungesetzlich bereichern; usurpieren (*akk*); **~ a uçkur çözmek** außereheliche Beziehungen unterhalten
**haramî** [-ra:mi:] Räuber m
**harap** ⟨-bı⟩ zerstört; verwüstet; ruiniert; verfallen, verkommen; *Weg* öde, verlassen; **~ etmek** zerstören; verwüsten; **kendini ~ etmek** sich grämen, sich quälen (*a. ~ olmak*) **~lamak** zerstören, ruinieren **~laşmak** verfallen, verkommen; ruiniert werden **~lık** ⟨-ğı⟩ Zerstörung f, Verwüstung f
**hararet** [-ra:-] Wärme f, Hitze f; Fieber n; Durst m; *fig* Feuer n, Begeisterung f; TECH Überhitzung f; *-e* **~ basmak** Durst haben (auf *akk*); MED steigende Temperatur haben; **~ kesmek** (*od* **söndürmek**) den Durst löschen; zu trinken geben
**hararetlen|dirmek** *fig* anheizen **~mek** *fig* lebhafter werden, hitzig werden
**hararetli** heiß; flammend; *Sonne* brennend (heiß); *fig* feurig, begeistert; *Tage* aufregend; MED fiebrig
**haraşo** *Art* Wollstrickerei f (*immer links*)
**harbi¹** *umg* treuherzig, ohne Falsch
**harbi²** *militärische, Kampf-*; HIST Bürger m eines nichtislamischen Staates; HIST noch im Kriegszustand befindliche Staaten *m/pl*
**harbîlik** ⟨-ği⟩ Treuherzigkeit f
**harbiye** HIST militärische Angelegenheiten *f/pl*; ⚥ Kriegsakademie f ⚥**li** Schüler m der Kriegsakademie
**harcama** Ausgabe f (*-in für akk*)
**harcamak** *v/t Geld* ausgeben; (*-e*) *Material* aufwenden (für *akk*); *Zeit* brauchen (für *akk*); *fig j-n* opfern, ruinieren; POL liquidieren, beseitigen; *umg j-n* erledigen, aus dem Wege räumen
**harcıâlem** billig, banal; *Scherz* abgeschmackt
**harç** ⟨-cı⟩ Angaben *f/pl*; Gebühr f; TECH Bindemittel n (*Mörtel etc*); GASTR Zutat f, Gewürze *n/pl*; Fertigmischung f; Besatz m *auf Kleidern*; Gartenerde f; **bu iş onun harcı değil** dem ist er nicht gewachsen;

es kommt ihm nicht zu ~**lı** aufwendig; kostspielig; mit Besatz; *Wand* verputzt

**harçlık** ⟨-ğı⟩ Taschengeld *n*; bescheidene Einnahmen *f/pl*

**hardal** Senf *m*, Mostrich *m*; **~ gazı** Senfgas *n*

**hardaliye** [-da-] Traubensaft *m* mit Senf

**hare** [a:] Moirierung *f*, geflammte(s) Muster; geflammte(r) Stoff

**harekât** ⟨-tı⟩ MIL Operationen *f/pl*; MIL Manöver *n*

**hareke** *osm* Kurzvokalzeichen *n* in der arabischen Schrift

**hareket** ⟨-ti⟩ *allg* Bewegung *f*; Handlung *f*, Aktion *f*; MUS Tempo *n*; BAHN Fahrt *f*; Abfahrt *f*; Abreise *f*; Abfertigung *f e-s Zuges*; SPORT Griff *m*; (Erd)Beben *n*; Verhalten *n*; Benehmen *n*, Handlungsweise *f e-s Menschen*; *fig* geistige Strömung *f*; TECH *a.* Start-; **~ dairesi** Fahrdienstleitung *f*; **~ etmek** abreisen, abfahren; sich bewegen; sich rühren; handeln, vorgehen, sich verhalten; (-*den*) *fig* (von der Meinung) ausgehen, zu ...; **~ noktası** Abfahrtsplatz *m*; Zentralhaltestelle *f*; *fig* Ausgangspunkt *m*; **~ saati**, **~ zamanı** Abfahrtszeit *f*; **~e geçirmek** (*od* **getirmek**) *v/t j-n* in Bewegung bringen; *fig* aktivieren, aktiv werden lassen; *Polizei etc* zum Einschreiten veranlassen; in Aktion versetzen; **~e geçmek** *v/i* in Aktion treten

**hareketlendirmek** verursachen

**hareketlenmek** rege werden

**hareketli** rege, rührig, aktiv; lebhaft; TECH (orts)beweglich; rollend

**hareketsiz** unbeweglich; träge, passiv

**hare|lemek** [ha:-] kräuseln; *Stoffe* flammieren **~lenmek** sich kräuseln; (**renk renk** in allen Farben) schillern, changieren **~li** wellenförmig gezeichnet; schillernd; moiriert, geflammt

**harem** HIST Harem *m*; *osm* (Ehe)Frau *f*; **~ ağası** Haremswächter *m*, Obereunuch *m* **~lik** Frauengemächer *n/pl*; **~ selamlık olmak** (nach Geschlechtern) getrennt sitzen

**harf** ⟨-fi⟩ Buchstabe *m*; **büyük ~** Großbuchstabe *m*; **küçük ~** Kleinbuchstabe *m*; **büyük ~le yazılmak** großgeschrieben werden; **küçük ~le yazılmak** kleingeschrieben werden; **~i ~ine** wörtlich, Wort für Wort (*Übersetzung*); buchstäblich; peinlich genau

**harfiyen** [-fi:-] → **harfi harfine**

**harharyas** ZOOL Heringshai *m*

**harhur** → **har**

**harıl**: **~ ~** unermüdlich, ohne Unterlass; lebhaft; mit voller Kraft *arbeiten*

**harıl|damak** pochen, stampfen **~tı** Pochen *n der Maschine*; Knistern *n*

**harım** Zaun *m*; Obst- und Gemüsegarten *m*

**haricen** ['ha:-] *adv* MED äußerlich

**haricî** [-dʒi:-] *adj* äußer-; Außen-

**haricinde** *postp* -*in* ~ außerhalb (*gen*)

**hariciye** [ha:-] MED äußere Erkrankungen *f/pl*; HIST äußere Angelegenheiten *f/pl*

**hariç** [ha:-] ⟨-ci⟩ **A** *osm* Ausland *n*; Außenseite *f*; draußen; *fig* unberücksichtigt **B** *postp* ausgenommen, abgesehen (von *dat*); außer (*dat*); **Turgut ~** abgesehen von Turgut ...; **perşembe ~** außer donnerstags; *-den* **~ olmak** nichts zu tun haben (mit *dat*); fernstehen (*dat*); *-i* **~ etmek** *j-n* ausschließen

**harika** [ha:-] Wunder *n*; wunderbar, *umg* super; **~ çocuk** Wunderkind *n*

**harikulade** [-la-] wunderbar

**haris** gierig (*-e* auf *akk*); **şöhrete ~** ruhmsüchtig

**ha'rita** (Land)Karte *f*; Plan *m*; **~ memuru** Kartograf *m*; **Ankara şehrinin ~sı** Stadtplan *m* von Ankara; **~da olmak** in Betracht kommen

**ha'ritacı** Kartograf *m*, -in *f*

**harlamak** *Feuer* auflodern; knistern, *Wasser* rauschen; *fig Person* aufbrausen

**harman** Dreschen *n*; Tenne *f*, Dreschplatz *m*; Dreschzeit *f*; (Tee)Mischung *f*; **~ çorman** wüst durcheinander; *fig* Rauschzustand *m*; *-i* **~ etmek** mischen (*akk*); **~ makinesi** Dreschmaschine *f*; *-i* **~ savurmak** worfeln; **har vurup ~ savurmak** auf großem Fuß leben

**harmancı** Drescher *m*

**harmani(ye)** Pelerine *f*

**harmanlamak** *Tabak etc* mischen; *Mond* e-n Hof bekommen; im Kreis gehen; SCHIFF Schlagseite haben

**har'monyum** MUS Harmonium *n*

**harp**[1] ⟨-bi⟩ Krieg *m*; → **savaş**; **~ zengini** Kriegsgewinnler *m*

**harp**[2] ⟨-pı⟩ Harfe *f*

**hart**: ~ ~ mit e-m Kratzgeräusch; ~ ~ **kaşınmak** sich laut kratzen
**harta|dak, ~dan!** schnapp!; zack!; -i **hartadak ısırmak** schnappen (nach *dat*); packen (*akk*)
**hartuç** ⟨-çu, -cu⟩ Kartusche *f*
**harup** ⟨-bu⟩ BOT Johannisbrot(baum *m*) *n*, Karube *f*
**has** [a:] ⟨-ssı⟩ besonder-, eigen(tümlich) (-e *dat*); echt, rein (z. B. Gold); *Sache* bester Qualität; *Person* einzigartig, edel (-mütig), vornehm; HIST königlich, fürstlich, Sultans-; *Farbe* waschecht; TECH Edel- (*Metall*)
**hasar** [-a:r] Schaden *m*; ⟨-e⟩ ~ **yapmak**, ~**a yolaçmak** Schaden zufügen *dat*; Schaden anrichten; ~**a uğramak** Schaden erleiden
**hasat** Mahd *f*; Ernte *f*
**hasatçı** Mäher *m*, -in *f*
**hasbelkader** rein zufällig
**hasbıhal** [-a:l] ⟨-li⟩ Unterhaltung *f*, Gespräch *n*; ~ **etmek** plaudern
**hasebiyle** aufgrund *gen*
**haseki** *osm* Ehrenbezeichnung
**haset** ⟨-di⟩ Neid *m*; -e ~ **etmek** *j-n* beneiden ~**çi** Neider *m*, -in *f*
**hasetlik** ⟨-ği⟩ Neid *m*
**hasıl** sich ergebend; Ergebnis *n*; ~ **olmak** erscheinen; sich ergeben, gewonnen werden (-den aus *dat*)
**hasıl|a** Resultat *n*, Ergebnis *n*; **millî** ~ Nationaleinkommen *n* ~**at** [-a:t] Einnahmen *f/pl*, Ertrag *m* ~**atlı** gewinnbringend
'**hasılı** kurz und gut
**hasım** ⟨-smı⟩ Gegner *m*, -in *f*; Gegenspieler *m*, -in *f*; Widersacher *m*, -in *f*; JUR Gegenpartei *f*
**hasımlık** ⟨-ğı⟩ Gegnerschaft *f*
**hasır** (Stroh)Matte *f*; Stroh- (*Hut*) *m*; Korb- (*Stuhl*); -i ~ **altı etmek** *fig* unter den Teppich kehren, vertuschen, verschleiern; *fig* verschleppen, hinausziehen ~**cı** Mattenflechter *m*; Mattenverkäufer *m*
**hasırlamak** *v/t* mit Matten auslegen ~**lı** mit Matten ausgelegt
**hasırotu** ⟨-nu⟩ BOT Binse *f*
**hasis** knauserig
**hasislik** ⟨-ği⟩ Knauserigkeit *f*, Geiz *m*
**haslet** ⟨-ti⟩ Naturell *n*; *fig* Tugend *f*
'**haspa** *f* Mädchen kesse Biene
**hasret** ⟨-ti⟩ Sehnsucht *f*; ... ~**i** Sehnsucht nach; -e ~ **bırakmak** Sehnsucht erwecken (nach *dat*); -e ~ **çekmek** sich sehnen (nach *dat*); -e ~ **kalmak** *j-n* vermissen; -in ~**ini çekmek** sich sehnen (nach *dat*)
**hasret|li** sehnsuchtsvoll ~**lik** ⟨-liği⟩ *umg* Sehnsucht *f*; Trennung *f* (-in von *dat*)
'**hasretmek** widmen (-e –i *j-m akk*)
'**hasrolmak** gewidmet werden (-e *dat*)
**hassa** HIST (Leib)Garde *f*
**hassas** [-a:s] *a.* TECH empfindlich; sensibel, empfindsam
**hassasiyet** ⟨-ti⟩ Empfindlichkeit *f*; Feingefühl *n*; Empfindsamkeit *f*
**hassaslık** ⟨-ğı⟩ → hassasiyet
'**hassaten** extra, speziell, vor allem
**hasta** krank; Kranke(r); Fan *m*, Liebhaber *m*; ~ **etmek** krank machen; *umg* nerven; ~ **olmak** (*od* **düşmek**) krank werden; **futbol** ~**sı** Fußballfan *m*; ~ **mizaçlı** chronisch krank; ewig kränkelnd
**hastabakıcı** Krankenpfleger *m*, -in *f* ~**lık** ⟨-ğı⟩ Krankenpflegerberuf *m*
**hastahane** → hastane
**hastalandırmak** *v/t* krank machen
**hastalanmak** erkranken, krank werden
**hastalık** ⟨-ğı⟩ Krankheit *f*; Erkrankung *f*; ~ **kapmak** *od* **hastalığa tutulmak** sich (*dat*) e-e Krankheit holen, sich infizieren; **kulak-boğaz-burun** ~**ları uzmanı** Hals-Nasen-Ohren-Arzt *m*; ~ **nedeniyle/dolayısıyla** wegen Erkrankung ~**lı** kränkelnd, leidend
**hastane** [-ta:-] Krankenhaus *n*; -*i* ~**ye kaldırmak** (*od* **yatırmak**) *j-n* ins Krankenhaus einliefern; ~**ye yatmak** ins Krankenhaus kommen (*od* eingeliefert werden)
**hastanelik** ⟨-ği⟩ der stationären Behandlung bedürftig; *fig* **öyle dövmüşler ki** ~ **oldu** sie schlugen ihn krankenhausreif
**haşa** Pferdedecke *f*, Schabracke *f*
'**hâşâ** Gott bewahre!; *umg* i bewahre!; keinesfalls; *im* Verlauf zu sagen!; verzeihen Sie den Ausdruck!
**haşarat** [-a:t] ⟨-tı⟩ Insekten *n/pl*; *fig* Gesindel *n*, Pack *n*
**haşarı** störrisch, bockig ~**laşmak** störrisch sein, bockig sein, bocken ~**lık** ⟨-ğı⟩ Bockbeinigkeit *f*

## HAVA

**haşat** ⟨-tı⟩ *umg* mies; *Person* geschafft, ganz kaputt; ~ **olmak**, -**in** ~**ı çıkmak** hin sein, kaputt sein; ~ **etmek** übel zurichten

**haşhaş** BOT Mohn *m* (*Papaver somniferum*)

**haşıl** *Weberei* Schlichte *f* ~**lamak** *v/t* schlichten

**haşır** → haşir

**haşır|damak** *Papier* rascheln, knistern; **haşır haşır** *od* **haşır huşur** mit einem Rascheln *o.* raschelnd ~**tı** Rascheln *n*

**haşin** grob, barsch, abweisend; brutal (*a. Sache*); *Sache* extrem

**haşinlik** ⟨-ği⟩ Grobheit *f*; Brutalität *f*

**haşir** ⟨-şri⟩ (der) Jüngste Tag; **haşre kadar** *umg* bis in die Puppen *warten*; ... -**le** ~ **neşir olmak** zusammen sein mit, verkehren mit

**haşiş** Haschisch *m*; ~ **içmek** Haschisch rauchen

**haşiv** ⟨-şvi⟩ Tautologie *f*; Wortreichtum *m*

**haşiye** [ha:-] *osm* Fußnote *f*

**haşlama** gekocht; gedünstet

**haşlamak** *Ei* kochen; *Gemüse* dünsten; *z. B. Hand* verbrühen; *Insekt* stechen; *fig Kälte* zwicken, beißen; *fig j-n* ausschimpfen, *umg* runterputzen

**haşlamlı** BIOL Aufgusstierchen *n*, Infusorium (*pl* -en) *n*; ~ **toprak** Kieselerde *f*

**haşmet** ⟨-ti⟩ → **görkem** ~**li** prunkvoll

**haşre** → haşir

**hat** ⟨-ttı⟩ Linie *f*; Strich *m*; TECH Leitung *f*; BAHN Strecke *f*, Linie *f*; Verkehrsverbindung *f*; ~ **bekçisi** Bahnwärter *m*, Streckenwärter *m*; ~ **çekmek** Leitungen legen (*od* ziehen); ~ **genişliği** Bahn Spurweite *f*; ~ **uçağı** Linienflugzeug *n*; **tek** ~ BAHN eingleisige Strecke

**hata** [-ta:] Fehler *m*; Versehen *n*; Irrtum *m*; ~ **etmek** (*od* **işlemek**), ~**ya düşmek** (e-n) Fehler machen, sich irren; -**i** ~**ya düşürmek** *j-n* irreführen; zu Fehlern Anlass geben

**hataen** [-'ta:-] aus Versehen

**hatalı** fehlerhaft; falsch, irrig (*Meinung*)

**hatasız** fehlerlos

**hatıl** Querbalken *m*, Bohle *f*

**hatır**[1] Gedächtnis *n*; -**ın** ~**ıma gelmek: sorduğunuz** ~**ıma gelmiyor** ich komme nicht darauf, was Sie fragten *od* ich kann mir nicht denken, was Sie meinen; ... ~**ımda** ... habe ich behalten; ~**ında kalmak** (*od* **tutmak**) behalten, sich entsinnen (*gen*); ~**ımda kaldığına göre** soweit ich mich erinnere; -**in** ~**ından çıkamamak** *j-m* (*e-e Bitte*) nicht abschlagen können; ~**ından geçmemek** sich nicht erinnern können (an *akk*)

**hatır**[2] Achtung *f*, Respekt *m*; Gefühl *n*, Ehrgefühl *n*, Innere(s) *n*; Befinden *n*; -**i** ~ **almak** *j-n* freundlich stimmen; ~ **gönül bilmemek** (*od* **saymamak**) kompromisslos sein; ~(**ı**) **için** um (seinet)willen, aus Rücksichtnahme (auf ihn); ~(**ı**) **kalmak** böse sein, gekränkt sein; ~ **senedi** WIRTSCH Gefälligkeitsakzept *n*; ~ **sormak** nach *j-s* Befinden fragen; ~**ı sayılır** ziemlich, *umg* anständig (*z. B. Kälte*); *Person* angesehen, bedeutend; -**in** ~**ını hoş etmek** *j-m* Freude machen; *j-n* achten; -**in** ~**ını kırmak** *j-n* kränken; ~**ını saymak** *j-m* Ehre erweisen

**hatıra** [ha:-] Erinnerung *f*; Gedenk-(*Münze etc*); ~ **defteri** Tagebuch *n*; ~**lar** LIT Memoiren *pl*

**hatırla|mak** *v/t* sich erinnern (an *akk*), denken (an *akk*) ~**nmak**: *passiv von* hatırlamak *v/unpers* man erinnert sich; **hatırlanacağı gibi** wie man sich erinnert, wie bekannt ~**tmak** (-*i* –*e*) *j-n* erinnern (an *akk*); hinweisen (auf *akk*)

**hatır|lı** geachtet; ehrbar; einflussreich; autoritär ~**sız** missachtet; unbedeutend ~**şinas** [-a:s] höflich, entgegenkommend

**hatim** ⟨-tmi⟩ Gesamtlesung *f* des Koran ~ **indirmek** → hatmetmek

**hatip** [i:] ⟨-bi⟩ Redner *m*; Prediger *m*

**hatiplik** ⟨-ği⟩ Redekunst *f*

**hatlı**: TECH mit ... Leitung(en); **çift** ~ zweigleisig; **tek** ~ eingleisig

**'hatmetmek** *v/t* den Koran ganz durchlesen; *fig* beenden

**hatmi** BOT Eibisch *m*, Hibiskus *m*

**hatta** [-ta:] *od* sogar

**hattat** ⟨-tı⟩ Kalligraf *m*, -in *f*

**hattatlık** ⟨-ğı⟩ Kalligrafie *f*

**hatun** [ha:-] Dame *f*, Frau *f* (*umg a. pej*)

**hav**[1] Flor *m*, Haar *n* (*e-s Stoffes*)

**hav**[2]: ~ ~ *Kindersprache* wau wau; Wauwau *m*

**hava** Luft *f*; Wetter *n*; Klima *n*; Lüftchen *n*; Melodie *f*, Weise *f*, Motiv *n*; *fig* Atmosphäre *f*; Stimmung *f*; Leere *f*, Nichts *n*;

# HAVA | 208

**~ açıyor** *Wetter* es klart auf; **~ almak** Luft schöpfen; *fig* leer ausgehen; TECH Luft durchlassen etc; **~ basıncı** Luftdruck m; **~ boşluğu** Vakuum n; FLUG Luftloch n; **~ bozuyor** *Wetter* es verschlechtert sich; **başka bir ~ çalmak** Person verschieden sein, verschiedener Meinung sein; **~ çekici** Presslufthammer m; **~ değişimi** Luftveränderung f (*für Kranke*); **~ korsanı** Luftpirat m, -in f; **~ köprüsü** Luftbrücke f; **~ kirliliği** Luftverschmutzung f; **~ geç(ir)mez** luftdicht, hermetisch; **bana** etc **göre ~ hoş** mir etc ist alles gleich; **⚙ Kuvvetleri** Luftstreitkräfte f/pl; **~ parası** Abstand(szahlung f) m (*für Wohnungen*); **~ raporu** Wetterbericht m; **~ sahası** POL Luftraum m; **~ tahmini** Wettervoraussage f; **~ vermek** *Reifen* aufpumpen; (-e) *e-m Kranken* Sauerstoff zuführen; **~da kalmak** in der Luft schweben, den Boden nicht berühren; *fig* in der Schwebe bleiben; *fig* aus der Luft gegriffen sein; **~dan** mühelos; leicht (*Worte*); **... ~sı esiyor** Anzeichen von ... sind da; **~sı olmak: onda babasının ~sı var** er hat etwas von seinem Vater; **-in ~sına uymak** sich anpassen; kein Spielverderber sein; **~ya gitmek** zu nichts taugen; *fig* zu Wasser werden; **~ya kılıç** (*od* **pala**) **sallamak** sich umsonst bemühen; **~ya uçmak** in die Luft fliegen; → **havaya gitmek**; **~yı bozmak** die Stimmung verderben

**hava|alanı** ⟨-nı⟩ Flugplatz m; *umg* Flughafen m **~altı** ⟨-nı⟩ Stratosphäre f **~bilgisi** Wetterkunde f, Meteorologie f
**havacı** Flieger m (a. MIL) **~lık** ⟨-ğı⟩ Luftfahrt f; Flugwesen n
**hava'cıva** BOT Alkanna f; *fig* ein Nichts, *umg* Quatsch m
**hava|yolları** Fluggesellschaft f **~yolu** Luftverkehrslinie f
**havadar** luftig
**havadeğişimi** MED Luftveränderung f
**havadis** [-vɑ:-] *osm* Nachricht f; Nachrichten f/pl
**havagazı** ⟨-nı⟩ Gas n, Leuchtgas m; *umg* Quatsch m; **~ ocağı** Gasherd m
**havai** [-vɑ:i:] *Luft*-; himmelblau; leichtsinnig; *Worte* leer, nichtig; **~ fişek** Feuerwerkskörper m, -rakete f; MIL Leuchtrakete f **~lik** ⟨-ği⟩ Leichtsinnigkeit f **~mavi** himmelblau
**havaküre** Atmosphäre f
**havalandır|ıcı** Ventilator m; Belüfter m **~ma** (Be)Lüftung f **~mak** *kaus* von **havalanmak**; *v/t* Zimmer lüften; *Drachen* steigen lassen
**havalanmak** gelüftet werden etc; *Fahne* flattern; FLUG aufsteigen; abfliegen, starten; *Vogel* in die Luft steigen, auffliegen; *z. B. Tischdecke* emporwehen; *fig* leichtsinnig werden
**havale** [-vɑ:-] Übertragung f (*-e an akk*); Beauftragung f; WIRTSCH Überweisung f; Zahlungsanweisung f; Indossament n; Einblicksmöglichkeit f (von oben); MED Eklampsie f; SPORT Ausfall m; **-i -e ~ etmek** j-n mit etw beauftragen; j-m etw (*akk*) übergeben; j-m etw (*akk*) zuleiten; weiterleiten; überweisen (*akk*); SPORT Ausfall machen; **~ gelmek** *Geld* überwiesen werden; **-e ~ göndermek** (*od* **yollamak**) j-m Geld **(posta** -*le* durch die Post) überweisen (*a.* anweisen); **~ kağıdı** Zahlungsanweisung f
**havaleli** [-vɑ:-] **A** *subst* Beauftragte(r) **B** *adj* Waren sperrig; Wagen zu hoch beladen
**havalı** luftig; leichtsinnig; *Kleidung* auffällig; *Mädchen* attraktiv; TECH Druckluft-; **~ direksiyon** AUTO Servolenkung f; **~ fren** AUTO Druckluftbremse f
**havali** [-vɑ:-] *Gegend* f; Umgebung f
**havalimanı** ⟨-nı⟩ Flughafen m
**havan** Mörser m; HIST Tabakschneidemaschine f; **~ topu** Mörser m; **~da su dövmek** etwas völlig Nutzloses tun; sich umsonst bemühen
**havaneli** Stößel m
**havari** [-vɑ:ri:] Jünger m, Apostel m
**havasız** luftleer; stickig; *fig* unansehnlich
**havi** [hɑ:vi:] -*i* ~ -haltig, enthaltend
**havil** ⟨-vli⟩: **can havliyle** in Todesangst
**havla|ma** Gekläffe n, Bellen n **~mak** kläffen, bellen **~yış** → **havlama**
**havlı** flaumig
**havlu** Handtuch n; **banyo ~su** Badetuch n **~luk** ⟨-ğu⟩ Handtuchhalter m; Badezimmerschränkchen n
**'havra** Synagoge f
**havsala** ANAT Becken n; *fig umg* Grips m, Köpfchen n; Gesichtskreis m; **~ almaz** unbegreiflich; **bunu ~m almadı** *umg* das habe ich nicht mitgekriegt, das ging

nicht in meinen Kopf; ~**sı dar** engstirnig; ungeduldig, *umg* kribbelig; ~**ya sığmaz** unfassbar; unannehmbar

**havuç** ⟨-cu⟩ BOT Mohrrübe *f*

**havut** ⟨-tu⟩ Packsattel *m* (*e-s Kamels*)

**havuz** Wasserbecken *n*; Bassin *n*; SCHIFF Dock *n*; Reservoir *n*; -*i* ~**a çekmek** auf Dock legen, eindocken (*akk*); ~**a girmek** ins Dock gehen; **yüzme** ~**u** Schwimmbecken *n* ~**cuk** ⟨-ğu⟩ ANAT Nierenbecken *n*

**havuzlamak** *v/t* eindocken

**Havva** [-va:] REL Eva *f*

'**havya** Lötkolben *m*

**havyar** Kaviar *m*; ~ **kesmek** (herum-) faulenzen

**havza** GEOG Becken *n*; Gebiet *n* (*e-s Flusses*); **Ruhr** &sı Ruhrgebiet *n*

**hay** *int* Wunsch nun ja, nun auf!; na!; *Freude* oh!; ~ **gidi!** na, du Schlingel!; ~ ~ → hayhay

**haya** ANAT Hoden *m*

**hayâ** Schamgefühl *n*

**hayal** [-a:l] ⟨-li⟩ Fantasie *f*, Traum *m*; Traumbild *n*; Illusion *f*; Einbildung *f*; Gespenst *n*, Erscheinung *f*; Spiegelbild *n*; -*i* ~ **etmek** sich (*dat*) vorstellen (*akk*); sich (*dat*) ausmalen; ~ **gücü** Einbildungskraft *f*; ~ **kırıklığı** Enttäuschung *f*; ~ **kurmak** Luftschlösser bauen; ~ **meyal** nur vage, verschwommen; ~ **olmak** ein Traum bleiben; ~ **oyunu** Schattenspiel *n*; ~**e kapılmak** sich Illusionen hingeben; -*i* ~**inden geçirmek** liebäugeln (mit *dat*), mit dem Gedanken spielen, zu ...

**hayalci** Träumer *m*, *-in f*, Fantast *m*, *-in f*; träumerisch; Schattenspieler *m*, *-in f*

**hayalcilik** ⟨-ği⟩ Fantasterei *f*

**hayalet** [-ja:-] ⟨-ti⟩ Erscheinung *f*, Phantom *n*; *fig* Schatten *m*

**hayâlı** schüchtern, scheu

**hayalî** [-ja:li:] fiktiv; fantastisch; Schein-; ~ **fener** [-ja:-] HIST Laterna magica *f*; *fig* nur Haut und Knochen; ~ **ihracat** Scheinexport(e) *m*(*pl*)

**hayalperest** ⟨-ti⟩ Träumer *m*, *-in f*, *umg* Spinner *m*, *-in f*

**hayâsız** schamlos; frech

**hayat**¹ ⟨-tı⟩ Leben *n* (*a. = Lebewesen*); ~ **adamı** Lebenskünstler *m*; ~ **arkadaşı** Lebensgefährte *m*, *-gefährtin f*; ~ **dolu** lebenslustig; ~ **düzeyi** Lebensstandard *m*; (**parlak bir**) ~ **geçirmek** (ein glänzendes) Leben führen; ~ **kadını** Prostituierte *f*; ~ **memat meselesi** eine Frage auf Leben und Tod; ~ **mücadelesi** Kampf *m* ums Dasein; ~ **pahalılığı** Teuerung *f*; ~ **sigortası** Lebensversicherung *f*; ... **bir** ~ **sürmek** ein ... Leben führen; ~ **şartları** Lebensbedingungen *f*/*pl*; -*e* ~ **vermek** beleben (*akk*); ~**a atılmak** ins Leben treten; ~**a gözlerini yummak** (*od* **kapamak**) *fig* s-e Augen für immer schließen; ~**a küsmek** mit dem Leben nicht zurechtkommen; -*in* ~**ı kaymak** *umg* ruiniert werden; -*e* ~**ını borçlu olmak** *j-m* sein Leben (*od* s-n Lebensunterhalt) verdanken; ~**ını kazanmak** s-n Lebensunterhalt verdienen; ~**ta olmak** am Leben sein, (noch) leben; **özel** ~ Privatleben *n*

**hayat**² ⟨-tı⟩ Vordach *n*; Vorgarten *m*; überdachte(r) Vorraum

**ha'yatağacı** ⟨-nı⟩ Stammbaum *m* *e-r* Familie; ANAT (*Gehirn*) Lebensbaum *m*

**hayat|lı** [-a:tı:] lebenswichtig ~**iyet** ⟨-ti⟩ Lebenskraft *f*; neue(r) Schwung, Auftrieb *m* ~**sal** → hayatî

**hayda** *int* hüh!; los!; *Verwunderung* ach was! ~**lamak** *Tier* antreiben ~**mak** *v/t Tier* antreiben, hüh schreien; *umg j-n* rausschmeißen, feuern

'**haydi** los!, auf!; nun, also (*z. B. gute Fahrt!*); *Einräumung* nun ja, nun gut; *Wahrscheinlichkeit* ja vielleicht, unter Umständen; ~ **bunları başkasına anlat!** geh!, mach das anderen weis!; **hadi hadi** kurz und gut; machen wir es kurz!; ~ ~ ganz einfach, ohne Weiteres; (aller-)höchstens; ~ **canım sen de** gibts denn so was?!; ~ **oradan** weg hier!; jetzt reichts aber!

**haydin** nun los; nun also ~**di** mach schnell, *umg* mal dalli (*z. B.* **kayığa** ins Boot)!

**haydi'sene** *umg* dalli, dalli!

**haydut** ⟨-du⟩ Bandit *m*; *zu e-m Kind* kleiner Schlingel!; ~ **yatağı** Räuberhöhle *f* ~**luk** ⟨-ğu⟩ Banditentum *n*

'**hayhay** gut!, in Ordnung!; natürlich!

**hayhuy** Radau *m*; Wirrwarr *m*; Hektik *f*; ~**la** in der Hektik, überstürzt

**hayıflanmak** (-*e*) nachtrauern (*dat*, *z. B. e-r Gelegenheit*); traurig *etw* sagen

**hayır**¹ nein; ~ **dememek** nicht nein sagen

**hayır²** ⟨-yrı⟩ Wohltat f, das Gute; Güte f; Nutzen m; Vorteil m; adj gut, erfreulich (z. B. Nachricht); **~ etmemek** die (in j-n gesetzten Hoffnungen) nicht erfüllen; -den **~ görmemek** nichts Gutes erleben (von dat); -e **~ işlemek** j-m Gutes tun; **ondan ~ kalmadı** umg davon (od von ihm/ihr) hat man nichts mehr; **hayra alamet** ein gutes Zeichen; **hayra karşı** gütlich, friedlich; **hayra yormak** positiv auslegen (od deuten); **in inşallah!** Gott gebs!, möge alles gut werden!; Donnerwetter!; **hayrını gör!** möge es dir nützen!; **~la anmak** (od **yâd etmek**) (der Toten) mit Ehrfurcht gedenken, j-m nur Gutes nachsagen

**hayırlaşmak** nach e-r Einigung sich beglückwünschen, mit Handschlag bekräftigen

**hayır|lı** Kind gut geraten; glücklich (Reise); **~** (od **~sı**) **olsun** hoffen wir das Beste!; **~perver**, **~sever** hilfreich, wohltätig **~severlik** ⟨-ği⟩ Hilfsbereitschaft f, Wohltätigkeit f

**hayırsız** Kind ungeraten; untauglich; treulos; Pech-; Pechvogel m; unheilvoll

**hayız** ⟨-yzı⟩ Menstruation f

**haykırı(ş)** Schrei m, Ruf m; Geschrei n

**haykırışmak** -le sich anschreien

**haykır|ma** → haykırış **~mak** schreien; v/t deutlich (od krass) zeigen

**haylaz** Tagedieb m; faul **~laşmak** herumlungern **~lık** ⟨-ğı⟩ Trägheit f, Faulheit f

**hayli** ziemlich; ziemlich weit, äußerst; **~den ~(ye)** überaus, ungemein; **bir ~** ziemlich lange; **~dir** seit Langem

**haylice** erheblich

'**haymana** freie(s) Weideland, Auslauf m; **~ öküzü** (od **sığırı**) Faulenzer m, Herumlungerer m

**haymatlos** heimatlos, staatenlos

**hayran** [-a:n] erstaunt, verwundert; entzückt; Bewunderer m; Verehrer m; **-i ~ bırakmak** j-n in Erstaunen versetzen, überraschen; **~ kalmak** erstaunt sein; entzückt sein (-e von dat); -e **~ olmak** sich wundern (über akk); entzückt sein (von dat); j-n bewundern **~lık** ⟨-ğı⟩ Bewunderung f; Entzücken n

**hayrat** [-a:t] ⟨-tı⟩ gute(s) Werk; wohltätige Stiftung

**hayret** ⟨-ti⟩ Erstaunen n, Verwunderung f; Bestürzung f; **~!** unglaublich!, Donnerwetter!; -e **~ etmek** sich wundern (über akk); -den **~e düşmek** überascht sein (von dat); -i (**hayretten**) **~e düşürmek** in (tiefes) Erstaunen versetzen; **~le** erstaunt, voller Erstaunen; -i **~te bırakmak** in Staunen setzen; überraschen; **~te kalmak** staunen, sich wundern

**hayrı-** → **hayır²**

'**hayrola** nanu!

**haysiyet** ⟨-ti⟩ Würde f; Ehre f; Ansehen n; **~ divanı** Ehrengericht n; -in **~ine dokunmak** j-s Ehre verletzen **~li** verehrt, geachtet **~siz** unwürdig; missachtet

'**hayta** HIST Söldner m; Taugenichts m

'**haytalık** ⟨-ğı⟩ Banditentum n; **~ etmek** sein Unwesen treiben

**hayva** Lötkolben m

**hayvan** Tier n; Vieh n; Pferd n; Reittier n; fig Dämlack m; **~ gibi** stumpfsinnig

**hayvanat** [-a:t]; **~ bahçesi** Zoo m

**hayvan|bilim** Zoologie f **~bilimci** Zoologe m, -login f **~ca** tierisch; fig brutal

**hayvanî** [-i:] Tier-, tierisch (z. B. Fett); fig animalisch (z. B. Gefühle); brutal; roh (Gewalt)

**hayvan|laşmak** zum Tier werden, verrohen **~lık** ⟨-ğı⟩ tierische(r) Zustand; fig Brutalität f; Bestialität f **~sal** zoologisch; tierisch (Nahrung)

**hayyalessela** Gebetsruf eilt zum Gebet!

**haz** ⟨-zzı⟩ Genugtuung f, Freude f; Lust (-gefühl n) f; -den **~ duymak** Freude empfinden, sich freuen (an dat)

**haza** [ha:za:] umg richtiggehend, absolut (z. B. Idiot); prima (z. B. Haus)

**Hazar** Chasare m, Chasarin f; **~ Denizi** Kaspische(s) Meer

**hazcılık** ⟨-ğı⟩ PHIL Hedonismus m

**hazık** [a:] ⟨-kı⟩ Arzt geschickt, erfahren

**hazım** ⟨-zmı⟩ Verdauung f; Verträglichkeit f **~lı** großzügig, dickfellig; verträglich **~sız** unverdaulich; Person reizbar; ungesellig; unverträglich **~sızlık** ⟨-ğı⟩ Verdauungsstörung f; fig Reizbarkeit f

**hazır** fertig, bereit (-e zu dat); anwesend; Konfektions- (Anzug); konj wenn ... schon; **da ... doch**; **~ bulunmak** anwesend sein; bereit sein; -i **~ etmek** bereitstellen (akk); **~ ol!** MIL stillgestanden!; **~ ol duruşu** Strammstehen n; **~ ol vaziye-**

**tinde durmak** Haltung annehmen; **~ yiyici** Rentier *m*, von s-m Geld Lebende(r); **~a konmak** schmarotzen, *fig* sich ins gemachte Bett legen; **~dan yemek** leben von dem, was da ist

**hazırcevap** schlagfertig **~lık** ⟨-ğı⟩ Schlagfertigkeit *f*

**hazırcı** Konfektionshändler *m*; *umg fig* Nassauer *m*

**hazırlama** Bereitstellung *f*; Bearbeitung *f*

**hazırlamak** *v/t allg* vorbereiten; zurechtmachen (*z. B. Zimmer*); Essen zubereiten; bereitstellen, bereitlegen; *Kohlen für den Winter* einkellern, anschaffen; *Komplott* anzetteln; *Tisch* decken; *Überraschung etc* bereiten; *zu einem Unglück* führen; *Buch* bearbeiten; (-*i -e*) *j-n* vorbereiten (auf *akk, z. B.* Prüfung)

**hazırlanmak** *passiv von* hazırlamak; *v/i* sich vorbereiten (*-e* auf *akk*)

**hazır|latmak** *kaus von* hazırlamak; *v/t* anfertigen lassen (-*i -e j-n akk*) **~lık** ⟨-ğı⟩ Vorbereitung *f*; Vorkehrung *f*; Bereitschaft *f*; Vorbereitungs-; Vor- (*Arbeit; Untersuchung*); **~ görmek** *od* **yapmak** Vorbereitungen treffen **~lıklı** vorbereitet **~lıksız** unvorbereitet

**hazırlop** ⟨-pu⟩ Ei hart gekocht; *fig* ohne *n* Finger zu rühren, ohne Gegenleistung

**hazin** [-i:n] betrübt; *Stimme* kläglich; *Verlust* bitter

**hazine** [-i:-] Schatz *m*; Schatzkammer *f*; Staatskasse *f*; MIL Magazin *n*; Vorratsbehälter *m*; Lager *n*, Depot *n*; LIT (Weisheits)Brunnen *m*, Born *m*; **~ bonoları** Schatzanweisungen *f/pl*; **kelime ~si** Wortschatz *m*

**hazinedar** HIST Schatzmeister *m*, -in *f*

**haziran** [-i:-] Juni *m*

**haziranböceği** ⟨-ni⟩ ZOOL Junikäfer *m*, Brachkäfer *m* (*Amphimallus solstitialis*)

'**hazmetmek** *v* sindirmek; *fig* dulden, ertragen, aushalten; *Beleidigung* hinnehmen, schlucken

**hazne** Depot *n*, Behälter *n*

**hazret** ⟨-ti⟩ *etwa* der heilige ..., *z. B.* **Hazreti Ali** (der) heilige Ali, der Prophet Ali; **Hazreti Muhammed** (der) Prophet Mohammed; *hum* der/die Gute

**Hazretleri** ⟨-ni⟩ *osm* Seine/Ihre Majestät; **Hanımefendi ~** sehr verehrte gnädige Frau

'**hazzetmek** sich freuen (-*den* an *dat*); *j-n* mögen; *j-m* zugetan sein

**he** *dial* ja; **~ demek** Ja sagen

**heba** [-a:] vergebens; vertan; **-i ~ etmek** vergeuden, verschwenden

**hece** Silbe *f*; **açık ~** offene Silbe; **kapalı ~** geschlossene Silbe; **~ ölçüsü** (türk.) Silbenversmaß *n*; **~ yutumu** GRAM Haplologie *f*, Silbenausfall *m*

**hece|leme** Silbentrennung *f* **~lemek** *v/t* nach Silben lesen; buchstabieren **~li: iki ~** zweisilbig (*Wort*); **tek ~** einsilbig

**hecin, ~ devesi** Dromedar *n*

**hedef** Ziel *n*; Zielscheibe *f*; **-i ~ almak** *fig* sich (*dat*) zum Ziel setzen (*akk*); *j-n* aufs Korn nehmen; zielen (auf *akk*); **-i ~ tutmak** zum Ziel haben (*akk*), bezwecken (*akk*)

**heder**: **-i ~ etmek** opfern (*akk*); verschwenden; **~ olmak** geopfert werden; *Geld umg* futsch sein; *Zeit* verloren sein

**hediye** Geschenk *n*; **-e ~ etmek** *j-m* ein Geschenk machen **~lik** ⟨-ği⟩ als Geschenk; **~ eşya** Geschenkartikel *m/pl*

**hege'monya** Hegemonie *f*

**hekim** Arzt *m*, Ärztin *f*; **diş ~i** Zahnarzt *m*, -ärztin *f*; **göz ~i** Augenarzt *m*, -ärztin *f*; **kulak-boğaz-burun ~i** Hals-Nasen-Ohren-Arzt *m*, -ärztin *f*; **ruh ~i** Psychiater *m*, -in *f*; **veteriner ~** Veterinär *m*, -in *f*, Tierarzt *m*, -ärztin *f*

**hekimlik** ⟨-liği⟩ Arztberuf *m*; *meist* Medizin *f*

**hekt|ar** Hektar *n* **~o'litre** Hektoliter *n* (*m*) **~o'metre** Hektometer *n*

**hela** [-la:] Abort *m*

**helak** [-a:k] ⟨-ki⟩: **-i ~ etmek** vernichten, zugrunde richten; *Person* sehr anstrengen, *umg* ganz kaputtmachen, stark mitnehmen; **~ olmak** zugrunde gehen; *Person* sich überanstrengen; schwach werden

**helal** [-a:l] ⟨-li⟩ REL erlaubt; gesetzmäßig, legitim; angetraute(r) (rechtmäßiger) Mann; angetraute (rechtmäßige) Frau; **-i ~e ~ etmek** *j-m etw* (*z. B. die Schuld*) erlassen; *e-e Sache, e-n Betrag* nicht bereuen; **~ olsun** es sei (ihm) gegönnt; es ist nicht schade (um *akk*); **~ olsun!** bravo!; **~ süt emmiş** ehrbar, ehrlich; **~ü hoş olsun** (es war) gern geschehen **~inden** aus reinem Herzen; ohne

Hintergedanken

**helal|leşmek** einander vergeben (vor e-r Trennung) **~li** angetraute(r) Mann; angetraute Frau, Gattin f

**helallik** ⟨-ği⟩ → helalli; etwas Erlaubtes; **~ dilemek** j-n bitten, j-m e-e Schuld zu erlassen od (e-e Kränkung) zu verzeihen

'**hele** gerade (z. B. Sie); insbesondere; vor allem; sicher schon; mal; nur erst; schließlich (doch noch; soll er nur ...); doch; **~ bak!** sieh nur, man sehe nur ...; **~ ~** nun mal los, umg mal raus damit, (erzähl ...); Beispiele **~ çalışmasın ...** soll er (od mal) nicht arbeiten (wollen) ...; **sınıfını geç ~,** ... mach erst die Klasse durch ...; werde mal erst gesetzt, (dann ...); **~ geldi, şükür!** Gott sei Dank, schließlich ist er doch noch gekommen

**helecan** Aufregung f
**helecanlanmak** sich aufregen
**Helen** Hellene m **~ist** Hellenist m, -in f; Gräzist m, -in f, Griechenfreund m, -in f
**Helenistik** ⟨-ği⟩ hellenistisch; Hellenistik f
**Helenizm** Hellenismus m
**helezon** Spirale f; Schnecke f; ANAT Ohrmuschel f; TECH Schraube f; Schnecke f; **~ yay** Spiralfeder f
**helezoni** ⟨-i:⟩ spiralförmig; schraubenförmig; Schnecken-; Schrauben-; Spindel- (Treppe)
**helezonlaşmak** sich schlängeln, sich winden
**helikopter** Hubschrauber m
**helke** (Kupfer)Eimer m
**helme** (Reis- etc) Schleim m; Brei m; **~ dökmek** schleimig/breiig werden
**helmelenmek** → helme dökmek
**helmeli** schleimig, breiig
**helva** türkische(r) Honig, Helva n
**helvacı** Verkäufer m (od Hersteller m) von Helva **~kabağı** BOT Kürbis m (Cucurbita maxima)
**helyoterapi** Sonnentherapie f
'**helyum** Helium n
**hem** außerdem; auch; und (zwar); **~ de** und zwar; und ja ...; **~ ... ~ (de)** ... sowohl ... als auch ..., ebenso wie ...; **~ de nasıl!** und wie, und ob!; **gidiyor, ~ de koşarak** gidiyor er geht, und zwar saust er ab (od und zwar schnell); **sıcak, ~ de sıcak!** heiß, und wie (heiß) od heiß, und ob!; **Ankara'yı sever misin?; ~ de nasıl!** gefällt dir Ankara? na, und wie! (od und ob!)

**hem-** persisches Präfix gleich, gemeinsam, Mit-, Ge-; (türk. -**daş**)
**hemahenk** harmonisch
**hemati** ANAT rote(s) Blutkörperchen
**hematit** ⟨-ti⟩ Hämatit m, Blutstein m
**hemdert** ⟨-di⟩ Leidensgenosse m
'**hemen** sofort, unverzüglich, direkt, unmittelbar; zeitlich fast, beinahe; einschränkend + Negation kaum; wenn nur ...; **~** fast, nahezu; **ben ~ o sıralarda gelmiştim** ich war fast (genau) zu dieser Zeit gekommen; **~ önünüzde ...** direkt vor Ihnen ...
**hemencecik** umg sofort, auf der Stelle; (nicht) allzu rasch
**hemfikir** ⟨-kri⟩ Gesinnungsgenosse m
**hemofil** Bluter m
**hemofili** Bluterkrankheit f
**hemoglobin** Hämoglobin n
**hempa** [a:] Kumpan m, Verschwörer m
**hemşeri** Landsmann m, Mitbürger m **~lik** Mitbürgerschaft f
**hemşire** [i:] osm Schwester f; Krankenschwester f; **ameliyat ~si** Operationsschwester f
**hemze** osm Hamza n (arabischer Buchstabe u. Laut), Stimmlippenverschlusslaut m (türk. früher **mes'ele** statt mesele)
**hemzemin** ebenerdig (Übergang)
**hendek** ⟨-ği⟩ Graben m; MIL Schützengraben m
**hendese** Geometrie f
**hendesi** [i:] geometrisch
'**hentbol** ⟨-lü⟩ Handball m
'**henüz** gerade (eben); schon; negativ noch (nicht)
**hep** alle(s), alle; immer, dauernd; ganz; **~ birden** alle zusammen; **~ geç kalır** er verspätet sich dauernd; **~ bunlar** all das (od dies); **ya ~ ya hiç** alles oder nichts; **~imiz** wir alle; **~imizce malumdur** uns allen ist es bekannt; **~inizi iyi buldum** ich fand euch alle gesund (vor)
**hepçil** allesfressend; Allesfresser m
'**hepsi** ⟨-ni⟩ alles; alle; **~ bir** alle gleich (od egal); **~ yalan** alles Lügen; **~ni biliyorum** ich weiß alles; ich kenne alle
'**hepten** völlig

'hepyek Einserpasch *m*
her jeder, jede, jedes; ~ bir ein jeder/jedes, eine jede; ~ biri jede(r) von ihnen; ~ dem taze jugendlich wirkend; ~ gün jeden Tag; ~ günkü alltäglich; ~ halde (*od* halü kârda) in jedem Fall; Alltagsanzug *m*; ~ nasılsa wie auch immer, irgendwie; ~ ne hal ise wie dem auch sei; ~ ne ise kurz und gut; irgendwie; ~ nedense aus irgendeinem Grund; ~ ne kadar wenn ... auch, obwohl; ~ ne pahasına olursa olsun um jeden Preis; ~ şeyden önce vor allen Dingen; ~ zaman dauernd, beständig
hercai [-dʒaːiː] wankelmütig, launisch, wetterwendisch ~lik ⟨-ği⟩ Wankelmütigkeit *f* ~menekşe BOT Stiefmütterchen *n*
hercümerç ⟨-ci⟩ Wirrwarr *m*, Chaos *n*; ~ etmek ein Chaos verursachen
herdemtaze BOT immergrün
herek ⟨-ği⟩ Spalier *n*; Stock *m*, Stange *f* e-s Spaliers ~lemek *v/t* (an e-m Spalier) befestigen
hergele undressierte(s) Reittier; *fig* rohe(r) Patron ~ci Pferdehirt *m*
her'hangi irgendeine(r); ~ bir irgendein; ~ bir şekilde irgendwie; ~ bir yerde irgendwo; ~ biri irgendjemand
herif Kerl *m*, Subjekt *n*; *umg* Mensch *m*, Bursche *m*
herif'çioğlu ⟨-nu⟩ *umg* der blöde Kerl
'herkes jeder
herrü: ya ~ ya merrü soll es kommen, wie es kommt
'Hersek ⟨-ği⟩ Herzegowina *f*
'heryerdelik ⟨-ği⟩ Allgegenwart *f* Gottes
herze Blödsinn *m*, *umg* Stuss *m*; ~ etmek Stuss reden; Unfug treiben ~vekil Quatschkopf *m*; Störenfried *m*
hesabî [-saːbiː] sparsam, haushälterisch; berechnend
hesap ⟨-bı⟩ Rechnung *f*; Rechnen *n*; Konto *n*; Berechnung *f*; Schätzung *f*; bankada bir ~ açmak bei e-r Bank ein Konto eröffnen; ~ cetveli Rechenschieber *m*; ~ çıkarmak Bilanz ziehen; den Saldo feststellen; ~ etmek berechnen; kalkulieren; in Rechnung setzen; übergen (aklında) bei sich *dat*; ~ kitap etmek hin und her überlegen; ~ görmek abrechnen; die Rechnung zahlen; ~ işi Kreuzstickerei *f*; ~ makinası Rechenmaschine *f*, Rechner *m*; -*in* ~ sormak Rechenschaft verlangen (über *akk*); ~ tutmak WIRTSCH Buch führen; ~ tutmadı die Mutmaßung hat sich nicht als richtig erwiesen; ~ uzmanı Betriebsprüfer *m* (*des Finanzamtes*); ~ vermek Rechnung ablegen; -*in* hesabını vermek (sich) (*dat*) Rechenschaft ablegen (über *akk*); ~ yanlışlığı Rechenfehler *m*; -*i* hesaba almak rechnen (mit *dat*); berücksichtigen (*akk*); hesaba almamak keine Beachtung schenken, einfach übersehen; -*i* hesaba çekmek *j-n* verantwortlich machen, zur Verantwortung ziehen; hesaba gelmez unzählig; unverhofft; -*i* hesaba katmak rechnen (mit *dat*); berücksichtigen *akk*; ... -*le* hesabı kesmek die Beziehungen abbrechen (mit *dat*); hesabı temizlemek die Rechnung begleichen; -*in* hesabı yok eine Unmenge; -*in* hesabına für (*akk*); zugunsten *gen*/ *von*; auf Rechnung *gen/von* hesabıma göre nach meinem Dafürhalten; -*in* hesabına gelmek *j-m* zupasskommen; hesabını (kitabını) bilmek haushälterisch sein, umsichtig sein; (-*in*) hesabını görmek die Bilanz ziehen; (mit *j-m*) abrechnen, *j-m* e-n Denkzettel geben; ~ta olmamak außer Betracht lassen; -*i* ~tan düşmek WIRTSCH abziehen, *a.* nicht berücksichtigen
he'sapļça eigentlich, aller Voraussicht nach ~çı haushälterisch; ein guter Rechner, eine gute Rechnerin
hesap|lamak *v/t* berechnen; berücksichtigen; annehmen, voraussetzen; vorhaben; ~ kitaplamak hin und her überlegen ~laşmak (-*le*) abrechnen mit; *fig* sich auseinandersetzen mit ~lı eingetragen, gebucht, verbucht; (ein)kalkuliert; *Person* umsichtig; sparsam; *Sache* berechnet, geplant; vorsichtig ~sız ohne Rechnung; *Reichtum* unermesslich; *Versprechen* unzählig; riskant, unüberlegt (*Sache*); ~ kitapsız ohne Beleg, unbelegt; unüberlegt, leichtfertig
hetepete stotternd
heterojen heterogen
hevenk ⟨-gi⟩ Fruchtgirlande *f*, Bündel *n*; PHYS ışık ~leri Lichtbündel *n*
heves Neigung *f*, Hang *m* (-*e zu dat*); *umg* Hobby *n*; Laune *f*; -*e* ~ etmek Ge-

fallen finden (an *dat*) **~kâr** Liebhaber *m*, -in *f e-r Sache*, Amateur *m*, -in *f*; Dilettant *m*, -in *f* **~kârlık** ⟨-ğı⟩ Neigung *f*, Liebe *f* (*-e zu dat*) **~lenmek** (*-e*) e-e Neigung verspüren (zu *dat*), sich aufgezogen fühlen (zu *dat*) **~li** (*-e*) neigend (zu *dat*), dürstend (nach *dat*); *fig* Liebhaber *m*, -in *f*, Freund *m*, -in *f* (z. *B. des Gesprächs*) **~siz** gleichgültig, lustlos; desinteressiert (*-e an dat*)

**hey** *int* hallo!; ihr da, du da!; ach!; *Bewunderung* **~ Allahım ...** mein Gott, ...; *Sehnsucht* **~ gidi gençlik ~!** ach (ja) die Jugendzeit!

**heyam'ol(a)** *int* hau ruck!; *adv* mit Ach und Krach

**heybe** Satteltasche *f*; Schultertasche *f*

**heybet** ⟨-ti⟩ Erhabenheit *f*, Würde *f*, Überlegenheit *f* **~li** imposant

**heyecan** [ɑː] Aufregung *f*; Erregung *f*; Begeisterung *f*; **~ duymak** sich aufregen; sich begeistern; *-e* **~ vermek** j-n in Aufregung (*od* Begeisterung) versetzen; **~a gelmek** in Erregung (*od* in Begeisterung) geraten

**heyecan|landırmak** *v/t* erregen, aufregen; begeistern **~lanmak** in Erregung geraten; sich begeistern

**heyecan|lı** (leicht) erregbar (*z. B. Debatte*); erregend, begeisternd; angstvoll (*Erwartung*) **~sız** gelassen; ohne Aufregung; lustlos, ohne Begeisterung; nicht erregend, nicht stimulierend

**heyelan** [-lɑːn] Erdrutsch *m*

**heyet** ⟨-ti⟩ Delegation *f*; Ausschuss *m*

**heyhat** [ɑː] *int* o weh!, du liebe Zeit!; ja leider

**heyhey ~ler geçirmek** viel durchmachen; **~leri tutmak** (*od* **üstünde olmak**) gereizt sein

**heykel** Statue *f*, Standbild *n*; Skulptur *f*; **~ gibi** wohlgestaltet; *umg* wie ein Ölgötze **~ci** → heykeltıraş

**heykeltıraş** Bildhauer *m* **~lık** Bildhauerei *f*

**heyula** [-uːlɑː] *fig* Albdruck *m*, Schrecken *m* (*-le unter dat*); **~ gibi** monströs

**hezaren** [ɑː] *BOT* Bambus *m*; Bambus-; Rittersporn *m*

**hezeyan** [ɑː] Fantasieren *n*, Irrereden *n*; Delirium *n*; **~ etmek** fantasieren, irrereden

**hezimet** [iː] ⟨-ti⟩ (empfindliche) Niederlage *f*

**hıçkırık** ⟨-ğı⟩ Schluckauf *m*; Schluchzen *n*; **beni ~ tuttu** ich habe e-n Schluckauf; **~larla ağlamak** schluchzend weinen

**hıçkırmak** Schluckauf haben; schluchzen

**hıdiv** [iː] *HIST* Khedive *m* (*Vizekönig von Ägypten*)

**hıdrellez** erste(r) Sommertag (6. Mai); Frühlingsfest *n*

**'hıfzetmek** aufbewahren; *Wörter* behalten; auswendig lernen

**hıfzıssıhha** (Volks)Hygiene *f*

**hık** *int* hick!; **~ mık etmek** herumdrucksen; *fig* ausweichen, sich herausreden; **~ı mıkı yok** keine faulen Ausreden!

**him** *int* hm

**hımbıl** träge, faul, schlapp

**hımhım**: **~ konuşmak** näseln

**'hıncahınç**: **~ dolu** proppenvoll; **~ insan dolu** überfüllt

**hınç** ⟨-cı⟩ Rachsucht *f*; Hass *m*; Wut *f*; **-den ~** (*od* **hıncını**) **almak** sich rächen (an *dat*) **~lı** hasserfüllt (*Blick*)

**hınzır** *Schimpfwort* Tyrann *m*; grausam; *hum* Racker *m* **~lık** ⟨-ğı⟩ Gemeinheit *f*; schlechte(r) Scherz, Streich *m*

**hır** Streit *m*; **~ çıkarmak** e-n Streit anfangen

**'hırbo** lange(r) Lulatsch; Lümmel *m*; *umg* Dussel *m* **~luk** ⟨-ğu⟩ Stumpfsinn *m*; umg Dusseligkeit *f*

**hırçın** jähzornig, hitzig; reizbar **~laşmak** *fig* aufbrausen, leicht erregbar sein **~lık** ⟨-ğı⟩ Reizbarkeit *f*

**hırdavat** ⟨-tı⟩ Eisenwaren *f/pl*; *fig* Kram *m*, Krimskram *m*

**hırdavatçı** Eisenwarenhändler *m*

**hırgür** *f* Streiterei *f*; **~ çıkarmak** Streit anfangen

**hırıldamak** röcheln; heiser klingen; *-in* **göğsü hırıldıyor** (es) keucht

**hırıltı** Röcheln *n*; heisere(r) Ton, Heiserkeit *f*; Zank *m* **~lı** *Stimme* heiser

**hı'rızma** Ring *m* (durch die Nase)

**Hıristiyan** *etc* → Hristiyan

**hıristo**: **~ teyeli** Kreuznaht *f*

**hırka** *Art* Joppe *f*; weite(s) Gewand *der Derwische*

**hırlamak** *Hund* knurren; *Person* brummen; *MED* keuchen; *Schnee* knirschen

**hırlaşmak** (*-le*) aufeinander losgehen, sich anbrüllen

**hırpa|lamak** ⟨-i⟩ verschleißen, abtragen; *umg* fig j-n piesacken **~nı** [-pa:nı:] zerlumpt; abgerissen (*bes Person*)

**hırs** Gier f (*nach dat*); Wut f; Leidenschaft f; Ehrgeiz m

**hırsız** Dieb m, -in f; Einbrecher m; **~ anahtarı** Dietrich m; **~ feneri** Blendlaterne f; **~ gibi** verstohlen; **~ yatağı** Diebeshöhle f **~lama** heimlich (, still und leise); Diebesgut n, Gestohlene(s) **~lık** ⟨-ğı⟩ Diebstahl m; Einbruch m; **~ etmek** (*od* **yapmak**) stehlen; e-n Diebstahl begehen

**hırslan|dırmak** ⟨-i⟩ j-n in Wut bringen; *fig* j-n locken **~mak** in Wut geraten; *umg* scharf sein (*auf akk*)

**hırslı** begierig, gierig; wütend; ehrgeizig

**hırt** ⟨-tı⟩ **A** ratsch! **B** *subst umg* Depp m, Schafskopf m **~apoz** f Dämlack m **~apozluk** ⟨-ğu⟩ Schafsköpfigkeit f

**hırtı:** **~ pırtı** Gerümpel n; Trödel m

**hırtlamba** unansehnlich; vergammelt; *Magen* verdorben; **~ gibi** wie ein Gammler; **~sı çıkmış** in Lumpen gehüllt; *Sache* ramponiert, ausgedient

**hışıl|lamak, ~damak** *Blätter* rauschen; *Seide* knistern; MED keuchen **~tı** Rauschen n; Knistern n; MED Keuchen n, Röcheln n

**hışım** ⟨-şmı⟩ Zorn m, Unwille m; *-in* **hışmına uğramak** j-s Zorn auf sich laden **~lanmak** sich erbosen

**hışır** unreife Melone; *fig* Grünschnabel m; unreif; **~ ~** raschelnd, knisternd; zischend **~damak** *Laub* rascheln; *Papier* knistern; keuchen, zischen **~datmak** ⟨-i⟩ *mit dem Papier etc* rascheln, knistern; ein Rascheln hervorrufen **~tı** Rascheln n; Knistern n; Zischen n **~tılı** GRAM Zisch- (*Laut*)

**hıyanet** [-ja:-] ⟨-ti⟩ Verrat m, Treulosigkeit f; treulos; Veruntreuung f (*-e gen*) **~lık** ⟨-ğı⟩ Verrat m (*in an dat*)

**hıyar** Gurke f; *sl* Esel m, Grobian m

**hıyar²** JUR Option f; Wahlfreiheit f

**hıyarcık** ⟨-ğı⟩ Drüsengeschwulst f, Bubo m

**hıyarşembe** BOT Kassie f (*Cassia*)

**hız** Schnelligkeit f; PHYS Geschwindigkeit f; Tempo n; Hast f; Hektik f; **~ almak** e-n Anlauf nehmen; **~e vermek** beschleunigen (*akk*); *fig* anregen; *Stimmung* anheizen; **~ını alamamak** nicht Einhalt gebieten können; *fig* sich nicht beherrschen können; **~ını almak** *Sturm* sich legen; sich beruhigen; **~ını yitirmek** an Kraft (*od* Einfluss) verlieren

**hızar** Säge f; Sägewerk n

**Hızır** jemand, der nach dem Volksglauben Unsterblichkeit erreicht hat; *etwa* Heilige(r); **hızır gibi yetişmek** als rettender Engel auftreten

**hızlandırmak** v/t beschleunigen

**hızlanmak** sich beschleunigen, schneller werden (*od* gehen); *z. B. Regen* heftiger werden

**hız|laştırmak** beschleunigen; (zur Eile) antreiben **~latmak** v/t antreiben; beschleunigen

**hızlı** rasch, hektisch; heftig, kräftig (*z. B. zuschlagen*); laut (*sprechen*); überstürzt; mit Schwung; in Saus und Braus (*leben*)

**hibe** [i:] Spende f; **-i ~ etmek** spenden; opfern (*akk*)

**hicap** [-a:p] ⟨-bı⟩ Scham f; Verlegenheit f; Bescheidenheit f; Schleier m; ANAT Membran f; **~ etmek** sich schämen; verlegen sein **~lı** verlegen; verschämt

**hiciv** ⟨-cvi⟩ Satire f **~ci** Satiriker m, -in f

**hicran** [-a:n] Trennungsschmerz m

**hicret** ⟨-ti⟩ Hedschra f (622 n.Chr.)

**hicrî** [-i:] ... nach der Hedschra; **~ takvim** (der) islamische Kalender

**hicvetmek** v/t verspotten

**hicv|î** [-i:] satirisch **~iye** Satire f

**hiç** ⟨-çi⟩ **A** *bei verneintem Verb* überhaupt (*nicht*), gar (*nicht*); keineswegs; (*ohne*) im Geringsten **B** *in der Frage* jemals, überhaupt; dann (wirklich); Nichts n, Kleinigkeit f; (e-e) Null **C** *in der Antwort* nichts; gar nicht; überhaupt nicht; **~ de** keineswegs; **~ değilse, ~ olmazsa** wenigstens; immerhin; **~ kimse** niemand, keiner; **~ mi** absolut nichts; gar nicht; **~ yoktan** (*od* **yüzünden**) ohne jeden Grund, *umg* einfach so; **~e indirmek** missachten, ignorieren; **~e saymak** → **~e indirmek**; *Beispiele* **~ beklenmedik bir anda** in e-m völlig unerwarteten

Augenblick; **o ~ bilmez** er/sie weiß überhaupt nichts; **onu ~ görmedim** ich habe ihn/sie nie gesehen; **üç günden beri ~ görünmedi** schon seit drei Tagen hat sie sich überhaupt nicht sehen lassen; **~ bilmiyorum** ich weiß (es) wirklich nicht

**hiçbir** kein, nicht ein(e); nicht ein(e) Einzige(r); **~ surette** in keinerlei Weise, auf keinen Fall; **~ şey** gar nichts; **~ yerde** nirgendwo; **~ yere** nirgendwohin; **~ zaman** niemals, zu keiner Zeit; *mit Suffixen:* **~imiz** keiner von uns

**hiçci** Nihilist *m*, -in *f* **~lik** ⟨-ği⟩ Nihilismus *m*

**hiçistan** Utopien *n*; Hungerleiderland *n*

**hiçlemek** *v/t* bagatellisieren

**hiçlik** ⟨-ği⟩ Nichtigkeit *f*; Nichts *n*

**hiçten** minderwertig; nichtswürdig; für nichts, unnütz, zwecklos, *umg* für die Katz

**hidayet** [a:] ⟨-ti⟩ REL (der) rechte Weg; **~e ermek** den rechten Glauben (*d. h.* den Islam) annehmen

**hiddet** ⟨-ti⟩ Wut *f*, LIT Zorn *m*; Heftigkeit *f*; **~ etmek**, **~ kapılmak** in Wut geraten; heftig werden **~lendirmek** *v/t* erzürnen, *j-n* rasend machen **~lenmek** wütend (*od* zornig) werden, *umg* böse werden **~li** wütend, zornig, aufgebracht; hitzig, aufbrausend; Hitzkopf *m* **~siz** gelassen, besonnen

**hidra** Hydra *f*

**hidrat** ⟨-ti⟩ CHEM Hydrat *n*

**'hidro-** hydro-, Wasser-

**hidrojen** Wasserstoff *m*; **~ bombası** Wasserstoffbombe *f*; **~ sülfür** Schwefelwasserstoff *m* **~lenme** Hydrierung *f*

**hidro|karbon, ~karbür** Kohlenwasserstoff *m* **~klorik**: **~ asit** Salzsäure *f*

**hidrolik** ⟨-ği⟩ hydraulisch; Hydraulik *f*

**hidroterapi** Wasserheilverfahren *n*, Hydrotherapie *f*

**hijyen** Hygiene *f* **~ik** hygienisch

**hikâye** Geschichte *f*, Erzählung *f*; LIT (Kurz)Geschichte *f*; *fig* Märchen *n*; **küçük** (*od* **kısa**) **~** Kurzgeschichte *f*; **~ bileşik zamanı** GRAM Erzählform *f* (*des Perfekts etc*); **~ etmek** erzählen, berichten

**hikâye|ci** Erzähler *m*, -in *f* **~leme** Erzählen *n*

**hikmet** ⟨-ti⟩ Weisheit *f*; verborgene(r) Sinn; *Gottes* Fügung *f*, Ratschluss *m*; HIST Philosophie *f*; Sentenz *f*; weise(r) Spruch (*meist hum*); sonderbar!; **(her) ne ~se** merkwürdigerweise, wie sonderbar!

**hilaf** [a:] Widerspruch *m*; Gegenteil *n*; *umg* Unwahrheit *f*, Lüge *f*; **hiç ~ım yok** ich sage die reinste Wahrheit; ⟨-*in*⟩ **~ına** entgegen *dat*, ungeachtet *gen*

**hilafet** [a:] ⟨-ti⟩ POL Kalifat *n*

**hilafsız** [a:] *adv* ungelogen; tatsächlich

**hilal** [a:] ⟨-li⟩ Neumond *m*; Halbmond *m*; **~ gibi** gewölbt (*Augenbraue*); **~ şeklinde** sichelförmig

**hile** [i:] List *f*; Betrug *m*; Trick *m*; **~ hurda bilmez** ehrlich, rechtschaffen; **~ yapmak** mogeln, Tricks anwenden; **bş-e ~ karıştırmak** (*od* **katmak**) etw fälschen, verfälschen; *Milch, Wein umg* panschen; **bu sütte ~ var** diese Milch ist gepanscht; **~si hurdası yok** grundehrlich, ohne List und Tücke **~baz** [a:], **~ci** Betrüger *m*, -in *f*; Mogler *m*, -in *f*; Panscher *m*, -in *f* **~cilik** ⟨-ği⟩ Betrügerei *f*; Panscherei *f*; Fälschen *n* **~kâr** → hileci **~kârlık** ⟨-ğı⟩ → hilecilik

**hile|lendirmek** betrügen; mogeln; fälschen; *Milch etc* panschen **~li** listig; verfälscht; gepanscht; **~ iflas** betrügerische(r) Bankrott **~siz** arglos, harmlos; unverfälscht, rein **~sizlik** ⟨-ği⟩ Arglosigkeit *f*, Harmlosigkeit *f*

**hilkat** ⟨-ti⟩ Schöpfung *f*; Natur *f*, Charakter *m*; **~ garibesi** Missgeburt *f*

**himaye** [a:] Schutz *m*; Protektion *f*; **-i ~ etmek** begünstigen, protegieren, beschützen; **~ görmek** begünstigt (*od* protegiert) werden; beschützt werden; ⟨-*in*⟩ **~sinde** unter dem Schutz (*od* der Schirmherrschaft) *gen*; **-i ~sine almak** unter seinen Schutz nehmen; **~ altındaki devlet** Protektorat *n* **~cilik** ⟨-ği⟩ Protektionismus *m* **~siz** schutzlos

**himen** ANAT Hymen *n*

**himmet** ⟨-ti⟩ Gunst *f*, Unterstützung *f*, Beihilfe *f*, Hilfe *f*; Aufwand *m*, Kraftaufwand *m*, Mühe *f*; **~ etmek** *j-n* unterstützen, *j-m* Hilfe leisten; Gunst erweisen; sich bemühen

**hin** gerissen, durchtrieben; → hinoğluhin

**hindi** Truthahn *m*, Puter *m*

**hindiba** BOT Endivie *f*

**Hindiçin** Indochina *n*

**Hindistan** Indien n **hindistancevizi** ⟨-ni⟩ Kokospalme f; Kokosnuss f
**Hindoloji** Indologie f
**Hindu** [u:] Hindu m; (das) Hindustani
**hinoğluhin** abgefeimte(r) Bursche
**Hint**: **~-Avrupa dilleri** indoeuropäische Sprachen f/pl
**¹hint|bademi** ⟨-ni⟩ Art Kakao m **~domuzu** ⟨-nu⟩ Meerschweinchen n
**hinterlant** ⟨-dı⟩ Hinterland n
**¹hint|kamışı** ⟨-nı⟩ BOT Bambus m **~kirazı** ⟨-nı⟩ Mango f; Mangobaum m
**Hintli** Inder m, -in f; indisch
**¹hintyağı** ⟨-nı⟩ Rizinusöl n
**hiperbol** MATH Hyperbel f **~ik** hyperbolisch
**hipertansiyon** → yüksek tansiyon
**hipnoz** Hypnose f
**hipodrom** Hippodrom n
**hipopotam** Nilpferd n, Flusspferd n
**hipotansiyon** (zu) niedrige(r) Blutdruck
**hipotenüs** MATH Hypotenuse f
**hipotez** Hypothese f
**his** ⟨-ssi⟩ Gefühl n, Empfindung f; Vorgefühl n, Ahnung f; **~lerine kapılmak** gefühlsmäßig handeln (od reagieren)
**hisar** Festung f, Fort n; Burg f; **~ içi** Zitadelle f
**hislenmek** → duygulanmak
**hisli** → duygulu
**hisse** Anteil m; Aktie f; Lehre f, Moral f; **(kendine)** -den **~ çıkarmak** (für sich) Nutzen ziehen (aus dat); -den **~ kapmak** für sich e-e Lehre ziehen (aus dat); **~ senedi** Namensaktie f
**hissedar** [a:] Aktionär m, -in f
**his'seişayia** [-ʃa:-] Anteil m, Anteilsrecht n **~lı** in Anteile aufgeteilt, im Besitz mehrerer befindlich
**hisseli** Anteilsinhaber m, -in f, Aktieninhaber m, -in f; Aktien-; (in Anteile) aufgeteilt
**hissetmek** v/t fühlen; Unwohlsein leiden (an dat); etw merken
**hissettirmek** merken lassen, fühlen lassen (-i -e j-n etw)
**hissî** [i:] Gefühls-, gefühlsmäßig; sentimental, rührend
**hissiyat** [a:] ⟨-tı⟩ Gefühle n/pl
**hissiz** gefühllos; apathisch **~lik** ⟨-ği⟩ Gefühllosigkeit f
**histeri** Hysterie f

**histerik** hysterisch; Hysteriker m, -in f
**hiş(t)** int he!, du da!, Sie da!; los!; **~, oradan çekil** he (du, da!), weg da!
**hitabe** [a:] Ansprache f
**hitaben**: **bana ~** indem er sich an mich wandte
**hitabet** ⟨-ti⟩ Redekunst f, Rhetorik f; Islam (das) Predigen (am Freitag)
**hitam** [a:] Ende n; Ablauf m
**hitap** [a:] ⟨-bı⟩ Anrede f (-e an akk); **-e ~ etmek** j-n anreden; e-e Rede halten; **b-ne «sen» diye ~ etmek** j-n duzen; **b-ne «siz» diye ~ etmek** j-n siezen
**Hitit** Hetiter m, -in f **~çe** (das) Hetitisch(e) **~oloji** Hetitologie f
**hiyerarşi** Hierarchie f
**hiza** [a:] Niveau n, Ebene f, Höhe f; **-in ~sını almak** nivellieren; ausgleichen; **-in ~sına kadar** bis zur gleichen Höhe (mit dat); **~ya gelmek** sich ausrichten; fig sich zusammennehmen; **~ya gel!** MIL richt' euch!; fig komm zur Vernunft!; **sola bak ~ya gel!** Augen links!; **-i ~ya getirmek** ausrichten; fig j-n zur Vernunft bringen; **bir ~(sın)da** auf demselben Niveau; in derselben Richtung (od Reihe)
**hizip** ⟨-zbi⟩ bes POL Gruppierung f **~çi** Mitglied n e-s Klüngels **~çilik** ⟨-ği⟩ Gruppenbildung f; Cliquenbildung f **~leşmek** Gruppen (od Cliquen) bilden
**hizmet** ⟨-ti⟩ Dienst m, Amt m, Tätigkeit f, Verdienst n (-e um akk); Betrieb m; Pflege f, Wartung f; Verwendung(szweck m) f; **~ akdi** Dienstvertrag m; **-e ~ etmek** j-m dienen; j-n bedienen; **~ görmek** e-n (od den) Dienst versehen; **-e ~ vermek** j-n bedienen; j-m zu Diensten stehen; **~e açmak** in Betrieb nehmen; **~e girmesi** Inbetriebnahme f; **~e girmek** s-n Dienst antreten; Fabrik den Betrieb aufnehmen; in Betrieb genommen werden; Schiff in Dienst gestellt werden; **~e özel** nur für den Dienstgebrauch; **~de olmak** in j-s Dienst stehen; **-le ~inizdeyiz** wir stehen Ihnen zu Diensten mit; **~(ler) sektörü** WIRTSCH Dienstleistungssektor m
**hizmetçi** Dienstmädchen n; Diener m, -in f **~lik** ⟨-ği⟩ Stellung f (od Tätigkeit f) e-s Dienstmädchens
**hizmet|kâr** Dienstbote m; Dienstmädchen n **~li** Bürodiener m, -in f; Portier

*m*, Pförtner *m*
**hobi** Hobby *n*, Steckenpferd *n*
**'hoca** *umg* Lehrer *m*; *osm* geistliche(r) Lehrer, Hodscha *m*; **akıl ~sı** Schlaukopf *m*, Schlaumeier *m*; **Nasrettin ♃ Hodscha** Nasrettin (*etwa der türkische Till Eulenspiegel*); **~m!** Herr Lehrer!
**'hocafendi** *hum* (*dies*) Herr Lehrer
**'hocalık** ⟨-ğı⟩ Lehrerberuf *m*; **~ etmek** Lehrer sein; *hum* s-e Weisheiten zum Besten geben
**hodan** BOT Borretsch *m*
**hod|bin** Egoist *m*, -in *f* **~binlik** ⟨-ği⟩ Egoismus *m*
**'hodri: ~ meydan!** versuchs doch mal!
**hohlamak** *v/t* anhauchen; pusten (auf *akk*)
**hokey** Hockey *n*; **buz ~i** Eishockey *n*
**hokka** (Zucker-, Tabak) Dose *f*; Tintenfass *n*; **~ gibi oturuyor** Kleid *etc* (es) sitzt wie angegossen
**hokkabaz** 🅐 *subst* Zauberkünstler *m* 🅑 *adj* durchtrieben; **~ herif** Gauner *m* **~lık** ⟨-ğı⟩ Taschenspielerei *f*, Zauberkünste *f/pl*; *fig* Trick *m*, Gaunerei *f*
**hol** ⟨-lü⟩ Diele *f*, Vorraum *m*; Halle *f*; Foyer *n*
**holding** WIRTSCH Konzern *m*
**Hol'landa** Holland *n* **~lı** Holländer *m*, -in *f*; holländisch
**homojen** homogen, gleichartig
**homoseksüel** homosexuell **~lik** ⟨-ği⟩ Homosexualität *f*
**homur: ~ ~** brummend, griesgrämig
**homurdanma** Brummen *n*, Murren *n*
**homur|danmak** *v/i* brummen (a. Motor); murren; maulen (-*e wegen gen*); Hund knurren; Katze fauchen; TECH *defekter Motor etc* rasseln, ächzen **~tu** Brummen *n* (a. e-r Maschine); Murren *n*
**hop** *int* hopp!, hopp!; Hops *m*; **~ ~!** halt!, Vorsicht!; **~ etmek** Herz pochen, schlagen; **-den ~ oturup ~ kalkmak** nicht wissen wohin vor (*Wut, Aufregung etc*)
**hoparlör** Lautsprecher *m*; *fig* Sprachrohr *n*
**hopla|ma** Sprung *m*, Hops *m* **~mak** herumhüpfen, herumhopsen (-*den* vor *dat*); Herz zittern, pochen **~tmak** *v/t* springen lassen; *Kind* hochwerfen
**hoppa** leichtsinnig, unbesonnen
**hoppadak** fast; → hemen

**'hoppala** hoppla!; nanu!; ach was!, was du nicht sagst! (was Sie nicht sagen!); **~, bu da yeni çıktı** ach, das ist ja ganz was Neues!; **~ bebek** *fig* (ein) große(s) Kind (*von Erwachsenen*)
**hoppalık** ⟨-ğı⟩ Unbesonnenheit *f*; Modesucht *f*, Geckenhaftigkeit *f*
**hopurdatmak** *v/t* laut schlürfen
**hor: -*e* ~ bakmak, ~ görmek** *j-n* verachten, gering schätzen; **-*i* ~ kullanmak** *j-n* von oben herab behandeln; **-*i* ~ tutmak** *j-n* missachten; schlecht behandeln; **~a geçmek** anerkannt werden, *umg* ankommen
**'hora** Rundtanz *m*; **~ tepmek** die Hora tanzen; mit den Füßen stampfen
**ho'ranta** Familienmitglied *n*
**horhor** plätschernd
**horlamak**¹ *v/i* schnarchen
**horlamak**² (-*e*) *j-n* schikanieren, schurigeln
**hormon** Hormon *n*
**horoz** ZOOL Hahn *m*, *umg* Gockel *m*; Hahn *m am Gewehr*; Schnäpper *m am Türschloss*; **~ akıllı** hirnlos, *umg* bescheuert; **~ dövüşü** Hahnenkampf *m*; **~dan kaçar** Mädchen schamhaft, sehr zurückhaltend, männerscheu
**ho'rozayağı** ⟨-nı⟩ Rast *f am Gewehr*, Bohrer *m*; Korkenzieher *m*
**ho'rozibiği** ⟨-ni⟩ Hahnenkamm *m*; BOT Fuchsschwanz *m*, Amaranthus *m*
**horozlanmak** einherstolzieren
**hort|lak** ⟨-ğı⟩ (Friedhofs)Gespenst *n*; Albdruck *m* **~lamak** Toter herumgeistern; *Problem* immer wieder auftauchen **~latmak** *fig* Geist wachrufen; erinnern (an *akk*)
**hortum** Rüssel *m*; TECH Schlauch *m*, Windhose *f*, Tornado *m*; **-*e* ~ sıkmak** Wasser geben, spritzen (auf *akk*)
**horul: ~ ~** laut schnarchend **~damak** schnarchen **~tu** Schnarchen *n*; Brummen *n des Motors*
**hostel** Jugendherberge *f*
**hostes** FLUG Stewardess *f* **~lik** ⟨-ği⟩ Stewardessentätigkeit *f*
**hoş** angenehm, erfreulich; *adv konj* und wenn schon; nun ja; **~ bulduk!** *etwa* danke sehr, ed freut mich auch (Sie zu sehen); **~ geldine gitmek** *j-m* e-n Antrittsbesuch machen; **~ geldiniz!** willkommen!; ich freue mich, Sie zu sehen!;

# HUKU

**-i ~ görmek** (od **karşılamak**) tolerant sein gegen; hinwegsehen über *akk*; **-i ~ tutmak** *j-m* zugetan sein; **~a giden** angenehm, gefällig; **~a gitmek, -in ~una gitmek** *j-m* gefallen, *j-m* zusagen

**hoşaf** Kompott *n*; **~ gibi** *fig* sehr abgespannt; **bende ~ın yağı kesildi** ich war ganz baff

**hoşbeş** Begrüßung(sworte *n/pl*) *f*; Plauderei *f*; **-le etmek** plaudern; ins Gespräch kommen (mit *j-m*)

**hoşça** recht angenehm, recht erfreulich; **~ kal, ~ kalın** auf Wiedersehen!, *umg* tschüs!; *Radio und* Wiederhören!

¹**hoşgörü** Duldsamkeit *f*; Toleranz *f* (*a. fig* Abweichung); Nachsicht *f* **~lü** duldsam, tolerant; nachsichtig

²**hoşgörü|lük** wohlwollend **~ürlük** ⟨-ğü⟩ → hoşgörü; Wohlwollen *n*

**hoşgörüsüz** unduldsam, intolerant; unnachsichtig **~lük** ⟨-ğü⟩ Unduldsamkeit *f*, Intoleranz *f*; Unnachsichtigkeit *f*

**hoşhoş** *umg* Wauwau *m*

**hoşlandırmak** (*-i -den*) *j-s* Gefallen erregen (an *dat*), *j-n* einnehmen (für *akk*)

**hoşlanmak** (*-den*) Gefallen haben an *dat*, (gern) mögen (*akk*); *etwas* halten (von *dat*); **bundan hoşlanıyorum** *unp* es gefällt mir, ich mag es

**hoşlaşmak** angenehm werden; miteinander sympathisieren, sich (gern) mögen; → hoşlanmak

**hoşluk** ⟨-ğu⟩ Annehmlichkeit *f*; **gönül hoşluğu** Wohlwollen *n*; **gönül hoşluğu ile** von Herzen, herzlichst; **bir ~ etw** nicht Geheueres: **bir hoşluğum var** mir ist nicht wohl zumute; **onun bugün bir hoşluğu var** mit ihm stimmt heute etwas nicht

**hoşnut** ⟨-tu⟩ zufrieden (*-den* mit *dat*); **-i ~ etmek** *j-n* zufriedenstellen; **-den ~ olmak** zufrieden sein mit **~luk** ⟨-ğu⟩ Zufriedenheit *f*; Vergnügen *n* **~suz** unzufrieden **~suzluk** ⟨-ğu⟩ Unzufriedenheit *f*; Missvergnügen *n*

**hoşsohbet** [hɔsːɔxˈbɛt] ⟨-ti⟩ gute(r) Gesellschafter(in), gute(r) Unterhalter(in)

**host** *int* um Hunde zu vertreiben, *etwa*: pfui!, weg da!

**hoşur** grob, ordinär; *umg* mollige Frau

**Ho'tanto** Hottentotte *m*

**hotoz** Kamm *m*, Haube *f des Vogels*; HIST verzierte Kopfbedeckung *der Frauen*, Kopfputz *m*

**hovarda** Verschwender *m*, Prasser *m*; Schürzenjäger *m*; reiche(r) Freund *e-r Frau* **~laşmak** zum Verschwender werden **~lık** ⟨-ğı⟩ Zecherei *f*, Prasserei *f*; Verschwendung *f*

**hoyrat** ⟨-tı⟩ vulgär; *Person* ungeschlacht, plump **~lık** ⟨-ğı⟩ etwas Vulgäres; Plumpheit *f*, Ungewandtheit *f*

**hozan** Brachland *n*

**hödük** ⟨-ğü⟩ ungeschliffen; Lümmel *m*; Ignorant *m*; *dial* Angsthase *m* **~lük** ⟨-ğü⟩ Ungeschliffenheit *f*; Ignoranz *f*

**höpürdetmek** *v/t* schlürfen

**hörgüç** ⟨-cü⟩ (Kamel)Höcker *m*

**höst** *int zu Tieren* brr! (= halt!); *Warnung Person s!* he!, halt!, pass auf!

**höt** hör mal her!, he da!; bauz!; **kış ~ dedi geldi** und bauz war der Winter da

**höyük** ⟨-ğü⟩ Hügel *m*, Ruinenhügel *m*

**Hristiyan** Christ *m*, *-in f* **~laşma** Annahme *f* des Christentums **~laşmak** das Christentum annehmen **~laştırma** Christianisierung *f* **~laştırmak** christianisieren **~lık** ⟨-ğı⟩ Christentum *n*; Christenheit *f*, christliche Welt

¹**hristo: ~ teyeli** Kreuzstich *m*

**hst.** *abk für* hastane(si) Krankenhaus (Krh.)

**hu** *int* heda; hör mal!, hu hu (*von Frauen gebraucht*)

**Hu** REL der Herr

**hububat** [-buːbɑːt] ⟨-tı⟩ Getreide *n*, Korn *n*; Nährmittel *n/pl*

**Huda** [ɑː] REL Herrgott *m*

**hudut** [-uːt] ⟨-du⟩ Grenze *f*

**hudut|landırmak** *v/t* abgrenzen, eingrenzen; begrenzen, limitieren **~lu** begrenzt **~suz** unbegrenzt

**huğ** ⟨-ğu⟩ Schilfhütte *f*

**hukuk** [-uːk] ⟨-ku⟩ Recht *n*, (die) Rechte *pl*; Jura *pl* (*ohne Artikel*); Rechte *n/pl*; Rechtswesen *n*; Rechtswissenschaft *f*; Zivil-; freundschaftliche Beziehungen *f/pl*, Freundschaft *f*; **~ davası** Zivilklage *f*; **~ doktoru** Doktor juris (*Dr. jur.*), Doktor der Rechte; **~ devleti** Rechtsstaat *m*; **~ mahkemesi** Zivilgericht *n*; **Roma ~u** Römische(s) Recht; **şahsın ~u** Persönlichkeitsrecht *n*; **ticaret ~u** Handelsrecht *n*

**hukuk|çu** Jurist *m*, *-in f* **~çuluk** ⟨-ğu⟩ Juristentätigkeit *f*

**hukuk|î** [iː] juristisch; Rechts- (*z. B. La-*

ge) **~lu** Jurastudent m, -in f (stud. jur.) **~sal** → hukuki

**hulasa** [-la:-] **A** subst Auszug m, Resümee n, Zusammenfassung f; innere(s) Wesen n, Quintessenz f; CHEM Extrakt m; Essenz f **B** adv ['hu-] mit e-m Wort; *-i ~ etmek* zusammenfassen

**hulul** [-u:l] ⟨-lü⟩ POL etc Durchdringung f; Nahen n, Eintritt m des Winters; PHYS Osmose f; REL Inkarnation f; *-e ~ etmek* eindringen (in akk); durchdringen (akk); Winter etc eintreten, nahen

**hulus** [-u:s] osm Ehrlichkeit f; *-e ~ çakmak* fig jm um den Bart gehen

**hulya** [a:] Illusion f; **~ya dalmak, ~lara kapılmak** der Illusion frönen, sich Illusionen hingeben **~lı** Träumer m, -in f, umg Spinner m, -in f

**humma** [a:] Fieber n; Typhus m **~lı** fiebrig; fig fieberhaft (arbeiten etc); **~ hasta** fieberkrank; an Typhus erkrankt

**humor** Humor m

**'humus**[1] Humus m

**humus**[2] Gericht aus Kichererbsen, Sesamöl und Gewürzen

**Hun** Hunne m, Hunnin f; hunnisch

**hun** osm → **kan ~har** [a:] blutdürstig

**huni** Trichter m

**hunnak** [a:] ⟨-kı⟩ MED Angina f

**hurafe** [a:] religiöse Legende, Fabel f

**hurafeperest** abergläubisch

**hurç** ⟨-cu⟩ große Satteltasche

**hurda** Abfall m; Kram m, Trödel m; Schrott m; klein, kleinst-; winzig; Sache ausgedient, ... (ist) Bruch, Schrott **~cı** Altwarenhändler m; Schrotthändler m **~cılık** ⟨-ğı⟩ Altwarenhandel m, Schrotthandel m; Verunreinigung f durch Abfälle **~haş** [a:] umg völlig zerdeppert; **~ etmek** kurz und klein schlagen, umg zerpeppern

**huri** [u:] REL Huri f (Mädchen im Paradies)

**hurma** Dattel f; **~ ağacı** Dattelpalme f

**'hurra!** hurra!

**huruç** [-u:tʃ] ⟨-cu⟩ Ausgang m; MIL Ausfall m

**hurufat** [-u:fa:t] ⟨-tı⟩ TYPO Lettern pl; Satzmaterial n

**husul** [-u:l] ⟨-lü⟩ Verwirklichung f, Erfüllung f; **~ bulmak, ~e gelmek** erfüllt werden, verwirklicht werden; zustande kommen

**husumet** [-su:-] ⟨-ti⟩ Feindschaft f; Feindseligkeit f; JUR Rechtsstreit m; **~ beslemek** sich feindselig verhalten

**husus** [-u:s] Sache f, Frage f, Punkt m; Besonderheit f, Eigenheit f; Umstand m; **bu ~ta** in dieser Hinsicht (od Beziehung), in dieser Angelegenheit; darüber (z. B. denken); ... **~unda** bezüglich gen, mit Bezug auf akk, über akk

**hususi** [i:] besonder-, Sonder-, speziell; Privat- (Wagen); adv privat

**hususiyet** [-su:-] ⟨-ti⟩ Besonderheit f, Eigentümlichkeit f, Merkmal n; freundschaftliche Beziehungen f/pl

**husye** ANAT Hode f

**huş** BOT Birke f

**huşu** [-ʃu:] ⟨-uu⟩ Demut f; Gottergebenheit f

**huşunet** [-ʃu:-] ⟨-ti⟩ Härte f, Strenge f

**hutbe** REL Feiertags- od Freitagspredigt f

**huy** Natur f, Charakter m; Wesen n; Veranlagung f; (schlechte) Angewohnheit f; *-i ~ edinmek* sich (dat) etw angewöhnen; **~u suyu** Wesen und Verhalten e-r Person; *-in* **~u ~una suyu suyuna uygun** im Wesen ganz ähnlich (bes zwei Menschen)

**huylandırmak** v/t j-n beunruhigen; aufschrecken; beängstigen

**huylanmak** unruhig werden, nervös werden; Tier scheuen; scheu werden

**huylu** mit ... (gutem etc) Charakter; -artig; störrisch, bockig; ängstlich, misstrauisch; **iyi ~** gutartig (a. MED); **kötü ~** bösartig (a. MED)

**huysuz** bösartig; zanksüchtig; launisch; störrisch; bockig **~lanmak** eigensinnig werden, bockig werden (od sein); böse sein **~laşmak** unruhig werden, nervös werden; Kind eigenwillig werden, eigensinnig werden **~luk** ⟨-ğu⟩ schlechte(r) Charakter; Launenhaftigkeit f; **~ etmek** launenhaft (od launisch) sein

**huzme** PHYS (Strahlen)Bündel n; MIL (Geschoss)Garbe f

**huzmeli: kısa ~ far** Abblendlicht n

**huzur** [-u:r] Ruhe f; Gelassenheit f; Bequemlichkeit f; HIST (persönliche) Anwesenheit; HIST Audienz f (beim Sultan); **~ hakkı** Anwesenheitsvergütung f; **~ içinde** bequem liegen etc; *-e ~ vermek* j-n beruhigen; in Ruhe lassen; *-i ~una ça-*

**ğırmak** *j-n* zu sich (*dat*) rufen, zu sich (*dat*) beordern; **-in ~una çıkmak** vor *j-n* (hin)treten; **~unu kaçırmak** *j-m* die Ruhe rauben; **~unu bozmak** *j-n* stören; **~unuzda** in Ihrer Gegenwart

**huzurevi** ⟨-ni⟩ Seniorenheim *n*
**huzurlu** ungestört, ruhig, behaglich
**huzursuz** unruhig; unbehaglich, ungemütlich, aufgeregt **~luk** ⟨-ğu⟩ Unruhe *f*, Aufregung *f*
**hüccet** ⟨-ti⟩ *osm* Beleg *m*, Beweis *m*; JUR Besitzurkunde *f*
**hücra** → ücra [-ra:]
**hücre** *allg* Zelle *f*, Kammer *f*; Wandnische *f*; **~ hapsi** Einzelhaft *f*; **~ plazması** Zytoplasma *n*; **~ yapımı** Zellbildung *f* **~bilim** Zytologie *f* **~lerarası** interzellulär **~li, ~sel** Zell-, ...zellig; porös, großporig (*Holz*); **tek hücreli** einzellig
**hücum** [-u:m] Angriff *m* (*z. B. a. Kritik*); Attacke *f*; **-e ~ etmek** *j-n* angreifen; attackieren; Sturm hereinbrechen; *Blut ins Gesicht* schießen; **-i ~la almak** im Sturm nehmen; **uçak ~u** Luftangriff *m*
**hücumbot** SCHIFF Sturmboot *n*
**'hükmen** auf richterlichen Beschluss; SPORT nach Punkten (*siegen*)
**'hükmetmek** (-*e*) herrschen (*über akk*); urteilen (*über akk*); richten (*akk*; *über akk*); vermuten (*akk*), zu dem Urteil (*od* Schluss) gelangen, dass ...
**hükmî** [i:] gerichtlich, gesetzlich; nominell; juristische (*Person*)
**hüküm** ⟨-kmü⟩ Urteil *n*, Beschluss *m des Gerichts*; Schlussfolgerung *f*; Bestimmung *f*; Gültigkeit *f*; Macht *f*; **~ giymek** verurteilt werden; **~ sürmek** herrschen, an der Macht sein; *fig* Meinung herrschen, gelten; *Klima, Stille etc* herrschen; **~ vermek** e-n Entschluss fassen; JUR ein Urteil fällen; **-e hükmü geçmek** (*od* **yürütmek**) regieren, beherrschen (*akk*), etwas zu sagen haben über *akk*; *unp* (sei)ne/ihre Meinung gilt (*od* herrscht); **-in hükmü geçti** ... verlor s-e Macht; **hükmü parasına geçmek** sich (*dat*) etw mit s-m Geld leisten können; **-in hükmü yok** er/sie hat nichts zu sagen; *Ausweis* ... gilt nicht mehr; **... hükmünde olmak** in der Lage *j-s* sein, dieselben Rechte haben wie ...
**hükümdar** [a:] Herrscher *m*, Monarch *m* **~lık** ⟨-ğı⟩ Herrschaft *f*; Monarchie *f*; Souveränität *f*
**hükümet** [-ky:-] ⟨-ti⟩ Regierung *f*; Staat *m*; Regime *n*, Herrschaft *f* (*der Osmanen*); **~ darbesi** Staatsstreich *m*; **~ etmek** regieren; **~ konağı** Regierungsgebäude *n*; **~i kurmak** die Regierung bilden
**hükümlü** Verurteilte(*r*); in Kraft (befindlich), gültig
**hükümran** [a:] souverän, herrschend **~lık** ⟨-ğı⟩ Souveränität *f*, Herrschaft *f*
**hükümsüz** ungültig; **~ kılmak** ungültig machen **~lük** ⟨-ğü⟩ Ungültigkeit *f*
**hülle** fiktive Ehe (*nach islam. Recht, damit die Frau zu ihrem Mann, von dem sie geschieden war, zurückkehren kann*)
**hümanist** ⟨-ti⟩ Humanist *m*, -in *f*
**hümanizm(a)** Humanismus *m*
**hümayun** [-ma:ju:n] *osm* glücklich; kaiserlich, Sultans-; **sarayı ~** (der) kaiserliche Palast
**hüner** Meisterschaft *f*; Talent *n*, Kunstfertigkeit *f*; **~ göstermek** Talent zeigen; **~ satmak** als Könner hervortreten **~li** *Person* begabt, talentiert; *Sache* meisterhaft **~siz** *Person* unbegabt, untalentiert; *Sache* kunstlos, plump; **~ yapılmış bir şey** eine geschmacklose Sache, Kitsch *m* **~sizlik** ⟨-ği⟩ Mangel *m* an Begabung
**hüngürdemek** (laut) schluchzen
**hünkâr** HIST Sultan *m*; *als Titel etwa* Allerdurchlauchtigste(*r*) **~beğendi** GASTR Auberginenmus *n*
**hünnap** ⟨-bı⟩ BOT Jujube *f* (*Zizyphus*)
**hünsa** [a:] BIOL bisexuell
**hür** ⟨-rrü⟩ frei
**hürlük** ⟨-ğü⟩ Freiheit *f*
**hürmet** ⟨-ti⟩ Achtung *f*, Hochachtung *f*; Respekt *m*; → **saygı**; **~ etmek** *v/t* achten, respektieren; ehren
**hürmetli** Achtung gebietend; verehrt, geehrt; *fig hum* mächtig; → **saygılı**
**hürmetsiz** respektlos, unehrerbietig; unhöflich **~lik** ⟨-ği⟩ Unehrerbietigkeit *f*, Respektlosigkeit *f*; Unhöflichkeit *f*
**hürriyet** ⟨-ti⟩ Freiheit *f*; → **özgürlük**
**'hürya** [a:] alle auf einmal; **~ etmek** hineinstürzen, sich hineindrängen; heraufstürzen
**'hüsnü|hal** ⟨-li⟩ gute Führung; Unbescholtenheit *f* **~hat** ⟨-tı⟩ Kalligrafie *f*, Schönschrift *f* **~kabul** ⟨-lü⟩ freudige(*r*)

# HÜSN ‖ 222

Empfang **~niyet** ⟨-ti⟩ Gutherzigkeit *f*; gute Absicht, gute(r) Wille; **~le** in guter Absicht, reinen Herzens

**'hüsnüyusuf** BOT Nelke *f*; Bartnelke *f*, *Dianthus barbatus*

**hüsran** [a:] Enttäuschung *f*; HIST Einbuße *f*; **~ almak** enttäuscht werden

**hüsün** ⟨-snü⟩ → *güzellik*

**hüt: ~ dağı gibi** aufgequollen, aufgeschwemmt; **~ dağı gibi şişmek** *umg* furchtbar in die Breite gehen; *fig* sich aufblähen

**hüthüt: ~ kuşu** ZOOL Wiedehopf *m*

**hüviyet** ⟨-ti⟩ Identität *f*; Charakter *m*, Wesen *n*; **~ cüzdanı** Personalausweis *m*

**hüzün** ⟨-znü⟩ Traurigkeit *f*, Kummer *m*, Schwermut *f*; **~ çökmek, içine bir ~ çökmek** schwermütig werden, melancholisch werden **~lendirmek** traurig machen (*od* stimmen) **~lenmek** traurig werden, melancholisch werden **~lü** traurig, schwermütig, melancholisch **~süz** unbekümmert, heiter

# I

**ı, I** [i] *im Deutschen nicht vorhanden, Laut etwa wie* **e** *in „Gabe"*

**-ı →** -i

**ıcık: *-in* ıcığını cıcığını çıkarmak** (*a.* **anlamak**) die geheimsten Einzelheiten (*od* alles Drum und Dran) *e-r Sache* (*gen*) erforschen

**ığrıp** ⟨-bı⟩ *Art* Fischnetz *n*; **~ çevirmek** sein Schäfchen ins Trockene bringen

**ıhlamak** ächzen und stöhnen; ein Kamel niederhocken lassen

**ıhlamur** BOT Linde *f*; Lindenblütentee *m*; **~ çiçeği** Lindenblüte *f*

**ıhmak** ⟨ıhar⟩ *Kamel* niederhocken

**ıhtırmak** *Kamel* niederhocken lassen

**ıkıl: ~ ~** keuchend; mit Ach und Krach

**ıkın|mak** schwer atmen, stöhnen; MED drücken; sich (*dat*) die größte Mühe geben; kreißen *bei der Geburt*; **ıkınıp sıkınmak** (unter der Last) ächzen und stöhnen **~tı** Stöhnen *n*

**ıklamak: ıklaya sıklaya** mit allen Kräften

**ıklım: ~ tıklım** bis zum Rande (gefüllt), proppenvoll

**ılgım** (*a.* **~ salgım**) Luftspiegelung *f*, Fata Morgana *f*

**ılgın** BOT Tamariske *f*

**ılgıncar** BOT Vogelkirsche *f*

**ılgıt: ~ ~** still, ruhig

**ı'lıca** heiße Quelle; Thermalbad *n*

**ılıcak** lauwarm

**ılık** lauwarm; *Luft* lau; *Worte* warm; **~ ~** heiß (*Tränen*) **~laşmak** lauwarm werden **~lık** ⟨-ğı⟩ Wärme *f* (*a. fig*)

**ılım** Ausgeglichenheit *f*, Gleichmaß *n*

**ılıman** gemäßigt (*Klima*)

**ılımlı** maßvoll, ausgeglichen, ausgewogen; *bes* POL gemäßigt **~lık** ⟨-ğı⟩ Ausgewogenheit *f*

**ılın|dırmak** *v/t* erwärmen **~mak** sich erwärmen, warm werden; *fig* sich mäßigen, nachgeben, *umg* klein beigeben

**ılıştırmak** (-i) (zu kaltem Wasser) warmes (hinzu)gießen

**ımızganmak** schlummern, *umg* dösen; *Feuer* glimmen, schwelen; *fig Person* schwanken

**-ınca →** -ince

**ıpıl: ~ ~** strahlend (*z. B. blauer Himmel*)

**ıpıslak** feucht, nass

**'ıpıssız** menschenleer

**ırak** *dial* weit weg (*od* entfernt)

**'Irak** ⟨-kı⟩ (der) Irak

**ıraklaşmak** sich entfernen (-den von *dat*)

**Iraklı** Iraker *m*, -in *f*; irakisch

**ırak|sak** PHYS divergent; **~ mercek** Zerstreuungslinse *f* **~sama** PHYS Divergenz *f*; Zerstreuung *f*

**ırak|samak, ~sınmak** *v/t* unwahrscheinlich finden (*akk*), bezweifeln (*akk*)

**ırgalamak** *v/t* rütteln, schütteln; *fig umg* reizen, beeindrucken; *umg* interessieren; **beni ırgalamaz** mir ist es schnuppe

**ırgala|nmak →** *ırganmak* **~tmak** *v/t* *dial* bewegen, in Bewegung setzen; rütteln

**ırganmak** *dial* sich bewegen; schwanken

**ırgat** ⟨-tı, -dı⟩ Landarbeiter *m*; Bauarbeiter *m*; SCHIFF Winde *f*; **~ başı** Vorarbeiter *m*, Polier *m*; **~ pazarına döndürmek**

in ein heilloses Durcheinander bringen

**ırıp** ⟨-kı⟩ ığrıp

**ırk** ⟨-kı⟩ Rasse f; **~ ayrımı** Rassendiskriminierung f **~çı** Rassist m, -in f **~çılık** ⟨-ğı⟩ Rassentheorie f, Rassismus m; Rassenlehre f

**ırk|sal** rassisch, Rassen- **~taş** Mensch m gleicher Rasse, Gleichrassige(r)

**ırmak** Fluss m; **~ ayağı** Nebenfluss m; **~roman** LIT Romanzyklus m

**ırz** Ehre f; **~ düşmanı** Schürzenjäger m, Lebemann m; **~ ehli** ehrbar; unbescholten; -*in* **~ına geçmek, ~ını bozmak** vergewaltigen, entehren (*akk*)

**ısı** PHYS Wärme f; **~ kaybı** Wärmeverlust m; **~ yalıtımı** Wärmedämmung f

**ısıalan** PHYS endotherm

**ısı|cak** *dial* heiß; Bad n **~cam** Thermoscheibe f

**ısıl** PHYS thermisch, Wärme-

**ısın|dırmak** (-*i* -*e*) erwärmen (*akk* durch *akk*); fig j-n für sich einnehmen **~ma** Erwärmung f; fig Zuneigung f zu *dat*, Anhänglichkeit f **~mak** (-*e*) sich erwärmen (*a. fig* für); warm, wärmer werden; fig sich gewöhnen an *akk*; sich erwärmen für; sich befreunden mit

**ısıölçer** Kalorimeter n

**ısır|gan** Brennnessel f **~gın** MED Ausschlag m, Pickel m/pl; Röte f

**ısır|ıcı** beißend (*a. fig* Kälte); Wolle kratzend **~ık** ⟨-ğı⟩ Biss m; Bisswunde f; Schaden m **~ımlık** ⟨-ğı⟩ Bissen m **~mak** (-*i*, -*den*) j-n beißen (-*den* in *akk*); Wolle kratzen; *z. B.* am Kugelschreiber kauen; Wind scharf wehen

**ısırtmak** (-*i* -*e*) e-n Hund hetzen auf j-n

**ısıtaç** Stövchen n; **elektrikli ~** Tauchsieder m

**ısıt|ıcı** Vorwärmer m, Erhitzer m; Glüh- **~ım** Erwärmung f **~ma** Erwärmung f; Brenn-; *dial* Malaria f

**ısıtmak** *v/t* erwärmen, anwärmen; -*i* **ısıtıp ısıtıp önüne koymak** fig immer wieder aufwärmen (*akk*)

**ısıveren** PHYS exotherm

**ıska** *umg* Reinfall m; **~ geçmek** → ıskalamak; darauf pfeifen

**ıs'kala** TECH Skala f; MUS Tonleiter f; **~ yapmak** die Tonleiter spielen

**ıskalamak** *umg* verfehlen (*Ziel, Ball etc*)

**ıs'karça** Gedränge n (von Schiffen im Hafen)

**ıskarmoz** SCHIFF Dolle f; SCHIFF Spant n

**ıs'karta** abgelegte Karten f/pl (*beim Spiel*); WIRTSCH Ausschuss m, Schund m; -*i* **~ya çıkarmak** als Ausschuss erklären, aussondern, *umg* wegschmeißen

**ıs'kartacı** Warenprüfer m, -in f

**ıskat** ⟨-tı⟩ REL Almosen n für e-e Seelenmesse; Streichung f, Annullierung f; Entzug m; Sturz m der Regierung; -*i* -*den* **~ etmek** Mandat entziehen *dat*; POL stürzen (*akk*); beseitigen

**ıskata!** *umg* Mist!; *sl* Scheiße!, Mistvieh!

**ıskatçı** Friedhofsbettler m, der (*od* die) am Grab des Verstorbenen für ein Almosen Betende

**ıs'konto** → iskonto **~lu** → iskontolu

**ıs'kota** SCHIFF Schot(e) f (*Segeltau*)

**ıs'kuna** SCHIFF Schoner m

**ıslah** [a:] Verbesserung f; Neugestaltung f; Reform f; BIOL (Samen)Veredelung f; **~ etmek** verbessern; neugestalten; reformieren; **~ kabul etmez, ~ olmaz** unverbesserlich

**ıslahat** [a:] ⟨-tı⟩ Reform f, Reformen f/pl **~çı** Reformator m **~çılık** ⟨-ğı⟩ Reformbewegung f

**ıslah|evi** ⟨-ni⟩, **~hane** Besserungsanstalt f, Erziehungsheim n

**ıslak** nass, feucht; **~ karga** (*od* sıçan) völlig durchnässt; fig Waschlappen m; **... ~** wie ein begossener Pudel

**ıslaklık** ⟨-ğı⟩ Nässe f, Feuchtigkeit f

**ıslanmak** feucht (*od* nass) werden

**ıslatıcı** Befeuchter m

**ıslatılmak** *passiv von* ıslatmak

**ıslatmak** *v/t* nass machen, befeuchten; *umg* j-n verhauen; j-n abkanzeln, zur Minna machen; *umg hum* begießen, feiern

**ıslık** ⟨-ğı⟩ Pfiff m; Pfeifen n; **~ çalmak** pfeifen; Schlange zischen; auspfeifen (*-e* j-n); -*i* **~la çalmak** *e-e Melodie* pfeifen **~lamak** *v/t* auspfeifen; j-n heranpfeifen **~lı** pfeifend; **~ ünsüz** LING Zischlaut m (*s, ş, z*)

**ısmarla|ma** **A** *subst* Bestellung f, Auftrag m; auf Bestellung; Maß- (*Schuhe*) **B** *adj* fig rein förmlich, formell **~mak** bestellen, in Auftrag geben (-*i* -*e* etw bei j-m); sich (*dat*) machen lassen (-*i* -*e* etw bei j-m); (-*i* j-n) j-s Obhut (-*e*) anvertrauen; raten (-e j-m); *bes* **bir şey ısmarlayacak mısınız?** soll ich Ihnen etwas mitbringen? (d. h.. vom Markt) **~nmak** *passiv von* ısmarlamak; sich (dat) etw mitbringen lassen (-e von dat)

**ıspanak** ⟨-ğı⟩ BOT Spinat m; *umg* Depp m

**ıspatula** Spatel m, Spachtel m

**ıs'pavli** SCHIFF Tau n, Trosse f

**ıspazmoz** MED Krampf m, Zucken n, Zuckungen f/pl

**ısrar** [-a:r] ⟨-de⟩ Festhalten n (an dat), Bestehen n (auf dat); Verharren n (bei dat); *-de* **~ etmek** festhalten an dat; bestehen auf dat; **~la** nachdrücklich; **~la istemek** *umg* unbedingt wollen (, dass ...); beharren (auf dat) **~lı** hartnäckig

**ıssız** herrenlos; verlassen, öde, menschenleer **~laşmak** menschenleer werden, sich entvölkern **~lık** ⟨-ğı⟩ Leere f, Verlassenheit f, Einsamkeit f

**ıstakoz** ZOOL Hummer m

**ıs'tampa** Stempelkissen n, Stempel m; **~ resim** Stich m, Gravüre f

**ıstavroz** → istavroz

**ıstırap** [-a:p] ⟨-bı⟩ Schmerzanfall m, Stich m; Qual f; Trauer f; Unerquicklichkeit f; **~ çekmek** Qualen erleiden, Schmerzen erleiden; sich quälen; trauern; *-e* **~ vermek** Schmerzen verursachen, wehtun dat; **~ verici** schmerzlich

**ıstıraplı** traurig, schwer (Tage)

**ışığadoğrulum** BOT Fototropismus m

**ışık** ⟨-ğı⟩ Licht n (a. = Lampe, Kerze); **~ ışını Lichtstrahl** m; *-e* **~ tutmak** leuchten dat; j-m den Weg weisen; *fig* ein Thema beleuchten, ein Licht werfen auf akk; **~ yılı** Lichtjahr n; **ışığa duyarlı** lichtempfindlich; *-in* **ışığı altında** *fig* im Lichte (gen); **elektrik ışığı** elektrische(s) Licht; **gün ışığı** Tageslicht n

**ışıkgöçüm** BIOL Fototaxis f

**ışıklama** Belichtung f

**ışıklan|dırmak** v/t beleuchten; Denkmal anstrahlen **~mak** beleuchtet werden

**ışık|lı** beleuchtet; Licht-; Leucht- (Reklame) **~ölçer** Belichtungsmesser m

**ışıksız** unbeleuchtet

**ışıl: ~ ~** sehr hell; leuchtend; funkelnd; strahlend

**ışıldak** ⟨-ğı⟩ Scheinwerfer m, Strahler m

**ışıldamak** leuchten

**ışıldatmak** *kaus von* ışıldamak; blank machen, polieren

**ışıltı** Glanz m; Glänzen n; Blinken n; Flimmer m **~lı** blinkend, flimmernd

**ışılma** PHYS Strahlung f **~mak** strahlen; Tag anbrechen; **gün ışırken** als es tagte; als der Tag angebrochen war

**ışın** PHYS Strahl m; Strahlen n der Sonne; **~ kırılması** Lichtbrechung f, Refraktion f; **alfa, beta, gama, Röntgen** (*od* **X** [iks]) **~ları** Alpha-, Beta-, Gamma-, Röntgenstrahlen m/pl; **~ tedavisi** Bestrahlungstherapie f

**ışınbilim** Röntgenologie f, Strahlenkunde f **~ci** Röntgenologe m, -login f

**ışınetkin** PHYS radioaktiv

**ışınetkinlik** ⟨-ği⟩ PHYS Radioaktivität f

**ışınım** Strahlung f **~lama** PHYS, MED *etc* Bestrahlung f **~lamak** v/t bestrahlen **~layıcı** Bestrahlungs-; Bestrahlungsapparat m

**ışınımlılar** ZOOL Strahlentierchen n/pl

**ışınım|sal, ~sı** PHYS Radiär-

**ışınlamak** beamen

**ışıtmak** v/t erhellen, beleuchten

**ıtır** ⟨ıtrı⟩ Duft m, Wohlgeruch m; Aroma n; Blume f des Weins; **~ çiçeği** BOT Geranie f, Pelargonie f

**ıtırlı** wohlriechend; aromatisch; blumig

**ıtriyat** [a:] ⟨-tı⟩ Parfüm n **~çı** Parfümerie f

**ıvır: ~ zıvır** *umg* Krimskram(s) m; wertlos; albern

**ızbandut** ⟨-du⟩ Berserker m

**ızdırap** → ıstırap

**ız'gara** Grill m, Rost m; Gitter n; gegrillt; Gully m, Siel n od m; *-i* **~ etmek** (*od* **yapmak**) grillen

**ız'garalık** ⟨-ğı⟩ Grillfleisch n

# i

**i, İ** [i:, ı] i, İ n
**-i** GRAM *Akkusativzeichen*; **~ hali** GRAM Akkusativ m
**iade** [a:] Rückgabe f; Rückerstattung f *der Auslagen*; Wiederherstellung f; Wiedereinsetzung f (*in ein Amt*); Absage f; Ablehnung f; Auslieferung f (*von Verbrechern*); **~ edilmek** ausgeliefert werden; **~ etmek** (*als Echo*) zurückwerfen; zurückgeben, zurückerstatten; zurückschicken; wieder einsetzen; ausliefern; ablehnen; absagen, **~li** Post mit Rückschein
**iane** [a:] Hilfe f; Spende f; **~ etmek** helfen; spenden, opfern
**iaşe** [a:] Verpflegung f; Proviant m; Verproviantierung f; *-i* **~ etmek** j-n ernähren; **~ ve ibate** Kost und Logis
**ibadet** [a:] ⟨-ti⟩ Gottesverehrung f; Gottesdienst m; Andacht f; Kult m; *-e* **~ etmek** beten (zu *dat; zu Gott*); anbeten (*akk*) **~hane** [a:] Gotteshaus n
**ibadullah** [i'ba:-] in Hülle und Fülle
**ibare** [a:] Formulierung f; Ausdruck m; Absatz m (*im Text*); Zitat n
**ibaret** [a:] bestehend (*-den* aus *dat*); *-den* **~ kalmak** begrenzt sein (durch *akk*); **~ olmak** bestehen (aus *dat*); bestehen (in *dat*), in sich schließen (*akk*); **mesele şundan ~tir ki** ... die Angelegenheit besteht darin, dass ...
**ibibik** ⟨-ği⟩ ZOOL Wiedehopf m
**ibik** ⟨-ği⟩ Kamm m (*des Hahns*); ANAT Brustwarze f; *dial* Kante f
**ibis** ZOOL Ibis m
**ibiş** Stoffel m, Depp m (*im türk. Volkstheater "ortaoyunu"*)
**iblis** [-i:s] Teufel m, Satan m
**ibne** sl Tunte f; Schwule(r) **~lik** ⟨-ği⟩ sl Tuntenhaftigkeit f, Schwulsein n
**ibra** [a:] JUR Entlastung f; Erlassung f (*e-r Strafe*); Schuldenerlass m; *-i* **~ etmek** j-m die Schuld (*od* Strafe) erlassen, j-n entlasten; j-n rehabilitieren; → **aklamak**
**İbrahim** [-i:m] Abraham m
**ibraname** [-na:-] Quittung f über bezahlte Schulden, Entlastungsschein m
**İb'rani** [-'ni:-] Hebräer m, -in f
**İb'rani|ce** (das) Hebräisch(e), *a*. Neuhebräisch(e), (das) Iwrit(h)
**ibraz** [a:] Vorlage f; *-i* **~ etmek** vorlegen, vorzeigen (*akk*); **~ında** bei Vorlage (*gen*)
**ibre** PHYS (*Magnet- etc*) Nadel f, Zeiger m; BOT Nadel f *der* Tanne etc
**ibret** ⟨-ti⟩ **A** *subst* Lehre f, Beispiel n **B** *adj umg* wunderbar, putzig; *-den* **~ almak** eine Lehre ziehen (aus *dat*); sich (*dat*) ein Beispiel nehmen (an *dat*); *-e* **~ olmak** ein Beispiel sein (für *akk*); **~ verici** belehrend; mahnend; **~i âlem için** exemplarisch
**'ibreten** zur Lehre, als Beispiel
**ibrik** ⟨-ği⟩ (Wasser)Kanne f
**ibrişim** Nähseide f
**icabet** [a:] ⟨-ti⟩ Zustimmung f (*-e* zu); Annahme f e-r Einladung; *-e* **~ etmek** zustimmen (*dat*); Folge leisten (*dat*)
**icap** [i:dʒa:p] ⟨-bı⟩ **A** *subst* Notwendigkeit f; Konsequenz f; GRAM bejahende Form; **~ etmek** notwendig sein; **~ ettirmek** erfordern, notwendig machen; *-in* **icabına bakmak** e-e Sache (*akk*) erledigen, e-r Sache (*dat*) nachgehen; *umg* j-n erledigen, aus dem Wege räumen; **icabında** nötigenfalls **B** *postp* **icabı** entsprechend *dat*, aufgrund *gen*; aus Gründen *gen*; **işleri icabı** aus geschäftlichen Gründen; **rol icabı** entsprechend der Rolle
**icar** [i:dʒa:r] Vermietung f; *-i* **~ etmek**, **~a vermek** vermieten
**icat** [i:dʒa:t] ⟨-dı⟩ Erfindung f; Hirngespinst n; **~ çıkarmak** *umg* Mucken haben, Launen haben; *-i* **~ etmek** erfinden (*akk*); sich (*dat*) etw ausdenken
**icazet** [a:] ⟨-ti⟩ **A** *subst* Genehmigung f; JUR Ratifizierung f; Diplom n; Zeugnis n **B** *adv* in Ordnung, genehmigt **~name** [a:] Bescheinigung f; Diplom n; Zeugnis n
**icra** [a:] Durchführung f, Ausführung f; Exekutiv-; MUS Darbietung f; Auffführung f; JUR Zwangsvollstreckung f; **~ dairesi** Vollstreckungsbehörde f; **~ memuru** Gerichtsvollzieher m; *-i* **~ya vermek** zur Vollstreckung einreichen (*akk*)
**icraat** [-a:a:t] ⟨-tı⟩ Maßnahmen f/pl, Verfügungen f/pl; Durchführung f; Tätig-

**icracı** *a.* MUS Ausführende(r); JUR Vollstrecker *m*, Vollstreckungsbeamte(r)

**iç** ‹içi› (das) Innere; (als) Unterzeug *n*; Zentrum *n e-r* Stadt; Füllung *f*; Innen- (Hof *etc*); Inner-; Binnen-; Inlands-; **~açıcı** erquickend; verheißungsvoll; **~açmak** froh stimmen; **İç Anadolu** Innernatolien *n*; **~ bellek** IT innere(r) Speicher *m*; **~ bulantısı** Magengrimmen *n*; **~ bükün** GRAM innere Flexion *f*; Ablaut *m*; **~ cep** Innentasche *f*; **~ ceviz** Nusskern(gehäuse *n*) *m*; **~ çamaşırı** Unterwäsche *f*; Unterhosen *f*/*pl*; **~ çekmek** (auf)seufzen; *-i* **~ etmek** *umg* sich (*dat*) etw unter den Nagel reißen, einstecken; **~ geçirmek** tief aufseufzen; **~ hastalıkları** innere Krankheiten *f*/*pl*; **~ hat** Inlandsverkehr *m*; Inlandsfluglinie *f*; **~ içe** ineinandergeschoben; *Zimmer* ineinandergehend; *Person* eng zusammen(stehend); **~ merkez** Erdbebenherd *m*; **~ pazar** Binnenmarkt *m*; **~ politika** Innenpolitik *f*; **~ savaş** Bürgerkrieg *m*; **~ taban** Brandsohle *f*; **~ turizm** Inlandstourismus *m*; **~ tutmak** Fruchtknoten ansetzen; **~ türeme** GRAM Sprossvokal *m*; Sprosskonsonant *m*; *-in* **~i açılmak** *unp j-m* wird wieder froh zumute; **~i almamak** *j-m* zuwider sein; *j-m* nicht bekommen; *-e* **~i bayılmak** e-n Widerwillen haben; *umg unp* **~im** flau; **~i bulanmak**, *z. B.* **bundan ~im bulanıyor** mir ist schlecht davon; **~i burkuluyor** ihr wird das Herz schwer; **~i çekmek** gern haben wollen (*akk*); **~i dar** kribbelig, ungeduldig; **~im eziliyor** mir ist beklommen zumute; mir ist übel; **~i geçmiş** er ist eingenickt; *-in* **~i geniş** unbekümmert; *-in -e* **~i gitmek** trachten (nach *dat*); brennen (auf *akk*); *-in* **~i hop etti** er wurde ganz aufgeregt; *-e* **~i ısınmak** *j-m* zugetan sein; **~i ~ine sığmamak** s-e Begeisterung (*od* Aufregung) nicht verbergen können; *-in* **~i ~ini yemek** sich (ab)quälen; **~i kan ağlamak** zu Tode betrübt sein; *-in* **~i kararmak** in Verzweiflung geraten; sich tödlich langweilen; *-in* **~i sıkılmak** sich langweilen; *-in* **~i sızlamak** tief betrübt sein; *-in* **~i tez** kribbelig; *-in* **~i vık vık** (*od* **fık fık**) **etmek** kribbelig sein, nervös sein; *-in* **~i yağ bağlamak** selig sein; aufatmen; *-in* **~i yanmak** sehr durstig sein; *fig* dursten (nach *dat*); betrübt sein; *-in* **~inde kaybolmak** wie verloren wirken (in *dat*); *Kleidung* viel zu weit sein; *-in* **~inden çıkmak** fertig werden (mit *dat*); hervorgehen (aus *dat*); **~inden geçmek** *j-m* in den Sinn kommen; **~inden gelmek** *unp* es ist (mir) ein Herzenswunsch; *-e* **~inden gülmek** innerlich lachen (über *akk*); **~inden konuşmak** leise vor sich hin sprechen; **~inden okumak** still lesen; *umg* innerlich fluchen; **~ine almak** in sich schließen; *Fläche* einnehmen; *-i* **~ine atmak** *fig* in sich hineinfressen; **~ine çekmek** einatmen; einsaugen; *fig* kapieren; **~ine çekilmek** → **~ine kapanmak**; *nom* **~ine doğmak** ahnen (*akk*), *umg* es dämmert *j-m*; **~ine etmek** verpfuschen, verpatzen; **~ine gelmek** *j-m* in den Sinn kommen; *-in* **~ine işlemek** *j-n* schmerzlich berühren; **~ine kapanmak** (*od* **çekilmek**) *fig* sich in sich zurückziehen; **çok ~ine çekilmiş** ganz in sich zurückgezogen; **~ine kurt düşmek** Argwohn hegen; *-in* **~ine sıçmak** verpatzen; *-i* **~ine sindirmek** sich (*dat*) etw einprägen; **~ine sindirmek** vom Herzen einverstanden sein; **~ine tükürmek** *umg* verpfuschen, verhunzen; **~ini açmak** sein Herz erleichtern; **~ini boşaltmak** freimütig gestehen; sein Herz erleichtern; **~ini kurt yemek** in ständiger Sorge (*od* Angst) sein; **~ini çekmek** (*od* **geçirmek**) tief aufseufzen; **~ini dökmek** sein Herz öffnen; sich aussprechen; *-in* **~ini kemirmek** in ständiger Sorge sein; *-in* **~ini sıkmak** *j-m* peinlich sein, *j-n* genieren; **~ini yakmak** *j-n* sehr betrüben; ... *-le* **~ini yemek** bedrückt sein (von *dat*); **~inin yağı erimek** *j-n* tief erschüttern; **~lerinden biri** einer von (*od* unter) ihnen; **kendi ~lerinden** aus ihren eigenen Reihen

**iç|bölge** Hinterland *n* **~buzul** GEOL Inlandeis *n* **~bükey** konkav **~deniz** Binnenmeer *n*

**içebakış** PSYCH Selbstbeobachtung *f*

**içecek** ‹-ği› Getränk *n*; trinkbar (*Wasser*); **~** bir şey etwas zum Trinken

**içedönük** verschlossen; PSYCH introvertiert **~lük** ‹-ğü› Verschlossenheit *f*; Introvertiertheit *f*

**¹içek** ⟨-ki⟩ GRAM Infix n (z. B. deutsch an*ge*kommen; türk. yapı/mak)
**i'çekapanık** PSYCH introvertiert **~lık** ⟨-ğı⟩ Introvertiertheit f
**içeri** ⟨-yi, -si⟩ **A** adv herein; hinein; -*i* ~ **almak** (od **atmak, tıkmak**) *j-n* einsperren, *umg* einlochen; **~ düşmek** ins Gefängnis kommen; **~ girmek** Geld einbüßen; ins Gefängnis kommen; **~de** drinnen; *umg* im Kittchen; in Schulden; **~de olmak** geschädigt worden sein (um *akk*); **~(ye) almak** hineinlassen, hineingeleiten; **~(ye) buyurun!** bitte, treten Sie ein!; **~ gelmek, ~(ye) girmek** eintreten; **~(ye) işlemek** eindringen (*-den* durch *akk*); **~ hizmet** MIL Innendienst m **B** *subst* Innenraum m; → iç; **C** **evin ~si sıcak** es ist warm im Haus **C** *postp* **~sinde** (*dat, Ort u. Zeit*); im Laufe (*gen*); **~sinden** aus (*dat*) ... heraus; über (*akk*) ... hinweg; **~sine** in (*akk*) ... hinein
**içerik** ⟨-ğı⟩ Inhalt m; impliziert, (darin) einbegriffen; (nur) gedacht **~li** inhaltlich; **sosyal ~** sozial ausgerichtet (*Sache*) **~sel** inhaltsmäßig
**içerlek** abgelegen; weiter hinten liegend
**içerlemek** sich erzürnen, böse werden, wütend werden (*-e* auf *akk*)
**içermek** in sich schließen, enthalten, implizieren, sich gegenseitig bedingen; **içeren** enthaltend
**i'çevlilik** ⟨-ğı⟩ Endogamie f
**içeyöneliklik** ⟨-ği⟩ PSYCH Autismus m
**'içgüdü** Instinkt m **~sel** instinktiv
**'içgüvey, ~i, ~isi** ⟨-ni⟩ Schwiegersohn (*der im Haus der Schwiegereltern wohnt*); **~den halliceyim** es geht mir einigermaßen
**içici** Trinker m, *-in f*, *umg* Säufer m, *-in f* **~lik** ⟨-ği⟩ Trunkenheit f
**içilir** trinkbar **~mek** *passiv von* içmek; geraucht werden; **sigara içilmez** Rauchen verboten
**içim** Trinken n; Rauchen n; Schluck m; Prise f Tabak; Geschmack m *des Tees etc* **~li** geschmacklich; **güzel ~** gut schmeckend **~lik** ⟨-ği⟩ (ein) Schluck, etwas (Kaffee)
**için¹** **A** *postp* für (*akk*); zu (*dat*); wegen (*gen*); um (*gen*) ... willen; über (*akk*), betreffend (*akk*) **B** *konj* weil, da; um ... zu; dafür, dass ...; *Beschwörungen* bei (*dat*), zu (*dat*); *Beispiele* **annem ~** für meine Mutter; **benim ~** für mich; meinetwegen; meines Erachtens; **barışcıl maksatlar ~** zu friedlichen Zwecken; **bunun ~** deswegen; dafür; infolgedessen; **bir kaç saat ~** auf einige Stunden (*a.* für ...); **kara gözler ~** um der schwarzen Augen willen; **kim(in) ~** für wen?; **pratik ~** der praktischen Arbeit wegen, der Praxis wegen; **şaka ~** zum Scherz, aus Spaß **C** *konj* -mek **~: yaşamak ~ yemeli** man muss essen, um zu leben **D** *-me Possessiv* **~: çabuk gitmesi ~ arabayı verdim** ich gab ihm den Wagen, damit er schnell hinkommt **E** *-diği* **~: ona yardım ettiği ~** weil (od dafür, dass) ich ihm/ihr geholfen habe; **Allah** (*od* **namusum**) **hakkı ~!** bei Gott! (*od* meiner Ehre!)
**için²** tief (innerlich); **~ ~** (leise) vor sich hin, innerlich; unbemerkt; **~ ~ yanmak** schwelen, vor sich hin brennen; *fig* betrübt sein, ohne es zu zeigen
**içinde** → iç; innerhalb (*gen, umg* von *dat*); in (*dat*); im Laufe (*gen*); **yüzü kırışık ~** Gesicht voller Runzeln; *oft* mit (*dat*), *z. B.* **büyük sevinç ~** mit großem Vergnügen
**içindeki** inner-; **~ düşmanlar** die inneren Feinde **~ler** Inhaltsverzeichnis n; *fig* Inhalt m (*Themen etc*); *Lebensmittel* Inhaltsstoffe m/pl; Triebwerk n *e-r Uhr*
**içinden** → iç; spontan
**içirmek** *kaus von* içmek; (*-e bş-i*) *j-m* etw zu trinken geben; *Tier* tränken; *j-m* etwas zu rauchen geben; *Wasser* abwischen; *Hände* trocknen
**'içişleri** ⟨-ni⟩ innere Angelegenheiten f/pl; **~ bakanı** Innenminister m, *-in f*; **~ bakanlığı** Innenministerium n
**içki** (alkoholisches) Getränk; Trinken n (*von Alkohol*); **~ âlemi** Zecherei f; **~ arkadaşı** Zechbruder m; **~ yasağı** Alkoholverbot n, Prohibition f **~ci** Trinker m, *-in f*, *umg* Säufer m, *-in f*; Spirituosenverkäufer m **~cilik** ⟨-ği⟩ Trunkenheit f **~li** betrunken; alkoholhaltig; ... mit Alkoholausschank; **~ durumda** in betrunkenem Zustand
**içkin** immanent; existent; im Versuchsstadium, im Ansatz (vorhanden) **~lik** ⟨-ği⟩ Immanenz f

**içkisiz** nüchtern; ... ohne Alkoholausschank

'**içkulak** ⟨-ğı⟩ BOT innere(s) Ohr

'**içlastik** ⟨-ği⟩ AUTO Schlauch m

**içlem** PHIL (Begriffs)Inhalt m; Wesensmerkmal n

**içlenmek** Frucht sich ausbilden, ansetzen; **bş-e** ~ fig sich (dat) etw zu Herzen nehmen

**içli** Frucht gut angesetzt, ausgebildet; feinfühlend, gefühlvoll; rührend, ergreifend (Gedicht); intim; familiär; ~ ~ bitterlich (weinen) **~dışlı** vertraut; ungezwungen; gut bekannt (-le mit dat) **~dışlılık** ⟨-ğı⟩ Vertrautheit f

**içlik** ⟨-ği⟩ Unterzeug n; Unterhemd n; ~ **astar** Futterstoff m

**içme** Trinken n; Heilquelle f; ~ **suyu** Trinkwasser n

**içmece** Heilquelle f

**içmek** ⟨-er⟩ v/t trinken; rauchen; Boden aufsaugen, absorbieren; **çorba** ~ Suppe essen; **sigara (pipo)** ~ Pfeife (Zigaretten) rauchen; **b-nin şerefine** ~ auf die Gesundheit j-s trinken; **içip bitirmek** austrinken; ~ **in içtikleri su ayrı gitmemek** fig ein Herz und eine Seele sein

**içmeler** Heilquelle f, Mineralquelle f

'**içmimar** [-mi:ma:r] Dekorateur m, -in f; Innenarchitekt m, -in f

'**içorgan** ANAT innere(s) Organ

'**içplazma** Endoplasma n

**içre** osm in (dat); fig unter (dat)

**içrek** verborgen; mystisch; eingeweiht

'**içsalgı** innere Sekretion f **~bezi** ⟨-ni⟩ ANAT endokrine Drüse f

**içsel** inner-; einheimisch

'**içses** GRAM Inlaut m; ~ **düşmesi** Synkope f, Ausfall m e-s Inlautes

**içten** herzlich; zärtlich (j-n angucken); aufrichtig; inner- (Beziehungen); gründlich (zerstören); ~ **gelmek** aus dem Herzen kommen **~lik** ⟨-ği⟩ Herzlichkeit f; Aufrichtigkeit f **~likli** aufrichtig, zwanglos (Beisammensein) **~siz** unaufrichtig **~sizlik** ⟨-ği⟩ Unaufrichtigkeit f

'**içtepi** Impuls m, Antrieb m **~li** impulsiv

'**içtersaçı** ⟨-nı⟩ MATH innere(r) Wechselwinkel

**içtihat** [a:] ⟨-dı⟩ JUR Ermessensurteil n; Urteil n des Kassationsgerichts; islamisches Recht eigene, persönliche Auslegung durch den Richter

**içtima** [a:] ⟨-aı⟩ ASTRON Konjunktion f; Versammlung f; MIL Appell m; ~ **etmek** sich versammeln

**içtimaî** [-i:] gesellschaftlich, sozial

'**içtümce** türk. GRAM eingeschaltete(r) Satz **~türeme** GRAM Epenthese f, eingeschaltete(r) Vokal (z. B. **nakil** aus **nakl**)

'**içtüzük** ⟨-ğü⟩ Dienstordnung f; Geschäftsordnung f; Satzung f

'**içyağı** ⟨-nı⟩ Talg m

'**iç|yürek**: ~ **zarı** ANAT Endokard n, Herzinnenhaut f **~yüz**: **bş-in ~ü** das wahre Gesicht e-r Sache

**ida** [i:da:] JUR Deponierung f

**idam** [i:da:m] Todesstrafe f; Hinrichtung f; -**ı** ~ **etmek** hinrichten, die Todesstrafe vollziehen an dat; ~ **kararı** Todesurteil n; ~ **sehpası** Galgen m

**idame** [a:] Fortsetzung f; Beibehaltung f; -**i** ~ **etmek** fortsetzen (akk); -**i** ~ **ettirmek** in die Tat umsetzen

**idamlık** [i:da:m-] ⟨-ğı⟩ **A** subst Todeskandidat m, -in f, (der, die) zum Tode Verurteilte **B** adj todeswürdig (Vergehen)

**idare** [a:] Verwaltung f; Leitung f, Führung f; Direktion f; Sparsamkeit f; Verwaltungs-; -**i** ~ **etmek** verwalten; leiten, führen; hinwegsehen über akk; auskommen können mit dat; **kendini** ~ **etmek** sich beherrschen; **bu ekmek** ~ **etmez** dies Brot reicht nicht; ~ **etmez es** lohnt nicht, es bringt nichts ein; ~ **edenler** Führungskräfte f/pl; ~ **kandili** (od **lambası**) Leuchte f, Nachtbeleuchtung f; **~sini bilmek** haushälterisch sein

**idarece** [a:] von der Verwaltung etc

**idare|ci** Verwaltungsbeamte(r); Führungskraft f; leitend, Führungs- (Kader); gute(r) Organisator(in); sparsam **~hane** Verwaltung(sgebäude n) f

**idare|li** Person, Sache sparsam; Sache wirtschaftlich arbeitend, rentabel **~siz** organisatorisch unbegabt; ohne Initiative; unökonomisch **~sizlik** ⟨-ği⟩ Unwirtschaftlichkeit f

**idarî** [-da:ri:] Verwaltungs-, administrativ; ♀ **Mahkeme** Verwaltungsgericht n

**iddia** [i'da:] Behauptung f; Anspruch m; Anmaßung f; Sturheit f; Wette f; -**i** ~ **etmek** behaupten (akk); -**e hak** ~ **etmek** ein Recht beanspruchen (auf akk); fig

# İFTA

stur festhalten (an *dat*); **~ya girişmek** (*od* **tutuşmak**) e-e Wette eingehen

**iddiacı** eigensinnig (*Kind*); rechthaberisch; Streithahn *m* **~lık** ⟨-ğı⟩ Rechthaberei *f*; Eigensinn *m*

**iddialaşmak** (*-le*) miteinander streiten, wetten

**iddialı** anspruchsvoll, anmaßend

**iddia|name** JUR Anklageschrift *f* **~sız** anspruchslos, schlicht **~sızlık** ⟨-ğı⟩ Anspruchslosigkeit *f*, Schlichtheit *f*

**ide, idea** PHIL Idee *f*

**ideal** ⟨-li⟩ Ideal *n*; ideal **~ist** Idealist *m*, -in *f*; idealistisch **~ize**: *-i* **~ etmek** idealisieren **~izm** Idealismus *m*

**idealleştirmek** *v/t* idealisieren

**idefiks** fixe Idee *f*

**ideolog** ⟨-ğu⟩ Ideologe *m*, Ideologin *f*

**ideoloji** Ideologie *f*

**ideolojik** ideologisch

**idik** ⟨-ği⟩: **ne idiği belirsiz** völlig verschwommen; **idiği gediği** Last *f*, Sorgen *f/pl*

**idil** Idyll *n*

**İdil** Wolga *f*

**idiş** → **iğiş**

**idman** Training *n*; Übung *f*; **~ etmek** *v/i* turnen, trainieren; *-i* **~ ettirmek** *v/t* j-*n* trainieren **~lı** trainiert; gewöhnt (*e* en *akk*) **~sız** untrainiert **~sızlık** ⟨-ğı⟩ Untrainiertheit *f*

**idrak** [a:] ⟨-ki⟩ Wahrnehmung *f*; Auffassung *f*; Erreichung *f*; **~ edilebilir** erkennbar; *-i* **~ etmek** wahrnehmen; begreifen; *s-e* Verantwortung erkennen; *Lebensjahr* erreichen; *bes* feiern, begehen **~li** einsichtig **~siz** uneinsichtig **~sizlik** ⟨-ğı⟩ Uneinsichtigkeit *f*, Unverständnis *n*

**idrar** [a:] Harn *m*; → **sidik**

**idrarzoru** ⟨-nu⟩ Harnverhaltung *f*

**İdris** Enoch *m* (*Bibel*)

**idrisağacı** ⟨-nı⟩ Weichselkirschbaum *m*

**idük** → **idi**

**ifa** [i:fa:] Ausführung *f*; Begleichung *f* e-*r* Schuld; *-i* **~ etmek** ausführen (*a. Befehl*); Pflicht, Versprechen erfüllen; Schuld begleichen

**ifade** [a:] Ausdruck *m* (*Wort; der Augen etc*); Ausdruckskraft *f*; *-i* **~ etmek** erklären; *Gedanken etc* darstellen; *Dank etc* ausdrücken; JUR aussagen; **(çok şey) ~ etmek** (sehr viel) bedeuten

**(benim için** für mich); **~ vermek** JUR aussagen, e-e Aussage machen; *-in* **~sini almak** JUR j-*n* vernehmen, verhören; die Aussagen j-*s* zu Protokoll nehmen; *umg* j-*n* unterkriegen, in die Pfanne hauen; **diğer** (*od* **başka**) **bir ~ ile** mit anderen Worten **~lendirmek** *v/t* verdeutlichen; interpretieren **~siz** ausdruckslos, *fig* farblos, blass

**iffet** ⟨-ti⟩ Keuschheit *f*; Tugend *f*; Ehrenhaftigkeit *f* **~li** keusch, unschuldig; tugendhaft; ehrenhaft **~siz** lasterhaft; unehrenhaft

**ifildemek** *v/i* beben; *Wind* säuseln

**iflah** [a:] Wohl *n*; Erlösung *f*; **~ etmek** erlösen, retten (*-den* von *dat*); **~ olmak** geheilt werden, gerettet werden, erlöst werden; *hum* selig werden; **~ olmaz** *fig* unverbesserlich, ... ist nicht zu retten; **~ını kesmek** j-*n* völlig zermürben, *umg* kleinkriegen

**iflas** [a:] Bankrott *m*; Konkurs *m*; **~ bayrağını çekmek** (*od* **borusunu çalmak**) *a. fig* Bankrott machen; **~ etmek** Konkurs anmelden, *a. fig* Bankrott machen; *fig* scheitern, zusammenbrechen; zerrütten; **~ ettirmek** j-*s* Bankrott herbeiführen

**ifrağ** [i'fra:] *osm* Umwandlung *f*; Formgebung *f*; BIOL Ausscheidung *f*; **~ etmek** umwandeln; ausscheiden

**ifrat** [a:] ⟨-tı⟩ Übertreibung *f*; Übermaß *n*; **~ derecede** übermäßig, im Übermaß; **~ etmek** → **~a kaçmak**, **~a vardırmak**; **~a kaçmak** übertreiben, es zu weit treiben; *-i* **~a vardırmak** bis zum Äußersten treiben *akk*

**ifraz** [a:] JUR Parzellierung *f*; MED Ausscheidung *f*; Sekret *n*; *-i* **~ etmek** parzellieren; ausscheiden; CHEM niederschlagen **~at** ⟨-a:tı⟩ ⟨-tı⟩ Ausscheidungen *f/pl*

**ifrit** ⟨-ti⟩ Dämon *m*; Teufel *m* (*a. fig*); *-i* **~ etmek** j-*n* rasend machen; **~ olmak** (*od* **kesilmek**) fuchsteufelswild werden

**ifşa** [a:] ⟨-atı⟩ Verbreitung *f* e-*s* Gerüchtes; Enthüllung *f*, Preisgabe *f* e-*s* Geheimnisses; *-i* **~ etmek** verbreiten; verraten; preisgeben *akk*

**ifşaat** [-a:t] ⟨-tı⟩ Enthüllungen *f/pl*

**iftar** REL Fastenbrechen *n* (*am Abend*); Abendessen *n* (*im Monat Ramadan*); **~ etmek** zu Abend essen (*nach Sonnenuntergang in der Fastenzeit*); **~ topu** Kanonenschuss *m* (*zum Fastenbrechen*) **~lık**

**İFTİ** ‖ 230

**iftar** ⟨-ğı⟩ **A** subst Abendimbiss m (im Ramadan) **B** adj fig herzlich wenig

**iftihar** [a:] Stolz m; Ehre f; ~*le* ~ **etmek** stolz sein (auf akk); ~ **listesi** türk. Schule Belobigungsliste f; ~**la geçmek** als Klassenbeste(r) versetzt werden

**iftira** [a:] Verleumdung f; ~*e* ~ **atmak** (od **etmek**) j-n verleumden, schlechtmachen; ~**ya uğramak** schlechtgemacht werden ~**cı** Verleumder m, -in f

**iğ** ⟨iği⟩ Spindel f; (Wagen)Achse f; ~ **taşı** Mühlstein m

**iğde** BOT Ölweide f; Frucht f der Ölweide

**iğdiş** kastriert, verschnitten; ZOOL Wallach m; ~*i* ~ **etmek** kastrieren

**iğfal** [i:fa:l] ⟨-li⟩ Verführung f; ~*i* ~ **etmek** Frau verführen; täuschen

**iğik, iğilmek** etc → eğilmek

**iğmek** → eğmek

**iğne** Nadel f; Nähnadel f; MED Injektionsnadel f; Injektion f, Spritze f; Angelhaken m; fig Nadelstich m, Stichelei f; Stachel m der Biene; BOT Griffel m; MIL Schlagbolzen m; ~ **atsan yere düşmez** (ein Gedränge), dass keine Stecknadel mehr zu Boden fallen kann; ~ **deliği** (od **gözü**) Nadelöhr n; ~ **işi** Nadelarbeit f; ~ **iplik** fig Haut und Knochen; ~ **üstünde oturmak** fig wie auf glühenden Kohlen sitzen; ~*e* ~ **vurmak** (od **yapmak** od **vermek**) j-m e-e Spritze geben; ~*e* ~ **yaptırmak** j-m e-e Spritze geben lassen; ~ **yastığı** Nadelkissen n; ~ **yemek** e-e Spritze bekommen; ~**ye iplik geçirmek** e-n Faden einfädeln

**iğneci** umg Fixer m, -in f; j-d, der gegen Bezahlung Spritzen gibt

**iğne|dan, ~denlik** ⟨-ği⟩ Nadelbüchse f

**iğne|lemek** durchstechen (-*i* akk); anheften (-*i* -*e* etw an akk); fig sticheln (-*i* gegen j-n) ~**lenmek** passiv von iğnelemek; MED e-n Stich (od Stiche) fühlen (od haben) ~**leyici** Wort bissig, giftig, sarkastisch ~**li** Nadel-; ... mit einer Nadel; nadelförmig; (an)geheftet; stichelnd, giftig, bös (Blick) ~**lik** ⟨-ği⟩ Nadelkissen n; Nadelkästchen n

**iğneyaprak** (Tannen)Nadel f ~**lı** Nadelbaum m, Konifere f

**iğrenç** ⟨-ci⟩ ekelhaft; abscheulich (Wetter); widerlich (Kerl) ~**lik** ⟨-ği⟩ Ekel m, Abscheu m, Widerwille m

**iğrendirmek** v/t anekeln, j-m widerwärtig sein; **iğrendirecek kadar** widerwärtig, abstoßend

**iğren|me** Ekel m, Abscheu m ~**mek** ⟨-den⟩ sich ekeln (vor dat), Abscheu empfinden (vor dat) ~**ti** Ekel m, Abscheu m

**iğreti** → eğreti

**iğretileme** etc → eğretileme

**iğri** → eğri

**iğva** [a:] REL Versuchung f

**ihale** [a:] Zuschlag m (bei Ausschreibungen); Erteilung f, Vergabe f e-s Auftrages; -*i* ~ **etmek** Auftrag erteilen, vergeben (an akk); ~**ye çıkarmak** WIRTSCH ausschreiben

**-i hali** → -i

**ihanet** [a:] ⟨-ti⟩ Verrat m; Untreue f in der Liebe; Unzuverlässigkeit f; Treulosigkeit f; -*e* ~ **etmek** j-n verraten; in der Ehe betrügen; ~**e uğramak** Treulosigkeit erleben (od erfahren)

**ihbar** [a:] Benachrichtigung f; Denunziation f; -*e* -*i* ~ **etmek** j-m etw mitteilen; j-n anzeigen (bei dat) ~**cı** Denunziant m, -in f; ~ **üzerine** auf Hinweis aus der Bevölkerung ~**iye, ~name** schriftliche Mitteilung (od Anzeige)

**ihlal** [a:] ⟨-li⟩ Störung f der Ruhe; JUR Verstoß m; Verletzung f des Vertrages; Beeinträchtigung f der Interessen etc; -*i* ~ **etmek** v/t stören, beeinträchtigen; Freiheit einschränken; verstoßen gegen; -*i* ~ **suçu işlemek** verstoßen gegen

**ihlas** REL „die reine Glaube" (Koran)

**ihmal** [a:] ⟨-li⟩ Vernachlässigung f; Nachlässigkeit f; Unterlassung f; Unzulänglichkeit f; JUR Fahrlässigkeit f; -*i* ~ **etmek** vernachlässigen (akk); sich über (das Gesetz) hinwegsetzen ~**ci, ~kâr** nachlässig; fahrlässig; Müßiggänger m, -in f ~**kârlık** ⟨-ğı⟩ Nachlässigkeit f

**ihracat** [-a:dʒa:t] ⟨-tı⟩ Export m, Ausfuhr f; ~ **yapmak** exportieren ~**çı** Exporteur m; ~ **ülkesi** Exportland n ~**çılık** ⟨-ğı⟩ Export m; Exportgeschäfte n/pl

**ihraç** [a:] ⟨-cı⟩ Export m, Ausfuhr f; Entfernung f (von der Schule); Ausschluss m (aus der Partei); WIRTSCH Emission f; -*i* ~ **etmek** exportieren, ausführen (akk); entfernen (-den von dat); ausschließen (-den aus dat); WIRTSCH emittieren, ausgeben

**ihram** [a:] Toga f (der Römer); Burnus m; Plaid n; Überwurf m (der Mekkapilger)

# İKBA

**ihsan** [a:] Gunst f, Wohltat f; Gunstbezeigung f; **-e ~ etmek** j-m e-e Gefälligkeit erweisen; j-m etw schenken, verehren

**ihtar** [a:] Warnung f; Mahnung f; Verweis m; JUR Verwarnung f; **-ı -e ~ etmek** j-n erinnern (an akk); j-n hinweisen (auf akk); bes WIRTSCH j-n mahnen; j-n warnen (vor dat) WIRTSCH; **~name** [a:] WIRTSCH Mahnung f, Mahnschreiben n

**ihtikâr** [a:] Spekulation f; Wucher m

**ihtikârcı** Spekulant m; Wucherer m

**ihtilaf** [a:] Streitigkeit f; **~a düşmek** in Streit geraten

**ihtilal** [a:] ⟨-li⟩ Revolution f; Aufstand m, Meuterei f; Umwälzung f; **~ yapmak** e-e Revolution herbeiführen (umg machen) **~ci** Revolutionär m, -in f; Revolutions-

**ihtilas** [a:] Veruntreuung f, Unterschlagung f

**ihtimal** [a:] ⟨-li⟩ Wahrscheinlichkeit f; wahrscheinlich (a. **~dir ki**); -e **~ vermemek** nicht für wahrscheinlich halten (akk); **her ~a karşı** auf jeden Fall; **~ler hesabı** Wahrscheinlichkeitsrechnung f

**ihtimal|i** [-i:] wahrscheinlich **~li** wahrscheinlich **~siz** unwahrscheinlich

**ihtimam** [a:] Sorgfalt f; Fürsorge f; Gewissenhaftigkeit f; **-e ~ etmek** (od **göstermek**) j-n betreuen, sorgen (für akk); sehr gewissenhaft sein; **~la** gewissenhaft **~lı** gewissenhaft **~sız** nachlässig

**ihtira** [a:] Erfindung f; **~ beratı** Patent n; **~ (beratı) dairesi** Patentamt n; → bulgu

**ihtiras** [a:] Begierde f; Ehrgeiz m; Drang m; Leidenschaft f; **~la** leidenschaftlich

**ihtisas** [a:] Spezialisierung f; Fachausbildung f (bes MED); **-de ~ yapmak** sich spezialisieren (auf akk)

**ihtişam** [a:] Prunk m, Pomp m **~lı** prunkvoll, pompös

**ihtiva** [a:] Umfang m, Inhalt m; -i **~ etmek** enthalten (akk), umfassen (akk)

**ihtiyaç** [a:] ⟨-cı⟩ Bedürfnis f (için nach dat); Bedarf m (için für akk); Erfordernis n, Anspruch m; Not f, Elend n; -e **~ duymak** bedürfen (gen), nötig haben (akk); -mek **~ duymak** das Bedürfnis haben (od fühlen), zu ...; **~ maddeleri** Bedarfsartikel m/pl; **~ sahibi** Bedürftige(r); bş-e **~ var** etw ist (od sind) erforderlich; **ihti-**

**yaca cevap vermek** e-m Bedürfnis entsprechen; **ihtiyaca göre** je nach Bedarf; **-e ihtiyacı olmak** brauchen akk; angewiesen sein auf akk; **buna hiç ihtiyacım yok** darauf bin ich keineswegs angewiesen

**ihtiyar** alt, bejahrt; alte(r) Mann; Greis m, -in f; umg der, die Alte (Vater, Mutter); **~ heyeti** Gemeinderat m

**ihtiyarî** [-i:] freiwillig, fakultativ

**ihtiyar|lamak, ~laşmak** altern, alt werden **~latmak** alt machen, alt werden lassen **~lık** ⟨-ğı⟩ Alter n

**ihtiyat** [a:] ⟨-tı⟩ Vorsicht f; Umsicht f; Ersatz m; Reserve f; Ersatz-; MIL Ersatztruppe f, Eingreiftruppe f; **~ akçesi** Rücklage f, Notgroschen m; **~ kaydı ile mit** Vorbehalt, vorbehaltlich **~en** [-'ja:tɛn] vorsorglich, für den Notfall; als Reserve

**ihtiyat|î** [-i:] vorsorglich; Präventiv-; Vorsichts- (Maßregel); **~ tedbir** JUR einstweilige Verfügung **~kâr** bedächtig, behutsam **~lı** → ihtiyatkâr; **~ bulunmak** sich abwartend (od vorsichtig etc) verhalten; **~ olmak** vorsichtig sein; sparsam sein **~sız** unvorsichtig, unbedacht **~sızlık** ⟨-ğı⟩ Unvorsichtigkeit f, Unbedachtsamkeit f

**ihya** [a:] (Wieder)Belebung f; **-i ~ etmek** j-n wiederbeleben; fig j-m Mut machen, neue Kraft geben; kultivieren (akk); **~ olmak** (blühen und) gedeihen; Person froh sein; befördert werden

**ihzar** [a:] JUR Vorladung f (vor Gericht)

**ika** [i:ka:] ⟨ika⟩ JUR Verursachung f; **-i ~ etmek** verursachen; Verbrechen begehen

**ikame** [a:] ⟨A⟩ subst Aufstellung f, Platzierung f; JUR Einleitung f (e-s Prozesses); Beibringung f (von Beweisen); ⟨B⟩ adj angebracht; aufgestellt; Ersatz-; **-i ~ etmek** Person unterbringen; Sache anbringen, aufstellen; JUR einleiten; Prozess anstrengen; Wachen aufstellen

**ikamet** [a:] ⟨-ti⟩ Aufenthalt m, Wohnort m; **~ etmek** wohnen, ansässig sein; **~ tezkeresi** Aufenthaltsbescheinigung f **~gâh** Wohnsitz m **~gâhlı** Wechsel domiziliert

**ikaz** [i:ka:z] Warnung f; Warn-; **-i ~ etmek** j-n warnen; **~ ateşi** Warnschuss m

**ikbal** [a:] ⟨-li⟩ Glück m; Erfolg m; **~ düşkünlüğü** fig das Sinken s-s Sterns; **~ düş-**

**künü** vom Glück Verlassene(r); **~i sönmek** *j-s* Stern sinkt, verlischt
**iken** seiend; als, während ... (ist); damals, als ... war; obwohl; **ben öğrenci ~** (*od* **öğrenciyken**) als ich Schüler war
**iki** zwei; Zwei f (*a. im Zeugnis*); *Auto* zweite(r) Gang; **~ ahbap çavuşlar** *hum* zwei unzertrennliche Freunde *m/pl*; **~ arada kalmak** sich zwischen zwei Stühle gesetzt haben; **~ ayağını bir pabuca sokmak** *fig j-m* das Messer an die Kehle setzen; **~ çift laf** ein paar Worte; **~ kat** doppelt; verdoppelt; **~ kat** (*od* **büklüm**) (*vom Alter*) tief gebeugt, *umg* ganz krumm; **~ misli** doppelt (so viel); **~ misli artmak** verdoppeln; **~ misli fazla** mehr als das Doppelte; **~ nokta** Doppelpunkt *m*; **~i ~ paralık etmek** mit Schmutz bewerfen (*akk*); **~ satır laf etmek** ein paar Worte miteinander wechseln; **~ ucunu bir araya getirememek** (wirtschaftlich) nicht zurechtkommen können; **~de bir(de)** jede(r) zweite; häufig; **~miz** wir beide; **~si bir kapıya çıkmak** auf dasselbe hinauslaufen; **~ye bölmek** in zwei Teile teilen
**iki|ağızlı** zweischneidig **~bilinmiyenli** MATH ... mit zwei Unbekannten
**ikicanlı** *fig* schwanger
**iki|cilik** ⟨-ği⟩ Dualismus *m* **~cinslikli** Hermaphrodit *m*; zweigeschlechtlich
**iki|dilli** zweisprachig **~eşeyli** = **ikicinslikli** **~hörgüçlü** zweihöckerig
**ikilem** Dilemma *n*
**ikile|me** Verdoppelung f; GRAM Doppelung f (*z. B. yavaş yavaş*) **~mek** *v/t* verdoppeln; *Satz* wiederholen; SPORT ein zweites *Tor* schießen; sich (*dat*) ein zweites (*z. B. Auto*) anschaffen **~şmek** sich verdoppeln; in zweifacher Zahl erscheinen **~tmek** sich (*dat*) ein zweites Mal sagen lassen
**ikili** Doppel- (*z. B. Stecker*); zweiteilig; *Abkommen* zweiseitig, bilateral; MUS Duett *n*; Duo *n*; **~ çatı** GRAM Verbsuffix *n* mit Doppelfunktion (*z. B. -il- "sich" od Passiv*); **~ ünlü** LING Diphthong *m*
**ikilik** ⟨-ği⟩ Dualismus *m* Zwietracht f; Meinungsverschiedenheit f; Unterschied *m*; MUS halbe Note; Doppelform f *e-s Namens*; Doppel-; zweispaltig
**ikinci** zweite(r); Vize-, stellvertretend; **~ çağ** (*a. zaman*) GEOL Mesozoikum *n*;

THEAT **~ derecedeki rol** Nebenrolle f; **~ gelmek** SPORT Zweite(r) werden; **~ yarı** SPORT zweite Halbzeit; **~si(nde)** zweitens
**ikincil** sekundär, zweitrangig
**ikincilik** ⟨-ği⟩ zweite(r) Platz
**ikindi** Nachmittag *m*; REL Nachmittagsgebet *n*; **~ kahvaltısı** Nachmittagsmahlzeit f; *dial* Vesper f **~üstü** gegen Abend, nachmittags
**ikir|cik** ⟨-ği⟩ Unentschlossenheit f **~cikli** unentschlossen, zögernd, zögerlich **~cil** Wort mit zwei Bedeutungen, doppeldeutig
**iki|şekilli** BIOL, CHEM dimorph **~şer** je zwei; **~ olmak** sich zu zweit aufstellen
**iki|taraflı** bilateral **~telli** Zweisaiten-(*Instrument*) **~terimli** MATH Binom *n* **~yanlı** zweiseitig **~yaşayışlı** BIOL Amphibium *n* **~yüzlü** scheinheilig, hinterhältig, falsch, doppelzüngig; (*a.* **iki yüzlü**) *Schwert* zweischneidig; *Stoff* beiderseitig, seitengleich **~yüzlülük** ⟨-ğü⟩ Falschheit f, Scheinheiligkeit f, Doppelzüngigkeit f
**ikiz** Zwilling *m*; Zwillinge *pl*; Zwillings-, Doppel-; **~ doğurmak** Zwillinge gebären; *fig* sich sehr abquälen (*-le* damit *dat*); **~ erkek kardeşler** Zwillingsbrüder *m/pl*; **~ kız kardeşler** Zwillingsschwestern *f/pl* **~anlam** Doppeldeutigkeit f; Trugschluss *m*
**ikizkenar** MATH gleichschenklig
**ikizler** **~ burcu** ASTROL Zwillinge *pl*; **~ burcundanım** ich bin Zwilling
**ikizli** ... mit Zwillingen; Doppel-; zweiteilig; zweiarmig (*z. B. Leuchter*); zweideutig **~lik** ⟨-ği⟩ Doppeldeutigkeit f
**iklim** [i-:im] Klima *n*
**iklimbilim** Klimatologie f
**ikmal** [a:] ⟨-li⟩ Vollendung f; TECH Belieferung f; Vervollständigung f; Versorgungs- (*Stützpunkt*); MIL Versorgungsdienst *m*; Beseitigung f (*von Mängeln*); **-i ~ etmek** vollenden (*akk*); vervollkommnen (*akk*); *Mängel* beseitigen; *s-e Zeit* absitzen; **~ imtıhanı** → **bütünleme sınavı**; **fizikten ~e kalmak** in Physik e-e Nachprüfung machen müssen
**ikna** [a:] Zureden f; *-i ~e ~ etmek* j-n überreden (zu), j-n überzeugen (von *dat*); **~ kabiliyeti** Überzeugungskraft f
**ikon** IT Icon *n*

**ikon(a)** Ikone *f*
**ikrah** [a:] Widerwille *m* (*-den* gegen *akk*); *-den* ~ **etmek** e-n Widerwillen haben (gegen *akk*); *-e* ~ **etmek** in j-m kommt e-e Abneigung auf (gegen *akk*) **~lık** ⟨-ğı⟩ Abscheu *m*; *-den -e* ~ **vermek** j-m Abscheu einflößen (gegen *akk*)
**ikram** [a:] freundliche Aufnahme *e-s Gastes*; LIT Präsent *n*; Bewirtung *f*; Nachlass *m* (*im Preis*); *-e* ~ **etmek** j-m Ehre erweisen; **b-ne bş(-i)** ~ **etmek** j-n bewirten mit; j-m etw kredenzen, anbieten; j-m e-n Nachlass gewähren; ~ **görmek** ehrenvoll bewirtet werden
**ikramiye** [a:] Gratifikation *f*, Prämie *f*; Sonderzulage *f*; Gewinn *m* (*Lotto etc*)
**ikrar** [a:] Geständnis *n*; JUR Anerkenntnis *n*; *-i* ~ **etmek** gestehen (*akk*), zugeben (*akk*), anerkennen (*akk*); ~ **vermek** sein Wort geben
**ikraz** [a:] *osm* Darlehen *n*
**iks** der Buchstabe X, *x*; → **x**
**iksir** [-i:r] Elixier *n*; Zaubertrank *m*
**iktibas** [a:] Entlehnung *f*; Zitat *n*; *-i* ~ **etmek** entlehnen; zitieren; *Werk* bearbeiten, adaptieren; HIST sich (*dat*) etw borgen
**iktidar** [a:] Kraft *f*, Macht *f* (*a.* POL); PHYS Potenz *f*; POL Regierung *f*, Regierungsgewalt *f*; **-a geçmek** an die Macht kommen; **~a gelmek** an die Macht kommen (*umg* ans Ruder) kommen (*od* gelangen); **~da olmak** an der Macht (*umg* am Ruder) sein; **~dan düşmek** die Macht abgeben, verlieren, abtreten müssen; ~ **sahibi** (*der*) Mächtige **~lı** mächtig, tätig **~sız** machtlos; unfähig; MED impotent **~sızlık** ⟨-ğı⟩ Machtlosigkeit *f*; Unfähigkeit *f*; MED Impotenz *f*
**iktifa** [a:]: *-le* ~ **etmek** sich begnügen mit; sich zufriedengeben mit
**iktisadî** [-sa:di:] wirtschaftlich, ökonomisch; Wirtschafts-; rentabel
**iktisap** [a:] ⟨-bı⟩ Erwerb *m*; *-i* ~ **etmek** erwerben (*akk*)
**iktisat** [a:] ⟨-dı⟩ Ökonomie *f*; ~ **etmek** (*od* **yapmak**) sparen; sparsam sein **~çı** Wirtschaftswissenschaftler *m*, *-in f* **~lı** sparsam **~sız** verschwenderisch
**iktiza** [a:] Notwendigkeit *f*; ~ **etmek** erforderlich sein
**il** Regierungsbezirk *m* (*größte Verwaltungseinheit*); Land *n*; Provinz *f*

**ilaç** ⟨-cı⟩ Arznei *f*, Medizin *f*; Mittel *n*; *z. B.* **öksürük ilacı** Hustenmittel *n*; **uyku ilacı** Schlafmittel *n*; **~la** medikamentös; ~ **için ... yok** überhaupt nichts (*od* kein, keine, keinen); ~ **yazmak** *Arzt etw* verschreiben **~lamak** (chemisch) behandeln; einreiben, einbalsamieren; *Obst etc* spritzen **~lı** gespritzt, behandelt; arzneihaltig **~lık** ⟨-ğı⟩ Heil- (*Kräuter*) **~sız** unheilbar; unausrottbar; *Obst* unbehandelt
**ilah** [-a:x] ⟨-hı⟩ Gott *m*; Gottheit *f*; *fig* (*z. B. Mode*) Papst *m*; ~ **gibi** *fig* wie ein junger Gott **~e** Göttin *f*
**ilahi** [-'la:hi] *int* mein Gott!, ach, du liebe Zeit!
**ilahî** [-i:] göttlich; wunderschön; REL Lobgesang *m*, Hymne *f*
**ilahiyat** [a:] ⟨-tı⟩ Theologie *f* **~çı** Theologe *m*, Theologin *f*
**ilahlaş|mak** vergöttlicht werden; *fig* verzückt sein **~tırmak** vergöttlichen
**ilam** [i:la:m] Richterspruch *m*; Urteilsausfertigung *f*; HIST Mitteilung *f*; ~ **etmek** bekannt geben; → **bildirmek**
**ilamaşallah** [-la:'ma:-] bis in alle Ewigkeit; *int hum* ganz vorzüglich; Donnerwetter!
**ilan** [i:la:n] Bekanntmachung *f*; Ausrufung *f* (*der Republik etc*); Verkündigung *f*; (Kriegs)Erklärung *f*; Anzeige *f*, Annonce *f*; *-i* ~ **etmek** bekannt machen (*akk*); ausrufen (*akk*), erklären (*akk*); **gazeteye** ~ **vermek** eine Anzeige (*od* ein Inserat) aufgeben; **~ı aşk** Liebeserklärung *f*; **~ı aşk etmek** s-e Liebe gestehen
**ilanihaye** [ila:niha:je] (auf) ewig; **bu ~ böyle devam edemez** so kann das ja nicht weitergehen
**ilarya** gemeine Meeräsche (*Mugil capito*)
**ilave** [a:] Zusatz *m*, Hinzufügung *f*; Ergänzung *f*; TECH Ansatzstück *n*; Anbau *m*; zusätzlich; zusätzliche Anlage; Beilage *f* (*zu e-r Zeitung*); ~ **bellek** IT Zusatzspeicher *m*; ~ **etmek** hinzufügen, anfügen (*-i -e akk dat*); ~ **yatak** *Hotel* zusätzliche(s) Bett **~li** zusätzlich; ergänzt, erweitert (*Auflage*); aufgebauscht **~siyle** um ... (*erhöhen*)
**ilaveten** [-'la:-] ergänzend (*mitteilen*); **mektuba** ~ als Anlage zum Brief
**ilçe** Landkreis *m* (*Untereinheit von* **il**)

# İLE

**ile** (-(y)le, -(y)la) **A** *konj* und **B** *postp* mit (*dat*); durch (*akk*), infolge (*gen*); **bıçakla mit dem Messer** (*schneiden*); **bununla beraber** (*od* **birlikte**) trotzdem; **iştah ~** mit Appetit; **kiminle, kimle mit wem?**; **kurtla kuzu** der Wolf und das Lamm; **litre ~** literweise *verkaufen*; **ne ~** womit; wodurch; **ne ~ geçiniyor** wovon lebt er?; **onlar ~, onlarla mit ihnen; onların oyları ~ seçildi** durch ihre Stimmen gewählt; **tavşan ~ kaplumbağa** der Hase und die Schildkröte; **telefonla** telefonisch; **uçakla** mit dem Flugzeug; per Luftpost **C** *konj* -meкle (**od beraber**) gerade, als ...; in dem Augenblick, da; außer, dass ...; obgleich; wenn ... auch; **güneşin batmasıyla beraber** gerade, als die Sonne unterging; **mektup yazmakla beraber** außer, dass (er) e-n Brief schrieb **birlikte** obgleich er jahrelang gearbeitet hatte

**ilen** *dial* ile

**ilenç** (-ci) *dial* Fluch *m* **~li** verflucht

**ilenmek** *dial* (-e) *j*-*n* verfluchen

**ilerde** → **ileride**

**ileri A** *subst* Vorderraum *m*; Vorderteil *m*; Vorderseite *f*; Zukunft *f*; **... ~si** (das) Kommende, die Folgen *pl*; (das) Weitere; *-in* **~sine gitmek** gründlich prüfen (*akk*), e-r Sache (*dat*) auf den Grund gehen **B** *adj* weiter vor, weiter vorne; Vor-, vorderst-; vorgeschoben (*Linie*); früher; fortschrittlich; **~ yaş** vorgerückte(s) Alter **C** *int* vorwärts! **D** *adv* nach vorn, weiter vor; *-i* **~ almak** vorrücken (lassen), nach vorn nehmen; *Uhr* vorstellen; *j*-*n* befördern; **~ atılmak** (*od* **çıkmak**) vorstürmen (a. MIL); nach vorn stürmen; **~ geçmek** vorwärtskommen (im *Beruf*); (*-i*) *j*-*n* überholen, überflügeln; **~ gelenler** → **ilerigelenler**; *-den* **~ gelmek** herrühren (von *dat*), entstehen (aus *dat*, *umg* kommen (von *dat*); vorangehen; vorankommen (im *Beruf*); **~ geri etmek** sich in die Haare geraten; **~ geri konuşmak** einfach so daherreden; **~ geri sözler** unbedachte Worte *n/pl*; **~ gitmek** (*od* **varmak**) vorangehen; *fig* zu weit gehen; *Uhr* vorgehen; **~ görüşlü** weit vorausschauend; **~ götürmek** zu weit treiben (*akk*); *-i* **~ sürmek** *bes Presse* meinen; sagen, betonen; Argumente vorbringen, anführen; *Gedanken* ausdrücken; *Ansicht* vertreten; *Vorschlag* machen

**ilerici** fortschrittlich (gesinnt) **~lik** (-ği) Fortschrittlichkeit *f*

**ileride** in Zukunft, künftig; weiter (hinten); *Person* hochgestellt

**ileri|den** von vorn **~gelen** → **ileri**

**ilerigelenler** Prominente *pl*; (Partei-)Größen *f/pl*

**ilerle|me** (fortschreitende) Entwicklung; Fortschritt *m* **~mek** weitergehen; weiterfahren; vorrücken; vorwärtsschreiten; *Uhr* vorgehen; *Zeit* vorrücken, vorschreiten; *fig* Fortschritte machen (z. B. *Schüler*) **~miş** fortgeschritten

**ilerletmek** *v/t* fördern (z. B. im *Beruf*); verstärken; vorwärtsbringen

**ilerleyici** fortschrittlich; MED fortschreitend; GRAM progressiv (*Assimilation*)

**ilerleyiş** Vormarsch *m*, Vorrücken *n*

**ilet|i** Botschaft *f*, Nachricht *f* **~ici** Leit-, leitend **~ilme** Überbringung *f*, Vermittlung *f* **~ilmek** *passiv von* **iletmek** **~im** Überbringung *f*, Übermittlung *f*; Transport *m*; PHYS Leitfähigkeit *f*; Konvektion *f*

**iletişim** Kommunikation *f*; Nachrichtenübermittlung *f*; **kitle ~ aracı** Massenkommunikationsmittel *n*; **kitle ~ araçları** Massenmedien *pl*

**iletken** leitend, Leit-; **~ damarlar** BOT Gefäße *n/pl*; **yarı ~** Halbleiter *m* **~lik** (-ği) Leitfähigkeit *f*

**iletki** Winkelmesser *m*

**ilet|me** Leiten *n*; elektrik **~ sistemi** Stromnetz *n* **~mek** (-i) PHYS, TECH leiten; kommunizieren; übermitteln; *Büro* weiterleiten (-e *an akk*); überbringen; transportieren; *j*-*n* bringen (-e zu); *Gruß* ausrichten; *Botschaft* richten (-e *an akk*)

**ilga** [a:] JUR Auflösung *f*; *-i* **~ etmek** aufheben, annullieren (*akk*)

**ilgeç** (-ci) GRAM Partikel *f*, *meist* Postposition *f* (z. B. -e karşı); Haken *m*; Halter *m*; **~ten ad** GRAM *etwa* substantivierte Partikel (z. B. -in gibisini); **~ten sıfat** adjektivisch gebrauchte Partikel (z. B. avuç içi kadar ...) **~li: ~ tümleç** GRAM postpositionale Ergänzung; adverbiale Bestimmung (z. B. makina gibi ...)

**ilgi** (-e) Beziehung *f* (zu); Interesse *n* (an *dat*); CHEM Verwandtschaft *f*, Affinität *f*;

~ **alanı** Interessengebiet *n*; ~ **çekici** interessant, fesselnd; ~ **çekmek** Aufmerksamkeit erregen, das Interesse auf sich ziehen; Interesse finden; ~ **duyan** Interessent *m*, -in *f*; -*e* **karşı** ~ **duymak** Interesse haben (an *dat*); ~ **eki** GRAM Beziehungssuffix *n* (z. B. -ki); ~ **görmek** (*a.* **toplamak**) → ~ çekmek; -*e* **karşı** ~ **göstermek** Interesse entgegenbringen (*dat*); -*de* ~ **uyandırmak** Interesse erregen bei; -*le* ~**sini kesmek** die Beziehungen abbrechen zu

**ilgilendirmek** ⟨-*i*⟩ *j-n* interessieren (-*le* für); *j-s* Interesse wecken (-*le* für); *j-n* betreffen; *j-m* zupasskommen

**ilgileniş** Interesse *n*; Wissbegier(de) *f*

**ilgilenmek** ⟨-*le*⟩ sich interessieren (für *akk*); sich annehmen (*gen*, z. B. *e-s Kranken*)

**ilgili** ⟨-*le*⟩ betreffend (*akk*); beteiligt (an *dat*); diesbezüglich; interessiert, zuständig, kompetent; ~ **olmak** (-*le*) Beziehungen haben (zu); sich beziehen (auf *akk*); interessiert sein (an *dat*); *umg* zu tun haben (mit *dat*) ~**lik** ⟨-ği⟩ Zugehörigkeit *f*

**ilginç** ⟨-*ci*⟩ interessant, beachtenswert; -*e* ~ **gelmek** *j-m* interessant erscheinen; ~ **olmayan** uninteressant ~**lik** ⟨-ği⟩ Anziehungskraft *f*

**ilgisiz** uninteressiert, gleichgültig; interesselos; ohne Zusammenhang (mit *dat*) ~**lik** ⟨-ği⟩ Interesselosigkeit *f*; Indifferenz *f*; Zusammenhanglosigkeit *f*

**ilhak** [a:] ⟨-*kı*⟩ Annexion *f*; -*ı* ~ **etmek** annektieren (*akk*); eingliedern (*akk*)

**ilham** [a:] Eingebung *f*, Inspiration *f*; -*den* ~ **almak** inspiriert werden von; -*i* -*e* ~ **etmek** *j-n* inspirieren, beflügeln zu

**ilhan** HIST Kaiser *m*, Herrscher *m*

**ilik**[1] ⟨-ği⟩ Knopfloch *n*

**ilik**[2] ⟨-ği⟩ Knochenmark *n*, Mark *n*; **gibi** sehr schmackhaft; *umg* appetitlich (*Mädchen*); **iliğine, ~lerine işlemek** *Kälte* bis auf die Knochen gehen; *Regen* bis auf die Haut (*od* Haut) durchnässen; *fig* bis ins Mark packen; -*in* **iliğini kemirmek** *j-m* bis ins Mark gehen; *fig j-n* aussaugen, *umg j-n* tüchtig ausnutzen; **iliğim kurudu** mit meiner Geduld ist es zu Ende

**iliklemek** *v/t* zuknöpfen

**ilikli**[1] zugeknöpft; mit Knopfloch

**ilikli**[2] Knochenmark enthaltend; Mark- (*Knochen*)

**ilim** ⟨ilmi⟩ Wissenschaft *f*; -*in* **ilmini almak** sich (*dat*) *etw* aneignen; ~ **deryası** *hum* Ausbund *m* von Weisheit

**ilinek** ⟨-ği⟩ PHIL Attribut *n*

**ilinti** Beziehung *f*, Verhältnis *n* (-*le* zu); Zusammenhang *m* ~**li** (-*le*) betreffend (*akk*), angehend (*akk*); ~ **olmak** betreffen (*akk*), zusammenhängen mit

**ilişik** A *adj* (-*e*) beigefügt (*dat*); betreffend (*akk*) B *n*: Verbindung *f* (mit *dat*), Beziehung *f* (zu); ~**te** in der Anlage (*zum Brief*); -*in* -*le* **ilişiğini kesmek** entlassen aus (*Schule, Stellung*)

**ilişik|lik** ⟨-ği⟩ MUS Dissonanz *f* ~**siz** ohne Beziehung zu, beziehungslos

**ilişki** Verhältnis *n*; Beziehung *f*; (-*le*) Verbindung *f* (z. B. mit dem *Dorf*); -*le* ~ **kurmak** Beziehungen aufnehmen zu

**ilişkili** ... im Bunde, verbündet; **yakından** ~ eng verbunden; ~ **olmak** zu tun haben, sich beschäftigen

**ilişkin** (-*e*) sich beziehend auf *akk*, verknüpft mit; berührend *akk*

**ilişkisel:** ~ **veritabanı** IT relationale Datenbank

**ilişkisiz** beziehungslos ~**lik** ⟨-ği⟩ Beziehungslosigkeit *f*

**ilişmek** (-*e*) berühren (*akk*), streifen (*akk, a. fig Thema*); hängen bleiben (z. B. *am Nagel*); *Geld* (nicht) anrühren; *j-n bei der Arbeit* stören; sich nur halb hinsetzen, sich auf die Kante (*des Bettes*) setzen

**iliştirmek** (-*i* —*e*) *etw* anheften (an *akk*); annähen (an *akk*); anhängen (an *akk*); beifügen (*A-D*); sich (*dat*) z. B. *e-e Zigarette in den Mund* stecken

**ilk** ⟨-ği⟩ A *adj* erst-, nächst-; Anfangs-; MIL vorgeschoben; ~ **adım** der erste Schritt; ~ **ağızda** zunächst; von Anfang an; ~ **bakışta** auf den ersten Blick; ~ **defa** zum ersten Mal; ~ **elden** von Anfang an; WIRTSCH aus erster Hand; ~ **göz ağrısı** erstgeborene(s) Kind; (die) erste Liebe; ~ **hamlede** vor allem; beim ersten Anlauf; ~ **önce** zu allererst, gleich zu Anfang; ~ **yardım** → **ilkyardım** B *adv* zum ersten Mal; ~ **geldi** sie kam als Erste; sie kam zum ersten Mal

**ilkah** [a:x] Befruchtung *f*; -*ı* ~ **etmek** befruchten (*akk*), BOT pfropfen, veredeln

**'ilkbahar** Frühling *m*

**ilkçağ** ⟨-ğı⟩ Altertum n, Antike f
**ilke** Grundstoff m, Urelement n; Grundlage f (der Chemie etc); Prinzip n, Grundsatz m; Maxime f
**ilkel** primitiv, ursprünglich; Ur-; elementar; kulturlos, primitiv; *bes* Renaissance--Maler m; **~ insan** Urmensch m, Primitive(r) **~ciler** *Kunst* Primitivisten pl **~cilik** ⟨-ği⟩ Primitivismus m
**ilkeleşmek** zum Prinzip werden
**ilkeli** prinzipiell, konsequent
**ilkelleşmek** primitiv werden; verwildern
**ilkellik** ⟨-ği⟩ Primitivität f
**ilkin** zunächst; zuerst
**ilkin|'de** anfangs **~'den** von Anfang an
**'ilk|okul** Grundschule f; HIST Türkei (fünfjährige) Volksschule
**ilköğretim** Elementarunterricht m; **~ okulu** Türkei (achtjährige) Grundschule f
**ilk|sezi** PHIL Intuition f, unmittelbare Anschauung **~sizlik** ⟨-ği⟩ Ewigkeit f
**ilksöz** Einführung f, Vorwort n
**ilk|yardım** Erste Hilfe **~yaz** Frühling m
**ilkzaman** Paläozoikum n
**illa(ki)** [a:] → **ille**
**'illalah** [-a:x] du lieber Himmel!; **~ yeter artık!** Donner und Doria, jetzt reicht's aber!; **senden ~!** du fällst (mir) auf den Wecker
**'ille** A *adv* auf jeden Fall; *verneint* auf keinen Fall, keineswegs; unbedingt; besonders, vor allem B *konj* sonst (auch nicht); außer …, es sei denn …
**illegal** illegal
**illet** ⟨-ti⟩ Gebrechen n; Leiden n, (schlechte) Angewohnheit; TECH Defekt m, Schaden m; Fehler m; PHIL → **neden**; Grund m des Ärgernisses; -*i* **~ etmek** j-n rasend machen; verstümmeln; halb totschlagen **~li** gebrechlich; leidend; kränklich; TECH störanfällig **~siz** ohne Gebrechen, völlig gesund
**illî** [-li:] HIST kausal
**illiyet** ⟨-ti⟩ Kausalität f
**ilmek**[1] ⟨-er⟩ ⟨-i⟩ anknoten (an *akk*); ⟨-*in*⟩ **iler tutar yeri olmamak** (*od* **kalmamak**) *Zeug* sich völlig abtragen, sich abnutzen; *Theorie* völlig veralten, überlebt sein
**ilmek**[2] Knoten m; Schlinge f

**ilmî** wissenschaftlich
**ilmihal** [a:] ⟨-*i*⟩ Katechismus m
**ilmik** lose(r) Knoten; Schlinge f **~lemek** v/t lose verknoten **~li** lose verknotet
**ilmiye** HIST Klerus m
**ilmühaber** Bescheinigung f (Todes)Urkunde f
**iltica** [a:] Zuflucht f; Asyl n; **~ hakkı** Asylrecht n; -*e* **etmek** Zuflucht suchen (bei *dat*); j-n um Asyl bitten **~cı** Asylbewerber m, -in f; *umg neg!* Asylant m, -in f
**iltifat** [a:] ⟨-tı⟩ Kompliment n; Liebenswürdigkeit f, Gunst f, Wohlwollen n; **~lar** freundliche Worte n/pl, Komplimente n/pl; -*e* **etmek** höflich sein gegenüber; Gefallen finden (an *dat*), e-r Speise zusprechen **~lı** freundlich, wohlwollend
**iltihak** [a:] ⟨-kı⟩ Beitritt m; -*e* **~ etmek** beitreten *dat*
**iltihap** [a:] ⟨-bı⟩ MED Entzündung f **~lanmak** sich entzünden **~lı** entzündet
**iltimas** [a:] Protektion f; Begünstigung f; Fürsprache f; -*e* **~ etmek** (*umg a.* **yapmak, geçmek**) j-n protegieren, begünstigen; j-n empfehlen; sich für j-n verwenden **~çı** Protektor m; Fürsprecher m, -in f **~çılık** ⟨-ğı⟩ Protektionismus m; Vetternwirtschaft f; *umg* Filzokratie f **~lı** Protegé m; protegiert; *Sache* durch Protektion zustande gekommen
**iltizam** [a:] Bevorzugung f; Parteinahme f; Anerkennung f-*er* Notwendigkeit; Pacht f; HIST Steuerpachtung f
**im** Zeichen n; **~ işaret; ~i timi yok** keine Spur, nicht die Spur
**ima** [i:ma:] Andeutung f; Wink m; -*e* **etmek** j-m zunicken; andeuten (*akk*), anspielen (auf *akk*)
**imaj** Image n; **~ cilalama** Imagepflege f
**imal** [i:ma:l] Herstellung f, Fabrikation f; -*i* **~ etmek** herstellen; *Schuhe* machen **~at** [a:] ⟨-tı⟩ Produktion f; Produkte n/pl **~atçı** Hersteller m, -in f, Produzent m, -in f Fabrikant m, -in f **~athane** [-ha:-] Werkstatt f, Werkhalle f
**imale** [a:]: **~ etmek** v/t biegen; GRAM (e-e kurze Silbe) längen
**imalı** [i:ma:lı] verschlüsselt, versteckt; **~ sözler** Anspielungen f/pl, Andeutun-

gen f/pl
**imam** [a:] Imam m; Vorbeter m in der Moschee, Geistliche(r); Begründer m e-r religiösen Sekte; Kalif m; Oberhaupt n einiger kleiner islamischer Staaten; *Titel großer islamischer Gelehrter*; **~ nikahı** Trauung f vor dem Imam; **~ kayığı** *Slang* Sarg m; **~ suyu** *Slang* Schnaps m; **~ efendinin aptes suyu** *zu heller Tee*
**imambayıldı** *eine kalte Speise aus gefüllten Auberginen*
**imame** *die dickere erste Perle am Rosenkranz*; Mundstück n e-r Pfeife
**iman** [i:ma:n] ⟨-e⟩ Glaube m (an *akk*); Annahme f des Islams; feste(r) Glaube; *-e* **~ etmek** glauben (an *akk*); **~ getirmek** den Islam annehmen; **~ sahibi** Gläubige(r); **~ tahtası** *umg* Brust f, Busen m; **~a gelmek** den Islam annehmen; *fig* Vernunft annehmen; *-i* **~a getirmek** *j-n* zum Islam bekehren; *j-n* zur Vernunft bringen; *-in* **~ı gevremek** *umg* sich ganz kaputtmachen (*-den* mit *dat*); **~ı yok** herzlos, grausam; nieder mit ihm!; **~ım** *umg* mein Lieber, mein Bester!; du lieber Himmel!; **~ına kadar** bis zum Rande voll; **~ına kadar dolu** gerammelt voll; *-in* **~ını gevretmek** *j-m* den Rest geben **~lı** gläubig; gerecht, menschlich **~sız** ungläubig; unmenschlich; **~ gitmek** als Heide sterben
**imar** [i:ma:r] Bebauung f; Aufbau m; **~ durumu** Baugenehmigung f; **~ planı** Bebauungsplan m; *-i* **~ etmek** bebauen (*akk*); ausbauen, erschließen
**imaret** [a:] ⟨-ti⟩, **~hane** [a:] HIST Wohltätigkeitseinrichtung f, Armenküche f
**imarlı** *umg* erschlossen, mit Baugenehmigung
**imbat** ⟨-tı⟩ *Wind* Sommermonsun m
**imbik** ⟨-ği⟩ Destilliergerät n; *-i* **~ten çekmek**, **~ etmek** destillieren
**'imbilim** → *göstergebilimi*
**imdat** [a:] ⟨-dı⟩ Hilfe f; **~!** Hilfe!; **~ freni** Notbremse f; **~ kapısı** Notausgang m; *-e* **~ etmek** *j-m* zu Hilfe kommen; **imdada** (*od* **-ın imdadına**) **koşmak** (*od* **yetişmek**) (*j-m*) zu Hilfe eilen
**'imdi** also; demnach; nun; jetzt aber
**imece** Kollektivarbeit f (*der Bauern*); (die) gemeinsam ausgeführte Arbeit; **~yle** mit vereinten Kräften

**imek** *angenommene Verbform* → **idi** war, **ise** wenn ... ist; **imiş** ist/war (wohl) *etc*
**imge** Bild n; Fantasiebild n; Trugbild n **~ci** Fantast m, -in f **~lem** Fantasie f, Einbildungskraft f **~leme** Illusion f; Vorstellung f **~lemek** v/t sich (*dat*) *etw* vorstellen **~sel** eingebildet, imaginär
**imha** [a:] Vernichtung f, Ausrottung f; Vernichtungs- (*Feuer*); *-i* **~ etmek** vernichten, ausrotten (*akk*)
**imik** ⟨-ği⟩ Kehle f; **imiğine sarılmak** *j-m* an die Kehle gehen, *j-n* arg bedrängen
**imitasyon** Imitation f
**imkan** Möglichkeit f; **~ı elde edememek** keine Möglichkeit sehen zu ...; *-e* **~ vermek** *j-m* die Möglichkeit geben; **~ı yok** unmöglich; **bunun ~ı yok**, **buna ~ yok** das ist unmöglich
**imkansız** unmöglich; unwahrscheinlich **~laşmak** unmöglich werden **~lık** ⟨-ğı⟩ Unmöglichkeit f; Unbemitteltheit f
**imla** [a:] Orthografie f; Rechtschreibung f; **~ kılavuzu** Rechtschreibführer m; **~ yanlışı** Rechtschreibefehler m **~sız** unorthografisch, *Person* rechtschreibeschwach
**imleç** ⟨-ci⟩ IT Cursor m
**imlemek** v/t registrieren, aufzeichnen; (*j-m*) e-n Wink geben, andeuten (*akk*); signalisieren
**imparator** Kaiser m **~içe** [-'rıtʃɛ] Kaiserin f **~luk** ⟨-ğu⟩ Kaiserreich n, Imperium n; Kaisertum n; (*osmanisches*) Reich
**imrendirmek** ⟨-*i*, -*e*⟩ in *j-m* den Wunsch (nach *akk*) wecken, *j-n* neidisch machen
**imren|mek** ⟨-*e*⟩ das Verlangen haben (nach *dat*); Appetit bekommen (auf *akk*); *j-n* beneiden **~ti** Verlangen n, Sehnsucht f; Neid m; **~ içinde olmak** neidisch sein
**imsak** [a:] ⟨-ki⟩ REL Fastenbeginn m *am Morgen*; beim Fastenbeginn einhalten **~iye** Kalender m der Anfangszeiten des Fastens
**imsel** symbolisch, sinnbildlich; bildlich
**imtihan** [a:] Prüfung f; **~ etmek** v/t prüfen; *-den* **~ vermek** eine Prüfung ablegen (in *dat*); *-i* **~a çekmek** *j-n* prüfen, examinieren
**imtina** [a:] ⟨-aı⟩ Verweigerung f; *-den* **~ etmek** ablehnen (*akk od zu ...*); verwei-

gern (akk); **teslim almaktan** ~ Annahmeverweigerung f
**imtiyaz** [a:] Privileg n, Vorrecht n; Konzession f (z. B. zum Bau …); ~ **sahibi** Konzessionär m, -in f ~**lı** privilegiert; konzessioniert ~**sız** nicht privilegiert
**imtizaç** → bağdaşma
**imza** Unterschrift f; Unterzeichnen n; Autogramm n; -e ~ **atmak**, -i ~ **etmek** unterzeichnen (akk); Unterschrift geben; ~ **kağıdı** Kontrollpapier n (bei Arbeitsbeginn u. -ende); ~ **sahibi** Unterzeichner m; ~**yı basmak** (od **çakmak**) umg s-e Unterschrift darunterseszen ~**lamak** v/t unterzeichnen ~**lanma** Unterzeichnung f ~**lanmak** unterzeichnet werden ~**latmak** unterschreiben lassen (-e -i j-n etw); j-m zur Unterschrift vorlegen ~**lı** unterschrieben, unterzeichnet
**in**[1] Höhle f (wilder Tiere)
**in**[2]: ~ **cin** (keine) Menschenseele; ~ **misin cin misin?** bist du etwa ein Geist?
**inadına** ['ɪna:-] zum Trotz, mit Willen; dagegen; sehr, ungewöhnlich
**inam** anvertraute(s) Gut, Depositum n
**inan** Glaube m (-e an akk); Vertrauen n (-e zu); ~ **olsun** glaub mir, glauben Sie mir!; bei Gott!; (-e) ~ **olmaz** unglaubwürdig
**inanca** Garantie f
**inancılık** ⟨-ğı⟩ PHIL Fideismus m
**inanç** ⟨-cı⟩ Glaube m; Glaubensbekenntnis n; Vertrauen n; **tam bir** ~**la** aus voller Überzeugung ~**lamak** v/t garantieren; zusichern ~**lı** gläubig; glaubensstreu ~**sız** ungläubig ~**sızlık** Unglaube m; Misstrauen n
**inandırıcı** überzeugend, einleuchtend ~**lık** ⟨-ğı⟩ Überzeugungskraft f
**inandırılmış**: ~ **bulunmak** in dem Wahn leben (-e dass …)
**inandırmak** (-i -e) überzeugen (j-n von dat), überreden (j-n zu); zu verstehen geben (-i -e j-m etw)
**inanıl|abilir** glaubhaft, wahrscheinlich ~**acak** wahrscheinlich ~**ır** glaubhaft; wahrscheinlich, glaubwürdig ~**mak** (-e) unp es ist zu glauben: **böyle şeye inanılmaz** das ist unglaublich
**inanış** Glaube m; Vertrauen n
**inanlı** gläubig; überzeugt
**inanmak** (-e) glauben (dat: Worte; was jemand sagt, Tatsachen); j-m glauben

schenken; glauben (an akk, z. B. an Gott, die Zukunft, die Sterne etc)
**inansız** ungläubig; nicht überzeugt
**inat** ⟨-dı⟩ Eigensinn m, Trotz m; umg adj trotzig, eigensinnig; ~ **etmek** trotzig sein, umg bocken; **iş inada bindi** (es geschieht) nur noch aus Trotz; -in **inadı tutmak** sehr bockig sein ~**çı** trotzig, halsstarrig
**inatçılık** ⟨-ğı⟩ → inat
**inat|laşmak** (-le) beharren (auf dat), sich widersetzen (dat); gegenseitigen Trotz zeigen ~**lı** trotzig; erbittert (Kampf)
**inayet** [a:] ⟨-ti⟩ Güte f; Gnade f; Gunst f; -e ~ **etmek** (od ~**te bulunmak**) j-m gnädig sein; j-m wohlwollen
**ince** dünn; fein; zart; LING palatal; hell; weich; Faden, Mantel, Stimme, Stock dünn; Mehl, Humor, Regen, Sand fein; Kleidung leicht; Leim verdünnt; Mensch fein, verfeinert; schlau; Minarett schlank; Stimme zart; Wind schwach, leicht; ~ **eleyip sık dokumak** überaus gewissenhaft (od umg pingelig) sein (od prüfen); ~ ~ ganz dünn, fein etc; überaus kunstreich; ~ **iş** Stickerei f, fig Finesse f; ~ **nokta** fig schwache(r) Punkt; ~ **zar** ANAT weiche Hirnhaut, Leptomeninx f; ~**den** ~**ye** fig haarklein erläutern; genauestens wissen; ganz leise rauschen
-'**ince** Konverb: und; als, sobald, wenn; bei; nachdem; nach; z. B. **alınca** sobald (du) bekommen hast …; bei Empfang; nach Empfang …; **görünce** als er sah …; **bitince** wenn es zu Ende ist …
**inceba(ğı)rsak** ⟨-ğı⟩ Dünndarm m
'**incecik** sehr dünn, dünnst-
**inceden** zart gebaut, schlank; ganz leicht
**incehastalık** ⟨-ğı⟩ Lungentuberkulose f
**incele|me** Untersuchung f; Inspektion f; Prüfung f ~**meci** Forscher m, -in f; Rezensent m, -in f ~**mek** v/t untersuchen; prüfen ~**tmek** kaus von incelemek ~**yici** prüfend (Blick)
**incelik** ⟨-ği⟩ Dünne f, Dünnheit f; Feinheit f; Zartheit f; Delikatesse f, Behutsamkeit f; Vertracktheit f, (das) Heikle (an dat); Einzelheit f, Detail n
**incelmek** dünn(er) werden, feiner werden, sich verfeinern; vornehm tun; ma-

**ger** (od schmaler) werden, abnehmen; *Saft* flüssiger werden, dünner werden; TECH sich verjüngen

**incelt|ici** Verdünnungsmittel n, Verdünner m **~mek** kaus von incelmek; v/t Flüssigkeit verdünnen

**incesaz** orientalische(s) Orchester

**inceyağ** Mineralöl n

**inci** Perle f; Perlen-; fig Floskel f; Stilblüte f

**inci|balığı** ⟨-nı⟩ Art Weißfisch m (Alburum lucidus) **~çiçeği** ⟨-ni⟩ BOT Maiglöckchen n

**incik**[1] ⟨-ği⟩ ANAT Unterschenkel m; dial Kniescheibe f; **~ kemiği** Schienbein n

**incik**[2] ⟨-ği⟩ leicht beschädigt (od verletzt); Sehnenzerrung f

**incik**[3] : **~ boncuk** Tand m, Flitter m

**İncil** Evangelium n; Neue(s) Testament

**incinmek** z. B. Fuß umknicken, sich (dat) etw (z. B. den Fuß) verstauchen; (-den) sich ärgern (über akk)

**incir** Feige f; **~ yaprağı** Feigenblatt n; **~ çekirdeğini doldurmaz** fig ... ist keinen Schuss Pulver wert **~lik** ⟨-ği⟩ Feigenplantage f

**inci|tici** fig kränkend, verletzend **~lik** ⟨-ği⟩ Kränkung f

**incitmek** v/t sich (dat) etw (z. B. den Fuß) verletzen, verstauchen; fig j-n kränken, verletzen

**inç** Inch m od n, Zoll m

**indeks** Index m

**indifa** [a:] ⟨-aı⟩ Ausbruch m e-s Vulkans; MED Ausschlag m

**indikatör** Indikator m; **~ paneli** Schautafel f

**indirgeme** CHEM, MATH Reduktion f

**indirgemek** v/t vereinfachen; -e reduzieren auf akk; CHEM desoxidieren

**indirgel|n, ~yici** Reduktionsmittel n

**indiril|me** Einziehen n der Flagge; Herabsetzung f z. B. der Altersgrenze; Verminderung f, Verkürzung f **~mek** passiv von indirmek **~miş** Preis ermäßigt

**indirim** Rabatt m, Ermäßigung f; **% 6 ~ yapmak** e-n Rabatt von 6% gewähren **~li** herabgesetzt; Tarif ermäßigt; mit Rabatt; **~ satışlar** Ausverkauf m

**indirme** Rabatt m, Ermäßigung f; Schiff Stapellauf m; FLUG Landung f

**indirmek** kaus von inmek; v/t hinuntertragen; hinablassen; Augen niederschla-

gen; Flagge einziehen; FLUG abschießen; mit der Faust schlagen (-e auf akk); Lehne zurückklappen; Preis herabsetzen; Rollladen herunterlassen; Scheiben zertrümmern; Schiff vom Stapel lassen; Schlag versetzen (-e j-m); Waren abladen, ausladen; (-den) tragen, holen (aus dat); IT herunterladen

**indis** LING diakritische(s) Zeichen (z. B. Akzent); MATH Exponent m; Wurzelexponent m

**İndo'nezya** Indonesien n **~lı** Indonesier m, -in f

**indükleç** ⟨-ci⟩ PHYS Induktor m

**indükle|me** Induktion f **~mek** v/t induzieren **~yici** Induktions-

**indüksyon** Induktion f

**ineç** ⟨-ci⟩ GEOL Senke f, Mulde f

**inek** ⟨-ği⟩ Kuh f; fig Rindvieh n; Schüler Streber m, -in f, Büffler m, -in f

**inekçi** Milchproduzent m

**inek|lemek** v/i umg büffeln **~lik** ⟨-ği⟩ Kuhstall m; fig umg Blödheit f; umg Büffelei f

**infaz** [a:] JUR Vollstreckung f; **-i ~ etmek** Strafe, Urteil vollstrecken

**infial** [a:] ⟨-li⟩ Unwille m; Verstimmung f; PHIL Leiden n

**infilak** [a:] ⟨-ki⟩ Explosion f; Knall m; Spreng-; **~ etmek** explodieren, platzen (a. fig ); **~ ettirmek** v/t zur Explosion bringen, sprengen

**infinitezimal**: **~ hesap** MATH Infinitesimalrechnung f

**infirat** [a:] ⟨-tı⟩ osm Isolierung f **~çı** Isolationist m, -in f **~çılık** ⟨-ğı⟩ Isolationismus m

**İng** abk für İngilizce Englisch (Engl.)

**İngiliz** Engländer m, -in f; englisch; **~ anahtarı** Engländer m, Universalschraubenschlüssel m; **~ tuzu** Bittersalz m, Magnesiumsulfat n **~ce** englisch(sprachig) (z. B. Buch); englisch sprechen; (das) Englisch(e)

**İngil'tere** England n

**ingin** [A] adj tief gelegen [B] subst MED Entzündung f der Schleimhäute; Katarrh m **~lik** ⟨-ği⟩ Niederung f; fig Schwächezustand m

**-in hali** GRAM Genitiv m

**inhiraf** [a:] Abweichung f; ASTRON Deklination f; Rückgang m; TECH Neigungs-

**inhisar** [a:] Beschränkung f; Monopol

*n*; *-e* **~ etmek** sich beschränken (auf *akk*), beschränkt werden (auf *akk*); Monopol (*gen*) sein; *-i* **~a almak** monopolisieren
**inik** heruntergelassen; *Augen* gesenkt
**inildemek** stöhnen; tönen
**inilemek** → **inlemek**
**inilmek** *passiv von* inmek; **inilir** Ausstieg *m*; **burada inilmez!** kein Ausstieg hier!
**inilti** Wimmern *n*; Widerhall *m*
**inim: ~ ~ inlemek** jämmerlich stöhnen
**inisiyatif** Initiative *f*; **~ sahibi** fähig selbstständig zu handeln; **~ini kullanmak** die Initiative ergreifen
**iniş** Gang *m*, Fahrt *f* (*-e* in *akk*); Abstieg *m*; Abhang *m*; Böschung *f*, *fig* Rückgang *m*; FLUG Landung *f*; SPORT Abschwung *m*; *Bus* Ausgang *m*; Aussteigen *n*; **~ çıkışlar** Fallen und Steigen *n*; Niedergang und Aufschwung *m*; *fig* Wechselfälle *m/pl des Lebens*; **~ tonu** LING fallende(r) Ton; **(yumuşak) ~ yapmak** (weich) landen; **~e geçmek** zur Landung ansetzen **~li** abschüssig; **~ yokuşlu** holprig, uneben; Berg- und Tal-; *fig* dornig
**inişsiz: ~ uçuş** Nonstop-Flug *m*
**inkâr** Leugnung *f*; *-i* **~ etmek** (*od* **~dan gelmek**) leugnen, abstreiten; nicht anerkennen
**inkılap** [a:] (-bı) Reform *f*; Umwälzung *f*; ASTRON Sonnenwende *f*
**inkıta** [a:] *bes Fußball* Unterbrechung *f*
**inkişaf** [a:] Entwicklung *f*, Fortschritt *m*
**inleme** Stöhnen *n*
**inlemek** stöhnen; widerhallen; dröhnen
**inlik** Höhlen- (*Tier*)
**inme** MED Schlaganfall *m*; FLUG Landung *f* (*-e auf dat*); Ebbe *f*
**inmek** A (-den) aussteigen (aus *dat*); hinuntergehen (*die Treppe*); hinuntergehen (in *akk*; auf *akk*); herunterkommen (*vom Berge*); Wind wehen (*-den* aus *dat*) B *-e* gehen, fahren (nach *dat*; zu); absteigen (*in e-m Hotel*); eingehen (auf *akk*, *z. B. Einzelheiten*); *mit dem Preis* heruntergehen; sich erstrecken, gehen (*-e kadar* bis zu); *fig* zurückgehen (*-e auf akk*); Preis, Ausgaben sinken, fallen (*-e auf akk*) C *ohne Suffix:* Haare ausfallen; *Mauer* einsinken; *Nebel* herabsinken; *Hochwasser* fallen, zurückgehen; **şehre ~** in die Stadt gehen/fahren; **şimdi kafa-**na inerim! *Slang:* ich hau dir gleich eine runter!; **inecek var mı?** *im Bus* steigt jemand aus?; *-i* **hesaptan ~** von der Summe abziehen *akk*
**inmeli** MED gelähmt
**inorganik** anorganisch
**insaf** [a:] A *subst* Gerechtigkeit *f*; Einsicht *f* B *int* ich bitte Sie!; aber wie denn!?; **~ etmek** gerecht sein; **~a gelmek** gerecht sein; sich erbarmen; *-in* **~ına kalmış** j-s Gerechtigkeitssinn überlassen **~lı** gerecht, human; mitleidig **~sız** ungerecht; gewissenlos; mitleidlos; gnadenlos **~sızlık** ⟨-ğı⟩ Ungerechtigkeit *f*; Gewissenlosigkeit *f*; Mitleidlosigkeit *f*
**insan** A *subst* Mensch *m*; (die) Leute *pl* B *pron* man C *adj* human; **~ ayağı değmemiş** von Menschen unberührt, ... den noch kein Mensch betreten hat; **~ düşmanı** Menschenfeind *m*; **~ evladı** (ein) gute(r) Mensch; **~ gibi** menschlich, human; **~(lık) hali(dir)** es ist nur menschlich; **~ içine çıkmak** unter Menschen kommen; mit anderen Kontakt aufnehmen; **~ müsveddesi** *Person* (eine) Null; **~ seli** Menschenstrom *m* **~biçimcilik** ⟨-ği⟩ Anthropomorphie *f* **~bilim** Anthropologie *f*
**in'sanca** menschlich; anständig *leben*; Menschen- (*Verluste*)
**insan'cı** menschlich, human
**in'sancıl** → insancı; Humanist *m*, -in *f*
**in'sancılık** ⟨-ğı⟩ Humanismus *m*
**in'sangiller** Hominiden *pl*
**in'sanımsılar** Anthropoiden *pl*
**insanî** [-a:ni:] menschlich
**in'saniçincilik** ⟨-ği⟩ Anthropozentrismus *m*
**insaniyet** [a:] ⟨-ti⟩ Menschheit *f*; Menschlichkeit *f*, Humanität *f* **~li** menschlich, human **~siz** unmenschlich, inhuman **~sizlik** ⟨-ği⟩ Unmenschlichkeit *f*
**insanlaşmak** menschlich handeln
**insanlık** ⟨-ğı⟩ Menschlichkeit *f*; Menschheit *f*; Menschen- (*Geschlecht*); **~ etmek** sich menschlich verhalten; **~ hali bu!** das ist alles (*od* allzu) menschlich; **~tan çıkmak** geschwächt sein, heruntergekommen; verwildern
**in'sanoğlu** Mensch *m*, (das) menschliche Wesen

**insansı** Anthropoid *m*
**in'sanüstü** übermenschlich
**insiyaki** [-ki:] *osm* instinktiv
**insiyatif** → inisiyatif
**insülin** Insulin *n*
**inşa** [ɑ:] Bau *m*; Bauen *n*; Konstruktion *f*; Niederschrift *f*; Abfassung *f e-r Urkunde*; Bau- (*Material*); **-i ~ etmek** bauen, erbauen; **köprü ~sı** Brückenbau *m*
**inşaat** [-ɑ:'ɑ:t] ⟨-tı⟩ Bau *m*; Bauvorhaben *n*; Bauarbeiten *f/pl*; **~ işçisi** Bauarbeiter *m*; **~ sektörü** Baubranche *f*; **~ (yeri)** Baustelle *f*; **gemi ~ı** Schiffsbau *m*; **makina ~ı** Maschinenbau *m*; **konut ~ı** Wohnungsbau *m* **~çı** Bauunternehmer *m* **~çılık** ⟨-ğı⟩ Bauwesen *n*
**'inşallah** [-ɑ:x] hoffentlich
**integral** ⟨-li⟩ MATH Integral *n*; **~ hesabı** Integralrechnung *f*
**internet** Internet *n*
**intiba** [ɑ:] ⟨-aı⟩ Eindruck *m*, Wirkung *f*
**intibak** [ɑ:] ⟨-kı⟩ Anpassung *f*; Akklimatisierung *f*; **-e ~ etmek** sich anpassen (an *akk*); sich akklimatisieren
**intibaksızlık** ⟨-ğı⟩ Mangel *m* an Anpassungsfähigkeit
**intifa** [ɑ:] JUR Nutznießung *f*; **~ hakkı** Nutznießungsrecht *n*
**intihal** [ɑ:] ⟨-li⟩ Plagiat *n*; *-i* **~ etmek** plagiieren **~cı** Plagiator *m*
**intihar** [ɑ:] Selbstmord *m* (*a. umg fig = zu riskant*); **~ etmek** Selbstmord begehen; **~ girişimi** Selbstmordversuch *m*
**intikal** [-ɑ:l] ⟨-li⟩ Übergang *m*; Übertragung *f*, Übergreifen *n des Feuers*; Umzug *m*; Vererbung *f*; Begreifen *n*, Auffassung *f*; **~ etmek** (*-den -e*) übergehen (von *dat* - in *akk*); übertragen werden; *Sinn* begreifen; (*-den -e*) sich vererben (von *dat* - auf *akk*); *-e* **~ ettirmek** *Kosten etc* abwälzen (auf *akk*); zuleiten (*dat*); weiterleiten (an *akk*)
**intikam** [ɑ:] Rache *f*; *-den* **~ almak** Rache nehmen (an *dat*) **~cı** Rächer *m*
**intizam** [ɑ:] Ordnung *f* **~lı** geordnet; ordentlich **~sız** unordentlich
**inzibat** [ɑ:] ⟨-tı⟩ Disziplin *f*; Militärpolizei *f* **~sız** undiszipliniert
**inziva** [ɑ:] Einsiedlerleben *n*; **~ya çekilmek** der Welt entsagen
**İÖ** *abk. für* İsa'dan Önce vor Christi Geburt (v. Chr.)
**ip** ⟨-pi⟩ Schnur *f*; Seil *n*; Leine *f*; BOT Ader *f*; *dial* Faden *m*; Strick- (*Leiter*); **~ atlamak** seilspringen; **~ cambazı** Seiltänzer *m*; **~ kaçkını** Galgenstrick *m*, Landstreicher *m*; **~ merdiven** Strickleiter *f*; *-i* **~e çekmek** *j-n* henken, hängen; **~e gelesi(ce)!** hol ihn der Henker!; **~e sapa gelmeyen** (*od* **gelmez**) *fig* völlig zusammenhanglos; *-i* **~e sermek** (*Wäsche*) aufhängen; **~e un sermek** Ausflüchte machen, nach e-r Ausrede suchen; **~i kırık** *umg* Penner *m*; **~i kırmak** *umg* sich verdrücken; (*-in*) **~i(nin) koparmak** loslaufen; **~i sapı yok** zusammenhanglos(es Zeug); **~in ucunu kaçırmak** nicht maßhalten können; *-in* **~ini çekmek** *j-n* an die Kandare nehmen, zurechtweisen; **~ini kırmak** außer Rand und Band geraten; *-i* **~le çekmek** *Stunden* zählen, nicht abwarten können, herbeisehnen; **~ten kuşak kuşanmak** *fig* auf den Hund kommen

**ipek** ⟨-ği⟩ Seide *f*; Seiden-, seiden; **ham ~** Rohseide *f*; **suni ~** Kunstseide *f* **~böceği** ⟨-ni⟩ Seidenraupe *f* **~böcekçiliği** Seidenraupenzucht *f* **~böcekçisi** Seidenraupenzüchter *m*
**ipek|çi** → ~böcekçisi; Seidenhändler *m*
**ipekçiçeği** BOT Portulakröschen *n* (*Portulaca grandiflora*)
**ipek|çilik** ⟨-ği⟩ Seidenraupenzucht *f*; Seidenhandel *m* **~li** Seiden-, aus Seide
**iperit** ⟨-ti⟩ Senfgas *n*
**ipertansiyon** Bluthochdruck *m*
**ipil**: **~ ~ etmek** trübe leuchten (*od* brennen) **~emek** trübe leuchten (*od* brennen); schimmern; glimmen **~eşmek** flimmern, schimmern **~ti** Glimmen *n*; Schwelen *n*; Flimmern *n*
**i'pince** sehr zart, → ince
**iple|mek** *v/t* zusammenbinden; *umg j-n* respektieren **~memek** *v/t j-n* ignorieren, *umg* nicht für voll nehmen
**iplik** ⟨-ği⟩ Faden *m*; Garn *n*; Zwirn *m*; BOT Faser *f*; **~ ~ inmek** *Tränen* rinnen; **~ ~ olmak** fadenscheinig werden; *-in* **ipliği pazara çıkmak** in Verruf geraten; entlarvt werden, zum Vorschein kommen **~çi** Spinner *m*, *-in f*
**ipliklenmek** *Naht* platzen; *Stoff* verschleißen, *umg* auseinandergehen
**ipnotize** hypnotisiert; *-i* **~ etmek** *j-n* hypnotisieren
**ipnotizma** Hypnose *f* **~cı** Hypnotiseur

*m* ~**lı** hypnotisiert; schlafwandlerisch
**ipnoz** → hipnoz
**ipofiz**: ~ **bezi** ANAT Hypophyse *f*
**ipotansiyon** niedrige(r) Blutdruck
**ipotek** ⟨-ği⟩ Hypothek *f*; -**e** ~ **etmek** (mit e-r Hypothek) belasten; ~ **edilmiş belastet** ~**li** Hypotheken-
**ipotez** Hypothese *f*
**ipsi** fadenförmig; ~ **solucanlar** ZOOL Fadenwürmer *m/pl*
**ipsiz** ohne Seil; *fig* Penner *m*; ~ **sapsız** ohne Hand und Fuß, völlig ungereimt
**iptal** [-a:l] ⟨-li⟩ Annullierung *f*, Aufhebung *f*, Entwertung *f*; Streichung *f*; Bank Stornierung *f*; Abschaffung *f*; *als Aufdruck* ungültig; -*i* ~ **etmek** *v/t* annullieren, ungültig machen; stornieren; streichen; entwerten; abschaffen; *Besuch etc* absagen; SPORT nicht anrechnen; ~ **ettirmek** streichen lassen, stornieren lassen
**iptida** [a:] Beginn *m*
'**iptida** *osm* anfangs, zunächst; GRAM inchoativ
**iptidaî** [-da:i:] primitiv
**iptila** [a:] Sucht *f*; Leidenschaft *f* (-*e* zu); **morfin** ~**sı** Morphiumsucht *f*
'**ipucu** ⟨-nu⟩ Hinweis *m*, Anhaltspunkt *m*
**irade** [a:] Wille *m*; HIST Erlass *m*; ~ **yitimi** Willensschwäche *f*; **bu benim** ~**min dışında** das liegt nicht in meiner Macht ~**cilik** ⟨-ği⟩ Voluntarismus *m* ~**dışı** unbewusst; willkürlich ~**li** bewusst; willensstark; tatkräftig ~**siz** willensschwach, unentschlossen; charakterlos ~**sizlik** ⟨-ği⟩ Willensschwäche *f*; Charakterlosigkeit *f*
**İran** (der) Iran ~**lı** Iraner *m*, -in *f*; iranisch
**irat** [a:] ⟨-dı⟩ Einkommen *n*; (ertragreicher) Grundbesitz *m*
'**İrce** (das) Irisch(e)
**irdelemek** *v/t* untersuchen, prüfen; erörtern, diskutieren
**irfan** [a:] Wissen *n*; Bildung *f*; Weitblick *m*, Voraussschau *f*
**iri** riesig, gewaltig, Riesen-; grob, kränkend (*Worte*); grob *mahlen*; hochtrabend, bombastisch *reden*; **gözünü** ~ ~ **açmak** große Augen machen
**iribaş** ZOOL Kaulquappe *f*
**irice** ziemlich groß, dick, recht plump

**i'ridyum** CHEM Iridium *n*
**i'rikıyım** grob gehackt; robust; korpulent
**irileşme** MED Hypertrophie *f*; gewaltige Zunahme ~**mek** riesengroß werden; umfangreicher werden; **irileşmiş** *Augen* weit aufgerissen
**irili**: ~ **ufaklı** groß(e) und klein(e)
**irilik** ⟨-ği⟩ Größe *f*, Dicke *f*, Stärke *f*; ... **iriliğinde** in der Größe *von/gen*
**irin** Eiter *m*; ~ **bağlamak** (*od* **toplamak**) eitern ~**lenme** Eitern *n*
**irin|lenmek** *v/i* eitern ~**li** eitrig, eiternd
'**iris** ANAT Iris *f*, Regenbogenhaut *f*
**iriş** → arış
**i'riyarı** mächtig, kraftstrotzend
**irkiliş** Ansammlung *f*; Zusammenzucken *n*; MED Irritation *f*, Reizung *f*
**irkilmek** sich ansammeln; zusammenfahren *vor Schreck*; MED irritiert sein
**irkiltici** Reiz- (*Stoff*)
**irkiltmek** *v/t* e-e Ansammlung bewirken; *j-n* erschrecken; MED e-e Entzündung (*od* Reizung) bewirken
**irkinti** stehende(s) Wasser; Lache *f*, Pfütze *f*; *fig* Abscheu *m*, Abneigung *f*
**irkmek** ⟨-er⟩ *dial* ansammeln, sparen
**İr'landa** Irland ~**lı** Ire *m*; Irin *f*; irisch
**irmik** ⟨-ği⟩ Grieß *m*
**irrasyonel** irrational
**irs** Erbschaft *f*; → kalıtım
**irsaliye** WIRTSCH Lieferschein *m*
**irsî** [-i:] erblich, Erb- ~**yet** ⟨-ti⟩ angeborene Eigenschaft; Erblichkeit *f*
**irtibat** [a:] ⟨-tı⟩ Verbindung *f*; -*le* ~ **kurmak** Verbindung aufnehmen (mit *dat*); ~ **kutusu** ELEK Kommutator *m* ~**çı** MIL Melder *m*, Verbindungsmann *m*
**irtica** [a:] ⟨-aı⟩ POL Reaktion *f*
**irtical** [a:] ⟨-li⟩ Improvisation *f*
**irti'calen** [a:]: ~ **söylemek** improvisieren, aus dem Stegreif sprechen
**irtifa** [a:] ⟨-aı⟩ Höhe *f*; Deckenhöhe *f*, Gipfelhöhe *f*; GEOG Höhe *f* über dem Meeresspiegel; ~ **saati** Höhenmesser *m*; **uçuş** ~**ı** Flughöhe *f*
**İ.S.** *abk. für* İsa'**dan Sonra** nach Christi Geburt (n. Chr.)
**is** Ruß *m*; ~**e tutmak** *Fische* räuchern
**İsa** [i:sa:] Jesus (Christus); **Hazreti** ~**nın çarmıha gerilişi** Kreuzigung *f* Jesu Christi

**isabet** [a:] ⟨-ti⟩ **A** *subst* Treffer *m* (*Lotterie, Schuss etc*); *fig etw* ganz Richtiges, Treffendes; … ganz richtig, sehr treffend; glückliche(r) Zufall; **~ almak** FLUG *z. B.* e-n Treffer erhalten, getroffen werden; **-e ~ etmek** treffen (*akk, z. B.* ins Ziel); Betrag entfallen (auf *akk*); in der Lotterie gewinnen; Los fallen *auf j-n*; **-i -e ~ ettirmek** treffen (*akk*; mit *dat*; durch *akk*); **~ ettirememek** (das Ziel) verfehlen, umg danebengehen; **~ olmak** gerade zur rechten Zeit geschehen (*od* erfolgen, sein); **bunda çok ~ ettiniz** damit haben Sie ins Schwarze getroffen **B** *int* wunderbar!; schön (*ki* dass …)

**isabetli** angebracht, passend; treffend; *Maßnahme* glücklich **~lik** ⟨-ği⟩ Angebrachtheit *f*, Angemessenheit *f*

**isabetsiz** unangebracht, unangemessen **~lik** ⟨-ği⟩ Unangemessenheit *f*

**ise** (*a.* **-se, -sa**) **A** *adv* jedoch, hingegen; *Beispiel* **ben buralıyım, eşim ise yabancı** ich bin von hier, mein/e Gatte/Gattin jedoch ist Ausländer/in; **-e ~ de** wenn *v.* auch, obgleich; **genç ~ de işini biliyor** wenn sie auch jung ist, so versteht sie ihre Sache doch **B** *konj* wenn; falls; *Beispiele* **çalışıyorsa dokunmayın!** stören Sie ihn nicht, wenn er arbeitet!; **bilsen, sana ne kadar gıpta ediyorum** du wüsstest, wie sehr ich dich beneide!; **bilseydim söylerdim** wenn ich es gewusst hätte, hätte ich es gesagt; **zahmet olmazsa** … wenn es Ihnen keine Mühe macht …

**İshak** ⟨-kı⟩ REL Isaak *m*

**ishakkuşu** ZOOL Ohreule *f*

**ishal** ⟨-li⟩ MED Durchfall *m*, Diarrhö *f*; **~ olmak** Durchfall haben

**isilik** ⟨-ği⟩ MED Hitzeausschlag *m*

**isim** ⟨ismi⟩ Name *m*, *bes* Vorname *m*; Bezeichnung *f*; GRAM Substantiv *n*, Nomen *n*; **~ cümlesi** Nominalsatz *m*; **ismin hali** Kasus *m*, Fall *m*; **-e ~ koymak** e-n Namen geben (*dat*); **~ takımı** *etwa* Kompositum *n*; **~ yapmak** sich (*dat*) e-n Namen machen; bekannt werden (*-le* durch *akk*); **-in ismi geçmek** erwähnt werden; **aşağıda ismi geçen** unten erwähnt; … **ismiyle tanınmak** unter dem Namen … bekannt sein; **-in ismini cismini bilmemek** *umg fig* von Tuten und Blasen keine Ahnung haben; *j-m* völlig fremd sein; (*-in*) **ismi var cismi yok** er (*od* es) ist zu nichts nütze; sehr bekannt, doch nur vom Hörensagen; **isminizi öğrenebilir miyim?** darf ich bitte Ihren Namen erfahren?

**isim-fiil** Verbalsubstantiv *n*

**isim|li** namens, mit Namen **~siz** namenlos; *fig* unbeschreiblich; **~ çek** Inhaberscheck *m*

**iskambil** Kartenspiel *n*; Spielkarte *f*; **~ kağıdı gibi devrilmek** wie ein Kartenhaus zusammenbrechen

**iskan** Ansiedeln *n*; Sesshaftwerdung *f*; Besiedelung *f*; **-e -i ~ etmek** *j-n* ansiedeln (in *dat*); *j-n* sesshaft machen

**iskandil** Lot *n*, Senkblei *n*; Tiefenmessung *f*; *fig* Sondierung *f* des Terrains; (*-i*) **~ etmek** ausloten; *fig* das Terrain sondieren; ausspionieren (*akk*)

**İskandinav** skandinavisch; Skandinavien *n*; **- dilleri** (die) skandinavischen Sprachen **~ca** [-'navdʒa] (die) skandinavische Sprachen **~ya** [-'navja] Skandinavien *n* **~yalı** [-'navjalı] skandinavisch; Skandinavier *m*, -in *f*

**iskar'pela** Stemmeisen *n*; Meißel *m*

**iskarpin** Damenschuh *m*

**is'karta** Schafwollabfälle *m/pl*

**is'kele** SCHIFF Anlegestelle *f*; Landungsbrücke *f*; SCHIFF Backbord *n*; Landesteg *m*; Hafenstadt *f*; Bahnsteig *m*; Baugerüst *n*; THEAT, FILM Beleuchtungsbrücke *f*; **~ almak** *Schiff* ablegen, losmachen; *Slang*: *Frau* belästigen; **~yi tutmak** SCHIFF anlegen

**iskelet** ⟨-ti⟩ Skelett *n*; Gerippe *n*, Knochengerüst *n*; (Schiffs)Rumpf *m*; **bina ~i** Baugerüst *n*; **-in -i çıkmak** bis zum Skelett abmagern

**is'kemle** Hocker *m*; Schemel *m*; Tischchen *n* für *Blumen etc*; (*elektrischer*) Stuhl *m*; TECH Hängesitz *m*, Fördersitz *m*; **~ kavgası** Postenjägerei *f*; **iki ~ arasında oturmak** zwischen zwei Stühlen sitzen

**İskender**: **Büyük ~** Alexander der Große; **~ (kebabı)** Döner *m* mit Fladenbrot und Joghurtsoße

**İskenderiye** Alexandrien *n* in Ägypten

**İs'kenderun** Iskenderun *n*, Alexandrette *f*

¹**'iskit** ⟨-ti⟩ HIST Skythe *m*; Skythin *f* **~çe** (das) Skythisch(e)

¹**'İskoç** Schotte *m*, Schottin *f* **~ça** (das)

Schottisch(e) **~ya** Schottland n
**is'konto** Diskont m; Rabatt m; fig hum Abstrich m, Vorbehalt m; **~ bankası** Diskontbank f; **-i ~ etmek** diskontieren; Rabatt einräumen; fig Worte umg nicht für voll nehmen, Abstriche machen **~lu** mit Rabatt, ermäßigt; fig mit Abstrichen
**iskorbüt** ⟨-tü⟩ MED Skorbut m
**iskorpit** ⟨-ti⟩ Fisch Meersau f, Meereber m (Scorpaena scrofa)
**isl-** → sl-
**İslam** [ɑː]; İslam m; Moslem m; **~ hukuku** islamische(s) Recht
**İslam|î** [-iː] islamisch, muslimisch **~iyet** ⟨-ti⟩ Islam m **~laşmak** muslimisch werden
**isle|mek** v/t z. B. Wand schwärzen, verräuchern; Fisch räuchern **~nmek** passiv von islemek
**isli** verußt, verräuchert; geräuchert, Räucher- (Fisch etc)
**islim** → istim
**'ismen** nominell; dem Namen nach
**isnat** ⟨-dı⟩ Rückführung f (auf akk); Zurlastlegung f (e-r Schuld); Verleumdung f; **-i ~ etmek** j-m etw zuschreiben, etw zur Last legen; j-n verleumden, schlechtmachen
**is'palya** Spalier(stange f)
**İspany|a** [-'pɑ-] Spanien n **~alı** Spanier m, -in f **~ol** Spanier m, -in f; spanisch **~olca** [-'jɔl-] (das) Spanische(n); spanisch
**ispanyolet** [-'lɛt] Fenster (Dreh)Stangenverschluss m
**is'pari** Ringelbrassen m (Sargus annularis)
**İs'parta** HIST Sparta f
**ispat** [ɑː] ⟨-tı⟩ Beweis m; Argumentation f; Bekräftigung f; **-i ~ etmek** beweisen (akk); JUR **kudreti** Beweiskraft f; **bu ~ edilemez** das ist unbeweisbar
**ispati** Karte Kreuz n; umg Laffe m; Fatzke m; **kızı** Kreuzdame f; **~ oğlu** Kreuzbube m
**ispat|lamak** v/t beweisen; bezeugen; bekräftigen **~lı** bewiesen; bescheinigt
**ispenç** ⟨-ci⟩ ZOOL Zwerghuhn n; fig Knirps m; **~ horozu** fig klein, aber oho
**ispermeçet** ⟨-ti⟩ Walrat n (m); Stearin-; **~ balinası** ZOOL Pottwal m
**ispinoz** ZOOL Buchfink m
**ispir** Pferdeknecht m

**ispi'ralya** SCHIFF Luke f
**ispiritizma** Spiritismus m
**is'pirto** Spiritus m, Alkohol m; **~ ocağı** Spirituskocher m **~lu** Spiritus-; alkoholhaltig **~luk** ⟨-ğu⟩ Spirituskocher m **~suz** alkoholfrei
**ispit** ⟨-ti⟩ Felge f
**ispiyon** Spion m; Spitzel m **~lamak** v/t j-n bespitzeln; j-m nachspionieren **~luk** ⟨-ğu⟩ Spionage f; Bespitzelung f
**israf** [ɑː] Verschwendung(ssucht) f; **-i -e ~ etmek** (Geld, Energie) verschwenden (auf akk), verplempern
**İsrail** [-'rɑː] Israel n **~li** Israeli m, f
**İst.** abk für İstanbul
**is'tadya** Entfernungsmesser m
**istalagmit** ⟨-ti⟩ Stalagmit m
**istasyon** Bahnhof m; Station f; Stelle f; **aşı ~u** Impfstelle f
**istatistik** ⟨-ği⟩ Statistik f; **~ bilgiler** statistische Angaben n/pl **~çi** Statistiker m
**istatistik|î,~sel** statistisch
**istavrit** ⟨-ti⟩ ZOOL Bastardmakrele f
**istavroz** REL Kreuz n
**istek** ⟨-ği⟩ Wunsch m; Forderung f; Anspruch m; Erfordernis n; **~ kipi** GRAM Optativ m; **-e duymak**, **-e isteği olmak** Lust haben zu ...; **büyük bir ~le** sehr gern; **isteğe bağlı** auf Wunsch, optional; **-in isteği üzerine** auf Wunsch (gen); **kendi isteğiyle** aus eigenem Wunsch; **ekonomik ~ler** wirtschaftliche Erfordernisse n/pl; GRAM **~ yutumu** Optativ-Haplologie f (z. B. başlayım statt başla-ya-yım)
**is'teka** Billardqueue n; Glättholz n (des Schusters)
**istekle** gern; mit Appetit
**isteklendirmek** den Wunsch erwecken zu, anregen zu (od zu + inf)
**istek|li** strebend nach; Bewerber m, -in f; **~ olarak** freiwillig **~siz** ungern, lustlos, apathisch, ohne Schwung **~sizlik** ⟨-ği⟩ Lustlosigkeit f, Apathie f
**istem** PSYCH → istenç; JUR Antrag m (auf akk); WIRTSCH **sunu ve ~** Angebot und Nachfrage
**istemek** v/t wollen; haben wollen; wünschen; verlangen (-den –i akk von dat), bitten (-den j-n um etw); fragen; verlangen (-i nach j-m); ersuchen (-i um akk, z. B. Hilfe); Prospekte anfordern; Zeit, Arbeit, Mühe erfordern; **istediği gibi** at

**koşturmak** nach eigenem Gutdünken handeln; **istemeye istemeye** widerwillig; **isteyerek** gern; freiwillig; **nasıl isterseniz** wie Sie wünschen; **Ali'den kızını istemişti** er warb bei Ali um dessen Tochter

**istemli** → istençli

**istemseme** PSYCH Versuch *m*, Ansatz *m*, Anlauf *m*; Schwankung *f*

**istemsiz** ungewollt; unwillkürlich

**istenç** ⟨-ci⟩ PSYCH Wille *m*; ~ **yitimi** Willenlosigkeit *f*, PSYCH Abulie *f* **~çilik** Voluntarismus *m* **~dışı** willenlos

**istenç|li, ~sel** vorsätzlich; gewollt; absichtlich; willensstark, selbstbewusst, resolut **~siz** willensschwach, willenlos

**isten(il)mek** passiv von istemek; wünschenswert sein; gewünscht werden; **istendiği kadar** auf Abruf; nach Belieben; **istenmeyen** unerwünscht; **istenmeyen kişi** POL Persona non grata

**istep** ⟨-pi⟩ GEOG Steppe *f*

**istepne** AUTO Reserverad *n*

**ister** Bedürfnis *n*; ~ **gitsin** ~ **kalsın** es ist (mir) egal, ob er/sie geht oder bleibt; soll er/sie gehen od bleiben!; ~ **istemez** wohl oder übel

**ister|i** Hysterie *f*; **~ye tutulmak** e-n hysterischen Anfall haben; *umg* hysterisch werden **~ik** Hysteriker *m*, -in *f*

**istetmek** *kaus von* istemek; bitten lassen; *j-n* um die Hand (*der Tochter*) anhalten lassen

**istiap** [a:] ⟨-bı⟩ Fassungsvermögen *n*; Volumen *n*; ~ **haddi** AUTO Nutzlast *f bzw* Anzahl der Sitzplätze

**istiare** [a:] LIT Metapher *f*

**istibdat** [a:] ⟨-dı⟩ Absolutismus *m*; Despotismus *m*

**istida** [a:] Eingabe *f*, Antrag *m*

**istidat** [a:] ⟨-dı⟩ Talent *n*; *Person* Talent *n*; MED Veranlagung *f*, Neigung *f*

**istif** Stapelung *f*; Stapel *m*; Packen *n*; SCHIFF Ladung *f*; -*i* ~ **etmek** stapeln (*akk*); *Schiff* beladen; **~ini bozmamak** *fig* keine Miene verziehen, nicht stutzen

**istifa** [-i:fa:] ⟨-sı⟩ Rücktritt (gesuch *n*) *m*; *-den* ~ **etmek** zurücktreten (von *dat*); **~yı basmak** *umg* kündigen

**istifade** [a:] Ausnutzung *f*, Gebrauch *m*; Nutzen *m*; *-den* ~ **etmek** ausnutzen (*akk*), Gebrauch machen (von *dat*); **herkesin** ~ **edebileceği** allen zugänglich

**istifçi** Packer *m*, Lagerist *m* **~lik** ⟨-ği⟩ Stapelung *f*; Packerei *f*; *fig* Hamsterung *f*, Hamsterwesen *f*; ~ **etmek** als Packer arbeiten; *fig* hamstern

**istiflemek** *v/t* stapeln; packen; *Schiff* beladen; verstauen (*-e* auf, in *akk*); *fig Waren* hamstern

**istihbarat** [-a:t] ⟨-tı⟩ Informationen *f/pl*; Nachrichten *f/pl*; Spionage- (*Netz*); Aufklärung *f*; Aufklärungs-; ~ **dairesi** Auskunftsbüro *n*; ~ **servisi** Geheimdienst *m*; **askerî istihbarat örgütü** Militärischer Abschirmdienst (MAD)

**istihdam** [a:] Anstellung *f*, Beschäftigung *f*; Beschäftigungslage *f*; *-i* ~ **etmek** *j-n* anstellen, beschäftigen

**istihkak** [a:] ⟨-kı⟩ Rechtsanspruch *m*; Verdienst *m*; Vergütung *f*

**istihkâm** MIL Befestigung *f* (*meist pl* -en); Pionierwesen *n*; ~ **sınıfı** Pioniertruppen *f/pl* **~cılık** ⟨-ğı⟩ Pionierwesen *n*

**istihsal** [a:] ⟨-li⟩ Erzeugung *f*; Produktion *f*; Produkt *n*; -*i* ~ **etmek** *v/t* erzeugen, produzieren; erwirken

**istihza** [a:] Verhöhnung *f*; Ironie *f*

**is'tika** → isteka

**istikamet** [a:] ⟨-ti⟩ ~ yön; Richtung *f*; Ehrlichkeit *f*; -*i -e* ~ **vermek** *v/t* richten (auf *akk*); **mecburî** ~ Einbahnstraße *f*

**istikbal** [a:] ⟨-li⟩ *a.* GRAM Zukunft *f* **~siz** ohne Zukunft; aussichtslos

**istiklal** [a:] ⟨-li⟩ Unabhängigkeit *f*; **İstiklal Savaşı** Unabhängigkeitskrieg *m* (*Türkei, 1919–1923*)

**istikrar** [a:] Stabilität *f*; Konsolidierung *f* **~lı** stabil; solide **~sız** instabil; veränderlich; unsicher **~sızlık** ⟨-ğı⟩ Instabilität *f*; Veränderlichkeit *f*

**istikraz** [a:] Entleihen *n*; Anleihe *f*

**istila** [-i:la:] Invasion *f*; Epidemie *f*; MIL Okkupation *f*, *fig* Überschwemmung *f* (*mit Waren*); -*i* ~ **etmek** einfallen (in *akk*); okkupieren, besetzen (*akk*); sich (*wie e-e Seuche*) ausbreiten; (*a. fig*) überschwemmen **~cı** Eindringling *m*, Invasor *m*; Okkupant *m*; Invasions-

**istim** TECH Dampf *m*; *umg* Schnaps *m*; ~ **üstünde olmak** SCHIFF unter Dampf stehen, klar zur Abfahrt sein; **~ini tutmak** unter Dampf stehen; *fig* geladen sein; *umg* benebelt (*od* voll) sein

**istimal** ⟨-li⟩ Verwendung *f*

**istimator** Taxator m *(beim Zoll)*
**istimlak** [-a:-] ⟨-ki⟩ Enteignung f; **-i ~ etmek** enteignen
**istimli** Dampf-
**istinabe** [a:] JUR Vernehmung f *am Wohnort der Zeugen*; **~ suretiyle** in Vollmacht
**isti'naden** -e aufgrund gen/von
**istinaf** [a:] JUR Berufung f; **~ mahkemesi** Berufungsgericht n; **-i -e ~ etmek** Berufung einlegen gegen acc
**isti'nafen** JUR auf dem Berufungsweg
**istinat** [a:] ⟨-dı⟩ Stütze f; Unterstützung f; Rückhalt m; Bezugnahme f *(auf akk)*; **-e ~ etmek** sich stützen *(auf akk)*; Bezug nehmen *(auf akk)*; **~ duvarı** Stützmauer f
**istirahat** [-ra:-] ⟨-ti⟩ Erholung f, Ruhe f; **~ etmek** sich ausruhen
**istirham** [a:] Flehen n, flehentliche Bitte; *-den -i ~ etmek* von j-m erflehen *(akk)*; **~da bulunmak** flehentlich bitten, flehen; **saygılarımı kabul buyurmanızı ~ ederim** *amtlich* mit dem Ausdruck meiner vorzüglichen Hochachtung
**isti'ridye** ZOOL Auster f
**istismar** [a:] Ausbeutung f; Ausnutzung f; **-i ~ etmek** j-n ausbeuten; j-n, etw ausnutzen **~cı** Ausbeuter m
**istisna** [a:] Ausnahme f; **-e ~ etmek** e-e Ausnahme machen; **~en** [-na:en] ausnahmsweise
**istisnaî** [-i:] Ausnahme- (Zustand); Sonder- (Gericht) **~sız** ausnahmslos
**istişare** [a:] Konsultation f, Beratung f; **-i -e ~ etmek** *etw mit j-m* beraten
**istop** halt!, stopp!; ⟨-i⟩ **etmek** anhalten, stoppen *(a. akk)*, AUTO ausgehen (*Motor*)
**İsveç** ⟨-ci⟩ Schweden n **~çe** schwedisch; (das) Schwedisch(e) **~li** Schwede m; Schwedin f; schwedisch
**İs'viçre** Schweiz f; **~ peyniri** Schweizer Käse m **~li** Schweizer m, -in f; schweizerisch
**isyan** [a:] Empörung f; POL Aufstand m, Revolte f; MIL Meuterei f; **~ etmek** sich empören; meutern; **~ bayrağını açmak** zum offenen Aufruhr übergehen **~cı** Aufständische(r); Meuterer m **~cılık** ⟨-ğı⟩ Meuterei f **~kâr** aufständisch; aufsässig; *a. fig* widerspenstig
**iş** *a.* PHYS Arbeit f; Tätigkeit f; Angelegenheit f, Sache f; Dinge n/pl; Lage f der Dinge; *umg* Geschichte f; Geschäft n, *bes pl* Geschäfte n/pl; Erzeugnis n, Ware f *(z. B. Glaswaren etc)*; **~ açmak** fig Scherereien machen; **~ alanı** Arbeitsgebiet n; **~ başa düşmek** sich durchbeißen müssen; **~ başa gelmek** etw selbst tun müssen; **~ başına!** an die Arbeit!; **~ başına geçmek** e-e Arbeit übernehmen; an die Arbeit gehen; e-e (gute) Position bekommen; **~ başında** bei der Arbeit; **~(ini) bilmek** s-e Sache verstehen; **~ bölümü** Arbeitsteilung f; **~ çıkarmak** viel Arbeit machen; Scherereien machen; **~ değil** hum ... ist kein Meisterstück; **-i ~ edinmek** sich *(dat)* etw *(akk)* zur Aufgabe machen; **-e ~ etmek** j-m Scherereien machen; **~ giysisi** Arbeitskleidung f; **~ göremezlik** Arbeitsunfähigkeit f; **~ görmek** arbeiten; (zur Arbeit) taugen; **-e ~ göstermek** j-m Arbeit zuweisen; **~ güç** Erwerb m, Beschäftigung f; **~ güç sahibi** Erwerbstätige(r); gewerbetreibend; **~ hukuku** Arbeitsrecht n; **~(in) içinde var** es steckt etwas dahinter; **~ istasyonu** IT Workstation f; **~~ten geçti** vorbei ist vorbei; **~ kazası** Arbeitsunfall m; **~ ki** es reicht (*od* genügt), dass ... (*od* wenn ...); **~ mi?** was ist das schon ...?; **~ olanağı** Arbeitsmöglichkeit f; **~ olsun diye** (wie) ein Gschaftlhuber; **~ saatleri** Arbeitsstunden f/pl; **~ sözleşmesi** Arbeitsvertrag m; **~ teşviki kanunu** Arbeitsförderungsgesetz n; **İş ve İşçi Bulma Kurumu** Arbeitsamt n *(Türkei)*; **-de ~ yok** von ... *(dat)* hat man nichts; (da) ist nichts dran; **~ zamanı** Arbeitszeit f; **-i ~e almak** anwerben *(akk)*; einstellen; **~e bak!** sieh mal (einer) an!; **~e girmek** s-n Dienst antreten; **~i aksi gitmek** fig umg danebengehen; **~i azıtmak** es zu weit treiben; **-in ~i başından aşkın** überlastet, mit Arbeit überhäuft; **-in ~i bitmek** erledigen *(akk)*, fig erledigt sein; **-in ~i çıktı** er hat etw Arbeit zu bekommen; **-in -e ~i düşmek: size bir ~im düştü** ich wende mich an Sie um Hilfe, ich habe ein Anliegen an Sie; **~i ne?** was ist er von Beruf?; **-in ~i olmak: ~im var** ich habe zu tun; **~i olmayan giremez** Unbefugten Zutritt verboten; **~i pişirmek** fig unter e-r Decke stecken; ein Techtelmechtel beginnen; **~in başı** der springende Punkt; **~in içinden çık-**

**mak** *umg* (damit) klarkommen, es spitzkriegen; **~in mi yok** nicht wichtig, (ist) nicht tragisch; *-e* **~in ucu dokunmak** den Schaden (gen) haben; **~in ucu bana da dokunuyor** das betrifft mich auch; **~in üstesinden gelmek** *umg* hinkriegen, managen; *-i* **~inden çıkarmak** j-n entlassen, *umg* rauswerfen; **~inden olmak** s-e Stellung verlieren; **(kendi) ~ine bak!** kümmere dich um deine (eigenen) Angelegenheiten!; arbeite weiter!; mach weiter!; **~ine gelmek** j-m gelegen kommen; **~ine göre** je nachdem; **~i(ni) görmek** e-e Rolle spielen, e-e Funktion haben; *umg* j-n erledigen, j-n umlegen; **~ten anlamak** *etw* von der Sache verstehen; **~ten almak** hinauswerfen, *umg* rausschmeißen; **~ten (bile) değil** kinderleicht

**'işadamı** Geschäftsmann *m*
**işalan** Arbeitnehmer *m*, -in *f*
**işaret** [a:] ⟨-ti⟩ Zeichen *n*; Geste *f*; Signal *n*; Symbol *n*; Hinweis *m*; **düzeltme ~i** Zirkumflex *m*; **kesme ~i** Apostroph *m*; **noktalama ~i** Satzzeichen *n*; **soru ~i** Fragezeichen *n*; **tırnak ~i** Anführungszeichen *n*; **ünlem ~i** Ausrufungszeichen *n*; **~ etmek** ein Zeichen geben; signalisieren (*-i akk*); hinweisen (*-e auf akk*); **~ sıfatı** GRAM Demonstrativpronomen *n*; **~ vermek** ein Signal geben; **başı ile evet ~i vermek** mit dem Kopf nicken
**işaretçi** Signalgeber *m*; SCHIFF Signalgast *m*
**işaret|lemek** *v/t* signalisieren, Zeichen geben für; kennzeichnen; *Frage, Feld* ankreuzen **~lenme** Kennzeichnung *f*, Ausschilderung *f* der Wege **~lenmiş** gekennzeichnet, markiert **~leşmek** einander Zeichen geben **~li** mit Zeichen versehen; ausgeschildert
**işaretparmağı** ⟨-nı⟩ Zeigefinger *m*
**'işbaşı** ⟨-nı⟩ Arbeitsbeginn *m*; **~ yapmak** an die Arbeit gehen, mit der Arbeit beginnen; **~nda eğitim** Anlernen *f*; Ausbildung *f* am Arbeitsplatz
**'işbirliği** ⟨-ni⟩ Zusammenarbeit *f*; **~ yapmak** zusammenarbeiten
**'işbirlikçi** Kollaborateur *m*, -in *f*
**'işbölümü** ⟨-nü⟩ Arbeitsteilung *f*
**'işbu** *osm* vorliegend, diese(r), dieses
**işçi** Arbeiter *m*, -in *f*; Arbeits-; **~ hareketi** Arbeiterbewegung *f*; **~ sınıfı** Arbeiter-

klasse *f*; **~ ücreti** Arbeitslohn *m*; **kafa ~si** Kopfarbeiter *m*, -in *f*; **maden ~si** Bergarbeiter *m*; **~ arı** Arbeitsbiene *f*; **~ temsilcisi** Arbeitnehmervertreter *m*; Betriebsrat *m*
**işçilik** ⟨-ği⟩ Beschäftigung *f* als Arbeiter; Arbeitslohn *m*; Arbeit *f* (als Menge u. Qualität), (Arbeits)Ausführung *f*
**işeme** Wasserlassen *n*, *umg* Pissen *n*
**işe|mek** Wasser lassen, urinieren; *umg* pissen **~tmek** Kind abhalten
**işgal** [-a:l] ⟨-li⟩ Besetzung *f*; Besatzung *f*; Abhaltung *f* (von *dat*); Beschäftigung *f*; **~ ordusu** Besatzungsarmee *f*; *-i* **~ etmek** besetzen (*akk*) j-n abhalten, beschäftigen; *Platz* einnehmen **~ci** Besatzer *m*, Okkupant *m*
**'işgücü** ⟨-nü⟩ Arbeitskraft *f*
**'işgüder** POL Geschäftsträger *m*
**'işgünü** ⟨-nü⟩ Werktag *m*; **altı saatlik ~** sechsstündige(r) Arbeitstag
**işgüzar** [a:] tüchtig, rührig, unternehmungslustig; *pej* dienstfertig, wichtigtuerisch, übereifrig **~lık** ⟨-ğı⟩ Tüchtigkeit *f*; Dienstfertigkeit *f*
**işitilmek** *passiv von* işitmek; bekannt werden; **ancak işitilen** kaum vernehmbar; **işitilmemiş** unverbreitet, nicht bekannt geworden; *fig* noch nicht da gewesen, unerhört
**işi|tme** Gehör *n*; Hör- (*Vermögen*); **~ özürlü** hörbehindert **~mek** (*-i*) hören (*akk*), hören, erfahren (*akk*); **azar** (*od* **laf**) **~** Vorwürfe bekommen (*-den* von)
**işitme(me)zlik** ⟨-ği⟩: **işitme(me)zliğe getirmek**, **~ten gelmek** sich taub stellen, geflissentlich überhören
**işkadını** Geschäftsfrau *f*
**iş'kembe** Pansen *m*, erste(r) Magen *der Wiederkäuer*; Wanst *m*; Innereien *pl*, Kaldaune *f*, Kutteln *f/pl*; **~ çorbası** Kuttelsuppe *f*; **~den atmak** (*od* **söylemek**) *umg* nur Quatsch reden
**iş'kembeli**: **~ adam** Dickwanst *m*
**işkence** Folter *f*, Tortur *f*; *fig* Qual *f*; **~ aleti** Folterwerkzeug *n*; *-e* **~ etmek** j-n foltern, martern; **~ odası** Folterkammer *f*; **~ye sokmak** der Folter unterwerfen **~ci** Folterknecht *m*
**işkıl** Argwohn *m*, Misstrauen *n*
**işkil|lendirmek** *v/t* j-n argwöhnisch machen, misstrauisch (*od* unruhig) machen, beunruhigen; erschweren **~len-**

**mek** Zweifel hegen; argwöhnisch sein, beunruhigt sein; *Sache* unklar werden, sich komplizieren **~li** argwöhnisch, misstrauisch **~siz** treuherzig; *... ohne Falsch* **~sizlik** ⟨-ği⟩ Treuherzigkeit *f*

**'işkolu** Industriezweig *m*, Gewerbe *n*

**işlek** *Straße* belebt, befahren; *Handel* lebhaft; aktiv; LING *Endung* produktiv; *Schrift* flüssig

**işlem** Formalitäten *f/pl*, Prozedur *f*; MATH Rechnungsart *f*; (Produktions)Prozess *m*; IT Rechenoperation *f*; (gesetzliche) Maßnahmen *f/pl*; TECH Behandlung *f*, Verfahren *n*; **~ kayıt pusulası** Laufzettel *m*

**işlemci** IT Prozessor *m*

**işleme** Funktionieren *n*, Arbeit *f*; Betrieb *m*; Begehung *f e-s Verbrechens*; TECH (Boden)Bearbeitung *f*, Behandlung *f*; Arbeits-; Handarbeit *f*; Stickerei *f*; **fein gearbeitet** **~ci** Kunsthandwerker *m* **~cilik** ⟨-ği⟩ Kunsthandwerk *n*; **altın işlemeciği** Goldschmiedekunst *f*

**işlemek A** *v/i Geschäft* (gut) gehen; *Gehalt* laufen (*-den itibaren* von, ab *dat*); beginnen (mit *dat*); *Maschine* funktionieren, arbeiten, gehen; *Wunde* eitern; *Zeit* vergehen, ablaufen; *Zug, Schiff etc* verkehren; dringen, gehen (*-e auf akk*; *in akk*) **B** *v/t Boden, Rohstoff* bearbeiten; mit der Hand arbeiten; *Fehler, Verbrechen* begehen; *Gutes* tun (*-e j-m*); *Kleid* besticken, sticken (*akk*); *umg* mausen, klauen; mogeln; nachstöbern; *j-n* veräppeln

**işle|meli** bestickt **~nmek** passiv von işlemek; *v/i* in Bearbeitung sein

**işlen|memiş** unbearbeitet **~miş** bearbeitet; Fertig-; *yarı* **~** Halbfabrikat *n*

**işler:** **~ durumda** betriebsbereit

**işlerlik** ⟨-ği⟩ Lebensfähigkeit *f*, Funktionsfähigkeit *f*, Effizienz *f*

**işleten** jemand, der ... betreibt, Inhaber *m*, -in *f*; Wirt *m*, -in *f*

**işletici** Antriebs- (*Rad*); Trieb- (*Werk*)

**işletim:** **~ sistemi** IT Betriebssystem *n*

**işletme** Unternehmen *n*, Betrieb *m*; Verwaltung *f*; **sanayi ~si** Industriebetrieb *m* **~ci** Betriebsleiter *m*, -in *f*; Manager *m*, -in *f*; Inhaber *m*, -in *f*; Filmverleiher *m* **~cilik** ⟨-ği⟩ Wirtschaft(sführung) *f*; Betriebswirtschaft(slehre) *f*

**işletmek** *Geschäft, Hotel etc* betreiben, führen; *Konto* führen; *Motor* in Gang setzen; *j-n* arbeiten lassen, *j-n* beschäftigen; *umg j-n* ausnutzen; foppen, auf den Arm nehmen; TECH verarbeiten

**işlev** Funktion *f*, Aufgabe *f*, Bestimmung *f*; Funktionsfähigkeit *f*; **~ kaybı** MED Apraxie *f* **~cilik** ⟨-ği⟩ Funktionalismus *m* **~sel** Funktions-, funktional, funktionell **~siz** funktionslos

**işley|ici** arbeitend, in Betrieb; durchdringend **~iş** Arbeitsweise *f*

**işli** bestickt; besetzt (*-le* mit *dat*)

**işlik** ⟨-ği⟩ Atelier *n*; Overall *m*, Monteuranzug *m*

**işmar** *dial* Zeichen *n*, Wink *m*; Zwinkern *n*; **-e ~ etmek** *j-m* ein Zeichen geben, zuzwinkern

**iş'porta** Bauchladen *m*; Straßenhandel *m*; **malı** Ausschussware *f*, Schund *m* **~cı** fliegende(r) Händler

**issiz** [ɪˈsɪːz] arbeitslos; **~ güçsüz** *pej* ohne jede Beschäftigung

**issizlik** ⟨-ği⟩ Arbeitslosigkeit *f*; **~ sigortası** Arbeitslosenversicherung *f*

**iştah** Appetit *m*; Verlangen *n* (*-e* nach *dat*); Lust *f* (*-e* zu *dat*); **~ açıcı** appetitanregend; **~ açmak** den Appetit anregen; **~ kapamak** (od **kesmek**) (*j-m*) den Appetit verderben

**iştahlan|dırmak** (*-i*) Appetit machen (auf *akk*) **~mak** *v/t* Appetit bekommen (*a. fig*); Lust bekommen

**iştahlı** hungrig; (*a.* **~ ~**) mit Lust und Liebe *arbeiten*; **~yım** ich habe Appetit

**iştahsız** appetitlos; lustlos, sehr ungern (*meist* **~ ~**) **~lık** ⟨-ği⟩ Appetitlosigkeit *f*; Lustlosigkeit *f*

**işte** *Verstärkung*; da ist ...; da!; da ...; nun, also; und sieh ...; **~ bak!** nun, guck mal!; **~ bu kadar** und mehr nicht; damit wären wir am Ende (*unserer Sendung*); **~ bu suretle** denn auf diese Weise; **~ sizin çantanız, hani benimki?** da ist Ihre Tasche, wo ist denn meine?

**işteş** HIST Kollege *m*; reziprok; **~ eylem** GRAM reziproke(s) Verb **~lik** ⟨-ği⟩ Zusammenarbeit *f*; Reziprozität *f*

**iştigal** [a:] ⟨-li⟩ Beschäftigung *f*; *... -le* **~ etmek** sich beschäftigen (mit *dat*); → uğraşmak

**iştikak** [a:] ⟨-kı⟩ *osm* GRAM Ableitung *f*; Etymologie *f*; *-den* **~ etmek** abgeleitet werden (von *dat*); *-i -den* **~ ettirmek** ableiten (*akk* von *dat*)

**iştira** [a:] Kauf m; Ankauf m; **~ gücü** Kaufkraft f; **~ hakkı** Vorkaufsrecht n

**iştirak** [a:] ⟨-ki⟩ Teilnahme f (-e an dat); WIRTSCH Beteiligung f; **-e ~ etmek** teilnehmen (an dat); mitwirken (an dat); **~çi** Teilnehmer m, -in f; Teilhaber m, -in f

**iştiyak** [a:] ⟨-kı⟩ osm Sehnsucht f; **~ duymak** Sehnsucht haben

**işve** Koketterie f; Getue n **~li** kokett; verführerisch

**işveren** Arbeitgeber m, -in f

**işyeri** Arbeitsplatz m; Gewerberaum m; **~ terörü** Mobbing n

**It.** abk für **Italyanca** Italienisch

**it** ⟨-ti⟩ Köter m, Hund m; gemeine(r) Kerl; Schuft m; **~ gibi çalışmak** wie ein Pferd arbeiten; **~ kopuk** Hinz und Kunz, jede(r) Hergelaufene f; **~ sürüsü** Hunderudel n; fig Otterngezücht n

**ita** [i:ta:] Ausstellung f e-r Bescheinigung; **~ emri** Zahlungsbefehl m

**itaat** [-ta:t] ⟨-ti⟩ Gehorsam m; **-e ~ etmek** gehorchen (dat) **~li** gehorsam

**itaatsiz** ungehorsam **~lik** ⟨-ği⟩ Ungehorsam m; (-e) **~ etmek** ungehorsam sein; Befehl etc verweigern; **emre ~** Befehlsverweigerung f

**italik** ⟨-ği⟩ kursiv; **~ harfler** Kursivschrift f; **-le dizmek** kursiv setzen

**İ'talya** Italien n **~lı** Italiener m, -in f; italienisch

**İtalyan** Italiener m, -in f; italienisch **~ca** (das) Italienisch(e); (auf) Italienisch

**'itboğan** BOT Eisenhut m

**'itburnu** ⟨-nu⟩ BOT Hagebutte f

**'itdirseği** ⟨-ni⟩ Gerstenkorn n (im Auge)

**iteklemek** v/t umg stoßen, schubsen

**itelemek** (-e -i) j-n treiben (zu, in akk); drängen, puffen, (zurück)stoßen

**itenek** ⟨-ği⟩ Kolben m

**iter** → **itmek**

**itfa** [a:] Löschen n; WIRTSCH Tilgung f; Abzahlung f; **-i ~ etmek** löschen (a. WIRTSCH); tilgen, abzahlen

**itfaiye** [a:] Feuerwehr f **~ci** Feuerwehrmann m **~cilik** ⟨-ği⟩ Brandbekämpfung f

**ithaf** [a:] Widmung f; -i **-e ~ etmek** j-m widmen (akk)

**ithal** [a:] ⟨-li⟩ Einfuhr f, Import m; Einführen n; -i **~ etmek** WIRTSCH einführen, importieren; TECH einführen; hineinstecken

**ithalat** [a:] ⟨-tı⟩ Einfuhr f, Import m; Einfuhrwaren f/pl, Importe m/pl **~çı** Importeur m **~çılık** ⟨-ğı⟩ Importwirtschaft f, Importwesen n

**itham** [a:] Beschuldigung f; Vorwurf m; -e -le **~ etmek** j-n beschuldigen (gen); j-m vorwerfen (akk)

**itibar** [i:tiba:r] Prestige n; Ansehen f; Autorität f; Kredit m; Kreditwürdigkeit f; Gesichtspunkt m; -e **~ etmek** j-m Beachtung schenken; **~ görmek** Ansehen genießen; gefragt sein; verlangt werden; **~ mektubu** Kreditbrief m; **~a almak** in Betracht ziehen (akk), Beachtung schenken; **~dan düşmek** an Ansehen einbüßen, sein Gesicht verlieren

**iti'baren** [a:]: **-den ~** von ... an; **şimdiden ~** von jetzt an

**itibarî** [i:tiba:ri:] nominell; konventionell; nominal, Nenn-

**itibarıyla** mit Bezug (auf akk), was ... (akk) anbetrifft; bezogen (auf akk, z. B. ein Datum); zum Zeitpunkt gen; **esas ~** im Prinzip, grundsätzlich

**itibarlı** angesehen; kreditwürdig

**itibarsız** unbedeutend; nicht kreditwürdig **~lık** ⟨-ğı⟩ Mangel m an Ansehen; mangelnde Kreditwürdigkeit

**itici** TECH Stößel m; Schub-; Antriebs-, Trieb-; Raketen-; fig Person abstoßend

**itidal** [i:tıda:l] ⟨-li⟩ Mäßigkeit f; Zurückhaltung f; Gleichmaß n, Symmetrie f; Gelassenheit f, Gleichmut m; **~ sahibi** Person gelassen, ausgeglichen **~li** gemäßigt, gelassen **~siz** unausgeglichen, aufbrausend, unbeherrscht

**itikat** [i:tikat] ⟨-dı⟩ Glaube m; Dogma n

**itilaf** [-la:f] Verständigung f, Übereinstimmung f; **İtilaf Devletleri** HIST Entente f

**itil|me** Stoßen n, Schubsen n; PSYCH Verdrängung f **~mek** passiv von **itmek**

**itimat** [i:tıma:t] ⟨-dı⟩ Vertrauen n; Zuversicht f; -e **~ etmek** sich verlassen (auf akk); **~ edilmeyen** unzuverlässig; **~ mektubu** Beglaubigungsschreiben n

**itimatname** [-na:-] → **~ mektubu**

**itimatsız** argwöhnisch **~lık** ⟨-ğı⟩ Argwohn m, Misstrauen n

**itina** [i:tina:] Bemühung f, Sorge f; Sorgfalt f; -e **~ etmek** (od **göstermek**) sich um j-n bemühen; sich j-s annehmen

**~lı** sorgfältig; liebevoll **~sız** nachlässig; lieblos

**itiraf** [i:tıra:f] Geständnis *n*, Eingeständnis *n*; *-i* **~ etmek** gestehen (*akk*); zugeben; sich *schuldig* bekennen; *-e -i* **ettirmek** von *j-m* ein Geständnis erpressen

**itiraz** [i:tıra:z] Einwand *m*; JUR Einspruch *m* (*-e gegen akk*); Zurückweisung *f*; *-e* (*karşı*) **~ etmek** *etw* einwenden (gegen *akk*); zurückweisen (*akk*); **~ hakkı** Einspruchsrecht *n* (*-e gegen akk*); **~ınız yoksa** wenn Sie nichts dagegen haben

**itirazcı** *Person* Widerspruchsgeist *m*

**itirazsız** widerspruchslos; unbestritten

**itiş** Stoß *m*, Schubs *m*, Puff *m*; **~ kakış** schubsend und drängelnd **~mek** sich stoßen, sich schubsen; **itişip kakışmak** einander drängeln und schubsen, *umg* rangeln **~tirmek** *j-n* drängeln; anstoßen

**itiyat** [i:tija:t] ⟨-dı⟩ Angewohnheit *f*; Gewohnheit *f*; *-e* **~ etmek** sich gewöhnen (an *akk*)

**itki** Impuls *m*, Antrieb *m*

**itlaf** [a:] Tötung *f*, Vernichtung *f*

**itlik** ⟨-ği⟩ Schweinerei *f*, Grobheit *f*

**itme** Stoß *m*, Puff *m*, Schubs *m*

**itmek** ⟨-er⟩ *v/t* schieben; rücken; stoßen; *j-n* schubsen; *fig* treiben (in *akk*); *Tisch* rücken; *Tür* aufstoßen; PHYS **birbirini ~** sich abstoßen; **ite kaka** *j-n* schubsend, durch Schubse; *fig* mit Gewalt

**ittifak** [-a:k] ⟨-kı⟩ Bündnis *n*; Allianz *f*; Übereinstimmung *f*; Einstimmigkeit *f*; **~ etmek** sich verbünden; übereinstimmen **~la** einstimmig

**ittihat** [-a:t] ⟨-dı⟩ Vereinigung *f*

**ittihatçı** Unionist *m*, -in *f*

**ivdirmek** *v/t* beschleunigen; überstürzen

**ivecen** übereilt, überstürzt **~lik** ⟨-ği⟩ Übereiltheit *f*; Überschwänglichkeit *f*

**ivedi** eilig, dringend; überstürzt; hitzig

**ivedilenmek** sich beeilen; eilig handeln

**ivedi**|**leştirmek** *v/t* beschleunigen; überstürzen **~lik** ⟨-ği⟩ Dringlichkeit *f*

**iveğen** MED akut; → ivedi

**ivinti** Schnelligkeit *f*; **~ yeri** Stromschnelle *f*

**iv**|**me** Beschleunigung *f*; **~ kazanmak** beschleunigt werden **~meli** beschleunigt

**iyelik** ⟨-ği⟩ : **~ eki** GRAM Possessivsuffix *n*

**iyi** **A** *adj* gut **B** *subst* gute Note, Pluspunkt *m*; (*-i*) **~ etmek** (*j-n*) heilen, gesund machen; gut daran tun (*de* ... *zu*); *umg* mitgehen lassen (*akk*); *-e* **~ gelmek** *j-m* guttun; *Schmerz* lindern; *Kleidung* sitzen; **~ gitmek** *fig* gut gehen; *Kleidung* gut stehen (*-e j-m*); **~ hal belgesi** Führungszeugnis *n*; **~ hoş** (**ama**) schön und gut (aber); **~ iş doğrusu!** eine schöne Bescherung!; **~ kalpli** gutherzig; treuherzig; **~ ki** schön, dass ...; nur gut, dass ...; **~ kötü** *adv*, *adj* recht und schlecht; **~ niyet** Arglosigkeit *f*; **~ olmak** in Ordnung sein; sich erholen; *unp* es geht (mir) besser; ... *için* **~ söylemek** Gutes über *j-n* sagen; **~den ~ye** *adv* gehörig, entsetzlich; immer mehr (*dahinsiechen etc*); *adj* endgültig; **~ye gelmek** sich bessern; **~si**, **~si mi** am besten ...; das Beste ist, ...; **~yim** es geht mir gut; ich fühle mich gut; **~ değilim**/**siniz** es soll Ihnen (gesundheitlich) nicht gut gehen (sagt man)

**iyi'ce** recht *adj* (*a. adv*; *z. B. verstehen*); einigermaßen (*z. B. sich fühlen*)

**i'yice** *adv* sehr, *umg* mächtig; viel

**i'yicene** *adv* gehörig

**iyicil** gütig, wohlwollend; friedlich; *Krankheit* nicht gefährlich

**iyileşme** Besserung *f*; Genesung *f*

**iyileş**|**mek** *Kranker* sich besser fühlen, genesen; sich bessern **~miş** beschwerdefrei, genesen

**iyileştirmek** *v/t* heilen, kurieren; verbessern, berichtigen; *Mängel* beheben

**iyilik** ⟨-ği⟩ (etwas) Gute(s); gute(r) Zustand; Wohlbefinden *n*, Gesundheit *f*; Güte *f*, Freundlichkeit *f*; Vorteil *m*, Nutzen *m*; **~ bilmek** dankbar sein; **~ etmek** (*od* **yapmak**) *j-m etw* Gutes tun; nützlich sein; **~ güzellik** (*od* **sağlık**) Antwort auf «*Ne var ne yok?*» danke gut, glänzend!; **bize çok iyiliği dokundu** er hat uns viel Gutes getan **~bilir** erkenntlich **~bilirlik** ⟨-ği⟩ Erkenntlichkeit *f* **~çi** wohlwollend; gewogen; wohltätig **~çilik** ⟨-ği⟩ Gönnerhaftigkeit *f*; Wohltätigkeit *f* **~le** gütlich, friedlich

**iyiliksever** → iyilikçi

**iyimser** Optimist *m*; optimistisch **~lik** ⟨-ği⟩ Optimismus *m*

**i'yiniyetli** treuherzig; guten Willens
**iyon** PHYS Ion n
**iyonik**[1] PHYS Ionen-
**iyonik**[2] ARCH ionisch (z. B. Säule)
**iyonlaşlma** PHYS Ionisierung f **~tırmak** ionisieren
**iyonosfer** Ionosphäre f
**iyot** ⟨-du⟩ Jod n; **~lu tuz** Jodsalz n
**iz** Spur f (a. fig ); MATH Schnittpunkt m; **bir ~ bırakmak** e-e Spur hinterlassen; **~ sürmek** einander folgen; Spur verfolgen; *-in* **~i belirsiz olmak** spurlos verschwinden; *-in* **~inden yürümek** fig in j-s Fußstapfen treten; *-in* **~ine basmak** j-n nicht aus den Augen lassen
**izabe** [aː] Schmelzen n
**izafeten** [-'zaː-] (-e) in Verbindung (mit dat); zu Ehren (gen)
**izafi** [-aːfiː] relativ
**izah** [iːzaːx] → açıklama, açıklamak
**izahat** [aː] ⟨-tı⟩ Erklärungen f/pl, Aufschlüsse m/pl; → açıklama
**izale** f osm Beseitigung f, Aufhebung f; *-i* **~ etmek** beseitigen, aufheben
**izan** [aː] Verständnis n; Vernunft f; **~ etmek** vernünftig sein **~sız** unvernünftig **~sızca** gedankenlos; unvernünftig
**izbe** **A** *subst* Verließ n **B** *adj* dunkel und feucht
**iz'biro** SCHIFF Tauschlinge f
**izci** Pfadfinder m; Pionier m, Bahnbrecher m; Aufklärer m **~lik** ⟨-ği⟩ Pfadfinderwesen n; Aufklärung f
**izdiham** [aː] Gedränge n, Andrang m; **~ saatleri** Stoßzeiten f/pl
**izdivaç** [aː] ⟨-cı⟩ Vermählung f; **~ etmek** sich vermählen
**'izdüşü|msel** projektiv (*Geometrie*) **~mü** Projektion f **~rmek** v/t projizieren
**izhar** [aː] Äußerung f
**izin** ⟨izni⟩ Genehmigung f; Urlaub m; Entlassung f; **~ almadan** ohne Genehmigung; **~ almak** die Genehmigung (*od* Urlaub) bekommen; *-e* **~ çıkmak** j-m freigestellt werden; **~ koparmak** umg → **~ almak**; *-e* **~ vermek** j-m erlauben (*akk*); j-n entlassen; beurlauben; **izne gitmek** (*od* **çıkmak**) auf Urlaub gehen
**izinli** beurlaubt, Urlauber m, -in f; **~ olmak** freihaben, Urlaub haben
**izinname** [aː] schriftliche Genehmigung; Heiratsschein m (*vom Richter ausgestellt*)
**izinsiz** ohne Genehmigung; Urlaubsentzug m, Ausgehverbot n; mit e-m Ausgehverbot Belegte(r) **~lik** ⟨-ği⟩ Urlaubsentzug m; MIL unerlaubte Entfernung
**İzlanda** [-'la-] Island n **~ca** (das) Isländisch(e) **~lı** Isländer m, -in f
**izlek** ⟨-ği⟩ *dial* Pfad m, Steig m; LIT Thema n
**izleme** Verfolgung f; Beschatten n; *-i* **~ye almak** Verfolgung gen/von etc anordnen; **~ böceği** umg Wanze f
**izlemek** v/t verfolgen; folgen (*dat*), kommen (nach *dat*); aufspüren; (genau) beobachten; Konzert, Radio hören; *Mode* mitmachen; **televizyon** (*od* **televizyonda bir program**) **~** fernsehen; sich (*dat*) e-e Fernsehsendung ansehen
**izlence** Programm n; (Lehr)Plan m
**izlenim** Eindruck m **~ci** Impressionist m; impressionistisch **~cilik** ⟨-ği⟩ Impressionismus m
**izlenme** Verfolgung f, Durchführung f *z. B. e-r Politik*; **~ oranı** Einschaltquote f
**izlenmek** *passiv von* izlemek; *mit Interesse* aufgenommen werden
**izleyici** Beobachter m, -in f
**İzm.** *abk für* İzmir
**izmarit** ⟨-ti⟩ Zigarettenstummel m, umg Kippe f; ZOOL Laxierfisch m
**izobar** GEOG Isobare f
**izol|asyon** Isolierung f; Isolier- **~atör** Isolator m
**izole** isoliert; Isolier-; **~ etmek** isolieren
**izolebant** Isolierband n
**izotop** ⟨-pu⟩ CHEM Isotop n
**izzet** ⟨-ti⟩ Ehre f; Würde f; Achtung f; REL Herrlichkeit f **~inefis** ⟨-fsi⟩ Selbstachtung f, Ehrgefühl n

# J

**j, J** [ʒɛ] j, J *n*
**J** *abk für* Jandarma Gendarmerie *f*
**jaguar** Jaguar *m*
**jak**, **~ fiş** Kupplungsstecker *m*
**jakar** Jacquard *m* **~lı** Jacquard- (*Stoff*)
**jakuzi** Whirlpool® *m*
**jalon** ARCH Peilstab *m*
**jaluzi** Jalousie *f*
**jambon** GASTR Schinken *m*
**jan'darma**; **~lı** *subst* Gendarm *m*; Gendarmerie *f* B *adj fig* schlau, pfiffig
**janjan(lı)** changierend
**jant** ⟨-tı⟩ Felge *f*
**Japon** Japaner *m*, -in *f*; japanisch **~ca** [-'pɔn-] japanisch; (das) Japanisch(e)
**japon|e** Kimonoärmel *m*; *Kleid*: ärmellos **~gülü** BOT Kamelie *f*
**Japonya** Japan *n*
**jarse** Jersey *m* (*Stoff*)
**jartiyer** Strumpfband *n*
**jelatin** Gelatine *f*
**jeneratör** ELEK Generator *m*
**jenerik** FILM Vorspann *m*; Nachspann *m*
**jenosit** Völkermord *m*
**jeofizik** ⟨-ği⟩ Geophysik *f*
**jeolog** ⟨-ğu⟩ Geologe *m*, Geologin *f*
**jeoloji** Geologie *f*
**jeolojik** geologisch
**jeopolitik** ⟨-ği⟩ Geopolitik *f*
**jeosantrik** geozentrisch
**jeoşimi** Geochemie *f*
**jerse** → jarse
**jest** ⟨-ti⟩ Geste *f*
**jet** ⟨-ti⟩ Düsenflugzeug *n*; ... mit Düsenantrieb; **~ yakıtı** Kerosin *n*
**jeton** (*Telefon-* etc) Münze *f*; Spielmarke *f*; **~ geç düştü** *iron* endlich ist der Groschen gefallen
**ji'golo** [-l-] Gigolo *m*
**jikle** AUTO Choke *m*
**jiklet** ⟨-ti⟩ Kaugummi *m*
**jile** Damenweste *f*
**jilet** ⟨-ti⟩ Rasierklinge *f*
**jimnastik** ⟨-ği⟩ Gymnastik *f*; Turnen *n*; Leibesübungen *f/pl*; **~ alanı** Sportplatz *m*; **~ aracı** Turngerät *n*; **~ salonu** Turnhalle *f*; **aletli ~** Geräteturnen *n*; **düzeltici ~** Krankengymnastik *f* **~çi** Turner *m*, -in *f*
**jinekolo|g** ⟨-gu⟩ Gynäkologe *m*, Gynäkologin *f* **~ji** Gynäkologie *f*
**jip** Geländewagen *m*, Jeep® *m*
**jips** Gipsstein *m*
**jokey** Jockey *m*, Joker *m* (*Kartenspiel*)
**jorjet** Georgette(stoff) *m*
**jöle** Gelee *n* (*a. m*)
**jön** junge(r) Schauspieler; *pej* Schönling *m* **~prömiye** FILM, THEAT Hauptdarsteller *m*
**Jöntürk** HIST Jungtürke *m*; jungtürkisch
**judo** Judo *m*
**jul** ⟨-lü⟩ PHYS Joule *n*
**jurnal** ⟨-li⟩ Führungsbericht *m*; Anzeige *f*; Tagebuch *n*; *-i* **~ etmek** *j-n* anzeigen, denunzieren; *über j-n* Bericht erstatten **~cı, ~ci** Denunziant *m*, -in *f*
**jü'bile** Jubiläum *n*; **~ maçı** Abschiedsspiel *n*
**Jü'piter** ASTRON Jupiter *m*
**jüpon** Unterrock *m*
**jüri** Jury *f*; Preisgericht *n*; Geschworenenversammlung *f*
**jüt** ⟨-tü⟩ Jute *f*

# K

**k, K** [kɛ] k, K *n*
**K** *abk für* Norden (N)
**kaba** grob, ungefüge; primitiv; vulgär; ungebildet; *Arbeit* grob; *Kiesel* grobkörnig; *Mehl* grob gemahlen; *Mensch* grob, primitiv, ungebildet; roh; **~ kâğıt** Packpapier *n*; **~ konuşma** derbe Rede(weise); **~ kuvvet** rohe Gewalt; **~ saba** *Person* ungeschliffen; *Sache* gepfuscht; **~ sofu** Frömmler *m*, -in *f*, Fanatiker *m*, -in *f*; **~ Türkçe** HIST (das) einfache (volkstümliche) Türkisch; *-ın* **~sını almak** abhobeln, glatt machen (*akk*); nur obenhin reinigen (*akk*)
**kabaca** grob, roh; (so) obenhin, flüchtig; *umg* ganz schön dick, mächtig
**ka'badayı** Kraftmeier *m*, Draufgänger

**KÂBU**

*m;* Angeber *m;* Flegel *m;* draufgängerisch; (das) Schönste (*von allem*)
**ka'badayılanmak** mit s-r Kraft protzen; *-e* einzuschüchtern versuchen *akk*
**ka'badayılık** ⟨-ğı⟩ Kraftmeierei *f*, Angeberei *f;* Flegelhaftigkeit *f*
**kabahat** [-ba:-] ⟨-ti⟩ Schuld *f;* Vergehen *n;* Fehler *m;* **~ bulmak** herumkritteln; **~ etmek** (*od* **işlemek**) e-n Fehler begehen; *-e* **~ yüklemek** j-m die Schuld geben; **~ kimde?** wer hat Schuld?; **bende ~ yok** ich habe keine Schuld **~li** schuldbewusst **~siz** unschuldig
**kabak** ⟨-ğı⟩ 🅰 *subst* Kürbis *m;* Grobian *m* 🅱 *adj fig* Person ungeschliffen; *Melone* unreif; fade; *Kopf* haarlos, kahl; *Reifen* abgefahren; **~ gibi** kahl; unbehaart; fade; **~ kafalı** Glatzkopf *m;* kahl geschoren, mit abrasiertem Kopf; Döskopf *m;* **~ kemane** MUS *dreisaitige(s) folkloristisches Streichinstrument;* **~ tadı vermek** *umg* j-n anöden; j-m zum Hals heraushängen
**kabaklamak** *v/t Baum* entästen, abästen
**kabakulak** ⟨-ğı⟩ MED Ziegenpeter *m,* Mumps *m*
**kaba|laşmak** grob (*od* taktlos) werden (*od* sein) **~lık** ⟨-ğı⟩ Grobheit *f,* Taktlosigkeit *f*
**ka'bara** Schuhnagel *m;* Ziernagel *m*
**kabarcık** ⟨-ğı⟩ Blase *f,* Bläschen *n;* MED Pickel *m* **~lı** ... mit Bläschen; pickelig
**kabare** Kabarett *n;* **~ sanatçısı** → **kabareci** **~ci** Kabarettist *m, -in f*
**kabarık** geschwollen; aufgebläht; erhaben, Relief-, hervortretend; **~ deniz** Hochwasser *n* (*bei Sturm*) **~lık** ⟨-ğı⟩ Schwellung *f;* Erhebung *f*
**kabarma** Anschwellung *f;* Flut *f*
**kabarmak** anschwellen (*a. fig Ausgaben*); *Farbe* abplatzen, abgehen; *Federn, Haare* sich sträuben; *Holz* sich werfen; *Milch etc, Meer, Zorn* aufwallen; *Teig, Brot* aufgehen; *Pfau, a. Person fig* sich aufplustern
**kabartı** Wölbung *f,* Schwellung *f*
**kabartma** Relief *n;* Basrelief *n;* Prägedruck *m;* Relief- (*Karte*); **~ tozu** Backpulver *n*
**kabartmak** *v/t* zum Schwellen bringen; aufblähen; *Bett* aufschütteln; *Boden* auflockern

**ka'ba|sakal** vollbärtig **~taslak** überschlägig (*Rechnung*); Roh- (*Entwurf*)
**ka'bayel** → **lodos**
**Kâbe** REL Kaaba *f* (*in Mekka*)
**kabız** ⟨kabzı⟩ Verstopfung *f;* **~ olmak** an Verstopfung leiden
**kabil**¹ [ka:-] möglich; -bar, *z. B.* **~i tedavi** heilbar
**kabil**² [-i:l] Art *f;* **bu ~** derartig, solch-; **şaka** *etc* **~inden** als Scherz *etc*
**Kabil** [ka:-] Kain *m* (*Bibel*)
**'Kâbil** Kabul *n* (*in Afghanistan*)
**kabile** [i:] (Nomaden)Stamm *m*
**kabiliyet** [a:] Fähigkeit *f* **~li** fähig, tüchtig **~siz** unfähig
**kabin** Kabine *f;* Kajüte *f;* **telefon ~i** Telefonzelle *f*
**ka'bine** POL Kabinett *n;* → **kabin**
**kabir** ⟨kabri⟩ Grab *n;* **~ taşı** Grabstein *m;* **~ suali** quälende Fragerei, Gretchenfrage *f*
**'kablo** ELEK Kabel *n* **~cu** Kabelleger *m* **~lu** Kabel-; **~ televizyon** Kabelfernsehen *n*
**kabotaj** Küstenschifffahrt *f*
**kabristan** Friedhof *m*
**kabuk** ⟨-ğu⟩ (Baum-, Erd-, Brot)Rinde *f;* (Eier-, Obst)Schale *f;* (Schildkröten)Panzer *m;* (Schnecken)Haus *n;* Kruste *f* (*e-r Wunde*); **elmanın kabuğunu soymak** e-n Apfel schälen
**kabuklanmak** e-e Kruste bilden, verkrusten
**kabuklular** Krustentiere *n/pl*
**kabuksal** ANAT kortikal
**kabul** [u:] ⟨-lü⟩ Empfang *m;* Annahme *f;* Aufnahme *f* (*in e-e Schule*); Empfangs-(Zimmer); Prämisse *f,* Voraussetzung *f;* **~ edilebilir** *Arbeit* zumutbar; anzunehmend, wahrscheinlich; *-i* **etmek** anerkennen; *Geschenk* entgegennehmen; *Fußball Tor* anrechnen; j-n empfangen; *Vorschlag* annehmen; *-i -e* **ettirmek** sich (*dat*) Zugang verschaffen (*bei dat*); j-m *etw* aufzwingen, aufhalsen; **hata ~ etmez** unfehlbar; ohne Fehlertoleranz; **tedavi ~ etmez** unheilbar
**kabullenmek** *v/t* → **kabul etmek**; sich (*dat*) aneignen; sich abfinden mit *dat*
**ka'burga** Rippe *f* (*a.* **~ kemiği**); Brustkorb *m;* Gerippe *n;* (Schiffs)Rumpf *m*
**kâbus** [u:] Albdruck *m;* *-e* **~ basmak** (*od* **çökmek**) Albdrücken haben

**kabza** Griff m; umg Prise f Heroin
**kabzımal** (Frucht)Großhändler m
**kaç¹** ⟨-çı⟩ wie viel; ~ **defa** ... wie oft schon ...!; ~ **para eder!** fig was soll das?, was hilft das?; ~ **paralık** keinen Heller mehr, Person (eine) Niete; ~ **parça olayım!** ich kann mich doch nicht zerreißen; **saat ~?** wie spät ist es?; ~ **zamandır** seit Langem; ... **~a** wie teuer ...?; **her ~a um** jeden Preis; **bugün ayın ~ıdır?** den Wievielten haben wir heute?; **~ta** um wie viel Uhr?; **peynirin kilosu ~ lira?** wie viel Lira kostet ein Kilo Käse?; **kaçın kurası** fig alter Hase
**kaç²** → kaçmak
**kaçak** ⟨-ğı⟩ Entlaufene(r), Flüchtige(r); ungesetzlich, gesetzwidrig; Schmuggel-; Schwarz-; Ausfließen n; Ausströmen n (des Gases); undichte Stelle, Leck n; Flüchtlings- (Familie); insgeheim z. B. **trinken**; ~ **yaşamak** im Untergrund leben, untergetaucht sein; **asker kaçağı** Deserteur m; ~ **av** Wilderei f; ~ **avcı** Wilderer m; ~ **avlanmak** wildern; ~ **işçi** Schwarzarbeiter m, -in f; ~ **yolcu** blinde(r) Passagier
**kaçakçı** Schmuggler m, -in f **~lık** ⟨-ğı⟩ Schmuggel m; **vergi kaçakçılığı** Steuerhinterziehung f
**kaçaklık** ⟨-ğı⟩ Flucht f, Entweichen n; MIL Fahnenflucht f
**kaçamak** ⟨-ğı⟩ subst u. adj Ausweichen n; fig Ausflucht f, Finte f; verstohlen (Blick); Zufluchtsort m; Unterschlupf m; Seitensprung m; **-den** ~ **yapmak** schwänzen akk, sich drücken (vor dat); fremdgehen; ~ **yol(u)** Ausrede f, Ausflucht f
**kaçamaklı** ausweichend; verstohlen, heimlich
**kaçar¹** je(weils) wie viel?
**kaçar²** → kaçmak
**kaçgöç** Geschlechtertrennung f (Islam)
**kaçık** ⟨-ğı⟩ verrutscht, verschoben; ... mit Laufmasche; fig übergeschnappt
**kaçılmak** zur Seite gehen, aus dem Weg gehen
**kaçımsamak** ⟨-den⟩ Vorwände suchen, um nicht ...; umg sich drücken (vor dat)
**kaçıncı** (der od die) Wievielte?
**kaçınılmaz** unvermeidlich; Wahrheit unumstößlich **~lık** ⟨-ğı⟩ Unvermeidlichkeit f
**kaçınmak** ⟨-den⟩ scheuen akk, vermeiden akk; sich hüten (vor dat); (es) ablehnen, zu
**kaçırma** JUR Entführung f
**kaçırmak** v/t j-m zur Flucht verhelfen; j-n, Mädchen entführen; j-n verjagen, abschrecken, vergraben; dem Alkohol übermäßig frönen, zusprechen; Gelegenheit, Zug etc versäumen, verpassen; j-m den Schlaf rauben; Dampf, Strafstoß etc durchlassen; Waren (durch)schmuggeln; ⟨-den⟩ JUR vorenthalten dat, entziehen (dat; z. B. e-r Zwangsvollstreckung); Person fig durchdrehen, verrückt werden; **donuna** ~ unter sich machen, umg sich (dat) in die Hosen machen; **-i fazla** ~, **-in dozu(nu)** ~ übertreiben mit, überziehen akk
**kaçış** Weglaufen n, Entlaufen n
**kaçışmak** auseinanderlaufen; weglaufen
**kaçkın** Entlaufene(r); Flüchtling m
**kaçlı** aus wie viel Teilen ...?; welcher Jahrgang?; **bu çocuk ~?** welcher Jahrgang ist das Kind?
**kaçlık** ⟨-ğı⟩ in welcher Größe?; in (od von) welchem Format?; in welchem Alter?; in welcher Preislage?; ~ **paket istersiniz?** in welcher Größe wollen Sie das Paket?; **bu adam ~?** in welchem Alter ist dieser Mann?
**kaçma** Flucht f; Laufmasche(n) f (pl)
**kaçmak** ⟨-ar⟩ ⟨-den⟩ flüchten (aus dat; vor dat); meiden akk; entgehen dat; laufen (aus dat), entlaufen dat; umg sich (heimlich) davonmachen; dahin sein; Dampf etc entweichen; (-e z. B. auf Einzelheiten akk) eingehen; Farbe (-e z. B. ins Grüne) spielen; Feuchtigkeit etc eindringen (-e in akk); Mühe scheuen; Strumpf Laufmaschen haben; -e zur List ein Griffen; -e ins Auge kommen (z. B. Splitter); z. B. Teppich verrutschen (-e nach dat); wirken, aussehen; z. B. **garip** ~ komisch wirken; Wort unfreundlich klingen; **dışarı** ~ hinauslaufen; ... **kaçtı** (od **-in tadı kaçtı**) Freude, gute Laune, Ruhe etc ... ist dahin od ist weg
**ka'dana** Lastpferd n; ~ **gibi** fig ... (wie ein) Dragoner
**kadar** A adj wie; so ... wie; so viel wie; so groß wie; so umfangreich wie; etwa, ungefähr; **aslan** ~ **güçlü** stark wie ein

# KAFA

Löwe; **senin ~ bir çocuk** ein Kind so groß (od so alt) wie du; **Borneo aşağı yukarı Anadolu ~dır** Borneo ist etwa so groß wie Anatolien; **bir ay ~** etwa (od ungefähr) ein(en) Monat **B** *postpos* -e ~ bis, bis zu *dat*; bis nach *dat*; **-diği ~** so viel; so lange, so weit; wie; **-ecek ~** so ..., dass; so ... als dass; **Ankara'ya ~** bis nach Ankara; **akşama ~** bis zum Abend, bis abends; **istediği ~** so viel sie will; **insanı öldürecek ~ vahşi** so wild, dass er e-n Menschen töten könnte **C** *konj* **-inceye ~** bis; **ben gelinceye ~** bis ich komme; **bu ~** soweit *(die Nachrichten)* **D** *adv* so, derart; so viel, derart viel; **ne ~?** wie lange?; **ne ~ ...** *-se* wie auch immer, so (sehr), wie viele (auch immer); **ne ~ ... o ~ ...** je ... desto ...; **o ~** derart; **o ~ ... ki** derart, dass ...; → ki; **şu ~** so und so viel; **yalnız bu ~ da değil** das ist noch nicht alles; **ne ~ teşekkür etsem az** (wie sehr ich auch danke, es ist wenig =) sehr bin ich (Ihnen) dankbar; **ne ~ çabuk gelirse, o ~ iyi** je schneller sie kommt, desto besser; **o ~ sevindi ki** er freute sich so, dass; **bu ~ mı** ist das alles?; **bunu alacak ~ paramız yok** wir haben nicht so viel Geld, als dass wir das kaufen könnten

**kadarcık: bu ~, o ~** derart wenig (od winzig)

**ka'dastro** Kataster *n od m*, Grundbuch *n*; **~ya geçmek** ins Grundbuch eingetragen werden

**kadastro|lamak** *v/t* ins Grundbuch eintragen **~lanmak** ins Grundbuch eingetragen werden

**ka'davra** Leiche *f*, Kadaver *m*

**kadayıf** Art Sirup- od Honigteig *m*; **ekmek ~ı** Art Honigkuchen *m*

**kadeh** Becher *m*; Pokal *m*; **~ arkadaşı** Zechbruder *m*; **~ tokuşturmak** anstoßen

**kadem** Fuß *m* als Maß

**kademe** Stufe *f*; Sprosse *f* (e-r Leiter); POL Ebene *f*; **~ ~** stufenweise **~lendirmek** staffeln **~li** gestaffelt

**kadem|li** Glück bringend; uğurlu **~ olsun!** es möge Glück bringen! **~siz** Unglücksbote *m*

**kader** Schicksal *n*; Vorbestimmung *f*; **~ birliği** Schicksalsgemeinschaft *f*; **kendi ~ine terkedilmiş** s-m Schicksal überlassen **~ci** Fatalist *m*, -in *f* **~cilik** ⟨-ği⟩ Fatalismus *m*; Prädestinationslehre *f*

**kaderiye** PHIL Islam Lehre von der Willensfreiheit des Menschen

**kadı** HIST Kadi *m*, Richter *m*

**kadın** Frau *f*; Damen-; weiblich; Aufwartefrau *f*; **aşçı ~** Köchin *f*; **ev ~ı** Hausfrau *f*; **~ avcısı** Schürzenjäger *m*; **~ çorabı** Damenstrumpf *m*; **~ doktoru** Frauenarzt *m*, -ärztin *f*; **~ hareketi** Frauenbewegung *f*; **~ hastalığı** Frauenkrankheit *f*; **~ ~a** von Frau zu Frau; **~ıncık** ideale Hausfrau *f*; **~ kahraman** Heldin *f*; **~ memur** Beamtin *f*; **~ sığınağı** Frauenhaus *n*

**ka'dınbudu** ⟨-nu⟩, **~ köfte** Frikadelle *f* (mit Eiern u. Reis)

**kadın|cağız** arme Frau; hum (die) gute Frau **~cıl** Schürzenjäger *m* **~göbeği** Art Spritzkuchen *m* aus Eierteig

**kadınlaşmak** feminine Züge annehmen; *pej* verweiblichen

**kadınlık** ⟨-ğı⟩ Frauenwürde *f*; Gebärfähigkeit *f*; haushälterische Fähigkeit

**kadınsı** feminin; weibisch

**kadıntuzluğu** ⟨-nu⟩ BOT Berberitze *f*, Sauerdorn *m*

**ka'dırga** SCHIFF Galeere *f*

**kadife** Samt *m*; samten, Samt-; **~ deri** Veloursleder *n*

**kadifeçiçeği** BOT Tagetes *f*

**kadim** [i:] (ur)alt; antik; **~den beri** von alters her

**kadir**[1] ⟨kadri⟩ Wert *m*; Würde *f*; ASTRON Sterngröße *f*, Größenklasse *f*; **☾ gecesi** die 27. Nacht des Monats Ramazan, in der der Koran herabgesandt wurde

**kadir**[2] [a:] fähig (-e *gen*); allmächtig (Gott)

**kadirbilir ...** voll Anerkennung; wertschätzend

**kadit** [i:]: **kadidi çıkmış** abgemagert

'**kadmiyum** CHEM Kadmium *n*

**kadran** Zifferblatt *n*; Skala *f*; MIL Quadrant *m*

'**kadro** POL Kader *m*; Belegschaft *f*; Personalbestand *m*, Lehrkörper *m*; Planstelle *f*; TECH Rahmen *m* (des Fahrrads)

**kadük** hinfällig; JUR gegenstandslos

**kafa** Kopf *m*; Schädel *m*; fig Köpfchen *n* (Verstand); **~ çıkışı** (od **vuruşu**) SPORT Kopfball *m*; **~ dengi** Gesinnungsgenosse *m*; **~ işçisi** Kopfarbeiter *m*, -in *f*; **~ pat-**

**latmak** sich (*dat*) den Kopf zerbrechen; **~ sallamak** zu allem Ja sagen; **-e ~ tutmak** sich auflehnen gegen *akk*; **~ tutucu** Trotzkopf *m*; **-e ~ yormak** sich (*dat*) den Kopf zerbrechen über *akk*; **-in ~sı bozulmak** *fig* aus der Haut fahren; **-in ~sı işlemek** nicht auf den Kopf gefallen sein; **-in ~sı şişmek** *fig* ein schweren Kopf haben; **-i ~sına koymak** sich (*dat*) etw (*auf od es*) in den Kopf setzen (zu …); **-in ~sına vurmak** Wein *j-m* in den Kopf steigen; **-i ~sında tutmak** behalten *akk*, nicht vergessen *akk*; **~sını kadırmak** sein Haupt erheben; **~sını taştan taşa çarpmak** sich (*dat*) an die Brust schlagen; **ucuz yoldan ~yı bulma** *umg* Flatratesaufen *n*; **~yı çekmek** *umg* sich besaufen
**kafadanbacaklı** zool Kopffüßer *m*
**kafadar** Gesinnungsgenosse *m*, -genossin *f*; Gefährte *m*, Gefährtin *f*
**kafa|kağıdı** ⟨-nı⟩ *umg* Personalausweis *m* **~lı** mit (e-m) Kopf; …köpfig; gescheit **~sız** ohne Kopf; *fig* schwachköpfig, borniert **~sızlık** ⟨-ğı⟩ Beschränktheit *f*
**ka'fatasçı** *pej* Rassist *m*, -in *f*; rassistisch **~lık** ⟨-ğı⟩ Rassismus *m*
**ka'fatası** ⟨-nı⟩ Schädel *m*
**'Kafdağı** ⟨-nı⟩ *sagenhafter Berg* Kaf; HIST Kaukasus *m*; **~nın ardında** am Ende der Welt
**kafein** Koffein *n*
**kafes** Käfig *m*; Gitter *n*; Gerüst *n*; *fig umg* Kittchen *n*; *umg* Mogelei *f*; **~ gibi** abgemagert; durchlöchert; **~e girmek** *umg* reingelegt werden; ins Kittchen kommen; **-i ~e koymak** *umg* *j-n* reinlegen; *Slang:* **-i ~e indirmek** **~çi** Schwindler *m*, -in *f*, Mogler *m*, -in *f*, Käfigverkäufer *m* **~lemek** *j-n* bemogeln
**kafesli** vergittert, mit Fenstergittern
**kafe'terya** Cafeteria *f*; Café *n* mit Selbstbedienung
**kâfi** [kiaː'fiː] genügend, hinreichend; es genügt, es reicht!; **-e gelmek** *e-r* Sache *dat* gewachsen sein; *allg* reichen
**kafile** [kaː-] Kolonne *f*; Konvoi *m*, Geleitzug *m*; (Reise)Gruppe *f*
**kâfir** Ungläubige(r), Nichtmuslim *m*, -in *f*; unmenschlich, grausam; **seni ~ seni!** *als freundlicher Vorwurf* du bist doch ein Schelm! **~lik** ⟨-ğı⟩ Ungläubigkeit *f*; Unmenschlichkeit *f*

**kafiye** [kaː-] Reim *m* **~li** gereimt **~siz** reimlos, ohne Reim
**Kaf'kas** Kaukasus *m* **~lar** Kaukasusgebirge *n* **~ya** Kaukasusgebiet *n* **~yalı** Kaukasier *m*, -in *f*
**kaftan** Kaftan *m*
**kâfur** [-uːr], **~u** Kampfer *m*
**kağan** Khan *m*, Herrscher *m*
**kâgir** Stein-, Backstein- (*Haus*)
**kâğıt** [kiaːt] ⟨-dı⟩ Papier *n*; Schreiben *n*; Bericht *m*, Papier *n*; Formular *n*; (Spiel)Karte *f*; *Schule* schriftliche Arbeit; Tüte *f*; **~ açmak** die Karten aufdecken; **~ gibi olmak** leichenblass sein; **~ oynamak** Karten spielen; **~ oyunu** Kartenspiel *n*; **~ para** Papiergeld *n*; **~ üzerinde kalmak** *fig* nur auf dem Papier stehen; **-i kâğıda dökmek** zu Papier bringen *akk*; **kâğıda kaleme sarılmak** sofort aufschreiben *akk*; **ambalaj kâğıdı** Einwickelpapier *n*; **sigara kâğıdı** Zigarettenpapier *n*; **tuvalet kâğıdı** Toilettenpapier *n*; **yazı kâğıdı** Schreibpapier *n*
**kâğıtçı** Papier- und Schreibwarenhändler *m*, -in *f* **~lık** ⟨-ğı⟩ Papierherstellung *f*; Papierhandel *m*
**kâ'ğıthelvası** dünnschichtige Honigwaffel
**kâğıt|lamak** *v/t* mit Papier bekleben **~lı** … in Tüten, … in Schachteln; … in Packungen, abgepackt **~sı** papierartig
**kağnı** (zweirädriger) Ochsenkarren; **~ gibi** wie *e-e* Schnecke *gehen*
**kağşak** wacklig, altersschwach (*Stuhl*)
**kağşamak** wacklig werden (*umg a. Mensch*), altersschwach werden; *Möbel a.* aus dem Leim gehen
**kâh** *konj* **~ … ~ …** bald … bald …
**kahır** ⟨kahrı⟩ Kummer *m*, Bedrängnis *f*; Anforderung *f*; Härte *f*; große(s) Ungemach; Zugrundrichtung *f*
**kahırlanmak** sich (zu Tode) grämen
**kâhin** Wahrsager *m*, -in *f*, Hellseher *m*, -in *f* **~lik** ⟨-ğı⟩ Voraussage *f*
**Kahire** ['kaː-] Kairo *n*
**kahkaha** (lautes) Gelächter; **~ atmak** laut (auf)lachen; **in ein Gelächter ausbrechen; ~dan kırılmak** sich totlachen; **~yı basmak** (*od* **koparmak, salıvermek**) sich vor Lachen nicht halten können, vor Lachen platzen
**kahkahaçiçeği** ⟨-ni⟩ BOT Winde *f*
**kahpe** A *subst* Dirne *f*, Hure *f*; Schuft

*m;* ~**nin dölü** *Schimpfwort* Hundesohn *m* 🅱 *adj* treulos, verräterisch; ~ **felek** wankelmütige(s) Schicksal ~**ce** treulos, verräterisch

**kahpelik** ⟨-ği⟩ Unzucht *f,* Laster *n;* Treulosigkeit *f;* Gemeinheit *f*

**kahraman** *a.* THEAT Held *m;* **kadın** ~ Heldin *f* ~**ca** heldenhaft ~**laşmak** ein Held werden ~**laştırmak** *v/t* zu e-m Helden machen ~**lık** ⟨-ğı⟩ Heldentum *n;* Heldentat *f*

**'kahredici** erschreckend, quälend

**'kahr|etmek** 🅰 *v/t* vernichten; martern 🅱 *v/i* sich quälen, sich härmen; fluchen (*-e j-m*) ~**olmak** zugrunde gehen; sich grämen, sich quälen; **'kahrolsun ...!** nieder mit ...; **'kahrolayım, ...** so wahr ich hier stehe, ...

**kahvaltı** ⟨-yı⟩ Frühstück *n;* Imbiss *m* (*z. B. a. abends*); ~ **etmek** (*od* **yapmak**) frühstücken; ~**da ne var?** was gibt es zum Frühstück? ~**lık** ... zum Frühstück

**kahve** [ka:vɛ] Kaffee *m;* Café *n;* ~ **ağacı** BOT Kaffeebaum *m;* ~ **değirmeni** Kaffeemühle *f;* ~ **fincanı** Kaffeetasse *f;* ~ **makinesi** Kaffeemaschine *f;* ~ **ocağı** Kaffeeküche *f;* ~ **parası** Trinkgeld *n;* ~ **pişirmek** Kaffee kochen; ~ **takımı** Kaffeeservice *n;* ~ **tanesi** Kaffeebohne *f;* ~ **telvesi** Kaffeesatz *m;* **acı** (*od* **sade**) ~ Kaffee schwarz (*od* ungesüßt); **çekilmiş** ~ gemahlene(r) Kaffee; **çekirdek** ~ ungemahlene(r) Kaffee; **halis** ~ Bohnenkaffee *m;* **orta** (**şekerli**) ~ schwach gesüßte(r) Kaffee (Kaffee mit Zucker); **sütlü** ~ Kaffee mit Milch; **bir** ~! einen Kaffee, bitte! (*eine Tasse Kaffee*); **kır** ~**si** Kaffeegarten *m;* Straßencafé *n*

**kahveci** Cafetier *m,* Kaffeehausbesitzer *m;* Kaffeekellner *m;* Kaffeehändler *m* ~**lık** ⟨-ği⟩ Kaffeehandel *m;* Kaffeerösterei *f*

**kahvehane** [-ha:-] Café *n,* Kaffeehaus *n*

**kahverengi** ⟨-yi, -ni⟩ (kaffee)braun

**kahya** Hausmeister *m;* Verwalter *m;* Inspektor *m; fig hum* Gouvernante *f,* Vormund *m;* ~ **kadın** Verwalterin *f* ~**lık** ⟨-ğı⟩ Verwaltungsposten *m;* Hausmeisterposten *m;* (Vergütung *f* für) Verwaltungstätigkeit *f;* ~ **etmek** als Verwalter *etc* arbeiten; seine Nase in alles stecken

**kaide** [ka:-] *osm* Regel *f;* Grundlage *f;* Norm *f;* Sockel *m;* ~ **olarak** in der Regel

**kaim** [ka:-]: ... **yerine** ~ **olmak** an die Stelle *gen* treten

**kaime** [ka:-] HIST Papiergeld *n;* HIST Urkunde *f;* **mezat** ~**si** amtliche Versteigerungsliste

**kâinat** [-a:t] ⟨-tı⟩ Weltall *n;* jeder, alle Welt

**kak** ⟨-kı⟩ 🅰 *subst* Trockenfrucht *f;* Art Geleefrucht *f* 🅱 *adj fig* ausgetrocknet, dürr; **kayısı** ~**ı** getrocknete Aprikosen *f/pl*

**kaka** 🅰 *adj* Kind böse 🅱 *subst* Schmutz *m; sl* Kacke *f;* ~ **yapmak** *umg* Kind groß machen; *sl* kacken

**kakalamak**[1] *-i j-m* Püffe geben, Stöße versetzen; *j-m* schlechte Ware andrehen

**kakalamak**[2] *Kind* groß machen; *-e umg* vollmachen *akk*

**ka'kao** Kakao(baum) *m;* Kakao *m* (*Getränk*)

**kakar** → kakmak

**kakavan** eitel, von sich eingenommen, eingebildet ~**lık** ⟨-ğı⟩ Überheblichkeit *f,* Eitelkeit *f*

**kakılmak**: **kakılıp kalmak** wie angewurzelt dastehen

**kakım** ZOOL Hermelin *n;* Hermelin *m* (*Pelz*)

**kakır**: ~ ~ knirschend; knackend; ~ ~ **gülmek** laut und unentwegt lachen; ständig kichern ~**damak** knirschen; knacken; *umg* abkratzen ~**tı** Knirschen *n;* Knacken *n*

**kakışma** Missklang *m,* Kakofonie *f;* Katzenmusik *f;* → kakışmak

**kakışmak** sich puffen; *fig* sich zanken

**kakma** Intarsien *f/pl;* eingelegt, Intarsien-; ziseliert; getrieben

**kakmacı** Graveur *m,* Stecher *m;* Intarsiator *m* ~**lık** ⟨-ğı⟩ Gravierkunst *f*

**kakma|k** ⟨-ar⟩ stoßen, drängen; *Nagel* einschlagen (*-e* in *akk*); gravieren, einlegen (*-e* in *akk*) ~**lı** Intarsien-, ... mit Gravierungen; getrieben, graviert

**kaknem** sehr hässlich; *fig* Haut und Knochen; vergrämt

**kakofoni** Kakofonie *f*

**'kaktüs** BOT Kaktus *m*

**kakule** BOT Kardamom *m* (*a. n*)

**kâkül** Stirnlocke *f*

**kal**[1] [a:] ⟨-li⟩ Gesagte(s); ~**e al(ın)maya**

**değmez** nicht erwähnenswert; **-i ~e almamak** fig hinweggehen (über akk)
**kal²** ⟨-lı⟩ Läuterung f von Metallen
**kala** Ort, Zeit vor dat: **(saat) altıya beş (dakika) ~** um fünf Minuten vor sechs (Uhr); **yediye çeyrek ~ geldi** er kam um viertel vor sieben an; **köye iki kilometre ~ benzin bitmiş** zwei Kilometer vor dem Dorf war das Benzin alle; **~ ~** höchstens; alles in allem
**kalaba** umg → kalabalık
**kalabalık** ⟨-ğı⟩ Menschenmenge f; Gedränge n; Wirrwarr m, Panik f; Durcheinander n von Sachen; Versammlung stark besucht; zahlreich (Familie); Autobus überfüllt; **günün en ~ saatlerinde** zu den Stoßzeiten; **~ etmek** sich drängen; Sache platzraubend sein **~laşmak** v/i umg voll werden, sich füllen, ausufern
**kalafat** ⟨-tı⟩ Kalfaterung f; Überholung f, Instandsetzung f; HIST Art Turban m; **~ yeri** Schiffsreparaturwerk n; Dock n; **~a çekmek** v/t auf Dock legen; fig j-n ausschalten **~çı** Kalfaterer m **~lamak** v/t kalfatern; ein Schiff auf Dock legen; fig polieren; schön machen
**kalak** ⟨-ğı⟩ dial Nüstern f/pl
**kalakalmak** verdutzt sein; ratlos (od hilflos) dastehen; fig in der Patsche sein
**kalamar** ZOOL Kalmar m (Loligo vulgaris)
**kalan** restlich; MATH Rest m
**kalantor** Protz m; protzenhaft
**kalas** Balken m, Bohle f
**kalay** Zinn n; Zinn-; verzinnt; fig Fluchen n, Schimpfen n; Augenwischerei f; **-e ~ı basmak** umg j-m Zunder geben
**kalay|cı** Verzinner m; Schwindler m **~lamak** v/t verzinnen; fig verschleiern, vertuschen; j-m die Leviten lesen
**kalay|lı** verzinnt; zinnhaltig; fig vorgetäuscht **~sız** unverzinnt
¹**kalben** [-al-] von Herzen
**kalbi ...** → kalp

**kalbur** Sieb n; **-i ~a çevirmek** durchlöchern akk; **~dan geçirmek** sieben; durchsieben **~lamak** v/t durchsieben
**kalburüstü** ⟨-nü⟩ prominent; **~ne gelenler** Elite f, (die) Creme der Gesellschaft
**kalcı** TECH Schmelzer m
**kalça** Hüfte f; Becken n; **~ kemiği** Hüftbein n **~sız** ohne Hüften; schmalhüftig

**kalçın** Puschen m; Überziehstiefel m
**kaldıraç** ⟨-cı⟩ Hebel m; Kurbel f
**kaldıran** ANAT Heber m, Levator m
**kaldırılma** Beseitigung f; Einstellung f; Liquidierung f; Außerdienststellung f
**kaldırılmak** passiv von kaldırmak
**kaldırım** Bürgersteig m, Trottoir n; gepflasterte(r) Weg; **~ çiğnemek** fig weit herumkommen, Erfahrung sammeln; **~ mühendisi** Herumbummler m; **~ taşı** Pflasterstein m; **~a düşmek** v/i verkommen, vergammeln; Ware verschleudert werden **~cı** Pflasterer m; Herumlungerer m; umg Schwindler m **~lı** gepflastert **~sı** MED Granulations- (Gewebe) **~sız** ungepflastert
**kaldırma** Hebe-; WIRTSCH Aufschwung m; yürürlükten **~** Außerkraftsetzung f
**kaldırmak** v/t heben; j-n wecken; umg klauen; Bestimmung, Blockade aufheben; Betrieb einstellen; Brücke demontieren; Ernte einbringen; Gegenstand wegstellen, außer Reichweite stellen; Geschirr abräumen; Jalousie hochziehen; Königtum abschaffen; e-n Kranken umg wieder auf die Beine bringen, hochbringen; (-i -e) j-n ins Krankenhaus einliefern, überführen, schaffen; Mädchen entführen; Scherze, Speisen etc (meist nicht) vertragen (können); Schüler aufrufen; Staub aufwirbeln; MIL Stützpunkt liquidieren; Urlaub sperren; Wagen (Last) tragen, aushalten, schaffen; Waren (durch Spekulanten) aufkaufen; Zelt abbrechen; **ortadan ~** beseitigen, liquidieren; fig aus dem Verkehr ziehen; **şerefe kadeh ~** sein Glas auf j-s Gesundheit heben
**kaldırtmak** passiv von kaldırmak
**kale** Burg f, Festung f; Festungs-; fig Bollwerk n, Hort m; Stellungs- (Krieg); Schach Turm m; SPORT Tor n
**kalebent** ⟨-di⟩ HIST Festungshäftling m
**kaleci** Torwart m
**kalem** (Schreib)Feder f; Stift m; Meißel m; Posten m e-r Rechnung; Büro n; Kanzlei f; **~ açmak** Bleistift anspitzen; fig aus dem Gedächtnis streichen; **~ efendisi** HIST Kanzleibeamte(r); **-e ~ oynatmak** Text korrigieren; verfassen, schreiben akk; **-i ~e almak** ihm aus der Feder gen/ von stammen; kırmızı **~** Rotstift m; tü-

**kenmez** ~ Kugelschreiber *m*
**kalemkâr** Stuckateur *m*; Graveur *m*
**kalemşor** Schreiberling *m*
**kalemtıraş** Bleistiftanspitzer *m*
**kalender** **A** *subst* Einsiedler *m*, -in *f*; Eigenbrötler *m*, -in *f* **B** *adj* gemütlich (*Person*)
**kalenderce** verhalten, zurückhaltend
'**kalfa** Geselle *m*; Schulbegleiter *m* **~lık** ⟨-ğı⟩ Gesellenstand *m*; **~ sınavı** Gesellenprüfung *f*
**kalgımak** *Pferd* sich aufbäumen; *Delfin* emporschnellen, emporschießen
**kalıcı** beständig, dauerhaft; unsterblich
**kalıcılık** ⟨-ğı⟩ Beständigkeit *f*, Dauerhaftigkeit *f*
**kalıç** ⟨-cı⟩ Sichel *f*
**kalık** ⟨-ğı⟩ mangelhaft; veraltet; *Mädchen umg* sitzen geblieben
**kalıklık** ⟨-ğı⟩ Mangelhaftigkeit *f*
**kalım**: → **ölüm kalım**
**kalın** dick; stark (*z. B. Handgelenk*); *Nebel, Rauch* dicht; dickflüssig; GRAM velar, hinter-; *Stimme* tief, rau; **~ kafalı** schwer von Begriff
**kalınba(ğı)rsak** ⟨-ğı⟩ Dickdarm *m*
**kalınca** dicklich, ziemlich stark
**kalın|laşmak** dicker werden; *Stimme* rau werden **~lık** ⟨-ğı⟩ Dicke *f*, Stärke *f*; Dichte *f*; Rauheit *f* (*Stimme*)
**kalınmak**: *passiv von* **kalmak**; **kalınır** man kann bleiben, man kann bleiben (über Nacht)
**kalıntı** Rest *m*; Überbleibsel *n*; BIOL Rudiment *n*; rudimentär
**kalınyağ** Schweröl *n*
**kalıp** ⟨-bı⟩ Form *f*, Matrize *f*, Schablone *f*; Muster *n*, Modell *n*; (Schuster)Leisten *m*; Stück *n Käse, Seife*; **~ gibi** wie ein Klotz (*daliegen*); wie ein Murmeltier *schlafen*; *Kleid* wie angegossen *sitzen*; **~ kıyafet** Äußere(s); **kalıba vurmak** wieder in Form bringen; **kalıbı değiştirmek** (*od* **dinlendirmek**) *umg* ins Gras beißen; **kalıbını basmak** sich für *etw* verbürgen; **~tan kalıba girmek** *fig* Problem hin und her gewälzt werden; **-i ~ etmek** *umg* j-n anführen, anschmieren
**kalıpçı** Modellierer *m*, -in *f*, Anfertiger *m*, -in *f von Formen etc*; *umg* Schwindler *m*, -in *f*
**kalıplamak** (aus)formen; (wieder) in Form bringen; gerade biegen

**kalıplaş|mak** zur Schablone werden **~mış** schablonisiert, geformt; **~ iyelik** GRAM uneigentliche(s) Personalsuffix (*z. B.* bir-i, biri-si)
**kalıplı** Modell-; flott, gut geschnitten
**kalıpsız** formlos, plump, unansehnlich
**kalıpsöz** LIT Phrase *f*
**kalır** → **kalmak**
**kalıt** ⟨-tı⟩ Erbschaft *f*, Erbe *n* **~çı** Erbe *m*, Erbin *f* **~ım** BIOL Erblichkeit *f*; Vererbung *f* **~ımsal**, **~sal** erblich, Erb- **~ımbilim** Genetik *f*
ka'**libre** Kaliber *n*; **küçük ~** Kleinkaliber *n*
**kalifiye** qualifiziert; **~ eleman** Fachkraft *f*; **~ işçi** Facharbeiter *m*
**kaligrafi** Kalligrafie *f*, Schönschreibkunst *f*
ka'**lite** Qualität *f*; Qualitäts- (*Wein*); **~si bozuk** von schlechter Qualität
ka'**lite|li** *Sache* hochwertig, Qualitäts-; hoch qualifiziert (*z. B. Techniker*) **~siz** Ware minderwertig; *fig* niveaulos
**kalkan[1]** Schild *m*; *fig* Schutz *m*; **~ duvarı** Giebeldreieck *n*
**kalkan[2]** ZOOL Steinbutt *m* (*Rhombus maximus*)
**kal'kanbezi** ANAT Schilddrüse *f*
**kalkar** → **kalkmak**
**kalker** [kal-] Kalkstein *m* **~leşmek** *v/i* verkalken **~li** Kalk-, kalkhaltig
**kalkık** emporstehend, nach oben gerichtet; höher (*als z. B. die eine Seite*); abgeblättert; hochgeschlagen; **~ burun** Stupsnase *f*; **~ gözler** hervorquellende Augen *n/pl*; *umg* Glotzaugen *n/pl*
**kalkındırmak** *v/t* aufbauen (*Ort*); ankurbeln (*Wirtschaft*)
**kalkınma** WIRTSCH Belebung *f*; WIRTSCH Wachstum *n*, Aufschwung *m*, Entwicklung *f*; **~ hızı** Wachstumsrate *f*
**kalkınmak** WIRTSCH sich (wirtschaftlich) erholen, sich wieder beleben; WIRTSCH wachsen, sich entwickeln; **~ta olan ülke** Enwicklungsland *n*
**kalkış** Abflug *m*, Start *m*; Abfahrt *f*; Aufbruch *m*; **~a geçmek** abfliegen, starten **~mak** *-e* sich wagen an *akk* (*od* daran, zu …); sich einlassen in *akk*; sich anschicken, zu …
**kalkmak** ⟨-ar⟩ **A** *v/i* aufstehen, sich erheben; sich erheben, rebellieren; weggehen, aufbrechen; *Belag* sich ablösen,

abblättern; *Brauch, Sitte* verloren gehen; *Deckel* abgehoben werden; *Ernte* eingebracht werden; sich abheben; *Gesetz* aufgehoben werden, abgeschafft werden; *Kranker* wieder aufstehen können; *vom Markt* verschwinden; *Pferd* sich aufbäumen; *Zug* abfahren; **kalk borusu** MIL Wecksignal *n*; **bizim paket kalk gidelim oldu** *umg* unser Paket ist verschüttgegangen **B** *-e* sich anschicken zu
**kallavi** groß *(Mokkatasse)*
**kalleş** treulos; verräterisch; Betrüger *m*
**kalma** ⟨-den⟩ stammend *von j-m, aus e-r Zeit*; ~ **durumu** GRAM Lokativ *m* (*-de, -da*); **Nuh-u Nebi'den** ~ vorsintflutlich
**kalmak** ⟨-ır⟩ **A** *v/i* bleiben (*z. B. Kind* bleiben); übrig bleiben; *Angelegenheit, Arbeit* liegen bleiben; *Auto* stecken bleiben; *Beziehungen* bestehen; *-mekle* **kalmamak** sich nicht darauf beschränken zu ... (... *de sondern auch* ...); **kaldı ki** dazu kommt noch, dass ...; außerdem; **az kaldı, az kalsın** fast, beinahe; **kalır yeri yok** unterschiedslos **B** (*-de*) bei *j-m* wohnen (*vorübergehend*); *im Hotel* wohnen; *irgendwo* bleiben, *umg* stecken; *in e-m Land* leben; (**sınıfta**) ~ *Schüler* sitzen bleiben; *-in* **içinde** ~ gehüllt sein in (*dat, z. B. Rauch*); **nerede kaldınız?** wo haben Sie gesteckt? **C** (*-e*) *j-m* zufallen, *bei j-m* liegen; *Abfahrt, Besuch etc* verschoben werden (*auf akk*); *Zeit, Stunden* verbleiben (*bis akk*); auskommen müssen mit; fertig werden mit (*dat*), meistern (können) *akk*; (**gece yatısına**) ~ über Nacht bleiben; **yemeğe** ~ zum Essen bleiben; **bir saate kalmadan** in weniger als e-r Stunde; **bana kalırsa** (*od* **kalsa**) meines Erachtens; wenn es mir möglich wäre, wenn ich es könnte **D** (*-den*) *Erbschaft, Haus* übergehen (-*e auf akk*); *Wind* sich legen; Abstand nehmen (*von dat*); ohne ... (*z. B. Arbeit*) sein; *s-e* Stellung verlieren **E** Stützverb sein, *z. B.* **aç** ~ hungrig sein **F** *-e-* **(-a)kalmak** zum Ausdruck der Plötzlichkeit, Überraschung, → **bakakalmak, donakalmak**
**'Kalmuk** ⟨-ğu⟩ Kalmücke *m*
**ka'loma** SCHIFF Schlafseil *n*
**kalori** [-*l*-] Kalorie *f*
**kalorifer** [-*l*-] Zentralheizung *f*; *umg* Heizkörper *m* ~**ci** Heizer *m*; Heizungstechniker *m*
**kalp**[1] [kalp] ⟨-bi⟩ Herz *n*; ~ **ağrısı** Liebeskummer *m*; ~ **çarpıntısı** Herzklopfen *n*; MED Tachykardie *f*; ~ **hastası** herzkrank; ~ **kapağı** Herzklappe *f*; ~ **kırmak** *j-n* kränken, beleidigen; ~ **krizi**, ~ **sektesi** Herzanfall *m*; ~ **yetmezliği** Herzinsuffizienz *f*; **kalbi bütün** gutherzig; **kalbi olan** herzkrank; seelenvoll; **kalbi olmamak** kein Herz haben; **kalbine girmek** *j-n* lieb gewinnen; **kalbine göre** (*Gott gibt*) ... das, was jemand verdient; ~**in kalbine işlemek** *j-m* zu Herzen gehen; ~**ten** herzlich; von Herzen; ~**ten ölmek** an Herzversagen sterben
**kalp**[2] [kap] ⟨-bı⟩ falsch, gefälscht; *Person* verlogen; unzuverlässig
**kalpak** ⟨-ğı⟩ (Pelz)Mütze *f*
**kalpazan** Falschmünzer *m*; Betrüger *m*; Hochstapler *m* ~**lık** ⟨-ğı⟩ Falschmünzerei *f*; Hochstapelei *f*
**kalpli** ... mit Herz; **iyi** ~ gutherzig
**kalpsiz** herzlos ~**lık** ⟨-ğı⟩ Herzlosigkeit *f*
**'kalsiyum** Kalzium *n* ~**lu** kalziumhaltig
**kaltaban** Gauner *m*
**kaltak** ⟨-ğı⟩ Holzteil *m* des Sattels; *fig umg* Dirne *f*
**kalubela** [ˈkaːluːbɛlaː]: ~**dan beri** seit unvordenklichen Zeiten
**Kalvenci** Calvinist *m*, -in *f* (Anhänger *m* der Lehre Calvins) ~**lik** ⟨-ği⟩ Calvinismus *m*
**'kalya** gebratene Kürbisse oder Auberginen
**kam** TECH Nocke *f*
**'kama** Keil *m*; Verschluss *m* e-r Waffe; Gewinn *m* im Spiel; zweischneidiger Dolch; ~ **basmak** im Spiel gewinnen, siegen; ~ **biçimde** keilförmig
**'kamacı** Artillerieschlosser *m*
**'kamalamak** *v/t* erdolchen
**kamanço**: *-e* ~ **etmek** *umg* abwimmeln (*auf akk*)
**ka'mara** Kajüte *f*; Kabine *f*, Raum *m*; in Großbritannien **Avam Ka'marası** Unterhaus *n*; **Lortlar Ka'marası** Oberhaus *n*
**kama'rilla** Kamarilla *f*, Clique *f*
**kamarot** ⟨-tu⟩ (Schiffs)Steward *m*
**kamaşmak** Augen geblendet sein (*od* werden); *Zähne* stumpf werden *durch Säure*
**kamaştırıcı** blendend; grell; glitzernd;

# KAN

**göz ~ bes** fig blendend
**kamaştırmak** v/t blenden; *Edelstein* glitzern; fig (unangenehm) auffallen
**kamber** fig treue(r) Diener; **~siz düğün olmaz** (er) ist überall dabei
**'kambiyo** Devisenhandel m; Geldumtausch m; Devisen pl; Wechselstube f; **~ kuru** Wechselkurs m
**Kam'boçya** Kambodscha n **~lı** Kambodschaner m, -in f; kambodschanisch
**kambur** Buckel m; Ausbuchtung f, Wölbung f; bucklig; gekrümmt; Kummer m; Hindernis n; *-e* **daha geliyor** fig *(die Sache)* hat noch e-n Haken; **~ felek** launische(s) Schicksal; **~ üstüne** (*od* **~ üstüne**) Pechsträhne f; *-in* **~u çıkmak** e-n Buckel bekommen, fig von der Arbeit gebeugt sein
**kamburlaş|mak** v/i bucklig werden, sich wölben **~tırmak** v/t krümmen; wölben; *Katze a.* **sırtını ~** e-n Buckel machen
**kamburumsu** leicht gebeugt
**kamçı** Peitsche f; Geißel f; SCHIFF frei hängende(s) Tau; *-e* **~ vurmak** (*od* **çalmak**) j-n mit der Peitsche schlagen **~lamak** v/t peitschen (*a.* Sturm etc); auspeitschen; fig Nerven aufpeitschen
**kamçılı** ... mit der Peitsche; Tyrann m; ZOOL Geißeltierchen n
**ka'melya** Kamelie f
**kamer** osm Mond m
**'kamera** subst (Film-, Video)Kamera f **B** int Achtung, Aufnahme!; **~ karşısında** vor der Kamera
**'kameraman** Kameramann m
**kameri** [i:] Mond- *(Jahr etc)*
**kameriye** Laube f
**kamış** Schilf(rohr) n; Rohr-; Korb-; *umg* Penis m; **~ dam** Schilfdach n; **~ şekeri** Rohrzucker m
**kamışlık** ⟨-ğı⟩ Röhricht n
**kamışsı** rohrartig; hohl
**kâmil** vollkommen; reif; hochgelehrt
**kamp** ⟨-pı⟩ Lager n; Lager- (*Leben*); **~ kurmak** campen; çadırlı **~** Zeltlager n; **esir ~ı** Gefangenenlager n; **toplama ~ı** Konzentrationslager n, KZ n
**kam'pana** (Schiffs)Glocke f
**kam'panya** Kampagne f (Verkaufs)Aktion f; **bağış ~sı** Spendenaktion f; **imza ~sı** Unterschriftenaktion f; **seçim ~sı** Wahlkampagne f, Wahlkampf m

**kampçı** Lagerinsasse m; Camper m
**kampçılık** ⟨-ğı⟩ Lagerleben n; Camping n; **~ yapmak** campen
**kamping** Campingplatz m
**kamu** Öffentlichkeit f; öffentlich, staatlich; **~ görevlisi** Beamte(r), Angestellte(r) im öffentlichen Dienst; **~ hukuku** öffentliche(s) Recht; **~ iktisadî teşebbüsü (KİT)** staatliche(s) Wirtschaftsunternehmen n; **~ kesimi** (*od* **sektörü**) staatseigene Betriebe; **~ personeli** (*od* **hizmetlileri**) (die) öffentlich Bediensteten
**kamuflaj** Tarnung f; **~ yapmak** v/i tarnen
**kamufle** getarnt; verschleiert; *-i* **~ etmek** tarnen; verschleiern
**kamulaştır|ma** Verstaatlichung f **~mak** verstaatlichen
**kamuoyu** öffentliche Meinung; **~ araştırması** Meinungsumfrage f
**kamusal** öffentlich; publik
**kamyon** Lastkraftwagen m, Lkw m
**kamyoncu** Lastwagenfahrer m, Fernfahrer m; Lastwagenbesitzer m
**kamyonet** ⟨-ti⟩ Lieferwagen m
**kan** Blut n (*a.* fig Stamm, Geschlecht); **~ ağlamak** bitterlich weinen; **~ alma** Blutabnahme f; **~ almak** Blut abnehmen (*-den* bei); **~ bağı** Blutsbande f; **~ bankası** Blutbank f; **~ basıncı** Blutdruck m; **~ çekmek** *umg* etw vom Vater (*od* der Mutter) haben; sich verwandt fühlen; **~ çıbanı** MED Furunkel m (*a.* m); **~ davası** Blutfeindschaft f; Blutrache f; **~ dolaşımı** Blutkreislauf m; **~ durdurucu** blutstillend; **~ dökme** Blutvergießen n; **~ dökmek** Blut vergießen; **~ dökücü** blutdürstig; **~ gelmek** v/unpers (es) blutet; **~ gövdeyi götürüyor** es wird viel Blut vergossen; **~ grubu** Blutgruppe f; **~ gütmek** Blutrache üben; *-e* **~ istemek** j-s Tod fordern; **~ kanseri** MED Blutkrebs m; **~ kardeşi** Blutsbruder m; **~ kaybı** MED Blutverlust m; **~ kaybından ölmek** verbluten; **~ kesen** blutstillend; **~ kırmızı** blutrot, knallrot; (der, die, das) Schlimmste; *-e* **~ kusturmak** j-m viel Leid zufügen; **~ lekesi** Blutfleck m; **~ nakli** Blutübertragung f; **~ çıkar** *hum* es gibt (sonst) ein Blutvergießen; **~ plazması** Blutplasma n; **~ portakalı** Blutorange f; **~ sayımı** Blutbild n; **~ sucuğu** Blutwurst f; **~ tahlili** Blutsenkung f; **~**

**ter içinde** schweißgebadet; *-i* **~ tutmak** *fig* kein Blut sehen können; **~ verecek kişi, ~ verici** Blutspender *m*, -in *f*; *-e* **~ vermek** *j-m* Blut spenden; *j-m* Blut übertragen; **~ zehirlenmesi** Blutvergiftung *f*; *-in* **~ı başına çıktı** das Blut stieg ihm (vor Wut) in den Kopf; **~ı kaynamak** lebhaft sein; herumtollen; **b-ne ~ı kaynamak** sich entflammen für *j-n*

**kanaat** [-na:-] 〈-ti〉 Genügsamkeit *f*; Überzeugung *f*, Auffassung *f*; *-e* **~ etmek** sich zufriedengeben mit; *-e* **~ getirmek** zu dem Schluss kommen, dass ...; **~imce** nach meiner Überzeugung **~kâr** anspruchslos, genügsam **~lık** 〈-ğı〉 Anspruchslosigkeit *f*

**kanaatli** → kanaatkâr

'**kanaktarım(ı)** MED Blutübertragung *f*

**kanal** 〈-lı〉 Kanal *m*; **Süveyş ≈ı** Suezkanal *m*; **televizyon ~ı** Fernsehkanal *m*

**kanalıyla** *fig* über *akk*, mittels *gen*

**kanalizasyon** Kanalisation *f*, Siel *m*

**kana**|**ma** Blutung *f*; **burun ~sı** Nasenbluten *n* **~malı** blutend

**kanar** → kanamak, kanmak

**ka**'**narya** Zool Kanarienvogel *m* **~otu** BOT Vogelmiere *f*

**kanat** 〈-dı〉 Flügel *m*; Flosse *f* des Fisches; MIL Flanke *f*; Hälfte *f* e-s Vorhangs; Fußball Flügelstürmer *m*; *(-ın)* **kanadı altında** unter dem Schutz *gen*; *-i* **kanadı altına almak** *fig j-n* unter seine Fittiche nehmen

**ka**'**nata** Krug *m*

**kanatçık** 〈-ğı〉 FLUG Querruder *n*; Flügelchen *n*

**kanatlan**|**dırmak** *v/t* erfreuen **~mak** *v/i* flügge werden; anfliegen; *fig* außer Rand und Band geraten

**kanatlı** mit Flügeln; TECH Flügel-; Schaufel-; geflügelt (*z. B.* ZOOL *Insekten*); **iki ~ kapı** Flügeltür *f*

**kanatmak** *kaus von* kanamak; *v/t* zum Bluten bringen; **parmağını** *etc* **~** sich (*dat*) in den Finger *etc* schneiden

**ka**'**nava, kana**'**viçe** Kanevas *m*, Gitterleinen *n*; Kreuzstich *m*; Sackleinen *n*

'**kanca** Haken *m*; Bootshaken *m*; *-e* **~yı takmak** (*od* **atmak**) nachtragend sein; *j-n* belästigen; *j-m* zusetzen **~lamak** *v/t* e-n Haken anbringen (an *akk*); mit dem Haken heranziehen; *fig* sich an *j-n* anklammern *od* an *etw* klammern **~lı**

mit e-m Haken; Haken-

**kancık** 〈-ğı〉 **Ⓐ** *subst dial* Weibchen *n* (*Tier*); *pej* Frau *f* **Ⓑ** *adj* hinterhältig

**kançılar** Botschaftssekretär *m*, -in *f*; Konsulatsbeamte(r) **~ya** [-'larja] Botschaftskanzlei *f*

**kandaş** blutsverwandt

**kandaşlık** 〈-ğı〉 Blutsverwandtschaft *f*

**kandırıcı** überzeugend; verführerisch; durststillend; sättigend

**kandır**|**ış ~ma** Überzeugung *f*; Überredung *f*; Versuchung *f*, Verführung *f* **~maca** Überreden *n*, Täuschen *n*

**kandırmak** *kaus von* kanmak; überzeugen; überreden; täuschen; *j-m* den Durst *od* Hunger stillen

**kandil** **Ⓐ** *subst* Öllampe *f*; **~ (gecesi)** e-e der vier muslimischen Festnächte, an denen die Minarette illuminiert werden; **~in yağı tükendi** *fig* das Leben ist erloschen **Ⓑ** *adj* betrunken

'**kandoku** ANAT Fibrin *f*

**kandil**|**leşmek** *sich* (*dat*) *zur* → kandil gecesi *beglückwünschen* **~li** illuminiert; *umg* besoffen; **~ küfür** ordinärste(r) Fluch

**ka**'**nepe** Sofa *n*; Kanapee *n*, Partyhappen *m*

**kangal** (Draht)Rolle *f*; Spule *f*; Docke *f*; Kranz *m*, Ring *m* von Würsten; ANAT Schlinge *f*, Ansa *f*; ZOOL ostanatolische Schäferhundrasse

**kangallamak** *v/t* aufspulen, aufwickeln

**kangren** MED Brand *m*, Gangräne *f*; **~ olmak** brandig werden; *fig* → kangrenleşmek

**kangrenleşmek** brandig werden; *fig* zu einem unlösbaren Problem werden

'**kanguru** Känguru *n*

**kanı** Auffassung *f*; Überzeugung *f*; Meinung *f*; **~ma göre, ~mca** nach meiner Meinung; **-diği ~sındayım** ich bin der Meinung, dass ...

**kanıksa**|**ma** *pej* Gewöhnung *f*; Ausbrennen *n* **~mak** *-i* sich gewöhnen an *akk*; abgebrüht sein gegen *akk*; ausbrennen

**kanırtmaç** 〈-cı〉 Brecheisen *n*

**kanırtmak** *-i* durch Lockern herausziehen (*Nagel etc*); abbrechen (*Ast*)

**kanıt** 〈-tı〉 Beweis *m*; Argument *n*

**kanıtlamak** *v/t* beweisen; begründen

**kanıtlı** bewiesen; begründet
**kani** [ka:ni:] überzeugt; **-diğine ~yim** ich bin überzeugt davon, dass ...; **-e ~ olmak** sich überzeugen lassen von
**kankurutan** BOT Mandragore f; Alraune f
**kanlamak** -i mit Blut beflecken akk
**kanlanmak** v/i mit Blut befleckt werden, blutige Stellen bekommen; wieder zu Kräften kommen; Auge blutunterlaufen sein
**kanlı** blutbefleckt; blutig; Beefsteak nicht durchgebraten; Auge blutunterlaufen; dial Mörder m, -in f; **~ canlı** Person sanguinisch, vital
**kanmak** ⟨-ar⟩ -e Glauben schenken dat; sich verleiten lassen zu; sich begnügen mit; sich satt trinken (an dat); **kana, kana,** a. **kanıncaya kadar** (mehr als) genug, reichlich
**'kano** Kanu n; Kahn m
**kanon** Kanon m
**kansa** MED Kropf m
**kanser** MED Krebs m, Karzinom n; **-in ~i olmak** Krebs haben **~leşmek** krebsartig werden **~li** Krebs-, krebsartig; krebskrank
**kanserojen** krebserregend
**kanseroloji** Karzinologie f
**kansız** Lippen blutleer; Revolution unblutig; MED blutarm, anämisch; fig apathisch; ängstlich; umg niederträchtig, feig
**kansızlık** ⟨-ğı⟩ Blutarmut f; Apathie f; Ängstlichkeit f; Niedertracht f
**kantar** (Schnell)Waage f; HIST Gewicht von etwa 56 kg; **~ kolu** Waagebalken m; -i **~a çekmek** v/t auswiegen; **~ı belinde durchtrieben;** Pfiffikus m
**kantar|lamak** v/t auswiegen; fig genau erwägen; j-n prüfen, testen **~lı: ~ küfür** unflätige Beschimpfung
**kantaron** BOT Tausendgüldenkraut n (Centaurea)
**'kantaşı** ⟨-nı⟩ Hämatit m
**kantat** ⟨-tı⟩ MUS Kantate f
**kantin** Kantine f; Slang: Spinnerei f
**kantinci** Kantinenwirt m, -in f
**'kanto** MUS Chanson n, Couplet n
**'kantocu** f Kabarettsängerin f
**kanton** POL Kanton m (in der Schweiz)
**kanun**[1] [ka:nu:n] Gesetz n; Gesetzbuch n, Kodex m; **~ hükmünde kararname** Erlass m
**kanun**[2] MUS Art Zimbel f
**kânun** HIST **~uevvel** Dezember m; **~usani** HIST Januar m
**kanundışı** illegal, ungesetzlich
**ka'nunen** gesetzlich, nach dem Gesetz
**kanun|î** [-ni:] gesetzlich, legal; juristisch; 2 **Sultan Süleyman der Prächtige ~iyet** ⟨-ti⟩ osm Gesetzmäßigkeit f; Gesetzeskraft f; **~ kesp etmek** → kanunlaşmak
**kanunlaşmak** Gesetzeskraft erlangen
**kanunsuz** ungesetzlich, illegal; gesetzlos
**kanyak** ⟨-ğı⟩ Branntwein m
**kaos** Chaos n; **~ yaşandı** es herrschte ein Chaos
**kap**[1] ⟨-bı⟩ Gefäß n; Behälter m; Schüssel f; Überzug m, Hülle f; Einband m, Deckel m e-s Buches; **~ kacak** Küchengeschirr n; **iki ~ yemek** zwei Gänge, zwei Gerichte; -e **~ geçirmek** Buch einschlagen; Kissen überziehen; **kabına sığmamak** fig außer sich (dat) sein

**kap**[2] ⟨-pı⟩ Cape n, Pelerine f
**kapak** ⟨-ğı⟩ Deckel m; Motorhaube f; (Flaschen)Verschluss m; MATH Segment n; -e **kapağı atmak** Zuflucht finden (in, bei dat)
**kapakçık** a. ANAT Klappe f
**kapakkızı** Covergirl n
**kapaklanmak** stürzen; umg lang hinschlagen; Schiff kentern; AUTO sich überschlagen
**kapaklı** verschlossen; ... mit Deckel; **gizli ~** heimlich, verstohlen, verdeckt
**kapaksız** ... ohne Deckel; fig ungebildet
**kapalı** verschlossen; geschlossen (Sitzung, Stromkreis, Silbe, Kleid); fig vage; Frau mit Kopfbedeckung; Wetter trübe, bedeckt; **~ bir hayat yaşamak** ein zurückgezogenes Leben führen, sehr abgeschlossen leben; **~ devre televizyon** Kabelfernsehen n; -i **~ geçmek** (mit Stillschweigen etc) übergehen akk; **~ kalmak** eingeschlossen sein; **~ kutu** Person verschlossen, zugeknöpft; (ein) Rätsel n; Heimlichtuer m, -in f; **~ yüzme havuzu** Hallenschwimmbad n; **üstü ~** Hallen-
**kapalıçarşı** (überdachter) Basar m; 2 Großer Basar (in Istanbul)
**kapalılık** ⟨-ğı⟩ Verschlossenheit f

**kapalıtohumlular** BOT Bedecktsamer m/pl

**kapama** Fleischgericht mit Lattich und frischer Zwiebel; → kapamak; Verschluss-; Absperr- (Hahn); **cadde ~sı** Barrikade f

**kapamak** v/t schließen, zumachen; den Ausblick versperren, verdecken; e-n Teil bedecken; Buch zuklappen; Gesicht bedecken; Loch zustopfen; Schulden ausgleichen, decken; Strom ausschalten; Text chiffrieren, verschlüsseln; Thema abschließen; Verbrecher einsperren (-e in akk); Wasser abstellen; Weg sperren; versperren; beschließen (z. B. mit e-m Fest); WIRTSCH abschließen (mit e-m Gewinn etc)

**kapan** Falle f; **~e kurmak** j-m e-e Falle stellen; **~a düşmek** (od girmek, kısılmak) in die Falle gehen; **~a sıkıştırmak** (od kıstırmak) fig j-n in e-e Falle locken; j-n in große Bedrängnis bringen **~ca** kleine Falle; fig List f

**kapanık** geschlossen; verschlossen; finster (Ort); trüb (Wetter)

**kapanıklık** f, içine ~ Verschlossenheit f; PSYCH Introvertiertheit f

**kapanış** Schluss m; Radio, TV Sendeschluss m; WIRTSCH Börsenschluss m

**kapanma** Verschluss f; **~ saati** Ladenschluss(zeit f) m

**kapanmak** passiv von kapamak; sich werfen (an die Brust, auf den Boden); Halbzeit schließen (mit ...); Himmel sich bedecken; sich beziehen; Schule sich schließen; Wunde zuheilen, verheilen; Zeitung ihr Erscheinen einstellen; **telefon kapandı** ... hat (den Hörer) aufgelegt

**kapantı** GRAM Verschluss(laut) m

**kapar** → kapamak, kapmak

**'kapari** BOT Kaper f, Kapern f/pl

**ka'paro** WIRTSCH Anzahlung f; **~ vermek** e-e Anzahlung leisten

**kapasite** Kapazität f; fig Auffassungsvermögen f; fig Kompetenz f; TECH **eksik ~ ile** ... ohne Belastung

**kapatılmak** passiv von kapamak

**kapatma**  **A** subst Schließen n; Basketball Blockieren n e-s Spielers; Mätresse f **B** adj Ware ergaunert

**kapatmak** → kapamak; Betrieb schließen; TEL auflegen; e-e Geliebte unterhalten; **ucuza ~** umg billig ergattern

**kapçak** <-ğı> (Feuer)Haken m
**kapçık** <-ğı> kleine(s) Gefäß; (Patronen-)Hülse f; BOT Samenkapsel f
**ka'pela** Mütze f
**kapı** Tür f; (groß) Tor n; SCHIFF Luke f; fig (Verdienst)Quelle f; Hilfsquelle f; Möglichkeit f; Tricktrackspiel: Feld, in dem zwei Steine zusammentreffen; **~ açmak** e-e Tür einschlagen; (-den) ein Gespräch eröffnen (über akk); etw einleiten; e-n Handel mit überzogenem Preis beginnen; **~ baca açık** fig völlig ungeschützt; **~ dışarı!** raus hier!; **-ı dışarı etmek** j-n hinauswerfen, umg rausschmeißen; **~ duvar** (vor) verschlossene(r) Tür (stehen); **~ dürbünü** Türspion m; **~ gibi** Person wie ein Schrank; **~ ~ dolaşmak** von Tür zu Tür gehen; **~ karşı** Tür an Tür; **~ komşusu** Nachbar m, -in f nebenan; **~ mandalı** Türklinke f; fig Nichtsnutz m; **~ yapmak** fig den Boden bereiten; ein Haus besichtigen; **~da** unmittelbar bevorstehend; **~sı açık** gastfreundlich; **-in ~sını çalmak** fig anklopfen bei; **~ya dayanmak** fig Winter etc vor der Tür stehen; e-e drohende Haltung annehmen

**kapıcı¹** Pförtner m, Portier m; Hausmeister m

**kapıcı²** (er)greifend; Räuber m

**ka'pıkulu** <-nu> osm Garde f (aus berittenen und Fußsoldaten)

**kapılanmak** v/i -e unterkommen, Arbeit finden (bei dat)

**kapılı** ...türig, z. B. **dört ~** viertürig
**kapılmak** -e erfasst werden, ergriffen werden von; geraten in akk; fig umg reinfallen auf akk; sich täuschen lassen von; sich verleiten lassen von

**kapış**: **~ ~** gierig (verschlingen); **~ ~ gitmek** reißenden Absatz finden

**kapışmak** -i sich reißen um; umg sich in die Haare kriegen; umg sich abknutschen

**kapıştırmak** (-i -le) gegeneinander aufhetzen akk

**kapital** <-li> WIRTSCH Kapital n
**kapitalist** <-ti> Kapitalist m, -in f
**kapitalizm** Kapitalismus m
**kapitone** gesteppt; **~ çekmek** steppen
**kapitülasyonlar** HIST Handelsbegünstigungen für Europäer im osm. Reich
**kapkaç** <-cı> Raub m
**kapkaççı** Räuber m; Pfuscher m;

**KARA**

schlampig; stümperhaft **~lık** ⟨-ğı⟩ Raub m, Pfuscherei f
**'kapkara** pechschwarz
**kaplam** Inhalt m, Umfang m (e-s Begriffs); (Begriffs)Feld n
**kaplama** **A** subst (Möbel)Furnier n; Belag m, Bezug m, (Silber-, Gold)Auflage f; (Wand)Behang m; Verkleidung f; (Zahn-) Krone f **B** adj dubliert; Double-; Zahn überkront **~cı** Plattierer m; Furnierer m **~cılık** ⟨-ğı⟩ Plattierung f, Doublearbeit f; Furnieren n
**kaplamak** (-ı -e od -le) v/t Buch einbinden; Decke, Silber etc überziehen mit; belegen; Metall plattieren; Wand behängen, verkleiden; Möbel furnieren mit; Zahn überkronen; Freude, Ruhm, Lärm erfüllen; Stille herrschen (-i in dat); Wolken bedecken
**kaplamalı** dubliert; furniert
**kaplamlı** Begriff umfassend
**kaplan** ZOOL Tiger m
**kaplı** überzogen; bedeckt; **çinko ~** verzinkt; **toz ~** verstaubt
**kap'lıca**¹ (Thermal)Bad n; Heilquelle f
**kap'lıca**² BOT Dinkelweizen m (Triticum monococcum)
**kap'lumbağa** Schildkröte f
**kapma** ergaunert, zusammengeschachert
**kapmaca** → köşe ~
**kapmak** ⟨-ar⟩ v/t greifen, packen; ergattern; aus der Hand reißen; z. B. Finger abreißen; Schaf zerreißen; fig (geistig) erfassen, begreifen; sich (dat) e-e Krankheit zuziehen; **kapıp koyuvermek** v/t vernachlässigen
**ka'porta** Luke f; AUTO Karosserie f
**kapris** Laune f, Caprice f; **~ yapmak** launenhaft sein **~li** launisch
**kapsam** Bereich m, Sphäre f; (Begriffs) Umfang m; **... alma** (od **alınma**) Einbeziehung f (in akk)
**kapsa|ma** Einbeziehung f **~mak** einschließen, einbegreifen, umfassen
**kapsamlı** umfassend, umfangreich
**kapsül** BOT, MED Kapsel f; BOT Samengehäuse n; CHEM Abdampfschale f
**kaptan** Kapitän m; SPORT Mannschaftskapitän m; **~ pilot** Flugkapitän m; **~ şoför** Fahrer m (e-s Überlandbusses)
**kaptıkaçtı** Kleinbus m; Art Kartenspiel n; umg Mauserei f

**kaptırmak** kaus von kapmak; sich (dat) etw entreißen lassen, wegnehmen lassen (-e von); **kaptırıp gitmek** etc in einem fort fahren etc
**ka'puska** gedünsteter Kohl mit Fleisch
**kaput** ⟨-tu⟩ Militärmantel m; AUTO Motorhaube f; Kondom n; **~ gitmek** Schüler immer wieder durchfallen; Kartenspiel Pech haben
**kar** Schnee m; **-i ~ basmak** einschneien; **~ gibi (beyaz)** schneeweiß; **~ fırtınası** Schneesturm m; **~ (küreme) makinesi**, **~ küröme pulluğu** Schneepflug m; **~ yağmak** schneien; **~dan adam** Schneemann m; **~da gezip izini belli etmemek** alles gut zu vertuschen wissen; **~la karışık yağmur** Schneeregen m
**kâr** WIRTSCH Gewinn m; Nutzen m; **~ bırakmak** Gewinn abwerfen; **~ etmek** gewinnen, verdienen; wirken, nützen; (nicht) helfen; **~ haddi** Gewinnspanne f; **~ koymak** den Gewinn aufschlagen (auf den Gestehungspreis); **~ payı** Gewinnanteil m, Dividende f; **~ ve zarar hesabı** Gewinn- u. Verlustrechnung f; **~a geçmek** Gewinne erzielen; **bu, benim ~ım değil** das steht nicht in meinen Kräften
**kara**¹ Land n; Festland n; Erd-; **~ birlikleri** Heerestruppen f/pl; **~ iklimi** Landklima n; **~dan** auf dem Landweg; zu Lande; **~ya ayak basmak**, **~ya çıkmak** an Land gehen, landen; **~ya oturmak** auflaufen, stranden; **~ya vurmak** an Land gespült werden
**kara**² schwarz; dunkel(häutig); fig unheilvoll, bös, finster, schwarz; **~ gün dostu** Freund m in der Not; **~ haber** Hiobsbotschaft f; **-i ~ listeye almak** fig auf die schwarze Liste setzen; **-e ~ sürmek** (od **çalmak**) j-n anschwärzen, verleumden; **~ para** schwarzes Geld; **~ yağız** schwarzbraun; fig kräftig, stämmig; **~(lar) bağlamak** (od **giymek**) sich schwarz kleiden, Schwarz tragen
**karaağaç** ⟨-cı⟩ BOT Ulme f, Rüster f
**kara|basan** Albdruck m, Albtraum m **~baş** überzeugte(r) Junggeselle; Mönch m; Art Hirtenhund m; Art Hühnerkrankheit f; BOT Gemeine(r) Lavendel m **~batak** ⟨-ğı⟩ ZOOL Kormoran m; **~ gibi** fig e-e flüchtige Erscheinung; im Nu
**ka'rabiber** schwarze(r) Pfeffer; hum

*Mädchen* hübscher (brünetter) Käfer
**kara'bina** Karabiner *m*
**ka'raborsa** WIRTSCH Schwarzmarkt *m*; **~cı** Schwarzhändler *m* **~cılık** ⟨-ğı⟩ Schwarzhandel *m*
**ka'raboya** CHEM Schwefelsäure *f*
**ka'rabuğday** BOT Buchweizen *m*
**ka'rabulut** ⟨-tu⟩ Regenwolke *f*
**karaca**¹ schwärzlich
**karaca**² ZOOL Reh *n*
**karacı** Offizier *m* (*od* Soldat *m*) des Heeres
**ka'raciğer** ANAT Leber *f*
**ka'raçalı** BOT Schlehdorn *m*, Schlehe *f*; *fig* Störenfried *m*, Intrigant *m*, -in *f*
**ka'raçayır** Unkraut *n*
**Ka'radağ** Montenegro *n* **~lı** Montenegriner *m*, -in *f*; montenegrinisch
**Ka'radeniz** Schwarze(s) Meer **~li** Bewohner *m*, -in *f* der Schwarzmeerküste
**karaelmas** *fig* schwarze Diamanten *m/pl*; TECH Karbonado *m*
**karagöz**¹ *türk*. Schattenspiel *n*; ♀ *e·e Figur im türk. Schattenspiel*; **~ (balığı)** ZOOL Geißbrasse *f*
**karagözcü** Schattenspieler *m*
**karagül** ZOOL Karakulschaf *n*
**Ka'rahan** ASTRON Pluto *m*
**karahindiba** BOT Löwenzahn *m*
**Karaimce** (das) Karaimisch(e); karaimisch (*in Polen*)
**karakabarcık** ⟨-ğı⟩ MED Milzbrand *m*, Anthrax *m*
**karakalem** Kohlezeichnung *f*
**karakış** strenge(r) Winter; Höhepunkt *m* des Winters
**karakol** Wache *f* (*Polizei, Gendarmerie*); Wach-; Wachposten *m*; **polis ~u** Polizeiwache *f*, Polizeirevier *n*
**karakolluk**: **~ olmak** aufs Polizeirevier gebracht werden
**ka'rakoncolos** *fig* Vogelscheuche *f*
**karakter** PSYCH Charakter *m*; TYPO Schrift(art) *f*; Charakterdarsteller *m*, -in *f*; **~ sağlamlığı** Charakterstärke *f*
**karakteristik** ⟨-ği⟩ Charakteristik *f*; charakteristisch
**karakterize**: **~ etmek** *v/t* charakterisieren
**karakter|li** charakterfest; von ... Charakter **~siz** charakterlos **~sizlik** ⟨-ği⟩ Charakterlosigkeit *f*
**karakul** → karagül

**karakulak** ⟨-ğı⟩ ZOOL Wüstenfuchs *m*
**ka'rakuş** ZOOL *Art* Adler *m*
**karakuşi**: **~ hüküm** Willkürentscheid *m*
**ka'ralahana** *Art* Kohl *m*
**karalama** Kritzeln *n*; Entwurf *m*
**karalamak** ausstreichen, durchstreichen; *Antrag* entwerfen; *Bild* skizzieren; sich im Schönschreiben üben; *Wände* beschmieren, *umg* vollschmieren; *j-n* anschwärzen, schlechtmachen
**kara|lı** ausgestrichen; (schwarz)fleckig **~lık** ⟨-ğı⟩ Schwärze *f*; dunkle(r) Fleck
**karaltı** dunkle(r) Fleck, dunkle Stelle; Umriss *m*, Schatten *m*, etwas Dunkles
**karaman** ZOOL Karamanschaf *n*
**karambol** ⟨-ü⟩ *Billard*; *Autos* Karambolage *f*; **~e getirmek** *j-n* bewusst irreführen; *etw* überstürzen
**kara'mela** Karamellbonbon *n od m*
**karamsar** pessimistisch; Pessimist *m*, -in *f* **~laşmak** schwarzsehen; Pessimist werden **~lık** ⟨-ğı⟩ Pessimismus *m*
**karamuk** ⟨-ğu⟩ BOT Kornrade *f*
**karanfil** Nelke *f*
**karanlık** ⟨-ğı⟩ dunkel; Dunkelheit *f*; **~ basmak** *Wetter* dunkel werden; **~ etmek** verdunkeln; **~ işler** *fig* dunkle Geschäfte *n/pl*; **~ oda** FOTO Dunkelkammer *f*; **karanlığa kalmak** von der Dunkelheit überrascht werden
**karanlıkta** im Dunkeln; **~ göz kırpmak** geheimnisvolle Andeutungen machen
**karan'tina** Quarantäne *f*; **~da yatmak** in Quarantäne liegen; **~ya almak** in Quarantäne legen *akk*
**Ka'raorman(lar)** Schwarzwald *m*
**karar**¹ Entschluss *m*, Entscheidung *f*; Beschluss *m*, Urteil *n* des Gerichts; Beschluss *m*, Entscheidung *f* des Parlaments; Beständigkeit *f* des Wetters; richtige(s) Maß, Ausgewogenheit *f*; Tempo *n*; MIL (Feuer)Geschwindigkeit *f*; (innere) Ruhe *f*; **~ almak** e-n Entschluss fassen; **-de ~ bulmak** zu e-m Abschluss kommen in *dat*; **-de ~ kılmak** sich entscheiden für; **-e ~ vermek** den Entschluss fassen zu (*od inf*); sich entscheiden für *akk*; **çabuk ~ veren** schnell entschlossen; **~a bağlamak** entscheiden *akk*; **~ınca, ~ında** maßvoll, in Grenzen (*bleiben*); **~ında bırakmak** maßhalten; **-mek ~ında olmak** gedenken (zu + *inf*); entschlossen sein (zu +*inf*); **göz ~ıyla** nach Augenmaß

**karar²** → karmak
**karargâh** MIL Quartier *n*, Unterkunft *f*
**kararlama** annähernd; bestimmt; entschlossen **~dan** auf gut Glück
**kararlamak** *v/t* überlegen; anpeilen
**kararlamaya** → kararlamadan
**kararlaş|mak** beschlossen (*od* beschlossene Sache) sein **~tırmak** *v/t* beschließen (*-mesini* zu + *inf*); anordnen; *z. B. Ort* vereinbaren, festsetzen
**kararlı** *-e* entschlossen (*zu*; *a. Person, Widerstand etc*); *Gleichgewicht* stabil; PHYS stehend (*Welle*) **~lık** ⟨-ğı⟩ Entschlossenheit *f*, Festigkeit *f*
**kararmak** dunkel werden, trübe werden; *unp j-m* wird schwarz (*vor Augen*); *Licht* erlöschen
**kararname** [-na:-] POL Erlass *m*; (Ernennungs)Urkunde *f*
**kararsız** unentschlossen; unklar; PHYS labil; *Wetter* unbeständig **~lık** ⟨-ğı⟩ Unentschlossenheit *f*; Unbeständigkeit *f*; Labilität *f*
**karartı** Schwärze *f*; schwarze(r) Fleck
**karartma** MIL Verdunkelung *f*
**karartmak** *Zimmer* verdunkeln, dunkel machen; **gözünü ~** *umg* wagen
**karasal** kontinental, Festland-
**ka'rasevda** [-da:] Melancholie *f* **~lı** melancholisch; unglücklich verliebt
**ka'rasığır** ZOOL Büffel *m*
**ka'rasinek** ⟨-ğı⟩ ZOOL Stubenfliege *f*
**ka'rasu** MED grüne(r) Star; Glaukom *n*; träge fließende(s) Wasser
**karasuları** ⟨-nı⟩ Territorialgewässer *n/pl*
**ka'ratahta** *Schule* Wandtafel *f*
**ka'ratavuk** ⟨-ğu⟩ ZOOL Amsel *f*
**ka'raturp** ⟨-pu⟩ BOT Meerrettich *m*
**karavan** AUTO Wohnwagenanhänger *m*
**kara'vana** Gulaschkanone *f*; (Kasernen)Essen *n*; *umg* Fraß *m*; *umg* (Schuss *m*) daneben; flache(r) Brillant **~cı** MIL Essenträger *m*; *umg* Flasche *f* (*Versager*)
**kara'vide** ZOOL Flusskrebs *m*
**karayağız** → kara²
**ka'rayazı** Missgeschick *n*, *umg* Pech *n*
**ka'rayazılı** Pechvogel *m*
**ka'rayel** Nordwest-; Nordwestwind *m*
**ka'rayolu** ⟨-nu⟩ Landweg *m*; Fernstraße *f*; **~ ile** auf dem Landweg, per Achse
**Karbeyaz(ı)** Schneewittchen *n*
**karbon** Kohlenstoff *m*; *Zeitalter* Karbon *n*; **~ kağıdı** Kohlepapier *n*
**karbonat** ⟨-tı⟩ kohlensaure(s) Salz, Karbonat *n*; doppeltkohlensaure(s) Natrium, Natron *n* (NaHCO₃)
**karbondioksit** Kohlendioxid *n* ($CO_2$)
**karbonhidrat** Kohle(n)hydrat *n*
**karbonik** Kohlenstoff-, kohlenstoffhaltig; **~ asit** Kohlensäure *f* ($H_2CO_3$)
**karbonmonoksit** Kohlenmonoxid *n* (CO)
**karbüratör** AUTO Vergaser *m*
**kardan** Kardangelenk *n*; **~ mili** Kardanwelle *f*
**kardelen** BOT Schneeglöckchen *n*
**kardeş** Bruder *m*; Schwester *f*; Bruder-; brüderlich; **erkek ~** Bruder *m*; **kız ~** Schwester *f*; **din ~i** Religionsgenosse *m*; **~ devlet** befreundete(r) Staat; **~kavgası** Bruderkrieg *m*; **~ payı** brüderliche Teilung; **~ şehir** Patenstadt *f*; **~im!** mein Lieber!; **~ gibi** wie die Geschwister **~çe** geschwisterlich **~lik** ⟨-ği⟩ Bruderschaft *f*; Brüderlichkeit *f*; *umg* (dicke) Freundschaft *f*
**kardinal** ⟨-li⟩ REL Kardinal *m*
**kardiopati** Herzleiden *n*
**kardiyak** MED Herz-; herzkrank
**kardiyo-** MED Herz-
**kardiyogram** MED Elektrokardiogramm *n* (EKG)
**kardiyolog** MED Herzspezialist *m*, *-in f*, Kardiologe *m*, Kardiologin *f*
**kare** Quadrat *n*; quadratisch; Karo *n*; **bir sayının ~sini almak** e-e Zahl mit sich selbst malnehmen **~kök** Quadratwurzel *f*; **~ünü almak** die Wurzel ziehen, radizieren **~li** kariert
**Ka'relya** Karelien **~lı** Karelier *m*, *-in f*, karelisch
**karga¹** ZOOL Rabe *m*; **~ bok yemeden** in aller Herrgottsfrühe
**'karga²** SCHIFF Geitau *n*; **~ etmek** SCHIFF aufgeien; pumpen
**kargaburun** ⟨-nu⟩ Kneifzange *f*; *Person ...* mit e-r Hakennase
**kargabüken** BOT Brechnuss *f* (*Strychnos nux vomica*)
**kargacık**: **~ burgacık** *fig umg* e-e fürchterliche Pfote (*haben*)
**kargaşa** Chaos *n*, Anarchie *f* (*fig*); Wirrwarr *m*, Durcheinander *n*
**kargaşacı** Anarchist *m*, *-in f*; Chaot *m*, *-in f*; Aufwiegler *m*, *-in f*

**kargaşalık** ⟨-ğı⟩ → kargaşa
**'kargatulumba** (j-n) an Händen und Füßen packend; ~ **etmek** an Händen und Füßen packen
**kargı** Speer m; (Schilf)Rohr n **~lamak** v/t mit dem Speer durchbohren
**kargılık** ⟨-ğı⟩ Patronentasche f
**kargımak** v/t verfluchen
**kargın** große(r) Hobel; Reibeisen n
**kargış** Fluch m, Verwünschung f **~lamak** v/t verfluchen **~lı(k)** verflucht
**'kargo** Cargo m
**karı** (Ehe)Frau f; Gattin f; umg Weib n; alte Frau, umg Olle f; ~ **koca** Mann und Frau, Ehepaar n, Eheleute pl
**karik**[1] ⟨-ğı⟩ Schneeblindheit f; geblendet
**karik**[2] ⟨-ğı⟩ kleine(r) Graben, Rinne f
**karılı** ... mit s-r Frau; verheiratet; **çok ~ olmak** mehrere (viele) Frauen haben
**karın** ⟨karnı⟩ Bauch m; Leib m; Mutterleib m, Schoß m; Bauch m e-s Schiffes; e-r Flasche; PHYS Schwingungsbauch m; fig Kopf m; Innere(s), Seele f; ~ **ağrısı** Leibschmerzen m/pl; Person unausstehlich; Sache umg Dingsbums n; **karnı aç** ⟨od **boş**⟩ hungrig; **karnım aç** ich bin hungrig; -in **karnını doyurmak** (sich od j-n) sättigen; **karnım tok** ich bin satt; fig ich habe genug (-e von); ich bin es satt; **karnı tok sırtı pek** fig wohlhabend; **karnım zil çalıyor** mir knurrt der Magen; **karnım acıktı** ich habe Hunger bekommen; **karnı geniş** sorgenfrei; sorglos; ~**a** Seite an Seite; ~**dan konuşan** Bauchredner m; **karnından konuşmak** brummeln, nuscheln; flunkern; -in **karnından geçmek** es geht j-m durch den Kopf, sich (dat) etw überlegen
**ka'rınca** Ameise f; ~ **asidi** CHEM Ameisensäure f; ~ **belli** ... mit Wespentaille; ~ **kararınca** so weit (wie) möglich; ~ **yuvası** Ameisenhaufen m; ~ **yuvası gibi kaynamak** nur so wimmeln; ~**yı bile ezmemek** ⟨od **incitmemek**⟩ fig keiner Fliege etwas zuleide tun
**karıncalanmak** von Ameisen wimmeln; Metall rosten; Hand, Fuß eingeschlafen sein; **ayağım karıncalanıyor** es kribbelt mir im Fuß
**karıncalı** mit Poren, mit Rostflecken
**karıncık** ⟨-ğı⟩ ANAT (Herz)Kammer f
**karınlamak** -e Schiff anlegen

**karınlı** bauchig; dickbäuchig
**karınsa** Mauserung f, Mauser f; ~**ya girmek** sich mausern
**karıntı** Strudel m
**ka'rınzarı** ⟨-nı⟩ Bauchfell n; ~ **iltihabı** Bauchfellentzündung (a. Peritonitis f
**karış** (Hand)Spanne f, Fußbreit m; ~ ~ **jeden Fußbreit** (verteidigen); jeden Winkel (kennen, besichtigen)
**karışık** ⟨-ğı⟩ Akten etc unordentlich; Angelegenheit verworren, vertrackt, verwickelt; Milch etc gepanscht; Salat gemischt; Sinn verwirrt, wirr; umg Hexe f, Hexen-; fig -e verwickelt (in akk)
**karışıklık** ⟨-ğı⟩ Wirrwarr m, Durcheinander n; Unruhen f/pl
**karışım** Gemisch m, Mischung f
**karışlamak** v/t mit der Handspanne messen
**karışmak** v/i sich vermischen, sich vermengen; fig sich einmischen (-e in akk); beteiligt sein (-e an dat); sich befassen (-e mit dat); sehen (-e nach dat), sich kümmern (-e um akk); untertauchen (-e in dat), verschwinden (-e in dat, z. B. in den Wolken); Geist sich verirren; Papiere etc durcheinandergeraten; Thema unklar sein, dunkel sein; Wetter sich eintrüben; **sen karışma!** misch du dich nicht ein!
**karıştırıcı** Mixer m; umstürzlerisch; Unruhestifter m, Radaubruder m **~lık** ⟨-ğı⟩ Streiterei f, umg Stänkerei f
**karıştırmak** v/t mischen, vermengen (-le mit dat); durcheinanderwerfen; durcheinanderbringen (a. fig Person); (alles) auf den Kopf stellen; -e j-n zu etw dat hinzuziehen; j-n einweihen (in akk); hinzugießen (z. B. Wasser zu dat); zusetzen (z. B. Chlor dat); Radio einstellen, drehen (an dat); Suppe, Tee umrühren; Zeitungen durchblättern; überfliegen
**karides** ZOOL Garnele f
**karikatür** Karikatur f, Cartoon m (od n); **ev ~ü** (das) Zerrbild e-s Hauses **~cü** Karikaturist m, Cartoonist m **~ize:** -i ~ **etmek** karikieren **~leştirmek** karikieren
**ka'rina** SCHIFF Kiel m; -i ~ **etmek** kielholen
**karine** [i:] Anzeichen n, Merkmal n; Vermutung f; ~ **ile anlamak** aus dem Zusammenhang erraten
**kariyer** Laufbahn f, Karriere f **~ci** Karrierist m, -in f

**karizma** Charisma *n* **~tik** charismatisch

**karkas** ARCH Gerüst *n*; **betonarme ~** Stahlbeton(bau) *m*

**kar|lamak** schneien **~lı** schneebedeckt; Schnee-; **~ rüzgar** Schneeschauer *m*

**kârlı** gewinnbringend, rentabel; *-den* **~ çıkmak** Vorteile erzielen bei (*dat*)

**karlık** ⟨-ğı⟩ Eiskeller *m*; große Kühlflasche

**karma** Gemeinschafts- (*Erziehung*; *Schule*); gemischt (*Kommission*); Koalitions- (*Regierung*); **~ futbol takımı** Auswahlmannschaft *f*; **~ tamlama** GRAM mehrteilige(s) Attribut (*z. B. büyük evin ...* e-s großen Hauses)

**karmak** ⟨-ar⟩ *v/t* mischen (*a. Karten*); *Farbe etc* anrühren; *-e* hineintreiben

**¹karmakarış(ık)** durcheinandergewürfelt; **karmakarış(ık) etmek** durcheinanderwürfeln

**karman**: **~ çorman** Kraut und Rüben; **~ çorman etmek** ein heilloses Durcheinander anrichten

**karman'yola** Straßenräubertum *n* **~cı** Straßenräuber *m*, Bandit *m*

**karmaş|a** PSYCH Komplex *m*; Verwirrung *f* **~ık** verwickelt; CHEM, MATH komplex

**karmaş|mak** sich vermischen; durcheinandergehen **~tırmak** *v/t* vermischen

**karmuk** ⟨-ğu⟩ (Enter)Haken *m*

**karnabahar** ⟨-ti⟩ BOT Blumenkohl *m*

**karnaval** Karneval *m*

**karne** (Schul)Zeugnis *n*; (Lebensmittel-) Karte *f*; **çek ~si** Scheckheft *f*

**karnıkara** Art Bohne *f*; *fig* Bösewicht *m*

**karnıyarık** ⟨-ğı⟩ *Gericht aus mit Hackfleisch gefüllten Auberginen*

**karni** Retorte *f*, Glaskolben *m*

**¹karo** Karo *n* (*im Kartenspiel*); Fliese *f*

**karoser(i)** Karosserie *f*, Wagenaufbau *m*

**Karpatlar** Karpaten *pl*

**karpit** ⟨-di⟩ CHEM Karbid *n*

**karpuz** BOT Wassermelone *f*; **~ fener** Lampion *m*; **lamba ~u** Kugelleuchte *f*

**karsak** ⟨-ğı⟩ ZOOL Steppenfuchs *m*

**kârsız** unrentabel

**karst** Karst *m*

**karşı** **A** *adj u. subst* gegenüberliegend; (die) gegenüberliegende Seite; Gegen- (*Partei*); gegensätzlich (*Meinung*); **~ akın** Gegenangriff *m*; **~ öneri** Gegenvorschlag *m*; **~ taraf** Gegenseite *f*; gegenüberliegende Seite; **~ tarafa geçmek** die Straße überqueren; **~ yatak** TECH Strebepfeiler *m* **B** *adv -e* **çıkmak** *j-m* entgegengehen; widersprechen *dat*; *-e* **~ durmak** widerstehen *dat*; *gegen j-n* auftreten; *-e* **~ gelmek** sich *j-m* widersetzen; **~ ya** einander (*od* sich) gegenüber, Auge in Auge; **~ ya gelmek** plötzlich einander gegenüberstehen; *-e* **~ koymak** gegen *j-n* auftreten; *-e* **~ olmak** gegen *j-n* (*od etw*) sein; **buna ~yım** ich bin dagegen; **~dan ~ya** von e-m Ende zum anderen, quer über ...; querdurch; still und leise; *-i* **~sına almak** *j-m* nicht beipflichten können; **~sındaki** Gesprächspartner *m* **C** *postp -e* **~** gegen *akk*, gegenüber *dat*; *zu dat*; für *akk*; auf ... *akk* hinaus; *-in* **~sına** gegenüber *akk*; auf ... *akk* zu; *-in* **~sında** gegenüber *dat* (*z. B. dem Haus*); *fig* angesichts *gen*; *-in* **~sından** von ... gegenüber; **sabaha ~** gegen Morgen; **biz bahçeye ~ otururuz** wir wohnen auf den Garten hinaus; **~mızda bir bay oturuyordu** uns gegenüber saß ein Herr; **ona ~ sempatim var** ich habe Sympathie für sie, sie ist mir sympathisch

**kar'şıdevrim** Konterrevolution *f* **~ci** Konterrevolutionär *m*

**kar'şıgelim** Gegensatz *m*, Opposition *f*; Antagonismus *m*

**karşılama** Empfang *m*; Deckung *f*

**karşılamak** *v/t* *j-n* empfangen, begrüßen; abholen; entgegengehen; *Ausgaben, Bedürfnisse* decken; *Begriffe* wiedergeben; *Krankheit* verhüten; *Nachricht, Vorschlag* aufnehmen; *Tennisball* zurückschlagen; *Torschuss* halten

**karşılanma** Deckung *f*, Befriedigung *f* (*e-s Bedürfnisses*)

**karşılanmak** *passiv von* **karşılamak**; aufgenommen werden *etc*

**karşılaşma** Begegnung *f*, Treffen *n*; SPORT Spiel *n*, Wettkampf *m*

**karşılaşmak** sich begegnen; SPORT miteinander kämpfen; *fig* aneinandergeraten

**karşılaştırmak** *v/t* vergleichen ⟨-*le* mit *dat*⟩; *j-n* zusammenführen mit; WIRTSCH e-e Bilanz aufstellen; *Gedanken* austau-

**karşılaştırmalı** vergleichend
**karşılayıcı** Empfangsperson f; verhütend; befriedigend
**karşılık** ⟨-ğı⟩ **A** subst Gegenwert m; (Gold)Deckung f; Entgelt n, Vergütung f (-in für akk); Antwort f; Entsprechung f (e-s Wortes); TECH Gegenstück n; **-e vermek** j-m antworten, antworten (auf e-n Brief); sich sträuben (gegen akk); j-m etw heimzahlen; Kind e-e freche Antwort geben; **mektubunuza ~ olarak** in Beantwortung Ihres Schreibens **B** postp (-e gegen akk, für akk; auf akk, z. B. je drei Personen); **buna ~** als Gegengewicht; dagegen, dafür; (-in) **karşılığında** für, gegen, als Gegenleistung für; **ücret karşılığı(nda)** gegen Lohn
**karşılıklı** gegenseitig; gegenüber (sitzen); gegenüberliegend; BOT wechselständig; MATH Gegen- (Winkel); Brief mit (bezahlter) Rückantwort **~lık** Gegenseitigkeit f
**karşılıksız** ungedeckt (Scheck); unentgeltlich (Hilfe); unbeantwortet; ohne Entsprechung
**karşın** -e trotz (gen; älter a. dat)
**karşısav** Antithese f
**karşıt** ⟨-tı⟩ gegensätzlich; Gegensatz m, Kontrast m; entgegengesetzt; Gegengift n; Gegenmittel n; **~ anlamlı** Antonym n, gegensätzliche(r) Begriff
**karşıtçı** Gegner m, -in f, Opponent m, -in f **~lık** ⟨-ğı⟩ Gegnerschaft f
**karşıt|layıcı** GRAM adversativ **~lı** gegensätzlich; adversativ **~lık** ⟨-ğı⟩ Gegensatz m, Kontrast m; Reversibilität f; Antagonismus m; Opposition f
**kart**¹ ⟨-tı⟩ alt, verbraucht; umg vertrocknet; Lebensmittel verdorben, nicht mehr frisch; **~ kız** alte Jungfer
**kart**² ⟨-tı⟩ Karte f; Ausweiskarte f; Visitenkarte f; Postkarte f; Spielkarte f; **açık ~larla oynamak** mit offenen Karten spielen
**Kar'taca** HIST Karthago n
**kartal** ZOOL Adler m
**kartalmak** → kartlaşmak
**kartaloş, ~z** umg Person abgeklappert, Wrack n
**kartel**¹ WIRTSCH Kartell n
**kartel**² SCHIFF Trinkwasserbehälter m
**kartelleşme** WIRTSCH Kartellierung f

**kartlaşmak** Person verknöchern; Gemüse verholzen
**kartlı: ~ telefon** Kartentelefon n
**kartograf** Kartograf m, -in f
**karton** Karton m, Pappe f; Stange f (Zigaretten)
**kartonpiyer** ARCH Stuck m
**'kartopu** ⟨-nu⟩ Schneeball m (a. BOT); **~ oynamak** e-e Schneeballschlacht veranstalten
**kartotek** ⟨-ği⟩ Kartei f; Zettelkasten m
**kartpostal** Ansichtskarte f; FOTO Postkartenformat n
**kartuk** ⟨-ğu⟩ Egge f
**kartuş** Patrone f; (Schreib)Mine f
**kartvizit** ⟨-ti⟩ Visitenkarte f
**'Karun** [ka:ru:n] fig Krösus m
**karyağdı** Stoff gesprenkelt, fig Pfeffer und Salz
**karyokinez** BIOL Mitose f
**kar'yola** Bett(gestell) n; **portatif ~** Klappbett n
**kas** Muskel m; **~ tutukluğu** Muskelkater m
**'kasa** Kasse f; Geldschrank m; (Bank)Tresor m; TECH Gehäuse n; AUTO Fahrgestell n, Chassis n; Kasten m (z. B. Bier; a. Turngerät); Container m, Behälter m; (Fenster-, Tür)Rahmen m; Schlinge f (e-s Taus); **~ kimde?** wer führt die Kasse? (beim Spiel)
**kasaba** Städtchen n, Kleinstadt f
**kasadar** Kassierer m, -in f
**kasalamak** v/t einkassieren
**kasap** ⟨-bı⟩ Fleischer m, a. fig Schlächter m, Metzger m; Fleischerladen m, Fleischerei f; umg ungeschickte(r) Fahrer **~lık** ⟨-ğı⟩ Fleischergewerbe n; **~ (hayvan)** Schlachtvieh n; fig Metzelei f; **~ gibi dik und fett; ~ etmek** Fleischer sein
**kasar** → kasmak
**ka'sara** Deckkabine f; Turm m; **~ altı** Unterdeck n; **baş ~sı** SCHIFF Back f; **kıç ~sı** Achterdeck n; **orta ~sı** Mitteldeck n
**kasa'tura** (nicht aufgesetztes) Bajonett n
**kasavet** [-sa:-] ⟨-ti⟩ Betrübnis f; **~ etmek** betrübt sein **~li** betrübt; trüb (Tag) **~siz** sorglos
**'kasdoku** ANAT Muskelgewebe n
**kâse** Napf m, Schale f; umg Hintern m
**kaset** ⟨-ti⟩ Kassette f; **~çalar** Kassettenspieler m; **~li teyp** Kassettenrekorder m

271 ‖ KAT

**kasık** ⟨-ğı⟩ ANAT Leiste *f*; ~ **çatlağı** (*od* **fıtığı**) Leistenbruch *m*; **(gülmekten) kasığın çatlar** du lachst dich kaputt
**kasıkbağı** Bandage *f*, Bruchband *n*
**kasık|kemiği** Schambein *n* ~**lar** Leistengegend *f*
**kasıl|ma** Kürzung *f*; Zusammenpressung *f*; MED Krampf *m*, Konvulsion *f* ~**mak** kürzer werden; sich krampfhaft zusammenziehen, sich verkrampfen; Stoff einlaufen; *fig* sich dick(e)tun
**kasım** November *m*
**ka'sımpatı** ⟨-nı⟩ BOT Chrysantheme *f*
**kasımsı**: ~ **tümör** MED Fibrom *n*
**kasınmak** sich winden, e-n Krampf haben (*od* bekommen)
**kasıntı** Einschlag *m* (*beim Kleid*); *umg* Angabe *f*, Arroganz *f*, Überheblichkeit *f*; Wichtigtuer *m*, -in *f*; arrogant ~**lı** arrogant; ... mit Einschlag ~**sız** (ganz) schlicht, ... ohne Überheblichkeit; ungezwungen
**kasır** (*kasrı*) HIST Schlösschen *n*
**ka'sırga** (Wirbel)Sturm *m*; *fig* **ağlama** ~**sı** Weinkrampf *m*
**kasıt** ⟨*kastı*⟩ Ziel *n*, Absicht *f*; JUR Vorsatz *m*; -*e* **kastı olmak** *etw* im Schilde führen (*gegen akk*) ~**lı** vorsätzlich
**kaside** [-'i:-] *osm* LIT Lobgedicht *n*
'**kaskatı** stockstarr; starr; *fig* hart, unerbittlich (*Wirklichkeit*), -*den* ~ **kesilmek** erstarrt (*od* starr) sein (*vor dat*)
**kasket** ⟨-ti⟩ Schirmmütze *f*
'**kasko** Kaskoversicherung *f*
**kaslı** muskulös
**kasmak** ⟨-*ar*⟩ *v/t* kürzen; Gürtel enger schnallen; Zügel anziehen; straffen; *fig* *j-n* einengen, unter Druck setzen; *kavurmak* *v/t* *j-n* tyrannisieren; *Sache* verwüsten
**kasnak** ⟨-ğı⟩ Reifen *m*; Holzrahmen *m*; Stickrahmen *m*; TECH (Riemen)Scheibe *f*; Treib- (*Riemen*); (Brems)Trommel *f*; Hohlbund *m* an *e-r* Ringerhose ~**lamak** *v/t* mit *e-m* Reifen versehen; verschalen
**kast** ⟨-ti⟩ Kaste *f*
**kastanyet** ⟨-ti⟩ Kastagnette *f*
**kastan'yola** SCHIFF Klampe *f*
**kastarlamak** *Baumwolle* waschen und bleichen
**kasten** *adv* vorsätzlich, absichtlich; *umg* extra
'**kastetmek** *v/t* beabsichtigen; *j-n* meinen (*-le* mit *dat*); damit meinen, sagen wollen; rechnen zu; -*e j-m* schaden (wollen); *etw* untergraben (wollen)
**kastî** vorsätzlich
**kastor** Biber *m*; Biberpelz *m*; Biberpelzkasvet ⟨-ti⟩ Niedergeschlagenheit *f*; -*e* ~ **basmek** *j-n* bedrücken; *unp* e-e (schwere) Sorge lastet auf *dat*
**kasvetli** drückend, trübe; bedrückend
**kaş** Augenbraue *f*; Wölbung *f*; Biegung *f*; ARCH (Sattel)Bogen *m*; ~ **göz etmek** (*j-m*) zublinzeln; mit den Augen zwinkern; ~ **yapayım derken göz çıkarmak** *j-m* e-n Bärendienst erweisen; ~**la göz arasında** im Handumdrehen; ~**larını çatmak** die Stirn runzeln
**kaşağı** Striegel *m* ~**lamak** *v/t* striegeln
**kaşalot** ⟨-tu⟩ ZOOL Pottwal *m*; *fig* Dussel *m*
**kaşamak** *v/t* striegeln
**kaşan** Harnen *n* (*e-s Tieres*); Harn *m* ~**dırmak** *Tier* (zum Harnen) anhalten lassen ~**mak** harnen, Wasser lassen
**kaşar** Art Schafskäse (*Hartkäse*); *fig* gewieft, ausgekocht (*bes Spieler*)

**kaşar|lanmak** *v/i* abstumpfen, gleichgültig werden; Praxis bekommen ~**lanmış** abgestumpft; geübt, eingefuchst ~**lı** mit Kaşarkäse; → kaşarlanmış
**kaşık** ⟨-ğı⟩ Löffel *m*; ~**löffelweise; çay kaşığı** Teelöffel *m*; **çorba kaşığı** *od* **yemek kaşığı** Esslöffel *m*; ~ **düşmanı** (die) bessere Ehehälfte; ~**la yedirip sapıyla (gözünü) çıkartmak** *etwa* e-e Wohltat ins Gegenteil verkehren; ~ **çatal** Besteck *n* ~**lık** Besteckkorb *m*
**kaşımak** *v/t* kratzen; sich kratzen (an *dat*)
**kaşındırıcı**: ~ **gaz** Reizkampfstoff *m*
**kaşın|mak** *v/i* jucken; sich jucken, sich kratzen; *umg unp* *j-n* juckt das Fell; übermütig sein ~**tı** Juckreiz *m*, Jucken *n*
**kâşif** Entdecker *m*
**kaşka'riko** *umg* Schwindel *m*; ~ **yapmak** schwindeln ~**cu** Schwindler *m*
**kaşkaval** Art Hartkäse *m* (*aus Schaf- u. Kuhmilch*); *fig* Dussel *m*
**kaşkol** Halstuch *n*, Cachenez *n*
**kaşkorse** Strickleibchen *n*
**kaşlı** mit ... Augenbrauen; ~ **gözlü** ... mit hübschem Gesicht
'**kaşmir** Kaschmirwolle *f*; Kaschmir-
**kat** ⟨-ti⟩ Stockwerk *n*, Etage *f*; Schicht *f*;

Reihe f; Mal n; (drei-, vier- etc) -fach; MATH (das) Vielfache; (Wäsche)Garnitur f; Satz m, Set n; Zählwort Stück n, Laib m (Käse); **~ çıkmak** ein Haus aufstocken; **bu ondan ~ ~ güzel** dies ist bei weitem schöner als das da; **~ ~ koymak** v/t aufschichten; **iki ~** zweimal, doppelt; **iki ~ etmek** v/t verdoppeln; **bu ondan iki ~ pahalı** dies ist doppelt so teuer (wie das da); in der Formel **yeraltı ~** Souterrain n; **zemin ~** Erdgeschoss n; **Bakanlık yüksek ~ına** etwa an die Leitung des Ministeriums od an Seine Exzellenz den Herrn Minister

**katafalk** ⟨-kı⟩ Katafalk m
**katakomp** ⟨-pu⟩ Katakombe f
**kata'kulli** f Schwindel m; **~ye gelmek** fig auf den Leim gehen
**kataliz** Katalyse f **~ör** Katalysator m
**katalog** ⟨-ğu⟩ Katalog m; Verzeichnis n **~lamak** katalogisieren, verzeichnen
**katapolt** ⟨-tu⟩ Katapult m (a. n)
**katar**[1] BAHN, MIL, Vögel Zug m; Karawane f; MIL Kolonne f; **~ ~** e-e Schlange (von dat), Kolonnen f/pl (von dat); **yük ~ı** Güterzug m
**katar**[2] → katmak
**katarakt** ⟨-tı⟩ MED graue(r) Star m, Katarakt m
**katarlamak** v/t in Reihen (od Kolonnen) aufstellen (od antreten lassen)
**katedral** ⟨-li⟩ Kathedrale f
**kategori** Kategorie f
**kategorik** kategorisch, bedingungslos
**'katetmek** v/t Strecke zurücklegen; durchschreiten, durchfahren
**katgüt** ⟨-tü⟩ Katgut n; Darmsaite f
**katı**[1] hart (z. B. Ei); Person hart, grausam; Brennstoff, Nahrung, PHYS fest; Fleisch zäh; GRAM Geräusch- (Laut); Teig steif; feste(r) Stoff; **~ yürekli** hartherzig; unerschütterlich
**katı**[2] Kropf m (Vögel)
**katık** ⟨-ğı⟩ Zukost f, Zubrot n; **~ etmek** mit Brot essen **~sız** echt, unverfälscht, rein; fig Zorn etc echt
**katılaşmak** hart werden, steif werden
**katılaştırmak** v/t härten; festigen
**katil'gandoku** ANAT Bindegewebe n
**katılık** ⟨-ğı⟩ Härte f; Festigkeit f; MED Verhärtung f; Schwiele f
**katılım** Teilnahme f; POL Partizipation f; **~ kartı** Teilnahmekarte f **~cı** Teilnehmer m, -in f **~lı** mit großer Beteiligung
**katılış, ~ma** -e Teilnahme f (an dat); Anschluss m (an akk); Beitritt m zu; Beteiligung f (an dat); Zusatz m (zu dat)
**katılmak**[1] -e hinzugesetzt werden zu; eintreten (z. B. in die Armee); teilnehmen (an dat); sich anschließen (an e-e Gruppe); beitreten (dat, z. B. e-m Abkommen)
**katılmak**[2] von Furcht gepackt werden; sich biegen vor Lachen; **katıla katıla gülmek** sich krummlachen; **katıla katıla ağlamak** laut schluchzen
**katır**[1]  subst Maultier n, Maulesel m **B** adj bockig
**katır**[2]: **~ kutur** laut knackend (essen); Schuhe klappernd
**katırlaşmak** s-e Launen zeigen, unberechenbar sein
**katırtırnağı** ⟨-nı⟩ BOT Ginster m
**katışık** durchsetzt, untermischt; verfälscht **~sız** unverfälscht
**katışmak** -e sich anschließen akk, sich zugesellen akk; sich mischen (unter akk)
**katıştırmak** v/t beimengen (-e dat), zusetzen (-e dat); durchsetzen (-e -i, akk mit dat)
**katıyağ** Fett n
**kati** [i:] endgültig; definitiv; **~ olarak** adv endgültig, definitiv
**katil**[1] [a:] Mörder m, -in f; tödlich (Kugel)
**katil**[2] [a] ⟨katli⟩ Mord m; **kaza ~** JUR Totschlag m
**katileşmek** [-i:-] sich entscheiden (Sache)
**kâtip** [kiæ:-] ⟨-bi⟩ Schreiber m
**katiyen** [-'ti:-] endgültig, bestimmt; unbedingt; + Verneinung: keineswegs
**katiyet** ⟨-ti⟩ Entschiedenheit f, Genauigkeit f; **~le** → katiyen
**katkı** Beitrag m (-de zu dat); Zusatz m; Beilage f; dial Hochzeitsgeschenk n; **~ maddesi** Zusatzstoff m; -e **~da bulunmak** beitragen (zu dat), e-n Beitrag leisten zu **~lı** mit e-m Beitrag etc leisten; mit Zusatz, unverfälscht, echt
**katlama** GASTR Blätterteig m
**katlamak** v/t zusammenlegen (z. B. Stoff); zusammenklappen; Papier (zusammen)falten; **dörde** etc **~ viermal** etc falten; vervierfachen f
**katlanmak** passiv von **katlamak**; -e ertragen; durchmachen; sich abfinden

mit; **üçe ~** *etc* sich verdreifachen *etc*
'**katletmek** *v/t* ermorden
**katlı** (*zwei- etc*) -geschossig (*Gebäude*); -stufig (*Rakete*); **iki ~** doppelt
**katliam** [-a:m] Gemetzel *n*, Blutbad *n*
**katma** Zusatz *m*; zusätzlich; Nach-; **~ değer** Mehrwert *m*; **~ değer vergisi (KDV)** Mehrwertsteuer *f* (MwSt.)
**katmak** ⟨-ar⟩ *v/t* hinzufügen (*-e* zu *dat*); zusetzen, (*Wasser*) zugießen (*-e* zu *dat*); *Schafe* treiben (*-e* zu *dat*); *j-m* Schutz beigeben; *Tiere* paaren; **birbirine ~** gegeneinander aufhetzen; **kendini ~** sich einmischen (in *akk*)
**katman** Schicht *f* **~bulut** ⟨-tu⟩ Schichtwolke *f* **~laşma** Schichtung *f*; Schichtenbildung *f* **~laşmak** sich in Schichten ablagern, Schichten bilden
**katmer** Vielschichtigkeit *f*; *Art* Pastete *f* **~lendirmek** *v/t* verstärken, konsolidieren **~leşmek** sich (schichtweise) ablagern, *fig* sich verstärken **~li** geschichtet, in Schichten, gefüllt (*Blüte*); *fig* ohnegleichen; ausgemacht (*Dummkopf*); faustdick (*Lüge*)
**Katolik** ⟨-ği⟩ Katholik *m*, -in *f*; katholisch; **~ kilisesi** (die) katholische Kirche **~lik** ⟨-ği⟩ Katholizismus *m*
**katot** ⟨-du⟩ Kathode *f*
**katran** *m*; Asphalt *m*; Pech *n*; **~ gibi** pechschwarz **~ağacı** ⟨-nı⟩ BOT Libanonzeder *f* **~çamı** ⟨-nı⟩ Pechkiefer *f* (*Pinus rigida*) **~lamak** *v/t* teeren **~lı** geteert; asphaltiert; Teer-; **~ kağıt** Dachpappe *f*; **~ sabun** Teerseife *f*
**katran|ruhu** ⟨-nu⟩ CHEM Kreosot *n* **~yağı** ⟨-nı⟩ Teeröl *n*, Karbolineum *n*
**katrat** ⟨-tı⟩ TYPO Quadrat *n*
**katre** Tropfen *m*; **~ ~** tropfenweise (*bes fig*); **~si kalmadı** es ist alles; **~si haram** REL absolut verboten (*Alkohol etc*)
**katrilyon** Billiarde *f* (10¹⁵)
'**katsayı** ⟨-nı⟩ MATH Koeffizient *m*
**katyon** CHEM Kation *n*
'**katyuvarı** ⟨-nı⟩ Stratosphäre *f*
**kauçuk** ⟨-ğu⟩ Kautschuk *m*, Gummi *n*; **~ ağacı** ⟨-nı⟩ BOT Gummibaum *m*
**kav** Zunder *m*
**kavaf** Verfertiger *m* oder Verkäufer *m* groben Schuhwerks; *fig* Pfuscher *m*; **~ işi** Pfuscharbeit *f*
**kavak** ⟨-ğı⟩ Pappel *f*; **ak ~** Weißpappel *f*
**kaval** Hirtenflöte *f*; **~ kemiği** ⟨-ni⟩ Wadenbein *n*
**kavalye** Kavalier *m* **~lik** ⟨-ği⟩: **~ etmek** als Kavalier begleiten
**ka'vanço** SCHIFF Umladung *f* von Waren; **~ etmek** *v/t* (*-e* auf *j-n*) abwälzen; (*-i -le akk* mit *dat*) verwechseln
**kavanoz** Glasbehälter *m*; (*Einmach-, Marmeladen-*) Glas *n*
**ka'vara** *umg* Furz *m*, (die) Winde *m/pl*
**kavas** HIST Bote *m*, Kurier *m* *e-s* Konsulats *etc*
**ka'vata** Trog *m*; Gefäß *n* (*aus* e-m *Holzklotz*); *Art* Tomate *f*
**ka'vela** Holzpflock *m*; Eisenbolzen *m*
**kavga** Streit *m*, Skandal *m*; Schlägerei *f*; Kampf *m* (um *akk*); **~ çıkarmak** e-n Streit vom Zaun brechen; *-le* **~ etmek** streiten (*od* prügeln) mit *j-m*; **~ kaşağısı** Streithammel *m*; **~ya tutuşmak** Streit anfangen **~cı** streitsüchtig; Krakeeler *m*; Schläger *m*
**kavga|laşmak** (*-le*) sich streiten; sich prügeln mit **~lı** zerstritten; in Streit (mit); Streit-, Prügel- **~sız** ohne Streit, friedlich
**kavi** [i:] solide; fest (*Versprechen*)
**kavil** ⟨-vli⟩ Absprache *f*, Übereinkommen *n*
**kavileş|mek** sich festigen **~tirmek** *v/t* festigen; anziehen, straffen
**kavilleşmek** sich absprechen
**kavim** ⟨-vmi⟩ Volksstamm *m*; **2ler Göçü** Völkerwanderung *f*
**kavis** ⟨-vsi⟩ Bogen *m*; Krümmung *f*; Kurve *f*
**kavkı → kabuk**
**kavla|k** *Baum* entrindet **~mak** entrindet werden; *Haut* sich schälen; *Schicht* abgehen **~tmak** *kaus von* kavlamak
**kavlıç** ⟨-cı⟩ MED Bruch *m*, Hernie *f*; an e-m Bruch Leidende(r)
**kavraç** ⟨-cı⟩ TECH Steinfänger *m*
**kavram**¹ Begriff *m*; *dial* Handvoll *f*
**kavram**² Bauchfell *n*
**kavrama** TECH Kupplung *f*; **~ noktası** Kupplungspunkt *m*
**kavramak** *v/t* fassen, ergreifen; *Schmerz* ergreife *akk*, sich ausbreiten (über *akk*); *fig* begreifen, *umg* kapieren; PHIL erkennen
**kavramlaşmak** zum Begriff werden
**kavramsal** begrifflich
**kavranılmaz** unbegreiflich

**kavrayış** Erfassung f; Verständnis n; ~ **kudreti** Begriffsvermögen n **~lı** von leichter Auffassungsgabe, aufgeweckt **~sız** begriffsstutzig

**kavruk** geröstet; *Baum* verkümmert; *Kind* zurückgeblieben

**kavrulmak** passiv von kavurmak

**kavşak** ⟨-ğı⟩ Kreuzung f; BAHN Knotenpunkt m; Zusammenfluss m

**kavuk** ⟨-ğu⟩ Turban m; ANAT Harnblase f; -e ~ **sallamak** vor j-m (e-n) Kotau machen **~çu** Liebediener m **~lu** mit e-m Turban auf dem Kopf; **Kavuklu** e-e Hauptperson im → Ortaoyunu

**kavun** BOT Honigmelone f

**kavuniçi** ⟨-ni⟩ rötlich gelb

**kavurga** geröstete(r) Mais *od* Weizen

**kavurma** geröstet; getrocknet; Bratenfleisch n (im Fett)

**kavurmaç** ⟨-cı⟩ geröstete(r) Weizen

**kavurmak** v/t rösten; *Wind* austrocknen, ausdörren; *fig Herz* zerreißen

**kavurmalık** ⟨-ğı⟩ Röst-, ... zum Rösten

**kavurucu** glühend, brennend, sengend; schneidend (*Kälte*)

**kavuşma** Verbindung f, Verbindungs-(Kanal); ASTRON Konjunktion f; Untergang m der Sonne; -e ~ Gelangen n zu

**kavuşmak** -e erlangen akk; erwerben akk, kommen zu; *Kind* bekommen; *Möglichkeit* erhalten; *Vaterland, j-n* wiedersehen; *j-n* wiederhaben, wiederfinden; z. B. *Dorf* elektrisches Licht bekommen, elektrifiziert werden; *Fluss, Straße* münden in akk; *Sonne* untergehen; *bes* zusammenkommen, sich schließen lassen (z. B. Jackett)

**kavuşma** ⟨-ğı⟩ LIT Refrain m

**kavuşturmak** (-i -e) etw führen (an akk); bringen (in e-n Zustand); *Arme* verschränken, kreuzen (-e auf der Brust); *Menschen* zusammenführen; **suya ~ be**wässern, berieseln

**kavuşuk** vereinigt, zusammengeführt; anschließend **~um** ASTRON Konjunktion f

**kavut** ⟨-du⟩ Speise aus geröstetem Weizen mit Zucker

**kavzamak** v/t festhalten, fest anpacken; aufpassen (auf akk)

**kaya** Felsen m

**kayacık** ⟨-ğı⟩ kleine(r) Felsen

**kayağan** schlüpfrig, glatt, glitschig

**kayağantaş** Schiefer m

**kayak** ⟨-ğı⟩ Ski m, Skier m/pl; Skisport m; Skilaufen n; ~ **yapmak** (od **kaymak**) Ski laufen **~çı** Skiläufer m, -in f

**ka'yakeleri** ⟨-ni⟩ ZOOL Chamäleon n

**kayalık** ⟨-ğı⟩ felsig; felsige(s) Gebiet

**kayan** Gießbach m; gleitend; reißend

**kayar** → kaymak

**ka'yatuzu** ⟨-nu⟩ Steinsalz n

**'kaybeden** Verlierer m, -in f

**'kaybetmek** -i v/t verlieren, -i **gözden ~** j-n aus den Augen verlieren; **kendini ~** fig den Kopf (od das Bewusstsein) verlieren

**'kaybolmak** verloren gehen; verschwinden; *Wolken* sich zerstreuen; ... **'kayboldu** oft ... ist (od sind) verloren

**kaydedilmek** passiv von kaydetmek

**'kaydetmek** v/t (z. B. Notizen) eintragen (-e in akk); *Wörter etc* erfassen; allg, PHYS feststellen, registrieren; einschreiben lassen; *auf Tonband* aufnehmen; aufzeichnen; bemerken, hinweisen (auf akk) (= sagen); ein Erfolg verzeichnen; **gol ~** SPORT ein Tor schießen; **nüfusa ~** als Einwohner anmelden; **okula ~** einschulen

**kaydettirmek** v/t s-n Namen etc eintragen, aufnehmen lassen

**kaydı:** -*in* ~ **silinmek** ausgetragen werden; → kayıt

**kaydırak** ⟨-ğı⟩ flache(r) Kieselstein; *Kinderspiel* Himmel und Hölle (spielen); Rutsche f

**kaydırmak** v/t gleiten lassen etc; (weg-) schieben, (weg)streifen (-den von dat); kaus von kaymak; *Truppen* verschieben, verlegen

**kaydıyla** vorbehaltlich gen; unter dem Vorbehalt (, dass ...)

**'kaydolmak** -e passiv von kaydetmek; sich anmelden (in, bei dat); sich eintragen (lassen) (in akk)

**kaygan** glatt, glitschig, schlüpfrig; ~ **yol** nasse Fahrbahn, Straßenglätte f

**kaygana** GASTR Omelett n; Eierdessert n

**kaygı** ⟨-yı⟩ Sorge f (-e um akk); -**den ~ çekmek** sich (dat) Sorgen (od Gedanken) machen (über akk)

**kaygılanmak** sich (dat) Sorgen machen

**kaygılı** bedrückend; *Person* besorgt

**kaygın** schlüpfrig; *Papier* glatt; *dial Tier* trächtig
**kaygısız** sorglos; friedlich
**kayık** ⟨-ğı⟩ (Ruder-, Segel)Boot n; zur Seite geneigt; **~ salıncak** Schiffsschaukel f (*Jahrmarkt*); **~ tabak** ovale Servierplatte **~çı** Bootsmann m **~hane** [a:] Bootshaus n
**kayın**¹ Buche f
**kayın**² Schwager m **~baba** Schwiegervater m **~birader** Schwager m **~lık** ⟨-ğı⟩ Schwägerschaft f **~peder** Schwiegervater m **~val(i)de** Schwiegermutter f
**kayıp** ⟨-bi⟩ Verlust m; verloren gegangen, verschwunden, verschollen; **~ (eşya) bürosu** Fundbüro n; **~ ilanı** Verlustanzeige f; **~(lar) vermek** Verluste erleiden; **~lara karışmak** *hum* sich nicht sehen lassen; **~lara uğratmak** Verluste zufügen
**kayır** Sandbank f; Sandverwehung f
**kayırıcı** Gönner m, Beschützer m
**kayırıcılık** ⟨-ğı⟩ Vetternwirtschaft f
**kayırmak** *v/t* beschützen, sich annehmen *gen*; begünstigen, protegieren
**kayısı** ⟨-*sı*⟩ BOT Aprikose f; **~ ağacı** Aprikosenbaum m
**kayış** Riemen m, Gurt m; (Uhr)Armband n; **bel ~i** Leibriemen m, Koppel f; **~ gibi** zäh, hart (wie Leder); verdreckt
**kayışçı** Riemenanfertiger m; *fig* Schwindler m
**ka'yışdili** ⟨-*ni*⟩ Vulgärsprache f
**kayıt**¹ ⟨-tı⟩ Fensterrahmen m; Vorrichtung f
**kayıt**² ⟨-ydı⟩ Eintragung f, Registrierung f; Anmeldung f; Notiz f, Vermerk m; Bedingung f; Einschränkung f; Vorbehalt m; Beachtung f; (amtliche) Bescheinigung f; Aufzeichnung f (*auf Tonband*); **~ altına girmek** sich e-r Beschränkung unterwerfen; **~ kuyut** *umg* Wenn und Aber n; **kayda değer** beachtenswert; **-i kayda geçirmek** eintragen, anmelden *akk*; bemerken, betonen; **-e kaydını yaptırmak** sich anmelden; **-i ~tan düşmek** (*in der Liste*) streichen, weglassen; tilgen; → **kaydıyla**
**kayıtım** PHIL Rückläufigkeit f; Negation f der Negation
**kayıtlamak** *v/t* einschränken; sich (*dat*) *etw* vorbehalten
**kayıtlayıcı** vorbeugend
**kayıtlı** eingetragen; angemeldet; einschränkend, bedingt, ... mit Vorbehalt
**kayıtmak** (-*den*) Abstand nehmen (*von dat*), *fig* zurücknehmen *akk*
**kayıtsız** (-*e karşı*) gleichgültig (gegen *akk*), uninteressiert (an *dat*), unempfindlich (gegen *akk*); unvermerkt, nicht notiert; unangemeldet; **~ şartsız** bedingungslos **~lık** ⟨-ğı⟩ Gleichgültigkeit f, Apathie f; fehlende Eintragung
**kaykılmak** *-e* sich (zur Seite) neigen, sich überhängen lassen (nach *dat*)
**kayma** Rutsch m (*a.* POL; -*e* nach *dat*); Verrutschen n *e-s Films*; **~ tehlikesi** Rutschgefahr f; **~ uçuşu** Gleitflug m
**kaymak**¹ ⟨-ğı⟩ Sahne f, Rahm m; Creme f (*a. fig Elite*); **~ altı** Magermilch f; **~ bağlamak** (*od* **tutmak**) sich bilden (*Rahm etc*); **~ gibi** schneeweiß; sahnig, sahneweich; *fig* köstlich; **~ gibi oluyor** geht wie geschmiert
**kaymak**² ⟨-*ar*⟩ (dahin)gleiten; ausgleiten, ausrutschen; *zur Seite* weichen; *Boden* verrutschen, sich verschieben; POL *Partei* (-*e z. B. nach links*) rutschen; *Bedeutung* sich wandeln; *umg* verduften, türmen; -*in gözü* ~ mit dem Blick streifen; etwas schielen
**kaymakam** Landrat m; HIST → **yarbay**; **Yalova ~ı** *umg* Großkotz m
**kaymakkağıdı** ⟨-*nı*⟩ Glanzpapier n
**kaymaklanmak** → **kaymak bağlamak**
**kaymaklı** Sahne- (*Eis*); **~ süt** Vollmilch f
**kay'maktaşı** ⟨-*nı*⟩ Alabaster m
**kayme** HIST Papierlira f, Papiergeld n
**kaynaç** ⟨-*cı*⟩ Geysir m
**kaynak** ⟨-ğı⟩ Quelle f; TECH Schweißung f, Lötung f, Schweißstelle f, Schweißnaht f; Schweiß-; *umg* Hintern m; **döviz kaynağı** Devisenquelle f; **enerji kaynağı** Energiequelle f; **ısı kaynağı** Wärmequelle f; **~ kitap** Nachschlagewerk n; **~ aleti** Schweißapparat m; **otojen kaynağı** autogene(s) Schweißen; **punto ~** Punktschweißen n; **~ yapmak** schweißen
**kaynakça** Bibliografie f **~sal** bibliografisch
**kaynakçı** Schweißer m **~lık** ⟨-ğı⟩ Schweißen n
**kaynaklanmak** (-*den*) herrühren (von

dat), stammen (aus dat)
**kaynama** gekocht; Aufkochen n; ~ **noktası** PHYS Siedepunkt m
**kaynamak** v/i kochen, sieden; schäumen; Magen rumoren; Meer brodeln, tosen; Most gären; MED zusammenwachsen; fig sich zusammenbrauen, sich anbahnen; Wasser hervorsprudeln; Wunde zuheilen; ... **kaynadı** umg Geld, Unterricht ... war futsch; **burada bir iş kaynıyor** fig es steckt etwas dahinter; ... **insan kaynıyor** es wimmelt von Menschen
**'kaynana** Schwiegermutter f ~**dili** ⟨-ni⟩ BOT Feigenkaktus m (Opuntia) ~**zırıltısı** ⟨-nı⟩ (Kinder)Schnarre f
**kay'narca** heiße Quelle
**kaynaşma** Unruhe f, Bewegung f
**kaynaşmak** sich verbinden; sich vereinigen; Farben, a. Person zueinander passen; Knochen zusammenwachsen; Person Freundschaft schließen
**kaynaştırma** GRAM Elision f, Vokalabfall m, Vokalausfall m (z. B. ağabey zu abi); ~ **sesi** intervokalische(r) Konsonant, Hiatustilger m (z. B. y, n iki + i zu ikiyi)
**kay'nata** dial Schwiegervater m
**kaynatma** Schweißen n; fig Schwatz m
**kaynatmak** v/t (auf)kochen, (auf)brühen; TECH schweißen; fig schwatzen, tratschen; umg (Geborgtes) behalten; **dersi** ~ Lehrer vom Unterricht abhalten
**kaypak** glatt, schlüpfrig; vage; fig windig ~**ça** unzuverlässig
**kayrak** ⟨-ğı⟩ Schiefer m; Rodelbahn f, Skipiste f; erdrutschgefährdet
**kayramak** versanden
**kayran** dial Lichtung f
**kayrılmak** begünstigt werden
**kayser** HIST Kaiser m
**kayşa** GEOL Erdrutsch m
**kayşamak** abrutschen, hinunterstürzen
**kayşanmak** GEOL absacken, abrutschen
**kayşat** ⟨-tı⟩ GEOL Geröll n, Schutt m
**kaytak** ⟨-ğı⟩ wortbrüchig; → **kuytu**
**kaytan** Schnur f, Bindfaden m; Litze f, Borte f; ~ **bıyık** langer, dünner Schnurrbart
**kaytarmak** -den sich drücken vor
**kayyım, kayyum** Moscheediener m; JUR Treuhänder m

**kaz** ZOOL Gans f; fig Dummkopf m, Tölpel m; ~ **kafalı** borniert; ~**ı koz anlamak** fig alles falsch verstehen
**kaza** [-za:] Unglück n, Unfall m; → **yargı**; Zufall m; Landkreis m; ~ **etmek** Gebet etc nachholen; ~ **geçirmek** e-n Unfall haben; ~ **ve kader** Vorsehung f; ~ **ile** zufällig; unerwartet; ~ **sigortası** Unfallversicherung f; ~ **yeri** Unfallort m; ~**ya kalmak** (Gebets)Zeit versäumen; ~**ya uğramak** verunglücken
**kazaen** [-'za:-] → **kazara**
**kazak**[1] ⟨-ğı⟩ Pullover m, Sweater m; Trikot n (e-s Jockeys)
**kazak**[2] ⟨-ğı⟩ Kosake m; Haustyrann m
**Kazak**[3] ⟨-ğı⟩ Kasache m, Kasachin f
**kazalı** gefährlich
**kazan** Kessel m; ~ **kaldırmak** meutern, sich empören; -**in** ~**ı kapalı kaynamak** Person zugeknöpft sein
**kazancı** Kesselschmied m
**kazanç** ⟨-cı⟩ Gewinn m; Verdienst m, Einkommen n
**kazanç||lı** einträglich, rentabel, gewinnbringend; Gewinner m, -in f ~**sız** unrentabel, unergiebig
**kazandırmak** (-i -e) j-m etw einbringen; j-m etw erteilen, geben; j-m zu etw dat verhelfen; j-m Arbeit verschaffen; kaus von **kazanmak**
**ka'zandibi** ⟨-ni⟩ Art Pudding m
**kazanım** erworbene(s) Recht, Errungenschaft f
**kazanmak** v/t gewinnen; Geld verdienen; Erfolg, Sieg erringen; e-n Freund gewinnen; Genehmigung, Ruhm erwerben; Gewohnheit annehmen; Land erobern; Leid erfahren; Prozess, im Spiel, Wahl gewinnen; Prüfung bestehen; Stipendium erhalten, bekommen; **vakitten** ~ Zeit sparen
**kazar** → **kazmak**
**ka'zara** zufällig; durch e-n Unfall
**kazasız** [-za:-] ohne Unfall, unfallfrei; (a. ~ **belasız**) wohlbehalten, heil und gesund (angekommen)
**kazasker** OSM HIST höchste(r) Militärrichter
**'kazayağı** ⟨-nı⟩ Haken m (mit mehreren Spitzen); (Weg)Kreuzung f; Kreuzstich m; rötlich gelb(e Farbe); BOT Gänsefuß m; dreisträhnige(s) Schiffstau; TECH Ausleger m

**kazazede** [-za:-] Verunglückte(r); Unfallopfer n
**kazboku** ⟨-nu⟩ umg schmutzig gelb
**kazdırmak** kaus von kazmak
**kazı** Grabung f, Ausgrabung f; Schnitzen n; Gravieren n, Stechen n; ~**cı** Graveur m, Stecher m; Schnitzer m
**kazık** ⟨-ğı⟩ Pfahl m, Pfosten m; Stock m, Knüppel m; HIST Pfählung f; Ringkampf Gürtelgriff m; fig Wucher m, Übervorteilung f; umg mies, Mist (-e für j-n); -e ~ **atmak** j-n übers Ohr hauen, neppen; ~ **gibi** gerade wie ein Stock; ~ **kadar** lange(r) Lulatsch; **(dünyaya)** ~ **kakmak** e-n Pfahl einschlagen; festen Fuß fassen (in, bei dat); umg (ist) nicht totzukriegen; ~ **marka** Wucher(preis) m, reine(r) Nepp
**kazıkazan** Rubbellos n
**kazıkçı** Nepper m, Wucherer m
**kazıklamak** v/t ein Feld abstecken; HIST pfählen; fig übervorteilen, neppen
**kazıklıhumma** MED Tetanus m
**kazıma** MED Kürettage f; Gravur f; Schnitzerei f
**kazımak** v/t abkratzen, auskratzen; (schlecht) rasieren; Geschriebenes ausradieren; Inschrift eingravieren; umg j-n nerven; j-n ausnehmen
**kazınma** Ausmerzung f
**kazınmak** sich abschaben; sich kratzen; sich (schlecht) rasieren; Geld zusammenkratzen; zusammenraffen
**kazıntı** Abfälle m/pl, Späne m/pl, Abgekratzte(s), radierte Stelle ~**lı** radiert
**kazıyıcı** TECH Schrapper m, Schrape f
**kazkanadı** ⟨-nı⟩ im Griff im Ringkampf
**kazma** (Spitz)Hacke f; Erd- (Arbeiten); ausgegraben; Inschrift eingraviert; fig Hauer m (Zahn)
**kazmak** ⟨-ar⟩ v/t Grube graben, ausheben; eingravieren; ziselieren
**kazulet** ⟨-ti⟩ lange(r) Laban
**KDV** abk. für Katma Değer Vergisi Mehrwertsteuer f (MwSt.)
**kebap** ⟨-bı⟩ **A** subst Röstfleisch n; Schaschlik m; ~ **şişi** Bratspieß m; **döner** ~ Dönerkebab m; **B** adj gebraten, geröstet (Mais etc); ~**cı** Kebabverkäufer m, umg Schaschlikbude f
**kebere** BOT Kaper(n pl) f
**kebir** osm groß; erwachsen; bedeutend
**keçe** Filz m; Filz-; Filzteppich m; ~**sini sudan çıkarmak** sich aus der Affäre ziehen ~**lemek** v/t mit Filz überziehen; polieren
**keçeleş|mek** sich verfilzen, sich verheddern; Haut rau werden; Körperteile pelzig (od taub, empfindungslos) werden ~**tirmek** v/t durcheinanderbringen, verheddern; pelzig machen, empfindungslos machen
**keçeli** Filz-; ~ **kalem** Filzschreiber m
**keçi** Ziege f; Ziegenbock m; fig bockig, stur; ~**leri kaçırmak** f in e-r Krise sein; verrückt werden; ~ **inadı** umg Starrsinn m
**keçiboynuzu** ⟨-nu⟩ BOT Johannisbrot(baum) m n; ~ **gibi** (das ist) verlorene Liebesmüh
**keçi|leşmek** stur sein ~**lik** ⟨-ği⟩ Sturheit f; ~ **etmek** eigensinnig (od stur) sein ~**sakal** Spitzbart m
**keçiyolu** ⟨-nu⟩ (Fuß)Pfad m
**keder** Kummer m, Leid n; ~ **çekmek** sich (dat) Sorgen machen; -e ~ **vermek** j-m Sorgen machen
**keder|lenmek** betrübt sein ~**li** sorgenvoll, verhärmt ~**siz** sorglos
**kedi** Katze f; **erkek** ~ Kater m; **kara** ~ fig schwarze Katze; ~ **gibi** anschmiegsam, zutraulich; ~ **ile köpek gibi** wie Hund und Katze; ~**ye peynir** (od **ciğer**) **ısmarlamak** den Bock zum Gärtner machen ~**balığı** ⟨-nı⟩ Katzenhai m (Scyliorhinus canicula)
**kedi|dili** GASTR Löffelbiskuit n (a. m) ~**gözü** ⟨-nü⟩ Rückstrahler m, umg Katzenauge n ~**otu** BOT Baldrian m
**kefal** ZOOL (Großkopf)Meeräsche f (Mugil cephalus); umg Kippe f
**kefalet** [-fa:-] ⟨-ti⟩ Bürgschaft f; ~ **akçesi** Kaution f
**kefaret** [-fa:-] ⟨-ti⟩ Buße f; Wiedergutmachung f; -in ~**ini ödemek** büßen; ~ **keçisi** fig Sündenbock m
**kefe** Waagschale f
**kefeki** Zahnstein m; grobe(r) Sandstein
**kefen** Leichentuch n ~**lemek** v/t in ein Leichentuch einhüllen; vor dem Braten mit Teig bestreichen
**kefil** [i:] Bürge m; Garant m; ~ **göstermek** e-n Bürgen stellen; -e ~ **olmak** bürgen, haften für
**kefillik** ⟨-ği⟩ Bürgschaft f; Garantie f
**kehanet** [a:] ⟨-ti⟩ Weissagung f; ~ **etmek** prophezeien

**kehribar** Bernstein m; bernsteingelb
**kek** ⟨-ki⟩ (Sand)Kuchen m
**kekâ(h)** wunderbar!, herrlich
**keke** Stotterer m; stotternd **~lemek** stottern (a. fig aus Verlegenheit); stammeln **~me** Stottern n **~melik** ⟨-ği⟩ Stottern n; Stammeln n
**kekik** ⟨-ği⟩ BOT Thymian m
**keklik** ⟨-ği⟩ ZOOL Rebhuhn n; **~ gibi** wie e-e Gazelle; hübsch
**kekre** säuerlich, herbe **~msi** säuerlich, etwas herb; Person mürrisch, brummig
**kel** Grind m; grindköpfig; nackt, kahl; glatzköpfig; **~ kahya** Naseweis m, (naseweise)r, indiskrete(r) Mensch; **~ başa şimşir tarak** völlig fehl am Platz; **-in ~i görünmek** ans Tageslicht kommen
**kelam** [-a:m] Wort n; Rede f; PHIL Logos m; islamische Religionswissenschaft f
**Kelâmıkadim** [i:] (der) Heilige Koran
**kelebek** ⟨-ği⟩ Schmetterling m; Drehkrankheit f (der Schafe); TECH Flügelschraube **~camı** ⟨-nı⟩ AUTO Ausstellfenster n **~gözlük** ⟨-ğü⟩ Kneifer m
**kelek** ⟨-ği⟩ unreife Honigmelone f; Schlauchfloß n; ... mit kahlen Stellen; fig Dussel m **~lik** ⟨-ği⟩ Kahlheit f; fig Dummheit f
**keleme** Brachfeld n, unbestellte(r) Garten
**kelep** ⟨-bi⟩ Garnrolle f
**ke'lepçe** Handschelle f; TECH Schelle f; **-e ~ vurmak** j-m Handschellen anlegen
**kelepir** (ein) wahre(r) Fund, Gelegenheitskauf m
**keler** ZOOL Eidechse f **~(balığı)** ZOOL Engelhai m
**keleş** ansehnlich; gut gebaut; wagemutig; dial hässlich; fälschlich a. → kel
**kelime** Wort n; **~ dizisi** Wortgruppe f; **~ hazinesi** Wortschatz m; **~ işlemcisi, ~ işlem programı** Textbearbeitungsprogramm n; **~ oyunu** Wortspiel n; **~ yapımı** Wortbildung f; **bir ~ ile** mit einem Wort; **~-i şehadet** Islam Glaubensbekenntnis f; **~nin tam anlamıyla** im wahrsten Sinne des Wortes; **~si ~sine** Wort für Wort; wörtlich; **bileşik ~** zusammengesetzte(s) Wort
**kelimebilim** Lexikologie f
**kelle** Kopf m, umg Schädel m, (Kohl-) Kopf m, (Käse)Laib m; Zuckerhut m; BOT Ähre f; **~ götürür gibi** überstürzt, übereilt; **~ kulak yerinde** stattlich, imposant
**kelleşmek** kahl werden
**kelli**¹ dial **-den** ~ nach dat; konj nachdem; **ondan ~** danach, darauf; **sen böyle dedikten ~** nachdem du das gesagt hast
**kelli**²: **~felli** ansehnlich (Person)
**kellik** ⟨-ği⟩ Kahlköpfigkeit f; Grindköpfigkeit f; kahle Gegend
**'Keloğlan** Held türk. Märchen
**kem**¹ dial schlecht; Münze nicht vollgültig; **~ göz** böse(r) Blick
**kem**²: **~ küm etmek** etw in s-n Bart brummen; herumdrucksen
**kemal** [a:] ⟨-li⟩ osm Reife f; Würde f
**Kemal|ist** Kemalist m, **-in f ~izm** Kemalismus m
**keman** Geige f; Bogen m; **~ çalmak** Geige spielen; **~ yapımcısı** Geigenbauer m, **-in f**; **~ yayı** Geigenbogen m **~cı** Geigenspieler m, **-in f**
**kemane** [-ma:-] Violinbogen m; Meißel m, Gravierstift m; Art Geige
**kemankeş** HIST Bogenschütze m
**ke'mençe** Art kleine Geige mit drei Saiten
**kement** ⟨-di⟩ Lasso n; Schlinge f
**kemer** Gürtel m; ARCH Bogen m; Arkade f; Gewölbe n (a. des Fußes); Bund m der Hose; krumm, gebogen; Haken- (Nase); **~ altı** Markthalle f; **~ köprü** Viadukt m od m; **~ patlıcanı** längliche Aubergine; **cankurtaran ~i** Rettungsgürtel m; **dama ~i** Gaumenbogen m; **emniyet ~i** Sicherheitsgurt m; **su ~i** Aquädukt m (a. n); **~i dolu olmak** begütert sein; **~ini sıkmak** bes fig den Gürtel enger schnallen; **~lerinizi bağlayın(ız)!** schnallen Sie sich an! **~li** bogenförmig, Bogen-; krumm, gebogen **~lik** ⟨-ği⟩ Werkzeuggürtel m
**kemik** ⟨-ği⟩ Knochen m; Knochen-, Bein-; **-in önüne ~ atmak** j-n durch e-e Kleinigkeit beschwichtigen, umg den Mund stopfen; **~ iliği** Knochenmark n; **~ yalayıcı** Speichellecker m; **~lerine kadar** fig bis auf die Knochen; **~ zarı iltihabı** MED Knochenhautentzündung f
**kemikdoku** ANAT Knochengewebe n
**kemikleş|mek** verknöchern; fig verkalken **~miş** fig verkalkt
**kemik|li** Knochen-; ... mit starkem Knochenbau; knöchern **~si** knochenar-

tig
**kemir|cik** ⟨-ği⟩ Knorpel m **~dek** (Schwanz)Knorpel m **~gen** Nagetier n **~ici** nagend; Nagetier n
**kemirmek** -i nagen (an dat), benagen akk; Rost zerfressen, zerstören; -in **içini ~** fig an j-s Herzen nagen, umg j-n wurmen
**kemlik** ⟨-ği⟩ dial Böse(s)
**kemre** dial Mist m, Dung m; Schorf m e-r Wunde
**kenar** A subst Rand m (der Straße, des Buches); Ufer n des Meeres; Saum m des Kleides; Bordüre f; Krempe f des Hutes; MATH Seite f e-s Dreieckes; **~ gezmek** sich entfernen; -i **~a atmak** fig hinweggehen (über akk); beiseitelegen; -i **bir ~a bırakmak** vernachlässigen; außer Acht lassen; **~a çekilmek** zurücktreten; sich zurückziehen, sich abkapseln; **~da kalmak** beiseitestehen (bes fig); **~da köşede** ganz zurückgezogen, verborgen B adj abgelegen; öde; **~ mahalle** Stadtrand m **~cı** Angler m **~lı** -randig; -krempig; schön gesäumt; **geniş ~** breitkrempig
**kenarortay** MATH Seitenhalbierende f
**kendi** A pron selbst, selber; er, sie, es; **(ben) ~m** ich (selbst), **(sen) ~n** du (selbst), **~(si)** er, sie, es (selbst), **~miz** wir (selbst), **~niz** ihr (selbst), Sie (selbst), **~leri** sie (selbst); **~me** mir, **~mi** mich etc B adj eigen; **~minki** mein, meins; der, die, das Meinige; **~ evim** mein Haus, **~ evin** dein Haus; **~ kitabı** sein Buch, sein eigenes Buch; **~ oğlu** ihr leiblicher Sohn; **~ başına** selbstständig, auf eigene Faust; **~ derdine düşmek** nur mit sich selbst beschäftigt sein; **~ dünyasında yaşamak** weltfremd sein; **~ düşen ağlamaz** wie man sich bettet, so liegt man; **~ göbeğini kesmek** sich nur auf sich selbst verlassen; **~ yağıyla kavrulmak** im eigenen Saft schmoren; allein zurechtkommen; **~ halinde, ~ havasında** eigenbrötlerisch; **~ işini kendin yap** do it yourself C refl pron sich; **ben ~me güveniyorum** ich verlasse mich auf mich selbst; **~mi iyi bulmuyorum** ich fühle mich nicht wohl; **belli ki, ~ni çok üşütmüş** es ist klar, dass sie sich sehr erkältet hat; **~ne** vor sich; mit sich selbst; ganz allein; selbst-; **~nden geçmek** in Ohnmacht fallen; **~ne güvenen**

selbstsicher; **~ni atmak** sich stürzen (-den aus dat); **~ni dev aynasında görmek** sehr eingebildet sein; **~ni beğenmek** viel von sich (dat) halten; **~ni bırakmak** sich gehen lassen; sich überlassen (-e dat); **~ni dirhem dirhem satmak** zimperlich sein, umg sich anstellen; **~ni bulmak** wieder zu sich (dat) kommen; e-e Persönlichkeit werden; **~ni göstermek** sich zeigen, auftreten; sich hervortun; **~ni ispat etmek** sich behaupten; **~ni ispat ihtiyacı** Geltungsbedürfnis n; **~ni tanıtmak** sich vorstellen; **~ni toparlamak** sich zusammennehmen; Vernunft annehmen; zunehmen; -e **~ni vermek** sich hingeben dat, sich aufopfern für; **~-(si)ne gelmek** zu sich (dat) kommen; Sache sich einrenken
**kendiliğinden** spontan; automatisch; adv von selbst; Selbst-; **~ tutuşma** Selbstzündung f; **~ üreme** Urzeugung f
**kendiliğindenlik** ⟨-ği⟩ Spontanität f
**kendilik** ⟨-ği⟩ Wesen n; Individualität f
**kendin|ce** nach ihrer Ansicht; wie sie glaubt; (rein) persönlich **~de** PHIL Wesen n **~den** → kendiliğinden
**kendir** BOT Hanf m
**kendisi** er, sie, es (selbst); → kendi
**kendisince** → kendince
**kene** ZOOL Zecke f; **~ gibi** fig wie e-e Klette
**kenef** sl Abort m
**kenet** ⟨-di⟩ (eiserne) Klammer; Klemme f; **~ etmek** (zusammen)klammern; **~ gibi yapışmak** unzertrennliche Paare bilden, unzertrennlich sein **~lemek** v/t (zusammen)klammern; nieten; (birbirine) Hände kreuzen, falten; Lippen zusammenpressen; im Weltall zusammenkoppeln **~lenmek** passiv von kenetlemek; sich zusammenklammern **~li** (zusammen)geklammert, zusammengepresst
**kenevir** BOT Hanf m
**kengel, kenger** BOT Artischocke f; **~ yaprağı** ARCH Akanthusblatt n
**kent** ⟨-ti⟩ Stadt f; HIST Siedlung f
**kental** ⟨-li⟩ Zentner m
**kentçi** → şehirci **~lik** → şehircilik
**kentet** MUS Quintett n
**kentlerarası** Fern-; Überland-
**kentleş|me** Urbanisierung f; Verstädterung f **~mek** verstädtern
**kent|li** Städter m, -in f; Bürger m, -in f;

**kent** ... städtisch; **~sel** städtisch; urban
**kentsoylu** Bourgeois m **~luk** ⟨-ğu⟩ Bourgeoisie f; Bürgertum n
**kep** ⟨-pi⟩ Mütze f; MIL Käppi n; (Schwestern)Haube f; **banyo ~i** Badehaube f
**kepaze** [a:] Sache wertlos, umg mies; umg Schund; unverschämt, frech; gemein; verächtlich; **-i ~ etmek** j-n blamieren; **~ olmak** sich blamieren **~lik** ⟨-ği⟩ Gemeinheit f; Schande f
**kepçe** Schöpflöffel m; Kescher m; TECH Bagger m; **delikli ~** Schaumlöffel m; **~ gibi** abstehend (Ohren); **~li kamyon** (od **traktör**) Frontlader m **~kulak** abstehende Ohren n/pl **~kuyruk** ⟨-ğu⟩ umg Schmarotzer m
**kepek** ⟨-ği⟩ Kleie f; Kopfschuppen pl
**kepeklenmek** unp es bilden sich Schuppen, Kopfschuppen bekommen; Äpfel etc pelzig werden
**kepenek**¹ ⟨-ği⟩ Filzüberwurf m
**kepenek**² ⟨-ği⟩ Schmetterling m
**kepenk** ⟨-gi⟩ Rollladen m, Fensterladen m; **~leri indirmek** fig mit der Arbeit aufhören, Feierabend machen
**kerahet** [-ra:-] ⟨-ti⟩: **~ vakti** Beginn m der (abendlichen) Zecherei
**keramet** [-ra:-] ⟨-ti⟩ Wunder n; etw Wunderbares; **~i kendinden menkul** pej selbst ernannt **~li** Wundertäter m
**kerata** Hahnrei m; zu e-m Kind Schlingel m, Schelm m; Schuhanzieher m
**keratin** Keratin n
**kere** Mal n; **bir ~** einmal; **iki ~** zweimal etc; **iki ~ iki** zweimal zwei; **bazı ~** manchmal; **-e kıyasla iki ~ (daha) ~** das Zweifache im Vergleich zu
**kerem** Großmut f, Edelmut m; **~ buyurun** gestatten Sie bitte!
**kerempe** Klippe f; Berggipfel m
**ke'reste** Bauholz n; Schuhmachermaterial m; fig blöd **~ci** Holzhändler m **~cilik** ⟨-ği⟩ Holzhandel m
**kerevet** ⟨-ti⟩ Pritsche f, Schlafbank f
**kerevit** ⟨-di⟩ ZOOL Flusskrebs m
**kereviz** BOT Sellerie m od f
**kerhane** [a:] Bordell n; umg Puff m
**'kerhen** widerwillig
**kerim** [i:] erhaben; gnädig
**kerime** osm Tochter f
**keriz** Neuling m; umg Ringelpiez m
**kerizci** Falschspieler m
**ker'kenez** ZOOL Turmfalke m

**kermes** Jahrmarkt m; Volksfest n
**kerpeten** (Kneif)Zange f
**kerpiç** ⟨-ci⟩ ungebrannte(r) Ziegel, a. Luftziegel; Ziegel- **~leşmek** völlig austrocknen, hart und trocken werden
**kerte** Kerbe f; Grad m, Stufe f; Strich m (auf e-m Kompass); fig Grenze f (überschreiten); **~ ~** stufenweise, allmählich; **-i ~sine getirmek** den richtigen Augenblick abpassen für; (meist verneint) etw akk so weit treiben **~leme** Allmählichkeit f; Staffelung f, Abstufung f **~lemek** einkerben
**ker'tenkele** Eidechse f
**kerteriz** SCHIFF Peilung f, Peilen n; **~ almak** peilen; **~ noktası** Orientierungspunkt m
**kertik** ⟨-ği⟩ gekerbt; Kerbe f, Einschnitt m; Scharte f
**kertmek** ⟨-er⟩ v/t kerben; streifen, stoßen (an akk)
**kervan** Karawane f **~başı** Karawanenführer m; fig Kopf m der Karawane **~cı** Karawanenführer m
**Kervankıran** ASTRON Venus f
**kervansaray** Karawanserei f
**kes** Turnschuh m (hochgeschlossen)
**kesafet** [a:] Dichte f; Undurchsichtigkeit f; Verschmutzung f
**kesat** [-a:] Flaute f; schlechte Ernte
**kese**¹ (kleiner) Beutel; Futteral n; Tasche f; Geldbörse f; Frottierhandschuh m; **~nin ağzını açmak** fig tief in die Tasche greifen; **~nin dibi görünmek** fig Geld dahinschmelzen; **-in ~sine bir şey girmemek** keinen Nutzen von etw haben; **benim ~me ne girecek?** was habe ich davon?; **bol ~den** a. pej freigebig; aus dem Überfluss
**kese**² kürzest-, direktest(est) (Weg); **~ yol** Abkürzung f; **~den** auf dem kürzesten Wege
**kesecik** ⟨-ği⟩ ANAT Bläschen n
**kesek** ⟨-ği⟩ Erdklumpen m; getrocknete(r) Dung; Rasen m
**kesekâğıdı** ⟨-nı⟩ Papiertüte f
**kesekli** klumpig; Boden aufgewühlt
**keselemek** -i frottieren
**keselenmek** sich frottieren, sich abreiben; passiv von keselemek
**keseli** ZOOL Beuteltier n
**kesen** MATH Sekante f
**kesene** Abkommen n; Akkord m; Stück-

lohn *m*
**kesenek** ⟨-ği⟩ Abzug *m* vom Gehalt; Pacht *f*; **-i keseneğe almak** pachten *akk*; **-i keseneğe vermek** verpachten
**kesenekçi** (Steuer)Pächter *m*
**kesenkes** → kesinkes
**keser** Beil *n*; → kesmek
**kesici** (ab)schneidend; Schneide-; Schlächter *m auf dem Schlachthof*; **ağrı ~ (ilaç)** schmerzlindernde(s) Mittel; **~ yol** Abkürzung *f* **~diş** Schneidezahn *m*
**kesif** [i:] Menge, Nebel dicht; massig; Massen-; matt, undurchsichtig
**kesik** ⟨-ği⟩ abgeschnitten (*Zweig*); durchschnitten (*Gelände*); abgestumpft (MATH, *Kegel*); Linie unterbrochen; Milch sauer (geworden); *Person* abgekämpft, *umg* geschafft; *umg* mies; (Zeitungs)Ausschnitt *m*; Schnittwunde *f*; **~ ~** abgehackt *sprechen*; stoßweise; **~ öksürmek** hüsteln; GRAM **~ sözcük** Kurzform *f* (*z. B. Auto von Automobil*)
**kesik|li** unterbrochen; aussetzend; MED arrhythmisch; **~ akım** ELEK Wechselstrom *m* **~lik** ⟨-ği⟩ Aussetzen *n*, Stockung *f*; *fig* Abgespanntheit *f* **~siz** ununterbrochen; ständig; stetig; **~** (*a.* **doğru**) **akım** ELEK Gleichstrom *m*
**kesilmek** *passiv von* kesmek; erschöpft sein; werden *zu*; Milch *etc* gerinnen, sauer werden; Mayonnaise verderben; *Regen etc* aufhören; *Wasser* nicht mehr fließen; *Wind* sich legen; *umg* scharf sein (*-e auf akk*); **buz ~** zu Eis werden; **sapsarı ~** leichenblass werden; **taş ~** versteinern; *-den* **~** nicht mehr haben; **iştahtan ~** keinen Appetit mehr haben
**kesim** Schneiden *n*, Abschneiden *n*; Schnitt- (*Punkt*); Schlachtung *f des Viehs*; Abschnitt *m*, Sektor *m*; WIRTSCH Sektor *m*; *fig* Gebiet *n*; HIST Steuerverpachtung *f*; Zuschneiden *n e-s Stoffes*; Fasson *f*, Schnitt *m*; **su ~i** Wasserlinie *f* **~ci** (Steuer)Pächter *m*
**kesin** endgültig, definitiv; entschlossen (*Maßnahme*); **~ dönüş** definitive Rückkehr (*in die Türkei*); **~ olarak** *adv* definitiv, endgültig
**kesinkes** bestimmt, definitiv wissen; kategorisch, entschieden (*Antwort*)
**kesin|leme** kategorische Entscheidung **~leşmek** (endgültig) entschieden werden

**kesinlik** ⟨-ği⟩ Bestimmte(s), Definitive(s) **~le** kategorisch; unfehlbar; absolut; endgültig; *negativ* nie und nimmer; **~ hayır!** auf gar keinen Fall **~siz** unbestimmt; unentschieden
**kesinti** Unterbrechung *f*, Pause *f*; Abzug *m* (*vom Gehalt*); Einschränkung *f*; **personel ~leri** Gehaltsabzüge *m/pl*; **-i ~ye almak** *fig* j-n auf den Arm nehmen **~li** mit e-r Pause, mit Unterbrechungen; *Gehalt* gekürzt, Netto- **~siz** ununterbrochen, pausenlos; Brutto- (*Gehalt*)
**kesir** ⟨-sri⟩ MATH Bruch *m* **~li** Bruch-
**kesiş|en** MATH sich schneidend **~me** Kreuzung *f*; **~ noktası** Schnittpunkt *m*
**kesişmek** (-le) sich schneiden (mit *dat*), sich kreuzen; handelseinig werden; *umg* miteinander fixen
**kesit** ⟨-ti⟩ Schnitt *m*; **~ alanı** Schnittfläche *f*
**keski** Meißel *m*, Stichel *m*; **-i ~ ile kesmek** ausmeißeln; behauen *akk*
**keskin** *z. B.* Auge, Kurve, Messer, Wind scharf; Geruch beißend; Kälte schneidend; *Schütze* sicher; **~ nişancı** Scharfschütze *m*; **iki tarafı ~ bıçak** *fig* zweischneidiges Schwert

**keskinleşmek** schärfer werden; *fig* drückender werden
**keskinlik** ⟨-ği⟩ *allg* Schärfe *f*; **akort keskinliği** PHYS Trennschärfe *f*
**kesme** Schneiden *n*; Schlachten *n*; Blechschere *f*; MATH Sektor *m*, Kreisausschnitt *m*; endgültig; Fest- (*Preis*); Würfel-, würfelförmig; **~ işareti** Apostroph *m*; **~ kaya** Felsboden *m*; **~ almak** *umg* in die Wange kneifen; **oksijenle ~** autogene(s) Schneiden
**kesmece** Melone *etc* zur Prüfung angeschnitten; alles zusammen (*zu einem Pauschalpreis*)
**kesmek** ⟨-er⟩ *v/t* schneiden; (*-meyi*) aufhören (*zu* + *inf*); *-e* werden: **beyaza ~** ganz weiß (*od* blass) werden; *Baum* fällen; *Datum, Tag* festsetzen; *Fahrkarte* einreißen, entwerten; *Fahrt* hemmen, erschweren; *Fieber* senken; sich (*dat*) *in den Finger* schneiden; *Gas, Strom, Wasser* abstellen, abdrehen; AUTO *Gas* wegnehmen; *vom Gehalt* abziehen; *Gespräch* abbrechen; *Haar* stutzen; (*Spiel*)*Karte* abheben; *mit dem Lärm* aufhören; *Licht* ausschalten; *Münzen* prägen; *Radio* aus-

schalten; *e-n Menschen* umbringen; köpfen; *Schmerzen* vertreiben; *Tier* schlachten; *Unterstützung, Zahlungen* einstellen; *umg j-n* bemogeln; *umg* anfunken; *j-n* schlechtmachen; **keş!** hör auf!, sei still!; *-i* **kesip atmak** kurzerhand urteilen (*od* etwas sagen); kurzerhand Schluss machen; *-i* **kesip biçmek** daherreden *akk*; *j-n* ins Bockshorn jagen

**kesmelik** ⟨-ği⟩ Steinbruch *m*
**kes'meşeker** Würfelzucker *m*
**kesmez** stumpf
**kesmik** ⟨-ği⟩ Spreu *f*; Rückstand *m geronnener Milch*
**kestane** [a:] Kastanie *f*; Kastanienbaum *m*; **~ dorusu** ZOOL Goldfuchs *m*; **~ kebap** heiße Maronen *f/pl*; **~ püresi** Maronenpüree *n*; **~ suyu** *hum* Blümchenkaffee *m* **~ci** Maronenhändler *m*
**kestanecik** ⟨-ği⟩ ANAT Prostata *f*
**kestane|fişeği** ⟨-ni⟩ Schwärmer *m*, Knallfrosch *m* **~rengi** kastanienbraun
**kestirme** **A** *subst* Kürzen *n*; Abkürzung *f* (*Weg*); Peilung *f*; Peil-; **~den schnurstracks**; über e-e Abkürzung **B** *adj* endgültig; entschlossen; *Mittel* wirksam **C** *adv* kurz und knapp; **~si** kurz gesagt
**kestirmek** *kaus von* **kesmek**; *v/t* feststellen, ergründen; voraussehen; ermessen; sich (*dat*) *etw* denken; ansäuern; *biraz* **~** ein Schläfchen halten; **kestirip atmak** es (dabei) bewenden lassen
**keş** fettarme(r) Käse; *fig* unbedarft
**'keşfetmek** *v/i* entdecken; enthüllen, aufdecken; MIL aufklären
**keşide** [i:] Ausstellung *f* (*e-s Schecks etc*); Ziehung *f* (*in der Lotterie*)
**keşif** ⟨keşfi⟩ Entdeckung *f*; Enthüllung *f*; MIL Aufklärung *f*; Aufklärungs-
**keşiş** Mönch *m* (*nichtmuslimisch*)
**keşişleme** Südostwind *m*; SCHIFF Südosten *m*
**'keşke** *konj* Einleitung von Wunschsätzen **ah, ~ bir iş bulsam** wenn ich doch e-e Arbeit fände!; **~ bir haber gönderseydik** (*od* göndereydik *od* göndermiş olsaydık)! wenn wir doch eine Nachricht geschickt hätten!
**keşkek** ⟨-ği⟩ Weizengrieß mit Fleisch
**keşkül** Süßspeise aus Milch u. Pistazien
**keşmekeş** Tohuwabohu *n*
**ket** ⟨-ti⟩: *-e* **~ vurmak** beeinträchtigen; **~ vurucu** *gen* Antigen *n*

**ketçap** ⟨-bı⟩ Ketchup *m* (*a. n*)
**keten** BOT Flachs *m*; Leinen *n*; Lein(en)-; **~ yağı** Leinöl *n*
**ke'tenhelva(sı)** ⟨-nı⟩ Art Helva *n*, Zuckerwatte *f*
**ke'tentohumu** ⟨-nu⟩ Leinsamen *m*
**ketum** [u:] verschwiegen
**ketumiyet** ⟨-ti⟩ Verschwiegenheit *f*
**kevgir** Schaumlöffel *m*; Sieb *n*
**kevser** REL Paradiesquelle *f*; **~ gibi** wie Nektar
**'keyfetmek** sich amüsieren
**keyfi** [i:] willkürlich; qualitativ
**keyfince** nach Belieben
**keyfiyet** ⟨-ti⟩ Qualität *f*; Umstand *m*; Tatsache *f*
**keyif** ⟨-yfi⟩ Wohlbefinden *n*; gute Laune, gute Stimmung; Vergnügen *n*; Rausch *m*, Schwips *m*; Laune *f*; Einfall *m*; Verlangen *n*; **~ çatmak** sich amüsieren; **~ halinde** beschwipst; **~ sormak** sich nach dem Befinden erkundigen; *-e* **~ vermek** *j-n* berauschen; *-in* **keyfi bilmek** *fig* s-n eigenen Kopf haben; **-in keyfi bozulmak**: keyfim bozuldu mir ist die Laune verdorben, ich fühle mich nicht wohl; *-in* **keyfi (yerine) gelmek**: keyfim geldi ich bin wieder in guter Stimmung; **keyfi sıra** willkürlich; **keyfi yerinde** gut aufgelegt (*od* zuwege) sein; **keyfine bakmak** es sich (*dat*) wohl sein lassen; *-in* **keyfinin kahyası olmamak** nicht das Recht haben, sich einzumischen (*in akk*)
**keyiflendirmek** *v/t* aufheitern
**keyiflenmek** wieder guter Dinge sein
**keyifli** froh, guter Stimmung (*sein*); angeheitert
**keyifsiz** missmutig, schlechter Stimmung; unpässlich; unpässlich sein; kränkeln **~lenmek** unpässlich sein; **~lik** ⟨-ği⟩ Missstimmung *f*; Unpässlichkeit *f*
**kez** = **kere**, **defa**
**keza** [a:], **ke'zalik** [a:] genauso
**kezzap** ⟨-bı⟩ CHEM Salpetersäure *f*
**kıble** Gebetsrichtung *f* (*nach Mekka*); Südwind *m*; *fig* Zuflucht *f*
**Kıbrıs** Zypern *n*; **Kuzey ~ Türk Cumhuriyeti (KKTC)** Türkische Republik Nordzypern **~lı** Zypriot *m*, *-in f*; **~ Rum** griechischer Zypriot, griechische Zypriotin; **~ Türk** türkischer Zypriot, türkische Zypriotin
**kıç** ⟨-çı⟩ *umg* Hintern *m*; Kruppe *f des*

*Pferdes;* SCHIFF Heck *n;* ~ **atmak** *Pferd hinten ausschlagen; fig umg scharf (od wild) sein (auf akk);* ~ **üstü oturmak** *umg nicht ein und aus können;* ~**ını yırtmak** *gröhlen; sich (dat) den Hintern zerreißen;* ~**tan bacaklı** *Wuchs gedrungen, stämmig*

**kıçın:** *umg* ~ ~ *rückwärts (gehen)*
**kıdem** Dienstalter *n;* Dienstzeit *f;* ~ **tazminatı** Abfindung *f (bei Kündigung)* ~**ce** *dem Dienstalter entsprechend* ~**li** *lang gedient* ~**siz** *neu im Dienst*
**kığ(ı)** (Schafs-, Ziegen)Mist *m*
**kıh**[1] *pfui!, baba!*
**kıh**[2]: ~ ~ **gülmek** *kichern*
**kıkır:** ~ ~ *kichernd*
**kıkırdak** ⟨-ğı⟩ Knorpel *m;* GASTR Griebe *f;* ~ **disk** ANAT Bandscheibe *f;* **göz kıkırdağı** Augapfel *m;* **kulak kıkırdağı** Ohrmuschel *f;* ~ **poğaçası** Pastete *f* mit Grieben ~**doku** Knorpelgewebe *n*
**kıkır|damak** *kichern; vor Kälte erstarren; umg abkratzen* ~**tı** Kichern *n*
**kıl** Körperhaar *n; (Pferde- etc)* Haar *n;* (Tier)Wolle *f;* BOT Flaumhärchen *n; adj* hären, Haar-; Rosshaar-; ~ **gibi** haarfein; ~ **payı** *etc ein hauchdünner Sieg etc;* -*e* ~ **payı kalmak:** -*e* ~ **payı kaldı** *fast wäre es gekommen (zu); um Haaresbreite;* ~**ı kıpırdamamak** *keine Miene verziehen;* ~**ı kırk yarmak** *haarsträubend untersuchen;* -*in* ~**ına dokunmamak** *j-m kein Härchen krümmen*
**kılağı** TECH Grat *m;* -*in*-**sını almak** *wetzen, schleifen* ~**lamak** *v/t wetzen*
**kılaptan** Goldlitze *f;* Flitter *m*
**kılar** → **kılmak**
**kılavuz** Führer *m* (Person *u. Sache);* SCHIFF Lotse *m;* Nachschlagewerk *n;* TECH Gewindebohrer *m;* Leit-, Lenk-; **kullanma** ~**u** Gebrauchsanweisung *f;* **imla** ~**u** Rechtschreibführer *m* ~**luk** ⟨-ğu⟩ Führung *f;* Lotsendienst *m*
**kılburun** *⟨-burnu⟩* Landzunge *f*
**kılcal** Kapillar-, Haar-; ~ **damar** Kapillargefäß *n* ~**lık** *⟨-ğı⟩* Kapillarität *f*
**kılçık** ⟨-ğı⟩ Gräte *f;* BOT Granne *f* ~**lı** ... mit Gräten; *fig* heikel, dornig ~**sız** ... ohne Gräten
**kılgı** PHIL Praxis *f* ~**sal** praktisch
**kılıbık** ⟨-ğı⟩ Pantoffelheld *m*
**kılıcına** hochkant *(stellen)*
**kılıç** ⟨-cı⟩ Säbel *m;* Schwert *n;* ~ **sallamak** *fig* mit dem Säbel rasseln; -*i* ~**tan geçirmek** *niedermetzeln*
**kılıçbacak** krummbeinig
**kılıçbalığı** ⟨-nı⟩ Schwertfisch *m*
**kılıçlama** hochkant; -*i* ~ **asmak** über die Schulter hängen *akk*
**kılıçlamak** *v/t niedermetzeln*
**kılıf** Futteral *n;* Hülle *f;* Überzug *m;* Kondom *n;* TECH Mantel *m;* BOT Schale *f; fig* fadenscheinige Begründung; **yastık** ~**ı** Kissenbezug *m*
**kılıflamak** *v/t* überziehen
**kılıflı** bezogen; in e-m Futteral
**kılık** ⟨-ğı⟩ (das) Äußere, Aussehen *n;* Kleidung *f;* **kıyafet düşkünü** wie ein Penner (gekleidet) ~**lı** vom Aussehen (eines ...), gekleidet wie ...; ~ **kıyafetli** gut gekleidet, *umg* in Schale *(sein)* ~**sız** unansehnlich; ungepflegt; schlecht gekleidet ~**sızlaşmak** vergammeln
**kılınmak** *passiv von* **kılmak**
**kılkıran** Haarausfall *m*
**kılkuyruk** ⟨-ğu⟩ arme(r) Schlucker *m;* ZOOL Spießente *f*
**kıllanmak** Haare bekommen; e-n Bart bekommen
**kıllı** behaart
**kılmak** ⟨-*ar*⟩ (Stützverb *wie* etmek, yapmak) machen; *z. B.* **mümkün** ~ ermöglichen; -*e* **mecbur** ~ zwingen *zu;* **namaz** ~ das (fünfmalige islam.) Gebet verrichten
**kılsız** unbehaart; bartlos
**kımıl|da(n)mak** sich bewegen; sich rühren (**yerden** von der Stelle) ~**datmak** *v/t* von der Stelle rücken; bewegen; schwanken lassen ~**tı** (kleine) Bewegung *f,* Schwanken *n*
**kımız** Kumys *m (gegorene Stutenmilch)*
**kın** Futteral *n,* Etui *n;* (Schwert)Scheide *f;* BOT Blattscheide *f*
**kına** Henna *f;* ~ **ağacı** Hennastrauch *m;* -*e* ~ **koymak** *(od* **sürmek**) mit Henna färben; -*e* ~**lar yakmak** schadenfroh sein (über *akk);* ~ **gecesi** kleine Feier unter Frauen im Haus der Braut vor der Hochzeit
**kına'kına** Chinarinde *f;* Art Aperitif *m*
**kınalamak** *v/t* mit Henna färben
**kınama** Rüge *f,* Missbilligung *f;* ~ **cezası** Disziplinarstrafe *f,* Verwarnung *f*
**kınamak** *v/t* kritisieren, verurteilen; verwarnen
**'kınkanat** ⟨-dı⟩ Käfer *m,* Deckflügler

**kınnap** ⟨-bı⟩ Schnur f, Strick m
**kıpar** → kıpmak
**Kıpçak** Kiptschaktatare m (11. bis 15. Jh.); **~ça** kiptschaktatarisch
**kıpık** Auge halb geschlossen
**kıpır**: ~ ~ fortgesetzt, ständig; zitternd, in Angst; zappelig
**kıpırda|mak** sich rühren, sich bewegen; zittern; vibrieren **~tmak** kaus von kıpırdamak
**kıpırtı** Zittern n, Vibrieren n
**kıpıştırmak** blinzeln (-i mit)
**'kıp|kırmızı** feuerrot **~kızıl** über und über rot, glutrot; fig fanatisch, extrem
**kıpmak** ⟨-ar⟩ zwinkern
**Kıptî** [-i:] Kopte m; koptisch; fälschlich Zigeuner m neg! **~ce** (das) Koptisch(e); koptisch; fälschlich Zigeunersprache f
**kır¹** grau; hellgrau; -e **düşmek: sakalına ~ düşmüş** sein Bart fing an zu ergrauen
**kır²** freie(s) Feld; **~ eğlencesi** kleine(s) Fest im Freien, Gartenfest n; **~ lokantası** Gartenlokal n; **~a gitmek** ins Grüne fahren; **~da** im Freien
**kıraat** ⟨-ti⟩ osm Lesen n; Rezitation f (des Korans); -i **~ etmek** rezitieren
**kıraathane** osm Lesesaal m; Kaffeehaus n
**kıraç** unfruchtbar (Boden); öde
**kırağı** Reif m; **~ yağmış** es ist Reif gefallen
**kıral** etc → kral etc
**kıran¹** Brecher m, Hauer m; Seuche f; **-e kıran mı girdi?** mangelt es etwa an? dat
**kıran²** Ufer n; Bergkamm m
**kı'ranta** (gepflegter, mittelalter) Mann
**kırar** → kırmak
**kırat** ⟨-tı⟩ Karat n; fig Art f, Kaliber n; **ne ~ta ...** was für ein ...
**kıratlık** -karätig; -artig
**kırba** Wasserschlauch m; Blähbauch m; umg Wassertrinker m
**kırbaç** ⟨-cı⟩ Peitsche f; Gerte f; **-e ~ vurmak** j-n peitschen **~lamak** v/t j-n peitschen; **~lı** Treiber m von Lasttieren
**kırçıl** angegraut, grau meliert
**kırdırmak** kaus von kırmak; -e **fiyatı ~** zu e-m Rabatt veranlassen akk; WIRTSCH diskontieren lassen
**kırgın** enttäuscht, gekränkt; gebrochen (Herz); umg eingeschnappt; dial Pest f **~lık** ⟨-ğı⟩ Enttäuschung f; Gekränktsein n

**Kırgız** Kirgise m, Kirgisin f **~ca** (das) Kirgisisch(e); Kirgisisch **~istan** Kirgisistan n

**kırıcı** brechend; rüpelhaft (Benehmen); **~-delici** Bohrhammer m; **buz ~** Enteisungsanlage f; **grev ~** Streikbrecher m; PHYS Beugungs-; **~ olmak** SPORT rempeln, bolzen

**kırık¹** ⟨-ğı⟩ **A** adj zerbrochen; kaputt; Hand, Linie gebrochen; Schulnote schlecht; **~ dökük** Sache ausgedient, altersschwach; Rede zusammenhanglos, restlich; Trödel m, Kram m **B** subst MED Bruch m; Graupen f/pl; Grütze f; **~ tahtası** MED Schiene f; **cam kırığı** Scherbe f; **ekmek kırığı** Brotkrume f
**kırık²** ⟨-ğı⟩ Liebhaber m, Hausfreund m; **~ dölü** uneheliche(s) Kind
**kırıkçı** jd, der Knochenbrüche heilt
**kırıklık** ⟨-ğı⟩ Zerschlagenheit f, Mattigkeit f
**kırılgan** zerbrechlich; leicht eingeschnappt
**kırılma** gezierte(r) Gang; PHYS Brechung f, Refraktion f; **~sı kolay** leicht zerbrechlich; WIRTSCH **~ payı** Entschädigung f für Bruch
**kırılmak** passiv von kırmak; im Kampf fallen, umkommen; zugrunde gehen; sich ärgern (-e über akk); zerschlagen sein, überwunden sein; sich zieren; fig brechen (-den vor dat, z. B. Überfülle); Preis fallen; Wind sich legen; **kırılıp dökülmek** kurz und klein geschlagen werden; liebedienern, schöne Worte machen; sich elend fühlen
**kırıl|mayan, ~maz** unzerbrechlich
**kırım** Massenmord m; Schlachtung f; Bruch m, Panne f
**'Kırım** Krim f **~lı** Bewohner m, -in f der Krim
**kırın**: ~ ~ sehr kokett, herausfordernd
**kırıntı** Krume f, Krümchen n; Rest m; **~ külte** Verwitterungsgestein n
**kırışık** runzelig; Falte f, Runzel f **~lık** ⟨-ğı⟩ Runzeligkeit f **~sız** faltenlos
**kırışmak** runzelig werden; zusammenschrumpfen; einander schlecht behandeln; gegenseitig zerbrechen; sich (gegenseitig) schlagen, sich (gegenseitig) umbringen (-le mit) wetten; feilschen; zur Hälfte teilen (-i akk)

**kırıştırmak** flirten; *kaus von* kırışmak
**kırıtkan** kokett
**kırıtmak** kokettieren; watscheln
**kırk** ⟨-kı⟩ vierzig; (die) Vierzig; **~ dereden su getirmek** um e-e Ausrede nicht verlegen sein; **~ bir buçuk kere maşallah** unberufen!; toi, toi, toi!; **~ tarakta bezi olmak** viel um die Ohren haben; **~ yılda** in vielen Jahren (*z. B. erarbeitet*); **~ yılda bir** alle Jubeljahre einmal; **kılı ~ yarmak** Haarspalterei betreiben; **~ta bir** ein Vierzigstel *n*
¹**kırkambar** wandelnde(s) Lexikon; Grabbelkiste *f*; Kramecke *f*
**kırkar**¹ je vierzig
**kırkar**² → kırkmak
**kırkayak** ⟨-ğı⟩ ZOOL Tausendfüßler *m*; Filzlaus *f*
**kırkbayır** ZOOL Blättermagen *m*
**kırkım** (Zeit *f* der) Schafschur *f*
**kırkıncı** vierzigste(r)
**kırklamak** vierzig Tage vergehen seit; **lohusa kırkladı** es sind vierzig Tage seit der Geburt vergangen; vierzigmal waschen *etc*
**kırklı** *Kinder* nacheinander (*innerhalb von 40 Tagen*) geboren
**kırklık** ⟨-ğı⟩ vierzigjährig; (*Paket*) ... mit vierzig Stück; Vierziger-
**kırkmak** ⟨-ar⟩ *v/t* beschneiden, wegschneiden; stutzen; scheren; trimmen
**kırlangıç** ⟨-cı⟩ ZOOL Schwalbe *f*
**kırlangıç|balığı** ⟨-nı⟩ ZOOL Rote(r) Knurrhahn **~dönümü** ⟨-nü⟩ „Schwalbenabflug" *m*, Anfang Oktober
**kırlangıçfırtınası** ⟨-nı⟩ Sturm *m* in den ersten Apriltagen, Aprilsturm *m*
**kırlaşmak** ergrauen
**kırma** A Brechen *n*; Falten *n*; Plissee *n*; grob gemahlen (*Weizen*); Graupen *pl*; *Pferd* Halbblut *n* B *adj* umklappbar; **~ metre** Zollstock *m*; **~ tüfek** Selbstspanner *m*, Knicklaufbüchse *f*
**kırmak** ⟨-ar⟩ *v/t* zerbrechen, zertrümmern, *umg* kaputt machen; *Brot, Herz, Rekord, Steine, Widerstand* brechen; MED sich (*dat*) (*den Arm*) brechen; *j-n* kränken, verletzen; *Autorität* untergraben; *Ehre* beflecken; *Format* falzen; *Gehalt* kürzen; *Glas* zerbrechen, zertrümmern; *Hoffnung* zerstören; *Holz* hacken; *Kälte* mildern; *Lust* (*j-m*) nehmen; *Nüsse* knacken; *Papier* falten; *Preis* herabsetzen; *Seuche* dahinraffen, vernichten; (*Auto-*)*Steuer* umwerfen; *Wechsel* diskontieren; (**kirişi**) **~** *umg* abhauen; **-i kırıp geçirmek** zerstören, vernichten *akk*; *j-n* drangsalieren; *j-n* bezaubern, begeistern; *j-n* zum Lachen bringen
**kırmız** Karm(es)in *n* **~böceği** ⟨-ni⟩ Schildlaus *f*, Koschenille *f*
**kırmızı** rot; **~ oy** Neinstimme *f*; **~ süs balığı** Goldfisch *m*; ⚤ **Şapkalı Kız** Rotkäppchen *n*; **~ şarap** Rotwein *m*; **~da** VERKEHR bei Rot; **~ yanıyor** VERKEHR es ist rot
**kırmı'zıbiber** GASTR Paprika *m*
**kırmızıca** rötlich
**kırmızılahana** BOT Rotkohl *m*
**kırmızı|laşmak** erröten **~lık** ⟨-ğı⟩ Röte *f* **~msı, ~mtırak** rötlich
**kırmızıturp** ⟨-bu⟩ BOT Radieschen *n*
¹**kıro** *umg* ganz unbedarft; *pej* Provinzler *m*
**kırpık** ⟨-ğı⟩ geschoren; *Schnurrbart* gestutzt
**kırpıntı** Schnitzel *m od n/pl*; Abfälle *m/pl*; Reste *m/pl*
**kırpış|mak** *v/i* blinzeln; *Licht* flackern **~tırmak** *v/t* blinzeln; zwinkern (*mit dat*)
**kırpmak** ⟨-ar⟩ *v/t* stutzen; (*mit den Augen*) zwinkern; sich (*dat*) *etw* abzwacken (*-den* von); **gözünü kırpmadan** ohne mit der Wimper zu zucken
**kırsal** ländlich (*im Gegensatz zu städtisch*)
**kırt: ~ ~** knirschend
**kırtasiye** [-ta:-] Schreibwaren *f/pl*, Bürobedarf *m* **~ci** Schreibwarenhändler *m*, -in *f*; *pej* Bürokrat *m*, -in *f* **~lik** ⟨-ği⟩ Schreibwarenhandel *m*; Bürokratismus *m*, *umg* Amtsschimmel *m*
**kırtipil** erbärmlich, miserabel
**kısa** (*a. zeitlich*) Schreibwaren[?]; Kurz-; **~ boylu** untersetzt; **~ çizgi** Bindestrich *m*; **~ devre** ELEK Kurzschluss *m*; **~ geçmek** (*od* **kesmek**) es kurz machen (*sagen*); **~ ömürlü** kurzlebig; (**uzun**) **sözün ~sı** der langen Rede kurzer Sinn; **~ vadeli** kurzfristig; **~ vadeli hafıza** Kurzzeitgedächtnis *n*
**kısaca** ziemlich kurz
**kı'saca** kurz (gesagt); kurz *berichten*
**kı'sacası** mit e-m Wort, kurz und gut
¹**kısacık** sehr kurz
**kısakafalı** ANAT brachykephal

**kısal|mak** zu kurz werden; *Stoff a.* einlaufen **~tılma** Kürzung *f der Fristen*
**kısalt|ım** Kürzen *n* **~ma** Kürzung *f*; LING Abkürzung *f* **~mak** *v/t* kürzen, kürzer machen; abkürzen (*Zeit*)
**kısar** → kısmak
**kısas** HIST JUR Revanche *f*; **~a ~** Zahn um Zahn; **~ etmek** sich revanchieren
**kısık** ⟨-ğı⟩ (ab)gekürzt; zusammengepresst; MATH unkürzbar; *Augen* geschwollen; *Stimme* gedämpft, heiser
**kısılma** Einschränkung *f*; MED Systole *f*
**kısılmak** *passiv von* kısmak; *v/i Auge* blinzeln; *Herz* sich zusammenziehen; *Stimme* heiser (*od* schwach) klingen; *Wasser* schwach (*od* dünn) laufen; **kapana ~** in Bedrängnis geraten; **kapana kısıldı** *er sitzt in der Klemme*
**kısım** ⟨kısmı⟩ Teil *m*; Gruppe *f*, Kategorie *f*; (*Kinder*)Volk *n*; MIL Trupp *m*
**kısıntı** Einschränkung *f*; Sparmaßnahme *f*; *fig* Abbau *m*
**kısır¹** unfruchtbar; *fig* unnütz
**kısır²** Art Salat aus Weizengrütze
**kısırdöngü** Teufelskreis *m*
**kısırlaş|mak** unfruchtbar werden **~tırmak** *v/t* sterilisieren; kastrieren
**kısırlık** ⟨-ğı⟩ Unfruchtbarkeit *f*
**kısıt** ⟨-tı⟩ Entmündigung *f*
**kısıtla|mak** *v/t* unter Vormundschaft stellen; *fig* einschränken, begrenzen; beeinträchtigen, behindern **~malı** Waren verboten, von der Beförderung ausgeschlossen **~yıcı** einschränkend
**kısıtlı** bevormundet, entmündigt; eingeschränkt, begrenzt
**kıskaç** ⟨-cı⟩ Kneifzange *f*; Schraubstock *m*, Zwinge *f*; Klappleiter *f*; **~ (operasyonu)** MIL Zangenbewegung *f*; **~ gözlük** Kneifer *m*, Pincenez *n*
**kıskanç** ⟨-cı⟩ eifersüchtig; neidisch
**kıskançlık** ⟨-ğı⟩ Eifersucht *f*; Neid *m*
**kıskandırmak** *-i j-n* eifersüchtig machen; *kaus von* kıskanmak
**kıskanmak** eifersüchtig sein (*-i* auf *akk; -den* wegen *gen*); neidisch sein (auf *akk*); eifersüchtig wachen (über *akk*); nicht gönnen (*-den –i j-m akk*); beneiden (*-den –i j-n* um)
**kıskı** Keil *m*
**kıskıs:** **~ gülmek** schmunzeln
**'kıskıvrak** ganz fest (*z. B. zubinden*); **~ yakalamak** erwischen, ertappen

**kısmak** ⟨-ar⟩ vermindern; *Augen* (zusammen)kneifen; *Ausgaben* einschränken; *Gürtel* enger schnallen; (*Petroleum-*) *Lampe* herunterschrauben; *Ohren* anlegen; *Radio* leiser stellen; *Schultern* hochziehen; *Scheinwerfer* abblenden; *Stimme* dämpfen
**'kısmen** teilweise; teils
**kısmet** ⟨-ti⟩ Schicksal *n*; Glück *n*; gute Heiratspartie *f*; **~!** vielleicht; wer weiß?; **~ aramak** sein Glück versuchen; **~ beklemek** auf ihr Glück (*= die Heirat*) warten; *-in* **~(i) çıktı** sie fand ihr Glück (*a. =* den richtigen Mann); **~ olursa ...** wenn es das Schicksal will, ...; *-in* **~i açıldı** *j-m* lacht das Glück; *-in* **~i bağlı** (er ist) ein Pechvogel **~li** Glückspilz *m* **~siz** Pechvogel *m*
**kısmî** [i:] teilweise, partiell, Teil- (*Zahlung*); **~ seçim** Nachwahl *f*
**kısrak** ⟨-ğı⟩ Stute *f*
**kıssa** (kleine) Geschichte; **~dan hisse** 'die Moral von der Geschicht'
**kıstak** ⟨-ğı⟩ Landenge *f*, Isthmus *m*
**kıstas** Waage *f*; *fig* Kriterium *n*
**kıstırmak** ⟨-*i -e*⟩ sich (*dat*) (*z. B. den Fingern*) (ab)quetschen (*-e* in *dat*); *j-n* in die Enge treiben
**kış¹** Winter *m*; **~ günü** (in der) Winterzeit (*f*); **~ sporları** Wintersportarten *f/pl*; **~ tarifesi** Winterfahrplan *m*; **~ uykusu** Winterschlaf *m*; **çok ~ yaptı** es herrscht(e) ein strenger Winter; **~ı geçirmek** überwintern; den Winter verbringen; ZOOL Winterschlaf halten
**kış²** *int* zum Verscheuchen der Hühner ksch-ksch, sch-sch!
**'kışın** im Winter
**kışkırtı** Aufwiegelei *f*, Provokation *f*; Wühlarbeit *f* **~cı** aufwieglerisch; provokatorisch; Provokateur *m*, *-in f*; **~ ajan** Agent provocateur
**kışkırtıcılık** ⟨-ğı⟩ Wühlarbeit *f*
**kışkırt|ma** Hetze *f*; Provokation *f*; provokatorisch **~mak** *v/t Vögel etc* (auf-)scheuchen; *fig* aufhetzen, provozieren
**'kışla** Kaserne *f*; (*Schaf*)Stall *m*
**kışlak** ⟨-ğı⟩ Winterlager *n*; Winterhütte *f*; MIL Winterquartier *n*
**kışlamak** Winter werden; überwintern, den Winter verbringen
**kışlık** Winter-; Winterquartier *n*
**kıt** ⟨-tı⟩ gering; kümmerlich; *Ernte*

schlecht; WIRTSCH knapp; **anlayışı ~** schwer von Begriff; **sözü ~** wortkarg; **~ kanaat** mit Mühe und Not *(auskommen)*

**kıta** Kontinent *m*; MIL Trupp *m*, Unterabteilung *f*; Einheit *f*; Zahlgebiet *n (Bus, Straßenbahn)*; **~ sahanlığı** Festlandssockel *m*

**kıtalararası** interkontinental

**kıtıpiyoz** *umg* mies, wertlos

**kıtır**[1] Puffmais *m*; Flunkerei *f*; **~ atmak** *fig* flunkern

**kıtır**[2]: **~ ~** kross, stark geröstet; knackend *(Knochen)*

**kıtırcı** *umg* Lügenpeter *m*

**kıtırdamak** *v/i* knacken

**kıtırdatmak** knacken (*-i* mit *dat*)

**kıtlaşmak** knapp (*od* Mangelware) werden

**kıtlık** ⟨-ğı⟩ Hungersnot *f*, Knappheit *f*, Mangel *m* (an *dat*); (Sauerstoff)Mangel *m*; **~ta kalmak** knapp sein; **~ yılı** Hungerjahr *n*

**kıvam** [a:] Konsistenz *f*; (der) richtige Augenblick *m*; Höhepunkt *m*; Reife *f*; SPORT (gute) Kondition *f*; **~ında** *Geschäfte ... gehen gut; Vergnügen ...* auf dem Höhepunkt sein; in vollem Gange sein; SPORT in Form

**kıvam|lanmak** dickflüssig werden, sich verdicken; *fig* in Gang kommen; in Form sein **~lı** dickflüssig; reif

**kıvanç** ⟨-cı⟩ Stolz *m*; Freude *f*; *-le* **~ duymak** stolz sein (auf *akk od* darauf, *zu* + *inf*); sich freuen (*zu* + *inf*) **~lı** stolz; freudig

**kıvanmak** (*-le*) stolz sein (auf *akk*); sich freuen (über *akk*)

**kıvılcım** Funke(n) *m*; **~ saçmak** Funken geben; **umut ~ı** Hoffnungsschimmer *m* **~lanmak** Funken sprühen

**kıvır**: **~ ~** kraus *(Haare)*; sich zierend

**kıvırcık** lockig, gekräuselt; Thrakische(s) Schaf *(mit lockiger Wolle)*; **~ lahana** BOT Wirsing(kohl) *m*; **~ salata** BOT Kopfsalat *m*

**kıvırmak** A *v/t* kräuseln; krümmen *(Finger)*; Ärmel aufkrempeln; Tuch einsäumen (*-den* an *dat*); sich wiegen *beim Tanz etc*; *Essen* umg verputzen, verdrücken; *Sache* (es) schaffen, fertig werden mit; *umg* sich *(dat)* etw ausdenken, Lügen auftischen B *v/i -e* abbiegen (nach *dat*); *fig* sich drücken

**kıvrak** gewandt; pfiffig; flink; *Ausdruck* treffend, präzise; *Aussehen* adrett

**kıvranmak** sich winden (*a.* vor Schmerzen); *fig* in großer Not sein; *fig* lechzen nach

**kıvrık** ⟨-ğı⟩ umgebogen, Korkenzieher-, gewunden; Aufschlag *m*, Umschlag *m am Ärmel etc*

**kıvrılmak** sich kräuseln; *passiv von* kıvırmak; sich schlängeln; sich zusammenkauern; einbiegen (*-e* in *akk*)

**kıvrım** Krümmung *f*; Windung *f* (*a.* ANAT); kraus; lockig; Knick *m*; GEOL Falte *f*; MED Krampf *m*; **~ ~** gekräuselt; GEOL *Weg* gewunden; **~ ~ olmak** *fig* sich krümmen (vor *dat*) **~lı** gekrümmt; GEOL Falten-*(Gebirge)*

**kıvrıntı** → kıvrım

**kıyafet** [-a:-] ⟨-ti⟩ Kleidung *f*; offizielle Kleidung; → kılık; **~ balosu** Maskenball *m*; **~ düşkünü** verlottert; Gammler *m*; **yerel ~** Regionaltracht *f* **~lı** ... gekleidet; **asker ~** in Soldatenuniform **~name** Trachtenbuch *n*

**kıyak** ⟨-ğı⟩ *umg* dufte, prima; großartig; Gefallen *m*, Dienst *m*; **~ kaçmak** wie gerufen kommen

**kıyam** [a:] REL Auferstehung *f*

**kıyamet** [a:] ⟨-ti⟩ REL Auferstehung *f*; *fig* Tohuwabohu *n*; **~ gibi** (*od* **kadar**) in Mengen; sehr; **~ günü** (der) Jüngste Tag; **~ koptu** es gab e-n Riesentumult; **bundan ~ mi kopar?** geht davon die Welt unter?; **~e kadar** bis in alle Ewigkeit

**kıyar** → kıymak

**kıyas** [a:] Vergleich *m*; Analogie *f*; *Logik* Syllogismus *m*; *-e* **~la** im Vergleich *zu*; *-e, -le* **~ etmek** vergleichen mit; **~ kabul etmez** unvergleichlich

**kı'yasıya** (sich) bis aufs Blut *(bekämpfen)*; erbarmungslos *(Wettbewerb)*

**kıyaslama** Vergleich *m*; **~ yapmak** e-n Vergleich ziehen

**kıyaslamak** *v/t* vergleichen (*-le* mit)

**kıyı** Ufer *n*; Küste *f*; Küsten- *(Strich)*; (Straßen)Rand *m*; (Brot)Kruste *f*; **~ya durdum** ich trat zur Seite

**kıyıcı** Tyrann *m*; Hacker *m*; Schneider *m z. B. von Tabak*

**kıyıcılık** ⟨-ğı⟩ Grausamkeit *f*

**kıyık** klein gehackt

**kıyılmak** passiv von **kıymak**; fig ganz zerschlagen sein

**kıyım** Schneiden n; Krümel m; Hacken n; fig Willkür f; **iri ~** fig korpulent **~lı** gehackt, zerkleinert

**kıyınmak** v/i sich wie zerschlagen fühlen; **midem kıyındı** ich habe Bauchschmerzen

**kıyıntı** (Holz)Span m; fig Zerschlagenheit f; MED (Magen)Krampf m, Krämpfe m/pl

**kıyışmak** (-le) eine Vereinbarung treffen (mit j-m); sich messen (mit j-m)

**kıyma** Hack-; Hackfleisch n, Hack n

**kıymak** ⟨-ar⟩ v/t (zer)hacken, -e Ausgaben, Geld nicht scheuen; -e j-n nicht schonen; j-n umbringen; Jugend vergeuden; **cana ~** j-m nach dem Leben trachten

**kıymalı** GASTR Hackfleisch-, mit Hackfleisch (gefüllt etc)

**kıymet** ⟨-ti⟩ Wert m; Wertschätzung f; **~i olmak** e-n Wert, (e-e) Bedeutung haben; **... inde** im Wert von; **-in ~ini bilmek** zu schätzen wissen akk; **~ten düşmek** entwerten, an Wert verlieren

**kıymetlendirmek** v/t Daten etc auswerten; (yeniden) WIRTSCH aufwerten

**kıymet**|**lenmek** aufgewertet werden; an Wert gewinnen **~li** Person lieb; verehrt (z. B. Kunde); Sache wertvoll; Wert(Papier); Edel- (Stein); CHEM -wertig

**kıymetsiz** wertlos; **~ numune** WIRTSCH Muster n ohne Wert **~lik** ⟨-ği⟩ Wertlosigkeit f

**kıymık** ⟨-ğı⟩ Splitter m

**kız** Mädchen n; Junggesellin f; Jungfrau f, jungfräulich; Tochter f; Karte Dame f, Königin f; **~ arkadaş** Freundin f; Kollegin f; **~ çocuk** kleine(s) Mädchen; **~ kardeş** Schwester f; **~ gibi** umg mädchenhaft; schüchtern; tadellos, Klasse-; **~ istemek** um die Hand (der Tochter) anhalten; **~ oğlan ~** jungfräulich

**kızak** ⟨-ğı⟩ Schlitten m; SCHIFF Helling f; **-i kızağa çekmek** SCHIFF auf die Helling legen; außer Betrieb setzen; Person in den einstweiligen Ruhestand versetzen; **-i kızağa koymak** ein Schiff auf Kiel legen

**kızamık** ⟨-ğı⟩ MED Masern pl; **~ çıkarmak** die Masern haben

**kızamıkçık** ⟨-ğı⟩ MED Röteln pl

**kızan**[1] dial Junge m, Bube m; Bursche m
**kızan**[2] ZOOL Brunst f
**kızar → kızmak**

**kızarmak** v/i sich röten, reifen; Person erröten, rot werden; Kohle glühend werden; Speisen noch länger braten, braun werden; **kızarıp bozarmak** rot und blass werden

**kızarmış** (braun) gebraten

**kızartı** Rötung f, rote Stelle

**kızartıcı** rötend; fig brennend, aktuell; **yüz ~** das Schamgefühl verletzend

**kızartma** Braten m; Rostbraten m; Gebratenes, Geröstetes, Frittiertes etc; **patates ~sı** GASTR Pommes frites pl; Bratkartoffeln f/pl

**kızartmak** kaus von **kızarmak**; erröten lassen; frittieren, braten, rösten etc

**'kızböceği** ⟨-ni⟩ ZOOL Plattbauch m, Libelle f (Libellula depressa)

**kızdırmak** v/t anwärmen, vorwärmen; erwärmen; fig j-n ärgern, wütend machen

**kızgın** heiß, erhitzt; überhitzt (Dampf); glühend (Sonne); vulkanisch (Wolke); böse, schrecklich (Zeit); fig wütend; **~ ~** böse, zornig

**kızgın**|**laşmak** böse werden, wütend werden, aufbrausen **~lık** ⟨-ğı⟩ Erhitzung f; fig Gereiztheit f; Zorn m

**kızıl** a. POL rot; furchtbar, ausgesprochen (z. B. dumm); hitzig (Streit); **2 Ordu** (die) Rote Armee f; **~** (**hastalığı**) MED Scharlach m (a. n)

**kı'zılağaç** ⟨-cı⟩ BOT Erle f (Alnus)

**Kı'zılay** Rote(r) Halbmond

**kızılca** rötlich; **~ kıyameti koparmak** Radau machen, krakeelen

**kızılcık** Kornelkirsche f; **~ ağacı** Kornelkirschbaum m; **~ sopası** Prügel pl

**Kı'zıldeniz** Rote(s) Meer

**Kı'zılderili** Indianer m, -in f

**Kı'zılelma** (a. **Kızıl Elma**) etwa Alttürkische(s) Reich (als Utopie); HIST Name für Rom m, Wien n (od a. Moskau n)

**kızılgerdan** ZOOL Rotkehlchen n

**Kı'zılhaç** ⟨-çı⟩ Kreuz

**kızıllaşmak** rot werden, sich röten

**kızıllık** ⟨-ğı⟩ Röte f; Rötung f; Rouge n; **akşam kızıllığı** Abendröte f

**kızılötesi** ⟨-ni⟩ infrarot

**kızılşap** lavendelfarben

**kızıltı** Rötung f

**kızılyaprak** ⟨-ğı⟩ BOT Odermennig *m*
**kızılyara** MED Karbunkel *m*
**kızışlmak** TECH sich heißlaufen; *fig* entbrennen, entflammen; sich stürmisch entwickeln; *Getreide* zu faulen beginnen; ZOOL in die Brunst kommen; brünstig sein **~tırmak** anzünden; *fig* entfachen; aufhetzen
'**kızkardeş** Schwester *f*
**kızlık** ⟨-ğı⟩ Jungfräulichkeit *f*; Mädchen-; **~ adı** Mädchenname *m*; geborene ...; **~** zarı Jungfernhäutchen *n*
**kızmabirader** Mensch-ärgere-dich-nicht *n*
**kızmak** ⟨-ar⟩ glühend werden; *Fett* (siedend) heiß werden; sich aufregen (*-e* über *akk*); ZOOL brünstig sein
'**kızmemesi** ⟨-ni⟩ BOT Grapefruit *f*
**ki** ⒶRelativpronomen *der etc*, dessen *etc*; *da, wo* **siz ~ beni tanırsınız ...** Sie, der Sie mich kennen, ...; **o yerden ~ herkes kaçar, sen de kaç!** den Ort, den jeder meidet, meide auch du!; **bir zaman gelecek, ~ herkes hür olacak** eine Zeit wird kommen, da (*od* in der) jeder frei sein wird Ⓑkonjdass; so ... dass; um ...; damit; aber, doch: **herkes bilir ~ dünya yuvarlaktır** jeder weiß, dass die Erde rund ist; (*relative Rede im Deutschen*) **bana dedi ~ hastayım** er sagte zu mir, dass er krank sei; **istiyor ~ geleyim** er will, dass ich komme; **oturdum ~ biraz dinleneyim** ich setzte mich, um mich ein bisschen auszuruhen; **geldim ~ kimseler yok!** ich kam, doch niemand war da!; **öyle** (*od* **o kadar**) **... ~ so ...**dass: **o kadar para harcadı ~ donduk, kaldık** er gab so viel Geld aus, dass wir ganz verblüfft waren Ⓒ*als satzabschließende Partikel (Verstärkung.)* denn, eben, doch, ja *etc* **niçin gelmedi ~!** warum ist er denn nicht gekommen!; **öyle** (*od* **o kadar**) **çalıştık ~!** wir haben derartig gearbeitet *od* haben wir gearbeitet!; **ona güvenilmez ~!** auf ihn kann man sich nicht verlassen!; **öyle para harcadı ~!** hat der Geld ausgeben!
**-ki** ⟨-kü⟩ *Wortbildungssuffix (adjektivisch oder substantivisch), z. B.* **şimdiki** gegenwärtig; das Gegenwärtige; **bugünkü** heute; das Heutige; **-deki: bahçedeki ağaçlar** die Bäume im Garten; **Almanya'daki Türkler** die Türken in Deutschland; **bahçedekiler** die im Garten Befindlichen; **içindekiler** (*das, was drinnen ist* =) Inhaltsverzeichnis *n*; **-imki, -inki** *etc* **bizimki** das Unsrige, **seninki** das Deinige
**kibar** vornehm, aristokratisch; *Kleid* elegant, fesch **~laşmak** vornehm werden, sich herausmachen; arrogant sein
**kibarlık** ⟨-ğı⟩ Vornehmheit *f*; Eleganz *f*; Überheblichkeit *f*
**kibir** ⟨kibri⟩ Stolz *m*; Hochmut *m* **~lenmek** hochtrabend sein **~li** stolz, hochmütig **~siz** bescheiden; sanftmütig
**kibrit** ⟨-ti⟩ Zündholz *n*, Streichholz *n*; **~ çakmak** ein Streichholz anzünden; **~ kutusu** Streichholzschachtel *f* **~çi** Ⓐ*subst* Streichholzfabrikant *m*, Streichholzverkäufer *m* Ⓑ*adj* fsg knickerig
**kibutz** Kibbuz *m*
**kifayet** [a:] ⟨-ti⟩ Hinlänglichkeit *f*; Fähigkeit *f*; Kompetenz *f*; **~ etmek** ausreichend sein; sich begnügen *-le* mit **~li** ausreichend; fähig; kompetent **~siz** unzulänglich; unfähig; unzuständig
**kih: ~ ~ gülmek** kichern
**kik** ⟨-ki⟩ SCHIFF Gig *f*
**kiklon** → siklon
**kil** Ton *m*, Tonerde *f*
**kiler** Speisekammer *f*, Speiseschrank *m*
**kilim** Kelim *m*, Webteppich *m*
**kilimci** Kelimverkäufer *m*; *schroffe Antwort auf die Frage* «Kim?»
**ki'lise** *allg* Kirche *f*; **Ortodoks** ⒼsiⓈ die orthodoxe Kirche; **Aya İrini** ⒼsiⓈ (die) Hagia Eirene, Irenenkirche*f*
**kilit** ⟨-di⟩ Schloss *n*; *fig* **~ adam** Schlüsselperson *f*; **~ altında** unter Verschluss; **~ dili** Riegel *m* (*am Schloss*); **~ gibi olmak** unzertrennlich sein; **~ noktası** (*od* **yeri**) Schlüsselposition *f*
**kilitlemek** *v/t* abschließen, zuschließen; einsperren, einschließen (*-e* in *akk*); ineinanderfügen; *Zähne* zusammenpressen; *fig Lage* blockieren
**kilitlenmek** *passiv von* kilitlemek; sich verschließen; (*Verkehr*) nicht mehr fließen; (*Verhandlungen*) festgefahren sein
**kilitli** verschlossen, abgeschlossen
**kiliz** Schilfrohr *n*
'**kilo** Kilo *n*; Kilo-; **~ almak** *an Gewicht* zunehmen; **~ vermek** abnehmen
'**kilogram** Kilogramm *n*

**kilolu** (Person) mit Übergewicht
**kiloluk** ⟨-ğu⟩ Kilo- (Paket), ... von ... Kilo
**kilo'metre** Kilometer m; **~ kare** Quadratkilometer m; **~ levhası** VERKEHR Entfernungsschild n; **~ saati** Tachometer n; **~ taşı** fig Markstein m
**kilovat** ⟨-tı⟩ Kilowatt n; **~ saat** Kilowattstunde f (kWh)
**kilüs** ANAT Chylus m
**kim** wer?; **~se, ~se ...** wer auch immer ...; jeder, der ...; **~in için?** für wen?; **~in wessen?**; **bu ~indir** wem gehört das?; **~imiz** einige von uns; **~iniz** einige von euch (od Ihnen); **~(dir) o?** wer ist da?; **~ olursa olsun ...** wer es auch immer sei ...; **burada ~ler var?** wer ist den da?; **her ~** jeder, der ...; **~ler?** wer (alles)?; **~ bilir** wer weiß, ...; wahrscheinlich; weiß der Himmel, ob ...; **~ e, dum duma** völlig unbemerkt; in e-m heillosen Wirrwarr; **~ oluyor** wer ist er schon?; **~i kimsesi** jemand aus der Familie
**kime** wem?, an wen?
**kimi** einige, manche; wen? (akk von **kim**); **~ ..., ~ ...** die einen ..., die anderen ...; **~ zaman** manchmal
**kimisi** mancher
**kimlik** ⟨-ği⟩ Identität f; Personalien f; **~ (belgesi** od **kartı)** Personalausweis m; **~ arayışı** Identitätssuche f; **~ bunalımı** Identitätskrise f; **~ sorunu** Identitätsproblem n
**kimse** jemand; **~ler** einige, welche; ['kımsɛ] niemand; **hiçbir ~** überhaupt keiner
**kimsesiz** alleinstehend, ohne Anhang; menschenleer **~lik** ⟨-ği⟩ Alleinsein n
**kimüs** BIOL Chymus m
**kimya** [aː] Chemie f; fig Rarität f
**kim'yaca** chemisch (rein etc)
**kimyalcı** Chemiker m, -in f; Chemielehrer m, -in f **~ger** Chemiker m, -in f
**kimyalaştırıma** Chemisierung f
**kimyasal** chemisch; Chemikalie f; **~ ilgi** chemische Verwandtschaft
**kimyevi** [-iː] chemisch
**kimyon** Kümmel m
**kin** [iː] Hass m, Feindschaft f, Animosität f; **ırk ~i** Rassenhass m; **-e ~ bağlamak** Hass bekommen auf akk; **~ beslemek** (od **gütmek, tutmak**) Hass haben auf akk, Hass hegen gegen akk

**kinaye** [aː] Andeutung f; Metapher f; Anspielung f (**-e auf** akk, **-e karşı** gegen akk); **~ yoluyla, ~ ile** andeutungsweise; **~ ile söylemek** Anspielungen machen **~li** allegorisch; vieldeutig; **~ fig** durch die Blume, andeutungsweise
**kinci** gehässig, hasserfüllt
**kinetik** ⟨-ği⟩ Kinetik f; kinetisch
**kinin** MED Chinin n
**kinizm** Zynismus m
**kip** ⟨-pi⟩ Muster n, Typ m, Modell n; GRAM Modus m, Aussageform f; IT Arbeitsmodus m; **bildirme** (od **haber**) **~i** GRAM Indikativ m **~lik** ⟨-ği⟩ Modalität f
**kir** Schmutz m; **bu renk ~ götürür** diese Farbe ist nicht schmutzempfindlich; **evi ~ götürüyor** die Wohnung ist sehr schmutzig
**kira** [aː] Miete f; **~ artırımı** Mieterhöhung f; **~ bedeli** Leihgebühr f; **~ ile, ~da** zur Miete (wohnen); **~ kontratı** Mietvertrag m; **~ süresi** Mietdauer f; **-i ~ya vermek** vermieten
**kiracı** Mieter m, -in f; **~nın ~sı** Untermieter m, -in f
**kiralamak** ⟨-i -e⟩ j-m etw vermieten; ⟨-i -den⟩ etw von j-m mieten
**kiralık** ⟨-ğı⟩ ... zu vermieten; Mietobjekt n; Miet-; gedungen (Mörder); **~ araba** Mietwagen m; **~ katil** Killer m
**kirasız** mietfrei
**kiraz** BOT (Süß)Kirsche f
**kirde** GASTR Maisfladen m
**kireç** ⟨-ci⟩ Kalk m; **~ gibi** kreideweiß; **~ kaymağı** ⟨-nı⟩ Chlorkalzium n, Kalkchlorid n **~çi** Kalkbrenner m **~çil** Kalkpflanze f; Kalk-
**kireçlemek** v/t kalken
**kireçlenme** Verkalkung f; Kalzinieren n
**kireçlenmek** verkalken; gebrannt werden, kalziniert werden
**kireçleşmek** verkalken; Kalk brennen
**kireçli** kalkhaltig; hart (Wasser)
**kireçsütü** ⟨-nü⟩ Kalkmilch f
**kireçtaşı** ⟨-nı⟩ Kalkstein m
**kiremit** ⟨-di⟩ Dachziegel m
**kiremitli** Ziegel-, mit Ziegeln gedeckt
**kiriş** MUS (Darm)Saite f; α. ANAT, MATH (Bogen)Sehne f; **~i kırmak** umg türmen
**ki'rizma** AGR Umgraben n; **~ yapmak** Erde od den Boden umgraben

**kirlenme** Verschmutzung f; **çevre ~si** Umweltverschmutzung f (bes Vorgang)
**kirlenmek** schmutzig werden; fig besudelt werden; Mädchen seine (od ihre) Unschuld verlieren
**kirletilme** Verschmutzung f
**kirletmek** v/t beschmutzen, verschmutzen; Frau vergewaltigen; **altını ~** umg unter sich machen
**kirli** schmutzig, unrein; verschmutzt
**kir'likan** Venenblut n
**kirlilik** ⟨-ği⟩ Unreinlichkeit f; Verschmutzung f; **çevre kirliliği** Umweltverschmutzung f (Zustand)
**kirpi** ZOOL Igel m
**kirpik** ⟨-ği⟩ Wimper f **~li** Wimpern- **~si** Wimpern-; Ziliar- (Muskel)
**kirve** dial Person, die den Jungen während der Beschneidung hält
**kispet** ⟨-ti⟩ enge Lederhose f (der türk. Ringer)
**kist** ⟨-ti⟩ MED Zyste f
**kisve**: **~si altında** unter dem Deckmantel gen/von
**kisvet** ⟨-ti⟩ → kisve; **dalgıç ~i** Taucheranzug m
**kiş!** Schach! (dem König)
**kişi** a. GRAM Person f; jemand; **~ adılı** GRAM Personalpronomen n; **~ eki** Personalsuffix n
**kişileştirme** Personifizierung f
**kişilik** ⟨-ği⟩ Persönlichkeit f; menschenwürdig; anständig; **~ kazanmak** zu e-r Persönlichkeit werden; **iki ~ oda** ein Doppelzimmer (n); **iki ~ yer** Platz m für zwei Personen **~li** charakterstark **~siz** verschwommen; Massenmensch m
**kişioğlu** Mensch m
**kişisel** persönlich; menschlich; Personal-; subjektiv (Meinung); **~ bilgisayar** Personalcomputer m, PC m; **~ durum** Familienstand m **~leştirmek** personalisieren
**kişmiş** BOT kleine kernlose schwarze Weintraube
**kişnemek** wiehern
**kişniş** Koriander m (Coriandrum sativum)
**KİT** abk → kamu iktisadî teşebbüsü
**kitabe** [a:] Inschrift f
**kitabet** [a:] ⟨-ti⟩ Schrifttum n; Schrift- (Sprache); Stil m
**ki'tabevi** ⟨-ni⟩ Buchhandlung f
**kitabî** [-a:bi:] Buch- (Wissen); Stubengelehrte(r); GRAM korrekt
**kitakse** int -e umg sieh an!; **herife ~** guck mal den Kerl an!
**kitap** ⟨-bı⟩ Buch n; (das) Heilige Buch; **alfabe kitabı** Fibel f; **~ kurdu** a. fig Bücherwurm m; **kitaba el basmak** (auf ein heiliges Buch) schwören; **-i kitab(ın)a uydurmak** den Anschein der Korrektheit geben dat
**kitapçı** Buchhändler m, -in f; **~ (dükkanı)** Buchhandlung f
**kitaplık** ⟨-ği⟩ Bücherschrank m; Bücherregal n; Bibliothek f **~bilim** Bibliothekswissenschaft f **~bilimci** Bibliothekar m, -in f
**ki'tara** Gitarre f **~cı** Gitarrist m, -in f
**kitle** Haufen m; Masse f; **~ iletişim aracı** Massenkommunikationsmittel n; **~ iletişim araçları** (Massen)Medien n/pl
**kitlemek** → kilitlemek
**kitre** Pflanzengummi n
**'klakson** Hupe f; **~ çalmak** hupen
**klan** Klan m
**klapa** Aufschlag m, Revers m od n
**klape** MUS, TECH Klappe f, Ventil n
**klarnet** ⟨-ti⟩ MUS Klarinette f
**klas** Klasse f; umg prima, Klasse-
**klase**: **~ etmek** klassifizieren
**klasik** klassisch; Klassiker m; traditionell **~leşmek** klassisch werden
**klasisizm** Klassizismus m
**klasör** (Akten)Ordner m; Ablage f; IT (Datei)Verzeichnis n
**klavye** Klaviatur f; Tastatur f
**klik** ⟨-ki⟩ Clique f, Klüngel m
**klikleşme** Cliquenbildung f
**klinik** ⟨-ği⟩ Klinik f; klinisch; **~ belirtiler** klinische(r) Befund
**klip** (Video)Clip m
**kliring** WIRTSCH Clearing n, Verrechnung(sverfahren n) f
**klişe** TYPO, fig Klischee n
**klişeleşmek** zum Klischee (od zur Schablone) werden **~tirmek** klischieren
**klitoris** ANAT Klitoris f, Kitzler m
**klor** Chlor n; **~ sodyum** Chlornatrium n, Kochsalz n **~hidrik**: **~ asit** Salzsäure f (HCl) **~lamak** v/t chloren **~lu** Chlor-
**klorofil** CHEM Chlorophyll n
**kloroform** Chloroform n
**klorür** CHEM Chlorür n, Chlorid n
**kloş** Glockenrock m

**klüz** Schlucht f, Engpass m
**koalisyon** Koalition f
**kobalt** ⟨-ti⟩ Kobalt n; **~ bombası** MIL Kobaltbombe f
**kobay** ZOOL Meerschweinchen n; fig Versuchskaninchen n
**kobra** ZOOL Kobra f
**koca**¹ Ehemann m, Mann m; **~ya varmak** Frau heiraten
**koca**² enorm, riesig; erwachsen; alt, bejahrt; groß, bedeutend; **~ bir gün** e-n ganzen Tag; **~ herif olmak** umg ein langer Lulatsch werden
**ko'cakarı** alte(s) Weib; Slang: die Alte (= Mutter); **~ ilacı** MED Hausmittel n; **~ soğuğu** (die) „Eisheiligen" (Ende März)
**kocamak** alt werden
**kocaman** riesig, enorm
**kocasız** Frau alleinstehend
**kocayemiş** BOT Baumerdbeere f; Erdbeerbaum m (Arbutus uneda)
**kocundurmak** j-n erschrecken; ärgern
**kocunmak** ⟨-den⟩ sich aufregen (über akk)
**kocuşmak** sich umarmen
**koç** ⟨-çu⟩ Widder m, Schafbock m; **~ yiğit** hübsche(r) Bursche
**Koç** ⟨-çu⟩ ASTROL Widder m; **o ~ burcundan** sie ist ein Widder
**koçak** beherzt, mutig; großzügig
**koçaklama** Heldengedicht n
**koçan** Strunk m, Kolben m; WIRTSCH Talon m, Kontrollabschnitt m
**'koçbaşı** ⟨-nı⟩ HIST Rammbock m
**kod** ⟨-du⟩ Code m; **~ adlı** unter dem Decknamen ...; **~ çözücü** Decoder m; **alan ~u** (od **numarası**) TEL Vorwahlnummer f; **posta kodu** Postleitzahl f
**kodaman** pej hohe(s) Tier
**kodein** Codein n
**kodeks** Arzneibuch n
**kodes** umg Knast m; **~e girmek** in den Knast kommen; **~e tıkmak** einlochen
**kodifiye: ~ etmek** kodifizieren
**kodlama** Codierung f
**kodlu** verschlüsselt, chiffriert
**kof** hohl, leer; Nuss taub; Person hohlköpfig **~laşmak** hohl (etc) werden
**koful** ⟨-lü⟩ BIOL Vakuole f
**koğmak** etc → kovmak etc
**koğuş** Krankenzimmer n, Krankensaal m; Station f (im Krankenhaus); (Gefängnis)Raum f

**kok** ⟨-ku⟩ Koks m (Kohle)
**kokain** Kokain n **~man** Kokainsüchtige(r)
**kokak** stinkend, übel riechend
**kokar** übel riechend; **→ kokmak**
**ko'karca** ZOOL Skunk m, Stinktier n
**kokart** ⟨-dı⟩ Kokarde f
**koket** kokett
**koklamak** -i riechen (an dat); v/t Tiere beschnüffeln
**koklatmak** ⟨-i -e⟩ j-n riechen lassen (an dat); j-n selten sehen; j-m nichts geben
**kokmak** ⟨-ar⟩ (güzel gut) riechen; z. B. Fleisch verdorben riechen, fig aussehen (nach dat, z. B. Krieg), drohen; **kötü** od **pis ~** stinken
**kokmuş** übel riechend; Essen verdorben; fig stinkfaul; Melodie abgeleiert
**kokoreç** ⟨-ci⟩ GASTR gegrillte Därme
**kokoroz** Mais m; umg Vogelscheuche f **~lanmak** sich provozierend benehmen; sich aufblasen
**'kokteyl** Cocktail m; Cocktailparty f
**koku** Geruch m, Duft m, Gestank m; Parfum n; fig Hauch m (von dat), Spur f (von dat); umg Kokain n; **~su çıkmak** fig herauskommen, ans Licht kommen; **-in ~su olmak** riechen nach; -in **~sunu almak** fig riechen akk, wittern akk
**koku|lu** riechend (od duftend, stinkend) nach; parfümiert **~suz** geruchlos
**kokuş|mak** stinken, riechen; verwesen **~muş** verdorben; verwest
**kokutmak** -i mit Geruch erfüllen akk; Fleisch etc verderben lassen
**kol** Arm m; Oberarm m; Tier Vorderfuß m; Ärmel m; Ast m des Baumes; MUS Griff m; TECH Kurbel f; Hebel m; Riegel m; Ader f e-s Kabels; Abteilung f; Sektor m; (Produktions)Zweig m; Streife f, Patrouille f; (Marsch)Kolonne f; MIL Flügel m, Flanke f; **~ atmak** Baum ausschlagen; fig sich verbreiten; umg die Runde machen; **~ düğmesi** Manschettenknopf m; **~ gezmek** auf Streife gehen, e-e Streife machen; fig Druck ausüben; **-e ~ kanat olmak** j-n unter s-n Schutz nehmen; **~a Arm** in Arm; **~larını sıvamak** fig die Ärmel hochkrempeln; **~unda altın bileziği olmak** fig e-e Goldgrube haben; **~ saati** Armbanduhr f; **gençlik ~u** Jugendorganisation f (einer Partei)

**'kola**¹ Stärke(mittel n) f; Stärken n; Leim m, Klebstoff m
**'kola**² Cola n (Getränk)
**'kola**³ BOT Kolabaum m
**kolaçan** Bummel m; **-i ~ etmek** hum die Gegend inspizieren; „unsicher machen"; (dort) herumbummeln; beäugen akk
**kolalamak** v/t Wäsche stärken
**kolalı** gestärkt
**kolan** Gurt m; Riemen m; Sattelgurt m; Strick m e-r Schaukel
**kolay** leicht, nicht schwierig; **~ ~** ganz einfach, mühelos; **~da** griffbereit; **~ı var** es gibt einen Ausweg; **-in ~ını bulmak** Mittel und Wege finden für; **~ gele** (od **gelsin**) viel Erfolg! (bei der Arbeit)
**ko'layca** recht einfach; mühelos, leicht
**kolayla|mak** v/t im Begriff sein, etw fertig zu machen; fertig machen **~nmak** v/i dem Ende entgegengehen **~ştırmak** v/t erleichtern; fertig machen
**kolaylık** ⟨-ğı⟩ Leichtigkeit f; Erleichterung f; Mittel n, Möglichkeit f; **-e ~ göstermek** fig j-m entgegenkommen, j-m behilflich sein; **~la** mühelos; **~lar** Komfort m
**'kolböreği** ⟨-ni⟩ Art Teigpastete f
**kolcu** Person Wachposten m, Wächter m; Patrouillierende(r); **gümrük ~su** Zollbeamte(r)
**kolçak** ⟨-ğı⟩ Fausthandschuh m; Ärmelschützer m; Armbinde f; Armlehne f
**koldaş** Kollege m
**kolej** mittlere Schule mit intensivem Fremdsprachenunterricht; **polis ~i** Polizeihochschule f; **sağlık ~i** Sanitätsfachschule f
**koleksiyon** Kollektion f; **pul ~u** Briefmarkensammlung f
**kolektif** kollektiv, Kollektiv-, Gemeinschafts-; Kollektiv n; **~ şirket** (**koll. şti.**) offene Handelsgesellschaft (OHG) **~leştirmek** v/t kollektivieren, vergesellschaften
**koiektör** ELEK Kollektor m
**ko'lera** MED Cholera f
**kolesterin** MED Cholesterin n
**kolhoz** Kolchose f
**koli** Postpaket n; Karton m (Umzugskarton etc); **~ bantı** Paketband n; **değerli ~** Wertpaket n

**kolik** ⟨-ği⟩ MED Kolik f
**kollamak** ⟨-uyor⟩ v/t warten (auf akk, z. B. e-e Gelegenheit), abpassen akk; j-n beschützen; die Gegend prüfend überblicken; nach links etc schauen
**kollu** -armig; ... mit Ärmeln; TECH Hebel- (Schalter); **kısa ~** kurzärmelig
**kolluk** ⟨-ğu⟩ Manschette f; Ärmelschützer m; Armbinde f (als Kennzeichen); **~ kuvvetleri** Sicherheitskräfte pl
**Kolomb, Kolomp** ⟨-bu⟩ Kolumbus m
**kolon**¹ (Zeitungs)Spalte f; Säule f
**kolon**² ANAT Dickdarm m
**kolon**³ TECH (Versorgungs)Kanal m; ELEK (Lautsprecher)Box f
**koloni** Kolonie f
**Ko'lonya** Köln n
**ko'lonya** Kölnischwasser n
**kolonyal** kolonial, Kolonie(n)-; **~ şapka** Tropenhelm m
**'kolordu** ⟨-nu⟩ MIL Armeekorps n
**'kolpo** Stoß m; fig Treffer m
**koltuk** ⟨-ğu⟩ Sessel m; ANAT Achsel f; fig Stütze f; Dienststelle f; umg Bordell n; (Auto)Sitz m; **~ altı** Achselhöhle f; **~ başlığı** AUTO Kopfstütze f; **~ değneği** Krücke f; **~ meyhanesi** umg Kneipe f **~çu** Sesselhersteller m; fig Schmeichler m
**koltuklamak** v/t unter den Arm nehmen (a. Person), (Sache umg a. klemmen); fig j-m Komplimente machen
**koltukluk** ⟨-ğu⟩ Schweißblatt n; Sessel-
**'kolye** Halskette f
**kolyoz** ZOOL Makrele f (Scomber colias)
**'kolza** BOT Raps m
**'koma** Koma n; **~ya girmek** ins Koma fallen; **~da olmak** im Koma sein; **~dan çıkmak** aus dem Koma erwachen
**komandit** ⟨-ti⟩: **~ ortaklık** (**kom. şti.**) Kommanditgesellschaft f (KG) **~er** Kommanditist m, -in f
**kom'bina** Kombinat n
**kombinezon** Unterhemd n mit Unterrock; fig Dreh m, Kniff m
**komedi** THEAT, fig Komödie f
**ko'medya** → komedi
**komedyen** Komödiant m, -in f; THEAT Komiker m, -in f; → **komedyacı**
**komi** Kellnergehilfe m; Liftboy m
**komik** ⟨-ği⟩ lustig; Komiker m, -in f; Jux m, Spaß m

**komik|leşmek** lustig (*od* lächerlich) werden **~lik** ⟨-ği⟩ (das) Komische, komische Wirkung
**komiser** Kommissar m, -in f **~lik** ⟨-ği⟩ Kommissariat n
**komisyon** Kommission f, Ausschuss m; Maklergebühr f **~cu** Makler m, -in f; Kommissionär m, -in f
**ko'mita** HIST Untergrundbewegung f, Geheimbund m **~cı** Geheimbündler m
**ko'mite** Komitee n, Ausschuss m; **icra ~si** Exekutivkomitee n
**komodin** Nachttisch m, Schränkchen n
**kompartıman** BAHN Abteil n
**kompas** Zirkel m; Schublehre f
**kompetan** kompetent; Experte m
**komple** komplett, vollständig; Garnitur f; Besteck n; *Person, Sportler* perfekt, hervorragend
**kompleks** *a.* PSYCH Komplex m; Fabrikkomplex m
**kompliman** Kompliment n
**'komplo** [-ɔ] Komplott n, Verschwörung f; **~ kurmak** (*od* **hazırlamak**) ein Komplott schmieden
**kom'posto** Kompott n; (*Dünger*) Kompost m
**kompozi|syon** Komposition f; *Schule* Aufsatz m; (mündliche) Nacherzählung **~tör** MUS Komponist m, -in f
**kompres** MED Umschlag m, Packung f
**kompresör** TECH Kompressor m
**komprime** MED Tablette f, Pille f
**kompüter** ~ bilgisayar
**komşu** Nachbar m, -in f; MATH Neben(*Winkel*); **~ kapısı** nebenan; **~ ülke** Nachbarland n; **-i kapısı yapmak** *hum* sehr oft frequentieren **~luk** ⟨-ğu⟩ Nachbarschaft f; **iyi ~ ... gutnachbarlich; **~ etmek** Nachbarn sein
**komut** ⟨-tu⟩ Befehl m, Kommando n; **~ vermek** Befehl geben
**ko'muta** MIL Kommando n, Befehlsgewalt f; **-in ~sında**, **~sı altında** unter dem Kommando *gen/von*
**komutan** MIL Befehlshaber m; Kommandeur m; Kommandant m; **ordu ~ı** Armeeoberbefehlshaber m **~lık** ⟨-ğı⟩ MIL Kommando n, Leitung f; Stab m; Kommandantur f
**komün** Kommune f **~al** kommunal
**komün|ist** ⟨-ti⟩ Kommunist m, -in f; kommunistisch **~istlik**, **~izm** ⟨-ği⟩ Kommunismus m
**komünyon** REL Abendmahl n, Kommunion f
**komütatör** ELEK Kommutator m, Stromwender m; Kollektor m
**konak**¹ ⟨-ğı⟩ Unterkunft f, Quartier n (*a.* MIL); Palast m, Palais n, Schlösschen n
**konak**² ⟨-ğı⟩ Kopfgrind m (*Kleinkinder*)
**konakla|mak** *v/i* übernachten; Quartier beziehen **~tmak** *v/t* unterbringen, einquartieren
**konar** → **konmak**¹
**konargöçer** Nomade m, Nomadin f; *adj* unstet, rastlos
**konca** Knospe f; *umg* (*Kokain*) Schnee m
**konç** ⟨-cu⟩ Stiefelschaft m; Strumpflänge f
**kon'çerto** (*Komposition*) Konzert n; **pi'yano ~su** Klavierkonzert n
**kondansatör** Kondensator m
**kondanse** kondensiert; Kondens-(*Milch*)
**kondisyon** Kondition f (*bes* SPORT)
**kondom** Kondom n
**kondur|mak** (*-i -e*) unterbringen (*akk* in *dat*); *meist* MIL einquartieren; *provisorisch* anheften, befestigen (*an dat*) **~mamak** *Krankheit* (*-e j-n*) unberührt lassen; **üstüne ~** nicht belasten (mit *dat*)
**kondüktör** Schaffner m, -in f
**konfederasyon** Bund m, Konföderation f, Verband m
**konfeksiyon** Konfektion f; **~ mağazası** Konfektionsgeschäft n
**konferans** Vortrag m; POL Konferenz f; **~ vermek** e-n Vortrag halten **~çı** Vortragende(r); Redner m, -in f
**kon'feti** Konfetti n
**konfigürasyon** IT Konfiguration f
**konfor** Komfort m **~lu** komfortabel; **tam ~ ...** mit allem Komfort
**'kongre** Kongress m, Tagung f
**koni** Konus m, Kegel m
**konik** ⟨-ği⟩ konisch, kegelförmig; Kegelschnitt m
**konişmento** Frachtbrief m, Konossement n
**konjonktür** WIRTSCH Konjunktur f
**konjunktiva** ANAT Bindehaut f; **~ iltihabı** Bindehautentzündung f
**konkasör** Brecher m, Zerkleinerungsmaschine f
**konkav** konkav

**konkor'dato** WIRTSCH Konkordat n
**konkre** konkret
**konkurhipik** ⟨-ği⟩ Pferderennen n
**konmak¹** ⟨-ar⟩ -e sich niederlassen, sich setzen (auf akk); Flugzeug landen; Staub sich absetzen; übernachten; zelten; umsonst kriegen; kommen (zu dat: z. B. schnell zu Reichtum); Slang: j-m eine kleben
**konmak²** ⟨-ur⟩ passiv von koymak: gelegt werden; Salz zugefügt werden etc
**konsa** ZOOL Kropf m
**konsantrasyon** Konzentration f
**konsantre** konzentriert; ~ **etmek** konzentrieren; -e ~ **olmak** sich konzentrieren auf akk
**konsensus** Konsens m
**konser** Konzert n (Veranstaltung); ~ **vermek** ein Konzert geben
**konservatuar** Konservatorium n
**kon'serve** Konserve f; Konserven- (Dose); konserviert; ~ **açacağı** Dosenöffner m; **balık ~si** Fischkonserve f
**konsey** Rat m; **Avrupa ♀i** Europarat m; **Birleşmiş Milletler Güvenlik ♀i** Sicherheitsrat m der Vereinten Nationen
**konsol** ⟨-lu⟩ Konsole f
**konsolide**: ~ **etmek** WIRTSCH konsolidieren
**konsolit** ⟨-di⟩ WIRTSCH konsolidierte Obligation; Art Kartenspiel n
**konsolos** Konsul m, -in f **~luk** ⟨-ğu⟩ Amt n (od Tätigkeit f) e-s Konsuls; Konsulat n
**konsoma|syon** Verbrauch m; Verzehr m, Zeche f **~tris** Animierdame f
**kon'sorsiyum** Konsortium n
**kon'sulto** MED Konsilium n
**konsül** Konsul m (im alten Rom)
**konsültasyon** bes MED Konsultation f
**konşimento** → konişmento
**kont** ⟨-tu⟩ Graf m
**kontak** ⟨-ğı⟩ a. ELEK Kontakt m; Kurzschluss m; AUTO Zündung f; ~ **anahtarı** Zündschlüssel m; ~ **kurmak** Kontakt aufnehmen; ~ **attı** es gab e-n Kurzschluss
**kontaklens** Kontaktlinse f
**kontenjan** Kontingent n
**kontes** Gräfin f; umg Lehrerin f
**kontluk** ⟨-ğu⟩ Grafschaft f
**¹kontra** gegen, dagegen; Gegen-; ~ **gitmek** umg -e (immer) kontra sein zu; widersprechen dat
**kon'tralto** MUS tiefe Altstimme
**kontrat** ⟨-tı⟩ Vertrag m
**kontratak** Fußball Gegenangriff m
**kontratlı** vertraglich abgeschlossen
**kontrbas** Kontrabass m
**kontrfile** Filetstück n, Rückenstück n
**kontrol** ⟨-lü⟩ Kontrolle f; Regelung f; ~ **altına almak** in den Griff bekommen akk, e-r Sache Herr werden; -i ~ **etmek** kontrollieren akk; ~ **kalemi** ELEK Phasenprüfer m; ~ **kulesi** Kontrollturm m **~cü, ~ör** Kontrolleur m, -in f
**kontrplak** ⟨-kı⟩ Sperrholz n
**kontur** Kontur f
**kontür** TEL Einheit f
**konu** Thema n, Gesprächsgegenstand m, Frage f; ~ **komşu** nächste(r) Nachbar und Bekannte(r); **bu ~da** in dieser Frage, darüber, hierüber; ... **~sunda** fig über akk, betreffend akk, mit Bezug (auf akk); ~ **edilmek** zur Sprache kommen; ... **~lu** unter dem Titel ..., mit dem Thema ...
**konuk** ⟨-ğu⟩ Gast m; -e ~ **gelmek** zu j-m zu Besuch kommen; ~ **söz** Fremdwort n, moderne(s) Lehnwort **~evi** Gästehaus n **~sever** gastfreundlich **~severlik** ⟨-ği⟩ Gastfreundschaft f
**konulmak** passiv von komak: hingesetzt werden, hinzugetan werden
**konulu** → konu
**konum** GEOG Lage f; Ort m; Stellung f, Position f
**konuş** GEOG Lage f; Legen n; Unterbringung f; MIL Standortverteilung f
**konuşkan** redselig; gesprächig **~lık** ⟨-ğı⟩ Redseligkeit f; Gesprächigkeit f
**konuşlandırmak** MIL stationieren
**konuşma** Rede f, Vortrag m; a. TEL Gespräch n; Unterhaltung f; ~ **balonu** Gesprächsblase f; ~ **dili** Umgangssprache f; ~ **merkezi** ANAT Sprachzentrum n **~cı** Redner m, -in f, Vortragende(r); (Rundfunk)Kommentator m, -in f
**konuşmak** A v/i sprechen (-le mit dat; -den von); fig gut wirken, chick aussehen; flirten; -le **konuşmamak** fig mit j-m nicht mehr sprechen, j-m böse sein B v/t besprechen akk; e-e Sprache sprechen: **Türkçeyi iyi ~** gut Türkisch sprechen
**konuşulmak** besprochen werden

**konut¹** ⟨-tu⟩ Wohnung f; Wohnraum m; Wohn-; Wohnsitz m; **~ belgesi** Wohnsitzbescheinigung f; **~ hapsi** Hausarrest m; **sosyal ~** Sozialwohnung f
**konut²** ⟨-tu⟩ PHIL Postulat n
**konutluk** ⟨-ğu⟩ für ... Wohnungen
**konvansiyon** Konvention f
**konvansiyonel** konventionell
**konveks** konvex
**'konveyör** Fließband n
**konvoy** Geleitzug m, Konvoi m
**konyak** ⟨-ğı⟩ Kognak m
**kooperatif** Genossenschaft f **~çi** Genossenschaftsmitglied n **~çilik** ⟨-ği⟩ Genossenschaftswesen n
**kooperatifleşmek** WIRTSCH sich genossenschaftlich organisieren
**koordinasyon** Koordination f
**koordinat** ⟨-tı⟩ MATH Koordinate f
**koordine** koordiniert; **~ etmek** koordinieren
**kopanaki** Klöppelspitze f
**kopar** → kopmak
**koparmak** ⟨-ar⟩ v/t abreißen; zerreißen; *Blumen* (ab)pflücken; *Früchte* abpflücken; *Geschrei* erheben; *in Lachen* ausbrechen; *Lärm* schlagen; *Staub* aufwirbeln; entreißen (*-den j-m*), (schwer) bekommen (*von j-m*)
**kopça** Schnalle f; **dişi ~** Öse f; Schlaufe f; **erkek ~** Haken m **~lamak** zuschnallen
**kopil** *umg* Bengel m, Range f
**'kopkolay** kinderleicht
**'kopkoyu** sehr dunkel; sehr dicht
**kopmak** ⟨-ar⟩ v/t abbrechen; (ab)reißen; sehr wehtun; ... **'koptu** ... ist abgerissen; *Knopf* ... ist ab; *Krieg* ... ist ausgebrochen; *Sturm* ... ist losgebrochen
**kopoy** ZOOL (Ungarischer) Jagdhund m
**'kopseke'fali** Kopf ab!
**kopuk** ⟨-ğu⟩ abgerissen; abgebrochen; Gammler m
**kopuz** HIST Saiteninstrument n
**'kopya** Kopie f; Durchschlag m; **~ çekmek** *in der Schule* abschreiben; **-in ~sını çıkarmak** e-e Kopie (FOTO: e-n Abzug) machen von *dat*; **-i ~ etmek** kopieren; **~ kağıdı** Kohlepapier n, Blaupapier n **~cı** Kopist m, -in f; *Schule* Abschreiber m, -in f **~lamak** v/t a. IT kopieren; *Gentechnik* klonen
**kopye** → kopya

**kor** Glut f (*der Kohle*); (brennend) rot
**koral** ⟨-li⟩ Choral m
**'koramiral** ⟨-li⟩ MIL Admiral m
**kor'dele** (*a. -a*) Band n; Film m, → kurdele
**'kordiplomatik** ⟨-ği⟩ diplomatische(s) Korps
**kordon** Kordel f, Schnur f; MIL Tresse f; (Uhr)Kette f; ELEK Verbindungsschnur f; Litze f, Bordüre f *zur Verzierung*; Absperrung f, (Polizei)Kordon m; **-i ~ altına almak** absperren
**'Kore** Korea n **~ce** (das) Koreanisch(e) **~li** Koreaner m, -in f
**Korent** ⟨-ti⟩ Korinth f; korinthisch; **~ Kanalı** (der) Kanal von Korinth
**'korgeneral** ⟨-li⟩ kommandierende(r) General
**koridor** *a.* ARCH Korridor m
**korkak** ⟨-ğı⟩ ängstlich; Hasenfuß m **~lık** ⟨-ğı⟩ Ängstlichkeit f; Feigheit f
**korkmak** ⟨-ar⟩ sich fürchten (*-den* vor *dat*); nicht wagen (*-e* zu + *inf*)
**korkmaz** furchtlos
**korku** Furcht f, Angst f; Befürchtung f; Gefahr f; **hastalık ~su** die Furcht vor (e-r) Krankheit; **uçuş ~su** Flugangst f
**korkulmak: korkuluyor** es besteht die Gefahr (*-eceğinden* dass ...); es steht zu befürchten ... (*-den* dass ...)
**korkulu** beängstigend, schrecklich; riskant, bedrohlich
**korkuluk** ⟨-ğu⟩ Vogelscheuche f; Gitter n, Geländer n; *fig* Person Null f
**korkunç** ⟨-cu⟩ schrecklich, fürchterlich (*a.* = *sehr, stark*); **~ sıcak** schrecklich heiß
**korkusuz** furchtlos; gefahrlos
**korkutmak** v/t erschrecken; beunruhigen; bedrohen, terrorisieren
**'korna** Hupe f; Hupen n; **~ çalınmaz** Hupen verboten
**'korner** SPORT Eckball m
**kornet** ⟨-ti⟩ MUS Kornett n
**korniş** Gardinenstange f; Leiste f; Gesims n; Anhöhe f
**'korno** MUS (Wald)Horn n
**'koro** Chor m
**koroner** MUS Koronar-, Kranz- (*Gefäße*)
**korporasyon** Körperschaft f
**korsan** Pirat m; Piraten- (*Sender*); **~ kaset** (**kitap** *etc*) Raubkopie f (*Kassette, Buch etc*); **~ miting** illegale Kundgebung f; **bilgisayar ~ı** IT Hacker m

'korse Korsett n
kort ⟨-tu⟩ Tennisplatz m
kortej Festzug m; Trauerzug m; POL Ehrengeleit n
koru Wäldchen n (angelegtes); Park m
korucu Waldhüter m; ziviler Helfer der Streitkräfte
korugan MIL Bunker m
koruk ⟨-ğu⟩ unreife Weintraube; ~ suyu Saft m unreifer Weintrauben
koruluk ⟨-ğu⟩ Wäldchen n
koruma Schutz m; Verteidigung f; ~ aşısı Schutzimpfung f; ~ faktörü Creme Schutzfaktor m; kendi kendini ~ Selbstverteidigung f
korumak v/t schützen (-den vor dat); Land verteidigen; Ruhe bewahren; Unkosten decken; sich (dat) sichern akk
korun, ~ tabakası ANAT Epidermis f
korunak ⟨-ğı⟩ Unterschlupf m, Zufluchtsort m; bes MIL Unterstand m
korunma MIL Deckung f; Verteidigungs-; Verhütung f; ~ tedavisi Vorsorgeuntersuchung f
korunmak sich schützen (-den vor dat)
korunum Schutz m
koruyucu Schutz- (Schicht); prophylaktisch (Arznei); Wächter m; Beschützer m, Verteidiger m; ~ hekimlik Prophylaxe f; ~ muayene Vorsorgeuntersuchung f
'kosinüs MATH Kosinus m
'koskoca riesig; Person a. voll ausgewachsen ~man riesig, riesengroß
kostik CHEM ätzend
kostüm THEAT Kostüm n; Anzug m; (Damen)Kostüm m
koşar → koşmak; ~ adım (in) Laufschritt m
koşma Laufen n; LIT Art Volkslied f
koşmaca: ~ oynamak Haschen spielen
koşmak ⟨-ar⟩ v/i laufen (-meye (um) zu ...); -in ardından (od peşinden) beharrlich verfolgen akk, nachjagen dat; -e ~ gebrauchen akk, greifen zu; spannen (vor e-n Wagen); Bedingung stellen; işe ~ umg j-n einspannen (für e-e Arbeit)
koşturmak v/t antreiben, jagen; topu ~ Fußball kicken; -e ~ jagen (nach dat)
koşu Wettrennen n; ~ atı Rennpferd n; ~ yolu Rennbahn f; SPORT Laufrichtung f; bir ~ blitzschnell ~cu Rennpferd n; Läufer m, -in f; Lauf-
koşuk ⟨-ğu⟩ Vers m; Gedicht n; Poesie f

koşul Bedingung f; barış ~ları Friedensbedingungen f/pl; ~ bileşik zamanı GRAM Bedingungsform
koşullandır|ma Beeinflussung f; Manipulation f ~mak pej beeinflussen, manipulieren, bedingen
koşulmak -e sich gesellen zu; Wagen bespannt werden; işe ~ umg sich hineinknien in akk; eingespannt werden bei
koşulu angeschlossen; angespannt; ... mit Pferdezug
koşum (Pferde)Geschirr n
koşuş Jogging n, meist Dauerlauf m
koşuşmak Masse, Leute zusammenlaufen; Kinder herumtollen, toben
koşuşturmak hin und her laufen; rotieren
koşut parallel ~luk ⟨-ğu⟩ Parallelität f
kot¹ ⟨-du⟩ ARCH (Höhen)Angabe f; → kod
kot² ⟨-tu⟩ ® Jeans-; ~ kumaşı Jeansstoff m; ~ pantalon Jeanshose f
'kota WIRTSCH Kurs m, Notierung f; Quote f
kotarmak v/t Essen auftischen; Suppe einfüllen; fig fertig machen, beenden
kotlamak buchstabieren (mit Städtenamen); codieren, auszeichnen
kotlet ⟨-ti⟩ Kotelett n ~pane panierte(s) Kotelett
'kotra¹ SCHIFF Jacht f; Kutter m
kotra² Pferch m (für Kleinvieh)
kov Klatsch m, Lästern n; ~ etmek klatschen, lästern
kova Eimer m
Kova ASTROL Wassermann m; ~ burcundanım ich bin Wassermann
kovalamaca: ~ oynamak Haschen spielen
kovalamak v/t j-n haschen, j-n zu fangen suchen; e-n Dieb verfolgen, j-m nachjagen; birbirini ~ aufeinanderfolgen
kovan Bienenstock m; TECH Hülse f; MIL Kartusche f; (Torpedo)Rohr n; arı ~ı gibi (işliyor) (es herrscht) ein reger Betrieb
kovanlık ⟨-ğı⟩ Imkerei f
kovar → kovmak
'kovboy Cowboy m
kovcu Klatschbase f; klatschsüchtig
kovlamak -i klatschen, lästern (über j-n), j-n schlechtmachen

**kovmak** ⟨-ar⟩ v/t j-n jagen, scheuchen (-den von dat); ausweisen (-den aus dat)
**kovuk** ⟨-ğu⟩ Hohlraum m; Höhlung f; ANAT (Zahn)Höhle f
**kovukçul** ⟨-lu⟩ Höhlenmensch m
**kovulma: işten ~** Entlassung f
**kovuluş** Ausweisung f (-den aus dat)
**kovuşturmak** v/t fahnden (nach j-m)
**koy** Bucht f
**koyacak** ⟨-ğı⟩ Behälter m
**koyak** ⟨-ğı⟩ dial Tal n
**koyar**¹ Zusammenfluss m
**koyar**² → koymak
**koymak** ⟨-ar⟩ ⟨-i -e⟩ setzen; legen (auf akk, in akk); stecken (in akk); gießen (in akk); j-n kränken, j-m nahegehen, umg j-n wurmen; -e vulg ficken akk; Belohnung, Preis aussetzen; Geld zuteilen, zur Verfügung stellen; Kontrolle einführen; Steuer festsetzen; ⟨-e in der Schule⟩ etw Neues einführen; **~ işe** ~ j-n für e-e Arbeit einsetzen; **arabaya benzin ~** Treibstoff nachfüllen, tanken
**koyu** dick(flüssig), steif; Farbe dunkel (z. B. **~ yeşil** dunkelgrün); echt (z. B. Türke); umg ausgemacht; fanatisch (z. B. POL Anhänger); Tee stark
**koyulaş|mak** dick(flüssig) (od steif) werden; dunkel werden **~tırmak** Soße eindicken; fig verdichten, konsolidieren
**koyulmak** passiv von koymak; sich machen (-e an akk); fester werden, dicker werden; dunkler werden; **yola ~** sich auf den Weg machen
**koyuluk** ⟨-ğu⟩ Dickflüssigkeit f; Dichtigkeit f; fig höchste(r) Grad
**koyun**¹ Schaf n; Hammel m; fig Schaf n, Tropf m; blöd (z. B. Blick); **~ budu** Hammelkeule f; **~ eti** Hammelfleisch n
**koyun**² ⟨koynu⟩ Brust f; Busen m; Schoß m; **~ ~a** eng umschlungen
**koyunculuk** ⟨-ğu⟩ Schafzucht f
**ko'yungözü** ⟨-nü⟩ BOT Mutterkraut n (Matricaria parthenium)
**koy(u)vermek** v/t freilassen, loslassen
**koz** Karte Trumpf m; dial (Wal)Nuss f; **~ oynamak, son ~larını oynamak** s-n letzten Trumpf ausspielen
'**koza** BOT (Baumwoll)Kapsel f, Samenkapsel f; ZOOL Kokon m
**kozak** ⟨-ğı⟩ → kozalak
**kozalak** ⟨-ğı⟩ Tannenzapfen m **~lı** Nadelbaum m **~lılar** Nadelhölzer n/pl, Koniferen f/pl
**kozmetik** ⟨-ği⟩ Kosmetik f; kosmetisch **~çi** Kosmetiker m, -in f
**kozmik** kosmisch, Weltraum-; **~ ışınım** kosmische Strahlung
**kozmonot** ⟨-tu⟩ Kosmonaut m, -in f
**kozmopolit** ⟨-ti⟩ Kosmopolit m, -in f; kosmopolitisch; umg unsolide (Gegend)
**kozmos** ['kɔz-] Kosmos m, Weltall n
**köçek** ⟨-ği⟩ HIST Transvestit m; Leichtfuß m **~çe** flotte Tanzmelodie
**köfte** Fleischklößchen n, Boulette f; Slang: Collegeschülerin f; **çiğ ~** scharf gewürzte Tatarklößchen
**köftehor** Schelm m, komische(r) Kauz
**köftelik**: Fleisch n für → köfte
**köhne** altersschwach, verwohnt (z. B. Haus); Gedanke überholt, unzeitgemäß
**köhne|leşmek, ~mek** altersschwach werden; veralten, unmodern werden
**kök** ⟨-kü⟩ ANAT, BOT, GRAM, MATH, fig Wurzel f; Herkunft f, Geschlecht n e-r Familie; CHEM Radikal n; **~ salmak** Wurzeln schlagen; **~ sökmek** umg schuften; **~ tedavisi** Zahn Wurzelbehandlung f; **-in -ünü kazımak** (mit der Wurzel) ausrotten akk; **(küp) ~ almak** MATH die (Kubik)Wurzel ziehen
'**kökboyası** BOT Krapp m; Färberröte f
**köken** Ursprung m; WIRTSCH Ursprungsland n; **~ belgesi** WIRTSCH Ursprungszeugnis n; **... ~li** von ... Herkunft **~bilim** Etymologie f
**köklemek** v/t ausrotten; (mit der Wurzel) ausreißen; durchsteppen, festnähen; **(gazı) ~** umg Vollgas geben
**kökleşmek** Wurzel fassen (od schlagen); fig sich einwurzeln
**köklü** ... mit Wurzel; grundlegend, radikal (Reform); fig alteingesessen (Familie)
**köknar** BOT Tanne f
'**köksap** ⟨-pı⟩ Wurzelstock m
**köksel** Wurzel-; radikal
**kökten** grundlegend, radikal; fig Person ... vom alten Stamm **~ci** Radikalist m, -in f; Fundamentalist m, -in f **~cilik** ⟨-ği⟩ Radikalismus m; Fundamentalismus m
**köktendincilik** religiöse(r) Fundamentalismus m
**kökteş** GRAM stammgleich, vom selben Stamm; **~ sürme** ... aus alter Familie; ...

## KÖSE

aus (langer) Tradition
**köle** Sklave m, Sklavin f; **~niz** osm Ihr untertänigster Diener; **toprak ~si** Leibeigene(r) **~ce** sklavisch
**köleleş|mek** Sklave werden **~tirmek** v/t versklaven
**köle|lik** ⟨-ği⟩ Sklaverei f **~men** HIST Mameluck(e) m; Mameluckendynastie f
**kömür** Kohle f, ELEK (Kohle)Bürste f; pechschwarz **~cü** Kohlenhändler m; HIST Köhler m; Schiff etc Heizer m **~leşmek** verkohlen **~lük** ⟨-ğü⟩ Kohlenlager n; Kohlenkeller m
**köpek** ⟨-ği⟩ Hund m (a. als Schimpfwort); **~ kulübesi** Hundehütte f; **~ maması** Hundefutter n; **~ oğlu** Hundesohn m, umg Hundsfott m
**köpekayası** ⟨-nı⟩ BOT Gemeine(r) Andorn (Marrubium vulgare)
**köpekbalığı** ⟨-nı⟩ ZOOL Hai m
**köpekdişi** ⟨-ni⟩ ANAT Eckzahn m
**köpekle|nmek**, **~şmek** kriecherisch sein, katzbuckeln, herumscharwenzeln
**kö'pekmemesi** ⟨-ni⟩ Geschwür n unter der Achselhöhle
'**köpoğlu** ⟨-nu⟩ GASTR frittierte Auberginen f/pl; a. **~ köpek!** Kanaille!, Schuft!
**köprü** Brücke f; **asma ~** Hängebrücke f; **diş ~sü** (Zahn)Brücke f; **-e ~ atmak** e-e Brücke schlagen nach
**köprü|başı** Brückenkopf m; fig Sprungbrett n **~cü** Brückenbauer m; MIL Pontonier m
**köprücük** ⟨-ğü⟩,**~ kemiği** ANAT Schlüsselbein n
**köpük** ⟨-ğü⟩ Schaum m; **çikolatalı ~** Schokoladenschaum m; **sabun köpüğü** Seifenschaum m; **~lü şarap** Schaumwein m, Sekt m
**köpüklen|dirmek** v/t zum Schäumen bringen **~mek** schäumen
**köpürmek** v/i (auf)schäumen; fig vor Wut schäumen, ergrimmen
**köpürtmek** v/t aufregen, aufbringen
**kör** blind; Blind- (z. B. Landung); Licht trübe, schwach; Messer stumpf; Ort abgeschieden; **~ boğaz** Nimmersatt m; Vielfraß m; **~ karanlık** tiefste Finsternis; **~ kütük** umg sternhagelvoll; **~ sokak** verödete Straße; **~ talih** verwünschte(s) Schicksal; fig Pech m; **~ topal** schlecht und recht; **~ler alfabesi** Blindenschrift f
'**körba(ğı)rsak** ANAT Blinddarm m

'**kördüğüm** gordische(r) Knoten
'**körebe** Blindekuh f (spielen)
**körelmek** v/i BIOL verkümmern; aussterben; Quelle austrocknen; Messer stumpf werden
**körfez** Meerbusen m, Golf m; Ort abgelegen, verlassen
'**körkandil** → körkütük
'**körkuyu** ausgetrocknete(r) Brunnen
**körlemeden** blindlings; aufs Geratewohl
**körle|nmek**, **~şmek** erblinden; stumpf werden; Gedächtnis nachlassen, verkümmern; Quelle versiegen; Straße veröden **~tmek** v/t blind machen; MED stumpf machen; fig j-n abstumpfen, schwächen; verkümmern lassen; WIRTSCH lahmlegen
**körlük** ⟨-ğü⟩ Blindheit f; Stumpfheit f; Fahrlässigkeit f
'**körocak** kinderlose Familie
'**Köroğlu** ⟨-nu⟩ Held der türk. Volksdichtung; umg Ehehälfte f
**körpe** frisch, grün (Zweig); frisch, jung (Körper)
**körük** ⟨-ğü⟩ Blasebalg m; Balg m; Harmonika f; FOTO Balgengerät n
**körük|lemek** Feuer schüren, anfachen; fig schüren, anheizen **~lü** ... mit Verdeck; ... mit Harmonika; **~ otobüs** Gelenkbus m
**kö'rükörüne** blindlings
**kös**[1] osm MIL Pauke f; **~ dinlemek** dickfellig sein
**kös**[2]: **~ ~** blindlings; schnurstracks
**köse** bartlos; **~ sakal** Milchbart m, ... mit dünnem Bart
**kösele** (Sohlen)Leder n; Leder- (Tasche); **~ kasnak** TECH Riemenscheibe f
**kösemen** Leithammel m; kühn
'**köskötürüm** völlig gelähmt
**köstebek** ⟨-ği⟩ ZOOL Maulwurf m
**köstek** ⟨-ği⟩ Fußfessel f (für Weidetiere); (Uhr)Kette f; Hemmschuh m; **kösteği kırmak** ausreißen, weglaufen
**kösteklemek** v/t e-m Tier Fußfesseln anlegen; fig hemmen, lähmen akk; ein Bein stellen dat
**köşe** Ecke f; Eck-; **~ başı** Straßenecke f; **~ başı bakkalı** umg Laden um die Ecke; **~(de) bucak(ta)** alle Winkel; an allen Ecken und Enden; **~ kadısı** Träumer m, -in f; Einzelgänger m, -in f; **~kapma-**

**ca** *Kinderspiel* Bäumchen wechseln; **~yi dönmek** um die Ecke biegen; *fig umg* schnell zu etwas kommen; **dört ~** Viereck *n*
**köşebent** ⟨-di⟩ Winkeleisen *n*
**köşegen** Diagonale *f*
**köşegönderi** *Fußball* Eckfahne *f*
**köşeleme** quer über Eck
**köşeli** eckig, (*fünf etc*) -eckig; **~ parantez** eckige Klammer
**köşk** ⟨-kü⟩ Villa *f*, Schlösschen *n*; Pavillon *m*
**kötek** ⟨-ği⟩ Stockhieb *m*; Prügel *pl*
**kötü** schlecht (*Essen, Luft, Mensch etc*); *Ausdruck* vulgär, unanständig; übel, schlimm; **~ gözle** scheel (*angucken*); **~ kişi olmak** sich unbeliebt machen; **~ niyetli** böswillig; **-i ~ye kullanmak** missbrauchen *akk*
**kötücül** missgünstig; Neider *m*; MED bösartig
**kötüle|mek** *v/i* abmagern; *Qualität* nachlassen, geringer werden; ⟨-i⟩ *j-n* schlechtmachen **~şmek** *Geschäfte, Zustand des Kranken, Wetter* sich verschlechtern; *Frau* verkommen **~ştirmek** verschlechtern; verderben
**kötülük** ⟨-ğü⟩ (*etw*) Schlechte(s), Böse(s); schlechte Lage; *z. B.* **havaların kötülüğü** Schlechtwetterlage *f*
**kötülükçü** niederträchtig; übelwollend
**kötüm|semek** *v/t* schwarzmalen; für schlecht halten, verachten **~ser** pessimistisch **~serlik** ⟨-ği⟩ Pessimismus *m*
**kötürüm** lahm (*Bein*); verkrüppelt; gelähmt, energielos **~leşmek** gelähmt (*od* apathisch) werden **~lük** ⟨-ğü⟩ Lähmung *f*; Energielosigkeit *f*
**köy** Dorf *n*; Land-; Dorfgemeinschaft *f*; **~ adamı** Landbewohner *m*; **~ ekonomisi** Landwirtschaft *f*; **~ meydanı** Dorfplatz *m*; **~ muhtarı** Dorfschulze *m*; **~ okulu** Dorfschule *f*
**köycü** HIST Dorfentwicklungsberater *m*, -in *f* **~lük** ⟨-ğü⟩ Dorfentwicklungswesen *n*
**köydeş** aus demselben Dorf
**köylü** Dörfler *m*, Dorfbewohner *m*, -in *f*; Bauer, *m*; dörflich; Bauern-; **~ kadın** Bäuerin *f*; Dorffrau *f* **~lük** ⟨-ğü⟩ Bauernschaft *f*
**köyodası** Versammlungshaus *n*, Gästehaus *n*, Gemeindehaus *n*

**köz** Glut *f*, schwelende(s) Feuer **~lemek** *v/t* auf schwacher Flamme kochen
**kraking** ⟨-gi⟩ CHEM Krackverfahren *n*, Kracken *n*
**kral** ⟨-lı⟩ König *m*; *fig umg* Klasse *f*; **~ araba** (ein) Klassewagen; **~ taraftarı** Royalist *m*, -in *f*, Monarchist *m*, -in *f* **~cı** Royalist *m*, -in *f*; royalistisch
**kra'liçe** Königin *f*; **güzellik ~si** Schönheitskönigin *f*
**kral|iyet, ~lık** ⟨-ğı⟩ Königreich *n*, Monarchie *f*; Königtum *n*
**kramp** ⟨-pı⟩ Krampf *m*; **-e ~ girmek** e-n Krampf bekommen (in *dat*)
**krampon** Klammer *f*; Stollen *m* (*am Sportschuh*); *fig Person* Klette *f*
**krank** ⟨-kı⟩ TECH Kurbel *f*; **~ kolu** Pleuelstange *f*
**krater** GEOL Krater *m*
**kravat** ⟨-tı⟩ Schlips *m*, Krawatte *f*
**kravl** Kraulstil *m* (*Schwimmen*)
**kredi** Kredit *m*; **~ kartı** Kreditkarte *f*; **~ mektubu** Kreditbrief *m*; **-e ~ açmak** *j-m* e-n Kredit eröffnen; **-e ~ vermek** *j-m* e-n Kredit gewähren; **-in ~sini düşürmek** *j-n* diskreditieren **~li** kreditwürdig; WIRTSCH Kreditnehmer *m*, -in *f*, Schuldner *m*, -in *f* **~siz** nicht kreditwürdig **~tör** Kreditgeber *m*, -in *f*, Gläubiger *m*, -in *f*
**krem** (Haut)Creme *f*; cremefarben, hellbeige; **nemlendirici ~** Feuchtigkeitscreme *f*; **güneş ~i** Sonnencreme *f*; **tıraş ~i** Rasiercreme *f*
'**krema** Creme *f*; Sahne *f*; **İngiliz ~sı** Vanillecreme *f*; **dövülmüş ~** Schlagsahne *f* **~lı** Sahne-; **~ pasta** Sahnetorte *f*
**krema'toryum** Krematorium *n*
**kremlemek** *v/t* eincremen
**kremşanti** GASTR Schlagsahne *f*
**krep** ⟨-pi⟩ Crêpe *m*; Eierkuchen *m*
**krepdöşin** Crêpe-de-Chine *m*
**krepon** Krepon *m*, Krepp *m*; Krepp- (*Papier*)
**kreş** Krippe *f*, Kindertagesstätte *f*
**kriket** ⟨-ti⟩ Kricket *n*
'**kriko** AUTO Wagenheber *m*
**kristal** ⟨-li⟩ Kristall *n*; *umg* Kokain *n*; Kristall- **~lenmek, ~leşmek** sich kristallisieren
**kriter** Kriterium *n*
**kritik** ⟨-ği⟩ Kritik *f*; Kritiker *m*; kritisch; kritische Lage; **-i ~ etmek** kritisieren

**kriz** *allg* Krise f; (Herz-, Lach) Anfall m; **~ geçirmek** e-e Krise durchmachen; **sinir ~i** Nervenzusammenbruch m

**krizalit** ⟨-ti⟩ Puppe f (von Insekten)

**krizantem** BOT Chrysantheme f

**'kroki** Skizze f, Plan m; **~ çizmek** e-n Entwurf machen; **~ yapmak** skizzieren, e-e Skizze anfertigen

**krom** Chrom n; **~ çeliği** Chromstahl m; **~ kaplama** Verchromung f

**kromaj** Verchromung f **~lı** verchromt

**kromlu** verchromt

**kromozom** BIOL Chromosom n

**kron** Währung Krone f, → kuron

**kronik** ⟨-ği⟩ Chronik f; chronisch

**kronoloji** Chronologie f

**kronolojik** chronologisch

**krono'metre** Chronometer n, Stoppuhr f

**kros** Waldlauf m, Geländelauf m

**krosan** GASTR Croissant n, Hörnchen n

**kroş** MUS Achtelnote f

**krş** *abk für* karşılaştırınız vergleiche (vgl.)

**kruvaze** zweireihig (Anzug)

**kruvazör** Kreuzer m

**kuaför** Friseur m

**kuars** Quarz m

**kuartet** ⟨-ti⟩ MUS Quartett n

**kubbe** ARCH Kuppel f; *fig* Gewölbe n; **dalgıç ~si** Taucherglocke f

**Kubbealtı** ⟨-nı⟩ HIST Ratssaal m im Sultanspalast

**kubbeli** kuppelförmig; Kuppel-, überkuppelt

**kubur** Abflussrohr n (*im Abort*); **ok ~u** Köcher m

**kucak** ⟨-ğı⟩ Armvoll m (*z. B. Brennholz*); Umarmung f; *fig* e-e Menge, viel(e); Schoß m; *-e* **~ açmak** *j-n* mit offenen Armen aufnehmen; *fig* begrüßen; **~ ~** e-e Fülle (von *dat*), Schwaden m/pl, Wolken f/pl (von *Rauch*); *-in* **kucağında** innerhalb *gen*; auf den Weiten *des Meeres*, in der Tiefe *des Waldes*

**kucaklamak** v/t umarmen; Decken etc zusammenraffen, in die Arme nehmen; *fig* umrahmen, umgeben

**kucaklaşmak** sich umarmen

**kudret** ⟨-ti⟩ Kraft f; Macht f; Fähigkeit f; Vermögen n, Finanzkraft f; MED Potenz f; **~ hamamı** heiße Quelle; **~ helvası** Manna f (Acipicilia esculenta) (*a. Wunderspeise*); **~ten** von Natur aus; natürlich

**kudret|li** mächtig; fähig, begabt **~siz** machtlos; unfähig, unbegabt **~sizlik** ⟨-ği⟩ Machtlosigkeit f; Unbegabtheit f

**kudsî** [-i:] heilig

**kudur|gan** jähzornig, aufbrausend, rasend (werden) **~mak** v/i aufbrausen (*a. fig -den* vor *dat*); Meer *a.* aufwallen; tollwütig werden; Kinder außer Rand und Band geraten **~tmak** v/t *j-n* wild (*od* rasend) machen **~uk** ⟨-ğu⟩ wild, tollwütig; rasend

**kuduz** MED tollwütig; Tollwut f; **~ tehlikesi** Tollwutgefahr f

**'Kudüs** Jerusalem n

**kuğu** Schwan m

**kuğurmak** gurren

**kuintet** ⟨-ti⟩ MUS Quintett n

**'kuka**[1] Kokosnuss f; Kokospalme f; Kokos-

**'kuka**[2] Knäuel n (*a. m*); VERKEHR Bake f

**'kukla** Puppe f; THEAT, *fig* Marionette f; Marionetten- (*Regierung*)

**'kuklacı** Puppenspieler m, -in f

**kuku'leta** Kapuze f

**kukumav** ZOOL Steinkauz m; **~ (kuşu) gibi** mutterseelenallein

**kul** Knecht m; Sklave m; (der) Sterbliche; Diener m Gottes; *-e* **~ köle olmak** sich abrackern für; *j-m* untertan sein; dienstbeflissen sein; **~ yapısı** Menschenwerk n

**'kula** Falbe m (*Pferd*)

**kulaç** ⟨-cı⟩ HIST Klafter f; **~ atmak** kraulen **~lamak** kraulen

**kulak** ⟨-ğı⟩ Ohr n; Gehör n; Kieme f *des Fisches*; MUS *Instrument* Wirbel m; Griff m; Streichbrett n *am Pflug*; *-e* **~ asmamak** nicht hinhören; **buna dair ~ dolgunluğum var** das weiß ich vom Hörensagen; **~tan dolma** Gerücht n; vom Hörensagen bekannt; **~ kabartmak** s-e Ohren spitzen; **~ kesilmek** die Ohren aufsperren; die Ohren spitzen; **~ misafiri olmak** zufällig mithören; *-e* **~ vermek** zuhören *dat*; Beachtung schenken *dat*; hören (auf *akk*); *-in* **kulağı çınlasın** *fig* ihm werden die Ohren klingen; **kulağı kirişte olmak** genau aufpassen, auf der Hut sein; **kulağı okşamak** gut klingen; **kulağına kar suyu düşmek** (*od* kaçmak) *fig* in e-e Patsche geraten; **kulağına küpe olmak** *fig* sich (*dat*) etw hinter die Ohren schreiben

**kulakçı** *umg* Hals-Nasen-Ohren-Arzt m,

-Ärztin f
**kulakçık** ⟨-ğı⟩ ANAT Herzvorhof m
**kulaklı** -ohrig; ... mit ... Ohren; ... mit ... Pflugscharen; **uzun ~** Langohr n (poet Esel)
**kulaklık** ⟨-ğı⟩ Kopfhörer m; Ohrenschützer m; TEL etc Hörer m; MED Hörgerät n
**kulakmemesi** ⟨-ni⟩ ANAT Ohrläppchen n **~zarı** ANAT Trommelfell n
**kulamparalık** ⟨-ğı⟩ pej Knabenliebe f
**kule** Turm m; **gözcü ~si** Aussichtsturm m; FLUG **kontrol** (a. **uçuş**) **~si** Tower m; Kontrollturm m **~li** Turm- (z. B. Kran)
**kulis** Kulisse f; WIRTSCH Freiverkehr m; **~te** hinter den Kulissen; **~ yapmak** hinter den Kulissen operieren
**kullanan** Benutzer m, -in f (-i gen)
**kullanıcı** IT Anwender m, -in f; **~ platformu** Benutzeroberfläche f
**kullanılış** Anwendung f
**kullanılmış** gebraucht (Kleidung); benutzt, in Betrieb (Maschine)
**kullanım** Anwendung f, Verwendung f; **~ alanı** Anwendungsgebiet n; **~a hazır** gebrauchsfertig; **~dan düşmek** ungebräuchlich werden, Wort veralten; **~ kolay, kolay ~lı** benutzerfreundlich **~lık**: **tek ~** Einweg- (Flasche)
**kullanış** Anwendung f; Gebrauch m; **~tan kalkmak** außer Gebrauch kommen
**kullanışlı** gebrauchsfähig, praktisch; TECH leicht zu bedienen; Haus komfortabel
**kullanışsız** ungeeignet; unpraktisch, unhandlich; nicht gebrauchsfähig
**kullanma** Verwendung f; **son ~ tarihi** Haltbarkeitsdatum n; haltbar bis ...
**kullanmak** v/t verwenden, benutzen; sich bedienen (gen, z. B. e-r Brille); Alkohol trinken; Arbeiter beschäftigen; Auto fahren; Kleidung tragen; Menschen (richtig) einsetzen; Position, Stellung ausnutzen, auswerten; Tabak, Zigarette rauchen; **sigara kullanmıyorum** ich rauche nicht
**kullap** ⟨-bı⟩ Haspel f; Zapfen m, Bolzen m
**kulluk** ⟨-ğu⟩ Sklaverei f, Unfreiheit f
**kulp** ⟨-pu⟩ Henkel m, Griff m; **-de ~ bulmak** etw auszusetzen haben; **-e ~ takmak** j-m die Schuld geben **~lu** ... mit Griff

**ku'luçka** Glucke f, Bruthenne f; **~ devri** Brutzeit f; MED Inkubation f; **~ makinesi** Brutapparat m
**kulun** (Esels-, Pferde)Füllen n
**kulunç** ⟨-cu⟩ Kolik f; bes Reißen n in der Schulter; Hexenschuss m
**ku'lübe** (Hunde)Hütte f; (Wärter)Häuschen n; umg Bruchbude f (schlechtes Haus); **telefon ~si** Telefonzelle f
**kulüp** ⟨-bü⟩ Klub m; **gece kulübü** Nachtlokal n; **spor kulübü** Sportverein m **~çü** Klubleiter m, -in f **~çülük** ⟨-ğü⟩ Klubwesen n
**kulvar** SPORT Bahn f; (Schwimm)Strecke f
**kum** Sand m; (Harn- etc) Grieß m; Grieß m, harte Stelle im Obst; **~ gibi** fig wie Sand am Meer; **~ havuzu** Sandkasten m; **~ saati** Sanduhr f
**ku'manda** Kommando n; **~ etmek** kommandieren; Fernbedienung f (Gerät); **uzaktan ~** Fernbedienung f
**kumandan** Kommandant m
**kumandanlık** ⟨-ğı⟩ Kommando n, Oberbefehl m; Kommandantur f
**kuman'darya** süßer zyprischer Wein
**ku'manya** Proviant m; MIL Marschverpflegung f
**kumar** Glücksspiel n **~baz, ~cı** Spieler m **~cılık** ⟨-ğı⟩ Spielleidenschaft f
**kumarhane** Spielkasino n
**kumaş** Stoff m; **elbiselik ~** Anzugstoff m
**'kumbara** Sparbüchse f; HIST Granate f **~cı** HIST Grenadier m
**kumcul** Sand- (Pflanze)
**kumkuma** Krug m; fig Beispiel **fesat ~sı** ein Ausbund von e-m Intriganten; **söylenti ~sı** ein Tummelplatz (od ein Herd) von Gerüchten, umg e-e Giftküche
**'kumla** sandige Gegend; Sandstrand m
**kumlu** sandig, Sand-; Sand- (od Schmirgel) (Papier); Stoff getupfelt
**kumluk** ⟨-ğu⟩ Sand- (Boden); ... mit Sandwüsten
**kum'panya** Firma f, Gesellschaft f; THEAT Truppe f; Bande f (von Dieben etc)
**kumpas** Zirkel m; Komplott n; **-e ~ kurmak** aushecken akk
**kumral** hellbraun (Haar)
**kumru** ZOOL Turteltaube f
**kumsal, ~lık** Sandstrand m; sandig, Sand- **~taşı** ⟨-nı⟩ Sandstein m

**kumul** Düne f
**kundak** ⟨-ğı⟩ Windel(n) f (pl); Gewehrschaft m; Lafette f; Brandfackel f; Kopftuch n; -e ~ **sokmak** Brand legen (an akk); fig entfachen **~çı** Brandstifter m; Wühler m; Saboteur m; **savaş ~sı** Kriegsbrandstifter m **~çılık** ⟨-ğı⟩ Wühlarbeit f; Sabotage f
**kundaklama** Brandstiftung f
**kundaklamak** v/t in Windeln wickeln; in Brand stecken; sabotieren
'**kundura** Schuh m; Art grobe(r) Pantoffel **~cı** Schuster m; Schuhhändler m
**kunduz** ZOOL Biber m
**kunt** ⟨-tu⟩ massiv; plump
'**kupa** Pokal m; Kartenspiel Herz n; ~ **kızı** Herzdame f
'**kupkuru** knochentrocken; -i ~ **etmek** völlig austrocknen akk
**kupon** Coupon m, Gutschein m; ~ **kumaş** (exklusiver) Anzugstoff m
**küpür** (Zeitungs)Ausschnitt m
**kur**¹ WIRTSCH Kurs m; **döviz ~u** Wechselkurs m; **çapraz ~** Vergleichskurse m/pl
**kur**² → **kurs**
**kur**³ Flirt m; -e ~ **yapmak** j-m den Hof machen; j-n umschmeicheln
**kura** Los n; ~ **çekmek** das Los ziehen; ~ **askeri** Rekrut m; **(bu yılın) ~sı olmak** zum wehrpflichtigen Jahrgang gehören
**kurabiye** [-a:-] GASTR Makrone f; Plätzchen n; umg fig Mann Memme f
**kurak** ⟨-ğı⟩ regenlos; trocken; ausgetrocknet; Dürre- (Jahr)
**kuraklık** ⟨-ğı⟩ Dürre f
**kural** ⟨-lı⟩ Regel f **~dışı** unregelmäßig **~lı** regelmäßig **~sız** unregelmäßig
**kuram** Theorie f **~cı** Theoretiker m, -in f **~laştırmak** v/t zur Theorie machen, theoretisieren **~sal** theoretisch
**Kuran** (der) Koran; **~ı Kerim** [-i:m] (der) Heilige Koran; ~ **çarpsın!** Schwur auf den Koran
**kurar** → **kurmak**
**kurbağa** Frosch m; Kröte f
**kurbağaadam** Froschmann m
**kurbağacık** ⟨-ğı⟩ Fröschchen n; Schraubenschlüssel m; Fenstergriff m
**kurbağalama** Brustschwimmen n
**kurban** Opfertier n; **Kurban (Bayramı)** muslimische(s) Opferfest; fig (Todes)Opfer n (e-r Katastrophe); -i -e ~ **etmek** j-m etw opfern; -e ~ **gitmek** zum Opfer fallen; ~ **olmak** geopfert werden; ~ **olayım** ich flehe Sie (od dich) an; umg ich werd(e) verrückt (vor Entzücken)!
**kurbanlık** Opfer- (Lamm); fig Person Lamm n; Todeskandidat m; ~ **koyun** fig ahnungslose(r) Engel
**kurcalamak** v/t bohren, stochern (in dat); zerkratzen; aufkratzen; herumhantieren, umg herumfummeln an dat; fig e-e Frage anschneiden, berühren
**kurdağzı** ⟨-nı⟩ SCHIFF Tauwinde f; TECH Schwalbenschwanz m
**kur'dele** Seidenband n; Haarschleife f
**kurdeşen** MED Nesselausschlag m
**kurgan** Grabhügel m, Hünengrab n; Festung f
**kurgu** Schlüssel m zum Aufziehen e-r Uhr; (Feder)Triebwerk n; Fabrik, FILM Montage f; fig Spekulation f **~bilim** Science-Fiction f
**kuriye** → **kurye**
**kürk** ⟨-kü⟩ Glucke f; ~ **tavuk** Gluckhenne f
**kurma** Bau m; Montage f; Montage-(Plan); ~ **ev** Fertighaus n
**kurmak** ⟨-ar⟩ gründen; bilden; aufstellen; TECH installieren; gegen j-n hetzen; Beziehungen anknüpfen; Bett machen; Bogen, Feder spannen; Brücke schlagen; Gerüst aufstellen; Fabrik gründen; Luftschlösser bauen; Mixed Pickles einmachen; Plan aufstellen; schmieden; Regierung bilden; Sitzung einberufen; Tisch decken; Uhr aufziehen; Zelt aufschlagen; -meyi ~ sich (dat) vornehmen zu …
**kurmay** MIL Generalstab m; Stabs- (Offizier); -in **~ları** fig die Führung gen/von
'**kurna** Marmorbecken n (z. B. im türk. Bad)
**kurnaz** pfiffig, gerissen **~lık** ⟨-ğı⟩ Gerissenheit f, Schlauheit f
**kuron** Krone f (Währung; Zahn)
**kurs**¹ Kurs m, Lehrgang m; ~ **açmak**, ~ **düzenlemek** e-n Kurs veranstalten; ~ **görmek**, **~a katılmak** e-n Kurs machen
**kurs**² ASTRON sichtbare Seite e-s Planeten
**kursak** ⟨-ğı⟩ Kropf m; Magen m; Blasebalg m; Membran f; **kursağında kalmış** fig verfrüht; nicht ausgelebt
**kurşun** Blei n; (Gewehr)Kugel f; Schuss m; Plombe f; ~ **dökmek** Blei gießen; ~

**vurmak** plombieren; **~ yemek** von e-r Kugel getroffen werden; *-i* **~a dizmek** (standrechtlich) erschießen
**kurşunî** [-i:] dunkelgrau
**kurşunkalem** Bleistift *m*
**kurşunlamak** *v/t* mit Blei bedecken (*od* überziehen); plombieren; schießen auf *akk*; (töten) *j-n* erschießen
**kurt¹** ⟨-du⟩ Wolf *m*; *fig* Kenner *m*, Fachmann *m*; *fig* schlau; Fuchs *m*; **~ köpeği** Wolfshund *m*; **eski deniz kurdu** alte(r) Seebär
**kurt²** ⟨-du⟩ Made *f*, Wurm *m* (*a. fig* Zweifel); **~ yeniği** wurmstichige Stelle; *fig* Schwäche *f*, schwanke Stelle; **~larını dökmek** s-n Leidenschaften frönen; sich köstlich amüsieren
**kurtarıcı** Befreier *m*; Retter *m*
**kurtarma** Rettung *f*; Rettungs- (Boot)
**kurtarmak** *v/t* (*-i -den*) *allg j-n* retten (vor *dat*); *j-n* befreien (von *dat*); *j-n* loskaufen (von *dat*); Ausgaben decken, rechtfertigen; Verlust wiedergutmachen
**kurtçuk** ⟨-ğu⟩ Larve *f*, Raupe *f*
**kurtlanmak** *v/i* wurmstichig werden; *fig* zu Hause hocken; *fig* nicht ruhig sitzen können, kein Sitzfleisch haben
**kurtlu** madig; *fig* voller Quecksilber; **~ bakla** Zappelphilipp *m*; mit Quecksilber im Leib
'**kurtmasalı** ⟨-nı⟩ Ammenmärchen *n*
'**kurtpençesi** ⟨-ni⟩ BOT Schlangenknöterich *m*; Blutwurz *f*
**kurtulma** Rettung *f*; Rettungsaktion *f*
**kurtulmak** gerettet werden (*-den* von); Frau niederkommen, entbunden werden; beendet werden; fallen (*-den* aus *dat*), entfallen (*-den dat*); Pferd sich losreißen; Schraube sich lockern; Person losgewerden; Sache, Person befreit werden
**kurtulmalık** ⟨-ğı⟩ Lösegeld *n*; Freikauf *m*
**kurtuluş** Befreiung *f*; Rettung *f*; **~ savaşı** Befreiungskrieg *m*
'**kurtyeniği** → kurt²
**kuru** trocken; getrocknet, Trocken-; *Blume* vertrocknet; *Boden* nackt; *Brunnen* ausgetrocknet; *Kind* schwächlich, mager; *Person* nüchtern; *Sitz, Stuhl* ungepolstert, hart; leer (*z. B. Wahn*); *fig* trocken, müde, schwungelos (*erzählen*); **~ fasulye** weiße Bohnen *f/pl*; **~ gürültü** Lärm *m* um nichts; **~ kahve** Kaffeebohnen *f/pl*; **~ başına kalmak** ganz allein bleiben; **~ ekmek** trocken Brot *n* (ohne Zubrot); **~ kalabalık** bloße, unnütze Menge (von Menschen)
**kurucu** Begründer *m*, Schöpfer *m*; konstituierend (Versammlung); **~ üye** Gründungsmitglied *n*
**ku'rukafa** Schädel *m*; *fig* Döskopf *m*
**ku'rukahve** geröstete(r) Kaffee
**kurul** Ausschuss *m*, Komitee *n*; Rat *m*; **bakanlar ~u** Ministerrat *m*; **sandık ~u** Wahlkomitee *n*
**kurulamak** *v/t* Haare trocknen; Hände, Teller abtrocknen (*-le* mit *dat*)
**kurulanmak** *passiv von* kurulamak; sich abtrocknen
**kurulmak** *passiv von* kurmak; bestehen (*-den* aus *dat*); *fig* sich wichtigmachen; *e z. B.* (sich *akk*) in einen Sessel sinken (lassen)
**kurultay** Kongress *m*
**kurulu** eingerichtet, installiert, bestehend; *-den* zusammengesetzt aus; bestehend aus; *Uhr* aufgezogen
**kuruluk** ⟨-ğu⟩ Trockenheit *f*, Dürre *f*
**kurulum** IT Installation *f*
**kuruluş** Gründung *f*; Organisation *f*, Unternehmen *n*; Institution *f*; Struktur *f*
**kurum¹** Gesellschaft *f*; Verein *m*, Akademie *f*; Institut *n*; Organisation *f*; (Versicherungs)Anstalt *f*
**kurum²** Wichtigtuerei *f*; Hochnäsigkeit *f*; **~ satmak** wichtigtun
**kurum³** Ruß *m*; **~ bağlamak** Ruß ansetzen
**kurumak** *v/i* trocknen; trocken werden; *Baum* vertrocknen; *Person* abmagern; vertrocknen
**kurumlanmak¹** wichtigtuerisch (*od* hochnäsig) sein
**kurumlanmak²** Ruß ansetzen
**kurumlaşma** Institutionalisierung *f*
**kurumlaşmak** sich institutionalisieren
**kurumlaştırmak** *v/t* institutionalisieren
**kurumlu¹** hochnäsig, wichtigtuerisch
**kurumlu²** berußt
**kurumsuz** bescheiden
**kuruntu** Argwohn *m*, Verdacht *m*; Wahn(gebilde *m*) *m*, Einbildung *f*, Traum *m*
**kuruntucu** argwöhnische(r) Mensch;

Träumer *m*, -in *f*, Fantast *m*, -in *f*
**ku'rusıkı** Blindschuss *m*, Schreckschuss *m*; *fig* Bluff *m*; *fig* leer; **~ atmak** e-n Schreckschuss abgeben; bluffen; leeres Zeug reden
**kuruş** Kurusch *m* (*100. Teil der türk. Lira*); **~u ~una** auf Heller und Pfennig
**kurut|ma** Trocknen *n*; Entwässerung *f*; **~ kağıdı** Löschpapier *n* **~maç** ⟨-cı⟩ Löschpapier *n*; Löscher *m*
**kurutma|k** trockenlegen, entwässern; *Obst* trocknen; *fig Sache* aufbrauchen, *umg* verbuttern **~lık** zum Trocknen geeignet, Trocken-
**ku'ruyemiş** Trockenfrüchte *f/pl*, Nüsse *f/pl*; *etw zum Knabbern* **~çi** Laden *m* mit Knabberwaren
**kurye** Kurier *m*
**kusar** → kusmak
**kuskun** Schwanzriemen *m* (*des Pferdegeschirrs*); **~u düşük** Pferd klapprig; *fig* in Ungnade gefallen; vergessen
**kusma** Erbrechen *n*
**kusmak** ⟨-ar⟩ *v/t* erbrechen, (wieder) von sich (*dat*) geben; sich übergeben; *Beschimpfungen* ausstoßen; **kumaş lekeyi kustu** der Fleck kommt wieder vor, geht nicht raus (*aus dem Stoff*)
**kusmuk** ⟨-ğu⟩ Erbrochene(s)
**kusturucu** MED Brechmittel *n*
**kusuntu** → kusmuk
**kusur** Mangel *m*, Fehler *m*; Unzulänglichkeit *f*; Schuld *f*; *umg* (das) Übriggebliebene, Rest *m*; **~a bakmamak** nicht übel nehmen; **~a bakma(yın)** entschuldige(n Sie)!; *-de* **~ etmek** e-n Fehler machen bei; vernachlässigen *akk*; **saygıda ~ etmek** an Respekt fehlen lassen; **~ bende** ich habe die Schuld
**kusurlu** fehlerhaft; ... mit Mängeln
**kusursuz** fehlerlos; ... ohne Mängel
**kuş** Vogel *m*; **~ beyinli** ... mit e-m Spatzengehirn; **~ kafesi** Vogelkäfig *m*; **~a benze(t)mek** verhunzen, verpfuschen
**kuşak** ⟨-ğı⟩ Gürtel *m*; (*Holz-, Eisen*) Reifen *m*; GEOG Zone *f*; MATH Kugelabschnitt *m*; Generation *f*; **genç ~** Nachwuchs *m*; **~ farkı** Generationsunterschied *m*
**kuşaklamak** *v/t* verfestigen, versteifen
**kuşane** → kuşhane
**kuşanmak** *v/t* umbinden, umhängen; sich umgürten mit; **giyinip ~** sich fein

machen
**kuşat|ma** Einkreisung *f*, Belagerung *f* **~mak** *v/t* einkreisen; umbinden
**'kuşbakışı** ⟨-nı⟩ aus der Vogelschau
**kuşbaşı** ⟨-nı⟩ Fleisch *n*, in Würfel geschnitten; **~ kar** dicke Schneeflocke
**kuşbilim** Ornithologie *f*
**kuşburnu** BOT Hagebutte *f*
**kuşçu** Vogelhändler *m*
**kuşdili** ⟨-ni⟩ BOT Eschenart *f*; *scherzhafte Sprachbildung durch Silbeneinschübe, z. B. ich ge ler ge ne ge (= ich lerne)*
**kuşe: ~ kağıt** ⟨-nı⟩ Glanzpapier *n*
**kuşet** BAHN Liege *f*; **~li vagon** Liegewagen *m*
**kuşgömü** ⟨-nü⟩ GASTR Filetstück *n*
**kuşhane** Vogelhaus *n*; kleine(r) Schmortopf
**kuşkanadı** ⟨-nı⟩ MED Erkrankung *f* der Sklera und Pupille (*des Auges*)
**kuşkirazı** ⟨-nı⟩ BOT Traubenkirsche *f* (*Cerasus padus*)
**kuşkonmaz** Spargel *m*
**kuşku** Zweifel *m*; (-e wegen *gen*); Argwohn *m*; **~ uyandırmak** Argwohn erregen; *-e* **~ vermek** beunruhigen *akk*; **~ yatmak** schlummern, *umg* dösen
**kuşkucu** Skeptiker *m*, -in *f*; argwöhnisch **~luk** ⟨-ğu⟩ PHIL Skeptizismus *m*
**kuşkulanmak** Zweifel haben (*-den an dat*); Verdacht schöpfen; nervös werden
**kuşku|lu** misstrauisch; beunruhigt; verdächtig **~suz** unerschrocken; unbesorgt; selbstverständlich, zweifellos
**kuşlamak** *umg* büffeln
**kuşluk** ⟨-ğu⟩ Vormittag *m*
**kuşpalazı** ⟨-nı⟩ MED Diphtherie *f*
**kuşsütü** ⟨-nü⟩ Unmögliche(s), Unwirkliche(s); **~ ile beslemek** *j-n* verwöhnen (*allg u. mit Essen*); **~nden başka her şey var** was das Herz begehrt, ist da
**kuştüyü** ⟨-nü⟩ Daune *f*, Daunen *f/pl*; Daunen-
**kuşüzümü** ⟨-nü⟩ Korinthen *f/pl*
**kut** ⟨-tu⟩ Glück *n*, glückliche(r) Zufall
**kutbu** → kutup
**kutlamak** *-i j-m* gratulieren (*-den dolayı zu dat*), beglückwünschen *zu*; *ein Fest* feiern; **sizin başarınızı kutlarım** ich gratuliere Ihnen zu Ihrem Erfolg
**kutlanmak** gefeiert werden
**kutlu** glücklich, freudig; gefeiert; **~ gün** Feiertag *m*; **~ olsun!** alles Gute!; **yeni**

**yılınız ~ olsun** alles Gute im neuen Jahr!

**kutsal** heilig; **~ saymak** heilig halten

**kutsamak** v/t für heilig erklären; heiligen; Glück wünschen

**kutu** Schachtel f; Kasten m; Dose f; **aptal ~su** umg Glotze f; **fesat ~su** Verkörperung f der Ränkesucht; **konserve ~su** Konservendose f; **~ gibi** (Haus) ... wie e-e Puppenstube

**kutup** ⟨kutbu⟩ allg Pol m; Polar-; fig Gegenteil n (a. Person) **~ayısı** ⟨-nı⟩ ZOOL Eisbär m **~engel** ELEK Depolarisator m

**kutuplanma** ELEK Polarisation f

**kutuplaşma** Polarisierung f **~mak** sich polarisieren, sich in zwei Lager spalten

**kutuplu** -polig; **çift ~** zweipolig

**Kutupyıldızı** ⟨-nı⟩ Polarstern m

**kutusal** heilig

**kuvöz** MED Brutkasten m, Inkubator m

**kuvve** Absicht f, Vorhaben n; Kraft f; **-i ~den çıkarmak** in die Tat umsetzen akk

**kuvvet** ⟨-ti⟩ Kraft f; Macht f; Stärke f; Gewalt f; pl MIL Streitkräfte f/pl; MATH Potenz f; **kaba ~** rohe Gewalt; Stärkungs- (Mittel); **-e ~ dank** dat; **-e ~!** etwa freie Bahn (für akk)!; möge ... helfen!; z. B. **ilaca ~** möge die Arznei wirken!; **tabana ~** also, auf zu Fuß!; **~le** mit allen Kräften; mit Gewalt; steif und fest behaupten; **-den ~ almak** stärker werden, zunehmen (an dat); **~ten düşmek** an Kraft verlieren; **~ yayı** SPORT Expander m

**kuvvetlendirici** kräftigend

**kuvvetlendirmek** v/t kräftigen, stärken

**kuvvetlenmek** erstarken; sich kräftigen

**kuvvet|li** kräftig; stark; wirksam; Auge scharf **~siz** kraftlos, schlapp **~sizlik** ⟨-ği⟩ Kraftlosigkeit f

**kuyruk** ⟨-ğu⟩ ZOOL Schwanz m; ASTRON Schweif m; Reihe f, (Menschen) Schlange f; Schleppe f; MUS Saitenhalter m; fig Person ständige(r) Begleiter, umg Klette f; **kuyruğa girmek** sich anstellen, Schlange stehen; **kuyruğu ile** mit Kind und Kegel; **kuyruğunu doğrultmak** zuerst an sich denken; **~ acısı** Rachedurst m; **~ meydana getirmek** e-e Schlange bilden; **~ olmak** → **kuyruğa girmek; ~ta beklemek** Schlange stehen

**kuyrukçu** POL Mitläufer m, -in f

**kuy'rukkakan** ZOOL Schmätzer m; Schwarzkehlchen n

**kuyruklu** ... mit Schwanz; Skorpion m; **~ piyano** (Konzert)Flügel m; **~ yalan** faustdicke Lüge **~yıldız** Komet m

**kuyruksallayan** ZOOL Bachstelze f

**kuyruksokumu** ⟨-nu⟩ ANAT Steißbein n

**kuytu** einsam, versteckt; sonnenlos

**kuyu** Brunnen m, Schacht m; (Kalk- etc) Grube f; Bohrloch n; adj finster; **-in ~sunu kazmak** fig j-m e-e Grube graben **~cu** Brunnenmeister m; Schachtmeister m

**kuyum** Juwelen n/pl; Schmucksachen f/pl **~cu** Juwelier m

**kuzen** Vetter m, Cousin m

**kuzey** Norden m; ♀ **kutbu** Nordpol m **~batı** Nordwesten m **~doğu** Nordosten m **~li** Nordländer m, -in f, nordisch

**kuzgun** ZOOL Kolkrabe m **~cuk** ⟨-ğu⟩ Gitterfenster n (e-r Zelle)

**kuzguni** [i:] pechrabenschwarz

**kuzgunkılıcı** BOT Gladiole f

**kuzin** Cousine f

**kuzine** Kochherd m; Schiffsküche f

**kuzu** Lamm n; Lammgericht n; **~ ~** sachte, sanft; **~m!** mein Lieber!, mein Kind!; **~ dolması** mit Trauben und Pistazien gefüllte Lammroulade; **~ eti** Lammfleisch n; **~ gibi** sanft (und friedlich)

**kuzudişi** ⟨-ni⟩ Milchzahn m

**kuzugöbeği** ⟨-ni⟩ BOT Champignon m

**kuzukulağı** ⟨-nı⟩ BOT Kleine(r) Ampfer (Rumex acetosa)

**kuzulanmak** auf allen vieren kriechen; Schaf Junge werfen

**kuzu|lu** mit e-m Lämmchen; Frucht f mit Auswuchs **~luk** ⟨-ğu⟩ Schafhürde f; Sanftmut f **~mantarı** ⟨-nı⟩ BOT Steinpilz m (Boletus edulis)

**küb** → **küp**²

**kübik** kubisch; Kubik- (Wurzel); kubistisch

**kübizm** Kubismus m

**küçük** ⟨-ğü⟩ klein; zu e-m Kind Kleine(r)!; **~ ad** Vorname m; **~ aptes** umg Kleine(s), kleine(s) Geschäft, Wasserlassen n; **~ düşmek** machtlos werden; umg ganz klein werden; **-i ~ düşürmek** j-n erniedrigen, verwirren; **-i ~ görmek** j-n missachten; umg j-n links liegen las-

**307 ‖ KÜLÜ**

sen; **~ ünlü uyumu** GRAM kleine Vokalharmonie f

**Kü'çükayı** ⟨-nı⟩ ASTRON Kleine(r) Bär

**küçükbaş**: **~ hayvan** Kleinvieh n

**kü'çükdil** ANAT Zäpfchen n; **~ini yutmak** fig umg ganz verdattert sein

**kü'çükhanım** Tochter f des Hauses; junge Frau

**küçükle|mek** v/t herabsetzen **~şmek** s-e Würde (od s-n Wert) verlieren

**küçüklü**: **~ büyüklü** Groß und Klein

**küçüklük** ⟨-ğü⟩ Kleinheit f; Winzigkeit f; Gemeinheit f, Niedertracht f; Kindheit f

**küçükparmak** kleine(r) Finger

**küçüksemek** v/t verachten; herabsetzen

**küçülmek** kleiner werden; durch Waschen kürzer werden, einlaufen; sich erniedrigen; Mond abnehmen

**küçültme** GRAM Verkleinerung(sform) f; **~ eki** Verkleinerungssuffix n

**küçültmek** v/t verkleinern; kleiner machen, kürzen; Augen zusammenkneifen; fig erniedrigen

**küçültülme** Abwertung f

**küçümen** winzig

**küçümsemek** herabsetzen; unterschätzen; **küçümsenmeyecek** nicht zu unterschätzende(r)

**küçümseyici** verächtlich

**küçürek** winzig

**küf** Schimmel m; **~ bağlamak** schimmelig werden; **~ kokmak** muffig riechen

**küfe** Kiepe f **~lik** ⟨-ği⟩ Kiepe f als Maß, Korbvoll m; fig sinnlos betrunken; **~ olana kadar içki içme** fig Komasaufen n

**küflenmek** v/i verschimmeln; fig überholt sein, veralten; fig (ver)rosten

**küflenmiş** verschimmelt; überholt; altmodisch

**küflü** verschimmelt; fig rückständig; Luft stickig; **~ para** Geld n im Strumpf

'**küfretmek** schimpfen; -e schimpfen (auf akk), j-n beschimpfen

**küfür**¹ ⟨küfrü⟩ Schimpfen n, Fluchen n, Schimpferei f; Schimpfwort n; REL Gottlosigkeit f

**küfür**²: **~ ~ esmek** Wind säuseln

**kükre|me** Gebrüll n **~mek** brüllen; fig schnauben (vor Wut)

**kükürt** ⟨-dü⟩ Schwefel m; **~ dioksit** Schwefeldioxid n **~lemek** v/t schwefeln **~lü** schwefelhaltig; **~ hidrojen** Schwefelwasserstoff m (H2S)

**kül** Asche f; -i **~ etmek** einäschern; j-n ruinieren; **~ gibi** farblos; aschgrau; **~ olmak** in Schutt und Asche gelegt werden; **~ tablası** Aschenbecher m; **~ yemek** (od **yutmak**) fig reinfallen

**külah** HIST spitze Kopfbedeckung; Tüte f; -e **~ giydirmek** fig übers Ohr hauen; **~ıma anlat** mach das anderen weis!; -e **~ını ters giydirmek** es j-n büßen lassen; -le **~ları değişmek** sich verzanken mit

**külahçı** Spitzbube m

**külbastı** gegrillte(s) Fleisch

**külçe** Klumpen m; Barren m Gold; **~ gibi oturmak** völlig zusammengesackt sein

**külfet** ⟨-ti⟩ Plackerei f; Belastung f; fig Aufwand m, Unkosten pl **~li** beschwerlich, anstrengend; aufwendig **~siz** zwanglos; wirtschaftlich, ohne Unkosten

**külhan** Heizanlage f im türk. Bad

**külhanbeyi** ⟨-ni⟩ Strolch m, Rowdy m

**külhan|cı** Heizer m

**külhanî** [-hα:ni:] → külhanbeyi; scherzhaft Schelm m, Racker m

'**külkedisi** ⟨-ni⟩ Aschenputtel n; gern am Ofen Hockende(r); schlafmützig

**küllemek** v/t mit Asche bedecken

**küllenmek** sich mit Asche bedecken; zu Asche werden; erlöschen; Schmerz etc nachlassen

**küllî** [i:] osm total; erheblich **~yat** [α:] ⟨-tı⟩ gesammelte Werke n/pl

**külliye** ARCH Komplex m (e-r Moschee)

**külliyen** völlig, gänzlich

**külliyet** ⟨-ti⟩ Gesamtheit f; Menge f, Fülle f **~li** beträchtlich

**küllük** ⟨-ğü⟩ Ascheimer m; Aschenbecher m

**külot** ⟨-tu⟩ Slip m, kurze Unterhose; Reithose f, Breeches pl **~lu**: **~ çorap** Strumpfhose f

'**külrengi** ⟨-ni⟩ aschgrau

**kült** Kult m

**külte** → **kütle**

**kültür** a. BIOL Kultur f; Bildung f **~el** kulturell **~fizik** Körpererziehung f **~lerarası** interkulturell **~lü** gebildet **~süz** kulturlos

**külünk** ⟨-ğü⟩ Spitzhacke f

**külüstür** AUTO schrottreif; Haus, Klei-

*dung* verlottert, ungepflegt
**kümbet** ⟨-ti⟩ Kuppel *f*; Wölbung *f*; Kuppelgrab *n*; *umg* Hintern *m*
**kümbetlemek** *v/t* krümmen
**küme** (Baum)Gruppe *f*; Haufen *m*, Rudel *n*; SPORT Liga *f*; ~ ~ in Gruppen **~bulut** ⟨-tu⟩ Haufenwolke *f* **~lenmek** sich gruppieren; sich ansammeln
**kümes** Hühnerstall *m*; Häuschen *n*; **~ hayvanları** Geflügel *n*
**kümülüs** Haufenwolke *f*
**künde** Fußfessel *f*; *Ringkampf* Zangengriff *m*
**künk** ⟨-ğü⟩ (Ab)Wasserrohr *n* (aus Ton)
**künye** Personalien *pl*; Schild *n* mit Personalien; Buch etc Impressum *n*
**küp**¹ ⟨-pü⟩ große(r) Tonkrug; **~lere binmek** *fig* (vor Wut) auf die Palme gehen
**küp**² ⟨-bü⟩ Kubus *m*; Bauklotz *m* (Spielzeug); Kubikmeter *m*; **beş metre ~ kum** fünf Kubikmeter Sand
**küpe** Ohrring *m*, Ohrringe *m/pl*; (Haut-) Lappen *m*, *z. B. beim Hahn*; **kulağına olsun!** vergiss das nie!

**küpeçiçeği** ⟨-ni⟩ BOT Fuchsie *f*
**kü'peşte** SCHIFF Reling *f*; Handlauf *m* (*e-s Geländers*)
**kür** Kur *f*; ~ **yeri** Kurort *m*; ~ **yapmak** e-e Kur machen
**kürdan** Zahnstocher *m*
**Kürdistan** Kurdistan *n*
**küre** Kugel *f*; Globus *m* **~cik** ⟨-ği⟩ Kügelchen *n*; Blutkörperchen *n*
**kürek** ⟨-ği⟩ Ruder *n*; Schaufel *f*; Spaten *m*; ~ **cezası** Galeerenstrafe *f*; Zwangsarbeit *f*; ~ **çekmek** rudern **~çi** Ruderer *m* **~çilik** ⟨-ği⟩ Rudersport *m* **~li**: ~ **kayık** Ruderboot *n*
**küremek** *v/t* (weg)schaufeln
**küresel** kugelförmig; ASTRON sphärisch; Kugel-; global
**küreselleşme** Globalisierung *f*
**kürevî** [i:] → küresel
**kürk** ⟨-kü⟩ Pelz *m*; ~ **manto** Pelzmantel *m* **~cü** Kürschner *m*
**kürsü** Pult *n*; Katheder *n*; Kanzel *f*; *fig* Lehrstuhl *m*
**kürsülü** solide
**Kürt** ⟨-dü⟩ Kurde *m*, Kurdin *f*; kurdisch
**kürtaj** MED Kürettage *f*, Abschabung *f*
**'Kürtçe** (das) Kurdisch(e); (auf) Kurdisch
**kürümek** → küremek
**küs** *Kind* böse; eingeschnappt

**küseğen** BOT, *fig* Mimose *f*
**küser** → küsmek
**küskü** Brecheisen *n*
**küskün** *fig* eingeschnappt; verärgert, *umg* sauer; → **küstümotu**
**küsmek** ⟨-er⟩ böse sein (*auf akk*); *fig* streiken, nicht mitmachen
**küspe** Rückstand *m*, Treber *m*
**küstah** frech, unverschämt **~laşmak** frech werden, unverschämt werden (*od* sein) **~lık** ⟨-ğı⟩ Frechheit *f*
**küstere** Langhobel *m*; Schleifstein *m*
**küstümotu** BOT Mimose *f*
**küsur** [u:] Anteil *m*; Überschuss *m*; ... *und etwas, umg* und ein paar Zerquetschte
**küsurat** [a:] ⟨-tı⟩ Überschuss *m*
**küt** ⟨-tü⟩ stumpf; *Finger* kurz und dick; *int* bum!
**kütle** Masse *f*; Haufen *m*; Block *m*; Massen-; MIL ~ **halinde** massiert
**kütlesel** → kütlevi
**kütleşmek** *Gefühle* abstumpfen
**kütlevî** [i:] Massen-; massiert
**'küttedek** Bums *m*; bums!
**kütük** ⟨-ğü⟩ Weinstock *m*; (Holz)Klotz *m*; Baumstumpf *m*; Register *n*; Matrikel *f*; ~ **gibi** sternhagelvoll; **asker kütüğü** Wehr(pflichtigen)kartei *f*
**kütüklük** ⟨-ğü⟩ Patronentasche *f*
**kütüphane** [-pa:-] Bibliothek *f*; Leihbibliothek *f* **~ci** Bibliothekar *m*, -in *f*; Bibliothekswissenschaftler *m*, -in *f* **~cilik** ⟨-ği⟩ Bibliotheksdienst *m*; Bibliothekswissenschaft *f*
**kütür**: ~ ~ knirschend; knackend; *Obst* knackig frisch **~demek** knirschen; knacken **~tü** Knirschen *n*, Knacken *n* **~tülü** knirschend; knackend
**küvet** ⟨-ti⟩ Wanne *f*; Waschbecken *n*
**Küveyt** Kuwait **~li** Kuwaiter *m*, -in *f*

# L

**l, L** [lɛ] l, L n; **≈ demiri** TECH Winkeleisen n; **≈ (tipi) salon** L-förmige(s) Wohnzimmer

**la** MUS Ton (od Note) a

**la-** osm nein; un-, a-

**-la (-le)** → ile

**labada** ['la-] BOT Gartenampfer m

**labirent** [la-] ⟨-ti⟩ Labyrinth m

**laborant** [la-] ⟨-ti⟩ Laborant m, -in f

**laboratuar** Laboratorium n, umg Labor n

**lacivert** [la:-] ⟨-di⟩ dunkelblau; **~ (taşı)** Lapislazuli m

**'laçka** SCHIFF Nachlassen n, Lockern n des Taus; TECH Spiel n, Spielraum m; Versager m; **~ etmek** lockern; fig ermatten; **~ olmak** TECH lose sitzen; zu viel Spiel haben; Achse schlagen, umg eiern; fig versagen

**laden** ['la:-] BOT Zistrose f (Cistus creticus)

**lades** ['la:-] Art Wette, in der das Brustbein e-s Vogels zerbrochen wird; **~ kemiği** ANAT Gabelbein n

**ladin(ağacı)** BOT Fichte f

**laf** Rede f, Worte n/pl; Wort n, Ausdruck m; umg Geseiche n, Gequatsche n; **~ altında kalmamak** nicht auf den Mund gefallen sein; **~ anlamaz** stupide; bockig; **~ aramızda** unter uns gesagt; **~ atmak** (ein bisschen) plaudern; j-n hochnehmen, reizen; umg (-e j-n) anmachen; (-e) ein Mädchen ansprechen, umg anquatschen; **~ çiğnemek** umg herumdrucksen; **~ çıktı** es ging das Gerücht; **~ değil** nicht der Rede wert; -den -le **~ etmek** mit j-m reden (von dat); tratschen (über akk); **~ işitmek** umg Schimpfe bekommen; **~!** von wegen!; **(araya) ~ karıştırmak** vom Thema ablenken; **~ ola (beri gele)!**, Geschwätz!; **~ olsun diye** nur um etwas zu sagen; **-i ~a tutmak** j-n aufhalten; **-in ~ı mı olur?** ist nicht der Rede wert; **~ı ezip büzmek** ausweichen, etw vertuschen wollen; herumstottern; **~ı uzatmak** nicht wissen, was man sagen soll, vom Hauptthema ablenken

**lafazan** Schwätzer m

**'lafebesi** ⟨-ni⟩ schlagfertig; schwatzhaft

**lafız** ⟨lafzı⟩ JUR Wortlaut m

**lagün** Lagune f

**'lağım** Kloake f, Abwasserkanal m; Mine f; HIST, MIL unterirdische(r) Gang; Kanalisation f; **~ suları** Abwässer pl; **~la atmak** HIST in die Luft sprengen **~cı** Kloakenreiniger m; Mineur m; Sprengmeister m; umg Päderast m

**lağıv** [la:ıv] ⟨lağvı⟩ Liquidierung f, Auflösung f

**'lağvetmek** v/t liquidieren, auflösen

**la'hana** Kohl m; **~ dolması** Krautwickel m mit Hackfleisch; **~ turşusu** Sauerkohl m; **baş ~** Kohlkopf m; **Brüksel ~sı** Rosenkohl m

**la'havle** [la:-] ach ja!; ach was! (Unmut); **~ çekmek** (od **okumak**) resignieren

**Lahey** (a. **La Haye**) Den Haag m

**lahit** ⟨lahdi⟩ Grabmal n; Sarkophag m

**lahmacun** [laxma:-] Art Fladen mit Hackfleisch, im Ofen gebacken, türk. Pizza f

**lahza** Augenblick m; **bir ~da** im Nu **~da** im Nu

**laik** laizistisch; säkular **~leştirmek** v/i säkularisieren, **~lik** ⟨-ği⟩ Laizismus m; Säkularisierung f

**laka** ['la-] Lack m; **~ sürmek** lackieren

**lakap** ⟨-bı⟩ Spitzname m; -e **~ takmak** j-m e-n Spitznamen geben **~lı** ... mit dem Spitznamen ...

**lakaydî** Teilnahmslosigkeit f

**lakayt** [la:-] ⟨-di⟩ uninteressiert, stumpfsinnig **~lık** ⟨-ğı⟩ → lakaydî

**lake** Möbel lackiert; Lack-

**la'kerda** eingemachte(r) Thunfisch

**lakırdı** Wort n, Worte n/pl; (leere) Worte n/pl; → laf **~cı** Schwätzer m, Klatschbase f

**lakin** ['la:-] aber, jedoch

**laklak** Klappern n des Storches; fig Geschnatter n; **~ etmek** plappern

**laklaka** Geschwätz n

**laklakıyat** ⟨-tı⟩ umg Geseiche n

**lakonik** lakonisch

**laktoz** CHEM Laktose f

**lal** [la:l] ⟨-li⟩ Rubin m; rubinfarbig; hell-

rot
**'lala** HIST Erzieher *m*
**la'langa** GASTR Art Krapfen *m*
**lale** [la:-] BOT Tulpe *f*; HIST eiserne(r) Halsring *der Sträflinge*
**lam**¹ *der arabische Buchstabe* l; **~ı cimi yok** keine Widerrede
**lam**² Objektträger *m* (*des Mikroskops*)
**'lama**¹ ZOOL Lama *n*
**'lama**² (der) Lama (*in Tibet*)
**'lamba** Lampe *f*; *Radio* Röhre *f*; VERKEHR Ampel *f* **~der** Stehlampe *f*
**lambri** Täfelung *f*, Paneel *n*
**lame** silberdurchwirkt; silberlackiert
**lamel** Deckglas *n*
**lan** → ulan
**lanet** [la:-] ⟨-ti⟩ Fluch *m*; verflucht; gottverlassen (*Ort*); **-e ~ etmek** (*od* **okumak**) verfluchen *akk*; **~ olsun** (sei) verflucht!
**lanet|lemek** *v/t* verfluchen **~li** verflucht
**langır ~ lungur** rumpelnd; **-den ~ etmek** Breiesser *m*; **lungur gecmek** rumpeln über *akk*; **lungur söylemek** so (etwas) daherreden
**langırt** ⟨-tı⟩ Heimfußballspiel *n*
**langust** ⟨-tu⟩ ZOOL Languste *f*
**lanse** lanciert; **~ etmek** lancieren
**lap** *int* plumps!, klatsch!; bauz!; **~ ~ yemek** schmatzen
**lapa** Brei *m*; **~ ~** in dicken Flocken schneien **~cı** Breiesser *m*; fig Schlappschwanz *m*; fig Elefantenbaby *n*
**lapçın** (Leder)Pantoffel *m*
**Lapon** Lappe *m*, Lappin *f* **~ca** (das) Lappisch(e); Lappisch **~ya** Lappland *n* **~yalı** → Lapon; lappisch
**-lar** Pluralsuffix; → ler
**laser** → lazer
**'lasta** Tonnage *f*, Ladefähigkeit *f*
**lasteks** Lastex® *n*
**lastik** ⟨-ği⟩ Gummi *m*; AUTO Reifen *m*; Gummi- (*Stiefel etc*); **~ başlık** Bademütze *f*; **~ değiştirme** Reifenwechsel *m*; **~ eldiven** Gummischuh *m*; **~ pompası** Luftpumpe *f*; **~ silgi** Radiergummi *m*; **~, bel lastiği** Gummiband *m*; **dış ~** Mantel *m*; **iç ~** Schlauch *m*; **dubleks ~** Tubelessreifen *m*; **~ servisi** Reifendienst *m*
**las'tikağacı** BOT Gummibaum *m*
**lastikli** Gummi-; *fig* gewunden, doppeldeutig, zweideutig (*Wort*); **~ şerit** Gummiband *n*

**'lata**¹ Latte *f*
**'lata**² *osm Gewand e-s islamischen Geistlichen*
**la'terna** Drehorgel *f*, Leierkasten *m*
**latif** [i:] nett; hübsch; witzig
**latife** Witz *m*, Scherz *m*; Anekdote *f*; **~ etmek** scherzen; **~ bertaraf** Scherz beiseite!
**latifeci** Spaßmacher *m*, Witzbold *m*
**Latin** HIST Latiner *m*, -in *f*; lateinisch; Romane *m*; romanisch; **~ harfleri** lateinische Buchstaben *m/pl* **~ce** (das) Lateinisch(e); Lateinisch
**latinçiçeği** ⟨-ni⟩ BOT Kapuzinerkresse *f*
**laubali** [la:uba:li:] ungeniert, respektlos **~leşmek** sich (*dat*) viel herausnehmen
**lav** Lava *f*
**'lava** SCHIFF hisst!, zieht hoch!; mit e-m Zug (*heruntergeschluckt*); **~ etmek** hochziehen, hissen; *fig* über *j-n* herziehen
**la'vabo** Waschbecken *n*; Waschraum *m*
**lavaj** Auslaugung *f*; MED Spülung *f*
**la'vanta** Lavendel(öl *n*) *m*; **~ mavisi** lavendel(blau) **~çiçeği** ⟨-ni⟩ BOT Lavendel *m*
**lavman** MED Einlauf *m*, Klistier *n*
**'lavta**¹ MUS Laute *f*
**'lavta**² Geburtszange *f*; Geburtshelfer *m*, -in *f*
**layık** [la:-] ⟨-ğı⟩ (-e) geeignet (für, zu); würdig *gen*; **layığını bulmak** die gerechte Belohnung (*od* Strafe) erhalten; den passenden Lebensgefährten finden; **-i -e ~ görmek** *j-n* geeignet halten für; **-e ~ olmak** verdienen *akk*, würdig sein *gen*
**layıkıyla** in geeigneter Weise, gebührend, richtig
**layiha** [la:-] Entwurf *m*; Exposé *n*; Gutachten *n*
**laytmotif** MUS Leitmotiv *n*
**Laz** Lase *m*, Lasin *n*; lasisch
**'Lazca** (das) Lasisch(e); Lasisch
**lazer** [a:-] Laserstrahl *m*; **~(li) yazıcı** IT Laserdrucker *m*
**lazım** [la:-] nötig; **~ olmak:** (benim) gitmem **~** ich muss gehen; **bana para ~** ich brauche Geld; **size ... ~ mı?** brauchen Sie ...?; **~ gelmek** nötig sein; sich als nötig erweisen; **~ gelen her şey** alles Nötige; **ne ~ gelir?** was folgt daraus?; was macht das schon?; **neme ~?** was solls?, *umg* mir ist es wurscht; ich mi-

sche mich lieber nicht ein **~lık** ⟨-ğı⟩ Nachttopf m

**le** → l, L

**-le** → ile

**leblebi** geröstete Kichererbsen f/pl; umg fig (Revolver)Kugel f

**'Lefkoşa, 'Lefkoşe** Nikosia n

**legal** legal **~ize** legalisiert; **~ etmek** legalisieren

**leğen** (große) Waschschüssel; → leğenkemiği **~kemiği** ⟨-ni⟩ ANAT Becken n

**Leh** Pole m, Polin f; polnisch

**leh'çe** LING Dialekt m

**'Lehçe** (das) Polnisch(e); Polnisch

**lehim** TECH Lot n, Lötzinn n; **~ dikişi** Lötstelle f **~lemek** v/t löten; Slang: miteinander schlafen **~li** gelötet

**lehinde** -in ~ zugunsten gen/von; **~ olmak** sich einsetzen für

**lehine** -in ~ zugunsten gen; -in ~ **yorumlamak** zugunsten gen/von auslegen

**Lehli** Pole m, Polin f

**lehtar** Anhänger m, -in f, Befürworter m, -in f

**lehte** für akk, pro (Stimme, Argument)

**lejyon** Legion f **~er** Legionär m

**leke** Fleck m; fig Makel m, Fleck m; **-i ~ etmek** beflecken, schmutzig machen; **-e ~ sürmek** fig j-n in den Schmutz ziehen; bloßstellen; **~ ilacı** Fleckentferner m

**leke|lemek** v/t beflecken, schmutzig machen; fig verunglimpfen **~li** fleckig, schmutzig; fig entehrt; bloßgestellt

**lekelihumma** MED Flecktyphus m

**lekesiz** fleckenlos; fig makellos **~lik** ⟨-ği⟩ Fleckenlosigkeit f; fig Makellosigkeit f

**leksikografi** LING Lexikografie f

**leksikoloji** LING Lexikologie f

**lektör** Lektor m, -in f (an der Universität)

**lenduha** [-du:ha:] klotzig, Klotz m

**lenf, 'lenfa** ANAT Lymphe f; **~ düğümü** Lymphknoten m

**lenfatik** Lymph-, lymphatisch

**lenger** SCHIFF Anker m; große Kupferschale

**lengüistik** Sprachwissenschaft f

**Lenincilik** ⟨-ği⟩ Leninismus m

**lens** Linse f; (kontak) ~ Kontaktlinse f; **~ takmak** Kontaktlinsen tragen

**lento** ARCH Sturz m

**leopar** ZOOL Leopard m

**le'piska** Haar blond u. weich

**-ler** Pluralsuffix; **1950'lerde** in den Fünfzigerjahren

**lesbiyen** Lesbierin f; lesbisch

**lesepase** Passierschein m

**leş** Kadaver m, Aas n; **~ (gibi) kokmak** wie die Pest stinken; **~ gibi serilmek** sich der Länge nach hinlegen; **-in ~ini çıkarmak** j-n halb totschlagen

**leşkargası** ⟨-nı⟩ Aasgeier m

**Le'ton** Lette m, Lettin f **~ca** (das) Lettisch(e); Lettisch **~ya** Lettland n **~yalı** → Leton; lettisch

**'leva** Lewa m (bulgarische Währung)

**Levanten** Levantiner m, -in f; levantinisch

**levazım** [-va:-] Material n; Bedarfsartikel m/pl; MIL Versorgungsgüter n/pl; **~ sınıfı** Versorgungskompanie f **~cı** MIL Angehörige(r) der Versorgungseinheit

**levent** ⟨-di⟩ HIST osm Marinesoldat m; **~ gibi** stattlich, ansehnlich

**levha** Schild n; Plakat n; Platte f; Tabelle f; Tafel f (im Buch); **hatıra ~sı** Gedenktafel f; **sokak ~sı** Straßenschild n

**levrek** ⟨-ği⟩ Art Seebarsch m (Labrax labrax)

**levüloz** Fruchtzucker m

**levye** Hebel m; Griff m

**ley** (der rumänischen) Leu (pl Lei)

**leylak** ⟨-kı⟩ BOT Flieder m, Syringe f

**leylek** ⟨-ği⟩ ZOOL Storch m

**leylî** [i:] Nacht-, nächtlich; Internats- n

**leziz** [i:] delikat, umg lecker

**lezzet** ⟨-ti⟩ Geschmack m; Genuss m; Vergnügen n, Spaß m; **~ almak** -den Freude (od Genuss) finden an dat

**lezzet|lendirmek** appetitlich machen; Spaß machen **~lenmek** appetitlich werden; es genießen **~li** schmackhaft, appetitlich; angenehm **~siz** fade, ... ohne jeden Beigeschmack; freudlos

**lığ** ⟨-ğı⟩ Anschwemmung f

**lığlanmak** anschwemmen

**lığlı** angeschwemmt, Schwemm-

**lıkır: ~ ~** gluckernd **~damak** gluckern

**liberal** ⟨-li⟩ liberal; Liberale(r) **~izm** Liberalismus m

**liberalleşmek** liberalisiert werden

**liberasyon** WIRTSCH Freigabe f; **~ listesi** WIRTSCH Freiliste f

**liboş** pej Liberale(r), Freidenkende(r); pej Primitivkapitalist m, -in f

**'libre** Pfund *n*
**li'bretto** MUS Libretto *n*
**'Libya** Libyen *n* **~lı** Libyer *m*, -in *f*
**'lider** POL Führer *m*; Chef *m*; SPORT Tabellenführer *m* **~lik** ⟨-ği⟩ Führerschaft *f*, Führung *f*; **~ yapmak** die Führerschaft innehaben, an der Spitze stehen
**lif** Faden *m*; BIOL Faser *f*; Einseiftuch *n*
**lifli** Faser-, faserig
**lig** ⟨-gi⟩ Liga *f*; **~ maçı** Ligaspiel *n*; Ausscheidungsspiel *n*; **~den düşmek** aus der Liga absteigen; **~e çıkmak** in die Liga aufsteigen
**'lika** Rohseide *f*
**liken** BOT, MED Flechte *f*
**likidasyon** WIRTSCH Liquidation *f*
**liki|de:** **~ etmek** liquidieren **~dite** WIRTSCH Liquidität *f*, Zahlungsfähigkeit *f*
**likit** flüssig; WIRTSCH liquide, verfügbar; **~ kristal gösterge** LCD-Anzeige *f*
**liko'rinoz** Räucherfisch *m*; geräucherte Meeräsche
**likör** Likör *m*
**liman** Hafen *m*; **açık** (*od* **serbest**) **~** Freihafen *m*; **~ idaresi** Hafenamt *n*; **~ işçisi** Hafenarbeiter *m*; **~ masrafları** Hafengebühren *f/pl*; **~ reisi** Hafenmeister *m*; **~a girmek** in den Hafen einlaufen
**limanlamak** in e-n Hafen einlaufen; *Wind* sich legen
**'limbo** SCHIFF Schute *f*, Leichter *m*; WIRTSCH Umladung *f* (*auf ein anderes Schiff*)
**lime:** **~ ~** in Fetzen, zerlumpt
**limit** ⟨-ti⟩ Limit *n*, Höchstgrenze *f*
**'limitet** ⟨-ti⟩: **~ şirket (ltd. şti.)** Gesellschaft mit beschränkter Haftung (GmbH)
**limon** Zitrone *f*; **~ ağacı** BOT Zitronenbaum *m*; **~ gibi** kreidebleich; (sauer) wie e-e Zitrone; **~ kabuğu** Zitronenschale *f*
**limo'nata** Limonade *f*; **~ gibi** *im Sommer* erfrischende Brise
**limonî** [-i:] zitronengelb; leicht aufbrausend; *fig* gestört, *umg* kaputt (*Beziehung*)
**limonküfü** graugrün
**limon|lu** mit Zitronengeschmack; **~ dondurma** Zitroneneis *n* **~luk** ⟨-ğu⟩ Zitronenplantage *f*; Zitronenpresse *f*; Gewächshaus *n* **~tuzu** ⟨-nu⟩ Zitronensäure *f*

**linç** ⟨-çi⟩ Lynchjustiz *f*; **~ etmek** *j-n* lynchen
**lineer** linear
**link**[1] ⟨-ki⟩ Traben *n*; Trab *m*; **~ gitmek** traben
**link**[2] Fernmeldewesen *n*: Kanal *m*; IT Link *n*
**li'nolyum** Linoleum *n*
**linyit** ⟨-ti⟩ Braunkohle *f*
**'lipsos** ZOOL Meersau *f*, Drachenkopf *m* (*Scopaena porcus*)
**lir** MUS Leier *f*, Lyra *f*
**'lira** Währung Lira *f*, Pfund *n*; **Türk ~sı (TL)** türkische(s) Pfund, türkische Lira **~lık ...** zu ... Lira
**liret** ⟨-ti⟩ Lira *f* (*italienische Währung*)
**lirik** ⟨-ği⟩ Lyrik *f*; lyrisch
**lisan** [a:] Sprache *f*
**lisans** Lizenziat *n*, Diplom *n* (*Universität*); Lizenz *f*; WIRTSCH (*Einfuhr- etc*) Genehmigung *f* **~lı** mit Lizenz **~üstü ...** post graduate (*Studium*), **~ eğitim** Magister *n*, Promotion *f*
**'lise** Gymnasium *n*, Oberstufe *f*; **~ mezunu** Abgänger *m*, -in *f* der Oberstufe **~li** Oberschüler *m*, -in *f*
**'liste** Liste *f*, Verzeichnis *n*; **fiyat ~si** Preisliste *f*; **~ yapmak** e-e Liste aufstellen; **-*i* ~ye geçirmek** in e-e Liste eintragen; **yemek ~si** Speisekarte *f*; **-*i* kara ~ye almak** auf die schwarze Liste setzen; **~ye kaydolunmak** sich eintragen
**literatür** *bes* Wissenschaft (Fach)Literatur *f*
**'litre** Liter *m* (*a. n*); **yarım ~** Halbliter *m* **~lik:** *z. B.* **iki ~ şişe** e-e Zweiliterflasche
**Lit'vanya** Litauen *n* **~ca** (das) Litauisch(e) **~lı** Litauer *m*, -in *f*; litauisch
**liva** [a:] HIST Landkreis *m*; HIST, MIL Brigade *f*; Brigadegeneral *m*
**livar** Fischbassin *n*; Fischteich *m*
**liyakat** [-ja:-] ⟨-ti⟩ Verdienst *n*; Fähigkeit *f*; **~ göstermek** sich bewähren
**liyakatli** verdient; fähig, tüchtig
**liyakatsiz** unwürdig; unfähig
**Liyej** Lüttich *n*
**'Lizbon** Lissabon *n*
**'lobi** Vorraum *m*; Wandelgang *m*; POL Lobby *f*
**lobut** ⟨-tu⟩ Keule *f* (*a. Turngerät*)
**'loca** THEAT Loge *f*; **mason ~sı** Freimaurerloge *f*
**'loça** SCHIFF Klüse *f*

**lodos** ['lɔ-] Süd(west)wind m; Süden m ~**lamak** unp: **hava lodosluyor** es kommt ein Südwind auf
**loga'ritma** Logarithmus m; ~ **tablosu** Logarithmentafel f
**loğ** ⟨-ğu⟩ Straßenwalze f
**loğlamak** feststampfen, glatt walzen
**lo'ğusa** Wöchnerin f ~**lık** ⟨-ğı⟩ (a. ~ **dönemi**) Wochenbett n
**lojistik** ⟨-ki⟩ PHIL, MIL Logistik f
**lojman** Dienstwohnung f
**lok** Schleuse f
**lokal** ⟨-li⟩ a. MED lokal; Klub m (als Raum); (Vereins)Haus n
**lo'kanta** Restaurant n ~**cı** (Gast)Wirt m
**lokavt** ⟨-tı⟩ WIRTSCH Aussperrung f
**lokma** Stück n Brot, Brocken m, Bissen m; GASTR Krapfen m; ~ **dökmek** Krapfen backen
**lokmanruhu** ⟨-nu⟩ Äther m
**lokomotif** Lokomotive f; ~ **döndürme köprüsü** BAHN Drehscheibe f
**lokum** türk. Süßigkeit; Kartenspiel Karo n; umg nachsichtige(r) Lehrer(in); ~ **gibi** sehr hübsch, umg Zucker!
**lolo** umg Angeberei f; umg Schwanz m (Penis) ~**lo** leere(s) Gerede, Blabla n; **bize de mi ~?** falle ich etwa auf so was rein?
**lombar** SCHIFF Ladeluke f
**lomboz** Bullauge n; Luke f
**'lonca** HIST Zunft f, Gilde f
**'Londra** London n
**longpley** Langspielplatte f (LP)
**lop**[1] weich und rundlich; ~ **et** ein weiches Stück Fleisch; ~ **yemek** (in großen Stücken) hinunterschlingen; ~ **yanaklı** rundbäckig; ~ **yumurta** hart gekochte(s) Ei
**lop**[2] ⟨-pu⟩ ANAT Lappen m
**'loppadak!** klatsch!, bauz! (z. B. auf die Erde fallen); happ!, haps! (in den Mund)
**lopur**: -i ~ ~ **yemek** verschmatzen
**lord, lort** ⟨-du⟩ Lord m; Krösus m; **⁂ Kamarası** Oberhaus n (in Großbritannien)
**'lorta** (Schuh) Leisten(größe f) m
**'lostra** Schuhcreme f; umg Schuhputzersalon m ~**cı** Schuhputzer m
**los'tromo** SCHIFF Bootsmann m (auf Handelsschiffen)
**losyon** Lotion f, Toilettenwasser n; Haarwasser n; Gummilösung f
**loş** schummrig ~**laşmak** schummrig

(od dunkel) werden ~**luk** ⟨-ğu⟩ Halbdunkel n
**lot** WIRTSCH Aktienpaket n; ~ **altı işlemi** Geschäft n mit weniger als ein → lot
**loto** Lotto n
**lotus** BOT Lotus m; ~ **çiçeği** Lotusblüte f
**lök** ⟨-kü⟩ plump; wuchtig; Zuchtkamel n
**löklemek** v/t verkitten
**lökün** Kitt m ~**lemek** → löklemek
**löp**: meist ~ ~ voll und weich
**löpür** → lopur
**lös** GEOL Löss(boden) m
**lösemi** MED Leukämie f
**'lövye** FLUG Steuerknüppel m; → levye
**Ltd. Şti.** abk. → limitet şirket(i)
**lûgat, lugat** osm Wörterbuch n; ~ **paralamak** kauderwelschen; fachsimpeln
**lum'bago** Hexenschuss m
**'lunapark** ⟨-kı⟩ Lunapark m; umg Berlin Rummel m; Hamburg Dom m; München Oktoberfest n
**Lut** [u:] ⟨-tü⟩ Bibel Lot m
**'Luterci** Lutheraner m ~**lik** ⟨-ği⟩ Luthertum n
**lutr** ZOOL Otter m; Otterfell n
**Lübnan** (der) Libanon ~**lı** Libanese m, Libanesin f
**lüfer** ZOOL Blaufisch m (Makrelenart; Temnodon saltator)
**lüks**[1] Luxus m; ~ **koltuk** z. B. THEAT (die) besten Plätze m/pl; ~ **otel** Luxushotel n
**lüks**[2] PHYS Lux n (lx); ~ **lambası** Petroleumglühlampe f
**lüksasyon** MED Verrenkung f
**Lük'semburg** Luxemburg n ~**lu** Luxemburger m, -in f
**lüle** Locke f; Flocke f; Pfeifenkopf m; Ausflussöffnung f (e-s Brunnenrohrs)
**lületaşı** Meerschaum m
**lümen** PHYS Lumen n
**lüp** ⟨-pü⟩ glückliche(r) Fund; int haps!; ~**e konuyor** unp (ihm, ihr) fällt alles in den Schoß; (er, sie) schmarotzt ~**çü** fig umg Nassauer m
**lütfen** bitte; freundlicherweise; hum gnädigst; ~ **dikkat!** Achtung, Achtung (e-e Durchsage)!
**'lütfetmek** ⟨-i -e⟩ verehren (j-m etw); nennen (j-m z. B. den Namen); gestatten (j-m etw); geruhen (-ip zu ...)
**lütuf** ⟨lütfu⟩ Güte f; Freundlichkeit f; -mek **lütfunda bulunmak** so freundlich sein zu ... ~**kâr** liebenswürdig, freund-

lich; **pek ~sınız** sehr freundlich von Ihnen!

**lüzum** [-u:m] Notwendigkeit f; Bedürfnis n; **-e ~ göstermek** (es) für erforderlich halten (zu ...); **~u halinde** nötigenfalls; **~u olan miktarda** in der erforderlichen Menge; **~u yok** (das ist) nicht nötig; **~unda** nötigenfalls; **~undan fazla** mehr als nötig, über die Maßen; **görülen ~ üzerine** aus gegebenem Anlass **~lu** nötig, erforderlich **~suz** unnötig, überflüssig **~suzluk** ⟨-ğu⟩ Überflüssigkeit f; Entbehrlichkeit f

# M

**m, M** [mɛ] m, M n

**maada** ['ma:ada:] osm außer (-den dat); **benden ~** außer mir

**maaile** [ma'a-] mit Kind und Kegel

**maalesef** [ma'a-] leider

**maarif** [ma'a-] osm Unterrichtswesen n

**maaş** [ma'a:] osm Gehalt n; **~ bağlamak** -e ein Gehalt bewilligen; **... ~lı** mit einem Gehalt von ...

**maattessüf** [ma'a-] bedauerlicherweise

**maazallah** [ma'a-] Gott behüte!

**mabat** ⟨-dı⟩ osm Fortsetzung f; umg Hintern m

**mabet** [ma:-] ⟨-di⟩ Tempel m

**mabeyinci** [ma:-] osm (persönlicher) Mittelbeamte(r) (des Sultans)

**mablak** ⟨-ğı⟩ Rührlöffel m; Spachtel m

**mabut** [ma:bu:t] ⟨-dı⟩ Idol n

**Macar** Ungar m, -in f; **~ salamı** ungarische Salami **~ca** [-'dʒar-] (das) Ungarisch(e); ungarisch **~istan** Ungarn n

**macera** [ma:dʒɛra:] Abenteuer n; **gönül ~sı** Liebesabenteuer n **~cı** Abenteurer m, -in f **~lı** abenteuerlich **~perest** ⟨-ti⟩ abenteuerlustig; Abenteurer m, -in f

**macun** [ma:-] Paste f; Kitt m; Art Lutscher m; **~ çekmek** verspachteln; auskitten; **diş ~u** Zahnpasta f **~lamak** -i v/t verkitten; (ver)spachteln

**maç** ⟨-çı⟩ Spiel n; **~ yapmak** ein (Fußball)Spiel austragen; **boks ~ı** Boxkampf m; **futbol ~ı** Fußballspiel n

'**maça** Kartenspiel Pik n; **~ bey(i)** Pikass n; **~ kızı** Pikdame f

**ma'ça** TECH Kern m, Mittelstück n

**ma'çuna** Verladekran m; **~ arabası** Kranwagen m

**mad.** abk für **madde** JUR Paragraf m (§)

**ma'dalya** Medaille f; Orden m; **~nın ters tarafı** fig die Kehrseite der Medaille; **İstiklal ~sı** Kriegsveteranenorden m (der Republik Türkei)

**madalyon** Medaillon n

**madam** gnädige Frau, Frau ..., Madame f (für nichtislamische Frauen)

**ma'dara** Slang: mies; **-i ~ etmek** j-n reinlegen; **~ olmak** reinfallen

**madde** Materie f, Stoff m, ganz f; Material n; WIRTSCH Artikel m, Ware f; Produkt n; Postgut n; Wesen n; Problem n; JUR Artikel m, Paragraf m; **~nin hali** Aggregatzustand m; **plastik ~** Kunststoff m; **besin ~si** Nährstoff m; **sözlük ~si** Wörterbuchartikel m; **yiyecek ~leri** Nahrungsmittel n/pl; **~ başı (kelime)** Stichwort n

**maddeci** a. PHIL Materialist m, -in f

**maddecilik** ⟨-ği⟩ Materialismus m

**maddesel** Material-; materiell

'**maddeten** materiell; faktisch; technisch

**maddî** [i:] materiell

**maddileşmek** sich materialisieren

**madem** ['ma:-], **ma'dem ki** konj (nun) da; wenn ... nun einmal ...; **~ öyle** da dem so ist ...; unter diesen Umständen; **~ görmek istiyorsunuz ...** wenn Sie es nun einmal sehen möchten ...

**maden** [a:] Metall n; Metall-; Erz n, Mineral n; Mine f, Erzgrube f; fig Goldgrube f, Eldorado n; Glücksritter m; **~ cevheri** (od **filizi**) Erz(vorkommen) n; **~ işçisi** Bergmann m; **~ kuyusu** Schacht m; **~ ocağı** Erzgrube f; **~ yatağı** Erzlagerstätte f; **hafif ~** Leichtmetall n

**madenci** Bergmann m; Mineraloge m; Metallurge(e) m **~lik** ⟨-ği⟩ Metallurgie f

**madenî** [i:]: Metall-, ... aus Metall; metallisch, metallen; mineralisch, Mineral-; mineralogisch; **~ para** Geldstück n

**madenkırmız** Mineralkermes m

**madenkömürü** ⟨-nü⟩ Steinkohle f

**madensel** → madenî
**madensi** metallartig, metallisch
**madensuyu** ⟨-nu⟩ Mineralwasser n
**madenyünü** ⟨-nü⟩ Isolierwolle f
**maderşahi** [-ʃa:hi:] matriarchalisch
**madik** ⟨-ği⟩ umg Trick m, Schummelei f; ~ **etmek** j-n beschummeln
**madrabaz** Aufkäufer m, Großhändler m; umg Gauner m, Ganove m
**ma'estro** Dirigent m
**'mafiş** umg nicht (od kein ...) mehr, umg alle; Art Eiergebäck n; **bende para ~** mein Geld ist alle
**mafsal** ANAT, TECH Gelenk n; **kardan ~ı** Kardangelenk n
**magazin** Illustrierte f; Feuilleton n
**'magma** Magma n
**magnezyum** Magnesium n
**magri** ZOOL Seeaal m
**ma'ğara** Grotte f, Höhle f; ~ **adamı** Höhlenmensch m **~bilim** Höhlenforschung f
**ma'ğaza** (großer) Laden; Kaufhaus n; Lager n; **giyim ~sı** Konfektionsgeschäft n; -i **~da bulundurmak** auf Lager haben akk **~lamak** v/t einlagern
**mağdur** [u:] benachteiligt; Geschädigte(r); fig Opfer n **~iyet** ⟨-ti⟩, **~luk** ⟨-ğu⟩ Benachteiligung f
**mağfur** [u:] selig (von Toten)
**mağlubiyet** ⟨-ti⟩ Niederlage f
**mağlup** [u:] ⟨-bu⟩ besiegt; ~ **edilmez** unbesiegbar; -i ~ **etmek** besiegen akk
**Mağribî** [-bi:] Nordafrikaner m, -in f; nordafrikanisch (ohne Ägypten); Westen m
**mağrur** [u:] überheblich; stolz (-e auf akk)
**mağrurlanmak** überheblich sein
**mah.** abk für **mahalle(si)** Stadtviertel n
**mahal** ⟨-li⟩ Ort m, Stelle f; -e ~ **kalmamak** kein Anlass bestehen zu, zu + inf; **bu sözlere ~ yoktur** zu solchen Äußerungen besteht kein Anlass
**mahalle** Stadtviertel n; Wohnviertel n; vulgär; ~ **kahvesi gibi** wie auf e-m Jahrmarkt; ~ **karısı** Marktweib n; **kenar ~** Vorstadt f, Außenbezirk m; ~ **muhtarı** Stadtviertelvorsteher m
**mahallebi** → muhallebi
**mahallî** örtlich, lokal; Orts-; regional; ~ **idare** Kommunalverwaltung f
**maharet** [a:] ⟨-ti⟩ Kunst f, Geschicklichkeit f **~li** geschickt, wendig **~siz** ungeschickt, tapsig
**mahcubiyet** [u:] ⟨-ti⟩ Schüchternheit f; Verlegenheit f
**mahcup** ⟨-bu⟩ schüchtern; verlegen; -i ~ **etmek** j-n verlegen machen, verwirren; ~ **olmak** verlegen werden
**mahdut** [u:] begrenzt; beschränkt (a. geistig); gezählt, gering
**mahfaza** Futteral n, Etui n; Schatulle f
**mahfazalı** ... mit (od im) Futteral
**mahfil** (Offiziers)Klub m, ARCH Herrscherloge f in der Moschee
**mahfuz** [u:] geschützt (a. Rechte); erhalten; im Gedächtnis bewahrt, behalten; **her hakkı ~dur** alle Rechte vorbehalten
**mahir** [a:] gewandt; Meister m ⟨-de in dat⟩ **~ane** gewandt, geschickt
**mahiyet** [ma:-] ⟨-ti⟩ Wesen n, Charakter m; Bedeutung f; **aynı ~teki** gleichartig, analog
**mahkeme** Gericht n; Prozess m; ~ **duvarı** schamlos, gewissenlos; ~ **kapılarında** vor Gericht, durch alle Gerichte (schleppen); -in **~de dayısı olmak** e-n hochgestellten Protektor haben; **~ye düşmek** vor Gericht gehen müssen **~lik** ⟨-ği⟩ Gerichtsangelegenheit f; ~ **olmak** → mahkemeye düşmek
**mahkûm** **A** adj verurteilt (-e zu dat); Kranker aufgegeben, (unrettbar) verloren; -e -i ~ **etmek** j-n verurteilen (zu dat) **B** subst Gefangene(r) **~iyet** ⟨-ti⟩ Haft (-strafe) f; Vorstrafe f
**mahlas** Pseudonym n, Künstlername m
**mahluk** [u:] ⟨-ku⟩ Geschöpf n **~at** [-a:t] ⟨-tı⟩ pl von mahluk
**mahlul** [-u:l] ⟨-lü⟩ osm (auf)gelöst; JUR erblos, dem Staat verfallen
**mahmur** [u:] benommen, schlaftrunken; verkatert; schläfrig; Blick träumerisch
**mahmur|laşmak** benommen werden, schläfrig werden; e-n Kater bekommen **~laşmış** schläfrig **~luk** ⟨-ğu⟩ Katzenjammer m; Schlaftrunkenheit f
**mahmuz** Sporn m (am Stiefel; des Hahns); Eisbrecher m an Brückenpfeilern **~lamak** -i die Sporen geben dat; rammen
**mahpus** [u:] verhaftet, gefangen; Spielart im Tricktrackspiel; ~ **kampı** Gefangenenlager n **~hane** [a:] Gefängnis n

**mahrama** kleine(s) Badetuch; HIST breite(r) Überwurf

**mahreç** ‹-ci› fig Quelle f; GRAM Artikulationsstelle f

**mahrem** **A** adj geheim (z. B. Akte); Islam verboten (Heirat unter nahen Verwandten) **B** subst Vertraute(r) **C** adv vertraulich (sprechen)

**mahremiyet** ‹-ti› Geheimhaltung f; Vertraulichkeit f; Intimität f

**mahrum** [u:] ohne (-den akk); -i -e **etmek** (od **bırakmak**) j-n berauben gen; ~ **olmak** (od **kalmak**) nicht haben akk, entbehren (müssen) **~iyet** ‹-ti› Mangel m, Entbehrung f; JUR Aberkennung f (z. B. der ... Rechte); **~lere katlanmak** Mangel leiden

**mahsuben** [u:] -e auf Rechnung gen, a conto gen

**mahsul** [u:] ‹-lü› Erzeugnis n; Ertrag m; Ernte f; ~ **almak** (a. **kaldırmak**) die Ernte einbringen **~dar** einträglich

**mahsup** [u:] ‹-bu› verrechnet; -i -e **etmek** etw anrechnen (auf akk), berücksichtigen akk

**mahsur** eingekreist, belagert; blockiert; beschränkt (-e auf akk)

**mahsus** [u:], [u] -e bestimmt (für akk), vorbehalten dat, umg **extra** (für akk); eigen dat, typisch (für akk); extra, mit Absicht, absichtlich; zum Spaß, scherzhaft; (auf e-m Brief) **şahsa ~tur** persönlich

**mahşer** REL (der) Jüngste Tag; (das) Jüngste Gericht; Ort m des Jüngsten Gerichts; fig Menschenmenge f, Gewühl n; fig Hölle f

**mahun, ma'hunya** Mahagoni n

**mahut** [ma:hu:t] osm berüchtigt

'**mahvetmek** v/t zerstören; Bemühungen zunichtemachen; Ernte vernichten

'**mahv|olmak** zugrunde gehen **~olunmak** passiv von mahvetmek

**mahya** Leuchtgirlanden zwischen zwei Minaretten in den Ramadannächten; ARCH Dachgrat m, First m

**mahzen** Lagerkeller m; bes a. Weinkeller m; Bunker m; Archiv n; (Pulver)Magazin n

**mahzun** [u:] wehmütig **~laşmak** wehmütig werden **~luk** ‹-ğu› Wehmut f

**mahzur** Nachteil n; Bedenken n/pl, bes MED kontraindiziert; Hindernis n (-mekte zu ...); Mangel m **~lu** riskant; bedenklich; hinderlich, nachteilig

**mail**[1] [a:] geneigt, schräg, schief; fig -e geneigt (zu dat); neigend (zu dat); **yeşile ~** ins Grüne spielend

**mail**[2] [meɪl] abk → e-mail; **maillemek** mailen

**maişet** [i:] ‹-ti› osm Lebensunterhalt m

**maiyet** ‹-ti› Gefolge n; Gefolgschaft f; Belegschaft f; Begleitpersonal n; ~ **memuru** Adjutant m; persönlicher Sekretär; -in **~inde** unter der Leitung gen

**majeste** Majestät f; s-e Exzellenz der Staatspräsident

**majör** Dur n; ~ **gam** Durtonleiter f

**majüskül** ‹-lü› (der) große Buchstabe

**makabil** [a:] **~ine şamil olmak** JUR rückwirkende Kraft haben

**makale** [-ka:-] (Zeitungs)Artikel m; Aufsatz m

**makam** [-ka:m] Dienststelle f, Behörde f; Dienstraum m; Amt n; Posten m; Aufenthaltsort m; Amtssitz m; → **orun**; MUS (türk.) Tonart f; Ton m; **resmî ~** amtliche Stelle f; **dostluk ~ında** als Zeichen der Freundschaft; ~ **arabası** Dienstwagen m **~lı** harmonisch; mit Singsang **~sız** unharmonisch

**ma'kara** Spule f (a. ELEK); Rolle f, Trommel f (z. B. für Kabel); Flaschenzug m; ~ **çekmek** trillern; zwitschern; ~ **geçmek** (od **~ya almak**) fig j-n aufziehen; **~ları koyuvermek** sich halb totlachen **~lı film** Rollfilm m; ~ **kuş** Singvogel m

**ma'karna** Makkaroni pl; Teigwaren f/pl **~cı** Makkaroniliebhaber m, -in f; Makkaronihersteller m

**makas** a. ZOOL Schere f; Dachsparren m; BAHN Weiche f; Kupplung f (der Wagen); Locher m (für Fahrkarten); Hebewerkzeug n; AUTO Feder f; umg Zwicken n, Kneifen n (in die Wange); umg es reicht!, Schluss damit!; -i **~a almak** fig j-n in die Zange nehmen **~çı** Weichensteller m; Scherenverkäufer m; umg Gauner m **~lama** Durchkreuzen n; ~ **ateşi** Kreuzfeuer n

**makaslamak** v/t mit e-r Schere schneiden; z. B. Film, Artikel kürzen, zensieren; in die Wange kneifen, zwicken akk

**makat** ‹-dı› Gesäß n; Holzbank f mit Sitzkissen **~tan** MED anal

**makbul** [u:] ⟨-lü⟩ angenommen; annehmbar; angenehm; beliebt; *Ware* gängig; **~ümdür** das ist annehmbar für mich; **~e geçmek** wohltuend sein

**makbuz** [u:] Quittung *f*; **~ mukabilinde** gegen Quittung

**Make'don|ca** (das) Mazedonisch(e) **~ya** Mazedonien *n* **~yalı** Mazedonier *m*, -in *f*; mazedonisch

**maket** ⟨-ti⟩ Modell *n*; Skizze *f* **~çi** Modellierer *m*; Skizzierer *m*

**'maki**[1] BOT Maquis *m*

**'maki**[2] ZOOL Lemur *m*

**ma'kina, makine** Maschine *f*; Apparat *m*; Triebwerk *n*; Motor *m*; *umg* Auto *n*, Wagen *m*; Pistole *f*; **buhar ~sı** Dampfmaschine *f*; **idare ~si** Verwaltungsapparat *m*; **tıraş ~sı** Elektrorasierer *m*; **yazı ~sı** Schreibmaschine *f*; **~ çekmek** mit der Maschine nähen; **~ gibi adam** Roboter *m*; **~ gücü** Leistung *f* (*e-r Maschine*); **~ mühendisi** Maschinenbauingenieur *m*; **~ yağı** Maschinenöl *n*; **~yı bozmak** *scherzhaft* Durchfall haben

**ma'kinacı** Maschinist *m*; Mechaniker *m*

**ma'kinalaş|ma** Mechanisierung *f* **~mak** mechanisiert werden; *fig* zur Maschine werden **~tırmak** *v/t* mechanisieren, auf Maschinenbetrieb umstellen

**ma'kinalı** mechanisch; mechanisiert; maschinell; Maschinen-; **~ tüfek** Maschinengewehr *n*

**makinist** ⟨-ti⟩ Maschinist *m*; Techniker *m*; Lokomotivführer *m* **~lik** ⟨-ği⟩: **~ yapmak** als Maschinist arbeiten; Techniker sein

**maksat** ⟨-dı⟩ Ziel *n*; Zweck *m*; Absicht *f*; **maksada girmek** s-e Absichten verwirklichen; **~ gütmek** (den) Hintergedanken haben (zu …); **~larını meydana koymak** s-e Karten aufdecken; … **(demek)ten ~** es besteht die Absicht zu …; *-mek* **maksadıyla** um … zu, mit dem Zweck zu …

**maksat|lı** tendenziös **~sız** zwecklos

**maksi** *Mode* lang **~mal** höchstens; maximal **~mum** ['maks-] Maximum *n*

**maktu** ⟨-tuu⟩ WIRTSCH en gros; **~ fiyat** feste(r) Preis

**maktul** ⟨-lü⟩ getötet; ermordet; **~ düşmek** ermordet werden; umkommen

**makul** [ma:ku:l] ⟨-lü⟩ rational; *Person u. Sache* vernünftig; *Grund* triftig, nachvollziehbar; *Preis* angemessen

**makule** [u:] Art *f*; Gruppe *f*; Kategorie *f*; **bu ~** derartig

**makyaj** Schminken *n*, Make-up *n*; Schminke *f*; **-e ~ yapmak** schminken *akk*; sich schminken **~cı** Maskenbildner *m*, -in *f* **~lı** geschminkt

**mal**[1] Großvieh *n*, Rindvieh *n*

**mal**[2] Eigentum *n*; Vermögen *n*, *fig* Bestandteil *m* (*der Geschichte*); WIRTSCH Ware *f*; *umg* Moneten *pl*, Zaster *m*; *umg* Kerl *m*, Subjekt *n*; *umg* Stoff *m*, Rauschgift *n*; **~ bildirimi** Zollerklärung *f*; **~ birliği** JUR Gütergemeinschaft *f*; **~ bulmuş gibi** in Hochstimmung; **~ canın yongasıdır** „auch Besitz ist ein Teil der Seele", (auch Geldverluste sind schmerzlich); **~ canlısı** habgierig; **~ edinmek** zu Geld kommen; *-i* **kendine ~ etmek** sich (*dat*) zu eigen machen; *pej* nur für sich in Anspruch nehmen; *-i* … **liraya ~ mal etmek** e-n Selbstkostenpreis von … Lira erzielen; *-i* **halka** *etc* **~** zum Gemeingut des Volkes *etc* machen; **~ kaldırmak** erwirtschaften; *-e* **~ olmak** kosten *akk*, sich belaufen auf *-e*; **~ sahibi** Eigentümer *m*, -in *f*; **~ sandığı** Finanzkasse *f*; **~ yapmak** *umg* Geld machen; **~ı götürmek** Reibach machen; **~ın gözü** übel, nichtsnutzig (*Kerl*); **~ etmek, mal olmak**

**'mala** Maurerkelle *f*

**malak** ⟨-ği⟩ ZOOL Büffelkalb *n*

**malakit** ⟨-ti⟩ Malachit *m*

**malalamak** *v/t* verputzen

**ma'larya** Malaria *f*

**maletmek** → mal etmek

**mal'gama** Amalgam *n*

**malı'taşı** SCHIFF Ankerstein *m*

**malî** [ma:li:] materiell; finanziell, Finanz- (*Krise*); **~ müşavir** Finanzberater *m*, -in *f*; **~ sorumluluk sigortası** Haftpflichtversicherung *f*; **~ yıl** Finanzjahr *n*

**malihulya** Melancholie *f*; Einbildung *f*

**malik** [ma:-] ⟨-ki⟩ Inhaber *m*; **-e ~ olmak** besitzen; Herr sein *gen*; **kendine ~ değil** er ist nicht Herr seiner selbst

**malikâne** Anwesen *n*, Besitztum *n*

**maliye** [ma:-] Finanzwesen *n*; **~ bakanlığı** Finanzministerium *n*; **~ memuru** Finanzbeamte(r) **~ci** Finanzmann *m*; Finanzbeamte(r)

**maliyet** [ma:-] ⟨-ti⟩: **~ fiyatına** zum Selbstkostenpreis; **~ler** Kosten *pl*

**malkıran** MED Rinderpest f
**malmüdürü** ⟨-nü⟩ Finanzdirektor m
**'malolmak** [ma:lɔ-] → mal olmak
**malşans** Pech n
**malt** ⟨-tı⟩ Malz n
**'Malta** Malta n **~ca** (das) Maltesisch(e)
**'maltaeriği** ⟨-ni⟩ BOT Wollmispel f (Eriobotrya)
**'Maltalı** Malteser m, -in f
**'maltataşı** ⟨-nı⟩ maltesische(r) Sandstein
**Maltız** osm Malteser m, -in f; maltesisch, Malteser-
**maltız** kleine(s) tragbare(s) Kohlebecken
**malul** [ma:lu:l] ⟨-lü⟩ Invalide m; Invaliden-; gebrechlich; **~ gazi** Kriegsversehrte(r); **~en emekliğe ayrılmak** Frührente f beziehen, umg in Frührente gehen **~iyet** ⟨-ti⟩ Kriegsinvalidität f
**malum** [ma:lu:m] bekannt; klar, offensichtlich; **bana ~ oldu** ich habe es geahnt; **~ değil** (das ist) nicht ganz sicher; **~ ya!** das ist klar; natürlich!; **~unuzdur ki ...** wie Ihnen bekannt ...; **~ olduğu üzere** wie bekannt
**malumat** [ma:lu:ma:t] ⟨-tı⟩ Kenntnisse f/pl; Auskunft f; **~ almak** sich erkundigen (... hakkında über akk, nach dat); **-den ~ı olmak** Kenntnis haben (von dat), informiert sein von; **-e vermek** j-n benachrichtigen, informieren; **~ım yok** ich habe keine Ahnung **~furuş** besserwisserisch **~lı** benachrichtigt, informiert **~sız** ... ohne Nachricht, ... ohne Kenntnis, uninformiert, unwissend
**malzeme** [mal-] Material n; Zubehör n; Zutaten f/pl (beim Kochen); **~ bilgisi** Materialkunde f; **~ yorgunluğu** Materialermüdung f; **makyaj ~si** Kosmetika pl
**mama** Brei m, Kindernahrung f; Futter n (für Haustiere)
**mamafih** [ma:ma:-] dennoch, trotz allem
**mamul** [ma:mu:l] ⟨-lü⟩ gemacht, hergestellt (-den aus dat); Industrie- (Waren); Produkt n **~at** [-a:t] ⟨-tı⟩ Produkte n/pl, Produktion f
**mamur** [ma:mu:r] fig blühend; bearbeitet; erschlossen, kultiviert
**'mamut** ⟨-tu⟩ ZOOL Mammut n
**mana** [ma:na:] Sinn m, Bedeutung f; **-den ~ çıkarmak** Schlüsse ziehen (aus dat); falsch deuten, den Sinn verdrehen;

**-e bir ~ verememek** nicht zu deuten wissen akk; **-in ~sını sezmek** den Sinn gen erfassen; **-de ne ~ var?** welchen Sinn hat es, ... zu ...; **tam ~sıyla** adv buchstäblich; im wahrsten Sinn (des Wortes) **~lı** vielsagend; **çok ~** vielsagend; vieldeutig; **iki ~ söylemek** sich zweideutig äußern; **~ ~** vielsagend **~sız** bedeutungslos; sinnlos **~sızca** adv sinnlos
**manastır** Kloster n
**manav** Obst- und Gemüsehändler m; Obst- und Gemüsegeschäft n
**mancınık** ⟨-ğı⟩ HIST Wurfmaschine f
**Man'çu** Mandschu m (a. f) **~ca** (das) Mandschurisch(e)
**Man'çurya** die Mandschurei f
**manda¹** ZOOL Büffel m; **~ gibi yemek** fig wie ein Scheunendrescher essen
**manda²** POL Mandat n; **~ altındaki ülke** unter (e-m) Mandat stehende(s) Land
**mandal** Riegel m; Wirbel m an der Geige; **çamaşır ~** Wäscheklammer f
**manda'lina** BOT Mandarine f
**mandal|lamak** v/t verriegeln; Wäsche anklammern, aufhängen **~lı** verriegelt; Wäsche aufgehängt **~sız** unverriegelt; nicht angeklammert, nicht aufgehängt
**mandarin** HIST Mandarin m (in China); Mandarine f
**mandater** Mandatar(staat) m; Mandats-
**man'depsi** umg Schwindel m; **~ye bastırmak** fig j-n aufs Kreuz legen
**'mandıra** Molkerei f; (Vieh)Hürde f
**mandolin** MUS Mandoline f
**manej** Manege f; **kapalı ~** Reitsaal m
**manen** ['ma:-] adv sinngemäß; geistig; moralisch
**manevî** [ma:nevi:] geistig; ideell; moralisch; angenommen (Kind); **~ evlat** Adoptivkind n; **~ şahıs** juristische Person; **~ taciz** Mobbing n
**maneviyat** [a:] ⟨-tı⟩ Ideelle, (das) Geistige; Moral f; **-in ~ını bozmak** (od **kırmak**) die Moral zerstören
**ma'nevra** a. MIL Wendemanöver n; Manövrierung f; BAHN Rangieren n; **~ çevirmek** lavieren, sich durchschwindeln; **~ kabiliyeti** Steuerbarkeit f; **~ yapmak** manövrieren, ein Manöver unternehmen; fig → **~ çevirmek ~lı** geschickt; listig **~sız** SCHIFF

steuerlos

**'manga** MIL Gruppe f (*zehn Mann*); SCHIFF Schlafraum m (*der Mannschaften*)

**mangal** Kohlenbecken n; **~ kömürü** Holzkohle f

**mangan(ez)** Mangan n

**mangır** umg Zaster m, Moneten pl; Kohlenstaubscheibe f (*zum Anzünden der Wasserpfeife*); HIST Kupfermünze f

**mangiz** umg Pinkepinke f

**mani**[1] PSYCH Manie f

**mani**[2] [ma:ni:] LIT Vierzeiler in der Volksdichtung

**mâni** [ma:ni:] ⟨-ii *od* -iyi⟩ Hindernis n; -*e* **~ olmak** verhindern *akk*; *j-n* (daran) hindern; *j-n* abhalten (von *dat*); **bir ~ olmazsa** wenn nichts dazwischenkommt

**mânia** Sperre f; Sperr-; Hürde f; **~m var** ich bin verhindert **~lı** ... mit Hindernissen; Hindernis- (*Rennen*); *fig* schwierig, heikel

**manidar** [ma:ni:da:r] bedeutungsvoll, vielsagend

**manifa'tura** Textilien pl, Stoffe m/pl; Stoff-

**mani'festo** POL, SCHIFF Manifest n; SCHIFF Ladepapiere n/pl

**ma'nika** SCHIFF Belüftungsrohr n

**manikür** Maniküre f **~cü** Handpfleger m, -in f

**ma'niple** (Hand)Taste f

**ma'nita** umg Gaunerei f **~cı** Gauner m; umg Geliebte f

**mani'vela** Hebel m; Kurbel f; **marş ~sı** Anlasserhebel m

**'mankafa** schwachsinnig; **~ hastalığı** Rotzkrankheit f

**manken** Gliederpuppe f; Malerpuppe f; Kleiderpuppe f; *Person* Mannequin n; Dressman m

**ma'nolya** BOT Magnolie f

**manometre** Manometer n

**mansiyon** Belobigung f, Anerkennung f; Prämie f

**Manş**: **~ Denizi** Ärmelkanal m

**manşet** ⟨-di⟩ Manschette f; Manschettenknopf m; Schlagzeile f

**manşon** Muff m; TECH Muffe f

**mantar** Pilz m; Kork m; Korken m; **~ (hastalığı)** MED Pilzkrankheit f, Dermatomykose f; umg Lüge f, Ente f; **yer ~** BOT Trüffel f; **~ atmak** flunkern, Märchen erzählen; **~ gibi yerden bitmek** *fig* wie Pilze aus dem Boden schießen; **~ meşesi** Korkeiche f; **~ tabancası** Knallkorkenpistole f; **~a bastırmak** umg *j-n* reinlegen **~cıl** Pilz-; verkorkt **~cılık** ⟨-ğı⟩ Schwindel m, Hochstapelei f **~lamak** v/t verkorken **~lı** Pilz-; **~ çorba** Pilzsuppe f

**mantı** *Art* Ravioli

**mantık** ⟨-ğı⟩ Logik f; Sinn m; **mantığa aykırı** unlogisch; sinnlos **~dışı** ⟨-nı⟩ unlogisch; alogisch **~i** [-ki:] logisch **~lı**, **~sal** logisch; sinnvoll; *Person* logisch denkend **~sız** unlogisch; *Person* unlogisch (denkend)

**'manto** (Damen)Mantel m

**manüel** Handbuch n

**'manya** Manie f; Wahnsinn m; **büyüklük ~sı** Größenwahn m

**manyak** ⟨-ğı⟩ Besessene(r); Verrückte(r) **~lık** ⟨-ğı⟩ Besessenheit f

**manyet|ik** magnetisch; **~ alan** Magnetfeld n **~ize** magnetisiert; **~ etmek** magnetisieren, magnetisch machen **~izma** [-'tızma] Magnetismus m (*a. Hypnose*) **~izmacı** Magnetiseur m

**man'yeto**: **~lu telefon** Kurbeltelefon n

**manzara** Ausblick m, Blick m, Panorama n; Anblick m; *fig* Bild n, Lage f **~lı** ... mit schöner Aussicht; **deniz ~** ... mit Blick aufs Meer **~sız** ... ohne Aussicht; unansehnlich

**manzum** [u:] Vers-, ... in Versen; gereimt; (gut) geordnet

**manzume** Gedicht n; System n

**maral** *dial* Hirschkuh f

**marangoz** Tischler m; **~ işi** Tischlerarbeit f **~balığı** ⟨-nı⟩ Sägefisch m (*Pristis pristis*) **~hane** Tischlerei f **~luk** ⟨-ğu⟩ Tischlerhandwerk n

**maraton** Marathonlauf m

**maraz** Krankheit f, Hinfälligkeit f; *fig* Not f; *Person adj* launisch; nörgelig

**maraza** Streit m; **~ çıkarmak** Streit anfangen

**marazî** [i:] krankhaft; pathologisch

**marda** Ramsch m; II. (zweite) Wahl

**mareşal** ⟨-li⟩ (Generalfeld)Marschall m; **~ asası** Marschall(s)stab m

**margarin** Margarine f; **kahvaltılık ~** Frühstücksmargarine f

**marifet** [ma:-] ⟨-ti⟩ Geschicklichkeit f; Kunst f (= was man kann); Vorzug m, Besonderheit f, umg Pfiff m (*e-r Sache*);

*umg* Streich *m*, Unfug *m*; **~iyle** *osm* durch die Vermittlung *gen/von*
**marifetli** meisterhaft
**mariz** ⟨i:⟩ kränklich; siech
**marizlemek** *v/t Slang:* j-n vertrimmen
**marj** TYPO Rand *m*; *fig* Spanne *f*; WIRTSCH Risikoanteil *m*
**mark** ⟨-kı⟩ HIST (Deutsche) Mark, (DM)
'**marka** Marke *f*; Zeichen *n*; (Automaten)Münze *f*
**markaj** *Sport* Deckung *f* (*des Gegners*); **~a almak** decken (*Gegner*)
**markalamak** *v/t* markieren, anzeichnen; kennzeichnen
'**markalı** markiert, angezeichnet
'**marke:** **~ etmek** *Sport* Gegner decken
**markı** Marquis *m*
**markiz** Markise *f*; Zweisitzsofa *n*; *Person* Marquise *f*
**markizet** ⟨-ti⟩ Marquisette *m* (*Stoff*)
**Marksçı, Marksist** *etc* → Marxist
'**marley®** *Art* Kunststoffbodenfliese *f*
'**Marmara: ~ adası** Marmara-Insel *f*; **~ denizi** Marmarameer *n*
**marmelat** ⟨-dı⟩ Marmelade *f*
**marn** GEOL Mergel *m*
**maroken** Saffianleder *n*; Saffian-; *Stoff* Marocain *m*
**marpuç** ⟨-cu⟩ Schlauch *m* der Wasserpfeife
**mars** Doppelgewinn *m* (*beim Backgammon*); **~ etmek** gewinnen im Backgammon; *fig* j-m den Mund stopfen
**Mars** ASTRON Mars *m*
**Mar'silya** Marseille *n*
**marş¹** MUS Marsch *m*; **millî ~** Nationalhymne *f*
**marş²** marsch!; **~ ~!** im Laufschritt marsch!
**marş³**: **~ (motoru)** AUTO Anlasser *m*; **~a basmak** starten, anlassen
**marşandiz** Güterzug *m*; **~ vagonu** Güterwagen *m*
**mart** ⟨-tı⟩ März *m*; **~ın dokuzu** Sturm *m* in der dritten Märzwoche, Märztürme *m/pl*; **~ havası** Aprilwetter *n*; **~ havası gibi** *fig* launenhaft
**martaval** *umg* Lügengeschichten *f/pl*, Quatsch *m*; **~ atmak** (*od* **okumak**) *umg* spinnen
**martı** ZOOL Möwe *f*
**maruf** [ma:ru:f] bekannt
**marul** BOT Lattich *m*

**maruz** [ma:ru:z] **-e** ausgesetzt *dat*; **-e ~ bırakmak** unterwerfen *dat*; **-e ~ olmak** ausgesetzt sein *dat* **~at** [-a:t] ⟨-tı⟩ Anliegen *n*, Bitte *f* (*-e ein akk*)
**Marxist** ⟨-ti⟩ Marxist *m*, -in *f*; marxistisch **~izm** Marxismus *m*
**marya** Mutterschaf *n*, Mutterziege *f*; kleine Fische *m/pl*
**mas** ⟨-ssı⟩ Aufsaugen *n*
'**masa** Tisch *m*; Tischgesellschaft *f*; *Behörde* Ressort *n*, Abteilung *f*; *Sport* Kasten *m*; **iflas ~sı** WIRTSCH Konkursmasse *f*; **~ örtüsü** Tischdecke *f*; **yazı ~sı** Schreibtisch *m*; **yemek ~sı** Esstisch *m*; **~ya yerleşmek** sich an den Tisch setzen
**masaj** Massage *f*; **~ yapmak** massieren **~cı** Masseur *m*, Masseuse *f*
**masal** Märchen *n*; Fabel *f* (*z. B. von La Fontaine*); *fig* Münchhausiade *f*; **~ okumak** Märchen erzählen **~cı** Märchenerzähler *m*, -in *f*; *fig* Münchhausen *m* **~ımsı** märchenhaft
**masat** ⟨-tı⟩ Schleifstein *m*, Schleifmaschine *f*
**masa|tenisi** ⟨-ni⟩, **~topu** ⟨-nu⟩ Tischtennis *n*, Pingpong *n*
**masaüstü**: **~ bilgisayar** Desktopcomputer *m*
**mask** Maske *f*
**maskara** lustig, drollig; (schlechter) Scherz, Ulk *m*; Albernheit *f*; Karnevalsmaske *f*; Clown *m*; Gespött *n*; **-ı ~ya çevirmek** verulken *akk*, ins Lächerliche ziehen *akk*; **-ı ~ etmek** *j-n* zum Gespött machen; verpfuschen *akk*; **-in ~sı olmak** zum Gespött *gen* werden **~lanmak** sich zum Gespött machen **~laşmak** sich lächerlich machen **~lık** ⟨-ğı⟩ Albernheiten *f/pl*, *umg* Faxen *f/pl*; Spaß (-macherei *f*) *m*; **~ etmek** herumalbern
'**maske** Maske *f* (*a. kosmetisch*); **~si düşmek** s-e Maske fallen lassen, entlarvt werden; **-in ~sini düşürmek** *od* **kaldırmak** *j-n* entlarven; **gaz ~si** Gasmaske *f*; **hayırseverlik ~siyle** unter der Maske der Hilfsbereitschaft
'**maskelemek** *v/t* tarnen; verschleiern
'**maskelenmiş** getarnt
'**maskeli** maskiert; getarnt; *Person* undurchsichtig; **~ balo** Maskenball *m*
'**maskesiz** ohne Maske; entlarvt
**maskot** ⟨-tu⟩ Maskottchen *n*; *fig* Symbolfigur *f*

**maslahat** ⟨-tı⟩ Geschäfte *n/pl*; *vulg* Schwanz *m*; *(früher)* Gemächt *n*
**maslahatgüzar** [-a:r] Geschäftsträger *m*
**'masmavi** [-ma:-] rein blau; himmelblau
**mason** Freimaurer *m*; **~ locası** Freimaurerloge *f* **~luk** ⟨-ğu⟩ Zugehörigkeit *f* zu den Freimaurern; Freimaurerei *f*
**masör** Masseur *m*; Masseuse *f*
**masraf** Ausgabe *f*; Unkosten *pl*; Aufwand *m*, WIRTSCH Spesen *pl*; **~ etmek** (viele) Ausgaben haben; **~ görmek** die Ausgaben verwalten; die Unkosten tragen; **~ kapısı** Ausgabenposten *m*, Passivposten *m*; **~a girmek** sich in Unkosten stürzen; **~tan çıkmak** sich (finanziell) übernehmen
**masraflı** kostspielig; **az ~** preisgünstig
**mastar** GRAM Infinitiv *m*; Richtscheit *n*
**mastı** ZOOL Dackel *m*
**mas'tika** Mastix *m*; Mastix-Schnaps *m*
**mastor** *umg* besoffen **~laşmak** sich besaufen
**masum** [ma:su:m] unschuldig, naiv; rein, lauter; kleine(s) Kind, *umg* Krabbe *f* **~iyet** ⟨-ti⟩ Unschuld *f*; Unberührtheit *f*
**masun** [u:] sicher, geschützt *(-den* vor *dat*); JUR unantastbar **~iyet** ⟨-ti⟩ Sicherheit *f*; Unantastbarkeit *f*
**ma'sura** Spule *f*; Wasserspeier *m* (am Brunnen)
**maşa** Zange *f*; Feuerzange *f*; Pinzette *f*; Klammer *f*; (Fahrrad)Gabel *f*; *fig* Werkzeug *n*; **~ gibi** *Person* vertrocknet; **~ kadar** kleine(s) Wurm (= *Neugeborenes*); **saç ~sı** Brennschere *f*; **şeker ~sı** Zuckerzange *f* **~lamak** *v/t* Haar kräuseln; ondulieren
**'maşallah** [ma:-] Spruch, mit dem das Objekt der Bewunderung vor bösem Blick schützen soll; großartig, wunderbar!; sehr erfreut; *als Vorwurf* mein Gott; du (ihr) dagegen; *als Antwort* bitte, gern!; goldene(s) Amulett *(mit "Maşallah")*; **~ nererlerdeydiniz?** mein Gott, wo wart ihr denn?; **çocuğun bugün ~ı var** das Kind ist heute in Ordnung
**maşatlık** ⟨-ğı⟩ *(meist* jüdischer) Friedhof
**maşlah** (Frauen)Überwurf *m*
**maşrapa** Krug *m*

**mat¹** ⟨-tı⟩ Matt *n*; *fig* Lähmung *f*; **~ etmek** (schach)matt setzen
**mat²** matt, glanzlos
**matah** Kram *m*, Krimskrams *m*; *Person* Früchtchen *n*, Stromer *m*
**ma'tara** Feldflasche *f*
**matbaa** Druckerei *f*
**matbaacı** Drucker *m*, -in *f*
**matbu** [u:] ⟨-un⟩ (vor)gedruckt, Druck-
**matbuat** [-a:t] ⟨-tı⟩ Presse *f*
**matem** [a:] Trauer *f*; **~ havası** Trauer(-stimmung) *f*; Trauermusik *f*
**matematik** ⟨-ği⟩ Mathematik *f* **~çi** Mathematiker *m*, -in *f*
**matemli** in Trauer; traurig
**materyal** ⟨-li⟩ Material *n*; Ausrüstung *f*
**materyal|ist** ⟨-ti⟩ Materialist *m*; materialistisch **~istçe** materialistisch **~izm** Materialismus *m*; **diyalektik ~** (der) dialektische Materialismus
**'matetmek** → **mat¹**
**matine** Vormittagsvorstellung *f*; Nachmittagsvorstellung *f*
**matiz¹** sternhagelvoll
**matiz²** SCHIFF Verklammerung *f (zweier Taue)*
**matkap** ⟨-bı⟩ Bohrmaschine *f*; Drillbohrer *m*; **~ ucu** Bohrer *m*
**matlaşmak** matt werden, trübe werden
**matlaştırmak** glanzlos machen
**matlup** [u:] ⟨-bu⟩ **A** *adj* gewünscht; verlangt; wünschenswert **B** *subst* Wunsch *m*; Verlangen *n*; *osm* WIRTSCH Schuld *f*
**matmazel** Fräulein *n*; junge Dame, junges Mädchen
**matrah** Einheitswert *m* (zur Steuerberechnung)
**matrak** ⟨-ğı⟩ **~ adam** *umg* fideles Haus; **-i matrağa almak** *umg* s-n Spaß haben mit
**matris** Matrize *f*; MATH Matrix *f*
**matuf** [ma:tu:f] *-e osm* gerichtet (auf *akk*); zugeschrieben (*j-m*)
**maun** Mahagoni *n*; Mahagoni-; **~ ağacı** BOT Mahagonibaum *m*
**maval** *umg* Schwindel *m*; **~ okuma!** *umg* schwindel uns nichts vor!
**mavi** [ma:tu:f] Blau; **açık ~** hellblau; **gök ~si** himmelblau; **~ boncuk dağıtmak** *j-n* glauben machen, dass man ihm die größte Zuneigung schenkt

**mavimsi**, **~tırak** bläulich
**maviş** [a:] weißhäutig und blauäugig; ... helle(r) Typ
**'mavna** Lastkahn m, Leichter m
**mavzer** Mausergewehr n
**maya** Hefe f; CHEM Ferment n; fig Veranlagung f, Wesen n; -geartet; **~sı bozuk** charakterlos **~lamak** v/t säuern
**mayalan|dırmak** Hefe zusetzen, zur Gärung bringen **~ma** Fermentation f; Gärung f **~mak** v/i gären
**mayalı** mit Hefe, Hefe-; gegoren; aufgegangen
**mayasıl** MED Ekzem n, Ausschlag m; umg Hämorrhoiden f/pl
**mayasız** ungesäuert
**maydanoz** BOT Petersilie f
**mayestro** → maestro
**mayhoş** süßsauer; fig Beziehungen abgekühlt, sehr lau
**mayın** Mine f; **~ arama tarama gemisi** Minensuchboot n, Minensucher m; **~ dökmek** Minen legen; **~ tarlası** Minenfeld n; **bir ~a çarpmak** auf e-e Mine treten od fahren **~lama** Verminen n **~lamak** v/t verminen
**mayıs¹** Mai m
**mayıs²** frische(r) Kuhmist
**mayısböceği** ⟨-ni⟩ ZOOL Maikäfer m
**mayi** [ma:-] ⟨-ii⟩ Flüssigkeit f; flüssig
**ma'yistra** Nordwestwind m
**maymun** Affe m; fig Nachäffer m; **~ herif** Person (alter) Affe; **~ gözünü açtı** darauf falle ich etc nicht noch einmal ein; **-i ~a benzetmek** völlig verhudeln akk
**maymun|cuk** ⟨-ğu⟩ Äffchen n; fig Dietrich m **~laşmak** fig zum Affen (od Nachäffer) werden **~luk** ⟨-ğu⟩ Grimassenschneiderei f
**'mayna** umg Baute, Schluss damit!; **~ etmek** SCHIFF die Segel streichen; Boot herunterlassen; fig aufhören (mit dat), einstellen akk
**'mayo** Badeanzug m; Badehose f; SPORT Trikot n **~lu** im Badeanzug, im Trikot
**mayonez** Mayonnaise f **~li** mit Mayonnaise
**maytap** ⟨-bı⟩ Feuerwerkskörper m; umg Jux m; **maytaba almak** fig j-n hochnehmen
**mazarrat** ⟨-tı⟩ Nachteil m
**mazbut** [u:] ⟨-tu⟩ Haus solide (gebaut); Person häuslich, solide; Dokument registriert, protokolliert
**mazeret** [a:] ⟨-ti⟩ Entschuldigung f **~li** entschuldigt; entschuldbar **~siz** unentschuldigt; **~ işine gitmemek** unentschuldigt der Arbeit fernbleiben
**mazgal** Schießscharte f
**mazhar** -e erhascht, gefunden: **saadete ~ oldum** mir wurde das Glück zuteil
**mazı** Lebensbaum m, Thuja f; **~ tuzu** Tannin n, Gerbsäure f
**mazi** [ma:zi:] Vergangenheit f; **~ye karışmak** außer Gebrauch kommen, veralten; **geçmişe ~ (denir)** was zählt, ist das Ergebnis
**mazlum** [u:] unterdrückt; fig leise, sanft; Person bescheiden **~luk** ⟨-ğu⟩ Unterdrückung f; Sanftheit f
**mazmun** [u:] osm Bonmot n; Wortspiel n; (geheimer) Sinn
**mazot** ⟨-tu⟩ Dieselkraftstoff m, Heizöl n; **~lu** AUTO Diesel-
**mazur** entschuldigt; verzeihlich; -in bir şeyini ~ görmek j-m etw nachsehen, j-m etw verzeihen
**ma'zurka** MUS Mazurka f
**meal** [a:] ⟨-li⟩ Bedeutung f; Inhalt m; **Kuran'ın ~i** Koranübersetzung f
**me'alen** dem Sinn nach
**meblağ** [a:] Betrag m
**mebus** [u:] Abgeordnete(r)
**mebzul** [u:] großzügig; reichlich; verschwenderisch **~en** adv reichlich **~iyet** ⟨-ti⟩ Überfluss m
**mecal** [a:] ⟨-li⟩ Kraft f; **~i kalmadı** er hatte keine Kraft mehr **~siz** kraftlos, schwach; **~ düşmek** e-n Schwächeanfall haben
**mecaz** LIT Metapher f, Bild n
**me'cazen** [a:] adv in übertragener Bedeutung, bildlich
**mecazî** [-a:zi:] bildlich, übertragen, figürlich
**mecbur** [u:] gezwungen (-e zu dat); **-e etmek** (od **tutmak**) zwingen (zu dat; zu ...); **itirafa ~uz ki ...** wir müssen gestehen, dass ...; **~ kalmak** (od **olmak**) gezwungen sein (od werden)
**mec'buren** adv gezwungenermaßen
**mecburî** [-u:ri:] gezwungen; Zwangs-; obligatorisch; Pflicht-; **~ hizmet** MIL Dienstpflicht f; **~ iniş** FLUG Notlandung f; **~ istikamet** vorgeschriebene Fahrt-

**richtung ~yet** ⟨-ti⟩ Notwendigkeit f, Zwang m

**mec'canen** [α:] osm unentgeltlich

**meccani** [-α:ni:] osm unentgeltlich

**mecelle** HIST osmanische(s) Bürgerliche(s) Gesetzbuch (bis 17. Feb. 1926)

**meclis** Versammlung f; Rat m; (Partei-)Vorstand m; Parlament n; Gesellschaft f, Zusammensein n; → Türkiye Büyük Millet ≈i; **idare ~i** Verwaltungsrat m

**mecmu** [u:] ⟨-uu⟩ Kollektion f; Gesamtheit f

**mecmua** [u:] Sammlung f; Zeitschrift f

**mecnun** [u:] wahnsinnig; sterblich verliebt **~ane** unsinnig, wahnsinnig

**mecra** [α:] Flussbett n; Fahrwasser n; fig Gang m, Verlauf m (e-r Sache)

**Mecusî** [-u:si:] Feueranbeter m, -in f; Zarathustra-Anhänger m, -in f

**meczup** ⟨-dz:u:p⟩ [α:] verzückt (-e vor dat), hingerissen (-e von); in Extase

**meç**[1] ⟨-çi⟩ Degen m; Florett n

**meç**[2] Farbsträhne(n) f/pl im Haar

**meçhul** [u:] ⟨-lü⟩ unbekannt, anonym

**Med** HIST Meder m

**medar** [α:] Grund m; Stütze f; **-e ~ olmak** j-m Hilfe erweisen; **~ı iftihar** (j-s) ganzer Stolz

**meddah** [α:] HIST Geschichtenerzähler m; fig Lobredner m

**medenî** [i:] zivilisiert; zivil; **~ cesaret** Zivilcourage f; **~ haklar** bürgerliche Rechte n/pl; **~ haklardan istifade ehliyeti** Rechtsfähigkeit f; **~ hakları kullanma ehliyeti** Handlungsfähigkeit f; **~ hukuk** bürgerliche(s) Recht; **~ kanun** bürgerliche(s) Gesetzbuch

**medeniyet** ⟨-ti⟩ Zivilisation f **~siz** unzivilisiert

**medet** ⟨-di⟩ Beistand m; **~ Allah!** Gott steh mir (od uns) bei!; **~ ummak** auf Hilfe hoffen

**medih** ⟨methi⟩ Lob(en) n

**mediyastin** ANAT Mittelfell n

**medrese** Medrese f, HIST Schule zur Ausbildung islamischer Geistlicher und Richter **~li** Student m e-r Medrese

**medüz** ZOOL Qualle f

**Medüz** Meduse f

**medyum** Medium n (Okkultismus)

**medyun** [u:] Schuldner m; schuldig; **-e ~ olmak** j-m verpflichtet sein

**mefhum** [u:] Begriff m

**mefkûre** osm Ideal n

**mefruşat** [-u:ʃα:t] Möbel pl, Einrichtung f; **~ mağazası** Möbelgeschäft n **~çı** Möbelhändler m

**meftun** [u:] **-e** vernarrt (in akk); **~ olmak** hingerissen sein von

**mega-** Mega-

**megafon** Megafon n

**megaloman** Größenwahnsinnige(r)

**megavat** Megawatt n

**meğer** jedoch, aber; indessen; **~ ...miş** es zeigte sich ..., offenbar: **~ ben aldanmışım** ich hatte mich offenbar geirrt

'**meğerki** (+ opt -eyim, -esin, -sin etc) es sei denn, dass; wenn ... nicht; **yarın mutlaka gelirim, ~ işim çıksın** morgen komme ich bestimmt, es sei denn, dass etwas dazwischenkommt

**mehaz** [mɛ:-] fig Quelle f

**mehil** Frist f

**Mehmetçik** ⟨-ği⟩ (der türkische) Landser; umg Bezeichnung für die türk. Armee

**mehtap** [α:] ⟨-bı⟩ Mondlicht n, Mondschein m **~lı: ~ gece** Mondnacht f

**mehter** osm Musiker m (bei den Janitscharen); **~ takımı** osm Militärmusikkapelle f **~hane** f **~ takımı**

**mekân** Ort m; Wohnort m; Raum m; Weltraum m; Restaurant n etc; **-i ~ tutmak** sich niederlassen in dat

**mekanik** ⟨-ği⟩ Mechanik f; mechanisch **~çi** PHIL Mechanist m; mechanistisch **~çilik** ⟨-ği⟩ Mechanismus m (als Weltanschauung)

**mekani|ze** mechanisiert **~zm** mechanistische Weltanschauung **~zma** [-'nız-ma] Mechanismus m

**mekik** ⟨-ği⟩ Weberschiffchen n; **~ dokumak** hin- und hergehen; hin- und zurückfahren; hin- und herpendeln

**mekruh** widerlich; Islam verboten, aber geduldet (Handlung)

**mektep** ⟨-bi⟩ Schule f; **mektebi asmak** die Schule schwänzen; **-i ~ etmek** umg weiterverkaufen, verhökern akk

**mektup** ⟨-bu⟩ Brief m; Büro Schreiben n; **~ atmak** e-n Brief zur Post geben; **~ üstü** Briefanschrift f **~laşma** Briefwechsel m **~laşmak** korrespondieren (-le mit); umg sich schreiben

**mel: ~ ~** blöd, traurig; umg geknickt

**melaike** [-lα:-] (=**melekler**) Engel m/pl

**melal** [-lα:l] ⟨-li⟩ Niedergeschlagenheit

*f*
**melankoli** Melancholie *f*
**melankolik** ⟨-ği⟩ melancholisch
**melek** ⟨-ği⟩ REL Engel *m*
**melekotu** ⟨-nu⟩ BOT Angelika *f*
**melekût** ⟨-tu⟩ REL (Himmel)Reich *n*
**melemek** *Schaf* blöken; *Ziege* meckern
**melez**[1] BIOL, BOT Kreuzung *f*; *Person* Mischling *m*, Mestize *m*, Mestizin *f*; **~ dil** Mischsprache *f*
**melez**[2], ~ **ağacı** BOT Lärche *f*
**melezlemek** BOT, ZOOL *v/t* kreuzen
**melezleşme** BOT Kreuzung *f*; *fig* Entfremdung *f*
**melhem** → merhem
**melik** [i:] ⟨-ği⟩ *osm* König *m*
**melike** *osm* Königin *f*
**me'lisa** BOT Melisse *f*
**melo|di** Melodie *f* **~dik** melodisch
**melodram** Melodrama *n* **~atik** melodramatisch
**melûl** ⟨-lü⟩ niedergeschlagen; niedergebeugt; **~ ~** todtraurig
**memba** ⟨-aı⟩ Quelle *f*; **~ suyu** Quellwasser *n*
**meme** Brust *f der Mutter*; Euter *n*; Brustwarze *f*; Zitze *f*; Papille *f*; (Ohr)Läppchen *n*; TECH Düse *f*; Brenner *m*; **~ başı** Brustwarze *f*, Zitze *f*; **~ -e ~ vermek** die Brust geben *dat*; **çocuğu ~den kesmek** ein Kind entwöhnen
**memeli**, **~ hayvan** Säugetier *n*; Säuge-; mit Düse
**mememsi** warzenähnlich; Papillar-
**memişhane** *umg* Abtritt *m*, Abort *m*
**memleket** ⟨-ti⟩ Land *n*; Heimatland *n*, Heimat *f*; Geburtsstadt *f* **~li** Landsmann *m*
**memluk** [u:] ⟨-kü⟩ HIST Mameluck *m*
**memnu** [u:] ⟨-uu⟩ verboten; **~ meyve** REL verbotene Frucht
**memnun** [u:] ⟨-den⟩ zufrieden (mit); erfreut (über *akk*); **~ etmek** zufriedenstellen; **-den ~ olmak** erfreut sein (über *akk*); **~ oldum!** sehr erfreut (Sie kennenzulernen)
**memnuniyet** ⟨-ti⟩ Zufriedenheit *f*; Freude *f*; **~ duymak** Genugtuung empfinden (-den über *akk*); **~le** (sehr) gern **~siz** unzufrieden **~sizlik** ⟨-ği⟩ Unzufriedenheit *f*
**memnunluk** ⟨-ğu⟩ → memnuniyet
**memo'randum** Memorandum *n*

**memur** [mɛ:mu:r] Beamte(r); *umg a.* Angestellte(r); **-e beauftragt** (mit); bevollmächtigt (mit); **-i -e ~ etmek** *j-n* beauftragen mit
**memur|e** Beamtin *f*; *umg a.* Angestellte **~iyet** ⟨-ti⟩ Amt *n*, Aufgabe *f*; Beamtentum *n*; **~le gitmek** e-e Dienstreise machen (-e nach); **~luk** ⟨-ğu⟩ Beamtentum *n*; Dienststellung *f*
**menajer** Manager *m* **~lik** ⟨-ği⟩ Managerstellung *f*; Managergruppe *f*
**mendebur** jämmerlich; *umg* Dämlack *m*
'**menderes** GEOG Mäander *m*; '**Menderes** *Fluss* Mäander *m*
**mendil** Taschentuch *n*; Tischtuch *n*; **kağıt ~** Papiertaschentuch *n*; **~ sallamak** mit dem Taschentuch winken
'**mendirek** ⟨-ği⟩ Mole *f*
**menecer** Manager *m*, *-in f*
'**menedilmek** *passiv von* menetmek
**me'nekşe** Veilchen *n*; violett **~rengi** ⟨-ni⟩ violett
**menenjit** ⟨-ti⟩ MED Gehirnhautentzündung *f*, Meningitis *f*
'**menetmek** (-i j-n) hindern (-den an *dat*)
**meneviş** Schillern *n*; Maserung *f*, Moiré *m* (*od* n); BOT Terpentinpistazie *f* **~lenmek** schillern; gemasert sein **~li** schillernd; gemasert; moiriert, geflammt
**menfa** [a:] *osm* Verbannungsort *m*
**menfaat** ⟨-ti⟩ Interesse *n*; Nutzen *m*; **~inizedir** (das) liegt in Ihrem Interesse; **... ~ine** im Interesse *gen*/*von* **~çi** Raffer *m*, *umg* Raffke *m*; berechnend; auf s-n Vorteil bedacht **~li** vorteilhaft; nützlich **~siz** unvorteilhaft; nutzlos
**menfez** Öffnung *f*, Durchlass *m*
**menfi** [i:] negativ; verneinend; *Person* negativ eingestellt
'**mengene** (Wäsche)Mangel *f*; Presse *f*, Kelter *f*; Schraubstock *m*, Zwinge *f*
**meni** ⟨-ii⟩ BIOL Sperma *n*
**menisküs** ANAT, MED Meniskus *m*
**menkıbe** Epos *n*; Legende *f*
**menkul** ⟨-lü⟩ JUR beweglich (*Vermögen*); ⟨-den⟩ *osm* überliefert (durch); **~ kıymetler** Wertpapiere *n/pl*; **~ kıymetler borsası** Wertpapierbörse *f*
**menopoz** Wechseljahre *n/pl* (*der Frau*)
**mensubiyet** [u:] ⟨-ti⟩ Zugehörigkeit *f*; Beziehung *f*

**mensucat** [u:] ⟨-tı⟩ Textilien *pl*; Textil-
**mensup** [u:] ⟨-bu⟩ Mitglied *n*; *-e* angehörend *dat*, Angehörige(r); **~ olmak** WIRTSCH Ursprungszeugnis *n*; **Asya ~lı …** … asiatischer Herkunft
**menşe** ⟨-ei⟩ Ursprung *m*; **~ şahadetnamesi** WIRTSCH Ursprungszeugnis *n*; **Asya ~lı …** … asiatischer Herkunft
**Menşevik** ⟨-ki⟩ HIST Menschewik *m*
**menteşe** Türangel *f*, Scharnier *n*
**mentol** ⟨-lü⟩ Menthol *n*
**menü** IT Menü *n*; **~ çubuğu** Menüleiste *f*
**menzil** Halteplatz *m*; Etappe *f*; Hinterland *n*; MIL *bes* Tragweite *f*; Tagesmarsch *m*; HIST Relais *n*, Poststation *f*
**mera** [a:] Weide *f*
**merak** [a:] ⟨-kı⟩ Neugier *f*; *-e* Lust (zu *dat*), Interesse (an *dat*); Unruhe *f*; **~ etmek** sich interessieren (*-e* für *akk*); *-i* neugierig sein (auf *akk*); sich (*dat*) Sorgen machen um; **~ etme!** keine Sorge!; *-e* **~ sarmak** (*a.* **salmak**) großes Interesse zeigen für, eingenommen sein von; *-den* **~a düşmek** sich (*dat*) Gedanken machen über *akk*, sich aufregen über *akk*; *j-s* Interesse wecken; **~tan çatlamak** vor Sorge umkommen; vor Neugier platzen
**meraklandırmak** *-i* Sorge machen *dat*
**meraklanmak** *-e* sich (*dat*) Sorgen machen um; betrübt sein über *akk*
**meraklı** *-e* neugierig (auf *akk*); interessiert (an *dat*); begeistert (von *dat*); beunruhigt, besorgt (um *akk*); Freund *m*, -in *f*, Liebhaber *m*, -in *f*, Anhänger *m*, -in *f*, Fan *m*; Fanatiker *m*, Narr *m*; **edebiyat ~sı, edebiyata ~** Literaturfreund *m*, -in *f*; **futbol ~sı** Fußballfan *m*; **pul ~sı** Briefmarkensammler *m*; **temizlik ~sı** Reinlichkeitsfanatiker *m*, -in *f*; **yemek ~sı** Feinschmecker *m*, -in *f*
**meraksız** uninteressiert; unbeschwert, sorglos **~lık** ⟨-ğı⟩ Interesselosigkeit *f*; Unbeschwertheit *f*
**meram** [a:] Zweck *m*; Ziel *n*; Vorsatz *m*; Anliegen *n*; *-e* **~(ını) anlatmak** *j-m etw* klarmachen; *-e* **~ etmek** bezwecken *akk*
**merasim** [a:] Zeremonie *f*; Zeremoniell *n*; Feierlichkeiten *f/pl*; Förmlichkeiten *f/pl*; (äußere) Form; **~ atışı** Salutschüsse *m/pl* **~li** förmlich **~siz** unförmlich, … ohne Förmlichkeiten
**mercan** ZOOL Koralle *f*; Korallen-; **~ rengi** korallenrot, lachsfarben
**mercanada** Koralleninsel *f*; Atoll *n*
**mercanbalığı** ⟨-nı⟩ ZOOL *Art* Rotbrasse *f* (*Pagrus pagrus*)
**mercek** ⟨-ği⟩ Linse *f*
**merci** ⟨-ii⟩ Dienststelle *f*, Instanz *f*; zuständige(r) Bearbeiter(in)
**mercimek** ⟨-ği⟩ BOT Linse *f*; **-le mercimeği fırına vermek** ein Techtelmechtel haben mit
**merdane**[1] [a:] *adv* kühn, tapfer
**merdane**[2] [a:] Walze *f*; Nudelholz *n*
**merdanelemek** *v/t* (aus)walzen; *Teig* ausrollen
**merdiven** Treppe *f*; Leiter *f*; **~ başı** Treppenabsatz *m*, Podest *n*; **~ dairesi** Treppenhaus *n*; **~ kovası** Treppenauge *n*; **dönme ~** Wendeltreppe *f*; **ip ~** Strickleiter *f*; **yürüyen ~** Rolltreppe *f*
**meret** ⟨-ti⟩ *fig umg* Mist *m*, Dreck *m*; *vulg* Scheiße *f*; Mistkerl *m*, *vulg* Scheißkerl *m*; **bu ne ~ şeymiş!** was ist das für ein Mist!
**'merhaba** [-ba:] *umg* guten Tag!, sei (seid, seien Sie) gegrüßt!; *-den* **~yı kesmek** *j-n* nicht mehr grüßen; *-le* **~sı olmak** (nur) e-e Großbekanntschaft sein (*od selten*) haben mit
**'merhabalaşmak** sich grüßen
**merhale** Station *f*; Etappe *f*; Tagesreise *f*; **~ ~** in Etappen
**merhamet** ⟨-ti⟩ Mitleid *n* (*-e* mit); REL Erbarmen *n*; **~e gelmek** Mitleid haben; *-e* **~ etmek** Mitleid haben (mit *dat*), *j-n* bedauern **~en** [-'mɛtɛn] aus Mitleid **~li** mitleidig; REL barmherzig **~siz** mitleidslos, unbarmherzig **~sizlik** ⟨-ği⟩ Unbarmherzigkeit *f*
**merhem** Salbe *f*; *fig* Heilmittel *n*
**merhum** [u:] selig, verstorben
**'meri** [i:] JUR gültig, in Kraft
**meridyen** Meridian *m*; **~ dairesi** (*od* **çemberi**) Meridiankreis *m*
**'Merih** ASTRON Mars *m*
**me'rinos** [a:] Merino *m*; Merinoschaf *n*; **~ (yünü)** Merinowolle *f*
**meriyet** ⟨-ti⟩ Gültigkeit *f*
**merkantilizm** WIRTSCH Merkantilismus *m*
**merkep** ⟨-bi⟩ Esel *m*; Reittier *n*
**merkez** Zentrum *n*, Mittelpunkt *m*; Hauptstadt *f*; Zentral-; *fig* Herd *m*; ELEK, TECH Station *f*; MIL Kommandantur *f*;

Hauptsitz m, Zentrale f (e-r Firma); Polizeipräsidium n; **~ açı** MATH Zentrierwinkel m; **~ istasyonu** Hauptbahnhof m; **~ komitesi** Zentralkomitee n; **deprem ~i** Erdbebenzentrum n, Epizentrum n; **kontrol ~i** Kontrollzentrum n; **posta ~i** Hauptpostamt n; **düşünüşüm bu ~dedir** meine Gedanken bewegen sich auf dieser Linie; **iş, bu ~de iken ...** da die Dinge so liegen ...; **-i ~e bağlamak** zentralisieren akk

**merkez|ci** Zentralist m, -in f; zentralistisch; zentralisiert **~cil** Zentripedal- (Kraft) **~cilik** ⟨-ği⟩ Zentralisierung f

**merkezî** [i:] Haupt-, Zentral-, zentral

**merkezileş|mek** sich konzentrieren (-e auf akk) **~tirmek** v/t konzentrieren

**merkeziyet** ⟨-ti⟩ Zentralismus m; Zentralisierung f; zentrale Lage f **~çi** Zentralist m **~çilik** ⟨-ği⟩ Zentralismus m; → ademi merkeziyetçilik

**merkezkaç** Zentrifugal- (Kraft)
**merkezlendirmek** v/t zentralisieren; konzentrieren
**merkezlenmek** sich konzentrieren
**merkezleşme** Zentralisierung f
**merkum** [u:] osm oben erwähnt; besagt; notiert

'**Merkür** ASTRON Merkur m
'**mermer** Marmor m; **~ ocağı** Marmorbruch m **~lik** ⟨-ği⟩ Marmorboden m, Marmor-

**mermerşahi** [-ʃa:hi:] Art Musselin m
**mermi** Kugel f, Geschoss n; Rakete f; **~ yolu** Flugbahn f; **atom başlıklı ~** Atomgeschoss n; Atomrakete f

**merserize** merzerisiert; Merzerisierung f

'**mersi** danke; **çok ~** danke sehr
**mersin** BOT Myrrhe f **~balığı** ⟨-nı⟩ Stör m (Acipenser sturio)
**mersiye** osm Totenklage f
**mert** ⟨-di⟩ Ehrenmann m; kühn, wacker
**mertebe** Grad m, Stufe f; Rang m, Würde f; **mümkün ~** nach Möglichkeit
**mertebece: ~ aşağıda olmak** im niederen Rang stehen
**mertek** (viereckiger) Balken
**mertlik** ⟨-ği⟩ Kühnheit f; Edelmut m
**Meryem** (a. **~ Ana, Hazreti ~**) (die) Jungfrau Maria; **~ kandili** ⟨-ni⟩ REL (die) ewige Lampe
**mesabe** [a:] osm Grad m, Stufe f; Art f;

**... ~sinde olmak** sich erweisen als ...
**mesafe** [a:] Entfernung f, Abstand m; Distanz f; **~ bırakmak** (od **koymak**) fig Distanz (od Abstand) wahren **~li** distanziert; **uzak ~** Langstrecken-

**mesai** [-sa:i:] Bemühungen f/pl; Arbeit f; **~ saatleri** Arbeitsstunden f/pl, Arbeitszeit f; **(fazla) ~ yapmak** (od **~ye kalmak**) Überstunden machen

**mesaj** Botschaft f, (amtliche) Mitteilung; **tebrik ~i** Grußadresse f; **~ bırakmak** e-e Nachricht hinterlassen

**mesame** [a:] ANAT Pore f
**mesane** [a:] ANAT Harnblase f
**mescit** ⟨-di⟩ kleine Moschee
**mesel** Sprichwort n; Redensart f; Fabel f; **~ olmak** sprichwörtlich werden
'**mesela** [-la:] zum Beispiel
**mesele** Angelegenheit f; Problem n, Schwierigkeit f; **~ çıkarmak** Probleme schaffen; **-i ~ yapmak** etw zum Problem machen; e-e Staatsaktion aus etw machen; **~ yok!** kein Problem!
'**meshetmek** (bei der rituellen Waschung) die feuchte Hand über den Kopf führen

**Mesih, İsa ~** (Jesus) der Messias
**mesken** Wohnsitz m; **-i ~ tutmak** sich niederlassen in dat
**meskûn** bewohnt; Heimat f; **-i ~ kılmak** bevölkern; bewohnbar machen
**meslek** ⟨-ği⟩ Beruf m; Fach n; Art und Weise f; Anschauung f, Prinzipien n/pl; Doktrin f; **~ alanı** Fachgebiet n; **~ eğitimi** Berufsausbildung f; **~ hastalığı** Berufskrankheit f; **~ geliştirme eğitimi** Fortbildung f; **~ lisesi** (od **okulu**) Berufsschule f; **~ sahibi** Berufstätige(r); Fachmann m; **~ serbest ~ sahibi** Freischaffende(r), freiberuflich Tätige(r); **~ sırrı** Berufsgeheimnis n; **~ten yetişme** fig von der Pike auf gelernt; **mesleğe yöneltme** Berufsberatung f; **mesleğiniz ne?** was sind Sie von Beruf?

**meslek|î** [i:] Berufs- **~siz** berufslos **~taş** (Berufs)Kollege m, Kollegin f
**mesnet** ⟨-di⟩ Stütze f; **~ pimi** Bolzen m
**mest**¹ ⟨-ti⟩ betrunken, fig trunken (-den vor dat); benebelt (-den von dat); besinnungslos
**mest**² ⟨-ti⟩ weiche(r) Überschuh m
**mesture** [u:]: osm **tahsisatı ~** Geheimfonds m

**mesul** [u:] ⟨-lü⟩ verantwortlich; **-den ~ etmek** verantwortlich machen für; **~ müdür** Geschäftsführer *m*, -in *f*; **-i -den ~ tutmak** (*j-n*) verantwortlich machen für **~iyet** ⟨-ti⟩ Verantwortung *f*, Verantwortlichkeit *f*; **üzerine ~(i) almak** Verantwortung auf sich nehmen, Verantwortung übernehmen **~iyetli** verantwortungsvoll **~iyetsiz** verantwortungslos; *Arbeit* untergeordnet

'**mesut** [u:] glücklich

**meşakkat** ⟨-ti⟩ Widrigkeiten *f/pl*; Anstrengungen *f/pl*, Strapazen *f/pl*; **~ çekmek** Strapazen durchmachen; Widrigkeiten erdulden **~li** anstrengend, strapaziös

**meşale** [-ʃɑ:-] Fackel *f*; **~ çekmek** *fig* Vorkämpfer sein **~ci** Fackelträger *m*

**meşe** BOT Eiche *f*; Eichen-; **~ odunu** Eichenholz *n*; *fig* Holzkopf *m*

**meşelik** ⟨-ği⟩ Eichenwald *m*

**meşgale** Beschäftigung *f*

**meşgul** [-'ʃu-] ⟨-lü⟩ beschäftigt (*-le* mit); *Telefon* besetzt; **-i ~ etmek** *j-n* aufhalten; s-e Fähigkeiten anwenden; *j-n* beschäftigen mit; **~ olmak** aufgehalten werden, Zeit verlieren; beschäftigt sein (*-le* mit; in *dat*)

**meşguliyet** ⟨-ti⟩ Beschäftigung *f*

**meşhur** [u:] berühmt

**meşhut** [u:] ⟨-du⟩ bezeugt; **cürmü ~ halinde** JUR auf frischer Tat

**meşin** (gegerbtes) Leder; **~ çanta** Ledertasche *f*; **~ gibi** wie gegerbt, Leder-(*Haut*); *umg* **~ yuvarlak** (das) Leder (= *Fußball*)

**meşk** ⟨-ki⟩ *osm* Schreib- *od* Musikstunde *f*; **~ etmek** Übungen machen

**meşrep** ⟨-bi⟩ Charakter *m*, Anlage *f*; **hafif ~** Leichtfuß *m*

**meşru** [u:] ⟨-uu⟩ gesetzlich, legal; legitim (*Recht*); ehelich (*Kind*); **~ müdafaa** Notwehr *f*

**meşrubat** [-u:bɑ:t] ⟨-tı⟩ (alkoholfreie) Getränke *n/pl*

**meşrulaş|mak** gesetzlich werden; legalisiert werden **~tırmak** *v/t* legalisieren

**meşrut** [u:] ⟨-du⟩ vereinbart; zur Bedingung gemacht

**meşruta** JUR unveräußerliche(r) Besitz

**meşruten** [-'ru:-] bedingt; **~ tahliye** JUR bedingte Strafaussetzung

**meşruti** [-ru:ti:] konstitutionell

**meşrutiyet** ⟨-ti⟩ konstitutionelle Regierungsform; **2** HIST *die* 1. *u.* 2. *konstitutionelle Periode des Osm. Reiches* (1876–77, 1908–22)

**meşum** [u:] verhängnisvoll, fatal

**met** ⟨meddi⟩ Flut *f*, Hochwasser *n*

**meta** [ɑ:] ⟨-aı⟩ (Handels)Ware *f*

**metabo'lizma** BIOL Stoffwechsel *m*

**metal** ⟨-li⟩ Metall *n* **~bilimi** Metallurgie *f* **~ik** metallisch; metallic **~si** metalloid **~ürji** Metallurgie *f*

**metan** Methan(gas) *m*

**metanet** [ɑ:] ⟨-ti⟩ Festigkeit *f*, Widerstandskraft *f* **~li** widerstandsfähig **~siz** schlaff, lasch, weichlich

**meta|psişik** metapsychisch **~staz** MED Metastase *f* **~tez** LING Metathese *f*

**meta'zori** mit Gewalt, rücksichtslos

**metelik** ⟨-ği⟩ *fig* Heller *m*, Pfennig *m*; *osm* HIST 10-Para-Münze *f*; **~ etmez** (ist) keinen Pfennig wert; **-e ~ vermemek** *fig* nichts geben (auf *akk*); **meteliğe kurşun atmak** keinen Pfennig haben

**meteliksiz** bettelarm

**meteor** Meteor *m*, Sternschnuppe *f*

**meteor|oloji** Meteorologie *f*, Wetterkunde *f* **~taşı** Meteorit *m*

**metfun** [u:] *osm* begraben

**meth** ⟨-hi⟩ → **medih**

**methal** ⟨-li⟩ Entree *n*; Eingang *m*

'**methetmek** *v/t* loben

**methiye** *a.* LIT Lobgesang *m*

**metil-** CHEM Methyl-

**metin**[1] ⟨metni⟩ Text *m*

**metin**[2] [-i:n] robust, stabil **~lik** ⟨-ği⟩ Robustheit *f*, Festigkeit *f*

**metis** Bastard *m*, Mestize *m*; Kreuzung *f*

**metot** ⟨-du⟩ Methode *f*; Methodik *f*

**metraj** Länge *f* (in Metern)

**metraj|lı** in e-r Länge von ... Metern; **kısa ~ film** Kurzfilm *m*; **uzun ~ film** Spielfilm *m*

**metrdotel** GASTR Oberkellner *m*, maître d'hotel

'**metre** Meter *m*; (Zentimeter)Maß *n*; **~yle almak** Maß nehmen; **~ kare** Quadratmeter *m*; **... ~ karelik** ... Quadratmeter groß (*Wohnung*); **~ küp** Kubikmeter *m*; **~ sistemi** metrische(s) System; ... **~lik** ⟨-ği⟩ ... Meter: **beş ~ kumaş** fünf Meter Stoff

**metres** Geliebte *f*, Mätresse *f*

**metrik** metrisch
**metris** Schützengraben *m*
**'metro** U-Bahn *f*, Untergrundbahn *f*; *(zum Teil a.)* Hochbahn *f*
**metropol** ‹-lü› Metropole *f*
**metruk** [u:] ‹-kü› verlassen; hinterlassen; zurückgelassen; *Frau* geschieden; ungebräuchlich
**mevcudiyet** ‹-ti› Existenz *f*, Dasein *n*
**mevcut** [u:] ‹-du› **A** *adj* bestehend; vorhanden; anwesend; *da (z. B. Person)*; ~ **olmak** vorhanden sein **B** *subst* Bestand *m*; Anzahl *f (z. B. der Schüler)*; **kasa mevcudu** Kassenbestand *m*; ~ **listesi** Anwesenheitsliste *f*
**mevduat** [a:] ‹-tı› WIRTSCH Festgeld *n*, Zeitkonto *n*, Gelder *n/pl*
**mevhum** [u:] imaginär; fiktiv; *Wechsel* gefälscht
**mevki** [-ki:] ‹-ii› Stelle *f*; Lage *f*; *fig* hohe Stellung; BAHN, *Schiff* Klasse *f*; ~**i olmak** e-n hohen Posten innehaben
**mevkuf** [u:] verhaftet
**mevkut** [u:] ‹-tu› *osm* periodisch
**mevla** [-la:] *osm* Herr *m*; **♀** REL der Herr, Gott *m*; ~**sını bulmak** sein Ziel erreichen; REL zu Gott eingehen
**Mevlevî** [-vi:] Mevlevi-Derwisch *m*; Mevlevi-Orden *m*
**mevlit** ‹-di›, *umg a.* **mevlut** ‹-du› Gedicht über Geburt und Leben von Mohammed; REL Feier, bei der dieses Gedicht rezitiert wird *(bei Tod, Geburt etc)*; ~ **kandili** Feier zu Mohammeds Geburt; ~ **şekeri** Bonbonstüte für die Gäste einer Mevlit-Feier; ~ **okumak** bei der Mevlit-Feier rezitieren; ~ **okutmak** e-e Mevlit-Feier veranstalten
**mevsim** Jahreszeit *f*; Zeit *f*, Periode *f*; WIRTSCH Saison *f*; ~ **elbisesi** *(od* **paltosu***)* Übergangsmantel *m*; ~ **öncesi** Vorsaison *f*; **turizm** ~**i** Reisezeit *f*, Saison *f*; ~**lik** ‹-ği› Saison- *(Obst)*; Übergangs- *(Mantel)*; ~**siz** verfrüht, außerhalb der Saison; in der Vor- oder Nachsaison; unzeitig
**mevzi** ‹-ii› *bes* MIL Stellung *f*; Ort *m*, Stelle *f*; ~**i tutmak** die Stellung halten; ~**e girmek** in Stellung gehen; **çıkış** ~**i** Ausgangsstellung *f*; **radar** ~**i** Radarstation *f*
**mevzii** [-i:] örtlich, lokal; MIL Stellungs-
**mevzilenmek** in Stellung gehen, Stellung beziehen

**mevzu** [u:] ‹-uu› Sache *f*, Thema *n*; ~**a girmek** zur Sache kommen ~**at** [a:] ‹-tı› Gesetzgebung *f*; *(die)* geltenden Gesetze *n/pl*, Vorschriften *f/pl*
**mevzu(u)bahis** ‹-hsi› Gesprächsgegenstand *m*; ~ **olan şu** es geht um Folgendes; ~ **değil** es geht nicht um
**mevzun** [u:] *osm* ebenmäßig, gut proportioniert *(Körper)*
**meyan**¹ [a:] *osm* Mitte *f*; ~**ında** *fig* unter *dat*; **bu** ~**ında** darunter; **bunlar** ~**larında** unter ihnen
**meyan**² [a:] → **meyankökü**
**meyanbalı** Lakritze *f*
**meyane** [a:] Bindemittel *n* für Suppen *etc*; ~**si gelmek** sämig werden, zähflüssig werden
**me'yankökü** ‹-nü› Süßholz(wurzel *f*) *n*, Lakritze *f*
**meydan** Platz *m*; Möglichkeit *f*, Gelegenheit *f*; **at** ~**ı** Hippodrom *n*; **atış** ~**ı** Schießplatz *m*; **savaş** ~**ı** Kriegsschauplatz *m*; ~ **korkusu** Platzangst *f*; -**e** ~ **okumak** herausfordern *akk*; ~ **savaşı** Endkampf *m*; -**e** ~ **vermek** Gelegenheit geben *zu*; ~**a atılmak** sich stellen *dat (z. B. e-r Aufgabe)*; bereit sein *zu*; ~**a çıkarmak** *fig* ans Licht bringen, enthüllen; bilden, schaffen; *fig* fördern; ~**a çıkmak** auftreten, erscheinen, sich zeigen; heranwachsen; *Erz* gefördert werden; ... ~**a çıktı** *oft* es zeigt sich, dass ...; ~**a düşmek** *fig* sich vordrängen; ~**a gelmek** erfolgen; geschehen, vorkommen; (-*den*) gebildet sein, bestehen (aus *dat*); sich bilden; ~**a getirmek** Gesellschaft gründen, bilden; *Ware* erzeugen, produzieren; durchführen; -*i* ~**a koymak** zeigen, offenbaren, bekennen; hervorbringen; ~**a vurmak** zum Vorschein bringen; ~**da** offensichtlich; auf der Hand *(liegen)*; -*i* ~**da bırakmak** *j-n* schutzlos lassen; im Stich lassen; *etw* griffbereit halten *(od* haben*)*; -**e** ~ **bırakmak** *(j-m)* das Feld räumen; aufgeben *akk*; ~**ı boş bulmak** *pej* willkürlich *od* unverantwortlich handeln können
**meydancı** Straßenfeger *m*; Gartenarbeiter *m*; Gefängniswärter *m*
**meyhane** Kneipe *f*
**meyil** ‹meyli› Neigung *f*; Abhang *m*; *fig* Zuneigung *f*; Neigung *f* (-*e* zu *dat*); Schlagseite *f des Schiffes*; WIRTSCH Ten-

denz f, Trend m; **-e ~ vermek** Liebe schenken dat **~li** abschüssig; geneigt; fig zugeneigt

**meymenet** ⟨-ti⟩ Segen m **~li** segensreich **~siz** unheilvoll; Person abstoßend, widerwärtig

**meyus** [u:] osm hoffnungslos, verzweifelt

**meyva, meyve** Frucht f; Obst n; **~ şekeri** Fruchtzucker m; **~ suyu** Obstsaft m

**meyveci** Obsthändler m; Obstzüchter m **~lik** ⟨-ği⟩ Obsthandel m, Obstbau m

**meyve|dışı** ⟨-nı⟩ BOT Exokarp n **~hoş** Obstmarkt m; getrocknete Früchte f/pl

**meyve|li** Baum tragend, fruchtbar; Frucht-; Obst- (Kuchen) **~siz** fruchtlos, nicht tragend

**mezalim** [a:] Gräueltat(en) pl

**mezar** Grab n; **~ kaçkını** fig nur Haut und Knochen; **~ kitabesi** Grabinschrift f; **~ taşı** Grabstein m; **araba ~ı** Autofriedhof m **~cı** Totengräber m

**mezarlık** ⟨-ğı⟩ Friedhof m

**mezat** ⟨-dı⟩ Auktion f; **~ malı** ersteigerte Ware; -i **mezada çıkarmak** (od **~ etmek**) versteigern akk **~çı** Auktionator m

**mezbaha** Schlachthaus n; fig Blutbad n, Metzelei f

**mezbele** Müll(haufen) m; fig Misere f

**'meze** Vorspeise f (meist zum Alkohol); Scherz m, Witz m; -i **~ etmek** fig j-n auf die Schippe nehmen **~lik** ... zum Imbiss, Imbisszutaten f/pl **~siz** ohne Imbiss (trinken)

**mezgit** ⟨-ti⟩ ZOOL Merlan m, Wittling m (Gadas merlangus)

**mezhep** ⟨-bi⟩ REL Konfession f; Doktrin f, Schule f; Auffassung f; osm Lehre f

**meziyet** ⟨-ti⟩ Vorzug m; Verdienst n; Talent n; Verdienst- (Orden) **~li** verdienstvoll; fähig

**mezkûr** (oben) erwähnt

**mezmur** Psalm m (Davids)

**mezon** PHYS Meson n

**mezra** entfernt liegender Teil e-s Dorfes mit Landwirtschaft kleiner Ansiedlung

**mezun** [mɛːzuːn] **A** subst Absolvent m, -in f (-den gen); **lise ~u** Abiturient m, -in f; **nereden ~sunuz?** welche Schule haben Sie absolviert? **B** adj osm beurlaubt; befugt, bevollmächtigt (-e zu dat); -i **~ etmek** j-n beurlauben **~iyet** ⟨-ti⟩ Abschluss m e-s Studiums; Befugnis f; osm Urlaub m; **~ sınavı** Abschlussprüfung f

**me'zura** Bandmaß n, Zentimetermaß n

**mezür** MUS Takt(maß n) m; → mezura

**mı** → mi

**mıcır** Brechkies m; Kohlenstaub m

**mıh** (großer) Nagel **~lamak** ⟨-i -e⟩ (Nagel) einschlagen in akk; annageln an akk; vernageln akk; fig lähmen **~lanmak** passiv von mıhlamak; fig wie angewurzelt stehen bleiben (od sein) **~lı** (an)genagelt; fig wie angewurzelt

**mıhsıçtı** umg schäbig, knauserig

**mıknatıs** Magnet m; Zündmagnet m

**mıknatıs|î** [i:] magnetisch, Magnet- **~lamak** v/t magnetisieren **~lanmak** magnetisiert werden, magnetisch werden **~lı** magnetisch; **~ iğne** Magnetnadel f **~lık** ⟨-ğı⟩ Magnetismus m

**mıncık**: **~ ~** zerkrümelt, zerdrückt; zerknittert **~lamak** v/t Brot etc zerkrümeln, zerdrücken; Stoff zerknittern

**mıntıka** Zone f

**mır**: **~ ~ mırıldanmak** vor sich hin murmeln

**mırıl**: **~ ~ konuşmak** (miteinander) flüstern, tuscheln; **~ ~ okumak** v/t (vor sich hin) murmeln; nuscheln

**mırıl|damak** v/t murmeln **~danma** Gemurmel n **~danmak** **A** v/i vor sich hin murmeln; Katze schnurren **B** v/t Lied vor sich hin summen; flüstern

**mırıltı** Gemurmel n; **~ halinde** kaum hörbar, verhalten

**mırın**: **~ kırın etmek** umg herumdrucksen

**mırnav** miau!

**mısır** Mais m; **~ ezmesi** Maisbrei m; **~ koçanı** Maiskolben m

**'Mısır** Ägypten n; ägyptisch **~lı** Ägypter m, -in f

**'mısırturnası** ⟨-nı⟩ ZOOL Ibis m

**mıskal** Panflöte f

**mısra** [a:] LIT Halbvers m; Zeile f

**mışıl**: **~ ~** friedlich (z. B. schlafen); still

**mışmış** dial Aprikose f

**mıymıntı** trödelig **~lık** ⟨-ğı⟩ Trödelei f

**mı'zıka** Musik f; (Militär)Kapelle f; Harmonika f; **ağız ~sı** Mundharmonika f; **başta ~ olduğu halde** mit klingendem Spiel (voran) **~cı** Musikant m

**mızıkçı** Spielverderber m, -in f; (leicht) eingeschnappt; umg Stänkerer m

**mızıklanmak** ein Spielverderber sein
**mızıklık** ⟨-ğı⟩ Stänkern *n*, Quertreiberei *f*; **~ etmek** → mızıklanmak
**mızmız** mäkelig, quengelig; *umg* Meckerfritze *m*; Schlafmütze *f* **~lanmak** mäkeln, quengeln; *umg* meckern
**mızrak** ⟨-ğı⟩ Lanze *f*
**mızrap** ⟨-bı⟩ MUS Schlagring *m*, Plektron *n*
**mi**¹ (mı, mu, mü) **A** *Fragepartikel, z. B.* **Türkçe biliyor musunuz?** können Sie Türkisch?; **o odada mı bekliyor?** wartet er im Zimmer?; **yalnız mı oturuyorsun?** wohnst du allein?; *verneint* **'gelmiyor mu?** kommt sie nicht?; *verneinte Form, aber bejahende Bedeutung* **olur mu hiç öyle şey?** gibt es denn so etwas? **B** *Verstärkungspartikel*: **küçük mü küçük** klein, und wie! (*od* und ob!); ganz ganz klein; **güzel mi güzel** bildschön **C** *als konj für* **se: yağmur yağdı mı her yer yeşerir** wenn es geregnet hat, wird es überall grün
**mi**² MUS Note e
**miat** [mi:a:t] ⟨-dı⟩ Lebensdauer *f*, Haltbarkeit *f* e-s Stoffes; Frist *f*; Termin *m*; **miadı dolmak** unbrauchbar werden; veralten; **miadı dolmuş** Arznei verfallen
**'miço** → muço
**mide** [i:] Magen *m*; *fig* Geschmack *m*; **~ ağrısı** Magenschmerzen *m/pl*; **~ bozukluğu** Magenverstimmung *f*; **~(sini) bulandırmak** (*j-m*) Übelkeit verursachen; *fig* (*j-m*) zuwider sein; bedrücken *akk*; belästigen; **~ ekşimesi** Sodbrennen *n*; **~ fesadına uğramak** sich (*dat*) gehörig den Magen verderben; **~ kapısı** ANAT Pförtner *m*, Magenausgang *m*; **~si almamak** nicht vertragen können; **~si bulanmak** e-n Brechreiz haben; *fig* sich ekeln (vor *dat*); *fig* Zweifel hegen; **~si ekşimek** sich (*dat*) den Magen verdorben haben; Sodbrennen haben; **~ye oturmak** Speise *j-m* schwer im Magen liegen
**mide|ci** Egoist *m*; egoistisch **~siz** nicht wählerisch, anspruchslos *im Essen*; dickfellig; fade, ohne Geschmack **~sizlik** ⟨-ği⟩ Anspruchslosigkeit *f*; Geschmacklosigkeit *f*
**midevî** [i:] Magen- (*z. B. Saft*); magenfreundlich
**mi'dilli** Pony *n*
**Mi'dilli** Insel Lesbos *n*; Mytilene *n* (auf Lesbos)
**'midye** Miesmuschel *f*; **~ tavası** frittierte Muscheln *f/pl*
**migren** Migräne *f*
**miğfer** (*Schutz*)Helm *m*
**mihanikî** [mi:xa:nɪkɪ:] mechanisch, stumpfsinnig (*z. B. Arbeit*)
**mihenk** ⟨-gi⟩ Prüfstein *m*; **-i mihenge vurmak** prüfen, testen
**mihmandar** Fremdenführer *m*, -in *f*
**mihnet** ⟨-ti⟩ Kummer *m*, Trübsal *f*; Not *f*; **~ çekmek** Not leiden, Kummer haben
**mihrace** [a:] Maharadscha *m*
**mihrak** [a:] ⟨-kı⟩ Herd *m*; Brennpunkt *m*
**mihrap** [a:] ⟨-bı⟩ Gebetsnische *f*
**mihver** Achse *f*; *fig* Hauptpunkt *m*, zentrale(s) Thema
**mihverli** schwenkbar
**'mika** Glimmer *m*
**Mikail** Erzengel *m* Michael
**mikro-** Mikro-
**mikrobik** Mikroben-, durch Mikroben verursacht; Infektions- (*Krankheit*)
**mikrodalga** Mikrowelle *f*; **~ fırını** Mikrowellenherd *m*
**mikro|film** Mikrofilm *m* **~fon** Mikrofon *n*; Lautsprecher *m* **~kok** ⟨-ku⟩ MED Mikrokokkus *m* ~**metre** Mikrometer *n* (*a. m*) **~organizma** [-'nɪzmə] Mikroorganismus *m*
**mikrop** ⟨-bu⟩ Mikrobe *f*, Krankheitserreger *m*; *fig* Bösewicht *m*, Natter *f*; **~ öldürücü** antiseptisch; Desinfektions-
**mikroplu** ansteckend, Infektions-
**mikropsuz** desinfiziert; antiseptisch
**mikropsuzlandırmak** desinfizieren
**mikroskobik** mikroskopisch
**mikroskop** ⟨-bu⟩ Mikroskop *n*
**mikser** Mixer *m*
**miktar** [a:] Menge *f*; Mengen- (*Analyse*); (*Geld*)Betrag *m*; Umfang *m*, Grad *m*; **önemli ~da** umfangreich, weitgehend
**mikyas** [a:] Maßstab *m*, Maß *n*; Ausmaß *n*, Dimension *f*
**mil**¹ Meile *f*; **deniz ~i** Seemeile *f*
**mil**² Achse *f*; Welle *f*; Stange *f*; Spindel *f*; **~ yatağı** Achsenlager *n*; **kam ~i** Nockenwelle *f*; **krank ~i** gekröpfte Welle, Kurbelwelle *f*
**mil**³ Schlamm *m*
**miladî** [mi:la:di:] christlich; **~ tarih** christliche Zeitrechnung

**milat** [mi:la:t] ⟨-dı⟩ Christi Geburt f; fig Stichtag m; **~tan önce (M.Ö.)** vor Christus (v. Chr.); **~tan sonra (M.S.)** nach Christus (n.Chr.)
**mildiyu** Meltau m
**milenyum** Millenium n
**milföy** Cremekuchen m aus Blätterteig; **~ hamuru** Blätterteig m
**milibar** Millibar f
**miligram** Milligramm n
**mili|litre** Milliliter m (od n)
**milim** umg Millimeter m; **~ oynamamak** haargenau stimmen; sich nicht im Geringsten bewegen; **~i ~ine** haargenau
**milimetre** Millimeter m (od n)
**milis** Miliz f
**milisoldat** Milizsoldat m
**militan** POL militant; Aktivist m
**militar|ist** POL Militarist m; militaristisch **~izm** Militarismus m
**millet** ⟨-ti⟩ Nation f, HIST *nichtmuslimische Bevölkerungsgruppe des osm. Reiches*; Leute pl, Publikum m; fig umg alle Welt; **~ meclisi** Nationalversammlung f; **♃ler Cemiyeti** HIST Völkerbund m; **erkek ~i** pej Männerwelt f; **şoför ~i** pej diese Chauffeure
**milletler|arası** ⟨-nı⟩ international **~ötesi** transnational **~üstü** übernational
**milletvekili** ⟨-ni⟩ Abgeordnete(r)
**millî** ⟨-ti⟩ national; Volks-; **~ bayram** Nationalfeiertag m; **~ gelir** Nationaleinkommen n; **~ olmak** in die Nationalmannschaft ausgewählt werden; **~ park** Nationalpark m; **♃ savunma bakanı** Verteidigungsminister m; **~ takım** Nationalmannschaft f
**milliyet** ⟨-ti⟩ Nationalität f **~çi** Nationalist m, -in f; nationalbewusst **~lik** ⟨-ği⟩ Nationalismus m; Nationalbewusstsein n
**milliyetsiz** nicht nationalbewusst
**milyar** Milliarde f **~der** Milliardär m, -in f **~lık** Milliarden- (z. B. Haushalt); *Person* milliardenschwer
**milyon** Million f **~er** Millionär m, -in f **~luk** Millionen- (z. B. Volk); *Person* millionenschwer
**mim**¹: **-e ~ koymak** sich (dat) ein Merkzeichen machen auf akk, sich (dat) merken akk
**mim**² Mime m

**mimar** [mi:ma:r] Architekt m, -in f, Baumeister m
**mimar|î** [-i:] Architektur f, Baukunst f; architektonisch **~lık** ⟨-ğı⟩ Architektur f; Architektenberuf m
**mimber** Kanzel f *in der Moschee*
**mimik** ⟨-ği⟩ Mimik f
**mimlemek** *-i* (es) j-m ankreiden, (es) j-m übel vermerken
**mimli** auf der Liste, registriert; übel vermerkt
**mi'moza** Mimose f
**minare** [a:] Minarett n; **~ boyu** zwischen 10 und 20 m hoch; **~ kırması** umg fig lange(r) Lulatsch, Hopfenstange f
**minber** → mimber
**minder** Sitzkissen n; SPORT Matte f; **-i ~ altı etmek** auf die lange Bank schieben akk; **~ çürütmek** die Hände in den Schoß legen; *Gäste* kein Sitzfleisch haben
**'mine** Glasur f, Email n; Zahnschmelz m; Zifferblatt n; emailliert **~ci** Emailarbeiter m **~çiçeği** ⟨-ni⟩ BOT Eisenkraut n (*Verbena officialis*) **~lemek** v/t emaillieren **~li** emailliert
**mineral** ⟨-li⟩ Mineral n; **~ yağı** Mineralöl n **~bilim** Mineralogie f
**mineralleştirmek** mineralisieren
**mineraloji** Mineralogie f
**mini** Mini-; **~ etek** Minirock m
**minibüs** Kleinbus m **~çü** Kleinbusbesitzer m; Kleinbusfahrer m
**minicik** winzig; Liliputaner m; Liliput-
**minik** Kleine(r) (*Kind*)
**minimal** Minimum n; wenigstens
**minimini** winzig, verschwindend klein; **~ çocuk** niedliche(s) Dingelchen
**minimum** Minimum n; Minimal-
**minnet** ⟨-ti⟩ Dankbarkeit f; Erkenntlichkeit f; Gefallen m; Wohlwollen n, Verbundenheit f; **~ altında kalmamak** sich erkenntlich zeigen; *-den dolayı* **~ duymak** sich verbunden fühlen (wegen gen); **~ etmek** fig e-n Kotau machen
**minnettar** [a:] ⟨-e⟩ *j-m* verbunden, dankbar (**kalmak, olmak** sein) **~lık** ⟨-ğı⟩ Dankbarkeit f
**minnoş** reizend, entzückend; **ne de ~ şey!** ganz entzückend!
**minör** MUS Moll n, Molltonart f
**mintan** (kragenloses) Oberhemd

**minval** [a:] ⟨-li⟩ *osm* Art *f*; **bu ~ üzere** in dieser Weise (weiter)
**minyatür** Miniatur *f*
**minyon** niedlich; zierlich (gebaut)
**mir** [i:] *osm* Anführer *m*; Kommandeur *m*; **~im!** lieber Kollege!
**'mira** Messlatte *f*
**miraç** [miːrɑːtʃ] ⟨-cı⟩ Himmelfahrt *f* Mohammeds; **miracı İsa** Himmelfahrt *f* Christi
**miras** [miːrɑːs] Erbschaft *f*; Hinterlassenschaft *f*; Erbe *n*; **-e kalmak** j-m als Erbschaft zufallen; **~ yemek** das Erbe durchbringen; e-e Erbschaft ergattern; **~a konmak** e-e Erbschaft machen **~çı** Erbe *m*, Erbin *f* **~yedi** reiche(r) Erbe; Verschwender *m*
**mirî** [miːriː] Staatskasse *f*, Fiskus *m*
**mis**[1] Moschus *m*; **~ gibi** wohlriechend, gut duftend; wunderbar; herrlich und in Freuden (*leben*); spielend (*etw erledigen*)
**mis**[2] *englisch* Miss *f*, Fräulein *n*
**misafir** [aː] Gast *m*; Besuch *m*; **~ ağırlamak** Gäste bewirten, Besuch haben; **~ odası** Gästezimmer *n*; **~ kalmak**, **-e ~ olmak** zu Besuch sein (bei j-m)
**misafirperver** gastfreundlich **~lik** ⟨-ği⟩ Gastfreundschaft *f*
**misak** [miːsɑːk] ⟨-kı⟩ *osm* Pakt *m*
**misal** [aː] ⟨-li⟩ Beispiel *n*; ähnlich; **ok ~i** pfeilähnlich, einem Pfeil gleich
**misil** ⟨misli⟩ → kat; eş; Gleiche(s); -mal; **iki misli fazla** mehr als doppelt (so viel); **üç misli az** dreimal weniger; **-in misli menendi yok** es gibt nichts Schöneres als ...; ... ist einmalig
**misilleme** Vergeltung *f*
**mi'sina** Angelschnur *f*; Nylonfaden *m*
**misk** ⟨-ki⟩ Moschus *m*; → mis[1]
**miskal** ⟨-li⟩: **~le** sehr kärglich, wenig
**misket**[1] ⟨-ti⟩ Murmel *f*; MIL Schrapnellkugel *f*; (Stahl)Kugel *f*
**misket**[2] ⟨-ti⟩ Muskat- (z. B. Traube); **~ şarabı** Muskatwein *m*
**miskin** dickfellig; *fig* Schlafmütze *f*; jämmerlich; träge; feige; MED aussätzig, leprakrank **~ce** jammervoll, elendig; schlafmützig **~leşmek** ein Faulpelz werden **~lik** ⟨-ği⟩ Schlafmützigkeit *f*
**mistik** ⟨-ki⟩ Mystik *f*; mystisch
**misyon** *a.* REL Mission *f*; Sendung *f* **~er** Missionar *m*, -in *f*

**-mişli**: **~ geçmiş (zaman)** perfektive Vergangenheit für nicht bewusst Miterlebtes
**mit** ⟨-ti⟩ Mythos *m*, Heldensage *f*
**miting** POL Kundgebung *f*
**mitleştirmek** *-i* zu e-m Mythos machen *akk*
**mitoloji** Mythologie *f*
**mitolojik** mythologisch
**mitralyöz** Maschinengewehr *n*
**miyar** [miːjaːr] Feingehalt *m*; *fig* Maßstab *m*; CHEM Reagens *n*
**miyav!** miau! **miyavlamak** miauen
**miyokart** ⟨-dı⟩ Myokard *n*, Herzmuskel *m*
**miyop** ⟨-bu⟩ kurzsichtig **~luk** ⟨-ğu⟩ Kurzsichtigkeit *f*
**miyosen** GEOL Miozän *n*
**'miza** Einsatz *m* (*beim Spiel*)
**mizaç** [aː] ⟨-cı⟩ Veranlagung *f*; Temperament *n*; *osm* Befinden *n* **~lı** ... veranlagt, von ... Temperament; **sakin ~** von ruhigem Temperament
**mizah** [aː] Humor *m* **~çı** Humorist *m*
**mizahî** [-iː] humoristisch
**mizan** [miːzɑːn] Maß *n*, Maßstab *m*; Kontrolle *f*; WIRTSCH Zwischenbilanz *f*
**mizanpaj** TYPO Umbruch *m*, Layout *n*
**mizanpli** Frisur Wasserwelle *f*
**mizansen** THEAT u. *fig* Inszenierung *f*
**mo'bilya** Möbel *pl*, Mobiliar *n*; **~ mağazası** Möbelgeschäft *n* **~cı** Möbelhändler *m*; Möbelladen *m* **~lı** möbliert **~sız** unmöbliert
**'moda** Mode *f*; modisch; Mode-; **~ defilesi** Modenschau *f*; **saç ~sı** Haarmode *f*; **-in ~sı geçmek** außer Mode kommen; *fig* überholt sein; **~sı geçmiş** veraltet, unmodern; **son ~(ya göre)** nach der neuesten Mode; **eski ~** altmodisch; **~ olmak** modern sein **~cı** Modeschöpfer *m*, -in *f* **~cılık** ⟨-ğı⟩ Modebranche *f* **~evi** ⟨-ni⟩ Modehaus *f*
**modal** GRAM modal; **~ yardımcı fiil** Modalverb *n* (z. B. können, sollen)
**model** Modell *n*; Fasson *f* e-s Kleides; Modejournal *n*; Ebenbild *n* (z. B. ihrer Mutter); Mannequin *n*; Muster- (Schüler); **saç ~i** Frisur *f*, Haarschnitt *m* **~ci** Modellierer *m* **~cilik** ⟨-ği⟩ Modellbau *m* **~lik** ⟨-ği⟩ Beschäftigung *f* als Modell; **~ etmek** Modell stehen
**modem** IT Modem *n*
**modern** modern; zeitgemäß

**modernite** Moderne f; Modernität f
**modernize:** ~ **etmek** modernisieren
**modernizm** ⟨-ği⟩ Modernismus m
**modernleştir(il)me** Modernisierung f
**modernleştirmek** v/t modernisieren
**modernlik** ⟨-ği⟩ Modernismus m
**modül** Modul n, Baustein m
**modülasyon** Modulation f
**Moğol** Mongole m, Mongolin f; mongolisch ~**ca** ⟨da⟩ Mongolisch f; Mongolei f; ~ **Halk Cumhuriyeti** (die) Mongolische Volksrepublik
'**mola** Pause f; SCHIFF Nachlassen n; **ihtiyaç** ~**sı** Erfrischungspause f; **yemek** ~**sı** Essenspause f; ~ **etmek** e-e Pause machen; Tau nachlassen, lockern; ~ **vermek** e-e Pause machen ~**sız** ohne Pause, pausenlos
**molekül** Molekül n ~**er** Molekular- ~**sel** Molekular-
**molibden** Molybdän n
**molla** geistliche(r) Richter; Theologiestudent m
**moloz** Schotter m, Steinschutt m; fig Schund m, Plunder m ~**luk** Schotterboden m; fig umg Mist m
**moment** ⟨-ti⟩ PHYS, TECH Moment n
**monarşli** Monarchie f ~**ist** Monarchist m; monarchisch ~**izm** Monarchismus m
'**monden** mondän; weltlich
**Mongol** → **Moğol**
**monitör** TECH, TV Monitor m; Turnlehrer m, -in f; Ausbilder m
**monofaze** ELEK einphasig, Einphasen-
**monogami** Monogamie f, Einehe f
**monolgrafi** Monografie f ~**kl** ⟨-klü⟩ Monokel n ~**log** Monolog m
**monopol** ⟨-lü⟩ Monopol n ~**cü** Monopolist m ~ **kapital** Monopolkapital n
**monoton** monoton ~**luk** ⟨-ğu⟩ Eintönigkeit f
**montaj** Montage f; Filmschnitt m; ~**ı yapmak** montieren akk ~**cı** Installateur m; Montagearbeiter m, Monteur m
**monte:** ~**i** ~ **etmek** montieren akk
**montör** Monteur m
**mor** violett; ~**i** ~ **etmek** j-n zum Erröten bringen, blamieren
'**Mora** Peloponnes m; Morea f
**moral** ⟨-li⟩ Moral f; Sittlichkeit f; Moral f (der Truppen); -e ~ **vermek** die Moral gen/von heben; -in ~**ini bozmak** die Moral gen/von untergraben; demoralisieren; ~**i bozuk** demoralisiert
**morarmak** violett werden; bes MED blau werden
**mora'toryum** Moratorium n
**moren** GEOL Moräne f
**morfem** LING Morphem n
**morfin** Morphium n
**morfoloji** Morphologie f
**morg** Leichenschauhaus n; ~**a kaldırma** Obduktion f
**mo'rina** ZOOL Kabeljau m (Gadus morrhua), Schellfisch m
**morluk** ⟨-ğu⟩ (das) Violett(e); blaue(r) Fleck
'**morötesi** ⟨-ni⟩ ultraviolett
**mors¹** ZOOL Walross n
**mors²** Morseapparat m; ~ **alfabesi** Morsealphabet n
**mortlamak** umg abkratzen
**morto:** ~**yu çekmek** → **mortlamak**
**moruk** ⟨-ğu⟩ umg alte(r) Knacker
**morukl aşmak** umg klapprig werden
**Moskof** HIST Russe m; barbarisch
'**Moskova** Moskau n ~**lı** Moskauer m, -in f
'**mosmor** dunkelviolett, dunkellila; ~ **olmak** rot anlaufen (vor Wut)
'**mostra** Muster n; Schaukasten m, Vitrine f; ~ **olmak** zum Gespött werden ~**lık** ⟨-ğı⟩ Muster n; fig umg bunte(r) Hund, Gespött n
**motel** Motel n
**motif** Motiv n
**motopomp** Motorpumpe f
**motor** Motor m; Motorboot n; umg Trecker m; umg Motorrad n; ~ **kayışı** Keilriemen m; ~ **odası** SCHIFF Motorraum m; **elektrik** ~**u** Elektromotor m; ~**la sürmek** mit dem Traktor pflügen
**motor|bot** ⟨-tu⟩ Motorboot n ~**cu** Motorbootfahrer m
**motorize** motorisiert; ~ **etmek** v/t motorisieren
**motor|lu** Motor-; motorisiert; ~ **taşıt** Kraftfahrzeug n ~**suz** ... ohne Motor; ~ **uçak** Segelflugzeug n
**motosiklet** ⟨-ti⟩ Motorrad n; **sepetli** ~ Motorrad n mit Beiwagen ~**çi** Motorradfahrer m
'**mototren** Triebwagenzug m
**mozaik** ⟨-ki⟩ Mosaik n; Art Schokola-

**denbiskuitkuchen** m
**mozole** Mausoleum n
**M.Ö.** abk. → milattan önce
**möble** Möbel pl **~li** möbliert **~siz** unmöbliert
**mönü** Menü n
**mösyö** zu Nichtmuslimen Herr m, mein Herr (im Deutschen ohne Namen nicht üblich)
**M.S.** abk. → milattan sonra
**mu** = mi
**muad|ele** [a:] osm MATH Gleichung f; fig Rätsel n **~il** parallel, gleich
**muaf** [a:] befreit (-den von); -den **~ tutmak** j-n befreien von **~iyet** ⟨-ti⟩ Befreiung f (-den von)
**muallak** [-l:ak] ⟨-kı⟩ ... in der Schwebe, unentschieden
**muallim** osm → öğretmen
**muamelat** [-a:mela:t] ⟨-tı⟩ Formalitäten f/pl; Geschäftsführung f; **~ müdürü** geschäftsführende(r) Direktor
**muamele** [a:] Verhalten n (-e karşı dat gegenüber); WIRTSCH Geschäft n; (Börsen)Abschluss m, Transaktion f; WIRTSCH Umsatz m; Büro Bearbeitung f von Akten; Formalitäten f/pl, Prozedur f; -e **~ etmek** behandeln akk, sich verhalten (j-m gegenüber); **~ görmek** Person behandelt werden; Papiere etc bearbeitet werden; in Ordnung gebracht werden
**muamma** [-ma:] Rätsel n; **~ kabilinden** schleierhaft, rätselhaft
**muaraza** [mua:-] Zank m; Kontroverse f
**muarız** [a:] osm Gegner m
**muasır** [a:] Zeitgenosse m; zeitgenössisch **~laşmak** v/i dem Zeitgeist entsprechen
**muaşaka** [-l:a:] osm Liebelei f
**muaşeret** ⟨-ti⟩ Umgang m; Etikette f; **adabı** (a. adabı~) (das) gute Benehmen
**muavenet** [a:] ⟨-ti⟩ Unterstützung f; -e **~ etmek** unterstützen akk
**muavin** Assistent m, -in f; Gehilfe m, Gehilfin f; Beifahrer m (von Fernfahrern); Hilfs-; Stellvertreter m, -in f, Vize- **~lik** ⟨-liği⟩ Stellvertretung f
**muayene** [-a:-] MED Untersuchung f; (Zoll)Kontrolle f; -i **~ etmek** untersuchen; kontrollieren, inspizieren; **~ olmak** sich untersuchen lassen; untersucht werden; **~ odası** Sprechzimmer n
**muayeneci** Inspektor m; Kontrolleur m; Zollbeamte(r)
**muayenehane** MED Praxis f; Sprechzimmer n, Behandlungszimmer n
**muayyen** bestimmt; fest
**muazzam** riesig; mächtig
**mubah** [a:] REL nicht verboten, zulässig
**mubayaa** [-ba:-] Ankauf m **~cı** Ankäufer m
**mucibince** laut (gen, a. dat), gemäß dat; **mukavele ~** laut Vertrag
**mucip** [u:] ⟨-bi⟩ erforderlich machend; zwingend; Anlass m, Grund m (-e zu dat); -i **~ olmak** nach sich ziehen, erfordern; **~ sebep** JUR Argument n; Beweis m
**mucit** [u:] ⟨-di⟩ Erfinder m
**mucize** [u:] Wunder n; **~ kabilinden** wie durch ein Wunder
**mucuk** ⟨-ğu⟩ kleine Fliege
**mucur** (Kohlen)Grus m; Geröll n; fig Abfall m
**'muço** SCHIFF Schiffsjunge m; Piccolo m, junge(r) Kellner
**mudi** [mu:di:] ⟨-ii⟩ Bankkunde m
**mufassal** ausführlich
**'mufla** TECH Muffel f
**mugalata** [-ga:-] Spitzfindigkeiten f/pl
**mugayir** [a:] entgegengesetzt
**muğlak** ⟨-kı⟩ vertrackt, verworren
**muhabbet** ⟨-ti⟩ Liebe f, Zuneigung f; Freundschaft f; (gemütliche) Plauderei f; **~ etmek** (miteinander) plaudern **~çiçeği** ⟨-ni⟩ Reseda f (reseda odorata) **~kuşu** Wellensittich m
**muhabere** [-ha:-] Berichterstattung f; Korrespondenz f; Verbindung f; Nachrichten(verkehr m) f/pl; Nachrichten-; **etmek** Bericht erstatten; korrespondieren; **telefon ~si** Telefonverbindung f **~ci** Berichterstatter m, umg Nachrichtenmann m; Funker m
**muhabir** [-ha:-] Korrespondent m, -in f, Berichterstatter m, -in f
**muhaceret** [a:] ⟨-ti⟩ Auswanderung f; Umsiedlung f
**muhacir** [a:] Auswanderer m, Emigrant m; Umsiedler m; Zug- (Vogel); **~ arabası** Planwagen m; **~ gitmek** wandern (als Volk)
**muhafaza** [-ha:-] Schutz m; Bewahrung f, Beibehaltung f; Schutz- (Brille);

# MUKA

Aufrechterhaltung *f (der Ordnung)*; *-i* ~ **etmek** *v/t* schützen; bewahren; konservieren, *(im alten Zustand)* belassen; aufrechterhalten; sich *(dat) (das Recht)* vorbehalten; ~ **altına almak** JUR in Gewahrsam nehmen *akk*

**muhafazakâr** konservativ; Konservative(r) *m* ⟨-**ğı**⟩ Konservatismus *m*

**muhafız** [a:] Wächter *m*; Beschützer *m*; Wach-; ~ **alayı** *(od* **kıtası)** Leibwache *f*; Wachmannschaft *f* ~**lık** ⟨-**ğı**⟩ Wache *f*; Wachdienst *m*

**muhakeme** [-ha:-] Prozess *m*, Gerichtsverhandlung *f*; Urteilskraft *f*; Überlegung *f*; ~ **etmek** aburteilen; erwägen; urteilen über *akk*; ~ **sırasında** im Lauf der Verhandlung; ~ **usulü kanunu** Prozessordnung *f*; ~ **yürütmek** Überlegungen anstellen

**muhakkak** ⟨-**kı**⟩ bestimmt, gewiss, unbedingt; *Tatsache* feststehend; *Tod* sicher

**muhalefet** [a:] ⟨-**ti**⟩ *bes* POL Opposition *f*; Widerspruch *m*; Kontrast *m*; ~ **partisi** Oppositionspartei *f*; *-e* ~ **etmek** sich widersetzen *dat*, widersprechen *dat*; opponieren; **hava** ~ **yüzünden** wegen schlechter Wetterbedingungen

**muhalif** [a:] oppositionell, Oppositions-; widersprechend *(-e* dat*)*; gegensätzlich *(Meinung)*; ~ **bir adam** ein Widerspruchsgeist

**muhallebi** Reismehlpudding *m*; ~ **çocuğu** *umg* Muttersöhnchen *n* ~**ci** Puddingshop *m*

**Muhammedî** [i:] Muslim *m*, -in *f*; islamisch

**Muhammet** ⟨-**di**⟩ *(od* **Hazreti** ~*)* (der Prophet) Mohammed

**muharebe** [a:] Kampf *m*, Schlacht *f*; *fig* harte Auseinandersetzung; ~ **etmeden** kampflos

**muharip** ⟨-**bi**⟩ kriegerisch; Kämpfer *m*; *Land* Krieg führend ~**lık** ⟨-**ğı**⟩ Kriegführung *f*; Kriegszustand *m*

**muharrem** 1. Monat des islamischen Mondjahres

**muharrir** *osm* → yazar

**muhasara** [-ha:-] Einkreisung *f*, Belagerung *f*, Blockade *f*

**muhasebe** [-ha:-] Buchführung *f*, Buchhaltung *f*; ~ **görmek** Buch führen; abrechnen; *-in* ~**sini yapmak** *fig* die Bilanz ziehen *(aus dat)*

**muhasebeci** Buchhalter *m*, -in *f*

**muhasım** [a:] feindlich; Gegner *m*

**muhasır** [a:] Belagerungs-, Blockade-

**muhasip** [a:] ⟨-**bi**⟩ Buchhalter *m*, -in *f* ~**lik** ⟨-**ği**⟩ Buchhaltung *f*

**muhatap** [-ha:-] ⟨-**bı**⟩ Angeredete(r); Gesprächspartner *m*, -in *f*; Ansprechpartner *m*, -in *f*; *fig* Zielscheibe *f*; *-e* ausgesetzt *dat*; WIRTSCH Akzeptant *m*, Trassat *m*; **bş-e** ~ **olmak** konfrontiert werden mit

**muhavere** [a:] Gespräch *n*

**muhayyel** geträumt, *(Geschöpf)* ... meiner Träume, ... der Fantasie

**muhayyer** frei (in der Wahl), nicht verpflichtet; WIRTSCH ... zur Probe, ... mit Garantie; MUS Ton *m* in der türk. Musik; *-e* ~ **bırakmak** *j-m* anheimstellen

**muhayyile** Einbildungskraft *f*

**muhbir** Denunziant *m*, Spitzel *m*

**muhit** [i:] ⟨-**ti**⟩ Milieu *n*, Umgebung *f*; ~ **yapmak** sich *(dat)* e-n Bekanntenkreis schaffen

**muhkem** robust, fest (gebaut)

**muhrip** ⟨-**bi**⟩ MIL Zerstörer *m*

**muhtaç** ⟨-**cı**⟩ bedürftig, Not leidend; *-e* ~ **etmek** *j-n* veranlassen, das Nötige zu besorgen; *-e* ~ **olmak** brauchen *akk*, nötig haben *akk*, bedürfen *gen*; **tamire** ~ reparaturbedürftig ~**lık** ⟨-**ğı**⟩ Bedürfnis *n*

**muhtar** Gemeindevorsteher *m*

**muhtelif** verschieden, divers

**muhtemel** wahrscheinlich, möglich

**muhterem** geehrt

**muhteşem** prächtig, pompös

**muhteva** [a:] Inhalt *m*

**muhtevi** [i:] enthaltend

**muhteviyat** [a:] ⟨-**tı**⟩ Inhalt *m*

**muhtıra** Notiz *f*; Memorandum *n*, Note *f*; ~ **defteri** Notizbuch *n*

**mukabele** [a:] Entgegnung *f*; Entgelt *n*, Gegenleistung *f*; Empörung *f*; Rezitieren *n* des Korans; *-e* ~ **etmek** antworten *dat*; sich empören *(gegen akk)*; ~ **okumak** den Koran rezitieren; auswendig hersagen ~**ci** Rezitator *m* des Korans; HIST MIL Diensthabende(r)

**mukabil** [a:] **A** *adj* Gegen- *(Angriff)*; Konter- *(Revolution)*; gegenüberliegend *(Seite)*; entsprechend **B** *subst* Gegenleistung *f*; *(türkische)* Entsprechung *(z. B. e-s Wortes)* **C** *postp* *-e* im Gegensatz zu; als

Entgelt für; **buna ~** dafür; dagegen; im Gegensatz dazu; umgekehrt; **~inde für,** gegen (z. B. e-e Bezahlung); unter Einsatz (z. B. des Lebens)

**mukadder** vorherbestimmt, prädestiniert; Schicksal n **~at** [-a:t] ⟨-tı⟩ Schicksal n; **kendi ~ını saptama hakkı** das Recht auf Selbstbestimmung

**mukaddes** heilig; geheiligt **~at** [-a:t] ⟨-tı⟩ alles, was j-m heilig ist

**mukallit** ⟨-di⟩ nachahmend; Imitator m; fig Komödiant m

**mukataa** HIST Steuerverpachtung f; Abbruch m

**mukavele** [a:] Vertrag m **~li** unter Vertrag

**mukavemet** [a:] ⟨-ti⟩ Widerstand m; Ausdauer f; -e **etmek** sich widersetzen dat; Widerstand leisten; **~ göstermek** Widerstand leisten; **~ koşusu** SPORT Langstreckenlauf m (3–15 km) **~çi** Langstreckenläufer m; Widerstandskämpfer m **~li** standhaft, unerschütterlich **~siz** widerstandslos; nachgiebig

**mu'kavva** Pappe f, Karton m; **~ kutu** Pappschachtel f, Karton m

**mukayese** [a:] Vergleich m; Analogie f; -i **etmek** vergleichen akk **~li** vergleichend (z. B. Anatomie); Vergleichs- (Tabellen)

**mukayyet** ⟨-ti⟩ registriert; gebunden (-e an akk); gewissenhaft; -e **olmak** achtgeben (auf j-n), ein Auge auf j-n haben

**mukim** [-ki:m] wohnhaft

**muktedir** -e fähig (zu); imstande (zu)

**mulaj** Abdruck m; Abguss m; Schablone f

**mum** Kerze f; Wachs n; **~ direk** kerzengerade; sehr brav; gewissenhaft; **~ durumu** SPORT Kerze f; -i **~ etmek** (od **~a çevirmek**) j-n gefügig machen, umg weichmachen; **~ gibi** kerzengerade; gefügig; weich; (Kleidung) steif; **~ olmak** gefügig sein, weich sein; umg Ja sagen (-e zu dat); **~ yapıştırmak** Brief versiegeln; fig sich (dat) merken akk

¹**'mumboyası** ⟨-nı⟩ Wachsfarbe f

**mum|cu** Kerzengießer m **~lamak** v/t wachsen **~lu** Wachs-; **~ bez** Wachstuch n; **~ kağıt** Wachspapier n

¹**'mumya** Mumie f

**mumyalamak** v/t mumifizieren

**mumyalaşmak** zur Mumie werden

**munafık → münafık**

**mundar → murdar**

**munhasır** -e beschränkt (auf akk); nur bestimmt (für akk)

**munis** [u:] geläufig; vertraut; Gedanke plausibel; Kind zutraulich

**munkabız** MED an Verstopfung leidend

**muntazam** regelmäßig, gleichmäßig, regulär, stehend (Heer); Zimmer (gut) aufgeräumt **~an** [-'zaman] adv regelmäßig, ständig

**muntazır** -e **~ olmak** entgegensehen dat, erwarten akk

**munzam** ⟨-mmı⟩ zusätzlich; Zusatz-; Über- (Stunden)

**murabba** [-ba:] Art Konfitüre f

**murahhas** Delegierte(r)

**murakabe** [-ra:-] Kontrolle f; **~ heyeti** Aufsichtsrat m; REL Kontemplation f, Meditation f

**murana** ZOOL Muräne f

**murat** [a:] ⟨-dı⟩ Wunsch m; Ziel n, Absicht f; Zweck m; **~ almak** (s-n) Wunsch verwirklichen; -i **~ etmek** wünschen akk; **muradına ermek** sich (dat) den Wunsch erfüllen; **bunu demekten ~** damit soll(te) gesagt werden

**murdar** schmutzig; fig gemein, niederträchtig

**muris** [u:] JUR Erblasser m

**Musa** [mu:sa:] Bibel Moses m

**musahhih** TYPO Korrektor m

**musalla** [-la:] Platz m des gemeinsamen Gebetes; **~ taşı** (steinerne) Aufbahrungsplatte

**musallat** ⟨-tı⟩ lästig; Unglück bringend; -e **etmek** heimsuchen akk; -i **başına ~ etmek** j-n od etw zur Strafe schicken (dat, j-m); -e **~ olmak** j-n belästigen, j-m zusetzen; herfallen über j-n

**mu'sandıra** Wandschrank m, Bettschrank m; in Küchen Wandbrett n

**Musevî** [mu:sevi:] mosaisch, jüdisch; Jude m, Jüdin f **~lik** ⟨-ği⟩ Judentum n

**musibet** [i:] ⟨-ti⟩ Unheil n; Elend n

**musikî** [mu:sıki:] Musik f **~şinas** [a:] Musikkenner m

**muska** Amulett n

**muslin** Musselin m

**musluk** ⟨-ğu⟩ (Wasser)Hahn m; Handwaschbecken n; umg **musluğu çevir!** halt die Klappe! **~çu** Klempner m;

*umg* Gauner *m*, *bes* Taschendieb *m*
**muson** *Wind* Monsun *m*
**mustarip** ⟨-bi⟩ leidend; drückend (z. B. *Stille*); **-den ~ olmak** leiden an *dat*
**muşamba** Wachstuch *n*; Linoleum *n*; Regenmantel *m*; **~ gibi** fettig, ... voller Fettflecken
'**muşmula** BOT Mispel *f*; **~ suratlı** *pej* runzlig; *Hausi* unansehnlich
'**muşta** Schusterhammer *m*; Schlagring *m* **~lamak** e-n Hieb mit dem → **muşta** versetzen (*-i j-m*)
**muştu** gute Nachricht **~lamak** (*-i -e*) *j-m etw* Erfreuliches mitteilen
**mut** ⟨-tu⟩ Glück *n*
**muta** [mu:ta:] Gegebenheit *f*, bekannte Größe
**mutaassıp** ⟨-bı⟩ fanatisch; Fanatiker *m* **~lık** ⟨-ğı⟩ Fanatismus *m*
**mutabakat** [-ta:-] ⟨-tı⟩ Übereinstimmung *f* (*-le, -e mit dat*); GRAM Kongruenz *f*; BIOL Akkomodation *f*
**mutabık** [-ta:-] ⟨-kı⟩ **A** *adj* übereinstimmend; ... **hususunda ~ kalmak** sich einig werden über *akk* **B** *postp* **-e** gemäß *dat*, entsprechend *dat*
**mutantan** prächtig
**mutasarrıf** *-e* HIST Gouverneur *m* e-s Sandschaks
**mutasyon** Mutation *f*
**mutat** [mu:ta:t] ⟨-dı⟩ gewohnt; gewöhnlich; Gewohnheit *f*
**mutavassıt** ⟨-tı⟩ Vermittler *m*; durchschnittlich
**mutazarrır** geschädigt, betroffen
**mutçuluk** ⟨-ğu⟩ PHIL Eudämonismus *m*
**muteber** [mu:-] geehrt; angesehen; vertrauenswürdig, geltend; gültig *sein*
**mutedil** [mu:-] *Klima* gemäßigt; *Preis* mäßig
**mutemet** [mu:-] ⟨-di⟩ vertrauenswürdig; Vertrauensmann *m*
**mutena** [mu:tena:] sorgfältig; Elite-, ausgewählt
**mutfak** ⟨-ğı⟩ Küche *f* (*a. Essen*); **Türk mutfağı** (die) türkische Küche
**mutlak** ⟨-kı⟩ absolut; unbedingt
'**mutlaka** [-ka:-] unbedingt, auf jeden Fall
**mutlakiyet** [-la:-] ⟨-ti⟩ Absolutismus *m* **~çi** Monarchist *m*; Absolutist *m*; absolutistisch

**mutlan|dırmak** *v/t* glücklich machen; beglücken **~mak** glücklich werden
**mutlu** glücklich; **~ etmek** *v/t* glücklich machen; **~ olmak** glücklich werden **~landırmak** *v/t* glücklich machen **~luk** ⟨-ğu⟩ Glück *n*
**mutsuz** unglücklich **~laşmak** unglücklich(er) werden **~luk** ⟨-ğu⟩ Unglück *n*
**muvacehe** [-va:-]: *postp* -**in ~sinde** angesichts *gen*; in Gegenwart *gen*
**muvafakat** [-va:-] ⟨-tı⟩ Zustimmung *f*; Übereinstimmung *f*; *-e* **~ etmek** zustimmen *dat*
**muvaffak** ⟨-kı⟩ erfolgreich; *-e* **~ oldum** es gelang mir zu ...; *-de* **~ olmak** erfolgreich sein in *dat*
**muvaffakıyet** ⟨-ti⟩ Erfolg *m* **~li** erfolgreich **~siz** erfolglos, misslungen **~sizlik** ⟨-ği⟩ Erfolglosigkeit *f*
**muvafık** [a:] ⟨-kı⟩ geeignet (*-e* für); *-e* **~ gelmek** passen, sich eignen für
**muvakkat** ⟨-tı⟩ provisorisch; Not-
**mu'vakkaten** *adv* zeitweilig, ... auf Zeit
**muvazaa** [-va:-] Verstellung *f*, Heuchelei *f* **~lı** abgekartet
**muvazene** [-va:-] Gleichgewicht *n* **~li, ~siz, ~sizlik** → **dengeli** etc
**muvazi** [-a:-] parallel
**muvazzaf** MIL aktiv; Berufs- (*Offizier*); **~ hizmet** Wehrdienst *m*; **askerlikle ~** wehrpflichtig **~lık** ⟨-ğı⟩ aktive(r) Wehrdienst
**muylu** Zapfen *m*; **~ yatağı** Zapfenloch *n*
**muz** Banane *f*; **~ ağacı** BOT Bananenstaude *f*; **~ gibi olmak** sich genieren
**muzaffer** siegreich; Sieger *m*, -in *f* **~iyet** ⟨-ti⟩ Sieg *m*
**muzaheret** [-za:-] ⟨-ti⟩: **adlî ~** JUR Gerichtskostenbeihilfe *f*
**muzır** ⟨-rrı⟩ **A** *adj* schädlich (*-e* für *akk*); verderblich; **~ yayın** Pornografie *f* **B** *subst Kind* Tunichtgut *m* **~lık** ⟨-ğı⟩ Schädlichkeit *f*; böse(r) Streich
**muzip** [u:] ⟨-bi⟩ Spaßvogel *m* **~lik** ⟨-ği⟩ Streich *m*, (grober) Scherz; *-e* **~ etmek** *j-n* aufziehen
**mü-** → **mi-**
**mübadele** [a:] Tausch *m*, Austausch *m*; HIST Bevölkerungsaustausch *m*; **~ etmek** *v/t* austauschen; umtauschen

**mübalağa** [-ba-] Übertreibung f; ⟨-i⟩ ~ **etmek** übertreiben (akk) **~cı** Aufschneider m, -in f; übertreibend **~lı** übertrieben, aufgebauscht

**mübarek** [a:] ⟨-ği⟩ gesegnet; heilig; int herrlich!, Donnerwetter!; hum zu Person du Schussel; Menschenskind!; **bu ~ adam** komische(r) Kauz; ~ **olsun!** alles Gute (zum Fest)!; schönen Feiertag!

**mübaşir** [a:] Gerichtsdiener m

**mücadele** [a:] Kampf m; Auseinandersetzung f; ~ **etmek** kämpfen; sich streiten

**mücahit** [a:] ⟨-di⟩ Glaubenskämpfer m

**mücbir** zwingend

**mücehhez** versehen, ausgerüstet

**mücellit** ⟨-di⟩ Buchbinder m, -in f **~hane** Buchbinderei f

¹**mücerret** ⟨-di⟩ abstrakt; nur, lediglich

**mücessem** verkörpert; körperlich

**mücevher** Juwel n, Kleinod n **~ci** Juwelier m

**mücrim** schuldig; Verbrecher m

**mücver** Art Gemüsefrikadelle f

**müçtehit** ⟨-di⟩ Islam Ausdeuter m religiöser Gesetze; der oberste Geistliche

**müd.** abk. für müdür Leiter; Direktor

**müdafaa** [-da:-] a. JUR Verteidigung f (Abwehr f); ~ **etmek** v/t verteidigen

**müdafi** [-da:fi:] ⟨-i⟩ a. JUR Verteidiger m, -in f

**müdahale** [-da:-] Einmischung f (-e in akk), Intervention f; chirurgische Behandlung f; Eingriff m; -e ~ **etmek** sich einmischen in akk, intervenieren; hineingezogen werden (in e-n Kampf) **~ci** Intervenient m; interventionistisch

**müdahil** Intervenient m; intervenierend; JUR Nebenkläger m, -in f

**müdavim** [a:] Stammgast m; **-in ~i olmak** Stammgast sein bei

**müddeiumumi** [-u:mumi:] osm Staatsanwalt m; → savcı

**müddet** ⟨-ti⟩ Frist f; Dauer f; Zeit f; Zeitraum m; **bir ~ eine Zeit lang**; **teslim ~i** Ablieferungsfrist f **~çe** solange: yaşadığım ~ solange ich lebe **~li** -fristig: **kısa ~** kurzfristig **~siz** unbefristet

**müderris** osm Professor m; Lehrer m an e-r Medrese

**müdür** Direktor m, -in f; Leiter m, -in f; **istasyon ~ü** Bahnhofsvorsteher m, -in f **~iyet** ⟨-ti⟩ Direktion f; Amt n des Direktors, Direktorenstellung f; Leitung f; Verwaltung f **~lük** ⟨-ğü⟩ → müdüriyet

**müebbet** ewig; JUR lebenslänglich

**müellif** Autor m, -in f

**müessese** Institut(ion f) n, Unternehmen n **~leşmek** institutionalisiert werden

**müessif** betrüblich

**müessir** wirksam; spürbar; JUR ~ **fiil** Körperverletzung f

**müessis** Gründer m

**müeyyide** JUR Sanktion(ierung) f; Auflagen f/pl

**müezzin** Gebetsrufer m, Muezzin m

**müfettiş** Inspektor m, -in f

**müflis** zahlungsunfähig, bankrott

**müfredat** [a:] ⟨-tı⟩: ~ **(programı)** Lehrplan m

**müfreze** Kommando n, Trupp m

**müfrit** ⟨-di⟩ übertrieben; POL extrem, radikal

**müftü** Mufti m

**müh** abk → mühendis

**mühendis** Ingenieur m, -in f (Ing.) **~lik** ⟨-ği⟩ Ingenieurwesen n; Ingenieurberuf m; Technik f

**mühim** ⟨-mmi⟩ wichtig, bedeutend (Erfolg); schwer (Krankheit); erheblich (Schaden)

**mühimmat** [a:] ⟨-tı⟩ Munition f

**mühimsemek** v/t für wichtig halten

**mühlet** ⟨-ti⟩ Aufschub m; -e ~ **vermek** Aufschub gewähren dat

**mühre** (kleine) Glaskugel (zum Glätten); Lockvogel m **~lemek** v/t Papiere etc glätten

**mühtedi** [i:] REL Übergetretene(r), Renegat m

**mühür** ⟨mührü⟩ Siegel n; Siegelring m; Stempel m; ~ **mumu** Siegellack m **~dar** [a:] HIST Siegelbewahrer m **~lemek** v/t abstempeln; siegeln; Gebäude versiegeln

**müjde** gute Nachricht, Freudenbotschaft f; Belohnung f (für e-e gute Nachricht); -e ~ **koşturmak** in aller Eile e-e frohe Nachricht überbringen; -e ~ **vermek** etwas Erfreuliches mitteilen **~ci** Freudenbote m **~lemek** ⟨-i -e⟩ j-m etw Erfreuliches mitteilen **~li** froh, erfreulich (Nachricht)

**mükâfat** [-a:t] ⟨-tı⟩ Belohnung f, Auszeichnung f; **-in ~ını görmek** belohnt werden für **~en** erfreulicherweise; als

Auszeichnung **~landırmak** v/t belohnen; auszeichnen

**mükâleme** Gespräch n; POL Verhandlung f

**mükellef** verpflichtet (-le zu dat); steuerpflichtig; Steuerpflichtige(r); komfortabel (Haus); pompös (Gastmahl) **~iyet** ⟨-ti⟩ Verpflichtung f; Pflicht f

**mükemmel** hervorragend, erstklassig; (technisch) vollkommen; int vorzüglich, tadellos! **~en** adv vollkommen, perfekt **~iyet** ⟨-ti⟩, **~lik** ⟨-ği⟩ Vollkommenheit f; Perfektion f; tadellose(r) Zustand

**mükerrer** wiederholt; GRAM iterativ; **~ iskonto** Rediskont m; **~ sigorta** Rückversicherung f **~en** adv wiederholt

**mülahazat** [-la:haza:t] ⟨-tı⟩ Überlegungen f/pl; Meinungen f/pl; Bemerkungen f/pl; **~ hanesi** Spalte f für Bemerkungen; **~ hanesini açık bırakmak** sich jedes Urteils enthalten

**mülakat** [-la:ka:t] ⟨-tı⟩ Interview n; Reportage f; -le **~ yapmak** j-n interviewen

**mülayim** annehmbar (Vorschlag); Person verträglich; sympathisch; regelmäßig (Stuhlgang)

**mülazım** [-la:-] HIST Leutnant m

**mülhem** inspiriert (-den von)

**mülk** ⟨-kü⟩ Grundbesitz m, unbewegliche(r) Besitz; Land n; Reich n; **~ sahibi** Grundstücksbesitzer m

**mülki** [i:] osm zivil; Staats-; **~ amir** ranghöchste(r) Zivilbeamte(r) (an e-m Ort); **~ hak** Recht n auf Privateigentum

**mülkiye** HIST 2 **Mektebi** politologische Fakultät **~li** Politologe m, -login f

**mülkiyet** ⟨-tı⟩ Eigentum n **~çi** Eigentümer m

**mülteci** [i:] Flüchtling m; **~ yurdu** Flüchtlingsheim n

**mültefit** freundlich

**mültezim** HIST Steuerpächter m

**mümbit** ⟨-tı⟩ ergiebig; Land fruchtbar

**mümessil** Vertreter m; WIRTSCH Vertretung f; Klassensprecher m, -in f

**mümeyyiz** Prüfer m, -in f

¹**mümin** gläubig; Muslim m, -in f

**mümkün** möglich; **~se** wenn möglich; **~ kılmak** (od **yapmak**) v/t ermöglichen, möglich machen; **~ mertebe** nach Möglichkeit, möglichst; **~ olduğu kadar** möglichst; **~ olduğu kadar çok** so viel wie möglich; **-memek ~ değil** man kann nicht umhin zu (+ inf); **ne ~!** unmöglich!

**mümtaz** [a:] privilegiert, bevorzugt; führend; hervorragend

**münafık** [a:] ⟨-kı⟩ Hetzer m, Unruhestifter m

**münakaşa** [-na:-] Diskussion f; Streit m; Meinungsverschiedenheit f; **~ götürmemek** außer Frage stehen, unbestritten sein; **~ yapmak** (a. **etmek**) v/t diskutieren, debattieren

**münasebet** [a:] ⟨-tı⟩ Beziehung f (-le zu dat); Zusammenhang m; Gelegenheit f, passende(r) Augenblick; Grund m; **~ almak** passen, geeignet sein; **~ almaz** es gehört sich nicht; -le **~ kurmak** Beziehungen anknüpfen (zu dat); -le **~e girmek** in Beziehungen treten zu; **bir ~i düşerse** wenn sich e-e Gelegenheit bietet ...; **~iyle** im Falle gen; aufgrund gen; anlässlich gen; **bu ~iyle** bei dieser Gelegenheit; dabei, in diesem Zusammenhang; -le **~te bulunmak** Beziehungen unterhalten zu **~li** passend, angebracht

**münasebetsiz** unpassend, unangebracht; unzeitig; Gast ungebeten; ungehörig; respektlos; albern; **münasebetli ~** ob angebracht oder nicht; ganz egal wie **~lik** ⟨-ği⟩ Ungehörigkeit f, Respektlosigkeit f

**münasip** [a:] ⟨-bi⟩ passend (-e zu) geeignet (-e für) gebührend; Vorschlag, Einwand etc angebracht; **-i bulmak** (od **görmek**) für angebracht halten akk

**münavebe** [a:] Ablösung f, Reihenfolge f; **~ ile** umschichtig, abwechselnd

**müneccim** osm HIST Astrologe m, Astronom m **~lik** ⟨-ği⟩ osm HIST Astrologie f, Astronomie f

**münevver** intelligent, aufgeweckt; gebildet; Intellektuelle(r)

**münferit** ⟨-di⟩ isoliert, Einzel-, sporadisch

**münfesih** annulliert

**münhal** ⟨-li⟩ vakant, offen (Stelle); Vakanz f, offene Stelle

**münhasır** → munhasır

¹**Münih** München n

**müntehir** Selbstmörder m, -in f

**münzevi** [i:] Einsiedler m, -in f; zurückgezogen (leben)

**müphem** unklar; adv a. vage; verworren **~iyet** ⟨-tı⟩ Unklarheit f

**müptela** [-la:] -e verfallen dat; MED leidend (an dat); aşka ~ liebestoll; içkiye ~ alkoholabhängig

**müptezel** banal, wertlos

**müracaat** [-ra:-] ⟨-tı⟩ Antrag m; Anfrage f; Auskunft f; Anmeldung f; ~e ~ etmek en Antrag stellen (an akk); sich wenden (an j-n); sich melden (bei dat); (Gewalt) anwenden; ~ta bulunmak → ~ etmek; ~çı Antragsteller m

**mürdüm**, **~eriği** ⟨-ni⟩ BOT Damaszenerpflaume f

**mürebb|î** [i:] osm Erzieher m; Dompteur m **~iye** Erzieherin f, Gouvernante f

**müreffeh** in Wohlstand

**mürekkep**[1] ⟨-bi⟩ Tinte f; ~ lekesi Tintenfleck m; ~ püskürtmeli yazıcı IT Tintenstrahldrucker m; ~ yalamış hum gebildet, gelehrt

**mürekkep**[2] ⟨-bi⟩ ⟨-den⟩ zusammengesetzt; kompliziert; bestehend; -den ~ olmak bestehen aus

**mürekkep|balığı** ⟨-nı⟩ ZOOL Tintenfisch m (Sepia officinalis) **~lemek** v/t mit Tinte beflecken **~li** mit Tinte beschmiert; Tinten- (Stift)

**mürettebat** [a:] ⟨-tı⟩ (Flugzeug- etc) Besatzung f; TECH Bedienungspersonal n; MIL Bedienungsmannschaft f

**mürettep** ⟨-bi⟩ abgekartet; geregelt; MIL kombiniert, zusammengestellt

**mürettip** ⟨-bi⟩ TYPO Setzer m; ~ hatası Satzfehler m **~hane** f Setzerei f

**mürit** ⟨-di⟩ REL Schüler m (a. fig e-r Lehre)

**mürşit** ⟨-di⟩ geistige(r) Führer; fig Wegweiser m, Richtschnur f

**mürteci** [i:] Reaktionär m, -in f

**mürtet** ⟨-ddi⟩ Abtrünnige(r)

**mürur** [u:] Passieren m, Passier-; Verlauf m e-r Zeit **~uzaman** JUR Verjährungsfrist f; Verjährung f; **~a uğramak** verjähren

**mürüvvet** ⟨-ti⟩: **-in ~ini görmek** sich freuen (an Erfolgen seiner Kindern) **~siz** herzlos, unmenschlich

**mürver** BOT Schwarze(r) Holunder (Sambucus nigra)

**müsaade** [-sa:-] Genehmigung f, Erlaubnis f; -e ~ buyurmak (od etmek) j-m gestatten, erlauben; **bana ~** gestatten Sie bitte, (ich muss gehen); **~nizle** wenn Sie gestatten; **~ eder misiniz?** gestatten Sie?; **söylememe ~ eder misiniz**

wenn ich so sagen darf

**müsabaka** [-sa:-] Wettbewerb m; Konkurrenz f; Wettkampf m; **~ya girmek** an e-m Wettbewerb teilnehmen

**müsabık** ⟨-kı⟩ Wettbewerber m

**müsademe** [a:] (meist bewaffnete) Auseinandersetzung f

**müsadere** [a:] Beschlagnahme f

**müsait** [a:] ⟨-ti⟩ günstig (-e für akk); passend (-e für); -e ~ davranmak fig entgegenkommen dat; ~ misiniz? hätten Sie Zeit?

**müsamaha** [-sa:-] Duldsamkeit f; Nachsicht f; Nachlässigkeit f; -e ~ etmek fig ein Auge zudrücken (vor dat) **~lı** duldsam; nachgiebig **~sız** unnachgiebig; streng, hart

**müsamere** [-sa:-] Schulfest n

**müsavat** [-a:va:t] ⟨-tı⟩ Gleichgewicht n; Gleichheit f (der Rechte)

**müsavî** [i:] gleich, gleichberechtigt

**müsbet** → müspet

**müsekkin** Beruhigungsmittel n

**müsemma** [a:] genannt, erwähnt; **ismiyle ~** wie der Name schon sagt

**müshil** MED Abführmittel n

**Müslim, Müslüman** Muslim m, -in f

**Müslüman|laştırmak** j-n islamisieren, zum Islam bekehren **~lık** ⟨-ğı⟩ Islam m; (die) islamische Welt

**müsrif** verschwenderisch **~lik** ⟨-ği⟩ Verschwendung(ssucht) f

**müstahak** ⟨-kkı⟩ -e würdig gen; Verdientes (Lohn, Strafe); **~ olmak** verdienen

**müstahdem** beschäftigt; Angestellte(r)

**müstahkem** MIL befestigt

**müstahsil** Produzent m

**müstahzar** vorbereitet; Präparat n

**müstakbel** künftig, in spe

**müstakil** ⟨-lli⟩ unabhängig, selbstständig; allein stehend (Haus)

**müstamel** [a:] gebraucht; abgenutzt

**müstehcen** pornografisch, unsittlich **~lik** ⟨-ği⟩ Unanständigkeit f

**müstemleke** → koloni

**mü'steniden** [i:] -e aufgrund gen

**müsterih** [i:] ruhig, beruhigt; **~ olmak** sich beruhigen

**müstesna** [a:] **A** adj ausgenommen (-den von dat); Sache, Person außergewöhnlich; Ausnahme f **B** subst Ausnahme- (*Stellung*); ~ **tutmak** e-e Ausnahme machen C *postp* außer *dat*, mit Ausnahme *gen*; **bu gazete ~** mit Ausnahme dieser Zeitung

**müsteşar** [a:] (Botschafts)Rat *m*; Staatssekretär *m*

**müsteşrik** ⟨-ki⟩ Orientalist *m*, -in *f*

**müsvedde** Kladde *f*; Konzept *n*; Manuskript *n*; *fig* Zerrbild *n*

**müşahede** [a:] Beobachtung *f*; Aufsicht *f*; *-i* ~ **altına almak** überwachen *akk*; unter Kontrolle stellen

**müşahit** [a:] ⟨-di⟩ POL Beobachter *m*

**müşavere** [a:] Beratung *f*

**müşavir** Berater *m*, -in *f*

**müşerref** geehrt; ~ **olmak** die Ehre haben; ~ **oldum** es hat mich sehr gefreut (*Sie kennen gelernt zu haben*)

**müşfik** ⟨-ki⟩ zärtlich

**müşir** [i:] HIST Marschall *m*

**müşkül** schwierig; Schwierigkeit *f*; *Bedingungen* schwer, hart **~at** ⟨-ti⟩ Schwierigkeiten *f/pl*; ~ **çekmek** Schwierigkeiten haben; *-e* ~ **çıkarmak** *j-m* Schwierigkeiten machen (*od* bereiten); schikanieren *akk*; **~a uğramak** in Schwierigkeiten geraten

**müşküle** *Art* dickschalige Weintraube

**müşkülpesent** ⟨-di⟩ pedantisch, umständlich; übergenau

**müşteki** [i:]: ~ **olmak** sich beklagen (*-den* über *akk*)

**müşterek** ⟨-ki⟩ gemeinsam; gemeinschaftlich; kollektiv (*z. B. Sicherheit*); ~ **bahis** Totalisator *m*; *-de* ~ **olmak** in e-r Sache einig sein, im Einvernehmen handeln

**müş'tereken** *adv* gemeinschaftlich, zusammen

**müşteri** Kunde *m*, Kundin *f*

**mütaa-** *osm* → **mütea-**

**mütalaa** [-ta:-] *osm* Lektüre *f*; Untersuchung *f*, Studie *f*; Meinung *f*; Äußerung *f*; *Lernstunden im Internat*; ~ **etmek** lesen; studieren, prüfen, besprechen

**mütareke** [-'ta:-] Waffenstillstand *m*

**müteaddit**: ~ **defalar** wiederholt; zahlreich

**müteahhit** ⟨-di⟩ (*Bau*)Unternehmer *m*

**müte|akiben** [-'a:-] kurz (nach *dat*), im Anschluss (an *akk*) **~akip** *-i* folgend *dat*; nächst-; nach *dat*

**müteallik** ⟨-ki⟩ *-e* betreffend *akk*, über *akk*

**mütecanis** [a:] homogen

**mütecaviz** *-i* über *akk*, (von) mehr als ..., *akk* überschreitend; aggressiv; Aggressor *m*; **yüzü ~** (vor) mehr als hundert

**mütecessis** *pej* neugierig; Schnüffler *m*, -in *f*

**müteessif** betrübt; *-den*, *-e* ~ **olmak** bedauern *akk*

**müteessir** ⟨-den⟩ betrübt (über *akk*); beeinflusst, beeindruckt (von *dat*); *-e* ~ **olmak** bedauern *akk*; der Einwirkung *gen* unterliegen

**mütefekkir** Denker *m*, -in *f*

**mütehassıs** Spezialist *m*, -in *f*; ~ (**hekim**) Facharzt *m*, Fachärztin *f*; qualifiziert, ausgebildet

**mütekabil** [a:] gegenüberliegend; gegenseitig; GRAM HIST reziprok; ~ **dava** Gegenklage *f* **~iyet** ⟨-ti⟩ Gegenseitigkeit *f*; ~ **esası üzerine** auf (der Grundlage der) Gegenseitigkeit

**mütekait** [a:] ⟨-di⟩ pensioniert

**mütekâmil** entwickelt; vollkommen

**mütemadi** [-ma:di:] ständig, Dauer-, kontinuierlich **~yen** [-'ma:-] dauernd; unaufhörlich

**mütemayil** [a:] *-e osm* geneigt (nach *dat*); *fig* geneigt (zu ...; zu *dat*), bereit (zu ...; zu *dat*)

**mütemayiz** [a:] *osm* hervorstechend

**mütenasip** [a:] ⟨-bi⟩ *-e* proportional *dat*; angemessen *dat*

**mütercim** Übersetzer *m*, -in *f*

**müteselsil** verkettet; JUR Solidar-; ~ **kefalet** gesamtschuldnerische Bürgschaft

**müteşebbis** Unternehmer *m*, -in *f*

**müteşekkil** bestehend ⟨-den⟩ aus *dat*)

**müteşekkir** dankbar

**mütevazı** bescheiden

**mütevazi** [i:] parallel

**mütevelli** [i:] Verwalter *m* e-r frommen Stiftung

**müthiş** schrecklich, fürchterlich (= sehr); *int* erstaunlich, *umg* doll

**müttefik** ⟨-ki⟩ verbündet, alliiert; Verbündete(r), Alliierte(r); **2ler** HIST (die) Alliierten

**müvekkil** Auftraggeber *m*; JUR Mandant *m*, Klient *m*

**müvezzi** ⟨-ii⟩ Austräger *m*; Postbote *m*;

ambulante(r) Zeitungshändler
**müyesser** *osm* leicht zu bewältigen (*-e für j-n*); **-e ~ olmak** *j-m* vergönnt sein
**müzakere** Besprechung *f*; Erörterung *f*; mündliche Prüfung; Abhören *n der Aufgaben*; Konferenz-; (Zeit *f*) für Schularbeiten (*unter Beaufsichtigung*); **-i ~ etmek** erörtern, besprechen, diskutieren *akk*; abfragen, mündlich prüfen *akk*; **-i ~ye koymak** zur Diskussion stellen *akk*
**müzayede** [-za:-] Auktion *f*; **~ ile satmak** an den Meistbietenden verkaufen
¹**müze** Museum *n*
¹**müzeci** Museumsbegründer *m*; Museumsangestellte(r)
**müzekkere** amtliche Mitteilung; (Haft)Befehl *m*
¹**müzelik** veraltet, museumsreif; **~ler** *fig* Trödel *m*, alte Sachen *f/pl*
**müzev(v)ir** Betrüger *m*; Intrigant *m*; Denunziant *m*
**müzev(v)irlemek** *-i* denunzieren *akk*
**~lik** <-ği> Verleumdung *f*; Denunziantentum *n*
**müzik** <-ği> Musik *f*; **dans müziği** Tanzmusik *f*; **oda müziği** Kammermusik *f*; **vokal müzik** Vokalmusik *f*; **~ yapmak** Musik schreiben zu; musizieren, Musik machen
**müzik|al** Musical *n*; musikalisch **~çi** 'Musiker *m*, -in *f*; Musiklehrer *m*, -in *f* **~hol** Varieté *n* **~li** Musik- (*Film*); mit Livemusik
**müzisyen** Musiker *m*, -in *f*
**müzmin** chronisch, langwierig; dauernd, ewig; *Problem* ungelöst **~leşmek** chronisch werden; *Problem* ungelöst bleiben **~leştirmek** *v/t* auf ewig verschieben; ewig ungelöst lassen

**n, N** [nɛ] n, N *n*
**na, nah** *int* da!, hier!, guck!; **~ kafa** so ein (kleiner) Dussel!; **~, bir tane daha** da, (hast du) noch ein Stück!
**na-** [nɑ:-] un-, nicht-
**naaş** <-a'şı> Beerdigte(r), Leiche *f*, *a*. **naş**
**nabız** <-bzı> Pulsschlag *m*; Puls *m*; **nabzı 120 atıyor** er hat e-n Puls von 120; **-in nabzına girmek** sich bei *j-m* einschmeicheln; **-in nabzına göre şerbet vermek** sich lieb Kind machen bei; **-in nabzını ölçmek** (*od* **yoklamak**) *fig j-m* auf den Zahn fühlen; **-in nabzını saymak** (*od* **almak, tutmak**) *j-m* den Puls fühlen
**nacak** <-ğı> Beil *n*
**naçar** [nɑ:tʃɑ:r] ausweglos, hoffnungslos (*Lage*); **~ kalmak** *fig* in der Klemme sein
**naçiz** [nɑ:tʃi:z] wertlos, bedeutungslos; höflich bescheiden (*z. B. Geschenk*)
**nadas** Brache *f*, Brachfeld *n*; **-i ~ etmek** brachlegen *akk*; **~a bırakmak** brachliegen **~lık** Brach- (*Feld*)
**nadide** [nɑ:di:-] selten, rar
**nadim** [a:] zerknirscht; **-e ~ olmak** bereuen *akk*
**nadir** [a:] selten **~en** [nɑ:'di:-] *adv* selten
**nafaka** Lebensunterhalt *m*, *umg* die nötigen Mittel; JUR Alimente *pl*; **-e ~ bağlamak** *j-n* zur Zahlung von Alimenten verpflichten
**nafile** [ɑ:] vergeblich (*Mühe*), nutzlos; *Islam* zusätzliche fromme Handlung (*z. B. Gebet*); **~ yere** vergebens
**nafta** Naphtha *f od n*
**naftalin** Mottenpulver *n* **~lemek** *v/t* einmotten, mit e-m Mottenschutzmittel einsprühen
**nağme** Melodie *f*; MUS Note *f*; *fig* schnippische(r) Ton; **-e ~ yapmak** *j-m etw* vormachen
**nahak** <-kkı> unrecht; **~ yere** zu Unrecht, unnütz, unnötig
**nahiye** [ɑ:] Bezirk *m*; Gemeinde *f* (*Teil e-s Kreises*); Region *f*

**nahoş** [a:] unangenehm, schlecht (*Eindruck*)

**nail** [a:] erreicht; *-e* ~ **olmak** erreichen *akk*

**naip** [a:] ⟨-bi⟩ Regent *m*; ~ **prens** Prinzregent *m* ~**lik** ⟨-ği⟩ Regentschaft *f*

**nakarat** [-a:t] ⟨-tı⟩ MUS Refrain *m*, Kehrreim *m*; **hep aynı** ~ *fig* immer die gleiche Leier

**nakavt** ⟨-tı⟩ Knock-out *m*, K.o. *m*; *-i* ~ **etmek** knock-out schlagen; *fig j-n* matt setzen, ausschalten

¹**nakden** *adv* (in) bar *zahlen*

**nakdî** [i:] Geld- (*Strafe*); bar

**nakış** ⟨nakşı⟩ Stickerei *f*; Ornament *n*; Wandmalerei *f*, Deckenmalerei *f*; ~ **işlemek** sticken ~**lamak** *v/t* besticken; bemalen

**nakil** ⟨nakli⟩ Beförderung *f*, Transport *m*; ELEK Leitung *f*; Umzug *m*; Übertragung *f*, WIRTSCH Übertrag *m*; Bericht *m*, Erzählung *f*; Versetzung *f* (*im Amt*); Übersetzung *f* (*in e-e Sprache*); **kan nakli** Bluttransfusion *f*; **organ nakli** Organtransplantation *f*

**nakit** ⟨nakdi⟩, ~ **para** Bargeld *n*; ~ **ödeme** Barzahlung *f*

**nakkare** [-ka:-] (Wirbel)Trommel *f*

**nakkaş** Ornamentmaler *m*

¹**naklen** *Radio, TV* direkt, live; ~ **yayın** Direktübertragung *f*, Livesendung *f*

¹**nakletmek** *-i* transportieren; (weiter-)erzählen; *Radio, TV*, WIRTSCH übertragen; ELEK leiten; (*-den -e*) übersetzen (*aus dem Türkischen ins ...*)

**nakliyat** [-a:t] ⟨-tı⟩ Transport *m*, Beförderung *f*; Transportwesen *n*; Spedition *f*; **kara ~ı** Transport *m* auf dem Landweg ~**çı** Transportunternehmer *m* ~**çılık** ⟨-ğı⟩ Transportwesen *n*

**nakliye** Transport *m*; Transportkosten *pl*; Frachtgeld *n*; Transport-, Fracht-; ~ **gemisi** Frachter *m*; ~ **senedi** Frachtbrief *m* ~**ci** Spediteur *m*

¹**nakşetmek** ⟨-i -e⟩ dekorieren *akk*; **bu tip zihnine** ~ sich *dat* einprägen *akk*

¹**nakzen** JUR in Abänderung (*e-s Urteils*); (**davayı**) ~ **görmek** *e-e Sache* erneut verhandeln; (**davayı**) ~ **iade etmek** *e-e Sache* zurückverweisen

¹**nakzetmek** *v/t* JUR Urteil aufheben, kassieren

**nal** Hufeisen *n*; ~ **çakmak** (ein Pferd) beschlagen; ~**ları dikmek** *umg* krepieren ~**bant** ⟨-dı⟩ Hufschmied *m*

**nalbur** Eisenwarenhändler *m*

**nalça** Schutzeisen *n*, Spitzen *f/pl* für *Schuhe*

**nalın** hohe Holzsandale (*fürs Bad*)

**nallamak** *v/t Pferd etc* beschlagen; *umg* um die Ecke bringen, abmurksen

**nam** [a:] Name *m*; Ruf *m*; *-e* ~ **salmak** (*od* **vermek**) sich (*dat*) e-n Namen machen (*in dat*); *-in* ~**ı nişanı kalmamak** völlig in Vergessenheit geraten; ~**ına** mit Namen, namentlich; im Namen *gen/von*

**namaz** (islam. rituelles) Gebet; ~ **bezi** Gebetskopftuch *n*; ~ **kılmak** das Gebet verrichten, beten; ~ **niyaz** Gebete *n/pl*, Beten *n*; ~**a durmak** → ~ **kılmak** ~**gâh** Gebetsstätte *f* ~**lık** ⟨-ğı⟩ Gebetsteppich *m* ~**sız** MED menstruierend

**-name** [-a:-] -brief *m*; -schein *m*

**namert** [na:-] ⟨-di⟩ feige; Schuft *m*

**namlı** bekannt, bedeutend

**namlu** Lauf *m* (*des Gewehrs*); Klinge *f* (*des Säbels*)

**namus** [a:] Ehre *f*; Ehrbarkeit *f*; Gewissen *n*; Unbescholtenheit *f e-r Frau*; ~ **belası** Gewissensbisse *m/pl*; ~ **sözü** Ehrenwort *n*; ~**unu temizlemek** s-e Ehre wiederherstellen ~**lu** ehrlich; anständig (*a. Essen etc*); *Frau* unbescholten ~**luluk** ⟨-ğu⟩ Ehrlichkeit *f*; Anständigkeit *f* ~**suz** unehrenhaft, gewissenlos

**namzet** ⟨-di⟩ Kandidat *m*; Bewerber *m*; Verlobte(r); *-i* ~ **göstermek** kandidieren (für *akk*), als Kandidat auftreten ~**lik** ⟨-ği⟩ Kandidatur *f*

**nanay** *umg* nix, nicht; **bende para ~** bei mir ist Ebbe in der Kasse

**nane** [a:] Pfefferminze *f*; ~ **çayı** Pfefferminztee *m*; ~ **yemek** Dummheiten machen; dummes Zeug reden

**nanemolla** [na:-] A *subst umg* Schlafmütze *f*, Trottel *m* B *adj pej* wählerisch

**naneruhu** Pfefferminzextrakt *m*

**nanik**: ~ **etmek** *j-m* e-e lange Nase machen

**nankör** undankbar ~**lük** ⟨-ğü⟩ Undankbarkeit *f*

**napalm**: ~ **bombası** Napalmbombe *f*

**nar¹** Granatapfel *m*

**nar²** [a:] Feuer *n*; feuerrot; ~ **gibi** gut durchgebraten; *-i* ~**a yakmak** *j-m* scha-

**nara** [nɑ:-] Schrei *m*; Gebrüll *n*; ~ **atmak** (*od* **basmak**) laut schreien; gröhlen
**narcıl** BOT Kokosnuss *f*
**narçiçeği** ⟨-ni⟩ scharlachrot
**nardenk** ⟨-gi⟩ Art Sirup aus Granatäpfeln, Feigen *etc*
**narenciye** [nɑ:-] Zitrusfrüchte *f/pl*
**nargile** Wasserpfeife *f*
**narin** [ɑ:] zierlich, schlank
**narkotik** ⟨-ki⟩ Narkotikum *n*; narkotisch; ~ **şube** Rauschgiftdezernat *n*
**narkotizm** Narkotismus *m*, Rauschmittelsucht *f*
**narkoz** MED Narkose *f*, Betäubung *f*; -*e* ~ **vermek** *j-n* narkotisieren **~cu** Anästhesist *m*, -in *f*
'**nasıl** wie?; welche(r), was für ein(e)?; wie (sehr); wie bitte?; ~ **ise** wie ... auch immer; **~sınız?** wie geht es Ihnen?; **bu ~ bir adam?** was ist das für ein Mensch?; ~ **olsa** wie dem auch sei; irgendwie; **olur** wie kann man das sehen?; **~sa** nasılsa; ... **hem de ~!** und wie!; ~ **geldiniz?** wie (*od* womit) sind Sie gekommen?; **~, bir daha söyler misiniz?** wie bitte?, Würden Sie es noch einmal sagen?; ~ **ki** (so) wie (auch)
²**nasılsa** irgendwie; sicherlich, sowieso
**nasır** Hühnerauge *n*; Schwiele *f*; harte Haut; ~ **bağlamak** Hühneraugen (*od* harte Haut) bekommen; *fig* sich verhärten **~lanmak** Schwielen bekommen **~lı** ... voller Schwielen
**nasihat** [-si:-] ⟨-ti⟩ guter Rat; Ratschlag *m*; -*e* ~ **etmek** (*od* **vermek**) *j-m* raten, e-n Rat geben **~çı** Ratgeber *m*
**nasip** [i:] ⟨-bi⟩ Anteil *m*; Schicksal *n*, Los *n*, das *j-m* Gebührende; ~ **etmek** zuteil werden lassen; -*e* ~ **olmak** Anteil auf *j-n* entfallen, *j-m* zuteilwerden; *j-m* bestimmt sein, vergönnt sein; -*den* **nasibini almak** s-n (gebührenden) Anteil bekommen von D; **nasibim olmadı** es war mir nicht vergönnt
**nasiplenmek** ⟨-den⟩ e-n Vorteil ziehen (aus *dat*); profitieren (von *dat*)
**Nasrani** [-ɑ:ni:] Christ *m*; Nazarener *m*
**nasyonalist** ⟨-ti⟩ Nationalist *m*, -in *f*; nationalistisch **~izm** Nationalismus *m*
**naş** → **naaş**
**naşir** [ɑ:] Herausgeber *m*, -in *f*; Verleger *m*, -in *f*

**natır** Bademeisterin *f* (*im türk. Frauenbad*)
'**natron** CHEM Natron *n*
**na'tura** Konstitution *f* (*e-s Menschen*)
**natüralist** ⟨-ti⟩ Naturalist *m*; naturalistisch **~izm** Naturalismus *m*
**natürel** natürlich (*z. B. Farbe*); naturbelassen, unbehandelt
**natürmort** ⟨-tu⟩ Stillleben *n*
**navçağan** BOT Stechapfel *m*
**navlun** [u:] (See)Fracht *f*, Ladung *f*; WIRTSCH Fracht(kosten *pl*) *f*
'**naylon** Nylon *n*; Nylon-; unecht; ~ **fatura** WIRTSCH Scheinrechnung *f*
**naz** Ziererei *f*, Affektiertheit *f*; Laune *f*; Grille *f*; **~a çekmek** sich zieren; ~ **etmek** sich zieren; Umstände machen; -*e* **~ı geçmek** *fig* alles durchgehen lassen; -*in* **~ını çekmek** alle Launen *gen/von* in Kauf nehmen
**nazar** Blick *m*; böse(r) Blick; Ansicht *f*, Auffassung *f*; ~ **boncuğu** Talisman *m*, Amulett *n* gegen den bösen Blick; -*e* **~(ı) değmek**, **~a gelmek** (durch den bösen Blick) behext werden; -*in* **~ı dikkatini çekmek** *j-s* Aufmerksamkeit auf sich ziehen; *j-n* hinweisen (auf *akk*); -*i* **~ı itibara alma** berücksichtigen *akk*, in Betracht ziehen; -*in* **~ında** nach *j-s* Auffassung; -*e* ... **~ıyla bakmak** *j-n* betrachten als *akk*
'**nazaran** -*e* gemäß *dat*, zufolge *dat*; aufgrund *gen*; *umg* mit Blick auf *akk*; **buna** ~ demzufolge, demnach
**nazari** [i:] theoretisch **~iye** Theorie *f*
**nazarlık** ⟨-ğı⟩ Amulett *n*
**nazenin** [nɑ:zeni:n] kokett; affektiert; zart; verwöhnt
**nazım** ⟨*nazmı*⟩ LIT Verskunst *f*
**nâzım** regelnd; urbanisierend; ~ **planı** Stadtentwicklungsplan *m*
**nazır** [ɑ:] Minister *m*, -*e* (hinaus)gehend (auf *akk*), mit Blick (auf *akk*); **denize ~ bir oda** ein Zimmer mit Meerblick
**nazik** [ɑ:] ⟨-ki⟩ höflich; fein, empfindlich; heikel (*Angelegenheit*); **pek ~siniz** sehr nett von Ihnen **~leşmek** höflicher werden; sich verfeinern; *Lage* sich zuspitzen **~lik** ⟨-ği⟩ Höflichkeit *f*; Feinheit *f*; Bedenklichkeit *f* *der Lage*
**nazire** Nachdichtung *f*; Parodie *f*; -*e* ~ **yapmak** frei nach ... dichten *etc*; *umg* *j-s* Neid zu provozieren suchen

**Nazizm** POL Nazismus m; Nazi-
**naz|lanmak** sich hin und her winden, sich sträuben; sich zieren **~lı** affektiert; kokett; empfindlich (*Blume*); lieb, nett (*Kind*); **~ davranmak** sich zieren
**ne¹** was?; welcher, welches, welche; was für (ein), was für eine; wozu?; warum?; wie!; **~ alıp veremiyor!** was ist mit ihm los?; **~ de olsa** wie dem auch sei; immerhin; **~dir ki aber**; trotzdem!; **~ diye wozu**?; **~ gezer** i wo, keineswegs; was soll das hier?; **~ gibi** was für ...; **~ güne durmak** (nun einmal) da sein; **~ haddine** wie kommt er nur dazu, ...; **~ idiği belirsiz** ... unbekannter Herkunft; **~ ile** wieso?; womit?; **~ imiş** was stellt er denn vor?; **~ ise** nun gut; was schon!; erledigt!; schon gut! (= *danke*); **~ kadar** → *kadar*; **~ mi var?** du fragst noch (was da los ist?); **~ mümkün** ausgeschlossen; **~ münasebet!** ein Ding der Unmöglichkeit!; **~ olacak** was soll das?; **~ olur, ~ olmaz** auf alle Fälle; **~ olur, ~ olursun, ~ olursunuz (**= n'olur**)** ach bitte!; **~ pahasına olursa olsun** um jeden Preis; unter Beachtung aller Umstände; **~ var ki** doch; jedoch; dennoch; wobei ...; **~ var ne yok** was gibt es Neues?, wie gehts?; **~ yapıp yapıp** wie die Dinge auch liegen ...; **~ zaman?** wann?; **~(yi)n var?** was hast du?, was fehlt dir?; **~(yi)niz var?** was fehlt ihnen ?; *-in* **~yin ~si** wer (ist es)?, was für ein ...?; **~ymiş** angeblich; **~ler** was (alles); **bugün ~ler gördük** was haben wir heute alles gesehen!; **~me lazım** (*od* **gerek**) was geht mich das an?; *korrelativ:* **~ ... (i)se** (auch immer); alles, was ... (das); **~ bulduysa** (= **buldu ise**), **aldı** was er fand, nahm er (mit); **~ ekersen, onu biçersin** was du säst, wirst du ernten; **~ görse, ister** was er sieht, will er haben; *Beispiele* **~ karışıyorsun?** was (= warum) mischst du dich ein?; **~ sıcak, ~ sıcak** ist das heiß!, eine Hitze ohnegleichen!; **otomobil onun ~sine** wozu braucht er ein Auto?
**ne²**: **ne ... ne** weder ... noch; nicht ... oder; **~ sıcak ~ soğuk** weder warm noch kalt; **~ uzak ~ kısa** weder lang noch kurz; **~ tütüne, ~ içkiye sakın alışmayın!** sehen Sie zu, dass Sie sich nicht ans Rauchen oder Trinken gewöhnen!; **çocuk ~ eve ~ (de) okula gidiyor** das Kind geht weder nach Hause noch in die Schule

**nebat** [a:] ⟨-tı⟩ → **bitki** **~at** [a:] ⟨-tı⟩ Botanik f; **~ bahçesi** botanische(r) Garten
**nebatî** [i:] → **bitkisel**; **~ yağ** Pflanzenöl n
**nebî** [i:] Prophet m; **Nuh ~den kalma** *fig* aus der Mottenkiste
**nebze** ein bisschen; Quäntchen n
**'nece** was?, welche Sprache?; in welcher Sprache (verfasst); *umg* → **nice**; **bu adam ~ konuşuyor?** was (*od* welche Sprache) spricht der Mann?
**neceftaşı** ⟨-nı⟩ Bergkristall m
**neci** was (von Beruf?); **arkadaşın ~?** was ist dein(e) Freund(in) von Beruf?; **sen ~ oluyorsun** *fig* was mischst du dich hier ein?; was hast du denn damit zu tun?
**nedamet** [a:] Reue f; **~ duymak** (*od* **getirmek**) Reue empfinden **~le** voller Reue
**neden** Grund m; Ursache f; warum, weshalb; *-e* **~ olmak** verursachen *akk*, hervorrufen, herbeiführen *akk*; **bunun ~i** der Grund dazu; **bu ~le** aus diesem Grund; **~ sonra** nach geraumer Zeit
**nedenbilim** MED, PHIL Ätiologie f
**nedeniyle** aufgrund (*gen*, von *dat*), wegen *gen*; anlässlich *gen*; bezüglich *gen*
**nedenli** begründet
**ne'dense** irgendwie, warum auch immer
**nedensel** kausal **~lik** ⟨-ği⟩ Kausalität f
**nedensiz** grundlos; ohne Grund
**nedim** [i:] Vertraute(r); Gesellschafter m; HIST Hofnarr m
**nedime** [i:] Hofdame f
**nefer** Soldat m
**nefes** Atem m; Zug m (*beim Rauchen*); Hauch m; Heilung f durch Besprechung und Anhauchen (*Aberglauben*); *-e* **~ aldırmamak** *j-n* nicht zu Atem kommen lassen; **~ almak** Atem holen, atmen; einatmen; *fig* verschnaufen; **geniş ~ almak** tief (ein)atmen; **~ çekmek** ziehen (*an der Zigarette*); *umg* Haschisch rauchen; *umg* Geschlechtsverkehr haben; **~ darlığı** Asthma *j-n* Atemnot f; *-e* **~ etmek** *e-n Kranken* durch Besprechung und Anhauchen heilen; **~ ~e** ganz außer Atem; gerade eben; **~ tüketmek**

**fig** *umg* sich (*dat*) den Mund fusselig reden; ~ **vermek** ausatmen; **~ini tutmak** den Atem anhalten

**nefes|lemek** *v/t* anhauchen; → ~ **etmek ~li** ... mit e-r guten Lunge; Blas- (*Instrument*) **~lik** ⟨-ği⟩ (Zeit *umg* für e-n) Atemzug *m*; Entlüftung *f*, Lüftungsklappe *f*, Abzug *m*

**nefis**[1] ⟨nefsi⟩ selbst; Selbst *n*, Ich *n*; die natürlichen Bedürfnisse *n/pl* (*Essen etc*); ~ **mücadelesi** Selbsterhaltungstrieb *m*; **nefsine düşkün** selbstsüchtig; rücksichtslos; **nefsine uymak** s-n Wünschen (*od Trieben*) nachgeben; **-i nefsine yedirememek** sich nicht abfinden können mit; **nefsini körletmek** e-e Kleinigkeit essen

**nefis**[2] [i:] wunderbar, herrlich; köstlich

**nefret** ⟨-ti⟩ Abscheu *m*; Hass *m*; **-den ~ etmek** verabscheuen; hassen *aik*

**nefrit** ⟨-ti⟩ MED Nierenentzündung *f*

**neft** ⟨-ti⟩, **~yağı** Erdöl *n*, Naphtha *n*

**'negatif** negativ; Negativ *n* e-s Films; ~ **film** Negativfilm *m*

**nehir** ⟨nehri⟩ Fluss *m*; ~ **ağzı** Flussmündung *f*

**nekes** knauserig, geizig **~lik** ⟨-ği⟩ Knauserigkeit *f*

**nektar** Nektar *m*

**nem** Feuchtigkeit *f*; Tau *m*; ~ **yağdı** es ist Tau gefallen

**nema** [a:] Wachstum *n*; Zinsen *pl* **~lanmak** sich verzinsen; gedeihen

**nemalıcı** Entfeuchter *m*

**nemcil** hydrophil, Wasser- (*Pflanze*)

**Nemçe** *osm* HIST Österreich *n*

**nemçeker** Hygroskop *n*; hygroskopisch

**nemelazımcı** [a:] gleichgültig, *umg* wurstig **~lık** ⟨-ğı⟩ Gleichgültigkeit *f*; *umg* Wurstigkeit *f*

**nemeyönelim** Hygrotropismus *m*

**nemf** ZOOL Puppe *f*

**nemlen|dirici** befeuchtend, Feuchtigkeits- (*Creme*); Befeuchter *m* **~dirmek** *v/t* befeuchten **~mek** feucht werden

**nemletmek** *v/t* befeuchten

**nemli** feucht (*a.* Auge); ~ ~ nass **~lik** ⟨-ği⟩ Feuchtigkeit *f*

**nemölçer** Hygrometer *n*, Feuchtigkeitsmesser *m*

**nemrut** ⟨-du⟩ *Person* gefühllos, finster, tyrannisch **~luk** ⟨-ğu⟩ Gefühllosigkeit *f*; Tyrannei *f*

**nene** *dial* Mutter *f*; → **nine**

**neogen** GEOL Neogen *n*

**neolitik** neolithisch, jungsteinzeitlich; ~ **çağ** Neolithikum *n*, Jungsteinzeit *f*

**neolojizm** Neologismus *m*, Neuwort *n*

**neon** Neon *n*; ~ **tüpü** Neonröhre *f*

**Neptün** ASTRON Neptun *m*

**nerde, nerden** → **nerede, nereden**

**'nere** welcher Ort?; was für eine Gegend?; **~niz ağrıyor?** wo tut es Ihnen weh?; **~si wo ist ...?**; **~yi arıyorsunuz?** welchen Ort suchen Sie?; **buranın ~(si) olduğunu biliyor musunuz?** wissen Sie, was das für ein Platz ist (*od* wo wir hier sind)?; **~sinden yaralı?** wo ist er verwundet?; (orası) **~si?** TEL woher rufen Sie an?; wer ist da?

**'nerede** wo?; ... ~ ... ~ ... (sind) weit entfernt, ganz verschieden: **Ankara ~, Konya ~!** *etwa* Ankara liegt nicht (*od* ist nicht) bei Konya!; ~ **ise** → **neredeyse**; ~ **kaldı?** was hat ... genützt (*od* geholfen)?; ~ **kaldı (ki)** ... **-sin** *etwa* ... wie ist es da möglich, dass ...; **o kendisi bilmez, ~ kaldı ki başkasına öğretsin?** er weiß es selbst nicht, wie will er da andere belehren?

**nereden** woher?; *umg* wo ... her?; wie?; ~ **geliyorsunuz?** woher kommen Sie?; ~ **bileceksin?** woher solltest du das wissen?; ~ **hatırınıza geldi?** wie ist Ihnen das in den Kopf gekommen?; ~ **nereye!** *fig* ich kann nicht (mehr) folgen!; wie meinen?

**neredeyse** gleich, jeden Augenblick; beinahe, fast; *negativ* kaum

**'nereli** wo ... geboren?; woher?; **~siniz?** woher sind (*od* stammen) Sie?

**neresi** → **nere**

**nereye** wohin?; *umg* wo ... hin?; ~ **olursa olsun** egal, wohin; wohin auch immer

**nergis** BOT Narzisse *f*

**nervür** *a.* BOT Rippe *f*; Nervengewebe *n*

**nesep** ⟨-bi⟩ Herkunft *f*, Abstammung *f* (*väterlicherseits*); **~i gayri sahih** *osm* unehelich (geboren)

**nesil** ⟨nesli⟩ Nachwuchs *m*; Tier Junge(s), (die) Jungen

**nesir** ⟨nesri⟩ LIT Prosa *f*

**nesne** Gegenstand *m*; *a.* GRAM, PHIL Objekt *n*; Substanz *f*; **belirtili ~** GRAM bestimmte(s) Objekt; ~ **öbeği** GRAM Ob-

**nesnel** objektiv **~ci** Objektivist m, -in f **~cilik** ⟨-ği⟩ Objektivismus m

**nesnelleştirmek** v/t verwirklichen; objektivieren, vergegenständlichen

**nesnellik** ⟨-ği⟩ Objektivität f

**Nesturî** [-u:ri:] Nestorianer m, -in f

**neşe** Fröhlichkeit f; (fröhliche, angeheiterte) Stimmung; **~si kaçtı** die Stimmung ist ihr (od ihm) vergangen (od verdorben); **~si yerinde** in gehobener Stimmung; **~sini bulmak** in Stimmung geraten, in Schwung kommen

**neşelendirmek** v/t j-n erheitern **~lenmek** (-e -den) fröhlich werden, lebhaft werden (durch akk) **~li** fröhlich, heiter; angeheitert **~siz** schlecht gelaunt **~sizlik** ⟨-ği⟩ schlechte Laune

**neşet** ⟨-ti⟩ Entstehen n; Ursprung m; **-den ~ etmek** entstehen aus (dat)

**neşide** [i:] Vers m (oft als Sprichwort); Bibel Lied n; **~ler ~si** Hoheslied n

**neşir** ⟨neşri⟩ osm → yayım

**'neşretmek** osm → yayımlamak

**neşriyat** [a:] ⟨-tı⟩ → yayın

**neşter** Lanzette f; **~ vurmak** fig Problem energisch anpacken **~lemek** v/t (auf-)schneiden, aufritzen; fig zur Sprache bringen

**net¹** ⟨-ti⟩ deutlich, klar; netto; **~ gelir** Nettoeinkommen n

**net²** IT, SPORT Netz n

**netameli** [a:] gefährlich; vom Pech verfolgt; Pechvogel m

**netice** [i:] Ergebnis n, Folge f; **bunun ~si olarak** infolgedessen; **o işten bir ~ çıkmadı** es kam nichts dabei heraus

**neticelendirmek** v/t beenden, zu e-m Ergebnis führen **~lenmek** abgeschlossen werden, erledigt werden **~siz** ergebnislos; **~ kalmak** ergebnislos verlaufen **~sizlik** ⟨-ği⟩ Ergebnislosigkeit f

**nevale** [a:]: **soğuk ~** kalt, unsympatisch; **~yi düzmek** für Essen und Trinken sorgen

**nevi** ⟨-v'i⟩ Art f; Sorte f; **bu ~** derartig; **nevi şahsına münhasır** spezifisch; einzig in s-r Art

**nevir**: umg **nevrim döndü** ich wurde wütend

**nevr|alji** MED Neuralgie f **~aljik** neuralgisch; Nerven- **~asteni** Neurasthenie f **~oloji** Neurologie f **~opat** MED nervenleidend **~oz** a. PSYCH Neurose f

**ney** Rohrflöte f

**neye** → niye

**neyse** schon gut!; **~ ki** immerhin; **~ ne** was auch immer; ... nun ja

**nezaket** [a:] ⟨-ti⟩ Höflichkeit f; Takt m; gute Kinderstube; heikle(r), delikate(r) Charakter e-r Angelegenheit

**ne'zaketen** aus Höflichkeit, freundlich

**nezaket|li** höflich, taktvoll; chick **~siz** unhöflich, taktlos; nicht chic **~sizlik** ⟨-ği⟩ Taktlosigkeit f

**nezaret** [a:] ⟨-ti⟩ Beobachtung f, Überwachung f; Inspektion f; Kontrolle f; osm Anblick m, Aussehen n; osm Ministerium n; -e **~ etmek** kontrollieren; beaufsichtigen akk; **-i ~e almak** überwachen akk; **-in ~i altında** unter Aufsicht gen/von **~hane** polizeiliche(r) Gewahrsam (Raum)

**nezih** [i:] fein (Lokal etc); gesittet

**nezle** Schnupfen m; **~ oldum** ich habe e-n Schnupfen bekommen; **bahar** (od **saman**) **~si** Heuschnupfen m; **~m var** ich habe Schnupfen

**nıkrıs** MED Gicht f; **~e uğramak** an Gicht erkranken

**nışadır** Salmiak m (NH₄Cl) **~kaymağı** Hirschhornsalz n, Ammoniumkarbonat n **~ruhu** Salmiakgeist m

**'nice** wie viel(e)?, wieviel; seit Langem; **~ ~ yıllar dileriz** wir wünschen Ihnen noch viele, viele Lebensjahre (od ein recht langes Leben)!

**nice|l** quantitativ, Mengen- **~lemek** quantitativ bestimmen **~lik** ⟨-ği⟩ Menge f, Quantität f

**niçin** ['ni:-] warum?; **~ olmasın?** warum nicht?

**nida** [a:] Ruf m, Ausruf m

**nifak** ⟨-kı⟩ Zwietracht f; **~ tohumu** Zankapfel m; **-e ~ sokmak** Zwietracht säen (unter dat) **~çı** Unruhestifter m

**nihaî** [-ha:i:] letzt-; endgültig; End- (Urteil)

**nihayet** A [-ha:-] ⟨-ti⟩ subst Ende n; Schluss m; -e **~ vermek** ein Ende machen dat; **işine ~ vermek** j-m kündigen; **en ~** letzten Endes B ['niha:jet] adv endlich; schließlich; schließlich nur, höchstens; **~ üç ay** höchstens drei Monate; → sonunda **~lenmek** enden,

**ein Ende finden** ~siz endlos
**nihilist** ⟨-ti⟩ Nihilist *m*, -in *f*
**Ni'jerya** Nigeria *n*
**nikâh** Heirat *f*, Eheschließung *f*, Trauung *f*; *-e ~ düşmek Heirat* gesetzlich erlaubt sein; *-i ~ etmek* e-e *Frau* heiraten, ehelichen; **~ kıymak** die Eheschließung vollziehen; **~ memuru** Standesbeamte(r); **~ şahidi** Trauzeuge *m*, Trauzeugin *f*; **~ tazelemek** (die Geschiedene) wieder heiraten; **imam ~ı** religiöse Trauung (*nach islamischem Ritus*)
**nikâh|lamak** *v/t* heiraten; die Eheschließung vollziehen, verheiraten (*-le mit*) **~lı** angetraut, verheiratet (*Frau od Mann*) **~sız** unverheiratet (*zusammen lebend*)
**nikel** Nickel *n*; **~ kaplama** → nikelaj
**nikelaj** Vernickelung *f*; Nickelbelag *m* **~lemek** *v/t* vernickeln **~li** vernickelt; nickelhaltig
**Nikola: Aziz ~** der heilige Nikolaus
**nikotin** Nikotin *n* **~li** Nikotin-, nikotinhaltig; **az ~** nikotinarm **~siz** nikotinfrei
**nilüfer** BOT Wasserlilie *f*, Seerose *f*
**'nimbus** Regenwolke *f*
**nimet** [i:] ⟨-ti⟩ Segen *m*, Glück *n*; Wohltat *f*; das tägliche Brot; **~ler** *fig* (die geistigen) Güter *n/pl*
**nine** Großmutter *f*, *umg* Oma *f*; *dial* Urgroßmutter *f*
**ninni** Wiegenlied *n*; *int* schlaf ein!
**Nis** Nizza *n*
**nisaî** [-saːiː] Frauen- (*Krankheit*), gynäkologisch **~ye** Gynäkologie *f* **~yeci** Gynäkologe *m*, Gynäkologin *f*
**nisan** April *m*; **bir ~!** April, April!; **~ balığı** ⟨-nı⟩ Aprilscherz *m*
**nispet** ⟨-ti⟩ A *subst* Verhältnis *n*, Proportion *f*; Beziehung *f*; Maß *n*, Norm *f*; Vergleich *m*; absichtlich, extra; **~ eki** Relationssuffix *-î*; *-i -e ~ etmek etw* vergleichen mit; **~ kabul etmeyecek** unvergleichlich; *-e ~* im Vergleich zu; im Verhältnis zu; *-e ~ vermek* j-n ärgern, j-m zusetzen; **~inde** zu *dat*; im Rahmen *gen*; **% ~ yüzde) 25 ~inde** zu 25% (=Prozent); **imkan ~inde** im Rahmen des Möglichen; **sekizin, yirmi dörde ~ı, x'in y'e ~ı gibidir** MATH x verhält sich zu y wie 8 zu 24 B *adv* (*-e* j-*m*) zum Trotz, zum Ärger: **bana ~** mir zum Trotz

**'nispeten** A *-e* im Vergleich zu B *adv* verhältnismäßig
**nispet|li** proportional **~siz** nicht proportional **~sizlik** ⟨-ği⟩ Disproportion *f*
**nispî** [-iː] sich wechselseitig bedingend, korrelativ; proportional; relativ, verhältnismäßig; **~ temsil sistemi** POL Verhältniswahlrecht *n*
**nişan** Zeichen *n*, Merkmal *n*; Kennzeichen *n*; Zielscheibe *f*; Ziel *n*; Verlobung *f*; Orden *m*, Auszeichnung *f*; **~ almak** zielen, anlegen (auf *akk*), schießen; e-n Orden bekommen; **~ atmak** schießen, feuern; **~ bırakmak** e-e Spur hinterlassen; **~ halkası** (*od* **yüzüğü**) Verlobungsring *m*; *-i ~* **koymak** sich *dat* merken *akk*; kennzeichnen *akk*; **~ takmak** den Verlobungsring anstecken; den Orden anlegen; *-e ~* **vermek** j-m e-n Orden verleihen; (*-den*) e-n Vorgeschmack geben von D; **~ yapmak** sich verloben
**nişancı** Schütze *m*; HIST Stempelbewahrer *m* (*des Sultans*); **keskin ~** Scharfschütze *m*
**nişane** [aː] Zeichen *n*; Beweis *m*
**nişangâh** Zielvorrichtung *f*, Visier *n*; Ziel *n*, Zielscheibe *f*
**nişan|lamak** *v/t* verloben (*-le* mit *dat*); zielen (*-e auf akk*); markieren, kennzeichnen *akk* **~lanmak** sich verloben **~lı** verlobt; Verlobte(r); gekennzeichnet; Gezeichnete(r) **~sız** ... ohne Besonderheiten, unauffällig
**nişasta** Stärke(mehl *n*) *f*
**'nitekim** ebenso wie ...; ja; wie ... ja auch; so ... denn auch; so zum Beispiel; **ben görmedim, ~ siz de görmüş değilsiniz** ich habe (es) nicht gesehen, ebenso wie Sie es ja nicht gesehen haben
**nitel** qualitativ
**nitele|me** Qualifizierung *f*; charakterisierend **~mek** *v/t* charakterisieren; bezeichnen **~ndirmek** *v/t* kennzeichnen, charakterisieren (*olarak* als)
**nitelik** ⟨-ği⟩ Beschaffenheit *f*, Eigenschaft *f*, Qualität *f*; **... -te** mit der Eigenschaft ...; **... (verebilecek) ~tedir** ... ist so beschaffen, dass (er geben kann) **~li** Qualitäts-; qualifiziert (*a. Person*); **~ işçi** Facharbeiter *m*, -in *f*
**nitrat** ⟨-ti⟩ CHEM Nitrat *n*
**nitrik: ~ asit** CHEM Salpetersäure *f*
**nitrogliserin** CHEM Nitroglyzerin *n*

**nitrojen** Stickstoff *m*
**nivelman** Nivellierung *f*, Planierung *f*
**niyaz** [a:] flehentliche(s) Bitten; **~ etmek** flehen; **namaz ~** *umg* Befolgen der Rituale
'**niye** warum?, weshalb?; wozu?
**niyet** ⟨-ti⟩ Absicht *f* (-*e* zu *dat*; zu …); REL feste Absicht, Wille *m* (*z. B. das Fasten einzuhalten*); **~ etmek** beabsichtigen, gedenken (zu …); **~ tutmak** *etwa* Wunschträume haben (*z. B. beim Wahrsagen*); **~i bozuk** (er führt) Böses im Schilde; **-mek ~inde olmak** die Absicht haben (zu …)
**niyet**|**çi** Wahrsager *m* (*wobei z. B. Vögel Briefchen mit Prophezeiungen ziehen*) **~lenmek** -*e* beabsichtigen (zu …); REL sich *dat* vornehmen, das Fasten einzuhalten **~li** gesonnen; **iyi ~** wohlgesinnt; **~yim** REL ich faste (gerade)
**nizam** [a:] Ordnung *f*; -*i* **~a getirmek** (*a.* **koymak, sokmak**) in Ordnung bringen *akk*; **~a riayet etmek** die Vorschriften beachten
**nizam**|**lı** [-i:] ordnungsmäßig; gesetzlich, festgesetzt **~iye** *osm* Infanterie *f* **~lı** geordnet; vorgeschrieben; verordnet **~name** [a:] Statut *n*; Vorschrift(en *pl*) *f* **~sız** ungeordnet; unvorschriftsmäßig **~sızlık** ⟨-ğı⟩ Desorganisation *f*; Gesetzlosigkeit *f*; gesetzlose Tat
**no.** *abk* für **numara** Nummer *f* (Nr.); **2 no.lu …** … Nummer zwei
**nobran** barsch, grob; unfreundlich **~lık** ⟨-ğı⟩ Grobheit *f*, Unfreundlichkeit *f*
**Noel** Weihnachten *n*; Weihnacht *f*; **iyi ~ler** fröhliche Weihnachten!; **~ ağacı** Weihnachtsbaum *m*; **~ baba** Weihnachtsmann *m*; (Sankt) Nikolaus *m*
**Nogay** Nogaier *m*, -in *f* (*Turkvolk*)
**nohudî** [-hu:di:] grünlich gelb, schmutzig gelb
**nohut** ⟨-du⟩ BOT Kichererbse *f*
**noksan** Fehler *m*; Mangel *m*; Defekt *m*; unvollständig (*Werk*); mangelhaft; nicht zufriedenstellend; defekt; -*i* **~ bulmak** mangelhaft finden *akk*; **yalnız bir şeyim ~dı** mir fehlte nur eins **~lık** ⟨-ğı⟩ Mangelhaftigkeit *f*; Mangel *m* (-*de* an *dat*) **~sız** fehlerfrei; tadellos
**nokta** Punkt *m* (*a. Platz, Thema*); Tüpfel *m*; (Polizei)Wache *f*; **~sı ~sına** Punkt für Punkt; **iki ~** Doppelpunkt; **ölü ~** TECH tote(r) Punkt; tote(r) Winkel; **-e ~ koymak** *fig* abschließen
**noktala**|**ma** Zeichensetzung *f*, Interpunktion *f*; TECH Punktier- (*Nadel*) **~mak** *v/t* punktieren; tüpfeln; (Satz)Zeichen setzen in *dat*; *fig* abschließen, zu Ende bringen **~nmak** *v/i* ein Ende finden
**nokta**|**lı** punktiert (*Linie*); **~ damarlar** Kapillargefäße *n/pl*; **~ virgül** Semikolon *n* **~sız** … ohne Punkt
**n'olur** [-o:-] ach bitte!, → **ne olur** *etc*
**nominal** Nominal-; **~ değer** Nominalwert *m*
**nonoş** Mädelchen *n*; **~um!** mein Kleinchen!
**norm** Norm *f*; Standard *m*; **~a göre** normgerecht
**normal** ⟨-li⟩ normal; MATH Normale *f* **~leşmek** sich normalisieren; sich stabilisieren **~leştirmek** *v/t* normalisieren
'**Norveç** ⟨-ci⟩ Norwegen *n*; norwegisch **~çe** (das) Norwegisch(e) **~li** Norweger *m*, -in *f*; norwegisch
**nostalji** Heimweh *n*; Nostalgie *f*, Sehnsucht *f* nach alten Zeiten
**nosyon** Begriff *m*
**not** ⟨-tu⟩ Notiz *f*; Note *f*, Zeugnis *n*, Zensur *f*; (-*den*) **~ almak** sich (*dat*) Notizen machen (von *dat*); e-e (*z. B. gute*) Note bekommen (in *dat*); **~ atmak** *e-e Arbeit* benoten; **~ bırakmak** e-e Nachricht hinterlassen (*z. B. auf dem Anrufbeantworter*); **~ defteri** Notizbuch *n*; -*i* **~ düşmek**, **~ etmek** notieren *akk*; sich (*dat*) aufschreiben *akk*; **~ kırmak** e-e schlechte Note geben; **~ tutmak** schriftlich festhalten (*z. B. Rede*); mitschreiben; **~ vermek** ein Gutachten abgeben; -*e* **~unu vermek** *j-m* die verdiente Note geben
'**nota** MUS Note *f*; diplomatische Note; **sözlü ~** Verbalnote *f*
**noter** Notar *m* **~lik** ⟨-ği⟩ Notariat *n* (*Amt und Büro*)
**nöbet** ⟨-ti⟩ Reihe *f*, Reihenfolge *f*; Ablösung *f*, Wache *f*, (Wach)Dienst *m*; MED Anfall *m*; Mal *n*; (Arbeits)Gang *m*; Fuhre *f*; **~ beklemek** (*od* **tutmak**) Wache stehen, Wachdienst haben (*od umg* schieben); warten, bis man an die Reihe (*od umg* dran) kommt; **~ değiştirmek** die

Wache ablösen; **-e ~ gelmek** MED e-n Anfall haben; **~ çıkmak** die Wache antreten; **gece ~i** Nachtdienst m; **~le nach der Reihe**; **bu akşam ~ sizde** heute Abend sind Sie an der Reihe

**nöbetçi** Wachposten m; diensthabend; **~ doktor** Bereitschaftsarzt m, Notarzt m; **~ eczane** Apotheke f mit Nachtdienst **~lik** ⟨-ği⟩ Wachdienst m

**nöbetleşe** abwechselnd, turnusmäßig

**nöbetleşmek** sich ablösen (*-le* mit *dat*)

**nöbetşekeri** ⟨-ni⟩ Kandiszucker m

**nörolog** Neurologe m, Nervenarzt m **~loji** Neurologie f, Nervenheilkunde f

**nötr** *a*. CHEM neutral; GRAM Neutrum n **~lemek** *-i* CHEM neutralisieren **~leşmek** neutralisiert werden **~lük** ⟨-ğü⟩ Neutralität f

**nötron** Neutron n

**Nuh** [u:] Noah m; **~'un gemisi** (die) Arche Noah

'**numara** Nummer f; (Kleidungs-, Schuh)Größe f; *Schule* Note f, Zeugnis n; *umg* Schwindel m, Ding n; Dreh m; **~ sırasıyla** nach Nummern; **~dan absichtlich**; gekünstelt; **~ yapmak** umg sich (*z. B. betrunken*) stellen, (*betrunken*) tun; **senin ~n bize geçmez** mit deinem Dreh kommst du bei uns nicht durch **~cı** Simulant m, -in f; Schwindler m, -in f **~lamak** *v/t* nummerieren **~lı** nummeriert; (mit der) Nummer; **bir ~** vorrangig, höchst wichtig; **yedi ~ ev** (das Haus) Nummer sieben; **15 ~ tramvay** Straßenbahn Nummer 15, *umg* „die 15" **~sız** unnummeriert (*Platz*)

**numune** [-mu:-] Muster n; Probe f; Beispiel n; Vorbild n; **kıymetsiz ~** Muster n ohne Wert; **~ koleksiyon** Musterkollektion f **~lik** ⟨-ği⟩ Muster-; Prüfstück n; ... nach Muster; beispielhaft; **~ kumaş** Stoffmuster n

**nur** [u:] Licht n; Glanz m; **~ gibi** glänzend, strahlend; **~ içinde yatsın!** er/sie ruhe in Frieden; **~ ol!** bravo!; **~ topu gibi** allerliebst, entzückend

**nuranî** [-a:ni:] (strahlend) hell; verklärt

**Nurcu** Mitglied e-r fundamentalistischen Sekte **~luk** (die) Nurcu-Sekte

**nurlu** → nuranî

**nursuz** abstoßend; unschön

**nutuk** ⟨nutku⟩ (feierliche) Rede f; Ansprache f; **♀** Rede Atatürks vom 15.–20. Okt. 1927 über die Gründung der türk. Republik; **-e ~ atmak** (*od* **çekmek**) j-n (mit s-m Gerede) anöden; **~ söylemek** (*od* **vermek**) e-e Rede halten; **-in nutku tutulmak** in der Rede stocken, sich verheddern

**nü** Akt m, Aktstudie f

**nüans** Nuance f; Kleinigkeit f, Spur f

**nüfus** [u:], *meist* [u] Bevölkerung f; Person f, Mensch m; **~artışı** Bevölkerungswachstum m; **~ artış oranı** Bevölkerungszuwachsrate f; **~ cüzdanı** (*od* umg **~ kağıdı**) Personalausweis m; **~ cüzdan sureti** (beglaubigte) Kopie f des Personalausweises; **~ memurluğu** Personenstandsamt n; **~ planlaması** Geburtenkontrolle f; **~ patlaması** Bevölkerungsexplosion f; **~ sayımı** Volkszählung f; **tarım ~u** Landbevölkerung f

**nüfusbilim** Demografie f **~ci** Demograf m, -in f **~sel** demografisch

**nüfuz** [u:] Durchdringung f; Einfluss m (*-in* üzerinde auf *akk*); **~ bölgesi** Einflusssphäre f; **~ ticareti** gute Beziehungen f/pl; Vetternwirtschaft f; **~u altında tutmak** j-n (ständig) beeinflussen, gefügig machen; **-e ~ etmek** eindringen in *akk*; Einfluss ausüben auf *akk*; **~ yarışı** POL Machtkampf m **~lu** einflussreich

**nükleer** nuklear, Kern-; **~ enerji** Kernenergie f; **~ reaktör** Kernreaktor m; **~ santral** Kernkraftwerk n; **~ silah** Atomwaffe f; **~ silahlanma taraftarı** Atomwaffengegner m; **~ yeraltı denemesi** unterirdische(r) Atomversuch

'**nüksetmek** MED wieder auftreten

**nükte** Witz m; Pointe f; **~ saçmak** (*od* **yapmak**) Witze machen (*od* **reißen**) **~ci** Witzbold m **~dan** [a:] Spaßmacher m **~li** witzig; geistreich

**nümayiş** Demonstration f; Schau f; **~ yapmak** demonstrieren **~çi** Demonstrant m **~kâr, ~li** demonstrativ; vorgetäuscht, zum Schein

**nüsha** Exemplar n; Nummer f e-r Zeitung; Abbild n, *umg* Abklatsch m (*des Vaters*)

**nüve** Kern m

**nüzul** [u:] ⟨-lü⟩ MED Schlaganfall m

# O

**o, O** [ɔ] o, O *n*

**o¹** **A** [ɔː] *int* oh!; pah!, ach was! **B** [o], [oː] ~, **maşallah, ne güzel!** o, herrlich, das ist schön!

**o²** ⟨onu⟩ **A** *pron* er, sie, es **B** *adj* der, die, das ... da; jener, jene, jenes; ~ **bir(i)** der andere (von zweien); ~ **bu** dies und das, alles; ~ **denli** derart, (dass); ~ **gün bugün(dür)** seit damals, seither; ~ **saat** sofort, auf der Stelle, gleich, unverzüglich; ~ **taraflı olmamak** keine Beachtung schenken; ~ **yolda** auf solche Weise; ~ **ev bundan geniş değil** das Haus da ist nicht geräumiger als dieses; **kim** ~? wer da?; wer ist das?; **ne** ~? was gibts?; was ist los?

**oba** Nomadenzelt *n*; Nomadenfamilie *f*; Nomadenlager *n*

**obje** → nesne

**objektif** **A** *subst* FOTO Objektiv *n* **B** *adj* objektiv; ~ **kapağı** Objektivdeckel *m*

**obligasyon** WIRTSCH Obligation *f*

**obruk** ⟨-ğu⟩ konkav; Trichter *m* (*im Boden*), Schlagloch *n*

**obstrüksiyon** Obstruktion *f*

**'obua** MUS Oboe *f*

**obur** Vielfraß *m*; unersättlich **~luk** ⟨-ğu⟩ Gefräßigkeit *f*

**obüs** MIL Granate *f*; Schrapnell *n*

**ocak¹** ⟨-ğı⟩ Herd *m*; Kamin *m*; Kocher *m*; häusliche(r) Herd, Familie *f*, Heim *n*; Kamin *m*; Steinbruch *m*; Marmorbruch *m*, Kohlenbecken *n*; Bergwerk *n*; *fig* Mittelpunkt *m*, Herd *m*; Beet *n*; Plantage *f*; (*Partei*)Haus *n*, Klub *m*; HIST (*Janitscharen*)Korps *n*; -*in* **ocağı batmak** Familie, Geschlecht aussterben; erlöschen; -*in* **ocağına düşmek** Schutz suchen (bei *dat*); -*in* **ocağına incir dikmek** e-e Familie zugrunde richten

**ocak²** ⟨-ğı⟩ (~ **ayı**) Monat Januar *m*

**ocakçı** Schornsteinfeger *m*; Heizer *m*; Klubmitglied *n*, Korpsmitglied *n*; *umg* Kaffeekoch *m*, Teekoch *m*

**ocak|lı** ... mit Herd **~lık** ⟨-ğı⟩ Familiengut *n*; Herdstelle *f*; Tragbalken *m*; *dial* Schornstein *m*

**od** *osm* Feuer *n*; *fig* Liebesglut *f*

**oda** Zimmer *n*; Kammer *f*; Stelle *f*; Amt *n*; ~ **arkadaşı** Zimmergenosse *m*; ~ **hapsi** Hausarrest *m*; ~ **hizmetçisi** Hoteldiener *m*, Hotelboy *m*; ~ **müziği** Kammermusik *f*; **banyolu** ~ Zimmer *n* mit Bad; **arka** ~ Hinterzimmer *n*; **banyo** ~**sı** Badezimmer *n*; **çalışma** ~**sı** Arbeitszimmer *n*; **kontrol** ~**sı** Kontrollpunkt *m*; **misafir** ~**sı** Gästezimmer *n*; **okuma** ~**sı** Lesesaal *m*; **otel** ~**sı** Hotelzimmer *n*; **oturma** ~**sı** Wohnzimmer *n*; **yatak** ~**sı** Schlafzimmer *n*; **yemek** ~**sı** Esszimmer *n*; **tabipler** ~**sı** Ärztekammer *f*; **sanayi** ~**sı** Industriekammer *f*; **ticaret** ~**sı** Handelskammer *f*

**odacı** Hoteldiener *m*; Zimmermädchen *n*; (Gebäude)Reiniger *m*

**odak** ⟨-ğı⟩ Brennpunkt *m*; Zentrum *n*; ~ **noktası** PHYS Brennpunkt *m*, Fokus *m* **~lamak** *v/t* scharf einstellen **~lanmak** *üzerine* sich fokussieren auf *akk* **~laştırmak** Strahlen bündeln; richten auf *akk*

**odalı** mit ... Zimmer(n); **dört** ~ Vierzimmer- (*Wohnung*)

**odalık** ⟨-ğı⟩ HIST Odaliske *f*

**odi'toryum** Auditorium *n*; Hörsaal *m*; Funksaal *m*

**odsuz** ... ohne Feuer; ~ **ocaksız** bettelarm

**odun** (Brenn)Holz *n*; Balken *m*; *fig* Döskopf *m*, Trottel *m*; ~ **kırmak** Holz hacken; -*e* ~ **atmak** *j-n* prügeln

**odun|cu** Holzfäller *m*; Holzhändler *m* **~kömürü** ⟨-nü⟩ Holzkohle *f* **~laşmak** *v/i* verholzen; *fig* vertrotteln **~luk** ⟨-ğu⟩ Holzlager *n*; Baum *m* für Brennholz; *fig* Gerangel *n* **~su** holzig

**of** brr!, puh!; ach (ja)!; äh!, ach was!; ~, **ne sıcak** puh, ist es heiß!; ~, **kolum acıdı** ach, tut mir der Arm weh!

**ofis** Büro *n*; Amt *n*

**oflamak** ächzen, stöhnen, seufzen; ~ **puflamak** ächzen und stöhnen

**ofsayt** ⟨-tı⟩ Abseits *n* (*Fußball*); ~**a düşmek** ins Abseits laufen; ~ **pozisyonu** Abseitsstellung *f*

**ofset** ⟨-ti⟩, ~ **baskı** Offsetdruck *m*

**oftalmoloji** MED Augenheilkunde *f*

**Oğlak** ASTROL Steinbock *m*; ~ **burcundanım** ich bin ein Steinbock; **2** Zicklein *n*

**oğlan** Junge m, Knabe m; *Karte* Bube m; Lustknabe m **~cı** Päderast m

**oğmak** ⟨-ar⟩ → ovmak

**oğul** ⟨oğlu⟩ Sohn m; *int* mein Junge!, mein Kind!; *Karte* Bube m; **~ arısı** Bienenschwarm m; **hin oğlu hin!** durchtrieben, und wie!

**oğul|cuk** ⟨-ğu⟩ Söhnchen n; BIOL Keim m, Embryo m **~luk** ⟨-ğu⟩ Sohnes- (*Pflicht*); Adoptivsohn m

**Oğuz** (*türk. Stamm*) Oghuse m, Oghusin f

**oh** ⟨ɔx⟩ o, oh; *Bedauern* ach!; **~, ne güzel** oh, wie schön!; **~ çekmek** *umg* feixen; schadenfroh sein; **~ demek** aufatmen, verschnaufen; **~ olsun** das geschieht dir (*od euch*) recht!; ja, ja ...

**'oha** ⟨ɑ:⟩ brr! (= halt!); *vorwurfsvoll, warnend* na, na!; nicht doch!

**oje** Nagellack m

**ok** ⟨-ku⟩ Pfeil m (*a. als Zeichen*); **araba ~u** Wagendeichsel f; **saban ~u** Pflugsterz m; **terazi ~u** Waagebalken m; **~ gibi** pfeilschnell; **~ yaydan çıktı** nun ist es geschehen

**okaliptüs** Eukalyptus(baum) m

**okçu** Pfeilhersteller m; Pfeilverkäufer m; (Bogen)Schütze m **~luk** ⟨-ğu⟩ (Bogen-) Schießen n

**okey** Okay n; *int* in Ordnung!; **-in ~ini almak** → olurunu almak **~lemek** bestätigen; genehmigen

**okka** *altes Gewichtsmaß* Okka f (=1,283 g); **~ çekmek** *fig* von Gewicht sein; **~nın altına gitmek** sich (*dat*) die Finger verbrennen; **~lı** groß (*Tasse etc*); schwerwiegend (*Gedanke*); deftig (*Schimpfwort*)

**oklava** Teigrolle f

**ok|lu** Pfeil-; Gift- **~luk** ⟨-ğu⟩ Köcher m

**oklukirpi** ⟨-ni⟩ ZOOL Stachelschwein n

**oksijen** Sauerstoff m **~lemek** *v/t* mit Sauerstoff anreichern; Haare blondieren, aufhellen **~li** sauerstoffhaltig; blondiert; **~ su** Wasserstoffperoxid n

**oksit** ⟨-di⟩ Oxid n **~lemek** *v/t* oxidieren **~lenmek** *v/i* oxidieren **~leyici** Oxidiermittel n

**okşa|mak** *v/t* streicheln, liebkosen; *j-m* e-n Klaps geben; *j-m* schmeicheln; *osm j-m* ähneln **~nmak** *passiv von* okşamak; **çocuk ~ ister** das Kind braucht Zärtlichkeit **~yıcı** schmeichelnd; Kose-(*Wort*)

**oktav** MUS Oktave f

**okul** Schule f; **dil ~u** Sprachenschule f; **~ arkadaşı** Schulfreund m, -in f **~lu** Schüler m, -in f

**okulöncesi** Vorschul-, ... im Vorschulalter; **~ eğitim** Vorschulerziehung f

**okuma** Lesen n; Lektüre f; **~ yazma** Lesen und Schreiben n; **-in ~sı yazması yok** er/sie ist Analphabet(in)

**okumak** ⟨okur⟩ *v/t* lesen; lernen, studieren; (-i -e) *j-m etw* vorlesen; einladen, rufen *zu*; *Lied* singen; *j-s Namen* aufrufen; *Kranken* durch Besprechung behandeln, für *j-n* beten; **ezan ~** zum Gebet aufrufen; **gözlerinden ~** *fig* von *j-s* Augen ablesen; *umg* (-e *j-m*) die Leviten lesen; *j-m die Laune* verderben; *j-m das Leben* sauer machen

**okumuş** belesen; gebildet, gelehrt **~luk** ⟨-ğu⟩ Belesenheit f; Bildung f

**okunuş** Lesen n, Vorlesen n

**okur** Leser m **~yazar** lese- und schreibkundig

**okut|mak** (-i -e) *j-n* (vor)lesen lassen *akk*; *j-n etw* lernen lassen; lehren *akk*, unterrichten (*akk,* in *dat*); *umg* verscherbeln *akk* **~man** (Universitäts)Lektor m

**okuyucu** Leser m, -in f; Sänger m, -in f

**oküler** Okular n, Augenlinse f

**okyanus** Ozean m; **Atlas Okyanusu** (der) Atlantische Ozean, Atlantik m; **Büyük Okyanus** Stille(r) Ozean, Pazifik m; **Hint Okyanusu** (der) Indische Ozean

**ol** *osm* dies(e), der, die, das ... da, → o

**ola** denn (*als adv*); *osm* soll/mag sein; **sabah ~, hayır ~** kommt Zeit, kommt Rat; → acaba; **~ ki** es sei denn

**olabilir** möglich

**olabilirlik** ⟨-ği⟩ Möglichkeit f

**olacak** ⟨-ğı⟩ durchführbar, machbar, realistisch; unaufschiebbar (*Angelegenheit*); endgültige(r), äußerste(r) Preis; angeblich, sogenannt; ... müsste sein, ... ist wohl; das Mögliche; **arkadaşım ~ adam** mein sogenannter Kollege; **bu işi o yapmış ~** das müsste sie gemacht haben; **evde ~** sie müsste zu Hause sein; **~ gibi değil** es kommt wohl nichts dabei heraus; **iş olacağına varır** die Dinge nehmen so und so ihren Lauf

**olagelmek** andauern, bestehen bleiben

**olağan** üblich, gewöhnlich; natürlich;

normal; **~ olarak** üblicherweise; normalerweise; nach wie vor; regelmäßig (z. B. sich treffen) **~dışı** ⟨-nı⟩ übernatürlich, außergewöhnlich; eine Ausnahme **~üstü** A *adj* ungewöhnlich, anormal; Ausnahme- (Zustand) B *adv* äußerst

**o'lamaz** *a. int* unmöglich; (es) geht nicht, kann nicht sein

**olan** werdend; seiend; → olmak; **iyi ~ hasta** ein Kranker in der Genesung, ... dem es besser geht; **orada ~ lar** die Anwesenden *pl*; **beş çocuğu ~ bir baba** ein Vater, der fünf Kinder hat (*od* mit fünf Kindern); **~ biten** das, was geschah; **sana ~ olmuş** dir ist auch schon alles passiert; **~ oldu** vorbei ist vorbei

**olanak** ⟨-ğı⟩ Möglichkeit *f*; **~ dışı** unmöglich; **~ ölçüsünde** nach Möglichkeit **~lı** möglich **~sız** unmöglich

**o'lanca** gesamt, all-; **~ para** das gesamte Geld, alles Geld

**olarak** als; **hediye ~** als Geschenk; **turist ~** als Tourist; **pantalon ~ şunlar var** an Hosen haben wir diese hier

**olası** wahrscheinlich; aussichtsreich; **oldum ~ ~ oldum ~lı** wahrscheinlich; hypothetisch **~lık** ⟨-ğı⟩ Wahrscheinlichkeit *f*; Aussicht *f*, Chance *f*; **~lar hesabı** Wahrscheinlichkeitsrechnung *f*

**olay** Ereignis *n*; Fall *m*, Vorfall *m*; Umstand *m*; Phänomen *n*, Erscheinung *f*; Tatsache *f*; **~ çıkarmak** e-n Zwischenfall verursachen; **~ yeri** Tatort *m* **~bilim** PHIL Phänomenologie *f* **~lı** ereignisreich **~sız** ohne Zwischenfall; ereignislos

**oldu** *int* (geht) in Ordnung; jawohl; gemacht!; **~ mu?** alles klar?

**oldubitti** vollendete Tatsache; es ist erledigt; **-i ~ye getirmek** *j-n* vor vollendete Tatsachen stellen

**ol'dukça** ziemlich, recht (viel), *umg* ganz schön, ziemlich

**oldum**: **~ bittim**, **~ olası** seit je(her)

**oldurmak** *v/t* zur Reife bringen

**olgu** Ereignis *n*; Tatsache *f*, Umstand *m* **~culuk** ⟨-ğu⟩ PHIL Positivismus *m*

**olgun** reif (Frucht, Person); Person *a.* voll (entwickelt) **~laşmak** *v/i* reifen, reif werden (*a.* Person) **~laştırmak** *v/t* zur Reife bringen; *fig* Plan ausreifen lassen

**olgunluk** ⟨-ğu⟩ Reife *f*; **~ sınavı** Reifeprüfung *f*

**oligarşi** Oligarchie *f*

**olimpiyat** Olympiade *f*; **kış olimpiyatları** die olympischen Winterspiele *n/pl*

**'olmadan** bevor es wird: **sabah ~** noch vor Morgengrauen

**'olmadı** und wenn das nicht geht

**'olmadık** noch nicht dagewesen, unerhört, unglaublich

**olmak** ⟨-ur⟩ A *v/i* sein; werden; entstehen; werden zu; geschehen; reif werden; fertig werden; angebracht sein; *Zeit* dauern; vergehen; *umg* betrunken sein, voll sein; **o senin ne(yi)n oluyor?** wie ist er mit dir verwandt?; **o benim yeğenim oluyor** er ist mein Neffe; sie ist meine Nichte; **anne oldu** sie wurde Mutter; **akşam oluyor** es wird Abend; **doktor olmak** Arzt werden; **şarap sirke olmuş** der Wein wurde zu Essig; **ekin oldu** das Getreide wurde reif; **çay oldu** der Tee ist fertig; **böyle iş olmaz** so etwas geht nicht (*od* ist nicht angebracht!); **iki yıl oldu** es ist zwei Jahre her; **sen adamakıllı olmuşsun** *umg* du bist ganz gehörig voll B *unp* es gibt *akk*: **dışarıda telaş oldu** draußen gab es einen Tumult; *-in* (+ *Possessiv*) ~ haben; *Krankheit* bekommen; *-in* **bilgisi ~** Wissen erwerben; **ev onun oldu** das Haus wurde seins, er erwarb das Haus; **öksürük olmak** Husten bekommen; **yarın misafirimiz olacak** morgen werden wir Gäste haben, morgen bekommen wir Besuch C (*-den*) verlieren, *umg* loswerden; **işinden oldu** er hat seine Arbeit verloren, er ist entlassen worden; kommen, stammen aus D (*-e*) *j-m* passen: **bu ayakkabı size olur** diese Schuhe passen Ihnen E **~ üzere** davon: **ikisi kız ~ üzere üç çocuğu var** sie hat drei Kinder, davon zwei Mädchen; → ola (ki); olabilir; olacak; olamaz; olan; olarak; olası; oldu; oldum; olmadı; olmadık; olmayacak; olmaz; olmuş; olsun; olup; olur

**'olmamış** unreif, grün

**'olmayacak** nicht durchführbar; *Worte* unpassend, ungehörig; **~ duaya amin demek** auf das Unmögliche hoffen

**olmaz** unmöglich; es geht nicht; **~ mı** geht es nicht?; **~ ~** geht nicht gibts nicht **~sa**: **~ olmaz** unabdingbar

**olmuş** *Obst* reif; ... hat sich gebildet; beschlossen (*Sache*); ~ **armut gibi** -*in* **eline düşmek** *fig j-m* in den Schoß fallen

**olsa**: **de** ~ wenn auch; **ne de** ~ immerhin; ~ ~ höchstens; schlimmstenfalls; wenns hochkommt

**olsun** *int* (er/sie) sei; sei es!, nun ja; meinetwegen; (das) macht nichts!; trotzdem!; ~ ~ → **olsa olsa**; ... ~ ... ~ sowohl ... als auch; ebenso wie: **bitkiler** ~, **hayvanlar** ~ sowohl Pflanzen als auch Tiere; **kim** *etc* **olursa** ~ wer *etc* auch immer; **ne olursa** ~ komme, was wolle; was auch immer

**olta** Angel *f*; ~ **iğnesi** Angelhaken *m*; ~ **ipi**, ~ **ipliği** Angelschnur *f*; ~ **yemi** Köder *m*; ~**ya vurmak** anbeißen

**oltacı** Angler *m*

**oluk** ⟨-ğu⟩ Rinne *f*; Dachrinne *f*; TECH Rille *f*; ~ ~ *adv* in Strömen **~laşmak** *unp* es bilden sich Rinnen **~lu** gerieffelt; gewellt; ~ **mukavva** Wellpappe *f*; ~ **saç**, ~ **teneke** Wellblech *n*

**olum|lama** GRAM Bejahung *f* **~lu** bejahend, GRAM *a.* affirmativ; positiv **~suz** negativ; GRAM *a.* verneint; ~ **yapmak** GRAM in die verneinte Form setzen **~suzlamak** GRAM verneinen **~suzluk** ⟨-ğu⟩ Verneinung *f*, Negation *f*

**olunmak** *passiv von* etmek; **ilan** ~ bekannt gegeben werden

**oluntu** Zwischenfall *m*, Episode *f*

**olup**: ~ **olacağı** alle(s) insgesamt

**olupbitti** → **oldubitti**

**olur** möglich; es geht; es klappt; es kommt vor; **ne** ~? was ist los?; was solls?; **ne** ~, **ne olmaz (diye** *od* **kabilinden)** man kann nie wissen; für den Fall des Falles; ~ **olmaz** *pej* alles Mögliche, alle möglichen ..., irgendwelche, irgendeine(r); ~ **çocuk değil** ein unmögliches Kind; -*i* **~una bırakmak** den Dingen ihren Lauf lassen; **b-nin ~unu almak** *j-s* Genehmigung einholen; **ne** ~, **n'** ~ bitte!

**oluş** *a.* PHIL Werden *n*; Genesis *f*; Entstehung *f*; Gebilde *n*; GEOL Formation *f*; (*-den*) Zugehörigkeit *f* zu

**oluş|mak** *v/i* (*-den*) entstehen, sich bilden; bestehen aus *dat* **~turmak** *v/t* bilden; schaffen; darstellen **~uk** ⟨-ğu⟩ GEOL Formation *f* **~um** Einrichtung *f*, Institution *f*; Formation *f*

**om** ELEK Ohm *n*; ~ **kanunu** ohmsche(s) Gesetz

**om(a)** Kopf *m*, Ende *n des Knochens*; runde(s) Endstück

**omaca** Baumstumpf *m*; große(r) Knochen; Rebstock *m*

**omlet** ⟨-ti⟩ GASTR Omelett *n*

**omur** ANAT Wirbel *m*; ~ **deliği** Wirbelloch *n*; ~ **kemiği** Wirbelknochen *m*; **boyun ~u** Halswirbel *m*

**o'murga** ANAT Wirbelsäule *f*, Rückgrat *n*; SCHIFF Kiel *m*; *fig* Rückgrat *n*, Grundlage *f* **~lı** ZOOL Wirbeltier *n* **~sız** ZOOL wirbellos **~sızlar** ZOOL (die) Wirbellosen *pl*

**o'murilik** ⟨-ği⟩ ANAT Rückenmark *n*; ~ **soğanı** Nachhirn *n*

**omuz** ⟨omzu⟩ Schulter *f*; ~ **başı** Schulterspitze *f*; ~ **kaldırmak** → ~ **silkmek**; ~ **omza** Schulter an Schulter, dicht gedrängt; ~ **silkmek** *fig* mit den Achseln zucken; -*e* ~ **vermek** *j-n* unterstützen; mit der Schulter stützen *akk*; ~ **a taşımak** *j-n* auf den Schultern tragen; *fig j-n* in den Himmel heben; **~ları çökmek** *fig* völlig heruntergekommen (*od* heruntergekommen sein) **~daş** Spießgeselle *m*, Helfershelfer *m*

**omuz|lamak** (-*i*) schultern *akk*; *Jacke* über die Schulter werfen; *mit der Schulter* vorwärtsschieben, stemmen; *Slang* klauen **~luk** ⟨-ğu⟩ Schulterklappe *f*; *bes* MIL Epaulette *f*; SCHIFF Back *f* auf dem Vorderschiff *od* Achterdeck *n*

**on** zehn; Zehn *f*; ~ **paralık etmek** *j-n* ruinieren; verunglimpfen; ~ **parmağında** ~ **marifet** Tausendkünstler *m*

**ona** *dat von* **o**: ihm, ihr; dem ... da; der ... da; ~ **buna dil uzatmak** über *j-n* herziehen, *umg* quatschen

**'onaltılık** ⟨-ğı⟩ MUS Sechzehntelnote *f*

**onamak** *v/t* billigen, genehmigen; gutheißen

**onar** o. zehn; → **onamak**; **onmak**

**onar|ılma** Instandsetzung *f*; **yeniden** ~ Wiederaufbau *m* **~ım**, **~ma** Reparatur *f*, Instandsetzung *f*; Restaurierung *f* **~mak** *v/t* reparieren; *Haus* instand setzen; restaurieren; *Fehler* verbessern

**onartmak** *kaus von* **onarmak**

**onay** Genehmigung *f*; Billigung *f*; Bescheinigung *f*; *adj* passend **~lamak** *v/t* genehmigen; billigen; dulden; POL ra-

tifizieren **~lı** genehmigt; ratifiziert **~sız** nicht genehmigt *etc*; nicht ratifiziert
'**onbaşı** MIL Gefreite(r)
'**onca** **A** nach seiner/ihrer Ansicht **B** *adj (der, die das)* viel(e); **~ ekmek** das viele Brot, *umg* der Haufen Brot **C** *adv* gehörig, ordentlich
**onda**¹ ihr *(od* ihm); darin; → o; **~ para yok** er *(od* sie) hat kein Geld
**onda**² Zehntel *n* **~lık** ⟨-ğı⟩ der zehnte Teil; Dezimal- *(Bruch);* **~ sayı** Dezimalzahl *f*
**ondan** von ihm *(od* ihr); davon; → o; deshalb; **~ sonra** danach
**ondurmak** *v/t* besser machen, verbessern
**on'düle** onduliert, gewellt
**onikiparmakba(ğı)rsağı** ⟨-nı⟩ ANAT Zwölffingerdarm *m*
**oniks** Onyx *m*
**onlar**¹ (die) Zehner *pl*
**onlar**² sie *nom/pl;* **~a** ihnen; **~da** in *(od* bei) ihnen; **~dan** von ihnen; **~ı** sie *akk/pl*
**onlu** Zehner-; *Karte* Zehn *f*
**onluk** ⟨-ğu⟩ Zehner *m (Einheit von zehn);* z. B. Zehneuroschein *m; Schüler* mit e-r Note über 10
**onma** Heilung *f,* Genesung *f*
'**onmadık** *Wunde* nicht geheilt
**onmak** ⟨-ar⟩ besser werden, heilen; *Person* glücklich werden; wieder gesund werden, genesen
**onmaz** unheilbar; unverbesserlich
**onomatope** → yansıma
**ons** Unze *f*
**onsuz** ohne ihn, ohne sie, ohne es; ohne das; **~ edememek** ohne ihn *etc* nicht sein *(od* auskommen) können
**onu** ihn, sie, es; → o
**onulmak** *passiv von* onmak; **onulmaz** unheilbar
**onun** *gen von* o: seiner, ihrer; sein, ihr
**onuncu** zehnt- **~luk** ⟨-ğu⟩ zehnte(r) Platz
**onunki**: **bu ~** das gehört ihm/ihr
**onur** Selbstgefühl *n,* Würde *f;* Ehre *f;* **~ belgesi** Ehrenurkunde *f;* **~ üyesi** Ehrenmitglied *n;* ... **~una** zu Ehren *gen/von;* *-in* **~una dokunmak** *j-s* Ehrgefühl verletzen; *gegen j-s* Ehre gehen; **~una yediremek** *fig j-n* innerlich sehr treffen; sich nicht abfinden können mit
**onurlan|dırıcı** ehrenvoll **~dırmak** *(-i)* *j-m* Ehre erweisen, *j-n* ehren **~mak** geehrt werden
**onurlu** ehrenvoll, würdig
**onursal** Ehren- *(Mitglied)*
**onursuz** unwürdig, unehrenhaft
**oparlör** Lautsprecher *m*
**o'pera** Oper *f (Werk u. Haus)* **~komik** komische Oper
**operasyon** MED, MIL Operation *f*
**operatör** Chirurg *m;* Kameramann *m;* TYPO Maschinensetzer *m;* Telefonist *m;* Kranführer *m etc*
**operet** ⟨-ti⟩ MUS Operette *f*
**oportün|ist** ⟨-ti⟩ Opportunist *m,* -in *f* **~izm** Opportunismus *m*
**opsiyon** WIRTSCH Option *f;* Frist *f* für e-e Entscheidung
**optik** ⟨-ği⟩ Optik *f*
**optim|ist** ⟨-ti⟩ Optimist *m,* -in *f* **~izm** Optimismus *m*
**optimum** Optimum *n;* optimal
**opus** MUS Opus *n*
'**ora** jene(r) Ort, die Gegend (da); **~da burada** in der ganzen Gegend; **~dan buradan** hier und da ein bisschen *(z. B. lesen);* **~dan ~ya koşmak** hin und her rennen; **~larda** dort, in der Gegend; **~larda olmamak** *fig* (mit den Gedanken) *etw* abwesend sein **~cıkta** gleich dort, ganz in der Nähe
**oralda, ~dan** → ora
**orak** ⟨-ğı⟩ Sichel *f;* Ernte(zeit) *f; dial* **~ ayı** Juli *m;* **~-çekiç** Hammer und Sichel **~çı** Schnitter *m,* -in *f*
'**oralı** dortig, ... von dort; **~ olmamak** sich nicht darum kümmern; **siz de ~ mısınız?** sind Sie auch daher *(od* von dort)?
**oramak** ⟨-ar⟩ *umg Korn* schneiden, ernten
'**oramiral** ⟨-li⟩ Großadmiral *m*
**oran** Verhältnis *n,* Proportion *f;* Vergleich *m;* Maß *n;* Voraussetzung *f,* Hypothese *f;* MATH Quotient *m;* **faiz ~ı** WIRTSCH Zinssatz *m; -e* **~la** im Vergleich, im Verhältnis zu; *-diği* **~da mümkündür** ... ist nur soweit möglich, wie ... **~dışı** MATH irrational; unvergleichbar
**orangutan** ZOOL Orang-Utan *m*
**oran|la** → oran **~lamak** *v/t* vergleichen; in Relation setzen **~lı** vergleichbar; proportional *dat,* entsprechend *dat;* ausgeglichen **~sız** unvergleichbar;

**nicht proportional; unausgeglichen ~sızlık** ⟨-ğı⟩ Unverhältnismäßigkeit *f*; Unausgeglichenheit *f* **~tı** Proportionalität *f*, richtige(s) Verhältnis **~tılı** proportional; **doğru ~** direkt proportional; **ters ~** indirekt proportional

**orası** → **ora**; der Ort da; jener Ort; (die) Gegend; *fig* die Seite, der Aspekt (*der Sache*); **~ neresi?** TEL wer spricht dort, wer ist dort?; **~nı görmedim** die Gegend habe ich nicht gesehen; **~ İzmir, değil mi?** da liegt Izmir (*od* das da ist Izmir), nicht wahr?; **~nı Allah bilir** das weiß Gott allein

**ora'toryo** MUS Oratorium *n*
**'oraya** dorthin; dahin; → **ora**
**ord** *abk* → **ordinaryüs**
**ordan** → **ora, oradan**
**ordi'naryüs** Universität, früher Ordinarius *m* (*Professor mit Lehrstuhl*)
**ordinat** ⟨-tı⟩ MATH Ordinate *f*
**or'dino** WIRTSCH Indossament *n*
**'ordonat** ⟨-tı⟩ MIL Feldzeugtruppe *f*, Feldzeugwesen *n*
**ordövr** GASTR Vorspeise *f*
**ordu** Heer *n*, Armee *f*; Heeresgruppe *f*; *fig* Heer *n* (*der Arbeitslosen etc*); Schwarm *m*
**ordu|bozan** MED Krampfader *f* **~evi** ⟨-ni⟩ Offizierskasino *n* **~gâh** Lager *n*, Feldlager *n*
**orfoz** ZOOL Riesenbarsch *m* (*Epinephelus gigas*)
**org** ⟨-gu⟩ MUS Orgel *f*
**organ** Organ *n* (*a. Zeitung*); **~ nakli** ⟨-ni⟩ MED Transplantation *f*
**organdi** Stoff Organdy *m*
**organik** organisch; **~ akaryakıt** Biosprit *m*; **~ kimya** organische Chemie
**organiz|asyon** Organisation *f* **~atör** Organisator *m*; *umg* Kuppler *m* **~ma** Organismus *m*
**organ|za, ~ze** Organza *f* **~zin** Kettseide *f*
**orgazm** Orgasmus *m*
**orgcu** Organist *m*
**'orgeneral** ⟨-li⟩ MIL Generalleutnant *m*
**orijinal** ⟨-li⟩ Original-; *Produkt* echt; originell; ausgefallen; *Person* Original *n* **~lik** ⟨-ği⟩ Originalität *f*
**or'kestra** Orchester *n*; **~ şefi** Dirigent *m*; **~ çukuru** Orchestergraben *m* **~lama** Orchestrierung *f*

**orkide** BOT Orchidee *f*
**'orkinos** ZOOL Thunfisch *m*
**orman** Wald *m*; **~ horozu** Auerhahn *m*; **~ kebabı** *gebratene Fleischstückchen mit Knoblauch*; **~ memuru** Förster *m*; **~ taşlamak** *fig* das Terrain sondieren **~cı** Förster *m* **~cılık** ⟨-ğı⟩ Forstwesen *n*; Forstwirtschaft *f*; Waldkultur *f* **~laş(tır)ma** Aufforstung *f* **~laştırmak** *v/i* aufforsten **~lık** waldreich; bewaldet **~sız** unbewaldet
**ornat|ma** Ersatz *m*; Austausch *m*; Substitution *f* **~mak** *v/t* ersetzen, austauschen; substituieren
**orospu** *sl* Hure *f* **~luk** ⟨-ğu⟩ Hurerei *f*, Unzucht *f*; *fig* Gaunerei *f*
**orostolpolluk** ⟨-ğu⟩ *umg* Trick *m*, Gaunerei *f*
**'orsa** SCHIFF Luv *f*; Luven *n*; **~ alabanda** mit Seitenwind; **~ boca** (*od* **poca**) irgendwie, durch Lavieren; **~ boca etmek** lavieren
**orta** Mitte *f*; Mittelpunkt *m*, Zentrum *n*; mittler-, Durchschnitts-; SPORT Mittelgewicht *n*; *umg* früher Mittelschule *f*; **Orta Anadolu** Zentralanatolien *n*; **~ boylu** mittelgroß; **~ dereceli** Mittelstufen-; **~ dalga** Mittelwelle *f*; **~ direk** SCHIFF Großmast *m*; mittlere(r) Pfosten (*e-s Zelts*); *fig* Mittelstand *m*; **~ halli** mittelständisch; **~ hece yutumu** GRAM Haplologie *f* (*z. B. ağzı aus ağız+ı*); **~ hizmetçisi** Putzfrau *f*; Reinigungskraft *f*; **~ malı** trivial; ... von gemeinem Nutzen; *umg* Dirne *f*; **~ (şekerli) kahve** mittelsüßer Kaffee; **~ yaşlı** ... mittleren Alters; Mann *m*, Frau *f* im mittleren Alter; **~da** in der Mitte; da; vor aller Augen; **~da bırakmak** *v/t* im Stich lassen; **~da kalmak** ohne Obdach sein; sich in e-m Dilemma befinden; **~da kalmamak** Ware gut gehen; **~da olmak** Problem *etc* anstehen, e-e Lösung erfordern; **~dan kaldırılmak** wegfallen (*z. B. Ausgaben*); *-i* **~dan kaldırmak** beseitigen; wegräumen; *Gefahr a.* bannen; *Recht* beeinträchtigen; **~dan kalkmak** beseitigt werden; abtreten, verschwinden; **~dan kaybolmak** verschwinden; **~nın sağı (solu)** POL gemäßigte Rechte (Linke); *-i* **~ya almak** *v/t* einkreisen; bedrängen; **~ya atılmak** Problem (zur Diskussion) gestellt werden; *Person* hervortreten; *-i* **~ya atmak** *v/t*

Frage, Idee zur Diskussion stellen, aufwerfen; *Wort* äußern; **~ya bir balgam atmak** *fig* (alles) mit Schmutz bewerfen; **~ya çıkarmak** *Plan etc* aufdecken; entlarven; **~ya çıkmak** zutage treten, offenkundig werden, herauskommen; sich bilden; entstehen; auftreten; *Person a.* hervortreten; *Gebühren* anfallen; *-i* **~ya dökmek** herauswerfen (*Sache aus e-r Kiste*), umherwerfen; *fig* offenbaren, offen äußern; **~ya dökülmek** hinausströmen; offenbar werden; **~ya gelmek** aktuell werden; *-i* **~ya koymak** *v/t* offen darlegen; vorlegen; schaffen

**ortaağırlık** ⟨-ğı⟩ SPORT Mittelgewicht *n*

**ortaç** ⟨-cı⟩ GRAM Partizip *n*

**Or'taçağ** ⟨-ğı⟩ HIST Mittelalter *n*

**Or'tadoğu** GEOG (der) Mittlere Osten

**ortadoğulu** *j-d aus dem Mittleren Osten*

**or'taelçi** POL Gesandte(r)

**ortak** ⟨-ğı⟩ Teilhaber *m*, -in *f*, Kompagnon *m*; Partner *m*, -in *f*; gemeinsam (*-le* mit *dat*); → **ortakçı**; *-i* **~ etmek** *j-n* (als Gesellschafter) aufnehmen; zur Teilnahme auffordern; **~ olarak** anteilig; *-e* **~ olmak** Teilhaber(in) *gen* sein; *fig* teilhaben (an *dem Leiden*), (*den Schmerz* mit *j-m*) teilen; **2 Pazar** HIST Gemeinsamer Markt (*von Europa*)

**ortakçı** Halbpächter *m*, -in *f*

**ortakkat** ⟨-tı⟩ MATH: **en küçük ~ (EKOK)** das (kleinste) gemeinsame Vielfache (k.g.V.)

**ortaklaşa** gemeinsam; Kollektiv-, Gemeinschafts- **~cı** Kollektivist *m* **~cılık** ⟨-ğı⟩ Kollektivismus *m*

**ortaklaş|ma** *f* Kollektivbesitz *m* **~mak** sich zusammenschließen; e-e Gesellschaft bilden; Teilhaber sein **~tırmak** *v/t* kollektivieren

**ortaklık** ⟨-ğı⟩ Teilhaberschaft *f*; WIRTSCH Gesellschaft *f*; Unternehmen *n*; *-e* **~ etmek** Teilhaber(in) *gen* werden; (als Teilhaber) in e-e Firma eintreten

**or'takulak** ⟨-ğı⟩ ANAT Mittelohr *n*; **~ iltihabı** MED Mittelohrentzündung *f*

**ortak|yapım** FILM Gemeinschaftsproduktion *f* **~yaşama** Symbiose *f*

**ortalama** **A** *subst* Durchschnitt *m*; **~ olarak** im Durchschnitt **B** *adv* in der Mitte, je zur Hälfte (*z. B. spalten*) **C** *adj* annähernd, durchschnittlich, Durchschnitts- (*Einkommen etc*)

**ortalamak** ⟨-ti⟩ bis zur Mitte (*od* Hälfte) gelangen; die Hälfte *e-r Arbeit gen* schaffen; *Ball* (zur Mitte) flanken

**ortalı** -teilig, *z. B.* **beş** ~ fünfteilig

**ortalık** ⟨-ğı⟩ Umkreis *m*, Gegend *f*; Umgebung *f*; alle(s) (rund)herum; jeder; die Leute; Raum *m* im Haus etc; Horizont *m*; **~ ağarmak** hell werden, tagen; **~ aydınl(an)ıyor** es wird hell; **~ düzelmek** *unp* es geht in Ordnung; **~ kararmak** dunkel werden, Abend werden; **~ karıştı** alles geriet durcheinander; **ortalığı birbirine katmak** zu e-m Chaos werden; **~ta** im Umkreis, … zu sehen; **~ta kimseler kalmadı** niemand war mehr zu sehen, alle waren weg

**ortam** Umwelt *f*; Milieu *n*; Verhältnisse *n/pl*; **çalışma ~ı** Arbeitsklima *n*

**ortanca**[1] mittlere(r) (*Bruder, Schwester*)

**or'tanca**[2] BOT Hortensie *f*

**or'ta|okul** Mittelschule *f* (*früher 6.-8. Schuljahr*) **~oyunu** ⟨-nu⟩ (*improvisiertes*) türk. Volkstheater (*ohne Bühne, Kulissen etc*) **~öğretim** mittlere Reife, mittlere(r) Bildungsweg **~parmak** ⟨-ğı⟩ Mittelfinger *m* **~sıklet** SPORT Mittelgewicht *n*

**ortodoks** orthodox, linientreu

**Ortodoks** orthodox; **~ kilisesi** orthodoxe Kirche **~luk** ⟨-ğu⟩ orthodoxe Religion (*od* Konfession)

**ortopedik** orthopädisch

**oruç** ⟨-cu⟩ REL Fasten *n*; *fig* Enthaltsamkeit *f*, Verzicht *m*; **~ açmak** (*gemäß dem Ritus*) mit dem Fasten aufhören; **~ bozmak** (*entgegen dem Ritus*) das Fasten brechen; → **~ açmak**; **~ tutmak** das Fastengebot halten; **~ yemek** das Fastengebot brechen **~lu** fastend: **~yum** ich faste (zur Zeit) **~suz** das Fastengebot nicht beachtend

**oryantal** orientalisch; **~ dansöz** Bauchtänzerin *f* **~ist** ⟨-ti⟩ Orientalist *m*, -in *f*

**Osmanlı** Osmane *m*, Osmanin *f*; osmanisch; *fig* resolut, forsch; **~ İmparatorluğu** (das) Osmanische Reich **~ca** (das) Osmanisch(e) **~lık** ⟨-ğı⟩ Osmanentum *n*

**osur|gan** *sl* Furzer *m* **~mak** *sl* e-n (Furz) fahren lassen, furzen **~uk** ⟨-ğu⟩ Winde *m/pl*, *sl* Furz *m*; **osuruğu cinli** hitzig, jähzornig

**ot** ⟨-tu⟩ Gras *n*; (Heil)Kraut *n*; Enthaa-

# OTAC | 358

**rungsmittel** n; **Gift** n; umg **Betäubungsmittel** n; **~ minder** Strohsack m; **-e ~ yoldurmak** j-n schuften lassen; **~ yiyenler** ZOOL Pflanzenfresser m/pl

**otacı** dial Arzt m **~lık** ⟨-ğı⟩ Medizin f

**otağ, otak** ⟨-ğı⟩ große(s) Prunkzelt

**otamak** v/t dial (durch Kräuter) heilen

**otantik** authentisch, echt

**otarmak** dial v/t weiden

**otarsi** Autarkie f

**otçu** Heilkundige(r) (auf dem Dorf)

**otçul** ZOOL Grasfresser m

**otel** Hotel n; **~e inmek** in e-m Hotel absteigen **~ci** Hotelier m, Hotelbesitzer m **~cilik** ⟨-ği⟩ Gaststättengewerbe n, Hotelwesen n

**otlak** ⟨-ğı⟩ Weide f, Trift f **~çı** umg Nassauer m **~çılık** ⟨-ğı⟩ Nassauern n

**ot|lamak** v/t weiden, grasen; umg nassauern **~lanmak** = otlamak; Gras gefressen werden **~latmak** v/t weiden (lassen), grasen lassen

**ot'lubağa** dial Kröte f

**otluk** ⟨-ğu⟩ Wiese f, Weide f; Heuschober m

**oto** Auto n, Kfz n; **~ tamircisi** Autoschlosser m; **~ yedek parçası** Autoersatzteil n **~ban** umg Autobahn f

**otobiyografi** Autobiografie f

**'otobur** ZOOL Pflanzenfresser m

**otobüs** Autobus m; Bus m; **~ durağı** Bushaltestelle f **~çü** Busfahrer m; Busunternehmer m

**otodidakt** Autodidakt m, Selbstlerner m

**otogar** Busbahnhof m

**otokar** Reisebus m

**oto|krasi** Autokratie f **~krat** Autokrat m **~kratik** autokratisch

**otokritik** selbstkritisch; Selbstkritik f

**otoman** Ottomane f

**oto|masyon** Automation f **~mat** ⟨-tı⟩ Automat m; Gasboiler m **~matik** automatisch; TECH Automatik f; **~ sigorta** ELEK Sicherungsautomat m **~matikleştirmek** v/t automatisieren

**otomatizm** PSYCH Automatismus m

**otomobil** Automobil n; Kraftfahrzeug n; **~ kafilesi** Autoschlange f; **~ kazası** Autounfall m; **~ kullanmak** Auto fahren; **~ kulübü** Autoklub m; **~ plakası** Autokennzeichen n; **~ yarışı** Autorennen n **~ci** Autohändler m; Autofahrer m **~cilik** ⟨-ği⟩ Kraftfahrwesen n; Autohandel m

**oto|nom** autonom **~nomi** Autonomie f

**otopark** ⟨-kı⟩ Parkplatz m; Parkhaus n

**otopsi** Leichenschau f, Obduktion f, Autopsie f

**otoray** BAHN Schienenkraftwagen m, Motordraisine f

**otori|te** Autorität f **~ter** autoritär

**otostop** ⟨-pu⟩ per Anhalter; **~ yapmak** per Anhalter fahren **~çu** Anhalter m

**otoyol** Autobahn f; **bilgi ~u** IT Datenautobahn f

**otsu(l)** grasartig, Gras-

**oturacak** ⟨-ğı⟩: **~** Sitzplatz m, Sitzgelegenheit f

**oturak** ⟨-ğı⟩ Grundlage f; Sitzplatz m; Ruderbank f; Aufenthaltsort m; Nachttopf m; **~ âlemi** Zechgelage n (mit Tanzvorführungen von Frauen)

**oturaklı** solide; stabil; Person solide, seriös; Wort treffend **~lık** ⟨-ğı⟩ Solidität f; Besonnenheit f

**oturma** kurze(r) Besuch; Sitzen n; Aufenthalt m; **~ grevi** Sitzstreik m; **~ izni** Aufenthaltsgenehmigung f; **~ odası** Wohnzimmer n; **~ yeri** Wohnort m

**oturmak** sich setzen (-e auf akk, in akk); sitzen (-in üzerinde auf dat); Kleidung (gut) sitzen; passen (-e zu dat); wohnen (-de in dat); untätig dasitzen; Flüssigkeit sich setzen; Mauer etc sich senken; stranden; auflaufen (-e auf akk); teuer kommen (-e j-n); Sitten sich einbürgern (-de in dat)

**oturmuş** etabliert, fest begründet **~luk** ⟨-ğu⟩ etablierte Stellung; fig Vertrautheit f (-e mit dat)

**oturtma** Gericht aus Hackfleisch, Auberginen, Kürbis und Kartoffelscheiben

**oturtmak** (-i -e) j-n Platz nehmen lassen (in, auf dat); einfassen lassen (Edelstein); setzen (akk auf, in akk); **-i yörüngeye ~** in die Umlaufbahn bringen (e-n Satelliten)

**oturtmalık** ⟨-ğı⟩ Grundmauer f

**otur|um** Sitzung f; FLUG Flugstabilität f **~uş** Sitzweise f **~uşmak** v/i nachlassen, sich beruhigen

**otuz** dreißig; Dreißig f; **~ bir çekmek** vulg wichsen **~ar** je dreißig **~luk** ⟨-ğu⟩ aus dreißig Stück (bestehend); Dreißigjährige(r) **~uncu** dreißigst-

**ova** Ebene f; **alçak ~** Tiefebene f
**oval** ⟨-li⟩ oval
**ovala|mak** v/t reiben, massieren; frottieren **~tmak** (-i -e j-n durch j-n) frottieren lassen, massieren lassen
**ovalık** ⟨-ğı⟩ flach, eben (Land)
**ovar** → ovmak
**ovdurmak** → ovalatmak
**overlok** Overlocknaht f
**ovmaç** ⟨-cı⟩ Art Suppe mit Teigstückchen
**ovmak** ⟨-ar⟩ (-i) massieren, reiben; streichen (über akk); z. B. Topf putzen, blank reiben
**ovunmak** sich abreiben; sich massieren
**ovuşturmak** (-i) reiben akk, streichen (über akk); **ellerini ~** sich (dat) die Hände reiben
**oy** (Wahl)Stimme f; **~ elde etmek** Stimmen bekommen; **~ hakkı** Stimmrecht n; **~ sandığı** Wahlurne f; **~ verme** Stimmabgabe f; **~ verme yeri** Wahllokal n; **~ vermek** (od **~unu kullanmak**) s-e Stimme abgeben (-e für akk); **~a koymak** (od **sunmak**) zur Abstimmung vorlegen; **32 çekimser ~a karşılık 62 ~la kabul edilmiştir** (der Antrag) wurde mit 32 Stimmenthaltungen mit 62 Stimmen angenommen
**oya** Gewebe (feine) Spitze; **~ gibi** durchbrochen; zierlich
**oyalamak**[1] v/t ablenken; j-s Aufmerksamkeit lenken (-e auf akk); j-n zerstreuen, unterhalten; j-n aufhalten; j-n hinhalten; umg j-n abwimmeln
**oyalamak**[2] v/t mit Spitzen besetzen
**oyalanmak** passiv von oyalamak; die Zeit vergeuden, umg herumtrödeln
**oyalayıcı** Unterhalter m
**oyalı** ... mit Spitzenrand
**oyar** → oymak[1]
**'oybirliği** Einstimmigkeit f; **~yle** einstimmig (bei Wahlen)
**oyculuk** ⟨-ğu⟩ Stimmenfang m
**oydurmak** kaus von oymak
**oyla|ma** Wahl f; Abstimmung f; **~ yapmak** wählen; **~ya geçirmek** zur Abstimmung schreiten; **-i ~ya koymak** zur Abstimmung vorlegen, abstimmen lassen (über akk) **~mak** (-i) stimmen (für j-n); abstimmen lassen (über akk)
**oyluk** ⟨-ğu⟩ ANAT Oberschenkel m
**oylum** Hohlraum m; Umfang m; leere(r) Raum; Raumgefühl n; Raumtiefe f; **~ ~ gelappt**; (aus)gezackt **~lamak** (-i) Tiefenwirkung verleihen dat **~lu** umfangreich; weit, tief (wirkend)
**oyma** Aushöhlung f; (Holz- etc) Stich m; Gravieren n; Gravüre f; (kleine) Wandnische f **~cı** Graveur m, (Kupfer)Stecher m
**oymak**[1] ⟨-ar⟩ v/t aushöhlen; ausschachten; auskehlen; ausstechen; eingravieren; Marmor behauen, bearbeiten (mit dem Meißel); Saum (nach innen) einschlagen; zahnförmig ausschneiden, zacken
**oymak**[2] ⟨-ğı⟩ Stamm m, Sippe f; (Pfadfinder)Gruppe f; BIOL Gattung f
**oymalı** ... mit Stichen geschmückt; graviert; Blatt gelappt
**oynak** ⟨-ğı⟩ lose, wackelig; Person beweglich (a. MIL); unruhig; lebhaft; MIL manövrierfähig; Preis schwankend; Frau lebenslustig; ANAT Gelenk n **~lı** beweglich; gelenkig **~lık** ⟨-ğı⟩ Beweglichkeit f; Lebhaftigkeit f; Unbeständigkeit f; WIRTSCH Schwanken n der Kurse; Bewegung f; Leichtsinn m; Manövrierfähigkeit f
**oynamak** Ⓐ v/i spielen (-le mit dat); tanzen; tänzeln; sich bewegen (-den von dat); beweglich sein; scherzen, spaßen (-le mit j-m); ANAT zucken (mit), FILM, THEAT gespielt werden, gegeben werden; Gebäude erschüttert werden, schwanken; Herz (er)zittern; Preis schwanken (... arasında zwischen dat); **oynamamak** Bein, Hand etc steif sein; **oynaya oynaya** mit größtem Vergnügen; **oynama!** umg trödel nicht (he)rum!, tu was! Ⓑ v/t Fußball etc spielen; THEAT **... rolü(nü) ~** die Rolle (des, der ...) spielen
**oynanmak** passiv von oynamak; **bu akşam Hamlet oynanacak** heute Abend wird Hamlet gespielt; **burada futbol oynanmaz** hier ist Fußballspielen verboten
**oynar** beweglich; → oynamak
**oynaş** Liebhaber m, -in f
**oynaşmak** (-le) miteinander spielen; flirten, ein Techtelmechtel haben mit
**oynatıl|ma** Aufführung f e-s Films **~mak** etw aufführen lassen; **oynatılmaz** unverrückbar (a. Tatsache)
**oynatmak** v/t j-n spielen lassen; j-n unterhalten, zerstreuen; THEAT e-e (Film-,

Puppenspiel- etc) Vorstellung geben; (herum)fuchteln (-i mit dat, z. B. der Hand); j-n vom Platz rücken; das Herz erzittern lassen; j-n hinhalten, an der Nase herumführen; umg Person durchdrehen, verrückt werden

**'oysa(ki)** doch; dagegen; dabei

**oyuk** ⟨-ğu⟩ hohl; ausgestochen; Hohlraum m; Höhle f, Grotte f

**oyulga** Heften n; Heftnaht f **~lamak** v/t grob nähen, heften; hineintreiben **~lanmak** passiv von oyulgalamak; aufgereiht sein (od stehen), sich ansammeln **~mak** → oyulgalamak

**oyulmak** passiv von oymak

**oyum** Aushöhlung f; Ausschachtung f; Durchstechung f e-s Berges; **göz ~u** Augenhöhle f

**oyun** Spiel n; THEAT Stück n, Vorstellung f; Tanz m; Ringkampf m; Schlich m; **~ alanı** Spielplatz m; **~ almak** SPORT gewinnen; **~ çıkarmak** ein Spiel liefern; -e **~ etmek** j-n hereinlegen, umg reinlegen; **~ kuralı** Spielregel f; **~ otomatı** Spielautomat m; **~ salonu** Spielhalle f

**oyun|baz** geschickte(r) Spieler; Gauner m; Tier verspielt **~bozan** Spielverderber m, Störenfried m; **~ olmak** fig Person Spaßbremse sein **~bozanlık** **=** **etmek** Spielverderber(in) sein, Spaßbremse sein

**oyuncak** ⟨-ğı⟩ Spielzeug n; fig Kinderspiel n; fig Person Spielball m, Marionette f; **~ at** Schaukelpferd n; **~ ev** Puppenhaus m **~çı:** **~ (dükkanı)** Spielwarenladen m

**oyuncu** Spieler m, -in f; Schauspieler m, -in f; Tänzer m, -in f; verspielt; umg Schwindler m, -in f **~luk** ⟨-ğu⟩ THEAT Spiel n, Vorstellung f; umg Schwindel m

**oyunlaştırmak** v/t ein Werk für die Bühne bearbeiten

**oyuntu** Grotte f; Kleid Ausschnitt m

**ozalit** Blaupause f, Ozalid(kopie f) n

**ozan** HIST Barde m

**ozmos** Osmose f

**ozon** Ozon n (a. m); **~ deliği** Ozonloch n; **~ tabakası** Ozonschicht f

**ö, Ö** [œ] ö, Ö n, O-Umlaut n
**ö** int [œ:] i!, äh!, igitt!

**öbek** ⟨-ği⟩ Haufen m; Gruppe f; **~ ~ in Gruppen**; **~ vurgusu** GRAM Gruppenakzent m

**öbür** der (die, das) andere; der (die, das) da; übernächste(r); **~ dünya** Jenseits n; **~ gün** übermorgen; **~ tarafta** drüben; **~ yandan** andererseits

**öbür|kü, ~sü, ~sün** → öbür

**öcü** Kindersprache (der) schwarze Mann

**öç** ⟨-cü⟩ Rache f; **-den ~** (od **öcünü**) **almak** (an j-m) Rache nehmen (für), sich rächen (an j-m für); **öcünü çıkarmak** → öcünü almak

**öd** ⟨ödü⟩ Galle f; **~ kanalı** Gallengang m; **~ kesesi** ANAT Gallenblase f; **~ kesesi taşları** Gallensteine m/pl; **-in ~ü kopmak** (od **patlamak**) zu Tode erschrecken **~ağacı** ⟨-nı⟩ BOT Aloeholz n (Aquillaria agallocha)

**ödem** MED Ödem n

**ödeme** Zahlen n; Zahlung f; **~ emri** Zahlungsbefehl m; **~ kabiliyeti** Zahlungsfähigkeit f

**ödemek** v/t Geld zahlen; Rechnung bezahlen; Schaden wiedergutmachen; fig bezahlen (-le mit); (-in) **sermayesini ~** Gewinn bringen, sich rentieren, sich bezahlt machen

**ödemeli** WIRTSCH zahlbar; gegen (od per) Nachnahme; **~ konuşma** TEL Rück-Gespräch n

**ödenek** ⟨-ği⟩ POL bereitgestellte Mittel pl; Parlament Diäten f

**ödenmek** passiv von ödemek; sich bezahlt machen; **ödenmeyen** unbeglichen, ausstehend

**ödenti** Mitgliedsbeitrag m

**ödeşmek** (-le) abrechnen mit, quitt werden (od sein)

**ödetmek** ⟨-e -i⟩ j-n zur Zahlung gen/von veranlassen

**ödev** Pflicht f; Verpflichtung f (-e karşı gegenüber); Aufgabe f; Schule Hausaufgabe f; -i **kendine ~ edinmek** sich

(dat) zur Aufgabe machen akk
**'ödkesesi** ⟨-ni⟩ → öd
**ödlek** ⟨-ği⟩ ängstlich; Angsthase m **~lik** ⟨-ği⟩ Ängstlichkeit f; Schüchternheit f
**ödül** Belohnung f, Prämie f; Auszeichnung f; **~ almak** ausgezeichnet werden **~lendirmek** v/t belohnen; auszeichnen; würdigen
**ödün** Zugeständnis n; **-e ~ vermek** Zugeständnisse machen dat
**ödünç** ⟨-cü⟩ geliehen, geborgt; **~ almak** (sich dat) borgen, leihen; **-e ~ vermek** j-m borgen, leihen, verleihen **~leme** LING Entlehnung f
**ödün|leme** Ersatz m; PSYCH Ersatzbefriedigung f; Ersatzhandlung f **~lemek** v/t entschädigen **~lü** ausgleichend; Entschädigungs-; (Schaden)Ersatz Leistende(r) **~süz** entschädigungslos; ohne Zugeständnisse, kompromisslos
**öf** i(gitt)!; pfui!; ach!, uh!; **~ ne sıcak!** uh, diese Hitze!
**öfke** Wut f, Zorn m; Gewalt f, Heftigkeit f; **-in ~si topuklarına çıkmak** fig vor Wut schäumen; **-den ~sini çıkarmak** (od **almak**) an j-m s-e Wut auslassen; **~sini yenmek** s-e Wut beherrschen (od zügeln) **~ci** aufbrausend; Hitzkopf m
**öfke|lendirmek** v/t wütend machen, erbosen; aufregen **~lenmek** sich aufregen (**-den** über akk) **~li** wütend, aufbrausend
**öge, öğe** Element n; GRAM (Satz)Glied n
**öğle** Mittag m; **~ paydosu** (od **tatili**) Mittagspause f; **~ yemeği** Mittagessen n; **~ üstü** → öğleüstü; **~den önce** vormittags; Vormittag m; **~den sonra** nachmittags; Nachmittag m **~leri** mittags
**öğlen** umg = öğle **~de** mittags
**öğleüstü** gegen Mittag; mittags
**'öğleyin** mittags, zur Mittagszeit
**öğmek** → övmek
**öğrenci** Schüler m, -in f; Student m, -in f; fig Schüler m (z. B. Kants); **~ yurdu** Schülerheim n, Studentenheim n **~lik** ⟨-ği⟩ Schulzeit f; Studentenzeit f; Ausbildung f
**öğrenilmek** passiv von öğrenmek; **-in -diği öğrenilmiştir** wie verlautet, ...
**öğrenim** Studium n; Ausbildung f; Erlernung f; Lehr- (Mittel); **~ belgesi** Zeugnis n, (Studien)Bescheinigung f; **~ çağın-**

**daki çocuklar** Kinder n/pl im schulpflichtigen Alter
**öğrenmek** v/t lernen; erfahren (**-i -den** etw von); in Erfahrung bringen; **Hanya'yı Konya'yı ~** mit allen Wassern gewaschen sein
**öğreti** Doktrin f, Lehre f **~ci** Lehr-; didaktisch; **~ malzeme** Lehrmittel n/pl
**öğretim** Unterricht m; Lehre f; Schulung f; Lehr-; **~ bilgisi** Didaktik f; **~ görevlisi** Lehrbeauftragte(r) an der Universität; **~ yılı** Schuljahr n; Studienjahr n; **zorunlu ~** Schulpflicht f
**öğretmek** ⟨-i -e⟩ j-n lehren akk, umg j-m beibringen akk; **öğretirim sana!** ich werde es dir zeigen!
**öğretmen** Lehrer m, -in f; **kadın ~** Lehrerin f; **~ not defteri** Zensurenheft n; **Türkçe ~i** Türkischlehrer m, -in f **~lik** ⟨-ği⟩ Lehrerberuf m; **~ yapmak** Lehrer sein, unterrichten
**öğü-** → övü-
**öğün** Mal n; **üç ~** dreimal (z. B. essen); **bir ~de** in ein Zug (austrinken)
**öğür** gleichaltrig; eingefuchst, routiniert; vertraut; Pferd eingeritten; Gruppe f, Klasse f **~leşmek** sich gewöhnen (**-e** an akk)
**öğür|mek** v/i würgen (beim Erbrechen); Rind brüllen; **öğüreceği gelmek** e-n Brechreiz haben; ekelhaft finden akk, umg zum Kotzen finden akk **~tü** Erbrechen n; Brechreiz m; Rülpsen n; Brüllen n
**öğüt** ⟨-tü⟩ Rat(schlag) m; **~ tutmak** sich dat raten lassen; **-e ~ bulunmak** (= **~ vermek**) j-m e-n Rat geben (od erteilen) **~çü** Ratgeber m, -in f; REL Prediger m **~lemek** raten, empfehlen
**öğüt|mek** v/t mahlen; verdauen **~ücü** Mahlwerk n; mahlend; zerstoßend; Mahl- **~ücüdiş** Backenzahn m **~üş** Mahlen n
**öhö** int hüstelnd, sich räuspernd, etwa hr, hr; hum hm, hm!; soso!
**ökçe** Hacke f, Ferse f; (Schuh)Absatz m; **-in ~sine basmak** j-m auf dem Fuß folgen; j-m auf den Fuß treten; **~ kemiği** Fersenbein n **~li: yüksek ~** mit hohen Absätzen **~siz** ohne Absätze, flach; umg Angsthase m
**ökse** Vogelleim m; umg charmante Frau; **~ye basmak** fig auf den Leim gehen

**ökseotu** ⟨-nu⟩ BOT Mistel f
**öksür|mek** husten; *-in öksüreceği tuttu* er hat(te) e-n Hustenanfall **~tücü** Husten verursachend **~ük** ⟨-ğü⟩ Husten *m, a.* Erkältung *f*; **~ ilacı** Hustenmittel *n*; *-i* **~ tuttu** er musste husten
**öksürüklü** dauernd hustend, hüstelnd; **~ tıksırıklı** sehr angekränkelt
**öksüz** Waise *f*, Vollwaise *f*; ganz allein (-stehend), *umg* ohne Anhang **~lük** ⟨-ğü⟩ Elternlosigkeit *f*, Waisenstand *m*; Alleinsein *n*, Einsamkeit *f*
**öküz** Ochse *m (a. = Dummkopf)*, Rind *n*; *fig* Rindvieh *n*, Dummkopf *m*; *umg* präparierte(r) Würfel
**o'küzgözü** ⟨-nü⟩ BOT Arnika *f (Arnica montana)*
**öküzlük** ⟨-ğü⟩ Eselei *f*
**öl.** *abk für* **ölüm(ü)** gestorben (gest.)
**ölçek** ⟨-ği⟩ Maßstab *m*, Kriterium *n*; HIST Maß *n von vier* **~ okka**; *bir* **ölçeğinde bir harita** eine Karte im Maßstab von 1:100.000
**ölçer**¹ Feuerhaken *m*
**ölçer**² Zähler *m*, Messer *m*, Messgerät *n*
**ölçer**³ = **ölçmek**
**ölçermek** *dial* Feuer schüren
**ölçmek** ⟨-er⟩ *v/t* messen; *Feld* vermessen; *fig* erwägen, sich (*dat*) *etw (z. B. jedes Wort)* überlegen; *Wert* beurteilen, ermessen; **ölçüp biçmek** es sich *dat* reiflich überlegen
**ölçü** Maß *n*; Maßeinheit *f*; Ausmaß *n/pl*; LIT Versmaß *n*; MUS Takt *m*; *fig* Maßstab *m*, Kriterium *n*; *-messer m, -messgerät n*; **~ aleti** Messinstrument *n*; (*-in*) **~(sünü) almak** Maß nehmen (bei *j-m*); *fig* alles erwägen; **yükseklik ~sü** Höhenmesser *m*; *-e* **~ yoktu** ... war maßlos; **büyük ~de** in hohem Maße **~cü** (ver-) messend; Messer *m*, Messgerät *n* **~lemek** *v/t* regeln, in Ordnung bringen **~lmek** *passiv von* **ölçmek ~lü** (aus)gemessen; *fig* (wohl)überlegt; geregelt; *fig* gemessen, maßvoll; wohlbedacht; in angemessener Weise **~lülük** ⟨-ğü⟩ Wohlbedachtheit *f*; Gemessenheit *f*, Augenmaß *n*
**ölçüm** Messen *n*; Ausmaß *n*, Ausmaße *n/pl*; Messergebnis *n* **~lemek** *v/t* Worte abwägen, überlegen
**ölçüsüz** maßlos; beliebig; unbedacht; **~ konuşmak** (reden und) kein Ende finden; unüberlegt reden **~lük** ⟨-ğü⟩ Maßlosigkeit *f*
**ölçüşmek** sich messen (*-le* mit *dat*)
**ölçüştürmek** (*-i*) vergleichen *akk*, gegeneinanderhalten *akk*
**ölçüt** ⟨-dü⟩ Maßstab *m*, Kriterium *n*
**öldüresiye** als ob (er ihn) totschlagen wollte (*prügeln etc*)
**öldür|mek** *v/t* töten; totschlagen (*a. Zeit*); ermorden; *Geruch, Geschmack* neutralisieren, überdecken, beseitigen; *z. B. Handwerk* vernichten; *Wetter j-n* ganz kaputtmachen; *Gemüse* dünsten **~ücü** tödlich; *Hitze* drückend; *Schönheit* bezaubernd
**ölesiye** äußerst, wahnsinnig (*lieben*); **~ yorgun** todmüde
**ö'leyazmak** fast umkommen (*-den* vor *dat*)
**ölgün** welk; *Stimme* schwach, sterbend; *Meer* still; **~ ~** lässig, schleppend
**ölme** Sterben *n*
**öl|mek** ⟨-ür⟩ *v/i* sterben; BOT (ver)welken; *fig* sterben, umkommen (*-den* vor *dat*); *Methode* veralten; **gülmekten ~** sich totlachen; **ölüp ölüp dirilmek** fast vergehen, sterben **~mez** unsterblich; unverwüstlich; *umg* nicht totzukriegen **~mezleştirmek** *v/t* verewigen **~mezlik** ⟨-ği⟩ Unsterblichkeit *f* **~müş** tot; gestorben; Tote(r); **~lerinin ruhu için** ums Seelenheil deiner verstorbenen Angehörigen willen
**ölü** tot; *Auge, Stimme* schwach, matt; Tote(r); *Tier* krepiert; Kadaver *m*; **~ fiyatına** zu e-m Schleuderpreis; **~ mevsim** tote Saison, *umg* Sauregurkenzeit *f*; **~ nokta** tote(r) Punkt; *-in* **~sünü öpeyim** beschwörend, *z. B.* So wahr ich hier stehe; ich will tot umfallen, (wenn ... nicht)
**ölük** *umg* ganz kaputt *od* erschossen, erschöpft
**ölüm** Tod *m*; Todesfall *m*; **~ döşeği** Sterbebett *n*; **~ ilmühaberi** Sterbeurkunde *f*; **~ kalım** (*od* **dirim**) **meselesi** (*od* **savaşı**) e-e Frage (*od* ein Kampf) auf Leben und Tod; **~ oranı** Sterblichkeitsrate *f*, Sterberate *f*; **~ sessizliği** Totenstille *f*; **~ tehlikesi** Lebensgefahr *f*; **~ü göze almak** dem Tode ins Auge sehen; **~üne susamak** lebensmüde sein **~cül** tödlich; *Person* sterbend, mit dem Tode ringend **~lü** vergänglich (*Welt*); sterblich

**~lük** ⟨-ğü⟩ Sterbegeld *n* **~süz** unsterblich; ewig; unvergesslich **~süzleştirmek** *v/t* verewigen **~süzlük** ⟨-ğü⟩ Unsterblichkeit *f*; Ewigkeit *f*
**ölünmek** *passiv von* ölmek (*man stirbt etc*)
**ölür** → ölmek
**ömür** ⟨ömrü⟩ Leben *n*, Lebensdauer *f*; großartig, *umg* prima; **~ boyunca** das Leben lang; **~ geçirmek** ein ... Leben führen; **~ sürmek** sein Leben genießen; **~ törpüsü** *Arbeit* aufreibend; *Person* Nervensäge *f*; **~sizlere ~!** Gott erhalte Sie am Leben!; (*a. =*) j-d ist gestorben; **ömrüne bereket** ich wünsche ihr ein langes Leben; ich danke dir! **~lü** ewig; langlebig, von langer Dauer; **kısa ~** kurzlebig; **uzun ~** langlebig, von langer Dauer **~süz** kurzlebig (*fig a. Sache*)
**ön** Ⓐ *adj u. subst* Raum *m* (*od* Platz *m*, Zeit *f*) davor; Vorder-; Vorderseite *f*; Vor-, vorläufig; *Zeit* bevorstehend, kommend; **~ cam** AUTO Windschutzscheibe *f*; **~ koltuk** ⟨-ğu⟩ Vordersitz *m*; **~ tekerlek** Vorderrad *n*; **kağıdın ~ü** Vorderseite *f des Bogens*; **-in ~ünü kesmek** j-m den Weg abschneiden; *Wasser* eindämmen; **~üne bakmak** sich genieren; **~üne gelen** jede(r) Beliebige; **~e almak** den Vorrang geben *dat*, voranstellen; **~e düşmek**, *-in* **~üne düşmek** j-m vorangehen; an die Spitze treten; *-i* **~e sürmek** *v/t* betonen, erklären; meinen; vorschlagen; *Meinung* vorbringen, unterbreiten; (*-in*) **~ü sıra** (gleich) vor *dat* her Ⓑ *adv*: **~de** vorn; vorne; vorn; **~e gitmek** vorangehen; **~deki** vorangehend; **~den** von vorn; **~den yürümek** (anderen) voranmarschieren Ⓒ *postp*: **~üne** vor *akk*; **~ünde** vor *dat*; *-in* **~üne koymak** j-m *etw* vorsetzen, auftischen; *-in* **~üne geçmek** verhindern *akk*; j-m den Weg versperren; **~ünden** (vorn) an ... vorbei; **kapının ~üne gelmiştik** wir waren (bis) vor die Tür gekommen; **pencerenin ~ünde kim var?** wer steht vor dem Fenster?; **bu evin ~ünden geçerdik** an diesem Haus gingen wir gewöhnlich vorbei; → önümüzdeki
'**önalım** Vorkauf *m*; **~ hakkı** Vorkaufsrecht *n*
**önavurt** ⟨-tu⟩ ANAT vordere Mundhöhle *f*; GRAM Lateral- (*Laut*)

**önayak**: *-i -e* **~ etmek** j-n bewegen zu; *-de* **~ olmak** die Initiative ergreifen, bei *dat*
**ön|belirti** Vorbote *m*, Vorahnung *f* **~bellek** IT Cache *m*, Zwischenspeicher *m* **~bilgi** Quelle *f*; Ursprung *m*; einführende Bemerkungen *f/pl*; PHIL Apriori *n* **~bilim** Vorherwissen *n Gottes*, Vorausschau *f*
'**önce** vorher, zuvor, früher; zuerst, zunächst; **bir an ~** möglichst bald; **ilk ~** zuallererst; **bir yıl ~** ein Jahr davor; *postp* **-den ~** vor *dat*: **her şeyden ~** vor allem; **senden ~ geldi** er kam vor dir; *konj* **~ bevor: gitmeden ~ iyi** überlege es dir gut, bevor du gehst; **~si: cumhuriyet ~si** vorrepublikanisch; **savaş ~si** Vorkriegs-; **~sinde am** Tag vor *dat*; **seçim ~sinde am** Tag vor den Wahlen; *-in* **~ye geçerliği** die rückwirkende Kraft
**öncebilim** → önbilim
'**önceden** vorher; anfangs; im Voraus, vorsorglich (*z. B. bereithalten*)
**önceki** (*-den*) früher, vorig, vorhergehend; POL Ex-; **bundan ~ mektuplar** die vorangegangenen (*od* früheren) Briefe; **İslamiyetten ~** vorislamisch
**öncel** Vorgänger *m*, -in *f*; Vorfahre *m*, Ahne *m*
'**önceleri** früher, damals; zunächst
**öncelik** ⟨-ği⟩ Vorrang *m*, Priorität *f*; Vorrecht *n*, Privileg *n* **~le** vorrangig, bevorzugt, in erster Linie
**öncesiz** ewig, immerwährend **~lik** ⟨-ği⟩ Ewigkeit *f*; **~ten beri** seit ewigen Zeiten
**öncü** Vorkämpfer *m*, -in *f*; Pionier *m*; Vor- (*Trupp*) Führer *m*; avantgardistisch (*z. B. Theater*); *fig* Avantgarde *f*
**öncül** Voraussetzung *f*, Prämisse *f*
**öncülük** ⟨-ğü⟩ Führungskraft *f*, leitende (*od* führende) Rolle *f*; **~ etmek** die führende Rolle spielen
'**önçalışma** Vorarbeiten *f/pl*
'**öndamak** ⟨-ğı⟩ vordere(r) Gaumen *m*; GRAM palatal
**öndelik** ⟨-ği⟩ Vorauszahlung *f*; Anzahlung *f*
**önden** → ön; **~ çekişli** AUTO mit Frontantrieb
**önder** Führer *m*; Chef *m* **~lik** ⟨-ği⟩ Führerschaft *f*; ... **önderliğindeki parti** die

## ÖNDE

Partei unter Führung von ...
'**öndeyiş** LIT Prolog *m*
**öne** → ön
'**önek** ⟨-ki⟩ LING Präfix *n*, Vorsilbe *f*
**önel** Frist *f*; Kündigungsfrist *f*
**önem** Wichtigkeit *f*, Bedeutung *f*; **~ taşımak** Bedeutung haben; *-e* **~ vermek** Bedeutung beimessen *dat*; **~le** nachdrücklich, sehr, inständig (*bitten*); vorrangig **~li** wichtig, bedeutend; **~ değil** nicht so wichtig; nicht so schlimm **~semek** *v/t* wichtig nehmen, wichtig finden; für wichtig halten **~senmek** *passiv von* önemsemek **~siz** unwichtig **~sizlik** ⟨-ği⟩ Unwichtigkeit *f*
**önerge** POL Antrag *m*; **~ vermek** e-n Antrag einbringen; **sözlü soru ~si** mündliche Anfrage
**öner|i** Vorschlag *m*; **~ide bulunmak** e-n (*od aus*) Vorschlag machen **~ilmek** *passiv von* önermek **~me** Vorschlag *m*; Prämisse *f*; Behauptung *f*; **~ler mantığı** Aussagenlogik *f* **~mek** *v/t* vorschlagen; unterbreiten; planen; andeuten
'**öngör|mek** *v/t* vorsehen, (ein)planen, ins Auge fassen **~ü** Voraussicht *f* **~ülü** umsichtig; *fig* weitsichtig
**öngü** *dial* Bockigkeit *f* **~l** bockig
'**ön|kol** Unterarm *m* **~koşmak** voraussetzen, zur Voraussetzung machen **~koşul** Vorbedingung *f*
**önle|m** (Vorsichts)Maßnahme *f*; Zurückweisung *f*; **~ almak** Maßnahmen ergreifen **~mek** *v/t* verhindern (*z. B. Arbeitslosigkeit*); vorbeugen *dat*; Brand, Krankheit verhüten; eindämmen **~nmek** *passiv von* önlemek **~yici** verhütend, Vorbeugungs-; prophylaktisch; **~ hekimlik** Präventivmedizin *f*; **~ muayene** Vorsorgeuntersuchung *f*; **~ uçak** Abfangjäger *m*
**önlük** ⟨-ğü⟩ Schürze *f*; (Arzt)Kittel *m*
'**önoda** ANAT vordere Augenkammer *f*
'**önseçim** Vorwahl *f* (*durch Parteidelegierte*); Selektion *f*
**önsel** *a priori*, unabhängig von der Erfahrung; unbewiesen
'**ön|sezi** Vorgefühl *n*, Vorahnung *f* **~söz** Vorwort *n* **~şart** Vorbedingung *f* **~şartsız** vorbedingungslos **~taki** LING Präfix *n*, Vorsilbe *f* **~tasar**, **~taslak** Rohentwurf *m* **~türeme** Prothese *f*; GRAM Vorschlagslaut *m* (*z. B. Urum aus Rum*)

**önümüzdeki** nächst-; künftig, bevorstehend; **~ günlerde** in den nächsten Tagen
**önün|de** vor (*dat*) **~den** vor (*akk*); → ön
'**ön|vurgu** LING Anfangsbetonung *f* (*z. B. 'Ankara*) **~yargı** Vorurteil *n*; Voreingenommenheit *f* **~yargılı** voreingenommen **~yargısız** vorurteilslos **~yüzbaşı** ⟨-yı⟩ Hauptmann *m* erster Klasse
**öpmek** ⟨-er⟩ *v/t* küssen; **yanağından ~** auf die Wange küssen; **öpüp de başına koymak** *fig* mit Kusshand annehmen
**öpücük** ⟨-ğü⟩ Kuss *m*, Küsschen *n*; *-e* **~ göndermek** *j-m* e-n Kusshand zuwerfen
**öpüş** Küssen *n*; Kuss *m* **~mek** (*-le*) sich küssen; *fig* Autos aufeinanderprallen
**ör(n).** *abk* → örneğin
**ördek** ⟨-ği⟩ Ente *f* (*a. Nachtgefäß für Kranke*); (*unterwegs aufgenommener*) Mitfahrer, *umg* Anhalter *m* **~başı** dunkelgrün **~gagası** ⟨-nı⟩ hellorange
**ördürmek** *kaus von* örmek
**öreke** Spinnrocken *m*
**ören** Ruine *f* **~leşme** Verfall *m* **~lik** ⟨-ği⟩ Ruinenfeld *n*
**örer** → örmek
**örf** Brauch *m*, Sitte *f*; **~ ve âdetler** Sitten und Gebräuche *pl*
**örfî** [i:] gängig; gesetzlich; **~ idare** Ausnahmezustand *m*
**örgü** Häkelei *f*; Strickerei *f*; Geflecht *n* (*a.* ANAT); Strick- (*Kleid*; *Wolle*); Flecht-; **~ şişi** Stricknadel *f*; **saç ~sü** Zopf *m* **~cü** Strickwarenhändler *m*, *-in f* **~lü** geflochten; gestrickt
**örgün** organisiert; systematisch, Plan-; methodisch; **~ eğitim** Studium *n* mit Teilnahmepflicht (*im Gegensatz zu Fernstudium*)
**örgüt** ⟨-tü⟩ Organisation *f* **~çü** Organisator *m* **~lemek** *v/t* organisieren; institutionalisieren **~lendirmek** *v/t* organisieren **~lenme** Organisierung *f*; Institutionalisierung *f* **~lenmek** organisiert werden; sich organisieren; institutionalisiert werden **~lü** organisiert **~sel** organisatorisch **~süz** unorganisiert
**örme** geflochten; gestrickt; **~ iğnesi** Stopfnadel *f*; **~ koltuk** Korbsessel *m*; **elde ~** handgestrickt

**örmek** ⟨-er⟩ v/t *Korb* flechten; *Wolle* stricken; häkeln; *Loch im Gewebe* stopfen; *Mauer* ziehen, errichten; **ne örüyor?** *dial* was macht er?

**'örneğin** zum Beispiel (z. B.)

**örnek** ⟨-ği⟩ Beispiel *n*; Modell *n*; WIRTSCH Muster *n*; *fig* Vorbild *n*, Beispiel *n*; *fig* Muster- (*Schüler*), beispielhaft; **~ almak** sich *akk* ein Beispiel nehmen (*-den* an *dat*); **~ olmak** ein Beispiel sein (*-e* für); *-in* **örneğini almak** e-e Zeichnung machen von (*dat*); *-in* **örneğini çıkarmak** ein Strickmuster anfertigen von; genau kopieren *akk*

**örnek|lemek** ⟨-i⟩ ein Beispiel (*od* Muster) sein (für) **~lik** ⟨-ği⟩ Beispielhaftigkeit *f*, Musterhaftigkeit *f* **~seme** Analogie *f*

**örs** Amboss *m*; Schusterdreifuß *m* **~elemek** v/t *Buch etc* zerfleddern; *Pflanzen* zerzausen; *fig Kranken* sehr mitnehmen

**örtbas: ~ etmek** vertuschen, verschleiern; verheimlichen

**örtenek** ⟨-ği⟩ ANAT (Deck)Membran *f*

**örter** → örtmek

**örtmece** LIT Euphemismus *m*, verhüllende(s) Wort; **~ yolu ile** verhüllend

**örtmek** ⟨-er⟩ v/t *Dach* decken; *Gesicht, Kopf* bedecken (-*le* mit); *Grab* zuschütten; *Tür* zumachen, schließen; *fig Fehler etc* verschleiern, bemänteln; **masa örtüsünü ~** ein Tischtuch auflegen; **paltomu üzerime örttüm** ich deckte mich mit meinem Mantel zu

**örttürmek** ⟨-i -e⟩ bedecken lassen, zudecken lassen (*akk* durch *j-n*; *od j-n etw*); **evin üzerini ~** das Dach des Hauses decken lassen

**örtü** Decke *f*; Umschlagtuch *n*; Plaid *n*; Überzug *m*, Schoner *m*; MIL Deckung *f*; *umg* Dach *n*; TECH Verkleidung *f*; **masa ~sü** Tischdecke *f*

**örtü|lmek** *passiv von* örtmek **~lü** bedeckt; fig geheim, Geheim-; *fig* sittsam gekleidet **~nmek** sich zudecken (*od* bedecken); sich verschleiern **~süz** unbedeckt

**örü** Geflecht *n*; Damm *m*; Mauer *f*; Bau *m*; gestopfte Stelle *f*; **~cü** Stricker *m*, -in *f*; Kunststopfer *m*, -in *f* **~lü** geflochten, gestrickt

**örümcek**[1] ⟨-ği⟩ Spinne *f*; **~ (ağı)** Spinngewebe *n*; **~ almak** die Spinnweben entfernen; **~ kafalı** rückständig; **her taraf ~ tutmuş** alles ist mit Spinnweben bedeckt

**örümcek**[2] Laufgitter *n*

**örümceklenmek** sich mit Spinnweben bedecken; MED *Augen* sich entzünden; *fig* völlig verlassen, unbehütet sein

**öşür** ⟨öşrü⟩ *osm* Steuer der Zehnte

**öt** → öd

**öte** (die) andere Seite; drüben; mehr (*-den* als); (das) Weitere, (das) Übrige; **~ dünya** Jenseits *n*; **~ yandan** andererseits; **~de** drüben, dahinten; **~de beride** hier und da, überall; **~deki** gegenüberliegend; **~den** von drüben; **~den beri** seit jeher, schon immer; **~den beriden** von hier und von da; von diesem und jenem; **dağın ~si(nde)** jenseits des Berges, hinter den Bergen; **~si berisi** die möglichen Stellen (*od* Sachen); **~si çıkmaz sokak** da sind wir in einer Sackgasse; **~si var mı?** (ist) sonst noch etwas (zu sagen)?; **~ye beriye** hierhin und dahin; *-den* **~ye gitmek** *fig* hinausgehen (über *akk*)

**öteberi** alles Mögliche; ein paar Kleinigkeiten, dies und das

**ötede** *etc* → öte

**öteki** ⟨-ni⟩ der (die, das) andere, Übrige; der (die, das) da; **~ beriki** diese(r) oder jene(r) **~si** ⟨-ni⟩ der (die, das) andere da

**öter** → ötmek

**ötleğen** Grasmücke *f* (*Sylvia communis*)

**ötlek** → ödlek

**ötmek** ⟨-er⟩ *Vögel* singen, zwitschern; *Hahn* krähen; *Insekten* summen; *Kuppel* dröhnen; *Blasinstrument, Pfeife* ertönen; ansprechen; *negativ meist* keinen Ton von sich geben; *Ohr* klingen; *Slang*: quasseln; *Slang*: kotzen

**öttürmek** ⟨-i⟩ *Flöte etc -i* spielen, blasen auf *dat*; *kaus von* ötmek

**ötücü** (Flöten)Spieler *m*, Bläser *m*; lieblich singend; **~ kuş** Singvogel *m*

**ötümlü** GRAM stimmhaft **~leşmek** GRAM stimmhaft werden (z. B. araç – araca)

**ötümsüz** GRAM stimmlos; stimmlose(r) Laut **~lük** ⟨-ğü⟩ Stimmlosigkeit *f*

**ötürmek** v/i *dial* Durchfall haben

**ötürü** wegen (*-den gen*); **bundan ~** des-

wegen
**ötürük** ⟨-ğü⟩ *dial* Durchfall *m*
**ötüş** Singen *n etc* → ötmek
**ötüşmek** (einander) (zu)zwitschern
**över** → övmek
**övgü** Lob *n*; Lobrede *f*, Laudatio *f* **~cü** lobend; Lobredner *m*; Lobhudler *m*
**övmek** ⟨-er⟩ *v/t* loben, preisen
**övünç** ⟨-cü⟩ Stolz *m* (*a. als Gegenstand*); *-den* **~ duymak** stolz sein (auf *akk*)
**övün|geç, ~gen** prahlerisch, *umg* großschnäuzig
**övünmek** (-*le*) stolz sein (auf *akk*), sich rühmen *gen*; sich selbst loben, *umg* großschnäuzig sein; **~ gibi olmasın** ohne mich selbst rühmen zu wollen, ...
**övüt-** ⟨-cü⟩ → öğüt- *etc*
**öykü** LIT Kurzgeschichte *f*; Erzählung *f*, Novelle *f*; **yaşam ~sü** Biografie *f* **~cü** Erzähler *m*, -in *f*; Novellist *m*, -in *f* **~cülük** ⟨-ğü⟩ Novellistik *f* **~leme** Erzählen *n* **~lemek** erzählen
**öykün|me** Nachahmung *f* **~meci** Nachahmer *m*, -in *f* **~mek** -*e* nachahmen *akk*
**öyle** Ⓐ *pron* so ein(e), solch ein(e), solche; derartige(r); **~ bir** solch, so ein(e), so einer Ⓑ *adv* so; *nach* **ne** *od* **nasıl: o ne biçim iş ~!** das ist aber ein Ding!, na, so was!; **~ mi?** tatsächlich?; **~ ya!** tatsächlich!; natürlich!, genau!; -*e* **gelmek (ki)** den Eindruck haben, (dass ...), *j-m* so vorkommen, (dass); am liebsten wäre er ... *etc*
**'öylece** genauso, auf diese Weise
**öylelikle** somit; schließlich
**öylesi** so ein(er), so eine (*wie der, die*) **~ne** solch ein(e); derart, so ... (*ki dass*); **~ kıskanç ki** er ist derart neidisch, dass ...
**öz¹** Selbst *n*, Ich *n*; Wesen *n*; Inbegriff *m*; Grundelement *n*; BOT Mark *n*, Saft *m*; Kern *m*; MED Eiterpfropf *m*; Selbst-; Eigen-; **~ü sözü bir** ein Mann ein Wort, ehrlich
**öz²** leiblich, eigen (*z. B. Mutter*); Selbst- (*Liebe*); echt, rein; PHYS eigentlich (*Wärme*); **~ Türkçe** (das) reine Türkisch
**Özbek** ⟨-ği⟩ Usbeke *m*, Usbekin *f* **~çe** usbekisch; (das) Usbekisch(e) **~istan** Usbekistan *n*
**'özbeöz** echt, ... durch und durch
**özbeslenme** BOT Autotrophie *f*

**özden** Ⓐ *adj* originell; Original *n* Ⓑ *subst* ANAT Thymusdrüse *f*
**'özdenetim** Selbstkontrolle *f*
**özdenlik** ⟨-ği⟩ Originalität *f*
**özdeş** gleich(artig); identisch **~leme** Identifizierung *f* **~lemek** *v/t* identifizieren **~leşmek** sich identifizieren **~leştirmek** *v/t* (*j-n*) identifizieren (-*le mit*) **~lik** ⟨-ği⟩ Identität *f*
**'özdeyiş** Spruch *m*, Aphorismus *m*
**'özdışı** PHIL objektiv
**'özdirenç** ⟨-ci⟩ ELEK spezifischer Widerstand
**özekdoku** BIOL Parenchym *n*
**özel** besonder-; persönlich; privat; Sonder-; Privat- (*Wagen*); **~ ad** Eigenname *m*; **~ dil** Fachsprache *f*; **~ fiyat** Sonderpreis *m*; **~ girişim** Privatinitiative *f*; **~ mülk** Privatbesitz *m*; **~ okul** Fachschule *f*; **~ sayı** Sondernummer *f* (*e-r Zeitschrift*); **~ sektör** WIRTSCH Privatwirtschaft *f*; **~ tim** MIL Sondereinsatzkommando *n*; **~ ulak** POST durch Eilboten
**'özeleştiri** Selbstkritik *f*
**özelleştirmek** *v/t* spezifizieren; qualifizieren; WIRTSCH privatisieren
**özellik** ⟨-ği⟩ Besonderheit *f*, Merkmal *n*; Beschaffenheit *f*; **~le** insbesondere, vor allem
**özemek** *v/t* verdünnen; sämig machen
**özen** Sorgfalt *f*, Umsicht *f*; -*e* **~ göstermek** sorgfältig beachten *akk*; sich (*dat*) Mühe geben
**özendirmek** (-*i -e*) *j-n* anregen zu
**özeniş** Bestreben *n*; Sehnsucht *f*
**özenli** gewissenhaft, akkurat
**özen|mek** (-*e*) sich (*dat*) viel Mühe geben (mit); sich (*dat*) wünschen *akk*, erstreben *akk*; **özeniyorum** ich möchte gern machen (*od* werden); (*a. -den*) *j-m* nacheifern; **özenerek, özene bezene** mit größter Sorgfalt **~siz** oberflächlich, unsorgfältig; schlampig
**özenti** *pej* Nacheiferung *f*, Nachahmung *f*, Kopieren *n*; Mühe *f* **~ci** Nachahmer *m*, -in *f* **~li** nacheifernd; eifrig **~siz** schlicht, natürlich
**özerk** autonom **~leşmek** Autonomie erlangen **~lik** ⟨-ği⟩ Autonomie *f*
**özet** ⟨-ti⟩ Inhalt *m*, Resümee *n*; Zusammenfassung *f*, Kurzfassung *f der Nachrichten*; Extrakt *m*, Auszug *m* **~le** kurz (zusammengefasst), in Kürze **~lemek**

**özge** ander-; fremd **~ci** Altruist *m*, -in *f* **~cil** selbstlos, hilfsbereit, altruistisch **~cilik** ⟨-ği⟩ Altruismus *m*

'**özgeçmiş** WIRTSCH Lebenslauf *m*; Personalakte *f*

**özgü** (-e) eigen *dat*, typisch für; (speziell) vorbehalten *dat*, bestimmt für

**özgül** spezifisch (*Gewicht*) **~lük** ⟨-ğü⟩ typische Eigenschaft, Besonderheit *f*

**özgün** original, ursprünglich, Original-; originell, einzigartig; (*Schriftstück*) Original *n*; **~ baskı** Kunstgrafik *f*; **~ müzik** Musikrichtung der 1980er Jahre, etwa: Folkpop **~lük** ⟨-ğü⟩ Originalität *f*

**özgür** frei, unabhängig **~ce** *adv* frei **~lük** ⟨-ğü⟩ Freiheit *f*; **söz özgürlüğü** Redefreiheit *f*; **vicdan özgürlüğü** Gewissensfreiheit *f* **~lükçü** freiheitlich; liberal **~lüksever** freiheitsliebend

'**özgüven** Selbstsicherheit *f*

'**özindükleme** PHYS Selbstinduktion *f*

**özle|m** Sehnsucht *f*; Neigung *f* **~mek** -*i* sich sehnen nach; ersehnen *akk*

**özleş|mek** sich (be)reinigen **~tirmek** *v/t* reinigen, purifizieren

**özletmek** (-*i* -*e*) *etw* begehrenswert machen (für *j-n*); *kaus von* **özlemek**

**özleyiş** Sehnsucht *f*

**özlü** markig; üppig; *Ausdruck* treffend; *Boden* fett, ergiebig; *Getreide* gut konditioniert; *Teig* sämig

**özlük** ⟨-ğü⟩ Wesen *n*; Typische(s); Persönlichkeit *f*; **~ işleri** Personalangelegenheiten *f/pl*

**özne** GRAM Subjekt *n*; **~ almayan eylem** unpersönliche(s) Verb

**öznel** subjektiv **~ci** Subjektivist *m* **~cilik** ⟨-ği⟩ Subjektivismus *m* **~lik** ⟨-ği⟩ Subjektivität *f*

'**özöğrenim** Selbststudium *n*, Autodidaktik *f* **~li** Selbstlerner *m*, -in *f*, Autodidakt *m*, -in *f*; autodidaktisch

**özrü** → özür

'**özsaygı** Selbstachtung *f*

**özsel** wesentlich; → öz

'**özsu** ⟨-yu⟩ BOT Saft *m*; (*Magen*)Saft *m*

**özümle|me** *a.* BIOL Assimilation *f*, Anpassung *f* **~medokusu** ⟨-nu⟩ Fotosynthese *f* **~mek** *v/t* assimilieren, anpassen **~nim** *s.* özümleme **~nme** Assimilation *f*, Anpassung *f*; Aneignung *f* **~nmek** sich assimilieren, sich anpassen

**özümseme** *etc* → özümleme *etc*

**özür** ⟨özrü⟩ Entschuldigung *f*, Verzeihung *f*; Entschuldigungsgrund *m*; Fehler *m*, Mangel *m*; *-den* **~ dilemek** sich entschuldigen (wegen *gen*, für); **~ dilerim** ich bitte um Entschuldigung, Verzeihung! **~lü** ... (ist) entschuldbar, ... (hat einen) Entschuldigungsgrund; beschädigt, fehlerhaft (*Stoff*); *Person* behindert; **bedensel ~** körperbehindert; **zihinsel ~** geistig behindert **~süz** unentschuldigt (*zu spät kommen*); unentschuldbar; einwandfrei, ... in Ordnung

'**özveri** Selbstlosigkeit *f* **~li** selbstlos

'**özyapı** Charakter *m*

**özyaşam**: **~ öyküsü** Autobiografie *f*

**özyönetim** (Arbeiter)Selbstverwaltung *f* (*e-s Betriebes*)

# P

**p, P** [pɛ] p, P *n*

**pabuç** ⟨-cu⟩ Schuh *m* (früher ohne Absatz); *fig* Fuß *m* (*e-r Säule, e-s Tischbeins etc*); *-e* **~ bırakmamak** nicht zurückschrecken vor *dat*; **pabucu dama atılmak** *umg* kaltgestellt werden, s-e Rolle ausspielen; **pabucunu eline vermek** *umg j-n* ausbooten, rausschmeißen, *fig* feuern; *-e* **pabucuna ters giydirmek** *j-n* zum Rückzug zwingen, *umg j-n* vergraulen **~çu** Pantoffelhersteller *m*; Pantoffelwärter *m* (*z. B. an Moscheen*) **~suz** barfuß; **~ kaçmak** Reißaus nehmen, *umg* abhauen

**paça** (*bei Tieren*) Unterschenkel *m*, Fuß *m*; Hosenbein *n*; Gericht aus Hammelbeinen; **~ları(nı) sıvamak** *fig* sich machen (an *akk*), *umg* die Ärmel hochkrempeln; **~sı düşük** schlampig (*Kleidung*); **~yı** (od **~sını**) **kurtarmak** sich aus der Affäre ziehen **~günü** ⟨-nü⟩ (der) zweite Hochzeitstag **~lı**: *z. B.* **dar ~** mit engen Hosenbeinen

**pa'çavra** Lappen *m*; Lumpen *pl*; Fetzen *m*; alte(r) Kram; *umg* Person Penner *m*;

Schlampe f; **~ hastalığı** umg MED Grippe f; **-i ~ya çevirmek**, **~sını çıkarmak** zerfetzen, zerfledern; übel zurichten **~cı** Lumpensammler m, -in f
pa'davra Holzschindel f; Latte f
'padilbot Paddelboot
padişah [pa:di'ʃa:x] Herrscher m, Sultan m **~lık** ⟨-ğı⟩ Herrschaft f, Sultanat n
'pafta Faltblatt n (e-r Karte); Ziernagel m; Metallplättchen n; große(r) Fleck
pagan Heide m, Heidin f **~izm** Heidentum n
paha Preis m; **~ biçilmez** unschätzbar; unermesslich; -e **~ biçmek** schätzen akk, bewerten; ... **~sına** um den Preis zu ..., selbst auf die Gefahr hin zu ...; **~ya çıkmak** teuer werden
pahacı Halsabschneider m
pahalanmak im Preis steigen
pahalı teuer, kostspielig; -e **~ya oturmak** j-m teuer zu stehen kommen **~laşmak** im Preis steigen **~laştırmak** ⟨-ı⟩ den Preis gen erhöhen **~lık** ⟨-ğı⟩ Teuerung f; Höhe f (des Lohnes); hohe Preise m/pl
pahlamak v/t behauen; abfeilen
pak [a:] ⟨-ki⟩ rein; fig geläutert; Person ehrenhaft
paket ⟨-ti⟩ Paket n (a. fig von Gesetzen etc); (Stoff)Ballen m; Päckchen n (Zigaretten); Packung f; umg Hintern m; **yiyecek ~i** Lunchpaket n; -i **~ etmek**, **~ yapmak** einpacken **~lemek** v/t einpacken; verpacken **~letmek** v/t einpacken lassen
Pakistan [pa:-] Pakistan n **~lı** Pakistani m, f, Pakistaner m, -in f; pakistanisch
pak|lamak v/t säubern; umg verdrücken **~lık** ⟨-ğı⟩ Sauberkeit f; fig Läuterung f
pakt ⟨-ti⟩ Pakt m; **Kuzey Atlantik ♀ı** Nordatlantikpakt m, NATO f
pala Krummschwert n, Pallasch m; Propellerflügel m; Ruderblatt n; **~ çalmak** sich abrackern; **~ çekmek** die Klinge ziehen
palabıyık ⟨-ğı⟩ Schnauzbart m
palamar SCHIFF Trosse f; **-ı çözmek** (od **koparmak**) umg türmen
palamut¹ ⟨-du⟩ Unechte(r) Bonito (Makrelenart; Pelamys sarda)
palamut² ⟨-du⟩ BOT Eichel f; Valoneneiche f, Knoppereiche f (Quercus valonea)
palan Sattelkissen n

pa'langa Flaschenzug m; Winde f
palanlamak v/t umg einlochen
palas¹ Palast m; Luxushotel n; Schülerslang ... ein Kinderspiel; **~ geçmek** umg glattgehen
palas²: **~ pandıras** fig Hals über Kopf
pa'lavra¹ Gerede n, Geschwätz n; **~ savurmak** (od **atmak**) umg spinnen, fantasieren; aufschneiden; **~ tutturmak** (anfangen zu) munkeln
pa'lavra² SCHIFF Hauptdeck n
palavracı umg Spinner m, Fantast m
palaz Junge(s) (z. B. Entlein, Gänseküken) **~la(n)mak** heranwachsen; groß werden; fig reich werden; fig altern; umg mit dem Kopf durch die Wand wollen
paldım Geschirrriemen m
paldır: **~ küldür** holterdipolter
paleografi Paläografie f
palet ⟨-ti⟩ Palette f; TECH Raupenkette f; SCHIFF Lecksegel n; **işaretçi ~i** BAHN Winkerstab m; Kelle f
paletli Raupen-, Kettenpali'karya junge(r) Grieche m; pej Grieche m; pej Draufgänger m
palmiye Palme f
'palto Wintermantel m
paluze [pa:lu:ze] Art Gelee n
pal'yaço Bajazzo m, Clown m, Kasper m **~luk** ⟨-ğu⟩ Clownerie f, Harlekinade f
palyatif Beruhigungs- (Mittel); **~ tedbir** oberflächliche Maßnahme
pamuk ⟨-ğu⟩ Baumwolle f; Watte f; Baumwoll-; (schnee)weiß; **~ bitkisi** Baumwollstaude f; **~ gibi** (flaum)weich; 2 **Prenses** Schneewittchen n; **~ ipliğiyle bağlı olmak** fig an einem (seidenen) Faden hängen 2**kale** Pamukkale n, das antike Hierapolis **~lu** baumwollen; wattiert
pa'nama Panamahut m; Panamagewebe n
Pa'nama Panama n; **~ Kanalı** Panamakanal m **~lı** Panamaer m, -in f; panamaisch
panayır Messe f, Ausstellung f **~cı** Messeteilnehmer m, Aussteller m
pancar BOT Rübe f (Beta vulgaris); Rote Bete; **şeker ~ı** Zuckerrübe f
pancur Fensterladen m
pandantif Anhänger m (als Schmuck); ARCH Hängebogen m
pandi'spanya Art Sandkuchen m; **~**

**gazetesi** *umg* Ente *f*, Lügenmärchen *n*
**pando'mim** Pantomime *f*
**pandül** ⟨-lü⟩ Pendel *n* **~lü: ~ saat** Pendeluhr *f*
**panel** öffentliche Diskussion; Podiumsgespräch *n*; (Kontroll)Pult *n*
**panik** ⟨-ği⟩ Panik *f*; **~ oldu** (*od* **çıktı**) *unp* es gab e-e Panik, e-e Panik brach aus; **~ yaratmak** Panik verbreiten; **paniğe kapılmak** in Panik geraten, *umg* Panik machen; *-i* **paniğe vermek** *j-n* in Panik versetzen **~lemek** *umg* → **paniğe kapılmak**
**panjur** → *pancur*
**pankart** ⟨-tı⟩ Spruchband *n*, Transparent *n*
**pankreas** Bauchspeicheldrüse *f*; SPORT Catchen *n*; **~ bezi** → *pankreas*
**'pano** ELEK Schalttafel *f*; Täfelung *f*; Wandbehang *m*; Anschlagtafel *f*, Schwarze(s) Brett
**pano'rama** Panorama *n*; *-in* **~sını vermek** e-n allgemeinen Überblick geben über *akk*
**pansiyon** Pension *f*; Pensionat *n*; **tam ~** Vollpension *f*; **yarım ~** Halbpension *f* **~cu** Pensionsinhaber *m*, *-in f* **~er** Pensionsgast *m*
**pansuman** Verband *m*; *-i* **~ yapmak** e-n Verband anlegen; verbinden *akk*
**pantalon** Hose *f*
**panteist** ⟨-ti⟩ Pantheist *m*, *-in f* **~izm** Pantheismus *m*
**panter** Panther *m*
**pantolon** → *pantalon*
**pan'tufla** Pantoffeln *m/pl*, *umg* Latschen *pl*
**panzehir** ⟨-hri⟩ Gegengift *n*
**panzer** Panzerwagen *m*
**papa** Papst *m*; **~ gönderiği** (päpstlicher) Nuntius
**papağan** Papagei *m* **~lık** ⟨-ğı⟩ Papageienkrankheit *f*
**papalık** ⟨-ğı⟩ Papsttum *n*
**pa'para** *Art* Brotsuppe mit Fleischbrühe und Joghurt; Anschnauzer *m*, Rüffel *m*
**paparazzi** Paparazzo *m*
**pa'patya** BOT (Echte) Kamille (*Matricaria chamomilla*); **~ çayı** Kamillentee *m*; **~ falı** *umg* Gänseblümchenzupfen *n* (*ja – nein*)
**papaz** *christlicher* Geistliche(r); Pope *m*; König *m* (*Karte*); **~ uçurmak** *umg* ein Saufgelage veranstalten **~kaçtı** *Art* Kartenspiel

**papel** Papiergeld *n* **~ci** *Art* Trickdieb *m*
**pa'pirüs** BOT Papyrusstaude *f*; Papyrus *m* (*a. Papier*); Papyrusrolle *f*; Papyrusschrift *f*
**papyemaşe** Pappmaschee *n*
**papyon** Fliege *f* (*als Krawatte*); **~ somunu** TECH Flügelmutter *f*
**par: ~ ~ olmak** funkeln
**para** Geld *n*; HIST Para *m* (*40. Teil des Kurusch*); **~ babası** steinreich; *fig* Geldsack *m*; **~ bozmak** wechseln, *umg* kleinmachen; **~ canlısı** geldgierig; **~ cezası** Geldstrafe *f*; **~ çantası** (*od* **kesesi**) Portemonnaie *n*; **~ dökmek** (sein) Geld vergeuden; (viel) Geld investieren; **~ etmemek** zu nichts taugen; nichts hermachen; **~ ile değil** spottbillig; **~ kırmak** Geld scheffeln; **~ pul** Geld *n*, klingende Münze; **~ sıkıntısı** Geldsorgen *pl*; *-den* **~ sızdırmak** (*od* **koparmak**) *umg j-m* Geld abknöpfen; **~ tutmak** Geld anhäufen; Geld haben; **~ yapmak** *umg* Geld machen; **~ yemek** Geld vergeuden; *fig umg* sich schmieren lassen; *-e* **~ yedirmek** *j-n* mit Geld überschütten; bestechen *akk*; **~dan çıkmak** sich verausgaben; **~sı pul olmak** *j-s* Geld an Wert verlieren (*od* vergeudet werden); **~sını sokağa atmak** *fig* sein Geld aus dem Fenster werfen (*umg* schmeißen)
**parabol** ⟨-lu⟩ Parabel *f*
**paraçol** ARCH Stütze *f*, Konsole *f*
**paradi** THEAT Olymp *m*
**paradoks** paradox; Paradoxon *n*; Paradoxie *f*
**paraf** Initialen *f/pl*; Handzeichen *n*
**parafe** abgezeichnet; *-i* **~ etmek** abzeichnen *akk*
**parafin** CHEM Paraffin *n*
**paragöz** geldgierig
**paragraf** Paragraf *m*; TYPO Absatz *m*; Einzug *m*
**para'kete** SCHIFF Log *n*; Langangel *f*
**paralamak** *v/t* Tier zerreißen, zerfleischen; *Sache* abnutzen; *Schuhe* ablaufen; *Sprache* radebrechen
**paralanmak**[1] zu Geld kommen
**paralanmak**[2] entzweigehen, kaputtgehen; zerreißen; *fig* sich zerreißen; sich abrackern
**paralayıcı** zerreißend; **yürek(ler) ~**

herzzerreißend

**paralel** parallel (*-e* zu *dat*); Parallele *f*; GEOG Breitenkreis *m* **~kenar** MATH Parallelogramm *n* **~lik** ⟨-ği⟩ Parallelität *f*; Ähnlichkeit *f*

**para||lı** Geldmann *m*; vermögend; gegen Bezahlung, kostenpflichtig; gebührenpflichtig; getüpfelt (*Stoff*); **~ asker** Söldner *m*; **~ askerlik** *umg* Freikaufen *n*; **~ geçiş** Mautpflicht *f* **~lık** ... im Wert von ... Para; **bir** (*od* **iki**) **~** ... keinen Heller wert; *-i* **bir ~ etmek** *fig* herabziehen, herabwürdigen

**pa'ramparça** zerfetzt; zertrümmert

**pa'rankima** ANAT, BOT Parenchym *n*

**parantez** TYPO Klammer *f*, Klammern *f*/*pl*; **~ açmak** die Klammer öffnen; *fig* das Thema erweitern; **~i kapamak** die Klammer schließen; **köşeli ~** eckige Klammern *f*/*pl*

**parapet** ⟨-ti⟩ Geländer *n*, Brüstung *f*; SCHIFF Schanzkleid *n*

**parasal** Geld-, geldlich

**parasız** mittellos; unentgeltlich; kostenlos (*Dienst*); **~ pulsuz** ... ohne einen Groschen; **~lık** ⟨-ğı⟩ Mittellosigkeit *f*

**parasoley** FOTO Gegenlichtblende *f*

**paraşüt** ⟨-tü⟩ Fallschirm *m*; **~ ile atlamak** mit dem Fallschirm abspringen; **~ kulesi** Sprungturm *m*, Fallschirmturm *m* **~çü** Fallschirmspringer *m*, *-in f*; **~ kıtalar** Luftlandetruppen *f*/*pl* **~çülük** ⟨-ğü⟩ Fallschirmspringen *n*, Fallschirmsport *m*

**paratoner** → yıldırımsavar

**para'van(a)** Stellwand *f*, spanische Wand; *fig* Deckung *f*; **~ şirket** Scheinfirma *f*; *-i* **~ yapmak** *fig* j-n vorschieben, *umg* sich hinter j-m verstecken

**parazit** ⟨-ti⟩ Parasit *m*, Schmarotzer *m*; *Radio* Störung *f*; **~ yalıtımı yapılması** funksentösrt **~lik** ⟨-ği⟩ Schmarotzertum *n*

**parça** Stück *n*; Teil *m*; als Zählwort (*z. B.* **üç ~ elbise** drei Anzüge); Musikstück *n*; Teil *m* (*e-s literarischen Werkes*); (*Stoff*)Abschnitt *m*, Coupon *m*; *umg* (*Rauschmittel*) Stoff *m*; **bir ~** ein Stück (*Brot*); Teil *m* (*der Arbeit*); etwas, ein bisschen (*warten*); *etw* **~-ähnliches** (*z. B.* **elmas ~sı** ..., **ay ~sı** ... musterhaft, entzückend, *umg* toll); **~ parça** *sl* Klasseweib *f*; **bir adam ~sı** ein erbärmlicher Mensch; **~ başına** pro Stück, Stück- (*Lohn*); **~ ~** in Stücken, zerschlagen; *-i* **~ ~ etmek** entzweireißen, kaputt machen, in Stücke schlagen; *Papier* zerreißen; **~ pürçük** wenig(e); einige; sporadisch

**parçacık** ⟨-ğı⟩ PHYS Teilchen *n*, Partikel *f*; **bir ~** ein (klein) bisschen

**parça||lamak** *v*/*t* zerstückeln, zerschmettern; *umg* kaputt schlagen; *Papier* zerreißen **~lanmak** *passiv von* parçalamak; *fig umg* sich vor Eifer umbringen **~layıcı** POL spalterisch, zersetzend **~lı** geflickt; stellenweise; **~ bohça** Patchwork *n*; Sammelsurium *n* **~lılık** ⟨-ğı⟩ Zersplitterung *f*

**'pardon** *int* Verzeihung!, Pardon!

**par'dösü** Übergangsmantel *m*

**pare** [a:] Stück *n*; Zählwort **20 ~ top** 20 Kanonenschüsse

**parfüm** Parfüm *n* **~eri** Parfümerie *f*

**parıl**: **~ ~** strahlend; **~ ~ parlamak** strahlen, funkeln **~damak** *v*/*i* funkeln, glänzen, strahlen; *fig* sich entfalten, voranschreiten **~tı** Strahl *m*; Funken *m*; Glanz *m* **~tılı** strahlend, funkelnd, glänzend **~tısız** glanzlos

**park** ⟨-kı⟩ Park *m*; Parken *n* (*der Autos*); (*Wagen*)Park *m*; **~ etmek** (*od* **yapmak**) parken; **~ yapılmaz** Parken verboten, Parkverbot *n*; **~ yeri** Parkplatz *m*

**parke** Parkett *n*; **~ döşemek** mit Parkett auslegen, Parkett legen; **~taşı** Pflasterstein *m*; Steinplatte *f* **~çi** Parkettleger *m* **~li** Parkett-

**parkmetre** AUTO Parkuhr *f*

**parkur** Rennstrecke *f*, Bahn *f*; Flugstrecke *f*; **yürüyüş** (*od* **koşu**) **~u** Trimmstrecke *f*

**parlak** ⟨-ğı⟩ strahlend (*z. B. Stern*); glänzend (*z. B. Metall*; *a. fig z. B. Erfolg, Schüler*); blank (*Metall*); *umg* chick, fesch; Glanz- (*Papier*) **~lık** ⟨-ğı⟩ Glanz *m*

**parlamak** *v*/*i* strahlen; glänzen; leuchten; *Benzin* Feuer fangen; berühmt werden, *umg* ein Star werden; *fig* aufbrausen, sich leicht aufregen; *fig* aufleuchten

**parlamasız** entspiegelt

**parlamen|tarizm** Parlamentarismus *m* **~ter** Parlamentarier *m*, *-in f*; Parlamentsmitglied *n*; parlamentarisch **~to** [-'mɛntɔ] Parlament *n*; **~ dışı** außerparlamentarisch

# PASO

**parlat|ıcı** Polier- **~mak** v/t polieren, blank reiben

**parmak** ⟨-ğı⟩ Finger m; am Fuß Zeh m, Zehe f; Speiche f des Rades; Maß Zoll m; altes Längenmaß, etwa 3 cm; Fingerabdruck m; Fingerprobe f (z. B. Honig); -e ~ **atmak** die Sache aufbauschen; -in **bir noktasına** ~ **basmak** besondere Beachtung schenken dat; ~ **hesabı** fig türk. Versmaß n; ~ **ısırmak** verblüfft sein; ~ **ısırtmak** j-n verblüffen; ~ **izi** Fingerabdruck m; ~ **kadar çocuk** Knirps m, Däumling m; ~ **kaldı** fast (hätte, wäre ...); ~ **kaldırmak** fig den Finger heben, sich melden; ~ **tatlısı** Art Gebäck; ~ **ucu** Fingerspitze f; ~ **yalamak** fig sein Schäfchen ins Trockene bringen; **parmağı ağzında kalmak** Mund und Nase aufsperren; **bir işte parmağı olmak** s-e Hand im Spiel haben; -i **parmağına dolamak** fig in die Länge ziehen, verschleppen; -i **parmağında oynatmak** j-n nach s-r Pfeife tanzen lassen; **parmağını bile kıpırdatmamak** fig umg nicht mehr jappen können; -i **parmağının ucunda çevirmek** umg schon hinkriegen, schon deichseln akk; **-la gösterilmek** nicht seinesgleichen haben; **~larını yemek** fig sich dat die Finger (danach) lecken

**parmaklık** ⟨-ğı⟩ Zaun m; Gitter(werk) n; **bahçe parmaklığı** Gartenzaun m; **balkon parmaklığı** Balkongitter n

**parodi** Parodie f

**pa'rola** Parole f, Losungswort n; Schlagwort n

**pars** ZOOL Leopard m, Panther m

**'parsa** (kleine) Spende; milde Gabe; (eingesammelte) Spenden f/pl; **~yı toplamak** die Vorteile einheimsen

**parsel** Parzelle f **~lemek** v/t parzellieren

**parşömen** Pergament n; ~ **kağıdı** Pergamentpapier n

**partal** Sache gebraucht, alt, Trödel-; ~ **eşyalar** Trödel m

**parter** THEAT Parterre n

**parti**[1] Partei f, -n; ~ **başkanı** Parteiführer m, umg Parteichef m; **çok ~ sistemi, çok ~li sistem** Vielparteiensystem n

**parti**[2] WIRTSCH Partie f, Posten m; Spiel Partie f (Schach); MUS Partie f; Empfang m, umg Party f; fig umg Fund m; ~ **vermek** e-n Empfang (od e-e Party) geben; **~yi vurmak** umg e-n großen Schnitt machen; **iyi bir** ~ **vurmak** e-e gute Partie machen

**partici** Parteimitglied n; Parteigänger m, -in f, Parteianhänger m, -in f **~lik** ⟨-ği⟩ Parteilichkeit f, Parteinahme f

**partikül** Partikel f

**partili** Parteimitglied n; **çok ~** Mehrparteien-; **iki ~** Zweiparteien-

**partizan** Partisan m; Freiheitskämpfer m; → pej **partici ~lık** ⟨-ğı⟩ Partisanentum n; Parteifilz m

**partner** Partner m, -in f **~lik** ⟨-ği⟩ Partnerschaft f; -e ~ **etmek** Partner(in) ... gen sein

**partöner** → partner

**part-time** ['portaïm] Teilzeit- (Arbeit)

**'parya** Paria m

**pas**[1] Rost m; MED Belag m; ~ **tutmak** rosten; **~a dayanıklı** rostfrei; **bakır ~ı** Grünspan m

**pas**[2] Abgeben n, Zuspielen n (des Balles); Kartenspiel Passen n; (ich passe!; ~ **çekmek** umg passen müssen; ~ **etmek** SPORT passen; Kartenspiel passen; (-e) umg e-n Korb geben (zu dat), verweisen (an akk); ~ **vermek** Ball abgeben, zuspielen; fig j-m entgegenkommen

**pasaj** Passage f, Durchgang m; LIT Passage f, Stelle f

**pasak** ⟨-ğı⟩ Schmutz m; Lumpen pl (Kleidung) **~lı** schlampig, ungepflegt

**pasapa'rola** MIL mündliche(r) Befehl; Schalltrichter m

**pasaport** ⟨-tu⟩ Pass m; ~ **kontrolü** Passkontrolle f; -in **~unu** (eline) **vermek** fig j-m den Laufpass geben

**pasavan** Passierschein m, (Grenz)Pass m (für Grenzgänger)

**pasif** passiv; GRAM Passiv n

**paskal** ulkig **~lık** ⟨-ğı⟩ Ulk m; Spaß m

**Pas'kalya** Ostern pl, Osterfest n; ♃ **çiçeği** Gänseblümchen n (Bellis perennis); ♃ **çöreği** Osterzopf m

**paslan|dırmak** v/t rostig machen **~mak** v/i rosten, rostig werden **~mayan** nicht rostend **~maz** rostfrei

**paslaşmak** sich gegenseitig (den Ball) zuspielen; fig sich zuzwinkern

**paslı** verrostet, rostig; Zunge belegt

**'paso** (Ermäßigungs)Fahrschein m, Monatskarte f, Zeitkarte f; **emekli ~su** Seniorenkarte f; **öğrenci ~su** Schülerkarte

*f*; → **pas²**; **bundan ötesine benden ~** *fig* weiter kann ich nicht gehen
**paspartu** Passepartout *n* (*od m*)
**paspas** Fußmatte *f*; Mopp *m*; **~ yapmak** moppen **~lamak** *v/t* moppen
**'pasta¹** Kuchen *m*; TECH Paste *f*; **~ çatalı** Kuchengabel *f*; **elmalı ~** Apfelkuchen *m*; **kuru ~** Plätzchen *n pl*; **meyveli ~** Obstkuchen *m*; **tuzlu ~** Salzgebäck *n*; **yaş ~** (Sahne)Torte *f*
**pasta²** Rüsche *f*
**'pastacı** Konditor *m*; **~ dükkanı** Konditorei *f* **~lık** ⟨-ğı⟩ Feinbäckerei *f*, Konditorenkunst *f*
**pastane** [-ta:-] Konditorei *f*, Café *n*
**pastırma** gewürzte(s) Pökelfleisch *n*; **~ yazı** Altweibersommer *m*
**pastil** MED Pastille *f*
**pastörize** pasteurisiert; **~ etmek** *v/t* pasteurisieren
**paşa** HIST *u*. inoffiziell General *m*; Kind verständig, vernünftig; *umg* (artiger) Junge (*als Lob*); **~ çayı** *verdünnter schwarzer Tee für Kinder*; **~ gibi yaşamak** wie (ein) Gott in Frankreich leben; **~ olmak** e-n Schwips haben; **~ ~** ohne Weiteres; sehr artig, ruhig
**pat¹** ⟨-tı⟩ platt, flach
**pat²** bums!; bauz! (= plötzlich); patsch, patsch; *Schritte* trippel, trappel; **~ küt** Schlag *m*, Ohrfeige *f*; **~ küt vurmak** drauflosschlagen
**pat³** ⟨-tı⟩ BOT Aster *f*; Diamantbrosche *f*
**pat⁴** Schach Patt *n*
**'pata** Spiel Unentschieden *n*, Patt *n*; **~ çakmak** MIL salutieren; **~ gelmek** patt sein (*od* stehen); quitt sein; *fig* in e-e Sackgasse geraten
**patak** ⟨-ğı⟩ Schläge *m pl*, Dresche *f* **~lamak** (*-i*) auf j-n einschlagen, *umg* versohlen
**pa'tates** Kartoffeln *f pl*; **~ ezmesi** (*a*. **püresi**) Kartoffelpüree *n*; **~ kızartması** Bratkartoffeln *f pl*; **~ salatası** Kartoffelsalat *m*; **~ tanesi** Kartoffel *f*
**patavatsız** schnoddrig, respektlos **~lık** ⟨-ğı⟩ Schnoddrigkeit *f*
**paten** Schlittschuh *m*; Rollschuh *m*; **~ kaymak** Schlittschuh (Rollschuh) laufen **~ci** Schlittschuhläufer *m*, -in *f*; Rollschuhläufer *m*, -in *f*
**patent** Patent *n*; SCHIFF Gesundheitsattest *n*; Gewerbeschein *m*

**patentalı** patentiert
**patır**: **~ kütür** mit großem Krach, polternd **~damak** Krach machen, poltern **~datmak** (*-i*) *mit den Füßen* trampeln, aufstampfen; Krach machen mit
**patırtı** Krach *m*, Lärm *m*; Getrampel *n*, laute Schritte *m pl*; *fig* (Streit) Krach *m*, *umg* Donnerwetter *n*; **~ çıkarmak** ein Donnerwetter loslassen; **~ etmek** Krach machen; **-*i* ~ya vermek** in ein Chaos versetzen *akk* **~lı** laut, ohrenbetäubend
**pati** (Vorder)Pfote *f*
**patik** ⟨-ği⟩ Babyschuh *m*
**pa'tika** Pfad *m*, Steig *m*
**patinaj** TECH Schlupf *m*; AUTO Durchrutschen *n der Räder*; → **buz pateni**; **~ yapmak** Schlittschuh laufen, Eis laufen; *Räder* durchrutschen, Schlupf haben
**pa'tiska** Batist *m*; Batist-
**patlak** ⟨-ğı⟩ geplatzt, geborsten; Spalt *m*; Riss *m*; Detonation *f*; Knall *m*; **~ gözler** hervorstehende Augen *n pl*, *umg* Glotzaugen *n pl*; **~ vermek** platzen, knallen; *fig* herauskommen, ans Licht kommen; *Krieg etc* ausbrechen
**patlama** Knall *m*, Detonation *f*, Explosion *f*; Entladung *f*; GRAM Sprengung *f* (*des Verschlusses*); *fig* (*a. pl* **~lar**) Aufschwung *m*, Konjunktur *f*; **boru ~sı** Rohrbruch *m*
**patlamak** *v/i* platzen; krachen, knallen; *Bombe* explodieren, detonieren; *Knospe* aufbrechen; *Krieg* ausbrechen; *Gelächter*, *Sturm* losbrechen; *Winter* einbrechen; *vor Sorge* umkommen; *vor Wut* explodieren; (*-e j-m*) teuer zu stehen kommen; **patlama!** *umg* immer mit der Ruhe!
**patlamalı** GRAM Verschluss- (*Laut*); Explosions- (*Motor*)
**patlanglaç**, **~ıç** ⟨-cı⟩ Schreckschusspistole *f*; Knallfrosch *m*
**patlatmak** *v/t* zum Platzen bringen, zur Explosion bringen; *Krieg* entfachen; *Schuhe* durchlaufen; *umg j-m* e-e kleben
**patlayıcı** Explosiv-, Spreng- (*Stoff*); GRAM Verschluss- (*Laut*)
**patlıcan** Aubergine *f*; **~ dolması** gefüllte Auberginen *f pl* **~giller** Nachtschattengewächse *n pl*
**patolojik** pathologisch
**patriarkal** patriarchalisch
**patrik** ⟨-ği⟩ Patriarch *m*; **Rum-Ortodoks patriği** der griechisch-orthodoxe Patri-

arch

**patrik|hane** REL Patriarchat n (*Institution*) **~lik** ⟨-ği⟩ Patriarchenwürde f

**patron** Chef m; Abteilungsleiter m; Tonangebende(r); Schnittmuster n

**patronaj** Gefangenenfürsorge f

**patroncu** Zuschneider m, -in f

**'pattada(na)k** bauz!, ganz plötzlich; von ungefähr

**pa'vurya** Einsiedlerkrebs m; *fig umg* schief (gehend)

**pavyon** Pavillon m; Gartenlokal n

**pay** Anteil m; gleiche(r) Teil, Quote f; MATH Zähler m; **~ bırakmak** den Rest stehen lassen; **-den ~ biçmek** urteilen nach; **kendinden ~ biçmek** sich in *akk* hineinversetzen und so urteilen; **-i ~ etmek** aufteilen *akk*, teilen (**beş ~** in fünf gleiche Teile); **aslan ~ı** Löwenanteil m

**payan** [pa:ja:n] **: ~ olmamak** (*für Freude etc*) grenzenlos sein, kein Ende finden

**pa'yanda** ARCH Stützbalken m; Strebe f; **-den ~ları çözmek** *umg j-m*, *e-m Ort* Ade sagen **~lamak** *v/t* (ab)stützen

**payda** MATH Nenner m

**paydaş** Aktionär m, -in f, Anteilseigner m, -in f

**'paydos** Feierabend m; Pause f; Schluss!, basta!; **~ borusu çalmak** die Arbeit (*od Sache*) hinwerfen; **~ demek** Schluss machen; **~ etmek** Feierabend machen; *Schule* schließen, in den Ferien gehen; **yapı ~ edildi** die Bauarbeiten wurden unterbrochen

**paye** [a:] **: -e ~ vermek** *j-m* Respekt zollen

**payidar** [pa:jida:r] **: ~ olmak** s-n Platz im Leben behaupten

**payitaht** [pa:] ⟨-tı⟩ *osm* Hauptstadt f

**paylamak** *v/t j-n* ausschimpfen

**paylaşmak** *v/t* unter sich aufteilen; *fig Schmerz etc* teilen

**payölçer** Wärmemengenzähler m

**paytak** ⟨-ğı⟩ krummbeinig; *Schach* Bauer m; **~ adım** watschelnd(er Schritt)

**payton** Droschke f

**pazar** (Wochen)Markt m; Basar m; WIRTSCH Markt m; Sonntag m; **~ araştırması** Marktforschung f; **~ günü** Sonntag m; am Sonntag; **~ günleri**, **~ları** sonntags; **~ kayığı gibi** überbeladen (*wie ein Lastboot*); **~a çıkarmak** auf den Markt bringen; **~ ola!** guten Umsatz!; viel Erfolg!; **~ payı** Marktanteil m; **~ yeri** Markt m (*im Freien*); **balık ~ı** Fischmarkt m; **dünya ~ları** Weltmärkte m/pl

**pazar|başı** Marktaufseher m **~cı** Markthändler m, Marktfrau f **~lama** Vermarktung f; Marketing n **~lamak** (-*i*) e-n Markt finden (für *akk*); vermarkten **~laşmak** Geschäfte machen, handeln (*-le* mit *j-m*) **~lık** ⟨-ğı⟩ Handeln n, Feilschen n; *-i* **~ etmek** handeln, feilschen (um *akk*) **~lıksız** ohne Feilschen

**pa'zartesi** ⟨-ni, -yi⟩ Montag m; **~ günü** am Montag; **~ günleri**, **~leri** montags

**pazen** [a:] (geköperter) Barchent

**pazı**¹ BOT Runkelrübe f (*Beta vulgaris*)

**pazı**² ANAT Bizeps m; **~ kemiği** Oberarmbein n, Humerus m

**pazıbent** ⟨-di⟩ Armbinde f; Amulett n

**pazval** Spannriemen m, Knieriemen m (*des Schusters*)

**pazvant** ⟨-tı⟩ *osm* Nachtwächter m

**peçe** Gesichtsschleier m; ASTRON Nebel m; *fig* Schleier m; *fig* Tarnkappe f **~lemek** *v/t* tarnen; verschleiern **~li** getarnt; verschleiert **~siz** unverschleiert

**pe'çete** Serviette f

**pedago|g** Pädagoge m, Pädagogin f **~ji** Pädagogik f **~jik** pädagogisch

**pedal** ⟨-lı⟩ Pedal n; **fren ~ı** Bremspedal n; **gaz ~ı** Gaspedal n; **~lara basmak** in die Pedale treten

**peder** *osm* Vater m

**pediatri** MED Kinderheilkunde f

**pedikür** Fußpflege f; **~ yaptırtmak** sich pediküren lassen

**pehlivan** Ringkämpfer m; Hüne m; Berserker m **~lık** ⟨-ğı⟩ Tätigkeit f als Ringkämpfer; körperliche Kraft

**pehpeh** bravo!, prima! **~lemek** *v/t* in den Himmel heben

**pehriz** → **perhiz**

**pejmürde** zerlumpt, verwahrlost

**pejoratif** GRAM pejorativ

**pek** ⟨-ki⟩ hart, streng; stur; robust, fest, stabil; *adv* sehr; schnell; **~ çok** (+ *sg*) sehr viel(e); **~ gözlü** verwegen; **~ ~** höchstens; **~ söylemek** in barschem Ton reden; **~ yüzlü** *fig* geradlinig, ungezwungen

**pekalâ** sehr gut, hervorragend (*a. als adv*); *adv* gut, in Ordnung; nun ja; **~ gideceğim ...** na klar, werde ich hingehen

**'pekdoku** BOT Kollenchym n

**'peki** jawohl!; gut!, in Ordnung!; nun ja
**pek|in** feststehend; authentisch, verbürgt **~işmek** sich verhärten; sich zusammendrängen; sich ansammeln **~iştirmek** v/t hart machen; verstärken; festigen (*a. fig* Frieden) **~iştirmeli** verstärkend; **~ sözcük** GRAM Verstärkungspartikel *f, z. B.* **kupkuru**
**pekitmek** v/t bekräftigen; *amtlich* bestätigen; *Frieden* festigen
**'pekiyi** Note ausgezeichnet
**pekleş|mek** → pekişmek; *Glaube* sich festigen **~tirmek** → pekiştirmek
**peklik** ⟨-ği⟩ MED Verstopfung *f*; Widerstandskraft *f*; **~ çekmek** an Verstopfung leiden
**pekmez** Trauben- oder Maulbeersirup *m*
**peksimet** ⟨-ti⟩ Zwieback *m*
**pelerin** Pelerine *f*
**pelesenk** ⟨-gi⟩ Balsam *m*; **~ ağacı** ⟨-nı⟩ Balsambaum *m*
**pelikan** ZOOL Pelikan *m*
**pelikül** Häutchen *n*; Film *m*
**pelin**, **~ otu** BOT Wermut *m* (*Artemisia absinthium*)
**pelit** ⟨-di⟩ Eichel *f*; **~ ağacı** Knoppereiche *f*
**pelte** Gelee *n*, *Art* Götterspeise *f*; Gallertmasse *f*; **~ gibi** wabbelig; *umg* hinüber, geschafft
**peltek** ⟨-ği⟩ lispelnd; Lispel-; gehemmt, stockend *sprechen*; **~ konuşmak** lispeln **~leşmek** beim Sprechen anstoßen, lispeln **~lik** ⟨-ği⟩ Lispeln *n*; Sprachfehler *m*
**pelte|lenmek ~leşmek** zu Gelee werden; *fig* schlappmachen, *umg* geschafft sein; schwächer werden (*z. B.* Ton)
**pelür** Durchschlagpapier *n*
**pelüş** Plüsch *m*
**pembe** rosa; **~ dizi** TV Seifenoper *f* in Folgen; **fig her şeyi ~ görmek** alles durch die rosa Brille sehen **~leşmek** sich rosa färben
**'penaltı** Strafstoß *m*, Elfmeter *m*
**pencere** Fenster *n*; **~ kanadı** Fensterflügel *m*; **~ sekisi** Fensterbank *f*
**pençe** Tatze *f*, Pranke *f*; Klaue *f*; Kralle *f* *der Vögel*; *fig* der Arm (*des Gerichts*); Schuhsohle *f*; große(r) Fleck (*im Gesicht*)
**pençe|lemek** v/t packen, ergreifen,

fassen; ausschlagen; kratzen; scharren; besohlen **~leşmek** (*-le*) sich gegenseitig packen, miteinander ringen; *fig* ringen, kämpfen mit **~li** ... mit Tatzen *etc*; *fig* despotisch; **~ nal** Steigeisen *n*
**penguen** ZOOL Pinguin *m*
**penisilin** MED Penicillin *n*
**pens**(e) Pinzette *f*; Abnäher *m*
**pentatlon** Fünfkampf *m*
**pepe** stotternd; Stotterer *m* **~lemek** v/i stottern **~lik** ⟨-ği⟩ Stottern *n*
**pepsin** CHEM Pepsin *n*
**perakende** [a:] Einzelhandel *m*; Einzelhandels- (*Preis*); zerstreut; WIRTSCH *Schulden* stark aufgesplittert **~ci** Einzelhändler *m*
**perçem** (Pferde)Mähne *f*; Stirnlocke *f*; Haarbüschel *n*, Schopf *m*
**perçin** TECH Niete *f*, Niet *m* **~leme** Vernieten *n* **~lemek** v/t (ver)nieten; *fig* festigen; *umg* miteinander schlafen; (*-e*) festnageln; anwenden, festschreiben (*auf akk*) **~leşmek** *fig* sich festigen, fester, enger werden **~li** vernietet, genietet; *fig* fest(gefügt), eng
**perdah** Glanz *m*, Politur *f*; Nachrasur *f* **~lamak** v/t polieren, glänzend machen; *umg* sich dicketun; *umg* schimpfen, fluchen
**perde** Vorhang *m*; Gardine *f* (*meist* tül **~**); FILM Leinwand *f*; MED Star *m*; MUS Tonlage *f*; THEAT Akt *m*, Aufzug *m*; *fig* Schleier *m* (*vor, von den Augen*); Scheidewand *f*; **~ arası** THEAT Pause *f*; **~ arkasında(n)** hinter den Kulissen; **~ çekmek** e-n Vorhang ziehen *vor dat*; *fig* verschleiern; *-in* **gözüne ~ inmek** MED den Star bekommen; **~** allmählich; *fig* **-in son perdesi** der Höhepunkt ... *gen*; **beyaz ~** Film *m* (*Branche, Kunst*)
**per'deayaklı** ZOOL Schwimmfüßer *m*
**perde|lemek** v/t *fig* verheimlichen; verschleiern **~lenme** GRAM Intonation *f* **~li** mit Vorhang *etc*, → perde; **üç ~ piyes** ein Theaterstück in drei Akten **~siz** *fig* unverschämt
**perende** Salto *m*; Purzelbaum *m*; (*-i yanında*) **~ atamamak** (*j-m*) nichts vormachen können; (*j-m*) nicht beikommen können; **~ atmak** e-n Purzelbaum schlagen
**perese** Richtschnur *f des Maurers*; *fig* Stadium *n*; **~sine getirmek** e-e Gelegen-

**PETR**

heit abpassen; **~ye almak** ausmessen; erwägen, ins Auge fassen *akk*
**perforatör** TECH Locher *m*, Stanzer *m*
**performans** Leistung *f*; SPORT Höchstleistung *f*; **~ göstermek** e-e Leistung an den Tag legen
**pergel** Zirkel *m*; **~leri açmak** große Schritte machen; *umg* Reißaus nehmen **~lemek** *v/t* mit dem Zirkel abmessen; *fig* durchdenken
**perhiz** Diät *f*; REL Fasten *n*; **~ tutmak** fasten; **~ yapmak** Diät halten; fasten
**peri** Fee *f* **~li** verzaubert, verhext
**periskop** ⟨-pu⟩ Periskop *n*
**perişan** [-i:-] unordentlich; verworren, ungeordnet; wüst; *fig* Person verwahrlost, elend; traurig, gedrückt; verstört; *-i* **~ etmek** durcheinanderbringen; **~ olmak** verwahrlosen
**perişanlık** ⟨-ğı⟩ wüste(r) Zustand; Verwahrlosung *f*
**periton** ANAT Bauchfell *n* **~it** ⟨-ti⟩ MED Bauchfellentzündung *f*
**periyodik** ⟨-ği⟩ periodisch; Zeitschrift *f*
**periyot** ⟨-du⟩ PHYS Periode *f*
**perma(nant)** ⟨-tı⟩ Dauerwelle *f*
**per'meçe** Trosse *f*, Seil *n*
**permi** WIRTSCH Ein- und Ausfuhrbescheinigung *f*; Einfuhrgenehmigung *f*
**peron** Bahnsteig *m*; Grenzübergangsstelle *f*; **~ bileti** Bahnsteigkarte *f*
**persenk** ⟨-gi⟩ lakırdıman **persengi** Füllwort also, das heißt od was ich noch sagen wollte
**personel** Personal *n*; Belegschaft *f*
**perspektif** Perspektive *f*; *fig* Aussicht *f*; *fig* Sicht *f*
**perşembe** Donnerstag *m*; **~ günü** am Donnerstag; **~ günleri, ~leri** donnerstags
**pertavsız** Vergrößerungsglas *n*
**peruk** ⟨-ğu⟩, **pe'ruka** Perücke *f*
**perükâr** *osm* → kuaför
**perva** [a:] Angst *f* (*-den vor dat*)
**pervane** [a:] Nachtschmetterling *m*; Motte *f*; Propeller *m*; Schiffsschraube *f*; **~ gibi** immer dasselbe, und noch und noch; *-in* **etrafında ~ gibi dönmek** um *j-n* herumscharwenzeln; *-e* **~ olmak** *umg* immer um *j-n* herum sein
**pervasız** [a:] furchtlos, selbstbewusst **~lık** ⟨-ğı⟩ Selbstbewusstsein *n*
**pervaz** (Fenster)Rahmen *m*; Gesims *n*; Besatz *m*, Saum *m* des Kleides
**pes**¹ *int* ich passe!; **~ demek** *v/i* passen, aufgeben; **~ doğrusu** jetzt reichts aber!; **~ etmek** aufgeben, sich ergeben
**pes**² leise, flüsternd, gedämpft; tief (*Stimme*); **~ perdeden konuşmak** sehr verhalten sprechen
**pesek** ⟨-ği⟩ Zahnstein *m*
**pesimlist** ⟨-ti⟩ Pessimist *m*, -in *f* **~izm** Pessimismus *m*
**pesleşmek** leise (*od* gedämpft) klingen
**pespaye** [a:] gewöhnlich, ordinär
**pestil** *Art* Gelee *n*; **~ (gibi)** *fig* ganz erschossen; *umg adj* malade; **erik ~i** Pflaumengelee *n*; *-in* **~ini çıkarmak** *j-n* auspressen; durchprügeln
**peş**¹ Besatz *m* (*bei Kleidung*)
**peş**² A → **arka** B *adv*: **~e** hintereinander; **~ ~e oluşmak** dicht aufeinanderfolgen C *postp*: **~inde, ~inden, ~ine** hinter (*dat, akk*) nach *dat*; **~inde** auf der Suche nach *dat*; **~inde dolaşmak** *fig umg* hinterher sein (hinter *dat*); **biri diğerini ~inden çeker** das eine zieht das andere nach sich; *-in* **~ine düşmek** hinter *j-m* herlaufen; *fig umg* hinter *j-m* her sein, *j-m* die Bude einrennen; *-in* **~ine takmak** mitbringen, *umg* ranschleppen
**peşin** im Voraus; bar (*zahlen*); vorher, zuvor; zunächst … (*dann* …); **~ para** Vorauszahlung *f*; **~ pazarlık** *fig* die Rechnung ohne den Wirt machen; **~ hüküm** Vorurteil *n*; **~ hükümlü** voller Vorurteile **~at** ⟨-tı⟩ Vorauszahlung *f*
**peşinen** [-'ʃi:-] im Voraus
**peşkeş**: *-e* **~ çekmek** (*das Gut anderer*) verschleudern *akk*
**peşkir** Serviette *f*; Handtuch *n*
**peşli** besäumt, besetzt
**peşrev** *türk.* MUS Präludium *n*; Vorspiel *n* (*im Ringkampf*); LIT Liedeinlage *f* (*bei Volksdichtungen*)
**peştamal** Badeschurz *m*
**Peş'tuca** Paschtu *od* Puschtu *n* (*Sprache in Afghanistan*)
**pet**: **~ şişe** PET-Flasche *f*
**petek** ⟨-ği⟩ Bienenwabe *f*; ANAT Alveole *f*, Zahnfach *n*, Zahndamm *m*; Kopf *m*, Laib *m* (*Käse*); **~ balı** reiner (*echter*) Bienenhonig *m* **~göz** ZOOL Facettenauge *n*
**petrol** ⟨-lü⟩ Erdöl *n*; Petroleum *n*; Benzin *n*; **~ boru hattı** Erdölpipeline *f*; **~ ge-**

**misi** Tankschiff n; **~ ihraç eden ülke** Erdöl exportierende(s) Land; **~ kuyusu** Erdölquelle f, Erdölbohrloch n; **~ şirketi** Ölfirma f

**pe'tunya** BOT Petunie f

**pey** Anzahlung f; **~ sürmek** Preis bieten (auf e-r Auktion); **~ vermek** e-e Anzahlung leisten

**peyda** [aː] sichtbar, offenbar; **-i ~ etmek** zeigen, offenbaren; annehmen; **~ olmak** sichtbar werden, sich zeigen

**peydahlamak** ⟨-ı⟩ (schlechte Gewohnheiten) annehmen; umg sich dat (e-e Freundin, ein Kind) zulegen (od anschaffen)

**peydahlanmak** zum Vorschein kommen, erscheinen (unerwartet, unerwünscht)

**'peyderpey** nach und nach

**peygamber** Prophet m **~lik** ⟨-ği⟩ Prophezeiung f; (göttliche) Sendung, Prophetentum n

**peygamberöküzü** umg Dummkopf m

**peyk** ⟨-ki⟩ Satellit m; **~ devlet** Satellitenstaat m

**peyke** Holzbank f

**peylemek** (v/t) etw anzahlen (auf akk), eine Anzahlung leisten (auf akk)

**peynir** Käse m; **beyaz ~** Schafskäse m; **kaşar ~i** Art Hartkäse m **~ci** Käsehändler m **~cilik** ⟨-ği⟩ Käsehandel m; Käsezubereitung f **~dişi** ⟨-ni⟩ (der) letzte Zahn **~leşmek** v/i käsen **~li** Käse-, mit Käse; **~ börek** Käsepastete f; **~ sand(ö)viç** Käsebrötchen n

**peyzaj** Landschaft f, Landschaftsbild n; **~ düzenlemesi** Landschaftsgestaltung f; **~ mimarisi** Landschaftsarchitektur f

**pezevenk** ⟨-gi⟩ sl Zuhälter m

**pıhtı** Gerinnsel n; **kan ~sı** Blutgerinnsel n **~lanmak** v/i gerinnen; klumpen **~laşmak** gerinnen; erstarren **~laştırmak** zum Gerinnen bringen

**pılı: ~ pırtı** Trödel m; Kram m; **~yı pırtıyı toplamak** seine Siebensachen packen

**pınar** Quelle f

**pır** [prrr:] int etwa husch, hsch ...!; (und) weg war er!

**pı'rasa** Lauch m, Porree m

**pırıl: ~ ~** strahlend (hell); blitzsauber; fig (z. B. Schüler) glänzend **~dak** Blinkgerät n **~damak** leuchten, glänzen **~tı**

Glanz m, Leuchten n **~tılı** glänzend

**pırlak** ⟨-ğı⟩ Lockvogel m

**pırla|mak** Vogel abschwirren **~ngıç** ⟨-cı⟩ Brummkreisel m **~nmak** zu fliegen versuchen, mit den Flügeln schlagen

**pır'lanta** Brillant m

**'pırna** umg Wodka m, Schnaps m

**pırnal** BOT Steineiche f (Quercus ilex)

**pırpırı** umg Schürzenjäger m

**pırpıt** ⟨-ti⟩ Plunder m, Trödel m; Sache klapperig, ausgedient

**pırtı** Lumpen pl; alte(r) Kram

**pırtık** → yırtık

**pırtlamak** ⟨-den⟩ quellen, hervorkommen aus; überquellen

**pısırık** ⟨-ğı⟩ zaghaft, unentschlossen; schüchtern **~lık** ⟨-ğı⟩ Zaghaftigkeit f

**pıt**[1] ⟨-tı⟩ Mucks m; **~ atmak** Herz pochen; **~ yok** kein Mucks zu hören

**pıt**[2] tapp!; **~ ~ yürüyerek geldi** tapp, tapp kam er gegangen

**pıtır: ~ ~** (mit) trippelnd(en Schritten) **~damak** trippeln; knarren **~tı** Trippeln n; Tappen n; Knarren n

**pıtrak** ⟨-ğı⟩ klettenartige(r) Samen, Klette f; **~ gibi** in Hülle und Fülle

**piç** ⟨-ci⟩ Bastard m, uneheliche(s) Kind m; Kind Flegel m; BOT Schössling m, Trieb m; abartig; **-i ~ etmek** umg verkorksen; **~ kurusu** Strolch m; **~ olmak** umg für die Katz sein, hin sein **~leşmek** v/i aus der Art schlagen

**'pide** Fladen(brot n) m

**pigment** ⟨-ti⟩ Pigment n

**pi'jama** Schlafanzug m, Pyjama m

**pik**[1] ⟨-ki⟩ Gusseisen n; gusseisern

**pik**[2] ⟨-ki⟩ Karte Pik n

**pikap** ⟨-bı, -pı⟩ Plattenspieler m; Kleinlieferwagen m, Pick-up m

**pike**[1] Pikee m (Gewebe)

**pike**[2] Sturzflug m; **~ etmek** (od **yapmak**) den Sturzflug ausführen; im Sturzflug angreifen

**piknik** ⟨-ği⟩ Picknick n; **~ alanı** Picknickfläche f; **~ tüpü** Campinggas(flasche f) n; **~ yapmak** picknicken

**piko** Zierstich f; **-e ~ çekmek** mit Zierstich versehen akk

**pil** ELEK Batterie f; **-in ~i bitmek** umg geschafft sein

**pilaki** [-'la-] Gericht aus Öl, Lauch und Zi-

*trone; umg* blöd; **fasulye ~si, balık ~si** → **pilaki** mit Bohnen, mit Fisch *etc*
**pilav** Pilaw *m*, Reisgericht *n*; **bulgur ~ı** Pilaw aus Weizengrütze
**pile** Falte *f* (*bei Kleidung*) **~li** Faltenpiliç ⟨-ci⟩ Hähnchen *n*; Hähnchen-; **çevirme(si)** Hähnchen *m* am Spieß; **~ gibi** *umg* (*Mädchen*) nett, dufte
**pilli** Batterie- (*Gerät*), ... mit Batteriebetrieb
**pilot** ⟨-tu⟩ Pilot *m*, Flugzeugführer *m*; SCHIFF Lotse *m*; **~ mahalli** Cockpit *n*; **avcı ~** Jagdflieger *m*; **öğretmen ~** Fluglehrer *m*; **test ~u** Testpilot *m*; Versuchs-, Test-, Muster-, *a.* Pilot-, *z. B.* **~ işletme** Musterbetrieb *m*
**pim** TECH Bolzen *m*, Pflock *m*, Dorn *m*
**pimpirik** ⟨-ği⟩ *Person* klapprig
**pineklemek** *v/i* schlummern, *umg* dösen
**pinel** Wetterfahne *f*
**pingpong** Tischtennis *n*, Pingpong *m*
**pinpon** *Person umg* uralt; *umg* → **pingpong**
**pinti** knauserig; kleinlich **~leşmek** knauserig werden, knausern
**pipet** ⟨-ti⟩ Pipette *f*
**'pipo** Pfeife *f*; **~ temizleyici** Pfeifenreiniger *m*
**pir** [i:] **A** *adj* bejaht; Begründer *m*; Kenner *m*, Experte *m*; *umg* alte(r) Hase **B** *adv* deutlich, unmissverständlich; **~ aşkına** *fig* (nur) um der schönen Augen willen
**piramit** ⟨-di⟩ Pyramide *f*
**pire** Floh *m*; **~ye kızıp yorgan yakmak** *fig* das Kind mit dem Bade ausschütten; **~yi deve yapmak** *fig* aus der Mücke e-n Elefanten machen
**'Pire** Piräus *n*
**pirekapan** BOT Persische Kamille (*Pyrethrum carneum*); Insektenpulver *n*
**pirelen|dirmek** *v/t j-n* nervös (*umg* kribbelig) machen **~mek** Flöhe bekommen; gereizt sein, kribbelig sein; *-den* Verdacht schöpfen bei
**pireli** voller Flöhe; argwöhnisch
**Pi'reneler** (die) Pyrenäen *pl*
**pi'rina** Ölkuchen *m*
**pirinç** ⟨-ci⟩ Reis *m*; **~ pilavı** gekochter Reis; *-in* **pirinci su kaldırmamak** *fig* keinen Spaß verstehen
**piruhi** GASTR Art Ravioli

**'pirüpak** ⟨-ki⟩ blitzblank
**pir'zola** GASTR Kotelett *n*
**pis** schmutzig, dreckig; *fig* abscheulich (*Wetter*); ekelhaft (*Essen*); unanständig, zotig (*Worte*); verzwickt, *umg* mies (*Sache*); **~ kokmak** stinken; **~ koku** Gestank *m*; **~ ~ düşünmek** grübeln; **~ ~ gülmek** grinsen; **~i ~ine** für die Katz
**pis|bıyık** ⟨-ğı⟩ Ekel *n*, widerliche(r) Kerl **~boğaz** Vielfraß *m*
**pisi** (*Kindersprache*) Miezekatze *f*, *dial* Musch *f*, Mieze *f*
**pi'sibalığı** ⟨-nı⟩ ZOOL Kliesche *f*
**pisipisi** → **pisi**; miez!, miez!; musch!
**piskopos** REL Bischof *m*
**pisle|mek** beschmutzen (*-e akk*); *z. B.* Katze *umg* etwas (hin)machen (auf *akk*) **~nmek** sich beschmutzen; umg dreckig werden **~tmek** beschmutzen, *umg* dreckig machen; *fig* Sache vermasseln
**pislik** ⟨-ği⟩ Unrat *m*; Müll *m*; Müll-; Schmutz *m*, *umg* Dreck *m*; Verschmutzung *f*; *fig* Pfuscherei *f*; Gemeinheit *f*
**pist**[1] *inz zu Katzen* pst!, hscht! (= *weg da!*)
**pist**[2] ⟨-ti⟩ FLUG Rollfeld *n*, Landebahn *f*; SPORT Rennbahn *f*; Eisbahn *f*; Tanzfläche *f*
**piston** Kolben *m*; *fig* Protektion *f*; **~ kolu** Pleuelstange *f* **~lu** Kolben-; *fig* Protegé *m*, Schützling *m*
**pisuar** Pissoir *n*
**pişe|ğen, ~ek** gut kochbar
**pişekâr** Vorredner im türk. Volkstheater
**pişer** → **pişmek**
**pişik** ⟨-ği⟩ MED Intertrigo *f*, *umg* Wolf *m*
**pişirim, ~lik** ⟨-ği⟩ (Menge) für ein Gericht, für e-n Aufguss; **bir ~ pirinç** (so viel) Reis für ein Gericht
**pişirmek** *v/t* kochen (*a.* Kaffee); braten; Brot backen; Ziegel brennen; *fig* lernen, *umg* pauken; MED e-e Intertrigo hervorrufen
**pişkin** gar; Brot durchgebacken; Fleisch durchgebraten; *fig* unverfroren; *fig* abgebrüht; *fig* bewandert
**pişman** [a:] reuevoll, zerknirscht; *-i -e* **~ etmek** j-n etw bereuen lassen; *-e* **~ olmak** bereuen *akk*
**pişmaniye** [a:] Zuckerwattekonfekt *n*
**pişmanlık** Reue *f*; **~ yasası** *umg* Kronzeugenregelung
**pişmek** ⟨-er⟩ *v/i* kochen; gebraten wer-

**pişmiş toprak** Terrakotta f
**pişpirik, pişti** Art Kartenspiel
**Pitagor** Pythagoras m
**piti: ~ ~** Schritt schlurfend
**pitoresk** ⟨-ki⟩ malerisch
**piyade** [a:] MIL Infanterist m; osm Fußgänger m; Schach Bauer m; **~ (sınıfı)** MIL Infanterie f
**pi'yango** Lotterie f; fig Treffer m; **~ bileti** Lotterielos n; **~ çekmek** ein Los ziehen (od kaufen); **-e ~ vurmak** in der Lotterie ... (z. B. 100 Euro) gewinnen; fig e-n Treffer erzielen; **Millî ~** Staatliche Lotterie f **~cu** Losverkäufer m
**piyanist** ⟨-ti⟩ Pianist m, -in f, Klavierspieler m, -in f
**pi'yano** A subst Piano n, Flügel m B adv piano **~cu** Klavierstimmer m
**pi'yasa** WIRTSCH Markt m; Marktpreis m, Kurs m; Marktplatz m; Korso m, Bummel m; Flanieren n; **~ ekonomisi** Marktwirtschaft f; **~ etmek** spazieren gehen, umg bummeln; **~ya düşmek** auf den Markt kommen; Frau herunterkommen; **~ya sürmek** auf den Markt bringen
**pi'yata** flach; Esstellerm
**piyaz** GASTR Art Bohnensalat m; Zwiebelbeilage f; Kompliment n, umg Speichelleckerei f **~lamak** v/t marinieren, einmachen, einlegen
**piyes** (Theater)Stück n
**piyon** Schach Bauer m; fig Person Marionette f
**piz(z)a** GASTR Pizza f
**P.K.** abk = posta kutusu
**'plaçka** Raub m; Plünderung f; Beute f
**plaj** Strand m; **~ kabin(es)i** Badekabine f; **~ voleybolü** Beachvolleyball m
**plak** ⟨-ğı⟩ Schallplatte f; FOTO Platte f
**plaka** AUTO Nummernschild n; Schild n **~lı** mit dem Kennzeichen ...
**plaket** Plakette f
**plan** Plan m; **~ kurmak** e-n Plan aufstellen; **~a göre** planmäßig; **ikinci ~a düşmek** an die zweite Stelle treten; **... ~da olmak** an ... Stelle stehen; **arka ~da** im Hintergrund; **-i ön ~a almak** in den Vordergrund stellen; **-i birinci ~da tutmak** den Vorrang geben dat; **beş yıllık ~** Fünfjahresplan m; **şehir ~ı** Stadt-

plan m
**plan'çeta** Messtisch m; **~ tahtası** Reißbrett n
**plankton** Plankton n
**plan'lama** Planung f; Planungsamt n **~lamak** v/t planen; e-n Plan entwerfen **~laştırmak** v/t planen **~lı** planmäßig; **~ ekonomi** Planwirtschaft f
**planör** Segelflugzeug n **~cü** Segelflieger m **~cülük** ⟨-ğü⟩ Segelfliegen n
**plansız** planlos
**plantasyon** AGR Plantage f
**'planya** TECH Schlichthobel m
**plase** Pferderennen Platzwette f
**plasenta** ANAT Plazenta f
**plasiyer** WIRTSCH Vertreter m, -in f
**plasman** WIRTSCH Anlage f
**plaster** MED Pflaster n
**plastik** ⟨-ği⟩ plastisch; Plast m, Plastik-; Kunststoff m; Kunststoff-; **~ sünger** Schaumstoff m
**platform** Plattform f; POL Ebene f
**platin** Platin n
**plato** GEOG Hochebene f, Plateau n
**platonik** platonisch; **~ aşk** platonische Liebe
**plazma** Plasma n
**plebisit** ⟨-ti⟩ Volksabstimmung f
**pleybek** Play-back n
**pli, plili** → pile, pileli
**plonjon** Sprung m (des Torwarts); Kopfsprung m
**plutokrasi** POL Plutokratie f
**plüralizm** POL Pluralismus m
**'Plüton** ASTRON Pluto m
**pnömatik** pneumatisch; Luft- (Pumpe)
**'poca** SCHIFF Leeseite f; **~ alabanda** vor dem Wind
**podüsüet** ⟨-ti⟩ Wildleder n
**'podyum** Podium n; Mode Laufsteg m
**pof!** puff!; **pof diye** mit e-m Puff
**pofurdamak** tief seufzen
**po'ğaça** Salzpastete f mit (Fleisch- etc) Füllung
**pohpoh** Schmeichelei f, Komplimente n/pl **~lamak** (-i) j-n über den grünen Klee loben, j-m schmeicheln
**poker: bir ~ çevirmek** e-e Partie Poker spielen
**polar'ıcı** PHYS Polarisator m **~ite** Polarität f **~mak** v/t polarisieren
**polemik** ⟨-ği⟩ Polemik f
**poli-** poly-

**po'liçe** WIRTSCH Wechsel *m*; **sigorta ~si** Versicherungspolice *f*
**poliklinik** ⟨-ği⟩ Poliklinik *f*
**polim** Angeberei *f* **~ci** Angeber *m*
**polip** ⟨-pi⟩ ZOOL, MED Polyp *m*
**polis** Polizei *f*; Polizist *m*, -in *f*; **~ arabası** Streifenwagen *m*; **~ filmi** Krimi(nalfilm) *m*; **~ hafiyesi** Detektiv *m*; **~ memuru** Polizeibeamte(r), Polizeibeamtin *f*; **~ müdürü** Polizeichef *m*; **~ romanı** Kriminalroman *m*
**polisaj** TECH Polieren *n*; Glätten *n*
**polisiye**: **~ film** Kriminalfilm *m*
**polislik** ⟨-ği⟩ Polizeidienst *m*
**politik** ⟨-ği⟩ politisch
**poli'tika** Politik *f*; **~ gütmek** e-e ... Politik betreiben (*od* verfolgen); **~ yapmak** Politik machen; *pej* über Politik reden; **~yla uğraşmak** politisch tätig sein; **barış ~sı** Friedenspolitik *f*; **dış ~** Außenpolitik *f*; **iç ~** Innenpolitik *f* **~cı** Politiker *m*, -in *f*, *fig* Diplomat *m*
**politize** politisiert, politisch engagiert; **~ etmek** politisieren *akk*; **~ olmak** sich politisieren
**poliyester** CHEM Polyester *m*
**'polka** MUS Polka *f*
**polo** Polo *n*
**Polonez** MUS Polonaise *f*; polnisch
**Po'lonya** Polen *n* **~lı** Pole *m*, Polin *f*; polnisch
**polyester** → poliyester
**pomat** ⟨-dı⟩ Pomade *f*
**'pompa** Pumpe *f*; Luftpumpe *f*; **benzin ~sı** Benzinpumpe *f* **~lamak** (-i -e) pumpen (*akk* in *akk*); *fig* j-n anstacheln zu; *vulg* ficken **~lı** ... mit Pumpe
**ponpon** (Puder)Quaste *f*
**ponton** Ponton *m*; **~ köprüsü** Pontonbrücke *f*
**'ponza**, **~ taşı** Bimsstein *m* **~lamak** *v/t* (mit Bimsstein) glätten, reiben
**pop**: **~ müziği** (*od* **müziği**) Popmusik *f*
**poplin** Stoff Popelin *m*
**popo** *umg* Popo *m*
**popularite** → popülerlik
**popüler** populär; beliebt **~lik** Popularität *f*, Beliebtheit *f*
**pornografi** Pornografie *f*
**porselen** Porzellan *n*; **~ tabak** Porzellanteller *m*
**porsiyon** Portion *f*; **çift ~** doppelte Portion

**porsuk**[1] ⟨-ğu⟩ ZOOL Dachs *m*
**porsuk**[2] runzelig; morsch; schlaff, lax
**por'sukağacı** ⟨-nı⟩ BOT Eibe *f* (*Taxus baccata*)
**porsumak** → pörsümek
**port** IT Port *m*
**portakal** Apfelsine *f*, Orange *f*; **~ suyu** Orangensaft *m*; **kan ~ı** Blutorange *f*
**portakal|lı** Orangen-, mit Orange(n-geschmack); **~ gazoz** Orangenlimonade *f* **~rengi** ⟨-ni⟩ orange (Farbe)
**portatif** tragbar; *Bett* zusammenklappbar, Klapp-; **~ ev** Fertighaus *n*; **~ radyo** Kofferradio *n*
**portbagaj** AUTO, *Fahrrad* (Dach)Gepäckträger *m*
**portbebe** Babytragetasche *f*
**'porte** Tragweite *f*; **mali ~** (Gesamt)Kosten *m/pl*; MUS Notenlinien *f/pl*
**'Portekiz** Portugal *n* **~ce** (das) Portugiesisch(e); portugiesisch **~li** Portugiese *m*; Portugiesin *f*; portugiesisch
**portföy** WIRTSCH Portefeuille *f*, Depot *n*; **~ yönetimi** Depotverwaltung *f*
**portmanto** Garderobenständer *m*
**'porto** Portwein *m*
**portre** Porträt *n*; **kendi ~si** Selbstporträt *n* **~lemek** porträtieren
**'posa** Treber *m*; Satz *m*, Rest *m*; Schlacke *f*
**'posbıyık** ⟨-ğı⟩ Schnauzbart *m*
**post** ⟨-tu⟩ Fell *n*; Haut *f*; Balg *m* (*des Tieres*); *fig* Stellung *f*, Posten *m*; **~ elden gitmek** umgebracht werden; *fig* abgesägt werden; **~ kavgası** Postenjägerei *f*; **~u kurtarmak** sein Leben retten (können); **~u sermek** sich häuslich niederlassen
**'posta** Post *f* (*Gebäude und System*); Gang *m*, Fahrt *f*, Fuhre *f*; (Arbeits)Schicht *f*; *Person* Posten *m*, Wache *f*; Trupp *m*, Kommando *n*; Kurier *m*; **~ çeki** Postscheck *m*; **~ damgası** Poststempel *m*; **-i ~ etmek** *j-n* abkommandieren; *j-n* der (Polizei)Behörde übergeben; **~ havalesi** Postanweisung *f*; **~ işleme merkezi** Briefzentrum *n*; **~ kartı** Postkarte *f*; **~ kodu** Postleitzahl *f*, PLZ; **-e ~ koymak** (*od* **atmak**) *j-m* drohen; **~ kutusu** (**P.K.**) Postfach *n*; *umg* **a.** Briefkasten *m*; **~ memuru** Postbeamte(r) *m*, -beamtin *f*; **~ pulu** Briefmarke *f*; **~ pulu satıcılığı** Briefmarkenverkaufsstelle *f*; **~ ücreti**

Postgebühren f/pl, Porto n; üç ~ **yapmak** Bus dreimal (am Tage) verkehren; **~ya vermek** (a. **atmak**) zur Post geben; **~yı kesmek** die Beziehungen abbrechen; die Sache aufgeben, umg (hin-)schmeißen
**postacı** Postbote m, Briefträger m
**postahane** [-ha:-] → postane
**postal** Soldatenschuh m, Arbeitsschuh m; fig umg Nutte f
**postalamak** v/t per Post versenden; schicken (-e an akk); Brief aufgeben, zur Post geben
**postane** [a:] Postamt n
**poster** Poster n
**postiş** Haarteil n
**postrestant** postlagernd
**postulat** ⟨-tı⟩ Postulat n; Bedingung f
**poşet** ⟨-ti⟩ Beutel(chen) n) m; Plastiktüte f; **~e girmek** als jugendgefährdend eingestuft werden (Buch etc); **~ çay** Beuteltee m
**poşu** Art Kopftuch mit Fransen
**pot**[1] ⟨-tu⟩ Falte f; fig Schnitzer m; fig Pokerspiel n; **~ gelmek** fig schiefgehen; **~ kırmak** e-n Fauxpas begehen, unp j-m unterläuft ein Lapsus; **~ yapmak** beim Nähen Falten werfen, krausen; **~ yeri** wunde(r) Punkt
**pot**[2] ⟨-tu⟩ Fähre f; **~ başı** Übergangsstelle f
'**pota** (Schmelz)Tiegel m
**potansiyel** Potenzial n; Leistungsfähigkeit f
**potas** Pottasche f
**potasyum** Kalium n; **~ siyanür** Zyankali n
**potin** Halbstiefel m
**potkal** SCHIFF Flaschenpost f
**pot|lanmak** kraus sein, knautschen **~lu** kraus, gekraust, knautschig
**potpuri** Potpourri n
**potur** knautschig; Art (bäuerliche) Pumphose
**poyra** (Rad)Nabe f
**poyraz** Nordosten m; kalte(r) Nordostwind; **~lamak** Nordwind wehen; **hava poyrazladı** es setzte der Nordostwind ein
**poz** Pose f; FOTO Belichtung(sdauer) f; SPORT Stellung f, Haltung f; -e **~ vermek** belichten; posieren; **~ kesmek** sich in Positur werfen

**pozisyon** Position f, Stellung f
'**pozitif** positiv; FOTO Positiv n
**pozo'metre** FOTO Belichtungsmesser m
**pöf!** int pfui!, igitt!, puh!
**Pön** peinlich
**pörsü|k** zerknittert; eingefallen **~mek** faltig werden, knautschen; welk werden **~müş** faltig, runzelig
**pösteki** (ungegerbtes) Schaffell n, Ziegenfell n; -e **~ saydırmak** j-m e-e sinnlose Arbeit aufhalsen
**pötikare** klein kariert
'**prafa** Kartenspiel
**pragmacı** Pragmatiker m, -in f
**pragmatik** pragmatisch
'**pranga** Fesseln f/pl, Ketten f/pl; -i **~ya vurmak** j-n in Ketten legen
**pratik** ⟨-ği⟩ Praxis f; praktisch; **~te** in der Praxis; **~ yapmak** praktizieren
**pra'tika** SCHIFF Bescheinigung über die Quarantänebefreiung
**pratikleşmek** praktisch ausüben, praktizieren
**pratisyen** Praktikant m, -in f; praktizierend (Arzt); **~ hekim** praktischer Arzt, praktische Ärztin
**prefabrik(e)** ARCH vorgefertigt, Fertig-
**prefabrikasyon** Vorfertigung f, fertige Bauelemente n/pl, Fertigteile n/pl
**prelüt** ⟨-dü⟩ MUS Vorspiel n
**prematüre** verfrüht; Früh- (Geburt)
**prens** Prinz m; Fürst m **~es** Prinzessin f; Fürstin f
**prensip** ⟨-bi⟩ Prinzip n
**prenslik** ⟨-ği⟩ Prinzenwürde f; Fürstentum n
**pres** Presse f
**presbit** ⟨-ti⟩ weitsichtig **~lik** ⟨-ği⟩ Weitsichtigkeit f
**pres|e** gepresst **~lemek** v/t pressen
**prestij** Prestige n
**prezantabl** präsentabel
**prezervatif** Präservativ n, Kondom n (od m)
**prim** Prämie f; WIRTSCH Agio n; **~ yapmak** WIRTSCH Rendite bringen
**primitif** ⟨-vi⟩ primitiv
**printer** IT Drucker m
**priz** ELEK Steckdose f
**prizma** Prisma f
**problem** Problem n; MATH Aufgabe f **~atik, ~li** problematisch

**prodüktör** FILM, TV Produzent m, -in f
**profe'sör** Professor m, -in f
**profesyonel** berufsmäßig; Berufssportler m; Profi m; Berufs- (Fotograf); -**in ~i olmak** Fachmann sein in dat ~**leşmek** berufsmäßig betreiben
**profil** Profil n; Profil- (Eisen); ~ **bir yüz** Gesicht n im Profil
**program** Programm n ~**cı** Programmchef m, -in f; Programmverkäufer m, -in f ~**lama** Programmierung f ~**lamacı** Programmierer m ~**lamak** v/t a. IT programmieren; ein Programm gen aufstellen
'**proje** Projekt n; Entwurf m; Projektierungs- (Büro); ~ **yapmak** e-n Plan ausarbeiten ~**lendirmek.** v/t projektieren
**projeksiyon** Projektion f
**projektör** Scheinwerfer m; Strahler m; Bildwerfer m
**prole|'tarya** Proletariat n ~'**ter** Proletarier m
**promosyon** Verkaufsaktion f; Beförderung f, Unterstützung f
**propa'ganda** Propaganda f; ~ **etmek** (od **yapmak**) Reklame machen ~**cı** Propagandist m, Propagandamacher m
**propagandist** ⟨-ti⟩ Propagandist m
**prosedür** Prozedur f
**proses** Prozess m
**pros'pektüs** Packungsbeilage f
**prostat** ⟨-tı⟩ Prostata f, Vorsteherdrüse f
**pros'tela** Schürze f
**protein** Protein n
**Protestan** Protestant m, -in f; protestantisch; evangelisch ~**lık** ⟨-ğı⟩ Protestantismus m
**pro'testo** Protest m; ~ **edilmek** Wechsel zu Protest gehen; -**i ~ etmek** protestieren gegen; Wechsel zu Protest gehen lassen; ~ **çekmek** (od **yollamak**) zu Protest gehen lassen; ~ **eylemi** Protestaktion f; ~ **mitingi** Protestkundgebung f
**protez** Prothese f
**protokol** ⟨-lü⟩ Protokoll n (a. die Etikette); ~**e dahil** im Rahmen des Protokolls; protokollarisch zugelassen; ~**e geçirmek** protokollieren
**proton** Proton n
**proto'plazma** Protoplasma n
**prototip** ⟨-pi⟩ Prototyp m
'**prova** Anprobe f (e-s Kleides); THEAT Probe f; TYPO Korrekturfahne f; ~ **etmek** (od **yapmak**) anprobieren; probieren; THEAT e-e Probe abhalten, proben
**provizyon** WIRTSCH Provision f
**provoka|syon** Provokation f; ~**a** (od -**in** -**una**) **gelmek** sich provozieren lassen (von) ~**tör** Provokateur m
**provoke**: ~ **etmek** provozieren; ~ **olmak** provoziert werden, sich provozieren lassen
**prömiyer** Premiere f, Uraufführung f
'**Prusya** Preußen n ~**lı** Preuße m, Preußin f; preußisch
'**pruva** SCHIFF Bug m; ~**dan rüzgâr** Gegenwind m
**psikanal|itik** psychoanalytisch ~**iz** Psychoanalyse f ~**izci** Psychoanalytiker m
**psikiyatr** Psychiater m, -in f
**psikiyatri** Psychiatrie f
**psikiyatrik** psychiatrisch
**psikolo|g** Psychologe m, Psychologin f ~**ji** Psychologie f ~**jik** psychologisch
**psikopat** ⟨-tı⟩ Psychopath m, -in f
**psikoz** MED Psychose f
**psişik** psychisch
**PTT** abk. für Posta, Telgraf, Telefon (İdaresi) Post- und Fernmeldewesen n
**puan** Punkt m (im Spiel); Stoff Tüpfel m; ~ **almak** (od **kazanmak**) Punkte erzielen; ~ **cetveli** Rangliste f; ~ **hesabıyla yenmek** nach Punkten siegen; ~ **maçı** Punktspiel n ~**lama** Punktwertung f ~**lamak** nach Punkten werten ~**lı** Stoff getüpfelt ~**taj** Punktierung f; Stempeln n (der Arbeitszeit) ~**tör** Stechuhr f, Stempeluhr f; Kontrolleur m
'**puding** GASTR Pudding m
'**pudra** Puder m ~**lamak** v/t pudern ~**lı** gepudert ~**lık** ⟨-ğı⟩ Puderdose f ~**şeker, pudra şekeri** Puderzucker m
**puf**[1] Puff m (zum Sitzen)
**puf**[2] int puh!, es reicht!
**puf**[3]: ~ **böreği** Pastete mit Käse- oder Hackfleischfüllung
'**pufla** ZOOL Eiderente f (Somateria); Eiderdaune f; daunenweich
**puflamak** ächzen
**puhu, ~kuşu** ZOOL Uhu m
**pul** (Brief)Marke f; (Metall)Plättchen n; Schuppe f (z. B. beim Fisch); Stein m (im Spiel); TECH Unterlegscheibe f, Dichtungsscheibe f; (Nagel)Kopf m; Tüpfel-

chen n; Kofferanhänger m; umg Zaster m; ~ ~ bröckelig, in Bröckchen; ~ **dökülmek** sich abschuppen, abbröckeln **~cu** Briefmarkenverkäufer m; Briefmarkensammler m
**pullamak** v/t frankieren, freimachen; mit Plättchen verzieren
**pullu** frankiert; mit Schuppen etc → pul; Stempel- (Papier)
**pulluk** ⟨-ğu⟩ Pflug m
**pulu** ZOOL Art Meeräsche f (Mugil chelo)
**punar** → pınar
**punç** ⟨-cu⟩ Punsch m
**punt** ⟨-du⟩: -in **pundunu bulmak** (a. -i **punduna getirmek**) den richtigen Augenblick abpassen, die Gelegenheit ergreifen
'**punto** TYPO Punkt m; **sekiz ~** in acht Punkt **~lu: iri ~** in großen Lettern; fett gedruckt (Überschrift)
'**pupa** SCHIFF Heck n; von hinten; **~ rüzgâr** Rückenwind m; **~ yelken** mit Rückenwind, in voller Fahrt; fig völlig ungezwungen
'**puro** Zigarre f
**pus**[1] (leichter) Nebel, Dunst m; Belag m auf Früchten; Moos n (auf Bäumen)
**pus**[2] Zoll m (als Maß)
**pusar** → pusmak
**pusarık** ⟨-ğı⟩ Trugbild n, Fata Morgana f; dunstig; nasskalt; → puslu
**pusarmak** dunstig werden
**pusat** ⟨-tı⟩ Werkzeug n; Waffe f; dial Kleidung f **~landırmak** v/t ausrüsten
**puset** ⟨-ti⟩ Buggy m (Kinderwagen)
**puslanmak** neblig werden; Scheibe beschlagen, anlaufen
**puslu** trübe; beschlagen, angelaufen
**pusmak** ⟨-ar⟩ sich ducken; sich verkriechen; sich in Dunst hüllen; fig bedrückt sein
**pusu** Hinterhalt m; **~ kurmak** im Hinterhalt liegen; (-e j-m) auflauern; **~ya düşmek** in die Falle gehen; -i **~ya düşürmek** j-n in die Falle locken; **~ya yatmak** auf der Lauer liegen, sich auf die Lauer legen
**pu'sula**[1] Kompass m; **~yı şaşırmak** die Fassung verlieren
**pu'sula**[2] Zettel m; Notiz f; Vorladung f; Rechnung f, Quittung f
**pusulasız** ohne Kompass; fig ziellos
**put** ⟨-tu⟩ Götze m, Götzenbild n; **~ gibi** fig wie ein Ölgötze; **~ kesilmek** wie versteinert dastehen
**putlaştır|ma** Kult m; Vergötterung f **~mak** v/t vergöttern
**putperest** ⟨-ti⟩ Götzenanbeter m, -in f
**putrel** TECH (Eisen)Träger m
**püf** pf!, ph!; Hauch m; Pusten n; -e **~ demek** auspusten, ausblasen akk; **~ noktası** fig springende(r) Punkt; schwache Stelle **~kürmek** v/t blasen; spritzen; aufblasen **~lemek** v/t blasen, pusten (auf akk, z. B. Heißes); ausblasen
**püfür**: **~ ~ esmek** Wind säuseln
**pülverizatör** Zerstäuber m
**pünez** Reißzwecke f, Heftzwecke f
**pür**-[1] osm voll, sehr; z. B. **~telaş** voller Aufregung, ganz aufgeregt
**pür**[2] dial (Baum)Nadel f
**pürçek** ⟨-ği⟩ Haarlocke f, Ringellocke f **~lenmek** sich locken, sich kräuseln **~li** gekräuselt
**püre** Püree n, Brei m
**pürmüz** TECH Lötlampe f
**pürtük** ⟨-ğü⟩ Höcker m; Pickel m, Unebenheit f; **~ ~** höckerig, runzelig **~lü** uneben, höckerig; pickelig
**pürüz** Unebenheit f, Höcker m; fig Schwierigkeit f, Haken m; **~ çıkmak** Problem auftauchen **~lenmek** rau werden (a. Stimme); heiser werden; fig knifflig werden **~lü** rau; heiser; fig knifflig **~süz** glatt
**püskül** Troddel f, Quaste f **~lü** mit Troddeln; **~ bela** fig große Sorge; große(s) Unglück
**püskür|mek** v/i hervorsprudeln; Vulkan auswerfen, ausspeien **~teç** ⟨-ci⟩ Zerstäuber m
**püskürtme** Spritzen n; **~ tabancası** Spritzpistole f; **~li yazıcı** IT Tintenstrahldrucker m
**püskür|tmek** Gas ausstoßen, ablassen, aussspritzen; **(geri) ~** Feind zurückwerfen **~tü** Lava f **~tülmek** passiv von püskürtmek
**püsür** fig Klette f, Quälgeist m; dial faul, träge; Sache vertrackt; **bok ~** umg Mist m, vulg Scheiße f
**pütür**: **~ ~** rau, schwielig (Haut) **~lü** rau **~süz** glatt

# R

**r, R** [rɛ] r, R n
**Rab** ⟨-bbi⟩ Herr m, Gott m
**Rabbena** [-nɑ:] unser Gott; **~ hakkı!** bei Gott!; **~ hep bana!** haben, haben, haben!
**rabıta** [rɑ:-] Verbindung f, Zusammenhang m; Verhältnis n, Beziehung f; Abhängigkeit f; System n; Holzfußboden m
**rabıta|lı** zusammenhängend; ordentlich; *Person* anständig **~sız** zusammenhanglos; *Person, Verwaltung* unordentlich, schlampig
**racon** Schau f, Angeberei f; Art f, Methode f; **~ kesmek** nach dem Äußeren urteilen; *umg* e-e Schau abziehen
**¹radar** Radar m (a. n), Radarstation f; **~ı ekranı** Radarschirm m **~cı** Radartechniker m; *umg* Spitzel m
**radde** Grad m; **~lerinde** *Uhrzeit* ungefähr (um), etwa; *-ecek* **~de** so (od derart) ..., dass; **son ~ye** bis zum Äußersten
**ra'dika** BOT Gemeine(r) Löwenzahn (*Taraxatum officiale*)
**radikal** ⟨-li⟩ radikal **~ist** ⟨-ti⟩ Radikalist m
**radyasyon** Strahlung f; Strahlungs-
**radyatör** Heizkörper m; AUTO Kühler m; **~ suyu** Kühlwasser n
**¹radyo** Radio n; **~ dinlemek** Radio hören; **~ yayını** Rundfunksendung f; **~ istasyonu** Rundfunkstation f; **~ oyunu** Hörspiel n
**radyo|aktif** radioaktiv **~aktivite** Radioaktivität f
**²radyocu** Rundfunktechniker m; Rundfunkangestellte(r) **~luk** ⟨-ğu⟩ Rundfunkwesen n; Radioreparaturen f/pl
**radyo|evi** Rundfunkhaus n **~fonik** Rundfunk-, Funk-; **~ oyun** Hörspiel n **~foto** Funkbild n **~grafi** MED Röntgenaufnahme f **~link** ⟨-ki⟩ Funksprechanlage f **~lojik** MED röntgenologisch **~lokasyon** Funkortung f; MED **~terapi** Strahlentherapie f
**²radyum** Radium n
**raf** Wandbrett n; (Bücher)Gestell n; Regal n; **~a kaldırmak** (od **koymak**) zu den Akten legen, auf die lange Bank schieben; verdrängen
**rafadan** Ei weich gekocht
**rafine** raffiniert **~ri** Raffinerie f
**rağbet** ⟨-ti⟩ Verlangen n; Interesse n; Lust f; Nachfrage f (nach); Anklang m; *-e* **~ etmek** Appetit haben auf *akk*; Interesse haben an *dat*; **~ görmek** (od **kazanmak**) beliebt sein, Anklang finden; **~ göstermek** *-e* Interesse zeigen für
**rağbet|li** beliebt; gefragt **~siz** unbeliebt, unpopulär; nicht gefragt **~sizlik** ⟨-ği⟩ Unbeliebtheit f; Interesselosigkeit f
**rağmen** A *postp(-e)* trotz *gen*; **bana ~** mir zum Trotz; **buna ~** trotzdem B *konj mit Verb* obwohl; **söz vermesine ~** obwohl er/sie es versprochen hat
**rahat** ⟨-tı⟩ A *subst* Gemütlichkeit f; Ruhe f; **~ına bakmak** an seine Bequemlichkeit denken; es sich (*dat*) bequem machen; **~ını bozmak** (*j-s* Ruhe) stören; **~ yüzü görmemek** nicht zur Ruhe kommen B *adj* ruhig; beruhigt; *Stuhl* bequem, gemütlich C *adv* bequem, gemütlich, mühelos (*erreichen*); MIL **~!** rührt euch!; *-e* **~ batmak** *v/unpers* sich (*dat*) ganz unnötig Probleme schaffen; **~ bırakmamak** *j-n* nicht in Ruhe lassen; **~ etmek** sich ausruhen; sich behaglich fühlen; **~ olmak** ruhig (od zufrieden) sein; bequem sein; **~ ~** in aller Ruhe
**rahat|lamak** sich beruhigen; sich erleichtert fühlen **~latmak** *v/t* beruhigen
**rahatlık** ⟨-ğı⟩ Ruhe f; Bequemlichkeit f; **~la** *adv* bequem, mit Leichtigkeit
**rahatsız** unruhig; unbequem; unpässlich, unwohl; gestört; **~ edici** störend; **~ etmek** *v/t* stören, belästigen; **~ olmak** unpässlich sein; gestört werden; **~ olmayın(ız)!** lassen Sie sich nicht stören! **~lanmak** erkranken, sich unwohl fühlen **~lık** ⟨-ğı⟩ Störung f; Unruhe f; Unbequemlichkeit f; Unwohlsein n; *-e* **vermek** stören, belästigen *akk*; *Herz etc* angreifen
**rahibe** [ɑ:] Nonne f
**rahim¹** ⟨rahmi⟩, **ana rahmi** ANAT Gebärmutter f
**rahim²** [i:] barmherzig; REL Erbarmer m
**rahip** [ɑ:] ⟨-bi⟩ Mönch m
**rahle** *osm* (Lese)Pult n (beim Sitzen)

**rahman** [-ma:n] REL Allerbarmer *m*
**rahmanî** göttlich
**rahmet** ⟨-ti⟩ Gnade *f*; Erbarmen *n*; *fig* Regen *m*; -e ~ **okumak** beten für; segnen *akk*; j-m (*meist* nichts) Gutes wünschen; *-e* ~ **okutmak** *j-n* (im Schlechten) noch übertreffen **~li** selig; verstorben; ~ **olmak** in die Ewigkeit eingehen, versterben
**rakam** Ziffer *f*; Zahl *f*; **Hint ~ı** arabische Zahl; **Romen ~ı** römische Zahl **~lamak** *v/t* beziffern (MUS *z. B.* Bassnote)
**rakamlı** beziffert; **tek ~** einstellig (*Zahl*)
**raket** ⟨-ti⟩ Tennisschläger *m*
**rakı** Raki *m*, Anisschnaps *m*
**rakım** [a:] Höhe *f* (*über dem Meeresspiegel*)
**rakibe** [i:] *osm* Rivalin *f*; Konkurrentin *f*
**rakip** [i:] ⟨-bi⟩ Rivale *m*, Rivalin *f*; Nebenbuhler *m*, -in *f*; WIRTSCH Konkurrent *m*; Konkurrenz *f* (*Firma etc*); konkurrierend
**rakiplik** ⟨-ği⟩ Konkurrenz *f*
**rakipsiz** konkurrenzlos, einzigartig, ohnegleichen
**rakkas** [-ka:s] Pendel *n*; *osm* (Berufs-)Tänzer *m*
**rakkase** *osm* (Berufs)Tänzerin *f*
**rakor** TECH Muffe *f*
**raks** *osm* Tanz *m* **~etmek** tanzen
**'ralli** AUTO Rallye *f* (*a. n*), Sternfahrt *f*
**ram** [a:] *osm* gebändigt; ~ **etmek** *v/t* bändigen; unterwerfen
**ramak** ⟨-kı⟩: *-e* ~ **kalmak** *v/unpers* nahe daran sein (zu …); **bayılmasına ~ kaldı** fast wäre er in Ohnmacht gefallen
**Ramazan** *Islam* Fastenmonat *m* Ramadan; **~ bayramı** Ramadanfest *n*; **~ keyfi** Gereiztheit *f* der Fastentreuen
**ramp** ⟨-pı⟩ THEAT Rampe *f*
**'rampa** Laderampe *f*; (Abschuss)Rampe *f*; TECH Krampe *f*; Anstieg *m*, steile Straße; SCHIFF Entern *n*; *-e* ~ **etmek** prallen auf *akk*, aufeinanderprallen; SCHIFF entern; *umg* sich ungebeten (an e-n Tisch) dazusetzen **~lamak** → rampa etmek
**randevu** Verabredung *f*; ~ **almak** sich anmelden (*beim Arzt*); *-e* ~ **vermek** *j-n* bestellen (*beim Arzt*); **~su olmak** *e-e* Verabredung (*od* e-n Termin) haben
**randevu|cu** Bordellbesucher *m* **~evi** (illegales) Bordell *n*
**randıman** Leistung *f*; **çalışma ~ı** Arbeitsleistung *f* **~lı** produktiv, gewinnbringend; leistungsfähig
**rant** ⟨-ti⟩ Rente *f* **~abilite** Rentabilität *f* **~abl** rentabel
**rantiye** Rentier *m*
**'ranza** Koje *f*; Etagenbett *n* (*Schlafwagen etc*)
**rap** ⟨-pı⟩ zack; ruckartig; ~ **diye durmak** mit e-m Ruck stehen bleiben; ~ ~ **gelmek** zackig anmarschiert kommen
**rapor** Bericht *m*; ärztliche(s) Attest; ~ **vermek** Bericht erstatten; e-n Bericht geben **~cu** Berichterstatter *m*, -in *f* **~lu** krankgeschrieben; *umg* für verrückt erklärt **~tör** Berichterstatter *m*, -in *f*
**rapsodi** MUS Rhapsodie *f*
**'raptetmek** ⟨-*i -e*⟩ verbinden (*akk* mit *dat*)
**raptiye** (Büro)Klammer *f*; Reißnagel *m* **~lemek** ⟨-*i -e*⟩ anklammern (an *akk*)
**ras-** → rast-
**rasat** ⟨-dı⟩ Beobachtung *f* **~hane** Sternwarte *f*, Observatorium *n*
**'rasgele** irgendein(e), x-beliebig; auf gut Glück; *int* viel Erfolg!
**ras|ist** ⟨-ti⟩ Rassist *m*, -in *f* **~izm** Rassismus *m*
**'raspa** TECH Raspel *f*; *umg* Vielfraß *m* **~lamak** (ab)schaben, raspeln
**rast** *osm* Zufall *m*; Treffen *n*; *-e* ~ **gelmek** *j-m* begegnen, *j-n* (zufällig) treffen; *Ziel* treffen; (*nach Suchen*) finden; *-i* ~ **getirmek** treffen *akk* (mit e-m Geschoss); Gelegenheit wählen, abpassen; unverhofft finden *akk*; Gott den Segen geben *dat*; ~ **gitmek** gut gehen, in Ordnung gehen (*od* sein)
**rastık** ⟨-ğı⟩ Augenbrauen- und Wimperntusche *f*, Antimon *n*
**rastlamak** (*-e*) → rast gelmek
**rastlantı** Zufall *m*
**rasyonalizm** Rationalismus *m*
**rasyonel** rationell, wirtschaftlich; MATH rational
**raşitlik** ⟨-ği⟩ MED rachitisch; Rachitiker *m*, -in *f* **~izm** Rachitis *f*
**raunt** ⟨-du⟩ Boxen Runde *f*
**ravent** ⟨-di⟩ BOT Rhabarber *m*
**ray** Gleis *n*; **~(ın)a girmek** *fig* in Ordnung kommen, sich regeln; **~(ın)dan çıkmak** BAHN entgleisen; *fig* schiefgehen; **~ına oturtmak** *fig* aufs richtige Gleis bringen, in Ordnung bringen

**rayiç** [a:] ⟨-ci⟩ WIRTSCH Marktpreis *m*; Kurs(wert) *m*; *Ware* gefragt; geltend, gültig, … im Umlauf (befindlich)
**rayiha** [ra:-] *osm* Duft *m*
**razaki** BOT Art Weintraube *f*
**razı** [a:] einverstanden; befriedigt; *-i -e* **~ etmek** *j-n* bewegen, veranlassen zu; *j-n* zufriedenstellen; *-e* **~ olmak** (*od* **gelmek**) einverstanden sein mit, zustimmen *dat*; zufrieden sein mit
**re** MUS Note d
**reaksiyon** Reaktion *f*; **~ kabiliyeti** Reaktionsvermögen *n*
**reakt|if** reaktiv **~ör** Reaktor *m*; **atom ~ü** Atomreaktor *m*
**real|ist** ⟨-ti⟩ Realist *m*, -in *f*; realistisch **~ite** Realität *f*, Wirklichkeit *f* **~izm** Realismus *m*
**reasürans** WIRTSCH Rückversicherung *f*
**reaya** [-a:ja] HIST *osm* Untertan nichtislamischer Religion
**recep** ⟨-bi⟩ 7. Monat des islam. Mondkalenders
**reçel** Konfitüre *f*, Marmelade *f*
**re'çete** MED *u. fig* Rezept *n*; **~ yazmak** ein Rezept ausstellen
**re'çine** (Baum)Harz *n*
**redaksiyon** TYPO Redaktion *f*, Lektorat *n*, Lektorierung *f*
**'reddetmek** *v/t* zurückschicken; ablehnen; *Behauptungen* zurückweisen; *Person* nicht anerkennen
**reddi** → **ret**
**redif** HIST Reserve *f*, Reservist *m*; LIT Refrainwort *n*
**reel** real (*z. B. Kaufkraft*)
**refah** [a:] Wohlstand *m*; Wohlfahrt *f*
**refakat** [-fa:-] ⟨-ti⟩ Begleitung *f* (*a.* MUS); Geleitzug *m*; Konvoi *m*; Gefolge *n*, Eskorte *f*; *-e* **~ etmek** *j-n* begleiten; *-in* **~inde bulunmak** (*im Konvoi*) eskortieren, geleitet werden *akk*; begleiten *akk* **~çi** Begleiter *m*, -in *f*; Krankenwärter *m*, -in *f*
**refe'randum** Volksabstimmung *f*, Referendum *n*
**referans** Referenz *f*
**refika** [i:] *osm* Lebensgefährtin *f*
**refleks** Reflex *m*
**reflektör** Reflektor *m*; AUTO Warndreieck *m*
**reform** Reform *f*; **toprak ~u** Bodenreform *f*

**regaip** [a:] ⟨-bi⟩ Nacht der Zeugung Mohammeds; ♔ **Kandili** islamischer Feiertag (*1. Freitagnacht des Recep*)
**regülatör** Regulator *m*
**rehabilitasyon** MED Rehabilitation *f*; WIRTSCH Umschulung *f*, Umstrukturierung *f*
**rehavet** [a:] Mattheit *f*; Trägheit *f*
**rehber** Führer *m*; Fremdenführer *m*; Nachschlagewerk *n*; Magazin *n*; **telefon ~i** Telefonbuch *n*; **~ öğretmen** Lehrer(in) mit Aufgaben e-s Erziehungsberaters **~lik** ⟨-ği⟩ Wegweisung *f*; Führerschaft *f*; PÄD Unterrichtsstunde zur Besprechung psychologischer und gruppendynamischer Themen; *-e* **~ etmek** (an)leiten, führen *akk*
**rehin** ⟨rehni⟩ Pfand *n*, Verpfändung *f*; verpfändet; **~ etmek** als Pfand geben; *-i* **~e koymak** (*od* **vermek**) verpfänden *akk*
**rehine** [-hi:-] Geisel *f*; **~ alan** Geiselnehmer *m*
**reis** [i:] Oberhaupt *n*; Präsident *m*; Vorsitzende(r); Führer *m*
**reisicumhur** Staatspräsident *m*
**reislik** ⟨-ği⟩ Führerschaft *f*; Präsidentschaft *f*
**reji** FILM, THEAT Regie *f*
**rejim** Regime *n*, Regierungsform *f*; MED Diät *f*; **tam ~** Höchstleistung *f*; **~ yapmak** Diät halten
**rejisör** Regisseur *m* **~lük** ⟨-ğü⟩ Regie *f*, Leitung *f*; **~ yapmak** Regie führen
**rekabet** [a:] ⟨-ti⟩ Wettstreit *m*; Wettbewerb *m*, Konkurrenz *f*; **~ etmek** *-le* wetteifern, konkurrieren mit; **~ yapmak** miteinander konkurrieren
**rekât** ⟨-ti⟩ Islam die vier Haltungen bzw. Bewegungen beim Gebet
**reklam** Reklame *f*; Werbung *f*; **~ ajansı** Werbeagentur *f*; **~ yazarı** (Werbe)Texter *m*, -in *f*; **~ etmek** *v/t* publik machen, öffentlich blamieren; **~ yapmak** werben, Werbung machen **~cı** Werbefachmann *m* **~cılık** ⟨-ğı⟩ Werbung *f*; Werbebranche *f*
**re'kolte** AGR Ernte(ertrag *m*) *f*
**rekor** Rekord *m*; **~ kırmak** *e-n* Rekord brechen **~cu** → **rekortmen**
**rekortmen** Rekordinhaber *m*, -in *f*
**rektör** Rektor *m*, -in *f* (*Universität*) **~lük** ⟨-ğü⟩ Rektorenwürde *f*; Rektorat *n*

**rektum** ANAT Rektum n, Mastdarm m
**rembetiko** Musik der aus Anatolien ausgewanderten Griechen
**rencide** [i:]: ~ **etmek** j-n kränken; ~ **olmak** gekränkt sein
**rençper** Landarbeiter m, -in f; Tagelöhner m, -in f; Bauer m, Bäuerin f
**rende** Hobel m; Reibe f; Reibeisen n; Geriebene(s), Reibsel n ~**lemek** glatt hobeln, reiben (z. B. Käse); zerreiben
**rengârenk** bunt, vielfarbig
**rengeyiği** ⟨-ni⟩ Ren n, Rentier n
**renk** ⟨-gi⟩ Farbe f; Färbung f; fig Kolorit n; Wesen n, Typ m; ~ **almak** e-e Färbung annehmen, sich färben; fig e-e Wendung nehmen; ~ ~ kunterbunt; -e ~ **katmak** (od **vermek**) färben akk; fig Schwung verleihen dat; beleben akk
**renk|gideren** Bleichmittel n, Entfärbungsmittel n ~**körlüğü** ⟨-nü⟩ Farbenblindheit f ~**körü** farbenblind ~**lendirmek** v/t färben; fig beleben ~**lenmek** gefärbt werden; fig Schwung bekommen ~**li** farbig; fig lebhaft, schwungvoll; fig mit Profil, profiliert (Politiker); Farb- (Film); ~ **fotoğraf** Farbfoto n; ~ **kalem** Buntstift m, Farbstift m; ~ **televizyon** Farbfernsehen n
**renk|semez** achromatisch ~**ser** chromatisch ~**siz** farblos (a. fig Person); bleich (aussehend) ~ **vermemek** (od **rengini belli etmemek**) sich (dat) nichts anmerken lassen; **rengi atmak** (od **kaçmak, uçmak**) verschießen, verbleichen, ausbleichen; fig erbleichen, blass werden; -in **rengi bozuk** er sieht schlecht aus; **renkten renge girmek** rot und blass werden vor dat
**reosta** ELEK Rheostat m
**repertuar** Repertoire n
**replik** ⟨-ği⟩ THEAT Stichwort n; Erwiderung f
**repo** festverzinsliches Wertpapier mit Rückkaufgarantie; ~ **yapmak, parayı** ~**ya yatırmak** Geld (terminbebunden) anlegen
**resepsiyon** Empfang m; Rezeption f, Anmeldung f (Hotel)
**reset** IT Kaltstart m
**resif** Riff n
**resim** ⟨resmi⟩ Bild n; Foto n; Zeichnen n; Malen n; Zeichnung f, Plan m; Feierlichkeit f; Abgabe f, Steuer f; Zeichen-
(Lehrer); ~ **almak** abzeichnen, abmalen; fotografieren; besteuern, Gebühren erheben (auf akk); ~ **çekmek** v/i fotografieren; -in **resmini çekmek** fotografieren akk; ein Foto machen von, umg knipsen; ~ **gibi** bildschön; ~ **işleme** IT Bildbearbeitung f; ~ **yapmak** zeichnen; malen; **resm-i geçit** Parade f ~ **tekniği** ~ technische Zeichnung; -nin **resmidir** ist klar, dass ...; ganz bestimmt ...; **treni kaçırdığının resmidir** er hat den Zug ganz bestimmt versäumt
**resimci** Zeichner m, -in f, Maler m, -in f
**resim|lemek** v/t illustrieren, bebildern ~**li** illustriert; ~ **dergi** Illustrierte f; ~ **kitap** Bilderbuch n ~**lik** ⟨-ği⟩ Bilderrahmen m; Album n ~**si** bildhaft, anschaulich ~**siz** unbebildert, ohne Illustrationen; fig ungezwungen ~**yazı** Bilderschrift f
**resital** Solo n; Konzert n (Veranstaltung)
**'resm|en** amtlich; formell, förmlich; endgültig ~**etmek** v/t zeichnen; malen
**resmî** [i:] amtlich, offiziell; Amts- (Sprache); förmlich, steif; ~ **gazete** Staatsanzeiger m; ~ **elbise** (od **giysi**) Uniform f; ~ **giysi** Festtagskleidung f; ~ **nikah** Zivilttrauung f; ~ **selam** MIL Ehrenbezeigung f ~**lik** ⟨-ği⟩, ~**yet** ⟨-ti⟩ Förmlichkeit f; **işi resmîyete dökmek** e-e formellen Ton anschlagen
**resmigeçit** ⟨-di⟩ Parade f
**ressam** Kunstmaler m, -in f, Zeichner m, -in f ~**lık** ⟨-ği⟩ Malerei f
**rest** ⟨-ti⟩ das ganze Geld e-s Pokerspielers; ~ **çekmek** alles aufs Spiel setzen; -e ~ **çekmek** j-m ein Ultimatum erteilen
**restoran** Restaurant n
**restore** restauriert; -i ~ **etmek** restaurieren
**resul** ⟨-lü⟩ REL Gottesgesandte(r)
**reşit** ⟨-di⟩ volljährig
**ret** ⟨-ddi⟩ Ablehnung f, Zurückweisung f; ~, ~ **oyu** POL Gegenstimme f
**re'tina** ANAT Netzhaut f
**reva** fig angebracht, am Platze; -i -e ~ **görmek** für angebracht halten akk; als angemessen erachten (akk für akk)
**revaç** ⟨a:⟩ ⟨-cı⟩ Absatz m; gefragt (sein); ~ **bulmak** sich gut verkaufen; Anklang finden
**revak** ⟨-kı⟩ Gewölbe n, Höhlengang m
**revanî** [-a:ni:] Art süße Grießspeise;

Grießgebäck n
**revanş** → rövanş
**revanş** rövanş
**reverans** Verbeugung f; Knicks m
**revir** Sanitätsraum m
**revizyon** Revision f; **~dan geçirmek** TECH überholen **~izm** POL Revisionismus m
**revolver** Revolver m
**revü** Revue f
**rey** Stimme f, Votum n
**reyon** Abteilung f, z. B. **ayakkabı ~u** Schuhabteilung f
**reyting** Umfragewert m; Einschaltquote f
**rezalet** [a:] ⟨-ti⟩ Schande f; Skandal m; **~ çıkarmak** e-n Skandal hervorrufen **~li** schändlich; skandalös
**reze** Riegel m, Türangel f; Türdrücker m
**rezede** BOT Reseda f
**rezelemek** v/t verriegeln
**re'zene** BOT Fenchel m (*Foeniculum vulgare*)
**rezerv(e)** Reserve f; (Erz)Vorkommen n
**rezervasyon** Reservierung f, Buchung f; **~u iptal ettirmek** die Buchung rückgängig machen; **~ yapmak** v/i reservieren **~lu** reserviert, mit Reservierung
**rezerve** gebucht, reserviert; **~ etmek** v/t reservieren, buchen
**rezil** [i:] schändlich; **-i ~ etmek** schmähen *akk*; blamieren, bloßstellen; **-i ~ rüsva etmek** *-i* öffentlich bloßstellen, anprangern **~et** ⟨-ti⟩ Schande f; Niederträchtigkeit f
**rezistans** ELEK Widerstand m; Heizdraht m
**rezonans** Resonanz f, Widerhall m
**rıhtım** Kai m
**rıza** [a:] Einverständnis n; Wunsch m, Wille m; **-e ~ göstermek** einverstanden sein mit; **-in -e ~sı olmak** billigen *akk*; **-in -sı olmadan** ohne sein (*od* ihr) Einverständnis; **-in ~sını almak** das Einverständnis *gen* erlangen; **kendi ~sıyla** mit s-m Einverständnis
**rızk** ⟨-kı⟩ (das) tägliche Brot, Lebensunterhalt m
**riayet** [a:] ⟨-ti⟩ Achtung f, Respekt m; Befolgung f; Unterwerfung f; **-e ~ etmek** respektieren *akk*; Rücksicht nehmen (auf *akk*); sich richten nach; berücksichtigen *akk*; Gesetz *etc* befolgen; Vertrag einhalten **~kâr** respektvoll **~siz** respektlos

**rica** [a:] Bitte f; **~ ederim!** bitte (sehr)! (*a.* = keine Ursache!); **-i -den ~ etmek** *j-n* bitten (um *akk*); **-e ~da bulunmak** *j-n* bitten; **size** (*od* **sizden**) **bir ~m var** ich habe e-e Bitte an Sie
**rical** [a:] ⟨-li⟩ *osm pl* Persönlichkeiten *f/pl*, Staatsmänner *m/pl*
**ricat** ⟨-ti⟩ Rückzug m; **-e ~ etmek** sich zurückziehen nach
**rikkat** ⟨-ti⟩ Zärtlichkeit f; Weichherzigkeit f
**rimel** Wimperntusche f; Lidstrich m
'**rina** ZOOL Stachelrochen m (*Dasyatis pastinasa*)
**ring** (Box)Ring m; **~ seferi** Ringverkehr m (*e-s Stadtbusses etc*)
'**ringa** Hering m
**rint** ⟨-di⟩ *osm* Bruder Lustig m; fidel
**risale** [a:] *osm* Abhandlung f; Broschüre f
**risk** ⟨-ki⟩ Risiko n; **~ yönetimi** Risikomanagement n; **~e girmek** ein Risiko eingehen **~li** riskant
**ritim** ⟨ritmi⟩ Rhythmus m **~li** rhythmisch
**ritm** → ritim
**ritmik** rhythmisch
**rivayet** [a:] ⟨-ti⟩ Gerücht n; Bericht m; Version f; **-i ~ etmek** berichten *akk*; **~ birleşik zamanı** GRAM erzählende Vergangenheit, miş-Form f, z. B.: **yapıyormuş** er soll gerade dabei (gewesen) sein, es zu machen
**riya** [a:] Doppelzüngigkeit f **~kâr** doppelzüngig, heuchlerisch
**riyaset** [a:] ⟨-ti⟩ Vorsitz m, Vorstand m
**riyasız** [a:] arglos, treuherzig
**ri'ziko** Risiko m **~lu** riskant
'**roba** (Brust)Einsatz m, Brustbreite f (*am Kleid*)
**robot** ⟨-tu⟩ Roboter m; *fig* Werkzeug n; **~ resim** Phantombild n; **mutfak ~u** Küchenmaschine f
**rock, Rock** Rock(musik f) m **~çı** Rocker m, -in f
**rodaj** AUTO Einfahren n
**roket** ⟨-ti⟩ Rakete f; **~ atmak** Rakete abschießen **~atar** Panzerfaust f
**rokoko** Rokoko n
**rol** ⟨-lü⟩ THEAT Rolle f; **-de ~ almak** e-e Rolle übernehmen (*in e-m Film*); **~ bölümü** THEAT Rollenverteilung f; **~ kesmek** sich verstellen; **-de ~ oynamak** e-e Rolle

spielen (in, bei *dat*); ~ **yapmak** so tun als ob; *-in* (**bunda**) **~ü olmak** *fig* (dabei) e-e Rolle spielen; *-de* **~üne çıkmak** in der Rolle *gen* auftreten (in *dat*)
**rom** Rum *m*
'**Roma** Rom *n*; ~ **İmparatorluğu** das Römische Reich **~lı** Römer *m*, -in *f*; römisch **Ꝙlılaştırmak** latinisieren
**roman** Roman *m*; romanisch (*Kunst*) **~cı** Romanschriftsteller *m*, -in *f*, Romancier *m* **~esk** ⟨-ki⟩ romanhaft; fantasievoll **~laştırmak** *v/t* als Roman bearbeiten, in e-m Roman darstellen
**roman|tik** ⟨-ği⟩ romantisch; *umg* a. idyllisch; Romantiker *m*, -in *f*; (das) Romantische **~tizm** Romantik *f*
**Ro'manya** Rumänien *n* **~lı** Rumäne *m*, Rumänin *f*; rumänisch
**roma'tizma** Rheuma(tismus) *n*
**Romen** römisch (z. B. Zahlen I, II *etc*)
**rop** ⟨-bu⟩ Robe *f*
**ro-ro**: ~ **gemisi** Autofähre *f* für Lastzüge; ~ **taşımacılığı** Ro-ro-Transport *m*
'**rosto** GASTR Braten *m*; Hackbraten *m*
**rot** ⟨-tu⟩ AUTO Lenkstange *f*
'**rota** Route *f*, Kurs *m*
**rotasyon** Rotation *f*, Turnus *m*
**rotatif** TYPO Rotationsmaschine *f*
**rotor** ELEK Anker *m*, Läufer *m*
**rozbif** GASTR Roastbeef *n*
**rozet** ⟨-ti⟩ Abzeichen *n*, Plakette *f*; TECH Rosette *f*
**rö'lanti** AUTO Leerlauf *m*; Zeitlupentempo *n*; Zeitlupenaufnahme *f*; **~de durmak** (*od* **çalışmak**) *Motor* leerlaufen; *-i* **~ye almak** leerlaufen lassen *akk*; *fig Sache* schmoren lassen
**rölatif** relativ **~ivite** Relativität *f*
**röle** ELEK Relais *n*
**rölyef** Relief *n*
**römork** ⟨-ku⟩ Anhänger *m*; Beiwagen *m* (am Motorrad) **~ör** Schlepper *m*
**Rönesans** Renaissance *f*
'**röntgen** Röntgenaufnahme *f*, Schirmbild *n*; *Maßeinheit*; ~ **ışınları** Röntgenstrahlen *m/pl* **~ci** Röntgenarzt *m*, Röntgenologe *m*; *umg* Spanner *m* **~cilik** ⟨-ği⟩ Röntgenologie *f*
**röportaj** Reportage *f* **~cı** Reporter *m*, -in *f*; *-le* **röportaj yapmak** *j-n* interviewen
**röprodüksiyon** Reproduktion *f*
**rötar** Verspätung *f*; **trende ~ var** der Zug hat Verspätung **~lı** verspätet
**rötuş** Retusche *f* **~lu** retuschiert
**rövanş** Revanche *f*; ~ **maçı** Rückspiel *n*
**ruam** [aː] MED Rotzkrankheit *f* (*bei Tier*)
**rubai** [-baːiː] LIT Vierzeiler *m*
**ruble** Rubel *m*
**rugan** Lack(leder *n*) *m*; ~ **pabuç** *od* **ayakkabı** Lackschuh *m*
**rugbi** Rugby *n*
**ruh** [uː] Seele *f*; REL Geist *m* (a. = Sinn); *fig* Kern *m*; JUR Sinn *m*; CHEM Essenz *f*, spiritistisch; ~ **hastası** geisteskrank; ~ **hekimliği** Seelenheilkunde *f*; *-e* **kazandırmak** Schwung verleihen *dat*; ~ **seansı** spiritistische Sitzung; (**kimsenin**) **~u bile duymadı** kein Mensch hat etwas gemerkt; **~um!** mein Schatz!; **~umla** von meinem ganzen Herzen; **~unu teslim etmek** *fig* s-n Geist aufgeben
**ruhan|î** [-haːniː] seelisch; geistig; geistlich, klerikal **~iyet** ⟨-ti⟩ Geistigkeit *f*; geistliche Würde
**ruhbaniyet** [ruːxbaː-] Klosterleben *n*
**ruhbilim** Psychologie *f* **~ci** Psychologe *m*, Psychologin *f* **~cilik** ⟨-ği⟩ Psychologismus *m* **~sel** psychologisch
'**ruhen** [uː] seelisch, geistig
'**ruhgöçü** ⟨-nü⟩ Seelenwanderung *f*
**ruh|î** [ruːhiː] seelisch, psychisch **~iyat** [-ijaːt] *osm* → ruhbilim **~lu** beseelt; aktiv; geistig
'**ruhötesi** ⟨-ni⟩ metapsychisch
**ruhsal** seelisch, psychisch
**ruhsat** ⟨-tı⟩ Genehmigung *f*; *abk* → ruhsatname; *-e* ~ **almak** Genehmigung einholen für **~lı** mit Genehmigung **~name** Genehmigungsschein *f*; AUTO Fahrzeugschein *m* **~sız** ohne Genehmigung
**ruhsuz** kraftlos, leblos
**ruj** Rouge *n*, Lippenstift *m*
**rulet** ⟨-ti⟩ Roulette *n*
**rulman** TECH Kugellager *n*
'**rulo** Rolle *f*
**Rum** Grieche *m*, Griechin *f* (*bes in der Türkei*); HIST *a.* Byzantiner *m*, -in *f*; byzantinisch; Anatolier *m*, -in *f*; anatolisch **~ca** *umg* (das) Neugriechisch(e)
'**Rumeli** HIST Rumelien *n* **~li** Rumelier *m*, -in *f*
**Rumen** Rumäne *m*, Rumänin *f*; rumänisch **~ce** (das) Rumänisch(e)
**rumî** [ruːmiː] byzantinisch; griechisch;

~ **takvim** gregorianische(r) Kalender
**rumuz** [-mu:z] Symbol *n*; Chiffre *f*; Pseudonym *n* (*in Kontaktanzeigen etc*)
**Rus** Russe *m*, Russin *f*; russisch; ~ **salatası** Salat aus Erbsen, Sellerie etc mit Mayonnaise ~**ça** (das) Russisch(e); russisch
¹**Rusya** Russland *n* ~**lı** gebürtige(r) Russe, Russin *f*
**rutubet** [-tu:-] ⟨-ti⟩ Feuchtigkeit *f* ~**lendirmek** *v/t* befeuchten ~**lenmek** feucht werden ~**li** feucht
**rücu** [u:] ⟨-u⟩ Umkehr *f*; Rücknahme *f* (*s-s Wortes*); ~ **etmek** zurückweichen; zurücktreten (*-den von dat*); ~ **hakkı** JUR Recht *n* auf Verluststattung, Regressrecht *n*
**rüçhan** [a:] Übergewicht *n*, Vorrangigkeit *f*; ~ **hakkı** JUR Vorzugsrecht *n*
**rüküş** geschmacklos gekleidet
**rüşvet** ⟨-ti⟩ Bestechung *f*, Bestechungsgeld *n*, *umg* Schmiergeld *n*; ~ **almak** (*od* **yemek**) sich bestechen lassen; -*e* ~ **vermek** (*od* **yedirmek**) *j-n* bestechen; ~ **yemek** *umg* Schmiergelder annehmen ~**çi** bestechlich(er Mensch); korrupt ~**çilik** ⟨-ği⟩ Bestechlichkeit *f*, Korruption *f*
**rütbe** Grad *m*, Rang *m* ~**li** im Range *gen*; **en yüksek** ~ ranghöchste(r), -*in* **rütbesini düşürmek** *j-n* degradieren
**rüya** [ry:ja:] Traum *m*; ~ **görmek** *e-n* Traum haben, träumen; -*in* ~**larına giriyor** *j-m* träumt von; ~**sı çıkmak** (*sein*) Traum sich erfüllen; -*i* ~**sında görmek** träumen von; -*i* ~**sında (bile) görememek** nicht einmal im Traum daran denken; -*i* ~**sında görse hayra yormamak** sich *dat* in den kühnsten Träumen nicht vorstellen können; **seni** ~**mda gördüm** mir träumte von dir
**rüzgâr** Wind *m*; ~ **almak** dem Wind ausgesetzt sein; der Wind steht (auf *akk*)
**rüzgâr|gülü** ⟨-nü⟩ Windrose *f* ~**lanmak** anfangen zu wehen; ein Wind kommt auf; sich gegen den Wind stellen ~**lı** windig; dem Wind ausgesetzt ~**lık** ⟨-ğı⟩ Windschutz *m* (*a. Kleidung*); Windjacke *f*; Windfang *m*

# S

**s, S** [sɛ] s, S *n*
**-sa** → ise, -se
**saadet** [saa:-] ⟨-ti⟩ Glück *n*; *osm* ~**le!** kommen Sie gut hin (*od* nach Hause)!
**saat** [sa:at] ⟨-ti⟩ Stunde *f*; Zeit *f*; Uhr *f*; ~ **başı** stündlich; ~ **bu** ~ das ist die Gelegenheit!; ~ **ayarı** Zeitansage *f* *im Radio*; ~ **gibi!** genau!, getroffen!; ~ **kadranı** (*od* **minesi**) Zifferblatt *n*; ~ **tutmak** die Zeit abstoppen; ~**ı çaldı** es hat geschlagen; ~**i** ~**ine** genau zur Stunde; ~**lerce** stundenlang; **duvar** ~**i** Wanduhr *f*; **çalar** ~ Wecker *m*; *umg* **elektrik** ~**i** Gaszähler *m*; **kol** ~**i** Armbanduhr *f*; **kontrol** ~**i** Kontrolluhr *f*; **kum** ~**i** Sanduhr *f*; ~ **kaç?** wie viel Uhr ist es?; ~ **kaçta geldi?** um wie viel Uhr ist er gekommen?; ~ **bir** es ist ein Uhr; ~ **bir buçuk** es ist halb zwei; ~ **üç sularında** es ist ungefähr drei Uhr; ~ **yarım** 12 (*od* 0) Uhr 30, halb eins
**saatçi** Uhrmacher *m*, -*in f*
**saatli** mit Uhrwerk; ~ **bomba** Zeitbombe *f*; nach Fahrplan (*Bus etc*)
**sabah** Morgen *m*; morgens; Morgen-; ~ **akşam** jederzeit, ständig; ~ ~ frühmorgens; ~ **saat sekizde** früh um acht; ~**a doğru** (*od* **karşı**) gegen Morgen; ~**ı bulmak** (*od* **etmek**) nicht durchschlafen; ~**ın köründe** in aller Herrgottsfrühe; **bu** ~ heute Morgen; **dün** ~ gestern Morgen; **yarın** ~ morgen früh; ~**lar hayrolsun** guten Morgen! ~**çı** Nachtdiensthabende(r); Frühaufsteher *m*, -*in f*; Schüler *m*, -*in f* der Morgenschicht; ~ **kahvesi** Nachtcafé *n*
**sabah|lamak** die Nacht über aufbleiben; *e-e* schlaflose Nacht verbringen ~**ları** morgens; jeden Morgen ~**leyin** [sa'baxlɛ;n] morgens
**sabahlı**: ~ **akşamlı** morgens und abends
**sabahlık** ⟨-ğı⟩ Morgenrock *m*; ... für den Morgen, Morgen-
**saban** Pflug *m*; ~ **bıçağı** Pflugschar *f*; ~ **izi** Furche *f*; ~ **sürmek** pflügen

**sabankemiği** ⟨-ni⟩ ANAT Nasenscheidewand f
**sabık** [a:] ⟨-kı⟩ ehemalig, Ex- **~a** Präzedenzfall m; JUR Rückfall m (e-s Verbrechers) **~alı** JUR vorbestraft
**sabır** ⟨sabrı⟩ Geduld f; **~ taşı** Mensch m mit e-r Engelsgeduld; **sabrı taşmak** (od **tükenmek**): **sabrım tükendi** v/unpers mir ist der Geduldsfaden gerissen, meine Geduld ist erschöpft; **~la** mit Geduld, geduldig
**sabır|lı** geduldig **~sız** ungeduldig **~sızlanmak** ungeduldig werden **~sızlık** ⟨-ğı⟩ Ungeduld f
**sabit** [a:] ⟨-ti⟩ fest, stabil; TECH ortsfest; *Tatsache* feststehend, erwiesen; **~ balon** Fesselballon m; **~ disk** IT Festplatte f; **~ fikir** fixe Idee; **~ fiyat** feste(r) Preis; **~ gelir** feste(s) Einkommen; **~ para** harte Währung; **~ olmak** feststehen, erwiesen sein
**sabite** [a:] MATH, PHYS Konstante f; ASTRON Fixstern m
**sabitlemek** befestigen, feststellen, etablieren
**sabitleş|mek** [a:] sich festigen, fest werden **~tirmek** v/t festbekommen, *umg* festkriegen
**'sabo** Holzpantoffel m
**sabotaj** Sabotage f **~cı** Saboteur m
**sabote**: **~ etmek** sabotieren
**'sabretmek** sich gedulden (-e mit); ausdauernd sein; ertragen (können) akk
**sabuk** → **abuk sabuk ~lanma** MED Fantasieren n, Delirium n
**sabun** Seife f; **~ köpüğü** Seifenblasen f/pl; Seifenschaum m; **~ tozu** Seifenpulver n; **~ köpüğü gibi sönmek** fig wie eine Seifenblase platzen **~cu** Seifensieder m; Seifenhändler m **~lamak** v/t abseifen **~laşmak** CHEM verseifen **~lu** seifig, Seifen- (*Wasser*); eingeseift **~luk** ⟨-ğu⟩ Seifenschale f; Seifen- **~otu** ⟨-nu⟩ Seifenkraut n
**sac** ⟨-cı⟩ Blech n, Blechplatte f; **~ soba** eiserne(r) Ofen **~ayağı** ⟨-nı⟩, **~ayak** Dreifuß m
**saç¹** ⟨-cı⟩ → **sac**
**saç²** ⟨-çı⟩ (Kopf)Haar n, Haare pl; **~ fırçası** Haarbürste f; **~ filesi** Haarnetz n; **~ kesme makinası** Haarschneidemaschine f; **~ kurutma makinası** Haartrockner m; **~ modeli** Frisur f; **~a baş başa gelmek** (*od* **dövüşmek**) *fig* sich in die Haare geraten; **-de ~ sakal ağartmak** (*bei e-r Arbeit*) alt und grau werden; (im Dienst) ergrauen; **-in ~ı başı ağarmak** altern, ergrauen; **~ı bitmedik** Neugeborene(s), Baby n; **~ını başını yolmak** *fig* sich (*dat*) die Haare raufen; **~ını süpürge etmek** Frau sich aufopfern für
**saçak** ⟨-ğı⟩ Franse f, Fransen pl; Borte f; Wetterdach n, Vordach n; PHYS (Frequenz)Band n; Streifen m **~bulut** ⟨-tu⟩ Zirruswolke f **~lanmak** gefranst sein **~lı** mit Fransen; mit e-m Vordach; fig in Fransen, schäbig
**saçkıran** MED Haarausfall m
**saçlı**: **ak ~** weißhaarig; **~ sakallı adam** Mensch mit (angeblichen) Erfahrungen, im reifen Lebensalter
**saçma** Wurfnetz n (*der Fischer*); Schrot m *od* n; Gewäsch n (*a.* **~ sapan**), Quatsch m; sinnlos; **~ adam** Wirrkopf m, *umg* Quatschkopf m; **~ şeyler** Unsinn m **~cı** *umg* Quatschkopf m
**saçmak** ⟨-ar⟩ v/t zerstreuen, (aus)säen; *Funken* sprühen; *Geld umg* rauswerfen; *Geruch etc* verbreiten; *Tod* säen; **saçıp savurmak** das Geld *etc* zum Fenster hinauswerfen
**saçmalamak** Unsinn reden
**sada** [-da:] → **seda**
**sadak** ⟨-ğı⟩ Köcher m
**sadaka** Almosen n, (eine) kleine Gabe
**sadakat** [-da:-] ⟨-ti⟩ Treue f, Ergebenheit f, Loyalität f **~li** treu, ergeben **~siz** treulos, untreu **~sizlik** ⟨-ği⟩ Treulosigkeit f, Untreue f
**sadakor** Rohseide f; rohseiden
**sadaret** [-da:-] ⟨-ti⟩ HIST Großwesirat n
**sade** [a:] **A** *adj* einfach, schlicht; rein (*z. B. Türkisch*); *Person* treuherzig, naiv, arglos; **~ kahve** Mokka m schwarz und ungesüßt **B** *adv* nur, lediglich; von Natur aus (*z. B. schön*); **~ bu iş için** eigens zu diesem Zweck
**sadece** ['sa:-] lediglich
**sadeleş|me** Vereinfachung f **~mek** einfacher werden **~tirmek** v/t vereinfachen; *Text* sprachlich modernisieren
**sadelik** [a:] ⟨-ği⟩ Einfachheit f; Arglosigkeit f
**sadet** ⟨-di⟩: **sadede gelmek** zur Sache kommen
**sa'deyağ** Kochbutter f, Margarine f

**sadık** ⟨-ğı⟩ treu; loyal; *-e* ~ **kalmak** treu bleiben *dat*
**sad|lik** ⟨-ğı⟩ sadistisch **~ist** ⟨-ti⟩ Sadist *m*, -in *f* **~izm** Sadismus *m*
**sadme** Schlag *m*; Attacke *f*; Detonation *f*; *fig* (seelische) Erschütterung
**sadrazam** [-drɑː-] HIST Großwesir *m*; **2 Kapısı** HIST (die) Hohe Pforte
**saf**[1] ⟨-ffı⟩ Reihe *f*, Ordnung *f*; MIL Glied *n*; **~ bağlamak** die Reihe schließen, sich einreihen; **~ ~** (*od* **~ şeklinde**) in Reih und Glied; **~ dışı** *fig* außer Gefecht; **~ dışı etmek** außer Gefecht setzen; **~ tutmak** sich in Reih und Glied aufstellen
**saf**[2] [ɑː] echt, rein, pur; *fig* naiv
**safa** → **sefa**
**safari** Safari *f*
**safdil** leichtgläubig, naiv
**saffet** ⟨-ti⟩ *osm* Klarheit *f*; Naivität *f*
**safha** Stufe *f*, Aspekt *m*; → **evre**; Phase *f*
**safi** **A** [sɑːfiː] *adj* rein, unverfälscht; Netto-, Rein- **B** [ˈsɑːfi] *adv* nur, einfach
**safir** Saphir *m*
**safiyet** [ɑː] Reinheit *f*; Treuherzigkeit *f*
**ˈsafkan** [sɑː-] Vollblut- (*Pferd*)
**saflaştırmak** reinigen, CHEM raffinieren
**saflık** ⟨-ğı⟩ Reinheit *f*; Naivität *f*
**safra**[1] Ballast *m*; **~ atmak** Ballast abwerfen; *j-n od etw* abwimmeln
**safra**[2] Galle *f*; **~ bastırmak** den knurrenden Magen beruhigen; **~ kesesi** ANAT Gallenblase *f*; **~sı kabarmak**: **~m kabarıyor** mir ist übel
**safran** BOT Safran *m*
**safsata** *umg* Sophismus *m*, Trugschluss *m*; Spitzfindigkeit *f*
**ˈsagu** Sago *m*
**sağ**[1] recht-; rechts; **~ yap!** rechts (abbiegen)!; **~a** (nach) rechts; **~a bak!** Augen rechts!; **~a kaymak** POL nach rechts tendieren; **~a sola** hierhin und dahin; **~a sola bakmadan** schnurstracks; **~a da gitmek** (*od* **yürümek**) rechts gehen; **-in ~ı solu olmamak** *Sache* unsicher sein, *umg* schwimmen; *-in* **~ı solu belli olmamak** unberechenbar sein; **~ını solunu bilmemek** gedankenlos sein
**sağ**[2] gesund; heil; lebendig; am Leben

echt, rein; **~ bırakmamak** nicht am Leben lassen, umbringen; **~ ol!** danke schön!; **~ olsun!** nichts gegen ihn (*od* sie *etc*), aber ...; **~ salim** heil und gesund
**ˈsağaçık** ⟨-ğı⟩ Fußball Rechtsaußen *m*
**sağal|ma** Genesung *f* **~mak** genesen, gesunden **~tıcı** heilend; Heilende(r); Desinfektion(smittel *n*) *f* **~tım** Heilung *f*; Behandlung *f*; Kur *f*; Therapeutik *f* **~tmak** *v/t* heilen, gesund machen
**sağanak** ⟨-ğı⟩ (Regen)Schauer *m*
**sağar** → **sağmak**
**ˈsağbeğeni** der gute Geschmack
**sağ|bek** SPORT rechte(r) Verteidiger **~cı** POL Rechte(r) **~cılık** ⟨-ğı⟩ politische Rechte
**sağdıç** ⟨-cı⟩ Brautführer *m*
**sağdırmak** *kaus von* **sağmak**
**ˈsağ|duyu** ⟨-nu⟩ gesunde(r) Menschenverstand **~görü** Scharfsinn *m* **~görülü** scharfsinnig
**ˈsağhaf** SPORT rechte(r) Läufer
**sağılır** Milch-; Melk-
**sağılmak** **A** *passiv von* **sağmak**; gemolken werden; *Stoff* sich abnutzen, sich abtragen **B** (-e) schlüpfen (*in akk*)
**sağım** AGR Milchleistung *f*; Milchvieh *n* **~lı** Milch-; Melk-
**sağır** taub; *Glas* undurchsichtig; *Ofen* schlecht heizend; *Trommel* taub; *Wand* schalldämmend, schallschluckend; **(kulakları)** ~ **etmek** (*od* **edici**) ohrenbetäubend; **~ etmek** taub machen, betäuben; **~ olmak** taub sein, schwerhörig sein (*od* werden); **bunu ~ sultan bile duydu** das wissen inzwischen je alle
**sağır-dilsiz** taubstumm; **~ alfabesi** Gebärdensprache *f*
**sağır|laşmak** taub werden; *Ofen, Topf etc* nicht viel leisten **~lık** ⟨-ğı⟩ Taubheit *f*
**ˈsağiç** ⟨-çi⟩ SPORT Halbrechte(r), rechte(r) Innenstürmer
**sağlam** **A** *adj* (kern)gesund; rüstig; *Sache* stabil, robust, widerstandsfähig; *Arbeit* sicher; *Entschluss* fest; *Gebäude* solide; *Nachricht, Person* zuverlässig; *Währung* hart, sicher; **~ ayakkabı değil** ein unsicherer Kandidat; *-i* **~a** (*od* **~ kazığa**) **bağlamak** *fig* auf e-e feste Grundlage stellen *akk* **B** *adv* bestimmt, ohne Weiteres
**sağlama** Sicherstellung *f*, Sicherung *f*;

MATH Probe f
**sağlamak¹** (-e -i) sichern; sicherstellen; verschaffen; liefern (j-m etw); gewährleisten; verhelfen (j-m zu dat); z. B. Erfolg erlangen, sichern (-e dat); Sympathie erwerben; *Wachstum* sicherstellen, fördern; *Zulage* j-m zusichern; MATH beweisen

**sağlamak²** auf die rechte Seite (od nach rechts) gehen (od fahren)
**sağlamla|mak** v/t festigen, konsolidieren; fig Nachdruck verleihen dat; bekräftigen akk **~şma** Festigung f, Stärkung f
**sağlamlaş|mak** sich festigen; gesund werden **~tırmak** festigen
**sağlamlık** ⟨-ğı⟩ Gesundheit f, Wohlbefinden n; Zuverlässigkeit f; Vertrauenswürdigkeit f; Festigkeit f
**sağla|nmak** passiv von sağlamak; *Hilfe* geleistet werden **~yıcı** sichernd, sicherstellend
**sağlı** recht-, rechts; **~ sollu** links und rechts
**sağlı'cakla**: **~ kalın!** leben Sie wohl!
**sağlık** ⟨-ğı⟩ Gesundheit f; Strotzen n; **bakımı** Hygiene f; **~ durumu** Gesundheitszustand m; **~ ocağı** Sanitätsstelle f (auf dem Dorf); **~ raporu** Gesundheitstest n; **~ sigortası** Krankenversicherung f; **~ yurdu** Sanatorium n; **~ olsun!** *tröstend* es ist nicht so schlimm; *-in* sağlığında zu Lebzeiten gen/von; **sağlığınıza!** auf Ihr Wohl!
**sağlık|bilgisi** ⟨-ni⟩ Hygiene f **~lı** gesund (a. Aussehen, Entwicklung); **~sal** hygienisch **~sız** nicht gesund, leidend; unzuverlässig; unsolide, ungesund
**sağmak** ⟨-ar⟩ v/t melken; *Faden* abwickeln, abspulen; *Honig* herausnehmen; *umg j-n* ausnehmen, melken
**sağmal, sağman** Milch-; Milchkuh f; **~ inek** Milchkuh f
**sagol(un)** → sağ
**sağrı** Kruppe f, Rücken m, Kreuz n
**saha** [sa:-] Stelle f; Gebiet n; SPORT, *Forschung* Feld n; Fußballplatz m
**sahaf** [-a:f] Antiquar m
**sahan** Pfanne f; **~da yumurta** Spiegelei n **~lık** ⟨-ği⟩ Vorplatz m; Plattform f; Treppenabsatz m
**sahi** [a:] wirklich, tatsächlich; **~ mi?** tatsächlich?; **~ mi söylüyorsunuz** ist das wirklich so, (wie Sie sagen)?
**sahibe, ev ~si** etc osm Besitzerin f, Gastgeberin (f) etc → sahip
**sahici** echt, richtig
**sahiden** ['sa:-] wirklich
**sahife** [-hi:-] TYPO Seite f
**sahih** osm → doğru, gerçek
**sahil** [a:] Küste f, Ufer n; Küsten(-Gebiet); **~ kordonu** Küstenstrich m
**sahileşmek** sich bewahrheiten; glaubhaft werden
**sahip** [a:] ⟨-bi⟩ Herr m; Besitzer m; Inhaber m; Eigentümer m; Beschützer m; Bauherr m; *-e* **~ çıkmak** e-n Anspruch (auf *akk*) geltend machen; sich annehmen *gen*; eintreten für; einspringen für; *Rechte* geltend machen; *-e* **~ kılmak** sich (dat) etw verschaffen; *Kind* bekommen; *-e* **~ olmak** besitzen akk, bekommen akk; **arazi sahibi** Grundbesitzer m; **ev sahibi** Gastgeber m, *-in* f; Hausbesitzer m, *-in* f; **söz sahibi** wortgewandt; **zekâ sahibi** vernünftig, intelligent
**sahiplenmek** *-i* sich annehmen gen
**sahiplik** ⟨-ği⟩ Protektion f; Eigentumsrecht n; **~ etmek** protegieren
**sahipsiz** verlassen, im Stich gelassen; herrenlos (Hund)
**sahne** Bühne f; Szene f, Auftritt m; Akt m; fig POL Szene f; fig (Kriegs)Schauplatz m; *-e* **~ olmak** Schauplatz *gen* werden; **~ sempatisi** THEAT mitreißende(s) Spiel, Schauspielkunst f; **~ye çıkmak**, THEAT auftreten; **~ye koyan** THEAT Bearbeiter m, *-in* f; *-i* **~ye koymak**, **~lemek** aufführen, inszenieren **~lenmek** aufgeführt werden; fig über die Bühne gehen
**sahra** [-ra:] Wüste f; Feld n; **~ postası** Feldpost f; **~ çölü** die Sahara
**sahte** gefälscht, Falsch-, imitiert; MIL Schein- (Manöver etc) **~ci** Fälscher m **~cilik** ⟨-ği⟩ Fälschung f **~kâr** Fälscher m, *-in* f **~lik** ⟨-ği⟩ Fälschung f; Verfälschung f, Künstlichkeit f
**sahtiyan** Saffianleder n
**sahur** [u:] Mahlzeit der Fastenden vor Tagesanbruch **~luk** ⟨-ğu⟩ Essen für → sahur
**saik(a)** [a:] ⟨-kı⟩ Faktor m; Beweggrund m
**sair** [a:] ander-; **~ günler** umg Werktage m/pl; werktags

**saka¹** Wasserträger *m*
**saka²**, **~ kuşu** Stieglitz *m*
**sakağı** MED Rotzkrankheit *f*
**sakak** ANAT Unterkinn *n*
**sakal** Bart *m*; **~ bırakmak** (*od* **koyuvermek, uzatmak**) sich (*dat*) den Bart stehen lassen; **-in ~ı bitmek** *fig* Sache sich hinziehen; **~ı ele vermek** *fig* sich gängeln lassen; **~ı saydırmak** an Ansehen (*od* Respekt) verlieren
**sakallanmak** e-n Bart bekommen; **sakallanmış** bärtig
**sakal|lı** bärtig, mit e-m Bart; unrasiert; **ak ~** weißbärtig **~sız** bartlos
**sakar** ZOOL Blesse *f*; *fig* Taps *m*; unbeholfen, tapsig
**sakarin** Sacharin *n*
**sakarlık** ⟨-ğı⟩ Tollpatschigkeit *f*
**sakaroz** Sacharose *f*, Rohrzucker *m*
**sakat** ⟨-tı⟩ Invalide *m*, Invalidin *f*, Krüppel *m*; gebrechlich; Fehler *m*, Mangel *m*; *Hand etc* verkrüppelt; *Sache* zerbrochen; *fig* Ausdruck entstellt; Pfusch- (*Arbeit*); **ağır ~** Schwerbehinderte(r); **~ etmek** → **sakatlamak**
**sakatat** [-ta:t] ⟨-tı⟩ Innereien *f/pl*, Kopf und Füße *e-s Schlachttieres*
**sakatla|mak** beschädigen; ramponieren; verstümmeln; SPORT spielunfähig machen (*durch ein Foul*) **~nmak** sich verletzen; *passiv von* sakatlamak
**sakatlık** ⟨-ğı⟩ körperliche(r) Fehler, Behinderung *f*; Fehler *m* (*in e-m Stoff*); Missbildung *f*; Verletzung *f*; Invalidität *f*; Missgeschick *n*
**sakın**, nur ...!; vorsichtig; **~ ha!** ja nicht, um Gottes willen nicht!; sei vorsichtig!; **~ söylediklerimi unutmayın!** vergessen Sie ja nicht, was ich gesagt habe!
**sakınca** Vorbehalt *m*; Einwand *m* (*-in, -de* gegen); MED Kontraindikation *f* **~lı** heikel, bedenklich
**sakıngan** vorsichtig, zurückhaltend
**sakınma** Vorsicht *f*; Vermeidung *f*; Hemmung *f*; **~sı olmamak** keine Hemmungen haben
**sakınmak** (*-den*) sich enthalten *gen*, meiden (*akk, z. B. Sünde*); sich hüten (*vor jdm*) behüten
**sakır**: **~ ~** wie Espenlaub (*zittern*)
**sa'kırga** ZOOL Zecke *f*
**sakit** [a:] ⟨-tı⟩ bedeutungslos; ungültig; hinfällig; *Dynastie* gestürzt, entthront; *Kind* nicht ausgetragen; Fehlgeburt *f*; **~ olmak** s-e Geltung verlieren
**sakız** Harz *n*; Mastix *m* (*zum Kauen*); **~ gibi** blitzsauber; *fig* aufdringlich, wie e-e Klette **~ağacı** ⟨-nı⟩ Mastixstrauch *m* (*Pistacia lentiscus*)
**saki** [sɑːkiː] *osm* Mundschenk *m*
**sakil** [-kiːl] schwer; drückend; unschön
**sakin** [a:] ruhig (*Kind, Kranker, Schlaf*); Bewohner *m*, -in *f*; wohnhaft; **~ ol!** beruhige dich!; **~ ~** lautlos
**sakinleş|mek** sich beruhigen **~tirmek** beruhigen
**sakinlik** ⟨-ği⟩ Ruhe *f*; Gelassenheit *f*
**saklama** Verheimlichung *f*; Aufbewahrung *f*; **~ kabı** Aufbewahrungsbox *f*
**saklamak** *-i Wahrheit* verheimlichen, verbergen; (*-i -e*) aufbewahren (für *j-n*); (*-i -den*) geheim halten (vor *j-m*); (*-den*) übrig lassen von; *Platz* reservieren; *Gott* schützen, bewahren; **Allah saklasın!** bewahre Gott!
**saklambaç**: **~ oynamak** Verstecke spielen
**saklan|ılmak** *passiv von* saklamak; sich verstecken **~mak** sich verstecken; sich hüten
**saklayıcı** Beschützer *m*; verbergend
**saklı** aufbewahrt; verborgen, enthalten (*-de* in *dat*); versteckt; latent; geheim (gehalten); **her hakkı ~dır** alle Rechte vorbehalten
**sako** Sakko *n*
**saksağan** Elster *f*
**saksı** Blumentopf *m* **~lık** ⟨-ğı⟩ Übertopf *m*
**saksofon** MUS Saxofon *n* **~cu** Saxofonist *m*, -in *f*
**sak'sonya** (*Meißener*) Porzellan *n*
**Sak'sonya** Sachsen *n*; **Aşağı ~** Niedersachsen *n*
**sal** Floß *n*
**sala** [-la:] REL Gebetsruf *m*
**salah** [-ɑːx] Besserung *f*; **~ bulmak** besser werden
**salahiyet** [-lɑː-] ⟨-ti⟩ Kompetenz *f*; Vollmacht *f* **~li** bevollmächtigt; kompetent
**salak** ⟨-ğı⟩ albern, närrisch; idiotisch **~laşmak** albern sein **~lık** Albernheit *f*
**salam** Salami *f*; Wurst *f*

**sala'mura** Lake f, Beize f; eingelegt, Pökel-; **~ balık** Pökelfisch m

**sala'purya** SCHIFF Küstenboot n

**salar** → salmak

**sa'lata** Salat m; **domates ~sı** Tomatensalat m; **patates ~sı** Kartoffelsalat m; **yeşil ~** Kopfsalat m, grüne(r) Salat **~lık** ⟨-ğı⟩ Gurke f; Salat-, ... für Salate

**salavat** [-a:t] ⟨-tı⟩ Gebete n/pl; **~ getirmek** beten (bei Gefahr)

**'salça** Soße f; Tomatenpaste f **~lı** ... mit Soße

**saldırgan** aggressiv; angreifend **~lık** ⟨-ğı⟩ Aggressivität f; Aggression f; Angriff m; aggressiv (Politik)

**saldırı** Angriff m; Überfall m; **~ya çekmek** zum Angriff übergehen; **~ya uğramak** e-m Angriff ausgesetzt sein **~cı** angriffslustig, aggressiv; Aggressor m, Angreifer m

**saldırış** → saldırı; **karşı ~** Gegenangriff m

**saldırma** → saldırı; lange(s) Messer

**saldırmak** -e angreifen akk (a. CHEM); z. B. Hund loslassen, hetzen (auf akk); losstürzen (auf akk); SCHIFF unter Segel gehen

**saldırmazlık** ⟨-ğı⟩ Zurückhaltung f; **~ paktı** Nichtangriffspakt m

**salep** ⟨-bi⟩ BOT Knabenkraut n (Orchis); heißes Getränk aus Milch und Wurzeln des Knabenkrauts

**salgı** Ausscheidung f, Sekretion f; Sekret n; Absonderungs- (Organ) **~lamak** absondern, ausscheiden

**salgın** Seuche f, Epidemie f; epidemisch, ansteckend (Krankheit); Invasion f, Plage f; fig Manie f, Sucht f, Wahn m

**salı** Dienstag m; **~ günü** am Dienstag

**salık** ⟨-ğı⟩ Mitteilung f; Information f; Empfehlung f; **-i -e ~ vermek** j-m etw empfehlen

**salıncak** ⟨-ğı⟩ Schaukel f; Hängematte f; Wiege f **~lı** Schaukel-; **~ koltuk** (od **sandalye**) Schaukelstuhl m

**salınım** PHYS Schwingung f, Vibration f, Oszillation f; ASTRON Libration f

**salınmak** v/i sich wiegen (im Gehen); hineintorkeln (-e in akk)

**salıntı** wiegende(r) Gang; Schaukeln n (e-s Schiffes); **~lı** schwankend (Gang)

**salıvermek** v/t freilassen; j-n gehen lassen

**salim** [sa:-] unversehrt, heil; gesund; tadellos; vorzüglich (Mittel) **~en** heil und gesund, wohlbehalten

**salip** [a:] ⟨-bi⟩ osm Kreuz n

**salise** [a:] sechzigstel Sekunde

**salisilik: ~ asit** CHEM Salizylsäure f

**salkım** (Wein)Traube f; Dolde f; BOT Glyzinie f (Wisteria sinensis); **~ saçak** wüst (od bunt) durcheinander

**salkımak** locker (schlaff, brüchig) werden

**salkımsöğüt** ⟨-dü⟩ Trauerweide f

**salla|mak** v/t schaukeln; (mit dem Taschentuch) winken; (mit den Beinen) schlenkern; fig Sache in die Länge ziehen; umg j-m e-e runterhauen; **başını ~** mit dem Kopf nicken; **hayır diye başını ~** den Kopf schütteln; **el ~** winken **~mamak** umg darauf pfeifen

**sallan|dırmak** (-i -e) j-n an den Galgen bringen **~mak** v/i schaukeln; Erde beben, erschüttert werden; Lampe hin- und herpendeln; Person (herum)bummeln; fig nicht fest im Sattel sitzen; Tisch, Zahn wackeln **~tı** Schaukeln n; Pendeln n; Bummeln n; Wackeln n; fig **~da bırakmak** fig in der Schwebe lassen; **~da kalmak** in der Schwebe bleiben

**sallapati** [-pa:-] Person rücksichtslos; Wort unüberlegt

**sallasırt: ~ etmek** auf die Schultern wuchten

**salma** fließend (Wasser); Abgabe f (der Bauern für die Gemeinde); Stoffabschnitt m; **~ gezmek** (umher)streunen; **midye ~sı** Muscheln in Reis

**salmak** ⟨-ar⟩ (-i -e) freilassen, (laufen) lassen (in akk, nach dat); (in den Ofen) schieben; j-n loslassen, hetzen (auf akk); j-n (mit e-r Gemeindesteuer) belegen; Baum ausschlagen; Bett machen; j-m sofort (Bescheid) geben; unverzüglich schicken (an akk); umg Brief loslassen; Furcht verbreiten, säen; Schiff auslaufen lassen; Speise zugeben, umg tun zu; fig j-n stürzen (in akk); sich stürzen (-e auf akk); fig ignorieren, umg pfeifen (auf akk)

**salmalık** ⟨-ğı⟩ Weide f

**sal'mastra** Dichtung(sring m) f, Abdichtung f; SCHIFF Zeising f

**salon** Wohnzimmer n; (Konferenz)Saal m; (Frisier)Salon m; **jimnastik ~u** Turn-

halle f; **yemek ~u** Speisesaal m; **yolcu ~u** Wartesaal m; **~ adamı** Salonlöwe m
**saloz** dämlich, umg bescheuert
**salt** ⟨-tı⟩ nur, lediglich; echt, richtig (Mensch); CHEM rein; PHYS absolut (a. POL Mehrheit); **~ okunur bellek** IT Nur-Lese-Speicher m (ROM)
**¹salta¹: ~ durmak** Hund Männchen machen
**¹salta²** SCHIFF Fieren n, Ablaufenlassen n (des Taus)
**saltanat** ⟨-tı⟩ Herrschaft f, Regierung f; Sultanat n; fig Luxusleben n, Wohlleben n, Pomp m; **~ sürmek** herrschen; im Luxus leben **~lı** luxuriös, pompös **~sız** bescheiden, unscheinbar
**salt|çılık** ⟨-ğı⟩ (das) Absolute, Bedingungslosigkeit f **~ık** ⟨-ğı⟩ absolut
**¹salto** Salto m
**¹salvo** MIL Salve f
**¹salya** Speichel m, umg Spucke f
**salyangoz** ZOOL, ANAT Schnecke f; **~ kabuğu** Schneckenhaus n
**sam** ⟨-mmı⟩ Samum m, Wüstenwind m
**saman** Stroh n, Häcksel m od n; **~ alevi gibi** fig wie ein Strohfeuer; **~ altından su yürütmek** alles klammheimlich machen; **çöpü** Strohhalm m; **~ gibi** fade, ohne Geschmack; **~ nezlesi** Heuschnupfen m; **~ sapı** Strohhalm m
**samanî** [i:] hellgelb
**saman|kâğıdı** ⟨-nı⟩ Packpapier n **~kapan** Bernstein m **~lık** ⟨-ğı⟩ Heuschober m **~rengi** ⟨-ni⟩ hellgelb
**Samanyolu** ⟨-nu⟩ ASTRON Milchstraße f
**Sami** [sa:mi:] Semit m; Semitin f; semitisch
**samimî** [-mi:mi:] **A** adj herzlich; aufrichtig (Freund) **B** adv offen, zwanglos (mit j-m sprechen) **~lik** ⟨-ği⟩, **~yet** ⟨-ti⟩ Herzlichkeit f; Zwanglosigkeit f; Vertrautheit f **~yetsiz** herzlos
**samsa, ~ tatlısı** GASTR Art **~** baklava
**samur** Zobel m; **~ kaşlı** ... mit schwarzen Augenbrauen; **~ kürk** Zobelpelz m
**¹samyeli** ⟨-ni⟩ **~** sam
**san** Ruhm m, Ansehen n; Achtung f; (Ehren)Titel m
**sana** dir, zu dir; **~ ne** was geht es dich an?
**sanal** virtuell, MATH imaginär; **~ gerçeklik** virtuelle Realität; **~ mekan** Cyberspace m, virtuelle(r) Raum
**sanat** ⟨-tı⟩ Kunst f; Schaffen n; Handwerk n; **~ eseri** Kunstwerk n; **~ sahibi** Handwerker m, -in f; **güzel ~lar** (die) schönen Künste **~çı** Künstler m, -in f **~kâr** Handwerker m, -in f; → sanatçı **~lı** kunstvoll; meisterhaft
**sana'toryum** MED Sanatorium n
**sanatsal** künstlerisch
**sanayi** [-na:-] ⟨-ii⟩ Industrie f; **ağır ~** Schwerindustrie f; **~ bölgesi** Industriegebiet n; **~ odası** Industriekammer f **~ci** Industrielle(r); Industrie-; industriell
**sanayileş|me** Industrialisierung f **~mek** industrialisiert werden **~tirmek** v/t industrialisieren
**sancak** ⟨-ğı⟩ Fahne f; Banner n; HIST osm. Regierungsbezirk; SCHIFF Steuerbord n **~tar** Fahnenträger m
**sancı** stechende(r) Schmerz, Stechen n; Kolik f; Bauchkrämpfe f/pl; **doğum ~ları** Geburtswehen pl **~lanmak** stechende Schmerzen haben **~lı** sehr schmerzhaft; Kranker unter Koliken leidend **~mak** v/i sehr schmerzen; Person e-e Kolik haben
**sandal¹** BOT Sandelbaum m
**sandal²** Ruderboot n, Kahn m
**sandal³, -et** Sandale f, Sandalette f
**san'dalye** Stuhl m; Posten m, Stellung f; **~ kavgası** Bangen n um e-n Posten; **tekerlekli ~** Rollstuhl m **~siz** ohne Portefeuille
**sandık** ⟨-ğı⟩ (Mitgift)Truhe f; Kiste f; Kasten m; WIRTSCH Kasse f; POL Wahlurne f; **~ başına gitmek** wählen gehen; **~ düzmek** die Ausstattung besorgen; **~ emini** Schatzamt n; **~ eşyası** Ausstattung f (der Braut); **~ lekesi** Stockfleck m; **~ odası** (Abstell)Kammer f; **~ sepet** (die) Siebensachen, die gesamte Habe; **~tan çıkmak** fig demokratisch gewählt werden **~lamak** v/t einpacken, verpacken **~lı** (Wand)Verschalung f
**sandöviç** → sandviç
**san'duka** REL Schrein m
**sandviç** ⟨-ci⟩ belegte(s) Brötchen, Sandwich n
**sanı** Vermutung f, Meinung f; **~mca** meines Erachtens; -in **-diği ~sına kapılmak** vermuten, dass
**sanık** ⟨-ğı⟩ -den angeklagt gen; Angeklagte(r); **~ sandalyesi** Anklagebank f
**sanır** → sanmak

# SANİ | 396

**saniye** [sa:-] Sekunde f; **bir ~!** e-n Augenblick!, *umg* Moment mal! **~lik** Sekunden-, ... e-r Sekunde

**'sanki** irgendwie, fast; *Verstärkung der Frage, oft* beinahe; angenommen + *konj II,* wenn ... nun + *konj II;* (*meist* + **gibi**) als ob + *konj II;* **ne demek istiyorsun, ~?** was willst du denn (damit) sagen?; **~ kabahat benimmiş!** angenommen, ich wäre schuldig!, wenn ich nun schuldig wäre; **~ gece olmuş gibi** als ob es (schon) Nacht wäre

**sanlı** ehrenwert; angesehen

**sanmak** ⟨-ır⟩ *v/t* meinen, glauben; halten für; **hayır** (*od* **kem**) **~** gut (*od* schlecht) (von *j-m*) denken; **ben onu insan sandım** ich hielt ihn für einen Menschen; **sanırsam** wenn ich mich nicht irre; **hiç sanmıyorum** das glaube ich nicht

**sanrı** Halluzination f, Vision f **~lamak** *v/t* die Vision e-r Sache *gen* haben

**sansar** Steinmarder m; *Slang:* Taschendieb m; **~ gibi** *umg fig* hintenrum, hinterm Rücken

**sansasyon** Sensation f **~el** sensationell

**Sanskrit** ⟨-ti⟩ Sanskrit n

**sansür** Zensur f; **~ edilmek, ~e uğramak** zensiert werden; **-i ~ etmek** (*od* **~den geçirmek**) zensieren *akk* **~cü** Zensor m; Zensoren- **~lemek** *v/t* zensieren **~lü** zensiert

**santi-** Zenti-

**santim** Zentimeter m (*a.* n); Centime m; (der) hundertste Teil; **~ kaçırmak** peinlich genau sein

**santimantal** sentimental

**santi'metre** Zentimeter m (*a.* n)

**santral** ⟨-lı⟩ Zentrale f; Kraftwerk n; **~ memuru** (**memuresi**) Fernsprechbeamte(r) m (-beamtin f); **atom ~ı** Atomkraftwerk n; **elektrik ~ı** Elektrizitätswerk n; **telefon ~ı** Fernsprechamt n **~cı** Fernsprechbeamte(r) m, -beamtin f, Telefonist m, -in f

**'santrfor** *SPORT* Mittelstürmer m

**santrifüj** Zentrifuge f; Zentrifugal-; Wäscheschleuder f

**santrifüjör** Zentrifuge f

**santur** *MUS* Art Laute f

**sap** ⟨-pı⟩ *BOT* Stängel m, Stiel m; Griff m, Stiel m *der Pfanne;* Heft n, Griff m *des Messers;* (*Brillen*)Bügel m; Garbe f; (*Garn*) Docke f; **~ yapmak** *TECH* verzapfen; **~ı silik** vagabundierend; **~ına kadar** *fig* bis ins Mark, durch und durch (z. B. ein Kerl)

**sapa** abgelegen; **orası bana ~ geliyor** das ist für mich ein Umweg

**sapan** Schleuder f; Klammer f; Schäkel m, Kettenring m; *SCHIFF* Stropp m

**sapar** → sapmak

**saparta** *fig* Rüffel m

**sa'pasağlam** kerngesund

**sapçık** ⟨-ğı⟩ kleine(r) Stängel; *ANAT* Plexus m, Geflecht n

**sapık** ⟨-ğı⟩ anomal, pervers **~lık** ⟨-ğı⟩ Anomalität f; Verrücktheit f

**sapınç** ⟨-cı⟩ Abweichung f; Anomalität f; *ASTRON* Aberration f

**sapır: ~ ~** massenhaft; wie Espenlaub (*zittern*)

**sapıtmak** *v/t* sich verirren; den Verstand verlieren

**sapkın** verirrt; anomal; *GEOL* erratisch

**sapla|ma** Verkeilung f; Stift m **~mak** (-*i* -*e*) *Messer* stechen, stoßen in *akk;* bohren (in *akk*); durchbohren, niederstechen **~nmak** -*e* dringen in *akk;* stecken bleiben (in *dat*); *fig* sich versteifen auf *akk*

**saplantı** fixe Idee

**saplı** ... mit e-m Griff; steckend (-*e* in *dat*)

**sap|ma** *PHYS* Abweichung f; Brechung f (*der Strahlen*) **~mak** ⟨-ar⟩ abbiegen (-*den* von *dat*); einbiegen (-*e* in *akk*); *fig* (e-*n Irrweg*) einschlagen; *fig* greifen zu

**'sapsağlam** → sapasağlam

**'sapsarı** quittengelb; *fig* totenblass

**saptama** Festsetzung f; Feststellung f, Bestimmung f

**sapta|mak** *v/t* festsetzen; feststellen, konstatieren **~nmak** *passiv von* saptamak

**sara** *MED* Epilepsie f

**saraç** ⟨-cı⟩ Sattler m

**sarak** ⟨-ğı⟩ Fries m

**saraka** Spott m; **-*i* ~ya almak** *fig j-n* aufziehen, *j-n* veräppeln **~cı** Spaßvogel m

**saralı** Epileptiker m, -in f

**sarar** → sarmak

**sararmak** vergilben; *fig* bleich werden, erbleichen; verschießen (-*den* von *der Sonne*)

**saray** Palast m; Hof m; **~ lokması** GASTR Art Krapfen m
**Saraybosna** Sarajevo n
**saraylı** osm Hofdame f
**sar'dalya** Sardine f; **kutu ~sı** Ölsardine f
**sardırmak** kaus von sarmak
**sar'dunya** BOT Pelargonie f; Geranie f
**sarf** Ausgabe f; Verwendung f; **-i ~ etmek** ausgeben akk; Zeit aufwenden; Worte gebrauchen, äußern
**sarfınazar**: **-den ~ etmek** absehen von
**sarfiyat** [a:] ⟨-tı⟩ Aufwand m (an dat)
**sargı** Binde f, Verband m, Bandage f; Verbands- (Kasten); TECH (Kabel)Mantel m, Umklöppelung f **~lı** Kabel umflochten, umklöppelt; MED verbunden **~lık** ⟨-ğı⟩ Verband(s)- (Zeug)
**sarhoş** betrunken, berauscht; **~ olmak, ~laşmak** sich betrinken **~luk** ⟨-ğu⟩ Trunkenheit f; Trunksucht f
**sarı** gelb; bleich; blond, hellhaarig; rein (Gold); Eigelb n; **~ sıcak** Gluthitze f
**sarıağız** ⟨-ağzı⟩ ZOOL Adlerfisch m (Sciaena aquila)
**sarıçalı** BOT Berberitze f
**sarığıburma** GASTR Art → baklava
**sarık** ⟨-ğı⟩ Turban m, Turbanband n
**sarıkanat** ZOOL mittelgroße(r) Blaufisch
**sarıkız** osm Goldlira f; umg Haschisch m
**sarılgan** Schling- (Pflanze)
**sarılı¹** gelb gefleckt, gelb geblümt
**sarılı²** -e gewickelt (in akk); mit e-r Wicklung f MED verbunden, bandagiert; fig j-m verbunden
**sarılık** ⟨-ğı⟩ gelbe Farbe; MED Gelbsucht f
**sarılışmak** sich verflechten
**sarılmak** passiv von sarmak; (-e) umarmen akk; greifen (zu dat, z. B. den Waffen); sich festhalten (an dat); fig sich stürzen (auf akk); **kaleme ~** zur Feder greifen; **sarılmış** gewickelt (in akk)
**sarım** Einwickeln n; Binde f; ELEK Wicklung f
**sarımsak** ⟨-ğı⟩ → sarmısak
**sarım|sı, ~tırak** gelblich
**sarınmak** -e sich einwickeln (in akk); sich (dat) umbinden akk
**sarısabır** ⟨-brı⟩ BOT Aloe f
**sarışın** (hell)blond
**sârî** [sa:ji:] MED ansteckend

**sarih** [i:] klar; unbestreitbar (Recht)
**sarkaç** ⟨-cı⟩ Pendel n **~lamak** pendeln lassen; Glieder lockern, locker lassen
**sarkar** → sarkmak
**sarkık** hängend; Hänge- (Backen)
**sarkıntı** Belästigung f; **-e ~ olmak** belästigen akk
**sarkıntılık** ⟨-ğı⟩ sexuelle Belästigung; **-e ~ etmek** sich heranmachen an akk; j-n belästigen
**sarkıt** ⟨-tı⟩ Stalaktit m
**sarkıtmak** v/t hinablassen, umg runterlassen; umg j-n aufhängen
**sark|ma** SCHIFF Versenkung f; Rollen n, Schlingern n; Anhänger m (Schmuck) **~mak** ⟨-ar⟩ herunterhängen, (heraus)hängen (-den aus); hängen (-e bis in, an akk); sich entfernen, gehen (-e bis zu dat); **dışarı ~** sich hinauslehnen
**sarma** eingeschlagen, eingewickelt; Wunde verbunden; Roulade f; Krautwickel m; gefüllte Weinblätter n/pl; Griff beim Ringen
**sarmak** ⟨-ar⟩ v/t binden, legen um akk; z. B. Bede bedecken; Feind einkreisen, umzingeln; Aufstand, Feuer, Schmerz übergreifen auf akk, sich ausbreiten nach; Faden aufwickeln; Fieber, Erregung j-n erfassen; (-i -e) Buch in Papier einschlagen; einpacken; fig aufhalsen (j-m akk); **-e bot** umranken; **-i Kleid** j-m stehen; **-i Sache** j-m zusagen; j-n begeistern; Wunde verbinden; Zigarette drehen; fig j-m lästig fallen
**sarmal** Spirale f; spiralförmig
**sarmalamak** v/t einhüllen, einwickeln; in e-n Umschlag stecken
**sarman** groß, riesig; gelbhaarige Katze
**sarmaş**: **~ dolaş** eng umschlungen; **~ dolaş olmak** sich umarmen
**sarmaşık** ⟨-ğı⟩ Efeu m
**sarmaşmak** sich verschlingen; fig (-le) sich (od einander) umarmen
**sarmısak** ⟨-ğı⟩ Knoblauch m; **~ dişi** Knoblauchzehe f; **~ ezici** Knoblauchpresse f
**sarnıç** ⟨-cı⟩ Zisterne f; Süßwassertank m; **~ gemisi** SCHIFF Tanker m
**sarp** ⟨-pı⟩ steil; schwer zugänglich; fig schwierig, vertrackt; **~ yamaç** Steilhang m
**sarp|laşmak** v/i steil ansteigen; fig

verzwickt werden **~lık** ⟨-ğı⟩ Steilheit *f*
**sarraf** Goldhändler *m*
**sarsak** ⟨-ğı⟩ gebrechlich, wackelnd; ~ **sursak** tatterig
**sarsalamak, sarsar** → sarsmak
**sarsılmak** erschüttert werden; wanken, schwanken; *passiv von* sarsmak
**sarsıntı** Erschütterung *f*; ASTRON Perturbation *f* **~ıntı** Erschütterung *f*; **yer ~sı** Erdstöße *m/pl* **~ıntılı** stürmisch; *fig* brüchig, erschüttert **~mak** ⟨-ar⟩ *v/t* erschüttern; *j-n* durchrütteln
**sası**: ~ **kokmak** faulig riechen, schlecht (*nach verdorbenem Fisch*) riechen
**satar** → satmak
**sataşmak** *-e j-n* belästigen, stören; *j-n* bedrängen
**saten** Stoff Satin *m*
**sathî** [i:] oberflächlich
**satıcı** Verkäufer *m*, -in *f* **~lık** ⟨-ğı⟩ Verkaufswesen *n*; Kleinhandel *m*
**satıh** ⟨sathı⟩ (Ober)Fläche *f*
**satılık** ⟨-ğı⟩ verkäuflich, ... zu verkaufen; *-i* **satılığa çıkarmak** zum Verkauf anbieten *akk*
**satılmak** *passiv von* satmak; *fig* sich verkaufen (*-e an akk*)
**satım** Verkauf *m*; **alım ~** Handel und Wandel *m* **~lık** ⟨-ğı⟩ Maklergebühr *f*; Nachlass *m* (*vom Wareninhaber*)
**satın**: **alıcı** Käufer *m*, -in *f*; ~ **almak** kaufen
**satınal|lım, ~ma** Kaufen *n*; WIRTSCH Einkauf *m*; ~ **danışmanı** Kaufberater *m*, -in *f*; ~ **gücü** Kaufkraft *f*
**satır¹** ⟨satrı⟩ Zeile *f*; Strich *m*; ~ **başı** neuer Absatz; **~ların arasından okumak** zwischen den Zeilen lesen
**satır²** Hackmesser *n*
**satırlık** ⟨-ğı⟩ in ... Zeilen
**satış** Verkauf *m*, Absatz *m*; **indirimli ~** Sonderangebot *n*
**satmak** ⟨-ar⟩ verkaufen (*-i -e j-m etw*); *umg* (*-i j-m*) entwischen; *fig* verkaufen, verraten; spielen: *z. B.* **bilgi ~** den Gelehrten (*od Kenner*) spielen; **damping fiyatına ~** zu Dumpingpreisen verkaufen; **el altından ~** unter der Hand verkaufen; **satıp savmak** (alles) zu Geld machen
**satranç** ⟨-cı⟩ Schachspiel *n*; ~ ~ schachbrettartig; kariert; ~ **tahtası** Schachbrett *n*; ~ **taşı** Schachfigur *f* **~lı** kariert

**Satürn** Saturn *m*
**sauna** Sauna *f*
**sav** Behauptung *f*, These *f*; **~ı kanıtsama** Teufelskreis *m*; Trugschluss *m*
**savak** ⟨-ğı⟩ Ablauf *m*, Überlauf(vorrichtung *f*) *m*
**savan** Baumwollkelim *m*; Decke *f*
**savar** → savmak
**savaş** Krieg *m*; Kampf *m*; *-e* ~ **açmak** (*od* **ilan etmek**) den Krieg erklären *dat*; *-i* ~ **dışı etmek** außer Gefecht setzen *akk*; ~ **uçağı** Kampfflugzeug *n*; ~ **yürütmek** Krieg führen; **atom ~ı** Atomkrieg *m*; **dünya ~ı** Weltkrieg *m*; **~a girişmek** in den Krieg eintreten
**savaş|çı** Kämpfer *m*, -in *f*; kriegerisch **~çılık** ⟨-ğı⟩ Kampfeslust *f* **~ım** *fig* Kampf *m*; ~ **vermek** kämpfen **~kan** kämpferisch; Kämpfer *m*, -in *f*
**savaşmak** kämpfen; alles daransetzen (*-meye* zu ...)
**savat** ⟨-tı⟩ Ornament *n* (*in Silber*)
**savcı** Staatsanwalt *m*, -anwältin *f* **~lık** ⟨-ğı⟩ Staatsanwaltschaft *f*
**savlamak** *v/t* behaupten
**savmak** ⟨-ar⟩ **A** *v/t* verjagen; *j-n* entlassen; *Abend* verbringen; *Dienst* ableisten; *Krankheit* durchmachen; *-e* dringen (in *akk*) **B** *v/i* ausdienen, seine Schuldigkeit tun; verblühen
**savruk** ⟨-ğu⟩ zerstreut, fahrig **~luk** ⟨-ğu⟩ Zerstreutheit *f*, Pfuscherei *f*
**savrulmak** zerstieben; zerstäuben
**savsak** ⟨-ğı⟩ schlampig; fahrlässig **~lamak** *v/t* hinziehen, hinauszögern, verschleppen **~layış** Verschleppung *f*
**savsamak** → savsaklamak
**savulmak** Platz machen; **savul(un)!** mach (machen Sie) Platz!
**savunan** Verteidiger *m*
**savunma** Verteidigung *f* (*a.* SPORT *u. fig*); ~ **bakanı** Verteidigungsminister *m*
**savunmak** *v/t* verteidigen
**savunmasız** schutzlos
**savunu** Verteidigung *f*
**savunucu** Verteidiger *m*, -in *f*
**savurgan** verschwenderisch; Verschwender *m*, -in *f*
**savurmak** *v/t* Geld verschleudern; *Korn* worfeln; *Rauch* blasen (*-e* in *akk*); *Schwert* schwingen; *Staub* aufwirbeln; *fig* sich ergehen in *dat*; *Flüche* ausstoßen; *Lügen*

auftischen

**savurtmak** -i *(mit den Händen)* fuchteln

**savuşmak** v/i davonschleichen; *umg* sich verdünnisieren; *Krankheit* vorübergehen

**savuşturmak** v/t durchmachen, erleben; *Unfall* erleiden

**saya** Schuh Oberleder n

**sayaç** ⟨-cı⟩ ELEK, *Gas etc* Zähler m, -messer m

**saydam** durchsichtig; *fig* einleuchtend; **~ tabaka** ANAT Hornhaut f **~laşmak** durchsichtig werden; *fig* einleuchten **~lık** ⟨-ğı⟩ Durchsichtigkeit f **~sız** undurchsichtig

**saydırmak** (-i -e) *j-n etw* zählen lassen; sich (durch *j-n*) beurteilen lassen

**saye** [a:]: -*in* **~sinde** dank *dat*; durch *akk*; dadurch, dass ...; **~nizde** dank Sie, durch Ihre Hilfe; **bu ~de** dadurch, hierdurch

**sayfa** Seite f *(im Buch etc)*; **~ bağlama** TYPO Paginierung f; **~ bağlamak** v/t TYPO umbrechen; *Presse* **~ sekreteri** Umbruchredakteur m, -in f; **~(yı) çevirmek** umblättern; **~ ~ bakmak** *a*. IT blättern **~landırmak** v/t TYPO umbrechen **~lık** ⟨-ğı⟩ ... von ... Seiten

**sayfiye** Landhaus n, Sommerhaus n; **~ (yeri)** Erholungsort m

**saygı** Achtung f (-e vor *dat*); Respekt m; -e **~ beslemek** Achtung entgegenbringen *dat*; **~yla** *adv* höflich; **~larımla** *Brief* mit freundlichen Grüßen; hochachtungsvoll; **derin ~larımla** mit vorzüglicher Hochachtung **~değer** schätzenswert, ehrenwert **~lı** korrekt (z. B. sich benehmen); ehrerbietig, höflich; -e **~ olmak** *j-n* achten, respektieren

**saygın** geachtet, angesehen

**saygısız** unehrerbietig, respektlos *(-e karşı* gegen *j-n)* **~lık** ⟨-ğı⟩ Respektlosigkeit f

**sayı** Zahl f; Nummer f (z. B. e-r Zeitschrift); GRAM Zahlwort n; SPORT Punkt m; Stich m; **~m suyum yok!** *Kinderspiel* das gilt nicht! **~boncuğu** ⟨-nu⟩ Rechenbrett n **~ca** zahlenmäßig

**sayıklamak** fantasieren; *fig* träumen (-*i* von *dat*)

**sayıla|ma** Statistik f; Berechnung f **~mak** statistisch erfassen

**sayılı** ... mit der Nummer ...; gezählt, wenig; selten, rar

**sayılmak** *passiv von* **saymak**; (-*den*) zählen zu; gehalten werden (für *j-n*), gelten (als ...)

**sayım** Zählung f; Kontrolle f; **~ vergisi** Viehsteuer f; **nüfus ~ı** Volkszählung f

**sayın** geehrt, verehrt (*nur bei Anrede*); **~ bayanlar, baylar!** sehr geehrte Damen und Herren; **~ yolcular** verehrte Fahrgäste!

**sayı|sal** numerisch, Zahlen-, zahlenmäßig; digital; **~ loto** Lotto n **~sız** zahllos; zahlreich

**sayış** Aufzählung f **~mak** (-*le*) abrechnen mit; kompensieren mit

**Sayıştay** Rechnungshof m *(Türkei)*

**saymaca** Nominal- *(Wert)*

**saymak** ⟨-ar⟩ v/t aufzählen, nennen; zählen (*von eins bis zehn*); *j-n* achten, schätzen; *etw* berücksichtigen; Bedeutung beimessen *dat*; annehmen, damit rechnen (dass); *j-n* halten (-*den*, -*e* für *akk*); bar zahlen; *-i* **sayıp dökmek** haarklein berichten über *akk*; **paranızın üstünü sayın** zählen Sie Ihr Wechselgeld nach!

**say(ma)mazlık** ⟨-ğı⟩ Nichtachtung f

**sayman** Buchhalter m, -in f; Kassenwart m, -in f **~lık** ⟨-ğı⟩ Buchhaltung f

**sayrı** krank

**saz**[1] Rohr n, Schilf n; Schilf- *(Dach)*

**saz**[2] MUS Langhalslaute f; **~ takımı** türk. Saz-Orchester n; **~lı sözlü** mit Musik und Gesang *(Fest etc)*

**sazan** Karpfen m

**sazlık** ⟨-ğı⟩ Schilfdickicht n

**-se** wenn: **çalışırsa** wenn er arbeitet; **eve gitsek** wenn wir nach Hause gingen, (*umg* gehen würden)

**seans** Sitzung f *(Therapie etc)*; THEAT *etc* Vorstellung f

**sebat** [a:] ⟨-tı⟩ Ausdauer f, Beharrlichkeit f; -*de* **~ etmek** (*od* **göstermek**) sehr beharrlich sein (*in dat*) **~kâr, ~lı** zäh, ausdauernd, beharrlich; konsequent

**sebebiyet** ⟨-ti⟩ Ursache f; -*e* **~ vermek** Anlass geben zu

**sebep** ⟨-bi⟩ Ursache f; Grund m; ... **sebebiyle** wegen *gen*, infolge *gen*, aufgrund *gen*; -*e* **~ olmak** verursachen *akk*; **bu ~le** infolgedessen, aus diesem Grund

sebep||lenmek -*den* Nutzen ziehen aus ~li begründet, motiviert; ~ sebepsiz völlig grundlos ~siz grundlos, unbegründet; ~ kalmak leer ausgehen

sebil [i:] REL kostenlose(r) Trinkwasser; Brunnen(haus n) m; Trinkwasserspeier m (an der Moschee); ~ etmek verschwenderisch sein

sebze Gemüse n

seccade [a:] Gebetsteppich m

secde REL Kniefall m (beim Gebet); ~ etmek REL sich zu Boden werfen; -e ~ etmek fig anbeten

seciye Charakter m ~li charaktervoll ~siz charakterlos

seçenek ⟨-ği⟩ alternativ; Alternative f; Auswahl f

seçer → seçmek

seçi Wahl f ~ci Wahlmann m; auswählend; ~ler kurulu Jury f

seçilmiş ausgewählt; Stoffe ausgesucht

seçim POL Wahl f; Auswahl f; BIOL Selektion f, Auslese f; ~ çevresi Wahlbezirk m; ~ hakkı Wahlrecht n; ~ hücresi Wahlkabine f; ~ yapmak wählen

seçimli optional; Wahl-; ~ ders Wahlfach f

seçki LIT Anthologie f

seçkin ausgewählt, best-; Person hervorragend ~ler (die) Prominente(n), Elite f ~leşmek prominent werden

seçme ausgewählt (Werke); (Zeitungs-) Auszug m; ~ hakkı WIRTSCH Optionsrecht n; ~ ve seçilme hakkı aktive(s) und passive(s) Wahlrecht

seçmece Alternative f, Wahl f; zum Selbstaussuchen (beim Obstkauf etc)

seçmeci PHIL Eklektiker m

seçmek ⟨-er⟩ wählen (-e in akk); auswählen; sich (dat) etw aussuchen; erkennen, entziffern, ausmachen; wählerisch sein (in dat); -i başkanlığa ~ j-n zum (od zur) Vorsitzenden wählen; seçip ayırmak sortieren

seçmeli wahlfrei, fakultativ (Schulfach); frei in der Wahl

seçmen Wähler m, -in f

seçtirmek kaus von seçmek

seda [a:] Stimme f, Ruf m

sedef Perlmutt(er) n; ~ hastalığı MED Schuppenflechte f

sedimantasyon MED Blutsenkung f; GEOL Sedimentation f, Ablagerung f

sedir¹ mit Polsterkissen belegte Bank an e-r Wand; etwa Liege f (ohne Lehne)

sedir² BOT Zeder f

¹sedye Krankenbahre f; HIST Sänfte f

sefa [a:] Freude f; Vergnügen n; ~ buldum! danke! als Antwort auf ~ geldiniz! willkommen!; ~ geldine gitmek j-m e-n Antrittsbesuch machen; ~ sürmek das Leben genießen

sefahat ⟨-ti⟩ Ausschweifungen f/pl

sefalet [a:] Elend n, Misere f; ~ çekmek im Elend leben

sefaret [a:] ⟨-ti⟩, ~hane → elçilik

sefer osm Reise f, Feldzug m; Mal n; bu ~ diesmal; her ~inde jedes Mal

seferber mobilisiert; -i ~ etmek mobilmachen, mobilisieren; ~ olmak sich mobilmachen ~lik ⟨-ği⟩ Mobilmachung f; okuma-yazma seferberliği Alphabetisierungskampagne f

se'fertası ⟨-nı⟩ Henkelmann m

sefih [i:] liederlich

sefil [i:] erbärmlich, heruntergekommen ~lik ⟨-ği⟩ Erbärmlichkeit f

sefir [i:] → elçi

seğirdim Lauf m, Jogging m; Rücklauf m (e-r Waffe)

seğirmek zucken

seğirtmek rennen, rasen (-e doğru auf akk zu); arkasından ~ (j-m) hinterherrennen

seğmen Reiter in Lokaltracht an Festen

seher Morgenröte f

sehpa [a:] Dreifuß m; Gestell n; FOTO Stativ n; Staffelei f; Galgen m; -i ~ya çekmek j-n an den Galgen bringen

¹sehven irrtümlich

sek Wein herb, trocken; Schnaps unverdünnt

sekant ⟨-tı⟩ MATH Sekante f

seker → sekmek

seki¹ Sockel m; Steinbank f; GEOG Terrasse f, Plateau n

seki² weiße(r) Fleck (am Fuß des Pferdes)

sekilemek v/t terrassenförmig bepflanzen

sekiz acht; Acht f; ~ yıllık eğitim achtjährige Schulpflicht; ~de bir ein Achtel ~er je acht, in Gruppen zu acht ~gen Achteck n ~inci achte(r) ~li aus acht Teilen; achtjährig; Karte Acht f ~lik für acht Tassen etc; MUS Achtelnote f

**sekmek** ⟨-er⟩ hüpfen; *z. B. Stein* mehrmals aufschlagen (und abprallen); *z. B. Fieber* aussetzen

**sekmen** Schemel *m*; Stufe *f*

**sekreter** Sekretär *m*, -in *f*; Büro *n*. Schreibkraft *f* **~lik** ⟨-ği⟩ Sekretariat *n*

**seks** Sex *m*; **~ yapmak** Sex haben

**seksek** *Kinderspiel* Himmel und Hölle

**seksen** achtzig; Achtzig *f* **~er** je achtzig **~inci** achtzigst **~lik** achtzigjährig

**seksi** sexy, anturnend

**seks|üalite** Sexualität *f* **~üel** sexuell

**sekte** Stillstand *m*, Stagnation *f*; MED (Gehirn)Schlag *m*; Schaden *m*; Beeinträchtigung *f*; **~ye uğramak** *v/i* zum Stillstand kommen, unterbrochen werden; **~ vurmak**, **~ye uğratmak** *v/t* zum Stillstand bringen, anhalten, stoppen, *umg* ablassen; **kalp ~si** Herzinfarkt *m*

**sekter** POL Sektierer *m*; sektiererisch, dogmatisch **~lik** ⟨-ği⟩ POL Sektierertum *n*, Dogmatismus *m*

**sektirmek** hüpfen lassen; *-i* **sektirmemek** *fig* unentwegt bleiben bei; **gün sektirmeden** ohne e-n Tag zu überspringen

**sektör** Sektor *m*

**sel** ⟨-lli⟩ Sturzbach *m*; (Menschen)Strom *m*; **~ baskını** Überschwemmung *f*; **~i suyu kalmamış** ohne den Saft und Kraft

**selam** [a:] Gruß *m*; **~ almak** den Gruß erwidern; *-e* **~(a) durmak** *umg* strammstehen vor *dat*; *-e* **~ etmek** *j-n* grüßen (lassen); **~ olsun** etwa alles Gute; **~ sabah** Begrüßung *f*; *-e (-den)* **~ söylemek** *j-n* grüßen (von); *-e* **~ söylemek** (od **yollamak**) Grüße bestellen *dat* (od an *akk*); *-e* **~ vermek** *j-n* grüßen; *-in* **size ~ var** ... lässt euch grüßen

**selamet** [a:] ⟨-ti⟩ Wohlbefinden *n*; Geborgenheit *f*; Sicherheit *f*; **~e çıkmak** davonkommen, gerettet werden

**selametlemek** [a:] *v/t* j-n begleiten, verabschieden, bringen (z. B. *-e* bis zu)

**selam|lamak** *v/t* begrüßen; (von Weitem) grüßen **~laşmak** sich begrüßen; *umg* auf Grüßfuß stehen (-le mit *j-m*)

**selamlık** ⟨-ği⟩ *osm* Herrenräume *m/pl des Hauses*; HIST Festzug *m des Sultans in die Moschee an Feiertagen*; Parade-(Uniform)

**selamüna'leyküm** *Gruß* Friede sei mit euch!; **~ kör kadı** *hum* geradeher-

aus, ohne Umschweife

**'Selanik** Thessaloniki *n*

**'Selçuk** [u:] ⟨-ku, -ğu⟩ Seldschuke *m*; seldschukisch **~lu** Seldschukenreich *n*

**'sele**¹ (Fahrrad)Sattel *m*

**'sele**² (flacher) Korb *m*; **~ zeytini** mild gesalzene schwarze Oliven

**selef** Vorgänger *m*, -in *f*

**selektör** Getreideschwinge *f*; AUTO Lichthupe *f*; **~ yapmak** ein Zeichen mit der Lichthupe geben

**selen** Selen *n*

**'selfservis** Selbstbedienung *f*; **~ lokantası** Selbstbedienungslokal *n*

**selim** [i:] gutartig, ungefährlich

**selinti** Gießbach *m*; angeschwemmte(s) Geröll

**selo|fan** Zellophan *n*; Frischhaltefolie *f* **~teyp** Klebeband *n*

**selpak**® Papiertaschentuch *n*

**selül|it** MED Cellulitis *f*; *umg* Orangenhaut *f* **~oit** ⟨-di⟩ Zelluloid *n* **~oz** Zellulose *f*; **~suz** holzfrei (Papier)

**selvi** BOT Zypresse *f*

**sema**¹ [a:] Himmel *m*; **~lar** Luftraum *m*

**sema**² [a:] ritueller Tanz der Derwische

**semafor** BAHN Signal *n*; SCHIFF Signalmast *m*

**semah** ritueller Tanz der Aleviten

**semaî** [-ma:i:] Art Liebesgedicht *n* (Volksdichtung); MUS e-e Grundtonart

**semantik** ⟨-ği⟩ Semantik *f*; semantisch

**semaver** [a:] Samowar *m*

**semavî** [-a:vi:] himmlisch, Himmels-

**sembol** ⟨-lü⟩ Symbol *n* **~ik** symbolisch **~izm** Symbolismus *m*

**semender** ZOOL Salamander *m*; Fabeltier Drache *m*

**semer** Packsattel *m*; Rückenschurz *m* (für Traglasten); *umg* Hintern *m*; *-e* **~ vurmak** e-n Packsattel auflegen

**semere** *fig* (gutes) Ergebnis *n*; **~(sini) vermek** das erwünschte Ergebnis bringen **~li** fruchtbar, lohnend, ertragreich

**semerlemek** *v/t* e-n Packsattel auflegen

**seminer** Seminar *n*; Fortbildungskurs *m*

**semir|gin** verfettet (durch Faulheit) **~mek** fett werden **~tmek** *v/t* mästen; dick machen

**semiz** fett; gemästet **~lemek** fett werden **~lik** ⟨-ği⟩ Verfettung *f*

**semizotu** ⟨-nu⟩ BOT Portulak *m* (Portu-

**sempati** Sympathie *f;* -e (karşı) ~ **beslemek** (*od* **duymak**) (eine) Sympathie haben *od* hegen für
**sempati|k** *a.* MED sympathisch; freundlich **~zan** Sympathisant *m;* sympathisierend
**sem'pozyum** Symposium *n*
**semt** ⟨-ti⟩ (Wohn)Gegend *f;* ASTRON Azimut *n* (*a. m*); **-in** **~ine uğramamak** die Gegend *gen* meiden; jeden Kontakt (mit *j-m*) meiden
**sen** du; **~ bilirsin** das musst du wissen; **~ diye hitap etmek** duzen; **~i (gidi) ~i** du Nichtsnutz, du Lausbub!
**sena** [a:]: **medh ü ~** *pej* Lob *n*
**se'naryo** THEAT *etc* Drehbuch *n* **~cu** Drehbuchautor *m*
**se'nato** POL Senat *m*
**senatör** POL Senator *m*
**'sence** nach deiner Ansicht
**sende** bei dir, in dir
**sendelemek** stolpern; taumeln
**senden** von dir, aus dir; über dich
**sendik** ⟨-ği⟩ Syndikus *m;* Konkursverwalter *m*
**sen'dika** Gewerkschaft *f* **~cı** Gewerkschaft(l)er *m*, -in *f* **~cılık** ⟨-ğı⟩ Gewerkschaftsbewegung *f* **~laşmak** sich gewerkschaftlich organisieren **~lı** gewerkschaftlich organisiert **~lizm** Syndikalismus *m* **~sız** gewerkschaftlich nicht organisiert
**sendrom** Syndrom *n*, Krankheitsbild *n*
**sene** Jahr *n;* **~lerce** jahrelang; **~den ~ye** von Jahr zu Jahr; **~ye** im nächsten Jahr
**senelik** Jahres- (*Bilanz*); **iki ~** zweijährig
**senet** ⟨-di⟩ Schuldschein *m;* Wechsel *m;* Urkunde *f;* Bescheinigung *f;* Nachweis *m;* -e ~ **vermek** *j-m* e-e Bescheinigung (*od* e-n Beleg) geben; sich verbürgen (-e für *akk*), *j-m* garantieren *akk* **~leşmek** e-n Vertrag schließen (*-le* mit *dat*) **~li** beurkundet, belegt, nachgewiesen **~siz** nicht nachgewiesen, nicht belegt; **~ sepetsiz** *umg* ohne Bescheinigung
**sen|foni** MUS Sinfonie *f;* **~ orkestrası** Sinfonieorchester *n* **~fonik** sinfonisch
**seni** dich; **~ kurnaz** (~) du Schlaumeier!
**senin** deiner *gen*, dein; **~ için** für dich; **bu ~** das gehört dir, das ist deins
**seninki** (das) deinige; **~ler** die Deini-

gen, deine Angehörigen
**senkron** synchron **~izasyon** FILM Synchronisierung *f*
**sen'libenli** sehr zwanglos; ungezwungen, sehr vertraut; per du
**sensor** TECH Sensor *m*, Fühler *m*
**sen|tagma** LING Syntagma *n* **~taks** LING Syntax *f* **~tetik** ⟨-ği⟩ synthetisch **~tez** Synthese *f*
**sepet** ⟨-ti⟩ Korb *m,* Korb voll ...; Korb-; Beiwagen *m;* **kağıt ~i** Papierkorb *m;* **-i sanmak** für belanglos halten **~kulpu** ⟨-nu⟩ ARCH Flachbogen *m* **~lemek** *v/t* in den Korb tun; *umg j-n* abwimmeln; vergraulen **~lik** ⟨-ği⟩ (Mauer)Vorsprung *m;* Flechtmaterial *n*
**sepi** Gerben *n* **~ci** Gerber *m* **~lemek** *v/t* gerben **~li** gegerbt
**sepken** → **sulusepken**
**septik**[1] ⟨-ki⟩ MED septisch
**septik**[2] ⟨-ği⟩ PHIL skeptisch
**septisemi** MED Sepsis *f,* Septihämie *f,* Art Blutvergiftung *f*
**ser**[1] *osm* Kopf *m;* Ober-, General-, Chef-; **~de ... var** *hum* immerhin bin ich (bist du *etc*) ein ...
**ser**[2], **sera** Treibhaus *n;* **sera etkisi** Treibhauseffekt *m*
**seramik** ⟨-ği⟩ Keramik *f*
**serap** [a:] ⟨-bı⟩ Fata Morgana *f*
**serasker** HIST (*osm.*) Kriegsminister *m*
**serbest** ⟨-ti⟩ frei; Frei- (*Handel*); unabhängig, parteilos; **~ bölge** Freihandelszone *f;* **~ dolaşım** Freizügigkeit *f* (*der Arbeitskräfte in der EU*); **~ piyasa ekonomisi** freie Marktwirtschaft; **~i bırakmak** freilassen *akk;* **~ meslek** freie(r) Beruf; **~ vuruş** Freistoß *m* **~çe** *adv* frei, ungehindert
**serbest|î** [i:] → **serbestlik ~lemek** sich befreien (aus *dat,* z. B. der Menge), frei werden **~lik** ⟨-ği⟩ Freiheit *f;* Ungezwungenheit *f*
**serçe** Sperling *m,* Spatz *m* **~parmak** ⟨-ğı⟩ kleine(r) Finger; kleine(r) Zeh
**serdirmek** *kaus von* **sermek**
**serdümen** SCHIFF Steuermann *m;* MIL Obermaat *m*
**sere** Fingerspanne *f* (*zwischen Daumen und Zeigefingerspitze*)
**seremoni** Zeremonie *f*
**seren** SCHIFF Rahe *f;* Ausleger *m* (*e-s Krans*)

**serenat** ⟨-dı⟩ MUS Serenade f
**serer** → sermek
**serf** Leibeigene(r) **~lik** ⟨-ği⟩ Leibeigenschaft f
**sergen** Schaufenster n, Auslage f; Abstellbrett n, Regal n
**sergi** Auslage f (zum Verkauf); (Verkaufs)Stand m; Ausstellung f **~ci** Aussteller m; **~ salonu** Ausstellungshalle f; Galerie f **~lemek** v/t ausstellen; fig darlegen; zur Schau stellen
**sergin** ausgebreitet; bettlägerig; **~ vermek** MED das Bett hüten müssen
**sergüzeşt** ⟨-ti⟩ Abenteuer n
**serhat** ⟨-ddı⟩ OSM Grenzgebiet n
**seri**[1] Serie f; Serien- (Herstellung); ELEK Schaltung); laufend (Nummer)
**seri**[2] [i:] schnell; Schnell- (Feuer); **~ imalat** (od **üretim**) Serienproduktion f
**serili** ausgedehnt, ausgebreitet
**serilmek** passiv von sermek; sich hinlegen, sich ausstrecken (-e auf akk)
**serin** kühl, frisch **~kanlı** kaltblütig **~lemek** kühl (a. frisch) werden; auffrischen; sich erleichtert fühlen; sich erfrischen **~leşmek** kühl w(er)den **~letici** erfrischend **~letmek** v/t (ab)kühlen **~lik** ⟨-ği⟩ Kühle f
**serkeş** aufsässig; eigensinnig **~lik** ⟨-ği⟩ Aufsässigkeit f
**sermaye** [a:] Kapital n; Vermögen n; Gesprächsstoff m; Mädchen n e-s Zuhälters; **~yi kediye yüklemek** umg fig sein Vermögen verjuxen od verprassen **~ci** Kapitalist m **~dar** [-da:r] (-ı) Kapitalist m; Geldgeber m, -in f
**sermek** ⟨serer⟩ (-i -e) v/t ausbreiten (z. B. auf akk); Wäsche aufhängen; Kabel legen (in akk); **işi ~** die Sache in die Länge ziehen; **-i yere ~** j-n niederstrecken
**serpantin** Papierschlange f; Fußbodenheizung f; Mineral Serpentin m
**serpelemek** Regen nieseln
**serper** → sermek
**serpilmek** sich herausmachen; passiv von serpmek
**serpinti** Sprühregen m; (Wasser)Spritzer m; (Schnee)Flocke f; Überreste m/pl; **~ radyoaktif ~** Fallout m
**serpiştirmek** ⟨-i -e⟩ besprühen akk, bespritzen akk; Regen nieseln
**serpme** Versprühen n; Ausstreuen n; Wurfnetz n; vereinzelt, sporadisch

**serpmek** ⟨-er⟩ (-i -e) (hin)streuen (j-m akk); besprengen; Konfetti (aus)streuen; sprühen (auf, in akk); **kar serpiyor** es fällt leichter Schnee
**'serpme** bettelarm
**sersefil** bettelarm
**sersem** betäubt (-den von dat); benommen; zerfahren, umg schusselig, fahrig **~lemek, ~leşmek** betäubt (od benommen) sein **~letici** betäubend **~letmek** v/t betäuben, benommen machen **~lik** ⟨-ği⟩ Benommenheit f, Betäubung f, umg Dusel m; Zerstreutheit f
**serseri** Vagabund m; Penner m; Hund herumstrolchend; verirrt (Kugel); Treib- (Mine) **~leşmek** zum Vagabunden werden **~lik** ⟨-ği⟩ Vagabundentum n; **~ etmek** vagabundieren
**sert** ⟨-ti⟩ hart; Antwort barsch; Fleisch zäh; Klima, See rau; Konsonant stimmlos; Person streng; POL gespannt (Atmosphäre); Wein herb; Tabak stark
**sertelmek** dial sich verhärten; fig Miene sich verfinstern
**serti'fika** Zeugnis n; Studienfach n; Studienbescheinigung f
**sert|lenmek** streng werden **~leşme** TECH Härtung f **~leşmek** TECH hart werden, binden; Klima rau werden; streng werden; gespannter werden, sich zuspitzen **~leştirmek** v/t härten; verschärfen; die Stimme heben **~lik** ⟨-ği⟩ Härte f; Strenge f; Schärfe f
**serum** ANAT, MED Serum n
**serüven** Abenteuer n **~ci** Abenteurer m, -in f **~cilik** ⟨-ği⟩ Abenteuerlust f **~li** abenteuerlich **~siz** ereignislos
**server** a. ['sɜrvər] IT Server m
**servet** ⟨-ti⟩ Reichtum m; Vermögen n; **~ beyanı** Vermögenserklärung f **~li** vermögend **~siz** unvermögend
**servi** BOT Zypresse f
**servis** (Ess)Service n, Set n; Kundendienst m; Tafelgeschirr n; Dienst m; Bedienung f (im Restaurant); Gedeck n (im Restaurant); Schicht f (im Dienstleistungsgewerbe); Abteilung f (e-r Behörde); (Autobus)Verkehr m; SPORT Aufschlag m, Angabe f; **~ atan** Aufschläger m, -in f; **~ atmak** v/t (Tennis) aufschlagen; **~ istasyonu** Tankstelle f; **~ kapısı** Diensteneingang m; **~ sağlayıcı(sı)** IT Internetprovider m; **~ yapmak** bedienen (bei Tisch); servieren (Kochrezept)

**seryat** Bettsofa n
**ses** Stimme f; Klang m, Ton m (z. B. der Trommel); MUS Ton m; PHYS Schall m; ~ **çıkarmak** ein Geräusch machen; fig umg (dagegen) meckern; -e ~ **çıkarmamak** sich nicht äußern zu; **-in** ~ **çıkmamak** umg nicht mumm (od piep) sagen; ~ **dalgaları** Schallwellen f/pl; ~ **değişmesi** GRAM Assimilationserscheinung f; ~ **duvarı** Schallmauer f; ~ **etmek** rufen, schreien; ~ **geçirmez** schalldicht; ~ **getirmek** Anklang finden; ~ **kartı** IT Soundkarte f; ~ **kirişleri** ANAT Stimmbänder n/pl; ~ **kuşağı** FILM Tonspur f; ~ **seda kesilmek** v/unpers kein Laut zu hören sein; ~ **seda yok** man (er, sie) schweigt sich aus, es ist still; ~ **yolu** GRAM, ANAT Ansatzrohr n; FILM Tonspur f; **-in** ~**i(ni) kesmek** j-n zum Schweigen bringen; verstummen
**ses|bilgisi** ⟨-ni⟩ Phonetik f, Lautlehre f **~bilim** Phonologie f **~çil** phonetisch; ~ **yazım** Lautschrift f
**ses|lemek** v/t hören; lauschen dat **~lendirmek** v/t vertonen; vorsingen; Reaktion zeigen; Einwand etc erheben, laut werden lassen; Film synchronisieren; Sehnsucht wachrufen **~lenmek** -e rufen; (auf e-n Ruf) antworten; appellieren an akk; j-n anreden; j-m zurufen
**ses|li** laut (z. B. weinen, lesen); mit e-r ... Stimme; Laut-; Ton- (Film); LING → ünlü **~ötesi** Ultraschall m **~siz** stumm; lautlos; leise; schweigsam; ruhig, verschlossen, still; ~ **(olun)!** Ruhe!; ~ **ortaklık** WIRTSCH stille Teilhaberschaft; LING → ünsüz **~sizleşmek** stumm werden etc **~sizlik** ⟨-ği⟩ Stummheit f; Stille f; **ölüm sessizliği** Totenstille f
**sesteş** LING Homonym n, a. Homophon n; gleichlautend
**set**[1] ⟨-ddi⟩ Damm m; Deich m; Sperre f; Wall m; Barriere f; GEOL Terrasse f; Arbeitsfläche f (Küche); **Çin Seddi** die Chinesische Mauer; ~ **çekmek** (od **etmek**) e-e Sperre errichten; eindämmen
**set**[2] ⟨-ti⟩ SPORT Spielfeldgrenze f (Tennis) Satz m; **müzik** ~**i** Stereoanlage f
**setüstü**: ~ **ocak** Tischherd m
**sevap** [a:] ⟨-bı⟩ REL gute(s) Werk; ~ **kazanmak** wohltätig sein, Gutes tun
**sevda** [a:] Liebe f, Leidenschaft f; brennende(r) Wunsch; Vorhaben n; -e ~ **çek-**

**mek** leidenschaftlich verliebt sein (in akk); (-mek) **~sına düşmek** fig darauf brennen (zu ...) **~lı** verliebt (in akk); erpicht (auf akk)
**sevdirmek** ⟨-i -e⟩ j-m etw nahebringen; j-s Begeisterung erwecken für
**seve**: ~ ~ sehr gern
**sevecen** zärtlich **~lik** ⟨-ği⟩ Zärtlichkeit f
**-sever** liebend, Liebhaber m, -in f, Freund m, -in f (von ...); → sevmek
**sevgi** Liebe f; -e **(karşı)** ~ **beslemek** j-m Liebe entgegenbringen **~li** Geliebte(r); Brief liebe(r), liebe(s) ...
**sevi** Liebesleidenschaft f
**sevici** Lesbierin f
**sevil|en** beliebt; **sevilecek** liebenswert **~mek** passiv von sevmek
**sevimli** nett, lieb, freundlich **~leştirmek** v/t liebenswert machen **~lik** ⟨-ği⟩ Freundlichkeit f, Nettigkeit f
**sevimsiz** unfreundlich; unangenehm **~lik** ⟨-ği⟩ Unannehmlichkeit f
**sevinç** ⟨-ci⟩ Freude f; ~ **içinde** voller Freude **~li** freudig
**sevindir|ici** erfreulich **~mek** v/t erfreuen; e-e Freude machen dat
**sevin|e**: ~ ~ voller Freude **~mek** sich freuen (-e über/auf akk, an dat)
**sevişmek** ⟨-le⟩ sich lieben (bes körperlich)
**seviye** Niveau n; fig Stand m; POL Ebene f; **-ye çıkartmak** v/t auf ein Niveau bringen; ~ **tespit sınavı** Feststellungsprüfung f
**sevk** ⟨-kı⟩ Entsendung f; Lieferung f; Abtransport m; Sendung f; Rücken n, Heranrücken n; **-i** ~ **etmek** Truppen entsenden; zusammenziehen; schicken, transportieren; -e führen zu; fig bringen, veranlassen zu; weiterleiten; ~ **kağıdı** Überweisungsschein m (ans Krankenhaus); ~ **ve idare** Management n
**sevkıyat** [a:] ⟨-tı⟩ MIL Versorgung f; WIRTSCH Lieferung f
**sevmek** ⟨-er⟩ v/t lieben; bes Sache mögen; gut tun; j-n streicheln, liebkosen; BOT (z. B. feuchtes Klima) bevorzugen; **sevsinler!** sieh mal einer an!
**seyahat** [-ja:-] ⟨-ti⟩ Reise f; ~ **acentası** Reisebüro n; **-e çıkmak** verreisen **~name** [a:] Reisebeschreibung f
**seyir** ⟨seyri⟩ Verlauf m (der Krankheit);

SCHIFF (in) Fahrt f (befindlich); Veranstaltung f, Schauspiel n, etw zu sehen; **-i seyre dalmak** in Betrachtung gen versinken
**seyirbilgisi** Navigation f
**seyir|ci** Zuschauer m, -in f; THEAT a. Besucher m, -in f; -e ~ **kalmak** untätig zusehen (bei dat); ~ **mahalli** Zuschauerraum m **~lik**: ~ **oyun** volkstümliche(s) Schauspiel
**seyis** Stallknecht m
¹**Seylan** [a:] Insel Ceylon n; ~ **dili** (das) Singhalesisch(e)
**seyran** [a:] Spaziergang m, Ausflug m
**seyredilme**: ~ **oranı** TV Einschaltquote f
**seyrek** ⟨-ği⟩ weitläufig; Gewebe lose, weitmaschig; Haar schütter, spärlich; Wald licht; Zähne weit auseinanderstehend; zeitlich selten **~leşmek** sich verringern; Menge sich verlaufen; auseinandergehen; Regen sporadisch fallen **~leştirmek** v/t verringern
**seyrelmek** → seyrekleşmek
**seyreltik** CHEM verdünnt **~lik** ⟨-ği⟩ Verdünnung f
**seyreltmek** v/t verdünnen
**seyretmek** A v/t betrachten, sich (dat) ansehen B v/i SCHIFF abfahren, absegeln; **televizyon** ~ fernsehen; **... seyret!** int guck dir ... mal an!
¹**seyrüsefer** osm Verkehr m
**seyyah** [a:] osm Reisende(r)
**seyyar** ambulant (Händler); Wander- (Kino); MIL Feld- (Küche); tragbar
¹**Sezar** Cäsar m
**sezaryen** MED Kaiserschnitt m
**sez|dirmek** ⟨-i -e⟩ j-m etw andeuten; zu verstehen geben **~er** → sezmek **~gi** Vorgefühl n, Ahnung f; Intuition f **~il-mek** passiv von sezmek **~inlemek** v/i ahnen, fühlen, spüren **~mek** ⟨-er⟩ -i ahnen akk, das Gefühl haben (dass ...); merken akk, spüren akk
**sezon** Saison f **~luk** Saison(s)-
¹**sezyum** Cäsium n
**sfenks** Sphinx f
**sıcacık** mollig (warm)
**sıcak** ⟨-ğı⟩ heiß (a. fig Tränen); warm (z. B. a. Frühstück); freundlich, herzlich (Empfang); Hitze f; türkische(s) Bad; **sıcağı sıcağına** unverzüglich, auf der Stelle; ~ **temas** MIL Kontakt m mit dem Feind; -e ~ **bakmak** positiv gegenüberstehen dat **~iklim** Tropenklima n **~kanlı** ZOOL warmblütig; fig warmherzig, sympathisch
**sıcaklaş|mak** heiß (od warm) werden **~tırmak** v/t erhitzen, erwärmen
**sıcaklık** ⟨-ğı⟩ Hitze f; Wärme f; Temperatur f; fig Liebe f, Herzlichkeit f; ~ **değişmeleri** Temperaturschwankungen f/pl
**sıçan** Ratte f; **~a dönmek** pudelnass werden **~dişi** ⟨-ni⟩ Kleid Hohlsaum m **~kırı** mausgrau **~kuyruğu** ⟨-nu⟩ Stichfeile f **~otu** ⟨-nu⟩ dial Arsenik n **~yolu** ⟨-nu⟩ MIL Laufgraben m
**sıçmak** ⟨-ar⟩ vulg scheißen; fig (alles) versauen, Mist machen; -in **ağzına** ~ vulg versauen; **ağzına sıçarım!** vulg ich mach dich fertig!
**sıçra|ma** Sprung m; Schub m; Etappe f; ~ **tahtası** Sprungbrett n; ~ **yapmak** fig einen Sprung vollziehen **~mak** -e v/i springen (auf, in akk); fig auffahren, aufschrecken; Dreck spritzen; Feuer, Funke überspringen (auf akk) **~tmak** springen lassen etc; (-e j-n, akk) bespritzen (-i mit dat) **~yış** Sprung m
**sıfat** ⟨-tı⟩ Eigenschaft f; (das) Äußere, Aussehen n; Physiognomie f; GRAM Adjektiv n; ~ **tamlaması** attributive Fügung (z. B. beyaz ev); **bakan ~ıyla** in seiner/ihrer Eigenschaft als Minister(in) **~landırmak** -i j-n qualifizieren, als geeignet anerkennen **~laştırmak** v/t GRAM adjektivieren
**sıfır** Null f; null, wertlos; SPORT **dört** ~ **vier zu null**; ~ **altı (üstü)** ... **derece** ... Grad unter (über) null; ~ **büyüme** Nullwachstum n; **~dan başlamak** bei null anfangen; **~ın altında (üstünde)** ... **derece** ... Grad unter (über) null; **~ı tüketmek** umg völlig ausgepumpt sein; nichts zu beißen haben **~lamak** v/t auf null zurückführen; nullen
**sığ** ⟨-ğı⟩ seicht; untiefe Stelle
**sığa** PHYS Kapazität f
**sığar** → sığmak
**sığdırmak** ⟨-i -e⟩ etw unterbringen (können) in dat, pressen in akk; **-i içine sığdıramamak** v/t fig nicht vertragen (umg verdauen) können
**sığınak** ⟨-ğı⟩ Zuflucht(sort m) f; MIL Bunker m; Luftschutzraum m; fig Schutz m, Zuflucht f
**sığın|lık** ⟨-ğı⟩ Flüchtling m **~ma** Zu-

flucht f; POL Asyl n; SPORT Windschatten m; **~ hakkı** Asylrecht n **~macı** Asylsuchende(r); neg! Asylant m, -in f **~mak** -e Zuflucht suchen in, bei dat; sich retten in, unter akk; Asyl suchen bei, in dat; fig Hilfe suchen bei, in dat

**sığıntı** j-d, der auf Unterkunft und Beköstigung bei j-m angewiesen ist

**sığır** Rind n, Hornvieh n; **~ eti** Rindfleisch n; **~ sineği** ZOOL Bremse f; **~ gibi adam** fig umg ein Rindvieh!

**sığırcık** ⟨-ğı⟩ ZOOL Star m

**sığırgözü** ⟨-nü⟩ BOT Arnika f (*Arnica montana*)

**sığırtmaç** ⟨-cı⟩ Rinderhirt m; GASTR grüne Bohnen in Butter

**sığış|mak** Platz finden, umg reingehen **~tırmak** ⟨-i -e⟩ v/t hineinzwängen in akk

**sığlık** ⟨-ğı⟩ Untiefe f; fig Seichtheit f

**sığmak** ⟨-ar⟩ -e hineingehen, Platz finden; fig passen zu; -in (-den) **içi içine sığmamak** außer sich (dat) sein (vor dat)

**sıhhat** ⟨-ti⟩ Gesundheit f; Genauigkeit f; **~ler olsun!** (nach dem Bad od Rasieren) wohl bekomms! **~li** gesund; genau

**sıhhî** ⟨-î:⟩ hygienisch, sanitär; Gesundheits- (Zustand); medizinisch (Hilfe) **~ye** Gesundheitswesen n; Sanitär-; **~ subayı** Sanitätsoffizier m **~yeci** Sanitäter m; Beamte(r) im Gesundheitswesen

**sıhriyet** ⟨-ti⟩ osm Verwandtschaft f (durch Heirat); Verschwägerung f

**sık** A adj dicht; eng aneinanderstehend B adv oft, häufig; **~ ~** sehr oft

**sıkacak** ⟨-ğı⟩ Presse f; Schraubstock m

**sıkar** → sıkmak

S **sıkboğaz**: **-i ~ etmek** fig j-m das Messer an die Kehle setzen

**'sıkça** ziemlich oft, häufiger

**sıkı** A adj eng; fest verschnürt; vollgestopft (Kissen); streng (Diät, Kontrolle); schwer (Zeiten); scharf (Wind); fig Person knickerig, kleinlich B adv fest; ordentlich; **~ basmak** v/i sicher auftreten, sich durchsetzen; **~ durmak** fig festbleiben, die Ohren steifhalten; **~ fıkı** vertraut, intim; **~ ~ya** fest (verschlossen); nachdrücklich (ermahnen); -i **~ tutmak** fig fest im Auge behalten; fig festhalten; -i **~ya almak** bedrängen akk; zusetzen dat; fest in die Hand nehmen; **~ya gelmek** in Bedrängnis geraten; **hiç ~ gele-**

**mez** er will es immer leicht haben; **~ysa** wenn er etc Mumm hat ...

**sı'kıca** fest; streng

**sıkıcı** langweilig, ermüdend

**sıkılamak** enger schnallen, zusammenziehen; Waffe laden; pressen

**sıkılgan** verlegen, schüchtern

**sıkılık** ⟨-ğı⟩ Knickerigkeit f, Kleinlichkeit f; Enge f

**sıkılma** Verlegenheit f, Schüchternheit f; Enge f

**sık|ılmak** passiv von sıkmak; sich genieren; verlegen werden; in (finanziellen) Schwierigkeiten sein; -in **-e canı ~** betrübt sein über akk; -in **canı ~** sich langweilen **~ılmaz** ungeniert

**sık|ım**: Handvoll f; Ladung f (e-r Waffe); -in **bir ~ımlık canı var** er ist ganz schwach (od klein) **~ınmak** sich zusammenpressen; sich anstrengen

**sıkıntı** Langeweile f; Unbehagen n; Bedrückung f; Strapaze f; Bedrängnis f, Geldnot f, Entbehrungen f/pl; Mangel m; (böse) Vorahnung; **~ basmak** bedrückt (od niedergeschlagen) sein; **~ çekmek** Strapazen durchmachen; Not leiden; **-e ~ vermek** j-n bedrücken; langweilen; verdrießen; **~da olmak** in Bedrängnis sein, in Not sein; **-in ~sı olmak** Schwierigkeiten haben; Stuhldrang haben; umg auf die (od zur) Toilette müssen; **~ya düşmek** in Not geraten; **~ya gelememek** fig leicht aufgeben, keine Ausdauer haben

**sıkıntı|lı** bedrückt, sorgenvoll; Lage bedrückend; Krankheit entkräftend; Wetter schwül **~sız** sorgenlos

**sıkışık** ⟨-ğı⟩ (zusammen)gedrängt (z. B. sitzen); heikel; MIL geschlossen (Ordnung); verstopft; **~ hallerde** in dringenden Fällen **~lık** ⟨-ğı⟩ Gedränge n; (Verkehrs)Stau m; Verstopfung f

**sıkışılmış** a. IT komprimiert

**sıkışmak** eng, gedrängt sein; sich (dat) (z. B. den Finger) klemmen, quetschen (-e in dat); fig schlecht bei Kasse sein; in Bedrängnis sein; Beklemmungen (in der Brust) haben; Stuhldrang haben

**sıkıştırma** Druck m; Kompression f; a. IT Komprimierung f

**sıkıştırmak** -i stopfen, quetschen (-e in akk); IT, TECH komprimieren; abdichten;

# SIRA

pressen; *sich (dat) etw ... klemmen*: **gazeteyi kolunun altına sıkıştırdı** er hat sich *(dat)* die Zeitung unter den Arm geklemmt; *(-e j-m) etw* in die Hand drücken; *fig j-n* in die Enge treiben; *fig j-n* in die Zange nehmen

**sıkıyönetim** Notstand(sregierung *f*) *m*; Ausnahmezustand *m*

**sıkkın** niedergeschlagen, deprimiert

**sıklaş|mak** aneinanderrücken, *(-di-Form)* dicht stehen; *(z. B. Besuche)* häufiger werden **~tırmak** *v/t* wiederholen; näher aneinanderstellen; *Schritte* beschleunigen

**sıklet** ⟨-ti⟩ SPORT Gewicht *n*; **ağır ~** SPORT Schwergewicht *n*; **orta ~** Mittelgewicht *n*; **sinek ~** Federgewicht *n*

**sıkma** saftig; Pressen *n*; *(frisch)* gepresst; **~ portakalı** Saftorange *f*

**sıkmabaş** *pej* Frau mit streng islamischer Kopfbedeckung

**sıkmak** ⟨-ar⟩ ⟨-ı⟩ pressen, zusammendrücken *akk*; *(j-m die Hand)* drücken; *Frucht* auspressen; drücken (auf *akk*); *Wäsche* auswringen; *Wasser* spritzen *(-e auf akk)*; *Salve* abfeuern; *fig j-n* drangsalieren, piesacken, *umg* Schüler ordentlich vornehmen; *j-n* verdrießen; **sıkarsın** *(od* **sıkıyorsun, sıktın)!** du gehst mir auf die Nerven

**sıla** Heimat(dorf *n*) *f*; **~ hastalığı** Heimweh *n* **~cı** Heimkehrer *m*, -in *f*

**'sımsıkı** sehr dicht; fest; *(pflück)reif*

**sınaî** [-nα:i:] industriell

**sına|ma** Versuch *m*; Probe *f* **~mak** *v/t* prüfen; probieren, versuchen

**sınanmak** *passiv von* sınamak

**sınar** → sınamak

**sınatmak** *kaus von* sınamak

**sınav** *Person* Prüfung *f*, Test *m*, Examen *n*; **~ları kazanmak** die Prüfungen bestehen; **giriş ~ı** Aufnahmeprüfung *f*; **~a tabi tutmak, ~a sokmak, ~dan geçirmek** e-r Prüfung unterziehen, examinieren

**sıncan** BOT Tragant *m* (*Astragalus*)

**sındı** Schneiderschere *f*

**sındırmak** *v/t* zerschlagen; MIL niederwerfen

**sınıf** *a.* POL Klasse *f*; Kategorie *f*; Klassenzimmer *n*; **birinci ~** erstklassig; **işçi ~ı** Arbeiterklasse *f*; **subay ~ı** Offizierskorps *n*; **~ arkadaşı** Klassenkamerad *m*; **~ atlamak** (sozial) aufsteigen; **~ ders defteri** Klassenbuch *n*; **~ farkı** Klassenunterschied *m*; **~ geçmek** e-e Klasse durchmachen; **~ öğretmeni** Klassenlehrer *m*, -in *f*; **~ta çakmak** *umg* sitzen bleiben; **~ta kalmak** nicht versetzt werden

**sınıf|landırmak** *v/t* klassifizieren **~landırılma** Klassifizierung *f* **~landırmak** *v/t* klassifizieren **~lık** Klassen-; **sekiz ~** achtklassig *(Schule)* **~sal** POL Klassen-; klassenmäßig **~sız** POL klassenlos

**sınır** Grenze *f*; **~ çekmek** *(od* **çizmek)** e-e Grenzlinie ziehen; *fig* e-e Grenze setzen *(-e dat)*; **~ dışı edilme** Ausweisung *f*; **-i ~ dışı etmek** *j-n* ausweisen; **yanlış ~ı** TECH Fehlergrenze *f* **~daş** angrenzend; Grenzbewohner *m*, -in *f*; Anrainer *m*, -in *f* **~daşlık** ⟨-ğı⟩ Grenznachbarschaft *f*

**sınır|lamak** *v/t* begrenzen; bestimmen, definieren **~landırmak** *v/t* begrenzen **~lı** begrenzt; mit e-r Grenze **~sız** ohne Grenze; *fig* grenzenlos

**sıpa** Eselsfüllen *n*; Stativ *n*

**sır**[1] ⟨sırrı⟩ Geheimnis *n*; **~ küpü** verschwiegene(r) Mensch; Geheimniskrämer *m*; **~ tutmak** (es) geheim halten; *umg* den Mund halten; **~ sızdırmak** *(od* **vermek)** ein Geheimnis preisgeben, ausplaudern; *-in* **~rına ermek** hinter das Geheimnis *gen* kommen, *umg* dahinterkommen; **~ra kadem basmak** *fig* plötzlich verschwinden; **meslek ~rı** Berufsgeheimnis *n*

**sır**[2] Glasur *f*; Email *n*; Amalgam *n*

**sıra** Ⓐ *subst* Reihe *f*; Ordnung *f*; Anordnung *f*; Reihenfolge *f*; Gelegenheit *f*, Moment *m*; (Holz)Bank *f*, Schulbank *f*; **~ beklemek** Schlange stehen; **-e ~ gelmek** *v/unpers* an der Reihe sein; **~ ev** Reihenhaus *n*; **~ malı** Ramschware *f*; **~ numarası** laufende Nummer; **~ sayı sıfatı** Ordnungszahl *f*; **yürüyüş ~sı** Marschordnung *f*; **~ ~ ~** in Reihen, reihenweise; **~ ile, ~yla, ~sıyla** der Reihe nach; *-in* **~sı değil** nicht am Platze sein; *-in* **~sı düşünce** bei passender Gelegenheit; *-in* **~sı gelmek** *-e* an der Reihe sein; **şimdi ~ bende** *(od* **benim)** jetzt bin ich an der Reihe *(od umg* dran); **kimin ~sı, ~ kimin?** wer ist an der Reihe *(od umg* dran)?; **~sı gelmişken** bei dieser Gelegenheit; da schon einmal davon die Rede ist; **~sına getirmek** die passende Gelegenheit finden (zu ...); **~sına göre** je

**SIRA** | 408

nachdem (wie); **~sını kaybetmek** Baby aus dem (gewohnten) Rhythmus sein (Schlaf etc); sich wieder anstellen müssen; **-i ~ya koymak** einreihen akk; in Ordnung bringen, durchführen; **(adam) ~sına geçmek** (schließlich doch) ein Mensch werden; **~** (od **~sını) savmak** s-e Pflicht tun, s-s Amtes walten **B** postp bei dat, während gen; **yanı ~ne** nebenbei **C** konj **-diği ~da** Zeit als; kaum ..., da: **~sında** zu gegebener Zeit; **o ~(lar)da** damals, in jener Zeit; **bunu işittiğim ~da** ... als ich das hörte, ...; **arabaya bineceği ~da** kaum wollte er in den Wagen steigen, da ...
**sıraca** MED Skrofulose f
**sıradağ** GEOG Gebirgskette f
**sıra|lamak** Akten ordnen; (der Reihe nach) aufstellen; Mängel etc aufzählen; überschütten (-e karşı j-n mit dat); prüfend durchgehen akk; Kind Gehversuche machen **~lanmak** (in Reih und Glied) antreten; Spalier bilden; passiv von sıralamak **~lı** passend, angebracht; (nach Reihen) geordnet; **~ sırasız** bei jeder Gelegenheit
**sırat** ⟨-tı⟩: **~ köprüsü** REL die Brücke des Jüngsten Gerichts
**sırça** Glas n; fig **~ köşk** Glashaus n
**sırdaş** Mitwisser m, -in f; Vertraute(r); **~ hesap** Art Nummernkonto n
**sırf** rein, natürlich; fig rein, absolut (z. B. Lüge); adv lediglich
**sırık** ⟨-ğı⟩ Stange f; Stab m; **~ gibi** wie e-e Bohnenstange; **~ atlama** Stabhochsprung m **~lamak** Bohnen etc (an Stangen) anbinden; umg klauen
**sı'rılsıklam** → sırsıklam
**sırım** Lederriemen m; **~ gibi** hager und kräftig, zäh
**sırıtkan** grinsend **~lık** ⟨-ğı⟩ Grinsen n
**sırıtmak** v/i grinsen; fig Fehler etc herauskommen
**sır|lamak** v/t glasieren, emaillieren **~lı** glasiert, emailliert
**sırma** Golddraht m; goldblond
**sırnaşlık** ⟨-ğı⟩ aufdringlich, hartnäckig, penetrant **~mak** aufdringlich sein
**Sırp** ⟨-bı⟩ Serbe m, Serbin f; serbisch **~ça** (das) Serbisch(e); serbisch
**'sırrolmak** (von der Bildfläche) verschwinden
**'sırsıklam** völlig (od bis auf die Haut) durchnässt; total, völlig betrunken; bis über die Ohren verliebt
**sırt** ⟨-tı⟩ Rücken m; Kamm(linie f) m e-s Berges; Rückseite f; **~ çantası** Rucksack m; **~ dayanağı** Rückenlehne f; **~ çantalı** Rucksacktourist m, -in f; **-e ~ çevirmek** j-m den Rücken kehren; **~ üstü** → sırtüstü; **~ı kaşınıyor** fig ihm juckt das Fell; **~ı pek warm** angezogen; **-in ~ı yere gelmek** untergekriegt werden; **-i ~ına almak** auf die Schulter nehmen, schultern akk; sich (dat) (e-n Mantel) überziehen; **-in ~ından geçinmek** auf Kosten gen leben; **-e ~ını dayamak** sich verlassen auf akk; **-in ~ında bir ceket vardı** er hatte ein Jackett an
**sırtarmak** dial sich wehren; → sırıtmak
**sırtlamak** v/t auf den Rücken nehmen; fig auf sich nehmen; sich stemmen gegen
**sırtlan** ZOOL Hyäne f
**'sırtüstü** auf dem (od den) Rücken; **~ yatmak** sich auf den Rücken legen; fig (die verdiente) Ruhe genießen; **~ yüzme** Rückenschwimmen n
**sıska** mager, hager
**sıtma** MED Malaria f; **~ görmemiş** Stentorstimme f; **~ sivrisineği** Malariamücke f **~lı** malariakrank; malariaverseucht
**sıva** ARCH Putz m, Verputz m; **-e ~ vurmak** verputzen akk **~cı** Putzer m **~cılık** ⟨-ğı⟩ Putzarbeiten f/pl, Verputzen n **~lamak** v/t verputzen
**sıvalı**[1] verputzt
**sıvalı**[2] aufgekrempelt (Ärmel)
**sıvama** besetzt, bedeckt mit; voll und ganz; bis zum Rande (gefüllt)
**sıvamak**[1] v/t verputzen; beschmieren (-i -e akk mit dat); Zement auftragen; fig streicheln
**sıvamak**[2] Ärmel etc aufkrempeln
**sıvanmak**[1] passiv von sıvamak[1, 2]; **-e ~** sich machen an akk
**sıvaş|mak** kleben bleiben; sich beschmieren; umg fig stecken bleiben **~tırmak** fig beschmieren; fig j-m Steine in den Weg legen
**sıvazlamak** streichen (-i über akk); z. B. Schweiß abwischen; streicheln
**sıvı** flüssig; Flüssigkeit f
**sıvık** ⟨-ğı⟩ flüssig; fig aufdringlich
**sıvılaştırmak** v/t CHEM verflüssigen

**sıvışık** ⟨-ğı⟩ klebrig; *fig* aufdringlich **~lık** ⟨-ğı⟩ Klebrigkeit *f*; Aufdringlichkeit *f*

**sıvışmak** sich verschmieren, sich verteilen; sich (heimlich) davonmachen

**sıvıyağ** Öl *n*

**sıyga** *osm* GRAM Modus *m*; → **kip**; *-i* **~ya çekmek** *j-n* verhören, ausfragen

**sıyırmak** *v/t* abschürfen, leicht verletzen, streifen; an sich nehmen; wegreißen *akk*; *Schwert* ziehen; *Essen etc umg* (alles) verputzen; *Teller mit Brot umg* reinputzen

**sıyrık** ⟨-ğı⟩ **A** *subst* Abschürfung *f*, wunde Stelle, Kratzer *m* **B** *adj* unverfroren

**sıyrılmak** *passiv von* sıyırmak; ⟨-den⟩ *fig* sich retten aus; sich *(aus der Klemme)* ziehen

**sıyrıntı** Speiserest *m (im Topf)*; (abgerissenes) Stoffstück

**sızar** → **sızmak**

**sızdır|mak** *kaus von* sızmak; durchlassen (*z. B. Wasser*); *fig* verlauten lassen, verraten *(-e –i j-m etw)*; *(-i j-m)* Geld abluchsen; *fig z. B. Hitze j-n* fertigmachen; filtern, filtrieren **~maz** undurchlässig

**sızı** leichter (*od fig* tiefer) Schmerz

**sızıcı** durchlässig; **~ ünsüz** LING Reibelaut *m*

**sızılı** schmerzend

**sızıltı** Klage *f*, Klagen *n*

**sızım**: **~ ~ sızlamak** *v/unpers* sehr wehtun

**sızıntı** Leck *n*; Einsickern *n*; Tropfen *n*; Sicker- (*Wasser*)

**sızla|mak** **A** *v/i* jammern **B** *v/unpers* wehtun **~nmak** klagen, sich beschweren; *umg* meckern, mosern **~tmak** *v/t j-m (das Herz)* zerreißen

**sızma** Infiltration *f*

**sızmak** ⟨-ar⟩ *v/i* tropfen, lecken, sickern (*-e in akk*); durchsickern (*a. fig Gerücht*); ausströmen; *Licht* dringen *(-den* durch *akk)*; *umg* bedusselt, im Dusel sein; einnicken; sich davonschleichen; *fig* einsickern *(-e in)*

**si** MUS h

**siber|nasyon** kybernetische Methode **~netik** ⟨-ği⟩ Kybernetik *f*, kybernetisch **~uzay** virtuelle(r) Raum, Cyberspace *m*

**sicil** Register *n*; Personalakte *f*; *fig* Qualifikation *f*; **~ vermek** e-e dienstliche Auskunft über die Qualifikation e-s Angestellten geben **~li** registriert; JUR vorbestraft

**sicim** Schnur *f*, Bindfaden *m*; **~ gibi** Bindfäden (*regnen*)

**sidik** ⟨-ği⟩ subst erste(s) Harn *m*, Urin *m*; **~ söktürücü** harntreibende(s) Mittel; harntreibend; **~ yarışı** kleinliche(r) Prestigestreit; (gegenseitige) Besserwisserei *f* **~borusu** ⟨-nu⟩ Harnröhre *f* **~li** harnbefleckt; *Person* mit schwacher Blase **~torbası** ⟨-nı⟩ ANAT Harnblase *f* **~yolu** ⟨-nu⟩ ANAT Harngang *m* **~zoru** ⟨-nu⟩ MED Dysurie *f*

**sif** WIRTSCH cif (Kosten, Versicherung, Fracht)

**sifilis** MED Syphillis *f*

**sifon** Siphon *m*, Saugröhre *f*; Geruchverschluss *m*; (Toiletten)Spülung *f*; **~u çekmek** die Spülung betätigen

**siftah** **A** *subst* erste(s) Geschäft *am Tage*, erste(r) Versuch **B** *adv* ganz neu, zum ersten Mal; **~ etmek** → **siftahlamak**

**siftahlamak** morgens das erste Geschäft machen

**siftinmek** sich zerstreuen, die Zeit totschlagen; sich kratzen

**si'gara** Zigarette *f*; *oft* Rauchen *n*; **~ içenler lokali** Raucherkneipe *f*; **~ içilmez** Nichtraucher *m*; **~ içmek** (Zigaretten) rauchen; **~ içmeyenleri koruma yasası** Nichtrauchergesetz *n*; **~ kağıdı** Zigarettenpapier *n*; **~ kağıdı gibi** hauchdünn; **~ tablası** Aschenbecher *m*; **~ tiryakisi** starke(r) Raucher(in); **~yı bırakmak** mit dem Rauchen aufhören

**sigaralık** ⟨-ğı⟩ Zigarettenspitze *f*; Zigarettendose *f*; **~ tütün** Zigarettentabak *m*

**si'gorta** WIRTSCH Versicherung *f (-e karşı* gegen *akk)*; ELEK Sicherung *f*; **~ acentası** Versicherungsanstalt *f*; **~ bedeli** Versicherungssumme *f*; **~ poliçesi** Versicherungsschein *m*; **~ primi** Versicherungsprämie *f*; **~ şirketi** Versicherungsgesellschaft *f*; **karşılıklı ~** Versicherung *f* auf Gegenseitigkeit; **kaza ~sı** Unfallversicherung *f*; **mali mesuliyet ~sı** Haftpflichtversicherung *f*; **sağlık ~sı** Krankenversicherung *f*; **sosyal ~** Sozialversicherung *f*; **trafik ~sı** Kraftfahrzeugversicherung *f*; **yangın ~sı** Feuerversicherung *f*; **hayat ~sı** Lebensversicherung f; -i ~ **etmek** j-n versichern (-e karşı gegen akk); (**kendini**) ~ **ettirmek** sich versichern (lassen) (-e karşı akk, -e karşı gegen akk); e-e Versicherung haben; **~ya tabi** versicherungspflichtig

**si'gortacı** Versicherer m, Versicherungsträger m **~lık** ⟨-ğı⟩ Versicherungswesen n

**sigorta|lamak** v/t versichern; garantieren **~lı** versichert (-e karşı gegen akk); Versicherungsnehmer m **~sız** nicht versichert

**siğil** MED Warze f

**sihir** ⟨sihri⟩ Zauber m; Zauberei f **~baz** Zauberer m **~bazlık** ⟨-ğı⟩ Zauberei f **~li** verzaubert; Zauber- (Formel); magisch; bezaubert; ~ **halı** (der) fliegende Teppich

**sik** vulg Schwanz m, MED Penis m

**sikatif** Trockenmittel n; trocknend, Trocken-

**siker** → sikmek

**sikişmek** vulg (miteinander) ficken

**sikke** Münze f; Prägung f

**siklamen** Alpenveilchen n; violett

**siklememek** -i vulg scheißen auf akk

**siklon** Wirbelsturm m

**sikmek** ⟨-er⟩ vulg ficken

**siktir|iboktan, ~ici** vulg wertlos, Scheiß-; ordinär **~mek** sich abhauen; sich ficken lassen; kaus von sikmek; **siktir** (**ol**)**!** hau ab!; **siktir et!** pfeif drauf!, scheiß drauf!

**silah** [a:] Waffe f; -i ~ **altına almak** j-n zum Wehrdienst einberufen, einziehen; ~ **arkadaşı** Waffenbruder m; ~ **başına!** zu den Waffen!; ~ **çatmak** die Gewehrpyramide bauen; ~ **deposu** Waffenlager n; ~ **omuza!** das Gewehr über!; ~ **patlamak** schießen, Schüsse abgeben; e-n Krieg entfesseln; ~ **sesi** Schuss m (Geräusch); **~a davranmak** zu den Waffen greifen

**silah|hane** [-ha:-] Arsenal n **~lamak, ~landırmak** v/t bewaffnen; aufrüsten **~lanma** Aufrüstung f; **yarışı** Rüstungswettlauf m **~lanmak** v/i aufrüsten; sich bewaffnen **~lı** bewaffnet; ~ **kuvvetler** Streitkräfte f/pl; ~ **terör** bewaffnete(r) Terror **~lık** ⟨-ğı⟩ Waffenkammer f

**silahsız** unbewaffnet; (Dienst) ohne Waffe **~landırmak** v/t entwaffnen;

abrüsten **~lanma** Abrüstung f; ~ **konferansı** Abrüstungskonferenz f **~lanmacı** Rüstungsgegner m **~lanmak** abrüsten

**silahşor** HIST Musketier m; Krieger m

**silecek** ⟨-ği⟩ AUTO Scheibenwischer m

**silgeç** ⟨-ci⟩ AUTO Scheibenwischer m

**silgi** Radierstift m, Radiergummi m; Wischtuch n, Scheuerlappen m; (Tafel-)Schwamm m

**silik** ⟨-ği⟩ abgenutzt, abgegriffen (Münze); verwischt (Schrift); Person unscheinbar, farblos, schlicht

**silikat** ⟨-tı⟩ CHEM Silikat n

**silikleşmek** sich abnutzen; unscheinbar werden; sich verwischen, verwittern

**silindir** Zylinder m (a. Hut); Walze f; Straßenwalze f; ~ **başı contası** Zylinderkopfdichtung f; -i ~ **gibi ezmek** fig j-n an die Wand drücken **~aj** Walzen n, Plattwalzen n; Planieren n **~ik** zylindrisch **~li**: **dört** ~ Vierzylinder-

**silin|me** Verwischung f, Verblassen n (der Unterschiede) **~mek** passiv von silmek; **ortadan** ~ untergehen, aufhören zu existieren **~mez** unauslöschlich **~ti** Streichung f (im Text); Korrektur f, Radierstelle f

**silis** Kieselerde f

**si'listire** SCHIFF Signalhorn n

**si'lisyum** Silizium n

**silke|lemek** v/t ausschütteln; Baum schütteln; j-n rütteln; fig j-n erschüttern; fig von sich (dat) abschütteln **~lenmek** zusammenzucken, zusammenfahren

**silker** → silkmek

**silkinmek** sich schütteln; zusammenschrecken, aufschrecken; fig sich (dat) e-n Ruck geben

**silkmek** ⟨-er⟩ Zigarettenasche abstreifen; Baum schütteln; SPORT Hantel stemmen; Reiter abwerfen; Teppich ausklopfen; Tuch ausschütteln; mit der Hand emporfahren; mit den Schultern zucken; -i **silkip atmak** fig brechen (mit j-m), j-n abschreiben

**sille** Ohrfeige f; ~ **tokat** adv unter Schlägen, verprügelnd

**silme** bis zum Rand (voll)

**silmek** ⟨-er⟩ v/t (sich dat) etw abwischen; (sich dat) etw abtrocknen; Fenster putzen; Fußboden wischen, scheuern;

streichen (*-den* aus *dem Register*); *fig* löschen, durchstreichen; **burnunu** ~ sich (*dat*) die Nase putzen; **silip süpürmek** (alles) aufessen, verputzen; zermalmen; mit sich (*dat*) fortreißen

**'silo** AGR Silo *m*

**silsile** Kette *f*, Reihe *f*; *fig* Stammbaum *m*; Instanz *f*; **dağ ~si** Gebirgskette *f*

**siluet** ⟨-ti⟩ Silhouette *f*

**sim** silbern, Silber-

**sima** [si:ma:] Antlitz *n*; *fig* Persönlichkeit *f*, Gestalt *f*

**simetr|i** Symmetrie *f* **~ik**, **~ili** symmetrisch **~isiz** unsymmetrisch

**simge** Symbol *n*, Zeichen *n*; Sigel *n*; abgekürzte Bezeichnung **~ci** LIT Symbolist *m* **~cilik** ⟨-ği⟩ Symbolismus *m* **~leme** Symbolisierung *f* **~lemek** *v/t* symbolisieren **~sel** symbolisch

**simit** ⟨-di⟩ (Sesam)Kringel *m*; *umg* Schulnote Null *f* (*in Deutschland* = 6); **cankurtaran simidi** Rettungsring *m*; **direksiyon simidi** AUTO Lenkrad *n* **~çi** Kringelverkäufer *m*

**simli** versilbert

**simsar** Makler *m* **~iye** [-sa:-] Maklergebühr *f* **~lık** ⟨-ğı⟩ Maklergeschäft *n*; Maklerberuf *m*

**'simsiyah** pechschwarz

**simulasyon** IT Simulation *f*

**simultane**: ~ **çeviri** Simultandolmetschen *n*

**simya** [a:] Alchimie *f* **~cı** Alchimist *m*

**Sina** [si:na:] (der) Berg Sinai

**sinagog** REL Synagoge *f*

**sinameki** [a:] BOT Kassie *f* (*cassia*); Sennesblätter *n*/*pl*; ~ **gibi** *fig Person* ungenießbar

**si'nara** große(r) Angelhaken

**sinarit** ⟨-ti⟩ ZOOL Zahnbrassen *m* (*Dentex vulgaris*)

**sincabî** [-a:bi:] graubraun

**sincap** ⟨-bı⟩ (graues) Eichhörnchen

**sindirilmek** verdaut werden; **sindirilebilir** verdaulich

**sindirim** Verdauung *f*; ~**i kolay** (**zor**) leicht (schwer) verdaulich **~bilim** Gastroenterologie *f*

**sindirmek** *v/t* verdauen: **bş-i sindir(e)memek** *fig* etw nicht (mehr) verdauen

**sine** [i:] *poetisch* Busen *m*; **~ye çekmek** *v/t* erdulden, geduldig ertragen; **~i millete dönmek** *fig* sich aus der Politik zurückziehen

**sinek** ⟨-ği⟩ Fliege *f*; *Karte* Treff *n*, Kreuz *n*; ~ **avlamak** *fig* Löcher in die Luft gucken **~ağırlık** ⟨-ğı⟩ SPORT Fliegengewicht *n*

**sinek|kaydı** *Rasur* glatt wie ein Kinderpopo **~lik** ⟨-ği⟩ Fliegenfänger *m*; Fliegenklatsche *f*; Fliegennetz *n*; Fliegentummelplatz *m* **~savar**: ~ **aerosol** Insektenspray *m* (*od* **~sıklet** ⟨-ti⟩ SPORT Fliegengewicht *n*

**si'nema** Kino *n*; Filmkunst *f*; Film-(Industrie); ~ **artisti** Filmschauspieler *m*, -in *f*; ~ **yıldızı** Filmstar *m* **~cı** Filmproduzent *m*, -in *f*; Filmemacher *m*, -in *f*; Regisseur *m*, -in *f*; Filmtechniker *m*, -in *f*; Kinobesitzer *m*, -in *f* **~cılık** ⟨-ğı⟩ Filmkunst *f*; Filmwesen *n*; Filmindustrie *f* **~sever** Kinofreund *m*, -in *f*

**sinema|skop** ⟨-pu⟩ Breitwandfilm *m* **~tek** Filmarchiv *n*

**siner** → sinmek

**singin** *dial* schüchtern; leicht verdaulich, bekömmlich

**sini** runde(s) Tablett (*meist aus Messing*)

**sinik**[1] ⟨-ği⟩ geduckt, scheu

**sinik**[2] zynisch; Zyniker *m*, -in *f*

**sinir** Nerv *m*; Sehne *f*; ~ **gerginliği** Nervenanspannung *f*; ~ **harbi** Nervenkrieg *m*; *-e* ~ **olmak** gereizt werden (durch *akk*); ~ **krizi** Nervenzusammenbruch *m*; ~ **sistemi** Nervensystem *n*; **~i oynamak** (*od* **tutmak**) die Nerven verlieren, sich aufregen; **~ine dokunmak** *j-n* nervös machen, *j-m* auf die Nerven gehen; **~leri gevşemek** (*od* **yatışmak**) sich beruhigen, *umg* sich abregen; **~leri kuvvetli** (er hat) starke Nerven; **~lerine hakim olmak** sich beherrschen können

**sinir|bilim** Neurologie *f* **~doku** Nervengeflecht *n* **~lemek** *v/t* Sehnen aus dem Fleisch trennen; *dial* verdauen

**sinirlen|dirmek** *v/t* nervös machen, *umg* nerven, auf die Nerven gehen; reizen **~mek** *v/i -e* nervös werden, gereizt werden durch; sich aufregen über *akk*

**sinir|li** nervös, gereizt, aufgeregt; *Fleisch* sehnig **~lilik** ⟨-ği⟩ Nervosität *f* **~sel** nervlich **~siz** *umg* ohne Sehnen (*Fleisch*); *fig* unerschütterlich

**sinizm** Zynismus *m*

**sinmek** ⟨-er⟩ *-e* sich verstecken hinter (unter) *etc dat*, *-e* sich verkriechen in

*akk; Geruch etc* eindringen in *akk*, sich festsetzen in *dat*; **sine sine** heimlich, unbemerkt *(näher kommen)*
**Sinolo|g** Sinologe *m*, Sinologin *f* **~ji** Sinologie *f*
**sinonim** Synonym *n*
**sinot** ⟨-du⟩ Synode *f*
**sinsi** heimtückisch, hinterhältig **~lik** ⟨-ği⟩ Heimtücke *f*, Hinterhältigkeit *f*
'**sinüs** *a.* ANAT Sinus *m*
**sinyal** Signal *n*; TEL Signalton *m*, *bes* Wählton *m*; **~ (lambası** *od* **ışığı)** AUTO Blinker *m*; **(sağa** *od* **sola) ~ vermek** (nach rechts *od* links) blinken
**sipahi** [a:] *osm* HIST Kavallerist *m*, Lehensreiter *m*
**sipariş** [a:] Bestellung *f*; Auftrag *m*; **-i -e ~ etmek** bestellen *(akk* bei *dat)*; **~ üzerine** auf Bestellung; **~ vermek** e-n Auftrag erteilen
**siper** A *subst (Sonnen-* etc*)* Schutz *m*; Unterschlupf *m*; MIL Unterstand *m*, Schützengraben *m*; Brustwehr *f*; (Hut-) Krempe *f*; (Mützen)Schirm *m*; Markise *f*; TECH Support *m*, Werkbankschlitten *m* B *adj* geschützt (Platz); **~ etmek** *Hand etc* schützend halten *(-e* vor *dat, akk)*; schützen *akk*; **~ olmak** Schutz bieten **~lenmek** *-e* Schutz suchen (bei *dat*) **~lik** ⟨-ği⟩ Schutz(vorrichtung *f*) *m* **~siz** ungeschützt
**sipsi** Pfeife *f*; Mundstück *n*; *umg* Glimmstängel *m*
'**sipsivri** sehr spitz, zugespitzt; **~ kalmak** von allen verlassen sein
**siren** Sirene *f*
**sirk** ⟨-ki⟩ Zirkus *m*
**sirke**[1] (Wein)Essig *m*
**sirke**[2] Nisse *f*, Ei *n* (*der* Laus)
**sirkeci** Essighersteller *m*, -in *f*
**sirkeleşmek** Wein sauer werden
**sirkeli**[1] mit Essig angemacht
**sirkeli**[2] voller Nissen
**sirkül|asyon** Umlauf *m*, Zirkulation *f* **~er** Rundschreiben *n*, Umlauf *m*
**si'roko** GEOG Schirokko *m*
**siroz** MED Zirrhose *f*
'**sirrus** Federwolke *f*, Zirruswolke *f*
**sis** Dunst *m*, Nebel *m*; **~ farı** Nebelscheinwerfer *m*; **~ perdesi** Nebelvorhang *m*, Nebelwand *f*; *fig* Schleier *m* **~leme** Vernebelung *f* **~lendirmek** *v/t* vernebeln **~lenmek** vernebelt werden; *Wetter* neblig werden **~li** neblig, trüb(e)
**sis|mik** seismisch **~mograf** Seismograf *m* **~molog** Seismologe *m*, Seismologin *f* **~moloji** Seismologie *f*
**sistem** System *n*; TECH *a.* Vorrichtung *f*; Modell *n*; Methode *f*; **~ analisti** IT Systemanalytiker *m*, -in *f*; **~ analizi** IT Systemanalyse *f*; **kontrol ~i** Kontrollsystem *n* **~atik** ⟨-ği⟩ systematisch **~atize** systematisiert; **~ etmek** systematisieren
**sistemleş|me** Systematisierung *f* **~mek** in ein System gebracht werden **~tirmek** *v/t* systematisieren
**sistem|li** systematisch **~siz** unsystematisch
'**sistire** TECH Raspel *f*; Striegel *m* **~lemek** raspeln, glatt hobeln, abziehen
**sistol** ANAT Systole *f*
**site** Siedlung *f*; Stadt *f*; IT Webseite *f*; **basın ~si** Pressezentrum *n*; **öğrenci ~si** Studentendorf *n*; **spor ~si** Sportzentrum *n*; **internet (**od **web) ~si** Website *f*
**sitem** Vorwurf *m*, Vorhaltung *f*; Mäkelei *f*; **-i -e ~ etmek** *j-m* Vorwürfe machen; (herum)mäkeln **~li** vorwurfsvoll
**sitil** große Kupfertasche; Kupfergefäß *n*
**sitoloji** MED Zytologie *f*
**~asit** CHEM Zitronensäure *f*
**sitrik: ~ asit** CHEM Zitronensäure *f*
**sit'tinsene** *fig* eine Ewigkeit, jahrelang
**sivil** zivil, Zivil- (Bevölkerung); in Zivil (-kleidung); Zivilist *m*; Geheimpolizist *m*; *umg* splitternackt; **~ giyimli** in Zivil; **~ toplum** POL Zivilgesellschaft *f*; **~ toplum kuruluşları (STK)** zivilgesellschaftliche Einrichtungen
**sivilce** Pickel *m*
**sivri** spitz; konisch (zulaufend); *fig* auffällig, exzentrisch; **~ akıllı** *pej* spitzfindig, neunmalklug **~biber** BOT Peperoni *pl* **~burun** Website *f*
**sivrileş|mek** *v/i* spitz (*od* scharf) werden; wachsen, aufschießen **~tirmek** *v/t* verschärfen
**sivrilmek** → sivrileşmek; sich verjüngen; *fig* Karriere machen, vorankommen
**sivrisinek** ⟨-ği⟩ Stechmücke *f*, Moskito *m*
**siya** [a:]: **~ etmek** SCHIFF den Rückwärtsgang einschalten; rückwärts rudern; **~ ~ (gitmek)** rückwärts (fahren)
**siyah** schwarz; *Schrift* fett; Rot- (Wein); *umg* Opium *n*; **~ beyaz film** Schwarz-

Weiß-Film m; ~ **çelenk** POL schwarzer Kranz (des Protestes); ~ **ekmek** Schwarzbrot n; ~**lar giyinmiş** schwarz gekleidet, ganz in Schwarz

**siyah|ımsı**, ~**ımtırak** schwärzlich ~**lanmak**, ~**laşmak** schwarz werden; dunkler werden ~**latmak** v/t schwärzen ~**lı** ... in Schwarz ~**lık** ⟨-ğı⟩ (das) Schwarze, Schwarz n; Finsternis f

**siyanür** Zyanid n

**siyas|a** → **siyaset**; ~**al** politisch; ~ **İslam** politische(r) Islam, islamische(r) Fundamentalismus

**siyaset** [a:] ⟨-ti⟩ Politik f; ~ **meydanı** HIST Hinrichtungsstätte f ~**çi** Politiker m, -in f

**siyasî** [-ja:si:] politisch; Politiker m, -in f

**siyatik** ⟨-ği⟩ ANAT Ischias n (a. f)

**siyek** ⟨-ği⟩ ANAT Harnröhre f, Urethra f

**siymek** ⟨-er⟩ bes Tiere urinieren

**siyon|ist** ⟨-ti⟩ Zionist m ~**izm** POL Zionismus m

**siz** ihr; Sie; ~ **sağ olsun** ach bitte!, keine Ursache!; ~**ce** nach Ihrer Meinung; ~**ler** pl ihr (alle); ~**li biz|li konuşmak** sich siezen ~**de** bei, in euch, von Ihnen etc ~**den** von euch, bei Ihnen etc

**size** euch dat, Ihnen; zu euch, zu Ihnen

**sizi** euch akk, Sie

**sizin** euer; Ihr; ~ **için** für euch, für Sie; ~ **gibi** so wie ihr (Sie); ~ **kadar** so (viel) wie ihr (Sie) ~**ki** die euren; die Ihrigen ~**kiler** eure (Ihre) Angehörigen ~**le** mit euch; mit Ihnen

**skandal** Skandal m

**Skandinav** Skandinavier m, -in f; skandinavisch ~**ya** Skandinavien n ~**yalı** Skandinavier m, -in f

**skeç** ⟨-çi⟩ Sketch m

**ski** Ski m; ~ **yapmak** Ski laufen

**skleroz** MED Sklerose f

**skolastik** ⟨-ki⟩ Scholastik f; scholastisch

**skrayper** Schrapper m; Schneepflug m

**Slav** Slawe m, Slawin f; slawisch ~**ca** (das) Slawisch(e); slawisch

**slayt** ⟨-dı⟩ FOTO Diapositiv n, umg Dia m

**slogan** Slogan m, Schlagwort n

**Slovak** ⟨-kı⟩ Slowake m, Slowakin f; slowakisch

**Sloven** Slowene m, Slowenin f; slowenisch

**smaç** Schmetterball m

**smokin** Smoking m

**snobizm** Snobismus m

**snop** ⟨-bu⟩ Snob m

¹**soba** Ofen m; Treibhaus n ~**cı** Ofensetzer m

¹**soda** Soda n; Sodawasser n ~**lı** mit Kohlensäure

¹**sodyum** Natrium n; ~ **bikarbonat** Natron n

**sof** Kamelott m; Futterseide f

**sofa** Diele f

**sofist** ⟨-ti⟩ PHIL Sophist m ~**ike** raffiniert, ausgeklügelt; anspruchsvoll

**sofizm** Sophismus m, Spitzfindigkeit f

**sofra** Tafel f, gedeckte(r) Tisch; runde(s) Nudelbrett; Personen Tafelrunde f; ~ **donatmak** gehörig auftischen; ~**(yı) kaldırmak** den Tisch abdecken; abräumen; ~**(yı) kurmak** den Tisch decken; ~ **örtüsü** Tischdecke f; ~ **şarabı** Tafelwein m; ~ **takımı** Essservice n; ~**sı açık** gastfreundlich ~**cı** Servierer m, -in f

**softa** HIST Student m e-r Medrese; Fanatiker m; bigott ~**lık** Bigotterie f

**sofu** religiös, fromm; frömmelnd ~**luk** ⟨-ğu⟩ Religiosität f; pej Scheinheiligkeit f; ~ **taslamak** fromm tun, frömmeln

**soğan** Zwiebel f; Knolle f, Bolle f ~**cık** ⟨-ğı⟩ Schnittlauch m ~**lı** Zwiebel-

**soğuk** ⟨-ğu⟩ **A** adj kalt; fig kühl (z. B. Empfang); frigide **B** subst Kälte f, kalte(s) Wetter; ~ **algınlığı** Erkältung f; ~ **almak** sich erkälten; ~ **büfe** kalte(s) Buffet; -e ~ **bakmak** sich gleichgültig (od ablehnend) verhalten gegenüber; ~ **çıkmak** v/unpers Wetter kalt werden; ~ **füzyon** PHYS kalte Fusion; ~ **nevale** kaltschnäuzig; & **Savaş** der Kalte Krieg

**soğuk|alın** Kältefront f ~**kanlı** ZOOL u. fig kaltblütig; ZOOL Kaltblüter m; fig geistesgegenwärtig ~**kanlılık** ⟨-ğı⟩ Kaltblütigkeit f; Geistesgegenwart f

**soğukla|ma** Erkältung f ~**mak** sich erkälten ~**şmak** sich abkühlen ~**ştırmak** v/t abkühlen

**soğukluk** ⟨-ğu⟩ Kälte f; Kühlung f; Gefühlskälte f; Indifferenz f; Erfrischung f (z. B. nach dem Essen)

**soğu|ma** Abkühlung f ~**mak** v/i kalt werden; -den Interesse verlieren an dat; **bu işten soğudum** mein Interesse daran ist abgekühlt

**soğurma** CHEM, BIOL Absorption f
**soğurmak** v/t absorbieren; *Feuchtigkeit* aufsaugen; *Licht* verschlucken
**soğut|kan** kühlend **~ma** Kühlung f; Kühl- (*Raum etc*) **~mak** v/t kühlen, kühl stellen; (*-den*) *fig (Liebe etc* zu *dat*) zerstören; **arasını ~** die Beziehungen zwischen ... (*dat*) erkalten lassen **~malı**: Kühl- (*Wagen etc*); **hava (su) ~** mit Luftkühlung (Wasserkühlung) **~ucu**: Kühlschrank f; Kühlvorrichtung f
**sohbet** ⟨-ti⟩ Gespräch n, Plauderei f; Unterhaltung f; **~ etmek** sich unterhalten, plaudern
**sokak** ⟨-ğı⟩ Straße f; **çıkmaz ~** Sackgasse f; **~ başı** Straßenecke f; **~ kapısı** Haustür f; **~ kadını** Straßenmädchen n; **~ lambası** Straßenlaterne f; **~ levhası** Straßenschild n; **~ ressamı** Straßenmaler m, -in f; **sokağa çıkmak** aus dem Haus gehen; **sokağa düşmek** durch ein Überangebot Wert verlieren; *Frau* sich zu prostituieren beginnen; das eigene Haus fliehen; **~taki adam** Otto Normalverbraucher; **~tan toplamak** mühelos und in Fülle bekommen
**sokar** → **sokmak**
**soket** ELEK Steckdose f; Lampenfassung f; **~ çorap** Socke f
**sokma** (Schlangen)Biss m; Stich m
**sokmak** ⟨-ar⟩ (-e) v/t stecken (in *akk*) einlassen, (herein)lassen (in *akk*); (*j-n ins Parlament*) schicken; *Insekt* stechen; *Schlange* beißen; in ein Land einführen, schmuggeln; *Messer* stoßen in *akk*; *Sonde* einführen in *akk*; *Tiere* in den Stall lassen; *umg j-m* schlechte Waren andrehen
**sokman** Stiefel m, Langschäfter m
**sokra** (Planken)Fuge f
**sokturmak** anschließen (-e an *akk*); stecken lassen; *kaus von* **sokmak**
**soku** Steinmörser m
**sokulgan** schnell vertraut; anlehnungsbedürftig; *Kind* zutraulich
**sokulma** -e Eindringen n (in *akk*); Vertraulichkeit f (mit); Ankuscheln n (an *akk*)
**sokulmak** -e eindringen in *akk*; sich anschmiegen an *akk*; sich (*unter die Decke*) kuscheln; **düşmana ~** Feindberührung aufnehmen
**sokulu** gesteckt, steckend
**sokum** Bissen m, Teil m
**sokuşturmak** zwängen (*-i -e* an *akk* in *akk*); *umg j-m* andrehen *akk*; **(laf) ~** *j-m* e-n Stich versetzen (*mit Worten*)

**sol¹** link-; links; *Boxen* Linkshaken m; (die) Linke; **~ parti** POL Linkspartei f, die Linken *pl*; **~a** (nach) links; **~a bak!** MIL die Augen links!; **~a dön!** MIL linksum!; **~a dönen** Linksabbieger m
**sol²** ⟨-lü⟩ MUS g
**'solaçık** ⟨-ğı⟩ SPORT Linksaußen m
**solak** ⟨-ğı⟩ Linkshänder m, -in f
**'solanahtarı** ⟨-nı⟩ Violinschlüssel m
**solar** → **solmak**
**solcu** POL links eingestellt, linke(r/s); (ein) Linke(r); **aşırı ~** linksradikal; **~ parti** Linkspartei f **~luk** ⟨-ğu⟩ Linkssein n, linke Tendenz
**sol|da** auf der linken Seite, links **~dan** von links; auf der linken Seite (*gehen*)
**soldurmak** v/t ausbleichen; *kaus von* **solmak**
**solgun** verblichen, bleich **~laşmak** verbleichen; blass werden **~luk** ⟨-ğu⟩ Blässe f
**solist** Solist m, -in f
**sollamak** v/t (links) überholen; **sollama şeridi** Überholspur f
**solmak** ⟨-ar⟩ *Blume* verwelken (*a. fig Person*); *Stoff* verschießen, ausbleichen
**solmuş** welk
**'solo** Solo n; **~ yapmak** als Solist auftreten **~cu** Solist m, -in f
**solucan**, yer **~ı** Regenwurm m; Spulwurm m; **pis ~!** niederträchtiger Kerl!; **~ düşürücü** Wurmmittel n **~laşmak** v/i sehr dünn werden
**soluğan** jappend, keuchend; asthmatisch; *gekräuselte See*, Dünung f
**soluk¹** ⟨-ğu⟩ verwelkt; bleich
**soluk²** ⟨-ğu⟩ Atem m; **-i ~ aldırmamak** *j-n* nicht zu Atem kommen lassen; **~ almadan** atemlos (*zuhören etc*); **~ almak** Atem holen, atmen; *fig* verschnaufen; **~ kesici** atemberaubend; **~ (-in soluğunu) kesmek** *j-m* den Atem verschlagen; **~ soluğa** ganz außer Atem; in aller Eile; **~ vermek** ausatmen; **soluğu** *-de* **almak** *fig* schnurstracks gehen od fahren nach, zu; **soluğu kesilmek** (*od* **tutulmak**) außer Atem kommen; *fig* den Schwung verlieren
**soluklanmak** tief atmen; sich entspannen; sich kurz erholen
**solukluk** ⟨-ğu⟩ Blässe f

**solumak** (schwer) atmen, keuchen (*-den* vor *dat*)

**solumda** links von mir

**solun|gaç** ⟨-cı⟩ Kieme *f* **~mak** atmen

**solunum** Atmen *n*; **~ aygıtı** (*od* **sistemi**) Atmungsorgane *n/pl*

**solüsyon** (Gummi)Lösung *f*

**som**¹ massiv (Gold); *fig* tief (Schatten)

**som**² Kaimauer *f*

**som**³ → somon

**'soma**¹ Branntwein *m* ohne Anis

**'soma**² Körperzellen *f/pl*

**somak** ⟨-ğı⟩ → sumak

**somaki** [-ma:-] Porphyr *m*

**so'mata** Mandelmilch *f*

**somatik** somatisch

**'sombalığı** ⟨-nı⟩ → somon

**somun**¹ Rundbrot *n*; Laib *m* Brot

**somun**² (Schrauben)Mutter *f*; **~ anahtarı** Schraubenschlüssel *m* **~lu:** *vida* Schraube *f* mit Mutter

**somurdanmak** brummen, maulen

**somurt|kan** brummig, mürrisch, *umg* miesepetrig **~kanlık** ⟨-ğı⟩ Missmut *m*, Verdrossenheit *f* **~mak** schmollen, *umg* maulen; mürrisch aussehen **~uş** Maulen *n*; mürrische(s) Aussehen

**somut** ⟨-tu⟩ konkret; konkrete Sache; GRAM Konkretum *n* **~lamak** *v/t* konkretisieren **~laşmak** sich konkretisieren **~laştırmak** *v/t* konkretisieren

**'somya** (Sprungfeder)Matratze *f*

**son** letzt-; äußerst- (*z. B.* Geschwindigkeit); abschließend (Wort); Ende *n*, Schluss *m*; End-, Schluss-; ANAT Plazenta *f*, Mutterkuchen *m*; **~ bulmak** zu Ende gehen; **~ derece(de)** höchst, äußerst; **~ durak** Endhaltestelle *f*, Endstation *f*; **~ iddia** JUR Plädoyer *n* (*des Staatsanwalts*); **~ kozunu oynamak** den letzten Trumpf ausspielen; **~ müdafaa** (*od* **savunma**) JUR Plädoyer *n* (*des Angeklagten*); *-e* **~ vermek** ein Ende setzen *dat*; **~a erdirmek** beenden; **~a ermek** zu Ende gehen; **en ~u(nda)** *umg* letzten Endes

**sonar** Unterwasserortungsgerät *n*

**sonat** ⟨-tı⟩ MUS Sonate *f*

**'sonbahar** Herbst *m*

**'sonda** MED Sonde *f*, Katheter *m*; TECH Erdbohrer *m*, Bohrstange *f*

**sondaj** Sondierung *f*; Einführung *f* e-s Katheters; **~ kuyusu** Bohrloch *n* **~cı** Bohrarbeiter *m*

**sondalamak** *v/t* sondieren

**sone** LIT Sonett *n*

**'sonek** ⟨-ki⟩ GRAM Suffix *n*

**sonlu** endlich

**'sonra** ['sɔ:ra] (*-den*) *postp* nach *dat*; *adv* sonst, anderenfalls; später; danach; nachher; **daha ~** danach; **biraz ~** etwas später; **ondan ~** danach, hierauf; *Zeitdauer* **bir yıl ~** nach e-m Jahr; (*-den*) *Zeitpunkt* **o zamandan ~** nach jener Zeit; **~sı var** Fortsetzung folgt; **savaş ~sı** (**dönemi**) Nachkriegszeit *f*; **ondan ~sı** das Übrige; **~ya bırakmak** auf später verschieben; **~ya kalmış** aufgeschoben, vertagt; **en ~** schließlich, ganz zum Schluss; *konj* **~dikten** nachdem: **evlendikten iki yıl ~** zwei Jahre, nachdem sie geheiratet hatten

**sonradan** danach; später, in der Folge; nachträglich; **~ görme** Emporkömmling *m*, Parvenu *m*; **~ görmüşlük** Neureichtum *m*; **~ olma** relativ neu

**'sonra|ki** später, folgend **~kiler** Nachkommenschaft *f*; Nachfolger *m/pl* **~ları** die folgenden Zeiten; danach **~sız** ewig **~sızlık** ⟨-ğı⟩ Ewigkeit *f*

**sonsal** PHIL a posteriori

**son|ses** ['sɔnses] LING Auslaut *m*; **~ düşmesi** Abfall *m* des Auslauts **~söz** ['sɔn-] Nachwort *n* **~suz** unendlich; ewig; *fig a.* unbegrenzt; **~ vida** TECH Schnecke *f* **~suzluk** ⟨-ğu⟩ Unendlichkeit *f*; **sonsuzluğa göçmek** *fig* in die Ewigkeit eingehen **~takı** ['sɔn-] Postposition *f*

**sonuç** ⟨-cu⟩ 🅐 *subst* Ergebnis *n*, Resultat *n*; Folge *f*; Schlussfolgerung *f*; Ausgang *m*; Schluss *m* (*e-r Rede*); *-den* **~ almak** ein Resultat erzielen bei; *-den* **~lar çıkarmak** Schlüsse ziehen 🅑 *postp* **... sonucu** infolge *gen*, als Folge *gen*; **bunun sonucunda** infolgedessen

**sonuç|lamak**, **~landırmak** *v/t* zu e-m Schluss bringen, beenden; bewirken, veranlassen; beschließen **~lanmak** erfolgen; erledigt werden, durchgeführt werden **~suz** erfolglos

**son|uncu** letzt- **~unda** 🅐 *adv* letzten Endes, schließlich; zuletzt 🅑 *postp*(*-in*) **~** infolge *gen*

**sop** ⟨-pu⟩ : **soy ~** die ganze Verwandtschaft

**sopa** Knüppel m, Stock m; Prügel pl; Stockschlag m; **-e ~ çekmek** j-n verprügeln **~lamak** v/t verprügeln
**so'prano** ⟨a:⟩ MUS Sopran m
**'sopsoğuk** bitterkalt
**sorar** → sormak
**sordurmak** kaus von sormak
**sorgu** Verhör n, Vernehmung f; Fragen n; **~ sual** pej Fragerei f; **~ hakimi** (od **yargıcı**) Untersuchungsrichter m, -in f
**sorguç** ⟨-cu⟩ Haube f (der Vögel); Federbusch m
**sorgulama** → sorgu
**sorgulamak** JUR vernehmen, verhören
**sorgusuz: ~ sualsiz** ohne Gerichtsverfahren; ohne nachzufragen
**sormak** ⟨-ar⟩ (-i -e) fragen (j-n etw, nach dat); j-n verantwortlich machen (-den für akk); Fragen stellen; **~ saati olduğunu ~** j-n nach der Uhrzeit fragen; **-den ne istediğini ~** j-n fragen, was er möchte; **-in hatırını ~** nach j-s Befinden fragen; umg **sorma** (od **sormayın**) **gitsin** hör (od hören Sie) bloß (davon) auf!; ich kann dir (od Ihnen) sagen!; **sora sora** durch vieles Fragen; **bir kimse sizi sordu** jemand hat nach Ihnen gefragt
**sorti** ELEK Auslass m, Anschluss m; MIL (Flieger)Einsatz m
**soru** Frage f; **~ cümlesi** Fragesatz m; **~ eki** Fragepartikel f (z. B. mi); **~ işareti** Fragezeichen n; **~ sahibi** Fragesteller m; **~ sıfatı** Interrogativadverb n; **~ sormak** e-e Frage stellen; **~ zamiri** Fragepronomen n; **~ zarfı** Frageadverb n
**sorulmak** (-e od -den) gefragt werden; passiv von sormak; **nasıl** ⟨-diği⟩ **sorulduğunda** auf die Frage, wie ...
**sorumlu** verantwortlich (-in für akk) **~luk** ⟨-ğu⟩ Verantwortung f; **~ duygusu** Verantwortungsgefühl n; **~ sahibi** verantwortungsbewusst, gewissenhaft; **-in sorumluğunu üzerine almak** die Verantwortung übernehmen für
**sorumsuz** unverantwortlich **~luk** ⟨-ğu⟩ Verantwortungslosigkeit f
**sorun** Problem n **~lu** problematisch **~sal** Problematik f **~suz** problemlos
**soruştur|ma** JUR Untersuchung f; JUR Ermittlung f; Umfrage f **~mak** ⟨-i -e⟩ JUR ermitteln (-e bei j-m), untersuchen akk; ausforschen, ausfragen (-e j-n); Erkundigungen einziehen, ermitteln (-e bei j-m)
**sorut|kan** abweisend, brummig **~mak** unfreundlich sein
**sos** Soße f; **vanilya ~u** Vanillesoße f
**sosis** Würstchen n
**sosyal** sozial; **~ çalışman** Sozialarbeiter m, -in f; **~ güvenlik kuruluşu** Sozialversicherungsanstalt f; **~ konut** Sozialwohnung f; **⚶ Sigortalar Kurumu** Sozialversicherungsgesellschaft f (Türkei); **~ yardım** Sozialhilfe f
**sosyaldemo|krasi** Sozialdemokratie f **~krat** ⟨-tı⟩ Sozialdemokrat m, -in f
**sosyalist** ⟨-ti⟩ Sozialist m, -in f; sozialistisch
**sosyalizasyon** Sozialisierung f
**sosyalizm** Sozialismus m
**sosyalleş|me** Vergesellschaftung f **~tirmek** v/t vergesellschaften, verstaatlichen; j-n resozialisieren
**sosyetle** (die) feine Gesellschaft; pej Schickeria f **~ik** ⟨-ği⟩ pej Schickimicki m
**sosyolengüistik** ⟨-ği⟩ Soziolinguistik f
**sosyolo|g** Soziologe m, -login f **~ji** Soziologie f **~jik** soziologisch
**sote** GASTR geschmort, gedünstet
**Sovyet** ⟨-ti⟩ HIST Sowjet m; sowjetisch; **~ler Birliği** Sowjetunion f; **~ Cumhuriyeti** Sowjetrepublik f; **~ Sosyalist Cumhuriyetler Birliği (SSCB)** Union der Sozialistischen Sowjetrepubliken (UdSSR) f
**soy** Stamm m, Geschlecht n; Generation f; Abstammung f; Rasse- (Pferd); ... aus guter Familie; edel; **~ olmayan** Metall unedel; **~ sop** die gesamte Verwandtschaft, umg Mischpoche f; **~a çekmek** seiner Familie (od seinen Vorfahren) nacharten
**'soya, ~ fasulyesi** BOT Sojabohne f
**soyaçekim** BIOL Vererbung f
**'soy|adı** ⟨-nı⟩ Familienname m; **adı, ~** Vor- und Zuname **~ağacı** ⟨-nı⟩ Stammbaum m
**soyar** → soymak
**soydaş** Stammesgenosse m; Auslandstürke m, Auslandstürkin f
**soydurmak** kaus von soymak
**soygun** Raub m, (Raub)Überfall m; umg (Gewinn) Fischzug m **~cu** Räuber m, Bandit m **~culuk** ⟨-ğu⟩ Raub m
**'soykırım** Völkermord m, Genozid n

**soylu** edel; adelig; erhaben; Höfling *m*; Adelige(r) **~luk** ⟨-ğu⟩ vornehme Abkunft

**soymak** ⟨-ar⟩ *v/t* abschälen, schälen, *z. B. Kartoffeln, Ei* pellen; *Erbsen* entschoten; *Fisch* schuppen; *Haut* abziehen; *z. B. Kind* ausziehen; *Person, Bank* überfallen, ausrauben

**soymuk** ⟨-ğu⟩ essbare Rinde, Kaurinde *f (aus e-r Tanne)*

**¹soyoluş** Phylogenese *f*

**soysal** Stamm-, Stammes-

**soysuz** entartet, degeneriert; verkümmert; unmoralisch **~laşmak** *v/i* entarten, degenerieren **~laştırmak** *v/t* verunstalten, entstellen; verstümmeln; *umg* verhunzen **~luk** ⟨-ğu⟩ Entartung *f*; unbekannte Herkunft; unmoralische(s) Verhalten

**soytarı** Clown *m*, Harlekin *m* **~lık** ⟨-ğı⟩ Clownerie *f*; Harlekinade *f*; **~ etmek** Clownerien machen

**soyucu** Räuber *m*; räuberisch

**soyulmak** sich schälen *(od* pellen *etc); passiv von* soymak

**soyunma** Umkleiden *n*; **~ odası** *(od* **kabini)** Umkleidekabine *f*

**soyunmak** sich ausziehen; **bir işe ~** sich an e-e Aufgabe *etc* dranmachen; **soyunup dökünmek** Straßenkleidung ablegen

**soyut** ⟨-tu⟩ abstrakt **~lama** Abstraktion *f*; Abstrahieren *n* **~lamak** *v/t* abstrahieren **~luk** ⟨-ğu⟩ (das) Abstrakte

**söbe, söbü** oval; eiförmig

**söğüş** kaltes gekochtes Fleisch; Tomatensalat *m (ohne Soße)*

**söğüt** ⟨-dü⟩ BOT Weide *f*; **~ ağacı** Weidenbaum *m*; **salkım ~** Trauerweide *f*

**sökmek** ⟨-er⟩ **A** *v/t* herausnehmen; abnehmen, ernten, pflücken; abreißen; durchkommen (durch *z. B. die Menge*); *Baum* ausreißen; *Motor* auseinandernehmen; demontieren; *Naht* auftrennen; *Nagel* herausreißen; *Pferde* abspannen; *Schraube* herausdrehen, herausschrauben; *Schrift* entziffern; *Steigung* bewältigen; *Zahn* ziehen; *Zelt* abbrechen; **söküp atmak** ausmerzen, loswerden **B** *v/i* eintreffen; **bana sökmez!** *fig umg* das zieht bei mir nicht!

**söktürmek** ⟨-i -e⟩ *kaus von* sökmek

**sökük** ⟨-ğü⟩ *Naht* aufgeplatzt; fallen gelassene Masche; Loch *n*, Riss *m*; **~ dikmek** Löcher stopfen

**sökülmek** ⟨-den⟩ *fig (aus dem Kopf)* gehen, angetrieben werden; **-i** *umg* Geld herausrücken; *Ware* absetzen

**söküm** Pflücken *n*, Ernte *f*

**sökün:** **~ etmek** plötzlich auftauchen, *Gäste a.* nacheinander eintreffen, *umg* eintrudeln

**söküntü** Riss *m* e-r Naht; Trümmer *pl*

**sölpü|k** schlaff, erschlafft **~mek** *v/i* erschlaffen

**sömestr** Semester *n*; **~ tatili** Semesterferien *pl*

**sömürge** Kolonie *f* **~ci** Kolonisator *m*, Kolonialist *m*; Kolonial- *(Staat)* **~cilik** ⟨-ği⟩ Kolonisation *f*; Kolonialismus *m* **~leştirmek** *v/t* kolonisieren

**sömür|me** Ausbeutung *f* **~mek** *v/t* ausbeuten; *Getränk* schlürfen; alles aufessen, verschlingen

**sömür|ü** Ausbeutung *f* **~ücü** Ausbeuter *m*; Ausbeuter- **~ücülük** ⟨-ğü⟩ Ausbeuterwesen *n* **~ülme** Ausbeutung *f* **~ülmek** *passiv von* sömürmek

**söndür|me** Löschung *f*; Lösch- *(Trupp)* **~mek** *v/t* löschen; *Gas* abstellen; *Licht* ausmachen; *Luft (aus e-m Ballon)* lassen; *fig Erregung* besänftigen **~ücü** Feuerlöscher *m*; Lösch-

**sönmek** ⟨-er⟩ erlöschen, ausgehen; *Ballon* erschlaffen, schlaff werden; *Gefühle* erkalten; *Reifen umg* e-n Platten haben; *Stadt* verfallen, veröden; *Stimmung j-m* vergehen

**sönmüş** gelöscht *(Kalk)*; erloschen *(Vulkan)*

**sönük** ⟨-ğü⟩ erloschen; schlaff geworden; schwach *(Hoffnung)*; *Person* unscheinbar

**sönüm** WIRTSCH Tilgung *f*; PHYS Dämpfung *f*, Abklingen *n* **~lemek** *v/t* dämpfen, zum Stillstand bringen; WIRTSCH tilgen, zurückzahlen **~lü** gedämpft, zum Stillstand gekommen **~süz** ungedämpft, anhaltend *(Schwingung)*

**sör** *osm* (Kranken)Schwester *f*; Nonne *f*

**sörf** Surfen *n*; **~ tahtası** Surfbrett *n*; **~ yapmak** surfen

**söve** (Fenster-, Tür)Rahmen *m*

**söver** → sövmek

**sövgü** Schimpfwort *n*, Fluch *m*

**söv|me** Beschimpfung *f*; Beleidigung *f*

**~mek** ⟨-er⟩ beschimpfen, schimpfen (auf *akk*); **sövüp saymak** schimpfen und fluchen **~ülmek** *passiv von* sövmek, *dial* → sövmek **~üşmek** sich beschimpfen

**söylem** Diskurs *m*

**söylemek** sagen (-*i* -*e* *j-m* *etw*; için über *akk*); Lied singen; *z. B.* **e-e Tasse Kaffee bestellen;** -*e* (*od* -*in*) -*mesini* ~ *j-m* sagen, dass er etw tun solle; *j-n* bitten, etw zu tun; **size yazmayı söylediler** sie sagten mir, dass ich Ihnen schreiben solle; **söylemediğini bırakmamak** alles Mögliche erzählen *od umg* tratschen; -*e* kein gutes Haar an *dat* lassen

**söylence** Sage *f*

**söylenilmek**: *passiv von* söylemek; **söylenilir** man sagt

**söyleniş** LING Aussprache *f*; **~i güç** schwer aussprechbar

**söylenmek** *passiv von* söylemek; **(kendi kendine)** ~ vor sich hin brummen

**söyle|nti** Gerücht *n*; Legende *f*, Rederei *f* **~şi** Unterhaltung *f*, Plauderei *f*; Interview *n* **~şmek** (-*le*) miteinander plaudern; verhandeln mit **~tmek** (-*i* -*e*) *j-n* dazu bringen, *etw* zu gestehen, *j-n* zu e-m Geständnis veranlassen (*od* zwingen)

**söylev** Rede *f*; ~ **vermek** e-e Rede halten

**söyleyiş** LING Aussprache *f*

**söz** Wort *n*, *a.* Versprechen *n*; -*den* ~ **açmak** erwähnen *akk*, zu sprechen kommen auf *akk*; ~ **almak** das Wort ergreifen; die Zusage erhalten (-*eceği* **konusunda** dass ...); ~ **altında kalmamak** (*j-m*) nichts schuldig bleiben; ~ **aramızda** unter uns gesagt; ~ **arasında** übrigens, nebenbei bemerkt; ~ **atmak** Anspielungen machen; Annäherungsversuche machen; ~ **ayağa düşmek** Problem völlig laienhaft erörtert werden; ~ **dinlemek** (*od* **tutmak**) sich (*dat*) raten lassen; ~ **düşürmek** auf ein Thema lenken; -*den* ~ **etmek** sprechen über *akk*; handeln von; ~ **etmek** zu klatschen anfangen (über *akk*); ~(**ünü**) **geçirmek** sich durchsetzen; -*e* ~ **getirmek** Anlass zur Kritik *gen* bilden; ~ **götürmez** unbestreitbar; ~ **kaldırmamak** sich (*dat*) nichts gefallen lassen; ~ **kesmek** e-e Zusage geben (*bezüglich* e-*r* Heirat); ~ **ko-** **nusu** betreffend; ~ **konusu olmak** die Rede sein von; ~ **konusu (bile) değil** es kann keine Rede sein von; ~ **olmak** ins Gerede kommen; ~ **sahibi olmak** mitreden können, kompetent sein; ~ **temsili** zum Beispiel, nehmen wir an; ~ **varlığı** Wortschatz *m*; -*e* ~ **vermek** *j-m* das Wort erteilen; sein Wort geben; ~ **yazarı** Textdichter *m*; **buna ~ yok!** dazu kann man nichts sagen; **~de kalmak** *unp* es wird nichts daraus; ~ **atılmak** (*od* **karışmak**) sich einmischen, *j-m* ins Wort fallen; -*in* **~ü geçmek** das Sagen haben; erörtert werden; **~ü geçer** einflussreich; **~ü uzatmak** weitschweifig sein (*od* werden); **~üm olsun** auf Ehrenwort; **~üm yabana** mit Verlaub zu sagen; **~ün kısası** kurz und gut; **~ünde durmak** sein Wort halten; **~ünden çıkmamak** die Bitte (*e-s Menschen*) nicht abschlagen können; **~ünü bilmez** taktlos, unbedacht; -*in* **~ünü etmek** sprechen über *akk* (*od* von); **~ünü tutmak** sein Wort halten; dem Rat (*e-s anderen*) folgen; **~ünün eri** ein Mann des Wortes

**söz|birliği** ⟨-*ni*⟩ Zustimmung *f*, Einhelligkeit *f*; **~yle einstimmig ~cü** Sprecher *m*, -*in f*; Referent *m*, -*in f*; Berichterstatter *m*, -*in f* **~cük** ⟨-*ğü*⟩ GRAM Wort *n*; ~ **türü** Wortart *f*

**sözcülük** ⟨-*ğü*⟩ Berichterstattung *f*; -*e* ~ **etmek** *j-m* Bericht erstatten

**sözde** angeblich; sogenannt; Schein-

**sözdizim|i** ⟨-*ni*⟩ Syntax *f* **~sel** syntaktisch

**sözel** verbal

**söz|gelimi, ~gelişi** zum Beispiel (z. B.)

**sözlendirmek** FILM → seslendirmek

**sözleş|me** Abkommen *n*; Vertrag *m*; **toplu ~** Tarifvertrag *m*; ~ **yapmak** e-n Vertrag schließen **~mek** sich verabreden **~mesiz** vertragslos; ohne Verabredung

**sözlü** mündlich (*Prüfung*); vertraglich verpflichtet (-*e j-m*); versprochen, (so gut wie) verlobt

**sözlük** ⟨-*ğü*⟩ Wörterbuch *n*; **Türkçe – Almanca ~** Türkisch-Deutsche(s) Wörterbuch; **sözlüğe bakmak** im Wörterbuch nachschlagen **~bilim** Lexikografie *f* **~bilimci** Lexikologe *m*, Lexikologin *f* **~çü** Lexikograf *m*, -*in f*

**sözsüz** wortlos; **~ oyun** Pantomime f
**sözümona** sogenannt, Schein-
**spazm** MED Krampf m
**speküla|syon** WIRTSCH, PHIL Spekulation f; **~ yapmak** WIRTSCH spekulieren **~tör** Spekulant m, -in f
'**sperma** Sperma n
**spesifik** spezifisch
'**spiker** Radio, TV Ansager m, -in f
**spiral** a. MED Spirale f; spiralförmig
**sponsor** Sponsor m; -**in ~luğunu yapmak** (od **üstlenmek**) sponsern akk
**spontane** spontan
**spor**¹ Sport m; sportlich; **~ giyim** Sportkleidung f; **~ sahası** Sportplatz m; **~la uğraşmak** Sport treiben; **kış ~ları** Wintersportarten f/pl; **su ~u** Wassersport m; **~ paraşütü** Gleitschirm m
**spor**² BIOL Spore f
**sporcu** Sportler m, -in f **~luk** ⟨-ğu⟩ Ausübung f e-s Sportes
**sporsever** Sportfreund m, -in f
**sport|if** sportlich **~men** Sportler m; (körperlich) gut gebaut; **~ yapılı** sportlich, gut gebaut **~mence** sportlich, fair
**spor'toto** Fußballtoto n
**spot** ⟨-tu⟩ Spotlight n, Punktlicht n; Werbespot m (im Fernsehen)
**sprey** Spray n, Zerstäuber m; Sprühmittel n
**stabil** stabil **~ize** stabilisiert; **~ etmek** stabilisieren; verfestigen; **~ yol** verfestigte Straße
**stad(yum)** Stadion n
**staj** Praktikum n **~yer** Praktikant m, -in f; **~ doktor** Assistenzarzt m, Assistenzärztin f **~yerlik** ⟨-ği⟩ Praktikum n
**stand** → **stant**
**standart** ⟨-dı⟩ Standard m, Norm f; fig Niveau n; **~ donanım** Normalausführung f **~laştırmak** standardisieren, normieren, normen
**stant** ⟨-dı⟩ (Ausstellungs)Stand m
**star** Star m (Filmstar etc)
**start** ⟨-tı⟩ Start m
**statik** ⟨-ği⟩ statisch; beständig; Statik f; WIRTSCH nicht expandierend
**stator** ELEK Stator m
**statü** Statut n
**sta'tüko** Status quo m **~cu** Befürworter m des Status quo
**stearin** CHEM Stearin n

'**steno** Stenografie f; Stenograf m, -in f **~graf** → **steno** **~grafi** → **steno**
**step** Steppe f
**stepne** AUTO Reserverad n
**stereo** Stereo n, Stereofonie f **~foni** Stereofonie f **~fonik** ⟨-ği⟩ stereofonisch **~skop** ⟨-pu⟩ Stereoskop n **~tipi** Stereotypie f
**steril** steril **~izasyon** Sterilisation f **~ize**: **~ etmek** sterilisieren
**steyşın**, **~ vagon** Kombiwagen m
**stil** Stil m
**STK** abk → **sivil toplum kuruluşu**
**stoacı** Stoiker m; stoisch **~lık** ⟨-ğı⟩ Stoizismus m
**stok** ⟨-ku⟩ (Waren)Lager n, Vorrat m; unverkaufte Ware, Ladenhüter m; -i **~ etmek** lagern akk **~çu** Lagerhalter m; Lagerinhaber m **~çuluk** ⟨-ğu⟩ Lagerhaltung f
**stop** stopp!; **~ lambası** AUTO Bremslicht n; **~ etmek** v/i stehen bleiben; Motor ausgehen
**stopaj** WIRTSCH Steuerabzug m
**stor** Store m
**stratej** Stratege m
**strateji** Strategie f **~ik** ⟨-ği⟩ strategisch
**stratosfer** Stratosphäre f
**stratus** Haufenwolke f, Kumulus m
**streç** Stretch- (Hose etc)
**stres** Stress m, Belastung f; **~ atmak** Stress abbauen, ausspannen **~li** stressig
**striptiz** Striptease m
'**stüdyo** Studio n
**su** ⟨-yu⟩ Wasser n; Saft m; **~ almak** Wasser durchlassen, undicht sein; Schiff Trinkwasser aufnehmen; **~ baskını** Überschwemmung f; Hochwasser n; **~ etmek** leck sein; **~ geçirmez** wasserdicht; **~ gibi akmak** wie im Flug vergehen; viel trinken, umg saufen; **~ gibi bilmek** aus dem Effeff wissen; **~ gibi gitmek** Geld dahinschmelzen; **~ gibi konuşmak** (**okumak**) fließend sprechen (lesen); **~ götürmemek** fig auf der Hand liegen; **~ götürmez** unumstritten, offenbar; -**in ~ götürür yeri olmamak** unumstritten sein; **~ ısıtıcı** Warmwasserbereiter m; **~ içinde mindestens**; **~ içinde kalmak** in Schweiß gebadet sein; **~ işleri** Bewässerungsarbeiten f/pl; **~ katılmamış** fig reinsten Wassers; **~ kayağı**

Wasserski n; **~ kayağı yapmak** Wasserski fahren; *fig* die Flinte ins Korn werfen; e-n Lachanfall bekommen; **~ seviyesi** Wasserspiegel m; *-e* **~ vermek** BOT begießen; zu trinken geben *dat*; *Stahl* härten; **~ yüzüne çıkmak** offenbar werden; **~ yatağı** Wasserbett n; **dan ucuz** spottbillig; **~ya düşmek** *fig* ins Wasser fallen; **~ya sabuna dokunmamak** *fig* heikle Dinge vermeiden; **~yun başı** Quelle f; *-in* **~yuna gitmek, ~yunca gitmek** j-m nicht widersprechen; **~yunu çekmek** Wasser absorbieren; *fig Geld etc* verbraucht werden; **çamaşır ~yu** (chlorhaltiges) Bleichmittel n; **maden ~yu** Mineralwasser n; **mide ~yu** Magensaft m
**sual** [a:] ⟨-li⟩ Frage f; **~ etmek** fragen, (an j-n) e-e Frage richten
**sualtı** ⟨-nı⟩ Unterwasser-(*Arbeiten etc*)
**suare** Abendvorstellung f
'**suaygırı** ⟨-nı⟩ ZOOL Nilpferd n
**subap** → supap
**subay** Offizier m **~lık** ⟨-ğı⟩ Offiziersrang m; Offiziersamt n
**su**|**bilim** Hydrologie f **~biti** ⟨-ni⟩ Wasserfloh m **~boyası** Lasur f **~böreği** ⟨-ni⟩ GASTR *Art* Blätterteigpastete f
'**subra** Schweißblatt n
**subret** Soubrette f
**sucu** Wasserträger m
**sucuk** ⟨-ğu⟩ Wurst f; *Nüsse in wurstförmig verdicktem Obstsirup*; **~ gibi olmak** bis auf die Haut durchnässt werden; **sucuğunu çıkarmak** *umg j-n* schaffen, fertigmachen **~laşmak** schmutzig grau werden
**sucul** hydrophil; *umg* Wasserratte f
**suç** ⟨-çu⟩ Schuld f; Vergehen n, Sünde f; **~ işlemek** sich strafbar machen; gegen das Gesetz verstoßen; **~ olmak** Schuld haben, schuldig sein; **~ yükleme** Anschuldigung f; **~unu bağışlamak** j-m e-e Strafe erlassen
'**suçiçeği** ⟨-ni⟩ MED Windpocken pl
**suç**|**lamak** ⟨-i -le⟩ j-n bezichtigen *gen*, j-n anklagen *gen* **~landırmak** v/t beschuldigen **~lanmak** ⟨-le⟩ beschuldigt werden, angeklagt werden *gen*; sich schuldig fühlen **~lu** schuldig *(-den gen)*; Verbrecher m, *-in f* **~luluk** ⟨-ğu⟩ Schuld f; Verbrechen n; **~ duygusu** Schuldgefühl n **~suz** unschuldig

**~suzluk** ⟨-ğu⟩ Unschuld f
'**suçüstü** ⟨-nü⟩: **~ yakalamak** *j-n* auf frischer Tat ertappen; **~ mahkemesi** JUR Schnellgericht n
**sudan** nebensächlich, unbedeutend; *Vorwand* fadenscheinig
**Sudan** [su:dan] Sudan m **~lı** Sudanese m, Sudanesin f; sudanesisch
'**sudolabı** ⟨-nı⟩ Wasserrad n
**sufi** [su:fi:] *islamischer Mystiker*
**sufl**|**e** Soufflieren n; *-e* **~ etmek** *j-n* soufflieren; vorsagen **~ör** Souffleur m, Souffleuse f
**sugeçirmez** wasserdicht
**sui-** *osm Präfix*: miss-, un-, nicht
**suiistimal** [su:iısti:ma:l] ⟨-li⟩ Missbrauch m; *-i* **~ etmek** missbrauchen
**suikast** ⟨-tı⟩ Attentat n, Anschlag m; **~ girişimi** Attentatsversuch m; **~ yapmak** ein Attentat verüben **~çı** Attentäter m, *-in f*
**sukeleri** ZOOL Salamander m
'**sukemeri** ⟨-ni⟩ Aquädukt m
**sukut** [-u:t] ⟨-tu⟩ Fall m, Fallen n; JUR Einstellung f *e-s Verfahrens*; **~u hayal** Enttäuschung f; **~ etmek** fallen; JUR eingestellt werden
**sulak** ⟨-ğı⟩ sumpfig; Wassernapf m
**sula**|**ma** Bewässerung f; **~ arabası** Sprengwagen m **~mak** bewässern; begießen; *Tiere* tränken; *umg Geld* blechen (müssen)
**sulandır**|**ıcı** Verdünnungs- *(Mittel)* **~mak** v/t (mit Wasser) verdünnen
**sulan**|**ma** Verdünnung f **~mak** dünnflüssig werden; bewässert werden; *Tier* getränkt werden; *Auge* feucht werden; tränen; *Schnee* tauen; *umg -e* anmachen *akk*
**sularında** *Zeit* ungefähr (um *akk*), gegen: **saat üç ~** gegen drei Uhr
**sulatmak** ⟨-i -e⟩ *kaus von* sulamak; *j-n* blechen lassen *akk*, *j-m Geld* abknöpfen
**sul'fata** *umg* Chinin n
**sulh** Frieden m; *-e* **~ olmak** sich zufriedengeben mit **~çu** friedlich, Friedens-
**sulta** Macht f
**sultan** HIST Sultan m; *als Titel z.B* Sultan Osman; *Titel für Frauen, Töchter und Enkelinnen e-s osm Sultans, z.B:* Safiye Sultan; **hanım ~** *Tochter e-s Sultans*; **valide ~** Sultansmutter f
**sultanî** [-ta:ni:] Sultans-, sultanisch,

kaiserlich; BOT Sultanine f; **~ tembel** stinkfaul

**sultanlık** ⟨-ğı⟩ Sultanat n; fig Ansehen n, Geltung f, Glanz m

**sulu** wässerig; wasserhaltig; *Essen* mit Wasser zubereitet; *Obst* saftig; fig unanständig, anstößig; **~ adam** Zotenreißer m; **~ gözlü** wehleidig, tränenselig

**suluboya** Wasserfarbe f; **~ (resim)** Aquarell n

**suluk** ⟨-ğu⟩ Wassernapf m; MED (Kinder)Grind m; Waschnische f; **~ zinciri** Trense f

**sululaşmak** anzügliche Bemerkungen machen, Zoten reißen, anmachen

**sululuk** ⟨-ğu⟩ Wässerigkeit f; Saftigkeit f; fig faule(r) Witz, Anzüglichkeit f

**sulusepken** Schneeregen m; mit Regen vermischt

**sumak** ⟨-ğı⟩ BOT Sumach m (*Rhus coriatia*)

**sumen** Schreibunterlage f

**sundurma** ARCH Schleppdach n

**sunî** [i:] künstlich, Kunst-; synthetisch; fig gekünstelt; *Person* heuchlerisch; **~ gübre** Kunstdünger m; **~ ipek** Kunstseide f; **~ solunum** (künstliche) Beatmung f

**sunîlik** Maniertheit f

**sun|mak** Unterbreitung f **~mak** ⟨-ar⟩ (*-i -e*) *j-m* unterbreiten *akk*; *Brief* übersenden; *z. B. Buch* überreichen; *j-m* Grüße entbieten; (*Fernseh*)*Programm* bieten, senden, *bes Film* bringen

**sunturlu** schallend; gehörig; wüst (*Beschimpfungen*)

**sunucu** Ansager m, -in f, Fernsehansager m, -in f; IT Server m

**sunulmak** Passivform zu sunmak

**sunum** Präsentation f; (Kurz)Referat n

**sunuş** Antrag m; (Bitt)Gesuch; Vorwort n

**'suölçer** Hydrometer n

**sup(anglez)** *Art* Schokoladenpudding m

**supap** ⟨-bı⟩ Ventil n, Klappe f

**sur** HIST Festungsmauer f, Stadtmauer f

**surat** ⟨-tı⟩ Miene f, Physiognomie f, Gesicht n; *umg* Flappe f, mürrische(s) Gesicht, Schmollmund m; **~ asmak** *umg* eine Flappe ziehen; **~ düşkünü** Fratze f, Visage f, fig Vogelscheuche f; *-e* **~ etmek** *umg* maulen, schmollen (mit *j-m*); *-in* **~ından düşen bin parça olmak**

*umg* e-e gekränkte Leberwurst sein **~lı** mürrisch, brummig; mit e-m ... Gesicht **~sız** griesgrämig, brummig

**sure** [u:] REL Sure f; **Yusuf ~si** die Josephssure

**suret** [u:] ⟨-ti⟩ **A** *subst* Form f; Art f; Äußere(s); Kopie f, Abschrift f; Miene f; Art und Weise f; **~ çıkarmak** e-e Kopie anfertigen; **~i haktan görünmek** den Unschuldigen (*od* die Unschuldige) spielen; den Wohltäter (die Wohltäterin) spielen; **~ine girmek** fig in s-e Art schlagen; **aynı ~le** in derselben Art, genauso; **bu ~le** so, auf diese Weise; **hiçbir ~le** keineswegs; **o ~te** in e-m solchen Fall **B** *postp, konj* **... ~le, ~iyle** indem, dadurch, dass ...: **fenalıkları kaldırmak ~iyle** indem man die Mängel beseitigt, durch Beseitigung der Mängel

**su'reta** [a:] anscheinend; zum Schein; vorgetäuscht, fingiert

**'Suriye** [u:] Syrien n **~li** Syrer m, -in f; syrisch

**sus, ~ işareti** MUS Pausenzeichen n

**susa** *dial* Chaussee f

**susak** ⟨-ğı⟩ durstig; *umg* dämlich, bekloppt; (Holz)Becher m **~lık** ⟨-ğı⟩ Durst m; Dämlichkeit f

**susam** BOT Sesam m; **açıl ~ açıl!** Sesam, öffne dich!

**susamak** *v/i -e* Durst bekommen; fig sich sehnen nach; sich drängen nach; **çok susadım** ich bin sehr durstig; **kana ~** blutdürstig sein; **susamış** durstig

**'susamuru** ⟨-nu⟩ ZOOL (Fisch)Otter f

**susar** → susamak, susmak

**susatmak** Durst machen

**susığırı** ⟨-nı⟩ ZOOL Wasserbüffel m

**suskun** schweigsam, still **~luk** ⟨-ğu⟩ Schweigen n; Schweigsamkeit f; **~ içindeydi** ... verharrte in Schweigen

**susma** Schweigen n; Pause f

**sus|mak** ⟨-ar⟩ *v/i* schweigen; still sein; **sus payı** Schweigegeld n; **sus!** schweig!, sei still! **~malık** ⟨-ğı⟩ Schweigegeld n **~pus** ganz still, ganz leise; **~ olmak** verstummen

**'susta¹** Männchenmachen n; **~ durmak** (*od* **~ya kalkmak**) Männchen machen; fig e-n Kotau machen

**'susta²** Einschnappfeder f **~lı** Klappmesser n; ... mit Feder; **~ çakı** Klappmesser n

**sustur|mak** v/t zum Schweigen bringen; schweigen (od verstummen) lassen; fig Trauer etc unterdrücken **~ucu** Schweigen gebietend; mundtot machend; TECH Schalldämpfer m; Auspufftopf m **~ulmak** mundtot gemacht werden

**susuş** Schweigen n

**susuz** ohne Wasser(leitung); saftlos, vertrocknet; niederschlagsarm, trocken, dürr **~luk** ⟨-ğu⟩ Wassermangel m, Trockenheit f; Durst m

**sut** ⟨-tu⟩ Natrium n; **~ kostik** Ätznatron n

**susuş** Schweigen n

**sutaşı** ⟨-nı⟩ Tresse f, Biese f

**¹sutopu** ⟨-nu⟩ Wasserball m

**sutyen** Büstenhalter m

**Suudî** [i:] **Arabistan** Saudi-Arabien n

**suvar|ım** Wassermenge f, Wasserquantum n (zum Tränken) **~mak** v/t tränken; Wasser dazugeben

**suvat** ⟨-tı⟩ Tränke f

**suver:** **~ yapmak** unter Glas einrahmen

**²suyolu** ⟨-nu⟩ Kanal m; Wasserzeichen n; Tresse f, Litze f; Kinderspiel Verbindung von Punkten durch Linien

**²suyosunu** ⟨-nu⟩ BOT Alge f

**sübap** ⟨-bı⟩ → supap

**sübjektif** subjektiv

**süblim|e** Sublimat n **~leştirmek** v/t sublimieren

**sübstratum** Substrat n

**sübut** ⟨-tu⟩ Feststellung f; Nachweis m; **~ bulmak** festgestellt werden, nachgewiesen werden

**sübvansiyon** WIRTSCH Subvention f

**sübyan** osm Kinder n/pl

**¹sübye** Art Mandelmilch f; Emulsion f

**süet** ⟨-ti⟩ Wildleder m

**süflî** [i:] niedrig, unter- (Stellung); schäbig (gekleidet) **~leşmek** v/i herunterkommen

**sühunet** [u:] ⟨-ti⟩ osm Wärme f

**süit** ⟨-ti⟩ MUS, Hotel Suite f

**süje** Thema n

**süklüm:** **~ püklüm** fig wie ein begossener Pudel

**sükse** Erfolg m; **~ yapmak** Erfolg haben; Aufsehen erregen, Furore machen

**sükûn, ~et** ⟨-ti⟩ Ruhe f; Einstellung f (der Kämpfe); **~ bulmak** sich legen, aufhören; eingestellt werden; **sükûnet durumu** TECH Ruhestellung f

**sükût** ⟨-tu⟩ osm Schweigen n, Stillschweigen n; **~ hakkı** Schweigegeld n; **-i ~la geçiştirmek** mit Stillschweigen übergehen akk; **~un belagati** beredte(s) Schweigen

**sükûtî** [i:] schweigsam

**sülale** Familie f, alte(s) Geschlecht

**Süleyman** Salomon m

**sülfat** ⟨-tı⟩ CHEM Sulfat n, Vitriol n

**sülfür** CHEM Schwefel m **~ik** Schwefel-; **~ asit** Schwefelsäure f

**sülüğen** CHEM Mennige f

**sülük** ⟨-ğü⟩ ZOOL Blutegel m; BOT Ranke f; **~ gibi** fig wie e-e Klette

**sülün** ZOOL Fasan m; **~ gibi** stattlich

**sümbül** BOT Hyazinthe f

**sümbülî** [i:] leicht bewölkt

**¹Sümer** Sumer n **~ce** (das) Sumerisch(e)

**sümkürmek** sich schnäuzen

**sümsük** ⟨-ğü⟩ naiv, einfältig, bieder

**sümük** ⟨-ğü⟩ (Nasen)Schleim m; umg Rotz m **~doku** Schleimhaut f **~lü** schleimig; Rotznase f **~sel** Schleim- **~sü:** **~ cisim** ANAT Hypophyse f; **~ zar** ANAT Nasenschleimhaut f

**sündürmek** v/t recken, dehnen

**sünepe** schlampig; Trottel m **~lik** ⟨-ği⟩ Schlampigkeit f; Trotteligkeit f

**süner** → sünmek

**sünger** Schwamm m; **~ avcılığı** Schwammfischerei f; -in üzerine **~ çekmek** (od -in üzerinden **~ geçirmek**) fig (über etw) hinweggehen, ignorieren akk **~ci** Schwammfischer m **~si** porös **~taşı** ⟨-nı⟩ Bimsstein m

**süngü** (aufgesetztes) Bajonett n; Grabstein m; **~sü ağır** fig schwerfällig; **~sü depreşmesin, ama …** (von Toten) sein Andenken in Ehren, aber …; **~sü düşük** kränklich; niedergeschlagen; Sache belanglos **~lemek** v/t mit dem Bajonett stechen; Feuer schüren

**sünmek** ⟨-er⟩ sich dehnen

**sünnet** ⟨-ti⟩ Beschneidung f; Sunna f (etwa: die heilige Sammlung der Taten und Aussprüche Mohammeds); **~ düğünü** Beschneidungsfeier f; **~ etmek** v/t beschneiden **~çi** Beschneider m **~lemek** v/t aufessen, umg verputzen **~li** Beschnittene(r)

**Sünnî** [i:] REL Sunnit m, -in f; sunnitisch **~lik** ⟨-ği⟩ Sunnitentum n, islamische Orthodoxie

**süper** Super-, *umg* super; *umg* Superbenzin *n*; **~ benzin** Super(benzin) *n*; **~ devlet** (*od* **güç**) Supermacht *f*; **~ emeklilik** Zusatzrente *f* **~market** ⟨-ti⟩ Supermarkt *m* **~sonik** Überschall- **~vizyon** PSYCH Supervision *f*

**süprülmek** → süpürülmek

**süprüntü** Müll *m*, Abfall *m*, Abfälle *m|pl*; Trödel *m*; *Person* Abschaum *m* **~cü** Trödler *m*; Lumpensammler *m* **~lük** ⟨-ğü⟩ Müllhaufen *m*, Abfallhaufen *m*

**süpürge** Besen *m*; **~ hesabı** Tracht *f* Prügel; **elektrik ~si** Staubsauger *m* **~ci** Besenbinder *m*

**süpürmek** *v/t* (aus)fegen; *Kleid* ausbürsten; *Essen* vertilgen, verschlingen; *fig* ausmerzen

**süpürücü** Reiniger *m*, Hausdiener *m*; **ocak ~** Schornsteinfeger *m*

**süpürülmek** *passiv von* süpürmek

**sürahi** [a:] Karaffe *f*

**sürat** ⟨-ti⟩ Geschwindigkeit *f*; **~ katarı** Schnellzug *m*; **~ tahdidi** Geschwindigkeitsbegrenzung *f* **~le** schnell, eilig; **son ~(le)** mit Volldampf **~lendirmek** *v/t* beschleunigen **~lenmek** *v/i* schneller werden, sich beschleunigen; *Puls* schneller gehen **~li** beschleunigt (*Puls*); eilig (*Schritt*); Trab *m*

**sürç** ⟨-cü⟩ Stolpern *n*; **~ü lisan** Versprecher *m*, *umg* Lapsus *m* Linguae

**sürçme: dil ~si** → sürçü lisan

**sürçmek** ⟨-er⟩ stolpern; ausrutschen; *-in dili ~* sich versprechen

**sürdürmek** *v/t* fortsetzen; *Aufgabe* weiterhin wahrnehmen; *Farbe* auftragen (*-e auf akk*); *Frist* verlängern; *Industrie* betreiben; *kaus von* sürmek

**süre** Dauer *f*, Periode *f*; Zeit *f*; Frist *f*; Verlauf *m*; *-in* **~si dolmak** *fig* auslaufen; **aradan geçen ~de** in der Zwischenzeit; **bir ~** e-e Zeitlang; **bir ~ sonra** nach einiger Zeit; **bir hafta ~since** im Verlauf e-r Woche

**sürece** *konj* während; solange; **yaşadığı ~** während er (*od* sie) lebt

**süreçek** Fortsetzung folgt

**süreç** ⟨-ci⟩ (*Entwicklungs*)Prozess *m*; **... sürecinde** im Laufe (*gen|von*)

**sü:redur|an** träge **~um** PHYS Trägheit *f*

**sü:regelmek** andauern; **süregelen** gleichbleibend

**süreğen** andauernd; *bes* MED chronisch **~leşmek** andauern, anhalten, chronisch werden

**sürek** ⟨-ği⟩ Dauer *f*, Kontinuierlichkeit *f*; (*Vieh*)Herde *f*; galoppierend, im Galopp; **~ avı** Treibjagd *f* **~li** andauernd, anhaltend; ständig; chronisch; LING stimmhaft (*Konsonant*); frikativ **~lilik** ⟨-ği⟩ Kontinuität *f* **~siz** flüchtig, von kurzer Dauer; LING stimmlos (*Konsonant*) **~sizlik** ⟨-ği⟩ Flüchtigkeit *f*, kurze Dauer; LING Stimmlosigkeit *f*

**süreli** befristet; **~ yayın** TYPO Periodikum *n* (*meist pl*: Periodika)

**sürer** → sürmek

**sürerlik** ⟨-ği⟩ lange Dauer, Andauern *n*; **~ fiili** LING durative(s) Verb

**süresiz** unbefristet, auf unbestimmte Zeit

**sürfe** BOT Raupe *f*

**sürgit** *adv* ewig, endlos, auf immer; **~ yapmak** *fig* in die Länge ziehen

**sürgü** Riegel *m*; Schieber *m*; Egge *f*; Maurerkelle *f*; Steinwalze *f*; MED Stechbecken *n*; TECH Stellring *m*; Gewehrverschluss *m* **~lemek** *v/t* verriegeln; eggen; glatt walzen, feststampfen **~lü** verriegelt; mit Riegel

**sürgün** Schössling *m*, Trieb *m*; Verbannte(r); Verbannungs-; Verbannung *f*; Exil *n*; MED Durchfall *m*; **~ gitmek** (*od* **edilmek**) verbannt werden; Durchfall haben; **~ olmak** Durchfall haben; *-i* **~e göndermek** in die Verbannung schicken

**sürme¹** Riegel *m*; Schubkasten *m*, Schublade *f*; **~ kapı** Schiebetür *f*

**sürme²** Augenschminke *f*

**sürmek** ⟨-er⟩ **A** *v/t* AUTO fahren; *Farbe, Creme, Leim* auftragen, aufstreichen (*-e auf akk*); *Feld* pflügen; *Geld*, *bes Falschgeld* an den Mann bringen, in Umlauf setzen; *Hand* ausstrecken (bis *zu dat*); langen (**oraya** bis dahin); (*gutes*) *Leben* führen; *Person* verbannen; vertreiben (*-den aus dat*); *Papiere* ausbreiten; *Riegel* vorschieben; *Tiere* antreiben; *Ware* absetzen; *-e* **elini ~** berühren *akk*; *-e* **krem ~** eincremen *akk*; *-e* **yağ ~** (ein)ölen *akk*; *-i* **sürüp çıkarmak** *j-n* jagen, vertreiben von **B** *v/i* (an)dauern, anhalten; BOT *Knospen, Saat* (hervor)sprießen; **çok sürmez** es dauert nicht lange, dann ...;

sehr bald; **sürüp gitmek** *fig* noch vorkommen, so weitergehen; **sürüp götürmek** *Arbeit* vorantreiben
**sürme|lemek** *Augenlider* schminken; verriegeln **~li** geschminkt; verriegelt; **gözü ~** scheinheilig, muckerhaft
**sürmelik**: **~ peyniri** Streichkäse *m*
**sürmenaj** Überlastung *f*, Überarbeitung *f*
**sürprim** Zuschlag(sprämie *f*) *m*
**sürpriz** Überraschung *f*; **~ olarak** überraschend; **-i ~ yapmak** *j-n* überraschen
**sürrealizm** Surrealismus *m*
**sürşarj** Überdruck *m* (*auf Briefmarken*); TECH Überbeanspruchung *f*
**sürter** → sürtmek
**sürtme** Reibung *f*; **~ ağı** Schleppnetz *n*
**sürtmek** ⟨-er⟩ reiben (*-i -e etw an dat*); sich herumtreiben; herumbummeln
**sürtük** ⟨-ğü⟩ Herumtreiberin *f*; Flittchen *n* **~lük** Herumtreiberei *f*
**sürtün|me** Reibung *f* **~mek** *v/i* kriechen; sich reiben; Streit anfangen; **sürtünüp durmak** *fig* auf dem Bauch kriechen
**sürt|üşmek** sich aneinander reiben; *fig* Reibungen (*od* Streit) miteinander haben **~üştürmek** ⟨-*i -e*⟩ aneinander reiben *akk*
**sürü** Herde *f*; (Menschen)Schar *f*; (Vogel)Schwarm *m*; (Hunde)Meute *f*; **~ sepet** alle zusammen, *umg* die ganze Sippschaft; **~ e-e** Unmenge, ein Schwarm von; **~den ayrılma** s-n eigenen Weg gehen; **... ~süne bereket!** ganze Heerscharen!; **bir ~** eine Menge, eine Haufen
**sürücü** (Auto)Fahrer *m*, -in *f*; Kutscher *m*, -in *f*; IT Laufwerk *n*; Treiber *m*; **~ adayı** Fahrschüler *m*, -in *f*; **~ kursu** Fahrschule *f* **~lük** ⟨-ğü⟩ Fahren *n*, Kutschieren *n*
**sürüklemek** *v/t* schleppen, schleifen; *j-n* mitschleifen; *fig* (*in e-n Krieg*) stürzen; **-i ~ hinreißen** (*-e zu*), packen
**sürükle|nmek** *-e passiv von* sürüklemek; sich schleppen; *Prozess* sich hinziehen; *Schiff* hin und her treiben **~yici** *fig* spannend, packend
**sürülmek** *passiv von* sürmek
**sürüm** Absatz *m* (*der Waren*); (Geld)Umlauf *m*, Verkehr *m*; **-i ~den kaldırmak** aus dem Verkehr ziehen *akk*

**sürümek** *v/t* schleifen, schleppen; hinter sich (*dat*) herziehen; *fig* aufschieben
**sürümsüz** unabsetzbar (*Ware*)
**sürünceme** Verzögerung *f*, Verschleppung *f*; **-i ~de bırakmak** *fig* auf die lange Bank schieben, *umg* schmoren lassen; **~de kalmak** sich hinziehen, verschleppt werden
**süründürmek** *v/t* ins Elend stürzen; *kaus von* sürünmek
**sürün|gen** ZOOL Kriechtier *n*, Reptil *n*; BOT Kriechpflanze *f* **~me** Kriechen *n*; TECH Mannloch *n*; Kabelgraben *m* **~mek A** *v/i* kriechen; *fig* dahinvegetieren **B** *v/t* sich einreiben *akk*, Puder auftragen; *-e* streifen *akk*, *umg* kommen (an *akk*); schleifen (*auf dem Boden*)
**sürüştürmek** ⟨-*i -e*⟩ einreiben, einmassieren (*in akk*); reiben (*etw an dat*)
**sürüt|me** Schleppnetz *n* **~mek** schleppen lassen (*-i -e etw durch*)
**Süryanî** [-aːniː] Syrer *m*, -in *f*; syrisch(er Christ) **~ce** (das) Syrisch(e)
**süs** Schmuck *m*, Putz *m*; Ornament *n*; Dekoration *f*; **~ için** zum Schein; **~ püs** Flitter *m*; **~e düşkün** putzsüchtig; (**kendine**) **... ~ü vermek** sich *akk*) ausgeben (als *akk*), *etw* hinstellen (als *akk*)
**süsen** BOT Schwertlilie *f*, Iris *f*
**süser** → süsmek
**süsle|me** Verzierung *f*, Dekoration *f*; Dekor *m*; **~ sanatları** Ornamentik *f* **~mek** dekorieren; (aus)schmücken (*a. mit Worten*); garnieren; fig (*j-m s-e Fehler*) ins Gesicht sagen **~nmek** sich schmücken **~yici** dekorativ
**süslü** geschmückt, dekoriert; *Ausdruck* gewählt; *Satz* kunstvoll; *Zimmer* schön ausgestattet; **~ püslü** überladen; *Frau* aufgedonnert
**süsmek** ⟨-er⟩ (mit den Hörnern) stoßen
**süspansiyon** Federung *f*; CHEM Suspension *f*
**süssüz** schmucklos
**süt** ⟨-tü⟩ Milch *f*; *umg* Treibstoff *m*, Benzin *n*; BOT Milchsaft *m*; **~ çocuğu** Säugling *m*; **~ danası** neugeborene(s) Kalb *n*; **~ dökmüş kedi gibi** *fig* wie ein begossener Pudel; **~ kuzusu** Lämmchen *n*; Zicklein *n*; Baby *n*; **~ ürünü** Milchprodukt *n*; **-e ~ vermek** stillen *akk*; **-i ~ten kesmek** entwöhnen *akk*; **~ü bozuk** *fig* Hergelaufene(r)

süt|ana, ~anne Amme f ~baba Mann m der Amme ~başı ⟨-nı⟩ Rahmschicht f ~beyaz schneeweiß ~çü Milchmann m; Milchfrau f ~çülük ⟨-ğü⟩ Milchgeschäft n (Tätigkeit) ~dişi ⟨-ni⟩ Milchzahn m ~hane [a:] Milchküche f; Milchgeschäft n (Raum) ~kardeş Milchschwester f; Milchbruder m ~kırı ⟨-nı⟩ Schimmel m (als Säugling aufgezogene) Pflegetochter f

**sütlaç** ⟨-cı⟩ GASTR Milchreis m

**sütleğen** BOT Wolfsmilch f

**sütliman** See ruhig, glatt; fig ereignislos, eintönig

süt|lü Milch-, ... mit Milch; Korn unreif; ~ çikolata Milchschokolade f ~lük ⟨-ğü⟩ Milchküche f ~nine Amme f ~oğul ⟨-ğlu⟩ (als Säugling aufgezogener) Pflegesohn m ~süz ohne Milch; Kuh schlecht, wenig Milch gebend ~şekeri ⟨-ni⟩ Milchzucker m, Laktose f ~tozu ⟨-nu⟩ Milchpulver n

**sütun** [u:] Säule f (a. fig Feuer); Zeitung Spalte f; ~ başı Kapitell n; ~ teknesi Architrav m

**süvari** [a:] Reiter m; bes MIL Kavallerist m; Kavallerie-; SCHIFF Kapitän m

**sü'veter** Pullunder m

**'Süveyş** Suez m; ~ Kanalı Suezkanal m

**süzek** ⟨-ği⟩ a. FOTO Filter m

**süzer** → süzmek

**süzgeç** ⟨-ci⟩ Filter m; Teesieb n; ~ kâğıdı Filterpapier n

**süzgü** Haarsieb n

**süzgün** schmächtig; Blick schmachtend, verträumt, träumerisch

süz|me filtriert, durchgeseiht; gesiebt; Honig geschleudert; fig durchtriebene(r) Kerl ~mek ⟨-er⟩ v/t filtrieren; (durch)sieben; fig mustern; fig träumerisch blicken

süzül|me Schweben n; Gleitflug m ~mek passiv von süzmek; v/i Auge schmachtend blicken; Tränen tropfen; Vogel (dahin)schweben; (dahin)gleiten; Person dahinstolzieren; abnehmen, schmal werden (-den durch akk); **süzülerek** adv geräuschlos, lautlos (dahinziehen)

**süzüntü** Filtrat n

**svastika** Hakenkreuz n

**svetşört** Sweatshirt m

# Ş

**ş, Ş** [ʃɛ] sch

**şa** [ʃaː] ya ya ya ~ ~ ~! hipp, hipp, hurra!, → yaşa!

**şaban** [ʃaˈbaːn] 8. Monat des islam. Mondjahres; umg bekloppt, bescheuert ~laşmak v/i verblöden; bekloppt sein

**şablon** Schablone f

**şadırvan** Moscheebrunnen m

**şafak** ⟨-ğı⟩ Morgendämmerung f; ~ sökmek v/unpers dämmern; -de ~ atmak fig j-m geht ein Licht auf, j-m dämmert es

**şafiî** [ʃaːfiːˈiː] REL Schafiit m; schafiitisch(e Rechtsschule); e-e der vier Schulen des sunnitischen Bekenntnisses

**şaft** ⟨-tı⟩ TECH Welle f

**şah¹** [aː] m Schah m; Schach König m; ~ iken şahbaz olmak sich noch mehr in die Nesseln setzen

**şah²** [aː]: ~a kalkmak sich aufbäumen

**şahadet** [-haː-] ⟨-ti⟩ Zeugenschaft f; Bezeugung f; Heldentod m; -e ~ etmek bezeugen akk; Zeugnis ablegen; (kelime-i) ~ getirmek das islamische Glaubensbekenntnis ablegen; ~ parmağı Zeigefinger m ~name [-naː-] Diplom n; Zeugnis n

**şahane** [ʃaːhaː-] kaiserlich; fig großartig, fürstlich

**şahbaz** Art Falke m; kühn; flink

**'şahdamarı** ⟨-nı⟩ ANAT Aorta f, Hauptschlagader f

**şaheser** [ʃaː-] Meisterwerk n

**şahıs** ⟨şahsı⟩ a. GRAM Person f; ~ eki Personalsuffix n; ~ zamiri Personalpronomen n

**şahin** [ʃaː-] ZOOL Mäusebussard m (Buteo buteo); fig (a. ~ bakışlı) wild (blickend)

**şahit** [aː] ⟨-di⟩ Zeuge m; **düello şahidi** HIST Sekundant m; -e ~ olmak Zeuge gen sein ~lik ⟨-ği⟩ Zeugenschaft f; Zeugenaussage f; ~ etmek als Zeuge aussagen

**şahlan|dırmak** v/t reizen, ärgern, provozieren; Pferd steigen lassen ~ma

Levade f; Aufbäumen n **~mak** die Levade machen; sich aufbäumen; *Hubschrauber* (steil auf)steigen; *fig* sich aufregen, aufbrausen

**şahlık** ⟨-ğı⟩ Kaisertum n; Kaiserreich n (z. B. der Perser)

**şahmat** schachmatt

**şahmerdan** Rammbär m, Ramme f

**şahniş(in)** Veranda f; Erker m

**şahrem**: ~ ~ in Fetzen, zerrissen

'**şahsen** persönlich, selbst; vom Sehen (her) (*kennen*)

**şahsî** [i:] persönlich, eigen; Personal- **~iyat** [-a:t] ⟨-ti⟩ Intimitäten f/pl; Privatleben n; **işi ~a dökmek** *pej* persönlich werden **~iyet** ⟨-ti⟩ Individualität f; Persönlichkeit f (*a. als Person*)

**şaibe** [a:] Fleck m; Makel m

**şair** [a:] Dichter m **~ane** [a:] dichterisch, poetisch; *fig* stimmungsvoll

**şak**[1] ⟨-kı⟩ klatsch!, patsch!

**şak**[2] ⟨-kkı⟩ Riss m, Schlitz m; Spalt m; Spalten n, Einschnitt m; *dial* (abgebrochenes) Stück n

**şaka** Scherz m, Spaß m; **~ etmek** scherzen; **~ gibi gelmek** höchst unwahrscheinlich sein, j-m spanisch vorkommen; **~ götürmemek** *fig* Sache nicht zum Lachen sein; *Person* keinen Scherz verstehen; **~ kaldırmak** Spaß verstehen; **~ maka** Scherz beiseite; **~ maka derken** während *man noch scherzte*; *-e* **~ yapmak** scherzen (*-le* mit *dat*); *-i* **~dan yapmak** zum Scherz tun *akk*; *-i* **~ya boğmak** ins Scherzhafte verkehren *akk*; **~ya gelmek** Spaß vertragen können; *-in* **~sı yok** es ist nicht zu scherzen mit; **~ bir yana!** Scherz beiseite!

**şakacı** Spaßmacher m, Witzbold m **~cıktan** nur zum Spaß; spielend, ganz bequem **~dan** zum Scherz

**şakak** ⟨-ğı⟩ Schläfe f

**şaka|laşmak** scherzen (*-le* mit *dat*) **~sız** ohne Scherz, im Ernst **~şuka** Witz m

**şakayık** ⟨-ğı⟩ BOT Pfingstrose f, Päonie f

**şakımak A** *v/i* singen; zwitschern; *Nachtigall* schlagen **B** *v/t fig* besingen

**şakır**: ~ ~ *Brunnen* plätschernd; *Licht* strahlend; *Vogel* zwitschernd; fließend (*sprechen*) **~damak** *v/i* plätschern; *Licht* strahlen; *Regen* prasseln **~datmak** *-i* rasseln; (*mit den Fingern*) knacken **~tı** Plätschern n; Prasseln n; Klirren n, Rasseln n; Klappern n

**şakirt** [a:] *osm* Schüler m; Lehrling m; REL Jünger m (*Jesu*)

'**şakkadak A** *adv* plötzlich **B** *int* bauz!

**şaklaban** Spaßmacher m; Scharlatan m

**şakla|mak** *v/i* knallen; klatschen **~tmak** *-i* schmatzen; *j-m* eine (= *Ohrfeige*) schallern; (*mit der Peitsche*) knallen

**şakrak** fröhlich (*Lachen*); lebenslustig **~kuşu** ⟨-nu⟩ ZOOL Gimpel m

**şakşak** ⟨-ğı⟩ Kastagnette f; Klapper f **~çı** THEAT Claqueur m; Speichellecker m, *-in* f

**şakul** [a:] ⟨-lü⟩ Senkblei n

**şakullemek** *v/t* ausloten; nivellieren; *fig* (über)prüfen; sondieren

**şal** Schal m; Überwurf m

**şalgam** BOT Steckrübe f

**şallak**: **~ mallak** splitternackt; *Kleidung* schlampig, nachlässig

'**şalter** ELEK Hauptschalter m

**şalvar** Pumphose f, Pluderhose f; **~ gibi** weit gearbeitet

**Şam** Damaskus n

'**şama** Wachsdocht m

**şamama** *Art aromatische Melone*; **~ gibi** *Person* zierlich und nett

**şaman** Schamane m

**şa'mandıra** Boje f; Schwimmer m

**şamanizm** Schamanentum n

**şamanlık** ⟨-ğı⟩ Schamanentum n

**şamar** Ohrfeige f; *-e* **~ atmak** *j-m* e-e Ohrfeige geben; **~ oğlanı** Prügelknabe m **~lamak** *v/t j-n* ohrfeigen

**şamata** Krach m, Lärm m; **~ etmek** (*od* **koparmak**) Krach machen **~cı** lärmend; Randalierer m, Radaubruder m **~lı** laut, lärmend, tosend

**şambaba(sı)** *Art Süßspeise f; fig* Rabenvater m; *fig* Vater m ohne Autorität

**şamdan** Leuchter m

'**şamfıstığı** ⟨-nı⟩ Pistazie f

**şamil** [a:] in sich schließend; *-e* **~ olmak** sich erstrecken auf *akk*

**şam'panya** Champagner m, Sekt m

**şampiyon** SPORT Meister m, *-in* f, (Gesamt)Sieger m, *-in* f; **~lar ligi** Champions League f

**şampiyon|a** Meisterschaft(sspiel *n*) f **~luk** ⟨-ğu⟩ Meisterschaft f

**şampuan** Shampoo n

**şan**[1] [a:] Ruhm m; gute(r) Ruf, Ehre f; *-e*

~ **vermek** Ehre verleihen *dat*; *-in* ~**ından olmak** e-e Ehre sein (für *j-n*)
**şan**² Gesang *m*; ~ **dersi** Gesangsstunde *f*
**şangır**: ~ **şungur** klirrend, scheppernd ~**damak** *v/i* klirren, scheppern, klappern ~**tı** Klirren *n*, Klappern *n*
**şanjanlı** changierend, schillernd
**şanjman** AUTO Gangschaltung *f*
**şanlı** berühmt; großartig; ~ **şöhretli** prächtig, beeindruckend
'**şano** Bühne *f*
**şans** Chance *f*; Glück *n*; **bol** ~**lar!** viel Glück!; ~ **eşitliği** Chancengleichheit *f*; ~ **oyunu** Glücksspiel *n*; ~ **tanımak** e-e Chance haben; ~**a kalmak** e-e Frage des Glücks (*od* Zufalls) sein; ~**ı dönmek** Glück sich ins Gegenteil verkehren; ~**ı yaver gitmek**, *-in* ~**ı olmak** Glück haben ~**lı** Glücks-; ~ **olmak** Glück haben
**şan'sölye** Kanzler *m* (*Deutschland*)
**şanssız** erfolglos; ~ **olmak** kein Glück haben; keine Aussichten haben ~**lık** ⟨-ğı⟩ Aussichtslosigkeit *f*; **şanssızlığa uğramak** von e-m Missgeschick betroffen sein
**şantaj** Erpressung *f*; *-e* ~ **yapmak** *j-n* erpressen ~**cı** Erpresser *m*, *-in f* ~**cılık** ⟨-ğı⟩ erpresserische Handlung
**şantiye** Baustelle *f*; SCHIFF Werft *f*
**şantö**|**r** Sänger *m* ~**z** Sängerin *f*
**şanzıman** → şanjman
**şap**¹ ⟨-pı⟩ Schmatz *m*; *int* patsch!
**şap**² ⟨-pı⟩ ARCH Estrich *m*; Alaun *m*; ~ **gibi** versalzen; ~**a oturmak** *fig* mit s-m Latein am Ende sein
**şapır**: ~ ~ *od* ~ **şupur** laut schmatzend ~**damak** schmatzen ~**datmak**: **ağzını** ~ (*während des Essens*) schmatzen ~**tı** Schmatzen *n*
'**şapka** Hut *m*; MIL Mütze *f*; (*Ofen-, Lampen*)Schirm *m*; *ung* Zirkumflex *m*; TECH Kappe *f*; ~**sını çıkarmak** den Hut abnehmen; ~**sını giymek** den Hut aufsetzen ~**cı** Hutmacher *m* ~**lı** ... mit Hut ~**lık** ⟨-ğı⟩ Hutablage *f*
**şaplak** ⟨-ğı⟩ Ohrfeige *f*, *dial* Watschen *f*
**şaplamak**¹ schallen; klatschen
**şaplamak**² *v/t* Estrich legen
**şaplamak**³ *v/t* mit Alaun behandeln
**şaplatmak** schmatzen; *v/t* (*yüzüne* ...) e-e schallende Ohrfeige verpassen; *kaus von* şaplamak
'**şappadak** mir nichts, dir nichts, unversehens
**şaprak** ⟨-ğı⟩ Satteldecke *f*
**şapşal** albern, dümmlich; plump; *Kleidung* unförmig, nicht chick
**şarabî** [-a:bi:] *a*
**şarampol** Straßengraben *m*
**şarap** ⟨-bı⟩ Wein *m*; ~ **kadehi** Weinglas *n*; **beyaz** ~ Weißwein *m*; **kırmızı** ~ Rotwein *m*; **misket şarabı** Muskatellerwein *m*; **pembe** ~ Roséwein *m*
**şarap|çı** Winzer *m*, *-in f*; Weinhändler *m*, *-in f*; große(r) Weintrinker(in) ~**hane** Weinlokal *n*; Weinkellerei *f*
**şarapnel** MIL Schrapnell *n*
**şarap|rengi, ~tortusu** ⟨-nı⟩ weinrot
**şarbon** MED Milzbrand *m*
**şarıl|damak** *v/i* Wasser rieseln, plätschern; **şarıl şarıl** rieselnd, plätschernd ~**tı** Rieseln *n*, Murmeln *n* (*des Baches*)
**şarj** PHYS, ELEK Ladung *f*; Laden *n*; *-i* ~ **etmek** *Akku* laden; *ung* kapieren *akk* ~**ör** Magazin *n* (*e-s Gewehrs*)
**şark** ⟨-kı⟩ Orient *m*; Osten *m*; ~ **çıbanı** MED Aleppobeule *f*
**şarkı** Gesang *m*; Lied *n*; ~ **söylemek** singen; ~ **tutturmak** ein Lied anstimmen ~**cı** Sänger *m*, *-in f*
**şarkiyat** ⟨-tı⟩ Orientalistik *f* ~**çı** Orientalist *m*, *-in f*
**şarklı** Orientale *m*, Orientalin *f*
**şarküteri** Delikatessengeschäft *n*; Wurstgeschäft *n*
**şarlamak**: *-e* ~ schimpfen mit; → şarıldamak
**şarlatan** Scharlatan *m*, Kurpfuscher *m* ~**lık** ⟨-ğı⟩ Scharlatanerie *f*
**şart** ⟨-tı⟩ Bedingung *f*; Voraussetzung *f*; *-i* ~ **etmek** sich *dat* ausbedingen *akk*, zur Bedingung machen *akk*; ~ **kipi** GRAM Konditional *n*; ~ **koşmak** e-e Bedingung stellen; *-i* ~ **koşmak** zur Bedingung machen *akk*; ~ **olsun!** ich schwöre es!; ~ **şurt** tanımaz an nichts gebunden, zu nichts verpflichtet; **bu** ~**la** unter dieser Bedingung; **şu** ~**la ki** unter der Bedingung, dass ...; ... ~**tır** ... ist (unbedingt) nötig; *-mek* ~**ıyla** unter der Bedingung, dass ..
**şartlamak** REL *etw Unreines* drei- bis vierzigmal waschen
**şartlan|dırılmak** PSYCH konditioniert werden ~**mak** *passiv von* şartlamak;

bedingt werden
**şartlı** bedingt (*a.* Reflex); vereinbart
**şartname** [a:] Pflichtenheft *n*; Submissionsbedingungen *f/pl*; Spezifikationen *f/pl*
**şartsız** bedingungslos, vorbehaltlos
**¹şaryo** TECH Schlitten *m*; Wagen *m* (*der Schreibmaschine*)
**²şasi** Chassis *n*, Untergestell *n*; AUTO Fahrgestell *n*; Gerüst *n*; FOTO Kassette *f*
**şaşaa** [ʃa:-] Pomp *m*, Prunk *m* **~lı** prunkvoll
**şaşa|kalmak** verblüfft sein (*-e* über *akk*) **~lamak** sich wundern (*-den* über *akk*) **~latmak** *v/t j-n* wundern, verblüffen
**şaşar** → şaşmak
**şaşı** schielend; Schiel-; **~ bakmak** schielen
**şaşıla|cak** erstaunlich **~sı** erstaunlich, bewunderungswürdig
**şaşı|laşmak** zu schielen beginnen **~lık** ⟨-ğı⟩ Schieläugigkeit *f*
**şaş|ılmak**: **şaşılır** man wundert sich **~ırmak** *-i* verwundert (*od* erstaunt) sein über *akk*; sich irren in *dat*; *v/i* erstaunt (*od* verblüfft) sein; **şaş(ır)ıp kalmak** → şaşakalmak; **hesabını** ~ sich verrechnen; **yolunu** ~ sich verirren; sich verfahren **~ırtıcı** erstaunlich, verblüffend; irreführend; demonstrativ **~ırtma** Täuschung(smanöver *n*) *f*; BOT Pikieren *n* **~ırtmak** *v/t* irreführen; verwirren; in Erstaunen versetzen, verblüffen, BOT umpflanzen, pikieren
**şaşkaloz** *pej umg* schieläugig
**şaşkın** fassungslos, *umg* verdattert; ratlos, konfus, überrascht; perplex; **~a çevirmek** Überraschung auslösen (*-i* bei *dat*); **~a dönmek** *fig* die Fassung verlieren, *umg* verdattert sein **~laşmak** *fig* den Kopf verlieren **~lık** ⟨-ğı⟩ Fassungslosigkeit *f*, Ratlosigkeit *f*
**şaşma** Erstaunen *n*, Verwunderung *f*
**şaş|mak** ⟨-ar⟩ sich wundern (*-e* über *akk*); sich irren (*-i* in *dat*); (*nicht*) abgehen, abirren (*-den* von *dat*); **şaşarak** verwundert; **şaşmaz** furchtlos (*Auge*), unbeirrt; zielsicher, zielgenau **~tırıcı** auffallend; erstaunlich; frappant
**şat** ⟨-tı⟩ SCHIFF Leichter *m*
**şatafat** ⟨-tı⟩ Aufmachung *f*, Prunk *m*
**¹şato** Schloss *n*, Palast *m*; Burg *f*

**şavkımak** strahlen, glänzen
**şavul** → şakul **~lamak** → şakullemek; *Gelegenheit* abpassen, ergreifen
**şayan** [ʃa:ja:n] *-e* wert, würdig *gen*; **~ı itimat** vertrauenswürdig
**şayet** [ˈʃa:-] *konj* wenn, falls (+*-se*)
**şebek** ⟨-ği⟩ ZOOL Babuin *m* (*Pavianart*); *fig* alte(r) Affe
**şebeke** Netz *n* (*meist fig*); Spionagenetz *n*; Untergrundorganisation *f*; (Diebes-)Bande *f*; Netzkarte *f*
**şebnem** Tau *m*
**şecere** *fig* Stammbaum *m* **~li** mit Stammbaum
**şeddeli** *arabischer Buchstabe mit Verdoppelungszeichen*; *fig* Erz-; **~ eşek** richtige(r) Esel, Erzdummkopf *m*
**şef** Chef *m*; Ober-; Chef-; **~ garson** Oberkellner *m*; **orkestra ~i** Dirigent *m*
**şefaat** [-faːt] ⟨-ti⟩ Fürbitte *f*; *-e* **etmek** eintreten für *akk* **~çi** Fürsprecher *m*
**şeffaf** durchsichtig
**şefkat** ⟨-ti⟩ Güte *f*; Zärtlichkeit *f*; Mitleid *n* **~li** zärtlich; mitleidsvoll **~siz** grob; unmenschlich
**şeftali** [a:] BOT Pfirsich *m*
**şehir** ⟨şehri⟩ Stadt *f*; Stadt-; **eşkıyası** Straßenräuber *m*; **~ içi** Innenstadt *f*; innerstädtisch; **~ konuşma** TEL Ortsgespräch *n*; **~ rehberi** Stadtführer *m*
**şehirci** Stadtplaner *m*; Urbanist *m*, -in *f* **~lik** ⟨-ği⟩ Urbanistik *f*, Städtebaukunde *f*; Stadtplanung *f*
**şehir|lerarası** interurban; Überland-(*Bus*); **~ telefon konuşması** Ferngespräch *n*; **~ yol** Fernstraße *f* **~leşmek** verstädtern **~li** städtisch; Städter *m*, -in *f*, Stadtmensch *m* **~leşmek** zum Stadtmenschen werden **~lilik** ⟨-ği⟩ Urbanität *f*; Städtertum *n*
**şehit** ⟨-di⟩ Gefallene(r) *m*; REL Märtyrer *m*; *-e* **düşmek** im Krieg fallen für; als Märtyrer sterben **~lik** ⟨-ği⟩ Tod *m* (für das Vaterland; für den Glauben); Soldatenfriedhof *m*
**şehla** [a:] leicht schielend
**¹şehremini** [mi:-] HIST Präfekt *m*; Oberbürgermeister *m*
**şehriye** Suppennudeln *f/pl*; **~ çorbası** Nudelsuppe *f*
**şehvet** ⟨-ti⟩ Wollust *f*; Begehrlichkeit *f* **~li**, **~perest** sinnlich, lüstern, wollüstig

**şehzade** [a:] Prinz m
**şek** ⟨-kki⟩ Zweifel m
**şeker** Zucker m; Süßigkeit f, Bonbon m; lieb, nett, süß; *Sache* hübsch; **~ bayramı** Zuckerfest n; **~ hastalığı** MED Zuckerkrankheit f; **~im** mein Schatz!, mein Herz(chen)! (*meist von Frauen*); **toz ~** → tozşeker ~**ci** Zucker(waren)fabrikant m, -in f, Süßwarenverkäufer m, -in f **~kamışı** ⟨-nı⟩ Zuckerrohr n **~leme** Bonbon m; kandierte Früchte f/pl; Nickerchen n **~lemek** v/t verzuckern; zuckern, süßen; kandieren **~lenmek** v/i verzuckert werden; *Zucker, Honig* kristallisieren **~li** gezuckert, ... mit Zucker; *umg* Diabetiker m, -in f **~lik** ⟨-ği⟩ Zuckerdose f **~pancarı** ⟨-nı⟩ Zuckerrübe f **~renk** *Beziehungen* abgekühlt **~siz** ohne Zucker
**şekil** ⟨şekli⟩ Form f; TYPO Abbildung f, Schaubild n, Zeichnung f; Art und Weise f; Zustand m; MATH Figur f; **bu ~de** auf diese Weise; **~ve şemail** Aussehen n, Äußere(s); **... şeklinde konuşmak** meinen (*od* sagen), dass ...; sich dahingehend äußern, dass ...
**şekilci** Formalist m, -in f; formalistisch **~lik** ⟨-ği⟩ Formalismus m
**şekillen|dirmek** *-i* e-e Form geben *dat*, formen **~mek** Gestalt annehmen
**şekilsiz** formlos, amorph; hässlich
**şeklen** der Form nach, rein äußerlich, dem Aussehen nach
**şekli** → şekil
**şelale** [-la:-] Wasserfall m
**şelf** GEOG Festlandssockel m
**şema** Schema n **~tik** schematisch
**şempanze** ZOOL Schimpanse m
**şemsiye** (Sonnen)Schirm m; BOT Dolde f **~ci** Schirmmacher m; Schirmgeschäft n **~lik** ⟨-ği⟩ Schirmständer m
**şen** fröhlich, heiter; **~ şakrak** froh und heiter; **~ ve esen kalın** bleiben Sie gesund!
**şendere** Furnier n; (Fass)Daube f
**şeni** [-i:] ⟨-ii⟩ gemein, perfide
**şenlen|dirmek** v/t erheitern, beleben; *fig* emporbringen **~mek** v/i froh werden, aufleben; *fig Stadt etc* aufblühen
**şenlik** ⟨-ği⟩ Heiterkeit f, Fröhlichkeit f; Fest n, Feier f; Festival n; Veranstaltung f; Illumination f **~li** dicht bewohnt; belebt **~siz** trübe, trist; öde

**şer** ⟨-rri⟩ Böse(s); Schlechtigkeit f
**şerbet** ⟨-ti⟩ Sorbet(t) m *od* n; Lösung f; AGR Gülle f; **~ gibi** Luft lau **~çi** Sorbetverkäufer m **~çiotu** BOT Hopfen m **~lemek** düngen; gegen Schlangenbiss *etc* feien, schützen **~li** gegen Schlangenbiss *etc* gefeit; *-e fig* verfallen, ergeben *dat*, -süchtig; geneigt (zu)
**şeref** Ehre f; (soziale) Stellung f; Ehren-; *-e* **~ vermek** *j-m* Ehre machen; **~ üyesi** Ehrenmitglied n; **~ yemini** Ehrenwort n; **~ yeri** Ehrenplatz m; **~e prost!**; **~inize** auf Ihr Wohl!
**şerefe** Umgang m (*e-s Minaretts*)
**şerefiye** *osm* Wertzuwachsabgabe f auf Grundstücke (*durch Urbanisation*)
**şeref|lendirmek** v/t ehren (*-i* de durch *akk*), Ehre erweisen *dat* **~li** ehrenvoll; *Ort* belebt, blühend **~siz** ehrlos; unrühmlich; ... ohne Ehregfühl
**şerh** Kommentar m; Erläuterung f
**şerî** [i:] Scheriat(s)-
**şeriat** [-i:-] ⟨-ti⟩ Scharia f **~çı** islamische(r) Fundamentalist **~çılık** islamischer Fundamentalismus
**şerif**[1] heilig; edel, erhaben; *islam. Titel*
**şerif**[2] Sheriff m
**şerilemek** v/t streifen, mit Streifen versehen
**şerit** ⟨-di⟩ Band n, Streifen m; Fahrstreifen m; AUTO Fahrspur f; ZOOL Bandwurm m; **daktilo şeridi** Schreibmaschinenband n; **~ makarna** Bandnudeln f/pl; **~ metre** Bandmaß n
**şeş** *Würfelspiele* sechs; **~i beş görmek** *umg* im Dusel sein **~beş** sechs und fünf **~cihar** sechs und vier **~idü** sechs und zwei **~üse** sechs und drei **~yek** sechs und eins
**şev** *Straßenbau* Abhang m
**şevk** ⟨-ki⟩ Begeisterung f; Extase f
**şevketli** erhaben, majestätisch
**şevkli** eifrig, begeistert
**şevval** [a:] 10. Monat des *islam. Mondjahres*
**şey** Sache f, Ding n; Angelegenheit f; *Unterbrechung im Reden* hm ...; wie bitte?; *für e-n vergessenen Namen* Dingsda m, f; **bir ~** etwas; **bir ~ değil** nichts; **kötü bir ~** etwas Schlechtes; **anlaşılmaz ~ler** etwas Unverständliches; **kötü bir ~ değil** nichts Schlechtes; **bir ~ kalmamış** es ist nichts mehr da; **bir ~ değil!** keine Ur-

sache!, bitte sehr!; **bir ~ler** (irgend)etwas *zu essen etc*; **çok ~!** Donnerwetter!; **olmayacak bir ~!** ein Ding der Unmöglichkeit!

**şeyh** Scheich *m* **~ülislam** HIST geistliche(s) Oberhaupt (*im Osm. Reich*)

**şeytan** Teufel *m*, Satan *m*; durchtriebene(r) Bursche, *umg* Aas *n*; **~ aldatması** Ejakulation *f* im Schlaf; **~ azapta gerek** das geschieht ihm ganz recht; **~ çekici** Range *m*, Racker *m*; **~ gibi** raffiniert; **-de ~ tüyü var** er/sie hat Charme *m*, er/sie hat das gewisse Etwas; **~a uyduk** der Teufel hat uns geritten

**şeytanarabası** BOT Flugsamen *m*

**şeytanca** teuflisch, diabolisch

**şeytanî** [-a:ni:] teuflisch; Teufels-

**şeytankuşu** ⟨-nu⟩ ZOOL *Art* Fledermaus *f* (*Rhinolophus ferrum equinum*)

**şeytanlık** ⟨-ğı⟩ Teufelei *f*; Verschlagenheit *f*

**şeytan|örümceği** ⟨-ni⟩ ZOOL *Art* Spinne *f*; flimmernde Mittagshitze **~tırnağı** ⟨-nı⟩ Nietnagel *m*

**şezlong** ⟨-gu⟩ Liegestuhl *m*

**şık**[1] ⟨-kkı⟩ chick, elegant; treffend

**şık**[2] ⟨-kkı⟩ Möglichkeit *f*, Alternative *f*

**şıkır**: **~ ~** klappernd **~damak** *v/i* klappern **~datmak** *v/i* klappern, klappern mit; *umg* fig mit dem Gelde klimpern **~tı** Klappern *n*

**şık|laşmak** chick werden, sich fein machen **~lık** ⟨-ğı⟩ Schick *m*

**şıllık** ⟨-ğı⟩ *pej* Weibstück *n*

**şımarık** ⟨-ğı⟩ verwöhnt, verzogen; unberechenbar **~lık** ⟨-ğı⟩ Verwöhntheit *f*, übertriebene Ansprüche *m/pl*

**şımar|mak** verwöhnt werden; sich gehen lassen **~tmak** *v/t* verwöhnen, verziehen

**şıngır**: **~ ~** klirrend, scheppernd **~damak** *v/i* klirren, scheppern; rasseln **~tı** Klappern *n*, Gerassel *n*

**şıp** ⟨-pı⟩ Klacks *m*, Klack *m*; **~** tropf, tropf!, klack, klack; **~ diye** bauz, ruck, zuck

**şıpıdık** ⟨-ğı⟩ flache(r) Pantoffel, *umg* Latsch *m*; flach

**şıpınişi** ⟨-ni⟩ auf die Schnelle

**şıpır**: **~ ~** tropf, tropf!

**şıpka** SCHIFF Torpedonetz *n*, Schutznetz *n*

**şıppadak** mir nichts, dir nichts

**şıpsevdi** schnell verliebt, leicht begeistert

**şıra** Traubensaft *m*; *umg* Opium *n*

**şırak** ratsch!, zuck! **~kadak** [-'rak-] bums!, plitz platz!; *fallen* plumps!

**şırfıntı** Strichmädchen *n*, *vulg* Nutte *f*

**şırıl**: **~ ~** rieseln **~damak** (leise) rieseln **~tı** Rieseln *n*

**şı'rınga** Spritze *f*, Injektionsinstrument *n*; Klistier *n*; **~ etmek** (*od* **yapmak**) e-e Spritze geben, e-e Injektion verabfolgen

**şırlağan**[1] (*a.* **~ yağı**) Sesamöl *n*

**şırlağan**[2] Strömen *n*, Fließen *n*

**şırlamak** rieseln

**şırlop** ⟨-bu⟩ Eispeise mit Joghurt

**şıvgın** neue(r) Trieb, Spross *m* (*am Baum*); Schauer *m*, Regen *m* mit Böen

**Şia** REL Schia *f*, Schiismus *m*

**şiar** [a:] Merkmal *n*; Losung *f*

**şiddet** ⟨-ti⟩ Heftigkeit *f*; Gewalt *f*; Wucht *f*; Intensität *f*; Strenge *f*; Stärke *f* *e-s Bebens*; **~ göstermek** Gewalt anwenden; **~ hareketi** Gewalttat *f*; **~ olayı** Skandal *m*; Krawall *m*; **~e başvurmak** Gewalt anwenden; **~le** mit Gewalt; ernstlich, stark; sorgfältig (*verbergen*)

**şiddetlen|dirmek** *v/t* verschärfen; intensivieren; verstärken **~mek** *v/i* heftiger werden; sich verschärfen; sich verstärken; sich verschlimmern

**şiddetli** heftig; scharf; streng (*z. B. Kälte, Winter*); rau (*Klima*); **~ geçimsizlik** JUR Zerrüttung *f* (*der Ehe*)

**şifa** [a:] Heilung *f*; Gesundung *f*; **~ bulmak** genesen; **~ vermek** heilen, gesund machen; **~lar olsun!** möge sie (= *die Arznei*) dir guttun!; **~yı bulmak** (*od* **kapmak**) *hum* (richtig) krank werden

**şi'fahen** [a:] mündlich

**şifa|lı** heilend (*Wirkung*); Heil- (*Quelle*) **~lık** ⟨-ğı⟩ Gesundheit *f* **~sız** unheilbar

**şiflemek** *v/t* Baumwolle entkörnen, egrenieren

**şifon** Chiffon *m*

**'şifre** Chiffre *f*, Verschlüsselung *f*; IT Passwort *n*; Geheimzahl *f*; **~yi çözmek** entschlüsseln, dechiffrieren **~lemek** *v/t* chiffrieren, verschlüsseln **~li** chiffriert, verschlüsselt; **~ kilit** Zahlenschloss *n*

**Şiî** [ʃi:i:] REL Schiit *m* **~lik** ⟨-ği⟩ → Şia

**şiir** Dichtung *f*, Poesie *f*; Gedicht *n*; **~ düzmek** dichten **~sel** poetisch

**şikâyet** ⟨-ti⟩ Klage f, Beschwerde f, Beanstandung f; -den, -i ~ **etmek** sich beschweren über akk; -i -e ~ **etmek** sich beklagen (über j-n bei j-m); -den ~ **getirmek** sich beklagen (über akk); **~iniz ne?** was fehlt Ihnen? **~çi** Kläger m, -in f; Beschwerdeführer m, -in f; Beschwerde erhebend **~name** [-a:-] osm Beschwerdeschrift f

'**şike** SPORT Scheinkampf m, abgekartete(s) Spiel; ~ **yapmak** ein Spiel vorher absprechen; fig e-e abgekartete Sache machen

**şilem** Bridge Schlemm m

**şilep** ⟨-bi⟩ SCHIFF Frachtdampfer; Schleppkahn m

**şilin** Schilling m

**şilte** Matratze f

**şimal** [a:] ⟨-li⟩ osm → **kuzey**

'**şimdi** jetzt; gleich (Zukunft); gerade, soeben (Vergangenheit); nunmehr; ~ gerade eben; **~ye kadar** (od **dek**) bis jetzt **~cik** gleich, sofort; vorerst **~den** von jetzt an, schon jetzt **~ki** jetzig, gegenwärtig, heutig; **~ler** die (heutige) Jugend **~lik** ⟨-ği⟩ vorläufig, einstweilen; (für) diesmal

**şimendifer** Eisenbahn f; Zug m

**şimşek** ⟨-ği⟩ Blitz m; ~ **çakıyor** es blitzt; ~ **gibi** wie der Blitz; **~leri üstüne çekmek** die schärfste Kritik auf sich ziehen **~lenmek** blitzen **~li** blitzend, Blitz-; Blink-

**şimşir** BOT Buchsbaum m

**şinanay** wunderbar, prima!; entzückend; umg keine bisschen, nicht die Bohne; **para** ~ keinen roten Heller

**şinik** ⟨-ği⟩ Getreidemaß 8 Kilo

**şipşak** auf der Stelle, umg ruck, zuck! **~çı** Straßenfotograf m

'**şipşirin** sehr nett, lieb

**şiraze** [ji:ra:-] Kapitalband n (beim Buch); **~sinden çıkmak** fig aus den Fugen geraten

**şirden** Labmagen m

**şirin** lieb, nett, freundlich **~lik** ⟨-ği⟩ Freundlichkeit f

**şirket** ⟨-ti⟩ Gesellschaft f, Firma f; ~ **ele geçirme** feindliche Übernahme; ~ **merkezi** Firmensitz m; ~ **her hukuku** Gesellschaftsrecht n; **anonim** ~ (**AŞ**) Aktiengesellschaft f (AG); **komandit** ~ (**Kom. Şti.**) Kommanditgesellschaft f (KG); **limited** ~ (**Ltd. Şti.**) Gesellschaft f mit beschränkter Haftung (GmbH)

**şirpençe** [i:] MED Karbunkel n

**şirret** ⟨-ti⟩ zanksüchtig; Zänker m **~leşmek** streitsüchtig sein **~lik** ⟨-ği⟩ Streitsucht f

**şist** ⟨-ti⟩ Schiefer m **~li** Schiefer-, aus Schiefer

**şiş¹** Spieß m; Bratspieß m; Stricknadel f; ~ **kebap** Schaschlik n; **~e geçirmek** Fleisch etc (auf)spießen

**şiş²** geschwollen; Schwellung f, Beule f

**şişe** Flasche f; Lampenzylinder m; ~ **açacağı** Flaschenöffner m; ~ **kapağı** Flaschenverschluss m; ~ **çekmek** MED Schröpfköpfe ansetzen; **bir** ~ **su** e-e Flasche Wasser; ~ **suyu** Flaschenwasser n, Wasser n in Flaschen **~ci** Flaschenverkäufer m; Glasbläser m; umg Päderast m

**şişek** ⟨-ği⟩ Lamm n (im zweiten Jahr)

**şişellemek** v/t auf Flaschen ziehen **~lenmek** passiv von **şişelemek**

**şişer** → **şişmek**

**şişinmek** fig sich aufblasen

**şişirlme** Anfüllen n (mit Luft), Aufblasen n; Luft- (Matratze etc) **~mece** Pfuscherei f **~mek** v/t aufblasen; mit Luft aufpumpen; Segel aufblähen; fig übertreiben; fig e-e Arbeit schnell hinhauen, hinpfuschen; umg abmurksen; kaus von **şişmek ~tmek** kaus von **şişirmek**

**şişkin** aufgeblasen; aufgeschwemmt, aufgedunsen **~lik** ⟨-ği⟩ MED Blähungen f/pl; Aufgeblasenheit f; Aufgeschwemmtheit f; Beule f

'**şişko** dicklich, rundlich; Dicke(r)

**şişlemek** v/t aufspießen; umg einstechen (auf j-n), j-n niederstechen

**şişlik** ⟨-ği⟩ Schwellung f, Beule f

**şişman** dick, fett, korpulent **~lamak** dick werden, korpulent werden **~lık** ⟨-ğı⟩ Dicke f, Korpulenz f; Übergewicht n

**şişmek** ⟨-er⟩ anschwellen; dick werden, zunehmen; sehr gesättigt sein, umg wie genudelt sein; vom Laufen außer Atem sein; fig sich blamieren

**şive** [i:] Akzent m, Dialekt m **~siz** mit Akzent (sprechen)

**şizofreni** Schizophrenie f

**şnorkel** Schnorchel m

**şofben** Durchlauferhitzer m

**şoför** Autofahrer m, -in f; Chauffeur m, -in f; ~ **kursu** Fahrschule f; ~ **muavini**

**Fahrergehilfe** m **~lük** Fahrerberuf m; Fahrkünste f/pl; **~ yapmak** als Fahrer arbeiten

**şok** ⟨-ku⟩ Schock m; *umg* schockierend; **~ dondurma** → **şoklama**; **~ olmak** *umg* → **şoke olmak**; **~a girmek** e-n Schock bekommen

**şoke** schockiert; **-i ~ etmek** schockieren *akk*; **-den ~ olmak** *umg* geschockt sein von

**şoklama** Schockfrosten n

**şom** ~ **ağızlı** schwarzseherisch; Miesmacher m

**şorolo** *umg* schwul

**şorolop** şorop şwapp!; Lügenpeter m

**şort** ⟨-tu⟩ Shorts pl, kurze Hose

¹**şose** Chaussee f

**şoset** ⟨-ti⟩ Socke f

**şoson** Überschuh m

**şov** Show f, Revue f; **-e ~ çekmek** *umg* e-e Schau abziehen (vor)

**şoven** Chauvinist m **~izm**, **~lik** ⟨-ği⟩ Chauvinismus m

**şöhret** ⟨-ti⟩ Ruhm m; *Person* Berühmtheit f **~li** berühmt

**şölen** Gastmahl n, Bankett n; (künstlerische) Veranstaltung f

**şö'mine** (offener) Kamin m

**şövale** Staffelei f

**şö'valye** Ritter m; **~ haçı** Ritterkreuz n

¹**şöyle** **A** *adv* so **B** *pron* so eine(r), solch-; **~ bir** nur (so) obenhin, ganz flüchtig; von oben herab; **~ böyle** soso, leidlich; mittelmäßig; einigermaßen, ungefähr, etwa; **~ ki** sodass ...; derart, dass ...; wie folgt; **~ dursun**, (... bile ...) nicht nur (nicht) ..., selbst ...; geschweige denn ...; **uyumak ~ dursun, biraz dinlenmek bile mümkün olmadı** nicht nur zu schlafen, selbst etwas auszuruhen war nicht möglich *od* nicht einmal ein bisschen ausruhen, geschweige denn schlafen war möglich

**şöyle|ce**, **~likle** so, derart, auf solche Weise **~mesine**, **~sine** in e-r Weise (dass ...), derart (dass ...)

**şu** ⟨-nu⟩ dieser, diese, dies(es); der da, die da, das da; **~ bu** Hinz und Kunz, jedermann; dies und jenes, dies und das, der ganze Kram; **~ günlerde** (*od* **sırada**) dieser Tage; **~ halde** in diesem Fall; folglich, das heißt; demnach; **~ kadar** (*od* **var**) **ki** dennoch, trotz allem; **~na**

**bak!** schau dir den mal an!; **~nu bunu bilmemek** keine Widerrede gelten lassen

**şua** [ɑ:] ⟨-aı⟩ **~ tedavisi** Strahlentherapie f

**Şubat** ⟨-tı⟩ Februar m

**şube** [u:] Abteilung f; Sektion f; Filiale f; Polizeidezernat n; *Schule* (Parallel)Klasse f (z. B. 1 A, B etc)

**şufa**: **~ hakkı** JUR Vorkaufsrecht n

**şuna** → **şu**

**şunca** so viel

**şun|da** darin; → **şu ~dan** davon; → **şu**

**şunlar** die da *pl*

**şunun** *gen* von da, jenes *etc*; → **şu**

**şura** der Ort da, die Stelle (da); hier in der Nähe; **~larda** dort, an den Plätzen; **~m ağrıyor** da tuts mir weh; **~da burada** hier und da; an vielen Stellen; **~dan buradan** von allen möglichen Stellen; *fig* alles Mögliche

**şura** [ju:rɑ:] Rat m, Gremium n

¹**şura|cık** **~ta** hier ganz in der Nähe **~li** der dortige (Bewohner) **~sı** (die Gegend) da; *fig z. B.* **~nı unutmayın ki** vergessen Sie vor allem (das) nicht, dass ...

**şuraya** dorthin, dahin

**şurup** ⟨-bu⟩ Sirup m; MED Mixtur f

**şut** ⟨-tu⟩ SPORT Schuss m; **~ çekmek** ein Tor schießen

**şuur** [-u:r] Bewusstsein n **~altı** Unterbewusstsein n **~lu** bewusst **~suz** unbewusst; ohne Bewusstsein **~suzca** *adv* unbewusst; *pej* verantwortungslos

**şükran** [ɑ:] Dankbarkeit f

¹**şükretmek** *-e* *-ye* danken (*bes* Gott)

**şükür** (şükrü) Dankbarkeit f; Lobpreisung f (*Gottes*); **Allah'a ~ler olsun** Gott sei es gedankt

**şümul** [u:] ⟨-lü⟩ Bereich m, Umfang m **~lendirmek** v/t erweitern, umfangreicher gestalten; ausdehnen *akk*; **~lü** umfassend, in sich schließend, umfangreich

**şüphe** Zweifel m (-den an *dat*); Argwohn m; **~** (*od* **~ye meydan**) **bırakmamak** keinen Zweifel Anlass geben; *-den* **~ etmek** zweifeln an *dat*; verdächtigen *akk*; **~ kurdu** (der) bohrende Zweifel; **~ yok** es besteht kein Zweifel; *-den* **~ye düşmek** zu zweifeln beginnen an *dat*; *-i* **~ye düşürmek** Zweifel aufkommen lassen (in *j-m*), (*j-n*) misstrauisch machen;

her türlü ~nin dışında außer jedem Zweifel **~ci** Zweifler *m*, Skeptiker *m* **~cilik** ⟨-ği⟩ Zweiflerei *f*; PHIL Skeptizismus *m*

**şüphe|lendirmek** *v/t* Zweifel (an *dat*) erwecken **~lenmek** *v/i* (-*den*) zweifeln (an *dat*), misstrauen *dat*; Verdacht schöpfen gegen *j-n* **~li** zweifelhaft; *Person* misstrauisch, argwöhnisch; verdächtig; Verdächtige(r) **~siz** zweifellos; glaubhaft

**şvester** Krankenschwester *f*

# T

**t, T** [tɛ] t, T *n*
**T cetveli** Reißschiene *f*
**T demiri** T-Eisen *n*
**ta** [a:] *Verstärkung von* **-de, -den,** (*-den, -e*) *kadar etc*: **~ uzaklarda havlayan köpek** ein ganz in der Ferne bellender Hund; **~ akşama kadar** bis in den Abend hinein; **~ kendisi** er selbst, in Person; **~ ki** *konj* damit; **... ~ ki herkes anlasın** ... damit jeder es versteht
**taahhüt** ⟨-dü⟩ Verpflichtung *f*, Zusage *f* **~lü** *Brief*: eingeschrieben **~name** [-na:-] schriftliche Verpflichtung
**taalluk** ⟨-ku⟩ Beziehung *f*; *-e* **~ etmek** betreffen *akk* **~at** [-a:t] ⟨-tı⟩ (die) Verwandtschaft, Angehörige *pl*
**taam** [taa:m] Speise *f*
**ta'ammüden** JUR vorsätzlich
**taarruz** Offensive *f*
**taassup** ⟨-bu⟩ Bigotterie *f*
'**taba** tabakfarben
**tabak**[1] ⟨-ğı⟩ Teller *m*; Portion *f*; *dial* Blatt *n* Papier; **çorba tabağı** Suppenteller *m*; **~ gibi** flach, eben; **~ yalamak** herumtrödeln
**tabak**[2] ⟨-ğı⟩ Gerber *m*
**tabaka**[1] Schicht *f*; Blatt *n* (*Papier*); (Brief)Bogen *m*; **işçi ~sı** Arbeiterschicht *f*
**ta'baka**[2] Zigarettenetui *n*; Tabaksdose *f*
**tabakalaşma** GEOL Schichtenbildung *f*
**tabakalı** beschichtet (*Papier etc*)
**tabakhane** Gerberei *f*; **~ye bok yetiş-tirmek** *umg pej* es sehr eilig haben
**tabaklamak** *v/t* gerben
**tabaklık**[1] ⟨-ğı⟩ Gerberei *f*; Gerben *n*
**tabaklık**[2] ⟨-ğı⟩ Tellerbrett *n*, Tellerabtropfgestell *n*
**taban** Fußsohle *f*; Schuhsohle *f*; *fig* Fuß *m*; Sockel *m*; Plateau *n*; MATH Basis *f*; (Fluss)Bett *n*; Grund *m*; Sohle *f* (*e-s Bergwerks*); TECH Ankerpflug *m*; Edelstahl *m*, Damaszener Stahl *m*; **~ fiyat** AGR gesetzliche(r) Mindestpreis; **~ tepmek** (*od* **patlatmak**) sich *dat* die Füße wund laufen; **~a kuvvet!** nimm die Beine in die Hand!; **~a zıt** direkt entgegengesetzt; **~ları yağlamak** sich auf die Beine machen; sich aus dem Staub machen
**ta'banca** Revolver *m*, Pistole *f*; Spritzpistole *f* (*für Farben*); **ısı ~sı** Heißluftpistole *f*; *umg* Schnapsflasche *f*; **~ boyası** Dispersionsfarbe *f* **~lık** Halfter *f*
**taban|lı** widerstandsfähig; beherzt; **... ~** auf der Grundlage von ..., -basiert **~sız** ohne Fuß, ohne Grund *etc*; ... ohne Grund und Boden; grundlos; ängstlich; kraftlos; labil **~sızlık** ⟨-ğı⟩ Bodenlosigkeit *f*; Lockerheit *f*, Labilität *f*; Ängstlichkeit *f* **~vay**: **~la gitmek** *hum* auf Schusters Rappen gehen
**ta'bela** Schild *n*; Verpflegungsliste *f*; Kontrollliste *f*
'**tabetmek** *v/t* FOTO abziehen
**tabı** ⟨-ıı⟩ *osm* Druck *m*, Ausgabe *f*; Natur *f*, Auslage *f*
**tabi** [ta:bi:] *-e* abhängig von; *j-m* ergeben; -pflichtig; **gümrüğe ~** zollpflichtig; *-i -e* **tutmak** *j-n* unterziehen *dat*
**tabiat** [-bi:-] ⟨-tı⟩ Natur *f* (*a. Charakter*); **~ bilgisi** Naturwissenschaft *f*; **~ sevgisi** Naturliebe *f* **~ıyla** selbstverständlich; natürlicherweise; von selbst **~lı** mit ... Charakter; feinfühlig; **fena ~** mit schlechtem Charakter (*od* Wesen) **~üstü** übernatürlich
'**tabii** *int* natürlich!, selbstverständlich!
**tabiî** [-bi:-] natürlich, selbstverständlich, normal; Natur-; **~ afetler** Naturkatastrophen *f/pl* **~leşmek** natürlich (*od* selbstverständlich) werden **~lik** ⟨-ği⟩ Natürlichkeit *f*
**tabiiyet** [ta:bii'jet] ⟨-ti⟩ Staatsangehörigkeit *f* **~li**: **Fas ~** Staatsangehörige(r) von Marokko **~siz** staatenlos
**tabip** ⟨-bi⟩ Arzt *m*

## TABİ | 434

**tabir** [a:] Ausdruck m; (Traum)Deutung f; **~ etmek** v/t deuten; ausdrücken; **~i caizse** wenn man so sagen darf **~name** [a:] Traum(deutungs)buch n

'**tabla** Tablett n; Eisenblechplatte f; Untersatz m; Waagschale f; Aschenbecher m; Metall- od Glasschale f; Türfüllung f **~lı** breitrandig (Hut)

'**tabldot** ⟨-tu⟩ GASTR Menü n

**tablet** Tablette f; Pastille f; Tafel f Schokolade; HIST Tontafel f

'**tablo** Gemälde n, Bild n; Übersicht f; Tabelle f; THEAT Bild n; TECH Armaturenbrett n

**tabu** Tabu n; tabu **~laşmak** zum Tabu werden

**tabur** Bataillon n; fig Kolonne f; **~ olmak** sich in e-r Kolonne aufstellen, e-e Kolonne bilden; **~ komutanı** Bataillonskommandant m **~cu** aus dem Krankenhaus Entlassene(r); -i **~ etmek** j-n (aus dem Krankenhaus) entlassen; -den **~ olmak** entlassen werden aus

**ta'bure** Hocker m

**tabut** ⟨-tu⟩ Sarg m; **~ çivisi** umg Glimmstängel m **~luk** ⟨-ğu⟩ Platz für Särge (bei der Moschee); enge Folterzelle

'**tabya** osm Fort n, Bastion f

**Tacik** ⟨-ği⟩ Tadschike m, Tadschikin f; tadschikisch **~ce** (das) Tadschikisch(e)

**tacir** [a:] Kaufmann m

**taciz** [ta:dʒi:z] Störung f (a. Rundfunk); Beunruhigung f; **~ etmek** v/t stören; **cinsel ~** sexuelle Belästigung **~lik** ⟨-ği⟩ Störung f; Stören n

**taç**[1] ⟨-cı⟩ Krone f; Kranz m; Kamm m (des Vogels); Blütenkrone f; **diş tacı** Zahnkrone f; **~ giymek** gekrönt werden; **~ giyme (töreni)** Krönung(sfeier) f

**taç**[2] ⟨-cı⟩ SPORT Mark f, seitliche(s) Außenfeld; **~ atışı** Einwurf m; **taca atmak** ins Außenfeld schießen

**taç|lanmak** gekrönt werden **~lı** gekrönt **~sız** ungekrönt

'**taçyaprağı** ⟨-nı⟩ Blütenblatt n

**tadar** → tatmak

**tadım** Geschmack(sempfindung f) m **~lık** ⟨-ğı⟩ Kostprobe f; Prise f; fig ein Quäntchen

**tadil** [ta:di:l] **~at** [a:] ⟨-tı⟩ Abänderung f, Modifizierung f; Umbauarbeiten f/pl; **~ dilekçesi** Abänderungsantrag m

**taflan** BOT Kirschlorbeer(baum) m

**tafra** Dünkel m, Arroganz f; **~ satmak** dünkelhaft sein, arrogant sein **~cı** eingebildete(r) Laffe

**tafsilat** [-a:t] ⟨-tı⟩ Einzelheiten f/pl; -e -in **~ını vermek** j-m etw genau erklären; Angaben machen **~lı** ausführlich, detailliert

**tafta** Stoff: Taft m

**tahakkuk** ⟨-ku⟩ Verwirklichung f; WIRTSCH Berechnung f und Feststellung f; **~ etmiş faiz** aufgelaufene(r) Zins; **~ vergi** veranlagte Steuer f; **~ tarihi** Fälligkeitstermin m

**tahakküm** Gewaltherrschaft f; -e **~ etmek** tyrannisieren akk

**tahammül** Ausdauer f; -e **~ etmek** ertragen; aushalten; **~ edilemeyecek, ~ edilmez** unerträglich

**taharet** [-ha:-] ⟨-ti⟩ islam. rituelle Reinigung (nach dem Stuhlgang); **~ bezi** Toilettentuch n **~lenmek** sich reinigen, umg sich abwischen

**tahayyül** Illusion f; Fantasie f; Tagtraum m; **~ etmek** sich dat etw ausmalen, fantasieren

**tahdidat** [-i:da:t] ⟨-tı⟩ Beschränkungen f/pl

**tahdit** [i:] ⟨-di⟩ Beschränkung f; **~ etmek** beschränken

**tahıl** Getreide n; **~ ambarı** Kornkammer f

**tahin** [a:] Sesamöl n; **~ helvası** türk. Honig mit Sesamöl

**tahkik** [i:] ⟨-kı⟩ Untersuchung f; -i **~ etmek** untersuchen akk **~at** [-a:t] ⟨-tı⟩ Ermittlungen f/pl, Untersuchungen f/pl (**yapmak**) anstellen); **~ komisyonu** Untersuchungskommission f

**tahkim** [i:] JUR Schiedsverfahren n; **~ etmek** (be)festigen; durch Schiedsverfahren entscheiden **~at** [-a:t] ⟨-tı⟩ Befestigungsanlagen f/pl

**tahkir** [i:] Beschimpfung f; -i **~ etmek** j-n beschimpfen, beleidigen

**tahlil** [i:] Analyse f; -i **~ etmek** analysieren; **~ raporu** Analysebericht m

**tahlisiye** [-li:-] SCHIFF Rettungsdienst m; **~ sandalı** Rettungsboot n; **~ simidi** Rettungsring m; **~ uçağı** Rettungsflugzeug n

**tahliye** Räumung f, Evakuierung f; Freilassung f, Entlassung f (e-s Gefangenen); Entladung f, Löschung f (der Waren); -i

**~ etmek** räumen, evakuieren *akk*; auf freien Fuß setzen, entlassen *akk*; entladen *akk*

**tahmin** [i:] Einschätzung f; Vermutung f; Vorhersage f, Hochrechnung f; **~ etmek** schätzen; vermuten; vorhersagen *akk* **~en** ['mi:-] schätzungsweise; vermutlich

**tahminî** [i:] annähernd, Annäherungs-, Schätz-; mutmaßlich

**tahnit** [i:] ⟨-ti⟩ Einbalsamierung f; **-i ~ etmek** einbalsamieren; ausstopfen

**'tahra** Buschmesser n

**'Tahran** [-a:n] Teheran n

**tahribat** [-i:ba:t] ⟨-tı⟩ Verwüstungen f/pl, Zerstörung f; Abnutzung f

**tahrifat** [i:] Entstellung f; Verdrehung f

**tahrik** [i:] ⟨-ki⟩ Aufwiegelung f, Hetze f; TECH Antrieb m; **-i ~ etmek** aufhetzen *akk*; TECH antreiben; sexuell erregen, *umg* scharfmachen **~çi** Hetzer m, Aufwiegler m

**tahrip** [i:] ⟨-bi⟩ Zerstörung f; **~ kalıbı** Sprengsatz m; **-i ~ etmek** zerstören *akk*, verheeren **~kâr** zerstörend; verheerend, destruktiv

**tahrir** [i:] Schreiben n; Aufsatz m **~at** [-a:t] ⟨-tı⟩ amtliche Schreiben n/pl; Amtspapiere n/pl; Schriftwechsel m

**tahriş** [i:] MED Reizung f; **~ edici** Reiz- (*Gas*); Reizmittel n; **-i ~ etmek** reizen *akk*; *j-n* erschrecken

**tahsil** [i:] Studium n; Einziehung f (*von Geldern*); einziehen; einkassieren

**tahsilat** [-a:t] ⟨-tı⟩ Einziehung f *od* Eintreibung f (*von Abgaben*)

**tahsildar** [-da:r] Steuereinnehmer m; Kassierer m (z. B. für Strom)

**tahsis** [i:] Zuweisung f, Zuteilung f; **-e -i ~ etmek** zuweisen, zuteilen (*j-m akk*)

**tahsisat** [-a:t] ⟨-tı⟩ Mittel n/pl, bewilligte Gelder n/pl; Zuwendungen f/pl

**taht** ⟨-tı⟩ Thron m; **~a çıkmak** (*od* **geçmek**) den Thron besteigen; **-i ~tan indirmek** *j-n* entthronen, absetzen

**tahta** Brett n; Holz n; Platte f; SCHIFF Planke f; Holz- (*Löffel etc*); **~ kaplama** Holzverschalung f; **~ perde** spanische Wand f; Bretterzaun m; (**bir**) **~sı eksik** *umg fig* bei ihm (*od* ihr) ist e-e Schraube los; **-i ~ya kaldırmak** Schüler an die Tafel rufen

**tah'tabiti** ⟨-ni⟩ ZOOL Wanze f

**tah'taboş** hölzerne Dachterrasse f

**tah'takurusu** ⟨-nu⟩ → tahtabiti

**tahtalı** Dielen-, Bretter-; Holz-; **~ köyü boylamak** *umg* ins Gras beißen

**tah'tapamuk** ⟨-ğu⟩ Holzwolle f

**tahtere'valli** Wippe f

**'tahtırevan** Sänfte f

**tahvil** [i:] Umwandlung f (-e, in *akk*); WIRTSCH Konversion f; Schuldverschreibung f, Anleihe f; **-i ~ etmek** Währung konvertieren, wechseln (-e in *akk*)

**tak**[1] *int* tack; **~ ~ ~** *Gewehr*: tack, tack, tack!; *gegen die Tür*: bum, bum, bum!

**tak**[2] [a:] ⟨-kı⟩ (*Blumen*)Bogen m, Girlande f

**'taka** kleine(s) Segelboot

**takanak** ⟨-ğı⟩ Schuld f; Beziehung f; Verhältnis n

**takar** → takmak

**takas** WIRTSCH Clearing n, Verrechnung f; **~ anlaşması** Verrechnungsabkommen n; **~ etmek** verrechnen; **~ tukas etmek** *umg* (gegenseitig) verrechnen

**takat** [ta:-] ⟨-tı⟩ Kraft f; **~ getirmek** es ertragen können; **~ı kalmamak** (*od* **kesilmek**) keine Kraft mehr haben, ganz erschöpft sein

**takatlı** kraftvoll, kräftig

**takatsız** kraftlos, entkräftet

**taka'tuka** Krach m, Getöse n

**takaza** Vorwurf m, *umg* Rüffel m; **~ etmek** *j-m* Vorwürfe machen, *umg j-m* e-n Rüffel erteilen

**takdim** [i:] Anerbieten n; Überreichung f; Vorstellen n; **-e ~ edilmek** *j-m* vorgestellt werden; **-i -e ~ etmek** *j-m* anbieten, überreichen *akk*; *j-n j-m* vorstellen; **~ tehir** GRAM Inversion f, abweichende Wortstellung **~ci** Conférencier m, Ansager m

**takdir** [i:] **A** *subst* Wertschätzung f; JUR Ermessen n; Einschätzung f; Vorbestimmung f, Vorsehung f; Fall m; **-i ~ etmek** schätzen *akk*, würdigen *akk*; anerkennen; bewerten, benoten *akk*; **~ hakkı** richterliche(s) Ermessen f; **~-i ilahî** göttliche(r) Ratschluss; **bu ~de** in diesem Fall **B** *konj* **-diği ~de** wenn; falls; in dem Fall, dass: **geldiği ~de** wenn er kommt

**takdirname** [-na:-] Anerkennungsschreiben n; Laudatio n

**takdis** [i:] Heiligung f, Segnung f; **-i ~ etmek** heiligen; segnen; verehren

**takı** Schmuckstück n (für die Braut, z. B. Ring, Brosche); GRAM Beziehungswort n, Suffix n, Endung f

**takılgan** Spaßvogel m, Schäker m **~lık** ⟨-ğı⟩ Neckerei f

**takılı** (an)gehängt; Anhänger-

**takılmak** passiv von takmak; -e (an)gehängt werden od sein an akk; j-n necken; hängen bleiben (an dat); sich einlassen in akk; Fehler etc -e sich stören an dat; stoßen an, auf akk; fig sich hetten (an j-n); TECH haken; Allotria treiben; tun, sich gebärden, als wäre man ...

**takım** Gruppe f, Zubehör n, Artikel m/pl; (Möbel)Garnitur f; (Tee)Service n; Besteck n; Set n; SPORT Mannschaft f; Trupp m; Zug m (Soldaten); TECH (Geräte)Satz m; Sorte f; System n; **~ çantası** Instrumententasche f; **~ (elbise)** Anzug m; **~ kutusu** Werkzeugkasten m; **kelime ~ı** GRAM Zusammensetzung f; **~ taklavat** alle zusammen; Sache: umg mit allem Klimbim; **korkak ~ından değilim** fig ich bin kein Angsthase

**takım|ada(lar)** Archipel m, Inselgruppe f **~yıldız** Sternbild n

**takınak** ⟨-ğı⟩ Zwangsvorstellung f, fixe Idee **~lı** PSYCH Zwangs-, zwanghaft; **~ davranış** Zwangshandlungen f/pl

**takınmak** sich (dat) etw anhängen, sich (dat) etw anheften (-e an akk); e-e (ernste etc) Miene aufsetzen, Verhalten an den Tag legen

**takıntı** Beiwerk n, das Drum und Dran; Schuld f, Verpflichtung f

**takır**: **~ ~**, **~ tukur** mit Gepolter; mit Geklapper; krachend (Boden); (hart und) bröcklig (Brot) **~damak** Sache, Zähne: klappern; Möbel: poltern; Boden: krachen; rumoren; Gewehr: knattern **~datmak** -i klappern, poltern, rumoren mit; knattern lassen akk **~tı** Geklapper n; Gepolter n; Rumoren n; Knattern n; Krachen n

**takışmak** sich streiten, sich (gegenseitig) beschimpfen; sich (gegenseitig) necken

**takıştırmak** sich mit Schmuck behängen (od beladen)

**takibat** [ta:ki:ba:t] ⟨-tı⟩: JUR Strafverfolgung f; **~a geçmek** JUR die Verfolgung einleiten

**taki'metre** Tachymeter n

**takip** [ta:ki:p] ⟨-bi⟩ Verfolgung f; (geheime) Beobachtung, Beschattung f; fig Verfolgung f, Betreiben n (e-r Politik); JUR (Zwangs)Betreibung f, (Zwangs)Vollstreckung f; **~i ~ etmek** v/t verfolgen (a. fig zuhören); betreiben; der Mode folgen dat; dem Weg folgen; j-n beobachten, beschatten; z. B. Bäume: säumen (das Ufer)

**takipçi** Verfolger m, -in f; **iş ~si** j-d, der für e-n anderen bei Behörden tätig wird **~lik** Beharren n, Beharrlichkeit f

**takipsiz** unbehelligt; ohne Beharrlichkeit, ohne Ausdauer **~lik**: **~ kararı** JUR Beschluss m auf Einstellung des Verfahrens

**'takkadak** jählings, umg plitz platz!

**takke** Käppchen n; **~ düştü, kel göründü** fig jetzt zeigt er sein wahres Gesicht

**takla(k)** Purzelbaum m; **~ atmak** (od **kılmak**) e-n Purzelbaum schießen (a. fig vor Freude); e-n Kotau machen; AUTO sich überschlagen; FLUG mit Looping drehen; -e **~ attırmak** fig nach s-r Pfeife tanzen lassen; etw nach s-m Willen dirigieren

**taklit** [i:] ⟨-di⟩ Kopie f, Nachahmung f; Fälschung f; nachgeahmt, gefälscht; **~ edilmez** fälschungssicher; -i **~ etmek**, -in **taklidini yapmak** nachahmen akk, imitieren akk, kopieren akk; **~ para** Falschgeld n

**taklitçi** Nachahmer m, Imitator m, -in f; Fälscher m, -in f **~lik** ⟨-ğı⟩ Imitation f, umg Nachäfferei f

**takma** künstl(ich (Zahn etc); **~ ad** Pseudonym n; **~ motor** Außenbordmotor m **~cık** gekünstelt

**takmak** ⟨-ar⟩ ⟨-i -e⟩ v/t hängen an akk, stecken an, auf akk; befestigen an dat; Brille aufsetzen, setzen auf akk; Brosche anstecken; Faden einfädeln in akk; Papierbogen einspannen in akk; Scheibe einsetzen in akk; j-m e-n Spitznamen geben, beilegen; umg j-m e-n Betrag schuldig bleiben; umg (Schüler) durchfallen (-den in dat); **adamı adama ~** den einen gegen den anderen aufhetzen; **takı ~** Geschenk etc e-r Braut überreichen, anheften

**takmamak** umg pfeifen auf akk; **takma kafayı** (od **kafana**) pfeif drauf!

**takograf** AUTO Fahrtenschreiber m

**takoz** Keil m; Dübel m; Bremskeil m

**~lamak** -*i* e-n Keil legen (unter *akk*)

**ta'kriben** [i:] ungefähr, annähernd

**takrir** [i:] POL Note *f*; Antrag *m*; JUR Auflassung *f*, -*i* ~ **etmek** *v/t* darlegen; erläutern; mitteilen; **bir** ~ **vermek** e-n Antrag einbringen, JUR auflassen

**takriz** [i:] LIT Begleitwort *n*

'**taksa** Strafporto *n* (als Gebühr); ~ **pulu** Strafporto *n* (als Briefmarke)

'**taksi**[1] Taxi *n*; ~ **durağı** Taxistand *m*; ~ **tutmak** ein Taxi nehmen; ~ **dolmuş** Taxi mit mehreren Fahrgästen, die sich die Kosten teilen

**taksi**[2] BIOL Taxis *f*

**taksim** [i:] Teilung *f*; Aufteilung *f*, Verteilung *f*; türk. MUS Improvisation *f*; -*i* ~ **etmek** teilen; aufteilen

**taksi'metre** Taxameter *m*

**taksir** [i:] Verfehlung *f*, Unterlassungssünde *f*; **bunda benim hiç bir ~im yok** daran habe ich überhaupt keine Schuld ~**at** [-a:t] ⟨-tı⟩ *pl von* → taksir; umg Schicksal *n*

**taksit** ⟨-ti⟩ Rate *f*; ~**le** (*od* ~ ~) **ödemek** in Raten zahlen; ~**e bağlamak** e-e Ratenzahlung vereinbaren ~**li** Raten-

**takt** Takt *m*; ~ **sahibi** taktvoll

**taktırmak** (-*i* -*e*) *kaus von* takmak

**taktik** ⟨-ği⟩ Taktik *f*; taktisch ~**çi** Taktiker *m*

**ta'kunya** Art Holzsandale *f*; Badeschuh *m* (aus Holz)

**takvim** [i:] Kalender *m*; ~ **yılı** Kalenderjahr *n*; **Miladî** ~ gregorianische(r) Kalender; **Hicrî** ~ islam. Mondkalender *m*

**takviye** Verstärkung *f*, MIL Verstärkungen *f/pl*; ~ **etmek** *v/t* verstärken; festigen; MIL ausbauen

**tal** Wurzelschössling *m*

**talan** Plünderung *f*; ~ **etmek**, ~**lamak** *v/t* (aus)plündern, ausrauben

**talaş** Späne *m/pl*, Abfälle *m/pl* ~**kebabı** ⟨-nı⟩ Art Fleischeintopf *m* ~**lamak** *v/t* abschaben

**talaz** Woge *f*, Welle *f*; Unebenheit *f*, Falte *f* (im Stoff) ~**lanmak** *v/i* wogen; *Stoff*: knittern, umg knautschen

**talebe** Schüler *m*, -in *f*; Student *m*, -in *f*

**talep** ⟨-bi⟩ Forderung *f*; (Gebiets)Anspruch *m*; WIRTSCH Nachfrage *f*, -*i* **olan** WIRTSCH gefragt; -*i* ~ **etmek** fordern, verlangen; beanspruchen ~**name** [-na:-] Ersuchen *n*

**tali** [ta:li:] sekundär; Unter-; Neben- (*Satz; Kriegsschauplatz*)

**talih** [ta:li:] Schicksal *n*; Zufall *m*; Glück *n*; Chance *f*; ~ **kuşu** *fig* Glücksstern *m*, Glückslos *n*; -*in* ~**i yaver gitmek** vom Glück begünstigt sein ~**li** vom Schicksal begünstigt; ~ **kimse** Glückspilz *m* ~**siz** Unglücksrabe *m*; Versager *m* ~**sizlik** ⟨-ği⟩ Unglück *n*, Pech *n*

**talik** [ta:li:k] ⟨-ki⟩ Aufschub *m*, Vertagung *f*; Art der arabischen Schreibschrift: „die Hängende"; -*i* ~ **etmek** *v/t* aufschieben, vertagen

**talim** [ta:li:m] MIL Exerzieren *n*; (*Schieß*)Übung *f*; -*e* ~ **etmek** umg für die Katz arbeiten; sich begnügen müssen mit ~**at** [a:] ⟨-tı⟩ Instruktionen *f/pl*, Weisungen *f/pl*, Richtlinien *f/pl*; Dienstvorschriften *f/pl*

**talimgâh** Exerzierplatz *m*

**talim**|**li** [a:] MIL ausgebildet; geübt; *Tier*: dressiert ~**name** [a:] Vorschrift *f*, Reglement [-mã:] *n*, Ordnung *f*

**talip** [a:] ⟨-bi⟩ Interessent *m*; Bewerber *m*; -*e* ~ **olmak** als Bewerber (*od* Interessent) für *akk* auftreten

**talipli** umg Bewerber *m*, -in *f*

**talk** ⟨-kı⟩, ~ **pudrası** Talk *m*, Talkum *n*

**talkım** Blühen *n*, Blüte *f*

**talkın** → telkin

'**tallahi** bei Gott!

**tam** ⟨-mmı⟩ voll, ganz, gesamt; vollständig; genau, gerade (*ein Monat etc*); ~ **bölüm** MATH Divisor *m*, Teiler *m*; ~ **adamını bulmak** den richtigen Mann finden; *hum* den „Richtigen" finden; -*e* ~ **gelmek** *j-m* passen (*Schuhe etc*); ~ **gün** ganztags; ~ **iki yıl** zwei volle Jahre; ~ **o aralık** gerade (*od* genau) in diesem Augenblick; ~ **pansiyon** Vollpension *f*; ~ **saat beşte** genau um fünf Uhr; -*in* ~ **tersi** genau das Gegenteil *gen/von*; ~ **tersine** genau umgekehrt; ~ **üstüne basmak** ins Schwarze treffen; ~ **üye** Vollmitglied *n*; ~ **vaktinde** zur rechten Zeit; ~ **yol** schleunigst; ~ **yol ileri** mit Volldampf voraus; ~ **yüklü** voll beladen

**tamah** Habgier *f*; ~ **etmek** habgierig sein; scharf sein (-*e* auf *akk*) ~**kâr** habgierig

'**tamalgı** allgemeine Wahrnehmung

**tamam** A *subst. u. adj* Gesamtheit *f*; vollständig; alles; (der, die, das) ganze

**TAMA** 438

...; fertig; richtig, in Ordnung; Zeit: abgelaufen, erfüllt; **her şeyi ~** tadellos; **saat ~** die Zeit ist um; **~ı ~ına** alles in allem; **~ mı?** nicht wahr?, ist es nicht so?; **-i ~ etmek** vervollständigen B **int** in Ordnung!, gut!; so ist es!; resignierend: nun gut, ...; Schluss damit!

**tamam|en** [-'ma:-], **~ıyla** [-ma:-] adv vollständig, zur Gänze, ganz und gar

**tamam|lama** Fertigstellung f, Abschluss m **~lamak** v/t vollenden; fertigstellen, abschließen **~lanmak** passiv von tamamlamak; (wieder) vollzählig sein **~layıcı** ergänzend; zusätzlich; Fortbildungs- (Kurs); **~ bilgi** weitere Auskunft

**tambur** Tambur m, orientalisches sechssaitiges Zupfinstrument; TECH Trommel f

**tam'bura** Zupfinstrument n

**tamburî** [-bu:ri:] Tamburaspieler m

**tamir** [ta:mi:r] Reparatur f, Instandsetzung f; **~ etmek** v/t reparieren, instand setzen; **~e vermek** reparieren (od überholen) lassen akk; **Bağdat'ı ~ etmek** sich (dat) den Bauch füllen **~at** [a:] ⟨-tı⟩ Reparaturarbeiten f/pl **~ci** Mechaniker m, -in f; Autoschlosser m, -in f **~hane** [a:] Reparaturwerkstatt f

**tamlama** GRAM Wortfügung f, Wortgruppe f; **~ eki** türk. Wortfügungssuffix -(s)i

**tamlanan** GRAM attribuierte(s) Substantiv

**tamlayan** GRAM Genitivattribut n; GRAM **~ durumu** Genitiv m

**tamlık** ⟨-ğı⟩ Genauigkeit f

**tampon** Wattebausch m; MED Tampon m; AUTO Stoßstange f; BAHN Puffer m; Pfropfen m; Stempelkissen n; **~ devlet** Pufferstaat m

**'tamsayı** MATH ganze Zahl

**'tamtakır** völlig leer; **~ kuru bakır** umg ratzekahl (leer)

**tamtam** MUS Tamtam n

**tan¹** Morgendämmerung f; **~ ağarmak** (od **atmak**) v/unpers es dämmert

**tan²**: **~ tuna gitmek** zugrunde gehen; umg kaputtgehen

**tandır** (einfacher) Backofen (im Erdboden); Fußwärmer(vorrichtung f) m; **~ ekmeği (kebabı)** Brot n (Fleisch n) aus dem Lehmofen **~name** [-na:-] Ammenmärchen n

**tane** [a:] Stück n (als Zählwort); Korn n; Beere f; **kum ~si** Sandkorn n; **~ bağlamak** Früchte: ansetzen; **~ ~ söylemek** deutlich sagen **~cik** ⟨-ği⟩ Stückchen n; Körnchen n; PHYS Teilchen n; **bir ~** nur ein Einziger

**tane|cikli** [a:] körnig, granulös; pickelig **~cil** körnerfressend **~lemek** v/t entkörnen; granulieren **~li**: **iri ~** grobkörnig; **ufak ~** feinkörnig

**tanen** Tannin n

**tangır**: **~ ~** dröhnend, umg mit Gedröhn **~damak** v/i dröhnen; klirren **~datmak** -i dröhnen; klirren mit

**'tango** Tango m; fig Modepuppe f

**tanı** MED Prognose f

**tanıdık** ⟨-ğı⟩ Bekannte(r); bekannt

**tanık** ⟨-ğı⟩ Zeuge m, Zeugin f; **-e ~ olmak** Zeuge gen sein **~lamak** v/t bezeugen **~lık** ⟨-ğı⟩ Bezeugung f; Angaben f/pl; **~ etmek** als Zeuge auftreten

**tanılama** Diagnose f

**tanılamak** v/t diagnostizieren

**tanım** Bestimmung f, Beschreibung f, Definition f

**tanıma** a. POL Anerkennung f

**tanımak** v/t (wieder)erkennen; (j-n) lange kennen; Person u. Sache: kennen; unterscheiden können; Frist gewähren; Gesetz, Unterschrift anerkennen; Gesetz a. achten, gehorchen dat

**tanımazlık** ⟨-ğı⟩, **tanımazlık** ⟨-ğı⟩: **-i ~tan gelmek** so tun, als ob man j-n nicht kennt(e)

**tanımlamak** v/t definieren

**tanın|ma** Anerkennung f **~mak** bekannt sein; anerkannt sein **~mış** bekannt, berühmt

**tanısızlık** ⟨-ğı⟩ PHIL Agnostizismus m

**tanış** bekannt **~ık** ⟨-ğı⟩ gute(r) Bekannte(r) **~ıklık** ⟨-ğı⟩ Bekanntschaft f **~ma** Kennenlernen n; Begrüßung f; **~ toplantısı** Begrüßungsfeier f **~mak** v/i sich kennen, miteinander bekannt sein; kennenlernen (ile j-n) **~tırmak** (-i ile) bekannt machen (j-n mit dat), vorstellen (j-n j-n)

**tanıtıcı** Propagandist m, -in f; Propaganda-, Informations-

**tanıt|ılmak** passiv von tanıtmak **~ım** → tanıtma **~lama** Beweisen n; Beweis m **~lamak** v/t beweisen **~lı** bewiesen

**tanıt|ma** Bekanntmachen n; Information f, Informieren n; **~ma filmi** Vorschau f; **~ma yazısı** Vorspann m (e-s Films) **~macı** Ansager m, Conférencier m **~mak** v/t vorstellen (-e j-m), bekannt machen (-e mit dat); **kendini ~** sich vorstellen **~malık** ⟨-ğı⟩ Prospekt m

**tanıtsız** unbewiesen, unbegründet

**tanjant** ⟨-tı⟩ Tangente f; tangential

**tank** ⟨-kı⟩ Panzer m; Tank m **~cı** Panzersoldat m

**tanker** AUTO, SCHIFF Tanker m

**tanksavar** Panzerabwehr(kanone) f; Panzerabwehr-

**tanrı** Gottheit f; Tanrı Gott m, (der) Herr; **~ misafiri** unangemeldete(r) Gast; **~nın günü** Tag für Tag **~bilim** Theologie f **~bilimci** Theologe m, Theologin f **~cılık** ⟨-ğı⟩ Deismus m

**tan'rıça** Göttin f

**tanrılaştırmak** v/t vergöttlichen

**tanrılık** ⟨-ğı⟩ Göttlichkeit f **~sal** göttlich **~sız** Atheist m, -in f **~sızlık** ⟨-ğı⟩ Atheismus m, Gottlosigkeit f **~tanımaz** → tanrısız

**tansiyon** Blutdruck m; POL Spannungen f/pl; **düşük ~, ~ düşüklüğü** niedrige(r) Blutdruck, Hypotonie f; **yüksek ~, ~ yüksekliği** hohe(r) Blutdruck, Hypertonie f; **~ ölçme aleti** Blutdruckmesser m

**tantana** Pomp m **~lı** pompös; feierlich; hochtrabend (Worte)

'**tan|yeli** ⟨-ni⟩ Morgenbrise f **~yeri** Horizontstelle f (der Morgenröte); **~ ağarıyor** der Morgen graut

**tanzim** [i:] Ordnen n, Regelung f; Ordnung f; Aufstellung f (e-s Protokolls); **~ etmek** v/t ordnen, regeln; umgestalten; reorganisieren; aufstellen; einstellen; **~ satışı** (staatlich) gelenkter Verkauf

**Tanzimat** [-i:ma:t] ⟨-tı⟩ Reformen von 1839 **~çı** Reformist m

**TAO** abk für Türk Anonim Ortaklığı Türkische Aktiengesellschaft f

'**tapa** Stöpsel m, Pfropfen m, MIL Zündhütchen n **~lamak** v/t verschließen, zustöpseln **~lı** verschlossen, zugestöpselt

**tapan** Art Egge f

**tapar** → tapmak

**tapasız** Flasche: unverschlossen

**tapıklamak** -i j-m den Rücken klopfen

**tapınak** ⟨-ğı⟩ Heiligtum n, Gotteshaus n, Tempel m

**tapın|ış** Anbetung f, göttliche Verehrung **~mak** anbeten (-e akk)

**tapırdamak** v/i stampfen, trapsen, trampeln

**tapışlamak** Teig glatt streichen; j-n streicheln

**tapma** Anbetung f (-e gen); **kişiye ~** Personenkult m

**tapmak** ⟨-ar⟩ anbeten (-e akk)

**tapon** Ramsch-, minderwertig, umg mies; **~ adam** Halunke m; **~ mal** Ramsch m, Schund m

'**taptaze** [-ta:-] ganz frisch; Person: umg taufrisch; Brot: ofenfrisch

**tapu** Grundbuchauszug m; **~ dairesi** Katasteramt n; **~ kütüğü** (od sicili) Grundbuch n; Kataster n **~cu** Grundbuchbeamte(r) **~lama** Grundbucheintragung f **~lamak** v/t in das Grundbuch eintragen

**ta'raça** Terrasse f

**taraf** Seite f; Gegend f; Richtung f; JUR Partei f; Familie f (z. B. der Braut); (z. B. vorderer) Teil; Sorte f, Art f; (-ın) **~(ını) tutmak, -den ~a çıkmak** (od **olmak**) für j-n sein, (j-s) Partei ergreifen, sich einsetzen (für j-n); **ana ~ından** mütterlicherseits; **her ~ı** am ganzen Körper (zittern); **dünyanın her ~ında** überall in der Welt; **her ~ta** überall; **dört bir ~ta** an allen Seiten, ringsherum; **üst ~** Anfang m; Rest m (der Schule); **~ıma** für mich; **~ımdan** von mir; durch mich; meinerseits; **~ından** beim Passiv von dat, durch akk, seitens gen, im Auftrag von dat; **öneri bakanlık ~ından kabul edildi** der Vorschlag wurde vom Ministerium angenommen

**taraf|eyn** osm beide Parteien **~gir** osm parteiisch **~lı** -seitig; parteiisch; Anhänger m; gebürtig, woher; **~ olmamak** desinteressiert sein; **tek ~** einseitig **~lılık** ⟨-ğı⟩; **tek ~** Einseitigkeit f **~sız** neutral; unparteiisch, unvoreingenommen; POL parteilos; Staat: neutral **~sızlık** ⟨-ğı⟩ Neutralität f; Unvoreingenommenheit f; Parteilosigkeit f **~tar** Anhänger m, -in f, Freund m; -e **~ olmak** für etw sein, dafür sein, dass ...

**tarak** ⟨-ğı⟩ Kamm m (a. der Vögel); Harke f, Rechen m; Weberkamm m; ZOOL Mittelhand f; Mittelfuß m; (Fisch) Kieme f;

# TARA | 440

**~ vurmak** → taramak
**tarak|lamak** v/t (aus)kämmen; harken; Fluss ausbaggern, schraffieren, riffeln **~lı** mit e-m Kamm (in den Haaren); Stoff: mit Zackenmuster; Fuß: breit **~sı** ANAT Säge- (Muskel)
**taralı** gekämmt; geharkt; ausgebaggert
**tara|ma** Schraffierung f; MIL Durchkämmung f; GASTR Vorspeise aus Fischrogen; fig Auswertung f (von Zeitungen); **~ çizgisi** dünne(r) Strich, Haarstrich m **~mak** v/t (aus)kämmen; Stein behauen, bearbeiten; z. B. Wald durchsuchen, bes MIL durchkämmen; durch Licht absuchen; fig Zeitschrift auswerten; fig j-n mustern
**ta'ranga** ZOOL Brasse f, Brassen m
**taranmak** passiv von taramak; sich kämmen
**tarator** Soße aus Essig, Olivenöl, Nüssen
**tarayıcı** IT Scanner m
**taraz** Flor m, Faden m, lose(s) Ende; **~ ~** zerfasert; Haar: zerzaust, struppig **~lamak** v/t ausfasern, auszupfen **~lanmak** v/i flaumig werden, Flor geben dat; Haar: zerzaust werden; Haut: rau werden
**tarçın** Zimt m, dial Kaneel m
**taret** ⟨-ti⟩ Geschützturm m
**tarh** Beet n
**tarhana** Suppenpulver aus Mehl u. Joghurt; **~ çorbası** Suppe f aus Tarhana
**tarhun** BOT Estragon m
**tarım** Landwirtschaft f; **Tarım, Orman ve Köyişleri Bakanlığı** Ministerium n für Landwirtschaft, Wald- und Dorfwesen **~cı** Landwirt n; Landwirtschafts- **~sal** landwirtschaftlich, Agrar-
**tarif** [ta:-] Beschreibung f, Schilderung f; Bestimmung f; **~ etmek** z. B. Weg beschreiben; **~e gelmez** unbeschreiblich
**tarife** [ta:-] Tarif m; Preisliste f; Fahrplan m; Gebrauchsanweisung f; Kochrezept n **~li** fahrplanmäßig
**tarifsiz** [ta:-] unbeschreiblich
**tarih** [a:] Datum n; Geschichte f, Historie f; **~ bilinci** Geschichtsbewusstsein f; **~in akışı** Lauf m der Geschichte; **~ atmak** (od koymak) das Datum setzen, datieren; **~ düşürmek** ein Chronogramm anfertigen; **~e geçmek** in die Geschichte eingehen; **~e karışmak** nur noch der Geschichte angehören **~çe** geschichtliche(r) Abriss **~çi** Historiker m, -in f; Geschichtslehrer m, -in f
**tarih|î** [i:] geschichtlich, historisch **~lendirmek** v/t datieren **~li** datiert
**tarihöncesi** ⟨-ni⟩ vorgeschichtlich; Vorgeschichte f, Prähistorie f
**tarihsel** → tarihî
**tarihsiz** geschichtslos; undatiert, ohne Datum
**tarikat** [i:] ⟨-tı⟩ Sekte f; Orden m; **Bektaşi ~** Orden m der Bektaschi-Derwische **~çı** Sektenanhänger m, -in f
**tarla** Feld n, Acker m; **~ açmak** Boden urbar machen **~faresi** ⟨-ni⟩ ZOOL Feldmaus f **~kuşu** ⟨-nu⟩ ZOOL Feldlerche f
**tarpan** ZOOL Wildpferd n, Tarpan m (Equus gmellini)
**tart¹** ⟨-dı⟩ Ausstoßung f, Verjagung f
**tart²** ⟨-tı⟩ GASTR Obsttorte f
**tartaklamak** v/t (durch)schütteln, durchrütteln
**tartar** → tartmak
**tartı** Gewicht n; Wiegen n, Auswiegen n; Waage f; fig Erwägung f; SCHIFF Fall n, Tau n; **~ ile**, **~ya göre** nach Gewicht
**tartılı** abgewogen; fig gemessen, maßvoll
**tartılmak** passiv von tartmak; sich wiegen
**tartısız** nicht gewogen; fig unüberlegt
**tartış|ma** Diskussion f; Auseinandersetzung f; **~ konusu** Diskussionsthema n **~mak** (ile) diskutieren, sich auseinandersetzen mit **~malı** heftig diskutiert; Sitzung: stürmisch **~masız** ohne Diskussion; unbestritten
**tart|ma** Wiegen n; Ringer: Umfassungs- und Stemmgriff **~mak** ⟨-ar⟩ v/t (ab)wiegen; rütteln an (dat); fig erwägen, überlegen; prüfen
**tar'tura** TECH Drehbank f
**tarumar** [ta:ruma:r] desolat, durcheinander
**tarz** Art und Weise f, Weise f; Stil m; **bu benim ~ım değil** das ist nicht meine Art; **~ fiili** Modalverb n; **öyle bir ~da ... ki so ...**, dass; in e-r Art, dass
**tas** Schale f; **~ gibi** ganz kahl; flach; **~ı tarağı toplamak** fig s-e Siebensachen packen, sich auf- und davonmachen
**tasa** Sorge f, Kummer m; **~ çekmek** (od etmek) Sorgen haben; **~sı sana mı düştü!** mach dir nichts draus!, was hast du

damit zu tun?; *-e* **~lanmak** sich (*dat*) Sorgen machen um *akk* **~lı** besorgt, bekümmert

**tasallut** ⟨-tu⟩ Überfall *m*; Invasion *f*; Usurpation *f*; Vergewaltigung *f*; *-e* **~ etmek** einfallen (in *akk*); überfallen *akk*

**tasar** Plan *m*, Entwurf *m* **~çizim** Entwurf *m*, Skizze *f*; Design *n*

**tasar|ı** Entwurf *m*; Projekt *n*, Plan *m*; **geometri** darstellende Geometrie **~ım** Vorstellung *f*, Idee *f*, Einfall *m*; Vorhaben *n*, Projekt *n*; Plan *m*, Skizze *f*; Design *n* **~ımcı** Designer *m*, -in *f*

**tasarla|mak** *v/t* planen; entwerfen; sich (*dat*) ausdenken *akk*; den Vorsatz haben; *Stein* behauen **~yarak** vorsätzlich

**tasarruf** Verfügungsgewalt *f*, Befugnis *f*; Wirtschaftlichkeit *f*, Ökonomie *f*; Ersparnisse *pl*, Spargelder *n/pl*; **~ hesabı** Sparkonto *n*; **~ sahibi** Sparer *m*, -in *f*; *-i* **~ etmek** verfügen über *akk*; nutznießen *akk*; sparen *akk*; *-den* **~ etmek** sparen an *dat*, einsparen *an akk* **~lu** sparsam; ökonomisch

**tasasız** sorglos, unbekümmert

**tasavvuf** (islamische) Mystik *f*

**tasavvur** PSYCH Vorstellung *f*, Gedanke *m*, Idee *f*; Absicht *f*, Vorhaben *n*; *-i* **~ etmek** sich (*dat*) vorstellen *akk*; ins Auge fassen; **~ edilemeyecek kadar** unvorstellbar

**tasdik** [i:] ⟨-kı⟩ Bestätigung *f*; Ratifizierung *f*; *-i* **~ etmek** bestätigen *akk*; *-i* **~ yaptırmak** sich (*dat*) *etw* bescheinigen lassen (durch *akk*) **~li** bestätigt; bescheinigt; ratifiziert **~name** [-na:-] Bescheinigung *f*; (Abgangs)Zeugnis *n*; Ratifizierungsurkunde *f*

**tasfiye** Reinigung *f*; WIRTSCH Liquidation *f*; Entlassung *f* (*e-s Beamten*); *-i* **~ etmek** reinigen, säubern; TECH *a*. raffinieren; WIRTSCH, POL liquidieren, auflösen; *Stahl* frischen; *Personal* entlassen, abbauen; **~ memuru** JUR Liquidator *m* **~ci** LING Purist *m* **~hane** [-ha:-] Raffinerie *f*

**tashih** [i:] *osm* Korrektur *f*; Tilgung *f*; *-i* **~ etmek** korrigieren; tilgen

**tasım** PHIL Syllogismus *m*; Schlussfolgerung *f* **~lamak** *v/t* planen, projektieren, zu tun gedenken **~sal** syllogistisch

**taslak** ⟨-ğı⟩ Entwurf *m*, Skizze *f*; Plan *m*; Attrappe *f*; *Person*: *umg* Möchtegern *m*; **kaba ~** in groben Zügen; **şair taslağı** Dichterling *m*

**taslamak** *v/t* vortäuschen, (den großen Mann) spielen; *dial* j-n beschatten; *Stein* behauen

**tasma** Halsband *n* (*bes für Tiere*); Lederteil *n* (*am Pantoffel etc*) **~lı**: *Hund*: an der Leine

**tasnif** [i:] Klassifizierung *f*; Sortieren *n*; *-i* **~ etmek** klassifizieren, einordnen

**'tastamam** *adj* uneingeschränkt; sage und schreibe

**tasvip** [i:] ⟨-bi⟩ Billigung *f*; *-i* **~ etmek** billigen *akk*, zustimmen *dat*

**tasvir** [i:] Darstellung *f*; Bild *n*; *-i* **~ etmek** darstellen *akk*; **~ gibi** bildschön **~i** [i:] beschreibend (Sprachwissenschaft)

**taş** Stein *m* (*a*. Dominostein *etc*); *fig* Stich *m*, Stichelei *f*; Stein-; *-e* **~ atmak** *j-m* e-n Stich versetzen, Spitzen austeilen; **~ çatlasa** wenns hoch kommt; unter (keinen) Umständen; *-e* **~ çıkartmak** *j-n* weit übertreffen; **~ gibi** steinhart; **~ kesilmek** *fig* wie versteinert sein; *umg* ganz baff sein; **~ sürmek** *Figur, Stein* setzen, rücken, ziehen; **~ yerinde ağırdır** *etwa*: jeder ist an s-m Platze wichtig; **~ yürekli** mit e-m steinernen Herzen, herzlos; **~ı gediğine koymak** *Wort*: ins Schwarze treffen, sehr treffend sein; **ekmeğini ~tan çıkarmak** sich (*dat*) sein Brot sauer verdienen müssen

**T.A.Ş.** *abk für* Türk Anonim Şirketi Türkische Aktiengesellschaft *f*

**taşak** ⟨-ğı⟩ Hoden (*f*)/*pl* **~lı** *vulg* viril, der Mumm hat; **~ kadın** *vulg fig* Dragoner *m*, Mannweib *n*

**taşar** → taşmak

**'taş|basması** Steindruck *m* **~bebek** Puppe *f*; **~ gibi** schön, aber herzlos

**taşçı** Steinmetz *m*; Arbeiter *m* im Steinbruch

**taşeron** Subunternehmer *m* **~luk** ⟨-ğu⟩ Subunternehmertum *n*

**taşıl** Fossil *n*, Versteinerung *f* **~bilim** Paläontologie *f*

**taşım**: **iki ~ kaynatmak** zweimal aufkochen (lassen)

**taşıma** Beförderung *f*; Transportieren *n*; Transport- (*Mittel*) Förder-; **~ gücü** Belastbarkeit *f* **~cı** Spediteur *m*, -in *f*, Transportunternehmer *m*, -in *f* **~cılık**

**TAŞI**

⟨-ğı⟩ Spedition f; Transport(unternehmen n) m

**taşı|mak** v/t tragen; bringen (-e in akk, nach dat); transportieren, befördern; (-den) leiten (z. B. Wasser aus dat); Gewicht stemmen; Bedeutung, Charakter, Recht, Wunsch haben **~nabilir** tragbar **~nır** tragbar; transportfähig; beweglich (Güter)

**taşın|mak** umziehen, einziehen (-e in akk); ausziehen (-den aus); wegziehen (-den von); -e ständig aufsuchen, j-m auf die Nerven fallen; **taşınmaya hazır** bezugsfertig **~maz** unbeweglich (Güter); **~ (mal)** Immobilie f

**taşırmak** v/t überschwemmen; **-in sabrını ~** j-s Geduld überbeanspruchen

**taşıt** ⟨-tı⟩ Transportmittel n, Fahrzeug n, Verkehrsmittel n; **~ giremez** für alle Fahrzeuge gesperrt; **~ pulu** AUTO (Steuer)Vignette f

**taşıyıcı** Träger m (a. e-s Namens etc); Krankheitsträger m; Förderband n

**taşkın** übergetreten (Fluss); überschäumend; fig übermütig; fig verschroben, überspannt; kühn; Hochwasser n, Flut f **~lık** ⟨-ğı⟩ Zeichen n des Übermuts (od der Ausgelassenheit), Exzess m

**'taşkömürü** ⟨-nü⟩ Steinkohle f

**taşlama** Schleifen f; Winkelschleifer m; fig Satire f **~cı** Schleifer m; Satiriker m

**taşla|mak** v/t mit Steinen bewerfen; steinigen; entsteinen; TECH schleifen; abschmirgeln; pflastern; fig sticheln gegen, lästern (über akk) **~şmak** v/i versteinern; fig wie versteinert sein

**taşlı** mit Steinen; steinig (Boden); Ring: mit e-m Stein **~lık** ⟨-ğı⟩ steinig (Weg); Stein- (Fußboden); (gepflasterter) Hof; Vestibül n; Kropf m (der Vögel)

**taşma** Überschwemmung f; TECH Überlauf m

**taşmak** ⟨-ar⟩ v/t überlaufen; überkochen (z. B. Suppe); Fluss: über die Ufer treten; überstehen (z. B. Tischtuch); MIL umgehen; fig aufbrausen; Volksmenge: (hinaus)drängen (-den über akk); **-in sabrı taştı** s-e Geduld ist erschöpft

**'taşpamuğu** ⟨-nu⟩ Asbest m

**'taşra** Provinz f; **~ ağızı** Mundart f **~lı** Provinzler m, -in f; provinziell

**'taşyürekli** unbarmherzig

**tat** ⟨-dı⟩ Geschmack m; Genuss m; Vergnügen n; **~ alma organı** Geschmacksorgan n; **-e ~ vermek** Geschmack verleihen dat; Vergnügen bereiten; **kabak tadı vermek** j-m Überdruss bereiten; **bş-in tadı b-nin damağında kalmak** noch gern zurückdenken an akk; **-in tadı kaçmak** den Reiz verlieren; **tadı tuzu kalmamak** den Geschmack (od den Reiz) verlieren, fade (od reizlos) werden; **-in tadı tuzu yok** ohne jeden Geschmack; **-in tadına bakmak** Speise probieren, kosten; **-in tadına varmak** auf den Geschmack gen/von kommen; **-i tadında bırakmak** etw im günstigsten Moment aufgeben; **-in tadını almak** Geschmack finden an dat

**tatar** HIST Kurier m, Meldereiter m

**Tatar** Tatar m, -in f; tatarisch

**tatarböreği** ⟨-ni⟩ Teiggericht mit Hackfleisch und Joghurt

**Tatarca** (das) Tatarisch(e); tatarisch

**tatar|cık** ⟨-ğı⟩ Art Moskito m (Phlebotomus) **~ımsı, ~sı** ... mit tatarischem Einschlag; Essen: nicht durchgekocht

**tatbik** [i:] ⟨-ki⟩ Anwendung f; Verwirklichung f; Inkraftsetzung f, Durchführung f; **-i ~ etmek** anwenden; verwirklichen; in Kraft setzen akk **~at** [-a:tı] ⟨-tı⟩ Durchführung f; Praxis f; MIL Manöver n; **~a geçmek** zur Durchführung gelangen

**tatbikî** [i:] praktisch; angewandt (Kunst)

**tatil** [ta:-] Urlaub m; (Schul)Ferien pl; **~ günü** Feiertag m; **~ köyü** Feriendorf n; **-i ~ etmek** Arbeit einstellen; Fabrik stilllegen; Schule schließen; **~e çıkmak** auf (od in) Urlaub gehen

**tatlan|dırmak** v/t nett machen; süßen; würzen; Geschmack verleihen dat; TECH entsalzen **~mak** Geschmack bekommen, ausreifen

**tatlı** **A** adj süß; schmackhaft; Süß-, Frisch- (Wasser); angenehm, sympathisch; mild, sanft (Blick); Genuss m, Vergnügen n; türk. Süßigkeiten f/pl, Süßspeisen f/pl; Dessert n; **~ kaşığı** Dessertlöffel m; **-i ~ya bağlamak** gütlich beilegen akk **B** adv gut (sich benehmen); **~ sert** durch die Blume (sprechen); **~ ~** angenehm, gemütlich (erzählen); mit Genuss (essen)

**tatlı|cı** Hersteller und Verkäufer m von (türkischen) Süßigkeiten; Konfitürengeschäft *n*; Konditor *m*; *Person* Leckermaul *n* **~laşmak** süß werden; *fig* angenehm werden **~lı** mit Dessert **~lık** ⟨-ğı⟩ Süße *f*; *fig* Freundlichkeit *f*, Liebenswürdigkeit *f* **~lıkla** gütlich, mit Güte, im Guten **~msı** süßlich

**tatlısu** Süßwasser *n*; Süßwasser-

**tatma** (Geschmacks)Probe *f*

**tatmak** ⟨tadar⟩ *v/t* kosten, probieren; *fig* Glück, Leid erfahren, erleben

**tatmin** [i:] Zufriedenheit *f*, Befriedigung *f*; *-i* **~ etmek** zufriedenstellen; befriedigen *akk*; **kendini ~ etmek** sich (selbst) befriedigen **~kâr** zufriedenstellend, befriedigend

**tatsız** fade, schal, … ohne Geschmack; *Person*: unangenehm, unsympathisch; *fig* langweilig; **~ tuzsuz** abgeschmackt, abgedroschen **~laşmak** *v/i* den Geschmack verlieren; *fig* schaler (od langweiliger) werden **~lık** ⟨-ğı⟩ Fadheit *f*; Missstimmung *f*

**tattırmak** ⟨-*i* *-e*⟩ erfahren lassen, erleben lassen (*j-n etw*); *Essen* probieren lassen

**ta'tula** BOT Stechapfel *m*

**tav** (die) richtige Temperatur; (die) richtige Feuchtigkeit; *Vieh*: Mästungsgrad *m*; *umg* **~ olmak** beschwindelt werden; *-i* **~a düşürmek** *fig j-n* übers Ohr hauen; *-i* **~ına getirmek** zu e-m guten Ende bringen *akk*; **~ını bulmak** den richtigen Zeitpunkt wählen

**tava** Bratpfanne *f*; Pfannengericht *n*; TECH Tiegel *m*; Kalkgrube *f*; Abzugsgraben *m* (*e-r Saline*); **balık ~sı** gebratene(r) Fisch; **midye ~(sı)** frittierte Muscheln

**tavaf** [-a:fı] REL *Gang der Pilger um die Kaaba*; **~ etmek** feierlich um die Kaaba gehen; *fig* andächtig herumgehen um *akk*

**tavan** Zimmerdecke *f*; Decken- *(Beleuchtung)*; *fig* Höchstgrenze *f*; Maximal-, Höchst-; **~ arası** Dachboden *m*; **~ fiyatı** (gesetzlicher) Höchstpreis; **uçuş ~ı** maximale Flughöhe

**tavassut** ⟨-tu⟩ Vermittlung *f*; *-e* **~ etmek** vermitteln für

**tavcı** Gauner *m* **~lık** ⟨-ğı⟩ Gaunerei *f*, Trick *m*

**taverna** Taverne *f*, Weinlokal *n*

**tavır** ⟨tavrı⟩ Verhalten *n*; Haltung *f*; Miene *f*; Manieren *f/pl*; Arroganz *f*; **~ almak** (*od* **takınmak**) e-e Miene aufsetzen; *bes* POL Stellung beziehen

**taviz** [tɑ:vi:z] Zugeständnis *n*; **~ vermek** Zugeständnisse machen

**'tavla**[1] Tricktrackspiel *n*; Backgammon *n*; **~ oynamak** Tricktrack spielen

**'tavla**[2] Pferdestall *m*

**'tavlacı**[1] Tricktrackspieler *m*

**'tavlacı**[2] Pferdeknecht *m*

**tavlamak** *v/t* hinreichend erhitzen (*od* befeuchten); *umg* beschummeln, *umg* anschmieren; *umg* rumkriegen **~lı** hinreichend erhitzt (*od* befeuchtet); gemästet

**tavsamak** *v/i* im Sand verlaufen, den Schwung verlieren; *Besuche*: einschlafen **~tmak** *v/t* zum Erliegen bringen

**tavsiye** Empfehlung *f*, Rat *m*; *-i -e* **~ etmek** empfehlen (*j-m etw*); **~ mektubu** Empfehlungsschreiben *n*; **~ üzerine** auf Empfehlung **~li** empfohlen, mit e-r Empfehlung

**tavşan**[1] Hase *m*; **~ anahtarı** Dietrich *m*; **~ dişi** Überbiss *m* (*der mittleren Schneidezähne*); **~ uykusu** leichte(r) Schlaf; **~ yürekli** ängstlich; Hasenfuß *m*; **~ı araba ile avlamak** sehr bedächtig vorgehen; **~ın suyunun suyu** *fig* das hat doch damit nichts zu tun

**tavşan**[2] (Kunst)Tischler *m*

**tavşan|cıl** ZOOL Steinadler *m* **~dudağı** ⟨-nı⟩ MED Hasenscharte *f* **~kanı** ⟨-nı⟩ dunkelrot; *Tee*: sehr stark **~kulağı** ⟨-nı⟩ BOT Alpenveilchen *n*

**tavşanlık**[1] ⟨-ğı⟩ feine Tischlerarbeit

**tavşanlık**[2] ⟨-ğı⟩ Kaninchenstall *m*

**tavuk** ⟨-ğu⟩ Huhn *n*, Henne *f*; **~ döner(i)** Döner *m* aus Hühnerfleisch; **~ eti** Hühnerfleisch *n*; **~ kümesi** Hühnerstall *m*; **~ suyu** Hühnerbrühe *f*; **~ gibi yatmak** mit den Hühnern schlafen gehen **~balığı** ⟨-nı⟩ ZOOL Merlan *m* **~çu** Hühnerzüchter *m* **~çuluk** ⟨-ğu⟩ Hühnerzucht *f*; Geflügelhandel *m* **~göğsü** ⟨-nü⟩ Pudding mit gehackter Hühnerbrust **~götü** ⟨-nü⟩ *umg* Warze *f* **~karası** ⟨-nı⟩ MED Nachtblindheit *f*

**tavus** Pfau *m*; **~ çıkarmak** erbrechen; **~ kuyruğu** Erbrochene(*s*) *n*

**tay**[1] Füllen *n*, Fohlen *n*

**tay**[2]: **~ ~ durmak** *Kind*: schon stehen können; **~ ~ arabası** Laufgitter *n*

**tayfa** Matrose *m*; Mannschaft *f*; Bande *f*,

Spießgesellen *m/pl*, Komplizen *m/pl*
**'tayfölçer** Spektroskop *n*
**tayfun** Taifun *m*
**tayın** MIL Ration *f*; **~ bedeli** Wert *m* der monatlichen Verpflegung
**tayin** [ta:ji:n] Festsetzung *f*, Festlegung *f*; Feststellung *f*; *Beamte* Ernennung *f*; **-i ~ etmek** festsetzen, ausmachen; feststellen; bestimmen, entscheiden; *(-e)* ernennen zu; *j-n* versetzen an, nach *akk*
**'Taymis** GEOG Themse *f*
**tayyare** Flugzeug *n* **~ci** Pilot *m*
**tayyör** (Damen)Kostüm *n*
**taze** [a:] frisch (*a.* = neu, jung); **ne güzel ~!** welch hübsches Mädchen!; **~ fasulye** grüne Bohnen *f/pl*; **~ hücre tedavisi** Frischzellentherapie *f*
**tazelemek** *v/t* erneuern, durch e-e frische Sache (*z. B. Blumen*) ersetzen; auswechseln; *Essen* (wieder) aufkochen, aufbacken; *Gefühle etc* wieder auffrischen; *Kenntnisse* auffrischen; *Vorgang, Angelegenheit* wieder aufnehmen; **b-le nikah ~** *j-n* wieder heiraten
**tazelik** ⟨-ği⟩ Frische *f*; Jugendfrische *f*
**tazı** ZOOL Windhund *m* **~laşmak** stark abmagern
**tazim** [ta:zi:m] *osm* Ehrenbezeigung *f*; **~ etmek** ehrerbietig grüßen
**taziye** [a:] Beileid *n*; **~de bulunmak** sein Beileid ausdrücken
**tazmin** [i:] Entschädigung *f*, Wiedergutmachung *f*; **-i ~ etmek** *j-n* entschädigen; wiedergutmachen *akk*
**tazminat** [-a:t] ⟨-tı⟩ Schadenersatz *m*; Reparationen *f/pl*; **~ talebi** JUR Antrag auf Schadenersatz *m*
**tazyik** [i:] ⟨-ki⟩ Druck *m*, Zwang *m*
**tazyikli** **~ hava** TECH Druckluft *f*
**T.B.M.M.** *abk* → Türkiye Büyük Millet Meclisi
**T.C.** *abk* → Türkiye Cumhuriyeti
**T.C.D.D.** *abk* → Türkiye Cumhuriyeti Devlet Demiryolları
**T.D.K.** *abk* → Türk Dil Kurumu
**teamül** [a:] Gewohnheit *f*, Brauch *m*; **~ hukuku** JUR Gewohnheitsrecht *n*
**tebaa** *osm* → uyruk; Untertan(en) *m(pl)*
**tebarüz** [a:]: **~ etmek** deutlich werden
**tebdil** [i:] Änderung *f* (*der Richtung*); Wechsel *m*, Veränderung *f*; **hava ~i** Luftveränderung *f*; Klimawechsel *m*; **~ gezmek** inkognito (oder reisen)

**~-i hava** *osm* Luftveränderung *f*; Kur *f*; **~ya gitmek** e-e Luftveränderung brauchen, e-e Kur machen; **~ya gönderilmek** (zur Kur) verschickt werden **~-i kıyafet: ~ etmek** sich verkleiden, inkognito gehen
**tebelleş: ~ etmek** aufhalsen; **-e ~ olmak** *j-m* lästig fallen
**teber** Hellebarde *f*; Streitaxt *f*, Axt *f*
**teberru** [u:] ⟨-uu⟩ Spende *f*; **~ etmek** spenden
**tebessüm** Lächeln *n*; **~ etmek** lächeln
**tebeşir** Kreide *f* (*a.* Stück Kreide)
**tebliğ** ⟨-i⟩ Mitteilung *f*; **~ etmek** mitteilen (*offiziell*)
**tebrik** [i:] ⟨-ki⟩ Glückwunsch *m*; **b-nin bş-ini ~ etmek** *j-n* beglückwünschen zu *etw*; **~ kartı** Glückwunschkarte *f*
**'Tebriz** Täbris *n*
**tebşir** [i:] REL Verkündigung *f*
**tecahül** [a:]: **~ etmek** sich dumm stellen (*-den* mit Bezug auf *akk*); **~ü arif(ane)** *Rhetorik* vorgetäuschte Unwissenheit
**tecavüz** [a:] Angriff *m*, Aggression *f*; Vergehen *n* (an *dat*); Übergriff *m*; Verletzung *f* (*e-s Gesetzes*); **-e ~ etmek** angreifen *akk*, überfallen *akk*; *Frau* vergewaltigen; sich vergehen (an *dat*); *j-n* anpöbeln; **-i ~ etmek** *osm* Grenze überschreiten; *Gesetz* verletzen
**tecelli** [i:] Offenbarung *f*; Bekundung *f*; Los *n*, Schicksal *n*; **~ etmek** sich offenbaren, sich zeigen
**tecessüs** Neugier *f*; Bespitzelung *f*
**tecil** [te:dʒi:l] Aufschub *m*; MIL Zurückstellung *f*; **-i ~ etmek** aufschieben **~li** MIL zurückgestellt
**tecrit** ⟨-di⟩ Isolierung *f*; Isolationshaft *f*; **-i ~ etmek** isolieren
**tecrübe** Versuch *m*; Erfahrung *f*; **-i ~ etmek** versuchen; probieren *akk*; experimentieren; **~ tahtasına dönmek** zum Versuchskaninchen werden; **~si olmak** Erfahrung haben **~li** erfahren **~siz** unerfahren
**teçhiz** [i:]: **-i ~ etmek** ausrüsten *akk* **~at** ⟨-tı⟩ Ausrüstung *f*
**tedai** [-a:i:] PSYCH Assoziation *f*
**tedarik** [a:] ⟨-ki⟩ Beschaffung *f*; Versorgung *f*; Vorbereitungen *f/pl*; **-i ~ etmek** beschaffen *akk*, sich versorgen mit; **~ görmek** Einkäufe machen; **~te bulunmak** Vorbereitungen treffen **~çi** Lieferant

*m*, -in *f* **~li** vorgesorgt; beschafft; ausgerüstet **~siz** nicht vorgesorgt; unvorbereitet

**tedavi** [-a:vi:] Heilung *f*; Behandlung *f*, Therapie *f*, Kur *f*; *-i* ~ **etmek** behandeln; heilen; ~ **görmek** behandelt werden; *umg a.* kuren

**tedavül** [a:] WIRTSCH Umlauf *m*; Geld Gültigkeit *f*; ~ **bankası** Emissionsbank *f*; **~de olmak** WIRTSCH gültig sein; **~den kalkmak** Geld: aus dem Verkehr gezogen werden; ungültig werden; **~e çıkarmak** emittieren, in Umlauf setzen

**tedbir** [i:] ~ **önlem**; Umsicht *f*; ~ **almak** Maßnahmen ergreifen **~li** umsichtig, vorsorglich **~siz** unüberlegt, gedankenlos, *umg* schusselig **~sizlik** ⟨-ği⟩ Unüberlegtheit *f*, Gedankenlosigkeit *f*

**tedirgin** beunruhigt, aufgeregt; verunsichert; *-i* ~ **etmek** beunruhigen; verunsichern *akk*; stören **~lik** ⟨-ği⟩ Beunruhigung *f*; Verunsicherung *f*; ASTRON Perturbation *f*

**tediye** Zahlung *f*; Tilgung *f* (*e-r Schuld*); Zahl-; ~ **etmek** zahlen, bezahlen

**te'dri|cen** [i:] *adv* stufenweise **~cî** [i:] *adj* allmählich, stufenweise

**tedris** [i:] *osm* Unterricht *m* **~at** [a:] ⟨-tı⟩ Schulwesen *n*; **çift** ~ Nutzung *e-s Schulgebäudes in zwei Schichten*

**teessüf** Bedauern *n*; *-e* ~ **ederim** ich bedaure sehr, ich bin sehr enttäuscht

**teessür** Betrübnis *f*; **~le** ganz betrübt

**tef** Rahmen *m*; *-i* ~ **koyup çalmak** (*j-n*) durch den Kakao ziehen; **~ çalsan, oynayacak** wie Kraut und Rüben

**tefe** Rahmen *m* (*am Webstuhl*)

**tefeci** Wucherer *m*, Wucherin *f* **~lik** ⟨-ği⟩ Wucher *m*

**tefekkür** *osm* Nachdenken *n*, Überlegen *n*, Meditation *f*; **~e dalmak** meditieren; ins Grübeln verfallen

**teferruat** [a:] ⟨-tı⟩ Einzelheiten *f/pl*, Details *n/pl*; **bunlar** ~ **das** (alles) ist Nebensache **~lı** ausführlich

**teflon** Teflon®; **~(lu)** antihaftbeschichtet

**tefrika** Fortsetzungs- (*Roman etc*)

**tefsir** [i:] Kommentar *m* (*a. zum Koran*); Interpretation *f*; *-i* ~ **etmek** kommentieren; interpretieren **~ci** Kommentator *m*, -in *f*

**teftiş** [i:] Revision *f*; Inspektion *f*; ~ **fırçası** sinnloses Vorzeigeobjekt; *-i* ~ **etmek** inspizieren, prüfen; revidieren

**teğelti** Satteldecke *f*

**teğet** ⟨-di⟩ Tangente *f*; **~sel** tangential

**teğmen** Leutnant *m*; **deniz ~i** Leutnant *m* zur See; **hava ~i** Leutnant *m* der Luftwaffe **~lik** ⟨-ği⟩ Leutnantsrang *m*

**tehcir** [i:] HIST Umsiedlung *f*

**tehdit** [i:] Drohung *f*; Bedrohung *f*; *-i* ~ **edici** bedrohlich für; *-i* ~ **etmek** *j-m* drohen, *j-n* bedrohen; gefährden *akk*; ~ **savurmak** *j-n* bedrohen **~kâr** bedrohlich, drohend

**tehir** [te:hi:r] Verschiebung *f*; Verspätung *f*; ~ **etmek** verschieben **~li** verschoben; *Zug etc* verspätet

**tehlike** Gefahr *f*; Risiko *n*; Not- (*Treppe*); ~ **freni** Notbremse *f*; ~ **halinde** im Notfall; ~ **işareti** Notsignal *n*; **~de** in Gefahr, gefährdet; **~(yi) atlatmak** e-r Gefahr entgehen; **~ye atılmak** sich e-r Gefahr aussetzen; **~ye düşürmek** gefährden *akk*; **hayatı ~ye girdi** sein/ihr Leben ist in Gefahr **~li** gefährlich; riskant **~siz** ungefährlich

**tein** Tein *n*

**teizm** Deismus *m*

**tek¹** A *adj* -*i* einzig; einzeln (= *isoliert*), Einzel-; ungerade (*Zahl*); ein(e), eines (*aus mehreren*); ein Gläschen (*Schnaps*); ~ **bir kişi var** es ist nur einer (*od* ein Einziger) da; ~ **bir kişi yok** es ist kein Einziger da; ~ **anlamlı** eindeutig; ~ **başına** ganz allein; für sich; selbstständig; ~ **dalmak** den Gegner (*im Ringkampf*) an e-m Bein packen; ~ **elden** unter e-r Leitung; ~ **hatlı** eingleisig; einspurig; ~ **heceli** einsilbig; ~ **hücreli** einzellig; ~ **kullanımlık şırınga** Einwegspritze; ~ **sözle** mit e-m Wort; ~ **tip** Einheits- (*Kleidung*); ~ **tük** vereinzelt, sporadisch; ~ **yanlı** *fig* einseitig; ~ **yönlü yol** Einbahnstraße *f*; **~e ~ dövüşmek** Mann gegen Mann kämpfen B *adv* nur: ~ ... *-sin* **de** wenn (er/sie) nur ...

**tek²** ⟨-ki⟩ ruhig; (*verneint*) zappelig; **adımını** (*od* **ayağını**) ~ **atmak** vorsichtig handeln, sich (*dat*) etw reiflich überlegen

**tekabül** [a:] *-e* ~ **etmek** entsprechen *dat*; gleichwertig sein mit

**tekâmül** Evolution *f*; Entwicklung *f*; ~

etmek sich (langsam) entwickeln
**'tekbencilik** ‹-ği› PHIL Solipsismus *m*
**tekbir** [i:] *islam. Bezeichnung des Gebets, das beginnt mit:* **Allahu ekber** (= Gott ist groß); **~ getirmek** *dieses Gebet sprechen*
**tekçilik** ‹-ği› PHIL Monismus *m*
**tekdir** [i:] Verweis *m*; **-i ~ etmek** j-m e-n Verweis erteilen
**'tekdüze** eintönig, monoton **~leşmek** abstumpfen, teilnahmslos werden **~lik** ‹-ği› Eintönigkeit *f*, Monotonie *f*
**teke** Ziegenbock *m*; Art Garnele *f*
**'tekel** Monopol *n*; Alleinbesitz *m*; **~inde olmak** *z. B. Salz:* ein Monopolartikel sein; *Unternehmen, Person:* ein Monopol haben (auf *akk*); **-in ~ine almak** ein Monopol erwerben (auf *akk*); **-in ~ine vermek** (*j-m*) ein Monopol verleihen (*auf e-e Ware*) **~ci** Monopolist *m*; monopolistisch; Monopol-; **~ kapitalizm** Monopolkapitalismus *m* **~leşmek** *v/t* zu e-m Monopol werden
**tekellüf** Förmlichkeit *f*, Manieriertheit *f*
**tekemmül**: **~ etmek** sich vervollkommnen; abgeschlossen werden; reif werden
**teker**¹ Rad *n*; Scheibe *f*; Rund- (*Käse*); **~ meker yuvarlanmak** hinunterpurzeln; **~ine taş koymak** *fig* j-m e-n Knüppel zwischen die Beine werfen
**teker**²: **~ ~** einzeln, einer nach dem anderen
**tekerlek** ‹-ği› Rad *n*; rund; **~ arası** Spurweite *f*; **~ başlığı** (*od* **göbeği**) Radnabe *f*; **~ çarığı** (*od* **pabucu**) Hemmschuh *m*, Hemmkette *f* **~ çemberi** Radkranz *m*; **~ kilitleyici pençe** Parkkralle *f*; **~ parmağı** Radspeiche *f*; **serbest ~** Freilauf *m* **~li** auf Rädern, Roll-; rollend; **~ koltuk** *od* **sandalye** Rollstuhl *m*
**tekerle|me** Abzählreim *m*; stereotype Wendung; stereotype(r) Beginn (*e-s Märchens, z. B.* **bir varmış, bir yokmuş** es war einmal ...) **~mek** *v/t* rollen; *fig* herausplatzen mit **~nmek** *v/i* rollen; trudeln; sich überschlagen; *umg* abkratzen
**tekerrür** Wiederholung *f*; **~ etmek** sich wiederholen
**'tekeşli** monogam **~lik** ‹-ği› Einehe *f*
**tekfur** HIST byzantinische(r) Fürst
**'tekhücreli** einzellig
**tekil** LING Singular *m*; im Singular

**tekin** menschenleer, unbewohnt; ruhig; **~ değil** nicht geheuer, unheimlich **~siz** tabu; Unheil bringend
**tekir** getigert; ZOOL Streifenbarbe *f* (*Mullus surmuletus*)
**tekke** Derwischkloster *n*; *fig* Tollhaus *n*; Opiumhöhle *f*; Rauschgiftzentrum *n*
**teklemek** AGR pikieren; *Motor* stottern
**teklif** [i:] Vorschlag *m*; Etikette *f*, Förmlichkeit *f*; **~ tekellüf** große Förmlichkeit; **aramızda ~ yok** bei uns gehts zwanglos (*od* ungezwungen) zu; **-i -e ~ etmek** j-m etw vorschlagen; j-m e-e Empfehlung geben **~li** förmlich, steif **~siz** ungezwungen, familiär; *Person:* natürlich, ungekünstelt **~sizlik** ‹-ği› Ungezwungenheit *f*
**teklik** ‹-ği› Einmaligkeit *f*; HIST Münze: e-e Lira
**tekme** Fußtritt *m*; **-e ~ atmak** j-m e-n Fußtritt versetzen **~lemek** *-i* j-n treten, j-m e-n Fußtritt geben
**tekmil** [i:] Abschluss *m*, Vollendung *f*; gesamt, ganz, *pl* alle; **~ haberi** *bes* MIL Vollzugsmeldung *f*; **~ vermek** MIL Lagemeldung erstatten
**tekne** Bottich *m*, Trog *m*; (Honig)Topf *m*; (Bade)Wanne *f*; Schiffsrumpf *m*; Boot *n*, Schiff *n*; GEOL Becken *n*, Mulde *f*; **~ kazıntısı** Nachkömmling *m*, (der) Benjamin
**teknik** ‹-ği› Technik *f*; technisch; **~ plan** Bauplan *m*; **~ terim** Fachausdruck *m*; **~ üniversite** technische Universität **~er** Techniker *m*, **-in f ~öğretim** technische(s) Studium **~okul** Technikum *n*
**teknisyen** Techniker *m*, **-in f**
**tekno**, **~ müzik** Techno *n* (*od m*)
**tekno|krasi** Technokratie *f* **~krat** Technokrat *m*, **-in f ~loji** Technologie *f*; **~ parkı** Technologiepark **~lojik** technologisch **~lojist** Technologe *m*, Technologin *f* **~park** Technologiepark *m*
**'tekparmaklılar** ZOOL Ungleichzeher *m/pl*
**'tekpartili** Einparteien- (*System*)
**tekrar** **A** *subst* [a:], *oft* [a] Wiederholung *f*; Rekonstruktion *f*; **-i ~ etmek** wiederholen *akk* **B** ['tekrar] *adv* wieder; *meist noch* (ein)mal!; **~ ~** immer wieder **~lama** Wiederholung *f* **~lamak** *v/t*

wiederholen **~lanmak** sich wiederholen; *passiv von* tekrarlamak **~latmak** *v/t* wiederholen lassen
'**tekrenkli** GRAM einfarbig, uni
'**teksesli** gleichlautend; MUS einstimmig
**teksif** [i:]: **~ etmek** konzentrieren
**teksir** [i:] Vervielfältigung *f*; **-i ~ etmek** vervielfältigen
**tekstil** Textilien *pl*; Textil- (*Industrie*)
'**tektanrıcı** Monotheist *m* **~lık** ⟨-ğı⟩ Monotheismus *m*
**tekvando** Taekwondo *n*
**tekvin** [i:] REL Genesis *f*
**tekzip** ⟨-bi⟩ Dementi *n*; **-i ~ etmek** dementieren
**tel** Draht *m*; (einzelnes) Haar; Faser *f*; Faden *m*; MUS Saite *f*; ELEK Leitung *f*; → telgraf; **~ çekmek** e-n Draht spannen (*od* ziehen); ein Telegramm schicken; **~ dikiş makinası** Heftmaschine *f*; **~ örgü** Stacheldrahtgitter *n*; Drahtzaun *m*; **~ ~** drahtförmig; *Haare*: einzeln, jedes Haar; **~ kafes** Drahtkäfig *m*; Drahtgitter *n*; **~i kırmak** die Beziehungen abbrechen; **~ler takmak** ausgelassen sein, vor Freude übermütig sein
**Tel.** *abk für* telefon Telefon *n*
'**tela** Rosshaareinlage *f*
**telaffuz** Aussprache *f*; **~ etmek** Wort aussprechen
**telafi** Ersatz *m* (*e-s Schadens*); Nachholen *n*; **-i ~ etmek** ersetzen, wiedergutmachen; nachholen
**telakki** [-i:] Auffassung *f*; **-i ~ etmek** auffassen, betrachten (*akk als akk*)
**telaş** [a:] Trubel *m*; Unruhe *f* (*a.* PSYCH); Aufregung *f*; Hektik *f*; Panik *f*; **~ edecek bir şey** etwas Beunruhigendes; **~ etmek** beunruhigt, **~ göstermek** aufgeregt (*od* unruhig) wirken; **~a düşmek** sich beunruhigen, sich aufregen; **-i ~a düşürmek** *j-n* beunruhigen, aufregen; **ortalığı ~a vermek** alle in Aufregung versetzen
**telaşe** *umg* **~ telaş**; **~ müdürü** aufgeregte(r) Mensch, Panikmacher *m*
**telaş|landırmak** *v/t* beunruhigen, aufregen; in Panik versetzen **~lanmak** sich aufregen; in Panik geraten **~lı** beunruhigt; aufgeregt; erregt (*Stimme*) **~lılık** ⟨-ğı⟩ Aufgeregtheit *f* **~sız** ruhig, gelassen, regungslos **~sızlık** ⟨-ğı⟩ Ruhe *f*, Gelassenheit *f*

**telcik** ⟨-ği⟩ Äderchen *n*; (Blatt)Rippe *f*
'**teldolap** ⟨-bı⟩ Fliegenschrank *m*
**telef** Vernichtung *f*; Vergeudung *f*; **-i ~ etmek** vernichten *akk*; vergeuden *akk*; **~ olmak** *Tier*: eingehen; *Nahrungsmittel*: ungenießbar werden **~at** [a:] ⟨-tı⟩ (Menschen)Verluste *m/pl*; **-e ~ verdirmek** *j-m* Verluste beibringen
**teleferik** ⟨-ği⟩ Seilbahn *f*; **~ kablosu** Drahtseil *n*
**telefon** Telefon *n*; Anruf *m*, Telefongespräch *n*; **~ bağlantısı** Telefonverbindung *f*; **-e ~ etmek** *j-n* anrufen; telefonieren mit; **~ görüşmesi** Telefongespräch *n*; **~ jetonu** Telefonmünze *f*; **~ kabinesi, kulübesi** Telefonzelle *f*; **~ kartı** Telefonkarte *f*; **~ konuşması** Telefongespräch *n*; **~ kordonu** Telefonschnur *f*; **~ kulaklığı** (Telefon)Hörer *m*; **~ numarası** Telefonnummer *f*; **~ rehberi** Telefonbuch *n*; **~ santrali** Fernsprechamt *n*; (Haus)Telefonanlage *f*; **~la aramak** telefonisch zu erreichen suchen; **~dan ayrılmayın!** bleiben Sie am Apparat!; **~la** *adv* telefonisch; **~u açmak** den Hörer abnehmen; **~u kapamak** (den Hörer) einhängen od auflegen; **otomatik ~** Selbstwähldienst *m* **~cu** Telefonist *m*, -in *f*
**telefonlaşmak** (*ile*) telefonieren mit
'**telefoto, ~graf** Funkbild *n*
**telek** ⟨-ği⟩ Gefieder *n*
**teleke** Schwungfeder *f*
**tele|kız** Callgirl *n* **~kinezi** Telekinese *f* **~komünikasyon** Fernmeldewesen *n* **~konferans** TEL Konferenzschaltung *f*; TV Fernsehkonferenz *f*
**teleks** Fernschreiben *n*; **~ çekmek** ein Fernschreiben senden
**telekulak**, **~ operasyonu** POL Lauschangriff *m*
**teleme**: **~ peyniri** Quark *m*
**tele'metre** Entfernungsmesser *m*
**tele|objektif** Teleobjektiv *n* **~pati** Telepathie *f*
'**telesiyej** Sessellift *m*
**teleskop** ⟨-pu⟩ Teleskop *n*
**teletekst** TV Bildschirmtext *m*
**televizyon** Fernsehen *n*; **~ (cihazı)** Fernsehgerät *n*; **~ alıcısı** Fernsehempfänger *m*; **~ filmi** Fernsehfilm *m*; **~ vericisi** Fernsehsender *m*; **~ yayını** Fernsehsendung *f*; **~la öğretim** Fernsehkurse

*m/pl;* **kablolu ~** Kabelfernsehen *n* **~cu** Fernsehhändler *m;* Fernsehtechniker *m;* Fernsehmann *m,* Fernsehmitarbeiter *m*

**telg.** *abk für* **telgraf** Telegramm *n*

**telgraf** Telegraf *m;* Telegramm *n;* **~ çekmek** ein Telegramm aufgeben, telegrafieren; **~la** telegrafisch **~çı** Telegrafist *m, -in f*

**telif** [te:li:f] Abfassung *f (e-s Buches);* friedliche Beilegung; *-i* **~ etmek** verfassen *akk;* **~ hakkı** Urheberrecht *n,* Copyright *n*

**telin** [i:] Verfluchung *f;* Verwünschung *f;* **~ mitingi** Protestkundgebung *f; -i* **~ etmek** *j-n* verfluchen

**'telkadayıf** *Art* Kuchen aus Teigfäden

**telkâri** Filigran(arbeit *f) n;* Filigran-

**telkin** [i:] Suggestion *f;* Vertrautmachen *n* mit; Grabgebet *n; -i -e* **~ etmek** suggerieren *(j-m etw);* einprägen *(j-m etw);* nahebringen *(j-m etw)*

**tellak** ⟨-ğı⟩ Badediener *m*

**tellal** ⟨-lı⟩ Ausrufer *m;* **~ çağırtmak** öffentlich bekannt geben

**tellemek**[1] *v/t* einzäunen; (mit Gold- und Silberfäden) (aus)schmücken; *umg* **telleyip pullamak** (durch Schmuck) überladen, herausputzen; *fig* über den grünen Klee loben

**tellemek**[2] *v/t* telegrafieren

**tellendirmek** *v/t* schmauchen, rauchen

**tellenmek**[1,2] *passiv von* **tellemek**

**telli** faserig; Draht-; Saiten- *(Instrument);* ... in Goldfadenschmuck; **~ bebek** extravagant gekleidet; Modepuppe *f;* **~ pullu** herausstaffiert; *fig* ausgeschmückt

**'telörgü** *= tel*

**telsiz** drahtlos; Funk-, über Funk; Funkgerät *n;* Funkspruch *m* **~ci** Funker *m, -in f*

**telve** Kaffeesatz *m;* **~ falı** Wahrsagen *n* aus dem Kaffeesatz

**tem, 'tema** Thema *n*

**temas** [a:] Kontakt *m,* Fühlungnahme *f;* Beziehung *f;* Berührung *f;* Verbindung *f; -e* **~ etmek** berühren *akk;* zu sprechen kommen (auf *akk);* **~ta bulunmak** in Kontakt sein (mit *j-m);* intime Beziehungen haben *zu; ile* **~ kurmak** Kontakt aufnehmen; *ile* **~a geçmek** *(od* **gelmek)** in Kontakt kommen mit

**temaşa** [-ma:ʃa:] *osm* Vorstellung *f;* Schauspiel *n;* Betrachtung *f*

**temayül** [a:] Neigung *f;* Tendenz *f; -e* **~ etmek** e-e Neigung haben zu; tendieren zu

**temayüz** [a:] **~ etmek** sich hervortun, sich auszeichnen

**tembel** faul, träge; **~ ~** *adv* faulenzerisch **~ce** *adv* faul **~hane** [a:] Faulenzerparadies *n* **~leşmek** *v/t* bequem *(od* faul) werden **~lik** ⟨-ği⟩ Faulheit *f*

**tembih** [i:] Anweisung *f;* Anregung *f;* Warnung *f; -i -e* **~ etmek** *j-m* Anweisungen geben zu; anregen *(j-n* zu *dat);* warnen *(j-n* vor *dat); Kaffee:* anregen **~lemek** warnen *(j-n* vor *dat)* **~li** gewarnt

**temcit** [i:] *fig* die alte Leier; **~ pilavı gibi** ısıtıp ısıtıp öne sürmek immer dasselbe erzählen *(od umg* auftischen)

**temdit** [i:] ⟨-di⟩ (Frist)Verlängerung *f*

**temel** Fundament *n,* Grundlage *f;* Grund *m;* (Brücken)Pfeiler *m;* Stütze *f;* Haupt-; grundlegend *(z. B. Gedanke); -in* **~(ini) atmak** den Grundstein legen zu; **~ cümle** GRAM Hauptsatz *m;* **~ duruş** *Turnen:* Grundstellung *f; -e* **~ kakmak** sich klammern (an e-n *Ort);* sesshaft werden in *dat;* **~ taşı** Grundstein *m;* **~ tutmak** Wurzeln schlagen, sich festsetzen; **~(in)den** von Grund auf

**temel‖lendirmek** *v/t* begründen, fundieren; festigen **~lenmek, ~leşmek** Fuß fassen; sich festigen; sich festsetzen **~li** 🅐 *adj* grundlegend, fundamental, Grund-; fest *(Arbeit);* unvergänglich; beständig 🅑 *adv* ['te-] auf immer, für immer (verlieren, sich niederlassen)

**temelsiz** *fig* grundlos, unbegründet; ohne Fundament

**temenna(h)** [a:] Gruß durch Legen der Hand an den Kopf; **~ etmek** orientalisch grüßen

**temennî** [i:]; *-i* **~ etmek** *(j-m) etw* wünschen

**temerküz** Konzentration *f;* Zentralisierung *f;* **~ etmek** sich konzentrieren; **~ kampı** Konzentrationslager *n*

**temerrüt** ⟨-dü⟩ WIRTSCH Verzug *m;* **~ faizi** Verzugszinsen *m/pl*

**temeyyüz: ~ etmek** sich auszeichnen

**temin** [te:mi:n] Besorgung *f,* Beschaffung *f;* Sicherstellung *f; -i* **~ etmek** Bedürfnisse befriedigen; *Ware* beschaffen,

besorgen; versichern, beteuern
**teminat** [a:] ⟨-tı⟩ WIRTSCH Sicherheit *f*; ~ **mektubu** Garantieschreiben *n*; **nakdi** ~ Barsicherheit *f* **~lı** garantiert, verbürgt, (ab)gesichert
**temiz** rein, sauber; *fig* sauber, anständig; adrett (*gekleidet*); gehörig, tüchtig (*verhauen*); *Leben, Mensch:* anständig; *Wagen:* ungebraucht; ~ **pak** adrett; ~ **para** Nettobetrag *m*; ~ **raporu** MED (*Untersuchung:*) ohne Befund (o. B.); ~ ~ *adv* (ganz) sauber; ~ **tutmak** sauber halten; **~ci kadın** Putzfrau *f*; **~e çekmek** ins Reine schreiben; **kendini ~e çıkar(t)mak** sich rechtfertigen, *umg* sich reinwaschen; **~e çıkmak** sich als unschuldig erweisen; **~e havale etmek** *Angelegenheit etc* schnell abtun

**temiz|kan** arterielle(s) Blut; *Pferd:* Vollblut *n* **~leme** Reinigung *f*, Säuberung *f*; MIL Entgasung *f*; Reinigungs- (*Milch*) **~lemek** *v/t* reinigen, säubern, putzen; MIL entgasen; *Arbeit* erledigen; *umg* aufessen, *umg* verputzen; *fig* liquidieren, erledigen; *umg* j-n (*beim Spiel*) ausnehmen **~lenmek** sich reinigen; *passiv von* temizlemek **~letmek** (-e -i) reinigen lassen *etc* (*akk* durch *akk*) **~leyici** Reiniger *m*; Reinigungs- (*Creme*); Reinigungsmittel *n*; (*Luft*) Filter *m* **~lik** ⟨-ği⟩ Sauberkeit *f*; Reinemachen *n*; Unschuld *f*; Anständigkeit *f*; ~ **işleri** Müllabfuhr *f*; Straßenreinigung *f*; ~ **işçisi** Müllmann *m*; **büyük** ~ Großreinemachen *n*; ~ **yapmak** reinemachen; *fig* säubern, frei machen von

**temkin** [i:] Besonnenheit *f*; Solidität *f* **~li** besonnen; solide **~siz** unbesonnen; unsolide
**temlik** [i:] ⟨-ki⟩ JUR Übereignung *f*, Abtretung *f*; ~ **etmek** übertragen; übereignen; ~ **edilemeyen hak** nicht übertragbare(s) Recht
**temmuz** JUL *m*
**'tempo** MUS Takt *m*; Tempo *n*; ~ **tutmak** den Takt schlagen; das Tempo einhalten **~lu** taktmäßig, rhythmisch
**temrin** [i:] *osm* Übung *f*; Training *n*
**temriye** MED Flechte *f*; BOT Felsenflechte *f*
**temsil** [i:] Vertretung *f*; THEAT Vorstellung *f*; ~ **edilmek** *passiv von* temsil etmek; -*i* ~ **etmek** vertreten *akk*; THEAT

aufführen, vorführen, *umg* geben; ~ **kudreti** Gesetzeskraft *f*; ~ **salonu** Zuschauerraum *m* **~ci** Vertreter *m*, -in *f* **~cilik** ⟨-ği⟩ Vertretung *f*
**temsilî** [i:]: ~ **resim** zeichnerische Darstellung *f* (*einer Begebenheit*)
**temyiz** [i:] JUR Kassation *f*; -*i* ~ **etmek** unterscheiden *akk*; in die höhere Instanz gehen mit; ~ **mahkemesi** Kassationsgericht *n*
**ten** Haut *f*; *osm a.* Körper *m*; ~ **fanilası** Unterhemd *n*
**-ten** → -den
**tenakuz** [a:] Gegensatz *m*, Gegenteil *n*; ~**a düşmek** ins Gegenteil verfallen
**tenasül** [a:] Fortpflanzung *f*; ~ **aleti** Geschlechtsorgan *n*
**tenasüp** [a:] ⟨-bü⟩ Proportion *f*; Proportionalität *f*
**'tencere** (Koch)Topf *m*; ~ **kebabı** *geschmortes Fleisch*
**'tender** BAHN Tender *m*
**teneffüs** Atmung *f*; Pause *f* (*Schule*); ~ **etmek** (ein)atmen; verschnaufen
**teneke** Blech *n*; (Blech)Kanister *m*; Wellblech *n*; Blech-; (**arkasından**) ~ **çalmak** *j-n* auslachen **~ci** Klempner *m*; ~ **makası** Blechschere *f*
**tenesir** Leichenwaschung *f*; ~ **horozu** (*od* **kargası**) *fig* Bohnenstange *f*; -*i* ~ **paklar** nur der Tod kann *j-n* davon erlösen; ~**e gelesi** geh' zum Teufel!; verrecke!
**tenezzül** Herablassung *f*; Fall *m*; -*e* ~ **etmek** sich herablassen zu
**tenha** [a:] öde; menschenleer; einsam **~laşmak** *v/t* veröden; vereinsamen **~lık** ⟨-ğı⟩ Einöde *f*, Öde *f*; verödet, menschenleer
**'tenis** Tennis *n*; ~ **oynamak** Tennis spielen; ~ **kortu, sahası** Tennisplatz *m* **~çi** Tennisspieler *m*, -in *f*
**tenkil** [i:] *osm* Niederwerfung *f*; Ausrottung *f*; exemplarische Strafe
**tenkit** [i:] ⟨-di⟩ Kritik *f*; -*i* ~ **etmek** kritisieren *akk* **~çi** Kritiker *m*, -in *f*; kritisch
**tenor** Tenor *m*
**'tenrengi** ⟨-ni⟩ fleischfarben
**tensel** Körper-, körperlich; Haut-
**'tente** Markise *f*
**tentene** Häkelarbeit *f*
**tentür** Tinktur *f* **~diyot** ⟨-du⟩ Jodtinktur *f*

**'tenya** MED Bandwurm *m*
**tenzilat** [a:] ⟨-tı⟩ Rabatt *m*, Ermäßigung *f*; **~ yapmak** mit dem Preis heruntergehen, e-n Preisnachlass gewähren **~lı** ermäßigt, mit Rabatt
**teokrasi** Theokratie *f*
**teolog** Theologe *m*
**teori** Theorie *f*
**teorik** ⟨-ği⟩ theoretisch
**tepe** Spitze *f*; (Baum)Wipfel *m*; (Berg)Gipfel *m*; Hügel *m*; ASTRON Zenit *n*; MATH Spitze *f*, Scheitelpunkt *m*; Scheitel *m*, Wirbel *m* (*am Kopf*); Genick *n* (*der Vögel*); **~ noktası** Scheitelpunkt *m*; *fig* Höhepunkt *m*; *-e* **~den bakmak** *fig* herabsehen auf *akk*; **~den inme** *fig* wie aus heiterem Himmel, überraschend; *Anordnung:* von oben, von höchster Stelle; **~den tırnağa kadar** von Kopf bis Fuß, vom Scheitel bis zur Sohle; bis an die Zähne *bewaffnet;* **~si atmak** *fig* vor Wut platzen
**te'pe|camı** ⟨-nı⟩ Dachluke *f* **~cik** ⟨-ği⟩ Anhöhe *f*; BOT Narbe *f* **~göz** ... mit niedriger Stirn; *fig* Trampeltier *n*; Overheadprojektor *m*
**tepele|me** Füllen *n*, Vollstopfen *n*; **~ dolu** bis zum Rand gefüllt; vollgestopft; voll (beladen) **~mek** *v/t* zertrampeln; SPORT schlagen, vernichten
**tepe|li** hügelig; ... mit Schopf **~lik** ⟨-ği⟩ Gesimsschmuck *m*; hügelig
**teper** → tepmek
**tepetaklak** Ⓐ *subst* Purzelbaum *m*; FLUG Looping *m*; **~ etmek** *fig j-n* ruinieren Ⓑ *adv* kopfüber; **~ gitmek** *fig* steil bergab gehen
**tepi** Impuls *m*, Antrieb *m*; Trieb *m*
**tepiklemek** *v/t dial* mit dem Fuß stoßen *akk*, treten *akk*
**tepinmek** *v/i* trampeln; *fig* ganz wild sein (vor *dat*, *Freude* etc); um sich schlagen; *fig* ablehnen, *umg* abschmettern
**tepir** *dial* Haarsieb *m*
**tepişmek** sich raufen; e-n Gruppentanz aufführen
**tepke** MED Reflex *m*
**tepki** Reaktion *f*; Gegenwirkung *f*, Rückschlag *m*; TECH Rückstoß *m*; **zincirleme ~** Kettenreaktion *f*; *-e* **~ göstermek** reagieren (auf *akk*); *-de* **~ uyandırmak** e-e Reaktion hervorrufen (in, bei *dat*) **~lı** Reaktions-; reaktiv; **~ uçak** Düsenflugzeug *n* **~me** Reaktion *f* **~mek** *v/i* reagieren (*-e* auf *akk*) **~sel** reaktiv; **~ davranış** PSYCH Reaktionsvermögen *n* **~siz** reaktionslos
**tep|me** Fußtritt *m*; MED Rückfall *m*; TECH Stampfen *n*; **~mek** ⟨-er⟩ *-i j-m* e-n Fußtritt geben; treten; ausschlagen; stopfen (*-e* in *akk*); tanzen; *Weg* (entlang)trotten; *fig* zurückweisen; entsagen *dat*; MED wieder auftreten; MIL e-n Rückstoß geben; **geri ~** das Gegenteil bewirken; **fırsatı ~** e-e gute Gelegenheit nicht wahrnehmen; **tepe tepe kullanmak** übermäßig strapazieren
**tepr|enmek, ~eşmek, ~eştirmek** → depr-
**tepsi** Tablett *n*; Backblech *n*
**ter** Schweiß *m*; **~ boşanmak** *v/unpers* anfangen zu schwitzen; **~ dökmek** stark schwitzen; *fig* ins Schwitzen geraten (*vor Anstrengung*); **~e batmak** schweißgebadet sein; **alnının ~iyle** im Schweiße s-s Angesichts; **~ gözü** Schweißtropfen *m*; **~ ~ tepinmek** *fig* s-n Dickkopf durchsetzen, hartnäckig darauf bestehen
**terakki** [-i:] Fortschritt *m*; fortschrittlich; **~ etmek** Fortschritte machen
**terane** [a:]: **hep aynı ~** alte Leier
**terapi** Therapie *f*
**teras** Terrasse *f* **~lamak** *v/t* terrassenförmig anlegen
**teravi** [a:] gemeinsames Nachtgebet im Fastenmonat Ramadan
**terazi** [a:] Waage *f* (*a. Turnen*); Wasserwaage *f*; Balancierstange *f*; Balance *f*; **~ gözü** Waagschale *f*; *-i* **~ye vurmak** *fig* auf die Waagschale legen *akk*; **Terazi** ASTROL Waage *f*; **Terazi burcundanım** ich bin Waage **~lemek** *v/t* (in der Hand) prüfend wägen; balancieren
**terbiye** Erziehung *f*; gutes Benehmen; Ausbildung *f*; Dressur *f*; Kultivierung *f*; GASTR Soße aus Zitronen u. Eiern; **~ almak** (*od* **görmek**) e-e (gute) Erziehung erhalten; *-i* **~ etmek** erziehen *akk*; dressieren *akk*; trainieren *akk*; **~sini bozmak** sich schlecht benehmen; *-in* **~sini vermek** *j-n* zurechtweisen, *j-n* zur Ordnung rufen **~ci** Dresseur *m*, *-in f* **~li** wohlerzogen; GASTR mit **~ terbiye**; *Tier:* dressiert; zahm
**terbiyesiz** schlecht erzogen, frech; Flegel *m*; *Wort:* unanständig **~leşmek**

sich flegelhaft benehmen **~lik** ⟨-ği⟩ Unerzogenheit f; Unhöflichkeit f; **~ etmek** sich schlecht benehmen

**tercih** [i:] Bevorzugung f; *-i* **~ etmek** vorziehen *akk; Bewerber* bevorzugen *akk;* **~ yapmak** Präferenzen angeben **~an** *adv* lieber, bevorzugt

**tercüman** Dolmetscher m, -in f; Übersetzer m, -in f; *-e* **~ olmak** Sprachrohr *gen/von* sein **~lık** Dolmetschen n; Übersetzertätigkeit f

**tercüme** Übersetzung f; *-i* **-e ~ etmek** übersetzen (*akk* in *e-e* Sprache)

**tere** BOT Gartenkresse f (*Lepidium sativum*)

**terebentin** Terpentin n

**tereci** Gemüsehändler m; **~ye tere satmak** Eulen nach Athen tragen

**tereddüt** ⟨-dü⟩ Schwanken n, Zweifel m; **~ etmek** *fig* schwanken, unschlüssig sein **~lü** zögerlich, zögernd **~süz** unerschütterlich **~süzce** ohne Zaudern, entschlossen

**tereke** Nachlass m

**terel'leli** leichtsinnig; **onda akıl ~** er ist ein Luftikus

**teres** Zuhälter m; *Schimpfwort:* Schweinehund m

**te'reyağı** ⟨-nı⟩ Butter f; **~ gibi** weich wie Butter; **~ndan kıl çeker gibi** mit Leichtigkeit

**terfi** [i:] *fig* Beförderung f (*im Rang*); **~ etmek** befördert werden; *-i* **~ ettirmek** *j-n* befördern; IT aufrüsten

**terhis** [i:] MIL Entlassung f; **~ etmek** (aus dem Militärdienst) entlassen

**terim** Fachausdruck m; MATH Glied n; Vorzeichen n (+, –)

**terk** ⟨-ki⟩ Verlassen n; Verzicht m (auf *akk*); Vernachlässigung f; *-i* **~ etmek** *v/t* verlassen; verzichten (auf *akk*); aufgeben (*z. B. Rauchen*); überlassen (-*e j-m*); vernachlässigen *akk*

**terki** Kruppe f; hintere(r) Teil des Sattels; *-i* **~sine almak** *j-n* hinten aufsitzen lassen

**terkip** [i:] ⟨-bi⟩ *a.* GRAM Zusammensetzung f; Verbindung f

**terle|me** Schwitzen n, Transpiration f **~mek** *v/i a. fig* schwitzen (*-den vor dat*); *Glas:* anlaufen; *Bart:* sprießen

**terli** verschwitzt; beschlagen

**terlik** ⟨-ği⟩ Hausschuh m, Pantoffel m; Strickkäppi n

**termal** Thermal-; Thermalbad n; **~ kamera** Nachtsichtgerät n

**terme** BOT Runkelrübe f

**termik** ⟨-ği⟩ thermisch, Wärme- (*Behandlung*); **~ santral** Wärmekraftwerk n

**terminal** ⟨-li⟩ Stadtbüro n (*mit Shuttledienst zum Flughafen od Busbahnhof*); IT Terminal n

**terminoloji** Terminologie f

**termit** ⟨-ti⟩ ZOOL Termite f

**'termo|dinamik** ⟨-ği⟩ thermodynamisch **~elektrik** ⟨-ği⟩ thermoelektrisch; **~ çift** Thermoelement n **~for** Wärmeflasche f **~'metre** Thermometer n **~nükleer** thermonuklear

**'termos** Thermosflasche f

**termosifon** Boiler m

**termostat** Thermostat m

**termoterapi** MED Wärmebehandlung f

**ternöv** *Hund:* Neufundländer m

**teror, terör** Terror m; **terörle mücadele yasası** Antiterrorgesetz n **~ist** Terrorist m, -in f **~izm** Terrorismus m

**ters** umgekehrt; link- (*Seite des Stoffes*); *Schuh:* verkehrt (*angezogen*); verkehrt; *Ansicht:* entgegengesetzt; *Antwort:* scharf; *Blick:* scheel; *Mensch:* unfreundlich, barsch, grob; Rückseite f; stumpfe Seite, Rücken m (*des Messers*); Gegenteil n (*verstehen*); **~ açı** Scheitelwinkel m; *-e* **~ düşmek** zuwiderlaufen *dat*; im Gegensatz stehen zu; *-e* **~ gelmek** *umg j-m* nicht in den Kram passen; **~ gitmek** *umg* schiefgehen, misslingen; **~ orantılı** umgekehrt proportional; **~ ışık** Gegenlicht n; **~ pers** *umg* völlig daneben; **~ pers gitmek** *fig* ganz und gar schiefgehen; **~ tarafından kalkmak** *fig* mit dem linken Bein zuerst aufstehen; *-e* **~ bakmak** *j-n* scheel (*od* argwöhnisch) ansehen; **~ türs** aufs Geratewohl, wirr durcheinander; schlampig; **~i dönmek** sich verlaufen; **~inden okumak** (alles) falsch verstehen

**tersane** [α:] Werft f

**'tersevirme** Logik: Kontraposition f

**tersine** im Gegenteil, vielmehr; *-i* **~ çevirmek** ins Gegenteil verkehren *akk;* **~ dönmek** umgekehrt ausfallen; **~ gitmek** schiefgehen; nicht aussteh en (*od* nicht leiden) können *akk*

**tersinir** umkehrbar, reversibel (*z. B. Re-*

**TERS** | 452

**aktion)** ~**lik** ⟨-ği⟩ Umkehrbarkeit f
**tersinmek** v/i sich ins Gegenteil verkehren; das Gegenteil behaupten, widersprechen; *umg* umkippen
**tersiyer** tertiär
**terslemek**[1] *-i j-n* scharf zurechtweisen
**terslemek**[2] *Tier:* Kot ausscheiden, *umg* Haufen machen, was hinmachen
**ters|lenmek** ungnädig sein, schlecht aufgelegt sein ~**lik** ⟨-ği⟩ Widerspruch *m;* Widerspruchsgeist *m;* Streitsucht *f;* Trotz *m;* Störung *f*
'**tersyüz** Kehrseite *f,* linke Seite; *-i* ~ **etmek** *Kleidungsstück* wenden; ~**(ü) geri dönmek** mit leeren Händen (*od* unverrichteter Sache) zurückkommen; ~**üne dönmek** umkehren
'**tertemiz** blitzsauber
**tertibat** [-i:ba:t] ⟨-tı⟩ Vorbereitungen *f/pl,* Maßnahmen *f/pl;* TECH Vorrichtung *f;* Ausrüstung *f;* System *n;* MIL (Marsch)Ordnung *f*
**tertip** [i:] ⟨-bi⟩ Anordnung *f (der Möbel);* Ordnung *f (der Akten);* Einrichtung *f (der Küche);* Organisation *f (e-s Büros);* Vorrichtung *f;* Plan *m;* Serie *f (e-s Loses);* MATH Ordinate *f; umg* Trick *m;* Komplott *n;* MED Rezept *n;* Dosis *f;* TYPO Satz *m;* (Buch)Format *n;* (**benim** *etc*) ~ **aynı** (vom gleichen Jahrgang (wie ich); **yürüyüş tertibi** Marschordnung *f;* ~ **etmek** *v/t* ordnen; anordnen, stellen; einrichten; organisieren; planen; *Böses* aushecken; zusammenstellen ~**çi** Organisator *m;* Planer *m;* Urheber *m,* Täter *m;* **yangının** ~**si** Brandstifter *m*
**tertiple|mek** *v/t* veranstalten, organisieren; einrichten, stellen; gruppieren ~**nme** MIL Aufstellung *f;* Gruppierung *f* ~**nmek** sich ordnen; *passiv von* tertiplemek; **yeniden** ~ umgruppieren ~**yici** Organisator *m, -in f*
**tertip|li** geordnet; gut (durch)organisiert; *Haus:* gut (*od* praktisch) eingerichtet; *Person:* sehr ordentlich, ordnungsliebend; vorbedacht, abgekartet, geplant ~**lilik** ⟨-ği⟩ gute Organisation; gute Ordnung; Ordnungsliebe *f* ~**siz** unordentlich; schlecht organisiert; schlecht eingerichtet
**terzi** Schneider *m, -in f;* **erkek** ~**si** Herrenschneider *m, -in f;* **kadın** ~**si** Damenschneider *m, -in f* ~**hane** Schneiderei *f*

**terzilik** ⟨-ği⟩ Schneiderhandwerk *n*
**tesadüf** [a:] Zufall *m; -e* ~ **etmek** *j-m* zufällig begegnen; fallen (auf *e-n bestimmten Tag*)
**tesadüfen** [-'sa:-] *adj* zufällig
**tesadüfî** [i:] *adv* zufällig
**tesbit** → tespit
**tescil** [i:] Registrierung *f;* ~ **etmek** *v/t* registrieren; ~ **mahkemesi** Registergericht *n* ~**li** eingetragen, registriert; ~ **marka** eingetragene(s) Warenzeichen
**teselli** [i:] Trost *m;* ~ **bulmak** Trost finden (*-de in,* bei *dat*); ~ **etmek** *v/t* trösten; ~ **mükafatı** Trostpreis *m* ~**siz** untröstlich
**tesellüm** Entgegennahme *f; -i* ~ **etmek** entgegennehmen, abnehmen
**tesir** [te:si:r] Eindruck *m;* Wirkung *f;* Kraft *f; -e* ~ **etmek** wirken auf *akk;* Eindruck machen auf *akk; -in* ~**in altında** unter dem Einfluss *gen* stehen ~**li** eindrucksvoll; wirksam, wirkungsvoll; *Anzeige:* zugkräftig; *Person:* einflussreich ~**siz** ergebnislos, wirkungslos; ~ **hale getirmek** unwirksam machen, außer Kraft setzen
**tesis** [te:si:s] Gründung *f;* Anlage *f,* Installation *f,* Einrichtung *f,* Institut *n;* JUR Stiftung *f; -i* ~ **etmek** gründen; anlegen, einrichten *akk* ~**at** [a:] ⟨-tı⟩ Anlagen *f/pl,* Werke *n/pl;* Installationen *f/pl* ~**atçı** Installateur *m*
**teskere** Tragbahre *f*
**teskin** [i:] *a.* MED Beruhigung *f; -i* ~ **etmek** *j-n* besänftigen, beruhigen
**teslim** [i:] Aushändigung *f;* Auslieferung *f;* Übergabe *f;* Kapitulation *f;* Anerkennung *f;* **Berlin** ~ **fiyatı** Preis *m* ab Berlin; **eve** ~ Lieferung *f* frei Haus; ~ **almak** abnehmen, in Empfang nehmen; ~ **bayrağı(nı) çekmek** fig die weiße Fahne hissen; *-e -i* ~ **etmek** aushändigen, ausliefern (*j-m akk*); *Grundstück* übergeben (*j-m*); *fig* zugeben, einräumen; ~ **olmak** kapitulieren; sich ergeben; aufgeben; ~ **ol!** gibs zu!; ergib dich!, gib auf!; ~ **ve tesellüm** Übergabe und Abnahme *f*
**teslim|at** [a:] ⟨-tı⟩ deponierte Waren *f/pl;* Einzahlungen *f/pl* ~**iyet** ⟨-ti⟩ Kapitulation *f* ~**iyetçi** Kapitulant *m*
**tespih** [i:] Gebetskette *f;* ~ **çekmek** die Perlen der Gebetskette bewegen

**tes'pihböceği** ⟨-ni⟩ ZOOL Kellerassel f
**tespihli** *Tischlerei*: mit e-m Perlenschnurrand
**tespit** [i:] ⟨-ti⟩ Befestigung f; Festsetzung f (*der Preise*); Feststellung f; Behauptung f, Beteuerung f; *-i* ~ **etmek** v/t befestigen; festsetzen, feststellen, behaupten
**test** ⟨-ti⟩ Test m; ~ **etmek** testen; ~ **sürüşü** AUTO Probefahrt f
¹**testere** Säge f; ~ **tozu** Sägemehl n ~**balığı** ⟨-nı⟩ ZOOL Sägefisch m ~**li** (aus)gezackt
**testi** Tonkrug m; ~ **kabağı** Flaschenkürbis m
**tesviye** Nivellierung f; Lösung f (*e-r Frage*); Tilgung f (*der Schuld*); Bezahlung f; Ausgleich m; *-i* ~ **etmek** v/t nivellieren, ausgleichen; bereinigen, lösen; tilgen; bezahlen; liquidieren ~**ci** TECH Schlosser m, -in f, Holz-, Metallbearbeiter m, -in f; Dreher m ~**ruhu** Wasserwaage f
**teşbih** [i:] Vergleich m; ~ **etmek** vergleichen; ~**te hata olmasın** niemand beziehe das auf sich! *od* Anwesende ausgeschlossen!
**teşebbüs** Bemühung f; Versuch m, Vorstoß m, Initiative f, Unternehmen n; **özel** ~ Privatwirtschaft f; *-e* ~ **etmek** anpacken *akk*, darangehen (zu …), *etw* unternehmen; ~ **geçmek** ans Werk gehen; die Initiative ergreifen
**teşekkül** Entstehung f, Bildung f; Organisation f; MIL Formation f; ~ **etmek** sich bilden, entstehen; bestehen (*-den* aus *dat*); sich formieren
**teşekkür** Dank m; ~ **ederim** danke!, ich danke Ihnen; *-e* ~ **etmek** j-m danken (*-den* für); **mektubunuza** ~ **ederim** ich danke Ihnen für Ihren Brief
**teşhir** [i:] Ausstellung f; Demonstration f, Vorführung f; HIST Prangerstrafe f; PSYCH Exhibition f; *-i* ~ **etmek** v/t ausstellen, demonstrieren; an den Pranger stellen ~**cilik** ⟨-ği⟩ Exhibitionismus m
**teşhis** [i:] Identifizierung f; MED Diagnose f; *-i* ~ **etmek** (*a.* **koymak**) v/t identifizieren; diagnostizieren
**teşkil** [i:] Bildung f, Schaffung f; Organisation f; MIL Verband m; *-i* ~ **etmek** bilden, schaffen; organisieren
**teşkilat** [a:] ⟨-tı⟩ Organisation f; *fig* Organ n; System n; ℒ **Esasiye kanunu** HIST Grundgesetz n ~**çı** Organisator m ~**çılık** ⟨-ğı⟩ Organisationstalent n ~**landırmak** v/t organisieren ~**lı** organisiert ~**sız** unorganisiert
**teşne** *osm* durstig; *-e* ~ *fig* begierig
**teşrif** [i:] Ehrenerweisung f; ~ **etmek** beehren; zu kommen (*od* gehen) geruhen; **nereden** ~ woher des Wegs? ~**at** [a:] ⟨-tı⟩ Zeremonie f; Protokoll n ~**atçı** Zeremonienmeister m
**teşrih** [i:] Obduktion f; Anatomie f; Skelett n; *fig* Analyse f; *-i* ~ **etmek** v/t sezieren, obduzieren; *fig* analysieren
**teşrin** [i:] *osm* ~ **birinci** ~ Oktober m; **ikinci** ~ November m ~**-i evvel** Oktober m ~**-i sani** November m
**teşvik** [i:] ⟨-ki⟩ Förderung f; Anreiz m; Hetze f, Aufhetzung f; *-i* ~ **etmek** v/t fördern, j-m e-n Anreiz bieten; j-n aufhetzen ~**çi** Förderer m; Aufhetzer m
**tetanos** MED Tetanus m, (Wund)Starrkrampf m
**tetik**¹ ⟨-ği⟩ Abzug m (*an der Waffe*); **tetiğe basmak, tetiği çekmek** auf den Abzug drücken
**tetik**² ⟨-ği⟩ flink, gewandt; wachsam; fein, elegant; heikel (*Angelegenheit*); ~**(te) bulunmak** *fig* auf der Hut sein; ~ **davranmak** schnell reagieren; ~ **durmak** bereit sein; **tetiğini bozmamak** gelassen bleiben, sich nicht aufregen
**tetikçi** Killer m, -in f
**tetiklik** ⟨-ği⟩ Gewandtheit f; Wachsamkeit f
**tetkik** [i:] ⟨-ki⟩ Untersuchung f; Erforschung f; Inspektion f; *-i* ~ **etmek** untersuchen; erforschen; inspizieren
**tevatür** [a:] Gerücht n; *umg* sagenhaft
**tevazu** [a:] ⟨-uu⟩ Bescheidenheit f
**tevcih** [i:] Richten n; Wenden n; Verleihung f; *-e* ~ **etmek** richten (auf *akk*); j-m e-n Rang verleihen, e-n Posten geben
**tevdi** [i:] ⟨-ii⟩ Aushändigung f; *-i -e* ~ **etmek** v/t aushändigen (j-m), anvertrauen (j-m) ~**at** [a:] ⟨-tı⟩ WIRTSCH Einlagen f/pl; ~ **hesabı** Depositenkonto n; ~**ta bulunmak** Einlagen machen, Einzahlungen vornehmen
**teveccüh** *-e* ~ **göstermek** j-m gewogen sein; *e-e* Schwäche haben für
**tevek** ⟨-ği⟩ AGR Steckreis n, Ableger m
**tevekkül** Gottvertrauen n; ~ **etmek** auf

Gott vertrauen

**tevellüt** ⟨-dü⟩ *osm* Geburt *f*; Herkunft *f*; ~ **etmek** geboren sein; stammen von ~**lü** geboren; Jahrgang *m*

**tevessül**: -*e* ~ **etmek** sich e-s unlauteren Mittels bedienen

**tevhit** ⟨-di⟩ *osm* Vereinigung *f*; REL Monotheismus *m*; ~ **ehli** Monotheisten *m/pl*; -*i* ~ **etmek** vereinigen

**tevil** [te:vi:l] Entstellung *f* (*des Sinnes*); -*i* ~ **etmek** entstellen, verdrehen *akk*

**tevki** ⟨-ii⟩ Sultanserlass *m* (*mit Monogramm*)

**tevkif** [i:] Verhaftung *f*; WIRTSCH Einstellung *f* (*e-r Zahlung*); ~ **müzekkeresi** Haftbefehl *m*; -*i* ~ **etmek** *v/t* verhaften

**Tevrat** ⟨-tı⟩ Thora *f*, Pentateuch *m*; Alte(s) Testament

**tevzi** [i:] ⟨-ii⟩ Austeilung *f*; Zustellung *f*; Verteilung *f*; -*i* ~ **etmek** *v/t* austeilen, zustellen

**teyel** Heftnaht *f*; Heft-; ~ **etmek** *v/t* heften ~**lemek** *v/t* heften ~**li** gehettet

**teyemmüm** REL Waschung *f* mit Sand, wenn es kein Wasser gibt

**teyit** [te:ji:t] ⟨-di⟩ Bestätigung *f* (*e-r Abmachung, e-r Buchung*); -*i* ~ **etmek** *v/t* bestätigen; bekräftigen; beweisen

**teyp** ⟨-bi⟩ Tonbandgerät *n*; **teybe almak** auf Band aufnehmen; ~**ten** von Band, in Play-back

**teyze** Tante *f* (*Schwester der Mutter*) ~**zade** Vetter *m*, Cousin *m*; Cousine *f*, Base *f*

**tez**[1] Magisterarbeit *f*; Dissertation *f*; These *f*

**tez**[2] rasch; sofort; ~ **beri** so schnell, gleich; leicht; ~ **canlı** impulsiv, stürmisch; ~ **elden** unverzüglich; ~ **vakitte** in kürzester Frist, kurzfristig

**tezahür** [a:] ⟨-dı⟩ Erscheinung *f*; Offenbarung *f*; ~ **etmek** erscheinen; sich herausstellen ~**at** [a:] ⟨-tı⟩ Demonstration *f*; Ovationen *f/pl*, Beifallskundgebungen *f/pl*; ~ **yapmak** stürmischen Beifall spenden

**tezat** [a:] ⟨-dı⟩ Kontrast *m*; Gegensatz *m*; Antagonismus *m*; Antithese *f*; -*e* **tezada düşmek** in Widerspruch (zu *dat*) geraten ~**lı** widersprüchlich

**tezek** ⟨-ği⟩ getrockneter Mist zum Heizen

**tezene** MUS Plektron *n*

**tezgâh** Werkbank *f*; Ladentisch *m*, Theke *f*; Stand *m*, Buffet *n*; Werft *f*; Webstuhl *m*; (Küchen)Arbeitsfläche *f*; ~ **altı** Unterbau- (*Kühlschrank etc*); ~ **başı yapmak** im Stehen e-n trinken, an der Theke stehen (und trinken) ~**lamak** -*i* sich machen an *akk*; *fig* umg aushecken; *fig* zurechtschustern; die Werkbank einrichten; *Material* einlegen (*in den Webstuhl*) ~**tar** Verkäufer *m*, -in *f*

**tezhip** [i:] ⟨-bi⟩ Ornamentik *f*) *n*

**tezkere** Notiz *f*; Bescheinigung *f*; Schein *m*; MIL Entlassungsschein *m*; Entschuldigungszettel *m* (*für e-n Schüler*); **esnaf** ~**si** Gewerbeschein *m*; **hasta** ~**si** Krankenschein *m*; (ärztliches) Bulletin ~**ci** MIL Reservist *m*; Gerichtssekretär *m*

**tezkire** [i:] HIST Dichterbiografie *f*

**tezle|mek** *v/t* beschleunigen ~**nmek** *v/i* eilen ~**şmek** sich beschleunigen; dringlich werden; eilen ~**ştirmek** *v/t* beschleunigen

**tezli**: ~ **roman** Thesenroman *m*

**tezlik** ⟨-ği⟩ Schnelligkeit *f*; Ungeduld *f*; ~ **fiili** *zusammengesetztes Verb der schnellen Handlung*, -(**y**)**ivermek**: *z. B.* **anlayıverirsiniz** ihr begreift es sofort

**tezyin** [i:] *osm* Verzierung *f* ~**at** [a:] ⟨-tı⟩ Dekoration *f* ~**i** [i:] Dekorations-

**T.H.Y.** *abk für* Türk Hava Yolları Türkische Fluggesellschaft

'**tıbben** medizinisch (gesehen)

**tıbb|î** [i:] medizinisch, ärztlich; Heil- (*Kraut*) ~**iye** *osm* medizinische Fakultät ~**iyeli** *osm* Medizinstudent *m*, -in *f*

**tıfıl** ⟨**tıflı**⟩ kleine(s) Kind; klein und schwächlich

**tığ** [tı:] Häkelnadel *f*; Pfriem *m*, Ahle *f*; ~ **gibi** sehnig, gertenschlank; ~**la örmek** häkeln

**tığlamak** stechen (*a. Schmerz*); MED Stiche verspüren

**tık** ⟨-kı⟩ leises Klopfen; Ticken *n*; ~ ~ ticktack; ~ **etmek** *umg* einrasten; ~ **edene kadar** *umg* bis zum Anschlag

**tıka**: ~ **basa** gepfropft voll, voll (beladen)

**tıkaç** ⟨-cı⟩ Stöpsel *m*, Pfropfen *m*, Korken *m* ~**lamak** *v/t* verstöpseln, verkorken ~**sız** unverschlossen, unverkorkt

**tıka|lı** verstöpselt, verschlossen; gesperrt (*Hafen*); verstopft ~**mak** *v/t* verstöpseln, verkorken, verschließen; stopfen (-*e* in *akk*); MIL abriegeln; *fig* j-m (den Mund) verschließen (umg stopfen) **~nık** ⟨-ğı⟩ verstopft; Korken m; WIRTSCH Stagnation f, Flaute f **~nıklık** ⟨-ğı⟩ Verstopfung f (a. Verkehr); (Verkehrs)Stau m; MED Atemnot f

**tıkanmak** passiv von tıkamak; sich stauen, stocken; umg genudelt (= übersatt) sein; Atem stocken; **gülmekten ~** vor Lachen ersticken; -den ~ (es), etw satthaben; ersticken an dat

**tıkar** → tıkmak

**tıkılmak** passiv von tıkmak; eingezwängt sein, zusammengepfercht sein (-e in dat)

**tıkım** Bissen m (Essen)

**tıkınmak** sich vollstopfen, umg fressen

**tıkır**[1]: **~ında** (alles) in Butter; **onun işi ~ında** er hat es gut; bei ihm ist alles geregelt; **~ı yolunda olmak** in gesicherten Verhältnissen leben; -i **~ına koymak** in Ordnung bringen akk; **~ında** in Ordnung; **~ında gitmek** fig glattgehen

**tıkır**[2]: **~ ~** bim; klimpernd (Münze); ticktack (Uhr); fig reibungslos, wie geschmiert (gehen); ohne zu stocken (antworten)

**tıkır|damak** v/i klappern (a. Zähne); Fernschreiben ticken; Tür knarren; Münze klingen; Wasser sieden, brodeln **~tı** Ticken n; Klappern n; Klingen n; Knarren n; Brodeln n

**tıkışık** zusammengedrängt **~lık** ⟨-ğı⟩ Gedränge n

**tıkış|mak** v/t sich drängen (in akk); zusammengedrängt sein (in dat) **~tırmak** (-i -e) stopfen (akk in akk); (hinein)drängen (j-n in akk); Essen in sich hineinstopfen

**tıkız** Person gedrungen; Matratze hart; Gewebe dicht; Teig zäh(flüssig)

**tıklatmak** (leise) klopfen (-i an akk); IT (an)klicken

**tıklım**: **~ ~ dolmuş** (od **dolu**) Zug etc überfüllt, brechend voll

**tıkmak** ⟨-ar⟩ (-i -e) treiben (in akk); stopfen, zwängen (in akk); verstauen (in dat); sich dat (die Ohren) zustopfen; umg ins Gefängnis stecken

**tıknaz** Person gedrungen, untersetzt

**tıknefes** kurzatmig, asthmatisch

**tıksır|ık** ⟨-ğı⟩ unterdrückte(s) Niesen **~mak** unterdrückt niesen

**tılsım** Talisman m; Zauber m, Zaubermittel n; Zauberkraft f; Zauberwort n; **~ bozulmak** v/unpers Zauber: gebrochen werden **~lı** mit e-m Talisman; magisch, Zauber-

**tımar**[1] Pflege f; Behandlung f (der Wunden); Bestellung f, Kultivierung f (des Bodens); BOT Veredeln n; **-i ~ etmek** j-n pflegen; Boden bestellen; Tiere striegeln, putzen; Wunden verbinden, behandeln; BOT veredeln

**tımar**[2] HIST Lehen n

**tımarcı**[1] Pfleger m; Pferdeknecht m

**tımarcı**[2] HIST Lehensherr m

**tımarhane** [-ha:-] Irrenhaus n; **~ kaçkını** aus dem Irrenhaus entsprungen **~lik** ⟨-ğı⟩ reif fürs Irrenhaus

**tımarlı** gestriegelt; gepflegt; behandelt; Lehnsmann m; lehnspflichtig

**tın** bim!, kling!; **~ ~** fig hohl (bes Kopf)

**tınar** → tınmak

**tınaz** Schober m, Heuhaufen m

**tıngadak** klirrend, scheppernd

**tıngır** bim!; klingend; umg Moneten pl; klingende Münze; umg pleite, abgebrannt; leer; **~ mıngır** holterdiepolter, hoppelnd; MUS klimpernd; **~ ~** klirrend; polternd; völlig leer, ratzekahl; **~ı yolunda** umg lukrativ

**tıngır|damak** v/i klirren; klingen **~datmak** v/t zum Klingen bringen; MUS klimpern auf dat; Instrument anzupfen **~tı** Klang m; Klimperei f

**tın|ı** Ton m, PHYS Klang m, MUS Timbre n **~lamak** v/i klingen, tönen **~mak** ⟨-ar⟩ v/i e-n Laut von sich (dat) geben; sprechen; Beachtung schenken **~mamak** v/i ungerührt sein, gleichgültig sein (od bleiben); keinen Laut (umg Mucks) von sich (dat) geben **~maz** schweigsam

**tıp**[1] ⟨-bbı⟩ Medizin f; **~ öncesi öğretim** vormedizinische Ausbildung f; **adlî ~** Gerichtsmedizin f

**tıp**[2]: **~ ~** Herz macht: bum, bum; Wasser: klack, klack

**tıpa** → tapa

**'tıpatıp** ganz genau, haargenau

**tıpır**: **~ ~** trippel-trapp; leise pochend

**tıpırdamak** v/i trippeln; umg Herz: bum, bum machen; tröpfeln

**tıpış**: **~ ~ yürümek** trippeln, fig wohl od übel gehen (müssen)

**'tıpkı** ganz genau; Ähnlichkeit f; **-in ~sı**

*fig* Spiegelbild *n* (s-s Vaters); **-in ~sının aynısı** *hum* ganz genau das Gleiche; **~ ~sına** ganz ähnlich **~basım** Faksimile (-druck) *n*)

**tır** *umg* Sattelschlepper *m*

**tırabzan** Treppengeländer *n* **~ babası** Treppenpfosten *m*, Tralje *f*; *fig* Rabenvater *m*

**tırak** rack!, ratsch!; krach!

**tıraka** *umg* Bammel *m*

**tıraş** Rasieren *n*; Rasur *f*; Haarschnitt *m*; *umg* Gefasel *n*; **~ bıçağı** Rasierklinge *f*; Rasiermesser *n*; **~ etme!** *umg* mach mal halblang!; **~ etmek** *v/t* rasieren; *fig umg* dauernd quasseln; flunkern, aufschneiden; **~ fırçası** Rasierpinsel *m*; **~ kremi** Rasiercreme *f*; **~ makinesi** Rasierapparat *m*; **~ olmak** sich rasieren (lassen)

**tıraş|çı** *umg fig* Quatschkopf *m*; *fig* Nervensäge *f* **~lamak** *v/t* abhobeln; abschleifen; rasieren; (die Haare) schneiden; *umg* quatschen, quasseln; *j-n* nerven **~lı** rasiert; abgehobelt; *umg* ... kein Milchbart mehr **~sız** unrasiert; höckerig, uneben

**tırhallı**: **~ hep bir hallı** *fig* alle in einem Boot

**tırik** knarrend; **~ tırak** knarrend und knirschend

**tıril** nackt; *fig* völlig blank **~lamak** nackt sein; *fig* völlig blank sein

**tırınk** metallische(s) Geräusch

**tırıs** Trab *m*; **~ gitmek** traben; **~ ~ eiligst**; verschämt, zögernd; **~a kalkmak** lostraben

**tırmalamak** *v/t* zerkratzen; aufkratzen; belästigen *akk*, wehtun (den Ohren)

**tırmandır|ma** Eskalieren *n* **~mak** *kaus von* tırmanmak; *fig* ausreizen

**tırmanıcı** kletternd; Kletter- (*Pflanze*)

**tırman|ma** Klettern *n*; POL Eskalation *f*; WIRTSCH Ansteigen *n*; **~ şeridi** Kriechspur *f* **~mak** -*e* klettern auf *akk*; Treppen (hinauf)steigen, hinaufgehen, *umg* raufgehen; *fig* um sich greifen, eskalieren

**tırmık** ⟨-ğı⟩ Schramme *f*; Harke *f* **~lamak** *v/t* zerkratzen; Boden harken; eggen

**tırnak** ⟨-ğı⟩ (Finger)Nagel *m*; Klaue *f*; Tatze *f*; Kralle *f* (*der Katze*); TECH Krampe *f*; Daumen *m*, Nocken *m*; Auswerfer *m* (*am Gewehr*); ELEK Elektrode *f*, Kontakt *m*; Schlagring *m* (*der Zither*); **~ cilası** Nagellack *m*; **~ dibi** Nagelbett *n*; **~ içinde** in Anführungszeichen (*zur Kennzeichnung eines Zitats*); **~ işareti** Anführungszeichen *n*, *umg* Gänsefüßchen *n/pl*; **~ kadar** winzig; sehr wenig; **~ makası** Nagelschere *f*; **~ sürüştürmek** Streit schüren, anheizen; **~ törpüsü** Nagelfeile *f*; **~ yeri** Kerbe *f* (*am Schnappverschluss*) **~çı** Taschendieb *m* **~lamak** (-*i*) zerkratzen; sich krallen (in *akk*) **~lı** mit Fingernägeln, mit Krallen; **~ kova** TECH Greifkorb *m* **~lık** ⟨-ğı⟩ Kerbe *f*; Auswerfer *m* (*am Gewehr*) **~sı** fingernagelförmig, krallenartig

**tırpan** Sense *f*; *Art* Ringergriff *m*; **-e atmak** *Gras* mähen; *fig* ausmerzen; **-dan geçirmek** → tırpanlamak

**tır'pana, ~balığı** ZOOL Glattrochen *m* (*Raja batis*)

**tırpanlamak** *v/t* (ab)sensen; *fig* zerstören; ausmerzen

**tırtık** ⟨-ğı⟩ Scharte *f*; Schramme *f*; Unebenheit *f*

**tırtık|çı** *umg* Taschendieb *m* **~lamak** *v/t umg* einheimsen, (für sich) in die Tasche stecken **~lı** schartig; (aus)gezackt

**tırtıl** *a.* TECH Raupe *f*; Profil *n* (*e-s Reifens*); Girlande *f*; Perforation *f* (*e-r Briefmarke*); Rändelung *f* (*bei Münzen*); **~ kesmek** rändeln; **~ (şerit)** Raupenkette *f*, Gleiskette *f* **~lanmak** *v/i* sich anhäufen (*Raupen*); *Baum*: sich mit Kätzchen bedecken **~lı** gezackt; gerändelt

**tırtılsı** BOT Kätzchen *n*

**tırtır** Weinstein *m*

**tıs**[1] *int* pst!; Fauchen *n* (*der Katze*); Zischen *n* (*der Schlange*); **~ dememek** *umg* keinen Mucks von sich (*dat*) geben; **~ etme!** sei ganz still, mucks dich nicht!; **~ kalmak** *umg* ganz baff sein; **~ yok** mucksmäuschenstill

**tıs**[2] **~ pıs** (es) zischt!, zisch!

**tıslamak** *v/i* fauchen; zischen (→ tıs[1])

**tıynet** ⟨-ti⟩ Natur *f*, Anlage *f*, Charakter *m* **~siz** bösartig; charakterlos

**ti** [i:]: **~ işareti** (*od* **borusu**) MIL Fanfare *f*, Trompetensignal *n*; **~ye almak** *umg fig j-n* aufziehen

**'Tibet** Tibet *n* **~çe** (das) Tibetisch(e); tibetisch **~li** Tibeter *m*, -in *f*; tibetisch

**tic.** *abk für* ticaret Handel(s-)

**ticaret** [a:] ⟨-ti⟩ Handel *m*; Gewinn *m*; **~**

**filosu** Handelsflotte f; **~ işletmesi** Handelsunternehmen n; **~ limanı** Handelshafen m; **~ mahkemesi** Handelsgericht n; **~ odası** Handelskammer f; **~ okulu** Handelsschule f; **dış ~** Außenhandel m; **~i bırakmak** Gewinn abwerfen, rentabel sein; **hem ziyaret hem ~** das Angenehme mit dem Nützlichen verbinden **~hane** [a:] Handelshaus n; Firma f **~li** Handels-; einbringlich
**ticari** [-a:ri:] Handels-, kommerziell
**'tifdruk, ~ baskı** TYPO Tiefdruck m
**'tifo** Typhus m
**tiftik** ⟨-ği⟩ Mohair m; Angoraziege f; **~ olmak →** tiftiklenmek
**tiftiklenmek** sich ausfransen
**'tifüs** MED Fleckthyphus m
**tik**[1] ⟨-ki⟩ MED Tick m, Schrulle f
**tik**[2], **~ ağacı** Teakbaum m; Teak(holz) n
**tikel** Teil-, parziell **~emek** v/t teilen; auseinandernehmen
**tiksindirici** abscheulich; Abscheu erweckend **~mek** (-i -den j-m) Abscheu einflößen vor dat
**tiksinme** Abscheu m, Ekel m **~mek** (-den) v/t verabscheuen, sich ekeln (vor dat) **~ti** Abscheu m
**tilki** ZOOL Fuchs m **~kuyruğu, ~ testere** Fuchsschwanz(säge f) m **~leşmek** fig listig (od durchtrieben) werden **~lik** ⟨-ği⟩ fig Schläue f, Durchtriebenheit f
**tim** Team m
**timbal** ⟨-li⟩ Kesselpauke f
**timsah** ZOOL Krokodil n
**timsal** [a:] ⟨-li⟩ Symbol n; Muster n
**'timüs** Thymusdrüse f
**tin**[1] Seele f; PHIL Geist m
**tin**[2]: **~ ~** lautlos, auf leisen Sohlen
**tiner** CHEM Verdünner m **~ci** umg Schnüffler m, -in f, Lösungsmittelabhängige(r)
**tinsel** seelisch, geistig, spirituell **~ci** Spiritualist m **~cilik** ⟨-ği⟩ Spiritualismus m
**tip** ⟨-pi⟩ Typ m; Original n; BIOL Art f; typisch; originell; THEAT Charakterrolle f
**tipi** Schneegestöber n
**tipik** typisch
**tipilemek**: **hava tipiledi** es erhob sich ein Schneesturm
**tipili** mit Schneegestöber
**tipleme** FILM, LIT (übertriebene) Typisierung; Schwarz-Weiß-Malerei f

**tipo, ~ baskı** Buchdruck m, Typografie f **~grafya →** tipo **~loji** Typologie f
**tiraj** Auflage(nhöhe) f **~lı: yüksek ~ gazete** Zeitung f mit e-r hohen Auflage
**tira'mola** SCHIFF zum Wind halten!
**tiran** Tyrann m
**tirat** ⟨-dı⟩ Tirade f
**tirbuşon** Korkenzieher m
**tire**[1] Baumwollfaden m
**tire**[2] Bindestrich m, Divis n (= kısa çizgi); Gedankenstrich m (= uzun çizgi)
**tirendaz** [ti:renda:z] fig adrett (gekleidet); fix, tüchtig, geschickt
**tirfil** Klee m **~lenmek** sich abtragen, sich durchscheuern, verschleißen
**tiril**: **~ ~** Stoff: schön fließend, schön fallend **~demek** v/i beben, zittern
**tirit** ⟨-di⟩ Art Fleischbrühe mit geröstetem Brot, Brotsuppe f; Person: klapperig **~leşmek** (alt u.) klapperig werden
**tiriz** Besatz m, Borte f (am Kleid); Latte f, Leiste f, Fries m, Zierleiste f
**tirle** MED Milchpumpe f (für die Brust)
**tirlin** Reißfeder f
**tiroit** ⟨-di⟩, **~ bezi** ANAT Schilddrüse f
**tirpidin, tirpit(il)** ⟨-di⟩ kleine Gartenhacke f
**tirsi** ZOOL Alse f (Alosa alosa)
**tirşe** Pergament n; bläulich grün
**tiryaki** [-ja:ki:] ⟨-ği⟩ süchtig, leidenschaftlich; rauschgiftsüchtig; versessen (auf akk); Narr m; **kahve ~si** (leidenschaftlicher) Kaffeetrinker; umg Kaffeetante f; **tavla ~si** Tricktracknarr m, Tricktrackfan m; **tütün** (od **sigara**) **~si** starke(r) Raucher **~lik** ⟨-ği⟩ Rauschgiftsucht f; Manie f, Leidenschaft f, Sucht f nach ...
**tişört** T-Shirt n
**titiz** wählerisch; pedantisch (genau); eigen; umg pingelig; anspruchsvoll; kleinlich; gewissenhaft (Bedienung)
**titizlenmek** wählerisch (od pedantisch) sein **~lik** ⟨-ği⟩ Pedanterie f; Gewissenhaftigkeit f; Rücksicht f; Zartgefühl n; Kleinlichkeit f; die (gestellten) Ansprüche m/pl; **~le** peinlich genau; rücksichtsvoll, gewissenhaft
**titrek** ⟨-ği⟩ zitternd, bebend; Zitter-(Laut) **~lik** ⟨-ği⟩ Zittern n; **-e titrek gelmek** z. B. Stimme: zu zittern beginnen
**titrem** MUS Ton m; Klangfarbe f
**titremek** v/i zittern, beben (-den vor dat); **-in üzerine ~** fig (z. B. um jede Aus-

*gabe)* zittern; **titreyerek yanmak** flackern **~şim** Zittern *n*; PHYS Schwingung *f*; Pulsen *n* **~şimli** Schwingungs-; LING stimmhaft; **~ zımpara** Schwingschleifer *m* **~şme** Zittern *n*, Vibrieren *n* **~şmek** heftig zittern, schwingen, vibrieren **~ştirmek** *v/t* in Schwingungen versetzen; zum Zittern bringen

**titretmek** *v/t* in Schrecken versetzen; → titreştirmek

**ti'yatro** Theater *n*; Theaterstück *n*; **~ yazarı** Dramaturg *m*, Bühnenschriftsteller *m* **~cu** Schauspieler *m*, -in *f*; Theaterbesitzer *m* **~culuk** ⟨-ğu⟩ Bühnenkunst *f*; Theaterbetrieb *m*; Schauspielerberuf *m*

**tiz** [i:] *Stimme*: hoch; schrill

**T.L.** *abk für* Türk Lirası Türkische Lira

**T.M.** *abk für* Türk malı türkisches Erzeugnis

**toğrul** ZOOL Sperberfalke *m*, Hühnerhabicht *m* (Accipiter gentilis)

**tohum** Same *m*; Sperma *n*; **~ ekmek** (aus)säen; **~a kaçmak** *v/i* keimen, sprießen; *meist hum* nicht mehr der (*od* die) Jüngste sein **~culuk** ⟨-ğu⟩ Samenhandel *m* **~lamak** *v/t* befruchten **~lu** Samen-; sich durch Samen fortpflanzend; **~ bitki** BOT Spermatophyte *f* (*pl* -ten)

**tok**[1] ⟨-ku⟩ satt; *Stimme*: voll, kräftig; *Stoff*: dicht gewebt, dick; *Wort*: hart, scharf; *fig Person*: saturiert; *-e* **karnım ~(tur)** ich bin gesättigt; *fig* ich habe genug von *dat*

**tok**[2]: **~** bum, bum!

**'toka**[1] Schnalle *f*; Spange *f*; **saç ~sı** Haarspange *f*; **~ dili** Schnallendorn *m*

**toka**[2] Händedruck *m*; Anstoßen *n*; **~ etmek** sich die Hand geben; (*mit den Gläsern*) anstoßen; *umg Geld* hinblättern (*-e j-m*)

**tokaç** ⟨-cı⟩ (Wäsche)Schlegel *m* **~lamak** *v/t Wäsche* schlegeln

**tokalaşmak** (*ile*) *j-m* die Hand schütteln; die Hand geben (*ile j-m*)

**tokat** ⟨-dı⟩ Ohrfeige *f*; GEOG Bergmulde *f*, weite(s) Tal; *-e* **~ atmak** (*od* **aşketmek, patlamak**) *j-m e-e* Ohrfeige geben, *umg j-m* eine kleben; **~ yemek** *e-e* Ohrfeige bekommen, *umg* eine geklebt kriegen **~lamak** *v/t* ohrfeigen

**'tokgözlü** genügsam, anspruchslos **~lük** ⟨-ğü⟩ Genügsamkeit *f*

**tokluk** einjährige(s) Lamm

**tokluk** ⟨-ğu⟩ Sattheit *f* (*bes fig*); Dichte *f* (*e-s Gewebes*)

**tokmak** ⟨-ğı⟩ Holzhammer *m*; Türklopfer *m*; Trommelstock *m*; **~ ~** stramm, fest

**tokmak|çı** Gigolo *m* **~lamak** *v/t* behämmern; rammen; pochen (*an akk*)

**toksin** Toxin *n*

**'toksözlü** grob, barsch, derb; unverblümt **~lük** ⟨-ğü⟩ Grobheit *f*; Unverblümtheit *f*

**tokurdamak** glucksen

**tokuş|mak** (*zwei Objekte*) gegeneinanderstoßen; sich stoßen (*mit den Köpfen*) **~turmak** *v/t* stoßen gegen; **kadehleri ~** (mit den Gläsern) anstoßen

**tol** *dial* kleine(s) Dorf, Flecken *m*; Steinbogen *m*; Gewölbe *n*

**tolerans** Duldsamkeit *f*; TECH Toleranz *f*, Spielraum *m* **~lı** duldsam **~sız** unduldsam

**tolga** Helm *m*

**tolun** → dolunay

**tomak** ⟨-ğı⟩ Holzkugel *f*

**tomar** Rolle *f Papier*; Ballen *m*; Haufen *m Geld etc*; **(top) ~** Geschützwischer *m*

**tombak** ⟨-ğı⟩ TECH Tombak *m*

**'tombala** Tombola *f*; große(s) Los

**tombalak** ⟨-ğı⟩ rundlich, pummelig

**tombaz** Ponton *m*; **~ köprüsü** Pontonbrücke *f*

**tombul** → tombalak; voll (*Wange*) **~laşmak** voll werden, rund(lich) werden

**tomruk** ⟨-ğu⟩ Stamm *m* (*e-s gefällten Baumes*)

**tomurcuk** ⟨-ğu⟩ Knospe *f* **~lanmak** *v/i* knospen

**tomurmak** knospen, sprießen; *Baum*: Früchte ansetzen

**ton**[1] Tonne *f* (*als Maß*); **~la** massenweise

**ton**[2] Ton *m*; Intonation *f*; (Farb)Ton *m*, Nuance *f*; **yarım ~** Halbton *m*

**tonaj** Tonnage *f*; Ladekapazität *f* **~lı**: **büyük ~** ... mit e-r großen Ladekapazität

**'tonbalığı** ⟨-nı⟩ ZOOL Thunfisch *m*

**'tonga** Trick *m*, Falle *f*; **~ya basmak** (*od* **düşmek**) *fig* in die Falle gehen, *umg* auf e-n Trick reinfallen **~cı** Schwindler *m*

**Tonguz** → Tunguz

**tonik** ⟨-ği⟩ Tonikum *n*, Stärkungsmittel

*n;* tonisch

**toni'lato** Tonne *f (als Fracht);* Registertonne *f* **~luk** ⟨-ğu⟩ ... Registertonnen

**tonluk: beş ~ kamyon** *umg* Fünftonner *m*

**tonos** ARCH Gewölbe *n*

**tonton** A *subst* Liebling *m,* Alterchen *n* B *adj* nett

**top¹** ⟨-pu⟩ Geschütz *n,* Kanone *f;* **arabası** Lafette *f;* **~ atımı** Kanonenschuss *m;* **~(u) atmak** *fig* Pleite machen; *Schüler:* sitzen bleiben; **~ gibi** blitzschnell; -i **~a tutmak** *v/t* unter Feuer nehmen; *fig* heftig angreifen; **~un ağzında** *fig* in höchster Gefahr; **~u gibi** *fig* auf der Abschussrampe

**top²** ⟨-pu⟩ Ball *m,* Kugel *f; (Papier)*Ballen *m;* Knauf *m (der Pistole); (a.* **~u ~u)** alle zusammen, alles in allem, insgesamt; (die) Gesamtheit; Haufen *m;* **~** Eröffnung *f* der Spielsaison; **~ etmek** zu einem *(od* auf einen) Haufen machen *(od* fegen *etc);* **~ oynamak** Ball spielen; **su ~u** Wasserball *m*

**topaç** ⟨-cı⟩ Kreisel *m;* Rudergriff *m;* **~ çevirmek** Kreisel spielen; **~ gibi** *Kind:* dick und rund

**topak** ⟨-ğı⟩ Klumpen *m;* Ballen *m;* glatte(r) (Kiesel)Stein; *dial* Flasche *f;* Becher *m*

**topal** *Person:* hinkend, lahm; *Tisch etc* wackelig; **~ yürümek** hinken

**topalak** ⟨-ğı⟩ kugelförmig; Knäuel *n, m*

**topallamak** *v/i* hinken, lahmen; *fig* zurückgehen, nachlassen; stocken

**'topaltı** Esplanade *f;* Innenraum *m* e-r Festung; Weichbild *n* e-r Stadt, Nahbereich *m*

**toparlak** ⟨-ğı⟩ rund; MIL Protze *f;* abgerundet *(Rechnung);* rund *(Zahl)*

**toparla|mak** *v/t* (ein)packen; einsammeln; *Zimmer* aufräumen; **kendini ~** sich (ein)packen; sich fassen; sich wieder aufrappeln *(z. B. nach e-r Krankheit)*

**topatan, ~ kavun(u)** gelbe, längliche Zuckermelone

**topaz** Topas *m*

**top|çeker** Kanonenboot *n;* MIL Zugpferd *n* **~çu** *umg* Fußballer; *umg* Sitzengebliebene(r); Artillerist *m,* -in *f;* Artillerie *f;* Artillerie- *(Feuer)*

**tophane** [a:] Zeughaus *n;* Arsenal *n*

**toplaç** ⟨-cı⟩ ELEK Kollektor *m*

**toplam** Summe *f;* Betrag *m*

**toplama** MATH Addieren *n;* Einsammeln *n;* Einberufung *f (des Parlaments);* Konzentration *f;* Sammel- *(Punkt);* **~ kampı** Konzentrationslager *n*

**toplamak** A *v/t* versammeln; einsammeln; *Betten* machen; *Blumen* pflücken; *Flugzeug* abfangen; *Kapital* ansammeln, zusammensparen; *Koffer* packen; *Müll* abfahren; *Rock, Kleid* raffen, ordnen; *Person:* wegschaffen; *Soldaten* einberufen; *Steuern* eintreiben; *Tisch* abräumen; *Zelt* abbrechen; *Zimmer* aufräumen; MATH addieren, zusammenzählen; AUTO generalüberholen; IT zusammenstellen B *v/i Person:* zunehmen, voller werden; sich herausmachen; *Wunde:* eitern

**toplanık** versammelt; aufgeräumt

**toplanma** Einsammeln *n;* Pflücken *n;* Konzentration *f*

**toplanmak** *passiv von* toplamak; sich summieren; sich versammeln; sich aufraffen; sich konzentrieren; *Stoff:* einlaufen; *Person:* zunehmen, dick werden

**toplantı** Versammlung *f;* (öffentliche *f* e-r) Sitzung *f;* (Presse)Konferenz *f;* **özel ~** Sondersitzung *f;* **müdür ~da** der Direktor hat e-e Besprechung

**top'lardamar** ANAT Vene *f*

**toplaş|ma** Konzentration *f;* GEOG Anschwemmungen *f/pl* **~mak** sich ansammeln; sich konzentrieren; *fig* sein Bündel schnüren

**toplat|ılmak** *passiv von* toplatmak; JUR eingezogen werden **~ma** Zurücknahme *f,* Einziehen *n* **~mak** *j-n s-e Sachen* packen lassen; aus dem Verkehr ziehen, zurückziehen

**toplu¹** versammelt; massiert, Massen-; geballt; Gruppen- *(Flug);* geschlossen *(Ordnung);* allgemein, Gesamt- *(Ansicht);* kollektiv; *Figur:* dicklich, stark; *Gesicht:* voll; *Zimmer:* aufgeräumt; *Person:* erholt aussehend; wohlgenährt; **~ konut** Siedlungsbau(wesen) *n) m;* **~ sözleşme** Tarifvertrag *m;* **~ taşıma araçları** öffentliche Verkehrsmittel *n/pl*

**toplu²** ... mit e-r Kugel; ... mit e-m Knauf; **~ tabanca** Trommelrevolver *m*

**top'luca** en gros; in Bausch und Bogen; *Person:* rundlich, gut genährt

**top'luiğne** Stecknadel *f;* **~ başı** Steck-

nadelkopf m
**topluk** ⟨-ğu⟩ Artillerie(dienst m) f
**topluluk** ⟨-ğu⟩ Volksgruppe f; Gruppe f; Gemeinschaft f; Gesellschaft f; Gesamtheit f (der Vorräte); Kolonie f (von Lebewesen); Mästungszustand m (des Viehs); HIST **Avrupa Topluluğu (A.T.)** Europäische Gemeinschaft (EG) f; **~ ismi** GRAM Kollektivum n, Sammelname m
**toplum** Gesellschaft f **~bilim** Soziologie f **~bilimci** Soziologe m, Soziologin f **~bilimsel** soziologisch
**toplumcu** Sozialist m, -in f; sozialistisch **~luk** ⟨-ğu⟩ Sozialismus m
**toplum|daş** Gesellschaftsmitglied n **~dışı** deklassiert, asozial; Paria m **~dilbilimi** Soziolinguistik f **~lararası** ⟨-nı⟩ zwischengesellschaftlich **~laşmak** vergesellschaftet werden **~laştırmak** vergesellschaften **~sal** sozial **~sallaş(tır)ma** PSYCH Sozialisation f; Resozialisierung f
**toplusözleşme** Tarifvertrag m
**topo|ğrafya** Topografie f **~loji** Topologie f
**toprak** ⟨-ğı⟩ **A** subst Boden m, Erde f; (festes) Land; Land- (Reform); POL Boden m, Territorium n; Land(besitz) m; **toprağa bakmak** im Sterben liegen; **toprağa vermek** v/t bestatten; **toprağı bol olsun** er/sie ruhe in Frieden! (für e-n Nichtmoslem); **~ kayması** Erdrutsch m; **~ olmak** sterben, (wieder) zu Erde werden **B** adj irden, Ton-
**toprak|altı** ⟨-nı⟩ unterirdisch; **~ servetleri** Bodenschätze m/pl **~bilim** Pedologie f, Bodenkunde f **~boya** Siena n, Sienafarbe f, Mineralfarbstoff m **~lamak** v/t mit Erde bedecken; beschmutzen; ELEK erden **~landırmak** -i j-m Land geben **~lı** mit Ton vermischt; Ton-; mit Landbesitz; Landbesitzer m; **az ~** landarm **~sız** landlos (Bauer)
**toptan** (alles) auf einmal; en gros; Groß- (Handel) **~cı** Großhändler m, Grossist m; pej pauschalisierend **~cılık** ⟨-ğı⟩ Großhandel m; pej Pauschalisieren n
**topuk** ⟨-ğu⟩ Ferse f; (Schuh)Absatz m; Fußknöchel m; Fessel f; **~ çalmak** mit den Füßen gegeneinanderschlagen; **~larına kadar** bis zu den Knöcheln **~demiri** ⟨-ni⟩ Zapfen m der Türangel **~lamak** v/t Tier antreiben (mit dem Absatz) **~lu** mit hohem Absatz; Stöckelschuh m **~suz** ohne Absatz, flach
**toput** ⟨-tu⟩ Bodensatz m; → **çökelti**
**topuz** Keule f; Dutt m, Haarknoten m; Knauf m, Knopf m; **~ gibi** stämmig
**tor**¹ engmaschige(s) Netz; Netz-
**tor**² unreif, unerfahren; umg Grünschnabel m; wild (Pferd)
**toraman** kräftig gebaut; junge(r) Kerl
**torba** Sack m; Beutel m; ANAT Hodensack m; **~ kadro** Planstelle f zur Besetzung bei Bedarf; **ok ~sı** Köcher m; **~ kadro** Reservemittel n/pl; Reservekräfte f/pl; **plastik ~** Plastiktüte f; **~da keklik** umg alles in Butter
**torbalanmak** Hose: sich ausbeulen
**torik** ⟨-ği⟩ ZOOL (größere) Makrele f (Palemye sarda)
**tork** PHYS Drehmoment m
**torlak** ⟨-ğı⟩ unreif, unerfahren; leichtsinnig, ungezähmt
**torluk** ⟨-ğu⟩ Unerfahrenheit f, umg Unbedarftheit f
**'torna** Drehbank f; **~ etmek** v/t drechseln; **~dan çıkma** (od **çıkmış gibi**) fig einander ähnlich **~cı** Dreher m; Drechsler m **~cılık** ⟨-ğı⟩ Drechselhandwerk n; Drechslerarbeit f
**tor'nado** Tornado m
**torna|lamak** v/t drechseln **~lı** gedrechselt
**torna'vida** umg Schraubenzieher m, TECH Schraubendreher m
**'tornistan** SCHIFF Rückwärtsgang m; Wenden n; **~ etmek** rückwärtsfahren; Kleid etc wenden
**'Toros**, **~ dağları** Taurus(gebirge n) m
**tor'pido**, **~bot** Torpedo m; Torpedoboot n; **~ gözü** AUTO Handschuhfach n
**torpil** Torpedo m; umg Vitamin B; **~ dökmek** Minen legen; **~i olmak** fig Beziehungen haben
**torpilbalığı** ⟨-nı⟩ ZOOL Zitterrochen m (Raia torpedo)
**torpil|lemek** v/t torpedieren; Schüler sitzen bleiben **~li** mit Torpedos ausgerüstet; umg mit Beziehungen; Protegé m, Günstling m
**'tortop** ⟨-pu⟩ kugelrund
**tortu** Satz m, Sediment n; GEOL Ablagerung f; fig Hefe f des Volkes, Abschaum m; fig Nachwehen f/pl
**tortul** Absatz-, sedimentär **~laşma**

Sedimentation *f* **~laşmak** sedimentieren, Gesteinsmaterial ablagern **~lu** mit Sedimenten

**torun** Enkel *m*, -in *f*, Enkelkind *n* **~lar** *a.* (die) Nachkommen *pl*, Nachwuchs *m*

**tos** Stoß *m* (*mit dem Kopf, mit den Hörnern*); **~ vurmak** stoßen **~lamak** *-i* stoßen, *j-m* e-n Stoß versetzen; *-e z. B. Auto* stoßen gegen; *umg* Geld in die Hand drücken; **birbirlerine ~** aufeinanderprallen

**tost** ⟨-tu⟩ GASTR Toast *m*; getoastete(s) Sandwich; **~ ekmeği** Toastbrot *n*

'**tostoparlak** kugelrund; zusammengeballt

**tosun** junge(r) Ochse; *fig* kräftige(r) Bursche

**total** total **~itarizm** Totalitarismus *m* **~iter** totalitär

'**toto**¹ Toto *n*

**toto**² *umg* Popo *m*

**toy**¹ unbedarft, *umg* grün (*Junge*)

**toy**², '**toykuşu** ZOOL Trappe *f* (*Otis tarda*)

**toygar** ZOOL Feldlerche *f*

**tolyuk** ⟨-ğu⟩ Unbedarftheit *f*

**toynak** ⟨-ğı⟩ ZOOL Huf *m* **~lılar** Unpaarzeher *m/pl*

**toz** Staub *m*; Pulver *n*; in Pulverform (*Farbe*); fein gestoßen (*Pfeffer*); *Slang:* Heroin *n*; **~ almak** Staub wischen; **~ duman** Staubwolke(n *pl*) *f*; **~ kaldırmak** Staub aufwirbeln; *-e* **~ kondurmamak** *fig* nichts auf *j-n* kommen lassen, *j-n* in Schutz nehmen; **~ olmak** zu Staub werden; *fig* sich aus dem Staub machen; **~ sabun** Seifenpulver *n*

**tozan** Staubkörnchen *n*; staubige Gegend

**tozarmak** *v/i* stauben; sich aus dem Staub machen

**tozlan|ma** BOT Bestäubung *f*; Einstauben *n* **~mak** *v/i* einstauben, staubig werden

**tozlaş|ma** BOT Bestäubung *f* **~mak** BOT bestäubt werden; zu Pulver (*od* zu Staub) werden

**tozlu** staubig

**tozluk** ⟨-ğu⟩ Gamaschen *f/pl*; Sportstrumpf *m*

**tozma**: **gezip ~** Spaziergang *m*, Bummel *m*

'**tozşeker** Kristallzucker *m*

**tozumak** *v/i* stauben

**tozuntu** Staubwolke *f*; Nieselregen *m*

**tozutmak** *v/t Schnee* wirbeln (*üzerinde* über *akk*); *Teppich* ausklopfen (und Staub machen); *umg* durchdrehen

**töhmet** ⟨-ti⟩ Verdacht *m*; Verdächtigung *f*; Schuld *f*; Vergehen *n* **~li** verdächtigt; schuldig

**tökezlemek** *v/i* stolpern, straucheln

**tömbeki** Tabak *m* für die Wasserpfeife

**töre** Sitten *f/pl* und Gewohnheiten *f/pl*), Brauch *m*; Verhaltensweise *f* **~bilim** Ethik *f* **~ci** Sitten-; ethisch **~dışıcılık** ⟨-ğı⟩ Amoralismus *m* **~dışı** amoralisch

**törel** PHIL sittlich, moralisch, ethisch **~cilik** ⟨-ği⟩ Moralismus *m* **~lik** ⟨-ği⟩ Sittlichkeit *f* **~siz** unmoralisch, sittenlos **~sizlik** ⟨-ği⟩ Sittenlosigkeit *f*

**tören** Feier *f*, Feierlichkeit *f*; Zeremonie *f*; **askerî ~** Militärparade *f*; **düğün ~i** Hochzeitsfeier *f* **~li** feierlich

**töresel** → törel

**törpü** Feile *f*; tırnak **~sü** Nagelfeile *f* **~lemek** *v/t* (ab)feilen **~lü** abgefeilt

**tös** *int zu Tieren:* zurück! **~kürmek** *v/i* zurückweichen **~kürtmek** *v/t* zurückstoßen

**tövbe** Reue *f*; REL Bußfertigkeit *f*; *-e* **~ etmek** hoch und heilig versprechen; schwören (zu ...); *Sünden* bereuen; **~!** (*od stärker:* **~ler ~si!**) ich schwöre, es nicht wieder zu tun!

**tövbekâr** reuevoll, reuig

**töz** PHIL Substanz *f* **~el** substanziell

'**Trablus** Tripoli *n*; Tripolis *n*

'**Trabzon** Trapezunt *n*

**trabzonhurması** ⟨-nı⟩ Kakifrucht *f* (*Diospyros kaki*)

**trafik** ⟨-ği⟩ Verkehr *m*; **~ canavarı** Verkehrssünder *m* bei Unfällen mit Toten; **~ işareti** Verkehrszeichen *n*; **~ kazası** Verkehrsunfall *m*; **~ ışıkları** Verkehrsampel *f*; **~ ruhsatı** Fahrzeugschein *m*

'**trafo** Trafo *m*, Transformator *m*

**trahom** MED Trachom *n*

**traj|edi** Tragödie *f* **~ik** ⟨-ği⟩ tragisch **~ikomik** tragikomisch

**trake** Luftröhre *f*

**traktör** Traktor *m* **~cü** Traktorist *m*

'**Trakya** Thrakien *n*

'**trampa** Tausch *m*, Tauschhandel *m*; **~ etmek** tauschen

**trampet** ⟨-ti⟩ MUS Trommel *f* **~çi**

Trommler *m*
**tramplen** Sprungbrett *n*
**tramvay** Straßenbahn *f*; **atlı ~** HIST Pferdebahn *f*
'**trança** ZOOL Art Brasse *f* (*Pagrus Ehrenbergii*)
**trank** mit klingender Münze
**transandantal** transzendental
**transatlantik** ⟨-ği⟩ Ozeandampfer *m*; transatlantisch, Übersee-
**transfer** Beförderung *f*; Transfer *m*, Übertragung *f*; Geld (Auslands)Überweisung *f*; **~ etmek** v/t transferieren; (ins Ausland) überweisen
**trans|formatör** Transformator *m* **~füzyon** Transfusion *f*, Blutübertragung *f* **~istör** Transistor *m* **~istörlü** Transistor-
**transit** ⟨-ti⟩ Transit *m*, Transitverkehr *m*; **geçmek** im Transit durchfahren, Waren (zollfrei) durchgehen; *umg* Rotsünder sein, bei Rot durchfahren; **~ vizesi** Transitvisum *n*
**trans|kripsiyon** LING Transkription *f*, Übertragung *f*; Umschrift *f* **~literasyon** LING Transliteration *f* **~paran** transparent (*Kleidung*) **~plantasyon** MED Transplantation *f*, Organverpflanzung *f* **~port** Transport *m* **~seksüel** transsexuell, Transsexuelle(r)
**trans** Mittelstück *n* (*e-r Kalbskeule*)
**trapez** Trapez *n* **~ci** Trapezkünstler *m*, -in *f*
**traş** → tıraş
**travers** BAHN Schwelle *f*; Querbalken *m*
**travesti** Travestie *f*; Transvestismus *m*; Transvestit *m*
**travma** MED Wunde *f*, Gewalteinwirkung *f*; PSYCH Trauma *n*
**tren** BAHN Zug *m*; **~ ulaşımı** Zugverkehr *m*; **aktarma ~i** Anschlusszug *m*; **marşandiz** (*od* **yük**) **~i** Güterzug *m*
**trençkot** ⟨-tu⟩ Trenchcoat *m*, Regenmantel *m*
**trend** Trend *m*
**treyler** Anhänger *m*; *umg* Lastzug *m*
**tribün** Tribüne *f*; **şeref ~ü** Ehrentribüne *f*
**trigonometri** MATH Trigonometrie *f*
'**triko** Trikot *n*
**trikotaj** Trikotage *f*, Strickwaren *f/pl*
**triloji** LIT, FILM Trilogie *f*
**trilyon** Billion *f* ($10^{12}$)

'**tringa** *umg* chick, picobello
**trip** Trip *m*; **~ atmak** e-n Trip nehmen
**triportör** Dreirad *n* (*als Lieferwagen*)
**triptik** ⟨-ği⟩ Triptyk *n*
**trişin** Trichine *f*
'**triyo** *a.* MUS Trio *n*
**trol** ⟨-lü⟩ Grundschleppnetz *n*, Trawl *n*
**troleybüs** AUTO Obus (= Oberleitungsomnibus) *m*
**trombon** MUS Posaune *f*
**tromboz** MED Thrombose *f*
**trompet** ⟨-ti⟩ MUS Trompete *f* **~çi** Trompeter *m*
**tro'pika** Tropen *pl*, tropische Zone **~l** tropisch; Tropen- (*Krankheit*)
**tröst** ⟨-tü⟩ Trust *m*
**TRT** *abk für* Türkiye Radyo ve Televizyon Kurumu Türkische Rundfunk- und Fernsehanstalt *f*
**trup** ⟨-pu⟩ THEAT Truppe *f*
**trük** ⟨-kü⟩ FILM Trick *m*
**TSE** *abk für* Türk Standartlar Enstitüsü Türkisches Normeninstitut
**tu** pfui!; **~ kaka!** pfui, wie eklig!; **~ kaka etmek** *umg* verteufeln; **~ kaka olmak** verteufelt werden
**tualet** → tuvalet
**tuba** MUS Tuba *f*
**tufan** [tu:fa:n] *a. fig* Sintflut *f*; **૨ı Nuh** REL Sintflut *f*; **alkış ~ı** Beifallssturm *m*; **benden sonra ~** nach mir die Sintflut
**tufeyli** [i:] Schmarotzer *m*; **~ bir surette** auf Kosten anderer
**tugay** MIL Brigade *f*
**tuğ** Federbusch *m*; Vogel: Schopf *m* **~amiral** ⟨-li⟩ Konteradmiral *m* **~general** ⟨-li⟩ Generalmajor *m*; Brigadegeneral *m*
'**tuğla** Ziegelstein *m*; **ateş ~sı** feuerfester Ziegelstein; **~ harmanı** Ziegelbrennerei *f* **~cı** Ziegelbrenner *m* **~lı** Ziegel-; **~ ev** Ziegelhaus *n*, Klinkerbau *m*
**tuğra** HIST Tugra *f*, Namenszug des Sultans; Münze Vorderseite *f*
**tuh** → tu
**tuhaf** sonderbar, komisch, merkwürdig; Anekdote köstlich; **~ olmak** ratlos, perplex sein; **işin ~ı** das Komische daran ist, (dass) ...; **~ına gitmek** *j-m* merkwürdig (*od* komisch) vorkommen
**tuhafiye** Kurzwaren *f/pl*, Galanteriewaren *f/pl*
**tuhaf|laşmak** eigentümlich werden

**~lık** ⟨-ğı⟩ Sonderbarkeit f, Merkwürdigkeit f; **~ etmek** Spaß (od Scherze) machen; **bir tuhaflığım var** umg mir ist ganz komisch zumute; **~ olsun diye** zum Spaß

**tuluat** [a:] ⟨-tı⟩ THEAT Improvisation f; volkstümliche Stegreifkomödie; fig Einfall m, Witz m; **~ yapmak** improvisieren; THEAT Einlagen geben

**tuluk** ⟨-ğu⟩ → tulum

**tulum** Schlauch m; Dudelsack m; Kleidung: Kombination f; Hemdhose f; **~ atmak** fig aufschneiden, flunkern; **~ gibi** aufgeschwemmt, feist; **~ peyniri** weiße(r) Käse (im Ledersack); **~ çıkarmak** POL alle Stimmen bekommen; -in **~unu çıkarmak** v/t abhäuten; fig schinden, quälen

**tu'lumba** Pumpe f; Zerstäuber m; (Feuer)Spritze f; **~ tatlısı** Art Spritzkuchen m (mit Sirup durchtränkt) **~cı** Grobian m, Flegel m; HIST Feuerwehrmann m

**tulumcuk** ⟨-ğu⟩ Beutelchen n, Täschchen n; ANAT Ohrschnecke f

**tuman** Pumphose f

'**tumba** Umkippen n; SCHIFF Kentern n; Kind: Kopfsprung m ins Bett; **~ etmek** kentern; umkippen; umstülpen

**tumturak** ⟨-ğı⟩ Prahlerei f, Großspurigkeit f; Phrasendrescherei f **~lı** großspurig, reißerisch

'**Tuna** Donau f

**tuncî** [i:] bronzen

**tunç** ⟨-cu⟩ Bronze f; Bronze- **~laştırmak** v/t anbronzen; mit e-m Bronzerelief versehen

'**tund(u)ra** GEOG Tundra f

**Tunguz** Tunguse m, Tungusin f **~ca** (das) Tungusisch(e)

**tunik, tünik** Tunika f

'**Tunus** Tunesien n; Stadt Tunis n **~lu** Tunesier m, -in f; tunesisch

**tur** Tour f, Tournee f; Rundreise f; SPORT, umg Runde f (= Spazierg.); POL (Gesprächs-, Wahl)Runde f; **~ atlamak** in die letzte Runde kommen; **~ atmak** umg e-e Runde drehen; **~ operatörü** Reiseveranstalter m, -in f; **~ a çıkmak** e-n kleinen Ausflug machen; **dünya ~u** Weltreise f; Weltumsegelung f

**tura** → tuğra; (Garn)Docke f; Bildseite f e-r Münze; Kinderspiel: (der) Plumpsack (geht um); **yazı mı tura mı?** Zahl oder Bild?

**turaç** ⟨-cı⟩ ZOOL Frankolin m, Feldhuhn n (Tetrao francolinus)

**Turan** [tu:ra:n] HIST Turan n; (als Idee) großtürkische(s) Reich **~cı** Turanist m **~cılık** ⟨-ğı⟩ Großtürkentum n

**turba** Torf m **~lık** ⟨-ğı⟩ Torfboden m; Torf-

**turbo** Turbo m; **~ fırın** Umluftherd m

**turfa** armselig, dürftig; unrein, nicht koscher; **~ olmak** in Verfall geraten, im Wert sinken **~lamak** v/t gering schätzen

**turfanda** Früh- (Obst); außer Saison; fig frisch gebacken, brandneu **~lık** ⟨-ğı⟩ Frühgemüseanbau m; **son ~** aus letzter Ernte

**turgay** → toygar

'**turgor** MED Turgor m

**turist** ⟨-ti⟩ Tourist m, -in f; Touristen- **~ik** ⟨-ği⟩ touristisch; Touristen- (Hotel)

**turizm** Tourismus m

**turkuaz** → türkuaz

'**turna** ZOOL Kranich m (Grus grus); **~ katarı** Gänsemarsch m; Prozession f; **~ olmak** Geld verspielen; **~yı gözünden vurmak** e-n unerwarteten Gewinn einheimsen

**turna|balığı** ⟨-nı⟩ ZOOL Hecht m (Esox lucius) **~gagası** ⟨-nı⟩ BOT Ruprechtskraut n (Geranium robertianum) **~geçidi** ⟨-ni⟩ Frühlingsgewitter n **~gözü** ⟨-nü⟩ quittegelb

**turne** Tournee f; **~ye çıkmak** auf Tournee gehen

**tur'nike** Drehkreuz n

'**turno** SCHIFF Rolle f, Haspel f

**turnusol** ⟨-lü⟩ Lackmus(papier) n

**turnuva** Turnier n, Wettkampf m

**turp** ⟨-pu⟩ BOT Rettich m; **~ gibi** kerngesund; **kırmızı ~** Radieschen n

**turşu** Mixed Pickles pl; Marinade f; eingesalzen, Salz- (Gurke), Sauer- (Kohl); **~ gibi** abgespannt, erledigt, umg k.o.; **hıyar ~su** saure Gurken f/pl; **~ kurmak** (od **yapmak**) einsalzen, einlegen; **~ olmak** sauer werden, verderben; ermatten (→ turşu gibi); **~sunu kur!** hum etwa: werde glücklich damit!; **~ya dönmek** völlig ausgepumpt (od ganz zerschlagen) sein **~cu** Verkäufer m, -in f von Mixed Pickles etc **~luk** ⟨-ğu⟩ (Gemüse) zum Einlegen

'**turta** GASTR Obsttorte f; Cremetorte f
**turuncu** orange, orangenfarbig
**turunç** ⟨-cu⟩ bittere Orange, Pomeranze f **~giller** Zitrusfrüchte f/pl
**tuş** Taste f; Pinselstrich m; *Billard* Treffen n; *Fechtsport* Treffer m; *Ringen* Schulterniederlage f
**tutacak** ⟨-ğı⟩ Topflappen m
**tutaç** ⟨-cı⟩ Pinzette f
**tutak** ⟨-ğı⟩ Griff m; Heft n (*des Messers*); *Person* Geisel f
**tutam** Handvoll f; Prise f *Salz*; Griff m, Stiel m; *fig* Haltung f, Benehmen n
**tutamaç** ⟨-cı⟩ lange(r) Haken (*zum Greifen*); Griff m
**tutamak** ⟨-ğı⟩ Griff m; Haken m; Unterlage f, Stütze f; *fig* unwiderlegbare(r) Beweis; **~ bulmak** e-n Vorwand finden **~lı** stabil, fest; mit Stiel; auf Beweise gestützt **~sız** wackelig; ohne Griff; unbegründet
**tutamlamak** *-i* eine Handvoll (*od* e-e Prise) nehmen
**tutanak** ⟨-ğı⟩ Protokoll n; **~ düzenlemek** ein Protokoll aufnehmen; protokollieren, das Protokoll führen
**tutar** (Geld)Betrag m; → tutmak
**tutarak** ⟨-ğı⟩ MED Anfall m; Epilepsie f; Zünder m; **tutarağı tutmak** e-n Anfall bekommen; plötzliche Gier nach etw verspüren **~lı** Epileptiker m
**tutarga** → tutarak
**tutar|lı** konsequent; ausgeglichen (*Person*); ausgewogen; logisch; *Rede* flüssig **~(lı)lık** ⟨-ğı⟩ Konsequenz f; Ausgeglichenheit f; Harmonie f; Zusammenhang m **~sız** inkonsequent; ungereimt; unausgeglichen; zusammenhanglos **~sızlık** ⟨-ğı⟩ Inkonsequenz f; Ungereimtheit f
**tutkal** Leim m, Klebstoff m; **~ gibi** *fig* wie e-e Klette **~lamak** v/t kleben; leimen **~lı** geleimt; geklebt; **~ boya** Leimfarbe f
**tutku** Leidenschaft f, Passion f; einzige(s) Verlangen **~lu** leidenschaftlich
**tutkun** *-e* begeistert von *dat*, vernarrt (*in akk*); *umg* verknallt (*in akk*); **ay ~u** Mondsüchtige(r) **~luk** ⟨-ğu⟩ Verliebtheit f; Begeisterung f
**tutma** → tutmak; *fig* Halt m, Unterstützung f; Diener m, -in f; Helfer m, -in f
**tutmaç** Joghurtsuppe mit Teigteilchen

**tutmak** ⟨-ar⟩ **A** v/t halten; *Atem* anhalten; halten an *akk*; sich aufhalten in *dat*; j-n (*auf dem Weg*) aufhalten; *Weg* sperren, abriegeln; *etw* verfolgen, im Auge behalten; *etw* (*z. B. ans Ohr*) halten; halten für, betrachten (als *z. B. erledigt*); *Wort* halten; entsprechen *dat*; nehmen; j-n festnehmen, verhaften, *fig* j-n fesseln; *Dieb, Fisch, Vogel* fangen; *Auto, Etage, Haus* mieten; *Kunden* anziehen, anlocken; *Platz* einnehmen, in Anspruch nehmen; *Rauch* erfüllen (*e-n Raum*), einhüllen (*e-n Berg*); sich (*dat*) e-e Zahl denken, im Kopf behalten; sich machen an *akk*; *Weg* einschlagen, gehen; *Ziel* erreichen; *Hafen* anlaufen; *Wind etc* kommen an *akk*, gelangen bis zu; *Betrag, Summe* ausmachen, sich belaufen auf *akk*; *-e Betrag zu e-r Schuld* hinzurechnen; j-m beistehen, stehen zu j-m; (*Kind*) sorgen für, bleiben bei; *Person* kräftig ziehen, sich daranhängen; e-n Schluckauf haben; *z. B. Autofahrt* j-n ganz krank machen; ausgesetzt sein (*dem Wind*); (*-i -e*) j-m *etw* reichen, anbieten; j-n als Ziel für nehmen; **birbirini ~** miteinander übereinstimmen; **topa ~** *Stadt* beschießen; *fig* scharf kritisieren; **not ~** Notizen machen; **zabıt ~** Protokoll führen; **tuttuğu dal elinde kalmak** mit nichts (*od* wie ein Dummer) dastehen; **tuttuğunu koparmak** sich durchzusetzen verstehen **B** v/i liegen bleiben, kleben bleiben; *Essen* leicht anbrennen; *Farbe, Nagel* halten; stimmen, richtig sein; *Fluch* in Erfüllung gehen; *Gedanke, Idee* es kommt e-m der Gedanke zu ...; *Kunstwerk* Anklang finden; *Lüge* sich als wahr erweisen; *Mode* ankommen, sich durchsetzen; anfangen (*-den* bei *dat*; von *dat*); *Regen, Schmerz* einsetzen; *Wurzeln* schlagen; **tutalım ki ...** setzen wir den Fall, dass ...; nehmen wir an, dass ...; **tuttu, tutar** sieh da!, plötzlich; mir nichts, dir nichts ...; **sinemaya gideceğimiz tuttu** wir hatten plötzlich den Gedanken (*od umg* uns war plötzlich danach), ins Kino zu gehen
**tutsak** ⟨-ğı⟩ Gefangene(r) **~lık** ⟨-ğı⟩ Gefangenschaft f
**tutturaç** ⟨-cı⟩ TECH Halter m, Halterung f; Träger m
**tuttur|mak** *kaus* → tutmak; beharren

auf *dat*, bleiben bei *dat*; *Lied* anstimmen; *Nagel* einschlagen in *akk*; *Sache*: sich *j-m* aufdrängen, (immer) in den Sinn kommen; *Weg* einschlagen; *Ziel* treffen; **tutturabildiğine** so teuer, wie er nur verlangen kann **~malık** ⟨-ğı⟩ Verschluss *m* (*z. B. Spange, Knopf*)

**tutucu** konservativ **~luk** ⟨-ğu⟩ Konservativismus *m*

**tutuk** ⟨-ğu⟩ MED gelähmt; PSYCH gehemmt, verlegen; steif; *Stimme* heiser; **~ kalmak** eingesperrt sein (*im Gefängnis*), *umg* sitzen

**tutuk|evi** Haftanstalt *f* **~lama** JUR Verhaftung *f* **~lamak** *v/t* verhaften, festnehmen; inhaftieren **~lu** verhaftet

**tutuk|luk** ⟨-ğu⟩ Sprachhemmung *f*; Geheimtheit *f*; MED Heiserkeit *f*; TECH Störung *f*; **~ yapmak** TECH stottern, aussetzen, haken

**tutukluluk** JUR Haft *f*

**tutulma** ASTRON Verfinsterung *f*; **ay ~sı** Mondfinsternis *f*; **güneş ~sı** Sonnenfinsternis *f*; **~ dairesi** Ekliptik *f*

**tutulmak** *passiv von* tutmak; *-e* geraten (*z. B. in e-n Regenguss*); gelähmt sein; betroffen werden (*-e z. B. von e-r Krankheit*); erkranken (an *dat*); *Stimme* heiser werden; ASTRON sich verfinstern; sich ärgern (*-e* über *j-n*); sich verlieben (in *j-n*); **bu işe tutuluyorum** *umg* die Sache hängt mir zum Hals raus

**tutulu** verpfändet; *Platz* eingenommen

**tutum** Haltung *f*, Benehmen *n*; Wirtschaftlichkeit *f*, Sparsamkeit *f* **~lu** sparsam **~suz** Person schlecht rechnend, verschwenderisch

**tutunmak** sich halten (*karşısında* gegen *akk*); verwenden *akk*, sich bedienen *gen*; (*meist negativ*) *Mode, Neuwort* sich durchsetzen; sich einbürgern; *z. B. Schleier* anlegen; *Blutegel* ansetzen; *-e* sich festhalten an *dat*; sich eingewöhnen in *dat*

**tuturuk** ⟨-ğu⟩ *dial* Reisig *n*; Brennholz *n*

**tutuş|ma** Zuordnung *f*, Zünd- **~mak** *v/i* sich entzünden, in Flammen aufgehen; sich gegenseitig (*an der Hand*) fassen; *-e* Streit anfangen **~turma** Zündung *f*; Zünd- **~turmak** *v/t* in Brand setzen; *Gemüt* in Wallung bringen; *Krieg* entfachen; *-e j-m etw* in die Hand drücken

**tuval** *Stoff*: Toile *m*

**tuvalet** ⟨-ti⟩ Toilette *f* (*a. Kleidung, Ankleiden*); **~ kağıdı** Toilettenpapier *n*; **-in ~i gelmek** auf die Toilette müssen

**tuz** Salz *n*; *-e* **~ ekmek** salzen *akk*; *-e* **~ biber ekmek** stärker würzen *akk*, Salz und Pfeffer tun zu; **~ ekmek hakkı** (Erweisung *f* von) Dankbarkeit *f*; **~(la) buz etmek** kurz und klein schlagen; **~la buz olmak** *fig* in die Binsen gehen; **~u kuru** anspruchslos; in gesicherten Verhältnissen; *-in* **~u biberi** das Tüpfelchen auf dem i; *-in* **~u biberi yerinde** *umg fig* alles in Butter

**tuzak** ⟨-ğı⟩ Falle *f*; **~ kurmak** *e-e* Falle stellen; **tuzağa düşmek** in die Falle gehen; **tuzağa düşürmek** in die Falle locken; **tank tuzağı** MIL Panzerfalle *f*

**tuzcul**: **~ bitki** BOT Halophyt *m*

¹**tuzla** Saline *f*

²**tuzla** ⟨-ğı⟩ Salzboden *m*

**tuzlama** gesalzen, Salz-, Pökel-; **~ çorbası** Kaldaunensuppe *f*

**tuzlamak** *v/t* salzen, (ein)pökeln; **tuzla-yayım da kokma(yasın)** *fig umg* du bist wohl nicht ganz richtig (im Kopf)!

**tuzlu** salzig; gesalzen (*a. fig Preis*); *Essen* versalzen; **~ya mal olmak** *fig* ins Geld laufen; *-e* **~ya oturmak** (*od* **patlamak**) *j-n* teuer zu stehen kommen

**tuzlubalgam** MED Flechte *f*, Ekzem *n*

**tuzluk** ⟨-ğu⟩ Salzfass *n*; ANAT Vertiefung *f hinter dem Schlüsselbein*

**tuzluluk** ⟨-ğu⟩ Salzgehalt *m*

**tuzruhu** ⟨-nu⟩ Salzsäure *f*

**tuzsuz** ungesalzen; wenig gesalzen; *Witz*: faul, fade; geschmacklose(r) Spaßvogel

**tü** [y:] pfui!, eine Schande!; ach, herrje (-mine)!

**tüberküloz** MED Tuberkulose *f*

**tüccar** Kaufmann *m* **~lık** ⟨-ğı⟩ Kaufmannsstand *m*

**tüf** GEOL Tuffstein *m*

**TÜFE** *abk für* tüketici fiyat endeksi WIRTSCH Index *m* der Verbraucherpreise; **~ endeksli** → tüfeli

**tüfek** ⟨-ği⟩ Gewehr *n*; *hum* POL militant; **~ as!** Gewehr über!; **~ atmak** schießen; **~ başına!** an die Gewehre!; **~ çatısı** Gewehrpyramide *f*; **~leri çatmak** die Gewehre zusammenstellen; **~ omuza!** Gewehr über! **~çi** Waffenschmied *m*; HIST

Palastwächter m, Palastwache f **~hane** [a:] Waffenarsenal n **~lik** ⟨-ği⟩ Gewehrpyramide f; Waffenarsenal n
**tüfeli** WIRTSCH am → TÜFE indexiert (*Anleihe*)
**tüh** → tü
**tüken|lik** aufgebracht; *fig* verausgabt, erschöpft, verbraucht **~me** Verbrauchtsein n **~mek** zu Ende gehen, verbraucht werden (*od* sein); sich erschöpfen **~mez** unerschöpflich, endlos; *Art* (hausgemachter) Fruchtsaft; Kugelschreiber m **~mezkalem** Kugelschreiber m **~miş** ↔ tükenik; ausgemergelt **~mişlik** ⟨-ği⟩ Erschöpfungszustand m
**tüket|ici** Verbraucher m, Konsument m, -in f; ausschöpfend; *fig* erdrückend (*Müdigkeit*) **~im** Verbrauch m, Konsum m; ~ **kredisi** Verbraucherkredit m; ~ **malları** Gebrauchsartikel m/pl, Massenbedarfsartikel m/pl **~mek** v/t verbrauchen, verausgaben; ausschöpfen; erschöpfen; schwächen; vergeuden, durchbringen; *Straßen* durchstreifen; *Ort* hinter sich *dat* lassen
**tükürmek** v/t (aus)spucken, ausspeien; *-in* **ağzına** (*od* **yüzüne**) ~ *j-m* ins Gesicht spucken; *j-n* anbrüllen, *umg* anschnauzen; **kan** ~ Blut spucken; **tükürdüğünü yalamak** *pej* e-n Rückzieher machen
**tükürük** ⟨-ğü⟩ Speichel m; *umg* Spucke f; MED Sputum n; ~ **bezi** Speicheldrüse f; ~ **hokkası** Spucknapf m; **tükürüğünü yutmak** *fig unp* (ihm) wird der Mund wässerig **~otu** BOT Milchstern m (*Ornithogalum*)
**tül** Tüll m **~bent** ⟨-di⟩ Batist m; Musselin m; HIST Turbantuch n
**tüm¹** **A** subst u. adj Gesamtheit f, all-, (der) gesamte ...; Ganze(s) voll **B** adv ganz und gar, völlig
**tüm²** dial Anhöhe f
**tümamiral** Vizeadmiral m
**'tümbaşkalaşma** ZOOL Metamorphose f
**tümbek** ⟨-ği⟩ kleine Trommel; Anhöhe f
**tümce** GRAM Satz m; ~ **öğesi** Satzglied n
**tümcemsi** Prämisse f, Vordersatz m
**'tümden** gänzlich, völlig; von Grund auf (*z. B. modernisieren*) **~gelim**

[-'dɛn-] Deduktion f
**tümel** allgemein; ganz, voll; allgemeine(r) Begriff
**tümen** Volksmenge f; Masse f; MIL Division f; ~ ~ massenhaft
**tümevarım** PHIL Induktion f
**tümgeneral** Divisionsgeneral m
**tümleç** ⟨-ci⟩ ergänzend; GRAM Ergänzung f; Objekt n
**tümlemek** v/t ergänzen; vollenden
**tümler** ergänzend; MATH Ergänzungs- (*Winkel*)
**tümleşik** ELEK integriert; ~ **devre** integrierte Schaltung
**tümör** MED Tumor m, Geschwulst f
**tümsek** ⟨-ği⟩ Anhöhe f, Bodenerhebung f; Schwellung f; angeschwollen **~li** angeschwollen; hügelig
**'tümtanrıcı** Pantheist m, -in f **~lık** ⟨-ğı⟩ Pantheismus m
**tümür** ANAT Darmzotten f/pl
**tün** HIST Abend m; Nacht f **~aydın!** guten Abend!
**tünek** ⟨-ği⟩ Hühnerstange f; *umg* Tunte f **~lemek** → tünemek
**tünel** Tunnel m; **aerodinamik ~** (*od* **rüzgâr ~i**) Windkanal m
**tünemek** v/i auf der Stange hocken; sich setzen (*-e* auf *akk*)
**tünmek** ⟨-er⟩ Nacht werden, dunkel werden
**tüp** ⟨-pü⟩ Tube f; (Leuchtstoff)Röhre f; Ampulle f; Reagenzglas n; ~ **bebek** Retortenbaby n; ~ **etek** tonnenförmige(r) Rock; ~ **geçit** Unterwassertunnel m; **gaz ~ü** Gasflasche f; **hava ~ü** Pressluftflasche f; **oksijen ~ü** Sauerstoffflasche f **~çü** Flaschengasverkäufer m, -in f **~gaz** Flaschengas n; Butangas n **~lük** ⟨-ğü⟩ Gestell n (*für Ampullen etc*)
**tür** Art f; LIT Genre n; verschiedenartig; **~lerin sabitliği** die Erhaltung der Arten
**türban** Turban m
**türbe** Grabmal n, Mausoleum n **~eriği** ⟨-ni⟩ Art (kleinkernige) Pflaume
**türbin** Turbine f
**türdeş** gleichartig, homogen **~lik** ⟨-ği⟩ Gleichartigkeit f
**türe** Regel f; Gesetz n; Recht n
**türedi** Emporkömmling m; Abenteurer m
**türeme** spontan, direkt; improvisiert; wild wachsend; GRAM Ableitung f; ~ **ün-**

**lü** GRAM Sprossvokal *m*, eingeschaltete(r) Vokal; **~ ünsüz** GRAM Sprosskonsonant *m*

**türe|mek** *v/i* (*neu*) entstehen, sich bilden; sich verbreiten; GRAM abgeleitet werden (*-den von dat*); *Laut* einschalten, vorschlagen **~miş** GRAM abgeleitet

**türet|ici** schöperisch; GRAM (*z. B. Adjektive*) bildend (*Suffix*) **~mek** *v/t* schaffen; erzeugen; GRAM *Wort* ableiten

**türev** GRAM Ableitung *f*; abgeleitete(s) Wort; abgeleitet; CHEM Derivat *n*

**Türk** ⟨-kü⟩ Türke *m*, Türkin *f*; türkisch; **~ dili** die türkische Sprache; **~ Dil Kurumu (TDK)** die Türkische Sprachgesellschaft

**Türkçe** (das) Türkisch(e); türkisch, auf Türkisch; **~ sözlük** Türkisch(es) Wörterbuch; **~si** *fig* auf gut "Deutsch", klar und deutlich (gesagt) **~ci** *umg* Türkischlehrer *m*, -in *f* **~cilik** ⟨-ği⟩ HIST Turkisierung *f* (*des Wortschatzes*); türkische(r) Purismus **~leştirme** Turkisierung *f* (sprachlich) **~leştirmek** turkisieren; ins Türkische übersetzen

**Türkçü** türkische(r) Nationalist; Panturkist *m*; türkischnational **~lük** ⟨-ğü⟩ Panturkismus *m*, Großtürkentum *n*

**Türk-İslam**: **~ Sentezi** POL nationalistisch-islamistischer Konservatismus

**Türkistan** Turkistan *n*

**Türkiyat** [a:] ⟨-tı⟩ Turkologie *f*

**'Türkiye** Türkei *f*; **~ Büyük Millet Meclisi (TBMM)** Große Nationalversammlung der Türkei; **~ Cumhuriyeti (TC)** Republik *f* Türkei; **~ Cumhuriyeti Devlet Demiryolları (TCDD)** Staatsbahn *f* der Republik Türkei

**Türkiyeli** aus der Türkei Stammende(r); Bewohner *m*, -in *f* der Türkei

**Türk|leşmek** zum Türken werden **~lük** ⟨-ğü⟩ Türkentum *n*; türkische Nationalität

**Türkmen** Turkmene *m*, Turkmenin *f*; turkmenisch **~ce** (das) Turkmenisch(e), turkmenisch

**Türko|log** Turkologe *m*, Turkologin *f* **~loji** Turkologie *f*

**türkuaz** A *subst* Türkis *m* B *adj* türkis

**türkü** (türkisches) Volkslied *n*; **~ olmak** Gesprächsthema werden; **~ söylemek** ein Volkslied singen; **-in ~sünü çağırmak** *fig* j-m nach dem Mund reden **~cü** Sänger *m*, -in *f*

**türlü** Art *f*; Sorte *f*; Verschiedenartigkeit *f*; verschieden(artig); GASTR Ratatouille *f*; **iki ~** so oder so, auf zwei verschiedene Arten; **her ~** jede(r) mögliche; jede Art von *dat*; **~ ~** allerlei; alle Möglichen; **başka ~** anders, auf andere Art und Weise; **bir ~** (+ *Negation*) in keiner Weise; einfach (*nicht*); **bu ~** so, ein solcher

**tüs** → tüy

**tüter** → tütmek

**tütmek** ⟨-*er*⟩ *v/i* rauchen; qualmen (*z. B. Ofen*); *Wasser* dampfen; e-e Rauchwand bilden; riechen; **-in gözünde** (*od* **burnunda**) **~** j-m lebhaft vor Augen schweben; *Essen* j-m in die Nase stechen; **yanıp ~** sich grämen

**tütsü** Räuchern *n*, Räucherung *f*; Räuchermittel *n*, Räucherkerze *f*; *umg* Alkohol *m*, Sprit *m*; **~ yapmak** räuchern; Weihrauch abbrennen **~lemek** *v/t* räuchern; beweihräuchern; (**kafayı**) **~** *umg* sich bedus eln **~lenmek** geräuchert werden; *fig* sich benebeln **~lü** geräuchert; mit Weihrauch durchzogen; *umg* benebelt, beduselt

**tüttürmek** *v/t Zigarette* rauchen; *Pfeife* schmauchen; zum Rauchen bringen

**tütün** Tabak *m*; *dial* Rauch *m*; **~ içmek** Person: rauchen; **~ kutusu** Tabak(s)dose *f*; **~ünü tüttürmek** *fig* für die Familie sorgen **~balığı** ⟨-nı⟩ Räucherfisch *m* **~cü** Tabakhändler *m* **~rengi** ⟨-ni⟩ *adj* tabakbraun

**tüvit** *Stoff*: Tweed *m*

**tüy** Haar *n*, Fell *n*, Wolle *f*; Flaum *m*; Federn *f/pl*; **~ atmak** *Tier* sich haaren; *Vögel* sich mausern; **~ düzmek** *Haar, Fell* glatt werden, sich glätten; sich fein anziehen; **~ gibi** federleicht; **~ler ürpertici** haarsträubend; **~leri diken diken olmak** *fig* e-e Gänsehaut bekommen; *v/unpers* j-m stehen die Haare zu Berge (**b. B. vor** *Schreck*); **~üne dokunmamak** *fig* j-m kein Härchen krümmen

**tüy|dürmek** *v/t umg* klauen; verschwinden lassen **~er** → tüymek

**tüylenmek** Federn *n* (*od* Haare) bekommen; *umg* zu Geld kommen

**tüylü** gefiedert; flaumig; langhaarige(r) Teppich; *fig* betucht, begütert

**tüymek** ⟨-*er*⟩ *v/i umg* türmen

**'tüysıklet** ⟨-ti⟩ SPORT Federgewicht *n*

**tüysüz** ungefiedert; bartlos; Milchbart

*m*; **~ şeftali** Nektarine *f*
**tüze** Recht *n*; Justiz *f*
**tüzel** gerichtlich; juristisch **~kişi** JUR juristische Person
**tüzük** ⟨-ğü⟩ (Partei)Statut *n*, Satzung *f*, Ordnung *f*
**tvist** MUS Twist *m*

**u, U** [u:] u, U *n*
**U**: **~ borusu** TECH Krümmer *m*, u-förmige(s) Rohr
**ucu** → **uç**
**ucun**: **~ ~** allmählich; von der Seite
**ucuz** billig; *Erfolg* leicht, mühelos; *Träne* schnell vergossen; **~ atlatmak** (*od* **kurtulmak**) leichten Kaufes davonkommen; **~ etin yahnisi yavan** (*od* **tatsız**) **olur** *etw* wirklich Gutes hat s-n Preis; **~ pahalı** ohne auf den Preis zu sehen; *-e* **~ a çıkmak** *j-n* wenig kosten **~cu** billige Quelle (*Verkäufer*); Billigkäufer *m*, -in *f* **~lamak** *v/t* billiger werden; leicht(er) erreichbar sein, leichter zu machen sein **~latma** Verbilligung *f* **~latmak** *v/t* verbilligen, herabsetzen; billig verkaufen; *fig* erleichtern **~luk** ⟨-ğu⟩ Rabatt *m*, Sonderangebote *n/pl*
**uç** ⟨ucu⟩ Spitze *f*; Ende *n*; Rand *m*; Wipfel *m*; HIST Grenzgebiet *n*; (**karşı**) Gegenpol *m*; **~ uca** mit knapper Not; **~ uca gelmek** mit knapper Not erreichen, *umg* auf den letzten Drücker kommen; **~ vermek** BOT sprießen; zutage treten; **-in ucu bucağı görünmemek** das Ende nicht absehen können; **ucu bucağı görünmeyen in-sanlar**, (**işin**) **ucunda ... var** *v/unpers* es geht (bei ...) schließlich um ...; *etw* steckt dahinter; **ipin ucunu kaçırmak** *fig* das Maß verlieren
**uçak** ⟨-ğı⟩ Flugzeug *n*; **~ bileti** Flugschein *m*; **~ kaçırma** Flugzeugentführung *f*; **~ telsizcisi** Bordfunker *m*; **jet uçağı** Düsenflugzeug *n*; **yolcu uçağı** Passagierflugzeug *n*; **~ ile**, **~la** per Luftpost **~savar** Flugzeugabwehr-, Flak *f*; **~savar top(u)** Flak *f*, Flugzeugabwehrkanone *f*
**u'can|daire** fliegende Untertasse **~kale** fliegende Festung
**uçar** → **uçmak¹**; **~a atmak** auf e-n Vogel im Flug schießen
**uçarı** flatterhaft; Heißsporn *m* **~lık** ⟨-ğı⟩ Flatterhaftigkeit *f*
**uçkun** (Feuer)Funke *m*
**uçkur** Gürtelschnur *f*; (Beutel)Schnur *f*; *-e* **~ çözmek** mit *j-m* zusammenleben, mit *j-m* (intim) verkehren; **~una sağlam** sittsam, keusch **~luk** ⟨-ğu⟩ Hohlsaum *m*; Einfädelstab *m*
**uçlanmak** e-e Spitze bekommen; *umg* blechen, herausrücken
**uçlu** mit Spitze; *umg* Filterzigarette *f*
**uçmak¹** ⟨-ar⟩ fliegen (-e nach *dat*); dahinsausen; *Flüssigkeit* verfliegen; *See* austrocknen; *Farbe* verschießen; weggerissen werden, *umg* wegfliegen (*vom Wind*); herabstürzen, *umg* runterfliegen (-e in, auf *akk*); *fig* aus dem Häuschen sein (*vor Freude*); *fig* Entschluss verfliegen; *fig* huschen (-e über *das Gesicht*); gesprengt werden (*z. B. Brücke*); REL Seele in den Himmel steigen
**uçmak²** HIST Paradies *n*
**uçsuz** endlos, grenzenlos; **~ bucaksız** unabsehbar, endlos
**uçucu** fliegend; CHEM flüchtig, leicht verdunstend
**uçuk¹** verblasst, verschossen, hell-; **~ renkler** Pastellfarben *m/fl*
**uçuk²** ⟨-ğu⟩ Fieberbläschen *n*; Herpes *m*
**uçuklamak** *unp* auf den Lippen bilden sich Bläschen
**uçun** Hohlsaum *m* (*der Flagge*)
**uçurmak** *kaus von* **uçmak**; *v/t* Vogel fliegen lassen; *Drachen* steigen lassen; *Kopf, Glied* abreißen, abtrennen; *Wagen* stürzen (*-e in akk*); dahinjagen (lassen); *umg* mitgehen lassen; *fig* e-n Orgasmus haben
**uçurtma** *Spielzeug* (Papier)Drachen *m*
**uçurtmak** *kaus von* **uçmak**, **uçurmak**
**uçurum** Abgrund *m*; **~un kenarında** am Rande des Abgrunds
**uçuş** Flug *m*; **~ kartı** Bordkarte *f*; **~ süresi** Flugzeit *f*; **~ pisti** Rollfeld *n*; **alçak ~** Tiefflug *m*

**uçuşmak** umherfliegen; umherflattern
**udî** [u:di:] Lautenspieler *m*
**udu** → ut
**uf** au!; ~ **olmak** wehtun (*Kindersprache*)
¹**ufacık** winzig; kleinst-; klein (*Beamter*); ~ **tefecik** klein und schmächtig
**ufak** ⟨-ğı⟩ klein (*a. jung beim Kind*); gering (*Ausgaben*); Dienstgrad niedrig; ~ **at!** übertreibe nicht!; ~ **çapta** in kleinem Maßstab; ~ **göstermek** jünger aussehen (als man ist); ~ **para** Kleingeld *n*; ~ **tefek** Kleinkram *m*, Krimskrams *m*; ein paar Kleinigkeiten; geringfügig (*Fehler*); *Person* (klein und) schmächtig; ~ ganz klein (*schneiden*); krümelig; Krümel *m/pl*; **~tan ufağa** allmählich, nach und nach

**ufaklık** ⟨-ğı⟩ Winzigkeit *f*; Kleingeld *n*; *scherzhaft* Laus *f*
**ufal|amak** *v/t* verkleinern, zerbröckeln **~anmak** *v/i* zerbröckeln **~ayıcı** zerkleinernd; Zerkleinerungsmaschine *f* **~mak** kleiner werden; (zusammen-) schrumpfen **~tmak** *v/t* verkleinern
**ufarak** nicht sehr groß
**uflamak** ächzen; **uflayıp puflamak** ächzen und stöhnen
**ufuk** ⟨ufku⟩ Horizont *m*, Gesichtskreis *m*; **ufkunu genişletmek** *fig* s-n Gesichtskreis a erweitern
**ufunet** [-fu:-] ⟨-ti⟩ Eiter *m* **~lenmek** *v/i* eitern
**uğra** Streumehl *n*
**uğrak** ⟨-ğı⟩ Station *f* (*auf e-m Weg*); Treffpunkt *m*, ~ **yeri** Anlaufpunkt *m*, -stelle *f*
**uğralamak** -*i* mit Mehl bestreuen *akk*
**uğramak** -*e* bei *j-m* vorsprechen, aufsuchen, vorbeikommen; *Bus* halten in *dat*, bei; *Schiff* anlegen; Ort berühren; verlaufen an *dat* vorbei; durch *akk*; stürzen (*auf die Straße*); *fig* geraten in *akk*, betroffen werden von *dat*; ausgesetzt sein *dat*; Unrecht leiden; sich nähern *dat*; Aberglaube verhext werden
**uğraş** Kampf *m*; Anliegen *n*; → uğraşı; **(kendine)** ~ **etmek** sich zur Aufgabe machen
**uğraş|ı** Hobby *n*; Beschäftigung *f*; Bemühung *f* sich bemühen (zu ...); (*-le*) sich abgeben mit, sich beschäftigen mit; sich anlegen mit; kämpfen **~tırmak** -*i j-m* (viel) zu schaffen machen; *j-m* aufhalsen *akk*

**uğrat|mak** *kaus von* **uğramak**; Zerstörung bewirken; *j-m* (z. B. *Verluste*) beibringen; *-e* **~mamak** (vor e-r *Katastrophe*) bewahren, nicht (in ein *Unglück*) rennen lassen
**uğrun**: ~ ~ heimlich, insgeheim
**uğruna** *etc* → uğur²
**uğul|damak** dröhnen, widerhallen; *Wind* sausen, heulen **~tu** Dröhnen *n*, Heulen *n*; Krach *m* (*der Autos*) **~tulu** dröhnend; sausend; Krach machend
**uğur**¹ gute(s) Zeichen, gute(s) Omen; Verheißung *f*; *Sache* Glücksbringer *m*; Glück *n*; ~ **ola!**, **~lar olsun!** glückliche Reise!, viel Glück!; **~u açık** vom Schicksal begünstigt
**uğur**² ⟨uğru⟩: **uğurda**, **uğrunda**, **uğruna** für *akk*, um *gen* willen, *gen* wegen; **bu uğurda** dafür, deswegen; **onun uğruna** seinetwegen; **vatan uğrunda** für das Vaterland
**u'ğurböceği** ⟨-ni⟩ (Gemeiner) Marienkäfer *m* (*Coccinella septempunctata*)
**uğurla|mak** *v/t j-n* begleiten, bringen (*-e kadar* bis zu) (und alles Gute wünschen) **~nış** Begleitung *f*, Geleit *n*; Abschied *m* **~yıcı** Verabschiedende(r)
**uğurlu** Glück bringend, Glück verheißend; ~ **(kademli) olsun!** mögen Sie viel Freude daran haben!
**uğursuz** unheilvoll; unselig; ~ **rakam** Unglückszahl *f* **~luk** ⟨-ğu⟩ böse(s) Vorzeichen
**ukala** [-la:-] Dreimalkluge(r), Besserwisser *m*
**ukde**: *-e* ~ **olmak** *j-m* Sorgen machen; *-in* **içinde ukde kalmak** ungelöst bleiben
**Uk'rayna** Ukraine *f* **~lı** Ukrainer *m*, -in *f*
**ulaç** ⟨-cı⟩ Verbaladverb *n* (*im Türk. z. B.* **-ip**, **-erek**, **-ince**)
**Ulah** HIST Walache *m*, Rumäne *m*, Rumänin *f* **~ca** HIST (das) Rumänisch(e)
**ulak** ⟨-ğı⟩ Kurier *m*, Bote *m*
**ulam** Kategorie *f*
**ulama** Zusatz *m*, Hinzufügung *f*; Anhang *m*; GRAM Liaison *f*; gebunden; angesetzt
**ulamak** *v/t* -*e* hinzufügen zu; setzen an *akk*; fügen an *akk*; binden an *akk*
**ulan** Mensch!, Menschenskind!; in der

*Wut* zum Donnerwetter!
**ulantı** Zusatz *m*, Hinzufügung *f*; Anhang *m*
**ulaşılmak** *passiv von* ulaşmak
**ulaşım** Verkehrsverbindung(en *pl*) *f*; Verkehr *m*; Verbindung *f*, Berührung *f*, Kontakt *m*; Transport *m*; **toplu ~** öffentliche(r) (Nah)Verkehr
**ulaşmak** *-e* Ort erreichen (*a. fig* Ziel); kommen bis zu, nach; reichen, langen bis zu; **b-ne ~** j-n erreichen (*telefonisch etc*); Fluss fließen in *akk*
**ulaştır|ma** Transport(wesen *n*) *m*; **~ hatları** Verkehrswege *m/pl* **~mak** (-*i -e*) *v/t* transportieren; liefern *an akk*; *j-m* (*zum Erfolg*) verhelfen; (*ans Ziel*) bringen; *j-m* übermitteln; aushändigen; WIRTSCH senden, liefern
**ulema** [ɑ:] HIST Gelehrte *m/pl*; Theologen *m/pl*
**ultra-** → **ültra-**
**ultrason(ografi)** Ultraschalltechnik *f*, Ultrasonographie *f*
**ulu** *fig* groß; hoch, riesig (*z. B. Baum*); **~ tutmak** in Ehren halten *akk*
**ulufe** [-lu:-] HIST Sold *m* (*Janitscharen*)
**ululamak** *v/t* willkommen heißen; bewirten; hoch schätzen
**ululuk** ⟨-ğu⟩ Erhabenheit *f*; Großtat *f*
**ulu|ma** Heulen *n* (*e-s Hundes*) **~mak** heulen; *Person* schluchzen
**u'luorta** unbedacht; unbegründet; hergeholt
**ulus** Nation *f* **~al** national; **~ park** Nationalpark *m*
**ulusçu** (Links-)Nationalist *m*, -in *f* **~luk** ⟨-ğu⟩ (Links-)Nationalismus *m*
**ulus'lararası** ⟨-nı⟩ international, zwischenstaatlich; **♀ Af Örgütü** Amnesty International **~cılık** ⟨-ğı⟩ Internationalismus *m*
**ulv|î** [i:] erhaben **~iyet** Erhabenheit *f*
**umacı** schwarze(r) Mann, Buhmann *m*
**umar**[1] Mittel *n* (*a. n/pl*), Vermögen *n* **~sız** mittellos **~sızlık** ⟨-ğı⟩ Mittellosigkeit *f*
**um|madık** unverhofft, unerwartet **~mak** ⟨-ar⟩ *-i* (er)hoffen *akk*; hoffen (auf *akk*); rechnen mit
**umman** Ozean *m*
**umran** [ɑ:] → **ümran**
**umul|madık** → **ummadık ~mak** erhofft werden; erwartet werden; **umulmayan hal** unerwartete(r) Umstand, Zufall *m*
**umum** [-u:m] General- (*Direktor*), Ober- (*Inspektor*); Allgemeinheit *f*, Publikum *n*; alle, alles **~hane** Bordell *n*
**umumî** [-i:] allgemein, Universal-; General-; öffentlich
**umumiyetle** ⟨-ti⟩ im Allgemeinen
**umur** [-u:r]: **~umda değil** (*od* **~umda mı**) *umg* ich pfeife darauf; das ist nicht meine Sache
**umursa|mak** *v/t* Beachtung schenken *dat*; beachten *akk* **~mazlık** ⟨-ğı⟩ Nichtachtung *f* **~nmak** Beachtung finden
**umut** ⟨-du⟩ Hoffnung *f*; **~ beslemek** die Hoffnung hegen; **~ etmek** die Hoffnung haben; **~ ışığı** Hoffnungsschimmer *m*; **-den ~** (*od* **umudu**) **kesmek** die Hoffnung auf *akk* aufgeben; **-e vermek** *j-m* Hoffnung(en) machen; **umudunu kırmak** *j-s* Hoffnungen zerstören
**umutlan|dırmak** *-i j-m* Hoffnungen machen **~mak** hoffen, sich (*dat*) Hoffnungen machen
**umut|lu** hoffnungsvoll, zuversichtlich **~suz** hoffnungslos **~suzluk** ⟨-ğu⟩ Hoffnungslosigkeit *f*
**un** Mehl *n*; **~ ufak etmek** kurz und klein schlagen, *umg* zerteppern; **~ ufak olmak** zertrümmert (*od* demoliert) werden; **~unu elemiş, eleğini asmış olmak** einem ruhigen Lebensabend entgegensehen
**-unca** → **-ince**
**unlamak** *v/t* GASTR in Mehl wälzen
**unluk** ⟨-ğu⟩ Brotgetreide *n*
**unmak** ⟨-ar⟩ → **onmak**
**unsur** Element *n* (*a. pej Person*); **bozguncu ~lar** defätistische Elemente *pl*
**unutkan** vergesslich **~lık** ⟨-ğı⟩ Vergesslichkeit *f*
**u'nutmabeni** BOT Vergissmeinnicht *n*
**unut|mak** *v/t* vergessen; verlernen **~turmak** (-*i -e*) aus *j-s* Gedächtnis verdrängen; vergessen lassen *akk*; *j-n* ablenken von *dat* **~ulmak** vergessen werden; **unutulmayan** unvergesslich; **unutulup gitmek** in Vergessenheit geraten
**'upuslu** *Kind* sehr brav
**'upuzun** sehr lang, ellenlang (*Brief*); der Länge nach

**ur** MED Tumor m, Geschwulst f
**U'ranus** ASTRON Uranus m
**u'ranyum** Uran n **~lu** uranhaltig
**urba** dial Uniform f
**urbanizm** Urbanismus m
**Ur'duca** Urdu n (in Pakistan)
**urgan** Seil n **~cı** Seiler m
**urmak** dial, osm → vurmak
**uruç** ⟨-cu⟩ REL Auferstehung f
**us** Vernunft f; Verstand m; Lebenserfahrung f; **~ pahası: bu sana bir ~ pahası olsun!** das möge dir ee Lehre sein!
**usanç** ⟨-cı⟩ Überdruss m; **-den ~ getirmek** überdrüssig werden gen; **-e ~ vermek** umg jn anöden
**usan|dırıcı** lästig, geisttötend, entnervend **~dırmak** v/t langweilen, umg anöden, nerven **~mak** (-den) genug haben von dat, die Lust verlieren (zu + inf) **~mamak** immer bereit sein (-den zu)
**us|çu** PHIL Rationalist m **~çuluk** ⟨-ğu⟩ PHIL Rationalismus m **~dışı** irrational
**us'kumru** Makrele f (Scomber scombrus)
**uskur** SCHIFF (Schiffs)Schraube f
**uskuru** TECH Gewinde n
**usla|ma** Überlegung f **~mak** sich (dat) überlegen akk, bedenken akk **~nmak** vernünftig werden
**uslu** vernünftig, artig; **~ durmak** (od **oturmak**) artig (od ruhig) sein, sich ordentlich benehmen; **~ puslu** still und bescheiden **~luk** ⟨-ğu⟩ gute Kinderstube, Höflichkeit f; Artigkeit f
**ussal** PHIL rationalistisch; vernünftig, vernunftgemäß
**usta** umg Handwerker m; Meister m, -in f; meisterhaft; erfahren, bewandert; **aşçı ~sı** Chefkoch m; Meisterkoch m; **dam ~sı** Dachdeckermeister m; **duvarcı ~sı** Maurermeister m; **~ elinden çıkmak** von Meisterhand geschaffen werden; **~ işi** Kunstwerk m, Meisterwerk n
**usta|başı** ⟨-nı⟩ Werkmeister m **~ca** meisterhaft; hum sehr geschickt **~laşmak** kunstfertig sein **~lık** ⟨-ğı⟩ Meisterschaft f, Kunstfertigkeit f; Ausbildung f als Meister, Meistertitel m **~lıklı** meisterhaft, vorbildlich
**ustunç** ⟨-cu⟩ (Operations)Besteck n
**'ustura** Rasiermesser n; umg scharfe(r) Schnaps; umg Gequatsche n **~cı** umg Aufschneider m

**us'turpa** Peitsche f, Gerte f
**usturuplu** meisterhaft; treffend (Antwort)
**usul** [-u:l] ⟨-lü⟩ Methode f; System n; MUS Takt m; **~ hukuku** JUR Prozessrecht n; **~ ~** adv langsam, gemessen
**usulca** leise; vorsichtig, bedächtig
**u'sulcacık** unmerklich, unauffällig
**usul|dan, ~lacık** → usulcacık
**usulsüz** unmethodisch, unsystematisch; unregelmäßig, inkorrekt **~lük** Amtsdelikt n
**uşak** ⟨-ğı⟩ Diener m, Lakai m; (junger) Bursche; **Anadolu uşağı** junge(r) Mann aus Anatolien, junge(r) Anatolier
**uşakkapan** ZOOL Steinadler m; ZOOL Lämmergeier m; ZOOL Mönchsgeier m
**uşaklık** ⟨-ğı⟩ Lakaienstellung f; fig Dienstfertigkeit f; fig Speichelleckerei f
**ut** (udu) türk. (Krummhals)Laute f
**utanç** ⟨-cı⟩ Scham f, Scheu f; **utancından yere geçmek** vor Scham in den Boden versinken; **~ verici** beschämend
**utan|dırıcı** beschämend; schändlich **~dırmak** v/t beschämen; in Verlegenheit bringen **~gaç** verlegen; schüchtern; verschämt **~gaçlık** ⟨-ğı⟩ Verlegenheit f; Schüchternheit f **~ma** Verlegenheit f, Scham(haftigkeit) f **~mak** (-den; -e) sich schämen (gen od wegen gen); sich genieren; **utanmadan** ohne sich zu genieren **~maz, ~mazca** unverschämt; schamlos; schändlich **~mazlık** ⟨-ğı⟩ Unverschämtheit f; Schamlosigkeit f
**utçu** Lautenspieler m
**utku** Sieg m, Triumph m **~lu** siegreich
**utmak** ⟨-ar⟩ v/t besiegen (im Spiel)
**u'topya** Utopie f **~cı** Utopist m
**utulmak** passiv von utmak
**uvertür** MUS Ouvertüre f; Beginn m (e-s Kartenspiels); **~ yapmak** e-n Anfang machen
**uvmak** → ovmak
**uyak** ⟨-ğı⟩ Reim m
**uyandırma: ~ servisi** Weckdienst m
**uyandırmak** v/t jn (auf)wecken; Interesse erregen; anregen; fig wachrufen; Lampe anzünden
**uyanık** ⟨-ğı⟩ wach, findig; wachsam; lebhaft **~lık** ⟨-ğı⟩ Wachsein n; Wachsamkeit f; Scharfsinnigkeit f
**uyan|ış** → uyanma; Renaissance f

**~ma** Erwachen n; Aufwachen n
**uyanmak** wach werden, aufwachen, erwachen; BOT hervorsprießen, aufgehen, aufblühen; *Person* verständig werden; *Licht* aufleuchten; *Schmerz* sich (wieder) einstellen
**uyar**[1] passend, geeignet; ähnlich
**uyar**[2], **uyarak** → uymak
**uyaran** stimulierend, anregend; Reizmittel n
**uyarı** Warnung f; Mahnung f; Anregung f; MED Reiz m; **~ grevi** Warnstreik m; **~ işareti** Warnzeichen n
**uyar|ıcı** *a.* MED anregend; Aufputsch-(*Mittel*) **~ılmak** *passiv von* uyarmak **~ım** Reiz m
**uyarınca** gemäß *dat*, laut *gen*
**uyar|lama** MUS, THEAT Bearbeitung f; bearbeitet **~lamak** (-i -e) anpassen (*akk an akk*); bearbeiten *akk*; **iklime** ~ akklimatisieren *akk* **~lanmak** sich anpassen an *akk*; *passiv von* uyarlamak **~layıcı** Bearbeiter m **~lık** ⟨-ğı⟩ Übereinstimmung f, *fig* Zusammentreffen n
**uyar|ma** Warnung f; Reiz m, Antrieb m; **~ komutu** Startkommando m, z. B. „Achtung!" **~mak** v/t warnen, aufmerksam machen (auf *akk*); ermahnen; anregen, stimulieren **~tı** Warnung f; Reizmittel n; Reiz m
**Uygur** Uigure m, Uigurin f **~ca** (das) Uigurisch(e); uigurisch
**uydu** *a.* TECH Satellit m; Trabant m; **~ anteni** Satellitenantenne f; **yapay ~** künstliche(r) Satellit **~kent** ⟨-ti⟩ Trabantenstadt f **~laşma**: **~ hızı** ASTRON Fluchtgeschwindigkeit f **~laşmak** zum Satelliten werden **~luk** ⟨-ğu⟩ Satellitenposition f; Satellitenzustand m
**uydur|ma** Erfindung f, Erdachte(s) n; erfunden, ausgedacht; Falsch- (*Meldung*); angepasst **~maca** Erfindung f, künstliche Wortbildung **~mak** anpassen (-i -e *akk dat*); *Geschichte* erfinden, sich (*dat*) ausdenken; bekommen, *umg* kriegen; schenken, verehren (j-m *dat*) **~masyon** *umg* reine Erfindung, Hirngespinst n, Flausen pl **~uk** ⟨-ğu⟩ ausgedacht; uydurmasyon **~ukçu** Fantast m, Fabulant m **~ukçuluk** Fantasterei f
**uygar** zivilisiert **~ca** *adv* wie ein zivilisierter Mensch **~laşma** Zivilisation f, Kultivierung f **~laşmak** zivilisiert (*od* kultiviert) werden **~lık** ⟨-ğı⟩ Zivilisation f

**uygula|ma** Anwendung f; Verfahren n; Vorgehen n; **~ dersi** Werkunterricht m **~mak** v/t (praktisch) anwenden (*a. Gesetz*); Politik führen; in die Tat umsetzen; MATH zur Deckung bringen; vergleichen mit **~malı** praktisch (angewandt); **~ sanatlar** angewandte Künste f/pl **~nabilir** anwendbar **~nış**, **~nma** (praktische) Anwendung f **~nmak** *passiv von* uygulamak **~yıcı** Verwirklicher m, Anwendende(r)
**uygulayım** Technik f; Methode f; technisch **~bilim** Technologie f **~cı** Technologe m **~sal** technologisch
**uygun** -e angemessen *dat*, passend zu; entsprechend *dat*; geeignet zu; *Bedingung* günstig; anständig; **-i ~ bulmak** (*od* **görmek**) für gut (*od* angemessen, richtig) halten *akk*; **-e ~ düşmek** (*od* **gelmek**) entsprechen *dat*, passen zu; **~ rüzgar** Rückenwind m **~luk** ⟨-ğu⟩ Angemessenheit f; Entsprechung f; GRAM Kongruenz f **~suz** unangemessen; unpassend *dat*; *Zeit* ungelegen; unanständig; **~ kadın** leichte(s) Mädchen **~suzluk** ⟨-ğu⟩ Unangemessenheit f; Unanständigkeit f, Unschicklichkeit f
**uyku** Schlaf m; **-i ~ basmak** der Schlaf überkommt j-n; **~ çekmek** sich e-n (schönen) Schlaf gönnen; **deliksiz bir ~ çekti** er hat fest durchgeschlafen; **~ durak yok** man kann kein Auge zutun; **~ gözünden akıyor** ihm fallen die Augen zu; **~ ilacı** Schlafmittel n; **~ sersemliği** Schläfrigkeit f; **~ tulumu** Schlafsack m **~ başlığı** Schlafmütze f, *fig* Schlafmütze f; **-i ~ tutmuyor** er kann nicht einschlafen; **~da olmak** *fig* stagnieren, e-e Flaute haben; **~m açıldı** mir ist der Schlaf vergangen; **~m geldi** ich bin müde; **hiç ~m yok** ich kann kein Auge zutun; **~ya dalmak** einschlafen; **~ya yatmak** schlafen gehen
**uyku|cu** Schlafratte f **~lu** schläfrig; unausgeschlafen; **~ ~** *adv* → uykulu; noch im Halbschlaf **~luk** ⟨-ğu⟩ Bauchspeicheldrüse f (*e-s Schlachttiers*); zarte(s) Lammfleisch **~suz** unausgeschlafen; *Nacht* schlaflos; **~ kalmak** nicht einschlafen können **~suzluk** ⟨-ğu⟩ Schlaflosigkeit f; **~ çekmek** an Schlaflosigkeit leiden
**Uykuveren** Sandmännchen n

## UZAK

**uyluk** ⟨-ğu⟩ ANAT Oberschenkel *m*
**uyma** Anpassung *f* (an *akk*)
**uymak** ⟨-ar⟩ *-e* passen zu *dat*; in *akk*; entsprechen *dat*; sich halten an *akk*, sich richten nach; sich fügen *dat* (e-r Vorschrift); sich anpassen *dat* (der Umwelt); übereinstimmen mit; (e-r Rechnung); Kleidung *j-m* passen, stehen; *-e* **uyarak** MUS nach den Klängen *gen*
**uymaz** entgegengesetzt *dat*, zuwiderlaufend *dat* **~lık** ⟨-ğı⟩ Gegensatz *m* (zu); Widerspruch *m* (zu)
**uyruk** ⟨-ğu⟩ Staatsangehörige(r); Staatsangehörigkeit *f*; **Alman ~lu** deutscher Staatsangehöriger(r); *-in* **uyruğuna girmek** sich in *j-s* Joch begeben **~luk** ⟨-ğu⟩ Staatsangehörigkeit *f* **~suz** staatenlos
**uysal** gehorsam, fügsam; verträglich **~laşmak** sich fügen, gehorsam sein **~lık** ⟨-ğı⟩ Fügsamkeit *f*; Verträglichkeit *f*
**uyuklamak** *v/i* schlummern, *umg* dösen
**uyum** *a.* GRAM Harmonie *f*; Anpassung *f* (*-e* an *akk*); MED Auge Akkomodation *f*; → ünlü, ünsüz; **~ içinde** im Einklang (stehen); *-e* **~ sağlamak** sich integrieren (können) in *akk*
**uyumak** *v/i* schlafen; unter Narkose sein; *fig* nicht von der Stelle kommen, stagnieren
**uyum|lu** harmonisch, gut abgestimmt; IT kompatibel **~luluk** IT Kompatibilität *f*; Harmonie *f* **~suz** unharmonisch **~suzluk** ⟨-ğu⟩ Disharmonie *f*
**uyunmak** *v/imp* **uyunur** man schläft
**uyuntu** schlafmützig; dickfellig
**uyur** schlafend; stehend (Wasser); *fig* still; **~ uyanık** im Halbschlaf
**uyurgezer** Schlafwandler *m*, *-in* **~lik** ⟨-ğı⟩ Mondsüchtigkeit *f*
**uyuşamazlık** ⟨-ğı⟩ Uneinigkeit *f*, Meinungsverschiedenheit *f*
**uyuşkan** verträglich, umgänglich
**uyuşma**[1] Absterben *n*, Erstarrung *f*; Betäubung *f*
**uyuşma**[2] Verträglichkeit *f*; **fiyatta** *etc* **~ sağlamak**; Einigkeit *f* im Preis *etc* erzielen
**uyuşmak**[1] *v/i* Glieder taub werden, einschlafen; steif werden (vor Kälte); *fig* träge (*od* apathisch) werden

**uyuşmak**[2] *v/i* (*-le*) miteinander auskommen, sich vertragen mit; *-e* sich einigen auf *akk*; **bin liraya uyuştuk** wir haben uns auf tausend Lira geeinigt
**uyuşmaz** unverträglich; unvereinbar; entgegengesetzt; MUS disharmonisch **~lık** ⟨-ğı⟩ Unvereinbarkeit *f*; Unverträglichkeit *f*; Disharmonie *f*; Konflikt *m*; **kan uyuşmazlığı** Blutgruppenunverträglichkeit *f*
**uyuşturan** ZOOL Zitterrochen *m*
**uyuşturmak**[1] betäuben; Schmerz lindern
**uyuşturmak**[2] (*-i -le*) e-e Verständigung herbeiführen mit, zwischen
**uyuşturucu** betäubend, Betäubungs-; lindernd, Linderungs-; *-e* (**madde**) Rauschgift *n*, Droge *f*; Betäubungsmittel *n*, Narkotikum *n*; **~ bağımlılığı** Drogenabhängigkeit *f*; **~ bağımlısı** Drogensüchtige(r)
**uyuşuk** ⟨-ğu⟩ eingeschlafen (Glied), erstarrt, steif, gefühllos; *fig* träge, apathisch **~lık** ⟨-ğu⟩ Gefühllosigkeit *f*, Steifheit *f*; Trägheit *f*, Apathie *f*
**uyuşum** Einklang *m*, Harmonie *f* **~suz** disharmonisch
**uyut|mak** *-i* Kind in den Schlaf wiegen; einlullen; Schmerz lindern; *fig* Sache auf Eis legen, verschleppen **~ucu** einschläfernd, Schlaf-; einlullend; narkotisch; *fig* langweilig
**uyuyakalmak** die Zeit verschlafen; (unversehens) einschlafen
**uyuz** MED Krätze *f*, Räude *f*, Grind *m*; räudig, grindig; *fig* Schlappschwanz *m*; *-i* **~ etmek** *j-n* kribbelig machen
**uyuzlaşmak** *v/i* die Räude bekommen, *fig* gemein werden; *fig* ein armer Schlucker werden
**uyuzluk** ⟨-ğu⟩ Erkrankung *f* an Krätze; Hilflosigkeit *f*
**uz: az gitmiş, ~ gitmiş** und so ging er/sie immer weiter (*in Märchen*)
**uzak** ⟨-ğı⟩ (weit) entfernt (*-den*) nicht zuständig für; noch weit entfernt von *dat*; fern (Zukunft; Verwandte); **~ bir ihtimal** sehr unwahrscheinlich; **~ görmek** für ziemlich unwahrscheinlich halten; **~ta** weit entfernt (wohnen); **orası ~(tır)** das ist sehr weit (bis dahin); **uzağı görmek** weitblickend sein
**uzak|ça** ziemlich weit **²doğu** (der)

Ferne Osten **~görmez** fig kurzsichtig **~laşmak** (-den) sich entfernen von dat; verlassen akk; j-m fremd werden; sich trennen von dat; Wolken sich verziehen **~laştırmak** v/t (-den) entfernen von dat; fernhalten von dat; weisen (von der Schule); (aus dem Dienst) entlassen

**uzak|lık** ⟨-ğı⟩ Ferne f; Entfernung f; Abstand m, große(r) Unterschied **~samak** für weit (entfernt) halten

**uzaktan** aus der Ferne; entfernt (Verwandter); **-e ~ bakmak** aus der Ferne (od unbeteiligt) betrachten akk; **~ kontrol** Fernsteuerung f; **~ kumanda (aleti)** Fernbedienung f (a. Gerät); **~ kumandalı** ferngesteuert; **~ merhaba** Großbekanntschaft f; **-i ~ tanımak** j-n flüchtig kennen; **~ uzağa** aus weiter Ferne; nur ganz flüchtig

**uzam** (freier) Raum; Weite f; Ausdehnung f, Dimension f

**uza|ma** Verlängerung f (des Krieges); Länge f (e-r Kolonne); (lineare) Ausdehnung **~mak** lang od länger werden; sich ausdehnen; Zeit sich hinziehen **~nmak** sich hinlegen, sich ausstrecken; kommen bis zu, sich begeben zu, in akk; -e (kadar) ~ kommen bis zu; sich ausbreiten; -e erreichen akk, langen bis an akk; sich lehnen (-den aus)

**uzantı** a. GEOG Verlängerung f (e-r Linie); IT Erweiterung f

**uzat|ma** Verlängern n; LING Länge f (des Vokals); SPORT Spielverlängerung f, Nachspielzeit f; **~ işareti** Längenzeichen n **~mak** v/t verlängern (Frist, Leben, Vertrag); j-m etw reichen (z. B. Buch); Haare, Bart wachsen lassen; Hand etc ausstrecken; Laut längen; Leine spannen; Unterhaltung in die Länge ziehen; WIRTSCH Wechsel prolongieren; Zahlung verzögern, hinausziehen; **uzatma!** genug so!, mach's kurz!; **uzatmayalım** fassen wir uns kurz! **~malı** verlängert; prolongiert; lang- (verlobt); MIL längerdienend

**uzay** Raum m; Weltall n, Kosmos m; kosmisch; **~ istasyonu** Raumstation f; **~ kapsülü** Raumkapsel f; **~ mekiği** Raumfähre f; **~ uçuşu** (od yolculuğu) Raumflug m **~adamı** Astronaut m **~gemisi** ⟨-ni⟩ Raumschiff n **~sal** kosmisch, Raum-

**uzlaşma** Verständigung f, Einigung f; Aussöhnung f; JUR Vergleich m

**uzlaş|mak** -le sich verständigen mit; sich einigen mit **~maz** unversöhnlich **~mazlık** ⟨-ğı⟩ Unversöhnlichkeit f

**uzlaştır|ıcı** versöhnend; Friedensstifter m **~mak** v/t vereinigen, in Einklang bringen mit

**uzm.** abk → uzman

**uzman** Spezialist m, -in f, Fachmann m (-de in dat); **çocuk hastalıkları ~ı** Kinderarzt m, -ärztin f; **göz hastalıkları ~ı** Augenarzt m, -ärztin f; **~ hekim** Facharzt m, -ärztin f **~laşma** Spezialisierung f **~laşmak** sich spezialisieren (-de auf akk) **~lık** ⟨-ğı⟩ Fachgebiet n, Fachwissen n

**uzun** lang (a. zeitlich); Körperwuchs groß, lang; Weg weit; **~ araç** Langtransporter m, „long vehicle"; **~ atlama** Weitsprung m; **~ boylu** hochgewachsen; **o kadar ~ boylu değil** das geht nicht ganz so weit; int Schluss jetzt!; **~ çizgi** Gedankenstrich m; **~ dalga** Langwelle f; **~ etmek** weitschweifig sein; übertreiben; sich zieren; **~ hava** e-e Liedform der türk. Volksmusik; **~ huzmeli far** AUTO Fernlicht n; **~ kollu** langärmelig; **~ kulak(lı)** (Meister) Langohr n; **~ lafın** (od sözün) **kısası** der langen Rede kurzer Sinn; **~ mesafeli koşu** Langstreckenlauf m; **~ metrajlı film** Spielfilm m; **~ oturmak** umg sich langmachen; sich hinflätzen; **~ ömürlü süt** H-Milch f; **~ sürmek** lange dauern; **~ uzadıya** lang und breit; ausführlich; eingehend; **~ ~** unverwandt, lange, unentwegt; **~ ünlü** lange(r) Vokal; **~ yol şoförü** Fernfahrer m, -in f

**uzun|çalar** Langspielplatte f **~eşek** ⟨-ği⟩ Bockspringen n **~kafalı** langköpfig

**uzunlamasına** der Länge nach

**uzun(lar)** umg → uzun huzmeli far (-ları); **~ları yakmak** Fernlicht anschalten

**uzunlevrek** ⟨-ği⟩ ZOOL Zander m, Hechtbarsch m (Luciperca sandra)

**uzunluk** ⟨-ğu⟩ Länge f; **~ ölçüsü** Längenmaß n; **dalga uzunluğu** Wellenlänge f; **uzunluğuna** der Länge nach; **beş metre uzunluğunda** fünf Meter lang

**uzuv** ⟨uzvu⟩ Organ n, Glied n

**ü, Ü** [y] ü, Ü n, U-Umlaut n
**ücra** [a:] abgelegen
**ücret** ⟨-ti⟩ Gebühr f; Lohn m (des Arbeiters); Fahrgeld n (z. B. für den Bus); Honorar m (e-s Arztes); Vergütung f; (Hotel-)Kosten pl; **~i verilmemiş** Post mit Nachgebühr **~li** besoldet, Sold-; Lohn- (Arbeit); bezahlt (Urlaub); gebührenpflichtig; **yüksek ~** hoch bezahlt **~siz** gebührenfrei; ohne Bezahlung, umsonst; **giriş ~dir** Eintritt frei
**üç** ⟨üçü⟩ drei; Drei f; **~ aşağı beş yukarı** mehr oder weniger, ungefähr; **~ aylar** Islam: die (heiligen) drei Monate (recep, şaban, ramazan); **~ beş** ein paar; **~ buçuk atmak** arg bange sein, umg sich (dat) in die Hosen machen; **~ heceli** dreisilbig; **~ otuzluk** sehr bejahrt, uralt; **~te bir** ein Drittel n
**üç|boyutlu** dreidimensional **~er** je drei, zu dreien; **~ ~** in Dreierreihen **~gen** Dreieck n; dreieckig, Dreiecks- **~gül** dreiblättrige(s) Kleeblatt **~kağıt** Art Kartenspiel; fig Trick m; Bauernfängerei f; **-i üçkağıda getirmek** j-n hereinlegen **~kağıtçı** Mogler m, Falschspieler m; Bauernfänger m
**üçle|me** dreischäftig (Tau); BOT dreiblättrig; FILM, LIT Trilogie f; REL Dreifaltigkeit f **~mek** auf drei erhöhen; verdreifachen; in drei Teile teilen; Feld dreimal pflügen; gegen ein Drittel der Ernte verpachten **~şmek** sich verdreifachen **~ştirmek** v/t auf drei erhöhen
**üçlü** dreiteilig, Dreier-; dreistellig (Zahl); Drei f (z. B. auf e-m Dominostein); MUS Trio n; Dreiergruppe f; **~ kuralı** MATH Dreisatz(rechnung f) bn
**üçlük** ⟨-ğü⟩ Dreiereinheit f
**'üçteker**, **~(lek)li bisiklet** Dreirad n
**üçüncü** dritt-; Dritte(r); GEOL **~ çağ** Tertiär n; **♀ Dünya Ülkeleri** Länder n/pl der Dritten Welt; **~ kuşak** dritte Generation der türk. Arbeitsmigranten in Europa; **~ olarak**, **~sü** drittens; **~ şahıs** GRAM dritte Person

**üçüncül** CHEM dreiwertig
**üçüncülük** ⟨-ğü⟩ dritte(r) Platz
**üçüz** Drilling m; Drillings-; dreiteilig **~lü** mit Drillingen; dreiteilig; dreifach
**üfleç** ⟨-ci⟩ TECH Gebläse n; Ventilator m, Belüfter m
**üflemek** blasen (-e auf akk); Ballon aufblasen; Feuer anblasen; Kerze ausblasen (-i akk); pusten; MUS Flöte blasen; fig keuchen
**üflemeli**: **~ çalgı** Blasinstrument n
**üfürmek** v/t Luft ausatmen; blasen (-i auf akk), anblasen; **üfürüyor** es zieht
**üfür|tmek** kaus von üfürmek **~ük** ⟨-ğü⟩ Blasen n; Behauchen n, Besprechen n
**üfürükçü** Wunderdoktor m **~lük** ⟨-ğü⟩ Kurpfuscherei f
**üleş** dial Anteil m **~mek** (-le) teilen (unter sich) **~tirmek** (-i -e) j-m zuteilen akk
**ülke** POL Land n; **~ çapında** landesweit **~bilgisi** Landeskunde f **~lerüstü** länderübergreifend
**Ülker** Siebengestirn n, Plejaden pl
**ülkü** Ideal n; Utopie f; **~ kardeşi** Gesinnungsgenosse m **~cü** Idealist m; POL radikale(r) türk. Nationalist m, -in f **~cülük** ⟨-ğü⟩ Idealismus m; POL radikale(r) türk. Nationalismus m **~sel** ideal; ideell
**ülser** MED Geschwür n, Ulkus m
**ultimatom** Ultimatum n
**ultra|modern** hypermodern **~son** Überschall m; MED Ultraschall m **~sonik** Überschall- **~viyole** ultraviolett
**ümit** ⟨-di⟩ Hoffnung f; **-e ~ bağlamak** Hoffnung knüpfen an akk; **~ etmek** hoffen; **-in içine ~ serpmek** j-m Hoffnungen einflößen **~lendirmek** → umutlandırmak **~li** hoffnungsvoll **~siz** hoffnungslos; verzweifelt **~sizlik** ⟨-ği⟩ Hoffnungslosigkeit f; Verzweiflung f
**ümmet** ⟨-ti⟩ islamische Religionsgemeinschaft f; **Muhammet ~i** die Gemeinde Mohammeds **~çi** POL Anhänger m, -in f des politischen Islams
**ün** Ruhm m, Ruf m; Laut m, Stimme f; **~ kazanmak** berühmt werden; **onun ~ü dünyayı tuttu** er ist weltberühmt
**-ünce** → -ince
**üni'forma** Uniform f **~lı** uniformiert
**ünite** Einheit f; TECH Bestandteil m

**üniversal** universal
**üniver'site** Universität f **~lerarası** interuniversitär **~li** Student(in f); **üniversite bursu** (Hochschul)Stipendium n
**ünlem** GRAM Interjektion f; **~ işareti** Ausrufezeichen n
**ünlemek** ⟨-e⟩ dial rufen akk; laut ausrufen
**ünlenmek** ausgerufen werden; berühmt werden
**ünletmek** v/t dial ausrufen lassen
**ünlü** bekannt, berühmt; prominent; LING Vokal m; **~ uyumu** Vokalharmonie f **~leşme** GRAM Vokalisierung f (e-s Konsonanten)
**ünsüz** unbekannt; GRAM Konsonant m; **~ uyumu** Konsonantenassimilation f
**ürbanizm** Urbanismus m
**'Ürdün** Jordanien n; jordanisch **~lü** Jordanier m, -in f; jordanisch
**üre** Harnstoff m
**üre|me** BIOL Fortpflanzung f **~mek** v/i sich vermehren; sich fortpflanzen
**üremi** MED Urämie f
**üreten: elektrik ~** Strom erzeugend
**üretici** Produzent m; Erzeuger m; **~ fiyatı** Erzeugerpreis m **~lik** Erzeugung f
**üretim** Produktion f; Erzeugung f; Produktion(saufkommen n) f; **~ aracı** Produktionsmittel n/pl; **~ darboğazı** Produktionsengpass m; **~ ilişkileri** Produktionsverhältnisse n/pl; **~ sektörü** Produktionssektor m; **~ tarihi** Herstellungsdatum n **~sel** Produktions-
**üretken** produktiv **~lik** Produktivität f
**üretmek** v/t produzieren, erzeugen, herstellen; fig hervorbringen, schaffen; Tiere züchten; **çözüm(ler) üretmek** POL an Lösungen arbeiten
**ürkek** ⟨-ği⟩ scheu, furchtsam; schüchtern; **~** adv ängstlich und gedrückt **~lik** ⟨-ği⟩ Furchtsamkeit f; Schüchternheit f
**ürkmek** ⟨-er⟩ -den erschrecken vor dat; über akk; zurückschrecken; sich fürchten vor dat; Pferd scheuen; Baum keine Früchte tragen
**ürküntü** Schrecken m, Furcht f; Panik f; -e **~ vermek** j-m e-n Schrecken einjagen **~lü** schrecklich, grauenvoll
**ürküt|mek** v/t erschrecken; j-m Angst einjagen; beängstigen; Pferd scheu machen; Vogel (weg)scheuchen **~ücü** er-

schreckend
**ürolog** Urologe m
**ürper|mek** Haare sich sträuben, zu Berge stehen; schaudern, e-e Gänsehaut bekommen **~ti** (leichtes) Zittern n; Schreck m, Schauder m; -e **~ vermek** j-n in Schrecken versetzen
**ürpertici: (tüyler) ~** grauenvoll, schaurig
**ürpertmek**: -in tüylerini **~** j-n in Schrecken versetzen
**ürümek** bellen; Schakal heulen
**ürün** Erzeugnis n, Produkt n; Ernte f; **~ alma** Erzielen n e-r Ernte; **deniz ~leri** Meeresfrüchte f/pl; **süt ~leri** Milchwaren pl; **unlu ~ler** Teigwaren pl
**üryan** [a:] nackt, bloß
**üs¹** ⟨üssü⟩ MATH Exponent m; **iki üssü üç** zwei hoch drei (2³)
**üs²** ⟨üssü⟩ Stützpunkt m; Basis f; **donanma ~sü** Flottenstützpunkt m; **hava ~sü** Luftstützpunkt m
**üs-** MIL Ober-, Stabs-: **üsçavuş → üstçavuş ~subay → üstsubay**
**Üs'küdar** Üsküdar n, Skutari n
**'Üsküp** ⟨-bü⟩ Skopje n
**üslenmek** –de stationiert sein in dat
**üslup** [u:] ⟨-bu⟩ Stil m; Form f, Art f **~çu** Stilist m **~laştırmak** v/t formen, gestalten; stilisieren
**üst** ⟨-tü⟩ **A** subst Oberseite f, obere(r) Teil; Außenseite f; Oberfläche f; (Ober-)Kleidung f; Rest m, das Übriggebliebene; **~ baş** Kleidung f, Zeug n; **~ fırçası** Kleiderbürste f; **~ geçit → üstgeçit**; -e **~ gelmek** umg fig j-n unterkriegen; **~e çıkmak** umg noch einmal davonkommen; **~ünü doldurmak** anfüllen; **~ünü değiştirmek** sich umziehen; **~ünüze afiyet** (od sağlık) mögen Sie von der Krankheit etc verschont bleiben! **B** adj Ober-; -in **~ başı** obere(r) Teil; **~ taraf** obere Seite; Einleitung f (e-s Artikels); -in **~ tarafı** das Weitere; Rest m; **~ ~e aufeinander; nacheinander; immer wieder; en ~** oberst- **C** postpos **~ü** Zeit gegen akk, zu dat, bei dat; **yemek ~ü** zum Essen; **insan ~ü** übermenschlich; -in **~ünde durmak** sich konzentrieren auf akk; -in **~ünden üzer ...** akk hinweg; **~üne**: z. B. **çay ~üne çay** eine Tasse Tee nach der anderen; -i **~üne almak** fig übernehmen akk; Mantel etc überziehen;

-in ~üne basa basa söylemek klar und deutlich sagen; ~üne düşmek beharrlich betreiben *akk*; sich befassen mit *dat*; -in ~üne düşmek *j-n* sich kümmern um; -in ~üne oturmak sich *dat* unter den Nagel reißen *akk*; -in ~üne titremek sich sehr sorgen um; -in ~üne toz kondurmamak auf *j-n* nichts kommen lassen, *j-n* in Schutz nehmen

**üstat** [a:] ⟨-dı⟩ Fachmann *m*, Experte *m*; Meister *m*; **üstadım** *etwa* lieber Kollege!; **~ işi** Meisterwerk *n*

'**üst|çavuş** *türk.* Unterfeldwebel *m*; *dt.* Feldwebel *m* **~çene** Oberkiefer *m* **~deri** Epidermis *f*, Oberhaut *f*; **~ altı** Unterhaut *f*, Subkutis *f* **~dil** LING Metasprache *f* **~dudak** ⟨-ğı⟩ Oberlippe *f*

**üste**: **~ bindirmek** (übereinander)stapeln; **~ vermek** dazugeben, dazutun; **~ vurmak** *v/i* aufschlagen (*auf den Preis*), *umg* draufschlagen; hinzufügen; -in **~sinden gelmek** fertig werden mit

'**üsteğmen** MIL Oberleutnant *m*

**üsteleme** Insistieren *n*

**üstelemek** *v/i* drängen, hartnäckig sein, *umg* stur bleiben; *Krankheit* wieder auftreten; *-i* anmahnen *akk*; *-e fig* hinzukommen, hinzutreten zu

**üstelik** ⟨-ği⟩ *f subst* Zugabe *f* **B** *adv* als Zugabe; obendrein, (noch) dazu; **~ de ... mehr noch ...**

**üstenci** Subunternehmer *m*; Zulieferbetrieb *m*

**üsten|me** Verpflichtung *f*, Beauftragung *f* **~mek** *-i* übernehmen *akk*, sich verpflichten zu

**üstermek** ⟨-i -e⟩ *j-n* beauftragen mit

'**üst|geçiş** Kulminationspunkt *m* **~geçit** ⟨-di⟩ AUTO, BAHN Überführung *f* **~gövde** Oberkörper *m* **~kavram** Gattungsbegriff *m* **~kimlik** Überidentität *f* **~kol** Oberarm *m*

**üstlenme** *fig* Übernahme *f*

**üstlenmek** *v/t Rolle, Schutz, Verantwortung* übernehmen; *Last* auf sich nehmen

**üstlük** ⟨-ğü⟩ Übergangsmantel *m*; Überwurf *m*

'**üstsubay** Stabsoffizier *m*

**üstsüz** *umg* Oben-ohne(-Badeanzug) *m*; Oben-ohne-Badende *f*

**üstübeç** ⟨-ci⟩ Bleiweiß *n*

**üstün** überlegen (*-e*; *-den dat*); **en ~** höchst-; **~ gelmek** überragen; die Oberhand gewinnen; *-den* **~ olmak** *fig* stehen über *dat*; *-i -den* **~ tutmak** *j-n* höher einschätzen als *akk*; *Person, Sache* mehr halten von *dat* ... als von *dat*; **kendini ~ tutmak** sehr viel von sich (*dat*) halten

**üst|ünde, ~ünden** → üst

**üstüne** *fig* über *akk*, über das Thema *gen*; → üst

**üs'tünkörü** oberflächlich, flüchtig; *adv a.* zum Schein

**üstünlük** ⟨-ğü⟩ Überlegenheit *f*; **~ derecesi** GRAM Komparativ *m*

**üstüpü** SCHIFF Werg *n* **~lemek** *v/t* kalfatern, Fugen abdichten

'**üstyapı** Aufbau *m*; TECH Hochbau *m*; *fig* Überbau *m*

**üşen|geç** ⟨-ci⟩, **~gen** apathisch; energielos; Tatenlosigkeit *f*; Apathie *f* **~geçlik** ⟨-ği⟩ Schlaffheit *f*, Trägheit *f* **~mek** *v/i -e* zu bequem sein zu

**üşümek** frieren (*meist* mich friert *etc*); *j-m* ist kalt

**üşüntü** Auflauf *m*, Ansammlung *f*; **karınca ~sü** Ameisenhaufen *m*; **~ etmek** *e-n* Auflauf bilden

**üşürmek**: *-i* **birinin üstüne ~** (*Hunde*) auf *j-n* hetzen

**üşüşmek** *-e* zusammenlaufen an *e-m* Ort; stürzen (*auf, z. B. den Ort*)

**üşütmek** ⟨-i⟩ *j-n*) frieren lassen; erstarren lassen; (**kendini**) **~** sich erkälten; **ayaklarını ~** kalte Füße bekommen

**üter** → ütmek

**ütme** geröstete Maiskörner (*od* Weizenkörner) *n/pl*

**ütmek**[1] ⟨-er⟩ *v/t* rösten; *Federn* absengen

**ütmek**[2] ⟨-er⟩ *v/t im Spiel* gewinnen, siegen

**ütop|ik** ⟨-ği⟩ utopisch **~ist** Utopist *m* **~ya** [-'tɔ-] Utopie *f*

**ütü** Bügeleisen *n*; Bügeln *n*; Plätten *n*; Bügelfalten *f/pl*; Absengen *n*, Sengen *n*; **~ bilmek** bügeln können; **~ çizgisi** Bügelfalte *f*; **~ tahtası** Bügelbrett *n*; **~ yapmak** bügeln; plätten (*nur Wäsche*) **~cü** Bügler *m*, -in *f*, Plätter *m*, -in *f* **~leme** Bügeln *n*; Plätten *n* **~lemek** *v/t* bügeln; plätten; (ab)sengen

**ütülmek** *im Spiel* besiegt werden

**ütülü** gebügelt; geplättet **~süz** ungebügelt; ungeplättet

**ütüv** Sterilisator *m*, Desinfektionsapparat m

**üvey** ⟨-i, -si⟩ Stief-; **~ ana** (od **anne**) Stiefmutter f; **~ baba** Stiefvater m; **~ kardeş** Stiefbruder m; Stiefschwester f; **-i ~ evlat gibi tutmak** (od **saymak**) j-n stiefmütterlich behandeln

**üveyik, üveyk** ⟨-ği⟩ BOT Turteltaube f (Strepto'pelia turtur)

**üveymek** v/i gurren

**üvez¹** BOT Spierling m (Sorbus domenica)

**üvez²** ZOOL Art Stechmücke f; Schnake f

**üye** Mitglied n; ANAT Organ n, Glied n; **~ devlet** Mitglied(s)staat m; **aile ~si** Familienmitglied n; **-e ~ olmak** Mitglied werden gen, in dat **~lik** ⟨-ği⟩ Mitgliedschaft f; **~ kartı** Mitgliedskarte f

**üzengi** Steigbügel m **~kemiği** Steigbügel m (des Ohres) **~lemek** -i die Sporen geben dat

**üzer** → üzmek

**üzere** konj um ... zu; wie; ... wovon; falls, unter der Bedingung, dass ...; -mek **~ olmak** im Begriff sein zu ...; gerade; Beispiele **gitmek ~ kalktı** er stand auf, um zu gehen; **yukarda yazıldığı ~** wie oben beschrieben; **ikisi kız olmak ~ üç çocuğu var** sie hat drei Kinder, von denen zwei Mädchen sind; **gelmek ~ er** kommt gleich

**üzeri** Oberseite f, Oberfläche f; Kleidung f, Zeug n; → üs¹, → üst; Zeit **akşam ~** gegen Abend; **öğle ~** um die Nachmittagszeit

**üzerinde** auf dat; bei dat (sich haben); Arbeit, Abhandlung über akk; örtlich an (e-m Fluss); **masanın ~** auf dem Tisch; **fizik konuları ~ çalışma** die Arbeit über Themen der Physik

**üzerinden** von ... weg; über ... akk weg; via, über akk; Zeit nach dat, seit dat

**üzerine** fig über akk; betreffend akk; fig u. zeitlich auf akk; zeitlich gleich nach dat; auf ... akk hin; **~ ... daha besser als ..., schöner als ...; İzmir ~ dünyada bir şehir daha yoktur** es gibt in der Welt keine schönere Stadt als Izmir

**üzgün** traurig; untröstlich; **çok ~üm ki** zu meinem großen Bedauern; **~üm ama** es tut mir leid, aber ..

**üzgünbalığı** ⟨-nı⟩ ZOOL Leierfisch m (Callionymus lyra)

**üzgünlük** ⟨-ğü⟩ Traurigkeit f, Bedrücktheit f

**üzlük** ⟨-ğü⟩ kleine(s) Tongefäß

**üzmek** ⟨-er⟩ v/t bekümmern, Sorgen machen dat; Kleidung verderben, angreifen

**üzre** → üzere

**üzücü** betrüblich, traurig; bedrückend; bedauernswert

**üzülme** Kummer m, Trauer f

**üzülmek** v/t besorgt sein, traurig sein (-e über akk); bedauern (-e akk); **buna çok üzüldüm** ich bedaure das sehr

**üzüm¹** Weintrauben f/pl; **~ şekeri** Traubenzucker m; **kuru ~** Rosinen f/pl; **kuş ~ü** → kuşüzümü

**üzüm²**: **~ ~ üzülmek** (meist -di-Form) ganz niedergeschlagen sein

**üzümcü** Weinbauer m, -in f; Weintraubenverkäufer m, -in f

**üzümsü** traubenartig; Beeren-, beerenartig; **~ meyve** Beerenobst n

**üzüntü** Sorge f, Trauer f; Unruhe f; **~ çekmek** besorgt sein; umg viel durchmachen; **~ içinde kalmak** in Sorge sein; **-e ~ vermek** j-m Sorge machen; j-n beunruhigen **~lü** Person bekümmert; verdrossen; Sache betrüblich, ärgerlich; bedauerlich **~süz** A adj unbekümmert, sorglos B adv zuverlässig

**v, V** [veː] v, V n

**vaat** ⟨-di⟩ Versprechen n; **~ etmek** versprechen (j-m akk), in Aussicht stellen (j-m akk); **vaadini tutmak** (od **vaadinde durmak**) sein Versprechen halten

**vaaz** ⟨-ı⟩ Predigt f; **~ etmek** predigen

**vacip** [aː] ⟨-bi⟩ osm notwendig (-e für akk); islam. rituell vorgeschrieben; Gebet n; **-e ~ olmak** obliegen

**vade** [aː] (Zahlungs)Frist f; WIRTSCH Laufzeit f; **~si geldi** der Zahlungstermin ist da; die Frist ist abgelaufen; fig die letzte Stunde hat geschlagen; **kısa ~de** adv kurzfristig; **uzun ~de** langfristig

**vadeli** [aː] befristet, -fristig; adj **kısa ~** kurzfristig; **orta ~** mittelfristig; **uzun ~**

**langfristig**
**vadesiz** [a:] unbefristet
**'vadetmek** → vaat etmek
**vadi** [va:di:] Tal n; Wadi n; **bu ~de** fig auf diese Weise
**vaftiz** Taufe f; **-i ~ etmek** taufen
**vagina** ANAT Scheide f, Vagina f
**vagon** Waggon m, Wagen m; **~ restoran** Restaurantwagen m; **kuşetli ~** Liegewagen m; **yataklı ~** Schlafwagen m; **yemekli ~** Speisewagen m; **yük ~u** Güterwagen m
**vagonet** ⟨-ti⟩ Lore f, Grubenwagen m
**vagonluk** ⟨-ğu⟩ Waggonladung f
**vah** int ach!, ach je!; o je!; **~ ~, pek yazık oldu** o je, so ein Jammer!; **ah ile ~ ile** mit Weh und Ach
**vaha** [va:-] Oase f
**vahamet** [-ha:-] ⟨-ti⟩ Ernst m (der Lage), Gefährlichkeit f
**vahdet** ⟨-ti⟩ REL Einheit f
**vahet** ⟨-ti⟩ Wildheit f; Wildnis f; Brutalität f
**vahim** [i:] gefährlich, schwerwiegend
**vahiy** ⟨vahyi⟩ REL Offenbarung f
**vahşî|li** wild; furchtsam, menschenscheu; brutal; Wilde(r); **~ orman** Urwald m **~ileşmek** v/i verwildern
**vahşilik** ⟨-ği⟩ Grausamkeit f
**vaiz** [va:-] Prediger m **~lik** ⟨-ği⟩ Predigen n
**vajina** → vagina
**vaka** Ereignis n, Vorfall m; (Krankheits-)Fall m; **~ etüdü** Fallstudie f
**vakar** Ernst m, Würde f **~lı** würdig, solide **~sız** unsolide
**va'keta** Juchtenleder n
**'vakfetmek** (-i -e) j-m widmen akk; j-m stiften, vermachen akk; **kendini -e ~** sich widmen dat
**vakıa** [va:-] **A** subst (vollendete) Tatsache **B** adv ['va:-] gleichviel, immerhin
**vakıf** ⟨vakfı⟩ Stiftung f
**vâkıf** -e Kenner m gen, sachverständig für; **-e ~ olmak** kennen akk, beherrschen akk
**vaki** [va:ki:] ⟨-ii⟩ geschehen; vollendet; befindlich; vorbeugend; **~ olmak** geschehen, sich zutragen
**vakit** [-kit] ⟨vakti⟩ Zeit f; Epoche f, Periode f; Möglichkeit f, Gelegenheit f; (-in) **hali vakti yerinde** (j-d ist) wohlhabend; **-erek ~ geçirmek** die Zeit (damit) verbringen (zu + inf), sich (dat) die Zeit vertreiben mit; **~ kazanmak** Zeit gewinnen; **~ öldürmek** fig die Zeit totschlagen; **~ ~ von Zeit zu Zeit; vakti geldi** fig s-e (letzte) Stunde hat geschlagen; **vakti olmamak** keine Zeit haben; **vaktinde** rechtzeitig, pünktlich; **-in vaktini almak** (od **yemek**) j-n viel Zeit kosten; **vaktiyle** rechtzeitig; seinerzeit, damals; **ne ~?** wann?; konj **-diği, -eceği ~** wann; wenn; als; **geldiği ~ söylerim** wenn er kommt, sage ich es
**vakit|li** pünktlich, fristgemäß; **~ vakitsiz** wann es (ihm, ihr, ihnen etc) passt(e) **~siz** unpünktlich, unpassend (Augenblick); verfrüht; nicht rechtzeitig; außer der Saison
**vakum** Vakuum n
**vakur** [u:] solide, gemessen
**vakvak** Kindersprache Ente f; Schnattern n **~lamak** schnattern
**vale** Spielkarte Bube m
**valeryan** BOT Baldrian m
**valf** TECH Ventil n
**vali** [va:li:] Provinzgouverneur m
**valide** [va:-] Mutter f; HIST **~ sultan** Sultanmutter f
**valilik** [va:li:-] ⟨-ği⟩ Amt(sgebäude) n e-s Gouverneurs m
**valiz** (kleiner) Koffer
**'valla(h)** umg → vallahi **'vallahi** [a:], **~ billahi** [-ł:a:-] bei Gott!
**valör** WIRTSCH Wertstellung f, Valuta f
**vals** MUS Walzer m
**vampir** Vampir m
**'vana** TECH Ventil n
**Vandal** Vandale m **2izm, 2lık** ⟨-ğı⟩ Vandalismus m
**va'nilya** BOT Vanille f; **~lı dondurma** Vanilleeis n
**ventilatör** Ventilator m
**vantrilok** ⟨-ku⟩ Bauchredner m, -in f
**vantuz** Schröpfkopf m; **~ çekmek** Schröpfköpfe ansetzen **~lamak** umg küssen **~laşmak** umg miteinander schnäbeln
**vapur** Dampfer m; **araba ~u, arabalı ~** (Auto)Fähre f **~dumanı** rauchfarben
**var** vorhanden; existierend; Vorhandene(s); (alles), was man hat; es gibt akk; zur Wiedergabe von haben, z. B. **sizde ... ~ mı?** haben Sie ...?; **(senin) vaktin ~ mı?** hast du Zeit?; **~ kuvvetiyle** (od

**güçüyle** mit aller Kraft; **~ olmak** existieren; **~ olmak ya da olmamak** sein oder nicht sein; **ben (bu işte) ~ım!** ich bin dabei!; **yarışa ~ mısın?** machst du den Wettlauf mit?; **-in İngilizcesi var mı?** kann er (od sie) Englisch?; gibt es das in Englisch? **~ yok** etwa, annähernd; in geringer Menge; **ha ~ ha yok** gleichsam nicht vorhanden; **~a yoğa** alles, jede Kleinigkeit; drauflos (schlagen); **-in ~ı yoğu** all seine Habe; alles, was ... (man, er etc) hat; **~la yok arası** kaum merklich; **... ~sa ... yoksa** immer nur: **~sa kızı yoksa kızı** (es geht) immer nur um die Tochter; **ne ~ ki** jedoch; immerhin; **bir ~mış, bir yokmuş** in Märchen es war einmal

**varagele** TECH Gleitstück n; Seilfähre f
**varak** ⟨-ğı⟩: **altın ~** Blattgold n
**varak|a** olan Blatt n Papier **~çı** Vergolder m **~lamak** v/t vergolden; mit Blattgold überziehen
**varan:** **~ birincisi**; **~ iki** zweitens etc
**'varda** int Achtung!
**varda'kosta** umg Frau stattlich, ansehnlich; HIST Küstenwachschiff n
**vardırmak** ⟨-i -e⟩ Angelegenheit vorantreiben (bis zu)
**'vardiya** (Fabrik)Schicht f; Wache f; wachhabend (Offizier); **gece ~sı** Nachtschicht f
**vareste** [a:] **-den** befreit von dat
**vargı** Schluss(folgerung f) m
**varılır** v/unpers man erreicht (**-e** akk)
**varır** = **varmak**
**varış** Ankunft f (**-e** in dat); fig schnelle Auffassungsgabe, Aufgewecktheit f; SPORT Endspurt m
**varidat** [va:rida:t] ⟨-tı⟩ Einkünfte f/pl
**varil** (Blech)Fass n; Maß Barrel n
**varis** Krampfader f
**vâris** JUR Erbe m, Erbin f
**variyet** [a:] ⟨-ti⟩ Vermögen n **~li** vermögend
**varlık** ⟨-ğı⟩ Existenz f; Wesen n (z. B. Tier); Erscheinung f; Vermögen n, Besitz m; Wesentliche(s); **~ göstermek** s-e Pflicht tun; **~ içinde yaşamak** im Wohlstand leben; **~ vergisi** Art Vermögenssteuer f; **~ta darlık çekmek** seine Geldmittel nicht einsetzen können
**varlıkbilimi** Ontologie f
**varlık|lı** vermögend **~sız** besitzlos

**varmak** ⟨-ır⟩ **-e** ankommen in dat, eintreffen in dat; Alter, Ort erreichen akk; Ausgaben sich belaufen auf akk; fig führen zu; kommen (z. B. auf den Geschmack; hinter ein Geheimnis); dial Mädchen heiraten akk; **var, varın, varsın, varsınlar** etwa egal, ob ...; wie du willst, wie er will ... etc; wie dem auch sei: **var, bildiğini yap** mach, was du kannst!; **vara vara** nach und nach; höchstens; **varıncaya kadar** bis hin zu; **ne varsa** alles was es da gibt; **varsın gelmesin** wenn er nicht will (umg egal), dann soll er nicht kommen; soll er doch wegbleiben!; **varsın olsun** und wenn schon!, egal, soll es doch!

**varoluş** PHIL Existenz f **~çu** Existenzialist m, **-in f** **~çuluk** ⟨-ğu⟩ Existenzialismus m
**varoş** Vorstadt f
**'varsayım** Hypothese f; **bir ~dan yola çıkmak** von e-r Hypothese ausgehen **~lı, ~sal** hypothetisch; IT **varsayımsal bellek** virtueller Speicher
**'varsay|ma** Hypothese f, Annahme f **~mak** v/t annehmen; voraussetzen; **varsayalım** gesetzt den Fall, dass ...; nehmen wir an, dass ...
**varsıl** vermögend, reich
**'varta:** **~yı atlatmak** die Gefahr überstehen
**varyant** ⟨-tı⟩ Umgehungsstraße f; Umleitung f; LIT Variante f
**varyasyon** bes MUS Variation f
**varyemez** Knauser m, **-in f**
**varyete** Varieté n
**varyos** Steinhammer m
**vasat** ⟨-tı⟩ Mitte f, Zentrum n; durchschnittlich; umg mittelprächtig
**vasatî** [i:] durchschnittlich
**vasıf** ⟨vasfı⟩ Eigenschaft f **~landırmak** v/t qualifizieren; auszeichnen **~lanmak** sich auszeichnen **~lı** qualifiziert; Fach– **~sız** unqualifiziert
**vasıl** [a:]: **-e olmak** eintreffen in dat
**vasıta** [a:] Mittel n; Mittler m; Vermittlung f **~lı** indirekt (Steuer) **~sıyla** mittels gen, durch akk, durch Vermittlung gen **~sız** direkt (Steuer); unmittelbar
**vasi** [i:] JUR Vormund m; Testamentsvollstrecker m **~lik** ⟨-ği⟩ Vormundschaft f
**'vasistas** Oberlicht f, Klappfenster n

**vasiyet** ⟨-ti⟩ Testament *n*, Letzte(r) Wille; Vermächtnis *n*; **~ etmek** testamentarisch verfügen **~name** Testament *n* (*als Schriftstück*)
**vaşak** ⟨-ğı⟩ ZOOL Luchs *m*
**vat** ⟨-tı⟩ ELEK Watt *n*; **5 ~lık** von 5 Watt
**vatan** Vaterland *n*; Heimat *f*; patriotisch; **~ hasreti** Heimweh *n*; **~ sevgisi** Vaterlandsliebe *f*; **~ı kurtarmak** *umg* sich aus der Affäre ziehen; **~ tutmak** sich niederlassen, sich ansiedeln
**vatandaş** Landsmann *m*, Landsmännin *f*; Mitbürger *m*, -in *f*; Staatsangehörige(r); **~lar** Landsleute *pl*; (Mit)Bürger *pl* **~lık** ⟨-ğı⟩ Landsmannschaft *f*; Staatsangehörigkeit *f*; → yurttaşlık; Bürger(Recht); ... **vatandaşlığına geçiş** der Erwerb der ... Staatsangehörigkeit
**vatan|î** [i:] vaterländisch; **~ görev** *fig* Militärdienst *m* **~perver** patriotisch; Patriot *m*, -in *f* **~perverlik** ⟨-ğı⟩ Patriotismus *m* **~sever** → vatanperver **~sız** vaterlandslos
**vatka** Watte(polster *n*) *f*
**vatman** Straßenbahnführer *m*
**vatoz** ZOOL Nagelrochen *m* (*Raja clavata*)
**vaveyla** [va:vɛɪɛ̄la:] Geschrei *n*
**vay** o weh!, ach!; wehe (*-e dat*); *Verwunderung* nanu!, ach nein!; was!?; Leid *n*, Unglück *n*
'**vazetmek** *v/t* → koymak, konulmak
**vazgeçilmez** unabdingbar, unerlässlich
**vaz|geçme** Verzicht *m* **~geçmek** (*-den*) verzichten auf *akk*; *Gewohnheit*, *Rauchen* aufgeben; Abstand nehmen von *dat* **~geçti**; -*in b-le bir vazgeçtisi olmak* ein alten Groll auf j-n hegen
**vazife** [i:] Pflicht *f*; Dienst *m*; Amt *n*; -*i* (**kendine**) **~ etmek** (*od* **bilmek**) sich *dat* zur Aufgabe machen *akk*; (**onun**) **~sı mi** (*od* **üstüne**) **~ mi?** wieso mischt er sich ein? **~lendirmek** (-*i -e*) *j-n* verpflichten zu; beauftragen mit
**vaziyet** ⟨-ti⟩ Lage *f*, Situation *f*; Zustand *m*, Stellung *f*; **~ almak** e-e Haltung einnehmen; Stellung nehmen; **-e karşı ~ almak** Stellung nehmen gegen
'**vazo** Vase *f*
**v.b.** *abk* für **ve benzer(ler)i** und Ähnliche (u. Ä.); **ve başka(lar)ı** und andere(s) (u. a.); **ve bunun gibi** und dergleichen

(u. dgl.)
**ve** *konj* und
**veba** [a:] MED Pest *f*, Seuche *f*; **sığır ~sı** Rinderpest *f*
**vebal** [a:] ⟨-li⟩ Sünde *f*; schlimme Folgen *f/pl*; Strafe *f*; -**in ~i boynuna olmak** die Verantwortung tragen müssen
**vecd** Ekstase *f*, Verzückung *f*; **vecde gelmek** in Verzückung geraten
**vecibe** [i:] *bes* REL Pflicht *f*
**veciz** [i:] prägnant **~e** Motto *n*, Devise *f*; Sinnspruch *m*; Aphorismus *m*
**veçhile**: **bu ~** in dieser Hinsicht; **her ~** in jeder Hinsicht
**veda** [a:] ⟨-aı⟩ Abschied *m*; Abschieds(*Konzert*); -*e* **~ etmek** Abschied nehmen von *dat* **~laşmak** (*-e, -le*) sich verabschieden *von dat*
**vefa** [a:] Treue *f*; Beständigkeit *f*; -*e* **~ etmek** treu sein *dat*; genügen, reichen; *s-e* Schuld begleichen **~kâr** [a:], **~lı** *-e* treu *dat*, treu ergeben *dat* **~kârlık** Treue *f* **~sız** treulos, untreu **~sızlık** ⟨-ğı⟩ Treulosigkeit *f*; Unbeständigkeit *f*
**vefat** [a:] ⟨-tı⟩ Tod *m*, Ableben *n*; **~ etmek** hinscheiden, sterben
**veh|im** ⟨vehmi⟩ Argwohn *m*; Befürchtung *f*; Zweifel *m*; **vehme düşmek** Bedenken haben; **vehme kapılmak** Befürchtungen hegen **~metmek** *v/t* befürchten, Bedenken haben wegen
**vejetalin** Pflanzenfett *n*
**vejetaryen** Vegetarier *m*; **~ lokantası** vegetarische(s) Restaurant **~lik** ⟨-ğı⟩ vegetarische Ernährung
**vekâlet** ⟨-ti⟩ *osm* → bakanlık; JUR Vertretung *f* **~en** vertretungsweise **~name** [-na:-] JUR Vollmacht *f* (*als Urkunde*)
**vekil** [i:] *osm* → bakan; Stellvertreter *m*, -*i -e* **~ etmek** *j-n* bevollmächtigen *zu* **~lik** ⟨-ğı⟩ (Stell)Vertretung *f*
**vektör** PHYS Vektor *m*
**velayet** [a:] ⟨-ti⟩: **~ hakkı** Sorgerecht *n*
**velet** ⟨-di⟩ Kind *n*; Bengel *m*; **veledi zina** *pej* Bastard *m*
**velev**, **~ ki** *osm konj* selbst wenn
'**velhasıl** [a:] kurz und gut
**velî** [i:] Erziehungsberechtigte(r); Ansprechpartner *für die Schule*; Heilige(r)
**veliaht** ⟨-di⟩ Thronfolger *m*
**velî|lik** ⟨-ği⟩ Vormundschaft *f*; Heiligkeit *f* **~nimet** [i:] ⟨-ti⟩ Wohltäter *m*, -in *f*, Brotgeber *m*, -in *f*

**velur** Velours m
**velvele** Geschrei n; Radau m; -i ~ye **vermek** Radau machen, randalieren; *die Gegend* in Aufruhr versetzen **~ci** Krakeeler m, Radaubruder m
**'Venedik** Venedig n **~li** Venezianer m, -in f; venezianisch
**'Venüs** Venus f
**ve'randa** Veranda f
**veraset** [a:] ⟨-ti⟩ Erbschaft f; Erbe n; Vererbung f, Erblichkeit f; **~ hakkı** Erbrecht n **~ ilamı** Erbschein m
**verdi** (Gas)Menge f; ELEK gelieferte Energie (pro Sekunde)
**verdirmek** kaus von vermek
**verecek** umg Schuld f **~li** Schuldner m, -in f
**verem** Tuberkulose f; umg tuberkulös, **~li** tuberkulös, Schwindsüchtige(r)
**verese** JUR Erben pl
**veresiye** auf Kredit, umg auf Pump; sehr larifari, obenhin (arbeiten); -i **~ vermek** auf Pump geben akk
**verev(ine)** schräg, diagonal
**vergi** Steuer f; Gabe f, Talent n, (Gottes)Geschenk n; **~ beyannamesi** Steuererklärung f; **~ dairesi** Finanzamt n; **~ dilimi** Steuergruppe f; **~ iadesi** Steuererstattung f; **~ kaçırmak** Steuern hinterziehen; **~ matrahı** Steuerbemessungsgrundlage f; **~ muafiyeti** Steuerfreiheit f; **~ muafiyeti** Steuerbefreiung f; **~den düşürmek** von den Steuern absetzen; **~ye bağlamak** j-n zur Steuer veranlagen; *Sache* besteuern; **~ye tabi** steuerpflichtig; **arazi** (od **gayri menkul**) **~si** Grundsteuer f; **gelir ~si** Einkommensteuer f; Lohnsteuer f; **katma değer ~si (KDV)** Mehrwertsteuer f (MwSt.); **motorlu taşıt ~si** Kraftfahrzeugsteuer f; **veraset ~si** Erbschaftssteuer f **~lendir(il)me** Besteuerung f **~lendirmek** v/t besteuern **~li** begabt
**veri** ⟨-yi⟩ veriler; ~ **ağı** Datennetz n; ~ **aktarımı** Datenübertragung f; ~ **alışverişi** Datenaustausch m; ~ **tabanı** Datenbank f; ~ **toplamak** Daten zusammentragen; ~ **ortamı** Datenträger m
**verici** MED Spender m, -in f; Radio Sender m
**veriler** a. IT Daten pl
**veriliş** Erteilung f; **~ tarihi** Ausstellungsdatum n

**verim** Ertrag m, Gewinn m **~li** bes WIRTSCH produktiv, ergiebig; einträglich; a. AGR fruchtbar **~lilik** WIRTSCH Produktivität f; Ergiebigkeit f; Fruchtbarkeit f **~siz** unergiebig; karg
**verir** → vermek
**veriş** Geben n; Verkauf m
**veriştirmek** (-i -e) wie aufgezogen reden; j-m (gehörig) die Meinung sagen
**veriyolu** IT Bus m
**verkaç** Fußball Ausmanövrieren n, Doppelpass m
**verme**: **ara ~** Pausemachen n; **su ~** Tränken n; **yem ~** Fütterung f
**vermek** ⟨-ir⟩ (-i -e) geben (j-m akk) (a. fig z. B. Fest); schenken (j-m akk); hinterlassen (z. B. Haus); erteilen (z. B. Unterricht); verbreiten (z. B. Geruch), machen (Geräusch); j-m die Tochter (zur Frau) geben; als richtig betrachten (z. B. Handlung); Diplom, Ermächtigung erteilen; Hoffnung machen; Kummer bereiten; Pass ausstellen; Schuld begleichen; (Rücken zur Wand) wenden; Zeit aufwenden, opfern; **kendisini** -e ~ sich widmen dat; -i **heyecana ~** in Aufruhr versetzen; -e **randevu ~** e-e Verabredung treffen mit; e-n Termin geben dat; **verildiği yer** Ausstellungsort m (e-r Urkunde); **ver elini İstanbul!** etwa und jetzt ab nach Istanbul!; (zum Ausdruck e-r eiligen Handlung) ⟨-e, -a, -i etc⟩ + **vermek: alı~** gleich (od schnell) nehmen; **bakı~** schnell (od flüchtig) hinsehen; **söyleyi~** gleich (od ohne Weiteres) sagen; **anlayı~** sofort begreifen
**vermut** ⟨-tu⟩ BOT, GASTR Wermut m
**vernik** ⟨-ği⟩ Firnis m **~lemek** v/t firnissen
**versiyon** Version f
**'veryansın** aus voller Kehle (schreien); umg frisch drauflos (singen); dial umg auf Deubel komm raus; **~ etmek** etw mit voller Kraft tun, mit vollen Händen ausgeben; z. B. **sıcaklar ~ ediyor** die Hitze ist ganz unerträglich
**vesaire** [-'sa:-] und so weiter (= etc.)
**vesayet** [a:] ⟨-ti⟩ JUR Vormundschaft f; Bevormundung f; -i **~ altına almak** bevormunden
**vesika** [i:] → **belge ~lı** registrierte Prostituierte **~lık**, **~ fotoğraf** Passbild n
**vesile** [i:] Anlass m, Vorwand m; Gele-

genheit f; **bu ~ ile** aus diesem Anlass; bei dieser Gelegenheit; **her ~ ile** bei jeder (passenden) Gelegenheit
'**vesselam** [-a:m] und damit basta!
**vestiyer** Garderobe f, Kleiderablage f **~ci** Garderobenfrau f; Garderobier m
**vesvese** böse(r) Verdacht, Misstrauen n **~ci, ~li** (dauernd) argwöhnisch
**veteriner** Tierarzt m, Tierärztin f **~lik** ⟨-ği⟩ Veterinärmedizin f
'**veto** Veto n (-e gegen akk); **-i ~ etmek** ein Veto einlegen gegen; ablehnen, zurückweisen, umg sperren
**veya, ~hut** [-ja:-] ⟨-ti⟩ oder, beziehungsweise
**vezaret** [a:] ⟨-ti⟩ HIST Ministerium n
**vezin** ⟨vezni⟩ LIT Versmaß n **~li** in Versen **~siz** ohne Versmaß
**vezir** [i:] HIST Wesir m; Dame f im Schachspiel; **~-i azam** Großwesir m
**vezne** Kasse f (z. B. in e-r Bank); osm Waage f **~ci, ~dar** Kassierer m
**vıcık**: pej **~ ~** dünflüssig, matschig; fig rührselig **~lık** ⟨-ğı⟩ Gefühlsduselei f
**vık** ⟨-kı⟩ Piep(s) m; **~ dememek** keinen Pieps von sich geben
**vıkı**: **~ etmek** etw daherreden, umg rumquatschen
**vınlamak** schwirren, sausen, summen
**vır**: pej **~ etmek** → vırılda(n)mak
**vırıl|da(n)mak** umg fortgesetzt quasseln **~tı** (ewige) Quasselei
**vırt**: **~ zırt** immer wieder
**vırvırcı** Person umg Quasselstrippe f
**vız** Summen n (der Insekten); Sausen n; **-e ~ gelmek**, a. **~ gelip tırıs gitmek** umg j-m völlig schnuppe (od egal) sein
**vızıl|da(n)mak** summen; sausen; fig jammern, quengeln **~tı** Summen n, Surren n; fig Gejammer n
**vızır**: **~ ~** aus dem Handgelenk (machen); sofort, auf der Stelle (wieder gehen); schwirrend, sausend
**vızlamak** → vızıldamak
**vızlayıcı** Summer m
**vibratör** TECH Vibrator m
**vicdan** [vıʒ'da:n] Gewissen n; **~ azabı** Gewissensbisse m/pl; **~ hürriyeti** Gewissensfreiheit f
**vic'danen**: **~ rahat** ruhigen Gewissens
**vicdan|lı** gewissenhaft **~sız** gewissenlos **~sızlık** ⟨-ğı⟩ Gewissenlosigkeit f
'**vida** Schraube f; **~ anahtarı** Schraubenschlüssel m; **~ dişi** Schraubengang m; **~yı sıkıştırmak** festschrauben; **~yı sökmek** losschrauben; **-in ~ları gevşedi** fig (er, sie) platzte los, umg wieherte los
**vi'dala** Boxcalf n
**vida|lamak** v/t anschrauben **~lı** angeschraubt; mit Schrauben; Schraub-
**video** Video(apparat m) n; **~ya almak** (od **çekmek**) auf Video aufnehmen; **~ kamera(sı)** Videokamera f; **~ kaseti** Videokassette f; **~ oyunu** Videospiel n
**Vietnam** Vietnam n **~lı** Vietnamese m, Vietnamesin f; vietnamesisch
**vilayet** [-a:-] ⟨-ti⟩ HIST Provinz f
'**villa** Villa f
**vinç** ⟨-ci⟩ Kran m; Winde f; **yüzer ~** Schwimmkran m; **~ operatörü** Kranführer m, -in f
'**vira** in einem fort (reden); SCHIFF an den Maschinisten los!, fertig!, ab!
**viraj** Kurve f; **~ almak, ~ı dönmek** die Kurve nehmen; umg einen Fauxpas doch noch vermeiden; **keskin ~** scharfe Kurve **~lı** kurvenreich
**viran** [vi:ra:n] verfallen, in Ruinen
**virane** Ruine f; Ruinenfeld n **~lik** ⟨-ği⟩ Ruinenfeld n
**virgül** Komma n; **noktalı ~** Semikolon n
**virman** WIRTSCH Überweisung f, Übertragung f; **~ bankası** Girobank f; **~ çeki** Verrechnungsscheck m
**virt** ⟨-di⟩ Gebetsformel f; fig ewige Litanei
**virtüoz, virtüöz** Virtuose m
'**virüs** IT, MED Virus n (a. m)
**viski** Whisky m
**viskonsül** Vizekonsul m
**viskozite** Viskosität f
'**vişne** BOT Sauerkirsche f **~çürüğü** ⟨-nü⟩ (blasses) Weinrot n
**vitamin** Vitamin n **~li** vitaminreich; **bol ~ meyve suyu** Multivitaminsaft m **~siz** vitaminarm **~sizlik** ⟨-ği⟩ Vitaminmangel m
**vites** AUTO Gang(schaltung f) m; **~ değiştirmek** e-n anderen Gang einlegen, schalten; **~ kolu** Schalthebel m; **~ kutusu** Getriebe n; **arazi ~i** kleinste(r) Gang; **ikinci ~e takmak** (od **~i ikiye almak**) den zweiten Gang einlegen
**vitir** ⟨vitri⟩ (zusätzliches) Nachtgebet (nach dem letzten Abendgebet)
**vitray** Buntglasfenster n; Bleiverglasung

f
**vitrin** Schaufenster n; Schaukasten m; Vitrine f; **~ yapmak** Schaufenster dekorieren, *umg* Fenster machen
**'viya** SCHIFF *etwa* Kurs halten!
**viyadük** ⟨-ke⟩ ARCH Viadukt m
**viyak** *Kind* Quäken n, Plärren n **~lamak** quäken, plärren
**Vi'yana** Wien n **~lı** Wiener m, -in f; wienerisch
**vi'yola** MUS Bratsche f, Viola f **~cı** Bratschist m
**viyolon|ist** Geiger m, Violinist m **~sel** Violoncello n
**'vize** Visum n; Sichtvermerk m; Semesterprüfung f, Semesterbescheinigung f (*an der Universität*); **~ almak** ein Visum erhalten; **~ mecburiyeti** Visumzwang m; **~ vermek** ein Visum ausstellen (*od* erteilen); **~ye tabi** visumspflichtig
**vi'zite** MED Visite f; (Untersuchungs)Honorar n
**vizon** ZOOL Nerz m (a. Nerzpelz m)
**vizör** FOTO Sucher m; Helmklappe f
**vodvil** MUS Vaudeville n, Singspiel n
**vokal**² ⟨-li⟩ GRAM, MUS Vokal m; vokal
**volan** TECH Schwungrad n; Volant m (*am Kleid*)
**vole** Flugball m
**vo'leybol** Volleyball m
**volfram** Wolfram n
**'voli** Auswerfen n von Netzen (*um das Boot*); *fig* Fang m, Gewinn m; **~ çevirmek** Netze auswerfen
**volkan** Vulkan m; **~ patlaması** Vulkanausbruch m **~ik** vulkanisch
**volt** ⟨-tu⟩ ELEK Volt n
**'volta** SCHIFF Verhedderung f (*von zwei Ketten od Kabeln*); Lavieren n; **~ atmak** SCHIFF lavieren; hin und her schlendern, e-n Bummel machen; **~sını almak** *fig* Fersengeld geben
**voltaj** ELEK (Strom)Spannung f; **~ düşüklüğü** Spannungsabfall m; **~ regülatörü** Spannungsregler m; **yüksek ~** Hochspannung f
**volt'metre** ELEK Spannungsmesser m
**vonoz** Fischbrut f
**'votka** Wodka m
**v.s.** *abk für* ve saire und so weiter (usw.)
**vuku** [-u:] ⟨-uu⟩ *osm* Geschehnis n; **~ bulmak, ~a gelmek** sich zutragen **~at** [a:] ⟨-tı⟩ Zwischenfälle m/pl
**vukuf** [-u:f] Wissen n, Kenntnisse f/pl (*-e gen*) **~suz** inkompetent
**'vulva** ANAT Vulva f
**vuraç** ⟨-cı⟩ Schlegel m
**vurdumduymaz** gefühllos, stumpf (-sinnig), abgestumpft; begriffsstutzig **~lık** ⟨-ğı⟩ Gefühllosigkeit f, Stumpfsinnigkeit f; Begriffsstutzigkeit f
**vurdurmak** *(-i -e)* schlagen lassen *etc*; (*j-m den Fuß*) wund reiben
**vurgu** Betonung f; Akzent m **~lamak** *v/t Wort* betonen; hervorheben; *fig* prägen, charakterisieren **~lu** betont (*Wort*); **~ çalgılar** Schlaginstrumente n/pl
**vurgun** *-e* verliebt (in *akk*); begeistert (von *dat*); Spekulationsgewinn m; Wundsein n (*der Füße*); Schädigung f (z. B. *durch Giftgas*); MED Taucherkrankheit f; (*durch Hagel*) beschädigt; verwundet; **~(u) vurmak** *umg* einen kräftigen Reibach machen
**vurguncu** Spekulant m; Spekulations-
**vurgunculuk** ⟨-ğu⟩ Spekulation f
**vurgunluk** ⟨-ğu⟩ Verliebtheit f; Wundsein n; durchgerieben
**vurgusuz** LING akzentlos, unbetont
**vurma** Schlagen n; **~lı çalgı** Schlaginstrument n
**vurmak** ⟨-ur⟩ *(-i -e)* schlagen *akk* an, auf, in *akk*; einschlagen (z. B. *Nagel* in *akk*); den Weg einschlagen zu, nach *dat*, zugehen auf *akk*; klopfen (z. B. *Herz; an die Tür*); schießen (*auf e-n Vogel*), treffen *akk*, abschießen *akk*, erschießen *akk*; *umg* multiplizieren (z. B. **ikiyi dörde** 2 × 4); krank machen *akk*, schlagen auf *akk*; *umg* e-n heben; z. B. *Arm* sich (*dat*) stoßen an *dat*; *Farbe* auftragen auf *akk*, anstreichen *akk*; *Kälte* schaden (*dem Obst*); *Licht* dringen in *akk*; *im Lotto* gewinnen, e-n Treffer erzielen; *Sonne* direkt scheinen (*ins Gesicht*); MED Spritze geben *dat*; *Stempel* setzen *auf akk*; **vur emri Erschießungsbefehl** m; **ateşe ~** *etw* aufs Feuer stellen; **ayağını (güm güm) yere ~** mit dem Fuß (heftig) aufstampfen; **dışarıya ~** nach außen dringen; **dişleri birbirine ~** mit den Zähnen klappern; *-in* **ateşi başına vurmuş** *fig* er/sie spinnt; **sola ~** (nach) links abbiegen; *-i* **şakaya ~** ins lächerliche ziehen *akk*; *-e* **yama ~** e-n Flicken aufsetzen auf *akk*; *-i* **zincire ~** in

Ketten legen *akk*; **vur aşağı tut yukarı** nach langem Feilschen; **vur abalıya** immer auf die Kleinen

**vurtut** Schießerei *f*, (bewaffnete) Auseinandersetzung; durch Handeln

**vuru** Klopfen *n* (*des Herzens*); Pulsschlag *m*

**vurucu** Schütze *m*; **~ güç** schlagkräftige Einheit; (ziviles) Einsatzkommando

**vurulmak** *passiv von* vurmak; *-e* sich verlieben in *akk*; erschüttert sein von *dat*

**vurunmak** anziehen; *Kopftuch* umbinden

**vuruntu** Stottern *n* (*des Motors*)

**vurur** → vurmak

**vuruş** Schlagen *n*, Pochen *n*; Schlag *m*; Schlägerei *f*; MUS Takt *m*; SPORT Schuss *m*; **başlama ~u** Anstoß *m*

**vurus̩|kan** Schläger *m* **~ma** Schlägerei *f* **~mak** sich schlagen, sich prügeln; *umg* miteinander schlafen

**vuslat** ⟨-tı⟩ Vereinigung *f* (*der Liebenden*)

**vuzuh** [-u:x] Klarheit *f* (*im Denken*)

**vücut** [u:] ⟨-du⟩ Körper *m*; Gehäuse *n*; Wesen *n*; **~ bakımı** Körperpflege *f*; **~ bulmak** Gestalt annehmen; **~ geliştirme** Bodybuilding *n*; *-e* **vermek** Gestalt geben *dat*; **~ yapısı** Körperbau *m*; **vücuda gelmek** entstehen, **vücuda getirmek** bilden, schaffen; **~tan düşmek** mager werden, vom Fleisch fallen **~ça** was den Körperbau betrifft **~lu** korpulent; mit e-m ... Körper **~suz** nicht bestehend; unwirklich; schmächtig

**vülkanizasyon** Vulkanisierung *f*

**vülkanize: ~ etmek** vulkanisieren

**w, W** [dubl 'vɛ:], ['dʌbəl yu] *kein Bestandteil des türkischen Alphabets*

**walkie-talkie** Walkie-Talkie *n*

**walkman®** Walkman® *m*

**WC** WC *n*, Toilette *f*

**web: ~ sayfası** Internetseite *f*, Homepage *f*; **~sitesi** Website *f*; **~ sunucu(su)** Webserver *m*

**workshop** Workshop *m*

**x, X** [ıks] *kein Bestandteil des türk. Alphabets*; MATH die unbekannte Größe x; **~ ışınları** Röntgenstrahlen *m/pl*

**y, Y** [jɛ:] y, Y *n*; MATH die unbekannte Größe y

**ya¹** [ja:] *int* oh, nein ...!; *verstärkend* **~ Rabbi, ~ Allah!** mein Gott!; **~ medet** (zu) Hilfe!; **yürü ~ mübarek** vorwärts, Menschenskind (*od* zum Donnerwetter!); → a!

**ya²** *konj* oder; und ...!?; **~ da** oder; **~ ..., ~** entweder ... oder ...; *Beispiele* **siz karnınızı doyurdunuz, ~ ben ne yapayım?** Sie haben sich satt gegessen, und ich, was soll ich tun?; **~ ben aldanıyorum, ~ sen** entweder irre ich mich oder du

**ya³** *adv* denn (*in Fragesätzen*); ja; stimmt; doch; ja schon; wirklich?; so?!, was?!; **~ kardeşim nerede?** wo ist denn mein Bruder?; **hava bugün çok güzel! – ~, hakikaten öyle** heute ist das Wetter sehr schön! Stimmt, es ist wirklich so; **~ demek artık çalışacaksın ...** so, du willst also endlich arbeiten ...; **dün getirdim ~!** ich habs doch gestern gebracht!; **böyle söylenir mi? Söylenir ~!** sagt man so? Ja, so sagt man!

**-ya**, *mit* -sa: **öğrense ya!** er soll es doch mal lernen!; *andere Personenformen* → -a, -e

**yaba** Holzgabel *f* **~lamak** worfeln

**yaban** Wildnis *f*, Einöde *f*; Wilde(r); wild, Wild-; *-i* **~a atmak** nicht für voll nehmen *akk; fig* hinweggehen (über *akk*); verachten; **~a gitmek** *fig* verpuffen; **~a söylemek** *umg* Stuss reden

**ya'ban|arısı** ⟨-nı⟩ ZOOL Wespe *f* **~ası** ⟨-nı⟩ BOT Wildrebe **f ~atı** ⟨-nı⟩ ZOOL Wildpferd *n*

**yabancı** fremd; unbekannt; Ausländer *m*, -in *f*; **~ düşmanlığı** Ausländerfeindlichkeit *f*; *-e* **~ gelmek** *j-m* fremd vorkommen; **~ madde** Fremdkörper *m*; **buranın ~sıyım** ich bin hier fremd; **bu konuya ~** (*od* **bu konunun ~sı**) **değilim** mir ist diese Sache nicht fremd

**yabancıl** exotisch

**yabancılamak** -*i j-m* fremd vorkommen; *Kind* fremdeln **~laşma** Verfremdung *f*; Entfremdung *f* **~laşmak** fremd werden; verfremdet werden **~laştırmak** *v/t* verfremden; zurückstoßen **~lık** ⟨-ğı⟩ fremde Herkunft; Fremdsein *n*; Verfremdung *f*; **~ çekmek** sich fremd fühlen; sich nicht einleben können

**ya'ban|domuzu** ⟨-nu⟩ ZOOL Wildschwein *n* **~eşeği** ⟨-ni⟩ ZOOL Wildesel *m* **~gülü** ⟨-nü⟩ BOT Heckenrose *f*; Hundsrose *f* (*rosa canina*)

**yabanıl** → yabanî

**yabanî** [-a:ni:] wild; menschenscheu; unheimlich; bot *auch* wild wachsend

**yabani|leşmek** verwildern **~lik** ⟨-ği⟩ Wildheit *f*; Verwilderung *f*; Verwahrlosung *f*

**yabanlık** ⟨-ğı⟩ *dial* Ausgeh- (Anzug), Sonntags-; (unbebaute) Felder *n/pl*, Wiesen *f/pl*

**ya'banördeği** ⟨-ni⟩ ZOOL Wildente *f*

**yabansı** ungewöhnlich, sonderbar, *umg* komisch **~lık** ⟨-ğı⟩ etwas Sonderbares **~mak** *v/t* seltsam, sonderbar finden

**ya'banturpu** ⟨-nu⟩ BOT Meerrettich *m* (*Raphanus Japhanistrum*)

**yad¹** → yabancı; **~ eller** Fremde *f*; die Fremden *pl*

**yâd²** ⟨-dı⟩: *-i* **~ etmek** gedenken *gen*

**ya da** oder; → ya²

**yadımla|ma** BIOL Dissimilation *f* **~mak** *v/t* dissimilieren

**yadır|gamak** seltsam (*umg a.* komisch) finden; sich wundern über *akk* **~gatmak** *v/t* befremden; verwundern

**yadigâr** [ja:-] Erinnerung *f* (z. B. als Sache *od* Person); -*e i* **~ vermek** als Andenken verehren (*j-m akk*)

**yadsılma** Abweisung *f*; Nichtanerkennung *f*, Leugnen *n* **~mak** *v/t* leugnen, bestreiten; verleugnen, nicht anerkennen **~namayan** unbestritten

**'yafta** Etikett *n*, Aufkleber *m*

**yağ** Fett *n*; Öl *n*; Schmiere *f*; **~ bağlamak** Fett ansetzen; *fig* ausgezeichnet; *fig* **wie die Made im Speck**; **~ bal olsun!** wohl bekomms!; **~ basmak** e-e Fettschicht bilden; *fig* Fett ansetzen; *-e* **~ çekmek** (*od* **yapmak**) *fig j-m* Honig um den Bart schmieren; **~ değiştirme** AUTO Ölwechsel *m*; **~ deposu** Öltank *m*; **~ gibi işlemek** *Maschine* laufen wie geschmiert; **~ lekesi** Fettfleck *m*; **~ pompası** Ölpumpe *f*; **~ seviyesi** Ölstand *m*; **~ tulumu** *fig* Fettwanst *m*, Tonne *f*; **~ıyla balıyla** mit allem Drum und Dran

**yağar** → yağmak

**'yağbezi** ⟨-ni⟩ Talgdrüse *f*

**yağcı** Fetthersteller *m*; TECH Öler *m*; *fig* Speichellecker *m*

**yağcılık** ⟨-ğı⟩ TECH Ölen *n*, Schmieren *n*; *fig* Speichelleckerei *f*; **~ etmek** *fig j-m* um den Bart gehen

**yağdanlık** ⟨-ğı⟩ Ölkanne *f*

**yağdırmak** (-*i* -*e*) regnen lassen, schneien lassen *auf akk*; *fig* bombardieren, überschütten *akk* mit *dat*; WIRTSCH *Markt* überschwemmen *akk* mit *dat*

**'yağdoku** Fettgewebe *n*

**yağımsı** fettig

**yağır** Widerrist *m* (*des Pferdes*); Druckstelle *f* (*durch den Sattel*)

**yağış** Niederschlag *m*; Niederschlagsmenge *f*; **yoğun kar ~ı** heftige Schneefälle *m/pl*

**yağışlı** regnerisch; Regen- (Tag); regenreich (Region); **kar ~** mit Schneefall

**yağışsız** ohne Regen; regenarm

**yağız** dunkelbraun, brünett; *Pferd* Rappe *m*; **~ doru** *Pferd* Braune *m*

**yağla|ma** Ölen *n*, Schmieren *n*; **~ yağı** Schmiermittel *n* **~mak** *v/t* ölen, (ab-) schmieren; einfetten; *fig j-m* nach dem Mund reden; -*i* **yağlayıp ballamak** *fig j-n* in den Himmel heben

**yağlayıcı**: **~ madde** Schmiermittel *n*

**yağlı** ölig, Öl-; fettig, Fett-; mit Fett (*od* Öl) hergestellt; ... in Öl; *fig* einträglich; *Person umg* betucht; **~ güreş** Ringkampf *m* (*wobei die Körper eingefettet* werden); ~ **kağıt** Butterbrotpapier n; ~ **kuyruk** ZOOL Fettschwanz m; fig (a. ~ **kapı**) Goldgrube f; Geldquelle f; Person Goldesel m, dial umg Dukatenschieter m

**yağlıboya** Ölfarbe f; ~ **tablo** Ölgemälde n

**yağlık** ⟨-ğı⟩ dial große(s) Taschentuch, Kopftuch n **~çı** dial (Kopf)Tuchhändler m; dial Brautausstatter m

**yağma** Raub m; Plünderung f; Raubzug m; ausgeraubt; -i ~ **etmek** ausrauben, ausplündern; HIST e-n Raubzug durchführen; ~ **gitmek** reißenden Absatz finden; ~ **yok!** nix da!

¹**yağmacı** Räuber m, Plünderer m **~lık** ⟨-ğı⟩ Räuberei f, Plünderei f

²**yağmak** ⟨-ar⟩ Regen etc fallen; prasseln (üstüne auf akk); fig Briefe hereinströmen, regnen; **dolu yağıyor** es hagelt; **kar yağıyor** es schneit; **yağmur yağıyor** es regnet

**yağmalamak** v/t ausrauben, ausplündern

**yağmur** Regen m; fig Hagel m; ~ **boşanmak** in Strömen regnen, gießen; ~ **duası** Gebet n um Regen; ~ **suyu** Regenwasser n; ~ **yemek** nass (od durchnässt) werden; **~dan kaçarken, doluya tutulmak** fig vom Regen in die Traufe kommen

**yağmur|ca** Damwild n **~kuşu** ⟨-nu⟩ ZOOL (Fluss)Regenpfeifer m (Charadrius fluvialis)

**yağmur|lama** AGR Beregnung f **~lamak** A v/i regnerisch werden B v/t besprühen **~lu** regnerisch; Regen- (Tag) **~luk** ⟨-ğu⟩ Regenmantel m **~suz** regenarm, regenlos

**yağsız** fettarm, mager; ohne Fett (zubereitet); fig Figur dünn, sehr schlank

**yahey** [ja:-] int juchhe!, wunderbar!

**yahni** Ragout m mit gerösteten Zwiebeln

**yahu** ['ja:.] int Mensch!, Menschenskind!, Kinder(s)!; zum Donnerwetter!; was!; zur Betonung ja ...; **bu ne sıcak, ~!** Kinder, ist es heiß!; **... cennet, ~!** ... ist ja ein Paradies!

**Yahudi** Jude m, Jüdin f; ~ **pazarlığı** lange(s) Feilschen **~ce** (das) Hebräisch(e); hebräisch **~lik** ⟨-ği⟩ Judentum n

**yahut** [ja:-] oder (aber, vielleicht)

**yaka** Kragen m; Knopfloch n (am Kragen); Ufer n; Seite f (des Ufers); SCHIFF Segelrand m; ~ **paça götürmek** (gewaltsam) wegschleppen; -**den** ~ **silkmek** sich abwenden von dat; schaudern bei; **~sı açılmadık** Ausdruck unfein, unanständig; nie gehört, ganz neu; -**in** ~**sına yapışmak** j-n nicht loslassen; j-m zusetzen mit; **~yı ele vermek** gefasst werden; (-**den**) **~yı kurtarmak** (od **sıyırmak**) fig (ungeschoren) davonkommen; **Anadolu** (**Rumeli**) **~sı** die asiatische (europäische) Seite Istanbuls

**yakacak** ⟨-ğı⟩ Brennstoff m, Heizmaterial n; ~ **yardımı** Heizkostenzuschuss m (zum Gehalt)

**yakalama** JUR Festnahme f

**yakalamak** v/t j-n ergreifen, fassen; j-n überraschen, ertappen, umg erwischen; JUR festnehmen; Blick auffangen, wahrnehmen; z. B. Regen j-n überraschen; **çağı** ~ mit der Zeit gehen

**yakalanmak** passiv von yakalamak; -**e** befallen werden (von e-r Krankheit); erfasst werden (von e-m Sturm); überrascht werden; -**e hazırlıksız** ~ unvorbereitet sein auf akk; überrumpelt werden von; **misafire** ~ überraschend Besuch bekommen; **nezleye** ~ e-n Schnupfen bekommen

**yakalatmak** kaus von yakalamak

**yakalık** ⟨-ğı⟩ Kragen-; lose(r) Kragen

**yakamoz** Meeresleuchten n; ~ **olmak** umg erwischt werden **~lanmak** v/i phosphoreszieren

**yakar** → yakmak

**yakarı(ş)** Gebet n; Bitten n, Flehen n

**yakarmak** -**e** anflehen akk; Zuflucht suchen (bei dat)

**yakı** MED Pflaster n; Ätzmittel n **~ağacı** ⟨-nı⟩ BOT Seidelbast m, Lorbeer m (Daphne gnidium)

**yakıcı** ätzend; brennend heiß, stechend; beißend (Geschmack) **~lık** ⟨-ğı⟩ (Sonnen)Glut f

**yakılmak** passiv von yakmak; Ofen geheizt werden, brennen; sich entzünden

**yakın** -**e** nah(e) dat; dicht neben dat; sehr nahe dat; Nah- (Kampf); Farbe spielend (in akk; Interesse rege; ~ **akraba** nahe(r) Verwandte(r); ~ **benzeşme** LING Assimilation f; ~ **benzeşmezlik** Dissimilation f; ~ **çekim** FOTO Nahaufnahme f

**ya'kınçağ** ⟨-ğı⟩ Neuzeit f

**yakın|da** in der Nähe; Zeit bald, demnächst

**nächst**; *vor Kurzem* **~dan** aus der Nähe, von Nahem; näher; **-i ~ bilmek** näher (*od* genauer) kennen

**Ya'kındoğu** (der) Nahe Osten

**yakınlarda** in der Nähe; in der letzten Zeit, in diesen Tagen

**yakınlaş|ma** Nahen *n*; Annäherung *f* (*bes fig*) **~mak** *-e* sich nähern *dat*; sich (einander) annähern, sich näherkommen **~tırmak** *-i -e* annähern *akk dat*; *fig* näherbringen *akk dat*

**yakınlık** ⟨-ğı⟩ Nähe *f*; nahe Verwandtschaft; Interesse *n*; Sympathie *f*; **-e göstermek** Interesse zeigen für

**yakınma** Klage *f*

**yakınmak**¹ *-den* klagen über *akk*, sich beklagen über *akk*

**yakınmak**² *v/t* Pflaster auflegen; Haarfarbe, Henna auftragen

**yakın|sak** PHYS., MATH konvergent **~sama** Konvergenz *f* **~samak** *-i* als nahe bevorstehend betrachten; MATH konvergieren

**yakışık** Schicklichkeit *f*; *fig* Anziehungskraft *f*; **~ almak** sich gehören; **~lı Mann** gut aussehen; *fig* angemessen, schicklich **~sız** *adj* ungehörig **~sızca** *adv* ungehörig, flegelhaft (*sich benehmen*)

**yakışmak** *-e Kleid j-m* stehen; *z. B. Bild* passen zu, in *akk*; sich gehören; angemessen sein *dat*; **ona hiç yakışmıyor** das gehört sich nicht für ihn, das kommt ihm nicht zu

**yakıştır|ma** Argument *n*; passend, treffend **~maca** Witz *m*, Witzwort *n*; schlagfertige Antwort **~mak** (*-i -e*) zutrauen (*j-m etw*); *z. B. Kleidung* abstimmen (*auf s-n Typ*)

**yakıt** ⟨-tı⟩ Brennstoff *m*; Heizmaterial *n*; **akar ~** Heizöl *n*

**yakin** [-ki:n] Gewissheit *f* **~en** gewiss

**yaklaşık** annähernd, ungefähr; Annäherungs- (*Wert*); **~ olarak** *adv* annähernd

**yaklaşım** *-e* Annäherung *f*; Einstellung *f* (*zu*) Betrachtung *f*, Behandlung *f*

**yaklaşma** *-e* Annäherung *f* (an *akk*); MIL Anmarsch *m*; Anmarsch- (*Weg*); Marsch-; **~ fiili** hypothetische(s) Verb *or* yazmak²

**yaklaş|mak** *-e* sich nähern *dat*; ähneln *dat*; *Frage, Thema* berücksichtigen auch **~tırmak** (*-i -e*) nähern (*akk dat*); heranbringen *akk* an *akk*; *Stuhl* (heran)rücken an *akk*; MIL *Reserven* heranziehen

**yakma** Brennen *n*, Brenn-, Ätzen *n*

**yakmak**¹ ⟨-ar⟩ **A** *v/t* anzünden (*z. B. Zigarette*); verbrennen (*z. B. Holz, a. fig den Mund durch Pfeffer*); Licht anmachen, anzünden; *fig* Sturm zunichtemachen; mitspielen *dat*; schwer enttäuschen; *fig vor Liebe* brennen **B** *v/i* Sonne brennen; Person schießen

**yakmak**² ⟨-ar⟩ auflegen; *z. B.* Henna auftragen; Lied komponieren

**yakmak**³: **türkü ~** ein Lied improvisieren

**yaktırmak** (*-i -e*) anzünden lassen, zum Brennen bringen (*akk durch akk*)

**yakut** [a:] ⟨-tu⟩ Rubin *m*; **gök ~** Saphir *m*

**Yakut** ⟨-tu⟩ Jakute *m*; Jakutin *f* **~ça** (das) Jakutisch(e); jakutisch

**yal** *dial* Hunde- *od* Kuhfutter *n*

**yalabı|k** *dial* funkelnd; Feuer sprühend; chick, fesch; Blitz *m* **~mak** funkeln, glänzen

**yalak** ⟨-ğı⟩ Trog *m*, Tränke *f*; (Auffang)Becken *n*; *fig umg* Quasselphilipp *m*

**yalama** TECH ausgeleiert; gewischte Zeichnung; *umg* überreizt; **cıvata ~ olmuş** (*od* **yapmış**) der Bolzen ist ausgeleiert

**yalamak** *v/t* lecken; auslecken (*Teller*); auflecken (*z. B.* Honig); Kugel streifen *akk*; pfeifen, sausen; SCHIFF Deck bespülen; **yalayıp yutmak** Essen hinunterschlingen; *fig* (hinunter)schlucken, sich (*dat*) etw gefallen lassen

**yalan** Lüge *f*; gelogen; **~ atmak** (*od* **kıvırmak, söylemek**) lügen, die Unwahrheit sagen; **~ çıkmak** sich als gelogen herausstellen; **~ dolan** Schwindeleien *f/pl*; **~ dünya** Jammertal *n*; **~ haber** Lügennachricht *f*; **~ yanlış** voller Fehler; oberflächlich, schlecht und recht; *fig* zusammenhanglos(es Zeug); **~ yere yemin etmek** e-n Meineid schwören; **~ yok** ganz bestimmt; **-in ~ını yakalamak** *j-n* beim Lügen ertappen; **iş bitirici ~** Notlüge *f*

**yalancı** Lügner *m*, -in *f*; lügnerisch, verlogen; Pseudo-; nachgemacht; verstellt, vorgetäuscht; **-i ~ çıkarmak** *j-n* als Lügner hinstellen; *j-n* der Lüge bezichtigen; **~ pehlivan** Blender *m*, Gernegroß *m*; **~ tanık** falsche(r) Zeuge; **ben Ali'nin ~sı-**

# YALV

**yım** ich erzähle nur weiter, was ich von Ali weiß
**yalan'cıdolma** GASTR mit Reis gefülltes Gemüse, gefüllte Weinblätter
**'yalancıktan** nur zum Schein; **~ ağlamak** fig Krokodilstränen vergießen
**yalancılık** ⟨-ğı⟩ Unwahrheit f; Lügen n; Verlogenheit f
**yalandan** fingiert, vorgetäuscht
**yalanla|ma** Dementi n **~mak** v/t dementieren
**yalanmak** sich lecken, sich putzen (z. B. Katze); passiv von yalamak
**yalansız** A adj wahr B adv aufrichtig
**yalap**: **~ ~** sprühend; Stern strahlend, funkelnd
**yalap|şap, ~şalap** nur so obenhin
**yalatmak** kaus von yalamak; sich streifen, sich leicht berühren; fig j-m zu etw dat verhelfen
**yalayıcı** leckend; streifend; **~ ateş** MIL Flachfeuer n
**yalaz(a)** dial Flamme f, Feuer n
**yalazlamak** v/i durch die Flammen gehen
**yalçın** steil, schroff; kahl, eben
**yaldırak** dial glänzend
**yaldız** Gold- od Silberstaub m; goldene od silberne Tinte; Vergoldung f; Versilberung f; fig Tünche f, Maske f **~lamak** v/t vergolden; versilbern; vergolden, in ein goldenes Licht tauchen; fig kaschieren **~lı** vergoldet; versilbert; Golddoublé n; Versprechung leer
**yalelli** [ja:'lɛl:i] arabische(r) Gesang; **~ gibi** üher dieselbe Leier
**yalgın** dial Fata Morgana f, Trugbild n
**yalı** Strand m, Ufer n; Haus n am Wasser; **~ kazığı gibi** fig (wie) e-e Hopfenstange; **~ uşağı** am Meer aufgewachsen; dial von der Waterkant
**ya'lıçapkını** ⟨-nı⟩ ZOOL Eisvogel m (Alcedo atthis)
**yalım** Flamme f; Schneide f; **~ı alçak** herzlos, bösartig
**yalın** einfach, simpel, schlicht (sprachlich); nackt; entrindet (Baum); **~** GRAM suffixlose(s) Adverb (z. B. en, çok); **~ hal** GRAM Nominativ m; **~ tümce** GRAM einfache(r) Satz; **~ zaman** GRAM einfache(s) Tempus
**ya'lınayak** barfuß; **~ başı kabak** völlig abgerissen, zerlumpt
**yalıncak** dial splitternackt; ganz allein
**yalıngaç** mit aufgesprungener Rinde
**yalıngöz** ohne Augenlider; Art Eidechse f
**ya'lınkat** ⟨-tı⟩ einschichtig; einstöckig (Haus); unsolide (gebaut); fig (geistig) primitiv, seicht
**ya'lınkılıç** mit gezogenem Säbel
**yalınlaştırmak** v/t vereinfachen
**yalınlık** ⟨-ğı⟩ Reinheit f, Echtheit f; Einfachheit f, Klarheit f (der Sprache)
**yalıt|ıcı ~ ım** ELEK Isolierung f, TECH a. Dämmung f; **~ maddesi** Dämmstoff m; **ısı ~ı** Wärmedämmung f **~kan** ELEK Isolator m; Isolierung f; Isolier- **~mak** v/t ELEK isolieren, TECH dämmen
**yalıyar** GEOG Steilküste f
**'yallah** int auf!, los!, marsch!, vorwärts!; **-i ~ etmek** umg j-n rausschmeißen
**yalman** dial geneigt; steil; Schneide f; (Berg)Spitze f
**yalnız** A adj allein; alleinstehend; einsam; selbstständig B ['jalnɨs] adv nur, lediglich; aber, jedoch; Geldbetrag in Worten; **~ başına** (ganz) allein (wohnen); **~ şu var ki ...** dabei ist zu beachten, dass ... **~ca** A adv ganz allein B konj indessen, jedoch
**yalnızcı** POL Isolationist m **~lık** ⟨-ğı⟩ Isolationismus m
**yalnızlaşmak** verlassen werden, allein gelassen werden
**yalnızlık** ⟨-ğı⟩ Einsamkeit f
**'yalpa** SCHIFF Schlingern n; **~ vurmak** schlingern; schaukeln; fig beim Gehen (hin und her) schwanken
**yalpak** A adj zutraulich; liebedienerisch; durchtrieben B subst Abgrund m
**yalpala|mak** schwanken **~tmak** v/t kippen; kaus von yalpalamak
**yalpı** dial (geneigte) Ebene
**yalpı|k** flach, seicht **~lı** schief, krumm
**yaltak|(çı)** Speichellecker m, -in f **~lanmak** katzbuckeln, kriechen (vor j-m) **~lık** ⟨-ğı⟩ Katzbuckelei f
**yalvaç** ⟨-ci⟩ Prophet m, Apostel m
**yalvar|ıcı** Bittsteller m **~ış** Bitten n, Flehen n **~mak** -e sehr bitten um; flehen um; amtlich ersuchen um; **yalvar yakar olmak** inständig bitten **~tmak**

(-i -e) sich bitten lassen

**yama** Flicken m; Fleck m; ... üstüne ~ **vurmak** e-n Flicken setzen (auf akk) **~cı** Flickschuster m, -in f; fig Geizkragen m

**yamaç** ⟨-cı⟩ **A** subst Abhang m, Bergwand f; ~ **paraşütü** Drachen m, Hanggleiter m **B** adj neben akk, an j-s Seite; **yamacıma otur** setz dich zu mir

**yamak** ⟨-ğı⟩ Gehilfe m, Helfer m; fig Nachbeter m, Echo n **~lık** ⟨-ğı⟩ Aushilfe f, Aushilfsarbeit f; Hilfs-; ~ **etmek** aushelfen (als n)

**yama|lamak** v/t flicken **~lı** geflickt; ... mit Flecken (im Gesicht)

**yamamak** v/t flicken, ausbessern; fig (-e /-ye) andrehen, aufschwatzen akk

**yaman** erstaunlich, fabelhaft; heftig; wild, böse, grimmig; forsch, keck; Winter streng

**yanmanmak** geflickt werden; -e j-m aufgedrängt (umg angedreht) werden; j-m zur Last fallen

**yamçı** Art Filzmantel m

**yampiri:** ~ ~ **yürümek** humpeln, im Krebsgang gehen

**yamru:** ~ **yumru** verbeult, knorrig, höckerig; windschief

**yamrulmak** höckerig werden

**yamuk** ⟨-ğu⟩ MATH Trapez n; geneigt; verbeult; ~ ~ aufgeblasen; (auf)wirbelnd (Wind)

**yamulmak** sich verziehen (z. B. Mund), sich wölben; e-e Beule bekommen

**yamyam** Menschenfresser m, Kannibale m **~lık** ⟨-ğı⟩ Kannibalismus m

**'yamyassı** eben, platt

**'yamyaş** pitschenass

**yan** **A** subst u. adj Seite f; MIL Flanke f; Profil n; MATH Glied n (e-r Gleichung); Seiten- (Tür); Neben- (Ausgang, Satz); sekundär (z. B. Ziel); **öte ~dan** andererseits; ~ **bakış** scheele(r) Blick; ~ **bakmak** scheel blicken; etw **im Schilde führen;** *-de* ~ **basmak** sich täuschen in dat; ~ **çizmek** sich drücken vor dat; ~ **etki** MED Nebenwirkung f; ~ **iş** Nebenbeschäftigung f; ~ **gelir** Nebenverdienst m; ~ **gelmek** schwelgen, in Freuden leben; ~ **gözle** mit Seitenblicken; ~ **hakemi** SPORT Linienrichter m; ~ **ödeme** Zulage f (zum Gehalt); ~ **sanayi** Zulieferindustrie f; ~ **sokak** Seitenstraße f; ~ ~ von der Seite, schief, scheel; ~ ~**a** nebeneinander; ~ **yatmak** sich krümmen, sich neigen, sich zur Seite neigen; **~dan çarklı** Raddampfer m; umg Zucker extra (zum Kaffee od Tee); **~ı başında** (od **başına**) ganz in der (od in die) Nähe; -in ~ı **sıra** (zusammen) mit dat; neben dat; parallel zu **B** postpos -den **~a** wegen gen; für akk; **benden** ~ meinetwegen; ... **bir ~a** abgesehen von dat; **bu ~a** hierher, auf diese Seite; -den **bu ~a** von ... bis jetzt; -den **~a çıkmak** zu j-m halten; -den **~a olmak** für j-n sein; sich einsetzen für; ~**ımdan git!** geh weg von mir!; -in ~**ında olmak** (dabei)haben: **saatınız ~ınızda mı?** haben Sie Ihre Uhr bei sich?; -i ~**ına almak** j-n einstellen, j-m Arbeit geben; j-n zu sich nehmen (= ins Haus) nehmen; **~ına bırakmamak** (od **komamak**) nicht ungestraft lassen; **bunu ~ına koymam** das werde ich ihm nie vergessen; **~ına kalmak** straflos ausgehen **C** Ortssubstantiv -in ~**ına** neben akk; zu akk; an akk heran; ~**ında** neben dat; bei dat; ~**ından** von dat weg; von dat her; weg von dat; (**onun**) ~**ına oturduk** wir setzten uns neben ihn

**yana** → yan; -den ~ **olmak** sein für akk

**yanabilme** Entflammbarkeit f

**yanak** ⟨-ğı⟩ Wange f, umg Backe f; ~ **çukuru** Grübchen n **~lı** (rot) -wangig

**yanal** Seiten-

**yanar** → yanmak **~dağ** ⟨-ğı⟩ Vulkan m; ~ **ağzı** Krater m; ~ **patlaması** Vulkanausbruch m

**ya'nardöner** changierend, schillernd

**yanaşık** nahe aneinander, aufgeschlossen; MIL geschlossen

**yanaşma** Gehilfe m, Helfer m, Diener m

**yanaş|mak** v/i näher kommen; herankommen, zusammenrücken; SCHIFF anlegen (-e an dat); -e neigen (zu), Lust haben zu; fig nähertreten dat; interessiert sein an dat; eingehen auf akk **~mamak** es ablehnen (+ inf) **~tırmak** ⟨-i -e⟩ Boot festmachen, anlegen lassen an dat; kaus von yanaşmak

**yancı** MIL Flankensicherung f

**yan|da, ~dan** → yan postp

**yandaş** Anhänger m, Gesinnungsgenosse m

**yandırmak** v/t dial anzünden

# YAPA

**yangı** Entzündung f
**yangın** Brand m, Feuer n; umg Fieber n; fig Feuer n, Leidenschaft f; fig verliebt (in akk); **~ bombası** Brandbombe f; **~ merdiveni** Feuerleiter f; **~ muhbiri** Feuermelder m; **~ söndürücü(sü)** Feuerlöscher m; **~dan mal kaçırır gibi** überstürzt, in übertriebener Hast
**yangısız** entzündungsfrei
**ya'nıbaşı|na** direkt neben akk **~nda** direkt neben dat
**yanıcı** leicht entzündlich, feuergefährlich
**yanık** ⟨-ğı⟩ MED Verbrennung f, Brandwunde f; Brandstelle f (im Teppich); angebrannt (riechen); Person rührselig, leidenschaftlich; verliebt; Boden unfruchtbar; Kind zart, schwächlich; Wind schmalssend; (-den) **yüreği ~ olmak** fig (es) satthaben, genug haben von dat
**ya'nıkara** dial Milzbrand f
**yanık|lık** ⟨-ğı⟩ Überdruss m; Verbrennungszustand m; Schwächlichkeit f **~sı** Stimme schmachtend
**yanıl|gı** Fehler m (im Leben); Irrtum m **~ış** Irrtum m, Täuschung f
**yanıl|mak** sich irren (-de in dat) **~maz** fehlerlos; untrüglich **~mazlık** ⟨-ğı⟩ Fehlerlosigkeit f **~sama** Illusion f, (Sinnes)Täuschung f
**yanıltı** Versehen n, Lapsus m **~cı** trügerisch
**yanıltmaca** bewusste Irreführung
**yanıltmaç** ⟨-cı⟩ Zungenbrecher m
**yanıltmak** v/t irreführen
**yanın|a, ~da** → yan
**ya'nısıra** → yan
**yanıt** ⟨-tı⟩ Antwort f; **-e ~ vermek** e-e Antwort geben auf akk **~lamak** -i beantworten akk, antworten auf akk
**yani** [ja:-] nämlich, das heißt (d. h.); wirklich, in der Tat
**'yankesici** Taschendieb m
**yankı** Echo n, Widerhall m; Reaktion f
**yankıla(n)mak** widerhallen, ein Echo erzeugen
**yankısız** ohne Echo; ohne Reaktion
**yanlamak** kippen, sich auf die Seite legen; fig schwelgen, das Leben genießen
**yanlamasına** quer, seitwärts
**yanlı** parteiisch
**yanlış** Fehler m; fehlerhaft, verkehrt, falsch; **~ anlamak** falsch verstehen, missverstehen; **~ bilmek** falsch unterrichtet sein; **~ yola gitmek** den verkehrten Weg einschlagen; **~ kapı çalmak** fig sich an die verkehrte Adresse wenden; **~ numara** TEL (Sie haben sich) verwählt; fig (du bist) auf dem falschen Dampfer; **hesabı(nı) ~ tutmak** sich verrechnen; **~ yere** fälschlich
**yanlışlık** ⟨-ğı⟩ Versehen n, Irrtum m **~la** irrtümlicherweise, aus Versehen
**yanma** MED Verbrennung f
**yanmak** ⟨-ar⟩ (Zustand) brennen (z. B. a. Mund); anbrennen (z. B. Essen); abbrennen (= herunterbrennen); (innen) ausbrennen; sich (dat) die Hand verbrennen; Fahrkarte verfallen, ungültig werden; Licht aufflammen, umg angehen; (-den) verderben durch; leiden (unter dat); **yandı** fig umg er ist erledigt, reingefallen, fig Kinderspiel ausscheiden, umg raus sein; Kranker stärkeres Fieber bekommen; -e bedauern akk, nachtrauern dat, nachweinen dat; **derdini ~** sein Leid klagen; **güneşte ~** sich braun brennen lassen; **-i için yanıp tutuşmak** sich (dat) etw sehnlichst wünschen; **yanıp yakılmak** umg ganz geknickt sein
**yanmaz** unbrennbar
**yansı** Reflex m, Widerschein m; Projektion f; BIOL Reflexbewegung f; IT Spiegelserver m
**yansıca** MED Echopraxie f
**yansıla|mak** v/t reflektieren; nachahmen; nachäffen; imitieren **~nmak** sich widerspiegeln, reflektiert werden
**yansı|ma** Reflex m; Widerschein m; Lautmalerei f, lautmalende(s) Wort **~mak** reflektiert werden; fig erhellen, hervorgehen (-den aus dat) **~malı** reflektierend **~taç** ⟨-cı⟩, **~tıcı** Reflektor m **~tmak** v/t reflektieren, widerspiegeln; Schall reflektieren, zurückwerfen; fig reagieren
**yansız** unparteiisch; a. CHEM neutral **~lık** ⟨-ğı⟩ Neutralität f
**yanşak** ⟨-ğı⟩ dial Schwätzer m, Quasselkopf m
**'yanyana** Seite an Seite, nebeneinander; Zusammen-
**yap: ~ işlet devret (modeli)** Bau von Großprojekten durch Privatwirtschaft
**ya'padurmak** v/t ständig (umg ewig) etw tun; umg herumpusseln

**yapağı, yapak** ⟨-ğı⟩ Schurwolle f; Frühjahrswolle f (des Schafes)
**yapar** → yapmak
**yapay** künstlich; Kunst- (Dünger); **~ dölleme** künstliche Befruchtung; **~ zekâ** künstliche Intelligenz
**yapayalnız** ['-pa-] mutterseelenallein
**yapı** Bau m; Bauen n; Struktur f; Gebäude n, Bauwerk n; Konstruktion f (z. B. Brücke); **~ işçisi** Bauarbeiter m; **~ market(i)** Baumarkt m; **~ tasarruf kredisi** Bausparkredit m; **~ tasarrufu** Bausparen n **~bilim** Morphologie f
**yapıcı** Erbauer m; Erschaffer m; konstruktiv; Person schöpferisch **~lık** ⟨-ğı⟩ Konstruktivismus m
**yapılabilirlik** ⟨-ğı⟩ Machbarkeit f; Durchführbarkeit f
**yapıldak** → yayan
**yapılı** gebaut; Mann stämmig; **atlet ~** athletisch gebaut; **ufak tefek ~** umg zierlich
**yapılış** Bauweise f, Bauart f, Konstruktion f; Durchführung f
**yapılmak** passiv von yapmak; erfolgen
**yapım** Produktion f (a. Film), Herstellung f, Bau m; **~ eki** LING Wortbildungssuffix n **~cı** Produzent m; Programmchef m; Sendeleiter m
**yapınmak** sich (dat) etw (z. B. e-n Anzug) machen lassen; sich bemühen (-e um akk; zu + inf)
**yapıntı** a. PHIL Fiktion f; Gebilde n (der Fantasie) **~lı** ausgedacht; fingiert
**yapısal** strukturell **~cı** Strukturalist m **~cılık** ⟨-ğı⟩ Strukturalismus m
**yapış**[1] Tätigkeit f; Verstellung f
**yapış**[2]: **~ ~** sehr klebrig; Wetter feucht **~ıcı** klebrig, klebend; BOT Kletter-; Schling-; **~ sap** Ranke f **~ık** ⟨-ğı⟩ (an)geklebt; zusammengewachsen; sich anschmiegend **~kan** klebrig; CHEM glutinös; Haft-, haftend; Person aufdringlich; Klebstoff m **~kanlık** Klebrigkeit f; fig Aufdringlichkeit f
**yapışmak** -e kleben an dat; sich schmiegen an akk; Kleid sich anschmiegen dat; greifen (zu); ergreifen; sich j-m aufdrängen
**yapıştırıcı** klebend; Kleb- (Stoff) **~ma** Klebe- (Band); Kleben n; Aufkleber m
**~mak** v/t -e kleben auf akk; schmiegen an akk; j-m e-e Ohrfeige geben, umg j-m eine kleben; **cevabı ~** kontern; **kendisine ~** sich (dat) etw zulegen (z. B. e-e Eigenschaft); **-e pul ~** frankieren akk
**yapıt** ⟨-tı⟩ Werk n, Arbeit f (Produkt)
**yapma** Machen n; künstlich; Kunst-; **~ bacak** Beinprothese f **~cık** ⟨-ğı⟩ Verstellung f, Getue n; gekünstelt, gespielt
**yapmak** ⟨-ar⟩ v/t machen, tun; herstellen; reparieren, umg wieder machen; z. B. Krankheit verursachen; tun (gibi als ob); (krank, reich etc) machen; machen (zu; z. B. zum Doktor); Frieden schließen; Tor schießen; **fren ~** bremsen; **görev ~** fungieren, tätig sein, die Aufgabe haben (als); -lik ~: z. B. **öğretmenlik ~** als Lehrer tätig sein; **iyilik ~** etw Gutes tun; **mil** (od **kilometre**) **~** Meilen (od Kilometer) zurücklegen, schaffen; **sıcak ~** heiß sein; **yol ~** Strecke zurücklegen, schaffen; **-e yapmadığını bırakmamak** j-m nur Böses zufügen; **yaptığını bilmemek** nicht wissen, was man tut; **iyi yaptınız da geldiniz** wie schön, dass Sie gekommen sind; **yapma!** lass das!, nicht doch!; Donnerwetter!, ist nicht möglich!
**yapmasız** ungekünstelt
**yapracık** ⟨-ğı⟩ Blättchen n
**yaprak** ⟨-ğı⟩ Blatt n (a. Papier); Schicht f; Furnierholz n; Teil n; **~ dökümü** Herbst m; **~ sigarası** Zigarre f; Zigarillo m; **~ yay** Blattfeder f; **~** schichtweise **~biti** ⟨-ni⟩ ZOOL Blattlaus f **~lanmak** sich belauben; **~lı** belaubt; **yüz ~ defter** Heft von zweihundert Blatt
**yaptırım** Sanktion f; Auflage f; **~ gücü** Durchsetzungskraft f (des Staates)
**yaptırmak** -e -i veranlassen dass zu; zulassen, dass j-d etw macht; etw bestellen bei; kaus von yapmak
**'yapyalnız** → yapayalnız
**yar**[1]abk für **yardımcı** Assistent m; Vize-, stellvertretend
**yar**[2] Schlucht f, Abgrund m; Steilküste f; **-dan atmak** j-n in den Abgrund stürzen fig j-n ins Verderben stürzen
**yâr** ⟨-ri⟩ dial, osm Geliebte(r); Freund m, Helfer m; **~ ü ağyar** ⟨-rı⟩ **ile ağyar** Freund und Feind, die ganze Welt, alle
**yara** Wunde f; SCHIFF Leck n; Loch n (im Stoff); (seelische) Wunde, Trauma n; **kur-**

şun ~sı Schusswunde f; -e ~ açmak j-m e-e Verletzung beibringen; ein Loch machen in akk; fig j-n sehr verletzen; -den ~ almak verwundet werden (an dat); ~ bere içinde übel zugerichtet; ~ işlemek eitern; ~ izi Narbe f; -in ~sına dokunmak e-n wunden Punkt berühren; -in ~sını deşmek j-s alte Wunde wieder aufreißen

**Yaradan** Schöpfer m, Allmächtige(r); ~a kurban olayım! einfach zauberhaft!; ~a sığınım (-i yapmak) mit aller Kraft (tun akk)

**yaradılış** Natur f, Charakter m, Anlage f, Schöpfung f **~tan** von Natur

**yarak** ⟨-ğı⟩ HIST Waffe f; vulg Schwanz m

**yara|lamak** v/t (-den) verwunden, verletzen an dat; SCHIFF ein Leck schlagen in akk; fig j-n kränken, verletzen **~lanmak** passiv von yaralamak; sich verletzen **~lı** verwundet, verletzt; fig gekränkt; Sache beschädigt

**yara|mak** -e dienen zu; taugen zu; angebracht sein; geeignet sein für; j-m guttun, j-m bekommen; **neye yarar** wozu ist das gut?; was hilft das? **~maz** Schlingel m, Taugenichts m; unartig, ungezogen; Sache unbrauchbar **~mazlık** ⟨-ğı⟩ Kind Ungezogenheit f; umg ungelegene(r) Augenblick, schlechte Nachricht

**yâran** [-a:n] osm pl von yâr; Malta ⁓ı HIST Malteser Orden m

**yaranmak** -e j-n für sich einnehmen; es j-m recht machen

**yarar** geeignet (-e für akk); Nutzen m, Vorteil m; (öffentliches) Wohl; (-in) ~ına zum Nutzen gen, zum Wohle gen; Benefiz- für; → yaramak, yarmak **~cılık** ⟨-ğı⟩ PHIL Utilitarismus m **~lanma** Nutzung f, Nutznießung f; Verwertung f **~lanmak** (-den) sich (dat) etw zunutze machen akk, Nutzen ziehen aus, nutzen akk; Gebrauch machen von dat **~lı** nützlich, vorteilhaft **~lık** ⟨-ğı⟩ Verdienst n, Leistung f; Nützlichkeit f **~sız** untauglich, ungeeignet, unnütz

**ya'rasa** ZOOL Fledermaus f

**yaraşık** ⟨-ğı⟩: ~ almak sich gehören; entsprechen dat; ~ almaz das gehört sich nicht **~lı** angebracht, passend **~sız** unangebracht, unpassend

**yaraş|mak** -e passen zu; stehen dat; entsprechen dat **~tırmak** ⟨-i -e⟩ j-m etw (z. B. e-e Äußerung) zutrauen

**yaratı** Schöpfung f, Werk n (künstlerisch) **~cı** Schöpfer m; Schaffende(r); schöpferisch, kreativ **~cılık** ⟨-ğı⟩ Schöpferkraft f, Kreativität f

**yaratık** ⟨-ğı⟩ Geschöpf n; **canlı ~** Lebewesen n

**yaratılmak** passiv von yaratmak

**yarat|ma** Schöpfung f; Schaffen n **~mak** v/t schaffen; ins Leben rufen; bewirken; Freude bereiten; hum beschaffen

**yarayışlı** nützlich, vorteilhaft

'**yarbay** Oberstleutnant m; HIST → kaymakam

**yardakçı** Komplize m, Mittäter m **~lık** ⟨-ğı⟩ Komplizenschaft f; ~ **etmek** Komplize, mitschuldig sein

**yardım** Hilfe f; Einwirkung f; POL Gelder Subvention f; ~ **mönüsü** IT Hilfemenü n; -e ~ **etmek**, -e ~**da bulunmak** j-m helfen, Hilfe leisten; -e ~**ına koşmak** j-m zu Hilfe eilen; **ilk ~** die Erste Hilfe

**yardımcı** Helfer m, -in f; Assistent m, -in f; Stellvertreter m, -in f; Hilfs-; stellvertretend, Vize-; provisorisch, Not-, Behelfs-; ~ **fiil** GRAM Hilfsverb n; -e ~ **olmak** j-m behilflich sein; ~ **yargıcı** Fußball Schiedsrichterassistent m

**yardımlaşmak** sich gegenseitig helfen

**yardımsever** hilfsbereit, karitativ

**yardırmak** kaus von yarmak

**yaren** [ja:-] dial → yarân; Kamerad m, Freund m **~lik** ⟨-ği⟩ Kameradschaft f, Freundschaft f

'**yarga** große(s) Hühnchen

**yargı** Urteil n; Justiz f; ~**sız infaz** umg Mord an e-m verfolgten Terrorverdächtigen oder e-m (abtrünnigen) Bandenmitglied

**yargıç** ⟨-cı⟩ Richter m

**yargılamak** -i urteilen (über akk); Sache beurteilen akk; (vor Gericht) vernehmen; vor Gericht stellen; (gerichtlich) untersuchen

**Yargıtay** Kassationsgerichtshof m

**yarı** Hälfte f; halb; SPORT Halbzeit f; ~ **ağır siklet** Halbschwergewicht n; ~ **gece** Mitternacht f; ~ **ünlü** LING Halbvokal m (y, ğ); ~ ~**ya** zur Hälfte, halb und halb; ~ **yolda** auf halbem Weg; ~ **yolda bırakmak** (z. B. Urlaub) abbrechen

**yarıçap** ⟨-pı⟩ MATH Radius *m*
**ya'rıfinal** ⟨-li⟩ Halbfinale *n*
**ya'rıgölge** Halbschatten *m*
**yarık** ⟨-ğı⟩ gespalten, geschlitzt; aufgerissen; *(Tür)* Spalt *m*; Spalte *f*; Riss *m* **~lık** ⟨-ğı⟩ Spalte *f*; Spaltung *f*
**ya'rıküre** GEOG Halbkugel *f*
**yarılamak** *v/t* zur Hälfte tun; *Glas* zur Hälfte austrinken; *Weg* zur Hälfte zurücklegen
**yarılmak** *passiv von* yarmak; Spalten *(od* Risse) bekommen; sich spalten
**yarım** Hälfte *f*; halb-; unvollendet; oberflächlich; *Person* gebrechlich; **~ ağızla** halbherzig; **~ baş ağrısı** MED Migräne *f*; **~ dünya** *hum* sehr dicker Mensch; **~ gönülle** *adv* halbherzig; **~ gün** halbtags; **~ kalmak** halb fertig sein; **~ siyah** TYPO halbfett; **~ uyku** Halbschlaf *m*; **~ yamalak** nur halb; gebrochen *(sprechen)*; *(saat)* **~da um** halb eins
**yarım|ada** Halbinsel *f* **~ay** Halbmond *m* **~ca** halbseitige Lähmung; Migräne *f* **~gün** Teilzeitbeschäftigung *f* **~küre** Halbkugel *f*; MATH Kugelhälfte *f*
**yarımlamak** *v/t* halbieren; → yarılamak
**yarımlık** ⟨-ğı⟩ Gebrechlichkeit *f*; *dial umg* Bruch *m*
**ya'rımsağ** MIL halbe Kehrtwendung rechts
**'yarın** morgen; Morgen *n (a.* = Zukunft); **~ akşam** morgen Abend; **~ öbür gün** demnächst, in ein paar Tagen; in Zukunft; **~ sabah** morgen früh; **~dan sonra** übermorgen; **~dan tezi yok** so bald wie möglich, besser heut als morgen **~ki** morgig
**yarıntı** Graben *m*, Rinne *f*, Furche *f*
**ya'rısaydam** halb durchsichtig
**yarış** Wettkampf *m*; WIRTSCH Wettbewerb *m*; Konkurrenz *f*; Wett-; Rennen *n*; **~ etmek** *e-n* Wettkampf austragen; im Wettbewerb stehen, konkurrieren; **~ tabancası** Startpistole *f*; **bisiklet ~ı** Radrennen *n*; **silahlanma ~ı** Wettrüsten *f*; **~a kalkmak** zum Wettkampf antreten **~çı** Wettkämpfer *m*, -in *f*
**yarış|ma** → yarış **~mak** *(-le)* kämpfen gegen, spielen gegen; in Wettbewerb treten, konkurrieren mit
**ya'rıyıl** Semester *n*
**'yarkurul** Komitee *n*, Kommission *f*

**yarma** Spalt *m*; Ausschnitt *m*; Schlitz *m*; *a*. MIL Durchbruch *m*; Durchbruchs(Stelle); Pfirsich mit leicht lösbarem Kern; *z. B.* Weizen grob gemahlen; **~ gibi, çam ~sı** hünenhaft; **~ çorbası** Suppe aus Weizenschrot und Joghurt
**yarmak** ⟨-ar⟩ *v/t* spalten; (auf)schlitzen; MIL Front durchbrechen; *Korn* mahlen; *Meer* durchfurchen; *fig* sich durchdrängen durch *akk*
**yarmalamak** *v/t der* Länge nach durchhauen, durchschneiden
**yarpuz** BOT Polei *m (Mentha pulegium)*
**yas** Trauer *f*; ... **için ~ tutmak** trauern um
**yasa** Gesetz *n*; **ceza ~sı** Strafgesetz *n*; **doğa ~sı** Naturgesetz *n*; **~ çıkarmak** ein Gesetz erlassen; **~ koyucu** Gesetzgeber *m*; **~ tasarısı** Gesetzesentwurf *m* **~dışı** illegal, gesetzwidrig
**yasak** ⟨-ğı⟩ verboten; Verbot *n*; **~ bölge** Sperrgebiet *n*; **~ edilme** Verbot *n*, Untersagung *f*; **~ etmek** *v/t* verbieten, untersagen; **~ savmak** zur Not genügen; **~ yayın** verbotene Publikation; **durma yasağı** Halteverbot *n*; **park yasağı** Parkverbot *n*
**yasak|lamak** *v/t* verbieten **~lanmak** verboten werden **~layıcı** Verbots- *(Bestimmung)*
**yasal** legal, gesetzlich; **~ düzenleme** gesetzliche Regelung
**yasalaş|mak** Gesetzeskraft erlangen **~tırmak** *v/t* legalisieren, legitimieren
**yasama** Gesetzgebung *f*; **~ dokunulmazlığı** POL Immunität *f*; **~ gücü** Legislative *f*
**yasasız** gesetzlos **~lık** ⟨-ğı⟩ Gesetzlosigkeit *f*
**yasemin** [ja:-] BOT Jasmin *m*
**yasla|mak** *(-i -e)* stützen *akk* auf *akk*, lehnen *akk* an *akk* **~nmak** *-e* sich lehnen an *akk*; sich stemmen gegen; *passiv von* yaslamak
**yaslı** in Trauer
**yassı** platt, flach; **~ kadayıf** süße (Blätterteig)Pastete **~lık** ⟨-ğı⟩ Ebenheit *f* **~lmak** → yassılaşmak **~ltmak** glätten, glatt streichen
**yas'sısolucan** ZOOL Bandwurm *m*
**yastık** ⟨-ğı⟩ Kissen *n*; TECH Lager *m*; (Saat)Beet *n*; **~ kılıfı** Kissenbezug *m*
**yastım** *dial* ... mit Plattfuß

# YATI

**yaş¹** Alter *n*; Jahr *n*; **~ baş** Lebenserfahrung *f*; **~ günü** Geburtstag *m*; **~ haddi** Altersgrenze *f*; **-in ~ı ilerlemek** älter werden; **~ yetmiş iş bitmiş** steinalt, hochbetagt; **-in ~ı benzemesin!** möge er (*od* sie) länger leben (*als der Gestorbene*)!; **-in ~ı ne, başı ne!** dazu ist er noch zu unerfahren, zu jung (*um mitreden zu können*); **~ı yerde sayılası** umg möge er doch verrecken!; **sekiz ~ına bastı** er ist sieben (Jahre alt); **sekiz ~ını doldurdu** er ist acht (Jahre alt); **sekiz ~ından gün almamış** er hat das siebte Lebensjahr noch nicht vollendet; **çocuk daha ~ında değil** das Kind ist noch nicht ein Jahr alt; **kaç ~ındasınız?** wie alt sind Sie?; **yirmi ~ındayım** ich bin zwanzig Jahre alt; **~ını (başını) almış insanlar** fortgeschrittenen Alters; **~ınızı göstermiyorsunuz** man sieht Ihnen Ihr Alter nicht an

**yaş²** **A** *subst* Träne *f*; **~ akıtmak** (*od* dökmek) Tränen vergießen; **~ını içine akıtmak** *fig* umg alles in sich hineinfressen **B** *adj* nass, feucht; frisch (*Obst*); umg mies; **~ tahtaya** (*od* yere) basmak *fig* aufs Glatteis gehen

**yaşa(sın)**, yaşa var*ol* *int* hoch (soll er leben)!, ein Hoch darauf!; es lebe ...!; **çok yaşa!** *zum Niesenden* Gesundheit!

**yaşam** Leben *n*; **~ odası** Wohnzimmer *n*; **~a geçirmek** in die Tat umsetzen

**yaşama** Kampf *m*, Existenz *f*, Dasein *n*; **~ uğraşı** Kampf *m* ums Dasein; **bir arada ~** Koexistenz *f*; **ortak ~** BIOL Symbiose *f*

**yaşamak** **A** *v/i*; existieren; leben (*-le von e-m Einkommen*); es sich (*dat*) gut sein lassen; Erinnerung weiterleben **B** *v/t* erleben; **yaşadık!** hurra!; **yaşadınız!** (ihr habt) Glück gehabt!

**yaşamöyküsel** biografisch
**yaşamöyküsü** ⟨-nü⟩ Biografie *f*
**yaşamsal** lebenswichtig
**yaşan|mak, ~ılmak** *passiv von* yaşamak; **yaşanıyor** *-i* man erlebt *akk*
**yaşantı** Erlebnis *n*
**yaşarmak** *v/i* nass (*od* feucht) werden
**yaşart|ıcı** rührend, herzzerreißend *adj*; (**göz**)~ Tränen- (*Gas*) **~mak** *v/t* zu Tränen rühren; *passiv von* yaşarmak
**yaşat|ıcı** mit Leben erfüllend; lebensbejahend **~mak** *v/t* Leben geben *dat*; *j-n* gut leben lassen; (*-e -i*) *j-n* erleben lassen *akk*; **~ j-n** (in der Erinnerung) bewahren; **b-ni (bir yerde) yasatmamak** *j-n* (an e-m Ort) nicht dulden

**yaşayış** Lebensweise *f*; (gesellschaftliches) Leben

**'yaşdönümü** ⟨-nü⟩ Wechseljahre *n/pl*
**yaşın: ~ ~** *dial* ganz leise, heimlich
**yaşıt** ⟨-dı⟩ Altersgenosse *m*, -genossin *f*
**yaşlanmak¹** *v/i* altern, alt werden
**yaşlanmak²** feucht werden
**yaşlı¹** bejahrt, alt; **~ başlı** gereift, erfahren

**yaşlı²** ... voll Tränen, tränenreich
**yaşlık** ⟨-ğı⟩ Feuchtigkeit *f*, Nässe *f*
**yaşlılık** ⟨-ğı⟩ Alter *n*
**yaşmak** ⟨-ğı⟩ HIST Gesichtsschleier *m*
**yat** ⟨-tı⟩ (Segel)Jacht *f*; **~ turizmi** Jachttourismus *m*
**yatağan** HIST Jatagan *m*, türkische(s) Krummschwert

**yatak** ⟨-ğı⟩ Bett *n*; Flussbett *n*; GEOL Schicht *f*; Vorkommen *n*, Lager *n*; TECH Lager *n*; *fig* Unterschlupf *m*, (*Diebes*)Höhle *f*; reiche(r) Jagdgrund; (*Handels*)Zentrum *n*; **~ çarşafı** Laken *n*, Betttuch *n*; **~ esiri** bettlägerig; **~ kasası** Bettkasten *m*; **~ liman** Flottenstützpunkt *m*; **~ odası** Schlafzimmer *n*; **~ örtüsü** Bettdecke *f*; **~ takımı** (ganzes) Bettzeug *n*; **-e ~ yapmak** *j-m* ein Lager bereiten; **bilyeli ~** TECH Kugellager *n*; **~ yorgan yatmak** krank daniederliegen; **yatağa bağlanmak** das Bett hüten müssen; **yatağa düşmek** umg (*krank*) ins Bett müssen; **yatağa girmek** zu Bett gehen; schlafen gehen; **yatağa yatmak** ins Bett gehen; sich ins Bett legen; → **yatağa düşmek**; *-in* **yatağına girmek** Frau mit *j-m* ins Bett gehen

**yatak|hane** [-ha:-] Schlafsaal *m* **~lı** mit ... Betten; **dört ~ oda** Vierbettzimmer *n*; **~ vagon** Schlafwagen *m* **~lık** ⟨-ğı⟩ Bett(gestell) *n*; Koje *f*; **on ~ bett**; *-e* **~ etmek** *j-n* verbergen, *j-m* Unterschlupf gewähren

**yatalak** ⟨-ğı⟩ bettlägerig
**yatar** → yatmak; **~ koltuk** Schlafsessel *m*
**yatay** horizontal, waagerecht; Horizontale *f*; **~ geçiş yapmak** wechseln (*Schule*)
**yatı: ~ya kalmak** Gast übernachten
**yatık** ⟨-ğı⟩ geneigt, schief; Umlege-

(*Kragen*); *Stoff* verschlissen; **~ harf** Kursivbuchstabe *m*; **~ kenar** Hypotenuse *f*
**yatılı, ~ öğrenci** Internatsschüler *m*, -in *f*; **~ okul** Internat *n*
**yatır** Heilige(r)
**yatırılmak** *passiv von* yatırmak
**yatırım** WIRTSCH Investition *f*, Anlage *f*; **-e ~ yapmak** investieren in *akk*, anlegen *akk* **~cı** (Kapital)Anleger *m*; Deponent *m*
**yatırmak** (-*i* -*e*) *v/t* legen in, auf *akk*; *j-n im Haus, für die Nacht* unterbringen; *Geld zur Bank* bringen; *Geld* einzahlen; anlegen, investieren in *akk*, deponieren bei *dat*; *Geld* ausgeben für; *Getreide* zu Boden drücken, umlegen; *Fleisch* einlegen in *akk*; *Haare* glätten, ordnen; *Kind zu Bett* bringen; *umg* **işi** (*od* **takımı**) **~** vermasseln
**yatış|ma** Beruhigung *f* **~mak** sich beruhigen; *Sturm, Zorn* nachlassen, sich legen **~tırıcı** beruhigend; MED Beruhigungsmittel *n* **~tırmak** *v/t* beruhigen; *Aufstand* eindämmen; *Schmerzen* lindern; *Ungeduld* zügeln, bezähmen; *j-n* bewegen zu
**yatkın** (-*e*) geneigt (nach); *fig* geneigt (*dat*; zu + *inf*); *fig* neigend, tendierend (zu); *fig* geschickt (in *dat*); begabt (zu); *Ware* liegen geblieben, *umg* vergammelt **~lık** ⟨-ğı⟩ geneigte Lage; *fig* Tendenz *f* (zu), Vorliebe *f* (für); Geschicklichkeit *f*
**yatma** Übernachtung *f*; Nachtquartier *n*; SCHIFF Schlagseite *f*
**yatmak** ⟨-ar⟩ sich hinlegen (*a. zum Schlafen*); ruhen, noch schlafen, im Bett sein; sich neigen (*auf die Seite, nach links*); das Bett hüten; (begraben) liegen, ruhen; übernachten, nächtigen; *umg* (im Gefängnis) sitzen; SCHIFF vor Anker liegen; *Getreide* umgelegt werden, zu Boden gedrückt werden; *Stoff* glatt werden; *Ware* auf Lager liegen (und nicht verkauft werden); liegen bleiben; *fig* neigen, geneigt sein (*zu*); gewandt, geschickt sein; **b-le ~** mit *j-m* schlafen; *-in* **yatacak yeri yok** er hat keine Bleibe; **yatıp kalkıp** zu jeder Stunde; **yatıp kalkmak** die Nacht verbringen
**yatsı** Zeitraum von zwei Stunden nach Sonnenuntergang; **~ namazı** islamische(s) Nachtgebet
**yavan** fettarm, fettlos; Wasser- (*Suppe*); mager (*Fleisch*); *fig* fade, geschmacklos, banal **~lık** ⟨-ğı⟩ Fettlosigkeit *f*; *fig* Geschmacklosigkeit *f*, Banalität *f*
**yavaş** langsam; *Person* ruhig, bedächtig; schwerfällig; leise *sprechen*; vorsichtig; schwach; **~!** Vorsicht!; **~ çekim** *umg* Zeitlupe *f*; **~ ~** allmählich, nach und nach; ganz sachte; **~tan almak** behutsam vorgehen, *umg* bummeln, trödeln **yavaşça** gemächlich, behutsam; leise **~lamak** langsamer gehen (*od* fahren); sich verlangsamen **~latmak** *v/t* verlangsamen; *Geschwindigkeit* drosseln **~lık** ⟨-ğı⟩ Langsamkeit *f*; Schwerfälligkeit *f*; Vorsicht *f*; Lautlosigkeit *f*
**yave** [a:] Gewäsch *n*; **~ söylemek** *umg* Blabla reden
**yaver** [ja:-] MIL Adjutant *m*; aussichtsreich; **şansımız ~ gidiyor** unsere Chancen stehen günstig
**yavru** Junge(s); Kindchen *n*, kleine(s) Kind; -chen, -ilein; **~ atmak** Tier Fehlgeburt haben; **~m** mein Kindchen!, mein Liebling!; **kedi ~su** Kätzchen *n*; **ördek ~su** Entlein *n* **~ağzı** ⟨-nı⟩ lachs(farben) **~cak** ⟨-ğı⟩, **~cuk** ⟨-ğu⟩ arme(s) Kind, süße(s) Kind, Kindchen *n* **~kurt** ⟨-du⟩ Pfadfinder *m*, -in *f* (*in der Grundschule*) **~lamak** Junge werfen
**yavşak** ⟨-ğı⟩ junge Laus; *umg* geschwätzig, respektlos
**yavuk** ⟨-ğu⟩ *dial* Verlobung *f* **~lamak** (-*i* -*e*) *j-n* verloben mit **~lanmak** verlobt sein mit; sich verloben **~lu** verlobt **~luk** ⟨-ğu⟩ Verlobung *f*
**yavuz** streng; schrecklich; tapfer; *dial* schön, herrlich **~lanmak, ~laşmak** wild werden, Drohungen ausstoßen **~luk** ⟨-ğu⟩ Strenge *f*; Schrecklichkeit *f*; Wagemut *m*
**yay** *a.* MUS Bogen *m*; TECH Feder *f*; MATH (Kreis)Bogen *m*; **~ gibi** krumm; gespannt; blitzschnell
**Yay** ASTROL Schütze *m*; **~ burcundanım** ich bin Schütze
**yaya** zu Fuß; Fußgänger *m*, -in *f*; **~ bölgesi** Fußgängerzone *f*; **~ geçidi** Fußgängerübergang *m*; **~ kaldırımı** Bürgersteig *m*; **~ kalmak** *fig* in die Patsche sitzen; **~ yolu** Gehweg *m*
**yayan** zu Fuß; *fig* unbedarft, ahnungslos; **~ gitmek** (zu Fuß) gehen, marschieren; **~ yapıldak** auf Schusters Rappen
**yayar** → yaymak

**yaydırmak** ⟨-i -e⟩ verbreiten lassen *akk* durch *akk*; *kaus von* **yaymak**

**yaygara** Geschrei *n*; **~ koparmak, ~yı basmak** ein lautes Geschrei erheben **~cı** Schreihals *m*; Krakeeler *m*

**yaygı** kleine(r) Teppich, Brücke *f*

**yaygın** Mode, Wort verbreitet; Fleck auseinandergelaufen; **~ eğitim** Erwachsenenbildung *f*; **~ oturmak** sich hinlümmeln **~laşmak** sich verbreiten, verbreitet werden; sich ausdehnen; sich einbürgern **~laştırmak** *v/t* ausdehnen (*-e* auf *akk*) **~lık** ⟨-ğı⟩ Verbreitung *f*; **kazanmak** e-e Verbreitung erfahren

**yayık¹** ⟨-ğı⟩ Buttermaschine *f*

**yayık²** ⟨-ğı⟩ ausgedehnt, weit; **~ ~** Silben dehnend, langatmig *erzählen*

**yayılı** ausgebreitet

**yayılım** POL Expansion *f*; PHYS Ausbreitung *f* **~cı** expansionistisch

**yayılma** Verbreitung *f*; → **yayılım**

**yayılmak** *-e* sich verbreiten in *akk*; Fleck auseinanderlaufen, größer werden; Tier grasen, weiden; Teppich ausgebreitet werden in *dat*, (hin)gelegt werden in *akk*; *fig* sich verbreiten über *akk*; sich erstrecken auf *akk*; sich (*in e-n Sessel*) hinflegeln

**yayım** Veröffentlichung *f* (*Vorgang*) **~cı** Herausgeber *m* **~lamak** *v/t* veröffentlichen, herausgeben

**yayın** Veröffentlichung *f* (*Vorgang und Produkt*); Radio, TV Sendung *f*, Übertragung *f*; **~ yapmak** senden, ausstrahlen; **naklen ~** Direktübertragung *f*

**ya'yınbalığı** ⟨-nı⟩ ZOOL Wels *m* (*Silurus glanis*)

**yayıncı** TYPO Verleger *m*, -in *f*

**yayındır|ıcı** Streu-, streuend **~ma** PHYS Streuung *f*

**ya'yınevi** ⟨-ni⟩ TYPO Verlag *m*

**yayın|lım, ~ma** PHYS Streuung *f des Lichtes*

**yayıntı** Gerümpel *n*; radioaktive Strahlung Entweichen *n*

**'yayla** Hochebene *f*, Plateau *n*; Alm *f*; **çorbası** → yarma çorbası

**yaylak** ⟨-ğı⟩ Alm *f*; Weide *f*

**yaylamak** (*Halb*)*Nomaden*: den Sommer in den Bergen verbringen

**yaylanmak** *v/i* sich federn; *umg* türmen

**yaylı** gefedert; HIST Kutsche *f*; **~ çalgı** Streichinstrument *n*

**yaylım** Weide *f*; **~ ateşi** Salvenfeuer *n*

**yaymacı** Kleinhändler *m*, -in *f*; Straßenhändler *m*, -in *f*

**yaymak** ⟨-ar⟩ ⟨-i -e⟩ Nachricht etc verbreiten; Staub aufwirbeln; Tuch ausbreiten; Vieh weiden

**yayvan** ausgebreitet; flach (*Schüssel*); **~ ~ gedehnt** (*sprechen*); schallend (*lachen*) **~lık** ⟨-ğı⟩ Flachheit *f*; Nachlässigkeit *f*

**yaz** Sommer *m*; **~ dönemi** (*od* **sömestresi, yarıyılı**) Sommersemester *n*; **~ dönencesi** → **yengeç dönencesi**; **~ kış** Sommer und Winter; **~ saati** Sommerzeit *f*; **~ tatili** Sommerferien *pl*; **~a çıkmak** auf den Sommer zugehen; **~ı getirmek** sich sommerlich anziehen

**yazar** Verfasser *m*, -in *f*, Autor *m*, -in *f*; Schriftsteller *m*, -in *f*; Publizist *m*, -in *f*

**yazarkasa** Registrierkasse *f*

**yazarlık** ⟨-ğı⟩ Schriftstellerei *f*

**yazdırmak** ⟨-i -e⟩ diktieren (*j-m akk*); *kaus von* **yazmak**

**yazgı** Schicksal *n*, Los *n*

**yazı¹** Schreiben *n*; Schrift *f*; Alphabet *n*; Handschrift *f*; Artikel *m*; Abhandlung *f*; Schreib- (*Material*); **~ dili** Schriftsprache *f*; **~ işleri** Redaktion(sbüro *n*) *f* (*e-r Zeitung*); **~ kadrosu** Mitarbeiterstab *m* (*e-r Zeitung*); **~ hatası** Schreibfehler *m*; **~ kağıdı** Schreibpapier *n*; **~ makinası** Schreibmaschine *f*; **~ masası** Schreibtisch *m*; **~ tura atmak** eine Münze werfen; *-i* **~ya dökmek** schriftlich festlegen; **~ya geçirmek** nach dem Diktiergerät schreiben; verschriftlichen; **~ya gelmemek** nicht schriftlich festgelegt werden können; **~yı çıkarmak** (*od* **sökmek**) lesen können, entziffern können, *umg* rauskriegen; **~yla yazmak** Zahlen ausschreiben

**yazı²** *dial* Ebene *f*; **~ yaban** Tiefebene *f*, flaches Land

**yazıbilgisi** ⟨-ni⟩ Grafologie *f*

**yazıcı** *bes* MIL Schreiber *m*; IT Drucker *m* **~lık** ⟨-ğı⟩ Schreibdienst *m*

**yazıhane** [-haː-] (Anwalts)Kanzlei *f*; (Anmelde)Büro *n*; Schreibtisch *m*

**yazık** ⟨-ğı⟩ schade, bedauerlich; (-*e*) Schande (*über akk*)!; schade um; Sünde *f*; -*e* **etmek** zunichtemachen *akk*; **kendine ~ etmek** sich (*dat*) selbst schaden; -*e* **~ olmak** schade sein um; (**ne**) **~ ki** leider; bedauerlich (nur), dass; schade, dass

**yazıklanmak** v/t bedauern

**yazılı** schriftlich (*a.* Prüfung); *Recht* verankert, dargelegt; beschrieben (*Blatt Papier*); eingetragen, registriert; *fig* vom Schicksal bestimmt; *Stein* mit e-r Inschrift, beschriftet; *Aktie* ausgestellt (auf *akk*); **el ~** handschriftlich

**yazılım** IT Software *f*, Programm *n* **~cı** Softwareentwickler *m*

**yazılma** Eintragung *f*, Anmeldung *f*

**yazılmak** *passiv von* yazmak; -*e* sich anmelden bei; **ayrı (bitişik) ~** GRAM getrennt (zusammen)geschrieben werden

**yazım** Rechtschreibung *f*; **~ yanlışı** Rechtschreibfehler *m*

**ya'zın**[1] Literatur *f*, Schrifttum *n*

**'yazın**[2] im Sommer

**yazış** Schreiben *n*; Handschrift *f*

**yazış|ma** Korrespondenz *f* **~mak** (-*le*) korrespondieren mit

**yazıt** ⟨-*tı*⟩ Inschrift *f*

**yazlamak** *dial* den Sommer verbringen; *v/unpers* allmählich Sommer werden

**yazlı**: **~ kışlı** sommers wie winters

**yazlık** ⟨-*ğı*⟩ Ferienhaus *n*; Sommerwohnung *f*; Sommerkleidung *f*; Sommer-, sommerlich; Freiluft- (*Kino*); **yazlığa çıkmak** Sommerurlaub machen

**yazma** Schreiben *n*; Kopftuch *n*; mit der Hand geschrieben; TYPO Handschrift *f*

**yazmacı** HIST Stoffdrucker *m*

**yazmak**[1] ⟨-*ar*⟩ (*a*. -*ı*, -*e*) schreiben (*etw* in, auf *akk*); aufschreiben (*z. B. Adresse*); *Kind* anmelden (*zur Schule, für die Schule*); *Schicksal* bestimmen; **ayrı ~** getrennt schreiben; **bitişik ~** zusammenschreiben; **yazıp çizmek** Notizen machen; Berechnungen anstellen

**yazmak**[2] *dial* gibt e-m anderen Verb den Sinn von beinahe: **düşe~** beinahe fallen, **öle~** fast sterben; **ayağım kaydı, düşeyazdım** ich rutschte aus, fast wäre ich gefallen

**yazman** Sekretär *m*; Schreiber *m*

**yedek** ⟨-*ği*⟩ Reserve *f*; Reserve-; Ersatzteil *n*; Ersatz-; **~ at** Beipferd *n*, Handpferd *n*; **~ bidon** Reservekanister *m*; **~ tekerlek** Reserverad *n*; **~ lastik** Reservereifen *m*; -*i* -*e* **yedeğe almak** ins Schlepptau nehmen *akk*; **~(te) çekmek** abschleppen *akk*; treideln **~çi** Stallknecht *m*; Treidler *m*

**yedekle|me** IT Sicherheitskopie *f*, Back-up *n* **~mek** eine Sicherheitskopie erstellen

**yedek|li** Ersatz-, Reserve- **~lik** ⟨-*ği*⟩ MIL Reserve *f*

**yeder** → yedmek

**yedi** sieben; Sieben *f*; **~ canlı** unverwüstlich, *umg* nicht totzukriegen; **~ düvel** (*gegen*) alle Welt (*kämpfen*); **~ iklim dört bucak** überall in der Welt; **~ kat el** völlig fremd, Fremde(r); **~ kubbeli hamam kurmak** Luftschlösser bauen; **~ mahalle** alle Welt, alle Leute; -*i* **~ mahalleye ilan etmek** *fig* (alles) ausposaunen; **~den yetmişe** Jung und Alt

**yediler**: **~ grubu** POL (die) G-7-Staaten

**yedi|li** *Karte* Sieben *f*; siebenteilig; siebenarmig (*Leuchter*) **~lik** sieben-; **~** yedili

**yedinci** siebte(r)

**yedirme** Kitt *m*

**yedir|mek** (-*i* -*e*) j-m zu essen geben; *Tier* zu fressen geben; *Baby, Tier* füttern; gut unterrühren (*etw z. B. in den Teig*); *Vermögen* ausgeben für; *kaus von* yemek; **kendisine yedirememek** sich (*dat*) *etw* nicht gefallen lassen

**yedişer** je sieben, in Gruppen zu sieben

**yediveren** BOT mehrmals (im Jahr) tragend (*od* blühend)

**yedmek** ⟨-*er*⟩ an der Leine führen; *fig* führen, geleiten

**yegâne** einzig, alleinig

**yeğ** besser, (dem) vorzuziehend; -*i* -*e* **tutmak** → yeğlemek

**yeğen** Neffe *m*; Nichte *f*

**yeğin** heftig, intensiv; überlegen **~leşmek** sich intensivieren **~lik** ⟨-*ği*⟩ Intensität *f*; Heftigkeit *f*; Stärke *f* (*des Magnetfeldes*)

**yeğlemek** (-*i* -*e*) vorziehen *akk dat*; -*i* bevorzugen *akk*

**yeğlik** ⟨-*ği*⟩ Überlegenheit *f*, Bevorzugung *f*

**yeğni** *dial* leicht (*a*. nicht ernst) **~lik** ⟨-*ği*⟩ Leichtheit *f*; Leichtigkeit *f* **~lmek** leichter werden **~semek** v/t gering schätzen

**yeis** ⟨yesi; yeisi⟩ Verzweiflung *f*; -*i* **bürümek** v/unpers *j*-*n* ergreift (*od* prägt) (die) Hoffnungslosigkeit; **yeise kapılmak**

# YEME

von Hoffnungslosigkeit ergriffen werden
**yek** ⟨-ki⟩ ein (einziger); ein- (z. B. farbig); **~ başına** selbstständig; *Würfel* eins; **hep ~ Pasch** eins
**yekdiğeri** ⟨-ni⟩ einander
**yeke** Ruderschaft *m*
**yekin|iş** Satz *m*, Sprung *m* **~mek** *-e* springen, stürzen (*-e doğru* auf *akk* zu)
**yeknesak** monoton, eintönig
**yekpare** [a:] aus e-m Stück; Ganz- (z. B. *Metall*)
**yeksan** [a:] **yerle ~ etmek** dem Erdboden gleichmachen
**yekûn** Summe *f*; *-e* **~ çekmek** ein Ende machen *dat*; fig den Mund stopfen
**yel** Wind *m*; umg MED Rheuma *n*; umg Winde *m*/*pl* (= *Blähungen*); **~ değirmeni** Windmühle *f*; **~ yeperek (yelken kürek)** in fliegender Hast; *-i* **~e vermek** zum Fenster hinauswerfen
**yeldirme** Art leichte Kapuze (für Frauen)
**yeldirmek** *-e j-n* (zur Eile) antreiben
**yele** ZOOL Mähne *f*
**yeleç** luftig
**yelek** ⟨-ği⟩ Weste *f*; Fiederung *f* (*e-s Pfeils*); Schwungfedern *f*/*pl* (*e-s Vogels*); **cankurtaran yeleği** Schwimmweste *f*
**yeleken** *dial* luftig
**yeleli** ... mit e-r Mähne
**yeler** → yelmek
**yelim** Lauf *m*; Eile *f*; **~ yeperek** mit Volldampf
**yelken** SCHIFF Segel *n*; **~le gitmek** segeln; **~ açmak** die Segel setzen; **~ basmak** absegeln; **~ bezi** Segeltuch (*n*); **~ sporu** Segelsport *m*; **~ yarışı** Segelregatta *f*; **~leri suya indirmek** fig die Segel streichen, sich ergeben
**yelken|ci** SCHIFF Matrose *m* **~cilik** ⟨-ği⟩ Segelsport *m*; Segeln *n*; Segel(*Schule*); Segelschiffahrt *f* **~leme** Segeln *n* **~lemek** absegeln, unter Segel gehen; fig losziehen **~li** Segel-; Segelboot *n*; **~ gemi** Segelschiff *n*
**yelkovan** große(r) Zeiger; Wetterfahne *f*; ZOOL Schwarzschnabel-Sturmtaucher *m* (*Puffinus puffinus*)
**yelle|mek** *v/t* (an)blasen; anfachen **~nmek** *passiv von* yellemek; umg e-n fliegen lassen, *vulg* furzen
**yelli** windig; fig kokett; *vulg* Furzer *m*
**yellim**: **~ yelalim** in fliegender Hast
**yelloz** leichte(s) Mädchen, Dirne *f*
**yelmek** ⟨-er⟩ rasen (*-e* nach, zu); **yelip yepermek** hin und her rennen
**'yelölçer** Anemometer *n*, Windmesser *m*
**yelpaze** [a:] Fächer *m*; fächerartig; **~ merdiven** Wendeltreppe *f* **~lemek** *v/t* anfachen, schüren **~lenmek**: **kendini ~ sich** *dat* (frische) Luft zufächeln
**yeltek** ⟨-ği⟩ unbeständig, flatterhaft
**yeltenmek** *-e* sich wagen an *akk* (*unzulässigerweise*)
**yem** Futter *n*; Köder *m*; fig Finte *f*, Verstellung *f*; **~ borusu çalmak** *j-n* mit leeren Versprechungen abspeisen; *j-m* die Hucke volllügen; **~ dökmek** Köder ausstreuen; fig *j-n* ködern
**yeme**: **~ içme** Essen und Trinken *n*
**yemek**[1] Essen *n* (*Mahlzeit, Speise, Veranstaltung*); **~ borusu** Speiseröhre *f*; *-e* **~ çıkarmak** *j-m* ein Essen vorsetzen, *j-n* bewirten; **~ kaşığı** Esslöffel *m*; **~ kitabı** Kochbuch *n*; **~ listesi** Speisekarte *f*; **~ masası** Esstisch *m*; **~ odası** (*od* **salonu**) Esszimmer *n*; **~ seçmek** wählerisch sein; **~ vermek** ein Essen geben; **yemek** *v/i* essen; **yemeği dışarıda yemek** auswärts essen (gehen); **akşam yemeği** Abendessen *n*; **öğle yemeği** Mittagessen *n*; **bu akşam yemeğe bize gelin!** kommt heute Abend zu uns zum Essen!; **yemeğe kalmak** *Gast* mit zum Essen bleiben
**yemek**[2] ⟨yer⟩ essen; *Tier* fressen; *j-n* ruinieren, an *j-m* zehren; *viel Material, Benzin etc* fressen; *Erbschaft, Geld* durchbringen; ... *Jahre Gefängnis, e-e Ohrfeige etc* bekommen; *Geld e-s anderen* einkassieren, einbehalten; ordentlich *Regen* abbekommen; *Meer* auswaschen, abtragen; *Moskito* stechen; *Säure* zerfressen; *an den Nägeln* kauen; *von e-m Stein* getroffen werden; **kumarda ~** (alles) verspielen; **rüşvet ~** sich bestechen lassen; **yediği naneye bak!** so etwas Unvernünftiges!; **yeme yanında yat** zu schön, um zu essen (fig um anzurühren); **yemeden içmeden** schnurstracks; **yemeden içmeden kesilmek** fig keinen Appetit mehr haben (*vor Aufregung*); *-i* **yiyip bitirmek** aufbrauchen; *j-n* zur Verzweiflung bringen; → yemek[1]
**yemekhane** [a:] Speisesaal *m*
**yemek|li** mit Verpflegung; *Feier* mit

(e-m) Essen; **~ vagon** BAHN Restaurantwagen m **~lik** ⟨-ği⟩ Speise- (Fett); zur Ernährung; Esswaren f/pl; **~siz** ohne Verpflegung, ohne Essen

**'Yemen** Jemen m

**yemeni** leichte(s) Kopftuch; leichte(r) Halbschuh ohne Absatz

**'Yemenli** Jemenit m, Jemenitin f; jemenitisch

**yemez** umg gerieben; int nix da!

**yemin** [i:] Eid m; **~ billah etmek** bei Gott schwören; **-e ~ etmek** j-m schwören (-in üzerine bei); e-n Eid leisten; **-e ~ ettirmek** j-n e-n Eid ablegen lassen; **~ kasem** beschwörend (sagen), unter Eid; **~ verdirmek** schwören lassen; **-e ~ vermek** j-m schwören

**yeminli** JUR vereidigt

**yemiş** Früchte f/pl; dial Feige f; → **kuruyemiş**; **~ vermek** Früchte tragen; **~ çi** Obsthändler m **~lik** ⟨-ği⟩ Obstgarten m; Obstteller m; Lagerraum m für Obst

**yemle|mek** v/t füttern; fig j-n ködern **~nmek** passiv von yemlemek; fig sich durchfüttern lassen

**yemlik** ⟨-ği⟩ Futtertrog m, Futternapf m; Krippe f; umg fig Dukatenesel m; fig Schmiergeld n; Pechvogel (im Spiel)

**'yemyeşil** ganz grün

**yen¹** Ärmel m; BOT Spatha f

**yen²** Yen m (japanische Währung)

**yener** → yenmek¹

**'yenge** Schwägerin f; Tante f (Frau des Onkels); umg Anrede Sie, meine Dame, meist hören Sie!, hallo!; umg meine Frau (vom Ehemann gesagt)

**yengeç** ⟨-ci⟩ ZOOL Krebs m; **~ gibi** schief, von der Seite gehend; ♑ ASTROL Krebs m; ♑ **burcundanım** ich bin Krebs; ♑ **dönencesi** Wendekreis m des Krebses

**yeni** A adj neu; Neo-; frisch (gestrichen); **~ baştan** von Neuem, noch einmal; **~ kelime** Modewort n; Neologismus m; **~ dünya düzeni** POL (die) neue Weltordnung B adv gerade (eben), eben (erst), erst vor Kurzem; **~ ~** dieser Tage, (erst) kürzlich; **~den ~ye** soeben; vor ganz kurzer Zeit; **~lerde ~, ~leyin** vor Kurzem

**yeniay** Neumond m

**yenibahar** Piment m, n; Neugewürz n

**yenice** recht neu, ziemlich neu

**ye'niçağ** Neuzeit f

**yeniçeri** HIST Janitschar m, Janitscharen m/pl; **~ ağası** Oberbefehlshaber m der Janitscharen; **~ ocağı** Janitscharenkorps n

**'yeniden** von Neuem; wieder, nochmals; **~ ~** immer wieder; um-: **~ gruplanma** Umgruppierung f; **~ yargılama** JUR Wiederaufnahme f der Untersuchung

**yenidünya** bunte Glaskugel; BOT Japanische Mispel ♀ osm Amerika n

**yenik¹** ⟨-ği⟩ A adj GEOL erodiert, abgetragen; zerfressen, zernagt B subst Biss m; (Motten) Stelle f; (Floh) Stich m

**yenik²** fig mitgenommen, zerschlagen; besiegt; **~ düşmek** scheitern, besiegt sein (od werden)

**yeni|leme** Erneuerung f **~lemek** -i erneuern; erneut unternehmen **~lenme** Erneuerung f **~lenmek** passiv von yenilemek; sich erneuern **~leşmek** sich erneuern, wieder wie neu werden **~leştirmek** v/t erneuern, auffrischen

**yenilgi** Niederlage f, Zusammenbruch m; **~ye uğramak** e-e Niederlage erleiden

**yenilik** ⟨-ği⟩ Erneuerung f; Reform f; Neuheit f **~çi** Neuerer m **~çilik** ⟨-ği⟩ Neuererwesen n

**yenilme** Niederlage f (-e durch akk)

**yenilmek¹** passiv von yemek; yenil(ebil)ir essbar; → yenmek

**yenilmek²** -e besiegt werden von dat, j-m unterlegen sein; **yenilmez** unbesiegbar

**yenir** → yenmek²

**yenirce** dial MED Gangräne f, Brand m; Beschädigung f des Knochengewebes; umg Knochenfraß m

**yenişlememek** patt sein **~mek** v/t überwinden; Herr werden gen

**ye'niyetme** Teenager m, Halbwüchsige(r) **~lik** ⟨-ği⟩ Pubertät f

**yenli** mit ... Ärmeln

**yenme** Besiegen n, Sieg m

**yenmek¹** ⟨-er⟩ -i besiegen akk; Schwierigkeiten überwinden; Herr werden gen; Wunsch, Zorn unterdrücken

**yen|mek²** ⟨-ir⟩ passiv von yemek; yen(il)ir yutulur gibi değil bes fig unangenehm; unannehmbar; **yenmez** ungenießbar **~miş** durchgescheuert; Schuhabsatz abgelaufen, schief

**yensiz** ärmellos
**'yepyeni** funkelnagelneu, aufs Neueste
**yer¹** → yemek²
**yer²** Platz m; Stelle f; Aufenthaltsort m; Erde f; Boden m; Erdboden m; Stellung f (*karşısındaki* gegenüber *dat*); Grundbesitz m; Erd- (*Achse*); ... zu ebener Erde (z. B. *Zimmer*); **~ açıldı** die Stelle wurde frei (od vakant); **-e ~ açmak** Platz machen *dat*; **~ alıştırmaları** SPORT Bodenübungen f|pl; **-e ~ almak** e-n Platz einnehmen; stattfinden; *fig* e-n Platz einnehmen; **-e ~ ayırmak** *fig* Platz einräumen *dat*; **~ belirteci** GRAM Ortsbestimmung f; **~ bulmak** e-n (Sitz)Platz finden; *fig* e-e Stellung finden; **~ demir gök bakır** hilflos und verlassen; **~ edinmek** Arbeit finden; sich im Leben durchsetzen; **~ etmek** e-e Spur hinterlassen, e-e Druckstelle geben (*im Teppich*); sich niederlassen; **~ hostesi** Hostess f, Betreuerin f; **~ tutmak** Raum (od Platz) einnehmen; e-n Platz reservieren; e-n wichtigen Platz einnehmen; **-e ~ vermek** *j-m* (große) Bedeutung beimessen; *j-m* e-e wichtige Aufgabe übertragen; *j-m* s-n Platz abtreten; *Wörter etc* aufnehmen; **~ yarılıp içine girmek** völlig verloren gehen; vor Scham in den Boden versinken; **~ yatağı** Lager n, Lagerstatt f; **~ ~** zeitweise; gebietsweise (z. B. *Regen*); stellenweise; **~ ~ inden oynamak** *v|unpers* großes Aufsehen erregen; e-n Tumult hervorrufen; **~den bitme** (od yapma) sehr untersetzt, zwergenhaft; **~den göğe kadar** voll und ganz, in jeder Hinsicht; **~den ~e çalmak** übel mitspielen *dat*; **~ bakan yürek yakan** ein Wolf im Schafspelz; **~e düşmek** hinfallen; **-den ~e geçmek** in den Boden versinken vor *dat*; **-i ~e göğe koy(a)mamak** sich sehr bemühen, *akk* zu bewirten; **-in ~i gelmek** an die Reihe kommen; **-en ~i olmak** angebracht sein; **~i öpmek** e-n Kotau machen; *hum* hinfallen; **-in ~i var** das hat Sinn; **-in ~i yok** fehl am Platz; **~in dibine geçmek** (od girmek) in der Versenkung verschwinden; vor Scham in den Boden versinken; **~in kulağı var** die Wände haben Ohren; **~inde** *postp* → yerinde; **~inde saymak** MIL, *fig* auf der Stelle treten; **-in ~inde yeller esiyor** völlig verödet; spurlos verschwunden; **~ine** *postp* → yerine; ... **~ine geçmek** Ersatz sein für ..., gültig sein wie ...; **-in ~ine geçmek** an die Stelle *j-s* treten; ablösen *akk*; **~ine gelmek** erfolgen, geschehen; erfüllt werden; wiederhergestellt werden (*Gesundheit*); sich wieder einstellen; **-i ~ine getirmek** ausführen; *Verpflichtung, Wunsch* erfüllen; *Schuld* begleichen; *Wort* halten; **-i ... ~ine koymak** *j-n* halten für; behandeln wie ...; **~ine oturmuş olmak** fest im Sattel sitzen, etabliert sein; **~ini ısıtmak** *fig* Sitzfleisch haben; **-in ~ini tutmak** ersetzen *akk*; die Stelle (*e-s anderen*) ausfüllen; **~lerde sürünmek** in e-r verzweifelten Lage sein; **~leri süpürmek** auf dem Boden schleifen; **bıçak ~i** Schmiss m, Schramme f; **çalışma ~i** Arbeitsplatz m; **duracak ~** Stehplatz m; **oturacak ~** Sitzplatz m; **her hangi bir yerde** irgendwo; **her hangi bir yere** irgendwohin; **her ~de** überall; **hiçbir yerde** (yere) nirgendwo(hin)

**'yeraltı** ⟨-nı⟩ unterirdisch, Boden- (*Schätze*); *fig* Illegalität f, Untergrund m; **~ çarşısı** unterirdische Einkaufspassage; **~ dünyası** Verbrecherszene f; **~ geçidi** Unterführung f; **~ suları** Grundwasser n

**'yer|beri** Erdnähe f, Perigäum n **~bilim** Geologie f **~bilimci** Geologe m, Geologin f **~çekimi** ⟨-ni⟩ Gravitation f, Schwerkraft f

**yerel** lokal, örtlich; Orts- (*Zeit*); Kommunal- (*Wahl*); **~ elbise** Tracht f; **~ gazete** Lokalzeitung f; **~ radyo** Lokalsender m; **~ saat** Ortszeit f; **~ yönetim** Kommunalverwaltung f **~leşmek** e-n lokalen Charakter annehmen

**yerelması** ⟨-nı⟩ BOT Topinambur f, a. Erdbirne f (*Helianthus tuberosus*)

**yerer** → yermek

**yerfıstığı** ⟨-nı⟩ BOT Erdnuss f

**yergi** Satire f **~ci** Satiriker m

**yerici** abschätzig, mäkelig

**yerilmek** *passiv von* yermek

**yerinde** am Platze, angebracht; gut, tadellos; in der Lage *gen*; **~ durmak** immer noch da sein; **deyim ~yse** wenn man so sagen darf; mit Verlaub gesagt; sozusagen **~lik** ⟨-ği⟩ Angemessenheit f; JUR Vorrang m des öffentlichen Interesses (*bei Verstaatlichungen*)

**yerine** (an)statt *gen*; anstelle (*gen od*

von *dat*); **onun ~ sen git!** geh du an seiner Stelle!

**yerinmek** *-e* betrübt sein über *akk*, bedauern *akk*; bereuen *akk*

**'yer|kabuğu** ⟨-nu⟩ GEOL Erdrinde *f* **~katı** ⟨-nı⟩ Erdgeschoss *n* **~küre** GEOG Erdkugel *f*, Globus *m*

**yerleş|ik** angesiedelt; *Person*, THEAT ansässig; sesshaft (*Leben*) **~im** Siedlung *f*; Siedlungs-

**yerleşme** Ansiedlung *f*, Siedlung *f*; Siedlungs- (*Gebiet*); MIL Stand- (*Ort*); Einführung *f* (*von Methoden*); **otele** *etc* **~** Unterkommen *n* im Hotel *etc*

**yerleşmek** sich niederlassen (*-de* in *dat*), sich ansiedeln, Platz finden (*-e* in e-*m Auto*); ein Unterkommen finden; unterkommen (*-e* bei e-r *Bank*); einziehen (*-e* in *ein Haus*); beim Umzug die Sachen unterbringen; sich setzen (*-e* in e-*n Sessel*); *Mode* Fuß fassen, sich durchsetzen; *Stein* richtig einpassen, fest sitzen; *Wort* sich einbürgern

**yerleştirmek** ⟨-*i* -e⟩ stecken (*akk* in die *Tasche*); legen; unterbringen (einquartieren) (*akk* in *bei*, *bei dat*); unterbringen (*j-n* in e-*m Betrieb*); *j-m* (e-*e Ohrfeige*) verpassen; *Wort* treffend sein, *umg* sitzen

**yerli** einheimisch; hiesig; (orts)ansässig; fest angebracht; TECH ortsfest, stationär; eingebaut (*Schrank*); Eingeborene(r) (= *Ureinwohner*); inländisch (*Waren*); ~ **yerinde** am richtigen Platz; **~ yerine** an den richtigen Platz

**yerlileşmek** sesshaft werden

**yerme** Tadel *m*

**yermek** ⟨-er⟩ verurteilen, kritisieren

**yermeli** pejorativ, abschätzig

**yer|merkezli** geozentrisch **~ölçüm** Geodäsie *f* **~öte** Apogäum *n* **~sarsıntısı** ⟨-nı⟩ Erdbeben *n* **~sel** Erd- **~seme** Lokalisierung *f* **~siz** unangebracht, unpassend; **~ yurtsuz** ein Hergelaufener **~sizlik** ⟨-ği⟩ Mangel *m* an Lagerraum; Unangemessenheit *f*, Abwegigkeit *f* **~solucanı** ZOOL Regenwurm *m* **~üstü** oberirdisch **~yüzü** ⟨-nü⟩ Erdoberfläche *f*

**yestehlemek** *umg* groß machen

**yesyeni** ~ yepyeni

**yeşer|mek** v/i grünen; Blätter bekommen, grün werden; *Baum* ausschlagen **~ti** Grün *n* (*in der Natur*) **~tmek** v/t grün machen; *Bäume* grünen lassen

**yeşil** grün (*a.* unreif); *Gemüse* frisch; **~ enerji** umweltfreundliche Energie; **~ ışık** grünes Licht; **♀ Pop** Art Protestmusik *f* (*des politischen Islam*); **~ salata** Kopfsalat *m*; *-e* **~ ışık yakmak** *fig* grünes Licht geben

**Yeşilay** Grüne(r) Halbmond (*Abstinenzlerverein*) **~cı** Antialkoholiker u. Nichtraucher *m*

**ye'şilbağa** ZOOL Laubfrosch *m*

**Yeşilbarış** ~ **örgütü** Greenpeace

**yeşilim|si, ~tırak** grünlich

**yeşillenmek** grün werden; *-e umg* (e-*e* Frau) belästigen

**yeşiller** POL Ökologiebewegung *f*

**Yeşiller** POL Die Grünen (*Deutschland*)

**yeşilli** grünfarbig; ganz in Grün (gekleidet) **~lik** ⟨-ği⟩ Grün *n*; Grünplatz *m*; Grünzeug *n*, frische(s) Gemüse; Salatbeilagen *f/pl*; grüne Wiese; **~ler içinde** im Grünen

**yetenek** ⟨-ği⟩ Fähigkeit *f*; Begabung *f*; Rezeptivität *f*; Auffassungsgabe *f* **~li** fähig; begabt **~sizlik** ⟨-ği⟩ Unfähigkeit *f*; Unempfänglichkeit *f*

**yeter** genug; es reicht; **~i kadar** in ausreichendem Maße

**yeterince** genügend

**yeter|li** fähig; kompetent; leistungsfähig; ausreichend **~lik** ⟨-ği⟩ Fähigkeit *f*; Kompetenz *f*; Sachkenntnis *f*; Leistungs- **~lilik** ⟨-ği⟩ Zulänglichkeit *f*

**ye'tersayı** POL Beschlussfähigkeit *f*

**yetersiz** unfähig; ungenügend; inkompetent; unzulänglich **~lik** ⟨-ği⟩ Unfähigkeit *f*; MED Insuffizienz *f*; **maddi ~** Mittellosigkeit *f*; **kalp yetersizliği** Herzinsuffizienz *f*

**yeti** Fähigkeit *f*; Eigenschaft *f*

**yetim** Waise *f* (*väterlicherseits*) **~hane** [a:] Waisenhaus *n*

**yetingen** anspruchslos, bescheiden **~lik** ⟨-ği⟩ Anspruchslosigkeit *f*

**yetinmek** *-le* sich beschränken auf *akk*, sich begnügen mit

**yetirmek** (*mit dem Geld*) auskommen; *Kind* großziehen; beenden, abschließen

**yetişen: yeni ~ler** Nachwuchs *m*

**yetişkin** erwachsen, reif **~lik** ⟨-ği⟩ (Zeit *f* der) Reife *f*

**yetişme** Wachstum *n*; Erlangung *f* (e-*s* Ziels, e-*s* Stadiums); Ausbildung *f*

**yetişmek** -e erreichen (akk, e-n Ort); fertig sein od werden (bis morgen etc); zu Hilfe eilen; kommen zu; sich j-m anschließen (bei e-r Arbeit); reichen (bis zu, bis an akk); (zeitlich) schaffen, erledigen; z. B. Geld reichen, genug sein; (j-n erleben, noch sehen (zu Lebzeiten); z. B. Obst gedeihen; Person heranwachsen; lernen, ausgebildet werden; erzogen werden; zehn Jahre alt werden; **yetiş!, yetişin!** zu Hilfe!; **yeni yetişen nesil** (der) Nachwuchs

**yetişmiş** reif; Person erwachsen; ausgebildet; Fach- (Arbeiter)

**yetiştirici** Erzeuger m, Produzent m **~lik** ⟨-ği⟩ Anbau m (von Kaffee etc)

**yetiştirim** Zähmung f, Dressur f

**yetiştirme** Zögling m; Heiminsasse m; Ausbildung f; **~ yurdu** (Jugend)Heim n

**yetiştirmek** kaus von yetişmek; (-e -i) j-n bringen (z. B. **trene** zur Bahn); etw beschaffen; Buch, Handlung abschließen (bis zu); Kind großziehen; Nachricht leiten an akk, zukommen lassen (j/-m); Tabak anbauen; Tiere züchten; Person ausbilden; BOT züchten, anbauen

**yetke** Autorität f, Geltung f **~li** autoritär

**yetki** Befugnis f; Zuständigkeit f; Kompetenz f; Vollmacht f; **-e ~ vermek** j-n ermächtigen **~li** zuständig, kompetent; befugt; Zuständige(r); **~ kılmak** die Befugnis erteilen

**yetkin** vollkommen, perfekt **~leşme** Vervollkommnung f **~leşmek** sich vervollkommnen **~leştirmek** v/t vervollkommnen **~lik** ⟨-ği⟩ Vollkommenheit f

**yetmek** ⟨-er⟩ -e genügen dat; Geld, Kraft reichen zu; Zeit, Alter erreichen; **artık canıma yetti** ich ertrage es nicht mehr; **yeter de artar** mehr als genug; **yeter ki yapsın** Hauptsache, er/sie macht es

**yetmezlik** ⟨-ği⟩ Mangel m an

**yetmiş** siebzig; Siebzig f; **yaş(ı) ~ işi bitmiş** er/sie ist schon so alt **~er** ist siebzig **~inci** siebzigste(r) **~li: ~ yıllar** die Siebzigerjahre **~lik** siebzigjährig

**yevmiye** Tagelohn m **~yeci** Tagelöhner m

**yeygi** dial Winterfutter n

**Yezidî** [-zi:di:] Jeside m (islam. Sekte)

**yezit** [i:] ⟨-di⟩ fig perfide; Tyrann m

**yığar** → yığmak

**yığdırmak** kaus von yığmak

**yığılı** angehäuft, haufenweise

**yığılışma** Menschenandrang m, Menschenauflauf m; Gewühl n **~mak** sich zusammendrängen

**yığılmak** sich ansammeln, sich (zusammen)drängen; sich stauen; e-n Auflauf bilden (-in önüne vor dat); Person (ohnmächtig) zusammenbrechen

**yığın** Haufen m; Berg m (von Büchern); Masse f; Ansammlung f; Massen- (Organisation)

**yığınak** ⟨-ğı⟩ Ansammlung f, Konzentration f; BOT Kolonie f; MIL Aufmarsch- (Gebiet)

**yığın|la** haufenweise, massenhaft **~sal** massenhaft **~tı** Anhäufung f, Masse f

**yığış** Anhäufung f, Ansammlung f **~ık** angehäuft, überladen **~ım** Konglomerat n **~mak** sich (zusammen)drängen, sich ansammeln **~tırmak** v/t (zusammen)drängen; passiv von yığışmak

**yığmak** ⟨-ar⟩ v/t aufhäufen; lagern, stapeln (-e in, auf dat); Kohle einlagern

**yıka|ma** Waschen n; CHEM Ausfällen n; Wasch- (Maschine); MED Spülung f; **beyin ~(sı)** PSYCH Gehirnwäsche f **~mak** v/t waschen; Kind baden; CHEM ausfällen; **bulaşık ~** Geschirr spülen; **çamaşır ~** Wäsche waschen

**yıkanmak** passiv von yıkamak; v/i baden; sich waschen

**yıkar** → yıkamak, yıkmak

**yıkayıcı** Wäscher m, -in f

**yıkı** Ruine f, Trümmerstätte f **~cı** Zerstörer m; zerstörerisch; destruktiv; verheerend (Erdbeben); Vernichtungs- (Krieg); Käufer m auf Abriss **~cılık** ⟨-ğı⟩ Destruktivismus m

**yıkık** zerstört, zerfallen

**yıkılmak** passiv von yıkmak; einstürzen, zusammenbrechen; sich davonmachen, umg sich wegscheren; fig j-m aufgehalst werden (-in üzerine)

**yıkım** Katastrophe f; zerstörerisch; Vernichtungs-; **~ olmak** katastrophal sein

**yıkıntı** Trümmer pl, Ruinen f/pl; **-e ~ olmak** der (finanzielle) Ruin sein für

**yıkma** Zerstören n; Abriss m

**yıkmacı** Käufer m auf Abriss

**yıkmak** ⟨-ar⟩ v/t zerstören; Baum fällen; umstürzen; Haus a. abreißen; Hut (nach *links)* schieben, schräg aufsetzen; *Person* niederstrecken; *fig j-n* ruinieren

**yıktırmak** *kaus von* yıkmak; *Mauer* abreißen (lassen) (-e *durch akk*)

**yıl** Jahr *n*; **~dan ~a** von Jahr zu Jahr; **doğum ~ı** Geburtsjahr *n*; **~ on iki ay das** ganze Jahr hindurch, dauernd; **2000 ~ında** im Jahr 2000; **(19)90'lı ~lar** die 90er-Jahre

**yılan** Schlange *f*; **~ gömleği** *(od* **kavı)** Schlangenhaut *f*; **~ hikâyesi** Bandwurmgeschichte *f*; Hickhack *m (od n)*; **~ kemiği** *fig* Gewissensbisse *m/pl*

**yı'lanbalığı** ⟨-nı⟩ ZOOL Aal *m*

**yılancık** ⟨-ğı⟩ MED Rose *f*

**yılankavi** [-ka:vi:] gewunden, spiralförmig; **~ merdiven** Spindeltreppe *f*; **~ viraj(lar)** Serpentine *f*

**yılar** → yılmak

**'yılbaşı** ⟨-nı⟩ Neujahr *n*; Neujahrstag *m*; **~ gecesi** Silvesternacht *f*

**yıldırak** ⟨-ğı⟩ Blitz *m*, blitzend, funkelnd

**yıldırıan, ~ıcı** furchterregend

**yıldırım** Blitz *m*; Blitz- *(Krieg, Telegramm)*; **~ gibi** *fig* wie der Blitz; **~ siperi** Blitzableiter *m*; **~la vurulmuşa dönmek** wie vom Blitz getroffen sein **~kıran, ~lık** ⟨-ğı⟩, **~savar** Blitzableiter *m*

**yıldırıma** Terror *m*; Schreckens- *(Zeit)* **~mak** *v/t* erschrecken; bedrohen, terrorisieren

**yıldız** Stern *m*; *fig* Star *m*; *Schule* (der od die) Erste, Beste (*z. B.* in Physik); *fig* Glücksstern *m*; SCHIFF Norden *m*; Stern- *(Zeit)*; **~ akmak** *(od* **uçmak)** Sterne fallen; **~ barışıklığı** gute(s) Einvernehmen; **~ falcısı** Astrologe *m*; **~ falı** Horoskop *n*; **~ı düşük** *fig* Unglücksrabe *m*

**yıldızçiçeği** ⟨-ni⟩ BOT Dahlie *f*

**yıldız'lamak** sternenklar werden; *Nordwind* aufkommen **~lı** Sternen- *(Banner)*; sternenklar **~yeli** ⟨-ni⟩ kalte(r) Nordwind

**'yıldönümü** ⟨-nü⟩ Jahrestag *m*

**yılgı** Schrecken *m*, Panik *f*

**yılgın** eingeschüchtert, verschreckt; *fig* gelähmt, ... in Panik **~lık** ⟨-ğı⟩ Furchtsamkeit *f*, Zaghaftigkeit *f*

**'yılhalkası** ⟨-nı⟩ BOT Jahresring *m*

**yılık** *dial* verzogen; schielend

**yılışık** servil, unterwürfig, liebedienerisch; **~ ~** zudringlich **~lık** ⟨-ğı⟩ Servilität *f*; Zudringlichkeit *f*

**yılışmak** servil sein, unterwürfig sein *(od* lächeln)

**yıllanımak** *v/i* ein ganzes Jahr bleiben; sehr lange bleiben; ein Jahr alt werden; alt werden **~mış** betagt, (*z. B.* Kleider), alt geworden; alt *(Wein)*; *Angelegenheit, Wort* überholt

**yıl'larca** jahrelang

**yıllatmak** *-i* viel Zeit (über *akk*) vergehen lassen; in die Länge ziehen

**yıllık** ⟨-ğı⟩ -jährig; einjährig; jährlich, Jahres-, Jahresmiete *f*; ... auf ein Jahr *(mieten)*; Jahrbuch *n*; ... yıllığına auf ... Jahr(e)

**yılmak** ⟨-ar⟩ ⟨-den⟩ zurückschrecken vor *dat*; den Lärm *etc* satthaben

**yılmaz** unerschrocken **~lık** ⟨-ğı⟩ Unerschrockenheit *f*

**yıpramak** *umg* → yıpranmak

**yıpranma** Abnutzung *f*; GEOL Erosion *f*; MED Läsion *f*

**yıpranımak** sich abnutzen (*z. B.* Maschine); sich abtragen (*z. B.* Kleider); *fig* sich verbrauchen, früh altern; *Regierung* geschwächt werden **~mış** abgenutzt; *Kleidung* abgetragen; *umg* gelitten; *Reifen* abgefahren

**yıpratıcı** Abnutzungs-; zermürbend

**yıpratmak** *v/t* abnutzen

**yırtar** → yırtmak

**yırtıcı** Raub- *(Tier)*; *fig* blutgierig; *fig* streitsüchtig

**yırtık** ⟨-ğı⟩ zerrissen; zerfallen; *Stimme* schrill, scharf; *fig* unverschämt, gerissen; Riss *m*; **~ pırtık** völlig zerlumpt

**yırtılmak** *passiv von* yırtmak; (durch-) reißen, platzen; *fig* Scheu verlieren

**yırtınmak** aus vollem Halse schreien; *fig* sich vor Eifer zerreißen

**yırtlak** ⟨-ğı⟩ *dial* (auf)gerissen, geplatzt; Schlitz-

**yırtmaç** ⟨-cı⟩ Schlitz *m* (am Kleid)

**yırtmak** ⟨-ar⟩ *v/t* durchreißen; zerreißen (*a. fig, z. B. die Stille*); zerkratzen (*z. B.* Hand); *Pferd* zureiten

**'yısa** *int* hau ruck!; **~ beraber** nun alle zusammen!; **~ etmek** Tau ziehen; **~ ~** höchstens

**yıvış: ~ ~** → cıvık

**yıvışık** → yılışık **~lık** → yapışkanlık

**yıvışmak** → cıvıklaşmak

**yiğit** ⟨-di⟩ Bursche *m*, junge(r) Mann, *umg* junge(r) Kerl; Held *m*; *fig* tapfer;

**freimütig ~lenmek, ~leşmek** mutig werden, sich (dat) ein Herz nehmen **~lik** ⟨-ği⟩ Mannhaftigkeit f, Beherztheit f

**yine** → gene

**yinele|me** Wiederholung f **~mek** v/t wiederholen **~meli** wiederholt; LING iterativ

**yirik** ⟨-ği⟩ hasenscharfig

**yirmi** zwanzig; Zwanzig f; **~ yaş dişi ~** Weisheitszahn m; **yirmilik diş ~lik** ⟨-ği⟩ zwanzigjährig; Zwanziger- (Packung etc); Zwanzigeuroschein m; **~ diş** Weisheitszahn m **~nci** zwanzigst- **~şer** je zwanzig; zu zwanzig **~şerlik** ... mit je zwanzig

**yiter** → yitmek

**yitik** ⟨-ği⟩ verloren; Verlust m

**yitim** Verlust m, Einbuße f

**yitirmek** v/t verlieren; verpassen; Weg verfehlen, verlieren

**yitmek** ⟨-er⟩ v/i verloren gehen; verschwinden; Licht erlöschen, verschwinden; **yitip gitmek** verloren gehen

**yiv** TECH Rille f; Einschnitt m; Gewinde n; Gang m (e-r Schraube); Naht f (des Schädels); (Hand)Linie f; Haar Scheitel m **~açar** Gewindeschneider m **~lemek** Hund schnüffeln **~li** gerillt, kanneliert, geriffelt

**yiyecek** Essbare(s), Esswaren f/pl; Nahrungsmittel n/pl; (tägliche) Ration; ZOOL Futter n; **~ bir şey var mı?** gibt es etwas zu essen?; **~ler** Lebensmittel n/pl

**yiyici** essend; fleischfressend; gefräßig, fig bestechlich, korrupt **~lik** ⟨-ği⟩ Bestechlichkeit f

**yiyim** Essen n; Nahrung f; **-i ~ yeri yapmak** j-n als melkende Kuh betrachten **~li** schmackhaft

**yiyinti** → yiyecek

**yo** ⟨ɔ:⟩ nein, doch; int nein!, ach wo!, nicht doch!; auf keinen Fall!

**yobaz** Fanatiker m; REL a. Frömmler m; Grobian m **~ca** fanatisch **~lık** ⟨-ğı⟩ Fanatismus m; Frömmelei f

**¹yoga** Yoga m (a. n)

**¹yogi** Yogi m

**yoğaltmak** v/t konsumieren

**yoğrulmak** passiv von **yoğurmak**; Metalltopf verbogen werden, Beulen bekommen

**yoğrum** Formung f, Verformung f

**yoğun** PHYS dicht (a. Verkehr); dicht (besiedelt); intensiv; zahlreich; Arbeit, Mühe erheblich; Kontakt eng; **~ alkış** brausende(r) Beifall; **~ bakım** (servisi od ünitesi) MED Intensivstation f

**yoğun|laşma** Kondensierung f; Verdichtung f **~laşmak** sich verdichten, sich konzentrieren; kondensieren; fig zunehmen; dichter werden **~laştırmak** v/t kondensieren, verdichten; komplizieren, erschweren **~luk** ⟨-ğu⟩ PHYS Dichte f, Dichtigkeit f; spezifische(s) Gewicht **~lukölçer** Dichtigkeitsmesser m

**yoğurmak** v/t kneten; fig formulieren

**yoğurt** ⟨-du⟩ Joghurt m; **~ çalmak** Joghurt ansetzen **~lu** mit Joghurt **~otu** BOT Labkraut n (Gallium)

**yok** ⟨-ku, -ğu⟩ ... ist nicht da, ... nicht vorhanden, gibt es nicht; z. B. Rauchen verboten; nein; Nichts n; → **yo**; aber (wenn) nicht ...; hum, distanzierte Behauptung **~ ...** einmal ... dann wieder (od außerdem, dann noch ...), Beispiele **~ yorgunmuş, ~ hastaymış** ... einmal ist sie (angeblich) müde, dann wieder ist sie krank ...; **~ canım** keineswegs; was du nicht sagst!; ach wo!; **~ denecek kadar az** verschwindend gering; **~ devenin başı!** ganz unmöglich!; von wegen!; **~ edici** Vernichtungs-; **~ edilme** Liquidierung f; Vernichtung f **~ etmek** v/t vernichten, liquidieren, ausmerzen; **~ oğlu ~** ganz und gar nichts; **~ olmak** vernichtet (od ausgemerzt) werden; **~ pahasına** zu e-m Spottpreis; **~ satmak** Ware reißenden Absatz haben; **~ yere** völlig nutzlos; grundlos; **bu şehirde ~ ~tur** in dieser Stadt ist alles da, was das Herz begehrt; **~ yoksul** bettelarm; **~tan var etmek** (aus dem Nichts) etw schaffen

**yokçuluk** PHIL Nihilismus m

**yoklama** Kontrolle f; Eintragung f, Registrierung f; Erfassung f (der Wehrpflichtigen); TECH Prüfen n; Test m (in der Schule); **~ listesi** Anwesenheitsliste f **~cı** Kontrolleur m, -in f

**yokla|mak** v/t betasten; sehen nach, prüfen, kontrollieren; (das Terrain) sondieren, vorfühlen; Haus durchsuchen; nach e-m Kranken sehen, e-n Kranken besuchen; Schmerzen sich wieder einstellen; **bir yokla** fühl mal vor, ... **~nmak**

## YOKL | 506

*passiv von* **yoklamak**

**yokluk** ⟨-ğu⟩ Abwesenheit *f*, Fernsein *n*; Mangel *m*; Not *f*; PHIL Nichtsein *n*

**'yoksa** A *adv* sonst, anderenfalls; etwa, vielleicht; sicher, wahrscheinlich; **uslu dururşun, ~ seni bir daha getirmem** benimm dich anständig, sonst nehme ich dich nicht mehr mit B *konj* oder; wenn nur; **bugün mü, ~ yarın mı gidiyorsunuz?** fahren Sie heute oder (etwa) morgen?

**yoksul** mittellos, arm; Not *f*, Armut *f*; ... **in Armut**; *fig* Gedanken *etc* dürftig **~laşmak** *v/i* verarmen **~laştırmak** *v/t* arm machen, ruinieren **~luk** ⟨-ğu⟩ Armut *f*; Not *f*, Elend *n*; Mangel *m* (*-in an dat*); **~ çekmek** Not leiden; **çocuk yoksulluğu** Kinderarmut *f*; **yaşlı yoksulluğu** Altersarmut *f*

**yoksun** (*-den*) ohne *akk* sein, bar *gen*; **~ bırakmak** (*od* **etmek**) *j-n* berauben *gen*; *j-n* entblößen *gen*; **~ olmak** nicht haben, entbehren (*müssen*) *akk* **~lu** GRAM privativ: **~ ek** Privativsuffix *n* (z. B. *-siz*) **~luk** ⟨-ğu⟩ Entbehrung *f* **~mak** (*-den*) entbehren (*müssen*) *akk*; ausgeschlossen sein von *dat*

**yokumsamak** *v/t* leugnen, verneinen

**yokuş** Anstieg *m*, Steigung *f*; *selten* Abstieg *m*; **~ aşağı** bergab; **~ yukarı** bergauf; **-i ~a koşmak** *fig* Schwierigkeiten machen *su* **~çu** Geländefahrer *m*

**yol** A *subst* Weg *m*; Reise *f*; ANAT Gang *m*; TECH Leitung *f*; Streifen *m* (*e-s Stoffes*); Art und Weise *f*; Mittel *n*, Mittel und Wege *pl*; fig Ausweg *m*; Vorgehen *n*, Methode *f*; System *n*; Ziel *n*, Zweck *m*; Mal *n*; TECH Geschwindigkeit *f*; **~ açmak** e-n Weg bahnen, e-n Weg anlegen; **-e j-m den Weg frei machen** (*od* freigeben); Platz machen; *fig j-m* Vorbild sein; *fig* führen zu; **~ almak** aufbrechen, *umg* losziehen; absegeln; *Kilometer* zurücklegen; **~ arkadaşı** Reisegefährte *m*, -gefährtin *f*; **~ ayrımı** Weggabelung *f*; *-i ~ etmek* oft besuchen *akk*, Stammgast sein bei *dat*; **~ gitmek** gehen, unterwegs sein; **-e ~ görünmek** *v/unpers j-m* e-e Reise bevorstehen; **-e ~(u) göstermek** *j-m* den Weg zeigen; *umg j-n* hinauswerfen; *fig j-m* e-n Fingerzeig geben; **~u tutmak** den Weg sperren; *fig* e-n Weg einschlagen; **-e ~ vermek** *j-m* den Weg freigeben; passieren lassen; *fig j-n* rausschmeißen, feuern; **~ uğrağı** Station *f*, Punkt *m*, Stelle *f* (*auf dem Weg*; *am Weg*); **~ ~** fadenweise, in Strichen, *Stoff* gestreift; **~ yordam** (Verhaltens)Regeln *f/pl*; Ordnung *f*; **~a çıkmak** aufbrechen; abreisen; (*-in*) **~(un)a düşmek** sich auf den Weg machen *akk*, zu; **~a düzülmek** aufbrechen; **~a gelmek** zur Vernunft kommen; *-i ~a getirmek j-n* zur Vernunft bringen; **~a koyulmak** sich auf den Weg machen; **~dan çıkmak** BAHN entgleisen; *fig* auf die schiefe Bahn geraten; **~lara düşmek** (in den Straßen) umherirren; sich auf die Suche begeben; **~da kalmak** liegen bleiben, nicht weiter(fahren) können; sich verspäten; *-i -e* **~u düşmek** *v/unpers* der Weg führt *j-n* nach, zu; die Möglichkeit bietet sich *j-m*; **~un açık olsun!** glückliche Reise!; komm gut hin!; **~una çıkmak** *j-m* entgegengehen; **~una girmek** in Ordnung kommen, geregelt werden; **~una koymak** regeln, ordnen; *-in* **~unu beklemek** *j-s* Kommen erwarten; **~unu kaybetmek** den Weg verlieren, sich verirren; **~unu şaşırmak** sich verirren; *-in* **~unu tutmak** den Weg einschlagen nach; anlegen B *postp* **~una** für *akk*; um *gen* willen; im Namen *gen*; ...**~undan** über ..., via ...; → **yolunda**, **yoluyla**

**yolak** ⟨-ğı⟩ *dial* Pfad *m*

**yolar** → **yolmak**

**yolcu** Reisende(r); Mitreisende(r); Fahrgast *m*, Passagier *m*; Passagier- (*Flugzeug*, *Schiff*); *fig* das zu erwartende Kind; *fig* ein aufgegebener Kranker, Todeskandidat *m*; *-i* **~ etmek** *j-n* zur Bahn bringen; *j-n* begleiten; **~ olmak** Reisevorbereitungen treffen; **~ salonu** Wartesaal *m*; Wartehalle *f*

**yolculuk** ⟨-ğu⟩ Reise *f*; (*Autobus*)Fahrt *f*; **~ etmek** (*od* **yapmak**) reisen; **iyi ~lar!** angenehme Reise!; gute Fahrt!

**yoldaş** Reisegefährte *m*, -gefährtin *f*; POL Genosse *m*, Genossin *f*

**yoldurmak** *passiv von* **yolmak**

**yolgeçen**: **burası ~ hanı değil!** hier geht man nicht nach Belieben ein und aus!

**yolla|mak** (*-i -e*) senden, schicken (*j-m akk*); zuschicken (*j-m akk*); *Brief*, *Tele-*

*gramm* aufgeben **~nmak** *passiv von* yollamak; sich begeben zu; sich auf den Weg machen nach, zu
**yollu** mit (guten etc) Wegen; (blau etc) gestreift; *Fahrzeug* schnell; *fig* ordentlich, exakt, korrekt; *umg* Straßenmädchen *n*; in Form *gen*, als ...; **cevap ~** in Form e-r Antwort, als Antwort; **şükran ~** als Zeichen des Dankes
**yolluk** ⟨-ğu⟩ Reiseproviant *m*; Reisedenken *n*; Reisekosten *pl*; Läufer *m* (= *Teppich*)
**yolmak** ⟨-ar⟩ *v/t* rupfen; auszupfen; *fig j-n* neppen, rupfen, ausnehmen; **saçını başını ~** *fig* sich *(dat)* die Haare raufen
**yolsuz** straßenlos; unwegsam, unzugänglich; *Arbeit* illegal; *Auto umg* lahm; langsam *(fahrend)*; *umg* abgebrannt
**yolsuzluk** ⟨-ğu⟩ Mangel *m* an Straßen; Dienstvergehen *n*, Korruption *f*
**yoluk** (aus)gerupft, ausgerissen
**yolunca** gesetzmäßig, ordnungsgemäß
**yolunda** in (voller) Ordnung; glatt, reibungslos (gehen); **~ gitmek** gut vorankommen
**yolun|mak** *passiv von* yolmak; sich *(dat)* die Haare raufen **~tu** gerupft *(Huhn)*; *etw* Abgerissenes
**yoluyla** *fig* durch Vermittlung *gen*; → yolundan; **hava ~** auf dem Luftweg
**yom** *dial* Glück *n*; Freudenbotschaft *f*; **~ tutmak** für Glück bringend halten
**yomsuzluk** ⟨-ğu⟩ Verhängnis *n*, böse(r) Zauber
**yonar** → yonmak, yontmak
**yonca** BOT Klee *m*
**yonda** Flaum *m*, Flaumfedern *f/pl*
**yonga** Abfall *m*, Späne *m/pl*; IT Chip *m*
**yont** ⟨-tu⟩ ungezähmte Stute
**yontar** → yontmak
**yontkuşu** ⟨-nu⟩ ZOOL Bachstelze *f*
**yontma** behauen
**yontmak** ⟨-ar⟩ *v/t* behauen; *Holz* bearbeiten, behobeln, glätten; *Baum* stutzen; *Bleistift* (an)spitzen; *Glas etc* (be)schleifen; *umg j-n* rupfen, ausnehmen
**yontmataş ~ devri** Paläolithikum *n*, Altsteinzeit *f*
**yontu** Statue *f*; Skulptur *f*, Plastik *f* **~cu** Bildhauer *m*; *fig umg* Raffke *m*
**yontuk** ⟨-ğu⟩ behauen; gehobelt; geglättet; Span *m*; angespitzt **~düz** GEOL Fastebene *f*, Peneplain *f*

**yontulmak** *passiv von* yontmak; *Person* zivilisiert werden, Benehmen lernen
**yorar** → yormak
**yordam** Behändigkeit *f*; Gewandtheit *f*, Geschicklichkeit *f*; **el ~ıyla** tastend
**yordamlı** flink, behände; gewandt
**yorga** leichte(r) Trab **~lamak** traben
**yorgan** Steppdecke *f*; **~ döşek yatmak** das Bett hüten (müssen); **ayağını ~ına göre uzatmak** *fig* sich nach der Decke strecken **~cı** Steppdeckenhersteller *m*; Steppdeckenverkäufer *m*
**yorgun** müde; **~ argın** ganz zerschlagen; **~ düşmek** ganz müde werden; **~ ~** *adv* so müde(, wie ich bin, war *etc*) **~luk** ⟨-ğu⟩ Müdigkeit *f*, Ermüdung *f*; **~ kahvesi** Aufmunterungskaffee *m*; **yorgunluğunu almak** (*od* **çıkarmak**) sich ausruhen; sich entspannen
**yormak**[1] ⟨-ar⟩ *v/t* ermüden, anstrengen
**yormak**[2] ⟨-ar⟩ (-i -e) deuten, auslegen *akk* als *akk*; *j-m etw* zuschreiben, hineindeuten *akk* in *akk*; **-i hayra ~** zum Guten auslegen
**yortmak** ⟨-ar⟩ *v/i* herumbummeln
**yortu** christliche(r) Feiertag; **Paskalya ~su** Osterfest *n*
**yorucu** ermüdend, anstrengend
**yorulmak**[1] ermüden; **yorulduım** ich bin abgespannt
**yorulmak**[2] *-e* gedeutet werden (als)
**yorul'maksızın** unermüdlich
**yorum** Kommentar *m*; Interpretation *f*; Deutung *f*; THEAT, MUS Bearbeitung *f* **~cu** Kommentator *m*, -in *f*; Interpret *m*, -in *f* **~lamak** *v/t* kommentieren; interpretieren
**yosma** hübsche(s) junge(s) Mädchen, Püppchen *n*; Modepuppe *f* **~lık** ⟨-ğı⟩ Liebreiz *m*, Charme *m*
**yosun** Moos *n*; Tang *m*, Alge *f*; BOT Flechte *f*; **~ bağlamak** (*od* **tutmak**) Sache sich mit Moos *etc* bedecken; **~ örtüsü** Algenteppich *m* **~lu** bemoost, mit Algen bedeckt
**yoz** natürlich, unbearbeitet; *Tier* ungezähmt, wild; BOT wild wachsend; *fig* unkultiviert **~laşmak** degenerieren **~laştırmak** *-i* die Entartung *gen* bewirken **~luk** ⟨-ğu⟩ Degeneration *f*
**yön** Seite *f*; Richtung *f*; *fig* Ansicht *f*, Einstellung *f*; *fig* Seite *f*, Aspekt *m* (e-r Sache); **dört ana ~** die vier Himmelsrich-

**tungen** f/pl; **-e ~ vermek** e-e neue Richtung geben dat, neu gestalten akk; **bir ~den** in gewissem Sinne; **bu ~den** unter diesem Gesichtspunkt, in dieser Hinsicht; **her ~den** in jeder Beziehung; → **yönünde**

**yöndeş** gleich gerichtet

**yönelik** -e gerichtet (auf akk)

**yönelim** Tropismus m; PSYCH Veranlagung f; fig Orientierung f (-e nach dat)

**yönelme** Orientierung f; ~ **durumu** türk. Richtungsfall m, Dativ m (-e, -a)

**yönelmek** -e sich begeben nach dat, in akk, zu, zugehen auf akk; fig sich zuwenden dat; fig neigen zu; fig sich richten gegen akk, üzerine auf akk

**yönelmeli**: **~ tümleç** Dativobjekt n

**yönelt|im** Orientierung f **~me** Orientierung f **~mek** -i -e richten akk auf akk; Fragen richten dat, an akk

**yönerge** Anweisungen f/pl

**yöneten** Dirigent m

**yönetici** Leiter m, -in f; Geschäftsführer m, -in f; Verwalter m, -in f; leitend; Manager m, -in f **~lik** ⟨-ği⟩ Leitung f; Führung f

**yönetim** Verwaltung f; Leitung f, Führung f; Regime n; ~ **kurulu** Vorstand m, Verwaltungsrat m **~sel** Verwaltungs-, Führungs-; administrativ

**yönetmek** v/t verwalten; leiten; führen; MUS dirigieren; THEAT inszenieren

**yönetmelik** ⟨-ği⟩ Satzung f; Statuten n/pl; Bestimmungen f/pl; Regelung f; Verwaltungsverordnung f

**yönetmen** FILM, TV Regisseur m, -in f **~lik** ⟨-ği⟩ Regie f

**yönlendirmek** v/t lenken; manipulieren; TEL umleiten (Ruf)

**yönlü** -seitig; **çok ~** fig vielseitig

**yönseme** fig Neigung f, Tendenz f

**yönsüz** ziellos, verschwommen

**yöntem** System n, Methode f **~bilim** Methodenlehre f **~li** methodisch **~lilik** ⟨-ği⟩ methodisches Vorgehen; Regelmäßigkeit f **~siz** unmethodisch

**yönünden** postp hinsichtlich gen, mit Blick auf akk

**yöre** Vorstadt f; Gegend f; Umgebung f **~sel** regional; **~ yemekler** regionale Spezialitäten f/pl **~sellik** ⟨-ği⟩ Lokalcharakter m

**Yörük** halbnomadischer Stamm in Südanatolien

**yörünge** ASTRON (Umlauf)Bahn f; **-in ~sine oturmak** in die Umlaufbahn kommen; fig sich gut anbahnen; **~sine oturtmak** v/t in die Umlaufbahn bringen; fig Sache gut anbahnen

**yudum** Schluck m; **~ ~** schluckweise; **bir ~da** in e-m Zug **~lamak** v/t schluckweise trinken

**yuf** [u:] pfui!, verflucht!; **~ borusu** Trompete f; **-e ~ borusu çalmak** umg j-n verhohnepiepeln, hinter j-m herschimpfen

**yufka** ⚠ subst Teigblatt n ⓑ adj zerbrechlich; **~ yürekli** weichherzig, mitleidig **~lık** ⟨-ğı⟩ Weichherzigkeit f

**Yugoslav** Jugoslawe m, Jugoslawin f; jugoslawisch **~lı**: **~ Türk** Jugoslawientürke m, Jugoslawientürkin f; jugoslawisch **~ya** Jugoslawien n

**yuğmak** → yumak¹

**yuğrulmak** → yoğrulmak

**yuh** int äh!, grässlich!

¹**yuha** buh!; Buhruf m; **-e ~ çekmek** buhen; j-n ausbuhen **~lamak** v/t ausbuhen

**yukar|da** oben **~daki** obige(r) **~dan** von oben; **~ bakmak** von oben herab behandeln

**yukarı** obere(r) Teil; Ober-, obere(r); nach oben; der Obere, Vorgesetzte; fig höhere, obere (Klasse); **~ kat** Obergeschoss n; **eller ~!** Hände hoch!; **~ çıkmak** hinaufgehen; **~dan** von oben; **~dan almak** von oben herab behandeln; **~dan aşağı** von oben nach unten; **-den ~ göstermek** älter wirken als

**yukarı|ki** oben erwähnt **~sı** das Obige; Oberteil n; Ort m etc oben

**yulaf** BOT Hafer m

**yular** Halfter m (od n); fig Gängelband n

**yumak** ⟨-ğı⟩ Knäuel n **~lamak** v/t zu e-m Knäuel wickeln

**yummak** ⟨-ar⟩ fest schließen, zudrücken (Auge, Mund); Faust ballen; **-e göz ~** fig ein Auge zudrücken bei; die Augen verschließen vor dat

**yumru** Knolle f; Beule f (z. B. an der Stirn)

**yumruk** ⟨-ğu⟩ Faust f; Faustschlag m; **~ hakkı** durch Gewalt Erworbene(s); Faustrecht n; **~ kadar** winzig; **ilk ~ta** mit dem ersten Schlag **~lama** Faustschlag m

**~lamak** v/t mit der Faust schlagen; **göğsünü ~** sich (dat) vor die Brust schlagen **~laşma** Schlägerei f **~luk** ⟨-ğu⟩: **bir ~ canı var** umg er ist leicht rumzukriegen

**yumrul(an)mak** v/i Beulen bekommen, anschwellen

**yumuk** ⟨-ğu⟩ geschlossen; blinzelnd; Hand rundlich, mollig

**yumulmak** sich schließen; Augen blinzeln, zusammenkneifen; umg sich hermachen über akk; umg Tempo vorlegen

**yumurcak** ⟨-ğı⟩ kleine(r) Schlingel; MED Pestbeule f

**yumurta** Ei n; ANAT Hode f, vulg Eier n/pl; Stopfpilz m; Fisch Rogen m; **~ akı** Eiweiß n; **~ kapıya dayandı** es ist allerhöchste Zeit; **~ kabuğu** Eierschale f; **~ kaşığı** Eierlöffel m; **~ ökçe** halbhohe(r) Absatz; **~ sarısı** Eigelb n; **~ya kulp takmak** um e-e Ausrede nicht verlegen sein **~cı** Eierhändler m, -in f **~lı**: **~ yemek** Eierspeise f **~lık** ⟨-ğı⟩ Eierbecher m; ANAT Eierstock m; BOT Fruchtknoten m

**yumurtamsı** eiförmig

**yumurtlamak** v/i Eier legen; laichen; fig hinausposaunen; sich (dat) etw ausdenken; **altın ~** fig goldene Eier legen; **cevahir ~** hum e-e Weisheit zum Besten geben

'**yumuşacık** samtweich

**yumuşak** ⟨-ğı⟩ weich f; LING stimmhaft; Klima, Luft mild; fig nachgiebig, lenksam; Wort süß, angenehm; **~ başlı** umgänglich, nachgiebig; **~ g** das weiche G (Ğ, ğ) **~ça** ZOOL Molluske f, Weichtier n **~lık** ⟨-ğı⟩ Weichheit f; fig Milde f

**yumuşa|ma** Erweichung f; POL Entspannung f; GRAM Konsonantenerweichung f **~mak** weich werden; fig nachgeben; GRAM stimmhaft werden **~tmak** v/t erweichen; fig mildern; TECH dämpfen; POL entschärfen

**yunak** ⟨-ğı⟩ dial Bach m

**Yunan** Grieche m; Griechin f; griechisch **~ca** (das) (Neu)Griechisch(e); (auf) (Neu)Griechisch **~istan** Griechenland n **~istanlı**: **~ Türk** Griechenlandtürke m, Griechenlandtürkin f **~lı** Grieche m; Griechin f

**yunmak** ⟨-ar⟩ sich waschen, baden

**yunus** ZOOL Delfin m

**yurt** ⟨-du⟩ Land n, Vaterland n; Heimat f; Heim n; Jurte f; (Sammel)Stätte f; Hort m; **~ dışı** → yurtdışı; **dikiş yurdu** Nähstube f; **gençlik yurdu** Jugendheim n; **öğrenci yurdu** Schülerheim n, Studentenwohnheim n; **sağlık yurdu** Erholungsheim n, Heilstätte f; **~ tutmak** heimisch (od ansässig) werden

**yurt|dışı** Ausland n; ausländisch **~içi** binnenländisch, Binnen- **~landırmak** v/t ansiedeln **~lanmak** sich ansiedeln **~luk** ⟨-ğu⟩ Besitztum n; HIST Lehen n **~sama** Heimweh n **~samak** Heimweh haben **~serverlik** ⟨-ği⟩ Vaterlandsliebe f **~sever** vaterlandsliebend, patriotisch; Patriot m, -in f

**yurtsuz** heimatlos; obdachlos

**yurttaş** Landsmann m; Landsmännin f; Bürger m; Staatsbürger m, -in f **~lık** ⟨-ğı⟩ Staatsbürgerschaft f; **~ bilgisi** Sozialkunde f (Schulfach)

'**yus|yumru** dick angeschwollen; kugelrund **~yuvarlak** ⟨-ğı⟩ kugelrund; dick und rund

**yutak** ⟨-ğı⟩ Schlund m, Rachen m

**yutar** → yutmak

**yu'targöze** BIOL Phagozyt m

**yutkunmak** v/i schlucken; fig herumdrucksen

**yutma** Schlucken n

**yutmak** ⟨-ar⟩ v/t hinunterschlucken; fig Buch verschlingen; fig an sich bringen; Beleidigungen einstecken, umg schlucken; Lüge hinnehmen, umg schlucken; MED einnehmen; umg e-n Schnitt machen, etw gewinnen; umg (sofort) kapieren; Silben verschlucken; MED **kolay yutulur** angenehm einzunehmen

**yutturmaca** versteckte(s) Wortspiel; Schwindel m; Attrappe f

**yutturmak** ⟨-i -e⟩ kaus von yutmak; j-m etw aufbinden, weismachen

**yutulmak** passiv von yutmak

**yuva** Nest n; (Adler)Horst m; (Fuchs)Bau m; (Ameisen)Haufen m; Fische Laichplatz m; fig (Diebes)Höhle f; Brutstätte f; Heim n, Häuslichkeit f; Kindergarten m, Kindertagesstätte f; fig Stätte f (der Wissenschaft etc); ANAT Höhle f; TECH Falz m, Kehle f; **diş ~sı** Alveole f; **göz ~sı** Augenhöhle f

**yuvalamak** v/i nisten (-in üstünde auf dat)

**yuvar** Blutkörperchen n; sphärisch, kugelförmig

**yuvarlak** ⟨-ğı⟩ rund (a. fig Summe, Zahl); Zahl aufgerundet; abgerundet; **~ hesap yapmak** (die Rechnung) abrunden; **~ konuşmak** sehr allgemein reden; **~ ünlü** LING gerundete(r) Vokal

**yuvarlaklaş|mak** rund (GRAM gerundet) werden **~tırmak** v/t (auf-, ab)runden

**yuvarlaklık** ⟨-ğı⟩ Kugelförmigkeit f; runde Form

**yuvarlamak** v/t rollen, wälzen; Tuch zusammenlegen, zusammenrollen; (zu Boden) strecken, niederschlagen; Essen verkonsumieren, umg verputzen; Getränk umg runterkippen; Rechnung abrunden; fig umg schwindeln

**yuvar|lanmak** passiv von yuvarlamak; hinunterrollen, umg runtertrudeln; rollen (-den aus dat); zu Boden sinken; fig plötzlich versterben; fig umg rausfliegen (aus e-r Stellung) **~latmak** v/t kaus von yuvarlamak; abrunden; ausfeilen

**yuvgu** dial Walze f; Zylinder m **~lamak** v/t walzen

**yüce** hoch; fig erhaben, hehr; ♱ **Divan** Oberste(s) Gericht, Verfassungsgericht n **~lik** ⟨-ği⟩ Höhe f; fig Erhabenheit f **~lim** ASTRON Kulmination f; **~ noktası** Kulminationspunkt m **~lmek** v/i steigen, sich erheben **~ltmek** v/t heben; erheben, erhöhen

**yük** ⟨-kü⟩ a. ELEK Ladung f, Last f; bes SCHIFF Fracht f; fig Last f, Bürde f; Last(Tier) f; Leibesfrucht f; fig Anstrengung f, Verbissenheit f; → yüklük; **~ ağırlığı** Ladegewicht n; **~ altına girmek** fig e-e (od die) Last auf sich nehmen; **~ asansörü** Lastenaufzug m; **~ boşalımı** ELEK Entladung f; **~ gemisi** Frachtschiff n; -e **~ olmak** j-m zur Last fallen (a. finanziell); **~ vagonu** Güterwagen m; -e **~ vurmak** Tier schwer bepacken, beladen; **~ünü tutmuş olmak** steinreich sein

**yükçü** Lastträger m **~lük** ⟨-ğü⟩ Lastentragen n; Fuhrgeschäft n

**yüklem** GRAM Prädikat n

**yükleme** (Ver)Laden n; (Ver)Lade-

**yüklemek** (-i -e) v/t beladen; laden akk auf akk; in akk; fig belasten akk mit dat, aufbürden (j-m etw); j-m etw zuschreiben; Schuld; Verantwortung zuschieben dat, anlasten dat

**yüklenilmek** passiv von yüklemek

**yüklenmek** passiv von yüklemek; -e drücken gegen; sich stemmen gegen; sich stürzen in akk; sich werfen (üzerine auf akk); -i auf sich nehmen akk, sich belasten mit; -e bedrängen akk

**yüklet|me** Verladung f; Verlade-; Umschlag- (Hafen, Platz); Lade- (Brücke) **~mek** (-i -e) j-n beladen, bepacken mit; j-m zuschreiben akk

**yükleyici** Verlader m; Ladevorrichtung f, Stapler m

**yüklü** beladen; überladen (a. fig Programm); Person überlastet; Frau schwanger; fig übertrieben, überzogen; umg besoffen; umg sehr betucht

**yüklük** ⟨-ğü⟩ Platz für Matratzen u. Bettzeug

**yüksek** ⟨-ği⟩ hoch; hoch gelegen; Person Ober-; hochgestellt; fig hoch, erhaben; Gefühl erhaben; Stimme hoch; kräftig, laut; **~ atlama** Hochsprung m; **~ basınç** Hochdruck m (Wetterlage); **~ fiyat** überhöhte(r) Preis; **~ gerilim** Hochspannung f; **~ mühendis** Diplomingenieur m; **~ perdeden konuşmak** laut sprechen; von oben herab reden; herausfordernd sprechen; **~ sesle** laut; mit hoher Stimme; **~ten atmak** ein Großmaul sein; **-e ~ten bakmak** j-n von oben herab behandeln

**yükseklik** ⟨-ği⟩ Höhe f; **beş yüz metre yüksekliğinde** fünfhundert Meter hoch

**yük'sek|okul** Hochschule f **~öğrenim** Studium n; -e **~ bursu** Hochschulstipendium n **~öğretim** Hochschulwesen n

**yükselen** ASTROL Aszendent m

**yükselme** Steigung f, Ansteigen n; Aufstieg m; Beförderung f (im Dienst); Hochwasser n; MATH Potenzieren n; **~ devri** HIST Blütezeit f

**yükselmek** sich erheben, (empor)steigen; Flugzeug aufsteigen; Preise, Temperatur steigen; Stimme lauter werden

**yükselteç** ⟨-ci⟩ PHYS Verstärker m

**yükselt|gemek** v/t CHEM oxidieren **~gen** Oxidationsmittel n; oxidierend **~genme** CHEM Oxidation f **~genmek** v/t CHEM oxidieren

**yükselti** Anhöhe f, Hügel m; GEOG Höhe f über dem Meeresspiegel; ASTRON Höhe f (e-s Gestirns)

**yükselt|me** Hebung f; PHYS Auftrieb m; ELEK Verstärkung f **~mek** v/t heben; Kapital erhöhen, aufstocken; fig aufblähen, aufbauschen; j-n befördern; Stimme verstärken, erheben; MATH erheben; **dördüncü kuvvete ~** in die vierte Potenz heben

**yüksük** ⟨-ğü⟩ Fingerhut m; BOT (Blüten)Kelch m **~otu** BOT (Roter) Fingerhut, (*Digitalis purpurea*)

**yüksünmek** als Last empfinden (-den akk); bequem (od apathisch) sein

**yüküm** Pflicht f, Schuldigkeit f **~lenmek** sich verpflichten (-i zu) **~lü** verpflichtet (-le zu); -le **~ tutmak** WIRTSCH belasten mit **~lülük** ⟨-ğü⟩ Verpflichtung f; **~ altına girmek** sich verpflichten

**yükünmek** dial sich tief verbeugen

**yün** Wolle f; **~ kumaş** Wollstoff m **~lü** wollen, Woll-

**yürek** ⟨-ği⟩ Herz n; fig Herz n, Mut m; Mitgefühl n; **~ çarpıntısı** Herzklopfen n; **bende ~ Selanik oldu** mir hing das Herz in den Hosen; **~ vermek** sich (dat) ein Herz fassen; -in **yüreği ağzına gelmek** v/unpers j-m angst und bange werden; -in **yüreği cız etmek** v/unpers wehmütig werden; **yüreği geniş** ungerührt; großmütig; -in **yüreği kalkmak** v/unpers ganz aufgeregt sein; **yüreğim serinledi** ich fühlte mich erleichtert; -in **yüreği yağ bağlamak** frohlocken über akk; -in **yüreğine inmek** plötzlich tot umfallen; plötzlich s-n Geist aufgeben; j-m aufs Gemüt schlagen; -in **yüreğine işlemek** fig j-m an die Nieren gehen; -in **yüreğine su serpilmek** sich erleichtert (od getröstet) finden; **yüreğini boşaltmak** sein Herz ausschütten; -in **yüreğinin yağları eriyor** es zerreißt ihm das Herz; ihn überfällt die Angst; **~ler acısı** Seelennot f; **herzzerreißend; ~ten** von Herzen; herzlich (*Dank*, *Gruß*)

**yüreklendir|me** Ermunterung f **~mek** v/t ermuntern, ermutigen

**yüreklenmek** Mut schöpfen (-den durch akk, aus dat heraus)

**yürekli** beherzt, mutig **~lik** ⟨-ği⟩ Beherztheit f; Herzlichkeit f

**yüreksiz** zaghaft, mutlos; widerwillig **~lik** ⟨-ği⟩ Zaghaftigkeit f

**yürük** ⟨-ğü⟩ gut zu Fuß gehen; HIST lehnspflichtige(r) Soldat; → **Yörük**

**yürüme** Gang m, Gangart f; **~ olanağı** Gehfähigkeit f; Fortbewegungsmöglichkeit f

**yürümek** v/i (weiter)gehen; (weiter)fahren; gehen, marschieren, laufen; Kind (zu) laufen (anfangen); sich beeilen; gelangen (-e zu); z. B. Wasser kommen, tropfen (-e auf akk); Zeit vergehen; fig (glatt)gehen, vorankommen; Zinsen berechnet werden (-den zu); **yürüyerek gitmek** zu Fuß gehen

**yürürlük** ⟨-ğü⟩ Gültigkeit f; **yürürlüğe girmek** in Kraft treten; **~te olmak** gültig sein, in Kraft sein; **~ten kaldırmak** außer Kraft setzen, abschaffen

**yürüteç** ⟨-ci⟩ Laufgitter n

**yürütme** Durchführung f, Ausführung f; **~ gücü** Exekutive f; **~ kurulu** geschäftsführende(r) Vorstand

**yürütmek** v/t vom Laufen bringen; Büro (*Angelegenheiten*); Untersuchung leiten; durchführen, ausführen; Gedanken durchsetzen; Geschäft führen; Gesetz anwenden; Heilung bewirken; Kampf führen; Meinung äußern, vorbringen; Tätigkeit ausüben; umg mitgehen lassen (= stehlen)

**yürüyen: ~ merdiven** Rolltreppe f

**yürüyüş** Gang m, Gangart f; Schritt m; Fortbewegung f; Marsch m, Protestmarsch m; **gösteri ~ü** POL Demonstration f; **~ emri** Marschbefehl m; **~ kolu** Marschkolonne f; **~ yapmak** e-n Spaziergang machen; e-n Protestmarsch durchführen; **~e çıkmak** spazieren gehen; **~e geçmek** sich auf den Marsch machen, losmarschieren

**yüsrü** Ebenholz n

**yüz**[1] hundert; Hundert f; **~ler** Hunderte pl; **~lerce** Hunderte von; **~ numara** WC n (00); **~de** → **yüzde**

**yüz**[2] **A** subst Gesicht n; Oberfläche f; Vorderseite f, Front f (*e-s Gebäudes*); Seite f, Abhang m (*e-s Berges*); rechte Seite (*e-s Stoffes*); rechts (*stricken*); **~ akıyla** ehrenvoll; -den **~ bulmak** pej verwöhnt werden; -den **~ çevirmek** fig j-m die kalte Schulter zeigen; sich abwenden von dat; **~ göstermek** auftreten, sich zeigen; (j-m) zugetan sein; -le **~ göz olmak** pej auf vertrautem Fuße stehen mit, s-n Ansehen verlieren bei; **~ kızartıcı** schändlich, schmachvoll; -e **~ tutmak** nahe daran sein zu (+ inf), nahe sein dat; **-e ~ vermek** pej j-n verwöhnen; **~ ~e gelmek** sich (plötzlich) gegenüberstehen; einander begegnen; **~e gülmek** katzenfreundlich sein; freundlich wirken; **rahat** etc **~ü görmek** endlich Ruhe etc haben; *-in* **~ü gözü açılmak** frech werden; wieder sauber etc sein; **~ü kara** mit Schande bedeckt; *-in -e* **~ü kızarmak** schamrot werden; *-in -e* **~ü olmamak** sich nicht trauen zu ...; nicht aushalten können *akk*; *-in* **~ü suyu hürmetine** zum ehrenden Andenken an *akk*, *-meye* **~ü tutmamak** sich nicht trauen (etw zu fordern); **~ü yumuşak** nachgiebig, weichherzig; **~ünden kan damlıyor** fig er (od sie) ist das blühende Leben; **~üne bakılır** ganz hübsch; **~üne bakılmaz** sehr unschön; *-in* **~üne bakmamak** j-n nicht mehr sehen wollen; j-n absichtlich übersehen; fig j-n schneiden; *-i -in* **~üne vurmak** (od **çarpmak**) (j-m) s-n Fehler vorhalten, j-m Vorwürfe machen; *-in* **~ünü ağartmak** j-n mit Stolz erfüllen; **~ünü kara çıkarmak** j-n schmähen, besudeln; *-den* **~ünün akıyla çıkmak** sich ehrenvoll aus der Affäre ziehen, sich (dat) zu helfen wissen **B** postp **bu ~den** deswegen, aus diesem misslichen Grund; *-in* **~ünden** wegen gen, aus dat (negativ); **benim ~ümden** meinetwegen, durch meine Schuld; **dikkatsizlik ~ünden** aus Unvorsichtigkeit; **kar ~ünden** der Schneefälle wegen, durch Schnee(fall)

**yüzbaşı** ⟨-nı⟩ MIL Hauptmann m **~lık** ⟨-ğı⟩ Hauptmannsrang m

**yüzde** Prozent(satz m) n; **~ beş (% 5)** fünf Prozent (5%); **~ yüz** hundert Prozent, hundertprozentig; ganz und gar, absolut; **~ yüzlük** hundertprozentig **~lik** ⟨-ği⟩ Provision f

**yüzden**: **bu ~** deswegen (negativ)

**yüzdür|me** Schwimmkraft f; PHYS Auftrieb m **~mek** (-i -e) v/t schwimmen lassen durch akk; baden lassen; Schiff heben; wieder flottmachen; Fell abziehen lassen; umg j-n feuern, rausschmeißen

**yüzer**[1]: **~ havuz** Schwimmdock n; → **yüzmek**[1,2]

**yüzer**[2] je hundert; zu Hunderten

**yüzerlik** mit je hundert (z. B. Stück)

**yü'zertop** ⟨-pu⟩ Boje f

**yüzey** Fläche f; Oberfläche f; **~ şekilleri** Relief n **~sel** Oberflächen-; fig oberflächlich

**yüzgeç** ⟨-ci⟩ Flosse f; umg gute(r) Schwimmer m, -in f; Schwimm- (Vogel)

**'yüzgörümlüğü** ⟨-nü⟩ Brautgeschenk n

**yüzgöz** → yüz[2]

**'yüzkarası** ⟨-nı⟩ Schande f, Schmach f

**yüzle|me** Anprangerung f **~mek** -i j-m (offen) Vorhaltungen machen, j-n blamieren **~ştirmek**: **b-ni b-le ~** j-n j-m gegenüberstellen

**yüzlü**[1] mit ... Gesicht; **güzel ~** gut aussehend; **iki ~** zweischneidig; fig doppelzüngig; **~** adv dreist, unverfroren

**yüzlü**[2] aus hundert ... bestehend

**yüzlük** ⟨-ğü⟩ Hunderter m; hundertjährig

**yüzme**[1] Schwimmen n; Schwimm-; **~ havuzu** Schwimmbad n; Schwimmbecken n; **~ bilmeyenler** Nichtschwimmer pl

**yüzme**[2] Abhäuten n; umg Nepp m

**yüzmek**[1] ⟨-er⟩ schwimmen (a. fig im Überfluss); fig versinken (in dat, z. B. Schmutz); **sırtüstü ~** auf dem Rücken schwimmen

**yüzmek**[2] ⟨-er⟩ abhäuten, HIST schinden; umg j-n neppen, ausnehmen

**'yüznumara** WC n

**'yüzölçümü** ⟨-nü⟩ Flächenmaß n; Flächeninhalt m

**'yüzsuyu** ⟨-nu⟩ Ehre f, gute(r) Ruf; **~ dökmek** um Gnade bitten

**yüzsüz** ungeniert, ohne Hemmungen **~leşmek** frech werden

**yüzücü** Schwimmer m, -in f; Schwimm-; **~ ayak** Ponton m

**yüzük** ⟨-ğü⟩ Ring m; **~ oyunu** Ring(versteck)spiel n

**yü'zükoyun** bäuchlings; **~ yere kapanmak** auf die Nase fallen

**yü'zükparmağı** ⟨-nı⟩ Ringfinger m

**yüzülmek** passiv von yüzmek[1,2]

**yüzüncü** hundertst-

**yüzünden** postp → yüz[2]

**'yüzüstü** → yüzükoyun; halb fertig, liegen gelassen; **-i ~ bırakmak** Arbeit halb fertig liegen lassen; Person ihrem Schicksal überlassen; im Stich lassen; **~ kalmak** liegen bleiben, ungetan bleiben

**'yüzyıl** Jahrhundert n **~lık** ⟨-ğı⟩ jahrhundertelang; jahrhundertealt

# Z

**z, Z** [zɛ] z, Z *n*
**zaaf** Schwäche *f*; Willensschwäche *f*
**zabıt** ⟨zaptı⟩ Protokollierung *f*; Eroberung *f*, Einnahme *f*; Machtergreifung *f*; Aneignung *f* (*e-s Lehrstoffes*); → **zapt**; ~ **kâtibi** JUR Protokollführer *m*; ~ **tutmak** ein Protokoll aufnehmen
**zabıta** [za:-] Polizei *f*; städtische Aufsichtsorgane *n/pl*
**zabit** [za:-] ⟨-ti⟩ *osm* Offizier *m*
**zaç** ⟨-cı⟩ Vitriol *n* ~**yağı** ⟨-nı⟩ Schwefelsäure *f*
**zade** [a:] *osm* geboren; Sohn *m*; Tochter *f*; Kind *n* (*z. B.* **Samipaşazade Sezai**, Sohn des Sami Pascha)
**zadegân** *osm* Aristokratie *f*, Adel *m*
**zafer** Sieg *m*; Triumph *m*; ~ **takı** [a:] Triumphbogen *m*; **Zafer Bayramı** Nationalfeiertag am 30. August
**zafiyet** [a:] ⟨-ti⟩ Schwäche *f*; MED Asthenie *f*
**zağ** *dial* Schärfe *f*; Feinschliff *m*
**zağanos** ZOOL *Art* Falke *m*
**zağar** ZOOL Jagdhund *m*
**zağcı** Schleifer *m*
**zahir** [a:] **A** *adj u. subst* klar, deutlich; Äußere(s) **B** *adv* natürlich, zweifellos; anscheinend, offenbar ~**de** dem Anschein nach
**zahire** [i:] (Lebensmittel)Vorräte *m/pl*
**zahirî** [za:hiri:] äußerlich, äußer-; *fig* gespielt; erdacht, fiktiv
**zahmet** ⟨-ti⟩ Mühe *f*; ~ **çekmek** sich abmühen; Schwierigkeiten haben; ~ **etmek** (*od* ~**e girmek**) sich bemühen; sich (*dat*) Umstände machen; **b-ne** ~ **olmak** j-m Mühe (*od* Umstände) machen; ~ **olmazsa** wenn es Ihnen keine Umstände macht; *-e* ~ **vermek** j-m Mühe machen; *-in* ~**ine değmek** die Mühe lohnen, der Mühe wert sein; ~ **etmeyin** (*od* **olmasın**)! machen Sie sich keine Umstände!
**zahmet|li** anstrengend, mühsam ~**siz** mühelos; *Geburt, Gewinn* leicht
**zakkum** BOT Oleander *m* (*Nerium oleander*); REL Höllenbaum *m*

# ZAMP

**zalim** [a:] grausam ~**lik** ⟨-ği⟩ Grausamkeit *f*
**zam** ⟨-mmı⟩ Zulage *f*; -*e* Erhöhung *f*, Steigerung *f gen*; Verteuerung *f*; -*e* ~ **gelmek** teurer werden, eine Preissteigerung erfahren; -*e* ~ **yapmak** den Preis *e-r Sache gen* erhöhen, anheben; **maaş** ~**mı** Gehaltserhöhung *f*
**zaman** [zama(:)n] **A** *subst* Zeit *f*; Zeitalter *n*; GRAM Tempus *n*; Saison *f*; MUS, TECH Takt *m*; ~ **eki** Tempussuffix *n*; ~ **kollamak** die richtige Zeit abwarten; ~ **öldürmek** sich (*dat*) die Zeit totschlagen; ~ **ulacı** GRAM temporale(s) Verbaladverb (*z. B.* **gelince**); ~ **zarfı** GRAM Zeitadverb *n*; -*e* ~ **vermek** die Zeit erübrigen für; -*in* ~**ı geçmek** *v/unpers* die Zeit ist vorbei für; -*i* ~**a bırakmak** der Zeit überlassen *akk*; ~ **geçtikçe**, ~**la** mit der Zeit; ~**ında** rechtzeitig; **bu** ~**da** heutzutage; **gel** ~, **git** ~ im Lauf der Zeit; **az** ~ **sonra** bald darauf; **bir** ~(**lar**) einst, einmal; **hiçbir** ~ nie(mals); **kimi** ~ zeitweise, zuweilen; **ne** ~? wann?; **ne** ~**dan beri?** seit wann?; **o** ~ damals; dann, in diesem Fall(e); ~**ında** zur rechten Zeit; ~ ~ von Zeit zu Zeit, dann und wann; ~**la yarışma** Wettlauf *m* gegen die Zeit **B** -*diği* ~ *konj* als; wenn
**za'man|aşımı** ⟨-nı⟩ JUR Verjährung *f*; ~**na uğramak** verjähren ~**bilim** Chronologie *f* ~**dizin** Chronologie *f*
**zamane** [-ma:-] Epoche *f*; heutige Zeit; *hum* heutig, modern, zeitgenössisch
**zamanla|ma** Zeitplan *m*, Timing *n* ~**mak** ⟨-*i*⟩ e-n Zeitplan aufstellen, zeitlich abstimmen *akk*
**zaman|lı** pünktlich; TECH -taktig; **iki** ~ **motor** Zweitaktmotor *m*; ~ **zamansız** *pej* zu jeder beliebigen Zeit ~**sız** verfrüht, nicht zur rechten Zeit
**zamazingo** Dingsda *n*; *umg* Liebschaft *f*
**zambak** ⟨-ğı⟩ BOT Lilie *f*
**zamir** [i:] GRAM Pronomen *n*
**zamk** ⟨-kı⟩ Klebstoff *m*
'**zamkinos** *umg* Dings *n*, Dingsbums *m* (*od f*); Freund *m*; Liebschaft *f*; ~ **etmek** *umg* abziehen, abschwirren
**zamk|lamak** *v/t* kleben ~**lı** geklebt; aufgeklebt
**zampara** Schürzenjäger *m* ~**lık** ⟨-ğı⟩: ~ **etmek** jedem Mädchen nachlaufen

**zan** ⟨-nnı⟩ Meinung f; Verdacht m; **~ altında bulunmak** unter (e-m) Verdacht stehen

**zanaat** ⟨-tı⟩ Handwerk n **~çı** Handwerker m **~çılık** ⟨-ğı⟩ Handwerksberuf m **~kâr** → zanaatçı

**zangır**: **~ ~** wie Espenlaub (zittern); **~ ~ korkmak** vor Angst mit den Zähnen klappern furchtbar zittern; klirren; mit den Zähnen klappern **~datmak** v/t in Schrecken versetzen; zum Klirren bringen **~tı** Gepolter n; Geklirr n

**zangoç** ⟨-cu⟩ Kirchendiener m; Glöckner m

'**zann|etmek** v/t glauben; denken; **zannedersem** wie mir scheint; **kendini ne zannediyorsun?** was bildest du dir ein? **~olunmak** denkbar sein

**zap** TV Zapping n

**za'parta** fig Rüffel m

**zap|çı** TV Zapper m, -in f **~lamak** zappen

**zapt** → zabıt; **~ etmek** v/t erobern, an sich reißen; Aussagen protokollieren; Lehrstoff sich (dat) aneignen, sich (dat) zu eigen machen; Waren beschlagnahmen; Wut bezähmen; **kendini ~ etmek** sich beherrschen

**zaptiye** HIST Gendarmerie f; Gendarm m

**zapturapt** ⟨-tı⟩ Disziplin f; **~ altına almak** für Ordnung sorgen **~sızlık** ⟨-ğı⟩ Disziplinlosigkeit f

**zar¹** Häutchen n, Membran f; Schleier m; ANAT Haut f; **beyin ~ı** Hirnhaut f

**zar²** Würfel m; **~ atmak** würfeln; **~ tutmak** mogeln (durch besonderen Wurf)

**zar³** osm Wehklagen n, Schluchzen n

**zar⁴**: **~ zor** mit Ach und Krach

**zarafet** [-ra:-] Eleganz f, Anmut f

**zarar** Schaden m, Verlust m; **~ çekmek** Schaden erleiden; **~ etmek** Verluste erleiden; **-e ~ gelmek** es entsteht ein Schaden an dat; **~ getirmek** Schaden stiften; **-den ~ görmek** Schaden erleiden durch akk, betroffen werden von dat; **~ verici** schädlich; **-e ~ vermek** Schaden zufügen dat; **~a uğramak** Schaden erleiden; **~da olmak** WIRTSCH ein Defizit haben; **-in -e ~ dokunmak** j-m Schaden zufügen; **-in ~ı olmamak** v/unpers es entsteht kein Schaden; **~ı yok** das schadet nichts, das macht nichts

**zarar|lı** schädlich (-e dat), abträglich (-e dat); jugendgefährdend; nachteilig, verlustreich; **-den ~lı çıkmak** sich verrechnen (in dat) **~lılık** ⟨-ğı⟩ Schädlichkeit f **~sız** unschädlich; ganz leidlich, nicht schlecht; **~ duruma getirmek** unschädlich machen

**zarf** (Brief)Umschlag m; (Teeglas)Halter m; GRAM Adverb n **~çı** Art Trickdieb m, Gauner m

**zarfında** innerhalb gen, in dat; **bir hafta ~** innerhalb e-r Woche

**zarflamak** -i in e-n Umschlag stecken

'**zargana** ZOOL Hornhecht m (Belone belone)

**zari** [α:]: **~ ~** wimmernd, stöhnend; **~ ~ ağlamak** bitterlich weinen

**zarif** [i:] elegant, chick, fein; geistreich **~lik** ⟨-ği⟩ Eleganz f, Chic m

**zarsı** ANAT hautartig

**zart**: **~ zurt** protzenhaft; **~ zurt etmek** sich aufspielen, protzen

'**zarta** Winde m/pl, Furz m; **~ atmak**, **~yı çekmek** umg e-n fahren lassen; umg abkratzen

**zaruret** [u:] ⟨-ti⟩ Notwendigkeit f; Elend n, Not f; **~ hali** Härtefall m; **-mek ~indeyim** ich bin gezwungen zu ...

**zarurî** [-u:ri:] notwendig; unbedingt erforderlich; obligatorisch; unvermeidbar; absolut (Minimum)

**zat** [α:] ⟨-tı⟩ Person f; (hohe) Persönlichkeit f; **~ işleri** Personalangelegenheiten f/pl

**zaten** ['zα:-] ohnehin, sowieso; im Grunde genommen; übrigens

**zati** ['zα:-] umg → zaten

**zatî** [zα:ti:] persönlich; **~ eşya** JUR persönliche Effekten (umg Gegenstände) pl

'**zatülcenp** ⟨-bi⟩ MED Rippenfellentzündung f

**zatürree** MED Lungenentzündung f

**zavallı** arm, bedauernswert; der (od die) Ärmste; fig abgehetzt, umg k.o. **~lık** ⟨-ğı⟩ Elend n, Jammer m

**zaviye** [zα:-] Klosterzelle f; fig Gesichtswinkel m, Standpunkt m

**zayıf** mager; schwach; geschwächt (z. B. Armee); baufällig (Haus); fig untüchtig; weich, zu gutmütig (-e karşı gegenüber dat); **~ düşmek** abmagern; schwächer werden **~lama** Abmagerung f, Abnehmen n **~lamak** magerer (od dünner) werden, abnehmen; schwächer werden **~latmak** v/t schwächen; entfetten, dünner (od schlanker) machen **~lık** ⟨-ğı⟩ Schwäche f; Magerkeit f

**zayi** [a:] ⟨-ii⟩ verloren; vernichtet; nutzlos; Verlust m, Einbuße f; **~ etmek** v/t verlieren; **~ olmak** abhandenkommen **~at** [a:] ⟨-tı⟩ MIL Verluste m/pl; **-e ~ verdirmek** Verluste zufügen dat; **~ vermek** Verluste erleiden

**zeamet** [a:] ⟨-ti⟩ HIST Lehen n

**zebani** [-a:ni:] REL Höllenwärter m

**zebella** [-lɑ:] Ungetüm n

**'zebra** ZOOL Zebra n

**zebun** [u:] matt, erschlafft **~laşmak** v/i erschlaffen, erlahmen

**Zebur** [u:] REL Psalter m Davids

**zedelemek** v/t beschädigen

**zefir** Zephir m (Gewebe)

**zehap** [a:] ⟨-bı⟩ Vermutung f

**zehir** ⟨zehri⟩ Gift n; **~ gibi** gallebitter; eisig kalt; Person tüchtig, meisterhaft; Verstand überlegen, scharf; **~ zemberek** äußerst bitter (od kalt); fig **~ zıkkım** fig sehr giftig, bitter; **~ zıkkım olsun!** Fluch verweht!

**zehir|lemek** v/t vergiften; **kendini ~** sich vergiften **~lenme** Vergiftung f; **kan ~si** Blutvergiftung f **~lenmek** vergiftet werden; sich (dat) e-e Vergiftung zuziehen **~leyici** vergiftend; gesundheitsschädlich **~li** giftig; fig bitter; Lächeln sarkastisch **~siz** ungiftig

**'zehr|etme** fig Vergiftung f, Verbitterung f **~etmek** v/t ⟨-i -e⟩ fig vergiften (j-m akk), vergällen (j-m akk) **~olmak** -e j-m vergällt werden

**zekâ** Intelligenz f, Verstand m; **~ geriliği** geistige Zurückgebliebenheit; **~ puanı** Intelligenzquotient n, IQ m; **~ testi** Intelligenztest m; **-den ~ fışkırıyor** hum j-d ist ganz helle

**zekât** ⟨-tı⟩ REL Almosen pl

**zeki** [i:] intelligent; aufgeweckt; geistreich

**zelzele** Erdbeben n

**zemberek** ⟨-ği⟩ (Uhr)Feder f; TECH Türschließer m; **~ gibi** im Nu; **-in zembereği boşalmak** in ein lautes Gelächter ausbrechen

**zembil** (geflochtener) Korb **~otu** ⟨-nu⟩ BOT Zittergras n

**zemheri** tiefe(r) Winter; **~ zürafası** (gibi) (auch im Winter) leicht gekleidet

**zemin** [i:] Boden m; Grundlage f; Malerei Grund m; Untergrund m; Wesen n, Sinn m; **~ hazırlamak** fig den Boden bereiten für; **~ kat**(ı) Erdgeschoss n; **~ ve zamana uygun** ganz den Umständen entsprechend; **bu ~de** in diesem Sinne (od Geiste); **~i beyaz** mit (od auf) weißem Untergrund

**zeminlik** ⟨-ği⟩ MIL Unterstand m

**zemzem** Brunnen in der Nähe der Kaaba; **~ suyu** heiliges Wasser aus Mekka; **-in yanında ~le yıkanmış olmak** j-m (moralisch) haushoch überlegen sein

**zencefil** BOT Ingwer m; Ingwerstaude f

**zenci** Schwarze(r); schwarz(häutig); **~ ticareti** Sklavenhandel m

**zencir** dial → zincir

**zengin** reich; Boden ergiebig; Natur üppig; **~ mal çeşidi** reichhaltige(s) Sortiment **~le(ş)mek** v/i reich(er) werden **~leştirmek** v/t reich(er) machen **~lik** ⟨-ği⟩ Reichtum m; (Boden)Schätze m/pl; **tarihî ~ler** historische Denkmäler n/pl

**zenne** osm Frau f; Schauspieler in e-r Frauenrolle (im Ortaoyunu); **~ye çıkmak** in e-r Frauenrolle auftreten

**zeplin** Zeppelin m

**zerdali** [a:] BOT kleine Aprikosenart (Prunus armeniaca)

**zerde** GASTR süßer Reis mit Safran

**zerdeva** ZOOL Edelmarder m

**Zerdüşt** ⟨-tü⟩ Zarathustra m

**Zerdüştî** Anhänger m, -in f des Zarathustra

**zerk** ⟨-ki⟩ Injektion f, Spritze f; **~ etmek** e-e Spritze geben

**zerre** Körnchen n; Tröpfchen n; osm Molekül n; **~ kadar** (nicht) im Geringsten, (kein) Fünkchen; **~ kadar aklı olsaydı ...** wenn er (od sie) nur ein Fünkchen Verstand hätte, ...

**zerzevat** ⟨-tı⟩ Gemüse n **~çı** Gemüsehändler m

**zevahir** [a:] äußere(r) Schein f; **~i kurtarmak** den Schein wahren

**zeval** [a:] ⟨-li⟩ osm Verfall m; **-e ~ vermek** schaden dat; vernichten akk; **-e ~ vermemek** retten, nicht untergehen lassen

**zevat** [a:] ⟨-tı⟩ osm Personen f/pl, Persönlichkeiten f/pl

**zevce** osm Gattin f, Gemahlin f
**zevk** ⟨-ki⟩ Vergnügen n, Genuss m; etw Angenehmes; Geschmack m; -den ~ **almak** Vergnügen finden (an dat), genießen akk; ~ **etmek** sich amüsieren; ~ **için** zum Vergnügen; zum Spaß; ~ **meselesi** Geschmack(s)sache f; **~inde olmak** (od **~ine bakmak**) nur an sein eigenes Vergnügen denken; **~ine mecbur** vergnügungssüchtig; **~ine varmak** auf den Geschmack kommen; -in **~ini çıkarmak** voll auskosten akk
**zevk|lenmek** -le genießen akk; sich lustig machen über akk **~li** geschmackvoll; angenehm, vergnüglich **~siz** unangenehm; Banause m; geschmacklos **~sizlik** Geschmacklosigkeit f
**zevzek** ⟨-ği⟩ Schwadroneur m, umg Quatschkopf m; geschwätzig **~lenmek** schwadronieren, faseln **~lik** ⟨-ği⟩ Schwatzhaftigkeit f; Gequatsche n
**zeybek** ⟨-ği⟩: ~ **oyunu** Volkstanz aus Westanatolien
**zeyrek** ⟨-ği⟩ aufgeweckt, intelligent
**zeytin** Olive f; ~ **ağacı** Olivenbaum m **~ci** Olivenhändler m; Olivenbaumpflanzer m **~cilik** ⟨-ği⟩ Olivenbaumplantage f; Olivenhandel m **~si** Kern- (Obst) **~yağı** ⟨-nı⟩ Olivenöl n; ~ **gibi üste çıkmak** s-e (falschen) Behauptungen als richtig hinstellen **~yağlı** in Olivenöl, mit Olivenöl zubereitet
**zeytunî** [-u:ni:] olivgrün
**zıbarmak** umg krepieren, verrecken; s-n Rausch ausschlafen
**zıbın** Kinderjäckchen n
**zıdd-** → zıt
**ziddiyet** ⟨-ti⟩ Kontrast m, Gegensatz m; gegenseitige Abneigung
**zıh** Bordüre f; Besatz m; Galone f, Paspel f, Litze f, Umrahmung f **~lamak** v/t besäumen, besetzen; verbrämen, umranden; paspelieren
**zıkkım** ⟨-ği⟩ Gift n
**zıkkımlanmak** v/t umg sich vollfressen; umg sich e-n hinter die Binde gießen
**zılgıt** ⟨-dı⟩ Rüffel m, Anschnauzer m; -e ~ **vermek** (od ~ **çekmek**) j-n anschnauzen; -den ~ **yemek** angeschnauzt werden
'**zımba** Locher m; Lochung f, Perforierung f; **tel ~(sı)** Schnellhefter m **~lamak** v/t lochen; ausstanzen; abmurksen; sl ficken **~lı** gelocht
**zımbır|datmak** v/t (auf der Geige) herumkratzen; herumklimpern; kratzen, scharren, quietschen mit **~tı** MUS Gekratze n; Geklimper n; Geknarre n; ewig knarrendes (od quietschendes) Ding; fig Dingsbums n
'**zımnen** adv durch die Blume, in Andeutungen; implizit
**zımnî** [i:] adj verborgen (z. B. Sinn), gedacht; implizit
'**zımpara** Schmirgel m; ~ **kağıdı** Schmirgelpapier n **~lamak** v/t (ab-)schmirgeln
**zındık** ⟨-ğı⟩ Ketzer m, Häretiker m; Ungläubige(r) **~lık** ⟨-ğı⟩ Ketzerei f
**zıngadak** bums!, bauz!
**zıngıl|-, ~r-** → zangır, zangırdamak etc
**zıngırdamak** v/t zittern, klappern
**zınk** ⟨-kı⟩: ~ **diye durmak** mit e-m scharfen Ruck halten
**zıp** zuck; ~ **(diye) çıktı** umg zuck war er/sie da, plötzlich erschien er/sie; ~ ~ **gelmek** angehüpft kommen; ~ ~ **kaçmak** im Nu verschwinden
**zıpçıktı** Emporkömmling m, Arrivist m
**zıpır** Tropf m, Einfaltspinsel m
**zıpka** Art Pluderhosen f/pl (Tracht am Schwarzen Meer)
**zıpkın** Harpune f **~lamak** harpunieren
**zıpla|mak** (umher)hüpfen, springen; zurückprallen; umg verduften **~tmak** v/t springen lassen
'**zıppadak**: ~ **içeri giriverdi** schwupp (-diwupp) war er (od sie) drin
**zıpzıp** ⟨-pı⟩ Murmel f, Marmel f; Art Bumerangball m (am Gummiband), Spiel n damit
**zır**: ~ ~ auf die Nerven gehend (weinen, surren etc); umg Reißverschluss m; ~ ~ **ağlamak** ewig plärren; ~ ~ **zırlamak** (ständig) winseln
'**zırdeli** umg total verrückt
**zırh** Panzer m, (Ritter)Rüstung f **~lanmak** sich panzern; fig sich abschirmen **~lı** MIL gepanzert; Panzer-; ~ **araba** Panzerwagen m; ~ **birlik** Panzereinheit f
**zırıl**: ~ ~ **söylemek** unaufhörlich schnattern; ~ ~ **ağlamak** heulen, brüllen **~damak, ~danmak** in einem

fort grölen, schreien; flennen, heulen **~tı** Geschrei n, Gegröle n; Katzenmusik f; Zank m, Kabbelei f; Dingsda n

**zırlak** ⟨-ğı⟩ Schreihals m; Heimchen n, Grille f; plärrend

**zırlamak** → zırıldamak

**zırnık** ⟨-ğı⟩ CHEM Arsenik n; **~ (bile) koklatmamak** keinen roten Heller geben

**zırt:** **~ ~** immer zur Unzeit

**zırtapoz** umg meschugge, übergeschnappt

**zırva** Gefasel n **~lamak** faseln, dummes Zeug reden

**zıt** ⟨-ddı⟩ Gegensatz m; Gegenteil n; Widerspruch m; -in **~ anlamlısı** Antonym n von dat; -e, -iyle **~ gitmek** gegen j-s Willen handeln, (immer) das Gegenteil tun; -in **zıddı olmak** j-s Absichten zuwiderhandeln, j-m gegen den Strich gehen; -in **zıddına basmak** (od **gitmek**) j-m auf die Nerven gehen, j-n auf die Palme bringen

**zıtlanmak, ~laşmak** widersprechen, dagegen sein

**zı'vana** Röhrchen n; Mundstück n; Ansatzrohr n; Schlüsselloch n; **~dan çıkmak** (vor Wut) außer sich geraten **~lı** mit Mundstück

**zibidi** zu eng und kurz gekleidet; taktlose(r) Tollpatsch

**zifaf** [a:] Heimführung f der Braut; **~ gecesi** Hochzeitsnacht f

**zifir** Nikotinniederschlag m; **~ gibi, ~i** [i:] pechschwarz; **~i karanlık** ägyptische Finsternis; stockdunkel

**'zifos** Dreckspritzer m; fig nichtssagend; -e **~ atmak** fig j-n anpöbeln; j-n mit Schmutz bewerfen

**zift** ⟨-ti⟩ Pech n; Teer m; **~ gibi** gallebitter; **~ yesin!** soll er/sie daran ersticken! **~lemek** v/t teeren **~lenmek** passiv von ziftlemek; v/t verschlingen; umg e-n Reibach machen

**zihin** ⟨zihni⟩ Verstand m, Geist m; Intellekt m; Sinn m; Auffassungsgabe f; Gedächtnis n; **Allah ~ açıklığı versin!** umg Hals- und Beinbruch (bei der Prüfung)!; **~ açmak** s-n Gesichtskreis erweitern; **~ hesabı** Kopfrechnen n; **~ karışıklığı** (od **zihnini**) **yormak** sich (geistig) anstrengen; **~de** (od **zihninde**) **tut-** **mak** behalten, im Gedächtnis bewahren; -in **zihni açılmak** verständiger werden; -in **zihni bulanmak** den Verstand verlieren; -e **zihni takılmak** nachgrübeln über akk; -i **zihnine yerleştirmek** sich (dat) einprägen akk; -in **zihnini bozmak** j-m Argwohn einflößen, j-n beunruhigen; -le sich (dat) Gedanken machen (über akk)

**zihinsel, zihni** [-i:] verstandesmäßig, intellektuell; geistig

**zihniyet** ⟨-ti⟩ Geisteshaltung f, Einstellung f, Denkweise f, Mentalität f

**zikir** ⟨zikri⟩ Erwähnung f; REL Rezitation f der Gottesbezeichnungen

**'zikretmek** v/t erwähnen; die Namen Gottes anrufen

**zikzak** ⟨-ğı⟩ Zickzack m; **~ şeklinde** zickzackförmig; **~ yapmak** im Zickzack gehen (od fahren); fig sehr wetterwendisch sein **~lı** zickzackartig

**zil** Glocke f, Klingel f; MUS Becken n, Zimbel f; **~ düğmesi** Klingelknopf m; **~ gibi** Person dünn; quirlig; **~ gibi (sarhoş)** umg sternhagelvoll; **~e basmak** klingeln, auf den Knopf drücken; **~ takıp oynayacak** j-d ist ganz außer sich dat vor Freude

**zilli** mit Glocken, Glocken-, Klingel-; umg zänkisch; Xanthippe f **~maşa** fig ungezogen, ungehörig; unmoralisch

**zilsiz** ohne Glocken; **~ oynamak** sich wahnsinnig freuen

**zilyet** ⟨-ti⟩ JUR Besitzer m, -in f **~lik** JUR Besitz m

**'zilzurna** sternhagelvoll

**zimmet** ⟨-ti⟩ WIRTSCH Verpflichtungen f/pl, Schulden f/pl; -in **~ine geçirmek** j-n belasten (mit e-m Betrag), in j-s Debet verbuchen; Geld unterschlagen

**zina** [a:] a. JUR Ehebruch m

**zin'cifre** Zinnober m

**zincir** Kette f; Reihe f (von Autos); **dümen ~i** Ankerkette f; **patinaj ~i** Schneekette f; **tırtıllı ~** Raupenkette f; -i **~e vurmak** in Ketten schlagen; **olaylar ~i** e-e Kette (od Reihe) von Ereignissen

**zincirleme** Aneinanderkettung f; Ketten- (Rauchen etc); Verkettung f; Inkettenlegen n; **~ ad tamlaması** GRAM Substantivverkettung f; **~ sıfat tamlaması** GR Adjektivverkettung f

**zincir|lemek** v/t in Ketten legen; an-

**ketten**; aneinanderreihen **~li** Ketten-; in Ketten gelegt; (an)gekettet; angereiht

**zindan** Kerker m, Gefängnis n; Verließ n; fig Finsternis f; umg finstere(s) Loch; **~ gibi** stockfinster; **~a atmak** in den Kerker werfen

**zinde** lebhaft; rüstig; frisch **~lik** ⟨-ği⟩ Lebhaftigkeit f; Rüstigkeit f

**'zinhar** [a:] nur nicht, möge … nicht!

**zira** [zi:ra:] konj weil, da; vor e-m Hauptsatz denn

**ziraat** [-ra:-] ⟨-ti⟩ Landwirtschaft f

**zirai** [-ra:i:] landwirtschaftlich, Agrar-

**zirve** a. POL u. fig Gipfel m; **~ toplantısı** Gipfelkonferenz f

**zirzop** ⟨-pu⟩ närrisch; ausgelassen; toll **~laşmak** ausgelassen sein **~luk** ⟨-ğu⟩ Ausgelassenheit f; Tollheit f

**ziyade** [a:] mehr (-den als); überaus; **~ olsun!** etwa danke fürs Essen! **~leşmek** sich vermehren, zunehmen; mehr werden; stärker werden **~siyle** äußerst, überaus

**ziyafet** [a:] ⟨-ti⟩ Essen n, Fest n; Festlichkeit f; Gastmahl n; POL Bankett n; **~ çekmek** (od **vermek**) ein Essen (od Bankett) geben; **müzik ~i çekmek** e-n Ohrenschmaus bieten

**ziyan** [a:] Schaden m; Einbuße f; **~i etmek** vergeuden, wegwerfen akk; zu Schaden kommen; **~ olmak** passiv von ziyan etmek; Schaden erleiden; **~ zebil olmak** umsonst vergeudet werden; **~ yok!** (es) macht nichts!; bitte sehr!; **-in ~ına** zum Schaden gen **~cı**, **~kâr** schädlich, Schaden anrichtend; Verlust bringend **~kârlık** ⟨-ğı⟩ Schädlichkeit f **~sız** unschädlich; leidlich, nicht schlecht

**ziyaret** [a:] ⟨-ti⟩ Besuch m; Wallfahrt(sort m) f; **-i ~ etmek** besuchen akk; Stadt besichtigen; wallfahren nach; **yarın ~inize geleceğim** morgen komme ich zu Ihnen zu Besuch **~çi** Besucher m, -in f, Besuch m (als Person)

**ziyaretgâh** Wallfahrtsort m

**ziynet** ⟨-ti⟩ Schmuck m, Zierrat m

**Zodyak** ⟨-kı⟩ ASTROL Tierkreis m

**'zoka** Angelhaken m; fig Falle f; **~yı yutmak** fig in die Falle gehen

**zom** umg ausgehen; blau, besoffen

**zonk**: **~ ~** int tuck, tuck! (Schmerz) **~lamak**: zonk zonk **~** Schmerz pochen und stechen (in dat, z. B. den Fußsohlen) **~latmak** v/t e-n pochenden (od stechenden) Schmerz verursachen

**zoolog** Zoologe m, Zoologin f

**zooloji** Zoologie f

**zor** **A** adj schwer, schwierig, anstrengend **B** subst Schwierigkeit f, Anstrengung f; Zwang m, Notwendigkeit f; Gewalt f; umg Leiden n; **~ kullanmak** Gewalt anwenden; **~ oyunu bozar** das ist eben höhere Gewalt; **~a binmek** zur Gewalt greifen; **~a gelememek** keinen Druck ertragen können; **-den ~u olmak** leiden an dat; **-in aklından ~u olmak** umg nicht richtig ticken; **~un ne?** was hast du?, was fehlt dir?; **(-in) ~u ile** unter Druck gen/von; → zorla, zorunda c adv (nur) mit Mühe; erst (heute); int (wohl kaum!) (wirst du es schaffen); **~u ~una** mit Mühe und Not

**zoraki** [a:] gezwungen; wohl oder übel; wider Willen

**zorba** gewalttätig, brutal; Despot m **~lık** ⟨-ğı⟩ Gewalttätigkeit f, Brutalität f

**'zorbela** mit Mühe und Not

**'zorla** mit Gewalt; gezwungenermaßen (annehmen); gezwungen (lächeln)

**zorla|ma** Zwang m; Nötigung f; zwingend; MED Abnutzungserscheinung f (durch Überbeanspruchung); Gewalt- (Marsch) **~mak** (-i -e) zwingen (j-n zu); MIL erzwingen, forcieren; TECH beanspruchen; Tür aufbrechen, gewaltsam öffnen; **kendisini ~** sich überanstrengen, sich übernehmen

**zorla|nmak** passiv von zorlamak; **bş-de ~** Schwierigkeiten haben mit etw **~şmak** erschwert werden, sich komplizieren **~ştırmak** v/t erschweren, komplizieren **~yıcı** zwingend **~yış** Erzwingung f

**zorlu** heftig, stark; energisch, entschlossen; schwierig (z. B. Versuch)

**zorluk** ⟨-ğu⟩ Schwierigkeit f; Erschwernis f; **~ çıkarmak** Schwierigkeiten machen **~la** mit knapper Not

**zorunda**: **-mek ~ olmak** müssen; gezwungen sein (+ inf)

**zorun|lu** unerlässlich, (unbedingt) notwendig; zwingend; SPORT **~ hareket** Pflichtübung f; **~ tasarruf** POL obligatorisches Sparen der Lohnempfänger; **-e başvurulması ~dur** man wende sich an

*akk* **~luk** ⟨-ğu⟩, **~luluk** ⟨-ğu⟩ Zwangsläufigkeit *f*; Erfordernis *n*
**zuhur** [-u:r] Erscheinen *n*; **~ etmek** auftreten, sich zeigen; *Feuer* ausbrechen
**zuhurat** [ɑ:] ⟨-tı⟩ unvorhergesehene Umstände *m/pl*; Zufall *m*
¹**zula** *umg* Versteck *n* (für *Diebesgut etc*); *-i* **~ etmek** *umg* klauen; verstecken
**zulmet** ⟨-ti⟩ Finsternis *f*
²**zulmetmek** *-e* peinigen, misshandeln *akk*
**zulüm** ⟨zulmü⟩ Grausamkeit *f*, Unterdrückung *f*
**zurna** türk. Oboe *f*; *umg* Gurke *f* (= *Nase*); **davul ~ ile** mit großem Tamtam; **~ gibi** Hose eng, wie angegossen
**zücaciye** [-dʒɑ:-] Glaswaren *f/pl*, Porzellanwaren *f/pl*
**züğürt** ⟨-dü⟩ abgebrannt, *umg* pleite; **~ tesellisi** schwache(r) Trost **~lemek** *v/i fig* auf dem letzten Loch pfeifen **~lük** ⟨-ğü⟩ Geldmangel *m*
**zührevî** [i:] MED venerisch (*Krankheit*)
**zül** ⟨-llü⟩ Niedertracht *f*; *-i* **~ saymak** für e-e Verunglimpfung halten
**zülüf** ⟨zülfü⟩ Locke *f*; Haare *n/pl*, Locken *f/pl* der Geliebten **~lü** gelockt; ... mit Locken
**zümre** Gruppe *f*; Klasse *f*; Kategorie *f*
**Züm'rüdüanka** (*mythologisch*) Vogel *m* Phönix; **~ gibi** sagenhaft; traumhaft
**zümrüt** Smaragd *m*; Smaragd-, smaragden; **~ gibi** smaragdgrün **~lenmek, ~leşmek** *v/i* wieder grün werden, grünen
**züppe** Geck *m*, Snob *m* **~ce** geckenhaft; snobistisch **~leşmek** sich zum Geck (*od* Snob) entwickeln **~lik** ⟨-ği⟩ Geckenhaftigkeit *f*; Snobismus *m*
**züraf**a [-ɑ:] ZOOL Giraffe *f*
**zürriyet** ⟨-ti⟩ Geschlecht *n*, Nachkommenschaft *f*

# DEUTSCH – TÜRKISCH

**a, A** [aː] N̄ ⟨-; -⟩ A a, A B MUS la C **das A und O** bş-in özü; **von A bis Z** a'dan z'ye kadar

**à** PRÄP (akk) beheri; **à la** usulünde, tarzında, gibi; **à la carte** alakart, yemek listesinden yemek seçerek

**AA** abk für **Auswärtiges Amt** Federal Almanya Dışişleri Bakanlığı

**Aal** M̄ ⟨-s; -e⟩ ZOOL yılanbalığı

**aalen** ⟨h.⟩: **sich in der Sonne ~** güneşte (tembel tembel) yatmak

**aalglatt** ADJ fig çok kıvrak, ele gelmez

**ab** A ADV (weg, fort) gitti; bitti; umg (los) **der Knopf ist ~** düğme kopmuş; **links ~** sola sap(ın)!; **München ~ 13.55** Münih'ten kalkış 13.55 B PRÄP (dat) örtlich itibaren; **~ Seite 17** sayfa 17'den itibaren; WIRTSCH **~ Berlin (Fabrik)** Berlin'e (fabrika) teslimi; zeitlich **~ morgen** yarından itibaren; **~ und zu** arasıra, arada bir; **von heute ~** bugünden itibaren; **von jetzt ~** şu andan itibaren, bundan sonra

**abändern** V̄T ⟨-ge-, h.⟩ tamamen değiştirmek

**abarbeiten** ⟨-ge-, h.⟩ A V̄T **Schulden** çalışarak ödemek B V̄R: **sich ~** didinmek, kendini çok yormak (çalışarak)

**Abart** F̄ ⟨-; -en⟩ BIOL çeşit(lilik) **2ig** ADJ anormal, sexuell a. sapık(ça); fig a. aykırı, şaşırtıcı

**Abb.** abk für **Abbildung** F̄ resim; şekil

**Abbau** M̄ ⟨-s; ohne pl⟩ Kohle etc çıkar(ıl)ma, kazan(ıl)ma; TECH sök(ül)me, demontaj; von Ausgaben etc azal(t)ma, kıs(ıl)ma; von Missständen etc gider(il)me

**abbaubar** ADJ: **biologisch ~** biyolojik (olarak) yokedilebilir

**abbauen** V̄T ⟨-ge-, h.⟩ Kohle çıkarmak; Maschinen kaldırmak, sökmek; Vorurteile yok etmek; Arbeitskräfte işgücü azaltmak; CHEM: **sich ~** ayrışmak, yokolmak

**abbeißen** V̄T ⟨irr, -ge-, h.⟩ koparmak (ısırarak)

**abbeizen** V̄T ⟨-ge-, h.⟩ Holz -in ilaçla boyasını kazımak

**abbekommen** V̄T ⟨irr, ohne -ge-, h.⟩ (losbekommen) çözmek, kaldırmak; **sein Teil** od **etw ~** hissesini almak; **etw ~** Person: (dayak) yemek, Sache: (zarar) görmek

**abberufen** V̄T ⟨irr, ohne -ge-, h.⟩: **j-n von e-m Amt ~** b-ni görev(in)den almak

**abbestellen** V̄T ⟨ohne -ge-, h.⟩ iptal etmek (siparişi) **2ung** F̄ ⟨-; -en⟩ iptal

**abbiegen** V̄I ⟨irr, -ge-, s.⟩ sapmak; **nach links (rechts) ~** sola (sağa) sapmak; **Abbiegespur** F̄ sapma şeridi

**Abbild** N̄ ⟨-s; -er⟩ (Nachbildung) kopya; (Bild) resim, şekil; fig -in aynısı, tıpkısı

**abbilden** V̄T ⟨-ge-, h.⟩ -in resmini yapmak; (wiedergeben) vermek, göstermek; **wie oben abgebildet** üstteki resimde görüldüğü gibi

**Abbildung** F̄ ⟨-; -en⟩ resim, şekil

**abbinden** ⟨irr, -ge-, h.⟩ V̄T ⟨-in bağını⟩ çözmek; MED bağlamak

**Abbitte** F̄: **j-m ~ leisten** (od **tun**) (**wegen** için) b-nden özür dilemek

**abblasen** V̄T ⟨-ge-, h.⟩ umg fig -den vazgeçmek

**abblättern** V̄I ⟨-ge-, s.⟩ (pul pul) dökülmek

**abblenden** V̄I ⟨-ge-, h.⟩ AUTO farları kısmak **2licht** N̄ AUTO kısa huzmeli far

**abblitzen** V̄I ⟨-ge-, s.⟩ umg (**bei j-m** ~) (b-nden) yüz bulmamak; **j-n ~ lassen** b-ne yüz vermemek

**abblocken** V̄T ⟨-ge-, h.⟩ bloke etmek, durdurmak, engellemek

**abbrechen** ⟨-ge-⟩ A V̄T ⟨irr, -ge-, h.⟩ koparmak; Gebäude yıkmak; Spiel etc bırakmak, kesmek B V̄I ⟨s.⟩ kırılmak, kopmak

**abbremsen** V̄T u. V̄I ⟨-ge-, h.⟩ frenlemek, yavaşlatmak

**abbrennen** V̄I ⟨-ge-, s.⟩ yakmak, yok etmek; yakıp kül etmek

**abbringen** V̄T ⟨-ge-, h.⟩: **j-n ~ von etw** b-ni bş-den vazgeçmek

**abbröckeln** V̄I ⟨-ge-, s.⟩ (parça parça) dökülmek

**Abbruch** M̄ ⟨-s, ⸚e⟩ Gebäude yık(ıl)ma; Beziehung, Verhandlung kes(il)me; durdur(ul)ma **2reif** ADJ yıkılmaya yüz tutmuş, köhne

**abbuchen** V̄T ⟨-ge-, h.⟩: **e-e Summe von j-s Konto ~** bir meblağı b-nin hesabından tahsil etmek **2ung** F̄ ⟨-; -en⟩

hesaptan tahsil **Ɨungsauftrag** M borç kaydı talimatı

**abbürsten** VT ⟨-ge-, h.⟩ fırçalamak

**Abc** [abe'tse:] N alfabe, abece

**ABC-Waffen** [abe'tse:-] PL MIL ABC silahları

**abdank|en** VI ⟨-ge-, h.⟩ istifa etmek; *Herrscher* tahttan çekilmek **Ɨung** F ⟨-; -en⟩ istifa; tahttan feragat

**abdecken** VT ⟨-ge-, h.⟩ -in örtüsünü kaldırmak; *Dach* -in damını kaldırmak; *zudecken* örtmek, kapamak; *Tisch* ~ sofrayı kaldırmak

**abdichten** VT ⟨-ge-, h.⟩ sıkıştırmak; TECH contalamak

**abdrängen** VT ⟨-ge-, h.⟩ uzaklaştırmak

**abdrehen** ⟨-ge-, h.⟩ A VT *Gas, Licht* kapatmak, kesmek B VI ⟨a. s.⟩ FLUG, SCHIFF yönünü/rotayı değiştirmek

**abdriften** VI ⟨-ge-, s.⟩ sürüklenip gitmek

**Abdruck** M ⟨-s; ¨e⟩ (*Spur*) iz; (*Relief*) kalıp

**abdrücken** ⟨-ge-, h.⟩ A VT *-in* tetiğini çekmek B V/R **sich** ~ izi (kalıbı) çıkmak

**abebben** VI ⟨-ge-, s.⟩ fig yatışmak, dinmek

**Abend** M ⟨-s; -e⟩ akşam; **am** ~ akşam (-leyin); **es wird** ~ akşam oluyor; **guten** ~! iyi akşamlar!; **heute** ~ bu akşam; **heute (gestern)** ~ bu (dün) akşam; *Sonntagabend* pazar akşamı

**Abend|dämmerung** F akşam alacası **Ɨessen** N akşam yemeği **Ɨfüllend** ADJ *Film etc* akşamı dolduran **Ɨkasse** F THEAT *etc* gişe (*hemen gösteri öncesi bilet satışı*) **Ɨkleid** N gece elbisesi **Ɨkurs** M akşam kursu **Ɨland** N ⟨*-s; ohne pl*⟩ batı (dünyası), ülkeleri **Ɨländisch** ADJ batılı, batı dünyasına ait **Ɨlich** ADJ akşam

**abends** ADV akşamleyin; **um 7 Uhr** ~ akşam saat yedide

**Abendzeitung** F akşam gazetesi

**Abenteuer** N ⟨-s; -⟩ macera, serüven **Ɨlich** ADJ maceracı; *fig riskant* tehlikeli, rizikolu; (*unwahrscheinlich*) garip

**Abenteurer** M ⟨-s; -⟩, **-in** F ⟨-; -nen⟩ maceracı

**aber** A *konj* fakat; am(m)a; **oder** ~ ya da B INT: **~, ~!** hadi hadi!; **~ sicher!** elbette! C ADV: **das ist ~ nett von dir** çok iyisin, sağol!

**Aber|glaube** M ⟨-ns⟩ batıl inanç, hurafe **Ɨgläubisch** ADJ batıl inancı olan

**aberkenn|en** VT ⟨*irr, ohne -ge-, h.*⟩: **j-m etw** ~ b-nin bş-ni tanımamak/saymamak; JUR b-ni bş-den mahrum etmek **Ɨung** F ⟨-; -en⟩ JUR ⟨*gen -den*⟩ ıskat

**abermalig** ADJ diğer, yeni

**abermals** ADV yine, yeniden, bir daha

**Abertausende: Tausende und ~** binlerce

**Abf.** *abk für* Abfahrt F kalkış, hareket

**abfahren** A VI ⟨-ge-, s.⟩ hareket etmek, kalkmak; *umg* **auf j-n (etw) (voll)** ~ (b-ne) (o biçim) bayılmak B VT ⟨h.⟩ *Schutt* arabayla götürmek; *e-e Strecke* denetlemek (arabayla); *Reifen etc* aşındırmak, eskitmek; (*Fahrkarte*) sonuna kadar kullanmak

**Abfahrt** F ⟨-; -en⟩ hareket, kalkış; otoyol çıkışı

**Abfahrtszeit** F kalkış saati

**Abfall** M ⟨-s; ¨e⟩ artık, atık; (*Müll*) çöp **Ɨbeseitigung** F çöplerin imhası **Ɨeimer** M çöp kutusu/tenekesi

**abfallen** VI ⟨*irr, -ge-, s.*⟩ düşmek, dökülmek; POL ayrılmak (*partisinden etc*); *fig Leistung etc* azalmak; ~ **gegen** -e oranla fena olmak

**abfallend** ADJ *Gelände* inişli; *fig* **von j-m** ~ (*übrig bleiben*) artmak; *umg* (*herausspringen*) **was fällt für mich dabei ab?** bana bundan ne pay düşer?, benim bu işten çıkarım ne?

**abfällig** A ADJ *Bemerkung* hor görücü B ADJ: **sich** ~ **über j-n äußern** b-ni yerici sözler kullanmak

**Abfall|korb** M çöp tenekesi **Ɨprodukt** N ikinci sınıf ürün; (*Nebenprodukt*) yan ürün **Ɨverwertung** F atık değerlendirme

**abfärben** VI ⟨-ge-, h.⟩ boyası çıkmak; *fig* ~ **auf** (*akk*) -i etkilemek

**abfassen** VT ⟨-ge-, h.⟩ kaleme almak

**abfedern** VT ⟨-ge-, h.⟩ yumuşatmak (*sarsıntıyı*)

**abfeilen** VT ⟨-ge-, h.⟩ TECH eğelemek, törpülemek

**abfertig|en** VT ⟨-ge-, h.⟩ *Waren* yollamaya hazırlamak, *beim Zoll -in* (gümrük) işlemini yapmak; *Personen an der Grenze* (giriş/çıkış) işlemini yapmak **Ɨung** F ⟨-; -en⟩ işlem (yapma); *Waren* sevk

**&ungsschalter** M̄ FLUG bilet kayıt gişesi

**abfeuern** V/T ⟨-ge-, h.⟩ *Schuss* (kurşun) (**auf** *akk* **-e**) atmak

**abfind|en** ⟨*irr*, -ge-, h.⟩ **A** V/T *Gläubiger* tatmin etmek; (*entschädigen*) -e tazminat vermek **B** V/R: **sich ~ mit** ile yetinmek, -e razı olmak; **damit kann ich mich nicht ~!** bu bana yeterli değil! **&ung** F̄ ⟨-; -en⟩ tazminat

**abflachen** V/T ⟨-ge-, h.⟩ yassıltmak; **sich ~** yassılmak

**abflauen** V/I ⟨-ge-, h.⟩ WIRTSCH durgunlaşmak

**abfliegen** V/I ⟨*irr*, -ge-, s.⟩ *Person* hareket etmek (uçakla); *Flugzeug a.* kalkmak, havalanmak

**abfließen** v/i ⟨*irr*, -ge-, s.⟩ akıp gitmek

**Abflug** M̄ ⟨-s; ⁻e⟩ kalkış, havalanış **&bereit** ADJ FLUG uçuşa/harekete hazır **~halle** F̄ gidiş salonu **~zeit** F̄ kalkış saati

**Abfluss** M̄ ⟨-es; ⁻e⟩ (*Abfließen*) (dışarıya) akma **~öffnung** boşaltma deliği **~rohr** N̄ akıtma borusu; (*Abwasser&*) pissu borusu

**abfragen** V/T ⟨-ge-, h.⟩: **j-n (etw)** b-ne (bş) sormak (*bilgisini ölçmek için*); IT *Daten* almak

**abfrieren** V/I ⟨*irr*, -ge-, s.⟩ *umg* **sich e-n ~** soğuktan kakırdamak

**Abfuhr** F̄ ⟨-; -en⟩ *fig*: **j-m e-e ~ erteilen** b-nin pasaportunu eline vermek

**abführen** V/T ⟨-ge-, h.⟩ götürmek, çıkarmak; **j-n ~ lassen** nezarete attırmak; **~ an** (*akk*) *Steuern* -e ödemek; **~ von** uzaklaştırmak (*konudan*)

**abführend** ADJ ishal sökücü

**Abführmittel** N̄ ⟨-s; -⟩ MED müshil

**Abfüll|anlage** F̄ dolum/şişeleme tesisi **&en** V/T ⟨-ge-, h.⟩: **in Beutel ~** torbalamak; **in** (*od* **auf**) **Flaschen ~** şişelemek

**Abgaben** PL vergi, harç *sg* **&frei** ADJ vergiden muaf **&pflichtig** ADJ vergiye tabi

**Abgang** M̄ ⟨-s; ⁻e⟩ çıkış, ayrılma; *Schule* bitirme, mezuniyet; **nach dem ~ von der Schule** okulu bitirdikten sonra; *fig* **sich** (*dat*) **e-n guten ~ verschaffen** etkileyici bir biçimde ayrılmak

**Abgangszeugnis** N̄ diploma

**abgasarm** ADJ AUTO az emisyonlu, *umg* egzozu az

# 523 | ABGE **A**

**Abgas|e** PL AUTO egzoz (dumanı); ÖKOL atık gaz **~emission** F̄ atık gaz emisyonu **~entgiftung** F̄ atık gaz arıtımı **&frei** ADJ atık gaz çıkarmayan **&reduziert** ADJ atık gazı azaltılmış **~test** M̄ AUTO egzoz testi **~untersuchung (AU)** F̄ AUTO egzoz muayenesi

**abgeben** ⟨*irr*, -ge-, h.⟩ **A** V/T *Prüfungsarbeit etc* vermek, teslim etmek; *Wärme, Dampf* yaymak, çıkarmak; *Schlüssel etc* (**bei -e**) bırakmak; *Gepäck* emanete vermek; *Vorsitz* (**an -e**) devretmek; *Erklärung, Stimme* vermek; **e-n Schuss ~** bir el ateş etmek; **j-m etw ~ von** b-ne -den pay vermek **B** V/R: **sich ~ mit etw** bş-le uğraşmak; **sich mit j-m ~** b-le meşgul olmak; *umg* (*darstellen, sein*) **er würde e-n guten Lehrer ~** aslında iyi öğretmen *etc* olurmuş

**abge|brannt** ADJ *umg fig* (**völlig**) **~** parasız, cebi delik **~brüht** ADJ *fig* vurdumduymaz, pişkin **~droschen** ADJ *fig* basmakalıp **~fahren** ADJ *Reifen* aşınmış, kabak **~härtet** ADJ (**gegen** -e) dayanıklı, -e alışık

**abgehen** **A** V/I ⟨*irr*, -ge-, s.⟩ FLUG, BAHN *etc* hareket etmek; *Post* gitmek; *Knopf* kopmak; *Straße* sapmak; **~ von** *Plan* vazgeçmek; **von s-r Meinung ~** fikrini değiştirmek; **von der Schule ~** okulu bitirmek; THEAT ... **geht (gehen) ab** ... çıkar(lar); MED idrarla/dışkıyla çıkarılmak; **hiervon gehen 7% ab** bundan %7 düşülüyor; *umg fig* **ihm geht jeder Humor ab** şakadan zerre kadar anlamaz; **gut (glatt) ~** iyi geçmek **B** V/T *Strecke* adımlamak, yürümek

**abge|hetzt** ADJ (*atemlos*) nefes nefese; (*erschöpft*) kanter içinde **~kartet** ADJ: **~es Spiel** *fig* danışıklı döğüş **~lagert** ADJ dinlendirilmiş; yıllanmış **~legen** ADJ uzak, sapa **~magert** ADJ zayıflamış, kilo vermiş **~neigt** ADJ -e karşı, gönülsüz; **ich wäre e-r Sache nicht ~** ben bş-e hayır demem; **nicht ~, etw zu tun** b-şi yapmaya niyetli **~nutzt** ADJ aşınmış

**Abgeordnete** M,F ⟨-n; -n⟩ milletvekili, parlamenter **~nhaus** N̄ meclis, parlamento

**abge|packt** ADJ WIRTSCH paketlenmiş **~rissen** ADJ kopmuş; *Kleidung* partal; *Sätze, Gedanken etc* bölük pörçük **~run-**

**det** Ⓐ _ADJ_ yuvarlatılmış Ⓑ _ADV_ yuvarlak olarak/hesap
**Abgesandte** M̄, F̄ ⟨-n; -n⟩ POL elçi; (_Vertreter_) temsilci
**abgeschlossen** _ADJ_ (_zu_) kapalı; (_verschlossen_) kilitli; (_abgetrennt_) ayrı, müstakil; _Ausbildung etc_ tamamlanmış
**abgesehen** _ADV_: **~ von** bundan başka; **~ davon, dass** -mesi-diği bir yana
**abgespannt** _ADJ_ yorgun, bitkin
**abgestanden** _ADJ_ _Luft_ pis; _Bier etc_ bayat, beklemiş
**abgestorben** _ADJ_ dumura uğramış; _Blätter etc_ ölmüş
**abgestumpft** _ADJ_ _Person_ (**gegen** _-e_) karşı hissiz, kayıtsız
**abgetragen** _ADJ_ _Kleidung_ yıpranmış
**abgewinnen** _V/T_ ⟨_irr_, _ohne_ -ge-, _h._⟩: **e-r Sache etw ~** bş-de faydalanacak (hoşlanacak _etc_) bş bulmak
**abgewöhnen** _V/T_ ⟨_o_ -ge-, _h._⟩: **j-m etw ~** b-ni bş-den vazgeçirmek; **sich** (_dat_) **das Rauchen ~** sigarayı bırakmak
**abgießen** _V/T_ ⟨_irr_, -ge-, _h._⟩ döküp atmak; TECH kalıba dökmek
**Abglanz** M̄ _fig_ **schwacher ~** -in silik bir izi (_geçmiş ihtişam vs_)
**abgleichen** _V/T_ ⟨-ge-, _h._⟩ TECH tesviye etmek; WIRTSCH (borcu ve alacağı) eşitlemek
**abgleiten** _V/I_ ⟨_irr_, -ge-, _s._⟩ kayıp gitmek; _fig_ **Kritik gleitet von ihm ab** eleştiriyi hiç umursamıyor
**abgöttisch** _ADV_: **j-n ~ lieben** b-ni taparcasına sevmek
**abgrasen** _V/T_ ⟨-ge-, _h._⟩ -in bütün otunu yemek; _umg fig_ (**nach** için) kolaçan etmek
**abgrenz|en** _V/T_ ⟨-ge-, _h._⟩ _a. fig_ (**gegen** -_den_) ayırmak; _fig_ -_den_ ayrı tutmak **ℒung** F̄ ⟨-; -en⟩ sınır(lama), ayırma; sınırlanış, ayrılış
**Abgrund** M̄ ⟨-s; ̈-e⟩ uçurum; _fig_ **am Rande des ~s stehen** felaketin eşiğine gelmek **ℒtief** _ADJ_ _Hass etc_ derin
**Abguss** M̄ ⟨-es; ̈-e⟩ TECH pissu deliği/çıkışı
**abhaken** _V/T_ ⟨-ge-, _h._⟩ _fig_ işaret koymak, işaretleyerek saymak; _fig_ **etw ~** halletmek, geçmek (**in** _e-r Liste_)
**abhalten** _V/T_ ⟨_irr_, -ge-, _h._⟩ _Versammlung etc_ düzenlemek, yapmak; **j-n von der Arbeit ~** b-ni işten alıkoymak; **j-n**

**davon ~, etw zu tun** b-ni bş yapmaktan alıkoymak
**abhandeln** _V/T_ ⟨-ge-, _h._⟩ _Thema etc_ ele almak; **j-m etw ~** b-nden bş-i koparmak (_pazarlıkla_); **j-m 10 Dollar (vom Preis) ~** b-ne (fiyattan) 10 dolar indirtmek
**abhandenkommen** _V/I_ kaybolmak; **mir ist die Brille abhandengekommen** gözlüğüm kayboldu
**Abhandlung** F̄ ⟨-; -en⟩ (**über** _akk_) üzerine, hakkında inceleme, makale
**Abhang** M̄ ⟨-s; ̈-e⟩ iniş, bayır
**abhängen**[1] _V/T_ ⟨-ge-, _h._⟩ _fig umg_ ekmek
**abhängen**[2] _V/I_ ⟨_irr_, -ge-, _h._⟩: **~ von** -e bağlı olmak; _finanziell_ muhtaç olmak
**abhängig** _ADJ_ (**von** -_e_) bağımlı, bağlı; MED bağımlı; GRAM **~er Satz** bağlı cümle; **die ~ Beschäftigten** bağımlı çalışanlar; **~ machen von ...** şartına bağlamak; **~ sein von** → **abhängen**[2]
**Abhängigkeit** F̄ ⟨-; -en⟩ (**von** -_e_) bağımlılık; MED _a._ ... bağımlılığı; **gegenseitige ~** karşılıklı bağımlılık
**abhauen** _V/I_ ⟨-ge-, _s._⟩ _umg_ defolmak; (_flüchten_) kaçmak; **hau ab!** defol!
**abheben** _V/T_ ⟨-ge-, _h._⟩ Ⓐ _V/T_ kaldırmak; _Geld_ (**von** -_den_) çekmek Ⓑ _V/I_ FLUG havalanmak; TEL ahizeyi kaldırmak, (telefonu) açmak; _Kartenspiel_ kağıt kesmek; _fig_ **~ auf** (_akk_) bitmek, bayılmak Ⓒ _V/R_: **sich ~ (gegen, von** -_den_⟩ (belirgin biçimde) ayrılmak, farklı olmak
**abheften** _V/T_ ⟨-ge-, _h._⟩ dosyalamak, dosyasına kaldırmak
**abheilen** _V/I_ ⟨-ge-, _s._⟩ tamamen iyileşmek (_yara_)
**Abhilfe** F̄ ⟨-; _ohne pl_⟩ çare; **~ schaffen** çare bulmak
**abhobeln** _V/T_ ⟨-ge-, _h._⟩ TECH rendelemek
**abholen** _V/T_ ⟨-ge-, _h._⟩ (gidip) almak; (alıp) getirmek; **~ lassen** _-in_ gelip almasını/karşılamasını sağlamak, aldırmak; **j-n von der Bahn ~** b-ni istasyonda(n) karşılamak
**ab|horchen** _V/T_ ⟨-ge-, _h._⟩ MED dinlemek, kulaklıkla muayene etmek **~hören** _V/T_ ⟨-ge-, _h._⟩ (gizlice) dinlemek; _Tonaufnahme, Funkspruch etc_ dinlemek
**Abitur** N̄ ⟨-s; _ohne pl_⟩ bakalorya, olgunluk, lise bitirme sınavı **~ient** M̄ ⟨-en; -en⟩, **-in** F̄ ⟨-; -nen⟩ lise mezunu

**~zeugnis** N̄ olgunluk/lise diploması
**abkapseln** V̄R̄ ⟨-ge-, h.⟩: **sich ~** içine kapanmak
**abkassieren** V̄ī ⟨ohne -ge-, h.⟩ umg fig parsayı toplamak
**abkaufen** V̄T̄ ⟨-ge-, h.⟩: **j-m etw ~** b-nden bş-i satın almak; fig b-nin söylediği bş-e inanmak
**Abkehr** F̄ ⟨-; ohne pl⟩ (**von** -den) yüz çevirme; -e sırt çevirme **2en** V̄R̄ ⟨-ge-, h.⟩: **sich ~** (**von** -den) yüz çevirmek, (-e) sırt çevirmek
**abklappern** V̄T̄ ⟨-ge-, h.⟩ baştan başa dolaşmak; umg (**nach** -i) her yerde aramak
**abklären** V̄T̄ ⟨-ge-, h.⟩ açıklığa kavuşturmak; (beschließen) kararlaştırmak
**Abklatsch** M̄ ⟨-s; -e⟩ kötü kopya
**abklingen** V̄ī ⟨irr, -ge-, s.⟩ Schmerzen hafiflemek, azalmak; Wirkung etkisi geçmek, azalmak
**abklopfen** ⟨-ge-, h.⟩ V̄T̄ dövmek (tozunu çıkarmak için); (vurarak) yoklamak
**abknallen** V̄T̄ ⟨-ge-, h.⟩ umg vurmak, gebertmek
**abknicken** A V̄T̄ ⟨-ge-, h.⟩ (büküp) kırmak B V̄ī ⟨s.⟩ (bükülüp) kırılmak; **~de Vorfahrt** AUTO dirsek yapan ana cadde
**abknöpfen** V̄T̄ ⟨-ge-, h.⟩ umg: **j-m etw ~** b-nden bş-i koparmak
**abkochen** V̄T̄ ⟨-ge-, h.⟩ kaynatmak
**abkommen** V̄ī ⟨-ge-, s.⟩ ayrılmak, uzaklaşmak; **vom Kurs ~** rotasından ayrılmak; fig **vom Thema ~** konuyu dağıtmak; **vom Weg ~** yolunu kaybetmek; **von der Straße ~** AUTO yoldan çıkmak; **von e-r Idee ~** fikrini değiştirmek
**Abkommen** N̄ ⟨-s; -⟩ bes POL anlaşma; **ein ~ treffen** bir anlaşmaya varmak
**abkömmlich** ADJ: **er ist nicht ~** serbest değil, meşgul
**abkoppeln** V̄T̄ ⟨-ge-, h.⟩ çözmek, ayırmak; RAUMF ayrılmak
**abkratzen** ⟨-ge-, h.⟩ A V̄T̄ kazıyarak çıkarmak B vulg V̄ī ⟨s.⟩ (sterben) gebermek
**abkühlen** ⟨-ge-, h.⟩ A V̄T̄ serinletmek, soğutmak B V̄ī (a. **sich ~**) soğumak
**abkürzen** V̄T̄ ⟨-ge-, h.⟩ kısaltmak
**Abkürzung** F̄ ⟨-; -en⟩ kısaltma; kestirme (Weg); **e-e ~ nehmen** kestirmeden gitmek **~sverzeichnis** N̄ TYPO kısalt-

malar listesi
**abladen** V̄T̄ ⟨irr, -ge-, h.⟩ boşaltmak; Müll dökmek; **s-n Ärger auf j-n ~** öfkesini b-nden çıkarmak; **s-n Kummer bei j-m ~** b-ne derdini/içini dökmek
**Ablage** F̄ ⟨-; -n⟩ Akten etc dosya; kaldırılacak evrak; allg ambar; depo
**ablager|n** ⟨-ge-, h.⟩ A V̄T̄ Holz etc depolamak B V̄R̄: **sich ~** CHEM, MED, GEOL çökelmek, birikmek; tortulaşmak **2ung** F̄ ⟨-; -en⟩ CHEM, MED, GEOL çökelti, tortu
**ablassen** A V̄T̄ ⟨irr, -ge-, h.⟩ Wasser akıtmak; Dampf, Luft boşaltmak; WIRTSCH **etw (vom Preis) ~** (fiyattan) ... indirim yapmak; **die Luft ~ aus** -in havasını indirmek/boşaltmak B V̄ī: **~ von** -in peşini bırakmak
**Ablativ** M̄ ⟨-s; -e⟩ GRAM -den hali, çıkma durumu
**Ablauf** M̄ ⟨-s; ~e⟩ Frist son; Pass etc müddet sonu; Ereignisse gidiş, seyir; TECH çıkış (deliği/borusu); JUR, WIRTSCH bitim, hulul; **nach ~ von zwei Wochen** iki hafta geçtikten sonra
**ablaufen** A V̄ī ⟨irr, -ge-, s.⟩ akmak; Frist, Pass etc geçmek, bitmek; (ausgehen) bitmek, neticelenmek; fig **an ihm läuft alles ab** onu hiçbir şey etkilemiyor; (verlaufen) **gut ~** iyi geçmek; fig **s-e Uhr ist abgelaufen** onun günü/miadı dolmuş B V̄T̄ ⟨h.⟩ Strecke etc yürümek, geçmek; Läden etc (**nach** için) dolaşmak
**ablegen** ⟨-ge-, h.⟩ A V̄T̄ Kleidung çıkarmak; Akten etc dosyalamak; Gewohnheit bırakmak; Eid içmek; Prüfung vermek; Last etc indirmek B V̄ī palto, şapka vs çıkarmak; SCHIFF hareket etmek, demir almak; **abgelegte Kleider** çıkarılmış elbiseler; **bitte, legen Sie (hier) ab!** buyurun, üstünüzdekileri (şuraya) çıkarın!
**ablehnen** V̄T̄ ⟨-ge-, h.⟩ Gesetzentwurf, Vorschlag, Einladung reddetmek, geri çevirmek; (nicht mögen, missbilligen) -den hoşlanmamak; **es ~, etw zu tun** bş yapmayı reddetmek
**ablehnend** ADJ olumsuz, reddî
**Ablehnung** F̄ ⟨-; -en⟩ ret
**ableit|en** ⟨-ge-, h.⟩ A V̄T̄ TECH akıtmak, yöneltmek; CHEM, MATH, GRAM, fig (**aus** -den) türetmek; **s-e Herkunft ~ von** kökünü -e dayandırmak B V̄R̄: **sich ~** türemek **2ung** F̄ ⟨-; -en⟩ TECH akıt-

**ablenk|en** ⟨ge-, h.⟩ Ⓐ V/T j-n, *Aufmerksamkeit etc* -in dikkatini/aklını dağıtmak; *Verdacht etc* başka yöne çevirmek (**von** *-den*); **j-n von der Arbeit ~** b-ni işinde rahatsız etmek; **j-n von s-n Sorgen ~** b-ne dertlerini unutturmak, efkâr dağıtmak Ⓑ V/I ⟨*Thema wechseln*⟩ değiştirmek; **das lenkt ab** bu bambaşka bir konu **ℒung** F ⟨-; -en⟩ dikkati başka yöne çekme; ⟨*Zerstreuung*⟩ avunma; TECH sap(tır)ma

**ablesen** V/T ⟨irr, ge-, h.⟩ *Rede* (kağıttan) okumak; *fig* ⟨*feststellen*⟩ (**an** *dat -den*) anlamak, okumak; TECH **Strom (Gas) ~** elektrik (gaz) saatini okumak; **j-m etw vom Gesicht ~** b-ş-i b-nin yüzünden okumak; **j-m e-n Wunsch von den Augen ~** b-nin bir isteğini gözlerinden okumak

**ableugnen** V/T ⟨ge-, h.⟩ inkâr etmek, yadsımak, yalanlamak

**abliefern** V/T ⟨ge-, h.⟩ (**bei** *-e*) teslim etmek

**Ablös|e** F ⟨-; -n⟩ SPORT transfer bedeli; çıkan kiracının bıraktığı eşya vs için yeni kiracıdan istediği para **ℒen** V/T ⟨*entfernen*⟩ ayırmak, çözmek; *Wache* değiştirmek; *Kollegen* -in işini üstlenmek; ⟨*folgen auf*⟩ -in yerini almak; *Hypothek etc* ödemek; **sich ~** (**bei** *-i*) nöbetleşe yapmak; *Tapete* çözülmek **~ung** F ⟨-; -en⟩ kaldırı(l)ma; nöbet değiştirme; yerine koy(ul)ma/geçme; WIRTSCH öde(n)me

**Abluft** F ⟨-; *ohne pl*⟩ TECH hava çıkışı; atık hava

**ABM** [a:beː'ɛm] *abk für* Arbeitsbeschaffungsmaßnahme F istihdam yaratma önlemi

**abmach|en** V/T ⟨ge-, h.⟩ ⟨*entfernen*⟩ çözmek, kaldırmak; ⟨*vereinbaren*⟩ kararlaştırmak, (... üzerinde) anlaşmak; **abgemacht!** anlaştık!, tamam! **ℒung** F ⟨-; -en⟩ anlaşma; **e-e ~ treffen** (**über** *akk* hakkında) bir anlaşmaya varmak

**abmager|n** V/I ⟨ge-, *s.*⟩ zayıflamak **ℒungskur** F zayıflama rejimi

**abmeld|en** ⟨ge-, h.⟩ Ⓐ V/T: **j-n ~** kaydını sildirmek; -in gelmeyeceğini bildirmek; **sein Auto ~** arabasını trafikten çekmek; **sein Telefon ~** telefonunu kapattırmak; *umg* **bei mir ist er abgemeldet!** benim onunla işim bitti! Ⓑ V/R: **sich ~** *polizeilich* ikamet kaydını sildirmek; **sich bei j-m ~** b-ne ayrılacağını (*od* gelemeyeceğini) bildirmek **ℒung** F ⟨-; -en⟩ kayıt sildirme, trafikten çekme, kapatma

**abmess|en** V/T ⟨irr, ge-, h.⟩ ölçmek **ℒung** F ⟨-; -en⟩: **~en** *pl* boyutlar *pl*

**abmontieren** V/T ⟨*ohne* -ge-, h.⟩ TECH sökmek, demonte etmek

**abmühen** V/R ⟨ge-, h.⟩: **sich ~** (**mit** *-le*) didinmek, uğraşmak

**abnabeln** Ⓐ V/T ⟨ge-, h.⟩ -in göbeğini kesmek Ⓑ V/R: **sich ~** *fig* bağlarını koparmak

**Abnahme** F ⟨-; *ohne pl*⟩ *Rückgang* azal(t)ma; *an Gewicht* zayıflama; TECH kabul, teslim alma; WIRTSCH satın alma; **bei ~ von ... Stück** ... adet sipariş edildiği takdirde

**abnehmen** ⟨*irr, -*ge-, h.⟩ Ⓐ V/T kaldırmak; TECH *Maschine etc* -in ruhsat muayenesini yapmak; *Ware* ⟨*dat -den*⟩ satın almak; **e-e Prüfung ~** sınav yapmak; **j-m Blut ~** b-nden kan almak; **j-m etw ~** b-nin işini hafifletmek; **j-m Fingerabdrücke ~** b-nin parmak izini almak; **j-m zu viel ~** b-nin çok parasını almak; *umg fig* **das nimmt ihm keiner ab!** o bunu kimseye yutturamaz! Ⓑ V/I azalmak; *an Gewicht* zayıflamak, kilo vermek; TEL telefona çıkmak; *Mond* küçülmek

**Abnehmer** M ⟨-s; -⟩ alıcı; WIRTSCH **keine ~ finden** alıcı bulamamak

**Abneigung** F ⟨-; -en⟩ (**gegen** *-e* karşı) antipati, *stärker* (*a. -den*) tiksinti, nefret

**abnorm** ADJ anormal **ℒität** F ⟨-; -en⟩ anormallik

**abnutz|en** ⟨ge-, h.⟩ Ⓐ V/T aşındırmak Ⓑ V/R: **sich ~** aşınmak **ℒung** F ⟨-; *ohne pl*⟩ aşın(dır)ma **ℒungserscheinung** F MED aşınma

**Abo** N ⟨-s; -s⟩ *umg* → Abonnement

**Abonn|ement** [abɔn(a)'ma:] N ⟨-s; -s⟩ (**auf** *akk -e*) abone(lik) **~ent** M ⟨-en; -en⟩, **-in** F ⟨-; -nen⟩ abone **ℒieren** V/T ⟨*ohne* -ge-, h.⟩ -e abone olmak; **abonniert sein auf** (*akk*) -in abonesi olma

**abordn|en** V/T ⟨ge-, h.⟩: ⟨görevle⟩ göndermek **ℒung** F ⟨-; -en⟩ delegeler PL, delegasyon

**Abort** M ⟨-s; -e⟩ hela, tuvalet
**abpacken** V/T ⟨-ge-, h.⟩ WIRTSCH paketlemek
**ab|pfeifen** V/T u. V/I ⟨irr, -ge-, h.⟩ SPORT bitiş düdüğünü çalmak **♀pfiff** M ⟨-s; -e⟩ SPORT bitiş düdüğü
**abprallen** V/I ⟨-ge-, s.⟩ fig **an j-m** ~ b-ni hiç etkilememek
**abputzen** V/T ⟨-ge-, h.⟩ temizlemek; (abwischen) silmek; **sich** (dat) **die Schuhe** ~ ayakkabılarını silmek
**abquälen** V/R ⟨-ge-, h.⟩: **sich** ~ meşakkate girmek B V/T: **sich** (dat) **ein Lächeln** ~ zoraki olarak gülümsemek
**abqualifizieren** V/T ⟨ohne -ge-, h.⟩ diskalifiye etmek
**abraten** V/I ⟨irr, -ge-, h.⟩: **j-m** ~ **von** b-ne -i yapmamasını tavsiye etmek
**abräumen** V/T ⟨-ge-, h.⟩ -in üstünü toplamak (masanın vs)
**abreagieren** ⟨ohne -ge-, h.⟩ A V/T Ärger etc (**an** dat -den) çıkarmak (öfkesini vs) B V/R: **sich** ~ sakinleşmek (bş yaparak)
**abrechn|en** V/T ⟨-ge-, h.⟩ A V/T ciro etmek; Spesen etc düşmek B V/I ⟨**mit** j-m -le⟩ hesaplaşmak **♀ung** F ⟨-; -en⟩ hesaplaşma; hesap dökümü **♀ungszeitraum** M hesap dönemi
**abreib|en** V/T ⟨irr, -ge-, h.⟩ ov(uştur)mak; aşındırmak (ovarak, sürterek); Zitrone etc rendelemek **♀ung** F ⟨-; -en⟩ MED friksiyon; umg (Tadel) zılgıt, (Prügel) kötek
**Abreise** F ⟨-; -n⟩ (**nach** -e) yol(culuğ)a çıkış, gidiş, hareket
**abreisen** V/I ⟨-ge-, s.⟩ yol(culuğ)a çıkmak; (**nach** -e) gitmek
**Abreisetag** M hareket günü
**abreißen** ⟨irr, -ge-, h.⟩ V/T ⟨h.⟩ koparmak; Gebäude yıkmak B V/I ⟨s.⟩ kopmak
**Abreißkalender** M yaprakları koparılan takvim
**abriegeln** V/T ⟨-ge-, h.⟩ Tür sürmelemek; Straße kapamak
**abringen** V/T ⟨irr, -ge-, h.⟩: **sich** (dat) **ein Lächeln** ~ zoraki olarak gülümsemek
**Abriss** M ⟨-es; -e⟩ Gebäude yıkma; (kurze Darstellung) özet
**abrollen** V/T ⟨-ge-, h.⟩ A V/T ⟨h.⟩ makaradan boşaltmak B V/I ⟨s.⟩ yuvarlanıp gitmek
**abrücken** ⟨-ge-, h.⟩ A V/T ⟨h.⟩ yerinden ayırmak, çekmek B V/I ⟨s.⟩ ayrılmak, gekilmek; **von j-m** ~ b-ni desteklemeyi bırakmak

**Abruf** M ⟨-s; ohne pl⟩ çağrılma; **sich auf** ~ **bereithalten** hizmete/nöbete hazır bulunmak; WIRTSCH **auf** ~ talep edildiğinde, talep/apel üzerine **♀bereit** ADJ hizmete hazır
**abrufen** V/T ⟨irr, -ge-, h.⟩ IT çağırmak; **j-n** ~ b-ni hizmete çağırmak; WIRTSCH talep etmek
**abrunden** V/T ⟨-ge-, h.⟩ yuvarlamak; **nach oben (unten)** ~ yukarıya (aşağıya) yuvarlamak (sayıyı)
**abrupt** ADJ ansızın
**abrüst|en** V/I ⟨-ge-, h.⟩ MIL silahsızlanmak **♀ung** F ⟨-; ohne pl⟩ silahsızlanma
**ABS** [a:be:'|es] abk für **Antiblockiersystem** N AUTO antiblokaj sistemi
**Abs.** abk für **Absender** M gönderen (Gön.) B **Absatz** M fıkra, paragraf
**absacken** V/I ⟨-ge-, s.⟩ umg çökmek; SCHIFF batmak; FLUG irtifa kaybetmek
**Absage** F ⟨-; -n⟩ iptal; (Ablehnung) ret (cevabı)
**absagen** ⟨-ge-, h.⟩ A V/T iptal etmek B V/I: **j-m** ~ b-ne (b-nin/kendinin) gelmeyeceğini bildirmek
**absägen** V/T ⟨-ge-, h.⟩ kesmek (testereyle); umg fig -in ayağını kaydırmak
**absahnen** V/T ⟨-ge-, h.⟩ umg fig parsayı toplamak
**Absatz** M ⟨-es; ⸚e⟩ (Abschnitt) paragraf; WIRTSCH sürüm, revaç; (Schuh♀) ökçe, topuk; (Treppen♀) sahanlık; (**Schuhe**) **mit hohen Absätzen** yüksek topuklu (ayakkabı); **neuer** ~ paragraf başı; **reißenden** ~ **finden** yok satmak, -in sürümü iyi olmak
**Absatz|förderung** F satış promosyonu **~gebiet** N sürüm ve satış bölgesi **~markt** M WIRTSCH pazar, piyasa **~möglichkeit** F WIRTSCH pazar (-lama) imkânı **~steigerung** F WIRTSCH satışlarda/sürümde artış
**absaufen** V/I ⟨irr, -ge-, s.⟩ AUTO stop etmek; SCHIFF batmak
**absaugen** V/T ⟨-ge-, h.⟩ TECH, MED emerek almak; Teppich etc (elektrikli süpürgeyle) süpürmek
**abschaben** V/T ⟨-ge-, h.⟩ kazımak
**abschaff|en** V/T ⟨-ge-, h.⟩ kaldırmak; Gesetz yürürlükten kaldırmak; Missstände -e son vermek **♀ung** F ⟨-; ohne pl⟩ kaldır(ıl)ma, fesih

**abschalten** ⟨-ge-, h.⟩ Ⓐ VT kesmek; *Radio etc* kapatmak; söndürmek Ⓑ VI *umg fig* -e kulak asmamak; *(sich erholen)* dinlenmek

**abschätz|en** VT ⟨-ge-, h.⟩ tahmin etmek, kestirmek; **~ig** ADJ aşağılayıcı, küçük düşürücü

**Abscheu** M ⟨-s; *ohne pl*⟩ *(vor dat* -den) nefret, tiksinti; **~ haben vor** -den nefret etmek **♀lich** ADJ iğrenç

**abschicken** VT ⟨-ge-, h.⟩ göndermek, yollamak; *Brief a.* postalamak

**abschieben** ⟨*irr,* -ge-, h.⟩ *Schuld etc* (**auf** *akk* -e) yüklemek; *(loswerden)* başından savmak, başkasına yüklemek; *Ausländer* (cebren) sınırdışı etmek

**Abschiebung** F ⟨-; -en⟩ JUR sınırdışı etme/edilme

**Abschiebungshaft** F: **j-n in ~ nehmen** sınırdışı edilecek b-ni gözaltına almak

**Abschied** M ⟨-s; -e⟩ veda; *(Trennung)* ayrılış; **~ nehmen (von** *dat* -*le)* vedalaşmak; **beim** *(od* **zum) ~** vedalaşırken, veda vesilesiyle

**Abschieds|feier** F veda toplantısı **~kuss** M: **j-m e-n ~ geben** b-ne veda öpücüğü vermek **~worte** PL veda sözleri *pl*

**abschießen** VT ⟨*irr,* -ge-, h.⟩ *Waffe* atmak; *Rakete* fırlatmak; *Flugzeug* düşürmek; *umg fig* **j-n ~** alaşağı etmek

**abschirmen** VT ⟨-ge-, h.⟩ (**gegen** -*e* karşı) izole etmek, yalıtmak

**abschlachten** VT ⟨-ge-, h.⟩ kesmek, öldürmek

**abschlaffen** VI ⟨-ge-, *s.*⟩ *umg* bitkinleşmek

**Abschlag** M ⟨-s; ⁼e⟩ *Fußball* kale vuruşu; WIRTSCH indirim; **auf ~** taksitle

**abschlagen** VT ⟨-ge-, h.⟩ vurup ayırmak; SPORT topu oyuna sokmak, servis yapmak; *Angriff etc* püskürtmek; *fig* reddetmek

**abschlägig** ADJ: **~e Antwort** ret cevabı

**Abschlagszahlung** F WIRTSCH taksit; kısmî ödeme, akont

**abschleifen** VT ⟨*irr,* -ge-, h.⟩ TECH zımparalamak, sistre yapmak

**Abschleppdienst** M AUTO araba çekme/kurtarma servisi

**abschleppen** VT ⟨-ge-, h.⟩ çekmek; *fig umg* **j-n ~** b-ni araklamak

**Abschlepp|seil** N çekme halatı **~stange** F (araba) çekme çubuğu **~wagen** M çekici, kurtarıcı

**abschließbar** ADJ kilitlen(ebil)ir, kilidi var/olan

**abschließen** VT ⟨*irr,* -ge-, h.⟩ kilitlemek; *(beenden)* bitirmek; *(vollenden)* tamamlamak; *Versicherung, Vertrag* yapmak, akdetmek; *Wette* bahse girmek; **e-n Handel ~** pazarlık yapmak

**abschließend** Ⓐ ADJ son(ul), nihai; kapanış *subst* Ⓑ ADV: **~ sagte sie** son olarak ... dedi/söyledi

**Abschluss** M ⟨-es; ⁼e⟩ sonuç, netice; *etw* **zum ~ bringen** bitirmek; bş-in sonunu getirmek; *umg (Schul♀)* mezuniyet, bitirme **~prüfung** F *Schule* mezuniyet/bitirme sınavı **~zeugnis** N diploma

**abschmecken** VT ⟨-ge-, h.⟩ GASTR -*e* baharat koymak; *(probieren)* -*in* tadına bakmak

**abschmieren** VT ⟨-ge-, h.⟩ TECH yağlamak

**abschminken** VT ⟨-ge-, h.⟩ makyajını temizlemek; *umg* **das kannst du dir ~!** sen o işten ümidini kes!

**Abschn.** *abk für* Abschnitt M bölüm, kısım

**abschneiden** ⟨*irr,* -ge-, h.⟩ Ⓐ VT kesip koparmak; **j-m das Wort ~** b-nin sözünü kesmek Ⓑ VI kestirmeden gitmek; **gut ~** iyi bir sonuç elde etmek

**Abschneiden** N ⟨-s; *ohne pl*⟩ sonuç, başarı

**Abschnitt** M ⟨-s; -e⟩ *Buch etc* bölüm, kısım; *Reise* etap; *(Zeit♀)* devir, çağ; *Entwicklung* aşama; *(Kontroll♀)* koçan, kontrol kuponu

**abschöpfen** VT ⟨-ge-, h.⟩ *a.* WIRTSCH almak, massetmek, vergi koyup tahsil etmek; **den Rahm ~** kaymağı almak

**abschott|en** VR ⟨-ge-, *h.*⟩: **sich ~** (kendi) içine kapanmak **♀ung** F ⟨-; -en⟩ WIRTSCH koru(n)ma; **die ~ nationaler Märkte** millî piyasaların korunması

**abschrauben** VT ⟨-ge-, h.⟩ sökmek *(bş-in vidasını)*

**abschreck|en** VT ⟨-ge-, h.⟩ korkutarak vazgeçirmek, yıldırmak (**von** -*den)* **~end** ADJ korkutucu, yıldırıcı, caydırıcı; **~es Beispiel** yıldırıcı bir örnek, uyarı

**Ɋung** F ⟨-; -en⟩ caydırma; gözdağı (verme); **zur ~ dienen** caydırmaya yaramak **Ɋungspolitik** F caydırma politikası **Ɋungswaffe** F caydırıcı silah

**abschreib|en** VT ⟨irr, -ge-, h.⟩ kopya etmek; WIRTSCH düşmek, indirmek, *völlig* tamamını amorti etmek **Ɋung** F ⟨-; -en⟩ amortisman, aşınma payı

**Abschrift** F ⟨-; -en⟩ kopya, suret, ikinci nüsha; **beglaubigte ~** tasdikli suret

**abschürf|en** VT ⟨-ge-, h.⟩: **sich** (dat) **das Knie ~** dizini berelemek **Ɋung** F ⟨-; -en⟩ sıyırtı, bere, berele(n)me

**Abschuss** M ⟨-es; ⸚e⟩ e-r Rakete fırlat(ıl)ma; *Flugzeug* düşür(ül)me

**abschüssig** ADJ inişli, meyilli

**Abschuss|liste**: **auf der ~ stehen** topun ağzında olmak **~rampe** F roket rampası

**abschütteln** VT ⟨-ge-, h.⟩ silkip atmak

**abschwächen** VT ⟨-ge-, h.⟩ hafifletmek

**abschweifen** VI ⟨-ge-, s.⟩: **vom Thema ~** konu dışına çıkmak

**abschwellen** VI ⟨-ge-, s.⟩ MED *-in* şişi/şişkinliği inmek

**abschwören** VI ⟨irr, -ge-, h.⟩ *-e* tövbe etmek

**absehbar** ADJ: **in ~er Zeit** oldukça yakın bir zamanda

**absehen** ⟨irr, -ge-, h.⟩ **A** VI: **es ist kein Ende (von, gen) abzusehen** (-in) sonu görünmüyor; **es abgesehen haben auf** (akk) *-i* elde etmeyi aklına koymuş olmak **B** VT: **~ von** (dat) *-den* sarfınazar etmek; → **abgesehen**

**abseilen** ⟨-ge-, h.⟩ **A** VT (halatla) indirmek **B** VR: **sich ~** halatla inmek; *umg fig* gruptan ayrılmak, kendi başına hareket etmeye başlamak

**abseits A** PRÄP *gen*: **~ der Straße** yolun dışında **B** ADV: **~ liegen** uzak(ta)/ücra olmak; **~ sein** ofsayta olmak

**Abseits** N ⟨-; -⟩ SPORT ofsayt; **im ~ stehen** ofsayta olmak; *fig* **sich ins ~ manövrieren, ins ~ geraten** ofsayta düşmek, yalnız (başına) kalmak

**abseitsstehen** VI ⟨irr-ge-, h.⟩ ofsaytta olmak

**absenden** VT ⟨irr, -ge-, h.⟩ göndermek, yollamak, *Brief etc a.* postalamak

**Absender** M ⟨-s; -⟩, **-in** F ⟨-; -nen⟩ gönderen

**absetzbar** ADJ WIRTSCH satılabilir, pazarlanabilir; *steuerlich* düşülebilir

**absetzen** ⟨-ge-, h.⟩ **A** VT *Last* indirmek; *Brille, Hut* çıkarmak; *Tasse etc* bırakmak; *Fahrgast* indirmek; *Herrscher etc* tahttan indirmek; THEAT, *Film* programdan çıkarmak; *Medikament* kesmek; *steuerlich* vergiden düşmek; WIRTSCH satmak; *Zeile, Ton* ara vermek **B** VR: **sich ~** CHEM etc çökelmek; *umg* ayrılmak, kaçmak **C** VI: **ohne abzusetzen** ara vermeden

**Absetzung** F ⟨-; -en⟩ azletme, azledilme, az(i)l; *Film etc* (gösterimden) kaldır(ıl)ma

**absichern** ⟨-ge-, h.⟩ **A** VT emniyete almak, sağlama bağlamak **B** VR: **sich ~** kendini emniyete almak

**Absicht** F ⟨-; -en⟩ amaç, niyet, kasıt; **in der ~ zu -mek** niyetinde; **mit ~** bilerek; kasıtlı olarak **Ɋlich** **A** ADJ kasıtlı **B** ADV bilerek

**Absichtserklärung** F ⟨-; -en⟩ niyet bildirimi/mektubu

**absitzen** **A** VT ⟨irr, -ge-, h.⟩ *umg Strafe* çekmek (*cezaevinde*) **B** VI ⟨s.⟩ **(von)** inmek (*bisikletten vs*)

**absolut** ADJ salt, mutlak; **~ nicht** kesinlikle ... (değil)

**Absolvent** [-v-] M ⟨-en; -en⟩, **-in** F ⟨-; -nen⟩ mezun

**absolvieren** [-v-] VT ⟨o ge-, h.⟩ *Schule etc* bitirmek, *-den* mezun olmak; *Prüfung* vermek, başarmak

**absonderlich** ADJ acayip, garip, ters

**absondern** ⟨-ge-, h.⟩ **A** VT MED salgılamak, çıkarmak **B** VR: **sich ~ (von -den)** uzaklaşmak/uzak durmak

**absorbieren** VT ⟨o ge-, h.⟩ *a. fig* özümlemek

**abspalten A** VT ⟨-ge-, h.⟩ (yarıp) ayırmak, koparmak **B** VR: **sich ~** ayrılmak, kopmak

**Abspann** M ⟨-s, -e⟩ FILM jenerik (*sonda*)

**absparen** VT ⟨-ge-, h.⟩: **sich** (dat) **etw (vom Munde) ~** (dişinden tırnağından) arttırmak

**abspecken** VI & VT ⟨-ge-, h.⟩ *umg* (etw) zayıflamak; *fig Firma etc* küçültmek

**abspeichern** VT ⟨-ge-, h.⟩ IT kaydetmek

**abspeisen** *V/T* ⟨-ge-, h.⟩ *umg*: **j-n ~ mit** b-ne -*den* başka bir şey vermemek
**abspenstig** *ADJ*: **~ machen** (*dat*) -*in* müşterilerini *vs* elinden almak; **j-m die Freundin ~ machen** b-nin kız arkadaşını ayartmak
**absperr|en** *V/T* ⟨-ge-, h.⟩ kilitlemek; *Straße* kapamak; *Gas etc* kesmek **2ung** *F* ⟨-; -en⟩ kapa(t)ma; kordon, bariyer
**Abspiel** *N* SPORT pas
**abspielen** ⟨-ge-, h.⟩ **A** *V/T Kassette etc* çalmak; *Ball* vermek, ortalamak **B** *V/R*: **sich ~** olmak, vukubulmak; *umg* **da spielt sich nichts ab!** bir şey olduğu yok
**absplittern** ⟨-ge-, h.⟩ **A** *V/I* ⟨s.⟩ parçalanmak **B** *V/R* ⟨h.⟩: **sich ~** parçalanmak, dağılmak
**Absprache** *F* ⟨-; -n⟩ anlaşma, uzlaşma, danışma **2gemäß** *ADV* kararlaştırıldığı üzere/gibi
**absprechen** ⟨*irr*, -ge-, h.⟩ **A** *V/T* (*vereinbaren*) kararlaştırmak; **j-m etw ~** b-ni bş bakımından yetersiz görmek; JUR **j-m ein Recht ~** b-nin bir hakkını tanımamak **B** *V/R*: **sich mit j-m ~** (**über** *akk* üzerinde) b-le anlaşmak/sözleşmek
**abspringen** *V/I* ⟨*irr*, -ge-, s.⟩ (aşağıya) atlamak; FLUG paraşütle atlamak; *umg fig* (**von** -*i*) terketmek
**abspritzen** *V/T* ⟨-ge-, h.⟩ (basınçlı suyla) yıkamak
**Absprung** *M* ⟨-s; ⸚e⟩ atlama, atlayış
**abspülen** ⟨-ge-, h.⟩ **A** *V/T* yıkamak, çalkalamak **B** *V/I* bulaşık yıkamak
**abstamm|en** *V/I* ⟨-ge-, s.⟩: **~ von** -*in*... soyundan gelmek **2ung** *F* ⟨-; *ohne pl*⟩ köken; **deutscher ~** Alman asıllı/kökenli
**Abstand** *M* ⟨-s; ⸚e⟩ uzaklık, mesafe; (*Zwischenraum*) ara(lık), açıklık; *zeitlich* müddet, fasıla; **~ halten** mesafe bırakmak; **in regelmäßigen Abständen** düzenli ara(lık)larla; *fig* **mit ~** büyük farkla; **mit ~ besser sein** -e fark yapmak/atmak; **mit ~ gewinnen** farkla kazanmak; **von etw ~ nehmen** bş-den vazgeçmek
**abstatten** *V/T* ⟨-ge-, h.⟩: **j-m e-n Besuch ~** b-ni ziyaret etmek
**abstauben** **A** *V/T* ⟨-ge-, h.⟩ -*in* tozunu silmek; *umg* (*stehlen*) yürütmek, tırtıklamak **B** *V/I umg Fußball* (hazır) gole konmak
**abstechen** ⟨*irr*, -ge-, h.⟩ **A** *V/T* (*töten*) kesmek **B** *V/I*: **~ von** -*den* gayet farklı olmak
**Abstecher** *M* ⟨-s; -⟩ gezinti (*asıl yoldan saparak*)
**abstecken** *V/T* ⟨-ge-, h.⟩ *Kleid etc* teğellemek, iğnelemek; *Gelände, Kurs etc* işaretlemek; *fig* -*in* sınırlarını çizmek (*konunun*)
**abstehlen** *V/I* ⟨*irr*, -ge-, h.⟩ ayrık durmak **~end** *ADJ*: **~e Ohren** yelpaze/kepçe kulak(lar)
**Absteige** *F* ⟨-; -n⟩ *umg pej* adi otel
**absteigen** *V/I* ⟨*irr*, -ge-, s.⟩ **vom Rad, Berg etc** inmek; (**in** -*de*) konaklamak; SPORT küme düşmek
**Absteiger** *M* ⟨-s; -⟩ SPORT küme düşen takım, lig sonuncusu
**abstellen** *V/T* ⟨-ge-, h.⟩ (yere) koymak; *Auto etc* park etmek; *Gas, Maschine* kapatmak; *Motor* durdurmak; *Missstände* kaldırmak
**Abstell|fläche** *F* AUTO park yeri **~gleis** *N* BAHN şube hattı; *fig* **j-n aufs ~ schieben** b-ni pasif bir göreve vermek **~raum** *M* sandık odası, depo
**abstempeln** *V/T* ⟨-ge-, h.⟩ damgalamak
**absterben** *V/I* ⟨*irr*, -ge-, s.⟩ *Pflanze* (zayıflayarak) ölmek; *Glieder* hissizleşmek
**Abstieg** *M* ⟨-s; -e⟩ iniş; *fig* itibar kaybı; SPORT küme düşme
**abstimmen** ⟨-ge-, h.⟩ **A** *V/I* (**über** *akk* üzerine) oylama yapmak **B** *V/T*: (**auf** *akk*) -*i* -*e* göre ayarlamak; **aufeinander ~** birbiriyle uyumlu hale getirmek; WIRTSCH koordine etmek; **über etw ~ lassen** bş-i oya koymak **C** *V/R*: **sich ~** birbirine danışarak davranmak; (**mit**) -*e* danışarak davranmak
**Abstimmung** *F* ⟨-; -en⟩ oylama, seçim; ayarla(n)ma; (**über** *akk* üzerine) oylama; **geheime ~** gizli oylama
**abstinent** *ADJ* içki içmeyen
**Abstinenz** *F* ⟨-; *ohne pl*⟩ içki düşmanlığı **~ler** *M* ⟨-s; -⟩, **-in** *F* ⟨-; -nen⟩ içki kullanmaz, yeşilaycı
**Abstoß** *M* ⟨-s; ⸚e⟩ *Fußball* degaj(man)
**abstoßen** ⟨*irr*, -ge-, h.⟩ **A** *V/T* vurarak uzaklaştırmak; *Möbel* eskitmek; *Geweih, Haut* atmak; MED reddetmek, atmak; WIRTSCH elden çıkarmak, satmak; *fig* (*anwidern*) -*e* itici gelmek **B** *V/I Fußball* degaj(man) yapmak

**abstoßend** ADJ fig itici
**Abstoßung** F ⟨-; ohne pl⟩ MED reddetme
**abstottern** VT ⟨-ge-, h.⟩ taksit taksit ödemek
**abstrahieren** [-'hiːrən] VT u. VI ⟨ohne -ge-, h.⟩ soyutlamak
**abstrakt** ADJ soyut **2ion** [-'tsĭoːn] F ⟨-; -en⟩ soyutlama **2um** N ⟨-s; Abstrakta⟩ GRAM soyut isim/ad
**abstreiten** VT ⟨irr, -ge-, h.⟩ inkâr etmek, yalanlamak
**Abstrich** M ⟨-s; -e⟩ sıyırıp alma/atma; (**an** dat -de) kesinti, kısıtlama; MED yayma, froti; **e-n ~ machen** (dokudan) salgı örneği almak; fig **~e machen müssen** taviz(ler) vermek zorunda kalmak; beim Schreiben harfin düşey çizgisi
**abstrus** ADJ anlaşılmaz, karmakarışık
**abstufen** VT ⟨-ge-, h.⟩ Gelände teraslandırmak; Farben -in (degrade) tonlarını kullanmak; fig -in ayrıntılarını gözetmek
**Abstufung** F ⟨-; -en⟩ (Farb&) degrade (renkler/tonlar)
**abstumpfen** VI ⟨-ge-, s.⟩ Person fig körlenmek
**Absturz** M ⟨-es; ⸚e⟩ FLUG düşme; IT kilitlenme, asma
**ab|stürzen** VI ⟨-ge-, s.⟩ FLUG düşmek; IT asmak, kilitlenmek **~stützen** VT ⟨-ge-, h.⟩ ARCH desteklemek, payandalamak
**absuchen** VT ⟨-ge-, h.⟩ yoklamak; bucak bucak aramak; **nach etw ~** -de bş-i aramak
**absurd** ADJ saçma, anlamsız
**Absurdität** F ⟨-; -en⟩ saçmalık
**Abszess** [apsˈtsɛs] M ⟨-es; -e⟩ MED apse, çıban
**Abszisse** [apsˈtsɪsə] F ⟨-; -n⟩ MATH apsis
**Abt.** abk für Abteilung F şube, bölüm
**abtasten** VT ⟨-ge-, h.⟩ yoklamak; MED elle muayene etmek; nach Waffen etc (-in üstünü) aramak; IT, Radar taramak; (**nach**) -i aramak; fig j-n ~ b-nin nabzını yoklamak
**abtauchen** VI ⟨-ge-, s.⟩ dalmak; umg fig ortalıktan yok olmak, izini kaybettirmek
**abtauen** ⟨-ge-⟩ A VT ⟨h.⟩ Kühlschrank -in buzunu çöz(dür)mek B VI ⟨s.⟩ -in buzu çözülmek, erimek

**Abteil** N ⟨-s; -e⟩ BAHN kompartıman
**abteilen** VT ⟨-ge-, h.⟩ bölmek, ayırmak; kesip almak
**Abteilung**¹ F ⟨-; ohne pl⟩ bölme, ayırma
**Abteilung**² F ⟨-; -en⟩ bölüm, şube; Krankenhaus koğuş; SPORT disiplin
**Abteilungsleiter(in)** M(F) bölüm şefi
**abtippen** VT ⟨-ge-, h.⟩ umg daktiloya çekmek, tape etmek
**abtöten** VT ⟨-ge-, h.⟩ öldürmek, yoketmek
**abtragen** VT ⟨irr, -ge-, h.⟩ taşımak, götürmek; söküp/yıkıp kaldırmak; Kleider eskitmek; Schuld (taksit taksit) ödemek
**abträglich** ADJ (dat) zararlı
**Abtransport** M ⟨-s; -e⟩ taşıma, götürme
**abtreiben** ⟨irr, -ge-⟩ A ⟨h.⟩ MED düşürmek, aldırmak B ⟨s.⟩ sürüklenmek; demir taramak
**Abtreibung** F ⟨-; -en⟩ MED düşük; **e-e ~ vornehmen lassen** çocuk aldırmak
**Abtreibungspille** F MED düşük hapı
**abtrennen** VT ⟨-ge-, h.⟩ Coupon kesmek; Fläche ayırmak; Ärmel etc sökmek
**abtreten** ⟨irr, -ge-⟩ A VT ⟨h.⟩ (dat, an akk -e) devretmek; JUR devir ve temlik etmek; JUR terk ve ferağ etmek; **j-m etw ~** b-ne bş-i bırakmak, vermek; Teppich eskitmek (basarak); umg (**sich** dat) **die Füße ~** ayakkabılarını (paspasa) silmek B VI ⟨s.⟩ çekilmek, uzaklaşmak; THEAT (sahneden) çıkmak
**Abtretung** F ⟨-; -en⟩ (an akk) JUR devir ve temlik; JUR terk ve ferağ
**abtrocknen** ⟨-ge-, h.⟩ A VT: **sich** (dat) **die Hände ~** (an dat -e) ellerini kurulamak; **das Geschirr ~** bulaşığı kurulamak B VI kurumak
**abtun** VT ⟨irr, -ge-, h.⟩ fig (**als** ... diye) önemsememek, küçümsemek, bir kenara atmak
**abwägen** VT ⟨-ge-, h.⟩ tartmak, ölçmek
**abwählen** VT ⟨-ge-, h.⟩: **j-n ~** yeniden seçmemek; Schule bırakmak (seçimlik bir dersi)
**abwälzen** VT ⟨-ge-, h.⟩: **die Verantwortung auf j-n ~** sorumluluğu b-nin üstüne yıkmak/atmak
**abwandeln** VT ⟨-ge-, h.⟩ değiştirmek, farklılaştırmak

**abwander|n** _VT_ ⟨-ge-, s.⟩ a. WIRTSCH göç etmek, gitmek **♀ung** _F_ ⟨-; -en⟩ a. WIRTSCH başka yere gitme/göç
**abwarten** ⟨-ge-, h.⟩ **A** _VT_ kollamak, -in olmasını beklemek; **das bleibt abzuwarten** onu zaman gösterecek(tir) **B** _VI_ bekleyip görmek; _umg_ ~ **(und Tee trinken)!** bekleyelim (görelim)!
**abwärts** _ADV_ aşağı(ya doğru) **~gehen** _VI_ ⟨irr-ge-, s.⟩ inmek, aşağı(ya) doğru gitmek
**Abwärtstrend** _M_ düşme eğilimi
**Abwasch** _M_ ⟨-s; ohne pl⟩ bulaşık; _umg_ **das ist ein ~!** hepsi bir kalem iş!
**abwaschbar** _ADJ_ yıkanır
**abwaschen** ⟨irr, -ge-, h.⟩ **A** _VT_ yıkamak; **Geschirr** ~ bulaşık yıkamak **B** _VI_ bulaşık yıkamak
**Abwasser** _N_ ⟨-s; ⁻⟩ atık sular _pl_ **~leitung** _F_ pissu borusu
**abwechseln** [-ks-] _VI_ ⟨-ge-, h.⟩ ⟨a. **sich** ~⟩ **(bei** -i⟩ nöbetleşe yapmak; **sich ~ mit** ile değişmek
**abwechselnd** _ADV_ sırayla, nöbetleşe, dönüşümlü olarak
**Abwechslung** [-ks-] _F_ ⟨-; -en⟩ değişiklik; ~ **brauchen** -in değişikliğe ihtiyacı olmak; ~ **bringen in** (akk) -e değişiklik getirmek; **zur** ~ değişiklik olsun diye
**abwechslungsreich** _ADJ_ değişiklikler dolu; _Leben_ canlı, _umg_ civcivli
**Abweg** _M_: **auf ~e geraten** yanlış yola sapmak **♀ig** _ADJ_ yanlış, tuhaf, gerçekdışı
**Abwehr** _F_ ⟨-; ohne pl⟩ a. MIL savunma; e-s Stoßes etc -i savma, -den korunma; (Ablehnung) -e tepki; **auf ~ stoßen** tepki görmek **♀en** _VT_ ⟨-ge-, h.⟩ -den korunmak; (zurückschlagen) (geri) püskürtmek; SPORT savuşturmak; _fig_ atlatmak **~haltung** _F_ PSYCH savunucu davranış **~kräfte** _PL_ MED vücut direnci sg **~mechanismus** _M_ savunma mekanizması **~reaktion** _F_ (gegen -e karşı) savunma tepkisi **~spieler(in)** _M(F)_ defans oyuncusu **~stoffe** _PL_ MED antikor sg
**abweichen** _VI_ ⟨irr, -ge-, s.⟩ **(von** dat -den⟩ ayrılmak, sapmak; vom Thema ayrılmak; (voneinander) ~ (birbirinden) farklı olmak; **vom Kurs** ~ rota(sın)dan ayrılmak, _fig_ çizgiden çıkmak; **von der Regel** ~ kuralın dışına çıkmak
**abweichend** _ADJ_ **(voneinander)** (birbirinden) farklı
**Abweichler** _M_ ⟨-s; -⟩, **-in** _F_ ⟨-; -nen⟩ POL aykırı ses, farklı düşünen
**Abweichung** _F_ ⟨-; -en⟩ ayrılık, ayrılma, fark; **(von** -den⟩ sapma
**abweisen** _VT_ ⟨irr, -ge-, h.⟩ terslemek; JUR reddetmek; MIL püskürtmek
**abweisend** _ADJ_ reddedici, ters, soğuk
**Abweisung** _F_ ⟨-; -en⟩ JUR red
**abwenden** ⟨irr, -ge-, h.⟩ **A** _VT_ -e arkasını dönmek **B** _VR_: **sich (innerlich)** ~ **von** -den yüz çevirmek
**abwerben** _VT_ ⟨irr, -ge-, h.⟩ kendi tarafına çelmek (müşteriyi vs)
**abwerfen** _VT_ ⟨irr, -ge-, h.⟩ Bombe atmak; **Gewinn** ~ kâr bırakmak
**abwerten** _VT_ ⟨-ge-, h.⟩ -in değerini indirmek; Während devalüe etmek
**abwertend** _ADJ_ aşağılayıcı, küçümseyici
**Abwertung** _F_ değer kaybı; WIRTSCH devalüasyon
**abwesend** _ADJ_ hazır bulunmayan, yok; _fig_ (geistes-) dalgın
**Abwesenheit** _F_ ⟨-; ohne pl⟩ hazır bulunmama, yokluk; **durch** ~ **glänzen** -in varlığıyla yokluğu bir olmak; _fig_ (Geistes♀) dalgınlık
**abwickeln** _VT_ ⟨-ge-, h.⟩ çözmek; (erledigen) yerine getirmek; Geschäft bitirmek; MED sargıyı açmak; WIRTSCH, JUR tasfiye etmek
**Abwicklung** _F_ ⟨-; -en⟩ WIRTSCH iş yürütme; iş halletme/çözme; JUR tasfiye, likidasyon
**abwiegen** _VT_ ⟨irr, -ge-, h.⟩ tartmak
**abwimmeln** _VT_ ⟨-ge-, h.⟩ _umg_ başından savmak
**abwinken** ⟨-ge-, h.⟩ **A** _VT_ Motorsport pist dışına çağırmak **B** _VI_ elini sallamak (yeter anlamında)
**abwischen** _VT_ ⟨-ge-, h.⟩ silmek
**abwürgen** _VT_ ⟨-ge-, h.⟩ _umg_ Motor boğmak; Diskussion susturmak
**abzahlen** _VT_ ⟨-ge-, h.⟩ ödemek; **in Raten** taksitle ödemek
**abzählen** _v/t_ ⟨-ge-, h.⟩ saymak
**Abzahlung** _F_: **etw auf ~ kaufen** bş-i taksitle satın almak
**Abzeichen** _N_ ⟨-s; -⟩ nişan, rozet, belirti
**abzgl.** _abk für_ abzüglich hariç
**abziehen** ⟨irr, -ge-⟩ **A** _VT_ ⟨h.⟩ Bett -in

çarşafını çıkarmak; *Schlüssel* çekmek; *Ring* çıkarmak; FOTO tab etmek, çoğaltmak; *Messer* bileğilemek; *Flüssigkeiten* şişelemek; *Truppen* geri çekmek; MATH (*von* -*den*) çıkarmak; WIRTSCH indirmek; *umg* numara yapmak **B** *V/I* ⟨*s.*⟩ *a.* MIL çekilmek; *Rauch* çıkmak
**abzielen** *V/I* ⟨-ge-, *h.*⟩: **~ auf** (*akk*) -i hedef almak
**Abzug** M ⟨-s; ⁻e⟩ MIL geri çek(il)me; WIRTSCH kesinti, (*Skonto*) indirim; (*Kopie*) kopya; FOTO tab, baskı; *e-r Waffe* tetik; TECH çıkış yeri, delik, ağız; **nach ~ aller Kosten** bütün masraflar çıktıktan sonra; **vor (nach) ~ der Steuern** vergi öncesi (sonrası)
**abzüglich** PRÄP *gen* çıkarıldığında; **~ der Kosten** masraflar çıktıktan sonra
**Abzugs|haube** F davlumbaz **~rohr** N TECH boşaltma borusu
**Abzweigdose** F ELEK buat
**abzweig|en** ⟨-ge-⟩ **A** *V/I* ⟨*s.*⟩ sapmak, ayrılmak **B** *V/T* ⟨*h.*⟩ kendine ayırmak (*gizlice*) **2ung** F ⟨-; -en⟩ yol ayrımı
**Accessoires** [aksɛ'soaːɛ] PL aksesuar
**Acetat** N ⟨-s; -e⟩ CHEM asetat
**ach** INT ah!; **~ ja** (**nein**)? sahi mi?; **~ je!** sevsinler!; **~ komm!** bırak şimdi!; **~ so!** ha!, ya!; **~ was!**, **~ wo!** ha(y)di canım (sen de)!
**Ach** N *umg*: **mit ~ und Krach** güçbela; dürtükleye dürtükleye
**Achilles|ferse** F ⟨-; *ohne pl*⟩ *fig* -in canalıcı noktası **~sehne** F ANAT aşık kirişi
**Achse** [-ks-] F ⟨-; -n⟩ MATH eksen; TECH dingil, aks; *umg* **auf ~ sein** hep ayakta/ yollarda olmak
**Achsel** [-ks-] F ⟨-; -n⟩ omuz; **die ~n zucken** omuz silkmek **~höhle** F koltukaltı **~zucken** N ⟨-s; *ohne pl*⟩ omuz silkme
**Achsschenkel** M ⟨-s; -⟩ AUTO muylu **~bolzen** M AUTO dingil pimi
**acht** ADJ sekiz; **alle ~ Tage** haftada bir; **heute in ~ Tagen** haftaya bugüne; **in ~ Tagen** bir hafta sonra; **vor ~ Tagen** (bundan) bir hafta önce
**Acht** F: **außer ~ lassen** dikkat etmemek; **sich in ~ nehmen** (**vor** *dat* -*den*) sakınmak ihtiyatlı davranmak
**achte, ~r, ~s** ADJ sekizinci; **am achten Mai** sekiz mayısta

**Achteck** N ⟨-s; -e⟩ MATH sekizgen **2ig** ADJ sekizgen
**Achtel** N ⟨-s; -⟩ sekizde bir **~finale** N SPORT sekizde bir final/yarı çeyrek final
**achten** ⟨*h.*⟩ **A** *V/T*: **j-n ~** b-ne saygı göstermek **B** *V/I* (*akk*) **~ auf** (*akk*) -e dikkat etmek; (*aufpassen*) bakmak; (*Ausschau halten nach*) -i gözlemek; **darauf ~, dass** -mesine dikkat etmek
**Achter** M ⟨-s; -⟩ *Rudern* sekiz kürekli skif
**Achterbahn** F eğlence treni (*luna parkta*)
**achtfach** ADJ u. ADV sekiz kat/misli
**achtgeben** *V/I* ⟨*irr*-ge-, *h.*⟩ (**auf** *akk* -*e*) dikkat etmek; **gib acht!** dikkat (et)!
**achthundert** ADJ sekiz yüz
**achtjährig** ADJ sekiz yıllık; *Lebensalter* sekiz yaşında
**achtlos** ADJ dikkatsiz, kayıtsız **2igkeit** F ⟨-; *ohne pl*⟩ dikkatsizlik
**achtmal** ADV sekiz kere/defa
**achtsam** ADJ dikkatli, özenli
**Achtstundentag** M sekiz saatlik iş günü
**achtstündig** ADJ sekiz saatlik
**achttägig** ADJ sekiz günlük; (*wöchentlich*) haftada bir
**Achtung** F ⟨-; *ohne pl*⟩ dikkat; (*Respekt*) (**vor** *dat* -*e*) saygı; **große ~ genießen** büyük saygı görmek; **in j-s ~ steigen** b-nin (daha da çok) saygısını kazanmak; **sich** (*dat*) **~ verschaffen** kendini saydırmak; *umg* **alle ~!** helal olsun!, bravo!; **~!** dikkat!; **~ Stufe!** basamağa dikkat!
**Achtungserfolg** M manevi kazanç
**achtungsvoll** ADJ saygılı
**achtzehn** ['axtse:n] ADJ on sekiz
**achtzig** ['axtsɪç] ADJ seksen; **er ist Mitte ~** seksenlerinin ortasında; *umg* **auf ~ sein** patlamak üzere olmak
**Achtzig** F ⟨-; *ohne pl*⟩ seksen
**achtziger** ['axtsɪgɐ] ADJ: seksenlik
**Achtziger** M ⟨-s; -⟩, **-in** F ⟨-; -nen⟩ seksen yaşındaki **~jahre** PL: **die ~** seksenli yıllar, seksenler
**ächzen** *V/I* ⟨*h.*⟩ (**vor** -*den*) inlemek, oflamak
**Acker** M ⟨-s; ⁻⟩ tarla **~bau** M ⟨-s; *ohne pl*⟩ tarım, ziraat **~land** N ⟨-s; *ohne pl*⟩ tarla(lık arazi)
**ackern** *V/I* ⟨*h.*⟩ işlemek (*auf Feld*); *umg* uğraşmak, didinmek

**Acryl** [a'kry:l] N ⟨-s; ohne pl⟩ CHEM akril(ik) **~farbe** F akrilik boya
**a.d.** abk für an der (... nehri etc) kıyısındaki
**a. D.** [a:'de:] abk für außer Dienst emekli
**ad absurdum** nur in etw ~ **führen** bş-in saçmalığını göstermek
**ad acta** [at'akta] nur in etw ~ **legen** bş-in dosyasını kapatmak
**Adam** M ⟨-s; ohne pl⟩ REL Âdem (Peygamber); insan(oğlu); umg **seit ~s Zeiten** ezelden beri, dünya kurulalı (beri)
**Adamsapfel** M ANAT âdemelması
**Adapter** M ⟨-s; -⟩ TECH adaptör
**adäquat** ADJ uygun
**addieren** VT ⟨ohne ge-, h.⟩ toplamak
**Addition** F ⟨-; -en⟩ MATH toplama
**ade** [a'de:] INT umg Allahaısmarladık!
**Adel** M ⟨-s; ohne pl⟩ aristokrasi; (Vornehmheit) asillik, soyluluk; **von ~ sein** soylu (sınıfından) olmak
**ad(e)lig** ADJ asil, soylu
**Ad(e)lige** M,F ⟨-n; -n⟩: **die ~n** asiller, soylular, zadegân
**Ader** F ⟨-; -n⟩ MED damar, Vene toplardamar; Arterie atardamar; **er hat e-e humoristische ~** onda mizahçı damarı var
**adieu** [adi'ø:] INT Allahaısmarladık
**Adjektiv** [-f] N ⟨-s; -e⟩ sıfat **~isch** ADJ sıfat subst
**Adler** M ⟨-s; -⟩ ZOOL kartal
**Adler|auge** N fig **~n haben** gözü keskin olmak **~nase** F şahin burun
**adoptieren** VT ⟨ohne ge-, h.⟩ evlat edinmek
**Adoption** F ⟨-; -en⟩ evlat edinme
**Adoptiv|eltern** [-f] PL evlat edinen anne-baba **~kind** [-f] N evlatlık
**Adr.** abk für Adresse F adres
**Adrenalin** N ⟨-s; ohne pl⟩ CHEM, MED adrenalin
**Adressbuch** N adres defteri
**Adresse** F ⟨-; -n⟩ adres; WIRTSCH **erste ~** ilk/ana adres; fig **an die falsche ~ geraten** yanlış kapı çalmak
**Adressen|änderung** F adres değişikliği **~verzeichnis** N adres listesi
**adressieren** VT ⟨ohne ge-, h.⟩ (an -in) adresine yazmak/yollamak; **falsch ~** yanlış adreslemek
**Adressiermaschine** F adresleme makinası

**adrett** ADJ derli toplu
**adsorbieren** VT ⟨ohne ge-, h.⟩ CHEM yüzermek
**Adsorption** F ⟨-; -en⟩ CHEM yüzerme
**Advent** [-v-] M ⟨-s; ohne pl⟩ Noel'den önceki dört haftalık dönem
**Adverb** [-v-] N ⟨-s; -bien⟩ zarf **~ial** ADJ zarf subst
**Aerobic** [ɛ'ro:bɪk] N ⟨-s; ohne pl⟩ SPORT aerobik
**aerodynamisch** [aerody'na:mɪʃ] ADJ aerodinamik
**Affäre** F ⟨-; -n⟩ olay; (Liebes⟨2⟩) ilişki; **sich aus der ~ ziehen** işin içinden sıyrılmak
**Affe** M ⟨-n; -n⟩ ZOOL maymun, (Menschen⟨2⟩) insanımsı maymun; umg (**blöder**) ~ salak şey; **eingebildeter ~** (pis) kasıntı
**Affekt** M: **im ~** fevrî (olarak) **~handlung** F JUR fevrî hareket
**affektiert** ADJ yapmacıklı **⟨2⟩heit** F ⟨-; ohne pl⟩ yapmacıklılık
**Affen|liebe** F umg aşırı aşk **~schande** F umg rezalet, kepazelik **~theater** N umg maskaralık **~zahn** M umg: **e-n ~ draufhaben** deli gibi (araba sürmek vs)
**affig** ADJ umg züppece
**Afghan|e** [af'ga:nə] M ⟨-n; -n⟩, **-in** F ⟨-; -nen⟩ Afgan, Afganistanlı **⟨2⟩isch** ADJ Afgan(istan) subst **~isch** N Afganca **~istan** N Afganistan
**Afrika** N Afrika **~ner** M ⟨-s; -⟩, **-in** F ⟨-; -nen⟩ Afrikalı **⟨2⟩nisch** ADJ Afrika(lı) subst
**Afrolook** ['a(:)frolʊk] M ⟨-s; ohne pl⟩ afro (saç); **im ~** afro saçlı
**After** M ⟨-s; -⟩ ANAT anüs, makat
**AG** [a'ge:] abk für Aktiengesellschaft F anonim şirket/ortaklık (AŞ/AO)
**Agent** M ⟨-en; -en⟩, **-in** F ⟨-; -nen⟩ acente; bes POL ajan
**Agentur** F ⟨-; -en⟩ Presse ajans; (Vertretung) acentelik
**Aggregat** N ⟨-s; -e⟩ TECH agrega, cihaz, teçhizat **~zustand** M PHYS yığışım hali
**Aggress|ion** [-'sio:n] F ⟨-; -en⟩ saldırı; saldırganlık **⟨2⟩iv** [-f] ADJ saldırgan **~ivität** F ⟨-; ohne pl⟩ saldırganlık
**Aggressor** M ⟨-s; -en⟩ saldırgan
**agieren** VI ⟨ohne ge-, h.⟩ davranmak,

hareket etmek
**Agitation** [-'tsĭo:n] F ⟨-; -en⟩ ajitasyon
**Agitator** M ⟨-s; -en⟩ ajitatör ⚹**isch** ADJ ajitasyon niteliğinde
**agitieren** V/I ⟨ohne ge-, h.⟩ ajitasyon yapmak
**Agonie** F ⟨-; -n⟩ MED can çekişme
**Agrar|erzeugnisse** PL tarım ürünleri **~land** N POL tarım ülkesi; Boden tarım arazisi **~markt** M tarım piyasası **~politik** F tarım politikası
**Ägypt|en** N Mısır **~er** M ⟨-s; -⟩, **-in** F ⟨-; -nen⟩ Mısırlı ⚹**isch** ADJ Mısır(lı) subst
**ah** INT aa!
**äh** INT stotternd ee, şey; angeekelt öö, ii
**aha** [a'ha(:)] INT ha(h)!, şimdi anladım!
**Aha-Erlebnis** N birdenbire kavrama
**Ahn** M ⟨-s, -en⟩ ata
**ahnden** V/T ⟨h.⟩ cezalandırmak, kovuşturmak
**ähneln** A V/I ⟨h.⟩ benzemek B V/R: sich (od einander) ~ birbir(ler)ine benzemek, benzeşmek
**ahnen** V/T ⟨h.⟩ sezmek; ohne zu ~, dass ... -diğinin farkında bile olmadan; wie konnte ich ~, dass ... -diğini nereden bileyim?; **ich habe es geahnt!** anlamıştım zaten!
**ähnlich** ADJ benzer; **das sieht ihm ~** ondan başka türlüsü beklenmez; **j-m ~ sehen** b-ne benzemek; **so etw Ähnliches** buna benzer bir şey ⚹**keit** F ⟨-; -en⟩ ⟨mit -le⟩ benzerlik
**Ahnung** F ⟨-; -en⟩ sezgi; sanı; (Vermutung) şüphe; **er hat keine (blasse) ~ davon** o bunun farkında bile değil; onun bundan haberi bile yok; **keine ~!** bilmem!, ne bileyim!
**ahnungslos** ADJ habersiz
**ahnungsvoll** ADJ önceden sezmiş gibi
**Ahorn** M ⟨-s; -e⟩ BOT akçaağaç
**Ähre** F ⟨-; -n⟩ başak
**Aids** [eɪdz] N ⟨-; ohne pl⟩ MED AIDS **~beratung** F AIDS danışma merkezi **~hilfe** F AIDS'lilere yardım ⚹**infiziert** ADJ AIDS'e yakalanmış ⚹**krank** ADJ AIDS hastası, AIDS'li **~kranke** M, F, **~patient(in)** M(F) AIDS hastası, AIDS'li **~test** M AIDS testi
**Airbag** ['ɛːbɛk] M ⟨-s; -s⟩ AUTO hava yastığı, airbag

**Airbus**® ['ɛːrbʊs] M FLUG airbus (uçağı)
**ais, Ais** ['aːɪs] N ⟨-; -⟩ MUS la diyez
**Akademie** F ⟨-; -n⟩ akademi
**Akademiker** M ⟨-s; -⟩, **-in** F ⟨-; -nen⟩ akademisyen
**akademisch** ADJ akademik; **~e Bildung** akademik eğitim
**akklimatisier|en**: V/T u. V/R: sich ~ ⟨ohne ge-, h.⟩ (an akk -in) havasına alışmak ⚹**ung** F ⟨-; -en⟩ havaya alışma
**Akkord** M ⟨-s; -e⟩ MUS akort, düzen; **im ~ arbeiten** WIRTSCH parça başı çalışmak **~arbeit** F parça başı iş **~arbeiter(in)** M(F) parça başı çalışan
**Akkordeon** N ⟨-s; -s⟩ MUS akordeon
**Akkordlohn** M parça başı ücreti
**akkreditieren** V/T ⟨ohne ge-, h.⟩ Diplomaten yetkilendirmek; WIRTSCH -e akreditif açmak
**Akkreditiv** N ⟨-s; -e⟩ POL itimatname; WIRTSCH akreditif, kredi mektubu; **j-m ein ~ eröffnen** b-ne akreditif açmak
**Akku** M ⟨-s; -s⟩ umg, **~mulator** M ⟨-s; -en⟩ TECH akü(mülatör)
**Akkusativ** [-f] M ⟨-s; -e⟩ GRAM -i hali, belirtme durumu **~objekt** N -i hali nesnesi, nesne
**Akne** F ⟨-;-n⟩ MED sivilceler pl (yüzde çıkan), akne
**Akquisiteur** M ⟨-s; -e⟩ WIRTSCH plasiye, mümessil
**Akribie** F ⟨-; ohne pl⟩ titizlik, özen
**Akrobat** M ⟨-en; -en⟩, **-in** F ⟨-; -nen⟩ cambaz, akrobat ⚹**isch** ADJ akrobatik
**Akt** M ⟨-s; -e⟩ edim; THEAT perde, bölüm; (Geschlechts⚹) cinsel temas; FOTO, Malerei nü, çıplak
**Akte** F ⟨-; -n⟩ dosya, klasör; **e-e ~ anlegen** (über akk hakkında) bir dosya açmak; fig **zu den ~n legen** -in dosyasını kapatmak
**Akten|deckel** M dosya (telsiz) **~koffer** M evrak çantası ⚹**kundig** ADJ kayıtlara geçmiş **~mappe** F evrak çantası **~notiz** F bilgi notu **~ordner** M klasör **~schrank** M dosya dolabı **~tasche** F evrak çantası **~wolf** M evrak yoketme cihazı **~zeichen** N dosya numarası, referans
**Akteur** [ak'tøːɐ] M ⟨-s; -e⟩ THEAT, fig aktör, erkek oyuncu
**Aktfoto** N çıplak fotoğraf, nü fotoğrafı

# A AKTI

**Aktie** ['aktsi̯ə] F ⟨-; -n⟩ WIRTSCH hisse senedi
**Aktien|gesellschaft** F anonim şirket **~kapital** N hisseli sermaye **~kurse** PL hisse senedi kuru sg **~markt** M hisse senedi piyasası **~mehrheit** F hisse çoğunluğu **~paket** N hisse senedi paketi; Börse lot
**Aktion** [-'tsi̯oːn] F ⟨-; -en⟩ etkinlik; (Maßnahmen) tedbirler pl; (Werbe♀) kampanya; (Rettungs♀) operasyon; **in ~ treten** harekete geçmek
**Aktionär** M ⟨-s; -e⟩, **-in** F ⟨-; -nen⟩ hissedar
**Aktionsradius** M a. MIL menzil
**aktiv** [ak'tiːf] ADJ etkin, faal; **~es Wahlrecht** seçme hakkı; **~er Wortschatz** aktif kelime haznesi
**Aktiv** ['aktiːf] N ⟨-s; -s, -e⟩ GRAM etkin (çatı)
**Aktiva** [-v-] PL WIRTSCH aktifler pl, varlıklar pl; **~ und Passiva** aktif ve pasifler
**aktivieren** [-v-] VT ⟨ohne ge-, h.⟩ harekete geçirmek, etkinleştirmek, aktive etmek
**Aktivist** [-v-] M ⟨-en; -en⟩, **-in** F ⟨-; -nen⟩ militan; pej eylemci
**Aktivposten** M WIRTSCH aktif kalemi
**Aktmodell** N çıplak model
**aktualisieren** VT ⟨ohne ge-, h.⟩ güncelle(ştir)mek
**aktuell** ADJ Zahlen etc güncel; Themen aktüel, güncel; **die Frage ist im Moment nicht ~** sorun şu sıra güncel değil; **~e Sendung** aktüalite (programı); **~es Problem** güncel sorun
**Akupunktur** F ⟨-; -en⟩ akupunktur
**Akustik** F ⟨-; ohne pl⟩ Raum akustik
**akustisch** ADJ akustik subst
**akut** ADJ MED had; fig acele, acil, ivedi
**AKW** [aːkaˈveː] N → Atomkraftwerk
**Akzent** M ⟨-s; -e⟩ şive, aksan; (Betonung) vurgu **♀frei**: **~ sprechen** ana dili gibi gibi konuşmak, ağzı çalmamak
**akzeptabel** ADJ kabul edilir
**Akzeptanz** F ⟨-; ohne pl⟩ kabul; akseptans (yazısı)
**akzeptieren** VT ⟨ohne ge-, h.⟩ kabul etmek
**Alarm** M ⟨-s; -e⟩ alarm; **~ schlagen** alarm vermek; **blinder ~** yanlış alarm **~anlage** F alarm sistemi **~bereitschaft** F: **in ~** alarma hazır durumda
**alarmieren** VT ⟨ohne ge-, h.⟩ Polizei -e haber vermek; (beunruhigen) endişelendirmek
**Alarm|signal** N alarm (işareti) **~stufe** F alarm derecesi **~zustand** M ⟨-s; ohne pl⟩ alarm durumu
**Alban|er** M ⟨-s; -⟩, **-in** F ⟨-; -nen⟩ Arnavut **~ien** N Arnavutluk **♀isch** ADJ Arnavut(luk) subst **~isch** N Arnavutça
**albern** ADJ matrak, pej sulu
**Albtraum** M kâbus, karabasan
**Album** N ⟨-s; Alben⟩ albüm
**Alchimie** F ⟨-; ohne pl⟩ simya
**Alge** F ⟨-; -n⟩ su yosunu
**Algebra** F ⟨-; ohne pl⟩ cebir **♀isch** ADJ cebirsel
**Alger|ien** N Cezayir **~ier** M ⟨-s; -⟩, **-in** F ⟨-; -nen⟩ Cezayirli **♀isch** ADJ Cezayir(li) subst
**Alibi** N ⟨-s; -s⟩ JUR gaybubet, suçun işlendiği yerde bulunmama (delili)
**Alibifunktion** F: **e-e ~ haben** yasak savmaya yaramak
**Alimente** PL nafaka sg
**alkalisch** ADJ CHEM alkalik, baz
**Alkohol** ['alkohoːl] M ⟨-s; -e⟩ alkol **♀abhängig** ADJ alkol bağımlısı **~einfluss** M: **unter ~** alkol etkisi altında, alkollü **♀frei** ADJ alkolsüz **~gehalt** M alkol oranı **~genuss** M alkol kullanımı **~iker** M ⟨-s; -⟩, **-in** F ⟨-; -nen⟩ alkolik **♀isch** ADJ alkollü **♀isieren** VT ⟨ohne ge-, h.⟩ ADV: **alkoholisiert** alkollü/içkili (olarak) **~ismus** M ⟨-; ohne pl⟩ alkolizm **~missbrauch** M fazla alkol alma **~nachweis** M alkol tespiti **~problem** N: **ein ~ haben** alkol sorunları var/olmak **♀süchtig** ADJ alkolik **~test** M AUTO alkol muayenesi **~vergiftung** F alkol zehirlenmesi
**all** → alle
**All** N ⟨-s; ohne pl⟩ evren, kâinat, âlem
**alle** INDEF PR her, bütün, hepsi; **~ beide** her ikisi; **~ drei** her üçü; **wir ~** (biz) hepimiz; **fast ~** hemen (hemen) herkes; **~ drei Tage** (her) üç günde bir; **~ und jeder** herkes ama herkes; **~ Welt** bütün dünya/millet, cümle âlem; **ein für ~ Mal** son ve kesin olarak; **ohne ~n Zweifel** hiç şüphesiz; adj präd umg: (aufgebraucht) **~ sein** bitmek, -in dibi görünmek; (erschöpft) bitkin
**Allee** F ⟨-; -n⟩ bulvar; iki yanı ağaçlı yol

**allein** ADJ u. ADV yalnız, (a. ohne Hilfe) tek başına; (einsam) yalnız, kimsesiz; **einzig und ~** sadece ve sadece; **ganz ~** yalnız başına; **~ stehend** Haus müstakil

**Allein|erbe** M, **~erbin** F tek mirasçı **²erziehend** ADJ yalnız yaşayarak çocuk büyüten **~erziehende** M, F ⟨-n; -n⟩ çocuğunu yalnız yaşayarak yetiştiren

**Alleingang** M: **im ~** yalnız başına, danışmadan, izin/yardım istemeden

**Allein|herrschaft** F tek başına egemenlik **~herrscher(in)** M(F) tek başına hüküm süren

**alleinig** ADJ yalnız; tek; biricik

**Allein|inhaber(in)** M(F) WIRTSCH tek sahip/hamil **~sein** N ⟨-s; ohne pl⟩ yalnızlık, kimsesizlik **²stehen** VI ⟨irr-ge-, h.⟩ yalnız/tek başına yaşamak; (im Stich gelassen sein) yalnız kalmak **²stehend** ADJ (unverheiratet) bekâr; (ohne Verwandte) ailesiz **~stehende** M, F ⟨-n; -n⟩ evli olmayan **~unterhalter(in)** M(F) bir topluluğu tek başına eğlendiren **~verdiener(in)** M(F) ⟨-s; -⟩ tek başına gelir getiren **~vertretung** F ⟨-; ohne pl⟩ tek temsilcilik **~vertrieb** M ⟨-s; ohne pl⟩ tek yetkili dağıtımcı

**allemal** ADV her halükârda, nasıl olsa

**allerbeste** ADJ en iyi

**allerdings** ADV fakat, halbuki

**allererst** A ADJ en birinci B ADV: **zu ~** en başta

**Allergie** F ⟨-; -n⟩ MED alerji

**Allergiker** M ⟨-s;-⟩, **-in** F ⟨-; -nen⟩ MED alerjili, alerji hastası

**allergisch** ADJ alerjik

**allerhand** ADJ her çeşit; umg **das ist ja ~!** olur şey değil!

**Allerheiligen** N ⟨-; ohne pl⟩ Azizler (yortusu)

**allerhöchstens** ADV olsa olsa, en çok

**allerlei** ADJ çeşit çeşit, çeşitli

**Allerlei** N ⟨-s; ohne pl⟩ türlü (yemeği); curcuna

**allerletzt** ADJ en son

**allermeist** A ADJ en çok B ADV: **am ~en** en çok

**allernächst** ADJ: **in ~er Zeit** pek yakında

**allerneu(e)st** ADJ en son/yeni

**Allerseelen** N ⟨-; ohne pl⟩ Ölüler (yortusu)

**allerseits** ADV: **guten Morgen ~!** cümleten günaydın

**Allerwelts...** IN ZSSGN harcıâlem

**allerwenigst** A ADJ en az B ADV: **am ~en** en az(ından)

**alles** INDEF PR hep(si), her şey; **~ in allem** toplam olarak; (kurzum) hulasa, kısacası; **vor allem** her şeyden önce; **auf ~ gefasst sein** her şeye hazır(lıklı) olmak; umg **um ~ in der Welt!** Allah aşkına!, kuzum, ne olur!; umg **~ aussteigen!** son durak!

**allg.** abk → **allgemein**

**allgegenwärtig** ADJ umg: **... ist ~** insan nereye baksa ... (-i görüyor)

**allgemein** A ADJ genel; **~ verständlich** adj herkesçe anlaşılır; **im ²en** genel olarak, genellikle B ADV genel olarak, genellikle; **von ~em Interesse** herkesin çıkarına; herkesin merak ettiği (gibi); **~es Wahlrecht** genel seçim hakkı; **es ist ~ bekannt**, dass -diği herkesçe bilinir; **es ist ~ üblich** yaygın/alışılmış bir şeydir

**Allgemein|arzt** M pratisyen hekim **~befinden** N genel sağlık durumu **~bildung** F genel kültür **²gültig** ADJ genelgeçerli **~heit** F ⟨-; ohne pl⟩ genellik; (Volk) halk, kamuoyu **~medizin** F pratisyen hekimlik **~wissen** N genel bilgi **~wohl** N kamu refahı

**Allheilmittel** N her derde deva

**Allianz** [aˈli̯ants] F ⟨-; -en⟩ ittifak, birleşme

**alliiert** [aliˈiːet] ADJ müttefik; HIST: **die Alliierten** Müttefikler

**alljährlich** ADJ her sene; senelik

**allmächtig** ADJ her şeye gücü yeten (od REL her şeye kaadir)

**allmählich** ADV yavaş yavaş

**Allradantrieb** M: **Auto mit ~** dört-çeker araba

**allseitig** ADJ: **zur ~en Zufriedenheit**

**allseits** ADV her yerde/tarafta

**Alltag** M ⟨-s; ohne pl⟩ gündelik hayat

**alltäglich** ADJ her günkü, gündelik; fig alelâde, (durchschnittlich) olağan

**allwissend** ADJ her şeyi bilir

**allzu** ADV: **~ gut** pekalâ, yeterince; **~ sehr** fazlasıyla; **~ viel** adv çok fazla; **nicht ~ schwer** etc fazla zor vs değil

**Alm** F ⟨-; -en⟩ yayla

**Almosen** N ⟨-s; -⟩ sadaka; fitre **~empfänger(in)** M(F) sadaka/fitre veri-

*len kimse*
**Alpen** PL Alpler, Alp dağları **~vorland** N ‹-s; *ohne pl*› Alplere yakın bölgeler
**Alphabet** [-f-] N ‹-s; -e› alfabe **♀isch** ADJ alfabetik; **~ ordnen** alfabe sırasına sokmak/koymak **♀isieren** [-f-] VT (*ohne ge-, h.*) *-e* okuma-yazma öğretmek
**Alpinismus** M ‹-; *ohne pl*› dağcılık
**Alpinist** M ‹-en; -en›, **-in** F ‹-; -nen› dağcı
**Alptraum** → Albtraum
**als** KONJ *vergleichend* -den daha; (*wie*) gibi; *gleichsetzend* olarak; *zeitlich* -diğinde, (*während*) -ken; **so bald ~ möglich** bir an önce; **mehr ~ genug** yeterinden fazla; **~ Entschuldigung** özür olarak; **~ Mädchen hatte sie keine Chance** kız olarak fırsatı/şansı yoktu; **damals, ~** vaktiyle -ken; **gerade ~** tam -rken; **~ ob** sanki, güya; **alles andere ~** -den başka her şey
**also** KONJ o halde; **~ gut!** tamam o zaman; **na ~!** gördün(üz) mü?
**alt** ADJ eski; (*bejahrt*) yaşlı; (*geschichtlich a.*) tarihi; **~ werden** yaşlanmak; **er ist doppelt so ~ wie ich** o benden bir kat (daha) yaşlı; **wie ~ bist du?** kaç yaşındasın?; **die ~en Sprachen** Eskiçağ dilleri; **es bleibt alles beim ♀en** eski hamam, eski tas; **in ~en Zeiten** eski zamanda; **ein fünf Jahre ~er Junge** beş yaşında bir oğlan
**Alt** M ‹-s; *ohne pl*› MUS alto
**Altar** M ‹-s; ⸚e› sunak
**altbacken** ADJ *a. umg fig* bayat
**Altbau** M ‹-s; -ten› eski bina (*apartman*) **~sanierung** F sıhhileştirme **~wohnung** F *eski bir apartmanda bulunan daire*
**altbekannt** ADJ eskiden beri bilinen
**altbewährt** ADJ denenmiş
**Alte** M,F ‹-n; -n› ihtiyar/yaşlı adam/kadın; **die ~n** yaşlılar
**altehrwürdig** ADJ yaşlı ve saygın
**alteingesessen** ADJ *-in* eski sakini, *-in* yerlisi
**Altenheim** N huzurevi
**Alter** N ‹-s; *ohne pl*› yaş; *hohes* yaşlılık; **im ~ von zwölf Jahren** on iki yaşında
**älter** ADJ daha eski; *Lebensalter* daha yaşlı; **~e Schwester** abla; **~er Bruder** ağabey; **ein ~er Herr** yaşlıca bir bey; **er ist (3 Jahre) ~ als ich** o benden (3 yaş)

büyük
**altern** VI ‹*s.*› yaşlanmak
**alternativ** [-f] ADJ alternatif
**Alternative** [-'tiːvə] F ‹-; -n› seçenek, alternatif
**Alters|armut** F yaşlı yoksulluğu **~erscheinung** F yaşlanma belirtisi **~grenze** F yaş haddi; (*Rentenalter a.*) emeklilik yaşı; **flexible ~** esnek yaş haddi **~gruppe** F yaş grubu **~heim** N huzurevi **~klasse** F *bes* SPORT yaş klası **~rente** F emekli aylığı; **♀schwach** ADJ ihtiyar, düşkün **~schwäche** F MED yaşlılık marazı, *umg* ihtiyarlık, düşkünlük **~unterschied** M yaş farkı **~versorgung** F yaşlılık maaşı
**Altertum** N ‹-s; *ohne pl*› ilkçağ, eskiçağ
**altertümlich** ADJ eski; antik; (*veraltet*) eski(miş)
**ältest** ADJ en eski; *Lebensalter* en yaşlı; *Kind* en büyük
**Älteste** M,F ‹-n; -n› en yaşlı/büyük olan
**Altglas** N TECH hurda cam **~container** M şişe kumbarası
**althergebracht** ADJ geleneksel
**Althochdeutsch** N Eski Standart Almanca
**altklug** ADJ büyümüş de küçülmüş
**Alt|lasten** PL önceki yönetimden devralınmış çevre sorunları **~material** N TECH yeniden kazanılmış malzeme **~metall** N hurda metal **♀modisch** ADJ modası geçmiş **~öl** N kullanılmış motor yağı
**Altpapier** N hurda kağıt **~container** M (hurda) kağıt kumbarası
**Altstadt** F şehrin eski kısmı **~sanierung** F kentsel yenileme
**Alufolie** F alüminyum folyo
**Aluminium** N ‹-s; *ohne pl*› alüminyum
**Alzheimerkrankheit** F MED Alzheimer (hastalığı)
**a. M.** *abk für* am Main Main (nehri) kıyısında
**am** (= **an dem**) PRÄP: **~ Anfang** baş(langıç)ta; **~ Fenster** pencerede; **~ Himmel** gökte; **~ Leben** hayatta, sağ; **~ Morgen** sabah(leyin); **~ Ufer** kıyıda, sahilde; **~ Wege** yol kenarında; **~ 1. Mai** 1 Mayıs'ta; *mit Superlativ*: **en ...**; **~ besten** en iyisi, iyisi mi; **er war ~ tapfers-**

ten en cesur o'ydu
**Amalgam** N ⟨-s; -e⟩ CHEM amalgam
**Amateur** [ama'tø:ɐ] M ⟨-s; -e⟩ amatör **~funker** M amatör radyocu
**Ambiente** N ⟨-s; ohne pl⟩ ortam, hava, atmosfer
**Ambition** [-'tsi̯o:n] F ⟨-; -en⟩ heves, hırs
**ambivalent** [ambiva'lɛnt] ADJ belirsiz, muğlak
**ambulant** ADJ & ADV ayakta; WIRTSCH seyyar (satıcı); **~ behandelter Patient** ayakta tedavi gören hasta
**Ambulanz** F ⟨-; -en⟩ *Klinik* poliklinik; (*Krankenwagen*) ambülans, cankurtaran
**Ameise** F ⟨-; -n⟩ ZOOL karınca
**Ameisen|haufen** M karınca yuvası **~säure** F CHEM formik asit
**amen** INT amin!; *fig* **zu allem Ja und Amen sagen** gelen ağam giden paşam demek
**Amerika** N Amerika; **Vereinigte Staaten von ~** Amerika Birleşik Devletleri (ABD) **~ner** M ⟨-s; -⟩, **-in** F ⟨-; -nen⟩ Amerikalı **⌬nisch** ADJ Amerikan; Amerika(lı) *subst*
**Amerikanismus** M ⟨-; Amerikanismen⟩ Amerikan İngilizcesi'nden alınma kelime
**Amethyst** [ame'tʏst] M ⟨-en; -en⟩ ametist
**Ami** M ⟨-(s); -(s)⟩ *umg* Amerikalı
**Aminosäure** F CHEM amino asit
**Ammoniak** [-'i̯ak] M ⟨-s; ohne pl⟩ CHEM amonyak
**Amnestie** F ⟨-; -n⟩ af
**amnestieren** VT ⟨ohne ge-, h.⟩ affetmek
**Amok** *nur in:* **~ laufen** cinnet getirip dehşet saçmak
**Amortis|ation** F ⟨-; -en⟩ WIRTSCH itfa **⌬ieren** VT ⟨ohne ge-, h.⟩ itfa etmek, geri ödemek, amorti etmek
**Ampel** F ⟨-; -n⟩ avize (çanak biçimli); AUTO trafik ışığı, *umg* ışıklar
**Ampere|meter** [am'pɛ:ɐ-] N ⟨-s; -⟩ ELEK ampermetre **~stunde** F ELEK ampersaat
**Amphibienfahrzeug** [am'fi:bi̯ən-] N amfibik araç
**Amphitheater** [am'fi:-] N amfiteatr
**Ampulle** F ⟨-; -n⟩ MED ampul
**Amputation** F ⟨-; -en⟩ MED ampütasyon **⌬ieren** VT ⟨h.⟩ kesmek (*bir uzvu*)
**Amsel** F ⟨-; -n⟩ ZOOL karatavuk
**Amt** N ⟨-es; ⸚er⟩ (*Dienststelle*) (resmî) daire; (*Posten*) memuriyet; (*Aufgabe*) görev, vazife, iş; TEL (telefon) santral(ı); **von ~s wegen** JUR resen; **aus dem ~ scheiden** görevden ayrılmak
**amtierend** ADJ görev başındaki
**amtlich** ADJ resmî
**Amts|antritt** M göreve başlama (memur); **bei s-m ~** görevine başlarken (*memur*) **~arzt** M, **~ärztin** F hükümet tabibi **~blatt** N resmî gazete **~eid** M görev yemini; **den ~ ablegen** yeminle göreve başlamak **~enthebung** F görevden al(ın)ma **~geheimnis** N hizmet sırrı **~gericht** N asliye mahkemesi **~geschäfte** PL resmî işler **~gewalt** F makam yetkisi **~handlung** F tasarruf **~missbrauch** M görevi kötüye kullanma **~periode** F görev dönemi **~zeichen** N TEL çevir sesi **~zeit** F görev süresi
**Amulett** N ⟨-s; -e⟩ muska; nazarlık
**amüsant** ADJ (*unterhaltsam*) eğlendirici; (*lustig*) güldürücü
**amüsieren** ⟨ohne ge-, h.⟩ A VT eğlendirmek; güldürmek B VR: **sich ~** eğlenmek; (*lustig machen*) (**über** *akk -le*) alay etmek
**an** A PRÄP (*dat*) *zeitlich* -de; *örtlich* -de; **~ der Grenze** sınırda; **~ der Isar** Isar kenarında; **~ der Wand** duvarda; **~ e-m kalten Tag** soğuk bir gün(de); **~ e-m Sonntagmorgen** bir pazar (günü) sabahında; **alles ist ~ s-m Platz** her şey (yerli) yerinde; *fig* **Kopf ~ Kopf** baş başa; **er hat so etw ~ sich** kendine has bir tarafı var; **es ist ~ ihm zu reden** söz onda; **~ s-r Stelle** onun yerinde; **j-n ~ der Hand führen** b-ni elinden tutup götürmek; **j-n ~ der Stimme erkennen** b-ni sesinden tanımak; **~ (und für) sich** aslında, haddizatında; **~ die Tür klopfen** kapıya vurmak B PRÄP (*akk*) -(y)e; **~ den Rand** kenara; **ein Brief ~ mich** bana bir mektup C ADV: **von ... ~** -den itibaren; **von nun ~** şu andan itibaren; **von heute ~** bugünden itibaren; bundan böyle; **das Licht ist ~** ışık açık; **~ - aus** açık - kapalı; **München ~ 13.55** Münih'e varış 13.55; **~ die 100 Dollar** yaklaşık 100 dolar; **er**

# A ANAL | 540

hatte noch s-n Mantel ~ paltosu daha sırtındaydı
**anal** ADJ PSYCH anal, MED *a.* rektal
**analog** ADJ IT analog; ~ **zu** -*e* benzer, -*e* paralel
**Analphabet** ['an|alfabe:t] M ⟨-en; -en⟩, **-in** F ⟨-; -nen⟩ okuma yazma bilmeyen **~entum** N ⟨-s; *ohne pl*⟩ okuma-yazma bilmeme
**Analyse** F ⟨-; -n⟩ analiz, çözümleme
**analysieren** VT ⟨*ohne* ge-, h.⟩ çözümlemek
**Analysis** F ⟨-; *ohne pl*⟩ analitik geometri
**Analytiker** M ⟨-s; -⟩, **-in** F ⟨-; -nen⟩ PSYCH psik(o)analist
**analytisch** ADJ analitik, çözümsel
**Anämie** F ⟨-; -n⟩ MED anemi, kansızlık
**Ananas** F ⟨-; -⟩ ananas
**Anarchie** [anar'çi:] F ⟨-; -n⟩ anarşi, kargaşa(lık)
**Anarchismus** M ⟨-; *ohne pl*⟩ anarşizm
**Anarchist** M ⟨-en; -en⟩, **-in** F ⟨-; -nen⟩ anarşist **2isch** ADJ anarşik; anarşistçe
**Anästhesie** F ⟨-; -n⟩ MED anestezi
**Anästhesist** M ⟨-en; -en⟩, **-in** F ⟨-; -nen⟩ MED anestezist
**Anatol|ien** N Anadolu, **~ier** *m*, **-in** Anadolulu **2isch** ADJ Anadolu *subst*
**Anatomie** F ⟨-; -n⟩ anatomi
**anatomisch** ADJ anatomik
**anbahnen** ⟨ge-, h.⟩ A VT -*e* başlamak; -*in* yolunu hazırlamak B VR: **sich ~** açılmak, -*in* önü açılmak
**anbändeln** VI ⟨ge-, h.⟩ *umg*: **mit j-m ~** b-le işi pişirmek
**Anbau**¹ M ⟨-s; *ohne pl*⟩ AGR ekim, yetiştirme
**Anbau**² M ⟨-s; -ten⟩ ARCH ek bina
**anbauen** VT ⟨ge-, h.⟩ AGR yetiştirmek; ARCH eklemek, ek ... yapmak; (**an** *akk* -*e*) eklemek, bitiştirmek
**Anbaufläche** F AGR ekim/dikim alanı
**Anbaumöbel** PL elemanları yan yana eklenen mobilya
**anbei** ilişik olarak; *adv* WIRTSCH: **~ senden wir Ihnen ...** ilişikte size ... yolluyoruz
**anbeißen** ⟨*irr*, -ge-, h.⟩ A VT -*in* ucundan ısırmak B VI Fisch vurmak; *fig umg* istekli görünmek
**anberaumen** VT ⟨*ohne* ge-, h.⟩ belirlemek, kararlaştırmak (*zaman*)
**anbeten** VT ⟨-ge-, h.⟩ -*e* tapmak
**Anbetracht**: **in ~ (dessen, dass)** (-diği) göz önünde tutulduğunda
**anbetteln** VT ⟨-ge-, h.⟩: **j-n ~ (um -*i*)** b-nden dilenmek
**anbiedern** VR ⟨-ge-, h.⟩: **sich ~ (bei -*e*)** hoş görünmeye çalışmak
**anbieten** VT ⟨*irr*, -ge-, h.⟩ sunmak; Tee *etc* ikram etmek; (*vorschlagen*) önermek; **es bietet sich an, dass** -mesi imkânı ortaya çıkıyor
**Anbieter** M ⟨-s; -⟩ WIRTSCH arz eden, satıcı; **private ~** *pl* özel satıcılar *pl*
**Anblick** M ⟨-s; -*e*⟩ görünüş
**anblicken** VT ⟨-ge-, h.⟩: **j-n finster ~** b-ne kötü kötü bakmak
**anblinken** VT ⟨-ge-, h.⟩ AUTO (**j-n** b-ne) sinyal vermek
**anbrechen** ⟨*irr*, -ge-⟩ A VT ⟨h.⟩ Packung, Flasche açmak B VI ⟨s.⟩ başlamak; Tag doğmak; Nacht olmak
**anbrennen** VI ⟨*irr*, -ge-, s.⟩ Essen dibi tutmak; **~ lassen** yakmak; *umg* **er lässt nichts ~** hiçbir fırsatı kaçırmaz
**anbringen** VT ⟨*irr*, -ge-, h.⟩ getirmek; (**an** *dat*) -*e* takmak, monte etmek; Bitte *etc* -*de* bulunmak; **Kritik ~** -*e* eleştiri yöneltmek
**anbrüllen** VT ⟨-ge-, h.⟩ -*e* bağırmak
**andächtig** ADV: **~ zuhören** -*i* huşu içinde dinlemek
**andauern** VI ⟨-ge-, h.⟩ devam etmek
**andauernd** ADJ devamlı, durmadan; **er störte uns ~** bizi rahatsız edip duruyordu
**Andenken** N ⟨-s; -⟩ hatıra, anı; (*Reise*2) hatıra eşyası; **ein ~ an Paris** bir Paris hatırası; **zum ~ an** -*in* hatırasına
**andere, ~r, ~s** A ADJ başka, diğer, (*von zweien*) öte(ki), (*verschieden*) değişik, farklı; **ein anderes Buch** başka bir kitap; **am anderen Tag** ertesi gün; **das andere Geschlecht** karşı cins; **kein anderer als** -*in* ta kendisi; **anderes, anderes** başka (türlü); **unter anderem** -*in* yanısıra, ... ve benzer(ler)i; **eins nach dem anderen** (her iş) sıra(sı)yla B INDEF PR: **ein anderer, e-e andere** bir başkası; **die anderen** başkaları; **alles andere** bunun dışında her şey
**anderenfalls** ADV yoksa, aksi halde
**andererseits** ADV diğer taraftan, öte

yandan
**andermal** ADV başka sefer; **ein ~** bir başka sefer(e)
**ändern** ⟨h.⟩ **A** V/T değiştirmek; **ich kann es nicht ~** benim elimde olan bir şey yok; **das ändert nichts an der Tatsache, dass ...** bu -diği gerçeğini hiç değiştirmez **B** V/R: **sich ~** değişmek; **die Zeiten ~ sich** zaman değişiyor
**anders** ADV başkaca, başka türlü; **~ als** -den başka; **~ gesagt** başka (bir) deyişle; **j-d ~** başka bir kimse; **~ werden** değişmek; *bei pron* **wer ~?** başka kim?
**anders|artig** ADJ değişik, başka **~denkend** ADJ başka (türlü) düşünen **~gläubig** ADJ değişik inançta **~herum** **A** ADV aksi yöne; öbür tarafa; öbür türlü **B** ADV *umg* ekseninde **~wohin** ADV başka (bir) yerde **~wohin** ADV başka (bir) yere
**anderthalb** ADJ bir buçuk; **~ Tage** bir buçuk gün
**Änderung** F ⟨-; -en⟩ değişiklik; değiş(tir)me
**Änderungsantrag** M POL değişiklik önergesi
**anderweitig** **A** ADJ başka yerde(n) **B** ADV başka yoldan; **~ vergeben** başkasına verilmiş
**andeutlen** ⟨ge-, h.⟩ **A** V/T dolaylı anlatmak, ima etmek; *-e* işaret etmek **B** V/R: **sich ~** (hafiften) belli olmak **~ung** F ⟨-; -en⟩ ima; (*Hinweis*) işaret **~ungsweise** ADV ima yoluyla; (*vage*) belli belirsiz
**Andrang** M ⟨-s; *ohne pl*⟩ kalabalık, izdiham
**andrehen** V/T ⟨ge-, h.⟩ *Gas etc* açmak; *Licht a.* yakmak; *umg fig* **j-m etw ~** b-ne bş-i kakalamak/sokuşturmak
**androhen** V/T ⟨ge-, h.⟩: **j-m etw ~** b-ni bş-le tehdit etmek (*olacak bş-le*)
**anecken** ⟨ge-, s.⟩ *umg*: **bei j-m ~** b-ni rahatsız etmek
**aneignen** V/T ⟨ge-, h.⟩: **sich** (*dat*) **~** edinmek; *Kenntnisse etc a.* kazanmak
**aneinander** ADV yan yana, bitişik; **~ denken** birbir(ler)ini düşünmek **~geraten** V/I ⟨*irr, ohne ge-, s.*⟩ birbir(ler)iyle dalaşmak **~grenzen** V/I ⟨ge-, h.⟩ birbir(ler)ine bitişik olmak **~reihen** V/T ⟨ge-, h.⟩ (yan yana) dizmek
**Anekdote** F ⟨-; -n⟩ fıkra, hikâyecik

541 | ANFA **A**

**anekeln** V/T ⟨ge-, h.⟩ *Essen etc* mide (-sini) bulandırmak, *Benehmen, Person etc* tiksindirmek
**Anemone** F ⟨-; -n⟩ BOT anemon
**anerkannt** ADJ tanınmış
**anerkennen** V/T ⟨*irr, ohne ge-, h.*⟩ tanımak, *a.* POL, *Anspruch* kabul etmek
**anerkennend** ADJ: **~e Worte** takdir sözleri
**anerkennenswert** ADJ takdire değer/şayan
**Anerkennung** F ⟨-; *ohne pl*⟩ tanıma, kabul; (*Lob*) övgü, takdir; **in ~** (*gen*) -i kabul ve tasdik ederek
**anerzogen** ADJ eğitimle kazanılmış, öğrenilmiş
**anfachen** V/T ⟨ge-, h.⟩ tutuşturmak; *fig* kışkırtmak
**anfahren** ⟨*irr*, -ge-⟩ **A** V/I ⟨s.⟩ harekete geçmek **B** V/T ⟨h.⟩ (*rammen*) -e çarpmak, bindirmek; (*ansteuern*) -e yönelmek; TECH çalıştırmak; *umg* **j-n ~** haşlamak
**Anfahrt** F ⟨-; -en⟩ işe vs gidilen yol/süre; (*Zufahrt*) araç girişi
**Anfall** M ⟨-s; ⸚e⟩ MED nöbet, (*Wut*⚲) öfke krizi
**anfallen** ⟨*irr*, -ge-⟩ **A** V/T ⟨h.⟩ -e saldırmak **B** V/I ⟨s.⟩ çıkmak (*iş vs*)
**anfällig** ADJ alıngan; (**für** -e) yatkın; *Gesundheit* hassas
**Anfang** M ⟨-s; ⸚e⟩ baş(langıç); **am ~** baş(langıç)ta; **von ~ an** baştan itibaren; **~ Mai** mayıs baş(ın)da; **er ist ~ 20** yirmilerinin başında; **den ~ machen** başlamak, ilk adımı atmak
**anfangen** V/T *u.* V/I ⟨*irr*, -ge-, h.⟩ (**mit** *od akk* -*e*; **zu tun** -meye) başlamak; **ein neues Leben ~** yeni bir hayata başlamak; **mit der Arbeit ~** işe/çalışmaya başlamak; **mit ihm ist nichts anzufangen** ondan hayır yok; **was soll ich bloß ~?** ne yapsam ki?; **ich weiß nichts damit anzufangen** buna bir anlam veremiyorum; bunu ne yapacağımı bilemiyorum; **das fängt ja gut an!** başı böyle olursa ... (sonu ne olur kimbilir?)
**Anfänger** M ⟨-s; -⟩, **-in** F ⟨-; -nen⟩ (yeni) başlayan, acemi **~kurs(us)** M yeni başlayanlar kursu
**anfänglich** ADJ baş(langıç)taki, ilk
**anfangs** ADV ilkin, başlangıçta
**Anfangs|buchstabe** M baş/ilk harf;

# A ANFA | 542

**großer (kleiner) ~** büyük (küçük) baş harf **~gehalt** N̄ işe başlama maaşı/aylığı **~kapital** N̄ kuruluş sermayesi **~stadium** N̄ ilk evre **~zeit** F̄ ilk zamanlar, başlangıç

**anfassen** ⟨ge-, h.⟩ **A** V/T (*berühren*) dokunmak; (*ergreifen*) ellemek, tutmak; (**an** *dat* -*den*) tutmak; **j-n ~** b-ne dokunmak, b-ni ellemek; *fig* **zum Anfassen** elle tutulur (gözle görülür), somut **B** V/I (**mit**) **~** -*e* b-ne (bir) el vermek, yardım etmek

**anfecht|en** V/T ⟨*irr*, -ge-, h.⟩ tanımamak; JUR (*kararı*) kabul etmemek, reddetmek **ℒung** F̄ ⟨-; -en⟩ JUR itiraz; (*Versuchung*) ayartı

**anfeinden** V/T ⟨-ge-, h.⟩ -*e* düşman olmak

**anfertigen** V/T ⟨-ge-, h.⟩ yapmak, hazırlamak; WIRTSCH, TECH imal etmek; **ein Gutachten ~** (**über** *akk* hakkında) rapor hazırlamak

**anfeuchten** V/T ⟨-ge-, h.⟩ nemlendirmek, ısla(t)mak

**anfeuer|n** V/T ⟨-ge-, h.⟩ *fig* coşturmak, -*e* tezahürat yapmak **ℒungsrufe** PL SPORT tezahürat

**anflehen** V/T ⟨-ge-, h.⟩ -*e* yalvarmak, -*e* yalvarıp yakarmak

**anfliegen** ⟨*irr*, -ge-⟩ **A** V/T ⟨h.⟩ -*e* uçmak **B** V/I ⟨s.⟩: **angeflogen kommen** uçup gelmek

**Anflug** M̄ ⟨-s; ¨-e⟩ FLUG hedefe yaklaşma; *fig* hava, esinti, izlenim

**anforder|n** V/T ⟨-ge-, h.⟩ istemek; *offiziell* talep etmek **ℒung** F̄ ⟨-; -en⟩ isteme, talep; **auf ~** talep üzerine; **~en** *pl* istenen(ler), beklenen(ler), -*in* gereği *sg*; **hohe ~en stellen** (**an** *akk* -*den*) çok şey beklemek, -*e* çıtayı yüksek tutmak

**Anfrage** F̄ ⟨-; -n⟩ soru; başvuru; bilgi isteme; **auf ~** başvuru/istek üzerine

**anfragen** V/I ⟨-ge-, h.⟩ (**bei j-m nach etw** b-ne bş için) baş vurmak

**anfreunden** ⟨-ge-, h.⟩: **sich ~ mit** b-le arkadaş olmak; **sich mit e-m Gedanken ~** -*in* (bir fikre) aklı yatmak

**anfügen** V/T ⟨-ge-, h.⟩ eklemek

**anfühlen** ⟨-ge-, h.⟩: **sich ~ wie** ... hissini vermek

**anführen** V/T ⟨-ge-, h.⟩ yönetmek; (*nennen*) ortaya koymak; *umg* kandırmak; **zur Entschuldigung ~** özür olarak belirtmek

**Anführer** M̄ ⟨-s; -⟩, **-in** F̄ ⟨-; -nen⟩ kumandan, baş; (*Rädelsführer*) elebaşı

**Anführungs|striche** PL, **~zeichen** N̄ tırnak işaret(ler)i; **in ~** tırnak içinde

**Angabe** F̄ ⟨-; -n⟩ bildirme, haber; *umg* (*Angeberei*) yüksekten atma; *Tennis etc* servis (vuruşu); **ohne ~ von Gründen** gerekçe göster(il)meden; **~n** *pl* veriler; bilgi, beyan *sg*; **~n zur Person** kişisel bilgiler, kimlik (verileri)

**angeben** ⟨*irr*, -ge-, h.⟩ **A** V/T *Grund, Namen* vermek; (*erklären*) bildirmek, beyan etmek; (*festlegen*) tespit etmek **B** V/I *Kartenspiel* dağıtmak; *Tennis etc* servis yapmak; yüksekten atmak; *umg* **~ mit** ile böbürlenmek

**Angeber** M̄ ⟨-s; -⟩ *umg* kasıntı, böbürlenen **~ei** F̄ ⟨-; -en⟩ *umg* gösteriş, çalım **~in** F̄ ⟨-; -nen⟩ kasıntı (kadın) **ℒisch** ADJ *umg* kasıntı(lı)

**angeblich** ADJ & ADV sözde; **~ ist er Maler** sözde ressammış

**angeboren** ADJ irsî; MED doğuştan

**Angebot** N̄ ⟨-s; -e⟩ öneri, teklif; **günstige(s) ~** fırsat, uygun fiyatla teklif; **im ~** ucuzluğa, ucuz satışta; **verbindliches ~** bağlayıcı teklif; **~ und Nachfrage** arz ve talep

**angebracht** ADJ yerinde, uygun; **es für ~ halten zu gehen** gitmeyi yerinde bulmak/uygun görmek

**angebunden** ADJ bağlı, bağlanmış

**angegossen** ADJ *umg*: **wie ~ passen** (*od* **sitzen**) ısmarlama gibi uymak

**angeheiratet** ADJ sıhrî/paralayans hısım, *evlenme yoluyla akraba*; **~e Tante** yenge; **~er Onkel** enişte

**angeheitert** ADJ çakırkeyif

**angehen** ⟨*irr*, -ge-⟩ **A** V/I ⟨s.⟩ *Licht* yanmaya başlamak; *umg* (*anfangen*) başlamak; *Pflanze* tutmak; **~ gegen** -*e* karşı çıkmak **B** V/T ⟨h.⟩: **j-n ~** b-ni ilgilendirmek; ⟨s.⟩ başlamak; **das geht dich nichts an** bu seni ilgilendirmez; **was geht mich das an?** (bundan) bana ne?; *umg* **j-n um etw ~** b-nden bş-i istemek **C** V/I/UNPERS ⟨s.⟩: **es kann nicht ~, dass** ... -*mesi olamaz* (*od* kabul edilemez)

**angehend** ADJ yeni yetişen, meslek hayatının başında

**angehör|en** V/I ⟨*ohne* -ge-, h.⟩ -*e* ait/ mensup olmak **ℒige** M, F ⟨-n; -n⟩ aile mensubu, akraba; (*Mitglied*) üye, *-in/...* mensubu; **die nächsten ~n** en yakın akrabalar

**Angeklagte** M, F ⟨-n; -n⟩ JUR sanık

**Angel**[1] F ⟨-; -n⟩ menteşe; **zwischen Tür und ~** olta iğnesi/kancası

**Angel**[2] F ⟨-; -n⟩ olta

**Angelegenheit** F ⟨-; -en⟩ iş, mesele, sorun; **das ist m-e ~** bu benim meselem; **kümmere dich um deine ~en!** sen kendi işine bak!

**angelehnt** ADJ *Tür etc* aralık

**angelernt** ADJ *Arbeiter* yarı kalifiye

**Angel|gerät** N mekanik olta **~haken** M olta iğnesi/kancası

**angeln** ⟨h.⟩ **A** V/I avlanmak, balığa çıkmak (*oltayla*); (*nach*) *-i* yakalamaya çalışmak **B** V/T avlamak, tutmak (*oltayla*); *umg fig* **sich** (*dat*) **~** güçbela elde etmek

**Angel|schein** M olta avcılığı izin belgesi **~schnur** F misina

**angemessen** ADJ uygun, yerinde, ölçülü

**angenehm** ADJ hoş; sevimli; **das Angenehme mit dem Nützlichen verbinden** hem ziyaret hem ticaret yapmak

**angenommen** **A** ADJ farzedilen, varsayılan **B** KONJ faraza, diyelim ki

**angepasst** ADJ PSYCH konformist, *umg* pısırık

**angeregt** **A** ADJ heyecanlı **B** ADV: **~ durch** *-in* teşvikiyle

**angeschlagen** **A** ADJ *Geschirr* ucundan kırılmış; *fig* kırık, hafif hasta

**angeschlossen** ADJ ELEK devrede, takılı

**angeschmutzt** ADJ hafif kirlenmiş

**angesehen** ADJ itibarlı, saygın, hatırı sayılır

**Angesicht** N ⟨-s; -er, -e⟩ yüz, suret; **von ~ zu ~** yüz yüze

**angesichts** PRÄP *gen* ... karşısında, *-e* göre

**angespannt** ADJ gergin

**Angestellte** M, F ⟨-n; -n⟩ sözleşmeli (personel); WIRTSCH **die ~n** elemanlar; sözleşmeli personel

**Angestelltenversicherung** F sözleşmeli personel sigortası

**angestrengt** ADJ yorgun, yorulmuş

**angetan** ADJ memnun, hoşnut; **~ sein von** *-den* memnun kalmak/olmak

**angetrunken** ADJ çakırkeyif, hafif içkili; **in ~em Zustand** alkollü olarak

**angewandt** ADJ uygulamalı, tatbiki

**angewiesen** ADJ: **~ sein auf** (*akk*) *-in -e* ihtiyacı var/olmak

**angewöhnen** V/T ⟨*ohne* -ge-, *h.*⟩: **sich** (*dat*) **~, etw zu tun** bş yapmaya alışmak; **sich** (*dat*) **das Rauchen ~** sigaraya alışmak

**Angewohnheit** F ⟨-; -en⟩ alışkanlık

**angewurzelt** ADJ: **wie ~ dastehen** kalakalmak; dikilip durmak

**Angina** [aŋˈgiːna] F ⟨-; -nen⟩ MED anjin **~ Pectoris** F ⟨-; *ohne pl*⟩ MED angina pectoris, göğüs ağrısı

**angleichen** ⟨*ge-, h.*⟩ **A** V/T (**an** *akk -e*) uygun hale getirmek, yaklaştırmak **B** V/R: **sich ~** benzer hale gelmek

**Angler** M ⟨-s; -⟩, **-in** F ⟨-; -nen⟩ olta balıkçısı, oltacı

**angliedern** V/T ⟨*ge-, h.*⟩ (**an** *akk -e*) bağlamak

**Anglistik** [aŋˈglıstık] F ⟨-; *ohne pl*⟩ İngiliz filolojisi

**Anglizismus** [aŋgli-] M ⟨-; -men⟩ *İngilizce'den* alınma kelime

**anglotzen** V/T ⟨*ge-, h.*⟩ *umg -e* bön bön bakmak

**Angora** [aŋˈgoːra] N ⟨-s; *ohne pl*⟩, **~wolle** F angora (yünü)

**angreifbar** ADJ saldırıya açık

**angreifen** V/T ⟨*irr, -ge-, h.*⟩ saldırmak; *Gesundheit* etkilemek; *Vorräte -e* dokunmak; CHEM aşındırmak; JUR **tätlich ~** fiili tecavüzde bulunmak

**Angreifer** M ⟨-s; -⟩, **-in** F ⟨-; -nen⟩ saldır(g)an

**angrenzend** ADJ komşu, sınırdaş (**an** *akk -e*)

**Angriff** M ⟨-s; -e⟩ saldırı; **etw in ~ nehmen** bş-e girişmek; JUR **tätlicher ~** fiili tecavüz; **zum ~ übergehen** saldırıya geçmek

**Angriffs|fläche** F *fig* (j-m) **e-e ~ bieten** (b-nin) boy hedefi olmak, (b-ne) açık vermek **~krieg** M POL saldırma ⚥**lustig** ADJ saldırgan(ca)

**Angst** F ⟨-; ⁼e⟩ korku; **~ vor** *dat -den* korku, ... korkusu; (**um** için) endişe; **~ haben** (**vor** *dat -den*) korkmak; **j-m ~ einjagen** (*od* **machen**) b-ni korkutmak, ürkütmek; *stärker* b-nin içine korku salmak; **um j-n ~ haben** biri için endişelenmek, b-ni merak etmek; *umg* **es mit der ~ (zu**

**tun) bekommen** korkmaya başlamak
**Angst|gegner** M ürkütücü rakip **~hase** M umg korkak tavşan
**ängstigen** VT ⟨h.⟩ korkutmak, endişeye düşürmek; **sich ~ (vor** dat -den**)** korkmak, korku duymak; **(um** için**)** endişelenmek
**Angstkäufe** PL WIRTSCH panik alışlar
**ängstlich** ADJ korkak; *(schüchtern)* utangaç; *(besorgt)* endişeli **2keit** F ⟨-; *ohne pl*⟩ ürkeklik, çekingenlik, korkaklık
**Angst|neurose** F korku nevrozu **2voll** ADJ korkulu **~zustand** M korku (durumu)
**angucken** VT ⟨-ge-, h.⟩ umg -e bakmak
**angurten** → anschnallen
**Anh.** *abk für* Anhang ek
**anhaben** VT ⟨irr, -ge-, h.⟩ *Kleidung* giymiş olmak; *Licht* açmış (*od* açık bırakmış) olmak; **j-m nichts ~ können** b-ne hiçbir zararı dokunamamak, b-ne hiçbir şey diyememek
**anhaften** VI ⟨-ge-, h.⟩ yapışmak, takılmak; *fig -i* üstünden atamamak
**anhalten** ⟨*irr*, -ge-, h.⟩ **A** VT durdurmak; **den Atem ~** nefesini tutmak **B** VI durmak; *(andauern)* sürmek, devam etmek
**anhaltend** ADJ sürekli, devamlı
**Anhalter** M ⟨-s; -⟩, **-in** F ⟨-; -nen⟩ otostopçu; **per ~ fahren** otostop yapmak
**Anhaltspunkt** M ipucu, dayanak
**anhand** PRÄP *(gen)* vasıtasıyla, sayesinde
**Anhang** M ⟨-s; ⸚e⟩ *Buch* ek; *(Angehörige)* eş dost, aile; *pej -in* takımı taklavatı
**anhängen**[1] ⟨-ge-, h.⟩ **A** VT *-in* arkasına takmak; **(an** akk**)** AUTO, BAHN -e takmak, bağlamak; *umg* **j-m etw ~** b-ne bş-i kakalamak, sokuşturmak; **j-m e-n Mord ~** bir cinayeti b-nin üstüne yıkmak **B** V/R: **sich ~ (an** akk -e**)** takılmak, eklenmek; *umg fig* **sich ~ an** -e katılmak, *pej -in* peşine takılmak
**anhängen**[2] VI ⟨*irr*, -ge-, h.⟩ *fig* **j-m ~** b-nin taraftarı olmak
**Anhänger**[1] M ⟨-s; -⟩ *(Schmuck2)* pandantif; *(Koffer2)* isim etiketi; AUTO römork
**Anhänger**[2] M ⟨-s; -⟩, **-in** F ⟨-; -nen⟩ taraftar

**Anhängerkupplung** F çekme kancası
**Anhängerschaft** F ⟨-; *ohne pl*⟩ taraftarlar *pl*
**anhängig** ADJ JUR görülmekte (*od* rüyet halinde) olan; **e-e Klage ~ machen (gegen** -e karşı dava açmak
**anhänglich** ADJ sadık
**Anhängsel** N ⟨-s; -⟩ ek, takı
**anhauchen** VT ⟨-ge-, h.⟩ hohlamak
**anhauen** VT ⟨-ge-, h.⟩ *umg*: **j-n (um** -n-den (bş-i) istemek *(borç)*
**anhäuf|en** VT ⟨-ge-, h.⟩ yığmak; **sich ~** yığılmak, birikmek **2ung** F ⟨-; -en⟩ birikme; *(Haufen)* küme, yığıntı
**anheben** ⟨*irr*, -ge-, h.⟩ kaldırmak; *Preis* artırmak
**anheften** VT ⟨-ge-, h.⟩ **(an** *akk -e*⟩ eklemek, iğnelemek, ataşlamak
**anheim**: **j-m etw ~stellen** bş-i b-nin takdirine sunmak/bırakmak
**anheizen** VT ⟨-ge-, h.⟩ *Ofen* tutuşturmak; *umg* WIRTSCH canlandırmak
**anheuern** ⟨-ge-, h.⟩ **A** VT tayfa yazmak **B** VI tayfa yazılmak
**Anhieb** M: **auf ~** derhal, ilk hamlede
**anhimmeln** VT ⟨-ge-, h.⟩ *umg -in* hayranı olmak, *-e* tapmak
**Anhöhe** F ⟨-; -n⟩ yükselti, tepe
**anhören** ⟨-ge-, h.⟩ VT *(a.* **sich etw ~)** dinlemek; **mit ~** -e söyleneni dinlemek; **j-n bis zu Ende ~** b-ni sonuna kadar dinlemek **B** V/R: **sich gut** *etc* **~** kulağa hoş *vs* gelmek; *umg* **das hört sich gut an!** bu iyi haber!
**Anhörung** F ⟨-; -en⟩ POL, JUR dinle(n)me
**Anilinfarbe** F anilin boya
**animalisch** ADJ hayvansı; *pej* vahşice, hayvanca
**Animateur** [anima'tø:ɐ] M ⟨-s; -e⟩ animatör
**animieren** VT ⟨*o ge-*, h.⟩ -e teşvik etmek, özendirmek
**Animosität** F ⟨-; -en⟩ düşmanlık
**Anis** M ⟨-(es); -e⟩ anason
**Ank.** *abk für* Ankunft F varış
**ankämpfen** VI ⟨-ge-, h.⟩: **~ gegen** -e karşı mücadele etmek
**Ankauf** M ⟨-s; ⸚e⟩ satın alma
**ankaufen** VT ⟨-ge-, h.⟩ satın almak
**Anker** M ⟨-s; -⟩ SCHIFF çapa, demir; **vor ~ gehen** demir atmak; ELEK dinamo/mo-

tor göbeği, rotor
**anketten** VT ⟨-ge-, h.⟩ (an *akk* -e) zincirlemek
**Anklage** F ⟨-; -n⟩ şikâyet; JUR iddia (*makamı vs*); **~ erheben (wegen)** -*den* dolayı dava açmak (*savcılık*); **unter ~ stehen** sanık olmak
**Anklagebank** F JUR sanık sandalyesi
**anklagen** VT ⟨-ge-, h.⟩ (*gen* od **wegen** -*le*) suçlamak
**anklagend** ADV şikayetle, yakınarak
**Ankläger** M ⟨-s; -⟩ JUR iddia makamı
**Anklageschrift** F JUR iddianame
**anklammern** ⟨-ge-, h.⟩ VT (an *akk* -*e*) iliştirmek, mandallamak, ataşlamak; TECH zımbalamak VR: **sich ~** *fig* yapışmak, (sıkı sıkı) sarılmak
**Anklang** M: **~ finden** (**bei** -*de*) yankı uyandırmak
**ankleben** VT ⟨-ge-, h.⟩ (an *akk* -*e*) yapıştırmak
**Ankleidekabine** F soyunma kabini
**ankleiden** VT ⟨-ge-, h.⟩ giydirmek; **sich ~** giyinmek
**Ankleideraum** M soyunma odası
**anklicken** VT ⟨-ge-, h.⟩ IT tıkla(t)mak
**anklopfen** VT ⟨-ge-, h.⟩ kapıyı çalmak; **~ bei** -*in* kapısını çalmak
**anknüpfen** ⟨-ge-, h.⟩ VT *Gespräche* girişmek; *Beziehungen* kurmak; (an *akk* -*e*) bağlamak VI: **~ an** (*akk*) -*den* devam etmek
**Anknüpfungspunkt** M bağlantı noktası
**ankommen** VI ⟨*irr*, -ge-, *s.*⟩ (**um** ... **Uhr** saat -*de*; in *dat* -*e*) varmak, gelmek; **~ auf** (*akk*) -*e* bağlı olmak; **es auf etw ~ lassen** bş-i göze almak; **es drauf ~ lassen** işi olmak; **~ lassen** işi olmayna bırakmak, *umg* **~ (bei)** yankı uyandırmak; **damit kommt er bei mir nicht an** bununla beni etkileyemez; **~ gegen** *ile* başa çıkabilmek; **nicht ~ gegen** -*e* ayak uyduramamak; *ile* baş edememek; *ile* başa çıkamamak *vl/unpers*: **~ auf** (*akk*) önemli olmak; **es kommt (ganz) darauf an** önemli olan (şu)
**ankoppeln** VT ⟨-ge-, h.⟩ (an *akk* -*e*) bağlamak, takmak (*römork vs*)
**ankreiden** VT ⟨-ge-, h.⟩ *umg*: **j-m etw ~** bş-i b-nin üstüne atmak
**ankreuzen** VT ⟨-ge-, h.⟩ işaretlemek (*x-le*), -*e* çarpı koymak

**ankündig|en** ⟨-ge-, h.⟩ VT bildirmek VR: **sich ~** bildirmek, haber vermek (*geleceğini*) **2ung** F ⟨-; -en⟩ bildiri; resmî tebliğ
**Ankunft** F ⟨-; *ohne pl*⟩ varış
**Ankunftszeit** F varış saati
**ankurbeln** VT ⟨-ge-, h.⟩ *fig* canlandırmak, hareketlendirmek
**Anl.** *abk für* Anlage(n PL) F ek, ilave
**anlächeln** VT ⟨-ge-, h.⟩ -*e* gülümsemek
**anlachen** VT ⟨-ge-, h.⟩ -*e* gülmek, gülerek bakmak; **sich** (*dat*) **j-n ~** *pej* tavlamak
**Anlage** F ⟨-; -n⟩ (*Anordnung*) düzen (-*leme*); (*Einrichtung*) tesisat; (*Fabrik*⚲) tesis; (*Grün*⚲) bahçe, park, yeşil saha; (*Sport*⚲) spor tesisi; (*Stereo*⚲) müzik seti; IT bilgisayar sistemi; (*Entwurf*) plot, şema; (*Geld*⚲) yatırım; *zu e-m Brief* ek; (*Talent*) (*zu* -*e*) yetenek, kabiliyet; **in der ~:** ... ek(i): ... ; **in der ~ senden wir Ihnen** ... size ilişikte ... gönderiyoruz; **~n** *pl* sabit kıymetler; **sanitäre ~n** banyo-tuvalet
**anlagebedingt** ADJ sebebi ırsi/kalıt(ım)sal olan
**Anlage|berater(in)** M(F) yatırım danışmanı **~kapital** N sabit sermaye **~papiere** PL yatırım senetleri **~vermögen** N sabit varlıklar *pl*
**Anlass** M ⟨-es; ⸚e⟩ vesile; (*Gelegenheit*) fırsat; (*Ursache*) neden, sebep; **aus ~** (*gen*) dolayısıyla, vesilesiyle; **~ geben zu** -*e* fırsat vermek; **ohne jeden ~** hiçbir sebep olmadan; **etw zum ~ nehmen zu** *inf* bş-i -*mek* için fırsat bilmek (*od* vesile etmek)
**anlassen** ⟨*irr*, -ge-, h.⟩ VT *Kleidung* üstünden çıkarmamak; *Licht* kapamamak; *Motor* işletmek VR: **sich gut ~** iyi başlamak
**Anlasser** M ⟨-s; -⟩ AUTO marş (motoru)
**anlässlich** PRÄP *gen* ... dolayısıyla, vesilesiyle
**anlasten** VT ⟨-ge-, h.⟩: **j-m etw ~** b-ni bş-le suçlamak
**Anlauf** M ⟨-s; ⸚e⟩ SPORT hız alma; TECH çalış(tır)ma, işle(t)me; **(e-n) ~ nehmen** hız almak; *fig* **beim ersten ~** ilk hamlede
**anlaufen** ⟨*irr*, -ge-⟩ VI ⟨*s.*⟩ *fig* harekete geçmek, başlamak; (*beschlagen*) buğulanmak; *Kosten etc* tahakkuk etmek; **~ lassen** başlatmak; çalıştırmak, işletmek

**A** ANLA | 546

**B** V/T: ⟨h.⟩ Hafen -e varmak; **angelaufen kommen** koşarak gelmek
**Anlauf|schwierigkeiten** PL başlangıç güçlükleri **~stelle** F ilk başvurulacak yer **~zeit** F başlangıç (dönemi), ilk zamanlar pl
**Anlaut** M ⟨-s; -e⟩ GRAM kelime başı ses
**anlegen** ⟨-ge- h.⟩ **A** V/T (an akk) Leiter -e dayamak; Geld (in dat -e) yatırmak; **j-m e-n Verband ~** b-ne sargı yapmak; Garten düzenlemek; Akte açmak; Vorräte depolamak; Kapital (für için) yatırmak; **es ~ auf** (akk) -i göze almak **B** V/I SCHIFF yanaşmak; **im Hafen** (od **am Kai**) **~** limana (od rıhtıma) yanaşmak; **~ auf** (akk) -e tüfeği doğrultmak **C** V/R: **sich ~ mit** ile dalaşmak
**Anleger** M ⟨-s; -⟩ WIRTSCH yatırımcı
**Anlegestelle** F SCHIFF iskele
**anlehnen** ⟨-ge- h.⟩ **A** V/T (an akk -e) dayamak, yaslamak; Tür etc aralamak, **B** V/R sich **~ an** (akk) -e sırtını vermek/dayamak
**Anlehnung** F ⟨-; -en⟩ **in ~ an** (akk) -e dayan(ıl)arak
**Anleihe** F ⟨-; -n⟩ WIRTSCH borçlanma, istikraz; Papier tahvil, bono
**Anleitung** F talimat; TECH kullanım kılavuzu
**anlernen** ⟨-ge- h.⟩ -e işi öğretmek
**anliegen** V/I ⟨irr, -ge- h.⟩ Brief ekli olmak; (**an** dat -in üstüne) oturmak
**Anliegen** N ⟨-s; -⟩ (Bitte) rica, istek, arzu; e-s Textes mesaj; **ein nationales ~** milli bir dava/mesele
**anliegend** ADJ dar, -in üstüne oturan; Grundstück bitişik; **~ senden wir Ihnen** size ilişikte/ekte gönderiyoruz
**Anlieger** M ⟨-s; -⟩ sokak vs sakini; **~ frei** sokak sakinlerine serbest (*taşıt giremez* levhasına ek olarak)
**Anlieger|staat** M POL ... kıyısı devletleri **~verkehr** M sokak sakinleri trafiği
**anlocken** V/T ⟨-ge- h.⟩ çekmek, -in iştahını kabartmak
**Anmache** F ⟨-; ohne pl⟩ umg sarkıntılık, taciz (sözlü); sataşma
**anmachen** V/T ⟨-ge- h.⟩ umg Licht açmak; Salat hazırlamak; (**an** dat -e) bağlamak; **j-n ~** b-ne asılmak, (j-m sehr gefallen) b-nin hoşuna gitmek
**anmalen** V/T ⟨-ge- h.⟩ boyamak; umg **sich ~** boyanmak, makyaj yapmak

**anmaßen** V/T ⟨-ge- h.⟩: **sich** (dat) **etw ~** küstahlık etmek
**anmaßend** ADJ küstah(ça)
**Anmeldeformular** N başvuru formu
**anmelden** ⟨-ge- h.⟩ **A** V/T Waren beyan etmek; Rechte, Forderungen iddia etmek; TEL bağlatmak, açtırmak; **j-n in der Schule** (zu e-m Kurs etc) **~** b-ni okula (kursa vs) yazdırmak; **den Fernseher** (**das Radio**) **~** televizyonun (radyonun) vergi bildirimini yapmak **B** V/R: **sich ~ zur Teilnahme** başvurmak (katılım için); **beim Arzt** etc (**bei** -den) randevu almak; **sich polizeilich ~** ikametgâh bildirimini yapmak
**Anmeldung** F ⟨-; -en⟩ başvuru; (Eintragung) kayıt, tescil; (**polizeiliche**) **~** ikametgâh bildirimi
**anmerken** V/T ⟨-ge- h.⟩ (anstreichen) işaretlemek (metinde); (äußern) belirtmek; **lass dir nichts ~!** hiç belli etme!; **j-m s-e Verlegenheit ~** b-nin sıkıntısını sezmek; **sich** (dat) **nichts ~ lassen** halini belli etmemek, renk vermemek
**Anmerkung** F ⟨-; -en⟩ (Fußnote) dipnot; erklärende not, açıklayıcı not; (**über** akk üzerine) değini, not
**annähen** V/T ⟨-ge- h.⟩ (**an** akk -e) dikmek, tutturmak
**annähernd** **A** ADJ yaklaşık, takribi **B** ADV yaklaşık olarak; **nicht ~** hiç ... değil vs, katiyyen
**Annäherung** F ⟨-; -en⟩ yaklaşma; **wissenschaftlich** yaklaşım
**Annäherungsversuche** PL ilişki kurma çabaları
**Annahme** F ⟨-; -n⟩ kabul, alma; (Vermutung) sanı, tahmin; **ich habe Grund zu der ~, dass ...** -diğini farzetmek durumundayım
**Annahme|stelle** F kabul noktası; alım istasyonu **~verweigerung** F POST gönderiyi teslim almaktan kaçınma
**Annalen** PL yıllıklar, salnameler (tarih)
**annehmbar** (**für** için) kabul edilebilir, Preis etc makul
**annehmen** ⟨irr, -ge- h.⟩ **A** V/T kabul etmek; (vermuten) sanmak, zannetmek; (schätzen) tahmin etmek; Aussehen, Form almak, kazanmak; **nehmen wir an** (od **angenommen**), **er stirbt** diyelim ki o öldü **B** V/R **sich ~** (gen -e) sahip çıkmak
**Annehmlichkeit** F ⟨-; -en⟩ -in hoş

tarafı
**annektieren** ⟨*VT* ⟨ohne ge-, h.⟩ POL ilhak etmek
**Annonce** [a'nɔŋsə] *F* ⟨-; -n⟩ (gazete) ilan(ı)
**annoncieren** [anõ'si:rən] ⟨ohne ge-, h.⟩ **A** *VT* ilan etmek; -in reklamını yapmak **B** *VI* ilan vermek
**annullieren** *VT* ⟨ohne ge-, h.⟩ WIRTSCH iptal etmek, feshetmek
**Anode** *F* ⟨-; -n⟩ ELEK anot
**anöden** *VT* ⟨-ge-, h.⟩ umg: **j-n ~** b-ne çok sıkıcı gelmek
**anomal** *ADJ* anormal, kuraldışı
**Anomalie** *F* ⟨-; -n⟩ anormallik, kuraldışılık
**anonym** [ano'ny:m] *ADJ* adsız, anonim **ℒität** *F* ⟨-; ohne pl⟩ adsızlık, anonimlik
**Anorak** *M* ⟨-s; -s⟩ anorak
**anordnen** *VT* ⟨-ge-, h.⟩ sıralamak, düzenlemek; (befehlen) emretmek
**Anordnung** *F* ⟨-; -en⟩ sıra, düzen; yönerge, emir; **~en treffen** talimat(lar) vermek
**anorganisch** *ADJ* anorganik
**anormal** *ADJ* anormal
**anpacken** ⟨-ge-, h.⟩ *VT* umg fig … için kolları sıvamak
**anpass|en** ⟨-ge-, h.⟩ **A** *VT* ⟨dat od an akk -e⟩ uydurmak, uyarlamak, WIRTSCH, TECH a. ayarlamak; Anzug etc (üstüne) uydurmak **B** *VR*: **sich** ⟨dat od an akk -e⟩ — uymak, uyum sağlamak **ℒung** *F* ⟨-; -en⟩ (an akk -e) uyum, uyarlama
**anpassungsfähig** *ADJ* uyma imkânı/ yeteneği olan, uyumlu **ℒkeit** *F* ⟨-; ohne pl⟩ uyma yeteneği, uyumluluk
**Anpassungsschwierigkeiten** *PL* uyum güçlükleri
**anpeilen** *VT* ⟨-ge-, h.⟩ FLUG, SCHIFF hizalamak, -in kertesini bulmak; fig gözüne kestirmek
**anpfeifen** *VT* ⟨irr, -ge-, h.⟩ SPORT oyunu başlatmak (düdükle)
**Anpfiff** *M* ⟨-s; -e⟩ SPORT başla(t)ma düdüğü; umg **e-n ~ kriegen** zılgıt yemek
**anpflanzen** *VT* ⟨-ge-, h.⟩ dikmek (bitki)
**anpöbeln** *VT* ⟨-ge-, h.⟩ İLE kaba konuşmak, -i rahatsız etmek
**Anprob|e** *F* ⟨-; -n⟩ prova **ℒieren** *VT* ⟨o ge-, h.⟩ Kleidung prova etmek, denemek
**anpumpen** *VT* ⟨-ge-, h.⟩ umg: **j-n ~ (um)** b-nden (…) borç istemek
**Anrainer** *M* -in kenarında bulunan (ev, ülke vs)
**Anraten** *N* tavsiye; **auf ~ des Arztes** hekim(in) tavsiyesi üzerine
**anrechnen** *VT* ⟨-ge-, h.⟩ hesaba geçirmek, hesaplamak; **etw als Fehler ~** bş-i hata sayarak not kırmak (Schule); **j-m etw hoch ~** b-nin bş-ini çok takdir etmek (davranış vs)
**Anrecht** *N* ⟨-s; -e⟩: **ein ~ haben auf** ⟨akk⟩ -e hakkı olmak
**Anrede** *F* ⟨-; -n⟩ hitap
**anreden** *VT* ⟨-ge-, h.⟩ -e hitap etmek
**anregen** *VT* ⟨-ge-, h.⟩ (beleben) canlandırmak; (vorschlagen) önermek; **j-n zum Nachdenken ~** b-ni düşünmeye teşvik etmek (od çağırmak)
**anregend** **A** *ADJ* canlandırıcı **B** *ADV*: **~ wirken** uyarıcı etki yapmak
**Anregung** *F* ⟨-; -en⟩ özendirme, teşvik; (Vorschlag) öneri, teklif; **auf ~ von** (od gen) -in önerisi üzerine
**anreichern** ⟨-ge-, h.⟩ **A** *VT* CHEM, TECH zenginleştirmek **B** *VR*: **sich ~** zenginleşmek; -in oranı artmak
**Anreise** *F* ⟨-; -n⟩ varış, geliş
**anreisen** *VI* ⟨-ge-, s.⟩ varmak, gelmek
**anreißen** *VT* ⟨irr, -ge-, h.⟩ fig açmak (konu)
**Anreiz** *M* ⟨-es; -e⟩ teşvik, çekicilik
**Anrichte** *F* ⟨-; -n⟩ büfe (mobilya)
**anrichten** *VT* ⟨-ge-, h.⟩ Speisen hazırlamak; Unheil, Schaden -e sebep olmak; **es ist angerichtet!** sofra hazır!
**anrüchig** *ADJ* şöhreti kötü
**Anruf** *M* ⟨-s; -e⟩ TEL telefon **~beantworter** *M* ⟨-s; -⟩ telesekreter
**anrufen** *VT* & *VI* ⟨irr, -ge-, h.⟩ ⟨-e⟩ telefon etmek; fig **(um Hilfe)** b-ni (yardıma) çağırmak; **bei j-m ~** b-ne telefon etmek
**Anrufer** *M* ⟨-s; -⟩, **-in** *F* ⟨-; -nen⟩ telefon eden
**anrühren** *VT* ⟨-ge-, h.⟩ -e dokunmak; Farbe karıştırmak
**Ansage** *F* ⟨-; -n⟩ ilan, bildiri; anons
**ansagen** *VT* ⟨-ge-, h.⟩ bildirmek; umg fig **Sparen ist angesagt!** şimdi tasarruf zamanıdır!
**Ansager** *M* ⟨-s; -⟩, **-in** *F* ⟨-; -nen⟩ spiker, sunucu
**ansammeln** *VT* ⟨-ge-, h.⟩ (a. **sich ~**)

# A ANSA | 548

**toplaşmak, toplanmak, birikmek**
**Ansammlung** F ⟨-; -en⟩ topluluk; kalabalık
**ansässig** ADJ (in dat -de) yerleşmiş, oturan; **~ werden** yerleşmek
**Ansatz** M ⟨-es; ⁼e⟩ TECH kabarık, taban, ayarlama, hazırlama; ANAT başlangıç; fig yaklaşım; **im ~ richtig** yaklaşım olarak doğru; WIRTSCH tahsisat **~punkt** M hareket noktası (konu)
**anschaffen** VT ⟨-ge-, h.⟩: **sich** (dat) **etw ~** (kendine) bş-i edinmek/satın almak
**Anschaffung** F ⟨-; -en⟩ satın alma, alım; Gegenstand satın alınan eşya
**Anschaffungskosten** PL alış maliyeti
**anschalten** VT ⟨-ge-, h.⟩ Licht, Radio açmak
**anschauen** VT ⟨-ge-, h.⟩ → ansehen
**anschaulich** ADJ gözle görülür, canlı, somut
**Anschauung** F ⟨-; -en⟩ görüş, anlayış
**Anschauungs|material** N somut malzeme (derste gösterilen) **~unterricht** M somut malzemeyle yapılan ders
**Anschein** M ⟨-s; ohne pl⟩: **den ~ erwecken ...** izlenimini uyandırmak; **allem ~ nach** görünüşe göre
**anscheinend** ADV görünürde, anlaşılan
**anschicken** VR ⟨-ge-, h.⟩: **sich ~ zu** INF -meye girişmek, yeltenmek
**anschieben** VT ⟨irr, -ge-, h.⟩ itmek (arabayı çalıştırmak için)
**anschl.** abk → anschließend
**Anschlag** M ⟨-s; ⁼e⟩ (Plakat) afiş, ilan; (Bekanntmachung) duyuru; (Überfall) saldırı, baskın; MUS tuşlara vuruş; TECH stop, durdurucu; WIRTSCH değer biçme; **e-n ~ auf j-n verüben** b-ne suikast/saldırı yapmak; **bis zum ~ aufdrehen** sonuna kadar açmak
**Anschlagbrett** N ilan tahtası
**anschlagen** ⟨irr, -ge-⟩ A VT ⟨h.⟩ (ucundan vs) kırmak; Plakat (an akk -e) çakmak, asmak; Taste -e vurmak, basmak; Ton çıkarmak B VI ⟨s.⟩ (an akk -e) çarpmak; ⟨h.⟩ (wirken) (bei -de) etkisini göstermek (ilaç vs)
**anschleichen** VR ⟨irr, -ge-, h.⟩: **sich ~** gizlice yaklaşmak
**anschleppen** VT ⟨-ge-, h.⟩ sürükleyip getirmek

**anschließen** ⟨irr, -ge- h.⟩ A VT (hinzufügen) eklemek; ELEK (an akk -e) bağlamak, TECH a. takmak B VR: **sich ~** (an akk -e) bitişik olmak; fig -i izlemek; **sich j-m ~** b-ne katılmak, fig b-nin tarafını tutmak; **sich j-s Meinung ~** (b-nin) düşüncesine katılmak; **sich an j-n ~** (b-le) arkadaşlık kurmak; **an den Vortrag schloss sich e-e Diskussion an** konferansı bir tartışma izledi C VI ⟨-in üstüne⟩ oturmak (giyecek)
**anschließend** A ADJ bitişik; zeitlich ondan sonraki B ADV (ondan) sonra, (-in) arkasından; **~ an die Vorstellung** gösteriden (hemen) sonra
**Anschluss** M ⟨-es; ⁼e⟩ TECH bağlantı; BAHN aktarma; fig (an -e) yakınlık; **~ bekommen** TEL bağlantı kurabilmek; **~ finden** (bei dat od an akk -le) ilişki/irtibat kurmak; BAHN **~ haben** (nach) -in (-e) aktarması var/olmak; **im ~ an** (akk) dolayısıyla; zeitlich -den sonra; **~ suchen** ilişki kurmaya çalışmak; **den ~ verpassen** treni kaçırmak **~dose** F ELEK buat, şaptırma kutusu **~flug** M aktarmalı uçuş **~zug** M aktarma treni
**anschmiegen** VR ⟨-ge-, h.⟩: **sich ~ an** (akk) -e sokulmak
**anschnallen** ⟨-ge-, h.⟩ A VT (kemerlerle) bağlamak B VR: **sich ~** FLUG, AUTO (emniyet) kemeri(ni) takmak/bağlamak
**Anschnall|gurt** M emniyet kemeri **~pflicht** F ⟨-; ohne pl⟩ AUTO kemer takma zorunluluğu
**anschnauzen** VT ⟨-ge-, h.⟩ umg: **j-n ~** b-ne hırlamak, terslenmek
**anschneiden** VT ⟨-ge-, h.⟩ (ucundan) kesmek, çentmek; Kurve, Ball kesmek; fig Thema açmak; **ein anderes Thema ~** başka bir konu açmak (od konuya geçmek)
**anschreiben** ⟨irr, -ge-, h.⟩ VT yazmak (karatahtaya, veresiye listesine); **j-n ~** b-ne yazmak
**Anschreiben** N ⟨-s; -⟩ Büro yazı, mektup
**anschreien** VT ⟨-ge-, h.⟩ azarlamak, -e bağırmak
**Anschrift** F ⟨-; -en⟩ adres
**Anschriftenliste** F adres listesi
**Anschuldigung** F ⟨-; -en⟩ suçlama
**anschwärzen** VT ⟨-ge-, h.⟩ umg (bei -e karşı) kötülemek, karalamak, -e kara

549 | **ANST** A

çalmak
**anschwellen** ⟨irr, -ge-, s.⟩ şişmek
**anschwemmen** V/T ⟨-ge-, h.⟩ (sürükleyip) getirmek (*nehir, deniz vs*)
**ansehen** A V/T ⟨irr, -ge-, h.⟩ -e bakmak B V/I **sich** (*dat*) **etw ~** (bş-e) bakmak; **sich** (*dat*) **e-n Film ~** bir film seyretmek; **etw mit ~** bşe şahit olmak; **man sieht es ihr an, dass ...** ona bakınca -diği hemen belli oluyor
**Ansehen** N ⟨-s; *ohne pl*⟩ saygınlık, itibar; **an ~ verlieren** saygınlığından kaybetmek; **ohne ~ der Person** her kim olursa olsun; **von hohem ~** muteber, saygın
**ansehnlich** ADJ (*beträchtlich*) oldukça büyük, hatırı sayılır
**ansetzen** ⟨-ge-, h.⟩ A V/T *Mischung* hazırlamak; (*anfügen*) (**an** *akk -e*) eklemek, yamamak; *Termin* belirlemek, koymak; *Knospen* çıkarmak; *Früchte* vermek; *Fett* **~** yağ bağlamak; **j-n ~ auf** (*akk*) b-ni b-ne takip ettirmek; **zur Landung ~** inişe geçmek B V/R: **sich ~** bağlamak (*kir, pas vb*)
**Ansicht** F ⟨-; -en⟩ (*Anblick*) manzara, *a.* TECH görünüş; (*Meinung*) (**über** *akk* hakkında) görüş; **meiner ~ nach** bence; **der ~ sein, dass** -diği kanısında olmak; **zur ~** WIRTSCH örnek olarak
**Ansichtskarte** F (resimli) kartpostal
**Ansichtssache** F: **das ist ~** bu görüş meselesi
**ansiedeln** ⟨-ge-, h.⟩ A V/T -e yerleştirmek B V/R: **sich ~** (**in** *dat -e*) yerleşmek; WIRTSCH (*-de*) kurulmak; **in London angesiedelt** Londra'da kurulu, (merkezi) Londra'da olan
**Ansiedlung** F ⟨-; -en⟩ yerleşim, koloni
**anspannen** V/T ⟨-ge-, h.⟩ koşmak (*atı arabaya*); (**an** *akk -e*) *Seil* germek; *fig* toplamak (*dikkatini vs*)
**Anspannung** F ⟨-; -en⟩ gerginlik, heyecan
**anspielen** ⟨-ge-, h.⟩ A V/I *fig*: **auf** (*akk*) *-i* ima etmek B V/T: **j-n ~** b-ni oyuna sokmak
**Anspielung** F ⟨-; -en⟩ ima; *boşhaft* kinaye
**anspornen** V/T ⟨-ge-, h.⟩ *a. fig* gayrete getirmek
**Ansprache** F ⟨-; -n⟩ söylev, konuşma; **e-e ~ halten** konuşma yapmak
**ansprechen** ⟨irr, -ge-, h.⟩ A V/T (**wegen** hakkında) konuşmak; (**j-n** b-ne, **auf** *akk -den*) bahsetmek B V/I (*gefallen*) -in hoşuna gitmek; hoşa gitmek, beğenilmek; (*reagieren*) *a.* TECH iyi sonuç alınmak
**ansprechend** ADJ çekici
**Ansprechpartner(in)** M/F muhatap
**anspringen** ⟨irr, -ge-⟩ A V/I ⟨s.⟩ *Motor* çalışmak, almak B V/T ⟨h.⟩ *-in* üstüne sıçramak
**Anspruch** M ⟨-s; ⸚e⟩ (**auf** *akk* üzerinde) hak; **~ haben auf** üzerinde hakkı olmak; **hohe Ansprüche stellen an j-n** *-in* b-nden büyük beklentileri olmak; **in ~ nehmen** *-den* faydalanmak (*haktan vs*); **j-n in ~ nehmen** b-ni yormak
**anspruchslos** ADJ kanaatkâr; (*schlicht*) sade; *Roman etc* basit, iddiasız **2igkeit** F ⟨-; *ohne pl*⟩ iddiasızlık, alçakgönüllülük
**anspruchsvoll** ADJ iddialı; (*wählerisch*) titiz; *Buch* iddialı
**anspucken** V/T ⟨-ge-, h.⟩ -e tükürmek
**anstacheln** V/T ⟨-ge-, h.⟩ kışkırtmak
**Anstalt** F ⟨-; -en⟩ kurum, kuruluş; (*Heil*⸚) hastane; **j-n in e-e ~ einweisen** b-ni psikiyatri kliniğine yatırmak/sevketmek
**Anstalten** PL: **~ machen zu gehen** gitmeye kalkmak
**Anstand** M ⟨-s; *ohne pl*⟩ edep, terbiye; (*Benehmen*) görgü
**anständig** ADJ terbiyeli; (*aufrichtig*) dürüst; *umg* adamakıllı; **e-e ~e Arbeit** doğru dürüst bir iş
**anstandshalber** ADV ayıp olmasın diye
**anstandslos** ADV tereddütsüz; (*ungehindert*) kolaylıkla
**anstarren** V/T ⟨-ge-, h.⟩ -e dik dik bakmak, gözünü dikmek
**anstatt** A PRÄP *gen* yerine B KONJ: **~ zu arbeiten** çalışmaktansa, çalışmak yerine
**anstauen** ⟨-ge-, h.⟩ A V/T biriktirmek (*önüne set çekip*) B V/R: **sich ~** birikmek; yığışmak
**anstecken** ⟨-ge-, h.⟩ MED A V/T: **j-n ~** (**mit** *-i*) b-ne bulaştırmak; iliştirmek/takmak; (*anzünden*) tutuşturmak, yakmak B V/R: **sich ~** (**bei** *-den*) kapmak (*hastalığı vs*); **ich habe mich bei ihm** (**mit**

**Schnupfen) angesteckt** (nezleyi) ondan kaptım
**ansteckend** ADJ MED bulaşıcı
**Ansteck|nadel** F (toplu)iğne; (*Abzeichen*) rozet
**Ansteckung** F MED bulaşma, sirayet
**Ansteckungsgefahr** F bulaşıcılık, bulaşma tehlikesi
**anstehen** VI ⟨*irr*, -ge-, *h.*⟩ (**nach** için) kuyrukta beklemek; WIRTSCH, JUR **zur Entscheidung ~** karara kalmak
**ansteigen** VI ⟨*irr*, -ge-, *s.*⟩ yükselmek
**anstelle** PRÄP ⟨*gen a.* **~ von** *-in[...]*⟩ yerine
**anstellen** ⟨-ge-, *h.*⟩ **A** VT (*einstellen*) işe almak; *Radio, Heizung* açmak; *Motor* işletmek; *Leiter* (**an** *akk -e*) dikmek, dayamak; *umg* **j-n zu etw ~** b-ne bş-i yaptırmak; **Nachforschungen ~** araştırma, soruşturma yapmak **B** VR: **sich ~** sıraya girmek; *umg* (**als ob** -miş gibi) yapmak; **sich bei etw ungeschickt ~** bş-de beceriksizlik göstermek
**Anstellung** F ⟨-; -en⟩ iş, görev
**ansteuern** VT ⟨-ge-, *h.*⟩ FLUG, SCHIFF -e yönelmek
**Anstieg** M ⟨-s; -e⟩ yükselme, yükseliş, çıkış
**anstiften** VT ⟨-ge-, *h.*⟩: **j-n ~ zu** b-ni bş-e kışkırtmak
**anstimmen** VT ⟨-ge-, *h.*⟩ MUS: **ein Lied ~** bir şarkı söylemeye başlamak
**Anstoß** M ⟨-es; -e⟩ *Fußball* başlama vuruşu; (*Anregung*) neden, sebep; *umg* (kadeh) tokuşturma; **den ~ geben zu** -e ilk hareketi kazandırmak; **~ erregen** (**bei** *-i*) kızdırmak; **~ nehmen an** (*dat*) *-i* ayıplamak;*-e* kızmak
**anstoßen** ⟨*irr*, -ge-⟩ **A** VT ⟨*h.*⟩ dürtmek, itmek, -e vurmak; **sich** (*dat*) **den Kopf ~** (**an** *dat* -e) başını (-e) çarpmak **B** VI ⟨*s.*⟩ (**an** *dat* -e) çarpmak; ⟨*h.*⟩ (**auf** *akk* -e) (kadeh) tokuşturmak; *Fußball* başlama vuruşu yapmak
**anstößig** ADJ ayıp, yüz kızartıcı
**anstrahlen** VT ⟨-ge-, *h.*⟩: **mit Scheinwerfern ~** projektörle aydınlatmak; *umg fig* **j-n ~** (b-nin yüzüne) gülümseyerek bakmak
**anstreben** VT ⟨-ge-, *h.*⟩ hedeflemek, hedef almak
**anstreichen** VT ⟨*irr*, -ge-, *h.*⟩ *-in* kenarını çizmek; *Fehler* işaretlemek; **rot ~** kırmızı(ya) boyamak
**anstreng|en** ⟨-ge-, *h.*⟩ **A** VT & VR yormak **B** VR: **sich ~** çabalamak, didinmek **~end** ADJ yorucu, zahmetli **ℒung** F ⟨-; -en⟩ çaba, zahmet
**Anstrich** M ⟨-s; -e⟩ boya, badana; *fig* görünüş, hava
**Ansturm** M ⟨-s; ⸚e⟩ MIL saldırı, hücum; (**auf** *akk -e*) *a.* üşüşme
**anstürmen** VI ⟨-ge-, *s.*⟩: **~ gegen** *-e* saldırmak, akın etmek
**Antagonismus** M ⟨-; Antagonismen⟩ karşıtlık
**antarktisch** ADJ antarktik
**antasten** VT ⟨-ge-, *h.*⟩ *-e* dokunmak
**Anteil** M ⟨-s; -e⟩ (**an** *dat -de*) pay, hisse; *fig* **er hatte keinen ~ am Erfolg** onun başarıda payı yoktu; **~ nehmen an j-s Freude** b-nin sevincini paylaşmak
**anteilig** ADJ *u.* ADV payına göre, orantılı olarak
**Anteilnahme** F ⟨-; *ohne pl*⟩ (**an** *dat* -*E*) ilgi; (*Mitgefühl*) paylaşma; **s-e ~ ausdrücken** başsağlığı dilemek
**Antenne** F ⟨-; -n⟩ anten
**Anthologie** F ⟨-; -n⟩ antoloji, seçki
**Anti..., anti...** IN ZSSGN anti...; karşı
**Anti|alkoholiker(in)** M(F) alkol düşmanı, yeşilaycı **~babypille** F doğum kontrol hapı **~biotikum** [-'bi̯o:-] N ⟨-s; -ka⟩ MED antibiyotik **ℒbiotisch** ADJ antibiyotik **~blockiersystem** N AUTO antiblokaj sistemi **~depressivum** N ⟨-s; Antidepressiva⟩ MED antidepresif (ilaç) **~faschist(in)** M(F) antifaşist **~gen** N ⟨-s; -e⟩ MED antijen **~haftbeschichtung** F teflon®
**antik** ADJ antika
**Antike** F ⟨-; *ohne pl*⟩ Eskiçağ
**Antiken** PL antik eserler
**Antikörper** M MED antikor
**Antilope** F ⟨-; -n⟩ ZOOL antilop
**Antioxidantien** PL oksit giderici *sg*; (*Rostschutzmittel*) pas önleyici *sg*
**Antipathie** F ⟨-; -n⟩ antipati
**Antiquariat** [-kva'ri̯a:t] N ⟨-s; -e⟩ sahaf (dükkanı)
**antiquarisch** [-'kva:rɪʃ] ADJ *u.* ADV eski kitap *vs*
**antiquiert** [-kv-] ADJ eskimiş, köhne
**Antiquität** [-kv-] F ⟨-; -en⟩ antika
**Antiquitäten|händler(in)** M(F) antikacı **~laden** *m* antikacı (dükkanı)

**antisemit|isch** ADJ antisemitist(çe) **&ismus** M antisemitizm
**antiseptisch** ADJ antiseptik
**antistatisch** ADJ antistatik
**Antivirusprogramm** N IT virüs programı
**Antrag** M ⟨-s; ⁓e⟩ dilekçe; JUR (**auf** akk için) talep, istem; **er machte ihr e-n ~** ona evlenme(yi) teklif etti; **e-n ~ stellen auf** ... için dilekçe vermek
**Antragsformular** N dilekçe formu/ formülerí
**Antragsteller** M ⟨-s; -⟩, **-in** F ⟨-; -nen⟩ dilekçe sahibi
**antreffen** VT ⟨irr, -ge-, h.⟩ -e rastlamak
**antreiben** VT ⟨irr, -ge-, h.⟩ TECH işletmek; v/i sürüklenip gelmek (akıntıyla); fig gayrete getirmek
**antreten** ⟨irr, -ge-⟩ **A** VT ⟨h.⟩ Amt -e başlamak, -e girmek; Erbe mirastan faydalanmaya başlamak; Reise -e çıkmak; Motorrad çalıştırmak (pedala); **e-e Strafe ~** bir cezayı çekmeye başlamak **B** VI ⟨s.⟩ (sich aufstellen⟩ dizilmek; (sich einfinden⟩ gelmek (**bei** -de) **~ gegen** -e karşı oyuna çıkmak, yarışmak
**Antrieb** M ⟨-s; -e⟩ TECH tahrik, çekiş; fig heves, atılım; **aus eigenem ~** kendi hevesiyle
**Antriebs|kraft** F itici güç **~schwäche** F istek yetersizliği
**antrinken** VT ⟨-ge-, h.⟩ umg içmeye başlamak
**Antritt** M ⟨-s; ohne pl⟩: **bei ~ r Reise** yolculuğunun baş(langıc)ında, yola çıkarken
**antun** VT ⟨irr, -ge-, h.⟩: **j-m etw ~** b-ne bş yapmak; **es j-m ~** b-nin hoşuna gitmek
**Antwort** F ⟨-; -en⟩ (**auf** akk -e) cevap
**antworten** VI ⟨h.⟩: **j-m auf** (akk) **etw ~** b-ne bş-i cevap vermek
**anvertrauen** ⟨ohne -ge-, h.⟩: **j-m etw ~** b-ne bş-i emanet etmek; **sich j-m ~** b-ne bir sırrını açmak; kendini b-nin eline teslim etmek
**anwachsen** VI ⟨irr, -ge-, s.⟩ tutmak, kök salmak; fig (**auf** akk) çoğalarak (...) olmak
**Anwalt** M ⟨-s; ⁓e⟩, **Anwältin** F ⟨-; -nen⟩ JUR avukat
**Anwaltschaft** F ⟨-; -en⟩ avukatlık

**Anwalts|honorar** N avukat ücreti **~kammer** F baro **~kosten** PL avukat masrafları
**anwärmen** VT ⟨-ge-, h.⟩ ısıtmak
**Anwärter(in)** M(F) (**auf** akk -e) aday, ... adayı
**Anwartschaft** F ⟨-; -en⟩ (**auf** akk -e) adaylık; ... adaylığı
**Anwartschaftsrechte** PL JUR beklenen haklar pl
**anweisen** VT ⟨irr, -ge-, h.⟩ -e talimat vermek; (zuweisen⟩ göstermek, belirlemek; Geld havale etmek
**Anweisung** F ⟨-; -en⟩ talimat, yönerge, direktif; (Zuweisung⟩ tayin, belirleme; Betrag havale
**anwendbar** ADJ (**auf** akk -e) uygulanabilir; amtlich uygulanacak
**anwenden** VT ⟨irr, -ge-, h.⟩ (**auf** akk -e) uygulamak; (gebrauchen⟩ kullanmak; **falsch ~** yanlış uygulamak
**Anwender** M ⟨-s; -⟩ IT kullanıcı
**Anwendung** F ⟨-; -en⟩ (**auf** akk -e) MED tatbik, uygula(n)ma; kullanış
**Anwendungs|beispiel** N kullanım örneği **~programm** N IT kullanıcı yazılımı **~vorschrift** F kullanma talimatı
**anwerb|en** VT ⟨irr, -ge-, h.⟩ almak (işe, askere vb) **&ung** F ⟨-; -en⟩ işe alma; MIL celp
**Anwesen** N ⟨-s; -⟩ mülk
**anwesend** ADJ hazır, bulunan; **nicht ~ sein** hazır bulunmamak; (yoklamada⟩ olmamak
**Anwesenheit** F ⟨-; ohne pl⟩ bulunma, huzur; **in ~ von** (od gen) -in yanında/huzurunda
**Anwesenheitsliste** F yoklama listesi
**Anwohner** M ⟨-s; -⟩, **-in** F ⟨-; -nen⟩ cadde/sokak sakini, -de oturan
**Anzahl** F ⟨-; ohne pl⟩ sayı, miktar
**anzahl|en** VT ⟨-ge-, h.⟩ (**für** için) kaparo vermek, ön ödeme yapmak
**Anzahlung** F ⟨-; -en⟩ kaparo; peşinat
**Anzeichen** N ⟨-s; -⟩ iz; belirti; **alle ~ sprechen dafür, dass** ... bütün belirtiler gösteriyor ki ...
**Anzeige** F ⟨-; -n⟩ (Inserat⟩ ilan; bes WIRTSCH bildirim, beyan; JUR ihbar, suç duyurusu; **e-e ~ aufgeben** ilan vermek
**anzeigen** VT ⟨-ge-, h.⟩ göstermek;

*(deuten auf)* -e işaret etmek; **j-n ~** b-ni ihbar etmek; **j-m etw ~** b-ne bş-i bildirmek
**Anzeigenblatt** N ilan gazetesi
**Anzeiger** M ⟨-s; -⟩ gazete *(sadece bazı gazete adlarında)*; TECH gösterge
**Anzeigetafel** F ilan tahtası
**anzetteln** V/T ⟨-ge-, h.⟩ fig hazırlamak *(gizlice)*
**anziehen** ⟨irr, -ge-, h.⟩ **A** V/T Kleidung giymek; Schraube sıkıştırmak; **Bremse** çekmek; PHYS çekmek; fig cezbetmek, çekmek; **j-n ~** b-ni giydirmek; **sich** *(dat)* **etw ~** (üstüne/sırtına) bş giymek **B** V/R: **sich ~** giyinmek **C** V/I Preise yükselmek
**anziehend** ADJ çekici, cazip
**Anziehungskraft** F PHYS çekim (kuvveti); fig çekicilik, albeni
**Anzug** M ⟨-s; ⸚e⟩ (takım) elbise
**anzüglich** ADJ iğneli, iğneleyici
**anzünden** V/T ⟨-ge-, h.⟩ Kerze yakmak; Haus ateşe vermek, kundaklamak; **sich** *(dat)* **e-e Zigarre ~** bir puro yakmak
**Anzünder** M ⟨-s; -⟩ TECH çakmak
**anzweifeln** V/T ⟨-ge-, h.⟩ şüpheyle karşılamak, *-den* şüphe etmek
**Aorta** [a'ɔrta] F ⟨-; -ten⟩ ANAT aort
**apart** ADJ cazip; apart (otel)
**Apartheid** F ⟨-; ohne pl⟩ Apartheid **~politik** F Apartheid politikası
**Apartment** M ⟨-s; -s⟩ apartman dairesi *(öz. tek kişilik)*
**apathisch** ADJ tepkisiz, hissiz
**Aperitif** M ⟨-s; -s, a. -e⟩ aperitif
**Apfel** M ⟨-s; ⸚⟩ elma **~baum** M elma ağacı **~kuchen** M elmalı pasta/kek **~saft** M elma suyu
**Apfelsine** F ⟨-; -n⟩ portakal
**Apfelstrudel** M elmalı ştrudel
**Apokalypse** F ⟨-; -n⟩ kıyamet (günü)
**Apostroph** [-f] M ⟨-s; -e⟩ kesme işareti
**Apotheke** F ⟨-; -n⟩ eczane
**apothekenpflichtig** ADJ yalnız eczanede satılabilen *(ilaç)*
**Apotheker** M ⟨-s; -⟩, **-in** F ⟨-; -nen⟩ eczacı
**App.** *abk* → Apparat
**Apparat** M ⟨-s; -e⟩ cihaz; *(Gerät)* alet; radyo; TV televizyon; FOTO fotoğraf makinesi; TEL telefon; **am ~!** TEL benim!; **am ~ bleiben** (telefondan) ayrılmamak

**Appartement** [apart(ə)'mã:] N ⟨-s; -s⟩ → Apartment
**Appell** M ⟨-s; -e⟩ (an *akk* -e) çağrı
**appellieren** V/I ⟨o ge-, h.⟩ (an *akk* -e) seslenmek
**Appetit** M ⟨-s; ohne pl⟩ (auf *akk* -e) iştah; **~ haben auf etw** -in canı bş-i çekmek; **guten ~!** afiyet olsun!
**appetit|anregend** ADJ iştah açıcı **~lich** ADJ çekici, nefis (görünen) **2losigkeit** F ⟨-; ohne pl⟩ iştahsızlık **2zügler** M ⟨-s; -⟩ iştah kesici
**applaudieren** V/I ⟨ohne ge-, h.⟩ alkışlamak
**Applaus** M ⟨-es⟩ alkış(lama)
**apportieren** V/T ⟨ohne ge-, h.⟩ aport etmek
**appretieren** V/T ⟨ohne ge-, h.⟩ aprelemek
**Appretur** F ⟨-; -en⟩ TECH apre(leme)
**approbiert** ADJ meslek ehliyetini almış *(hekim, eczacı)*
**Aprikose** F ⟨-; -n⟩ kayısı
**April** M ⟨-; -e⟩ nisan; **im ~** nisanda; **j-n in den ~ schicken** b-ne 1 nisan (şakası) yapmak **~scherz** M 1 nisan şakası
**apropos** ADV [apro'po:] söz ...den açılmışken
**Aquaplaning** [akva'pla:nıŋ] N ⟨-(s)⟩ (ıslak zeminde) kayma
**Aquarell** N ⟨-s; -e⟩ suluboya (resim) **~farbe** F suluboya
**Aquarium** N ⟨-s; Aquarien⟩ akvaryum
**Äquator** M ⟨-s; ohne pl⟩ ekvator
**äquivalent** [-v-] ADJ eşdeğer
**Äquivalent** [-v-] N ⟨-s; -e⟩ eşdeğer, *-in* karşılığı
**Ära** F ⟨-; Ären⟩ çağ, devir
**Arab|er** M ⟨-s; -⟩, **-in** F ⟨-; -nen⟩ Arap **~ien** N ⟨-s; ohne pl⟩ Arabistan **2isch** ADJ Arap, Arabistan **~isch** N Arapça
**Arbeit** F ⟨-; -en⟩ iş, *(Vorgang)* çalışma; *(Fleiß)* emek; WIRTSCH, POL faaliyet; *(Berufstätigkeit)* iş; *(Diplom2)* çalışma, tez; *(Hand2)* iş; **~ haben** iş olmak; **bei der ~** işte; **geistige ~** kafa işi, zihin çalışması; **die ~ niederlegen** işi bırakmak; **sich an die ~ machen** işe girişmek, işe koyulmak; **Tag der ~** işçi bayramı (1 mayıs); **zur ~ gehen/fahren** işe gitmek; **künstlerische ~** sanat çalışması; **wissenschaftliche ~** bilimsel çalışma
**arbeiten** ⟨h.⟩ **A** V/I (an *dat* üzerinde;

**bei** -*de*) çalışmak; WIRTSCH *a.* iş yapmak; TECH işlemek; **(geschäftlich) ~ mit** ile çalışmak, iş yapmak 🅱 V/T yapmak, çalışmak 🅲 V/R: **sich ~ durch** -*in* üstesinden gelmek

**Arbeiter** M̄ ⟨-s; -⟩ işçi; *pl* **~ und Unternehmer** işçiler ve işadamları **~in** F̄ ⟨-; -nen⟩ işçi

**Arbeiterpartei** F̄ işçi partisi

**Arbeitgeber** M̄ ⟨-s; -⟩ işveren **~anteil** M̄ işveren payı **~verband** M̄ işveren birliği

**Arbeitnehmer** M̄ ⟨-s; -⟩, **-in** F̄ ⟨-; -nen⟩ işalan, işçi **~anteil** M̄ işalan payı

**Arbeits|ablauf** M̄ iş akımı **~amt** N̄ çalışma dairesi **~bedingungen** PL çalışma şartları *pl* **~beschaffungsmaßnahme** F̄ istihdam yaratma önlemi **~beschaffungsprogramm** N̄ istihdam yaratma programı **~bescheinigung** F̄ çalışma belgesi **~einkommen** N̄ iş geliri **~erlaubnis** F̄ çalışma izni **⚥fähig** ADJ çalışabilir; POL **~e Mehrheit** yeterli çoğunluk **~gang** M̄ TECH işlem, ameliye **~gebiet** N̄ çalışma alanı; WIRTSCH işkolu; sektör **~gemeinschaft** F̄ işbirliği **~gericht** N̄ iş mahkemesi **~grundlage** F̄ çalışmanın temeli (*od* ön şartları) **⚥intensiv** ADJ işi çok, yorucu; WIRTSCH işyoğun **~kampf** M̄ iş uyuşmazlığı **~kleidung** F̄ iş giyimi *od* **~klima** N̄ çalışma ortamı **~kraft** F̄ (*Fähigkeit*) çalışma gücü; *Person* işgücü; işçi; **Arbeitskräfte** *pl* işçiler; işgücü *sg* **~lohn** M̄ ücret

**arbeitslos** ADJ işsiz

**Arbeitslose** M.F ⟨-n; -n⟩ işsiz; **die Arbeitslosen** *pl* işsizler *pl*

**Arbeitslosen|geld** N̄ işsizlik tazminatı **~hilfe** F̄ işsizlik yardımı **~versicherung** F̄ işsizlik sigortası

**Arbeitslosigkeit** F̄ ⟨-; *ohne pl*⟩ işsizlik

**Arbeits|markt** M̄ iş piyasası; **die Lage auf dem ~** iş piyasasındaki durum **~minister(in)** M(F) çalışma bakanı **~nachweis** M̄ çalışma belgesi **~niederlegung** F̄ ⟨-; -en⟩ grev, işi bırakma **~pause** F̄ ara dinlenmesi **~platz** M̄ *Ort* -*in* çalıştığı yer; (*Stelle*) iş, kadro; **freie Arbeitsplätze** açık işler; **Schaffung von Arbeitsplätzen** iş temini, istihdam yaratma **~prozess** M̄ çalışma süreci **~recht** N̄ iş hukuku **~speicher** M̄ IT çalışma alanı, bellek **~stunde** F̄ çalışma saati **~suche** F̄ iş arama; **auf ~ sein** iş aramak(ta olmak) **⚥süchtig** ADJ çalışma delisi **~tag** M̄ işgünü **~teilig** ADV işbölümü yaparak **~teilung** F̄ işbölümü **⚥unfähig** ADJ çalışamaz, *ständig* iş göremez **~unfall** M̄ iş kazası **~verhältnis** N̄ iş ilişkisi **~vermittlung** F̄ iş temini/bulma **~vertrag** M̄ çalışma sözleşmesi **~weise** F̄ çalışma tarzı **~zeit** F̄ çalışma saatleri *pl*; çalışma zamanı; *Dauer* çalışma süresi; **gleitende ~** esnek çalışma saatleri **~zeitverkürzung** F̄ çalışma saatlerinin azaltılması, iş süresini kısaltma **~zimmer** N̄ çalışma odası

**Archäolo|ge** M̄ ⟨-n; -n⟩ arkeolog **~gie** F̄ ⟨-; *ohne pl*⟩ arkeoloji **~gin** F̄ ⟨-; -nen⟩ arkeolog (kadın) **⚥gisch** ADJ arkeolojik

**Archipel** M̄ ⟨-s; -e⟩ adalar *pl*, takımada

**Architekt** M̄ ⟨-en; -en⟩, **-in** F̄ ⟨-; -nen⟩ mimar

**architektonisch** ADJ mimarî

**Architektur** F̄ ⟨-; *ohne pl*⟩ mimarlık, mimari

**Archiv** [arˈçiːf] N̄ ⟨-s; -e⟩ arşiv **⚥ieren** V/T [-viːrən] arşivlemek

**arg** ADJ & ADV kötü, berbat; **mein ärgster Feind** en kötü düşmanım; **im ⚥en liegen** ihmal edilmiş olmak

**Argentin|ien** N̄ Arjantin **~ier** M̄ ⟨-s; -⟩, **-in** F̄ ⟨-; -nen⟩ Arjantinli **⚥isch** ADJ Arjantin(li) *subst*

**Ärger** M̄ ⟨-s; *ohne pl*⟩ kızgınlık; (*Unannehmlichkeiten*) dert; **j-m ~ machen** b-nin başına iş açmak

**ärgerlich** ADJ (**über** *akk et*) kızgın; (*störend*) sinir (bozucu)

**ärgern** ⟨*h.*⟩ 🅐 V/T kızdırmak 🅑 V/R: **sich ~ (über** *akk et*) kızmak

**Ärgernis** N̄ ⟨-ses; -se⟩: **~ erregen** rezalet çıkarmak; JUR **öffentliches ~** kamu huzurunu bozucu suç

**arglistig** ADJ hilekâr, JUR **~e Täuschung** hile, aldatma

**arglos** ADJ saf, dürüst

**Argument** N̄ ⟨-s; -e⟩ argüman, sebep, delil **~ation** F̄ [-ˈtsi̯oːn] F̄ ⟨-; -en⟩ akıl yürütme **⚥ieren** V/I ⟨*o ge-, h.*⟩ akıl yürütmek

**argwöhnisch** ADJ (**gegen** -e karşı) şüpheci, güvensiz
**a. Rh.** *abk für* **am Rhein** Ren (nehri) kıyısında
**Arie** ['aːrïə] F ⟨-; -n⟩ MUS arya
**arm** ADJ (**an** *dat* bakımından) fakir, yoksul
**Arm** M ⟨-s; -e⟩ kol; *fig* **j-n auf den ~ nehmen** b-ni makaraya almak; *fig* **j-m unter die ~e greifen (mit)** b-ne (ile) destek olmak
**Armaturen** PL *Bad etc* armatürler; AUTO göstergeler **~brett** N AUTO gösterge tablosu
**Armband** N ⟨-s; ¨er⟩ bilezik **~uhr** F kol saati
**Armee** F ⟨-; -n⟩ ordu
**Ärmel** M ⟨-s; -⟩ elbise kolu, yen; **ohne ~** kolsuz (*giyecek*); *umg* **etw aus dem ~ schütteln** bş-i kolayca hallediverrmek
**Ärmelkanal** M Manş Denizi
**Armen|ien** N Ermenistan **~ier** M ⟨-s; -⟩, **-in** F ⟨-; -nen⟩ Ermeni **2isch** Ermeni(stan) *subst* **~isch** N Ermenice
**ärmlich** ADJ yoksul, sefil; *Kleidung* eski püskü; **in ~en Verhältnissen leben** fakirlik içinde yaşamak
**Armreif(en)** M bilezik
**armselig** ADJ zavallı
**Armut** F ⟨-; *ohne pl*⟩ yoksulluk, fakirlik (**an** *dat* bakımından)
**Armuts|grenze** F fakirlik sınırı; **an (unter) der ~ liegen** fakirlik sınırında (sınırının altında) olmak **~zeugnis** N fakir ilmühaberi; **j-m (sich) ein ~ ausstellen** b-nin (kendinin) iflasını/zavallılığını göstermek
**Aroma** N ⟨-s; Aromen⟩ aroma; (*Duft*) hoş koku **~therapie** F MED aroma tedavisi
**aromatisch** ADJ hoş kokulu
**aromatisieren** VT ⟨*ohne* ge-, *h.*⟩ kokulandırmak, aromatize etmek
**arrangieren** [arãˈʒiːrən] ⟨*ohne* ge-, *h.*⟩ A VT ayarlamak, bulmak B VR: **sich ~ (mit** *-le*) uyuşmak, uzlaşmak
**arrogant** ADJ kibirli, burnu büyük
**Arsch** M ⟨-es; ¨e⟩ *vulg* kıç, göt; *vulg* **j-m in den ~ kriechen** b-nin kıçını yalamak; *vulg* **leck mich am ~!** bokumu ye!; *vulg* **~loch** *n* göt herif, eşek herif
**Arsen** N ⟨-s; *ohne pl*⟩ CHEM arsenik
**Art** F ⟨-; -en⟩ (**~ und Weise**) usul; (*Sorte*) çeşit; (*Wesen*) karakter, tabiat; BIOL tür; **es ist nicht s-e ~ zu** *inf* -mek onun yapacağı iş değil; **~ und Weise** usul, yol, tarz; **s-e ~ zu sprechen** konuşuşu, konuşma tarzı; **auf die(se) ~** bu suretle, böyle; **aller ~** her türlü/çeşit; GASTR **nach ~ des Hauses** lokantamız usulü; *hum* **e-e ~ Dichter** bir tür (*pej* bir garip) şair; *fig* **aus der ~ schlagen** beklenenden farklı gelişmek, *Kind* başkasına çekmek
**Art.** *abk* → **Artikel**
**Artenreichtum** M ÖKOL tür zenginliği
**Arterie** [-ïə] F ⟨-; -n⟩ ANAT atardamar; arter (*Verkehr*)
**Arteriosklerose** F ⟨-; -n⟩ MED damar sertliği, arteriyoskleroz
**artgerecht** ADJ ÖKOL: **~e Tierhaltung** türün tabii ihtiyaçlarına uygun hayvancılık
**Arthritis** F MED mafsal iltihabı, artrit
**artig** ADJ uslu
**Artikel** M ⟨-s; -⟩ GRAM tanımlık; JUR madde (*mad.*); WIRTSCH mal
**artikulieren** ⟨*ohne* ge-, *h.*⟩ A VT dile getirmek B VR: **sich ~** meramını/derdini (iyi) anlatmak
**Artischocke** F ⟨-; -n⟩ enginar
**Arznei** F ⟨-; -en⟩, **~mittel** N (**gegen** -e karşı) ilaç **~mittelabhängigkeit** F ilaç bağımlılığı **~mittelmissbrauch** M ilaçların kötüye kullanılması **~pflanze** F şifalı bitki **~schrank** M ecza dolabı
**Arzt** M ⟨-es; ¨e⟩ hekim, tabip, *umg* doktor; **zum ~ gehen** doktora gitmek
**Arzthelferin** F ⟨-; -nen⟩ muayenehane asistanı (kadın)
**Ärztin** F ⟨-; -nen⟩ hekim, tabip (kadın)
**ärztlich** ADJ tıbbî; **~ behandeln** tıbbî tedavi altında bulundurmak; **~es Attest** hekim raporu
**Asche** F ⟨-; *ohne pl*⟩ kül *pl*
**Aschenbecher** M küllük, kül tablası
**Aschenbrödel, Aschenputtel** N Külkedisi
**Aschermittwoch** M Paskalyadan önceki perhiz döneminin ilk çarşamba, Perhiz Çarşambası
**aschfahl** ADJ kül gibi (*yüz*)
**aschgrau** ADJ külrengi
**ASCII-Code** M IT ASCII kodu
**Ascorbinsäure** F CHEM askorbik asit

**Aserbaidschan** N̄ Azerbaycan **~er** M̄ ⟨-s; -⟩ Azerî, Azerbaycanlı **⚲isch** Azerbaycan(lı) subst, Azerî **~isch** N̄ Azerîce

**Asiatle** [a'zĭa:t-] M̄ ⟨-n, -n⟩, **-in** F̄ ⟨-; -nen⟩ Asyalı **⚲isch** Asya(lı) subst

**Asien** ['a:zĭən] N̄ Asya

**Asket** M̄ ⟨-en; -en⟩, **-in** F̄ ⟨-; -nen⟩ zühdî, her günahtan sakınan **⚲isch** ADJ zühdîce

**asozial** ADJ toplumdışı

**Aspekt** M̄ ⟨-s; -e⟩ yön, bakış açısı; GRAM görünüş

**Asphalt** [-f-] M̄ ⟨-s; -e⟩ asfalt **⚲ieren** V/T ⟨o ge-, h.⟩ asfaltlamak

**Ass** M̄ ⟨-ses; -se⟩ as, Karte a. birli

**Assessor** M̄ ⟨-s; -en⟩, **-in** F̄ ⟨-; -nen⟩ yüksek memur adayı

**Assistent** M̄ ⟨-en; -en⟩, **-in** F̄ ⟨-; -nen⟩ yardımcı; asistan

**Assistenzarzt** M̄ asistan hekim

**assistieren** V/I ⟨ohne ge-, h.⟩ (**bei** -de) asistanlık etmek

**Assoziation** [asotsĭa'tsĭo:n] F̄ ⟨-; -en⟩ çağrışım

**assoziieren** [asotsi'i:rən] V/T ⟨ohne ge-, h.⟩ çağrıştırmak

**Ast** M̄ ⟨-es; ⸚e⟩ dal; umg **auf dem absteigenden ~ sein** -in işleri vs kötüye gitmek

**ästhetisch** ADJ estetik

**Asthma** N̄ ⟨-s; ohne pl⟩ MED astım **~tiker** M̄ ⟨-s; -⟩, **~tikerin** F̄ ⟨-; -nen⟩ astımlı

**Astrologle** M̄ ⟨-n; -n⟩, **-in** F̄ ⟨-; -nen⟩ astrolog, HIST müneccim

**Astrologie** F̄ ⟨-; ohne pl⟩ astroloji

**Astronaut** M̄ ⟨-en; -en⟩ astronot

**Astronomie** F̄ ⟨-; ohne pl⟩ astronomi

**astronomisch** ADJ a. umg fig astronomik

**Astrophysik** F̄ astrofizik

**ASU** ['a:zu:] F̄ → Abgasuntersuchung

**Asyl** N̄ ⟨-s; ohne pl⟩ POL (siyasî) iltica, sığınma; **um (politisches) ~ bitten** iltica talebinde bulunmak

**Asylant** M̄ ⟨-en; -en⟩ neg! mülteci

**Asylanten(wohn)heim** N̄ mülteci yurdu

**Asylantin** F̄ ⟨-; -nen⟩ neg! sığınmacı (kadın)

**Asyl|antrag** M̄ iltica dilekçesi; **e-n ~ stellen** iltica dilekçesi vermek **~bewerber(in)** M/F iltica dilekçesi sahibi, umg ilticacı **~recht** N̄ mülteci hukuku

**asymmetrisch** ADJ asimetrik

**Atelier** [atəli'e:] N̄ ⟨-s; -s⟩ atölye

**Atem** M̄ ⟨-s; ohne pl⟩ soluk, nefes; **außer ~ sein** soluğu kesilmek; **(tief) ~ holen** derin nefes almak; **das verschlug mir den ~** bundan boğulacak gibi oldum; **j-n in ~ halten** bi-ne nefes aldırmamak **⚲beraubend** ADJ soluk kesici **~beschwerden** PL solunum rahatsızlıkları **⚲los** ADJ tıknefes **~pause** F̄ umg soluklanma, ara **~wege** PL solunum yolları **~zug** M̄ nefes (alışı); fig **im gleichen ~** aynı anda

**Atheismus** M̄ ⟨-; ohne pl⟩ ateizm, ateistlik

**Atheist** M̄ ⟨-en; -en⟩, **-in** F̄ ⟨-; -nen⟩ ateist **⚲isch** ADJ ateist(çe)

**Äther** ['ɛ:tə] M̄ ⟨-s; -⟩ lokmanruhu

**Äthiopilen** N̄ Etiyopya **~er** M̄ ⟨-s; -⟩ Etiyopyalı **⚲sch** Etiyopya(lı) subst

**Athlet** M̄ ⟨-en; -en⟩, **-in** F̄ ⟨-; -nen⟩ atlet (sporcu) **⚲isch** ADJ atletik

**atlantisch** ADJ: **der Atlantische Ozean** Atlas Okyanusu, Atlantik

**Atlas** M̄ ⟨-; -se, Atlanten⟩ atlas

**atmen** V/I u. V/T ⟨h.⟩ solunmak, nefes almak

**Atmosphärle** [atmɔ'sfɛ:rə] F̄ ⟨-; -n⟩ a. fig atmosfer, hava **⚲isch** [-'sfɛ:rɪʃ] ADJ ELEK atmosferik

**Atmung** F̄ ⟨-; ohne pl⟩ solunum; **künstliche ~** sunî solunum

**Atoll** N̄ atol, mercan adası

**Atom** N̄ ⟨-s; -e⟩ atom **⚲ar** ADJ nükleer **~bombe** F̄ atom bombası **~energie** F̄ nükleer enerji **~explosion** F̄ nükleer patlama **~forschung** F̄ atom araştırmaları **~gegner(in)** M/F atom santrali karşıtı **~kern** M̄ atom çekirdeği **~kraft** F̄ ⟨-; ohne pl⟩ atom enerjisi **~kraftwerk** N̄ atom santrali **~krieg** M̄ atom savaşı **~macht** F̄ atom gücü (devlet) **~müll** M̄ atom atıkları **~physik** F̄ atom fiziği **~reaktor** M̄ atom reaktörü **~spaltung** F̄ atomun parçalanması **~test** M̄ atom testi

**Atomwaffen** PL atom silahları pl **⚲frei** ADJ atom silahlarından arındırılmış **~gegner(in)** M/F atom silahları karşıtı

**ätsch** INT oh olsun!, nasılmış?

# A ATTA | 556

**Attaché** [ata'ʃe:] M ⟨-s; -s⟩ POL ataşe
**Attacke** F ⟨-; -n⟩ saldırı, SPORT a. atak
**attackieren** VT u. VI ⟨ohne ge-, h.⟩ -e saldırmak
**Attentat** N ⟨-s; -e⟩ suikast; **ein ~ auf j-n verüben** b-ne suikast yapmak
**Attentäter** M ⟨-s; -⟩, **-in** F ⟨-; -nen⟩ suikastçı
**Attest** N ⟨-s; -e⟩ rapor; **ärztliches ~** hekim raporu
**Attraktion** [-'tsi̯o:n] F ⟨-; -en⟩ çekim, cazibe
**attraktiv** [-f] ADJ çekici, alımlı
**Attrappe** F ⟨-; -n⟩ göstermelik, sahte adj
**ätzend** ADJ yakıcı (asit vs); umg **echt ~** berbat!
**au** INT ay!, vay!; **~ ja!** oo tabii!
**AU** F ⟨-; -s⟩ → Abgasuntersuchung
**Aubergine** [obɛr'ʒi:nə] F ⟨-; -n⟩ BOT patlıcan
**auch** ADV da, de, dahi; **ich ~** ben de; **ich ~ nicht** ben de değil vs; (sogar) **ohne ~ nur zu fragen** sormadan etmeden; zugestehend **wenn ~** -se bile; **so sehr ich es ~ bedaure** ne kadar üzülsem de; verallgemeinernd **wann ~ (immer)** (her) ne zaman olursa olsun; **wer es ~ (immer) sei** (her) kim olursa olsun; **was er ~ (immer) sagt** (her) ne derse desin; verstärkend **so schlimm ist es ~ wieder nicht!** o kadar fena da değil yani!
**Audienz** [au̯'di̯ɛnts] F ⟨-; -en⟩ huzura kabul; **~ bei** -in huzuruna kabul
**audiovisuell** [au̯di̯o-] ADJ görsel-işitsel
**Auditorium** [-'to:-] N ⟨-s; -rien⟩: **~ maximum** en büyük konferans salonu (üniversite); (Zuhörerschaft) dinleyiciler pl
**auf** A PRÄP (dat) üstünde, üzerinde; **~ dem Tisch** masa(nın) üstünde; **~ e-r Party** ty bir eğlentide; **~ Seite 10** sayfa 10'da B PRÄP (akk) räumlich üstüne, üzerine; **~ den Tisch** masa(nın) üstüne; **~ e-e Party gehen** bir eğlentiye gitmek; **geh ~ dein Zimmer!** odana çekil!; fig **Besuch kommen** görmeye/ziyarete gelmek; **~ Reisen gehen** yolculuğa çıkmak; zeitlich **~ ein paar Tage** birkaç günlüğüne; **es geht ~ 9 (Uhr)** (saat) 9'a geliyor; umg **~ e-e Tasse Kaffee** kahveye, kahve içmeye; **~ morgen verschieben** yarına ertelemek; umg **~ bald!** yakında görüşmek üzere!; **~ diese Weise** böylece; **~ Deutsch** Almanca (olarak); **~ meine Bitte (hin)** ricam üzerine; **von 80 Tonnen ~ 100 erhöhen** 80 tondan 100'e çıkarmak; **~ die Sekunde genau** saniyesi saniyesine (tam/kesin) C ADV: **~ und ab gehen** bir aşağı bir yukarı dolaşmak; **~ sein** umg yatmamış olmak; Laden açık olmak; **ich war die ganze Nacht ~** bütün gece uyumadım; **Augen ~!** aç gözünü! D INT umg **~ (gehts)!** haydi!
**Auf** N: **das ~ und Ab des Lebens** hayatın çıkışları-inişleri
**aufarbeiten** VT ⟨-ge-, h.⟩ Rückstände tamamlamak, bitirmek; Möbel etc restore etmek; fig düşünerek iş üstesinden gelmek, hazmetmek
**aufatmen** VI ⟨-ge-, h.⟩ fig ferahlamak
**Aufbau** M ⟨-s; ohne pl⟩ Gebäude (üst) yapı; Unternehmen kuruluş, organizasyon; Drama kompozisyon; fig **im ~ (begriffen) sein** kuruluş halinde olmak
**aufbauen** A VT ⟨-ge-, h.⟩ Gebäude yapmak, inşa etmek; Unternehmen kurmak; **wieder ~** yeniden kurmak (felaketten vs sonra); **sich** (dat) **e-e Existenz ~** işini kurmak; **s-e Theorie ~ auf** teorisini -e dayandırmak B VR: **sich ~** dikilmek
**aufbauschen** VT ⟨-ge-, h.⟩ şişirmek
**aufbegehren** VI ⟨ohne -ge-, h.⟩ ayaklanmak
**aufbekommen** VT ⟨irr, ohne -ge-, h.⟩ Tür açmayı başarmak; Knoten çözmek
**aufbereiten** VT ⟨ohne -ge-, h.⟩ TECH işlemek
**aufbessern** VT ⟨-ge-, h.⟩ Gehalt artırmak
**aufbewahr|en** VT ⟨ohne ge-, h.⟩ emanete almak, saklamak **Lung** F ⟨-; ohne pl⟩ **(sichere ~)** muhafaza; **j-m etw zur ~ geben** bş-i b-ne emanet etmek
**aufbieten** VT ⟨irr, -ge-, h.⟩ askıya çıkarmak (duyuru); MIL silah altına almak
**aufblähen** ⟨-ge-, h.⟩ A VT şişirmek B VR: **sich ~** şişmek
**aufblasbar** ADJ şişirme, şişirilebilir
**aufblasen** VT ⟨-ge-, h.⟩ şişirmek
**aufbleiben** VI ⟨irr, -ge-, s.⟩ yatmamak, (gece) uyanık kalmak
**aufblicken** VI ⟨-ge-, h.⟩: **zu j-m ~** b-ne hayranlıkla bakmak
**aufblitzen** VI ⟨-ge-, s.⟩ çakmak, parlamak, parlayıvermek

**aufblühen** V/I ⟨-ge-, s.⟩ açmak (çiçek); fig açılmak, serpilmek

**aufbohren** V/T ⟨-ge-, h.⟩ (delerek/matkapla) açmak

**aufbrauchen** V/T ⟨-ge-, h.⟩ (kullanıp) bitirmek

**aufbrausen** V/I ⟨-ge-, s.⟩ köpürmek, küplere binmek

**aufbrausend** ADJ öfkeli, fevrî

**aufbrechen** ⟨irr, -ge⟩ **A** V/T ⟨h.⟩ kırmak, açmak **B** V/I ⟨s.⟩ (nach -e) hareket etmek

**aufbringen** V/T ⟨irr, -ge-, h.⟩ ortaya koymak

**Aufbruch** M ⟨-s; ⸚e⟩ yola çıkış; (nach -e) hareket

**aufbrühen** V/T ⟨-ge-, h.⟩ (kaynar suyla) yapmak (çay vs)

**aufbürden** V/T ⟨-ge-, h.⟩: j-m etw ~ bş-i k-nin sırtına yüklemek

**aufdecken** ⟨-ge-, h.⟩ **A** V/T açmak; keşfetmek; **das Bett ~** yatağı açmak **B** V/I sofra kurmak

**aufdrängen** ⟨-ge-, h.⟩ **A** V/T: **j-m etw ~** b-ne bş-i dayatmak **B** V/R: **sich ~** rahatsız etmek, musallat olmak

**aufdrehen** ⟨-ge-, h.⟩ **A** V/T (çevirip) açmak; *Schraube etc* gevşetmek; umg **-in** sesini (iyice) açmak **B** V/I umg coşup taşmak

**aufdringlich** ADJ sırnaşık, usandırıcı

**Aufdruck** M ⟨-s; -e⟩ **-in** üstüne basılı yazı vs **2en** V/T ⟨-ge-, h.⟩ (-in üstüne) basmak (yazı vs)

**aufeinander** ADV: **~ abgestimmte Farben** birbir(ler)ine uyan renkler; **~ angewiesen sein** -in birbir(ler)ine ihtiyacı var/olmak **~folgen** V/I ⟨-ge-, s.⟩ art arda gelmek; **an drei ~den Tagen** art arda üç gün içinde **~legen** V/T ⟨-ge-, h.⟩ üst üste koymak **~prallen** V/I ⟨-ge-, s.⟩ çarpışmak **~stoßen** V/I ⟨irr,-ge-, s.⟩ çakışmak, üst üste gelmek **~treffen** V/I ⟨irr,-ge-, s.⟩ rastlaşmak, bir araya gelmek

**Aufenthalt** M ⟨-s; -e⟩ kalış, ikamet; BAHN mola; FLUG ara iniş; **ohne ~** mola vermeden; **wir hatten zwei Stunden ~ in …** 'de iki saat bekledik

**Aufenthalts|erlaubnis** F JUR ikamet izni, umg oturum **~genehmigung** F JUR oturma izni türlerinin genel adı **~ort** M JUR ikametgâh **~raum** M

*Hotel* lobi **~recht** N (Anspruch) ikamet hakkı; (Gesetzgebung) ikamet hukuku

**auferlegen** V/T ⟨ohne -ge-, h.⟩ yüklemek (şart vs); **sich** (dat) **keinen Zwang ~** zora girmemek

**aufessen** V/T ⟨irr, -ge-, h.⟩ (yiyip) bitirmek

**auffahren A** V/I ⟨irr, -ge-, s.⟩ AUTO **(auf** akk **-e)** (arkadan) çarpmak; umg bindirmek **B** V/T ⟨h.⟩ arabayla getirmek; umg ikram etmek (bol bol)

**Auffahrt** F ⟨-; -en⟩ araç girişi; otoyol girişi

**Auffahrunfall** M AUTO arkadan çarpma

**auffallen** V/I ⟨-ge-, s.⟩ -in gözüne çarpmak, dikkatini çekmek

**auf|fallend, ~fällig** ADJ göze çarpan, a. negativ dikkati çeken

**auffangen** V/T ⟨irr, -ge-, h.⟩ yakalamak, tutmak

**auffassen** V/T ⟨-ge-, h.⟩ ipe dizmek; almak (ilmik); anlamak, yor(umla)mak; **etw als Scherz ~** bş-i şakaya yormak

**Auffassung** F ⟨-; -en⟩ (Meinung) görüş, kanı; (Deutung) anlayış; **nach meiner ~** bence, bana göre; **die ~ vertreten, dass** -diği görüşünde olmak

**Auffassungsgabe** F ⟨-; ohne pl⟩ kavrayış, anlayış (yeteneği)

**auffindbar** ADJ bulunabilir

**auffinden** V/T ⟨irr, -ge-, h.⟩ (arayıp) bulmak

**aufflackern** V/I ⟨-ge-, s.⟩ alevlenmek, ışımak

**aufflammen** V/I ⟨-ge-, s.⟩ alevlenmek, tutuşmak

**auffliegen** V/I ⟨irr, -ge-, s.⟩ *Vögel* havalanıp uçmak; *Sache* havaya uçmak, patlamak; *Tür* açılıvermek; umg su yüzüne çıkmak; **~ lassen** ihbar etmek

**auffordern** V/T ⟨-ge-, h.⟩: **j-n ~, etw zu tun** (anordnen) b-ni -mesi için uyarmak; (bitten) b-nden -mesini rica etmek; **e-e Dame (zum Tanz) ~** bir hanımı dansa kaldırmak

**Aufforderung** F ⟨-; -en⟩ istek, rica, çağrı; JUR talep

**aufforsten** V/T ⟨-ge-, h.⟩ ağaçlandırmak (orman haline getirmek)

**auffressen** V/T ⟨-ge-, h.⟩ yiyip bitirmek (*Tier*); umg **die Arbeit frisst mich auf** bu iş beni yiyip bitiriyor

**auffrischen** Ⓐ V̄T̄ ⟨-ge-, h.⟩ *Wissen* tazelemek Ⓑ V̄Ī serinlemek (*hava vs*)
**Auffrischungskurs** M̄ bilgi tazeleme kursu
**aufführen** ⟨-ge-, h.⟩ Ⓐ V̄T̄ THEAT oynamak; **namentlich ~** adıyla belirtmek; **einzeln ~** tek tek belirtmek Ⓑ V̄R̄ *umg*: **sich ...~ ...** davranmak
**Aufführung** F̄ ⟨-; -en⟩ THEAT *etc* seans
**Aufführungsrechte** PL sahneleme hakları *pl*
**auffüllen** V̄T̄ ⟨-ge-, h.⟩ (*-in* üstünü) doldurmak
**Aufgabe** F̄ ⟨-; -n⟩ ödev; (*Auftrag*) iş; (*Pflicht*) görev; WIRTSCH postalama; (*Geschäfts♀*) tasfiye; MATH problem; **es ist nicht meine ~ zu** *-mek* benim üstüme vazife değil; **es sich** (*dat*) **zur ~ machen zu** ... *-meyi* görev edinmek
**aufgabeln** V̄T̄ ⟨-ge-, h.⟩ *neg umg* araklamak (*kız vs*)
**Aufgabenbereich** M̄ görev alanı; **nicht in j-s ~ fallen** b-nin görev alanı içinde olmamak
**Aufgang** M̄ ⟨-s; ⸚e⟩ merdiven(ler); ASTRON doğma, doğuş
**aufgeben** ⟨*irr*, -ge-, h.⟩ Ⓐ V̄T̄ *Brief etc* postalamak, *Telegramm* çekmek; *Gepäck* yollamak; *Anzeige* vermek; *Beruf, Hoffnung* bırakmak, terk etmek; **das Rauchen ~** sigarayı bırakmak Ⓑ V̄Ī vazgeçmek, pes etmek; *umg* **gibs auf!** vazgeç!, uğraşma!
**aufgeblasen** ADJ *umg* kibirli, tafralı
**Aufgebot** N̄ ⟨-s; -e⟩ askı (*evlenme için*); silah altına alma; **das ~ bestellen** evlenmek için başvurmak; **mit starkem ~ erscheinen** takviye edilmiş olarak çıkagelmek
**aufgebracht** ADJ (**über** *-e*) öfkeli
**aufgedonnert** ADJ *umg* takıp takıştırmış
**aufgedreht** ADJ *umg* taşkın, canlı; → aufdrehen
**aufgehen** V̄Ī ⟨*irr*, -ge-, *s.*⟩ (*sich öffnen*) açılmak; *Knoten* çözülmek; *Sonne etc* doğmak; MATH -*in* çözümü var/olmak; **~ in ...** şeklinde çözülmek; **jetzt geht mir die Bedeutung s-r Worte auf** onun ne demek istediğini şimdi anlıyorum; **in Flammen ~** alev almak
**aufgehoben** ADJ: **du bist hier gut ~** burası senin için iyi bir yer
**aufgeklärt** ADJ aydınlatılmış, aydınlığa kavuş(turul)muş
**aufgekratzt** ADJ *umg* taşkın, canlı
**aufgelegt** ADJ: **zu etw ~ sein** *-in* bş-e gönlü olmak; **gut (schlecht) ~ -in** keyfi yerinde olmak (olmamak)
**aufgelöst** ADJ çözülmüş; (*sehr aufgeregt*) heyecandan eli ayağı tutmaz halde
**aufgeräumt** ADJ derli toplu
**aufgeregt** ADJ heyecanlı (*kişi*)
**aufgeschlossen** ADJ *fig* geniş görüşlü; (**für** *akk -e*) açık ♀**heit** F̄ ⟨-; *ohne pl*⟩ açık fikirlilik
**aufgeschmissen** ADJ *umg*: **~ sein** hapı yutmuş olmak
**aufgeschossen** ADJ: **hoch ~** boy atmış
**aufgesetzt** ADJ yapmacıklı
**aufgestaut** ADJ (*akamayıp*) birikmiş, yığılıp kalmış
**aufgeweckt** ADJ uyanık, cingöz
**aufgießen** V̄T̄ ⟨*irr*, -ge-, h.⟩: **etw ~** *-in* üzerine dökmek; *Tee etc* kaynar su dökerek hazırlamak
**aufgliedern** V̄T̄ ⟨-ge-, h.⟩ (**nach** *-e* göre) bölümlere ayırmak
**aufgreifen** V̄T̄ ⟨*irr*, -ge-, h.⟩ *Person* yakalamak; *Gedanken* benimsemek
**aufgrund** PRÄP (*gen*) *-e* binaen; ... dolayısıyla, *negativ* (*-in*) yüzünden
**aufhaben** ⟨*irr*, -ge-, h.⟩ *umg* Ⓐ V̄T̄ *Hut etc* *-in* başında olmak Ⓑ V̄Ī *Geschäft etc* açık olmak
**aufhalsen** V̄T̄ ⟨-ge-, h.⟩ *umg*: **j-m etw ~** bş-i b-nin başına bela etmek
**aufhalten** ⟨*irr*, -ge-, h.⟩ Ⓐ V̄T̄ *Tür* açık tutmak; *Dieb, Entwicklung* durdurmak, -*e* engel olmak; **ich will Sie nicht länger ~** sizi daha fazla tutmayayım Ⓑ V̄R̄: **sich ~** (**bei** *j-m* b-nin yanında) kalmak, bulunmak; **sich ~ mit** ile oyalanmak, vakit kaybetmek
**aufhängen** ⟨-ge-, h.⟩ Ⓐ V̄T̄ (**an** *dat -e*) asmak; **j-n ~** b-ni asmak, idam etmek Ⓑ V̄R̄: **sich ~** kendini asmak
**Aufhänger** M̄ ⟨-s; -⟩ halka, askı; *umg* (*Anlass*) vesile; **~ für e-n Artikel** *etc* (bir makale *vs* için) çarpıcı bir giriş
**aufhäufen** V̄T̄ ⟨-ge-, h.⟩ birikmek, yığılmak
**aufheben** V̄T̄ ⟨*irr*, -ge-, h.⟩ (yerden) kaldırmak; (*aufbewahren*) saklamak; (*ab-*

559 ‖ **AUFL** **A**

*schaffen*) iptal etmek; *Sitzung* tatil etmek; **ein Verbot** ∼ bir yasağı kaldırmak

**Aufheben** N ⟨-s; *ohne pl*⟩: **viel** ∼**(s) machen (von** -*e*) fazla önem vermek, (-*i*) şişirmek

**Aufhebung** F ⟨-; -en⟩ (yürürlükten) kaldır(ıl)ma; iptal; fesih

**aufheitern** ⟨-ge-, *h.*⟩ A VT: **j-n** ∼ neşelendirmek B VR: **sich** ∼ neşelenmek; *Wetter* açmak

**Aufheiterungen** PL yer yer açık hava

**aufhellen** ⟨-ge-, *h.*⟩ A VT -*in* rengini açmak B VR: **sich** ∼ açılmak

**aufhetzen** ⟨-ge-, *h.*⟩: **j-n** ∼ **(zu etw)** b-ni (bş-e) kışkırtmak; **j-n** ∼ **gegen** b-n b-ne karşı kışkırtmak

**aufholen** VT ⟨-ge-, *h.*⟩ -*e* yetişmek; arayı kapatmak; *Zeit* (farkı) kapatmak; *Rückstand* telafi etmek

**aufhören** ⟨-ge-, *h.*⟩ bitmek; kes(il)mek; **hör auf!** yetişir!; yapma!; **sie hörte nicht auf zu reden** lafı bırakmıyordu; *umg* **ohne aufzuhören** durmadan, durup dinlenmeden

**aufkaufen** VT ⟨-ge-, *h.*⟩ satın almak, devralmak

**aufklappen** ⟨-ge-⟩ VT ⟨*h.*⟩ VI ⟨*s.*⟩ (katlayıp) açmak

**aufklaren** VI ⟨-ge-, *h.*⟩ *Wetter* açmak; *Wasser* durulmak

**aufklären** ⟨-ge-, *h.*⟩ A VT *Angelegenheit* aydınlatmak; *Missverständnis* düzeltmek; **j-n** ∼ **(über** *akk* hakkında) b-ne bilgi vermek, *Kinder* cinsellik eğitimi vermek B VR: **sich** ∼ çözülmek, aydınlığa kavuşmak

**Aufklärung** F ⟨-; -en⟩ aydınlat(ıl)ma, çözüm; ∼ **verlangen** açıklama istemek; HIST Aydınlanma (çağı); **(sexuelle)** ∼ cinsel eğitim

**Aufklärungsquote** F çözüm/aydınlatılma oranı (*suç olayları*)

**aufkleb|en** VT ⟨-ge-, *h.*⟩: **etw** ∼ **(auf** *akk* -*e* üzerine) bş yapıştırmak ♀**er** M ⟨-s; -⟩ çıkartma, yapışkan etiket

**aufknöpfen** VT ⟨-ge-, *h.*⟩ -*in* düğmelerini çözmek

**aufkochen** VT ⟨-ge-, *h.*⟩: ∼ **lassen** bir taşım kaynatmak

**aufkommen** VI ⟨*irr*, -ge-, *s.*⟩: **Zweifel** ∼ **lassen** şüphe uyandırmak; **nicht** ∼ **lassen** -*e* meydan bırakmamak; ∼ **für** (*bezahlen*) -*i* ödemek, -*in* masrafını karşılamak; *Schaden* -*i* karşılamak, tazmin etmek; ∼ **gegen** ile başedebilmek; **niemanden neben sich** ∼ **lassen** yanında kimseye hak tanımamak

**Aufkommen** N ⟨-s; *ohne pl*⟩ meydana gelme; WIRTSCH hasılat, verim

**aufkratzen** VT ⟨-ge-, *h.*⟩: **sich** (*dat*) **etw** ∼ bir yerini (kaşıyarak) yara etmek, dikene *vs* takıp yırtmak

**aufkreuzen** VI ⟨-ge-, *s.*⟩ *umg* boy göstermek, çıkagelmek

**Aufl.** *abk für* **Auflage** F baskı

**aufladen** ⟨*irr*, -ge-, *h.*⟩ A VT **(auf** *akk* üzerine) yüklemek; *Batterie* doldurmak, şarj etmek; *umg* **j-m (sich) etw** ∼ b-ne (kendine) bş-i yük etmek B VR: **sich** ∼ ELEK yüklenmek

**Auflage** F ⟨-; -n⟩ *Buch* baskı; *Zeitung* tiraj; TECH mesnet; (*Verpflichtung*) yükümlülük; **j-m etw zur** ∼ **machen** b-ni bş-le yükümlü kılmak

**auflassen** VT ⟨*irr*, -ge-, *h.*⟩ *umg Tür etc* açık bırakmak; *Hut* çıkarmamak; JUR *Besitz* devretmek

**auflauern** VI ⟨-ge-, *h.*⟩: **j-m** ∼ b-ni (pusuda *vs*) beklemek

**Auflauf** M ⟨-s; ⸚e⟩ GASTR graten, sufle; (*Menschen*♀) kalabalık, hengâme

**auflaufen** VI ⟨-ge-, *s.*⟩ SCHIFF karaya oturmak; **j-n** ∼ **lassen** b-ni terslemek, refüze etmek

**aufleben** VI ⟨-ge-, *s.*⟩ **(wieder)** ∼ (yeniden) canlanmak; **er lebte förmlich auf** yeniden doğmuş gibi oldu

**auflegen** ⟨-ge-, *h.*⟩ A VT *Kassette etc* koymak B VI TEL telefonu kapatmak; WIRTSCH tanzim etmek, ihraç etmek

**auflehnen** VR: **sich** ∼ **(gegen** -*e*) isyan etmek, (-*e* karşı) ayaklanmak

**auflesen** VT ⟨*irr*, -ge-, *h.*⟩ *umg*: **j-n** ∼ b-ni bulup getirmek

**aufleuchten** VI ⟨-ge-, *h.*⟩ parlamak, ışımak

**auflisten** VT ⟨-ge-, *h.*⟩ sıralamak, -*in* listesini çıkarmak

**auflockern** VT ⟨-ge-, *h.*⟩ gevşetmek, havalandırmak; hafifletmek, eğlenceli hale getirmek (*ders vs*)

**auflös|en** A VT ⟨-ge-, *h.*⟩ *Tablette* eritmek; *Konto, Firma, Parlament* kapatmak; *Vertrag* feshetmek; *Rätsel* çözmek B VR: **sich** ∼ çözülmek; **sich in nichts** ∼ ortadan kaybolmak ♀**ung** F ⟨-; -en⟩

kapatma; fesih; iptal, çözüm
**aufmach|en** ⟨-ge-, *h.*⟩ **A** V̄T açmak **B** V̄I *umg*: **j-m ~** b-ne kapıyı açmak **C** V̄R: **sich ~** (**nach** -*e* doğru) yola çıkmak **⚲ung** F̄ ⟨-; -en⟩ görünüş, dekor
**Aufmarsch** M̄ ⟨-s; ⸚e⟩ MIL yürüyüş, yürüme **⚲ieren** V̄I ⟨*s.*⟩ yürümek
**aufmerksam** ADJ dikkatli; (*zuvorkommend*) nazik; **j-n ~ machen auf** (*akk*) b-nin dikkatini -*e* çekmek; **~ werden auf** (*akk*) -*in* farkına varmak **⚲keit** F̄ ⟨-; *ohne pl*⟩ dikkat, uyanıklık; (*Höflichkeit*) nezaket; **~ erregen** ilgi uyandırmak; dikkati çekmek; **~ schenken** -*i* dikkate almak
**aufmöbeln** V̄T ⟨-ge-, *h.*⟩ *umg* -*in* keyfini yerine getirmek
**aufmunter|n** V̄T ⟨-ge-, *h.*⟩ (*ermuntern*) canlandırmak; (*aufheitern*) neşelendirmek **⚲ung** F̄ ⟨-; -en⟩ canlandırma; neşelendirme
**aufmüpfig** ADJ *umg* küstah, isyankâr
**Aufnahme** F̄ ⟨-; -n⟩ *Tätigkeit* -*e* başlama; (*Unterbringung*) -*e* yerleş(tir)me, *Asylbewerber* kabul edilme, alınma; *Kredit* istikraz; (*Empfang*) kabul; *auf Band, Schallplatte* kayıt; FOTO foto(ğraf), poz; **~ in** *Verein* derneğe üye kabul edilme; **~ finden** bei -*den*) kabul görmek; **e-e ~ machen von** -*in* resmini/filmini çekmek; -*i* filme/banda almak
**aufnahmefähig** ADJ (**für** -*i*) dinleyecek/anlayacak durumda **⚲keit** F̄ ⟨-; *ohne pl*⟩ zihin açıklığı
**Aufnahme|gebühr** F̄ kayıt ücreti **~leiter(in)** M̄(F) FILM set amiri **~prüfung** F̄ giriş sınavı
**aufnehmen** V̄T ⟨*irr*, -ge-, *h.*⟩ *Tätigkeit* -*e* başlamak; (*unterbringen*) yerleştirmek, *Asylbewerber* kabul etmek; *Kredit* istikraz etmek; (*empfangen*) karşılamak, kabul etmek; FOTO resim çekmek; *auf Band etc* kaydetmek; **etw übel ~** bş-i kötü karşılamak; **in sich ~** aklına yazmak; **in e-n Verein ~** derneğe kabul etmek; **j-n bei sich ~** b-ni yanına almak; **wieder ~** yeniden ele almak; *Prozess* yeniden görmek
**aufopfern** V̄T ⟨-ge-, *h.*⟩: **sich ~** kendini feda etmek
**aufpäppeln** V̄T ⟨-ge-, *h.*⟩ *umg* pışpışlamak
**aufpassen** V̄I ⟨-ge-, *h.*⟩ dikkat etmek; **~ auf** (*akk*) -*e* göz kulak olmak, bakmak;

**pass auf! dikkat (et)!;** *umg* **pass gut auf dich auf!** kendine iyi bak!
**Aufpreis** M̄ ⟨-*es*; -*e*⟩ zam; **gegen ~** ekstra ücret karşılığı
**aufpumpen** V̄T ⟨-ge-, *h.*⟩ şişirmek (*lastik vs*)
**aufputschen** ⟨-ge-, *h.*⟩ **A** V̄T *umg* uyarmak, kamçılamak **B** V̄R: **sich ~** yorgunluğunu bastırmak
**Aufputschmittel** N̄ *umg* uyarıcı madde (*ilaç vs*)
**aufraffen** ⟨-ge-, *h.*⟩ **A** V̄T kaldırmak, sıvamak (*etek vs*) **B** V̄R: **sich ~** gayrete gelmek; **sich ~, etw zu tun** bş-i yapmaya gayretlenmek
**aufragen** V̄I ⟨-ge-, *h.*⟩ yükselmek, (-*in* içinden) sivrilip çıkmak
**aufräumen** V̄T ⟨-ge-, *h.*⟩ toplamak, düzene koymak
**aufrechnen** V̄T ⟨-ge-, *h.*⟩: **etw ~** (**gegen** -*den*) bş-i (hesaplayıp) düşmek
**aufrecht** ADJ dik; **~ sitzen** dik oturmak **~erhalten** ⟨*irr*, *h.*⟩ korumak, ayakta tutmak **⚲erhaltung** F̄ ⟨-; *ohne pl*⟩ koru(n)ma
**aufregen** ⟨-ge-, *h.*⟩ **A** V̄T heyecanlandırmak; (*beunruhigen*) telaşlandırmak; (*ärgern*) kızdırmak **B** V̄R: **sich ~** (**über** *akk* -*e*) heyecanlanmak, kızmak
**aufregend** ADJ heyecanlı; heyecan verici, dramatik
**Aufregung** F̄ ⟨-; -en⟩ heyecan; (*Aufruhr*) telaş; **nur keine ~!** hiç telaş etme(yin)!
**aufreiben** ⟨*irr*, -ge-, *h.*⟩ **A** V̄T Haut tahriş etmek; *fig* yıpratmak **B** V̄R: **sich ~** yıpranmak
**aufreibend** ADJ yıpratıcı
**aufreihen** **A** V̄T ⟨-ge-, *h.*⟩ dizmek **B** V̄R **sich ~** dizilmek
**aufreißen** ⟨*irr*, -ge-⟩ **A** V̄T ⟨*h.*⟩ (yırtıp) koparmak; *Tür* hızla açmak **B** V̄I ⟨*s.*⟩ yırtılmak
**aufrichten** ⟨-ge-, *h.*⟩ **A** V̄T dikmek, doğrultmak; (*trösten*) teselli etmek, cesaretlendirmek **B** V̄R: **sich ~** doğrulmak, dikilmek; **sich ~ an** *dat* -*e* sarılmak, -*de(n)* teselli bulmak
**aufrichtig** ADJ samimi; (*herzlich*) içten; (*korrekt*) dürüst; **es tut mir ~** leyid emin ol(un) üzüldüm **⚲keit** F̄ ⟨-; *ohne pl*⟩ samimiyet; içtenlik; dürüstlük
**aufrollen** V̄T ⟨-ge-, *h.*⟩ (*aufwickeln*) Ka-

**bel** açmak, (makaradan) boşaltmak; *Teppich* yaymak; *-in* rulosunu/katlarını açmak; rulo yapmak, sarmak; dürmek; *fig* (**wieder**) ~ yeniden ele almak

**aufrücken** *Vi* ⟨-ge-, *s.*⟩ (**zu** *-e*) ilerlemek; birbirine yanaşmak, sıkışmak

**Aufruf** *M* ⟨-s; -e⟩ öffentlicher (**zu** *-e*) çağrı

**aufrufen** *Vi* ⟨*irr*, -ge-, *h.*⟩: **zu** *-e* çağırmak

**Aufruhr** [-ru:ɐ] *M* ⟨-s; -e⟩ JUR karışıklık, kargaşa

**aufrühren** *Vt* ⟨-ge-, *h.*⟩ karıştırmak, bulandırmak

**aufrührerisch** *ADJ* karışıklık çıkaran

**aufrüst|en** *Vt u. Vi* ⟨-ge-, *h.*⟩ MIL: **wieder** ~ yeniden silahlanmak; IT terfi ettirmek (*bilgisayarı*) **ջung** *F* ⟨-; -en⟩ MIL silahlanma

**aufsässig** *ADJ* isyankâr

**Aufsatz** *M* ⟨-es; ⸚e⟩ (*Abhandlung*) makale; *Schule* kompozisyon; TECH başlık

**aufsaugen** *Vt* ⟨-ge-, *h.*⟩ emmek, içine çekmek

**aufscheuchen** *Vt* ⟨-ge-, *h.*⟩ kovalamak, kışkışlamak

**aufschichten** *Vt* ⟨-ge-, *h.*⟩ istif etmek, kat kat dizmek

**aufschieben** ⟨*irr*, -ge-, *h.*⟩ *fig* (**auf** *akk*, **bis** *-e*) ertelemek

**Aufschlag** *M* ⟨-s; ⸚e⟩ (**auf** *-e*) zam

**aufschlagen** ⟨-ge-⟩: **auf den** (*od* **dem**) **Boden** ~ yere çarpmak; **Seite 10** ~ 10'uncu sayfayı açmak; **sich** (*dat*) **das Knie** ~ dizini (çarpıp) yarmak; **s-n Wohnsitz in X** ~ X'e yerleşmek

**aufschließen** ⟨*irr*, -ge-, *h.*⟩ **A** *Vt* açmak (*anahtarla*) **B** *Vi* (birbirine) yanaşmak; ~ **zu** *-e* ilerlemek

**Aufschluss** *M* ⟨-es; ⸚e⟩: **j-m** ~ **geben** (**über** hakkında) b-ne fikir vermek

**aufschlüsseln** *Vt* ⟨-ge-, *h.*⟩ deşifre etmek

**aufschlussreich** *ADJ* öğretici, aydınlatıcı

**aufschneiden** ⟨*irr*, -ge-, *h.*⟩ **A** *Vt* MED (*kesip*) açmak **B** *Vi umg* böbürlenmek

**Aufschnitt** *M* ⟨-s; *ohne pl*⟩ dilimlenmiş soğuk et veya sucuk

**aufschnüren** *Vt* ⟨-ge-, *h.*⟩ çözmek, *-in* bağını çözmek

**aufschrauben** *Vt* ⟨-ge-, *h.*⟩ *Deckel* (çevirip) açmak; *-in* vidalarını gevşetmek; **auf etw** ~ bş-in üstüne vidalamak

**aufschrecken** ⟨-ge-⟩ **A** *Vt* ⟨*h.*⟩: **j-n** ~ **aus** b-ni ürkütmek, yerinden sıçratmak **B** *Vi* ⟨*s.*⟩: **aus dem Schlaf** ~ korkutup uyanmak

**Aufschrei** *M* ⟨-s; -e⟩ çığlık

**aufschreiben** ⟨*irr*, -ge-, *h.*⟩ yazmak, kaydetmek, not etmek

**aufschreien** *Vi* ⟨*irr*, -ge-, *h.*⟩ (**vor** *-den*) çığlık atmak

**Aufschrift** *F* ⟨-; -en⟩ (*Etikett*) etiket; (*Inschrift*) yazı (bş-*in* üstünde)

**Aufschub** *M* ⟨-s; ⸚e⟩ WIRTSCH, JUR tehir, tecil, temdit, erteleme; **keinen ~ dulden** ertelenmeye tahammülü yok/olmamak

**aufschürfen** *Vt* ⟨-ge-, *h.*⟩ sıyırtmak; **sich** (*dat*) **das Knie** ~ dizini sıyırtmak

**aufschwatzen** *Vt* ⟨-ge-, *h.*⟩ *umg*: **j-m etw** ~ b-ne bş-i kakalamak (*gevezelikle*)

**aufschwingen** *VR*: **sich** ~ ⟨*irr*, -ge-, *h.*⟩ havalanmak, yükselmek

**Aufschwung** *M* ⟨-s; *ohne pl*⟩ WIRTSCH kalkınma

**Aufsehen** *N* ⟨-s; *ohne pl*⟩: ~ **erregen** heyecan uyandırmak; *stärker* sansasyon yaratmak

**aufsehenerregend** *ADJ* sansasyonel

**Aufseher** *M* ⟨-s; -⟩, **-in** *F* ⟨-; -nen⟩ gözcü, gardiyan

**aufsetzen** ⟨-ge-, *h.*⟩ **A** *Vt Hut* giymek; *Brille* takmak; *Vertrag* kaleme almak **B** *VR*: **sich** ~ (**im Bett**) (yatakta) doğrulup oturmak

**Aufsicht** *F* ⟨-; -en⟩ üstten görünüş; (*Überwachung*) denetim, kontrol; JUR murakabe; **die** ~ **haben** (*od* **führen**) (**über** *-i*) denetleyenler; **unter ärztlicher** ~ hekim kontrolü altında; **ohne** ~ denetimsiz

**Aufsichts|beamte** *M* kontrol memuru, murakıp **~behörde** *F* tetkik mercii **~rat** *M* WIRTSCH denetleme kurulu, murakabe heyeti

**aufsitzen** *Vi* ⟨*irr*, -ge-, *s.*⟩ *Pferd, Fahrrad* binmek; **j-n ~ lassen** *fig* b-ni ortada bırakmak

**aufspannen** *Vt* ⟨-ge-, *h.*⟩ *Schirm* açmak

**aufsperren** *Vt* ⟨-ge-, *h.*⟩ açmak (*anahtarla*)

**aufspielen** ⟨-ge-, *h.*⟩ **A** *Vt u. Vi* çal-

**mak, söylemek** B VR: **sich ~ als ... kendini ... gibi göstermek**, **...lik taslamak**
**aufspringen** VI ⟨irr, -ge-, s.⟩ (yerinden) sıçramak; **~ auf** -e atlamak, binmek
**Aufstand** M ⟨-s; ⸚e⟩ ayaklanma, isyan
**aufständisch** ADJ isyancı, isyankâr
**aufstauen** VT ⟨-ge-, h.⟩ biriktirmek (bş-in önünü tıkayıp)
**aufstecken** VT ⟨-ge-, h.⟩ tutturmak, iğnelemek; (aufgeben) -den caymak
**aufstehen** VI ⟨irr, -ge-, s.⟩ (ayağa, yataktan) kalkmak; (offen sein) açık durmak
**aufsteigen** VI ⟨irr, -ge-, s.⟩ yükselmek; FLUG kalkmak; **~ auf** -e binmek (ata vs); **in mir stieg der Verdacht auf, dass** içimde -diği şüphesi belirdi
**Aufsteiger** M ⟨-s; -⟩ umg pej sosyal sınıf atlayan; beruflich ilerleyen
**aufstell|en** ⟨-ge-, h.⟩ A VT koymak, dikmek; Wachen koymak; Rekord kırmak; Kandidaten göstermek; Liste düzenlemek, yapmak B VR MIL: **sich ~** (vor karşısında) mevzi almak; **sich hintereinander ~** art arda dizilmek **~ung** F ⟨-; -en⟩ WIRTSCH: **~ e-r Bilanz** bilanço dökümü
**Aufstieg** M ⟨-s; -e⟩ a. FLUG yükseliş; fig terfi; **den ~ schaffen** yükselmeyi başarmak **~sschancen** PL terfi olanakları
**aufstocken** VT ⟨-ge-, h.⟩ ARCH -e kat çıkmak; Haushalt etc -e ek yapmak
**aufstöhnen** VI ⟨-ge-, h.⟩ inlemek
**aufstoßen** ⟨irr, -ge-, h.⟩ A VT iterek açmak B VI geğirmek; umg **j-m ~** b-nin gözüne batmak, stärker b-nin midesini bulandırmak
**Aufstrich** M ⟨-s; -e⟩ ekmeğe sürülecek karışım
**aufstützen** ⟨-ge-, h.⟩ A VT (**auf** akk -e) dayamak, B VR: **sich ~** (**auf** akk -e) dayanmak
**aufsuchen** VT ⟨-ge-, h.⟩ Arzt -e gitmek
**auftakeln** VT ⟨-ge-, h.⟩ umg: **sich ~** süslenip püslenmek
**Auftakt** M fig (**zu** -e) giriş, başlangıç
**auftanken** VT u. VI ⟨-ge-, h.⟩ AUTO depoyu doldurmak
**auftauchen** VI ⟨-ge-, s.⟩ (erscheinen) ortaya çıkmak
**auftauen** ⟨-ge-⟩ A VT ⟨h.⟩ Tiefkühlkost (-in buzunu) çöz(dür)mek B VI ⟨s.⟩ erimek, çözülmek; fig unp -in çekingenliği geçmek

**aufteilen** VT ⟨-ge-, h.⟩ bölmek; (verteilen) (**unter** dat arasında) dağıtmak, paylaştırmak
**auftischen** VT ⟨-ge-, h.⟩ sofraya/masaya koymak
**Auftrag** M ⟨-s; ⸚e⟩ WIRTSCH sipariş, talep; **etw in ~ geben** bş-i sipariş etmek; **im ~ von -in/... adına; im ~ von ...** (od gen) **handeln** -in talimatıyla davranmak
**auftragen** VT ⟨irr, -ge-, h.⟩ A VT sürmek, yaymak; **j-m etw ~** b-ni bş-le görevlendirmek; **j-m ~, etw zu tun** b-ni bş-i yapmakla görevlendirmek B VI şişman göstermek; **dick ~** bol keseden atmak
**Auftraggeber** M ⟨-s; -⟩, **-in** F ⟨-; -nen⟩ sipariş/talimat veren, müşteri
**Auftrags|bestätigung** F sipariş teyidi **≙gemäß** ADV WIRTSCH siparişe/talimata uygun **~lage** F WIRTSCH sipariş durumu
**auftreffen** VI ⟨irr, -ge-, s.⟩ (**auf** -e) çarpmak
**aufreiben** VT ⟨irr, -ge-, h.⟩ umg bulup buluşturmak
**auftreten** VI ⟨irr, -ge-, s.⟩ -e ayak basmak; **als Vermittler ~** arabuluculuğa soyunmak; **zum ersten Mal ~** ilk defa sahneye çıkmak
**Auftreten** N ⟨-s; ohne pl⟩ (Vorkommen) belirme, ortaya çıkma; gewandtes, sicheres etc tavır
**Auftrieb** M ⟨-s; ohne pl⟩: (**neuen**) **~ verleihen** (yeniden) hız vermek
**Auftritt** M ⟨-s; -e⟩ sahneye çıkış; umg kavga, tartışma, takışma
**auftrumpfen** VI ⟨-ge-, h.⟩: **~ gegen** -e dayılanmak; **mit e-m Rekord ~** rekoruyla caka satmak
**auftun** VR ⟨irr, -ge-, h.⟩: **sich ~** açılmak, meydana çıkmak
**auftürmen** VT ⟨-ge-, h.⟩ yükselmek, tepe tepe yığılmak
**aufwachen** VI ⟨-ge-, s.⟩ uyanmak
**aufwachsen** VI ⟨irr, -ge-, s.⟩ büyümek, yetişmek
**Aufwand** M ⟨-s; ohne pl⟩ harcama, (Geld⁀) masraf; **~ an** dat ... harcaması; **der ganze ~ war umsonst** bütün çabalar/masraf boşuna oldu; **e-n großen ~ an Energie erfordern** çok enerji harcamasını gerektirmek; **e-n großen ~ trei-**

**ben** büyük çaba harcamak, büyük masrafa girmek
**aufwändig** → aufwendig
**aufwärmen** ⟨-ge-, h.⟩ **A** V/T ısıtmak **B** V/R: **sich ~** ısınmak
**aufwärts** ADV yukarı(ya) (doğru); **mit dem Geschäft geht es ~** iş iyiye gidiyor **entwicklung** F yükselme (eğilimi), gelişme, ilerleme
**aufwecken** ⟨-ge-, h.⟩ uyandırmak
**aufweichen** ⟨-ge-⟩ **A** V/T ⟨h.⟩ (ıslatıp) yumuşatmak **B** V/I ⟨s.⟩ (ıslanıp) yumuşamak
**aufweisen** V/T ⟨irr, -ge-, h.⟩: **große Mängel ~** -in büyük hataları var/olmak
**aufwend|en** V/T ⟨irr, -ge-, h.⟩ (**für** -e) harcamak; **(viel) Mühe ~** çok zahmete girmek **~ig** ADJ (kosten~) masraflı; (zeit~) çok zaman alan **ungen** PL masraf(lar pl)
**aufwerfen** V/T ⟨-ge-, h.⟩ ortaya atmak
**aufwert|en** V/T ⟨-ge-, h.⟩ WIRTSCH revalüe etmek; fig -in değerini yükseltmek/arttırmak **ung** F ⟨-; -en⟩ WIRTSCH revalüasyon; fig -in değerini yükseltme
**aufwickeln** V/T ⟨-ge-, h.⟩ sarmak, yumak/rulo yapmak; umg makaraya almak
**Aufwind** M ⟨-s; -e⟩ FLUG yükselen hava akımı; WIRTSCH **im ~** canlanma halinde
**aufwirbeln** V/T ⟨-ge-, h.⟩ fig: **viel Staub ~** çok gürültü koparmak
**aufwischen** V/T ⟨-ge-, h.⟩ (bezle) silmek
**aufwühlen** V/T ⟨-ge-, h.⟩ karıştırmak, bulandırmak; **j-n ~** b-ni altüst etmek
**aufzählen** V/T ⟨-ge-, h.⟩ (birer birer) saymak **ung** F ⟨-; -en⟩ sayma, sıralama
**aufzeichn|en** V/T ⟨-ge-, h.⟩ -in resmini çizmek; (aufschreiben) not etmek, yazmak; TECH (**auf** -e) kaydetmek, yazmak **ung** F ⟨-; -en⟩ Rundfunk, TV kayıt; **sich** (dat) **~en machen** (**über** üzerine) not(lar) almak
**aufzeigen** V/T ⟨-ge-, h.⟩ göstermek, kanıtlamak
**aufziehen** ⟨irr, -ge-⟩ **A** V/T ⟨h.⟩ kurmak; (öffnen) (çekip) açmak; **andere Saiten ~** aşağıdan almak; **j-n ~** b-ni işletmek; **Spielzeug zum Aufziehen** kurmalı oyuncak **B** V/I ⟨s.⟩ Wind çıkmak

**Aufzug** M ⟨-s; ⸚e⟩ asansör; fig pej kılık, kıyafet
**aufzwingen** V/T ⟨irr, -ge-, h.⟩: **j-m etw ~ b-ne** bşi dayatmak
**Augapfel** M ANAT göz yuvarlağı; **etw wie s-n ~ hüten** bş-i gözünün bebeği gibi korumak
**Auge** N ⟨-s; -n⟩ ANAT göz; **~ um ~!** öze göz, dişe diş!; umg **blaues ~** morarmış göz; **ein ~ haben auf** -in gözü -in üstünde olmak; **ein ~ zudrücken** (**bei** -e) göz yummak; **etw im ~ haben** kastetmek; **im ~ behalten** -den gözünü ayırmamak; **ins ~ fallen** göze çarpmak; **ins ~ fassen** -e girişmek; **mit bloßem ~** çıplak gözle; **so weit das ~ reicht** göz alabildiğine; umg **das kann leicht ins ~ gehen** bu iş çok kazalı/tehlikeli; **j-m etw vor ~n führen** b-ne bş-i göstermek, açıklamak; **mit e-m blauen ~ davonkommen** gözünün morardığıyla kalmak; **sich** (dat) **etw vor ~n halten** -i göz önünde bulundurmak; **nicht aus den ~n lassen** gözünü -den ayırmamak; umg **er wird ~n machen!** çok şaşıracak!; **j-m die ~n öffnen** b-nin gözünü açmak; **j-m in die ~n sehen** b-ne karşı alnı açık olmak; **ich traute meinen ~n kaum** gözlerime inanasım gelmedi; **aus den ~n verlieren** -i gözden kaybetmek; **die ~n verschließen vor** -i görmek istememek; **unter vier ~n** baş başa
**Augen|arzt** M, **~ärztin** F göz doktoru
**Augenblick** M ⟨-s; -e⟩ an; (e-n) **~!** bir dakika!; **im letzten ~** son anda **lich A** ADJ (gegenwärtig) şu anki **B** ADV (vorübergehend) şimdilik; (sofort) derhal
**Augen|braue** F kaş **~brauenstift** M kaş kalemi **~farbe** F göz rengi **~heilkunde** F göz hekimliği, oftalmoloji **~höhe** F: **in ~** göz hizasında **~klinik** F göz kliniği **~leiden** N göz hastalığı **~licht** N ⟨-s; ohne pl⟩ -in gözünün feri **~lid** N gözkapağı **~maß** N ⟨-es⟩ göz kararı; **ein gutes ~ haben** -in gözü yanılmamak **~merk** N: **sein ~ richten auf** dikkatini -e çevirmek **~operation** F göz ameliyatı **~salbe** F göz merhemi
**Augenschein** M ⟨-s; ohne pl⟩: **dem ~ nach** görüldüğü kadarıyla/gibi; **in ~ nehmen** gözlemek, kendi görerek de-

ğerlendirmek ²**lich** ADJ görülen, gözlenen

**Augen|tropfen** PL MED göz damlası sg **~wischerei** F ⟨-; -en⟩ umg göz bağcılık, göz boyama **~zeuge** M görgü şahidi **~zeugenbericht** M görgü şahidinin ifadesi **~zwinkern** N ⟨-s; ohne pl⟩ göz kırpma; **mit e-m ~** göz kırparak

**August** M ⟨-s; -e⟩ ağustos; **im ~** ağustosta

**Auktion** [-'tsĭo:n] F ⟨-; -en⟩ açık artırma, mezat

**Auktionshaus** N müzayede şirketi/binası

**Aula** F ⟨-; -s, Aulen⟩ Schule konferans salonu

**Au-pair(-Mädchen)** [o:'pɛ:e-, o:'pɛ:r-] N au-pair, bir yabancı ülkenin dilini öğrenmek için bir aile yanında yaşayıp çalışan kız/delikanlı

**aus** A PRÄP ⟨dat⟩ -den; içinden; sebebiyle, yüzünden; **~ dem Deutschen** Almanca'dan; **~ dem Fenster** pencereden; **~ dem 19. Jh.** 19. yüzyıldan; **~ der Flasche** şişeden; **er ist ~ Berlin** o Berlinli; **~ ganz Spanien** bütün İspanya'dan; **~ ihm wurde ein guter Arzt** o iyi bir hekim oldu; **~ Metall bestehen**; umg **mit ihm ist es ~** onun işi bitti; onun hayatı söndü; **~ auf** -*in* gözü -*de* olmak; **A ist auf B's Geld ~** A'nın gözü B'nin parasında B ADV: **von ... ~ ...**-den (hareketle); *-e* kalırsa; **von hier ~** buradan; **von Natur ~** doğuştan, yaratılıştan; **von mir ~** benden yana fark etmez; **von sich ~** kendiliğinden; **ein ~ aus** Gerät, Licht açık − kapalı; **die Schule ist ~** okul bitti; **damit ist es (jetzt) ~!** bu iş burada biter!; **~ der Mode** modası geçmiş, demode; **bei j-m ein und ~ gehen** b-nin evine girip çıkmak; **ich weiß nicht mehr ein noch ~** ne yapacağımı şaşırdım

**Aus** N ⟨-; ohne pl⟩ von; SPORT (dışa-) aut(ta); **der Ball ging ins ~** top auta çıktı

**ausarbeit|en** VT ⟨-ge-, h.⟩ Plan hazırlamak; (vervollkommnen) tamamlamak; Schriftliches kaleme almak ²**ung** F ⟨-; -en⟩ verziyon; son şekil/biçim

**ausarten** VI ⟨-ge-, s.⟩ (in -*e*) dönüşmek, bozulup ... olmak

**ausatmen** ⟨-ge-, h.⟩ A VI nefes vermek B VT Luft çıkarmak

**ausbaden** VT ⟨-ge-, h.⟩ umg: **etw ~ müssen** bş-in içinden çıkmak zorunda kalmak

**ausbalancieren** VT ⟨ohne ge-, h.⟩ dengeye getirmek, dengelemek

**Ausbau** M ⟨-s; ohne pl⟩ (Erweiterung) genişlet(il)me; Entfernung büyü(t)me ²**en** VT ⟨-ge-, h.⟩ ARCH genişletmek, Dachgeschoss etc büyütmek; TECH sökmek; s-n Vorsprung ~ avantajını ilerletmek ²**fähig** ADJ geliş(tiril)meye elverişli; **~e Stellung** ilerisi açık kadro

**ausbedingen** VT ⟨irr, ohne -ge-, h.⟩: **sich ~, dass ... ...** şartını koşmak

**ausbesser|n** VT ⟨-ge-, h.⟩ tamir etmek ²**ung** F ⟨-; -en⟩ onarım, tamir

**ausbeut|en** VT ⟨-ge-, h.⟩ Bergbau işletmek **~erisch** ADJ sömürürcesine ²**ung** F ⟨-; ohne pl⟩ (sonuna kadar) değerlendirme; pej sömürü

**ausbild|en** ⟨-ge-, h.⟩ A VT *-e* biçim vermek; **j-n zum Sänger ~** b-ni şarkıcı olarak eğitmek B V/R: **sich ~ (lassen) zu ...** eğitimi görmek ²**ung** F ⟨-; -en⟩ eğitim, öğrenim

**Ausbildungs|defizit** N eğitim eksikliği **~zeit** F eğitim süresi

**ausblasen** VT ⟨-ge-, h.⟩ (üfleyip) söndürmek

**ausbleiben** VI ⟨irr, -ge-, s.⟩ olmamak, gerçekleşmemek; MED **ihre Periode blieb aus** regl olmadı; **es konnte nicht ~, dass bir** -mesi eksikti, o da oldu; **(nicht) lange ~** eve geç dön(me)mek

**ausbleichen** VI ⟨irr, -ge-, s.⟩ ağartmak, *-in* rengini açmak

**ausblenden** VT ⟨-ge-, h.⟩ saklamak, atlamak (bilgi)

**Ausblick** M ⟨-s; -e⟩ (auf akk) Zukunft *-e* bakış; Landschaft (...) manzara(sı)

**ausbooten** VT ⟨-ge-, h.⟩ umg devre dışı bırakmak

**ausbrechen** ⟨irr, -ge-⟩ A VT ⟨h.⟩ (kırıp) çıkarmak B VI ⟨s.⟩ Feuer, Krankheit, Krieg başlamak; Vulkan püskürmek; (aus -den) kaçmak; umg **aus der Gesellschaft ~** toplum dışı olmak; **ihm brach der Schweiß aus** onun teri boşandı; **in Gelächter ~** kahkaha atmak; **in Beifall ~** şiddetle alkışlamak; **in Tränen ~** (birden) ağlamaya başlamak

**ausbreit|en** ⟨-ge-, h.⟩ A VT yaymak, sermek B V/R: **sich ~** *-e* yayılmak; fig or-

# AUSF

talığı boş bulmak **₂ung** F ⟨-; ohne pl⟩ dağılış, yayılış
**ausbrennen** VI ⟨irr, -ge-, s.⟩ mesleğini kanıksamak, şevkini kaybetmek
**Ausbruch** M ⟨-s; ̈-e⟩ *Feuer, Krankheit, Krieg* çıkma; *Vulkan* püskürme; **~ aus dem Gefängnis** hapishaneden kaçma/firar; **zum ~ kommen** birdenbire başlamak
**ausbrüten** VT ⟨-ge-, h.⟩ *umg* yumurtlamak
**ausbuchen** VT ⟨-ge-, h.⟩ WIRTSCH borçlandırmak, borç/zimmet kaydetmek
**ausbürgern** VT ⟨-ge-, h.⟩ vatandaşlıktan çıkarma
**ausbürsten** VT ⟨-ge-, h.⟩ fırçalamak
**auschecken** [-tʃɛkən] VI ⟨-ge-, h.⟩ *Hotel* çıkış (işlemi) yaptırmak
**Ausdauer** F ⟨-; ohne pl⟩ sebat, dayanıklılık
**ausdauernd** ADJ sebatkâr; AGR çok yıllık (*bitki*)
**ausdehn|en** VT ⟨-ge-, h.⟩ esnetmek, uzatmak; **sich ~** TECH genleşmek **₂ung** F ⟨-; en⟩ yayılım; (**auf** *akk* -e) genelle(n)me
**ausdenken** VT ⟨irr, -ge-, h.⟩ düşünmek, tasarlamak, tasavvur etmek; *umg* **nicht auszudenken** akla hayale sığmaz
**ausdiskutieren** VT ⟨ohne -ge-, h.⟩ iyice (sonuna kadar) tartışmak
**ausdrehen** VT ⟨-ge-, h.⟩ *Gas* kesmek, kapatmak; *Licht a.* söndürmek
**Ausdruck**[1] M ⟨-s; ̈-e⟩ ifade; **idiomatischer ~** deyim; **juristischer ~** hukuk terimi; **zum ~ bringen** ifade etmek, dile getirmek
**Ausdruck**[2] M ⟨-s; -e⟩ IT yazıcı çıkışı
**ausdrucken** VT ⟨-ge-, h.⟩ basmak, yazıcıdan bastırmak
**ausdrück|en** ⟨-ge-, h.⟩ **A** VT *Zigarette* söndürmek; (*äußern*) ifade etmek, anlatmak; **ich weiß nicht, wie ich es ~ soll** nasıl söyleyeceğini bilemiyorum; **anders ausgedrückt** başka bir ifadeyle/değişle **B** VR: **sich ~** kendini ifade etmek **~lich A** ADJ sarih, açık **B** ADV sarahaten, sarih olarak, açıkça
**Ausdruckskraft** F ⟨-; ohne pl⟩ ifade yeteneği
**ausdrucks|los** ADJ ifadesiz **~voll** ADJ (derin) ifadeli **₂weise** F ifade (biçimi)
**auseinander** ADV birbirinden ayrı

**~brechen** VT ⟨irr,-ge-, s.⟩ kırıp ayırmak **~bringen** VT ⟨irr,-ge-,h.⟩ birbirinden ayırmak **~fallen** VI ⟨irr,-ge-, s.⟩ ayrılmak, düşmek **~gehen** VI ⟨irr,-ge-, s.⟩ *Gruppe* ayrılmak; *Menge* dağılmak; *Meinungen* (**über** *akk -de*) ayrılmak **~halten** VT ⟨irr,-ge-, h.⟩ (*unterscheiden*) ayırt etmek **~leben** VR ⟨-ge-, h.⟩: **sich ~** *-in* hayatları ayrılmak **~nehmen** VT ⟨irr, -ge-, h.⟩ sökmek **~setzen** VT ⟨-ge-, h.⟩ (*erklären*) (*dat* b-ne) açıklamak, anlatmak **~setzen** VR ⟨-ge-, h.⟩: **sich ~** *mit etw* ile hesaplaşmak; *mit j-m a.* ile tartışmak
**Auseinandersetzung** F ⟨-; -en⟩ (*Streit*) tartışma, hesaplaşma; MIL **kriegerische ~** (silahlı) çatışma
**ausfahren** ⟨irr, -ge-⟩ **A** VT ⟨h.⟩ TECH çıkarmak, uzatmak, sürmek **B** VI ⟨s.⟩ gitmek, uzaklaşmak (*arabayla*)
**Ausfahrt** F ⟨-; -en⟩ AUTO çıkış; **~ freihalten!** oto çıkışı – lütfen park etmeyin!
**Ausfall** M ⟨-s; ̈-e⟩ hizmet dışı kalma; (*Absage*) iptal; TECH arıza, kesilme, hata; WIRTSCH üretim açığı
**ausfallen** VI ⟨irr, -ge-, s.⟩ *Haare* dökülmek; (*nicht stattfinden*) iptal edilmek, yapılmamak; TECH kesilmek, bozulmak; **~ lassen** iptal etmek; **gut (schlecht) ~** iyi (fena) çıkmak
**aus|fallend, ~fällig** ADJ saldırgan(ca), mütecaviz
**Ausfall(s)erscheinung** F MED bir organın çalışmamasının yol açtığı belirti
**ausfechten** VT ⟨irr, -ge-, h.⟩ (mücadeleyle) kazanmak, elde etmek
**ausfertig|en** VT ⟨-ge-, h.⟩ hazırlamak (*evrak*) **₂ung** F ⟨-; -en⟩ nüsha, suret; **in doppelter (dreifacher) ~** iki (üç) nüsha olarak
**ausfindig** ADJ: **~ machen** arayıp bulmak; (*aufspüren*) izlemek
**ausfließen** VI ⟨irr, -ge-, s.⟩ akıp gitmek
**ausflippen** VI ⟨-ge-, s.⟩ *umg* kendinden geçmek; (*verrückt werden*) aklını kaybetmek
**Ausflucht** F ⟨-; ̈-e⟩: **Ausflüchte machen** bahane (*od* kaçamak) aramak
**Ausflug** M ⟨-s; ̈-e⟩ gezi (*yakın çevrede*); **e-n ~ machen** geziye çıkmak
**Ausfluss** M ⟨-es; ̈-e⟩ TECH akış, boşalma; MED akıntı

# A AUSF | 566

**ausfragen** VT ⟨-ge-, h.⟩ ⟨über -i⟩ soruşturmak

**ausfressen** VT ⟨irr, -ge-, h.⟩ umg halt yemek; **was hat er ausgefressen?** ne iş karıştırmış?

**Ausfuhr** F ⟨-; -en⟩ WIRTSCH ihracat

**ausführbar** ADJ uygulanabilir; WIRTSCH ihracı mümkün

**ausführen** VT ⟨-ge-, h.⟩ WIRTSCH ihraç etmek; *Plan* uygulamak; **Reparaturen ~** tamir işleri yapmak

**Ausfuhr|genehmigung** F WIRTSCH ihraç izni **~handel** M ihracat **~land** N ihracatçı ülke

**ausführlich** A ADJ ayrıntılı B ADV ayrıntılı olarak; **~ beschreiben** ayrıntılı olarak tasvir etmek

**Ausfuhr|quote** F ihracat oranı **~sperre** F ihraç yasağı

**Ausführung** F ⟨-; -en⟩ *Plan* gerçekleştirme, uygulama; *(Typ)* model, versiyon; *(Qualität)* kalite

**Ausfuhrzoll** M WIRTSCH ihracat gümrüğü

**ausfüllen** VT ⟨-ge-, h.⟩ *Formular* doldurmak; **ihre Arbeit füllt sie nicht aus** işi onu (manen) tatmin etmiyor

**Ausgabe** F ⟨-; -n⟩ *(Zahlung)* ödeme; *(Edition)* yayın; *(Verteilung)* dağıtım; **Ausgaben** *pl* masraf *sg* **~kurs** M WIRTSCH ihraç/emisyon fiyatı **~stelle** F dağıtım yeri

**Ausgang** M çıkış (kapısı); *(Ergebnis)* sonuç, netice; **Unfall mit tödlichem ~** ölüme yol açan kaza; *(Beginn)* **es nahm s-n ~ von -in** başlangıcı ... ile oldu; **~ haben** MIL (günlük) izinde olmak

**Ausgangs|punkt** F çıkış noktası **~sprache** F kaynak dil *(çeviride)*

**ausgeben** VT ⟨ A irr, -ge-, h.⟩ *Geld* (für için) harcamak; *umg* **e-n** (od **e-e Runde**) **~** herkese bş ısmarlamak *(içecek vs)*; **~ für** (od **als**) bş gibi göstermek, bş diye satmak B V/R: **sich ~ (für, als)** kendine bş süsü vermek

**ausgebeult** ADJ ütüsüz, dizleri çıkmış *(pantalon)*

**ausgebildet** ADJ eğitilmiş; *(qualifiziert)* vasıflı, kalifiye, uzman

**ausgebrannt** ADJ *Haus* yanmış; *Person* hevesi sönmüş

**ausgebucht** ADJ ful, dolu, tamamen rezerve

**ausgedehnt** ADJ geniş (çaplı), yaygın

**ausgedient** ADJ ömrünü tamamlamış

**ausgefallen** ADJ acayip, tuhaf

**ausgefeilt** ADJ inceden inceye hazırlanmış

**ausgehen** VI ⟨irr, -ge-, s.⟩ (dışarıya) çıkmak; *(enden)* sonuçlanmak; *Geld* bitmek, kalmamak; **er ist ausgegangen** o (dışarıya) çıktı; **auf Abenteuer ~** maceraya atılmak; **gut ~** *-in* sonu iyi gelmek; **leer ~** *-in* eli boş kalmak; **straffrei ~** cezasız kalmak; **ich gehe davon aus, dass ...** ben -diğinden hareket ediyorum; *umg* **ihm ging die Puste aus** onun nefesi tükendi; **ihm ging das Geld aus** onun parası kalmadı; **~ von** *-den* hareket etmek, yola çıkmak

**ausgehend** ADJ sonuna yaklaşan, bitmekte olan; **im ~en 19. Jh.** 19. yüzyılın sonuna doğru

**Ausgehverbot** N MIL çıkma yasağı; **~ bekommen** (b-ne) çıkma yasağı konmak

**ausgeklügelt** ADJ akıllıca tasarlanmış

**ausgekocht** ADJ *umg* anasının gözü

**ausgelassen** ADJ: **~ sein** eğlenmek, cümbüş yapmak

**ausgelastet: voll ~ sein** WIRTSCH, TECH tam kapasiteyle çalışmak

**ausgelaugt** ADJ *umg* posası çıkmış, bitkin

**ausgemacht: e-e ~e Sache** kesin bir iş/şey

**ausgemergelt** ADJ zayıf, sıska, kadidi çıkmış

**ausgenommen** A KONJ: **~, wenn/ dass** -mesi hariç/dışında B PRÄP *nom:* **~ Anwesende** söz(üm) meclisten dışarı

**ausgeprägt** ADJ kuvvetli, belirgin; **~es Pflichtgefühl** kuvvetli (bir) görev duygusu

**ausgepumpt** ADJ *umg* yorgun, bitkin

**ausgerechnet** ADV *umg:* **~ das** bir bu eksikti; **~ heute** tam da bugün

**ausgeschlossen** ADJ olmaz, olanaksız; **sich ~ fühlen** kendini dışlanmış hissetmek; **das ist ~!** bu imkansız, söz konusu değil!; **jeder Zweifel ist ~** hiçbir şüpheye yer yok

**ausgeschnitten (tief)** dekolte

**ausgesprochen** ADJ tastamam, tam anlamıyla; **das war ~es Pech** bu tamamen şanssızlıktı

**ausgestorben** ADJ soyu tükenmiş; **wie**

~ in cin top atıyor
**ausgesucht** ADJ seçme, nadide; **~e Qualität** en iyi kalite
**ausgewachsen** [-ks-] ADJ büyük, yetişmiş (çocuk); umg kamburu çıkmış
**ausgewogen** ADJ dengeli
**ausgezeichnet** ADJ kusursuz, olağanüstü; **das passt mir ~** benim için gayet uygun
**ausgiebig** A ADJ bol B ADV bol bol, doyasıya
**ausgießen** VT ⟨irr, -ge-, h.⟩ dökmek; *Gefäß* boşaltmak
**Ausgleich** M ⟨-s; -e⟩ **als ~ für** -in yerine, -i telafi için; **zum ~** -i dengelemek üzere
**ausgleichen** ⟨irr, -ge-, h.⟩ A VT *Verlust* gidermek, telafi etmek; WIRTSCH denkleştirmek, bakiyeyi ödemek; **~de Gerechtigkeit** tavizi adalet B VI arabulucuk etmek
**Ausgleichs|tor** N, **~treffer** M beraberlik golü, beraberlik puanı
**ausgrab|en** VT ⟨irr, -ge-, h.⟩ (kazıp) çıkarmak **ung** F ⟨-; -en⟩ kazı; umg aranıp bulunma
**ausgrenzen** VT ⟨-ge-, h.⟩ dışlamak
**aushaken** ⟨-ge-, h.⟩ A VT kancasından çıkmak B V/UNPERS umg: **es hakte bei ihm aus** onda kontak attı
**aushalten** ⟨irr, -ge-, h.⟩ A VT -e dayanmak B VI -e katlanmak, dayanmak
**aushandeln** VT ⟨-ge-, h.⟩ (pazarlıkla) kararlaştırmak
**aushändigen** VT ⟨-ge-, h.⟩ teslim etmek
**Aushang** M ⟨-s; e⟩ ilan
**aushängen** VT ⟨-ge-, h.⟩ (dışarıya) asmak; *asarak* ilan etmek
**Aushängeschild** N tabela, levha; **j-n als ~ benutzen** b-ni reklam olarak kullanmak
**ausharren** VI ⟨-ge-, h.⟩ sebat etmek
**aushecken** VT ⟨-ge-, h.⟩ umg tasarlamak (kötü bir şey)
**ausheilen** VI ⟨-ge-, s.⟩ *Wunde* iyileşmek
**aushelfen** VI ⟨irr, -ge-, h.⟩ **(mit** -le) b-ne yardım etmek (geçici bir sıkıntıda)
**Aushilfe** F ⟨-; -n⟩ (geçici) yardım; **zur ~ bei j-m arbeiten** b-nin yanında geçici olarak çalışmak

**Aushilfskraft** F geçici eleman
**aushilfsweise** ADV geçici olarak, -in yerine
**ausholen** VI ⟨-ge-, h.⟩ **(weit)** lafa başından başlamak
**aushorchen** VT ⟨-ge-, h.⟩ **j-n ~ (über** ... konusunda) b-nin ağzını aramak
**auskennen** V/R ⟨irr, -ge-, h.⟩: **sich ~ mit** (od **in** dat) -i iyi bilmek
**ausklammern** VT ⟨-ge-, h.⟩ *Möglichkeit* dışarıda bırakmak
**Ausklang** M ⟨-s; ohne pl⟩ bitiş, son
**auskleiden** VT ⟨-ge-, h.⟩ TECH kaplamak
**ausklingen** VI ⟨irr, -ge-, s.⟩ **(in** -le) sona ermek
**ausklinken** VT ⟨-ge-, h.⟩ TECH ayırmak
**ausknipsen** VT ⟨-ge-, h.⟩ umg *Licht* söndürmek
**ausknobeln** VT ⟨-ge-, h.⟩ umg: **etw ~** kurayla kararlaştırmak; *fig* arayıp bulmak
**auskommen** VI ⟨irr, -ge-, s.⟩: **~ mit** ile geçinmek; **mit s-m Geld ~** parasıyla idare etmek; **mit j-m ~** b-le (iyi) geçinmek
**Auskommen** N ⟨-s; ohne pl⟩ geçim, gelir; geçinme; **sein ~ haben** geliri (iyi) olmak; **mit ihr ist kein ~** onunla geçinmek mümkün değil
**auskosten** VT ⟨-ge-, h.⟩ tadını çıkarmak
**auskühlen** ⟨-ge-⟩ A VT ⟨h.⟩ *Speise* soğutmak B VI ⟨s.⟩ soğumak
**auskundschaften** VT ⟨-ge-, h.⟩ araştırmak, soruşturmak
**Auskunft** F ⟨-; e⟩ **(über** akk hakkında) bilgi; TEL danışma; **Auskünfte einholen** bilgi toplamak
**Auskunfts|büro** N danışma bürosu **~schalter** M danışma gişesi
**auskuppeln** VI ⟨-ge-, h.⟩ çözmek, ayırmak *(römork)*
**auslachen** VT ⟨-ge-, h.⟩ **(wegen** yüzünden) -e gülmek
**ausladen** VT ⟨irr, -ge-, h.⟩ boşaltmak; *-in* yükünü indirmek; **j-n wieder ~** -e yapılan daveti iptal etmek
**Auslage** F ⟨-; -n⟩ vitrin; masraf *(başka biri yerine yapılan)*; **~n** pl masraflar pl
**Ausland** N ⟨-s; ohne pl⟩: **das ~** dış ülkeler pl, yurtdışı; **aus dem ~** yurtdışından; **im ~** yurtdışında; **ins ~** yurtdışına;

**die Reaktion des ~s** dış ülkelerin tepkisi
**Ausländer** M ⟨-s; -⟩, **-in** F ⟨-; -nen⟩ yabancı
**ausländerfeindlich** ADJ yabancı düşmanı **♀keit** F yabancı düşmanlığı
**ausländerfreundlich** ADJ yabancı dostu
**ausländisch** ADJ yabancı, ecnebi; **~e Besucher** yabancı ziyaretçiler
**Auslands|aufenthalt** M yurtdışı ikameti **~auftrag** M WIRTSCH yurtdışı siparişi **~flug** M yurtdışı uçuş **~gespräch** N TEL uluslararası (telefon) konuşma(sı) **~korrespondent(in)** M(F) yurtdışı muhabiri **~krankenschein** M uluslararası sağlık sigortası belgesi **~markt** M dış piyasa **~reise** F yurtdışı gezisi **~schutzbrief** M yurtdışı sigortası **~tournee** F yurtdışı turnesi **~verschuldung** F WIRTSCH dış borçlanma
**auslassen** ⟨irr, -ge-, h.⟩ **A** V/T salmak, dışarı(ya) bırakmak; *(überspringen)* atlamak, eksik etmek; uzatmak *(giyecek)*; **s-n Ärger an j-m ~** öfkesini b-nden çıkarmak **B** V/R: **sich ~ (über)** -i çekiştirmek; b-ne yüklenmek
**auslast|en** ⟨-ge-, h.⟩ **-den** yararlanmak; **-in** kapasitesini kullanmak; **ausgelastet** tam kapasiteyle çalışan **♀ung** F ⟨-; ohne pl⟩ (tam) yararlanma, kapasiteyi kullanma
**Auslauf** M ⟨-s; ⁻e⟩ TECH çıkış, boşal(t)ma; *(Bewegungsfreiheit)* hareket serbestliği
**auslaufen** V/I ⟨irr, -ge-, s.⟩ *Flüssigkeit* akmak, *a. Gefäß* sızmak, damlamak; *Vertrag* sona ermek, bitmek; SCHIFF limandan ayrılmak, hareket etmek
**Ausläufer** ⟨-s; -⟩ uzantı; BOT yan filiz
**Auslaufmodell** N WIRTSCH *üretimi kesilen model;* seri sonu
**ausleben** V/R ⟨-ge-, h.⟩: **sich ~** hayatını yaşamak; kendini gerçekleştirmek
**ausleg|en** V/T ⟨-ge-, h.⟩ masraf yapmak *(başkası hesabına);* sermek, yaymak, döşemek; TECH **(auf …) şartlarına göre yapmak; mit Teppich ~ -e** halı döşemek; **falsch ~** yanlış yorumlamak, ters anlamak
**Auslegung** F ⟨-; -en⟩ yorum
**ausleiern** V/T ⟨-ge-, h.⟩: **sich ~** bollaşmak; TECH yalama olmak

**ausleihen** V/T ⟨irr, -ge-, h.⟩ ödünç/borç vermek; ödünç/borç almak; **sich** *(dat)* **etw ~ von j-m** b-nden bş-i ödünç/borç almak
**auslernen** V/I ⟨-ge-, h.⟩ öğrenmeyi bitirmek
**Auslese** F ⟨-; -n⟩ seçim, seçme; ayıkla(n)ma; **natürliche ~** doğal ayıklanma
**auslesen**¹ V/T ⟨irr, -ge-, h.⟩ TECH elemek, ayıklamak
**auslesen**² V/T ⟨irr, -ge-, h.⟩ okuyup bitirmek
**ausliefern** V/T ⟨-ge-, h.⟩ WIRTSCH teslim etmek; *Häftling* iade etmek; **j-m ausgeliefert sein** b-nin eline düşmüş olmak
**Auslieferung** F ⟨-; -en⟩ *Waren* teslim **~slager** N gönderme deposu **~svertrag** M JUR suçluların iadesi sözleşmesi
**ausliegen** V/I ⟨-ge-, h.⟩ sergide olmak *(mal, örnekler vs)*
**auslöschen** V/T ⟨-ge-, h.⟩ *Licht* söndürmek; *fig* yok etmek
**auslosen** V/T ⟨-ge-, h.⟩ kurayla saptamak
**auslös|en** V/T ⟨-ge-, h.⟩ TECH işletmek, çalıştırmak; *Alarm, Krieg* başlatmak; *Gefühl, Reaktion* meydana getirmek, **-e** yolaçmak; *Begeisterung* uyandırmak **♀er** M ⟨-s; -⟩ FOTO deklanşör
**Auslosung** F ⟨-; -en⟩ kura, ad çekme
**Auslösung** F ⟨-; -en⟩ WIRTSCH çözme *(rehin)*
**ausmachen** V/T ⟨-ge-, h.⟩ *Licht, Zigarette* söndürmek; *Radio* kapatmak; *Termin* kararlaştırmak; **macht es Ihnen etwas aus, wenn …?** -menin sizce bir sakıncası var mı?; **es macht mir nichts aus** bence sakıncası yok; *gleichgültig* fark etmez
**ausmalen** V/T ⟨-ge-, h.⟩ boyamak, renklendirmek; *fig* tasvir etmek, ballandıra ballandıra anlatmak; **sich** *(dat)* **etw ~** bş-i tasavvur etmek, gözünün önünde canlandırmak
**Ausmaß** N ⟨-es; -e⟩ *fig* ölçü, miktar; **das ~ des Schadens** zararın büyüklüğü; **~e** *pl* büyüklük, boyut *sg*; **gewaltige ~e annehmen** dev boyutlara ulaşmak
**ausmerzen** V/T ⟨-ge-, h.⟩ *Fehler* çıkarmak, atmak
**ausmessen** V/T ⟨irr, -ge-, h.⟩ ölçmek
**Ausnahme** F ⟨-; -n⟩ istisna; **e-e ~ bilden** bir istisna oluşturmak; **bei j-m e-e ~ machen** b-ne bir istisna yapmak; **mit ~**

**von** (od gen) ... **hariç** (olmak üzere), **-den başka ~zustand** M olağanüstü hal, sıkıyönetim; **den ~ verhängen** (**über** -de) sıkıyönetim ilan etmek
**ausnahmslos** ADV istisnasız
**ausnahmsweise** ADV istisnai olarak
**ausnehmen** ⟨irr, -ge-, h.⟩ **-in içini çıkarmak**; Fisch ayıklamak; (nicht berücksichtigen) ayrı tutmak, hesaba katmamak; umg **j-n ~** yolmak, kazıklamak
**ausnutzen** VT ⟨-ge-, h.⟩ yararlanmak, **-den faydalanmak**
**auspacken** VT ⟨-ge-, h.⟩ Geschenk paketi vs açmak; a. v/i (paketten) çıkarmak; fig gerçeği ortaya dökmek
**auspfeifen** ⟨irr, -ge-, h.⟩ ıslıklamak
**ausplaudern** VT ⟨-ge-, h.⟩ ağzından kaçırmak
**ausprobieren** VT ⟨ohne ge-, h.⟩ denemek, tecrübe etmek
**Auspuff** M ⟨-s; -e⟩ AUTO egzoz **~gase** PL egzoz gazı sg **~rohr** N egzoz borusu **~topf** M susturucu
**ausquartieren** VT ⟨o -ge-, h.⟩ çıkarmak (b-ni kaldığı yerden)
**ausquetschen** VT ⟨-ge-, h.⟩ umg: **j-n ~** b-ni sıkıştırmak, b-nin ağzından laf almak
**ausradieren** VT ⟨ohne ge-, h.⟩ (silgiyle) silmek; fig **-in kökünü kazımak**
**ausrangieren** VT ⟨ohne ge-, h.⟩ hurdaya çıkarmak
**ausrasten** VI ⟨-ge-, s.⟩ TECH yerinden çıkmak (dişli); umg fıttırmak, zıvanadan çıkmak
**ausrauben** VT ⟨-ge-, h.⟩ soymak, yağmalamak
**ausräumen** VT ⟨-ge-, h.⟩ boşaltmak, tahliye etmek; Schwierigkeit, Missverständnis ortadan kaldırmak
**ausrechnen** VT ⟨-ge-, h.⟩ hesaplamak, Summe a. toplamak; (**sich** dat) **etw ~** göz önünde bulundurmak
**Ausrede** F ⟨-; -n⟩ mazeret; (**faule**) **~** (tutarsız) bahane
**ausreden** ⟨-ge-, h.⟩ A VI sözünü bitirmek; **~ lassen** -in sözünü kesmemek B VT: **j-m etw ~** b-ni bş-den vazgeçirmek
**ausreichen** VI ⟨-ge-, h.⟩: **~ für ...** için yetmek, -e kâfi gelmek **~end** ADJ yeterli, kâfi; Schulnote orta
**Ausreise** F ⟨-; -n⟩ (sınırdan) çıkış; **bei der ~** yurtdışına çıkışta; **j-m die ~ ver-**

**weigern** b-nin yurtdışına çıkışını engellemek **~erlaubnis** F çıkış izni
**ausreisen** VI ⟨-ge-, s.⟩ ülke dışına çıkmak
**Ausreisevisum** N çıkış vizesi
**ausreißen** ⟨irr, -ge-⟩ A VT ⟨h.⟩ yolmak, çekip koparmak, sökmek B VI ⟨s.⟩ umg kirişi kırmak; **vor j-m ~** b-nden kaçmak
**ausrichten** VT ⟨-ge-, h.⟩ düzeltmek; Fest, Hochzeit yapmak; **j-m etw ~** haber vermek, bildirmek; **kann ich ihr von dir etw ~?** ona senden bir haber iletiyim mi?; **richte ihr e-n Gruß** (**von mir**) **aus** ona (benden) selam söyle; **~ nach** -e yöneltmek, çevirmek; **sich ~** -e yönelmek; **sein Verhalten ~ nach** davranışını -e göre yönlendirmek; **A wird** (**bei B**) **nichts ~** (**können**) A (B'den/B karşısında) hiçbir şey elde edemeyecek
**ausrollen** VT ⟨-ge-, h.⟩ yuvarlamak
**ausrotten** VT ⟨-ge-, h.⟩ Tier-, Pflanzenart yok etmek, -in kökünü kazımak
**ausrücken** ⟨-ge-, s.⟩ yola çıkmak B VT ⟨h.⟩ sola çıkıntı yapmak (yazıda)
**Ausruf** M ⟨-s; -e⟩ bağırtı, seslenme; (Bekanntmachung) sözlü duyuru
**ausrufen** VT ⟨irr, -ge-, h.⟩ bağırarak söylemek; Republik ilan etmek; **j-n ~ lassen** b-ni anons ettirmek; **j-n zum König ~** b-ni kral yapmak, b-ni tahta çıkarmak
**Ausrufungszeichen** N ünlem işareti
**ausruhen** VI u. VR ⟨-ge-, h.⟩ (**sich**) **~** dinlenmek, istirahat etmek
**ausrüst|en** VT ⟨-ge-, h.⟩ (**mit** -le) donatmak, teçhiz etmek **2ung** F ⟨-; -en⟩ donanım, teçhizat, ekipman
**ausrutschen** VI ⟨-ge-, s.⟩ (**auf** dat -in üstünde) kayıp düşmek
**Ausrutscher** M ⟨-s; -⟩ umg -i ağzından kaçırma; (Fauxpas) pot
**Aussage** F ⟨-; -n⟩ (Sinn) anlam; Werbung mesaj; GRAM, JUR ifade; **die ~ verweigern** ifade vermeyi reddetmek; **hier steht ~ gegen ~** burada çelişen iki ifade sözkonusu; **nach Ihrer ~** sizin ifadenize göre
**aussagen** ⟨-ge-, h.⟩ A VT (**dass** -diği-ni) ifade etmek B VI JUR (**für** -in lehine, **gegen** -in aleyhine) ifade vermek
**aussaugen** VT ⟨-ge-, h.⟩: **j-n** (**bis aufs Blut**) **~** b-nin kanını emmek

**ausschab|en** _vt_ ⟨-ge-, h.⟩ MED kürtaj etmek **ᒪung** _F_ ⟨-; -en⟩ MED kürtaj
**ausschachten** _vt_ ⟨-ge-, h.⟩ hafriyat yapmak; *Loch* kuyu açmak; *Fundament* temel kazmak
**ausschalten** _vt_ ⟨-ge-, h.⟩ *Strom* kesmek; *Gerät* kapamak; _fig_ ekarte etmek
**Ausschau** _F_: ~ **halten nach** -i gözlemek, aramak
**ausschauen** _vi_ ⟨-ge-, h.⟩: ~ **nach** dört bir yana bakmak
**ausscheiden** ⟨irr, -ge-⟩ **A** _vt_ ⟨h.⟩ (*aussondern*) seçip ayırmak, çıkarmak; MED salgılamak **B** _vi_ ⟨s.⟩ (*nicht in Frage kommen*) sözkonusu olmamak; SPORT elenmek; *aus Amt* -den çekilmek; *aus Firma* -den ayrılmak
**Ausscheidung** _F_ ⟨-; -en⟩ salgı, ifrazat; at(ıl)ma, çıkar(ıl)ma, ele(n)me
**ausschenken** _vt_ ⟨-ge-, h.⟩ *Getränke* ikram etmek; *alkoholische Getränke* satmak
**ausscheren** _vi_ ⟨-ge-, s.⟩ savrulmak (*uzun araç etc*); **aus der Reihe** *etc* ~ sıradan *etc* çıkmak
**ausschlachten** _vt_ ⟨-ge-, h.⟩ _umg_ söküp parçalarını değerlendirmek (*hurda*)
**ausschlafen** **A** _vi_ ⟨irr, -ge-, h.⟩ uykusunu almak **B** _vt_ → **Rausch**
**Ausschlag** _M_ ⟨-s; ⸚e⟩ MED döküntü, mayasıl; **e-n ~ bekommen** isilik olmak, mayasıllı çıkmak; _fig_ **den ~ geben** (*entscheidend sein*) sonucu belirlemek; (*schwerer wiegen*) ağır basmak
**ausschlagen** ⟨irr, -ge-⟩ **A** _vi_ *Zeiger* vurmak; *Pferd* çifte atmak; BOT sürgün vermek, filizlenmek **B** _vt_ *Zähne* kırıp çıkarmak; _fig_ reddetmek, tepmek (*fırsat*)
**ausschlaggebend** _ADJ_ etkili, son sözü söyleyen; **von ⸚er Bedeutung für** ... bakımından canalıcı önemi var/olan
**ausschließen** ⟨irr, -ge-, h.⟩ **A** _vt_ (*aus -den*) ihraç etmek, çıkarmak; *Möglichkeit* dışarıda bırakmak; (*nicht berücksichtigen*) göz önüne almamak; **zeitweilig** ~ JUR geçici olarak ihraç etmek; **die Öffentlichkeit** ~ oturumu umumaya kamuya kapamak **B** _VR_: **sich** ~ **(von)** kendini -*in* dışında tutmak; dışarıda kalmak (*anahtarı içeride unutup*); (*nicht in Frage kommen*) söz konusu olmamak
**ausschließlich** _ADJ_ sadece, salt, münhasıran

**Ausschluss** _M_ ⟨-es; ⸚e⟩ (**aus** -*den*) çıkar(ıl)ma, ihraç; hariç tut(ul)ma; ele(n)me; **unter ~ der Öffentlichkeit** kamuya kapalı olarak, kapalı oturumda; **zeitweiliger ~** JUR geçici ihraç
**ausschmücken** _vt_ ⟨-ge-, h.⟩ süslemek; _fig_ ballandırmak, telleyip duvaklamak
**ausschneiden** _vt_ ⟨irr, -ge-, h.⟩ (kesip) çıkarmak; *Gutschein* kesmek
**Ausschnitt** _M_ ⟨-s; -e⟩ *Kleid* dekolte; (*Zeitungsᒪ*) kupür, kesik; **mit tiefem ~** dekolte; (**aus** -*den*) kesit, parça, *Text* pasaj, alıntı; FILM fragman
**ausschöpfen** _vt_ ⟨-ge-, h.⟩ boşaltmak (*su*); tüketmek; _fig_ her yönüyle ele almak
**ausschreiben** _vt_ ⟨irr, -ge-, h.⟩ *Scheck* (**j-m** b-*ne*) yazmak; *Stelle* ... için ilan vermek; WIRTSCH *Wettbewerb* ihaleye koymak, teklife sunmak; *Projekt* yarışmaya açmak; *Wahlen* ~ seçim kararı almak
**Ausschreibung** _F_ ⟨-; -en⟩ WIRTSCH ihale; ilan; (*Stellenᒪ*) eleman arama ilanı; **EU-weite ⸚en** AB çapında ihaleler
**Ausschreitungen** _PL_ kargaşalık sg
**Ausschuss** _M_ ⟨-es; ⸚e⟩ kurul, heyet, komisyon; WIRTSCH, TECH ıskarta, fire; **in e-m ~ sein** bir kurulda (üye) olmak **~mitglied** _N_ kurul/komisyon üyesi **~sitzung** _F_ kurul/komisyon toplantısı
**ausschütten** ⟨-ge-, h.⟩ **A** _vt_ dökmek, akıtmak; *Gewinn* dağıtmak; **j-m sein Herz ~** b-*ne* kalbini açmak **B** _VR_: **sich (vor Lachen) ~** katıla katıla gülmek
**ausschweifend** _ADJ_ sefih(çe)
**Ausschweifungen** _PL_ sefahat *pl*
**ausschweigen** _VR_ ⟨irr, -ge-, h.⟩: **sich ~ über** ... üzerine hiçbir şey söylememek
**ausschwitzen** _vt_ ⟨-ge-, h.⟩ *Krankheit* terleyerek atmak
**aussehen** _vi_ ⟨irr, -ge-, h.⟩ görünmek, görünüşü ... olmak; **gut ~** *Mann* yakışıklı olmak, *Frau* güzel olmak, *gesundheitlich* iyi/sağlıklı görünmek; **schlecht (krank) ~** hasta görünmek; **wie sieht er aus?** görünüşü nasıl?; _umg_ **A sah vielleicht aus!** A ne güzeldi ama!; A neye benziyordu öyle!; **A neye du aus!** olmaz öyle şey!; _umg_ **es sieht nach Regen aus** yağmur yağacağa benziyor; **damit es nach etw aussieht** bir şeye benzesin di-

ye
**Aussehen** N ⟨-s; *ohne pl*⟩ görünüş
**außen** ADV dışarıda; **nach ~** dışarıya; **von ~** dışarıdan; *fig* görünüşte, dışa doğru; *umg* **A bleibt ~ vor** A işin içine sokulmuyor
**Außenbezirke** PL varoşlar, dış mahalleler *pl*
**aussenden** V/T ⟨*irr*, -ge-, *h.*⟩ göndermek (*sinyal*)
**Außendienst** M dış hizmet **~mitarbeiter(in)** M/F(in) dış hizmette çalışan eleman
**Außen|handel** M dış ticaret **~minister(in)** M/F(in) dışişleri bakanı **~ministerium** N dışişleri bakanlığı **~politik** F dış politika **♀politisch** ADJ dış politikayla ilgili; **~e Debatte** dış politika tartışması **~seite** F dış (taraf, yüz) **~seiter** M ⟨-s; -⟩ *-in* dışında kalmış kimse **~spiegel** M AUTO dış dikiz aynası **~stände** PL WIRTSCH ödenmemiş alacaklar, alacak hesapları *pl* **~stelle** F şube **~welt** F dış dünya **♀wirtschaftlich** WIRTSCH dış ekonomik
**außer** A PRÄP (*dat*) (*abgesehen von*) *-in* dışında, *-den* başka; (*zusätzlich zu*) *-e* ek olarak, ilaveten; **alle ~ dir** senden başka herkes/hepsi; **~ sich geraten** deliye dönmek; **~ sich sein** (*vor -den*) aklını oynatacak gibi olmak B KONJ **~** (**wenn**) *-mesi/-diği hariç*; **~ dass** meğer ki
**außer|beruflich** ADJ meslek dışı **~betrieblich** ADJ işletme dışı
**außerdem** ADV bundan başka
**äußere** ADJ dış, harici; **keine ~n Verletzungen** harici yaralanma yok; **~ Angelegenheiten** dış işler; POL *a.* dışişleri
**Äußere** N ⟨-n; *ohne pl*⟩ dış görünüş; **auf sein ~ achten** (dış) görünüşüne dikkat etmek
**außerehelich** ADJ evlilik dışı
**außergerichtlich** ADJ mahkeme dışı; **~er Vergleich** mahkeme dışı uzlaşma
**außergewöhnlich** ADJ olağanüstü; *Leistung* fevkalade
**außerhalb** A PRÄP *gen -in* dışında B ADV şehir dışında
**außerirdisch** ADJ yeryüzü dışı(ndan gelen)
**äußerlich** ADJ dış, dıştan; **~ betrachtet** dıştan bakıldığında; **nur zur ~en Anwendung** sadece haricen kullanılır

---

571 ‖ AUSS A

**♀keit** F ⟨-; -en⟩ yüzeysellik; **bloße ~en** sırf yüzeysel şeyler
**äußern** ⟨*h.*⟩ A V/T belirtmek, ortaya koymak B V/R: **sich ~** (**über** *akk*, **zu** hakkında) düşüncesini söylemek
**außerordentlich** ADJ *u.* ADV olağanüstü
**außer|parlamentarisch** ADJ parlamento dışı **~planmäßig** ADJ tarife dışı (*ek sefer vs*); olağanüstü (*toplantı vs*) **~sinnlich** ADJ doğaüstü; **~e Wahrnehmung** gaipten haber (alma)
**äußerst** A ADJ ADV azami, en son; **von ~er Wichtigkeit** son derece(de) önemli B ADV özellikle, son derece(de)
**außerstande** ADJ: **~ sein zu** INF -ecek halde olmamak
**Äußerste** N ⟨-n; *ohne pl*⟩: **sein ~s tun** elinden her geleni yapmak; **bis zum ~n gehen** (*-in*) sonuna kadar gitmek
**Äußerung** F ⟨-; -en⟩ söz, ifade
**aussetzen** ⟨-ge-, *h.*⟩ A V/T *Kind, Tier* terk etmek, bırakmak; *Belohnung, Preis* koymak; WIRTSCH durdurmak; **etw auszusetzen haben an** (*dat*) *-e* itiraz etmek, karşı çıkmak; JUR **die Strafe zur Bewährung ~** cezayı tecil edilmek; **sich Kritik ~** eleştirilmekten kaçınmamak B V/I durmak; *Motor* stop etmek; **ohne auszusetzen** durmadan, ara vermeden; (**e-e Runde**) **~** (bir tur) beklemek (*oyunda*)
**Aussicht** F ⟨-; -en⟩ manzara; *fig* ümit, şans; **ein Zimmer mit ~ auf das Meer** deniz manzaralı/denizi gören bir oda; **gute ~en auf Erfolg haben** *-in* başarı şansı yüksek olmak
**aussichtslos** ADJ ümitsiz, şanssız (*durum*); **eine ~e Sache** ümitsiz bir iş; **e-n ~en Kampf führen** ümitsiz bir savaş vermek
**Aussichtspunkt** M manzaralı yer
**aussichtsreich** ADJ ümit verici
**Aussiedler(in)** M/F(in) göçmen; *bir Doğu Avrupa ülkesinden Almanya'ya göçen Alman kökenli*
**aussöhn|en** ⟨-ge-, *h.*⟩ A V/T (**mit** *b-le*) barıştırmak B V/R: **sich ~** barışmak **♀ung** F ⟨-; -en⟩ barışma
**aussortieren** V/T ⟨*ohne* -ge-, *h.*⟩ ayıklamak; ayıklayıp atmak
**ausspannen** ⟨-ge-, *h.*⟩ A V/T germek; (*ausbreiten*) sermek, yaymak; *Arme* açmak; *umg* **j-m die Freundin ~** b-nin kız

arkadaşını ayartmak B VI dinlenmek
**aussparen** VT ⟨-ge-, h.⟩ dışarıda bırakmak, -in içine katmamak
**aussperr|en** VT ⟨-ge-, h.⟩: aus -e almamak, -in dışında bırakmak; WIRTSCH lokavt etmek ₂**ung** F ⟨-; -en⟩ lokavt
**ausspielen** ⟨-ge-, h.⟩ A VT Karte oyuna sürmek; **A gegen B ~** A'yı B'ye karşı kullanmak B VI: **er hat ausgespielt** son kozunu oynadı
**ausspionieren** VT ⟨ohne -ge-, h.⟩ (gizlice) gözlemek, kolaçan etmek
**Aussprache** F ⟨-; -n⟩ telaffuz, söyleniş; (Unterredung) konuşma, görüşme; zwanglos sohbet
**aussprechen** ⟨irr, -ge-, h.⟩ A VT söylemek; telaffuz etmek; JUR Urteil vermek B VI sözünü bitirmek C VR: **sich ~ bei j-m** b-ne derdini dökmek (od kalbini açmak); **sich ~ für (gegen)** lehinde (aleyhinde) konuşmak; **sich ~ mit** -le dertleşmek; -le bir konuyu konuşup halletmek
**Ausspruch** M ⟨-s; ⸚e⟩ vecize, özdeyiş
**ausspucken** VT u. VI ⟨-ge-, h.⟩ tükürüp atmak, tükürmek
**ausspülen** VT ⟨-ge-, h.⟩ çalkalamak, yıkamak
**ausstaffieren** VT ⟨ohne -ge-, h.⟩ umg donatmak, giydirip kuşatmak
**Ausstand** M ⟨-s; ⸚e⟩ WIRTSCH grev; **in den ~ treten** greve başlamak
**ausstatt|en** VT ⟨-ge-, h.⟩ **(mit** -le) donatmak ₂**ung** F ⟨-; -en⟩ donatım; e-r Wohnung mobilya
**ausstechen** VT ⟨-ge-, h.⟩ oymak; oyarak çıkarmak; **j-n** b-ni gölgede bırakmak, b-ne üstün gelmek
**ausstehen** ⟨irr, -ge-, h.⟩ A VT: **ich kann ihn** (sie, es) **nicht ~** bence o katlanılmaz biri (bir şey); **es ist noch nicht ausgestanden** henüz atlatmış değiliz B VI henüz gelmemiş olmak, beklenmek; **s-e Antwort steht noch aus** cevabını daha bekliyoruz
**aussteigen** VI ⟨irr, -ge-, s.⟩ (aus -den) Fahrzeug inmek, Arbeit, Geschäft ayrılmak, Vorhaben caymak; işini bırakıp alışılmışın dışında bir hayat sürmeye başlamak
**Aussteiger** M ⟨-s; -⟩, **-in** F ⟨-; -nen⟩ kendi toplumunun dışında yaşamayı seçen
**ausstell|en** VT ⟨-ge-, h.⟩ Kunstwerk sergilemek; Pass, Rechnung **(auf j-s Namen** b-nin adına) düzenlemek; Scheck yazmak ₂**er** M ⟨-s; -⟩ (Messe₂) sergiye katılan ₂**ung** F ⟨-; -en⟩ düzenleme; (Kunst₂) sergi; (Messe) fuar
**Ausstellungs|datum** N -in düzenlendiği tarih **~gelände** N fuar parkı **~halle** F sergi salonu **~raum** M sergi salonu **~stück** N sergilenen parça
**aussterben** VI ⟨-ge-, s.⟩ -in soyu tükenmek
**Aussteuer** F ⟨-; -n⟩ çeyiz
**aussteuern** VT ⟨-ge-, h.⟩ ELEK ayarlamak (kayıtta vs)
**Ausstieg** M ⟨-s; -e⟩ iniş, iniş kapısı; (aus -den) ayrılma
**Ausstoß** M ⟨-es; ⸚e⟩ WIRTSCH (toplam) üretim; ÖKOL atıklar pl, emisyon
**ausstoßen** VT ⟨irr, -ge-, h.⟩ TECH Rauch çıkarmak; WIRTSCH üretmek; **j-n ~** (aus -den) b-ni dışarıya atmak, dışlamak; **j-n aus der Gesellschaft ~** b-ni toplum dışına itmek
**ausstrahl|en** VT ⟨-ge-, h.⟩ yaymak; Freude a. saçmak ₂**ung** F ⟨-; -en⟩ PHYS ışınım, radyasyon; (Charisma) karizma
**ausstrecken** VT ⟨-ge-, h.⟩: **sich ~** uzanmak
**ausstreichen** VT ⟨irr, -ge-, h.⟩ karalamak, (çizip) iptal etmek
**ausströmen** ⟨-ge-⟩ A VI ⟨s.⟩ (aus -den) Flüssigkeit akmak, fışkırmak; Gas u. fig yayılmak, dağılmak B VT ⟨h.⟩ akıtmak, yaymak, dağıtmak
**aussuchen** VT ⟨-ge-, h.⟩: **(sich** dat) **etw ~** (kendine) bş-i seçmek, ayırmak
**Austausch** M ⟨-s; ohne pl⟩ değiştirme, takas; (Waren₂) değiş tokuş; (Schüler) değişim; **im ~ für** ile değiştirilerek ₂**bar** ADJ değiştirilebilir, yerine benzeri konabilir; **~ mit, gegen** -in aynısı, benzeri, eşi
**austauschen** VT ⟨-ge-, h.⟩ **(gegen** -in yerine koymak, ile değiştirmek
**Austauschmotor** M yeni motor (eskisinin yerine konan)
**austeilen** VT ⟨-ge-, h.⟩ **(an** akk -e; **unter** akk arasında) dağıtmak
**Auster** F ⟨-; -n⟩ ZOOL istiridye
**austoben** VT ⟨-ge-, h.⟩: **sich ~** tepinip zıplamak, kurtlarını dökmek
**austragen** ⟨irr, -ge-, h.⟩ A VT Briefe dağıtmak; Streit sonuca bağlamak; Wettkampf yapmak; MED Baby normal doğuma kadar karnında taşımak; **die Sache**

**~ umg** işi halletmek, bir çözüme ulaştırmak **B** V/R: **sich ~ (lassen)** aus Liste kaydını sil(dir)mek
**Austragungsort** M SPORT karşılaşma/müsabaka yeri
**Australi|en** [-iən] N Avustralya **~ier** M ⟨-s; -⟩, **-in** F ⟨-; -nen⟩ Avustralyalı **&isch** ADJ Avustralya(lı) subst
**austreiben** ⟨irr, -ge-, h.⟩ **A** V/T sürmek, uzaklaştırmak, atmak; **j-m etw ~** b-ni bş-den zorla vazgeçirmek **B** V/I BOT ürmek, filizlenmek, çiçeklenmek
**austreten** ⟨irr, -ge-, s.⟩ (ayakla basıp) söndürmek; umg tuvalete gitmek, dışarıya çıkmak; **~ aus** Verein çıkmak, istifa etmek; **e-n Weg ~** bir yeri gide gele yol etmek
**austricksen** V/T ⟨-ge-, h.⟩ umg ⟨lösen⟩ hileyle çözmek; **j-n ~** b-ni aldatmak
**austrinken** V/T ⟨irr, -ge-, h.⟩ içip bitirmek
**Austritt** M ⟨-s; -e⟩ **(aus** -den**)** çıkma, çıkış
**austrocknen** V/T ⟨-ge-, h.⟩ ⟨s.⟩ kurutmak
**austüfteln** V/T ⟨-ge-, h.⟩ umg geliştirmek (buluş vs)
**ausüb|en** V/T ⟨-ge-, h.⟩ Beruf, Tätigkeit takip etmek; yapmak, uygulamak **&ung** F ⟨-; ohne pl⟩: **in ~** s-r Pflicht görevini yerine getirirken
**Ausverkauf** M ⟨-s; ⸚e⟩ WIRTSCH tasfiye satışı; ⟨Schlussverkauf⟩ mevsim sonu satışı, ucuz satış; **im ~ kaufen** ucuzluktan almak
**ausverkauft** ADJ tükenmiş
**auswachsen** ⟨irr, -ge-⟩ **A** V/I ⟨h.⟩ **~** giyemez olmak (üstüne küçüldüğü için) **B** V/I ⟨s.⟩ BOT son boyuna ulaşmak **C** V/R ⟨h.⟩: **sich ~ (zu)** büyümek (ve ... olmak)
**Auswahl** F ⟨-; ohne pl⟩ seçme, ayırma, seçme parçalar; **e-e ~ treffen** bir seçme yapmak; WIRTSCH **... in großer ~** çeşit çeşit; **... zur ~** seçmece ..., içlerinden seçilmek üzere ...
**auswählen** V/T ⟨-ge-, h.⟩ seçmek, ayırmak
**Auswander|er** M ⟨-s; -⟩, **-in** F ⟨-; -nen⟩ göçmen
**auswandern** V/I ⟨-ge-, s.⟩ **(nach** -e**)** göç etmek, göç edip gitmek
**Auswanderung** F göç (bir ülkeden dışarıya)
**auswärtig** ADJ dış, dışarıda(n)
**auswärts** ADV dışarıda, şehir dışında; **~ essen** yemeği dışarıda yemek; **~ spielen** deplasmanda oynamak; **~ wohnen** şehir dışında oturmak
**auswaschen** V/T ⟨irr, -ge-, h.⟩ yıkamak, Fleck yıkayıp çıkarmak
**Auswechsel|bank** F SPORT yedekler pl **&bar** ADJ **(gegen** -le**)** değiştirilebilir
**auswechseln** V/T ⟨-ge-, h.⟩ **(gegen** -le**)** değiştirmek; ⟨erneuern⟩ yenilemek
**Auswechselspieler(in)** M(F) yedek oyuncu
**Auswechslung** F ⟨-; -en⟩ değiştirme
**Ausweg** M ⟨-s; -e⟩ çıkış yolu; **aus** -den kurtuluş, -in çaresi; **als letzter ~** son çare olarak **&los** ADJ çaresiz, çözümsüz **~losigkeit** F ⟨-; ohne pl⟩ çaresizlik
**ausweichen** V/I ⟨irr, -ge-, s.⟩ yol vermek/açmak; **fig j-m ~** b-nden kaç(ın)mak; **e-r Frage ~** cevap vermekten kaçmak; **j-s Blicken ~** b-nden bakışlarını kaçırmak; **~ auf ...** yoluna/seçeneğine başvurmak
**ausweichend** ADJ kaçamaklı
**Ausweich|manöver** N AUTO tehlikeden kaçma manevrası **~möglichkeit** F seçenek (zorunlu bir durum için)
**ausweinen** V/R ⟨-ge-, h.⟩: **sich ~ (bei** j-m b-ne gidip) doya doya ağlamak
**Ausweis** M ⟨-es; -e⟩ kimlik (belgesi)
**ausweisen** ⟨irr, -ge-, h.⟩ **A** V/T **(aus** -den**)** sınırdışı etmek; **j-n ~ als** b-nin ... olduğunu göstermek/belgelemek; **sich als Experten ~** kendinin uzman olduğunu belgelemek **B** V/R: **sich ~** kimliğini ispat etmek
**Ausweis|kontrolle** F kimlik kontrolü **~papiere** PL kimlik belgesi sg
**Ausweisung** F ⟨-; -en⟩ **(aus** -den**)** sınırdışı etme/edilme
**ausweiten** V/T ⟨-ge-, h.⟩: **sich ~ (auf** -e**)** yayılmak
**auswendig** ADV ezbere, ezberden; **etw in- und ~ kennen** bş-in girdisini çıktısını (iyi) bilmek
**auswert|en** V/T ⟨-ge-, h.⟩ değerlendirmek; ⟨ausnützen⟩ kullanmak, yararlanmak **&ung** F ⟨-; -en⟩ değerlendirme; ⟨Feststellung⟩ tespit; ⟨Schätzung⟩ takdir
**auswickeln** V/T ⟨-ge-, h.⟩ açmak, çıkarmak

**auswirk|en** V/R ⟨ge-, h.⟩: sich ~ auf (akk) ... üzerinde etkili olmak; sich positiv (negativ) ~ auf -i olumlu (olumsuz) etkilemek **♀ung** F ⟨-; -en⟩ (auf ... üzerinde) etkisi

**auswischen** VT ⟨ge-, h.⟩: umg j-m eins ~ b-ne kötü bir oyun oynamak

**Auswuchs** [-ks] M ⟨-es; ⸚e⟩ MED büyüme, ur; fig aşırılık, taşkınlık

**Auswurf** M ⟨-s; ohne pl⟩ MED balgam, (-in tükürdüğü) kan

**auszahlen** ⟨ge-, h.⟩ **A** VT ödemek; j-n ~ b-ne ücretini vermek **B** V/R: sich ~ fig (zahmete vs) değmek

**auszählen** VT ⟨ge-, h.⟩ saymak, sayarak saptamak

**Auszahlung** F ⟨-; -en⟩ ödeme, tediye

**auszeichnen** ⟨ge-, h.⟩ **A** VT etiketlemek; mit e-m Preis ~ ödüllendirmek, WIRTSCH -e fiyat koymak; (mit e-m Orden) ~ (bir nişanla) taltif etmek **B** V/R: sich ~ temayüz etmek, öne çıkmak

**Auszeichnung** F ⟨-; -en⟩ taltif, takdir, nişan; mit ~ bestehen Prüfung takdirle kazanmak; WIRTSCH fiyat koyma

**ausziehbar** ADJ açılır (masa vs)

**ausziehen** ⟨irr, ge-⟩ **A** VT ⟨h.⟩ j-n b-ni soymak, b-nin üstündekileri çıkarmak **B** V/R ⟨h.⟩: sich ~ soyunmak **C** VI ⟨s.⟩ (evden) çıkmak, taşınmak

**Auszieh|platte** F çekilip açılan tabla **~tisch** M (çekilip) açılan masa

**Auszubildende** M, F ⟨-n, -n⟩ çıraklık eğitimi gören genç

**Auszug** M ⟨-s; ⸚e⟩ (evden) çıkma, taşınma; (Ausschnitt) (aus -den) pasaj, alıntı; CHEM hulasa; (Konto♀) dekont, hesap hulasası

**auszugsweise** ADV kısmen, bölüm bölüm; etw ~ vorlesen bş-in bazı bölümlerini okumak

**auszupfen** VT ⟨ge-, h.⟩ ditmek, yolmak

**autark** ADJ WIRTSCH ticari olarak bağımsız

**Autarkie** F ⟨-; -n⟩ kendine yeterlik

**authentisch** ADJ otantik

**Auto** N ⟨-s; -s⟩ otomobil, araba; ~ fahren araba kullanmak; mit dem ~ fahren arabayla gitmek **~apotheke** F ilkyardım çantası **~atlas** M karayolları atlası

**Autobahn** F otoyol **~abfahrt** F otoyol çıkışı **~auffahrt** F otoyol girişi **~ausfahrt** F otoyol çıkışı **~dreieck** N otoyol kavşağı (üç yönlü) **~gebühr** F otoyol ücreti **~kreuz** N otoyol kavşağı (dört yönlü) **~raststätte** F otoyol dinlenme tesisi **~zubringer** M ⟨-s; -⟩ otoyol bağlantısı

**Autobiografie** F otobiyografi

**Auto|bombe** F oto bombası **~bus** M otobüs

**Autodidakt** M ⟨-en; -en⟩, **-in** F ⟨-; -nen⟩ otodidakt

**Auto|diebstahl** M araba hırsızlığı **~fähre** F araba vapuru, feribot **~fahrer(in)** M(F) şoför, sürücü

**autogen** ADJ MED endojen; **~es Training** kendi kendine gevşeme

**Autogramm** N ⟨-s; -e⟩ imza

**Auto|händler** M otomobil tüccarı, oto galerici(si) **~industrie** F otomobil sanayii **~karte** F yol haritası **~kino** N açık sinema (arabalılar için)

**Automat** M ⟨-en; -en⟩ otomat; (Verkaufs♀) satış otomatı; (Spiel♀) kumar/oyun makinası

**Automatik** F ⟨-; -en⟩ AUTO otomatik vites **~gurt** M otomatik emniyet kemeri

**Automat|ion** F ⟨-; ohne pl⟩ otomasyon **♀isch** ADJ otomatik **♀isieren** VT ⟨o ge-, h.⟩ otomatikleştirmek, otomatize etmek

**Automechaniker** M araba/oto (-mobil) tamircisi

**Automobilklub** M otomobil kulübü

**autonom** ADJ özerk

**Autonomie** F ⟨-; -n⟩ özerklik

**Autonummer** F plaka (numarası)

**Autopsie** F ⟨-; -n⟩ MED otopsi

**Autor** M ⟨-s; -en⟩ yazar

**Autoradio** N araba radyosu

**Autoreifen** M lastik

**Autoreisezug** M araba treni

**Autorin** F ⟨-; -nen⟩ (kadın) yazar

**autorisieren** VT ⟨ohne ge-, h.⟩ (ermächtigen) -e yetki vermek; (bestätigen) -i onaylamak

**autoritär** ADJ otoriter

**Autorität** F ⟨-; -en⟩ (auf dem Gebiet... ... sahasında) otorite

**Auto|schlüssel** M araba anahtarı **~skooter** [-'sku:tɐr] M ⟨-s; -⟩ çarpışan arabalar pl **~stopp** M otostop; ~ ma-

**chen** otostop yapmak **~straße** F ekspres yol

**Autosuggestion** F kendine telkin
**Auto|telefon** N araç telefonu **~unfall** M araba kazası **~verleih** M, **~vermietung** F araba kiralama (servisi) **~waschanlage** F araba yıkama (tesisi) **~werkstatt** F oto tamirhanesi
**Avantgard|e** [avā'gard(ə)] F ⟨-; -n⟩ avangart, öncü **♀istisch** ADJ avangart (-ça), öncü
**Aversion** [aver'zio:n] F ⟨-; -en⟩ **(gegen** -e**)** karşı tepki, soğukluk
**Avitaminose** F ⟨-; -n⟩ MED vitamin eksikliği
**Avocado** F ⟨-; -s⟩ BOT avokado
**Axt** [akst] F ⟨-; ⸚e⟩ balta; nacak
**Az.** abk für Aktenzeichen dosya no.
**Azalee** [atsa'le:ə] F ⟨-; -n⟩ açalya, açelya

# B

**b, B** [be:] N ⟨-; -⟩ **A** b, B **B** MUS B-Dur si bemol, b-Moll bemol
**Baby** ['be:bi] N ⟨-s; -s⟩ bebek **~ausstattung** F bebe(k) malzemesi **~nahrung** F bebek maması **~sitter** M ⟨-s; -⟩ babysitter **~tragetasche** F portbebe **~zelle** F ELEK orta boy pil
**Bach** M ⟨-s; ⸚e⟩ dere; akarsu **~forelle** F tatlısu alabalığı **~stelze** F kuyruksallayan (kuşu)
**backbord** ADV SCHIFF iskele tarafında
**Backbord** N ⟨-s; -e⟩ SCHIFF iskele (tarafı)
**Backe** F ⟨-; -n⟩ yanak; umg (Gesäßbacke) kaba et; TECH çene; fren takozu
**backen** ⟨bäckt od backt, buk od backte, gebacken, h.⟩ **A** V/T (fırında) pişirmek, kızartmak **B** V/I (fırında) pişmek
**Backen|bart** M favori (sakal) **~knochen** M elmacık kemiği **~zahn** M azı dişi
**Bäcker** M ⟨-s; -⟩ fırıncı; ekmekçi **~ei** F ⟨-; -en⟩ ekmekçi dükkanı; fırın
**Back|form** F pasta kalıbı **~hefe** F kek mayası **~ofen** M fırın **~pulver** N kabartma tozu
**Back-up** N ['bɛkʌp] ⟨-s; -s⟩ IT yedekleme
**Backwaren** PL hamur işi; börek çörek
**Bad** N ⟨-s; ⸚er⟩ banyo; im Freien plaj; açık yüzme havuzu; **ein ~ nehmen** banyo yapmak; fig **~ in der Menge** kalabalıkla haşır neşir olmak
**Bade|anstalt** F hamam; umumî banyo **~anzug** M mayo **~hose** F deniz şortu **~kappe** F başlık; bone **~mantel** M bornoz **~matte** F plaj yaygısı **~meister** M yüzme öğretmeni; havuz sorumlusu; hamamcı
**baden** V/I ⟨h.⟩ **A** banyo yapmak, im Freien yüzmek; **~ gehen** yüzmeye gitmek; umg fig suya düşmek **B** V/R: **sich ~** banyo yapmak, yıkanmak
**Bade|ort** M plaj; (Kurbad) kaplıca **~sachen** PL plaj eşyaları pl **~schuhe** PL banyo/plaj terliği sg **~strand** M plaj **~tuch** N banyo havlusu **~wanne** F küvet **~zimmer** N banyo
**baff** ADJ umg **~ sein** afallamak
**BAföG** F ⟨-(s)⟩ meslek eğitimini teşvik kanunu; yüksek öğrenim kredisi
**Bagage** [ba'ga:ʒə] F (Gesindel) gürüh
**Bagatelle** F ⟨-; -n⟩ küçük suç/hasar
**bagatellisieren** V/T ⟨ohne ge-, h.⟩ (olduğundan) küçük/zararsız göstermek
**Bagatellschaden** M küçük hasar
**Bagger** M ⟨-s; -⟩ TECH ekskavatör/kepçe **~see** M (suni) gölet
**Bahn**¹ F ⟨-; -en⟩ (Weg) yol, pist; (Fahrspur) şerit; SPORT a. kulvar; (Eis♀) pist; ASTRON (Flug♀, Umlauf♀) yörünge; Stoff en; fig **sich ~ brechen** bş-in üstesinden gelmek; sözünü geçirmek; fig **auf die schiefe ~ geraten** yoldan çıkmak; **~ frei!** yol serbest!
**Bahn**² F ⟨-; -en⟩ demiryolu; (Zug) tren; (Straßenbahn) tramvay; (Bahnhof) istasyon; **mit der ~** trenle; WIRTSCH demiryolu ile; **j-n zur ~ bringen** b-ni istasyondan yolcu etmek **~anschluss** M demiryolu bağlantısı
**bahnbrechend** ADJ çığır açan/açıcı
**bahnen** V/T ⟨h.⟩ yol açmak; **sich** (dat) **e-n Weg ~ (durch)** (-in arasından) k-ne yol açmak
**Bahn|fahrt** F tren yolculuğu **~hof** M tren istasyonu; **auf dem ~** istasyonda

# BAHN | 576

**~hofsvorsteher** M istasyon şefi **~linie** F demiryolu hattı **~polizei** F gar polisi **~steig** M ⟨-s; -e⟩ yolcu peronu **~übergang** M hemzemin geçit

**Baisse** F ⟨-; -n⟩ WIRTSCH fiyat düşüklüğü, ayı eğilimi

**Bakter|ie** [-rĭa] F ⟨-; -n⟩ bakteri **♀iell** ADJ bakteriyel

**Balance** [ba'lā:s(ǝ)] F ⟨-; -n⟩ denge **balancieren** [balā'si:rǝn] ⟨ohne ge-⟩ A V/T ⟨h.⟩ dengelemek; terazilemek B V/I ⟨s.⟩ dengede olmak; terazilenmek

**bald** ADV yakında; umg (beinahe) az daha/kalsın; **so ~ darauf** (bunun) hemen ardından; **so ~ wie möglich** olabildiği kadar çabuk; umg **bis ~!** görüşmek üzere! **~ig** ADJ yakın (zamandaki)

**Balken** M ⟨-s; -⟩ kiriş; direk

**Balkon** [bal'kɔŋ, bal'kōː] M ⟨-s; -s od -e⟩ balkon **~tür** F balkon kapısı

**Ball**[1] M ⟨-s; ⸚e⟩ top; umg fig **am ~ bleiben** -in peşini bırakmamak

**Ball**[2] (Veranstaltung) F balo

**Ballast** M ⟨-s; ohne pl⟩ safra **~stoffe** PL MED selüloz sg

**ballen** ⟨h.⟩: A V/T **die Faust ~** yumruk sıkmak B V/R: **sich ~** topaklaşmak; sıkışmak

**Ballen** M ⟨-s; -⟩ ANAT başparmak kökü; AGR, WIRTSCH balya

**ballern** V/I ⟨h.⟩ umg gümbürdetmek; patlatmak

**Ballett** N ⟨-s; -e⟩ bale **~schule** F bale kursu/okulu **~tänzer** M bale sanatçısı **~tänzerin** F a. balerin

**Ballon** [ba'lɔŋ, ba'lōː] M ⟨-s; -s⟩ balon; (Korbflasche) damacana

**Ballungs|gebiet** N, **~raum** M yoğun nüfuslu bölge, gelişmiş yöre

**Ballwechsel** M paslaşma

**Balsam** M ⟨-s; -e⟩ merhem

**Balt|e** M ⟨-n; -n⟩, **-in** F ⟨-; -nen⟩ Baltık kıyısı halkından olan **♀isch** ADJ Baltık subst

**Bambus** M ⟨- od -ses; -se⟩ bambu **~sprossen** PL bambu filizi sg

**Bammel** M ⟨-s; ohne pl⟩ umg korku; **~ haben (vor** -den**)** korkmak

**banal** ADJ alelade, sıradan

**Banalität** F ⟨-; -en⟩ aleladelik; bayağılık; alelade/bayağı şey

**Banane** F ⟨-; -n⟩ muz

**Bananenstecker** M ELEK banan fiş

**Band**[1] [bant] M ⟨-s; ⸚e⟩ (Buch) cilt; fig **das spricht Bände** bu çok şey ifade ediyor

**Band**[2] [bant] N ⟨-s; ⸚er⟩ şerit/bant; (Farb♀) daktilo/yazıcı şeridi; (Fließ♀) imalat bandı; (Klebe♀) (yapışkan) bant; (Maß♀) ölçme şeridi; şerit ölçek; mezura; (Ton♀) teyp; (Schmuck♀) kurdele; ANAT bağ; kordon; fig **am laufenden ~** durmadan; sürekli olarak; **auf ~ aufnehmen** banda almak/kaydetmek

**Band**[3] [bɛnt] F ⟨-; -s⟩ MUS bando; müzik grubu

**Bandag|e** [ban'da:ʒə] F ⟨-; -n⟩ sargı/ bandaj **♀ieren** [banda'ʒi:rən] V/T ⟨ohne ge-, h.⟩ bandajlamak/sargılamak

**Bandaufnahme** F bant kaydı

**Bandbreite** F ELEK bant/kuşak genişliği; fig çeşit(lilik), yelpaze, mozaik

**Bande** F ⟨-; -n⟩ (Verbrecher♀) çete

**Bänder|riss** M MED bağ kopması **~zerrung** F bağ esnemesi

**bändigen** V/T ⟨h.⟩ zaptürapt altına almak

**Bandscheibe** F ANAT disk

**Bandscheibenvorfall** M disk kayması

**Bange** F ⟨-; ohne pl⟩: **(nur) keine ~!** korkma(yın)!; **j-m ~ machen** (b-nin) yüreğine korku salmak

**bangen** ⟨h.⟩: A V/I **~ um** -in üstüne titremek; **um j-s Leben ~** (b-nin) hayatından endişe etmek B V/I/UNPERS: **j-m bangt (es) vor etw** (-den) korkmak; ürküntü duymak

**Bank**[1] F ⟨-; ⸚e⟩ (Sitz♀) bank; (Schul♀) sıra; **auf die lange ~ schieben** (işi) sallamak; sürüncemede bırakmak; umg **durch die ~** tamamen, istisnasız, baştan başa

**Bank**[2] F ⟨-; -en⟩ WIRTSCH banka; **Geld auf der ~ haben** bankada parası olmak **~angestellte** M, F banka memuru **~anweisung** F bankaya ödeme emri **~direktor** M, **~direktorin** F banka müdürü **~diskont** M banka iskontosu **~einlage** F banka mevduatı

**Banker** ['bɛŋkɐ] M ⟨-s; -⟩, **-in** F ⟨-; -nen⟩ bankacı; banker

**Bankfach**[1] N ⟨-s; -⟩ (Fachgebiet) bankacılık

**Bankfach**[2] N ⟨-s; ⸚er⟩ (Schließfach) kiralık kasa

**bankfähig** bankaca geçerli; kırdırılabilir
**Bank|geheimnis** N banka sırrı, **~geschäft** n banka işlemi; bankacılık **~guthaben** N banka mevduatı
**Bankier** [baŋ'kie:] M ⟨-s; -⟩ banker/bankacı
**Bank|kauffrau** F bankacı (kadın) **~kaufmann** M bankacı (erkek) **~konto** N banka hesabı **~leitzahl** F banka kodu **~note** F banknot
**Bankomat** M ⟨-en; -en⟩ bankamatik; otomatik para veznesi
**bankrott** ADJ müflis; iflas etmiş; **~ sein** iflasta olmak; iflas etmiş olmak
**Bankrott** M ⟨-s; -e⟩ iflas; **machen** iflas etmek; umg batmak **~erklärung** F iflas beyanı; fig âcizlik belgesi
**bankrottgehen** V/i ⟨irr, -ge-, s.⟩ iflas etmek; umg batmak
**Bank|schließfach** N banka kasası **~überfall** M banka soygunu **~überweisung** F banka havalesi **~verbindung** F banka hesabı **~wesen** N ⟨-s; ohne pl⟩ bankacılık
**Banner** N ⟨-s; -⟩ flama
**Bannkreis** M fig etki alanı
**bar** ADJ (rein) safi/katıksız; (ohne) **~ jeglicher Vernunft** hiç akıl kârı/işi değil; WIRTSCH **(in) ~ bezahlen** nakit ödemek; **gegen ~** peşin olarak; **~ ohne Abzug** kesintisiz peşin; net olarak; **~er Unsinn** düpedüz saçma; **~es Geld** nakit para
**Bar** F ⟨-; -s⟩ bar; gece kulübü; **an der ~** barda, bankoda
**Bär** M ⟨-en; -en⟩ ZOOL ayı; fig **j-m e-n ~en aufbinden** b-ni işletmek; ASTRON **der Große ~** Büyükayı; **der Kleine ~** Küçükayı
**Baracke** F ⟨-; -n⟩ baraka
**Barauszahlung** F nakit ödeme
**barbarisch** ADJ barbar; adv barbarca
**Barbestand** M nakit/kasa mevcudu
**Bardame** F konsomatris
**Bärenhunger** M umg: **e-n ~ haben** kurt gibi aç olmak
**barfuß** ADJ u. ADV yal(ı)nayak
**barfüßig** ADJ yal(ı)nayak
**Bargeld** N nakit para **~automat** M bankamatik; otomatik para veznesi **~los** ADJ ciro/çek ile; gayri nakdî
**Barhocker** M bar sandalyesi
**Bariton** M ⟨-s; -e⟩ MUS bariton

**Barkauf** M nakit alım
**Barkeeper** [-ki:pə] M ⟨-s; -⟩ barmen
**Bar|kredit** M nakdî kredi **~mittel** PL likit fonlar
**Barock** N, M ⟨-s; ohne pl⟩ Barok (çağı)
**Barometer** M ⟨-s; -⟩ barometre
**Barpreis** M peşin fiyat; efektif fiyat
**Barren** M ⟨-s; -⟩ Gold etc külçe; SPORT barparalel
**Barriere** [ba'rïe:rə] F ⟨-; -n⟩ bariyer, engel
**Barrikade** F ⟨-; -n⟩ barikat; **auf die ~n gehen (für için)** kavgayı göze almak; bayrak açmak
**barsch** ADJ sert, haşin
**Barsch** M ⟨-s; -e⟩ levrek; çırçır; hani
**Bar|schaft** F ⟨-; ohne pl⟩ umg cepteki para **~scheck** M WIRTSCH para çeki
**Bart** M ⟨-s; ˆe⟩ sakal; **sich** (dat) **e-n ~ wachsen lassen** sakal bırakmak
**bärtig** ADJ sakallı
**Bar|vermögen** N nakit aktif; para varlığı **~zahlung** F nakit/peşin ödeme; **gegen ~** peşin (ödemeyle) **~zahlungspreis** M peşin ödeme fiyatı
**Basar** [-'za:e] M ⟨-s; -e⟩ orientalisch kapalıçarşı; (Weihnachts& etc) kermes
**basieren** V/i ⟨ohne ge-, h.⟩ **~ auf** (dat) -e dayanmak
**Basilikum** N ⟨-s; ohne pl⟩ BOT fesleğen
**Basis** F ⟨-; Basen⟩ (Grundlage) temel; POL taban; **an der ~** tabanda **~demokratie** F katılımcı demokrasi
**Basislager** N ana depo
**Basketball** ['ba(:)skatbal] M SPORT basketbol
**Bass** M ⟨-es; ˆe⟩ MUS bas; Stimme pes; bas **~geige** F kontr(a)bas **~gitarre** F bas gitar
**Bassin** [ba'sɛ̃:] N ⟨-s; -s⟩ havuz
**Bass|ist** M ⟨-en; -en⟩ MUS bas; (Bassspieler) basçı; basist **~regler** M Radio etc bas ayarı
**Bast** M ⟨-s; -e⟩ ağaç kabuğu elyafı
**basta** INT umg yeter!; **und damit ~!** yeter artık!
**Bastard** M ⟨-s; -e⟩ BIOL kırma; melez; Schimpfwort piç(kurusu)
**Bastelarbeit** F elişi; hobi
**basteln** ⟨h.⟩ ▶ **A** V/T (kendi) yapmak **B** V/i amatörce el işleri, marangozluk vs yapmak; **~ an** (dat) (-in) üzerinde çalışmak
**Bastion** [bas'tïo:n] F ⟨-en; -en⟩ burç

**Bataillon** [batal'jo:n] N ⟨-s; -s⟩ tabur
**Batik** F ⟨-; -en⟩ batik **⌾en** VT u. VI ⟨h.⟩ batik yapmak
**Batterie** F ⟨-; -n⟩ ELEK pil; batarya; AUTO akü(mülatör) **⌾betrieben** ADJ pilli/akülü, **~ladegerät** N şarj cihazı
**Bau¹** M ⟨-s; -ten⟩ *Vorgang* inşaat/yapım; (*Gebäude*) bina/yapı; (*Haus⌾*) ev/konut inşaatı; (*Körper⌾*) vücut yapısı; **im ~** inşa halinde
**Bau²** M ⟨-s; -e⟩ (*Tierhöhle*) in
**Bau|amt** N imar dairesi **~arbeiten** PL inşaat; *Straße* yapım çalışmaları **~arbeiter** M inşaat/yapı işçisi; amele **~art** F TECH tip; model
**Bauch** M ⟨-s; ⸚e⟩ karın; **sich** (dat) **vor Lachen den ~ halten** katıla katıla gülmek; *fig* **aus dem ~** rasgele **~landung** F: **e-e ~ machen** şapa oturmak **~schmerzen** PL karın ağrısı sg **~speicheldrüse** F pankreas (bezi) **~tanz** M göbek dansı; oryantal dans **~tänzerin** F oryantal dansöz **~weh** N ⟨-s; *ohne pl*⟩ karın ağrısı
**Baudenkmal** N mimari anıt
**bauen** A VT ⟨h.⟩ (*errichten*) yapmak; kurmak; inşa etmek; (*herstellen*) imal etmek; üretmek; TECH monte etmek; (*verursachen*) **e-n Unfall ~** kaza yapmak B VI *fig* **~ auf** *akk* -e güvenmek
**Bauer** M ⟨-n; -n⟩ (*Landwirt*) çiftçi; köylü; *Schach* piyon
**Bäuer|in** F ⟨-; -nen⟩ çiftçi kadın; köylü kadın **⌾lich** ADJ köylü *subst*; köylü usulü/kökenli; çiftçilikle ilgili
**Bauern|brot** N köy ekmeği **~hof** M çiftlik **~möbel** PL rustikal mobilya sg **~schläue** köylü kurnazlığı
**Bauerwartungsland** N imarı beklenen arazi **⌾fällig** ADJ yıkılmaya yüz tutmuş, harap; tamire muhtaç **~firma** F inşaat şirketi **~gelände** F inşaat sahası; şantiye (arazisi) **~genehmigung** F inşaat ruhsatı **~genossenschaft** F yapı kooperatifi **~gerüst** N inşaat iskelesi **~gewerbe** N inşaat sektörü **~grund** M, **~grundstück** N (imar izinli) arsa **~ingenieur** M inşaat mühendisi **~jahr** N üretim/imal yılı; **~ 1986** 1986 modeli **~kasten** M modül; yapıtaşı **~kastensystem** N TECH modül sistemi; modüler sistem
**Bauklotz** M: *umg fig* **Bauklötze stau-**

**nen** ağzı bir karış açık kalmak
**Bauland** N ⟨-s; *ohne pl*⟩ (imar izinli) arazi
**Baum** M ⟨-s; ⸚e⟩ ağaç; **auf dem ~** ağaçta; **im ~** ağaçta, dalların arasında
**Bau|markt** M yapı market(i) **~maschinen** PL iş/inşaat makinaları **~material** N yapı/inşaat malzemesi **~meister** M mimar
**baumeln** VI ⟨h.⟩ **~ an** *dat* -den sallanmak/sarkmak; **mit den Beinen ~** bacaklarını sarkıtmak; *umg* (*hängen*) sallanmak/sarkmak
**Baum|grenze** F ağaç sınırı **~schere** F budama makası **~stamm** M (ağaç) gövde(si); *gefällter* tomruk **~sterben** N ⟨-s; *ohne pl*⟩ asitli yağmurdan ağaçların ölmesi **~stumpf** M çotuk, (sökülmemiş) ağaç kütüğü
**Baumwolle** F pamuk
**Bau|plan** M TECH teknik plan **~platz** M arsa **~projekt** N inşaat/yapı projesi **⌾reif** ADJ inşaata hazır **~sparkasse** F yapı tasarruf sandığı **~stein** M *Material* taş; tuğla; briket; *Spielzeug* küp; (*Komponente*) *a.* IT bileşen; birim; *fig* yapıtaşı **~stelle** F şantiye; inşaat yeri; *Straße* yolda çalışma **~stil** M mimari üslup **~stopp** M: **e-n ~ verhängen** inşaat yasağı koymak/getirmek **~substanz** F binanın dayanıklılığı **~techniker** M inşaat teknisyeni **~teil** N parça **~ten** PL binalar; THEAT *etc* dekor sg **~träger** M inşaat sahibi **~unternehmer** M müteahhit, inşaat müteahhidi **~vorhaben** N inşaat/yapı projesi **~weise** F inşaat tarzı **~werk** N bina; mimari eser
**Bayer|** M ⟨-n; -n⟩, **-in** F ⟨-; -nen⟩ Bavyeralı **⌾(e)risch** ADJ Bavyera(lı) *subst*; **auf Bay(e)risch** Bavyera lehçesiyle **~ern** N Bavyera
**Bazillenträger** M, **-in** F portör/taşıyıcı
**Bazillus** M ⟨-; Bazillen⟩ basil; *umg* mikrop
**Bd.** *abk für* **Band** M cilt
**Bde.** *abk für* **Bände** F/PL ciltler
**beabsichtigen** VT ⟨h.⟩ *-e* niyet etmek; *-i* tasarlamak; **~, etw zu tun** bş-i yapmaya niyet etmek
**beachten** VT ⟨h.⟩ *-e* dikkat etmek; *Anweisungen, Regeln -e* uymak; *-e* itaat/ria-

yet etmek; **bitte zu ~** *-e* dikkat edilmesi rica olunur; **nicht ~** *-e* uymamak; *-e* itaat/riayet etmemek; (*ignorieren*) tanımamak; *umg -e* kulak asmamak; *Ratschläge* aldırmamak
**beachtenswert** ADJ dikkate değer
**beacht|lich** ADJ (*beträchtlich*) hatırı sayılır; önemli; (*bemerkenswert*) dikkate değer **ℒung** F ⟨-; *ohne pl*⟩ dikkat(e alma); *-e* riayet/uyma
**Beamte** M ⟨-n; -n⟩ (*Staats*ℒ) devlet memuru; (*Polizei*ℒ) polis memuru; (*Zoll*ℒ) gümrük memuru
**Beamtenlaufbahn** F memurluk kariyeri
**Beamtin** F (kadın) memur, memure
**beängstigend** ADJ ürkütücü
**beansprüch|en** VT ⟨*ohne -ge-, h.*⟩ *Recht, Eigentum etc* hak iddia etmek; (*erfordern*) Aufmerksamkeit, Hilfe gerektirmek; *Zeit, Raum* almak; TECH zorlamak; **j-n ganz ~** b-ni çok yormak; tamamen meşgul etmek **ℒung** F ⟨-; -en⟩ TECH, *nervliche* zorla(n)ma
**beanstand|en** VT ⟨*ohne -ge-, h.*⟩ *Ware etc* kusurlu bulmak; (*Einwand erheben*) *-e* itiraz etmek **ℒung** F ⟨-; -en⟩ şikayet
**beantragen** VT ⟨*ohne -ge-, h.*⟩ (**bei** j-m) *-den* (dilekçeyle) talep etmek
**beantwort|en** VT ⟨*ohne -ge-, h.*⟩ cevaplamak **ℒung** F ⟨-; -en⟩ cevap(lama); **in ~** (*gen*) *-e* cevaben
**bearbeit|en** VT ⟨*ohne -ge-, h.*⟩ *Sachgebiet etc* işlemek; *Boden a.* sürmek; *Antrag etc -e* bakmak; *-in* işlen(ler)ini yapmak; *für Bühne etc -e* uyarlamak; MUS *için* düzenlemek; *Buch, Text* (**neu**) ~ (yeniden) baskıya hazırlamak **ℒung** F ⟨-; -en⟩ işlem; *Boden* toprağın işlenişi/sürülüşü; *Antrag etc* işlem; *Text* baskıya hazırlanış; THEAT *etc* uyarlama; MUS düzenleme **ℒungsgebühr** F işlem harcı; FIN muamele ücreti
**beatmen** VT ⟨*ohne -ge-, h.*⟩: **j-n** (**künstlich**) ~ b-ne suni solunum yap(tır)mak
**beaufsichtig|en** VT ⟨*ohne -ge-, h.*⟩ denetlemek; teftiş etmek; *Kind -e* bakmak **ℒung** F ⟨-; -en⟩ denetim; gözetim; kontrol
**beauftrag|en** VT ⟨*ohne -ge-, h.*⟩ görevlendirmek; *Künstler etc -e* sipariş vermek; **j-n ~, etw zu tun** b-ni bş yapmakla görevlendirmek; *formell* b-ne bş-i yapması için direktif vermek; **j-n mit e-m Fall ~** b-ni bir olayla ilgili olarak görevlendirmek

**Beauftragte** M,F ⟨-n; -n⟩ görevli
**bebauen** VT ⟨*ohne -ge-, h.*⟩ AGR işlemek, ekmek; ARCH *-e* inşaat yapmak
**beben** VI ⟨*h.*⟩ *fig* (**vor** *dat*) *-in* heyecanından titremek
**Beben** N ⟨-s; -⟩ titreme; (*Erdbeben*) deprem, zelzele
**bebildern** VT ⟨*ohne -ge-, h.*⟩ resimle(ndir)mek
**Becher** M ⟨-s; -⟩ bardak; kupa
**bechern** VI ⟨*h.*⟩ *umg* kafayı çekmek
**Becken** N ⟨-s; -⟩ (*Schwimm*ℒ) havuz; (*Spül*ℒ) eviye; ANAT leğen **~bruch** M MED leğen/pelvis kırığı
**bedacht** ADJ: **~ sein auf** (*akk*) *-i* göz ardı etmemek; *-e* özen göstermek
**bedächtig** ADJ (*überlegt, umsichtig*) ağırbaşlı; dikkatli; (*langsam*) ağır; yavaş
**bedanken** VR ⟨*ohne -ge-, h.*⟩: **sich ~** teşekkür etmek (**bei** j-m b-ne; **für etw** bş için)
**Bedarf** M ⟨-s; *ohne pl*⟩ ihtiyaç (**an** *dat -e*); WIRTSCH talep; **bei ~** ihtiyaç halinde; (**je**) **nach ~** ihtiyaca göre; *umg* **mein ~ ist gedeckt** benim ihtiyacım görüldü
**Bedarfs|artikel** PL ihtiyaç malzemeleri **~fall** M: **im ~** ihtiyaç halinde **~güter** PL tüketim malları **~haltestelle** F geçici durak
**bedauerlich** ADJ acınacak; üzücü **~erweise** ADV maalesef; ne yazık ki
**bedauern** A VT ⟨*ohne -ge-, h.*⟩: **j-n ~** b-ne acımak; **etw ~** bş-den üzüntü duymak; **ich bedauere sehr, dass ...** ...diği için çok üzgünüm B VI **bedaure!** maalesef (olmaz)!
**Bedauern** N ⟨-s; *ohne pl*⟩ üzüntü; esef (**über** *akk -den*); **zu meinem (großen) ~** (büyük) üzüntü duymama rağmen; çok üzülerek (belirtiyorum ki)
**bedauernswert** ADJ (*mitleiderregend*) acınası; acınacak
**bedeck|en** A VT ⟨*ohne -ge-, h.*⟩ örtmek B VR: **sich ~** örtünmek; *Himmel* kapanmak; bulutlanmak
**bedeckt** ADJ *Himmel* kapalı; bulutlu; *fig* **sich ~ halten** renk vermemek
**bedenken** VT ⟨*irr, ohne -ge-, h.*⟩ *-i* düşünmek; hesaba katmak

**Bedenk|en** PL (Zweifel) kuşku sg; tereddüt sg; çekince sg; moralische endişe(ler pl); (Einwände) itiraz sg; **keine ~ haben (wegen)** -de çekincesi olmamak; -de sakınca görmemek **♀enlos** ADJ düşüncesiz, saygısız; adv (ohne zu zögern) çekinmeden; (blindlings) körlemesine **♀lich** ADJ (zweifelhaft) kuşkulu; (ernst) ciddi; (kritisch) kritik **~zeit** F ⟨-; ohne pl⟩ (b-ne düşünmesi için verilen) süre; **ich gebe dir bis morgen ~** sana yarına kadar düşünme fırsatı veriyorum

**bedeuten** ⟨ohne -ge-, h.⟩ ... anlamına gelmek; -i ifade etmek; **was soll das (denn) ~?** bu da ne demek oluyor?; (zu verstehen geben) j-m ~, dass ... b-ne ...diğini/...mesini ima etmek

**bedeutend** A ADJ önemli; (beträchtlich) hayli; epey; önemli; (angesehen) ünlü; saygın; hatırı sayılır B ADV gayet

**Bedeutung** F ⟨-; -en⟩ anlam; mana; (Wichtigkeit) önem, değer; **von ~** önemli **♀slos** ADJ önemsiz; (ohne Sinn) anlamsız **♀svoll** ADJ önemli; vielsagend manidar; anlamlı

**bedienen** ⟨ohne -ge-, h.⟩ A VIT: j-n ~ b-ne hizmet etmek; Kunden -e bakmak; hum **ich bin bedient!** ben payımı aldım!; umg burama geldi!; TECH kullanmak; işletmek B V/R: **sich ~** kendine servis yapmak; (yiyeceklerden) almak; **~ Sie sich!** buyurun (alın)!; **sich** (dat) e-r **Sache** od j-s ~ bş-i od b-ni kullanmak

**Bedienung** F ⟨-; -en⟩ servis; TECH kullanım; (Kellner/in) garson; **~, zahlen bitte!** hesap, lütfen!

**Bedienungs|anleitung** F kullanım kılavuzu **~knopf** M kumanda düğmesi **~komfort** M kullanma rahatlığı

**bedingen** VIT ⟨ohne -ge-, h.⟩ (bewirken) -i belirlemek; -e yol açmak; (erfordern) gerektirmek

**bedingt** A ADJ: **~ durch** ile belirlenen/belirlenmiş B ADV (mit Einschränkungen) kısıtlı olarak

**Bedingung** F ⟨-; -en⟩ koşul; şart; **(es) zur ~ machen, dass ...** -in -mesini şart koşmak; **unter der ~, dass ...** -in -mesi koşuluyla/şartıyla; **~en stellen** şartlar koşmak; WIRTSCH **zu günstigen ~en** uygun/ehven şartlarla

**bedingungslos** ADJ, ADV Gehorsam etc kayıtsız şartsız

**bedrängen** VIT ⟨ohne -ge-, h.⟩: **j-n ~ mit** Bitten, Fragen etc b-nin üstüne varmak; b-ni sıkıştırmak; Gegner zorlamak; b-ne nefes aldırmamak; (bedrücken) bunaltmak

**bedroh|en** VIT ⟨ohne -ge-, h.⟩ tehdit etmek; ZOOL **~te Arten** nesli tükenmekte olan türler **~lich** ADJ tehdit edici

**Bedrohung** F ⟨-; -en⟩ tehdit

**bedrucken** VIT ⟨ohne -ge-, h.⟩ Papier, Stoff basmak

**bedrücken** VIT ⟨ohne -ge-, h.⟩ sıkmak; bunaltmak

**bedrückend** ADJ bunaltıcı

**bedürfen** ⟨bedarf, bedurfte, bedurft, h.⟩ A VIT: **der Ruhe ~** dinlenmeye ihtiyacı olmak; **j-s Hilfe ~** b-nin yardımına ihtiyacı olmak B V/UNPERS: **es bedarf weiterer Beweise** başka delillere ihtiyaç var(dır)

**Bedürfnis** N ⟨-ses; -se⟩ (nach) -e ihtiyaç; ... ihtiyacı

**bedürftig** ADJ muhtaç **♀keit** F ⟨-; ohne pl⟩ muhtaç olma (durumu)

**Beefsteak** ['biːfsteːk] N ⟨-s; -s⟩ biftek; **deutsches ~** (kızartma) köfte

**beehren** VIT ⟨ohne -ge-, h.⟩ şereflendirmek

**beeid|en, ~igen** VIT ⟨ohne -ge-, h.⟩ -e yemin ettirmek **~igt** ADJ JUR yeminli

**beeilen** ⟨ohne -ge-, h.⟩: **sich ~** acele etmek; **beeil dich!** acele et!, çabuk ol!

**beeindrucken** VIT ⟨ohne -ge-, h.⟩ etkilemek, -in üzerinde etki uyandırmak

**beeinfluss|en** VIT ⟨ohne -ge-, h.⟩ etkilemek; nachteilig etkisi altına almak **♀ung** F ⟨-; -en⟩ etkileme, yönlendirme

**beeinträchtig|en** VIT ⟨ohne -ge-, h.⟩ olumsuz etkilemek; hasar meydana getirmek **♀ung** F ⟨-; -en⟩ (Behinderung) aksatma; (Minderung) azaltma

**beend|en** VIT ⟨ohne -ge-, h.⟩ bitirmek; IT Programm kapatmak **♀igung** F ⟨-; ohne pl⟩ Gespräch -i bitirme; -e son verme

**beengen** VIT ⟨ohne -ge-, h.⟩ daraltmak, sıkmak; **beengt wohnen** umg (bir evde) sıkış sıkış oturmak

**beerben** VIT ⟨ohne -ge-, h.⟩: **j-n ~** b-nin mirasçısı olmak

**beerdig|en** VIT ⟨ohne -ge-, h.⟩ gömmek; defnetmek **♀ung** F ⟨-; -en⟩ cenaze (töreni) **♀ungsinstitut** N cenaze (işleri) servisi

**Beere** F ⟨-; -n⟩ meyve tanesi (*çilek, dut vs*); (*Wein*♀) üzüm tanesi

**Beerenauslese** F son ürün üzüm şarabı

**Beet** N ⟨-s; -e⟩ tarh

**befähig|en** VT ⟨ohne -ge-, h.⟩ **j-n ~ für (zu)** b-ni ... için yeterli hale getirmek; **j-n dazu ~, etw zu tun** b-ni bş yapacak hale getirmek

**befähig|t** [-ıçt] ADJ: **zu etw ~** bş-e/bş için yeterli **♀ung** F ⟨-; -en⟩ (*Qualifikation*) (**zu**) bş-e/bş için yeterlik; (*Können*) beceri **♀ungsnachweis** M yeterlik belgesi

**befahr|bar** ADJ araç geçebilir; trafiğe elverişli; SCHIFF sefere elverişli **~en** A VT ⟨irr, ohne -ge-, h.⟩: *Straße* (taşıtla, yolu) kullanmak; (taşıtla) *-den* geçmek B ADJ: **stark ~** trafiği yoğun (*yol vs*)

**befallen** VT ⟨irr, ohne -ge-, h.⟩: BOT (*Schädlinge*) *etw ~* bş-e musallat olmak, dadanmak; MED (*Krankheit*) **j-n ~** b-ni yakalamak; **~ werden von Angst** *etc* korkuya *vs* kapılmak

**befangen** ADJ (*scheu*) tutuk; çekingen; (*verlegen*) mahcup; (*parteiisch*) JUR tarafli; **in einem Irrtum ~ sein** bir hata içinde olmak **♀heit** F ⟨-; ohne pl⟩ (*Verlegenheit*) mahcubiyet; tutukluk; JUR tarafsız olmama; JUR **wegen ~** hakimin tarafsız olmadığı gerekçesiyle

**befassen** ⟨ohne -ge-, h.⟩: **sich ~ mit** ile ilgilenmek

**Befehl** M ⟨-s; -e⟩ emir, komut; **auf ~ von** (*od gen*) -in emri üzerine; (**den**) **~ haben zu** -me emri(ni) almış olmak; **den ~ haben** (**über** *akk*) (*-e*) komuta yetkisini haiz olmak

**befehlen** A VT ⟨befiehlt, befahl, befohlen, h.⟩ (**j-m etw ~** b-ne bş yapmasını) emretmek B V/I **~** (**über** *akk*) *-e* komuta etmek

**Befehls|form** F GRAM emir kipi **~haber** M ⟨-s; -⟩ komutan **~verweigerung** F emre itaatsizlik **~zeile** F IT komut satırı

**befestig|en** VT ⟨ohne -ge-, h.⟩ **etw ~** bş-i takmak; tutturmak; tesbit/monte etmek; **ein Regal an der Wand ~** duvara bir raf asmak; *Ufer, Straße* stabilize etmek; MIL tahkim etmek

**Befestigung** F ⟨-; -en⟩ (*Festmachen*) montaj; tesbit; (*Material*) tesbit vidası *vs*

**befind|en** ⟨irr, ohne ge- h.⟩ A VT **etw für gut** *etc* **~** bş-i iyi *vs* bulmak B V/R: **sich ~en** *-de* bulunmak; olmak; **sich im Irrtum ~** hata içinde olmak C V/I JUR (*entscheiden*) hüküm vermek (**über** *akk* hakkında)

**Befinden** N ⟨-s; ohne pl⟩ sağlık durum(u); **j-n nach dem ~ fragen** b-ne hal hatır sormak

**befindlich** ADJ: **alle im Haus ~en Möbel** evde bulunan bütün eşya

**beflecken** VT ⟨ohne -ge-, h.⟩ fig lekelemek

**beflügeln** VT ⟨ohne -ge-, h.⟩ (*anspornen*) *-e* şevk vermek; **j-s Fantasie ~** b-nin hayalgücünü canlandırmak

**befolgen** VT ⟨ohne -ge-, h.⟩ *Rat* dinlemek; yerine getirmek; *Vorschrift -e* uymak; riayet etmek

**befördern** VT ⟨ohne -ge-, h.⟩ nakletmek; WIRTSCH ulaştırmak; sevketmek; *im Rang etc* (**zu** *-e*) terfi ettirmek

**Beförderung** F taşıma; WIRTSCH sevk; terfi **~smittel** N taşıt; taşıma/ulaşım aracı

**befrag|en** VT ⟨ohne -ge-, h.⟩ (**über** *akk -e -i*) sormak; (bş hakkında) soruşturma yapmak; *interviewen* b-le mülakat yapmak; (*konsultieren*) (**wegen** *dat* ... hakkında) *-in* bilgisini almak **♀ung** F ⟨-; -en⟩ *Zeugen* bir şahidin dinlenmesi; (*Umfrage*) anket; yoklama; soruşturma

**befrei|en** A VT ⟨ohne -ge-, h.⟩ (*retten*) kurtarmak; *Pflichten* (**von** -*den*) muaf tutmak B V/R: **sich ~** (**aus, von** *-den*) kendini kurtarmak; kurtulmak **♀ung** F (**aus, von** *-den*) kurtarma; kurtuluş; *Pflichten, Steuern* **~ von** *-den* muafiyet *-den* muafiyeti; ... muafiyeti

**Befreiungsbewegung** F kurtuluş/ bağımsızlık hareketi

**befremden** VT ⟨ohne -ge-, h.⟩ yadırgatmak; *-e* ters gelmek; **etw befremdet j-n** bş b-ne yadırgatıyor; bş b-ne ters geliyor

**befreund|en** V/R ⟨ohne -ge-, h.⟩: **sich mit j-m ~** b-le dostluk/arkadaşlık kurmak **~et** ADJ: (**miteinander**) **~ sein** (birbiriyle) dost/arkadaş olmak

**befrieden** VT ⟨ohne -ge-, h.⟩ POL barışa kavuşturmak

**befriedig|en** VT ⟨ohne -ge-, h.⟩ A

**tatmin etmek** v/t; doyurmak; **schwer zu ~ tatmini güç** B V/R: **sich (selbst) ~** (onanieren) kendi kendini tatmin etmek **~end** ADJ tatmin edici; tatminkâr; doyurucu; *Schulnote* orta

**befriedigt** ADJ tatmin olmuş; *adv* tatmin olmuş bir şekilde **2ung** F ⟨-; *ohne pl*⟩ tatmin; doyum; (*Zufriedenheit*) hoşnutluk; memnuniyet

**befrist|en** VT ⟨*ohne* -ge-, *h.*⟩: **auf e-n Monat ~** bir ayla kısıtlamak **~et** (*auf akk*) (...) süreli; (-ile) kısıtlı **2ung** F ⟨-; -en⟩ kısıtlama

**befrucht|en** VT ⟨*ohne* -ge-, *h.*⟩ BIOL döllemek; **künstlich ~** suni yoldan döllemek **2ung** F ⟨-; -en⟩ BIOL suni dölle(n)me; **künstliche ~** suni tohumlama/dölle(n)me

**Befugnis** F ⟨-; -se⟩ yetki; **keine ~ haben zu** (+ *inf*) -meye yetkisi olmamak

**befugt** ADJ: **zu etw ~ sein** bş-e yetkili olmak

**Befund** M ⟨-s; -e⟩ MED bulgu; **ohne ~** bulgu yok, negatif bulgu; *umg* temiz

**befürcht|en** VT ⟨*ohne* -ge-, *h.*⟩ DEN korkmak; endişe etmek; (*vermuten*) -den kuşku duymak; **es ist zu ~, dass ...** -in -mesinden korkulur **2ung** F ⟨-; -en⟩ korku; endişe; kuşku

**befürwort|en** VT ⟨*ohne* -ge-, *h.*⟩ uygun bulmak; onamak; (*unterstützen*) desteklemek **2er** M ⟨-s; -⟩, **2erin** F ⟨-; -nen⟩ destekleyici; uygun bulan **2ung** F onay; tasvip

**begab|t** ADJ yetenekli; hünerli; **~ für ...** yeteneği olan, -e yetenekli **2ung** F ⟨-; -en⟩ yetenek; kabiliyet

**Begattung** F ⟨-; -en⟩ ZOOL çiftleşme

**begeben** A V/R ⟨*irr, ohne* ge-, *h.*⟩: **sich ~ nach** (*od* **zu**) -e gitmek; yönelmek; **sich in ärztliche Behandlung ~** hekim kontrolüne girmek; **sich an die Arbeit ~** işe girişmek; **sich auf die Reise ~** yolculuğa çıkmak B VT *Wertpapiere* tedavüle çıkarmak **2heit** F ⟨-; -en⟩ olay; olgu

**begegn|en** VI ⟨*ohne* -ge-, *s.*⟩ (*treffen*) **j-m ~** b-ne rastlamak; *Schwierigkeiten etc* ile karşılaşmak rastlamak; **j-m freundlich** *etc* **~** b-ne dostça *vs* davranmak **2ung** F ⟨-; -en⟩ raslantı, SPORT a. karşılaşma

**begeh|bar** ADJ içine girilebilen (*Schrank etc*) **~en** VT ⟨*irr, ohne* -ge-, *h.*⟩ *Geburtstag* kutlamak; *Verbrechen* işlemek; *Fehler, Dummheit* etmek; yapmak; (*besichtigen*) -*i* gezmek; **Selbstmord ~** intihar etmek

**begehren** VT ⟨*ohne* -ge-, *h.*⟩ *sexuell* arzulamak; WIRTSCH **(sehr) begehrt** çok talep duyulan

**Begehren** N ⟨-s; *ohne pl*⟩ arzu, istek; **~ nach** -*e* arzusu/isteği

**begehrenswert** ADJ arzulanan; çekici

**begeister|n** ⟨*ohne* -ge-, *h.*⟩ A VT coşturmak; **j-n ~** (**für**) b-nin -*e* karşı coşkusunu uyandırmak B V/R **~ durch** bş-le coşturmak C V/R: **sich ~ für** bşe çok ilgi duymak

**begeistert** A ADJ **(von)** (-*e*) hayran; **~er Anhänger** (*gen od* **von** -*in*) coşkulu taraftarı B ADV coşkuyla; hayranlıkla

**Begeisterung** F ⟨-; *ohne pl*⟩ (**für** -*e* karşı) coşku; hayranlık; heyecan

**begierig** ADJ (**auf** *akk*, **nach** -*e*) çok tetkli; **ich bin ~ zu** (+ *inf* -*mek* için) yanıp tutuşuyorum

**Beginn** M ⟨-s; *ohne pl*⟩ başlangıç; başlama; **zu ~** baş(langıç)ta; **-*in*** başında

**beginnen** (**begann, begonnen,** *h.*⟩ A VT -*e* başlamak B VI başlamak

**beglaubigen** VT ⟨*ohne* -ge-, *h.*⟩ onaylamak

**beglaubigt** ADJ onaylı; tasdikli

**Beglaubigung** F ⟨-; -en⟩ onay; tasdik; *Diplomat* itimatname

**begleichen** VT ⟨*irr, ohne* -ge-, *h.*⟩ WIRTSCH (hesabı/faturayı/açığı) ödemek; kapatmak

**begleiten** VT ⟨*ohne* -ge-, *h.*⟩ -*e* eşlik etmek; MUS **~ auf** *dat* ile eşlik etmek; **j-n nach Hause ~** b-ni (evine kadar) götürmek

**Begleit|er** M ⟨-s; -⟩, **-in** F ⟨-; -nen⟩ *e-r Person* refakatçi; *e-r Gruppe* rehber; MUS -*e* eşlik eden **~erscheinung** F MED araz **~person** F refakatçi **~schein** M WIRTSCH *zollamtlicher* gümrük irsal belgesi **~umstände** PL -*in* yan görünümleri **~ung** F ⟨-; -en⟩ *a.* MUS eşlik, refakat; katılma; **in ~ von** (*od* **gen**) ... eşliğinde; **ohne ~** yalnız olarak

**beglück|en** VT ⟨*ohne* -ge-, *h.*⟩ **j-n ~** b-ni mutlu etmek **~wünschen** VT ⟨*ohne* -ge-, *h.*⟩ (**zu** -*den* dolayı) kutlamak, tebrik etmek

**begnadlet** ADJ (üstün) yetenekli; **~igen** VT ⟨ohne -ge-, h.⟩ bağışlamak; a. POL affetmek **ଛigung** F ⟨-; -en⟩ bağışlama; a. POL af

**begnügen** VR ⟨ohne -ge-, h.⟩: **sich ~ mit** ile yetinmek; (auskommen) ile idare etmek

**begraben** VT ⟨irr, ohne -ge-, h.⟩ gömmek; s-e Pläne etc -den vazgeçmek; **e-n Streit ~** bir kavgayı geçmişe gömmek

**Begräbnis** N ⟨-ses; -se⟩ gömme; defin (töreni)

**begradigen** VT ⟨ohne -ge-, h.⟩ Fluss etc doğrultmak, ıslah etmek

**begreiflen** VT ⟨irr, ohne -ge-, h.⟩ kavramak; **schnell ~** umg (hemen) çakmak; **das begreife ich nicht!** buna aklım ermiyor! **~lich** ADJ kavranabilir; anlaşılır; **j-m etw ~ machen** b-ne bş-i (iyice) açıklamak

**begrenzen** VT ⟨ohne -ge-, h.⟩ sınırlamak; (auf akk -le); daraltmak **Begrenztheit** F ⟨-; ohne pl⟩ sınırlılık; kısıtlılık

**Begrenzung** F ⟨-; -en⟩ (auf akk) (-in -le) sınırlı olması; (Grenze) sınır(lama)

**Begriff** M ⟨-s; -e⟩ (Vorstellung) düşünce; (Ausdruck) kavram; **im ~ sein zu** ... -mek üzere olmak; **sich** (dat) **e-n ~ machen von** ... hakkında bir fikir edinmek; umg **schwer von ~** kavrayışı kıt

**begriffen** ADJ: **im Aufbruch ~ sein** yola çıkmak üzere olmak

**Begriffsbestimmung** F tanım
**begriffsstutzig** ADJ kavrayışı kıt

**begründlen** VT ⟨ohne -ge-, h.⟩ fig gerekçelemek; için gerekçe göstermek **~et** ADJ (gerechtfertigt) haklı; bir gerekçesi olan; **~er Verdacht** JUR haklı şüphe **ଛung** F ⟨-; -en⟩ gerekçe(leme); **mit der ~, dass ...** -in -diği gerekçesiyle; **ohne jede ~** hiçbir gerekçe göster(il)meden

**begrüßlen** VT ⟨ohne ge-, h.⟩ selamlamak; (willkommen heißen); **-e** «hoş geldin(iz)» demek; (gutheißen) -i olumlu/memnuniyetle karşılamak; **-e** sıcak bakmak **ଛung** F ⟨-; -en⟩ selamlama **ଛungsworte** PL açış/karşılama konuşması sg

**begünstiglen** VT ⟨ohne -ge-, h.⟩ tercih etmek; JUR Täter -in işini kolaylaştırmak **ଛte** M,F ⟨-n; -n⟩ WIRTSCH, JUR lehdar **ଛung** F ⟨-; -en⟩ prim, özel ödeme; kolaylık; (Bevorzugung) iltimas

**begutachten** VT ⟨ohne -ge-, h.⟩ bş hakkında rapor vermek; umg (betrachten) bş-e alıcı gözüyle bakmak; **~ lassen** -e hakkında rapor almak

**begütert** ADJ zengin; servet sahibi; varlıklı

**behaart** ADJ kıllı

**behäbig** ADJ rahatına düşkün; ağırkanlı; Gestalt şişmanca

**behaftet** ADJ: **~ sein mit** Fehler -in bir hatası/yanlışı olmak/var; Makel -in bir kusuru olmak/var; Krankheit -in bir hastalığı olmak/var

**behagen** V/UNPERS ⟨ohne -ge-, h.⟩: **etw behagt mir nicht** -den hoşlanmıyorum, -den rahatsız oluyorum

**behaglich** A ADJ (gemütlich) rahat; atmosferi sıcak; (bequem) rahat; konforlu B ADV (genießerisch) tadı çıkararak **ଛkeit** F ⟨-; ohne pl⟩ rahat; huzur; konfor

**behalten** VT ⟨irr, ohne -ge-, h.⟩ tutmak, bulundurmak; (sich merken) hatırında/aklında tutmak; **recht ~** haklı çıkmak; Nahrung **bei sich** (dat) **~** çıkarmamak; **für sich ~** kendine saklamak

**Behälter** M ⟨-s; -⟩ kap; konteyner

**behände** ADJ eliçabuk; kıvrak

**behandlleln** VT ⟨ohne -ge-, h.⟩ ele almak; -e davranmak; muamele etmek; MED -i tedavi etmek; a. TECH işlemek **ଛlung** F ⟨-; -en⟩ muamele; davranış; tedavi; **ambulante (stationäre) ~** ayakta (yatakta) tedavi; **in (ärztlicher) ~ sein** tedavi görmek

**beharrlen** VI ⟨ohne ge-, h.⟩ **auf etw** (dat) **~** bş-de ısrar etmek; umg **darauf ~, dass ...** -in -mesinde ısrar etmek; direnmek **~lich** ADJ ısrarlı; sebatlı **ଛlichkeit** F ⟨-; ohne pl⟩ sebat

**behauptlen** ⟨ohne ge-, h.⟩ A VT iddia etmek; ileri sürmek; savunmak; umg **steif und fest ~, dass ...** ısrarla -diğini iddia etmek; (verteidigen) korumak B VR: **sich ~** direnmek; dayanmak; WIRTSCH Kurse, Preise durumunu korumak **ଛung** F ⟨-; -en⟩ iddia; sav

**Behausung** F ⟨-; -en⟩ barınak; kalacak yer

**beheben** VT ⟨irr, ohne -ge-, h.⟩ Schaden gidermek, (ortadan) kaldırmak

**beheimatet** ADJ: ~ sein in (dat) -in anavatanı ... olmak
**beheiz|bar** ADJ ısıtmalı **~en** VT ⟨ohne -ge-, h.⟩ ısıtmak (soba ile vs)
**Behelf** M ⟨-s; -e⟩ (Provisorium) geçici tedbir
**behelfen** V/R ⟨irr, ohne -ge-, h.⟩: **sich mit etw ~** ile bir şeyin çaresine bakmak
**behelfsmäßig** A ADJ (provisorisch) geçici B ADV idareten; geçici olarak
**behelligen** VT ⟨ohne -ge-, h.⟩: **j-n mit etw ~** bş-le b-nin başını ağrıtmak
**behende** [-h-] ADJ → behände
**beherbergen** VT ⟨ohne ge-, h.⟩ a. fig barındırmak
**beherrsch|en** ⟨ohne ge-, h.⟩ A VT a. POL -e hakim olmak; -i yönetmek; *Sprache* iyi bilmek; **sein Handwerk ~** sanatının ustası olmak B V/R: **sich ~** kendine hakim olmak **~end** ADJ -e hakim **2ung** F ⟨-; ohne pl⟩ e-r Situation ~ e hakimiyet; -in kontrolü; **s-e ~ verlieren** soğukkanlılığını kaybetmek
**beherzigen** VT ⟨ohne ge-, h.⟩ -e dinlemek, kulak vermek (Rat etc)
**beherzt** ADJ (mutig, entschlossen) cesur, kararlı; (unerschrocken) yılmaz
**behilflich** ADJ: **j-m ~ sein** (bei -de) b-ne yardımcı olmak
**behindern** VT ⟨ohne ge-, h.⟩ (bei) Sicht, Verkehr engellemek; SPORT Gegner markaja almak
**behinder|t** ADJ engelli; özürlü; **geistig ~** zihin özürlü **2te** M.F ⟨-n; -n⟩ özürlü; neg! sakat **~tengerecht** ADJ özürlülere uygun **2ung** F ⟨-; -en⟩ özür; engel
**Behörd|e** F ⟨-; -n⟩ makam, daire; **die ~n** pl resmi makamlar **2lich** ADJ resmi
**behüten** VT ⟨ohne ge-, h.⟩ (vor dat -den) korumak; sakınmak
**behutsam** A ADJ (vorsichtig) dikkatli; özenli B ADV (rücksichtsvoll) incitmeden; dikkatle; özenle
**bei** PRÄP: **e-r Tasse Bier** bir çay içerken; **~ meiner Ankunft** ben geldiğimde/gelince; **~ Müller** Adresse Müller eliyle; **~ München** Münih yakınlarında; **~ Nacht** gece(leyin); **~ Regen** yağmur yağdığı/yağarken; **~ schönem Wetter** güzel havada; **~ s-r Geburt** (Hochzeit) onun doğumunda (düğününde); **~ Tag** gündüz(ün); **~ uns** bizde; bizim ailede (köyde vs); **~ Weitem** büyük farkla; **arbeiten ~ -de** çalışmak (... şirketinde); umg **er ist nicht ganz ~ sich** o tam kendinde değil; **ich habe kein Geld ~ mir** yanımda para yok; **~m Arbeiten** iş başında; **~m Gemüseladen** manavda; **~ so vielen Problemen** bu kadar çok sorun karşısında/varken
**beibehalten** VT ⟨irr, ohne -ge-, h.⟩ korumak; değiştirmemek
**Beiblatt** N ek (sayfa, gazete)
**beibringen** VT ⟨irr, -ge-, h.⟩ (lehren) öğretmek; (mitteilen) söylemek; **j-m etw schonend ~** b-ne bş-i uygun bir dille söylemek; *Niederlage -i* yenmek; *Wunde -i* yaralamak; *Zeugen, Bescheinigung -i* göstermek
**beichten** ⟨h.⟩ A VI günah çıkarmak B VT (j-m) etw ~ (b-ne) bş-i itiraf etmek
**beide** A ADJ (her) iki; **meine ~n Brüder** benim iki kardeşim B PRON: **alle ~** ikisi de; her ikisi; **~ Male** her iki sefer(de); **wir ~** biz ikimiz; ikimiz de; **keiner von ~n** ne biri, ne öbürü
**beider|lei** ADJ: **~ Geschlechts** kadınlı erkekli **~seitig** ADJ karşılıklı **~seits** A ADV karşılıklı olarak, her iki tarafta(n) B PRÄP ⟨gen⟩ -in her iki tarafında
**beieinander** ADV yan yana; bir arada; **dicht, nahe ~** iyice yan yana; birbirine (çok) yakın; umg **du hast wohl nicht alle ~!** senin aklın başında değil galiba!; umg **gut (schlecht) ~ sein** kendini iyi (kötü) hissetmek
**Beifahrer** M şoför yanında oturan kişi, yol arkadaşı; muavin; *Autorennen* kopilot **~sitz** M sağ ön koltuk
**Beifall** M ⟨-s; ohne pl⟩ alkış; **~ ernten** alkış toplamak; **~ klatschen** (-i) alkışlamak
**beifügen** VT ⟨-ge-, h.⟩ (dazulegen, hinzufügen) eklemek
**beige** [be:ʃ, 'be:ʒə] ADJ bej
**beigeben** ⟨irr, -ge-, h.⟩ A VT (hinzufügen) eklemek; katmak B VI umg: **klein ~** söz dinlemek
**Beigeschmack** M ⟨-s; ohne pl⟩ (von) tat; ... tadı; **e-n bitteren ~ haben** fig acı bir tat bırakmak
**Beihilfe** F ⟨-; ohne pl⟩ JUR ek yardım; para yardımı; JUR **(j-m) ~ leisten** (b-ne) yataklık etmek
**beikommen** VI ⟨irr, -ge-, s.⟩: **j-m ~** b-ne denk olmak; diş geçirebilmek; **e-r Sache ~** bş-in üstesinden gelmek

**beil.** *abk* → **beiliegend**
**Beil** N ⟨-s; -e⟩ (küçük) balta; ⟨Hack&⟩ satır
**Beilage** F *Zeitung* ilave, ek; GASTR garnitür
**beiläufig** ADV yanısıra; antrparantez; **ich möchte ~ erwähnen** yanısıra şunu belirteyim: ...
**beileg|en** VT ⟨-ge-, h.⟩ *e-m Brief* -e eklemek; -e ilave etmek; *Streit* yatıştırmak **&ung** F ⟨-; *ohne pl*⟩ yatıştırma, uzlaştırma
**Beileid** N ⟨-s; *ohne pl*⟩: **j-m sein ~ aussprechen** b-ne taziyelerini bildirmek; *umg* b-ne «başın(ız) sağ olsun» demek; **(mein) herzliches ~!** başın(ız) sağ olsun!
**Beileidsbrief** M başsağlığı mektubu
**beiliegen** VI ⟨*irr*, -ge-, h.⟩ *e-m Brief etc* *-in* ilişiğinde bulunmak
**beiliegend** ADJ/ADV ilişikte(ki); ekte(ki); **~ übersenden wir Ihnen ...** size ekte/ilişikte sunuyoruz
**beim** (= **bei dem**) *präp*: **~ Bäcker** fırıncıda; **~ Sprechen** konuşurken
**beimessen** VT ⟨*irr*, -ge-, h.⟩: **Bedeutung ~** önem vermek
**beimischen** VT ⟨-ge-, h.⟩: **etw ~ ...** bş-i katmak; karıştırmak
**Bein** N ⟨-s; -e⟩ bacak; ⟨Stuhl&, Tisch&⟩ ayak; ⟨Hosen&⟩ paça; **j-m ein ~ stellen** b-ne çelme takmak; **sich** (*dat*) **die ~e vertreten** (biraz) yürüyüş yapmak; **sich auf die ~e machen** yola koyulmak; kalkmak; *umg* **j-m ~e machen** b-ni sıkıştırmak; işe koşmak; **wieder auf den ~en sein** tekrar ayağa kalkmak; *fig* **auf eigenen ~en stehen** kendi geçimini kendi kazanmak
**beinah(e)** ADV hemen hemen, neredeyse; **~ etw tun** bş-i neredeyse yapmak, yapacak gibi olmak
**Beinahezusammenstoß** M kıl payı önlenen çarpışma
**Bein|bruch** M bacak kırılması; *umg fig* **das ist kein ~!** kıyamet kopmadı ya! **~freiheit** F ⟨-; *ohne pl*⟩ *bei Sitzen* diz serbestliği
**beinhalten** [bə'ʔɪn-] VT ⟨*ohne* -ge-, h.⟩ içermek
**Beinprothese** F bacak protezi; *umg* takma bacak
**beipflichten** VI ⟨-ge-, h.⟩: **j-m in etw** (*dat*) **~** bş-de b-ile mutabık olmak; b-nin fikrini paylaşmak
**Beirat** M ⟨-s; Beiräte⟩ komisyon; yarkurul
**beirren** [bə'ʔɪr-] VT ⟨*ohne ge-*, h.⟩: **sie lässt sich nicht ~** o şaşmıyor; aklını çeldirmiyor
**Beisammensein** N ⟨-s; *ohne pl*⟩: **geselliges ~** neşeli toplantı
**Beisein** N: **im ~ von j-m** (*od gen*) biri varken; b-nin yanında
**beiseite** ADV bir yana; **~lassen** bir yana bırakmak **~legen** VT ⟨-ge-, h.⟩ ⟨*weglegen*⟩ bir kenara koymak; ⟨*sparen*⟩ arttırmak; biriktirmek **~schaffen** VT ⟨-ge-, h.⟩ ⟨*verstecken*⟩ saklamak; ⟨*ermorden*⟩ *umg* temizlemek **~schieben** VT ⟨*irr*,-ge-, h.⟩ *Bedenken* bertaraf etmek
**beisetz|en** VT ⟨-ge-, h.⟩ defnetmek **&ung** F ⟨-; -en⟩ defin (töreni)
**Beispiel** N ⟨-s; -e⟩ örnek; **(wie) zum ~** mesela; örneğin; sözgelimi; **mit gutem ~ vorangehen** (iyi) örnek olmak; **sich** (*dat*) **ein ~ an j-m** (*etw*) **nehmen** b-ni (b-şi) örnek almak/edinmek **&haft** ADJ örnek olacak nitelikte/değerde **&los** ADJ eşsiz, emsalsiz; eşi görülmemiş ⟨ *irr*,-ge-, h.⟩
**beispielsweise** ADV örnek olarak
**beißen** ⟨biss, gebissen, h.⟩ **A** VT ısırmak; (**in** *akk* -i) ısırmak; dişlemek; *umg* **hum er wird dich schon nicht ~!** o adam yemez ya!; ⟨*kauen*⟩ çiğnemek; *umg* **nichts zu ~ haben** (*hungern müssen*) yiyecek bir lokması olmamak/yok; ⟨*stechen*⟩ *Insekten* sokmak **B** VI ısırmak; *Insekten* sokmak; *Fische* vurmak **C** V/UNPERS *umg* ⟨*jucken*⟩ dalamak; kaşındırmak **D** VR: **sich auf die Zunge ~** dilini ısırmak; *Farben* ~ sırıtmak
**beißend** ADJ keskin
**beistehen** VI ⟨*irr*, -ge-, h.⟩ (**j-m** -e) yardım etmek, destek olmak
**beisteuern** VT ⟨-ge-, h.⟩ (**zu** -e) katkıda bulunmak
**Beitrag** M ⟨-s; -̈e⟩ katkı; ⟨*Mitglieds&*⟩ aidat; ödenti; ⟨*Mitwirkung*⟩ katkı; katılım; **e-n ~ leisten** bir katkıda bulunmak
**beitragen** VT *u*. VI ⟨*irr*, -ge-, h.⟩ (**zu** -e) katılmak, katkıda bulunmak; -*in* (-*de*) katkısı/payı olmak/var
**beitrags|frei** ADJ aidattan muaf **~pflichtig** ADJ aidata tabi
**beitreten** VI ⟨*irr*, -ge-, s.⟩ katılmak, girmek, üye olmak

**Beitritt** M ⟨-s; -e⟩ giriş; katılma
**Beitrittserklärung** F katılma bildirgesi
**Beiwagen** M *Motorrad* sepet
**beiwohnen** VI ⟨-ge-, h.⟩ *Fest* -e şahit olmak; *-i* izlemek, ⟨-de⟩ hazır bulunmak
**Beiz|e** F ⟨-; -n⟩ *für Holz* suboyası; GASTR sos **2en** VT ⟨h.⟩ *Holz* (suboyasıyla) boyamak; *Stoff* mordanlamak; GASTR soslu yatırmak
**bejah|en** VT ⟨ohne ge-, h.⟩ *Frage* -e olumlu cevap vermek; *umg* «evet» demek; *fig* (*befürworten*) onaylamak **~end** ADJ *Antwort* olumlu; (*konstruktiv*) yapıcı **2ung** F ⟨-; -en⟩ olumlu cevap; GRAM olumlu (biçim); *fig* olumlama
**bejammern** VT ⟨ohne ge-, h.⟩ *sein Schicksal etc* -den (yanıp) yakınmak
**bekämpfen** VT ⟨ohne ge-, h.⟩ (*-le*, *-e* karşı) savaşmak; *Feuer* söndürmeye çalışmak
**bekannt** ADJ bilinen; *berühmt* ünlü; meşhur; *vertraut* tanıdık; **~ geben** bs duyurmak; ilan etmek; **~ machen** (resmen) duyurmak; ilan etmek; **j-n mit j-m ~ machen** b-ni b-ile tanıştırmak; **~ werden** duyulmak; öğrenilmek; tanınmak; **das ist mir ~** onu/orasını biliyorum; **dafür ~ sein, dass ...** -mesiyle tanınmak
**Bekannte** M, F ⟨-n; -n⟩ tanıdık; tanış; *allg* arkadaş
**Bekannt|enkreis** M tanıdık/ahbap çevresi **~gabe** F ⟨-; *ohne pl*⟩ ilan; duyuru **2lich** ADV bilindiği gibi/üzere **~machung** F ⟨-; -en⟩ resmî duyuru/ilan **~schaft** F ⟨-; -en⟩ tanışma; malumat; tanıdıklar; **j-s ~ machen** b-le tanışmak
**bekennen** VR ⟨*irr*, ohne -ge-, h.⟩: **sich schuldig ~** JUR suçunu itiraf etmek, kabul etmek; **sich zu j-m ~** b-nden yana çıkmak; **sich zu e-r Tat ~** -in sorumluluğunu üstlenmek
**Bekennerbrief** M bir şiddet eylemini üstlenme bildirisi
**Bekenntnis** N ⟨-ses; -se⟩ iman; inanç; inanış; (*Konfession*) mezhep
**beklagen** ⟨ohne -ge-, h.⟩ **A** VT *-e* yanmak; (*acı*) bir kaybı olmak **B** VR: **sich ~** (über *akk* -*i*) şikâyet etmek **~swert** ADJ acınacak, acınası
**Beklagte** M, F ⟨-n; -n⟩ JUR davalı
**beklauen** VT ⟨ohne ge-, h.⟩ *umg*: **j-n ~** b-nin *-i* araklamak
**bekleben** VT ⟨ohne -ge-, h.⟩ **etw ~ (mit)** bş-in üstüne *-i* yapıştırmak
**bekleckern** ⟨ohne ge-, h.⟩ **A** VT kirletmek **B** VR: **sich ~ mit ...** bş-i yüzüne gözüne bulaştırmak
**bekleid|en** VT ⟨ohne ge-, h.⟩ (**j-n mit** b-ne bş-i) giydirmek; *Amt, Stellung -nin* bir makamı/konumu olmak/var **~et** ADJ (**mit etw**) **~ sein** (üstüne bş) giymiş olmak **2ung** F ⟨-; -en⟩ giyim **2ungsindustrie** F giyim/konfeksiyon sanayii
**beklemmend** ADJ *Gefühl, Schweigen* yürek burucu
**bekloppt, beknackt** ADJ *umg* manyak
**bekommen** ⟨*irr*, ohne -ge-, h.⟩ **A** VT ⟨h.⟩ almak, MED *-e* yakalanmak; *Zug etc -e* yetişmek; **sie bekommt ein Kind** onun çocuğu olacak; **Hunger ~** acıkmak; **Durst ~** susamak; **etw geschenkt ~** bş-i hediye (olarak) almak; *im Geschäft* **was ~ Sie?** ne arzu edersiniz?; **wo man ...?** ... nerede bulunur? **B** VI ⟨s.⟩: **j-m (gut) ~** b-e iyi gelmek; **j-m nicht** (*od* **schlecht**) **~** b-e iyi gelmemek; dokunmak; **wohl bekomms!** afiyet olsun!, sağlığın(ız)a!
**bekräftig|en** VT ⟨ohne -ge-, h.⟩ teyit etmek **2ung** F ⟨-; -en⟩ teyit; destek (*-leme*)
**bekriegen** VT ⟨ohne ge-, h.⟩ VR: **sich ~** birbiriyle didişmek, birbiriyle mücadele etmek
**bekritteln** VT ⟨ohne ge-, h.⟩ *pej* kötülemek; (haksız yere) eleştirmek
**bekümmer|n** VT ⟨ohne ge-, h.⟩; (*traurig machen*) üzmek; (*Sorgen machen*) *-e* üzüntü vermek
**bekümmert** ADJ (*traurig*) üzgün; (*besorgt*) endişeli
**bekunden** VT ⟨ohne ge-, h.⟩ (*zeigen*) göstermek; JUR (*bezeugen*) ... hakkında şahitlik etmek
**belächeln** VT ⟨ohne ge-, h.⟩ istihzayla karşılamak; *-e* gülmek
**beladen** VT ⟨*irr*, ohne -ge-, h.⟩ yüklemek
**Belag** M ⟨-s; ¨-e⟩ (*Schicht*) tabaka; (*Fußboden2*) yer döşemesi; (*Straßen2*) kaplama; (*Brems2*) (*fren*) balata(sı); (*Zungen2*) pas; (*Zahn2*) plak, tartar; (*Brot2*) ekmek üzerine sürülen tereyağı vs, konan pey-

nir vs
**belagern** V/T ⟨ohne ge-, h.⟩ kuşatmak; fig -in önünde/etrafında beklemek
**Belagerung** F ⟨-; -en⟩ kuşatma
**Belang** M ⟨-s; -e⟩ **von ~** (für ... bakımından) önemli; **ohne ~** önemsiz; **~e** (Interessen) çıkarlar
**belangen** V/T ⟨ohne ge-, h.⟩: **strafrechtlich ~** kovuşturmaya tabi tutmak
**belanglos** ADJ önemsiz **♀igkeit** F ⟨-; -en⟩ (Unwichtigkeit) önemsiz/ilgisiz bir şey; (Geschwätz) geyik muhabbeti
**belassen** V/T ⟨irr, ohne -ge-, h.⟩: etw **an e-m Platz ~** yerinde bırakmak; **es dabei ~** bş-i o noktada bırakmak
**belastbar** ADJ yük veya sıkıntı kaldırır; TECH (bis zu) (...e kadar) dayanıklı; fig dayanıklı **♀keit** F ⟨-; ohne pl⟩ dayanıklılık; TECH yükleme kapasitesi; **bis zur Grenze der ~ in** dayanabileceği/kaldırabileceği kadar
**belasten** V/T ⟨ohne -ge-, h.⟩ ELEK, TECH yükleme(k); PSYCH, a. Beziehung etc sıkıntıya/zora sokmak; JUR suçlamak; WIRTSCH **j-s Konto (mit e-m Betrag) ~** b-nin hesabına (bir meblağı) borç kaydetmek; ÖKOL mit Schadstoffen **~** e zarar vermek
**belästig|en** V/T ⟨ohne -ge-, h.⟩ rahatsız etmek (mit -le); sexuell taciz etmek; -e sarkıntılık etmek **♀ung** F ⟨-; -en⟩: **sexuelle ~** (besonders am Arbeitsplatz) cinsel taciz; sarkıntılık
**Belastung** F ⟨-; -en⟩ ELEK, TECH yükle(n)me; psychische külfet; yük; sıkıntı; TECH zulässige **~** izin verilen yük(leme); **er ist zu einer ~ geworden** o yük olmaya başladı; WIRTSCH finanziell yükümlülük; borç
**Belastungs|material** N JUR suç delilleri pl **~zeuge** M JUR kamu şahidi
**belaufen** V/R ⟨irr, ohne -ge-, h.⟩: **sich ~ auf** (akk) a baliğ olmak
**belauschen** V/T ⟨ohne ge-, h.⟩ absichtlich gizlice dinlemek; unabsichtlich kulak misafiri olmak
**beleb|en** V/T ⟨ohne -ge-, h.⟩ canlandırmak; (anregen) hareketlendirmek **~end** ADJ (anregend) uyarıcı; canlandırıcı
**belebt** ADJ Straße kalabalık; işlek
**Beleg** M ⟨-s; -e⟩ (Quittung) kasa fişi; makbuz; (Beweis) belge; (Quelle) kaynak
**belegen** V/T ⟨ohne -ge-, h.⟩ kaplamak; Platz tutmak; (beweisen) belgelemek;

Kurs etc -e yazılmak; kaydolmak; **den ersten Platz ~** ilk sırayı almak; GASTR **mit Käse** etc **~ -in** üstüne peynir vs koymak; **mit e-r Strafe (Steuer** etc**) ~ -e** ceza (vergi vs) koymak/getirmek
**Belegschaft** F ⟨-; -en⟩ çalışanlar pl, personel
**belegt** meşgul; Platz tutulmuş; Hotel dolu; Stimme boğuk; kısık; Zunge paslı; **~es Brot** dilim sandoviç; **das ist nirgends ~** (nachgewiesen, dokumentiert) bunun hiçbir yerde kaydı/belgesi yok
**belehr|en** V/T ⟨ohne ge-, h.⟩ (über akk bş hakkında) bilgilendirmek; j-n **e-s Besseren ~** b-ne dersini vermek; b-ne bş-in doğrusunu öğretmek **~end** A ADJ öğretici B ADV ders verir gibi **♀ung** F ⟨-; -en⟩ uyarı; (Rechtsmittel♀) e kanuni haklarını bildirme
**beleidigen** V/T ⟨ohne ge-, h.⟩ incitmek; kırmak; stärker -e hakaret etmek; sövmek; **ich wollte Sie nicht ~ !** sizi incitmek istemezdim! **~d** ADJ kırıcı; incitici; hakaretamiz
**beleidigt** ADJ (gekränkt) kırgın; incinmiş; gücenik **♀ung** F ⟨-; -en⟩ incitme, kırma; hakaret
**belesen** ADJ çok okumuş; bilgili
**beleucht|en** V/T ⟨ohne -ge-, h.⟩ ışıklandırmak; aydınlatmak **♀ung** F ⟨-; -en⟩ ışıklandırma, aydınlatma; ışık
**Belgien** N Belçika **~er** A ADJ herhangi bir; laletayin; **jeder Beliebige** herhangi (bir) B ADV isteğe göre; istendiği gibi/kadar
**beliebt** ADJ (bei tarafından) sevilen; WIRTSCH Ware (häufig benutzt) sevilen; tercih edilen; revaçta; **sich ~ machen (bei** -e**)** k-ni sevdirmek **♀heit** F ⟨-; ohne pl⟩ rağbet; popülerlik **♀heitsgrad** M ⟨-s; ohne pl⟩ rağbet derecesi
**beliefern** V/T ⟨ohne -ge-, h.⟩ -e mal vermek; **mit etw ~ -e** ... vermek/sevketmek
**bellen** V/I ⟨h.⟩ havlamak

# BELL  588

**Belletrist|ik** F ⟨-; ohne pl⟩ edebiyat, yazın **≗isch** ADJ edebî, yazınsal
**belohn|en** VT ⟨ohne ge-, h.⟩ ödüllendirmek **≗ung** F ⟨-; -en⟩ ödül; **zur ~** ödül olarak
**belüft|en** VT ⟨ohne ge-, h.⟩ havalandırmak **≗ung** F ⟨-; ohne pl⟩ havalandırma **≗ungsanlage** F havalandırma tesisatı
**belügen** A VT ⟨irr, ohne ge-, h.⟩: j-n ~ b-ne yalan söylemek B V/R: **sich selbst ~** (kendi) kendini kandırmak/aldatmak
**belustig|en** VT ⟨ohne ge-, h.⟩ eğlendirmek **≗ung** F ⟨-; -en⟩ eğlence; eğlendirme
**bemächtigen** V/R ⟨ohne ge-, h.⟩: **sich j-s (e-r Sache) ~** b-ni (bş-i) ele geçirmek
**bemalen** VT ⟨ohne ge-, h.⟩ boyamak; resimle(ndir)mek
**bemängeln** VT ⟨ohne ge-, h.⟩ -de kusur bulmak; **daran ist nichts zu ~** bunda bulunacak bir kusur yok
**bemannt** ADJ insanlı (uzay aracı)
**bemerk|bar** ADJ fark edilebilir; **sich ~ machen** Person kendini belli etmek; Sache kendini göstermek **~en** ⟨ohne ge-, h.⟩ -in farkına varmak; -e dikkat etmek; (äußern) ifade etmek **~enswert** ADJ ⟨wegen -den⟩ dolayı kayda değer **≗ung** F ⟨-; -en⟩ ⟨über akk hakkında⟩ ifade; söz; demeç; not
**bemessen** ADJ ölçülmüş; ölçülü; **knapp ~** kıt; dar
**bemitleiden** VT ⟨ohne ge-, h.⟩ -e acımak; merhamet duymak **~swert** ADJ acıklı; acınacak durumda
**bemüh|en** ⟨ohne ge-, h.⟩ V/R: (sich anstrengen) **sich ~ (zu** INF⟩ (...meye) gayret etmek; **sich ~ um j-n** b-le ilgilenmek; **sich ~ um etw** bş-i elde etmeye çalışmak; **bitte ~ Sie sich nicht!** lütfen zahmet etmeyin(iz)! **≗ung** F ⟨-; -en⟩ çaba; gayret
**benachbart** ADJ Haus etc bitişik; Stadt komşu
**benachrichtig|en** VT ⟨ohne ge-, h.⟩ **(von etw** bş-den) haberdar etmek **≗ung** F ⟨-; -en⟩ haber (verme); ihbar
**benachteilig|en** VT ⟨ohne ge-, h.⟩ -i zarara sokmak; -e haksızlık etmek; besonders sozial mağdur etmek; **(sozial) benachteiligt** sosyal bakımdan dezavantaj-

lı **≗ung** F ⟨-; -en⟩ zarara sokma; haksızlık; mağduriyet
**benebelt** ADJ umg fig kafası dumanlı
**Benefizkonzert** N (**zugunsten** gen) ... yararına konser
**benehmen** V/R ⟨irr, ohne ge-, h.⟩: **(gegenüber -e** karşı) davranmak; hareket etmek; **sich gut ~** iyi davranmak; **sich schlecht ~** kötü (terbiyesizce) davranmak; **benimm dich!** kendine gel!
**Benehmen** N ⟨-s; ohne pl⟩ davranış; tutum; tavır; (Manieren) görgü; terbiye
**beneiden** VT ⟨ohne ge-, h.⟩ -e imrenmek; -e gıpta etmek; **j-n um etw ~** b-nden bş-i kıskanmak; b-ne bş için gıpta etmek
**beneidenswert** ADJ imrenilecek
**Beneluxstaaten** M/PL Benelüks devletleri
**benenn|en** VT ⟨irr, ohne ge-, h.⟩ (Namen geben) adlandırmak; (Namen angeben) -in adını vermek; **j-n als Zeugen** etc **~** b-ni şahit vs göstermek **≗ung** F ⟨-; -en⟩ **~ e-s Zeugen** b-nin şahit gösterilmesi; (Name, Bezeichnung) ad (-landırma), isim
**benommen** ADJ mahmur; sersemlemiş; umg leyla **≗heit** F ⟨-; ohne pl⟩ mahmurluk; sersemlik
**benoten** VT ⟨ohne ge-, h.⟩ -e not vermek
**benötigen** VT ⟨ohne ge-, h.⟩ -e ihtiyacı olmak/var
**benutz|en** VT ⟨ohne ge-, h.⟩ kullanmak; -den faydalanmak; **Verkehrsmittel ile** gitmek **≗er** M ⟨-s; -⟩ kullanıcı **~erfreundlich** ADJ kullanması kolay **≗erin** F ⟨-; -nen⟩ kullanıcı (kadın) **≗eroberfläche** F IT kullanıcı platformu **≗ung** F ⟨-; ohne pl⟩ kullanma; yararlanma **~ungsgebühr** F AUTO geçiş ücreti
**Benzin** N ⟨-s; -e⟩ CHEM benzin **~gutschein** M benzin kuponu **~kanister** M bidon **~preis** M benzin fiyatı **~tank** M benzin deposu **~verbrauch** M benzin sarfiyatı
**Benzol** N ⟨-s; -e⟩ CHEM benzol
**beobacht|en** VT ⟨ohne ge-, h.⟩ a. MED gözlemlemek; Polizei gözetlemek **≗er** M ⟨-s; -⟩, **≗erin** F ⟨-; -nen⟩ MIL, POL gözlemci; (Zuschauer) seyirci; izleyici
**Beobachtung** F ⟨-; -en⟩ gözlem; gö-

**beordern** <VT> ⟨ohne ge-, h.⟩ j-n ~ **nach** (od **zu**) b-ni (emirle) bir yere çağırmak/göndermek

**bepacken** <VT> ⟨ohne ge-, h.⟩ -i yüklemek

**bepflanzen** <VT> ⟨ohne ge-, h.⟩ (**mit**) -e (bş-i) dikmek/ekmek

**bequem** [-kv-] ADJ rahat; (faul) tembel; rahatını seven; **es sich** (dat) ~ **machen** rahatça oturmak/yatmak

**bequem|en** [-kv-] VR ⟨ohne -ge-, h.⟩: **sich ~** (etw **zu tun**) tenezzül edip ... mek; **sich zu e-r Antwort ~** tenezzül edip cevap vermek **~lichkeit** [-kv-] F ⟨-; -en⟩ pej (Trägheit) tembellik; üşengeçlik

**berappen** VT ⟨ohne -ge-, h.⟩ umg (zahlen) sökülmek, uçlanmak

**beraten** ⟨irr, ohne -ge-, h.⟩ A VT: j-n ~ (**bei** dat konuda) b-ne öğüt vermek; **etw ~** bş-i tartışmak; görüşmek; **sich ~ lassen von** b-ne danışmak; **Sie wären gut** (**schlecht**) ~, **wenn...** -seniz iyi ederseniz (etmezseniz) B VR: **sich mit j-m über etw** (akk) ~ b-ne bş-i danışmak; b-yle bş-i görüşmek

**Berat|er** M ⟨-s; -⟩, **-in** F ⟨-; -nen⟩ danışman, müşavir **~ung** F ⟨-; -en⟩ (über akk ... konusunda) danışma; (Besprechung) görüşme **~ungsstelle** F danışma merkezi

**berauben** VT ⟨ohne -ge-, h.⟩ soymak; (gen) -i -in elinden almak; fig **j-n seiner Freiheit ~** b-nin özgürlüğünü elinden almak; fig **j-n seiner Hoffnung ~** b-nin ümidini kırmak

**berauschen** ⟨ohne ge-, h.⟩ A VT sarhoş etmek B VR: **sich ~ an** -den coşmak

**berauschend** ADJ a. fig başdöndürücü; fig ne yapacağı belli olan

**berechenbar** ADJ Kosten etc hesaplanabilir; fig ne yapacağı belli olan

**berechnen** VT ⟨ohne -ge-, h.⟩ hesaplamak; (schätzen) (**auf** akk ... olarak) tahmin etmek; **j-m 100 Euro für etw ~** b-ne bş için 100 euroluk bir hesap çıkarmak

**berechnend** ADJ art niyetli

**Berechnung** F ⟨-; -en⟩ hesaplama; tahmin; fig pej **aus ~** art niyetle

**berechtigen** ⟨ohne -ge-, h.⟩ A VT (**zu** ... için), -e yetki vermek B VT: **zu der Annahme** (**Hoffnung**) ~, **dass ...** -e -mesi sanısını (ümidini) uyandırmak

**berechtigt** ADJ Person **zu etw ~ sein** bş-e yetkili olmak; (rechtmäßig, legitim) yasal; kanuni; (begründet) haklı **~ung** F ⟨-; ohne pl⟩ (**zu** -e) hak; yetki; ... hakkı/yetkisi

**bereden** ⟨ohne -ge-, h.⟩ A VT **etw ~** bş-i konuşmak/görüşmek; **j-n ~ etw zu tun** b-ni bş-i yapmaya ikna etmek B VR: **sich ~** (sich beraten) (birbirleriyle) görüşmek/konuşma

**beredt** [bə're:rt] ADJ fig güzel konuşan; umg ağzı laf yapan

**Bereich** M ⟨-s; -e⟩ bölge; fig a. alan, saha; **im ~ des Möglichen liegen** mümkün olanın sınırlarını aşmamak; **im persönlichen ~** kişisel alanda; **im sozialen ~** sosyal alanda

**bereichern** ⟨ohne -ge-, h.⟩ A VT zenginleştirmek B VR: **sich ~ an** (dat) OD **auf Kosten** (gen) b-nin sırtından zenginleşmek

**Bereifung** F ⟨-; -en⟩ tekerlek takma; tekerlekler

**bereinigen** VT ⟨ohne -ge-, h.⟩ Missverständnis, Streit açıklığa kavuşturmak

**bereisen** VT ⟨ohne -ge-, h.⟩ Land, Gegend gezmek

**bereit** ADJ präd (**zu** -e) hazır; **sich ~ erklären** (od **~finden**) **zu** -meye hazır olduğunu belirtmek; **sich ~ machen** hazırlanmak; **bist du ~?** var mısın?; hazır mısın?

**bereiten** VT ⟨ohne -ge-, h.⟩ Speise, Getränk (zubereiten) hazırlamak; yapmak; Schwierigkeiten çıkarmak; yaratmak

**bereit|halten** ⟨irr, -ge-, h.⟩ VT: **etw ~** bş-i (hazır) bulundurmak **~liegen** VI ⟨irr, -ge-, h.⟩ (hazır) bulunmak

**bereits** ADV (schon) daha şimdiden; **er will ~ gehen** hemen gitmek istiyor; **es war ~ Abend** akşam olmuştu bile; daha ... bile

**Bereitschaft** F ⟨-; ohne pl⟩ (Bereitwilligkeit) nöbet(çilik), hazır olma, gönüllülük; (Polizeieinheit etc) teyakkuz; **in ~ sein** (bereit sein) nöbette/hazır olmak; (sich) **in ~ halten** nöbette/hazır beklemek

**Bereitschafts|arzt** M nöbetçi hekim **~dienst** M nöbetçi ... servisi; **~haben** nöbetçi olmak **~polizei** F Almanya'da toplum olaylarıyla ilgili özel polis gücü

# BERE | 590

**bereit|stehen** V/I ⟨irr, -ge-, h., südd, österr, schweiz s.⟩ MIL emre hazır olmak; (verfügbar sein) el altında olmak; hazır bulunmak **~stellen** V/T ⟨ohne -ge-, h.⟩ hazır bulundurmak **~willig** ADJ hazır, gönüllü

**bereuen** V/T ⟨ohne -ge-, h.⟩ -den pişman olmak; **~, etw getan zu haben** bş-i yapmış olmaktan pişman olmak

**Berg** M ⟨-s; -e⟩ dağ; fig **~e versetzen** dağları devirmek; **~e von** umg yığınla ...; **dağ gibi** ...; **die Haare standen mir zu ~e** tüylerim diken diken oldu; **mit etw nicht hinterm ~ halten** bir gerçeği saklamamak; **über den ~ sein** düze çıkmak; rahata ermek

**bergab** ADV: **~ gehen (fahren)** yokuş aşağı gitmek

**Bergarbeiter** M maden işçisi

**bergauf** ADV: **~ gehen (fahren)** yokuş yukarı gitmek; fig **es geht wieder ~** işler düzeliyor; önümüz açıldı

**Bergbau** M ⟨-s; ohne pl⟩ madencilik

**bergen** V/T ⟨birgt, barg, geborgen, h.⟩ (tehlikeden) kurtarmak; Leichen, Güter çıkarmak (aus Trümmern etc); **e-e gewisse Gefahr (in sich) ~** (enthalten) bş-in belli bir tehlikesi olmak/var

**Berg|führer(in)** M(F) dağ rehberi **~hütte** F dağ kulübesi ⚲ung ADJ dağlık; engebeli **~land** N dağlık arazi **~schuh** M dağcı ayakkabısı **~spitze** F zirve **~steigen** V/I ⟨-s; ohne pl⟩ dağcılık; (dağa) tırmanma **~steiger(in)** M(F) dağcı **~tour** F dağ yürüyüşü

**Bergung** F ⟨-; -en⟩ Verunglückte etc kurtarma

**Bergungs|arbeiten** PL kurtarma çalışmaları **~dienst** M kurtarma servisi **~mannschaft** F kurtarma ekibi

**Berg|wacht** F ⟨-; ohne pl⟩ dağcı kurtarma servisi **~wandern** N ⟨-s; ohne pl⟩ dağ yürüyüşü **~werk** N maden (ocağı)

**Bericht** M ⟨-s; -e⟩ (**über** akk hakkında) rapor; (j-m) **~ erstatten** (b-ne) rapor vermek; (Beschreibung) haber

**berichten** ⟨ohne -ge-, h.⟩ A V/T bildirmek; **j-m etw ~** b-ne bş hakkında bilgi vermek; (erzählen) anlatmak B V/I Presse haber vermek; **über etw ~** bş hakkında rapor vermek

**Berichterstatter** M ⟨-s; -⟩, **-in** F ⟨-; -nen⟩ (Presse⚲) muhabir; (auswärtiger ~) yurtdışı muhabiri **~ung** F ⟨-; -en⟩ haber verme; Presse inceleme-haber

**berichtig|en** V/T ⟨ohne -ge-, h.⟩ A V/T düzeltmek; tashih etmek B V/R: **sich ~** (kendi) hatasını düzeltmek ⚲ung F ⟨-; -en⟩ düzeltme; tashih

**berieseln** V/T ⟨ohne -ge-, h.⟩ Feld, Garten (yağmurlama -le) sulamak; fig mit Musik fonda devamlı müzik çalmak

**Bermudas** PL bermuda şort sg

**berüchtigt** ADJ (**wegen** -den dolayı) adı çıkmış; dile düşmüş

**berücksichtig|en** V/T ⟨ohne -ge-, h.⟩ dikkate almak; göz önüne almak ⚲ung F ⟨-; ohne pl⟩: **unter ~ von** (od gen) -i göz önünde tutarak

**Beruf** M ⟨-s; -e⟩ meslek; iş; Handwerk zanaat; sanat; **was sind Sie von ~?** mesleğiniz ne?; **von ~ ... ...** mesleğinde; profesyonel ...

**berufen**[1] ⟨irr, ohne -ge-, h.⟩ A V/T: **j-n ~ (zu)** b-ni (ile) görevlendirmek B V/R: **sich ~ auf** (akk) -e atıfta bulunmak; **darf ich mich auf Sie ~?** sizin adınızı verebilir miyim?

**berufen**[2] ADJ: **sich zu etw ~ fühlen** kendini bş için görevli hissetmek

**beruflich** A ADJ a. Ausbildung etc mesleki B ADV: **~ unterwegs** iş yolculuğunda; **was machen Sie ~?** ne iş yapıyorsunuz?; **~ erfolgreich sein** mesleğinde başarılı olmak

**Berufs|anfänger(in)** M(F) mesleğe yeni başlayan **~ausbildung** F meslek eğitimi **~aussichten** PL iş imkanları **~berater(in)** M(F) meslek danışmanı **~beratung** F mesleki danışma **~erfahrung** F meslek tecrübesi/deneyimi **~fachschule** F meslek okulu/lisesi **~geheimnis** N meslek sırrı **~kleidung** F iş elbisesi **~krankheit** F meslek hastalığı **~leben** N ⟨-s; ohne pl⟩ meslek/iş hayatı; **im ~ stehen** iş/çalışma hayatına atılmış olmak; **ins ~ zurückkehren** iş/çalışma hayatına dönmek **~risiko** N meslek riski **~schule** F meslek okulu/lisesi **~soldat(in)** M(F) profesyonel asker

**berufstätig** ADJ (bir işte) çalışan

**Berufs|tätige** M,F bir işte çalışan (kimse) **~verbot** N meslekten men (cezası) **~verkehr** M iş trafiği

**Berufung** F ⟨-; -en⟩ (Ernennung) (**zu -e**

**ata(n)ma**; **unter ~ auf** (akk) -e atıfla; JUR **in die ~ gehen, ~ einlegen** (**gegen** -e karşı) temyize gitmek; -i temyiz etmek
**Berufungs|gericht** N̄ JUR istinaf mahkemesi **~instanz** F̄ JUR üst merci **~verfahren** N̄ JUR istinaf davası
**beruhen** VI ⟨ohne -ge-, h.⟩: **~ auf** (dat) -e dayanmak; **etw auf sich ~ lassen** bş-i olduğu gibi/yerde bırakmak
**beruhig|en** [bəˈruːɪg(ə)n] ⟨ohne -ge-, h.⟩ **A** V̄T yatıştırmak; Gewissen rahatlatmak; Nerven sakinleştirmek **B** V̄R: **sich ~** yatışmak; sakinleşmek; **Sie beruhigen sich doch!** lütfen sakin olun! **~end** [bəˈruːɪgənt] ADJ rahatlatıcı; MED yatıştırıcı **ǫung** [bəˈruːɪgʊŋ] F̄ ⟨-; -en⟩ yatıştırma, teskin; Lage (durumun) yatışma(sı); **sie braucht etw zur ~** onu sakinleştirecek bş lazım; **zu deiner ~** için rahat etsin diye
**Beruhigungs|mittel** N̄ MED müsekkin; yatıştırıcı ilaç **~spritze** F̄ MED yatıştırıcı iğne/enjeksiyon
**berühmt** ADJ ünlü (**wegen, für** -le); umg fig **das ist nicht gerade ~!** bu hiç de ahım şahım (bir şey) değil! **ǫheit** F̄ ⟨-; -en⟩ ün, şan, şöhret; Person: ünlü kişi
**berühr|en** **A** V̄T ⟨ohne -ge-, h.⟩ -e değmek; seelisch: a. -e dokunmak; betreffen: ilgilendirmek; fig **j-n unangenehm ~** bş-den rahatsız olmak **B** V̄R: **sich ~** (BIRBIRINE) dokunmak; Meinungen, Interessen etc birleşmek, buluşmak **ǫung** F̄ ⟨-; -en⟩ temas; değme; dokun(uş)ma; **in ~ kommen** temas kurmak (**mit** -le)
**Berührungspunkt** M̄ (Kontakt) ortak nokta
**bes.** abk für **besonders** özellikle
**besagen** V̄T ⟨ohne -ge-, h.⟩ (bedeuten) ifade etmek, ... anlamına gelmek; **das besagt (noch) gar nichts!** bu (daha) hiçbir şey ifade etmez
**besamen** V̄T ⟨ohne -ge-, h.⟩ BIOL, BOT döllemek
**besänftigen** V̄T ⟨ohne -ge-, h.⟩ (beruhigen) yatıştırmak, sakinleştirmek
**Besatzung** F̄ ⟨-; -en⟩ FLUG, SCHIFF mürettebat; işgal kuvvetleri pl
**Besatzungs|macht** F̄ MIL işgal gücü **~streitkräfte** P̄L işgal kuvvetleri
**besaufen** V̄R ⟨irr, ohne -ge-, h.⟩: umg **sich ~** kafayı çekmek

**beschädig|en** V̄T ⟨ohne -ge-, h.⟩ -e ziyan vermek **ǫung** F̄ ⟨-; -en⟩ (gen -e) ziyan/zarar (verme)
**beschaffen**[1] **A** V̄T ⟨ohne -ge-, h.⟩: **j-m etw ~** b-ne bş-i tedarik/temin etmek **B** V̄R: **sich** (dat) **etw ~** bş-i edinmek
**beschaffen**[2] ADJ: **so ~, dass ...** -ecek nitelikte
**Beschaffenheit** F̄ ⟨-; ohne pl⟩ (Eigenschaft, Qualität) nitelik, özellik; (Zustand) durum; (Art) tür, cins, çeşit
**Beschaffungskriminalität** F̄ uyuşturucu temini için işlenen suçlar
**beschäftigen** ⟨ohne -ge-, h.⟩ **A** V̄T (zu tun geben) meşgul etmek; (arbeiten lassen) çalıştırmak; istihdam etmek **B** V̄R: **sich ~ mit** ile uğraşmak; meşgul olmak
**beschäftigt** ADJ: **~ mit** ile meşgul; **~ damit, etw zu tun** bş yapmakla meşgul; **~ bei ... ...** yanında çalışmakta
**Beschäftigte** M̄F̄ ⟨-n; -n⟩ çalışan (kişi)
**Beschäftigung** F̄ ⟨-; -en⟩ (Tätigkeit) uğraşı; çalışma; **mit Problemen** (-le) uğraşma; (Anstellung) iş; **sie muss ~ haben** ona bir iş lazım; **ohne ~** işsiz **~stherapie** F̄ meşguliyetle tedavi
**beschäm|en** V̄T ⟨ohne -ge-, h.⟩ utandırmak **~end** ADJ utandırıcı
**beschämt** ADJ ⟨**über** akk -den⟩ mahcup
**beschatten** V̄T ⟨ohne -ge-, h.⟩ (verfolgen) (gizlice) takip etmek
**beschaulich** ADJ rahat, huzur içinde
**Bescheid** M̄ ⟨-s; -e⟩ cevap; haber; bilgi; **~ bekommen** haber almak; **j-m ~ geben** b-ne haber vermek (**über** akk ... hakkında); umg **j-m gehörig ~ sagen** b-ne zılgıt çekmek; **~ wissen** (**mit, in** dat od **über** akk ... hakkında) bilgisi olmak; (-i) (iyi) bilmek
**bescheiden**[1] ⟨irr, ohne -ge-, h.⟩ **A** V̄T vermek, bahşetmek; Antrag **abschlägig ~** -e red cevabı vermek **B** V̄R: **sich ~** (sich begnügen); (**mit** -le) yetinmek; kanaat etmek
**bescheiden**[2] ADJ mütevazı, alçakgönüllü
**Bescheidenheit** F̄ ⟨-; ohne pl⟩ tevazu, alçakgönüllülük
**bescheinen** V̄T ⟨beschien, beschienen, h.⟩ Sonne vurmak; **von der Sonne beschienen** üstüne güneş vuran
**bescheinig|en** V̄T ⟨ohne -ge-, h.⟩

onaylamak, belgelemek; **j-m etw ~** b-ne bş hakkında belge vermek; **den Empfang ~** (gen od **von** -*i*) tesellüm etmek (resmen); -*in* alındığını onaylamak; **hiermit wird bescheinigt, dass** -*in* -diği*ni* bildirir onaydır **♦ung** F ⟨-; -en⟩ (Schein) belge; onay; (Quittung) makbuz

**bescheißen** V/T ⟨irr, ohne -ge-, h.⟩ sl (**um etw** bş için) faka bastırmak, aldatmak

**beschenken** V/T ⟨ohne -ge-, h.⟩: **j-n ~** b-ne hediye vermek; **j-n mit etw ~** b-ne bş-*i* hediye etmek; **reich ~** hediyelere boğmak

**bescher|en** V/T ⟨ohne ge-, h.⟩: **j-m etw ~** b-ne bş-*i* hediye etmek **♦ung** F ⟨-; -en⟩ hediyeleşme (Noel'de); hum **das ist ja e-e schöne ~!** al başına belayı!

**beschichten** V/T ⟨ohne -ge-, h.⟩ TECH kaplamak

**beschicken** V/T ⟨ohne -ge-, h.⟩ Maschine doldurmak; Messe -*e* katılmak

**beschießen** V/T ⟨irr, ohne -ge-, h.⟩ **mit** Artillerie ateşe tutmak

**beschilder|n** V/T ⟨ohne -ge-, h.⟩ Straßen -*e* levhalar yerleştirmek **♦ung** F ⟨-; -en⟩ (Schilder) levhalar pl, yol işaretleri pl

**beschimpfen** V/T ⟨ohne -ge-, h.⟩ -*e* küfretmek; -*e* hakaret etmek

**Beschiss** M ⟨-es⟩ sl (Betrug) kazık(lama); kazık atma **♦en** sl ADJ berbat

**Beschlag** M ⟨-s; ⸚e⟩ (Tür♦ etc) metal parçalar; (Schicht, Überzug) kaplama; **in ~ nehmen, mit ~ belegen** Plätze etc tutmak, ayırmak; (j-n b-ni) lafa tutmak, esir almak

**beschlagen** ⟨unreg, ohne -ge-⟩ **A** V/T ⟨h.⟩ TECH -*in* üstüne metal (parçalar) çakmak; Pferd nallamak **B** V/I ⟨s.⟩ Fenster, Spiegel etc buğulanmak **C** V/R ⟨h.⟩: **sich ~** Fenster, Spiegel buğulanmak

**Beschlagnahme** F ⟨-; -n⟩ elkoyma; müsadere

**beschlagnahmen** V/T ⟨ohne -ge-, h.⟩ müsadere etmek; -*e* elkoymak

**beschleunig|en** **A** V/T ⟨ohne -ge-, h.⟩ hızlandırmak; **s-e Schritte ~** adımlarını sıklaştırmak; **das Tempo ~** hızlanmak, hızını arttırmak **B** V/R: **sich ~** hızlanmak **♦ung** F ⟨-; -en⟩ ivme, umg hızlanma **♦ungsvermögen** N AUTO ivme

**beschließen** V/T ⟨irr, ohne -ge-, h.⟩ karar vermek (**zu tun** yapmaya); (beenden) bitirmek

**beschlossen** ADJ kararlaştırılmış

**Beschluss** M ⟨-es; ⸚e⟩ karar; **e-n ~ fassen** karar vermek/almak

**beschlussfähig** ADJ: **(nicht) ~ sein** (karar için) yeterli çoğunluğa sahip olmamak **♦keit** F karar yetersayısı

**beschmieren** V/T ⟨ohne -ge-, h.⟩ (bestreichen) -*in* ÜSTÜNE -*i* sürmek; (beschmutzen) kirletmek; pej (bekritzeln) karalamak

**beschmutzen** V/T ⟨ohne -ge-, h.⟩ (**mit**) kirletmek; fig lekelemek

**beschneid|en** V/T ⟨irr, ohne -ge-, h.⟩; Hecke budamak; Fingernägel kesmek; fig (kürzen) Freiheit etc kısmak, kısıtlamak; REL sünnet etmek **♦ung** F ⟨-; -en⟩ budama, kesme; fig kısıtlama; sünnet

**beschnüffeln** V/T ⟨ohne -ge-, h.⟩ koklamak; umg fig gizlice araştırmak, -*e* burnunu sokmak

**beschnuppern** V/T ⟨ohne -ge-, h.⟩ Hund etc koklamak; umg fig **sich (gegenseitig) ~** birbirini tartmak, birbirini tanımaya çalışmak

**beschönigen** V/T ⟨ohne -ge-, h.⟩ olduğundan güzel göstermek

**beschränk|en** V/T ⟨ohne -ge-, h.⟩ **A** V/T kısıtlamak (**auf** akk ile; **darauf, zu tun** yapmakla) **B** V/R: **sich ~ auf** (akk) ile yetinmek, ile kısıtlı kalmak

**beschränkt** ADJ sınırlı; (einfältig) dar kafalı, yeteneksiz **♦heit** F ⟨-; ohne pl⟩ der Mittel kısıtlılık, darlık; (Engstirnigkeit) dargörüşlülük, darkafalılık

**Beschränkung** F ⟨-; -en⟩ (**auf** akk -*le*) kısıtlama, kısıtlılık

**beschreib|en** V/T ⟨irr, ohne -ge-, h.⟩ tasvir/tarif etmek; Papier -*in* üstüne yazı yazmak; (schildern) tasvir etmek; MATH Kurve çizmek; **nicht zu ~** tasvire sığmaz **♦ung** F ⟨-; -en⟩ tarif; tasvir; TECH kullanma kılavuzu; **das spottet jeder ~** bunun tasviri mümkün değil

**beschreiten** V/T ⟨irr, ohne -ge-, h.⟩: fig **neue Wege ~** yeni bir yol izlemek

**beschriften** V/T ⟨ohne -ge-, h.⟩ Umschlag -*in* üstünü yazmak; Ware etiketlemek

**beschuldigen** V/T ⟨ohne -ge-, h.⟩ suçlamak (gen -*le*), **j-n (e-r Sache** gen**) ~** b-ni

# BESI

(bş-le) suçlamak; JUR a. (-i -le) itham etmek

**Beschuldigte** M̲.F̲ ⟨-n; -n⟩ suçlanan, sanık (dava açılmadan önce)

**Beschuldigung** F̲ ⟨-; -en⟩ suçlama; JUR a. itham

**beschummeln** V̲T̲ u. V̲İ̲ ⟨ohne -ge-, h.⟩ umg: j-n ~ b-ne hile yapmak; **um etw ~** bş-i hileyle almak

**Beschuss** M̲ ⟨-es⟩ ateş (yağdırma); **unter ~ geraten** ateşe tutulmak; fig yoğun eleştiriye uğramak

**beschützen** V̲T̲ ⟨ohne -ge-, h.⟩ **(vor** dat, **gegen** -den) korumak

**Beschützer** M̲ ⟨-s; -⟩, **-in** F̲ ⟨-; -nen⟩ koruyucu, hami

**beschwatzen** V̲T̲ ⟨ohne -ge-, h.⟩ **j-n ~, etw zu tun** b-nin -mesi için ağzından girip burnundan çıkmak

**Beschwerde** F̲ ⟨-; -n⟩ **(über** akk ...) hakkında) şikâyet; JUR **(gegen** -e karşı) dava; (-e) itiraz **~n** PL MED **(mit** -den) şikâyet sg, (Schmerzen) ağrı; sancı sg

**beschweren**[1] V̲T̲ ⟨ohne -ge-, h.⟩: **etw ~** (schwerer machen) ağırlaştırmak

**beschweren**[2] V̲R̲ ⟨ohne -ge-, h.⟩: **sich (bei j-m über etw** b-ne bş-den) **~** şikâyet etmek

**beschwerlich** A̲D̲J̲ (anstrengend, mühsam) yorucu, zahmetli

**beschwichtigen** V̲T̲ ⟨ohne -ge-, h.⟩ susturmak, sakinleştirmek; yatıştırmak (a. POL)

**Beschwichtigungspolitik** F̲ yatıştırma politikası

**beschwindeln** V̲T̲ ⟨ohne -ge-, h.⟩ -i aldatmak, kandırmak

**beschwingt** A̲D̲J̲ (Melodie) oynak, neşeli

**beschwipst** A̲D̲J̲ umg çakırkeyif

**beschwör|en** V̲T̲ ⟨irr, ohne -ge-, h.⟩: **etw ~** bş-e yemin etmek; **j-n ~** (inständig bitten) b-ne yalvarmak; (Geister) çağırmak; (Schlangen) oynatmak **2ung** F̲ ⟨-; -en⟩ (Bitte) yalvarış

**besehen** V̲T̲ ⟨irr, ohne -ge-, h.⟩ (betrachten) gözden geçirmek

**beseitig|en** V̲T̲ ⟨ohne -ge-, h.⟩ yok etmek; Abfall a. (ortadan) kaldırmak; Missstand, Fehler gidermek; **j-n ~** (töten) b-ni ortadan kaldırmak **2ung** F̲ ⟨-; -en pl⟩ yok etme; ortadan kaldırma; tasfiye

**Besen** M̲ ⟨-s;-⟩ süpürge; fig **neue ~ kehren gut** işin başında herkes iyi çalı-şır; umg fig **ich fresse e-n ~, wenn ... -se** kellemi keserim **~stiel** M̲ süpürge sapı

**besessen** A̲D̲J̲ tutkun; kötü ruhların etkisi altında; meczup; **~ sein von** Idee etc bş-in delisi olmak; (rasend) **wie ~** çılgıncasına

**besetzen** V̲T̲ ⟨ohne -ge-, h.⟩ Sitzplatz, Stelle tutmak; Land almak, işgal etmek; THEAT Rolle dağıtmak; -de/-i oynamak; Kleid **(mit** -le) süslemek; Haus işgal etmek; THEAT **eine Rolle neu ~** bir rolün oyuncusunu değiştirmek

**besetzt** A̲D̲J̲ meşgul, a. TEL, Toilette, Platz sahibi var; Bus, Zug dolu

**Besetztzeichen** N̲ TEL meşgul sesi

**Besetzung** F̲ ⟨-; -en⟩ e-s Postens -in bir kadroya atanması/tayini; Haus, MIL işgal; THEAT rol dağılımı

**besichtig|en** V̲T̲ ⟨ohne -ge-, h.⟩ -i gezmek; prüfend incelemek, yoklamak; **zu ~** gezilebilir, görülebilir **2ung** F̲ ⟨-; -en⟩ Sehenswürdigkeit ziyaret, gezme, görme

**besiedeln** V̲T̲ ⟨ohne -ge-, h.⟩ (sich ansiedeln) -e yerleşmek; (bevölkern) -e insan yerleştirmek; (kolonisieren) -i iskân etmek

**besiegeln** V̲T̲ ⟨ohne -ge-, h.⟩ mühürlemek

**besiegen** V̲T̲ ⟨ohne -ge-, h.⟩ yenmek, mağlup etmek

**besinnen** V̲R̲ ⟨irr, ohne -ge-, h.⟩: **sich ~** (überlegen) (iyice) düşünmek; **sich ~ auf** (akk) -i hatırlamak; **sich e-s Besseren ~** -in aklına daha iyi bir fikir gelmek; **ohne sich zu ~** (iyice) düşünmeden

**Besinnung** F̲ ⟨-; ohne pl⟩ bilinç; düşünce; hatırlama; **die ~ verlieren** kendinden geçmek; bilincini yitirmek; **j-n zur ~ bringen** b-nin aklını başına getirmek; **wieder zur ~ kommen** ayılmak, kendine gelmek

**besinnungslos** A̲D̲J̲ bilinçsiz, baygın

**Besitz** M̲ ⟨-es⟩ mal, sahiplik; (Eigentum) mülkiyet; JUR zilyetlik; **ergreifen von** -i ele geçirmek; **in ~ nehmen** -e sahiplenmek; -e sahip çıkmak; **im ~ sein von etw** (od gen) bş-in sahibi olmak

**besitzanzeigend** A̲D̲J̲ GRAM iyelik subst

**besitzen** V̲T̲ ⟨irr, ohne -ge-, h.⟩ -e sahip olmak, -in sahibi olmak

**Besitzer** M̲ ⟨-s; -⟩ sahip; **den ~ wechseln** el/sahibini değiştirmek

**Besitzergreifung** F ⟨-; ohne pl⟩ (von) -in ele geçirilmesi; *gewaltsam* JUR gasp
**Besitzerin** F ⟨-; -nen⟩ sahip (kadın), *veraltend* sahibe
**besitzlos** ADJ malsız-mülksüz
**Besitztum** F ⟨-s; ⸚er⟩ malvarlığı
**besoffen** ADJ *umg* körkütük sarhoş
**Besoldung** F ⟨-; -en⟩ Beamte, Soldaten maaş
**besondere, ~r, ~s** ADJ *(zusätzlich)* ayrı; *(bestimmt)* bel(ir)li; özel; *(außergewöhnlich)* kuraldışı, müstesna; *(getrennt)* ayrı; *hervorragend* olağanüstü **im Besonderen** özelde; **nichts Besonderes** gayet normal
**Besonderheit** F ⟨-; -en⟩ özellik
**besonders** ADV *(sehr)* özellikle, bilhassa; *(gesondert)* ayrıca; **nicht ~** şöyle böyle; **mir geht es nicht ~** pek iyi değilim
**besonnen** ADJ ağırbaşlı, düşünceli
**besorgen** VT ⟨ohne -ge-, h.⟩: **j-m etw ~** b-ne bş-i temin/tedarik etmek; **sich** *(dat)* **etw ~** k-ne bş-i temin/tedarik etmek; *Haushalt* -e bakmak; *-i* halletmek; *umg* **wird besorgt!** başüstüne!
**Besorgnis** F ⟨-; -se⟩ endişe **²erregend** ADJ endişe verici
**besorgt** ADJ (um için) endişeli
**Besorgung** F ⟨-; -en⟩ *(Beschaffung)* temin, tedarik; *(Einkauf)* alışveriş; **~en machen** alışveriş yapmak
**bespannen** VT ⟨ohne -ge-, h.⟩ mit Stoff kumaş(la) kaplamak; *Saiten* -e takmak
**bespielen** VT ⟨ohne -ge-, h.⟩: **eine Kassette ~** kaset doldurmak; **(mit -i)** kasete almak
**bespielt** ADJ *Kassette etc* dolu
**bespitzeln** VT ⟨ohne -ge-, h.⟩: **j-n ~** b-ni ispiyonlamak
**besprechen** VT ⟨irr, ohne -ge-, h.⟩ karşılıklı konuşmak; bir konuyu görüşmek; *Buch etc* tanıtmak; *Kassette* -e konuşmak **²ung** F ⟨-; -en⟩ görüşme, müzakere; *Text* tanıtma yazısı; **sie ist in er ~** kendisi bir görüşmede **²ungsexemplar** N tanıtma nüshası
**bespritzen** VT ⟨ohne -ge-, h.⟩ -in üstüne fışkırtmak; *(beschmutzen)* lekelemek
**bespucken** VT ⟨ohne -ge-, h.⟩ -in üstüne tükürmek
**besser** A ADJ (als -den) daha iyi; **~ werden** iyileşmek, düzelmek; **er ist ~ dran als ich** onun durumu ben(imkin)den iyi; **es geht ihr heute ~** o bugün daha iyi; **es ist ~, wir fragen ihn** ona soralım daha iyi; **ich weiß (kann) es ~** ben daha iyisini biliyorum (yapabilirim); **immer ~** hep daha iyi(ye); **oder ~ gesagt** veya başka bir ifadeyle; **um so ~** bir o kadar daha iyi B ADV *(lieber)* **das sollte er ~ nicht tun** o bunu yapmasa daha iyi olur; **es geht (wirtschaftlich) ~** işler düzeliyor, işler iyiye gidiyor; **lass das ~ bleiben** yapmasan daha iyi olur
**Bessergestellte** PL: **die ~n** mali durumu iyi olanlar pl
**bessern** ⟨h.⟩ A VT düzeltmek, geliştirmek B V/R: **sich ~** düzelmek, iyileşmek
**Besserung** F ⟨-; ohne pl⟩ düzelme, iyileşme; MED **auf dem Wege der ~** iyileşme yolunda; **gute ~!** geçmiş olsun!
**Besser|verdienende** PL: **die ~n** yüksek kazançlılar pl **~wisser** M ⟨-s; -⟩, **-in** F ⟨-; -nen⟩ ukala
**Bestand** M ⟨-s; ⸚e⟩ varlık; *(Vorrat)* mevcut; **~ an** *dat* -in mevcudu; **~ haben** devam etmek, sürmek
**beständig** ADJ devamlı, sürekli; kararlı; *(stabil)* sabit; *(widerstandsfähig)* **(gegen -e)** dayanıklı **²keit** F ⟨-; ohne pl⟩ *(Dauer)* sebat, kararlılık, vefa; *gegen Hitze etc (-e)* dayanıklılık
**Bestandsaufnahme** F ⟨-; -n⟩ *(Inventur)* döküm, envanter; **e-e ~ machen** döküm/envanter yapmak/çıkarmak; *fig* durumu saptamak
**Bestandteil** M ⟨-s; -e⟩ -in bileşen(i); parça; **fester ~** *(gen)* -in ayrılmaz parçası
**bestärken** VT ⟨ohne ge-, h.⟩ (in dat -de) desteklemek
**bestätigen** ⟨ohne -ge-, h.⟩ A VT onaylamak, teyit etmek; *(bescheinigen)* belgelemek; *Empfang* -in alındığını bildirmek B V/R: **sich ~** doğru çıkmak
**Bestätigung** F ⟨-; -en⟩ onay; belge
**bestatten** VT ⟨ohne -ge-, h.⟩ defnetmek **²ung** F ⟨-; -en⟩ defin **²ungsinstitut** N cenaze (işleri) servisi
**bestäuben** VT ⟨ohne -ge-, h.⟩ mit Mehl etc *-i* -in üstüne serpmek; BOT tozlamak **²ung** F ⟨-; -en⟩ BOT tozlaşma
**bestaunen** VT ⟨ohne -ge-, h.⟩ -e hayran kalmak
**beste, ~r, ~s** ADJ en iyi; **mein bester Freund** en iyi arkadaşım; **am besten**

**en iyisi; am besten wissen** en iyisini bilmek; **am besten, wir besuchen sie** en iyisi, biz ona gidelim; **welches gefällt dir am besten?** en çok hangisini beğeniyorsun?; **mit bestem Dank** en derin teşekkürlerim(iz)le

**Beste** N̄: **es ist das ~** (od **am besten ist es**), **Sie nehmen den Bus** en iyisi (od iyisi mi) siz otobüsle gidin; **das ~ machen aus** -den en iyi sonucu çıkarmak; (**nur**) **zu deinem ~n** (sadece) senin iyiliğin/çıkarın için; **ich will nur dein ~s** ben sadece senin iyiliğini istiyorum; **sein ~s tun** (od **geben**) elinden geleni yapmak; **etw zum ~n geben** (erzählen, vortragen) anlatmak, söylemek; **j-n zum ~ halten** alaya almak

**bestech|en** V̄T̄ ⟨irr, h.⟩ -e rüşvet vermek; **sich ~ lassen** rüşvet yemek; fig **etw besticht** (durch -le) kendini insana benimsetiyor **~end** ADJ çarpıcı, gözalıcı **~lich** ADJ rüşvetçi, umg yiyici **²lichkeit** F̄ ⟨-; ohne pl⟩ rüşvetçilik, umg yiyicilik **²ung** F̄ ⟨-; -en⟩ rüşvet (alma/verme) **²ungsaffäre** F̄ rüşvet skandalı **²ungsgeld** N̄ rüşvet (alınan para) **²ungsversuch** M̄ rüşvet verme girişimi

**Besteck** N̄ ⟨-s; -e⟩ çatal-bıçak takımı

**bestehen** ⟨irr, ohne -ge-, h.⟩ A V̄T̄ Probe başarmak; Prüfung geçmek; Prüfung **nicht ~** kaybetmek, -de(n) kalmak; fig **die Probe ~** denemeyi kazanmak B V̄Ī var olmak, bulunmak; **~ auf** (dat) -de ısrar etmek; **~ aus** -den oluşmak, ibaret olmak; **~ bleiben** sürmek, baki olmak; **~ in** dat -in özü ... olmak; (beharren) **darauf ~, dass** ... -mekte ısrar etmek, -mekte direnmek/diretmek

**Bestehen** N̄ ⟨-s; ohne pl⟩ varlık, var oluş; **seit ~ der Firma** şirket var olalı beri; Prüfung başarma, kazanma; (Beharren) (**auf** dat -de) ısrar, direnme, diretme

**bestehend** ADJ (existierend) mevcut; varolan; halihazırdaki; **~ aus** -den oluşan, ibaret

**bestehlen** V̄T̄ ⟨irr, ohne -ge-, h.⟩: **j-n ~** b-nin bş-ini çalmak

**besteig|en** V̄T̄ ⟨irr, ohne -ge-, h.⟩ Berg -e çıkmak; tırmanmak; Fahrzeug, Pferd -e binmek; Thron -e çıkmak **²ung** F̄ ⟨-; -en⟩ çıkış, tırmanma

**Bestellbuch** N̄ sipariş defteri

**bestellen** V̄T̄ ⟨ohne -ge-, h.⟩ Waren, Speisen sipariş etmek; Zimmer, Karten ayırtmak; Taxi çağırmak; **j-n** (**zu sich** dat) **~** b-ni yanına çağırmak; **j-m e-e Nachricht ~** b-ne bir haber iletmek; **kann ich etw ~?** bir mesaj/not bırakmak ister misin(iz)?; AGR Feld, Garten ekmek, işlemek; **es ist schlecht um sie bestellt** onun durumu kötü; umg fig **er hat nicht viel zu ~** (**bei** -in yanında) onun hiç sözü geçmiyor

**Bestell|formular** N̄, **~schein** M̄ sipariş formu **~karte** F̄ sipariş kartı **~nummer** F̄ sipariş numarası

**Bestellung** F̄ ⟨-; -en⟩ sipariş; yer (oda, bilet vs) ayır(t)ma; **auf ~** (**gemacht**) ısmarlama, sipariş üzerine (yapılmış); **e-e ~ aufgeben** ısmarlamak, sipariş vermek; Feld etc işleme

**bestenfalls** ADV olsa olsa

**bestens** ADV mükemmel; en iyi şekilde; **das hat sich ~ bewährt** bu kendini gayet güzel kabul ettirdi; (**ich**) **danke ~!** çok (çok) teşekkür (ederim!)

**besteuer|n** V̄T̄ ⟨ohne -ge-, h.⟩ vergile(ndir)mek **²ung** F̄ ⟨-; ohne pl⟩ vergilendir(il)me

**bestialisch** ADJ umg hayvanca

**Bestie** F̄ ⟨-; -n⟩ Tier (vahşi) hayvan; fig Mensch gaddar (insan)

**bestimmen** ⟨ohne ge-, h.⟩ A V̄T̄ (festlegen, festsetzen) belirlemek; saptamak; tayin etmek; (vorsehen) (**für** için) öngörmek; **j-n zu s-m Nachfolger ~** b-ni (kendine) ardıl tayin etmek; (anordnen) -in sözü geçmek; **er hat dabei nichts zu ~** onun bu konuda hiç sözü geçmez; (ermitteln) Begriff tanımlamak, elde etmek B V̄Ī (verfügen); **~ über** (akk) hakkında söz sahibi olmak

**bestimmend** canalıcı

**bestimmt** A ADJ (gewiss) belirli; Worte kesin, kararlı; **etw ²es** belirli/kesin bir şey; **nichts ²es** belirli/kesin bir şey değil/yok; **~ sein für** için ayrılmış/tahsis edilmiş olmak B ADV (gewiss, sicher) elbet; mutlaka; kesin; kesinlikle; **ich weiß ~, dass** -in/diğini/-eceğini kesin biliyorum; **ganz ~** muhakkak, kesin; **ich kann es nicht ~ sagen** kesin bir şey diyemem **Bestimmtheit** F̄ ⟨-; ohne pl⟩ (Entschiedenheit) kesinlik; kararlılık; **mit ~** kesin olarak/biçimde; kesinlikle

**Bestimmung** F ⟨-; -en⟩ (*Vorschrift*) hüküm, kural; yönerge, talimat; *etw s-r* ~ (*dat*) **übergeben** *Gebäude etc* hizmete açmak; (*Berufung*) misyon **~sort** M varma yeri; *-in* gideceği yer

**Best|leistung** F SPORT en iyi derece; **persönliche** ~ ferdi en iyi derece **~marke** F SPORT (*Rekord*) rekor derecesi

**bestmöglich** ADJ mümkün olan en iyi

**Best.-Nr.** *abk* → Bestellnummer

**bestrafen** V/T ⟨*ohne -ge-, h.*⟩ (**wegen** *-den* dolayı, **für** için) cezalandırmak; JUR **j-n** ~ **mit** b-ne ... cezası vermek **⚥ung** F ⟨-; -en⟩ cezalandırı(l)ma

**bestrahlen** V/T ⟨*ohne -ge-, h.*⟩ (*hell erleuchten*) aydınlatmak, ışığa boğmak; MED *-e* radyoterapi (*od* ışın tedavisi) uygulamak **⚥ung** F ⟨-; -en⟩ (*Sonnen⚥ etc*) ışınım; *umg* (*-e*) güneşin *vs* vurması; MED radyoterapi, ışın/şua tedavisi

**bestrebt** ADJ: ~ **sein,** *etw zu tun* bş-i yapmaya gayretli olmak

**bestreiken** V/T ⟨*ohne -ge-, h.*⟩ *-de* grev yapmak

**bestreikt** ADJ grevde (*fabrika vs*)

**bestreiten** V/T ⟨*irr, ohne -ge-, h.*⟩ inkâr etmek; reddetmek; (*finanzieren*) *Kosten, Ausgaben* karşılamak; *durchführen, ausführen* uygulamak, yürütmek, götürmek; ~, **dass** ... (~, *etw getan zu haben* -*in*) -diğini reddetmek; (*streitig machen*) **j-m ein Recht** ~ b-nin bir hakkını reddetmek/inkâr etmek; **sie bestritt die Unterhaltung ganz allein** herkesi tek o eğlendirdi

**bestreuen** V/T ⟨*ohne -ge-, h.*⟩: **mit Sand** ~ *-in* üstüne kum serpmek; **mit Zucker** ~ *-in* üstüne şeker ekmek/serpmek

**Bestseller** M ⟨-s; -⟩ bestseller; en çok satan *adj*

**bestürmen** V/T ⟨*ohne ge-, h.*⟩ *fig* (*bedrängen*) **mit Fragen, Bitten** *-e* soru (*rica vs*) yağdırmak

**bestürz|t** ADJ (**über** *akk -den* dolayı) şaşkın **⚥ung** F ⟨-; *ohne pl*⟩ şaşkınlık; deh şet; endişe

**Besuch** M ⟨-s; -e⟩ (*gen,* **bei,** *in dat -i*) ziyaret; *Schule* (*gen -e*) devam, gitme; *Veranstaltung* (*gen -e*) katılma; (*Besucher*) ziyaretçi, konuk; *kurzer* (**bei** *-e*) uğrama; **auf ~, zu ~** misafir olarak, **sie hat ~** onun misafiri var/geldi; **j-m e-n ~ abstatten** b-ni ziyaret etmek

**besuchen** V/T ⟨*ohne -ge-, h.*⟩ *-e* gitmek; *-i* görmeye gitmek; *förmlich -i* ziyaret etmek; *kurz -e* uğramak; *Ort* gidip görmek; *Schule -e* gitmek, devam etmek; *Veranstaltung -e* gitmek, *-e* katılmak; **gut besucht** ziyaretçisi/müşterisi bol

**Besucher** M ⟨-s; -⟩ **~in** F ⟨-; -nen⟩ ziyaretçi; misafir, konuk; (*Zuschauer*) seyirci, izleyici

**Besuchszeit** F ziyaret saat(ler)i

**betasten** V/T ⟨*ohne -ge-, h.*⟩ yoklamak, ellemek

**betätig|en** V/T ⟨*ohne -ge-, h.*⟩ **A** TECH işletmek; kullanmak; *Bremse* fren yapmak **B** V/R: **sich** ~ (**in** *dat -de*) etkin olmak; **sich** ~ **als** ... olarak etkin olmak; **sich politisch** ~ politik etkinlikte bulunmak; **sich sportlich** ~ spor yapmak **⚥ung** F ⟨-; -en⟩ TECH (*Bedienen*) kullan(ıl)ma; **körperliche** ~ bedensel etkinlik

**Betätigungsfeld** N etkinlik alanı

**betäub|en** ⟨*ohne -ge-, h.*⟩ **A** V/T MED örtlük uyuşturmak, (*-e*) lokal anestezi yapmak; *durch Schlag* uyuşturmak; *fig Schmerz* dindirmek; **wie betäubt** uyuşmuş gibi **B** V/R: **sich** ~ (**mit, durch**) kendini uyuşturmak **⚥ung** F ⟨-; -en⟩ uyuşturma; MED **örtliche** ~ lokal anestezi; (*Benommenheit*) mahmurluk **⚥ungsmittel** N uyuşturucu (madde)

**Bete** F ⟨-n; *ohne pl*⟩ BOT **Rote** ~ pancar

**beteilig|en** ⟨*ohne -ge-, h.*⟩ **A** V/T: **j-n** ~ (**an** *dat*) b-nin (*-e*) katılmasını sağlamak; **beteiligt sein an** (*dat*) *Unfall, Verbrechen -e* karışmak; **j-n am Gewinn** ~ b-ne kârdan pay vermek **B** V/R: (*Beitrag leisten*) *-e* katkıda bulunmak; **sich an den Kosten** ~ masraf(lar)a katılmak

**Beteiligte** M, F ⟨-n; -n⟩ (*mitwirkende Person*) *-de* katkısı olan; *-e* emeği geçen; (*Unfall⚥*) kazaya karışan; (*Prozess⚥*) taraf (*taraflardan her biri*)

**Beteiligung** F ⟨-; -en⟩ (**an** *dat -e*) katılım; *-e* karışma; *-i* paylaşma

**beten** ⟨*h.*⟩ **A** V/I (**um** için) dua etmek; şükran duası(nı) okumak; **zu Gott** ~ Allah'a dua etmek **B** V/T *Gebet* okumak, söylemek

**beteuern** V/T ⟨*ohne -ge-, h.*⟩: **s-e Unschuld** ~ suçsuz olduğunu temin etmek

**betiteln** V/T ⟨*ohne -ge-, h.*⟩ *Buch etc -e* başlık koymak; *umg pej* **j-n** (**mit, als**)

**Trottel** ~ b-ne salak demek
**Beton** [be'tɔŋ, be'to:n, be'tõ:] M ⟨-s; -s⟩ beton
**betonen** VT ⟨ohne -ge-, h.⟩ vurgulamak
**betonieren** VT ⟨ohne ge-, h.⟩ -e beton dökmek
**Betonklotz** [-'to:n-, -'tɔŋ-] M pej (Bau aus Beton) beton(arme) blok
**betont** ADV fig: ~ **lässig** umursamazlığını belli ederek
**Betonung** F ⟨-; -en⟩ a. fig vurgu, -in üstüne basma
**Betr.** abk für Betreff M, betrifft konu, özet; Korrespondenz konu, özü
**Betracht** M: **in ~ ziehen** -i göz önüne (od dikkate) almak; -e itibar etmek; **(nicht) in ~ kommen** söz konusu ol(ma)mak; **außer ~ lassen** -den sarfınazar etmek
**betrachten** VT ⟨ohne ge-, h.⟩ -e bakmak, fig a. görmek; ... saymak; **j-n als Freund** etc ~ b-ni arkadaş vs saymak (od olarak görmek); (beurteilen) **so betrachtet** böyle bak(ıl)ınca; bu açıdan
**Betrachter** M ⟨-s; -⟩, **-in** F ⟨-; -nen⟩ gözlemci, izleyici
**beträchtlich** ADJ hayli; hatırı sayılır
**Betrachtung** F ⟨-; -en⟩: (Anschauen) seyir; bakış; (Überlegung) düşünce; fikir; **bei näherer** ~ (daha) yakınında incelendiğinde; ~**en anstellen über** (akk) bş hakkında düşüncelere varmak
**Betrag** M ⟨-s; ⸚e⟩ WIRTSCH (Geld⸚) tutar, meblağ; ~ **(dankend) erhalten** meblağ teşekkürlerimizle tahsil edilmiştir
**betragen** A VR ⟨irr, ohne -ge-, h.⟩ tutmak; etmek (miktar, meblağ) B VR: **sich** ~ (benehmen) davranmak
**Betragen** N ⟨-s; ohne pl⟩ davranış, hal ve gidiş
**betrauen** VT ⟨ohne -ge-, h.⟩ **(mit** -le⟩ (güvenerek) görevlendirmek
**betrauern** VT ⟨ohne -ge-, h.⟩ Person ... için yas tutmak; -in yasını tutmak (a. Verlust)
**Betreff** M ⟨-s; -e⟩ im Briefkopf: özü **(Betr.)**
**betreffen** VT ⟨irr, ohne -ge-, h.⟩ (angehen) ilgilendirmek; **was ... betrifft** -e gelince
**betreffend** ADJ (ILE) ilgili; -e ilişkin; **die ~en Personen** ilgili kişiler

**betreiben** VT ⟨irr, ohne -ge-, h.⟩ Geschäft, TECH işletmek; Unternehmen çalıştırmak; Hobby, Sport (-le) uğraşmak, meşgul olmak
**Betreiben** N ⟨-s; ohne pl⟩: **auf ~ von** (od gen) -in girişimi üzerine
**Betreiber** M ⟨-s; -⟩, **-in** F ⟨-; -nen⟩ WIRTSCH işletmeci; işletici; çalıştıran
**betreten¹** VT ⟨irr, ohne -ge-, h.⟩ -e (ayak) basmak, -e adım atmak; Rasen a. çiğnemek; Raum -e girmek
**betreten²** ADJ u. ADV (verlegen) mahcup, pej sus pus
**Betreten** N ⟨-s; ohne pl⟩: ~ **(des Rasens) verboten!** (çimenlere) basmak yasaktır!
**betreu|en** VT ⟨ohne ge-, h.⟩ Kranke etc -e bakmak; Kinder -e göz kulak olmak; Schüler, Klienten -e rehberlik/danışmanlık etmek; Projekt yürütmek, yönetmek ⸸**er** M ⟨-s; -⟩, **⸸erin** F ⟨-; -nen⟩ einer Gruppe etc danışman, yönetici ⸸**ung** F ⟨-; ohne pl⟩ einer Gruppe etc -e danışmanlık, rehberlik; (ärztliche ~) hekim kontrolü
**Betrieb** M ⟨-s; -e⟩ Firma işletme, işyeri; (Betreiben) işletme, çalıştırma; in Straßen, Geschäften çalışma, faaliyet; **öffentliche** ~**e** kamu işletmeleri; **in ~ sein (setzen)** hizmette olmak (hizmete açmak); **außer** ~ hizmet dışı; umg bozuk; **außer ~ setzen** devreden çıkarmak, devre dışı bırakmak; **im Geschäft war viel ~** dükkanda çok gelen giden vardı
**betrieblich** ADJ işletmeye dair, işletme içi; ~**e Altersversorgung** işletme içi emeklilik sigortası; ~**e Mitbestimmung** yönetime katılma
**Betriebs|anleitung** F çalıştırma talimatı, kullanma kılavuzu ~**ausflug** M personel gezisi ~**ausgaben** pl işletme masrafları; genel giderler ~**eigen** ADJ işletme malı, işletmeye ait ⸸**fähig** ADJ işler durumda ~**ferien** PL işletme tatili sg ⸸**fremd** ADJ işletme dışından ⸸**intern** ADJ işletme içi ~**kapital** N işletme sermayesi; çalışan sermaye ~**klima** N iş yeri çalışma ortamı ~**kosten** PL işletme maliyeti sg ~**leitung** F işletme müdürlüğü) ~**rat¹** M işçi temsilciliği ~**rat²** M, ~**rätin** F işçi temsilcisi ⸸**sicher** ADJ emniyetli, işlemesi güvenli ~**sicherheit** F işletme güveni/güvenliği ~**stilllegung** F işletmenin kapa-

tılması **~störung** F̲ işletme arızası/bozukluğu **~system** N̲ IT işletim sistemi **~unfall** M̲ iş kazası **~vereinbarung** F̲ işletme anlaşması **~verfassung** F̲ işletme yönetmeliği **~versammlung** F̲ işletme kadrosu toplantısı **~wirt(in)** M̲(F̲) işletmeci **~wirtschaft** F̲ ⟨-; ohne pl⟩ işletmecilik (bilimi) **~zugehörigkeit** F̲ işletme mensubu olma; **nach zehnjähriger ~** işletmede onuncu yılını doldurduktan sonra

**betrinken** V̲/R̲ ⟨irr, ohne -ge-, h.⟩: **sich ~** sarhoş olmak

**betroffen** A̲D̲J̲ şaşkın; üzgün; (berührt) (**von** -den) etkilenmiş; mağdur; **die ~en Personen** (-/e) ilgili kişiler; (-den) etkilenen kişiler **♀heit** F̲ ⟨über akk -den dolayı⟩ sarsılma, şaşkınlık

**betrüb|en** V̲/T̲ ⟨ohne -ge-, h.⟩ üzmek **~lich** A̲D̲J̲ üzücü

**betrübt** A̲D̲J̲ (**über** akk -den) üzgün, (-e) üzülmüş

**Betrug** M̲ ⟨-s; ohne pl⟩ a. JUR hilekârlık, dolandırıcılık; (Täuschung) kandırma, aldatma, yanıltma

**betrügen** A̲ V̲/T̲ ⟨irr, ohne -ge-, h.⟩ kandırmak; (täuschen) yanıltmak; JUR dolandırmak; Ehepartner (**mit** -/e) aldatmak; **j-n um etw ~** b-ni aldatıp bş-i elinden almak B̲ V̲/R̲: **sich (selbst) ~** (kendi) kendini aldatmak

**Betrüger** M̲ ⟨-s; -⟩, **-in** F̲ ⟨-; -nen⟩ dolandırıcı, hilekâr; düzenbaz **~ei** F̲ ⟨-; -en⟩ (fortwährendes Betrügen) düzenbazlık, hilekarlık **♀isch** A̲D̲J̲ düzenbazca, hileli

**betrunken** A̲D̲J̲ sarhoş

**Betrunkene** M̲.F̲ ⟨-n; -n⟩ sarhoş

**Bett** N̲ ⟨-s; -en⟩ yatak; **am ~** yatağın kenarında; **die ~en beziehen** çarşaf değiştirmek; **j-n zu** (od **ins**) **bringen** b-ni (uykuya) yatırmak; **ins ~ gehen** (yatağa) yatmak; umg **mit j-m ins ~ gehen** (Sex haben) b-le yatmak; **das Bett hüten müssen** yorgan döşek yatmak

**Bett|bezug** M̲ yorgan kılıfı, nevresim **~couch** F̲ çekyat **~decke** F̲ wollen battaniye; gesteppt yorgan; Tagesdecke yatak örtüsü

**bettelarm** A̲D̲J̲ çok fakir

**betteln** V̲/I̲ ⟨ohne -ge-, h.⟩ (**um** bş) dilenmek

**bettlägerig** A̲D̲J̲ yatağa düşmüş, länger yatalak

**Bett|laken** N̲ yatak çarşafı **~lektüre** F̲ uykudan önce okunacak hafif kitap vs

**Bettler** M̲ ⟨-s; -⟩, **-in** F̲ ⟨-; -nen⟩ dilenci

**Bett|ruhe** F̲ yatak istirahati; **j-m ~ verordnen** b-ne yatak istirahati vermek **~tuch** N̲ (yatak) çarşaf(ı) **~wäsche** F̲ yatak çamaşırı

**betucht** A̲D̲J̲ umg tuzukuru

**betupfen** V̲/T̲ ⟨ohne -ge-, h.⟩ MED -e kompres yapmak

**beugen** ⟨h.⟩ A̲ V̲/T̲ Kopf eğmek; Recht, Gesetz çiğnemek; LING Verb çekmek B̲ V̲/R̲: **sich aus dem Fenster ~** pencereden sarkmak; **sich ~** (nachgeben) boyun eğmek

**Beugung** F̲ ⟨-; -en⟩ LING Verb çekim; (Rechts♀) kanunsuzluk

**Beule** F̲ ⟨-; -n⟩ şiş, şiş(kin)lik; im Blech çökük (hasar)

**beunruhig|en** A̲ V̲/T̲ ⟨ohne -ge-, h.⟩ meraklandırmak; huzursuz etmek; stärker endişelendirmek; telaşlandırmak B̲ V̲/R̲: **sich ~** (**über** akk, **wegen**) -i merak etmek; -den endişelenmek **♀ung** F̲ ⟨-; -en⟩ merak, huzursuzluk, endişe

**beurkund|en** V̲/T̲ ⟨ohne -ge-, h.⟩ belgelemek; Geburt etc kaydetmek **♀ung** F̲ ⟨-; -en⟩ belge(n)me

**beurlauben** V̲/T̲ ⟨ohne -ge-, h.⟩ (Urlaub geben) -e izin vermek; **von einem Amt** -e geçici olarak işten el çektirmek; -e zorunlu izin vermek

**beurteil|en** V̲/T̲ ⟨ohne -ge-, h.⟩ (**nach** -e göre) karar vermek; irgendwie değerlendirmek; **das kann ich nicht ~!** (işin) orasını bilemem!; **falsch ~** yanlış değerlendirmek **♀ung** F̲ ⟨-; -en⟩ karar/not (verme); değerlendirme

**Beute** F̲ ⟨-; ohne pl⟩ ganimet, yağma; (Jagd♀) av (avlanan hayvanlar)

**Beutel** M̲ ⟨-s; -⟩ torba; a. bei Tieren kese

**beuteln** V̲/T̲ ⟨h.⟩ umg fig -e (çile) çektirmek

**bevölker|n** V̲/T̲ ⟨ohne -ge-, h.⟩ iskân etmek; (bewohnen) oturmak, sakin olmak; fig **die Straßen** etc **~** (akın akın) sokakları doldurmak; **dicht** (**dünn**) **bevölkert** yoğun (az) nüfuslu **♀ung** F̲ ⟨-; -en⟩ nüfus, ahali; (Volk) halk

**Bevölkerungs|dichte** F̲ nüfus yoğunluğu **~explosion** F̲ nüfus patla-

**~politik** F nüfus politikası **~rückgang** M nüfus artışında(ki) gerileme **~schicht** F (toplum) kesim(i)
**bevollmächtig|en** VT ⟨ohne -ge-, h.⟩ yetkili kılmak; **j-n (zu etw) ~** b-ne (bş için) yetki/vekalet vermek; **~ zu tun** yapmaya yetkili kılmak; JUR -i vekil tayin etmek **2te** M,F JUR vekil; WIRTSCH vekil, yetkili **2ung** F ⟨-; -en⟩ yetki verme; (Vollmacht) a. JUR vekalet(name)
**bevor** konj ...-meden önce; **nicht ~** -meden önce değil
**bevormunden** VT ⟨ohne -ge-, h.⟩: j-n **~** b-ni vesayet altına almak
**bevorsteh|en** VI ⟨irr, -ge-, h.⟩ yakında söz konusu olmak; Gefahr yaklaşmak; **j-m ~** b-ni (yakın gelecekte) beklemek **~end** ADJ yakın gelecekteki
**bevorzugen** VT ⟨ohne -ge-, h.⟩ (vor -e) tercih etmek, yeğlemek; (begünstigen) -den üstün tutma
**bevorzugt** A ADJ tercih edilen; (Lieblings...) gözde; sevilen; (privilegiert) ~e Behandlung özel muamele B ADV **~ behandelt werden** özel muamele görmek **Bevorzugung** F ⟨-; ohne pl⟩ tercih; üstün tut(ul)ma; özel muamele
**bewach|en** VT ⟨ohne -ge-, h.⟩ gözetlemek; göz altında tutmak **2er** M ⟨-s; -⟩ bekçi, gözcü; koruma(cı)
**bewachsen** ADJ (mit) üstünde ... yetişen
**Bewachung** F ⟨-; ohne pl⟩ bekçilik; göz altında bulundurma; koruma
**bewaffn|en** VT ⟨ohne -ge-, h.⟩ silahlandırmak; v/r: **sich ~** silahlanmak **~et** ADJ silahlı (**mit** -le) **2ung** F ⟨-; -en⟩ (das Bewaffnen) silahlan(dır)ma; (Waffen) silah ve teçhizat
**bewahren** VT ⟨ohne -ge-, h.⟩ (erhalten) korumak; **die Fassung ~** metanetini korumak; (schützen) **vor** dat -den korumak
**bewähr|en** V/R ⟨ohne -ge-, h.⟩: Sache iyiliğini vs kanıtlamak; **sich ~ als ...** ... olduğunu göstermek (od ispat etmek) (olumlu); **sich nicht ~** başarısız kalmak; beklenen ver(e)memek
**bewahrheiten** V/R ⟨ohne -ge-, h.⟩: **sich ~** doğru çıkmak
**bewährt** ADJ Person deneyimli, tecrübeli; Sache denenmiş
**Bewährung** F ⟨-; -en⟩ JUR (cezanın) tecil(i); **drei Monate Gefängnis mit ~** tecilen üç ay hapis; **die Strafe wurde zur ~ ausgesetzt** ceza tecil edildi
**Bewährungs|frist** F JUR tecil süresi, **~helfer(in)** m(f) tecil gözetim görevlisi **~probe** F deneme, sınav
**bewaldet** ADJ ormanlık, orman(lar)la kaplı
**bewältigen** VT ⟨ohne -ge-, h.⟩ Schwierigkeit aşmak, yenmek; -in üstesinden gelmek; Arbeit halletmek; Essen, Strecke bitirmek
**bewandert** ADJ: **in etw** (dat) (**gut**) **~ sein** bş-de (geniş/derin) bilgi sahibi olmak
**Bewandtnis** F ⟨-; -se⟩: **damit hat es folgende ~** bu konuda durum şu(dur)
**bewässer|n** VT ⟨ohne -ge-, h.⟩ sulamak **2ung** F ⟨-; -en⟩ sulama
**bewegen**¹ ⟨ohne -ge-, h.⟩ A VT hareket ettirmek; fig **etw ~** harekete geçirmek; innerlich **sag mir, was dich bewegt!** söyle, senin kafanı kurcalayan ne? B V/R: **sich ~** hareket etmek; **die Preise ~ sich zwischen ... und ...** fiyatlar ... ile ... arasında değişiyor/oynuyor
**bewegen**² ⟨bewog, bewogen, h.⟩: (veranlassen) **j-n zu etw ~** b-ne bş-i yaptırmak
**bewegend** ADJ fig etkileyici
**Beweggrund** M sebep, neden; motif
**beweglich** ADJ hareketli; körperlich, geistig hareketli, esnek, dinamik; Feiertag belli bir tarihe bağlı olmayan; TECH **~e Teile** hareketli parçalar; JUR **~er Besitz** taşınır mallar
**bewegt** ADJ Meer dalgalı; Stimme titrek; boğuk; Leben olaylarla dolu; hareketli
**Bewegung** F ⟨-; -en⟩ hareket; körperliche dolaşma, gezme, hareket; **keine ~!** kıpırdama(yın)!; **in ~ setzen** harekete geçirmek/getirmek; **sich in ~ setzen** harekete geçmek; fig **in e-e Sache ~ bringen** bş-e hareket getirmek; (Gemüts2, Rührung) duygulanma
**Bewegungs|freiheit** F ⟨-; ohne pl⟩ fig hareket serbestliği **2los** ADJ u. ADV hareketsiz **~therapie** F hareketle tedavi **2unfähig** ADJ hareketsiz, hareket edemez halde
**Beweis** M ⟨-es; -e⟩ kanıt, ispat; **~ für** -in ispatı; JUR **~e** pl deliller; **als ~, zum ~ (für** -e/-in) delil(i) olarak; **den ~ für**

etw erbringen (od liefern) bş-in delilini getirmek; **als ~ seiner Zuneigung** hayranlığının ispatı olarak **~aufnahme** F ⟨-; ohne pl⟩ JUR delillerin ikamesi
**beweisbar** ADJ ispatı mümkün
**beweisen** VT ⟨irr, ohne -ge-, h.⟩ kanıtlamak, ispatlamak; *Interesse etc* göstermek; **j-m etw ~** b-ne bş-i göstermek (od ispat etmek)
**Beweis|führung** F ⟨-; ohne pl⟩ JUR ispat, kanıtlama **~kraft** F ⟨-; ohne pl⟩ ispat kudreti **2kräftig** ADJ delil niteliğinde **~material** N deliller pl **~stück** N ispat/kanıt belgesi; JUR delil (nesne)
**bewenden** VI: **es dabei ~ lassen** bş-i yeterli görüp geçmek
**bewerben** VR ⟨irr, ohne -ge-, h.⟩: **(bei -e; um ... için) sich ~** başvurmak; **um Preis, Titel -e** aday olmak
**Bewerber** M ⟨-s; -⟩, **-in** F ⟨-; -nen⟩ başvuran; aday
**Bewerbung** F ⟨-; -en⟩ **(um için)** başvuru, müracaat; (**~sschreiben**) başvuru/müracaat (dilekçesi)
**Bewerbungs|gespräch** N görüşme (işe giriş için) **~schreiben** N başvuru yazısı/dilekçesi; yazılı başvuru **~unterlagen** PL başvuru belgeleri
**bewerkstelligen** VT ⟨ohne -ge-, h.⟩; (*zustande bringen, erreichen*) gerçekleştirmek
**bewert|en** VT ⟨ohne -ge-, h.⟩ *Person, Leistung* **(nach -e** göre**)** değerlendirmek; **zu hoch (niedrig) ~** olduğundan iyi (kötü) değerlendirmek **2ung** F ⟨-; -en⟩ değerlendir(il)me
**bewillig|en** VT ⟨ohne -ge-, h.⟩ *Mittel etc* vermek, tahsis etmek, onaylamak; **j-m etw ~** b-ne bşi uygun görmek **2ung** F ⟨-; -en⟩ (*Erlaubnis*) izin, onay
**bewirken** VT ⟨ohne -ge-, h.⟩ (*verursachen*) -e yol açmak, -e sebep olmak; (*zustande bringen*) meydana getirmek; oluşturmak; **das Gegenteil ~** ters sonuç vermek
**bewirten** VT ⟨ohne -ge-, h.⟩: **j-n mit etw ~** b-ni bş-le ağırlamak; b-ne bş ikram etmek
**bewirtschaften** VT ⟨ohne -ge-, h.⟩ *Hof, Gaststätte etc* işletmek; AGR *Land, Boden* işlemek, ekmek
**bewohn|bar** ADJ oturulur durumda (*ev vs*) **~en** VT ⟨ohne -ge-, h.⟩ -de oturmak, ikamet etmek **2er** M ⟨-s; -⟩, **2erin** F ⟨-; -nen⟩ -de oturan; ... sakini
**bewölken** VR ⟨ohne -ge-, h.⟩: **sich ~** bulutlanmak, *völlig* bulut(lar)la kaplanmak
**bewölkt** ADJ bulutlu, *völlig:* kapalı
**Bewölkung** F ⟨-; ohne pl⟩ bulutlanma **~sauflockerung** F bulutların dağılması **~szunahme** F bulutlanma
**Bewunder|er** M ⟨-s; -⟩, **-in** F ⟨-; -nen⟩ hayran
**bewundern** VT ⟨ohne -ge-, h.⟩ **(wegen -den** dolayı **-e)** hayran olmak; **-i** çok beğenmek
**bewundernswert** ADJ takdire değer
**Bewunderung** F ⟨-; ohne pl⟩ hayranlık, takdir
**bewusst** A ADJ bilinçli; **j-m etw ~ machen** b-şi b-nin kafasına sokmak; **sich** (dat) **e-r Sache ~ sein** -in bilincinde olmak; **sich** (dat) **e-r Sache ~ werden** bş-in farkına/bilincine varmak B ADV bilinçle, bilinçli olarak; (*absichtlich*) bilerek, isteyerek, mahsus
**bewusstlos** ADJ baygın; **~ werden** bilincini kaybetmek; bayılmak **2igkeit** F ⟨-; ohne pl⟩ baygınlık
**Bewusstsein** N ⟨-s; ohne pl⟩ bilinç, şuur; **bei ~** bilinci açık; **das ~ verlieren** bilincini yitirmek; **ohne ~ sein** baygın olmak; **das ~ wiedererlangen** ayılmak; bilincine kavuşmak; *fig* **j-m etw zum ~ bringen** b-nin bş-e dikkatini çekmek; **etw kommt j-m zum ~** biri bş-in farkına/bilincine varıyor
**bezahlen** VT ⟨ohne -ge-, h.⟩ *Rechnung, Schuld* ödemek; *Ware a. fig* **-in** bedelini ödemek; **j-n ~** b-nin ücretini ödemek; **etw teuer ~** bş-in bedelini pahalı ödemek; **sich bezahlt machen** masrafını kurtarmak/çıkarmak; *im Restaurant* **bitte ~!** hesap lütfen!
**Bezahlung** F ⟨-; ohne pl⟩ ödeme; **nur gegen ~** ücretlidir; *umg* bedava değil
**bezähmen** ⟨ohne -ge-, h.⟩ A ADJ *Neugier* yenmek B VR: **sich ~** kendine hakim olmak
**bezeichn|en** VT ⟨ohne -ge-, h.⟩ (*beschreiben*) tarif etmek; (*angeben*) belirtmek; (*benennen*) adlandırmak; nitelemek; **j-n als Lügner ~** b-ni yalancı olarak nitelemek, b-ne yalancı demek **~end** ADJ **(für** için**)** tipik **~ender-**

**weise** ADV anlamlı olarak
**Bezeichnung** F ⟨-; ohne pl⟩ (Markierung) işaretleme; (Angabe) niteleme, sıfat; (Name) ad, isim; (Benennung) adlandırma; (Zeichen) işaret
**bezeugen** VT ⟨ohne -ge-, h.⟩ JUR şahitlik/tanıklık etmek; fig onaylamak
**bezichtigen** VT ⟨ohne -ge-, h.⟩ suçlamak
**beziehbar** girilebilir, oturulabilir (ev vs)
**beziehen** ⟨irr, ohne -ge-, h.⟩ A VT Bett -e temiz çarşaf geçirmek; Wohnung -e taşınmak, girmek; Posten ~ yerini almak, yerine kurulmak; Gehalt ~ almak; Zeitung (abone olarak) düzenli almak; Waren, Informationen almak; **etw ~ auf** (akk) bş-e bş arasında bağlantı kurmak; **etw auf sich ~** bş-e/bş-den alınmak B VR: **sich ~** Himmel bulutlanmak; **sich auf j-n ~** b-nin adını vermek; b-ne gönderme yapmak; b-ne atıfta bulunmak
**Beziehung** F ⟨-; -en⟩ (zu -le) ilişki; bağlantı; sexuelle (cinsel) ilişki; **e-e feste ~ haben** b-nin sürekli (evliliğe benzer) ilişkisi olmak; **freundschaftliche ~** dostça ilişki; **diplomatische ~en** pl diplomatik ilişkiler; **gute ~en haben** -in torpili/dayısı olmak/var; **seine ~en spielen lassen** torpil işletmek; (inneres Verhältnis) **sie hat keine ~ zum Sport** onun sporla hiç alışverişi yok; (Zusammenhang) **in keiner ~ stehen zu** ile hiç(bir) bağıntısı olmamak/yok; **in dieser (jeder) ~** bu (her) bakımdan; **in gewisser ~** belli bir oranda; **in mancher ~** bazı bakımlardan
**Beziehungskiste** F umg fig, pej ilişki
**beziehungsweise** KONJ yana, daha doğrusu; (oder vielmehr) veya daha çok; (respektive) veya duruma göre; **mit dem Auto ~ mit der Bahn** arabayla veya trenle
**beziffern** ⟨ohne -ge-, h.⟩ VT (nummerieren) numarala(ndır)mak; Umsatz, Schaden (**auf** akk ... olarak) tahmin etmek
**Bezirk** M ⟨-s; -e⟩ bölge; (Regierungs°) il; (Stadt°) semt; (Gemeinde°) bucak
**Bezug**¹ M ⟨-s; ⸚e⟩ kaplama; (Kissen°, Kopfkissen°)
**Bezug**²: PL **Bezüge** (Gehalt) maaş, gelir
**Bezug**³ M ⟨-s; ohne pl⟩ Waren **bei ~ von ... -in** alınması halinde; **mit ~ auf** (akk)

-e atıfla; **in ~ auf** (akk) -e dair; ile ilgili olarak; **~ nehmen auf** (akk) -e dayanmak; -e gönderme yapmak
**bezüglich** A ADJ (gen) ... hakkında, -e dair; **das darauf ~e Schreiben** (bu konuyla) ilgili yazı B PRÄP (gen) **~ Ihres Schreibens vom ...** ... tarihli yazınızla ilgili olarak
**Bezug|nahme** F: **unter ~ auf** (akk) -e atıfla, ile ilgili olarak **~sperson** F PSYCH çocuğun/gencin örnek aldığı yetişkin **~spunkt** M nirengi noktası **~squelle** F ⟨-; -n⟩ gen -in satın alındığı yer
**bezwecken** VT ⟨ohne -ge-, h.⟩ **etw ~** (**mit** -le) bş-i amaçlamak
**bezweifeln** VT ⟨ohne -ge-, h.⟩ -den kuşku duymak; -i kuşkuyla karşılamak
**bezwingen** ⟨irr, ohne -ge-, h.⟩ A VT (unterdrücken) bastırmak; (bewältigen) -in üstesinden gelmek B VR: **sich ~** (sich beherrschen) kendine hakim olmak
**BGB** [be:ge:'be:] N abk für → Bürgerliches Gesetzbuch
**BH** [be:'ha:] abk für Büstenhalter M sutyen
**Bhf.** abk für Bahnhof M istasyon
**Bibel** F ⟨-; -n⟩ İncil
**bibelfest** ADJ İncil'i iyi bilen
**Biber** M ⟨-s; -⟩ kunduz; Stoff pazen
**Bibliografie** F ⟨-; -n⟩ bibliyografya; (Quellenangabe) kaynakça
**Bibliothek** F ⟨-; -en⟩ kütüphane
**Bibliothekar** M ⟨-s; -e⟩, **-in** F ⟨-; -nen⟩ kütüphaneci
**bieder** ADJ (rechtschaffen) dürüst; (einfältig, treuherzig) safdil
**biegen** ⟨bog, gebogen⟩ A VT ⟨h.⟩ bükmek; eğmek; kıvırmak B VI ⟨s.⟩: **nach links (rechts) ~** sola (sağa) sapmak; **um die Ecke ~** köşeden dönmek
**Biegen** N ⟨-s; ohne pl⟩: **auf ~ oder Brechen** ne pahasına olursa olsun
**biegsam** ADJ esnek; kıvrılabilir; bükülebilir **♀keit** F ⟨-; ohne pl⟩ körperliche esneklik
**Biegung** F ⟨-; -en⟩ Weg, Fluss dönemeç; Straße viraj; **e-e ~ machen** kıvrılmak; dirsek yapmak
**Biene** F ⟨-; -n⟩ ZOOL arı; umg (Mädchen) fıstık, yavru
**Bienen|schwarm** M oğul **~stich** M arı sokması; bademli kek **~wachs** N

balmumu **~zucht** F arıcılık
**Bier** N ⟨-s; -e⟩ bira; **helles ~** sarı bira; **dunkles ~** siyah bira; **~ vom Fass** fıçı birası(ı); *umg fig* **das ist mir nicht mein ~!** bu beni ırgalamaz! **~brauerei** F bira fabrikası **~deckel** M bira altlığı **~dose** F bira kutusu **~fass** N bira fıçısı **~flasche** F bira şişesi **~krug** M bira maşrapası **~zelt** N büyük eğlence çadırı
**Biest** N ⟨-s; -er⟩ *a. umg fig* hınzır; hayvan, domuz *(yergi anlamında)*
**bieten** ⟨bot, geboten, h.⟩ **A** V/T *Programm, Leistung* sunmak; **j-m etw ~** b-ne bş teklif etmek, arzetmek; *(zeigen)* **j-m Geld für etw ~** b-ne bş için para teklif etmek; **das lasse ich mir nicht ~** bunu kendime söyletmem/yaptırmam **B** V/I WIRTSCH *bei Versteigerungen* **wer bietet mehr?** arttıran var mı? **C** V/R: **sich ~** ortaya çıkmak *(fırsat)*
**Bigamie** F ⟨-; -n⟩ çifte evlilik
**Bikini** M ⟨-s; -s⟩ bikini
**Bilanz** F ⟨-; -en⟩ WIRTSCH bilanço; **negative (positive) ~** (olumsuz) olumlu bilanço; **die ~ frisieren** bilanço üzerinde oynamak; *(Aufstellung)* döküm; cetvel; *fig (Überblick)* **~ ziehen** bilanço çıkarmak, döküm yapmak
**Bilanzjahr** N bilanço yılı **~posten** M bilanço kalemi
**bilateral** ADJ iki taraflı
**Bild** N ⟨-s; -er⟩ resim, *(Foto)* fotoğraf; TV görüntü; **das ~ flimmert** görüntü karlı; *(Abz., Spiegel2)* yansıma; görüntü; *(Anblick)* manzara; tablo; **ein ~ des Jammers** sır sefalet tablosu; *(Vorstellung, Eindruck)* hayal; **im ~e sein** *(über akk ... hakkında)* bilgisi olmak/var; *sprachlich* imge; imaj; **auf dem ~** resimde; **sich** *(dat)* **ein ~ machen von** ... hakkında bir fikir edinmek **~ausfall** M TV görüntü kesilmesi **~band** M ⟨-s; ⸚e⟩ fotoğraf kitabı
**bilden** ⟨h.⟩ **A** V/T *(formen)* biçimlendirmek; oluşturmak; *e-n Kreis ~* çember/daire şeklinde dizilmek; **e-e Regierung ~** hükümet kurmak; **e-n Satz ~** cümle kurmak; **sich** *(dat)* **e-e Meinung ~ über** *(akk)* ... hakkında bir kanıya varmak; *(hervorbringen)* **Blasen ~** kabarcıklar yapmak; *(darstellen)* **e-e Ausnahme ~** istisna oluşturmak; **e-e Gefahr ~** tehlike oluşturmak; *(gestalten)* *-e* biçim vermek; *fig* **den Charakter ~** *-in* kişiliğini olgunlaştırmak; *(gründen)* **e-n Verein ~** dernek kurmak **B** V/I bilgi ve kültürünü genişletmek; **Reisen bildet** gezmek görgüyü arttırır **C** V/R: **sich ~** bilgi edinmek; ufkunu genişletmek
**bildend** ADJ: **~e Künste** plastik sanatlar
**Bilderbuch** N resimli kitap
**Bildersprache** F görsel dil
**Bildfläche** F *umg:* **auf der ~ erscheinen** çıkagelmek; belirmek; **von der ~ verschwinden** ortadan kaybolmak
**Bildhauer** M ⟨-s; -⟩ heykeltraş
**bildhübsch** ADJ resim/biblo gibi (güzel)
**bildlich** ADJ görsel, somut; *Ausdruck* imgesel; **~er Ausdruck** teşbih; benzetme
**Bildnis** N ⟨-ses; -se⟩ portre
**Bild|punkt** M IT *(Pixel)* piksel **~qualität** F FOTO, TV görüntü kalitesi **~redakteur(in)** M/F fotoğraf redaktörü **~röhre** F TV televizyon tüpü
**Bildschirm** M ekran; **am ~ arbeiten** bilgisayarda çalışmak **~arbeit** F bilgisayar başında çalışma **~schoner** M ekran koruyucusu **~text** M teletekst
**Bild|störung** F TV görüntü bozukluğu **~telefon** N ekranlı telefon
**Bildung** F ⟨-; *ohne pl*⟩ eğitim, öğrenim; bilgi ve kültür; **~ haben** kültürlü olmak; **etw für seine ~ tun** kültürünü arttırmak; **Mangel an ~** kültürsüzlük; *(Entstehung)* **die ~ von Blasen** kabarcık(ların) oluşması; *(Schaffung)* **die ~ e-r Regierung** hükümetin kurulması; **die ~ neuer Wörter** LING yeni kelimelerin türetilmesi
**Bildungs|grad** M kültür düzeyi **~politik** F kültür politikası **2politisch** ADJ kültür politikasına ilişkin **~weg** M: **auf dem zweiten ~** akşam okulu yoluyla *(lise bitirme)*
**Bildzuschrift** F *auf Zeitungsannoncen* fotoğraflı cevap
**Billard** ['bıljart] N ⟨-s; -e⟩ bilardo **~kugel** F bilardo topu
**Billiarde** [-lĭ-] F ⟨-; -n⟩ bin trilyon *($10_{15}$)*
**billig** **A** ADJ *a. pej* ucuz; **~er Schmuck** ucuz/harcıalem ziynet; *fig Ausrede* sudan; *Trick* ucuz **B** ADV: **~ abzugeben** *in Anzeigen* uygun fiyatla; *fig* **~ davonkommen** ucuz atlatmak
**billigen** V/T ⟨h.⟩ doğru/haklı bulmak;

**Billig|flug** M ucuz uçuş **~lohn** M düşük ücret
**Billigung** F ⟨-; ohne pl⟩ onay(lama)
**Billigware** F ucuz mal
**Bimsstein** M ponzataşı, süngertaşı
**binär** ADJ ikili; iki tabanlı (sayı sistemi)
**Binde** F ⟨-; -n⟩ MED sargı, bandaj; (Armschlinge) askı; (Damen♀) kadın bağı **~gewebe** N ANAT bağdoku **~glied** N bağlantı (parçası) **~hautentzündung** F MED konjunktivit **~mittel** N TECH bağlayıcı; tutkal
**binden** A V/T ⟨band, gebunden, h.⟩ (an akk ~ e, a. fig -i) a. CHEM, TECH bağlamak; Blumenstrauß yapmak; Buch ciltlemek; GASTR Soßen, Suppen koyulaştırmak; fig (j-n verpflichten) bağlamak B V/I Zement donmak; sertleşmek C V/R: sich ~ bağlanmak
**Bindestrich** M tire, kısa çizgi; **mit ~ schreiben** tireyle yazmak
**Bindewort** N ⟨-s; ⁻er⟩ LING bağlaç
**Bindfaden** M sicim; ip
**Bindung** F ⟨-; -en⟩ fig (an akk) bağ; fig (Beziehung) **e-e neue ~ eingehen** yeni bir ilişkiye girmek; (Verpflichtung) yükümlülük
**binnen** PRÄP ⟨dat od gen⟩ **~ drei Tagen (e-s Jahres)** üç gün (bir yıl) içinde; **~ Kurzem** kısa zamanda
**Binnen|gewässer** N iç sular **~hafen** M iç liman **~handel** M ticaret **~land** N açık denize kıyısı olmayan ülke **~markt** M iç pazar; EU tek pazar **~meer** N iç deniz
**Bio|chemie** ['biːo-] F biyokimya **~gas** N biyogaz **~genetik** F biyogenetik
**Biografie** [-'fiː] F ⟨-; -n⟩ biyografi, hayat hikâyesi **♀isch** ADJ biyografik
**Bioladen** M umg doğal ürünler dükkânı
**Biologie** F ⟨-; ohne pl⟩ biyoloji
**biologisch** A ADJ biyolojik; **~er Anbau** doğal yöntemlerle tarım B ADV: **~ abbaubar** biyolojik yokedilebilir
**Biomasse** F ⟨-; ohne pl⟩ BIOL biyokütle
**Biophysik** F biyofizik
**Biorhythmus** M biyoritm
**Biosprit** M organik akaryakıt
**Biotop** N ⟨-s; -e⟩ biyotop
**Birke** F ⟨-; -n⟩ kayın (ağacı)
**Birne** F ⟨-; -n⟩ armut; ELEK ampul; umg (Kopf) kafa
**bis** A PRÄP zeitlich -e kadar, -e dek/değin; **~ heute** bugüne dek; **~ jetzt** şimdiye dek; **~ in die Nacht** gece oluncaya kadar; gece yarısına kadar; **~ morgen!** yarın görüşürüz; **~ (spätestens) Freitag** (en geç) cumaya kadar; **von Montag ~ Freitag** pazartesi-cuma (arası); **~ auf Weiteres** yeni bir …e kadar; bir dahaki sefere kadar; umg **~ dann, ~ bald, ~ morgen!** sonra/yakında/yarın görüşmek üzere! umg **ich bin ~ 10 Uhr zurück** saat 10'a kadar dönerim; räumlich **~ Berlin** Berlin'e kadar; **~ hierher** buraya kadar; **von Anfang ~ Ende** baştan sona (kadar); **wie weit ist es ~ zum Bahnhof?** gara daha ne kadar var?; **~ zum Ende** -in sonuna kadar; vor Zahlen **5 ~ 10 Tage** beş on gün, 5 ila 10 gün; **von 9 ~ 5** 9'dan 5'e kadar; **~ 5000 Euro** 5000 avroya kadar; **Kinder ~ 12 Jahre** 12 yaşın altındaki çocuklar; **~ zu 8 Personen** en çok 8 kişi; **auf den letzten Teil** (einschließlich) son bölüme varıncaya kadar; **~ auf** (akk) (außer) -in dışında; hariç; **alle ~ auf einen** biri hariç hepsi B KONJ -inceye kadar; -ene kadar
**bisexuell** ADJ biseksüel
**bisher** ADV şimdiye kadar; **wie ~** eskiden olduğu gibi
**bisherig** A ADJ şimdiye kadarki; **die ~en Ergebnisse** şimdiye kadarki sonuçlar B ADV şimdiye kadar
**Biskuit** [bɪs'kviːt, 'bɪskvɪt] M ⟨-; -s⟩ bisküvi
**bislang** ADV şimdiye kadar
**Biss** M ⟨-es; -e⟩ ısırık; ısırma; umg (großer Einsatz) **die Mannschaft spielte mit ~** takım canını dişine takarak oynadı
**bisschen** A ADJ: **ein ~** biraz, bir parça B ADV: **ein ~** biraz; **ein ~ viel** birazcık fazla; **kein ~** biraz (+ olumsuzluk)
**Bissen** M ⟨-s; -⟩ abgebissenes Stück lokma; umg **mir blieb der ~ im Hals(e) stecken** lokmam boğazımda kaldı; umg (kleiner Imbiss) **lass uns noch schnell e-n ~ essen, bevor wir aufbrechen** yola çıkmadan önce çabucak iki lokma yiyelim
**bissig** ADJ Hund ısırgan; Bemerkung keskin, iğneleyici; Person atılgan, yaman; **Vorsicht, ~er Hund!** dikkat, ısırgan köpek (var)

**Bisswunde** F ısırık
**Bit** N ‹-(s); -(s)› IT bit
**bitte** ADV lütfen; *Wunsch, Aufforderung* ~, **gib mir die Zeitung** bana gazeteyi verir misin?; ~ **zahlen!** hesabı alır mısın(ız)?, hesap lütfen!; ~ **nicht!** lütfen yapma(yın); ~ **nicht stören!** lütfen rahatsız etme(yin)!; ~ **(schön)!** *(keine Ursache)* rica ederim, bir şey değil; *beim Überreichen buyrun; im Laden* **(was darf es sein)** ~? buyurun (ne arzu edersiniz)?; **(wie)** ~? efendim?; *umg* **na** ~! gördün mü?, demedim mi?, buyur işte!
**Bitte** F ‹-; -n› rica; **auf j-s** ~ **b-nin ricası üzerine**; **ich habe e-e** ~ **(an dich)** senden bir ricam var
**bitten** V/T ‹bat, gebeten, h.› **j-n um etw** ~ b-nden bşi rica etmek; **j-n um e-n Gefallen** ~ b-nden bir ricada bulunmak; **j-n um Erlaubnis** ~ b-nden izin istemek; **j-n** ~, **etw zu tun** b-nden bş-i yapmasını rica etmek; **j-n zu sich** (*dat*) ~ b-ni (ricayla) yanına çağırmak; **j-n zu Tisch** ~ b-ni sofraya buyur etmek; **ich muss doch sehr** ~! *entrüstet* çok rica ederim!
**bitter** A ADJ acı *a. fig*; **Kälte** şiddetli, sert; **das ist** ~! bu kolay yutulur lokma değil!; **e-e** ~**e Enttäuschung** acı bir hayal kırıklığı; ~**e Not leiden** zaruret içinde olmak; **es ist mein** ~**er Ernst** ben (bu konuda) gayet ciddiyim B ADV: **(sehr) etw** ~ **bereuen** fena halde pişman olmak; **etw** ~ **nötig haben** bş-e fena halde ihtiyacı olmak
**bitter|böse** ADJ zehir zemberek ~**ernst** ADJ gayet ciddi ~**kalt** ADJ soğuk mu soğuk
**Bitt|gesuch** N, ~**schrift** F dilekçe ~**steller** M ‹-s; -›, ~**stellerin** F ‹-; -nen› dilek(çe) sahibi
**bizarr** ADJ garip, acayip
**Blackout** ['blɛkǀaʊt] N, M ‹-s, -s› anlık bilinç kararması; **da hatte ich ein(en)** ~ *umg* o anda bende film koptu
**blähen** ['blɛːən] ‹h.› V/I MED gaz yapmak; V/r: **sich** ~ *Segel etc* kabarmak, şişmek
**Blähungen** ['blɛːʊŋ-] PL MED gaz *sg*
**blam|abel** ADJ utandırıcı, mahcup edici; *rezil(ane)* **&age** [bla'maːʒə] F ‹-; -n› ayıp; rezalet ~**ieren** ‹*ohne* -ge-, *h.*› A V/T rezil etmek B V/R: **sich** ~ rezil olmak
**blank** ADJ *(~ geputzt)* tertemiz (silinmiş); *(bloß, unbedeckt)* Haut çıplak; ~**er Unsinn** düpedüz saçmalık; *umg* **(völlig)** ~ **sein** *(pleite sein)* -in cebinde beş parası olmamak/yok
**Blanko|scheck** M açık çek ~**vollmacht** F sonsuz vekalet
**Blase** F ‹-; -n› *(Luft2)* kabarcık; ANAT mesane; idrar torbası; *(Haut2)* su toplanması, kabarcık; *Farbe etc* ~**n werfen**, ~**n ziehen** kabarmak; kabarcık yapmak
**blasen** V/T *u.* V/I ‹bläst, blies, geblasen, *h.*› üflemek; üfürmek; *Glas* üflemek; *Instrument* çalmak; *fig* **Trübsal** ~ -in keyfi/morali bozuk olmak; *fig* **j-m den Marsch** ~ b-ne haddini bildirmek
**Blasenentzündung** F MED sistit
**Blas|instrument** N MUS nefesli çalgı ~**kapelle** F bando; mızıka
**Blasphemie** [-f-] F ‹-; -n› REL küfür
**blass** ADJ solgun, soluk; **vor Neid** ~ **sein** kıskançlıktan kudurmak; *fig (farblos, nichtssagend)* renksiz, soluk; *(rein, pur)* ~**er Neid** safi kıskançlık; ~ **werden** sararmak; solmak
**Blässe** F ‹-; *ohne pl*› solgunluk
**Blatt** N ‹-s; ⁼er› BOT yaprak; *(Papier&)* kağıt; **100** ~ **Papier** 100 yaprak kağıt; *(Zeitung)* gazete; dergi; *fig* **kein** ~ **vor den Mund nehmen** ağzına geleni söylemek; **das steht auf e-m anderen** ~ o ayrı/başka konu/mesele; *umg fig* **ein unbeschriebenes** ~ sütten çıkma ak kaşık; **vom** ~ **spielen** notadan çalmak *(Musikstück)*; **ein gutes** ~ **haben** *(Spielkarten)* -in eli iyi olmak; *umg fig* **das** ~ **hat sich gewendet** iş/durum değişti
**Blättchen** N ‹-s; -› sigara kağıdı
**blättern** V/I ‹*h.*›: ~ **in** (*dat*) *-in* sayfalarını çevirmek; IT sayfa sayfa bakmak
**Blätterteig** M milföy hamuru
**Blattsalat** M yaprağı salata olan bitki
**blau** ADJ mavi; *umg fig (körkütük)* sarhoş; ~**es Auge** morarmış göz; ~**er Fleck** morartı; çürük; *umg* ~**er Brief** *(Kündigung)* işten çıkarılma yazısı ~**äugig** ADJ mavi gözlü; *(naiv)* safdil
**Blau|helm** M *(UNO-Soldat)* (BM) Barış Gücü askeri ~**kraut** N *südd, österr* kırmızılahana ~**licht** N: **mit** ~ siren çala çala; cankurtaran düdüğüyle
**blaumachen** V/I ‹-ge-, *h.*› *umg* işi kır-

mak

**Blau|pause** F ozalit (kopya) **~säure** F siyanidrik asit

**Blazer** ['ble:zɐ] M ⟨-s; -⟩ blazer

**Blech** N ⟨-s; -e⟩ teneke; madenî levha **~büchse** F, **~dose** F teneke kutu

**blechen** VT u. VI ⟨h.⟩ umg uçlanmak

**blechern** ADJ; (aus Blech) teneke(den); Klang madenî; umg tın tın

**Blech|instrument** N MUS pirinçten yapılma nefesli çalgı **~schaden** M AUTO kaporta hasarı

**Blei** N ⟨-s; -e⟩ kurşun; aus ~ kurşun (-dan); fig (schwer) wie ~ kurşun gibi ağır

**bleiben** VI ⟨blieb, geblieben, s.⟩ (sich aufhalten) kalmak; im Bett ~ yataktan çıkmamak; zu Hause ~ evde oturmak; TEL ~ Sie am Apparat! hattan ayrılmayın!; bei der Wahrheit ~ doğru(yu) söylemek; um bei der Wahrheit zu ~ eğri oturalım, doğru konuşalım; gesund ~ sağlıklı kalmak, sağlığını korumak; für sich ~ insan içine çıkmamak; das bleibt unter uns! bu aramızda kalsın!; ~ Sie (doch) sitzen! (ne olur) kalkmayın!; ich bleibe dabei, dass -diğinde ısrar ediyorum; ~ lassen -i (olduğu gibi) bırakmak; (aufhören mit) -i bırakmak; lass das ~! bırak!, yapma!

**bleibend** ADJ kalıcı, devamlı; **~er Schaden** kalıcı hasar/ziyan

**bleich** ADJ (vor -den) sapsarı; ~ werden (-in) yüzü sararmak

**bleichen** VT ⟨h.⟩ Haare -in rengini açmak; Wäsche ağartmak

**blei|frei** ADJ Benzin kurşunsuz **~haltig** ADJ kurşunlu

**Bleistift** M kurşunkalem **~spitzer** M kalemtıraş; kurşunkalem açacağı

**Blende** F ⟨-; -n⟩ (Sonnen♀) güneşlik; FOTO parasoley; (Objektivöffnung) FOTO diyafram; (bei) ~ 8 diyafram 8'de

**blenden** VT ⟨h.⟩ (göz) kamaştırmak; (-in gözünü almak; köreltmek; fig (beeindrucken) -in gözlerini kamaştırmak; fig (täuschen) -in gözünü boyamak

**blendend** ADJ göz kamaştırıcı a. fig; Leistung harika; Aussehen şahane; ~ aussehen çok güzel/yakışıklı olmak; sich ~ amüsieren çok eğlenmek

**blendfrei** ADJ parlamasız

**Blick** M A ⟨-s; -e⟩ (auf akk -e) bakış; flüchtiger ~ kaçamak bakış; auf den ersten ~ ilk bakışta; mit einem ~ bir bakışta; e-n ~ werfen auf -e bir göz atmak B ⟨-s; ohne pl⟩ (Aussicht) manzara; mit ~ auf (akk) ... manzaralı; -e bakan C ⟨-s; ohne pl⟩ (Urteilsvermögen) e-n ~ für etw haben -den anlamak

**blicken** VI ⟨h.⟩ (auf akk -e) bakmak, -e göz atmak; um sich ~ bakınmak, etrafına bakmak; sich (bei j-m) ~ lassen -e (kısaca) uğramak; umg das lässt tief ~! bu her şeyi ortaya koyuyor!

**Blick|fang** M B-NIN dikkatini çekmesi istenen şey **~feld** N görüş alanı **~kontakt** M bakışma, göz teması **~punkt** M: fig im ~ der Öffentlichkeit stehen kamuoyunun dikkati -in üstüne çevrilmiş olmak; (Gesichtspunkt) bakış açısı, nokta-ı nazar **~winkel** M Optik görüş açısı; fig bakış açısı

**blind** A ADJ kör, âmâ; auf e-m Auge ~ bir gözü kör; fig ~ gegen, für -e karşı kör; ~ vor -den kör; Spiegel: kör; donuk; ~er Alarm yanlış alarm; ~er Passagier kaçak yolcu B ADV: j-m ~ vertrauen b-ne körükörüne güvenmek

**Blinddarm** M ANAT körbarsak **~entzündung** F MED apandisit **~operation** F MED apandisit ameliyatı

**Blinde** M, F ⟨-n; -n⟩ kör, âmâ

**Blinden|hund** M kör rehberi köpek **~schrift** F Braille alfabesi

**Blindgänger** M ⟨-s; -⟩ MIL kör bomba; umg fig (Versager) beceriksiz, başarısız

**Blindheit** F ⟨-; ohne pl⟩ âmalık, a. fig körlük

**blindlings** ADV körlemesine

**Blindschleiche** F babaköş

**blinken** VI ⟨h.⟩ (funkeln) parıldamak; Sterne parlamak; AUTO sinyal vermek

**Blinker** M ⟨-s; -⟩ AUTO sinyal (lambası)

**Blinklicht** N sinyal (ışığı)

**blinzeln** VI ⟨h.⟩ göz kırpmak

**Blitz** M ⟨-es; -e⟩ şimşek, yıldırım; FOTO flaş; wie vom ~ getroffen yıldırım çarpmış gibi **~ableiter** M paratoner, yıldırımlık **~aufnahme** F FOTO flaşlı çekim **~besuch** M ani ziyaret

**blitz|blank** ADJ umg pırıl pırıl **~en** ⟨h.⟩ A ADJ parıldamak (vor dat -den); es blitzt şimşek çakıyor B VT: geblitzt werden AUTO radar kontrolüne yakalanmak

**Blitz|gerät** N flaş **~licht** N FOTO flaş (ışığı); **mit ~ fotografieren** flaşla (fotoğraf/resim) çekmek
**blitzsauber** ADJ umg tertemiz, pırıl pırıl
**Blitzschlag** M yıldırım çarpması
**blitzschnell** ADJ u. ADV şimşek/yıldırım gibi
**Block** M **A** ⟨-s; ¨-e⟩ blok; (Schreib♀) bloknot **B** ⟨-s; -s⟩ (Häuser♀) blok
**Blockade** F ⟨-; -n⟩ POL, WIRTSCH abluka; MED blokaj
**Blockbuchstabe** M: **in ~n** kitap harfleriyle
**Blockflöte** F blok flüt
**blockfrei** ADJ POL bloksuz
**Blockhaus** N kütük ev
**blockieren** ⟨ohne ge-, h.⟩ **A** VT bloke etmek **B** VI kilitlenmek
**Blockschrift** F kitap harfleri
**blöd** ADJ aptal, alık; Sache saçma, aptalca; umg (dumm, ungeschickt) **sich blöde anstellen** ahmaklık etmek; **was für e-e blöde Frage** ne aptalca bir soru; **es ist zu blöd, dass ...** -in -mesi ne büyük terslik
**blödeln** VI ⟨h.⟩ saçmasapan konuşmak (eğlenmek için)
**Blödsinn** M ⟨-s; ohne pl⟩ umg pej (Unsinn) saçma(lık), zırva; (Unfug) eşeklik **♀ig** ADJ umg (unsinnig) saçma, ahmakça
**blond** ADJ sarışın **~ieren** VT ⟨ohne ge-, h.⟩ sarartmak, oksijenlemek (saç)
**Blondine** F ⟨-; -n⟩ neg! sarışın (kadın)
**bloß A** ADJ: (nackt) **mit ~en Füßen** yal(ı)nayak; (nichts anderes als) **~es Gerede** safi gevezelik/dedikodu **B** ADV sadece, yalnızca; **wenn ich ~ daran denke** daha aklıma gelirken (ürperiyorum vs); verstärkend **was hat sie sich ~ dabei gedacht?** o ne düşündü de böyle yaptı ki?
**Blöße** F ⟨-; -n⟩ (Nacktheit) çıplaklık; fig ayıp, kusur; **sich** (dat) **e-e ~ geben** kendi yerini gösteremek, açık vermek
**bloßlegen** VT ⟨ge-, h.⟩ fig (aufdecken) ortaya koymak, açığa vurmak
**bloßstellen** VT ⟨-ge-, h.⟩ (blamieren) rezil etmek
**Blouson** [bluˈzõ:] N, M ⟨-s; -s⟩ mont, bluzon
**Bluff** [blʊf, blœf] M ⟨-s; -s⟩ blöf
**bluffen** ['blʊf(ə)n, 'blœf(ə)n] VI ⟨h.⟩ -e blöf yapmak

**blühen** ['bly:ən] VI ⟨h.⟩ Blume açmak; besonders Bäume çiçek açmak; fig gelişmek; **wer weiß, was uns noch blüht!** kim bilir, başımıza daha neler gelecek?
**blühend** ['bly:ənt] ADJ BOT çiçek açan; Geschäft, Handel iyi giden, umg tıkırında, (sehr lebhaft) **e-e ~e Fantasie haben** -in hayali çok geniş olmak
**Blume** F ⟨-; -n⟩ çiçek; fig **j-m etw durch die ~ sagen** bş-i ima yoluyla söylemek; Wein buke; Bier köpük
**Blumen|kohl** M karnabahar **~strauß** M buket **~topf** M saksı **~vase** F vazo
**Bluse** F ⟨-; -n⟩ bluz
**Blut** N ⟨-s; ohne pl⟩ kan; **~ spenden** kan vermek, kan bağışlamak; **~ vergießen** kan dökmek; **die Musik liegt ihr im ~** müzik onun iliğine işlemiş
**Blut|alkohol** M kandaki alkol miktarı **~bad** N katliam, kırım **~bank** F ⟨-; -en⟩ kan bankası **♀befleckt** ADJ, **♀beschmiert** ADJ kanlı, kan lekeli **~bild** N MED kan formülü/sayımı **~blase** F kan kabarcığı, kan toplanması
**Blutdruck** M tansiyon; **j-m den ~ messen** b-nin tansiyonunu ölçmek; **zu hohen ~ haben** -in tansiyonu yüksek olmak; **zu niedrigen ~ haben** -in tansiyonu düşük olmak **♀senkend** ADJ tansiyon düşürücü
**Blüte** F ⟨-; -n⟩ çiçek; umg sahte banknot
**Blutegel** M sülük
**bluten** VI ⟨h.⟩ kanamak, (aus -den) kan gelmek; umg fig (viel zahlen) **schwer ~ müssen** epey paradan çıkmak
**Blüten|blatt** N taçyaprağı **~honig** M çiçek balı **♀weiß** ADJ bembeyaz
**Bluter** M ⟨-s; -⟩ MED hemofil
**Blut|erguss** M ⟨-es; ¨-e⟩ kan çürüğü **~fleck** M kan lekesi **~gefäß** N kan damarı **~gerinnsel** N ⟨-s; -⟩ kan pıhtısı **~gruppe** F kan grubu; **welche ~ haben Sie?** kan grubunuz nedir? **~hochdruck** M (yüksek) tansiyon
**blutig** ADJ (blutbefleckt) kanlı, kan lekeli; GASTR Steak kanlı; verstärkend **ein ~er Anfänger** acemi çaylak
**Blut|konserve** F kan konservesi **~körperchen** N kan hücresi; **rotes ~** alyuvar, eritrosit; **weißes ~** akyuvar,

lökosit **~kreislauf** M (kan) dolaşım(ı) **~orange** F kan portakalı **~plasma** N plazma **~probe** F kan tahlili; JUR alkol muayenesi; *entnommene* kan örneği; **j-m e-e ~ entnehmen** b-nden kan (örneği) almak **~rache** F kan davası **~sauger** M vampir (*hayvan*); *fig pej* kan emici **~spender** M kan bağışlayan
**blutstillend** ADJ: **~es Mittel** kanama dindirici (*ilaç*)
**Blutstropfen** M kan damlası
**Blutsturz** M hemoraji, *-in* ağzından kan gelmesi
**blutsverwandt** ADJ (**mit** *-le*) kan bağıyla akraba ⌂**schaft** kan akrabalığı
**blutüberströmt** ADJ kan(lar) içinde
**Blutübertragung** F kan nakli
**Blutung** F ⟨-; *-en*⟩ kanama; (*Menstruation*) aybaşı (kanaması)
**Blut|vergießen** N ⟨-s; *ohne pl*⟩ kan dökme **~vergiftung** F kan zehirlenmesi **~verlust** M kan kaybı **~wäsche** F MED hemodiyaliz **~wurst** F kanla yapılan sucuk **~zucker** M MED kan şekeri **~zuckerspiegel** M MED kandaki şeker miktarı
**BLZ** [beːɛlˈtsɛt] *abk für* **Bankleitzahl** F banka kodu
**Bö** F ⟨-; *-en*⟩ bora
**Bob** M ⟨-s; *-s*⟩ bob kızağı
**Bock** M ⟨-s; *=e*⟩ bazı hayvanların erkeği; (*Widder*) koç; (*Ziegen*⌂) erkeç, teke; *umg fig* **sturer ~** dikkafalı; *umg* SPORT eşek
**bockig** ADJ inatçı
**Bockshorn** N *umg*: **sich nicht ins ~ jagen lassen** korkuya/telaşa kapılmamak
**Boden** M A ⟨-s; *=*⟩ yer, zemin; toprak; **auf fruchtbaren ~ fallen** elverişli bir ortam bulmak; (*Erde, Erdreich*) **etw aus dem ~ stampfen** (kısa zamanda) yoktan var etmek; (*Besitz*) **eigenen Grund und ~ haben** ev bark sahibi olmak; (*Erd*⌂, *Fuß*⌂) taban; döşeme; **am ~, auf dem ~ yerde**; *umg fig* **er war (völlig) am ~ zerstört** *o* (tamamen) mahvolmuş bir haldeydi; *umg fig* **festen ~ unter den Füßen haben** işini düzene koymuş olmak; (*Gefäß*⌂, *Meeres*⌂) dip; (*Dach*⌂) tavan arası; (*Torten*⌂) (hazır) tart hamuru B ⟨-s; *-*⟩ POL (*Gebiet*) toprak(lar); (*Grundlage, Basis*) temel; **auf dem ~ der Demokratie** demokrasi temelinde
**Boden|belastung** F ÖKOL toprak kirlenmesi **~frost** M don (*toprak yüzeyinde*) **~haftung** F AUTO yol tutma
**bodenlos** ADJ (*ohne Boden, tief*) dipsiz; dibi görülmeyen; *umg* (*unerhört*) duyulmadık
**Boden|personal** N FLUG yer personeli **~reform** F toprak reformu **~schätze** PL yeraltı zenginlikleri
**bodenständig** ADJ *Brauchtum, Bevölkerung* yerli; *bir yerin özbeöz yerlisi*; *Handwerk, Industrie* yerli, tipik, karakteristik
**Boden|station** F *Raumfahrt* yer üssü **~streitkräfte** PL MIL kara kuvvetleri
**Body** ['bɔdi] M ⟨-s; *-s*⟩ *Kleidung* body **~building** [-bɪldɪŋ] N ⟨-(s)⟩ SPORT vücut geliştirme
**Bogen** M ⟨-s; *-,* Bögen⟩ eğri, dönemeç; ARCH kemer; ELEK ark; (*Papier*⌂) yaprak; *Geige,* SPORT yay; *umg fig* **im hohen ~ hinausfliegen** *-in* pasaportu eline verilmek; *umg fig* **e-n großen ~ machen um** *-in* gözüne hiç görünmemek; *fig* **den ~ überspannen** fazla ileri gitmek
**Bohne** F ⟨-; *-n*⟩ fasulye; **grüne ~n** *pl* taze fasulye *sg*; **weiße ~n** *pl* kuru fasulye *sg*; *umg* **nicht die ~!** nah şu kadar bile değil!
**Bohnen|kaffee** M çekirdek kahve **~kraut** N kekik **~stange** F fasulye sırığı; *umg fig Person* sırık gibi (*kimse*) **~stroh** N *umg*: **dumm wie ~** alık, ahmak
**bohren** ⟨*h.*⟩ A *Vt*: **ein Loch ~** *-i* delmek, (**in** *akk -e*) delik açmak; *Zahnarzt* oymak B *Vi* (**nach**) *-i* sondajla aramak
**bohrend** ADJ *fig Schmerz, Blick* keskin; *Frage*: ısrarlı; *Zweifel* iz burkucu
**Bohr|er** M ⟨-s; *-*⟩ TECH matkap (ucu) **~insel** F sondaj adası **~loch** N matkapla açılmış delik, sondaj kuyusu **~maschine** F matkap **~turm** M sondaj kulesi **~ung** F ⟨-; *-en*⟩ (*Bohren*) delme; sondaj; (*Bohrstelle*) delik, sondaj kuyusu
**Boiler** ['bɔylɐ] M ⟨-s; *-*⟩ termosifon
**Boje** ['boːjə] F ⟨-; *-n*⟩ şamandıra
**Bolzen** M ⟨-s; *-*⟩ TECH cıvata
**bombardieren** *VT* ⟨*ohne ge-, h.*⟩ bombalamak; *fig* **j-n mit Fragen ~** b-ni soru yağmuruna tutmak
**bombastisch** ADJ tumturaklı, şatafatlı
**Bombe** F ⟨-; *-n*⟩ bomba
**Bomben|alarm** M bomba alarmı

**BOMB** | 608

**~anschlag** M ⟨auf akk -e⟩ bombalı saldırı **~drohung** F bomba tehdidi **~erfolg** M umg bomba gibi başarı **~geschäft** N umg kıyak iş
**bombensicher** ADJ: **ein ~er Keller** bombardımana dayanıklı bodrum; fig: **ein ~er Plan** kusursuz bir plan
**Bombenstimmung** F umg: **es herrschte e-e ~** çok neşeli bir hava vardı
**Bombenterror** M bombalı terör
**Bomber** M ⟨-s; -⟩ (~flugzeug) bombardıman uçağı; SPORT golcü
**Bon** [bɔŋ, bõ:] M ⟨-s; -s⟩ (Quittung) makbuz; (Kassen2.) kasa fişi
**Bonbon** [bɔŋˈbɔŋ; bõˈbõ:; ˈbɔŋbɔŋ] M, N ⟨-s; -s⟩ şeker(leme)
**Bonmot** [bõˈmo:] N ⟨-s; -s⟩ nükte
**Bonus** M ⟨-, -ses; -, -se, Boni⟩ prim; ikramiye
**Bonze** M ⟨-n; -n⟩ pej ilerigelenler pl
**Boom** [bu:m] M ⟨-s; -s⟩ furya, patlama
**boomen** [ˈbu:mən] V/I ⟨h.⟩ -in furyası olmak/var; patlama geçirmek/yaşamak
**Boot** N ⟨-s; -e⟩ tekne, kayık, sandal; **~ fahren** kayıkla gitmek; umg fig **wir sitzen alle im gleichen ~** hepimiz aynı zor durumdayız
**booten** [bu:tn] V/I ⟨h.⟩ IT boot etmek
**Boots|fahrt** F gemi gezisi **~verleih** M sandal/kayık kiralama (servisi)
**Bord¹** N ⟨-s; -e⟩ raf
**Bord²** M ⟨-s; -e⟩: **an ~** gemide; uçakta; **an ~ gehen** uçağa binmek; gemiye binmek; **von ~ gehen** gemiden inmek; uçaktan inmek
**Bord|buch** N SCHIFF seyir defteri; gemi jurnali **~computer** M taşıt bilgisayarı **~funk** M SCHIFF, FLUG (gemi/uçak) telsiz(i) **~karte** F FLUG biniş kartı
**Bordstein** M (kaldırım) kenar taşı
**borgen** V/T ⟨h.⟩: **sich** (dat) **etw ~ (von -den)** bş-i ödünç almak; **j-m etw ~** b-ne bş-i ödünç vermek
**borniert** ADJ bağnaz
**Börse** F ⟨-; -n⟩ borsa; **an der ~** borsada
**Börsen|bericht** M borsa bülteni **~geschäft** M borsa işlemi, borsada alım satım **~krach** M umg borsa krizi **~kurs** M borsa kuru **~makler(in)** M(F) borsacı, borsa simsarı **~notierung** F borsa notasyonu/kaydı
**Borte** F ⟨-; -n⟩ bordür, su

**bösartig** ADJ kötü huylu, kötü yürekli; MED Tumor habis, kötü huylu
**Böschung** F ⟨-; -en⟩ yamaç, iniş, set
**böse** **A** ADJ kötü; (unartig) yaramaz, haylaz; (gemein) adi, aşağılık; **~r Blick** nazar; Überraschung, Verletzung fena, çirkin; **e-e ~ Erfahrung machen** kötü bir tecrübe geçirmek; umg (ärgerlich, wütend) **auf j-n ~ sein** b-ne kızmak, b-ne kızgın olmak; umg (ungezogen, unartig) **ein ~s Kind** yaramaz/arsız bir çocuk **B** ADV fena halde, kötü; **er meint es nicht ~** öyle söylüyor ama niyeti kötü değil
**Böse** N ⟨-n; -n⟩: **im Guten wie im ~n** iyi ve kötü günlerde; **jenseits von Gut und ~ sein** gerçeklerle ilgisiz (od hayata yabancı) olmak; **nichts ~s ahnend** iyi niyetle; aklına kötü bir şey getirmeden
**Bösewicht** M ⟨-s; -e(r)⟩ kötü (kimse)
**bos|haft** ADJ huysuz, kötü niyetli; muzip **2heit** F ⟨-; ohne pl⟩ kötülük, fenalık; yaramazlık, muziplik
**bosnisch** ADJ Boşnak, Bosnalı
**Boss** M ⟨-es; -e⟩ umg patron; **e-r Bande** elebaşı, reis
**böswillig** ADJ kötü niyetli, art niyetli, JUR a. kasıtlı
**Botanik** F ⟨-; ohne pl⟩ botanik **~er** M ⟨-s; -⟩, **-in** F ⟨-; -nen⟩ botanikçi
**botanisch** ADJ botanik; **~er Garten** botanik bahçesi
**Bote** M ⟨-n; -n⟩ ulak, haberci; kurye
**Botschaft** F ⟨-; -en⟩ mesaj; ileti; POL elçilik; (~sgebäude) elçilik (binası) **~er** M ⟨-s; -⟩, **-in** F ⟨-; -nen⟩ elçi
**Bouillon** [bʊlˈjɔŋ, buˈjõ:] F ⟨-; -s⟩ et suyu, buyyon
**Boulevard** [bulaˈvaːr] M ⟨-s; -s⟩ bulvar **~blatt** N bulvar gazetesi **~presse** F boyalı basın **~stück** N THEAT bulvar piyesi **~theater** N bulvar tiyatrosu **~zeitung** F bulvar gazetesi
**Boutique** [buˈtiːk] F ⟨-; -n⟩ butik
**Bowle** [ˈboːlə] F ⟨-; -n⟩ Getränk bol
**Bowling** [ˈboːlɪŋ] N ⟨-s; -s⟩ bovling
**Box** F ⟨-; -en⟩ (Pferde2, Garagen2) bölme; für Rennautos, (Lautsprecher2) boks, baks; (Behälter) kutu
**Boxen** N ⟨-s; ohne pl⟩ boks (sporu)
**Boxer** M ⟨-s; -⟩ boksör; Hunderasse bokser **~shorts** PL bokser şort sg
**Box|kampf** M boks maçı **~ring** M ring

**Boykott** [bɔyˈkɔt] M ‹-s; -s, -e› boykot **ieren** V/T ‹ohne ge-, h.› boykot etmek
**Brachland** N işlenmeyen arazi; nadasa bırakılmış arazi
**brachliegen** V/I ‹irr, -ge-, h.› Feld işlenmemek; fig Talent heder olmak
**Branche** [ˈbrɑ̃ːʃə] F ‹-; -n› işkolu, sektör; umg (Fachgebiet) bilimdalı, umg branş
**branchen|üblich** ADJ işkolunda alışılagelmiş **verzeichnis** N meslekler rehberi
**Brand** M ‹-(e)s; e› yangın; **in ~ geraten** alev almak; **in ~ stecken** ateşe vermek; kundaklamak
**brandaktuell** ADJ gayet güncel
**Brand|anschlag** M (auf akk -i) kundaklama; kundakçılık **blase** F yanık kabarcığı **bombe** F yangın bombası **katastrophe** F yangın felaketi
**brandneu** ADJ yepyeni, umg gıcır gıcır
**Brand|stifter** M ‹-s; -› kundakçı **stiftung** F kundaklama
**Brandung** F ‹-; ohne pl› dalgaların kırılması
**Brand|ursache** F yangın sebebi **wunde** F yanık (yarası)
**Brandy** [ˈbrɛndi] M kanyak, brendi
**Brandzeichen** N dağ (damga)
**Branntwein** M kanyak, brendi
**Brasilian|er** M ‹-s; -›, **-in** F ‹-; -nen› Brezilyalı **isch** ADJ Brezilya(lı) subst
**Brasilien** N Brezilya
**braten** V/T ‹brät, briet, gebraten, h.› kızartmak; auf dem Rost ızgara yapmak, in der Pfanne yağda kızartmak; am Spieß şişte kızartmak; umg **in der Sonne ~** güneş banyosunda kavrulmak
**Braten** M ‹-s; -› kızartma; **kalter ~** soğuğuş (kızartma); umg fig **den ~ riechen** -in kokusunu almak **fett** N kızartılan etten çıkan yağ **saft** M kızartılan etten çıkan su **soße** F kızartma sosu
**bratfertig** ADJ kızartılmaya hazır
**Brat|fett** N kızartmalık (katı) yağ **fisch** M gebratener kızar(tıl)mış balık **hähnchen** N gebratenes kızar(tıl)mış piliç; zum Braten kızartmalık piliç **kartoffeln** PL soğanla kızartılmış patates SG **pfanne** F tava **röhre** F fırın
**Bratsche** F ‹-; -n› MUS viyola
**Bratwurst** F ızgara(da) sosis

**Brauch** M ‹-s; e› (Sitte) gelenek; (Gewohnheit) âdet, uygulama
**brauchbar** ADJ işe yarar, faydalı
**brauchen** ‹h.› A V/T ‹brauchte, gebraucht› (nötig haben) (-e) gerekmek, lazım olmak; -in -e ihtiyacı olmak; (erfordern) gerekli olmak; Zeit almak; (ge~) kullanmak; **wie lange wird er (noch) ~?** -in işi (daha) ne kadar sürecek? B **mit inf und „zu"** ‹brauchte, brauchen› **du brauchst es nur zu sagen** sadece söylemen yeter; **ihr braucht es nicht zu tun** yapmanız gerekmiyor (od lazım değil); **er hätte nicht zu kommen ~** gelmesine gerek yoktu
**Brauchtum** N ‹-s; ohne pl› gelenek
**Braue** F ‹-; -n› kaş
**brauen** V/T ‹h.› Bier yapmak
**Brauerei** F ‹-; -en› bira imalathanesi/ fabrikası
**braun** ADJ kahverengi; (sonnen~) güneş yanığı; **~ gebrannt** güneşte yanmış; **~ werden** von der Sonne güneşte yanmak
**Braunbär** M bozayı
**bräunen** ‹h.› A V/T yakmak, esmerleştirmek B V/I u. V/R: **sich ~** güneşte yanmak
**Braunkohle** F linyit (kömürü)
**bräunlich** ADJ kahverengimsi, esmer
**Bräunungscreme** F bronzlaştırıcı krem
**Brause** F ‹-; -n› gazoz; (Dusche) duş
**brausen** V/I ‹h.› Wind, Wellen kükremek; Meer, Brandung köpürmek; **~der Beifall** coşkun/şiddetli alkış
**Brausetablette** F efervesan tablet, suda eriyen tablet
**Braut** F ‹-; e› gelin; (Verlobte) nişanlı; umg (Mädchen) dalga, manita
**Bräutigam** M ‹-s; -e› damat; (Verlobter) nişanlı (erkek)
**Braut|jungfer** F nedime (geline eşlik eden) **kleid** N gelinlik **paar** N gelinle damat; Verlobte nişanlılar pl **preis** M başlık (parası)
**brav** [-f] ADJ (artig) uslu; (ehrlich) dürüst; **sei(d) ~!** uslu dur(un)!; **er ist ein ~er Mann** o dürüst bir adam; pej (hausbacken) **ein ~es Mädchen** silik/sıkıcı bir kız
**bravo** [-v-] INT bravo, aferin
**Bravour** [braˈvuːr] F ‹-; ohne pl›: **mit ~** ustaca, ustalıkla, cesaretle
**bravourös** [bravuˈrøːs] ADJ ustalık is-

teyen
**Bravourstück** N̄ MUS ustalık isteyen parça; *(Glanzstück)* şaheser
**BRD** [beːˈɛrˈdeː] *abk für* Bundesrepublik Deutschland F̄ Almanya Federal Cumhuriyeti
**Brechdurchfall** M̄ MED kolerin
**Brecheisen** N̄ küskü, levye
**brechen** ⟨bricht, brach, gebrochen⟩ **A** VT ⟨h.⟩ kırmak; *sich (dat)* den Arm ~ (kendi) kolunu kırmak; *j-s* Widerstand, Willen kırmak; SPORT Rekord kırmak; PHYS Strahlen kırmak **B** VI ⟨s.⟩ kırılmak; ⟨h.⟩ (er~) kusmak; *fig* **mit j-m ~** b-yle ilişkiyi kesmek
**Brechmittel** N̄ MED kusturucu; *umg* **er ist das reinste ~** iğrenç herifin teki(dir)
**Brechreiz** M̄ MED mide bulantısı
**Brechstange** F̄ küskü, levye
**Brechung** F̄ ⟨-; -en⟩ PHYS kırılma
**Brei** M̄ ⟨-s; -e⟩ lapa; *aus* Kartoffeln, Erbsen püre; *fig* **um den (heißen) ~ herumreden** hassas konuya girmeden konuşmak
**breit** ADJ enli; *bei Maßangaben* **drei Meter ~** eni/genişliği üç metre; *von größerer Ausdehnung* geniş; **e-e ~ Straße** geniş bir sokak; *umg (reichhaltig)* **ein ~ gefächertes Angebot** geniş kapsamlı bir arz; **lang und ~** uzun uzadıya; **eine ~ Öffentlichkeit** geniş bir kamuoyu
**breitbeinig** ADV: **~ dastehen** apul apul durmak
**Breite** F̄ ⟨-; -n⟩ en; genişlik; ASTRON, GEOG enlem
**breiten** VT ⟨h.⟩: **~ über** *(akk)* -e yaymak
**Breiten|grad** M̄ enlem derecesi **~kreis** M̄ enlem dairesi **~sport** M̄ kitle sporu
**breitmachen** VI ⟨-ge-, h.⟩: **sich ~** *Angst* -e yayılmak; *-i* kaplamak; *Person umg* postu sermek
**breitschlagen** VT ⟨-ge-, h.⟩ *umg:* **j-n zu etw ~** b-nin ağzından girip burnundan çıkmak *(ว ikna etmek)*; **sich zu etw ~ lassen** (bol sözle) bş-e ikna olmak
**breitschult(e)rig** ADJ geniş omuzlu
**Breitseite** F̄ *e-s Tisches etc* uzun kenar; *fig -in* zayıf tarafı
**breittreten** VT ⟨*irr*, -ge-, h.⟩ *(gereksiz)* ayrıntıya girmek; (konuyu) fazla uzatmak; *umg* **etw überall ~** bş-i elâleme yaymak
**Bremsbelag** M̄ AUTO fren balatası
**Bremse**[1] F̄ ⟨-; -n⟩ TECH fren
**Bremse**[2] F̄ ⟨-; -n⟩ ZOOL atsineği
**bremsen** ⟨h.⟩ **A** VT frenlemek, durdurmak; *fig (verlangsamen, beschränken)* Entwicklung, Produktion frenlemek; dizginlemek; *umg (zurückhalten)* **j-n ~** b-ni frenlemek **B** VI fren yapmak
**Brems|flüssigkeit** F̄ AUTO fren yağı **~kraftverstärker** M̄ AUTO servo fren **~leuchte** F̄, **~licht** N̄ AUTO stop/fren lambası **~pedal** N̄ fren (pedalı) **~scheibe** F̄ AUTO fren diski **~spur** F̄ fren izi **~trommel** F̄ fren kampanası **~ung** F̄ ⟨-; -en⟩ fren(leme) **~vorrichtung** F̄ fren (düzeni) **~weg** M̄ fren mesafesi
**brennbar** ADJ yanabilir; tutuşur, alev alır
**brennen** ⟨brannte, gebrannt, h.⟩ **A** VI yanmak; **es brennt!** yangın var!; *umg* **wo brennts denn?** mesele nedir?; *fig* Sonne yakmak; Gewürze, Rauch yakmak; BOT Nessel dalamak; Augen, Haut, Wunde yakmak; *fig* **vor Ungeduld ~** sabırsızlıktan çatlamak; **darauf ~, etw zu tun** bş yapmak için yanıp tutuşmak **B** VT Licht, Lampe yakmak; Ton, Ziegel, Porzellan pişirmek; Kalk söndürmek; Schnaps yapmak, imbikten çekmek
**brennend** ADJ Kerze, Lampe, Zigarette yanan, yanmakta olan; *fig* Durst, Schmerz yakıcı; *(sehr wichtig)* çok önemli, sıcak; **~e Frage** acil sorun; *umg fig (sehr)* **sich ~ für etw interessieren** bş-i çok merak etmek
**Brenner** M̄ ⟨-s; -⟩ TECH *(Schweißθ)* oksijenli kesici; *Herd* bek; *(Gasθ, Ölθ)* brülör; *(Schnapsθ)* rakı yapan kimse
**Brenn|holz** N̄ yakacak odun **~material** N̄ yakacak **~nessel** F̄ BOT ısırgan (otu) **~ofen** M̄ fırın (kireç, çömlek vs için) **~punkt** M̄ odak (noktası); **im ~ des Interesses stehen** ilgi merkezi olmak **~spiegel** M̄ içbükey ayna **~stoff** M̄ yakıt **~weite** F̄ odak uzaklığı
**brenzlig** ADJ kritik, tehlikeli
**Brett** N̄ ⟨-s; -er⟩ tahta; **Schwarzes ~** ilan tahtası; *umg fig* **ein ~ vor dem Kopf haben** kavrayamamak; *(Regalθ)* raf; *(Dameθ, Schachθ)* tabla; SPORT tramplen; **~er** *pl (Skier)* kayaklar *pl*; **~er** *pl (Bühne)* sahne *sg* **~spiel** N̄ dama, satranç gibi oyun

**Brezel** F ⟨-; -n⟩ *Art* simit
**Brief** M ⟨-s; -e⟩ mektup **~bogen** M ⟨-s; -⟩ mektup kağıdı **~freund(in)** M/F mektup arkadaşı **~geheimnis** N haberleşmenin gizliliği **~kasten** M mektup kutusu; *für Beschwerden* şikâyet kutusu; *in der Zeitung* okur mektupları (sütunu) **~kastenfirma** F paravan firma **~kopf** M antet ♀**lich** ADJ (ADV) mektup (ile) **~marke** F posta pulu
**Brief|markensammlung** F pul koleksiyonu **~öffner** M mektup açacağı **~papier** N mektup kağıdı **~tasche** F cüzdan **~träger(in)** M/F posta dağıtıcısı; *umg* postacı **~umschlag** M mektup zarfı **~waage** F mektup terazisi **~wahl** F (hayatta) başaracak meslek seçimi **~wechsel** M mektuplaşma, yazışma
**brillant** [-l'jant] ADJ parlak, mükemmel
**Brillant** [-l'jant] M ⟨-en; -en⟩ pırlanta
**Brille** F ⟨-; -n⟩ gözlük; (*Schutz*♀) koruma gözlüğü
**Brillen|etui** N gözlük kılıfı/kutusu **~fassung** F, **~gestell** N gözlük çerçevesi **~träger(in)** M/F gözlüklü (kişi); **~ sein** gözlük kullanmak
**bringen** VT ⟨brachte, gebracht, h.⟩ getirmek; (*fort~, hin~*) götürmek; *Gewinn etc* getirmek; (*darbieten*) *Theaterstück* sahnelemek; sergilemek, ortaya koymak; *Zeitungsartikel, Nachricht* yayınlamak; *Opfer* — fedakârlıkta bulunmak; **nach Hause ~** eve getirmek; **das bringt Ärger** bu dert çıkaracak; (*schaffen, erreichen*) **es weit ~** (hayatta) başarı kazanmak; **es bis zum Major** *etc* **~** binbaşılığa *vs* kadar yükselmek; **das brings (auch) nicht!** bunun (da) bir faydası olmaz/yok!; **etw an sich ~** bş-i ele geçirmek; **j-n auf e-e Idee ~** b-nin aklına bir fikir getirmek; **etw mit sich** (*dat*) **~** bş-i de beraberinde getirmek; **j-n um etw ~** b-ni bş-den etmek; **j-n dazu ~, etw zu tun** b-nin bşi yapmasını sağlamak; **j-n zum Lachen ~** b-ni güldürmek; **j-n wieder zu sich ~** b-ni kendine getirmek
**brisant** ADJ *Thema* sıcak, nazik, kritik
**Brisanz** F ⟨-; *ohne pl*⟩ *Thema* sıcaklık, nazıklık
**Brise** F ⟨-; -n⟩ meltem
**Brit|e** M ⟨-n; -n⟩, **-in** F ⟨-; -nen⟩ Britanyalı ♀**isch** ADJ Britanya(lı)
**bröckeln** A VI ⟨s.⟩ (*zerfallen*) ufalanmak; **das Gestein bröckelt** kaya ufalanıyor; (*sich ablösen*) **der Putz bröckelt von der Wand** duvarın sıvası dökülüyor B VT ⟨h.⟩: **Brot in die Soße ~** -in suyuna ekmek doğramak
**Brocken** M ⟨-s; -⟩ parça; (*Klumpen*) topak; (*Bissen*) lokma; (*Stück*) *fig* **ein paar ~** *e-r Sprache* birkaç kelime, bir parça; *umg* **ein harter ~** güç bir sorun; çetin ceviz
**brodeln** VI ⟨h.⟩ kaynamak; *fig* **es brodelt unter den Arbeitern** işçiler (içten içe) kaynıyor
**Brokkoli** M ⟨-s; -s⟩ brokoli
**Brombeere** F böğürtlen
**bronchial** [brɔn'çĭa:l] ADJ bronş *subst*
**Bronchi|en** ['brɔnçĭən] PL bronşlar **~tis** F ⟨-; Bronchitiden⟩ bronşit
**Bronze** ['brõ:sə] F ⟨-; -n⟩ bronz **~medaille** F bronz madalya **~zeit** F bronz çağı
**Brosche** F ⟨-; -n⟩ broş; elmaslı iğne
**Broschüre** F ⟨-; -n⟩ broşür
**Brot** N ⟨-s; -e⟩ ekmek; (*~laib*) somun; *fig* (*Lebensunterhalt*) **sein ~ verdienen** ekmeğini kazanmak; **das ist ein hartes** (*od* **schweres**) **~** ekmek aslanın ağzında **~aufstrich** M ekmeğe sürülen bir şey **~belag** M ekmek üstüne veya arasına konan her şey
**Brötchen** N ⟨-s; -⟩ küçük ekmek **~geber(in)** M/F *umg hum* velinimet
**Brot|kasten** M ekmek kutusu **~korb** M ekmek sepeti ♀**los** ADJ (*kein Geld einbringend*) **~e Tätigkeit** para getirmeyen iş **~messer** N ekmek bıçağı **~neid** M (*-in* kazancından dolayı) kıskançlık **~zeit** F ⟨-; -en⟩ *südd* (*Pause*) yemek arası/molası; (*Imbiss*) ara öğün, (soğuk) öğle yemeği
**BRT** *abk für* Bruttoregistertonne F brüt tonaj
**Bruch** M ⟨-s; ⸚e⟩ (*Knochen*♀) kırık; **zu ~ gehen** kırılmak; *ein Auto etc* **zu ~ fahren** çarpmak; *fig* (*Eid*♀, *Friedens*♀) bozma; (*Gesetzes*♀) çiğneme; riayetsizlik; **~ mit der Vergangenheit** geçmişten kopma; MED (*Unterleibs*♀) fıtık; *e-s Abkommens*: bozma, tanımama
**Bruchbude** F *umg* köhne/salaş (ev)
**brüchig** (*zerbrechlich*) kırılgan; (*spröde*) gevrek
**Bruchlandung** F FLUG düşüp parçalanma

**Bruch|rechnen** N, **~rechnung** F MATH kesir hesabı **~stelle** F MED kırık **~strich** F MATH kesir çizgisi **~stück** N *a. fig* fragman, parça, kırıntı

**bruchstückhaft** ADJ *u.* ADV bölük pörçük

**Bruchteil** M küçük parça; **im ~ e-r Sekunde** göz açıp kapayıncaya kadar

**Bruchzahl** F MATH kesirli sayı

**Brücke** F ⟨-; -n⟩ köprü; (*Teppich*) yolluk; seccade; *fig* **alle ~n hinter sich** (*dat*) **abbrechen** gemileri yakmak

**Brückenpfeiler** M köprü payandası

**Bruder** M ⟨-s; ≃⟩ erkek kardeş; *a.* REL birader; *umg* **unter Brüdern** (*ohne Übervorteilung*) kardeşçe; kardeş kardeş

**brüderlich** ADJ *u.* ADV kardeşçe **♀keit** F ⟨-; *ohne pl*⟩ kardeşlik

**Brudermord** M kardeş katli

**Brühe** ['bry:ə] F ⟨-; -n⟩ *umg* (*verschmutztes Wasser*) kirli su; *umg pej* (*dünner Tee etc*) imam efendinin abdest suyu; *umg* (*Schweiß*) ter

**brüh|en** ['bry:ən] VT ⟨h.⟩ (*auf~*) Kaffee, Tee pişirmek, haşlamak; *Tomaten, Gemüse -in* üstünden kaynar su dökmek **~heiß** ADJ (*sehr heiß*) çok sıcak **~warm** *umg* **A** ADJ *Neuigkeit* taze **B** ADV; *etw* **~ weitererzählen** bş-i sıcağı sıcağına anlatmak **♀würfel** M çorba tableti

**brüllen** ⟨h.⟩ **A** VI (*vor dat -den*) böğürmek; bağırmak; **vor Schmerzen ~** acıdan/ağrıdan haykırmak **B** VR: **sich heiser ~** *-in* bağırmaktan sesi kısılmak

**brüllend** ADJ; **~es Gelächter** kahkaha tufanı

**brummen** VI ⟨h.⟩ *Bär* homurdanmak; *fig* (**über** *akk* hakkında) homurdanmak; (*summen*) *Insekt* dızlamak; *Flugzeug, Motor* gürlemek; *umg fig* **mir brummt der Kopf** kafam uğulduyor

**Brummer** M ⟨-s; -⟩ (*Fliege*) (dızlayan) sinek; *umg* (büyük) kamyon

**Brummi** M ⟨-s; -s⟩ *umg* (büyük) kamyon

**brummig** ADJ canı sıkkın, somurtkan; homurdanan

**Brummschädel** M *umg* (*Kopfschmerzen*) baş ağrısı; *fig* (*Kater*) akşamdan kalmalık

**brünett** ADJ kumral

**Brunft** F ⟨-; ≃e⟩ ZOOL kızgınlık

**Brunnen** M ⟨-s; -⟩ çeşme; (*Quelle*) kaynak; (*Spring2*) fıskiyeli havuz **~kresse** F BOT suteresi

**Brunst** F ⟨-; ≃e⟩ ZOOL kızgınlık

**brünstig** ADJ ZOOL kızgın

**brüskieren** VT ⟨*ohne ge-, h.*⟩ terslemek, -e kaba davranmak

**Brust** F ⟨-; ≃e⟩ göğüs; *weibliche:* göğüsler *pl*; *Schwimmen* **100 m ~** 100 m kurbağalama; *umg* **e-n zur ~ nehmen** alkol almak; *umg* **sich** (*dat*) **j-n zur ~ nehmen** b-ni bağrına basmak; **e-m Kind die ~ geben** bir çocuğu/bebeği emzirmek

**Brust|bein** N ANAT göğüs kemiği **~beutel** M boyuna asılan para kesesi **~bild** N portre **~drüse** F ANAT meme bezi

**brüsten** VR ⟨h.⟩: **sich ~** (**mit** *-le*) övünmek

**Brust|fell** N ANAT diyafram **~fellentzündung** F MED zatülcenp, satlıcan **~kasten** M, **~korb** M göğüs kafesi **~krebs** M MED göğüs kanseri **~schwimmen** N kurbağalama **~stück** N göğüs (eti) **~tasche** F göğüs cebi

**Brüstung** F ⟨-; -en⟩ Balkon, Brücke korkuluk; (*Fenster2*) parmaklık

**Brustwarze** F ANAT meme başı

**Brut** F ⟨-; -en⟩ (*Brüten*) kuluçka; *Jungtiere* yavru(lar); *umg pej* (*Gesindel*) ... takımı, ... gürühu

**brutal** ADJ vahşi; merhametsiz **♀ität** F ⟨-; -en⟩ vahşilik; vahşet

**Brutapparat** M kuluçka makinası

**brüten** ⟨h.⟩ VI *Vögel* kuluçkaya yatmak; *fig* (*grübeln*) **über etw** (*dat*) **~** bş üzerine düşünüp durmak

**brütend** ADJ *fig:* **~e Hitze** bunaltıcı sıcak

**Brut|kasten** M kuvöz **~reaktor** M PHYS sürjeneratör reaktör **~stätte** F üreme yeri; *fig* beşik, yuva

**brutto** ADJ WIRTSCH brüt

**Brutto|einkommen** N brüt gelir **~inlandsprodukt (BIP)** N gayri safi yurtiçi hasıla (GSYİH)

**bsd.** *abk für besonders* özellikle

**BSE** [be:|ɛs'e:] N *abk für Rinderwahnsinn umg* delidana (hastalığı)

**Bub** M ⟨-en; -en⟩ oğlan

**Bube** M ⟨-n; -n⟩ *Kartenspiel* vale

**Bubi** M ⟨-s; -s⟩ *umg pej* ufaklık

**Buch** N ⟨-s; ⸚er⟩ kitap; **reden wie ein ~** kitap gibi konuşmak; *fig* **wie er (sie, es) im ~e steht** tipik, tam (anlamıyla) …; WIRTSCH **~ führen über** (*akk*) *-in* muhasebesini tutmak; ⟨Dreh♀⟩ senaryo
**Buch|besprechung** F kitap tanıtma (yazısı) **~binder(in)** M(F) ⟨-s; -⟩ ciltçi, mücellit **~druck** M ⟨-s; *ohne pl*⟩ tipo (baskı) **~druckerei** F A ⟨-; -en⟩ matbaa, basımevi B ⟨-; *ohne pl*⟩ Gewerbe matbaacılık
**Buche** F ⟨-; -n⟩ kayın, akgürgen
**buchen** ⟨*h.*⟩ A VT Flug, Reise, Zimmer … için rezervasyon yaptırmak; *-in* bilet(ini) almak; *-de* yer ayırtmak B VI: **haben Sie gebucht?** rezervasyon yaptırdınız mı?; WIRTSCH (*ver~*) kayda geçirmek; *fig* **etw als Erfolg ~** bş-i başarı hanesine yazmak
**Bücher|bord** N kitap rafı **~ei** F ⟨-; -en⟩ kitaplık, kütüphane **~freund(in)** M(F) kitapsever, kitap dostu **~gutschein** M kitap (hediye) çeki **~narr** M kitap delisi **~regal** n kitap rafı; kitaplık **~revision** F WIRTSCH muhasebe denetimi **~wurm** M *hum* kitap kurdu
**Buchfink** M ispinoz (kuşu)
**Buch|führung** F ⟨-; *ohne pl*⟩ defter tutma **~halter(in)** M(F) muhasebeci **~haltung** F ⟨-; *ohne pl*⟩ muhasebe **~handel** M kitapçılık **~händler(in)** M(F) kitapçı **~handlung** F kitabevi, kitapçı (dükkânı) **~klub** M kitap kulübü **~messe** F kitap fuarı **~prüfer(in)** M(F) WIRTSCH hesap kontrolörü; muhasebe denetçisi **~prüfung** F WIRTSCH muhasebe denetimi
**Buchsbaum** M BOT şimşir (ağacı)
**Buchse** ['bʊksə] F ⟨-; -n⟩ TECH yuva; ELEK priz
**Büchse** ['bʏksə] F ⟨-; -n⟩ (teneke) kutu; (*Gewehr*) tüfek, filinta
**Buch|stabe** M ⟨-n; -n⟩ harf; **großer (kleiner) ~** büyük (küçük) harf **♀stabieren** VT ⟨*ohne ge-*, *h.*⟩ harf harf söylemek; kodlamak **♀stäblich** ADJ harfi harfine; tam anlamıyla
**Bucht** F ⟨-; -en⟩ körfez, *kleine* koy
**Buchung** F ⟨-; -en⟩ kayıt, rezervasyon; *Buchhaltung* tescil
**Buchungsbestätigung** F teyit
**Buchweizen** M BOT karabuğday

**Buckel** M ⟨-s; -⟩ MED kambur; *Katze* **e-n ~ machen** kamburunu çıkarmak; *umg* **rutscht mir den ~ runter** git işine!; (*kleiner Hügel*) tepecik
**bücken** VR ⟨*h.*⟩: **sich ~** (öne doğru) eğilmek; bükülmek, kıvrılmak
**bucklig** ADJ MED kambur; *umg* engebeli
**Bückling** M ⟨-s; -e⟩ tütsülenmiş ringa
**buddeln** VT *u.* VI ⟨*h.*⟩ *umg* eşelemek
**Buddhismus** [bu'dɪsmʊs] M ⟨-; *ohne pl*⟩ Budizm
**Buddhist** M ⟨-en; -en⟩, **-in** F ⟨-; -nen⟩ Budist **♀isch** ADJ Budist *subst*; Budistçe
**Bude** F ⟨-; -n⟩ (*Verkaufs♀*) kulübe, *auf Jahrmarkt etc* baraka, satış yeri/standı; *umg* pansiyon, küçük oda; *umg* **Leben in die ~ bringen** *-e* canlılık getirmek
**Budget** [bv'dʒeː] N ⟨-s; -s⟩ bütçe; **etw im ~ vorsehen** bş-e bütçede yer ayırmak
**Büfett** N ⟨-s; -s⟩ büfe; (*Verkaufstheke*) tezgâh; **kaltes ~** soğuk büfe
**Büffel** M ⟨-s; -⟩ manda
**büffeln** VT *u.* VI ⟨*h.*⟩ *umg* ineklemek
**Bug** M ⟨-s; -e, Büge⟩ FLUG burun
**Bügel** M ⟨-s; -⟩ TECH yay; (*Metall♀*) mandal; (*Kleider♀*) askı; (*Brillen♀*) sap **~brett** N ütü tahtası **~eisen** N ütü **~falte** F ütü çizgisi **♀frei** ADJ buruşmaz, ütü istemez **~maschine** F ütü presi
**bügeln** ⟨*h.*⟩ A VT (*auf~*) ütülemek B VI ütü yapmak
**Buggy** ['bagi] M ⟨-s; -s⟩ baston araba
**bugsieren** VT ⟨*ohne ge-*, *h.*⟩ *umg fig* itelemek
**buh** INT yuh
**buhen** VI ⟨*h.*⟩ yuhalamak
**buhlen** VI ⟨*h.*⟩ *pej* **um etw ~** bş için yalvar yakar olmak
**Buhmann** M ⟨-s; ⸚er⟩ öcü
**Bühne** F ⟨-; -n⟩ sahne; *umg fig* **etw über die ~ bringen** (*erfolgreich durchführen*) bş-i başarmak; işi bitirmek; *umg fig* **glatt über die ~ gehen** (*verlaufen*) yolunda gitmek; **von der politischen** *etc* **~ abtreten** siyaset sahnesinden *vs* çekilmek; (*Theater*) **zur ~ gehen** tiyatroculuğu seçmek; TECH (*Plattform*) platform
**Bühnen|anweisung** F reji talimatı **~beleuchtung** F sahne ışıklandırması **~bild** N sahne dekoru **~fassung**

## BÜHN | 614

F̲ sahne düzenlemesi **~rechte** P̲L̲ sahneleme hakları **²reif** A̲D̲J̲ gösteriye hazır **~stück** N̲ oyun, piyes **²wirksam** A̲D̲J̲ sahnede etkileyici
**Buhrufe** P̲L̲ yuh(a)lamalar
**Bulette** F̲ ⟨-; -n⟩ GASTR regional köfte
**Bulgar|e** M̲ ⟨-n, -n⟩, **-in** F̲ ⟨-; -nen⟩ Bulgar **~ien** N̲ Bulgaristan **²isch** A̲D̲J̲ Bulgar(istan) subst **~isch** N̲ Bulgarca
**Bullauge** N̲ SCHIFF lomboz
**Bulldogge** F̲ ZOOL buldog (köpeği)
**Bulle** M̲ ⟨-n; -n⟩ ZOOL boğa; umg pej çam yarması; umg (Polizist) aynasız
**Bulletin** [byl'tɛ̃ː] N̲ ⟨-s; -s⟩ bülten
**bullig** A̲D̲J̲ Person iriyarı; umg **~e Hitze** kavurucu sıcak
**bum** INT bum
**Bumerang** M̲ ⟨-s; -e, -s⟩ bumerang
**Bummel** M̲ ⟨-s; -⟩ umg gezinti, gezme; e-n **~ machen** gezinti yapmak **~ei** F̲ ⟨-; ohne pl⟩ umg pej (Trödeln) üşengeçlik, tembellik; (Faulenzen) aylaklık
**bummeln** V̲I̲ ⟨h., s.⟩ umg gezmek; **~ gehen** gezintiye çıkmak; ⟨h.⟩ (trödeln) oyalanmak; umg pej (faulenzen) aylaklık etmek, boş gezmek
**Bummel|streik** M̲ işi yavaşlatma grevi **~zug** M̲ umg (her yerde duran) posta treni
**Bums** M̲ ⟨-es; -e⟩ umg güm
**bumsen** A̲ V̲I̲ ⟨h.⟩ umg (pochen) **an die Tür ~** kapıyı yumruklamak; ⟨s.⟩ umg (prallen, stoßen) **mit dem Kopf an den Schrank ~** başını dolaba çarpmak; ⟨h.⟩ sl sexuell **mit j-m ~** b-le düzüşmek B̲ V̲/UNPERS ⟨h.⟩ **es bumste** bei Zusammenstoß bir çarpma sesi geldi, bir çarpışma oldu
**Bund¹** N̲ ⟨-s; -e⟩ (Bündel) demet, deste; Radieschen etc bağ
**Bund²** M̲ ⟨-s; ⸚e⟩ a. POL birlik; federasyon; POL **der ~** Federal Devlet (Almanya); umg **beim ~** askerde
**Bund³** M̲ ⟨-s; ⸚e⟩ an Hose, Rock bel kuşağı
**Bündchen** N̲ ⟨-s; -⟩ am Ärmel lastik
**Bündel** N̲ ⟨-s; -⟩ a. fig demet, tomar **bündel|n** V̲T̲ ⟨h.⟩ bağlamak, destelemek **~weise** deste deste, bohça bohça
**Bundes...** IN ZSSGN (Alman) Federal ... **~bahn** F̲ ... Demiryolları pl **~bank** F̲ ... Merkez Bankası **~behörde** F̲ ... makam/daire **~bürger(in)** M̲/F̲ Federal Almanya vatandaşı **²deutsch** A̲D̲J̲ Federal Alman subst **~ebene** F̲: **auf ~** federal düzeyde **~gebiet** N̲ Almanya toprakları **~genosse** M̲, **~genossin** F̲ müttefik **~gerichtshof** M̲ Almanya'da en üst mahkeme **~kabinett** N̲ ... hükümet/kabine **~kanzler(in)** M̲/F̲ Federal Almanya od Avusturya şansölyesi/başbakanı **~kartellamt** N̲ ... Antitröst Dairesi **~kriminalamt** N̲ ... Kriminal Dairesi **~land** N̲ (federal) eyalet; **die neuen Bundesländer** Doğu ve Batı Almanya'nın birleşmesiyle Federal Cumhuriyet'e yeni katılan eyaletler **~liga** F̲ SPORT ... Lig; **Erste (Zweite) ~** Birinci (İkinci) Lig **~minister(in)** M̲/F̲ **(für)** ... bakanı **~post** F̲ ... Posta (idaresi) **~präsident(in)** M̲/F̲ Almanya od Avusturya cumhurbaşkanı **~presseamt** N̲ ... Basın Dairesi **~rat** M̲ ... Eyaletler Meclisi **~regierung** F̲ ... hükümeti **~republik** F̲ ... cumhuriyet; **die ~ Deutschland** Almanya Federal Cumhuriyeti **~staat** M̲ federe devlet **~straße** F̲ devlet yolu **~tag** M̲ ... Parlamentosu **~tagswahl** F̲ genel seçim **~verfassungsgericht** N̲ ... Mahkemesi **~wehr** F̲ ⟨-; ohne pl⟩ ... Silahlı Kuvvetleri
**bundesweit** A̲D̲J̲ Almanya çapında
**bündig** A̲D̲V̲: **kurz und ~** kısa ve öz
**Bündnis** N̲ ⟨-ses; -se⟩ pakt, anlaşma, birlik **²frei** A̲D̲J̲ POL bloksuz **~grüne** P̲L̲: **die ~n** Partei Birlik-Yeşiller (partisi) **~partner** M̲ müttefik
**Bundweite** F̲ bel ölçüsü/çevresi
**Bungalow** ['bʊŋɡalo] M̲ ⟨-s; -s⟩ bungalov
**Bunsenbrenner** M̲ CHEM bunzen beki
**bunt** A̲D̲J̲ (farbig) renkli; (mehrfarbig) çok renkli; (farbenfroh) rengârenk, renkli; (abwechslungsreich) çeşitli, değişik; **ein ~es Durcheinander** karmakarışık bir ...; umg **jetzt wird es mir aber zu ~** ama burama geldi artık
**Buntspecht** M̲ alaca ağaçkakan
**Buntstift** M̲ boya kalemi
**Bürde** F̲ ⟨-; -n⟩ a. fig yük
**Burg** F̲ ⟨-; -en⟩ hisar, kale
**Bürge** M̲ ⟨-n; -n⟩ a. JUR kefil
**bürgen** V̲I̲ ⟨h.⟩: **für j-n ~** JUR b-ne kefil olmak; **für etw ~** bş-e kefil olmak; bş-i

garanti etmek
**Bürger** M ⟨-s; -⟩, **-in** F ⟨-; -nen⟩ yurttaş, vatandaş; *e-r Stadt od Gemeinde* hemşe(h)ri **~initiative** F vatandaş girişimi **~krieg** M iç savaş
**bürgerlich** ADJ (*zum Bürgertum gehörend*) burjuva, kentsoylu *subst*; *pej* (küçük) burjuva *subst*; (*staats~*) ♘**es Gesetzbuch** medeni kanun
**Bürgerliche** M, F ⟨-n; -n⟩ burjuva, kentsoylu
**Bürger|meister(in)** M/F belediye başkanı ♘**nah** ADJ vatandaşa yakın **~pflicht** F vatandaşlık görevi **~recht** N *meist* PL vatandaşlık hakkı **~rechtler(in)** M/F vatandaşlık hakları savunucusu **~rechtsbewegung** F vatandaşlık hakları hareketi **~steig** M (yaya) kaldırım(ı)
**Bürgschaft** F ⟨-; -en⟩ JUR kefalet; **e-e ~ übernehmen** e-e kefil olmak
**Burgunder** M ⟨-s; -⟩ Burgund şarabı
**Büro** N ⟨-s; -s⟩ büro; ofis; yazıhane **~angestellte** M, F büro elemanı **~arbeit** F büro işi **~bedarf** M kırtasiye, büro malzemesi **~gebäude** N büro binası; işhanı **~kauffrau** F, **~kaufmann** M ticaret uzmanı büro elemanı **~klammer** F ataş
**Bürokra|t** M ⟨-en; -en⟩ bürokrat **~tie** F ⟨-; -n⟩ bürokrasi ♘**tisch** ADJ bürokratik, bürokratça **~tismus** M ⟨-; *ohne pl*⟩ *pej* bürokrasi, kırtasiyecilik
**Büro|schluss** M ⟨-es⟩ büro kapanış saati, paydos; **nach ~** paydostan sonra **~stunden** PL yazıhane/büro (çalışma) saatleri **~tätigkeit** F ⟨-; *ohne pl*⟩ büro işi
**Bursche** M ⟨-n; -n⟩ (*Junge*) delikanlı; *umg* (*Kerl*) herif; *umg* **ein toller ~** kıyak delikanlı
**burschikos** ADJ genç/yeniyetme işi
**Bürste** F ⟨-; -n⟩ fırça
**bürsten** V/T ⟨h.⟩ fırçalamak; **sich** (*dat*) **die Haare ~** fırçayla taramak
**Bus** M ⟨-ses; -se⟩ otobüs; (*Klein♘*) minibüs; **mit dem ~ fahren** otobüsle gitmek **~bahnhof** M otogar
**Busch** M ⟨-es; ⸚e⟩ çalı; çalılık, fundalık; *umg fig* **bei j-m auf den ~ klopfen** b-nin nabzına bakmak; **mit etw hinterm ~ halten** bş-i gizlemek; **etw ist im ~!** bir şeyler dönüyor

**Büschel** N ⟨-s; -⟩ demet, deste; (*Haar♘*) tutam, perçem
**buschig** ADJ çalı gibi; pek sık
**Busen** M ⟨-s; -⟩ göğüsler *pl*; koyun, bağır
**Bus|fahrer(in)** M/F otobüs şoförü **~fahrt** F otobüs yolculuğu/seferi **~haltestelle** F otobüs durağı
**Businessclass** ['bıznıskla:s] F FLUG business class
**Buslinie** F otobüs hattı; **die ~ 8** 8 numaralı otobüs
**Bussard** M ⟨-s; -e⟩ şahin
**Buße** F ⟨-; -n⟩ kefaret; (*Reue*) pişmanlık; (*Geld♘*) (para) ceza(sı); **zu e-r ~ von 1000 Euro verurteilt werden** 1000 avro para cezasına mahkum edilmek
**büßen** V/T *u.* V/I ⟨h.⟩: **~ (für)** -in cezasını çekmek; **das sollst du mir ~!** bunu sana ödeteceğim!
**Bußgeld** N JUR para cezası **~bescheid** M para cezası bildirimi
**Buß- und Bettag** M Kefaret ve Dua Günü
**Büste** F ⟨-; -n⟩ büst; (*Brust*) göğüs
**Büstenhalter** M sutyen
**Busverbindung** F otobüs bağlantısı
**Butt** M ⟨-s; -e⟩ kalkan (balığı)
**Büttenrede** F karnaval nutku
**Butter** F ⟨-; *ohne pl*⟩ tereyağı; **etw mit ~ bestreichen** bş-in üstüne tereyağı sürmek; *umg fig* **(es ist) alles in ~** her şey tıkırında **~berg** M AB'de ihtiyacı aşan tereyağı stoku **~blume** F düğünçiçeği, sunergisi, altıncık, çiçek
**Butterbrot** N (tere)yağlı ekmek **~papier** N yağlı kağıt
**Butter|creme** F pasta kreması **~dose** F tereyağı kabı **~messer** N tereyağı bıçağı **~milch** F yağı alınmış süt
**buttern** ⟨h.⟩ ▶ **A** V/T *Kuchenform etc* yağlamak **B** V/I (*Butter herstellen*) tereyağı çıkarmak/yapmak
**butterweich** ADJ (*sehr weich*) yumuşak, yumuşacık; *Birne etc* ağızda eriyen
**Button** ['bat(ə)n] M MODE rozet; IT button
**b. w.** *abk für* **bitte wenden** lütfen (sayfayı) çevirin
**Bypass** ['baıpas] N ⟨-es; ⸚e⟩ bypass
**Byte** [baıt] N ⟨-(s); -(s)⟩ IT bayt, byte
**byzantinisch** ADJ Bizans *subst*
**bzw.** *abk für* → **beziehungsweise**

# C

**C** *abk für* Celcius santigrat
**c, C** [tse:] N ⟨-; -⟩ **A** c, C **B** MUS do
**ca.** ['tsırka] *abk für circa* aşağı yukarı, yaklaşık
**Cabrio** N ⟨-s; -s⟩ AUTO kabriyole; *umg* (üstü) açık araba
**CAD/CAM** ['kɛtkɛm] N ⟨-; *ohne pl*⟩ IT bilgisayar destekli tasarım/bilgisayar destekli üretim, CAD/CAM
**Café** [ka'fe:] N ⟨-s; -s⟩ kahve(hane); (*Konditorei*) pastane
**Cafeteria** [-'ri:a] F ⟨-; -s *od* -ien⟩ kafeterya
**Callgirl** ['ko:lgœrl] N ⟨-s;-s⟩ telekız
**campen** ['kɛmp(ə)n] VI ⟨h.⟩ kamp yapmak
**Camper** ['kɛmpɐ] M ⟨-s; -⟩ kampçı
**Camping** ['kɛmpıŋ] N ⟨-s; *ohne pl*⟩ kamping **~ausrüstung** F kamp teçhizatı/donanımı **~bus** M kamping minibüsü **~platz** M kamping (yeri)
**canceln** ['kɛnsəln] VT ⟨h.⟩ IT iptal etmek
**Caravan** ['ka(:)ravan] M ⟨-s; -s⟩ karavan
**Carsharing** ['ka:ɐʃɛ:rıŋ] N ⟨-s; *ohne pl*⟩ devre-araba, devre-oto
**Cartoon** [kar'tu:n] M karikatür
**Casting** ['ka:stıŋ] N ⟨-s;-s⟩ FILM kadro
**CB-Funk** [tse:'be:-] M amatör telsiz
**CD** [tse:'de:] F ⟨-; -s⟩ kompakt disk, CD [sı:dı:] **~-Player** [tse:'de:-] M diskçalar **~-ROM** [tse:de:'rɔm] F ⟨-; -s⟩ CD-ROM [sı:dı:'rom]
**Cello** ['tʃɛlo] N ⟨-s; -s⟩ violonsel
**Cellulitis** N ⟨-; -litiden⟩ MED selülit
**Celsius** ['tsɛlzıus] N: **5 Grad ~** beş derece santigrat
**Cent** M sent (1/100 avro)
**Champagner** [ʃam'panjɐ] M ⟨-s; -⟩ şampanya
**Champignon** ['ʃampınjɔn] M ⟨-s; -s⟩ BOT şampiyon (mantarı)
**Champion** ['tʃɛmpiən] M ⟨-s; -s⟩ şampiyon
**Chance** ['ʃã:sə] F ⟨-; -n⟩ şans; **die ~n stehen gleich (3 zu 1)** şansımız eşit (üçe bir)
**Chancengleichheit** F fırsat eşitliği
**Chanson** [ʃã:sõ:] N ⟨-s; -s⟩ şanson
**Chaos** ['ka:ɔs] N ⟨-; *ohne pl*⟩ kaos; *fig* kargaşa
**chaotisch** [ka'o:tıʃ] ADJ karmakarışık
**Charakter** [ka-] M ⟨-s; -e⟩ karakter; (*Eigenart*) özellik, nitelik **⌕isieren** VT ⟨*ohne ge-, h.*⟩ karakterize etmek; **~ als ...** olarak nitelemek **⌕istisch** ADJ (**für etw** bş için) tipik, karakteristik **⌕los** ADJ (*schwach*) karaktersiz; (*nichtssagend*) silik **~losigkeit** F ⟨-; *ohne pl*⟩ karaktersizlik **~rolle** F karakter rolü **~schwäche** F karakter zayıflığı **~stärke** F karakter gücü **~zug** M nitelik
**Charge** ['ʃarʒə] F ⟨-; -n⟩; THEAT ufak rol; TECH seri
**Charisma** ['ça:rısma] N ⟨-s; -men *od* -mata⟩ karizma **⌕tisch** [çarıs'ma:tıʃ] ADJ karizmatik
**charmant** [ʃar'mant] ADJ çekici, tatlı dilli
**Charme** [ʃarm] M ⟨-s; *ohne pl*⟩ çekicilik
**Charta** ['karta] F ⟨-; -s⟩ bildirge, karta
**Charter|flug** ['tʃa-] M çarter uçuşu **~maschine** F çarter uçağı
**chartern** ['tʃa-] VT ⟨h.⟩ kiralamak (*Flugzeug, Schiff etc*)
**Chassis** [ʃa'si:] N ⟨-; -⟩ TECH şasi
**Chauffeur** [ʃɔ'fø:r] M ⟨-s; -e⟩, **-in** F ⟨-; -nen⟩ (özel) şoför
**Chauvi** ['ʃo:vi] M ⟨-s; -s⟩ *umg* şoven (erkek) **~nismus** [ʃovi'nısmus] M ⟨-; *ohne pl*⟩ şovenizm **~nist** M ⟨-en; -en⟩ şoven **⌕nistisch** ADJ şovence
**checken** ['tʃɛk(ə)n] VT ⟨h.⟩ (*kontrollieren*) gözden geçirmek; *umg* **etw ~** (*begreifen*) kavramak
**Check-up** ['tʃɛkap] M ⟨-s; -s⟩ MED çekap, check-up
**Chef** [ʃɛf] M ⟨-s; -s⟩ *Regierung etc* başkan; *Vorgesetzte(r)* şef, müdür **~arzt** M, **~ärztin** F başhekim **~in** F ⟨-; -nen⟩; patron (*kadın*); *umg* (*Frau des Chefs*) patronun karısı **~redakteur(in)** M(F) yazı işleri müdürü **~sekretärin** F müdür sekreteri (*kadın*)
**Chemie** [çe'mi:] F ⟨-; *ohne pl*⟩ kimya **~faser** F sentetik elyaf
**Chemikalie** [çemi'ka:liə] F kimyasal

madde

**Chemiker** ['çe:mike] M ⟨-s; -⟩, **-in** F ⟨-; -nen⟩ kimyacı, kimyager

**chemisch** ['çe:mɪʃ] A ADJ kimyasal, kimyevi; **~e Reinigung** kuru temizleme B ADV: **~ reinigen lassen** (kuru) temizlemeye vermek

**Chemotherapie** [çemotera'pi:] F kemoterapi

**Chiffr|e** ['ʃɪfrə] F ⟨-; -n⟩ *in Anzeigen* rumuz; **Zuschriften unter ~ ...** cevaplar ... rumuzu altında **~ieren** [ʃɪ'fri:rən] V/T ⟨ohne ge-, h.⟩ şifrelemek

**Chile** ['çi:le], ['tʃi:le] N şili **~ne** M ⟨-n, -n⟩, **~nin** F ⟨-; -nen⟩ şilili **~nisch** ADJ şili(li)

**Chili** ['tʃi:li] M ⟨-s; -s⟩ kırmızıbiber

**China** ['çi:na] N Çin

**Chines|e** [çi-, ki-] M ⟨-n; -n⟩, **-in** F ⟨-; -nen⟩ Çinli **~isch** ADJ Çin(li) **~isch** [çi-, ki-] N Çince

**Chip** [tʃɪp] M ⟨-s; -s⟩ *Spielmarke* marka; IT çip, yonga; *(Kartoffel~)* çips **~karte** F çip kartı

**Chirurg** [çi'rʊrk] M ⟨-en; -en⟩ operatör, cerrah **~ie** F ⟨-; ohne pl⟩ cerrahlık **~in** F ⟨-; -nen⟩ operatör (kadın) **~isch** ADJ cerrahi

**Chlor** [klo:r] N ⟨-s; ohne pl⟩ CHEM klor **~en** V/T ⟨h.⟩ klorlamak

**Chlorophyll** [kloro'fʏl] N ⟨-s; ohne pl⟩ BOT klorofil

**Cholera** ['ko:lera] F ⟨-; ohne pl⟩ MED kolera

**cholerisch** [ko'le:rɪʃ] ADJ hırçın

**Cholesterin** [kolɛstə'ri:n] N ⟨-s; ohne pl⟩ MED kolesterin **~spiegel** M MED kolesterin miktarı

**Chor** [ko:r] M ⟨-s; ⸚e⟩ koro; **im ~** hep birden

**Choral** [ko'ra:l] M ⟨-s; -räle⟩ koral, kilise ilahisi

**Choreografie** [koreogra'fi:] F ⟨-; -n⟩ THEAT koreografi

**Christ** [krɪst] M ⟨-en; -en⟩ Hristiyan **~baum** M ⟨-s; ⸚e⟩ Noel ağacı **~entum** N ⟨-s; ohne pl⟩ Hristiyanlık **~in** F ⟨-; -nen⟩ Hristiyan (kadın) **~kind** N ⟨-s; ohne pl⟩; Çocuk İsa **~lich** ADJ Hristiyan

**Chrom** [kro:m] N ⟨-s; ohne pl⟩ CHEM krom

**Chromosom** [kromo'zo:m] N ⟨-s; -en⟩ BIOL kromozom

**Chronik** ['kro:nɪk] F ⟨-; -en⟩ ADJ tarih, kronik

**chronisch** ['kro:nɪʃ] ADJ MED kronik

**Chronist** M ⟨-en; -en⟩, **-in** F ⟨-; -nen⟩ vakanüvis

**chronologisch** ADJ kronolojik

**ciao!** [tʃau] *umg* eyvallah!

**circa** ['tsɪrka] ADV aşağı yukarı, yaklaşık (olarak)

**City** ['sɪti] F ⟨-; -s⟩ şehir merkezi

**clever** ['klɛvɐ] ADJ akıllı, kurnaz, işbilir

**Clique** ['klɪkə] F ⟨-; -n⟩ *umg* grup, klik

**Clou** [klu:] M ⟨-s; -s⟩; *(Höhepunkt)* doruk noktası; *(Pointe)* espri, püf noktası

**Co.** *abk für* Kompagnon M ortak(lar)

**Cockpit** ['kɔkpɪt] N ⟨-s; -s⟩ FLUG pilot kabini, kokpit; SCHIFF yatlarda dümenci yeri

**Cocktail** ['kɔkte:l] M ⟨-s; -s⟩ kokteyl

**Code** [ko:t] M ⟨-s; -s⟩ kod, kot

**codier|en** [ko'di:rən] V/T ⟨ohne ge-, h.⟩ kodlamak **~ung** F ⟨-; -en⟩ IT kod(-lama)

**Collage** [kɔ'la:ʒə] F ⟨-; -n⟩ kolaj

**Collier** [kɔ'lie:] N ⟨-s; -s⟩ kolye

**Comeback** ['kambɛk] N ⟨-(s); -s⟩ dönüş

**Comic** ['kɔmɪk] M ⟨-s; -s⟩ çizgi-roman, resimli roman

**Compact Disc** ['kɔmpaktdɪsk] F ⟨-; -s⟩ kompakt disk

**Computer** [kɔm'pju:tɐ] M ⟨-s; -⟩ bilgisayar, kompüter **~ausdruck** M bilgisayar çıkışı **~gesteuert** ADJ bilgisayar güdümlü, bilgisayarlı **~gestützt** ADJ bilgisayar destekli **~grafik** F bilgisayarlı grafik **~isieren** V/T ⟨ohne ge-, h.⟩ bilgisayara geçirmek **~simulation** F bilgisayar simülasyonu **~spiel** N bilgisayar oyunu **~tomografie** F bilgisayarlı tomografi **~virus** M bilgisayar virüsü

**Container** [kɔn'te:nɐ] M ⟨-s; -⟩ kap; *Spedition* konteyner

**Controlling** [kɔn'troʊlɪŋ] N ⟨-s; ohne pl⟩ sevk ve idare

**cool** [ku:l] ADJ *umg (ruhig)* serinkanlı; *(prima)* harika

**Copyright** ['kɔpirait] N ⟨-s; -s⟩ telif hakkı

**Cord** M ⟨-s; -e⟩ kordon; fitilli kadife **~hose** F (fitilli) kadife pantalon

# CORD

**~samt** M fitilli kadife
**Couch** [kautʃ] F ⟨-; -es⟩ divan
**Countdown** ['kaunt'daun] M, N ⟨-(s); -s⟩ geri(ye) sayma
**Coup** [ku:] M ⟨-s; -s⟩ darbe
**Coupé** [ku'pe:] N ⟨-s; -s⟩ AUTO kupe
**Coupon** [ku'põ:] M ⟨-s; -s⟩ kupon
**couragiert** [kura'ʒi:rt] ADJ umg cesur, yürekli
**Court** [kɔ:rt] M ⟨-s; -s⟩ Tennis kort
**Cousin** [ku'zɛ̃:] M ⟨-s; -s⟩ amca (dayı, hala, teyze) oğlu, kuzen
**Cousine** [ku'zi:nə] F ⟨-; -n⟩ amca (dayı, hala, teyze) kızı, kuzin
**Creme** ['kre:m(ə)] F ⟨-; -s⟩ Kosmetik krem; GASTR krema
**CT** [tse:'te:] F ⟨-; -s⟩ abk → Computertomografie
**Cup** [kap] M ⟨-s; -s⟩ SPORT kupa
**Curry** ['kœri] N ⟨-s; -s⟩ köri (Gewürz)
**Cursor** ['kœ:ɐsɐ] M ⟨-s; -s⟩ IT imleç
**Cutter** ['katɐ] M ⟨-s; -⟩, **-in** F ⟨-; -nen⟩ FILM, TV montajcı
**Cyberspace** ['saibəspe:s] M ⟨-; -s⟩ IT sanal uzay

# D

**d, D** [de:] N ⟨-; -⟩ **A** d, D **B** MUS re
**da A** ADV *räumlich (dort)* şurada, *(hier)* burada; ~ **bin ich** işte buradayım; ~ **draußen** dışarıda; ~ **drüben** şu tarafta; ~ **entlang** şuradan; ~ **haben wirs!** tamam/oldu (başardık)!; **ich bin gleich** ~ hemen dönüyorum/geliyorum; **von** ~ **aus** buradan itibaren **B** *zeitlich* bu anda, o esnada; **von** ~ **an** (*od* **ab**) bu andan itibaren **C** ~ **bin ich Ihrer Meinung** bu konuda sizinle aynı fikirdeyim; **was gibts denn** ~ **zu lachen?** bunda gülünecek ne var? **D** ~ **sein** (*vorhanden*) var; hazır; **der (die, das)** ~ şu; **dafür ist es** ~ bu işe yarar, bu iş için var; ~ **(hast du)!** (al) işte; ~ **ist ..., ~ sind ... ...** geldi(ler); ~ **kommt er** (*od* **sie**) işte (o) geliyor; **geistig voll** ~ **sein** aklı tamamen yerinde olmak; **ist noch Kaffee** ~**?** daha kahve var mı?; **nichts** ~**!** sakın ha!, ne gezer? **E** KONJ *begründend* -diği için

**dabei** ADV yanında, hazır; yakınında; anı anda; dahil; **warst du** ~**?** orada mıydın?, oraya gittin mi?; *umg fig* **ich bin** ~ *(mache mit)* ben (de) varım, katılıyorum; **es kommt nichts** ~ **heraus** bundan bir sonuç/şey çıkmaz; **ich dachte mir nichts** ~ aklıma hiç (kötü, sakıncalı) bir şey gelmedi; *(obwohl)* **du lachst,** ~ **ist es gar nicht witzig** gülüyorsun, halbuki/oysa iş hiç de eğlenceli değil; **er ist** ~ **(zu ...)** o şu an ... ile meşgul, -mek üzere; **es ist nichts** ~ bunun bir zorluğu yok; bunun bir zararı yok; **was ist schon** ~ ne olmuş yani?; **lassen wir es** ~ öyle bırakalım, kalsın!

**dabei|haben** VT ⟨*irr*, -ge-, *h.*⟩: **ich hab keinen Schirm dabei** şemsiyem yanımda değil; **ich hab kein Geld dabei** yanımda para yok
**dabei|stehen** VI ⟨*irr*, -ge-, *h.*⟩ -in başında durmak
**da|bleiben** VI ⟨*irr*, -ge-, *s.*⟩ kalmak
**Dach** N ⟨-s; Dächer⟩ çatı, dam; **kein** ~ **über dem Kopf haben** -in başını sokacak yeri olmamak; **etw unter** ~ **und Fach bringen** bş-i yoluna koymak; *umg fig* **eins aufs** ~ **kriegen** zılgıt yemek **~antenne** F çatı anteni **~boden** M tavanarası **~decker** M ⟨-s; -⟩ çatı kaplamacısı **~fenster** N çatı penceresi **~garten** M asma bahçe **~gepäckträger** M portbagaj **~geschoss** N, *österr* **~geschoß** N çatı katı **~gesellschaft** F WIRTSCH holding, şemsiye şirket **~kammer** F çatı odası **~luke** F çatı penceresi **~rinne** F çatı oluğu
**Dachs** [daks] M ⟨-es; -e⟩ ZOOL porsuk
**Dach|schaden** M *umg fig:* **du hast wohl e-n** ~ senin bir tahtan eksik galiba **~terrasse** F çatı terası **~verband** M federasyon; çatı örgütü **~ziegel** M kiremit
**Dackel** M ⟨-s; -⟩ *(Hunderasse)* dakel
**dadurch** ADV *(auf diese Weise)* böylelikle, bu suretle; **alle** ~ **verursachten Schäden** bu yoldan meydana gelmiş bütün hasar; *(deswegen)* **sie verschlief und kam** ~ **zu spät** uyanamamış, onun için gecikmiş; ~**, dass es regnete** yağmur yağdığı için
**dafür** ADV bunun için; buna/ona karşılık;

**bei Abstimmung** kabul eden; **~ sein, etw zu tun** bş -mekten yana olmak; **die Mehrheit ist ~** çoğunluk lehte, çoğunluk bundan yana; **~ wird sie bezahlt** bu onun görevi; **er wurde ~ bestraft, dass er gelogen hat** yalan söylediği için cezalandırıldı; **sie arbeiten langsam, aber ~ sorgfältig** yavaş, ama buna karşılık temiz çalışıyorlar; **er kann nichts ~** elinden bir şey gelmez; kabahat onda değil; **~ sorgen, dass** -in -mesini sağlamak

**Dafürhalten** N ⟨-s; ohne pl⟩: **nach meinem ~** benim kanaatimce/kanımca
**dagegen** ADV buna/ona karşı; bei Abstimmung red(deden); (im Vergleich) ... ise, -(y)se, oysa; (andererseits) buna karşılık; diğer yandan; **haben Sie etw ~, wenn ich rauche?** sigara içmemde sizce bir sakınca var mı?; **wenn Sie nichts ~ haben** sizce bir mahzuru/sakıncası yoksa; **~ hilft Wärme** buna sıcak tutmak iyi gelir
**dagegenhalten** VI ⟨irr, -ge-, h.⟩ -e karşı ileri sürmek
**daheim** ADV evde; yurtta; ülkede
**daher** ['da:he:ɐ, da'he:ɐ] ADV örtlich oradan; Ursache bundan (dolayı); **~ kommt es, dass** bunun içindir ki ...
**dahergelaufen** [da'he:ɐ-] ADJ umg: **jeder ~e Kerl** her önüne gelen
**dahin** ADV bis **~** räumlich oraya kadar; zeitlich o zamana kadar; **sich ~ (gehend) äußern, dass** -diği yolunda/şeklinde açıklama yapmak; (so weit) **es (j-n) ~ bringen, dass** işi (b-ni) -ecek hale getirmek; adj **es ist ~** (vergangen) geçti, bitti; (weg) Geld etc yutu gitti, yok oldu
**dahinsagen** VT ⟨-ge-, h.⟩: **etw nur so ~** (kolayca) söyleyivermek
**dahinsiechen** VI ⟨-ge-, s.⟩ (hastalıktan) eriyip gitmek
**dahinten** adv arkada, arka tarafta
**dahinter** ADV örtlich arkası(n)da, arka tarafı(n)da; **sich gewaltig ~klemmen** bütün gücüyle işe girişmek; **~kommen** -in sebebini bulmak, kavramak; **ich werde schon noch ~kommen** ben bunun içyüzünü nasıl olsa öğrenirim; **~stecken** -in sebebi olmak; **es steckt nichts ~** (iş) altında bir şey yok (od gizli bir tarafı yok)
**dahinvegetieren** [-v-] VI ⟨ohne -ge-, h.⟩ kıt kanaat yaşamak

**Dahlie** ['da:liə] F ⟨-; -n⟩ BOT dalya/yıldız (çiçeği)
**dalassen** VT ⟨irr, -ge-, h.⟩ bırakmak
**daliegen** VI ⟨irr, -ge-, h.⟩ (dura)durmak
**dalli** ADV: umg **~, ~!** haydi!, çabuk!
**damalig** A ADJ o zamanki B ADV o zaman(lar)
**Damast** M ⟨-s; -e⟩ damasko
**Dame** F ⟨-; -n⟩ bayan, hanımefendi; (Tanzpartnerin) dam; Karte kız; Schach vezir; Spiel dama; **meine ~n und Herren!** Bayanlar, Baylar!; (Toilette) **»Damen«** bayan(lar)
**Damen|bekleidung** F kadın giyimi **~binde** F (hijyenik) kadın bağı **~fahrrad** N kız bisikleti **~friseur** M (kadın) kuaför(ü) **♀haft** ADJ hanım hanım(cık) **~mannschaft** F bayan(lar) takımı **~mode** F kadın modası **~toilette** F kadın(lar) tuvaleti **~unterwäsche** F kadın (iç) çamaşırı **~wahl** F dam seçme
**damit** A ADV bununla, onunla; **was will er ~ sagen?** bununla ne demek istiyor? **ich bin ~ fertig** bunu bitirdim; **wie steht es ~?** -den ne haber?; **~ einverstanden sein** -e razı olmak B KONJ -sin diye, -in -mesi için; **pass gut auf, ~ nichts passiert** dikkat et de bir kaza çıkmasın
**dämlich** ADJ umg salak
**Damm** M ⟨-s; ⸚e⟩ set; (Stau♀) baraj, bent; umg **nicht auf dem ~ sein** sağlığı pek iyi olmamak
**Dammbruch** M set yıkılması
**dämm(e)rig** ADJ loş
**dämmern** ⟨h.⟩ A V/UNPERS: **es dämmert** gün ağarıyor, hava kararıyor; umg (bei) **j-m dämmert es** yavaş yavaş kavrıyor/hatırlıyor B VI: **vor sich hin ~** uyuklamak
**Dämmerung** F ⟨-; -en⟩ (Abend♀) alacakaranlık; (Morgen♀) şafak
**Dämmung** F ⟨-; -en⟩ TECH yalıtım, izolasyon
**Dämon** M ⟨-s; -en⟩ dev, cin, iblis **♀isch** ADJ şeytani
**Dampf** M ⟨-s; ⸚e⟩ buhar; (Beschlag) buğu; umg fig **~ ablassen** boşalmak, deşarj olmak; umg **j-m ~ machen** b-ni (bş-i yapması için) sıkıştırmak; umg **~ dahinter machen** bş-i zorlamak **~antrieb**

# DAMP

M̄: mit ~ buharlı **~bügeleisen** N̄ buharlı ütü

**dampfen** V̄İ buharlaşmak; *Suppe etc* -in buharı tütmek

**dämpfen** V̄T̄ ⟨h.⟩ buğulamak; *Schall* azaltmak; *Stimme* boğmak, kısmak; *Licht etc* yumuşatmak; *Kleidungsstück* buharla ütülemek; *Stimmung* öldürmek; *Kosten* düşürmek; *Konjunktur* frenlemek

**Dampfer** M̄ ⟨-s; -⟩ vapur, buharlı gemi; *fig* da bist du auf dem falschen ~ yanlış iz üzerindesin

**Dämpfer** M̄ ⟨-s; -⟩ MUS *Klavier* piyano yastığı, kısmaç; *umg fig* **e-n ~ bekommen** bir ihtar almak

**Dampferfahrt** F̄ vapur yolculuğu/gezisi

**Dampf|kessel** M̄ buhar kazanı **~kochtopf** M̄ düdüklü/basınçlı tencere

**Damwild** N̄ alageyik

**danach** ADV bundan/ondan sonra; *räumlich* oraya; *(später)* (daha) sonra; *(entsprechend)* ona/buna göre; **mir ist nicht ~** bunu canım istemiyor; **ich fragte sie ~** ona onu/bunu sordum

**Däne** M̄ ⟨-es; -n⟩ Danimarkalı

**daneben** ADV onun/bunun yanın(d)a; *(gleichzeitig)* yanı sıra; *(außerdem)* ayrıca, *(im Vergleich)* bunun/onun yanında; *(am Ziel vorbei)* **~!** karavana!

**danebenbenehmen** V̄R̄ ⟨irr, ohne -ge-, h.⟩: *umg* **sich ~** ayıp etmek

**daneben|gehen** V̄İ ⟨irr, -ge-, s.⟩ *Schuss etc* ıska geçmek **~greifen** V̄İ ⟨irr, -ge-, h.⟩ *beim Fangen etc* (elinden) kaçırmak, tutamamak; MUS yanlış (nota) çalmak; *umg* yanılmak

**Dänemark** N̄ Danimarka

**Dän|in** F̄ ⟨-; -nen⟩ Danimarkalı (kadın) **~isch** ADJ Danimarka(lı) **~isch** N̄ Danca

**dank** PRÄP *(dat od gen* -in*)* sayesinde

**Dank** M̄ ⟨-s; *ohne pl*⟩ teşekkür; **Gott sei ~** Allah'a şükür!; **vielen ~!** çok teşekkürler!, çok sağ ol(un)!; **herzlichen ~** candan teşekkürler; **j-m ~ schulden** b-ne teşekkür/şükran borçlu olmak; *(Lohn)* **das ist der (ganze) ~!** (iyiliğin) karşılığı işte bu!; **als ~, zum ~** teşekkür olarak

**dankbar** ADJ (j-m für etw b-ne bş için) müteşekkir; *(lohnend)* verimli, kârlı; *umg Material* dayanıklı **≗keit** F̄ minnettarlık, şükran; **aus ~ für** *-e/-ne* minnettarlıktan

**danke: ~ (schön)** (çok) teşekkür ederim, sağ ol(un); *umg* mersi; **(nein) ~** hayır, (teşekkür ederim) istemem

**danken** A V̄İ ⟨h.⟩ (j-m für etw b-ne bş için) teşekkür etmek; **nichts zu ~!** bir şey değil; rica ederim!; *umg* **na, ich danke!** istemem senin olsun!; *(ablehnen)* reddetmek B V̄T̄: **j-m etw ~** bş-i b-ne borçlu olmak

**Dankesbrief** M̄ teşekkür mektubu
**Dankeschön** N̄ ⟨-s; *ohne pl*⟩ teşekkür (etme)
**Dankesworte** PL teşekkür sözleri
**Dankschreiben** N̄ teşekkür mektubu

**dann** ADV *zeitlich* sonra; bunun üzerine; **was passierte ~?** sonra ne oldu?; *umg* **bis ~!** görüşürüz!; **nur ~, wenn ...** sadece -se/olursa; *umg* **~ eben nicht!** öyleyse yok/olmaz; *umg* **und ~ ...** ayrıca ..., bundan başka ...

**daran** ADV: *(an etwas)* **halt dich ~ fest!** şuna/şuraya tutun!; **im Anschluss ~** (bunun) (hemen) ardından; **es ist etw (nichts) ~** bunda bir gerçek payı var (yok); **~ ist kein wahres Wort** (bunun) bir kelimesi bile doğru değil; **~ stirbt man nicht** (bundan) dünya yıkılmaz; **das Schönste ~** (bunun) en güzel tarafı; **du tust gut ~ zu gehen** gitsen iyi olur, gitmekle iyi edersin; **~ befestigen** -e iliştirmek, takmak; **~ denken** -i unutmamak; **~ glauben** -e inanmak; **~ glauben müssen** *fig* telef olmak; alta gitmek; **~ leiden** -e tutulmuş olmak; *-den* çekmek; **~ sterben** *-den* ölmek

**darangehen** V̄İ ⟨irr, -ge-, s.⟩: **~ etw zu tun** bş-i yapmaya girişmek

**daransetzen** V̄T̄ ⟨-ge-, h.⟩: **alles ~ um zu +INF** -mek için her çareye/yola başvurmak

**darauf** ADV *räumlich* bunun/onun üstün(d)e; *zeitlich* bunun üzerine; **am Tag ~** ertesi gün; **zwei Jahre ~** iki yıl sonra; **~ stolz sein** *-den* gurur duymak; **sich ~ freuen** *-i* (sevinçle) beklemek; **sie ging direkt ~ zu o tam** *-e* doğru yürüdü; **bald ~** (bunun üstünden) çok geçmeden, bir süre sonra; **~ wollen wir trinken!** bunun şerefine içelim!

**daraufhin** ADV bundan sonra; bunun üzerine; buna karşılık; **etw ~ prüfen, ob** bş-in -ip -mediğini kontrol etmek

**daraus** ADV: **~ lernen** bundan ders almak; **~ vorlesen** bundan bir parça okumak; **~ mache ich nichts** ~ bunu dert etmem/etmiyorum; **mach dir nichts ~!** bunu kafana takma!; **was ist ~ geworden?** o iş ne oldu?; **wer hat ~ getrunken?** bundan kim içti?

**darben** Vİ ⟨h.⟩ büyük zaruret içinde yaşamak

**darbiet|en** VT (a. VR) ⟨irr, -ge-, h.⟩ **(sich) ~** sahnele(n)mek **≳ung** F ⟨-; -en⟩ gösteri; THEAT oyun

**darin** ADV räumlich bunun/onun içinde; bu bakımdan; **was ist ~?** bunun içinde ne var?; **~ irren Sie sich!** bunda yanılıyorsunuz!; **~ liegt der Unterschied** fark burada; **gut ~ sein** -de başarılı olmak; **~ ist sie sehr gut** o bu işin ustasıdır

**darleg|en** VT ⟨-ge-, h.⟩: **j-m etw ~** b-ne bş-i anlatmak/açıklamak **≳ung** F ⟨-; -en⟩ açıklama, izah

**Darlehen** [-le:(ə)n] N ⟨-s; -⟩ WIRTSCH kredi; **ein ~ aufnehmen** kredi almak

**Darlehens|geber(in)** M(F) kredi veren **~nehmer(in)** M(F) kredi alan **~vertrag** M kredi sözleşmesi **~zins** M kredi faizi

**Darm** M ⟨-s; ⸚e⟩ basak **~flora** F barsak bakterileri **~grippe** F MED barsak gribi **~krebs** M MED barsak kanseri **~spiegelung** F proktoskopi **~verschluss** M MED barsak düğümlenmesi

**Darreichungsform** F (bir ilacın) ticarî şekli

**darstellen** VT ⟨-ge-, h.⟩ sunmak, göstermek, anlatmak, canlandırmak; tanımlamak; tasvir etmek; Rolle oynamak; çizmek; teşkil etmek; **e-e Belastung ~** bir yük teşkil etmek; MATH **~de Geometrie** tasarı geometri

**Darsteller** M ⟨-s; -⟩ oyuncu, aktör **~in** F ⟨-; -nen⟩ (kadın) oyuncu, aktris

**Darstellung** F ⟨-; -en⟩ gösteri; sunu; anlatı; tasvir; açıklama; resmetme; canlandırma

**darüber** ADV örtlich bunu/onun üstün (od üstünde); üstelik, daha fazla; (über akk) ... hakkında, -e dair; zeitlich **~ werden Jahre vergehen** üstünden yıllar geçecek; **das Zimmer ~** bunun üstündeki oda; **ich bin ~ eingeschlafen** bu sırada uyuyakalmışım; **~ hinaus** bundan başka; **ich freue mich ~** buna seviniyorum, bundan memnunum; **ich muss ~ nachdenken** bunu (iyice) düşünmem lazım

**darum** ADV etrafında, çevresinde; bu yüzden; **ich bat sie ~** bunu (yapmasını) ondan rica ettim; **~ geht es (nicht)** bu sözkonusu (değil)

**darunter** ADV bunun/onun altın(da); arasında; dahil olmak üzere; **was verstehst du ~?** bundan ne anlıyorsun?; **die Unterschrift ~ setzen** -in altına imza(sını) atmak; **minus 20 Grad und ~** eksi 20 ve daha düşük dereceler(de); umg **~ tut er es nicht** bu işi daha azına yapmaz; **es waren auch Kinder ~** aralarında çocuklar da vardı

**Darwinismus** M ⟨-; ohne pl⟩ Darwinizm

**das** A ART (dat dem, akk das, gen des) belirli tanımlık (yansız); **~ Pferd, ~ Haus, ~ Ufer** (belirli) at, ev, kıyı B DEM PR (gen dessen) **~ hier** şu(radaki); **~ ist es ja (gerade)!** (işte) mesele de (asıl) o ya! C REL PR (gen dessen) **das Buch, ~ ich lese** benim okuduğum kitap

**Dasein** N ⟨-s; ohne pl⟩ varlık

**Daseinsberechtigung** F varlık gerekçesi

**dasitzen** Vİ ⟨irr, -ge-, h.⟩: **nur so ~** boş (boş) oturmak

**dasjenige** DEM PR bu, şu

**dass** KONJ ki; (damit) öyle ki; **es sei denn, ~ ola ki ...**; umg **~ ich es bloß nicht vergesse** aman unutmayayım; **ohne ~ -meden/-meksizin**; **nicht ~ ich wüsste** bildiğim kadarıyla ... değil/yok; **so ~ ~ →** sodass öyle ki

**dastehen** Vİ ⟨irr, -ge-, h.⟩ orada durmak; geschrieben yazılı olmak; **mittellos ~** beş parasız kalakalmak; **steif ~** kazık gibi dikilmek, baston yutmuş gibi durmak, umg **wie stehe ich jetzt da!** ben ne yaparım şimdi!

**Datei** F ⟨-; -en⟩ IT dosya

**Daten** PL bilgiler, veriler pl **~austausch** M veri alışverişi **~bank** F ⟨-; -en⟩ IT veri tabanı **~bestand** M eldeki veriler pl **~eingabe** F IT veri girişi **~fernübertragung** F IT veri aktarımı **~missbrauch** M verilerin kötüye kullanılması **~netz** N veri ağı **~schutz** M veri koruma **~technik** F bilgisayar mühendisliği **~träger** m veri ortamı **~übermittlung** F,

**~übertragung** F veri aktarımı
**~verarbeitung** F bilgi işlem

**datieren** VT ⟨ohne ge-, h.⟩ -e tarih koymak/atmak; ⟨ohne ge-, h.⟩ v/i: **der Brief datiert vom ...** mektup ... tarihli, mektup ... tarihini taşıyor

**Dativ** [-f] M ⟨-s; -e⟩ GRAM -e hali, yönelme hali **~objekt** N -e hali tümleci

**Dattel** F ⟨-; -n⟩ BOT hurma **~palme** F hurma ağacı

**Datum** N ⟨-s; Daten⟩ tarih; **ohne ~** tarihsiz; **welches ~ haben wir heute?** bugün ayın kaçı?

**Datums|angabe** F tarih (belirtilmesi); **ohne ~** tarihsiz **~grenze** F tarih sınırı **~stempel** M tarih kaşesi/damgası

**Dauer** F ⟨-; ohne pl⟩ süre; (Fortº) süreklilik; **auf die ~** uzun vadede, sürgit; **für die ~ von** -lik bir süre için; **von ~ sein** uzun sürmek **~arbeitslosigkeit** F sürekli işsizlik **~auftrag** M WIRTSCH sürekli ödeme emri **~brenner** M umg fig Film, Thema etc güncelliğini (sürekli) koruyan bş **♀haft** ADJ kalıcı, sürekli; uzun ömürlü; dayanıklı; sabit, solmaz **~karte** F abonman kartı **~lauf** M mukavemet koşusu

**dauern** VI ⟨h.⟩ sürmek, zaman almak; **wie lange dauert es (noch)?** (daha) ne kadar sürecek?; **es dauert nicht lange** fazla/uzun sürmez

**dauernd** ADJ devamlı/sürekli; **~er Wohnsitz** sürekli ikametgah; adv (ständig) devamlı/sürekli (olarak); **~ etw tun** -ip durmak; **er kommt ~ zu spät** o hep/devamlı/sürekli geç kalıyor

**Dauer|regen** M sürekli yağmur **~stellung** F sürekli kadro **~welle** F perma, mizanpli; **sich** (dat) **e-e ~ machen lassen** mizanpli yaptırmak **~zustand** M sürekli durum

**Daumen** M ⟨-s; -⟩ başparmak; **j-m den ~ halten** bir kimse için şans/başarı dilemek; umg **~ drehen** tembellik etmek, boş durmak

**Daunen** PL (ince) kuştüyü sg **~decke** F kuştüyü yorgan

**davon** ADV räumlich bundan/ondan, buradan/oradan; **nicht weit ~ (entfernt)** ondan/oradan uzak(ta) değil; **hast du schon ~ gehört?** bunu duydun mu?, bundan haberin var mı?; **genug ~!** bu kadar(ı) yeter! **auf und ~** kalkıp gitti, yallah!; **genug (mehr) ~** bu yeter (yetmez); **drei ~** -den/-in üçü, -den üç tane; **etw (nichts) ~ haben** bş-in b-ne faydası ol(ma)mak; **das kommt ~!** işte sonu böyle olur!

**davon|fliegen** VI ⟨irr, -ge-, s.⟩ uçup gitmek **~jagen** VT ⟨-ge-, h.⟩ kov(ala)mak **~kommen** VI ⟨irr, -ge-, s.⟩ kurtulmak; yakayı/paçayı kurtarmak **~laufen** VI ⟨irr, -ge-, s.⟩ kaçıp kurtulmak **~machen** V/R ⟨-ge-, h.⟩: umg **sich ~** sıvışmak, çekip gitmek **~tragen** VT ⟨irr, -ge-, h.⟩ (wegtragen) götürmek; **Verletzungen ~** yaralanmak, -i yaralarla atlatmak; **den Sieg ~** zaferi kazanmak

**davor** ADV örtlich onun/bunun önün(de); zeitlich ondan önce; **sich ~ fürchten** -den korkmak

**DAX®** [daks] M abk für Deutscher Aktienindex Alman Hisse Senetleri Endeksi

**dazu** ADV (dafür) ona, buna; onun/bunun için; (außerdem) ayrıca; **~ habe ich keine Lust** buna hiç hevesim yok; **~ ist es da** o zaten bu iş için; **~ kommen (, es zu tun)** (onu yapmaya) fırsatı olmak; **~ wird es nicht kommen** iş o noktaya varmayacak; **noch ~** üstelik

**dazugehör|en** VI ⟨gehörte dazu, dazugehört, h.⟩ -e ait olmak, -in bir parçası olmak **~ig** ADJ buna ait, bunun parçası olan

**dazukommen** VI ⟨irr, -ge-, s.⟩ katılmak; Sache ilave edilmek; **er kam gerade dazu, als ...** -ken o geldi/katıldı; fig **dazu kommt, dass ...** üstelik ...

**dazulernen** VT, VI ⟨-ge-, h.⟩ (yeni bir şey daha) öğrenmek, bilgisini arttırmak

**dazutun** VT ⟨irr, -ge-, h.⟩ umg eklemek, katmak; **ohne mein Dazutun** benim katkım olmadan

**dazwischen** ADV räumlich onun/bunun arasın(da), zeitlich bu arada; (darunter) aralarında, içlerinde **~fahren** VI ⟨irr, -ge-, s.⟩ (eingreifen) araya girmek; lafa/söze karışmak **~kommen** VI ⟨irr, -ge-, s.⟩: **es ist etwas dazwischengekommen** araya bir şey/iş girdi, bir aksilik çıktı **~reden** VI ⟨-ge-, h.⟩ (j-m b-nin) sözünü kesmek, biri konuşurken araya girmek **~treten** VI ⟨irr, -ge-, s.⟩ (iki kişinin) arasına girmek

**DDR** [de(:)de(:)'ɛr] F ⟨-; ohne pl⟩ HIST **die ~** Alman Demokratik Cumhuriyeti,

umg Doğu Almanya
**Deal** [di:l] M ⟨-s; -s⟩ umg iş, ticaret **₂en** ['di:lən] ⟨h.⟩ uyuşturucu ticareti yapmak **~er** ['di:lər] M ⟨-s; -⟩ ⟨Drogen₂⟩ uyuşturucu satıcısı
**Debakel** N ⟨-s; -⟩ yıkılış, çöküş
**Debatte** F ⟨-; -n⟩ görüşme, tartışma; **(nicht) zur ~ stehen** söz konusu ol(ma)mak
**debattieren** V/T u. V/I ⟨ohne ge-, h.⟩ **über etw** (akk) **~** bş-i görüşmek, tartışmak
**Debet** N ⟨-s; -s⟩ WIRTSCH borç, zimmet **~saldo** borçlu bakiye
**debil** debil
**Debüt** [de'by:] N ⟨-s; -s⟩ **(als** olarak) ilk çıkış; **sein ~ geben** ilk konserini vs vermek
**dechiffrieren** [deʃɪ'fri:rən] V/T ⟨ohne ge-, h.⟩ deşifre etmek
**Deck** N ⟨-s; -s⟩ güverte; **an/auf ~** güvertede
**Deckadresse** F göstermelik adres
**Deckblatt** N kapak (sayfası), düzeltme etiketi
**Decke** F ⟨-; -n⟩; örtü; ⟨Woll₂⟩ battaniye; ⟨Stepp₂⟩ yorgan; ⟨Zimmer₂⟩ tavan; umg fig **unter einer ~ stecken (mit** b-le) işbirliği yapmak (gizlice); umg **(vor Freude) an die ~ springen** (sevinçten) havalara uçmak; umg **(vor Wut) an die ~ gehen** (öfkeden) küplere binmek; umg **mir fällt die ~ auf den Kopf** bunaldım, beni hafakanlar basıyor
**Deckel** M ⟨-s; -⟩ kapak; ⟨Buch₂⟩ kap; umg **j-m eins auf den ~ geben** b-ne haddini bildirmek
**decken** ⟨h.⟩ **A** V/T **Bedarf** karşılamak; gidermek; **Scheck** karşılamak; **Dach** aktarmak; **den Tisch ~** sofrayı kurmak; **j-n ~** ⟨schützen⟩ b-ne arka çıkmak; **die Kosten ~** masrafları karşılamak; **die Nachfrage ~** talebe cevap vermek **B** V/I **Farbe** örtmek, kapatmak **C** V/R: **sich ~ (mit** -le) aynı olmak, örtüşmek
**Deckenbeleuchtung** F tavan ışıkları
**Deckfarbe** F kapatıcı suluboya
**Deck|mantel** M fig **unter dem ~** ⟨gen⟩ ... kisvesi altında **~name** M takma ad, mahlas
**Deckung** F ⟨-; ohne pl⟩ WIRTSCH güvence, teminat; karşılık; **in ~ gehen** ⟨vor dat -den⟩ saklanmak, sipere sığınmak
**deckungsgleich** ADJ MATH, fig çakışan
**Decoder** [de'ko:de] M ⟨-s; -s⟩ TV dekoder
**defekt** ADJ bozuk
**Defekt** M ⟨-s; -e⟩ bozukluk; arıza
**defensiv** [-f] ADJ savunucu
**Defensive** [-və] F ⟨-; -n⟩ savunma; SPORT defans
**defilieren** V/I ⟨ohne ge-, s.⟩ defileye çıkmak; geçitten geçmek
**definieren** V/T ⟨ohne ge-, h.⟩ tanımlamak, tarif etmek
**Definition** [-'tsi̯o:n] F ⟨-; -en⟩ tanım, tarif
**definitiv** [-f] kesin; **es steht ~ fest, dass ...** -diği/-eceği kesin belli (oldu)
**Defizit** N ⟨-s; -e⟩ WIRTSCH açık
**Deflation** F ⟨-; -en⟩ WIRTSCH deflasyon
**deformieren** V/T ⟨ohne ge-, h.⟩ TECH deforme etmek, (-in biçimini) bozmak
**deftig** ADJ umg, **Mahlzeit** kuvvetli; **Witz, Ausdruck** açık saçık, kaba saba
**Degene|ration** [-'tsi̯o:n] F ⟨-; -en⟩ yozlaşma **₂rieren** V/I ⟨ohne ge-, s.⟩ yozlaşmak, dejenere olmak **₂riert** yoz, dejenere
**degradieren** V/T ⟨ohne ge-, h.⟩ MIL -in rütbesini indirmek; fig küçük düşürmek, alçaltmak
**dehn|bar** ADJ esnek; **ein ~er Begriff** esnek bir kavram **~en** V/T ⟨h.⟩ genişletmek, uzatmak **₂ung** F ⟨-; -en⟩ **Stoff** esneme; LING **Vokale** uzama
**dehydrieren** dehidrojenize etmek
**Deich** M ⟨-s; -e⟩ set, bent **~bruch** M set/bent yarılması
**dein** POSS PR senin; **Briefschluss ₂e Claudia** Dostun Claudia **wir werden ~er gedenken** seni yadedeceğiz/anacağız **~esgleichen** INDEF PR senin gibiler(i) pl **~etwegen** ADV senin yüzünden; senin için
**deinig** ADJ: **die ₂en** seninkiler
**Dekade** F ⟨-; -n⟩ onyıl
**dekadent** ADJ yoz(laşmış), mütereddi
**Dekadenz** F ⟨-; ohne pl⟩ yozlaşma, tereddi
**Dekan** M ⟨-s; -e⟩ dekan **~at** N ⟨-s; -e⟩ dekanlık

**deklamieren** V/T u. V/I ⟨ohne ge-, h.⟩ inşat etmek, okumak

**deklarieren** V/T ⟨ohne ge-, h.⟩ WIRTSCH deklare etmek, bildirmek

**deklassieren** V/T ⟨ohne ge-, h.⟩ SPORT fig küme düşürmek

**Deklination** F ⟨-; -en⟩ LING isim çekimi; ASTRON yükselim; PHYS sapma

**deklinieren** V/T ⟨ohne ge-, h.⟩ çekmek

**Dekolleté** [dekɔl'te:] N ⟨-s; -s⟩ dekolte; **tiefes ~** derin dekolte

**dekontaminieren** V/T zehirsiz/radyasyonsuz hale getirmek

**Dekor** M,N ⟨-s; -s⟩ desen; THEAT dekor **~ateur** [dekora'tø:e] M ⟨-s; -e⟩, **~ateurin** F ⟨-; -nen⟩ dekoratör **~ation** [-'tsĭo:n] F ⟨-; -en⟩ dekor(asyon), süs(leme); ⟨Schaufenster2⟩ vitrin (düzenlemesi); THEAT sahne dekoru **2ativ** [-f] ADJ dekoratif, süsleyici **2ieren** V/T ⟨ohne ge-, h.⟩ süslemek; Schaufenster düzenlemek

**Delegation** [-'tsĭo:n] F ⟨-; -en⟩ delegasyon

**delegier|en** V/T ⟨ohne ge-, h.⟩ delege yollamak; başkasına aktarmak (bir işi) **2te** M,F ⟨-n; -n⟩ delege

**Delfin**[1] [-f-] M ⟨-s; -e⟩ yunus

**Delfin**[2] [-f-] N ⟨-s; ohne pl⟩, **~schwimmen** N ⟨-s; ohne pl⟩ kelebek (yüzme)

**delikat** ADJ ⟨köstlich⟩ lezzetli, nefis; ⟨heikel⟩ müşkül, nazik, hassas **2esse** F ⟨-; -n⟩ nefis yiyecek **2essenladen** M mezeci dükkânı

**Delikt** N ⟨-s; -e⟩ JUR suç

**Delinquent** M ⟨-en; -en⟩, **-in** F ⟨-; -nen⟩ suçlu

**Delirium** N sayıklama, sabuklama, hezeyan

**Delle** F ⟨-; -n⟩ çökük, çukur

**Delta** N ⟨-s; -s⟩ delta

**dem** dat SG, N → der A; das; **der, ~ ich das sagte** bunu söylediğim kimse; **nach ~, was ich gehört habe** benim duyduğuma göre; **wie ~ auch sei** her neyse

**Demago|ge** M ⟨-n; -n⟩ demagog **~gie** F ⟨-; -n⟩ demagoji **~gin** F ⟨-; -nen⟩ demagog (kadın) **2gisch** ADJ demagojca, demagojik

**demaskieren** V/T ⟨ohne ge-, h.⟩ -in maskesini indirmek

**Dementi** N ⟨-s; -s⟩ yalanlama, tekzip

**dementieren** V/T ⟨ohne ge-, h.⟩ yalanlamak

**dem|entsprechend** ADV buna göre, buna uygun olarak **~gegenüber** ADV buna karşı(lık), bunun karşısında **~gemäß** ADV buna göre **~nach** ADV buna göre; bu durumda **~nächst** ADV (pek) yakında

**Demo** F ⟨-; -s⟩ umg gösteri; göster(il)me

**Demokrat** M ⟨-en; -en⟩ demokrat **~ie** F ⟨-; -n⟩ demokrasi **~in** F ⟨-; -nen⟩ demokrat (kadın) **2isch** ADJ demokratik **2isieren** V/T ⟨ohne ge-, h.⟩ demokratlaştırmak, demokrasiye döndürmek

**demolieren** V/T ⟨ohne ge-, h.⟩ -e zarar vermek, -i bozmak; altüst etmek, tahrip etmek; yıkmak, harap etmek

**Demonstrant** M ⟨-en; -en⟩, **-in** f ⟨-; -nen⟩ POL yürüyüşe katılan, gösterici

**Demonstration** [-'tsĭo:n] F ⟨-; -en⟩ POL gösteri yürüyüşü, yürüyüş, miting; **e-e ~ veranstalten** bir yürüyüş yapmak/düzenlemek; **e-e ~ der Macht** bir güç/gövde gösterisi

**Demonstrations|recht** gösteri yürüyüşü hakkı **~verbot** gösteri yasağı

**demonstrativ** [-f] ADV göstere göstere, inadına **2pronomen** N işaret zamiri

**demonstrieren** ⟨ohne ge-, h.⟩ A V/T göstermek B V/I gösteri (yürüyüşü) yapmak

**Demon|tage** [demɔn'ta:ʒə] F ⟨-; -n⟩ TECH sök(ül)me **2tieren** V/T ⟨ohne ge-, h.⟩ demonte etmek, sökmek

**demoralisieren** V/T ⟨ohne ge-, h.⟩ -in ahlakını bozmak; -in cesaretini kırmak, moralini bozmak

**Demoskopie** F ⟨-; -n⟩ demoskopi

**demütigen** V/T ⟨h.⟩ aşağılamak, -in onurunu/haysiyetini kırmak

**Denkanstoß** M: **j-m e-n ~ geben** b-ni düşünmeye sevketmek

**Denkart** F zihniyet, düşünüş (biçimi)

**denkbar** A ADJ düşünülebilir B ADV düşünüleceği gibi/üzere; **~ einfach** gayet basit/kolay; **die ~ beste Methode** akla gelen en iyi usul

**denken** V/T u. V/I ⟨dachte, gedacht, h.⟩ ⟨an akk, über akk -i hakkında⟩ düşünmek; **das kann ich mir ~** tahmin ederim; **das habe ich mir gedacht** böyle

(olacağını) düşünmüştüm; **denk daran zu ... -meyi unutma; j-m zu ~ geben** b-ni düşündürmek; **solange ich ~ kann** aklım ereli (beri); **ich dachte mir nichts dabei** aklıma kötü bir şey gelmedi; **daran ist nicht zu ~** dünyada olmaz; **ich denke nicht daran!** aklımın ucundan bile geçmez!; *umg* **denkste!** sana öyle geliyor!, nerede (o bolluk)?
**Denker** M ⟨-s; -⟩, **-in** F ⟨-; -nen⟩ düşünür
**denkfaul** ADJ tembel kafalı
**Denkfehler** M mantık/düşünce hatası
**Denkmal** N ⟨-s; ̈-er⟩ anıt; **j-m ein ~ setzen** b-nin anıtını dikmek **~schutz** M anıt koruma (çalışmaları); **unter ~ stehen** koruma altında olmak
**Denk|muster** N düşünce kalıbı **~prozess** M düşünce süreci **~weise** F düşünüş (biçimi) **~zettel** M ders, ibret; **j-m ein ~ verpassen** b-nin aklını başına getirmek
**denn** A KONJ *begründend* çünkü; *(als)* -den daha; **mehr ~ je** her zamankinden daha fazla; **es sei ~** ola ki, velev ki B ADV **wieso ~?** (ama) niye ki?; **was ist ~?** ne var (yine)?; **wo warst du ~?** nerelerdeydin?
**dennoch** KONJ buna rağmen; bununla birlikte
**Denunzi|ant** M ⟨-en; -en⟩, **~iantin** F ⟨-; -nen⟩ muhbir, jurnalci **ℓieren** VİT ⟨ohne ge-, h.⟩ ihbar etmek, jurnallemek
**Deo** N ⟨-s; -s⟩ *umg*, **~dorant** n ⟨-s; -e, -s⟩ deodoran
**deplatziert** ADJ yersiz
**Depo|nie** F ⟨-; -n⟩ çöplük; ardiye **ℓnieren** VİT ⟨ohne ge-, h.⟩ (depoya) yatırmak
**Depor|tation** [-'tsĭo:n] F ⟨-; -en⟩ tehcir, sürgün **ℓtieren** VİT ⟨ohne ge-, h.⟩ tehcir etmek, sürmek *(kitle halinde)*
**Depot** [de'po:] N ⟨-s; -s⟩ depo
**Depression** [-'sĭo:n] F ⟨-; -en⟩ çöküntü; WIRTSCH çökme
**depressiv** [-f] ADJ depresif; çökük
**deprimier|en** VİT ⟨ohne ge-, h.⟩ *-in* moralini bozmak **~end** moral bozucu **~t** ADJ morali bozuk, karamsar
**der** A ART *(dat* dem, *akk* den, *gen* des) belirli tanımlık (eril); **~ Baum, ~ Fisch, ~ Wagen** (belirli) ağaç, balık, araba B

**DEM PR** *(gen* dessen): **~ hier** şu(radaki) C REL PR *(gen* dessen): **der Tisch, ~ den du siehst** senin gördüğün masa
**derart** ADV böylesine **~ig** ADJ öyle; **e-e ~e Kälte** öyle bir soğuk; **nichts ℓes** öyle (hiç)bir şey yok/değil
**derb** ADJ kaba; *Leder* sert; **ℓheit** f ⟨-; -en⟩ kabalık
**Deregulierung** F ⟨-; *ohne pl*⟩ düzenlemenin kaldırılması
**derentwegen** ADV onun için/yüzünden, onlar için/yüzünden
**dergleichen** DEM PR böyle, öyle; **~ Fragen** (b)öyle sorular; (b)öyle bir şey; **und ~ mehr** ve bunun gibi (daha birçokları); **nichts ~** hiç öyle değil
**Derivat** N ⟨-s; -e⟩ CHEM türev
**derjenige** DEM PR o, ki ...
**Dermatolog|e** M ⟨-n; -n⟩, **-in** F ⟨-; -nen⟩ MED cildiyeci, dermatolog
**derselbe** DEM PR aynısı, kendisi
**derzeit** ADV o/şu sıra **~ig** ADJ o zamanki, şimdiki
**Desert|eur** [dezɛr'tøːr] M ⟨-s; -e⟩ asker kaçağı **ℓieren** Vİi ⟨ohne ge-, s.⟩ askerden kaçmak
**desgleichen** ADV *u.* KONJ böyle, bunun gibi
**deshalb** ADV *u.* KONJ bundan dolayı, onun için; o sebepten, o nedenle
**Design** [di'zaɪn] N ⟨-s; -s⟩ dizayn; WIRTSCH, TECH taslak, model, tasarım **~er** [di'zaɪnɐ] M ⟨-s; -⟩, **-in** f ⟨-; -nen⟩ desinatör, tasarımcı, modelist, teknik ressam
**designiert** ADJ göreve gelen/getirilen; **der ~e Präsident** yeni seçilen başkan
**desillusionieren** [-zĭo-] VİT ⟨ohne ge-, h.⟩ *-in* (tatlı) hayallerini bozmak/yıkmak
**Desinfektionsmittel** [-'tsĭo:ns-] MED dezenfektan
**desinfizieren** VİT ⟨ohne ge-, h.⟩ dezenfekte etmek
**Desinteress|e** N ⟨-s; *ohne pl*⟩ *(an dat -e* karşı) ilgisizlik **ℓiert** ADJ ilgisiz
**Desktop-Publishing** ['dɛsktɔpablı-ʃɪŋ] N ⟨-(s)⟩ masaüstü yayıncılığı
**desolat** ADJ darmadağın
**Desorganisation** F organizasyon bozukluğu
**desorientiert** ADJ yönünü şaşırmış, *umg* şaşkın

**Despot** M ⟨-en; -en⟩ despot
**despotisch** ADJ despot(ik *adj*) *subst*
**dessen** *gen* SG → der 1.; POSS PR **mein Bruder und ~ Frau** kardeşim ve karısı
**Dessert** [dɛˈseːɐ] N ⟨-s; -s⟩ tatlı, soğukluk
**destillieren** VT, VI ⟨*ohne* ge-, *h.*⟩ damıtmak, imbikten çekmek
**desto** A ADV: **~ besser!** (bir o kadar) daha iyi B KONJ: **je ..., ~ besser** ne kadar -se o kadar (daha) iyi
**destruktiv** [-f] ADJ yıkıcı, bozucu, tahripkâr
**deswegen** ADV & KONJ → deshalb
**Detail** [deˈtaɪ] N ⟨-s; -s⟩ ayrıntı, detay
**detailliert** [detaˈjiːɐt] A ADJ ayrıntılı, detaylı B ADV inceden inceye, ayrıntılı/detaylı olarak
**Detektiv** [detɛkˈtiːf] M ⟨-s; -e⟩, **-in** F ⟨-; -nen⟩ detektif, hafiye **~büro** N detektif bürosu **~roman** M polis romanı
**Detektor** [-ˈtektoɐ] M ⟨-s, -en⟩ detektör
**Deton|ation** [-ˈtsi̯oːn] F ⟨-; -en⟩ patlama **₂ieren** VI ⟨*ohne* ge-, *s.*⟩ patlamak
**deuten** ⟨*h.*⟩ VT yorumlamak; **falsch ~** yanlış yorumlamak; **~ auf** (*akk*) -e işaret etmek
**deutlich** ADJ açık seçik, belirgin; **~er Fortschritt** hissedilir bir ilerleme; *umg* **~ werden** açıkça söylemek **₂keit** F ⟨-; *ohne pl*⟩: **in aller ~** bütün açıklığıyla
**deutsch** ADJ Alman(ca) *adj/subst*; Almanya *subst*
**Deutsch** N ⟨-s; *ohne pl*⟩ Almanca; **er kann gut ~** iyi Almanca bilir; **auf ~** Almanca (olarak)
**Deutschamerikaner(in)** M(F) Alman kökenli Amerikalı
**Deutschland** N Almanya; **Bundesrepublik** *f* **~** (BRD) Almanya Federal Cumhuriyeti
**Deutschlehrer(in)** M(F) Almanca öğretmeni
**deutschsprachig** ADJ Almanca (konuşan)
**Deutschunterricht** M Almanca dersi
**Devise** [-v-] F ⟨-; -n⟩ parola; ilke
**Devisen** [-v-] PL WIRTSCH döviz *sg*; **kambiyo** *sg* **~bestimmungen** PL kambiyo hükümleri **~geschäft** N kambiyo işlemi, dövizli işlem **~händler(in)** M(F) sarraf, döviz tüccarı **~kurs** M döviz kuru **~makler(in)** M(F) döviz komisyoncusu
**Dezember** M ⟨-; -⟩ aralık (ayı); **im ~** aralıkta, aralık ayında
**dezent** ADJ *Musik etc* hafif; *Kleidung* zarif, ölçülü
**dezentralisieren** VT ⟨*ohne* ge-, *h.*⟩ merkez dışına kaydırma
**Dezernat** N ⟨-s, -e⟩ şube
**dezimal** ADJ MATH **₂bruch** M ondalık kesir **₂stelle** F ondalık basamağı **₂system** N ondalık sistem **₂zahl** F ondalık sayı
**dezimieren** VT ⟨*ohne* -ge-, *h.*⟩ *-in* sayısını (çok) azaltmak, *umg* *-i* tırpanlamak
**DGB** [deːɡeːˈbeː] M *abk für* Deutscher Gewerkschaftsbund Alman Sendikalar Birliği
**d. h.** *abk für* das heißt yani; demek ki
**Dia** N ⟨-s; -s⟩ diya(pozitif), slayt
**Diabetes** M MED diyabet, şeker (hastalığı)
**Diabetiker** M ⟨-s; -⟩, **-in** F ⟨-; -nen⟩ diyabetik, şeker hastası, şekerli
**Diafilm** M diya/slayt filmi
**Diagnose** F ⟨-; -n⟩ tanı, teşhis
**diagnostizieren** ⟨*ohne* ge-, *h.*⟩ A VT teşhis etmek B VI teşhis koymak
**diagonal** *adj* köşegenleme, verev, çapraz
**Diagonale** F ⟨-; -n⟩ köşegen
**Diagramm** N ⟨-s; -e⟩ diyagram
**Diakon** M ⟨-s *od* -en; -e⟩ REL diyakoz
**Dialekt** M ⟨-s; -e⟩ diyalekt, lehçe
**Dialektik** F ⟨-; *ohne pl*⟩ diyalektik
**Dialog** M ⟨-s; -e⟩ diyalog; **e-n ~ führen** diyalogta bulunmak
**Dialyse** [-ˈlyː-] F ⟨-; -n⟩ MED diyaliz
**Diamant** M ⟨-en; -en⟩ elmas
**Dia|projektor** M diya/slayt göstericisi **~rahmen** M diya/slayt çerçevesi
**Diät** F ⟨-; -en⟩ perhiz; **e-e ~ machen** perhiz yapmak
**Diäten** PL milletvekili maaşı *sg*
**Diätkost** F diyet/rejim yemeği
**dich** A PERS PR seni; **für ~** senin için, sana B REFL PR kendini; kendine
**dicht** A ADJ *Haar, Gewebe, Wald* sık, gür; *Nebel, Verkehr etc* yoğun; *Fenster* sıkı; *umg* **er ist nicht ganz ~** onun biraz ablindan zoru var B ADV: **~ an** *dat* (*od* **bei**) yanı başında; **~ besiedelt** yoğun nüfus-

lu; ~ **bevölkert** yoğun nüfuslu, nüfusu yoğun
**Dichte** F ‹-; ohne pl› TECH yoğunluk
**dichten**[1] VI ‹h.› TECH contalamak
**dichten**[2] ‹h.› **A** VI yazmak **B** VI şiir yazmak
**Dichter** M ‹-s; -› şair; yazar
**dichthalten** VI ‹irr, -ge-, h.› umg (kimseye) sızdırmamak
**Dichtkunst** F ‹-; ohne pl› edebiyat
**dichtmachen** ‹-ge-, h.› VI u. VI umg kapatmak, paydos etmek; **den Laden ~** dükkanı tamamen kapatmak/bırakmak
**Dichtung**[1] F ‹-; -en› TECH conta
**Dichtung**[2] F ‹-; -en› edebiyat, yazın; (Vers2.) manzume, şiir
**Dichtungs|ring** M TECH salmastra bileziği/halkası **~scheibe** F conta
**dick** **A** ADJ kalın; Person şişman; Bauch iri; **5 cm ~** 5 cm kalınlığında; **es macht ~ şişmanlatır**; fig **mit j-m durch ~ und dünn gehen** b-le b-nin arasından su sızmamak; **e-e ~e Backe** şiş(miş) bir yanak; umg **sie sind ~e Freunde** onlar çok iyi dost; **~es Lob ernten** bol övgü toplamak **B** ADV **sich ~ anziehen** sıkı giyinmek; umg **~ mit j-m befreundet sein** b-le sıkı fıkı ahbap/dost olmak; umg **ich habe es ~, alles allein zu machen** her şeyi yalnız başıma yapmaktan bıktım
**Dickdarm** M ANAT kalın barsak
**Dicke**[1] F ‹-; ohne pl› TECH kalınlık
**Dicke**[2] M,F ‹-n; -n› umg şişman (kadın/adam), pej şişko
**dickfellig** ADJ umg vurdumduymaz
**dickflüssig** ADJ koyu, yoğun
**Dickicht** N ‹-s; -e› sık çalı/orman; fig içinden çıkılmaz bir iş
**Dick|kopf** M umg kalın kafalı **2köpfig** ADJ dikkafalı, bildiğini okuyan
**Dickmilch** F süt ekşisi, bir tür yoğurt
**Dickwanst** M umg şiş göbek(li)
**Didaktik** F ‹-; ohne pl› didaktik
**didaktisch** ADJ didaktik, öğretici
**die** **A** ART (der, akk die, gen der) belirli tanımlık (dişil); **~ Blume, ~ Hose, ~ Wolke** (belirli) çiçek, pantalon, bulut **B** DEM PR (gen deren) **~ hier** şu(radaki) **C** REL PR (gen deren); **die Zeitung, ~ ich lese** benim okuduğum gazete
**Dieb** M ‹-s; -e›, **-in** F ‹-; -nen› hırsız
**Diebstahl** M ‹-s; ⁼e› hırsızlık; **einfacher (schwerer) ~** hafif (ağır) hırsızlık;

e-n ~ **begehen** hırsızlık yapmak **2sicher** hırsızlığa karşı emniyetli **~versicherung** F hırsızlık sigortası
**Diele** F ‹-; -n› (Brett) tahta, döşeme tahtası; (Vorraum) sofa, antre, hol
**dienen** VI ‹h.› (j-m b-ne, **als** olarak) hizmet etmek; yaramak; **damit ist mir nicht gedient** bunun bana bir faydası olmaz/yok; **das dient e-m guten Zweck** bu iyi bir amaca hizmet ediyor; **wozu soll das ~?** bu ne işe yarar?
**Dienst** M ‹-es; -e› hizmet; servis; görev; iş; **~ haben** görevli olmak; **im ~** görevde; **außer ~** görev/hizmet dışı(nda); emekli; **den ~ antreten** göreve başlamak; **j-m e-n guten (schlechten) ~ erweisen** b-ne iyilik (kötülük) etmiş olmak; **j-m gute ~e leisten** b-nin çok işine yaramak; **den ~ quittieren** istifa etmek; **öffentlicher ~** kamu hizmeti/görevi
**Dienstag** M ‹-s; -e› salı; (am) **~** salı günü
**dienstags** salı günü/günleri
**Dienst|alter** N kıdem **~älteste** M, F en kıdemli (kimse) **~antritt** M göreve başlama **2bar** ADJ işe yarar; **sich** (dat) **etw ~ machen** bş-i kullanmak, işine yarar hale getirmek **2bereit** ADJ hizmete hazır; Apotheke nöbetçi **2frei** izinli **~geheimnis** N görev sırrı **~grad** m rütbe **2habend** nöbetçi; **der ~e Arzt** nöbetçi hekim **~jahre** PL hizmet yıl(lar)ı **~leistung** F hizmet (verme)
**Dienstleistungs|betrieb** M hizmet işletmesi **~gewerbe** N, **~sektor** M hizmet sektörü
**dienstlich** **A** ADJ resmi; görevli **B** ADV görevle, görevli olarak
**Dienst|mädchen** N hizmetçi kız **~marke** F polis madalyonu **~reise** F iş/görev gezisi **~schluss** M paydos **~stelle** F şube, daire **2tuend** görevli; nöbetçi **~vorschrift** F hizmet talimatı **~wagen** M hizmet/makam arabası **~weg** M resmi yol **~wohnung** F lojman **~zeit** F çalışma saatleri pl; (Dienstjahre) görev süresi
**diese, ~r, ~s** DEM PR (hier) bu; (dort) şu, o **diese** PL bunlar
**Diesel** M ‹-; -› dizel; Kraftstoff mazot
**dies|jährig** ADJ bu yılki **~mal** ADV bu kere/defa **~seitig** ADJ bu taraftaki, beriki **~seits** PRÄP (gen -in) berisinde

**Dietrich** M ⟨-s; -e⟩ ⟨*Schlüssel*⟩ maymuncuk
**diffamieren** V/T ⟨*ohne ge-, h.*⟩ karalamak, rezil etmek
**Differenz** F ⟨-; -en⟩ fark
**Differenzial** [-'tsĭa:l] N: **~getriebe** N AUTO dif(e)ransiyel **~rechnung** F MATH diferansiyel hesap
**differenzieren** V/T ⟨*ohne -ge-, h.*⟩ (**zwischen** *dat* -le -i) birbirinden ayırmak
**differieren** V/I ⟨*ohne ge-, h.*⟩; (**um ...** **kadar**) farklı olmak/çıkmak
**diffus** ADJ OPTİK yumuşak; vuzuhsuz
**digital** ADJ dijital **⁀anzeige** F dijital gösterge **~isieren** V/T ⟨*ohne ge-, h.*⟩ dijitalleştirmek **⁀uhr** F dijital saat
**Diktat** N ⟨-s; -e⟩ dikte; ein **~ schreiben** dikte ödevi yapmak; *fig* emir
**Diktator** M ⟨-s; -en⟩ diktatör **⁀isch** ADJ diktatörce
**Diktatur** F ⟨-; -en⟩ dikta(törlük)
**diktier|en** V/T,V/I ⟨*h.*⟩: **j-m e-n Brief ~** b-ne bir mektup yazdırmak, dikte etmek **⁀gerät** N diktafon
**Dilemma** N ⟨-s; -s, -ta⟩ ikilem
**Dilettant** M ⟨-en; -en⟩, **-in** F ⟨-; -nen⟩ hevesli (acemi) **⁀isch** ADJ acemice, amatörce
**Dill** M ⟨-s; -e⟩ BOT dereotu
**Dimension** [-'zĭo:n] F ⟨-; -en⟩ MATH *fig* boyut
**Dimmer** M ⟨-s; -⟩ dimmer
**DIN®** [di:n] *abk für* Deutsches Institut für Normung Alman Standardizasyon Enstitüsü **~-A4-Blatt** N (DIN) A4('lük) kâğıt; *umg* dosya kâğıdı
**Ding** N ⟨-s; -e⟩ şey; *pl* **~e** işler *pl*; **guter** **~e sein** keyfi yerinde olmak; **vor allen ~en** her şeyden önce; *umg* **ein ~ drehen** (gizli) bir iş çevirmek; **der Stand der ~e** (şu/o anki) durum; **das geht nicht mit rechten ~en zu** bu işin içinde bir iş (*od* bit yeniği) var
**dingfest** ADJ: **j-n ~ machen** b-ni yakalamak
**Dings** ⟨-; *ohne pl*⟩, **~bums** ⟨-; *ohne pl*⟩, **~da** ⟨-; *ohne pl*⟩ N *umg* zamazingo, şey; **der ~** *m*, **die ~** *f* Person şey
**Dinosaurier** M ⟨-s; -⟩ dinozor
**Diode** F ⟨-; -n⟩ ELEK diyot
**Dioxid** N CHEM dioksit
**Diözese** F ⟨-; -n⟩ REL piskoposluk ruhanî dairesi

**Diphtherie** [-f-] F ⟨-; -n⟩ MED difteri
**Diphthong** [dıf'tɔŋ] M ⟨-s; -e⟩ PHON çiftses
**Dipl.** *abk für* Diplom N diploma
**Dipl.-Ing.** *abk für* Diplom-Ingenieur M Yüksek Mühendis (Yük. Müh.)
**Diplom** N ⟨-s; -e⟩ diploma
**Diplom...** IN ZSSGN, *besonders Berufe* yüksek ... **~arbeit** F diploma çalışması, tez
**Diplomat** M ⟨-en; -en⟩ diplomat **~enkoffer** M evrak çantası **~ie** F ⟨-; *ohne pl*⟩ diplomasi **~in** F ⟨-; -nen⟩ diplomat (kadın) **⁀isch** ADJ diplomatik
**dir** PERS PR sana; **~ (selbst)** kendine; **mit** **~** seninle; **von ~** senden
**direkt** A ADJ dolaysız, doğru, direkt; **~e Informationen** doğrudan bilgi/haber; **~e Steuern** dolaysız/vasıtasız vergiler B ADV (*geradewegs*) doğrudan doğruya; *fig* (*genau, sofort*) aynen, hemen; *Rundfunk*, TV canlı olarak; **~ vor dir** hemen senden önce, hemen senin önünde; **etw liegt ~ nach Süden** bş tam güneye bakıyor; **~ gegenüber** (**von**) -*in* tam karşısında
**Direktflug** M direkt/aktarmasız uçuş
**Direktion** [-'tsĭo:n] F ⟨-; -en⟩ (*Leitung*) müdürlük, yönetim, idare; (*leitende Personen*) yöneticiler, idareciler
**Direktor** M ⟨-s; -en⟩ müdür **~at** N müdürlük, idare **~in** F ⟨-; -nen⟩ *a.* müdire
**Direkt|übertragung** F *Rundfunk*, TV canlı yayın **~verkauf** M ⟨-s; *ohne pl*⟩ aracısız satış **~wahl** F doğrudan seçim **~werbung** F doğrudan tanıtım
**Dirigent** M ⟨-en; -en⟩, **-in** F ⟨-; -nen⟩ MUS orkestra şefi
**dirigieren** V/T *u.* V/I ⟨*ohne ge-, h.*⟩ *a.* MUS yönetmek
**Dirndl** N ⟨-s; -⟩, **~kleid** N Bavyera ve Avusturya'da yerel bayan elbisesi
**Discjockey** M MUS disk jokey
**Disco** F ⟨-; -s⟩ *umg* disko
**Disharmonie** F ⟨-; -n⟩ uyumsuzluk, *umg* çatlak ses
**Diskette** F ⟨-; -n⟩ IT disket
**Diskettenlaufwerk** N disket sürücü(sü)
**Diskont** M ⟨-s; -e⟩ WIRTSCH iskonto **⁀ieren** V/T ⟨*ohne ge-, h.*⟩ -*den* iskontoyu düşmek **~satz** M iskonto haddi

**Diskothek** F ⟨-; -en⟩ diskotek
**Diskrepanz** F ⟨-; -en⟩ kopukluk, uçurum
**diskret** ADJ gizli, tedbirli; *Person* ağzı sıkı, ketum **⚹ion** [-'tsi̯oːn] F ⟨; ohne pl⟩ gizlilik
**diskriminier|en** VT ⟨ohne -ge-, h.⟩ -e karşı ayrımcılık yapmak **⚹ung** F ⟨gen -e karşı⟩ ayrımcılık
**Diskus** M ⟨-(ses); -se *od* Disken⟩ SPORT disk
**Diskussion** [-'si̯oːn] F ⟨-; -en⟩ (um üzerinde) tartışma
**Diskussions|leiter** M tartışma yöneticisi **~teilnehmer(in)** M(F) tartışmacı **~veranstaltung** F tartışma programı, panel
**Diskuswerfen** N ⟨-s; ohne pl⟩ SPORT disk atma
**diskutabel** tartışılır, tartışmaya açık
**diskutieren** VT u. VI ⟨ohne -ge-, h.⟩ (über üzerinde) tartışmak
**dispensieren** VT ⟨ohne -ge-, h.⟩: **~ von** -den muaf tutmak
**Display** ['dɪsple:] N ⟨-s; -s⟩ IT gösterge, display
**disponieren** VI ⟨ohne -ge-, h.⟩ (über *akk* üzerinde) tasarrufta bulunmak, *umg* -i ayarlamak
**disponiert** ADJ hazır, elverişli
**Disposition** [-'tsi̯oːn] F ⟨-; -en⟩ düzenleme, plan; MED (bir hastalığa) yatkınlık; **zur ~ stehen** (gereğinde kullanılmaya) hazır beklemek
**Dispositionskredit** M WIRTSCH ferdi ihtiyaç kredisi
**Disqualifi|kation** [-kva-] F ⟨-; -en⟩ diskalifiye; ele(n)me, yarışma dışı kalma **⚹zieren** VT ⟨ohne -ge-, h.⟩ diskalifiye etmek
**Dissertation** [-'tsi̯oːn] F ⟨-; -en⟩ doktora tezi
**Dissident** M ⟨-en; -en⟩, **-in** F ⟨-; -nen⟩ rejim karşıtı
**Dissonanz** F ⟨-; -en⟩ MUS disonans
**Distanz** F ⟨-; ohne pl⟩ mesafe, ara; **~ gegenüber** -e (karşı) mesafe **⚹ieren** VR ⟨ohne -ge-, h.⟩: **sich ~ von** -den uzak durmak **⚹iert** ADJ *u.* ADV mesafeli
**Distel** F ⟨-; -n⟩ BOT devedikeni
**Distrikt** M ⟨-(e)s; -e⟩ ilçe, semt
**Disziplin** F ⟨-; -en⟩ *a. Fach, Sportart* disiplin **⚹arisch** ADJ disiplin *subst* **~ar**strafe F disiplin cezası **⚹iert** ADJ disiplinli **⚹los** ADJ disiplinsiz
**dito** ADV *umg* yukarıdaki gibi, -"-
**Diva** [-v-] F ⟨-; -s, -ven⟩ diva
**diverse** [-v-] ADJ PL çeşitli, muhtelif
**diversifizieren** [-v-] VT u. VI ⟨ohne ge-, h.⟩ WIRTSCH çeşitlendirmek
**Divi|dende** [-v-] F ⟨-; -n⟩ WIRTSCH kâr payı, temettü **⚹dieren** [-v-] VT ⟨ohne -ge-, h.⟩ MATH (**durch** *-e*) bölmek **~sion** [divi'zi̯oːn] F ⟨-; -en⟩ MATH bölme; MIL tümen
**d. J.** *abk für* dieses Jahres bu yılın
**DJ** *abk für* Discjockey M disk jokey
**DJH** N *abk für* Deutsches Jugendherbergswerk Alman Gençlik Hostelleri Teşkilatı
**DM** [deː'ʔɛm] HIST *abk für* Deutsche Mark F Alman Markı
**DNA, DNS** [deːʔɛn'ʔɛs] F BIOL *abk für* Desoxyribonukleinsäure dezoksiribonükleik asit, DNS
**doch** A KONJ fakat B ADV fakat; (*positive Antwort auf negative Frage*) **kommst du nicht (mit?) – ~!** sen gelmiyor musun? – evet/yok geliyorum; **du weißt es doch!** biliyorsun ya!; **also ~!** demek gene de oluyor!; **also ~ noch** nihayet; **das ist ~** Peter! ama bu Peter!, Peter değil mi bu!; **ja ~!** *als Antwort* elbette; **nicht ~!** sakın ha!, hiç olur mu!; **kommen Sie ~ herein!** buyurun girin!; **wenn ... ~** keşke ...!
**Docht** M ⟨-s; -e⟩ fitil (*lamba, mum vs*)
**Dock** N ⟨-s; -s⟩ dok, tersane havuzu
**Dogge** F ⟨-; -n⟩ dok (köpeği)
**Dogma** N ⟨-s; Dogmen⟩ dogma **⚹tisch** ADJ dogmatik
**Doktor** [-toːɐ̯, -to-] M ⟨-; -en ⟩ doktor; *umg* **s-n ~ machen** doktorasını yapmak **~and** M ⟨-en; -en⟩, **~andin** F ⟨-; -nen⟩ doktora öğrencisi **~arbeit** F doktora tezi **~vater** M doktorayı yöneten profesör **~würde** F doktor unvanı
**Doktrin** F ⟨-; -en⟩ doktrin
**Dokument** N ⟨-s; -e⟩ belge, doküman; **~e gegen Zahlung** ödeme karşılığı belgeler
**Dokumen|tar...** belgesel ... **~tarfilm** M belgesel film **⚹tarisch** ADJ belgeli, belgelenmiş **~tation** [-'tsi̯oːn] F ⟨-; -en⟩ belgeleme, dokümantasyon **⚹tieren** VT ⟨ohne ge-, h.⟩ belgelemek

**Dolde** F ⟨-; -n⟩ BOT sayvan, şemsiye
**Dollar** M ⟨-s; -s⟩ dolar
**dolmetschen** Vİ u. VT ⟨h.⟩ (in akk -e) tercüme etmek, çevirmek
**Dolmetscher** M ⟨-s; -⟩, **-in** F ⟨-; -nen⟩ tercüman, dilmaç **~institut** N tercümanlık (yüksek)okulu
**Dom** M ⟨-s; -e⟩ katedral
**Domäne** F ⟨-; -n⟩ saha, uzmanlık alanı
**domestizieren** VT ⟨ohne ge-, h.⟩ evcilleştirmek
**dominant** ADJ başat, baskın
**dominier|en** VT, Vİ ⟨ohne ge-, h.⟩ -e hakim olmak **~end** ADJ hakim
**Domizil** [-ts-] N ⟨-s; -e⟩ konut
**Donner** M ⟨-s; -⟩ gökgürültüsü; **wie vom ~ gerührt stehen bleiben** donakalmak, kalakalmak
**donnern** Vİ ⟨h.⟩ gürüldemek; **es donnert** gök gürlüyor
**Donnerstag** M ⟨-s; -e⟩ perşembe; **(am) ~** (günü)
**donnerstags** perşembe günü/günleri
**Donnerwetter** N ⟨-s; -⟩ gökgürültüsü; INT **~!** hayret!
**doof** ADJ umg salak(ça)
**dopen** VT ⟨h.⟩ doping yapmak; **gedopt sein** dopingli olmak
**Doping** N ⟨-s; -s⟩ doping **~kontrolle** F doping kontrolü
**Doppel** N ⟨-s; -⟩ kopya, eş; SPORT çift, duble **~agent(in)** M(F) çifte ajan **~besteuerung** F çift vergileme **~bett** N iki kişilik yatak **~decker** M Bus Çift katlı otobüs **~gänger(in)** M(F) b-nin tıpatıp benzeri **~haus** N ikiz evler pl **~kinn** N çift çene **~klick** M IT çift tıklama **~moral** F çifte standart(lılık) **~name** M çifte soyadı **~punkt** M iki nokta 2**seitig** ADJ çift taraflı; Anzeige iki sayfalık **~sieg** M çifte zafer 2**sinnig** ADJ iki anlamlı **~spiel** N ikili oyun
**doppelt** ADJ u. ADV çift(e), duble; **~ so viel (wie** -in) iki katı/misli; **in ~er Ausfertigung** iki kat/çift nüsha halinde
**Doppelverdiener** PL her biri para kazanan karı-koca
**Doppelzimmer** N iki yataklı oda
**Dorf** N ⟨-s; ⸚er⟩ köy **~bewohner(in)** M(F) köylü
**dörflich** ADJ köy(lü), kırsal
**Dorn** M ⟨-s; -en⟩ BOT diken; TECH pim; fig **j-m ein ~ im Auge sein** b-ne batmak, huzursuzluk vermek
**Dornröschen** N ⟨-s; ohne pl⟩ »Ormanda Uyuyan Güzel« (masalı)
**dörren** VT ⟨h.⟩ kurutmak
**Dörr|fleisch** N südd kurutulmuş et **~obst** N kuru(tulmuş) meyva
**Dorsch** M ⟨-es; -e⟩ morina (balığı)
**dort** ADV orada; **~ drüben** orada ilerde **~her: (von) ~** oradan **~hin** oraya
**Dose** F ⟨-; -n⟩ kutu; (Steck2) priz **~nbier** N kutu bira(sı) **~nfleisch** N konserve et **~nöffner** M konserve açacağı
**dosieren** VT ⟨ohne ge-, h.⟩ dozlamak; -in dozunu ayarlamak
**Dosierung** F ⟨-; -en⟩ dozaj
**Dosis** F ⟨-; Dosen⟩ doz
**dotieren** VT ⟨ohne ge-, h.⟩ **(mit)** -e (... tutarında) gelir bağlamak; **e-e gut dotierte Stelle** kazancı iyi bir kadro; **ein mit 100 000 Euro dotiertes Turnier** 100 000 Euro ödüllü bir turnuva
**Dotter** M, N ⟨-s; -⟩ yumurta sarısı
**doubeln** ['du:bl(ə)n] ⟨h.⟩ **A** VT -in dublörlüğünü yapmak **B** Vİ dublörlük yapmak
**Double** ['du:b(ə)l] N ⟨-s; -s⟩ Film dublör
**Download** ['daunlo:d] M ⟨-s; -s⟩ IT download, indirme
**Downsyndrom** ['daunzyndro:m] N ⟨-s; ohne pl⟩ MED Down sendromu
**Doz.** abk für Dozent M öğretim üyesi
**dozieren** VT & Vİ ⟨ohne ge-, h.⟩ ders vermek; fig hum ahkam kesmek
**dpa** [depe'|a:] abk für Deutsche Presseagentur Alman Basın Ajansı
**Dr.** abk für Doktor M doktor (Dr.); **~ jur.** abk für Doktor der Rechte hukuk doktoru; **~ med.** abk für Doktor der Medizin tıp doktoru; **~ phil.** abk für Doktor der Philosophie felsefe doktoru; **~ rer. nat.** abk für Doktor der Naturwissenschaften doğabilimleri doktoru; **~ theol.** abk für Doktor der Theologie ilahiyat doktoru
**Drache** M ⟨-n; -n⟩ ejder(ha)
**Drachen** M ⟨-s; -⟩ (Papier2) uçurtma; **e-n ~ steigen lassen** uçurtma uçur(t)mak; umg pej eli maşalı (kadın)
**Dragee** [dra'ʒe:] N ⟨-s; -s⟩ draje
**Draht** M ⟨-s; ⸚e⟩ tel; umg **auf ~ sein** enerji dolu olmak, formunda olmak

♀**los** ADJ telsiz **~seilakt** M ip cambazlığı **~seilbahn** F teleferik **~zaun** M tel çit **~zieher** F kışkırtıcı

**Drama** N ⟨-s; Dramen⟩ dram; tiyatro oyunu ♀**tisch** ADJ dramatik, heyecanlı; tiyatroyla ilgili ♀**tisieren** VT ⟨ohne ge-, h.⟩ sahneye uyarlamak; dramatize etmek **~turg** M ⟨-en; -en⟩ dramaturg **~turgie** F ⟨-; -n⟩ dramaturgi **~turgin** F ⟨-; -nen⟩ dramaturg

**dran** ADV umg ~ daran; **ich bin** ~ bende; **er ist arm** ~ onun durumu kötü; **spät** ~ **sein** geç kalmak; **an der Sache ist was** ~ bunda bir iş var; **du weißt nie, wie du mit ihr** ~ **bist** onun gözünde ne değerinin olduğunu hiç anlayamazsın **~bleiben** VI ⟨irr, -ge-, s.⟩ umg: ~ **an** ⟨dat⟩ -den ayrılmamak

**Drang** M ⟨-s; ohne pl⟩ (**nach** -e) özlem; arzu

**Drängelei** F ⟨-; -en⟩ umg itişme, itişip kakışma

**drängeln** [-ŋl(ə)n] VT u. VI ⟨h.⟩ it(ele)mek, itişmek; AUTO burnunu sokmak

**drängen** ⟨h.⟩ A VT -de ısrar etmek; **zu tun** ~ -mesi için sıkıştırmak B VI ite kaka ilerlemek; **auf e-e Entscheidung** etc ~ bir karar vs için üstelemek C VR: **sich** ~ acil olmak; **die Zeit drängt** vakit daralıyor/azalıyor; **sich** ~ **um** -in etrafına toplaşmak; **sich zur Tür** etc ~ kapıya vs yığılmak

**drankommen** VI ⟨irr, -ge-, s.⟩ umg -in sırası gelmek; **ich komme (als nächster)** ~ sıra (bundan sonra) bende; Schule söz almak; tahtaya kalkmak

**drankriegen** VT ⟨-ge-, h.⟩ umg -in -mesini sağlamak

**drannehmen** VT ⟨irr, -ge-, h.⟩ umg Schule -e soru sormak

**drastisch** ADJ şiddetli; Ausdruck açık; Maßnahme kesin; Wirkung etkili

**drauf** umg ADV → darauf; ~ **und dran sein, etw zu tun** bş-i yapmak üzere olmak; **gut** ~ **sein** -in keyfi yerinde olmak

**Draufgänger** M ⟨-s; -⟩ atılgan, fütursuz ♀**isch** ADJ (ADV) atılgan(lıkla), fütursuz(ca)

**draufgehen** VI ⟨irr, -ge-, s.⟩ bitmek, harcanmak; telef olmak, ölmek

**draufkommen** VI ⟨irr, -ge-, s.⟩ umg: **j-m** ~ -in foyasını meydana çıkarmak; **ich komm nicht drauf** aklıma gelmiyor

**draufkriegen** VT ⟨-ge-, h.⟩ umg **eins** ~ boyunun ölçüsünü almak, dayak yemek

**drauflegen** VT ⟨-ge-, h.⟩ umg; fig Geld (paranın) üstünü tamamlamak

**drauflos** umg ADV üstüne üstüne **~gehen** VI ⟨irr, -ge-, s.⟩ umg üstüne yürümek **~reden** VI ⟨-ge-, h.⟩ umg habire konuşmak

**draufmachen** VT ⟨-ge-, h.⟩: umg **e-n** ~ kurtlarını dökmek

**draufzahlen** ⟨-ge-, h.⟩ umg A VT (zusätzlich bezahlen) üstüne para ödemek B VT (Verluste haben) (kaybı) cepten ödemek

**draus** ADV umg → daraus

**draußen** ADV dışarıda; açıkta, açık havada; dışarı; dışarıda

**Dreck** M ⟨-s; ohne pl⟩ umg kir, stärker pislik; fig çöp; fig **j-n (etw) in den** ~ **ziehen** b-ne (bş-e) kara çalmak; **j-n wie** ~ **behandeln** aşağılamak, b-ne kötü davranmak; umg fig **er hat (viel)** ~ **am Stecken** onun çok kirli işleri var; sl **er kümmert sich e-n** ~ **darum** ona vız geliyor (tırıs gidiyor); sl **das geht dich e-n** ~ **an!** bu seni nah şu kadar ilgilendirmez

**dreckig** ADJ kirli, pis; adv sl **es geht ihr** ~ onun hali berbat

**Dreck|sau** F, **~schwein** N sl domuz

**Dreckskerl** M sl pis herif

**Dreh** M ⟨-s; -e⟩ umg **den richtigen** ~ **heraushaben** -in püf noktasını bulmak; **um den** ~ bu sıralarda

**Dreh|arbeiten** PL TV, FILM çekim çalışmaları **~bank** F TECH torna tezgâhı **~buch** N senaryo

**drehen** ['dre:ən] ⟨h.⟩ A VT döndürmek; Film çevirmek; Zigarette sarmak B VR: **sich** ~ dönmek; **worum dreht es sich (eigentlich)?** ne oluyor, mesele ne?; **darum dreht es sich (nicht)** sözkonusu budur (bu değildir)

**Dreh|kran** M döner vinç **~kreuz** N turnike **~moment** N TECH tork **~orgel** F laterna **~pause** F çekim arası **~punkt** M TECH dönme merkezi **~scheibe** F BAHN döner platform; (Töpferscheibe) torna aynası; fig gelişmelerin vs odağı **~strom** M ELEK trifaze akım **~stuhl** M döner sandalye **~tür**

## DREH | 632

F̲ döner kapı **~ung** ['dre:ʊŋ] F̲ dönme; devir, dönüş **~zahl** F̲ TECH dönme/devir sayısı **~zahlmesser** AUTO devir göstergesi

**drei** *adj* üç; *umg* **sie kann nicht bis ~ zählen** elifi görse mertek sanır; **~ viertel** dörtte üç(lük); **~ viertel voll** dörtte üç dolu; **es ist ~ zwei** saat biri çeyrek geçiyor **⸺bettzimmer** N̲ üç yataklı oda **~dimensional** ADJ üç boyutlu **⸺eck** N̲ ⟨-s; -e⟩ üçgen **~eckig** ADJ üç köşeli, üçgen (biçiminde) **Drei|ecksverhältnis** N̲ ⟨-ses; -se⟩ üçlü ilişki **~einigkeit** F̲ ⟨-; *ohne pl*⟩ üç birlik (öğretisi)

**dreifach** ADJ üç kat(lı); üç misli; **die ~ Menge** *-in* üç katı; **in ~er Ausfertigung** üç nüsha halinde/olarak

**dreijährig** ADJ *(drei Jahre alt)* üç yaşında; *(drei Jahre lang)* üç yıllık **~mal** ADV üç kere/defa

**Dreimeterbrett** N̲ üç metre tramplenni

**dreinblicken** V/I ⟨-ge-, *h.*⟩ *umg* **nachdenklich ~** düşünceli düşünceli bakmak **Drei|rad** N̲ üç tekerlekli bisiklet **~satz** M̲ ⟨-es⟩ MATH üçlü kuralı

**drei|silbig** ADJ üç heceli **~spurig** ADJ *Straße* üç şeritli

**dreißig** F̲ ⟨-; *ohne pl*⟩ otuz; **sie ist Ende (Mitte) ~** o otuzlarının ortalarında (sonlarında)

**Dreißig** F̲ ⟨-; *ohne pl*⟩ otuz

**Dreißigerjahre** PL otuzlu yıllar, otuzlar

**dreißigste** ADJ otuzuncu

**dreist** ADJ *umg* küstah

**drei|stellig** ADJ MATH üç basamaklı/haneli **~stufig** ADJ üç kademeli **~tägig** ADJ üç günlük **~teilig** ADJ üç parçalı/bölümlük

**Dreiviertelstunde** F̲ kırk beş dakika **dreiwöchig** ADJ üç haftalık

**dreizehn** ADJ on üç **~te** ADJ on üçüncü

**dreschen** ⟨drischt, drosch, gedroschen, *h.*⟩ AGR A V/T harman etmek B V/I harman yapmak

**dressieren** V/T ⟨*ohne* ge-, *h.*⟩ terbiye etmek *(Tier)*

**Dressing** N̲ ⟨-s; -s⟩ GASTR salata sosu

**Dressman** ['drɛsmən] M̲ ⟨-s; -men⟩ erkek model

**Dressur** F̲ ⟨-; -en⟩ hayvan terbiyesi

**driften** V/I ⟨*s.*⟩ SCHIFF sürüklenmek

**Drill** M̲ ⟨-s; *ohne pl*⟩ MIL (ağır) talim

**drillen** V/T ⟨*h.*⟩ MIL talim ettirmek; TECH delmek

**Drilling** M̲ ⟨-s; -e⟩ üçüz

**drin** ADV *umg* → darin; *(möglich)* **es ist noch alles ~** henüz her şey mümkün

**dringen** V/I ⟨drang, gedrungen, *h.*⟩: **~ auf** *akk -de* direnmek/diretmek; **darauf ~, dass** *-de* ısrar etmek; ⟨*s.*⟩: **~ aus** *-den* çıkmak, dışarıya sızmak; *Geräusch* gelmek; **~ durch** *-i* delip geçmek, *-in* içine işlemek; **~ in** *akk -in* içine girmek, *-e* sızmak; **an die Öffentlichkeit ~** kamuoyuna sızmak

**dringend** ADV acil, ivedi; *(wichtig)* önemli; *Verdacht, Rat, Grund* kuvvetli, güçlü, sağlam; **~ brauchen** *-in -e* acele ihtiyacı olmak; **~ empfehlen** ısrarla tavsiye etmek; **~ notwendig** acilen gerekli/gereken

**Dringlichkeit** F̲ ⟨-; *ohne pl*⟩ ivedilik

**drinnen** ADV içeride, *-in* içinde

**drinstecken** V/I ⟨-ge-, *h.*⟩ *umg -in* içinde takılı/sokulu olmak; **da steckt viel Arbeit drin** buna çok emek verilmiş

**dritt: zu ~** üç kişi, üçü birden

**dritte, ~r, ~s** ADJ üçüncü; **die Dritte Welt** Üçüncü Dünya

**Drittel** N̲ ⟨-s; -⟩ üçte bir

**drittens** ADV üçüncü olarak, üçüncüsü

**drittklassig** ADJ üçüncü sınıf

**Drittland** ADJ POL üçüncü ülke

**DRK** [de:|ɛr'ka:] N̲ *abk für* Deutsches Rotes Kreuz Alman Kızılhaçı

**Droge** F̲ ⟨-; -n⟩ hap; *(Rauschgift)* narkotik/uyuşturucu madde

**drogenabhängig** ADJ uyuşturucu bağımlısı

**Drogen|abhängige** M̲, F̲ ⟨-n; -n⟩ uyuşturucu bağımlısı (kişi) **~abhängigkeit** F̲ uyuşturucu bağımlılığı **~beratungsstelle** F̲ uyuşturucu danışma merkezi **~handel** M̲ uyuşturucu ticareti/kaçakçılığı **~händler(in)** M̲(F̲) uyuşturucu satıcısı **~konsum** M̲ uyuşturucu tüketimi **~missbrauch** M̲ uyuşturucu suiistimali **~rausch** M̲ uyuşturucu sarhoşluğu, trip **~sucht** F̲ uyuşturucu bağımlılığı **⸺süchtig** uyuşturucu bağımlısı **~szene** F̲ uyuşturucu kullanılan çevre

**Drogerie** F̲ ⟨-; -n⟩ ıtriyat mağazası

**Drohbrief** M tehdit mektubu
**drohen** V/I ⟨h.⟩ (j-m b-ni) tehdit etmek, korkutmak
**drohend** ADJ: **~e Gefahr** kapıdaki tehlike
**dröhnen** V/I ⟨h.⟩ Motor, Stimme etc gürlemek; (widerhallen) uğuldamak
**Drohung** F ⟨-; -en⟩ tehdit
**Dromedar** N ⟨-s; -e⟩ (tek hörgüçlü) deve, hecin devesi
**Drossel** F ⟨-; -n⟩ ZOOL ardıçkuşu; TECH boğaz
**drosseln** V/T ⟨h.⟩: Geschwindigkeit azaltmak; Motor yavaşlatmak; Gas, Heizung kısmak
**drüben** ADV şurada, karşıda
**drüber** ADV umg → darüber
**Druck**[1] M ⟨-s; ohne pl⟩ baskı, tazyik; TECH basınç, tazyik; **~ auf j-n ausüben** b-ne baskı uygulamak; umg **im ~ sein** -in başı sıkışık olmak
**Druck**[2] M ⟨-s; -e⟩ basım, baskı; **in ~ gehen** baskıya girmek
**Druck|abfall** M basınç düşmesi **~anstieg** M basınç yükselmesi **~ausgleich** M basınç denkleşmesi
**druckempfindlich** ADJ dokunmaya karşı hassas
**drucken** V/T ⟨h.⟩ basmak, yayınlamak
**drücken** V/I **A** V/T basmak; sıkmak Preis, Leistung düşürmek; Preis a. kırmak; Niveau çıtayı indirmek; Rekord zorlamak; **j-n ~** b-ni kucaklamak; **j-m die Hand ~** b-nin elini sıkmak **B** V/I Schuh vurmak; Magen -in midesi sıkışmak; Sorgen ezmek; **auf e-n Knopf** etc **~** bir düğmeye vs basmak; **auf die Stimmung ~** -in neşesini kırmak **C** V/R: umg **sich ~ vor** dat -den kaytarmak; aus Angst ortalıktan kaybolmak, sıvışmak
**drückend** ADJ Hitze bunaltıcı
**Drucker**[1] M ⟨-s; -⟩ IT yazıcı, printer
**Drucker**[2] M ⟨-s; -⟩, **-in** f ⟨-; -nen⟩ matbaacı
**Drücker** M ⟨-s; -⟩ Tür kapı kolu; Gewehr tetik; umg **auf den letzten ~** son anda, yumurta kapıya dayanınca
**Druckerei** F ⟨-; -en⟩ matbaa, basımevi
**Druck|fehler** M baskı hatası **⚹fertig** ADJ baskıya hazır **~knopf** M TECH düğme; çıtçıt **~luft** F basınçlı hava **~luftbremse** F havalı fren **~maschine** F matbaa/baskı makinası **~messer** M TECH manometre **~mittel** N baskı aracı **~sache** F Post matbua **~schrift** f kitap harfleri pl **~stelle** F ezik **~verband** M MED kompresyon sargısı **~welle** F basınç dalgası
**drum** ADV umg → darum; das ganze Drum und Dran bütün teferruat; **mit allem Drum und Dran** her bir şeyiyle beraber
**drunter** ADV umg → darunter
**Drüse** F ⟨-; -n⟩ MED bez, salgı bezi
**Dschungel** ['dʒʊŋ(ə)l] M ⟨-s; -⟩ cengel, balta girmemişorman
**dt.** abk für deutsch Alman(ca)
**DTP** N ⟨-s; ohne pl⟩ abk → Desktop-Publishing
**Dtzd.** abk für Dutzend n düzine
**du** PERS PR sen
**Dübel** M ⟨-s; -⟩ TECH dübel
**ducken** V/R ⟨h.⟩: **sich ~** başını eğmek, sinmek
**Dudelsack** M MUS gayda
**Duell** N ⟨-s; -e⟩ düello
**Duett** [du'ɛt] N ⟨-s; -e⟩ MUS düet; ikili
**Duft** M ⟨-s; ⸚e⟩ (güzel) koku, rayiha
**duften** V/I ⟨h.⟩ **(nach** bş) kokmak
**duftend** ADJ güzel kokulu
**duftig** ADJ hafif
**Duft|note** F (-in) kendine özgü koku(su) **~stoff** M koku maddesi
**dulden** V/I ⟨h.⟩ (zulassen) hoşgörmek; (hinnehmen) -e göz yummak; -i kabullenmek
**Duldung** F ⟨-; ohne pl⟩ hoşgörü, müsamaha; JUR istisnaî oturma izni
**dumm** ADJ aptal; (unwissend) cahil; Handlung can sıkıcı; **sich ~ stellen** bir şeyden haberi yokmuş gibi yapmak; **ich lasse mich nicht für ~ verkaufen** ben kendimi aptal yerine koydurmam
**Dumme** M, F: **der, die ~ sein** enayilik etmek, okkanın altına giden olmak
**Dumm|heit** F ⟨-; -en⟩ aptallık; terslik; **was für eine ~!** ne aptallık!; **(mach) keine ~en!** bir delilik etme! **~kopf** M sersem, ahmak; enayi
**dumpf** ADJ boğuk; Gefühl etc bulanık
**Dumping** ['dampɪŋ] N ⟨-s; ohne pl⟩ WIRTSCH damping **~preis** M damping fiyatı
**Düne** F ⟨-; -n⟩ kumul, kum tepesi
**Dung** M ⟨-s; ohne pl⟩ gübre
**düngen** V/T u. V/I ⟨h.⟩ gübrelemek

**Dünger** M ⟨-s; -⟩ gübre
**dunkel** ADJ *Farbe* koyu; karanlık; **j-n im Dunkeln lassen** b-ni aydınlatmamak; *umg fig* **im Dunkeln tappen** el yordamıyla hareket etmek **~blau** ADJ lacivert **~blond** ADJ kumral **~haarig** ADJ koyu renk saçlı **~häutig** ADJ esmer **2heit** F ⟨-; *ohne pl*⟩ karanlık **2kammer** F FOTO karanlık oda **~rot** ADJ koyu kırmızı **2ziffer** F belirsiz rakam
**dünn** ADJ ince; *Kaffee etc* hafif, koyu olmayan; *Tee* açık; **~ besiedelt** az nüfuslu; **~ gesät** *umg* seyrek
**Dünn|darm** M ince barsak **2flüssig** ADJ sulu, koyu olmayan **2häutig** ADJ *fig* hassas/duyarlı
**Dunst** M ⟨-s; ⁼e⟩ (*leichter Nebel*) hafif sis, pus; (*Dampf*) buhar; (*Qualm*) duman; *umg fig* **er hat keinen (blassen) ~ davon** bu işten hiç anlamaz
**Dunstabzugshaube** F davlumbaz
**dünsten** VT ⟨h.⟩ buğuda pişirmek, buğulamak
**Dunstglocke** F (şehrin üstündeki) sis örtüsü
**dunstig** ADJ puslu
**Dunstschleier** M pus
**Duplikat** N ⟨-s; -e⟩ suret, kopya
**durch** 1 PRÄP (*akk*) sayesinde; ortasından, içinden; (*quer ~*) karşıdan karşıya; (*mittels*) ile, sayesinde; **~ Zufall** tesadüfen, raslantıya; MATH **4 (geteilt) ~ 2** 4 bölü 2 2 ADV **es ist 5 Uhr ~** saat beşi geçiyor; **das ganze Jahr ~** bütün yıl (boyunca); **~ und ~** baştan başa, tamamen, hepten
**durchackern** VT ⟨-ge-, h.⟩ *umg* çalışıp bitirmek
**durcharbeiten** ⟨-ge-, h.⟩ 1 VI ara vermeden çalışmak 2 VT çalışarak geçirmek; **die Nacht ~** sabaha kadar çalışmak 3 VR: **sich ~ (durch)** *fig Buch etc* çalışıp (-*in*) üstesinden gelmek
**durchatmen** VI ⟨-ge-, h.⟩ **(tief) ~** derin nefes almak
**durchaus** ADV gayet; **~ möglich!** pekalâ mümkün/olabilir!; **~ nicht** kesinlikle (değil)
**durchbeißen** ⟨*irr*, -ge-, h.⟩ 1 VT: **etw ~** ısırarak koparmak 2 VR *umg*: **sich ~** -*e* diş geçirmek
**durchblättern** VT ⟨-ge-, h.⟩ karıştırmak (*Buch*)

**Durchblick** M *umg fig*: **keinen ~ haben** -*in* bilgisi/kavrayışı kıt olmak; **sich** (*dat*) **den nötigen ~ verschaffen** gereken bilgiyi edinmek
**durchblicken** VI ⟨-ge-, h.⟩ bş-in arasından bakmak; **~ lassen** anlamasını sağlamak; **ich blicke (da) nicht durch** (durumu) kavrayamadım
**durchbluten** VT ⟨*ohne ge-, h.*⟩ kanla beslemek (*bir organı*)
**Durchblutung** F ANAT kan dolaşımı (*bir organdaki*)
**durchblutungsfördernd** ADJ MED dolaşımı güçlendirici
**Durchblutungsstörung** F MED dolaşım bozukluğu
**durchbohren** VT ⟨*ohne ge-, h.*⟩ delmek, delip geçmek; delik açmak, sıra sıra delmek; **mit Blicken ~** tehdit edici gözlerle bakmak
**durchbrechen**[1] ⟨*irr*, -ge-⟩ 1 VT ⟨h.⟩ kırmak, yarmak 2 VI ⟨s.⟩ kırılmak, yarılmak; *Geschwür* açılmak
**durchbrechen**[2] VT ⟨*irr, ohne* -ge-, h.⟩ *Regel* bozmak
**durchbrennen** VI ⟨*irr*, -ge-, s.⟩ *Sicherung* yanmak, atmak; *Reaktor* yanıp erimek; *umg* kaçmak
**durchbringen** ⟨*irr*, -ge-, h.⟩ 1 VT *Kranken* kurtarmak; *Familie* geçindirmek 2 VR: **sich ~** (azla) geçinmek; idare etmek
**Durchbruch** M ⟨-s; ⁼e⟩ atılım, başarı, çıkış; **zum ~ kommen** atılım yapmak
**durchchecken** ⟨-ge-, h.⟩ iyice kontrol etmek
**durch|dacht** ADJ *Plan, Antwort* iyice düşünülmüş **~denken** VT ⟨*irr, ohne* -ge-, h.⟩ iyice düşünmek
**durchdrängen** VR ⟨-ge-, h.⟩: **sich ~** ite kaka kendine yol açmak
**durchdrehen** ⟨-ge-, h.⟩ 1 VI ⟨*a. s.*⟩ *umg nervlich* çok sinirlenmek; *stärker* aklını kaçırmak; *Räder* patinaj yapmak 2 VT *Fleisch* kıymak, makinadan geçirmek
**durchdringen** 1 VI ⟨*irr, ohne* -ge-, h.⟩ *Flüssigkeit* -*in* içine geçmek; **j-n ~ ...** duygusuyla dolu olmak 2 VT ⟨*irr,* -ge-, s.⟩ *Stimme* -*e* (kadar) ulaşmak; *Nachricht* bsh *zu* j-m ~ b-ne (kadar) ulaşmak; **~ mit** -*i* kabul ettirmek, -*e* sözünü geçirmek
**durchdringend** ADJ keskin, etkili;

*Stimme* tiz

**durchdrücken** _VT_ ⟨-ge-, h.⟩ *Knie* iyice germek; *umg* → durchsetzen

**durchdrungen** _ADJ_ **von** *-le* (dop)dolu olmak

**durcheinander** _ADV_ *Mensch* şaşırmış; *Dinge* altüst, karmakarışık; **~ sein** *Mensch* şaşırmış olmak; *Dinge* karmakarışık olmak

**Durcheinander** _N_ ⟨-s; ohne pl⟩ karışıklık, dağınık(lık), kargaşa

**durcheinander|bringen** _VT_ ⟨irr, -ge-, h.⟩ şaşırtmak, *-in* aklını karıştırmak **~geraten** _VI_ ⟨irr, ohne -ge-, s.⟩ (birbirine) karışmak; birbirine girmek **~reden** _VI_ ⟨-ge-, h.⟩ (hep) bir ağızdan konuşmak

**durchfahren** _A_ _VI_ ⟨irr, -ge-, s.⟩ (durmadan) geçmek; **~ bis** *-e* kadar mola vermeden gitmek _B_ _VT_ ⟨irr, ohne -ge-, h.⟩ (bir yeri) geçmek *(arabayla)*

**Durchfahrt** _F_ geçiş; geçit; **~ verboten!** geçiş yasaktır!

**Durchfall** _M_ MED ishal

**durchfallen** _VI_ ⟨irr, -ge-, s.⟩ başaramamak; *Prüfling* sınıfta kalmak; *umg* çakmak; *Stück* başarısız olmak; **j-n ~ lassen** b-ni (sınavda) bırakmak

**Durchfallquote** _F_ (sınavda) başarısızlık oranı

**durchfeiern** _VT_ ⟨-ge-, h.⟩ *umg Nacht, Tag* (sadece) eğlenerek geçirmek

**durchfinden** _VI & VR_ ⟨irr, -ge-, h.⟩ **(sich) ~** (karışık bir durumla) başa çıkabilmek; **sich nicht mehr ~** (karışık bir durumla) başa çıkamaz olmak

**durchfliegen** ⟨irr⟩ _A_ _VI_ ⟨-ge-, s.⟩ aktarmasız uçakla gitmek _B_ _VT_ ⟨ohne ge-, h.⟩ *Gebiet* (bir yeri) uçakla geçmek; *Buch etc* (aceleyle) gözden geçirmek

**durchfließen** _VT_ ⟨irr, -ge-, s.⟩ (bir yeri akarak) geçmek

**durchfragen** _VR_ ⟨-ge-, h.⟩: **sich ~ (nach, zu** *-in* yolunu) sora sora bulmak

**Durchfuhr** _F_ ⟨-; -en⟩ WIRTSCH transit

**durchführbar** _ADJ_ uygulanabilir, gerçekleştirilebilir

**durchführen** ⟨-ge-, h.⟩ _A_ _VT_ uygulamak, yerine getirmek _B_ _VI_ *Straße* **~ durch** bir yerden geçmek

**Durchführung** _F_ ⟨-; -en⟩ uygula(n)ma

**durchfüttern** _VT_ ⟨-ge-, h.⟩ *umg* (kendi yanında) beslemek

**Durchgang** _M_ ⟨-s; ̈-e⟩ geçme, geçit; WIRTSCH geçiş, geçit, pasaj; **~ verboten!** geçiş yasaktır!; **den ~ versperren** geçidi kapa(t)mak

**durchgeben** _VT_ ⟨irr, -ge-, h.⟩: **telefonisch (im Radio) ~** telefonla (radyodan) vermek *(haberi)*

**durchgebraten** _ADJ_ iyi pişmiş *(biftek vs)*

**durchgehen** ⟨irr, -ge-, s.⟩ *Antrag* kabul edilmek, onaylanmak; **etw ~ lassen** kabul etmek, onaylamak; *umg fig* **j-m etw ~ lassen** (b-nin bir kaprisini vs) kabullenmek; **der Weg geht durch** yol (yarıda kesilmeden) devam ediyor; *umg* **mit j-m ~** b-yle kaçmak; **ihm gingen die Nerven durch** onun sinirleri bozuldu

**durchgehend** _A_ _ADJ_ (ununterbrochen) sürekli; **~er Zug** aktarmasız/direkt tren _B_ _ADV_ **~ geöffnet** devamlı açık; **~er Einlass** devamlı giriş

**durchgreifen** _VI_ ⟨irr, -ge-, h.⟩ etkili ve sert önlemler almak

**durchgreifend** _ADJ_ *Maßnahme* etkili

**durchhalten** _VT_ ⟨irr, -ge-, h.⟩ *-e* dayanmak, *-e* katlanmak

**Durchhaltevermögen** _N_ ⟨-s; ohne pl⟩ dayanma gücü, dayanıklılık

**durchhängen** _VI_ ⟨irr, -ge-, h.⟩ *Decke etc* bel vermek; *umg* (schlapp sein) halsiz/uyuşuk olmak

**Durchhänger** _M_ ⟨-s; -⟩: *umg* **e-n ~ haben** *-in* uyuşukluğu üstünde olmak

**durchkämmen** _VT_ ⟨-ge-, h.⟩ *Haare, Wolle* (iyice) taramak; *(durchsuchen) Gelände* **~ (nach)** aramak, taramak

**durchkämpfen** ⟨-ge-, h.⟩ _A_ _VR_: **sich ~** savaşa savaşa kurtulmak _B_ _VT_ *Sache* mücadeleyle elde etmek

**durchkauen** _VT_ ⟨-ge-, h.⟩ *umg fig*: **etw ~** bş-i ısıtıp ısıtıp (ortaya) sürmek

**durchkommen** _VI_ ⟨irr, -ge-, s.⟩ geçmek; TEL *-i* çıkarabilmek; *Sonne* çıkmak; *Kranker* kurtulmak; *Prüfung* geçmek; **~ mit** *Lüge etc* ile yakayı kurtarmak; *(auskommen)* geçinip gitmek

**durchkreuzen** _VT_ ⟨ohne ge-, h.⟩ *Pläne* bozmak, baltalamak

**Durchlass** _M_ ⟨-es; ̈-e⟩ geçit, ara kapı **≈en** _VT_ ⟨irr, -ge-, h.⟩ geçirmek, bırakmak

**durchlässig** _ADJ_ *(undicht)* geçirgen

# DURC | 636

**Durchlauf** M ⟨-s; ≃e⟩ aşama; SPORT tur

**durchlaufen** VTI ⟨irr, -ge-, s.⟩ -den geçmek; *Maschine* programını bitirmek

**Durchlauferhitzer** M şofben

**durchleben** VT ⟨ohne ge-, h.⟩ (-i bilinçli olarak) yaşamak; *fig* **etw noch einmal** ~ bş-i bir daha aklından geçirmek

**durchlesen** VT ⟨irr, -ge-, h.⟩ baştan başa okumak

**durchleuchten** A VT ⟨untrennb, ohne ge-, h.⟩ MED -in röntgenini çekmek; *fig (prüfen)* incelemek B VI ⟨-ge-, h.⟩ -in içinden/arasından parlamak

**durchlöchern** VT ⟨ohne ge-, h.⟩ delmek, delik deşik etmek; *fig Gesetz etc* delmek

**durchmachen** ⟨-ge-, h.⟩ VT *Ausbildung etc* yapmak, görmek; *(erleiden)* çekmek; **er hat viel durchgemacht** o (hayatta) çok çekti; *umg (durchfeiern)* **die Nacht ~** sabaha kadar eğlenmek

**Durchmesser** M ⟨-s; -⟩ çap

**durchmogeln** VR ⟨-ge-, h.⟩: *umg* **sich ~** yolunu bulmak, gemisini yürütmek

**durchqueren** VT ⟨ohne ge-, h.⟩ katetmek, (arasından vs) geçmek

**durchrasen** VI ⟨-ge-, s.⟩ -den (büyük) hızla geçmek

**durchrechnen** VT ⟨-ge-, h.⟩ -in hesabını kitabını yapmak

**Durchreiche** F ⟨-; -n⟩ servis penceresi

**Durchreise** F: **ich bin nur auf der ~** sadece uğruyorum (buralı değilim) **~visum** N transit vizesi

**durchringen** VR ⟨irr, -ge-, h.⟩: **sich (dazu) ~, etw zu tun** (kendisiyle mücadele ettikten sonra) bş-i yapmaya karar vermek

**durchrosten** VI ⟨-ge-, s.⟩ paslanarak delinmek

**durchrutschen** VI ⟨-ge-, s.⟩ *umg* arada kaynamak

**Durchsage** F ⟨-; -n⟩ (sözlü) duyuru, anons

**durchsagen** VT ⟨-ge-, h.⟩ anons etmek

**durchsägen** VT ⟨-ge-, h.⟩ (testereyle) kesip ayırmak

**durchschauen** VT: **etw ~** bş-in iç yüzünü anlamak; **j-n ~** b-nin içini okumak

**durch|scheinen** VI ⟨irr, -ge-, h.⟩ -in içinden/arasından görünmek **~scheinend** ADJ saydam, şeffaf, transparan **~scheuern** ⟨-ge-, h.⟩ sürterek aşındırmak, sürterek yara etmek **~schlafen** VI ⟨irr, -ge-, h.⟩ deliksiz uyumak

**Durchschlag** M ⟨-s; ≃e⟩ kopya *(Schreibmaschine)* **2en** ⟨irr, -ge-⟩ A VT ⟨h.⟩ vurarak ikiye ayırmak; *Wand* kırarak -in arkasına geçmek B VI ⟨s.⟩ *Flüssigkeit* ıslatarak -in arkasına geçmek; ⟨h.⟩ *fig (Wirkung zeigen)* etkili olmak C VR ⟨h.⟩: **sich ~** işini bilmek, yolunu bulmak; **sich mühsam** *(bzw* **allein)** **~** hayatını güçlükle *(od* yalnız başına) kazanmak **2end** ADJ *Erfolg* kesin; *Argument* ikna edici **~papier** N karbon kâğıdı

**Durchschlagskraft** F ⟨-; *ohne pl*⟩ *fig* ikna gücü

**durchschlängeln** VR ⟨-ge-, h.⟩: **sich ~** kıvrıla kıvrıla ilerlemek

**durchschleusen** ⟨-ge-, h.⟩ SCHIFF kanal havuzundan geçirmek; *fig* **j-n ~** b-ni gizlice geçirmek

**durchschlüpfen** VI ⟨-ge-, s.⟩ aradan kaçıvermek

**durchschmoren** VI ⟨-ge-, s.⟩ *umg* ELEK yanmak *(sigorta, kablo vs)*

**durchschneiden** A VT ⟨irr, -ge-, h.⟩ keserek bölmek B VT ⟨irr, *ohne* -ge-, h.⟩ keserek geçmek

**Durchschnitt** M ⟨-s; -e⟩ ortalama; **im ~** ortalama olarak; **im ~ ... betragen** *(verdienen etc)* ortalama ... yekûn tutmak *(kazanmak vs)*; **über (unter) ... ~** ortalamanın ... üstünde (altında)

**durchschnittlich** A ADJ ortalama; *(mittelmäßig)* sıradan B ADV ortalama olarak; **sie verdient ~ 3000 Euro** onun ortalama kazancı 3000 Euro

**Durchschnitts...** IN ZSSGN *Einkommen, Temperatur etc* ortalama, vasat; sıradan

**Durchschrift** F *(mit Kohlepapier)* kopya

**durchschwimmen** VT ⟨irr, *ohne* ge-, h.⟩ yüzerek geçmek

**durchschwitzen** VT ⟨-ge-, h.⟩ terleyerek ıslatmak

**durchsehen** VT ⟨irr, -ge-, h.⟩ gözden geçirmek; *(prüfen)* incelemek

**durchsetzen** ⟨-ge-, h.⟩ A VT kabul ettirmek; **es ~, dass** -in -mesini kabul ettirmek; **s-n Kopf** *(od* **Willen)** **~** aklındakini *(od* iradesini) kabul ettirmek; muradı-

**na ermek** B V/R: **sich ~ (gegen)** -e karşı kendini kabul ettirmek; başarmak, başarılı olmak; **sich ~ können (bei j-m** b-ne) kendini kabul ettirmek

**Durchsetzungsvermögen** N ⟨-s; ohne pl⟩: **~ haben** -in sözünü geçirme yeteneği olmak

**Durchsicht** F ⟨-; ohne pl⟩ gözden geçir(il)me; **nach ~ der Akten** dosyaların gözden geçirilmesinden sonra

**durchsichtig** ADJ saydam, şeffaf; *Bluse etc* içi görünen, şeffaf, transparan

**durchsickern** V/I ⟨-ge-, s.⟩ sızarak geçmek; *umg Informationen* dışarıya sızmak

**durchspielen** V/T ⟨-ge-, h.⟩ *Möglichkeit* bir ihtimali ele alıp iyice düşünmek

**durchsprechen** V/T ⟨irr, -ge-, h.⟩ görüşmek, tartışmak

**durchstarten** V/I ⟨-ge-, s.⟩ FLUG kalkışa geçmek

**durchstecken** V/T ⟨-ge-, h.⟩ sokarak geçirmek

**durchstehen** V/T ⟨irr, -ge-, h.⟩ -in altından kalkmak

**durchstellen** V/T ⟨-ge-, h.⟩ TEL **ein Gespräch ~** b-ni b-ne bağlamak

**durchstöbern** V/T ⟨-ge-, h.⟩ *umg* **(nach** için) arayıp taramak

**durchstoßen** V/T ⟨irr, -ge-, s.⟩ vurarak geçmek

**durchstreichen** V/T ⟨irr, -ge-, h.⟩ -in üstünü çizmek/karalamak

**durchsuch|en** V/T ⟨ohne ge-, h.⟩: iyice aramak, arayıp taramak (*bir yeri*); **nach etw ~** bir yerde bş-i aramak **²ung** F ⟨-; -en⟩ arama **²ungsbefehl** M JUR arama emri

**durchtrainiert** ADJ (iyi) antrenmanlı

**durchtrieben** ADJ *umg* anasının gözü

**durchwachsen** [-ks-] ADJ *Fleisch* yağlı; *umg* bir iyi bir kötü, karışık, hem öyle hem böyle

**Durchwahl** F ⟨-; ohne pl⟩ TEL direkt hat

**durchwählen** V/I ⟨-ge-, h.⟩ TEL direkt hattan aramak

**Durchwahlnummer** F direkt numara

**durchweg** ADV baştan başa/sona, tamamen

**durchwühlen** V/T ⟨ohne ge-, h.⟩ **(nach** için) -in altını üstüne getirmek

**durchwursteln** [-ʃt-] V/R ⟨-ge-, h.⟩ *umg*: **sich ~** idare edip gitmek

**durchziehen** ⟨irr, -ge-⟩ V/T ⟨h.⟩ *Faden* -in içinden çekip geçirmek; gerçekleştirmek B V/I ⟨s.⟩ geçmek, boydan boya katetmek

**Durchzug** M ⟨-s; ⁼e⟩ geçiş; *(Luftzug)* cereyan, kurander

**dürfen** ⟨h.⟩ A V/AUX ⟨darf, durfte, dürfen⟩ **etw tun ~** -in bş-i yapmaya izni olmak; **das hättest du nicht tun ~!** bunu yapmamalıydın!; **dürfte ich …?** … (yap)abilir miyim acaba?; **das dürfte genügen** bu (kadar) yeter herhalde; **was darf es sein?** ne arzu edersiniz? B V/I u. V/T ⟨darf, durfte, gedurft⟩ **darf ich?** müsaade eder misin(iz)?; **er darf (es)** yapabilir

**dürftig** ADJ yoksul, yetersiz; *(spärlich)* az

**dürr** ADJ kuru; *Boden* kurak; *(mager)* cılız, sıska

**Dürre** F ⟨-; -n⟩ kuraklık; çoraklık **~schäden** PL kuraklık hasarı

**Durst** M ⟨-es⟩ **(nach** -in) susama, susuzluk; **~ haben** susamış olmak

**durst|ig** ADJ susamış; susamış **~löschend** ADJ susuzluk giderici **²strecke** F darlık içinde geçen zaman

**Dusch|bad** N **~e** F ⟨-; -n⟩ duş; e-e **~ nehmen, ²en** v/r & v/i ⟨h.⟩ duş yapmak/almak **~gel** N duş jölesi **~kabine** F duş kabini **~raum** M duş(lar) **~vorhang** M duş perdesi

**Düse** F ⟨-; -n⟩ TECH meme, püskürteç, jet

**Düsen|flugzeug** N jet (uçağı) **~jäger** M MIL tepkili savaş uçağı **~triebwerk** N jet motoru

**düster** ADJ karanlık, bulanık; *(trostlos)* kasvetli, hüzünlü, sıkıntılı

**Duty-free-Shop** [dju:ti'fri:ʃɔp] M ⟨-s; -s⟩ gümrüksüz satış mağazası, free shop

**Dutzend** N ⟨-s; -e⟩ düzine; **ein ~ Eier** bir düzine yumurta **²weise** ADV düzinelerce, düzine düzine

**duz|en** V/T ⟨h.⟩ **(j-n** b-ne) sen diye hitap etmek **²freund** M senlibenli dost

**Dynamik** [dy'na:mɪk] F ⟨-; ohne pl⟩ dinamik

**dynamisch** [dy-] ADJ dinamik; *Rente* endekslenmiş, endeksli

**dynamisieren** V/T ⟨ohne -ge-, h.⟩ harekete geçirmek; dinamikleştirmek

**Dynamit** [dyna'mi:t] N ⟨-s; ohne pl⟩ dinamit

**Dynamo** [dy'na:mo] M ⟨-s; -s⟩ dinamo

**Dynastie** [dynas'ti:] F ⟨-; -n⟩ hanedan

**Dystonie** F ⟨-; -n⟩ MED kas tonusu bozukluğu

# E

**e, E** [e:] N ⟨-; -⟩ **A** e, E **B** MUS mi

**Ebbe** F ⟨-; -n⟩ cezir; **~ und Flut** met ve cezir, gelgit

**eben** ADJ (flach) düz, yayvan; (gerade ~) demin; **~ erst** daha demin; (genau) **(das ist es ja) ~!** işte mesele (zaten) o ya!; **~ nicht!** değil/yok tabii!, ne münasebet!; **~ noch** (mit Mühe) zar zor; (nun einmal) **sie ist ~ besser als ich** ne yapalım ki o benden daha iyi; **so ist es ~!** (ne yapalım), durum bu!

**Ebenbild** N -in tıpkısı

**ebenbürtig** ADJ: **j-m ~ sein** b-le aynı asalette/değerde olmak

**eben|der(selbe), ~die(selbe), ~das(selbe)** **A** DEM PR (sözü edilenin) ta kendisi **B** ADJ aynı

**Ebene** F ⟨-; -n⟩ GEOG ova; MATH düzlem; fig düzey, düzlem; **auf politischer ~** politik düzeyde/düzlemde

**ebenerdig** ADJ düzayak

**ebenfalls** ADV aynen, keza; bilmukabele; **danke, ~!** teşekkür ederim, sana da/ size de!

**ebenmäßig** ADJ Gesichtszüge düzgün

**ebenso** ADV aynen, keza; **~ viel(e)** bir o kadar (çok); **~ wenig(e)** bir o kadar (az)

**Eber** M ⟨-s; -⟩ ZOOL erkek domuz

**Eberesche** F BOT kuşüzvezi

**ebnen** VT ⟨h.⟩ düzlemek, düzeltmek

**EC** [e:'tse:] abk → **Euroscheck** M

**Echo** N ⟨-s; -s⟩ eko, yansı(ma); fig (auf akk -e) tepki

**echt** ADJ öz, asıl; (wahr) gerçek, hakiki; (rein) saf, halis; (wirklich) gerçek; Farbe sabit, solmaz; Dokument sağlam, güvenilir **2heit** F ⟨-; ohne pl⟩ doğruluk; sabitlik; gerçek, saflık

**Eck** N ⟨-s; -en⟩ süddt, österr köşe

**Eck|ball** M korner, köşe atışı **~daten** PL ana/temel veriler

**Ecke** F ⟨-; -n⟩ köşe; **an der ~** köşede; fig **an allen ~n und Enden** -in her bir yanı/ tarafı; umg **j-n um die ~ bringen** b-ni temize havale etmek

**Eckhaus** N köşedeki ev

**eckig** ADJ Kinn köşeli

**Eck|lohn** M esas ücret **~pfeiler** M ARCH köşe direği **~stoß** M SPORT köşe vuruşu **~zahn** M köpekdişi

**edel** ADJ soylu, asil; Mineralien değerli

**Edel|metall** N soy metal **~stahl** M paslanmaz çelik **~stein** M değerli taş; geschnittener mücevher **~weiß** N ⟨-s; -e⟩ BOT aslanpençesi

**EDV** [e:de'fau] F ⟨-; ohne pl⟩ abk für Elektronische Datenverarbeitung elektronik bilgi işlem **~-Anlage** F bilgi işlem tesisi, bilgisayar

**Efeu** M ⟨-s⟩ BOT sarmaşık

**Effeff** N umg: **etw aus dem ~ können** bş-in danışkasını bilmek

**Effekt** M ⟨-s; -e⟩ etki

**effektiv** [-f] **A** ADJ (wirksam) etkili; efektif **B** ADV gerçekten; basbayağı

**effektvoll** ADJ çok etkili

**effizient** [ɛfi'tsiɛnt] ADJ (wirtschaftlich) etkin; (wirksam) etkili

**Effizienz** F ⟨-⟩ etkililik, etkinlik

**egal** ADJ umg: **~ ob** (warum, wer etc nicin, kim vs yaptı), önemli değil; **das ist ~** fark etmez; **das ist mir ~** bana göre hava hoş

**Egel** M ⟨-s; -⟩ ZOOL sülük

**Ego|ismus** [ego'ısmus] M ⟨-; -men⟩ bencillik **~ist** [ego'ıst] M ⟨-en; -en⟩, **-in** F ⟨-; -nen⟩ bencil **2istisch** ADJ bencil, bencilce **2zentrisch** ADJ benmerkezci, egosantrik

**eh** [e:] ADV (sowieso) zaten, nasıl olsa; **seit ~ und je** evvelden beri

**ehe** [e:ǝ] KONJ -meden önce; **nicht ~ ~** -den önce değil

**Ehe** ['e:ǝ] F ⟨-; -n⟩ evlilik

**eheähnlich** ADJ: **~ Gemeinschaft** evlilik benzeri beraberlik; **in e-m ~en Verhältnis leben** karı-koca gibi yaşamak

**Ehe|beratung** F evlilik danışma hizmeti/bürosu **~bruch** M zina **~frau** F eş, karı; evli kadın **~krach** M karı-koca kavgası **~leute** PL eşler; karı-koca

**&lich** ADJ evlilikle ilgili; *Kind* meşru, nesebi sahih
**ehemalig** ADJ önceki, eski
**ehemals** ADV eskiden, vaktiyle
**Ehe|mann** M eş, koca; evli erkek **~paar** N evli çift
**eher** ['e:ɐ] ADV *(früher)* daha erken, daha önce; *(lieber, vielmehr)* -mektense; tercihan; **je ~, desto besser** ne kadar erken olursa o kadar iyi
**Ehe|ring** M nikah yüzüğü **~scheidung** F boşa(n)ma **~schließung** F evlen(dir)me
**ehest** ADV: **am ~en** en büyük ihtimalle, en kolayı; **er kann uns am ~en helfen** bize etse etse o yardım eder
**Ehe|vermittlungsinstitut** N eş bulma bürosu **~vertrag** M evlilik sözleşmesi
**Ehre** F ⟨-; -n⟩ şeref, onur; **zu ~n von** *(od gen)* -in onuruna
**ehren** VT ⟨h.⟩ -e saygı göstermek; *(achten)* övmek, takdir etmek
**Ehrenamt** N fahri görev **&lich** A ADJ fahrî B ADV fahrî olarak
**Ehren|bürger** M fahrî hemşehri **~doktor** M şeref doktoru **~gast** M şeref misafiri **~platz** M baş köşe, şeref mevkii **~sache** F şeref meselesi **~wort** N ⟨-s; -e⟩ şeref sözü; **~!** şeref sözü veriyorum
**Ehr|furcht** F ⟨-; *ohne pl*⟩ *(vor dat -e (karşı))* derin saygı; *stärker* huşu **&fürchtig** ADJ saygılı
**Ehrgefühl** N ⟨-s; *ohne pl*⟩ şeref (duygusu), namus
**Ehrgeiz** M hırs, ihtiras **&ig** ADJ hırslı, ihtiraslı
**ehrlich** ADJ dürüst, doğru; *(offen)* açık (kalpli); *Kampf* dürüst **&keit** F ⟨-; *ohne pl*⟩ dürüstlük
**Ehrung** F ⟨-; -en⟩ saygı (gösterisi)
**Ei** N ⟨-s; -er⟩ yumurta; **~er** *pl vulg* taşaklar *pl*; **wie ein ~ dem anderen gleichen** *umg* hık demiş burnundan düşmüş gibi olmak; *umg* **wie aus dem ~ gepellt** iki dirhem bir çekirdek; **j-n wie ein rohes ~ behandeln** bş-e çok büyük özen göstermek
**EIB** F ⟨-; *ohne pl*⟩ *abk für* **Europäische Investitionsbank** Avrupa Yatırım Bankası
**Eibe** F ⟨-; -n⟩ BOT porsukağacı

**Eiche** F ⟨-; -n⟩ meşe
**Eichel** F ⟨-; -n⟩ BOT meşe palamudu; ANAT kamışbaşı, glans
**eichen** VT ⟨h.⟩ TECH *Maße, Gewichte* ayarlamak *(resmen)*
**Eid** M ⟨-s; -e⟩ ant, yemin
**Eidechse** F ⟨-; -n⟩ kertenkele
**eidesstattlich** ADJ: **~e Erklärung** JUR yemin yerine geçer açıklama
**eidg.** *abk für* **eidgenössisch** konfedere *(İsviçre)*
**Eidgenoss|e** M ⟨-n; -n⟩, **-in** F ⟨-; -nen⟩ İsviçre vatandaşı
**Eidotter** M, N yumurta sarısı
**Eier|becher** M yumurta hokkası **~kocher** M yumurta pişirici **~nudeln** PL yumurtalı makarna **~speise** F yumurta yemeği **~stock** M ANAT yumurtalık
**Eifer** M ⟨-s; *ohne pl*⟩ çaba, gayret
**Eifer|sucht** F ⟨-; *ohne pl*⟩ kıskançlık **&süchtig** ADJ *(auf akk -e karşı)* kıskanç
**eifrig** ADJ gayretli, çalışkan
**Eigelb** N yumurta sarısı
**eigen** ADJ kendi; *(~tümlich)* kendine özgü/has; *(übergenau)* titiz; *staats~ etc* devlete *vs* ait; **sich** *(dat)* **etw zu ~ machen** bş-i benimsemek, bş-i kendine maletmek
**Eigenart** F ⟨-; -en⟩ özellik
**eigenartig** ADJ acayip **~erweise** ADV garip bir şekilde, gariptir ki ...
**Eigen|bedarf** M kişisel ihtiyaç **~brötler** M ⟨-s; -⟩ yalnız olmayı seven kimse **~finanzierung** F kendi imkanlarıyla finansman **~gewicht** N TECH boş ağırlık **&händig** ADJ kendi eliyle **~heim** N kendi evi **~initiative** F *-in* kendi girişimi **~kapital** N WIRTSCH özsermaye **~leben** N ⟨-s; *ohne pl*⟩ *fig* **ein ~ entwickeln** öz dinamiğini geliştirmek **~liebe** F öz sevgisi **~lob** N kendini övme; **~ stinkt** bırak(ın) da başkaları övsün! **&mächtig** ADJ keyfî, izinsiz; *umg* kendi başına buyruk **~name** M özel isim **~nutz** M avantajı, çıkar **&nützig** ADJ çıkarcı
**eigens** ADV sırf, yalnızca; özellikle
**Eigenschaft** F ⟨-; -en⟩ nitelik, özellik; **in s-r ~ als ... ...** sıfatıyla
**Eigenschaftswort** N ⟨-s; ¨-er⟩ LING sıfat
**Eigensinn** M ⟨-s; *ohne pl*⟩ dikkafalılık, inatçılık **&ig** ADJ dikkafalı, inatçı

**eigenständig** ADJ bağımsız, müstakil
**eigentlich** A ADJ gerçek, asıl; kesin; **im ~en Sinne** asıl anlamıyla B ADV gerçekten; aslında; **was wollen Sie ~?** siz ne istiyorsunuz ki?
**Eigentor** N -*in* kendi kalesine gol
**Eigentum** N ⟨-s; *ohne pl*⟩ mülk(iyet)
**Eigentümer** M ⟨-s; -⟩, **-in** f ⟨-; -nen⟩ mal sahibi, malik
**eigentümlich** ADJ tuhaf; acayip **♀keit** F ⟨-; -en⟩ acayiplik, tuhaflık
**Eigentumswohnung** F *b-nin kendi mülkü olan daire*
**eigenwillig** ADJ *Person* inatçı, kaprisli; *Stil* özgün, kendine özgü
**eignen** VR ⟨h.⟩: **sich ~ für** -*e* yaramak, -*e* uymak
**Eigner** M ⟨-s; -⟩, **-in** f ⟨-; -nen⟩ sahip
**Eignung** F ⟨-; *ohne pl*⟩ uygunluk, yeterlik, ehliyet
**Eignungsprüfung** F yeterlik sınavı
**eigtl.** *abk* → eigentlich
**Eil|bote** M durch **~n** özel ulak ile **~brief** M ekspres mektup
**Eile** F ⟨-; *ohne pl*⟩ acele; **in ~ sein** -*in* acelesi olmak
**eilen** VÍİ ⟨s.⟩ acele etmek; ⟨h.⟩ *Brief, Angelegenheit* acil olmak, ivedi olmak; **Eilt!** Acil! İvedi(likle)!
**eilig** ADJ hızlı; (*dringend*) acil, ivedi; **es ~ haben** -*in* acelesi olmak
**Eil|tempo** N: **im ~** hızla, süratle **~zug** M *veraltet sadece büyücek istasyonlarda duran tren*
**Eilzustellung** F POST özel ulak, ekspres
**Eimer** M ⟨-s; -⟩ kova; *umg* **etw ist im ~** bş berbat oldu
**ein** A ADJ u. UNBESTIMMTER ARTIKEL bir; ~ **Mal** bir kere/defa; ~ **für alle Mal** bir kere ve kesin olarak; ~ **bis zwei Tage** bir iki gün B ADV ~ – **aus** açık – kapalı C INDEF PR (*jemand, etwas*) **der ~e oder (der) andere** biri olmazsa/değilse öbürü; (*jemand, etwas*) **~s von beiden** ikisinden biri
**einander** PRON birbiri
**einarbeiten** ⟨-ge-, h.⟩ A VT: **etw ~** (*akk*) -*e* bş-i eklemek; **j-n ~** b-ni işe alıştırmak B VR: **sich ~** kendini alıştırmak; işin içine girmek
**einäschern** VT ⟨-ge-, h.⟩ *Leiche* (cenazeyi) yakmak

**einatmen** VT ⟨-ge-, h.⟩ soluk/nefes almak
**Einbahnstraße** F tek yönlü sokak/cadde
**Einbau** M ⟨-s; -ten⟩ takma, montaj; iç düzen **~... Möbel** *vs* gömme ...
**einbauen** VT ⟨-ge-, h.⟩ (**in** *akk* -*e*) takmak; yerleştirmek; *Möbel* takmak, kurmak
**Einbauküche** F ⟨-; -n⟩ komple/gömme mutfak
**einbehalten** VT ⟨*irr*, *ohne* -ge-, h.⟩ alıkoymak
**einberuf|en** VT ⟨*irr*, *ohne* -ge-, h.⟩ askere almak, silah altına almak; *Versammlung* toplamak **♀ung** F ⟨-; -en⟩ MIL celp **♀ungsbescheid** M MIL celp(name)
**Einbettzimmer** N tek kişilik oda
**einbeziehen** VT ⟨*irr*, *ohne* -ge-, h.⟩ (**in** *akk* -*e*) dahil etmek, (-*de*) göz önünde tutmak
**einbiegen** VÍ ⟨*irr*, -ge-, s.⟩ sapmak; (**nach**) **rechts ~** sağa sapmak
**einbilden** VR ⟨-ge-, h.⟩: **sich** (*dat*) **etw ~** hayal etmek, kurmak; **sich** (*dat*) **etw ~** (**auf** *akk* -*den*) gururla kapılmak; **darauf kannst du dir etw ~** bundan gurur duyabilirsin
**Einbildung** F ⟨-; *ohne pl*⟩ hayal, düş; kuruntu; (*Dünkel*) kibir, gurur
**Einbildungskraft** F ⟨-; *ohne pl*⟩ hayal gücü, muhayyile
**einbinden** VT ⟨*irr*, -ge-, h.⟩ *Buch* ciltlemek; **~** (**in** *akk* -*e*) etmek
**einbläuen** VT ⟨-ge-, h.⟩: **j-m etw ~** bş-i b-nin kafasına iyice yazdırmak
**einblenden** ⟨-ge-, h.⟩ VT FILM, TV ekranda *vs* göstermek; v/r: **sich ~ in** (*akk*) programa (görüntüyle/sesle) katılmak
**Einblick** M ⟨-s; -e⟩ (**in etw** *akk* bş hakkında) bilgi; v/r ince anlama; **~ haben** (**in** *akk* -*i*) görme fırsatına sahip olmak
**einbrechen** VÍ ⟨*irr*, -ge- *s.*⟩ (kırarak) girmek; **bei uns wurde eingebrochen** bizim eve hırsız girmiş; (**ins Eis**) ~ (kırılan buzun içine) düşmek; *Kälte, Nacht* bas(tır)mak
**Einbrecher** M ⟨-s; -⟩, **-in** f ⟨-; -nen⟩ (kırarak giren) hırsız
**einbringen** ⟨*irr*, -ge-, h.⟩ A VT *Ernte* kaldırmak; *Lob, Kritik* getirmek; **nichts ~** kurtarmamak, kâr getirmemek; JUR *Klage* dava açmak B VR: **sich ~** kendini

koymak/vermek

**einbrocken** _vt_ ⟨-ge-, h.⟩: **sich** (_dat_) **etw ~** (kendi) başına iş açmak

**Einbruch** _M_ ⟨-s; ⁻e⟩ ev soyma, hırsızlık; WIRTSCH (_Kurs&._) kur/fiyat düşüşü; **bei ~ der Dunkelheit** karanlığın basmasıyla **&sicher** _ADJ_ hırsızlığa karşı emniyetli

**einbürger|n** ⟨-ge-, h.⟩ **A** _vt_ vatandaşlığa almak **B** _VR_: **sich ~** yaygınlaşmak **&ung** _F_ ⟨-; -en⟩ vatandaşlığa al(ın)ma

**Einbuße** _F_ ⟨-; -n⟩ kayıp; **~ an** (_dat_) … kaybı

**einbüßen** ⟨-ge-, h.⟩ _vt_ **A** kaybetmek, yitirmek **B an** (_dat_) **etw ~** bş-inden kaybetmek

**einchecken** [aɪn'tʃɛkən] ⟨-ge-, h.⟩ FLUG **A** _vt_ _Gepäck_ teslim etmek, vermek **B** _vi_ bilet işlemini yaptırmak; **im Hotel ~** kaydolmak

**eincremen** ⟨-ge-, h.⟩ **A** _vt_ _-e_ krem sürmek **B** _VR_: **sich ~** krem sürünmek

**eindämmen** _vt_ ⟨-ge-, h.⟩ _Fluss, a. fig_ sınırlamak, kısıtlamak

**eindecken** ⟨-ge-, h.⟩ **A** _vt_: **j-n ~ mit** b-ne (bol bol) bş-i sağlamak **B** _VR_: **sich mit etw ~** bş-i tedarik etmek, stok etmek

**eindeutig** _ADJ_ açık, belli

**eindeutschen** _vt_ ⟨-ge-, h.⟩ Almancalaştırmak

**eindicken** _vt_ ⟨-ge-, h.⟩ koyulaştırmak

**eindimensional** _ADJ_ tek boyutlu

**eindring|en** _vi_ ⟨_irr_, -ge-, s.⟩ _Wasser, Keime_ (**in** _akk_ -e) girmek; _gewaltsam_ -e zorla girmek; MIL istila etmek, -e girmek **~lich** _ADJ_ acil, zorunlu

**Eindruck** _M_ ⟨-s; ⁻e⟩ izlenim, etki; **auf j-n ~ machen** b-ni etkilemek; **e-n schlechten ~ machen** (**auf** _akk_ -in) üzerinde kötü bir izlenim yapmak; **den ~ erwecken, als ob …** sanki -miş izlenimini uyandırmak; **ich habe den ~, dass …** bana öyle geliyor ki …

**eindrucksvoll** _ADJ_ etkili; (_imposant_) heybetli

**eine, ~r, ~s** _PRON_ biri

**einebnen** _vt_ ⟨-ge-, h.⟩ düzeltmek, düzle(ştir)mek

**eineiig** _ADJ_: **~e Zwillinge** tek yumurta ikizleri

**einengen** _vt_ ⟨-ge-, h.⟩ daraltmak, kısıtlamak

**Einer** _M_ ⟨-s; -⟩ MATH bir basamaklı sayı; SCHIFF tek çifte kayık

**einerlei** _ADJ präd_ hepsi bir; **das ist mir ~!** benim için farketmez!

**Einerlei** _N_ ⟨-s; _ohne pl_⟩: **das tägliche ~** gündelik hayatın tekdüzeliği

**einerseits** _ADV_ bir yandan/taraftan

**einfach** _ADJ_ basit, yalınkat; (_leicht_) kolay; (_schlicht_) sade; **~e Fahrkarte** (yalnız) gidiş bileti **B** _ADV_ **ich musste (ganz) ~ lachen** gülmeden edemedim

**Einfachheit** _F_ ⟨-; _ohne pl_⟩: **der ~ halber** kolaylık olsun diye

**einfädeln** ⟨-ge-, h.⟩ **A** _vt_ (ipliği) delikten geçirmek; _fig_ (ince bir plan kurarak) ayarlamak/düzenlemek **B** _VR_: AUTO **sich ~** (**in** _akk_) (hareket halindeki şeride) girmek

**einfahren** ⟨_irr_, -ge-⟩ **A** _vt_ ⟨h.⟩ AUTO (yeni) motoru alıştırmak **B** _vi_ ⟨s.⟩ _Zug_ (istasyona) girmek

**Einfahrt** _F_ ⟨-; -en⟩ taşıt girişi; **~ frei halten!** girişe park yapmayın!; **Vorsicht bei der ~!** tren perona girerken dikkat!

**Einfall** _M_ ⟨-s; ⁻e⟩ akla gelen şey; fikir; MIL akın, istila

**einfallen** _vi_ ⟨_irr_, -ge-, s.⟩ -e akın etmek; (_einstürzen_) çökmek; MUS (koroya) katılmak; **~ in** MIL -e girmek; **ihm fiel ein, dass** aklına -diği/-eceği geldi; **mir fällt nichts ein** aklıma bir fikir gelmiyor; **dabei fällt mir ein** bu bana şunu hatırlatıyor; **was fällt dir ein?** sana ne oluyor?, sen ne karışıyorsun?

**einfalls|los** _ADJ_ tekdüze, sıkıcı **~reich** _ADJ_ yeniliklerle dolu

**Einfallswinkel** _M_ PHYS düşüş açısı

**einfältig** _ADJ_ saf, naif

**Einfaltspinsel** _M_ ⟨-s; -⟩ _umg_ saftirik

**Einfamilienhaus** _N_ (tek konutluk) müstakil ev

**einfangen** _vt_ ⟨_irr_, -ge-, h.⟩ _fig Stimmung_ yakalamak

**einfarbig**, _österr_ **einfärbig** _ADJ_ tek renkli; _Stoff_ düz renk(li)

**einfassen** _vt_ ⟨-ge-, h.⟩ (_einsäumen_) kıvırmak (_Stoff_); _Brillenglas_ çerçevelemek

**einfetten** _vt_ ⟨-ge-, h.⟩ _Haut_ yağlamak, kremlemek

**einfinden** _VR_ ⟨_irr_, -ge-, h.⟩: **sich ~** toplanmak

**einfließen** _vi_ ⟨_irr_, -ge-, s.⟩: **in** (_akk_)

**etw ~** bş-in içine akmak/dökülmek; bş-e katılmak; **etw ~ lassen** *(andeuten)* bş-i ima etmek, bş-i sözüne katmak
**einflößen** VT ⟨-ge-, h.⟩ içirmek; **j-m etw ~** b-ne bş-i telkin etmek; *fig* **j-m Angst (Bewunderung) ~** b-nde korku (hayranlık) uyandırmak
**Einflugschneise** F FLUG iniş güzergâhı
**Einfluss** M ⟨-es; ⁼e⟩ **(auf** *akk* üzerinde) etki, nüfuz; **~ haben auf** *(akk)* -in üzerinde etkisi olmak **~bereich** M etki alanı **~reich** ADJ sözü geçer, nüfuzlu
**einförmig** ADJ tek tip; monoton, tekdüze, yeknesak
**einfrieren** ⟨irr, -ge-⟩ A VT *Lebensmittel* (derin) dondurmak; *Löhne etc* dondurmak B VI ⟨s.⟩ *Rohr* donmak; *Schiff* buza saplanıp kalmak; *fig* bloke edilmek, dondurulmak
**einfühlen** VR ⟨-ge-, h.⟩: **sich ~ in** *(akk)* j-n b-nin duygularını paylaşmak
**einfühlsam** ADJ halden anlayan
**Einfühlungsvermögen** N ⟨-s; *ohne pl*⟩ empati
**Einfuhr** F ⟨-; -en⟩ WIRTSCH ithal(at) **~beschränkungen** PL ithalat kısıtlamaları **~bestimmungen** PL ithalat mevzuatı
**einführen** VT ⟨-ge-, h.⟩ **(in** *akk* -e) sokmak; WIRTSCH ithal etmek; **j-n ~ (in** *akk)* b-ne *(-i)* öğretmek; **j-n ~ (bei)** b-ni (b-le) tanıştırmak
**Einfuhr|genehmigung** F ithal izni **~land** N ithalatçı ülke
**Einführung** F ⟨-; -en⟩ **(in** *akk* -e) giriş
**Einführungs|angebot** N tanıtım teklifi **~preis** M tanıtım fiyatı
**Einfuhr|verbot** N ithal yasağı **~zoll** M ithalat gümrük resmi
**einfüllen** VT ⟨-ge-, h.⟩ **in** *(akk)* -e doldurmak
**Eingabe** F ⟨-; -n⟩ IT giriş **~daten** PL girilen bilgiler/veriler
**Eingang** M ⟨-s; ⁼e⟩ giriş
**eingängig** ADJ *Melodie* akılda kolay kalan
**Eingangs|datum** N (evrak) giriş tarihi **~stempel** M giriş damgası
**eingeben** VT ⟨irr, -ge-, h.⟩ **(in** *akk* -e) *Daten, Text* vermek
**eingebildet** ADJ hayali; *(überheblich)* burnu havada; **(auf** *akk* -den) fazlasıyla mağrur
**Eingeborene** M, F ⟨-n; -n⟩ yerli *(özellikle eski kolonilerde)*
**Eingebung** F ⟨-; -en⟩ ilham, esin
**eingehen** ⟨irr, -ge-, s.⟩ A VI *Post, Waren* gelmek, alınmak; *Pflanze, Tier* ölmek; *Stoff* çekmek; **~ auf** *(akk)* -e yanaşmak, razı olmak; *Einzelheiten* -e girmek, inmek; **~ in** *(akk)* -e geçmek; **bei j-m ein und aus gehen** b-nin evine girip çıkmak B VT *Vertrag etc* yapmak, akdetmek; *Risiko, Wette* -e girmek
**eingehend** ADJ ayrıntılı, etraflı
**Eingemachte** N ⟨-n; *ohne pl*⟩ turşu, konserve
**eingemeinden** VT ⟨*ohne* -ge-, h.⟩ *(Dorf in Stadt)* **(in** *akk* -le) birleştirmek
**eingenommen** ADJ hayran; **von sich** *(dat)* **~ sein** kendinden (fazla) memnun olmak
**eingeschrieben** ADJ *Brief* taahhütlü
**eingespielt** ADJ: **(gut) aufeinander ~ sein** birbiriyle (çok) uyumlu olmak
**Eingeständnis** N ⟨-ses; -se⟩ itiraf
**eingestehen** VT ⟨irr, *ohne* -ge-, h.⟩ itiraf etmek
**eingestellt** ADJ: **~ auf** *(akk)* -e ayarlı/ayarlanmış; **sozial** *etc* ~ sosyal *vs* eğilimli
**Eingeweide** PL iç organlar
**Eingeweihte** M, F ⟨-n; -n⟩ sırdaş, *-den* çok iyi anlayan
**eingewöhnen** ⟨*ohne* -ge-, h.⟩ VR: **sich ~ in** *akk* -e) alışmak
**eingipsen** VT ⟨-ge-, h.⟩ MED alçıya almak
**eingleisig** A ADJ tek raylı B ADV *fig* dar bir görüş açısından
**eingliedern** ⟨-ge-, h.⟩ A VT **(in** *akk* -le) bütünleştirmek B VR: **sich ~ (in** *akk* -e) entegre olmak, -in içinde yerini bulmak
**Eingliederung** F ⟨-; *ohne pl*⟩ bütünleş(tir)me, kaynaş(tır)ma
**eingraben** ⟨irr, -ge-, h.⟩ A VT *Pfahl* dikmek, çakmak; *Leiche etc* gömmek B VR: **sich ~ (in** *akk* -e) gömülmek
**eingravieren** [-v-] VT ⟨*ohne* -ge- h.⟩ **(in** *akk* -e) kazımak
**eingreifen** VI ⟨irr, -ge-, h.⟩ **(in** *akk* -e) müdahale etmek; **in die Debatte ~** tartışmaya katılmak/karışmak; **in j-s Leben ~** b-nin hayatına girmek
**Eingreiftruppe** F ⟨-; -n⟩ MIL çevik

kuvvet

**Eingriff** M ⟨-s; -e⟩ MED, JUR (in akk -e) müdahale

**eingruppieren** V/T ⟨ohne -ge- h.⟩ (in akk halinde/olarak) gruplandırmak

**einhacken** V/I ⟨-ge-, h.⟩: fig auf j-n ~ b-nin başının etini yemek

**einhaken** ⟨-ge-, h.⟩ A V/T TECH çengellemek B V/I (bei -de) söze karışmak C V/R: sich ~ (bei j-m b-nin) koluna girmek

**Einhalt** M: e-r Sache (dat) ~ gebieten bş-e dur demek

**einhalten** V/T ⟨irr, -ge-, h.⟩ Verpflichtung etc yerine getirmek; -e uymak

**einhandeln** V/T ⟨-ge-, h.⟩: sich (dat) etw ~ (kendi) başına bir iş (bela vs) açmak

**einhängen** ⟨-ge-, h.⟩ A V/I ⟨-ge-, h.⟩ (telefonu) kapatmak B V/R: sich bei j-m ~ b-nin koluna girmek

**einheimisch** ADJ yerli

**Einheimische** M, F ⟨-n; -n⟩ yerli (kişi)

**einheimsen** V/T ⟨-ge-, h.⟩ umg iç etmek, -in üstüne oturmak

**einheiraten** V/I ⟨-ge-, h.⟩ ~ in (akk) -e içgüveyi girme

**Einheit** F ⟨-; -en⟩ birim; MIL birlik; (Ganzes) bütünlük **≗lich** ADJ birörnek; birlikte; tek tip

**Einheits|preis** M tek fiyat **~wert** M WIRTSCH birim değeri, standart değer

**einheizen** V/T ⟨-ge-, h.⟩ umg fig: j-m ~ b-ni azarlamak

**einhellig** ADJ aynı fikirde; hep aynı

**einhergehen** V/I ⟨irr, -ge-, s.⟩: ~ mit bş-e birlikte görünmek

**einholen** V/T ⟨-ge-, h.⟩ arayı kapatmak, -e yetişmek; Zeitverlust telafi etmek; Auskünfte, Erlaubnis (über akk hakkında) almak; Rat (bei -in) fikrini sormak

**einhüllen** V/T ⟨-ge-, h.⟩ (in akk -e) sarınmak/bürünmek

**einig** ADJ: (sich dat) ~ sein (mit j-m über akk b-yle ... hakkında) aynı fikirde olmak; (sich dat) ~ werden (mit j-m über akk b-yle ... hakkında) anlaşmak, uzlaşmak

**einige** INDEF PR (SG) birkaç; bazı; (sg) vor ~r Zeit (epey) bir zaman önce; ~ davon bunlardan/bunların birkaçı; ~s Aufsehen erregen bir hayli heyecan uyandırmak

**einigen** ⟨h.⟩ A V/T birleştirmek B V/R: sich ~ (über/auf akk -de) uzlaşmak

**einigermaßen** ADV şöyle böyle; oldukça

**einiges** INDEF PR bazısı; bazı şeyler; (viel) epeyce; **Plan hat ~ für sich** planın üstün yönleri var

**Einigkeit** F ⟨-; ohne pl⟩ uzlaşma; birlik

**Einigung** F ⟨-; -en⟩ (Ver≗) birlik; birleşme, uyuşma; **es wurde keine ~ erzielt** (über akk hakkında) uyuşma sağlanamadı

**einjagen** V/T ⟨-ge-, h.⟩: **j-m Angst (e-n Schreck) ~** b-nin içine korku salmak

**einjährig** ADJ (ein Jahr alt) bir yaşında, bir yıllık; (ein Jahr lang) bir yıllık; **~e Tätigkeit** bir yıllık çalışma/iş

**einkalkulieren** V/T ⟨ohne ge-, h.⟩ hesaba katmak

**Einkauf** M ⟨-s; ⸚e⟩ alışveriş; WIRTSCH satınalma

**einkaufen** ⟨-ge-, h.⟩ A V/T (satın) almak B V/I alışveriş yapmak; ~ **(gehen)** alışverişe çıkmak

**Einkäufer(in)** M(F) WIRTSCH mübayaacı

**Einkaufs|bummel** M: **e-n ~ machen** çarşı-pazar dolaşmak **~korb** M alışveriş sepeti **~liste** F alışveriş pusulası **~preis** M WIRTSCH alış fiyatı **~zettel** M alışveriş pusulası

**ein|kehren** V/I ⟨-ge-, s.⟩ (in dat -de) Hotel konaklamak; Restaurant etc mola vermek **~klagen** V/T ⟨-ge-, h.⟩: **etw ~** bş-i talep etmek **~kleiden** ⟨-ge-, h.⟩ A V/T: **j-n** b-ni giydirmek B V/R: **sich (dat) (neu) ~** kendine (yeni) giyim düzmek **~klemmen** V/T ⟨-ge-, h.⟩: **(sich dat) den Finger ~** (in akk -e) parmağını sıkıştırmak/kıstırmak **~kochen** ⟨-ge-, h.⟩ A V/T -in turşusunu/konservesini yapmak B V/I Wasser etc (kaynayarak) suyunu kaybetmek

**Einkommen** N ⟨-s; -⟩ gelir

**Einkommen(s)steuer** F gelir vergisi **~erklärung** F gelir vergisi beyanı; Bogen gelir vergisi beyannamesi

**einkreisen** V/T ⟨-ge-, h.⟩ çembere almak; kuşatmak, -in etrafını çevirmek/sarmak

**Einkünfte** PL gelir sg

**einlad|en** V/T ⟨-ge-, h.⟩ (zu -e) davet etmek; Waren yüklemek **≗ung** F ⟨-; -en⟩ davet(iye), çağrı

**Einlage** F ⟨-; -n⟩ FIN mevduat; (Schuh2) taban; (Slip2) pad; (Suppen2) çorbaya konan vs; WIRTSCH yatırım, pay; THEAT ara oyun

**Einlass** M ⟨-es⟩ giriş; **ab 19 Uhr** kapılar 19'da açılır

**einlassen** ⟨irr, -ge-, h.⟩ **A** VT içeri almak, içeri bırakmak; **ein Bad ~** küveti doldurmak **B** VR: **sich ~ auf** (akk) -e kapılmak, yanaşmak; -i kabul etmek; **sich mit j-m ~** b-le (kritik bir) ilişkiye girmek

**einlaufen** VI ⟨irr, -ge-, s.⟩ girmek, varmak; SCHIFF (limana) girmek; **aufs Spielfeld** (sahaya) çıkmak; **Badewasser ~ lassen** banyo küvetini doldurmak; **Stoff** çekmek

**ein|leben** ⟨-ge-, h.⟩ VR: **sich ~ (in** akk -e) alışmak **~legen** VT ⟨-ge-, h.⟩ **e-e Diskette ~** disket koymak; **e-e Pause ~** ara/mola vermek; **in Essig ~** sirkeye yatırmak

**Einlegesohle** F (ayakkabı içine konan) taban

**einleiten** VT ⟨-ge-, h.⟩ **Maßnahmen** almak; **Reformen** yapmak; JUR **ein Verfahren ~ (gegen** hakkında/aleyhinde) dava açmak; MED **Geburt** çabuklaştırmak; **Schadstoffe ~ in** (akk) -e akıtmak/dökmek

**einlenken** VI ⟨-ge-, h.⟩ fig razı olmak, taviz vermek

**einlesen** VT ⟨irr, -ge-, h.⟩ IT okumak

**einleuchten** VI ⟨-ge-, h.⟩: **j-m ~** b-nin aklına yatmak

**einleuchtend** ADJ (überzeugend) inandırıcı

**einliefer|n** VT ⟨-ge-, h.⟩: **j-n ins Krankenhaus (Gefängnis) ~** b-ni hastaneye (hapishaneye) şevketmek; (yerine) teslim etmek **2ung** F ⟨-; -en⟩ (in akk -e) sevk; teslim **2ungsschein** M posta alındısı

**einloggen** VT ⟨-ge-, h.⟩ IT **ins Netz** login yapmak

**einlösen** VT ⟨-ge-, h.⟩ **Versprechen** tutmak, yerine getirmek; **Scheck** bozdurmak

**einmachen** VT ⟨-ge-, h.⟩ -in konservesini/turşusunu/reçelini yapmak

**einmal** ADV bir kere/defa; **~ im Jahr** yılda bir (kere/defa); (zukünftig) bir gün, günün birinde; **auf ~** (plötzlich) birdenbire; (gleichzeitig) aynı zamanda da; **wenn du ~ groß bist** büyüdüğün zaman; **es ist nun ~ so** ne yapalım ki bu böyle; **lasst ihn doch ~ reden!** bırakın da konuşsun bir (kere)!; **noch ~** bir kez/kere daha; **noch ~ so ... (wie) ...** (gibi) bir kere/tane daha; **es war ~** vaktiyle; bir varmış bir yokmuş; **haben Sie schon ~ ?** siz hiç -diniz mi?; **es schon ~ getan haben** bir kere yapmış bulunmak; **schon ~ dort gewesen sein** oraya daha önce gitmiş olmak; **erst ~** ilk önce, en başta; **nicht ~** bile (değil/yok)

**Einmaleins** N çarpım tablosu

**einmalig** ADJ yalnız; eşsiz; **Zahlung** etc bir kerelik, bir defaya mahsus; **e-e ~e Chance** eşsiz bir fırsat

**Einmarsch** M MIL girme

**einmieten** VR ⟨-ge-, h.⟩: **sich ~** oda kiralamak

**einmisch|en** VR ⟨-ge-, h.⟩: **sich ~ (in** akk -e⟩ karışmak **2ung** F ⟨-; -en⟩ (-in işine vs) karışma; POL (-in iç işlerine) karışma

**einmotorig** ADJ tek motorlu

**einmünden** VI ⟨-ge-, s.⟩ **Fluss** dökülmek; **Straße** açılmak; fig **Gespräch** varmak, gelmek

**einmütig** ADJ hemfikir, hep beraber

**Einnahme** F ⟨-; -n⟩ gelir; MED (ilaç) alma; MIL zapt, alınma; **~n** pl gelir(ler)

**einnehmen** ⟨irr, -ge-, h.⟩ **Arznei, Platz** almak; MIL zaptetmek, almak; **Mahlzeit** yemek; **verdienen** kazanmak; fig **j-n (für sich) ~** b-ne (kendini) sevdirmek

**einnehmend** ADJ **Wesen** alımlı, çekici, sempatik

**einnicken** VI ⟨-ge-, s.⟩ uyuyakalmak

**einnisten** VR ⟨-ge-, h.⟩: fig **sich ~ (in** akk -e⟩ yuvalanmak

**Einöde** F ⟨-; -n⟩ çöl, ıssız arazi

**einordnen** ⟨-ge-, h.⟩ **A** VT **(nach** dat -e göre) sınıflandırmak; **(in, unter** akk bir gruba/sınıfa) sokmak **B** VR: **sich ~** AUTO şeride geçmek/girmek; **sich links ~** sol şeride girmek

**einpacken** ⟨-ge-, h.⟩ **A** VT paketlemek; sarmak **B** VI umg **da können wir ~!** biz bununla boy ölçüşemeyiz!

**einparken** VT, VI ⟨-ge-, h.⟩ park etmek

**einpferchen** VT ⟨-ge-, h.⟩ **Tiere, Menschen** toplamak/tıkıştırmak (dar bir yere)

**einpflanzen** VT ⟨-ge-, h.⟩ AGR dik-

**einplanen** _VT_ ⟨-ge-, _h._⟩ hesaba katmak
**einprägen** ⟨-ge-, _h._⟩ **A** _VT_ TECH (_in akk -e_) (damgayla) yazmak; **j-m etw ~** b-ne bş-i ezberletmek; **sich** (_dat_) **etw ~** bş-i ezberlemek, bş-i aklına yazmak **B** _VR_: **sich j-m ~** b-nin aklında kalmak
**einprogrammieren** _VT_ ⟨_ohne_ ge-, _h._⟩ programlamak
**einquartieren** ⟨_ohne_ ge-, _h._⟩ **A** _VT_ (**bei** _-in_) yerleştirmek (_zum Übernachten_) **B** _VR_: **sich ~ bei** _-in_ yanına yerleşmek
**einrahmen** _VT_ ⟨-ge-, _h._⟩ çerçevelemek
**einrasten** _VI_ ⟨-ge-, _s._⟩ TECH **~ in** (_akk_) _-e_ oturmak, _umg_ tık etmek
**einräumen** _VT_ ⟨-ge-, _h._⟩ _Zimmer, Schrank_ yerleştirmek; (_zugestehen_) **j-m e-e Frist ~** b-ne bir mühlet tanımak/vermek
**einreden** ⟨-ge-, _h._⟩ **A** _VT_: **j-m etw ~** b-ne bş-i telkin etmek **B** _VI_: **auf j-n ~** b-ni iknaya çalışmak
**einreiben** _VT u. VR_ ⟨_irr_, -ge-, _h._⟩: (**sich**) **~ mit ...** sürünmek
**einreichen** _VT_ ⟨-ge-, _h._⟩ sunmak, vermek, ibraz etmek; JUR **e-e Klage ~** (**bei** _-e_) dava dilekçesi vermek; **die Scheidung ~** boşanma davası açmak
**einreihen** ⟨-ge-, _h._⟩ **A** _VT_ **~ (in, unter** _akk -e_) dahil etmek, sokmak, katmak **B** _VR_: **sich ~** (**in** _akk -e_) girmek
**Einreise** _F_ ⟨-; -n⟩ giriş (_in ein Land_) **~erlaubnis** _F_ giriş izni
**einreisen** _VI_ ⟨-ge-, _s._⟩ (**in** _akk_, **nach** _-e_) girmek, giriş yapmak
**Einreisevisum** _N_ giriş vizesi
**einreißen** ⟨_irr_, -ge-⟩ **A** _VT_ ⟨_h._⟩ _Gebäude_ yıkmak **B** _VI_ ⟨_s._⟩ yırtılmak; _Unsitte etc_ yaygınlaşmak
**einrenken** _VT_ ⟨-ge-, _h._⟩ MED (çıkığı) yerleştirmek, takmak **B** _VR_: _umg fig_ **sich ~** yoluna girmek
**einricht|en** ⟨-ge-, _h._⟩ _VT Zimmer etc_ döşemek; _Küche, Büro etc_ donatmak; (_gründen_) kurmak; (_ermöglichen_) halletmek, yoluna koymak; **es so ~, dass ...** _-i -ecek_ şekilde ayarlamak; **wenn du es ~ kannst** sen bir çaresini bulursan/yapabilirsen **B** _VR_: **sich** (**neu**) **~** kendine (yeni bir) ev döşemek; **sich ~ auf** (_akk_) _-e_

hazırlıklı olmak **2ung** _F_ ⟨-; -en⟩ mefruşat, döşem, mobilya; donatım; TECH tesisat, tertibat, tesis; _öffentliche_ kurum, kurulu; **die sanitären ~en** tuvalet, banyo vs mekanlar
**einritzen** _VT_ ⟨-ge-, _h._⟩ (**in** _akk -e_) kazımak
**einrosten** _VI_ ⟨-ge-, _s._⟩ paslanmak, pas tutmak
**einrücken** ⟨-ge-⟩ **A** _VT_ ⟨_h._⟩ _Zeile_ içeriden başlatmak **B** _VI_ ⟨_s._⟩: MIL (_einmarschieren_) **~ in** (_akk_) _-e_ girmek
**eins** _ADJ_ bir; SPORT **~ zu zwei** iki – bir; **um ~** (saat) birde; **~ nach dem andern!** sıra(sıy)la!, teker teker!
**Eins** _F_ ⟨-; -en⟩ _Zahl_ bir; _Note_ **e-e ~ schreiben** (yazılı sınavda) en iyi notu almak
**einsacken** ⟨-ge-⟩ **A** _VT_ ⟨_h._⟩ _umg_ (_nehmen_) iç etmek, bş-in üstüne oturmak **B** _VI_ ⟨_s._⟩ (_einsinken_) çökmek, oturmak
**einsam** _ADJ Person_ kimsesiz, yapayalnız; _Haus, Gegend etc_ tenha, ıssız, kuytu **2keit** _F_ ⟨-; _ohne pl_⟩ yalnızlık; ıssızlık
**einsammeln** _VT_ ⟨-ge-, _h._⟩ toplamak
**Einsatz** _M_ ⟨-es; ⸚e⟩ (_eingesetztes Stück_) (_-in_ içine konan) parça; (_Spiel2, Wett2._) sürülen para; **den ~ verdoppeln** _in_ çift katını sürmek; (_Engagement_) angajman; **mit vollem ~** canla başla; **unter ~ s-s Lebens** canını ortaya koyarak; (_Gebrauch_) kullan(ıl)ma; **im ~** hizmette; **zum ~ kommen** kullanılmak, hizmete girmek; **im ~ stehen** MIL görev başında olmak **~befehl** _M_ MIL hizmet emri **2bereit** _ADJ_ göreve hazır **~kommando** _N_ özel görev ekibi/timi **~leiter(in)** _M(F)_ ekip başkanı, tim kumandanı
**einscannen** ['ainskɛnən] _VT_ ⟨-ge-, _h._⟩ IT taramak
**einschalten** ⟨-ge-, _h._⟩ **A** _VT_ (şalteri _vs_) açmak; _fig_ **e-e Pause ~** ara vermek **B** _VR_: _in Diskussion etc_ **sich ~** (**in** _akk -e_) katılmak/karışmak
**Einschaltquote** _F_ ⟨-; -n⟩ TV izlenme oranı, reyting
**einschätz|en** _VT_ ⟨-ge-, _h._⟩ _Kosten etc_ tahmin etmek; (_beurteilen_) değerlendirmek **2ung** _F_ ⟨-; -en⟩ _a._ tahmin, değerlendirme; **nach meiner ~** benim tahminimce
**einschenken** _VT_ ⟨-ge-, _h._⟩ (kadehe iç-

ki) koymak
**einschicken** VT ⟨-ge-, h.⟩ (**an** akk -e) göndermek
**einschieben** VT ⟨irr, -ge-, h.⟩ (**in** akk -in içine) sokmak/itmek
**einschlafen** VI ⟨irr, -ge-, s.⟩ uykuya dalmak, uyuyakalmak, uyumak
**einschläfern** VT ⟨-ge-, h.⟩: MED **j-n ~** b-ne ötanazi yapmak/uygulamak; Tier uyutmak
**Einschlag** M ⟨-s; ≈e⟩ (Geschoss≈, Blitz≈) düşme; fig ağız, şive; **mit südländischem ~** güneyli ağzıyla/şivesiyle
**einschlagen** ⟨irr, -ge-, h.⟩ A VT Nagel çakmak; (zerbrechen) kırmak; (einwickeln) sarmak, bürümek; Weg, Richtung -den gitmek, -e sapmak; Rad çevirmek; **e-e Laufbahn ~** bir kariyere girmek B VI Blitz, Geschoss (şiddetle) düşmek; fig başarı kazanmak
**einschlägig** ADJ ilgili
**einschleichen** VR ⟨irr, -ge-, h.⟩: **sich ~** (**in** akk -in arasına) karışmak/kaçmak; **sich in j-s Vertrauen ~** b-nin güvenini (haksız yere) elde etmek
**einschleppen** VT ⟨-ge-, h.⟩ Krankheit (**in** akk, **nach** -e) getirmek, yaymak, bulaştırmak
**einschleusen** VT ⟨-ge-, h.⟩ fig (**in** akk -e) (gizlice) almak/sokmak
**einschließen** VT ⟨irr, -ge-, h.⟩ (a. **sich ~**) (b-ni/kendini bir yere) kilitlemek; MIL (umzingeln) kuşatmak, çevirmek; (umfassen) (**in** akk -le) çevirmek
**einschließlich** PRÄP (gen) dahil; nachgestellt dahil olmak üzere; **bis Seite 7 – 7. sayfaya kadar (dahil)**
**einschmeicheln** VR ⟨-ge-, h.⟩: **sich ~** (**bei** j-m b-ne) yaranmaya çalışmak
**einschmuggeln** VT ⟨-ge-, h.⟩ A VT kaçak sokmak B VR: umg **sich ~** (**in** akk -e) gizlice girmek
**einschnappen** VI ⟨-ge-, s.⟩ (einrasten) oturmak; umg fig **eingeschnappt sein** dargın/küs(kün) olmak
**einschneiden** VT ⟨irr, -ge-, h.⟩ (**in** akk -i) çentmek
**einschneidend** ADJ esaslı, kökten; (weitreichend) geniş kapsamlı
**einschneien** VT: **eingeschneit sein** -in yolu kardan kapanmış olmak
**Einschnitt** M (Kerbe) çentik; fig dönüm noktası

**einschränken** ⟨-ge-, h.⟩ A VT (**auf** akk -le) kısıtlamak, sınırlamak; Rauchen etc azaltmak B VR: **sich ~** idareli gitmek
**Einschränkung** F ⟨-; -en⟩ kısıt(lama), azaltma, kesme; (Begrenzung) sınırlama; **ohne ~** kısıtsız, çekincesiz, kayıtsız şartsız
**Einschreibebrief** M taahhütlü mektup
**einschreiben** ⟨irr, -ge-, h.⟩ A VT **e-n Brief ~ lassen** bir mektubu taahhütlü göndermek B VR: **sich ~** (**für** -e, için) kaydolmak
**Einschreiben** N ⟨-s; -⟩ taahhütlü (mektup)
**Einschreibung** F ⟨-; -en⟩ kayıt, kaydolma
**einschreiten** VI ⟨irr, -ge-, s.⟩ **gegen etw ~** bş-e karşı harekete geçmek
**Einschub** M ⟨-s; ≈e⟩ (araya giren) ek
**einschüchtern** VT ⟨-ge-, h.⟩ sindirmek; -e gözdağı vermek
**einschulen** VT ⟨-ge-, h.⟩ Kind okula başlatmak
**Einschuss** M ⟨-es; ≈e⟩ Wunde mermi yarası
**einschweißen** VT ⟨-ge-, h.⟩: **in Folie eingeschweißt** kapalı plastik ambalajlı
**einsehen** VT ⟨irr, -ge-, h.⟩ Zweck, Fehler etc görmek, anlamak
**einseifen** VT ⟨-ge-, h.⟩ sabunlamak; umg fig (betrügen) **j-n ~** kazıklamak
**einseitig** adj tek yanlı/taraflı; fig **etw ~ darstellen (beurteilen)** bş-i tek yanlı göstermek (değerlendirmek); MED **~e Ernährung** tek yanlı beslenme
**einsenden** VT ⟨irr, -ge-, h.⟩ göndermek (mit der Post)
**Einsender(in)** M(F) gönderen; an Zeitungen yazı gönderen
**Einsendeschluss** M gönderme süresi sonu, son postalama tarihi
**einsetzen** ⟨-ge-, h.⟩ A VT (**-in** içine) koymak, yerleştirmek; (ernennen) -e atamak; Mittel kullanmak; Geld yatırmak; Leben tehlikeye atmak; **j-n ~** (**in**, **bei**) b-ni (-de, b-nin yanında) görevlendirmek; **j-n als Erben ~** b-ni mirasçı tayin etmek; **sein Leben ~** hayatını ortaya koymak B VR: **sich ~** çaba göstermek, angaje olmak; **sich für j-n/etw ~** -i desteklemek C VI Regen etc başlamak

**Einsicht** F ⟨-; -en⟩ (*Erkenntnis*) idrak, kavrama; (*Verständnis*) anlayış; **zur ~ kommen** -in aklı (nihayet) -e ermek
**2ig** ADJ anlayışlı; akıllı
**Einsiedler** M ⟨-s; -⟩ münzevi
**einsilbig** ADJ *fig Person* sesi çıkmaz, lafı kıt
**einsinken** VI ⟨*irr*, -ge-, s.⟩ **~ in** (*akk*) -in içine çökmek
**einsitzen** VI ⟨*irr*, -ge-, h.⟩ JUR mahpus olmak
**Einsitzer** M ⟨-s; -⟩ tek kişilik (*uçak vs*)
**einsortieren** VT ⟨*ohne* ge-, h.⟩: **~ in** (*akk*) yerine koymak, -e yerleştirmek
**einspannen** VT ⟨-ge-, h.⟩ *Pferde* koşmak; **ein Blatt Papier ~** bir kağıt takmak (*in die Schreibmaschine*); *umg* **j-n ~ (für)** b-ini bş-e/b işe koşmak
**einsparen** VT ⟨-ge-, h.⟩ -den tasarruf etmek
**einspeisen** VT ⟨-ge-, h.⟩ TECH beslemek; (**in** *akk* -e) aktarmak
**einsperren** VT ⟨-ge-, h.⟩ kilitlemek, kilit altına almak
**einsprachig** ADJ tek dilli
**einspringen** VI ⟨*irr*, -ge-, s.⟩ **für j-n ~** b-nin yerine geçmek, b-nin işini üstlenmek
**Einspruch** M ⟨-s; ⸚e⟩ *a.* JUR (**gegen** -e) itiraz; protesto; **~ erheben (gegen** -e) itiraz etmek
**Einspruchs|frist** *umg* itiraz süresi/mühleti **~recht** N JUR itiraz hakkı
**einspurig** ADJ AUTO tek şeritli
**einst** ADV (*früher*) bir zamanlar; (*künftig*) günün birinde
**Einstand** M ⟨-s; *ohne pl*⟩ (*Beginn*) başlangıç; **s-n ~ geben (feiern)** işe girişi kutlamak
**einstecken** VT ⟨-ge-, h.⟩ **~ (in** *akk* -e) sokmak; *fig Gewinn* elde etmek; *fig Beleidigung* toplamak
**einsteigen** VI ⟨*irr*, -ge-, s.⟩ (**in** *akk* -e) binmek; *fig* -e katılmak; **bitte ~!** lütfen binin!
**einstellen** ⟨-ge-, h.⟩ **A** VT *Arbeitskräfte* işe almak; (*aufgeben*) bırakmak, durdurmak; (*beenden*) bitirmek; *Rekord* kırmak; JUR *Klage, Verfahren* düşürmek, ... hakkında takipsizlik kararı vermek; TECH (*regulieren*) (**auf** *akk* -e) ayarlamak **B** VR: **sich ~ auf j-n/etw** -e uymak; -e hazır olmak

**einstellig** ADJ *Zahl* bir basamaklı
**Einstellung** F ⟨-; -en⟩ (*Haltung*) (**zu** -e karşı) tavır, tutum; *Arbeitskräfte* işe al(ın)ma; (*Beendigung*) durdur(ul)ma, son ver(il)me; TECH ayar, ayarla(n)ma; JUR **~ des Verfahrens** davanın düşmesi
**Einstellungsgespräch** N mülakat, işe al(ın)ma görüşmesi
**Einstieg** M ⟨-s; -e⟩ (**in** *akk* -e) biniş; *fig* giriş
**einstig** ADJ bir zamanki, eski
**einstimmen** ⟨-ge-, h.⟩ **A** VI: **in ein Lied (das Gelächter) ~** bir şarkıya (gülmeye) başlamak **B** VT: **j-n ~ (auf** *akk* -*in*) havasına sokmak **C** VR: **sich ~ (auf** *akk* -*in*) havasına girmek
**einstimmig** ADJ bir ağızdan, oybirliğiyle alınmış; *hemfikir* **2keit** F ⟨-; *ohne pl*⟩ oybirliği
**einstöckig** ADJ tek katlı (*Gebäude*)
**einstudieren** VT ⟨*ohne* -ge-, h.⟩ THEAT *Stück, Rolle* -e çalışmak
**einstuf|en** VT ⟨-ge-, h.⟩ derecelendirmek **2ung** F ⟨-; -en⟩ derecelendirme
**einstündig** ADJ bir saatlik
**einstürmen** VI ⟨-ge-, s.⟩: **~ auf** (*akk*) -e saldırmak; *fig* (**mit Fragen) auf j-n ~** b-ni soru yağmuruna tutmak
**Einsturz** M ⟨-es; ⸚e⟩ çökme, yıkılma
**einstürzen** VI ⟨-ge-, s.⟩ çökmek
**einstweilen** ADV (*vorläufig*) geçici olarak, şimdilik; (*inzwischen*) bu arada
**einstweilig** ADJ: JUR **~e Verfügung** ihtiyati tedbir
**eintägig** **A** ADJ bir günlük **B** ADV günübirliğine
**Eintagsfliege** F ZOOL tatarcık (sineği); *fig* saman alevi
**eintauchen** ⟨-ge-⟩ **A** VT ⟨h.⟩ (**in** *akk* -e) daldırmak/batırmak **B** VI ⟨s.⟩ (**in** *akk* -e) dalmak/batmak
**eintauschen** VT ⟨-ge-, h.⟩ (**gegen** -*le*) değiştirmek; bozdurmak (*Geld*)
**einteilen** VT ⟨-ge-, h.⟩ (**in** *akk* -e) bölmek; *Zeit* ayırmak, düzenlemek; **j-n ~ (für, zu)** b-ne bir işi vermek
**Einteilung** F ⟨-; -en⟩ bölüm(leme); düzenleme
**eintönig** ADJ tekdüze **2keit** F ⟨-; *ohne pl*⟩ tekdüzelik
**Eintopf** M ⟨-s; ⸚e⟩ türlü (*yemeği*)
**Eintrag** M ⟨-s; ⸚e⟩ kayıt; WIRTSCH tescil
**eintragen** ⟨*irr*, -ge-, h.⟩ **A** VT (**in** *akk*

-e) yazmak, kaydetmek; *amtlich* tescil etmek; (*einbringen*) **j-m etw ~ b**-ne bş-i (*Einkommen*) getirmek/bırakmak **B** V/R: **sich ~** yazılmak

**einträglich** ADJ kazançlı, kârlı

**Eintragung** F ⟨-; -en⟩ kayıt

**eintreffen** V/I ⟨*irr*, -ge-, *s.*⟩ gelmek, varmak; (*geschehen*) vuku bulmak; gerçekleşmek

**eintreten** ⟨*irr*, -ge-⟩ **A** V/I ⟨*s.*⟩ girmek; (*geschehen*) vuku bulmak, meydana gelmek; **~ für** *-e* arka çıkmak; **~ in** *Verein* *-e* üye olmak, *-e* girmek; **bitte, treten Sie ein!** buyurun girin! **B** V/T ⟨*h.*⟩ *Tür* tekmeleyerek çökertmek

**Eintritt** M ⟨-s; -e⟩ (*Zutritt*) giriş; (*Gebühr*) giriş ücreti; **~ frei!** giriş ücretsizdir!; **~ verboten:** girmek yasaktır!

**Eintritts|karte** F (giriş) bilet(i) **~preis** M giriş fiyatı

**eintrocknen** V/I ⟨-ge-, *s.*⟩ kurumak

**eintrudeln** V/I ⟨-ge-, *s.*⟩ F (nihayet) boy göstermek

**einüben** V/T ⟨-ge-, *h.*⟩ -e çalışmak, *-in* alıştırmasını yapmak

**Einvernehmen** N ⟨-s; *ohne pl*⟩ mutabakat; **in gegenseitigem ~** karşılıklı mutabakat içinde, uzlaşarak

**einverstanden** ADJ: **~ sein** (**mit** *-i*) kabul etmek; **~!** kabul!, tamam!

**Einverständnis** N ⟨-ses⟩ uyuşma; (**zu** *-e*) rıza; **sein ~ erklären** (**zu** *-e*) onayını vermek, rızasını bildirmek

**Einwand** ⟨-s; ̈e⟩ (**gegen** *-e*) itiraz

**Einwander|er** M ⟨-s; -⟩, **-in** F ⟨-; -nen⟩ göçmen

**einwander|n** V/I ⟨-ge-, *s.*⟩ **~** (**in** *akk -e*) göçmek **₂ung** F ⟨-; -en⟩ göç **₂ungs-land** N göçmen alan ülke

**einwandfrei** **A** ADJ mükemmel, kusursuz **B** ADV **~ arbeiten** düzgün/hatasız çalışmak; **es steht ~ fest** kesin biçimde saptanmış bulunuyor

**einwärts** ADV içe(riye) doğru

**einwechseln** V/T ⟨-ge-, *h.*⟩ *Geld etc* (**in** *akk*, **gegen** karşılığında) boz(dur)mak, (-e) tahvil etmek; SPORT **j-n ~** (yedek oyuncuyu) oyuna sokmak

**Einweg...** tek kullanımlık ... **~flasche** F tek kullanımlık şişe

**einweichen** V/T ⟨-ge-, *h.*⟩ ısla(t)mak (yumuşaması için)

**einweih|en** V/T ⟨-ge-, *h.*⟩ *Gebäude etc* (törenle) açmak; **j-n ~** (**in** *akk*) **b**-ne (-*i*) çıtlatmak/açmak **₂ung** F ⟨-; -en⟩ açılış töreni

**einweisen** V/T ⟨*irr*, -ge-, *h.*⟩: **j-n in ein Krankenhaus ~** b-ni hastaneye sevketmek/yatırmak; *Arbeit* **j-n ~ in** (*akk*) b-ne *-i* öğretmek

**Einweisung** F ⟨-; -en⟩: **~ ins Krankenhaus** hastaneye sevk/yatır(ıl)ma

**einwend|en** V/T ⟨*irr*, -ge-, *h.*⟩: **~, dass ... ...** diye itiraz etmek **₂ung** F (**gegen** -*e*) karşı çıkma, itiraz (etme)

**einwerfen** V/T ⟨*irr*, -ge-, *h.*⟩ *Brief* posta kutusuna atmak; *Münze* atmak

**einwickel|n** V/T ⟨-ge-, *h.*⟩ (**in** *akk -e*) sarmak **₂papier** N ambalaj kâğıdı

**einwillig|en** V/I ⟨-ge-, *h.*⟩ (**in** *akk -e*) rıza göstermek **₂ung** F ⟨-; -en⟩ (**zu** -*i*) onaylama

**einwirk|en** V/I ⟨-ge-, *h.*⟩ **auf etw ~** CHEM, *a. fig* bş-e etki etmek; **auf j-n ~** b-ni etkilemek **₂ung** F ⟨-; -en⟩ (**auf** *akk -e*) etki

**Einwohner** M ⟨-s; -⟩, **-in** f ⟨-; -nen⟩ bir yerde oturan, sakin; nüfus **~melde-amt** N ikamet kayıt dairesi

**Einwurf** M ⟨-s; ̈e⟩ *Münzen, Briefe* bş-in içine atma; içine bş-in atılacağı yarık *vs*; (*Bemerkung*) söze karışma, laf atma

**Einzahl** F ⟨-; *ohne pl*⟩ GRAM tekil

**einzahl|en** V/T ⟨-ge-, *h.*⟩ *Geld* (**auf ein Konto**) (hesaba) yatırmak **₂ung** F ⟨-; -en⟩ ödeme **₂ungsbeleg** M ödeme makbuzu

**einzeichnen** V/T ⟨-ge-, *h.*⟩ (**in** *dat, akk,* **auf** *dat -e*) çizmek/işaretlemek

**Einzel** N *Tennis* tekli **~bett** N tek (kişilik) yatak **~exemplar** N tek nüsha/örnek **~fall** M tekil durum **~gänger** M ⟨-s; -⟩, **~gängerin** F ⟨-; -nen⟩ tek başına davranan **~haft** F JUR hücre hapsi **~handel** M perakende ticaret **~handelsgeschäft** N perakendeci (dükkanı) **~händler(in)** M(F) perakendeci **~heit** F ayrıntı **~kind** N tek çocuk

**Einzeller** M BIOL tek hücreli

**einzeln** **A** ADJ tek, tek başına, yalnız; *Schuh etc* teki **B** ADV **~ eintreten** teker teker girmek; **~ angeben** ayrı ayrı belirtmek

**Einzelne** M,F birey; **im ~n** ayrıntılı olarak; tek tek ele alındığında; **jeder ~** *-in/-den* her biri

**Einzel|stück** N tek parça; eşssiz bir parça **~teil** N TECH küçük parça
**Einzelzimmer** N tek yataklı oda **~zuschlag** M tek yataklı oda zammı
**einziehen** ⟨*irr*, *-ge-*⟩ **A** *v/t* ⟨*h.*⟩ içeri/ geri çekmek; *Geld* tahsil etmek; *Wand etc* çekmek; MIL silah altına almak; *(aus dem Verkehr ziehen)* *-den* kaldırmak; *Faden -den* geçirmek; *(beschlagnahmen)* *-e* el koymak; *Führerschein* elinden almak; **den Kopf ~** sinmek **B** *v/i* ⟨*s.*⟩ *in Haus etc -e* taşınmak; *Flüssigkeit* içine girmek; **ins Parlament ~** parlamentoya girmek
**einzig** **A** ADJ tek, yegâne; *(einzeln)* tek; **kein Einziger ...** tek bir ... bile (değil); **das Einzige** tek şey; **der Einzige** biricik, yegâne **B** ADV **~ und allein** sadece ve sadece; **das ~ Richtige** tek doğru
**einzigartig** ADJ eşssiz, benzersiz
**Einzimmerapartment** N tek odalı daire
**Einzug** M ⟨*-s*; *̈e*⟩ *(in akk -e)* girme, giriş; *in e-e Wohnung* taşınma/girme
**Einzugs|stück** N tek parça; eşssiz bir parça **~teil** N TECH küçük parça **Einzelzimmer** N tek yataklı oda **~zuschlag** M tek yataklı oda zammı **~ermächtigung** F FIN tahsil yetkisi **~gebiet** N *e-r Stadt* bir şehrin yakın çevresi
**einzwängen** *v/t* ⟨*-ge-*, *h.*⟩ sık(ıştır)mak
**Eis** N ⟨*-es*⟩ buz; *(Speiseℒ)* dondurma; *fig* **das ~ ist gebrochen** buzlar çözüldü; *fig* **etw auf ~ legen** bş-i dondurmak
**Eis|bahn** F buz pisti **~bär** M kutup ayısı **~becher** M kup **~berg** M buzdağı, aysberg **~beutel** M MED buz torbası **~blumen** PL *camdaki buz kristalleri*
**Eischnee** M çırpılmış yumurta akı
**Eisdiele** F dondurmacı (dükkanı)
**Eisen** N ⟨*-s*; *-*⟩ demir; *fig* **ein heißes ~** nazik konu; *fig* **mehrere ~ im Feuer haben** birkaç ata birden oynamak; *fig* **zum alten ~ gehören** eski toprak olmak
**Eisen|bahn** F demiryolu, demiryolları **~erz** N demir cevheri **~hut** M ⟨*-ohne pl*⟩ BOT itboğan **~mangel** M MED demir yetersizliği
**eisern** ADJ demir(den); *Nerven* çelik gibi
**Eis|fach** F buzluk **ℒfrei** ADJ buzu çözülmüş **ℒgekühlt** ADJ soğutulmuş

**~glätte** F buzlanma **~heiligen** M/PL: **die ~** mayıs ortasındaki üç soğuk gün **~hockey** N buz hokeyi **ℒig** ADJ buz gibi **~kaffee** M dondurmalı kahve **ℒkalt** ADJ *u.* ADV çok soğuk, buz gibi **~kunstlauf** M ⟨*-s*; *ohne pl*⟩ artistik buz pateni **ℒlaufen** *v/i* ⟨*unreg*, *-ge-*, *s.*⟩ paten kaymak
**Eisprung** M BIOL ovülasyon
**Eis|schrank** M buz dolabı **~tee** M buzlu çay **~verkäufer** M dondurmacı **~würfel** M buz küpü **~zapfen** M *buzdan sarkıt* **~zeit** F ⟨*-*; *ohne pl*⟩ buzul çağı
**eitel** ADJ kendini beğenmiş, kibirli **ℒkeit** F ⟨*-*; *ohne pl*⟩ kendini beğenmişlik, kibir, kurum
**Eiter** M ⟨*-s*; *ohne pl*⟩ MED cerahat, irin
**Eiterbläschen** N apse
**eitern** *v/i* ⟨*h.*⟩ irin toplamak, cerahatlanmak
**eitrig** ADJ MED irinli, cerahatlı
**Eiweiß** N ⟨*-es*; *-e*⟩ yumurta akı; BIOL protein **ℒarm** ADJ az proteinli **~bedarf** M protein ihtiyacı **~mangel** M protein eksikliği
**eiweißreich** ADJ bol proteinli
**Eizelle** F yumurta hücresi
**Ejakulation** [ejakula'tsɪ̯on] F ⟨*-*; *-en*⟩ BIOL atım
**Ekel** M ⟨*-s*; *ohne pl*⟩ *(vor dat -den)* iğrenme, tiksinti; *umg Mensch* iğrenç (herif vs); **~ empfinden** tiksinti duymak **ℒerregend** ADJ tiksinti uyandıran
**ekelhaft, ekelig** ADJ iğrenç
**ekeln** *v/r* ⟨*h.*⟩: **ich ekle mich davor** bundan iğreniyorum
**Eklat** [e'kla:] M ⟨*-s*; *-s*⟩ patırtı, skandal
**eklatant** ADJ dikkat çekici
**Ekstase** [-st-] F ⟨*-*; *-n*⟩ cezbe, vecd; **in ~ geraten** *(über akk -den)* vecde gelmek
**Ekzem** [ɛk'tseːm] N ⟨*-s*; *-e*⟩ MED ekzema, mayasıl
**Elan** M ⟨*-s*; *ohne pl*⟩ coşku(nluk)
**elastisch** ADJ esnek; elastik(î)
**Elastizität** F ⟨*-*; *ohne pl*⟩ esneklik, elastikiyet
**Elch** M ⟨*-s*; *-e*⟩ büyük kuzey geyiği
**Elefant** M ⟨*-en*; *-en*⟩ fil **~enhochzeit** F WIRTSCH dev kuruluşların birleşmesi, fillerin düğünü
**elegant** ADJ zarif, şık, ince
**Eleganz** F ⟨*-*; *ohne pl*⟩ zariflik, şıklık

**Elektriker** M ⟨-s; -⟩, **-in** F ⟨-; -nen⟩ elektrikçi

**elektrisch** A ADJ elektrikli B ADV: **~ geladen** elektrik yüklü; elektrikli; *fig Stimmung* elektrikli, gergin

**elektrisieren** V/T ⟨ohne ge-, h.⟩ *fig* elektriklendirmek, gerginleştirmek

**Elektrizität** F ⟨-; *ohne pl*⟩ elektrik

**Elektrizitätswerk** N elektrik santralı

**Elektro|auto** N elektrikli otomobil/araba **~chemie** F elektrokimya

**Elektrode** F ⟨-; -n⟩ elektrot; **negative ~** negatif elektrot, katot; **positive ~** pozitif elektrot, anot

**Elektro|gerät** N elektrikli alet/araç **~herd** M elektrik ocağı **~kardiogramm** N MED elektrokardiyogram, EKG **~lyse** [-'ly:zə] F ⟨-; -n⟩ elektroliz **~motor** M elektrik motoru

**Elektron** ['e:lɛktrɔn, e'lɛkt-] N ⟨-s; -en⟩ elektron

**Elektronenmikroskop** N elektron mikroskobu

**Elektronik** F ⟨-; *ohne pl*⟩ elektronik

**elektronisch** ADJ elektronik

**Elektro|ofen** M elektrik sobası **~rasierer** M elektrikli traş makinası **~schock** M MED elektroşok **~smog** M elektrosmog **~technik** F elektroteknik **~techniker(in)** M(F) elektrik teknisyeni **⁂technisch** ADJ elektroteknik

**Element** N ⟨-s; -e⟩ unsur, öğe; CHEM eleman

**elementar** ADJ temel **⁂teilchen** N ELEK elemanter parçacık

**elend** ADJ sefil; perişan; **sich ~ fühlen** kendini berbat hissetmek

**Elend** N ⟨-s; *ohne pl*⟩ sefalet; felaket

**Elendsviertel** N sefalet mahallesi

**elf** ADJ on bir

**Elfenbein** N ⟨-s; *ohne pl*⟩ fildişi **~küste** F *Land* Fildişi Sahili

**Elfmeter** M *Fußball* penaltı **~schießen** N penaltı atmak/çekmek

**elfte** ADJ on birinci

**eliminieren** V/T ⟨ohne ge-, h.⟩ elemek, elimine etmek

**elitär** ADJ seçkinci, eliter

**Elite** F ⟨-; -n⟩ seçkinler, elit

**Ellbogen** M ⟨-s; -⟩ ANAT dirsek **~gesellschaft** F azılı rakabet toplumu

**Ellipse** F ⟨-; -n⟩ MATH elips

**elliptisch** ADJ MATH eliptik

**Elsass** N ⟨-; *ohne pl*⟩ Alsas

**Elsässer** M ⟨-s; -⟩, **-in** F ⟨-; -nen⟩ Alsaslı

**elterlich** ADJ ana-babaya ilişkin

**Eltern** PL ana; e'ma:j] N ⟨-s; -s⟩ emaye

**⁂los** ADJ öksüz ve yetim **~teil** M *ana-babadan* her biri

**EM** F ⟨-; -s⟩ *abk für* Europameisterschaft Avrupa Şampiyonası

**E-Mail** ['i:meːl] F ⟨-; -s⟩ e-mail, e-posta

**Email** [e'maːj; e'maːj] N ⟨-s; -s⟩ emaye

**Emanze** F ⟨-; -n⟩ F *aşırı feminist (kadın)*

**Emanzipa|tion** [-'tsi̯oːn] F ⟨-; *ohne pl*⟩ özgürleşme; kadın özgürlüğü/özgürleşmesi **⁂torisch** ADJ özgürleşmeci

**emanzipieren** V/R ⟨ohne ge-, h.⟩: **sich ~** *besonders Frauen* özgürleşmek

**emanzipiert** ADJ özgürlüğünü kazanmış

**Embargo** N ⟨-s; -s⟩ ambargo

**Emblem** [ɛm'bleːm] N ⟨-s; -e⟩ amblem

**Embolie** F ⟨-; -n⟩ MED amboli

**Embryo** ['ɛmbryo] M ⟨-s; -s, -nen⟩ cenin, embriyon

**emeritiert** ADJ *Professor* emekli

**Emigrant** M ⟨-en; -en⟩, **-in** F ⟨-; -nen⟩ göçmen, sürgün

**Emigration** [-'tsi̯oːn] F ⟨-; -en⟩ göç, sürgün

**emigrieren** V/I ⟨ohne ge-, s.⟩ göçmek, göç etmek

**Emission** [-'sioːn] F ⟨-; -en⟩ PHYS yayım, salma; WIRTSCH ihraç, emisyon

**Emissionswerte** PL emisyon değeri *sg*

**Emmentaler (Käse)** M Emmental usulü (peynir)

**Emotion** [-'tsi̯oːn] F ⟨-; -en⟩ coşku **⁂al** ADJ coşkusal

**Empfang** M ⟨-s; ⸚e⟩ kabul; *Hotel* resepsiyon; *Radio* dinle(n)me, çekiş; (*Erhalt*) al(ın)ma, tesellüm; **den ~** (*gen*) **bestätigen** *-in* alındığını onaylamak; **in ~ nehmen** teslim almak

**empfangen** V/T ⟨*irr*, ohne ge-, h.⟩ almak; karşılamak

**Empfänger** M ⟨-s; -⟩, **-in** F ⟨-; -nen⟩ POST alıcı; *nur m* RADIO *etc* alıcı

**empfänglich** ADJ (**für -**e) yatkın

**Empfängnis** F ⟨-; *ohne pl*⟩ gebe/hamile kalma **⁂verhütend** ADJ gebelik önleyici **~verhütung** F gebeliği önle-

me; doğum kontrolü
**Empfangs|antenne** F alıcı anteni **~bescheinigung** F alındı belgesi **~dame** F karşılama görevlisi (bayan) **~halle** F resepsiyon salonu
**empfehl|en** ⟨empfiehlt, empfahl, empfohlen, h.⟩ **A** VT tavsiye etmek **B** V/UNPERS: *es empfiehlt sich zu* (+ INF) -mesi tavsiye olunur **~enswert** ADJ elverişli, tavsiyeye değer **Ʒung** F ⟨-; -en⟩ tavsiye; *auf j-s* ~ b-nin tavsiyesi üzerine
**Empfehlungsschreiben** N tavsiye mektubu
**empfinden** VT ⟨irr, ohne -ge-, h.⟩ duymak, hissetmek; *etw als lästig* ~ bş-den rahatsız olmak
**empfindlich** ADJ (*gegen* -e karşı) *a.* TECH, MED hassas, duyarlı; nazik; ince; alıngan; duyarlı, içli; *Kälte, Strafe* sert, şiddetli; ~ *reagieren* (*auf* akk -e) duyarlı/hassas tepki göstermek; ~*e Stelle* ağrıyan yer, *fig* hassas nokta, bamteli **Ʒkeit** F ⟨-; *ohne pl*⟩ duyarlık, hassasiyet; alınganlık
**empfindsam** ADJ duyarlı, hisli; duygusal **Ʒkeit** F ⟨-; *ohne pl*⟩ duyarlılık
**Empfindung** F ⟨-; -en⟩ (*Wahrnehmung*) algı(lama), his(setme); (*Gefühl*) duygu, his
**empirisch** ADJ ampirik
**empor** [ɛmˈpoːɐ] ADV yukarı(ya)
**Empore** F ⟨-; -n⟩ *Kirche etc* galeri
**empören** ⟨ohne -ge-, h.⟩ **A** VT j-n ~ öfkelendirmek **B** V/R: *sich* ~ (*über* -e) öfkelenmek; *sich* ~ (*gegen* -e karşı) ayaklanmak
**empörend** ADJ öfke uyandırıcı
**empör|t** ADJ (*über* akk -e) öfkelenmiş, kızgın **Ʒung** F ⟨-; *ohne pl*⟩ öfke, kızgınlık
**Emulsion** [-ˈzi̯oːn] F ⟨-; -en⟩ eriyik, emülsiyon
**E-Musik** F ⟨-; *ohne pl*⟩ *abk für* **ernste Musik** klasik müzik
**Ende** N ⟨-s; -n⟩ son; *am* ~ son(un)da; ~ *Mai* mayıs sonu(nda); *zu* ~ bitti; geçti; *zu* ~ *gehen* sona ermek; *etw zu* ~ *tun* bş-i sona erdirmek; *er ist* ~ *zwanzig* yirmilerinin sonunda; (*am*) ~ *der Achtzigerjahre* seksenli yılların sonunda; *umg ein ganzes* ~ (*bis*) (-e kadar) epeyce bir yol/süre

**Endeffekt** M: *im* ~ son tahlilde
**enden** VI ⟨h.⟩ bitmek, sona ermek; ~ *als ...* olarak son bulmak
**Endergebnis** N kesin sonuç
**endgültig** **A** ADJ nihaî, kesin, son **B** ADV *das steht* ~ *fest* bu (artık) kesin
**Endivie** [ɛnˈdiːvi̯ə] F ⟨-; -n⟩ BOT hindiba
**Endlager** N NUCL nihaî stok alanı
**end|lich** ADJ MATH sonlu; *adv* nihayet, sonunda **~los** ADJ sonsuz; ebedi
**End|phase** F son evre/aşama **~produkt** N son ürün **~resultat** N sonuç **~runde** F SPORT son tur **~stand** M SPORT son durum **~station** F son durak **~verbraucher** M son tüketici **~ziel** N son hedef
**Energie** F ⟨-; -n⟩ enerji; ~ *sparen* (*verschwenden*) enerji tasarruf etmek (boşa harcamak) **Ʒbewusst** ADJ enerji bilinçli **~bündel** N *fig* çok enerjili kimse **Ʒgeladen** ADJ enerji dolu **Ʒlos** ADJ enerjisiz, güçsüz **~quelle** F enerji kaynağı **~verbrauch** M sarfiyat, enerji sarfiyatı **~versorgung** F enerji temini
**energisch** ADJ enerjik, güçlü, canlı
**eng** **A** ADJ dar; sıkı; *Kontakt* yakın; (*beengt*) daraş, sıkışık **B** ADV: ~ *befreundet sein mit* -*in* yakın arkadaşı olmak; *das darf man nicht so* ~ *sehen!* bunu o kadar katı görmemek lazım!
**Engagement** [āgaʒ(ə)ˈmãː] N ⟨-s; -s⟩ angajman
**engagieren** [āgaˈʒiːrən] ⟨ohne -ge-, h.⟩ **A** VT *Künstler* angaje etmek, *Band etc* kiralamak **B** V/R: *sich* ~ *für* -*e* bağlanmak, -*e* angaje olmak
**engagiert** ADJ angaje, bağlı
**Enge** F ⟨-; *ohne pl*⟩ darlık; *in die* ~ *treiben* sıkıntıya sokmak, köşeye sıkıştırmak
**Engel** M ⟨-s; -⟩ melek
**Engelsgeduld** F ⟨-; *ohne pl*⟩: *mit* ~ Eyüp Sultan sabrıyla
**engherzig** ADJ katı yürekli
**Eng|land** N İngiltere **~länder** M ⟨-s; -⟩ **~länderin** F ⟨-; -nen⟩ İngiliz **~lisch** ADJ İngiliz(ce); İngiltere; (**gut**) **englisch sprechen** (iyi) İngilizce konuşmak **~lisch** N İngilizce
**Engpass** M *fig* darboğaz
**engstirnig** ADJ dargörüşlü, darkafalı **Ʒkeit** F ⟨-; *ohne pl*⟩ darkafalılık

**Enkel** ['ɛŋk(ə)l] M ⟨-s; -⟩, **-in** f ⟨-; -nen⟩ torun
**enorm** ADJ olağanüstü; (riesig) devasa
**Ensemble** [ã'sã:b(ə)l] N ⟨-s; -s⟩ THEAT, MUS topluluk; grup
**entarten** ⟨ohne -ge-, s.⟩ yozlaşmak, dejenere olmak
**entbehr|en** VT ⟨ohne -ge-, h.⟩: etw ~ können bş-siz edebilmek; **etw nicht ~ können** bş-siz edememek **~lich** ADJ (ihtiyaçtan) fazla, gereksiz, vazgeçilebilir **⁓ung** F ⟨-; -en⟩ yokluk, mahrumiyet
**entbind|en** ⟨irr, ohne -ge-, h.⟩ A VT **~ von** -den affetmek, -den muaf kılmak/tutmak; MED Frau doğurtmak B VI doğurmak, dünyaya getirmek **⁓ung** F ⟨-; -en⟩ (von -den) muaflık/muafiyet; MED doğum **⁓ungsstation** F doğum servisi
**entblößen** VT ⟨ohne -ge-, h.⟩ soymak, açmak
**entbrennen** VI ⟨irr, ohne ge-, s.⟩ Kampf, Streit çıkmak, alevlenmek
**entdeck|en** VT ⟨ohne ge-, h.⟩ keşfetmek **⁓er** M ⟨-s; -⟩ kâşif **⁓ung** F ⟨-; -en⟩ keşif **⁓ungsreise** F keşif yolculuğu
**Ente** F ⟨-; -n⟩ ZOOL ördek; (Zeitungs⁓) uydurma haber, balon; döşövo (Auto); fig **lahme ~** mıymıntı
**enteign|en** VT ⟨ohne ge-, h.⟩ kamulaştırmak; **j-n ~** b-nin varlığını elinden almak **⁓ung** F ⟨-; -en⟩ kamulaştırma, istimlak
**enteisen** VT ⟨ohne ge-, h.⟩ TECH -in buzunu gidermek
**enterben** VT ⟨ohne ge-, h.⟩ mirastan mahrum etmek
**entern** VT ⟨ohne ge-, h.⟩ -e rampa etmek
**Entertainer** ['ɛntɐte:nɐ] M ⟨-s; -⟩ eğlence programı sunucusu
**entfachen** VT ⟨ohne ge-, h.⟩ alevlendirmek
**entfallen** VI ⟨irr, ohne ge-, s.⟩ (wegfallen) kaldırılmak, çıkarılmak; **auf j-n ~** b-nin payına düşmek; **es ist mir ~** hatırlamıyorum, unuttum
**entfalten** ⟨ohne ge-, h.⟩ A VT ⟨öffnen⟩ (-in katlarını) açmak; Pracht ortaya sermek B VR: **sich ~** Blüte açmak; Person k-ni geliştirmek, açılmak, serpilmek
**entfärben** VT ⟨ohne ge-, h.⟩ CHEM, TECH ağartmak, -in boyasını gidermek
**entfernen** ⟨ohne ge-, h.⟩ A VT uzaklaştırmak B VR: **sich ~** uzaklaşmak
**entfernt** ADJ uzak; **10 km ~** 10 km uzak(lık)ta; fig **weit davon ~ sein zu** (+ inf) -mekten (fersah fersah) uzak(ta) olmak; **nicht im ⁂esten** bir damlacık bile ... değil/yok
**Entfernung** F ⟨-; -en⟩ (Abstand) uzaklık, mesafe; **in e-r ~ von** ... uzaklığında; **aus der ~** uzaktan; (Beseitigung) giderme; uzaklaştırılma, ihraç **⁓smesser** M ⟨-s; -⟩ FOTO telemetre
**entfesseln** VT ⟨ohne ge-, h.⟩ Krieg etc çıkarmak
**entflamm|bar** ADJ tutuşabilir **~en** ⟨o ge-⟩ A VT ⟨h.⟩ TECH tutuşturmak B VI ⟨s.⟩ fig **~ für** için şevke getirmek
**entfremden** ⟨ohne ge-, h.⟩ A VT yabancılaştırmak; yadırgatmak; **etw s-m Zweck ~** bş-i amacından başka işe kullanmak B VR: **sich** (j-m) **~** (b-ne) yabancılaşmak
**Entfremdung** F ⟨-; -en⟩ zwischen Menschen yabancılaşma
**Entfroster** M ⟨-s; -⟩ TECH buz çözücü
**entführ|en** VT ⟨ohne ge-, h.⟩ (zorla) kaçırmak **⁓er** M ⟨-s; -⟩ bş-i/b-ni kaçıran (zorla) **⁓ung** F ⟨-; -en⟩ kaçırma
**entgegen** PRÄP (dat), A. ADV -e karşı, -e aykırı olarak; -in doğrultusunda; **~ allen Erwartungen** bütün beklentilerin tersine/aksine
**entgegenbringen** VT ⟨irr, -ge-, h.⟩: **Interesse ~** -e ilgi göstermek
**entgegengehen** VI ⟨irr, -ge-, s.⟩: **j-m ~** b-ni (yürüyerek) karşılamak; **dem Ende ~** sonuna yaklaşmak
**entgegengesetzt** ADJ -e tam karşı/karşıt
**entgegenhalten** VT ⟨irr, -ge-, h.⟩: **j-m etw ~** b-ne bş-le karşılık vermek
**entgegenkommen** VI ⟨irr, -ge-, s.⟩: **j-m ~** b-ni karşılamaya gelmek; fig b-ne kolaylık göstermek; fig **j-m** (**auf halbem Wege**) **~** b-le yarı yolda buluşmak, b-ne (pazarlıkta) yaklaşmak
**Entgegenkommen** N ⟨-s; ohne pl⟩ kolaylık
**entgegenkommend** ADJ kolaylık gösteren/gösterir
**entgegenlaufen** VI ⟨irr, -ge-, s.⟩ (dat -i) (koşarak) karşılamak

**Entgegen|nahme** F ⟨-; ohne pl⟩ teslim (alma), tesellüm **2nehmen** VT ⟨irr, -ge-, h.⟩ almak, kabul etmek
**entgegensehen** VI ⟨irr, -ge-, h.⟩ -in yolunu gözlemek; **e-r Sache** (dat) **freudig ~** bş-i sevinçle beklemek
**entgegensetzen** VT ⟨-ge-, h.⟩ Widerstand -le karşılık vermek
**entgegenstehen** VI ⟨irr, -ge-, h.⟩: **e-r Sache** (dat) **~** bş-le karşı karşıya olmak
**entgegentreten** VI ⟨irr, -ge-, s.⟩: **j-m (e-r Sache) ~** b-nin (bş-in) karşısına çıkmak
**entgegn|en** VT ⟨ohne -ge-, h.⟩ (auf akk -e; dass ... ... diye) karşılık/cevap vermek **2ung** F ⟨-; -en⟩ (auf akk -e) cevap
**entgehen** VI ⟨irr, ohne -ge-, s.⟩ (dat -den) kaçmak, kurtulmak; **sich** (dat) **etw ~ lassen** bş-i (elden) kaçırmak
**Entgelt** N ⟨-s; -e⟩ bedel, karşılık; (Honorar) ücret
**entgiften** VT ⟨ohne -ge-, h.⟩ -in zehirini almak
**entgleis|en** VI ⟨ohne -ge-, s.⟩ Zug raydan çıkmak; fig yolunu şaşırmak, sapıtmak; münasebetsizlik etmek **2ung** F ⟨-; -en⟩ raydan çıkma; fig (büyük) gaf
**entgleiten** VI ⟨irr, ohne -ge-, s.⟩: **j-m ~** b-nin elinden kaymak/kaçmak
**enthaaren** VT ⟨ohne -ge-, h.⟩ -in kıllarını almak
**Enthaarungsmittel** N ağda, epilasyon kremi vs
**enthalten** ⟨irr, ohne ge-, h.⟩ **A** VT içermek, kapsamak **B** VR: **sich (der Stimme) ~** çekimser kalmak **C** P/P: **~ sein** (in dat -in içinde) olmak/bulunmak
**enthaltsam** ADJ dünya zevklerinden uzak
**Enthaltung** F ⟨-; -en⟩ çekimser (oy)
**enthärten** VT ⟨ohne -ge-, h.⟩ Wasser -in sertliğini gidermek
**enthüll|en** VT ⟨ohne -ge-, h.⟩ Denkmal etc açış törenini yapmak; fig ortaya çıkarmak **2ung** F ⟨-; -en⟩ açılış; fig ortaya çıkarma
**Enthusiasmus** [entu'zi:asmus] M ⟨-; ohne pl⟩ heyecan, coşku
**Enthusiast** M ⟨-en; -en⟩, **-in** F ⟨-; -nen⟩ coşkulu kimse **2isch** ADJ coşkun, heyecanlı

**entkalken** VT ⟨ohne -ge-, h.⟩ -in kireçini gidermek
**entkernen** VT ⟨ohne -ge-, h.⟩ -in çekirdeğini çıkarmak
**entkleiden** ⟨ohne -ge-, h.⟩ **A** VT -in elbiselerini çıkarmak **B** VR: **sich ~** (kendi) elbiselerini çıkarmak
**entkoffeiniert** ADJ kafeinsiz
**entkommen** VI ⟨irr, ohne -ge-, s.⟩ (dat -den) kurtulmak; **e-r Gefahr ~** -i atlatmak; (aus -den) kaçmak
**Entkommen** N ⟨-s; ohne pl⟩ kurtuluş, kaçış; **es gab kein ~** kurtuluş yoktu
**entkorken** VT ⟨ohne -ge-, h.⟩ -in mantarını çıkarmak
**entkräften** VT ⟨ohne -ge-, h.⟩ kuvvetten düşürmek; fig Aussage çürütmek
**entlad|en** VT ⟨irr, ohne -ge-, h.⟩ boşaltmak, indirmek; ELEK boşalmak (a. v/r) **2ung** F ⟨-; -en⟩ boşalt(ıl)ma, indir(il)me; boşalma
**entlang** PRÄP ⟨akk⟩ & ADV boyunca; **hier ~, bitte!** buradan, lütfen!
**entlanggehen** VT, VI ⟨irr, -ge-, s.⟩: **etw** ⟨akk⟩ **~, ~ an etw** ⟨dat⟩ ... boyunca (yürüyerek) gitmek
**entlarven** [-f-] VT ⟨ohne -ge-, h.⟩ -in maskesini düşürmek, -in foyasını meydana çıkarmak
**entlass|en** VT ⟨irr, ohne -ge-, h.⟩ işten çıkarmak; Patienten (aus -den) taburcu etmek; Häftling serbest bırakmak; **j-n fristlos ~** b-ni derhal işten çıkarmak **2ung** F ⟨-; -en⟩ işten çıkar(ıl)ma; taburcu etme/edilme; salıver(il)me **2ungsgesuch** N istifa dilekçesi
**entlast|en** VT ⟨ohne -ge-, h.⟩ -in yükünü hafifletmek; Gewissen, Verkehr rahatlatmak; JUR aklamak, ibra etmek **2ung** F ⟨-; ohne pl⟩ rahatlama; JUR aklama, ibra **2ungszeuge** M savunma şahidi
**entlaufen** VI ⟨irr, ohne -ge-, s.⟩ (dat -den) kaçmak
**entledigen** VR: ⟨ohne -ge-, h.⟩: **sich e-r Sache** ⟨gen⟩ **~** bş-i başından atmak
**entlegen** ADJ ıssız, sapa
**entlehnen** VT ⟨ohne -ge-, h.⟩ (aus, von -den) almak, aktarmak
**entleihen** VT ⟨irr, ohne -ge-, h.⟩ (dat, aus, von -den) ödünç almak
**entlocken** VT ⟨ohne -ge-, h.⟩: **j-m ein Geheimnis ~** b-nin ağzından bir sır al-

mak
**entlohnen** VT ⟨ohne -ge-, h.⟩ -NE ücret vermek
**entlüft|en** VT ⟨ohne -ge-, h.⟩ havalandırmak **2ung** F ⟨-; -en⟩ havalandırma
**entmachten** VT ⟨ohne -ge-, h.⟩ -in elinden iktidarı almak
**entmilitarisieren** VT ⟨ohne -ge-, h.⟩ askerden arındırmak
**entmündig|en** VT ⟨ohne -ge-, h.⟩ JUR hacir altına almak **2ung** F ⟨-; -en⟩ JUR hacir
**entmutig|en** VT ⟨ohne -ge-, h.⟩ -in cesaretini kırmak **~end** ADJ cesaret kırıcı
**entnehmen** VT ⟨irr, ohne -ge-, h.⟩: etw ~ aus (od dat -den) almak/çıkarmak
**entnerven** VT ⟨ohne -ge-, h.⟩ -in sinirini bozmak
**entpuppen** VR ⟨ohne -ge-, h.⟩: sich ~ als ... olarak ortaya çıkmak
**entreißen** VT ⟨irr, ohne -ge-, h.⟩: j-m etw ~ bş-i b-nin elinden (zorla) almak
**entrinnen** VT ⟨irr, ohne -ge-, s.⟩: j-m, e-r Sache ~ bş-den kaç(abil)mek, kurtulmak
**entrümpeln** VT ⟨ohne -ge-, h.⟩ (bir evi eski eşyayı çıkararak) boşaltmak
**entrüst|en** ⟨ohne -ge-, h.⟩ A VT kızdırmak, hiddetlendirmek B VR: sich ~ (über akk -e) öfkelenmek **~et** ADJ kızgın, öfkeli **2ung** F ⟨-; ohne pl⟩ hiddet, öfke, kızgınlık
**entsaft|en** VT ⟨ohne -ge-, h.⟩ -in suyunu çıkarmak **2er** M ⟨-s; -⟩ meyva suyu çıkarma tenceresi/aleti
**entschädig|en** VT ⟨ohne -ge-, h.⟩ (-in; für ...) zararını ödemek **2ung** F ⟨-; -en⟩ tazminat
**entschärfen** VT ⟨ohne -ge-, h.⟩ etkisiz hale getirmek; Lage yumuşatmak
**entscheiden** ⟨irr, ohne -ge-, h.⟩ A VT kararlaştırmak; endgültig hüküm vermek, karara bağlamak B VI ⟨über akk hakkında⟩ karar vermek C VR: sich ~ (für lehte; gegen aleyhte; zu tun yapmaya⟩ karar vermek
**entscheid|end** ADJ (für için) sonucu belirleyen, kesin; (kritisch) canalıcı, kritik **2ung** F ⟨-; -en⟩ (über akk hakkında) karar; e-e ~ treffen (fällen) bir karar vermek
**entschieden** A ADJ Ton, Haltung kararlı; Ablehnung kesin B ADV kararlılıkla/kesinlikle, kararlı/kesin (bir) biçimde/şekilde **2heit** F ⟨-; ohne pl⟩ kararlılık, kesinlik; **mit (aller) ~** (gayet) kararlı/kesin biçimde
**entschlacken** VT ⟨ohne -ge-, h.⟩ TECH -i cüruftan temizlemek; MED vücudu zehirlerden arındırmak
**entschließ|en** VR ⟨irr, ohne -ge-, h.⟩: sich ~ (zu, für -e; zu tun yapmaya) karar vermek, azmetmek; sich anders ~ karar değiştirmek **2ung** F ⟨-; -en⟩ karar
**entschlossen** ADJ: (fest) ~ sein (kesin) kararlı olmak; **kurz ~** ani bir kararla **2heit** F ⟨-; ohne pl⟩ azim, kararlılık
**Entschluss** M ⟨-es; ⁻e⟩ karar; e-n ~ fassen bir karar almak
**entschlüsseln** VT ⟨ohne -ge-, h.⟩ deşifre etmek, -in şifresini vs çözmek
**entschuldbar** ADJ affedilir, mazur görülür
**entschuldigen** ⟨ohne -ge-, h.⟩ A VT affetmek, mazur görmek, kusura bakmamak; **~ Sie die Störung!** rahatsız ettiğim(iz) için kusura bakmayın!; das ist nicht zu ~ bu affedilir bir şey değil B VR: sich ~ (bei j-m b-nden; für etw bş için) özür dilemek C VI: ~ Sie! beim Vorbeigehen müsaade eder misiniz?; affedersiniz!, pardon!
**Entschuldigung** F ⟨-; -en⟩ özür (dileme); (~sgrund) mazeret; j-n um ~ bitten (wegen -den dolayı) b-nden özür dilemek; ~! pardon!, affedersiniz!
**entsenden** VT ⟨irr, ohne -ge-, h.⟩ sevketmek, göndermek
**entsetz|en** ⟨ohne -ge-, h.⟩ A VT ⟨h.⟩ korkutmak, ürpertmek, şok etmek B VR: sich ~ (über karşısında) dehşete uğramak **2en** N ⟨-s; ohne pl⟩ dehşet, korku **~lich** ADJ müthiş, dehşet verici
**entsorg|en** VT ⟨ohne -ge-, h.⟩ çöp toplamak ve yok etmek **2ung** F ⟨-; -en⟩ çöp alınması ve yok edilmesi
**entspann|en** ⟨ohne -ge-, h.⟩: sich ~ gevşemek, gevşek bırakmak; Lage gerginliğini azaltmak **2ung** F ⟨-; -en⟩ POL yumuşama; gevşeme **2ungspolitik** F yumuşama/detant politikası **2ungsübung** F gevşeme alıştırması/egzersizi
**entspiegelt** ADJ Brille refleks giderici kaplamalı

**entspr.** *abk für* entsprechend
**entsprechen** V/I ⟨*irr, ohne* -ge-, *h.*⟩ -e uymak, uygun düşmek; *Anforderungen etc* -i karşılamak
**entsprechend** A ADJ uygun, paralel B -e uygun (olarak); **~ gilt ...** buna uygun/paralel olarak ... geçerlidir; **den Umständen ~** duruma göre
**Entsprechung** F ⟨-; -en⟩ karşılık
**entspringen** V/I ⟨*irr, ohne* -ge-, *s.*⟩ *Fluss* (**in** *dat* -den) çıkmak, kaynamak; (**aus** -den) oluşmak, kaynaklanmak
**entstammen** V/I ⟨*ohne* -ge-, *s.*⟩ (*dat*) ... kökenli olmak, -den ileri gelmek
**entsteh|en** V/I ⟨*irr, ohne* -ge-, *s.*⟩ (**aus** -den) oluşmak; meydana gelmek; *allmählich* gelişmek, ortaya çıkmak **2ung** F ⟨-; *ohne pl*⟩ oluşma, oluşum, doğuş **2ungsgeschichte** F -in oluşumunun tarihi
**entsteinen** V/T ⟨*ohne* -ge-, *h.*⟩ -in çekirdeğini çıkarmak
**entstellen** V/T ⟨*ohne* -ge-, *h.*⟩ (olduğundan) başka göstermek; bozmak
**entstören** V/T ⟨*ohne* -ge-, *h.*⟩ ELEK -in parazitini kesmek
**entstört** ADJ ELEK parazitsiz
**enttarnen** V/T ⟨*ohne* -ge-, *h.*⟩ deşifre etmek, -in casus olduğunu anlamak
**enttäusch|en** V/T ⟨*ohne* -ge-, *h.*⟩ hayalkırıklığına uğratmak; **ich bin enttäuscht von ...** ... beni hayal kırıklığına uğrattı **2ung** F ⟨-; -en⟩ hayalkırıklığı
**entvölkert** ADJ ıssız(laşmış)
**entwachsen** V/I ⟨*irr, ohne* -ge-, *s.*⟩: *e-r Sache* (*dat*) ~ bş-den bağımsızlaşmak
**entwarnen** V/I ⟨*ohne* -ge-, *h.*⟩ -e tehlikenin geçtiğini haber vermek
**entwässern** V/T ⟨*ohne* -ge-, *h.*⟩ kurutmak, drene etmek, -in suyunu almak
**Entwässerungsanlage** F drenaj (tesisi)
**entweder** ['ɛntveːdɐ, ɛntˈveː-] KONJ: **~ ... oder ...** ya ... ya (da)
**entweichen** V/I ⟨*irr, ohne* -ge-, *s.*⟩ (**aus** -den) uçup gitmek
**entwenden** V/T ⟨*ohne* -ge-, *h.*⟩: **j-m etw ~** b-nin bş-ini çalmak
**entwerfen** V/T ⟨*irr, ohne* -ge-, *h.*⟩ tasar(ım)lamak; -in taslağını yapmak
**entwert|en** V/T ⟨*ohne* -ge-, *h.*⟩ *Fahrschein etc* damgalayarak *vs* iptal etmek; *Währung* devalüe etmek **2ung** F ⟨-; -en⟩ iptal (etme); WIRTSCH (*Geld*2) devalüasyon
**entwickeln** A V/T ⟨*ohne* -ge-, *h.*⟩ geliştirmek; FOTO banyo etmek B V/R: **sich ~** gelişmek
**Entwicklung** F ⟨-; -en⟩ gelişme; geliştirme, gelişim
**Entwicklungs|geschichte** F tarihçe **~helfer(in)** M(F) kalkınma yardımı görevlisi **~hilfe** F kalkınma yardımı **~land** N kalkınmakta olan ülke **~politik** F kalkınmakta olan ülkeler politikası **~stufe** F gelişim aşaması
**entwirren** V/T ⟨*ohne* -ge-, *h.*⟩ çöz(üm)lemek
**entwischen** V/I ⟨*ohne* -ge-, *s.*⟩ **~ -in** elinden kaçıp gitmek
**entwöhnen** V/T ⟨*ohne* -ge-, *h.*⟩ memeden/sütten kesmek; (bir alışkanlıktan) vazgeçirmek
**Entwöhnung** F ⟨-; -en⟩ *Säugling* memeden kes(il)me; MED kötü alışkanlık tedavisi
**entwürdigend** ADJ onur/haysiyet kırıcı
**Entwurf** M taslak, tasarı, müsvedde, plan; tasarım; (*Skizze*) taslak, kroki
**entwurzeln** V/T ⟨*ohne* -ge-, *h.*⟩ köklemek, kökünden sökmek
**entzieh|en** ⟨*irr, ohne* -ge-, *h.*⟩ A V/T: **j-m etw ~** b-nin bş-ini (elinden) almak B V/R: **sich ~** (*dat*) -den uzak kalmak/olmak **2ung** F ⟨-; -en⟩, **2ungskur** F uyuşturucu bağımlılığı tedavisi
**entziffern** V/T ⟨*ohne* -ge-, *h.*⟩ *Handschrift* sökmek, okumak, deşifre etmek
**Entzück|en** N ⟨-s; *ohne pl*⟩ büyük sevinç, haz **2end** ADJ büyüleyici; (*niedlich*) şirin
**entzückt** ADJ (**über** *akk*, **von** -den) büyülenmiş, hayran
**Entzug** M ⟨-s; *ohne pl*⟩ *Führerschein etc* ıskat; MED -den kesilme
**Entzugserscheinungen** PL MED -den kesilme sendromu (*uyuşturucu vs*)
**entzünd|en** ⟨*ohne* -ge-, *h.*⟩ A V/T tutuşturmak B V/R: **sich ~** alev almak, tutuşmak; MED iltihaplanmak; *fig* **sich ~** (**an** *dat* -den) alevlenmek **~et** ADJ MED ihtihaplı **~lich** ADJ MED iltihap eğilimli **2ung** F ⟨-; -en⟩ MED iltihap(lanma) **~ungshemmend** ADJ MED iltihap giderici

## ENTZ

**entzwei** ADJ präd ikiye ayrılmış/bölünmüş, iki parça **~brechen** ⟨irr, -ge-⟩ A V/T ⟨h.⟩ ikiye kırmak B V/I ⟨s.⟩ ikiye kırılmak

**entzweien** ⟨ohne -ge-, h.⟩ A V/T Freunde birbirinden ayırmak B V/R: **sich ~** (mit ile) küsüşmek/bozuşmak

**entzweigehen** V/I ⟨irr, trennb⟩ küsüşmek, bozuşmak

**Enzian** M ⟨-s; -e⟩ BOT centiyane

**Enzyklo|pädie** F ansiklopedi **♀pädisch** ADJ ansiklopedik

**Enzym** N ⟨-s; -e⟩ enzim

**Epidemie** F ⟨-; -n⟩ salgın (hastalık)

**Epik** F ⟨-; ohne pl⟩ epik tür, anlatı türü

**Epilep|sie** F ⟨-; -n⟩ MED sara, epilepsi **~tiker** M ⟨-s; -⟩, **~tikerin** F ⟨-; -nen⟩ saralı, epileptik **♀tisch** ADJ Anfall epileptik

**Epilog** M ⟨-s; -e⟩ sondeyiş, epilog

**episch** ADJ epik, anlatısal

**Episode** F ⟨-; -n⟩ yan olay, epizot

**Epoche** F ⟨-; -n⟩ çağ, aşama, dönem

**Epos** N ⟨-; Epen⟩ destan, epos

**er** PERS PR o ⟨eril⟩; **~ selbst** (o) kendisi

**Erachten** N: **meines ~s** benim fikrimce

**erarbeiten** V/T u. V/R ⟨ohne -ge-, h.⟩: **sich** (dat) **etw ~** bş-i (çalışarak) elde etmek

**erb.** abk für erbaut -in inşa edildiği tarihi

**erbärmlich** ADJ acınacak halde; sefil; orta, vasat

**erbarmungslos** ADJ acımasız, merhametsiz

**erbau|en** ⟨ohne -ge-, h.⟩ A V/T inşa etmek; fig vom etw nicht erbaut sein bş-den hiç hoşlanmamak B V/R: fig **sich ~ an** (dat) ile kültürünü arttırmak **♀er** M ⟨-s; -⟩ inşa eden; mimar

**Erbauung** F ⟨-; ohne pl⟩ fig kültür arttırma

**erbberechtigt** ADJ mirasta hak sahibi

**Erbe**[1] M ⟨-n; -n⟩ mirasçı, vâris; **j-n zum ~n einsetzen** b-ni mirasçısı yapmak

**Erbe**[2] N ⟨-s; ohne pl⟩ miras

**erben** V/T ⟨h.⟩ miras (olarak) almak

**erbetteln** V/T ⟨ohne -ge-, h.⟩: **sich** (dat) **etw ~ von** -den bş-i yalvararak koparmak

**erbeuten** V/T ⟨ohne -ge-, h.⟩ ganimet olarak götürmek

**Erb|folge** F gesetzliche irsi intikal **~folger** M ⟨-s; -⟩, **~folgerin** f ⟨-; -nen⟩ mirasçı, varis **~gut** N BIOL genetik malzeme

**erbittert** ADJ Kampf etc amansız, kıyasıya; Person ⟨über akk -e⟩ çok içerlemiş

**Erbkrankheit** F irsi hastalık

**erblassen** V/I ⟨ohne -ge-, s.⟩ sararmak, -in benzi atmak

**Erblasser** M ⟨-s; -⟩, **-in** F ⟨-; -nen⟩ JUR muris

**erblich** ADJ irsi, kalıtsal

**erblicken** V/T ⟨ohne -ge-, h.⟩ görmek, görüp farkına varmak

**erblind|en** V/I ⟨ohne -ge-, s.⟩ kör olmak; **auf e-m Auge ~** -in bir gözü kör olmak **♀ung** F ⟨-; ohne pl⟩ körleşme, kör olma

**Erbmasse** F JUR miras(a konu olan varlık)

**erbrechen** ⟨irr, ohne -ge-, h.⟩ V/T, V/I, V/R kusmak

**Erbrechen** N ⟨-s; ohne pl⟩ kusma; fig **bis zum ~** bıktıracak kadar

**Erbrecht** N JUR miras hukuku

**erbringen** V/T ⟨irr, ohne -ge-, h.⟩ Beweis, Geld getirmek

**Erbschaft** F ⟨-; -en⟩ miras; **e-e ~ machen** mirasa konmak

**Erbschaftssteuer** F veraset vergisi

**Erbschein** M veraset ilamı

**Erbschleicher** M ⟨-s; -⟩, **-in** F ⟨-; -nen⟩ haksız mirasa konmaya çalışan

**Erbse** F ⟨-; -n⟩ bezelye

**Erb|stück** N aile yadigarı **~teil** N miras payı

**Erd|achse** F dünya ekseni **~atmosphäre** F atmosfer **~beben** N, ⟨-s; -⟩ deprem **~beere** F çilek **~boden** M ⟨-s; ohne pl⟩ yer, zemin, toprak; **dem ~ gleichmachen** yerle bir etmek

**Erde** F ⟨-; ohne pl⟩ (Welt) dünya; (Erdreich) toprak; (Boden) yer

**erden** V/T ⟨h.⟩ ELEK topraklamak

**erdenklich** ADJ akla gel(ebil)ir

**Erd|gas** N doğal gaz **~geschichte** F yeryüzü tarihi **~geschoss** N, österr **~geschoß** N zemin/giriş katı **♀ig** ADJ topraklı, toprağı **~kunde** F ⟨-; ohne pl⟩ coğrafya **~nuss** F yerfıstığı **~nussbutter** F yerfıstığı ezmesi **~oberfläche** F yeryüzü, dünya yüzeyi **~öl** N petrol; **~ exportierende Län-**

**der** petrol ihraç eden ülkeler
**erdrosseln** <u>VT</u> ⟨ohne -ge-, h.⟩ (boğazını sıkarak) öldürmek
**erdrücken** <u>VT</u> ⟨ohne -ge-, h.⟩ ezerek öldürmek; *fig* ezmek
**erdrückend** <u>ADJ</u> *fig* bunaltıcı, ezici
**Erd|rutsch** <u>M</u> ⟨-s; -e⟩ toprak kayması; POL oy kayması **~schicht** <u>F</u> toprak tabakası **~stoß** <u>M</u> sarsıntı, yer sarsıntısı **~teil** <u>N</u> GEOG kıta
**erdulden** <u>VT</u> ⟨ohne -ge-, h.⟩ çekmek, *-e* katlanmak; **~ müssen** kabullenmek
**Erdumfang** <u>M</u> dünya çevresi
**Erdumlaufbahn** <u>F</u> dünya yörüngesi
**Erdung** <u>F</u> ⟨-; -en⟩ ELEK topraklama, toprak hattı
**ereignen** <u>VR</u> ⟨ohne -ge-, h.⟩: **sich ~** olmak, vukubulmak
**Ereignis** <u>N</u> ⟨-ses; -se⟩ olay **&los** <u>ADJ</u> olaysız **&reich** <u>ADJ</u> olaylı, olaylarla dolu
**Eremit** <u>M</u> ⟨-en; -en⟩, **-in** <u>F</u> ⟨-; -nen⟩ münzevi, keşiş
**ererbt** <u>ADJ</u> miras (olarak elde edilmiş), *-den* kalma
**erfahren¹** ⟨*irr*, ohne -ge-, h.⟩ **A** <u>VT</u> öğrenmek, haber almak; görüp geçirmek, yaşamak **B** <u>VI</u>: **~ von** *-den* haberdar olmak
**erfahren²** <u>ADJ</u> (**in** *dat -de*) tecrübeli
**Erfahrenheit** <u>F</u> ⟨-; ohne *pl*⟩ tecrübe(-lilik)
**Erfahrung** <u>F</u> ⟨-; -en⟩ tecrübe, deneyim; **aus (eigener) ~** *-in* kendi tecrübesinden; **in ~ bringen** (sorup) öğrenmek; **die ~ machen, dass ...** *-diği* tecrübesini geçirmek
**Erfahrungs|austausch** <u>M</u> tecrübe alışverişi **&gemäß** <u>ADV</u> tecrübe(ler)in gösterdiği üzere
**erfassen** <u>VT</u> ⟨ohne -ge-, h.⟩ kavramak, anlamak; (*statistisch*) kaydetmek, saptamak; kapsamak; *Daten* toplamak, derlemek; *Text* yazmak, işlemek
**Erfassung** <u>F</u> ⟨-; -en⟩ *von Daten etc* sapta(n)ma
**erfind|en** <u>VT</u> ⟨*irr*, ohne -ge-, h.⟩ icat etmek **&er** <u>M</u> ⟨-s; -⟩, **&erin** <u>F</u> ⟨-; -nen⟩ mucit **&ergeist** <u>M</u> ⟨-s; ohne *pl*⟩ mucit ruhu **~erisch** <u>ADJ</u> yaratıcı, üretici **&ung** <u>F</u> ⟨-; -en⟩ icat **&ungs-gabe** <u>F</u> icat yeteneği
**Erfolg** <u>M</u> ⟨-s; -e⟩ başarı; sonuç; **~ haben** başarılı olmak; **~ versprechend**

# 657 ‖ ERGÄ

umut verici
**erfolgen** <u>VI</u> ⟨ohne -ge-, s.⟩ gerçekleşmek, yapılmak
**erfolglos** <u>ADJ</u> başarısız; (*vergeblich*) boş yere **&igkeit** <u>F</u> ⟨-; ohne *pl*⟩ başarısızlık
**erfolgreich** <u>ADJ</u> başarılı
**Erfolgs|aussichten** <u>PL</u> başarı ümidi/ümitleri **~autor(in)** <u>M(F)</u> başarılı yazar **~beteiligung** <u>F</u> kârdan hisse **~chance** <u>F</u> başarı ihtimali **~erlebnis** <u>N</u> olumlu deneyim **~kurs** <u>M</u> başarı çizgisi **~quote** <u>F</u> başarı oranı
**erforderlich** <u>ADJ</u> gerekli, lüzumlu; **unbedingt ~** mutlaka gerekli
**erfordern** <u>VT</u> ⟨ohne -ge-, h.⟩ gerektirmek
**Erfordernis** <u>N</u> ⟨-ses; -se⟩ gerek, zaruret
**erforsch|en** <u>VT</u> ⟨ohne -ge-, h.⟩ araştırmak, incelemek **&er** <u>M</u> ⟨-s; -⟩, **&erin** <u>F</u> ⟨-; -nen⟩ araştırmacı **&ung** <u>F</u> ⟨-; -en⟩ araştır(ıl)ma; incele(n)me
**erfragen** <u>VT</u> ⟨ohne -ge-, h.⟩ sorarak öğrenmek
**erfreuen** ⟨ohne -ge-, h.⟩ **A** <u>VT</u> sevindirmek **B** <u>VR</u>: **sich ~ an** (*dat*) *-den* sevinç duymak
**erfreulich** <u>ADJ</u> memnun edici, sevindirici
**erfrier|en** <u>VI</u> ⟨*irr*, ohne -ge-, s.⟩ donarak ölmek; (*Pflanzen*) donmak **&ung** <u>F</u> ⟨-; -en⟩ soğuk yanığı
**erfrisch|en** ⟨ohne -ge-, h.⟩ **A** <u>VT</u> serinletmek **B** <u>VR</u>: **sich ~** serinlemek **~end** <u>ADJ</u> serinletici; *fig* tazelik getiren, iç açıcı **&ung** <u>F</u> ⟨-; -en⟩ serinleme, canlanma
**Erfrischungs|getränk** <u>N</u> meşrubat, soğuk içecek **~raum** <u>M</u> kafeterya **~tuch** <u>N</u> kolonyalı mendil
**erfüll|en** ⟨ohne -ge-, h.⟩ **A** <u>VT</u> (**mit** *-le*) doldurmak; *Wunsch, Pflicht, Bedingung* yerine getirmek; *Versprechen* (sözünü) tutmak; *Zweck -e* yaramak; *Erwartung* karşılamak **B** <u>VR</u>: **sich ~** gerçekleşmek **&ung** <u>F</u> ⟨-; -en⟩ gerçekleşme, ifa; **in ~ gehen** gerçekleşmek, hakikat olmak
**Erfüllungsort** <u>M</u> WIRTSCH ifa yeri
**erfunden** <u>ADJ</u> icat edilmiş; (*unwahr*) uydurulmuş
**ergänz|en** ⟨ohne -ge-, h.⟩ **A** <u>VT</u> tamamlamak **B** <u>VR</u>: **sich ~** birini tamamlamak **~end** <u>ADJ</u> ek **&ung** <u>F</u> ⟨-; -en⟩

tamamlama, ek, ilave

**ergeben**¹ ⟨irr, ohne -ge-, h.⟩ **A** VT etmek, tutmak (Betrag) **B** V/R: **sich ~** teslim olmak; Schwierigkeiten, Folgen çıkmak; **sich ~ aus** -in sonucu olmak; **sich ~ in** -i kabullenmek

**ergeben**² ADJ (resignierend) kabullenmiş, teslim olmuş

**Ergebenheit** F ⟨-; ohne pl⟩ derinden bağlılık

**Ergebnis** N ⟨-ses; -se⟩ sonuç **&los** ADJ sonuçsuz

**ergehen** ⟨irr, ohne -ge-⟩ **A** V/I ⟨s.⟩ JUR Urteil çıkmak; **wie ist es dir ergangen?** işlerin nasıl oldu?; **so erging es mir auch** bana da öyle oldu; **etw über sich ~ lassen** bş-e katlanmak, bş-e sabırla dayanmak **B** V/R ⟨h.⟩: **sich ~** (**über** akk, **in** dat üzerine) ahkam kesmek; **sich in Vorwürfen ~** habire ithamda bulunmak

**ergiebig** ADJ bereketli, kârlı; verimli

**ergrauen** V/I ⟨ohne -ge-, s.⟩ -in saçı kırlaşma

**ergreifen** VT ⟨irr, ohne -ge-, h.⟩ yakalamak, tutmak; Gelegenheit değerlendirmek; Maßnahme almak; Beruf edinmek; fig -i çok etkilemek; **die Flucht ~** kaçmak; **das Wort ~** söz almak, söze girişmek

**ergreifend** ADJ duygulandırıcı

**Ergriffenheit** F ⟨-; ohne pl⟩ duygulanma, içten sarsılma

**ergründen** VT ⟨ohne -ge-, h.⟩ Geheimnis -in sırrına varmak

**Erguss** M ⟨-es; ¨e⟩ MED (Samen&) atım; fig taşıp dökülen söz vs

**erhaben** ADJ (erhöht) kabarık, yükseltilmiş; fig Gedanke, Tat yüce, üstün; **~ sein über** (akk) -in üstünde olmak

**Erhalt** F ⟨-s; ohne pl⟩ (teslim) alma (mektup vs)

**erhalten**¹ VT ⟨irr, ohne -ge-, h.⟩ almak; (bewahren) korumak, muhafaza etmek; (unterstützen) bakmak, desteklemek; **j-n am Leben ~** b-ni hayatta tutmak

**erhalten**² ADJ: **gut ~** iyi korunmuş

**erhältlich** ADJ temin edilebilir; **schwer ~** zor bulunur

**Erhaltung** F ⟨-; ohne pl⟩ (Bewahrung) koruma

**erhängen** V/R ⟨ohne -ge-, h.⟩: **sich ~** kendini asmak

**erhärten** VT ⟨ohne -ge-, h.⟩ Behauptung kuvvetlendirmek

**erheben** ⟨irr, ohne -ge-, h.⟩ **A** VT çıkarmak, yükseltmek **B** V/R: **sich ~** ayağa kalkmak; Volk (**gegen** -e karşı) ayaklanmak; Ansprüche (**auf** akk -den) taleplerde bulunmak; Steuern koymak; Daten toplamak

**erheblich** ADJ önemli ölçüde, hatırı sayılır derecede

**Erhebung** F ⟨-; -en⟩ im Gelände yükselti; (Rebellion) isyan, ayaklanma; von Steuern vergilendirme, vergi tarhı; von Daten derleme

**erheiter|n** VT ⟨ohne -ge-, h.⟩ neşelendirmek **&ung** F ⟨-; ohne pl⟩ sevinç, neşe

**erhellen** ⟨ohne -ge-, h.⟩ **A** VT Problem aydınlatmak **B** V/R: **sich ~** Himmel aydınlanmak

**erhitzen** ⟨ohne -ge-, h.⟩ **A** VT ısıtmak, kızdırmak **B** V/R: **sich ~** ısınmak, kız(ış)mak

**erhöh|en** VT u. V/R ⟨ohne -ge-, h.⟩ (**auf** akk -e; **um** ...) yükseltmek; **~ Zahl** yükselmek **&ung** F ⟨-; -en⟩ yükseliş; artış, zam

**erholen** V/R ⟨ohne -ge-, h.⟩: **sich ~** (genesen) iyileşmek; (**von** -in hastalığı) geçmek; (entspannen) dinlenmek

**erholsam** ADJ dinlendirici

**Erholung** F ⟨-; ohne pl⟩ dinlenme **erholungs|bedürftig** ADJ dinlenmeye ihtiyacı olan **&gebiet** N tatil yöresi **&urlaub** M dinlenme tatili **&zentrum** N rekreasyon merkezi

**Erika** F ⟨-; -s, Eriken⟩ BOT süpürgeotu

**erinner|n** ⟨ohne -ge-, h.⟩ **A** VT (an akk; -i -e) hatırlatmak **B** V/R: **sich ~** (an akk -i) hatırlamak **&ung** F ⟨-; -en⟩ (an akk -i) hatırlama, hatıra, anı; **zur ~ an** (akk) -in anısına; **j-n/etw noch gut in ~ haben** b-ni/bş-i hâlâ iyi hatırlıyor olmak

**Erinnerungs|stück** N hatıra, yadigar **~vermögen** N hafıza, zihin

**erkalten** V/I ⟨ohne -ge-, s.⟩ soğumak

**erkält|en** V/R ⟨ohne -ge-, h.⟩: **sich ~** (kendini) üşütmek; **stark erkältet sein** fena halde üşütmüş olmak **&ung** F ⟨-; -en⟩ üşütme, soğukalgınlığı

**erkämpfen** VT ⟨ohne -ge-, h.⟩ Sieg savaşarak elde etmek; **sich** (dat) **etw hart ~ müssen** bş-i çetin mücadelelerle kazanmak

**erkaufen** VT ⟨ohne -ge-, h.⟩ durch Bestechung rüşvetle elde etmek; **etw teuer ~ müssen** bş-in bedelini ağır ödemek
**erkennbar** ADJ ⟨wieder~⟩ tanınabilir; algılanabilir
**erkennen** ⟨irr, ohne -ge-, h.⟩ **A** VT tanımak (**an** dat -den); seçmek, iyice görmek; (einsehen) anlamak; **sich zu ~ geben** (kendinin) kim olduğunu söylemek; **~ lassen** belli etmek **B** VI JUR **auf Freispruch ~** beraat kararı vermek; JUR **j-n für schuldig ~** b-ni suçlu bulmak
**erkenntlich** ADJ görülebilir, anlaşılabilir; **sich (j-m) ~ zeigen** -e minnettarlığını belirtmek
**Erkenntnis** F ⟨-; -se⟩ bilgi; **neueste ~se** en yeni bilgiler; **zu der ~ gelangen, dass ...** -diği sonucuna varmak
**Erkennung** F ⟨-; ohne pl⟩ tanıma, teşhis
**Erkennungszeichen** N işaret, karakteristik, belirti
**Erker** M ⟨-s; -⟩ ARCH cumba
**erklärbar** ADJ açıklanabilir
**erklären** ⟨ohne -ge-, h.⟩ **A** VT açıklamak; (verkünden) bildirmek, beyan etmek; (offiziell) **für ... ~** -i resmen ... olarak ilan etmek **B** VR: **sich ~ für (gegen)** -den yana (-e karşı) olduğunu belirtmek; **sich einverstanden ~ (mit)** -i kabul ettiğini belirtmek
**erklärend** ADJ açıklayıcı
**erklärt** ADJ açıklanmış, beyan edilmiş
**Erklärung** F ⟨-; -en⟩ açıklama; bildirim; **e-e ~ abgeben** bir açıklama yapmak
**erklettern** VT ⟨ohne -ge-, h.⟩ -in üstüne tırmanıp çıkmak
**erklingen** VI ⟨irr, ohne -ge-, s.⟩ duyulmak
**erkrank|en** VI ⟨ohne -ge-, s.⟩ (**an** dat -den) hastalanmak **2ung** F ⟨-; -en⟩ hastalanma
**erkunden** VT ⟨ohne -ge-, h.⟩ keşfetmek, gözlemek, sorarak öğrenmek
**erkundigen** VR ⟨ohne -ge-, h.⟩ **sich ~ (nach** -i) sormak, danışmak; (**über** akk hakkında) bilgi edinmek; **sich (bei** j-m) **nach dem Weg ~** (b-ne) yolu sormak
**Erkundigung** F ⟨-; -en⟩: **~en einziehen** (**über** akk hakkında) bilgi toplamak
**erlangen** VT ⟨ohne -ge-, h.⟩ Gewissheit elde etmek, -e ulaşmak

**Erlass** M ⟨-es; -e⟩ (Anordnung) genelge, kararname; e-r Strafe etc bağışla(n)ma, affetme, affedilme
**erlassen** VT ⟨irr, ohne -ge-, h.⟩ Verordnung, Gesetz çıkarmak; **j-m etw ~** b-ne bşi bağışlamak, b-nin borcunu silmek
**erlauben** ⟨ohne -ge-, h.⟩ **A** VT -e izin vermek; **~ Sie mal!** müsaade eder misiniz! **B** sich (dat) **etw ~** kendine bir hak vs tanımak; **sie kann sich das ~** onun buna gücü vs yeter
**Erlaubnis** F ⟨-; ohne pl⟩ izin, müsaade
**erläuter|n** VT ⟨ohne -ge-, h.⟩ açıklamak, izah etmek; yorumlamak **2ung** F ⟨-; -en⟩ açıklama; yorum
**Erle** F ⟨-; -n⟩ BOT kızılağaç
**erleben** VT ⟨ohne -ge-, h.⟩ yaşamak; Schlimmes geçirmek; görmek; **das werden wir nicht mehr ~** biz o günleri artık görmeyeceğiz
**Erlebnis** N ⟨-ses; -se⟩ yaşantı; (Abenteuer) macera **2reich** ADJ maceralı, olaylı
**erledigen** ⟨ohne -ge-, h.⟩ **A** VT tamamlamak, yapmak, sonuçlandırmak; Angelegenheit, Problem halletmek, çözmek; umg **j-n ~** b-ni bitirmek; fig (töten) temizlemek **B** VR: **sich ~** Angelegenheit hallolmak
**erledigt** ADJ halledilmiş; **das wäre ~!** bu iş böylece bitti!; umg **er ist für mich ~!** benim onunla işim kalmadı!
**Erledigung** F ⟨-; -en⟩ alışveriş; iş
**erleichtern** VT ⟨ohne -ge-, h.⟩ kolaylaştırmak
**erleichtert** ADJ: **~ sein** -in içi rahat etmek, ferahlamak
**Erleichterung** F ⟨-; ohne pl⟩ hafifleme, kolaylık; (**über** akk -den) ferahlık
**erleiden** VT ⟨irr, ohne -ge-, h.⟩ çekmek; -den çekmek
**erlernen** VT ⟨ohne -ge-, h.⟩ (iyice) öğrenmek
**erlesen** ADJ seçme
**erleucht|en** VT ⟨ohne -ge-, h.⟩ fig aydınlatmak, -e ışık tutmak **2ung** F ⟨-; -en⟩ aydınlatma; fig (Idee) ani bir fikir; REL nirvana
**erliegen** VI ⟨irr, ohne -ge-, s.⟩ -e yenik düşmek; e-r Krankheit -den ölmek
**Erliegen** N ⟨-s; ohne pl⟩: **zum ~ bringen** durdurmak; **zum ~ kommen** durmak

**erlogen** ADJ yalan, uyduruk, uydurulmuş
**Erlös** M ⟨-es; -e⟩ hasılat, kâr
**erloschen** ADJ *Feuer, Vulkan* sönmüş
**erlöschen** VI ⟨erlischt, erlosch, erloschen, s.⟩ *Licht, Vulkan* sönmek; *Vertrag* sona erme
**erlösen** VT ⟨ohne -ge-, h.⟩: j-n ~ (von) b-ni (-*den*) kurtarmak; REL halas etmek; WIRTSCH (satarak) gerçekleştirmek
**Erlösung** F ⟨-; -en⟩ kurtuluş; rahatlama; REL halas
**ermächtig|en** VT ⟨ohne -ge-, h.⟩: j-n zu etw ~ b-ne bş için yetki vermek, b-ni bş-e yetkili kılmak **&ung** F ⟨-; -en⟩ yetkili kılma/olma; (*Befugnis*) yetki
**ermahn|en** VT ⟨ohne -ge-, h.⟩ -e ihtar etmek; (*warnen*) uyarmak **&ung** F ⟨-; -en⟩ (*Warnung*) uyarı
**Ermangelung** F ⟨-; *ohne pl*⟩: in ~ *gen* -*in* bulunmadığı durumda
**ermäßig|en** VT ⟨ohne -ge-, h.⟩ indirmek, azaltmak **&ung** F ⟨-; -en⟩ indirim, tenzilat, iskonto
**Ermessen** N ⟨-s; *ohne pl*⟩: in j-s ~ liegen b-nin takdirine bağlı olmak; nach menschlichem ~ insan aklının erdiği kadarıyla **~sfrage** F takdir konusu **~sspielraum** M takdir payı
**ermitteln** ⟨ohne -ge-, h.⟩ A VT bulmak, meydana çıkarmak; (*bestimmen*) belirlemek B VI JUR araştırmak, soruşturmak
**Ermittler** M ⟨-s; -⟩, **-in** F ⟨-; -nen⟩ soruşturmayı yürüten
**Ermittlung** F ⟨-; -en⟩ JUR **~en** PL soruşturma, tahkikat; **~en anstellen** (über *akk* hakkında) soruşturma yapmak
**Ermittlungs|ausschuss** M soruşturma komisyonu **~richter(in)** M(F) soruşturma hakimi **~verfahren** N JUR hazırlık soruşturması
**ermöglichen** VT ⟨ohne -ge-, h.⟩ mümkün kılmak; j-m ~, etw zu tun b-ne bş-i yapma imkânı vermek
**ermord|en** VT ⟨ohne -ge-, h.⟩ katletmek **&ung** F ⟨-; -en⟩ katil, öldür(ül)me
**ermüd|en** ⟨ohne -ge-, s.⟩ *a.* TECH yorulmak **~end** ADJ yorucu
**Ermüdung** F ⟨-; *ohne pl*⟩ yorgunluk; TECH malzeme yorgunluğu
**ermunter|n** VT ⟨ohne -ge-, h.⟩ (zu -*e*) yüreklendirmek, cesaret vermek **&ung**

F ⟨-; -en⟩ yüreklendirme, cesaret verme
**ermutig|en** VT ⟨ohne -ge-, h.⟩ → ermuntern **~end** ADJ cesaret verici **&ung** F ⟨-; -en⟩ → Ermunterung
**ernähren** ⟨ohne -ge-, h.⟩ A VT beslemek; *Familie* -e bakmak, -*i* geçindirmek B V/R: sich ~ von ile geçinmek
**Ernähr|er** M ⟨-s; -⟩ ailenin geçimini üstlenen kişi **~ung** F ⟨-; *ohne pl*⟩ besleme, besin; beslenme (biçimi) **~ungsweise** F beslenme biçimi
**ernenn|en** VT ⟨*irr*, ohne -ge-, h.⟩: j-n zu etw ~ b-ni bş-e atamak, tayin etmek **&ung** F ⟨-; -en⟩ (zu -*e*, olarak) ata(n)ma
**erneuer|bar** ADJ *Energien, Rohstoffe* yenilenen **~n** ⟨ohne -ge-, h.⟩ A VT yenilemek B V/R: sich ~ yenilenmek, kendini yenilemek **&ung** F ⟨-; -en⟩ yenile(n)me
**erneut** A ADJ yeni, bir dahaki B ADV yeniden
**erniedrig|en** ⟨ohne -ge-, h.⟩ A VT aşağılamak B V/R: sich ~ alçalmak **~end** ADJ aşağılayıcı **&ung** F ⟨-; -en⟩ aşağılama
**ernst** A ADJ ciddi (olarak), cidden; j-n (etw) ~ nehmen b-ni (b-şi) ciddiye almak; **es ~ meinen** (mit) b-nin (hakkında) ciddi niyetleri olmak B ADJ ciddi
**Ernst** M ⟨-es⟩ ciddiyet; **ist das dein ~?** ciddi misin?; ~ machen mit -*i* ciddiye almak, -e ciddiyetle girişmek; **der ~ der Lage** durumun ciddiyeti/ciddiliği
**Ernstfall** M MIL, *a. fig*: im ~ ciddi bir durumda
**ernsthaft** ADJ ciddi
**ernstlich** ADV: ~ krank sein -*in* ciddi bir hastalığı olmak
**Ernte** F ⟨-; -n⟩ AGR (alınan) ürün; (*Getreide&*) hasat
**ernten** VT, VI ⟨h.⟩ *Getreide* (hasat) kaldırmak; *Obst, a. fig* (ürün) almak
**Erntezeit** F hasat zamanı
**ernüchter|n** VT ⟨ohne -ge-, h.⟩: j-n ~ b-ni ayıltmak; *fig* -*in* aklını başına getirmek **&ung** F ⟨-; -en⟩ *fig* ayıl(t)ma
**Erober|er** M ⟨-s; -⟩ fatih, fetheden **&n** VT ⟨ohne -ge-, h.⟩ fethetmek **~ung** F ⟨-; -en⟩ fetih
**eröffnen** ⟨ohne -ge-, h.⟩: A VT açmak; *feierlich -in* açılışını yapmak; *fig* **j-m etw** ~ b-ne bş-i açmak B V/R: sich ~ *Aussichten, Möglichkeiten* belirmek, ortaya çık-

mak

**Eröffnungskurs** M̄ *Börse* açılış fiyatı

**erörter|n** V̄T̄ ⟨*ohne -ge-, h.*⟩ görüşmek, tartışmak **♀ung** F̄ ⟨-; -en⟩ tartışma, görüşme

**Erosion** [-'zĭo:n] F̄ ⟨-; -en⟩ erozyon

**erotisch** ADJ erotik

**erpicht** ADJ: ~ **auf** (*akk*) -e (çok) hevesli

**erpress|en** V̄T̄ ⟨*ohne -ge-, h.*⟩ -e şantaj yapmak; *Geständnis* (**von** -den) şantajla almak **♀er** M̄ ⟨-s; -⟩, **♀erin** F̄ ⟨-; -nen⟩ şantajcı **♀ung** F̄ ⟨-; -en⟩ şantaj

**erprob|en** V̄T̄ ⟨*ohne -ge-, h.*⟩ denemek, test etmek ~**t** ADJ: ~**es Mittel** denenmiş ilaç **♀ung** F̄ ⟨-; -en⟩ dene(n)me, sına(n)ma

**erraten** V̄T̄ ⟨*irr, ohne -ge-, h.*⟩ tahmin etmek

**errechnen** V̄T̄ ⟨*ohne -ge-, h.*⟩ hesaplayıp çıkarmak, hesaplamak

**erregbar** ADJ çabuk heyecanlanan, alınan; (*reizbar*) sinirli

**erreg|en** ⟨*ohne -ge-, h.*⟩ V̄T̄ heyecanlandırmak, kışkırtmak; (*ärgern*) sinirlendirmek; (*sexuell*) tahrik etmek; *Gefühle* uyandırmak; (*verursachen*) -e yol açmak B̄ V/R: **sich ~** (**über** *akk* -e) kızmak ~**end** ADJ heyecan verici, etkileyici **♀er** M̄ ⟨-s; -⟩ MED mikrop

**erregt** ADJ (*verärgert*) kızgın, öfkeli

**Erregung** F̄ ⟨-; -en⟩ -e yol açma; heyecanlan(dırıl)ma, tahrik

**erreichbar** ADJ ulaşılabilir

**erreichen** V̄T̄ ⟨*ohne -ge-, h.*⟩ -e ulaşmak; *Zug* -e yetişmek; elde etmek; **etwas ~** bir sonuç elde etmek; **telefonisch zu ~ sein** telefonla ulaşılabilir olmak

**errichtl|en** V̄T̄ ⟨*ohne -ge-, h.*⟩ yapmak, inşa etmek, dikmek; *fig* kurmak, tesis etmek **♀ung** F̄ ⟨-; *ohne pl*⟩ inşa, yap(ıl)ma, dik(il)me; *fig* kurma, kuruluş

**erringen** V̄T̄ ⟨*irr, ohne -ge-, h.*⟩ elde etmek; *Erfolg* kazanmak

**erröten** V̄Ī ⟨*ohne -ge-, s.*⟩ (**vor** *dat* -den) kızarmak

**Errungenschaft** F̄ ⟨-; -en⟩ kazanım; (*Erwerbung*) yeni alınan bir şey

**Ersatz** M̄ ⟨-es⟩ yedek; *b-nin/bş-in yerine geçen*; (*Ausgleich*) telafi, denkleştirme; (*Schaden♀*) tazminat; **j-m ~ leisten für** b-ne -*i* tazminat ödemek ~**bank** SPORT yedek oyuncular *pl* ~**dienst** M̄ sivil hizmet (*statt Wehrdienst*) ~**mann** M̄ ⟨-s;

**Ersatzleute**⟩ yedek eleman ~**spieler(in)** M(F) SPORT yedek oyuncu ~**teil** N̄ TECH yedek parça **♀weise** ADV yedek olarak, *-in* yerine geçmek üzere

**ersaufen** V̄Ī *umg* ⟨*irr, ohne -ge-, s.*⟩ (suda) boğulmak

**erschaff|en** V̄T̄ ⟨*irr, ohne -ge-, h.*⟩ yaratmak **♀ung** F̄ ⟨-; *ohne pl*⟩ yarat(ıl)ış

**erschallen** V̄T̄ ⟨*ohne -ge-, h.*⟩ *Gelächter* çınlamak

**erscheinen** ⟨*ohne -ge-, s.*⟩ görünmek, (ortaya) çıkmak, belirmek; *Buch* yayımlanmak; JUR **vor Gericht ~** mahkemeye gelmek; **es erscheint (mir) ratsam** o bana makul görünüyor

**Erscheinen** N̄ ⟨-s; *ohne pl*⟩ *Buch* yayın, çıkış; *Person* belirme, (çıka)gelme

**Erscheinung** F̄ ⟨-; -en⟩ görüntü, görünüm; (*Natur♀*) olay; MED (*Symptom*) belirti, semptom, araz; **in ~ treten** belirmek, ortaya çıkmak

**Erscheinungs|bild** N̄ görünüm ~**jahr** N̄ yayın yılı ~**ort** M̄ yayın yeri

**erschießen** V̄T̄ ⟨*irr, ohne -ge-, h.*⟩ (kurşunlayarak) öldürmek

**erschlaffen** V̄Ī ⟨*ohne -ge-, s.*⟩ gevşemek

**erschlagen**¹ V̄T̄ ⟨*irr, ohne -ge-, h.*⟩ (darbeyle) öldürmek

**erschlagen**² ADJ *umg* (*erschöpft*) bitkin

**erschließ|en** V̄T̄ ⟨*irr, ohne -ge-, h.*⟩ *Bauland* imara açmak, -*in* altyapısını getirmek; *Markt* açmak, kazanmak; **für den Tourismus ~** -*i* turizme açmak **♀ung** F̄ ⟨-; *ohne pl*⟩ kalkın(dır)ma, imar, açma, kazanma **♀ungskosten** PL altyapı giderleri

**erschöpf|en** V̄T̄ ⟨*ohne -ge-, h.*⟩ tüketmek, bitirmek ~**end** ADJ *körperlich* yorucu; *fig* (*gründlich*) tamamen, esaslı, tüketici

**erschöpf|t** ADJ tükenmiş; **meine Geduld ist ~** sabrım tükendi **♀ung** F̄ ⟨-; *ohne pl*⟩ bitkinlik

**erschreck|en** Ā V̄T̄ ⟨*ohne -ge-, h.*⟩ korkutmak, ürkütmek B̄ V̄Ī ⟨*irr, ohne -ge-, s.*⟩ (**über** *akk* -den) korkmak, ürkmek ~**end** Ā ADJ korkutucu, ürkütücü; *Anblick* korkunç B̄ ADV: ~ **wenige** gayet az (sayıda)

**erschütter|n** V̄T̄ ⟨*ohne -ge-, h.*⟩ sarsmak ~**nd** ADJ sarsan, sarsıcı **♀ung** F̄ ⟨-; -en⟩ sarsıntı, sarsılma; TECH titreşim

**erschwer|en** _vt_ ⟨ohne -ge-, h.⟩ zorlaştırmak; **~end** _A_ _ADJ_: JUR **~e Umstände** _pl_ ağırlaştırıcı sebepler _B_ _ADV_: **das kommt ~ hinzu** bu, durumu daha da ağırlaştırıyor

**erschwinglich** _ADJ_ bütçeye uygun; _Preise_ ödenebilir, keseye uygun; **das ist für uns nicht ~** bu bütçemize uygun değil

**ersehen** _vt_ ⟨irr, ohne -ge-, h.⟩ (aus -den) görmek, anlamak, sonuç çıkarmak

**ersetzbar** _ADJ_ telafisi mümkün; yeri doldurulabilir, değiştirilebilir

**ersetzen** _vt_ ⟨ohne -ge-, h.⟩: **A durch B ~** A'nın yerine B'yi koymak; **den Schaden (Verlust) ~** zararı (ziyanı) karşılamak

**ersichtlich** _ADJ_ belli, açık, anlaşılan; **ohne ~en Grund** anlaşılır bir neden olmaksızın; **daraus wird ~, dass** buradan görülüyor ki, ...

**ersparen** _vt_ ⟨ohne -ge-, h.⟩ biriktirmek; **j-m etw ~** b-ni bş-den kurtarmak

**Ersparnis** _F_ ⟨-; -se⟩ tasarruf; **~ an Zeit** zaman tasarrufu; **~se** _pl_ tasarruflar _pl_

**erst** _ADV_ ilkin; (anfangs) ilk önce; henüz, daha; ancak; **~ jetzt (gestern)** daha şimdi (dün); **~ nächste Woche** ancak gelecek hafta(ya); **es ist ~ neun Uhr** henüz saat dokuz; **eben ~** daha şimdi; **~ recht** inadına; **~ recht nicht** inadına ... değil

**erstarren** _vi_ ⟨ohne -ge-, s.⟩ CHEM katılaşmak; _vor Kälte_ kaskatı kesilmek; _fig_ **vor Schreck ~** korkudan donakalmak

**erstatten** _vt_ ⟨ohne -ge-, h.⟩ _Geld_ geri ödemek; _Anzeige_ **~ gegen** hakkında şikayette (od suç duyurusunda) bulunmak; **Bericht ~** rapor vermek

**Erstattung** _F_ ⟨-; -en⟩ geri ödeme, tazmin(at)

**erstaunen** ⟨ohne -ge-⟩ _A_ _vt_ ⟨h.⟩ şaşırtmak, hayrete düşürmek _B_ _vi_ ⟨s.⟩ (**über** _akk_ -e) şaşmak, hayret etmek

**Erstaunen** _N_ ⟨-s; ohne pl⟩ şaşkınlık, hayret

**erstaunlich** _ADJ_ hayret verici **~erweise** _ADV_ şaşırtıcı biçimde

**erstaunt** _A_ _ADJ_ (**über** _akk_ -e) şaş(ır)mış, şaş(ır)an _B_ _ADV_ şaşarak

**Erstausgabe** _F_ birinci baskı/basım

**erstbeste, ~r, ~s** _ADJ_ ilk (önüne çıkan)

**erste, ~r, ~s** _ADJ_ birinci, ilk; **fürs Erste** şimdilik; **als Erste(r, s)** ilk olarak, birinci olarak; **das erste Mal** ilk defa; **zum ersten Mal** ilk olarak; **im Ersten** _umg_ birinci televizyon kanalında

**erstechen** _vt_ ⟨irr, ohne -ge-, h.⟩ bıçaklayarak öldürmek

**ersteigern** _vt_ ⟨ohne -ge-, h.⟩ mezattan almak

**Ersteigung** _F_ ⟨-; -en⟩ (gen -e) tırmanış, -in tepesine çıkma

**erstellen** _vt_ ⟨ohne -ge-, h.⟩ _Gebäude_ yapmak, inşa etmek; _Plan_ yapmak, tasarlamak; _Bilanz, Liste_ çıkarmak, düzenlemek

**erstens** _ADV_ ilkin, ilk önce

**Erstere, ~r, ~s** _SUBST_ birinci(si)

**Erst|geborene** _M, F_ ilk doğan çocuk **~genannte** _M, F_ (yukarıda) ilk sözü edilen

**ersticken** ⟨ohne ge-⟩ _A_ _vt_ ⟨h.⟩ (havasızlıktan) boğmak _B_ _vi_ ⟨s.⟩ (havasızlıktan) boğulmak; _fig_ **in Arbeit ~** işten başını alamamak

**erstickend** _ADJ_ boğucu

**Erstickung** _F_ ⟨-; ohne pl⟩ (havasızlıktan) boğulma **~sanfall** _M_ nefes darlığı (krizi)

**erstklassig** _ADJ_ birinci mevki; birinci kalite

**Erstkommunion** _F_ REL komünyon

**erstmalig** _ADJ_ ilk

**erstmals** _ADV_ ilk olarak

**erstrahlen** _vi_ ⟨ohne -ge-, s.⟩ ışımak, ışık saçmak

**erstrangig** _ADJ_ birinci derecede

**erstreben** _vt_ ⟨ohne -ge-, h.⟩ amaçlamak, hedef almak

**erstrebenswert** _ADJ_ özenmeye değer

**erstrecken** _v/r_ ⟨ohne -ge-, h.⟩: **sich ~** uzanmak, yayılmak; **sich ~ über** -i kaplamak, kapsamak

**erstürmen** _vt_ ⟨ohne -ge-, h.⟩ MIL (saldırarak) ele geçirmek

**ersuchen** _vt_ ⟨ohne -ge-, h.⟩: **j-n ~, etw zu tun** b-nden bş-i yapmasını dilemek, **j-n um etw ~** b-nden bş-i dilemek

**Ersuchen** _N_ ⟨-s; -⟩ dilekçe; **auf ~ von** -in dilekçesi/ricası üzerine

**ertappen** _vt_ ⟨ohne -ge-, h.⟩ (suçüstü) yakalamak

**erteilen** _vt_ ⟨ohne -ge-, h.⟩ _Auskunft_ bilgi vermek; _Lob_ -i övmek; WIRTSCH _Auftrag, Lizenz_ vermek; **j-m das Wort ~** sözü b-ne vermek

**ertönen** _VI_ ⟨ohne -ge-, s.⟩ -in sesi çıkmak/duyulmak

**Ertrag** _M_ ⟨-s; ⁻e⟩ ürün, verim, randıman; gelir, getiri, kâr

**ertragen** _VT_ ⟨irr, ohne -ge-, h.⟩ çekmek, -e dayanmak, -e katlanmak; **nicht zu ~** dayanılacak gibi değil

**erträglich** _ADJ_ katlanılabilir, çekilir

**ertragreich** _ADJ_ verimli, (bol) randımanlı

**Ertrags|lage** _F_ kâr durumu **~steigerung** _F_ getiri/verim artışı

**ertränken** ⟨ohne -ge-, h.⟩ **A** _VT_ suda boğmak **B** _VR_: **sich ~** (suda boğularak) intihar etmek

**erträumen** _VT_ ⟨ohne -ge-, h.⟩: **sich** (dat) **etw ~** (ancak) rüyasında gör(ebil)mek

**ertrinken** _VI_ ⟨irr, ohne -ge-, s.⟩ (suda) boğularak ölmek; _fig_ in Arbeit etc işten nefes alamamak

**erübrigen** ⟨ohne -ge-, h.⟩ **A** _VT_: **für j-n Zeit ~** b-ne vakit ayırmak **B** _VR_: **sich ~** gereksiz olmak

**eruieren** _VT_ ⟨ohne ge-, h.⟩ (araştırarak) ortaya çıkarmak

**Eruption** [-'tsi̯oːn] _F_ ⟨-; -en⟩ yanardağ patlaması

**Erw.** _abk_ → Erwachsene

**erwachen** _VI_ ⟨ohne -ge-, s.⟩ uyanmak

**erwachsen** [-ks-] _ADJ_ yetişkin, büyümüş

**Erwachsene** [-ks-] _M,F_ yetişkin

**Erwachsenenbildung** _F_ yetişkin eğitimi, yetişkinlere yönelik eğitim

**erwäg|en** _VT_ ⟨irr, ohne -ge-, h.⟩ (zu tun) -i yapmayı düşünüp taşınmak **ºung** _F_ ⟨-; -en⟩ düşünce; düşünüp taşınma; **in ~ ziehen** göz önüne getirmek; -in üzerinde düşünmek

**erwähn|en** _VT_ ⟨ohne -ge-, h.⟩ anmak, zikretmek; -den söz etmek **~enswert** _ADJ_ anılmaya değer **ºung** _F_ ⟨-; -en⟩ söz etme, anma

**erwärmen** ⟨ohne -ge-, h.⟩ **A** _VT_ ısıtmak; _fig_ j-n für etw ~ b-ni bş-e ısındırmak **B** _VR_: **sich ~** ısınmak; _fig_ **sich für etw ~** -e ısınmak

**erwarten** _VT_ ⟨ohne -ge-, h.⟩ beklemek; **ein Kind ~** bebek beklemek; **ich kann es kaum ~ (zu + inf)** (-meyi) sabırsızlıkla bekliyorum; **das war zu ~** bunun böyle olacağı belliydi; **wider ºbeklenenin ter-** sine/aksine

**Erwartung** _F_ ⟨-; -en⟩ beklenti **ºgemäß** _ADV_ beklendiği üzere **ºvoll** _ADJ_ merakla, sabırsızlıkla

**erwecken** _VT_ ⟨ohne -ge-, h.⟩ Verdacht, Gefühle uyandırmak; _fig_ **wieder zum Leben ~** yeniden hayata döndürmek

**erwehren** _VR_ ⟨ohne -ge-, h.⟩: **sich e-r Sache** (gen) **~** bş-e karşı koyabilmek

**erweichen** ⟨ohne -ge-, h.⟩ **A** _VT_ yumuşatmak **B** _VR_ _fig_: **sich (nicht) ~ lassen** (çabalara rağmen) yumuşa(ma)mak

**erweisen** ⟨irr, ohne -ge-, h.⟩ **A** _VT_ Dienst, Gefallen göstermek, yapmak **B** _VR_: **sich als notwendig (wirksam) ~** -in zorunlu (etkili) olduğu ortaya çıkmak

**erweiter|n** ⟨ohne -ge-, h.⟩ **A** _VT_ Straße genişletmek; Macht arttırmak; WIRTSCH büyütmek **B** _VR_: **sich ~** Straße genişlemek **ºung** _F_ ⟨-; -en⟩ genişletme; arttırma

**Erwerb** _M_ ⟨-s; -e⟩ kazanma, edinme; satın alma; gelir, kazanç **ºen** ⟨irr, ohne -ge-, h.⟩ edinmek, kazanmak; (satın) almak

**erwerbs|fähig** _ADJ_ çalışıp geçimini sağlayabilen; **im ~en Alter** çalışacak yaşta **~los** _ADJ_, **ºlose** _M,F_ işsiz **~tätig** _ADJ_ çalışan, kazanç sağlayan **ºtätigkeit** _F_ iş, çalışma **~unfähig** _ADJ_ çalışmaya engel özürü olan

**Erwerbszweig** _M_ işkolu

**erwider|n** _VT_ ⟨ohne -ge-, h.⟩ (auf akk -e) cevap vermek; Gruß, Besuch karşılık vermek **ºung** _F_ ⟨-; -en⟩ cevap; karşılık

**erwiesen** _ADJ_ kanıtlanmış, ispatlanmış **~ermaßen** _ADV_ kanıtlanmış olduğu üzere

**erwirken** _VT_ ⟨ohne -ge-, h.⟩ sağlamak

**erwirtschaften** _VT_ ⟨ohne -ge-, h.⟩ sağlamak, elde etmek

**erwischen** _VT_ ⟨ohne -ge-, h.⟩ yakalamak; _umg_ _fig_ **ihn hats erwischt!** şifayı buldu/kaptı

**erwünscht** _ADJ_ istenen; istenir, makbul

**erwürgen** _VT_ ⟨ohne -ge-, h.⟩ boğazlamak, boğarak öldürmek

**erz..., Erz...** _IN ZSSGN_ baş ...; _pej_ azılı

**Erz** _N_ ⟨-es; -e⟩ maden filizi

**erzählen** ⟨ohne -ge-, h.⟩ **A** _VT_ anlatmak **B** _VI_: **~ von** (od **über**) -den söz etmek, bahsetmek

**Erzähler** M ⟨-s; -⟩, **-in** F ⟨-; -nen⟩ anlatıcı
**Erzählung** F ⟨-; -en⟩ hikaye, anlatı
**Erz|bischof** M başpiskopos **~bistum** N, **~diözese** F başpiskoposluk **~engel** M başmelek
**erzeugen** VT ⟨ohne -ge-, h.⟩ üretmek; yaratmak, doğurmak, meydana getirmek
**Erzeuger** M ⟨-s; -⟩ (Vater) baba; WIRTSCH üretici **~land** N üretici ülke
**Erzeugnis** N ⟨-ses; -se⟩ ürün
**Erzeugung** F ⟨-; ohne pl⟩ üretim
**erziehbar** ADJ eğitilebilir; **ein schwer ~es Kind** eğitilmesi güç bir çocuk
**erziehen** VT ⟨irr, ohne -ge-, h.⟩ yetiştirmek, büyütmek; geistig eğitmek
**Erzieher** M ⟨-s; -⟩, **-in** F ⟨-; -nen⟩ eğitici, pedagog **♃isch** ADJ eğitimsel, pedagojik
**Erziehung** F ⟨-; ohne pl⟩ büyütme, yetiştirme; geistige eğitim
**Erziehungs|berechtigte** M, F veli **~wissenschaft** F ⟨-; ohne pl⟩ pedagoji
**erzielen** VT ⟨ohne -ge-, h.⟩ Ergebnis, Erfolg etc elde etmek; sağlamak
**erzittern** VI ⟨ohne -ge-, s.⟩ titremek
**erzkonservativ** ADJ koyu tutucu
**Erzrivale** M ezeli rakip
**erzürnen** VT ⟨ohne -ge-, h.⟩ öfkelendirmek, gazaba getirmek, darıltmak
**erzürnt** ADJ öfkeli, dargın
**erzwingen** VT ⟨irr, ohne -ge-, h.⟩ zorla elde etmek/sağlamak; **sich nicht ~ lassen** zorla olmamak
**es** PERS PR o (yansız); onu; **~ gibt** var; **~ gibt nicht/kein** yok; **ich bin ~** benim; **ich bin ~ nicht** ben değilim
**Esche** F ⟨-; -n⟩ BOT dişbudak
**Esel** M ⟨-s; -⟩ eşek; fig Person **du ~!** seni eşek seni!
**Eselsbrücke** F hafıza desteği
**Eselsohr** N fig kitap sayfasının bükülmüş köşesi
**Eska|lation** [-'tsĭo:n] F ⟨-; -en⟩ fig tırmanma **♃lieren** VI ⟨ohne ge-, h.⟩ tırmanmak
**Eskapade** F ⟨-; -n⟩ kaçamak
**Eskimo** M ⟨-s; -s⟩ Eskimo
**Eskor|te** F ⟨-; -n⟩ muhafız kıtası **♃tieren** VT ⟨ohne ge-, h.⟩ -e eşlik etmek
**Esoterik** F ⟨-; ohne pl⟩ gizbilim

**Espe** F ⟨-; -n⟩ BOT akkavak, tellikavak
**Espresso** [ɛs'prɛso] M ⟨-(s); -s⟩ espreso, İtalyan kahvesi
**Essay** ['ɛse] M ON ⟨-s; -s⟩ LIT deneme
**essbar** ADJ yenilir; Pilz etc yenebilir
**essen** ⟨isst, aß, gegessen, h.⟩ **A** VT/I yemek **B** VT/I yemek yemek; **zu Mittag (Abend) ~** öğle (akşam) yemeği yemek; **zu ~ geben** yedirmek; **(chinesisch) ~ gehen** (Çin lokantasında) yemeğe gitmek
**Essen** N ⟨-s; -⟩ Mahlzeit yemek, öğün; Gericht yemek; **beim ~** yemekte; **ein ~ geben** ziyafet vermek/çekmek; **j-n zum ~ einladen** b-ni yemeğe davet etmek
**Essensmarke** F yemek kuponu
**Essenszeit** F yemek zamanı, öğün
**Essenz** F ⟨-; -en⟩ (Wesen) öz; (Duftstoff) esans
**essenziell** ADJ öze ilişkin, esas
**Essig** M ⟨-s; -e⟩ sirke **~gurke** F hıyar/salatalık turşusu
**Ess|kastanie** F kestane **~löffel** M yemek/çorba kaşığı **~stäbchen** PL yemek çubuğu sg **~tisch** M yemek masası, sofra **~zimmer** N yemek odası
**Est|le** M ⟨-n; -n⟩, **-in** F ⟨-; -nen⟩ Estonyalı **~land** N Estonya **~länder** M ⟨-s; -⟩ Estonyalı **♃nisch** ADJ Estonya subst, Estonca **~nisch** N Estonca
**Estragon** M ⟨-s; ohne pl⟩ BOT tarhun
**Estrich** M ⟨-s, -e⟩ şap
**etablieren** V/R ⟨ohne ge-, h.⟩: **sich ~ als ... ...** olarak kuruluşunu tamamlamak
**Etablissement** [etablıs(ǝ)'mã:] N ⟨-s; -s⟩ müessese; Lokal eğlence yeri
**Etage** [e'ta:ʒǝ] F ⟨-; -n⟩ kat; **auf der ersten ~** birinci katta
**Etagen|bett** [e'ta:ʒǝnbɛt] N ranza **~wohnung** F apartman dairesi
**Etappe** F ⟨-; -n⟩ aşama, merhale; tur
**Etat** [e'ta:] M ⟨-s; -s⟩ bütçe
**etc.** abk für et cetera ADV vs (ve saire), vd (ve diğerleri)
**etepetete** [e:tǝpe'te:tǝ] ADJ umg nanemolla
**Eth|ik** F ⟨-; ohne pl⟩ etik, ahlak **♃isch** ADJ etik, ahlaki
**ethnisch** ADJ etnik
**Ethno|loge** M ⟨-n; -n⟩ etnolog **~logie** F ⟨-; -n⟩ etnoloji **~login** F ⟨-; -nen⟩ etnolog

**Ethos** N ‹-; ohne pl› ahlak, zihniyet
**E-Ticket** ['i:🅺] N ‹-s; -s› e-bilet
**Etikett** N ‹-s; -e, -s› etiket
**Etikette** F ‹-; -n› teşrifat, protokol
**Etikettenschwindel** M umg dış görünüşle aldatma
**etikettieren** VT ‹ohne ge-, h.› etiketlemek
**etliche** INDEF PR epeyce, birçok
**Etui** [et'viː, e'tyiː] N ‹-s; -s› kutu, kılıf; tabaka
**etwa** ADV aşağı yukarı, yaklaşık
**etwaig** ['ɛtvaɪɡ, ɛt'aːɪɡ] ADJ olası, muhtemel
**etwas** A INDEF PR bir şey; ~ **anderes** başka bir şey; **so** ~ öyle bir şey B ADV biraz, bir parça; **das ist** ~ **besser** bu biraz daha iyi
**Etwas** N ‹-; -›: umg **das gewisse** ~ **haben** -in belli bir çekiciliği var/olmak
**Etymolo|gie** F ‹-; -n› etimoloji **₂gisch** ADJ etimolojik
**EU** [eː'uː] F abk für Europäische Union AB (Avrupa Birliği); ~**-Beitritt** m AB'ye katılma
**euch** A PERS PR size; sizi; **mit** ~ sizinle; **von** ~ sizden B REFL PR kendinizi; kendinize
**euer** ['ɔyɐ] POSS PR sizin; **der (die, das) eure** sizinki
**EuGH** abk → Europäischer Gerichtshof
**Eukalyptus** M ‹-; -, Eukalypten› okaliptus
**Eule** F ‹-; -n› ZOOL baykuş; ~**n nach Athen tragen** tereciye tere satmak
**Euphorie** [ɔyfo'riː] F ‹-; -n› sevinç, coşku
**euphorisch** [-f-] ADJ coşkun, coşkulu
**Eurasien** N Avrasya
**eurerseits** ADV sizin tarafınızda(n)
**euretwegen** ADV sizin yüzünüzden; sizin için
**Euro** M ‹-s; -› avro, euro (europäische Währungseinheit); **die Einführung des** ~ avro uygulaması
**Euro|cent** M ‹-s; -› (avro)sent ~**city** M ‹-s; -s› BAHN Avrupa ekspresi ~**norm** F Avrupa standardı
**Europa** N ‹-s; ohne pl› Avrupa ~**cup** M Avrupa Kupası
**Europäer** M ‹-s; -›, -**in** F ‹-; -nen› Avrupalı
**europäisch** ADJ Avrupa subst; **₂e In-**

**vestitionsbank** Avrupa Yatırım Bankası; **₂e Kommission** AB Komisyonu; **₂e Union** Avrupa Birliği; **₂e (Wirtschafts- und) Währungsunion** Avrupa (Ekonomi ve) Para Birliği; **₂e Zentralbank** Avrupa Merkez Bankası; **₂er Binnenmarkt** Avrupa tek/iç pazarı; **₂er Gerichtshof** Avrupa Birliği Adalet Divanı; **₂er Rechnungshof** Avrupa Sayıştayı; **₂er Wirtschaftsraum** Avrupa Ekonomi Bölgesi; **₂es Währungsinstitut** Avrupa Para Enstitüsü; **₂es Währungssystem** Avrupa Para Sistemi
**Europa|parlament** N ‹-s; ohne pl› Avrupa Parlamentosu ~**politik** F Avrupa politikası ~**rat** M ‹-s; ohne pl› Avrupa Konseyi ~**straße** F Avrupa yolu, E ... ~**wahl** F Avrupa (parlamentosu) seçimi
**Europol** F ‹-; ohne pl› Avrupa Polisi
**Eurocheck** M öroçek
**ev.** abk für evangelisch Protestan
**e. V.** [eː'fau] abk für eingetragener Verein tescilli dernek
**evakuier|en** [eva-] VT ‹ohne ge-, h.› MIL tahliye etmek, boşaltmak **₂ung** F ‹-; -en› boşalt(ıl)ma
**evangelisch** [evaŋ'geː-] ADJ REL Protestan
**Evangelium** [evaŋ'geːli̯um] N ‹-s; -lien› İncil
**Eventualität** [eventu̯ali'tɛːt] F ‹-; -en› ihtimal, (özel bir) durum
**eventuell** [even'tu̯ɛl] A muhtemel, olası B ADV duruma göre, icabında, belki
**Evolution** [evolu'tsi̯oːn] F ‹-; -en› evrim
**evtl.** abk → eventuell
**EWI** abk → Europäisches Währungsinstitut
**ewig** A ADJ ebedi; umg sonsuz, sürekli B ADV **auf** ~ daima, ilelebet **₂keit** F ‹-; -en› ebediyet, sonsuzluk; umg **e-e** ~ epey zaman(dır)
**EWR** abk → Europäischer Wirtschaftsraum
**EWS** abk → Europäisches Währungssystem
**EWU, EWWU** abk → Europäische (Wirtschafts- und) Währungsunion
**exakt** ADJ doğru, kesin, kusursuz **₂heit** F ‹-; ohne pl› doğruluk, kesinlik, kusur-

# EXAM | 666

suzluk

**Examen** N̄ ⟨-s; -⟩ sınav, mezuniyet sınavı

**exeku|tieren** V̄T ⟨ohne ge-, h.⟩ icra/infaz etmek; idam etmek **₂tion** F̄ ⟨-; -en⟩ icra, infaz; idam etmek **₂tive** F̄ ⟨-; -n⟩ POL yürütme (gücü)

**Exemplar** [-pla:ɐ] N̄ ⟨-s; -e⟩ nüsha; adet; örnek **₂isch** ADJ (für -e) tipik örnek (niteliğinde) B ADV örnek olarak; ibret olsun diye

**exerzieren** V̄I ⟨ohne ge-, h.⟩ MIL talim etmek/yapmak

**Exhibitio|nismus** M̄ ⟨-; ohne pl⟩ teşhircilik **~nist** M̄ ⟨-en; -en⟩ teşhirci

**Exil** N̄ ⟨-s; -e⟩ sürgün: **ins ~ gehen** sürgüne gitmek **~regierung** F̄ sürgün hükûmeti

**existent** ADJ mevcut

**Existenz** F̄ ⟨-; -en⟩ varlık; PHIL varoluş; geçinme, hayatını sürdürme; **sich** (dat) **e-e ~ aufbauen** bir hayat kurmak

**existenziell** [-'tsǐɛl] ADJ varoluşsal; hayati

**Existenz|kampf** M̄ hayat mücadelesi **~minimum** N̄ asgari geçim haddi

**existieren** V̄I ⟨ohne ge-, h.⟩ (var) olmak; **~ von** ile yaşamak

**ex(kl).** abk für exklusive hariç

**exklusiv** [-'tsi:f] ADJ müstesna, çok özel **₂bericht** M̄ yalnız ... için yazılan röportaj vs

**exklusive** [-'tsi:və] hariç

**Exkursion** [-'tsǐo:n] F̄ ⟨-; -en⟩ gezi

**exmatrikulieren** ⟨ohne ge-, h.⟩ A V̄T -in kaydını silmek B V̄R: **sich ~** (kendi) kaydını sildirmek

**Exodus** M̄ ⟨-; -se⟩ göç

**exotisch** ADJ egzotik

**Expander** M̄ ⟨-s; -⟩ SPORT ekspander, yay

**expandieren** V̄I ⟨ohne ge-, h.⟩ Staat yayılmak; WIRTSCH genişlemek

**Expansion** [-'tsǐo:n] F̄ ⟨-; -en⟩ yayılma, genişleme

**Expedition** [-'tsǐo:n] F̄ ⟨-; -en⟩ araştırma/keşif gezisi

**Experiment** N̄ ⟨-s; -e⟩ deney **₂ell** ADJ deneysel **₂ieren** V̄I ⟨ohne ge-, h.⟩ deney yapmak

**Expert|e** M̄ ⟨-n; -n⟩, **-in** F̄ ⟨-; -nen⟩ (für -de) uzman

**Expertise** F̄ ⟨-; -n⟩ (Gutachten) ekspertiz, rapor

**Ex(pl).** abk → Exemplar

**explodieren** V̄I ⟨ohne ge-, s.⟩ patlamak

**Explosion** [-'zǐo:n] F̄ ⟨-; -en⟩ patlama **Explosionsgefahr** F̄ patlama tehlikesi

**explosiv** [-f-] ADJ patlayıcı

**Exponat** N̄ ⟨-s; -e⟩ sergilenen parça

**exponiert** ADJ tehlikeye açık

**Export** M̄ ⟨-s; -e⟩ WIRTSCH ihraç, ihracat, dışsatım **~abteilung** F̄ ihracat bölümü **~eur** M̄ ⟨-s; -e⟩ ihracatçı **~handel** M̄ ihracat (ticareti) **₂ieren** V̄T ⟨ohne ge-, h.⟩ ihraç etmek **~land** N̄ ihracatçı ülke **~überschuss** M̄ ihracat fazlası

**express** ADV: **~ schicken** ekspres olarak (od özel ulakla) yollamak

**Expressionis|mus** M̄ ⟨-; ohne pl⟩ ekspresyonizm **₂tisch** ADJ ekspresyonist (-çe)

**extern** ADJ dış(tan)

**extra** ADV ayrıca, ayrı olarak; özellikle; umg bilerek, kasten; **~ für dich** sırf senin için **₂blatt** N̄ özel sayı

**Extrakt** M̄ ⟨-s; -e⟩ öz, hulasa, ekstre

**extravagant** [-v-] ADJ sıradışı, egzantrik

**extrem** ADJ son derece(de), fevkalade; aşırı

**Extrem** N̄ ⟨-s; -e⟩ aşırı uç; **von e-m ~ ins andere fallen** ifrattan tefrite düşmek **~ismus** M̄ ⟨-; ohne pl⟩ aşırılık, uç eğilim **~ist** M̄ ⟨-en; -en⟩, **-in** F̄ ⟨-; -nen⟩ aşırı (giden kişi) **₂istisch** ADJ aşırı, uç

**extrovertiert** ADJ Mensch dışadönük

**Exzentrik** F̄ ⟨-; ohne pl⟩ fig egzantriklik

**exzentrisch** ADJ fig egzantrik

**Eyeliner** ['ailainɐr] M̄ ⟨-es; -e⟩ rimel

**EZB** abk → Europäische Zentralbank

# F

**f, F** [εf] $\overline{N}$ ⟨-; -⟩ **A** f, F **B** MUS fa
**Fa.** *abk für Firma* $\overline{F}$ firma, şirket
**Fabel** $\overline{F}$ ⟨-; -n⟩ fabl, hayvan hikayesi
**fabelhaft** ADJ eşsiz, şahane
**Fabrik** $\overline{F}$ ⟨-; -en⟩ fabrika **~anlage** $\overline{F}$ fabrika (tesisi) **~ant** $\overline{M}$ ⟨-en; -en⟩, **~antin** $\overline{F}$ ⟨-; -nen⟩ fabrikatör **~at** $\overline{N}$ ⟨-s; -e⟩ (*Marke*) marka; (*Erzeugnis*) ürün
**Fabrikation** [-'tsĭo:n] $\overline{F}$ ⟨-; -en⟩ üretim, fabrikasyon
**Fabrikations|nummer** $\overline{F}$ (imalat) seri numarası **~programm** $\overline{N}$ imalat programı
**fabrikneu** ADJ yepyeni
**Fabrikware** $\overline{F}$ fabrika ürünü
**fabrizieren** $\overline{Vt}$ ⟨ohne ge-, h.⟩ üretmek, imal etmek; ortaya koymak, yaratmak
**Facette** [fa'sεta] $\overline{F}$ ⟨-; -n⟩ façeta; *fig* cephe; yüz
**Fach** $\overline{N}$ ⟨-s; ¨er⟩ (*Schrank⚹ etc*) göz, bölme; *in Wand, Kasten etc* çekmece, bölme; (*Schul⚹*) ders; (*Studien⚹*) bilimdalı; **er ist vom ~** o işinin ustasıdır
**Fach|arbeit** $\overline{F}$ kalifiye iş **~arbeiter(in)** $\overline{M(F)}$ kalifiye/uzman işçi **~arzt** $\overline{M}$, **~ärztin** $\overline{F}$ uzman/mütehassıs hekim **~ausbildung** $\overline{F}$ ihtisas; uzmanlık eğitimi **~buch** $\overline{N}$ meslek kitabı **~frau** $\overline{F}$ uzman (kadın) **~gebiet** $\overline{N}$ uzmanlık alanı; (*Branche*) branş, işkolu
**fachgerecht** ADJ usulüne uygun; profesyonelce
**Fach|geschäft** $\overline{N}$ ihtisas mağazası **~hochschule** $\overline{F}$ meslek yüksekokulu **~idiot** [-lĭdĭo:t] $\overline{M}$ umg pej yalnız kendi mesleğinden anlayan **~jargon** $\overline{M}$ uzmanlık/meslek dili **~kenntnisse** $\overline{PL}$ uzmanlık bilgisi *sg* **~kräfte** $\overline{PL}$ uzman elemanlar *pl* **⚹kundig** ADJ uzman(ca) **~leute** $\overline{PL}$ uzmanlar *pl*
**fachlich** ADJ mesleki
**Fach|literatur** $\overline{F}$ literatür **~mann** $\overline{M}$ ⟨-s; Fachleute⟩ uzman **⚹männisch** ADJ uzmanca, *-in* ehli olarak **~personal** $\overline{N}$ uzman personel **~richtung** $\overline{F}$ branş; bilimdalı **~schule** $\overline{F}$ meslek okulu
**fachsimpeln** $\overline{Vi}$ ⟨gefachsimpelt, *h.*⟩ akademik konuşmak
**Fach|sprache** $\overline{F}$ uzmanlık/meslek dili **~studium** $\overline{N}$ meslek (yüksek) öğrenimi **~verband** $\overline{M}$ ihtisas birliği **~werkhaus** $\overline{N}$ ahşap karkas ev **~wörterbuch** $\overline{N}$ uzmanlık/meslek (dili) sözlüğü **~zeitschrift** $\overline{F}$ uzmanlık/meslek dergisi
**Fackel** $\overline{F}$ ⟨-; -n⟩ meşale **~zug** $\overline{M}$ fener alayı
**fade** ADJ *Essen* yavan, tatsız; (*langweilig*) cansıkıcı
**Faden** $\overline{M}$ ⟨-s; ¨⟩ iplik; **den ~ verlieren** (ne) söyleyeceğini şaşırmak **⚹scheinig** ADJ yıpranmış; *fig* içyüzü kolaylıkla anlaşılan
**fähig** ['fε:ıç] ADJ becerikli; (**zu tun** yapmaya) yetenekli **⚹keit** $\overline{F}$ ⟨-; -en⟩ yeteneк, beceri
**fahl** ADJ solgun, soluk
**fahnd|en** $\overline{Vi}$ ⟨h.⟩ (**nach** *-i*) aramak **⚹ung** $\overline{F}$ ⟨-; -en⟩ arama (*durch die Polizei*) **⚹ungsaktion** $\overline{F}$ arama-tarama
**Fahne** $\overline{F}$ ⟨-; -n⟩ bayrak; *umg* **e-e ~ haben** ağzı (içki *etc*) kokmak
**Fahr|ausweis** $\overline{M}$ bilet **~bahn** $\overline{F}$ araba yolu; (*Spur*) şerit **⚹bar** ADJ seyyar **~bereitschaft** $\overline{F}$ nöbetçi şoför ve araba
**Fähre** $\overline{F}$ ⟨-; -n⟩ feribot; yolcu gemisi
**Fahreigenschaften** $\overline{PL}$ sürüş özellikleri (*arabanın*)
**fahren** ⟨fährt, fuhr, gefahren⟩ **A** $\overline{Vi}$ ⟨s.⟩ (arabayla *etc*) gitmek; (*ab~*) hareket etmek, kalkmak; gitmek, yürümek; **über e-e Brücke ~** köprüden geçmek; *fig* **gut (schlecht) ~ bei** bş-le iyi (kötü) etmek; **es (der Gedanke) fuhr mir durch den Kopf** (düşünce) bir an aklımdan geçti; **was ist in ihn gefahren?** ona birdenbire ne oldu böyle? **B** $\overline{Vt}$ ⟨h.⟩ *Auto etc* kullanmak, sürmek; **j-n (etw) (hin)~** b-ni (bş-i) götürmek (arabayla)
**Fahrer** $\overline{M}$ ⟨-s; -⟩, **-in** $\overline{F}$ ⟨-; -nen⟩ şoför, sürücü **~flucht** $\overline{F}$ ⟨-; -en⟩ *pl* kazadan sonra şoförün kaçması; **~ begehen** kazadan sonra kaçmak **~sitz** $\overline{M}$ şoför koltuğu
**Fahr|gast** $\overline{M}$ yolcu, *Taxi* müşteri **~geld** $\overline{N}$ bilet parası **~gemein-**

**schaft** F birlikte yolculuk **~gestell** N AUTO şasi **~karte** F bilet **~kartenschalter** M bilet gişesi **~komfort** M sürüş konforu

**fahrlässig** ADJ JUR ihmalli, kusurlu; **~e Tötung** ölüme sebebiyet; **grob ~** ağır ihmalli/kusurlu

**Fahr|lehrer(in)** M(F) sürücü kursu öğretmeni **~plan** M sefer tarifesi **♀planmäßig** ADJ tarifeye uygun **~praxis** F trafik tecrübesi **~preis** M yol ücreti **~prüfung** F sürücü belgesi sınavı **~rad** N bisiklet; → Rad...

**Fahr|schein** M bilet **~schule** F sürücü/şoför kursu **~schüler(in)** M(F) şoför adayı **~spur** F Verkehr şerit **~stuhl** M asansör **~stunde** F sürücü dersi

**Fahrt** F ⟨-; -en⟩ gitme; (Reise) yolculuk; (planmäßig) sefer; (Geschwindigkeit) hız; **auf der ~ nach ... ...**'e giden/giderken; **... yolculuğu(ki); gute ~!** iyi yolculuklar!; umg **in ~ kommen** hızını almak; umg **in voller ~** tam gaz

**Fährte** F ⟨-; -n⟩ iz, yol

**Fahrtenschreiber** M ⟨-s; -⟩ AUTO takograf

**fahrtüchtig** ADJ Wagen trafiğe çıkabilir; Person araç kullanabilir

**Fahrtunterbrechung** F mola

**Fahr|verbot** N trafiğe (od araç kullanma) çıkma yasağı **~verhalten** N AUTO yol tutuş **~weise** F araba kullanış **~werk** N FLUG iniş takımı

**Fahrzeug** N ⟨-s; -e⟩ araç, taşıt; → Kfz-... **~halter(in)** M(F) araç/taşıt sahibi **~papiere** PL taşıt belgeleri pl

**Faible** ['fɛ:bəl] N ⟨-s; -s⟩: **ein ~ für etw haben** bş-e (karşı) zaafı olmak

**fair** [fɛːr] ADJ centilmence; hakça; adil

**Fairness** ['fɛːrnɛs] F ⟨-; ohne pl⟩ centilmenlik

**Faksimile** [-'siːmile] N ⟨-s; -s⟩ tıpkıbasım, faksimile

**faktisch** A ADJ fiilî B ADV fiilen

**Faktor** [-toːɐ̯] M ⟨-s; -en⟩ etken

**Faktum** N ⟨-s; Fakten⟩ olgu

**Fakultät** F ⟨-; -en⟩ fakülte

**fakultativ** [-f] ADJ seçimli(k)

**Falke** M ⟨-n; -n⟩ ZOOL doğan, şahin

**Fall** M ⟨-s; ≃e⟩ (Sturz) düşme, düşüş; (Situation) durum; (Problem) iş, mesele (Ereignis) olay; **auf jeden ~** her durumda, her hâlükârda; **auf keinen ~** asla, hiçbir suretle; **für den ~, dass ... -mesi durumunda; im ~(e), dass ...** -diği takdirde; **gesetzt den ~, dass** farz edelim ki ...

**Falle** F ⟨-; -n⟩ tuzak

**fallen** VI ⟨fällt, fiel, gefallen, s.⟩ düşmek; Regen yağmak; MIL şehit olmak, savaşta ölmek; **ihr Name fiel auch** onun adı da geçti; **die Entscheidung ist noch nicht gefallen** karar daha verilmedi; **~ lassen** bırakmak, düşürmek; -den vazgeçmek

**fällen** VT ⟨h.⟩ Baum kesmek; JUR **ein Urteil ~** hüküm vermek; **e-e Entscheidung ~** karar vermek

**fällig** ADJ süresi dolmuş; zamanı gelmiş; (Geld) ödenmesi gerekli

**falls** KONJ eğer, şayet; **~ nicht** eğer (ol)mazsa/değilse

**Fallschirm** M paraşüt **~jäger(in)** M(F) MIL paraşütçü **~springen** N ⟨-s; ohne pl⟩ paraşütle atlama; paraşütçülük **~springer(in)** M(F) paraşütçü

**Fallstudie** F vaka etüdü/araştırması

**falsch** A ADJ (unwahr) yanlış; (unecht) sahte; (gefälscht) taklit; Zähne takma B ADV yanlış; **~ verbunden!** TEL yanlış numara!

**Falschaussage** F JUR asılsız beyan

**Falscheid** M JUR yalan yemin

**fälschen** VT ⟨h.⟩ -in sahtesini yapmak; **Geld ~** sahte para basmak

**Fälscher** M ⟨-s; -⟩, **-in** F ⟨-; -nen⟩ kalpazan; sahtekâr

**Falsch|fahrer** M ters şeritten giden şoför/araç **~geld** N sahte/kalp para **~heit** F ⟨-; ohne pl⟩ ikiyüzlülük; riya (-kârlık)

**fälschlich** ADJ yanlış **~erweise** ADV yanlışlıkla

**Falsch|meldung** F yalan haber **~spieler** M hilekâr (oyuncu)

**Fälschung** F ⟨-; -en⟩ sahte, taklit

**Falt...** IN ZSSGN katlanabilir/portatif ...

**Falt|bett** N sahra yatağı **~blatt** N broşür, folder

**Falte** F ⟨-; -n⟩ kıvrım, büklüm; (Knitter♀, Runzel) buruşuk; (Rock♀) pli; (Bügel♀) ütü çizgisi

**falten** VT ⟨h.⟩ katlamak

**Faltenrock** M pilili etek

**Falter** M ⟨-s; -⟩ pervane; kelebek

**faltig** ADJ buruşuk, kıvrımlı

**Fam.** abk für **Familie** F aile

**familiär** [fami'liɛ:e] ADJ samimi, senli benli, teklifsiz; **~e Gründe** ailevi sebepler

**Familie** [-īə] F ⟨-; -n⟩ aile; BOT, ZOOL familya; **e-e ~ gründen** yuva kurmak

**Familien|angehörige** M, F aileden (kimse); pl aile bireyleri/efradı pl **~angelegenheit** F aile içi konu **~anschluss** M aile hayatına katılma (aus Sicht des Gastes) **~betrieb** M aile işletmesi **~fest** N aile eğlencesi/toplantısı **~gericht** N JUR asliye hukuk mahkemesi **~kreis** M aile çevresi **~leben** N aile hayatı **~mitglied** N aileden (kimse) **~name** M soyadı **~packung** F aile boyu (ambalaj) **~planung** F aile planlaması **~stand** M medenî hal **~vater** M aile babası **~verhältnisse** PL aile durumu/şartları **~zuwachs** M yeni doğan çocuk

**Fan** [fɛn] M ⟨-s; -s⟩ hayran; fan

**Fanatiker** M ⟨-s; -⟩ bağnaz, fanatik **2sch** ADJ fanatik; *Anhänger* koyu **~smus** M ⟨-; *ohne pl*⟩ fanatizm, bağnazlık

**Fang** M ⟨-s; ⸚e⟩ tutma, yakalama; av

**fangen** ⟨fängt, fing, gefangen, h.⟩ A VT yakalamak, tutmak B VR: **sich ~** k-ni toplar(lar)mak, toparlanmak

**Fangen** N ⟨-s; *ohne pl*⟩: **~ spielen** kovalamaca oynamak

**Fangfrage** F tuzaklı soru

**Fangopackung** F MED yakı

**Fanklub** M fan club

**Fantasie** F ⟨-; -n⟩ *(Vorstellung)* muhayyile, imgelem; *(Vorstellungskraft)* hayal gücü; *(Trugbild)* hayal; **nur in s-r ~** sadece onun hayalinde; **schmutzige ~n** kirli düşünceler **2los** ADJ *Person* hayal gücü kıt; *Sache* zevksiz

**fantasieren** VI ⟨*ohne ge-, h.*⟩ hayal görmek; **(von** -*i*⟩ hayal etmek; MED sayıklamak

**fantasievoll** ADJ hayali kuvvetli, yaratıcı

**Fantast** M ⟨-en; -en⟩ hayalperestlik **~erei** F ⟨-; -en⟩ hayalperestlik **~in** F ⟨-; -nen⟩ hayalperest (kadın) **2isch** ADJ düşsel, hayali; *umg* harika

**Farb|aufnahme** F renkli çekim **~band** N daktilo şeridi **~druck** M renkli baskı/basım

**Farbe** F ⟨-; -n⟩ renk; *(Farbstoff)* boya; **welche ~ hat …?** … ne renk?; **in ~** renkli; **~ bekennen** seçimini yapmak

**farbecht** ADJ solmaz, boyası çıkmaz

**Färbemittel** N boya (maddesi)

**färben** ⟨h.⟩ A VT boyamak; *fig* renklendirmek; **gefärbt** boyalı B VR: **sich rot ~** kırmızıya boyanmak

**farben|blind** ADJ renkkörü **~froh** ADJ rengârenk **2lehre** F renkbilim **~prächtig** ADJ rengârenk **2spiel** N renk cümbüşü

**Färber** M ⟨-s; -⟩, **-in** F ⟨-; -nen⟩ boyacı **~ei** F ⟨-; -en⟩ boyahane

**Farb|fernsehen** N renkli televizyon **~fernseher** M renkli televizyon (cihazı) **~film** M renkli film **~filter** M renkli filtre **~foto** N renkli fotoğraf

**farbig** ADJ renkli **2e** M, F ⟨-es; -n⟩ *neg!* beyaz ırktan olmayan

**Farbkopierer** M renkli fotokopi makinası

**farblich** ADJ renkle ilgili

**farblos** ADJ renksiz

**Farb|skala** F renk yelpazesi **~stift** M boya kalemi **~stoff** M boya (maddesi); TECH renklendirici **~ton** M renk tonu

**Färbung** F ⟨-; -en⟩ renk

**Farbzusammenstellung** F renk uyumu

**Farce** ['farsə] F ⟨-; -n⟩ maskaralık; komedi

**Farm** F ⟨-; -en⟩ çiftlik **~er** M ⟨-s; -⟩, **-in** F ⟨-; -nen⟩ çiftçi

**Farn** M ⟨-s; -e⟩ eğreltiotu **~kraut** N BOT eğrelti(otu)

**Fasan** M ⟨-s; -e⟩ sülün

**faschiert** ADJ *österr* kıyma(lı)

**Fasching** M ⟨-s; -e, -s⟩ Karnaval, Faşing

**Faschismus** M ⟨-; *ohne pl*⟩ faşizm

**Faschist** M ⟨-en; -en⟩, **-in** F ⟨-; -nen⟩ faşist **2isch** ADJ faşist(çe)

**faseln** VI ⟨h.⟩ *umg* zırvalamak

**Faser** F ⟨-; -n⟩ lif; elyaf

**faserig** ADJ lifli; tel tel

**fasern** VI ⟨h.⟩ tel tel dağılmak

**Faserplatte** F elyaf levha

**Fass** N ⟨-es; ⸚er⟩ fıçı; **Bier vom ~** fıçı birası

**Fassade** F ⟨-; -n⟩ ön taraf, cephe

**Fassadenreiniger** M cephe temizleyici

## FASS | 670

**fassbar** ADJ anlaşılır; **schwer ~** güç/zor anlaşılır
**Fassbier** N ⟨-s; -e⟩ fıçı birası
**fassen** ⟨h.⟩ **A** V/T tutmak, kavramak; *Verbrecher* yakalamak; almak, alabilmek; *Schmuck* oturtmak, çerçevelemek; kavramak, anlamak; *(glauben)* -in aklı almak; **Mut ~** cesarete gelmek **B** V/R: **sich ~** kendini toparlamak; **sich kurz ~** sözünü kısa tutmak; **nicht zu ~** inanılır gibi değil **C** V/I: **~ nach** -e (tutmak için) elini uzatmak
**Fassung** F ⟨-; -en⟩ *Schmuck* yuva(sı) (*elmas etc*); (*Brillen*≗) çerçeve; ELEK duy; (*Version*) verziyon; *seelische* (iç) huzur(u); **die ~ bewahren** soğukkanlılığını korumak; **die ~ verlieren** tepesi atmak; **aus der ~ bringen** *-in* sinirlerini altüst etmek
**Fassungskraft** F ⟨-; *ohne pl*⟩ kavrayış, anlayış
**fassungslos** ADJ şaşkın ≗**igkeit** F ⟨-; *ohne pl*⟩ şaşkınlık
**Fassungsvermögen** N ⟨-s; *ohne pl*⟩ kapasite, hacim
**fast** ADV *mit Adjektiven* hemen hemen; *mit Verben* az kalsın; **~ nie (nichts)** hemen hemen hiç (yok gibi)
**fasten** V/I ⟨h.⟩ perhiz yapmak; oruç tutmak; perhizde/oruçlu olmak
**Fasten** N ⟨-s; *ohne pl*⟩ MED perhiz; REL oruç **~brechen** N oruç/perhiz açma; *Islam* iftar **~kur** F perhiz kürü
**Fastnacht** F ⟨-; *ohne pl*⟩ Karnaval, Faşing
**Faszination** [-'tsĭo:n] F ⟨-; *ohne pl*⟩ sihir, büyü; büyüle(n)me
**faszinieren** V/T ⟨*ohne ge-, h.*⟩ büyülemek
**fatal** ADJ uğursuz; (*verhängnisvoll*) feci, felaket
**Fatwa** F REL, POL fetva
**fauchen** V/I ⟨h.⟩ pıhlamak; tıslamak
**faul** ADJ *Lebensmittel* bozuk, çürük, kokmuş; tembel; *umg* şüpheli; **~e Ausrede** sudan mazeret
**Fäule** F ⟨-; *ohne pl*⟩ AGR çürük
**faulen** V/I ⟨s.⟩ bozulmak; çürümek, kokuşmak
**faulenzen** V/I ⟨h.⟩ tembellik etmek
**Faulenzer** M ⟨-s; -⟩, **-in** F ⟨-; -nen⟩ tembellik eden (kimse); aylak
**Faulheit** F ⟨-; *ohne pl*⟩ tembellik; üşengeçlik

**faulig** ADJ çürümeye yüz tutmuş
**Fäulnis** F ⟨-; *ohne pl*⟩ MED çürük; çürüme
**Faulpelz** M ⟨-es; -e⟩ *umg* miskin
**Fauna** F ⟨-; Faunen⟩ fauna
**Faust** F ⟨-; ⸚e⟩ yumruk; **auf eigene ~** kendi başına; **mit der ~ auf den Tisch schlagen** yumruğu masaya indirmek
**Fäustchen** N ⟨-s; -⟩: **sich** (*dat*) **ins ~ lachen** içten içe gülmek; bıyık altından gülmek
**faustdick** ADJ: *umg* **~e Lüge** kuyruklu yalan; **er hat es ~ hinter den Ohren** o içinden pazarlıklıdır
**faustgroß** ADJ yumruk kadar
**Fausthandschuh** M torba biçiminde eldiven
**Faustregel** F pratik kural
**Faustschlag** M yumruk (darbesi)
**favorisieren** [-v-] V/T ⟨*ohne ge-, h.*⟩ gözde tutmak
**Favorit** [-v-] M ⟨-en; -en⟩ favori
**Fax** N ⟨-; -e⟩ faks ≗**en** V/T ⟨h.⟩ fakslamak
**Faxen** PL: **~ machen** soytarılık yapmak
**Faxgerät** N faks (cihazı)
**Fazit** N ⟨-s; -s⟩ sonuç; **das ~ ziehen aus** *-den* (gereken) sonucu çıkarmak
**FC** [ɛf'tse:] *abk für Fußballclub* M futbol kulübü
**Februar** ['fe:brua:e] M ⟨-; -e⟩ şubat (ayı); **im ~** şubatta, şubat ayında
**fechten** V/I ⟨ficht, focht, gefochten, h.⟩ eskrim yapmak; *fig* savaşmak
**Fechten** N ⟨-s; *ohne pl*⟩ SPORT eskrim
**Feder** F ⟨-; -n⟩ tüy (*Vogel*); TECH yay, zemberek; *veraltend* mürekkepli kalem; *umg* **noch in den ~n liegen** hâlâ yatakta olmak **~ball** M badminton **~bett** N kuştüyü yorgan ≗**führend** ADJ sorumlu; söz sahibi **~gewicht** N tüy sıklet **~halter** M mürekkepli kalem ≗**leicht** ADJ tüy gibi, çok hafif
**federn** V/I ⟨h.⟩ yaylanmak, esnemek; **gut gefedert** iyi/rahat süspansiyonlu
**federnd** ADJ esnek, elastiki; yaylı
**Federschmuck** M sorguç
**Federung** F ⟨-; -en⟩ TECH yay tertibatı; AUTO süspansiyon
**Federzeichnung** F karakalem
**Fee** F ⟨-; -n⟩ peri
**fegen** V/T ⟨h.⟩ süpürmek; **Schnee ~** kürümek

**Fehde** F ⟨-; -n⟩ kan davası
**fehl** ADV: **~ am Platze** yersiz, yeri/sırası değil
**Fehl...** IN ZSSGN yanlış, hatalı, bozuk vs
**Fehlanzeige** F: *umg* **~!** ne gezer!
**fehlbar** ADJ yanılır **♀keit** F ⟨-; ohne pl⟩ yanılırlık
**Fehl|besetzung** F rolünde yetersiz oyuncu **~betrag** M açık (*hesapta*) **~bezeichnung** F yanlış ad(landırma) **~diagnose** F MED yanlış teşhis **~einschätzung** F yanlış tahmin
**fehlen** VI ⟨h.⟩ noksan/eksik olmak; yok olmak; *in der Schule* gelmemiş olmak; **ihm fehlt (es an** *dat*) onun *-i* yok; **du fehlst uns** senin yokluğunu çekiyoruz; **was dir fehlt, ist ...** sende gerekli olan ...; **was fehlt Ihnen?** ne derdiniz var?; **weit gefehlt!** hiç ilgisi yok!
**Fehlen** N ⟨-s; ohne pl⟩ (hazır) bulunmama; (*Mangel*) eksik(lik), noksan(lık)
**Fehl|entscheidung** F yanlış karar **~entwicklung** F bozuk gelişme
**Fehler** M ⟨-s; -⟩ hata, kusur, yanlış; (*Mangel*) eksik(lik); TECH *a.* bozukluk; **e-n ~ machen** hata yapmak; **dein (eigener) ~!** senin (kendi) hatan!
**fehler|frei** ADJ hatasız, kusursuz **~haft** ADJ hatalı, yanlış; TECH kusurlu
**Fehler|quelle** F TECH hata kaynağı **~quote** F hata oranı **~verzeichnis** N yanlış-doğru cetveli
**Fehlgeburt** F çocuk düşürme
**fehlgeleitet** ADJ aile terbiyesi almamış
**Fehl|griff** M hata; yanlış iş(lem) **~konstruktion** F hatalı yapım
**Fehlleistung** F PSYCH: **freudsche ~** Freudvari yanılgı
**Fehlschlag** M *fig* başarısızlık
**fehlschlagen** VI ⟨-ge-, s.⟩ başarısız olmak/kalmak
**Fehlstart** M fodepar
**Fehlzeit** F devamsızlık
**Fehlzündung** F AUTO ateşleme hatası
**Feier** F ⟨-; -n⟩ tören; kutlama **~abend** M paydos; **~ machen** paydos etmek; **jetzt ist aber ~!** ama yeter artık!
**feierlich** ADJ vakur, heybetli; (*festlich*) törensi **♀keit** F ⟨-; -en⟩ kutlama, resmî tören
**feiern** ⟨h.⟩ A VI bayram yapmak; eğlenmek B VT kutlamak
**Feiertag** M bayram günü; resmî tatil günü

**feig, feige** ADJ korkak, ödlek, yüreksiz
**Feige** F ⟨-; -n⟩ BOT incir
**Feig|heit** F ⟨-; ohne pl⟩ korkaklık, ödleklik **~ling** M ⟨-s; -e⟩ ödlek
**Feile** F ⟨-; -n⟩ törpü, eğe
**feilen** VT *u.* VI törpülemek, eğelemek
**feilschen** VI ⟨h.⟩ (**um ... için**) pazarlık etmek
**fein** ADJ ince, narin; *Qualität* mükemmel; *Gehör etc* hassas; (*zart*) nazik; (*vornehm*) kibar; (*elegant*) zarif, *umg* (*prima*) şahane; **~er Unterschied** ince fark; **sie ist ~ heraus** işin içinden iyi sıyrıldı; **sich ~ machen** şıklanmak; **nur vom ♀sten** her şeyin en alâsından
**Fein|abstimmung** F TECH *u. fig* ince ayar **~arbeit** F ince iş
**Feind** M ⟨-s; -e⟩, **-in** F ⟨-; -nen⟩ düşman; **sich** (*dat*) **~e machen** düşman kazanmak; **sich** (*dat*) **j-n zum ~ machen** b-ni kendine düşman etmek **♀lich** ADJ düşman(ca) **~schaft** F ⟨-; -en⟩ düşmanlık (durumu) **♀selig** ADJ (**gegen** *-e* karşı) düşmanca **~seligkeit** F ⟨-; -en⟩ düşmanlık (tutumu)
**feinfühlig** ADJ ince ruhlu; (*taktvoll*) ince düşünceli
**Fein|gefühl** N ⟨-s; ohne pl⟩ duyarlık; incelik **~gehalt** M ayar (*Gold*) **~gold** N saf altın **~heit** **~en** PL (*Einzelheiten*) (ince) ayrıntılar **~kostgeschäft** N mezeci dükkânı
**feinmaschig** ADJ ince ilmikli
**Feinmechanik** F ince mekanik **~er** M ince tesviyeci
**Feinschmecker** M ⟨-s; -⟩ gurme, ağzının tadını bilen
**Feinwäsche** F narin çamaşır
**Feld** N ⟨-s; -er⟩ tarla; alan, saha, arazi; *Schachspiel etc* kare; **auf dem ~** MIL *Krieg* muharebede; *Manöver* tatbikatta; **das ~ räumen** minderi terketmek
**Feld|arbeit** F AGR tarla işi **~forschung** F saha araştırması **~lager** N açık ordugâh **~salat** M BOT kuzugevreği **~stecher** M ⟨-s; -⟩ el dürbünü, sahra dürbünü
**Feld-Wald-und-Wiesen-...** N ZSSGN *umg* sıradan ...
**Feldwebel** M ⟨-s; -⟩ başçavuş
**Feldweg** M tarla yolu
**Feldzug** M MIL sefer

**Felge** F ⟨-; -n⟩ TECH jant
**Fell** N ⟨-s; -e⟩ post, kürk; *abgezogen* deri; **ein dickes ~ haben** vurdumduymaz olmak; **s-e ~e davonschwimmen sehen** hayalkırıklığına uğramak
**Fels** M ⟨-en; -en⟩, **~en** M ⟨-s; -⟩ kaya
**~block** M kaya (kütlesi)
**felsenfest** ADJ: **ich bin ~ davon überzeugt** bundan adım gibi eminim
**Felsenküste** F kayalık kıyı; GEOG yalıyar
**felsig** ADJ kayalık
**Fels|spalte** F kaya yarığı **~wand** F yar; sarp kaya
**feminin** ADJ kadınsı, efemine; GRAM dişil
**Feminismus** M ⟨-; *ohne pl*⟩ feminizm
**Feminist|in** F ⟨-; -nen⟩ feminist **²isch** ADJ feminist
**Fenchel** M ⟨-s; *ohne pl*⟩ BOT rezene
**Fenster** N ⟨-s; -⟩ pencere; **das Geld zum ~ hinauswerfen** parayı sokağa atmak; *umg* **er ist weg vom ~** onun artık esamisi okunmuyor
**Fenster|bank** F, **~brett** N pencere tablası/eşiği **~laden** M pancur **~leder** N güderi **~platz** M cam kenarı **~scheibe** F pencere camı
**Ferien** [-ĭən] PL tatil *sg*; **die großen ~** yaz tatili
**Ferien|haus** N tatil evi **~ort** M tatil yeri **~wohnung** F tatil evi, yazlık
**Ferkel** N ⟨-s; -⟩ domuz yavrusu; *fig* pis (*kişi*)
**fermentieren** VT ⟨*ohne* ge-, *h.*⟩ mayala(ndır)mak
**fern** A ADJ uzak; **der Ferne Osten** Uzakdoğu B ADV uzak(ta); *von ~* uzaktan; **es liegt mir ~ zu** -mek aklımın ucundan bile geçmez **~ab** ADV uzak
**Fern|auslöser** M tel/telsiz deklanşör **~bedienung** F uzaktan kumanda aleti, TV *umg* kumanda
**fernbleiben** VI ⟨ge-, *s.*⟩: **von etw** (*dat*) **~** bş-den uzak durmak
**Fern|bleiben** N ⟨-s; *ohne pl*⟩ devamsızlık; gelmeme **~brille** F uzak gözlüğü
**Ferne** F ⟨-; *ohne pl*⟩ uzak; **aus der ~** uzaktan; (*von weit her*) uzaklardan; **in der ~** uzakta
**ferner** ADV ayrıca, buna ilaveten; *umg* **er erschien unter ~ liefen** o silik kaldı
**fernerhin** ADV bundan sonra da

**Fern|fahrer** M uzun yol şoförü **~flug** M uzak/uzun uçuş **~gespräch** N TEL şehirlerarası konuşma **²gesteuert** ADJ uzaktan kumandalı; *Rakete* güdümlü **~glas** N dürbün **²halten** VT ⟨ *irr*, -ge-, *h.*⟩ uzak tutmak **~heizung** F merkezi kalorifer sistemi **~kurs** M açık öğretim kursu **~laster** M AUTO uzunyol kamyonu; *umg* tır **~leitung** F ELEK (enerji) nakil hattı **~lenkung** F uzaktan kumanda **~licht** N AUTO uzun (huzmeli) far
**Fernmelde|amt** N *veraltet* telefon idaresi **~technik** F ⟨-; *ohne pl*⟩ telekomünikasyon teknolojisi
**Fernost** M ⟨*o art*⟩ Uzakdoğu
**fernöstlich** ADJ Uzakdoğu
**Fern|rohr** N teleskop **~schreiben** N teleks
**Fernseh...** IN ZSSGN televizyon ...
**Fernseh|ansager(in)** M(F) televizyon sunucusu **~diskussion** F televizyon paneli
**fernsehen** VI ⟨-ge-, *h.*⟩ televizyon seyretmek
**Fernsehen** N ⟨-s; *ohne pl*⟩ televizyon; **im ~** televizyonda; **im ~ bringen** (*od* **übertragen**) televizyona çıkarmak
**Fernseh|er** M ⟨-s; -⟩, **~gerät** N televizyon (cihazı) **~programm** N televizyon programı; televizyon kanalı **~publikum** N televizyon izleyicileri *pl* **~schirm** M (televizyon) ekran(ı) **~sender** M televizyon istasyonu/kanalı; televizyon vericisi **~sendung** F televizyon yayını **~übertragung** F televizyon yayını **~zuschauer(in)** M(F) televizyon seyircisi/izleyicisi
**Fernsicht** F geniş manzara
**Fernsprech...** IN ZSSGN *veraltend* telefon
**fernsteuern** VT ⟨-ge-, *h.*⟩ -e uzaktan kumanda etmek
**Fern|steuerung** F uzaktan kumanda **~straße** F karayolu **~transport** M şehirlerarası nakliyat **~unterricht** M mektupla öğretim **~verkehr** M şehirlerarası ulaşım/trafik **~ziel** N uzun vadeli hedef
**Ferse** F ⟨-; -n⟩ topuk
**fertig** ADJ (*bereit*) hazır; (*beendet*) bitmiş, tamam; **Achtung, ~, los!** dikkat: bir - iki - üç!; *umg* **ich bin fix und ~** (öldüm) bit-

tim!; ~ **machen** bitirmek; hazırlamak; **sich ~ machen** hazırlanmak; (**mit etw**) **~ sein** -i bitirmiş olmak; **mit etw ~ werden** -in üstesinden gelmek

**Fertig|bauweise** F̄ TECH prefabrike inşaat **♀bringen** V/T ⟨irr, -ge-, h.⟩ başarmak, becermek **~erzeugnis** N̄ mamul mal; işlenmiş ürün **~gericht** N̄ hazır yemek **~haus** N̄ prefabrik ev **~keit** F̄ ⟨-; -en⟩ beceri, ustalık **♀machen** V/T ⟨ -ge-, h.⟩ umg pek fena azarlamak; **~montage** F̄ hazır montaj **♀stellen** V/T ⟨ -ge-, h.⟩ hazır etmek **~stellung** F̄ ⟨-; ohne pl⟩ bitir(il)me, hazırla(n)ma **~teil** N̄ hazır/işlenmiş parça **~waren** PL işlenmiş mallar

**fesch** ADJ umg şık; neşeli

**fesseln** V/T ⟨h.⟩ bağlamak, zincire vurmak; fig büyülemek

**fesselnd** ADJ sürükleyici

**fest** A ADJ (hart) sert; (nicht flüssig) katı; (robust) sağlam; (~gelegt) sabit, fiks; Schlag şiddetli; Freund(in) sürekli; **Wohnsitz** JUR sürekli ikametgâh B ADV: **~ schlafen** derin uyumak; **~ werden** katılaşmak; **~ angestellt** sürekli/sabit kadroda; **ich bin ~ davon überzeugt, dass** ... ben kesin eminim ki, ...

**Fest** N̄ ⟨-s; -e⟩ bayram; şenlik, eğlenti, parti; kutlama; **ein ~ feiern** eğlenti/parti yapmak; bayram yapmak **~akt** M̄ kutlama töreni **~aufführung** F̄ festival gösterisi

**festbinden** V/T ⟨irr, -ge-, h.⟩ (**an** dat -e) sıkıca bağlamak

**Festessen** N̄ şölen, yemek ziyafeti

**fest|fahren** V/R ⟨irr, -ge-, h.⟩: **sich ~** takılıp kalmak; çıkmaza girmek **~fressen** V/R ⟨irr, -ge-, h.⟩: **sich ~** TECH sıkışmak; kaynamak

**Festgeld** N̄ FIN vadeli mevduat, repo

**fest|gelegt** ADJ, **~gesetzt** ADJ belirli; saptanmış; kesin **~halten** ⟨irr, -ge-, h.⟩ A V/T tutmak; alıkoymak, bırakmamak; **e-n Gedanken ~** bir düşünceyi saptamak; **etw schriftlich ~** bş-i yazıya dökmek/geçirmek B V/R: **sich ~ an** (dat) -e tutunmak; -den tutmak

**festigen** ⟨h.⟩ A V/T pekiştirmek B V/R: **sich ~** güçlenmek, pekişmek

**Festiger** M̄ ⟨-s; -⟩ saç spreyi

**Festigkeit** F̄ ⟨-; ohne pl⟩ katılık; sağlamlık

**Festigung** F̄ ⟨-; -en⟩ pekiştirme; stabilizasyon

**fest|klammern** V/R ⟨-ge-, h.⟩: **sich ~** (**an** dat -e) sıkı sıkı sarılmak **~kleben** ⟨-ge-, h.⟩ A V/T (**an** dat -e) sıkıca yapıştırmak B V/I (**an** dat -e) sıkıca yapışmış/ yapışık olmak **~klemmen** ⟨-ge-, h.⟩ A V/T (**in** dat -e) sıkıştırmak/takmak; v/i (**in** dat -e) sıkışmış/takılı olmak

**Festkurs** M̄ WIRTSCH sabit kur

**Festland** N̄ kara

**festlegen** ⟨-ge-, h.⟩ A V/T saptamak B V/R: **sich ~** (**auf** akk -e) kendini bağlamak, bağlanmak

**festlich** A ADJ şen, neşeli; (feierlich) törensel B ADV bayram gibi; törenle

**Festlichkeit** F̄ ⟨-; -en⟩ tören havası; tören; kutlama

**festmachen** V/T ⟨-ge-, h.⟩ (**an** dat -e) bağlamak, sabitleştirmek; (vereinbaren) kararlaştırmak

**festnageln** V/T ⟨-ge-, h.⟩: **~ auf** (akk) -den kesin ... sözü almak

**Fest|nahme** F̄ ⟨-; -n⟩ tutukla(n)ma, göz altına al(ın)ma **♀nehmen** V/T ⟨irr, -ge-, h.⟩ tutuklamak, göz altına almak

**Fest|platte** F̄ IT sabit disk **~preis** M̄ sabit fiyat **~rede** F̄ tören konuşması; nutuk **~saal** M̄ tören salonu **~schrift** F̄ armağan (kitabı)

**fest|setzen** ⟨-ge-, h.⟩ A V/T belirlemek B V/R: **sich ~** (**in** dat -e) oturmak/ yerleşmek **~sitzen** V/I ⟨irr, -ge-, h.⟩ umg SCHIFF -e bağlı/demirli kalmak

**Festspeicher** M̄ IT sabit bellek

**Festspiele** PL festival

**feststehen** V/I ⟨irr, -ge-, h.⟩ kesin (-leşmiş) olmak

**feststehend** ADJ Tatsache kesinleşmiş; Regel, Redensart yerleşmiş

**feststell|en** V/T ⟨-ge-, h.⟩ ortaya çıkarmak, saptamak; (wahrnehmen) algılamak, görmek, -in farkına varmak; TECH tesbit etmek, sabitleştirmek **♀ung** F̄ ⟨-; -en⟩ (Ermittlung) araştırma, tesbit; (Erkenntnis) saptama; **er machte die ~, dass** ... (o) -diğini saptadı

**Festtag** M̄ bayram günü

**Festung** F̄ ⟨-; -en⟩ kale

**festverzinslich** ADJ WIRTSCH sabit faizli

**Festwoche** F̄ festival haftası

## FEST | 674

**Festzelt** N parti çadırı
**festziehen** V/T ⟨irr, -ge-, h.⟩ çekerek sık(ılaştır)mak
**Festzug** M tören alayı, kortej
**Fetisch** M ⟨-s; -e⟩ fetiş **~ismus** M ⟨-; ohne pl⟩ fetişizm **~ist** M ⟨-en; -en⟩, **-in** F ⟨-; -nen⟩ fetişist
**fett** ADJ yağlı; fig şişman; **~ essen** yağlı yemek; **~ gedruckt** siyah/bold basılmış; umg **~ machen** şişmanlatmak; kilo aldırmak
**Fett** N ⟨-s; -e⟩ (katı) yağ; (Braten2) kızartmalık yağ; TECH gres yağı; **~ ansetzen** yağ bağlamak; şişmanlamak; umg **~ sein – weghaben** azar işitmek; zılgıt yemek
**fettarm** ADJ az yağlı
**Fettdruck** M siyah/bold baskı
**fetten** ⟨h.⟩ A V/T yağlamak B V/I yağlanmak
**Fett|fleck** M yağ lekesi **~gehalt** M ⟨-s; -e⟩ yağ miktarı **~gewebe** N yağ dokusu
**fetthaltig** ADJ yağlı, yağ içeren
**fettig** ADJ yağlı yağ lekeli
**Fettleber** F MED karaciğer yağlanması
**Fettnäpfchen** N: umg **(bei j-m) ins ~ treten** b-ne karşı pot kırmak
**Fett|sucht** F ⟨-; ohne pl⟩ MED şişmanlık **~wanst** M umg şiş göbek
**Fetus** M ⟨-(es); -se⟩ ANAT cenin
**Fetzen** M ⟨-s; -⟩ paçavra; kağıt etc parçası; **ein ~ Papier** bir parçacık kağıt; umg **dass die ~ fliegen** şiddetli kavga etmek, dövüşmek
**fetzig** ADJ umg Musik etc kıvrak; canlı
**feucht** ADJ ıslak, yaş; Luft nemli
**Feuchtbiotop** N sulak alan
**feuchtfröhlich** ADJ umg çakırkeyf
**Feuchtigkeit** F ⟨-; ohne pl⟩ ıslaklık; Luft etc nem, rutubet
**Feuchtigkeits|creme** F nemlendirici krem **~gehalt** M nem miktarı
**feudal** ADJ umg fig görkemli, birinci sınıf
**Feuer** N ⟨-s; -⟩ ateş; (Brand) yangın; **~ fangen** alev almak, tutuşmak; **haben Sie ~?** ateşiniz var mı?; **durchs ~ gehen für** ... için kendini ateşe (bile) atmak; **mit dem ~ spielen** ateşle oynamak; **~ und Flamme sein für** -e can atmak
**Feuer|alarm** M yangın alarmı **~bestattung** F ölüyü yakma **~eifer** M

ateşli heves **2fest** ADJ ateşe dayanıklı **~gefahr** F yangın tehlikesi **2gefährlich** ADJ yanıcı, kolay tutuşur **~gefecht** N MIL (sıcak) çatışma **~leiter** F itfaiye merdiveni **~löscher** M ⟨-s; -⟩ yangın söndürücüsü **~melder** M ⟨-s; -⟩ yangın muhbiri
**feuern** ⟨h.⟩ A V/I umg (werfen) atmak; (entlassen) işten atmak, kovmak B V/I (auf akk -e) ateş etmek
**Feuer|probe** F ateşle imtihan **2rot** ADJ kıpkırmızı, ateş kırmızısı **~schlucker** M ateşbaz **~schutz** M yangına karşı koruma; MIL ateşle himaye **~stein** M çakmaktaşı **~stelle** F ocak (açık) **~teufel** M umg kundakçı **~treppe** F yangın merdiveni **~versicherung** F yangın sigortası **~waffe** F ateşli silah **~wehr** F ⟨-; -en⟩ itfaiye **~wehrmann** M ⟨-s; ̈er, Feuerwehrleute⟩ itfaiye eri, umg itfaiyeci **~werk** N ⟨-s; -e⟩ havai fişek eğlencesi **~werkskörper** M havai fişek **~zeug** N ⟨-s; -e⟩ çakmak
**Feuilleton** [fœjɑ'tõ:] N ⟨-s; -s⟩ kültür sayfası (gazetede) **~ist** [fœjɛto'nıst] M ⟨-en; -en⟩, **-in** F ⟨-; -nen⟩ kültür sayfası yazarı
**feurig** ADJ ateşli; ateş/kor gibi
**FH** [ɛfˈhaː] abk für Fachhochschule F meslek yüksekokulu
**Fiasko** N ⟨-s; -s⟩ fiyasko
**Fibel** F ⟨-; -n⟩ alfabe (kitabı)
**Fichte** F ⟨-; -n⟩ BOT ladin (ağacı)
**Fichtenholz** N ladin odunu/tahtası
**ficken** ⟨h.⟩ A V/T vulg sikmek B V/I vulg sikişmek
**Fieber** N ⟨-s; ohne pl⟩ MED ateş; **~ haben** -in ateşi olmak; **j-m** (od **j-s**) **~ messen** -in ateşini ölçmek **~anfall** M ateş nöbeti **2frei** ADJ MED ateşsiz **2haft** ADJ hummalı **~mittel** N ateş düşürücü
**fiebern** V/I ⟨h.⟩ -in ateşi olmak; fig (vor dat -den) gergin olmak; **~ nach** ... için yanıp tutuşmak
**fiebersenkend** ADJ MED ateş düşürücü
**Fieber|tabelle** F ateş çizelgesi **~thermometer** N termometre; umg derece
**fies** ADJ umg kötü, aşağılık **2ling** M ⟨-s; -e⟩ umg kötü/aşağılık (kişi)
**Figur** F ⟨-; -en⟩ figür; şekil; endam; e-e

**gute (schlechte) ~ machen** iyi (kötü) bir izlenim bırakmak; **komische ~** garip/acayip biri
**figurieren** V/I ⟨ohne ge-, h.⟩: **~ als ...** rolünü oynamak
**figürlich** ADJ temsili, mecazi; *Kunst* figüratif
**Fiktion** [-'tsĭo:n] F ⟨-; -en⟩ uydurma; kurgu
**fiktiv** [-f] ADJ kurgusal; *pej* hayali
**Filet** [fi'le:] N ⟨-s; -s⟩ GASTR fileto **~steak** N, **~stück** N bonfile
**Filiale** F ⟨-; -n⟩ şube
**Filialleiter(in)** M(F) şube müdürü
**Filigran** N ⟨-s; -e⟩ telkâri; filigran
**Film** M ⟨-s; -e⟩ FOTO film; **e-n ~ einlegen** film takmak; **e-n ~ drehen** (über *akk* üzerine) bir film çevirmek/çekmek **~aufnahme** F film çekimi (çalışması); film kaydı
**Filmemacher(in)** M(F) senarist rejisör
**filmen** V/T ⟨h.⟩ filme almak
**Film|festspiele** PL film festivali/şenliği **~industrie** F film endüstrisi
**filmisch** ADJ sinema diline uygun
**Film|kamera** F (film) kamera(sı) **~kritik** F film eleştirisi **~preis** M film/sinema ödülü **~produzent(in)** M(F) film/sinema yapımcısı **~schauspieler(in)** M(F) sinema sanatçısı **~star** M film/sinema yıldızı **~theater** N sinema (salonu) **~verleih** M film dağıtım şirketi **~vorschau** F (bir filmin) ara parçaları, fragman **~vorstellung** F film gösterimi
**Filter** M, TECH *a.* N ⟨-s; -⟩ filtre **~anlage** F filtre/süzme tesisi **~einsatz** M filtre kartuşu **~kaffee** M süzme kahve
**filtern** V/T ⟨h.⟩ süzmek, filtreden geçirmek
**Filterpapier** N filtre kağıdı
**Filterzigarette** F filtreli sigara
**filtrieren** V/T ⟨ohne ge-, h.⟩ filtre etmek, süzmek
**Filz** M ⟨-es; -e⟩ keçe; *umg* iltimasçılık
**filzen** ⟨h.⟩ A V/T *umg* -*in* üzerini aramak B V/I keçeleşmek
**Filzhut** M fötr şapka
**filzig** ADJ keçeleşmiş; keçemsi; *umg* pinti
**Filzlaus** F kasık biti; *umg* kasıkbiti
**Filzpantoffel** M kalçın
**Filzstift** M keçeli kalem

**Fimmel** M ⟨-s; -⟩: *umg* **e-n ~ haben für** -*in* hastası olmak
**Finale** F ⟨-s; -⟩ final
**Finanzamt** N vergi dairesi
**Finanzen** PL maliye *sg*; malî durum *sg*
**Finanzgeschäft** N malî iş; finans işi
**finanziell** ADJ mali, parasal, finansal
**finanzieren** V/T ⟨ohne ge-, h.⟩ finanse etmek
**Finanzierung** F ⟨-; -en⟩ finansman
**Finanzierungsgesellschaft** F finansman kurumu
**finanzkräftig** ADJ mali yönden güçlü
**Finanz|lage** F finansal durum **~minister(in)** M(F) maliye bakanı
**finanzschwach** ADJ mali yönden zayıf
**Finanz|spritze** F *umg* mali destek **~wesen** N ⟨-s; *ohne pl*⟩ maliye
**finden** ⟨fand, gefunden, h.⟩ A V/T bulmak; düşünmek; **gut ~** beğenmek; **wie ~ Sie das Buch?** kitabı nasıl buldunuz?; **ich finde es gut (, dass ...)** (-mesini/-diğini) iyi buluyorum/karşılıyorum; **ein Ende ~** son bulmak B V/I: **~ Sie (nicht)?** siz de öyle düşün(müyor musunuz)?; **zu sich** (*dat*) **selbst ~** kendi kişiliğini bulmak C V/R: **das wird sich ~** her şey düzelecek
**Finder** M ⟨-s; -⟩, **-in** F ⟨-; -nen⟩ (kayıp) eşyayı bulan **~lohn** M *bulana verilen ödül*
**Finesse** F ⟨-; -n⟩ incelik; ustalık; kurnazlık
**Finger** [-ŋe] M ⟨-s; -⟩ parmak; **sich** (*dat*) **die ~ verbrennen (bei)** -*in* -*den* ağzı yanmak; **lass die ~ davon!** bu işten uzak dur!; **j-m auf die ~ sehen** -*in* gözü b-nin üstünde olmak; **j-n um den kleinen ~ wickeln** b-ni parmağında oynatmak; **keinen ~ rühren** istifini bozmamak **~abdruck** M parmak izi
**fingerfertig** ADJ hünerli; eliçabuk, eline çabuk **&keit** F ⟨-; *ohne pl*⟩ hüner; elçabukluğu
**Fingerhut** M yüksük; BOT yüksükotu
**fingern** ⟨h.⟩ A V/I **~ an** (*dat*) -*i* kurcalamak B V/T *umg* çekip çıkarmak; *fig* yoluna koymak
**Finger|nagel** M el tırnağı **~ring** M yüzük **~spitze** F parmak ucu **~spitzengefühl** N ⟨-s; *ohne pl*⟩ *fig* duyarlık, incelik **~übung** F parmak eksersizi/alıştırması

**fingieren** [-ŋ'gi:-] VT ⟨ohne ge-, h.⟩ uydurmak; yalandan göstermek
**Finish** ['fɪnɪʃ] M ⟨-s; -s⟩ TECH finiş
**Fink** M ⟨-en; -en⟩ ispinoz
**Finn|e** M ⟨-n; -n⟩, **-in** F ⟨-; -nen⟩ Finli ⚥isch ADJ Fin(landiya), Finli subst **~isch** N Fince **~land** N Finlandiya
**finster** ADJ karanlık; (Miene) korkutucu, haşin; (fragwürdig) şüpheli, esrarlı; **es sieht ~ aus!** durum çok karanlık
**Finsternis** F ⟨-; ohne pl⟩ (zifiri) karanlık
**Firma** F ⟨-; Firmen⟩ WIRTSCH firma, şirket
**Firmen|inhaber(in)** M(F) firma sahibi **~logo** N firma logosu **~name** M firma adı; ticaret unvanı **~stempel** M firma mührü/kaşesi **~verzeichnis** N firmalar rehberi/listesi **~wagen** M firma arabası **~zeichen** N firma amblemi
**First** M ⟨-s; -e⟩ (Dach⚥) mahya
**Fisch** M ⟨-s; -e⟩ balık; umg **ein großer** (od **dicker**) **~** kodaman; umg **kleine ~e** gariban
**fischen** A VT ⟨h.⟩ (balık) tutmak; tutup çıkarmak B V/I balığa çıkmak, avlanmak
**Fischer** M ⟨-s; -⟩ balıkçı **~boot** N balıkçı teknesi **~dorf** N balıkçı köyü
**Fischerei** F ⟨-; ohne pl⟩ balıkçılık **~hafen** M balıkçı limanı
**Fisch|fang** M ⟨-s; ohne pl⟩ balık tutma **~filet** N balık filetosu **~gericht** N balık yemeği **~geschäft** N balıkçı (dükkanı) **~grätenmuster** N balıksırtı (deseni) **~händler(in)** M(F) balıkçı **~industrie** F balıkçılık endüstrisi **~kutter** M balıkçı teknesi **~markt** M balık pazarı **~otter** M susamuru **~reiher** M balıkçıl (kuşu) **~stäbchen** N balık köftesi (donmuş) **~sterben** N balık telefatı **~vergiftung** F MED balıktan zehirlenme
**Fistel** F ⟨-; -n⟩ MED fistül, akarca
**fit** ADJ zinde, canlı; sağlıklı, formunda; **sich ~ halten** formunda kalmak
**Fitness** F ⟨-; ohne pl⟩ fitnes(s) **~studio** N fitness center
**Fittich** M: **j-n unter s-e ~e nehmen** b-nin üstüne (kol) kanat germek
**fix** ADJ (fest) sabit; (flink) çevik, tez; (aufgeweckt) zeki, uyanık
**fixen** V/I ⟨h.⟩ umg şırınga vurmak
**Fixer** M ⟨-s; -⟩, **-in** F ⟨-; -nen⟩ umg uyuşturucu bağımlısı
**fixieren** VT ⟨ohne ge-, h.⟩ sabitleştirmek; -e gözünü dikmek; **schriftlich ~** yazıya geçirmek; **fixiert sein auf** aklını -e takmış olmak
**Fixier|mittel** N tesbit ilacı **~ung** F ⟨-; -en⟩ tesbit (banyosu); saplantı
**Fixum** N ⟨-s; Fixa⟩ WIRTSCH kesin ücret
**Fjord** [fjɔrt] M ⟨-s; -e⟩ fiyort
**FKK** [ɛfka:'ka:] abk für Freikörperkultur F çıplaklık kültürü **~-Strand** M çıplaklar plajı
**flach** ADJ düz, yassı; (eben) düzgün, pürüzsüz; (niedrig) alçak; Absatz alçak, basık; Wasser sığ; fig (oberflächlich) yüzeysel, sığ
**Flachdach** N düz çatı
**Fläche** F ⟨-; -n⟩ (Ober⚥) yüzey; (Ebene) düzlem; (Gebiet) (düz) arazi
**Flächen|ausdehnung** F yüzölçümü **~brand** M geniş kapsamlı yangın **⚥deckend** ADJ geniş kapsamlı **~inhalt** M MATH yüzölçümü **~maß** N yüzey ölçüsü
**flachfallen** V/I ⟨-ge-, s.⟩ umg gerçekleşmemek; suya düşmek
**Flachheit** F ⟨-; ohne pl⟩ yassılık
**Flachland** N düz arazi, ova
**Flachs** [flaks] M ⟨-es⟩ BOT keten; umg **ohne ~!** yalan/şaka yok/değil!
**flackern** V/I ⟨h.⟩ titreyerek yanmak
**Fladen** M ⟨-s; -⟩, **-brot** N pide
**Flagge** F ⟨-; -n⟩ bandıra, bayrak
**Flair** [flɛ:ɐ] N ⟨-s; ohne pl⟩ atmosfer, hava; albeni, çekicilik
**Flakon** [fla'kõ:] N, M ⟨-s; -s⟩ flakon
**flambieren** VT ⟨ohne ge-, h.⟩ GASTR yanan alkolle servis yapmak
**Flame** M ⟨-n; -n⟩ Flaman
**Flamingo** [-ŋg-] M ⟨-s; -s⟩ flamingo
**flämisch** ADJ Flaman ⚥ N Flamanca
**Flamme** F ⟨-; -n⟩ alev
**flammend** ADJ alevli, alev saçan
**Flanell** M ⟨-s; -e⟩ flanel, pazen
**Flanke** F ⟨-; -n⟩ yan taraf; ANAT böğür döş
**flanken** V/I ⟨h.⟩ SPORT ortalamak
**flankieren** VT ⟨ohne ge-, h.⟩ -in yanından gitmek; -e yandan saldırmak; -i yandan korumak; **~de Maßnahmen** destekleyici tedbirler
**Flansch** M ⟨-s; -e⟩ TECH flanş
**flapsig** ADJ ham, kaba, özensiz

**Fläschchen** N ⟨-s; -⟩ küçük şişe; flakon; (Baby≳) biberon
**Flasche** F ⟨-; -n⟩ şişe; (Säuglings≳) biberon; *umg Person* ... müsveddesi
**Flaschen|bier** N şişe birası **~öffner** M şişe açacağı **~pfand** N (şişe) depozito(su) **~zug** M TECH palanga
**Flatratesaufen** ['flɛtreɪt?] N ⟨-s; -⟩ ucuz yoldan kafayı bulma
**flatterhaft** ADJ havai, hercai
**flattern** VI ⟨s.⟩ uçuşmak; ⟨h.⟩ yalpa yapmak, MED ⟨h.⟩ -*in* çarpıntısı olmak
**flau** ADJ dermansız; bitkin; WIRTSCH durgun
**flauschig** ADJ yumuşak tüylü
**Flausen** PL *umg* şaklabanlık
**Flaute** F ⟨-; -n⟩ SCHIFF rüzgârın kesilmesi; WIRTSCH durgunluk
**Flechte** F ⟨-; -n⟩ BOT liken, taşyosunu; MED liken (hastalığı)
**flechten** VT ⟨flicht, flocht, geflochten, h.⟩ (sepet) örmek
**Fleck** M ⟨-s; -e, -en⟩ leke; (Punkt) nokta; (Stelle) yer; (Flicken) yama; **blauer ~** bere, çürük, morartı; **am falschen ~** yerini şaşırmış; **nicht vom ~ kommen** yerinde saymak; **sich nicht vom ~ rühren** yerinden kıpırda(ya)mamak
**Fleckchen** N ⟨-s; -⟩: **ein schönes ~ (Erde)** güzel bir köşe (od yer)
**Flecken|entferner** M ⟨-s; -⟩ leke çıkarıcı ≳**los** ADJ lekesiz
**fleckig** ADJ lekeli
**Fledermaus** F yarasa
**Flegel** M ⟨-s; -⟩ kaba/yontulmamış (kimse) ≳**haft** ADJ kabasaba, yontulmamış
**flehen** ['fle:ən] VI ⟨h.⟩ **~ um etw** bş için yalvarmak
**Fleisch** N ⟨-es⟩ et; (Körper) beden; **das eigene ~ und Blut** -*in* öz çocuğu/çocukları; **j-m in ~ und Blut übergehen** b-nin damarlarına işlemek; *umg* **sich ins eigene ~ schneiden** bindiği dalı kesmek **~brühe** F ⟨-; -n⟩ etsuyu
**Fleischer** M ⟨-s; -⟩ kasap **~ei** F ⟨-; -en⟩ kasap dükkanı
**fleischfressend** ADJ BOT, ZOOL etobur, et yiyen, etçil
**Fleisch|fresser** M etobur **~gericht** N et yemeği; etli yemek
**fleischig** ADJ etli
**Fleisch|kloß** M köfte **~konserven** PL et konservesi *sg*
**fleischlos** ADJ etsiz (yemek)
**Fleisch|tomate** F iri domates **~vergiftung** F MED etten zehirlenme **~waren** PL et mamulleri **~wolf** M kıyma makinası **~wunde** F hafif yara **~wurst** F sucuk çeşidi
**Fleiß** M ⟨-es⟩ çaba, gayret; çalışkanlık; **ohne ~ kein Preis** emeksiz yemek olmaz
**fleißig** A ADJ hamarat, gayretli, çalışkan; **~ sein** (*od* **arbeiten**) çok çalışmak B ADV *umg* habire
**flektieren** VT ⟨*ohne ge-, h.*⟩ LING çekmek
**fletschen** VT ⟨h.⟩: **die Zähne ~** dişlerini göstermek
**flexibel** ADJ esnek, oynak
**Flexibilität** F ⟨-; *ohne pl*⟩ esneklik
**Flexion** [-'ksĭo:n] F ⟨-; -en⟩ LING çekim
**flicken** VT ⟨h.⟩ yamamak, onarmak; *notdürftig* derme çatma kurmak
**Flickzeug** N tamir için gereken şeyler
**Flieder** M ⟨-s; -⟩ BOT leylak
**Fliege** F ⟨-; -n⟩ ZOOL sinek; (Krawatte) papyon; **er tut keiner ~ was zuleide** o karıncayı (bile) incitmez; **zwei ~n mit einer Klappe schlagen** bir taşla iki kuş vurmak
**fliegen** ⟨flog, geflogen⟩ A VI ⟨h.⟩ uçak *vs* kullanmak; uçakla götürmek; ⟨h./s.⟩ Strecke uçarak geçmek B VI ⟨s.⟩ uçmak; **aus der Schule ~** okuldan atılmak; **in die Luft ~** havaya uçmak
**fliegend** ADJ: **~er Händler** işportacı; seyyar satıcı
**Fliegen|fänger** M sinek kağıdı **~gewicht** N ⟨-s; *ohne pl*⟩ sinek siklet **~klatsche** F sineklik
**Flieger** M ⟨-s; -⟩ MIL pilot; *umg* (Flugzeug) uçak **~alarm** M hava saldırısı alarmı **~angriff** M hava saldırısı **~horst** M hava üssü
**fliehen** ['fli:ən] ⟨floh, geflohen⟩ A VI ⟨h.⟩ -*den* uzak durmak B (**vor** *dat* -*den*) kaçmak
**Fliehkraft** F PHYS merkezkaç kuvveti
**Fliese** F ⟨-; -n⟩ fayans, döşeme taşı
**fliesen** VT ⟨h.⟩ -*e* (fayans *vs*) döşemek
**Fliesen|boden** M fayans döşeme **~leger** M ⟨-s; -⟩ fayans döşeyici
**Fließband** N sürekli iş bandı, akarbant; (Förderband) taşıma bandı, konveyör **~arbeiter(in)** M(F) bant işçisi

**~fertigung** F seri imalat
**fließen** VII ⟨floss, geflossen, s.⟩ akmak, (in akk -e) dökülmek; Blut dolaşmak
**fließend** A ADJ akıcı; **~es Wasser** akar su B ADV: **sie spricht ~ Deutsch** su gibi Almanca konuşuyor
**Fließheck** N AUTO hatch back
**flimmern** VII ⟨h.⟩ titrek yanmak, titreşmek; TV karlanmak
**flink** ADJ çevik, atik
**Flinte** F ⟨-; -n⟩ av tüfeği, filinta; umg **die ~ ins Korn werfen** yelkenleri suya indirmek
**Flirt** [flø:et] M ⟨-s; -s⟩ flört
**flirten** ['flø:et(ə)n] VII ⟨h.⟩ flört etmek, süzüşmek
**Flittchen** N ⟨-s; -⟩ umg hafifmeşrep kız/kadın
**Flitter** M ⟨-s; ohne pl⟩ pırıltılı sahte mücevher; pul; payet
**Flitterwochen** PL balayı sg
**flitzen** VII ⟨s.⟩ umg ok gibi gitmek
**Flitzer** M ⟨-s; -⟩ umg hızlı, küçük otomobil
**floaten** ['floutən] A VIT ⟨h.⟩ WIRTSCH dalgalanmaya bırakmak B VII ⟨h.⟩ WIRTSCH dalgalanmak
**Flocke** F ⟨-; -n⟩ (Schnee♀) lapa, kar tanesi
**flockig** ADJ CHEM topaklaşmış
**Floh** [flo:] M ⟨-s; ⸚e⟩ ZOOL pire; umg **j-m e-n ~ ins Ohr setzen** b-nin aklına bş sokmak **~markt** M bitpazarı
**Flor¹** [flo:r] M ⟨-s; ohne pl⟩ (bir bitkinin üstündeki) çiçekler; çiçek bolluğu; çiçeklenme; çiçek açma
**Flor²** M ⟨-s; -e⟩ krep; tül; yas tülü; hav
**Flora** ['flo:ra] F ⟨-; -ren⟩ ...in bitkileri; flora
**floral** [flo'ra:l] ADJ çiçek desenli
**florieren** VII ⟨ohne ge-, h.⟩ Ort gelişmek, mamur olmak; Geschäft iyi işlemek
**Floskel** F ⟨-; -n⟩ boş söz **♀haft** ADJ basmakalıp; klişe(leşmiş)
**Floß** M ⟨-es; ⸚e⟩ sal
**Flosse** F ⟨-; -n⟩ yüzgeç; Robbe yüzgeçayak; (Schwimm♀) palet; umg (Hand) el
**flößen** A VIT ⟨h.⟩ salla (karşıya) geçirmek B VII ⟨h.⟩ salla (karşıya) geçmek
**Flöte** F ⟨-; -n⟩ MUS flüt; (Block♀) blok flüt
**flöten** VIT u. VII MUS; umg fig **~ gehen** kaybolmak; çarçur olmak

**Flötist** M ⟨-en; -en⟩, **-in** F ⟨-; -nen⟩ flütçü
**flott** ADJ Tempo hareketli, faal; (schick) zarif, hoş; (intakt) işler halde; SCHIFF yüzer
**Flotte** F ⟨-; -n⟩ SCHIFF filo; (Marine) donanma
**Flottenstützpunkt** M MIL deniz üssü
**flottmachen** VIT ⟨-ge-, h.⟩ SCHIFF (yeniden) yüzdürmek; işler hale getirmek
**Fluch** M ⟨-s; ⸚e⟩ lanet; (Schimpfwort) küfür
**fluchen** VII ⟨h.⟩ (auf akk -e) küfretmek, -i lanetlemek
**Flucht** F ⟨-; -en⟩ (vor dat -den) kaçış; (erfolgreiche) (aus -den) kaçma, firar; **auf der ~ sein** (vor -den) kaçıyor olmak
**fluchtartig** ADV kaçarcasına
**flüchten** ⟨s.⟩ A VII: **~ aus -den** kaçmak (bir yerden); **~ vor -den** kaçmak (bir şeyden); (entkommen) kaçıp kurtulmak B VIR: **sich ~ in** (akk) -e sığınmak; **sich in Ausreden ~** bin bir bahane bulmak
**Fluchthelfer(in)** MF b-nin kaçmasına yardım eden
**flüchtig** ADJ Gefangener etc kaçak, firari; (oberflächlich) üstünkörü; (nachlässig) gelişigüzel, dikkatsiz; (vergänglich) gelip geçici; **j-n ~ kennen** b-le kısa bir tanışıklığı olmak/var; **~e Bekanntschaft** kısa bir tanışıklık; **~er Blick** şöyle bir bakış; **~er Eindruck** yüzeysel izlenim
**Flüchtigkeitsfehler** M dikkatsizlik hatası
**Flüchtling** M ⟨-s; -e⟩ kaçak, firari; POL mülteci, sığınmacı
**Flucht|versuch** M firar/kaçma denemesi **~wagen** M kaçarken kullanılan araba **~weg** M kaçağın izlediği yol; imdat çıkışı
**Flug** M ⟨-s; ⸚e⟩ uçuş; (wie) **im ~(e)** hızlı, uçarcasına
**Flug|bahn** F FLUG rota **~begleiter(in)** MF kabin görevlisi **♀bereit** ADJ uçuşa hazır **~betrieb** M uçuş/hava trafiği **~blatt** N el ilanı **~dauer** F uçuş süresi
**Flügel** M ⟨-s; -⟩ kanat; MUS kuyruklu piyano **~mutter** F TECH kelebek somun **~schraube** F TECH kelebek cıvata **~tür** F çift kanatlı kapı
**Fluggast** M (uçak) yolcu(su) **~abfertigung** F yolcu işlemleri

# FOLG

**Flug|gesellschaft** F havayolları (şirketi) **~hafen** M havalimanı **~kapitän** M (kaptan) pilot **~körper** M uçan cisim **~lehrer(in)** M(F) uçuş öğretmeni **~linie** F havayolları (şirketi) **~lotse** M hava trafik görevlisi **~passagier** M uçak yolcusu **~plan** M uçuş tarifesi **~platz** M havaalanı **~preis** M uçak fiyatı **~reise** F uçak yolculuğu **~schreiber** M seyir kayıt aleti, kara kutu **~sicherung** F uçuş güvenliği **~steig** ⟨-s; -e⟩ çıkış kapısı **~strecke** F uçuş mesafesi; rota **~stunde** F uçuş saati; **sechs ~n entfernt** uçakla altı saat uzak(ta) **~tarife** M/PL uçuş tarifeleri

**flugtauglich** ADJ uçuşa elverişli

**Flug|ticket** N uçak bileti **~überwachung** F uçuş denetimi/kontrolü **~verbindung** F uçak bağlantısı **~verkehr** M hava trafiği **~zeit** F uçuş süresi

**Flugzeug** ⟨-s; -e⟩ uçak **~absturz** M uçak düşmesi **~bau** M uçak yapımı **~besatzung** F uçak mürettebatı **~entführer** M hava korsanı **~entführung** F uçak kaçırma **~träger** M uçak gemisi **~unglück** N uçak kazası

**Flugziel** N uçuş hedefi

**Fluktu|ation** ⟨-; -en⟩ iniş çıkış, dalgalanma **⟂ieren** V/I ⟨ohne ge-, h.⟩ inip çıkmak; MED oynamak

**flunkern** V/I ⟨h.⟩ umg kıtır atmak

**Fluor** N ⟨-s; ohne pl⟩ flor

**fluoreszierend** ADJ floresan

**Flur**¹ [fluːɐ] M ⟨-s; -e⟩ (Diele) sofa, hol, antre; (Gang) koridor

**Flur**² [fluːɐ] F ⟨-; -en⟩: **allein auf weiter ~** orta yerde tek başına

**Fluss** ⟨-es; ¨e⟩ nehir, ırmak; (das Fließen) akış, akma **⟂abwärts** ADV -in aktığı yönde **~arm** M nehir kolu **⟂aufwärts** ADV -in geldiği yönde **~bett** N nehir yatağı

**Flüsschen** N ⟨-s; -⟩ dere, çay

**Flussdiagramm** N akış diyagramı

**flüssig** ADJ sıvı, likit; (geschmolzen) erimiş; Stil, Schrift etc akıcı

**Flüssiggas** N sıvı(laştırılmış) gaz

**Flüssigkeit** F ⟨-; -en⟩ Stoff sıvı; Zustand akışkanlık, akıcılık

**flüssigmachen** V/T ⟨-ge-, h.⟩ WIRTSCH paraya çevirmek

**Fluss|krebs** M kerevit, tatlısu istakozu **~lauf** M nehir boyu/yatağı **~mündung** F nehir ağzı **~pferd** N umg hipopotam

**flüstern** V/I u. V/T ⟨h.⟩ fısıldamak

**Flüsterpropaganda** F kulaktan kulağa (propaganda)

**Flut** F ⟨-; -en⟩ (Ergebnis) met, suların kabarması; fig akın; (Hochwasser) sel; **es ist ~** deniz yükseliyor **~katastrophe** F sel/taşkın felaketi **~licht** N ELEK projektör ışığı **~welle** F met dalgası

**Föderalis|mus** M ⟨-; ohne pl⟩ federalizm **⟂tisch** ADJ federalist

**Föderation** [-'tsi̯oːn] F ⟨-; -en⟩ federasyon

**Fohlen** N ⟨-s; -⟩ tay

**Föhn** M ⟨-s; -e⟩ Wind lodos (nördlich der Alpen); (Haartrockner) fön

**föhnen** V/T ⟨h.⟩: **sich das Haar** (od **die Haare**) **~** saçını (fönle) kurutmak

**Föhre** F ⟨-; -n⟩ BOT karaçam; sarıçam

**Fokus** M ⟨-; -se⟩ odak

**fokussieren** V/T ⟨ohne ge-, h.⟩ odaklamak

**folg.** abk → folgend(e etc)

**Folge** F ⟨-; -n⟩ (Ergebnis) sonuç; (Wirkung) etki; (Aufeinander⟂) (birbirini) izleme; (Reihen⟂) sıra, diziliş; bölüm (Fernsehserie etc); (Fortsetzung) -in devamı, arkası; **als ~ davon** bunun sonucu olarak; **zur ~ haben** -e yol açmak; **die ~n tragen** -in sonuçlarına katlanmak **~kosten** PL munzam masraflar

**folgen** V/I ⟨s.⟩ (dat -i) izlemek, takip etmek; ⟨h.⟩ umg (gehorchen) -e itaat etmek, -in sözünü dinlemek; **~ auf** (akk) -i izlemek; -in arkasından gelmek; **j-s Beispiel ~** b-nin örnek olduğu yolu izlemek; **können Sie mir ~?** anlatabiliyor muyum?, beni izleyebiliyor musunuz?; **hieraus folgt, dass** bundan şu (sonuç) çıkar: …; **wie folgt** şöyle, aşağıdaki gibi

**folgend** ADJ: **am ~en Tage** bunu izleyen gün(de); bundan sonraki gün(de); **im ⟂en** aşağıda; **es handelt sich um ⟂es** söz konusu olan şu(dur)

**folgendermaßen** ADV şöyle, şu suretle

**folgenschwer** ADJ ciddi sonuçlar doğuran

**folgerichtig** ADJ tutarlı

**folgern** _VT_ ⟨h.⟩ (aus -den) (sonuç) çıkarmak
**Folgerung** _F_ ⟨-; -en⟩ çıkarım; **e-e ~ ziehen** bir çıkarımda bulunmak
**Folge|satz** _M_ MATH gereçke **~schäden** _PL_ MED, JUR dolaylı zarar **~zeit** _F_: **in der ~ -i** izleyen zaman/süre içinde, -i müteakiben
**folglich** _KONJ_ bu böyle olunca, demek ki
**folgsam** _ADJ_ itaatli, söz dinler
**Folie** [-liə] _F_ ⟨-; -n⟩ folyo; (Metall2) ince metal yaprak; (Plastik2) plastik tabaka, _umg_ naylon
**Folienkartoffeln** _PL_ kumpir _sg_
**Folklore** _F_ ⟨-; ohne _pl_⟩ halkbilimi, folklor **~abend** _M_ folklor gecesi
**folkloristisch** _ADJ_ folklorik
**Follikel** _M_ ⟨-s; -⟩ folikül
**Folter** _F_ ⟨-; -n⟩ işkence; **j-n auf die ~ spannen** -i meraktan çatlatmak
**foltern** _VT_ ⟨h.⟩ -e işkence yapmak
**Folterung** _F_ ⟨-; -en⟩ işkence
**Fond** [fõː] _M_ ⟨-s; -s⟩ (Hintergrund) fon; AUTO arka koltuk; GASTR sos
**Fonds** [fõː] _M_ ⟨-s; -⟩ WIRTSCH fon
**Fondue** [fõˈdyː] _N_ ⟨-s; -s⟩ fondü
**fönen** → **föhnen**
**Fontäne** _F_ ⟨-; -n⟩ fıskiye
**forcieren** [-ˈsiː-] _VT_ ⟨ohne ge-, h.⟩ çabuklaştırmak; yoğunlaştırmak
**Förder|anlage** _F_ konveyör; taşıyıcı sistemi **~band** _N_ taşıma bandı
**Förder|er** _M_ ⟨-s; -⟩, **-in** _F_ ⟨-; -nen⟩ hami
**förderlich** _ADJ_ faydalı; yarayışlı
**Fördermenge** _F_ Bergbau çıkarılan miktar; üretim miktarı
**fordern** _VT_ ⟨h.⟩ talep etmek; _Menschenleben etc_ -e mal olmak; **zu viel (von j-m) ~** (b-ne) fazla yüklenmek; (b-nden) çok büyük beklentileri olmak/ var; **sie ist voll gefordert** onun kendini tamamen işe vermesi gerekiyor
**fördern** _VT_ ⟨h.⟩ teşvik etmek; (_unterstützen_) desteklemek; _Bergbau_ çıkarmak
**Förderpreis** _M_ teşvik ödülü, mansiyon
**Forderung** _F_ ⟨-; -en⟩ talep, WIRTSCH _a._ alacak; (Anspruch) hak talebi; JUR **~en stellen** taleplerde bulunmak
**Förderung** _F_ ⟨-; -en⟩ teşvik, destekleme; _Bergbau_ çıkarma
**Forelle** _F_ ⟨-; -n⟩ ZOOL alabalık

**Form** _F_ ⟨-; -en⟩ biçim, şekil; SPORT form; TECH kalıp; **aktive (passive) ~** etkin (edilgin) çatı; **die ~ wahren** zevahiri kurtarmak; **in ~ von** (_od gen_) ... biçiminde/şeklinde; **in (guter) ~ formunda; in ~ bleiben** formunu korumak
**formal** _ADJ_ biçimsel, şekli
**Formaldehyd** _M_ ⟨-s; ohne _pl_⟩ CHEM formaldehit
**Formalien** [-liə] _PL_ biçimsel hususlar _pl_; formaliteler _pl_; işlemler _pl_
**Formalität** _F_ ⟨-; -en⟩ formalite, işlem
**Format** _N_ ⟨-s; -e⟩ boy, boyut, büyüklük; IT format; _fig_ çap, önem
**Formation** [-ˈtsi̯oːn] _F_ ⟨-; -en⟩ nizam, dizi; biçimlenme, oluşum; GEOL oluş(uk); MIL teşekkül
**Formblatt** _N_ form(üler)
**Formel** _F_ ⟨-; -n⟩ formül
**formell** _ADJ_ resmi, şeklen doğru
**formen** ⟨h.⟩ _A_ _VT_ -e biçim vermek _B_ _VR_: **sich ~** TECH biçim almak; biçimlenmek
**Form|fehler** _M_ JUR usul hatası **~gebung** _F_ ⟨-; -en⟩ biçimlendirme **~gestaltung** _F_ TECH tasarım; dizayn
**formieren** _VR_ ⟨ohne ge-, h.⟩: **sich ~** dizilmek; sıralanmak
**förmlich** _A_ _ADJ_ teşrifata uygun; resmî _B_ _ADV_ düpedüz
**formlos** _ADJ_ belli bir biçimi olmayan; formüler gerektirmeyen (_dilekçe_)
**Formsache** _F_ formalite (meselesi/sorunu)
**formschön** _ADJ_ TECH dizaynı güzel
**Formular** _N_ ⟨-s; -e⟩ formüler, form dilekçe
**formulier|en** _VT_ ⟨ohne ge-, h.⟩ dile getirmek **2ung** _F_ ⟨-; -en⟩ dile getirme; (_Ausdruck_) ifade
**formvollendet** _ADJ_ son biçimini almış
**forschen** _VI_ ⟨h.⟩ araştırmak, incelemek; **~ nach** -i aramak
**Forsch|er** _M_ ⟨-s; -⟩, **-in** _F_ ⟨-; -nen⟩ araştırmacı **~ung** _F_ ⟨-; -en⟩ araştırma, inceleme
**Forschungs|auftrag** _M_ araştırma görevi **~gebiet** _N_ araştırma alanı **~reise** _F_ araştırma gezisi; keşif yolculuğu **~reisende** _M.F_ araştırmacı gezgin; kâşif **~zentrum** _N_ araştırma merkezi
**Förster** _M_ ⟨-s; -⟩, **-in** _F_ ⟨-; -nen⟩ or-

mancı, orman memuru
**Forstwirtschaft** F ⟨-; ohne pl⟩ ormancılık
**fort** ADV (davon) uzağa, uzakta; (weg) gitmiş, yok; (verschwunden) kayıp
**Fortbestand** M ⟨-(e)s; ohne pl⟩ ayakta kalma, (kendi) varlığını sürdürme, beka
**fortbestehen** ⟨irr, ohne -ge-, h.⟩ sürüp gitmek; ayakta kalmak
**fortbeweg|en** ⟨ohne -ge-, h.⟩ **A** V/T götürmek; yer değiştirmek **B** V/R: **sich ~** yer değiştirmek **2ung** F hareket
**Fortbildung** F meslek geliştirme/ilerletme
**fortbleiben** V/I ⟨irr, -ge-, s.⟩ gelmemek; dönmemek
**fortdauern** V/I ⟨-ge-, h.⟩ sürmek
**fortfahren** ⟨irr, -ge-⟩ **A** V/I ⟨s.⟩ hareket etmek, yola çıkmak; ⟨h.⟩ ~ (**mit** -e; **etw zu tun** -i yapmaya) devam etmek **B** V/T (arabayla) götürmek
**fortfliegen** V/I ⟨irr, -ge-, s.⟩ uçup gitmek
**fortführ|en** V/T ⟨-ge-, h.⟩ devam ettirmek, sürdürmek **2ung** F ⟨-; ohne pl⟩ devam; sürdürme
**Fortgang** M ⟨-(e)s; ohne pl⟩ devam; gelişme; ayrılış, gidiş
**fortgehen** V/I ⟨irr, -ge-, s.⟩ gitmek, ayrılmak
**fortgeschritten** ADJ ilerlemiş, ileri; **Kurs für ~e** ileri kurs
**fortgesetzt** ADJ devamlı; sürekli; adv daima; sürekli (olarak)
**fortlaufen** V/I ⟨irr, -ge-, s.⟩ **vor j-m** ~ b-nden kaçmak
**fortlaufend** ADJ sürekli, devamlı
**fortpflanz|en** ⟨-ge-, h.⟩: **sich ~** BIOL üremek; fig çoğalmak **2ung** F ⟨-; -en⟩ BIOL üreme
**fortschreiten** V/I ⟨irr, -ge-⟩ ilerlemek, gelişmek
**Fortschritt** M ilerleme; **~e machen** ilerleme göstermek **2lich** ADJ ilerici
**fortsetzen** ⟨-ge-, h.⟩ **A** V/T devam etmek, -i sürdürmek **B** V/R: **sich ~** devam etmek
**Fortsetzung** F ⟨-; -en⟩ devam (etme), sür(dür)me; **~ folgt** devamı/arkası var
**Fortsetzungsroman** M tefrika roman
**Fortzahlung** F ödemenin devamı
**Forum** N ⟨-s; Foren, Fora⟩ forum

**fossil** ADJ fosil(leşmiş)
**Fossil** N ⟨-s; -ien⟩ fosil
**Foto** N ⟨-s; -s⟩ umg foto(ğraf); **auf dem ~** fotoğrafta **~album** N fotoğraf albümü **~apparat** M fotoğraf makinesi **~ausrüstung** F fotoğraf teçhizatı **~finish** N fotofiniş
**fotogen** ADJ fotojenik
**Fotograf** M ⟨-en; -en⟩ fotoğrafçı **~ie** F ⟨-; -n⟩ fotoğraf; fotoğraf sanatı **2ieren** V/T ⟨ohne ge-, h.⟩ -in resmini çekmek **~in** F ⟨-; -nen⟩ fotoğrafçı **2isch** ADJ fotoğraf yoluyla
**Fotokopie** F fotokopi **2ren** V/T ⟨ohne ge-, h.⟩ -in fotokopisini çekmek
**Foto|labor** N fotoğraf laboratuarı **~modell** N fotomodel **~montage** F fotomontaj **~reportage** F resimli röportaj; fotoröportaj **~satz** M fotodizgi **~zelle** F ELEK elektronik göz
**Fötus** M ⟨-ses; -se⟩ cenin
**Foul** [faul] N ⟨-s; -s⟩ faul
**foulen** ['faulən] V/I ⟨h.⟩ ~-e faul yapmak
**Foyer** [foa'je:] N ⟨-s; -s⟩ fuaye
**Fr.** abk → **Frau**
**Fracht** F ⟨-; -en⟩ yük; FLUG, SCHIFF a. kargo **~brief** M taşıma senedi, konşimento
**Frachter** M ⟨-s; -⟩ yük gemisi, şilep
**Fracht|flugzeug** N nakliye/kargo uçağı **2frei** ADJ taşıma ücreti ödenmiş **~kosten** PL WIRTSCH navlun, taşıma maliyeti **~verkehr** M nakliyecilik
**Frack** M ⟨-s; ¨e⟩ frak
**Frage** F ⟨-; -n⟩ soru; **e-e ~ stellen** soru sormak; **e-e ~ der Zeit** zamanla (kesin) olacak bir iş; **das kommt gar nicht in ~** bu asla söz konusu değil; **ohne ~** şüphesiz; gayet tabii
**Fragebogen** M anket kâğıdı/formu
**fragen** V/T u. V/I ⟨h.⟩ (j-n B-NE, nach -i) sormak; **j-n nach dem Weg (der Zeit)** b-ne yolu (saati) sormak; **sich ~** kendine sormak, şaşmak
**Fragestellung** F meselenin konusu
**Fragezeichen** N soru işareti
**fraglich** ADJ kuşkulu; (betreffend) sözü edilen
**fraglos** ADV şüphesiz, kuşkusuz
**Fragment** N ⟨-s; -e⟩ fragman, parça; kalıntı
**fragwürdig** ADJ kuşku uyandıran
**Fraktion** [-'tsĭo:n] F ⟨-; -en⟩ POL mec-

**fraktionslos** ADJ grup dışı
**Fraktions|vorsitzende** M, F POL meclis grup başkanı **~zwang** M grup kararına uyma zorunluluğu
**Fraktur** [-'tuːɐ] F ⟨-; -en⟩ MED kırık; Gotik yazı
**Franke** M ⟨-n; -n⟩ Frank *(Franken eyaleti halkından)*
**Franken** M ⟨-s; -⟩ frank *(para birimi)*
**frankieren** VT ⟨ohne ge-, h.⟩ pullamak, *-e* pul yapıştırmak
**frankiert** ADJ pulu yapıştırılmış; **der Brief ist nicht ausreichend ~** mektuba yeterli pul yapıştırılmamıştır
**Fränkin** F ⟨-; -nen⟩ Frank *(Franken eyaleti halkından kadın)*
**Frankreich** N Fransa
**Franzose** M ⟨-n; -n⟩ Fransız
**Französin** F ⟨-; -nen⟩ Fransız
**französisch** ADJ Fransa subst; Fransız
**Französisch** N Fransızca
**frappieren** VT ⟨ohne ge-, h.⟩: **frappierend** şaşırtıcı; sürpriz
**Fräse** F ⟨-; -n⟩ freze; AGR çapa makinası
**fräsen** VT TECH freze etmek B VT TECH freze yapmak
**Fraß** ⟨-es⟩ umg kötü yemek, zıkkım
**Fratze** F ⟨-; -n⟩ surat; **~n schneiden** yüzünü gözünü oynatmak; *umg* pis surat
**Frau** F ⟨-; -en⟩ kadın; (Ehe♀) eş, karı; **meine ~** eşim; **Frau X** *europäisch* Bayan X, *türkisch* X Hanım; **wie geht es Ihrer ~?** eşiniz/hanımınız nasıl?
**Frauen|arzt** M, **~ärztin** F kadın doktoru **~beauftragte** F,M kadın (sorunları) görevlisi **~bewegung** F ⟨-; ohne pl⟩ kadın hareketi **♀feindlich** ADJ kadın düşmanı, kadınlara karşı **~haus** N kadın (sığınma) evi **~held** M kazanova **~klinik** F kadın kliniği **~rechte** PL kadın hakları pl **~rechtler** M ⟨-s; -⟩, **~rechtlerin** F ⟨-; -nen⟩ kadın hakları savunucusu (kadın) **~zeitschrift** F kadın dergisi
**Fräulein** N ⟨-s; -⟩ matmazel, küçükhanım; **~ X** *europäisch* Bayan X, *türkisch* X Hanım
**fraulich** ADJ kadınca, kadına özgü
**frech** ADJ küstah, saygısız, yüzsüz; *Lüge etc* edepsizce; (*kess*) fettan
**Frechheit** F ⟨-; -en⟩ küstahlık, yüzsüzlük; *Bemerkung* saygısızlık, edepsizlik; *umg* **so e-e ~!** ne terbiyesizlik!
**Fregatte** F ⟨-; -n⟩ fırkata
**frei** A ADJ (**von** *-den*) özgür, serbest; *Beruf* bağımsız, serbest (çalışan); (*nicht besetzt*) boş, serbest; (~*mütig*) gönüllü; **ist dieser Platz noch ~?** burası serbest mi?; **Zimmer ~!** kiralık oda bulunur; **Eintritt ~** giriş serbesttir; **ein ~er Tag** boş bir gün; **~e Stelle** açık iş/kadro; **im Freien** dışarıda, açıkhavada B ADV: **~ halten** *Platz* açık tutmak; **~ machen** (*beim Arzt*) açmak; **den Oberkörper ~ machen** belden yukarısını soyunmak; **sich ~ machen** (*von*) *Vorurteilen -i* başından atmak; **~ sprechen** serbest/rahat konuşmak; WIRTSCH **~ Haus** ev teslimi; **~ finanziert** özel girişimle finanse edilen; **~ laufende Hühner** kümes dışında dolaşabilen tavuklar
**Freibad** N açık yüzme havuzu
**freibekommen** VT ⟨irr, ohne ge-, h.⟩: **den Freitag ~** cuma günü izinli olmak; **j-n/etw ~** v/t *-in* serbest kalmasını sağlamak
**Freiberuf|ler(in)** M(F) ⟨-s; -⟩ serbest meslek sahibi **♀lich** ADJ serbest (çalışan); **~ tätig sein** serbest (meslekte) çalışmak
**Freibetrag** M (vergiden) muaf meblağ
**freibleibend** ADJ & ADV WIRTSCH bağlayıcı değil/olmayan
**Frei|brief** M: **~ für ... izni, ... rahatlığı ~exemplar** N parasız örnek/nüsha **~fahrschein** M ücretsiz bilet **~flug** M ücretsiz uçuş **~gabe** F ⟨-; ohne pl⟩ serbest bırak(ıl)ma; WIRTSCH dalgalanmaya bırak(ıl)ma
**freigeben** VT ⟨irr, -ge-, h.⟩ serbest bırakmak; WIRTSCH *Wechselkurs* dalgalanmaya bırakmak
**freigebig** ADJ cömert
**Freigepäck** N (ücretsiz) bagaj hakkı
**freihaben** VT ⟨-ge-, h.⟩ *umg* izinli olmak
**Freihafen** M serbest liman
**freihalten** VT ⟨irr, -ge-, h.⟩ **j-n ~** *-in* (lokantada) hesabını üstlenmek
**Freihandel** M ⟨-s; ohne pl⟩ serbest ticaret
**Freihandels|abkommen** N serbest ticaret anlaşması **~zone** F serbest ticaret bölgesi
**freihändig** ADJ u. ADV elini dayamadan

**Freiheit** F ⟨-; -en⟩ hürriyet, serbesti, özgürlük; **sich die ~ nehmen zu** -meye cüret etmek; **sich ~en erlauben gegenüber j-m** b-ne karşı (çok) ileri gitmek
**freiheitlich** ADJ özgürlüksever, liberal
**Freiheits|beraubung** F JUR hürriyetten mahrum etme (suçu) **~bewegung** F bağımsızlık hareketi **~entzug** M hürriyetten men **~kämpfer(in)** M(F) bağımsızlık savaşçısı **~krieg** M bağımsızlık savaşı **~strafe** F JUR hürriyetten men cezası; **zu e-r ~ von 5 Jahren verurteilt werden** 5 yıl hapis cezasına çarptırılmak
**freiheraus** ADV dobra dobra
**Freikarte** F ücretsiz bilet
**freikommen** VI ⟨irr, -ge-, s.⟩ JUR salıverilmek, serbest bırakılmak
**Freilandgemüse** N serada yetiştirilmemiş sebze
**freilass|en** VT ⟨-ge-, h.⟩ (serbest) bırakmak, salıvermek; **gegen Kaution ~** JUR kefaletle salıvermek **⟳ung** F ⟨-; -en⟩ serbest bırak(ıl)ma
**freilegen** VT ⟨-ge-, h.⟩ açmak, ortaya çıkarmak
**freilich** ADV elbette, tabii
**Freilicht...** IN ZSSGN açıkhava ...
**freiliegen** VI ⟨irr, -ge-, h.⟩ açık/serbest duruyor olmak
**Freiluft...** IN ZSSGN açıkhava ...
**freimachen** ⟨-ge-, h.⟩ VT Brief etc pul yapıştırmak
**freimütig** ADJ içten, açık sözlü
**freinehmen** VT ⟨irr, -ge-, h.⟩ tatil almak
**freischaffend** ADJ serbest çalışan
**freischwimmen** V/R ⟨irr, -ge-, h.⟩: **sich ~** fig kendi başına hareket etmeyi öğrenmek
**freisetzen** VT ⟨-ge-, h.⟩ CHEM açığa çıkarmak; **j-n ~** (entlassen) işten çıkarmak
**frei|sprechen** VT ⟨irr, -ge-, h.⟩ JUR (**von** -den) beraat ettirmek **⟳spruch** M JUR beraat et(tir)me
**Freistaat** M cumhuriyet (Bavyera, Saksonya, Thüringen eyaletleri için)
**freistehen** VI ⟨irr, -ge-, h.⟩: **es steht Ihnen frei zu** ⟨+ INF⟩ -mekte serbestsiniz
**freistell|en** VT ⟨-ge-, h.⟩: **j-n ~** (**von**) b-ni (-den) muaf tutmak; **j-m etw ~** bş-i b-nin seçimine bırakmak **⟳ung** F ⟨-; -en⟩ (**von**) -den muaflık

**Freistil** M ⟨-s; ohne pl⟩ serbest stil
**Freitag** M ⟨-s; -e⟩ cuma; **am ~** cuma günü
**freitags** ADV cuma (günü); cumaları; cuma günleri **⟳predigt** F cuma vaazı
**Freiumschlag** M pulu yapıştırılmış zarf
**Freiverkehr** M WIRTSCH açık/serbest piyasa; serbest/köşebaşı işlemleri; **im ~** borsa dışında; köşebaşında
**Freiverkehrsbörse** F WIRTSCH serbest piyasa işlemleri borsası
**freiweg** ADV umg pat diye
**freiwillig** A ADJ gönüllü B ADV: **sich ~ melden** (**zu** -e) gönüllü olarak başvurmak
**Freiwillige** M,F ⟨-n; -n⟩ gönüllü
**Freizeichen** N TEL çevir sesi/sinyali
**Freizeit** F ⟨-; ohne pl⟩ boş zaman(lar) **~beschäftigung** F boş zaman uğraşı **~kleidung** F ev giyimi
**Freizone** F serbest bölge
**freizügig** ADJ WIRTSCH serbest, belli bir yere bağlı olmayan; özgürlükçü; serbestlik tanıyan **⟳keit** F ⟨-; ohne pl⟩ WIRTSCH serbest dolaşım
**fremd** ADJ yabancı; (ausländisch) ecnebi, dış ülke(ler); (unbekannt) bilinmeyen; **ich bin auch ~ hier** ben de buranın yabancısıyım
**fremdartig** ADJ yabancı, alışılmadık, garip, yadırgatıcı
**Fremde¹** F ⟨-; ohne pl⟩ gurbet; **in der ~ leben** gurbette yaşamak
**Fremde²** M,F ⟨-n; -n⟩ yabancı, el; (Ausländer) ecnebi; (Tourist) turist
**Fremden|führer(in)** M(F) (turist) rehber(i) **~hass** M yabancı düşmanlığı **~verkehr** M turizm **~verkehrsbüro** N turizm danışma bürosu **~zimmer** N, **~ zu vermieten** (yabancıya) kiralık oda
**Fremdfinanzierung** F dış finansman
**fremdgehen** VI ⟨-ge-, s.⟩ umg eşini aldatmak
**Fremd|herrschaft** F yabancı egemenliği/hakimiyeti **~kapital** N yabancı/dış sermaye **~körper** M MED yabancı cisim; fig uyum sağlayamamış eleman **⟳ländisch** ADJ yabancı; ecnebi **~ling** M ⟨-s; -e⟩ yaban, yadırgı **~sprache** F yabancı dil

**Fremdsprachen|korrespondent(in)** M̲F̲, **~sekretär(in)** M̲F̲ yabancı dil bilen büro elemanı; **~unterricht** M̲ yabancı dil dersi
**fremdsprachlig, ~lich** ADJ yabancı dil(de)
**Fremdwort** N̲ yabancı kelime
**frequentieren** V/T ⟨ohne ge-, h.⟩ -in müdavimi olmak
**Frequenz** F̲ ⟨-; -en⟩ frekans; sıklık; **~bereich** PL ELEK frekans alanı
**Fresse** F̲ ⟨-; -n⟩ vulg (Mund) gaga; (Gesicht) surat
**fressen** ⟨frißt, fraß, gefressen, h.⟩ V/T u. V/T Tier yemek; umg Mensch tıkınmak; hayvan gibi yemek
**Freude** F̲ ⟨-; -n⟩ sevinç, neşe; (Vergnügen) eğlence, zevk; **~ über** (akk) ... -e sevinci; **vor ~** sevinçten; **~ haben an** (dat) -den zevk duymak, -i zevkle yapmak; **~ bereiten** -i sevindirmek
**Freuden|schrei** M̲ sevinç çığlığı **~tränen** PL sevinç gözyaşları pl
**freudestrahlend** ADJ sevinç içinde
**freudig** ADJ neşeli, şen; Ereignis, Erwartung mutlu, sevindirici
**freudlos** ADJ neşesiz; üzüntülü
**freuen** ⟨h.⟩ A V/T: **es freut mich, dass ...** -diği beni sevindirdi B V/R: **sich ~** sevinmek; **ich freue mich über** (akk) -diğine sevindim; **ich freue mich auf** (akk) -eceğine seviniyorum
**Freund** M̲ ⟨-s; -e⟩ arkadaş, dost; e-s Mädchens, e-r Frau erkek arkadaş
**Freundeskreis** M̲ arkadaş/dost çevresi
**Freundin** F̲ ⟨-; -nen⟩ arkadaş; e-s Jungen kız arkadaş; e-s Mannes kadın/hanım arkadaş
**freundlich** ADJ dostça, arkadaşça; sevimli; Farben etc neşeli; **~e Grüße in** (an dat -e) selamlarımı söyle(yin)!; → Gruß; **bitte seien Sie so ~ und ...** rica etsem lütfen -ir misiniz?; **sehr ~!** çok naziksin(iz)!  **~erweise** ADV nezaketen **ℒkeit** F̲ ⟨-; -en⟩ dostça davranış, nezaket, içtenlik
**Freundschaft** F̲ ⟨-; -en⟩ arkadaşlık, dostluk; **~ schließen** dostluk kurmak **ℒlich** ADJ dostça, arkadaşça
**Freundschafts|besuch** M̲ dostluk ziyareti **~dienst** M̲ dostun dosta yardımı; **j-m e-n ~ erweisen** bn-e bir dostluk

hizmeti göstermek **~spiel** N̲ dostluk maçı
**Frevel** [-f-] M̲ ⟨-s; -⟩ kötülük; günah **ℒhaft** ADJ kötü; günah
**Friede** M̲ ⟨-ns; -n⟩, **~n** M̲ ⟨-s; -⟩ barış; huzur; **im ~n** barışta; **lass mich in ~n!** beni rahat bırak!; **~n schließen** barışmak
**Friedens|bruch** M̲ JUR barışın bozulması **~gespräche** PL barış görüşmeleri pl **~konferenz** F̲ barış toplantısı/konferansı **~truppe** F̲ barış gücü **~vertrag** M̲ barış sözleşmesi
**Friedhof** M̲ mezarlık, kabristan
**friedlich** ADJ huzurlu, sakin
**friedliebend** ADJ barışsever
**frieren** V/I ⟨fror, gefroren, h.⟩ Person üşümek; Wasser donmak
**frigide** ADJ frijit
**Frikadelle** F̲ ⟨-; -n⟩ köfte (yağda kızarmış)
**Frikassee** [-'se:] N̲ ⟨-s; -s⟩ yahni
**frisch** ADJ taze; Wäsche, Luft temiz; **auf ~er Tat ertappen** -i suçüstü yakalamak B ADV: **~ gestrichen** yeni boyanmış; **~ verheiratet** yeni evli; **sich ~ machen** elini yüzünü yıkamak
**Frische** F̲ ⟨-; ohne pl⟩ tazelik
**Frisch|fleisch** N̲ taze et **~haltepackung** F̲ tazeliği koruyucu ambalaj
**Friseur** [fri'zø:ɐ] M̲ ⟨-s; -e⟩, **-in** F̲ ⟨-; -nen⟩ kuaför; (Herren2) a. berber **~salon** M̲ kuaför salonu
**frisieren** ⟨ohne ge-, h.⟩ A V/T **-in** saçını yapmak; umg Konten etc işini görmek, -de rötuş yapmak; AUTO gücünü arttırmak B V/R: **sich ~** (kendi) saçını düzeltmek/yapmak
**Frisiersalon** M̲ kuaför salonu
**Frist** F̲ ⟨-; -en⟩ Zeitraum süre, mehil; Zeitpunkt (son) gün, vade; Aufschub uzatma, temdit; **e-e ~ setzen** süre koymak; **e-e ~ einhalten** süreye uymak
**frist|gemäß, ~gerecht** ADJ u. ADV süresi içinde(ki) **~los** ADJ u. ADV ihbarsız, (ihbar) süresiz
**Fristverlängerung** F̲ süreyi uzatma; temdit
**Frisur** F̲ ⟨-; -en⟩ saç biçimi
**Fritteuse** [fri'tøːzə] F̲ ⟨-; -n⟩ fritöz
**frittieren** V/T ⟨ohne ge-, h.⟩ kızartmak (yağda)
**frivol** [-v-] ADJ açık saçık, hoppa; stärker

edepsiz, ahlaksız
**froh** ADJ (**über** akk -e) memnun; (fröhlich) neşeli, şen; (glücklich) mutlu
**fröhlich** ADJ neşeli, mutlu; (lustig) şen **♦keit** F ⟨-; ohne pl⟩ neşe, sevinç, gönül ferahlığı
**Frohnatur** F ⟨-; -en⟩ şen tabiatlı (kimse)
**fromm** ADJ dindar, dini bütün; **ein ~er Wunsch** olmayacak dua
**Frömmigkeit** F ⟨-; ohne pl⟩ dindarlık
**Fronleichnam** M ⟨-s; ohne pl⟩ Katolik yortusu
**Front** F ⟨-; -en⟩ ön taraf, ön cephe; MIL cephe, savaş hattı; **an der ~** cephede
**frontal** ADV cepheden
**Frontal|angriff** M cephe saldırısı **~zusammenstoß** M AUTO önden çarpışma
**Front|antrieb** M AUTO önden çekiş **~kämpfer** M muharip **~lader** M ⟨-s; -⟩ TECH kepçeli kamyon/traktör **~wechsel** M cephe değiştirme; çark(etme)
**Frosch** M ⟨-s; ⸚e⟩ ZOOL kurbağa; umg **sei kein ~!** nazlanma!; oyunbozanlık etme! **~mann** M balıkadam
**Frost** M ⟨-s; ⸚e⟩ don (eisige Kälte) **♦beständig** ADJ dona/donmaya dayanıklı
**frösteln** A V/I ⟨h.⟩ soğuktan titremek B V/UNPERS hafif don yapmak
**frostfrei** ADJ buzsuz
**Frostgrenze** F don sınırı
**frostig** ADJ ayazlı; çok soğuk
**Frostschutzmittel** N antifriz
**Frottee**, österr **Frotté** [frɔ'teː] M, N ⟨-(s); -s⟩ havlu kumaşı
**frottieren** V/T ⟨ohne ge-, h.⟩ ov(uştur)mak; -e friksiyon yapmak
**Frottier|handschuh** M masaj eldiveni; kese **~tuch** N havlu
**Frucht** F ⟨-; ⸚e⟩ meyva; **Früchte tragen** meyva vermek
**fruchtbar** ADJ verimli **♦keit** F ⟨-; ohne pl⟩ verimlilik, bereket
**Frucht|bonbon** M, N meyvalı şeker (-leme) **~eis** N meyvalı dondurma
**fruchten** V/I ⟨h.⟩ **nichts ~** hiçbir sonuç vermemek
**Fruchtfleisch** N meyvanın eti
**fruchtlos** ADJ verimsiz
**Frucht|presse** F meyva sıkacağı **~saft** M meyva suyu **~wasser** N ce-

nin/dölüt sıvısı **~zucker** M früktoz
**früh** [fryː] ADJ u. ADV erken; **zu ~ kommen** (fazla) erken gelmek; **heute (morgen) ~** bu (yarın) sabah; **~ genug** yeterince erken, gecikmeden
**Frühaufsteher** F ⟨-s; -⟩, **-in** F ⟨-; -nen⟩ erkenci, erken kalkan
**Frühe** F ⟨-; ohne pl⟩: **in aller ~** sabah erkenden
**früher** A ADJ (ehemalig) eski; (vorherig) önceki B ADJ önceleri, eskiden; **~ oder später** er (veya) geç; **~ (einmal)** bir zamanlar; **wie ~** eskisi gibi
**Früherkennung** F MED erken teşhis
**frühestens** ADV en erken
**Frühgeburt** F erken doğum; (Kind) erken doğan çocuk
**Frühgemüse** N turfanda sebze
**Frühgeschichte** F -in ilk dönem tarihi
**Frühjahr** N ⟨-s; -e⟩ ilkbahar
**Frühjahrs|mode** F (ilk)bahar modası **~müdigkeit** F bahar yorgunluğu
**Frühkartoffeln** PL taze patates sg
**Frühling** M ⟨-s; -e⟩ ilkbahar
**frühlingshaft** ADJ (ilk)baharımsı; (ilk-) bahara özgü
**Frühlings|rolle** F Çin usulü sebzeli börek **~zwiebel** F yeşil soğan
**frühmorgens** ADV sabah erken(den)
**frühreif** Kind erken gelişmiş
**Frühschicht** F sabah vardiyası
**Frühsommer** M yaz başı
**Frühstadium** N ilk safha/evre
**Frühstück** N ⟨-s; -e⟩ kahvaltı; **zum ~** kahvaltıda **♦en** V/I ⟨h.⟩ V/I kahvaltı etmek B V/T: **etw ~** kahvaltıda bş yemek
**Frühstücks|büfett** N GASTR kahvaltı büfesi **~pause** F kahvaltı molası/arası
**Frühzeit** F erken/ilk dönem
**frühzeitig** ADJ u. adv erken
**Frust** M ⟨-s; ohne pl⟩ umg bezginlik; yılgınlık **~ration** [-'tsĭoːn] F ⟨-; -en⟩ bezginlik; yılgınlık **♦rieren** ⟨ohne ge-, h.⟩ bezdirmek; yıldırmak **♦riert** bezgin, küskün
**frz.** abk → französisch
**Fuchs** [-ks] M ⟨-es; ⸚e⟩ ZOOL tilki
**Fuchsie** ['fʊksĭə] F ⟨-; -n⟩ BOT küpe (-çiçeği)
**fuchsteufelswild** [-ks] ADJ umg (öfkeden) kanı beynine sıçramış (bir halde)
**Fuchtel** F ⟨-; ohne pl⟩: umg **unter j-s ~ stehen** b-nin tahakkümü/boyunduruğu

## FUCH | 686

altında olmak
**fuchteln** [V/I] ⟨h.⟩: **mit etw ~** bş-i sallayıp durmak; **mit den Händen ~** elini kolunu sallamak
**Fug: mit ~ und Recht** haklı olarak
**Fuge¹** [F] ⟨-; -n⟩ MUS füg
**Fuge²** [F] ⟨-; -n⟩ TECH derz
**fügen** ⟨h.⟩ [A] [V/T] bir birleştirmek [B] [V/R]: **sich ~ (in** akk -i) kabullenmek
**fühlbar** [ADJ] fig farkedilir; (beträchtlich) hatırı sayılır, hayli
**fühlen** ⟨h.⟩ [A] [V/T] hissetmek, duymak [B] [V/R]: **sich krank** etc **~** kendini hasta vs hissetmek
**Fühl|er** [M] ⟨-s; -⟩ duyarga; umg anten; TECH sensor **~ung** [F] ⟨-; ohne pl⟩: **~ aufnehmen mit** ile temasa geçmek; ile temas kurmak; **~ haben mit** ile temasta olmak; **die ~ verlieren (mit)** -i gözden kaybetmek
**Fuhre** [F] ⟨-; -n⟩ araba dolusu
**führen** ⟨h.⟩ [A] [V/T] -e yol göstermek; (herum~) dolaştırmak, gezdirmek, -e mihmandarlık etmek; (geleiten) -e eşlik etmek; (bringen) götürmek; Betrieb, Haushalt etc işletmek, yönetmek; Waren satmak, bulundurmak; Buch, Konto tutmak; Gespräch etc yapmak, yönetmek; **j-n ~ durch** b-ne -i gezdirmek [B] [V/I] **(zu** -e) Straße çıkmak; **das führt zu nichts** bu (hiç)bir sonuç vermez
**führend** [ADJ] ileri/önde gelen, önemli; baştaki
**Führer** [M] ⟨-s; -⟩, **-in** [F] ⟨-; -nen⟩ kılavuz; POL önder, lider; SPORT lider; (Fremden♀) rehber; (Leiter) şef, başkan; (Reise♀) kılavuz (kitap); **~ des Fahrzeugs** aracın sürücüsü
**führerlos** [ADJ] sürücüsüz; FLUG pilotsuz
**Führerschein** [M] sürücü belgesi, umg ehliyet; **den ~ machen** ehliyet almak **~entzug** ehliyete elkonması
**Führung** ⟨-; -en⟩ [F] yönetim; Unternehmen a. sevk ve idare; ⟨-; ohne pl⟩ (iyi) hal; Museum etc **(durch** -i) rehberle gezme; **unter der ~ von** ... yönetiminde/önderliğinde; **die ~ übernehmen** yönetimi teslim almak; **in ~ gehen** başa geçmek (im Rennen); **in ~ liegen** başı çekmek (im Rennen)
**Führungs|kraft** [F] WIRTSCH yönetici eleman **~spitze** [F] yönetimin başı(ndakiler) **~stil** [M] yönetim tarzı

**~zeugnis** [N] iyi hal kağıdı
**Fuhrunternehmen** [N] nakliye şirketi
**Fuhrunternehmer** [M] nakliyeci
**Fuhrwerk** [N] öküz/at (yük) arabası
**Fülle** [F] ⟨-; ohne pl⟩ bolluk; şişmanlık; **in ~ bol** (bol)
**füllen** [A] [V/T] ⟨h.⟩ doldurmak; Flüssigkeit a. (in akk -e) boşaltmak, aktarmak [B] [V/R]: **sich ~ (mit** -le) dolmak
**Füll|er** [M] ⟨-s; -⟩ umg, **~federhalter** [M] dolmakalem
**Füllung** [F] ⟨-; -en⟩ dolgu; (-in) iç(i)
**fummeln** [V/I] ⟨h.⟩ umg **(an** dat -i) kurcalamak; **nach etw ~** bş-i (el yordamıyla) aramak
**Fund** [M] ⟨-s; -e⟩ bulma; **e-n ~ machen** (değerli) bş-i bulmak
**Fundament** [N] ⟨-s; -e⟩ temel
**fundamental** [ADJ] temel ♀**ismus** [M] ⟨-; ohne pl⟩ fundamentalizm; köktencilik
**Fund|büro** [N] kayıp eşya bürosu **~gegenstand** [M] bulunmuş eşya **~grube** [F] fig zengin kaynak, hazine
**fundieren** [V/T] ⟨ohne ge-, h.⟩ temellendirmek; WIRTSCH konsolide etmek; sağlamlaştırmak
**fundiert** [ADJ] bir temele dayanan, esaslı; WIRTSCH konsolide
**fündig** [ADJ]: **~ werden** (aranan bş-i) bulmak
**Fund|ort** [M] ⟨-s; -e⟩ -in bulunduğu yer **~sache** [F] bulunmuş eşya
**Fundus** [M] ⟨-; -⟩ mevcut, varlık; **(von, an)** -in (bilgi, tecrübe vs) birikimi
**fünf** [ADJ] beş **~fach** [ADJ] u. [ADV] beş misli, beş kat **~jährig** [A] [ADJ] beş yıllık [B] [ADV] beş yılda bir
**Fünfling** [M] ⟨-s; -e⟩ beşiz
**Fünfsternehotel** [N] beş yıldızlı otel
**Fünftagewoche** [F] beş işgünlük hafta
**fünf|te** [ADJ] beşinci ♀**tel** [N] ⟨-s; -⟩ beşte (bir etc) **~tens** [ADV] beşincisi, beşinci olarak **~zehn** [ADJ] on beş **~zig** [ADJ] elli
**fungieren** [-ŋ'giː-] [V/I] ⟨ohne ge-, h.⟩: **~ als** ... olarak iş/görev yapmak; **-in** fonksiyonu ... olmak
**Funk** [M] ⟨-s; ohne pl⟩ radyo; telsiz; **über ~** radyodan; telsizle **~amateur(in)** [M/F] amatör radyocu/telsizci
**Funke** [M] ⟨-n; -n⟩ kıvılcım; anî fikir
**funkeln** [V/I] ⟨h.⟩ parıldamak; Sterne (titreyerek) parıldamak
**funkelnagelneu** [ADJ] umg yepyeni,

gıcır gıcır
**funken** ⟨h.⟩ **A** V/T telsizle bildirmek **B** V/UNPERS: **zwischen uns hat es sofort gefunkt** birbirimizi hemen çekici bulduk
**funkentstört** ADJ parazit yalıtımı yapılmış
**Funker** M ⟨-s; -⟩ telsizci
**Funk|gerät** N telsiz cihazı **~haus** N radyoevi **~meldung** F telsiz haberi **~signal** N radyo/telsiz sinyali **~spruch** M radyo duyurusu **~station** F telsiz istasyonu **~stille** F telsiz haberleşmesinin kesikliği; umg **zwischen uns herrscht ~** selamı sabahı kestik **~streife(nwagen** M) F telsizli (polis) devriye arabası **~taxi** N telsizli taksi **~technik** F radyo/telsiz mühendisliği/teknolojisi **~telegramm** N telsiz telgraf
**Funktion** [-'tsĭo:n] F ⟨-; -en⟩ işlev, fonksiyon ℒal ADJ işlevsel, fonksiyonel **~alität** F ⟨-; ohne pl⟩ işlevsellik
**Funktionär** M ⟨-s; -e⟩, **-in** F ⟨-; -nen⟩ partici; sendikacı
**funktionell** ADJ işlevsel; fonksiyonel
**funktionieren** V/I ⟨ohne ge-, h.⟩ işlemek
**funktionsfähig** ADJ işler halde/durumda
**Funktionsstörung** F MED fonksiyonel bozukluk
**Funk|verbindung** F telsiz bağlantısı **~verkehr** M telsiz trafiği/haberleşmesi f MED fonksiyonel bozukluk
**für** PRÄP (akk) için; -e; (zugunsten) -in lehine; (anstatt) -in yerine; **~ immer** daima, ebediyen; **~ mich** Meinung, Geschmack bana göre/kalırsa; **~ 10 Euro** on avroya; **an und ~ sich** aslında; aslına bakılırsa; **jeder ~ sich** herkes kendisi için (od kendi hesabına); **Tag ~ Tag** günden güne; **Wort ~ Wort** kelimesine; **was ~ ...?** ne gibi/tür bir ...?; **das Für und Wider** lehte ve aleyhte görüşler pl; olumlu ve olumsuz yanlar pl; **~s Erste** şimdilik
**Furche** F ⟨-; -n⟩ iz; TECH oluk
**Furcht** F ⟨-; ohne pl⟩ (**vor** dat -den) korku; **aus ~ vor ...** korkusundan
**furchtbar** **A** ADJ korkunç **B** ADV umg müthiş, korkunç, felaket
**fürchten** ⟨h.⟩ **A** V/T -den korkmak; **ich fürchte, ... ** korkarım ... **B** V/R: **sich ~**

(**vor** dat -den) korkmak
**fürchterlich** → furchtbar
**furcht|erregend** ADJ korku verici, müthiş **~los** ADJ korkusuz, yürekli **~sam** ADJ korkak, sıkılgan, çekingen
**füreinander** ADV birbiri için
**Furie** ['fu:rĭə] F ⟨-; -n⟩ intikam tanrıçası; fig şirret kadın
**Furnier** N ⟨-s; -e⟩ (ahşap) kaplama **furnieren** V/T ⟨ohne ge-, h.⟩ -e kaplama yapmak
**Furore** F: **~ machen** büyük bir başarıyla dikkatleri üstüne çekmek
**Fürsorge** F ⟨-; ohne pl⟩ (**für** -e) şefkat; (-i) esirgeme; **ärztliche ~** hekim kontrolü; **öffentliche ~** sosyal yardım
**fürsorglich** **A** ADJ şefkatli **B** ADV şefkatle
**Fürsprache** F ⟨-; ohne pl⟩ (**für** j-n, **bei** j-m biri için, bir nezdinde) tavassut
**Fürst** M ⟨-en; -en⟩ prens, bey **~entum** N ⟨-s; ⸚er⟩ prenslik, beylik **~in** F ⟨-; -nen⟩ prenses ℒlich ADJ prens subst, prensçe; **j-n ~ bewirten** b-ni krallar gibi ağırlamak
**Furt** F ⟨-; -en⟩ geçit, nehir geçidi
**Furunkel** M ⟨-s; -⟩ MED kan çıbanı
**Furz** M ⟨-es; ⸚e⟩ umg yel, vulg osuruk ℒen V/I ⟨h.⟩ umg yelle(n)mek, vulg osurmak
**Fusion** [fu'zĭo:n] F ⟨-; -en⟩ CHEM füzyon, kaynaşım; WIRTSCH füzyon; birleşme ℒieren V/I ⟨ohne ge-, h.⟩ birleşmek
**Fuß** M ⟨-es; ⸚e⟩ ayak; **zu ~** yürüyerek; yayan; yaya (olarak); **zu ~ erreichbar** yürüyerek gidilebilir (uzaklıkta); **zu ~ gehen** yürüyerek gitmek; **gut zu ~ sein** yürüyüşü iyi olmak; **auf eigenen Füßen stehen** kendi ekmeğini kazanmak; **~ fassen** tutunmak, yerleşmek; **auf freiem ~** serbest (bırakılmış); umg **kalte Füße bekommen** yüzgeri etmek; **am ~ des Berges** dağın eteğinde **~abdruck** M ayak izi **~abstreifer** M ⟨-s; -⟩ kapı paspası **~bad** N ayak banyosu
**Fußball** M futbol (topu) **~er** M ⟨-s; -⟩ umg topçu **~länderspiel** N futbol milli maçı **~platz** M futbol sahası **~spiel** N futbol maçı **~spieler(in)** M(F) futbolcu **~verband** M futbol federasyonu **~weltmeister** M dünya futbol şampiyonu
**Fußboden** M zemin, taban; (Belag) ta-

ban kaplaması **~heizung** F zeminden ısıtma
**Fußbremse** F AUTO ayak freni
**Fußgänger** M ⟨-s; -⟩, **-in** F ⟨-; -nen⟩ yaya **~ampel** F ışıklı yaya geçidi **~überweg** M yaya geçidi **~unterführung** F yaya alt geçidi **~zone** F yaya bölgesi
**Fuß|gelenk** N ayak bileği **~marsch** M yürüyüş **~note** F dipnotu **~pflege** F pedikür; ayak bakımı **~pfleger(in)** M(F) pedikürcü **~pilz** M MED ayak mantarı **~sohle** F (ayak) taban(ı) **~spur** F ayak izi; (Fährte) hayvan izi **~stapfen** PL: **in j-s ~ treten** b-nin izinden gitmek **~tritt** M tekme **~weg** M yaya yolu; **e-e Stunde ~** yaya(n) bir saat
**futsch** ADJ umg: **~ sein** güme gitmek; berbat olmak
**Futter**[1] N ⟨-s; ohne pl⟩ yiyecek; (Tier⁓) yem
**Futter**[2] N ⟨-s; -⟩ astar
**Futteral** N ⟨-s; -e⟩ muhafaza, kutu, kap; (Hülle) kılıf, zarf
**futtern** VI ⟨h.⟩ yemek
**füttern** VT ⟨h.⟩ **A** Tiere beslemek **B** Kleid etc astarlamak
**Futternapf** M yemlik
**Futur** [-'tu:ɐ] N ⟨-s; ohne pl⟩ GRAM gelecek zaman
**Futur|ismus** M ⟨-; ohne pl⟩ fütürizm **⁓istisch** ADJ fütürist(ce) **~ologe** M ⟨-n; -n⟩ fütürolog **~ologie** F ⟨-; ohne pl⟩ fütüroloji **~ologin** F ⟨-; -nen⟩ fütürolog (kadın)

# G

**g, G** [ge:] N ⟨-; -⟩ **A** g, G **B** MUS sol
**Gabe** F ⟨-; -n⟩ (an akk -e) sunu/kurban/hediye; yetenek, Allah vergisi
**Gabel** F ⟨-; -n⟩ çatal; AGR yaba; MUS diyapozon
**gabeln** V/R: **sich ~** ⟨h.⟩ ikiye ayrılmak, çatallanmak
**Gabelstapler** M ⟨-s; -⟩ TECH forklift
**Gabelung** F ⟨-; -en⟩ -in çatallandığı yer, -in çatalı
**gackern** VI ⟨h.⟩ gıdaklamak
**gaffen** VI ⟨h.⟩ ağzı açık bakmak
**Gag** [gɛk] M ⟨-s; -s⟩ gülünçlük; (gülünç) tuluat
**Gage** ['ga:ʒə] F ⟨-; -n⟩ Künstler ücret
**gähnen** VI ⟨h.⟩ esnemek; **gähnend leer** bomboş; ıpıssız
**Gala** F ⟨-; ohne pl⟩ gala kıyafeti **~abend** M gala gecesi
**galant** ADJ galan
**Galerie** F ⟨-; -n⟩ galeri
**Galgen** M ⟨-s; -⟩ darağacı, idam sehpası **~frist** F son mühlet **~humor** M acı mizah
**Galionsfigur** [-'lĭo:ns-] F gemiaslanı; fig ileri gelen (kimse)
**gälisch** ADJ Galler(le ilgili)
**Galle** F ⟨-; -n⟩ ANAT safra kesesi; MED safra; **mir kam die ~ hoch** küplere bindim
**Gallen|blase** F ANAT safra kesesi **~kolik** F safra kesesi sancısı **~stein** M MED safra taşı
**gallertartig** ADJ jölemsi
**galoppieren** VI ⟨ohne ge-, s.⟩ dörtnal(a) koşmak
**Gameboy**® ['ge:mbɔy] M ⟨-s; -s⟩ gameboy
**Gammaglobulin** N ⟨-s; ohne pl⟩ MED gamaglobülin
**gammelig** ADJ umg kokmuş bozulmuş; pis (giyimli) sefil(ce)
**gammeln** VI ⟨h.⟩ umg haylazlık etmek, serserilik etmek
**Gammler** M ⟨-s; -⟩, **-in** F ⟨-; -nen⟩ umg aylak; berduş
**Gämse** F ⟨-; -n⟩ dağ keçisi
**gang** ADJ: **~ und gäbe sein** çok yaygın olmak
**Gang** M ⟨-s; ⸚e⟩ gidiş, yürüme; (~art) yürüyüş; (Durch⁓) geçit, pasaj; (Flur) koridor; AUTO vites; (Verlauf) seyir; Essen kap (çeşit); **etw in ~ bringen** bş-i çalıştırmak, işletmek; **in ~ kommen** işlemek, çalışmak; **im ~(e) sein** işler halde olmak, işlemekte olmak; **in vollem ~(e)** harıl harıl işlemekte
**Gangart** F yürüyüş (biçimi)
**gängeln** VT ⟨h.⟩ umg: **j-n ~** b-ni çocuk yerine koymak
**gängig** ADJ geçerli; WIRTSCH piyasada satılan

**Gangschaltung** F vites (düzeneği)
**Gangway** ['gɛŋweː] F ⟨-; -s⟩ SCHIFF iskele
**Ganove** [-və] M ⟨-n; -n⟩ dolandırıcı, sahtekâr
**Gans** F ⟨-; ⁼e⟩ ZOOL kaz; *pej* **dumme ~** salak karı
**Gänse|blümchen** N ⟨-s; -⟩ BOT çayır papatyası, koyungözü **~braten** M kaz kızartması **~füßchen** PL *umg* tırnak (işareti) **~haut** F ⟨-; *ohne pl*⟩: **e-e ~ bekommen** tüyleri ürpermek; **dabei kriege ich e-e ~** o zaman tüylerim ürperiyor **~marsch** M: **im ~ gehen** sıra sıra (yürümek)
**ganz** A ADJ bütün; eksiksiz; tam; **die ~e Zeit** hiç durmadan; **den ~en Tag** bütün gün; **in der ~en Welt** bütün dünyada; **sein ~es Geld** bütün parası B ADV tamamen, büsbütün; (*sehr*) çok; (*ziemlich*) oldukça; (*genau*) kesin, aynen; **~ allein** tamamen tek başına; **~ und gar** tamamıyla, büsbütün; **~ und gar nicht** kesinlikle, asla; **~ wie du willst** nasıl istersen; **nicht ~** tam öyle değil
**Ganze** N ⟨-n; *ohne pl*⟩ -in bütünü, tamamı; **das ~** (*alles*) -in tamamı, hepsi; **aufs ~ gehen** -in hepsini istemek; **im ~n** hepsi birden, toptan; **im (Großen und) ~n** genelde
**Ganzheit** F ⟨-; *ohne pl*⟩ bütünlük
**²lich** ADJ bütünsel; *adv* bütün olarak
**Ganzheits|medizin** F bütünsel tıp **~methode** F bütün kelime yöntemi
**ganzjährig** ADV bütün yıl; **~ geöffnet** bütün yıl açık
**gänzlich** ADV büsbütün, tamamen
**ganztägig** ADV: **~ geöffnet** bütün gün açık
**Ganztags|beschäftigung** F tam gün çalış(tır)ma **~schule** F tam günlük okul
**gar¹** [gaːɐ] ADJ GASTR pişmiş
**gar²** [gaːɐ] ADV: **~ nicht** hiç, asla; **~ nichts** hiçbir şey; **~ nicht so schlecht** (*viel* etc) hiç de o kadar kötü (çok vs) değil; **~ keiner** hiç kimse
**Garage** [-ʒə] F ⟨-; -n⟩ garaj
**Garantie** F ⟨-; -n⟩ garanti; güvence
**garantieren** VT u. VI ⟨*ohne* ge-, h.⟩ (**für etw -i**) garanti etmek
**Garantieschein** M garanti belgesi
**Garderobe** F ⟨-; -n⟩ gardrop; THEAT vestiyer; *im Haus* portmanto
**Garderoben|frau** F vestiyerci kadın **~ständer** M elbise askılığı, portmanto
**Gardine** F ⟨-; -n⟩ tül perde
**gären** VI ⟨gor *od* gärte, gegoren *od* gegärt, h.⟩ mayalanmak; içten içe kaynamak
**Garn** N ⟨-s; -e⟩ iplik
**Garnele** F ⟨-; -n⟩ (iri) karides
**garnieren** VT ⟨*ohne* ge-, h.⟩ süslemek
**Garnison** F ⟨-; -en⟩ garnizon
**Garnitur** [-'tuːɐ] F ⟨-; -en⟩ garnitür, set; *Möbel* takım; **zur ersten ~ gehören** en iyilerden olmak
**Garten** M ⟨-s; ⁼⟩ bahçe **~arbeit** F bahçede işi **~bau** M ⟨-s; *ohne pl*⟩ bahçecilik **~fest** N bahçe partisi **~geräte** PL bahçıvan aletleri **~haus** N bahçe kulübesi **~lokal** N bahçeli lokanta **~möbel** PL bahçe mobilyaları **~schere** F bahçe makası **~stadt** F bahçeli evler semti **~zaun** M çit; bahçe parmaklığı **~zwerg** M bahçe süsü cüce heykelciği
**Gärtner** M ⟨-s; -⟩ bahçıvan **~ei** F ⟨-; -en⟩ bostan, *Betrieb* bahçecilik işletmesi **~in** F ⟨-; -nen⟩ bahçıvan (kadın)
**Gärungsprozess** M mayalanma (süreci)
**Gas** N ⟨-es; -e⟩ gaz; **~ geben** AUTO gaz vermek, *umg* gaza basmak **²beheizt** ADJ gaz(la) ısıtmalı **~flasche** F gaz tüpü **²förmig** ADJ gaz biçiminde **~hahn** M gaz musluğu **~heizung** F gazla ısıtma, gazlı kalorifer **~herd** M gazlı ocak **~kammer** F gaz odası **~leitung** F gaz borusu **~maske** F gaz maskesi **~pedal** N AUTO gaz pedalı
**Gasse** F ⟨-; -n⟩ sokak
**Gast** M ⟨-s; ⁼e⟩ misafir, konuk; (*Besucher*) ziyaretçi; (*Kunde*) müşteri **~arbeiter(in)** M(F) *neg!* konuk işçi, yabancı işçi **~dozent(in)** M(F) misafir/konuk öğretim üyesi
**Gäste|buch** N özel defter, konuk defteri **~haus** N misafirhane **~zimmer** N misafir yatak odası
**Gastfamilie** F (öğrenciyi) misafir eden aile
**gastfreund|lich** ADJ konuksever **²schaft** F ⟨-; *ohne pl*⟩ konukseverlik
**Gastgeber** M ⟨-s; -⟩ ev sahibi **~in** F

⟨-; -nen⟩ a. ev sahibesi
**Gast|haus** N̄, **~hof** M̄ lokanta **~hörer** M̄, **~hörerin** F̄ misafir/konuk öğrenci
**gastieren** V̄İ ⟨ohne ge-, h.⟩ Zirkus gösteri sunmak; *Künstler* konser vs vermek
**Gast|land** N̄ ev sahibi ülke **♀lich** ADJ misafirperver **~professor(in)** M̄(F̄) misafir profesör **~recht** N̄: **~ genießen** misafir haklarından faydalanmak
**Gastritis** F̄ ⟨-; Gastritiden⟩ MED gastrit
**Gastronomie** F̄ ⟨-; ohne pl⟩ lokantacılık, gastronomi
**Gast|spiel** N̄ THEAT misafir grubun gösterisi **~stätte** F̄ lokanta **~stättengewerbe** N̄ lokantacılık **~stube** F̄ lokanta salonu **~vorlesung** F̄, **~vortrag** M̄ misafir konuşmacının konferansı
**Gastwirt|(in)** M̄(F̄) lokantacı **~schaft** F̄ lokanta
**Gas|vergiftung** F̄ gaz zehirlenmesi **~werk** N̄ gazhane **~zähler** M̄ gaz sayacı
**Gatt|e** M̄ ⟨-n; -n⟩ *(Ehemann)* eş **~in** F̄ ⟨-; -nen⟩ *(Ehefrau)* eş
**Gattung** F̄ ⟨-; -en⟩ *(Art)* cins, tür; *(Klasse)* sınıf, *(Sorte)* çeşit
**Gattungs|begriff** M̄ üst kavram **~name** M̄ cins isim
**GAU** [gau] M̄ ⟨-s; -s⟩ PHYS olabilecek en büyük kaza
**Gaukler** M̄ ⟨-s; -⟩ hokkabaz; soytarı; maskara
**Gaul** M̄ ⟨-s; ∺e⟩ beygir
**Gaumen** M̄ ⟨-s; -⟩ ANAT damak
**Gauner** M̄ ⟨-s; -⟩ dolandırıcı, sahtekâr
**Gazelle** F̄ ⟨-; -n⟩ ceylan, ahu
**geachtet** ADJ sayılan
**geartet** ADJ ... niteliğinde; **er ist so ~, dass** ... o -ecek nitelikte(dir); **anders ~ sein** başka türlü olmak
**geb.** *abk für* geboren doğumlu
**Gebäck** N̄ ⟨-s; -e⟩ hamur işi; kurabiye, çörek
**geballt** ADJ sıkılmış (yumruk *etc*); toplu
**gebannt** ADJ *u.* ADV gerilim içinde
**Gebärde** F̄ ⟨-; -n⟩ jest; el-kol hareketi
**gebärden** ⟨ohne ge-, h.⟩ V̄R̄: **sich ~** hareket etmek; ... davranmak
**Gebärden|spiel** N̄ jestlerle *(od* mimikle*)* ifade **~sprache** F̄ hareket dili; sağır-dilsiz alfabesi
**Gebaren** N̄ ⟨-s; ohne pl⟩ tavır; → Geschäftsgebaren
**gebären** ⟨gebiert *od* gebärt, gebar, geboren, h.⟩ **A** V̄T̄ doğurmak **B** V̄İ doğum yapmak
**Gebärmutter** F̄ ⟨-; ∺⟩ ANAT rahim **~krebs** M̄ MED rahim kanseri
**Gebäude** N̄ ⟨-s; -⟩ bina **~komplex** M̄ HIST külliye
**Gebell** N̄ ⟨-s; ohne pl⟩ havlama
**geben** ⟨gibt, gab, gegeben, h.⟩ **A** V̄T̄ vermek; *(reichen)* uzatmak; *(er~)* etmek, sonuç vermek; **~ Sie mir bitte Frau X bana X Hanım'ı** bağlar mısınız?; *umg* **es j-m ~** b-ne ağzının payını vermek; **das gibt keinen Sinn** bunun (bir) anlamı yok; **er gab keinen Ton von sich** hiç ses çıkarmadı **B** V̄İ *(Kartenspiel)* dağıtmak, vermek; **viel ~ auf** *-e* çok değer vermek **C** V̄İ/UNPERS **es gibt** var; **es gibt nicht** yok; **was gibt es?** ne var?; *(zum Essen)* yiyecek ne var?; **gibts** *vs* **ne var?; was gibts Neues?** ne haber?, n'aber?; **das gibt es nicht** olamaz; *verbietend* olmaz öyle şey; **es gibt Regen** yağmur yağacak **D** V̄R̄: **sich ~** *(nachlassen)* yatışmak; *(gut werden)* düzelmek, iyileşmek; *umg* **das wird sich alles ~** bunların hepsi yola girer
**Gebet** N̄ ⟨-s; -e⟩ dua
**Gebetskette** F̄ ⟨-; -n⟩ tespih
**Gebiet** N̄ ⟨-s; -e⟩ alan, saha; bölge; **er ist Fachmann auf dem ~ ...** o ... alanında uzman
**Gebiets|anspruch** M̄ toprak talebi **~leiter** M̄ WIRTSCH bölge müdürü/yöneticisi
**gebietsweise** ADV yer yer; **~ Regen** yer yer yağmurlu
**Gebilde** N̄ ⟨-s; -⟩ oluşum; nesne
**gebildet** ADJ kültürlü
**Gebirge** N̄ ⟨-s; -⟩ dağlar *pl*
**gebirgig** ADJ dağlık
**Gebirgskette** F̄ sıradağlar *pl*
**Gebiss** N̄ ⟨-es; -e⟩ dişler *pl; künstliches* takma dişler *pl* **~abdruck** M̄ diş kalıbı
**Gebläse** N̄ ⟨-s; -⟩ TECH aspiratör; vantilatör
**geblümt** ADJ çiçekli, çiçek işlemeli; *Stoff* empirme
**gebogen** ADJ eğik, kavisli
**gebongt** ADJ *umg:* **ist ~!** tamam!, oldu!
**geboren** ADJ doğmuş; doğumlu; **sie ist**

**eine ~e Deutsche** o doğuştan Alman; **er ist der ~e Geschäftsmann** o doğuştan işadamı; **~e Schmidt** kızlık soyadı Schmidt; **ich bin am ... ~** ben ... tarihinde doğdum

**geborgen** ADJ masun; korunmuş **&heit** F ⟨-; ohne pl⟩ şefkat; esirgeme

**Gebot** N ⟨-s; -e⟩ emir; *Auktion etc* fiyat teklifi

**Gebr.** *abk für* **Gebrüder** PL biraderler

**Gebrauch** M ⟨-s; ⸚e⟩ kullan(ıl)ma; kullanım; **~ machen von** -i kullanmak; *-den* faydalanmak/yararlanmak

**gebrauchen** V/T ⟨gebrauchte, gebraucht, h.⟩ kullanmak; **gut zu ~ sein** işe yarar olmak; *umg* **er ist zu nichts zu ~** o hiçbir işe yaramaz; **ich könnte ... ~** -e ihtiyacım var/olabilir

**gebräuchlich** ADJ yaygın, kullanımda olan; *(üblich)* alışılmış; **allgemein ~** yaygın; alışılmış

**Gebrauchs|anweisung** F kullanma kılavuzu **~artikel** M kullanım/tüketim eşyası **&fertig** ADJ (kullanılmaya) hazır **~güter** PL kullanım/tüketim malları **~wert** M kullanım değeri

**gebraucht** ADJ kullanılmış, ikinci el **&wagen** M AUTO kullanılmış araba

**gebräunt** ADJ (güneşten) yanmış/ bronzlaşmış; kızarmış

**Gebrechen** N ⟨-s; -⟩ sakatlık; hastalık; düşkünlük

**gebrechlich** ADJ zayıf, hastalıklı; düşkün **&keit** F ⟨-; ohne pl⟩ düşkünlük

**gebrochen** ADJ kırık; **er spricht nur ~ Englisch** kırık dökük bir İngilizce konuşur

**Gebrüder** PL biraderler

**Gebrüll** N ⟨-s; ohne pl⟩ kükreme, bağırış

**Gebühr** [ga'byːɐ] F ⟨-; -en⟩ ücret; harç, masraf; *(Post&)* posta gideri; **ermäßigte ~** indirilmiş ücret

**gebühren** V/I ⟨ohne ge-, h.⟩ j-m ~ b-ne yakışmak

**gebührend** ADJ gereken, usule uygun; *(angemessen)* layıkıyla

**Gebühren|einheit** F TEL telefon birimi, kontör atışı **~erhöhung** F harçlara zam **&frei** ADJ harçsız, ücretsiz; POST gideri alıcıya ait **~ordnung** F harçlar yönetmeliği **&pflichtig** ADJ ücrete tabi, ücretli; **~e Straße** paralı yol; **~e Verwarnung** JUR para cezalı uyarı

**gebündelt** ADJ demetlenmiş; birleş(tiril)miş

**gebunden** ADJ bağlı; bağlanmış; **vertraglich ~** sözleşmeyle bağlı; **sich ~ fühlen** an kendini -e bağlı hissetmek

**Geburt** F ⟨-; -en⟩ doğum; **von ~ an** doğuştan

**Geburten|kontrolle** F ⟨-; ohne pl⟩, **~regelung** F ⟨-; ohne pl⟩ doğum kontrolü **~rückgang** M doğum oranında azalma **&schwach** ADJ alçak doğum oranlı **&stark** ADJ yüksek doğum oranlı **~überschuss** M doğum fazlası **~ziffer** F doğum oranı

**gebürtig** ADJ: **sie ist ~e Deutsche** o doğuştan Alman

**Geburts|anzeige** F doğum ilanı **~datum** N doğum tarihi **~fehler** M doğuştan ... bozukluğu **~haus** N *-in* doğduğu ev; *(Einrichtung)* doğumevi **~helfer** M *doğumda yardımcı olan erkek tabip vs* **~helferin** F *doğumda yardımcı olan kadın tabip, ebe vs* **~hilfe** F *doğumda yardım;* ebelik **~jahr** N doğum yılı **~jahrgang** M tevellüt; doğum yılı ... olanlar **~land** N *-in* doğduğu ülke **~ort** M doğum yeri

**Geburtstag** M doğum günü; **sie hat heute ~** bugün onun doğum günü; **ich gratuliere dir zum ~!** doğum günün kutlu olsun!

**Geburtstags|feier** F doğum günü kutlaması/partisi **~kind** N *doğum günü olan kişi*

**Geburtsurkunde** F doğum belgesi

**Gebüsch** N ⟨-s; -e⟩ çalılık

**gedacht** ADJ: **~ als ...** ... olarak düşünülmüş/düşünülen

**Gedächtnis** N ⟨-ses; -se⟩ hafıza, bellek; **aus dem ~** ezbere, akıldan; **zum ~ an** (akk) -in anısına/hatırasına; **im ~ behalten** hatırında/aklında tutmak **~hilfe** F *(-i* hatırlamak için) ipucu **~lücke** F (hafızada) kopukluk **~störung** F hafıza bozukluğu **~training** N hafıza cimnastiği

**gedämpft** ADJ kısık, sönük, hafif; dizginlenmiş; **~er Optimismus** çekingen iyimserlik

**Gedanke** M ⟨-n; -n⟩ düşünce, fikir; **in ~n** düşüncelere dalmış; **sich** *(dat)* **~n machen über** *(akk)* ... hakkında düşünmek; *(besorgt)* -i merak etmek, -den endişelenmek; **j-s ~n lesen** b-nin aklından geçenleri okumak; **j-n auf andere ~n bringen** b-nin aklını başka şeylere çelmek

**Gedanken|austausch** M fikir alışverişi **~blitz** M *umg* ani fikir **~freiheit** F ⟨-; *ohne pl*⟩ düşünce/fikir özgürlüğü
**Gedankengang** M düşünüş; akıl yürütme
**Gedankenleser** M, **-in** F -in aklından geçenleri okuyan
**gedankenlos** ADJ düşüncesiz **⸰igkeit** F ⟨-; *ohne pl*⟩ düşüncesizlik
**Gedanken|sprung** M başka konuya atlama **~strich** M kısa çizgi (işareti) **~übertragung** F telepati
**Gedeck** N ⟨-s; -e⟩ GASTR servis; **ein ~ mehr auflegen** bir tabak/servis daha açmak
**gedeihen** VI ⟨gedieh, gediehen, *s.*⟩ gelişmek; *(wachsen)* büyümek; *(blühen)* yetişmek
**gedenken** ⟨*irr, ohne* -ge-, *h.*⟩ **A** VI/T: **~ etw zu tun** -in bş-i yapmaya niyeti olmak **B** VI/T ⟨*gen* -i⟩ anmak *(ehrend)*
**Gedenken** N ⟨-s; *ohne pl*⟩ **zum ~ an** -in hatırasına/anısına
**Gedenk|feier** F anma töreni **~gottesdienst** M anma ayini **~minute** F (bir dakikalık) saygı duruşu; **e-e ~ einlegen** (için) saygı duruşuna geçmek **~stätte** F anma yeri **~tafel** F anma levhası
**Gedicht** N ⟨-s; -e⟩şiir; **das Kleid ist ein ~** bu elbise şiir gibi **~sammlung** F şiir derlemesi/antolojisi
**gediegen** ADJ saf; esaslı; seçkin; WIRTSCH iyi işlenmiş
**Gedränge** N ⟨-s; *ohne pl*⟩ kalabalık, izdiham
**Gedrängel** N ⟨-s; *ohne pl*⟩ *umg* itiş kakış
**gedrängt** ADJ sıkışık; **~ voll** tıka basa dolu; özlü yoğun
**gedrechselt** ADJ torna işi
**gedruckt** ADJ basılı; *umg* **lügen wie ~** habire yalan söylemek; uydurup durmak
**gedrückt** ADJ WIRTSCH; **die Stimmung war ~** hava neşesizdi
**gedrungen** ADJ tıknaz; bodur
**Geduld** F ⟨-; *ohne pl*⟩ sabır; **~ haben mit** -e sabır göstermek

**gedulden** ⟨*ohne* ge-, *h.*⟩ VIR: **sich ~** sabretmek; **~ Sie sich bitte einen Augenblick!** lütfen, bir saniye bekler misiniz?
**geduldig** ADJ sabırlı
**Gedulds|faden** M sabır; **j-m reißt der ~** b-nin sabrı taşıyor **~probe** F sabır işi
**geehrt** ADJ değerli; *in Briefen* **sehr ~er Herr N.!** sayın N. Bey
**geeignet** ADJ ADJ -e yarar, elverişli; *(befähigt)* yetkili, ehil; *(passend)* uygun, uyan; **er ist nicht dafür ~** o ... için elverişli değil; **im ~en Augenblick** uygun bir anda
**Gefahr** [ga'faːɐ] F ⟨-; -en⟩ tehlike; *(Bedrohung)* sakınca, tehdit; **auf eigene ~** rizikoyu kendi üstlenerek; **außer ~** tehlikesiz, emniyette; **sich in ~ begeben** kendini tehlikeye atmak; tehlikeye girmek; **~ laufen zu ...** -me tehlikesine atılmak
**gefährd|en** VI/T ⟨*ohne* ge-, *h.*⟩ tehlikeye/rizikoya sokmak **⸰ung** F ⟨-; -en⟩ -i tehlikeye atma
**Gefahren|herd** M tehlike kaynağı **~zone** F tehlikeli bölge
**Gefahrguttransport** M ÖKOL tehlikeli madde nakliyatı
**gefährlich** ADJ tehlikeli; rizikolu
**gefahrlos** ADJ tehlikesiz
**Gefährt|e** M ⟨-n; -n⟩, **-in** F ⟨-; -nen⟩ yoldaş, eş, arkadaş
**gefahrvoll** ADJ tehlikeli
**Gefälle** N ⟨-s; -⟩ eğim, meyil; *fig* seviye farkı
**gefallen**[1] VI ⟨*irr, ohne* ge-, *h.*⟩ -in hoşuna gitmek; **es gefällt mir nicht** hoşuma gitmiyor; **wie gefällt dir ...?** ... hoşuna gidiyor mu?; **sich** *(dat)* **etw ~ lassen** -i kabul etmek
**gefallen**[2] ADJ MIL kayıp; şehit
**Gefallen**[1] M ⟨-s; -⟩ iyilik, hizmet; **j-n um e-n ~ bitten** b-nden bir hizmet rica etmek; **j-m e-n ~ tun** b-ne bir iyilik yapmak
**Gefallen**[2] N ⟨-s; *ohne pl*⟩: **~ finden AN** -den hoşlanmak, -i beğenmek
**gefällig** ADJ *(angenehm)* hoş, zarif; *(entgegenkommend)* nazik, yardımsever; **j-m ~ sein** b-ne iyilikte bulunmak, lütufkâr davranmak **⸰keit** F ⟨-; -en⟩ yardımseverlik, küçük iyilik; *(Gefallen)* hatır, hoş-

**luk; etw aus ~ tun** bş-i hatır için yapmak
**gefälligst: komm ~!** ADV umg gelsene (artık) yahu!
**gefälscht** ADJ sahte, taklit
**gefangen** ADJ MIL esir, tutsak; **~ halten** esir tutmak; **~ nehmen** MIL u. fig esir almak
**Gefangene** M, F ⟨-n; -n⟩ tutuklu; (Kriegs♀) esir, tutsak
**Gefangenenlager** N MIL esir kampı
**Gefangen|nahme** F ⟨-; ohne pl⟩ MIL esir alma **~schaft** F ⟨-; ohne pl⟩ esirlik, esaret, tutsaklık
**Gefängnis** N ⟨-ses; -se⟩ cezaevi; umg hapishane; **ins ~ kommen** hapse girmek **~direktor** M cezaevi müdürü **~strafe** F hapis cezası **~wärter** M gardiyan **~zelle** F cezaevi hücresi
**Gefasel** N ⟨-s; ohne pl⟩ umg zırva; laf kalabalığı
**Gefäß** N ⟨-es; -e⟩ kap, vazo; ANAT damar **♀erweiternd** ADJ MED damar açıcı/genişletici
**gefasst** ADJ sakin, kararlı; **~ auf** (akk) ... için hazırlıklı
**Gefecht** N ⟨-s; -e⟩ MIL çatışma; **außer ~ setzen** çarpışma dışı bırakmak
**gefiedert** ADJ (kuş gibi) tüylü
**Geflecht** N ⟨-s; -e⟩ örgü; fig (karmaşık) sistem
**gefleckt** ADJ benekli
**Geflügel** N ⟨-s; ohne pl⟩ kümes hayvanları pl; GASTR kanatlılar **~salat** M tavuk salatası
**geflügelt** ADJ: **~es Wort** mesel; meşhur söz
**Geflüster** N ⟨-s; ohne pl⟩ fısıltı; fısılda(ş)ma
**Gefolgschaft** F ⟨-; -en⟩ maiyet
**gefräßig** ADJ obur
**Gefrier|anlage** F buzhane; dondurma tesisi **♀en** V/I ⟨irr, ohne -ge-, s.⟩ donmak **~fach** N (im Kühlschrank) buzluk **~fleisch** N dondurulmuş et **♀getrocknet** ADJ şoklamayla kurutulmuş **~punkt** M donma noktası **~schrank** M derin dondurucu dolap **~schutzmittel** N TECH antifriz **~truhe** F derin dondurucu (sandık)
**Gefüge** N ⟨-s; -⟩ sistem; dizge
**Gefühl** N ⟨-s; -e⟩ his, duygu; (Gespür) sezgi; (Gemütsbewegung) heyecan; **ich habe das ~, dass ...** -diğini hissediyorum, -diği izlenimindeyim
**gefühllos** ADJ MED uyuşuk, duygusuz; (herzlos) duyarsız, katı **♀igkeit** F ⟨-; ohne pl⟩ hissizlik; uyuşmuşluk; duygusuzluk, katılık
**gefühls|arm** ADJ duyguca yoksul **♀ausbruch** M (ani) hararetlenme **~betont** ADJ duygusal **♀leben** N duygu/his dünyası **~mäßig** ADJ duygusal
**gefühlvoll** ADJ duygulu, hassas; (rührselig) dokunaklı, içli
**gefüllt** ADJ dolu; doldurulmuş
**gegeben** ADJ mevcut; var olan; **etw als ~ voraussetzen** bş-in (mevcut) olduğunu farzetmek/varsaymak; **unter den ~en Umständen** mevcut şartlar altında
**gegebenenfalls** ADV gerektiğinde
**Gegebenheit** F ⟨-; -en⟩ olgu
**gegen** PRÄP (akk) -e karşı; (zuungunsten) -in aleyhin(d)e; (ungefähr) yaklaşık; (für) karşılığında; (verglichen mit) -e oranla; **~ bar** nakit karşılığında; WIRTSCH **~ Bezahlung** ödeme karşılığında; **~ Osten** doğuya doğru; **~ zehn (Uhr)** (saat) ona doğru
**Gegen|angebot** N karşı teklif; karşı icap **~anzeige** F MED kontrendikasyon **~argument** N karşı gerekçe **~beispiel** N karşı örnek **~besuch** M iadei ziyaret **~beweis** M karşı kanıt; **den ~ antreten** karşı tarafın delil(ler)ini çürütmeye girişmek
**Gegend** F ⟨-; -en⟩ bölge; (Landschaft) yöre, dolay; (Nähe, Wohn♀) yakın(lar), semt
**Gegen|darstellung** F karşı beyan; tekzip **~demonstration** F karşı yürüyüş/gösteri
**gegeneinander** ADV birbirine karşı
**Gegen|einladung** F karşı davet **~fahrbahn** F AUTO karşı şerit **~frage** F karşı soru **~gewicht** N karşı ağırlık; **ein ~ bilden zu** -i denklemek **~gift** N panzehir; antidot **~klage** F JUR mukabil dava **~leistung** F karşılık, bedel; **als ~ für** -in karşılığı olarak
**Gegenlicht** N ters ışık **~aufnahme** F ters ışıkta çekim **~blende** F parasoley
**Gegen|maßnahme** F karşı önlem/tedbir; **~n ergreifen gegen** -e karşı önlem(ler) almak **~mittel** N panzehir,

çare **~partei** F karşı taraf; POL muhalefet **~probe** F: **die ~ machen** karşıt oyları da saymak; (değişik bir kaynaktan) -in doğruluğunu saptamak **~richtung** F ters/karşı yön

**Gegen|satz** M tezat, karşıtlık; **im ~ zu** -in tersine/aksine; (im Widerspruch) ile çelişkili olarak ♀**sätzlich** ADJ çelişkili, çelişkin

**Gegenschlag** M karşı darbe/vuruş; **zum ~ ausholen** karşı vuruşa geçmek

**Gegenseite** F karşı taraf

**gegenseitig** ADJ karşılıklı; **~es Interesse** karşılıklı çıkar/ilgi; **sich** (dat) **~ helfen** yardımlaşmak ♀**keit** F ⟨-; ohne pl⟩: **auf ~ beruhen** karşılıklılık esasına dayalı olmak

**Gegen|spieler(in)** M(F) rakip; antagonist **~sprechanlage** F düofon **~stand** M nesne; konu ♀**ständlich** ADJ somut, figüratif ♀**standslos** ADJ haksız; yersiz; gereksiz **~stimme** F karşı görüş belirtilmesi; karşı oy **~strömung** F ters akıntı; karşı akım **~stück** N ⟨zu⟩ -in karşılığı **~teil** N karşılık, ters; **im ~** tam tersine ♀**teilig** ADJ karşı; çelişkili **~tor** N karşı gol **~treffer** M karşı sayı

**gegenüber** A PRÄP (dat) -in karşısında; (im Vergleich zu) -e oranla; **er war mir ~ sehr höflich** o bana karşı çok nazikti B ADV karşıda

**Gegenüber** N ⟨-s; -⟩ muhatap; karşıdaki (kimse)

**gegenüberliegen** VI ⟨irr, -ge-, h.⟩ karşıda olmak

**gegenübersehen** VR ⟨irr, -ge-, h.⟩: **sich ~** kendini ile karşı karşıya görmek

**gegenüberstehen** VI ⟨irr, -ge-, h.⟩: -in karşısında bulunmak; ile karşı karşıya gelmek/durmak

**gegenüberstell|en** VT ⟨-ge-, h.⟩ dat -in karşısına koymak/çıkarmak; -le karşılaştırmak; JUR ile yüzleştirmek ♀**ung** F karşılaştır(ıl)ma; JUR yüzleştir(il)me

**gegenübertreten** VI ⟨irr, -ge-, s.⟩ (dat) -in karşısına çıkmak

**Gegen|verkehr** M karşıdan gelen araçlar **~vorschlag** M karşı teklif/öneri

**Gegenwart** F ⟨-; ohne pl⟩ şimdiki zaman; (Anwesenheit) mevcudiyet; **in ~ gen** -in yanında

**gegenwärtig** A ADJ günümüz subst, şimdiki; halihazırdaki B ADV günümüzde; halen

**Gegenwarts|literatur** F günümüz edebiyatı ♀**nah** ADJ günümüze yakın **~probleme** PL günümüz sorunları

**Gegen|wehr** F ⟨-; ohne pl⟩ dayanma, karşı koyma **~wert** M bedel **~wind** M karşıdan esen rüzgâr **~wirkung** F karşı etki

**gegenzeichnen** VT u. VI ⟨-ge-, h.⟩ ikinci imzayı atmak

**Gegenzug** M: **im ~ zu** -e karşılık olarak

**gegliedert** ADJ bölümlenmiş; **fein** etc **~** narin

**Gegner** M ⟨-s; -⟩, **-in** F ⟨-; -nen⟩ karşıt; (Rivale) rakip ♀**isch** ADJ muhalif, karşıt

**gegr.** abk für **gegründet** kuruluş(u)

**Gehabe** N ⟨-s; ohne pl⟩ kurum; tafra

**Gehalt**[1] M ⟨-s; -e⟩ içerik; kapsam; **~ an Öl** (-in içerdiği) yağ miktarı

**Gehalt**[2] N ⟨-s; ⁻er⟩ maaş, aylık

**gehaltlos** ADJ değersiz, önemsiz, hafif

**Gehalts|abrechnung** F maaş bordrosu **~abzug** M maaş kesintisi, stopaj **~anspruch** M maaş hakkı; maaş talebi **~empfänger(in)** M(F) maaş alan; maaşlı **~erhöhung** F maaş artışı **~forderung** F maaş talebi **~gruppe** F bordro grubu **~konto** N maaş hesabı **~kürzung** F maaş kesintisi **~liste** F maaş bordrosu **~stufe** F barem; maaş derecesi **~zahlung** F maaş ödemesi **~zulage** F maaş zammı

**gehaltvoll** ADJ dolgun özlü, zengin; besleyici

**gehässig** ADJ kinci, garazkâr ♀**keit** F ⟨-; -en⟩ nefret, garaz

**Gehäuse** N ⟨-s; -⟩ TECH kılıf, kutu; BOT (Kern♀) çekirdek yatağı, kabuk

**gehbehindert** ADJ yürüme özürlü

**Hege** N ⟨-s; -⟩ ağıl, çevrik; **j-m ins ~ kommen** b-nin işine karışmak

**geheim** ADJ gizli; **~ halten** (vor dat -den) gizli tutmak

**Geheim|akte** F gizli dosya **~dienst** M gizli servis **~fach** N gizli bölme **~haltung** F ⟨-; ohne pl⟩ gizlilik

**Geheimnis** N ⟨-ses; -se⟩ sır, giz; (Rätselhaftes) esrar, gizem ♀**voll** ADJ esrarengiz

**Geheim|nummer** F TEL rehberde ya-

yınlanmayan numara **~polizist** M polis hafiyesi **~sache** F MIL gizli dosya
**gehemmt** ADJ tutuk
**gehen** ['ge:ən] ⟨ging, gegangen, s.⟩ A Vi gitmek; (weg~) ayrılmak; (funktionieren) işlemek, çalışmak; Ware sat(ıl)mak; (dauern) sürmek; **zu Fuß ~** yürümek; **einkaufen (schwimmen) ~** alışverişe (yüzmeye) gitmek; **an die Arbeit ~** işe girişmek; **auf die (od zur) Bank (Post) ~** bankaya (postaneye) gitmek; **~ wir!** gidelim!; **~ in** (akk) (passen) -e uymak, -e sığmak; **~ nach** (urteilen) -e göre hareket etmek; **das geht zu weit** bu kadarı fazla (oluyor); BAHN **über München ~** Münih üzerinden gitmek; **das Gedicht geht so:** ... şiir şöyle: ...; **das Fenster ~ nach Westen** pencereler batıya bakıyor; **in die Industrie (Universität) ~** endüstriye (üniversiteye) geçmek; **in die Politik ~** politikaya/siyasete atılmak; **sich ~ lassen** kendine hakim olamamak; kendini koyuvermek; boşvermek; **vor sich ~** gerçekleşmek; olup bitmek; **wenn es nach ihr ginge** ona kalsa(ydı); **wie ~ die Geschäfte?** işler nasıl (gidiyor)? B V/UNPERS: **wie geht es dir (Ihnen)?** nasılsın(ız)?; **es geht mir gut** iyiyim; **es geht sþöyle böyle;** (es ist möglich) olur; **das geht nicht** olmaz; **es geht nichts über ...** ...-in üstüne hiçbir şey yok; **worum geht es?** sorun/konu nedir?; **es sich** (dat) **gut ~ lassen** keyfine bakmak
**geheuer** [gə'hɔyɐ] ADJ: **nicht (ganz) ~** tekin değil; netameli; **er (die Sache) ist mir nicht ~** o (bu iş) bana tekin gelmiyor
**Geheul** N ⟨-s; ohne pl⟩ umg uluma; zırlama
**Gehilf|e** M ⟨-n; -n⟩, **-in** F ⟨-; -nen⟩ yardımcı; kalfa
**Gehirn** N ⟨-s; -e⟩ beyin **~blutung** F beyin kanaması **~erschütterung** F MED beyin sarsıntısı **~hautentzündung** F menenjit **~schlag** M MED beyin kanaması **~tumor** M beyin tümörü/ur **~wäsche** F beyin yıkama; **j-n e-r ~ unterziehen** b-nin beynini yıkamak
**gehoben**: **für ~e Ansprüche** müşkülpesentler için; zor beğenenler için; **in ~er Stimmung** neşeli; şen

**Gehöft** N ⟨-s; -e⟩ çiftlik
**Gehör** [-'hø:ɐ] N ⟨-s; ohne pl⟩ işitme (duyusu), kulak; **nach dem ~** işittiği gibi; notasız; **sich** (dat) **~ verschaffen** sesini duyurmak
**gehorchen** Vi ⟨gehorcht, h.⟩ söz dinlemek, itaat etmek
**gehören** ⟨gehört, h.⟩ A Vi (dat od **zu** -e) ait olmak; **gehört dir das?** bu senin mi?; **das gehört nicht hierher** bu başka konu; **bunun yeri burası değil** B V/R: **sich ~** uymak, yakışık almak; **das gehört sich nicht!** yakışık almaz!
**gehörig** ADJ layık olduğu gibi; **~ zu** -e ait; **(nicht) zur Sache ~** konuyla ilgisi ol(may)an; **j-m e-n ~en Schrecken einjagen** b-nin ödünü koparmak/patlatmak
**gehörlos** ADJ işitme özürlü, sağır
**Gehörlose** M,F işitme özürlü
**gehorsam** ADJ itaatli, söz dinler ♀ M ⟨-s; ohne pl⟩ itaat, söz dinleme
**Geh|steig** M ⟨-s; -e⟩ yaya kaldırımı **~versuch** M yürüme denemesi; **Kleinkind** sıralama **~weg** M yaya yolu; südd yaya kaldırımı
**Geier** ['gaiɐ] M ⟨-s; -⟩ akbaba
**Geige** F ⟨-; -n⟩ MUS keman
**Geiger** M ⟨-s; -⟩, **-in** F ⟨-; -nen⟩ kemancı
**Geigerzähler** M Geiger sayacı
**geil** ADJ vulg şehvetli; **~ sein auf** -e bitmek; umg (echt) ~ harika; o biçim
**Geisel** F ⟨-; -n⟩ rehine; **j-n als ~ nehmen** b-ni rehine almak **~drama** N rehin alma olayı **~nahme** F ⟨-; -n⟩ rehin alma **~nehmer** M ⟨-s; -⟩ rehineci
**Geist** M ⟨-s; -er⟩ zihin; PHIL a. tin; (Seele) ruh; (Sinn) anlam; (Verstand) akıl; (Witz) espri, nükte; (Gespenst) hortlak, hayal(et); **der Heilige ~** Kutsal Ruh; **den ~ aufgeben** ölmek; fig bozulmak; umg **j-m auf den ~ gehen** b-nin sinirine dokunmak
**Geister|bahn** F korku tüneli **~beschwörung** F ruh çağırma **~fahrer(in)** M(F) AUTO ters yönde giden şoför **~stadt** F hayalet şehir
**geistes|abwesend** ADJ (zihnen) dalgın ♀**blitz** M akla aniden gelen fikir ♀**gegenwart** F ani karar verme gücü **~gegenwärtig** ADJ soğukkanlı; uyanık; cevval ♀**geschichte** F ⟨-; ohne pl⟩ düşünce tarihi **~gestört** ADJ aklı

bozuk **~krank** ADJ akıl hastası **♀kranke** M, F ⟨-n; -n⟩ ruh hastası **♀krankheit** F akıl hastalığı **~verwandt** ADJ ruh akrabalığı olan **♀wissenschaften** PL insan bilimleri **♀zustand** M ⟨-s; *ohne pl*⟩ akli durum

**geistig** A ADJ zihinsel, düşünsel; PHIL tinsel; **~e Getränke** *pl* ispirtolu/alkollü içkiler B ADV: **~ behindert** zihin özürlü

**geistlich** ADJ dini, dinsel; (*kirchlich*) ruhani

**Geistliche** M ⟨-n; -n⟩ rahip, din adamı; *christlich* papaz; *islamisch* imam, hoca; **die ~n** *pl* din adamları, ruhban sınıfı *sg*

**geist|los** ADJ sıkıcı **~reich** ADJ akıllı, esprili **~tötend** ADJ çok sıkıcı; ruhsuz

**Geiz** M ⟨-es⟩ cimrilik **♀en** V/I ⟨h.⟩: **mit etw ~** bş-de cimrilik etmek **~hals** M cimri, hasis **♀ig** ADJ cimri

**Gejammer** N ⟨-s; *ohne pl*⟩ *umg* ağlayıp yalvarma

**Gekicher** N ⟨-s; *ohne pl*⟩ *umg* kikirde(ş)me

**Geklapper** N ⟨-s; *ohne pl*⟩ *umg* tangırtı; takırtı

**Geklimper** N ⟨-s; *ohne pl*⟩ *umg* tıngırtı

**geknickt** ADJ *umg* süngüsü düşük

**gekonnt** ADJ ustaca

**gekränkt** ADJ kırgın

**Gekreisch** N ⟨-s; *ohne pl*⟩ çığlık, yaygara

**Gekritzel** N ⟨-s; *ohne pl*⟩ karalama; eciş bücüş yazı

**gekünstelt** ADJ yapmacıklı

**gekürzt** ADJ kısaltılmış

**Gel** N ⟨-s; -e⟩ CHEM jöle

**Gelächter** N ⟨-s; -⟩ kahkahalar *pl*

**geladen** MIL dolu; *umg* **auf j-n ~ sein** b-ne çok kızgın olmak

**Gelände** N ⟨-s; -⟩ arazi, toprak; (*Bau♀*) arsa **~fahrzeug** N arazi arabası **♀gängig** ADJ AUTO arazi vitesli

**Geländer** N ⟨-s; -⟩ (*Treppen♀*) tırabzan, korkuluk

**gelangen** V/I ⟨gelangt, s.⟩: **~ an, in** (*akk*) *od* **nach -e** ulaşmak, **-e** varmak; **zu etw ~** bş-e erişmek, bş-i elde etmek; **in den Besitz ~ von** (*od gen*) -*in* mülkiyetine geçmek; **in j-s Hände ~** b-nin eline geçmek

**gelangweilt** ADJ canı sıkılmış

**gelassen** A ADJ soğukkanlı, sakin B ADV *umg* istifini bozmadan **♀heit** F ⟨-; *ohne pl*⟩ sakinlik; serinkanlılık

**Gelatine** [ʒela'tiːnə] F ⟨-; -n⟩ jelatin

**geläufig** ADJ akıcı; hatasız; **das ist mir ~** bunu biliyorum

**gelaunt** ADJ: **gut (schlecht) ~ sein** keyifli (keyifsiz) olmak

**gelb** ADJ sarı

**Gelb** N ⟨-s; -⟩ sarı; **bei ~ über die Kreuzung fahren** sarı yanarken kavşağı geçmek; **die ~en Seiten®** sarı sayfalar

**gelblich** ADJ sarımtırak

**Gelbsucht** F ⟨-; *ohne pl*⟩ MED sarılık

**Geld** N ⟨-s; -er⟩ para; **das geht ins ~** bu pahalıya maloluyor; **zu ~ machen** paraya çevirmek

**Geld|anlage** F para yatırımı **~automat** M bankamatik, otomatik para veznesi **~betrag** M meblağ; para bedeli/ meblağı **~beutel** M, **~börse** F cüzdan **~geber** M ⟨-s; -⟩ finanse eden **♀gierig** ADJ para düşkünü **~institut** N banka **~mittel** PL paralar, fonlar *pl* **~schein** M banknot, kağıt para **~schrank** M kasa **~strafe** F para cezası; **j-n mit e-r ~ belegen** b-ne para cezası vermek **~stück** N madeni para **~umtausch** M döviz boz(dur)ma, kambiyo **~verdienen** N ⟨-s; *ohne pl*⟩ para kazanma **~verlegenheit** F para sıkıntısı **~wäsche** F *umg* (kirli) para aklama **~wechsel** M para bozma **~wechsler** M ⟨-s; -⟩ para bozma otomatı

**Gelee** [ʒe'leː] N ⟨-s; -s⟩ jöle

**gelegen**: **es kommt mir sehr ~** benim çok işime geliyor

**Gelegenheit** F ⟨-; -en⟩ (*Anlass*) vesile; (*günstige*) fırsat, şans; **bei ~** fırsat düşerse; **die ~ nutzen** (*od* **beim Schopf packen**) fırsattan faydalanmak; fırsatı değerlendirmek; **die ~ verpassen** fırsatı kaçırmak

**Gelegenheits|arbeit** F geçici çalışma/iş **~kauf** M fırsat alım

**gelegentlich** A ADJ ara sıra olan B ADV ara sıra; (*bei Gelegenheit*) fırsat olursa

**Gelehrte** M, F ⟨-n; -n⟩ alim; bilgin

**Gelenk** N ⟨-s; -e⟩ ANAT, TECH eklem **~entzündung** F MED mafsal iltihabı, artrit

**gelenkig** ADJ çevik; TECH eklemli **♀keit** F ⟨-; *ohne pl*⟩ çeviklik

**Gelenkrheumatismus** M MED mafsal romatizması

**gelernt** ADJ okulundan yetişmiş; *Arbeiter* kalifiye, usta

**geliebt** ADJ sevgili; sevilen

**Geliebte** M, F ⟨-n; -n⟩ sevgili

**gelinde** ADV: **~ gesagt** en hafif deyimiyle

**gelingen** ⟨gelang, gelungen, *s.*⟩ başarıyla sonuçlanmak; **es gelang mir, etw zu tun** bş yapmayı başardım/becerdim

**Gelingen** N ⟨-s; *ohne pl*⟩: **gutes ~!** başarılar!

**gelten** ⟨gilt, galt, gegolten, *h.*⟩ A VI geçerli olmak; *Gesetz etc* yürürlükte olmak; **~ als ...** ... olarak sayılmak, ... olarak geçerli olmak; **~ lassen** kabul etmek; *-i* yürürlüğe koymak; **zur ~ kommen** önem kazanmak, ön plana geçmek

**geltend** ADJ geçerli; **~ machen** (*Anspruch*) ileri sürmek, (**bei**) *-den* talepte bulunmak; *s-n* **Einfluss (bei j-m)** **~ machen** b-ne karşı nüfuzunu kullanmak

**Geltung** F ⟨-; *ohne pl*⟩ değer, önem, prestij; (*Gewicht*) ağırlık; **sich** (*dat*) **~ verschaffen** sözünü dinletmek kendini saydırmak; **zur ~ bringen** *-i* geçerli kılmak; *-i* yürürlüğe koymak; **zur ~ kommen** önem kazanmak, ön plana geçmek

**Geltungsbedürf|nis** N kendini ispat ihtiyacı **⟂tig** ADJ kendini ispat ihtiyacında

**gelungen** ADJ başarılı

**gemacht** ADJ yapılmış; **ein ~er Mann** olgun/erkek adam

**Gemälde** N ⟨-s; -⟩ tablo, resim **~ausstellung** F resim sergisi **~galerie** F resim galerisi

**gemäß** PRÄP (*dat*) -*e* göre

**gemäßigt** ADJ ılımlı; *Klima etc* ılıman, mutedil

**Gemecker** N ⟨-s; *ohne pl*⟩ *umg* mızmızlanma

**gemein** ADJ *pej* adi; **das ~e Volk** sıradan halk; ayaktakımı; **etw ~ haben** (**mit** *-le*) ortak bir yanı olmak

**Gemeinde** F ⟨-; -n⟩ POL belde, köy; REL cemaat **~bezirk** M belde sınırları içi; belde toprakları **~rat** M belde/köy meclisi; *Person* belde/köy meclisi üyesi **~steuern** PL yerel vergi; belediye vergisi **~zentrum** N belde yönetim binası

**gemeingefährlich** ADJ toplum için tehlikeli

**Gemeingut** N ⟨-s; *ohne pl*⟩ ortak mal

**Gemeinheit** F ⟨-; -en⟩: **so e-e ~!** ne adilik/alçaklık!

**gemeinnützig** ADJ kamu yararına çalışan

**Gemeinplatz** M basmakalıp/beylik (söz)

**gemeinsam** A ADJ birlikte, ortak; (*gegenseitig*) karşılıklı B ADV: **etw ~ tun** bş-i birlikte/ortaklaşa yapmak **⟂keit** F ⟨-; -en⟩ ortaklık, ortak yön; beraberlik, uyum

**Gemeinschaft** F ⟨-; -en⟩ topluluk

**Gemeinschafts|arbeit** F ortak çalışma; imece **~erziehung** F ortak eğitim (*Mädchen und Jungen*) **~produktion** F ortak yapım

**gemeinverständlich** ADJ herkesçe anlaşılır

**Gemeinwesen** N belde, köy

**Gemeinwohl** N toplumun yararı

**gemessen** ADJ ölçülü; sakin, ağırbaşlı; **~ an** *dat* -*e* oranla

**Gemetzel** N ⟨-s; -⟩ katliam, kırım

**Gemisch** N ⟨-s; -e⟩ karışım

**gemischt** ADJ karışık; karma

**gemischtwirtschaftlich** ADJ WIRTSCH karma ekonomi(ye ilişkin)

**Gemse** → **Gämse**

**Gemüse** N ⟨-s; -⟩ sebze **~anbau** M sebzecilik **~garten** M sebze bahçesi; bostan **~händler(in)** M(F) manav **~konserve** F sebze konservesi **~laden** M manav (dükkanı)

**Gemüt** N ⟨-s; -er⟩ ruh, his, duygu; (*Herz*) gönül; (*Gemütsart*) huy, mizaç; *umg* **sich** (*dat*) **etw zu ~e führen** bş-i tadına vararak yemek/okumak *vs*; **die ~er bewegen** duyguları harekete geçirmek

**gemütlich** ADJ *Atmosphäre* rahat, ferah; *Mensch* kalender, cana yakın; **mach es dir ~** rahatına bak **⟂keit** F ⟨-; *ohne pl*⟩ rahat, huzur

**Gemüts|art** F mizaç, huy **⟂krank** ADJ depresif; melankolik **~krankheit** F depresyon; çöküntü; melankoli **~mensch** M kalender (kimse); *umg* vurdumduymaz **~ruhe** F *umg*: **in aller ~** hiç heyecanlanmadan **~verfassung** F, **~zustand** M ruhsal durum

**Gen** N ⟨-s; -e⟩ BIOL gen

**genau** A ADJ tam, doğru, kesin; (*sorgfältig*) özenli; (*streng*) titiz; **⟂eres** ayrıntılı

# GENA | 698

bilgi **B** ADV: ~ um 10 Uhr saat tam 10'da; ~ der ... tam işte bu ...; ~ genommen adv doğrusu, aslına bakılırsa; es ~ nehmen (mit etw) konuya ciddi yaklaşmak; ~ zuhören iyi/doğru dinlemek

**Genauigkeit** F ⟨-; ohne pl⟩ doğruluk, titizlik; kesinlik
**Genbank** F BIOL gen bankası
**Genealogie** F ⟨-; ohne pl⟩ soybilim
**genehmig|en** V/T ⟨genehmigt, h.⟩ müsaade etmek, -e izin vermek; amtlich onaylamak **ℓung** F ⟨-; -en⟩ izin, müsaade; ruhsat(name) **~ungspflichtig** ADJ ruhsata/onaya tabi
**geneigt** ADJ hazır, eğilimli; eğimli
**General** M ⟨-s; -e, ⸚e⟩ MIL general
**General|bevollmächtigte** M,F ⟨-n; -n⟩ JUR, WIRTSCHAFT genel yetkili **~konsul(in)** M(F) başkonsolos **~sekretär(in)** M(F) genel sekreter **~staatsanwalt** M başsavcı **~stab** M MIL kurmay **~überholung** F TECH rodaj; revizyon **~versammlung** F WIRTSCHAFT genel kurul (toplantısı); büyük kongre, kurultay
**Generation** [-'tsĭo:n] F ⟨-; -en⟩ kuşak, nesil
**Generationenvertrag** M POL kuşaklar sözleşmesi
**Generationskonflikt** [-'tsĭo:ns-] M kuşaklar arası anlaşmazlık, nesiller çatışması
**Generator** M ⟨-s; -en⟩ ELEK jeneratör
**generell** ADJ genel
**genes|en** V/I ⟨genas, genesen, s.⟩ iyileşmek; (von -i) atlatmak **ℓung** F ⟨-; ohne pl⟩ iyileşme, nekahet
**Genet|ik** F ⟨-; ohne pl⟩ genetik (bilimi) **ℓisch** ADJ genetik
**Genforschung** F genetik araştırmalar(ı) pl
**genial** [-'nĭa:l] ADJ dâhiyane; Person becerikli, yaratıcı **ℓität** F ⟨-; ohne pl⟩ yaratıcılık, dâhilik
**Genick** N ⟨-s; -e⟩ ense (kökü); boyun; **sich** (dat) **das ~ brechen** (kendi) boynunu kırmak
**Genie** [ʒe'ni:] N ⟨-s; -s⟩ dâhi
**genieren** [ʒe-] V/R ⟨ohne ge-, h.⟩: **sich ~** (zu tun yapmaya) sıkılmak, utanmak
**genießbar** ADJ yenir; içilir
**genießen** V/T ⟨genoss, genossen, h.⟩ -in tadını çıkarmak; **j-s Vertrauen ~** b-nin güvenine mazhar olmak
**Genießer** M ⟨-s; -⟩ keyif ehli
**Genitalien** [-lĭən] PL cinsel organlar
**Genitiv** [-f] M ⟨-s; -e⟩ GRAM -in hali
**Genius** [-ĭus] M ⟨-; ohne pl⟩ deha, dâhilik
**Genmanipulation** F gen manipülasyonu
**genormt** ADJ standart
**Genosse** M ⟨-n; -n⟩ POL yoldaş
**Genossenschaft** F ⟨-; -en⟩ WIRTSCHAFT kooperatif **ℓlich** ADJ WIRTSCHAFT kooperatif subst
**Genre** [ʒã:r] N ⟨-s; -s⟩ janr
**Gentech|nik** F gen mühendisliği **ℓnisch** ADV: **~ verändert/manipuliert** gen teknolojisiyle değiştirilmiş/manipüle edilmiş **~nologie** F gen teknolojisi
**genug** ADJ u. ADV yeter, kâfi; **mehr als ~** haddinden fazla; **ich habe ~ davon!** yeter!; bundan bıktım!
**Genüge** F: **zur ~** yeteri kadar, yeterince
**genügen** V/I ⟨genügt, h.⟩ yetmek, yeterli olmak; **das genügt** bu kadar yeter
**genügend** ADJ yeterli; yetecek kadar; Zeit a. bol
**genügsam** ADJ kanaatkâr, azla yetinen; (bescheiden) alçakgönüllü **ℓkeit** F ⟨-; ohne pl⟩ kanaatkârlık; yetingenlik
**Genugtuung** F ⟨-; ohne pl⟩ ⟨über akk -den⟩ hoşnutluk
**Genuss** M ⟨-es; ⸚e⟩ zevk, haz; von Nahrung yeme, içme; **ein ~** gerçek bir zevk/ haz; **in den ~ e-r Sache kommen** (iyi) bş-den faydalanmak olmak **~mittel** N keyif verici maddeler pl **ℓsüchtig** ADJ zevk düşkünü
**geöffnet** ADJ Laden etc açık
**Geograf** M ⟨-en; -en⟩ coğrafyacı **~ie** F ⟨-; ohne pl⟩ coğrafya **~in** F ⟨-; -nen⟩ coğrafyacı (kadın) **ℓisch** ADJ coğrafî
**Geolog|e** M ⟨-n; -n⟩ jeolog **~ie** F ⟨-; ohne pl⟩ jeoloji **~in** F ⟨-; -nen⟩ jeolog (kadın) **ℓisch** ADJ jeolojik
**Geometr|ie** F ⟨-; -n⟩ geometri **ℓisch** ADJ geometrik
**Geophysik** F jeofizik
**Geopolit|ik** F jeopolitik **ℓisch** ADJ jeopolitik
**Georg|ien** N Gürcistan **~ier** M ⟨-s; -⟩

## GERI

**-in** F̄ ⟨-; -nen⟩ Gürcü **♀isch** ADJ Gürcü; Gürcistan *subst* **~isch** N̄ Gürcüce
**Gepäck** N̄ ⟨-s; *ohne pl*⟩ bagaj; yolcu eşyası **~abfertigung** F̄ FLUG bagaj kaydı; kayıt gişesi **~ablage** F̄ bagaj yeri **~aufbewahrung** F̄ emanet (gişesi) **~ausgabe** F̄ FLUG bagaj teslim yeri/ gişesi **~netz** N̄ BAHN çanta rafı/filesi **~schein** M̄ bagaj pusulası **~schließfach** N̄ bagaj (emanet) dolabı **~stück** N̄ parça bagaj **~träger** M̄ ham(m)al; *Fahrrad* bagaj sepeti, AUTO üst bagaj **~wagen** M̄ BAHN bagaj arabası
**gepanzert** ADJ zırhlı
**Gepard** M̄ ⟨-s; -e⟩ gepar; çita
**gepfeffert** ADJ *umg* tuzlu; kazık
**gepflegt** ADJ bakımlı; *Kleidung* temiz, zarif
**Gepflogenheit** F̄ ⟨-; -en⟩ alışkanlık, âdet
**Geplapper** N̄ ⟨-s; *ohne pl*⟩ *umg* gevezelik
**Geplauder** N̄ ⟨-s; *ohne pl*⟩ laflama
**Gepolter** N̄ ⟨-s; *ohne pl*⟩ patırtı
**Gepräge** N̄ ⟨-s; *ohne pl*⟩ damga; iz
**gequält** ADJ zoraki; isteksiz
**Gequassel** N̄ ⟨-s; *ohne pl*⟩ dırdır
**Gequatsche** F̄ ⟨-s; *ohne pl*⟩ *umg* zırva (-lama)
**gerade** A ADJ düz, doğru; *Zahl* çift; (*direkt*) doğrudan; *Haltung* dik B ADV tam; **nicht ~** hiç de ... değil; **das ist es ja ~!** işte mesele de bu ya!; **~ deshalb** işte asıl o yüzden; **~ rechtzeitig** tam zamanında; **warum ~ ich?** ama neden ben?; **da wir ~ von ... sprechen** söz tam *-den* açılmışken
**Gerade** F̄ ⟨-n; -n⟩ MATH doğru (çizgi); **linke** (**rechte**) **~** sol (sağ) kroşe
**geradeaus** ADV dümdüz, dosdoğru
**geradebiegen** V̄/T ⟨*irr*, -ge-, *h.*⟩ *umg* düzeltmek; (*tekrar*) yoluna koymak
**geradeheraus** ADV dosdoğru; harbi(ce)
**gerädert** ADJ *umg*: (**wie**) **~** turşu gibi
**geradestehen** V̄/I ⟨*irr*, -ge-, *h.*⟩ (**für** *-in*) sorumluluğunu üstlenmek
**geradewegs** ADV doğruca
**geradezu** ADV adeta
**geradlinig** ADJ düz hareketli; *fig* açık yürekli; mert
**gerammelt** ADJ *umg*: **~ voll** (**von** *-le*) tıka basa dolu
**Gerangel** N̄ ⟨-s; *ohne pl*⟩ *umg* (**um** için) kapışma/itişme
**Geranie** F̄ ⟨-; -n⟩ sardunya
**Gerät** N̄ ⟨-s; -e⟩ (*Vorrichtung*) cihaz, aygıt; (*Werkzeug*) alet; (~*schaften*) teçhizat, donatım, ekipman
**geraten¹** V̄/I (geriet, geraten, *s.*): (**gut**) **~** sonu(cu) (iyi) olmak; **~ an** (*akk*) -*e* çatmak; **in Schwierigkeiten ~** zor duruma girmek düşmek; **in e-n Sturm ~** fırtınaya yakalanmak
**geraten²** ADJ tavsiye edilen; makul
**Geräteschuppen** M̄ alet deposu
**Geräteturnen** N̄ aletli cimnastik
**Geratewohl** N̄: **aufs ~** gelişigüzel, uluorta
**Geratter** N̄ ⟨-s; *ohne pl*⟩ takırtı
**geräumig** ADJ geniş
**Geräusch** N̄ ⟨-s; -e⟩ gürültü
**geräusch|arm** ADJ az gürültülü **♀kulisse** F̄ ses etkileri; *arka plandaki sesler* **~los** ADJ gürültüsüz, sessiz **♀pegel** M̄ gürültü seviyesi **~voll** ADJ gürültülü
**gerb|en** V̄/T ⟨*h.*⟩ tabaklamak **♀er** M̄ ⟨-s; -⟩ tabak; sepici **♀erei** F̄ ⟨-; -en⟩ tabakhane **♀säure** F̄ mazı tuzu; tanen
**gerecht** ADJ adil, haklı; uygun; **j-m** (**e-r Sache** (*dat*)) **~ werden** *-in* hakkını vermek, *-i* layığıyla yapmak
**gerechterweise** ADV adil olmak gerekirse, hakçası
**gerechtfertigt** ADJ gerekçeli; haklı
**Gerechtigkeit** F̄ ⟨-; *ohne pl*⟩ adalet
**Gerechtigkeitssinn** M̄ adalet duygusu, hakkaniyet
**Gerede** N̄ ⟨-s; *ohne pl*⟩ gevezelik; (*Klatsch*) dedikodu, söylenti; **ins ~ kommen** herkesin ağzına düşmek
**geregelt** ADJ düzenli; düzenlenmiş
**gereizt** ADJ sinirli, hiddetli **♀heit** F̄ ⟨-; *ohne pl*⟩ sinirlilik, hiddet
**Gericht¹** N̄ ⟨-s; -e⟩ (*sıcak*) yemek
**Gericht²** N̄ ⟨-s; -e⟩ mahkeme; **vor ~ stehen** mahkemelik olmak; **vor ~ stellen** *-i* mahkemeye vermek; **vor ~ stellen** dava konusu yapmak; **das Jüngste ~** kıyamet/mahşer (günü)
**gerichtlich** ADJ adli, mahkemeyle ilgili
**Gerichts|barkeit** F̄ ⟨-; *ohne pl*⟩ yargı **~beschluss** M̄ mahkeme (ara) kararı **~hof** M̄ mahkeme (dairesi) **~kosten** PL mahkeme masrafları *pl* **~medizin** F̄ adli tıp **~referendar(in)** M̄(F̄) stajyer

**GERI** | 700

avukat/hakim/savcı; adli stajyer **~stand** M̄ yetkili mahkeme (yeri) **~urteil** N̄ mahkeme kararı **~verfahren** N̄ dava; yargılama, muhakeme **~verhandlung** F̄ duruşma, celse **~vollzieher(in)** M|F icra memuru **~weg** M̄: **auf dem ~** mahkeme yoluyla
**gering** ADJ ufak, hafif; (*unbedeutend*) önemsiz; (*niedrig*) alçak; **~ achten** -e değer vermemek; **-i** hor görmek, aşağılamak; **kein 2erer als ...** ...-in ta kendisi **~fügig** ADJ önemsiz, pek ufak; *Betrag, Vergehen* cüzi
**geringschätzlig** ADJ aşağılayıcı **2ung** F̄ ⟨-; ohne pl⟩ (*für -i*) aşağılama
**geringst** ADJ en ufak; **nicht im 2en** asla, hiçbir suretle
**gerinnen** V̄I ⟨gerann, geronnen, s.⟩ koyulaşmak, pıhtılaşmak; *Milch* kesilmek
**Gerinnsel** N̄ ⟨-s; -⟩ pıhtı
**Gerippe** N̄ ⟨-s; -⟩ iskelet; TECH şasi; SCHIFF kaburga, çerçeve
**gerippt** ADJ çubuk desenli
**gerissen** ADJ kurnaz, iş bitirici
**germanisch** ADJ germen/cermen
**Germanist** M̄ ⟨-en; -en⟩ Alman filolojisi uzmanı
**Germanistik** F̄ ⟨-; ohne pl⟩ Alman filolojisi
**Germanistin** F̄ ⟨-; -nen⟩ Alman filolojisi uzmanı (kadın)
**gern, gerne** ADV seve seve, memnuniyetle; **~ essen (trinken)** (yenecek/içilecek bş-i) sevmek; **etw (sehr) ~ tun** seve seve yapmak; **ich möchte ~** isterdim; **ich hätte ~ e-e Tasse Tee** bir fincan çay alabilir miyim?; **er sieht es nicht ~, dass...** -mesinden hoşlanmıyor; **umg du kannst mich ~ haben!** sana mı soracaktım?; **~ geschehen!** bir şey değil! **~haben** V̄T ⟨*irr*, -ge-, *h*.⟩ sevmek, -*den* hoşlanmak
**Geröll** N̄ ⟨-s; -e⟩ çakıl; kayşat
**Gerste** F̄ ⟨-; -n⟩ BOT arpa
**Gerstenkorn** N̄ MED arpacık
**gertenschlank** ADJ dal gibi (narin)
**Geruch** M̄ ⟨-s; ⁼e⟩ koku; (*Gestank*) pis koku; (*Duft*) güzel koku **2los** ADJ kokusuz
**Geruchs|nerv** M̄ koku siniri **~sinn** M̄ ⟨-s; ohne pl⟩ koklama (duyusu)
**Gerücht** N̄ ⟨-s; -e⟩ söylenti; **es geht das ~, dass ...** (ortalıkta) ... söylentisi dolaşıyor
**geruhen** V̄T ⟨ohne ge-, h.⟩: **etw zu tun ~** bş-i yapmaya tenezzül etmek
**gerührt** ADJ üzülmüş, müteessir; duygulanmış
**Gerümpel** N̄ ⟨-s; ohne pl⟩ pılıpırtı, eski eşya
**Gerundium** N̄ ⟨-s; Gerundien⟩ GRAM ulaç, bağ fiil
**Gerüst** N̄ ⟨-s; -e⟩ (*Bau*⁂) iskele
**Ges.** *abk* → **Gesellschaft**
**gesalzen** ADJ tuzlu; tuzlanmış; *umg* kazık
**gesammelt** ADJ konsantre; dinlenmiş; **~e Werke von** -*in* toplu eserleri
**gesamt** ADJ bütün, -*in* tümü, -*in* hepsi
**Gesamt|ansicht** F̄ genel görünüş **~auflage** F̄ toplam baskı (sayısı) **~ausgabe** F̄ WIRTSCH toplam harcama(lar); (*Buch*) -*in* toplu eserleri *pl*, külliyat **~betrag** M̄ toplam meblağ/yekün; genel toplam **~eindruck** M̄ genel izlenim **~heit** F̄ ⟨-; ohne pl⟩ bütün **~hochschule** F̄ (Universität + Fachhochschule) *toplu yüksekokul* **~kosten** PL toplam maliyet **~note** F̄ genel not **~schule** F̄ *toplu ilk ve ortaöğretim okulu*
**Gesandte** M|F ⟨-n; -n⟩ elçi
**Gesang** M̄ ⟨-s; ⁼e⟩ şarkı söyleme, şan; (*Lied*) şarkı **~buch** N̄ şarkılar/ilahiler kitabı **~verein** M̄ koro (derneği)
**Gesäß** N̄ ⟨-es; -e⟩ anat makat; *umg* kaba (et), kıç
**gesch.** *abk für* **geschieden** boşanmış
**Geschäft** N̄ ⟨-s; -e⟩ iş, ticaret; işyeri (*eignes*); (*Laden*) mağaza; *Büro* iş(lemler); **ein gutes (schlechtes) ~** iyi/kârlı (kötü) bir iş; **mit j-m ~e machen,** **mit j-m ins ~ kommen** b-le bir iş yapmak; **gut im ~ sein** -*in* iş(ler)i iyi gitmek; **sie versteht ihr ~!** işini bilmek
**geschäftehalber** → **geschäftlich**
**Geschäftemacher(in)** M|F vurguncu, fırsatçı
**geschäftig** ADJ çalışkan, gayretli **2keit** F̄ ⟨-; ohne pl⟩ gayret, etkinlik; canlılık, hareket
**geschäftlich** A ADJ iş(le ilgili), ticari B ADJ iş gereği/için; **~ zu tun haben mit** -*in* ile iş ilişkisi olmak/var; **er ist ~ verhindert** onun bir işi çıktı; o bir iş sebebiyle gelemiyor *etc*

**Geschäfts|abschluss** M iş bağlama **~bedingungen** PL iş koşulları **~bereich** M iş/çalışma alanı; faaliyet sektörü **~beziehungen** PL (zu -/e) iş ilişkileri **~brief** M iş mektubu **~essen** N iş yemeği **♀fähig** ADJ ehil **~fähigkeit** F ⟨-; ohne pl⟩ (ticari) ehliyet **~frau** F iş kadını **~freund** M arkadaşı **♀führend** ADJ yöneten **~führer(in)** M(F) sorumlu müdür **~führung** F (genel) müdürlük **~gebaren** N iş/ticaret ahlakı **~inhaber(in)** M(F) dükkan sahibi **~jahr** N faaliyet yılı, mali yıl **~kosten** pl masraf(lar); **auf ~** masraflarına geçirilmek üzere **~lage** F iş durumu **~leitung** F iş yönetimi **~mann** M ⟨-s; Geschäftsleute⟩ işadamı **♀mäßig** ADJ düzenli, sistemli **~ordnung** F: **zur ~** usul hakkında **~partner** M ortak, iş ortağı **~räume** PL büro **~reise** F iş yolculuğu **~reisende** M.F iş yolculuğu yapan **geschäftsschädigend** ADJ işe zararlı **♀ung** F JUR işin uğradığı zarar **Geschäfts|schluss** M (işyeri/dükkan) kapanış saati **~sinn** M ticaret anlayışı; iş ruhu **~sitz** M işyeri merkezi **~stelle** F yazı işleri (müdürlüğü) **~straße** F alışveriş caddesi **~träger** M POL işgüder, maslahatgüzar **♀tüchtig** ADJ verimli, işe yarar **♀unfähig** ADJ JUR ehliyetsiz **~unfähigkeit** F ⟨-; ohne pl⟩ JUR (ticari) ehliyetsizlik **~verbindung** F iş ilişkisi **~verkehr** M ticari işlemler **~viertel** N iş semti; çarşı **~wert** M işleyen teşebbüs değeri **~zeit** F çalışma/iş zamanları pl **~zweig** M iş dalı, işkolu

**geschehen** [ɡə'ʃeːən] V/I ⟨geschieht, geschah, geschehen, s.⟩ olmak, cereyan etmek, vuku bulmak; (getan werden) yapılmak, gerçekleşmek; **was soll damit ~?** bu ne olacak/yapılacak?; **es muss etw ~!** bir şey/ler olmalı/yapılmalı!; **es geschieht ihm recht** bunu hak etti

**Geschehen** [ɡə'ʃeːən] N ⟨-s; ohne pl⟩ olaylar pl, olup bitenler pl

**gescheit** ADJ akıllı, zeki

**Geschenk** N ⟨-s; -e⟩ hediye, armağan; **j-m etw zum ~ machen** b-ne bş-i hediye etmek **~artikel** M hediyelik eşya **~gutschein** M hediye çeki **~packung** F hediye paketi

**Geschichte** F ⟨-; -n⟩ (Erzählung) hikâye; Wissenschaft tarih; fig iş, olay, sorun; **die ~ der Neuzeit** Yeniçağ tarihi; **~ machen** tarihe damgasını basmak; **in die ~ eingehen** tarihe geçmek
**geschichtlich** ADJ tarihsel
**Geschichtsforscher(in)** M(F) tarihçi
**Geschick**[1] N ⟨-s; -e⟩ kader, kısmet; akıbet
**Geschick**[2] N ⟨-s; ohne pl⟩ yetenek, beceri
**Geschicklichkeit** F ⟨-; ohne pl⟩ beceri, hüner; çeviklik
**geschickt** ADJ yetenekli; (gewandt) becerikli; (schlau) kurnaz, uyanık
**geschieden** ADJ boşanmış
**Geschirr** [ɡə'ʃɪr] N ⟨-s; -e⟩ (Porzellan♀) sofra takımı; (Küchen♀) mutfak takımı; schmutziges bulaşık; **~ spülen** bulaşık yıkamak **~spüler** M ⟨-s; -⟩ bulaşık makinesi

**geschlagen**: **sich ~ geben** yenilgiyi kabul etmek; umg **zwei ~e Stunden (lang)** tam iki koca saat (boyunca)
**Geschlecht** N ⟨-s; -er⟩ soy; cinsiyet; (Abstammung) sülale, soy; GRAM cins **♀lich** ADJ cinsel
**Geschlechts|krankheit** F MED cinsel hastalık **~organ** N cinsel organ **~reife** F buluğ **~umwandlung** F cinsiyet değiştirme **~verkehr** M cinsel birleşme
**geschliffen** ADJ perdahlanmış, cilalı
**geschlossen** ADJ kapalı; **~ hinter j-m stehen** hep beraber b-ni desteklemek; **~ stimmen für** oybirliğiyle -e karar vermek; **~e Gesellschaft** özel toplantı/parti; **~e Veranstaltung** kapalı toplantı

**Geschmack** M ⟨-s; ¨e⟩ tat, lezzet; fig zevk; **~ finden an** dat -den zevk duymak; **das ist nicht nach meinem ~** bu bana göre bir şey değil **♀lich** ADJ tatla/zevkle ilgili **♀los** ADJ tatsız; fig denizsiz **~losigkeit** F ⟨-; ohne pl⟩ densizlik
**Geschmacks|richtung** F tat **~sache** F zevk meselesi **~sinn** M ⟨-s; ohne pl⟩ tat duyusu **~verirrung** F zevksizlik **~verstärker** M tat kuvvetlendirici

**geschmackvoll** ADJ zevkli, zarif
**geschmeidig** ADJ esnek; yay gibi; yumuşak
**Geschöpf** N ⟨-s; -e⟩ yaratık

**Geschoss** N̄, österr **Geschoß** N̄ ⟨-es; -e⟩ mermi, kurşun, füze; (*Stockwerk*) kat
**Geschrei** N̄ ⟨-s; *ohne pl*⟩ çığlık; (*Angst*♀) feryat; *Baby* ağlama; *fig* (*Aufhebens*) yaygara
**geschützt** ADJ korunmuş; korunaklı
**Geschwafel** N̄ ⟨-s; *ohne pl*⟩ *umg* palavra; zırva
**Geschwätz** N̄ ⟨-es⟩ çene çalma, (*Klatsch*) gevezelik; *fig* (*Unsinn*) saçmalık ♀**ig** ADJ geveze, boşboğaz **~igkeit** F ⟨-; *ohne pl*⟩ gevezelik
**geschweige** KONJ: **~ (denn)** kaldı ki
**Geschwindigkeit** F ⟨-; -en⟩ çabukluk; PHYS hız, sürat; **mit e-r ~ von … km/ratinde, …lik bir hızla**
**Geschwindigkeits|beschränkung** F ⟨-; -en⟩ sürat tahdidi, hız kısıtlaması **~überschreitung** F ⟨-; -en⟩ aşırı hız
**Geschwister** PL (erkek ve kız) kardeşler
**geschwollen** ADJ MED şişkin, şişik, kabarmış; *fig* tumturaklı, süslü
**Geschworene** M, F ⟨-n; -n⟩ JUR jüri üyesi; **die ~n** *pl* jüri *sg*
**Geschwulst** F ⟨-; ⸚e⟩ MED yumru, ur, tümör, şiş(kinlik)
**geschwungen** ADJ kıvrımlı, kavisli
**Geschwür** [gə'ʃvy:ɐ] N̄ ⟨-s; -e⟩ MED yara, ülser
**Geselle** M̄ ⟨-n; -n⟩ *Handwerker* kalfa
**gesellen** V/R ⟨gesellt, *h.*⟩: **sich zu j-m ~** b-nin yanına katılmak
**Gesellenbrief** M̄ kalfalık belgesi
**gesellig** ADJ *Person* hoşsohbet; **~es Beisammensein** neşeli toplantı ♀**keit** F ⟨-; *ohne pl*⟩ muhabbet; hoşsohbetlik; eğlence; cümbüş
**Gesellschaft** F ⟨-; -en⟩ toplum; (*Verein*) dernek, cemiyet, kurum; (*Firma*) şirket; (*Umgang*) çevre, ortam; (*Abend*♀ *etc*) suare, akşam toplantısı; **j-m ~ leisten** b-ne eşlik etmek; **in s-r ~** onun eşliğinde/yanında
**Gesellschafter** M̄ ⟨-s; -⟩, **-in** F ⟨-; -nen⟩ WIRTSCH ortak
**gesellschaftlich** ADJ toplumsal, sosyal
**gesellschafts|fähig** ADJ toplumca kabul edilir ♀**kritik** F toplum eleştirisi **~kritisch** ADJ toplumu eleştiren ♀**ordnung** F toplum düzeni ♀**politik** F sosyal politika ♀**recht** N̄ ⟨-s; *ohne pl*⟩ şirketler hukuku ♀**reise** F grup gezisi ♀**schicht** F toplum katmanı ♀**spiel** N̄ grup oyunu ♀**system** N̄ toplum sistemi

**Gesetz** N̄ ⟨-es; -e⟩ kanun, yasa; **nach dem ~** kanuna göre; **vor dem ~** kanun karşısında **~buch** N̄ kanun; kanun kitabı **~entwurf** M̄ kanun tasarısı
**Gesetzes|kraft** F: **~ erhalten** kanun kuvveti kazanmak **~vorlage** F kanun tasarısı
**Gesetzgeb|er** M̄ ⟨-s; -⟩ yasa koyucu **~ung** F ⟨-; *ohne pl*⟩ yasama
**gesetzlich** A ADJ kanuni, yasal; (*legal*) a. meşru, legal B ADV: **~ geschützt** yasalarca korunan; *Patent etc* müseccel, tescilli
**Gesetzlosigkeit** F ⟨-; *ohne pl*⟩ kanunsuzluk
**gesetzmäßig** ADJ JUR kanuni, kanuna uygun; kurallı
**gesetzwidrig** ADJ kanuna aykırı, yasadışı ♀**keit** F ⟨-; -en⟩ kanunsuzluk
**ges. gesch.** *abk für* **gesetzlich geschützt** her hakkı mahfuzdur
**Gesicht** N̄ ⟨-s; -er⟩ yüz, çehre; **zu ~ bekommen** *-in* yüzünü görmek; *kurz -e* göz atmak; **aus dem ~ verlieren** gözden kaybetmek; **das ~ verlieren** (*wahren*) itibarını/saygınlığını kaybetmek (korumak); **das ~ verziehen** yüzünü ekşitmek, surat asmak; **ein langes ~ machen** surat(ını) asmak; **j-m etw ins ~ sagen** bş-i b-nin yüzüne (karşı) söylemek; **j-m wie aus dem ~ geschnitten sein** b-ne tıpatıp benzemek; **sein wahres ~ zeigen** gerçek yüzünü göstermek
**Gesichts|ausdruck** M̄ görünüş, yüz ifadesi **~creme** F yüz kremi **~farbe** F yüz rengi; beniz **~feld** N̄ görüş alanı **~maske** F maske **~punkt** M̄ görüş açısı, **von diesem ~ aus** (*gesehen*) bu bakımdan; bu açıdan (bakılınca) **~wasser** N̄ yüz losyonu **~züge** PL yüz hatları
**Gesindel** N̄ ⟨-s; *ohne pl*⟩ ayaktakımı, serseri güruh
**gesinnt** ADJ (*eingestellt*) düşüncesinde, zihniyetinde, görüşünde; **j-m feindlich ~ sein** b-ne düşmanlık beslemek
**Gesinnung** F ⟨-; -en⟩ zihniyet; (*Haltung*) tutum, tavır
**Gesinnungswandel** M̄ zihniyet de-

# GESU

**ğişikliği**
**gesittet** ADJ ahlaklı, edepli
**Gesöff** N ⟨-s; -e⟩ umg (tadı kötü) içecek
**gesondert** ADJ ayrı
**gespalten** ADJ yarılmış, bölünmüş, ayrılmış
**gespannt** ADJ *Aufmerksamkeit* meraklı; *Beziehungen, Situation etc* gergin; **~ sein auf** (*akk*) -*i* meraklia beklemek; **~ sein, ob** (-ceğini) merak etmek ⚥**heit** F ⟨-; *ohne pl*⟩ gerginlik; gerilim
**Gespenst** N ⟨-s; -er⟩ hayalet, ruh, hortlak ⚥**isch** ADJ umg hortlak/hayalet gibi; tüyler ürpertici
**Gespött** N ⟨-s; *ohne pl*⟩: **j-n zum ~ machen** b-ni alay konusu yapmak
**Gespräch** N ⟨-s; -e⟩ konuşma, görüşme; **das ~ bringen auf** sözü -*e* getirmek; **im ~ sein** söz konusu olmak; **ins ~ kommen** (**mit** -*le*) diyaloğa girmek
**gesprächig** ADJ konuşkan; dilbaz
**Gesprächs|partner(in)** M(F) muhatap **~runde** F konuşmaya katılanlar *pl* **~stoff** M konuş(ul)acak şey; konu
**gespreizt** ADJ açılmış; ayrık
**Gespür** [ɡəˈʃpyːɐ] N ⟨-s; *ohne pl*⟩ sezgi
**gest.** *abk* → **gestorben**
**gestaffelt** ADJ dereceli; kademeli
**Gestalt** F ⟨-; -en⟩ biçim; (*Figur*) figür; (*Person*) kişi; **in ~ von** ... biçiminde/kılığında; (**feste**) **~ annehmen** (kesin) biçim almak
**gestalten** ⟨gestaltet, *h.*⟩ A V/T biçimlendirmek; *Fest etc* düzenlemek; (*entwerfen*) tasarlamak B V/R: **sich ~** biçimlenmek; ortaya çıkmak
**Gestalter** M ⟨-s; -⟩, **-in** F ⟨-; -nen⟩ biçimlendiren (kimse); tasarımcı ⚥**isch** ADJ biçimlendirme/tasarım ile ilgili
**Gestaltung** F ⟨-; *ohne pl*⟩ düzenleme, tasarım; (*Raum*⚥) iç düzenleme
**geständig** ADJ itiraf etmiş
**Geständnis** N ⟨-ses; -se⟩ itiraf; **ein ~ ablegen** itirafta bulunmak
**Gestank** M ⟨-s; *ohne pl*⟩ pis koku
**gestatten** V/T ⟨gestattet, *h.*⟩: **j-m etw ~** b-ne bş için izin vermek
**Geste** F ⟨-; -n⟩ jest
**gestehen** V/T *u.* V/I ⟨*irr*, gestanden, *h.*⟩: **etw ~** bş-i itiraf etmek; **~, etw getan zu haben** bş yaptığını itiraf etmek; **~, dass** -diğini itiraf etmek
**Gestell** N ⟨-s; -e⟩ sehpa; çerçeve; şasi

**gestellt** ADJ FOTO poz verilerek çekilmiş
**gestern** ADV dün; **~ Abend** dün akşam; umg **sie ist nicht von ~** o dünkü çocuk değil
**Gestik** F ⟨-; *ohne pl*⟩ jestler *pl*; el hareketleri *pl*
**gestikulieren** V/I ⟨*ohne* ge-, *h.*⟩ el hareketleri yapmak
**Gestirn** N ⟨-s; -e⟩ yıldız; takımyıldız
**gestochen** ADV: **wie ~** gayet net; **~ scharf** gayet net (biçimde); bütün netliğiyle
**gestorben** ADJ ölmüş; ölümü, ölüm tarihi (*auf Grabstein*)
**gestört** ADJ TECH arızalı
**Gestotter** N ⟨-s; *ohne pl*⟩ (sürekli) kekeleme
**gestreift** ADJ çizgili, yol yol
**gestrichen** A ADJ: **drei ~e Teelöffel** (**voll**) üç silme tatlı kaşığı (dolusu); → **frisch** B ADV: **~ voll** ağzına kadar (*od* silme) dolu
**gestrig** ADJ dünkü
**Gestrüpp** N ⟨-s; -e⟩ çalılık
**Gesuch** N ⟨-s; -e⟩ (**um** için) dilekçe
**gesund** ADJ sağlıklı; *Kost a.* şifalı, sağlığa faydalı; *fig a.* esen, sağ salim; **~ sein** sağlıklı olmak, iyi olmak; (**wieder**) **~ werden** sağlığına kavuşmak, iyileşmek; **~ und munter turp gibi; **~er Menschenverstand** sağduyu
**gesunden** V/I ⟨gesundet, *s.*⟩ iyileşmek
**Gesundheit** F ⟨-; *ohne pl*⟩ sağlık; **auf j-s ~ trinken** b-nin sağlığına içmek; **~!** *beim Niesen* çok yaşa!
**gesundheitlich** A ADJ sağlık *subst*; **sein ~er Zustand** onun sağlık durumu; **aus ~en Gründen** sağlık nedenleriyle B ADV: **~ geht es ihm gut** -*in* sağlık durumu iyi
**Gesundheits|amt** N Sağlık Dairesi **~apostel** M sağlık delisi ⚥**bewusst** ADJ sağlığının bilincinde ⚥**fördernd** ADJ sağlığa faydalı **~pflege** F sağlık bakımı **~politik** F sağlık politikası ⚥**schädlich** ADJ sağlığa zararlı; sağlıksız **~wesen** N ⟨-s; *ohne pl*⟩ sağlık sistemi **~zeugnis** N sağlam raporu **~zustand** M sağlık durumu
**gesundschrumpfen** ⟨ge-, *h.*⟩ WIRTSCH A V/T küçülterek düzeltmek B V/R: **sich ~** küçülerek düzelmek
**Gesundung** F ⟨-; *ohne pl*⟩ iyileşme;

# GETE | 704

sağlığa kavuşma
**geteilt** ADJ bölünmüş; **~er Meinung sein** farklı/ayrı düşüncede olmak
**Getöse** N ‹-s; ohne pl› gürültü; patırtı; umg curcuna
**Getränk** N ‹-s; -e› içecek, meşrubat
**Getränke|automat** M içecek otomatı **~karte** F içecek listesi
**getrauen** VR ‹getraut, h.› → trauen 3
**Getreide** N ‹-s; -› tahıl **~anbau** M ‹-s; ohne pl› tahıl ekimi/tarımı **~arten** PL tahıl çeşitleri **~ernte** F hasat; tahıl ürünü **~land** N tahıl ekilen arazi; tahıl üreticisi ülke **~silo** M tahıl silosu
**getrennt** A ADJ ayrı; **~e Kasse machen** umg Alman usulü yapmak; **mit ~er Post** ayrı postayla B ADV: **~ leben** ayrı yaşamak; **~ zahlen** ayrı ayrı ödemek
**getreu** ADJ sadık
**Getriebe** N ‹-s; -› AUTO vites kutusu, şanzıman **~öl** N şanzıman yağı **~schaden** M şanzıman hasarı
**getrost** ADJ endişesiz; rahat
**Getto** N ‹-s; -s› getto
**Getue** N ‹-s; ohne pl› yapmacık; (um -de) ayrı çabalama, gayretkeşlik
**Getümmel** N ‹-s; -› kargaşa, karışıklık, patırtı
**geübt** ADJ tecrübeli
**Gew.** abk für **Gewicht** N ağırlık
**Gewächs** [-ks] N ‹-es; -e› bitki; WIRTSCH bitkisel ürün; MED yumru, şiş
**gewachsen** [-ks-] ADJ: **j-m ~ sein** b-yle boy ölçüşecek durumda olmak; **e-r Sache** (dat) **~ sein** bş-in hakkından gelebilmek
**Gewächshaus** [-ks-] N sera, limonluk
**gewagt** ADJ cüretkar, cesur
**gewählt** ADJ seçilmiş; seçimle işbaşına gelmiş; seçkin(ce)
**Gewähr** [ga'vɛːɐ] F ‹-; ohne pl› garanti; **für etw ~ leisten** bş için güvence/garanti vermek; **ohne ~** güvence verilmeksizin
**gewähren** VT ‹gewährt, h.› onaylamak, yerine getirmek; **j-n ~ lassen** b-ni rahat bırakmak, b-nin işine karışmamak
**gewährleisten** VT ‹gewährleistet, h.› sağlamak; -e garanti vermek
**Gewahrsam** M ‹-s; ohne pl›: **etw in ~ nehmen** bş-i koruma altına almak; **j-n in ~ nehmen** b-ni gözaltına almak
**Gewalt** F ‹-; -en› zor, kuvvet, cebir; (Macht) kuvvet, güç; (Beherrschung) (über akk -e) hakimiyet; **mit ~** zorla, zor kullanarak; **höhere ~** zorunlu neden; **~ anwenden** (kaba) kuvvet kullanmak; **die gesetzgebende ~** yasama kuvreti; **etw in s-e ~ bringen** bş-i tahakkümü altına almak; **etw (sich) in der ~ haben** bş-e (kendine) hakim olmak; **die ~ verlieren über** (akk) -e hakimiyetini kaybetmek **~akt** M büyük çaba **~anwendung** F kuvvet kullanma
**gewaltbereit** ADJ şiddet eğilimli **~schaft** F şiddet eğilimi
**Gewaltenteilung** F kuvvetlerin ayrılığı (ilkesi)
**gewaltfrei** ADJ şiddetten arınmış
**Gewaltherr|schaft** F zorbalık; despotizm; istibdat **~scher(in)** M(F) zorba; despot
**gewaltig** ADJ zorlu, şiddetli, kuvvetli; muazzam, olağanüstü
**gewaltlos** ADJ barışçı yollarla, zor kullanılmadan **≗igkeit** F ‹-; ohne pl› zor kullanmama, şiddetsizlik
**Gewaltmaßnahme** F zorlayıcı tedbir/önlem
**gewaltsam** A ADJ şiddetle, zorbaca B ADV şiddet kullanarak; zorla; **~ öffnen** zorla açmak
**gewalttätig** ADJ zorba **≗keit** F ‹-; -en› (kaba) kuvvet kullanma; zorbalık; şiddet eğilimi
**Gewaltverbrech|en** N cebir kullanma (suçu) **~er** M cebir kullanma suçlusu
**Gewand** N ‹-s; ⁻er› (törenlik) elbise
**gewappnet** ADJ **(für** için) tedbirini almış; -e hazırlıklı
**Gewässer** N ‹-s; -› su; **~ pl** sular **~schutz** M doğal suları koruma (önlemleri)
**Gewebe** N ‹-s; -› doku **~probe** F MED doku örneği
**Gewehr** [gəˈveːɐ] N ‹-s; -e› tüfek; (Flinte) çifte, av tüfeği **~kolben** M tüfek dipçiği
**Geweih** N ‹-s; -e› geyik boynuzu
**Gewerbe** N ‹-s; -› iş, ticaret, zanaat **~freiheit** F ticaret serbestisi **~schein** M (işyeri) işletme ruhsatı **~steuer** F işletme gelirleri vergisi; ticari kazançlar vergisi **≗treibend** ADJ ticaretle meşgul/uğraşan **~treibende**

**gewerblich** ADJ ticarî

**gewerbsmäßig** ADJ meslekî, profesyonel

**Gewerkschaft** F ⟨-; -en⟩ sendika **~(l)er** M ⟨-s; -⟩, **~(l)erin** F ⟨-; -nen⟩ sendikacı

**gewerkschaftlich** A ADJ sendikal B ADV: **~ organisiert** sendikalaşmış

**Gewerkschaftsbund** M sendikalar konfederasyonu

**Gewicht** N ⟨-s; -e⟩ ağırlık; (Bedeutung) a. önem; **~ legen auf** (akk) -e ağırlık/önem vermek; **(nicht) ins ~ fallen** önem taşımamak

**Gewichtheben** N ⟨-s; ohne pl⟩ SPORT halter

**Gewichts|klasse** F ağırlık sınıfı **~verlust** M fire

**gewillt** ADJ: **(nicht) ~ sein, etw zu tun** bş yapmaya istekli ol(ma)mak

**Gewinde** N ⟨-s; -⟩ TECH yiv

**Gewinn** M ⟨-s; -e⟩ kazanç, kâr; (Lotterie&) ikramiye; **mit ~** kârla, kârlı; **~ ziehen aus** -den faydalanmak

**Gewinn|anteil** M kâr payı **~beteiligung** F kâra katılım **&bringend** ADJ kâr getiren/getirici **~chance** F kazanma fırsatı

**gewinnen** VT u. VI ⟨gewann, gewonnen, h.⟩ kazanmak; Bergbau (**aus** -den) elde etmek; **an Bedeutung ~** önem kazanmak; **Höhe ~** FLUG irtifa kazanmak; **j-n für etw ~** b-ni bş için elde etmek

**gewinnend** ADJ Lächeln alımlı, çekici, cazip

**Gewinn|er** M ⟨-s; -⟩, **-in** F ⟨-; -nen⟩ kazanan; SPORT galip **~los** N (ikramiye) kazanan bilet **~maximierung** F WIRTSCH kâr maksimizasyonu **~spanne** F kâr **~sucht** F ⟨-; ohne pl⟩ kâr hırsı **~und-Verlust-Rechnung** F kâr ve zarar hesabı

**Gewinnung** F ⟨-; ohne pl⟩ Erz çıkar(ıl)ma; Daten (veri) toplama

**Gewinnzahl** F kazanan numara

**gewiss** A ADJ şüphesiz, kesin; **ein ~er Herr N.** Bay N. diye biri; **in ~em Sinne** (belli) bir anlamda; **ich bin mir meiner Sache ~** ben kendi davamdan eminim B ADV elbette, kuşkusuz

**Gewissen** N ⟨-s; -⟩ vicdan; **auf dem ~ haben** -in mahvına sebep olmak; **j-m ins ~ reden** b-nin vicdanına hitap etmek

**gewissenhaft** ADJ vicdanlı, insaflı; dürüst **&igkeit** F ⟨-; ohne pl⟩ vicdanlılık, insaf; dürüstlük

**gewissenlos** ADJ vicdansız, insafsız **&igkeit** F ⟨-; ohne pl⟩ vicdansızlık, insafsızlık

**Gewissens|bisse** PL vicdan azabı sg **~frage** F vicdan meselesi **~gründe** PL vicdanî sebepler

**gewissermaßen** ADV (belli) bir ölçüde

**Gewissheit** F ⟨-; ohne pl⟩ kesinlik; **zur ~ werden** kesinlik kazanmak

**Gewitter** N ⟨-s; -⟩ fırtına, kasırga

**gewittrig** ADJ fırtınalı

**gewitzt** ADJ umg kurnaz; açıkgöz

**gewöhnen** VT u. VR ⟨gewöhnt, h.⟩: **sich (j-n) ~ an** (akk) kendisini (b-ni) -e alıştırmak; **sich daran ~, etw zu tun** bş yapmaya alışmak

**Gewohnheit** F ⟨-; -en⟩ alışkanlık; **aus ~** alışkanlıkla; **sich** (dat) **etw zur ~ machen** bş-i alışkanlık edinmek

**gewohnheitsmäßig** ADJ alışılagelen, alışılmış

**Gewohnheits|recht** N JUR örf ve âdet hukuku; umg alışkanlıktan doğan hak **~sache** F alışkanlık/alışma meselesi

**gewöhnlich** ADJ olağan, günlük, sıradan; (unfein) adi, bayağı; **wie ~** alışıldığı gibi/üzere; her zamanki gibi

**gewohnt** ADJ alışkın; **etw ~ sein** bş-e alışkın olmak

**Gewöhnung** F ⟨-; ohne pl⟩ (**an** akk -e) alışma; alışkanlık

**gewölbt** ADJ ARCH kubbeli; şişkin, bombeli

**Gewühl** N ⟨-s; ohne pl⟩ kaynaşma, kalabalık

**Gewürz** N ⟨-es; -e⟩ baharat **~gurke** F hıyar turşusu **~nelke** F karanfil (baharı)

**gez.** abk für gezeichnet imza

**gezahnt, gezähnt** ADJ BOT testere dişli

**Gezeiten** PL gelgit, met-cezir

**Gezeter** N ⟨-s; ohne pl⟩ yaygara

**gezielt** ADV özellikle

**geziert** ADJ yapmacıklı; nazlı

**Gezwitscher** N ⟨-s; ohne pl⟩ cıvılda-

ma; ötüşme
**gezwungen** ADJ zoraki; zorlama **~ermaßen** ADV: ~ etw tun bş-i ister istemez yapmak
**GG** abk für **Grundgesetz** N anayasa
**Gicht** F ⟨-; ohne pl⟩ MED gut/damla hastalığı **~knoten** M gut uru
**Giebel** M ⟨-s; -⟩ ARCH kalkan duvarı
**Gier** [gi:ɐ] F ⟨-; ohne pl⟩ hırs, açgözlülük **♀ig** ADJ ⟨nach -e⟩ açgözlü, doymaz
**gießen** ⟨goss, gegossen, h.⟩ **A** V/T dökmek; Blumen sulamak **B** V/UNPERS: **es gießt in Strömen** bardaktan boşanırcasına yağıyor
**Gießkanne** F bahçe kovası
**Gift** N ⟨-s; -e⟩ zehir; umg **darauf kannst du ~ nehmen!** bunu (nah) şuraya yaz! **~gas** N zehirli gaz **♀ig** ADJ zehirli; MED zehirleyici **~müll** M zehirli atıklar **~pilz** M zehirli mantar **~schlange** F zehirli yılan **~stoff** M zehirli madde
**Gigant** M ⟨-en; -en⟩ dev **♀isch** ADJ dev gibi
**Ginster** M ⟨-s; -⟩ BOT katırtırnağı
**Gipfel** M ⟨-s; -⟩ zirve, doruk, tepe; umg **das ist (doch) der ~!** bu kadarı da fazla! **~konferenz** F zirve toplantısı
**gipfeln** V/I ⟨gegipfelt, h.⟩ ⟨in dat -le⟩ en yüksek noktaya ulaşmak
**Gipfeltreffen** N zirve toplantısı
**Gips** M ⟨-es; -e⟩ alçı **~abdruck** M alçı kalıp **~bein** N umg alçılı bacak **~verband** M alçı sargısı
**Giraffe** F ⟨-; -n⟩ zürafa
**Giro|bank** ['ʒi:ro-] F ⟨-; -en⟩ WIRTSCH ciro/takas bankası **~konto** N cari hesap
**Gischt** M ⟨-s; -e⟩ u. F ⟨-; -en⟩ dalga serpintisi
**Gitarre** F ⟨-; -n⟩ MUS gitar
**Gitarrist** M ⟨-en; -en⟩, **-in** F ⟨-; -nen⟩ gitarist
**Gitter** N ⟨-s; -⟩ parmaklık; umg **hinter ~n sitzen** içerde/kodeste yatmak
**Gitterbett** N parmaklıklı yatak
**Glacéhandschuhe** [gla'se:-] PL: **j-n mit ~n anfassen** b-ne karşı çok dikkatli davranmak
**Gladiole** [gla'dǐo:lǝ] F ⟨-; -n⟩ BOT glayöl
**Glanz** M ⟨-es⟩ parlaklık; (Pracht) görkem, ihtişam
**glänzen** V/I ⟨geglänzt, h.⟩ parlamak; (funkeln) pırıldamak
**glänzend** ADJ parlak; görkemli
**Glanzleistung** F parlak başarı
**glanzlos** ADJ mat; donuk; sönük
**Glanz|nummer** F en sevilen numara **~papier** N kuşe kağıt **♀voll** ADJ parlak; pırıl pırıl **~zeit** F parlak dönem
**Glas** N ⟨-es; ⁼er⟩ cam; (Trink♀) bardak; **drei ~ Wein** üç bardak şarap
**Glascontainer** M şişe kumbarası
**Glaser** M ⟨-s; -⟩ camcı **~ei** F ⟨-; -en⟩ camcı (dükkanı)
**gläsern** ADJ cam(dan); şeffaf, saydam
**Glasfiber** F cam elyafı
**Glashütte** F TECH cam fabrikası
**glasieren** V/T ⟨ohne ge-, h.⟩ TECH sırlamak; şerbetlemek; GASTR glase etmek
**glasig** ADJ şeffaf; hareketsiz
**glasklar** ADJ cam gibi; fig apaçık
**Glas|körper** M MED camsı cisim **~malerei** F cam resmi **~scheibe** F (pencere) cam(ı) **~scherben** PL cam kırıkları
**Glasur** F ⟨-'zu:ɐ⟩ F ⟨-; -en⟩ TECH sır
**Glaswolle** F camyünü
**glatt** ADJ düzgün, pürüzsüz; (schlüpfrig) kaygan; fig Sieg net; umg **~ ablehnen** (leugnen) düpedüz reddetmek (inkâr etmek); **~ rasiert** sinekkaydı tıraş (olmuş); **~e Absage** kesin red; **das ist ~er Wahnsinn** bu çılgınlığın dik âlası
**Glätte** F ⟨-; ohne pl⟩ pürüzsüzlük; kayganlık
**Glatteis** N (yolda) buzlanma; **es herrscht ~** yollar buz kaplı; **j-n aufs ~ führen** b-ni kandırmak/aldatmak
**glätten** ⟨h.⟩ **A** V/T düzeltmek **B** V/R: **sich ~** düzelmek
**glatt|gehen** V/I ⟨irr, -ge-, s.⟩ iyi gitmek, yolunda olmak **~stellen** V/T ⟨-ge-, h.⟩ WIRTSCH eşitlemek, kapamak, gerçekleştirmek
**Glatze** F ⟨-; -n⟩ kel, başın saçsız kısmı; **e-e ~ haben** saçsız/kel olmak
**glatzköpfig** ADJ dazlak
**Glaube** M ⟨-ns⟩ ⟨an akk -e⟩ inanç; **~n schenken** -e inanmak; -e kanmak
**glauben** V/T u. V/I ⟨h.⟩ -e inanmak; (meinen) düşünmek, sanmak; **~ an** ⟨akk⟩ -e inanmak; iman etmek; **es ist nicht zu ~!** inanılır gibi değil!; umg **er (sie, es) hat dran ~ müssen** bu onun hayatına maloldu

**Glaubens|bekenntnis** N̄ kelime-i şahadet **~freiheit** F̄ ⟨-; ohne pl⟩ inanç özgürlüğü **~gemeinschaft** F̄ (dini) cemaat **~genosse** M̄ din kardeşi **~krieg** M̄ din savaşı **~lehre** F̄ dogma, akide

**glaubhaft** ADJ inandırıcı, ikna edici; *etw* **~ machen** JUR bş hakkında kanaat uyandırmak; inanılır biçimde ortaya koymak

**gläubig** ADJ dindar

**Gläubiger** M̄ ⟨-s; -⟩ WIRTSCH alacaklı

**glaubwürdig** ADJ güvenilir, inanılabilir

**gleich** A ADJ aynı; *Rechte, Lohn* eşit; **alle ~ behandeln** hepsine/herkese eşit davranmak; **(sich** *dat*) **~ bleiben** aynı kalmak; **~ gesinnt** aynı zihniyette(ki); **das ist mir ~** benim için (hepsi) bir; **ganz ~ wann** *etc* ne zaman *etc* (olursa) fark etmez; **auf die ~e Art** aynı şekilde; **zur ~en Zeit** aynı zamanda; **das Gleiche tun** aynısı yapmak B ADV aynen; (*sofort*) hemen, derhal; **~ groß (alt)** aynı büyüklükte (yaşta); **~ nach (neben)** hemen sonra (yanında); **~ gegenüber** tam karşı(sın)da; **es ist ~ fünf** saat beşe geliyor; **~ darauf** hemen ardından; hemen bunun üzerine; **bis ~!** yakında görüşmek üzere!

**gleich|altrig** ADJ yaşıt **~artig** ADJ aynı tür(den); aynı nitelikte/evsafta **~bedeutend** ADJ (**mit** *-le*) eş anlamlı, aynı anlamda(ki) **~behandlung** F̄ eşit muamele **~berechtigt** ADJ eşit haklara sahip **⌂berechtigung** F̄ ⟨-; ohne pl⟩ hak eşitliği **~bleibend** ADJ sabit, değişmez

**gleichen** V̄/T̄ ⟨glich, geglichen, h.⟩ *-e* benzemek

**gleichermaßen** ADV aynen; aynı şekilde/suretle; keza; eşit ölçü(ler)de

**gleichfalls** ADV bilmukabele, keza; **danke, ~!** ben de teşekkür ederim!

**Gleichgewicht** N̄ ⟨-s; ohne pl⟩ denge; **das ~ verlieren (halten)** dengeyi kaybetmek (korumak); **j-n aus dem ~ bringen** b-nin dengesini bozmak

**gleichgültig** ADJ (**gegen** *-e* (karşı)) ilgisiz; (*leichtfertig*) kayıtsız, vurdumduymaz; **das ist mir ~** benim için fark etmez **⌂keit** F̄ ⟨-; ohne pl⟩ ilgisizlik, gamsızlık, aldırmazlık

**Gleichheit** F̄ ⟨-; ohne pl⟩ eşitlik

**Gleichheits|grundsatz** M̄, **~prinzip** N̄ (yasa önünde) eşitlik ilkesi

**gleichkommen** V̄/Ī ⟨irr, -ge-, *s.*⟩: **e-r Sache ~** bş-e denk düşmek; **j-m** (**an** *dat -de*) **~** b-le eşit olmak

**gleichlautend** ADJ aslına uygun

**Gleichmacherei** F̄ ⟨-; ohne pl⟩ *pej* aynılaştırma

**gleich|mäßig** ADJ (*regelmäßig*) düzenli; (*bleibend*) sabit; *Verteilung* eşit (biçimde) **~namig** ADJ aynı addaki; *Person umg* -in adaşı

**Gleichnis** N̄ ⟨-ses; -se⟩ benzetme; mesel, kıssa

**gleich|rangig** ADJ eşdeğer, muadil; eş(it) önemde/değerde **~seitig** ADJ eşkenar **~setzen, ~stellen** V̄/T̄ ⟨-ge-, *h.*⟩ eşit kılmak

**Gleichstrom** M̄ ELEK doğru akım

**gleichtun** V̄/T̄ ⟨irr, -ge-, *h.*⟩: **es j-m ~** (**an** *od* **in** *-de*) b-ne yetişmek

**Gleichung** F̄ ⟨-; -en⟩ MATH denklem

**gleich|wertig** ADJ eşdeğer(li), aynı değerde **~zeitig** ADJ eşzamanlı B ADV aynı zamanda, aynı anda **~ziehen** V̄/Ī ⟨irr, -ge-, *h.*⟩ (**mit** *-le*) arayı kapa(t)mak

**Gleis** N̄ ⟨-es; -e⟩ BAHN hat; peron

**gleiten** V̄/Ī ⟨glitt, geglitten, *s.*⟩ kaymak; *umg* süzülmek; **~de Arbeitszeit** esnek çalışma saatleri

**Gleit|flug** M̄ süzülme (uçuşu) **~flugzeug** N̄ planör **~klausel** F̄ WIRTSCH kayganlık kaydı; eşel mobil kaydı; endeksleme planı **~schirm** M̄ spor paraşütü **~zeit** F̄ ⟨-; ohne pl⟩ esnek çalışma saatleri PL

**Gletscher** M̄ ⟨-s; -⟩ buzul **~spalte** F̄ buzul yarığı

**Glied** N̄ ⟨-s; -er⟩ ANAT organ, uzuv; *männliches* cinsel organ, penis; (*Verbindungs⌂*) bağlantı (parçası)

**gliedern** ⟨*h.*⟩ A V̄/T̄ (**in** *akk -e*) ayırmak; bölümlemek, sınıfla(ndır)mak B V̄/R̄: **sich ~ in** *-e* ayrılmak; ... bölümleri olmak

**Gliederschmerz** M̄ kemik ağrısı; kol ve bacak ağrısı

**Gliederung** F̄ ⟨-; -en⟩ bölümleme; plan

**Gliedmaßen** PL kollar ve bacaklar; uzantılar

**Glimmer** M̄ ⟨-s; -⟩ pırıltı; mika

**Glimmstängel** M̄ *umg* sigara; puro

**glimpflich** A ADJ insaflı, ılımlı, az B ADV **~ davonkommen** ucuz kurtulmak
**glitschig** ADJ kaygan, kaypak
**glitzern** V/I ⟨h.⟩ pırıldamak
**global** ADJ küresel
**Globalisierung** F küreselleşme
**Globetrotter** M ⟨-s; -⟩, **-in** F ⟨-;-nen⟩ dünya gezgini
**Globus** M ⟨-(ses; Globen⟩ (yer)küre
**Glocke** F ⟨-; -n⟩ çan; *umg fig* **etw an die große ~ hängen** bş-in yaygarasını koparmak
**Glocken|blume** F çançiçeği; borucuçiçeği **~spiel** N çan müziği **~turm** M çan kulesi
**glorreich** ADJ muhteşem
**Glossar** N ⟨-s; -e⟩ kelime listesi; sözlük
**Glosse** F ⟨-; -n⟩ derkenar; not; (kısa) yorum/eleştiri; **s-e ~n machen über ...** üzerine alaycı sözler etmek
**Glotzaugen** PL *umg* patlak göz *sg*
**Glotze** F ⟨-; -n⟩ *umg* aptal/enayi kutusu
**glotzen** V/I ⟨h.⟩ *umg* bön bön bakmak
**Glück** N ⟨-s; *ohne pl*⟩ şans, talih; (Gefühl) mutluluk; **~ bringen** şans/uğur getirmek; **~ haben** şanslı olmak; **auf gut ~** şansa; hasbelkader; **viel ~** bol şans!, *umg* uğurlar olsun!; **zum ~** iyi ki
**glücken** başarıyla sonuçlanmak
**glücklich** ADJ mutlu; **~er Zufall** mutlu bir rastlantı
**glücklicherweise** ADV hamdolsun, bereket versin
**Glücks|bringer** M ⟨-s; -⟩ uğur getiren bş veya muska **~fall** M şans işi; iyi bir rastlantı **~kind** N şanslı (Person), *umg* şans çocuğu **~klee** N dört yapraklı yonca **~pfennig** M uğur parası **~pilz** M şanslı insan **~sache** F şans işi/meselesi **~spiel** N talih oyunu; kumar **~spieler** M *pej* kumarbaz **~strähne** F: **e-e ~ haben** şansı iyi/yaver gitmek **~tag** M şanslı gün, mutlu gün
**glückstrahlend** ADJ mutluluk saçan; yüzünden mutluluk okunan
**Glückstreffer** M (şans sonucu) tam isabet
**Glückwunsch** M tebrik, kutlama; **herzlichen ~!** tebrikler!; **herzlichen ~ zum Geburtstag!** doğum günün(üz) kutlu olsun!
**Glühbirne** F ELEK ampul
**glühen** ['gly:ən] V/I ⟨h.⟩ kızarmak, yanmak
**glühend** ['gly:ənt] ADJ kızgın; ateşli, tutkulu
**Glühwein** M sıcak şarap (*baharatlı*)
**Glühwürmchen** N ⟨-s; -⟩ ateş böceği
**Glyzerin** N ⟨-s; *ohne pl*⟩ gliserin
**GmbH** [ge:ɛmbe:'ha:] *abk für* Gesellschaft mit beschränkter Haftung F limitet şirket (ltd. şti.)
**Gnade** F ⟨-; *ohne pl*⟩ merhamet, af
**Gnaden|frist** F (infaz) erteleme; atıfet müddeti **~gesuch** N JUR af dilekçesi **2los** ADJ merhametsiz, acımasız
**gnädig** ADJ lütufkâr; merhametli; **~e Frau** hanımefendi, şayet bayan
**Gold** N ⟨-s; *ohne pl*⟩ altın **~barren** M ⟨-s; -⟩ külce altın **2en** ADJ altın(dan) **~fisch** M kırmızı balık **2gelb** ADJ altın sarısı **~grube** F *fig* altın madeni
**goldig** ADJ *umg* tatlı, şeker; (*toll*) harika
**Gold|krone** F MED altın kaplama/kron **~medaille** F altın madalya **~mine** F *Bergbau* altın madeni **~münze** F altın para/sikke **~plombe** F altın dolgu/inlay **~preis** M altın fiyatı
**goldrichtig** ADJ u. ADV *umg* tamamen doğru; **sie ist ~** o çok sempatik(tir)
**Gold|schmied** M kuyumcu **~stück** N altın para; *umg* **du bist ein richtiges ~!** aslansın sen! **~waage** F hassas terazi; **jedes Wort auf die ~ legen** her kelimeyi mihenge vurmak
**Golf**[1] M ⟨-s; -e⟩ GEOG körfez
**Golf**[2] N ⟨-s; *ohne pl*⟩ SPORT golf **~platz** M golf sahası **~schläger** M golf sopası **~spieler(in)** M(F) golf oyuncusu
**Golfstrom** M Golf Stream; Golfstrim
**Gondel** F ⟨-; -n⟩ gondol; (*Lift2*) kabin
**gönnen** V/T ⟨h.⟩: **j-m etw ~** bş-i b-nden esirgememek, kıskanmamak; **j-m etw nicht ~** b-ne bş-i çok görmek; **sich** (*dat*) **etw ~** k-ne bş-i bahşetmek
**gönnerhaft** ADJ koruyucu, lütufkâr
**Gorilla** M ⟨-s; -s⟩ ZOOL *a*. *umg fig* goril
**Gosse** F ⟨-; -n⟩ suyolu; *fig* sefalet
**Gotik** F ⟨-; *ohne pl*⟩ Gotik üslubu/dönemi
**gotisch** ADJ Gotik
**Gott** M ⟨-es; ⁻er⟩ Allah, Tanrı; *Mythologie* tanrı, ilah; **leider ~es** maalesef; (ne) yazık ki; **~ behüte!**, **~ bewahre!** Allah korusun/muhafaza et!; **großer ~!**, **lieber ~!** Allahım!; Yarabbim!; **um ~es willen!**

Allah aşkına
**Gottesdienst** M REL ayin, ibadet
**Gotteslästerung** F ⟨-; -en⟩ REL (Allah'a) küfür
**Gottheit** F ⟨-; -en⟩ tanrı, ilah
**Göttin** F ⟨-; -nen⟩ Tanrıça
**göttlich** ADJ ilahi; mükemmel
**gottlos** ADJ allahsız
**gottserbärmlich** ADJ umg içler acısı, perişan
**gottverdammt** ADJ sl kahrolası
**gottverlassen** ADJ umg ıssız; kuş uçmaz kervan geçmez
**Gottvertrauen** N tevekkül
**Gouverneur** [guvɛrˈnøːr] M ⟨-s; -e⟩ vali
**Grab** N ⟨-s; -̈er⟩ mezar, kabir
**graben** ⟨gräbt, grub, gegraben, h.⟩ kazmak; ~ **nach** -i aramak için yeri kazmak; **sich in j-s Gedächtnis** ~ b-nin hafızasına (iyice) yerleşmek
**Graben** M ⟨-s; -̈⟩ hendek; (Straßen&) şarampol; MIL siper
**Grab|mal** N anıtmezar; *Islam* türbe; (*Ehrenmal*) anıt **~stein** M mezar taşı
**Grad** M ⟨-s; -e⟩ derece; MIL rütbe; **15 ~ Kälte** eksi 15 derece; **bis zu e-m gewissen** ~ belli bir dereceye kadar; **im höchsten ~e** en üst derecede
**graduell** [graˈdüɛl] ADJ tedrici; az
**Graduierte** [graduˈiːrtə] M, F ⟨-n; -n⟩ yüksekokul mezunu
**Graf** M ⟨-en; -en⟩ kont
**Graffiti** PL duvar yazıları/resimleri
**Grafik** F ⟨-; -en⟩ grafik; (*Druck*) ö. özgün baskı; TECH *etc* çizim, şema, diyagram
**Grafiker** M ⟨-s; -⟩, **-in** F ⟨-; -nen⟩ grafiker, grafik sanatçısı
**Grafikkarte** F IT ekran kartı
**Gräfin** F ⟨-; -nen⟩ kontes
**grafisch** ADJ grafik, çizimsel
**Grafit** M ⟨-s; -e⟩ grafit
**Grafolog|e** [-f-] M ⟨-n; -n⟩ grafolog **~ie** F ⟨-; *ohne pl*⟩ grafoloji **~in** F ⟨-; -nen⟩ grafolog (kadın) **&isch** ADJ grafolojik
**Grafschaft** F ⟨-; -en⟩ kontluk
**Gramm** N ⟨-s; -⟩ gram; **100 ~** 100 gram
**Grammatik** F ⟨-; -en⟩ dilbilgisi **&alisch** ADJ dilbilgisel; dilbilgisine uygun
**grammatisch** ADJ dilbigisel, gramatik
**Granatapfel** M nar

**Granat|e** F ⟨-; -n⟩ MIL obüs **~splitter** M obüs parçası
**grandios** [-ˈdĭoːs] ADJ umg olağanüstü; muazzam
**Granit** M ⟨-s; -e⟩ granit
**Grapefruit** [ˈgreːpfruːt] F ⟨-; -s⟩ greyfrut
**grapschen** V/t ⟨h.⟩ pej -i ellemek, -e el atmak
**Gras** N ⟨-es; -̈er⟩ ot; umg **ins ~ beißen** tahtalıköyü boylamak; **über etw ~ wachsen lassen** (kötü) bş-in unutulmasını beklemek
**grasbedeckt** ADJ ot/çim kaplı
**grasen** V/i ⟨h.⟩ otlamak
**grasgrün** ADJ (açık ve parlak) yeşil
**Grashalm** M ot sapı
**Grashüpfer** M çekirge
**grassieren** V/i ⟨*ohne ge-, h.*⟩ pej moda olmak; hüküm sürmek, kol gezmek
**grässlich** ADJ korkunç, iğrenç
**Grat** M ⟨-s; -e⟩ TECH çapak; dağ sırtı
**Gräte** F ⟨-; -n⟩ kılçık
**Gratifikation** [-ˈtsĭoːn] F ⟨-; -en⟩ ikramiye
**gratis** ADV parasız, ücretsiz **&probe** F parasız örnek, esantiyon
**Grätsche** F ⟨-; -n⟩ açıklı/gergin atlama
**grätschen** V/t u. V/i ⟨h.⟩ açıklı/gergin atlamak
**Gratulant** M ⟨-en; -en⟩, **-in** F ⟨-; -nen⟩ kutlamacı
**Gratulation** [-ˈtsĭoːn] F ⟨-; -en⟩ (**zu** -i) kutlama, tebrik
**gratulieren** V/i ⟨*ohne ge-, h.*⟩ kutlamak, tebrik etmek; **j-m zum Geburtstag ~** b-nin doğum gününü kutlamak
**Gratwanderung** F *fig* denge oyunu
**grau** ADJ gri, boz, külrengi; **der ~ Alltag** günlük hayatın monotonluğu (*od* tekdüzeliği); **~ meliert** *adj* kırçıl
**Gräuel** M ⟨-s; -⟩ dehşet; nefret; **er (es) ist mir ein ~** ondan nefret ediyorum **~tat** F gaddarlık, vahşet
**grauen** V/i ⟨h.⟩: **mir graut** (*od* **es graut mir**) **vor etw** (olacak) bş-den ödüm kopuyor
**Grauen** N ⟨-s; -⟩ (**vor** -den) dehşet
**grauen|haft, ~voll** ADJ müthiş; tüyler ürpertici
**grauhaarig** ADJ kır saçlı
**graulen** ⟨h.⟩ umg **A** V/t: **j-n aus dem Haus ~** (b-ni) evden kaçırmak (kaçmasını

# GRÄU | 710

sağlamak) B V/R: **sich ~ (vor** -*den*) **dehşet duymak**

**gräulich** ADJ grimsi

**Graupel** F ⟨-; -n⟩ ebebulguru

**grausam** ADJ zalim, gaddar, acımasız **2keit** F ⟨-; -en⟩ zulüm, gaddarlık

**Grausen** N ⟨-s; *ohne pl*⟩ dehşet

**Grauzone** F *yasal niteliği belli olmayan alan*, gri kesim

**Graveur** [gra'vø:r] M ⟨-s; -e⟩ hakkâk; gravürcü

**gravieren** [-v-] V/T ⟨*ohne* ge-, *h.*⟩ kazımak; -*in* gravürünü yapmak

**gravierend** [-v-] ADJ ağır, şiddetli

**Gravitation** [gravita'tsio:n] F ⟨-; *ohne pl*⟩ yerçekimi

**graziös** [-'tsiø:s] ADJ zarif, latif

**greifbar** ADJ: **in ~er Nähe, ~ nahe** elle tutulur uzaklıkta; **~e Formen annehmen** somut bir biçim almak

**greifen** ⟨griff, gegriffen, *h.*⟩ A V/T tutmak, yakalamak, kavramak B V/I: **~ nach** -*e* uzanmak

**Greifvogel** M yırtıcı kuş

**Greifzange** F pens(e)

**Greis** M ⟨-es; -e⟩ ihtiyar **~in** F ⟨-; -nen⟩ ihtiyar kadın

**grell** ADJ *Licht etc* göz kamaştırıcı; *Farbe* cart

**Gremium** [-mium] N ⟨-s; -mien⟩ kurul; heyet

**Grenz|bereich** M *fig* ortak alan (*iki konu arasında*) **~bewohner(in)** M(F) sınır bölgesi sakini

**Grenze** F ⟨-; -n⟩ sınır; kısıtlama, limit; **die ~ ziehen bei** -*den* geçirmek; **sich in ~n halten** sınırlı kalmak; az olmak; **~n setzen** sınır koymak

**grenzen** V/I ⟨*h.*⟩ **~ (an** *akk* -*e*) sınırı olmak, *fig* varmak

**grenzenlos** ADJ sınırsız; sonsuz

**Grenz|fall** M sınır durum **~formalitäten** PL pasaport ve gümrük işlemleri **~gänger(in)** M(F) sık sık sınır geçen; pasavan sahibi **~gebiet** N sınır bölgesi; WIRTSCH marjinal alan **~konflikt** M sınır anlaşmazlığı **~kosten** PL WIRTSCH marjinal maliyet *sg* **~linie** F sınır çizgisi **~posten** M sınır nöbetçisi/karakolu **~schutz** M sınır koruması; sınır koruma kuvveti **~stein** M sınır taşı/işareti **~übergang** M sınır kapısı **2überschreitend** ADJ sınır ötesi **~verkehr** M sınır trafiği **~wert** M sınır değer **~zwischenfall** M sınırda (askeri) çatışma

**Greuel, ~tat** → Gräuel, ~tat

**Griech|e** M ⟨-n; -n⟩ Yunanlı **~enland** N Yunanistan **~in** F ⟨-; -nen⟩ Yunanlı (kadın) **2isch** ADJ Yunan *subst*, Rum *subst*; Yunanca, Rumca; **~-orthodox** Rum Ortodoks; **~-römisch** Rum Katolik **~isch** N Yunanca, Rumca

**griesgrämig** ADJ *umg* somurtkan, suratsız

**Grieß** M ⟨-es; -e⟩ GASTR irmik **~brei** M irmik lapası

**Griff** M ⟨-s; -e⟩ tutma, tutuş; (*Tür*2) kol; (*Messer*2) sap; **im ~ haben** duruma hakim bulunmak; **in den ~ bekommen** -*e*/duruma hakim hale gelmek

**griffbereit** ADJ el altında, hazır

**Griffel** M ⟨-s; -⟩ karakalem

**griffig** ADJ kolay tutulur, ele gelen; pütürlü; akılda kolay kalan

**Grill** M ⟨-s; -s⟩ ızgara, cızbız

**Grille** F ⟨-; -n⟩ ağustosböceği; *umg* tuhaf düşünce, kaçıklık

**grillen** V/T ⟨*h.*⟩ ızgara yapmak

**Grill|fest** N, **~party** F ızgara partisi

**Grimasse** F ⟨-; -n⟩ yüz buruşturma, surat ekşitme; **~n schneiden** yüz buruşturmak, surat ekşitmek

**grinsen** V/I ⟨*h.*⟩ **~ (über** *akk* -*e*) sırıtmak; *höhnisch* alaycı alaycı gülmek

**Grinsen** N ⟨-s; *ohne pl*⟩ sırıtma, alaycı gülüş

**grippal** ADJ: **~er Infekt** gribal durum

**Grippe** F ⟨-; -n⟩ grip salgını **~epidemie** F grip salgını **~impfung** F grip aşısı **2krank** ADJ gripli **~virus** N grip virüsü **~welle** F grip dalgası

**grob** A ADJ kaba, *Fehler etc* ağır, büyük; (*groß*) iri; *Fläche* pürüzlü; **~e Skizze** müsvedde, karalama; *umg* **wir sind aus dem Gröbsten heraus** artık düze çıktık B ADV: **~ gemahlen** iri çekilmiş; **~ geschätzt** kaba bir tahminle **2heit** F ⟨-; -en⟩ kabalık, görgüsüzlük **2ian** M ⟨-s; -e⟩ kaba/yontulmamış adam **~körnig** ADJ iri taneli **~maschig** ADJ iri ilmekli/delikli

**grölen** V/T *u.* V/I ⟨*h.*⟩ çirkin sesle bağırmak

**Groll** M ⟨-s; *ohne pl*⟩ garaz, kin; kuyruk acısı **2en** V/I ⟨*h.*⟩: **j-m ~ (wegen)** b-ne

# GRÜN

(-den dolayı) kin beslemek
**Groschenroman** M *umg* hafif, ucuz roman
**groß** ADJ büyük; *Teile* iri; *Mensch* uzun boylu; **~ angelegt** büyük çapta(ki); *umg* **~ in etw sein** bş-de usta olmak; **wie ~ ist es?** ne büyüklükte/boyda?; **wie ~ bist du?** boyun kaç?; **~e Ferien** yaz tatili; **~e Worte** büyük laflar/sözler; **Groß und Klein** genci(yle) yaşlısı(yla); **im Großen (und) Ganzen** bütün olarak, esas itibarıyla
**Groß|abnehmer** M WIRTSCH büyük (ölçekli) alıcı **~aktionär(in)** M(F) baş hissedar **~angriff** M MIL büyük/genel taarruz **₂artig** ADJ muazzam, parlak, *umg* olağanüstü **~aufnahme** F FILM yakın çekim **~auftrag** M WIRTSCH büyük ölçekli sipariş **~betrieb** M WIRTSCH büyük ölçekli işletme **~britannien** N Büyük Britanya **~buchstabe** M büyük harf
**Größe** F <-; -n> büyüklük; *(Körper₂)* boy; *(Kleidungs₂)* beden; *(Schuh₂)* numara; *Person* büyük kişilik; *-in* büyükleri(nden); **welche ~ haben Sie?** kaç beden/numara giyiyorsunuz?
**Groß|einkauf** M WIRTSCH toptan alım **~einsatz** M geniş çaplı operasyon **~eltern** PL dede-nine; büyükanne ve büyükbaba
**Größenordnung** F çap, mertebe; **in e-r ~ von** ... mertebesinde
**größenteils** ADV büyük kısmıyla
**Größenwahn** M megalomani, büyüklük budalalığı **₂sinnig** ADJ büyüklük budalası; megaloman
**Groß|fahndung** F geniş çaplı arama **~familie** F büyük aile **~format** N büyük boy/ebat
**Großgrundbesitz** M ağalık **~er(in)** M(F) büyük arazi sahibi; *Mann* ağa
**Groß|handel** M WIRTSCH toptan ticaret **~handelspreis** M WIRTSCH toptancı fiyatı **~händler** M WIRTSCH toptancı **~handlung** F WIRTSCH toptancılık **~kapital** N büyük sermaye **₂kotzig** ADJ *umg* görmemiş; palavracı **₂macht** F POL süper güç, büyük devlet **~maul** N *umg* yüksekten atan **~mut** F <-; *ohne pl*> büyüklük, kerem; cömertlik **₂mütig** ADJ cömert; kerim
**Groß|mutter** F nine, büyükanne, *mütterlicherseits* anneanne, *väterlicherseits* babaanne, **~neffe** m *(männlich)* kardeş torunu **~nichte** F *(weiblich)* kardeş torunu **~onkel** M büyük dayı/amca **~projekt** N megaproje
**Großraum** M: **der ~ München** Münih ve çevresi **~büro** N geniş mekanlı, bölmesiz büro **~wagen** M kompartımansız yolcu vagonu
**Großrechner** M bilgisayar merkezi
**groß|schreiben** VT <*irr*, -ge- *h.*> *-in* baş harfini büyük yazmak **~sprecherisch** ADJ büyük söz eden **~spurig** ADJ kibirli
**Groß|stadt** F büyükşehir **~städter(in)** M(F) büyükşehirli **~städtisch** ADJ büyükşehir *subst* **~tante** F annenin/babanın teyzesi/halası
**größtenteils** ADV çoğunlukla, büyük ölçüde
**großtun** <*irr*, -ge-, *h.*> **A** VI çalım satmak, büyüklük taslamak **B** VR: **sich mit etw ~** bş-le övünmek/böbürlenmek
**Großunternehm|en** N WIRTSCH büyük ölçekli işletme **~er(in)** M(F) büyük girişimci
**Groß|vater** M büyükbaba, dede **~verdiener(in)** M(F) yüksek kazançlı **~wetterlage** F (bölgenin) hava durumu; POL genel hava/durum
**großziehen** VT <*irr*, -ge-, *h.*> büyütmek, yetiştirmek
**großzügig** ADJ cömert; *Haus etc* geniş; *Planung etc* geniş kapsamlı **₂keit** F <-; *ohne pl*> cömertlik; *Raum* genişlik
**grotesk** ADJ tuhaf; gülünç
**Grotte** F <-; -n> mağara, oyuk
**Groupie** ['gru:pi:] N <-s; -s> hayran (kadın)
**Grübchen** N <-s; -> gamze
**Grube** F <-; -n> çukur, hendek; *Bergbau* ocak, kuyu
**grübeln** VI <*h.*> **(über** *akk, dat* hakkında) düşünüp durmak, dertlenmek
**Gruben|arbeiter** M maden işçisi **~unglück** N maden kazası
**Grübler** M <-s; -> ağırbaşlı/düşünceli (kişi)
**Gruft** F <-; ≈e> *(Gewölbe)* tonoz, kemer; *(Grab)* yeraltı mezar odası
**Grufti** M <-s; -s> *sl* moruk
**grün** ADJ yeşil; *fig a.* çevreci; **~e Versicherungskarte** AUTO uluslararası sigorta belgesi; **~ und blau schlagen** döve döve

# GRÜN | 712

morartmak; **~er Salat** yeşil salata; *umg* **~er Junge** acemi çaylak; **~es Licht geben (für** -e**)** yeşil ışık yakmak; **auf keinen ~en Zweig kommen** belini doğrultamamak; **die Grünen** *pl* Yeşiller
**Grün|anlage** F̲ yeşil alan
**Grund** M̲ ⟨-s; ≔e⟩ (*Ursache*) sebep, neden; (*Boden*) zemin, temel, yer; AGR *a.* toprak, arazi; *Gewässer* dip; **~ und Boden** mülk, emlak; **aus diesem ~(e)** bu sebepten; **von ~ auf** temelden; **im ~e (genommen)** aslında, (aslına bakılırsa); **auf ~ laufen** SCHIFF karaya oturmak; **auf den ~ gehen (kommen)** -*in* derinine inmek; **sich in ~ und Boden schämen** utancından yerin dibine geçmek; **aus gutem ~** haklı bir sebeple; **allen ~ haben zu** -mekte (yerden göğe kadar) haklı olmak
**Grund|ausbildung** F̲ MIL temel eğitim **~bedeutung** F̲ -*in* asıl anlamı **~bedingung** F̲ temel şart **~begriffe** P̲L̲ temel kavramlar **~besitz** M̲ arazi mülkiyeti, mülk **~besitzer(in)** M̲(F̲) arazi/toprak sahibi **~bestandteil** M̲ temel bileşen
**Grundbuch** N̲ tapu **~amt** N̲ tapu dairesi **~auszug** M̲ tapu senedi
**gründ|en** ⟨h.⟩ A V̲T̲ kurmak B V̲R̲: **sich ~ auf** (*akk*) -*e* dayanmak ℒ**er** ℒ**er** M̲ ⟨-s; -⟩, ℒ**erin** F̲ ⟨-; -nen⟩ kurucu
**grundfalsch** ADJ temelden yanlış
**Grund|farbe** F̲ ana renk **~fläche** F̲ taban **~gebühr** F̲ maktu/temel/taban ücret **~gedanke** M̲ ana fikir, temel düşünce **~gehalt** N̲ ⟨-s; ≔er⟩ aslî maaş **~gesetz** N̲ anayasa
**grundier|en** V̲T̲ ⟨ohne ge-, h.⟩ *Malen* astarlamak ℒ**farbe** F̲ astar (boyası)
**Grund|kapital** N̲ ana sermaye **~kenntnisse** P̲L̲ temel bilgiler *pl* **~kurs** M̲ temel kurs **~lage** F̲ *fig* temel; **jeder ~ entbehren** hiçbir temele dayanmamak **~lagenforschung** F̲ kuramsal/teorik bilim araştırmaları *pl* ℒ**legend** ADJ köklü, temelli
**gründlich** ADJ esaslı, köklü; titiz, özenle
**Grundlinie** F̲ MATH taban
**grundlos** *fig* A ADJ esassız, temelsiz B ADV nedensizce, yersizce
**Grundmauer** F̲ temel duvarı
**Grundnahrungsmittel** N̲ temel besin maddesi
**Gründonnerstag** M̲ REL *Paskalya'dan önceki* Perşembe
**Grund|prinzip** N̲ temel ilke **~rechenart** F̲: **die vier ~en** dört (temel) işlem **~recht** N̲ temel hak **~regel** F̲ ana/temel kural **~riss** M̲ ARCH yatay kesit, kroki **~satz** M̲ ilke; **es sich** (*dat*) **zum ~ machen zu** -meyi kendine ilke edinmek
**grundsätzlich** A ADJ ilkeli B *adv* ilke olarak, prensip itibarıyla
**Grund|schule** F̲ ilkokul; ilköğretim okulu **~schüler(in)** M̲(F̲) ilkokul öğrencisi; ilköğretim okulu öğrencisi **~stein** M̲ ARCH temel; **den ~ legen zu** -*in* temelini atmak **~stock** M̲ ⟨-s; *ohne pl*⟩ sermaye **~stoff** M̲ CHEM element; ana madde; hammadde **~stoffindustrie** F̲ ana sanayi **~stück** N̲ arazi; (*Bauplatz*) arsa **~stücksmakler(in)** M̲(F̲) emlak komisyoncusu **~studium** N̲ temel öğrenim **~umsatz** M̲ MED bazal metabolizma
**Gründung** F̲ ⟨-; -en⟩ kur(ul)ma, kuruluş
**grund|verkehrt** ADJ temelden yanlış/ ters **~verschieden** ADJ tamamen/temelden farklı
**Grundwasser** N̲ ⟨-s; *ohne pl*⟩ taban suyu *sg*, yeraltı suları *pl* **~spiegel** M̲ taban suyu seviyesi
**Grundwortschatz** M̲ temel kelime haznesi
**Grundzug** M̲: **in s-n Grundzügen schildern** -*i* ana hatlarıyla anlatmak/ canlandırmak
**Grün|fläche** F̲ yeşil alan **~futter** N̲ AGR taze ot **~gürtel** M̲ yeşil kuşak **~kohl** M̲ yeşillahana, lastarya ℒ**lich** ADJ yeşilimtırak **~span** M̲ ⟨-s; *ohne pl*⟩ yeşil küf (*auf Kupfer*)
**Gruppe** F̲ ⟨-; -n⟩ grup, topluluk, küme; WIRTSCH şirketler grubu
**Gruppen|arbeit** F̲ grup/ekip/küme çalışması **~dynamik** F̲ grup dinamiği **~reise** F̲ grup gezisi ℒ**weise** ADV grup olarak; grup grup
**gruppieren** ⟨ohne ge-, h.⟩ A V̲T̲: **neu ~** yeni(den) gruplandırmak B V̲R̲: **sich ~ (um** -*in*) etrafında toplanmak
**Gruppierung** F̲ ⟨-; -en⟩ gruplandırma; gruplaşma

**Grusel|film** M korku filmi **~geschichte** F korkutucu hikaye **⒧ig** ADJ tüyler ürpertici, korkutucu

**gruseln** VI u. VR ⟨h.⟩ dehşet duymak

**Gruß** M ⟨-es; ⸚e⟩ selam; **viele Grüße an** (akk) -e çok selam!; **mit freundlichen Grüßen** Geschäftsbrief saygı ile, saygılarımızla; **herzliche Grüße** candan selamlarımla, en iyi dileklerimle

**grüßen** ⟨h.⟩ VT selamlamak; **j-n ~ lassen** b-ne selam söylemek; umg **grüß dich!** selam!

**gucken** ['gʊk(ə)n] VI ⟨h.⟩ bakmak

**Guckloch** N gözetleme deliği

**Guerillakrieg** [ge'rɪlja-] M gerilla savaşı

**Gulasch** N u. M ⟨-s; -e, -s⟩ gulaş (çorbası)

**gültig** ADJ geçer(li) **⒧keit** F ⟨-; ohne pl⟩ geçerlik; **s-e ~ verlieren** geçerliğini kaybetmek **⒧keitsdauer** F geçerlik süresi

**Gummi**[1] M u. N ⟨-s; -(s)⟩ lastik

**Gummi**[2] M ⟨-s; -s⟩ bel lastiği; lastik bant

**Gummi**[3] M ⟨-s; -s⟩ (Radier⒧) (lastik) silgi; umg (Kondom) lastik, kaput

**gummi|artig** ADJ lastik gibi **⒧band** N bel lastiği; (Gummizug) lastikli bant **⒧bärchen** F ayı biçiminde, lastik kıvamında şekerleme **⒧baum** M BOT kauçuk ağacı

**gummieren** VT ⟨ohne ge-, h.⟩ TECH zamklamak

**Gummi|handschuh** M lastik eldiven **~knüppel** M lastik cop **~stiefel** M lastik çizme **~strumpf** M varis çorabı, lastik çorap **~zug** M lastik şerit

**Gunst** F ⟨-; ohne pl⟩: **zu j-s ~en** b-nin lehine

**günstig** ADJ (für -e) elverişli, uygun; **im ~sten Fall** en iyi durumda

**Günstling** M ⟨-s; -e⟩ kayırılan/iltimaslı

**Günstlingswirtschaft** F ⟨-; ohne pl⟩ kayırma(cılık), iltimas(çılık)

**Gurgel** F ⟨-; -n⟩ gırtlak; boğaz **~mittel** N gargara ilacı

**gurgeln** VI ⟨h.⟩ gargara etmek **⒧** N gargara

**Gurke** F ⟨-; -n⟩ salatalık, hıyar; (Gewürz⒧) hıyar turşusu

**Gurt** M ⟨-s; -e⟩ kemer, kuşak, kayış

**Gürtel** M ⟨-s; -⟩ kemer; **den ~ enger schnallen** kemeri sıkmak

**Gürtel|linie** F: **unter der ~** belden aşağı **~reifen** M AUTO radyal lastik **~rose** F ⟨-; ohne pl⟩ MED bel zonası **~schnalle** F kemer tokası **~tier** N tatu

**Gurt|muffel** M AUTO umg emniyet kemeri takmayan **~pflicht** F AUTO kemer takma zorunluluğu

**Guru** M ⟨-s; -s⟩ REL, fig guru

**GUS** [ge:|u:'|ɛs] abk für **Gemeinschaft Unabhängiger Staaten** F Bağımsız Devletler Topluluğu (BDT)

**Guss** M ⟨-es; ⸚e⟩ döküm; (Regen⒧) sağanak; (Zucker⒧) şekerli krema

**Guss|beton** M dökme beton, **~eisen** n dökme demir, pik **⒧eisern** ADJ dökme demir(den) **~form** F döküm kalıbı

**gut** A ADJ iyi; Wetter a. güzel; **~ aussehend** çekici, Mann yakışıklı; **~ bezahlt** adj parası iyi; iyi maaşlı (Arbeit); **~ gebaut** iri yapılı; **~ gehen** yolunda gitmek, başarıyla sonuçlanmak; **~ gelaunt** keyfi yerinde, neşeli; **~ gemeint** iyi niyetle söylenmiş/yapılmış; **~ situiert** hali vakti yerinde; **~ tun** iyi gelmek; **ganz ~** fena değil; **also ~!** peki öyleyse!; **schon ~ !** önemi yok!; **(wieder) ~ werden** tekrar düzelmek; **~e Reise!** iyi yolculuklar!; **sei bitte so ~ und hilf mir** bana yardım eder misin lütfen?; **mir ist nicht ~!** ben iyi değilim!; **in etw ~ sein** bş-de iyi olmak; **wozu soll das ~ sein?** bu da nesi?; **bu neye yarar ki?**; **lass (mal od es) ~ sein!** bırak, üstüne varma!; **so ~ wie nichts** hiçbir şey dense yeri(dir); **~ zwei Stunden** rahat iki saat; iki saatten fazla; **sich im ⒧en trennen** kavgasız ayrılmak B ADV iyi; **mir geht es ~** iyiyim; **du hast es ~** senin işin iş; **es ist ~ möglich** gayet mümkün; **es gefällt mir ~** hoşuma gidiyor/gitti; **~ gemacht!** iyi oldu!, aferin!; **machs ~!** hoşça kal!

**Gut** N ⟨-s; ⸚er⟩ WIRTSCH mal; (Besitz) mülk; (Land⒧) çiftlik

**Gutachten** N ⟨-s; -⟩ (bilirkişi) rapor(u); (Zeugnis) referans, belge

**Gutachter** M ⟨-s; -⟩, **-in** F ⟨-; -nen⟩ uzman; JUR bilirkişi

**gutartig** ADJ uslu, iyi huylu; MED iyi huylu, selim

**gutbürgerlich** ADJ: **~e Küche** GASTR

*sade ve doyurucu yemekler*
**Gutdünken** N ⟨-s; *ohne pl*⟩: **nach s-m ~** o nasıl doğru bulursa öyle
**Gute** N ⟨-n; *ohne pl*⟩ iyi; **alles ~!** bol şans!; **~s tun** iyi bir şey yapmak
**Güte** F ⟨-; *ohne pl*⟩ iyilik, yardımseverlik; WIRTSCH kalite, sınıf; *umg* **meine ~!** aman Allahım!
**Güteklasse** F WIRTSCH kalite sınıfı
**Gutenachtkuss** M iyi geceler öpücüğü
**Güter** PL *mal sg*
**Güter|bahnhof** M mal istasyonu **~gemeinschaft** F JUR mal ortaklığı **~trennung** F JUR mal ayrılığı **~verkehr** M yük taşımacılığı **~wagen** BAHN yük vagonu **~zug** M yük treni
**Gütezeichen** N kalite işareti
**gutgläubig** ADJ her şeye inanan, saf &**keit** F ⟨-; *ohne pl*⟩ kolay inanırlık, saflık
**Guthaben** N ⟨-s; -⟩ alacak (hesabı); mevduat **~saldo** F JUR alacak bakiyesi
**gutheißen** VT ⟨*irr*, -ge-, *h.*⟩ olumlu karşılamak
**gutherzig** ADJ iyi kalpli/yürekli
**gütig** ADJ iyi, hoşgörülü, yardımsever
**gütlich** ADV: **sich ~ einigen** (barış içinde) uzlaşmak
**gutmütig** ADJ uysal, iyi huylu
**Gutschein** M kupon
**gutschreiben** VT ⟨*irr*, -ge-, *h.*⟩: **j-m etw ~** b-nin hesabına alacak yazmak
**Gutschrift** F alacak dekontu, kredi
**Gutshof** M (büyük) çiftlik
**guttural** ADJ gırtlaksı
**gutwillig** ADJ iyi niyetli; gönüllü &**keit** F ⟨-; *ohne pl*⟩ iyi niyet; gönüllülük
**Gymnasialbildung** [gymna'zĭa:l-] F lise eğitimi
**Gymnasiast** [gymna'zĭast] M ⟨-en; -en⟩, **-in** F ⟨-; -nen⟩ liseli
**Gymnasium** [gym'na:zĭum] N ⟨-s; -ien⟩ lise; **humanistisches ~** insan bilimleri ağırlıklı lise
**Gymnastik** [gy-] F ⟨-; *ohne pl*⟩ jimnastik **~anzug** M cimnastik elbisesi
**gymnastisch** ADJ jimnastik(le ilgili)
**Gynäkolog|e** M ⟨-n; -n⟩ MED jinekolog, kadın hastalıkları uzmanı **~ie** F ⟨-; *ohne pl*⟩ jinekoloji **~in** F ⟨-; -nen⟩ MED jinekolog (kadın) &**isch** ADJ jinekolojik

# H

**h, H** [ha:] N ⟨-; -⟩ **A** h., **H B** MUS si
**Haar** N ⟨-s; -e⟩ saç; *einzelnes* kıl; **sich** (*dat*) **die ~e kämmen** saçlarını taramak; **sich** (*dat*) **die ~e schneiden lassen** saçlarını kestirmek; **aufs ~** tıpatıp, aynısı!; **kein gutes ~ an j-m lassen** b-ni yerden yere vurmak; **um ein ~** az kaldı, neredeyse; **um kein ~ besser** zerre kadar daha iyi değil; **sich in die ~e geraten** saç saça baş başa olmak; **das ist an den ~en herbeigezogen** tut kelin perçeminden
**Haar|ansatz** M saçın başladığı çizgi **~ausfall** M saç dökülmesi **~bürste** F saç fırçası
**haaren** VI ⟨*h.*⟩ *Tiere* -in tüyü dökülmek
**Haarentfern|er** M ⟨-s; -⟩, **~ungsmittel** N ağda
**Haaresbreite** F: **um ~** kılpayı
**Haar|farbe** F saç rengi **~färbemittel** N saç boyası **~festiger** M ⟨-s; -⟩ fiksatör
**Haargefäß** N ANAT kılcal damar
**haargenau** ADV *umg* tastamam; **(stimmt) ~!** aynen (öyle)!
**haarig** ADJ *umg* çetin; müşkil; *umg* yaş **...haarig** IN ZSSGN ... saçlı
**haarklein** ADV bütün ayrıntılarıyla
**Haar|nadel** F saç iğnesi, firkete **~nadelkurve** F viraji **~öl** N saç yağı **~pflege** F saç bakımı &**scharf** ADJ gayet kesin; *adv* kıl payı **~schleife** F kurdele; fiyonk **~schnitt** M saç kesme; saç (biçimi) **~schuppen** PL saç kepeği **~spalterei** F ⟨-; -en⟩ kılı kırk yarma **~spange** F saç tokası **~spitzen** PL saç uçları **~spray** M, N saç spreyi **~strähne** F perçem, lüle &**sträubend** ADJ tüyler ürpertici **~teil** N ek saç **~trockner** M fön, saç kurutma makinesi **~wäsche** F yıkama **~waschmittel** N şampuan **~wasser** N saç losyonu
**Haarwuchs** M: **starken ~ haben** saçları gür olmak **~mittel** N saç besleyici losyon
**Hab** N: **(all sein) ~ und Gut** (onun bü-

tün) varı yoğu/varlığı
**Habe** F ⟨-; ohne pl⟩ varlık, servet
**haben** ⟨hat, hatte, gehabt, h.⟩ **A** V/T *-e* sahip olmak; **haben Sie ... -**iniz var mı?; **ich habe keine Zeit** zamanım/vaktim yok; **was hast du?** ne(yi)n var?; **etw ~ wollen** bş-i (elde etmek) istemek; **(noch) zu ~ sein** (daha) serbest olmak; **woher hast du das?** bunu nereden aldın/buldun?; **was hast du gegen ihn?** onunla alıp veremediğin ne(dir)?; **was habe ich davon (, wenn ...)?** (-rsem) bunun bana ne faydası olur? **B** V/AUX **hast du meinen Bruder gesehen?** kardeşimi gördün mü?; **hast du gerufen?** sen mi çağırdın?
**Haben** N ⟨s; -⟩ WIRTSCH alacak; **Soll und ~** borç ve alacak **~seite** F alacak tarafı **~zinsen** PL alacaklı faizi sg
**Habgier** F ⟨-; ohne pl⟩ hırs, açgözlülük **≗ig** ADJ açgözlü, hırslı
**habhaft** ADJ: **~ werden** (gen) *-i* ele geçirmek
**Habicht** M ⟨-s; -e⟩ atmaca, doğan
**Habilitation** F ⟨-; -en⟩ profesörlük tezi
**habilitieren** V/R ⟨ohne ge-, h.⟩: **sich ~** profesör unvanını almak
**Habitat** N ⟨-s; -e⟩ çevre (*Lebensraum eines Tieres*)
**Habseligkeiten** PL eşya(lar); *umg* pılı pırtı sg
**Hab|sucht** F ⟨-; ohne pl⟩ tamah(kârlık); açgözlülük **≗süchtig** ADJ tamahkâr; açgözlü
**Hackbraten** M rosto; köfte
**Hackbrett** N kıyma tahtası; MUS santur
**Hacke** F ⟨-; -n⟩ AGR çapa; topuk; ökçe
**hacken** ⟨h.⟩ V/T yarmak; AGR çapalamak; **(nach** *-i*) gagalamak
**Hacker** ['hakər, 'hɛkər] M ⟨-s; -⟩ *umg* IT hacker
**Hackfleisch** N kıyma
**Hackordnung** F hiyerarşi
**Häcksel** M,N ⟨-s; ohne pl⟩ AGR kesmik; yonga; kıyılmış yem
**hadern** V/I ⟨h.⟩ **(mit** ile) cebelleşmek, çekişmek
**Hafen** M ⟨-s; ⁼⟩ liman; **in den ~ einlaufen** limana girmek **~anlagen** PL liman tesisleri **~arbeiter** M liman işçisi **~einfahrt** F liman girişi **~gebühren** PL liman resmi sg **~polizei** F liman zabıtası **~rundfahrt** F liman turu **~stadt** F liman kenti **~viertel** N tersane semti
**Hafer** M ⟨-s; -⟩ yulaf **~brei** M yulaf lapası **~flocken** PL yulaf ezmesi sg **~schleim** M (sulu) yulaf lapası
**Haft** F ⟨-; ohne pl⟩ JUR tutukluluk; hapis cezası; **in ~ nehmen** tutuklamak **~anstalt** F cezaevi/tutukevi
**haftbar** ADJ **(für** *-den*) sorumlu; **j-n ~ machen (für** b-ni *-den* sorumlu tutmak
**Haftbefehl** M **(gegen** hakkında) tutuklama emri
**haften**[1] V/I ⟨h.⟩ (*kleben*) **(an** *dat -e*) yapışmak; yapışık kalmak
**haften**[2] V/I ⟨h.⟩ **(für** *-den*) sorumlu olmak
**Haftfähigkeit** F ⟨-; ohne pl⟩ **A** yapışkanlık **B** JUR hapsedilmeye engel durumu olmama
**Häftling** M ⟨-s; -e⟩ tutuklu
**Haftpflicht** F malî sorumluluk/mesuliyet **≗ig** ADJ malî sorumlu **~versicherung** F malî mesuliyet sigortası
**Haftrichter(in)** M(F) tutuklama hakimi
**Haftstrafe** F hapis cezası
**Haftung**[1] F ⟨-; ohne pl⟩ TECH yapışma; adhezyon
**Haftung**[2] F ⟨-; -en⟩ sorumluluk/mesuliyet; **mit beschränkter ~** sınırlı sorumlu; **Gesellschaft mit beschränkter ~** limited şirket; **~ übernehmen (für** *-in*) sorumluluğunu üstlenmek
**Haftvermögen** N ⟨-s; ohne pl⟩ yapışkanlık
**Hagebutte** F ⟨-; -n⟩ kuşburnu
**Hagel** M ⟨-s; ohne pl⟩ dolu, *fig a.* yağmur **~korn** N dolu tanesi
**hageln** V/UNPERS ⟨h.⟩ dolu yağmak
**Hagelschauer** M dolu sağanağı
**hager** ADJ sıska
**Hahn** M ⟨-s; ⁼e⟩ ZOOL horoz; (*Wasser*≗) musluk
**Hähnchen** N ⟨-s; -⟩ piliç
**Hahnenkamm** M BOT horozibiği
**Hai** M ⟨-s; -e⟩, **~fisch** M ZOOL köpekbalığı
**Häkchen** N ⟨-s; -⟩ küçük çengel; *Zeichen* kontrol işareti
**häkeln** ⟨h.⟩ **A** V/T (tığla) örmek **B** V/I dantel örmek; tığ işi yapmak
**Häkelnadel** F tığ

**Haken** M ⟨-s; -⟩ çengel; (*Kleider*♀) elbise askısı; *fig* engel, takıntı
**halb** A ADJ yarım; **e-e ~e Stunde** yarım saat; **ein ~es Pfund** iki yüz elli gram; **zum ~en Preis** yarı fiyatına; **j-m auf ~em Wege entgegenkommen** b-ni yarı yolda (karşılamak) B ADV **~ drei** (Uhr) (saat) iki buçuk; yarı (yarıya); **~ fertig** WIRTSCH yarı işlenmiş; **~ nackt** yarı çıplak; **~ gar** az pişmiş; **~ tot** yarı ölü; **~ verhungert** (açlıktan) yarı ölü; **~ voll** yarı dolu; **~ so viel** bşin yarısı kadar; *umg* **mit j-m halbe-halbe machen** b-yle yarı yarıya bölüşmek; **nur die ~e Wahrheit** gerçeğin sadece bir tarafı/yanı; **e-e ~e Sache** yarım bir iş
**halbamtlich** ADJ yarı resmi
**Halbblut** N melez, yarıkan
**Halbbruder** M üvey kardeş
**halbdunkel** ADJ loş; alacakaranlık
**Halbdunkel** N loşluk; alacakaranlık
**Halbe** F ⟨-n; -n⟩ *Bier* yarım litre bira
**...halben, ...halber** IN ZSSGN ... sebebiyle, nedeniyle
**Halbfabrikat** N yarı mamul
**halbfett** ADJ yarım yağlı; yarım siyah (harf)
**Halbfinale** N yarı final
**Halb|gott** M yarıtanrı **~göttin** F yarıtanrıça
**halbherzig** ADV yarım gönülle; yarım ağızla
**halbieren** V/T ⟨*ohne ge-, h.*⟩ ikiye bölmek
**Halbinsel** F yarımada
**Halbjahr** N yarıyıl
**halbjährig** ADJ altı aylık **~jährlich** A ADJ altı ayda bir olan B ADV yılda iki kere, altı ayda bir
**Halb|kreis** M yarım daire **~kugel** F yarımküre **~leiter** M ELEK yarı iletken **~mast** ADV: **~ flaggen** bayrağı yarıya çekmek **~mond** M hilal, yarımay; **Roter ~** Kızılay
**halboffiziell** ADJ yarı resmi
**Halbpension** F yarım pansiyon
**halbrund** ADJ yarım yuvarlak
**Halb|schlaf** M tavşan uykusu **~schuh** M iskarpin **~schwergewicht** N yarı ağır sıklet **~schwester** F üvey kızkardeş
**halbseitig** ADJ yarım sayfalık; MED **~e Lähmung** tek taraflı felç

**Halbstarke** M ⟨-n; -n⟩ *umg* yeni yetme (*Jüngling*)
**halb|stündig** ADJ yarım saatlik **~stündlich** ADV yarım saatte bir **~tägig** ADJ yarım günlük
**halbtags** ADV: **~ arbeiten** yarım gün çalışmak **♀arbeit** F, **♀beschäftigung** F yarım günlük iş **♀kraft** F yarım gün çalışan eleman
**Halbton** M MUS yarım ses
**halbtrocken** ADJ *Sekt, Wein* dömisek
**Halbwahrheit** F ⟨-; -en⟩ gerçeğin yarısı
**Halbwaise** F *ohne Mutter* öksüz; *ohne Vater* yetim
**Halbwertszeit** F yarılanma süresi
**Halbwüchsige** M, F ⟨-n; -n⟩ yeniyetme
**Halbzeit** F SPORT: **erste (zweite) ~** birinci (ikinci) devre/yarı; (**~pause**) haftaym; devre arası
**Halde** F ⟨-; -n⟩ yokuş, bayır, tepe; BERGBAU yığın; WIRTSCH stoklar *pl*; **auf ~ legen** yığmak; **auf ~ liegen** yığılı durmak
**Hälfte** F ⟨-; -n⟩ yarı; **zur ~** yarı yarıya
**Halfter**¹ N ⟨-s; -⟩, *a.* F ⟨-; -n⟩ tabanca kılıfı
**Halfter**² M, N ⟨-s; -⟩ yular
**Halle** F ⟨-; -n⟩ hal; *Haus* hol, sofa; (*Sport*♀) salon; (*Hotel*♀) lobi; TECH, FLUG hangar
**Hallen|fußball** M salon futbolu **~(schwimm)bad** N kapalı yüzme havuzu **~turnier** N salon turnuvası
**hallo** INT TEL alo!; **~** (, **Sie**)! hey (, siz)!
**Halluzination** [-ˈtsi̯oːn] F ⟨-; -en⟩ halüsinasyon
**halluzinatorisch** ADJ halüsinasyon benzeri
**Halluzinogen** N ⟨-s; -e⟩ MED halüsinasyon yaratıcı
**Halm** M ⟨-s; -e⟩ BOT (*Gras*♀) sap; (*Getreide*♀) başak sapı; (*Stroh*♀) kamış (çubuk)
**Halogen|lampe** F iyotlu lamba **~scheinwerfer** M AUTO halojen far
**Hals** M ⟨-es; ⸚e⟩ MED boyun; (*Kehle*) boğaz, gırtlak; **aus vollem ~(e) lachen** kahkahalarla gülmek; **j-m um den ~ fallen** b-nin boynuna sarılmak/atılmak; **sich** (*dat*) **vom ~ schaffen** başından savmak; **es hängt mir zum ~(e) (he)raus** bundan bıktım usandım artık; **~ über**

## HAND

**Kopf** alelacele
**Hals|band** N kolye; (Hunde≳) tasma **≳brecherisch** ADV umg kelle koltukta **~entzündung** F MED boğaz iltihabı **~kette** F kolye
**Hals-Nasen-Ohren|-Arzt** M, **~Ärztin** F kulak-burun-boğaz hekimi
**Hals|schlagader** F şah damarı **~schmerzen** PL: **~ haben** -in boğazı ağrımak **≳starrig** ADJ inatçı, dikkafalı **~tuch** N boyun atkısı **~- und Beinbruch!** INT umg başarılar!; haydi hayırlısı! **~weite** F yaka numarası **~wirbel** M boyun omuru
**halt¹** INT stop!, MIL dur!
**halt²** ADV → eben işte; ne yapalım; aynen
**Halt** M ⟨-s; -e, -s⟩ durma, (Stütze) destek, dayanak; (Zwischen≳) mola; fig innerer (iç) destek
**haltbar** ADJ dayanıklı; Farben solmaz, sabit; Argument tutarlı; **~ bis ...** son kullanma tarihi: ...; **~ machen** dayanıklı hale getirmek; konserve etmek; **~ sein** dayanıklı olmak; **begrenzt ~** dayanıklılığı sınırlı **≳keit** F ⟨-; ohne pl⟩ dayanıklılık; fig tutarlılık **≳keitsdatum** N son kullanma tarihi
**Haltegriff** M tutamak
**halten** ⟨hält, hielt, gehalten, h.⟩ A VT tutmak; Tier beslemek; Rede yapmak; Vortrag vermek; **~ für** -i ... saymak; irrtümlich **-i** ... sanmak; **sich ~ für** kendini ... sanmak; **nach Süden ~** güney yönünü tut(tur)mak; **mehr nach links ~** biraz daha sola doğru gitmek; **viel (wenig) ~ von** -e çok (az) önem vermek; **er war nicht zu ~** o tutulacak gibi değildi B VR: **sich ~** sürmek, devam etmek; Essen bozulmamak; Richtung, Zustand korumak, muhafaza etmek; **sich ~ an** (akk) -e bel bağlamak C VI sürüp gitmek, sürmek; (an~) durmak; Eis taşımak, kaldırmak; Seil çekmek; **~ zu j-m** b-ni tutmak
**Halten** N ⟨-s; ohne pl⟩ duruş; **zum ~ bringen** durdurmak
**Halter** M ⟨-s; -⟩ (Eigentümer) malsahibi; für Geräte işletici
**Halterung** F ⟨-; -en⟩ TECH askı
**Halte|schild** N dur levhası **~signal** N dur sinyali **~stelle** F durak **~verbot** N (absolutes) **~** durma yasağı; **eingeschränktes ~** bekleme yasağı; **hier ist ~** burada durmak yasak
**haltlos** ADJ (unbegründet) temelsiz
**haltmachen** VI ⟨-ge-, h.⟩ durmak; **vor nichts ~** hiçbir şeyden çekinmemek
**Haltung** F ⟨-; -en⟩ (Körper≳) duruş; (Tier≳) bulundurma, besleme; (gegenüber karşısında) tutum; **~ bewahren** tavrını korumak; **~ zeigen** tavrını göstermek/belirtmek
**Halunke** M ⟨-n; -n⟩ alçak, rezil
**Hamam** N (türkisches Bad) hamam
**Hamburger¹** ADJ Hamburg(lu) subst
**Hamburger²** M ⟨-s; -⟩, **-in** F ⟨-; -nen⟩ Person Hamburglu
**Hamburger³** M ⟨-s; -⟩ GASTR hamburger
**Häme** F ⟨-; ohne pl⟩: umg **voller ~**, **hämisch** ADJ kötü niyetli, alaycı
**Hammel** M ⟨-s; =⟩ ZOOL (männlich) (iğdiş) koyun **~braten** M koyun kızartması **~fleisch** N koyun eti **~keule** F koyun budu
**Hammer** M ⟨-s; =⟩ çekiç; **unter den ~ kommen** mezada düşmek; umg **das ist ein ~!** bu ne ağır bir darbe!
**hämmern** ⟨h.⟩ A VI vurmak, dövmek; **~ auf** (klavyeyi) dövmek; **~ gegen -i** yumruklamak, dövmek B VT TECH dövmek
**Hammerwerfen** N ⟨-s; ohne pl⟩ SPORT çekiç atma
**Hämoglobin** N ⟨-s; ohne pl⟩ hemoglobin
**Hämophile** M ⟨-n; -n⟩ MED hemofil
**Hämorrhoiden** PL MED hemoroit sg, basur sg
**Hamster** M ⟨-s; -⟩ ZOOL dağ sıçanı
**hamstern** VT u. VI ⟨h.⟩ istifçilik etmek
**Hand** F ⟨-; =e⟩ el; **j-s rechte ~** b-nin sağ kolu; **(mit) ~ anlegen** b-ne bir el vermek, b-ne yardım etmek; **sich** (dat) **die ~ geben** tokalaşmak; **j-m freie ~ lassen** b-ne (çok, tam etc) yetki vermek; **j-m die ~ schütteln** b-nin elini sıkmak; **~ in ~ gehen** (mit) birbirinden ayrıl(a)mamak; **an die ~ nehmen** ele almak; **aus der ~ legen** vazgeçmek, elden çıkarmak; **aus erster (zweiter) ~** ilk (ikinci) elden; **j-m in die Hände fallen** b-nin eline geçmek; **es liegt in s-r ~** bu (iş) onun elinde; **unter der ~** el altından; **von/mit der ~** ile eli; **von der ~ in den Mund leben** eliyle getirmek, ağzıyla

# HAND | 718

götürmek; **von der ~ weisen** inkâr etmek; **zu Händen (von)** *iş mektubunun adres kısmında mektubun yöneldiği kişi*; **zur ~** elde; **Hände hoch!** eller yukarı! **Hände weg!** çek elini!
**Handarbeit** F el işi
**Handball** M ⟨-s; *ohne pl*⟩ hentbol **~er** M ⟨-s; -⟩, **-in** F ⟨-; -nen⟩ *umg* hentbolcü **~spieler(in)** M|F hentbolcü
**handbetätigt** ADJ TECH el(le) kumandalı, manüel
**Hand|bewegung** F el hareketi **~bohrmaschine** F el matkabı **~breit** F ⟨-; -⟩ yaklaşık 10 cm uzunluk **~bremse** F AUTO el freni **~buch** N el kitabı, kılavuz
**Händchen** N ⟨-s; -⟩ *umg*: **~ halten** el ele tutuşmak
**Handcreme** F el kremi
**Handel** M ⟨-s; *ohne pl*⟩ ticaret, iş; ⟨*~sverkehr*⟩ ticarî işlemler *pl*; (*Markt*) pazar; **~ treiben** WIRTSCH ticaret yapmak; **im ~ sein** piyasada bulunmak; **in den ~ bringen (kommen)** piyasaya sürmek (çıkmak)
**handeln** ⟨*h*.⟩ A V/I iş yapmak, ticaret yapmak; (*feilschen*) **(um** *j-n*) pazarlık etmek; (*sich verhalten*) davranmak; (*aktiv werden*) harekete geçmek; **mit j-m ~** WIRTSCH b-le ticaret yapmak; **mit Waren ~** WIRTSCH bir malın ticaretini yapmak; **~ von** bahsetmek, söz etmek B V/UNPERS: **es handelt sich um ... ...** söz konusu(dur)
**Handeln** N ⟨-s; *ohne pl*⟩: **gemeinsames (rasches) ~** ortak (çabuk) davranma
**Handels|abkommen** N ticaret anlaşması **~attaché** M ticaret ataşesi **~barriere** F ticarî engel **~beschränkungen** PL ticarî kısıtlamalar **~beziehungen** PL ticarî ilişkiler
**Handelsbilanz** F: **aktive/passive ~** ticarî aktif/pasif bilanço **~defizit** N ticaret açığı **~überschuss** M ticaret bilançosu fazlası
**handelseinig** ADJ: **~ werden** pazarlıkta uyuşmak
**Handels|embargo** N ticarî ambargo **~flotte** F ticaret filosu **~genossenschaft** F ticaret kooperatifi **~gesellschaft** F şirket; **offene ~** kollektif şirket **~kammer** F ticaret odası **~klasse** F kalite (*1. Klasse etc*) **~korrespon-**

**denz** F ticarî yazışma/haberleşme **~niederlassung** F ticarî yerleşim (merkezi) **~partner** M ticarî ortak **~recht** N ticaret hukuku **~register** N ticaret sicili; **ins ~ eintragen (lassen)** ticaret siciline kaydet(tir)mek **~reisende** M,F ⟨-n; -n⟩ seyyar tüccar **~schiff** N ticaret gemisi **~schifffahrt** F ticarî gemicilik **~schranke** F ticarî kısıtlama **~schule** F ticaret okulu/lisesi **~spanne** F alış ve satış fiyatı farkı
**handelsüblich** ADJ ticarî âdetlere uygun, ticarette alışılagelmiş
**Handels|verkehr** M ticaret; ticarî işlemler *pl* **~vertrag** M ticarî sözleşme **~vertreter** M ticarî mümessil **~vertretung** F acentelik, ticaret temsilcilik **~volumen** N ticaret/işlem hacmi **~ware** F ticarî mal, ürün **~zweig** M ticaret dalı
**hände|ringend** ADV yalvar yakar; çaresizlik içinde ²**schütteln** N ⟨-s; *ohne pl*⟩ toka(laşma)
**handfest** ADJ esaslı; ciddî; kuvvetli; besleyici
**Handfeuer|löscher** M el yangın söndürücüsü **~waffe** F taşınabilir ateşli silah
**Hand|fläche** F el ayası ²**gearbeitet** ADJ el işi, elle yapılmış **~gelenk** N bilek; *umg* **aus dem ~** kolaylıkla, bir çırpıda ²**gemalt** ADJ elle resimlendirilmiş/boyanmış **~gepäck** N FLUG el bagajı ²**geschrieben** ADJ elle yazılmış; el yazısı ²**gestrickt** ADJ el örgüsü; *umg* uyduruk, derme çatma ²**gewebt** ADJ elde dokunmuş **~granate** F ⟨-; -n⟩ el bombası
**handgreiflich** ADJ: **~ werden** dövüşe başlamak ²**keiten** PL tartaklama; dövüş(me)
**Handgriff** M tutamak, sap; tutuş; **mit wenigen ~en** bir çırpıda
**Handhabe** F ⟨-; -n⟩: **er hat keinerlei ~** onun elinden (buna karşı) hiçbir şey gelmez
**handhab|en** V/T ⟨handhabte, gehandhabt, *h*.⟩ kullanmak; *-e* muamele etmek; *Maschine* işletmek, çalıştırmak ²**ung** F ⟨-; -en⟩ kullan(ıl)ış
**Handheld** ['hɛnthɛlt] N,M IT elüstü
**Handicap** ['hɛndikɛp] N ⟨-s; -s⟩ handikap, dezavantaj

# HARN

**Handkuss** M̄: **j-m e-n ~ geben** b-nin elini öpmek; *umg* **mit ~** seve seve, minnetle
**Händler** M̄ ⟨-s; -⟩, **-in** F̱ ⟨-; -nen⟩ satıcı; tüccar **~rabatt** M̄ satıcı indirimi
**Handlesekunst** F̱ ⟨-; *ohne pl*⟩ el falı
**handlich** ADJ kullanışlı
**Handlung** F̱ ⟨-; -en⟩ *Film etc* olay, hikaye, konu; (*Tat*) eylem, davranış
**Handlungs|bedarf** M̄: **es besteht (kein) ~** harekete geçme gereği vardır (yoktur) **~bevollmächtigte** M̱,F̱ ticari vekil **⚲fähig** ADJ POL tepki gösterebilen; JUR fiil ehliyeti olan **~fähigkeit** F̱ ⟨-; *ohne pl*⟩ JUR fiil ehliyeti; medeni hakları kullanma ehliyeti **~freiheit** F̱: **j-m ~ geben** b-ne hareket serbestliği tanımak **~spielraum** M̄ hareket alanı; inisiyatif **~vollmacht** F̱ ticari vekâlet/yetki **~weise** F̱ davranış biçimi
**Handout** ['hɛntaut] N̄ ⟨-s; -s⟩ (dağıtılan) not/teksir
**Hand|pflege** F̱ el bakımı **~puppe** F̱ el kuklası **~rücken** M̄ elin tersi **~schellen** PL kelepçe *sg*; **j-m ~ anlegen** b-ne kelepçe vurmak **~schlag** M̄ ⟨-s; *ohne pl*⟩ toka, el sık(ış)ma; **etw durch** (*od* **per**) **~ bekräftigen** bş-i el sıkışarak teyit etmek
**Handschrift** F̱ el yazısı, (*Manuskript*) el yazması, yazma **⚲lich** A ADJ elle yazılı B ADV el yazısıyla
**Handschuh** M̄ eldiven **~fach** N̄ AUTO torpido gözü
**Hand|spiegel** M̄ cep aynası **~stand** M̄ amut; amuda kalkma **~standüberschlag** M̄ amuttan perende **~steuerung** F̱ manüel **~tasche** F̱ el çantası **~tuch** N̄ havlu **~umdrehen** N̄: **im ~** kaşla göz arası **~voll** F̱: **eine ~** bir avuç (dolusu)
**Handwerk** N̄ ⟨-s; -e⟩ zanaat; **j-m das ~ legen** b-nin (kötü) işlerine son vermek; **er versteht sein ~** o işinin ustası **~er** M̄ ⟨-s; -⟩, **-in** F̱ ⟨-; -nen⟩ zanaatçı; *umg* usta **⚲lich** ADJ: **~er Beruf** zanaat mesleği
**Handwerks|kammer** F̱ esnaf ve zanaatkâr odası **~meister** M̄ usta
**Handwurzel** F̱ ANAT el bileği
**Handy** ['hɛndi] N̄ ⟨-s; -s⟩ *umg* cep telefonu
**Hand|zeichen** N̄ el işareti; paraf **~zettel** M̄ el ilanı
**Hanf** M̄ ⟨-s; *ohne pl*⟩ kenevir
**Hang** M̄ ⟨-s; ⸚e⟩ bayır, sırt; *fig* (**zu** -*e*) eğilim, düşkünlük
**Hänge|brücke** F̱ ARCH asma köprü **~matte** F̱ hamak
**hängen** A V̄İ ⟨hing, gehangen, h.⟩ (**an** *Wand* -*de*, *Decke* -*den*) asılı durmak/olmak; **~ an** (*dat*) -*e* çok bağlı olmak; -siz edememek; **~ bleiben** asılı kalmak; takıl(ıp kal)mak; **sie blieb mit dem Rock an e-m Nagel ~** eteği bir çiviye takıldı; *umg* **im Gedächtnis ~ bleiben** hafızada kalmak; **~ lassen** asılı bırakmak; *umg* **j-n ~ lassen** b-ni yüzüstü bırakmak; **sich ~ lassen** kendini koy(u)vermek B V̄T ⟨h.⟩ -*e* asmak; **sich ~ an** -*e* girişmek
**Hängen** N̄ ⟨-s; *ohne pl*⟩: *umg* **mit ~ und Würgen** güç bela, zar zor
**Hängeschrank** M̄ asma dolap
**Hansa, Hanse** F̱ ⟨-; *ohne pl*⟩ HIST Hansa birliği
**hanseatisch** ADJ Hansa (birliğine ait)
**Hänselei** F̱ ⟨-; -en⟩ *umg* alay, takılma, kızdırma
**hänseln** V̄T ⟨h.⟩ -*e* takılmak/sataşmak
**Hansestadt** F̱ Hansa (birliği) şehri
**Hantel** F̱ ⟨-; -n⟩ halter
**hantieren** V̄İ ⟨*ohne* ge-, h.⟩ (harıl harıl) iş yapmak; **~ mit etw** bş-le çalışmak, bş-i kullanmak; **~ an etw** bş üzerinde çalışmak
**hapern** V̄I/UNPERS ⟨h.⟩ *umg* eksik/hatalı olmak; yürümemek; **es hapert mit** (*od* **bei**) **den Finanzen** para işleri yolunda gitmiyor
**Häppchen** N̄ ⟨-s; -⟩ lokma(cık)
**Happen** M̄ ⟨-s; -⟩ lokma; **e-n ~ essen** bir lokma bir şey yemek
**happig** ADJ *umg Preis* kazık
**Hardware** ['ha:dvɛːɐ] F̱ ⟨-;-s⟩ IT donanım
**Harfe** F̱ ⟨-; -n⟩ MUS arp
**Harfenist** M̄ ⟨-en; -en⟩, **-in** F̱ ⟨-; -nen⟩ arpçı
**harmlos** ADJ zararsız
**Harmon|ie** F̱ ⟨-; -n⟩ uyum, ahenk **⚲ieren** V̄İ ⟨*ohne* ge-, h.⟩ uymak, bağdaşmak **⚲isch** ADJ uyumlu **⚲isieren** V̄T ⟨*ohne* ge-, h.⟩ uydurmak, bağdaştırmak
**Harn** M̄ ⟨-s; -e⟩ idrar, *umg* sidik **~blase** F̱ mesane, sidik torbası **~grieß** M̄

# HARN | 720

MED mesane kumu **~leiter** M̄, **~röhre** F̄ idrar yolu **~probe** F̄ MED idrar numunesi **~säure** F̄ MED ürik asit **ꝛtreibend** ADJ idrar söktürücü **~untersuchung** F̄ idrar muayenesi
**Harpun|e** ⟨-; -n⟩ zıpkın **ꝛieren** V̄T̄ ⟨ohne ge-, h.⟩ zıpkınlamak
**harren** V̄Ī ⟨h.⟩: **auf** -i beklemek
**hart** A ADJ sert, katı; fig ağır; **er ist ~ im Nehmen** yılmak bilmez; **sie blieb ~** yumuşamadı; **das war ~ für sie** bu ona ağır geldi; **~e Getränke** sert içkiler; **~e Währung** sağlam döviz; **~es Ei** haşlanmış yumurta B ADV sert, ağır; **~ arbeiten** ağır çalışmak; ağır iş yapmak; **~ gefroren** (donarak) katılaşmış; **~ gekocht** katı pişmiş; **Ei** hazırlop
**Härte** F̄ ⟨-; -n⟩ sertlik; fig ağır şartlar pl **~fall** M̄ zaruret hali
**härten** ⟨h.⟩ A V̄T̄ sertleştirmek; katılaştırmak; dondurmak B V̄Ī sertleşmek, katılaşmak; donmak
**Hartgeld** N̄ metal para
**hartgesotten** ADJ merhametsiz
**Hartgummi** N̄, M̄ ebonit, sertkauçuk
**hartherzig** ADJ duygusuz, katı yürekli
**hartnäckig** ADJ dikkafalı, inatçı; (beharrlich) sebatkâr; Krankheit süreğen
**Harz** N̄ ⟨-es; -e⟩ reçine
**haschen**[1] V̄Ī ⟨h.⟩ umg esrar içmek
**haschen**[2] ⟨h.⟩ A V̄T̄ kovalamak B V̄Ī: **nach** -in peşinde olmak
**Hasch(isch)** N̄ ⟨-s; ohne pl⟩ umg esrar
**Hase** M̄ ⟨-n; -n⟩ tavşan; **alter ~** -in kurdu
**Haselnuss** F̄ fındık
**Hasen|braten** M̄ tavşan kızartması **~fuß** M̄ umg korkak (tavşan); tabansız **~scharte** F̄ MED tavşan dudağı, yarık dudak
**haspeln** V̄T̄ ⟨h.⟩ TECH makarayla kaldırmak; Garn çile yapmak
**Hass** M̄ ⟨-es⟩ (**auf** akk, **gegen** -e, -e karşı) nefret; bleibend kin; **aus ~** nefretten; **e-n ~ haben auf** -e kin beslemek
**hassen** V̄T̄ ⟨h.⟩ -den nefret etmek
**hasserfüllt** ADJ kin/nefret dolu
**hässlich** ADJ çirkin; fig a. kötü, berbat
**Hassliebe** F̄ sevgiyle nefretin yan yana olması duygusu
**Hast** F̄ ⟨-; ohne pl⟩ acele ꝛ**en** V̄Ī ⟨s.⟩ acele etmek ꝛ**ig** A ADJ aceleci, telaşlı B ADV acele (içinde), alelacele; **nicht**

**so ~!** yavaş (yavaş)!; acele etme!
**hätscheln** V̄T̄ ⟨h.⟩ okşamak; nazlı alıştırmak, şımartmak
**Haube** F̄ ⟨-; -n⟩ AUTO kaput, motor kapağı
**Hauch** M̄ ⟨-s; ohne pl⟩ soluk, nefes; hohlama; esinti; eser, zerre, nebze **hauchdünn** ADJ incecik; zar gibi (ince); **~er Sieg** kılpayı zafer
**hauchen** V̄Ī ⟨h.⟩ hohlamak
**hauen** ⟨haut, hieb od haute, gehaut od umg gehauen, h.⟩ A V̄T̄ umg pataklamak B V̄Ī (**nach** -e) vurmak C V̄/R̄: **sich ~** dövüşmek
**Haufen** M̄ ⟨-s; -⟩ a. fig yığın; **ein ~** bir sürü; umg j-n **über den ~ rennen** (od **fahren**) b-ni ezmek/çiğnemek; **etw über den ~ fahren** bş-i heder etmek; **e-n ~ Geld ausgeben** (**verdienen**) bir yığın para harcamak (kazanmak); **e-n ~ Geld kosten** dünyanın parası etmek/olmak
**häufen** V̄/R̄ ⟨h.⟩: **sich ~** artmak
**häufig** A ADJ sık B ADV sık sık
**Häufung** F̄ ⟨-; -en⟩ yığılma, yığışma
**Haupt** N̄ ⟨-s; ⸚er⟩ baş; (Ober⸚) baş(kan), lider
**Haupt|aktionär(in)** M̄/F̄ ana hissedar ꝛ**amtlich** ADV asıl görevi olarak **~angeklagte** M̄, F̄ ⟨-n; -n⟩ asıl/esas sanık **~anschluss** M̄ TEL (dış) hat **~anteil** M̄ başlıca hisse; aslan payı **~attraktion** F̄ büyük atraksiyon; baş numara **~bahnhof** M̄ (merkez) gar ꝛ**beruflich** ADJ asıl işi olarak **~beschäftigung** F̄ esas iş **~bestandteil** M̄ ana bileşen; esas kısım **~buch** N̄ WIRTSCH ana/büyük defter; defterikebir **~darsteller(in)** M̄/F̄ baş rol oyuncusu **~einfahrt** F̄ ana giriş (kapısı) **~eingang** M̄ ana giriş **~erbe** M̄ esas/baş mirasçı **~fach** N̄ anabilim dalı **~feldwebel** M̄ MIL kıta başçavuşu **~figur** F̄ baş kişi, kahraman **~gebäude** N̄ merkez bina **~gericht** N̄ GASTR baş yemek **~geschäft** N̄ iş merkezi; merkez
**Hauptgeschäfts|führer** M̄ baş yönetici **~stelle** F̄ merkez şube **~straße** F̄ çarşı caddesi **~zeit** F̄ ana mesai saatleri pl
**Haupt|gewinn** M̄ büyük ikramiye **~grund** M̄ temel neden **~hahn** M̄ TECH ana musluk; vana **~kasse** F̄ ana

# HAUS

vezne ~**last** F̄: **die ~ tragen** asıl yükü taşımak
**Häuptling** M̄ ⟨-s; -e⟩ umg reis; elebaşı
**Haupt|mahlzeit** F̄ esas öğün ~**merkmal** N̄ en belirgin özellik ~**niederlassung** F̄ WIRTSCH merkez; işletme/şirket merkezi ~**person** F̄ en önemli kişi ~**postamt** N̄ merkez postanesi ~**quartier** N̄ karargâh ~**reisezeit** F̄ yüksek sezon ~**rolle** F̄ baş rol; **die ~ spielen** başrolü oynamak ~**sache** F̄ en önemli şey (od nokta) &**sächlich** ADJ & ADV başlıca ~**saison** F̄ yüksek sezon ~**satz** M̄ ana/temel cümle ~**schalter** M̄ ELEK (ana) şalter ~**schlüssel** M̄ paspartu, tavşan anahtarı ~**schuldige** M̄, F̄ JUR asli fail ~**schule** F̄ ortaokul benzeri okul türü ~**sendezeit** F̄ TV ana program kuşağı ~**sitz** M̄ WIRTSCH şirket merkezi ~**sorge** F̄ baş/temel endişe ~**stadt** F̄ başkent ~**straße** F̄ ana cadde ~**täter(in)** M̄(F̄) JUR asli fail ~**thema** N̄ ana tema ~**treffer** M̄ umg büyük ikramiye(lerden biri) ~**unterschied** M̄ temel fark ~**verfahren** N̄ JUR son soruşturma ~**verhandlung** F̄ JUR duruşma ~**verkehrsstraße** F̄ ana yol ~**verkehrszeit** F̄ iş trafiği (saatleri) ~**versammlung** F̄ genel kurul ~**vertreter** M̄ baş temsilci ~**verwaltung** F̄ merkez idaresi/yönetimi ~**wohnsitz** M̄ resmi ikamet adresi ~**wort** N̄ GRAM isim ~**zeuge** M̄, ~**zeugin** F̄ esas şahit ~**ziel** N̄ baş/ana hedef
**Haus** N̄ ⟨-es; ̈-er⟩ ev; (Gebäude) bina; **aus gutem ~** (sein) kökeni iyi olmak; **außer ~** GASTR paket servisi; **ins ~ stehen** söz konusu olmak; beklenmek; **nach ~e kommen** eve gelmek; **von ~(e) aus** doğuştan; ezelden; **zu ~e** evde
**Haus|angestellte** M̄, F̄ ev hizmetçisi ~**apotheke** F̄ ecza dolabı ~**arbeit** F̄ ev işi ~**arrest** M̄: **j-n unter ~ stellen** b-ni konut hapsine almak ~**arzt** M̄, ~**ärztin** F̄ aile doktoru/hekimi ~**aufgaben** PL ev ödevi pl ~**bar** F̄ kokteyl dolabı ~**bau** M̄ ⟨-s; ohne pl⟩ ev/konut inşaatı ~**besetzer(in)** M̄(F̄) bina işgalcisi ~**besetzung** F̄ bina işgali ~**besitzer(in)** M̄(F̄) ev/bina/daire sahibi ~**besuch** M̄ ev ziyareti ~**bewoh**ner(in) M̄(F̄) ev/bina sakini ~**boot** N̄ konut-tekne ~**eigentümer(in)** M̄(F̄) JUR ev/bina sahibi
**hausen** V̄Ī ⟨h.⟩ umg barınmak; (übel) ~ oturduğu ev berbat etmek
**Häuserblock** M̄ ada, blok
**Haus|flur** M̄ hol, antre ~**frau** F̄ ev kadını ~**friedensbruch** M̄ ⟨-s; ohne pl⟩ JUR konut dokunulmazlığını ihlal ~**gebrauch** M̄ özel kullanım; aile/ev içi kullanımı &**gemacht** ADJ evde yapılmış, ev işi ~**gemeinschaft** F̄ ev/apartman sakinleri; apartman komşuluğu
**Haushalt** M̄ ⟨-s; -e⟩ ev idaresi; WIRTSCH, POL bütçe; **die öffentlichen ~e** kamu bütçeleri; **im ~ helfen** ev iş(ler)inde yardım etmek; **(j-m) den ~ führen** (b-nin) ev işlerini görmek
**haushalten** V̄Ī ⟨irr, -ge-, h.⟩: **~ mit** -i idareli kullanmak
**Haushälter|in** F̄ ⟨-; -nen⟩ b-nin ev işlerini gören kadın &**isch** ADJ idareli, tutumlu
**Haushalts|defizit** N̄ bütçe açığı ~**führung** F̄ ⟨-; ohne pl⟩ bütçe idaresi/yönetimi; bütçe davranışı ~**geld** N̄ ev harçlığı ~**gerät** N̄ ev aleti ~**jahr** N̄ bütçe yılı; mali yıl ~**mittel** PL POL ödenekler pl; bütçe fonları pl ~**packung** F̄ aile boyu; büyük ambalaj ~**plan** M̄ bütçe (tahmini) ~**waren** PL ev/mutfak eşyaları pl
**Hausherr** M̄ (Gastgeber) ev sahibi ~**in** F̄ ⟨-; -nen⟩ a. ev sahibesi
**haushoch** ADJ: **haushoher Sieg** dev gibi zafer; **~ gewinnen** büyük farkla kazanmak; **j-m ~ überlegen sein** b-nden kat kat üstün olmak
**hausieren** V̄Ī ⟨ohne ge-, h.⟩: **mit etw ~** (gehen) bş-le eşik aşındırmak
**Hausierer** M̄ ⟨-s; -⟩, ~**in** F̄ ⟨-; -nen⟩ seyyar satıcı
**Hauslehrer(in)** M̄(F̄) özel öğretmen
**häuslich** ADJ evcil; evine bağlı
**Hausmacherart** F̄: **nach ~** ev usulü
**Haus|mädchen** N̄ hizmetçi kız ~**mann** M̄ evinde ev kadını gibi çalışan adam ~**marke** F̄ -IN kendi markası ~**meister(in)** M̄(F̄) kapıcı, apartman sorumlusu ~**mittel** N̄ ev ilacı ~**müll** M̄ ev çöpü ~**nummer** F̄ kapı numarası ~**ordnung** F̄ iç tüzük; bina yönetmeli-

# HAUS | 722

ği **~post** F iç posta **~rat** M ⟨-s; ohne pl⟩ ev eşyası **~ratversicherung** F ev eşyası sigortası **~schlüssel** M sokak kapısı anahtarı **~schuh** M terlik
**Hausse** [ˈ(h)oːs(ə)] F ⟨-; -n⟩ WIRTSCH canlanma
**Haussuch|ung** F ⟨-; -en⟩ JUR evde arama **~ungsbefehl** M ev arama emri
**Haus|telefon** N dahili telefon **~tier** N evcil hayvan; ev hayvanı **~tür** F sokak kapısı **~verwalter(in)** M(F) bina/apartman yöneticisi **~verwaltung** F bina yönetimi **~wirt(in)** M(F) pansiyoncu **~wirtschaft** F ⟨-; ohne pl⟩ ev idaresi **~wirtschaftslehre** F ev ekonomisi **~zelt** N ev-çadır
**Haut** F ⟨-; ≈e⟩ deri; (Teint) cilt, ten; umg **e-e dicke ≈ haben** vurdumduymaz olmak; umg **s-e (eigene) ~ retten** (kendi) canını kurtarmak; **sich** (dat) **s-r ~ wehren** kendini savunmak; **bis auf die ~ durchnässt** sırılsıklam ıslanmış; **ich möchte nicht in s-r ~ stecken** onun yerinde olmak istemezdim; **das geht e-m unter die ~** bu insanın içine işliyor
**Haut|abschürfung** F MED sıyrıntı **~arzt** M, **~ärztin** F cilt doktoru **~ausschlag** M MED isilik, egzema; **e-n ~ bekommen** isilik/egzema çıkarmak **~creme** F cilt kremi
**häuten** ⟨h.⟩ A V/T -in derisini yüzmek B V/R: **sich ~** -in derisi soyulmak; Tier gömlek değiştirmek
**hauteng** ADJ vücuda oturan, pek dar
**Hautfarbe** F cilt rengi
**hautfarben** ADJ ten rengi
**Hautkrankheit** F cilt hastalığı
**Hautkrebs** M MED cilt kanseri
**hautnah** ADJ çok yakın
**Haut|pflege** F cilt bakımı **~pilz** M MED cilt/deri mantarı **~transplantation** F cilt/deri nakli
**Häutung** F ⟨-; -en⟩ soyulma
**Hautunreinheit** F cilt bozukluğu
**Hbf.** abk → Hauptbahnhof
**H-Bombe** [ˈhaː-] F MIL hidrojen bombası
**Hearing** [ˈhiːrɪŋ] N ⟨-s; -s⟩ POL (im Parlament) soruşturma
**Hebamme** F ⟨-; -n⟩ ebe
**Hebe|baum** M TECH manivela **~bühne** F AUTO hidrolik kaldırıcı, kaldırma sahanlığı
**Hebel** M ⟨-s; -⟩ kaldıraç, manivela, kol; **alle ~ in Bewegung setzen** her çareye başvurmak; **am längeren ~ sitzen** avantajlı olmak **~arm** M PHYS kaldıraç kolu **~kraft** F, **~moment** N PHYS kaldıraç kuvveti **~wirkung** F kaldıraç etkisi
**heben** ⟨hob, gehoben, h.⟩ A V/T çekmek, çıkarmak; Last kaldırmak; fig geliştirmek, yükseltmek B V/R: **sich ~** Vorhang yükselmek, kalkmak
**Hebräisch** N İbranice ≈ ADJ İbranice
**hecheln** V/I ⟨h.⟩ sık sık nefes almak
**Hecht** M ⟨-s; -e⟩ ZOOL turnabalığı
**hechten** V/I ⟨h.⟩ kaplan atlaması yapmak
**Hechtsprung** M kaplan atlaması
**Heck** N ⟨-s; -e, -s⟩ SCHIFF kıç; FLUG kuyruk; AUTO arka
**Heckantrieb** M arkadan çekiş
**Hecke** F ⟨-; -n⟩ çit
**Hecken|rose** F yabangülü **~schere** F çit makası **~schütze** M pusudan ateş eden suikastçı
**Heck|klappe** F bagaj kapağı **~licht** N FLUG kuyruk ışığı **~scheibe** F AUTO arka cam **~scheibenheizung** F AUTO arka cam ısıtıcısı **~scheibenwischer** M arka cam sileceği
**Hedo|nismus** M ⟨-; ohne pl⟩ hedonizm **~ist** M ⟨-en; -en⟩, **-in** F ⟨-; -nen⟩ hedonist ≈**istisch** ADJ hedonist (-çe)
**Heer** N ⟨-s; -e⟩ MIL ordu; fig a. sürü
**Hefe** F ⟨-; -n⟩ maya **~teig** M ekşi hamur
**Heft** N ⟨-s; -e⟩ (Schreib≈) defter; (Büchlein) kitapçık; Zeitschrift sayı; (Lieferung) fasikül
**heften** ⟨h.⟩ A V/T (an akk -e) iliştirmek, tutturmak; Saum etc teyellemek; Buch dikmek B V/R: **sich an j-s Fersen ~** b-nin peşinden ayrılmamak
**Hefter** M ⟨-s; -⟩ Gerät tel zımba; (Mappe) dosya
**heftig** ADJ güçlü, sert; Regen şiddetli ≈**keit** F ⟨-; ohne pl⟩ şiddet, sertlik
**Heft|klammer** F zımba teli; ataş, tel raptiye **~maschine** F TECH tel dikiş makinası
**Heftpflaster** N flaster
**Hegemonie** F ⟨-; -n⟩ hegemonya
**hegen** V/T ⟨h.⟩: **~ und pflegen** (özenle)

bakmak; *-in* üzerine titremek
**Hehl** M̄: **kein(en) ~ machen aus** *-i* hiç gizlememek
**Hehler** M̄ ⟨-s, -⟩ çalıntı mal alıp satan **~ei** F̄ ⟨-; -en⟩ çalıntı mal ticareti
**Heide**¹ M̄ ⟨-n; -n⟩ pagan; *pej* gâvur, kâfir
**Heide**² F̄ ⟨-; -n⟩ funda(lık); (*~pflanze*) süpürgeotu
**Heidelbeere** BOT yaban mersini
**Heiden|...** *umg* IN ZSSGN felaket; dehşet **~angst** F̄: *umg* **e-e ~ haben** çok korkmak **~geld** N̄: *umg* **ein ~** çok para **~lärm** M̄: *umg* **ein ~** çok gürültü **~spaß** M̄: *umg* **e-n ~ haben** çılgınca eğlenmek **~tum** N̄ ⟨-s; *ohne pl*⟩ paganlık
**Heidin** F̄ ⟨-; -nen⟩ pagan (kadın); *pej* gâvur, kâfir (kadın)
**heidnisch** ADJ pagan(ca)
**heikel** ADJ müşkül, nazik, zor; *Person* titiz
**heil** ADJ *Person* sağ-salim; *Körperteil* sağlığı yerinde; *Sache* sağlam, kırılmamış; **e-e ~ Welt** masun bir dünya
**Heil|anstalt** F̄ sanatoryum; *psychiatrische* akıl hastanesi **~bad** N̄ kaplıca **♀bar** ADJ iyileştirilebilir **♀barkeit** F̄ ⟨-; *ohne pl*⟩ tedavi edilebilirlik
**Heilbutt** M̄ ⟨-s; -e⟩ büyük dilbalığı
**heilen** ⟨*h.*⟩ A V̄/T ⟨*h.*⟩ iyileştirmek, tedavi etmek; **j-n ~ von etw** b-ni bş-den kurtarmak B V̄/I ⟨*s.*⟩ iyileşmek
**heilend** ADJ şifalı
**Heilerde** F̄ şifalı toprak
**heilfroh** ADJ: *umg* **~ sein** çok memnun/ rahatlamış olmak
**Heilgymnastik** F̄ fizyoterapi
**heilig** ADJ kutsal, mübarek, mukaddes; **der ♀e Abend**, **Heiligabend** *m* Noel Akşamı
**heiligen** V̄/T ⟨*h.*⟩ meşru/mübah kılmak; kutsal saymak
**Heiligtum** N̄ ⟨-s; ¨er⟩ kutsal yer/şey; tapınak; *umg* **das ist sein ~!** o buna laf dokundurtmaz!
**Heil|klima** N̄ şifalı iklim **~kraft** F̄ iyileştirici etki, şifa **♀kräftig** ADJ şifalı **~kraut** N̄ şifalı ot **~kunde** F̄ ⟨-; *ohne pl*⟩ tıp, hekimlik
**heillos** ADJ: **ein ~es Durcheinander anrichten** karmakarışık etmek
**Heil|methode** F̄ tedavi yöntemi/usulü **~mittel** N̄ ilaç, çare; MED *a*. deva
**~pflanze** F̄ şifalı bitki **~praktiker(in)** M̄/F̄ doğal tedavi uzmanı **~quelle** F̄ kaplıca, içmeler *pl* **♀sam** ADJ şifalı; *fig* hayırlı
**Heilsarmee** F̄ Selamet Ordusu
**Heil|schlaf** M̄ MED hibernasyon **~serum** N̄ MED antitoksik serum
**Heilung** F̄ ⟨-; -en⟩ tedavi, şifa; *Wunde* iyileşme
**Heilungs|aussichten** PL iyileşme ihtimali *sg* **~prozess** M̄ iyileşme (süreci)
**Heil|verfahren** N̄ tedavi yöntemi/ usulü **~wirkung** F̄ iyileştirici etki
**heim** ADV eve (*kendi evine*)
**Heim** N̄ ⟨-s; -e⟩ (*Zuhause*) yuva; (*Wohn♀*) yurt **~arbeit** F̄ evde yapılan iş **~arbeiter(in)** M̄/F̄ evinde dışarıya iş yapan
**Heimat** F̄ ⟨-; *ohne pl*⟩ yurt, vatan; memleket; BOT anayurt; **in der (meiner) ~** memlekette
**Heimat|anschrift** F̄ memleket adresi **~hafen** M̄ sicil limanı, bağlama limanı **~kunde** F̄ ⟨-; *ohne pl*⟩ hayat bilgisi (dersi) **~land** N̄ anavatan, memleket **♀lich** ADJ memlekete (ilişkin) **♀los** ADJ vatansız **~ort** M̄ *-in memleketi olan* köy, kasaba **~stadt** F̄ *-in memleketi olan* şehir **~vertriebene** M̄, F̄ yurdundan kovulmuş göçmen
**heimbegleiten** V̄/T ⟨*ohne -ge- h.*⟩: **j-n ~** b-ni evine bırakmak
**heimbringen** V̄/T ⟨*irr, -ge-, h.*⟩: **j-n ~** b-ni eve getirmek (*od* götürmek)
**heimfahren** V̄/I ⟨*irr, -ge-, s.*⟩ eve gitmek (*araçla*)
**Heimfahrt** F̄ eve dönüş (*araçla*)
**heimfinden** V̄/I ⟨*irr, -ge-, h.*⟩ ev(in)in yolunu bulmak
**heimgehen** V̄/I ⟨*irr, -ge-, s.*⟩ ev(in)e gitmek
**heimisch** ADJ yerli; **sich ~ fühlen** kendini yurdunda/evinde hissetmek; **~ sein (in** *dat* **bir yer)** -in anavatanı olmak
**Heimkehr** [-keːɐ] F̄ ⟨-; *ohne pl*⟩ evine/ yurduna dönüş **♀en** V̄/I ⟨-ge-, s.⟩ eve dönmek **~er** M̄ ⟨-s; -⟩, **-in** F̄ ⟨-; -nen⟩ evine/yurduna dönen (kimse)
**Heimkind** N̄ yurtta yetişen çocuk
**Heimkino** N̄ evde film gösterisi; televizyon
**heimkommen** V̄/I ⟨*irr, -ge-, s.*⟩ eve (*od* evine) gelmek/dönmek

# HEIM | 724

**Heimleiter(in)** M(F) yurt müdürü
**heimlich** A ADJ gizli B ADV gizlice, gizliden gizliye **♀keit** F ⟨-; -en⟩ gizlilik; **~en** pl pej gizli saklı işler pl **♀tuerei** F ⟨-; ohne pl⟩ pej esrarengiz tavırlar takınma **~tun** VII ⟨irr, -ge-, h.⟩ (mit hakkında) esrarengiz tavırlar takınmak
**Heim|niederlage** F kendi sahasında yenilgi **~orgel** F MUS (küçük) elektronik org
**Heimreis|e** F dönüş yolculuğu **♀en** VII ⟨-ge-, s.⟩ dönüş yolculuğu yapmak
**Heim|sieg** M kendi sahasında galibiyet **~spiel** N kendi sahasında maç
**heimsuch|en** VIT ⟨-ge-, h.⟩: **heimgesucht von** ... ... felaketinin vurduğu **♀ung** F ⟨-; -en⟩ felaket(e uğrama)
**Heimtrainer** ['haɪmtrɛːnɐr] M cimnastik aleti, hometrainer
**Heimtück|e** F ⟨-; ohne pl⟩ kalleşlik; hainlik **♀isch** ADJ a. Krankheit sinsi; Mord etc haince, kalleşçe
**heimwärts** ADV eve doğru
**Heim|weg** M dönüş yolu **~weh** N ⟨-s; ohne pl⟩ memleket hasreti; özlem; **~ haben nach** -in hasretini çekmek
**Heimwerker** M ⟨-s; -⟩, **-in** F ⟨-; -nen⟩ usta gerektiren işleri evinde kendi yapan
**heimzahlen** VIT ⟨-ge-, h.⟩ **j-m etw ~** b-nden bş-in acısını çıkarmak
**Heirat** F ⟨-; -en⟩ evlenme, nikâh **♀en** VIT u. VII ⟨h.⟩ (j-n -le) evlenmek
**Heirats|annonce** F eş arama ilanı **~antrag** M evlenme teklifi; **j-m e-n ~ machen** b-ne evlenme teklif etmek **♀fähig** ADJ: **im ~en Alter** evlenecek yaşta **~schwindler** M evlenme vaadiyle dolandırıcılık yapan **~urkunde** F evlilik belgesi **~vermittlung** F eş bulma (bürosu)
**heiser** ADJ kısık, boğuk; **sich ~ schreien** bağırmaktan sesi kısılmak **♀keit** F ⟨-; ohne pl⟩ kısıklık, boğukluk
**heiß** ADJ sıcak; **~er Tip** (güncel) tavsiye; **etw ~ ersehnen** bş-i çok özlemek; **sich ~ laufen** TECH ısınmak/kızdırmak; **etw ~ machen** bş-i ısıtmak/kızdırmak; **es ist ~** hava çok sıcak; **mir ist ~** piştim; **~ begehrt** çok tutulan; **~ ersehnt** büyük hasretle beklenen; **~ geliebt** çok sevgili; **~ umkämpft** uğrunda amansızca savaşılan; **~ umstritten** çok tartışılan

**heißblütig** ADJ ateşli, tutkulu
**heißen** ⟨hieß, geheißen, h.⟩ -in adı/ismi ... olmak; (bedeuten) ... anlamına gelmek; **j-n willkommen ~** b-ne hoşgeldin(iz) demek; **wie ~ Sie?** adınız ne?; **wie heißt das?** buna ne denir?; **was heißt das?, was soll das ~?** bu da ne demek oluyor?; **was heißt ... auf Türkisch?** ...-in Türkçesi nedir?; **es heißt, dass** -diği söyleniyor; **das heißt** yani, bu demektir ki; **jetzt heißt es handeln!** şimdi harekete geçme zamanı!
**Heißhunger** M.: **~ haben (nach)** -in canı birden ... çekmek
**Heißluftpistole** F TECH ısı tabancası
**heiter** ADJ şen; Film etc eğlenceli; METEO açık, bulutsuz; fig **aus ~em Himmel** damdan düşer gibi
**Heiterkeit** F ⟨-; ohne pl⟩ neşe, şenlik; (Belustigung) eğlence; **~ erregen** gülüşmelere yol açmak
**Heiz|anlage** F kalorifer tesisatı **♀bar** ADJ ısıtılan; ısıtılabilir **~decke** F elektrikli battaniye
**heizen** VII u. VIT ⟨h.⟩ ısıtmak
**Heizer** M ⟨-s; -⟩ SCHIFF, BAHN ateşçi
**Heiz|gas** N TECH gaz yakıt **~kessel** M kalorifer kazanı **~kissen** N elektrikli minder **~körper** M radyatör **~kosten** PL ısıtma/kalorifer masrafları **~kraftwerk** N termoelektrik santrali **~lüfter** M elektrikli soba **~material** N yakıt **~öl** N kalorifer yakıtı, mazot **~ung** F ⟨-; -en⟩ ısıtma (tesisatı), kalorifer
**Heizungs|anlage** F kalorifer tesisatı **~monteur** M kalorifer tesisatçısı
**Hektar** N,M ⟨-s; -e⟩ hektar
**Hektik** F ⟨-; ohne pl⟩ telaş
**hektisch** ADJ telaşlı
**Hektoliter** M, N hektolitre
**Held** M ⟨-en; -en⟩ kahraman **♀enhaft** ADJ kahramanca **~in** F ⟨-; -nen⟩ kadın kahraman
**helfen** VII ⟨hilft, half, geholfen, h.⟩ yardım etmek; **j-m aus der (in die) Jacke ~** b-nin ceketini çıkarmasına/giymesine yardım etmek; **j-m bei etw ~** b-ne bş-de yardım etmek; **~ gegen** Medikament -e iyi gelmek; **er weiß sich zu ~** işini biliyor; **es hilft nichts** hiçbir çare yok
**Helfer** M ⟨-s; -⟩, **-in** F ⟨-; -nen⟩ yardımcı

**Helfershelfer** M̄ suç ortağı, yardakçı
**Helium** N̄ ⟨-s; *ohne pl*⟩ CHEM helyum
**hell** ADJ *Licht* aydınlık; *Farbe* açık; *Kleid* açık renkli; *Klang* ince, tiz; *Bier* sarı; *fig* (*intelligent*) uyanık, zeki; **~ begeistert** çok coşkulu, büyük coşkuyla; **es wird schon ~** ortalık aydınlanıyor bile
**hell|blau** ADJ açık mavi **~blond** ADJ sarışın
**Helle** N̄ ⟨-n; -n⟩ *umg* **zwei ~!** iki sarı bira!
**hellgrün** ADJ açık yeşil
**hellhörig** ADJ *Haus* çok ses geçiren; **das machte sie ~** bu onun gözünü açtı
**Helligkeit** F̄ ⟨-; *ohne pl*⟩ aydınlık
**helllicht** ADJ: **am ~en Tage** güpegündüz
**hellrot** ADJ açık kırmızı
**hellsehen** V̄Ī ⟨-ge-, h.⟩ geleceği görmek; kehanette bulunmak
**Hellsehen** N̄ ⟨-s; *ohne pl*⟩ kehanet
**Hellseher(in)** M(F) kâhin; falcı
**hellseherisch** ADJ kâhince
**hellwach** ADJ uyupuyanık
**Helm** M̄ ⟨-s; -e⟩ miğfer; (*Fahrrad*Ω) *a.* kask
**Hemd** N̄ ⟨-s; -en⟩ gömlek; (*Unter*Ω) fanila, iç gömleği **~bluse** F̄ gömlek-bluz
**Hemisphäre** F̄ ⟨-; -n⟩ yarıküre
**hemmen** V̄Ī ⟨h.⟩ *Bewegung* durdurmak; engel olmak
**Hemmnis** N̄ ⟨-ses; -se⟩ engel; sakınca
**Hemmung** F̄ ⟨-; -en⟩ PSYCH tutukluk; *moralische* tereddüt, çekingenlik; **~en haben** sıkılgan olmak; çekinmek
**hemmungslos** ADJ *pej* çekinmek bilmeyen Ωigkeit F̄ ⟨-; *ohne pl*⟩ fütursuzluk; saygısızlık
**Hendl** ['hɛndl] N̄ ⟨-s; -n⟩ *südd, österr* piliç; kızarmış piliç
**Hengst** M̄ ⟨-s; -e⟩ aygır
**Henkel** M̄ ⟨-s; -⟩ kulp, sap
**henken** V̄Ī ⟨h.⟩ asmak, idam etmek
**Henna** N̄ ⟨-; *ohne pl*⟩ kına
**Henne** F̄ ⟨-; -n⟩ tavuk
**Hepatitis** F̄ ⟨-; Hepatitiden⟩ MED hepatit
**her** ADV *zeitlich* şimdiye; *Richtung* bu yöne; **das ist lange ~** epeyce zaman oldu/ geçti; **wie lange ist es ~?** ne kadar (zaman) oldu?; **von ... ~** *-den* (bu tarafa); **von weit ~** uzaktan; **vom Technischen ~** teknik açıdan (bakınca)

# HERA

**herab** [hɛ'rap] ADV: **von oben ~** yukarıdan aşağı(ya)
**herablass|en** [hɛ'rap-] ⟨*irr*, -ge-, h.⟩ A V̄Ī aşağı(ya) indirmek/bırakmak B V̄R: **sich ~ zu antworten** cevap vermeye tenezzül etmek **~end** ADJ kibirli
**herabsehen** V̄Ī ⟨*irr*, -ge-, h.⟩: *fig* **~ auf** (*akk*) *-e* tepeden bakmak, *-i* hor görmek
**herabsetz|en** ⟨-ge-, h.⟩ indirmek; *fig* azaltmak; **zu herabgesetzten Preisen** indirimli fiyatlara **~end** ADJ aşağılayıcı Ωung F̄ ⟨-; -en⟩ indirim; (*Beleidigung*) aşağılama
**herabsteigen** V̄Ī ⟨*irr*, -ge-, s.⟩ inmek
**heran** [hɛ'ran] ADV buraya; bu tarafa
**heranbilden** ⟨-ge-, h.⟩ A V̄Ī (**zu ...**) yetiştirmek B V̄R: **sich ~ (zu)** kendini yetiştirmek (ve ... olmak)
**heranführen** V̄Ī ⟨-ge-, h.⟩: **j-n an etw** (*akk*) **~** b-ni bş-e alıştırmak, ısındırmak
**herangehen** V̄Ī ⟨*irr*, -ge-, s.⟩ *-e* yaklaşmak, *-e* girişmek
**heranholen** V̄Ī ⟨-ge-, h.⟩ yaklaştırmak; yakına almak; teleobjektifle yakınlaştırmak
**herankommen** V̄Ī ⟨*irr*, -ge-, s.⟩ *-e* ulaşmak; *-i* ele geçirmek; **er (es) kommt nicht an ... heran** ... ile boy ölçüşemez; **an j-n ~** b-ne ulaşmak, b-le görüşebilmek; **etw** (*od* **es**) **an sich ~ lassen** bş yapmayıp işin gelişmesini beklemek
**heranmachen** V̄R ⟨-ge-, h.⟩ *umg*: **sich an j-n ~** b-ne yanaşmak, asılmak
**heranreichen** V̄Ī ⟨-ge-, h.⟩ **~ an** (*dat*) *-e* yetişmek; ile boy ölçüşebilmek
**heranreifen** V̄Ī ⟨-ge-, s.⟩: **~ zu** olgunlaşarak ... olmak
**heranrücken** V̄Ī ⟨-ge-, s.⟩: **an j-n ~** b-nin yanına yaklaşmak; b-ne sokulmak
**herantreten** V̄Ī ⟨-ge-, s.⟩ yakına gelmek
**heranwachsen** V̄Ī ⟨*irr*, -ge-, s.⟩: **~ zu** büyüyerek ... olmak
**Heranwachsende** M,F̄ ⟨-n; -n⟩ genç; yeni yetişenler *pl*
**heranwagen** V̄R ⟨-ge-, h.⟩: **sich ~ (an** *akk* **-e)** yaklaşmaya cesaret etmek
**heranziehen** ⟨*irr*, -ge-⟩ A V̄Ī ⟨h.⟩: **etw ~ (an** *akk*) bş-i *-in* yanına çekmek; **j-n ~ (zu)** b-ne (için) başvurmak; **e-n Fachmann ~** bir ustaya/uzmana başvurmak

# HERA | 726

**herauf** [hɛˈrauf] ADV yukarı(ya); **(hier)** ~ buraya, yukarı(ya)

**heraufbeschwören** [hɛˈrauf-] VT ⟨irr, ohne -ge-, h.⟩ -e yol açmak, -e neden olmak

**heraufkommen** VI ⟨irr, -ge-, s.⟩ yukarı çıkmak

**heraufsetzen** VT ⟨-ge-, h.⟩ yükseltmek, çıkarmak

**heraufsteigen** VI ⟨irr, -ge-, s.⟩ (yukarıya) çıkmak

**heraufziehen** ⟨irr, -ge-⟩ A VT ⟨h.⟩ yukarı(ya) çekmek B VI ⟨s.⟩ Sturm çıkmak

**heraus** [hɛˈraus] ADV dışarıya; **~ aus -den** dışarıya; **~ damit!** saklama, söyle!; **çıkar!**

**herausarbeiten** [hɛˈraus-] ⟨-ge-, h.⟩ A VT ele almak, vurgulamak B VR: **sich ~ aus** çabalayarak -den kurtulmak

**herausbekommen** VT ⟨irr, ohne -ge-, h.⟩ çıkarmak; *fig* -in sırrını çözmek; **zehn Euro ~** on avro geri almak

**herausbringen** VT ⟨irr, -ge-, h.⟩ çıkarmak; (*veröffentlichen*) a. yayınlamak; piyasaya sürmek/çıkarmak; THEAT sahneye koymak; *fig* ortaya çıkarmak; **groß ~** -i ortaya sürmek; **sie brachte kein Wort heraus** gık bile diyemedi

**herausfahren** ⟨irr, -ge-⟩ A VI ⟨s.⟩ (aus -den) (arabayla) çıkmak; -in ağzından kaçmak B VT ⟨h.⟩ (arabayla) dağıtmak; (araba kullanarak) elde etmek

**herausfallen** VI ⟨irr, -ge-, s.⟩ yerinden çıkıp düşmek

**herausfiltern** VT ⟨-ge-, h.⟩ süzerek ayırmak

**herausfinden** VT ⟨irr, -ge-, h.⟩ bulmak; *fig* ortaya çıkarmak

**Herausforderer** M ⟨-s; -⟩ rakip; meydan okuyan

**herausforder|n** ⟨-ge-, h.⟩ A VT (zu -e; zu tun yapmaya) çağırmak; (*provozieren*) kışkırtmak B VT -e meydan okumak **~nd** ADJ meydan okuyan; kışkırtan **Ձung** F ⟨-; -en⟩ çağrı; tahrik, kışkırtma; meydan okuma

**Herausgabe** F ⟨-; ohne pl⟩ teslim; yayın(lama)

**herausgeb|en** ⟨irr, -ge-, h.⟩ A VT geri vermek; teslim etmek; *Buch* yayımlamak; *Vorschriften* çıkarmak B VI: **können Sie (mir) auf 100 Euro ~?** 100 avronun üstünü verebilir misiniz? **Ձer(in)** M(F) yayımcı, editör

**herausgehen** VI ⟨irr, -ge-, s.⟩ (aus -den) dışarı(ya) çıkmak; **aus sich** (dat) **~** açılmak

**herausgreifen** VT ⟨irr, -ge-, h.⟩ çekip almak

**haushaben** VT ⟨irr, -ge-, h.⟩ *umg* kavramış olmak; **er hat es heraus** o bu işi kıvırdı

**heraushalten** VT ⟨irr, -ge-, h.⟩ *umg* dışarıda tutmak

**herausheben** VT ⟨irr, -ge-, h.⟩ (aus -in içinden) çıkararak belirtmek, vurgulamak

**heraushelfen** VT ⟨irr, -ge-, h.⟩: **j-m aus etw ~** b-ne yardım ederek bş-den kurtarmak

**herausholen** VT ⟨-ge-, h.⟩ çıkarmak; **das Letzte aus sich** (dat) **~** gücünü sonuna kadar ortaya koymak

**heraushören** VT ⟨-ge-, h.⟩ (aus -den) bş-i çıkarmak

**herauskehren** VT ⟨-ge-, h.⟩ *umg* ... olmakla hava atmak

**herauskommen** VI ⟨irr, -ge-, s.⟩ ortaya çıkmak; yayımlanmak; piyasaya çıkmak; **groß ~** büyük başarı olmak; **es kommt nichts dabei heraus** bundan (hiç)bir sonuç çıkmaz

**herauskristallisieren** VR ⟨ohne -ge-, h.⟩: **sich ~ (aus -den)** belirmek

**herauslassen** VT ⟨irr, -ge-, h.⟩ ağzından baklayı çıkarmak; (aus -den) indirmek

**herauslaufen** VI ⟨irr, -ge-, s.⟩ (aus -den dışarıya) koşmak/akmak

**herauslocken** VT ⟨-ge-, h.⟩: **j-n ~ (aus -den)** b-ni dışarıya çıkması için ayartmak; **etw aus j-m ~** b-nden bş koparmak; *Geheimnis* b-nin ağzından laf almak

**herausnehmen** VT ⟨irr, -ge-, h.⟩: **sich** (dat) **Freiheiten ~ (gegenüber -e** karşı) laubali davranmak

**herausplatzen** VI ⟨-ge-, s.⟩ *umg* patlamak; **~ mit etw** kendini tutamayıp bş-i söyleyiver(miek)

**herausputzen** ⟨-ge-, h.⟩ *umg* A VT süsleyip püslemek B VR: **sich ~** süslenip püslenmek

**herausrag|en** VI ⟨-ge-, h.⟩ (aus -in içinden) sivrilmek **~end** ADJ göze batan

**herausreden** V/R ⟨-ge-, h.⟩: **sich ~ (aus** -den) kendini temize çıkarmak
**herausreißen** V/T ⟨irr, -ge-, h.⟩ yırtıp ayırmak/çıkarmak; telafi etmek; **j-n aus etw ~** b-ni bş-in içinden çekip almak
**herausrücken** ⟨-ge-, h.⟩ umg: **mit** -i sökülmek; **mit der Sprache ~** (susmayı bırakıp) konuşmak
**herausrutschen** V/I ⟨-ge-, s.⟩ umg: **das ist mir einfach so herausgerutscht** ağzımdan öyle kaçıverdi
**herausschinden** V/T ⟨irr, -ge-, h.⟩ **(aus** -i sonuna kadar kullanarak) elde etmek
**herausschlagen** V/T ⟨irr, -ge-, h.⟩ kırarak (ortaya) çıkarmak; umg kazanmak; elde etmek; **Geld ~ aus** -den para vurmak; **möglichst viel ~** mümkün olduğu kadar çok faydalanmak
**herausschneiden** V/T ⟨irr, -ge-, h.⟩ **(aus** -den) kesip çıkarmak
**herausspringen** V/T ⟨irr, -ge-, s.⟩ **(aus** -den) atlayarak çıkmak; umg **(bei** -de) -in avantası olmak; **was springt für dich dabei heraus?** bunda senin avantan ne?
**herausstellen** ⟨-ge-, h.⟩ **A** V/T vurgulamak; **groß ~** abartarak ortaya koymak **B** V/R: **sich ~ als ...** -in ... olduğu ortaya çıkmak
**herausstrecken** V/T ⟨-ge-, h.⟩ **(aus** -den) dışarı çıkarmak, uzatmak
**herausstreichen** V/T ⟨irr, -ge-, h.⟩ **(aus** -den) kesip çıkarmak; övmek
**heraussuchen** V/T ⟨-ge-, h.⟩ **(aus** -den) bulup çıkarmak; seçmek
**herb** ADJ kekremsi; Wein sert; Enttäuschung, Verlust acı
**herbeiführen** [hɛɐ̯'bai̯-] V/T ⟨-ge-, h.⟩ MED -e yol açmak
**herbeischaffen** V/T ⟨-ge-, h.⟩ getirmek
**herbeisehnen** V/T ⟨-ge-, h.⟩ özlemek
**herbemühen** ⟨h.⟩ **A** V/T: **j-n ~** b-ne -den gelmesini rica etmek **B** V/R: **sich ~** zahmet edip gelmek
**Herberge** F ⟨-; -n⟩ han; (Jugend≗) hostel
**Herbergs|mutter** hostel müdiresi **~vater** M hostel müdürü
**herbeten** V/T ⟨-ge-, h.⟩ (ezbere) söyle(yiver)mek
**herbitten** V/T ⟨irr, -ge-, h.⟩: **j-n ~** b-ne gelmesini rica etmek

**herbringen** V/T ⟨irr, -ge-, h.⟩ getirmek
**Herbst** M ⟨-s; -e⟩ sonbahar, güz; **im ~** sonbaharda, güzün **~ferien** PL **Schule** sonbahar tatili **⁀lich** ADJ sonbahar subst **~zeitlose** F ⟨-; -n⟩ güzçiğdemi
**Herd** M ⟨-s; -e⟩ ocak; MED merkez, yuva
**Herde** F ⟨-; -n⟩ sürü
**herein** [hɛ'rai̯n] ADV içeriye; **von draußen ~** dışarıdan içeriye; **~!** gir(in)!
**hereinbekommen** [hɛ'rai̯n-] V/T ⟨irr, ohne -ge-, h.⟩ umg WIRTSCH (yeni mal) sağlamak
**hereinbitten** V/T ⟨irr, -ge-, h.⟩ (içeriye) buyur etmek
**hereinbrechen** V/I ⟨irr, -ge-, s.⟩: **~ über j-n** b-nin başına gelmek
**hereinbringen** V/T ⟨irr, -ge-, h.⟩ (içeriye) getirmek
**hereinfallen** V/I ⟨irr, -ge-, s.⟩ umg: **~ auf** -e aldanmak; **~ mit** -de yanılmak
**hereinführen** V/T ⟨-ge-, h.⟩: **j-n ~** b-ni içeri(ye) almak
**hereinholen** V/T ⟨-ge-, h.⟩ içeri(ye) getirmek; WIRTSCH telafi etmek
**hereinkommen** V/I ⟨irr, -ge-, s.⟩ içeri(ye) girmek
**hereinlassen** V/T ⟨irr, -ge-, h.⟩ içeri(ye) bırakmak/almak
**hereinlegen** V/T ⟨-ge-, h.⟩ fig aldatmak, kandırmak
**hereinplatzen** V/I ⟨-ge-, s.⟩ umg: **~ in** -e pat diye dalıvermek
**hereinschauen** V/I ⟨-ge-, h.⟩ umg **(bei j-m** b-ne) uğramak
**hereinschneien** V/I ⟨-ge-, s.⟩ umg **(bei j-m** b-ne) çıkagelmek
**herfahren** ⟨irr, -ge-⟩ **A** V/I ⟨s.⟩: **hinter j-m ~** b-nin arkasından gitmek (araçla) **B** V/T ⟨h.⟩ **j-n ~** b-ni getirmek (araçla)
**Herfahrt** F: **auf der ~** gelirken (araçla)
**herfallen** V/I ⟨irr, -ge-, s.⟩ **~ über** (akk) -in üzerine atılmak; umg fig ağır eleştirmek
**herfinden** V/I ⟨irr, -ge-, h.⟩ (bir yerden) bulmak
**herführen** V/T ⟨-ge-, h.⟩: **j-n ~** b-ni (buraya) yöneltmek, getirmek; **was führt Sie her?** gelişinizin sebebi ne?; hum sizi hangi rüzgâr bu tarafa attı?
**Hergang** M ⟨-s; ohne pl⟩: **j-m den ~ schildern** b-ne -in cereyan tarzını anlatmak
**hergeben** ⟨irr, -ge-, h.⟩ **A** V/T geri

**HERH** | 728

vermek, elden çıkarmak **B** V/R: **sich ~ zu** -*e* yanaşmak, -*i* yapmaya hazır olmak
**herhaben** V/T ⟨*irr*, -ge-, *h*.⟩ *umg* (bir yerden) almış/bulmuş olmak; **wo hast du das her?** bunu nereden aldın/buldun?
**herhalten** V/I ⟨*irr*, -ge-, *h*.⟩: *umg* ~ **müssen (als)** ... yerine konmak; ... niyetine kullanılmak
**herholen** V/T ⟨-ge-, *h*.⟩ getirmek; **weit hergeholt!** nereden nereye!
**Hering** M ⟨-s; -e⟩ ZOOL ringa (balığı); çadır kazığı; **wie die ~e** balık istifi
**herkommen** V/I ⟨*irr*, -ge-, *s*.⟩ **(von** -*den*) gelmek; *fig a*. ileri gelmek; **wo kommen Sie her?** nerelisiniz?
**herkömmlich** ADJ geleneksel
**Herkunft** F ⟨-; *ohne pl*⟩ köken; *Person a*. asıl, soy; kök
**Herkunftsland** N -*in* geldiği ülke
**herlaufen** V/I ⟨*irr*, -ge-, *s*.⟩ koşup gelmek; **hinter j-m ~** b-nin ardından koşmak; **jeder Hergelaufene** her önüne gelen
**herleiten** V/T ⟨-ge-, *h*.⟩: **sich ~ von** -*den* türemek
**hermetisch** ADJ sıkı sıkıya
**hernehmen** V/T ⟨*irr*, -ge-, *h*.⟩ (bulup) almak
**Heroin** N ⟨-s; *ohne pl*⟩ eroin; beyaz zehir ⚥**süchtig** ADJ eroin bağımlısı **~süchtige** M, F ⟨-n; -n⟩ eroin bağımlısı
**heroisch** ADJ kahraman(ca)
**Heroismus** M ⟨-; *ohne pl*⟩ kahramanlık
**Heros** M ⟨-; Heroen [heˈroːən]⟩ kahraman
**Herpes** M MED herpes, uçuk, zona
**Herr** M ⟨-n; -en⟩ bay, bey; (*Gebieter*) efendi; (*Tierbesitzer*) sahip; REL Mevla; **~ Bach** Bay Bach; **~ der Lage** duruma hakim; **meine ~en!** *umg* hayret!; fesüphanallah!; **sein eigener ~ sein** kendi kendisinin patronu olmak; **e-r Sache** (*gen*) **~ werden** bş-e hakim olmak
**Herren|ausstatter** M ⟨-s; -⟩ erkek giyim mağazası **~bekleidung** F erkek giyim eşyası **~fahrrad** N erkek bisikleti **~friseur** M erkek berberi/kuaförü **~konfektion** F erkek konfeksiyonu ⚥**los** ADJ sahipsiz; terk(edilmiş) **~mode** F erkek modası **~schneider** M erkek terzisi **~toilette** F erkekler tuvaleti
**Herrgott** M ⟨-s; *ohne pl*⟩: *umg* ~ **(noch mal)!** illallah (be)!
**Herrgottsfrühe** F: **in aller ~** sabah sabah; *sl* karga bok yemeden
**herrichten** V/T ⟨-ge-, *h*.⟩ hazırlamak; **(wieder) ~** restore etmek
**Herrin** F ⟨-; -nen⟩ hanım(efendi); (*Tierbesitzerin*) sahip, sahibe
**herrisch** ADJ amirane; sert
**herrlich** ADJ şahane, harika, enfes, *umg* süper
**Herrschaft** F ⟨-; -en⟩ egemenlik; POL iktidar; **die ~ verlieren über** (*akk*) -*e* hakimiyetini kaybetmek; **die ~en hanım** (-lar) ve bey(ler)
**herrschaftlich** ADJ şahane, beylere layık/ilişkin
**herrsch|en** V/I ⟨*h*.⟩ **(über** *akk* -*e*) hakim olmak **~end** ADJ hakim, egemen; (*regierend*) iktidardaki
**Herrscher** M ⟨-s; -⟩ hükümdar **~haus** N hanedan **~in** F ⟨-; -nen⟩ hükümdar
**Herrsch|sucht** F ⟨-; *ohne pl*⟩ *umg* buyurganlık ⚥**süchtig** ADJ *umg* buyurgan
**herrühren** V/I ⟨-ge-, *h*.⟩: **~ von** -*den* ileri gelmek, kaynaklanmak
**hersehen** V/I ⟨*irr*, -ge-, *h*.⟩ (buraya) bakmak
**herstellen** V/T ⟨-ge-, *h*.⟩ yapmak, üretmek; *fig* kurmak, sağlamak
**Hersteller** M ⟨-s; -⟩ imalatçı **~firma** F imalatçı şirket **~in** F ⟨-; -nen⟩ imalatçı (kadın)
**Herstellung** F ⟨-; *ohne pl*⟩ yapım, üretim; *fig* hazırlama, kurma
**Herstellungs|kosten** PL imalat giderleri **~land** N imalatçı ülke **~verfahren** N imalat yöntemi
**Hertz** N ⟨-; -⟩ hertz
**herüber** [hɛˈryːbɛ] ADV: **hier ~!** bu tarafa!
**herüberkommen** [hɛˈryːbɛ-] V/I ⟨*irr*, -ge-, *s*.⟩ bu tarafa gelmek
**herum** [hɛˈrʊm] ADV: **um 5 Uhr ~** saat 5 sıralarında; **falsch ~** ters/yanlış (tarafa); **rechts ~** sağa dön(ünce *etc*); **so ~** o/bu/şu tarafa
**herumärgern** [hɛˈrʊm-] V/R ⟨-ge-, *h*.⟩: **sich ~ (mit** -*e*) kızıp/sinirlenip durmak
**herumdrehen** ⟨-ge-, *h*.⟩ **A** V/T çevirmek; **~ an** -*i* (kurcalayıp) çevirmek **B**

# HERV

**herumdrücken** VR ⟨-ge-, h.⟩: **sich ~** umg başıboş gezmek; **(um** -den) kaçmak/sıyrılmak

**herumfahren** ⟨irr, -ge-⟩ **A** VI ⟨s.⟩: **um etw ~** bş-in etrafında dolaşmak (araçla) **B** VT ⟨h.⟩ dolaştırmak

**herumfragen** VI ⟨-ge-, h.⟩ (soru̇p) soruşturmak

**herumführen** ⟨-ge-, h.⟩ **A** VT ⟨-ge-, h.⟩: **j-n (in der Stadt) ~** b-ni (şehirde) dolaştırmak **B** VI: **um ~** -in çevresinden dolaşmak

**herumfuhrwerken** ⟨-ge-, h.⟩ umg -i kurcalayıp durmak

**herumgehen** VI ⟨irr, -ge-, s.⟩: **um ~in** etrafından dolaşmak; **im Park ~** parkta dolaşmak; **j-m im Kopf ~** b-nin kafasını kurcalamak

**herumhängen** VI ⟨irr, -ge-, h.⟩ umg (**mit etw bş-le**) aylaklık etmek

**herumkommandieren** VT ⟨ohne -ge-, h.⟩: **j-n ~** b-ne emirler yağdırmak

**herumkommen** VI ⟨irr, -ge-, s.⟩ dolaşmak; (**um** -den) fig kaçınmak, kurtulmak, umg sıyrılmak; **sie ist weit herumgekommen** o görmüş geçirmiş biri(dir)

**herumkriegen** VT ⟨-ge-, h.⟩ umg: **j-n ~** ikna etmek, kandırmak

**herumlaufen** VI ⟨irr, -ge-, s.⟩: **frei ~** elini kolunu sallaya sallaya dolaşmak

**herumliegen** VI ⟨irr, -ge-, h.⟩ umg ortalığa dağılmış olmak

**herumlungern** VI ⟨-ge-, h.⟩ boş durmak, tembel tembel oturmak

**herumreichen** ⟨-ge-, h.⟩ **A** VT elden ele dolaştırmak, geçirmek **B** VI (**um etw**) **~** (bş-in etrafında) kuşatmak

**herumreiten** VI ⟨irr, -ge-, s.⟩ umg: **auf** -i diline dolamak

**herumschlagen** VR ⟨irr, -ge-, h.⟩: **sich mit j-m ~** b-le uğraşıp durmak; **sich mit etw ~** bş-den başı ağrımak

**herumschnüffeln** VI ⟨-ge-, h.⟩ umg ispiyonluk etmek; **-e** burnunu sokmak

**herumsprechen** VR ⟨irr, -ge-, h.⟩: **sich ~** ağızdan ağıza dolaşmak, yayılmak

**herumstehen** VI ⟨irr, -ge-, h.⟩ (ortalıkta) dikilip durmak

**herumstoßen** VT ⟨irr, -ge-, h.⟩ umg: **j-n ~** b-ni oradan oraya itmek

**herumtragen** VT ⟨irr, -ge-, h.⟩: **mit sich** (dat) **~** (yanında) taşıyıp durmak;

fig bir derdi vs olmak

**herumtrampeln** VI ⟨-ge-, h.⟩: **~ auf** (dat) -i çiğneyip tekmelemek

**herumtreib|en** VR ⟨irr, -ge-, h.⟩ umg: **sich ~** sürtmek; avarelik etmek **2er** M ⟨-s; -⟩, **2erin** F serseri; aylak

**herumzeigen** VT ⟨-ge-, h.⟩ -i herkese göstermek

**herunter** [hɛˈrʊntə] ADV: **die Treppe ~** merdivenden aşağı(ya); **er ist mit den Nerven ganz herunter** onun sinirleri çok bozuk

**herunterfallen** [hɛˈrʊntə-] VI ⟨irr, -ge-, s.⟩ (aşağıya) düşmek

**heruntergehen** VI ⟨irr, -ge-, s.⟩ FLUG **mit der Geschwindigkeit ~** hız(ın)ı kesmek; **mit den Preisen ~** fiyatları düşürmek

**heruntergekommen** ADJ perişan, düşkün; (schäbig) sefil, berbat

**herunterhandeln** VT ⟨-ge-, h.⟩ (**um**) fiyatı (... lira) düşürtmek

**herunterholen** VT ⟨-ge-, h.⟩ (aşağıya) indirmek; umg düşürmek

**herunterklappen** VT ⟨-ge-, h.⟩ açılmak

**herunterkommen** VI ⟨irr, -ge-, s.⟩ aşağı(ya) inmek; fig sozial düşkünleşmek; **die Treppe ~** merdivenden inmek

**herunterladen** VT ⟨-ge-, h.⟩ IT indirmek

**heruntermachen** VT ⟨-ge-, h.⟩ umg yerden yere çalmak

**herunterputzen** VT ⟨-ge-, h.⟩ umg: **j-n ~** b-ne rüzgar çekmek

**herunterrasseln** VT ⟨-ge-, h.⟩ umg bülbül gibi okumak/söylemek

**herunterschalten** VI ⟨-ge-, h.⟩ vites düşürmek; **in den ersten Gang ~** birinci vitese (od bire) almak/takmak

**herunterschrauben** VT ⟨-ge-, h.⟩ fig çıtayı indirmek

**herunterspielen** VT ⟨-ge-, h.⟩ umg fig önemsiz göstermek

**herunterwirtschaften** VT ⟨-ge-, h.⟩: umg **etw ~** iflasa götürmek

**hervor** [hɛɐˈfoːɐ] ADV öne; ileriye; beriye; **hinter ... ~** -in arkasından (bu tarafa); **unter ... ~** -in altından (bu tarafa)

**hervorbringen** [hɛɐˈfoːɐ-] VT ⟨irr, -ge-, h.⟩ ortaya koymak, çıkarmak, yaratmak

**hervorgehen** VI ⟨irr, -ge-, s.⟩ fig: **~**

**aus** -*in* sonucu olmak, -*den* ortaya çıkmak; **daraus geht hervor, dass bundan -diği anlaşılıyor**; **als Sieger ~** -*i* galip olarak bitirmek; **aus der Ehe gingen drei Kinder hervor** evlilikten üç çocuk meydana gelmiştir
**hervorheben** V/T ⟨*irr*, -*ge*-, *h.*⟩ *fig* vurgulamak, belirtmek
**hervorholen** V/T ⟨-*ge*-, *h.*⟩ etw ~ (aus *-den*) bş-i çıkarmak
**hervorragen** V/I ⟨-*ge*-, *h.*⟩ öne çıkmak; sivrilmek; (**unter** -*in* altından) çıkmak, gözükmek
**hervorragend** ADJ, *fig* olağanüstü
**hervorrufen** V/T ⟨*irr*, -*ge*-, *h.*⟩ *fig* -*e* sebep olmak, yol açmak; **Problem** *etc a.* yaratmak
**hervorstechen** V/I ⟨*irr*, -*ge*-, *h.*⟩ (aus *-in* içinden) göze çarpmak
**hervorstechend** ADJ, *fig* gözalıcı, çarpıcı
**hervortreten** V/I ⟨*irr*, -*ge*-, *s.*⟩ (aus *-in* içinden) belirmek; **etw ~ lassen** -*i* belirtmek
**hervortun** V/R ⟨*irr*, -*ge*-, *h.*⟩: **sich ~** (**als, durch** olarak, -*le*) kendini göstermek
**herwagen** V/R ⟨-*ge*-, *h.*⟩: **sich ~** gelmeye cesaret etmek
**Herweg** M: **auf dem ~** gelirken
**Herz** N ⟨-*ens*; -*en*⟩ ANAT yürek, kalp (*a. fig*); *Kartenspiel, Farbe* kupalar *pl*, *Karte* kupa; **leichten ~ens** gönül rahatlığıyla; **schweren ~ens** içine sinmeden; *umg* **j-m das ~ brechen** b-nin dünyasını karartmak; **sich** (*dat*) **ein ~ fassen** cesaretini toplamak; **j-m etw ans ~ legen** b-ne bş-i tavsiye etmek; **etw auf dem ~en haben** bir derdi olmak; **ins ~ schließen** -*i* bağrına basmak; **mit ganzem ~en** bütün kalbiyle; **es nicht übers ~ bringen zu** -*meye* yüreği dayanmamak; **von ~en gern** canü gönülden; **von ~en kommend** -*in* içinden gelerek; **sich** (*dat*) **etw zu ~en nehmen** bş-i fazla ciddiye almak; **sie sind ein ~ und eine Seele** onların içtikleri su ayrı gitmez **~anfall** M MED kalp krizi **~beschwerden** PL: **~ haben** -*in* kalbinden şikayeti olmak/var **~chirurg** M kalp cerrahı
**herzeigen** V/T ⟨-*ge*-, *h.*⟩ *umg* göstermek; **zeig (mal) her!** göster hele!
**herzen** V/T ⟨*h.*⟩ bağrına basmak, kucaklamak, okşamak, öpmek
**Herzens|lust** F: **nach ~** -*in* gönlünce **~wunsch** M en içten dilek
**herz|erfrischend** ADJ cana can katan **~ergreifend** ADJ etkileyici, dokunaklı
**Herz|fehler** M MED kalp bozukluğu **~flimmern** N ⟨-*s*; *ohne pl*⟩ MED kalp çarpıntısı
**herzförmig** ADJ yürek biçimli
**herzhaft** ADJ yoğun, güçlü; *Essen* kuvvetli; *tatlı değil, tuzlu (yiyecek)*
**herziehen** ⟨*irr*, -*ge*-, *h.*⟩ **A** V/T: **hinter sich** (*dat*) **~** çekip getirmek **B** V/I: **~ über** -*i* çekiştirmek
**herzig** ADJ sevimli, tatlı, şirin
**Herz|infarkt** M MED kalp enfarktüsü **~kammer** F kalp odacığı **~katheter** M MED kalp sondası **~klappe** F kalp kapakçığı **~klappenfehler** M MED kalp kapakçığı hatası **~klopfen** N ⟨-*s*; *ohne pl*⟩: **er hatte ~** (**vor** *dat -den*) kalbi gümbür gümbür atıyordu **&krank** ADJ kalbi hasta, kalp hastası **~kranke** M, F kalp hastası **~kranzgefäß** N koroner (damar) **~leiden** N kalp hastalığı
**herzlich** **A** ADJ candan, içten; *Empfang, Lächeln a.* sıcak, dostça **B** ADV: **~ gern** memnuniyetle; **~e Grüße, mit ~en Grüßen** (**an** -*e*) candan selamlar(la) **&keit** F ⟨-; *ohne pl*⟩ samimiyet; yakınlık, sıcak ilgi
**herzlos** ADJ duygusuz, acımasız **&igkeit** F ⟨-; *ohne pl*⟩ sevgisizlik
**Herzmassage** F MED kalp masajı
**Herzog** M ⟨-*s*; *⁻e*⟩ dük **~in** F ⟨-; -*nen*⟩ düşes
**Herz|operation** F kalp ameliyatı **~rhythmusstörung** F kalp ritmi bozukluğu **~schlag** M kalp atışı; MED kalp sıkışması **~schrittmacher** M MED kalp pili **~schwäche** F kalp zayıflığı **~spezialist** M kalp uzmanı; kardiyolog **~stillstand** M kalp durması/sektesi **~transplantation** F, **~verpflanzung** F MED kalp nakli **~versagen** N MED kalp yetersizliği **&zerreißend** ADJ yürek parçalayan, içler acısı
**Hess|e** M ⟨-*n*; *ohne pl*⟩, **-in** F ⟨-; -*nen*⟩ Hesyalı **&isch** ADJ Hesyal(ı) *subst*
**hetero|gen** ADJ heterojen **~sexuell** ADJ heteroseksüel **&sexuelle** M, F ⟨-*n*; -*n*⟩ heteroseksüel

**Hetze** F ⟨-; -n⟩ (gegen -e karşı) kışkırtma; umg telaş
**hetzen** ⟨h.⟩ **A** V/T kovalamak; **e-n Hund** etc **~ auf** köpeği vs -in üstüne salmak **B** V/R: **sich ~** telaş etmek **C** V/I (**gegen** -e karşı) -i kışkırtmak
**Hetzjagd** F sürek/sürgün avı; fig kışkırtma (kampanyası)
**Heu** N ⟨-s; ohne pl⟩ kuru ot **~boden** M kuru ot ambarı
**Heuchelei** F ⟨-; -en⟩ ikiyüzlülük
**heucheln** ⟨h.⟩ **A** V/T ... numarası yapmak **B** V/I ikiyüzlülük yapmak
**Heuchler** M ⟨-s; -⟩, **-in** F ⟨-; -nen⟩ ikiyüzlü ♀**isch** ADJ riyakârca, ikiyüzlü
**heuen** V/I ⟨h.⟩ ot biçip kurutmak
**heuer** ADV bu yıl
**heuern** V/T ⟨h.⟩ SCHIFF kiralamak
**Heuernte** F ot hasadı
**Heugabel** F yaba
**heulen** ⟨h.⟩ ulumak; umg pej (weinen) feryat etmek, ağlamak; AUTO gürültü/uğultu çıkarmak; Sirene çalmak; umg **es ist zum ♀** kahredici bir durum
**Heu|schnupfen** M MED saman nezlesi **~schrecke** F çekirge
**heute** ADV bugün; **~ Abend** bu akşam; **~ in acht Tagen** haftaya bugün; **~ vor acht Tagen** bir hafta önce bugün; **von ~ auf morgen** bir günden öbürüne; subst **das Heute** bugün; günümüz; bugünkü gün
**heutig** ADJ bugünkü; (gegenwärtig) günümüz(deki); **bis auf den ~en Tag** bugüne kadar
**heutzutage** ADV bugün, günümüzde
**Hexe** F ⟨-; -n⟩ cadı; **alte ~** acuze karı
**Hexen|kessel** M fig cadı kazanı **~schuss** M MED lumbago
**Hexerei** F ⟨-; -en⟩; **das ist keine ~!** bu işte bir sihirbazlık (filan) yok!
**Hieb** M ⟨-s; -e⟩ darbe, vuruş; (Faust♀) a. yumruk (darbesi); **~e** pl dayak sg, dövme sg
**hieb- und stichfest** ADJ su götürmez
**hier** [hi:ɐ] ADV burada; **~ drinnen (draußen, oben)** burada içeride (dışarıda, yukarıda); **~ entlang!** bu yoldan; **~ und da** şurada burada; **von ~ an** (od **ab**) buradan itibaren; bundan böyle; **~, bitte!** işte, buyur(un)!
**hieran** ADV: **~ kann man sehen, dass** buradan/bundan görülebilir ki, ...; **~ ist kein wahres Wort** bunun bir kelimesi bile doğru değil; **~ schließt sich ... an** buraya ... ekleniyor
**Hierarchie** F ⟨-; -n⟩ hiyerarşi
**hieraus** ADV buradan; bundan
**hierbei** ADV burada; bunda
**hierdurch** ADV buradan (geçerek); bu sayede; bununla
**hierfür** ADV bunun için
**hierher** ADV buraya; bis **~** buraya kadar; fig **das gehört nicht ~** bunun konuyla ilgisi yok; bunun yeri burası değil **~um** ADV: (**irgendwo**) **~** bura(lar)da bir yerde
**hierin** ADV burada; bunun içinde
**hiermit** ADV bununla; işbu ... ile
**hiernach** ADV bundan sonra; buna göre
**Hieroglyphe** [hieroˈglyːfə] F ⟨-; -n⟩ hiyeroglif
**hierüber** ADV bunun üzerine/üzerinde
**hierum** ADV: **~ geht es nicht** söz konusu olan bu değil
**hierunter** ADV bunun altına/altında; **~ fällt ...** ... (de) bu konuya girer
**hiervon** ADV bundan; buradan
**hierzu** ADV buna; buraya; **im Gegensatz ~** bunun aksine/tersine
**hierzulande** ADV bu memlekette/ülkede
**hiesig** ADJ buralı; buradaki
**hieven** V/T ⟨h.⟩ kaldırıp yüklemek
**Hi-Fi** [ˈhaifi:] F abk für High Fidelity hi-fi **~-Anlage** F müzik seti
**high** [hai] ADJ: **~ sein** -in kafası dumanlı olmak
**Hightech** [haiˈtɛk] N ⟨-(s)⟩ a. F ⟨-; ohne pl⟩ yüksek teknoloji
**Hilfe** F ⟨-; -n⟩ (**für** -e) yardım; (Unterstützung) a. WIRTSCH destek(leme); **ärztliche ~** tıbbi yardım; **Erste ~** ilkyardım; **j-m Erste ~ leisten** b-ne ilkyardımda bulunmak; **um ~ rufen** imdat çağırmak; **~!** imdat!; **j-m zu ~ kommen** b-nin yardımına koşmak; a. fig b-nin imdadına yetişmek; **zu ~ nehmen** -den faydalanmak; **ohne ~** yardım görmeden; **~ suchend** yardım/imdat bekleyen
**Hilfe|leistung** F yardım (etme) **~ruf** M yardım isteme, imdat çağırma **~stellung** F ⟨-; ohne pl⟩ destek(leme)
**hilflos** ADJ çaresiz, zavallı ♀**igkeit** F ⟨-; ohne pl⟩ çaresizlik
**hilfreich** ADJ yardımcı; faydalı

## HILF | 732

**Hilfs|aktion** F yardım kampanyası **~arbeiter(in)** M(F) yardımcı işçi; *am Bau* amele
**hilfsbedürftig** ADJ yardıma muhtaç **&keit** F ⟨-; *ohne pl*⟩ yardıma muhtaçlık
**hilfsbereit** ADJ yardıma hazır **&schaft** F yardımseverlik
**Hilfs|fonds** M yardım sandığı/fonu **~kraft** F yardımcı eleman, asistan **~mittel** N çare, araç **~motor** M ELEK yardımcı motor **~organisation** F yardım kuruluşu, hayır kurumu **~verb** N GRAM yardımcı fiil **~werk** N yardım kuruluşu
**Himbeere** F ⟨-; -n⟩ ahududu
**Himbeer|saft** M ahududu suyu **~strauch** M ahududu (çalısı)
**Himmel** M ⟨-s; -⟩ gök; REL cennet; REL Allah; *am ~ gökte; im ~ cennette; um ~s willen* Allah aşkına; *unter freiem ~* açıkhavada; *(ach,) du lieber ~!* bak sen şu işe!
**Himmelbett** N kubbeli yatak
**himmelblau** ADJ gök mavisi
**Himmelfahrt** F ⟨-; *ohne pl*⟩ REL Miraç günü, *christlich* Uruç günü; **Mariä ~** Urucu Meryem
**Himmelfahrts|kommando** N intihar komandosu **~tag** M: *am ~* Miraç günü(nde)
**Himmelschlüssel** M BOT çuhaçiçeği
**Himmels|körper** M gök cismi **~richtung** F *(Nord, Süd etc)* yön
**himmelweit** ADJ çok büyük; fersah fersah; dağlar kadar; *es ist ein ~er Unterschied zwischen ... ile ... arasında yerden göğe kadar fark var*
**himmlisch** ADJ semavî, göksel; *fig* nefis, muhteşem
**hin** A ADV *zeitlich* o zamana; *räumlich* öteye; **nichts wie ~!** hemen, doğru -(y)e; **bis ~ zu** -e varana kadar; **noch lange ~** daha uzun süre; **auf s-e Bitte (s-n Rat) ~** onun ricası (tavsiyesi) üzerine; **~ und her** sağa sola; **~ und her gerissen sein zwischen** ile ... arasında kararsız kalmak; **~ und wieder** ara sıra; **~ und zurück** gidiş dönüş; **Anstand ~, Anstand her** edep ahlak bir yana B ADJ *umg (kaputt)* bozuk od kırık olmak; **~ sein (b-nin)** işi bitik olmak; *(hingerissen)* **(ganz) ~ sein (von -e)** hayran olmak
**hinarbeiten** VI ⟨-ge-, *h.*⟩: **~ auf** *(akk)*

... için *(od ... doğrultusunda)* çalışmak
**hinauf** ADV yukarı(ya); **den Berg ~** yokuş yukarı
**hinaufgehen** ⟨*irr*, -ge-, *s.*⟩ yukarı(ya) çıkmak; **die Treppe ~** merdivenden/merdiveni çıkmak; **mit dem Preis ~** fiyatı yükseltmek
**hinauftragen** VT ⟨-ge-, *h.*⟩ yukarı(ya) taşımak
**hinaus** ADV dışarı(ya); **~ aus** *-den* dışarı (-ya); **er wohnt nach vorn (hinten) ~** onun odası/dairesi öne (arkaya) bakıyor; **~ (mit dir** *od* **euch)!** çık(ın) dışarı!; **über etw ~ sein** bş-i aşmış olmak; **auf Jahre ~** yıllar boyunca
**hinausbegleiten** VT ⟨*ohne* -ge-, *h.*⟩: **j-n ~ (aus)** b-ni *(-den)* dışarıya çıkarmak
**hinausekeln** VT ⟨-ge-, *h.*⟩: *umg* **j-n ~ (aus)** b-ni *(-den)* kaçırmak
**hinausfliegen** VI ⟨*irr*, -ge-, *s.*⟩ çıkmak; *umg* kovulmak
**hinausgehen** VI ⟨*irr*, -ge-, *s.*⟩ çıkmak; **~ über** *(akk)* -i aşmak; **~ auf** *akk* **Fenster** *etc* -e bakmak
**hinauslaufen** VI ⟨*irr*, -ge-, *s.*⟩ koşarak çıkmak; **~ auf** *akk* -le sonuçlanmak, -e varmak
**hinausschieben** VT ⟨*irr*, -ge-, *h.*⟩ ertelemek, tehir etmek
**hinauswachsen** VI ⟨*irr*, -ge-, *s.*⟩: **~ über** *-i* aşmak/geçmek
**hinauswagen** VR ⟨-ge-, *h.*⟩: **sich ~ (aus** *-den)* çıkmaya cesaret etmek
**hinauswerfen** VT ⟨*irr*, -ge-, *h.*⟩ **(aus** *-den)* dışarı(ya) atmak; *(verschwenden)* saçıp savurmak; *(entlassen)* kovmak, atmak
**hinauswollen** VI ⟨*irr*, -ge-, *h.*⟩: çıkmak istemek; **hoch ~** -in gözü yukarıda/yüksekte olmak; **~ auf** *akk* sözü -e getirmek istemek
**hinausziehen** ⟨*irr*, -ge-⟩ A VT ⟨*h.*⟩ **(aus** *-in* içinden) çekip çıkarmak; *etw* ~ bş-i uzatmak/geciktirmek B VI ⟨*s.*⟩ şehir (ülke) dışına gitmek C VR ⟨*h.*⟩: **sich ~** uzamak; gecikmek
**hinauszögern** VT ⟨-ge-, *h.*⟩: **(sich ~)** uzamak; gecikmek
**hinbiegen** VT ⟨*irr*, -ge-, *h.*⟩ *umg*: **etw ~** bş-i yoluna koymak
**Hinblick** M: **im ~ auf** *(akk)* bakımından, hakkında
**hinbringen** VT ⟨*irr*, -ge-, *h.*⟩ götürmek, yerine bırakmak

# HINR

**hinderlich** ADJ: ~ **sein** engel(leyici) olmak
**hindern** VT ⟨h.⟩: **j-n an etw** (dat) ~ b-nin bş-ini engellemek
**Hindernis** N ⟨-ses; -se⟩ engel; **auf ~se stoßen** engellerle karşılaşmak
**hindeuten** VI ⟨-ge-, h.⟩: ~ **auf** -e işaret etmek; -in belirtisi olmak
**Hindu** M ⟨-(s); -(s)⟩ Hindu
**Hinduismus** M ⟨-; ohne pl⟩ Hinduizm
**hindurch** ADV boyunca; **die Nacht** ~ gece boyunca; sabaha kadar; **das ganze Jahr** ~ bütün yıl boyunca
**hinein** ADV içeri(ye); **bis tief in die Nacht** ~ gecenin geç saatlerine kadar
**hineinbekommen** VT ⟨irr, ohne -ge-, h.⟩ (**in** akk) -e sokabilmek
**hineindenken** VR ⟨irr, -ge-, h.⟩: **sich in j-n** ~ kendini b-nin yerine koyarak düşünmek
**hineingehen** VI ⟨irr, -ge-, s.⟩ (**in** akk -e) girmek; (hineinpassen) sığmak
**hineinknien** VR ⟨-ge-, h.⟩ umg: **sich** ~ (**in** akk -e) bütün gayretiyle sarılmak
**hineinleben** VI ⟨-ge-, h.⟩: **in den Tag** ~ günü gününe yaşamak
**hineinpassen** VI ⟨-ge-, h.⟩ (**in** -e od -in içine) uymak, sığmak; fig -e yakışmak
**hineinreden** VI ⟨-ge-, h.⟩: **j-m** (**in s-e Angelegenheiten**) ~ b-ne (b-nin işlerine) karışmak
**hineinstecken** VT ⟨-ge-, h.⟩ umg (**in**) -e sokmak
**hineinsteigern** VR ⟨-ge-, h.⟩: **sich** ~ **in** akk gittikçe coşarak -e girmek
**hineinziehen** ⟨irr, -ge-, h.⟩ A VT ⟨h.⟩ (**in** akk) -in içine çekmek; **j-n in e-e Sache** ~ b-ni bir işe bulaştırmak/karıştırmak B VI ⟨s.⟩ (**in** akk) -e taşınmak
**hinfahren** ⟨irr, -ge-⟩ A VT ⟨h.⟩ götürmek/bırakmak (araçla) B VI ⟨s.⟩ gitmek (araçla)
**Hinfahrt** F: **auf der** ~ giderken (araçla), gidiş yolculuğunda
**hinfallen** VI ⟨irr, -ge-, s.⟩ (yere) düşmek
**hinfällig** ADJ geçersiz; **etw** ~ **machen** bş-i gereksiz kılmak
**Hinflug** M: **auf dem** ~ giderken (uçakla)
**hinführen** ⟨-ge-, h.⟩ A VT -i -e (belli bir yere) götürmek B VI (Weg) gitmek, varmak; **wo soll das (noch)** ~**?** bunun sonu nereye varır (böyle)?
**Hingabe** F: **mit** ~ kendini vererek; kendinden geçercesine
**hingeben** ⟨irr, -ge-, h.⟩ VR: **sich** ~ kendini vermek; **sich j-m** ~ b-ne teslim olmak; **sich Hoffnungen (Illusionen)** ~ ümitlere (hayallere) kapılmak
**hingebungsvoll** A ADJ fedakâr, özverili B adv fedakârlıkla, özveriyle; kendinden geçercesine
**hingegen** KONJ ise
**hingehen** VI ⟨irr, -ge-, s.⟩ gitmek; **wo gehst du hin?** nereye gidiyorsun?
**hingehören** VI ⟨hingehört, h.⟩: **wo gehört das hin?** bunun yeri neresi?
**hingeraten** VI ⟨irr, s.⟩: **irgendwo** ~ bir yere karışmak/kaymak; **wo ist es** ~**?** nereye gitti/karıştı?
**hingerissen** ADJ (**von** -e) hayran
**hinhalten** VT ⟨irr, -ge-, h.⟩: **j-n** ~ b-ni oyalamak
**Hinhaltetaktik** F oyalamaca; oyalama taktiği
**hinhauen** ⟨irr, -ge-, h.⟩ umg A VT yazıvermek, atıvermek, bırakıvermek B VI: **das haut nicht hin** bu olmaz/yürümez C VR: **sich** ~ kendini yatağa atıvermek
**hinhören** VI ⟨-ge-, h.⟩ dinlemek, -e kulak vermek
**hinken** VI ⟨h.⟩ topallamak, fig aksamak; **der Vergleich hinkt** teşbihte hata var
**hinkommen** VI ⟨irr, -ge-, s.⟩ gitmek, gelmek, ulaşmak; **wo kämen wir denn hin, wenn ...** -se, halimiz ne olur?; umg **wo kommt das hin?** bunun yeri neresi?; umg (**mit** -le) idare etmek
**hinkriegen** VT ⟨-ge-, h.⟩: umg **etw** ~ bş-i becermek; umg **j-n wieder** ~ b-ni (gene) ayağa kaldırmak
**hinlangen** VI ⟨-ge-, h.⟩ umg (**bei** -e) balıklama atlamak
**hinlänglich** ADJ yeterli
**hinlegen** ⟨-ge-, h.⟩ A VT -i -e uzatmak, koymak; umg **sie haben ein tolles Spiel hingelegt** harika bir oyun çıkardılar B VR: **sich irgendwo** ~ -e uzanmak
**hinnehmen** VT ⟨irr, -ge-, h.⟩ (ertragen) -e katlanmak; (akzeptieren) -i kabullenmek
**hinreichend** ADJ yeterli, kâfi
**Hinreise** F: **auf der** ~ giderken, gidiş

yolculuğunda
**hinreißen** _VT_ ⟨irr, -ge-, h.⟩ alıp götürmek; fig kendinden geçirmek, hayran bırakmak; **sich ~ lassen (von etw** bş-e) kapılmak, kendini kaptırmak
**hinreißend** _ADJ_ eşsiz, olağanüstü
**hinricht|en** _VT_ ⟨-ge-, h.⟩ idam etmek **ºung** _F_ ⟨-; -en⟩ idam
**hinsehen** _VI_ ⟨irr, -ge-, h.⟩ bakmak; **bei näherem Hinsehen** yakından bakınca
**hinsetzen** ⟨-ge-, h.⟩ **A** _VT_ oturtmak, koymak **B** _VR_: **sich ~** oturmak
**Hinsicht** _F_ görüş açısı; **in dieser (in jeder) ~** bu (her) bakımdan; **in gewisser ~** bir bakıma; **in mancher (vieler) ~** bazı (birçok) bakım(lar)dan; **in politischer ~** politik/siyasi açıdan
**hinsichtlich** _PRÄP_ ⟨gen⟩ ... bakımından, açısından
**hinstellen** ⟨-ge-, h.⟩ **A** _VT_ dikmek/ koymak; (_abstellen_) -e bırakmak; **j-n (etw) ~ als** b-ni (bş-i) ... olarak göstermek **B** _VR_: **sich ~** (belli bir yere) dikilmek/durmak; (_vor j-n_ b-nin karşısına/ önüne) dikilmek; **sich ~ als** kendine ... süsü vermek
**hintan|setzen, ~stellen** _VT_ ⟨-ge-, h.⟩ arkaya/sona bırakmak
**hinten** _ADV_ arkada; **nach ~** arkaya; **von ~** arkadan
**hinter** _PRÄP_ _Lage_ (_dat_) -in arkasında; _Richtung_ (_akk_) -in arkasına; **etw ~ sich bringen** bş-i halletmek; **~ etw kommen** bş-in içyüzünü keşfetmek; **er hat schon viel ~ sich** o çok görüp geçirmiş biri; **~ j-m stehen** b-ni desteklemek; **sich ~ j-n stellen** b-ne arka çıkmak; **~ j-m (etw) her sein** b-nin (bş-in) peşinde olmak
**Hinterausgang** _M_ arka kapı/çıkış
**Hinterbein** _N_: _umg_ **sich auf die ~e stellen** savunmaya geçmek
**Hinterbliebene** _PL_ hayatta kalanlar; _JUR_ ölenin geride kalan yakınları
**hinterbringen** _VT_ ⟨irr, ohne -ge-, h.⟩ laf taşımak
**Hinterdeck** _N_ _SCHIFF_ kıç güvertesi
**hintere** _ADJ_ arka; **am ~n Ende** arka ucta, en geride
**hintereinander** _ADV_ arka arkaya; **dreimal ~** üst üste üç kere **~gehen** _VI_ ⟨irr, -ge-, s.⟩ arka arkaya yürümek **~schalten** _VT_ ⟨-ge-, h.⟩ _ELEK_ seri (olarak) bağlamak
**Hintereingang** _M_ arka kapı/giriş
**hinterfragen** _VT_ ⟨ohne -ge-, h.⟩ -i sorgulamak
**Hintergedanke** _M_ art düşünce; _negativ_ art niyet
**hintergehen** _VT_ ⟨irr, ohne -ge-, h.⟩ aldatmak
**Hintergrund** _M_ arka plan, fon; **in den ~ drängen** unutturmak; **sich im ~ halten** arka planda kalmak
**hintergründig** _ADJ_ esrarengiz; anlaşılması güç
**Hinter|halt** _M_ ⟨-s, -e⟩ pusu; **aus dem ~ angreifen** pusuya düşürmek; **etw im ~ haben** -in gizli bir (kötü) niyeti olmak **ºhältig** _ADJ_ sinsi; kötü niyetli
**Hinterhand** _F_ ⟨-; ohne pl⟩ _Karten_ son el; **(noch) etw in der ~ haben** -in son bir kozu daha olmak
**hinterher** _ADV_ _zeitlich_ sonra(dan); _umg_ **j-m ~ sein** -in peşini bırakmamak; **~ sein, dass** -enden rahat vermemek
**Hinterhof** _M_ arka avlu
**Hinterkopf** _M_ başın arkası; _umg_ **etw im ~ haben** -in (başka) bir şey bildiği olmak
**Hinterland** _N_ ⟨-s; ohne pl⟩ hinterlant
**hinterlass|en** _VT_ ⟨irr, h.⟩ (geriye) bırakmak; _adj_ terkedilmiş; bırakılmış **ºenschaft** _F_ ⟨-; -en⟩ miras **ºung** _F_: **unter ~ von** (_od gen_) -i (rehin) bırakmak suretiyle
**hinterleg|en** _VT_ ⟨h.⟩ (**bei** -e) rehin bırakmak, yatırmak **ºung** _F_: **gegen ~ von** (_od gen_) depozito olarak ... karşılığı(nda)
**hinterlistig** _ADJ_ hileci; sinsi
**Hintermann** _M_ ⟨-s; ˝er⟩: **mein** _etc_ **~** benim _vs_ arkamdaki; _fig_ perdede arkasındaki
**Hintern** _M_ ⟨-s; -⟩ _umg_ kıç, popo, kaba
**Hinterrad** _N_ arka tekerlek **~antrieb** _M_ arkadan çekiş
**hinterrücks** _ADV_ arkadan, kalleşçe
**Hinterseite** _F_ arka taraf/yüz
**Hintersitz** _M_ arka koltuk
**hinterste** _ADJ_ en arka/geri; **am ~n Ende** en arkada/geride
**Hinterteil** _N_ _umg_ → Hintern
**Hintertreffen** _N_: **ins ~ geraten** dezavantajlı duruma düşmek
**Hintertreppe** _F_ arka merdiven
**Hintertür** _F_ arka kapı

**hinterziehen** _VT_ ⟨irr, ohne -ge-, h.⟩ Steuer kaçırmak

**Hinterzimmer** _N_ arka oda

**hintun** _VT_ ⟨irr, -ge-, h.⟩ koymak (belirli bir yere); umg **ich weiß nicht, wo ich es ~ soll** onu nereye oturtacağımı bilemiyorum

**hinüber** _ADV_ karşıya; öteye

**Hin und Her** _N_: **nach langem ~** uzun tartışmalardan vs sonra

**Hin- und Rück|fahrkarte** _F_ gidiş--dönüş bileti **~fahrt** _F_ gidiş-dönüş (yolculuğu) **~flug** _M_ gidiş-dönüş uçuşu

**hinunter** _ADV_ aşağı(ya)

**hinunterbringen** _VI u. VT_ ⟨irr, -ge-, s.⟩ aşağıya inmek/gitmek; **die Treppe ~** merdivenden/merdiveni inmek

**hinunterspülen** ⟨-ge-, h.⟩ yutmak (içecek ile)

**hinunterstürzen** ⟨-ge-, h.⟩ **A** _VT_ ⟨h.⟩ devirmek, yıkmak, düşürmek; umg Getränk devirmek **B** _VI_ ⟨s.⟩ devrilmek; yıkılmak; düşmek

**hinwagen** _VR_ ⟨-ge-, h.⟩: **sich ~** gitmeye cesaret etmek (bir yere)

**hinweg** _ADV_ öteye; uzağa; **~ über -in** çok ötesine; **über j-n** (od **j-s Kopf) ~** b-ne hiç sormadan; **darüber ist er ~** bunu çok gerilerde bıraktı

**Hinweg** _M_ gidiş (yolu)

**hinweggehen** _VI_ ⟨irr, -ge-, s.⟩: **~ über** (akk) -i aldırmamak

**hinweghelfen** _VT_ ⟨irr, -ge-, h.⟩: **j-m über etw** (akk) **~** b-nin bş-i atlatmasına yardım etmek

**hinwegkommen** _VI_ ⟨irr, -ge-, s.⟩ **über** (akk) -i aşmak; **nicht ~ (können) über** (akk) sineye çekememek

**hinwegsehen** _VI_ ⟨irr, -ge-, h.⟩: **~ über** (akk) -e göz yummak, -i görmezden gelmek

**hinwegsetzen** _VR_ ⟨-ge-, h.⟩: **sich ~ über** (akk) -e aldırmamak

**Hinweis** _M_ ⟨-es; -e⟩ bilgi, ima; (Anzeichen) işaret, ipucu; **sachdienliche ~e -in** aydınlatılmasına yardımcı olacak ipuçları

**hinweisen** ⟨irr, -ge-, h.⟩ **A** _VT_: **j-n ~ auf** (akk) b-nin dikkatini -e çekmek **B** _VI_: **~ auf** (akk) göstermek; fig belirtmek; (anspielen) -e ima etmek; **darauf ~, dass** -diğine işaret etmek

**Hinweis|schild** _N_, **~tafel** _F_ işaret levhası

**hinwerfen** _VT_ ⟨irr, -ge-, h.⟩ umg Job (işten) çıkmak

**hinwollen** _VI_ ⟨irr, -ge-, h.⟩: umg **wo willst du hin?** nereye gitmek istiyorsun?

**hinziehen** ⟨irr, -ge-, h.⟩: **A** _VR_ ⟨h.⟩: **sich ~** (bis zu **-e** kadar) räumlich uzanmak; zeitlich uzamak, sürmek **B** _VT_ ⟨h.⟩ (zu -e doğru) çekmek; **sich hingezogen fühlen zu -in** cazibesine kapılmak

**hinzufügen** _VT_ ⟨-ge-, h.⟩ (zu -e) eklemek

**Hinzufügung** _F_ ⟨-; ohne pl⟩: **unter ~ von** (od gen) ... eklenerek/katılarak

**hinzukommen** _VI_ ⟨irr, -ge-, s.⟩ (üstüne) eklenmek; **hinzu kommt, dass** ayrıca şu da var ki ..., şunu da ilave etmek gerekir ki ...

**hinzuziehen** _VT_ ⟨irr, -ge-, h.⟩ Experten -e danışmak

**Hiobsbotschaft** _F_ felaket haberi, kara haber

**Hirn** _N_ ⟨-s; -e⟩ ANAT beyin a. fig **~gespinst** _N_: **ein reines ~** safî kuruntu **~haut** _F_ beyin zarı **~entzündung** _F_ MED menenjit

**hirnlos** _ADJ_ umg beyinsiz(ce)

**hirnrissig** _ADJ_ umg deli saçması

**Hirntod** _M_ MED beyin ölümü

**hirnverbrannt** _ADJ_ umg deli saçması

**Hirsch** _M_ ⟨-es; -e⟩ geyik **~braten** _M_ geyik kızartması **~kalb** _N_ geyik yavrusu **~kuh** _F_ dişi geyik

**Hirse** _F_ ⟨-; -n⟩ BOT darı

**Hirte** _M_ ⟨-n; -n⟩ çoban

**Hirtenbrief** _M_ piskoposluk bildirgesi

**Hisbollah** **A** _F_ ⟨-; ohne pl⟩ POL Hizbullah **B** _M_ ⟨-s; -s⟩ POL Hizbullah milisi

**hissen** _VT_ ⟨h.⟩ Flagge çekmek; Segel açmak

**Historiker** _M_ ⟨-s; -⟩, **-in** _F_ ⟨-; -nen⟩ tarihçi

**historisch** _ADJ_ tarihi, tarihsel

**Hit** _M_ ⟨-(s); -s⟩ MUS umg hit

**Hitze** _F_ ⟨-; ohne pl⟩ (yüksek) sıcaklık

**hitze|beständig** _ADJ_ ısıya dayanıklı **~empfindlich** _ADJ_ ısıya duyarlı; ısıdan etkilenen **~frei** _ADJ_ çocukların okulu sıcaktan tatil olması &**frei** _N_: **die Kinder haben ~** çocukların okulu sıcaktan tatil oldu

**Hitzewelle** _F_ aşırı sıcaklar pl; sıcak (hava) dalgası

**hitzig** ADJ kızgın; *Debatte* ateşli, hararetli
**Hitz|kopf** M çabuk kızan ♀**köpfige** ADJ ateşli
**Hitzschlag** M MED güneş çarpması
**HIV** [ha:|i:'faʊ] N ⟨-(s); -(s)⟩ MED HIV ~**-Infektion** F HIV enfeksiyonu ~**-negativ** ADJ HIV negatif ~**-positiv** ADJ HIV pozitif ~**-Test** M HIV testi
**H-Milch** ['ha:-] F uzun ömürlü süt
**Hobby** ['hɔbi] N ⟨-s; -s⟩ merak, uğraş, hobi
**Hobel** M ⟨-s; -⟩ rende; planya
**hobeln** ⟨a. VI⟩ ⟨h.⟩ rendelemek; planyadan geçirmek
**hoch** A ADJ yüksek; *Baum, Haus* büyük; *Strafe* ağır; *Gast* önemli, büyük; *Alter* ilerli; *Schnee* çok; **in hohem Maße** üst derecede; **das ist mir zu ~** bunu ben anlayamam, bu beni aşar B ADV: **3000 Meter ~ fliegen** 3.000 metre yükseklikte uçmak; ~ **angesehen** çok saygın/sayılan; ~ **bezahlt** yüksek maaşlı/ücretli; ~ **dotiert** yüksek maaşlı; meblağı yüksek; ~ **entwickelt** TECH çok gelişmiş; ~ **gewinnen (verlieren)** çok kazanmak (kaybetmek); ~ **oben** ta yukarıda; ~ **qualifiziert** yüksek nitelikli; ~ **spielen** yüksek oynamak; ~ **soll** ... **leben!** yaşasın ... !; MATH **fünf ~ zwei** beş üzeri iki
**Hoch** N ⟨-s; -s⟩ METEO yüksek (basınç)
**Hochachtung** F (*vor dat -e*) (derin) saygı; **alle ~!** bravo doğrusu!, helal olsun!
**hochachtungsvoll** ADV *Brief* Saygılarım(ız)la
**Hochadel** M yüksek aristokrasi
**hochaktuell** ADJ gayet güncel
**hocharbeiten** V/R ⟨-ge-, h.⟩: **sich ~** çalışarak yükselmek
**Hochbau** M ⟨-s; ohne pl⟩: **Hoch- und Tiefbau** yerüstü ve yeraltı inşaatı
**hochbegabt** ADJ üstün yetenekli
**hochbetagt** ADJ çok yaşlı
**Hochbetrieb** M ⟨-s; ohne pl⟩ hummalı faaliyet
**hochbringen** V/T ⟨irr, -ge-, h.⟩ yukarıya çıkarmak/getirmek; *umg Kranke* ayağa kaldırmak; **e-e Firma wieder ~** bir şirketi yeniden canlandırmak
**Hochburg** F POL *-in* kalesi
**Hochdeutsch** N Yüksek (*od* Standart) Almanca

**Hochdruck** M ⟨-s; ohne pl⟩ METEO, PHYS yüksek basınç; **mit ~ arbeiten** büyük gerilim altında çalışmak ~**gebiet** N METEO yüksek basınç alanı
**Hochebene** F yayla
**hochempfindlich** ADJ çok hassas
**hocherfreut** ADJ (*über -den*) çok memnun
**Hoch|form** F ⟨-; ohne pl⟩: **in ~** tam formunda ~**format** N dikey boyut ~**frequenz** F ELEK yüksek frekans ~**gebirge** N yüksek dağlar *pl*
**hochgehen** ⟨irr, -ge-, s.⟩ V/I (yukarıya) çıkmak; yükselmek; *umg* küplere binmek; *umg* patlamak, havaya uçmak; *umg* **etw ~ lassen** (bombalı saldırıyla) yerle bir etmek; **j-n ~ lassen** b-ni ele vermek
**Hochgenuss** M büyük/özel zevk
**hochgeschlossen** ADJ kapalı yakalı
**hochgestellt** ADJ yüksek (rütbeli/önemde)
**hochgestochen** ADJ *umg* tumturaklı; kurumlu; iddialı
**hochgewachsen** ADJ uzun boylu
**Hochglanz** M ince perdah ~**papier** N kuşe kağıt
**hochgradig** ADJ TECH yüksek derecede; *umg* alabildiğine
**Hochhaus** N çok katlı bina, gökdelen
**hochheben** V/T ⟨irr, -ge-, h.⟩ (yükseğe) kaldırmak
**hochjubeln** V/T ⟨-ge-, h.⟩ *umg* göklere çıkarmak
**hochkarätig** ADJ yüksek ayarlı
**hochklappen** V/T ⟨-ge-, h.⟩ (katlayıp) kaldırmak
**hochkommen** V/I ⟨irr, -ge-, s.⟩ **(wieder ~)** toparlanıp kalkmak; **j-m ~** *umg* b-nin midesi bulanmak; **wenn es hochkommt** en iyi (*od* kötü) ihtimalle, olsa olsa
**Hochkonjunktur** F WIRTSCH yüksek konjonktür
**Hochland** N yayla, yüksek arazi
**hochleben** V/I ⟨-ge-, h.⟩: ~ **lassen** *-e* «yaşa!» diye bağırmak
**Hochleistung** F yüksek verim
**Hochleistungssport** M profesyonel spor
**hochmodern** ADJ ultramodern
**Hochmut** M kibir
**hochmütig** ADJ kibirli

**hochnäsig** ADJ burnu büyük
**hochnehmen** V/T ⟨irr, -ge-, h.⟩ kucağa almak; *umg* **j-n ~** b-le dalga geçmek
**Hochofen** M TECH yüksek fırın
**hochprozentig** ADJ *Schnaps* (alkol) derecesi yüksek; *Lösung* yüksek dereceli
**hochrechn|en** V/T ⟨-ge-, h.⟩ (tahmini olarak) hesaplamak **&ung** F tahmin (hesabı)
**Hochsaison** F yüksek sezon
**hochschaukeln** V/R ⟨-ge-, h.⟩: *umg* **sich (gegenseitig) ~** birbir(ler)ini kışkırtmak
**Hochschul|abschluss** M yüksekokul mezuniyeti **~absolvent(in)** M(F) yüksekokul mezunu **~ausbildung** F yüksek öğrenim **~diplom** N yüksekokul diploması **~e** F yüksekokul, üniversite **~lehrer(in)** M(F) profesör **~reife** F lise mezuniyeti, *olgunluk sınavını vermiş olma*
**Hochsee|fischerei** F açıkdeniz balıkçılığı **~jacht** F açıkdeniz yatı
**Hochsitz** M avcı kulübesi
**Hochsommer** M yaz ortası; **im ~** yaz ortasında
**Hochspannung** F yüksek gerilim/voltaj **~skabel** N yüksek gerilim kablosu
**hochspielen** V/T ⟨-ge-, h.⟩ *fig* şişirmek
**Hochsprache** F standart/ölçünlü dil **&lich** ADJ standart/ölçünlü dildeki
**Hochsprung** M ⟨-s; *ohne pl*⟩ yüksek atlama
**höchst** A ADJ en yüksek; *fig a.* yüce; (*äußerst*) aşırı B ADV gayet, son derece(de), aşırı
**Höchstalter** N azami yaş
**hochstapeln** V/T ⟨-ge-, h.⟩ kendini olduğundan zengin (bilgili) göstermek
**Hochstapler** M ⟨-s; -⟩, **-in** F ⟨-; -nen⟩ sahtekâr, dolandırıcı
**Höchstbelastung** F TECH azami yük/yüküm
**Höchstbetrag** M azami bedel; tavan fiyat
**höchstens** ADV en çok, olsa olsa
**Höchst|form** F: **in ~** SPORT en iyi formunda **~geschwindigkeit** F azami hız; **zulässige ~** izin verilen azami hız **~leistung** F TECH azami randıman/performans **~maß** N (**an** *dat* **-in**) en yüksek derece(si), maksimum; **ein ~ an Sicherheit** azami emniyet **&persön-**

**lich** ADV bizzat kendisi **~preis** M tavan/azami fiyat, en yüksek fiyat; **zum ~** en yüksek fiyattan **~stand** M en yüksek düzey; **e-n ~ erreichen** en yüksek noktasına varmak **~strafe** F en yüksek ceza
**höchstwahrscheinlich** ADV en büyük ihtimalle, olsa olsa
**Hochtouren: auf ~ bringen** hızlı çalıştırmak; **auf ~ laufen** bütün hızıyla ilerlemek
**hochtrabend** ADJ yüksekten atan
**Hoch- und Tiefbau** M ⟨-s; *ohne pl*⟩ yerüstü ve yeraltı inşaatı
**hochverdient** ADJ gayet hakkedilmiş
**Hochverrat** M vatana ihanet
**hochverzinslich** ADJ yüksek faizli
**Hochwasser** N ⟨-s; -⟩ yüksek su düzeyi (*Fluss, Meer*); (*Überschwemmung*) sel baskını, taşkın **~gefahr** F taşkın tehlikesi **~katastrophe** F sel felaketi
**hochwertig** ADJ çok değerli, üstün nitelikli
**Hochzeit** F ⟨-; -en⟩ düğün; **~ haben**, **~ feiern** düğün yapmak; **-in** düğünü olmak
**Hochzeits|kleid** N düğün elbisesi **~nacht** F düğün gecesi **~reise** F balayı gezisi; **auf ~** balayında **~tag** M düğün günü; (*Jahrestag*) evlenme yıldönümü
**hochziehen** A V/T ⟨irr, -ge-, h.⟩ FLUG yükseltmek; *Nase* burnunu çekmek B V/R *umg*: **sich ~ an** bş-den moral bulmak/almak
**Hocke** F ⟨-; -n⟩ ekin demeti; **in die ~ gehen** çömelmek
**hocken** V/I ⟨h.⟩ çömelmek, *umg* çömelip oturmak; **über s-n Büchern ~** oturup habire kitap okumak
**Hocker** M ⟨-s; -⟩ tabure
**Höcker** M ⟨-s; -⟩ hörgüç; çıkıntı; kambur
**Hockey** ['hɔki, 'hɔke] N ⟨-s; *ohne pl*⟩ hokey **~schläger** M hokey raketi **~spieler(in)** M(F) hokeyci
**Hoden** M ⟨-s; -⟩ ANAT haya, testis; *vulg* taşak
**Hof** M ⟨-s; ⁼e⟩ avlu; AGR çiftlik; (*Innen&*) iç avlu; (*Fürsten&*) saray; **bei ~** sarayda; **j-m den ~ machen** b-ne kur yapmak
**Hofdame** F *adelig* nedime
**hoffen** V/I *u.* V/T ⟨h.⟩ (**auf** *akk* **-i**) ümit et-

mek, ummak; *zuversichtlich -e* güvenmek; **das Beste ~** en iyisini ümit etmek; **ich hoffe es** umarım; **ich hoffe nicht, ich will es nicht ~** umarım olmaz
**hoffentlich** ADV *umg* ADV umarım, inşallah; **~ nicht!** inşallah/umarım değildir/olmaz!
**Hoffnung** F ⟨-; -en⟩ umut, ümit; (*auf akk*) ... ümidi; **die ~ aufgeben** ümidini kaybetmek; **es besteht keine ~** (bir) ümit yok; **in der ~ zu** -mek ümidiyle; **j-m ~en machen** b-ne ümit vermek; **sich** (*dat*) **~en machen** ümitlenmek
**hoffnungs|los** ADJ ümitsiz **♀losigkeit** F ⟨-; *ohne pl*⟩ ümitsizlik **♀schimmer** M ümit pırıltısı/ışığı **♀träger(in)** M(F) ümit -(s)i **~voll** ADJ ümitli; ümit verici
**höflich** ADJ kibar, nazik **♀keit** F ⟨-; *ohne pl*⟩ nezaket **♀keitsbesuch** M nezaket ziyareti
**Höhe** ['hø:ə] F ⟨-; -n⟩ yükseklik; rakım; (*An*♀) tepe; (*Gipfel*) zirve, doruk; *e-r Summe, Strafe etc* miktar; (*Niveau*) düzey; (*Ausmaß*) boyut, ölçü; FLUG irtifa; **an ~ verlieren** irtifa kaybetmek; **ich bin nicht ganz auf der ~** pek formumda değilim; **auf gleicher ~ mit** ile aynı düzeyde; **in e-r ~ von ... ...** yükseklikte/irtifada
**Hoheit** F ⟨-; -en⟩ POL egemenlik; *Titel* **Seine/Ihre ~** Zatı Şahaneleri
**Hoheits|gebiet** N egemenlik sahası **~gewässer** PL kara suları **~zeichen** N egemenlik arması
**Höhen|flosse** F FLUG stabilizatör **~flug** M yüksek uçuş **~krankheit** F irtifa hastalığı **~lage** F rakım **~luft** F ⟨-; *ohne pl*⟩ dağ havası **~messer** M FLUG altimetre **~sonne** F MED ultraviyole lambası **~unterschied** M yükseklik/rakım farkı
**Höhepunkt** M zirve; en üst derece; **~ des Abends** akşamın en önemli olayı; **auf dem ~** zirvede
**höher** ['hø:ɐ] ADJ *u.* ADV daha yüksek; yüksekçe; **~er Dienst** yüksek memuriyet; **in ~em Maße** (oldukça) büyük ölçüde
**hohl** ADJ oyuk; boş, kof
**Höhle** F ⟨-; -n⟩ mağara, in
**Höhlenforsch|er** M mağarabilimci **~ung** F mağarabilim
**Hohl|kehle** F TECH mafer; lamba; oluk **~körper** M MATH boş cisim **~kreuz**

N MED lordoz **~maß** N hacim ölçüsü **~raum** M boşluk, boş mekân
**Hohn** M ⟨-s; *ohne pl*⟩ alay, hor görme, küçümseme; **das ist der reine** (*od* **blanke**) **~** buna insanla alay etmek denir
**höhnen** V/I ⟨*h.*⟩ (**über** *akk -le*) alay etmek
**höhnisch** ADJ alaycı, küçümseyici
**Hokuspokus** M ⟨-; *ohne pl*⟩ hokus pokus
**Holdinggesellschaft** F WIRTSCH holding
**holen** V/T ⟨*h.*⟩ gidip almak; *Polizei, ans Telefon* çağırmak; **~ lassen** yollayıp aldırtmak; **sich** (*dat*) (**e-n Schnupfen**) **~** (nezleye) yakalanmak; **sich** (*dat*) **Rat ~** akıl danışmak
**Holland** N Hollanda
**Holländer** M ⟨-s; -⟩, **-in** F ⟨-; -nen⟩ Hollandalı
**holländisch** ADJ Hollanda(lı) *subst*
**Hölle** F ⟨-; -n⟩ cehennem; **in die ~ kommen** cehenneme gitmek
**Höllen|angst** F: *umg* **e-e ~ haben** (**vor** -*den*) öcü gibi korkmak **~lärm** M cehennemi gürültü **~qual** F: *umg* **~en ausstehen** cehennem ıstırabı çekmek **~tempo** N *umg*: **mit e-m ~** cehennem hızıyla
**höllisch** ADJ cehennemi; *fig* son derece(de); *umg* **~ aufpassen** çok dikkat etmek; **~ wehtun** çok acı/ağrı vermek/çekmek
**Holm** M ⟨-s; -e⟩ TECH kiriş
**Holocaust** [holo'ko:st] M ⟨-(s); -s⟩ Yahudi soykırımı
**Hologramm** N ⟨-s; -e⟩ hologram
**holperig** ADJ inişli yokuşlu; eğri büğrü; *Straße* kasisli
**holpern** V/I ⟨*s.*⟩ sarsıla sarsıla gitmek; ⟨*h.*⟩ sarsılmak; *fig* tökezlemek; aksamak; su gibi okuyamamak
**Holunder** M ⟨-s; -⟩ BOT mürver (ağacı)
**Holz** N ⟨-es; ⸗er⟩ odun; (*Nutz*♀) tahta, kereste; **aus ~** tahtadan, ahşap; **~ verarbeitend** ağaç işleyen **~bauweise** F ahşap inşaat/yapı (tarzı) **~bearbeitung** F ağaç işleri/işlemeciliği **~bläser** M MUS ahşap nefesli saz
**hölzern** ADJ tahtadan, ahşap; *fig* hantal, sakar, beceriksiz
**Holzfäller** M ⟨-s; -⟩ oduncu
**Holzfaser** F odunlifi **~platte** F odun-

lifi levhası
**holzfrei** ADJ selülozsuz
**Holzhaus** N ahşap ev/bina
**holzig** ADJ odunsu
**Holz|kohle** F odunkömürü **~schnitt** M ıstampa, ağaç gravür **~weg** M fig: **auf dem ~ sein** yanlış yolda olmak **~wolle** F ambalaj talaşı **~wurm** M ağaç kurdu
**Homepage** [ho:mpe:dʒ] F IT ana sayfa
**Homo** M ⟨-s; -s⟩ umg homo
**homogen** ADJ homojen
**Homonym** N ⟨-s; -e⟩ eşsesli, sesteş
**Homöopathie** [homøopa'ti:] F ⟨-; ohne pl⟩ homepati
**homöopathisch** ADJ homepatik
**Homosex|ualität** F eşcinsellik, homoseksüalite ♀**uell** ADJ eşcinsel **~uelle** M,F ⟨-n; -n⟩ eşcinsel
**Honig** M ⟨-s; -e⟩ bal **~kuchen** M ballı kek **~lecken** N: umg **das war kein ~!** hiç de kolay olmadı! **~melone** F kavun
**honigsüß** ADJ bal gibi (tatlı); fig vıcık vıcık
**Honorar** N ⟨-s; -e⟩ (von Freiberuflern) ücret
**Honoratioren** [-'tsĭo:rən] PL eşraf, ilerigelenler
**honorieren** VT ⟨ohne ge-, h.⟩ **j-n ~** b-ne ücret ödemek; **etw ~** bş-i takdir etmek; bş-in değerini bilmek
**honoris causa** [ho'no:rıs 'kaʊza] NUR IN **Doktor (Professor) ~** fahrî doktor (profesör)
**Hooligan** ['hu:lıgən] M ⟨-s;-s⟩ SPORT hooligan, fedai
**Hopfen** M ⟨-s; ohne pl⟩ BOT şerbetçiotu
**hopp** INT hop!; ha(y)di!
**hoppeln** VI ⟨s.⟩ hoplayarak gitmek
**hoppla** INT hey!; hop!; pardon!
**hopsen** VI ⟨s.⟩ umg sıçrayarak dans etmek
**Hopser** M ⟨-s; -⟩ umg sıçrayış
**hörbar** ADJ işitilebilir, duyulabilir
**Hörbehinderte** M,F ⟨-n; -n⟩ işitme engelli
**horchen** VI ⟨h.⟩ **(auf** akk **-e)** kulak vermek; heimlich -e kulak kabartmak
**Horcher** M ⟨-s; -⟩ kulak kabartan, kulağı delik adj

lemek; Radio, Musik dinlemek; gehorchen (söz) dinlemek; **er hört schwer** ağır işitiyor; **~ auf** akk -in sözünü dinlemek; **ich lasse von mir ~** ben sana/size haber veririm; **von j-m ~** b-nden haber almak; **sie will nichts davon ~** bunun lafını duymak bile istemiyor; **hör(t) mal!** dinle (-yin) hele! erklärend bak(ın)!; **nun (od also) hör(t) mal!** Einwand bir dakika, bir dur(un) bakalım
**Hörensagen** N ⟨-s; ohne pl⟩: **vom ~** kulaktan kulağa
**Hörer**[1] M ⟨-s; -⟩, **-in** F ⟨-; -nen⟩ dinleyici; Universität ders izleyen
**Hörer**[2] M ⟨-s; -⟩ TEL ahize; **den ~ auflegen** ahizeyi/telefonu kapatmak
**Hörerschaft** F ⟨-; -en⟩ dinleyiciler pl
**Hör|fehler** M MED işitme arızası **~funk** M radyo **~gerät** N işitme cihazı
**hörig** ADJ **j-m ~ sein** b-ne (cinsel yönden) bağımlı olmak
**Horizont** M ⟨-s; -e⟩ ufuk; **am ~** ufukta; **s-n ~ erweitern** ufkunu genişletmek ♀**al** ADJ yatay
**Hormon** N ⟨-s; -e⟩ hormon
**Hörmuschel** F TEL kulaklık
**Horn** N ⟨-s; ¨er⟩ boynuz; MUS korno
**Hornhaut** F nasır; Auge saydam tabaka, kornea
**Hornisse** F ⟨-; -n⟩ eşekarısı
**Hornist(in)** M(F) MUS kornocu; borucu; borazan(cı)
**Horoskop** N ⟨-s; -e⟩ yıldız falı; **j-m das ~ stellen** b-nin yıldız falına bakmak
**Horror** [-ro:ɐ] M ⟨-s; ohne pl⟩ (vor dat -den) dehşet **~film** M korku filmi
**Hör|saal** M dersane, amfi **~spiel** N radyo oyunu **~sturz** M MED (ani) sağırlık
**Hort** M ⟨-s; -e⟩ kreş
**horten** VT ⟨h.⟩ stok etmek
**Hortensie** [-zǐə] F ⟨-; -n⟩ BOT ortanca
**Hör|test** M işitme testi **~vermögen** N ⟨-s; ohne pl⟩ işitme yeteneği **~weite** F ⟨-; ohne pl⟩: **in (außer) ~** seslenilebilir uzaklıkta (değil)
**Höschen** N ⟨-s; -⟩ (Slip) külot
**Hose** F ⟨-; -n⟩ pantolon
**Hosen|anzug** M pantolon-ceket **~bein** N paça **~rock** M pantolon-etek **~schlitz** M pantolon (ön) yırtmacı **~tasche** F pantolon cebi **~träger**

PL pantolon askısı *sg*
**hospitieren** V/I ⟨ohne ge-, h.⟩ **(bei)** misafir/stajyer olarak (*-in*) dersini dinlemek
**Hostess** F ⟨-; -en⟩ hostes (*auf Kongress etc*)
**Hostie** ['hɔstiǝ] F ⟨-; -n⟩ REL kutsal ekmek (*ayinde*)
**Hotdog** M ⟨-s; -s⟩ GASTR sosisli sandviç
**Hotel** N ⟨-s; -s⟩ otel; **~ garni** otel-pansiyon **~direktor** M otel müdürü **~gewerbe** N otelcilik
**Hotelier** [hotɛ'liːeː] M ⟨-s; -s⟩ otelci
**Hotelverzeichnis** N oteller rehberi **~zimmer** N otel odası
**Hotline** ['hɔtlaɪn] F ⟨-; -s⟩ TEL iletişim hattı, hotline
**HP** *abk für* Halbpension F yarım pansiyon
**Hr.** *abk für* **Herr** bay, bey
**Hrn.** *abk für* Herrn ... ... Bey'e, ... Bey'i
**Hrsg.** *abk für* Herausgeber(in F)M yayımcı, editör
**Hubraum** M AUTO silindir hacmi
**hübsch** ADJ güzel, sevimli, şirin; *Geschenk etc* zarif
**Hubschrauber** M ⟨-s; -⟩ helikopter **~landeplatz** M helikopter (iniş) pisti
**huckepack** ADV *umg* sırtta
**Huckepackverkehr** M sırtüstü ulaşımı
**hudeln** V/I ⟨h.⟩ *umg* kötü çalışmak
**Huf** M ⟨-s; -e⟩ toynak; tırnak; ayak
**Hufeisen** N nal **~form** F: **in ~** nal şeklinde(ki) **Ⴛförmig** ADJ nal şeklinde(ki)
**Huflattich** M BOT aslanpençesi
**Hüft|e** F ⟨-; -n⟩ ANAT kalça **~gelenk** N kalça eklemi **Ⴛhoch** ADJ *u*. ADV bele kadar (gelen) **Ⴛknochen** M kalça kemiği
**Hügel** M ⟨-s; -⟩ tepe, küçük dağ **Ⴛig** ADJ dağlık, inişli yokuşlu
**Huhn** N ⟨-s; ⁻er⟩ tavuk
**Hühnchen** N ⟨-s; -⟩ piliç; *umg* **ein ~ zu rupfen haben mit** b-yle görülecek bir hesabı olmak
**Hühner|auge** N MED nasır **~augenpflaster** N nasır flasteri **~brühe** F tavuk suyu **~brust** F tavuk göğsü; MED huni biçimi göğüs **~ei** N tavuk yumurtası **~farm** F tavuk çiftliği **~futter** N tavuk yemi **~leiter** F tünek merdiveni; *fig* dar merdiven **~stall** M tavuk kümesi **~zucht** F tavukçuluk
**huldig|en** V/I ⟨h.⟩: **j-m ~** b-ne biat etmek; *fig* b-ne kur yapmak **Ⴛung** F ⟨-; -en⟩ **(an** *akk* **-e)** biat
**Hülle** F ⟨-; -n⟩ kılıf, zarf; (*Schutz*Ⴛ) örtü, (*Buch*Ⴛ, *Platten*Ⴛ) kap; **in ~ und Fülle** bol bol
**hüllen** V/T ⟨h.⟩: **sich in Schweigen ~** sükut perdesine bürünmek **~los** ADJ örtüsüz; çıplak
**Hülse** F ⟨-; -n⟩ BOT kapçık; TECH manşon, kovan
**Hülsenfrüchte** PL baklagiller
**human** ADJ insanca, insana yakışan **Ⴛismus** M ⟨-; *ohne pl*⟩ hümanizm(a); insancıllık **Ⴛist** M ⟨-en; -en⟩, **Ⴛistin** F ⟨-; -nen⟩ hümanist **~itär** ADJ insancıl, insanlıkla ilgili **Ⴛität** F ⟨-; *ohne pl*⟩ insanlık **Ⴛmedizin** F beşerî tıp
**Hummel** F ⟨-; -n⟩ yabanarısı
**Hummer** M ⟨-s; -⟩ ıstakoz
**Humor** [-'moːɐ] M ⟨-s; *ohne pl*⟩ mizah; espri; **den ~ behalten** neşesini korumak; **etw mit ~ nehmen** bş-i eğlenceli tarafından almak **~eske** F ⟨-; -n⟩ mizah hikayesi **~ist** M ⟨-en; -en⟩, **-in** F ⟨-; -nen⟩ mizahçı **Ⴛistisch** ADJ mizah *subst*, mizahî **Ⴛlos** ADJ şakadan anlamaz; esprisiz **Ⴛvoll** ADJ espri sahibi
**humpeln** V/I topallamak
**Humus** M ⟨-; *ohne pl*⟩ humus **~schicht** F humus tabakası
**Hund** M ⟨-s; -e⟩ köpek; *umg* **auf den ~ gekommen** iflas etmek; *umg* **vor die ~e gehen** sefil olmak
**hundeelend** ADJ *umg* berbat, rezil; **mir ist ~** (benim) halim berbat
**Hunde|hütte** F köpek kulübesi **~kuchen** M köpek bisküisi **~leben** N *umg* sefalet; rezillik **~leine** F köpek kayışı
**hundemüde** ADJ *umg* turşu gibi
**hundert** ADJ yüz (100); **einige (od ein paar) Ⴛ Leute** birkaç yüz kişi; **zu Ⴛen** yüzlercesi birden
**Hunderter** M ⟨-s; -⟩ MATH yüzler (hanesi/basamağı); *umg* yüzlük
**Hunderteuroschein** M yüz avro(luk banknot)
**hundertfach** ADJ *u.* ADV yüz kat(ı)
**Hundertjahrfeier** F yüzüncü yıl şenliği

**hundertjährig** ADJ yüz yıllık; yüz yaşında
**hundertmal** ADV yüz kere/defa
**Hundertmeterlauf** M yüz metre koşusu
**hundertprozentig** ADJ yüzde yüz (-lük)
**hundertst** ADJ yüzüncü
**hundertstel** ADJ yüzde bir
**Hundertstel** N ⟨-s; -⟩ yüzde bir
**hunderttausend** ADJ yüz bin
**Hündin** F ⟨-; -nen⟩ dişi köpek
**Hundstage** PL eyyamı bahur
**Hüne** M ⟨-n; -n⟩ çamyarması
**Hünengrab** N dolmen
**hünenhaft** ADJ iri yarı, kapı gibi
**Hunger** M ⟨-s; ohne pl⟩ açlık; **ich habe ~** karnım acıktı; **~ leiden** açlık çekmek
**Hungerlohn** M çok düşük ücret
**hungern** ⟨h.⟩ V/R aç kalmak, açlık çekmek; **sich zu Tode ~** ölesiye perhiz yapmak; perhizden ölmek
**hungernd** ADJ aç; açlık çeken
**Hungersnot** F kıtlık
**Hunger|streik** M açlık grevi **~tod** M ⟨-s; ohne pl⟩ açlıktan ölüm; acından ölme **~tuch** N umg: **am ~ nagen** -in açlıktan nefesi kokmak
**hungrig** ADJ aç; **~ sein** aç/acıkmış olmak; -in karnı aç/acıkmış olmak; **das macht ~** bu insanın iştahını açıyor
**Hunn|e** M ⟨-n; -n⟩, **-in** F ⟨-; -nen⟩ Hun
**Hupe** F ⟨-; -n⟩ AUTO korna, klakson
**hupen** V/I ⟨h.⟩ korna çalmak
**hüpfen** V/I ⟨s.⟩ sıçramak; *Ball etc* zıplamak
**Hupverbot** N klakson yasağı
**Hürde** F ⟨-; -n⟩ engel; **e-e ~ nehmen** bir engel(i) aşmak
**Hürden|lauf** M engelli koşu **~läufer(in)** M(F) engelli koşucu
**Hure** F ⟨-; -n⟩ umg orospu
**hurra** INT hurra!; yaşasın!
**Hurrikan** ['hʊrikaːn] M ⟨-s; -e⟩ hortum(lu fırtına)
**husch** INT kış!; fırt!; vın!
**huschen** V/I ⟨s.⟩ sessizce gitmek
**hüsteln** V/I ⟨h.⟩ hafifçe öksürmek
**husten** V/I ⟨h.⟩ öksürmek; umg **ich huste darauf!** istemem, olmaz olsun! umg **dem werde ich was ~!** ben ona ağzının payını veririm!
**Husten** M ⟨-s; ohne pl⟩ öksürük; **~ haben** -in öksürüğü olmak **~anfall** M öksürük nöbeti **~bonbon** M u. N öksürük pastili **~mittel** N öksürük ilacı **~reiz** M gıcık **~saft** M öksürük şurubu
**Hut¹** M ⟨-s; ⸚e⟩ şapka; umg **ein alter ~** eski (bir) hikâye; **den ~ abnehmen** (*od* **ziehen**) **vor j-m** b-ne şapkayı çıkarmak; **alles unter einen ~ bringen** hepsini (bir başlık altında) toparlamak; umg **damit habe ich nichts am ~** (benim) bununla hiçbir ilgim yok
**Hut²**: **auf der ~ sein** tetikte olmak
**Hüter** M ⟨-s; -⟩ koruyucu; bekçi; **der ~ des Gesetzes** kanunun bekçisi
**Hutkrempe** F şapka kenarı
**Hüttenindustrie** F maden endüstrisi
**Hyäne** F ⟨-; -n⟩ sırtlan
**Hyazinthe** F ⟨-; -n⟩ sümbül
**Hydrant** M ⟨-en; -en⟩ yangın musluğu
**Hydrat** N ⟨-s; -e⟩ CHEM hidrat
**hydraulisch** ADJ hidrolik
**Hydrodynamik** F hidrodinamik
**Hydrolyse** F ⟨-; -n⟩ CHEM hidroliz
**Hygien|e** F ⟨-; ohne pl⟩ [hyˈgiːəna] hijyen; hıfzıssıhha **⸖isch** [hyˈgiːnɪʃ] hijyenik
**Hyperbel** F ⟨-; -n⟩ MATH hiperbol; *fig* abartma
**Hyperlink** ['haɪpərlɪŋk] N ⟨-s; -s⟩ IT hiperlink
**hypermodern** [hyˈpeː-] ADJ ultramodern
**Hypertonie** F ⟨-; -n⟩ MED yüksek tansiyon, hipertansiyon
**hypnotisch** ADJ hipnotize
**Hypochond|er** [hypoˈxɔndɐ] M ⟨-s; -⟩ hipokondriyak, umg hastalık hastası **⸖risch** ADJ hipokondrik
**Hypothek** F ⟨-; -en⟩ WIRTSCH ipotek; **e-e ~ aufnehmen** (**auf** *akk* -*i*) ipotek ederek kredi almak; **mit e-r ~ belasten** ipotek altına sokmak/almak; ipotek etmek **⸖arisch** ADJ u. ADV ipotekle
**Hypotheken|bank** F ipotek bankası **⸖frei** ADJ ipoteksiz **~gläubiger(in)** M(F) ipotekli alacaklı **~pfandbrief** M ipotekli borç/rehin senedi **~schuldner(in)** M(F) ipotekli borçlu
**Hypothe|se** F ⟨-; -n⟩ varsayım, hipotez **⸖tisch** ADJ varsayımsal

# HYPO | 742

**Hypotonie** F ⟨-; -n⟩ MED düşük tansiyon; hipotansiyon
**Hyste|rie** F ⟨-; *ohne pl*⟩ histeri ⟨risch⟩ ADJ histerik

**i, I** [i:] N̄ ⟨-; -⟩ i, İ; **i wo!** ne gezer!; yok canım!
**i. A.** *abk für* im Auftrag ... adına; -e vekâleten
**iberisch** ADJ İberya(lı), İberik *subst*
**ICE®** [itse'|e:] *abk* → Intercityexpress®
**ich** PERS PR ben; **~ selbst** (ben) kendim; **bins** ben'im
**Ich** N̄ ⟨-(s); -(s)⟩ PSYCH ben(lik); **zweites ~** ikinci benlik
**ichbezogen** ADJ benmerkezci
**Ichform** F ⟨-; -⟩: **in der ~** birinci (tekil) şahıs ağzından
**ideal** [ide'a:l] ADJ ideal
**Ideal** [ide'a:l] N̄ ⟨-s; -e⟩ ülkü, ideal
**Idealfall** M ideal durum; **im ~** ideal olarak
**idealisieren** VT ⟨*ohne* ge-, *h.*⟩ idealize etmek
**Idealismus** M ⟨-; *ohne pl*⟩ idealizm
**Idealist** M ⟨-en; -en⟩, **-in** F ⟨-; -nen⟩ idealist
**idealistisch** ADJ idealist(çe)
**Idee** F ⟨-; -n⟩ fikir; **gute ~!** iyi fikir/akıl!; **ich kann auf die ~ zu** aklıma -mek geldi
**ideell** [ide'εl] ADJ MATH varsayımsal; **~er Wert** manevi değer
**ideen|arm, ~los** ADJ buluştan/yenilikten yoksun **~reich** ADJ yenilik dolu
**identifizierbar** ADJ teşhis edilebilir
**identifizieren** ⟨*ohne* ge-, *h.*⟩ **A** VT *-in* kimliğini belirlemek, *-i* teşhis etmek **B** V/R: **sich ~ mit** *-i* benimsemek; kendini ... ile özdeşleştirmek
**identisch** ADJ aynı, özdeş
**Identität** F ⟨-; *ohne pl*⟩ özdeşlik, kimlik
**Identitäts|krise** F kimlik bunalımı **~nachweis** M kimlik ispatı
**Ideolog|e** M ⟨-n; -n⟩ ideolog **~ie** F ⟨-; -n⟩ ideoloji ⟨isch⟩ ADJ ideolojik

**Idiom** [i'djo:m] N̄ ⟨-s; -e⟩ dil; deyim, tabir
**Idiomatik** F ⟨-; *ohne pl*⟩ dil özellikleri; deyimbilim
**idiomatisch** ADJ deyim(sel), mecazi
**Idiot** [i'djo:t] M ⟨-en; -en⟩ alık, bunak, aptal ⟨isch⟩ ADJ alık, aptal
**Idol** N̄ ⟨-s; -e⟩ put; *fig* ilah
**Idyll** [i'dyl] N̄ ⟨-s; -e⟩, **~e** [i'dylə] F ⟨-; -n⟩ idil ⟨isch⟩ ADJ *Ort etc* şirin, huzur dolu
**IG** *abk* → Industriegewerkschaft
**Igel** M ⟨-s; -⟩ ZOOL kirpi
**Iglu** M ⟨-s; -s⟩ iglu, Eskimo evi
**ignorant** ADJ vurdumduymaz(ca)
**Ignorant** M ⟨-en; -en⟩, **-in** F ⟨-; -nen⟩ vurdumduymaz
**Ignoranz** F ⟨-; *ohne pl*⟩ vurdumduymazlık
**ignorieren** VT ⟨*ohne* ge-, *h.*⟩ görmezlikten (*od* görmezden) gelmek
**ihm** PERS PR → er; ona; **ich glaube (es) ~** onun bu sözüne vs inanırım; **ein Freund von ~** onun bir arkadaşı
**ihn** PERS PR → er; onu
**ihnen** PERS PR → sie; onlara; **ich habe es ~ gesagt** onlara söyledim; **ein Freund von ~** onların bir arkadaşı
**ihr** [i:e] POSS PR → sie; ona, onun; *pl* onların; **der (die, das) ihr(ig)e** onunki
**Ihr** [i:e] POSS PR → Sie; sizin (*Höflichkeitsform*); **der ihr(ig)e** sizinki
**ihrerseits** ADV onun tarafından; **Ihrerseits** sizin tarafınızdan (*Höflichkeitsform*)
**ihresgleichen** INDEF PR (onun) eşi/eşiti/benzeri, (onun) kadar
**Ihresgleichen** *Höflichkeitsform* (sizin) eşiniz/eşitiniz/benzeriniz; (sizin) kadar
**ihretwegen** ADV onun için; onlar için
**Ihretwegen** ADV *Höflichkeitsform* sizin için; sizin yüzünüzden
**Ikone** F ⟨-; -n⟩ ikona
**illegal** ADJ yasadışı, illegal
**illegitim** [-ti:m] ADJ haksız(ca); gayrimeşru
**Illusion** [-'zjo:n] F ⟨-; -en⟩ yanılsama; kuruntu, hayal; **sich ~en hingeben** hayal(ler)e kapılmak; **darüber mache ich mir keine ~en** bu konuda hiç hayale kapılmıyorum
**illusorisch** ADJ yanıltıcı, aldatıcı
**Illustr|ation** [-'tsjo:n] F ⟨-; -en⟩ resim (-leme) ⟨ieren⟩ VT ⟨*ohne* ge-, *h.*⟩ re-

simlemek
**Illustrierte** F ⟨-n; -n⟩ magazin (dergisi)
**im** (= in dem) PRÄP: ~ **Bett** yatakta; ~ **Kino** sinemada
**IM** [iːˈɛm] M ⟨-s; -s⟩ abk für inoffizieller Mitarbeiter POL gayriresmî eleman
**Image** [ˈɪmɪtʃ, ˈɪmɪdʒ] N ⟨-s; -s⟩ imge, görüntü, imaj **~pflege** F ⟨-; ohne pl⟩ -in imajını düzeltme veya koruma çabası
**imaginär** ADJ tasarımsal
**Imam** M İslam imam
**Imbiss** M ⟨-es; -e⟩ hafif yemek; büfe yemeği, fast food; büfe **~halle** F, **~stube** F büfe
**Imitation** [-ˈtsi̯oːn] f ⟨-; -en⟩ taklit; Schmuck a. imitasyon
**imitieren** VT ⟨ohne ge-, h.⟩ taklit etmek
**Imker** M ⟨-s; -⟩ arıcı
**immanent** ADJ içkin
**Immatrikulation** F ⟨-; -en⟩ Universität derse yazılma, kayıt **Sieren** VT ⟨ohne ge- h.⟩: **sich ~ lassen** (an dat -e) kaydını yaptırmak
**immens** ADJ sonsuz, sınırsız
**immer** ADV daima; her zaman; ~ **mehr** gittikçe, gitgide; **noch** ~ hâlâ; **noch** ~ **nicht** hâlâ değil/yok; ~ **wenn** (her) ne zaman; -dikçe; ~ **wieder** sık sık, defalarca; ~ **besser** gittikçe (daha) iyi; **wann (auch)** ~ (her) ne zaman oluursa olsun; **was (auch)** ~ (her) ne olursa olsun; **wer (auch)** ~ (her) kim olursa olsun; **wie (auch)** ~ (her) nasıl olursa olsun; her neyse; **wo (auch)** ~ (her) nerede olursa olsun
**immergrün** ADJ yaprağını dökmeyen
**immerhin** ADV hiç değilse, en azından; bir yerde, nihayet
**immerwährend** ADJ sürekli, hiç bitmeyen
**Immigrant** M ⟨-en; -en⟩, **-in** F ⟨-; -nen⟩ göçmen, mülteci
**Immigration** F ⟨-; -en⟩ göç
**immigrieren** VI ⟨ohne ge-, s.⟩ göç etmek
**Immission** [-ˈsi̯oːn] F ⟨-; -en⟩ gürültü/ kirlenme etkisi
**Immobilien** [-ˈi̯ən] pl gayrimenkul sg, taşınmaz mal(lar) **~makler(in)** M(F) emlak komisyoncusu **~markt** M gayrimenkul piyasası

**immun** ADJ (gegen -e karşı) bağışık **~isieren** VT ⟨ohne ge-⟩ (gegen -e karşı) bağışıklık kazandırmak **Sität** F ⟨-; ohne pl⟩ MED bağışıklık; POL dokunulmazlık **Skörper** M MED bağışıklık maddesi, amboseptör **Sologie** F ⟨-; ohne pl⟩ imünoloji **Sschwäche** F MED bağışıklık yetersizliği **Ssystem** N bağışıklık sistemi
**Imperativ** [-tiːf] M ⟨-s; -e⟩ GRAM emir kipi
**Imperfekt** N ⟨-s; -e⟩ GRAM geçmiş zaman
**Imperia|lismus** [-i̯a-] M ⟨-; ohne pl⟩ emperyalizm **~list** M ⟨-en; -en⟩ emperyalist **Slistisch** ADJ emperyalist
**Imperium** [-i̯ʊm] N ⟨-s; -rien⟩ imparatorluk
**Impfaktion** F MED aşı kampanyası
**impfen** VT ⟨h.⟩ MED (gegen -e karşı) -e aşı yapmak, -i aşılamak; **sich ~ lassen** (gegen -e karşı) aşı olmak
**Impf|pass** M, **~schein** M aşı karnesi **~stoff** M aşı (maddesi) **~ung** F ⟨-; -en⟩ aşı (yapma), aşılama
**Implantat** N ⟨-s; -e⟩ Organ nakledilen organ; künstliches: takma (organ)
**implantieren** VT ⟨ohne ge-, h.⟩ MED ... nakli yapmak
**implizieren** VT ⟨ohne ge-, h.⟩ ... anlamına gelmek
**imponier|en** VI ⟨ohne ge-, h.⟩: **j-m ~** b-ni etkilemek **~end** ADJ etkileyici; çalımlı **Sgehabe** N umg çalım (satma)
**Import** M ⟨-s; -e⟩ ithal; ithal malı; ithalat pl **~beschränkungen** PL ithalat kısıtlamaları
**Importeur** [ɪmpɔrˈtøːr] M ⟨-s; -e⟩ ithalatçı (öz şirket)
**importieren** VT ⟨ohne ge-, h.⟩ ithal etmek
**imposant** ADJ etkileyici, heybetli
**impotent** ADJ MED iktidarsız
**Impotenz** F ⟨-; ohne pl⟩ MED (cinsel) iktidarsızlık
**imprägnieren** VT ⟨ohne ge-, h.⟩ su geçirmez hale getirme
**Impression** [-ˈsi̯oːn] F ⟨-; -en⟩ izlenim, intiba
**Impressionismus** [-si̯o-] M ⟨-; ohne pl⟩ empresyonizm
**Impressionist** M ⟨-en; -en⟩ empresyonist **Sisch** ADJ empresyonist subst

**Impressum** N ⟨-s; Impressen⟩ TYPO künye

**Improvisation** [-v-] F ⟨-; -en⟩ doğaçlama, emprovizasyon

**improvisieren** [-v-] ⟨ohne ge-, h.⟩ A VT hemen uyduruvermek B VI doğaçlama yapmak

**Impuls** M ⟨-es; -e⟩ içtepi; (Anstoß) a. itiş, teşvik; **e-m ~ folgend** içinden vs gelen sese uyarak; **neue ~e geben** yeni fikirler aşılamak

**impulsiv** [-'zi:f] ADJ içtepisel; fevri

**Impulskauf** M WIRTSCH ani (satın)alım

**imstande** ADJ: **~ sein, etw zu tun** bş-i yapacak durumda olmak

**in**[1] PRÄP räumlich **wo?** (dat) -in içinde, -in içerisinde, -de; **wohin?** (akk) -in içine; **warst du schon mal in …?** sen hiç … gittin mi?; zeitlich (dat) -de; Art und Weise (dat) ile, -de; **im Mai** mayısta; **mayıs ayında**; **~ dieser Woche** bu hafta (içinde); **~ diesem Alter (Augenblick)** bu yaşta (anda); **~ Behandlung sein** tedavi altında olmak/bulunmak; **gut ~ Chemie** kimyası iyi; **~ Eile** aceleyle

**in**[2] ADJ: umg **~ sein** moda olmak; in olmak

**inaktiv** ADJ CHEM inaktif

**inakzeptabel** ADJ kabul edil(e)mez

**Inangriffnahme** F ⟨-; -n⟩ başlama; ele alma

**Inanspruchnahme** F ⟨-; -n⟩ **(von)** -in kullanılması; (-den) faydalanma; zorlanma, efor

**Inbegriff** M ⟨-s; -e⟩ timsal; umg -in kendisi

**inbegriffen** ADJ dahil

**Inbesitznahme** F ⟨-; -n⟩ ele geçir(il)me, sahiplen(il)me

**Inbetriebnahme** F ⟨-; -n⟩ hizmete al(ın)ma; **bei ~ der Anlage** tesis hizmete alınırken

**indem** KONJ -erek; **er entkam, ~ er aus dem Fenster sprang** pencereden atlayarak kaçtı

**Inder** M ⟨-s; -⟩, **-in** F ⟨-; -nen⟩ Hintli

**indessen** ADV bu arada; fakat, gene de; ne de olsa

**Index** M ⟨-es; -e, Indizes⟩ dizin; WIRTSCH indeks

**Indianer** [ın'dia:ne] M ⟨-s; -⟩, **-in** F ⟨-; -nen⟩ kızılderili

**indianisch** ADJ Kızılderili(ce)

**Indien** ['ındiən] N ⟨-s; ohne pl⟩ Hindistan

**Indikation** [-'tsio:n] F ⟨-; -en⟩ MED endikasyon

**Indikativ** [-f] M ⟨-s; -e⟩ GRAM bildirme kip(ler)i

**indirekt** ADJ dolaylı; **~e Steuern** dolaylı/vasıtalı vergiler

**indisch** ADJ Hint(li) subst

**indiskret** ADJ sır saklamaz; saygısız **♀ion** F ⟨-; -en⟩ (sırrı) açığa vurma

**indiskutabel** ADJ tartışılmaz

**indisponiert** ADJ rahatsız

**individualisieren** [-v-] VT ⟨ohne ge-, h.⟩ bireyselleştirmek

**Individualismus** [-v-] M ⟨-; ohne pl⟩ bireycilik

**Individualist** [-v-] M ⟨-en; -en⟩, **-in** F ⟨-; -nen⟩ harcıalem şeyleri sevmeyen kimse

**Individualität** [-v-] F ⟨-; ohne pl⟩ bireysellik

**individuell** [-vi'düεl] ADJ bireysel

**Individuum** [ındi'vi:duʊm] N ⟨-s; -duen [-düən]⟩ birey, fert

**Indiz** N ⟨-es; -ien [-tsiən]⟩ gösterge, belirti, işaret; ipucu

**Indizienbeweis(e)** M(PL) JUR emarelere dayalı delil(ler)

**indo|europäisch** Hint-Avrupa **~germanisch** ADJ indogermen

**Indonesien** N [ındo'ne:ziən] Endonezya

**Indonesier** M ⟨-s; -⟩, **-in** F ⟨-; -nen⟩ Endonezyalı

**indonesisch** ADJ Endonezya(lı) subst

**Indossament** N ⟨-s; -e⟩ WIRTSCH ciro

**Induktion** [-'tsio:n] F ⟨-; -en⟩ PHIL tümevarım; PHYS endüksiyon, indükleme

**industrialisier|en** VT ⟨ohne ge-, h.⟩ sanayileştirmek **♀ung** F ⟨-; ohne pl⟩ sanayileş(tir)me

**Industrie** F ⟨-; -n⟩ sanayi, endüstri **~anlage** F sanayi tesisi **~arbeiter(in)** M(F) sanayi işçisi **~gebiet** N sanayi bölgesi **~gelände** N sanayi arazisi **~gesellschaft** F sanayi toplumu, endüstriyel toplum **~gewerkschaft** F sanayi sendikası **~kaufmann** M sanayi taciri

**industriell** ADJ sınai, endüstriyel

**Industrielle** M, F ⟨-n; -n⟩ sanayici

**Industrie|macht** F POL büyük sanayi

devleti **~spionage** F̲ sanayi casusluğu **~- und Handelskammer** F̲ sanayi ve ticaret odası **~verband** M̲ sanayi işverenleri birliği **~zweig** M̲ sanayi dalı

**induzieren** V̲/T̲ ⟨ohne ge-, h.⟩ PHIL tümevarmak; PHYS indüklemek

**ineinander** ADV birbiri içine/içinde; iç içe; **~ verliebt** birbirine âşık **~fließen** V̲/I̲ ⟨irr, -ge-, s.⟩ iç içe geçmek; birleşmek **~greifen** V̲/I̲ ⟨irr, -ge-, h.⟩ TECH uymak, girmek, takılmak; iç içe geçmek

**infam** ADJ alçakça, rezilce

**infantil** ADJ çocuksu; çocukça

**Infarkt** M̲ ⟨-s; -e⟩ MED enfarktüs

**Infekt** M̲ ⟨-s; -e⟩ enfeksiyon, bulaşıcı hastalık

**Infektion** [-'tsi̯oːn] F̲ ⟨-; -en⟩ MED bulaşma **~sgefahr** F̲ enfeksiyon/bulaşma tehlikesi **~sherd** M̲ enfeksiyon kaynağı **~skrankheit** F̲ bulaşıcı hastalık

**Inferno** N̲ ⟨-s; ohne pl⟩ cehennem

**infiltrieren** V̲/T̲ ⟨ohne ge-, h.⟩ (-el/-in içine) sızmak

**Infinitesimalrechnung** F̲ infinitezimal hesap

**Infinitiv** [-tiːf] M̲ ⟨-s; -e⟩ GRAM mastar

**infizieren** ⟨ohne ge-, h.⟩ A V̲/T̲ -e bulaştırmak, geçirmek (Krankheit) B V̲/R̲: **sich ~ bei (mit** -i) -den kapmak

**in flagranti** ADV: **~ ertappen** suçüstü yakalamak

**Inflation** [-'tsi̯oːn] F̲ ⟨-; -en⟩ WIRTSCH enflasyon **♀är** ADJ enflasyonist

**Inflationsrate** F̲ enflasyon oranı

**Info** N̲ ⟨-s; -s⟩ umg → Information

**infolge** PRÄP -in sonucu olarak **~dessen** ADV bundan dolayı, bu nedenle

**Informatik** F̲ ⟨-; ohne pl⟩ bilişim (bilimi) **~er** M̲ ⟨-s; -⟩, **-in** F̲ ⟨-; -nen⟩ bilişimci, bilgisayar bilimcisi

**Information** [-'tsi̯oːn] F̲ ⟨-; -en⟩ bilgi; danışma; bilgilen(dir)me; haber alma; **die neuesten ~en** pl en son bilgiler; **zu Ihrer ~** bilginize sunulur

**Informations|blatt** N̲ bilgi (-lendirme) broşürü **~büro** N̲ danışma bürosu **~fluss** M̲ ⟨-es⟩ bilgi akışı **~material** N̲ enformasyon malzemesi **~schalter** M̲ danışma gişesi **~stand** M̲ bilgi(lendirme) standı

**informativ** [-'tiːf] ADJ bilgi verici

**informieren** ⟨ohne ge-, h.⟩ A V̲/T̲ bilgilendirmek, -e bilgi vermek; **falsch ~** yanlış bilgi vermek B **sich ~ (über** akk hakkında) bilgi almak/edinmek

**informiert** ADJ: **~e Kreise** iyi haber alan çevreler

**Infostand** M̲ umg → Informationsstand

**infrage** ADV: **~ kommen** söz konusu olmak; **~ stellen** (hinterfragen) sorgulamak; (gefährden) tehlikeye atmak

**infrarot** ADJ PHYS kızılötesi, enfraruj

**Infrastruktur** F̲ altyapı

**Infusion** [-'zi̯oːn] F̲ ⟨-; -en⟩ enfüzyon

**Ingebrauchnahme** F̲ ⟨-; ohne pl⟩ kullan(ıl)maya başlama; **vor** ~ ilk kullanımdan önce

**Ingenieur** [ɪnʒe'niø:ɐ] M̲ ⟨-s; -e⟩, **-in** F̲ ⟨-; -nen⟩ mühendis

**Ingwer** ['ɪŋvɐ] M̲ ⟨-s; ohne pl⟩ zencefil

**Inh.** abk → Inhaber(in)

**Inhaber** M̲ ⟨-s; -⟩, **-in** F̲ ⟨-; -nen⟩ sahip, malik; WIRTSCH sahip/hamil/zilyet; e-r Wohnung kiracı; e-s Ladens dükkân sahibi; e-s Amtes etc makam er̲ sahibi

**Inhaber|aktie** F̲ hamiline yazılı hisse senedi **~scheck** M̲ hamiline yazılı çek

**inhaftieren** V̲/T̲ ⟨ohne ge-, h.⟩ tutuklamak

**Inhaftierung** F̲ ⟨-; -en⟩ tutukla(n)ma; tutukluluk

**Inhalation** F̲ ⟨-; -en⟩ (nefesle) içine çekme; buğu (tedavisi), inhalasyon

**Inhalationsapparat** M̲ inhalasyon cihazı

**inhalieren** A V̲/T̲ ⟨ohne ge-, h.⟩ içine çekmek B V̲/I̲ ⟨ohne ge-, h.⟩ buğu/inhalasyon yapmak

**Inhalt** M̲ ⟨-s; -e⟩ içerik; Buch içindekiler pl; (Raum♀) kapasite

**inhaltlich** ADV içerik(sel) olarak

**Inhalts|angabe** F̲ özet **~erklärung** F̲ WIRTSCH deklarasyon, bildirim **♀los** ADJ kof, içi boş **♀reich** ADJ (içeriği) zengin, dolu **~verzeichnis** N̲ Buch içindekiler (listesi)

**Initiative** [-tsi̯a'tiːvə] F̲ ⟨-; -n⟩ girişim; (Kontrolle) insiyatif; **die ~ ergreifen** girişimde bulunmak; **aus eigener ~** kendi girişimiyle

**Initiator** [-'tsi̯aːto:ɐ] M̲ ⟨-s; -en⟩, **-in** F̲ ⟨-; -nen⟩ girişimci

**Injektion** [-'tsi̯oːn] F̲ ⟨-; -en⟩ enjeksiyon, şırınga

**Injektions|nadel** F şırınga iğnesi **~spritze** F şırınga
**injizieren** VT ⟨ohne ge-, h.⟩ şırınga/enjekte etmek
**Inkasso** N ⟨-s; -s⟩ WIRTSCH tahsil **~vollmacht** F tahsil yetkisi
**inkl.** abk → inklusive
**inklusive** [-və] PRÄP ⟨gen⟩ ... dahil
**Inklusivpreis** M her şeyin dahil olduğu fiyat
**Inkognito** N ⟨-s; -s⟩ tebdili kıyafet
**inkompatibel** ADJ IT uyumsuz
**inkompetent** ADJ yetersiz
**inkonsequent** ADJ tutarsız
**Inkonsequenz** F tutarsızlık
**Inkrafttreten** N ⟨-s; ohne pl⟩ kesinleşme; yürürlüğe girme; **bei ~** -in yürürlüğe girmesiyle
**Inkubationszeit** [-'tsĭo:ns-] F MED kuluçka dönemi
**Inland** N ⟨-s; ohne pl⟩ yurt/ülke içi; **im In- und Ausland** yurt içinde ve dışında
**Inländer** M ⟨-s; -⟩, **-in** F ⟨-; -nen⟩ yerli; (ülkenin) kendi vatandaşı
**Inlandflug** M yurtiçi uçuş, iç hat uçuşu
**inländisch** ADJ yerli, ülke içi
**Inlands|absatz** M WIRTSCH iç satışlar pl **~markt** M iç piyasa
**Inlineskates** ['ınlaınskeːts] PL SPORT paten sg
**innehaben** VT ⟨irr, -ge-, h.⟩ -in sahibi olmak
**innehalten** VI ⟨irr, -ge-, h.⟩ duraklamak
**innen** ADV içeride; **nach ~** içeriye (doğru)
**Innen|ansicht** F iç görünüş **~architekt(in)** M(F) iç mimar **~architektur** F iç mimari **~aufnahme** F iç mekan çekimi **~ausstattung** F (iç) dekorasyon **~dienst** M iç hizmet **~einrichtung** F döşeme, mefruşat pl **~hof** M (iç) avlu **~leben** N ⟨-s; ohne pl⟩ iç hayat; ruh hayatı; fig mekanizma, iç donanım **~minister(in)** M(F) içişleri bakanı **~ministerium** N içişleri bakanlığı **~politik** F iç politika; (innere Angelegenheiten) iç işleri pl **²politisch** ADJ iç politika; **~** (gesehen) iç politika bakımından **~raum** M iç mekan **~seite** F: **auf der ~** -in tarafında **~stadt** F şehir merkezi; **in der ~ von Istanbul** İstanbul'un merkezinde **~tasche** F iç cep **~temperatur** F ... içi sıcaklığı
**inner** ADJ iç,WIRTSCH, MED a. dahili; **~er Halt** manevi dayanak **~betrieblich** ADJ işletme içi **~deutsch** ADJ iki Almanya arası 1990'a kadar
**Innere** N ⟨-n; ohne pl⟩ iç; **im ~n** içeride; (Inland) yurtiçinde
**Innereien** PL sakatat
**innerhalb** A PRÄP ⟨gen⟩ içinde, içerisinde, zarfında; **~ der Familie** aile içinde/ arasında; **~ weniger Tage** birkaç gün içinde/zarfında B ADV **~ von** ... içinde
**innerlich** ADJ içten; MED dahili; **~ (anzuwenden)** dahili olarak kullanılır
**innerparteilich** ADJ parti içi
**innerst** ADJ en iç(ten)
**innerstaatlich** ADJ devlet içi
**innerstädtisch** ADJ şehir içi
**Innerste** N ⟨-n; ohne pl⟩ öz
**innewohnen** VI ⟨-ge-, h.⟩ -in özüne dahil olmak
**innig** ADJ içten; gönülden
**Innovation** [-va'tsĭoːn] F ⟨-; -en⟩ yenilik
**innovationsfreudig** ADJ yeniliksever
**Innovationsschub** M atılım
**innovativ** ADJ yenilikçi, ileri
**inoffiziell** ADJ gayriresmi
**in puncto** PRÄP ⟨nom⟩ ... konusunda
**ins** (= **in das**) PRÄP: **~ Bett** yatağa; **~ Kino** sinemaya
**Insass|e** M ⟨-n; -n⟩ AUTO etc bir taşıtın içinde bulunan kişi; Anstalt etc bina sakini; mahpus **~enversicherung** F AUTO yolcu kaza sigortası **~in** F ⟨-; -nen⟩ bir taşıtın içinde bulunan kadın; bina sakini; mahpus
**Inschrift** F ⟨-; -en⟩ yazıt, kitabe
**Insekt** N ⟨-s; -en⟩ ZOOL böcek
**Insekten|schutzmittel** N haşarat/ böcek ilacı **~stich** M böcek sokması
**Insektizid** N ⟨-s; -e⟩ insektisid; umg böcek ilacı
**Insel** F ⟨-; -n⟩ ada **~bewohner(in)** M(F) adalı **~gruppe** F takımada **~staat** M ada devleti **~volk** N ada halkı **~welt** F adalar topluluğu
**Inser|at** N ⟨-s; -e⟩ gazete ilanı **~ent** M ⟨-en; -en⟩ ilan veren **²ieren** VT u. VI ⟨ohne ge-, h.⟩ ilan vermek
**insgeheim** ADV gizlice
**insgesamt** ADV topluca, hepsi birden

**Insider** ['ınsaide] M ⟨-s; -⟩, **-in** F ⟨-; -nen⟩ *-in içinde olan*
**insofern** A ADV bu bakımdan B KONJ (**als**) *-diği ölçüde*
**insolvent** ADJ WIRTSCH âciz
**Insolvenz** F acizlik, ödeyemezlik durumu
**Inspekteur** [-'tø:ɐ] M ⟨-s; -e⟩, **-in** F ⟨-; -nen⟩ müfettiş, denetçi
**Inspektion** [-'tsĭo:n] F ⟨-; -en⟩ denetleme, teftiş; AUTO *a.* periyodik bakım
**Inspektor** ⟨-s; -en⟩, **-in** F ⟨-; -nen⟩ müfettiş; *(Polizei*⁓ *etc)* üst düzeyde *memur*
**Inspir|ation** [-'tsĭo:n] F ⟨-; -en⟩ ilham, esin **⁓ieren** V/T ⟨ohne ge-, h.⟩: **j-n zu etw ⁓** b-ne bş için ilham vermek; **sich ⁓ lassen (von)** *-den* ilham almak
**inspizieren** V/T ⟨ohne ge-, h.⟩ teftiş etmek, denetlemek; AUTO bakımından geçirmek
**Installateur** [-'tø:ɐ] M ⟨-s; -e⟩ tesisatçı
**installieren** ⟨h.⟩ A V/T ⟨ohne ge-, h.⟩ kurmak *(a.* IT*)*, tesis etmek B V/R: **sich ⁓** kurulmak, yerleşmek
**instand** ADV: **⁓ halten** iyi durumda tutmak, korumak; TECH *-in* bakımını yapmak; **⁓ setzen** onarmak
**Instandhaltung** F ⟨-; *ohne pl*⟩ teknik bakım
**inständig** ADJ: **j-n ⁓ um etw bitten** *b-nden bş-i* ısrarla rica etmek
**Instandsetzung** F ⟨-; *ohne pl*⟩ onarım, tamir
**Instantgetränk** N ⟨-s; -e⟩ hazır içecek
**Instanz** [ın'stants] F ⟨-; -en⟩ yetkili makam, merci; JUR mahkeme kademesi; **höhere ⁓en** JUR üst dereceli mahkemeler
**Instinkt** M ⟨-s; -e⟩ içgüdü **⁓iv** [-'ti:f] ADV içgüdüsel
**Institut** N ⟨-s; -e⟩ enstitü
**Institution** [-'tsĭo:n] F ⟨-; -en⟩ kurum, kuruluş **⁓alisieren** [-'tsĭo-] V/T ⟨ohne ge-, h.⟩ kurumlaştırmak **⁓ell** ADJ kurumsal
**instruieren** V/T ⟨ohne ge-, h.⟩ MIL *-e* talimat vermek; **über** *akk -i*⟩ *-e* öğretmek
**Instruktion** F ⟨-; -en⟩ talimat, direktif
**instruktiv** [-'ti:f] ADJ öğretici, ibret verici
**Instrument** N ⟨-s; -e⟩ enstrüman, araç, alet
**Instrumentalmusik** F enstrümantal müzik
**Instrumentarium** N ⟨-s; Instrumentarien⟩ *(bütün)* çareler/araçlar *pl*
**instrumentieren** V/T ⟨ohne ge-, h.⟩ MUS orkestraya uygulamak
**Insuffizienz** [-tsĭɛnts] F ⟨-; -en⟩ MED yetersizlik
**Insulin** N ⟨-s; *ohne pl*⟩ ensülin
**inszenier|en** V/T ⟨ohne ge-, h.⟩ sahnelemek, sahneye koymak **⁓ung** F ⟨-; -en⟩ sahneleme
**intakt** ADJ işler halde
**Intarsien** PL kakma
**integer** ADJ dürüst, kusursuz
**integral** ADJ bütün, tamam, eksiksiz
**Integralrechnung** F entegral hesabı
**Integration** [-'tsĭo:n] F ⟨-; -en⟩ bütünleşme, entegrasyon
**integrieren** V/T ⟨ohne ge-, h.⟩: **sich ⁓ (in** *-le)* bütünleşmek, (*-e*) entegre olmak
**integriert** ADJ entegre
**Integrität** F ⟨-; *ohne pl*⟩ dürüstlük, kusursuzluk
**intellektuell** ADJ entellektüel, zihinsel
**Intellektuelle** M,F ⟨-n; -n⟩ aydın, entellektüel
**intelligent** ADJ zeki
**Intelligenz** F ⟨-; *ohne pl*⟩ zekâ **⁓quotient** M zekâ puanı **⁓test** M zekâ testi
**Intendant** M ⟨-en; -en⟩, **-in** F ⟨-; -nen⟩ tiyatro/radyo yöneticisi
**Intensität** F ⟨-; *ohne pl*⟩ yoğunluk
**intensiv** [-'zi:f] ADJ yoğun **⁓ieren** [-'vi:-] V/T ⟨ohne ge-, h.⟩ yoğunlaştırmak **⁓kurs** M yoğun kurs **⁓station** F MED yoğun bakım servisi
**interaktiv** ADJ IT interaktif, etkileşimli
**Intercityexpress®** M (**ICE®**) yüksek hızlı tren **⁓zug** M (**IC®**) bir ekspres tren türü
**interessant** ADJ ilginç, enteresan
**Interesse** [ınta'rɛsa] N ⟨-s; -n⟩ (**an** *j-m/etw dat* -*e*) ilgi; (**an etw**) çıkar; **⁓n** *pl* meraklar, uğraşlar; **⁓ haben an** (*od* **für**) *→* interessieren; **⁓ zeigen** ilgi göstermek; **es liegt in deinem eigenen ⁓** bu senin kendi çıkarına; **j-s ⁓n vertreten** (*od* **wahrnehmen**) *b-nin* çıkarlarını savunmak (*od* korumak); **es besteht kein ⁓ an** WIRTSCH *-e* talep yok
**interessehalber** ADV meraktan; ilgi

sebebiyle
**interesselos** ADJ ilgisiz, ilgi göstermeyen
**Interessengebiet** N̄ ilgi alanı
**Interessengemeinschaft** F̄ çıkar birliği; WIRTSCH tüccarlar birliği
**Interessent** M̄ ⟨-en; -en⟩, **-in** F̄ ⟨-; -nen⟩ ilgi duyan, ilgilenen
**interessieren** ⟨ohne ge-, h.⟩ **A** V/T -in (für -e) ilgisini uyandırmak **B** V/R: **sich ~ für** -e ilgi duymak, ile ilgilenmek; **es wird dich ~ zu hören, dass** -diğini duymak senin ilgini çekecek; **wen interessiert das schon?** kimi ilgilendirir ki?
**interessiert** **A** ADJ ⟨an -/e⟩ ilgili **B** ADV ilgiyle; ilgilenerek
**Interface** ['ɪntərfeːs] N̄ ⟨-; -s [-feːsəs]⟩ IT arayüz
**Interimsregierung** F̄ geçici hükümet
**interkonfessionell** ADJ mezheplerarası
**Interkontinentalflug** M̄ kıtalararası uçuş
**Intermezzo** N̄ ⟨-s; -s, Intermezzi⟩ MUS intermezzo, aranağme
**intern** ADJ iç, dahili
**Internat** N̄ ⟨-s; -e⟩ yatılı okul
**international** ADJ uluslararası, milletlerarası **~isieren** V/T ⟨ohne ge-, h.⟩ uluslararasılaştırmak
**Internet** N̄ ⟨-s; -s⟩ IT internet **~café** N̄ internet kahvesi, internet kafe **~server** [-zøːrvɐ] M̄ IT internet serveri **~surfer(in** F̄) [-zøːrfɐ] M̄ IT internet sörfçüsü
**internieren** V/T ⟨ohne ge-, h.⟩ gözaltına almak; MED tecrit etmek
**Internist** M̄ ⟨-en; -en⟩, **-in** F̄ ⟨-; -nen⟩ MED dahiliye (od iç hastalıkları) uzmanı
**Interpret** M̄ ⟨-en; -en⟩ yorumcu, icracı **~ation** F̄ ⟨-; -en⟩ yorum, icra **&ieren** ⟨ohne ge-, h.⟩ yorumlamak **~in** F̄ ⟨-; -nen⟩ yorumcu, icracı (kadın)
**Interpunktion** [-'tsi̯oːn] F̄ ⟨-; ohne pl⟩ noktalama
**Interpunktionszeichen** N̄ noktalama işareti
**Intervall** [-v-] N̄ ⟨-s; -e⟩ ara, fasıla
**intervenieren** [-v-] V/I ⟨ohne ge- h.⟩ müdahale etmek; araya girmek
**Intervention** [-v-] F̄ ⟨-; -en⟩ müdahale; MIL a. harekât
**Interview** [-vjuː] N̄ ⟨-s; -s⟩ görüşme, mülakat, röportaj **&en** [-'vjuːən] V/T ⟨ohne ge- h.⟩ ile görüşme yapmak
**intim** ADJ içlidışlı, çok yakın; mahrem, kişisel **&ität** F̄ ⟨-; -en⟩ samimiyet, içlidışlılık **&sphäre** F̄ ⟨-; ohne pl⟩ mahrem alan
**intolerant** ADJ (**gegenüber** -e karşı) hoşgörüsüz
**Intoleranz** F̄ hoşgörüsüzlük
**Intonation** [-'tsi̯oːn] F̄ ⟨-; -en⟩ MUS tonlama
**Intranet** N̄ ⟨-s; -s⟩ IT intranet
**intransitiv** [-tiːf] ADJ GRAM geçişsiz
**intravenös** [-veˈnøːs] ADJ MED damardan
**Intrigant** M̄ ⟨-en; -en⟩, **-in** F̄ ⟨-; -nen⟩ entrikacı
**Intrige** F̄ ⟨-; -n⟩ entrika
**intrigieren** V/I ⟨ohne ge-, h.⟩ entrika yapmak
**introvertiert** ADJ içedönük
**Intuition** [-'tsi̯oːn] F̄ ⟨-; -en⟩ sezgi
**intuitiv** [-v-] **A** ADJ sezgisel **B** ADV sezgiyle
**Invalide** [-v-] M̄ ⟨-n; -n⟩ malul, sakat
**Invaliden|rente** [-v-] F̄ maluliyet maaşı **~versicherung** F̄ maluliyet sigortası
**Invalidin** [-v-] F̄ ⟨-; -nen⟩ malul
**Invalidität** [-v-] F̄ ⟨-; ohne pl⟩ maluliyet
**Invasion** [ɪnvaˈzi̯oːn] F̄ ⟨-; -en⟩ işgal
**Inventar** [-v-] N̄ ⟨-s; -e⟩ demirbaş (eşya), mal varlığı; (Verzeichnis) envanter, demirbaş defteri
**Inventur** [ɪnvɛnˈtuːɐ] F̄ ⟨-; -en⟩ WIRTSCH envanter, demirbaş hesabı; **~ machen** envanter yapmak
**investieren** [-v-] ⟨ohne ge-, h.⟩ WIRTSCH **A** V/T yatırmak **B** V/I (**in** akk -e) yatırım yapmak
**Investition** [-'tsi̯oːn] F̄ ⟨-; -en⟩ yatırım
**Investitions|anreiz** [-v-] M̄ yatırım teşviki **~güter** PL yatırım/sermaye malları
**Investment|fonds** [-v-] M̄ yatırım fonu/fonları **~gesellschaft** F̄ yatırım ortaklığı
**Investor** M̄ ⟨-s; -en ⟩, **-in** F̄ ⟨-; -nen⟩ WIRTSCH yatırımcı
**inwendig** ADJ umg iç; iç taraftan; in-

**und auswendig kennen** su gibi bilmek
**inwie|fern** KONJ ne bakımdan; niçin **~weit** KONJ ne ölçüde/derecede
**Inzahlungnahme** F ⟨-; ohne pl⟩ takas alma
**Inzest** M ⟨-s; -e⟩ ensest
**inzwischen** ADV o arada; (jetzt) şu sırada
**Ion** ['ĭoːn] N ⟨-s; -en⟩ iyon
**ionisieren** VT ⟨ohne ge- h.⟩ iyonlamak, iyonize etmek
**i-Punkt** ['iː-] M: **bis auf den ~** noktasına virgülüne kadar
**Irak** M ⟨-s; ohne pl⟩ Irak **~er** M ⟨-s; -⟩, **-in** F ⟨-; -nen⟩ Iraklı **2isch** ADJ Irak(lı) subst
**Iran** M ⟨-s; ohne pl⟩ İran **~er** M ⟨-s; -⟩, **-in** F ⟨-; -nen⟩ İranlı **2isch** ADJ İran(lı) subst
**irdisch** ADJ dünyevi
**Ire** M ⟨-n; -n⟩ İrlandalı
**irgend** ADV herhangi; **~ so ein Ding** şöyle bir şey
**irgend|ein** INDEF PR herhangi bir; **auf ~e Weise** herhangi bir şekilde/biçimde **~etwas** herhangi bir şey **~jemand** herhangi biri **~wann** ADV unbestimmt bir ara; beliebig herhangi bir zaman **~welche** INDEF PR herhangi (... ler) **~wie** ADV şöyle ya da böyle, (herhangi) bir şekilde **~wo** ADV herhangi bir yerde, bir yerlerde **~woher** ADV herhangi bir yerden, bir yerlerden **~wohin** ADV herhangi bir yere, bir yerlere
**Irin** F ⟨-; -nen⟩ İrlandalı (kadın)
**Iris** F ⟨-; -⟩ BOT süsen; ANAT iris
**irisch** ADJ İrlanda(lı) subst
**Irland** N İrlanda; **Republik ~** İrlanda Cumhuriyeti
**Iron|ie** F ⟨-; -n⟩ alay **2isch** ADJ alaycı, alaylı **2isieren** VT ⟨ohne ge- h.⟩: **etw ~** bş-i alaya almak
**irrational** ADJ akıldışı; irrasyonel
**irre** ADJ deli, çılgın; umg (toll) harika, müthiş
**Irre** M,F ⟨-n; -n⟩ deli, delirmiş; **wie ein ~r** deli gibi
**irreal** ADJ gerçek dışı; gerçeklikten uzak
**irreführen** VT ⟨-ge-, h.⟩ fig yanlış yola götürmek, yanıltmak
**irreführend** ADJ yanıltıcı
**irregulär** ADJ düzenli/kurallı olmayan

# 749 ‖ ISRA

**irrelevant** ADJ önemli/anlamlı olmayan
**irremachen** VT ⟨-ge-, h.⟩ **-in** aklını karıştırmak, **-i** şaşkına çevirmek
**irren** A VI ⟨h.⟩ yanılmak B VI ⟨s.⟩ yolunu şaşırmak; yanılgıya düşmek C V/R ⟨h.⟩: **sich in etw ~de** (od ... konusunda) yanılmak; **wenn ich mich nicht irre** yanılmıyorsam
**Irren|anstalt** M, **~haus** N umg tımarhane
**irreparabel** ADJ tamiri imkansız
**Irr|fahrt** F fig yanlış yol(larda bocalama) **~garten** M labirent; labirent gibi düzenlenmiş bahçe **~glaube** M yanlış inanç
**irritieren** VT ⟨ohne ge-, h.⟩ (ärgern) kızdırmak, MED (reizen) tahriş etmek; (verwirren) aklını karıştırmak; (stören) rahatsız etmek
**Irrsinn** M ⟨-s; ohne pl⟩ çılgınlık
**Irrtum** M ⟨-s; ⸚er⟩ yanılgı, hata, yanlış; **da muss es ~ vorliegen:** bu işte bir yanlışlık olmalı!; **im ~ sein** yanılgıda olmak; **Irrtümer vorbehalten!** hata ve eksiklikler mahfuzdur!
**irrtümlich** A ADJ yanlış B ADV, **~erweise** yanlışlıkla, hatalı olarak, sehven
**Ischias** ['ɪʃĭas, 'ɪsçĭas] M, N, MED F ⟨-; ohne pl⟩ siyatik **~nerv** M siyatik siniri
**ISDN** [iːˌɛsdeː'|ɛn] F ⟨-; ohne pl⟩ TEL abk für Integrated Services Digital Network ISDN
**Islam** M ⟨-s; ohne pl⟩ İslam(iyet), Müslümanlık
**islamisch** ADJ İslam, Müslüman subst; İslami
**Island** N İzlanda
**Isländ|er** M ⟨-s; -⟩, **-in** F ⟨-; -nen⟩ İzlandalı **2isch** ADJ İzlanda(lı) subst; **~isch** N İzlandaca
**Isolation** [-'tsǐoːn] F ⟨-; -en⟩ yalıtım, tecrit, izolasyon
**Isolier|band** N ⟨-s; ⸚er⟩ ELEK izolebant **2en** ⟨ohne ge-, h.⟩: A VT ayırmak, tecrit etmek B V/R: **sich ~** (kendi) kabuğuna çekilmek **~haft** F JUR tecrit hapsi **~schicht** F yalıtım tabakası **~station** F MED karantina, tecrit koğuşu **~ung** F ⟨-; -en⟩ = Isolation
**Isotop** N ⟨-s; -e⟩ izotop
**Israel** ['ɪsraɛl] N ⟨-s; ohne pl⟩ İsrail
**Israeli** M ⟨-; -⟩ İsrailli

**israelisch** ADJ İsrail(li) subst
**Istbestand** M WIRTSCH efektifler pl
**Italien** N İtalya **~er** M ⟨-s; -⟩, **-in** F ⟨-; -nen⟩ İtalyan **♀isch** ADJ İtalya(lı) subst **~isch** N İtalyanca
**i-Tüpfelchen** N ⟨-s; -⟩ fig: (i-Punkt) **bis aufs ~ (genau)** noktasına virgülüne kadar (tam)
**i. V.** abk für **in Vertretung** -e vekâleten, ... yerine (y.)

# J

**j, J** [jɔt] N ⟨-; -⟩ j, J
**ja** ADV evet **~?** olur mu?; tamam mı?; **du kommst doch, ~** sen geliyorsun değil mi?; **ja doch!, aber ja!** ama tabii!; **ja sagen (zu)** -e evet/olur demek; **ich glaube ja!** sanırım öyle!; **da ist er ja!** geldi/burada işte!; **ich sagte es Ihnen ja** size söylemiştim ya; **ich bin ja (schließlich) ...** ben de nihayet ...; **tut es ja nicht!** sakın yapmayın!; **sei ja vorsichtig!** aman dikkatli ol!; **ja, weißt du nicht?** peki sen bilmiyor musun?; **ich würde es ja gern tun, aber ...** ben yapmak isterim tabii, ama ...
**Ja** N ⟨-(s); -(s)⟩: **mit ~ oder Nein antworten** evet veya hayır diye cevap vermek
**Jacht** F ⟨-; -en⟩ SCHIFF yat
**Jacke** F ⟨-; -n⟩ ceket; (Strick♀) hırka
**Jacketkrone** F MED caket kron, kaplama
**Jackett** [dʒɛ-] N ⟨-s; -s⟩ ceket
**Jade** M ⟨-(s)⟩ u. F ⟨-; ohne pl⟩ yeşim (taşı)
**Jagd** F ⟨-; -en⟩ av; **auf die ~ gehen** ava gitmek/çıkmak; **~ machen auf** (akk) ... avına çıkmak; **-i** kovalamak, **-in** peşine düşmek; **~ nach** -in peşinde koşmak
**Jagd|beute** F av (avlanan hayvanlar) **~bomber** M avcı bombardıman uçağı **~flieger** M avcı (uçağı) pilotu **~flugzeug** N avcı uçağı **~hund** M av köpeği **~hütte** F avcı kulübesi **~revier** N avlanma bölgesi **~schein** M avlanma ruhsatı **~zeit** F av mevsimi

**jagen** A V/T ⟨h.⟩ avlamak; fig (verfolgen) kovalamak, **-in** peşine düşmek; **aus dem Haus** etc **~ -i** evden vs kovmak B V/I ⟨s.⟩ fig (rasen) hızla gitmek/geçmek
**Jäger** M ⟨-s; -⟩, **-in** F ⟨-; -nen⟩ avcı
**Jaguar** ['ja:gŭaːɐ] M ⟨-s; -e⟩ ZOOL jaguar
**jäh** ADJ ani; sarp; **ein ~es Erwachen** sıçrayarak uyanış
**Jahr** N ⟨-s; -e⟩ yıl, sene; Alter yaş; **ein halbes ~** altı ay; **ein zwei ~e altes Kind/Auto** iki yaşında bir çocuk/araba; **mit 18 ~en, im Alter von 18 ~en** on sekiz yaşında; **alle ~e** her yıl; **~ für ~** her yıl; yıldan yıla; **im ~e 1993** 1993 yılında; **in diesem (im nächsten)~** bu (gelecek) yıl; **heute vor einem ~** bir yıl önce bugün; **seit ~en (nicht)** yıllardan beri (... değil); **von ~ zu ~** yıldan yıla; **im Lauf der ~e** yıllar geçtikçe/boyunca
**jahraus** ADV: **~, jahrein** daima, sürgit
**Jahrbuch** N yıllık
**jahrelang** A ADJ yıllarca süren B ADV yıllarca
**jähren**: **heute jährt sich ... bugün -in** yıldönümü
**Jahres|abonnement** N yıllık abone **~abrechnung** F yıllık hesap(laşma) **~abschluss** M WIRTSCH yıllık bilanço **~ausgleich** M Steuer yıllık (vergi) denkleştirim(i) **~beginn** M yıl/sene başı; **zum** (od **am**) **~** yıl(ın) başında/başına **~bericht** M yıllık rapor **~bilanz** F WIRTSCH yıllık bilanço **~einkommen** N yıllık gelir **~ende** N yıl/sene sonu; **zum ~, am ~** yıl(ın) sonunda/sonuna **~etat** M yıllık bütçe **~gehalt** N yıllık maaş **~hauptversammlung** F WIRTSCH yıllık genel kurul **~tag** M yıldönümü **~umsatz** M WIRTSCH yıllık satışlar pl, yıllık işlem miktarı **~urlaub** M yıllık izin **~zahl** F tarih, yıl **~zeit** F mevsim **♀zeitlich** ADJ mevsimlik; mevsime bağlı
**Jahrgang** M Person yaş grubu, tevellüt; Wein bağbozumu yılı; **er ist ~ 1941** o 1941 doğumlu
**Jahrhundert** N ⟨-s; -e⟩ yüzyıl, asır
**jahrhunderte|alt** ADJ asırlık; yüzyıllık **~lang** ADV yüzyıllar boyunca
**Jahrhundert|feier** F yüzüncü yıl kutlaması **~wende** F yüzyıl başı

**jährlich** ADJ yıllık, senelik  ADV her yıl, yıldan yıla
**Jahr|markt** M panayır; **~tausend** N ‹-s; -e› binyıl; **~zehnt** N ‹-s; -e› onyıl
**jahrzehntelang** ADV onyıllarca; **~e Forschungsarbeit** onyıllarca süren araştırmalar
**Jähzorn** M hiddet; **im ~** hiddetlenerek, hiddetle içinde  ADJ çabuk hiddetlenen
**Jalousie** [ʒaluˈziː] F ‹-; -n› pancur, jaluzi
**Jammer** M ‹-s; ohne pl› felaket, acı; *umg* **es ist ein ~, dass** çok yazık ki ...
**jämmerlich**  ADJ sefil, berbat, perişan; *Anblick a.* acıklı, hazin; **mir war ~ zumute** kendimi perişan hissediyordum  ADV: **~ versagen** *umg* fena çuvallamak
**jammern** V/I ‹h.› **(über** *akk* **-e)** inleyip yakınmak
**jammerschade** ADJ *umg*: **es ist ~, dass** ne yazık ki ...
**Janitscharen** PL Yeniçeriler, ... *in Zssgn* Yeniçeri ... *subst*
**Januar** M ‹-; -e› ocak (ayı); **im ~** ocakta, ocak ayında
**Japan** N Japonya **~er** M ‹-s; -›, **-in** F ‹-; -nen› Japon(yalı)  ADJ Japon(ya) *subst* **~isch** N Japonca
**Jargon** [ʒarˈɡoː] M ‹-s; -s› meslek vs dili
**Jasager** M ‹-s; -› *pej* evetefendimci
**Jasmin** M ‹-s; -e› BOT yasemin
**Jastimme** F evet oyu
**jäten** V/T, V/I ‹h.› (ot) yolmak
**jauchzen** V/I ‹h.› sevinçle haykırmak
**jaulen** V/I ‹h.› ulumak
**jawohl** ADV MIL başüstüne
**Jazz** [dʒɛs] M ‹-; ohne pl› caz **~band** F, **~kapelle** F caz grubu **~sänger(in)** M(F) caz şarkıcısı
**je**  ADV hep, hiç, genelde; beher(i), -(ş)er; **der beste Film, den ich ~ gesehen habe** şimdiye kadar gördüğüm en iyi film; **~ zwei (Kilo)** ikişer (kilo); **drei Euro ~ Kilo** kilo başına üç avro; **~ nach Größe (Geschmack)** boya (zevke) göre; **~ nachdem** duruma göre  KONJ: **~ ..., desto ...** ne kadar ... o kadar ...; **~ länger, ~ lieber** ne kadar uzun sürerse o kadar iyi; **~ nachdem, wie ...** nasılsa ona göre

**Jeans** [dʒiːns] PL od F ‹-; -› blucin; kot **~anzug** M blucin takım(ı) **~jacke** F blucin ceket(i)
**jede, ~r, ~s** INDEF PR *(~ insgesamt)* her; *(~ beliebige)* herhangi bir; *(~ einzelne)* her bir; *(von zweien)* her iki; **(zu) jeder Zeit** her zaman; **bei jedem Wetter** her havada; **jeder weiß (das)** (bunu) herkes bilir; **du kannst jeden fragen** herkese sorabilirsin; **jeder von uns (euch)** her birimiz (biriniz); **jeder, der** her kim ...; **jeden zweiten Tag** aşırı; **jeden Augenblick** her an; **jedes Mal** her seferinde *(od* defasında*)*; **jedes Mal wenn** ne zaman ... ise
**jedenfalls** ADV bu bir yana; en azından, hiç değilse
**jedermann** INDEF PR herkes; herhangi bir kimse; **das ist nicht ~s Sache** bu herkese göre bir iş değil
**jederzeit** ADV her an; ne zaman olursa olsun
**jedoch** KONJ bununla birlikte, fakat
**jeher** [ˈjeːheːɐ] ADV: **von ~** ezelden beri
**jein** ADV *umg* hem evet hem hayır
**jemals** ADV herhangi bir zaman, hiç
**jemand** INDEF PR biri, bir kimse; **ist ~ hier?** burada kimse var mı?; **~ anders** başka biri; **sonst noch ~?** başka biri var mı?
**Jemen** M Yemen
**jene, ~r, ~s** DEM PR o; öteki, ileride(ki); *önce anılan iki şeyden* ilki, adı geçen; **seit jenem Tag** o gün bu gündür
**Jene, ~r, ~s** DEM PR *önce anılan iki kişiden* ilki
**jenseitig** ADJ öbür dünyaya ilişkin
**jenseits**  PRÄP *(gen)* -in ötesinde; -in dışında, üzerinde  ADV: **von ~** -in ötesinde; -in dışında, üzerinde
**Jenseits** N ‹-; ohne pl› öbür dünya, ahiret; *umg* **j-n ins ~ befördern** b-ni öbür dünyaya yollamak
**Jerusalem** N Kudüs
**Jesus** M, **~ Christus** (Hazreti) İsa, İsa Peygamber
**Jet** [dʒɛt] M ‹-(s); -s› FLUG jet **~lag** [ˈdʒɛtlæɡ] M ‹-s;-s› FLUG *zaman farkı şikayetleri* **~set** M ‹-s; -s› yüksek sosyete
**jetten** [ˈdʒɛt(ə)n] V/I ‹s.› *umg* uçakla gitmek
**jetzig** ADJ şimdiki
**jetzt** ADV şimdi; **bis ~** şimdiye kadar;

**eben** ~ biraz önce, demin; **erst** ~ ancak şimdi; ~ **gleich** hemen (şimdi); **für** ~ şimdilik; **noch** ~ hâlâ; **von** ~ **an** bundan böyle, bu andan itibaren

**Jetzt** N ⟨-; *ohne pl*⟩ şimdi; bugün, günümüz

**jeweilig** ADJ her bir, o anki

**jeweils** ADV (je) beher; her defa(sında)

**Jh.** *abk für Jahrhundert* N yüzyıl

**Jiddisch** N Yidiş

**Job** [dʒɔp] M ⟨-s; -s⟩ *umg* iş **²ben** ['dʒɔb(ə)n] N ⟨h.⟩ *umg* çalışmak **~killer** M *umg* işyeri/kadro yok eden yenilik, tedbir vs **~sharing** ['dʒɔbʃeərɪŋ] N ⟨-; *ohne pl*⟩ *umg* iş/kadro paylaşma

**Jochbein** N ANAT elmacık kemiği

**Jockey** ['dʒɔke, 'dʒɔki] M ⟨-s; -s⟩ jokey

**Jod** N ⟨-s; *ohne pl*⟩ CHEM iyot

**jodeln** VI ⟨h.⟩ çok tiz ve pes hecelerle dağlı şarkısı söylemek

**jodhaltig** ADJ iyotlu

**jodieren** VT ⟨*ohne ge-, h.*⟩ CHEM iyotlamak

**Jod|salbe** F iyotlu merhem **~salz** N iyotlu tuz **~tablette** F iyot tableti **~tinktur** F tentürdiyot

**Joga** → Yoga

**jogg|en** ['dʒɔɡ(ə)n] VI ⟨h.⟩ jogging yapmak **²er** ['dʒɔɡe] M ⟨-s; -⟩, **²erin** F ⟨-; -nen⟩ joggingci **²ing** ['dʒɔɡɪŋ] N jogging, hafif koşu

**Joghurt** ['joːɡʊrt] M, N ⟨-; -⟩ yoğurt

**Johannisbeere** F frenküzümü

**Joint** [dʒɔʏnt] M ⟨-s; -s⟩ çiftkağıtlı (sigara)

**Joker** ['joːkɐ, 'dʒoːkɐ] M ⟨-s; -s⟩ joker

**Jongl|eur** [ʒõˈɡløːɐ] M ⟨-s; -e⟩ jonglör **²ieren** [ʒõˈɡliːrən] VT, VI ⟨*ohne ge-, h.*⟩ (**mit**) *-i* havada atıp tutmak

**Jordan|ien** N Ürdün **~ier** [-niɐr] M ⟨-s; -⟩, **-in** F ⟨-; -nen⟩ Ürdünlü **²isch** ADJ Ürdün(lü) *subst*

**Joule** [dʒuːl] N ⟨-(s); -⟩ jul

**Journal|ismus** [ʒʊrnaˈlɪsmʊs] M ⟨-; *ohne pl*⟩ gazetecilik **~ist** [ʒʊrnaˈlɪst] M ⟨-en; -en⟩, **-in** F ⟨-; -nen⟩ gazeteci **²istisch** ADJ gazeteci(lik) *subst*; gazete *subst*

**Joystick** ['dʒɔʏstɪk] M ⟨-s; -s⟩ IT oyun çubuğu

**Jubel** M ⟨-s; *ohne pl*⟩ büyük sevinç, sevinç taşkınlığı

**jubeln** VI ⟨h.⟩ coşkuyla kutlamak

**Jubilar** M ⟨-s; -e⟩, **-in** F ⟨-; -nen⟩ jübilesi yapılan

**Jubiläum** N ⟨-s; Jubiläen⟩ jübile; (*Jahrestag*) yıldönümü şenliği

**jucken** VI u. VT ⟨h.⟩ kaşınmak; **es juckt mich am Arm** (*od* **mein Arm juckt**) (benim) kolum kaşınıyor

**Juckreiz** M kaşıntı

**Jude** M ⟨-n; -n⟩ Yahudi, Musevi

**Judentum** N ⟨-s; *ohne pl*⟩ Yahudilik, Musevilik

**Jüdin** F ⟨-; -nen⟩ Yahudi (kadın)

**jüdisch** ADJ Yahudi *subst*

**Judo** ['juːdo] N ⟨-(s)⟩ judo

**Jugend** F ⟨-; *ohne pl*⟩ (*ilk*)gençlik; *Mädchen* gençkızlık; *Jungen* delikanlılık; (*Jugendliche*) gençler *pl* **~amt** N gençlik dairesi **~arbeitslosigkeit** F gençler arasındaki işsizlik **~arrest** M JUR ıslahevinde hapis **~buch** N ilkgençlik kitabı **²frei** ADJ çocuklara serbest **²gefährdend** ADJ muzır **~gericht** N gençlik mahkemesi **~herberge** F gençlik yurdu, hostel **~kriminalität** F gençler arasındaki suçluluk

**jugendlich** ADJ genç, ilkgençlik çağında

**Jugendliche** M, F ⟨-n; -n⟩ delikanlı, genç kız; **für** ~ **unter 18 Jahren nicht zugelassen** 18 yaşından küçüklere yasaktır

**Jugendlichkeit** F ⟨-; *ohne pl*⟩ gençlik, tazelik

**Jugend|liebe** F gençlik aşkı **~mannschaft** F genç(ler) takımı **~meister(in)** M(F) gençler şampiyonu **~richter(in)** M(F) gençlik (mahkemesi) hakimi **~schutz** M gençliğin korunması (*Vorschriften etc*) **~stil** M Art Nouveau, arnuvo **~strafanstalt** F gençlik cezaevi, ıslahevi **~zeit** F ⟨-; *ohne pl*⟩ gençlik çağı **~zentrum** N gençlik merkezi

**Jugoslaw|e** M ⟨-n; -n⟩ Yugoslav **~ien** N Yugoslavya **~in** F ⟨-; -nen⟩ Yugoslav (kadın) **²isch** ADJ Yugoslav(ya) *subst*

**Juli** F ⟨-; -s⟩ temmuz (ayı); **im** ~ temmuzda, temmuz ayında

**Jumbojet** ['dʒʌmbɔdʒɛt] M ⟨-; -s⟩ FLUG jumbo uçak

**jung** ADJ genç/yeni; *Gemüse* taze, yeşil; ~ **heiraten** (**sterben**) genç (yaşta) evlenmek (ölmek); **~ verheiratet** yeni evli; **♀ und Alt** genci yaşlısı(yla); **von ~ auf** küçük yaştan; **~er Mann** genç adam, delikanlı; **~es Mädchen** genç kız; **~es Unternehmen** genç şirket

**Junge¹** M ⟨-n; -n⟩ erkek/oğlan çocuk; *älter* delikanlı

**Junge²** N ⟨-n; -n⟩ ZOOL yavru; **~ bekommen** (*od* **werfen**) yavrulamak

**jungenhaft** ADJ oğlan çocuk tavırlı

**Jung|flug** M *Flugzeug* ilk uçuş **~häutchen** N kızlık zarı

**Jungfrau** F bakire **~geselle** M bekâr erkek **~gesellin** F ⟨-; -nen⟩ bekâr bayan

**Jüngling** M ⟨-s; -e⟩ delikanlı

**jüngst** ADJ en genç/yeni; *Ereignis* en son; **in ~er Zeit** geçenlerde; **der Jüngste Tag** kıyamet/mahşer günü

**Jüngste** M.F en genç; *Kind, Geschwister* en küçük

**Jung|steinzeit** F ⟨-; *ohne pl*⟩ cilalı taş devri **~unternehmer(in)** M(F) genç girişimci

**Juni** M ⟨-; -s⟩ haziran (ayı); **im ~** haziranda, haziran ayında

**junior** ADJ mahdum, yunyor; **Herr X ~** (**jun., jr.**) Genç Bay X

**Junior** M ⟨-s; -en [ju'nio:rən]⟩ *umg* genç (sporcu *vs*); WIRTSCH junior **~chef** M junior şef **~partner** M junior ortak

**jur.** *abk* → *juristisch*

**Jura** N: **~ studieren** hukuk okumak

**Jurist** M ⟨-en; -en⟩, **-in** F ⟨-; -nen⟩ hukukçu **&isch** hukuki; **~e Person** tüzel kişi

**Jury** [ʒy'riː] F ⟨-; -s⟩ jüri

**justierbar** ADJ ayarlanabilir; ayarlı

**justieren** VT ⟨*ohne ge-, h.*⟩ ayarlamak

**Justitiar** [-'tsiaːɐ] M ⟨-s; -e⟩, **-in** F ⟨-; -nen⟩ hukuk danışmanı/müşaviri

**Justiz** F ⟨-; *ohne pl*⟩ adliye; hukuk **~beamte** M, **~beamtin** F adliye memu-

ru **~behörde** F adliye dairesi **~gewalt** F yargı kuvveti **~irrtum** M adli hata **~minister(in)** M(F) adalet bakanı **~ministerium** N adalet bakanlığı **~verwaltung** F adalet örgütü

**Jute** F ⟨-; *ohne pl*⟩ jüt

**Juwel** N ⟨-s; -en⟩: **~en** mücevherler, mücevherat

**Juwelier** M ⟨-s; -e⟩ kuyumcu **~geschäft** N kuyumcu (dükkanı)

**Jux** M ⟨-es; -e⟩ *umg* şaka; eğlence

# K

**k, K** [kaː] N ⟨-; -⟩ k, K

**Kabarett** [kaba'rɛt, -'reː, 'kabarɛt, -re] N ⟨-s; -s, -e⟩ kabare **~ist** M ⟨-en; -en⟩, **-in** F ⟨-; -nen⟩ kabare sanatçısı **&istisch** ADJ kabare türünde; kabarevari

**Kabel** N ⟨-s; -⟩ kablo **~anschluss** M TV kablolu televizyon bağlantısı; **~ haben** kablolu televizyonu olmak **~fernsehen** N kapalı devre televizyon; kablolu televizyon

**Kabeljau** M ⟨-s; -e, -s⟩ ZOOL morina (balığı)

**Kabel|kanal** M TV kablolu yayın kanalı **~netz** N kablo ağı/şebekesi

**Kabine** F ⟨-; -n⟩ kabin; *Schiff* kamara; SPORT soyunma odası; TEL kulübe

**Kabinenbahn** F teleferik

**Kabinett** N ⟨-s; -e⟩ POL kabine

**Kabinetts|beschluss** M bakanlar kurulu kararı **~bildung** F hükümet(in) kurulması **~sitzung** F bakanlar kurulu toplantısı; kabine/hükümet toplantısı **~umbildung** F bakanlar kurulu değişikliği

**Kabriolett** N ⟨-s; -s⟩ AUTO kabriyole; *umg* (üstü) açık araba

**Kachel** F ⟨-; -n⟩ fayans, çini

**kacheln** VT ⟨*h.*⟩ fayans döşemek

**Kachelofen** M çini soba

**Kadaver** [-ve] M ⟨-s; -⟩ kadavra, leş

**Kadenz** F ⟨-; -en⟩ MUS kadans

**Kadett** M ⟨-en; -en⟩ SCHIFF, MIL askerî öğrenci

**Kadmium** N ‹-s; *ohne pl*› CHEM kadmiyum
**Käfer** M ‹-s; -› ZOOL böcek; *umg* AUTO kaplumbağa
**Kaff** N *umg* ücra köy
**Kaffee** M ‹-s; *ohne pl*› kahve; **~ kochen** kahve pişirmek; **~ mit (ohne) Milch** sütlü (sade) kahve **~automat** M kahve otomatı **~fahrt** F gümrüksüz alışveriş imkânı sağlayan kısa otobüs/vapur gezisi **~filter** M kahve filtresi **~haus** N kahve(hane) **~kanne** F kahvedanlık **~klatsch** M *umg* kadın kadına toplantı **~löffel** M tatlı kaşığı **~maschine** F kahve makinesi **~mühle** F kahve değirmeni **~pause** F kahve molası **~sahne** F kahve kreması **~service** N kahve takımı **~tasse** F kahve fincanı **~weißer** M ‹-s; -› toz krema
**Käfig** M ‹-s; -e› kafes
**kahl** ADJ saçsız, kel; *Landschaft* ağaçsız; *Wand* çıplak; **~ geschoren** saçı/kılı dibinden kesilmiş
**kahlköpfig** ADJ dazlak
**Kahlschlag** M traşlama, ormansızlaştırma; açıklık
**Kahn** M ‹-s; ⸚e› kayık; mavna **~fahrt** F kayık gezisi
**Kai** M ‹-s; -s› rıhtım **~mauer** F rıhtım duvarı
**Kairo** N Kahire
**Kaiser** M ‹-s; -› imparator **~in** F ‹-; -nen› imparatoriçe **2lich** ADJ imparator(luk) *subst* **~reich** N imparatorluk **~schnitt** M MED sezaryen (ameliyat)
**Kajak** M ‹-s; -s› kano
**Kajüte** F ‹-; -n› SCHIFF kamara, kabin
**Kakadu** M ‹-s; -s› kakatuva (kuşu)
**Kakao** [ka'kaʊ] M ‹-s; -s› kakao **~pulver** N (toz) kakao
**Kakerlak** M ‹-s *od* -en; -en› ZOOL hamamböceği
**Kaktee** F ‹-; -n›, **Kaktus** M ‹-; Kakteen› BOT kaktüs
**Kalb** N ‹-s; ⸚er› ZOOL dana
**kalben** VI ‹h.› buzağılamak
**Kalbfleisch** N dana eti
**Kalbs|braten** M dana (eti) kızartması **~hachse**, **~haxe** F dana paçası **~leber** F dana (kara)ciğeri **~schnitzel** N dana şnitseli
**Kaleidoskop** N ‹-s; -e› kalaydoskop

**Kalender** M ‹-s; -› takvim **~jahr** N takvim yılı
**Kali** N ‹-s; -s› CHEM potasyum
**Kaliber** N ‹-s; -› çap, kalibre; *fig* tür, cins
**Kalium** N ‹-s; *ohne pl*› CHEM potasyum
**Kalk** M ‹-s; -e› kireç **~dünger** M kireç gübresi
**kalken** VT ‹h.› badanalamak; AGR kireçlemek
**Kalkstein** M kireç taşı, kalker
**Kalkül** N ‹-s; -e›: **etw ins ~ ziehen** bş-i hesaba katmak
**Kalkulation** [-'tsjo:n] F ‹-; -en› hesaplama; (*Kostenberechnung*) fiyat tahmini
**Kalkulationsprogramm** N IT hesaplama/muhasebe yazılımı
**kalkulieren** VT & VI ‹*ohne* ge-, h.› hesaplamak; **falsch ~** yanlış hesaplamak; hesapta hata yapmak
**Kalorie** F ‹-; -n› kalori
**kalorien|arm** ADJ düşük kalorili ..., kalorisi düşük **2bedarf** M kalori ihtiyacı **2gehalt** M (*-in* içerdiği) kalori **~reich** ADJ yüksek kalorili ..., kalorisi yüksek
**kalt** A ADJ soğuk; **mir ist ~** üşüdüm; **~e Platte** meze tabağı; **2er Krieg** soğuk savaş B ADV **~ bleiben** *umg* soğuk davranmak; **die Getränke ~ stellen** içeceği soğumaya bırakmak
**Kaltblut** N ‹-; *ohne pl*› kadana
**Kaltblüt|er** M ‹-s; -› soğuk kanlı hayvan **2ig** A ADJ ZOOL soğuk kanlı; soğukkanlı, serinkanlı B ADV soğukkanlılıkla, kılı kıpırdamadan **~igkeit** F ‹-; *ohne pl*› soğukkanlılık
**Kälte** F ‹-; *ohne pl*› soğukluk; **es ist 10 Grad ~** 10 derece soğuk var; **bei dieser ~** bu soğukta; **2beständig** ADJ soğuğa dayanıklı **~einbruch** M soğukların bastırması **~periode** F, **~welle** F soğuk (hava) dalgası
**Kalt|front** F soğuk hava cephesi **~luft** F soğuk hava; **polare ~** kutuptan gelen soğuk hava **2machen** VT ‹*ge-, h.*› *umg*: **j-n ~** b-ni haklamak **~miete** F net kira (*ısıtma ve masraflar hariç*) **~start** M IT reset **2stellen** VT ‹*ge-, h.*› *umg -i* kızağa almak
**Kalzium** N ‹-s; *ohne pl*› kalsiyum
**Kambodscha** N Kamboçya

## KANT

**Kamel** N ⟨-s; -e⟩ ZOOL deve; *umg* ahmak **~haar** N deve kılı
**Kamelie** F ⟨-; -n⟩ BOT kamelya
**Kamera** F ⟨-; -s⟩ kamera, fotoğraf (*od* film çekme) makinesi
**Kamerad** M ⟨-en; -en⟩, **-in** F ⟨-; -nen⟩ arkadaş, *umg* dost **~schaft** F ⟨-; *ohne pl*⟩ arkadaşlık, dostluk **⩽schaftlich** ADJ *u.* ADV arkadaşça, dostça
**Kamera|führung** F FILM kamera kullanımı **~mann** M ⟨-s; ⸚er, Kameraleute⟩ kameraman **⩽scheu** kameradan çekinen
**Kamille** F ⟨-; -n⟩ BOT papatya
**Kamillentee** M papatya çayı
**Kamin** M ⟨-s; -e⟩ baca; *offener* şömine, ocak **~kehrer(in)** M(F) baca temizleyicisi **~sims** M,N şömine rafı
**Kamm** M ⟨-s; ⸚e⟩ tarak; (*Gebirgs*⩽) dağ sırtı; ZOOL *a.* ibik; **alle über einen ~ scheren** hepsini/herkesi bir kefeye koymak
**kämmen** V/T taramak; v/r ⟨h.⟩: **sich ~** taranmak
**Kammer** F ⟨-; -n⟩ küçük oda; *Parlament* meclis, kamara; JUR daire, hukuk dairesi **~musik** F oda müziği
**Kammgarn** N yün ipliği
**Kampagne** [-'panjə] F ⟨-; -n⟩ kampanya
**Kampf** M ⟨-s; ⸚e⟩ boğuşma, çatışma; (*Box*⩽) döğüş (*od* dövüş), maç; (*Krieg*) savaş; (*Schlacht*) (**um** için; **gegen** *-e* karşı) çarpışma, muharebe, *fig* mücadele; **j-m den ~ ansagen** b-ne meydan okumak; b-ne hodri meydan demek **~ansage** F (**an** *dat*) *-e* meydan okuma **⩽bereit** ADJ savaşa/muharebeye hazır
**kämpfen** ⟨h.⟩ **A** V/I (**um** için) savaşmak; (**mit** ile; **gegen** *-e* karşı) boğuşmak; **~ gegen** *-e* karşı döğüşmek; **mit Schwierigkeiten zu ~ haben** güçlüklerle karşılaşmak; **sie kämpfte mit den Tränen** gözyaşlarını bastırmaya çalışıyordu **B** V/R: **sich nach oben ~** (-*le*) mücadele ederek yükselmek
**Kampfer** M ⟨-s; *ohne pl*⟩ BOT kâfur
**Kämpfer** M ⟨-s; -⟩ dövüşçü; (*Boxer*) boksör; *fig* savaşçı, mücadeleci (**für** için) **⩽isch** ADJ savaşkan
**Kampf|flugzeug** N savaş uçağı **~geist** M: **~ zeigen** mücadele ruhu ortaya koymak **~handlung** F MIL çatışma **~kraft** F savaşma gücü **⩽los** ADJ *u.* ADV: **~ gewinnen** mücadelesiz kazanmak **⩽lustig** ADJ mücadeleci; savaşkan **~richter** M SPORT hakem **~sport** M dövüş sporu **⩽unfähig** ADJ saf dışı; j-n **~ machen** b-ni saf dışı etmek
**kampieren** V/I ⟨*ohne ge-*, h.⟩ kamp yapmak
**Kanada** N Kanada
**Kanadier¹** M ⟨-s; -⟩ Kanadalı
**Kanadier²** M ⟨-s; -⟩ kano, bot
**Kanadierin** F ⟨-; -nen⟩ Kanadalı (kadın)
**kanadisch** ADJ Kanada(lı) *subst*
**Kanal** M ⟨-s; ⸚e⟩ Radio, TV, *fig* kanal; *künstlicher a.* su yolu; *natürlicher* boğaz; (*Abwasser*⩽) lağım **~isation** [-'tsi̯oːn] F ⟨-; -en⟩ kanalizasyon, lağım sistemi **⩽isieren** V/T ⟨*ohne ge-*, h.⟩ kanalizasyona bağlamak; *fig* kanalize etmek **~küste** F Manş (Denizi) kıyısı **~tunnel** M GEOG Manş Tüneli
**Kanarienvogel** [-'naːri̯ən-] M kanarya (kuşu)
**kanarisch** ADJ: **die ⩽en Inseln** Kanarya Adaları
**Kandidat** M ⟨-en; -en⟩, **-in** F ⟨-; -nen⟩ aday **~ur** F ⟨-; -en⟩ adaylık
**kandidieren** V/I ⟨*ohne ge-*, h.⟩ aday olmak; **~ für das Amt** (*gen*) ... görevi için adaylığını koymak
**kandiert** ADJ şekerlenmiş
**Kandiszucker** M nöbet şekeri
**Känguru** N ⟨-s; -s⟩ kanguru
**Kaninchen** N ⟨-s; -⟩ adatavşanı
**Kanister** M ⟨-s; -⟩ bidon
**Kännchen** N ⟨-s; -⟩ küçük çaydanlık/kahvedenlik; **ein ~ Kaffee, bitte!** bir kahvedenlik (= *2 fincan*) kahve, lütfen!
**Kanne** F ⟨-; -n⟩ güğüm; (*Kaffee-, Tee*⩽) çaydanlık, kahvedenlik; (*Gieß*⩽) bahçe kovası
**Kanone** F ⟨-; -n⟩ MIL top; *umg* (*Revolver*) tabanca; *umg* sport as
**kanonisch** ADJ: **~es Recht** dinî/dinsel hukuk
**Kante** F ⟨-; -n⟩ kenar; *umg* **etw auf die hohe ~ legen** bş-i biriktirmek; bş-i kenara ayırmak
**kanten** V/T ⟨h.⟩ yontmak
**kantig** ADJ keskin kenarlı, çıkıntılı; *Gesicht* çıkık kemikli; *Kinn* köşeli

**Kantine** F ⟨-; -n⟩ kantin
**Kanton** M ⟨-s; -e⟩ POL kanton
**Kanu** N ⟨-s; -s⟩ kano
**Kanüle** F ⟨-; -n⟩ MED kalın şırınga, kanül
**Kanzel** F ⟨-; -n⟩ REL kürsü; FLUG pilot kabini; **auf der ~** kürsüde
**Kanzlei** F ⟨-; -en⟩ ofis, (Rechtsanwalts♀) yazıhane
**Kanzler** M ⟨-s; -⟩ POL şansölye, başbakan **~amt** N şansölyelik (görevi); şansölyelik (dairesi) **~kandidat(in)** M(F) şansölye adayı
**Kap** N ⟨-s; -s⟩ GEOG burun
**Kap.** abk für Kapitel N bölüm
**Kapazität** F ⟨-; -en⟩ kapasite, güç; WIRTSCH üretim gücü; **~ auf dem Gebiet** (gen) ... alanında otorite
**Kapazitäts|auslastung** F kapasite kullanımı **~erweiterung** F kapasiteyi genişletme
**Kapelle** F ⟨-; -n⟩ REL şapel; MUS bando, orkestra **~meister** M bando şefi
**kapieren** ⟨ohne ge-, h.⟩ umg **A** V/T kavramak **B** V/I anlamak; **kapiert?** anladın mı?
**Kapital** N ⟨-s; -e, -ien⟩ sermaye, kapital; **~ schlagen aus** -den (insafsızca) faydalanmak **~anlage** F (sermaye) yatırım(ı) **~anleger(in)** M(F) yatırımcı **~aufwand** M sermaye gideri **~bildung** F sermaye birikimi/oluşumu/ oluşturma **~einkommen** N sermaye geliri **~erhöhung** F sermaye arttırımı **~ertrag** M sermaye geliri **~ertragssteuer** F sermaye gelirleri vergisi **~flucht** F sermaye kaçışı **~geber(in)** M(F) finanse eden; sermayedar **~gesellschaft** F sermaye şirketi **~hilfe** F sermaye/finansman yardımı **♀intensiv** ADJ sermaye yoğun **♀isieren** V/T ⟨ohne ge-, h.⟩ sermayelendirmek **~ismus** M ⟨-; ohne pl⟩ kapitalizm **~ist** M ⟨-en; -en⟩, **-in** F ⟨-; -nen⟩ kapitalist **♀istisch** ADJ kapitalist **♀kräftig** ADJ sermayece güçlü **~markt** M sermaye piyasası **~verbrechen** N ağır suç
**Kapitän** M ⟨-s; -e⟩ kaptan
**Kapitel** N ⟨-s; -⟩ bölüm, fig konu, mesele; **ein ~ für sich** başlı başına bir konu
**Kapitell** N ⟨-s; -e⟩ ARCH sütun başlığı
**Kapitul|ation** [-'tsio:n] F ⟨-; -en⟩ teslim olma, boyun eğme **♀ieren** V/I ⟨ohne ge-, h.⟩ **(vor** dat **-e)** teslim olmak, boyun eğmek; fig a. pes etmek
**Kaplan** M ⟨-s; Kapläne⟩ (Katolik) papaz yardımcısı
**Kappe** F ⟨-; -n⟩ takke; (Verschluss) kapak
**kappen** V/T ⟨h.⟩ kesmek; (-in ucunu) kesmek/kırmak
**Käppi** N ⟨-s; -s⟩ MIL bere
**Kapsel** F ⟨-; -n⟩ ANAT, BOT, MED kapsül; Raumfahrt a. (uzay) modül(ü)
**kaputt** ADJ umg (Glas etc) kırık; (Ehe etc) yıkılmış; (außer Betrieb) bozuk, hizmet dışı; (erschöpft) bitkin; **~ machen** umg kırmak, bozmak; fig a. mahvetmek **~fahren** umg V/T ⟨irr, -ge-, h.⟩ (arabayı kullanarak) bozmak/çarpmak **~gehen** umg V/I ⟨irr, -ge-, s.⟩ bozulmak, kırılmak; Ehe -in yuvası yıkılmak **~lachen** umg V/R ⟨-ge-, h.⟩: **sich ~** gülmekten kırılmak **~machen** V/R: **sich ~ (mit** -le) kendini harap etmek
**Kapuze** F ⟨-; -n⟩ kukuleta, kapuşon
**Karaffe** F ⟨-; -n⟩ sürahi
**Karambolage** [-'la:ʒə] F ⟨-; -n⟩ AUTO çarpışma, karambol
**Karamell** M ⟨-s; ohne pl⟩ karamel(a)
**Karat** N ⟨-s; -e⟩ kırat; Gold ayar
**Karate** N ⟨-; ohne pl⟩ karate **~kämpfer(in)** M(F) karateci **~schlag** M karate vuruşu
**...karätig** ADJ IN ZSSGN **18-~es Gold** 18 ayar/karatlık altın; **hoch~** a. fig çok değerli, üstün
**Karawane** F ⟨-; -n⟩ kervan
**Kardinal** M ⟨-s; ⸚e⟩ REL kardinal **~zahl** F asıl sayı
**Kardiologe** M ⟨-n; -n⟩ MED kardiyolog, kalp uzmanı
**Karenzzeit** F WIRTSCH ücretsiz/getirisiz/tazminatsız süre
**Karfreitag** M REL Çarmıh Cuması (Paskalyadan önceki, İsa'nın çarmıha gerildiği cuma)
**karg, kärglich** ADJ fakir; Essen, Leben sade; Boden, Landschaft verimsiz, kısır
**kariert** ADJ kareli
**Karies** [-ïɛs] F ⟨-; ohne pl⟩ MED diş çürüğü
**Karikatur** F ⟨-; -en⟩ karikatür **~ist** M ⟨-en; -en⟩, **-in** F ⟨-; -nen⟩ karikatürist
**karikieren** V/T ⟨ohne ge-, h.⟩ karikatürize etmek

# KASS

**kariös** ADJ MED çürük
**karitativ** [karita'ti:f] ADJ muhtaçlara yardıma ilişkin
**Karmin** N ⟨-s; ohne pl⟩ kırmızı ♀**rot** ADJ kırmızı
**Karneval** [-val] M ⟨-s; -e, -s⟩ karnaval
**Karo** N ⟨-s; -s⟩ kare, satranç; *Kartenspiel, Farbe* karolar *pl*, *Karte* karo
**Karosserie** F ⟨-; -n⟩ AUTO karoser(i)
**Karotin** N ⟨-s; ohne pl⟩ karoten
**Karotte** F ⟨-; -n⟩ havuç
**Karpfen** M ⟨-s; -⟩ sazan (balığı)
**Karre** F ⟨-; -n⟩, **Karren** M ⟨-s; -⟩ araba; (*Schub*♀) el arabası; *umg* (*altes Auto*) külüstür (araba)
**Karriere** [-'rĭɛ:rǝ] F ⟨-; -n⟩ kariyer; ~ **machen** kariyer yapmak, yükselmek ~**frau** F mesleğinde yükselen kadın
**Karsamstag** M Paskalya'dan önceki cumartesi
**Karte** F ⟨-; -n⟩ kart; (*Eintritts-, Fahr*♀) bilet; (*Speise*♀) yemek listesi; (*Wein*♀) şarap listesi; SPORT **die Gelbe (Rote)** ~ sarı (kırmızı) kart; **gute** ~**n haben** (-in) başarı ihtimali yüksek olmak
**Kartei** F ⟨-; -en⟩ kartotek; ~ **führen** (über üzerine) kartotek tutmak; -*i* fişlemek ~**karte** F fiş ~**kasten** M fiş kutusu
**Kartell** N ⟨-s; -e⟩ WIRTSCH kartel, tröst ~**amt** N kartel dairesi ~**gesetz** N kartel (*od* anti tröst) yasası
**Karten|haus** N SCHIFF harita dairesi; iskambil kağıdından ev ~**leger(in)** M(F) (iskambil falı açan) falcı ~**spiel** N iskambil oyunu; (*Karten*) deste ~**telefon** N kartlı telefon ~**verkauf** M bilet satışı; *Stelle* bilet gişesi ~**vorverkauf** M bilet ön satışı; *Stelle* bilet (ön) satış gişesi
**Kartoffel** F ⟨-; -n⟩ patates ~**brei** M patates lapası ~**chips** PL çips ~**kloß** M, ~**knödel** M patates köftesi ~**puffer** M patates mücveri ~**püree** N patates püresi ~**salat** M patates salatası ~**suppe** F patates çorbası
**Kartograf** M ⟨-en; -en⟩ haritacı
**Kartografie** [-'fi:] F ⟨-; ohne pl⟩ haritacılık
**Karton** [-'tɔŋ, -'tõ, -'to:n] M ⟨-s; -s⟩ (*Pappe*) karton, mukavva; (*Schachtel*) mukavva kutu, koli
**Karussell** N ⟨-s; -s, -e⟩ atlıkarınca; ~ **fahren** atlıkarıncaya binmek
**Karwoche** F Yas Haftası (*Paskalya'dan önceki hafta*)
**Karzinom** N ⟨-s; -e⟩ MED karsinom; kanserli doku/ur
**Kasachstan** N Kazakistan
**kaschieren** V/T ⟨ohne ge-, h.⟩ (kusur) örtmek
**Kaschmir** M ⟨-s; -e⟩ kaşmir
**Käse** M ⟨-s; -⟩ peynir ~**glocke** F peynir fanusu ~**kuchen** M, ~**torte** F peynir turtası ~**platte** F peynir tabağı
**Kaserne** F ⟨-; -n⟩ kışla
**Käsestange** F peynirli çubuk; (üstü) peynirli sandviç
**käsig** ADJ pıhtılaşmış; *umg* kireç gibi
**Kasino** N ⟨-s; -s⟩ (*Spiel*♀) gazino; (*Speiseraum*) kafeterya; MIL ordueyi
**Kassageschäft** N WIRTSCH peşin/spot işlem
**Kasse** F ⟨-; -n⟩ kasa; (*Registrier*♀) yazar kasa; *Bank* vezne; THEAT *etc* bilet gişesi; *Kartenspiel* kasa; (*Kranken*♀) hastalık sigortası kurumu; **gut (knapp) bei** ~ **sein** *umg* parası bol (kıt) olmak; *j-n* **zur** ~ **bitten** b-ni para ödemeye zorlamak; ~ **machen** hesap çıkarmak; döküm yapmak; **getrennte** ~ **machen** *umg* Alman usulü yapmak
**Kassen|abschluss** M kasa sayımı; vezne bilançosu ~**anweisung** F kasa ödeme emri ~**arzt** M, ~**ärztin** F (anlaşmalı) sigorta doktoru ~**bestand** M kasa mevcudu ~**bon** M kasa fişi ~**erfolg** M iyi satılan mal ~**patient** M sigorta hastası ~**schlager** M *umg iyi satılan mal* ~**sturz** M: ~ **machen** ihbarsız kasa denetimi yapmak ~**zettel** M kasa fişi
**Kasserolle** F ⟨-; -n⟩ tencere
**Kassette** F ⟨-; -n⟩ (*Audio*♀, *Video*♀) kaset; kartuş; (*Geld*♀) para kutusu; (*Schmuck*♀) kasa, kutu
**Kassetten|deck** N teyp dek, dek teyp ~**rekorder** M kasetli teyp; kasetli ses kayıt cihazı
**kassieren** ⟨ohne ge-, h.⟩ **A** V/T *Geld* almak; *umg* (*verdienen*) (para) yapmak; JUR iptal etmek **B** V/I *umg* **kräftig** ~ (**bei** -*de*) parayı toplamak; **darf ich** ~? hesabı alabilir miyim?
**Kassierer** M ⟨-s; -⟩, -**in** F ⟨-; -nen⟩ kasadar, kasiyer; FIN *a.* veznedar

**Kastagnette** [kastan'jɛtə] F ⟨-; -n⟩ kastanyet
**Kastanie** [-nĭə] F ⟨-; -n⟩ kestane
**kastanienbraun** ADJ kestane (rengi)
**Kästchen** N ⟨-s; -⟩ küçük kutu/sandık; kare, kutu(cuk)
**Kaste** F ⟨-; -n⟩ kast
**kasteien** V/R: sich ~ ⟨h.⟩ REL riyazet etmek; kendini cezalandırmak, kendine eziyet etmek
**Kasten** M ⟨-s; ⸚⟩ kutu (a. umg Fernseher, Gebäude); (Behälter, Kiste) kasa; **umg er hat was auf dem ~** onun kafası çalışır
**Kastenwesen** N ⟨-s; ohne pl⟩ kast sistemi
**Kastr|ation** F ⟨-; -en⟩ iğdiş/hadım etme **⸰ieren** V/T ⟨ohne ge-, h.⟩ iğdiş/hadım etmek
**Kasus** M ⟨-; -⟩ ismin hali
**Kat** M ⟨-s; -s⟩ umg AUTO → Katalysator
**Katakomben** PL katakomp(lar)
**Katalog** M ⟨-s; -e⟩ katalog **⸰isieren** V/T ⟨ohne ge-, h.⟩ kataloglamak **~preis** M liste fiyatı
**Katalysator** M ⟨-s; -en⟩ CHEM katalizatör; AUTO katalitik konverter, katalizatör **~auto** N katalizatörlü otomobil
**katapultieren** V/T ⟨ohne ge-, h.⟩ (mancınıkla vs) fırlatmak
**katastrophal** [katastro'fa:l] ADJ dehşetli, yıkıcı
**Katastrophe** [katas'tro:fə] F ⟨-; -n⟩ afet, felaket; (Unfall) facia
**Katastrophen|alarm** M afet alarmı **~einsatz** M afet yardımı çalışması **~fall** M: **im ~** afet durumunda **~gebiet** N afet bölgesi **~schutz** M afet önleme kurumu/tedbirleri
**Katechismus** M ⟨-; Katechismen⟩ ilmihal
**Kategorie** F ⟨-; -n⟩ kategori
**kategorisch** ADJ kategorik; kesin; **~ ablehnen** kesin (biçimde) reddetmek
**Kater** M ⟨-s; -⟩ ZOOL erkek kedi; umg fig mahmurluk (alkolden)
**kath.** abk für **katholisch** Katolik
**Kathedrale** F ⟨-; -n⟩ katedral
**Katheter** M ⟨-s; -⟩ MED sonda
**Katholik** M ⟨-en; -en⟩, **-in** F ⟨-; -nen⟩ Katolik
**katholisch** ADJ Katolik
**Kätzchen** N ⟨-s; -⟩ kedi yavrusu, yavru kedi

**Katze** F ⟨-; -n⟩ kedi; umg **das war für die Katz** bu boşa gitti (od heder oldu)
**Katzen|auge** N (Mineral) kedigözü; (Reflektor) reflektör, umg kedigözü **~jammer** M keyifsizlik; umg hum (moralischen) ~ **haben** vicdan azabı duymak **~sprung** M: **bis zum Bahnhof ist es nur ein ~** istasyon sadece üç adımlık (od bir taş atımı) yerde
**Kauderwelsch** N ⟨-; ohne pl⟩ anlamsız sözler, tarzanca, çetrefil dil
**kauen** V/T u. V/I ⟨h.⟩ çiğnemek
**kauern** V/I u. V/R ⟨h.⟩ çömelmek, büzülüp çökmek
**Kauf** M ⟨-s; ⸚e⟩ satın alma, alım; **günstiger ~** kârlı alışveriş; **zum ~ anbieten** satılığa çıkarmak; **etw in ~ nehmen** bş-i göze almak **~anreiz** M alım teşviki
**kaufen** V/T ⟨h.⟩ (satın) almak; umg (bestechen) satın almak
**Käufer** M ⟨-s; -⟩, **-in** F ⟨-; -nen⟩ alıcı; müşteri
**Kauf|frau** F kadın tacir **~halle** F süpermarket **~haus** N büyükmağaza **~kraft** F WIRTSCH satın alma gücü **⸰kräftig** ADJ satın alma gücü yüksek
**käuflich** ADJ satılık, satın alınabilir; (bestechlich) rüşvetçi, yiyici; **~ erwerben** satın almak
**Kauf|mann** M ⟨-s; -leute⟩ tacir, tüccar; (Krämer) bakkal **⸰männisch** ADJ ticarî; **~e Angestellte** ticarî eleman **~preis** M alış fiyatı **~vertrag** M satış sözleşmesi **~zwang** M satın alma zorunluluğu/mecburiyeti
**Kaugummi** M, a. N sakız, ciklet, cemile
**Kaulquappe** F ⟨-; -n⟩ iribaş, cemile
**kaum** ADV hemen hemen ... değil; **~ zu glauben** pek inanılmaz; **~ warst du gegangen, als ...** sen gider gitmez ...
**kausal** ADJ nedensel **⸰ität** F ⟨-; -en⟩ nedensellik **⸰zusammenhang** M nedensellik ilişkisi; sebep sonuç ilişkisi
**Kaution** [-'tsĭo:n] F ⟨-; -en⟩ WIRTSCH, JUR depozito; kefalet; **~ stellen** WIRTSCH, JUR kefalet temin etmek; **gegen ~** JUR kefalet karşılığı; **gegen ~ freilassen** JUR kefaletle salıvermek
**Kautschuk** M ⟨-s; -e⟩ kauçuk
**Kauz** M ⟨-es; ⸚e⟩ alaca baykuş; kukumav (kuşu); umg **(komischer) ~** garip bir kimse

# KENT

**Kavalier** [kavaˈliːɐ] M ⟨-s; -e⟩ centilmen

**Kavaliersdelikt** [-v-] N hoşgörülür suç/cürüm

**Kavallerie** [-v-] F ⟨-; -n⟩ süvari (sınıfı)

**Kavallerist** [-v-] M ⟨-en; -en⟩ süvari (askeri)

**Kaviar** [-v-] M ⟨-s; -e⟩ havyar

**KB** N IT *abk für* Kilobyte kilobayt

**keck** ADJ gözüpek, atak, işveli, şuh

**Kegel** M ⟨-s; -⟩ MATH, TECH koni **~bahn** F bovling **2förmig** ADJ konik; mahruti **~klub** M bovling klübü

**kegeln** Vİ ⟨h.⟩ bovling oynamak

**Kehle** F ⟨-; -n⟩ ANAT boğaz; *umg* **etw in die falsche ~ bekommen** bş-i yanlış anlayıp kırılmak

**Kehlkopf** M gırtlak **~entzündung** F MED larenjit **~krebs** M MED gırtlak kanseri

**Kehllaut** M gırtlaksı (ses)

**Kehre** F ⟨-; -n⟩ (keskin) viraj, dönemeç

**kehren** Vİ ⟨h.⟩ süpürmek; **etw nach oben (außen) ~** bş-i altüst (tersyüz) etmek; **in sich gekehrt** içine dönük; **j-m den Rücken ~** b-ne sırt çevirmek

**Kehricht** M, N ⟨-s; *ohne pl*⟩ süprüntü; *umg* **das geht dich e-n feuchten ~ an** bu seni zerre kadar ilgilendirmez

**Kehrseite** F ters taraf, -in arka yüzü; **die ~ der Medaille** *fig* madalyonun öteki yüzü

**kehrtmachen** Vİ ⟨-ge-, h.⟩ geri dönmek

**keifen** Vİ ⟨h.⟩ hırlamak, dırdır etmek

**Keil** M ⟨-s; -e⟩ kıskı, kama, takoz; (*Zwickel*) kumaş yama **~absatz** M uzun ökçe **2förmig** ADJ kama şeklinde **~riemen** M AUTO pervane kayışı **~schrift** F çivi yazısı

**Keim** M ⟨-s; -e⟩ BIOL, MED tohum; BOT filiz, sürgün (*Trieb*); **im ~ ersticken** *fig* büyümeden ezmek **2en** Vİ ⟨h.⟩ çimlenmek; *fig* filizlenmek, boy göstermek **2frei** ADJ mikropsuz, sterilize; **~ machen** sterilize etmek **~zelle** F üreme hücresi; *fig* çekirdek

**kein** INDEF PR A *adjektivisch* **~(e)** hiçbir; **er hat ~ Auto** onun (hiçbir) arabası yok; **er ist ~ Kind mehr** o artık çocuk değil B *substantivisch* **~e, ~er, ~(e)s Person** hiç kimse; *Sache* hiçbir şey; **~er von beiden** ikisinden hiçbiri; **~er von** uns hiçbirimiz

**keines|falls** ADV asla, ne olursa olsun (+ *Verneinung*) **~wegs** ADV hiç, hiçbir şekilde, asla (+ *Verneinung*)

**keinmal** ADV hiçbir sefer(inde)

**Keks** M ⟨-; -e⟩ bisküvi

**Kelch** M ⟨-s; -e⟩ (ayaklı) kupa; BOT çanak **~blatt** N BOT çanakyaprağı

**Keller** M ⟨-s; -⟩ bodrum; *bewohnte* bodrum katı **~geschoss**, *österr* **~geschoß** N bodrum katı **~wohnung** F bodrum dairesi

**Kellner** M ⟨-s; -⟩, **-in** F ⟨-; -nen⟩ garson

**Kelte** M ⟨-n; -n⟩ Kelt

**keltern** Vt ⟨h.⟩ (-ın) sıkıp suyunu çıkarmak

**Kelt|in** F ⟨-; -nen⟩ Kelt (kadın) **2isch** ADJ Kelt(çe) *subst*

**Kemalismus** M Atatürkçülük, Kemalizm

**kennen** Vt ⟨kannte, gekannt, h.⟩ tanımak; **er kennt nichts als s-e Arbeit** (onun) gözü işinden başka bir şey görmez; **kein Erbarmen ~** merhamet nedir bilmemek **~lernen** Vt ⟨ *irr*,-ge-, *h.*⟩ *-le* tanışmak; *-i* tanımak; **als ich ihn kennenlernte** onunla ilk tanıştığımda; **j-n näher ~** b-ni yakından tanımak

**Kenner** M ⟨-s; -⟩, **-in** F ⟨-; -nen⟩ (*gen*) (*-in*) uzmanı/erbabı/ehli

**kenntlich** ADJ: **~ machen** işaretlemek

**Kenntnis** F ⟨-; -se⟩ bilgi (*gen od* von hakkında); **~ nehmen von etw** bş hakkında bilgi edinmek; **das entzieht sich meiner ~** bu benim bilgim dışında; **j-n in ~ setzen von etw** b-ne bş-i bildirmek **~nahme** F: **zu Ihrer ~** bilginize sunulur **~se** PL (*Wissen*) bilgi *sg*, malumat *sg* (*gen od* in *dat* hakkında); **gute ~ haben in** hakkında iyi bilgi sahibi olmak

**Kennung** F ⟨-; -en⟩ IT şifre

**Kennwort** N MIL parola

**Kennzeichen** N (ayırt edici) özellik, işaret; AUTO plaka

**kennzeichnen** Vt ⟨-ge-, *h.*⟩ işaret etmek; (*charakteristisch sein für*) karakterize etmek

**kennzeichnend** ADJ (für için) karakteristik/tipik

**Kennziffer** F WIRTSCH rasyo; tasnif/referans numarası

**kentern** Vİ ⟨s.⟩ alabora olmak

**Keramik** F ⟨-; -en⟩ seramik; seramik eşya **~er** M ⟨-s; -⟩, **-in** F ⟨-; -nen⟩ seramikçi
**Kerbe** F ⟨-; -n⟩ çentik, kertik
**Kerbel** M ⟨-s; ohne pl⟩ BOT frenkmaydanozu
**Kerbholz** N umg: *etw auf dem ~ haben* bir kabahati vs olmak/var
**Kerl** M ⟨-s; -e⟩ umg herif; *armer ~* zavallı adam; *ein anständiger ~* beyefendi bir adam
**Kern** M ⟨-s; -e⟩ (a. Atom♀) çekirdek; (Nuss♀) iç; TECH göbek, iç; *der ~ der Sache* işin özü **~energie** F nükleer enerji **~explosion** F nükleer patlama **~familie** F çekirdek aile **~forschung** F nükleer araştırmalar pl **~frage** F canalıcı soru **~fusion** F nükleer füzyon **~gehäuse** N BOT çekirdek yatağı **♀gesund** ADJ turp gibi (sağlıklı) **♀ig** ADJ umg kuvvetli; özlü **~kraft** F nükleer enerji, atom enerjisi **~kraftgegner(in)** M(F) nükleer enerji karşıtı **~kraftwerk** N nükleer santral **♀los** ADJ BOT çekirdeksiz **~obst** N çekirdeği sert meyvalar **~physik** F atom fiziği **~physiker(in)** M(F) atom fizikçisi **~reaktor** M nükleer reaktör **~seife** F saf sabun **~spaltung** F atomun parçalanması, nükleer fisyon **~stück** N öz **~technik** F nükleer enerji teknolojisi **~waffe** F nükleer silah **~zeit** F esnek çalışma saatleri uygulayan işyerinde herkes için ortak olan zaman dilimi
**Kerosin** [-z-] N ⟨-s; ohne pl⟩ kerozin; uçak benzini
**Kerze** F ⟨-; -n⟩ mum; AUTO buji
**kerzen|gerade** ADV dimdik; *baston yutmuş gibi* **♀halter** M şamdan; mumluk **♀licht** N: *bei ~* mum ışığında
**kess** ADJ umg güzel ve küstah
**Kessel** M ⟨-s; -⟩ (Tee♀) çaydanlık; (Dampf♀) kazan
**Ketchup** ['kɛtʃap] M,N ⟨-(s); -s⟩ keçap
**Kette** F ⟨-; -n⟩ zincir; fig sıra, dizi; (Hals♀) kolye, gerdanlık; *j-n an die ~ legen* b-ni zincire vurmak; *e-e ~ bilden* bir sıra/zincir oluşturmak
**ketten** V/T ⟨h.⟩ (*an akk -e*) zincirlemek, bağlamak
**Ketten|fahrzeug** N paletli taşıt **~karussell** N dönme dolap **~raucher(in)** M(F) sigara tiryakisi **~reaktion** F zincirleme reaksiyon
**ketzerisch** ADJ zındık(ça)
**keuchen** V/I ⟨h.⟩ nefes nefese kalmak
**Keuchhusten** M MED boğmaca
**Keule** F ⟨-; -n⟩ topuz; GASTR but; **chemische ~** kimyasal cop, şiddetli zehir
**keusch** ADJ iffetli
**Keyboard** ['ki:bɔːd] N ⟨-s; -s⟩: MUS elektronik org, keyboard; IT klavye
**Kfm.** *abk für* **Kaufmann** M tüccar, tacir
**Kfz** [kaːʔɛfˈtsɛt] *abk für* **Kraftfahrzeug** N motorlu taşıt **~-Brief** M taşıt mülkiyet belgesi **~-Schein** M taşıt trafik ruhsatı **~-Steuer** F motorlu taşıt(ları) vergisi **~-Werkstatt** F oto tamir atölyesi
**KG** [kaˈgeː] *abk* → **Kommanditgesellschaft**
**Kibbuz** M ⟨-; -e⟩ kibuts
**Kichererbse** F nohut
**kichern** V/I ⟨h.⟩ kıkırdamak; *spöttisch* kıs kıs gülmek
**kicken** V/T *u.* V/I ⟨h.⟩ (ayakla topa) vurmak
**Kid** N ⟨-s; -s⟩ keçi (geyik vs) yavrusu; umg çocuk, genç
**Kiebitz** M ⟨-es; -e⟩ kızkuşu; umg seyirci (*beim Glücksspiel*)
**Kiefer**¹ M ⟨-s; -⟩ ANAT çene (kemiği)
**Kiefer**² F ⟨-; -n⟩ BOT karaçam
**Kiefernzapfen** M BOT kozalak
**Kieferorthopäde** M MED çene ortopedisti
**Kiel** M ⟨-s; -e⟩ SCHIFF omurga **♀oben** ADV SCHIFF alabora **~raum** M SCHIFF sintine
**Kieme** F ⟨-; -n⟩ solungaç
**Kies** M ⟨-es⟩ iri kum; çakıl; umg (*Geld*) mangır, arpa
**Kiesel** M, **~stein** M ⟨-s; -⟩ çakıltaşı **~erde** F CHEM silis(li toprak) **~säure** F CHEM silisik asit
**Kies|grube** F çakıl ocağı **~weg** M çakıltaşlı yol
**kiffen** V/I ⟨h.⟩ umg esrarlı sigara içmek
**killen** V/T ⟨h.⟩ umg (hunharca) öldürmek
**Killer** M ⟨-s; -⟩, **-in** F ⟨-; -nen⟩ kiralık katil
**Kilo** N ⟨-s; -⟩ kilo **~byte** ['kiːlobaɪt] N IT kilobyte; kilobayt **~gramm** N kilogram **~hertz** N ELEK kilohertz **~joule** ['kiːlodʒaʊl] N kilojul **~meter** N kilometer **~volt** N kilovolt **~watt** N kilo-

vat **~wattstunde** F̲ kilovat saat
**Kind** N̲ ⟨-s; -er⟩ çocuk; *kleines* bebek; **ein ~ bekommen** *-in* çocuğu olmak; çocuk doğurmak; **von ~ auf** çocuk yaştan beri/itibaren **~bettfieber** N̲ MED lohusalık humması, albastı
**Kinder|arbeit** F̲ çocuk işçi çalıştırma **~armut** F̲ çocuk yoksulluğu **~arzt** M̲, **~ärztin** F̲ çocuk doktoru **~betreuung** F̲ çocukla ilgilenme **~bett(-chen)** N̲ bebek/çocuk yatağı **~buch** N̲ çocuk kitabı **~ermäßigung** F̲ çocuk indirimi **~fahrkarte** F̲ çocuk bileti **~freibetrag** M̲ çocuk başına vergi muafiyeti
**kinderfreundlich** ADJ çocukları seven; *Wohnung* çocuklar için uygun
**Kinder|garten** M̲ (çocuk) yuva(sı), anaokulu **~gärtnerin** F̲ ⟨-; -nen⟩ yuva öğretmeni **~geld** N̲ çocuk ödeneği **~heim** N̲ çocuk yurdu **~hort** M̲ kreş, yuva **~kanal** M̲ TV çocuk kanalı **~krankheit** F̲ *fig* çocukluk hastalığı **~krippe** F̲ kreş **~lähmung** F̲ MED çocuk felci
**kinder|leicht** ADJ çok kolay, işten bile değil **~lieb** ADJ çocuk seven **~los** ADJ çocuksuz
**Kinder|mädchen** N̲ çocuk bakıcısı (kız) **~pflege** F̲ çocuk bakımı ♀**reich** ADJ çok çocuklu; **~e Familie** çok çocuklu aile **~schuh** M̲ çocuk ayakkabısı: **noch in den ~en stecken** *-in* daha gelişmeye ihtiyacı olmak/var **~sendung** F̲ çocuk programı **~sicherung** F̲ çocuk kilidi **~sitz** M̲ AUTO çocuk koltuğu **~spiel** N̲: **ein ~** *fig* çocuk oyuncağı **~spielplatz** M̲ çocuk bahçesi **~stube** F̲ *fig* aile terbiyesi **~tagesstätte** F̲ çocuk yuvası **~wagen** M̲ çocuk arabası **~zimmer** N̲ çocuk odası
**Kindes|alter** N̲ çocukluk (çağı), *frühes* bebeklik **~beine** PL: **von ~n an** çocukluktan beri **~misshandlung** F̲ çocuğa eziyet **~tötung** F̲ JUR çocuk katli
**kindgerecht** ADJ çocuğa uygun
**Kind|heit** F̲ ⟨-; *ohne pl*⟩ çocukluk, *frühe* bebeklik; **von ~ an** çocukluktan beri ♀**isch** ADJ çocuksu ♀**lich** ADJ çocukça
**Kinetik** F̲ ⟨-; *ohne pl*⟩ kinematik
**kinetisch** ADJ kinetik
**Kinn** N̲ ⟨-s; -e⟩ çene **~haken** M̲ çeneye vuruş; (*Aufwärtshaken*) aparküt **~lade** F̲ ⟨-; -n⟩ (alt/üst) çene
**Kino** N̲ ⟨-s; -s⟩ sinema; **ins ~ gehen** sinemaya gitmek **~gänger** M̲ ⟨-s; -⟩, **~gängerin** F̲ ⟨-; -nen⟩ sinema meraklısı **~vorstellung** F̲ film gösterimi
**Kiosk** ['kiːɔsk, kiɔsk] M̲ ⟨-s; -e⟩ satış kulübesi
**Kippe** F̲ ⟨-; -n⟩ (*Müll*♀) çöp yığını, çöplük; *umg* (*Zigarettenstummel*) izmarit; **es steht auf der ~** durumu tehlikede
**kippen** A VI ⟨s.⟩ devrilmek B VT ⟨h.⟩ devirmek; *Fenster* çekip açmak; *Wasser* boca etmek, boşaltmak
**Kippfenster** N̲ kanada penceresi
**Kirche** F̲ ⟨-; -n⟩ kilise; **in der ~** kilisede; **in die ~ gehen** kiliseye gitmek
**Kirchen|chor** M̲ kilise korosu **~gemeinde** F̲ kilise cemaati **~lied** N̲ ilahi **~rat** M̲ (*Protestan*) kilise konseyi **~steuer** F̲ kilise vergisi
**kirchlich** ADJ kiliseyle ilgili, ruhani; **sich ~ trauen lassen**, **~ heiraten** kilise nikâhıyla evlenmek
**Kirchturm** M̲ kilise kulesi
**Kirgisien** N̲ Kırgızistan
**Kirsch|e** F̲ ⟨-; -n⟩ BOT kiraz; (*Sauer*♀) vişne **~kuchen** M̲ vişneli kek ♀**rot** ADJ açık vişneçürüğü **~torte** F̲ vişneli turta **~wasser** N̲ vişne/kiraz rakısı
**Kissen** N̲ ⟨-s; -⟩ minder; (*Kopf*♀) yastık **~bezug** M̲ yastık kılıfı
**Kiste** F̲ ⟨-; -n⟩ kutu; sandık, kasa
**Kitsch** M̲ ⟨-s; *ohne pl*⟩ zevksizlik; değersiz şey (*Ware*) ♀**ig** ADJ değersiz, adi, bayağı
**Kitt** M̲ ⟨-s; -e⟩ macun; *umg* **der ganze ~** bütün olay/hikâye
**Kittchen** N̲ ⟨-s; -⟩ *umg*: **im ~** hapiste
**Kittel** M̲ ⟨-s; -⟩ gömlek; iş önlüğü
**kitten** VT ⟨h.⟩ macunlamak; yapıştırmak; tamir etmek
**Kitz** N̲ ⟨-es; -e⟩ keçi (geyik) yavrusu
**kitz|eln** ⟨h.⟩ A VI gıdıklanmak B VT gıdıklamak **~lig** ADJ kolay gıdıklanan; *fig* (*Frage*) dikkat gerektiren, nazik
**Kiwi**[1] M̲ ⟨-s; -s⟩ kivi (kuşu)
**Kiwi**[2] F̲ ⟨-; -s⟩ BOT kivi
**Kl.** *abk für* **Klasse** F̲ sınıf, kategori
**Klacks** M̲ ⟨-es; -e⟩ *umg*: **das ist ein ~** kolay/azıcık bir şey
**kläffen** VI ⟨h.⟩ *umg* havlamak; ürümek
**klaffend** ADJ aralık kalan, iyi kapanmayan; ayrık, açık

**Klage** F ⟨-; -n⟩ (über -*den*) şikayet yakınma; JUR dava; **~ führen über** ... hakkında dava açmak; JUR **~ auf** ... davası; **~ erheben (gegen)** (-*e* karşı) dava açmak; **e-e ~ abweisen** bir davayı reddetmek **~grund** M JUR dava sebebi
**klagen** VII ⟨h.⟩ (**über** *akk* -*den*; **bei** -*e*) *d*. MED şikâyet etmek; JUR (**gegen** -*in* aleyhine; **auf** *akk*, **wegen** -*den* dolayı) dava açmak; **ohne zu ~** şikayet etmeden; **ich kann nicht ~** fena değil; idare eder
**Kläger** M ⟨-s; -⟩, **-in** F ⟨-; -nen⟩ JUR davacı
**Klage|schrift** F JUR dava dilekçesi **~weg** M JUR: **auf dem ~** şikâyetle
**kläglich** ADJ acıklı, hazin, perişan
**klaglos** ADV yakınmadan; *umg* gık demeden
**Klamauk** M ⟨-s; *ohne pl*⟩ *umg* gürültü patırtı; THEAT *etc* kaba komedi, maskaralık
**klamm** ADJ (*feuchtkalt*) ıslak ve soğuk; (*erstarrt*) **~ vor Kälte**) (soğuktan) uyuşmuş
**Klammer** F ⟨-; -n⟩ (*Büro*Ω) ataş; (*Heft*Ω) zımba teli; (*Wäsche*Ω) mandal; (*Haar*Ω) saç iğnesi; (*Zahn*Ω) tel; TECH kenet, çengel; MATH, TYPO parantez, ayraç; **~ auf (zu)** parantezi aç (kapa); **in ~n setzen** parantez içine almak
**klammern** ⟨h.⟩ **A** VII kenetlemek (*a.* MED), tutturmak (**an** *akk* -*e*) **B** V/R: **sich ~ an** (*akk*) -*e* yapışmak
**klammheimlich** ADV *umg* gizlice
**Klamotte** F ⟨-; -n⟩ *umg* pılı pırtı
**Klang** M ⟨-s; ⸚e⟩ ses, seda; (*Ton*) ton **~farbe** F tını Ω**los** ADJ sessiz Ω**voll** ADJ gür, tınlayan; *fig* ünlü, şanlı
**Klappbett** N açılır kapanır karyola
**Klappe** F ⟨-; -n⟩ *Umschlag, Tasche* kapak; ANAT kapakçık; TECH supap; **eine große ~ haben** laf ebesi olmak, büyük laf etmek; **halt die ~!** *umg* kapa çeneni!
**klappen** ⟨h.⟩ **A** VII katlamak **B** VI *fig* (işler) yolunda gitmek; **~ wie am Schnürchen** tıkır tıkır yürümek; **es klappt nicht** olmuyor; olmaz, yürümez
**Klappentext** M kapak metni
**Klappenventil** N TECH kapakçıklı supap
**klappern** VII ⟨h.⟩ (**mit** *etw* bş-le) tıkırdamak; **er klapperte vor Kälte mit den Zähnen** (onun) soğuktan dişleri takırdıyordu
**Klapperschlange** F çıngıraklı yılan
**Klapp|fenster** N vasistas **~messer** N sustalı çakı **~rad** N katlanır bisiklet
**klapprig** ADJ hurda, sarsak; *Möbel* çürük, köhne
**Klapp|sitz** M açılır kapanır iskemle **~stuhl** M açılır kapanır sandalye **~tisch** M açılır kapanır masa; portatif masa
**Klaps** M ⟨-es; -e⟩ şamar, hafif tokat
**Klapsmühle** F *umg* tımarhane
**klar** ADJ açık, belli; **es ist ~, dass** -diği apaçık; **ist dir ~, dass ...?** ...-diğinin farkında mısın?; **(na) ~!** elbette; **alles ~?** tamam mı?; **sich** (*dat*) **~ werden über** *etw* bş üzerine bir fikre/karara varmak; **es wurde mir klar, dass** anladım ki, ...; **~e Verhältnisse schaffen** duruma açıklık getirmek
**Kläranlage** F arıtma tesisi
**klären** ⟨h.⟩ **A** VII TECH arıtmak; *fig* temizlemek, aydınlatmak **B** V/R: **sich ~** *Flüssigkeit* durulmak; *Sache* açıklığa kavuşmak
**klargehen** VII ⟨*irr*, -ge-, *s.*⟩ *umg* yolunda/tamam olmak; halledilmek
**Klarheit** F ⟨-; *ohne pl*⟩: **sich ~ verschaffen über** *etw* bş-i iyice anlamak
**Klarinette** F ⟨-; -n⟩ klarnet
**klarkommen** VII ⟨*irr*, -ge-, *s.*⟩ *umg*: **mit j-m ~** b-le anlaşabilmek/geçinmek; **kommst du damit klar?** bunun üstesinden gelebilir misin?
**klarmachen** ⟨-ge-, *h.*⟩ VII: **j-m** *etw* **~** b-ne bşi açıklamak, anlatmak **B** V/R: **sich ~, dass** -diğini iyice aklına yazma
**klarsehen** VII ⟨*irr*, -ge-, *h.*⟩ *umg* anlamak
**Klarsicht|folie** F şeffaf folyo **~packung** F şeffaf ambalaj
**klar|stellen** VII ⟨-ge-, *h.*⟩ -*i* aydınlatmak, açıklığa kavuşturmak Ω**text** M: **im ~** açıkçası, «Türkçesi»
**Klärung** F ⟨-; -en⟩ durul(t)ma; açıklığa kavuş(tur)ma
**Klasse** F ⟨-; -n⟩ sınıf; **erste (zweite) ~** BAHN *etc* birinci (ikinci) mevki; **(ganz große) ~** *umg* mükemmel, harika; **nach ~n ordnen** sınıflandırmak
**Klassen|arbeit** F yazılı (sınav) **~bewusstsein** N sınıf bilinci **~gesellschaft** F sınıflı toplum **~kame-**

**rad(in)** M(F) sınıf arkadaşı **~kampf** M sınıf mücadelesi **~lehrer(in)** M(F) sınıf öğretmeni **⸹los** ADJ sınıfsız **~lotterie** F dönemli piyango *(abonman usulü)* **~sprecher(in)** M(F) sınıf sözcüsü **~treffen** N sınıf toplantısı **~unterschied** M sınıf farkı **~zimmer** N dershane; sınıf

**klassifizier|en** VİT ⟨ohne -ge-, h.⟩ sınıflandırmak **⸹ung** F ⟨-; -en⟩ sınıflandır(ıl)ma

**Klassik** F ⟨-; ohne pl⟩ klasisizm; antik çağ; eskiçağ **~er** M ⟨-s; -⟩ klasik

**klassisch** ADJ klasik; antik, eskiçağ(la ilgili)

**Klassizismus** M ⟨-; ohne pl⟩ klasisizm

**klassizistisch** ADJ klasisist

**Klatsch** M ⟨-s; ohne pl⟩ umg fig dedikodu **~base** F umg dedikoducu (kadın)

**klatschen** ⟨h.⟩ **A** VİT: Beifall ~ alkışlamak **B** Vİ Beifall alkışlamak; umg fig dedikodu yapmak (über akk hakkında); **in die Hände ~** el çırpmak, alkışlamak

**Klatsch|kolumnist(in)** M(F) umg dedikodu yazarı **~maul** N umg dedikoducu

**klatschnass** ADJ umg sırılsıklam

**Klaue** F ⟨-; -n⟩ pençe; **in j-s ~n geraten** b-nin pençesine düşmek; umg kötü elyazısı

**klauen** VİT ⟨h.⟩ aşırmak, araklamak

**Klausel** F ⟨-; -n⟩ JUR koşul, özel hüküm

**Klaustrophobie** F ⟨-; ohne pl⟩ klostrofobi

**Klausur** F ⟨-; -en⟩ yazılı sınav; kapalı toplantı **~tagung** F (kamuoyuna) kapalı kongre/toplantı

**Klavier** [-'vi:ɐ] N ⟨-s; -e⟩ MUS piyano **~spieler(in)** M(F) piyanist; **Klavier spielen (können)** piyano çalmak (çalmayı bilmek)

**Klebe|band** N ⟨-s; ¨er⟩ yapışkan bant, seloteyp® **~folie** F yapışkan folyo

**kleben** ⟨h.⟩ **A** Vİ yapıştırmak; umg **j-m e-e ~** b-ne bir tokat vs yapıştırmak **B** Vİ (an dat -e) yapışmak; (klebrig sein) yapışkan olmak; **~ bleiben** (an dat -e) yapışıp kalmak; umg **~ bleiben** (in dat -de) sınıfta kalmak

**Klebestreifen** M yapışkan bant

**klebrig** ADJ yapışkan

**Klebstoff** M yapıştırıcı; (Kleister) tutkal

**kleckern** ⟨h.⟩ umg **A** Vİ dökmek, akıtmak, damlatmak; leke yapmak/bırakmak **B** VİT: **etw ~ auf** -in üstüne bş-i dökmek

**Klecks** M ⟨-es; -e⟩ umg leke

**klecksen** Vİ ⟨h.⟩ umg dökmek, akıtmak, damlatmak; leke yapmak/bırakmak

**Klee** M ⟨-s; ohne pl⟩ BOT yonca **~blatt** N fig ayrılmaz üçlü; a. Kreuzung yonca yaprağı; **vierblättriges ~** dört yapraklı yonca

**Kleid** N ⟨-s; -er⟩ elbise, giysi; **~er** pl (Kleidung) giyim

**kleiden** ⟨h.⟩ **A** VİT: **etw in Worte ~** bş-i kelimelere dökmek; **j-n (gut) ~** b-ne yakışmak **B** VİR: **sich ~ in** -e bürünmek

**Kleider|bügel** M elbise askısı **~bürste** F elbise fırçası **~haken** M duvar askısı **~schrank** M elbise dolabı **~ständer** M elbise sehpası **~stoff** M kumaş

**kleidsam** ADJ (Kleidung) yakışan, gösterişli

**Kleidung** F ⟨-; -en⟩ giyim; kıyafet

**Kleidungsstück** N giyim eşyası

**Kleie** F ⟨-; -n⟩ kepek

**klein** **A** ADJ a. Finger, Zehe küçük; **~ kariert** adj küçük kareli; piyedöpul; **von ~ auf** küçüklükten beri; **bis ins ⸹ste** en ince ayrıntısına kadar **B** ADV umg: **ein (ganz) ~ wenig** azıcık; **~ anfangen** küçükten başlamak; **~ schneiden** doğramak

**Klein|anzeige** F küçük ilan **~arbeit** F ince/teferruatlı iş **~betrieb** M küçük işletme **~bildkamera** F FOTO 35 mm'lik fotoğraf makinası **~buchstabe** M küçük harf **⸹bürgerlich** ADJ küçük burjuva(ca) **~bus** M minibüs **~familie** F küçük aile **~format** N: **im ~** küçük boyutlu **~gedruckte** N: **das ~** küçük harflerle yazılmış, çoğu müşterilerin farkına varmadan kabul ettiği şartlar **~geld** N ufak/bozuk para; **er hat das nötige ~** (onun) tuzu kuru

**Kleinigkeit** F ⟨-; -en⟩ önemsiz şey; hum Geschenk çamsakızı çoban armağanı; **das ist e-e ~** bu önemsiz bir şey; **e-e ~ essen** ufak bir şey(ler) yemek

**Kleinindustrie** F küçük sanayi

**kleinkariert** ADJ umg dargörüşlü

**Klein|kind** N küçük çocuk **~kram** M pılı pırtı **~krieg** M: **e-n ~ führen mit**

ile didişme
**kleinkriegen** <u>VT</u> ‹-ge-, h.› umg: **j-n ~** b-nin burnunu sürtmek
**kleinlaut** <u>ADJ</u> süklüm püklüm, hık mık
**kleinlich** <u>ADJ</u> (engstirnig) dar fikirli, katı; umg kıl; (geizig) cimri; *Gedanken* katı
**≗keit** <u>F</u> ‹-; ohne pl› dar fikirlilik; cimrilik; katılık
**kleinschreiben** <u>VT</u> ‹irr, -ge-, h.› umg küçük harfle yazmak (*kelimenin baş harfini*)
**Klein|stadt** <u>F</u> küçük şehir, kasaba
**≗städtisch** <u>ADJ</u> taşra(lı), kasaba(lı) subst
**kleinstmöglich** <u>ADJ</u> mümkün olan en küçük/az
**Kleinwagen** <u>M</u> küçük otomobil
**Kleister** <u>M</u> ‹-s; -› zamk, kola
**Klematis** <u>F</u> ‹-; -› BOT filbahri
**Klemme** <u>F</u> ‹-; -n› TECH mengene, kıskaç; ELEK klemens bağlantısı; (*Haar≗*) firkete; **in der ~ sitzen** umg fig sıkıntı içinde olmak; **j-m aus der ~ helfen** b-ne zor gününde yardım etmek
**klemmen** ‹h.› <u>A</u> <u>VT</u>: **sich** (dat) **etw unter den Arm ~** b-ş kolunun altına sıkıştırmak; **sich** (dat) **den Finger (in der Tür) ~** parmağını (kapıya) sıkıştırmak; **wo klemmts?** mesele ne(dir)? <u>B</u> <u>VI</u> sıkışmak, takılmak <u>C</u> <u>VR</u> umg: **sich hinter etw (j-n) ~** b-ş-in/b-nin peşine düşmek
**Klempner** <u>M</u> ‹-s; -› (sıhhi) tesisatçı
**Kleptomanie** <u>F</u> ‹-; ohne pl› kleptomani
**klerikal** <u>ADJ</u> klerikal; ruhani; kilise subst
**Kleriker** <u>M</u> ‹-s; -› kilise mensubu
**Klerus** <u>M</u> ‹-; ohne pl› ruhban (sınıfı)
**Klette** <u>F</u> ‹-; -n› BOT pıtrak
**klettern** <u>VI</u> ‹s.› tırmanmak; **auf e-n Baum ~** ağaca çıkmak
**Kletterpflanze** <u>F</u> sarmaşık
**Kletterrose** <u>F</u> sarmaşık gülü
**Klettverschluss®** <u>M</u> cırt(lı) bağlantı
**klicken** <u>VI</u> ‹h.› tıklamak; tık etmek
**Klient** [kli'ɛnt] <u>M</u> ‹-en; -en›, **-in** <u>F</u> ‹-; -nen› müvekkil
**Klima** <u>M</u> ‹-s; -s› iklim; fig a. atmosfer, hava **~anlage** <u>F</u> klima cihazı; **mit ~** klimalı, klimatize edilmiş **~katastrophe** <u>F</u> çevre kirlenmesi sonucu iklimin değişmesi felaketi **~killer** <u>M</u> atmosfer bozucu **≗tisch** <u>ADJ</u> iklimsel, iklime ilişkin **≗tisiert** <u>ADJ</u> klimalı, klimatize **~ver-**
**änderung** <u>F</u> iklim değişikliği **~wechsel** <u>M</u> tebdil(i)hava, hava değişikliği
**klimpern** <u>VI</u> ‹h.› **~ (mit -i)** tıngırdatmak; **~ auf** (*Instrument*) **-i** (acemice) çalmak
**Klinge** <u>F</u> ‹-; -n› bıçak ağzı
**Klingel** <u>F</u> ‹-; -n› zil **~knopf** <u>M</u> zil düğmesi; **auf den ~ drücken** zile basmak
**klingeln** <u>VI</u> ‹h.› zil çalmak; **es hat geklingelt** zil çaldı
**Klingelzeichen** <u>N</u> zil (sesi/işareti)
**klingen** <u>VI</u> ‹klang, geklungen, h.› ses vermek, tınlamak; *Glocke, Metall* çalmak, çınlamak; *Glas* şıngırdamak; **das klingt gut** *Ton* bu kulağa hoş geliyor; *Nachricht* bu haber iyi
**Klinik** <u>F</u> ‹-; -en›, **~um** <u>N</u> ‹-s; Klinika, Kliniken› klinik
**klinisch** <u>ADJ</u> klinik
**Klinke** <u>F</u> ‹-; -n› (kapı) mandal(ı)
**Klinker** <u>M</u> ‹-s; -› ARCH Hollanda tuğlası
**klipp** <u>ADV</u>: **~ und klar** açık açık
**Klippe** <u>F</u> ‹-; -n› uçurum; *Fels* sarp kayalık; fig engel
**klirren** <u>VI</u> ‹h.› *Fenster, Teller* zangırdamak; *Schlüssel* şıngırdamak; *Kette* takır tukur etmek; **~ mit** b-ş-i tıngırdatmak
**Klischee** <u>N</u> ‹-s; -s› TYPO klişe; fig basmakalıp söz, klişe **~vorstellung** <u>F</u> beylik fikir
**Klitoris** <u>F</u> ‹-; -› ANAT klitoris
**klitschig** <u>ADJ</u> nemli; yapış yapış
**klitzeklein** <u>ADJ</u> umg küçücük; minnacık
**Klo** <u>N</u> ‹-s; -s› umg yüznumara, hela
**Kloake** <u>F</u> ‹-; -n› lağım
**klobig** <u>ADJ</u> iri, cüsseli; *Schuhe* ağır, hantal, *scherz* çocuk mezarı gibi
**klonen** <u>VT</u> ‹h.› *a.* ÖKOL klonlamak
**klönen** <u>VI</u> ‹h.› umg kaynatmak; sohbet etmek
**Klopapier** <u>N</u> umg tuvalet kağıdı
**klopfen** ‹h.› <u>A</u> <u>VI</u> vurmak (**an** akk -e); *Herz* çarpmak, *stärker* zonklamak (**vor** dat -den); **es klopft** kapı çalınıyor; **j-m auf die Schulter ~** b-nin omzuna vurmak <u>B</u> <u>VT</u> *Teppich* dövmek; *Nagel* (**in** akk -e) çakmak
**klöppel|n** <u>VI</u> ‹h.› kopanaki danteli örmek **≗spitze** <u>F</u> kopanaki danteli
**Klops** <u>M</u> ‹-es; -e› GASTR köfte
**Klosett** <u>N</u> ‹-s; -s› tuvalet, klozet

**Kloß** M ⟨-es; ⸗e⟩ GASTR hamur köftesi, lokma; **e-n ~ in der Kehle haben** fig b-nin boğazında düğümlenmek

**Kloster** N ⟨-s; ⸗⟩ manastır (*Mönche*); kadınlar manastırı (*Nonnen*); **ins ~ gehen** manastıra çekilmek **~bruder** M manastır rahibi **~frau** F manastır rahibesi

**Klotz** M ⟨-es; ⸗e⟩ umg yontulmamış (*herif*); çirkin beton bina

**klotzig** ADJ hantal; kaba

**Klub** ⟨-s; -s⟩ kulüp

**Kluft**¹ F ⟨-; ⸗e⟩ kaya yarığı; uçurum

**Kluft**² F ⟨-; -en⟩ umg giyim; kılık

**klug** A ADJ akıllı, zeki; **ein ~er Rat** akıllıca bir tavsiye; **wirst du daraus ~?** bunu anlayabildin mi? B ADV: **du hättest klüger daran getan zu** -seydin daha akıllıca bir iş olurdu **~erweise** ADV: **~ hat er geschwiegen** akıllılık edip ses çıkarmadı

**Klugheit** F ⟨-; ohne pl⟩ akıllılık, zekâ

**Klumpen** M ⟨-s; -⟩ topak, külçe

**Klumpfuß** M topal, ayağı sakat

**klumpig** ADJ pıhtılı

**Klunker** PL umg cafcaflı takı

**Klüver** M ⟨-s; -⟩ SCHIFF flok

**knabbern** VT u. VI ⟨h.⟩ (an dat -i) kemirmek, yemek; umg **ich hatte lange daran zu ~** bu beni uzun zaman uğraştırdı

**Knabe** M ⟨-n; -n⟩ oğlan

**knabenhaft** ADJ oğlansı

**knacken** VT ⟨h.⟩ *Nüsse, Safe* kırmak; *Auto* zorla girmek; *Schloss* kırıp açmak; umg çözmek; -in şifresini çözmek

**knackig** ADJ kütür kütür; umg fıstık gibi

**Knacklaut** M hemze

**Knacks** M ⟨-es; -e⟩ çatırtı; umg **ihre Ehe hat e-n ~** evliliği zarar gördü

**Knall** M ⟨-s; -e⟩ patlama; umg **e-n ~ haben** kafadan çatlak olmak; umg **~ und Fall** birdenbire **~bonbon** M,N patlangaç **~effekt** M şaşırtıcı etki

**knallen** A VI ⟨h.⟩ patlamak; ⟨s.⟩ umg: **~ an** (akk) od **gegen** -e çarpmak B VT ⟨h.⟩ umg (*werfen*) fırlatmak; umg **j-m e-e ~** b-ne tokat/yumruk atmak

**Knallgas** N CHEM patlayıcı gaz

**knallhart** ADJ umg katı, acımasız; **~ fragen** gözünü kırpmadan sormak

**knallig** ADJ umg *Farbe* cart, çok parlak, göz alıcı; **~ bunt** alaca bulaca; allı güllü

**Knallkörper** M patlangaç

**knallrot** ADJ kıpkırmızı

**knapp** A ADJ *Kleidung* dar, sıkı, kısa; (*beschränkt*) kısıtlı; *Sieg* az farklı; az, kısa (*Worte*); **~ werden** azalmak, kıtlaşmak; **~(e) zwei Stunden** neredeyse tam iki saat; **~e Mehrheit** az (farklı) bir çoğunluk; **mit ~er Not** güç bela B ADV umg: **~ bei Kasse sein** parası kıt olmak; **~ halten** (**mit**) -e çok az harçlık vs vermek; **e-e Prüfung ~ bestehen** bir sınavı kıl farkıyla kazanmak; **meine Zeit ist ~ bemessen** vaktim kıt

**Knappheit** F ⟨-; ohne pl⟩ (**an** dat bakımından) darlık, kıtlık

**Knast** M ⟨-s; ⸗e, -e⟩ umg: **im ~ sitzen** hapiste yatmak

**Knäuel** M,N ⟨-s; -⟩ yumak

**Knauf** M ⟨-s; ⸗e⟩ tokmak; ARCH sütun başlığı; kabza

**knauserig** ADJ umg cimri, pinti

**Knautschzone** F AUTO tampon bölümler pl

**Knebel** M ⟨-s; -⟩ (b-ni susturmak için ağıza sokulan) tıkaç

**knebeln** VT ⟨h.⟩ -in ağzını tıkamak

**Knecht** M ⟨-s; -e⟩ (*Diener*) uşak, yamak; (*Landarbeiter*) yanaşma; (*Sklave*) köle

**kneifen** ⟨kniff, gekniffen, h.⟩ A VT çimdiklemek; **j-n in den Arm ~** b-nin kolunu çimdiklemek B VI ⟨h.⟩ *Kleidung* sıkmak; umg fig sıvışmak (**vor** dat -den)

**Kneifzange** F kerpeten

**Kneipe** F ⟨-; -n⟩ meyhane

**Kneipenbummel** M: **e-n ~ machen** meyhane meyhane dolaşmak

**Kneippkur** F MED Kneipp kürü

**Knete** F ⟨-; ohne pl⟩ umg → Knetmasse; umg (*Geld*) mangır

**kneten** VT ⟨h.⟩ yoğurmak

**Knetmasse** F oyun hamuru, plastilin

**Knick** M ⟨-s; -e⟩ (*Falte*) büküm, katlama yeri; (*Eselsohr*) eşekkulağı; *Draht* kıvrım; *Kurve* keskin viraj

**knicken** A VT ⟨h.⟩ eğmek, bükmek, kıvırmak; *Papier* katlamak; (*brechen*) kırmak B VI ⟨s.⟩ eğilmek, bükülmek, kıvrılmak; (*brechen*) kırılmak

**knickerig** ADJ umg cimri

**Knicks** M ⟨-es; -e⟩ diz kırma

**knicksen** VI ⟨h.⟩ (**vor** j-m b-nin önünde) diz kırmak

**Knie** N ⟨-s; -⟩ ANAT diz; **in die ~ gehen** diz çökmek; **etw übers ~ brechen** bş-i aceleye getirmek; umg **weiche ~ be-**

**kommen** (*-in*) dizleri titremeye başlamak; TECH dirsek **~beuge** F ⟨-; -n⟩ diz bükme; **e-e ~ machen** çömelmek **~fall** M (saygıyla) diz çökme **2frei** ADJ dize kadar; dizleri örtmeyen **~gelenk** N diz mafsalı **~kehle** F dizin iç tarafı **2lang** ADJ dize kadar (inen)
**knien** ['kni:(ə)n] ⟨h.⟩ **A** VI diz çökmek **B** V/R umg: **sich ~ in** *-e* girişmek
**Knie|scheibe** F dizkapağı (kemiği) **~schützer** M dizlik **~strumpf** M spor çorabı
**knifflig** ADJ umg müşkül, içinden çıkılması zor, ustalık isteyen
**knipsen** ⟨h.⟩ **A** VT *-in* fotoğrafını çekmek; *Fahrkarte* zımbalamak, delmek **B** VI umg fotoğraf çekmek
**Knirps** M ⟨-es; -e⟩ bacaksız
**knirschen** VI ⟨h.⟩ gıcırdamak; **mit den Zähnen ~** dişlerini gıcırdatmak
**knistern** VI ⟨h.⟩ çıtırdamak
**knitterfrei** ADJ buruşmaz
**knittern** VI ⟨h.⟩ buruşmak
**knobeln** VI ⟨h.⟩ (**um** için) zar atmak; (**an** için) kafa patlatmak
**Knoblauch** M ⟨-s; *ohne pl*⟩ BOT sarmısak **~zehe** F sarmısak dişi
**Knöchel** M ⟨-s; -⟩ ANAT ayak bileği kemiği; *Finger* parmak boğumu **~bruch** M MED ayak bileği (kemiği) kırığı/kırılması **2lang** ADJ topuklara/topuğa kadar (inen)
**Knochen** M ⟨-s; -⟩ kemik **~arbeit** F (vücutça) ağır iş/çalışma **~bruch** M MED kemik kırılması **~gerüst** N iskelet **2hart** ADJ umg çok sert **~krebs** M MED kemik kanseri
**knöchern** ADJ kemik(ten)
**Knödel** M ⟨-s; -⟩ GASTR hamur *vs* köftesi
**Knolle** F ⟨-; -n⟩ BOT yumru kök
**Knollenblätterpilz** M amanita (mantarı)
**Knollennase** F umg yuvarlak/yumru burun
**knollig** ADJ BOT yumru (biçimli)
**Knopf** M ⟨-s; =e⟩ düğme; **auf e-n ~ drücken** bir düğmeye basmak **~druck** M: **auf** (*od* **per**) **~** (bir) düğmeye basarak
**knöpfen** VT ⟨h.⟩ iliklemek; düğmelemek
**Knopfloch** N ilik
**Knopfzelle** F ELEK düğme pil
**Knorpel** M ⟨-s; -⟩ kıkırdak **2ig** ADJ kıkırdaksı; kıkırdaklı
**Knospe** F ⟨-; -n⟩ BOT tomurcuk
**knospen** VI ⟨h.⟩ tomurcuklanmak
**knoten** VT ⟨h.⟩ düğümlemek, *-e* düğüm atmak
**Knoten** M ⟨-s; -⟩ düğüm
**Knotenpunkt** M düğüm noktası
**Know-how** [nou'hau] N ⟨-(s)⟩ know-how
**Knüller** M ⟨-s; -⟩ umg *Buch, Film* heyecan yaratan, çok satan; *Presse* bomba etkisi yapan, şok (*Nachricht etc*)
**knüpfen** VT ⟨h.⟩ *Teppich* dokumak; **~ an** *-e* bağlamak
**Knüppel** M ⟨-s; -⟩ sopa; (*Polizei*2) cop **~schaltung** F AUTO yerden vites
**knurren** VI ⟨h.⟩ hırlamak; *Magen* guruldamak; (*murren*) (**über** *akk -e*) homurdanmak
**knusprig** ADJ *Braten, Gebäck* kıtır kıtır, çıtır çıtır
**knutschen** VI ⟨h.⟩ umg (**mit** *-le*) (yumulup) öpüşmek
**Knutschfleck** M umg öpüş izi
**k. o.** [ka:'lo:] ADJ *präd*: **~ schlagen** nakavt etmek; umg **total ~ sein** bitkin olmak
**koalieren** VI ⟨*ohne ge- h.*⟩ POL (**mit** *-le*) koalisyon etmek/kurmak
**Koalition** [-'tsĭo:n] F ⟨-; -en⟩ POL koalisyon
**Koalitions|partner** M koalisyon ortağı **~regierung** F koalisyon hükümeti
**Kobalt** M ⟨-s; *ohne pl*⟩ kobalt **2blau** ADJ çividi; çivit/kobalt mavisi
**Kobold** M ⟨-s; -e⟩ cüce cin
**Koch** M ⟨-s; =e⟩ aşçı **~buch** N yemek kitabı
**kochen** ⟨h.⟩ **A** VI pişmek; kaynamak (*Flüssigkeit*); *fig* kudurmak (**vor Wut** öfkeden) **B** VT *Fleisch, Gemüse* pişirmek; *Eier, Wasser* haşlamak; *Kaffee, Tee* yapmak; **gut ~** iyi yemek pişirmek; **leicht ~, auf kleiner Flamme ~** hafif/kısık ateşte pişirmek
**Kochen** N ⟨-s; *ohne pl*⟩: **etw zum ~ bringen** bş-i kaynatmak; **j-n zum ~ bringen** b-nin tepesinin tasını attırmak
**kochend** ADJ: **~ heiß** kaynar, haşlak
**Kocher** M ⟨-s; -⟩ (tekli) ocak
**Kochgelegenheit** F yemek pişirme

*imkânı (Herd, Küche)*
**Köchin** F ⟨-; -nen⟩ aşçı (kadın)
**Koch|kunst** F mutfak sanatı **~kurs(us)** M yemek pişirme kursu **~löffel** M tahta kaşık **~nische** F yemek pişirme köşesi **~platte** F *elektrikli ocak tablası* **~rezept** N yemek reçetesi/tarifi **~salz** N sofra tuzu; CHEM sodyum klorür **~salzlösung** F MED tuz eriyiği **~topf** M tencere
**Köder** M ⟨-s; -⟩ yem
**ködern** VT ⟨h.⟩ *fig* (ILE) kandırmak
**Koeffizient** [koɛfi'tsi̯ɛnt] M ⟨-en; -en⟩ MATH katsayı
**Koexistenz** F ⟨-; *ohne pl*⟩ bir arada yaşama
**Koffein** N ⟨-s; *ohne pl*⟩ kafein **2frei** ADJ kafeinsiz
**Koffer** M ⟨-s; -⟩ bavul; **~ packen** bavul toplamak; *umg* **die ~ packen** çekip gitmek **~anhänger** M bagaj römorku **~kuli** M ⟨-s; -s⟩ BAHN valiz/yük arabası **~radio** N ELEK radyosu **~raum** M AUTO bagaj
**Kognak** ['kɔnjak] M ⟨-s; -s⟩ konyak
**Kohl** M ⟨-s; -e⟩ BOT lahana
**Kohle** F ⟨-; -n⟩ kömür; *umg (Geld)* mangır; **glühende ~** kor, köz
**Kohlenberg|bau** M kömür madenciliği **~werk** N kömür madeni
**Kohlen|dioxid** N CHEM karbon dioksit **~hydrat** N karbonhidrat **~monoxid** N CHEM karbon monoksit **~säure** F karbonik asit; **ohne ~** *(Mineralwasser)* karbonatsız; **mit ~**, **2säurehaltig** *adj* karbonatlı **~stoff** M CHEM karbon **~wasserstoff** M CHEM hidrokarbür
**Kohle|papier** N karbon kağıdı **~stift** M kömür kalem **~tablette** F ishal tableti **~vorkommen** N kömür madeni **~zeichnung** F karakalem (çizim/resim)
**Kohlkopf** M BOT baş lahana
**Kohlmeise** F baştankara (kuşu)
**kohlrabenschwarz** ADJ kapkara
**Kohl|rabi** F ⟨-; -⟩ BOT alabaş **~rübe** F BOT şalgam lahanası **~weißling** M ⟨-s; -e⟩ lahana kelebeği
**Koitus** M ⟨-; -⟩ cinsel birleşme
**Koje** F ⟨-; -n⟩ SCHIFF kamara
**Kokain** N ⟨-s; *ohne pl*⟩ kokain
**kokett** ADJ fettan, cilveli **~ieren** VI ⟨*ohne ge-, h.*⟩ **(mit j-m** b-yle) cilveleş-

mek; **mit etw ~** bş-i kullanarak dikkati çekmeye çalışmak
**Kokke** F MED kok (bakterisi)
**Kokos|faser** F hindistancevizi elyafı **~fett** N hindistancevizi yağı **~milch** F hindistancevizi sütü **~nuss** F BOT hindistancevizi **~palme** F hindistancevizi ağacı
**Koks** M ⟨-es; -e⟩ **A** kok (kömürü) **B** *umg (Kokain)* kokain
**koksen** VI ⟨h.⟩ kokain çekmek
**Kolben** M ⟨-s; -⟩ TECH itenek, piston; *Gewehr* dipçik
**Kolibakterie** F MED koli basili
**Kolibri** M ⟨-s; -s⟩ kolibri, sinekkuşu
**Kolik** F ⟨-; -en⟩ MED kolik, sancı
**Kollaborateur** [kɔlabora'tø:ɐ] M ⟨-s; -e⟩ işbirlikçi
**Kollaps** M ⟨-es; -e⟩ MED: **e-n ~ erleiden** kollapsüs geçirmek; *umg* yığılıp kalmak
**Kollege** M ⟨-n; -n⟩ (Berufs2) meslektaş; (Arbeits2) iş(yeri) arkadaşı
**kollegial** ADJ: **sich ~ verhalten (gegenüber** *-e*) samimi davranmak
**Kollegin** F ⟨-; -nen⟩ meslektaş (kadın); iş(yeri) arkadaşı (kadın)
**Kollegium** N ⟨-s; Kollegien⟩ bir okulun öğretmen kadrosu
**Kollektion** [-'tsi̯o:n] F ⟨-; -en⟩ WIRTSCH mal çeşitleri *pl*
**kollektiv** [-f] ADJ ortak(laşa)
**Kollektiv** [-f] N ⟨-s; -e⟩ topluluk, grup, birlik
**kollektivieren** [-v-] VT kollektifleştirmek
**kollidieren** VI ⟨*ohne ge-, s.*⟩ **(mit** *-le*) çarpışmak; ⟨*ohne ge-, h.*⟩ *fig a.* çatışmak
**Kollision** F ⟨-; -en⟩ çarpışma, *fig a.* çatışma
**Kolloquium** N ⟨-s; Kolloquien⟩ kolokyum
**Kölner** M ⟨-s; -⟩, **-in** F ⟨-; -nen⟩ Kölnlü *subst;* **der ~ Dom** Köln Katedrali
**Kölnischwasser** N ⟨-s; *ohne pl*⟩ kolonya, losyon
**Kolon|ialismus** M ⟨-; *ohne pl*⟩ kolonyalizm, sömürgecilik **~ie** F ⟨-; -n⟩ koloni, sömürge **~isation** F ⟨-; -en⟩ kolonizasyon, sömürgeleştirme **2isieren** VT ⟨*ohne ge-, h.*⟩ kolonileştirmek, sömürgeleştirmek **~ist** M ⟨-en; -en⟩ sömürgeci

## KOLO | 768

**Kolonnade** F ⟨-; -n⟩ ARCH revak, kemeraltı
**Kolonne** F ⟨-; -n⟩ sütun; *Fahrzeuge* konvoy, kafile
**kolorieren** VT ⟨ohne ge-, h.⟩ (boyayla) renklendirmek
**Koloss** M ⟨-es; -e⟩ dev heykel &al ADJ kocaman, muazzam, heyula gibi
**Kolumne** F ⟨-; -n⟩ sütun (*Zeitung*)
**Kolumnist** M ⟨-en; -en⟩, **-in** F ⟨-; -nen⟩ köşe yazarı
**Koma** N ⟨-s; -s, -ta⟩ MED koma, bitkisel hayat
**Komasaufen** N küfelik olana kadar içki içme
**Kombi** M ⟨-; -s⟩ AUTO steyşın
**Kombin|ation** [-'tsĭo:n] F ⟨-; -en⟩ bağlantı, birleşim, *a. Kleidung* kombinasyon &ieren ⟨ohne ge-, h.⟩ A VT ⟨mit -le⟩ birleştirmek B VI: **gut ~ bağlantı** kurmak; iyi düşünmek
**Komfort** [-'fo:ɐ̯] M ⟨-s; ohne pl⟩ rahatlık, elverişlilik; (*Luxus*) lüks, konfor &abel ADJ *Sessel* rahat, konforlu; *Wohnung* rahat, kullanışlı
**komisch** ADJ gülünç; (*merkwürdig*) acayip; **~, dass ...** *-in* -mesi garip
**komischerweise** ADV gariptir ki, ...
**Komitee** N ⟨-s; -s⟩ komite, heyet
**Komma** N ⟨-s; -s⟩ virgül; **zwei ~ vier** iki virgül dört
**Kommandant** M ⟨-en; -en⟩ MIL kumandan, komutan
**Kommandeur** [-'dø:ɐ̯] M ⟨-s; -e⟩ MIL birlik komutanı
**kommandieren** ⟨ohne ge-, h.⟩ umg -e emretmek; **j-n ~ zu** b-ni -e (görevle) göndermek; **~der General** korgeneral
**Kommanditgesellschaft** F WIRTSCH (adi) komandit şirket
**Kommanditist** M ⟨-en; -en⟩, **-in** F ⟨-; -nen⟩ WIRTSCH komanditer
**Kommando** N ⟨-s; -s⟩ (*Befehl*) komut, emir; MIL komuta yetkisi; **auf ~** emir üzerine; **das ~ führen** komuta etmek **~brücke** F SCHIFF kaptan köprüsü/ köşkü **~einheit** özel görev birliği
**kommen** VI ⟨kam, gekommen, s.⟩ gelmek; (*an~*) *a.* varmak; (*gelangen*) ulaşmak (**bis** -e); **angelaufen ~** koşup gelmek; **~ auf** (*akk*) (*sich erinnern*) -*i* anımsamak, -*i* düşünmek; (*herausfinden*) bulmak, anlamak; **hinter etw ~** bş-i ortaya çıkarmak; **j-n ~ sehen** b-nin geldiğini görmek; **~ lassen** getirtmek; göndermek; **etw ~ lassen** sipariş etmek; **um etw ~** bş-i kaybetmek; **~ von** -*den* ileri gelmek; **weit ~** -*e* kadar gelmek; **wieder zu sich** (*dat*) **~** tekrar kendi(si)ne gelmek, ayılmak; **wohin kommt ...?** ... nereye konacak?; **mir kam der Gedanke** aklıma şu (düşünce) geldi; **ihr kamen die Tränen** (onun) gözleri yaşardı; **er kommt nach s-r Mutter** (o) annesine çekmiş/benziyor; **was ist über dich gekommen?** sana ne oldu?; **zu etw ~** bş-i kazanmak, edinmek
**kommend** ADJ: **~e Woche** gelecek/ önümüzdeki hafta; **in den ~en Jahren** ilerki/önümüzdeki yıllarda
**Kommentar** M ⟨-s; -e⟩ ⟨zu -e⟩ yorum; **kein ~!** yorum yok! &los ADV yorum yapmadan
**Kommentator** M ⟨-s; -en⟩, **-in** F ⟨-; -nen⟩ yorumcu
**kommentieren** VT ⟨ohne ge-, h.⟩ yorumlamak
**Kommerz** M ⟨-es⟩ ticaret &ialisieren ⟨ohne ge-, h.⟩ ticarileştirmek &iell ADJ ticari
**Kommiliton|e** M ⟨-n; -n⟩, **-in** F ⟨-; -nen⟩ arkadaş (*Hochschüler*)
**Kommissar** M ⟨-s; -e⟩, **-in** F ⟨-; -nen⟩ *Polizei* komiser
**kommissarisch** A ADJ geçici B ADV geçici olarak; yetkiyle
**Kommission** [-'sĭo:n] F ⟨-; -en⟩ WIRTSCH komisyon; konsinye; (*Rat*) komisyon, kurul, encümen; **in ~** komisyon/konsinye olarak
**Kommissionär** M ⟨-s; -e⟩, **-in** F ⟨-; -nen⟩ WIRTSCH komisyoncu, simsar
**Kommode** F ⟨-; -n⟩ şifoniyer
**Kommodore** M ⟨-s; -n, -s⟩ SCHIFF komodor
**kommunal** ADJ yerel; belediye ile ilgili &abgaben PL yerel yönetim vergileri &beamte M, &beamtin F yerel yönetim memuru &politik F yerel politika &verwaltung yerel yönetim; belediye &wahlen PL yerel seçimler
**Kommune** F ⟨-; -n⟩ (*Gemeinde*) belediye; (*Wohngemeinschaft*) komün
**Kommunikation** [-'tsĭo:n] F ⟨-; -en⟩ iletişim; haberleşme
**Kommunikations|mittel** N ileti-

şim/haberleşme araçları **~schwierigkeiten**: **~ haben** iletişim güçlüğü çekmek **~wissenschaft** F iletişimbilim
**kommunikativ** [-f] ADJ iletişimsel
**Kommunion** [-'nǐo:n] F ⟨-; -en⟩ komünyon
**Kommuniqué** [kɔmyni'ke:] N ⟨-s; -s⟩ (resmi) bildiri; komünike
**Kommun|ismus** M ⟨-; ohne pl⟩ komünizm **~ist** M ⟨-en; -en⟩, **-in** F ⟨-; -nen⟩, **℔istisch** ADJ komünist
**kommunizieren** VI ⟨ohne ge-, h.⟩ bağlantılı olmak; iletişim kurmak; komünyona gitmek
**kommutieren** VT ⟨ohne ge-, h.⟩ ELEK dönüştürmek
**Komödiant** M ⟨-en; -en⟩, **-in** F ⟨-; -nen⟩ komedyen
**Komödie** [-diə] F ⟨-; -n⟩ güldürü, komedya; fig maskaralık, komedi
**Kompagnon** [kɔmpan'jōː] M ⟨-s; -s⟩ WIRTSCH ortak
**kompakt** ADJ kompakt
**Kompaktanlage** F MUS mini müzik seti
**Kompanie** F ⟨-; -n⟩ MIL bölük
**Komparativ** [-f] M ⟨-s; -e⟩ (sıfatlarda) karşılaştırma derecesi
**Kompars|e** M ⟨-n; -n⟩, **-in** F ⟨-; -nen⟩ figüran
**Kompass** M ⟨-es; -e⟩ pusula
**kompatib|el** ADJ uyumlu **℔ilität** F ⟨-; -en⟩ uyumluluk
**Kompens|ation** [-'tsǐo:n] F ⟨-; -en⟩ denkleş(tir)me; telafi; WIRTSCH değiş-tokuş, takas **~ationsgeschäft** N takas işlemi **℔ieren** VT ⟨ohne ge-, h.⟩ telafi etmek; dengelemek; takas etmek
**kompetent** ADJ (zuständig) (**für** -den) sorumlu; (befähigt) yetkili; (sachverständig) (**in** dat -de) uzman, -in ehli
**Kompetenz** F ⟨-; -en⟩ yetki; ehliyet; **in j-s ~ fallen** b-nin yetkisine/sorumluluğuna karışmak; **s-e ~en überschreiten** yetkilerini aşmak **~bereich** M yetki/sorumluluk alanı
**kompilieren** VT ⟨ohne ge-, h.⟩ derleyip toplamak
**Komplementärfarbe** F zıt/karşıt renk
**komplett** ADJ tam, komple
**komplex** ADJ karmaşık, kompleks
**Komplex** M ⟨-es; -e⟩ kompleks, karmaşa; ARCH külliye
**Komplikation** [-'tsǐo:n] F ⟨-; -en⟩ güçlük; komplikasyon
**Kompliment** N ⟨-s; -e⟩ iltifat, kompliman; **j-m ein ~ machen** b-ne iltifat etmek (**wegen** -den dolayı)
**Komplize** M ⟨-n; -n⟩ suç ortağı
**komplizieren** VT ⟨ohne ge-, h.⟩ güçleştirmek; çetrefilleştirmek
**kompliziert** ADJ güç; çetrefil; karışık; MED (Knochenbruch) açık yaralı
**Komplott** N ⟨-s; -e⟩ komplo, (gizli) tertip; **ein ~ schmieden gegen** -e komplo kurmak
**Komponente** F ⟨-; -n⟩ bileşen; eleman
**kompo|nieren** VT u. VI ⟨ohne ge-, h.⟩ bestelemek **℔nist** M ⟨-en; -en⟩, **℔nistin** F ⟨-; -nen⟩ besteci
**Komposition** [-'tsǐo:n] F ⟨-; -en⟩ beste; kompozisyon
**Kompositum** N ⟨-s; Komposita⟩ GRAM bileşik (isim)
**Kompost** M ⟨-s; -e⟩ komposto (gübre) **℔ieren** VT ⟨ohne ge-, h.⟩ kompostolamak
**Kompott** N ⟨-s; -e⟩ komposto
**Kompresse** F ⟨-; -n⟩ MED kompres
**Kompression** F ⟨-; -en⟩ sıkıştırma
**Kompressor** M ⟨-s; -en ⟩ TECH kompresör
**komprimieren** VT ⟨ohne ge-, h.⟩ Daten sıkıştırmak; komprime etmek
**Kompromiss** M ⟨-es; -e⟩ uzlaşma; **e-n ~ schließen** (**über** akk ... hakkında) bir uzlaşmaya varmak **℔los** ADJ ödünsüz, tavizsiz **~lösung** F uzlaşmacı çözüm **~vorschlag** M uzlaşma teklifi/önerisi; **e-n ~ machen** uzlaşma önerisi yapmak/getirmek
**kompromittieren** VT ⟨ohne ge-, h.⟩: **sich ~** b-nin (od kendinin) namına leke sürmek
**Kondensat** N ⟨-s; -e⟩ damıtık **~ion** F ⟨-; -en⟩ yoğuşma **~or** M ⟨-s; -en ⟩ TECH, ELEK kondansatör
**kondensieren** VT u. VI ⟨ohne ge-, h.⟩ yoğuşmak
**Kondens|milch** F (suyu alınarak) yoğunlaştırılmış süt **~wasser** N damıtık/damıtılmış su; terleme
**Kondition** [-'tsǐo:n] F ⟨-; -en⟩ (Ausdauer) kondisyon; pl WIRTSCH koşul,

**şart**

**Konditional** M ⟨-s; -e⟩ GRAM şart kipi **~satz** M şart cümlesi

**Konditions|schwäche** F kondisyon düşüklüğü **~training** N kondisyon antrenmanı

**Konditor** M ⟨-s; -en⟩ pastacı

**Konditorei** F ⟨-; -en⟩ pastane

**Kondom** N,M ⟨-s; -e⟩ prezervatif, *umg* kaput

**Konfekt** N ⟨-s; -e⟩ şekerlemeler *pl*

**Konfektions|anzug** [-'tsĭo:ns-] M hazır elbise **~größe** F beden (numarası)

**Konferenz** F ⟨-; -en⟩ toplantı; *selten* konferans **~raum** M konferans salonu

**konferieren** V/I ⟨*ohne ge-*, *h.*⟩ ⟨**über** üzerine⟩ toplanıp görüşmek

**Konfession** [-'sĭo:n] F ⟨-; -en⟩ mezhep; **welcher ~ gehören Sie an?** hangi mezheptensiniz? **²ell** ADJ mezhebî, mezhepsel **²slos** ADJ *belli bir mezhebe bağlı olmayan*

**Konfetti** N ⟨(-ls)⟩ konfeti

**Konfirmand** M ⟨-en; -en⟩, **-in** F ⟨-; -nen⟩ → Konfirmation törenine aday veya bu törenden yeni geçmiş genç

**Konfirmation** [-'tsĭo:n] F ⟨-; -en⟩ *Protestan kilisesinde gencin cemaate kabulü töreni*

**konfiszieren** V/T ⟨*ohne ge-*, *h.*⟩ JUR el koymak, toplatmak

**Konfitüre** F ⟨-; -n⟩ reçel

**Konflikt** M ⟨-s; -e⟩ ihtilaf, anlaşmazlık; **in ~ geraten** ⟨mit *-le*⟩ ihtilafa düşmek **²scheu** ADJ ürkek; ihtilaftan kaçınan

**Konföderation** [-'tsĭo:n] F ⟨-; -en⟩ konfederasyon

**konform** ADJ: **mit j-m ~ gehen** ⟨in *-de*⟩ b-le aynı fikirde olmak

**Konformist** M ⟨-en; -en⟩, **-in** F ⟨-; -nen⟩ konformist, uymacı **²isch** ADJ konformist(çe)

**Konfrontation** [-'tsĭo:n] F ⟨-; -en⟩ yüzleşme; karşı karşıya kalma **²ieren** V/T ⟨*ohne ge-*, *h.*⟩ ⟨mit *-le*⟩ yüzleştirmek, karşı karşıya getirmek

**konfus** ADJ karışık, karmakarışık **²ion** F ⟨-; -en⟩ karışıklık; akıl karışıklığı

**Konglomerat** N ⟨-s; -e⟩ konglomera, çakılkaya

**Kongress** M ⟨-es; -e⟩ kongre

**kongruent** ADJ MATH eşit

**Kongruenz** F ⟨-; -en⟩ MATH eşitlik, çakışma

**König** M ⟨-s; -e⟩ kral **~in** F ⟨-; -nen⟩ kraliçe **²lich** ADJ krala ait; kral(iyet) *subst*; *umg* **sich ~ amüsieren** krallar gibi eğlenmek **~reich** N krallık

**Königshaus** N hanedan

**Konjug|ation** [-'tsĭo:n] F LING ⟨-; -en⟩ fiil çekimi **²ieren** V/T ⟨*ohne ge-*, *h.*⟩ GRAM çekmek (*fiil*)

**Konjunktion** [-'tsĭo:n] F ⟨-; -en⟩ LING bağlaç

**Konjunktiv** [-f] M ⟨-s; -e⟩ isteme kipi

**Konjunktur** F ⟨-; -en⟩ WIRTSCH konjonktür **~abschwächung** F konjonktürün zayıflaması, resesyon **~aufschwung** M devresel genişleme **²bedingt** ADJ devresel; konjonktüre bağlı **~schwankungen** devresel/ekonomik dalgalanma **~spritze** F *umg* ekonomik doping **~verlauf** M konjonktür seyri, ekonomik seyir

**konkav** [-f] ADJ içbükey, konkav

**konkret** ADJ somut **~isieren** V/T ⟨*ohne ge-*, *h.*⟩ somutlaştırmak

**Konkurrent** M ⟨-en; -en⟩, **-in** F ⟨-; -nen⟩ rakip

**Konkurrenz** F ⟨-; -en⟩ rekabet; yarışma (*Wettkampf*); **j-m ~ machen** b-ne rakip çıkmak; **die ~ ausschalten** rakibi saf dışı bırakmak **²fähig** ADJ rekabet edecek düzeyde **~geschäft** N rekabetli iş **~kampf** M kıyasıya rekabet **²los** ADJ rakipsiz

**konkurrieren** V/I ⟨*ohne ge-*, *h.*⟩ ⟨**mit** ile; **um** için⟩ rekabet etmek

**Konkurs** M ⟨-es; -e⟩ WIRTSCH iflas; **in ~ gehen, ~ machen** iflas etmek, batmak **~antrag** M iflas talebi/dilekçesi **~erklärung** F iflas beyanı/ilanı **~masse** F iflas masası **~verfahren** N: **das ~ eröffnen** iflas davası açmak **~verwalter** M iflas masası memuru, sendik

**können** ⟨*h.*⟩ **A** V/AUX ⟨kann, konnte, können⟩ etw tun **~** bş-i yapabilmek; (*dürfen*) *a.* -*in* bş-i yapmaya izni olmak; **kann ich ...?** ... -ebilir miyim? **B** V/T u. V/I ⟨kann, konnte, gekonnt⟩ -*i* (yap)-abilmek; **e-e Sprache ~** bir dili bilmek; **ich kann nicht mehr** (*erschöpft*) artık yapamayacağım, ben artık bittim; (*satt*) artık yiyemeyeceğim, doydum; **ich kann.**

**nichts für ...** -de benim bir kabahatim yok; **mit j-m gut ~ b-le** iyi geçin(ebil)mek/anlaş(abil)mek
**Können** N ‹-s; *ohne pl*› yetenek, beceri
**Könner** M ‹-s; -›, **-in** F ‹-; -nen› ⟨*auf dem Gebiet gen* ... alanında⟩ uzman, ehil
**konsequent** ADJ ⟨*folgerichtig*⟩ tutarlı; ⟨*beständig*⟩ kararlı; **~ bleiben** tutarlı davranmak
**Konsequenz** F ‹-; -en› tutarlılık, kararlılık; ⟨*Folge*⟩ sonuç; **die ~en ziehen aus** -in gereklerini yerine getirmek
**konservativ** [-f] ADJ tutucu, muhafazakâr
**Konservative** M,F ‹-n; -n› POL tutucu, muhafazakâr
**Konservator** [-v-] M ‹-s; -en ›, **-in** F ‹-; -nen› anıtların ve sanat eserlerinin korunmasıyla ilgili memur
**Konservatorium** [-v-] N ‹-s; -rien› konservatuar
**Konserve** [-və] F ‹-; -n› konserve; **~n pl** konserve besinler
**Konserven|büchse** F, **~dose** F konserve kutusu
**konservieren** [-v-] VT ⟨*ohne ge-, h.*⟩ konserve etmek, korumak
**Konservierung** F konserve etme
**Konservierungs|mittel** N, **~stoff** M koruyucu (madde)
**Konsistenz** F ‹-; -en› kıvam
**Konsole** F ‹-; -n› konsol
**konsolidieren** ⟨*ohne ge-, h.*⟩ A VT sağlamlaştırmak; WIRTSCH konsolide etmek B V/R: **sich ~** sağlamlaşmak
**Konsonant** M ‹-en; -en› ünsüz
**konsonantisch** ADJ ünsüz
**Konsortium** [-'tsĭum] N ‹-s; -tien› WIRTSCH konsorsiyum
**Konspiration** [-'tsĭo:n] F ‹-; -en› komplo; komploculuk
**konspirativ** [-f] ADJ komplo *subst*; komplocu
**konspirieren** VI ⟨*ohne ge-, h.*⟩ komplo kurmak
**konstant** ADJ sabit, değişmez, kararlı
**Konstante** F ‹-; *-n*› sabit değer
**Konstellation** [-'tsĭo:n] F ‹-; -en› konum
**konstituieren** VT ⟨*ohne ge-, h.*⟩: **sich ~ als** ... ... olarak kurulmak
**Konstitution** [-'tsĭo:n] F ‹-; -en› MED bünye ♀**ell** ADJ anayasal; meşruti
**konstruieren** VT ⟨*ohne ge-, h.*⟩ kurmak, düzenlemek; ⟨*entwerfen*⟩ tasarlamak
**Konstruk|teur** [-'tø:e] M ‹-s; -e›, **~teurin** F ‹-; -nen› tasarımcı, yapımcı **~tion** [-'tsĭo:n] F ‹-; -en› yapı; konstrüksiyon; ⟨*Entwurf*⟩ tasarı(m) **~tionsfehler** M tasarım/dizayn hatası **~tiv** [-f] ADJ yapıcı; TECH konstrüksiyona ilişkin
**Konsul** M ‹-s; -n› konsolos **~at** N ‹-s; -e› konsolosluk
**Konsult|ation** F ‹-; -en› danışma; ⟨*Ärzte*⟩ konsültasyon ♀**ieren** VT ⟨*ohne ge-, h.*⟩ -e danışmak
**Konsum** M ‹-s; *ohne pl*› tüketim **~artikel** M tüketim maddesi **~denken** N tüketim zihniyeti **~ent** M ‹-en; -en›, **-in** F ‹-; -nen› tüketici **~gesellschaft** F tüketim toplumu **~güter** PL tüketim malları
**konsumieren** VT ⟨*ohne ge-, h.*⟩ tüketmek
**Kontakt** M ‹-s; -e› *a.* ELEK kontakt; **mit j-m ~ aufnehmen** b-yle ilişki/temas kurmak; **mit j-m in ~ stehen** b-yle ilişkide/temasta bulunmak ♀**arm** ADJ: **er ist ~** o ilişki kurmakta güçlük çeker ♀**freudig** ADJ girgin **~gift** N etkisini temasla gösteren zehir **~linsen** PL kontakt lensler **~person** F MED hastayla teması olan, portör olabilecek kimse
**Kontamin|ation** F ‹-; -en› bulaşma (radyoaktiviteyle) ♀**ieren** VT ⟨*ohne ge-, h.*⟩ radyoaktiviteyle kirletmek
**Konter** M ‹-s; -› SPORT karşı hücum, kontratak
**kontern** VI ⟨*h.*⟩ -e ⟨şiddetle⟩ karşı çıkmak; -e/-in cevabını vermek
**Kontext** M ‹-s; -e› bağlam
**Kontinent** M ‹-s; -e› kıta
**kontinental** ADJ kıta *subst* ♀**europa** N Kıta Avrupası ♀**klima** N kara iklimi
**Kontingent** N ‹-s; -e› kontenjan; WIRTSCH kota, kontenjan
**kontinuierlich** ADJ sürekli, kesintisiz
**Kontinuität** F ‹-; *ohne pl*› süreklilik
**Konto** N ‹-s; Konten› WIRTSCH banka hesabı, hesap; **ein ~ haben bei** (-*in*) -de hesabı olmak/var **~auszug** M dekont, hesap hulasası **~führungsgebühr** F hesap işlem ücreti **~inha-**

**ber(in)** MFI hesap sahibi **~nummer** F hesap numarası

**Kontorist** M ⟨-en; -en⟩, **-in** F ⟨-; -nen⟩ muhasip

**Kontostand** M hesap durumu/bakiyesi; **wie ist der ~?** hesap durumu nasıl?; **Ihr ~ beläuft sich auf ...** hesap bakiyeniz ... tutarında

**kontra** PRÄP JUR karşı *adv* **sie ist immer ~ (eingestellt)** o hep karşı çıkar (*od* karşı düşünceyi savunur)

**Kontra** N ⟨-s; -s⟩: **~ geben** sert biçimde karşı çıkmak; **das Pro und ~** lehte ve aleyhte olan (görüşler *pl*)

**Kontrabass** M MUS kontr(a)bas

**Kontrahent** M ⟨-en; -en⟩ karşıt, rakip; JUR (*Vertrag*) taraf

**Kontraindikation** [-tsǐo:n] F MED kontr(a)endikasyon

**Kontraktion** [-'tsǐo:n] F ⟨-; -en⟩ kasılma

**Kontrapunkt** M ⟨-s; *ohne pl*⟩ MUS kontrpuan

**konträr** ADJ (taban tabana) zıt/karşıt

**Kontrast** M ⟨-s; -e⟩ kontrast; karşıtlık, tezat; **e-n ~ bilden (zu** *-le*) tezat oluşturmak **♀arm** ADJ kontrastı zayıf **♀ieren** VFI ⟨*ohne ge-, h.*⟩ (**mit** *-le*) tezat oluşturmak **~mittel** N MED kontrast maddesi **♀reich** ADJ çok kontrastlı

**Kontrolle** F ⟨-; -n⟩ (*Überwachung*) denetleme; (*Beherrschung*) hakimiyet; (*Aufsicht*) gözetim, denetim; (*Prüfung*) yoklama, muayene, *Gepäck* kontrol; **~ über** TECH *-in* kontrolü; **unter (außer) ~ sein** kontrol altında ol(ma)mak; **unter ärztlicher ~** hekim kontrolünde; **er verlor die ~ über den Wagen** araca hakimiyetini kaybetti

**Kontrolleur** [-'lø:ɐ] M ⟨-s; -e⟩, **-in** F ⟨-; -nen⟩ kontrolör; müfettiş

**kontrollieren** VFI ⟨*ohne ge-, h.*⟩ denetlemek, yoklamak, muayene etmek, kontrol etmek; kontrol altında bulundurmak, *-e* hakim olmak

**Kontroverse** [-v-] F ⟨-; -n⟩ tartışma, çekişme

**Kontur** F ⟨-; -en⟩ kontur, dış çizgiler

**Konvention** [-tsǐo:n] F ⟨-; -en⟩ gelenek; sözleşme

**Konventionalstrafe** [-v-] F cezaî şart

**konventionell** [-v-] ADJ geleneksel, konvansiyonel

**konvergieren** VFI ⟨*ohne ge-, h.*⟩ MATH bir noktaya yaklaşmak

**Konversation** [-'tsǐo:n] F ⟨-; -en⟩ konuşma, sohbet

**Konversationslexikon** [-'tsǐo:ns-] N ansiklopedi

**konvertier|bar** [-v-] ADJ dönüştürülebilir; *Währung* konvertibl **~en** [-v-] ⟨*ohne ge-*⟩ **A** VFI ⟨*ohne ge-, h.*⟩ WIRTSCH, IT **~ in/zu -e** dönüştürmek, çevirmek **B** ⟨*s. od h.*⟩ **er ist** (*od* **hat**) **konvertiert** o din/mezhep değiştirdi **♀ung** F ⟨-; -en⟩ IT dönüştürüm

**Konvertit** [-v-] M ⟨-en; -en⟩, **-in** F ⟨-; -nen⟩ dönme

**konvex** [-v-] ADJ MATH dışbükey, konveks

**Konvoi** [kɔnvɔ-] M ⟨-s; -s⟩ konvoy

**Konzentrat** N ⟨-s; -e⟩ CHEM konsantre

**Konzentration** [-'tsǐo:n] F ⟨-; -en⟩ yoğunlaşma; toplaşma; konsantrasyon

**Konzentrations|fähigkeit** [-'tsǐo:ns-] F dikkati bir noktada toplama yeteneği, konsantrasyon **~lager** N toplama kampı **~schwäche** F dikkat dağınıklığı

**konzentrieren** ⟨*ohne ge-, h.*⟩ **A** VFI **(auf** *akk -e*) toplamak **B** VR: **sich ~** *-e* dikkatini toplamak, *-e* konsantre olmak, *-e* yoğunlaşmak

**konzentriert** ADJ: **in ~er Form** yoğun biçimde **B** ADV: **~ arbeiten an ...** üzerinde yoğun olarak çalışmak

**konzentrisch** ADJ eşmerkezli

**Konzept** N ⟨-s; -e⟩ taslak; düzen, tasarım; **j-n aus dem ~ bringen** b-nin aklını karıştırmak; *umg* **das passte ihr nicht ins ~** bu onun işine gelmedi **~ion** [-'tsǐo:n] F ⟨-; -en⟩ **A** (*Entwurf*) tasarım **B** MED hamile kalma

**Konzern** M ⟨-s; -e⟩ WIRTSCH şirketler grubu/topluluğu

**Konzert** N ⟨-s; -e⟩ konser; MUS konçerto; **ins ~ gehen** konsere gitmek **~agentur** F organizasyon bürosu

**konzertiert** ADJ: **~e Aktion** işveren, sendika ve devlet işbirliğiyle hazırlanmış uygulama

**Konzession** [-'tsǐo:n] F ⟨-; -en⟩ **A** (*Genehmigung*) ruhsat, imtiyaz; (*Zugeständnis*) (*dat od* **an** *akk -e*) ödün, taviz

**Konzil** N ⟨-s; -e⟩ REL konsil

**konzipieren** V/T ⟨ohne ge-, h.⟩ tasarlamak, geliştirmek; **konzipiert für** TECH için geliştirilmiş

**Kooper|ation** [koˌopeˈraˈtsjoːn] F ⟨-; -en⟩ işbirliği **²ativ** ADJ işbirliği yapan, ortak **²ieren** V/I ⟨ohne ge-, h.⟩ ortak çalışmak, işbirliği yapmak

**Koordinate** [koˌordiˈnaːtə] F ⟨-; -n⟩ MATH koordinat

**Koordin|ation** [koˌordinaˈtsjoːn] F ⟨-; -en⟩ koordinasyon, eşgüdüm **²ieren** [koˌordiˈniːrən] V/T ⟨ohne ge-, h.⟩ koordine etmek, eşgüdümlemek

**Kopf** M ⟨-s; ⸚e⟩ baş, kafa; (~*ende*) başucu; **~ an ~** başa baş; **~ hoch!** cesaret!, yılmak yok!; topla kendini!; **von ~ bis Fuß** tepeden tırnağa; **über j-s ~ hinweg** b-ni kaale almadan; **pro ~** kişi başına; **sie ist nicht auf den ~ gefallen** o hiç de aptal değil; **den ~ hinhalten (für)** -e arka çıkmak; -in suçunu üstüne almak; **j-m zu ~ steigen** b-nin başına vurmak; **j-n vor den ~ stoßen** b-ni (şiddetle) reddetmek; (*Verstand*) kafa, akıl; **etw im ~ rechnen** bş-i kafadan hesaplamak; *umg* **das hältst du ja im ~ nicht aus!** bunu insanın aklı almıyor!; **e-n kühlen** (*od* **klaren**) **~ bewahren** serinkanlılığını kaybetmemek; **sich** (*dat*) **etw durch den ~ gehen lassen** bş-i düşünüp taşınmak; **er hat nur Fußball im ~** onun aklı sadece futbolda; **sich** (*dat*) **etw in den ~ setzen** bş-i aklına koymak; **j-m den ~ verdrehen** b-nin aklını başından almak; **den ~ verlieren** telaşa kapılmak; **sich** (*dat*) **den ~ zerbrechen** (*über akk üzerinde*) kafa patlatmak **~-an-Kopf-Rennen** N başa baş yarış **~arbeit** F kafa işi **~bahnhof** M hatbaşı istasyonu **~ball** M kafa pası

**Köpfchen** N ⟨-s; -⟩ *fig* akıl; pratik zekâ; **~ haben** -in kafası çalışmak

**köpfen** V/T ⟨h.⟩ -in başını/tepesini kesmek; *hum* açıp içmek

**Kopf|ende** N başucu **~haut** F kafa derisi **~hörer** M kulaklık **~kissen** N yastık; baş yastığı **²lastig** ADJ havaleli, ön tarafı ağır; *fig* fazla akıcı **²los** ADJ *fig* düşüncesiz, şaşkın **~nicken** N (evet anlamında) baş sallama **~rechnen** N kafa hesabı **~salat** M yeşil salata **~schmerzen** PL baş ağrısı *sg* **~schmerztablette** F baş ağrısı hapı **²schüttelnd** ADV (hayır anlamında) başını sallayarak **~sprung** M balıklama atlayış **~stand** M amuda kalkma **²stehen** V/I ⟨ *irr* -ge-, h.⟩ *umg* -in altı üstüne gelmek; -*in* aklı başından gitmek **~steinpflaster** N *viereckige Steine* parke taş döşeli yol; *unregelmäßige Steine* Arnavut kaldırımı **~steuer** F baş vergisi **~stimme** F MUS baş sesi, dik ses **~stütze** F AUTO koltuk başlığı **~tuch** N baş örtüsü, eşarp **²über** ADV baş aşağı **~verletzung** F baştan yara (-lanma) **~weh** N ⟨-s; *ohne pl*⟩ MED baş ağrısı; **~ haben** -*in* başı ağrımak **~zeile** F *it* başlık **~zerbrechen** N ⟨-s; *ohne pl*⟩: **j-m ~ machen** b-nin başını ağrıtmak, b-ne dert olmak

**Kopie** F ⟨-; -n⟩ kopya

**kopieren** V/T ⟨ohne ge-, h.⟩ kopya etmek; kopyalamak

**Kopier|er** M, **~gerät** N fotokopi makinesi

**Kopilot** M FLUG ikinci pilot

**Koppel** F ⟨-; -n⟩ otlak; **e-e ~** *birbirine bağlı bir grup hayvan*

**koppeln** V/T ⟨h.⟩ (**an** *akk*, **mit** -*e*) bağlamak

**Kopplung** F ⟨-; -en⟩ bağlama (*taşıtları birbirine*)

**Koralle** F ⟨-; -n⟩ mercan

**Korallenbank** F mercan kayalığı

**Koran** M ⟨-s; *ohne pl*⟩ *Islam* Kuran **~kurs** M *in der Türkei*, **~schule** F kuran kursu

**Korb** M ⟨-s; ⸚e⟩ sepet; **ein ~ (voll) Äpfel** bir sepet (dolusu) elma; **j-m e-n ~ geben** *fig* b-nin bir teklifini geri çevirmek (*Tanz, Ehe*) **~ball** M ⟨-s; *ohne pl*⟩ basketbol **~blütler** M ⟨-s; -⟩ BOT bileşikgiller **~möbel** N, *meist* PL hasır mobilya **~sessel** M hasır koltuk **~sofa** N hasır kanape **~stuhl** M hasır sandalye

**Kordel** F ⟨-; -n⟩ kurdele, kaytan, kordon

**Kordon** [kɔrˈdõː] M ⟨-s; -s⟩ kordon

**Korea** N Kore **~ner** M, -**in** Koreli **²nisch** ADJ Kore(li) *subst*

**Korinthe** F ⟨-; -n⟩ kuşüzümü

**Kork** M *aus Korkeiche* mantar

**Korken** M ⟨-s; -⟩ şişe mantarı, mantar tıpa **~zieher** M tirbuşon, mantar açacağı

**Korn¹** N ⟨-s; ⸚er⟩ (Sand℠) tane, kum tanesi; (Samen℠) tohum, tohum tanesi; (Getreide) tahıl, hububat

**Korn²** M ⟨-s; -⟩ umg tahıl rakısı

**Kornblume** F peygamberçiçeği

**Körnchen** N ⟨-s; -⟩: **ein ~ Wahrheit** bir zerre gerçek (payı)

**Kornelkirsche** F BOT kızılcık

**körnig** ADJ tane(cik)li; Reis pilavlık; adj in Zssgn: granüle …

**Kornkammer** F tahıl ambarı

**Körper** M ⟨-s; -⟩ beden; vücut; PHYS cisim; **~ und Geist** beden ve zihin/akıl; **am ganzen ~** (-in) bütün vücudunda/vücuduyla **~bau** M ⟨-s; ohne pl⟩ vücut yapısı, bünye, fizik **~behinderte** M,F ⟨-n; -n⟩ bedensel özürlü, sakat **~behinderung** F bedensel özür; sakatlık

**Körperchen** N ⟨-s; -⟩ (Blut℠) alyuvar; akyuvar

**körpereigen** ADJ vücuda ait

**Körper|geruch** M vücut kokusu **~gewicht** N ağırlık, vücut ağırlığı **~größe** F boy uzunluğu, boy **~kraft** F beden kuvveti

**körperlich** ADJ bedensel; **~e Arbeit** bedenen çalışma

**Körper|pflege** F vücut bakımı **~schaft** F ⟨-; -en⟩ birlik, kurum **~schaftssteuer** F kurumlar vergisi **~sprache** F beden dili **~teil** N organ **~verletzung** F JUR müessir fiil, yaralama; **schwere ~** ağır yaralama

**Korps** [ko:e] N ⟨-s; -⟩ kolordu; diplomatik erkân

**korpulent** ADJ şişman(ca)

**Korpus** N ⟨-; Korpora⟩ örneklem

**korrekt** ADJ doğru, hatasız

**Korrektor** M ⟨-s; -en⟩, **-in** F ⟨-; -nen⟩ tashihçi, düzeltmen

**Korrektur** F ⟨-; -en⟩ tashih, düzelti; **~ lesen** tashih/düzeltme yapmak **~zeichen** N tashih/düzelti işareti

**Korrespondent** M ⟨-en; -en⟩, **-in** F ⟨-; -nen⟩ muhabir

**Korrespondenz** F ⟨-; -en⟩ yazışma

**korrespondieren** V/I ⟨ohne ge-, h.⟩ (**mit** -le) yazışmak

**Korridor** N ⟨-s; -e⟩ (Gang) koridor; (Diele) hol

**korrigieren** V/T ⟨ohne ge-, h.⟩ (-in hatasını) düzeltmek, tashih etmek

**Korrosion** [-'zĭo:n] F ⟨-; -en⟩ korozyon; Eisen pas(lanma)

**korrosions|beständig** ADJ korozyona dayanıklı **℠schutz** M korozyon önleyici

**korrumpieren** V/T ⟨ohne ge-, h.⟩ -e rüşvet yedirmek; -in ahlakını bozmak

**korrupt** ADJ rüşvet yiyici, rüşvetçi **℠ion** [-'tsĭo:n] F ⟨-; -en⟩ rüşvet(çilik)

**Korsett** N ⟨-s; -e⟩ korse

**Korsika** N ⟨-s; ohne pl⟩ Korsika (adası)

**korsisch** ADJ Korsika(lı) subst

**Kortison** N ⟨-s; ohne pl⟩ kortizon

**Koryphäe** [kory'fɛ:ə] F ⟨-; -n⟩ (… alanında) otorite

**koscher** ADJ: **das ist mir nicht ganz ~** bence bunda bir bit yeniği var

**Kosename** M takma isim (şirinleştirici)

**Kosinus** F ⟨-; -, -se⟩ MATH kosinüs

**Kosmetik** F ⟨-; ohne pl⟩ kozmetik, güzellik bakımı **~erin** F ⟨-; -nen⟩ güzellik uzmanı **~koffer** M makyaj çantası **~salon** M güzellik salonu

**kosmetisch** ADJ kozmetik, güzelleştirici

**kosmisch** ADJ kozmik; uzayla ilgili

**Kosmonaut** M ⟨-en; -en⟩, **-in** F ⟨-; -nen⟩ kozmonot

**Kosmopolit** M ⟨-en; -en⟩, **-in** F ⟨-; -nen⟩ dünya vatandaşı

**kosmopolitisch** ADJ kozmopolit

**Kosmos** M ⟨-; ohne pl⟩ evren, kâinat

**Kost** F ⟨-; ohne pl⟩ yiyecek, besin, gıda; (Verpflegung) besle(n)me; **fleischlose ~** etsiz besin; **(freie) ~ und Logis** (ücretsiz) yemek ve yatacak yer

**kostbar** ADJ değerli, kıymetli; (teuer) pahalı; **jede Minute ist ~** her dakikanın kıymeti var **℠keit** F ⟨-; -en⟩ değerli şey

**kosten¹** V/T ⟨h.⟩ (probieren) -in tadına bakmak, -i denemek

**kosten²** V/T ⟨h.⟩ -in fiyatı … olmak; **was (od wie viel) kostet …?** …-in fiyatı ne kadar?; … kaça?; -e mal olmak; **es hat mich viel Mühe gekostet** bu bana çok zahmete mal oldu; **es kostete ihn das Leben** bu onun hayatına mal oldu; **koste es, was es wolle** her ne pahasına olursa olsun; umg **das kostet Nerven!** bu insanda sinir bırakmıyor

**Kosten** PL maliyet sg; (Gebühren) masraflar, harçlar; **auf ~ von** (od gen) -in hesabına; **auf s-e ~ kommen** zahmetinin karşılığını almak; **die ~** gen (od **von**) tra-

**gen** -in maliyetini üstlenmek **~aufwand** M̲: **mit e-m ~ von** ... tutarında bir masrafla **~beteiligung** F̲ masrafa katılma; katılım payı **~dämpfung** F̲ ⟨-; -en⟩ maliyeti düşürme
**kostendeckend** A̲D̲J̲ maliyeti karşılayıcı
**Kosten|erstattung** F̲ masraf tazmini **~explosion** F̲ maliyet patlaması **~faktor** M̲ maliyet faktörü
**kosten|günstig** A̲D̲J̲ maliyeti düşük **~intensiv** A̲D̲J̲ maliyeti yoğun **~los** A̲D̲J̲ u. A̲D̲V̲ parasız, bedava, ücretsiz **~pflichtig** A̲D̲J̲ masrafları karşılama yükümlülüğü getiren
**Kosten|punkt** M̲ umg: **~?** kaça çıkar/patlar? ♀**rechnung** F̲ WIRTSCH maliyet muhasebesi ♀**senkend** A̲D̲J̲ maliyet düşürücü **~senkung** F̲ maliyet düşürme ♀**sparend** A̲D̲J̲ maliyetten tasarruflu; **-e Vorschläge** maliyetten tasarruf edecek teklifler **~steigerung** F̲ maliyet artışı **~voranschlag** M̲ maliyet tahmini; **e-n ~ einholen** maliyet tahmini almak
**Kostgeld** N̲ yeme içme parası, pansiyon
**köstlich** A̲ A̲D̲J̲ nefis, enfes B̲ A̲D̲V̲: **sich ~ amüsieren** şahane eğlenmek
**Kostprobe** F̲ örnek; tadımlık
**kostspielig** A̲D̲J̲ (çok) masraflı
**Kostüm** N̲ ⟨-s; -e⟩ kostüm; (Damen♀) tayyör **~fest** N̲ kostümlü eğlence ♀**ieren** V̲/R̲ ⟨ohne ge-, h.⟩: **sich ~ (als)** ... kılığına girmek **~verleih** M̲ ödünç kostüm veren kuruluş
**K.-o.-System** [ka:'|o:-] N̲ SPORT nakavt sistemi
**Kot** M̲ ⟨-s; ohne pl⟩ dışkı; von Tieren a. ters; çamur
**Kotelett** [kɔ'tlɛt, 'kɔtlɛt] N̲ ⟨-s; -s⟩ pirzola
**Koteletten** P̲L̲ (Bart) favori(ler)
**Kotflügel** M̲ AUTO çamurluk
**kotzen** V̲/I̲ ⟨h.⟩ sl kusmak
**Krabbe** F̲ ⟨-; -n⟩ karides, größere pavurya, çağanoz
**krabbeln** A̲ V̲/T̲ ⟨h.⟩ kaşındırmak, dalamak B̲ V̲/I̲ ⟨s.⟩ Baby emeklemek, Käfer yürümek, tırmanmak
**Krach** M̲ ⟨-s; "-e⟩ (Lärm) gürültü; (Knall, Schlag) gümbürtü, patırtı; (Streit) kavga, çatışma; **mit j-m ~ haben** b-le kavgalı

olmak; **~ machen** gürültü etmek
**krachen** A̲ V̲/I̲ ⟨s.⟩ çarpmak (**gegen** -e; ⟨h.⟩ Schuss çıkılamak, Balken B̲ V̲/R̲ ⟨h.⟩ umg: **sich ~** (ile) şiddetli kavga etmek
**krächzen** V̲/I̲ u. V̲/T̲ ⟨h.⟩ Person boğuk boğuk konuşmak
**kraft** P̲R̲Ä̲P̲ ⟨gen⟩ JUR ... dolayısıyla; -e dayanarak
**Kraft** F̲ ⟨-; "-e⟩ kuvvet, kudret; **mit aller ~** olan kuvvetiyle; **das geht über meine ~** buna benim gücüm yetmiyor; **~ schöpfen (aus)** ⟨-den⟩ kuvvet bulmak/almak; PHYS kuvvet; POL güç; JUR yürürlük; geçerlik; **in ~ sein** yürürlükte olmak; **in ~ setzen** yürürlüğe koymak; **in ~ treten** yürürlüğe girmek; **außer ~ setzen** yürürlükten kaldırmak, geçersiz kılmak; **außer ~ treten** yürürlükten kalkmak
**Kraft|akt** M̲ büyük çaba isteyen iş **~aufwand** M̲ kuvvet harcama **~brühe** F̲ kuvvetli etsuyu çorbası
**Kräfte|verfall** M̲ güçten düşme; elden ayaktan düşme **~verschleiß** M̲ yıpranma
**Kraftfahrer(in)** M̲(F̲) şoför, sürücü
**Kraftfahrzeug** N̲ motorlu taşıt, araç; → a. Kfz-... **~mechaniker** M̲ otomobil tamircisi
**Kraft|feld** N̲ kuvvet alanı **~futter** N̲ AGR besin değeri yüksek yem
**kräftig** A̲D̲J̲ güçlü, kuvvetli; Schlag şiddetli; Essen besleyici; Farbe parlak; **~ gebaut** iri (yapılı) **~en** V̲/T̲ ⟨h.⟩ kuvvetlendirmek ♀**ungsmittel** N̲ MED tonik, kuvvet ilacı
**kraft|los** A̲D̲J̲ zayıf, güçsüz ♀**probe** F̲ kuvvet gösterisi ♀**protz** M̲ umg kuvvet budalası ♀**stoff** M̲ AUTO (akar)yakıt ♀**verkehr** M̲ motorlu taşıt trafiği **~voll** A̲D̲J̲ kuvvetli, dinç ♀**wagen** M̲ motorlu taşıt ♀**werk** N̲ enerji santrali
**Kragen** M̲ ⟨-s; -⟩ yaka **~weite** F̲ yaka numarası; **welche ~ haben Sie?** yaka numarasız kaç?; umg **das ist genau meine ~!** bu tam benim gönlüme göre!
**Krähe** F̲ ⟨-; -n⟩ karga
**krähen** ['krɛ:ən] V̲/I̲ ⟨h.⟩ Hahn, Krähe etc ötmek
**Krähenfüße** P̲L̲ (Gekritzel) kargacık burgacık yazı sg; (Augenfältchen) göz kenarlarındaki kırışıklıklar
**Krake** M̲ ⟨-n; -n⟩ ahtapot
**krakeelen** V̲/I̲ ⟨h.⟩ umg kavga gürültü

etmek, çıngar çıkarmak
**krak(e)lig** ADJ umg kargacık burgacık
**Krall|e** F ⟨-; -n⟩ pençe **♀en** A V/T pençelemek; *-e* pençe atmak B V/R: **sich ~ an** (akk) -e sıkı sıkı yapışmak
**Kram** M ⟨-s; ohne pl⟩ umg pılı pırtı, çerçöp; (Sache) iş, uğraş; **j-m nicht in den ~ passen** b-nin işine gelmemek
**kramen** ⟨h.⟩ A V/I umg aramak, karıştırmak; **in Erinnerungen ~** hatıraları deşelemek B V/T **etw ~ aus** bş-in içinden bulup çıkarmak
**Krampf** M ⟨-s; ⸚e⟩ MED kramp; **e-n ~ bekommen** (-in) bir yerine kramp girmek; umg **das ist doch alles ~** bütün bu iş zorlama **~ader** F MED varis **♀artig** ADJ kasılmalı, konvülsif **♀haft** ADJ MED konvülsif; **sich ~ festhalten an** (dat) -e sıkı sıkı sarılmak (çaresizlik içinde) **♀lösend** ADJ kramp giderici; MED antispazmodik
**Kran** M ⟨-s; ⸚e⟩ TECH vinç **~führer** M vinç operatörü
**Kranich** M ⟨-s; -e⟩ turna
**krank** ADJ hasta; **~ werden** hastalanmak, hasta olmak; **sich ~ fühlen** kendini hasta hissetmek
**kränkeln** V/I ⟨h.⟩ hastalanıp durmak
**kränken** V/T ⟨h.⟩ üzmek, incitmek
**Kranken|besuch** M: **~e machen** hasta ziyaret(ler)i yapmak; *Arzt* hastaların evine gitmek **~geld** N hastalık parası (sigorta) **~geschichte** F hastalığın seyri **~gymnastik** F fizyoterapi **~gymnastin** F fizyoterapist
**Krankenhaus** N hastane; **im ~ liegen** hastanede kalmak/yatmak **~aufenthalt** M hastanede kalma/yatma (süresi) **~einweisung** F hastaneye kaldır(ıl)ma/yatır(ıl)ma **~kosten** hastane masrafları
**Kranken|kasse** F hastalık sigortası **~pflege** F hasta bakımı **~pfleger** M hastabakıcı **~pflegerin** F hemşire **~schein** M hastalık sigortası belgesi **~schwester** F hemşire **~stand** M hasta raporlu olma durumu **♀versichert** ADJ hastalık sigortalı **~versicherung** F hastalık sigortası (kurumu) **~wagen** M ambülans, cankurtaran (arabası)
**krankfeiern** V/I ⟨-ge-, h.⟩ umg ciddi bir hastalığı olmadan rapor alarak işe gitmemek
**krankhaft** ADJ hastalıklı, patolojik; (übertrieben) hastalık derecesinde, anormal, takıntılı
**Krankheit** F ⟨-; -en⟩ hastalık
**Krankheits|bild** N sendrom **~erreger** M hastalık mikrobu
**kranklachen** V/R: **sich ~** ⟨-ge-, h.⟩ umg gülmekten kırılmak
**kränklich** ADJ hastalıklı; marazlı
**krankmeld|en**: **sich ~** (Schule) hasta olduğunu bildirmek **♀ung** F hastalık bildirimi
**krankschreiben** V/T ⟨-ge-, h.⟩: **j-n ~** b-ne hasta raporu vermek
**Kränkung** F ⟨-; -en⟩ incitme, kırma
**Kranz** M ⟨-es; ⸚e⟩ çelenk; **e-n ~ niederlegen** çelenk bırakmak
**Kranzgefäß** N koroner damar
**Krapfen** M ⟨-s; -⟩ GASTR lalanga
**krass** ADJ *Beispiel* görülmemiş; *Lüge* apaçık; *Übertreibung* kaba, görgüsüz; (Außenseiter) sıradışı
**Krater** M ⟨-s; -⟩ krater
**kratzen** ⟨h.⟩ A V/T tırmalamak, kaşımak; (schaben) kazımak B V/I kaşımak C V/R: **sich ~** kaşınmak; **sich am Kinn ~** çenesini kaşımak
**Kratzer** M ⟨-s; -⟩ umg sıyrık
**kratzfest** ADJ sıyrılmaz, çizilmez
**kratzig** ADJ dalayan, kaşındıran
**Kratzwunde** F sıyrık (yarası)
**kraulen**[1] V/T ⟨h.⟩ parmak uçlarıyla kaşıyarak okşamak
**kraulen**[2] V/I kravl yüzmek
**kraus** ADJ kıvırcık; karmakarışık
**Krause** F ⟨-; -n⟩ farbala, fırfır, büzgü
**kräuseln** A V/T kıvırmak; büzmek; *Haar* ondüle etmek B V/R: **sich ~** kıvrılmak; büzülmek
**kraushaarig** ADJ kıvırcık saçlı
**Kraut** N ⟨-s; ⸚er⟩ BOT ot, yeşillik; GASTR lahana
**Kräuter|butter** F tuzlu, otlu tereyağ **~tee** M ot çayı
**Krawall** M ⟨-s; -e⟩ kavga, kargaşa; umg (Lärm) gürültü, şamata; **~ machen** (oc **schlagen**) kargaşa çıkarmak
**Krawatte** F ⟨-; -n⟩ kravat
**Krawattennadel** F kravat iğnesi
**Kreation** [-'tsi̯oːn] F ⟨-; -en⟩ kreasyor yaratı
**kreativ** ADJ yaratıcı

**Kreativität** F ⟨-; ohne pl⟩ yaratıcılık
**Kreatur** F ⟨-; -en⟩ yaratık
**Krebs** M ⟨-es; -e⟩ ZOOL yengeç; MED kanser; ASTROL **ich bin (ein) ~** ben yengeç burcundanım **~artig** ADJ kanserimsi **~erregend** ADJ kanserojen, kanser yapan **~forschung** F kanser araştırmaları pl **~früherkennung** F kanser erken teşhisi **~geschwür** N kanserli ur/tümör **~krank** kanserli, kanser hastası **~kranke** M.F ⟨-n; -n⟩ kanser hastası, kanserli (hasta) **~krankheit** F, **~leiden** N kanser (hastalığı) **~untersuchung** F kanser muayenesi **~vorsorge** F kanser koruyucu hekimliği **~zelle** F kanser hücresi
**Kredit** M ⟨-es; -e⟩ WIRTSCH kredi, borç; **auf ~ kaufen** krediyle (satın) almak; **e-n ~ aufnehmen** kredi almak; **e-n ~ überziehen** kredi haddini/limitini aşmak **~aufnahme** F kredi alma **~brief** M kredi mektubu **~geber(in)** M(F) kredi veren, alacaklı **~hai** M umg pej tefeci
**kreditieren** VT ⟨ohne ge-, h.⟩: **j-m etw ~** b-ne bir miktar kredi açmak od avans vermek
**Kredit|institut** N kredi kurumu **~karte** F kredi kartı **~kauf** M kredili alım **~nehmer(in)** M(F) kredi alan, borçlu **~rahmen** M kredi kapsamı/haddi **~spritze** F kredi dopingi **~würdig** ADJ itibarlı, güvenilir, kredi sahibi
**Kreide** F ⟨-; -n⟩ tebeşir; umg **bei j-m in der ~ stehen** b-ne borçlu olmak **~zeichnung** F pastel resim **~zeit** F ⟨-; ohne pl⟩ kretase (dönemi)
**kreieren** [kre'i:rən] VT ⟨ohne ge-, h.⟩ yaratmak
**Kreis** M ⟨-es; -e⟩ daire; POL ilçe; ELEK devre; **sich im ~ drehen** dönüp dolaşıp aynı yere gelmek; **im ~e der Familie** aile içinde; **weite ~e der Bevölkerung** geniş halk çevreleri/kesimleri **~abschnitt** M MATH daire parçası, segman **~ausschnitt** M MATH daire kesmesi, sektör **~bahn** F ASTRON yörünge
**kreischen** VI ⟨h.⟩ çığlık(lar) atmak
**Kreisdiagramm** N dairesel grafik
**Kreisel** M ⟨-s; -⟩ topaç, fırıldak; umg Verkehr göbek
**kreisen** A VI ⟨s.⟩ Flugzeug daire(ler) çizerek uçmak; **~ um** Satellit -in çevresinde dönmek; Gedanken -le ilgili olmak; **etw ~ lassen** bş-i elden ele geçirmek B VT ⟨h.⟩: **die Arme ~** kollarını çevirerek sallamak
**Kreisfläche** F MATH daire yüzölçümü
**kreisförmig** ADJ daire şeklinde
**Kreislauf** M WIRTSCH dolanım, dairesel akım; (Blut) dolaşım **~störungen** PL MED dolaşım bozukluğu sg **~versagen** N MED dolaşım yetersizliği
**kreisrund** ADJ daire gibi yuvarlak
**Kreissäge** F daire testere
**Kreißsaal** M MED doğum odası
**Kreis|stadt** F ilçe merkezi **~verkehr** M döner kavşak (trafiği), umg göbek
**Krematorium** N ⟨-s; Krematorien⟩ krematoryum
**krepieren** VI ⟨ohne ge-, s.⟩ patlamak; umg gebermek
**Krepp** M ⟨-s; -s⟩ krep; pütürlü adj
**Kresse** F ⟨-; -n⟩ BOT tere
**Kreta** N ⟨-s; ohne pl⟩ Girit
**Kreter** M ⟨-s; -⟩, **-in** F ⟨-; -nen⟩ Giritli
**kretisch** ADJ Girit(li) subst
**kreuz** ADV: **~ und quer** bir oraya bir buraya

**Kreuz** N ⟨-es; -e⟩ REL haç, çarmıh; MATH çarpı; ANAT sağrı kemiği; Kartenspiel, Farbe sinekler, ispatiler pl, Karte sinek, ispati; MUS diyez; **mir tut das ~ weh** belim ağrıyor; umg **j-n aufs ~ legen** b-ni aldatıp zarara sokmak
**kreuzen** A VT Arme kavuşturmak; Züchtung melezlemek B VI SCHIFF volta vurmak C V/R: **sich ~** kesişmek; Interessen çatışmak; **ihre Blicke kreuzten sich** bakışları karşılaştı
**Kreuzer** M ⟨-s; -⟩ SCHIFF uzun yolculuğa elverişli gemi; MIL kruvazör
**Kreuzfahrer** M HIST Haçlı (askeri)
**Kreuzfahrt** F SCHIFF turistik uzun deniz yolculuğu
**Kreuzfeuer** N: **ins ~ der öffentlichen Meinung** (od **der Kritik**) **geraten** kamuoyunda şiddetli eleştirilere uğramak
**Kreuzgang** M ARCH revak
**kreuzig|en** VT ⟨h.⟩ çarmıha germek **~ung** F ⟨-; -en⟩ çarmıha germe; İsa'nın çarmıha gerilmesi
**Kreuzotter** F engerek yılanı
**Kreuzritter** M Haçlı şövalyesi
**Kreuzschmerzen** PL bel ağrısı sg
**Kreuzung** F ⟨-; -en⟩ dörtyol ağzı, kav-

şak; BIOL melez, kırma; *fig* melezleme
**Kreuzverhör** N̄ JUR çaprazlama sorgu; **ins ~ nehmen** sorguya çekmek
**kreuzweise** ADV çaprazlama, çaprazlamasına
**Kreuzworträtsel** N̄ çapraz bulmaca
**Kreuzzug** M̄ Haçlı seferi; **e-n ~ unternehmen (gegen** -e karşı) Haçlı seferine çıkmak
**kribbelig** ADJ *umg* sabırsız, huzursuz, sinirli
**kribbeln** V̄I ⟨h.⟩ *umg* karıncalanmaya yol açmak
**Kricket** N̄ ⟨-s; ohne pl⟩ kriket
**kriechen** V̄I ⟨kroch, gekrochen, s.⟩ sürünmek; *fig* **vor j-m ~** b-ne yaltaklanmak
**Kriech|spur** F̄ AUTO tırmanma şeridi **~tempo** N̄ çok düşük hız
**Krieg** M̄ ⟨-s; -e⟩ savaş; **Kalter ~** soğuk savaş; **im ~ mit** ile savaş halinde; **~ führen (gegen** -e karşı) savaşmak; **~ führend** savaşan
**kriegen** V̄T ⟨h.⟩ almak; *(fangen)* yakalamak, ele geçirmek
**Krieger** M̄ ⟨-s; -⟩ savaşçı **~denkmal** N̄ savaş anıtı **~in** F̄ ⟨-; -nen⟩ savaşçı (kadın) **2isch** ADJ savaşçı, kavgacı; askeri, savaş *subst*
**Kriegführung** F̄ ⟨-; ohne pl⟩ savaşma
**Kriegs|ausbruch** M̄: **bei ~** savaş çıktığında **~berichterstatter(in)** M̄/F̄ savaş muhabiri **~dienst** M̄ seferberlik görevi; *(Wehrdienst)* askerlik hizmeti **~dienstverweigerer** M̄ ⟨-s; -⟩ silah altında askerlik görevini reddeden **~dienstverweigerung** F̄ silah altında askerlik görevini reddetme **~ende** N̄: **bei ~** savaş bittiğinde **~entschädigungen** PL savaş tazminatı *sg* **~erklärung** F̄ savaş ilanı **~fall** M̄: **im ~** savaş halinde **~freiwillige** M̄ savaş gönüllüsü **~fuß** M̄: **auf ~ stehen mit** -le kanlı bıçaklı olmak **~gebiet** N̄ savaş sahası/bölgesi **~gefangene** M̄,F̄ savaş esiri/tutsağı **~gefangenschaft** F̄: savaş esirliği; **in ~ geraten** savaş esir düşmek **~gegner(in)** M̄/F̄ savaşan taraf; *(Feind)* düşman **~gericht** N̄ divanı harp; askerî mahkeme; **j-n vor ein ~ stellen** b-ni askerî mahkemeye vermek **~recht** N̄ ⟨-s; ohne pl⟩ sıkıyönetim, olağanüstü hal **~schauplatz** M̄

savaş alanı **~schiff** N̄ savaş gemisi **~schuld(frage)** F̄ savaşın sorumluluğu sorunu *(özellikle II. Dünya Savaşı)* **~tanz** M̄ savaş dansı **~verbrechen** N̄ savaş suçu **~verbrecher** M̄ savaş suçlusu **~verbrecherprozess** M̄ savaş suçluları davası **~zeit** F̄: **in ~en** PL savaş zamanında **~zustand** M̄: **im ~** savaş halinde
**Krimi** M̄ ⟨-s; -s⟩ polisiye *(film vs)*
**Kriminal|beamte** M̄, **~beamtin** F̄ *(sivil)* polis memuru **~fall** M̄ suç olayı **~film** M̄ polisiye film **~ist** M̄ ⟨-en; -en⟩, **-in** F̄ ⟨-; -nen⟩ suç masası memuru; kriminalistik uzmanı, ceza hukuku uzmanı **~ität** F̄ ⟨-; ohne pl⟩ suçluluk; suç (işleme) oranı; **ansteigende ~** artan suçluluk **~kommissar(in)** M̄/F̄ kriminal komiser **~polizei** F̄ sivil polis **~roman** M̄ polisiye roman
**kriminell** ADJ yasadışı
**Kriminelle** M̄, F̄ ⟨-n; -n⟩ suç işleyen, suçlu, *starker* cani
**Kripo** *umg abk* = **Kriminalpolizei**
**Krippe** F̄ ⟨-; -n⟩ AGR yemlik; *İsa'nın doğumunu canlandıran ahır sahnesi*; kreş
**Krise** F̄ ⟨-; -n⟩ bunalım, kriz; **in e-e ~ geraten** krize/bunalıma girmek
**kriseln** V̄/UNPERS ⟨h.⟩: **es kriselt in ihrer Ehe** onun evliliği tehlike geçiriyor
**krisen|anfällig** ADJ kriz tehlikesi içinde **~fest** ADJ krize dayanıklı **2gebiet** N̄ kriz bölgesi **~geschüttelt** ADJ kriz(ler)le sarsılmış **2herd** M̄ bunalım/kriz merkezi **~management** N̄ kriz yönetimi **2situation** F̄ kriz durumu **2sitzung** F̄ kriz toplantısı **2stab** M̄ kriz komitesi **2zeit** F̄ kriz dönemi
**Kristall** A M̄ ⟨-s; -e⟩ kristal, billur B N̄ ⟨-s; ohne pl⟩ kristal, billur, kesme cam
**kristallen** ADJ kristal, billurî
**Kristallisation** F̄ ⟨-; -en⟩ kristalizasyon, billurlaşma
**kristallisieren** V̄I ⟨ohne ge-, h.⟩ kristalleşmek, billurlaşmak
**kristallklar** ADJ (dup)duru, billur gibi
**Kriterium** N̄ ⟨-s; Kriterien⟩ (**für** için/ -*in*) ölçüt
**Kritik** F̄ ⟨-; -en⟩ (**an** *dat* -*in*) eleştirme, eleştiri, tenkit; THEAT, MUS değerlendirme, eleştiri; **gute ~en** iyi eleştiriler; **~ üben an** *(dat)* -*i* eleştirmek **~er** M̄ ⟨-s; -⟩, **-in** F̄ ⟨-; -nen⟩ eleştirmen **2los**

ADJ eleştirmeden, eleştirisiz
**kritisch** ADJ (gegenüber -e karşı) eleştirici, seçici; *Lage* kritik
**kritisieren** VT ⟨ohne ge-, h.⟩ eleştirmek, tenkit etmek
**kritzeln** VT & VI ⟨h.⟩ çiziktirmek, karalamak
**Kroat|e** M ⟨-n; -n⟩ Hırvat **~ien** N Hırvatistan **~in** F ⟨-; -nen⟩ Hırvat (kadını) **♀isch** ADJ Hırvat(istan) *subst* **~isch** N Hırvatça
**Krocket** N ⟨-s; ohne pl⟩ kroket
**Krokant** M ⟨-s; ohne pl⟩ bademli/fıstıklı karamela
**Krokette** F ⟨-; -n⟩ patates/balık köftesi
**Kroko** N ⟨-(s); -s⟩ *umg* → Krokodilleder
**Krokodil** N ⟨-s; -e⟩ timsah
**Krokodilleder** N krokodil, timsah derisi
**Krokus** M ⟨-; -(se)⟩ BOT safran
**Krone** F ⟨-; -n⟩ taç; TECH başlık; MED (Zahn♀) kaplama, k(u)ron
**krönen** VT ⟨h.⟩ -e taç giydirmek; *j-n* **zum König ~** b-ne kraliyet tacı takmak; **von Erfolg gekrönt** parlak başarılı
**Kron|juwelen** PL taç mücevherleri **~leuchter** M (çok kollu) avize **~prinz** M veliaht **~prinzessin** F prenses veliaht; veliaht karısı
**Krönung** F ⟨-; -en⟩ taç giy(dir)me; *fig* en yüksek nokta, zirve; **die ~ s-r Laufbahn** (onun) kariyerinin zirvesi
**Kronzeug|e** M, **-in** F pişmanlık yasası vs uyarınca iddianame doğrultusunda şahitlik yapan sanık
**Kropf** M ⟨-s; ⸚e⟩ MED guatr
**kross** ADJ gevrek
**Kröte** F ⟨-; -n⟩ ZOOL kara kurbağası
**Kröten** PL *umg* mangır *sg*
**Krücke** F ⟨-; -n⟩ koltuk değneği; **mit ~n gehen** koltuk değneğiyle yürümek
**Krug** M ⟨-s; ⸚e⟩ testi; (Bier♀) maşrapa
**Krümel** M ⟨-s; -⟩ kırıntı
**krümelig** ADJ kolayca ufalanan
**krümeln** ⟨h.⟩ **A** VT ufala(n)mak **B** VI ufalanmak
**krumm** ADJ eğri; çarpık; *umg* hileli, sahtekârca, yalan dolan; **~e Haltung** eğri duruş; **~e Sache**, **~e Tour** yaş iş; **ein ~es Ding drehen** pis bir iş çevirmek **B** ADV **: ~ gewachsen** eğri (olarak yetişmiş)
**krümmen** VR ⟨h.⟩: **sich ~ vor** (dat) -den kıvranmak, iki büklüm olmak
**krummlachen** VR ⟨-ge-, h.⟩ *umg*: **sich ~** katıla katıla gülmek
**krummnehmen** VT ⟨ irr, -ge-, h.⟩ *umg*: **etw ~** bş-e alınmak
**Krümmung** F ⟨-; -en⟩ eğri; eğrilme, bükülme; *Straße* dönemeç, kıvrılma
**Krüppel** M ⟨-s; -⟩ *pej* sakat; **zum ~ machen** sakat bırakmak; **zum ~ werden** sakat kalmak
**Kruste** F ⟨-; -n⟩ kabuk
**Krustentiere** N ZOOL kabuklular
**Krypta** F ⟨-; -ten⟩ ARCH kripta
**Kto.** *abk für* Konto = hesap
**Kuba** N ⟨-s; ohne pl⟩ Küba **~ner** M ⟨-s; -⟩, **-in** F ⟨-; -nen⟩ Kübalı **♀nisch** ADJ Küba(lı) *subst*
**Kübel** M ⟨-s; -⟩ kova, tekne
**Kubik|meter** M, N metreküp **~wurzel** F MATH küp kök **~zahl** F küp sayı
**kubisch** ADJ kübik
**Kubismus** M ⟨-; ohne pl⟩ kübizm
**Küche** F ⟨-; -n⟩ mutfak; (Speisen) yemekler; **kalte (warme) ~** soğuk (sıcak) büfe; **die türkische ~** Türk mutfağı, Türk yemekleri

**Kuchen** M ⟨-s; -⟩ pasta
**Küchen|benutzung** F: **mit ~** *mutfağı kullanma imkânıyla* (kiralık oda vb) **~chef** M şef aşçı **~einrichtung** F mutfak mobilyası/dekorasyonu
**Kuchenform** F pasta kalıbı
**Kuchengabel** F pasta çatalı
**Küchen|gerät** N mutfak aleti **~hilfe** F mutfakta yardımcı (kişi) **~personal** N mutfak personeli **~schrank** M mutfak dolabı
**Kuchen|teig** M kek hamuru **~teller** M tatlı/pasta tabağı
**Küchen|tisch** M mutfak masası **~waage** F mutfak terazisi **~zettel** M (yapılacak) yemek listesi
**Kuckuck** M ⟨-s; -e⟩ guguk (kuşu); *hum* haciz pusulası
**Kuckucksuhr** F guguklu saat
**Kufe** F ⟨-; -n⟩ FLUG kızak
**Kugel** F ⟨-; -n⟩ top, küre; (Gewehr♀ etc) mermi **♀förmig** ADJ küre biçiminde, top gibi, yuvarlak **~gelenk** N ANAT küre biçimli eklem, TECH bilyeli mafsal **~hagel** M kurşun/mermi yağmuru **~lager** N TECH bilyeli yatak
**kugeln** ⟨h.⟩ **A** VT yuvarlamak **B** VI yuvarlanmak **C** VR: **sich ~** yuvarlanmak

**kugelrund** ADJ yusyuvarlak
**Kugelschreiber** M ⟨-s; -⟩ tükenmez (kalem) **~mine** F tükenmez (kalem) içi
**kugelsicher** ADJ kurşun geçirmez
**Kugelstoßen** N ⟨-s; ohne pl⟩ SPORT gülle atma
**Kuh** F ⟨-; ⸚e⟩ inek
**kühl** ADJ serin; soğukça; **es wird ~** serinliyor; **mir wird ~** biraz üşüyorum; **(j-m gegenüber) ~ bleiben** (b-ne karşı) soğukça davranmak
**Kühl|anlage** F soğutma tesisatı **~apparat** M soğutma cihazı **~container** M ⟨-; -⟩ soğutmalı/frigorifik konteyner
**Kühle** F ⟨-; ohne pl⟩ serinlik
**kühlen** A VT ⟨h.⟩ soğutmak B VT u. VI -e serinlik vermek, -i serinletmek
**Kühler** M ⟨-s; -⟩ AUTO radyatör **~haube** F motor kapağı, kaput
**Kühl|mittel** N soğutucu madde **~raum** M soğuk hava deposu **~schrank** M buzdolabı **~tasche** F termos çanta **~truhe** F derin dondurucu **~ung** F ⟨-; -en⟩ TECH soğutma; TECH soğutucu; serinleme **~wagen** M bahno soğutmalı/frigorifik vagon **~wasser** N soğutma suyu, AUTO radyatör suyu
**Kuhmilch** F inek sütü
**kühn** ADJ cüretli
**Kuhstall** M inek ahırı
**Küken** N ⟨-s; -⟩ civciv; größer piliç
**kulant** ADJ WIRTSCH cömert(çe), hatır sayan ⟨Händler etc⟩
**Kuli** M ⟨-s; -s⟩ umg tükenmez (kalem)
**kulinarisch** ADJ mutfak sanatına ilişkin; gurme(ce)
**Kulissen** PL THEAT kulis sg; ⟨Dekorationsstücke⟩ dekor sg; **hinter den ~** a. fig perde arkasında
**kulminieren** VI ⟨ohne ge-, h.⟩: **~ in** ile en yüksek noktasına ulaşmak
**Kult** M ⟨-s; -e⟩ kült, tap(ın)ma; **e-n ~ treiben (mit -i)** kült haline getirmek **~figur** F idol **~handlung** F tapınma (davranışı)
**Kultur** F ⟨-; -en⟩ a. MED kültür; AGR tarım **~abkommen** N kültür anlaşması **~angebot** N kültürel olanaklar pl **~austausch** M kültür alışverişi **~banause** M umg kültüre ilgisiz (kişi) **~beutel** M tuvalet çantası
**kulturell** ADJ kültürel

**Kultur|erbe** N kültür mirası **~geschichte** F kültür/uygarlık tarihi **²geschichtlich** ADJ kültür tarihine ilişkin **~gut** N kültür varlığı **~kanal** M TV eğitim kanalı **~landschaft** F tarım yapılan topraklar; kültür ortamı **~leben** N kültür hayatı **²los** ADJ kültürsüz **~pflanze** F tarımsal bitki **~politik** F kültür politikası **²politisch** ADJ kültür politikasına ilişkin **~programm** N kültürel program **~revolution** F kültür devrimi **~schock** M kültür şoku
**Kultus|minister(in)** M(F) kültür bakanı **~ministerium** N kültür bakanlığı
**Kümmel** M ⟨-s; -⟩ ⟨Kreuz²⟩ kimyon; ⟨Schwarzer ~⟩ çöreğotu; ⟨Echter ~⟩ Karaman kimyonu
**Kummer** M ⟨-s; ohne pl⟩ dert, sıkıntı; **~ haben** -in bir derdi olmak; **j-m viel ~ machen** (b-nin) başına çok dert açmak
**kümmerlich** ADJ cılız; zavallıca
**kümmern** A V/R ⟨h.⟩: **sich ~ um j-n (etw)** b-yle (bş-le) ilgilenmek; ⟨sich Gedanken machen⟩ -e ilgi duymak, -e meraklı olmak: **kümmere dich um deine eigenen Angelegenheiten!** sen kendi işine bak! B VT ilgilendirmek; **was kümmert mich …** -den bana ne?
**Kumpel** M ⟨-s; -⟩ Bergbau madenci; umg ⟨Freund⟩ ahbap, dost **²haft** ADJ teklifsiz
**kündbar** ADJ Vertrag feshedilebilir, bozulabilir; **er ist nicht ~** (onun) iş sözleşmesi feshedilemez/bozulamaz
**Kunde** M ⟨-n; -n⟩ müşteri
**Kunden|beratung** F müşteri danışma hizmeti/servisi **~datei** F IT müşteri (-ler) dosyası **~dienst** M müşteriye hizmet; müşteri servisi **~fang** M ⟨-s; ohne pl⟩: **auf ~ ausgehen** müşteri avına çıkmak **~gespräch** N müşteriyle görüşme **~kartei** F müşteri kartoteği/fişleri **~kreditbank** F kredi finansmanı bankası **~nummer** F müşteri numarası **~werbung** F reklam(cılık)
**Kundgebung** F ⟨-; -en⟩ miting
**kundig** ADJ bilgili, haberli
**kündigen** ⟨h.⟩ A VT Vertrag feshetmek; Abonnement kesmek, iptal etmek; **j-m ~** b-ne çıkış vermek; b-ni işten çıkarmak; **seine Stellung ~** görevinden istifa etmek; **die Wohnung ~** kira kontratını feshetmek B VI feshi ihbar etmek

**Kündigung** F ‹-; -en› fesih; iptal; çıkış, işten çıkarma
**Kündigungs|frist** F feshi ihbar süresi; istifa süresi **~grund** M fesih/istifa sebebi **~schreiben** N fesih yazısı; istifa dilekçesi **~schutz** M ihbarsız işten çıkarmaya karşı güvence
**Kund|in** F ‹-; -nen› müşteri (kadın) **~schaft** F ‹-; ohne pl› müşteri(ler)
**künftig** **A** ADJ gelecek(teki); **~e Generationen** gelecek kuşaklar **B** ADV gelecekte, bundan böyle
**Kunst** F ‹-; ⸚e› sanat; (Fertigkeit) beceri, ustalık, hüner; **die bildenden Künste** plastik sanatlar; **die schönen Künste** güzel sanatlar; **die ~ des Schreibens** yazma sanatı; **ärztliche ~** hekimlik sanatı; umg **das ist keine ~!** bu marifet değil ki!
**Kunst|akademie** F sanat akademisi **~ausstellung** F sanat sergisi **~denkmal** N sanat anıtı, koruma altında sanat eseri **~dünger** M sun'i gübre **~eisbahn** F suni buz pisti **~erzieher(in)** M(F) sanat eğitimcisi/pedagoğu **~erziehung** F sanat eğitimi **~faser** F suni elyaf pl **~fehler** M MED doktor/meslek hatası **2fertig** ADJ hünerli, becerili **~flieger** M hava akrobatı **~flug** M akrobasi uçuşu **~galerie** F sanat galerisi **~gegenstand** M sanat ürünü **2gerecht** ADJ sanat kurallarına uygun **~geschichte** F sanat tarihi **~gewerbe** N, **~handwerk** N el sanatı; uygulamalı güzel sanatlar pl **~händler(in)** M(F) sanat ürünleri tüccarı (galerici, antikacı vs) **~handlung** F galeri, antikacı dükkanı vs **~herz** N MED suni kalp **~historiker(in)** M(F) sanat tarihçisi **~hochschule** F sanat yüksekokulu **~honig** M suni bal **~kritiker(in)** M(F) sanat eleştirmeni **~leder** N suni deri
**Künstler** M ‹-s; -›, **-in** F ‹-; -nen› sanatçı **2isch** ADJ sanatsal
**künstlich** ADJ yapay, yapma; (unecht) sahte, taklit, yapmacıklı; Zähne takma; Diamant sentetik, suni; **~ ernähren** suni yoldan beslemek
**Kunst|maler(in)** M(F) ressam **~pause** F: **e-e ~ machen** sözüne etkileyici bir ara vermek **~sammler(in)** M(F) sanat (eserleri) koleksiyoncusu **~sammlung** F sanat (eserleri) koleksiyonu **~schätze** PL sanat hazinesi sg **~stoff** M sentetik madde, plastik **~stopfen** N örücülük **~stück** N marifet **~student(in)** M(F) sanat (akademisi vb) öğrencisi **2verständig** ADJ sanattan anlayan **~verständnis** N sanattan anlama **2voll** ADJ sanatkârane, ustalıklı **~werk** N sanat eseri
**kunterbunt** ADV rengârenk; **~ durcheinander** çeşit çeşit
**Kupfer** N ‹-s; ohne pl› bakır **~blech** N bakır levha **~draht** M bakır tel **2haltig** ADJ bakırlı
**kupfern** ADJ bakır(dan)
**Kupferstich** M gravür (bakır kalıptan)
**Kupon** M → Coupon
**Kuppe** F ‹-; -n› (kubbemsi) tepe, kümbet; (Finger2.) parmak ucu
**Kuppel** F ‹-; -n › kubbe
**Kuppelei** F ‹-; -en› JUR fuhşiyata tahrik
**kuppelförmig** ADJ kubbemsi, kubbe biçimli
**kuppeln** ‹h.› **A** VT bağlamak; TECH (an akk -e) bağlamak **B** VI AUTO debriyajı harekete geçirmek
**Kuppler** M ‹-s; -›, **-in** F ‹-; -nen› JUR fuhşiyata tahrik eden (kişi), vulg pezevenk
**Kupplung** F ‹-; -en› bağlantı; TECH kavrama; AUTO debriyaj, kavrama; **die ~ treten** debriyaja basmak; **die loslassen** debriyajı bırakmak **~spedal** N debriyaj pedalı **~scheibe** F debriyaj diski **~stecker** M ELEK jak fiş
**Kur** F ‹-; -en› tedavi; kür (in Kurort); **zur ~ fahren** küre gitmek
**Kür** F ‹-; -en› SPORT seçimlik yarışma
**Kurator** M ‹-s; -en ›, **-in** F ‹-; -nen › (Vormund) kayyum, vasi; (Aufsichtsrat) murakıp; e-r Stiftung vakıf yöneticisi **~ium** N ‹-s; Kuratorien› denetim kurulu, murakabe/mütevelli heyeti
**Kur|aufenthalt** M kürde bulunma **~bad** N kaplıca
**Kurbel** F ‹-; -n› kol
**kurbeln** ‹h. › **A** VI bir kolu çevirmek **B** VT bş-i bir kolu çevirerek hareket ettirmek; **in die Höhe ~** -i bir kolu çevirerek kaldırmak
**Kurbelwelle** F AUTO krank mili
**Kürbis** M ‹-ses; -se› BOT kabak **~kern**

KURD | 782

M̄ kabak çekirdeği
**Kurd|e** M̄ ⟨-n; -n⟩, **-in** F̄ ⟨-; -nen⟩ Kürt **♀isch** ADJ Kürt subst **~isch** Kürtçe
**Kurfürst(in)** M/F elektör
**Kur|gast** M̄ kaplıca misafiri **~haus** N̄ kaplıca oteli **~hotel** N̄ kaplıca oteli
**Kurier** [ku'riːə] M̄ ⟨-s; -e⟩ kurye, (özel) ulak
**kurieren** V/T ⟨ohne ge-, h.⟩ (**von** -den) a. fig MED iyileştirmek; kurtarmak
**kurios** [-'riːoːs] ADJ yadırgatıcı, garip, acayip **♀ität** F̄ ⟨-; -en⟩ garabet, acayiplik
**Kur|ort** M̄ kaplıca yeri **~pfuscher(in)** M/F şarlatan (hekim)
**Kurs** M̄ ⟨-es; -e⟩ A POL istikamet; (Wechsel♀) (döviz) kur(u); (Börsen♀) kur, fiyat; **zum ~ von** -lik kur üzerinden; (**bei** j-m) **hoch im ~ stehen** (b-nden) rağbet görmek B FLUG, SCHIFF rota; **~ nehmen auf** -e rota tutmak C (Unterricht) kurs; **e-n ~ für Englisch besuchen** İngilizce kursuna gitmek/katılmak **~abfall** M̄ fiyatlarda/kurlarda düşme **~änderung** F̄ FLUG, SCHIFF rota değişikliği; WIRTSCH kur değişikliği **~anstieg** M̄ fiyatlarda/kurlarda yükselme **~bericht** M̄ WIRTSCH borsa haberleri/raporu **~buch** N̄ tren tarifesi **~einbruch** M̄ WIRTSCH (borsada) ani düşüş **~gewinn** M̄ kur farkı kârı; Börse piyasa kârı
**kursieren** V/I ⟨ohne ge-, h.⟩ Gerücht dolaşmak
**Kursindex** M̄ WIRTSCH borsa endeksi
**kursiv** [-'ziːf] ADJ italik; **~ drucken** -i italik dizmek/basmak
**Kurs|korrektur** F̄ rotada düzeltme; e-e ~ **vornehmen** rotayı düzeltmek **~leiter(in)** M/F kurs öğretmeni **~notierung** F̄ WIRTSCH kotasyon **~rückgang** M̄ WIRTSCH kurlarda düşme **~schwankung** F̄ WIRTSCH kurlarda/fiyatlarda dalgalanma
**Kursus** M̄ ⟨-; Kurse⟩ kurs
**Kurs|verlust** M̄ WIRTSCH kur/kambiyo kaybı **~wagen** M̄ BAHN direkt vagon **~wechsel** M̄ rota değişikliği **~wert** M̄ WIRTSCH piyasa/kambiyo değeri **~zettel** M̄ WIRTSCH kur listesi
**Kurtaxe** F̄ ⟨-; -n⟩ kaplıca vergisi
**Kurve** [-va] F̄ ⟨-; -n⟩ eğri; (Straßen♀) viraj
**kurvenreich** ADJ çok virajlı

**kurz** A ADJ kısa; zeitlich a. az süren; **~e Hose** şort, kısa pantolon; **den Kürzeren ziehen** alta gitmek; **in kürzester Zeit** en kısa zamanda; **binnen ♀em** kısa zamanda; (**bis**) **vor ♀em** birkaç gün öncesi(ne kadar); (**erst**) **seit ♀em** kısa bir süreden beri(dir); zararlı çıkmak B ADV: **~ vor ..., ~ vorher/zuvor** -den kısa bir zaman önce; **~ nach ...,** -den kısa bir zaman sonra; **~ darauf** (bunun) ardından, (bundan) biraz sonra; **über ~ oder lang** er ya da geç; **~ vor uns** bizden hemen önce; **~ entschlossen** ani bir kararla; **~ fortgehen** şöyle bir çıkmak; **~ geschnitten** kısa kesilmiş; **sich ~ fassen** kısa kesmek, sözünü uzatmamak; **~ gesagt** kısacası; **~ nacheinander** hemen art arda; **~ und bündig** kısa ve öz; **zu ~ kommen** payını alamamak; **kürzer treten** umg daha idareli olmak
**Kurzarbeit** F̄ kısa(ltılmış) mesai
**kurzarbeiten** V/I ⟨-ge-, h.⟩ kısa mesai yapmak
**Kurzarbeiter(in)** M/F kısa mesai işçisi
**kurzärm(e)lig** ADJ kısa kollu
**kurzatmig** ADJ tıknefes
**Kurzbiografie** F̄ kısa biyografi, kısa hayat hikâyesi; (kurze Autobiografie) kısa özgeçmiş
**Kürze** F̄ ⟨-; ohne pl⟩ kısalık; **in ~** zeitlich yakında
**Kürzel** N̄ ⟨-s; -⟩ Stenografie etc kısaltma
**kürzen** V/T ⟨h.⟩ Kleid etc (**um** ...) kısaltmak, küçültmek; Buch kısaltmak, özetlemek; Ausgaben kesmek, azaltmak
**kurzerhand** ADV uzun boylu düşünmeden
**Kurzfassung** F̄ (Film etc) kısa biçim
**Kurzform** F̄ kısaltma (kelime)
**kurzfristig** A ADJ kısa süreli/vadeli B ADV kısa sürede/vadede; kısa bir süre için
**Kurzgeschichte** F̄ kısa hikâye
**kurzlebig** ADJ kısa ömürlü; (vergänglich) gelip geçici
**kürzlich** ADV geçenlerde
**Kurz|meldung** F̄ kısa haber **~nachrichten** PL kısa haberler, haber özetleri **~parkzone** F̄ kısa süreli park alanı **~schluss** M̄ ELEK kısa devre, kontak; e-n ~ **verursachen** in -de kısa devre yapmak; kontağı attırmak **~schlusshandlung** F̄ fevrî davranış; e-e ~ **begehen** fevrî davranmak **~schrift** F̄

steno(grafi); **in ~** stenoyla (yazılmış)
**kurzsichtig** ADJ miyop, fig basiretsiz, ileriyi göremeyen
**Kurzstreck|e** F kısa mesafe **~enläufer(in)** M(F) kısa mesafe koşucusu **~enrakete** F kısa menzilli füze
**Kürzung** F ⟨-; -en⟩ kesme, azaltma
**Kurz|urlaub** M kısa izin/tatil **~waren** PL tuhafiye **~welle** F ELEK kısa dalga; **auf ~** kısa dalgada(n) **~zeitgedächtnis** N kısa vadeli hafıza ²**zeitig** ADJ kısa süreli
**kuschelig** ADJ umg dokunması hoşa giden (weich, warm); sıcak/rahat atmosferli
**kuscheln** V/R ⟨h.⟩: **sich ~ (an** akk) e sokulmak; **~ in** akk -e sarılmak, bürünmek
**Kuscheltier** N bezden oyuncak hayvan
**kuschen** V/I ⟨h.⟩ Hund itaat edip yere yatmak; umg (**vor j-m**) b-ne boyun eğmek; b-nden korkmak
**Kusine** F → Cousine
**Kuss** M ⟨-es; ⸚e⟩ öpüş, öpme ²**echt** ADJ öpüşmede bulaşmayan (ruj)
**küssen** ⟨h.⟩ A V/T öpmek B V/R: **sich ~** öpüşmek
**Küste** F ⟨-; -n⟩ sahil, kıyı
**Küsten|bewohner(in)** M(F) kıyı halkından (kişi) **~gewässer** PL kara suları **~schifffahrt** F kabotaj **~schutz** M sahil koruma **~straße** F sahil yolu
**Kutsche** F ⟨-; -n⟩ payton; yaylı
**Kutter** M ⟨-s; -⟩ SCHIFF kotra; balıkçı teknesi
**Kuvert** [ku'veːɐ] N ⟨-s; -s⟩ zarf
**Kuwait** N ⟨-s; ohne pl⟩ Kuveyt **~er** M ⟨-s; -⟩, **-in** F ⟨-; -nen⟩ Kuveyt(li) ²**isch** ADJ Kuveyt(li) subst
**Kybernetik** F ⟨-; ohne pl⟩ sibernetik
**Kybernetiker** M ⟨-s; -⟩, **-in** F ⟨-; -nen⟩ sibernetikçi
**kybernetisch** ADJ sibernetik
**kyrillisch** ADJ kiril yazılı/yazısıyla
**KZ** [kaˈtsɛt] N ⟨-(s); -(s)⟩ abk für Konzentrationslager (Nazi) toplama kampı

# 783 ‖ LACK

## L

**l, L** [ɛl] N ⟨-; -⟩ l, L
**labern** V/I ⟨h.⟩ umg gevezelik etmek
**labil** ADJ kararsız, istikrarsız
**Labor** [laˈboːɐ] N ⟨-s; -s, -e⟩ laboratu(v)ar **~ant** M ⟨-en; -en⟩, **~antin** F ⟨-; -nen⟩ laborant **~befund** M laboratu(v)ar bulgusu
**laborieren** V/I ⟨ohne ge-, h.⟩: **~ an** etw (dat) bş-i çekmek, bş-e katlanmak
**Laborversuch** M laboratu(v)ar deneyi
**Labyrinth** N ⟨-s; -e⟩ labirent
**Lache** F ⟨-; -n⟩ su birikintisi
**lächeln** V/I ⟨h.⟩ (**über** akk -e) gülümsemek
**Lächeln** N ⟨-s; ohne pl⟩ gülümseme, gülücük
**lachen** V/I ⟨h.⟩ (**über** akk -e) gülmek; **sie hat nichts zu ~** onun işi zor (od derdi büyük); **es wäre ja gelacht, wenn ...** -se/olsa asıl ona şaşmalı; **wer zuletzt lacht, lacht am besten** son gülen iyi güler
**Lachen** N ⟨-s; ohne pl⟩ gülme, gülüş; **j-n zum ~ bringen** b-ni güldürmek; umg **das ist nicht zum ~** durum ciddi; bunda gülecek bir şey yok
**lachend** A ADJ gülen; **der ~e Dritte** iki kişinin anlaşmazlığından çıkarı olan üçüncü kişi B ADV gülerek
**Lacher** M ⟨-s; -⟩: **er hat die ~ auf s-r Seite** (tartışmada) dinleyenleri güldürerek kendi tarafına çekiyor; umg (Lachen) gülüş, kahkaha
**Lacherfolg** M güldürme başarısı
**lächerlich** ADJ gülünç; **~ machen** herkesin alay konusu etmek; **sich ~ machen** kendini alay konusu etmek; fig **sich ~ vorkommen** kendi kendine gülünç gelmek; **für e-e ~e Summe** fig (gering) gülünç bir para karşılığı
**lachhaft** ADJ pej gülünç
**Lachs** [laks] M ⟨-es; -e⟩ som(on) (balığı)
**lachs|farben, ~rosa** [laks-] ADJ yavruağzı, somon (rengi)
**Lack** M ⟨-s; -e⟩ vernik, cila; AUTO boya (Nagel²) oje ²**ieren** V/T ⟨ohne ge-,

# LACK | 784

*h.*⟩ verniklemek, cilalamak; AUTO boyamak; **sich** (*dat*) **die Nägel ~** tırnaklarına oje sürmek **~ierer** M ⟨-s; -⟩ TECH boya ustası **~schuh** M rugan ayakkabı
**Ladefläche** F yükleme alanı
**Ladegerät** N ELEK şarj aleti
**laden**[1] VT ⟨lädt, lud, geladen, *h.*⟩ *a.* IT yüklemek; ELEK şarj etmek, doldurmak
**laden**[2] VT ⟨lädt, lud, geladen, *h.*⟩ (*ein~*) davet etmek; (*vor~*) JUR celp etmek
**Laden** M ⟨-s; ⁻⟩ dükkan, mağaza; *umg* (*Betrieb, Verein*) kuruluş, dernek *vs*; (*Fenster*&) panjur **~dieb(in)** M(F) dükkan hırsızı **~diebstahl** M dükkan hırsızlığı **~hüter** M satılamayan mal **~inhaber(in)** M(F) dükkan sahibi **~kasse** F dükkan kasası **~kette** F mağazalar zinciri **~preis** M perakende fiyat(ı) **~schluss** M ⟨-es⟩ dükkan kapanış saatleri *pl*; **nach ~** dükkanlar kapandıktan sonra **~straße** F dükkanların bulunduğu cadde, alışveriş caddesi **~tisch** F (dükkan) tezgâh(ı)
**Lade|rampe** F yükleme rampası **~raum** M (yükleme) ambar(ı); SCHIFF gemi ambarı
**lädieren** VT ⟨*ohne* ge-, *h.*⟩ (*beschädigen*) hasara uğratmak; (*verletzen*) yaralamak; *fig Image, Ruf* zedelemek
**Ladung** F ⟨-; -en⟩ FLUG kargo; SCHIFF navlun; AUTO yük; ELEK yük(lenme); *e-s Gewehrs etc* dolum
**Lage** F ⟨-; -n⟩ durum, hal; (*Platz*) konum, yer; (*Schicht*) kat, tabaka; **in der ~ sein zu** (yap)mak durumda olmak; **in schöner (ruhiger) ~** güzel (sakin) bir semtte; **politische ~** siyasi/politik durum
**Lager** N ⟨-s; -⟩ kamp; *fig* (*Partei*) parti (-ler); (*Vorratsraum*) kiler, *e-s Geschäfts* depo; (*Lagerhaus*) depo; *Zoll* antrepo; (*Vorrat*) stok; **etw auf ~ haben** depoda bulundurmak **~arbeiter(in)** M(F) depo işçisi **~bestand** M stok, depo mevcudu **~bier** N hafif bir bira çeşidi **~feuer** N kamp ateşi **~gebühr** F depo(lama) ücreti, ardiye harcı **~haltung** F depoda tutma **~haltungskosten** PL depolama maliyeti *sg* **~haus** N depo, ambar **~ist** M ⟨-en; -en⟩, **-in** F ⟨-; -nen⟩ ardiyeci; ambar memuru; antrepocu **~leiter(in)** M(F) depo/antrepo müdürü

**lagern** ⟨*h.*⟩ **A** VI kamp yapmak; depoda bulunmak **B** VT depo etmek, depolamak; **kühl ~** serin yerde saklamak
**Lagerraum** M depo(lama yeri)
**Lagerung** F ⟨-; *ohne pl*⟩ depola(n)ma, stokla(n)ma
**Lageskizze** F kroki
**Lagune** F ⟨-; -n⟩ denizkulağı, lagün
**lahm** M ADJ MED felçli, aksak, kötürüm; *umg* (*steif*) bitkin, mecalsiz; *umg Ausrede* sudan; *Film* iç bayıltıcı
**lähmen** VT ⟨*h.*⟩ felç etmek; *fig* dondurmak; **wie gelähmt sein vor** (*dat*) ... karşısında -in eli ayağı tutulmak
**lahmlegen** VT ⟨ -ge-, *h.*⟩ *Wirtschaft, Verkehr* felce uğratmak
**Lähmung** F ⟨-; -en⟩ MED, *fig* felç
**Laib** M ⟨-s; -e⟩ somun (*Brot*)
**Laich** M ⟨-s; -e⟩ balık yumurtası (*suda*) **&en** VT ⟨*h.*⟩ yumurtlamak (*Fisch*)
**Laie** M ⟨-n; -n⟩ uzman olmayan, amatör
**laienhaft** ADJ amatör, acemi
**Laken** N ⟨-s; -⟩ çarşaf
**Lakritze** F ⟨-; -n⟩ meyankökü özü (şekerlemesi)
**lallen** VT & VI ⟨*h.*⟩ -in dili karışmak
**Lama** N ⟨-s; -s⟩ ZOOL lama
**Lamelle** F ⟨-; -n⟩ BOT, TECH lamel
**Lametta** F ⟨-s; *ohne pl*⟩ gelin teli
**Lamm** N ⟨-s; ⁻er⟩ kuzu **~braten** M kuzu kızartması **~fell** N kuzu derisi **~fleisch** N kuzu eti **~keule** F kuzu budu **~kotelett** N kuzu pirzolası
**Lampe** F ⟨-; -n⟩ lamba; (*Glüh*&) ampul
**Lampen|fieber** N sahne heyecanı **~schirm** M abajur
**Lampion** ['lampi͡oŋ] M ⟨-s; -s⟩ kağıt fener
**Land** N ⟨-es; ⁻er⟩ (*Fest*&) kara; (*Staat*) ülke, (*Bundes*&) (federe) eyalet; (*Boden*) yer, toprak; (*~besitz*) mülk, arazi; **an ~ gehen** karaya çıkmak; **auf dem ~** taşrada, şehir dışında; **aufs ~ fahren** şehir dışına çıkmak; **außer ~es gehen** yurtdışına çıkmak; *umg* **e-n Job an ~ ziehen** bir iş yakalamak **~arbeiter(in)** M(F) tarım işçisi **~arzt** M, **~ärztin** F kasaba hekimi **~besitz** M toprak mülkiyeti; WIRTSCH arazi zilyetliği **~bevölkerung** F kırsal nüfus
**Lande|anflug** M FLUG inişe geçiş, alçalma uçuşu **~bahn** F iniş pisti **~er-**

**LANG**

**~laubnis** F iniş izni **~fähre** F RAUMF iniş modülü
**landeinwärts** ADV ülke içinde, dahili
**landen** A VI ⟨s.⟩ (yere) inmek, (karaya) çıkmak; **auf dem 4. Platz ~** SPORT 4. sıraya düşmek; *umg fig* **damit kannst du bei ihr nicht ~** onu bununla tavlayamazsın; **~ in** *fig* -e düşmek B VIT ⟨h.⟩ *fig* **Erfolg** kazanmak, elde etmek
**Landenge** F ⟨-; -n⟩ GEOG kıstak, berzah
**Lande|piste** F FLUG iniş pisti **~platz** M iniş alanı (*helikopter*)
**Ländereien** PL büyük çiftlik/arazi
**Länder|spiel** N millî maç **~vorwahl** F TEL ülke kodu
**Landes|farben** PL millî renkler **~grenze** F ülke sınırı **~innere** N ⟨-n; *ohne pl*⟩ ülke içi, yurtiçi **~regierung** F ülke hükümeti; eyalet hükümeti **~sprache** F millî dil **~tracht** F millî/yöresel kıyafet **~verrat** M (vatana) ihanet **~verteidigung** F millî savunma **~währung** F millî para **~weit** ADJ *u.* ADV ülke çapında
**Landeverbot** N FLUG: **~ erhalten** -in inişi yasaklanmak
**Land|flucht** F köyden şehre göç **~friedensbruch** M JUR toplum barışını bozma **~gericht** N JUR eyalet mahkemesi; ceza mahkemesi **~gewinnung** F (denizden) toprak kazan(ıl)ma(sı) **~haus** N çiftlik (tarzı) ev/villa **~karte** F harita **ɂläufig** ADJ yaygın **~leben** N köy/taşra hayatı
**ɂändlich** ADJ kırsal; (*bäurisch*) köy *subst*
**Ɂand|luft** F kır havası **~plage** F *fig* salgın, felaket (*geniş çaplı*) **~rat** M, **Landrätin** F kaymakam **~ratsamt** N kaymakamlık (makamı) **~schaft** F ⟨-; -en⟩ *schöne* manzara; *Malerei a.* peyzaj; arazi; (*Gegend*) yöre, bölge
**Ɂandschafts|gärtner(in)** M(F) çevre düzenlemecisi **~maler(in)** M(F) peyzaj ressamı **~pflege** F peyzaj düzenlemesi **~schutzgebiet** N doğal sit alanı
**Ɂandsitz** M malikâne
**Ɂands|mann** M ⟨-s; Landsleute⟩, **~männin** F ⟨-; -nen⟩ hemşeri, yurttaş
**Ɂand|straße** F karayolu; şose **~streitkräfte** PL kara kuvvetleri **~tag** M *Deutschland* eyalet parlamentosu

**Landung** F ⟨-; -en⟩ karaya çıkma; FLUG iniş; **zur ~ ansetzen** inişe geçmek
**Landungs|brücke** F, **~steg** M SCHIFF iskele
**Land|vermessung** F kadastro **~weg** M: **auf dem ~** kara yolu ile **~wein** M hafif (yerli) şarap **~wirt(in)** M(F) çiftçi **~wirtschaft** F çiftçilik; tarım, ziraat **Ɂwirtschaftlich** ADJ tarımsal, ziraî **~wirtschaftsminister(in)** M(F) tarım bakanı **~wirtschaftsministerium** N tarım bakanlığı **~zunge** F GEOG burun, dil
**lang** A ADJ uzun; *umg Person* uzun boylu; **seit ɂem** çoktan beri; **vor ~er Zeit** çok önce(leri) B ADV **drei Jahre ~** üç yıldır; **einige Zeit ~** bir süredir; **den ganzen Tag ~** bütün gün boyunca; **j-m zeigen, wo's ~ geht** *fig* b-ne dersini vermek; **über kurz oder ~** er ya da geç **~ärm(e)lig** ADJ *Kleidung* uzun kollu **~atmig** ADJ sıkıcı **~beinig** ADJ *umg* uzun bacaklı
**lange** ADV uzun (süre); **es dauert nicht ~** çok sürmez; **es ist schon ~ her** (, **seit**) -(y)eli epey zaman oldu; **ich bleibe nicht ~ fort** gidişim pek uzun sürmeyecek; **(noch) nicht ~ her** (daha) çok olmadı; **noch ~ hin** daha uzun süre; **wie ~ noch?** daha ne kadar (sürecek)?
**Länge** F ⟨-; -n⟩ uzunluk; GEOG boylam; **der ~ nach** boylamasına; **in die ~ ziehen** -*i* (fazla) uzatmak; **sich in die ~ ziehen** (fazla) uzamak, sürmek; **von 5 m ~** 5 metre boyunda/uzunluğunda
**langen** VII ⟨h.⟩ *umg* (*greifen*) (**nach** -*e*) uzanmak; *genügen* yetmek
**Längen|grad** M GEOG boylam derecesi **~kreis** M GEOG meridyen dairesi **~maß** N uzunluk ölçüsü
**längerfristig** ['lɛŋɐ-] A ADJ uzun(ca) vadeli/süreli B ADV uzunca bir süre için
**Langeweile** F ⟨-; *ohne pl*⟩ can sıkıntısı; **~ haben** -*in* canı sıkılmak
**lang|fristig** ADJ uzun süreli/vadeli; **~ (gesehen)** uzun vadede, uzun vadeli olarak bakıldığında **Ɂhaar...** IN ZSSGN, **~haarig** ADJ uzun tüylü **~jährig** ADJ; **~e Erfahrung** uzun yıllara dayanan tecrübe **Ɂlauf** M ⟨-s; *ohne pl*⟩ *düz arazide uzun yürüyüşü* **Ɂläufer(in)** M(F) → Langlauf *yapan kayakçı* **~lebig** ADJ uzun ömürlü; WIRTSCH dayanıklı; **~e Ge-**

**brauchsgüter** pl dayanıklı tüketim maddeleri **Ωlebigkeit** F ⟨-; ohne pl⟩ uzun ömürlülük, dayanıklılık

**länglich** ADJ uzunca, ince uzun

**längs** A PRÄP boyunca B ADV boylamasına

**Längsachse** F boy ekseni

**langsam** A ADJ a. geistig yavaş; **~er fahren** (daha) yavaş gitmek; **~er treten** umg fig kendini yormamak; **~er werden** yavaşlamak B ADV yavaş (yavaş) **~, aber sicher** yavaş, ama sebatla; umg **es wurde ~ Zeit:** -in artık zamanı gelmişti

**Längsschnitt** M boyuna/boylamasına kesit

**längst** ADV çoktan beri; **am ~en** en uzun (süreli); **~ nicht so gut** (**groß** etc) **wie ... ...** kadar iyi (büyük vs) dünyada değil; **~ vorbei** (**vergessen**) çoktan bitti/geçti (unutuldu/kapandı); **ich weiß es ~** çoktan biliyorum; **er sollte ~ da sein** -in çoktan gelmiş olması gerekirdi

**langstielig** ADJ BOT uzun saplı

**Langstrecke** F uzun yol/mesafe

**Langstrecken|lauf** M uzun mesafe koşusu **~läufer(in)** M(F) uzun mesafe koşucusu

**Languste** [laŋˈgustə] F ⟨-; -n⟩ GASTR (makassız) istakoz, langust

**langweil|en** ⟨ge-, h.⟩ A V/T -in canını sıkmak B V/R: **sich ~** canı sıkılmak **Ωer** M ⟨-s; -⟩, **Ωerin** F ⟨-; -nen⟩ (can) sıkıcı (kimse) **~ig** ADJ (can) sıkıcı, silik

**Langwelle** F ELEK uzun dalga

**Langwellensender** M uzun dalga vericisi/istasyonu

**langwierig** ADJ uzun süren, çok zaman alan

**Langzeit|arbeitslosigkeit** F uzun süreli işsizlik **~gedächtnis** N uzun süreli hafıza

**lapidar** [-'daːɐ] ADJ (kısa ve) özlü

**Lappalie** [laˈpaːliə] F ⟨-; -n⟩ değersiz (şey), önemsiz (iş), fasafiso

**Lappe** M ⟨-n; -n⟩ Lapon(yalı)

**Lappen** M ⟨-s; -⟩ bez, kumaş parçası; (Fetzen) paçavra; (StaubΩ) toz bezi; ANAT, BOT lop; umg **j-m durch die ~ gehen** b-nin elinden kaçmak

**läppern** umg: **es läppert sich** yavaş yavaş birikiyor

**lappig** ADJ umg gevşek; gülünç, kıytırık

**Lappin** F ⟨-; -nen⟩ Lapon(yalı) (kadın)

**läppisch** ADJ umg gülünç, kıytırık

**Laptop** ['lɛp-] M ⟨-s; -s⟩ dizüstü

**Lärm** M ⟨-s; ohne pl⟩ gürültü; **~ machen** gürültü yapmak; **~ machen um** fig (Aufheben) için/uğruna yaygara/patırtı yapmak **~bekämpfung** F ⟨-; ohne pl⟩ gürültüyle mücadele **~belästigung** F gürültü kirlenmesi; gürültüden rahatsız olma **Ωempfindlich** ADJ gürültüye (karşı) hassas

**lärmen** V/I ⟨h.⟩ gürültü/patırtı yapmak

**lärmend** ADJ gürültülü, gürültü yapan

**Lärmpegel** M gürültü/uğultu seviyesi

**Lärmschutz** M gürültüye karşı koru(n)ma **~wall** M gürültü kesen set **~wand** F gürültü kesen duvar

**Larve** [-fə] F ⟨-; -n⟩ ZOOL kurtçuk, larva

**lasch** ADJ umg (schlaff) gevşek; fig Disziplin gevşek, lapacı

**Lasche** F ⟨-; -n⟩ am Schuh dil

**Lase** F ⟨-n; -n⟩, **-in** F ⟨-; -nen⟩ Laz

**Laser** ['leːzɐ] M ⟨-s; -⟩ lazer **~drucker** M IT lazer(li) yazıcı **~strahl** M lazer ışını **~technik** F lazer teknolojisi **~waffen** PL lazerli silahlar

**las|isch** ADJ Laz subst **Ωisch(e)** N Lazca

**lassen** ⟨h.⟩ A V/T ⟨lässt, ließ, gelassen⟩ bırakmak; **j-m etw ~** (über~) b-ne bş-i bırakmak, devretmek; **j-n allein ~** b-ni yalnız bırakmak; **j-n** (etw) **zu Hause ~** b-ni (bş-i) evde bırakmak; umg **da muss man ihr ~!** fig onun bu konuda hakkını yememeli!; **lass alles so, wie** (**wo**) **es ist** her şeyi olduğu gibi (yerde) bırak; **er kann das Rauchen nicht ~** sigarayı bırakamıyor; **lass das!** (unter~) bırak!; dokunma!; **j-n in Ruhe ~** b-ni rahat bırakmak; **lass mich in Ruhe!** ben rahat/yalnız bırak! B V/AUX ⟨lässt, ließ, lassen⟩ (veran~) -in -i yapmasını sağlamak; (zu~) -in -i yapmasına izin vermek; **j-n etw tun ~** b-ne bş-i yaptırmak; **den Arzt kommen ~** doktor(u) çağırmak/getirtmek; **es lässt sich machen** yapılabilir; **j-n grüßen ~** b-ne selam söyletmek **~ kommen ~** getirtmek; göndermek

**lässig** ADJ kayıtsız, laubali; (nachlässig) özensiz, ihmalkâr **Ωkeit** F ⟨-; ohne pl⟩ kayıtsızlık, özensizlik

**Last** F ⟨-; -en⟩ yük; (Bürde) yüküm(lülük); (Gewicht) ağırlık; **die ~ der Beweise** ispat yükü; **j-m zur ~ fallen** b-ne yük o-

## LAUF

mak; **j-m etw zur ~ legen** b-ni bş-le suçlamak; **~en** WIRTSCH *meist pl* yük(üm), borçlar; **zu ~en von ...** ... tarafından ödenmek üzere
**Lastauto** N̄ kamyon
**lasten** V̄ı ⟨h.⟩: **~ auf** (*dat*) -in yükü -in üzerinde olmak
**Lasten|aufzug** M̄ yük asansörü **~ausgleich** M̄ Nazi dönemi zararlarının giderilmesi için konmuş vergi
**Laster**[1] M̄ ⟨-s; -⟩ *umg* kamyon
**Laster**[2] N̄ ⟨-s; -⟩ kötü huy, kusur
**lästern** V̄ı ⟨h.⟩: **~ über** (*akk*) -i kötülemek, -in dedikodusunu yapmak
**lästig** ADJ usandırıcı, rahatsız edici; **(j-m) ~ sein** b-nin canını sıkmak
**Last-Minute-Flug** [la:st'minit-] M̄ son dakika uçuşu
**Lastschrift** F̄ WIRTSCH borç kaydı
**Lastwagen** M̄ kamyon **~fahrer** M̄ kamyon sürücüsü
**Lasur** F̄ ⟨-; -en⟩ suboyası
**Latein** N̄ Latince; **ich bin mit meinem ~ am Ende!** benden pes!; bundan sonrasını ben de bilemiyorum
**Lateinamerikan|er(in)** M(F) Latin Amerikalı **⸰isch** ADJ Latin Amerikalı(lı) *subst*
**lateinisch** ADJ Latin *subst*
**Latenzzeit** F̄ MED kuluçka devresi/dönemi
**Laterne** F̄ ⟨-; -n⟩ fener, lamba
**Latinum** N̄ ⟨-s; *ohne pl*⟩: **großes (kleines) ~** büyük (küçük) Latince öğrenimi/sınavı
**Latsche** F̄ ⟨-; -n⟩ BOT bodur çam
**latschen** *umg* V̄ı ⟨s.⟩ ayak sürüyerek yürümek; **~ auf** (*akk*) -in orta yerine basmak
**Latschen** M̄ ⟨-s; -⟩ *umg* terlik; **aus den ~ kippen** zıvanadan çıkmak
**Latte** F̄ ⟨-; -n⟩ (*Brett*) lata, dilme; SPORT çıta; *umg fig* **e-e ganze ~ von ...** koca bir liste dolusu ...
**Lätzchen** N̄ ⟨-s; -⟩ çocuk önlüğü
**Latzhose** F̄ göğüslüklü pantolon
**lau** ADJ (*lauwarm*) ılık
**Laub** N̄ ⟨-s; *ohne pl*⟩ yaprak(lar) **~baum** M̄ düz yapraklı ağaç
**Laube** F̄ ⟨-; -n⟩ (*Gartenlaube*) kameriye
**Laub|frosch** M̄ yeşilbağa **~säge** F̄ kıl testere **~wald** M̄ düz yapraklı ağaçlardan oluşan orman **~werk** N̄ ⟨-s; *ohne*

*pl*⟩ bir ağacın yaprakları
**Lauch** M̄ ⟨-s; -e⟩ pırasa
**Lauer** ['laʊe] F̄: **auf der ~ liegen** pusuya yatmak
**lauern** V̄ı ⟨h.⟩ pusuda beklemek; **~ auf** (*akk*) -i sabırsızlıkla beklemek
**lauernd** ADJ *Blick* sinsi(ce)
**Lauf** M̄ ⟨-s; ⸚e⟩ SPORT koşu; (*Verlauf*) gidiş, akış; (*Gewehr⸰*) namlu; *fig* **s-n Gefühlen (Tränen) freien ~ lassen** duygularını dizginlememek (gözyaşlarını koyuvermek); **den Dingen ihren ~ lassen** işi olayların akışına bırakmak; **im ~ der Zeit** zamanla, zaman geçtikçe
**Laufbahn** F̄ kariyer
**laufen** ⟨läuft, lief, gelaufen, *s.*⟩ A V̄ı koşmak; (*zu Fuß gehen*) yürümek (*a.* WIRTSCH); (*fließen*) akmak; TECH (*funktionieren*) işlemek, çalışmak; *Film* gösterilmek, oynamak; *fig* yolunda olmak; *umg* (*verlaufen*) olmak, olup bitmek; WIRTSCH, JUR (*gültig sein*) geçerli olmak; **der Mietvertrag läuft 5 Jahre auf j-s Namen** kira sözleşmesi 5 yıl süreyle b-nin adına geçerli; **j-n ~ lassen** b-ni serbest bırakmak; *straffrei* cezasız salıvermek; *umg* **meine Nase läuft** burnum akıyor; **wie ist es gelaufen?** nasıl oldu?; **da läuft nichts!** bir şey olduğu yok! B V̄ı *Straße* yürümek; **sich** (*dat*) **Blasen ~** ⟨h.⟩ -in ayaklarını yürümekten su toplamak
**laufend** A ADJ (*dauernd*) devamlı; (*jetzig*) içinde bulunulan; WIRTSCH cari; **~e Kosten** *pl* WIRTSCH cari harcamalar; **mit ~em Motor** motoru kapatmadan; **~er Meter** WIRTSCH metre (*uzun bir maldan kesilen*); **auf dem ⸰en sein** yenilikleri izlemek B ADV sürekli olarak; (*immer*) daima; (*regelmäßig*) düzenli
**Läufer** M̄ ⟨-s; -⟩ koşucu; (*Teppich*) uzun ince halı, yolluk; *Schach fil* **~in** F̄ ⟨-; -nen⟩ koşucu (kadın)
**Lauffeuer** N̄: **sich verbreiten wie ein ~** yıldırım hızıyla yayılmak
**läufig** ADJ ZOOL kızgın
**Lauf|kundschaft** F̄ ara sıra gelen müşteriler *pl* **~masche** F̄ kaçık (*Strümpfe*) **~pass** M̄ *umg*: **j-m den ~ geben** b-ne pasaportunu eline vermek; b-ni sepetlemek **~schritt** M̄: **im ~** koşar adım(la). **~stall** M̄ küçük çocuk için oynama kafesi **~steg** M̄ podyum

**~werk** N IT sürücü **~zeit** F Vertrag vade, müddet; *Kassette* uzunluk, süre **~zettel** M işlem kayıt pusulası
**Lauge** F ⟨-; -n⟩ CHEM eriyik; *(Seifen&)* sabunlu su
**Laune** F ⟨-; -n⟩ mizaç, huy, heves; **gute (schlechte) ~ haben** keyfi iyi (kötü) olmak
**laun|enhaft, ~isch** ADJ kaprisli, kararsız; *(mürrisch)* keyfsiz
**Laus** F ⟨-; ⸚e⟩ bit
**Lauschangriff** M ⟨-s; -e⟩ şüpheli kişilerin telefonunun dinlenmesi; «telekulak» operasyonu
**lauschen** VI ⟨h.⟩ *heimlich* (gizlice) dinlemek, *-e* kulak kabartmak
**lausen** VT ⟨h.⟩ *umg fig:* **mich laust der Affe!** bu işe şaştım kaldım!
**lausig** *umg* A ADJ *(schlecht)* kötü, adi; *Kälte* berbat B ADV: **es ist ~ kalt** hava felaket soğuk
**laut¹** A ADJ yüksek sesli; *Straße, Kinder* gürültülü B ADV yüksek sesle; **~ und deutlich vorlesen** ve açık sesle (fikrini söylemek); **~ vorlesen** yüksek sesle okumak; **(sprich) ~er, bitte!** daha yüksek sesle (konuş), lütfen!
**laut²** PRÄP *-e* göre, bş gereğince
**Laut** M ⟨-s; -e⟩ ses, seda, gürültü; LING ses; *fig* **sie gab keinen ~ von sich** o hiç ses çıkarmadı
**Laute** F ⟨-; -n⟩ MUS lavta
**lauten** VI ⟨h.⟩ şöyle (od aşağıdaki gibi) olmak; *Name* olmak; **das Urteil lautete auf Freispruch** JUR karar beraat şeklindeydi
**läuten** VI u. VT ⟨h.⟩ çalmak; **es läutet** (kapı/zil) çalıyor
**lauter** ADV sadece, safi, sırf; **aus ~ Bosheit** sırf kötülük olsun diye; **das sind ~ Lügen** bunlar yalandan başka bir şey değil
**lauthals** ADV: **~ lachen** kah kah gülmek
**lautlos** A ADJ sessiz, sedasız; sakin B ADV sessizce
**Lautschrift** F fonetik yazı
**Lautsprecher** M (h)oparlör **~anlage** F oparlör sistemi **~box** F kolon
**lautstark** ADJ yüksek sesli; sesini duyuran
**Lautstärke** F ses şiddeti; ELEK *a.* ses ayarı **~regler** M ses ayar kontrolü

**lauwarm** ADJ ılık
**Lava** [-v-] F ⟨-; -ven⟩ GEOL lava
**Lavendel** [-v-] M ⟨-; -n⟩ lavanta
**Lawine** F ⟨-; -n⟩ çığ
**Lawinengefahr** F çığ tehlikesi
**lawinensicher** ADJ çığ tehlikesi olmayan
**Layout** ['le:|aut] N ⟨-s; -s⟩ sayfa düzeni, mizanpaj **~er** M ⟨-s; -⟩, **-in** F ⟨-;-nen⟩ mizanpajcı
**Lazarett** [-ts-] N ⟨-s; -e⟩ askerî hastane
**LCD-Anzeige** [eltse'de:-] F likit kristalli *(od* LCD) gösterge
**Lean Management** [li:nmɛnidʒ-'mənt] N ince yönetim
**leas|en** ['li:zən] VT ⟨h.⟩ leasing yoluyla kiralamak, leasing yapmak **&ing** N ⟨-s; -s⟩ leasing, finansal kiralama
**leben** ⟨h.⟩ yaşamak; *(am Leben sein)* hayatta/sağ olmak; *(wohnen)* oturmak; **~ für** için yaşamak; **~ von** ile geçinmek
**Leben** N ⟨-s; -⟩ hayat, yaşam; **am ~ bleiben** hayatta kalmak; *(überleben)* sağ kalmak; **am ~ sein** hayatta olmak; **sich** *(dat)* **das ~ nehmen** canına kıymak, hayatına son vermek; **ums ~ kommen** hayatını kaybetmek, ölmek; **um sein ~ laufen (kämpfen)** hayatını kurtarmak için kaçmak (savaşmak); **das tägliche ~** günlük hayat; **mein ~ lang** hayatım/ömrüm boyunca; **ich tanze für mein ~ gern** dans etmeye bayılırım; **ins ~ rufen** gerçekleştirmek, hayata geçirmek; **er steht im öffentlichen ~** kamuoyunun gözü onun üstünde; *umg* **nie im ~!** hayatta/dünyada olmaz!; **~ bringen in** *(akk) -e* canlılık getirmek
**lebend** ADJ diri
**lebendig** ADJ canlı; *fig* dinç, neşeli **&keit** F ⟨-; *ohne pl*⟩ canlılık
**Lebens|abend** M yaşlılık, hayatın son demleri *pl* **~abschnitt** M hayatın bölümü/çağı **~alter** N yaş **~anschauung** F hayat görüşü **~art** F yaşama tarzı **~auffassung** F hayat anlayış **~aufgabe** F hayatın amacı **~bedingungen** PL hayat şartları **&bedrohlich** ADJ hayati tehlike içeren **~bereich** M yaşama alanı **~dauer** F ömür; TECH *a.* dayanıklılık **~erfahrung** F hayat tecrübesi **~erwartung** F ortalama ömür **&fähig** ADJ MED yaşama gücüne sahip, *fig* yaşayabilir **~form**

F̄ (*Lebensweise*) yaşam(a) biçimi **~freude** F̄ yaşama sevinci **~gefahr** F̄ ⟨-; *ohne pl*⟩ hayati tehlike, ölüm tehlikesi; **unter ~** ölüm tehlikesi altında; **er schwebte in ~** -*in* hayatı tehlikedeydi, MED hayati tehlike içindeydi **ȹgefährlich** ADJ hayati tehlike içeren; *Krankheit* çok ciddi; *Verletzung* ağır **~gefährte(in)** M(F) hayat arkadaşı, eş **ȹgroß** ADJ gerçek boyda **~größe** F̄: **in ~** gerçek büyüklüğünde **~haltung** F̄ hayat standardı **~haltungsindex** M̄ geçim endeksi **~haltungskosten** PL geçim masrafları **~jahr** N̄ yaş

**lebens|lang**, **~länglich** ADJ *u.* ADV ömür boyu; **~e Freiheitsstrafe** JUR müebbet hapis cezası; *umg* **er hat ~ bekommen** ona müebbet hapis verdiler **Lebens|lauf** M̄ biyografi, yaşamöyküsü; *eigener* otobiyografi, özgeçmiş **ȹlustig** ADJ hayata bağlı; **~ sein** hayatın tadını çıkarmak

**Lebensmittel** PL yiyecek *sg*; gıda maddeleri; *Waren a.* bakkaliye *sg* **~abteilung** F̄ gıda bölümü **~geschäft** N̄ gıda pazarı, market, bakkal (dükkanı) **~händler(in)** M(F) marketçi, bakkal **~industrie** F̄ besin endüstrisi **~vergiftung** F̄ MED besin zehirlenmesi

**lebens|müde** ADJ hayata küskün, hayattan bezgin **~notwendig** ADJ yaşamak için zorunlu

**Lebens|qualität** F̄ ⟨-; *ohne pl*⟩ hayat standardı **~raum** M̄ yaşama ortamı **~retter(in)** M(F) can kurtaran/kurtarıcı **~standard** M̄ hayat standardı **~stellung** F̄ ömür boyu sürecek kadro/mevki **~unterhalt** M̄ geçim (kaynağı); **s-n ~ verdienen (als/mit ...** olarak/ile) hayatını kazanmak **~versicherung** F̄ hayat sigortası **~wandel** M̄ hayat tarzı (*ahlak bakımından*) **~weise** F̄ yaşam(a) biçimi/tarzı **~weisheit** F̄ hikmet, bilgelik; (*Spruch*) vecize, özdeyiş **~werk** N̄ -*in* hayatının eseri **ȹwert** ADJ yaşamaya değer **ȹwichtig** ADJ hayati önem taşıyan **~wille** M̄ yaşama iradesi **~zeichen** N̄ hayat belirtisi **~zeit** F̄ ömür; **auf ~** ömür boyu **~ziel** N̄ -*in* hayattaki hedefi

**.eber** F̄ ⟨-; -n⟩ ANAT karaciğer; GASTR ciğer **~fleck** M̄ ben **~knödel** M̄ ciğerli köfte **~krankheit** F̄ karaciğer hastalığı **~krebs** M̄ MED karaciğer kanseri **~pastete** F̄ ciğer ezmesi **~tran** M̄ balıkyağı **~wurst** F̄ ciğerli sucuk **~zirrhose** F̄ MED karaciğer sirozu

**Lebewesen** N̄ ⟨-s; -⟩ canlı (varlık) **Lebewohl** N̄: **~ sagen** hoşçakal demek, veda etmek

**lebhaft** A ADJ canlı; *Verkehr* hareketli, hızlı B ADV: **das kann ich mir ~ vorstellen** bunu gözümün önüne pek güzel getirebiliyorum

**Lebkuchen** M̄ baharlı bir Noel çöreği **leblos** ADJ cansız, ölü
**Lebzeiten** PL: **zu s-n ~** (onun) sağlığında
**lechzen** V/I ⟨h.⟩: **~ nach** -*e* susamış olmak
**leck** ADJ delik, yarık, çatlak
**Leck** N̄ ⟨-s; -e⟩ yarık, sızıntı yeri, geminin su aldığı yer
**lecken**[1] V/I sızıntı yapmak
**lecken**[2] V/T *u.* V/I ⟨h.⟩ (**an** *dat* -*i*) yalamak
**lecker** ADJ nefis, enfes
**Leckerbissen** M̄ lezzetli yiyecek; *fig* nefis bir şey
**Leckerei** F̄ ⟨-; -en⟩ *Süßigkeit* tatlı, şekerleme *vs*
**led.** *abk für* **ledig** bekâr
**Leder** N̄ ⟨-s; -⟩ deri, meşin **~fett** N̄ TECH vidala yağı **~gürtel** M̄ deri kemer **~hose** F̄ deri pantalon **~jacke** F̄ deri ceket
**ledern** ADJ deri(den)
**Lederwaren** PL deri eşya(lar)
**ledig** ADJ bekâr
**lediglich** ADV yalnızca
**Lee** F̄ ⟨-; *ohne pl*⟩ SCHIFF rüzgaraltı, boca; **nach ~** rüzgaraltına
**leer** [le:ɐ] ADJ boş; (*unbewohnt a.*) açık, münhal; *Batterie* bitmiş; *umg* **~es Gerede** boş gevezelik B ADV: **~ stehen** *Wohnung* boş durmak
**Leere** F̄ ⟨-; *ohne pl*⟩ boşluk; **ins ~ gehen** boşa çıkmak; **ins ~ starren** boş boş bakmak
**leeren** A V/T ⟨h.⟩ boşaltmak B V/R ⟨h.⟩: **sich ~** boşalmak
**Leer|gewicht** N̄ boş ağırlık **~gut** N̄ ⟨-s; *ohne pl*⟩ boş ambalaj (*Pfandgefäße*), şişe *vs* boşları *pl* **~lauf** M̄ TECH rölanti; boş vites; *fig* boşa işleme/çalışma **ȹlaufen** V/I ⟨*irr*, -*ge*-, *s.*⟩ TECH boşta çalış-

mak; ~ **lassen** (akıtıp) boşaltmak **~packung** F WIRTSCH boş ambalaj **~taste** F ara tuşu **~ung** F ⟨-; -en⟩ Briefkasten boşalt(ıl)ma

**legal** ADJ meşru, yasal **~isieren** V/T ⟨ohne ge-, h.⟩ yasallaştırmak **♀isierung** F ⟨-; -en⟩ yasallaş(tır)ma **♀ität** F ⟨-; ohne pl⟩ yasallık; **außerhalb der ~** yasadışı

**Legasthenie** F ⟨-; ohne pl⟩ legasteni

**Legat**[1] M ⟨-en; -en⟩ (päpstl. Gesandter) lega

**Legat**[2] N ⟨-s; -e⟩ JUR vasiyet

**legen** ⟨h.⟩ A V/T koymak, yatırmak; Eier yumurtlamak; **er legte die Entscheidung in meine Hände** kararı bana bıraktı; Haare bigudiye sarmak; **Karten ~** (wahrsagen) iskambil falı açmak B V/R: **sich ~** yatmak, uzanmak; fig yatışmak; Schmerz geçmek

**legendär** ADJ efsanevi

**Legende** F ⟨-; -n⟩ efsane, söylence

**leger** [le'ʒɛːɐ] ADJ rahat, teklifsiz

**Leggings** ['lɛgɪŋs] PL leggings

**legier|en** V/T ⟨ohne ge-, h.⟩ TECH alaşım yapmak; Suppe koyulaştırmak **♀ung** F ⟨-; -en⟩ TECH alaşım

**Legislative** [-v-] F ⟨-; -n⟩ POL yasama (gücü/organı)

**Legislaturperiode** F yasama dönemi

**legitim** ADJ yasal, kanuni **♀ation** F ⟨-; -en⟩ gerekçe(lendirme); (Berechtigung) hak tanıma; onay (belgesi)

**legitimieren** ⟨ohne ge-, h.⟩ A V/T gerekçelendirmek; (berechtigen) haklı kılmak B V/R: **sich ~** kimliğini ispat etmek

**Leguan** M ⟨-s; -e⟩ kabarcıklı iguana

**Lehm** M ⟨-s; -e⟩ kil **~boden** M killi toprak **♀ig** ADJ killi, balçık gibi

**Lehne** F ⟨-; -n⟩ (Rücken♀) arkalık; (Arm♀) kolluk, kol desteği

**lehnen** A V/T ⟨h.⟩ ~ yaslamak, dayamak B V/I u. V/R ⟨h.⟩ (an, gegen akk -e) dayanmak, yaslanmak; **sich aus dem Fenster ~** pencereden sarkmak

**Lehn|sessel** M, **~stuhl** M rahat koltuk

**Lehnwort** N ⟨-s; ⸚er⟩ ödünç kelime (özümlenmiş yabancı kelime)

**Lehr|amt** N öğretmenlik **~anstalt** F öğretim kurumu **~auftrag** M öğretim görevi **~beauftragte** M, F ⟨-n; -n⟩

öğretim görevlisi **~buch** N ders kitabı

**Lehre** F ⟨-; -n⟩ (Wissenschaft) bilim; (Theorie) kuram; REL, POL öğreti, doktrin; e-r Geschichte ders; Ausbildung çıraklık (eğitimi); **in der ~ sein** çıraklık eğitimi görmek (**bei** -de); **e-e ~ ziehen aus** -den (k-ne) bir ders çıkarmak; **das wird ihm e-e ~ sein** bu ona bir ders olur

**lehren** V/T ⟨h.⟩ (-e) öğretmek; (zeigen) (-e) göstermek

**Lehrer** M ⟨-s; -⟩ öğretmen, Gymnasium umg hoca; Universität öğretim üyesi, umg hoca **~ausbildung** F öğretmen eğitimi/yetiştirme **~beruf** M öğretmenlik (mesleği) **~fortbildung** F öğretmenler için meslekte ilerleme programı **~in** F ⟨-; -nen⟩ öğretmen (kadın) **~kollegium** N bir okulun öğretmenleri **~konferenz** F öğretmenler kurulu **~mangel** M ⟨-s; ohne pl⟩ öğretmen açığı **~zimmer** N öğretmenler odası

**Lehr|fach** N ders (okullarda okutulan) **~gang** M kurs **~geld** N: **ich habe ~ zahlen müssen** bu bana pahalı bir ders oldu **~jahre** PL çıraklık yılları **~ling** M ⟨-s; -e⟩ çırak **~methode** F öğretim metodu/yöntemi **~mittel** PL ders araçları **~plan** M müfredat (programı) **♀reich** ADJ öğretici, eğitici **~stelle** F (çıraklık) eğitim yeri **~stuhl** M Universität kürsü **~veranstaltung** F Universität ders **~vertrag** M çıraklık sözleşmesi **~werkstatt** F çırak yetiştirilen atölye **~zeit** F çıraklık devresi/dönemi

**Leib** M ⟨-s; -er⟩ beden, vücut; **etw am eigenen ~ erfahren** bş b-nin kendi başından geçmek; **bei lebendigem ~(e)** diri diri; **mit ~ und Seele** bütün varlığı ile

**Leibes|kräfte** PL: **aus ~n** bütün gücüyle **~übungen** PL beden eğitim (hareketleri) **~visitation** [-tsĭoːn] F ⟨-; -en⟩ -in üstünü arama

**Leibgericht** ~-in en çok sevdiği yemek

**leiblich** ADJ: **für das ~e Wohl sorgen** iyi yiyecek içecek tedarik etmek; (blutsverwandt) **~er Bruder** (**~e Schwester** öz (kız) kardeş

**Leib|rente** F ömür boyu emeklili **~schmerzen** PL karın ağrısı/sancısı sg **~wache** F özel koruma **~wächter** M koruma (görevlisi)

**Leiche** F ⟨-; -n⟩ ceset, ölü; **über ~n ge**

**hen** fütursuzca davranmak; *umg* **nur über meine ~!** ölürüm de buna izin vermem!
**leichenblass** ADJ sapsarı, solgun, kül gibi
**Leichen|halle** F, **~(schau)haus** N morg **~starre** F MED ceset katılaşması **~wagen** M cenaze arabası
**Leichnam** M ⟨-s; -e⟩ cenaze, ceset
**leicht** A ADJ hafif; *(einfach)* kolay, basit; *(geringfügig)* cüzi, az; **etw auf die ~e Schulter nehmen** bş-i hafife almak B ADV **~ bekleidet** hafif giyimli; **~ gekränkt** hafif kırgın; **das ist ~ gesagt** söylemesi kolay; **es geht ~ kaputt** kolayca kırılabilir; **es fällt mir (nicht) ~ (zu -mek)** bana kolay (zor) geliyor; **j-m etw ~ machen** b-ne bş-i kolaylaştırmak; *sich (dat)* **das Leben ~ machen** hayatı kolay tarafından almak; **du machst es dir zu leicht!** (işin) kolay(ın)a kaçıyorsun!; **~ möglich** pekâlâ olabilir; **~ nehmen** hafife almak; *Krankheit* önemsememek; **nimms ~!** boş ver, aldırma!; **~ sich ~ tun** kolaya kaçmak; **~ verständlich** kolay anlaşılır

**Leicht|athlet** M atlet **~athletik** F atletizm **~athletin** F atlet (kadın) **~bauweise** F hafif inşaat **~benzin** N leke benzini **≗fertig** ADJ gayri ciddi; *(unbedacht)* düşüncesiz; *(fahrlässig)* dikkatsiz **~fertigkeit** F ⟨-; *ohne pl*⟩ ciddiyetsizlik; *(Unbedachtheit)* düşüncesizlik **≗füßig** ADJ ayağına çabuk **~gewicht** N ⟨-s; *ohne pl*⟩ hafif sıklet **≗gläubig** ADJ her şeye inanan, saf **~gläubigkeit** F ⟨-; *ohne pl*⟩ saflık **≗lebig** ADJ kaygısız, tasasız **~metall** N hafif metal **~sinn** M ⟨-s; *ohne pl*⟩ düşüncesizlik, dikkatsizlik; *stärker:* pervasızlık **≗sinnig** ADJ düşüncesiz, dikkatsiz; pervasız **~verletzte** M,F ⟨-n; -n⟩ hafif yaralı

**leid** ADJ *präd:* **ich bin es ~ (, etw zu tun)** (bş-i yapmaktan) bıktım

**Leid** N ⟨-s; *ohne pl*⟩ acı, keder, elem; *(Schmerz)* ağrı; **j-m sein ~ klagen** b-ne dert yanmak; *(Unrecht)* kötülük; **j-m ein ~ zufügen** b-ne bir kötülük yapmak; **ihr ist kein ~ geschehen** ona bir kötülük yapılmadı

**leiden** ⟨litt, gelitten, *h.*⟩ A VI *(an dat, unter dat -den)* (acı) çekmek; **Hunger ~** açlık çekmek B VT: **j-n gut ~ können** b-ni çok sevmek, b-nden hoşlanmak; **ich kann ihn nicht ~** ben onu pek sevmem, *stärker:* ben onu hiç sevmem
**Leiden** N ⟨-s; -⟩ acı, ıstırap; MED hastalık, *(Gebrechen)* şikâyet, sakatlık
**Leidenschaft** F ⟨-; -en⟩ tutku, hırs **≗lich** ADJ tutkulu, ateşli; *(heftig)* şiddetli, hiddetli; **ich esse ~ gern Pizza** pizaya bayılıyorum
**Leidensgenoss|e** M, **-in** F dert yoldaşı
**Leidens|geschichte** F *fig* çile; REL **die ~ (Christi)** İsa'ya yapılan eziyetlerin hikâyesi **~miene** F ıstırap ifadesi (yüzde) **~weg** M çile, meşakkat
**leider** ADV maalesef; **~ ja (nein)** maalesef evet (hayır)
**leidgeprüft** ADJ acı çekmiş, çilekeş
**leidig** ADJ nahoş, sıkıcı
**Leidtragende** M,F ⟨-n; -n⟩: **er ist der ~ dabei** bu işten asıl zarar gören o; **die ~n** *-in* ceremesini çekenler
**leidtun** VI ⟨*irr.*, -ge-, *h.*⟩: **es tut mir leid** üzgünüm (um için; wegen *-den* dolayı; **dass ich zu spät komme** geç kaldığım için); *iron* **das wird dir noch ~!** pişman olacaksın!; *umg* **tut mir leid!** pardon!
**Leidwesen** N: **zu meinem ~** çok üzülmeme rağmen
**Leih|arbeiter(in)** M(F) kendi kuruluşunun başka bir kuruluşa ödünç verdiği işçi **~bibliothek** F, **~bücherei** F ödünç kitap veren kütüphane
**leihen** VT ⟨lieh, geliehen, *h.*⟩: **j-m etw ~** b-ne bş-i ödünç vermek; *sich (dat)* **etw ~ (bei, von** *-den)* bş-i ödünç almak
**Leih|frist** F ödünç verme süresi, kiralama süresi **~gabe** F emanet, *ödünç verilen şey* **~gebühr** F Auto kiralama ücreti; *Buch* ödünç verme ücreti **~haus** N (rehin karşılığı) borç veren kuruluş **~wagen** M AUTO kiralık araba; *sich (dat)* **e-n ~ nehmen** araba kiralamak
**leihweise** ADV ödünç olarak
**Leim** M ⟨-s; -e⟩ tutkal, çiriş; *umg* **aus dem ~ gehen** dökülmek; *umg fig* **j-m auf den ~ gehen** b-nin tuzağına düşmek
**leimen** VT ⟨*h.*⟩ tutkallamak; *umg fig* **j-n ~ b-ni yutmak** *(hileyle kaybettirmek)*
**Leimfarbe** F tutkallı boya
**Lein** M ⟨-s; -e⟩ BOT keten *(bitkisi)*
**Leine** F ⟨-; -n⟩ ip; *(Hunde≗)* tasma

**Leinen** N ‹-s; -› keten (bezi/kumaş); **in ~ gebunden** bez ciltli; **~kleid** N keten elbise
**Leinsamen** M keten tohumu
**Leinwand** F *Kino* (beyaz) perde; *Malerei* tu(v)al
**leise** A ADJ sessiz, sakin; *Stimme* yavaş, alçak, hafif; **sei(d) ~!** yavaş/sessiz ol(un)!; *fig* zayıf, narin, cılız; **ich habe nicht die leiseste Ahnung** en ufak bir fikrim bile yok; **das Radio leiser stellen** radyonun sesini kısmak B ADV alçak sesle; **~ sagen** *a.* fısıldamak
**Leiste** F ‹-; -n› ANAT kasık; (*Latte*) çıta; ARCH pervaz
**leisten** VIT ‹h.› yapmak, çalışmak; (*vollbringen*) başarmak, -in üstesinden gelmek; *Dienst, Hilfe* (hizmette/yardımda) bulunmak; *Eid* (yemin) etmek, (ant) içmek; **Ersatz ~** tazminatta bulunmak; **Zahlungen ~** ödemelerde bulunmak; **gute Arbeit ~** iyi iş yapmak; **sich** (*dat*) **etw ~** (*gönnen*) *-e* bş-i bahşetmek; **ich kann es mir (nicht) ~** buna gücüm yeter (yetmez); **er darf sich keinen Fehler mehr ~** artık bir hata daha yapamaz
**Leistenbruch** M MED kasık fıtığı
**Leistung** F ‹-; -en› çalışma, işleme; *besondere*: başarı; PHYS güç; TECH *a.* verim, çıktı, randıman; (*Dienst*&) servis; (*Sozial*&) yardım, ödeme; *umg iron* **eine reife ~!** aman ne marifet!; **schulische ~en** *gute*: okul başarıları; *neutral*: okul/ders durumu; → **vermögenswirksam**
**leistungs|berechtigt** ADJ WIRTSCH ödemeye hak kazanmış **~bezogen** ADJ randımana bağlı &**bilanz** F WIRTSCH carî işlemler bilançosu &**denken** N *verimi gözeten zihniyet* &**druck** M ‹-s; *ohne pl*› verim gösterme baskısı &**empfänger(in)** M(F) yardım/ödeme alan **~fähig** ADJ etkin; TECH randımanlı, verimli &**fähigkeit** F ‹-; *ohne pl*› güç; TECH verimlilik, randıman **~gerecht** ADJ & ADV verime uygun/paralel &**gesellschaft** F başarı ve rekabet toplumu &**kontrolle** F başarı denetimi, sınav &**prinzip** N başarıya göre ilkesi **~schwach** ADJ TECH gücü yetersiz &**sport** M profesyonel spor &**sportler(in)** M(F) profesyonel sporcu &**stand** M performans/verim düzeyi **~stark** ADJ TECH güçlü **~steigernd** ADJ performans/verim arttırıcı &**steigerung** F performans/verim artışı &**wettbewerb** M WIRTSCH etkinlikte rekabet
**Leitartikel** M başyazı
**Leitbild** N örnek, ideal
**leiten** VIT ‹h.› yönetmek; *Sitzung -e* başkanlık etmek; TV *a.* sunmak; PHYS iletmek
**leitend** ADJ yöneten, yönetici; PHYS ileten; **~e Stellung** yönetici mevki; **~er Angestellter** yetkili eleman
**Leiter**[1] F ‹-; -n› (ayaklı) merdiven
**Leiter**[2] M ‹-s; -› *Amt, Firma* müdür, yönetici; FILM, THEAT, MUS yönetmen; *Sitzung* başkan; PHYS iletken **~in** F ‹-; -nen› müdire, müdür (kadın)
**Leitplanke** F AUTO bariyer (*yol kenarı*)
**Leitung** F ‹-; -en› WIRTSCH yönetim, sevk ve idare; *Hauptbüro* merkez; *Verwaltung* yönetim; (*Vorsitz*) başkanlık; *e-r Veranstaltung* organizasyon; *künstlerische* yönetmenlik; (*Wasser*&) boru, hat; ELEK hat, kablo; TEL **die ~ ist besetzt** hat meşgul; *umg fig* **e-e lange ~ haben** *-in* jetonu geç düşmek; **unter der ~ von** *-in* yönetiminde/yönetmenliğinde
**Leitungs|mast** M elektrik direği **~netz** N şebeke **~rohr** N nakil borusu **~schnur** F ELEK kablo **~wasser** N şebeke suyu
**Leit|währung** F WIRTSCH anahtar para **~zins** M WIRTSCH güdümlü faiz (oranı/haddi)
**Lektion** [lɛkˈtsi̯oːn] F ‹-; -en› ders; **j-m. e-e ~ erteilen** *fig* b-ne bir ders vermek
**Lektor** M ‹-s; -en ›, **-in** F ‹-; -nen› *Universität* okutman; *Verlag* editör, redaktör, sonokuyucu
**Lektüre** F ‹-; -n› okunacak şey
**Lende** F ‹-; -n› ANAT bel; GASTR fileto
**Lenden|gegend** F bel (bölgesi) **~schurz** M önlük, peştemal **~wirbel** M bel omuru
**lenkbar** ADJ TECH yöne(l)tilebilir; *Kino etc* yönlendirmesi kolay
**lenken** VIT ‹h.› yönetmek, AUTO *a.* sürmek, kullanmak; *fig* yöneltmek, çevirmek; *Aufmerksamkeit* (**auf** *akk -in üzerine*) çekmek
**Lenkrad** N AUTO direksiyon (simidi) *umg* dümen **~schaltung** F direksiyondan vites **~schloss** N direksiyor

kilidi
**Lenkung** F ⟨-; -en⟩ yönlendirme; AUTO yöneltme, kullanma; WIRTSCH güdüm, kontrol
**Leopard** [leo-] M ⟨-en; -en⟩ leopar
**Lepra** F ⟨-; ohne pl⟩ MED cüzam **~kranke** M, F ⟨-n; -n⟩ cüzamlı
**lern|bar** ADJ öğrenil(ebil)ir **~behindert** ADJ öğrenme engelli **~eifer** M öğrenme aşkı
**lernen** VT u. VI ⟨h.⟩ öğrenmek; *für die Schule* (ders) çalışmak; **kochen ~** yemek pişirmeyi öğrenmek; **schwimmen ~** yüzme öğrenmek; *umg* **er lernt Schlosser** tesviyecilik eğitimi görüyor; **aus s-n Fehlern ~** hatalardan ders almak; *fig* **j-n (etw) schätzen ~** b-nin (bş-in) kıymetini anlamak
**lernfähig** ADJ öğrenme yetenekli
**Lern|programm** N IT öğrenme programı/yazılımı **~prozess** M öğrenme süreci **~schwester** F MED stajyer hemşire **~software** F IT öğrenme programı/yazılımı **~spiel** N öğretici oyun **~stoff** M ders(in) konusu
**Lesart** F versiyon (*Text*)
**lesbar** ADJ okunaklı, okunur
**Lesbe** F *neg!* → Lesbierin
**Lesbierin** F ⟨-; -nen⟩ lesbiyen, *umg* sevici
**lesbisch** ADJ lesbiyen, sevici
**Lese** F ⟨-; -n⟩ (*Wein*⟶) bağbozumu
**Lese|brille** F okuma gözlüğü **~buch** N okuma kitabı **~geschützt** ADJ IT okuma korumalı **~lampe** F okuma lambası
**lesen** VT u. VI ⟨liest, las, gelesen, h.⟩ okumak; **das liest sich wie** ... ... gibi okunuyor; **etw in j-s Gesicht ~** bş-i b-nin yüzünden okumak; **~ über** (*akk*) ... hakkında bş okumak; *Universität ...* dersi vermek
**lesenswert** ADJ oku(n)maya değer
**Leser** M ⟨-s; -⟩ okuyucu; okur
**Leseratte** F *umg* kitap kurdu
**Leser|brief** M okur mektubu **~kreis** M okur çevresi; **e-n großen ~ haben** *-in* geniş bir okur çevresi olmak/var
**leserlich** ADJ okunaklı, kolay okunur
**Lese|stoff** M okuma parçası/parçaları, okunacak şey **~zeichen** N kitapta kalınan yere konan kurdele vs, *osm* mim
**Lesung** F ⟨-; -en⟩ *Parlament* görüşme; (*Autoren*⟶) okuma günü
**Lethargie** F ⟨-; *ohne pl*⟩ uyuşukluk, atalet **~isch** ADJ uyuşuk, atıl
**Lett|e** M ⟨-n; -n⟩, **-in** F ⟨-; -nen⟩ Letonyalı **~isch** ADJ Letonya(lı) *subst* Letonca **~land** N ⟨-s; *ohne pl*⟩ Letonya
**Letzt** NUR IN: **zu guter ~** neyse ki sonunda
**letzte** ADJ en son, sonuncu; (*neueste*) en yeni; **als Letzter ankommen** sona kalmak; **Letzter sein** sonuncu olmak; **das ist das Letzte!** bu kadarı da fazla; (*äußerst*) **bis ins Letzte** sonuna kadar
**Letztere(r, ~s)**: **der (die, das) ~** en son (sözü edilen)
**letztgenannt** ADJ en son (sözü edilen)
**letzt|jährig** ADJ önceki yılki **~lich** ADJ (*doch*) nihayet, sonunda; aslında **~mals** ADV son kere **~willig** ADJ JUR **~e Verfügung** vasiyet(name)
**Leuchte** F ⟨-; -n⟩ lamba *fig* **keine ~ sein** iyi olmamak
**leuchten** VI ⟨h.⟩ parlamak; *schwächer*: parıldamak
**leuchtend** ADJ ışıklı, aydın; *Farbe etc* parlak
**Leuchter** M ⟨-s; -⟩ şamdan, avize
**Leucht|farbe** F floresan boya **~kraft** F ⟨-; *ohne pl*⟩ aydınlatma (kuvveti), parlaklık **~reklame** F ışıklı reklam **~röhre** F floresan (lamba) **~stoffröhre** F floresan lamba **~turm** M deniz feneri
**leugnen** ⟨h.⟩ **A** VT inkâr etmek; **~, etw getan zu haben** bş-i yaptığını inkâr etmek **B** VI (*her geyi*) inkâr etmek
**Leukämie** F ⟨-; -n⟩ MED lösemi, kan kanseri
**Leute** PL insanlar; **viele ~** çok kişi; birçokları; **etw unter die ~ bringen** herkese anlatmak
**Leviten** [-v-] PL: **j-m die ~ lesen** b-ni iyice azarlamak
**Levkoje** F ⟨-; -n⟩ BOT şebboy
**lexikalisch** ADJ kelime olarak, sözcüksel
**Lexikografie** [-'fi:] F ⟨-; *ohne pl*⟩ sözlükbilim
**Lexikon** N ⟨-s; Lexika⟩ ansiklopedi; (*Wörterbuch*) sözlük
**lfd. Nr.** *abk für* **laufende Nummer** sıra numarası (*sr. no.*)
**Lfrg.** *abk für* **Lieferung** F teslim(at)

## LIBA | 794

**Libanes|e** M ⟨-n; -n⟩, **-in** F ⟨-; -nen⟩ Lübnanlı **2isch** ADJ Lübnan(lı) subst
**Libanon** M: **der ~** Lübnan
**Libelle** F ⟨-; -n⟩ ZOOL kızböceği; TECH suterazisi
**liberal** ADJ liberal; özgürlükçü
**Liberale** M,F ⟨-n; -n⟩ liberal
**liberalisieren** VT ⟨ohne ge-, h.⟩ liberalleştirmek
**Liberalismus** M ⟨-; ohne pl⟩ liberalizm
**Liberalität** F ⟨-; ohne pl⟩ liberallik
**Libero** M ⟨-s; -s⟩ SPORT libero
**Libido** F ⟨-; ohne pl⟩ PSYCH libido
**Libyen** N Libya **~er** M ⟨-s; -⟩, **-in** F ⟨-; -nen⟩ Libyalı **2sch** ADJ Libya(lı) subst
**licht** ADJ (hell) aydınlık; Wald seyrek ağaçlı; TECH: **~e Höhe** net yükseklik
**Licht** N ⟨-s; -er⟩ ışık; (Helle) aydınlık, parlaklık; **ans ~ kommen** gün ışığına çıkmak; **etw ans ~ bringen** gün ışığına çıkarmak; umg **j-n hinters ~ führen** b-ni kandırmak; (Beleuchtung, Lampe) **~ machen** ışığı açmak; **mir geht ein ~ auf** şimdi anladım/uyandım **~anlage** F ışıklandırma (tesisatı) **~bild** N (vesikalık) fotoğraf; (Dia) diya, slayt **~blick** M fig umut ışığı **2durchlässig** ADJ şeffaf, ışık geçiren **2empfindlich** ADJ a. FOTO ışığa (karşı) duyarlı/hassas **~filter** N u. M FOTO filtre **~geschwindigkeit** F: **mit ~** ışık hızıyla **~hupe** F: **die ~ betätigen** AUTO selektör yapmak **~maschine** F AUTO dinamo **~orgel** F ışık oyunu/oyunları **~quelle** F ışık kaynağı **~schalter** M ışık düğmesi/anahtarı **2scheu** ADJ ışıktan kaçan (hayvan); fig karanlık amaçlı **~schutzfaktor** M (güneşten) koruma faktörü **~strahl** M ışık ışını; ışık huzmesi **2undurchlässig** ADJ ışık geçirmeyen
**Lichtung** F ⟨-; -en⟩ açıklık, açma (ormanda)
**Lid** N ⟨-s; -er⟩ gözkapağı **~schatten** M far
**lieb** ADJ sevgili; (liebenswert) sevimli; (nett, freundlich) hoş, sempatik; Kind uslu; in Briefen: **~e Emine** sevgili Emine; **Lieber Herr X** Sevgili X Bey; **~ gewinnen** -den hoşlanmak, -i sevmeye başlamak; **~ haben** -i (çok) sevmek **~äugeln** VI ⟨ge-, h.⟩: **~ mit etw** bş-i yapmayı/almayı çok aklından geçirmek
**Liebe**[1] F ⟨-; ohne pl⟩ **(zu** -e**)** aşk, sevgi; **aus ~ zu ...** aşkından; **~ auf den ersten Blick** bir bakışta (duyulan) aşk
**Liebe**[2] M,F sevgilim; dostum; **mein ~!** ahbap! (uyararak)
**liebebedürftig** ADJ: **~ sein** sevgiye muhtaç olmak
**lieben** ⟨h.⟩ **A** VT sevmek; (verliebt sein) -e âşık olmak **B** VR: **sich ~** bb-ni sevmek; (sexuell) (-Ie) sevişmek
**liebenswert** ADJ canayakın, sevimli
**liebenswürdig** ADJ sevimli, nazik **2keit** F ⟨-; ohne pl⟩ nezaket, iltifat
**lieber** ADV tercihan, daha çok; **~ haben** daha çok sevmek, yeğlemek, tercih etmek; **ich möchte ~ (nicht)** ... -meyi (-memeyi) tercih ederim; **du solltest ~ (nicht)** ... -me(n)sen daha iyi olur
**Liebes|affäre** F gönül macerası; aşk skandalı **~brief** M aşk mektubu **~entzug** M sevgiden mahrum etme **~erklärung** F ilanı aşk; **(j-m) e-e ~ machen** (b-ne) ilanı aşk etmek **~kummer** M ⟨-s; ohne pl⟩ karasevda; **~ haben** karasevdaya düşmek **~leben** N cinsel hayat **~lied** N aşk şarkısı **~mühe** F: **das ist verlorene ~!** bu boşuna zahmet! **~paar** N sevgililer pl, iki sevgili; sevişen çift **~roman** M aşk romanı
**liebevoll** ADJ sevgiyle, şefkatle
**Liebhaber** M ⟨-s; -⟩ sevgili, âşık; -in meraklısı **~ei** F ⟨-; -en⟩ hobi; merak **~preis** M ancak meraklıların ödeyeceği yüksek fiyat **~stück** N meraklısının değer verdiği parça **~wert** M bş-in meraklısı için taşıdığı değer
**liebkosen** VT ⟨ge-, h.⟩ okşamak, sevmek
**lieblich** ADJ sevimli, zarif, hoş; Wein hafif tatlı
**Liebling** M ⟨-s; -e⟩ sevgili; (Günstling) gözde; Anrede: sevgilim, umg tatlım
**Lieblings|...** IN ZSSGEN en sevilen .. **~schüler(in)** M(F) -in en sevdiği öğrencisi **~thema** N en sevilen konu
**lieblos** ADJ sevgisiz, şefkatsiz, katıyürekli; Essen **~ zubereitet** özensizce hazırlanmış
**liebste, ~r, ~s** **A** ADJ (bevorzugt) er sevgili, -in en sevdiği **B** ADV: **am liebsten** en çok (severek); **am liebsten spiele ich Dame** en çok dama oynamayı seve

rim; **es wäre mir am liebsten, wenn ...** bana göre en iyisi -mek olur
**Liebste** M̲,F̲: **mein ~r, meine ~** canım, sevgilim
**Lied** N̲ ⟨-s; -er⟩ şarkı; (türk. *Volkslied*) türkü; **ich kann ein ~ davon singen** sen/siz onu asıl bana sor/sorun
**Lieder|buch** N̲ şarkı(lar) kitabı **~macher(in)** M̲(F̲) bestekâr şarkıcı
**Lieferant** M̲ ⟨-en; -en⟩, **-in** F̲ ⟨-; -nen⟩ WIRTSCH mal teslim eden (firma/kişi)
**lieferbar** ADJ bulunur, mevcut; teslim edilir, servisi yapılır; **sofort (nicht) ~** mevcudu var (yok)
**Lieferfrist** F̲ teslim süresi
**liefern** V/T ⟨h.⟩ teslim etmek; **j-m etw** b-ne bş-i göndermek/götürmek; *umg* **er ist geliefert!** onun işi bitik!; **sich** *(dat)* **e-n harten Kampf ~** bb-le çetin bir mücadele vermek
**Liefer|schein** M̲ irsaliye, teslim belgesi, sevk pusulası **~termin** M̲ teslim tarihi **~ung** F̲ ⟨-; -en⟩ teslim, sevk; (*Versorgung*) temin; **zahlbar bei ~** mal tesliminde ödeme **~wagen** M̲ kamyonet, panel, servis arabası **~zeit** F̲ teslim süresi
**Liege** F̲ ⟨-; -n⟩ divan; (*Camping*²) şezlong
**liegen** V/I ⟨lag, gelegen, h., s.⟩ *-de* yatmak; (*gelegen sein*) olmak, bulunmak; **~ bleiben** yatıp kalmak, kalk(a)mamak; *Tasche etc -de* unutulmak; **~ lassen** unutmak, bırakmak; **j-n links ~ lassen** b-ne yüz vermemek, b-ni önemsememek; **es liegt nicht an ihr (, wenn)** *(-se)* bunun sorumlusu o değil; *(krank)* **im Bett ~** yatakta (hasta) yatmak; **es lag Schnee** yerde kar vardı, her yer karla kaplıydı; **wie die Dinge ~** durum gösteriyor ki; *umg* **damit liegst du richtig!** bunda haklısın!; **nach Osten (der Straße) ~** doğuya (caddeye) bakmak; **es liegt daran, dass ...** *-in* -mesi bu sebepten; **es (er) liegt mir nicht** *-den* hoşlanmıyorum; **mir liegt viel (wenig) daran** benim için çok şey ifade ediyor (pek bir şey ifade etmiyor)
**Liege|sitz** M̲ AUTO yatar koltuk **~stuhl** M̲ şezlong **~stütz** M̲ ⟨-es; -e⟩ şınav; **e-n ~ machen** şınav çekmek **~wagen** M̲ BAHN kuşetli vagon

**~wiese** F̲ yatılıp güneşlenilen çayır
**Lift** M̲ ⟨-s; -e, -s⟩ asansör **~boy** M̲ ⟨-s; -s⟩ (asansöre bakan) komi
**liften** V/T ⟨h.⟩ MED: **sich** *(dat)* **(das Gesicht) ~ lassen** (estetik ameliyatla) yüzünü çektirmek
**Liga** F̲ ⟨-; Ligen⟩ birlik; SPORT lig
**liieren** [li'i:ət] V/R ⟨*ohne ge-, h.*⟩: **sich ~** *-le* ilişkiye girmek (*öz kadın - erkek*); **mit j-m liiert sein** b-le beraber olmak/yaşamak
**Likör** [li'kø:ɐ] M̲ ⟨-s; -e⟩ likör
**lila** ADJ leylak rengi; (*dunkel~*) mor
**Lilie** ['li:liǝ] F̲ ⟨-; -n⟩ BOT zambak
**Limonade** F̲ ⟨-; -n⟩ limonata; meyvalı gazoz
**Limousine** [-mu-] F̲ ⟨-; -n⟩ AUTO limuzin
**Linde** F̲ ⟨-; -n⟩ BOT ıhlamur
**Lindenblütentee** M̲ ıhlamur (çayı)
**linder|n** ⟨*h.*⟩ *Not* hafifletmek, *Schmerzen a.* dindirmek **²ung** F̲ ⟨-; *ohne pl*⟩ hafifle(t)me, din(dir)me; rahatlama
**Lineal** N̲ ⟨-s; -e⟩ cetvel
**linear** ADJ WIRTSCH, MATH doğrusal, lineer
**Linguist** M̲ ⟨-en; -en⟩ dilbilimci **~ik** F̲ ⟨-; *ohne pl*⟩ dilbilim **~in** F̲ ⟨-; -nen⟩ dilbilimci (kadın)
**Linie** ['li:niə] F̲ ⟨-; -n⟩ çizgi; hat; **auf seine ~ achten** kilosuna dikkat etmek; **mit der ~ 2 fahren** 2 numaraya binmek; **auf der ganzen ~** baştan başa, boydan boya; **in erster ~** her şeyden önce, ilk başta
**Linien|bus** M̲ tarifeli/hatlı otobüs **~flug** M̲ tarifeli uçuş **~maschine** F̲ FLUG tarifeli uçak **~netz** N̲ hat şebekesi; **das ~ der U-Bahn** metro şebekesi **~richter(in)** M̲(F̲) yan hakem(i) **~taxi** N̲ dolmuş **²treu** ADJ parti vs çizgisine sadık **~verkehr** M̲ tarifeli ulaşım
**linke** ADJ *a.* POL sol; *umg* **~ Tour** dürüst olmayan yol; **auf der ~n Seite** solda, sol tarafta/yanda; **~r Hand sehen Sie ...** sol kolda *-i* görüyorsunuz; *umg* **ein ganz ~r Typ** üçkağıtçının teki
**Linke** M̲,F̲ ⟨-n; -n⟩ POL solcu; *f* sol(culuk)
**linken** V/T ⟨*h.*⟩ *umg* aldatmak, kandırmak
**linkisch** ADJ çolpa, beceriksiz, sakar
**links** ADV solda; *Kleidung* tersyüz; **auf ~**

**drehen** tersyüz etmek; **nach ~** sola; **von ~ soldan**; **~ von** -*in* solunda; **~ von mir** (benim) solumda; **~ abbiegen** sola sapmak; POL **~ stehen** sol görüşlü olmak; *umg fig* **das mache ich mit ~** bu benim için işten bile değil; **~ liegen lassen** -*e* yüz vermemek, -*i* önemsememek

**Links|abbieger** M ⟨-s; -⟩ sola dönen araç **~extremismus** M POL aşırı sol (-culuk) **~extremist(in)** M(F) aşırı solcu **2extremistisch** ADJ aşırı sol

**linksherum** ADV TECH soldan dönüşlü; **~ anziehen** -*in* tersyüz edip giymek

**Linkskurve** F sol viraj

**Linksradikal|e** M,F ⟨-n; -n⟩ radikal solcu **~ismus** M sol radikalizm

**Linoleum** [-leum] N ⟨-s; *ohne pl*⟩ *umg* muşamba

**Linse** F ⟨-; -n⟩ BOT mercimek; (*Optik*) mercek; (*Kontakt**2*) lens

**Lippe** F ⟨-; -n⟩ dudak

**Lippen|blütler** M ⟨-s; -⟩ BOT ballıbabagiller **~laut** M LING dudaksı (ses) **~pflegestift** M dudak merhemi (*ruj biçiminde*) **~stift** M ruj, dudak boyası

**Liquidation** [-kv-] F ⟨-; -en⟩ WIRTSCH tasfiye; (*Rechnung*) fatura

**liquidieren** [-kv-] VT ⟨*ohne ge-, h.*⟩ *Firma*, POL tasfiye etmek; *Betrag* paraya çevirmek, hesabı görmek; **j-n ~** b-ni ortadan kaldırmak

**lispeln** VI ⟨ge-, h.⟩ peltek konuşmak; (*flüstern*) fısıldamak

**List** F ⟨-; -en⟩ hile; **zu e-r ~ greifen** bir hileye başvurmak; (*Listigkeit*) kurnazlık, şeytanlık

**Liste** F ⟨-; -n⟩ liste; **j-n auf die ~ setzen** b-ni listeye koymak; *umg fig* **schwarze ~** kara liste

**Listenpreis** M WIRTSCH liste/katalog fiyatı

**listig** ADJ *Person* hilekâr, kurnaz; *Sache* aldatıcı

**Litauen** N Litvanya

**Liter** M,N ⟨-s; -⟩ litre

**literarisch** ADJ edebî, yazınsal

**Literat** M ⟨-en; -en⟩, **-in** F ⟨-; -nen⟩ edebiyatçı

**Literatur** F ⟨-; -en⟩ edebiyat, yazın **~angaben** PL kaynakça *sg* **~geschichte** F edebiyat tarihi **~kritiker(in)** M(F) edebiyat eleştirmeni **~preis** M edebiyat ödülü **~wissen-**

**schaft** F edebiyat bilimi, yazınbilim
**literweise** ADV litreyle, litre litre
**Litfaßsäule** F ilan/reklam sütunu
**Lithografie** F ⟨-; -n⟩ taşbaskı(sı), litografi
**live** [laıf] ADJ *u.* ADV *Musik* canlı
**Livesendung** F canlı yayın
**Lizenz** F ⟨-; -en⟩ lisans; **in ~ von ... ...** lisansıyla **~inhaber(in)** M(F) -*in* patent (yayın *vs*) haklarının sahibi **~vertrag** M lisans sözleşmesi
**Lkw** ['ɛlkɑ:ve:] M ⟨-; -s⟩ (*Lastkraftwagen*) kamyon **~-Fahrer** M kamyon şoförü
**Lob** N ⟨-s; *ohne pl*⟩ övgü
**Lobby** ['lɔbi] F ⟨-; -s⟩ lobi
**loben** VT ⟨h.⟩ (**für**, **wegen** -*den* dolayı) övmek
**lobenswert** ADJ övgüye değer, övülesi
**Loch** N ⟨-s; ̈er⟩ delik; *im Reifen* patlak; **ein ~ reißen in** -*de* bir gedik açmak; **ein ~ im Haushalt stopfen** bütçedeki bir açığı kapamak; *umg fig* (*Behausung*) izbe **2en** VT ⟨h.⟩ *Papier, Karte* delmek
**Locher** M ⟨-s; -⟩ TECH (delikli) zımba
**löcherig** ADJ delikli, delik deşik
**Lochkarte** F IT delikli kart
**Lochzange** F BAHN kontrolör zımbası
**Locke** F ⟨-; -n⟩ saç lülesi, bukle
**locken¹** ⟨h.⟩: **sich ~** kıvrılmak; lüle lüle olmak
**locken²** VT ⟨h.⟩ cezbetmek, çekmek; *fig* ayartmak, baştan çıkarmak; **~des Angebot** cazip teklif/fiyat
**Lockenwickler** M ⟨-s; -⟩ bigudi
**locker** ADJ gevşek; *fig* (*lässig*) rahat, teklifsiz; **es geht bei ihnen sehr ~ zu** onlar çok rahat, teklifsiz insanlar; *umg* **das schafft sie ~** o bu işi haydi haydi başarır
**Lockerheit** F ⟨-; *ohne pl*⟩ gevşeklik; *fig* rahatlık, teklifsizlik
**lockerlassen** ⟨*irr*, -ge-, h.⟩ *umg*: **nicht ~** -*den* vazgeçmemek; üstelemek, dayatmak
**lockermachen** ⟨-ge-, h.⟩ *umg*: **er hat viel Geld lockergemacht** çok para kopardı
**lockern** ⟨h.⟩ A VT gevşetmek B V/R: **sich ~** gevşemek, rahatlamak
**Lockerungsübung** F gevşeme/yumuşatma alıştırması
**lockig** ADJ HAARE kıvırcık
**Lockmittel** N tuzak yemi
**Lockvogel** M pırlak **~werbung** F

*düşük fiyatla müşteri çekme amaçlı reklam*
**Lodenmantel** M çuha manto/palto
**lodern** V/I ⟨h.⟩ alevlenmek
**Löffel** M ⟨-s; -⟩ kaşık; **zwei ~ (voll) Zucker** iki kaşık (dolusu) şeker; *umg* **schreib dir das hinter die ~!** bunu aklına iyice yaz!
**Löffelbiskuit** M kedi dili (bisküvisi)
**löffeln** V/T ⟨ge-, h.⟩ kaşıklamak
**Logarith|mentafel** F MATH logaritma cetveli **~mus** M ⟨-; Logarithmen⟩ MATH logaritma
**Logbuch** N SCHIFF seyir defteri
**Loge** ['loːʒə] F ⟨-; -n⟩ THEAT loca; *(Freimauer&)* lonca
**Logik** F ⟨-; *ohne pl*⟩ mantık
**logisch** ADJ mantıklı, mantıki; *umg* **(das ist doch) ~!** gayet tabii! **&erweise** ADV mantıklı/mantıki olarak
**Logo** M,N ⟨-s; -s⟩ amblem
**Logopäd|e** M ⟨-n; -n⟩ logopedist **~ie** F ⟨-; *ohne pl*⟩ logopedi **~in** F ⟨-; -nen⟩ logopedist (kadın)
**Lohn** M ⟨-s; ⁼e⟩ ücret; *fig* ödül, mükâfat **~ausfall** M ücret kaybı **~ausgleich** M ücret denkleştirmesi; **bei vollem ~** ücretten kesinti yapılmadan **~buchhalter(in)** M/F muhasip **~empfänger(in)** M/F ücret alan, ücretli
**lohnen** ⟨h.⟩ A *sich* **~** -e değmek; **es (die Mühe) lohnt sich** buna (zahmete) değer; **das Buch (der Film) lohnt sich** kitap okunmaya (film seyredilmeye) değer B V/T: **j-m etw schlecht ~** b-ne hakkettiği bş-i vermemek; **die Mühe (e-n Besuch) ~** zahmete (bir gitmeye) değer
**lohnend** ADJ (yap)maya değer; *fig* kazançlı, kârlı
**Lohn|erhöhung** F ücret artışı **~forderung** F ücret talebi **~fortzahlung** F ücret ödemesinin devamı **~gruppe** F ücret sınıfı **&intensiv** ADJ ücret-yoğun **~kosten** PL ücretlerin maliyeti *sg*; işçilik maliyeti *sg* **~kürzung** F ücret azaltımı **~nebenkosten** PL dolaylı işçilik maliyeti *sg* **~-Preis-Spirale** F ücret-fiyat helezonu **~runde** F ücret pazarlığı **~steuer** F ücret vergisi **~steuerjahresausgleich** M ⟨-s; -e⟩ yıllık ücret vergisi denkleştirimi **~steuerkarte** F ücret vergisi kartı **~stopp** M ücretlerin dondurulması **~tarif** M ücret tarifesi
**Loipe** ['loypə] F ⟨-; -n⟩ skiyle kar yürüyüşü pisti
**Lok** F ⟨-; -s⟩ BAHN *umg* lokomotif
**lokal** ADJ yerel
**Lokal** N ⟨-s; -e⟩ *(Gaststätte)* lokanta, restoran; *(Vereins&)* lokal
**Lokal|anästhesie** F lokal anestezi **~blatt** N yerel gazete **~fernsehen** N yerel televizyon
**lokalisieren** V/T ⟨*ohne ge-, h.*⟩ MED **(auf** *akk)* -in yerini (... olarak) saptamak; lokalize etmek
**Lokal|kolorit** N yerel atmosfer **~presse** F yerel basın **~termin** M JUR (yerinde) keşif **~verbot** N -e girme yasağı
**Lokführer** m *umg* makinist
**Lokomotiv|e** [-v-] F ⟨-; -n⟩ lokomotif **~führer** M makinist
**Lombard|kredit** M lombart kredisi, teminatlı kredi **~satz** M lombart haddi
**Lorbeer** M ⟨-s; -en⟩ BOT defne; *pl fig* ün; **sich auf s-n ~en ausruhen** meşhur olduktan sonra tembelleşmek **~blatt** N GASTR defne yaprağı
**los** A ADJ *(ab, fort)* ayrılmış, kopmuş; *Hund* serbest; **~ sein** -den kurtulmuş olmak; **was ist ~?** ne oldu?, *umg* ne var?; *(geschieht)* (burada) ne(ler) oluyor?; **hier ist nicht viel ~** burada pek bir şey olmuyor/yok; *umg* **da ist was ~!** hareket/hayat işte orada; **mit ihm ist nicht viel ~** ondan pek hayır yok B ADV *umg* **also ~!** haydi, gidelim!
**Los** N ⟨-es; -e⟩ kura; *fig* kader, talih; *(Lotterie&)* piyango bileti; *(Schicksal)* kader; **das große ~** büyük ikramiye; **ein ~ ziehen** kura çekmek; **ein schweres ~** kötü kader
**losbinden** V/T ⟨*irr, -ge-, h.*⟩ -in bağ(lar)ını çözmek
**losbrechen** ⟨*irr, -ge-*⟩ A V/T ⟨*h.*⟩ koparmak, kırıp ayırmak B V/I ⟨*s.*⟩ *Sturm* çıkmak; *Gelächter* boşanmak
**löschen**[1] V/T ⟨*h.*⟩ *Feuer* söndürmek; *Durst* gidermek; *Aufnahme, Daten* silmek; *Kalk* söndürmek
**löschen**[2] V/T ⟨*h.*⟩ SCHIFF boşaltmak
**Lösch|fahrzeug** N itfaiye/söndürme aracı **~gerät** N yangın söndürücü(sü) **~papier** N kurutma kağıdı **~taste** F silme tuşu

## LOSE | 798

**lose** ADJ gevşek; (*unverpackt*) açık; (*gelöst*) çözük; (*leichtfertig*) hafifmeşrep
**Lösegeld** N fidye, kurtulmalık
**loseisen** umg ⟨-ge-, h.⟩ A VIT: **j-n ~** (von dat) b-ni (-den) çekip almak B V/R: **sich ~** (von dat -den) yakayı kurtarmak
**losen** V/I ⟨h.⟩ (um için) kura çekmek
**lösen** ⟨h.⟩ A V/T Knoten, Rätsel, Problem çözmek; (*lockern*) gevşetmek; *Bremse* salmak; (*ab~*) çıkarmak; *Karte* (satın) almak; (*auf~*) a. CHEM eritmek B V/R: **sich ~** çözülmek; fig von -den) kurtulmak; gevşemek; CHEM erimek
**los|fahren** V/I ⟨irr, -ge-, s.⟩ yola çıkmak; ayrılmak **~gehen** V/I ⟨irr, -ge-, s.⟩ ayrılmak, gitmek; (*beginnen*) başlamak; *Schuss* ateşlenmek, patlamak; **auf j-n ~** b-nin üstüne yürümek; **ich gehe jetzt los** ben şimdi gidiyorum **~heulen** V/I ⟨-ge-, h.⟩ umg hüngürdemeye başlamak **~kommen** V/I ⟨irr, -ge-, s.⟩ (von -den) kurtulmak **~lassen** V/T ⟨irr, -ge-, h.⟩ bırakmak, salmak, salıvermek; **den Hund ~ auf** (akk) köpeği -in üzerine salmak; umg fig **j-n auf die Menschheit ~** tecrübesiz birine önemli bir görev vermek; **die Idee lässt mich nicht (mehr) los** bu fikir (artık) bana rahat vermiyor **~legen** V/I ⟨-ge-, h.⟩ umg hemen -meye koyulmak
**löslich** ADJ CHEM çözünür, çözülür
**los|machen** ⟨-ge-, h.⟩ A V/T çözmek; *-in* düğümünü çözmek; *Segel* fora etmek B V/R: **sich ~** (von dat -den) kurtulmak, kendini kurtarmak **~rasen** V/I ⟨-ge-, s.⟩ çılgınca bir hızla arabayla yola çıkmak **~reißen** V/R ⟨irr, -ge-, h.⟩: **sich ~** (von -den) çekip koparmak; zorla ayırmak **~rennen** V/I ⟨irr, -ge-, s.⟩ hızla koşmaya başlamak **~sagen** V/R ⟨-ge-, h.⟩: **sich ~ von** (dat) -den ayrılmak, -e sırt çevirmek **~schießen** V/I ⟨irr, -ge-, h.⟩ umg (*losrennen*) hızla koşmaya başlamak; (*reden*) **schieß los!** durma, söyle! **~schlagen** V/I ⟨irr, -ge-, h.⟩ MIL çarpışmaya başlamak **~schnallen** V/R ⟨-ge-, h.⟩: **sich ~** (kendi) emniyet kemerini çözmek **~schrauben** V/T ⟨-ge-, h.⟩ çevirerek açmak; *-in* vidasını sökmek **~steuern** V/I ⟨-ge-, s.⟩ (auf akk) dosdoğru -in üstüne gitmek
**Losung** F ⟨-; -en⟩ MIL parola; POL düstur, şiar

**Lösung** F ⟨-; -en⟩ çözüm; CHEM çözelti, solüsyon **~smittel** N CHEM çözücü (madde) **~swort** N bulmacanın çözümü olan kelime
**los|werden** V/T ⟨irr, -ge-, s.⟩ -den kurtulmak; **ich werde das Gefühl nicht los, dass …** -diği duygusunu üstümden atamıyorum; *Geld* harcamak; (*verlieren*) kaybetmek **~ziehen** V/I ⟨irr, -ge-, s.⟩ yola çıkmak; fig **~ gegen** (akk) ile mücadeleye çıkmak
**Lot** N ⟨-s; -e⟩ MATH dikey; **im ~ sein** doğru dürüst olmak; **etw wieder ins ~ bringen** bş-i tekrar yoluna koymak; (*Blei*⚓) şakül; (*Lötmetall*) lehim
**löten** V/T ⟨h.⟩ lehimlemek
**Lotion** [lo'tsĭo:n] F ⟨-; -en⟩ losyon
**Lötkolben** M havya
**Lotse** M ⟨-n; -n⟩ SCHIFF kılavuz
**lotsen** V/T ⟨h.⟩ SCHIFF E kılavuzluk etmek; umg fig **j-n ~** (*durch*, in akk) b-ne -in yol(unu) göstermek **2dienst** M SCHIFF kılavuz istasyonu; AUTO kılavuzluk hizmeti
**Lotterie** F ⟨-; -n⟩ piyango **~gewinn** M ikramiye **~los** N piyango bileti **~spiel** N piyango (bileti alma); fig şans işi
**Lotto** N ⟨-s; -s⟩ loto; (*im*) **~ spielen** loto oynamak **~annahmestelle** F loto bayii **~schein** M loto kuponu **~ziehung** F loto çekilişi
**Löwe** M ⟨-n; -n⟩ aslan; **er ist (ein) ~** o aslan burcundan, onun burcu aslan
**Löwen|anteil** M aslan payı **~mähne** F aslan yelesi **~maul** N ⟨-s; ohne pl⟩ BOT aslanağzı **~zahn** M ⟨-s; ohne pl⟩ BOT kara hindiba
**Löwin** F ⟨-; -nen⟩ (dişi) aslan; aslan burcundan olan (kadın)
**loyal** [loa'ja:l] ADJ sadık **2ität** F ⟨-; -en⟩ sadakat
**ltd.** abk für **leitend** baş- (yönetmen vs)
**Luchs** [luks] M ⟨-es; -e⟩ vaşak
**Lücke** F ⟨-; -n⟩ boşluk, eksiklik
**Lücken|büßer** M ⟨-s; -⟩ bir eksikliği gideren **2haft** ADJ eksik(li), noksan **2los** ADJ fig eksiksiz, tam
**Luft** F ⟨-; ⸚e⟩ hava; **an der frischen ~** açık havada; **an die frische ~ gehen** dışarıya çıkmak; **die ~ ablassen aus** -*in* havasını boşaltmak; (*frische*) **~ schöp-**

fen (temiz) hava almak; **(tief) ~ holen** (derin) nefes almak; *fig* **sich in ~ auflösen** sırra kadem basmak; **j-n wie ~ behandeln** b-ni görmezden gelmek; **(völlig) aus der ~ gegriffen sein** tamamen hayal mahsulü olmak; *umg* **mir blieb die ~ weg** *vor Schreck* yüreğim ağzıma geldi; *umg fig* **in die ~ gehen** küplere binmek; *fig* **in der ~ hängen** henüz kesinleşmemiş olmak; **sich** (*dat*) **~ machen** bağırıp *vs* rahatlamak; **in die ~ fliegen** havaya uçmak; **in die ~ sprengen** havaya uçurmak
**Luft|abwehr** F uçaksavar **~angriff** M hava saldırısı **~aufnahme** F havadan çekilmiş fotoğraf **~ballon** M balon **~blase** F hava kabarcığı **~brücke** F hava köprüsü ²**dicht** ADJ hava geçirmez/kaçırmaz **~druck** M PHYS, TECH hava basıncı ²**durchlässig** ADJ hava geçiren
**lüften** V/T ⟨h.⟩ havalandırmak; hava vermek; *Geheimnis* açığa vurmak, ifşa etmek
**Lüfter** M ⟨-s; -⟩ TECH aspiratör, vantilatör
**Luftfahrt** F ⟨-; *ohne pl*⟩ havacılık **~gesellschaft** F havayolu **~industrie** F uçak sanayii
**Luft|fahrzeug** N hava taşıtı **~feuchtigkeit** F hava rutubeti **~filter** N, M TECH hava filtresi **~fracht** F (uçak) kargo(su) **~frachtbrief** M hava irsaliyesi ²**gekühlt** ADJ hava soğutmalı ²**getrocknet** ADJ *Wurst etc* havada kurutulmuş **~gewehr** N hava tüfeği **~hoheit** F ⟨-; *ohne pl*⟩ hava hükümranlığı
**luftig** ADJ havalı; *Plätzchen* havadar; *Kleid* ince
**Luft|kammer** F TECH hava odacığı **~kissenfahrzeug** N hava yastıklı taşıt, hoverkraft ²**krank** ADJ uçak tutmuş **~krankheit** F ⟨-; *ohne pl*⟩ uçak tutması **~kurort** M güzel havalı dinlenme ve tedavi yeri **~landetruppen** PL paraşütçü birlikleri ²**leer** ADJ: **~er Raum** boşluk, havasız yer **~linie** F: **50 km ~** kuş uçuşu 50 km **~loch** N hava(landırma) deliği; FLUG hava boşluğu **~mangel** M ⟨-s; *ohne pl*⟩ hava/oksijen yetersizliği **~matratze** F şişirme yatak **~pirat** M hava korsanı **~post** F uçak postası; **per ~** uçak ile **~postbrief** M uçak (postası) mektubu **~pumpe** F hava pompası **~raum** M hava sahası **~rettungsdienst** M *uçakla/helikopterle kurtarma servisi* **~röhre** F ANAT nefes borusu **~sack** M ZOOL hava kesesi **~schraube** F FLUG pervane
**Luftschutz|raum** M sığınak **~übung** F sivil savunma tatbikatı
**Luft|spiegelung** F serap **~streitkräfte** PL hava kuvvetleri **~strom** M, **~strömung** F hava akımı **~stützpunkt** M MIL hava üssü **~temperatur** F hava sıcaklığı **~transport** M hava taşımacılığı
**Lüftung** F ⟨-; -en⟩ havalandırma
**Luft|veränderung** F hava değişimi **~verkehr** M hava trafiği **~verkehrsgesellschaft** F havayolu (şirketi) **~verschmutzung** F hava kirlenmesi/kirliliği **~waffe** F MIL hava kuvvetleri *pl* **~weg** M: **auf dem ~** hava yoluyla **~wege** PL ANAT solunum sistemi *sg* **~widerstand** M FLUG, TECH hava direnci **~zufuhr** F hava girişi **~zug** M (hava) cereyan(ı), kurander
**Lüge** F ⟨-; -n⟩ yalan
**lügen** ⟨log, gelogen, *h.*⟩ **A** V/I yalan söylemek **B** V/T: **das ist gelogen** bu yalan
**Lügendetektor** M yalan makinası
**Lügengeschichte** F yalan/asılsız hikâye
**Lügner** M ⟨-s; -⟩, **-in** F ⟨-; -nen⟩ yalancı
**Luke** F ⟨-; -n⟩ lombar; (*Dach²*) çatı deliği
**lukrativ** [-f] ADJ kârlı
**Lümmel** M ⟨-s; -⟩ kaba, utanmaz (kişi)
**lumpen** V/T ⟨h.⟩ *umg*: **sich nicht ~ lassen** bonkörlük etmek
**Lumpen** M ⟨-s; -⟩ paçavra
**Lunchpaket** [lanʃpaˈkeːt] N öğle yemeği paketi
**Lunge** F ⟨-; -n⟩ akciğer; *fig* **die grüne ~ e-r Stadt** (*Grünanlage*) bir şehrin akciğerleri (*od* nefes aldığı yer)
**Lungen|entzündung** F MED zatürree **~flügel** M ANAT akciğer kanadı ²**krank** ADJ akciğer hastası **~krebs** M MED akciğer kanseri **~tuberkulose** F akciğer veremi

**lungern** $\overline{VI}$ ⟨h.⟩ boş durmak, tembel tembel oturmak
**Lupe** $\overline{F}$ ⟨-; -n⟩ büyüteç; *fig* **unter die ~ nehmen** daha yakından incelemek
**lupenrein** ADJ *Diamant* saf, kusursuz; *umg fig* (*Erklärung etc*) hiç açık vermeyen
**Lupine** $\overline{F}$ ⟨-; -n⟩ BOT acıbakla
**Lust** $\overline{F}$ ⟨-; *ohne pl*⟩ (*Verlangen*) istek; (*Interesse*) ilgi; (*sexuelle Begierde*) (cinsel) arzu; **~ haben auf** (*akk* -in) -i canı istemek; **~ etw zu tun** -in bş yapmayı canı istemek; **hättest du ~ auszugehen?** dışarı çıkmak ister miydin?; **ich habe keine ~** canım istemiyor, neşem yok; **j-m die ~ nehmen an** (*dat*) b-nin neşesini kaçırmak; **er hat die Lust verloren** (**an** *dat*) (…) hevesi kaçtı; (*Vergnügen*) keyif, zevk; **etw mit ~ und Liebe tun** bş-i zevk alarak ve sevgiyle yapmak
**lustbetont** ADJ (*Verhalten*) keyif yanı ağır basan; (*Person*) zevke düşkün
**Lüsterklemme** ELEK klemens bağlantısı
**Lustgefühl** $\overline{N}$ zevk (duygusu), keyif
**lustig** ADJ eğlenceli; (*fröhlich*) neşeli; **er ist sehr ~** o çok neşeli bir insan; **es war sehr ~** çok eğlenceliydi; **sich ~ machen über** (*akk*) ile alay etmek
**Lüstling** $\overline{M}$ ⟨-s; -e⟩ şehvet düşkünü
**lustlos** ADJ neşesiz, keyifsiz
**Lust|molch** $\overline{M}$ *umg* şehvet düşkünü **~mord** $\overline{M}$ şehvet cinayeti **~objekt** $\overline{N}$ *şehvet nesnesi* **~spiel** $\overline{N}$ komedi
**lutschen** ⟨h.⟩ **A** $\overline{VI}$ (**an** *dat*) -i emmek **B** $\overline{VT}$ ağızda eritmek
**Lutscher** $\overline{M}$ ⟨-s; -⟩ horozşekeri
**Luv|seite** [lu:f-] $\overline{F}$ rüzgâr tarafı, orsa **♀wärts** ADV SCHIFF rüzgârüstüne
**luxuriös** ADJ lüks
**Luxus** $\overline{M}$ ⟨-; *ohne pl*⟩ lüks **~artikel** $\overline{M}$ lüks eşya/mal **~ausführung** $\overline{F}$ lüks model **~hotel** $\overline{N}$ lüks otel **~restaurant** $\overline{N}$ lüks lokanta **~wagen** $\overline{M}$ lüks araba
**Lymph|drüse** $\overline{F}$ ANAT lenf bezi **~e** $\overline{F}$ ⟨-; -n⟩ BIOL lenf, akkan; *Impfstoff* aşı maddesi **~gefäß** $\overline{N}$ lenf damarı **~knoten** $\overline{M}$ lenf boğumu
**lynchen** ['lynç(ə)n] $\overline{VT}$ ⟨h.⟩ linç etmek
**Lyrik** $\overline{F}$ ⟨-; *ohne pl*⟩ şiir; lirik şiir
**Lyriker** $\overline{M}$ ⟨-s; -⟩, **-in** $\overline{F}$ ⟨-; -nen⟩ şair
**lyrisch** ADJ lirik, şiirsel

# M

**m, M** [ɛm] $\overline{N}$ ⟨-; -⟩ m, M
**Machart** $\overline{F}$ ⟨-; -en⟩ ⟨-in⟩ yapılış biçimi
**machbar** ADJ yapılabilir
**machen** **A** $\overline{VT}$ ⟨h.⟩ (*tun*) yapmak; (*herstellen*) imal etmek; (*verursachen*) -e yol açmak; *Essen* hazırlamak; (*in Ordnung bringen*) düzeltmek; (*reparieren*) tamir etmek; (*ausmachen, betragen*) etmek; *Prüfung* -e girmek; (*bestehen*) kazanmak; *Reise, Ausflug* -e çıkmak, gitmek; **etw ~ aus** (*dat*) bş-i bş yapmak; **j-n zum Abteilungsleiter ~** b-ni bölüm şefi yapmak; **gut gemacht!** iyi yaptın(ız)!, iyi oldu!; *Hausaufgaben* **~** ev ödevi yapmak; **da (-gegen) kann man nichts ~** yapılacak bir şey yok; **mach, was du willst!** istediğini yap!; (*nun*) **mach mal** (*od* **schon**)**!** haydi; **machs gut!** hoşça kal, eyvallah; (*das*) **macht nichts** fark etmez; **mach dir nichts d(a)raus!** buna aldırış etme; **was** (*od* **wie viel**) **macht das?** bunun fiyatı ne kadar?; **sich etw ~ aus** (*für wichtig halten*) bş-i önemsemek; (*mögen*) bş-den hoşlanmak; **sich nichts ~ aus** (*für unwichtig halten*) bş-i önemsememek; (*nicht mögen*) bş-den hoşlanmamak **B** $\overline{VR}$: **sich ~** gelişmek, olmak; *umg* **wie macht sich der Neue?** yeni adam nasıl?; **sich an die Arbeit ~** işe girişmek; **sich an etw ~** bş-e girişmek **C** $\overline{VI}$ *umg* **mach, dass du fortkommst!** toz olmaya bak!; **das lässt sich machen** bu mümkün, yapıl(abil)ir
**Machenschaften** PL karanlık işler, entrika(lar)
**Macher** $\overline{M}$ ⟨-s; -⟩, **-in** $\overline{F}$ ⟨-; -nen⟩ yapan, yapıcı
**Macho** ['matʃo] $\overline{M}$ ⟨-s; -s⟩ *umg* maço
**Macht** $\overline{F}$ ⟨-; -̈e⟩ kuvvet, güç; kudret; **an der ~ sein** iktidarda bulunmak; **an die ~ kommen** (*od* **gelangen**) iktidara gelmek/gelmek; **es steht nicht in meiner ~** benim elimde (olan bir şey) değil; **mit aller ~** bütün kuvvetiyle **~apparat** $\overline{M}$ iktidar organları *pl* **~befugnis** $\overline{F}$ yetki **~ergreifung** $\overline{F}$ Nazilerin

*1933'te iktidara gelişi* **²gierig** ADJ iktidar hırslı **~haber** M ⟨-s; -⟩ iktidar sahibi; zorba, müstebit
**mächtig** A ADJ kuvvetli, güçlü; *(bedeutend)* önemli; *(riesig)* devasa B ADV *umg* pek, son derece; *umg* **~ gewachsen sein** olağanüstü büyümüş olmak
**Macht|kampf** M iktidar mücadelesi **²los** ADJ güçsüz, elinden bir şey gelmeyen **~missbrauch** M gücü/iktidarı kötüye kullanma **~politik** F tahakküm politikası **~übernahme** F iktidarı ele alma **~wechsel** M iktidar değişikliği
**Macke** F ⟨-; -n⟩ *umg*: **e-e ~ haben** *Gerät -in* kusuru olmak/var; *Person -in* aklından zoru olmak
**Mädchen** ⟨-s; -⟩ kız; *(Dienst²)* hizmetçi kız; **~ für alles** her işi üzerine alan kimse **²haft** ADJ gençkız gibi **~name** M *e-r Frau* kızlık soyadı
**Made** F ⟨-; -n⟩ kurtçuk; *umg* **wie die ~ im Speck leben** bir eli yağda bir eli balda olmak
**madig** ADJ *umg*: **j-m etw ~ machen** b-ni bş-den soğutmak/tiksindirmek
**Madonna** F ⟨-; Madonnen⟩ Meryem Ana, Madonna
**Mafi|a** F ⟨-; -s⟩ mafya **~oso** M ⟨-(s); Mafiosi⟩ mafya mensubu
**Magazin** N ⟨-s; -e⟩ dergi, magazin; *e-r Waffe* şarjör
**Magen** M ⟨-s; ⸚⟩ mide; *Bauch* karın; *umg* **j-m schwer im ~ liegen** *fig -i* hazmedememek; **sich** *(dat)* **den ~ verderben** midesini bozmak **~beschwerden** PL: **~ haben** *(-in)* midesinden şikayeti olmak/var **~-Darm-Infektion** F MED gastroenterit **~geschwür** N MED mide ülseri **²krank** ADJ: **~ sein** midesinden hasta olmak **~krebs** M MED mide kanseri **~leiden** N mide hastalığı **~säure** F MED mide asidi **~schleimhautentzündung** F gastrit **~schmerzen** PL mide ağrısı *sg* **~verstimmung** F mide fesadı
**mager** ADJ *Körper(teil)* zayıf, çelimsiz; *Käse, Fleisch* yağsız, az yağlı; *fig Gewinn, Ernte* kıt **²milch** F yağsız (az yağlı) süt **²sucht** F ⟨-; *ohne pl*⟩ MED anoreksi
**Mag|ie** F ⟨-; *ohne pl*⟩ sihir, büyü **~ier** [-i̯ɐ] M ⟨-s; -⟩ sihirbaz, büyücü **²isch** ADJ sihirli, büyülü
**Magister** M ⟨-s; -⟩: **~ Artium** master/li-

sansüstü (derecesi) (insan bilimlerinde)
**Magnesium** N ⟨-s; *ohne pl*⟩ CHEM magnezyum
**Magnet** M ⟨-en; -en⟩ mıknatıs **~band** N ⟨-(e)s; ⸚er⟩ manyetik bant, teyp bandı **²isch** ADJ manyetik, mıknatıslı **²isieren** VT ⟨*ohne ge-, h.*⟩ mıknatıslamak; *Behandlung* manyetize etmek **~ismus** M ⟨-; *ohne pl*⟩ manyetizm(a) **~karte** F mıknatıslı kart **~platte** F manyetik disk **~streifen** M manyetik şerit
**Magnolie** [-li̯ə] F ⟨-; -n⟩ manolya
**Mähdrescher** M biçerdöver
**mähen** VT ⟨*h.*⟩ biçmek *(ekin, ot)*
**mahlen** VT ⟨mahlte, gemahlen, *h.*⟩ öğütmek; *Kaffee a.* çekmek; **gemahlener Pfeffer** toz/çekilmiş karabiber
**Mahlzeit** F ⟨-; -en⟩ yemek, öğün; **~!** *umg* afiyet olsun
**Mähmaschine** F biçme makinası
**Mahn|bescheid** M uyarı yazısı **²en** VT ⟨*h.*⟩ uyarmak, ihtar etmek **~gebühr** F ihtar ücreti **~mal** N hatırlatarak uyarma amacı taşıyan anıt **~schreiben** N ⟨-; -⟩ WIRTSCH ihtarname **~ung** F ⟨-; -en⟩ ihtar, uyarma; *Brief* ihtarname **~wache** F susma eylemli protesto yürüyüşü
**Mai** M ⟨-s; -e⟩ mayıs; **im ~** mayısta; **der Erste ~** Bir Mayıs **~baum** M köylerde bahar şenliklerinde dikilen süslü direk **~feier** F 1 Mayıs işçi bayramı töreni **~glöckchen** N ⟨-s; -⟩ BOT müge (çiçeği) **~käfer** M mayısböceği
**Mail|box** ['me:lbɔks] F ⟨-; -en⟩ IT e-posta kutusu **~ing** ['me:lɪŋ] N ⟨-(s)⟩ postayla reklam dağıtımı
**Mais** M ⟨-es; -⟩ mısır **~(keim)öl** N mısırözü yağı **~kolben** M mısır koçanı **~mehl** N mısır unu
**Maisonette** [mɛzɔ'nɛt] F ⟨-; -s⟩ dupleks, tripleks (daire)
**majestätisch** ADJ heybetli; görkemli
**Major** [ma'jo:ɐ] M ⟨-s; -e⟩ MIL binbaşı
**Majoran** M ⟨-s; -e⟩ mercanköşk
**makaber** ADJ kara, ölümü çağrıştıran
**Makel** M ⟨-s; -⟩ kusur **²los** ADJ kusursuz
**mäkeln** VI ⟨*h.*⟩: **~ an** *(dat)* -den memnunsuzluğunu belirtmek
**Make-up** [me:k'|ap] N ⟨-s; -s⟩ makyaj

**Makkaroni** PL düdük makarnası sg
**Makler** M ⟨-s; -⟩ komisyoncu, simsar; (*Immobilien*2) emlakçı; (*Börsen*2) borsa komisyoncusu **~gebühr** F komisyon (ücreti); simsarlık
**Makrele** F ⟨-; -n⟩ palamut (balığı)
**Makro** M ⟨-s; -s⟩ IT makro
**Makrone** F ⟨-; -n⟩ bademli çörek
**mal** ADV MATH çarpı, kere; *umg* → einmal; **12 ~ 5 ist (gleich) 60** 12 kere 5 60 eder (*od* eşit 60); **ein 7 Meter ~ 4 Meter großes Zimmer** 7 çarpı 4 (*od* 7'ye 4) metre büyüklüğünde bir oda
**Mal**[1] N ⟨-s; -e⟩ kez, kere, defa; **ein anderes ~** başka bir sefer; **ein für alle ~** ilk ve son kez olarak; **mit e-m ~** ansızın, birdenbire; **zum ersten (letzten) ~** ilk (son) defa olarak
**Mal**[2] N ⟨-s; -e⟩ (*Zeichen*) işaret; (*Mutter*2) ben
**Malaria** F ⟨-; *ohne pl*⟩ MED sıtma
**mal|en** VT ⟨h.⟩ (*streichen*) boyamak; **(ein Bild) ~** resim yapmak; **etw/j-n ~** b-nin/bş-in resmini yapmak **2er** M ⟨-s; -⟩ boyacı, badanacı; (*Kunst*2) ressam **2erei** F ⟨-; -en⟩ ressamlık; (*Bild*) resim **2erin** F ⟨-; -nen⟩ ressam (kadın) **~erisch** ADJ *fig* pitoresk; rengârenk
**malnehmen** VT ⟨*irr*, -ge-, *h.*⟩ MATH çarpmak
**Malta** N Malta
**Malve** ['malvə] F ⟨-; -n⟩ BOT ebegümeci
**Malz** N ⟨-es⟩ malt **~bier** N malt birası
**Mama** F ⟨-; -s⟩ anne; anneciğim (*Anrede*)
**Mammografie** F ⟨-; -n⟩ MED mamografi
**man** INDEF PR insan, kişi, herkes; **~ hat mir gesagt** duydum ki; **~ sagt, dass** söylenir ki; **wie schreibt ~ das?** bu nasıl yazılır?
**Manag|ement** ['mɛnɪdʒmənt] N ⟨-s; -s⟩ yönetim, idare; WIRTSCH işletme yönetimi **2en** VT ⟨h.⟩ yönetmek, idare etmek; (*zustande bringen*) başarmak; *umg* becermek **~er** M ⟨-s; -⟩, **-in** F ⟨-; -nen⟩ müdür, yönetmen, idareci; *e-s Sportlers od Künstlers* menecer **~erkrankheit** F stres hastalığı
**manch** INDEF PR: **~ eine(r)** bazısı, kimisi; **so ~e (~er, ~es)** bir nice
**manch|e** ADJ bazı, kimi; *pl* bazıları, kimileri **~erlei** ADJ çeşit çeşit **~mal** ADV bazen, kimi zaman
**Mandant** M ⟨-en; -en⟩, **-in** F ⟨-; -nen⟩ JUR müvekkil
**Mandarine** F ⟨-; -n⟩ mandalin(a)
**Mandat** N ⟨-s; -e⟩ vekâlet; POL milletvekilliği; **sein ~ niederlegen** milletvekilliğinden istifa etmek
**Mandel** F ⟨-; -n⟩ BOT badem; ANAT bademcik **~entzündung** F MED bademcik iltihabı
**Mandoline** F ⟨-; -n⟩ MUS mandolin
**Manege** [ma'neːʒə] F ⟨-; -n⟩ manej
**Mangel** M ⟨-s; ⸚⟩ (*Fehlen*) eksik(lik), noksan; (*Knappheit*) kıtlık, darlık; TECH hata; **aus ~ an ...** ... yetersizliğinden **~beruf** M rağbet görmeyen meslek **~erscheinung** F MED yetersizlik semptomu **2haft** ADJ yetersiz, eksik, kusurlu
**Mängelhaftung** F WIRTSCH kusurlardan sorumluluk
**mangeln**[1] VT ⟨h.⟩: **es mangelt ihm an ...** (*dat*) onda ... eksik; **~des Selbstvertrauen** kendine güvensizlik
**mangeln**[2] VT ⟨h.⟩ *Wäsche* cendereden geçirmek
**Mängelrüge** F JUR ayıpların ihbarı
**mangels** PRÄP ⟨...⟩ yetersizliğinden, ... bulunmadığı için
**Mangelware** F nadir mal
**Mango** M ['maŋo] F ⟨-; -s⟩ mango
**Manie** F ⟨-; -n⟩ mani
**Manieren** [ma'niːrən] PL davranış töresi *sg*; **gute** görgü *sg*, terbiye *sg*
**Manifest** N ⟨-s; -e⟩ POL manifesto, bildirge **2ieren** VT ⟨*ohne ge-*, *h.*⟩ belirtmek, açıklamak
**Maniküre** F ⟨-; -n⟩ manikür **2en** VT & VT ⟨*ohne ge-*, *h.*⟩ *-e* manikür yapmak
**Manipul|ation** F ⟨-; -en⟩ yönlendir(il)me; kullanış, yönlet(il)me **2ieren** VT ⟨*ohne ge-*, *h.*⟩ (*beeinflussen*) yönlendirmek, manipüle etmek, kurcalamak; (*lenken*) yönetmek, *-e* (*handhaben*) kullanmak; **manipulierte Wahl** şaibeli, hile karıştırılmış seçim
**manisch** ADJ manik **~-depressiv** ADJ manik depresif
**Manko** N ⟨-s; -s⟩ WIRTSCH (*Fehlbetrag*) açık, eksik, noksan; *fig* dezavantaj
**Mann** M ⟨-s; ⸚er⟩ erkek; (*Ehe*2) koca, **mein ~** eşim, kocam

**Männchen** N ⟨-s; -⟩ ZOOL erkek (hayvan)
**Mannequin** ['manəkē] N ⟨-s; -s⟩ manken (kadın)
**männerfeindlich** ADJ erkek düşmanı
**mannigfaltig** ADJ çok çeşitli
**männlich** ADJ BIOL erkek; GRAM eril; *Eigenschaften* erkekçe, yiğitçe **♀keit** F ⟨-; *ohne pl*⟩ erkeklik
**Mannschaft** F ⟨-; -en⟩ SPORT takım; FLUG mürettebat; SCHIFF tayfa
**Mannschafts|aufstellung** F takım düzme **~führer(in)** M(F) takım başkanı **~geist** M ⟨-s; *ohne pl*⟩ takım ruhu **~kapitän** M takım kaptanı **~sport** M takım sporu **~wagen** M ekip arabası **~wertung** F takım değerlendirmesi **~wettbewerb** M takım yarışması
**Manometer** N ⟨-s; -⟩ TECH manometre
**Manöver** [ma'nø:ve] N ⟨-s; -⟩ manevra; MIL tatbikat
**manövrier|en** [-v-] V/I ⟨*ohne ge-, h.*⟩ manevra yapmak **~unfähig** ADJ manevra yapamayacak halde (*gemi*)
**Mansarde** F ⟨-; -n⟩ çatı odası
**manschen** V/I ⟨*h.*⟩ *umg* bulamak, karıştırmak
**Manschette** F ⟨-; -n⟩ kolluk, manşet
**Manschettenknopf** M kol düğmesi
**Mantel** M ⟨-s; ⸚⟩ palto, pardesü; (*Damen♀*) manto
**Manteltarif** M WIRTSCH toplu sözleşme şartları/koşulları **~vertrag** M toplu sözleşme
**manuell** ADJ manüel, elle (yapılan)
**Manuskript** N ⟨-s; -e⟩ yazma, el yazması; (*Notizen*) not(lar)
**Mappe** F ⟨-; -n⟩ (*Aktentasche*) evrak çantası; (*Aktendeckel*) dosya
**Marathon** M ⟨-s; -s⟩ maraton
**Märchen** N ⟨-s; -⟩ masal **~buch** N masal kitabı **♀haft** ADJ *umg* masallardaki gibi **~land** masal diyarı **~welt** F masal dünyası
**Marder** M ⟨-s; -⟩ sansar
**Margarine** F ⟨-; -⟩ margarin
**Marienkäfer** [ma'ri:ən-] M hanımböceği
**Marihuana** [mari'hŭa:na] N ⟨-s; *ohne pl*⟩ marihuana, *umg* ot
**Marinade** F ⟨-; -n⟩ salamura
**Marine** F ⟨-; -n⟩ MIL deniz kuvvetleri

**~stützpunkt** M deniz üssü
**marinieren** V/T ⟨*ohne ge-, h.*⟩ salamuraya yatırmak
**Marionette** F ⟨-; -n⟩ kukla
**Marionetten|regierung** F kukla hükümet **~spiel** N kukla tiyatrosu
**maritim** ADJ deniz(cilik) *subst*
**Mark**¹ F ⟨-; -⟩ mark, Alman markı
**Mark**² N ⟨-s; *ohne pl*⟩ (*Knochen♀*) ilik; (*Frucht♀*) meyvanın etli kısmı
**Marke** F ⟨-; -n⟩ marka; (*Brief♀*) pul; (*Erkennungs♀*) simge; (*Zeichen*) işaret
**Marken|artikel** M marka malı **~bewusstsein** N markalı mallara eğilim **~erzeugnis** N markalı ürün **~image** N marka imajı **~treue** F markaya bağlılık **~zeichen** N alameti farika
**Marketing** N ⟨-s; *ohne pl*⟩ WIRTSCH pazarlama, marketing
**markier|en** V/T ⟨*ohne ge-, h.*⟩ (*kenntlich machen*) işaretlemek, markalamak; (*anzeigen*) ima etmek; *fig* ... rolü yapmak **♀ung** F ⟨-; -en⟩ işaret; ima
**Markise** F ⟨-; -n⟩ markiz (*tente*)
**Markt** M ⟨-s; ⸚e⟩ pazar, çarşı; (*~platz*) pazar yeri; **auf dem ~** piyasada; **auf den ~ bringen** piyasaya (satışa) çıkarmak **~analyse** F piyasa analizi **~anteil** M piyasa payı **♀beherrschend** ADJ piyasaya hakim **~bericht** M piyasa raporu/bülteni **~forschung** F piyasa araştırması, marketing **~führer** M piyasaya hakim şirket/mal **~halle** F hal (*toptancılık*) **~lücke** F piyasa boşluğu **~platz** M pazar yeri **~studie** F piyasa araştırması **~tag** M semt pazarı günü **~wert** M ⟨-s; *ohne pl*⟩ rayiç, sürüm değeri **~wirtschaft** F ⟨-; *ohne pl*⟩: **(freie) ~** (serbest) piyasa ekonomisi; **soziale ~** sosyal piyasa ekonomisi
**Marmelade** F ⟨-; -n⟩ marmelat
**Marmor** M ⟨-s; -e⟩ mermer
**Marokkan|er** M ⟨-s; -⟩, **-in** F ⟨-; -nen⟩ Faslı **♀isch** ADJ Fas(lı) *subst*
**Marokko** N ⟨-s; *ohne pl*⟩ Fas
**Marone** F ⟨-; -⟩ kestane
**Marotte** F ⟨-; -n⟩ garip merak
**marsch** INT marş!
**Marsch** M ⟨-s; ⸚e⟩ yürüyüş; MUS marş **~flugkörper** M MIL güdümlü füze (*ABD*) **♀ieren** V/I ⟨*ohne ge-, s.*⟩ yürümek **~ordnung** F MIL yürüyüş nizamı

**~route** F MIL yürüyüş güzergâhı; *fig* dışına çıkılmaması beklenen kurallar
**Martinshorn** N siren
**Märtyrer** M ⟨-s; -⟩ şehit; **sich zum ~ machen** kahraman olmak için ölmek
**Martyrium** N ⟨-s; Martyrien⟩ şehitlik
**Marxismus** M ⟨-; *ohne pl*⟩ POL marksizm **~ist** M ⟨-en; -en⟩ marksist **2istisch** ADJ marksist *subst*
**März** M ⟨-; -e⟩ mart; **im ~** martta
**Marzipan** N ⟨-s; -e⟩ badem ezmesi
**Masche** F ⟨-; -n⟩ (*Strick2*) ilmik; (*Netz2*) ağ gözü; *umg fig* hile, tertip
**Maschendraht** M tel örgü; kümes vs teli
**Maschine** F ⟨-; -n⟩ makina; *umg* (*Motor*) motor; (*Flugzeug*) uçak; (*Schreib2*) **mit der ~ schreiben** makinayla/daktilo(yla) yazmak; (*Näh2*) (dikiş) makina(sı); (*Wasch2*) (çamaşır) makina(sı)
**maschinell** A ADJ mekanik B ADV makina ile yapılan; **~ bearbeiten** IT elektronik olarak işlem görmek; **~ hergestellt** el değmeden imal edilmiş
**Maschinenbau** M ⟨-s; *ohne pl*⟩ makina mühendisliği **~bauingenieur** M makina mühendisi **~gewehr** N makinalı tüfek, mitralyöz **~pistole** F makinalı tabanca **~raum** M makina dairesi **~schaden** M makina/motor arızası **~schlosser** M tesviyeci **2waschbar** ADJ makinada yıkanabilir
**Maschinerie** F ⟨-; -n⟩ makinalar sistemi; mekanizma (*büyük*) **~ist** M ⟨-en; -en⟩ BAHN makinist
**Masern** PL MED kızamık *sg*
**Maserung** F ⟨-; -en⟩ damar, (ahşap) desen(i)
**Maske** F ⟨-; -n⟩ maske; THEAT makyaj; **die ~ fallen lassen** maskesini indirmek, gerçek yüzünü göstermek; **in der ~** maskeli
**Maskenball** M maskeli balo **~bildner** M ⟨-s; -⟩, **~bildnerin** F ⟨-; -nen⟩ makyajcı **2haft** ADJ kaskatı (*yüz*)
**Maskerade** F ⟨-; -n⟩ maskeli eğlence; kılık değiştirme
**maskieren** ⟨*ohne ge-, h.*⟩ VT maskelemek; *fig* örtmek **~iert** ADJ maskeli **2ierung** F ⟨-; -en⟩ maske(leme)
**Maskottchen** N ⟨-s; -⟩ maskot (*takı*)
**maskulin** ADJ erkeksi; GRAM eril **2um** N ⟨-s; Maskulina⟩ LING eril biçim

**Masochismus** M ⟨-; *ohne pl*⟩ mazoşizm **~ist** M ⟨-en; -en⟩, **-in** F ⟨-; -nen⟩ mazoşist **2istisch** ADJ mazoşist *subst*; mazoşistçe
**Maß**[1] M ⟨-es; -e⟩ (*~einheit*) ölçü, birim; (*~stab*) ölçek; **bei j-m ~ nehmen** b-nin ölçüsünü almak; *fig* **das ~ überschreiten** ölçüyü aşmak; **nach ~ (gemacht)** ısmarlama (yapılmış); **~e es** *Raumes etc* ölçü, boyut; **~e und Gewichte** uzunluk ve ağırlık ölçüleri; **in dem ~e, wie ...** (*-in*) -diği ölçüde; **in gewissem ~e** bir dereceye kadar; **in höchstem ~e** en üst derecede; **in zunehmendem ~e** (gittikçe) artan derecede; **in ~en** azar azar, ölçülü olarak; **über alle ~en** ölçüsüz sığmaz; **in hohem ~(e)** üst derecede
**Maß**[2] [mas] F ⟨-; -⟩, *süddt, österr a.* ⟨-; -en⟩: **eine ~ Bier** bir litre bira
**Massage** [ma'sa:ʒə] F ⟨-; -n⟩ masaj **~salon** M masaj salonu
**Massaker** N ⟨-s; -⟩ katliam, (soy)kırım
**massakrieren** VT ⟨*ohne ge-, h.*⟩ katliama uğratmak
**Maßanzug** M ısmarlama (takım) elbise **~arbeit** F ısmarlama iş/çalışma **~band** N ⟨-s; ⸚er⟩ mezura, mezür
**Masse** F ⟨-; -n⟩ yığın; (*Substanz*) madde, kütle; (*Menschen2*) kitle; *umg* **e-e ~ Geld** bir yığın para; **die (breite) ~** geniş kitle; POL **die ~n** *pl* kitleler
**Maßeinheit** F ölçü birimi
**Massenabfertigung** F sıradan muamele **~absatz** M toptan satış **~andrang** M izdiham, yığışma **~arbeitslosigkeit** F kitlesel işsizlik **~artikel** M seri imalat ürünü **~entlassungen** PL kitlesel/toptan işten çıkarmalar **~flucht** F kitlesel göç **~grab** N kitle mezarı **~güter** PL seri imalat ürünleri **2haft** ADV bol bol, kütle halinde **~karambolage** F AUTO zincirleme kaza **~medien** PL medya *koll*; kitle iletişim araçları **~mord** M katliam **~mörder** M katliamcı **~produktion** F seri imalat/üretim **~sport** M kitle sporu **~tierhaltung** F büyük çaplı hayvancılık **~tourismus** M kitle turizmi **~veranstaltung** F bir kitlenin katıldığı gösteri **~verkehrsmittel** N toplu taşıma aracı **~vernichtungswaffen** PL kitle silahları **2weise** bol bol, kütle halinde

**Masseur** [ma'sø:ɐ] M ⟨-s; -e⟩ masajcı, masör **~in** F ⟨-; -nen⟩ masajcı (kadın), masöz
**Maß|gabe** F: **nach ~** gen ... oranında, -e göre **♀gebend** ADJ yetkili; esas olan; **das ist (für mich) nicht ~** benim için asıl önemli olan bu değil **♀geblich** ADJ (verbindlich) bağlayıcı, ilgili; (beträchtlich) önemli (ölçüde) **♀gerecht** ADJ ölçüye uygun **♀geschneidert** ADJ ısmarlama (Anzug)
**maßhalten** VI ⟨ irr, -ge-, h.⟩ ölçülü davranmak (**in, mit** dat -de)
**massieren** VT ⟨ohne ge-, h.⟩ ovmak
**massig** A ADJ iri yapılı B umg çok, bol
**mäßig** ADJ (maßvoll) ölçülü, ılımlı; (durchschnittlich) orta, vasat; **ein ~er Schüler** vasat bir öğrenci; (dürftig) yetersiz; adv şöyle böyle
**mäßig|en** ⟨h.⟩ A VT azaltmak, yatıştırmak B V/R: **sich ~** ölçüyü aşmamak; (nachlassen) hafiflemek, yatışmak **♀ung** F ⟨-; ohne pl⟩ kendine hakim olma; yatışma
**massiv** [ma'si:f] ADJ masif; Gold som; fig ağır, şiddetli; umg **~ werden** kabalaşmak, kastırmak
**Maßkrug** M ⟨-s; ⁻e⟩ süddt, österr bir litrelik bira maşrapası
**maßlos** ADJ aşırı; **~ übertrieben** aşırı abartılı
**Maßnahme** F ⟨-; -n⟩ önlem, tedbir
**Maßnahmenkatalog** M önlem paketi
**maßregeln** VT ⟨untrennb, -ge-, h.⟩ (strafen) cezalandırmak
**Maßschneider(in)** M(F) terzi (ısmarlama iş yapan)
**Maßstab** M Plan, Karte ölçek; (Kriterium) ölçüt; **im ~ 1:50.000** 1:50.000 ölçeğinde; **im verkleinerten (vergrößerten) ~** küçültülmüş (büyütülmüş) olarak; **hohe Maßstäbe anlegen** (an akk -e) yüksek standartlar uygulamak; umg **-e çıtayı yüksek tutmak**
**maßvoll** ADJ ölçülü, sakınımlı
**Mast** M ⟨-s; -e⟩ direk
**mästen** ⟨h.⟩ A VT semirtmek B V/R: **sich ~** (an dat -den) tıkınmak
**masturbieren** VI ⟨ohne ge-, h.⟩ kendi k-ni tatmin etmek; mastürbasyon yapmak
**Match** [mɛtʃ] N ⟨-s; -s, -e⟩ maç **~ball**

M karar sayısı/puanı
**Material** N ⟨-s; -ien⟩ gereç, malzeme, materyal; (Ausrüstung) donatım; (Arbeits♀) üzerinde çalışılan malzeme **~fehler** M malzemede kusur
**Materialismus** M ⟨-; ohne pl⟩ maddiyatçılık; PHIL maddecilik, materyalizm
**Materie** [-Iə] F ⟨-; -n⟩ madde; (Thema) konu
**materiell** ADJ maddi
**Mathematik** F ⟨-; ohne pl⟩ matematik **~er** M ⟨-s; -⟩, **-in** F ⟨-; -nen⟩ matematikçi
**mathematisch** ADJ matematiksel
**Matinee** F ⟨-; -n⟩ THEAT matine
**Matjeshering** M ringa balığı salamurası
**Matratze** F ⟨-; -n⟩ döşek, şilte
**Matrize** F ⟨-; -n⟩ matris; TECH dişi kalıp; şablon
**Matrose** M ⟨-n; -n⟩ SCHIFF gemici; MIL deniz eri
**Matsch** M ⟨-s; ohne pl⟩ çamur, balçık **♀ig** ADJ çamurlu; Frucht ezik
**matt** ADJ (schwach) bitkin, zayıf; Farbe mat, donuk; Foto mat; Glas, Glühbirne buzlu; Schach mat
**Matte** F ⟨-; -n⟩ minder
**mattieren** VT ⟨ohne ge-, h.⟩ Glas buzlandırma, matlaştırma
**Mattigkeit** F ⟨-; ohne pl⟩ bitkinlik, halsizlik
**Mattscheibe** F FOTO, umg TV ekran; umg fig **~ haben** aklı tam başında olmamak (aus Schlaftrunkenkeit etc)
**Mätzchen** PL umg (Unsinn) saçmalık sg; **keine ~!** numara yapma!
**Mauer** F ⟨-; -n⟩ duvar; HIST **die (Berliner) ~** Berlin (Utanç) Duvarı
**mauern** ⟨h.⟩ A VI duvar örmek; SPORT kaleyi bütün oyuncularla korumak B VT yapmak, inşa etmek (duvar örerek)
**Mauerwerk** N ⟨-s; ohne pl⟩ duvar(lar)
**Maul** N ⟨-s; ⁻er⟩ ağız (hayvanlarda); umg **halts ~!** kapa çeneni/gaganı!
**Maulbeere** F dut
**maulen** VI ⟨h.⟩ umg ters ters konuşmak
**Maul|esel** M bardo **~held** M umg farfara, koca ağızlı (kişi) **~korb** M: **j-m e-n ~ anlegen** çt serbestçe konuşturmamak **~tier** N katır **~- und Klauenseuche** F şap hastalığı

**~wurf** M ⟨-s; ⸚e⟩ köstebek
**Maure** M ⟨-n; -n⟩ HIST Mağripli, Mağribî, Berberî
**Maurer** M ⟨-s; -⟩ duvarcı **~meister** M duvarcı ustası
**Maur|in** F ⟨-; -nen⟩ HIST Mağripli, Mağribî, Berberî (kadın) **ℒisch** ADJ Mağribî, Berberî
**Maus** F ⟨-; ⸚e⟩ ZOOL fare; IT fare; *umg* **graue ~** gösterişsiz/silik (kadın) **~bewegung** F IT fare hareketi
**Mausefalle** F fare kapanı; **in der ~ sitzen** kapana kısılmış olmak
**mausern** VI *u.* V/R: ⟨sich⟩ **~** *Vogel* tülemek; *fig* serpilmek, güzelleşmek
**mausetot** ADJ *umg* ölü, ölmüş
**Mausklick** M IT fare tıklaması
**Mausoleum** M ⟨-s; Mausoleen⟩ mozole, anıt mezar; *İslam* türbe
**Maut** F ⟨-; -en⟩: **~gebühr** F yol geçiş ücreti **~stelle** F yol gişesi **~straße** F ücretli yol
**maximal** A ADJ azamî, maksimum B ADV en (çok)
**Maxime** F ⟨-; -n⟩ düstur, şiar, ilke
**maximier|en** VT ⟨ohne ge-, h.⟩ arttırmak, fazlalaştırmak **ℒung** F ⟨-; -en⟩ arttırma, fazlalaştırma
**Maximum** N ⟨-s; Maxima⟩ maksimum
**Mayonnaise** [majɔˈnɛːzə] F ⟨-; -n⟩ mayonez
**Mäzen** M ⟨-s; -e⟩ bilgin ve sanatçıları koruyan kimse, mesen
**MB** N IT *abk für* Megabyte megabayt
**MdB** *abk für* Mitglied des Bundestages federal parlamento milletvekili
**MdL** *abk für* Mitglied des Landtages eyalet parlamentosu milletvekili
**Mechan|ik** F ⟨-; -en⟩ PHYS mekanik; TECH mekanizma **~iker** M ⟨-s; -⟩, **-in** F ⟨-; -nen⟩ teknisyen **ℒisch** ADJ mekanik; otomatik **ℒisieren** VT ⟨ohne ge-, h.⟩ mekanize etmek **~isierung** F ⟨-; -en⟩ mekanizasyon **~ismus** M ⟨-; Mechanismen⟩ mekanizma, düzenek
**meckern** VI ⟨h.⟩ *umg* dırdır etmek; (**über** *akk -den*) şikâyet etmek
**Medaille** [meˈdaljə] F ⟨-; -n⟩ madalya
**Medaillengewinner(in)** M(F) SPORT ilk üçe giren, madalya kazanan
**Medaillon** [medaˈ(l)jõː] N ⟨-s; -s⟩ madalyon
**Medien** PL medya *sg*; basın-yayın *sg*

**~ereignis** N medya olayı **~forschung** F medya araştırmaları; basın-yayın bilimi **~landschaft** F medya ortamı **ℒwirksam** ADJ medyada etkili
**Medikament** N ⟨-s; -e⟩ (**gegen** *-e* karşı) ilaç **ℒös** ADV ilaçla
**Meditation** F ⟨-; -en⟩ meditasyon; *Sufismus* zikr **ℒieren** V/I ⟨ohne ge-, h.⟩ meditasyon yapmak; zikretmek, zikre varmak; **~ über** *akk* ... üzerine derin derin düşünmek
**Medizin** F ⟨-; -en⟩ tıp, hekimlik; (*Arznei*) ilaç; **Doktor der ~** tıp doktoru **~er** M ⟨-s; -⟩, **-in** F ⟨-; -nen⟩ (*Student*) tıp öğrencisi; (*Arzt*) hekim, tabip **ℒisch** ADJ tıbbî; **~-technische Assistentin** tıbbî laboratuvar asistanı
**Medres(e)** F medrese
**Meer** N ⟨-s; -e⟩ deniz; **das offene ~** açık deniz **~blick** M ⟨-s; *ohne pl*⟩ deniz manzarası **~enge** F boğaz
**Meeres|biologie** F su biyolojisi **~boden** M deniz dibi **~früchte** PL deniz ürünleri **~grund** M ⟨-s; *ohne pl*⟩ deniz dibi **~nutzung** F ÖKOL deniz kullanımı **~spiegel** M ⟨-s; *ohne pl*⟩ deniz seviyesi; ... **Meter über dem ~ liegen** ... metre rakımlı olmak; **Höhe über dem ~** rakım
**Meer|rettich** M BOT karaturp, yabanturpu **~salz** N deniz tuzu **~schweinchen** N hintdomuzu, kobay
**Megabyte** [-bait] N IT megabayt
**Megafon** N ⟨-s; -e⟩ megafon
**Megahertz** N megahertz
**Mehl** N ⟨-s; -e⟩ un **ℒig** ADJ *Obst* kepeklenmiş **~speise** F hamur işi; *österr* (*Süßspeise*) tatlı, ek
**mehr** A INDEF PR daha; fazla; çok; **~ als** *-den* (daha) B ADJ **~ und ~** (*od* **immer ~**) **Leute** gittikçe daha çok insan; **noch ~** daha (da) fazla C ADV **es ist kein ... ~ da** ... kalmadı; **nie ~** bir daha asla; **umso ~ (als)** (-diği için) daha da çok; **ich kann nicht ~ warten** artık/daha bekleyemem; **immer ~** gittikçe, gitgide; **nicht ~** artık değil (*od* yok)
**Mehr|arbeit** F ⟨-; *ohne pl*⟩ ek çalışma, fazla iş **~aufwand** M (**an** *dat -de*) ek gider/masraf **~ausgaben** PL ek harcama *sg* **ℒbändig** ADJ (birden) çok ciltli(k) **~bedarf** M ek ihtiyaç **~belastung** F ek/fazla yük **~betrag** M faz-

la/artan miktar; (Zuschlag) zam **~bettzimmer** N birden çok yataklı oda **&deutig** ADJ çok anlamlı; umg lastikli **~einnahmen** PL gelir fazlası sg; ek tahsilat koll
**mehren** ⟨h.⟩ **A** VT çoğaltmak **B** V/R: sich ~ üremek, çoğalmak
**mehrere** ADJ u. INDEF PR birçok; muhtelif
**mehrfach** **A** ADJ (wiederholt) mükerrer, müteaddit; **er deutscher Meister ~** birkaç kere Almanya şampiyonu olan **B** ADV (wiederholt) tekrar tekrar; **er ist ~ vorbestraft** onun birkaç sabıkası var **&steckdose** F üçlü vs priz
**Mehr|familienhaus** N birden çok konutlu bina **&farbig** ADJ çok renkli **~heit** F ⟨-; -en⟩ çoğunluk **&heitlich** ADJ & ADV çoğunluklu (olarak)
**Mehrheits|beschluss** M çoğunluk kararı **~beteiligung** F WIRTSCH çoğunluklu katılım **~wahlrecht** N mutlak seçim sistemi, çoğunluk sistemi
**Mehrkosten** PL ek masraf(lar)
**mehrmals** ADV birkaç kere/defa
**Mehr|parteiensystem** N çok partili sistem **&sprachig** ADJ iki vs dilli/dilde **&stellig** ADJ Zahl birden çok haneli **&stimmig** ADJ çoksesli **&stöckig** ADJ çok katlı **&tägig** ADJ günler (... gün) süren **~weg...** IN ZSSGN ÖKOL dönüşümlü **~wegverpackung** F ÖKOL dönüşümlü ambalaj
**Mehrwertsteuer** F (**MWSt.**) katma değer vergisi (KDV) **~satz** M katma değer vergisi oranı
**Mehr|zahl** F ⟨-; ohne pl⟩ çoğunluk; GRAM çoğul **~zweckhalle** F çok amaçlı salon
**meiden** VT ⟨mied, gemieden, h.⟩ -den kaçınmak, uzak durmak
**Meile** F ⟨-; -n⟩ mil
**meilenweit** ADV fersah fersah
**mein** POSS PR **~e, ~er, ~es** (benim) -im
**Meineid** M JUR yalan yere yemin; **e-n ~ leisten** yalan yere yemin etmek
**meinen** VT u. VI ⟨h.⟩ (glauben, e-r Ansicht sein) düşünmek, sanmak; (sagen wollen) demek istemek; (beabsichtigen, sprechen von) kastetmek; (sagen) söylemek; **~ Sie (wirklich)?** (gerçekten) öyle mi düşünüyorsunuz?; **wie ~ Sie das?** bununla neyi kastediyorsunuz?; **sie ~ es**

**gut mit ihm/ihr** onun hakkında iyi düşünüyorlar (od iyi niyetleri var); **ich habe es nicht so gemeint** öyle demek istememiştim; **wie ~ Sie?** (ne demiştiniz) efendim?
**meinerseits** ADV benim açımdan, bence; **ganz ~** tamamen katılıyorum; ben de (memnun oldum) (tanışmada)
**meinetwegen** ADV ⟨von mir aus⟩ (benim için) fark etmez; umg bana ne!; (für mich) benim için; (wegen mir) benim yüzümden; (zum Beispiel) mesela
**Meinung** F ⟨-; -en⟩ düşünce, fikir; kanı, kanaat; **~ über etw** (akk) bş hakkında(ki) görüş; **e-e schlechte ~ haben von** (dat -in) kötü olduğunu düşünmek; **meiner ~ nach** bence; **der ~ sein, dass** (-in) -diği fikrinde olmak; **s-e ~ ändern** fikrini değiştirmek; **ich bin Ihrer (anderer) ~** ben sizinle aynı (sizden farklı) düşünüyorum
**Meinungs|äußerung** F düşünceyi ifade **~austausch** M düşünce (od görüş) alışverişi; **~ über etw** (akk) bş hakkında düşünce alışverişi **&bildend** ADJ kamuoyu oluşturucu **~bildung** F bir görüşün oluş(turul)ması; **öffentliche ~** kamuoyu oluşturma **~forscher(in)** M[F] kamuoyu araştırmacısı **~forschung** F kamuoyu araştırması **~forschungsinstitut** N kamuoyu araştırma enstitüsü **~freiheit** F ⟨-; ohne pl⟩ düşünce özgürlüğü **~umfrage** F anket **~umschwung** M görüş değişikliği **~verschiedenheit** F düşünce (od görüş) ayrılığı
**Meise** F ⟨-; -n⟩ iskete (kuşu)
**meist** **A** ADJ çoğu, ekser; **das ~e** (davon bş-in) çoğu; **die ~en** (von ihnen onların) çoğu; **die ~en Leute** insanların çoğu; **die ~e Zeit** zamanın çoğu **B** ADV genellikle, çoğunlukla; **am ~en** en çok, ekseriya **&begünstigungsklausel** F WIRTSCH imtiyazlı ticaret hükmü; POL en çok gözetilen ülke kaydı **~bietend** ADJ en çok arttıran, en yüksek teklifi veren; **~ verkaufen** en çok arttırana satmak **&bietende** M, F ⟨-n; -n⟩ en yüksek teklifi yapan
**meistens** ADV genellikle, ekseriya, çoğunlukla
**Meister** M ⟨-s; -⟩ (Handwerks&) usta; (Künstler, Könner) üstat; SPORT şampiyon,

**rekortmen** ~**brief** M ustalık diploması
²**haft** A ADJ olağanüstü (güzel), kusursuz B ADV ustaca, kusursuzca ~**in** F ⟨-; -nen⟩ usta (kadın) ~**leistung** F ustalık; yüksek performans
**meistern** V/T ⟨h.⟩ başarmak
**Meister|prüfung** F ustalık sınavı ~**schaft** F ⟨-; -en⟩ (Können) ustalık; SPORT şampiyona ~**stück** N ustalık sınavı ödevi; ustalık; yüksek performans ~**werk** N şaheser, başyapıt
**Melancholie** [-ko-] F ⟨-; -n⟩ melankoli, karasevda ²**isch** ADJ melankolik, karasevdalı
**Melanom** N ⟨-s; -e⟩ MED melanom
**Melde|behörde** F nüfus dairesi ~**bescheinigung** F ikamet/konut belgesi
**melden** ⟨h.⟩ A V/T (j-m etw b-ne bş-i) bildirmek; (j-n bei b-ne bş-i) ihbar etmek; *Presse, Funk* -in haberini vermek B V/R: (erscheinen) **sich ~ (bei** j-m b-ne) geldiğini bildirmek; (polizeilich anmelden) (**bei -**e) ikametgâh kaydı yaptırmak; TEL cevap vermek; **freiwillig (für, zu -**e) gönüllü yazılmak
**Melde|pflicht** F ikametgâh kaydı yükümlülüğü; MED bildirme yükümlülüğü ²**pflichtig** ADJ kaydolma yükümlülüğü olan; MED bildirilmesi zorunlu (*Krankheit*) ~**zettel** M bildirim/kayıt formu
**Meldung** F ⟨-; -en⟩ *Medien* haber; (*Mitteilung*) rapor; *amtlich* duyuru, ilam; (*polizeiliche Anmeldung*) ikamet(gâh) kaydı, IT mesaj
**melken** V/T ⟨melkte *od* molk, gemelkt *od* gemolken, h.⟩ sağmak
**Melkmaschine** F süt sağma makinası
**Melodie** F ⟨-; -n⟩ melodi, nağme ²**iös** ADJ melodik, ahenkli ²**isch** melodik, melodiye ilişkin
**Melodrama** N ⟨-s; Melodramen⟩ *umg* melodram ²**tisch** ADJ *umg* melodramatik
**Melone** F ⟨-; -n⟩ (*Wasser*²) karpuz; (*Zucker*², *Honig*²) kavun
**Membran** F ⟨-; -en⟩ TECH zar
**Memoiren** [memo'a:rən] PL *schriftlich* anılar, hatıralar
**Memorandum** N ⟨-s; Memoranden, Memoranda⟩ muhtıra, memorandum
**Menge** F ⟨-; -n⟩ küme, yığın; (*Anzahl*) miktar, nicelik; (*Menschen*²) kalabalık; **e-e ~ Geld** çok para
**Mengen|angabe** F miktar bildirimi ~**lehre** F ⟨-; *ohne pl*⟩ MATH kümeler teorisi ~**rabatt** M WIRTSCH miktar indirimi
**Meniskus** M ⟨-; Menisken⟩ menisküs
**Mensa** F ⟨-; -s, Mensen⟩ yemekhane (*üniversitede*)
**Mensch** M ⟨-en; -en⟩ insan, adam; *einzelner a*. şahıs, kişi; **der ~ als Gattung** insan(oğlu); **kein ~** hiç kimse
**Menschen|affe** M ZOOL insanımsı (maymun) ~**gedenken** N: **seit ~** ezelden beri ~**handel** M insan ticareti ~**kenner(in)** M|F insan sarrafı ~**kenntnis** F ⟨-; *ohne pl*⟩ insan sarraflığı; ~ **haben** insan sarrafı olmak ~**leben** N insan ömrü/hayatı; ~ **sind nicht zu beklagen** can kaybı yok(tur) ²**leer** ADJ ıssız, tenha ~**menge** F kalabalık ²**möglich** ADJ bir insanın elinden gelen ~**rechte** PL insan hakları ²**scheu** ADJ insandan kaçan, tor ~**seele** F: **keine ~ war da** hiç kimse(cik/ler) yoktu ²**unwürdig** ADJ insan onuruna yakışmayan ²**verachtend** ADJ insan onurunu hiçe sayan ~**verstand** M: **gesunder ~** sağduyu ~**würde** F insan(lık) onuru/haysiyeti
**Menschheit** F ⟨-; *ohne pl*⟩: **die ~** insanlık, beşeriyet
**menschlich** ADJ (*den Menschen betreffend*) insanî; beşerî; (*human*) insanca, insancıl ²**keit** F ⟨-; *ohne pl*⟩ insaniyet, insan(cıl)lık
**Menstru|ation** [-'tsĭo:n] F ⟨-; -en⟩ MED aybaşı, âdet ²**ieren** V/I ⟨*ohne ge-*, *h.*⟩ âdet görmek
**Mentalität** F ⟨-; -en⟩ zihniyet
**Menthol** N ⟨-s; *ohne pl*⟩ CHEM: **mit ~** mentollü
**Menü** N ⟨-s; -s⟩ *a*. IT menü
**Merkblatt** N broşür
**merken** V/T ⟨h.⟩ (*wahrnehmen*) -in farkına varmak; (*spüren*) hissetmek, duymak; (*entdecken*) anlamak; **sich** (*dat*) **etw ~** aklında tutmak, bellemek, aklına yazmak
**merklich** ADJ (*wahrnehmbar*) görülebilir; (*deutlich*) göze çarpan, belli; (*beträchtlich*) hatırı sayılır (derecede)
**Merkmal** N ⟨-s; -e⟩ özellik; nitelik; (*Zeichen*) işaret, belirti, karakteristik
**merkwürdig** ADJ tuhaf, garip; göze

çarpan **~erweise** ADV tuhaftır ki
**messbar** ADJ ölçülebilir
**Messbecher** M dereceli kap
**Messe** F ⟨-; -n⟩ WIRTSCH fuar; *(Ausstellung)* sergi; *(Jahrmarkt)* panayır; REL ayin **~ausweis** M fuar pasosu **~besucher** M fuar ziyaretçisi **~gelände** N fuar parkı **~halle** F fuar hali
**messen** *(misst, maß, gemessen, h.)*
 A VT ölçmek; **gemessen an** *(dat)* -e oranla B VR: **sich nicht mit j-m ~ können** bir kimse ile boy ölçüşememek
**Messe|neuheit** F fuar yeniliği **~pavillon** M fuar pavyonu
**Messer** N ⟨-s; -⟩ bıçak; **auf des ~s Schneide stehen** *fig* henüz kesinleşmemiş olmak **2scharf** ADJ bıçak gibi keskin; **~er Verstand** keskin zekâ **~spitze** F bıçak ucu **~stecherei** F ⟨-; -en⟩ bıçaklı dövüş **~stich** M bıçak darbesi
**Messe|stadt** F fuar şehri **~stand** M fuar reyonu/standı
**Mess|gerät** N ölçme aleti **~glas** N ölçü bardağı/kabı
**Messing** N ⟨-s; *ohne pl*⟩ Metall pirinç, sarı
**Messinstrument** N ölçü aleti
**Messung** F ⟨-; -en⟩ ölç(ül)me; *(Ablesung)* oku(n)ma
**Metall** N ⟨-s; -e⟩ maden, metal; **~ verarbeitend** maden işleyen **~arbeiter** M metal işçisi **~industrie** F metal endüstrisi **2isch** ADJ madeni, metal(ik) **~urgie** F ⟨-; *ohne pl*⟩ metalürji **2urgisch** ADJ metalürjik **~verarbeitung** F metal işleme **~waren** PL madeni eşyalar
**Metamorphose** [-f-] F ⟨-; -n⟩ başkalaşım
**Metapher** [me'tafɐ] F ⟨-; -n⟩ eğretileme
**Metaphys|ik** F metafizik **2isch** ADJ metafizik
**Metastase** F ⟨-; -n⟩ MED metastaz
**Meteorit** [mete'o:ɐ] M ⟨-s; -e⟩ meteorit, göktaşı
**Meteorolog|e** M ⟨-n; -n⟩ meteorolog **~ie** F ⟨-; *ohne pl*⟩ meteoroloji **~in** F ⟨-; -nen⟩ meteorolog (kadın) **2isch** ADJ meteorolojik
**Meter** M, *a.* N ⟨-s; -⟩ metre **~maß** N metre cetveli **~ware** F metre hesabıyla satılan mal (kumaş vs)

**Methadon** N ⟨-s; *ohne pl*⟩ MED tedavide eroini ikame için kullanılan bir ilaç
**Method|e** F ⟨-; -n⟩ yöntem, metot, usul **2isch** ADJ yöntemli, düzenli
**Metier** [me'tǐe:] N ⟨-s; -s⟩ zanaat, uzmanlık alanı
**metrisch** ADJ metrik
**Metropole** F ⟨-; -n⟩ büyükşehir
**Metzger** M ⟨-s; -⟩ kasap
**Metzgerei** F ⟨-; -en⟩ kasap (dükkânı)
**Meute** F ⟨-; -n⟩ köpek sürüsü; *umg fig* güruh
**Meuterei** F ⟨-; -en⟩ isyan
**meutern** VI ⟨h.⟩ *umg* isyan etmek, karışıklık çıkarmak
**meuternd** ADJ isyan halinde, karışıklık çıkaran
**Mexikan|er** M ⟨-s; -⟩, **-in** F ⟨-; -nen⟩ Meksikalı **2isch** ADJ Meksika(lı) *subst*
**Mexiko** N ⟨-s; *ohne pl*⟩ Meksika
**MEZ** [ɛme:'tsɛt] *abk für* **Mitteleuropäische Zeit** Orta Avrupa Saati
**mfg** [ɛm|ɛf'ge:] *abk für* **mit freundlichen Grüßen** saygılarım(ız)la
**miauen** VI ⟨h.⟩ miyavlamak
**mich** PERS PR beni; **für ~** benim için, bana B REFL PR kendimi
**mick(e)rig** ADJ *umg Sache* kıtipiyoz; *(kränklich)* marazlı, hastalıklı
**Miederwaren** PL sutyen, korse, jartiyer vs
**Mief** M ⟨-s; *ohne pl*⟩ *umg* havasızlık, pis koku
**Miene** F ⟨-; -n⟩ yüz (ifadesi), davranış, tavır; **gute ~ zum bösen Spiel machen** içine atıp bş-e katlanmak; **ohne e-e ~ zu verziehen** içinden geçeni hiç belli etmeden
**Mienenspiel** N mimik(ler)
**mies** *umg* ADJ & ADV berbat; **~e Laune haben** *(-in)* keyfi çok bozuk olmak
**Miesmuschel** F karakabuk midyesi
**Miete** F ⟨-; -n⟩ kira; **zur ~ wohnen** kirada/kirayla oturmak
**Mieteinnahme** F kira geliri
**mieten** VT ⟨h.⟩ kiralamak, tutmak
**Mieter** M ⟨-s; -⟩, **-in** F ⟨-; -nen⟩ kiracı **~schutz** M kiracının korunması
**mietfrei** ADJ kira ödemeden
**Miet|gebühr** F kira harcı **~kauf** M kiralayarak satın alma sistemi **~preis** M kira bedeli
**Mietshaus** N apartman

**Miet|verhältnis** N̄ kira ilişkisi **~vertrag** M̄ kira sözleşmesi/kontratı **~wagen** M̄ kira arabası **~wohnung** F̄ kiralık apartman dairesi
**Migräne** F̄ ⟨-; -n⟩ MED migren
**Mikrobe** F̄ ⟨-; -n⟩ mikrop
**Mikro|chip** M̄ mikroçip **~fiche** [-fiʃ] N̄, M̄ mikrofiş **~film** M̄ mikrofilm **~fon** N̄ ⟨-s; -e⟩ mikrofon **~organismus** M̄ mikroorganizma **~prozessor** M̄ ⟨-s; -e⟩ IT mikroişlemci
**Mikroskop** N̄ ⟨-s; -e⟩ mikroskop **♀isch** ADJ (a. **~ klein**) mikroskopik
**Mikrowelle** F̄, **~nherd** M̄ mikro dalgalı fırın, mikrodalga
**Milbe** F̄ ⟨-;-n⟩ uyuz böceği
**Milch** F̄ ⟨-; ohne pl⟩ süt; **dicke** (od **saure**) **~** ekşitilmiş süt **~flasche** F̄ süt şişesi **~glas** N̄ TECH buzlu cam **~kaffee** M̄ sütlü kahve **~kanne** F̄ süt güğümü **~mixgetränk** N̄ meyveli (od dondurmalı) süt **~produkte** PL süt ürünleri **~pulver** N̄ süt tozu **~reis** M̄ sütlaç; ungekocht aşlık pirinç **~shake** [milç-ʃeːk] M̄ ⟨-s; -s⟩ meyveli (od dondurmalı) süt **~straße** F̄ ASTRON samanyolu **~zahn** M̄ sütdişi, kuzudişi
**mild** ADJ yumuşak; Klima ılıman; Strafe hafif; Essen acısız; Farbe pastel; Licht loş
**milde** ADV: **~ ausgedrückt** en hafif deyimiyle
**Milde** F̄ ⟨-; ohne pl⟩ iyilik, yumuşaklık; **~ walten lassen** merhametli davranmak
**mildern** V̄T ⟨h.⟩ yumuşatmak; hafifletmek; Schmerzen yatıştırmak; Wirkung azaltmak
**mildernd** ADJ: **~e Umstände** JUR hafifletici sebepler pl
**Milderungsgrund** M̄ JUR hafifletme gerekçesi, hafifletici sebep
**Milieu** [mi'ljøː] N̄ ⟨-s; -s⟩ (Umwelt) çevre; (Herkunft) ortam, muhit **♀bedingt** ADJ ortama bağlı **♀geschädigt** ADJ ortamının kurbanı
**militant** ADJ militan
**Militär** N̄ ⟨-s; ohne pl⟩ silahlı kuvvetler pl; (Heer) ordu **~dienst** M̄ askerlik hizmeti **~diktatur** F̄ askerî diktatörlük
**militärisch** ADJ askerî
**Militar|ismus** M̄ ⟨-; ohne pl⟩ militarizm **~ist** M̄ ⟨-en; -en⟩ militarist **♀istisch** ADJ militarist
**Militär|kapelle** F̄ askerî mızıka/bando **~polizei** F̄ askerî zabıta **~putsch** M̄ askerî darbe **~regierung** F̄ askerî hükümet
**Milliardär** M̄ ⟨-s; -e⟩ **~in** F̄ ⟨-; -nen⟩ milyarder
**Milliarde** F̄ ⟨-; -n⟩ milyar
**Millimeter** M̄, a. N̄ milimetre **~arbeit** F̄ milimetrik iş/çalışma, ince iş
**Million** [-'lĭoːn] F̄ ⟨-; -en⟩ milyon **~är** M̄ ⟨-s; -e⟩, **~ärin** F̄ ⟨-; -nen⟩ milyoner **~engeschäft** N̄ milyonluk iş **~enstadt** F̄ milyonluk şehir
**Milz** F̄ ⟨-; -en⟩ dalak
**Mime** M̄ ⟨-n; -n⟩ aktör
**mim|en** V̄T ⟨h.⟩ oynamak, canlandırmak **♀ik** F̄ ⟨-; ohne pl⟩ mimik, yüz/vücut ifadesi **~isch** ADJ mimiğe ilişkin
**Mimose** F̄ ⟨-; -n⟩ BOT mimoza; fig çıktırıldım, nanemolla
**Min.** abk für **Minute** F̄ dakika
**Minarett** N̄ ⟨-s; -e⟩ minare
**minder** A ADV: **nicht ~** bir o kadar B ADJ aşağı, düşük **~bemittelt** ADJ umg imkanları kısıtlı **♀einnahme** F̄ gelir kaybı **♀heit** F̄ ⟨-; -en⟩ azınlık **♀heitsregierung** F̄ azınlık hükümeti **~jährig** ADJ küçük, reşit olmayan **♀jährige** M̄, F̄ ⟨-n; -n⟩ reşit olmayan **♀jährigkeit** F̄ ⟨-; ohne pl⟩ reşit olmama
**mindern** ⟨h.⟩ V̄T (beeinträchtigen) olumsuz etkilemek
**minderwertig** ADJ düşük değerli **♀keit** F̄ ⟨-; ohne pl⟩ a. WIRTSCH kalite/değer düşüklüğü **♀keitskomplex** M̄ aşağılık kompleksi
**mindest** ADJ en az, asgari; **das Mindeste** en az şey; **nicht im ♀en** asla, katiyen **♀alter** N̄ asgari yaş **♀betrag** M̄ asgari bedel **~ens** ADV hiç değilse, en azından **♀gebot** N̄ asgari teklif **♀lohn** M̄ asgari ücret **♀maß** N̄ minimum, asgari ölçü; **auf ein ~ herabsetzen** en aza indirmek **♀umtausch** M̄ bozdurulması zorunlu asgari döviz
**Mine** F̄ ⟨-; -n⟩ Bergbau maden (ocağı); MIL mayın; Bleistift, Kugelschreiber iç
**Minen|feld** N̄ MIL mayınlı saha **~leger** M̄ ⟨-s; -⟩ SCHIFF, MIL mayın dökücü gemi
**Mineral** N̄ ⟨-s; -e, -ien⟩ maden, mineral **~ogie** F̄ ⟨-; ohne pl⟩ mineraloji, mineralbilim **~öl** N̄ petrol **~ölsteuer** F̄ akaryakıt vergisi **~wasser** N̄ mader

suyu, *mit Kohlensäure* soda
**Miniatur** [minĭa'tuːɐ] F̄ ⟨-; -en⟩ minyatür **²isieren** V̄T̄ ⟨ohne ge-, h.⟩ minyatürleştirmek
**Mini|golf** N̄ minigolf **~golfanlage** F̄ minigolf tesisi **~kleid** N̄ mini etekli elbise **²mal** ADJ en az, minimal **~mum** N̄ ⟨-s; Minima⟩ minimum **~rock** M̄ mini etek
**Minister** M̄ ⟨-s; -⟩ bakan **~ialbeamte** M̄ bakanlık memuru (üst düzey) **~in** F̄ ⟨-; -nen⟩ bayan **~ium** N̄ ⟨-s; Ministerien⟩ bakanlık **~präsident(in)** M̄(F̄) başbakan; *Deutschland* eyalet başbakanı **~rat** M̄ bakanlar kurulu
**minus** A PRÄP MATH eksi B ADV **10 Grad ~** eksi 10 derece, sıfırın altında 10 derece
**Minus** N̄ ⟨-; ohne pl⟩ eksik miktar; *Konto* borç; *fig* eksi (puan); **~ machen** zarar etmek; **im ~ sein** borçlu olmak, eksi de olmak **~betrag** M̄ zarar; eksik miktar **~pol** M̄ ELEK eksi uç, nötr **~punkt** M̄ *fig* (Nachteil) dezavantaj; *in e-m Punktesystem* eksi puan **~zeichen** N̄ MATH eksi işareti
**Minute** F̄ ⟨-; -n⟩ dakika; **auf die ~ pünktlich** dakikası dakikasına; **in letzter ~** son dakikada
**Minutenzeiger** M̄ yelkovan
**Mio.** *abk für* Million(en) PL F̄ milyon
**mir** PERS PR bana; **~ (selbst)** kendime; **mit ~** benimle; **von ~** benden
**Mirabelle** F̄ ⟨-; -n⟩ küçük sarı erik
**Misch|batterie** F̄ (Waschbeckenarmatur) musluk bataryası **~brot** N̄ karma undan yapılmış ekmek **~ehe** F̄ karma evlilik
**mischen** ⟨h.⟩ A V̄T̄ karıştırmak; *Tabak, Tee* harman etmek; **die Karten ~** kağıtları karıştırmak B V̄R̄ *fig*: **sich ~ unter** (akk) *-in* arasına karışmak; **sich in ein Gespräch ~** lafa karışmak
**Misch|gemüse** N̄ türlü **~ling** M̄ ⟨-s; -e⟩ BIOL kırma, melez; (*Mensch*) melez **~masch** M̄ ⟨-es; -e⟩ *umg* karman çorman *adj* **~maschine** F̄ TECH karıştırma makinası **~pult** N̄ *Rundfunk, TV* seslendirme/yönetim/montaj masası **~ung** F̄ ⟨-; -en⟩ karışım; *Tabak, Tee* harman; *Pralinen etc* çeşit, tür **~wald** M̄ karma orman
**miserabel** ADJ berbat, pek fena

**Misere** F̄ ⟨-; -n⟩ berbat durum
**miss|achten** V̄T̄ ⟨ohne ge-, h.⟩ hiçe saymak; (*nicht beachten*) -e riayet etmemek **²achtung** F̄ hor görme; riayetsizlik **²bildung** F̄ ⟨-; -en⟩ oluşum bozukluğu **~billigen** V̄T̄ ⟨ohne ge-, h.⟩ hoş görmemek, kınamak, ayıplamak **²billigung** F̄ ⟨-; ohne pl⟩ kınama **²brauch** M̄ kötüye kullanma, suiistimal **~brauchen** V̄T̄ ⟨ohne ge-, h.⟩ kötüye kullanmak; (*vergewaltigen*) (-*nin*) ırzına geçmek; (*falsch anwenden*) yanlış kullanmak **~deuten** V̄T̄ ⟨ohne ge-, h.⟩ yanlış anlamak **²deutung** F̄ yanlış yorum **²erfolg** M̄ başarısızlık **²ernte** F̄ kötü hasat **~fallen** V̄T̄ ⟨irr, ohne ge-, h.⟩: **es missfiel ihr** hoşuna gitmedi **²fallen** N̄ ⟨-s; ohne pl⟩ beğenmeyiş; **j-s ~ erregen** biri tarafından beğenilmeyip reddedilmek **~gebildet** ADJ bozuk oluşmuş **²geburt** F̄ bozuk doğmuş çocuk/yavru **²geschick** N̄ aksilik **~glücken** V̄T̄ ⟨ohne ge-, s.⟩ başarılamamak **~gönnen** V̄T̄ ⟨ohne ge-, h.⟩ çok görmek **²griff** M̄ yanılgı, hata **²gunst** F̄ çekememezlik, kıskançlık **~günstig** ADJ kıskanç **~handeln** V̄T̄ ⟨ohne ge-, h.⟩ *-e* kötü muamele etmek, -*i* hırpalamak; *Frau, Kind* dövmek **²handlung** F̄ eziyet, kötü davranma, fena muamele; JUR müessir fiil
**Mission** [-'sĭoːn] F̄ ⟨-; -en⟩ misyon, görev; *Christentum* misyonerlik **~ar** M̄ ⟨-s; -e⟩, **~arin** F̄ ⟨-; -nen⟩ misyoner **²ieren** ⟨ohne ge-, h.⟩ A V̄T̄ misyonerlik yapmak B V̄T̄ *christlich* hristiyanlaştırmak
**Miss|kredit** M̄: **in ~ bringen** -*in* adını lekelemek; **in ~ geraten** -*in* adı lekelenmek **²lich** ADJ nahoş, can sıkıcı **~lingen** V̄T̄ ⟨misslang, misslungen, s.⟩ başaramamak, *umg* becerememek **~management** N̄ kötü yönetim **²mutig** ADJ keyifsiz, suratı asık **²raten** A V̄T̄ ⟨irr, ohne ge-, s.⟩: **j-m ~** bş-*i* başaramamak B ADJ *Kind* hayırsız çıkmış **~stand** M̄ kötü durum; **Missstände abschaffen** bozuklukları düzeltmek
**misstrauen** V̄T̄ ⟨ohne ge-, h.⟩ güvenmemek, -*den* şüphe etmek **²en** N̄ ⟨-s; ohne pl⟩ güvensizlik; **j-s ~ erregen** b-ni kuşkuya/şüpheye düşürmek **²ensantrag** M̄ POL güvenoyu önergesi **²ens-**

**votum** N̄ POL güvensizlik oyu **~isch** ADJ **(gegen)** -den kuşkulu, şüpheli
**Missverhältnis** N̄ oransızlık; **in e-m ~ stehen zu** (dat) -e karşı oransız olmak
**miss|verständlich** ADJ yanlış anlamalara meydan veren **²verständnis** N̄ ⟨-ses; -se⟩ yanlış anlama, anlaşmazlık **~verstehen** VT ⟨irr, ohne -ge-, h.⟩ yanlış anlamak
**Misswirtschaft** F̄ kötü idare
**Mist** M̄ ⟨-s; ohne pl⟩ AGR (Tierkot) gübre; umg (Unsinn) terslik, saçmalık
**Mistel** F̄ ⟨-; -n⟩ BOT ökseotu
**Mist|gabel** F̄ gübre yabası **~käfer** M̄ bokböceği
**mit** A PRÄP (dat) ile (birlikte); **~ Absicht** kasten, kasıtlı olarak; **~ Gewalt** zorla, zor kullanarak; **~ 20 Jahren** 20 yaşında(yken); **~ 100 Stundenkilometern** saatte 100 kilometre ile; **was ist ~ ihr?** (onun) nesi var?; **wie stehts ~ dir?** senin durumun ne? B ADV **~ der Grund dafür, dass** sebeplerden biri; **~ der Beste** en iyilerden biri; **~ dabei sein** katılanların arasında olmak
**Mitangeklagte** M̄,F̄ (diğer) sanık
**Mitarbeit** F̄ ⟨-; ohne pl⟩ işbirliği, **(bei -de) (Hilfe)** yardım; **unter ~ von** (od gen) -in işbirliği/katılımı ile **²en** VT ⟨-ge-, h.⟩: **~ an** (dat) -e katılmak; **bei** (dat) -de çalışmak **~er(in)** M̄F̄ iş arkadaşı; (Beschäftigter) eleman; Projekt (proje) görevli(si); freier **~** serbest çalışan (yazar) **~erstab** M̄ personel, kadro
**mitbekommen** VT ⟨irr, ohne -ge-, h.⟩ umg (verstehen) anlamak, izleyebilmek; (aufschnappen) kapmak
**mitbenutzen** VT ⟨ohne -ge-, h.⟩ birlikte/beraber kullanmak, paylaşmak
**mitbestimmen** VT ⟨ohne -ge-, h.⟩ karar sürecine (od yönetime) katılmak **²ung** F̄ ⟨-; ohne pl⟩ yönetime katılma
**Mitbewerber(in)** M̄F̄ (Konkurrent) rakip
**mitbring|en** VT ⟨irr, -ge-, h.⟩ birlikte getirmek; fig (Fähigkeiten) -e sahip olmak; **j-m etw ~** b-ne bş getirmek **²sel** N̄ ⟨-s; -⟩ küçük hediye; von der Reise andaç, hatıra
**Mitbürger(in)** M̄F̄ hemşeri, yurttaş
**Miteigentümer(in)** M̄F̄ müşterek mal sahibi
**miteinander** ADV birbir(ler)iyle, birlikte; (zusammen) beraber
**Mit|erbe** M̄, **~erbin** F̄ mirasa ortak olan adj, diğer mirasçı
**miterleben** VT ⟨ohne -ge-, h.⟩ tanık olmak
**Mitesser** M̄ ⟨-s; -⟩ MED komedon
**mitfahr|en** VI ⟨irr, -ge-, s.⟩: **mit j-m ~** b-nin aracında birlikte gitmek **²erzentrale** F̄ aynı yere gidecek yolcuları ve şoförleri buluşturan acenta **²gelegenheit** F̄ b-nin arabasında yolculuk imkânı
**mitfühl|en** VT ⟨-ge-, h.⟩: **mit j-m ~** (-in) duygusunu paylaşmak, (-in) halinden anlamak **~end** duygudaş, halden anlar
**mitführen** VT ⟨-ge-, h.⟩ yanında bulundurmak
**mitgeben** VT ⟨irr, -ge-, h.⟩: **j-m etw ~** b-ne bş-i götürmek üzere vermek
**Mitgefühl** N̄ ⟨-s; ohne pl⟩ dert ortaklığı; **sein ~ aussprechen** im Trauerfall başsağlığı dilemek
**mitgehen** VI ⟨irr, -ge-, s.⟩: **mit j-m ~** b-le beraber gitmek; umg **etw ~ lassen** bş-i yürütmek; **~ mit** (dat) ile coşmak
**Mitgift** F̄ ⟨-; -en⟩ çeyiz, drahoma
**Mitglied** N̄ üye, aza **~erversammlung** F̄ kongre **~sausweis** M̄ üyelik kartı **~sbeitrag** M̄ üyelik ödentisi/aidatı **~schaft** F̄ ⟨-; -en⟩ üyelik **~(s)staat** M̄ üye devlet
**mithaben** VT ⟨irr, -ge-, h.⟩: **ich habe kein Geld mit** üzerimde/yanımda param yok
**mithalten** VI ⟨irr, -ge-, h.⟩ fig: **~ mit** (dat) -e ayak uydurmak
**Mitherausgeber(in)** M̄F̄ koeditör, diğer yayıncı, birlikte yayınlayan
**mithilfe** PRÄP **(von** -in) yardımıyla; fig a. sayesinde
**Mithilfe** F̄ yardım
**mithören** VT ⟨-ge-, h.⟩ (belauschen) -e kulak kabartmak, -i gizlice dinlemek; zufällig -e kulak misafiri olmak
**Mitinhaber(in)** M̄F̄ ortak (sahip)
**mitkommen** VI ⟨irr, -ge-, s.⟩ **(mit j-m** b-yle) beraber gitmek (od gelmek); fig (Schritt halten) -i izle(yebil)mek
**mit|laufen** VI ⟨irr, -ge-, s.⟩ (-in) yanı sıra yürü(tül)mek **²läufer(in)** M̄F̄ etkin olmayan üye/yandaş
**Mitleid** N̄ ⟨-s; ohne pl⟩ acıma, merhamet; **~ haben mit** -e acımak; **aus ~ für**

-e merhametten
**Mitleidenschaft** F etkilenme, zarar görme; **in ~ gezogen werden durch** (akk) -den etkilenmek, zarar görmek
**mitleidig** ADJ merhametli, şefkatli
**mitleidslos** ADJ merhametsiz, acımasız
**mitmachen** ⟨-ge-, h.⟩ A VT katılmak; **da mache ich nicht mit** ben bu işte yokum B VT -e katılmak; (erleben) görüp geçirmek; (erleiden) (Schmerzen) çekmek; **die Mode ~** modayı izlemek; umg **j-s Arbeit ~** -in işini de üstlenmek
**mitmischen** VI ⟨-ge-, h.⟩ umg: **~ bei** -de etkin olmak
**mitnehmen** VT ⟨irr, -ge-, h.⟩ beraberinde götürmek; **j-n (im Auto) ~** b-ni arabasına almak; fig (lernen) **~ aus** -den öğrenmek; umg **j-n (sehr) ~** çok yormak/zorlamak
**mitreden** ⟨-ge-, h.⟩: **etw mitzureden haben** (bei) -de söz sahibi olmak
**Mitreisende** M, F yol arkadaşı, yolcu
**mitreißen** VT ⟨irr, -ge-, h.⟩ sürükleyip götürmek; fig coşturmak
**mitreißend** ADJ Rede, Musik etc heyecan verici, büyüleyici, sürükleyici
**mitschleppen** VT ⟨-ge-, h.⟩ çekip getirmek/götürmek
**mitschneiden** VT ⟨irr, -ge-, h.⟩ Radio, TV (banda) kaydetmek/almak
**mitschreiben** ⟨irr, -ge-, h.⟩ A VT not etmek, yazmak B VI not almak/tutmak
**Mitschuld** F ⟨-; ohne pl⟩ suç ortaklığı **₂ig** ADJ: **~ sein** suç ortağı olmak
**Mitschüler(in)** M(F) (okul) arkadaşı
**mitschwingen** VI ⟨-ge-, h.⟩ birlikte titreşmek; fig **in diesen Worten schwingt ... mit** bu sözlerin ardında bir ... hissediliyor
**mitsingen** VT od VI ⟨irr, -ge-, h.⟩ şarkıya katılmak
**mitspielen** VI ⟨-ge-, h.⟩ SPORT, THEAT oyuna katılmak; umg fig (**bei**) -e katılmak; umg **j-m übel ~** (b-nin) hakkından gelmek
**Mitspracherecht** N ⟨-s; ohne pl⟩: **ein ~ haben bei** -de söz sahibi olmak
**Mitstreiter(in)** M(F) mücadele arkadaşı
**Mittag** M ⟨-s; -e⟩ öğle; **heute ~** bugün öğleyin; **zu ~ essen** öğle yemeği yemek **~essen** N öğle yemeği; **was gibt es zum ~?** öğleye (od öğle yemeğinde) ne var?

**mittags** ADV öğleyin; **12 Uhr ~** öğlen saat 12'de
**Mittags|hitze** F öğle sıcağı **~pause** F öğle tatili/paydosu **~ruhe** F öğle istirahati **~schlaf** M öğle uykusu **~zeit** F öğle zamanı
**Mittäter(in)** M(F) JUR müşterek fail
**Mitte** F ⟨-; -n⟩ orta, POL a. merkez; (Mittelpunkt) merkez; **die goldene ~** orta yol; **~ Juli** temmuz(un) ortası(nda); **~ dreißig** 35 yaşlarında; umg **ab durch die ~!** haydi yallah!
**mitteil|en** ⟨-ge-, h.⟩ A VT **j-m etw ~** b-ne bş-i bildirmek B VR: **sich j-m ~** b-ne açılmak **~sam** ADJ (gesprächig) konuşkan **₂ung** F ⟨-; -en⟩ bildiri; (Bekanntmachung) duyuru
**mittel** A ADJ orta; ortalama B ADV umg (mäßig) orta karar, vasat
**Mittel** N ⟨-s; -⟩ araç, vasıta; çare; (Maßnahme) önlem, tedbir; (Heil₂) (gegen -e karşı) ilaç; **~ zum Zweck sein** hedefe götüren araç olmak; **als letztes ~** son çare olarak; **ihm ist jedes ~ recht** ona her yol mubah **~** PL mali olanaklar, kaynak sg; **aus öffentlichen ~n** kamu kaynakları kullanılarak
**Mittelalter** N ortaçağ **₂lich** ADJ ortaçağ subst
**mittelbar** ADJ dolaylı
**Mittelding** N: **ein ~ zwischen ... und ...** ... ile ... arası bir şey
**mitteleuropäisch** ADJ: **~e Zeit** Orta Avrupa Saati (ile/itibarıyla)
**Mittel|feld** N ⟨-s; ohne pl⟩ orta saha **~finger** M ortaparmak **₂fristig** ADJ orta vadeli **~gebirge** N yüksekliği 2000 m'den az sıradağlar **₂groß** ADJ orta boylu
**Mittelklasse** F WIRTSCH orta kalite sınıfı; **Hotel der gehobenen ~** kaliteli otel **~hotel** N iyi otel **~wagen** M orta boy araba
**Mittellinie** F SPORT orta çizgi; MATH kenarortay
**mittellos** ADJ parasız, yoksul
**Mittel|maß** N ⟨-es⟩ ortalama değer **₂mäßig** ADJ orta (derecede); adv şöyle böyle; (durchschnittlich) ortalama **~mäßigkeit** F vasatlık
**Mittelmeer** N Akdeniz **~klima** N Akdeniz iklimi **~länder** PL Akdeniz ülkeleri **~raum** M Akdeniz bölgesi

**Mittel|ohrentzündung** F ortakulak iltihabı **~punkt** M orta nokta, merkez
**mittels** PRÄP vasıtasıyla, yardımıyla
**Mittel|stand** M ⟨-s; ohne pl⟩ POL orta tabaka; **gehobener ~** orta-üst tabaka **♀ständisch** ADJ orta ölçekli; **~e(s) Unternehmen** orta ölçekli işletme; **~e Wirtschaft** orta ölçekli ekonomi
**Mittelstrecke** F orta menzil/mesafe
**Mittelstrecken|flugzeug** N orta menzilli uçak **~läufer(in)** M(F) orta mesafe koşucusu
**Mittel|streifen** M AUTO orta şerit **~stufe** F orta kademe **~stürmer(in)** M(F) santrfor **~weg** M orta(lama) yol; **e-n ~ einschlagen** bir orta yol tutturmak **~welle** F Radio orta dalga **~wert** M WIRTSCH, MATH ortalama değer
**mitten** ADV: **~ in** (auf, unter dat) -in ortasında; **~ in** (auf, unter akk) -in ortasına; **~ durch** (akk) -in tam ortasından **~drin** ADV umg -in tam ortasında yerinde **~durch** ADV -in orta yerinden
**Mitternacht** F ⟨-; ohne pl⟩ geceyarısı; **um ~** geceyarısı(nda)
**Mittler** M ⟨-s; -⟩ aracı, arabulucu
**mittlere** ADJ orta, merkezî; (durchschnittlich) ortalama; **der Mittlere Osten** Ortadoğu; **~n Alters** orta yaşlı
**mittlerweile** ADV bu arada
**Mittsommer** M yaz dönümü
**Mittwoch** M ⟨-s; -e⟩ çarşamba; **(am) ~** çarşamba (günü)
**mittwochs** çarşambaları, çarşamba günleri
**mitunter** ADV arasıra, bazen
**mitverantwort|lich** ADJ (für -den) ortaklaşa/müştereken sorumlu **♀ung** F ortaklaşa sorumluluk
**mitverdienen** V/i ⟨ohne ge-, h.⟩ aile bütçesine katkıda bulunmak
**Mitverfasser(in)** M(F) ortak yazar
**Mitverschulden** N ⟨-s; ohne pl⟩ JUR kabahatte pay, suça iştirak
**mitwirk|en** V/i ⟨ohne ge-, h.⟩ (bei, an -e) katılmak, yardım etmek **♀ende** M, F ⟨-n; -n⟩ MUS, THEAT oyuncu; **die Mitwirkenden** pl THEAT oynayanlar **♀ung** F ⟨-; ohne pl⟩ (bei -da) katılma, iştirak, yardım
**Mitwisser** M ⟨-s; -⟩, **-in** F ⟨-; -nen⟩ JUR bir sırdan haberi olan adj
**Mix** M ⟨-; -e⟩ karışım, miksaj **♀en** V/T ⟨h.⟩ karıştırmak **~er** M ⟨-s; -⟩ (BarŞ) barmen; (Gerät) blender; TV bileştirici **~gerät** N blender **~getränk** N karışık içecek; alkoholisches kokteyl **~tur** F ⟨-; -en⟩ ilaç karışımı, mikstür
**Mob** M ⟨-s; ohne pl⟩ ayaktakımı
**mobb|en** V/I ⟨h.⟩ bir iş arkadaşını topluca ve sürekli rahatsız etmek **♀ing** N ⟨-s; ohne pl⟩ işyeri terörü
**Möbel** PL mobilya sg, möble sg **~geschäft** N mobilya mağazası **~politur** F mobilya cilası **~spedition** F eşya nakliyatı/nakliyatçılığı **~stück** N mobilya **~wagen** M eşya nakil arabası
**mobil** ADJ seyyar, hareketli
**Mobile** N ⟨-s; -s⟩ dönence
**Mobilfunk** M TEL mobil telefon (sistemi)
**Mobiliar** N ⟨-s; ohne pl⟩ mobilya, möble(ler)
**mobil|isieren** V/T ⟨ohne ge-, h.⟩ seferber etmek, harekete geçirmek **♀ität** F ⟨-; ohne pl⟩ hareketlilik; **berufliche ~** iş alanında esneklik **~machen** MIL seferber etmek **♀machung** F ⟨-; -en⟩ MIL seferberlik
**möbl.** abk für möbliert mobilyalı
**möblieren** V/T ⟨ohne ge-, h.⟩ döşemek (mobilya)
**möbliert** mobilyalı
**Möchtegern...** IN ZSSGN ... budalası
**modal** ADJ LING kipsel
**Mode** F ⟨-; -n⟩ moda; **aus der ~ kommen** (-in) modası geçmek; **in ~ (kommen)** moda (olmak); **mit der ~ gehen** modaya uymak **~artikel** M moda eşya/aksesuar **♀bewusst** ADJ modayı bilen **~farbe** F moda renk **~geschäft** N butik **~journal** N moda dergisi
**Modell** N ⟨-s; -e⟩ model, örnek; **j-m ~ stehen** modellik etmek **~bauer** M ⟨-s; -⟩ TECH model yapımcısı **♀ieren** V/T ⟨ohne ge-, h.⟩ biçimlendirmek **~kleid** N elbise modeli, model
**Modem** M ⟨-s; -⟩ IT modem
**Modenschau** F defile
**Moder** M ⟨-s; ohne pl⟩ küf(lenme), küf kokusu
**Mode|rator** M ⟨-s; -en⟩, **~ratorin** F ⟨-; -nen⟩ TV yönetici, sunucu **♀rieren** V/T ⟨ohne ge-, h.⟩ TV yönetmek, sunmak
**mod(e)rig** ADJ küflü, küf kokulu
**modern**¹ V/I ⟨h.⟩ küflenmek, çürümek

**modern²** ADJ modern, çağdaş; (zeitgenössisch) çağcıl; (modisch) moda, modaya uygun; (auf dem neuesten Stand) güncel, çağdaş
**Moderne** F ⟨-; ohne pl⟩ modern çağ
**modernisieren** V/T ⟨ohne ge-, h.⟩ modernize etmek; (auf den neuesten Stand bringen) güncelleştirmek
**Mode|salon** M moda mağazası **~schmuck** M (ucuz) moda süs **~schöpfer(in)** M(F) modacı **~wort** N ⟨-s; ⸚er⟩ moda kelime
**Mode|zeichner(in)** M(F) moda desinatörü **~zeitschrift** F moda dergisi
**modifizier|en** V/T ⟨ohne ge-, h.⟩ değiştirmek (küçük değişikliklerle) **²ung** F ⟨-; -en⟩ değiştirme
**modisch** ADJ modaya uygun
**Modul** N ⟨-s; -n⟩ TECH modül **²ieren** V/T ⟨ohne ge-, h.⟩ değiştirmek **~technik** F modüler sistem
**Modus** M ⟨-; Modi⟩ (Art und Weise) tarz, biçim; GRAM kip
**Mofa** N ⟨-s; -s⟩ motorlu bisiklet
**mogel|n** V/I ⟨h.⟩ umg oyunda aldatmak; hile yapmak **²packung** F aldatıcı ambalaj
**mögen** ⟨mag, mochte, gemocht, h.⟩ A V/T (wollen) istemek, arzu etmek; (gernhaben) sevmek, beğenmek; **sie mag ihn (nicht)** onu sev(mi)yor; **lieber ~** tercih etmek; **nicht ~** -den hoşlanmamak; **was möchten Sie?** ne arzu edersiniz?; **ich möchte, dass du es weißt** bilmeni isterim B V/AUX ⟨mag, mochte, mögen⟩: **ich möge lieber bleiben** kalsam daha iyi olur; **es mag sein (, dass)** olabilir, belki
**möglich** ADJ mümkün, olabilir, olanaklı; **alle ~en ...** her çeşit ...; **alles ²e** elinden gelen; **so bald wie ~** olabildiğince çabuk **~erweise** ADV belki, muhtemelen, olabilir ki
**Möglichkeit** F ⟨-; -en⟩ olanak, imkân; ihtimal; (Gelegenheit) fırsat; (Aussicht) şans; **nach ~** olanaklar ölçüsünde, imkân dairesinde; **ich sehe keine ~ zu ...** imkânı göremiyorum; **ist das die ~!** hiç olur mu böyle şey!
**möglichst** ADV mümkün olduğu kadar; **~ bald** bir an önce; **sein ²es tun** elinden geleni yapmak
**Mohammedaner** M ⟨-s; -⟩, **-in** F ⟨-; -nen⟩ neg! Müslüman
**Mohn** M ⟨-s; -e⟩ haşhaş
**Möhre** F ⟨-; -n⟩, **Mohrrübe** F havuç
**Mokka** M ⟨-s; -s⟩ Türk kahvesi
**Moldau** F Moldav
**Moldawien** Moldavya
**Mole** F ⟨-; -n⟩ rıhtım, dalgakıran
**Molekül** N ⟨-s; -e⟩ molekül
**molekular** ADJ moleküler
**Molke** F ⟨-; ohne pl⟩ kesilmiş sütün suyu
**Molkerei** F ⟨-; -en⟩ süthane, süt fabrikası
**mollig** ADJ umg (gemütlich) rahat; (rundlich) tombul
**Molotowcocktail** ['mo:lɔtɔfkɔkte:l] M molotof kokteyli
**Moment** M ⟨-s; -e⟩ an; **(e-n) ~ bitte!** bir dakika lütfen!; **in dem ~** tam o anda; **jeden ~** her an
**momentan** A ADJ (vorübergehend) geçici; (gegenwärtig) şu anki B ADV şimdilik, geçici olarak
**Monarch** M ⟨-en; -en⟩ hükümdar, kıral, imparator **~ie** F ⟨-; -n⟩ monarşi **~in** F ⟨-; -nen⟩ kıraliçe, imparatoriçe **~ist** M ⟨-en; -en⟩, **-in** F ⟨-; -nen⟩ monarşist, kralcı **²istisch** ADJ monarşist (-çe)
**Monat** M ⟨-s; -e⟩ ay; **pro ~** ay başına, aylık; **zweimal im ~** ayda iki kez; umg **sie ist im dritten ~** o üç aylık hamile
**monat|elang** ADV aylarca **~lich** ADJ u. ADV (her) ayda bir, aylık
**Monats|binde** F kadın bağı **~einkommen** N aylık gelir/kazanç **~gehalt** N aylık, maaş **~karte** F aylık kart **~rate** F aylık taksit
**Mönch** M ⟨-s; -e⟩ keşiş
**Mond** M ⟨-s; -e⟩ ay; umg **auf (**od **hinter) dem ~ leben** dünyadan haberi olmamak
**mondän** ADJ monden
**Mond|aufgang** M ayın doğuşu **~finsternis** F ay tutulması **~landschaft** F ay yüzeyi **~schein** M ⟨-s; ohne pl⟩ ay ışığı
**monetär** ADJ parasal
**Moneten** PL umg mangırlar
**Mongol|e** M ⟨-n; -n⟩ Moğol **~ei** F Moğolistan **~in** F ⟨-; -nen⟩ Moğol (kadın) **²isch** ADJ Moğol subst **~isch** Moğolca
**Mongolismus** M neg! → Downsyndrom

**Monitor** M ⟨-s; -e⟩ ekran, monitör
**mono** ADJ mono
**monogam** ADJ monogam, tekeşli
**Monogramm** N ⟨-s; -e⟩ paraf
**Monolog** M ⟨-s; -e⟩ monolog
**Monopol** N ⟨-s; -e⟩ WIRTSCH tekel, monopol **⚥isieren** V/T ⟨ohne ge-, h.⟩ tekel altına almak, tekelleştirmek
**monoton** ADJ monoton, tekdüze
**Monotonie** F ⟨-; -n⟩ monotoni, tekdüzelik
**Monster** N ⟨-s; -⟩ canavar **~film** M dev film
**monströs** ADJ devasa, azman, biçimsiz
**Monstrum** N ⟨-s; Monstren⟩ canavar
**Monsun** M ⟨-s; -e⟩ muson
**Montag** M pazartesi; **(am)** ~ pazartesi (günü)
**Montage** [mɔn'taːʒə] F ⟨-; -n⟩ TECH (Zusammenbau) montaj; **auf ~ sein** montaj işine çıkmış olmak **~band** N ⟨-s; ⁻er⟩ montaj bandı **~halle** F montaj hali
**montags** pazartesileri, pazartesi günleri
**Montanindustrie** F madencilik ve demir-çelik sanayii
**Mont|eur** [-'tøːɐ] M ⟨-s; -e⟩ TECH montör, montajcı; bes FLUG, AUTO teknisyen **⚥ieren** V/T ⟨ohne ge-, h.⟩ (zusammensetzen) monte etmek; (anbringen) takmak; Anlage kurmak
**Montur** F ⟨-; -en⟩ umg iş kıyafeti
**Monument** N ⟨-s; -e⟩ anıt, abide; ~ **für** (akk) ... anıtı/abidesi **⚥al** ADJ anıtsal
**Moor** N ⟨-(e)s; -e⟩ batakçayır, çılgıt
**Moos** N ⟨-es; -e⟩ BOT yosun; umg mangır
**Moped** N ⟨-s; -s⟩ küçük motosiklet
**Mops** M ⟨-es; Möpse⟩ mops (köpeği)
**Moral** F ⟨-; ohne pl⟩ (Sittlichkeit) ahlak; e-r Geschichte ders, ibret; MIL maneviyat; **doppelte ~** çifte standart(lılık); **~ predigen** ahlak dersi vermek **~apostel** M pej ahlak hocası **⚥isch** ADJ ahlaki, törel; (seelisch) manevi
**Morast** M ⟨-s; -e⟩ batak zemin
**Morchel** F ⟨-; -n⟩ BOT kuzumantarı
**Mord** M ⟨-(e)s; -e⟩ cinayet; **e-n ~ begehen** cinayet işlemek **~anklage** F cinayet suçlaması; **unter ~ stehen** cinayet sanığı olmak **~anschlag** M suikast; **e-n ~ auf j-n verüben** b-ne suikast yapmak

**morden** ⟨h.⟩ **A** V/I cinayet işlemek **B** V/T katletmek, öldürmek
**Mörder** M ⟨-s; -⟩, **-in** F ⟨-; -nen⟩ katil, cani **⚥isch** ADJ dehşetli
**Mord|fall** M cinayet olayı **~kommission** F cinayet masası **~prozess** M JUR cinayet davası
**Mords|angst** F umg büyük korku, dehşet; **e-e ~ haben** ödü kopmak **~ding** N dehşet bir şey **~glück** N inanılmaz şans **~kerl** M harika adam, çamyarması **~krach** M patırtı **⚥mäßig** umg ADJ u. ADV harika, olağanüstü, felaket
**Mord|verdacht** M cinayet zannı; **unter ~ stehen** cinayet zannı altında olmak **~versuch** M cinayet teşebbüsü **~waffe** F cinayet aleti
**morgen** ADV yarın; **~ Abend** yarın akşam; **~ früh** yarın sabah; **~ Mittag** yarın öğle(n); **~ in e-r Woche** haftaya yarın; **~ um diese Zeit** yarın bu saatte
**Morgen** M ⟨-s; -⟩ sabah; **am (frühen) ~** sabah erkenden; **am nächsten ~** ertesi sabah(ta); **gestern ~** dün sabah; **heute ~** bu sabah **~grauen** N gün ağarması, şafak; **beim (od im) ~** gün ağarırken **~gymnastik** F sabah cimnastiği **~muffel** M sabahları keyifsiz olan kimse **~rot** N ⟨-s; ohne pl⟩ sabah kızıllığı; fig doğuş
**morgens** ADV sabahleyin; **von ~ bis abends** sabahtan akşama kadar
**Morgenzeitung** F sabah gazetesi
**morgig** ADJ yarınki; **der ~e Tag** yarın subst; **die ~en Ereignisse** yarınki olaylar
**Mormon|e** M ⟨-n; -n⟩ **~in** F ⟨-; -nen⟩ Mormon
**Morphium** N ⟨-s; ohne pl⟩ morfin
**morsch** ADJ çürük; **~ werden** çürümek
**Morsealphabet** N ⟨-s; ohne pl⟩ mors alfabesi
**morsen** V/T u. V/I ⟨h.⟩ mors alfabesiyle bildirmek
**Mörser** M ⟨-s; -⟩ havan
**Morsezeichen** N mors işareti
**Mörtel** M ⟨-s; -⟩ harç (Hausbau)
**Mosaik** N ⟨-s; -en⟩ mozaik
**Moschee** F ⟨-; -n⟩ cami; kleine mescit
**Moschus** M ⟨-; ohne pl⟩ misk
**Moskito** M ⟨-s; -s⟩ sivrisinek **~netz** N cibinlik
**Moslem** M ⟨-s; -s⟩ Müslüman

**Most** M ⟨-s; -e⟩ şıra
**Mostrich** M ⟨-s; ohne pl⟩ hardal
**Motel** N ⟨-s; -s⟩ motel
**Motiv** [-f] N ⟨-s; -e⟩ güdü; MUS, FOTO motif
**Motivation** [-v-] F ⟨-; -en⟩ dürtü; motivasyon
**motivieren** [-v-] V/T ⟨ohne ge-, h.⟩ -in sebeplerini göstermek; (anregen) isteklendirmek, teşvik etmek
**Motor** M ⟨-s; -en⟩ motor **~boot** N motor(bot), motorlu tekne **~haube** F kaput, motor kapağı ²**isch** ADJ MED motorik ²**isieren** V/T ⟨ohne ge-, h.⟩ MIL motorize/mekanize etmek **~leistung** F motor gücü **~öl** N motor yağı **~rad** N motosiklet; **~ fahren** motosiklet kullanmak, motosikletle gitmek, motosiklete binmek **~radfahrer(in)** M(F) motosikletli **~roller** M skuter, küçük motosiklet **~säge** F hızar **~schaden** M motor arızası/bozukluğu
**Motte** F ⟨-; -n⟩ güve
**Motten|kugel** F naftalin tableti **~pulver** N güve ilacı, naftalin
**Motto** N ⟨-s; -s⟩ (Wahlspruch) parola, (Maxime) ilke
**motzen** V/I ⟨h.⟩ umg (**über** akk) dırdır etmek; (-den) şikâyet etmek
**Mountainbike** ['maʊntənbaɪk] N ⟨-s; -s⟩ dağ bisikleti
**Mousepad** ['maʊspɛt] M ⟨-s; -s⟩ mousepad
**Möwe** F ⟨-; -n⟩ martı
**Mrd.** abk für Milliarde F milyar
**Mücke** F ⟨-; -n⟩ sivrisinek; **aus e-r ~ e-n Elefanten machen** pireyi deve yapmak
**Mückenstich** M sivrisinek sokması
**Mucks** M ⟨-es; -e⟩ umg: **keinen ~ sagen** gık çıkarmamak ²**mäuschenstill** ADJ umg: **es war ~** çıt çıkmıyordu
**müd|e** ADJ uykulu; yorgun; (erschöpft) bitkin; **~ sein** (-in) uykusu gelmek ²**igkeit** F ⟨-; ohne pl⟩ yorgunluk; bitkinlik
**Muffel** F ⟨-; -⟩ umg asık suratlı kişi ...**muffel** IN ZSSGN -den hoşlanmayan, ... kaçkını
**muffig** ADJ Luft ağır, pis kokan; fig (spießig) darkafalı; (mürrisch) hırçın, ters
**Mühe** ['my:ə] F ⟨-; -n⟩ zahmet, külfet; (Anstrengung) uğraşı; (Schwierigkeiten) sıkıntı, zorluk; (**nicht**) **der ~ wert** zahmete değer (değmez); **j-m ~ machen** b-ne zahmet vermek; **sich** (dat) **~ geben** çok uğraşmak; **sich** (dat) **die (vergebliche) ~ sparen** (boşuna) uğraşmamak; **mit Müh und Not** güç bela, ucu ucuna ²**los** ADV zahmetsiz, kolayca ²**voll** ADJ zahmetli, külfetli
**Mühle** ⟨-; -n⟩ değirmen; (~spiel) dokuztaş, onikitaş
**mühsam** ADV yorucu, zahmetli
**Mulatt|e** M ⟨-n; -n⟩, **-in** F ⟨-; -nen⟩ melez
**Mulde** F ⟨-; -n⟩ hamur teknesi; çukur (-luk)
**Mull** M ⟨-s; -e⟩ ince muslin, MED gaz bezi
**Müll** M ⟨-s; ohne pl⟩ (Haus²) çöp, süpürüntü, (Industrie²) sanayi atıkları pl **~abfuhr** F çöplerin kaldırılması; (~auto) çöpçü **~berg** M ÖKOL çöp yığını **~beseitigung** F çöpün yok edilmesi **~beutel** M çöp torbası
**Mullbinde** F MED gaz bezi
**Müll|container** M çöp konteyneri/kumbarası **~deponie** F mezbele, çöplük **~eimer** M çöp tenekesi **~entsorgung** F çöpün çevreye zarar vermeyecek biçimde yok edilmesi **~fahrer** M çöpçü **~halde** F çöplük **~haufen** M çöp yığını **~kippe** F çöplük (resmi olmayan) **~mann** M çöpçü **~schlucker** M ⟨-s; -⟩ çöp bacası **~tonne** F çöp tenekesi **~trennung** F çöplerin ayrılması **~verbrennungsanlage** F çöp yakma tesisi **~verwertungsanlage** F çöp değerlendirme tesisi **~wagen** M çöp arabası/kamyonu
**mulmig** ADJ umg (gefährlich) ürkütücü; endişeli; **mir ist ganz ~ zumute** içimde bir korku var
**Multi** M ⟨-s; -s⟩ WIRTSCH umg çokuluslu (şirket) ²**kulturell** ADJ çokkültürlü ²**lateral** ADJ WIRTSCH, POL çokyanlı **~media...** [mʊlti'me:dia-] IN ZSSGN multimedya **~millionär(in)** M(F) mültimilyoner ²**national** ADJ çokuluslu
**Multipli|kation** F ⟨-; -en⟩ MATH çarpma ²**zieren** V/T ⟨ohne ge-, h.⟩ (**mit** -le) çarpmak
**Mumie** [-Iə] F ⟨-; -n⟩ mumya
**Mumm** M ⟨-s; ohne pl⟩ umg cesaret
**Mumps** M ⟨-s; ohne pl⟩ MED kabakulak
**Mund** M ⟨-s; ⸚er⟩ ağız; **den ~ voll neh-**

**men** (yüksekten) atıp tutmak; **halt den ~!** sus!; *umg* **j-m über den ~ fahren** b-ni kabaca susturmak; **nicht auf den ~ gefallen sein** çenesi kuvvetli (*od* hazırcevap) olmak **~art** F̱ şive **~dusche** F̱ ağız duşu
**mündelsicher** ADJ WIRTSCH birinci derecede sağlam
**münden** V̱İ ⟨s.⟩: **Fluss ~ in** (*akk*) -e dökülmek; **Straße** -e çıkmak
**Mundgeruch** M̱ ağız kokusu
**mündig** ADJ *Bürger* reşit; olgun; **~ werden** JUR rüştünü kazanmak
**mündlich** ADJ sözlü; **~e Überlieferung** sözlü aktarma (geleneği); **alles Weitere ~** bütün diğer hususlar sözlü olarak halledilmek üzere
**Mund|pflege** F̱ ağız bakımı **~schutz** M̱ MED ağız maskesi
**M-und-S-Reifen** [ɛmunt'|ɛs-] M̱ AUTO yaz ve kış lastiği
**Mundstück** Ṉ ağızlık
**mundtot** ADJ: **j-n ~ machen** b-ni ağzını açamaz hale getirmek
**Mündung** F̱ ⟨-; -en⟩ *Fluss, Straße, Feuerwaffe* ağız
**Mund|wasser** Ṉ ⟨-s; ⸚⟩ gargara suyu; *umg* **~werk** ⟨-s; *ohne pl*⟩: **ein gutes ~ haben** ağzı çelikli olmak; çenesi kuvvetli olmak; **ein loses ~** çenesi düşük **~winkel** M̱ dudakların birleştiği nokta **~-zu-~-Beatmung** F̱ MED (ağız ağıza) suni solunum, *umg* hayat öpücüğü
**Munition** [-'tsjo:n] F̱ ⟨-; *ohne pl*⟩ cephane
**munkeln** V̱İ ⟨h.⟩: **man munkelt, dass ...** -diği söylentisi dolaşıyor
**Münster** Ṉ ⟨-s; -⟩ katedral
**munter** ADJ (*wach*) uyanık; (*lebhaft*) canlı; (*fröhlich*) neşeli **₂macher** M̱ ⟨-s; -⟩ *umg* uyarıcı (*Getränk*)
**Münzautomat** M̱ para veya jetonlu otomat
**Münze** F̱ ⟨-; -n⟩ madeni para, sikke; (*Gedenk₂*) madalya; **etw für bare ~ nehmen** bş-e o olduğu gibi inanmak
**Münz|einwurf** M̱ (*Schlitz*) atma yeri (*jeton, para*) **~fernsprecher** M̱ TEL kumbaralı telefon **~sammlung** F̱ para/sikke koleksiyonu **~tankstelle** F̱ para at(tıl)arak çalışan benzin istasyonu **~wechsler** M̱ ⟨-s; -⟩ para boz(dur)ma makinası

**mürbe** ADJ gevrek, kırılgan; *fig* **j-n ~ machen** b-nin burnunu sürtmek
**Mürbeteig** M̱ poğaça hamuru
**Mure** F̱ ⟨-; -n⟩ GEOL taş çığı
**murksen** V̱İ ⟨h.⟩ *umg* (işi) şişirmek
**Murmel** F̱ ⟨-; -n⟩ misket, bilya
**murmeln** V̱Ṯ *u.* V̱İ ⟨h.⟩ fısıldamak, mırıldanmak
**Murmeltier** Ṉ dağsıçanı, marmot; **schlafen wie ein ~** uzun ve derin uyumak
**murren** V̱İ ⟨h.⟩ (**über** *akk* -e) homurdanmak, söylenmek
**mürrisch** ADJ asık suratlı, somurtkan
**Mus** Ṉ ⟨-es; -e⟩ ezme, püre
**Muschel** F̱ ⟨-; -n⟩ ZOOL midye; istiridye; (**~schale**) midye kabuğu **₂förmig** ADJ istiridye biçimli
**Museum** Ṉ ⟨-s; Museen⟩ müze
**Musical** ['mjuːzɪkəl] Ṉ ⟨-s;-s⟩ müzikal
**Musik** F̱ ⟨-; -en⟩ müzik, musiki **₂alisch** ADJ müzikal, müziksel; müzikten anlar; **~e Untermalung** müzik eşliği **~alität** F̱ ⟨-; *ohne pl*⟩ müzik yeteneği **~anlage** F̱ müzik seti **~begleitung** F̱ müzik eşliği **~box** F̱ ⟨-; -en⟩ müzik kutusu **~er** Ṉ ⟨-s; -⟩, **-in** F̱ ⟨-; -nen⟩ müzisyen **~hochschule** F̱ konservatuar **~instrument** Ṉ çalgı, enstrüman **~kapelle** F̱ bando **~kassette** F̱ müzik kaseti **~stück** Ṉ parça **~unterricht** M̱ müzik dersi **~wissenschaft** F̱ ⟨-; *ohne pl*⟩ müzikoloji
**musisch** ADJ *Person, Begabung* sanata yatkın, sanatçı ruhlu
**musizieren** V̱İ ⟨*ohne ge-*, *h.*⟩ müzik yapmak
**Muskat** M̱ ⟨-s; -e⟩, **~nuss** F̱ hintcevizi
**Muskel** M̱ ⟨-s; -n⟩ adale, kas **~faser** F̱ kas lifi **~kater** M̱ kas tutulması; *umg* et kırıklığı **~paket** Ṉ kasları gösterişli kimse; *umg* **~protz** M̱ kaslarıyla gösteriş yapan **~zerrung** F̱ MED kas esnemesi
**Muskulatur** F̱ ⟨-; -en⟩ kaslar *pl*
**muskulös** ADJ adaleli
**Muslim** M̱ ⟨-s; -s⟩, **-in** F̱ ⟨-; -nen⟩, **₂isch** ADJ Müslüman
**Muss** Ṉ: **es ist ein ~** (*-in* yapılması) şart (*-tır*)
**Muße** F̱ ⟨-; *ohne pl*⟩ keyifli (*od* kedersiz) an; (*Freizeit*) boş zaman
**müssen** ⟨h.⟩ A̱ V̱/AUX ⟨muss, musste,

**müssen**⟩ -mek zorunda olmak, -meye mecbur olmak, -*in* -mesi gerekmek; *unwillkürlich* -meden edememek; **du musst den Film sehen!** filmi mutlaka görmelisin!; **sie muss krank sein** hasta olsa gerek; **du musst es nicht tun** yapmana gerek yok, yapmasan da olur; **das müsstest du (doch) wissen** bunu bilmen gerekirdi; **sie müsste zu Hause sein** evde olabilir; **du hättest ihm helfen ~** ona yardım etmen gerekirdi **B** V/I ⟨muss, musste, gemusst⟩ **ich muss!** Başka çarem yok!; **ich muss nach Hause** eve gitmem lazım/gerek(iyor)

**Mussheirat** F zoraki evlilik
**müßig** ADJ (*untätig*) işsiz, boş; (*unnütz*) boşuna, zararsız **²gänger** M ⟨-s; -⟩, **²gängerin** F ⟨-; -nen⟩ aylak
**Muster** N ⟨-s; -⟩ (*Vorlage*) örnek, nüsha; (*Probestück*) numune, örnek; (*Vorbild*) örnek **~beispiel** N (**für** *akk* için) örnek durum/vaka **~betrieb** M örnek (tarım) işletme(si) **~exemplar** N WIRTSCH numune, mal örneği; *Zeitschrift* örnek sayı **²gültig, ²haft A** ADJ kusursuz **B** ADV: **sich ~ benehmen** mükemmel davranış göstermek **~haus** N örnek ev **~kollektion** F WIRTSCH örnek/numune koleksiyonu
**mustern** V/T ⟨*h.*⟩ *neugierig -i* merakla süzmek; *abschätzend -i* tepeden tırnağa süzmek; MIL yoklamak, teftiş etmek
**Musterung** F ⟨-; -en⟩ askerî yoklama
**Mut** M ⟨-s; *ohne pl*⟩ cesaret, yiğitlik; **~ fassen** cesaretini toplamak; **den ~ verlieren** cesaretini kaybetmek; **j-m ~ machen** b-ne cesaret vermek; **j-m den ~ nehmen** b-nin cesaretini kırmak
**Mutation** [-'tsǐo:n] F ⟨-; -en⟩ mutasyon, sıçrama **²ieren** V/I ⟨*ohne ge-, h.*⟩ mutasyonla değişmek
**mutig** ADJ cesur, yürekli
**mutlos** ADJ yüreksiz, ümitsiz **²igkeit** F ⟨-; *ohne pl*⟩ cesaretsizlik
**mutmaßlich** ADJ JUR zanlı *subst*
**Mutprobe** F cesaret gösterme denemesi
**Mutter**¹ F ⟨-; ⸚⟩ anne; **werdende ~** müstakbel anne
**Mutter**² F ⟨-; -n⟩ TECH somun
**Mütterberatungsstelle** F *anneler için danışma merkezi*
**Mutterboden** M humuslu toprak **~gesellschaft** F WIRTSCH ana şirket **~leib** M ⟨-s; *ohne pl*⟩ rahim, ana karnı
**mütterlich** ADJ ana gibi; ana ile ilgili; *hum* anaç **~erseits** ADV ana tarafından (*akraba*)
**Mutter|liebe** F ana sevgisi **~mal** N ben **~milch** F ana sütü **~mund** M ⟨-s; *ohne pl*⟩ uterus boynu **~schaft** F ⟨-; *ohne pl*⟩ annelik, analık (durumu), lohusalık **~schaftsurlaub** M doğum izni **~schutz** M JUR *hamileler ve lohusalarla ilgili iş hukuku güvenceleri* **²seelenallein** ADJ *präd* yapayalnız **~sprache** F anadili **~sprachler(in)** M(F) anadili konuşan **~tag** M Anneler Günü
**Mutti** F ⟨-; -s⟩ *umg* anneciğim (*hitap*)
**mutwillig** ADJ kasıtlı
**Mütze** F ⟨-; -n⟩ kasket
**MWSt.** *abk* → **Mehrwertsteuer**
**mysteriös** ADJ esrarengiz, esrarlı
**Mystik** ['mʏ-] F ⟨-; *ohne pl*⟩ tasavvuf, mistisizm **~er** M ⟨-s; -⟩ **~erin** F ⟨-; -nen⟩ mutasavvıf, mistik
**mystisch** ADJ *Symbol, Lehre etc* tasavvufi, mistik; (*geheimnisvoll*) esrarengiz
**Myth|e** F ⟨-; -n⟩ efsane, mit(os) **²isch** ADJ efsanevi, mitolojik
**Mythologie** F ⟨-; -n⟩ mitoloji **²isch** ADJ mitolojik
**Mythos** M efsane, mit(os)

# N

**n, N** [ɛn] N ⟨-; -⟩ n, N
**N** *abk für* **Norden** M kuzey
**na** INT *umg*: **~ also!** eh, gördün mü?; nihayet!; **~ ja** eh; **~ und?** ne olmuş yani?; **~, so was!** bak şu işe!
**Nabel** M ⟨-s; -⟩ ANAT göbek **~schnur** F göbek bağı
**nach A** PRÄP (*dat*) *örtlich* -*den* sonra; (*hinter*) -*in* arkasında; *zeitlich* sonra; (*gemäß*) -*e* göre, uyarınca; **~ deutschem Recht** Alman hukukuna göre; **e-r ~ dem anderen** sırayla, birbiri ardınca; **zehn ~ drei** üçü on geçiyor; **wenn es ~ mir ginge** bana sorsalar; **~ j-m fragen**

# NACH | 820

*b-ni* sormak **B** ADV: **~ und ~** gitgide, gittikçe; **~ wie vor** eskisi gibi
**nachäffen** VT ⟨-ge-, h.⟩ *umg -i* taklit etmek
**nachahm|en** VT ⟨-ge-, h.⟩ *-in* aynısını yapmak; (*parodieren*) taklit etmek (*alaya alarak*) **♀ung** F ⟨-; -en⟩ taklit
**Nachbar** M ⟨-n; -n⟩, **-in** F ⟨-; -nen⟩ komşu **~schaft** F ⟨-; *ohne pl*⟩ komşuluk; yakın, semt; (*Nachbarn*) komşular pl
**Nach|beben** N artçı deprem/sarsıntı **~behandlung** F ... sonrası tedavisi
**nach|bessern** VT ⟨-ge-, h.⟩ sonradan düzeltmek/onarmak **~bestellen** VT ⟨*ohne -ge-, h.*⟩ ilave sipariş vermek; sonradan ısmarlamak **♀bestellung** F (*gen -e*) ilave/sonradan sipariş **~bilden** VT ⟨-ge-, h.⟩ *-in* benzerini yapmak **♀bildung** F ⟨-; -en⟩ kopya, suret; *genaue -in* tam benzeri; (*Attrappe*) taklit
**nachdem** KONJ -dikten sonra; **je ~** duruma göre
**nachdenk|en** VI ⟨*irr*, -ge-, h.⟩ düşünmek; **~ über** (*akk*) düşünüp taşınmak; **Zeit zum Nachdenken** düşünme süresi **~lich** ADJ düşünceli; **es macht einen ~** insanı düşündürüyor
**Nachdruck¹** M ⟨-s; *ohne pl*⟩: **mit ~** önemle, vurgulayarak; **~ legen auf** (*akk*) -i vurgulamak
**Nachdruck²** M ⟨-s; -e⟩ tıpkıbasım; **~ verboten!** kopyası yasaktır
**nachdrucken** VT ⟨-ge-, h.⟩ yeniden basmak
**nachdrücklich** **A** ADJ önemli; *Forderung* kuvvetli **B** ADV: **~ raten** (*empfehlen*) *-i -e* önemle tavsiye etmek (salık vermek)
**nacheifern** VI ⟨-ge-, h.⟩: *j-m ~* b-ne yetişmeye gayret etmek
**nacheinander** ADV arka arkaya, zeitlich art arda
**Nach|erzählung** F aktararak anlatma **~folge** F ⟨-; *ohne pl*⟩ yerine geçme, haleflik; **j-s ~ antreten** b-nin yerini almak **♀folgen** VI ⟨-ge-, s.⟩: *j-m ~* b-nin yerine geçmek; b-ni izlemek **~folger** M ⟨-s; -⟩ halef, ardıl **~forderung** F müteakip/munzam talep **♀forschen** VI ⟨-ge-, h.⟩ araştırmak, bilgi toplamak **~forschung** F ⟨-; -en⟩ araştırma; **~en anstellen** (**über** *akk* hakkında) soruşturma yapmak **~frage** F ⟨-; -n⟩ WIRTSCH talep (**nach** *-e*) **♀fragen** VI ⟨-ge-, h.⟩ (**wegen**) *-i* tekrar sormak, soruşturmak **♀fühlen** VI ⟨-ge-, h.⟩: **das kann ich dir ~** duygularını anlıyorum **♀füllen** VT ⟨-ge-, h.⟩ (yeniden) doldurmak **~füllpackung** F büyük/ekonomik ambalaj
**nach|geben** VI ⟨*irr*, -ge-, h.⟩ dayanamamak, eğilmek; *fig* boyun eğmek; *Preise* inmek, düşmek **♀gebühr** F POST taksa **♀geburt** F MED eten, son **~gehen** VI ⟨*irr*, -ge-, s.⟩ *-i* izlemek, *-in* ardından gitmek (*a. fig*); *e-m Vorfall -i* araştırmak; **meine Uhr geht (zwei Minuten) ~** saatim (iki dakika) geri kalıyor **♀geschmack** M ⟨-s; *ohne pl*⟩ -den (ağızda) kalan tad
**nachgiebig** ADJ *Person* yumuşak huylu, uysal; *Material* esnek, gevşek **♀keit** F ⟨-; *ohne pl*⟩ uysallık, yumuşaklık; esneklik, gevşeklik
**nach|haken** VI ⟨-ge-, h.⟩ bir daha (*od* ısrarla) sormak **~haltig** ADJ devamlı, sürekli; **~ beeinflussen** (*-in* üzerinde) kalıcı bir etki bırakmak **~helfen** VI ⟨-ge-, h.⟩: **e-r Sache ~** bş-in gerçekleşmesi için katkıda bulunmak
**nachher** ADV daha sonra; **bis ~!** sonra görüşürüz
**Nachhilfe** F → **~unterricht ~lehrer(in)** M(F) özel öğretmen/hoca **~unterricht** M özel ders (*okul başarısını yükseltici*)
**Nachhinein** ADV: **im ~** sonradan, arkadan
**nachhinken** VI ⟨-ge-, s.⟩ *fig* geri(de) kalmak
**Nachholbedarf** M telafi ihtiyacı
**nachholen** VT ⟨-ge-, h.⟩ sonradan yapmak, telafi etmek
**Nachkomme** M ⟨-n; -n⟩ evlat; **ohne ~n sterben** evlat bırakmadan ölmek
**nachkommen** VI ⟨*irr*, -ge-, s.⟩ *-i* izlemek, daha sonra gelmek; *e-m Wunsch -i* yerine getirmek
**Nachkommenschaft** F JUR füru
**Nachkömmling** M ⟨-s; -e⟩ evlat; geç kalan kimse
**Nachkriegs|...** IN ZSSGN savaş sonrası ... (*öz II. Dünya Savaşı*) **~zeit** F ⟨-; *ohne pl*⟩ savaş sonrası dönemi
**Nachlass** M ⟨-es; ⸚sse⟩ WIRTSCH (**auf** *akk -de/-den*) indirim, tenzilat; JUR tere-

**ke**, kalıt
**nachlassen** ⟨irr, -ge-, h.⟩ **A** *Vİ* hafiflemek, azalmak; *Interesse* pek kalmamak; *Schmerz* yatışmak; *Wirkung* geçmek; *Regen* dinmek **B** *VT*: **j-m Euro 100 (vom Preis)** ~ b-ne (fiyatta) 100 avro indirim yapmak
**Nachlassgericht** *N* JUR tereke mahkemesi
**nachlässig** ADJ ihmalci, kayıtsız **2keit** *F* ⟨-; *ohne pl*⟩ ihmal(cilik), özensizlik
**Nachlassverwalter** *M* JUR tereke infaz memuru
**nach|laufen** *Vİ* ⟨*irr*, -ge-, *s.*⟩ ardından koşmak ~**lesen** *VT* ⟨*irr*, -ge-, *h.*⟩ (konuşulan bş-i) kitapta bulup okumak ~**liefern** *VT* ⟨-ge-, *h.*⟩ sonradan teslim etmek ~**lösen** *VT* ⟨-ge-, *h.*⟩ (bileti) trende *vs* almak
**nachm.** *abk* → nachmittags
**nach|machen** *VT* ⟨-ge-, *h.*⟩ *-i* taklit/kopya etmek; (*fälschen*) *-in* sahtesini yapmak ~**messen** *VT* ⟨*irr*, -ge-, *h.*⟩ ölçüp denetlemek
**Nachmittag** *M* öğle sonrası; **am** ~ öğleden sonra; **am späten** ~ akşam üzeri; **heute** ~ bugün öğleden sonra
**nachmittags** ADV öğleden sonra(ları) **2vorstellung** *F* THEAT (öğleden sonra) matine(si)
**Nach|nahme** *F* ⟨-; -n⟩ **etw als** (*od* **per**) ~ **schicken** bşi ödemeli (olarak) yollamak ~**nahmesendung** *F* ödemeli gönderi ~**name** *M* soyadı **2plappern** *VT* ⟨-ge-, *h.*⟩ *umg* papağan gibi tekrarlamak ~**porto** *N* taksa **2prüfbar** ADJ denetlenebilir **2prüfen** *VT* ⟨-ge-, *h.*⟩ (yeniden) gözden geçirmek ~**prüfung** *F* ⟨-; -en⟩ denetleme, sınama; *Schule* bütünleme (sınavı) **2rechnen** *VT* ⟨-ge-, *h.*⟩ yeniden hesaplamak ~**rede** *F*: **üble** ~ iftira, lekeleme **2reisen** *Vİ* ⟨-ge-, *s.*⟩ *-in* ardından gittiği yere yola çıkmak
**Nachricht** *F* ⟨-; -en⟩ haber; mesaj; ~**en** *pl* RADIO, TV haberler; **e-e gute (schlechte)** ~ iyi (kötü) bir haber
**Nachrichten|agentur** *F* haber ajansı ~**dienst** *M* RADIO, TV haber merkezi; MIL haberalma örgütü ~**satellit** *M* haberleşme uydusu ~**sperre** *F* POL haber yasağı ~**technik** *F* telekomünikasyon teknolojisi

# NACH

**nach|rücken** *Vİ* ⟨-ge-, *s.*⟩ safları doldurmak; MIL takviye olarak gelmek **2ruf** *M* ⟨-s; -e⟩ (**auf** *akk*) (bir ölü hakkında) anma yazısı/konuşması ~**rüsten** ⟨-ge-, *h.*⟩ ›TECH ... hale getirmek; (sonradan) ... ile donatmak; *Computer* terfi ettirmek
**nachsagen** *VT* ⟨-ge-, *h.*⟩: **j-m Schlechtes** ~ b-nin ardından kötü konuşmak; **man sagt ihm nach, dass er** ... onun hakkında diyorlar ki ...
**Nachsaison** *F* sezon sonrası
**nach|schauen** *Vİ* ⟨-ge-, *h.*⟩ *-i* yoklamak, gözden geçirmek ~**schenken** *VT* ü. *Vİ* ⟨-ge-, *h.*⟩: **j-m (etw)** ~ (b-nin) bardağını (yeniden) doldurmak ~**schicken** *VT* ⟨-ge-, *h.*⟩ gittiği yere göndermek ~**schlagen** ⟨*irr*, -ge-, *h.*⟩ **A** *Vİ Wort etc* arayıp bulmak; **im Lexikon** ~ sözlüğe bakmak **B** *Vİ umg fig*: **j-m** ~ b-ne benzemek/çekmek
**Nach|schlagewerk** *N* başvuru eseri ~**schlüssel** *M* sonradan yapılmış anahtar; (*Dietrich*) maymuncuk ~**schrift** *F* (yazılı) ek; *bş-in yazıya dökülmüş biçimi* ~**schub** *M* ⟨-s; *ohne pl*⟩ takviye, ikmal, ikmal malzemesi
**nachsehen** ⟨*irr*, -ge-, *h.*⟩: **j-m (etw** *dat*) ~ b-nin arkasından bakmak; (*nach etw sehen*) ~, **ob** ... *-i -ip -mediğine* bakmak; **j-m etw** ~ b-nin bş-ini hoşgörmek
**Nachsehen** *N*: *umg* **das** ~ **haben** yaya kalmak
**Nachsendeantrag** *M* postayı başka bir adrese gönderme dilekçesi
**nachsenden** *VT* ⟨*meist irr*, -ge-, *h.*⟩ *-in* gittiği yere (*od* arkasından) göndermek
**Nachsicht** *F*: ~ **üben** hoşgörülü davranmak **2ig** ADJ hoşgörülü
**Nachsilbe** *F* LING sonek
**nach|sinnen** *Vİ* ⟨-ge-, *h.*⟩ (-i) derin düşünmek ~**sitzen** *Vİ* ⟨*irr*, -ge-, *h.*⟩: ~ **müssen** cezaya kalmak (*okulda*) **2sorge** *F* ⟨-; *ohne pl*⟩ MED *taburcu edildikten sonraki tedavi* **2speise** *F* tatlı, soğukluk (*yemekten sonra*) **2spiel** *N fig -in devamı/arkası*; **die Sache wird ein** ~ **haben** iş bu kadarla kapanmayacak ~**spielen** *VT* ⟨-ge-, *h.*⟩: SPORT ~ **lassen** kesintileri oynatmak ~**spionieren** *Vİ* ⟨-ge-, *h.*⟩: **j-m** ~ b-nin arkasından gözetlemek ~**sprechen** *Vİ & VT*

⟨-ge-, h.⟩ tekrarlamak (b-nin söyledikleri)
**nächst** ADJ örtlich, Angehörige en yakın; aus ~er Entfernung çok kısa mesafeden; zeitlich, Reihenfolge bir sonraki; **in den ~en Tagen (Jahren)** önümüzdeki günlerde (yıllarda); **in ~er Zeit** yakın zamanda; **was kommt als 2es** sonra ne var/geliyor?; **der Nächste, bitte!** sıradaki, lütfen!; **fürs 2e** şimdilik
**nächstbeste** ADJ ⟨beliebig⟩ herhangi bir, (-in) ilk önüne çıkan; in Qualität bir sonraki
**Nächstbeste** M, F, N herhangi biri; herhangi bir şey
**nach|stehen** VI ⟨irr, -ge-, h.⟩: **j-m in nichts ~** b-nden hiçbir şeyde geri olmamak **~stehend** A ADJ aşağıdaki, aşağıda yazılı B ADV aşağıda **~stellen** ⟨-ge-, h.⟩ A VT Uhr geri almak; Gerät yeniden ayarlamak B VI: **j-m ~** b-ni takip etmek
**Nächstenliebe** F ⟨-; ohne pl⟩ insan sevgisi
**nächstliegend** ADJ fig: **das Nächstliegende** en akla yakın adj
**Nacht** F ⟨-; ⸚e⟩ gece; **in der** (od **bei**) ~ gece (vakti); **gute ~!** iyi geceler!; **bis spät** (od **tief**) **in die ~** gecenin geç saatlerine kadar **~arbeit** F ⟨-; ohne pl⟩ gece işi **~blind** ADJ gecekörlüğü hastası **~creme** F gece kremi **~dienst** M gece nöbeti; **~ haben** gece nöbeti olmak
**Nachteil** M ⟨-s; -e⟩ sakınca, dezavantaj; **im ~ sein** (**gegenüber** -e karşı) dezavantajlı olmak; **zum ~ von** -in zararına (olmak üzere) **2ig** ADJ fig için) sakıncalı, zararlı
**nächtelang** A ADJ, Diskussionen etc sabahlara kadar süren B ADV sabahlara kadar
**Nacht|fahrverbot** N gece trafiğe çıkma yasağı **~flug** M gece uçuşu **~flugverbot** N gece uçuşu yasağı **~frost** M gece ayazı **~hemd** N gecelik; für Männer gecelik entari
**Nachtigall** F ⟨-; -en⟩ bülbül
**Nachtisch** M ⟨-s; -e⟩ tatlı, soğukluk (yemekten sonra)
**Nacht|klub** M gece kulübü **~leben** N ⟨-s; ohne pl⟩ gece hayatı
**nächtlich** ADJ gece (olan); gecede(ki); geceye özgü
**Nacht|lokal** N gece kulübü **~portier** M gececi kapıcı **~quartier** N gecelenen yer
**nach|tragen** ⟨irr, -ge-, h.⟩: **j-m etw ~** fig b-nin bir kötülüğünü unutmamak; schriftlich sonradan eklemek **~tragend** ADJ bağışlamaz; stärker kinci **~träglich** ADV: **~ herzlichen Glückwunsch!** geçmiş ... kutlu olsun! **~trauern** VI ⟨-ge-, h.⟩: **j-m** (e-r Sache) **~** b-ne (bş-e) hâlâ üzülmek/yanmak
**Nachtruhe** F gece istirahati, uyku
**nachts** ADV gece(leyin); geceleri
**Nacht|schicht** F gece vardiyası; **~ haben** gece vardiyasında çalışmak **~schwärmer** M fig gece kuşu **~schwester** F gece hemşiresi **~speicherofen** M ucuz gece elektriğiyle çalışan soba **~strom** M ELEK ucuz tarifeli elektrik **~tisch** M komodin **~tischlampe** F gece lambası **~topf** M lazımlık **~tresor** M bankanın gece para bırakılabilen kutusu **~-und-Nebel-Aktion** F geceyarısı operasyonu **~wächter** M gece bekçisi; umg pej dikkatsiz adj; intikali zayıf adj **~zug** M gece treni
**Nach|untersuchung** F tedavi sonrası muayene **~weis** M ⟨-es; -e⟩ (für -in) ispat(ı), kanıt(ı)/delil(i) **2weisen** VT ⟨irr, -ge-, h.⟩ kanıtlamak, ispat etmek **2weislich** ADV kanıtlanmış, kesin **~welt** F ⟨-; ohne pl⟩ gelecek kuşaklar pl **~wirkung** F dolaylı sonuç; **~en** pl a. yan/dolaylı etkiler **~wort** N ⟨-s; -e⟩ sondeyiş, epilog **~wuchs** M ⟨-es⟩ çocuk(lar); umg genç kuşak
**nach|zahlen** VT u. VI ⟨-ge-, h.⟩ ek ödeme yapmak, üstüne ödemek **~zählen** VT ⟨-ge-, h.⟩ tekrar saymak; Wechselgeld (paranın üstünü) saymak **2zahlung** F ek ödeme **~ziehen** ⟨irr, -ge-⟩ A VT ⟨h.⟩ Fuß sürümek; TECH Mutter (sonradan) sıkıştırmak; **die Lippen ~** rujunu tazelemek B VI ⟨s.⟩ -i izlemek; (-in) ardından gitmek; ⟨h.⟩ fig -in ardından fiyat yükseltmek **2zügler** M geç kalan kimse; Kind tekne kazıntısı
**Nacken** M ⟨-s; -⟩ ense **~stütze** F koltuk başlığı **~wirbel** M ANAT ense omuru
**nackt** ADJ çıplak; Malerei, FOTO nü; Füße, Wand çıplak; **völlig ~** çırılçıplak; **sich ~**

**ausziehen** tamamen soyunmak; **~ baden** çıplak yüzmek; **j-n ~ malen** b-nin çıplak resmini yapmak; **~e Tatsachen** sadece gerçekler/olgular; **die ~e Wahrheit** gerçeğin ta kendisi; **das ~e Leben retten** sadece canını kurtarabilmek
**♀baden** N̄ ⟨-s; *ohne pl*⟩ çıplak yüzme
**♀badestrand** M̄ çıplaklar plajı
**Nadel** F̄ ⟨-; -n⟩ *a.* BOT iğne; (*Steck♀*) toplu iğne, (*Haar♀*) firkete, toka; (*Brosche*) broş **~baum** M̄ iğne yapraklı (ağaç) **~wald** M̄ iğne yapraklı ağaç ormanı
**Nagel** M̄ ⟨-s; ⸚⟩ ANAT tırnak; TECH çivi; *fig* etw an den **~ hängen** sürdürmemek, (yarım) bırakmak; **den ~ auf den Kopf treffen** tam üstüne basmak, cuk oturtmak; **er ist ein ~ zu meinem Sarg** erken ölürsem ondan bilin! **~bett** N̄ ANAT tırnak dibi **~feile** F̄ tırnak törpüsü **~lack** M̄ oje **~lackentferner** M̄ aseton
**nageln** V̄/T ⟨h.⟩ (**an** *akk*, **auf** *akk*) -e çivilemek
**nagelneu** ADJ yepyeni, pırıl pırıl
**Nagelschere** F̄ tırnak makası
**nagen** V̄/T *u.* V̄/I ⟨h.⟩: **~ an** (*dat*) -i kemirmek
**nah** ADJ yakın (**bei** -*e*); **der Nahe Osten** Yakındoğu
**Nahaufnahme** F̄ FOTO yakın çekim
**Nahbereich** M̄ yakın bölge; **der ~ von München** Münih'in yakın çevresi
**nahe** ['na:ə]: **~ gelegen** yakın(lar)da; **ein ~ liegendes Dorf** yakın bir köy; **j-m zu ~ treten** b-ni incitmek; **~ verwandt** yakın akraba; **den Tränen ~** gözleri dolu dolu; **ich war ~ daran, ihn zu ohrfeigen** onu az kalsın tokatlayacaktım; **in ~r Zukunft** yakın gelecekte
**Nähe** ['nɛ:ə] F̄ ⟨-; *ohne pl*⟩ yakınlık; (*Umgebung*) yakın çevre, yöre; **in der ~ des Bahnhofs** istasyon yakın(lar)ında; **ganz in der ~** çok yakında; **in deiner ~** (senin) yakınında
**nahe|gehen** V̄/I ⟨*irr*, -ge-, *s.*⟩: **j-m ~** -i çok etkilemek **~kommen** V̄/I ⟨*irr*, -ge-, *s.*⟩: **j-m ~** b-ne yaklaşmak **~legen** V̄/T ⟨-ge-, *h.*⟩: **j-m etw ~** b-ni bş-i ikna etmek; bş-i b-nin aklına yatırmak **~liegen** V̄/I ⟨*irr*, -ge-, *h.*⟩ akla yakın olmak; *stärker* apaçık ortada olmak **~liegend** ADJ akla yakın; (bes)belli

**nahen** ['na:ən] V̄/I yaklaşmak
**nähen** ['nɛ:ən] ⟨h.⟩: **A** V̄/I dikiş dikmek **B** V̄/T dikmek
**näher** ['nɛ:ɐ] **A** KOMP → **nahe B** ADJ (oldukça) yakın; **die ~e Umgebung** yakın çevre; *Angaben* (daha) ayrıntılı; **bei ~er Betrachtung** yakından bakıldığında **C** ADV (**an** *dat*, **bei** -*e*) yakın(ca), yakından; **~ kommen** yaklaşmak, yakınlaşmak; **ich kenne ihn ~** onu yakından tanırım; **sich mit e-r Sache ~ befassen** bir konuyla yakından ilgilenmek **~bringen** V̄/T ⟨*irr*, -ge-, *h.*⟩: *fig* **j-m etw ~** b-ne bş-i tanıtmak, tavsiye etmek
**Nähere** F̄ ⟨-n; *ohne pl*⟩ -*in* ayrıntıları *pl*, bş üzerine daha geniş bilgi *sg*; **ich weiß nichts ~s** ayrıntılı bilgim yok
**Naherholungsgebiet** N̄ bir büyükşehir yakınındaki dinlenme bölgesi
**näherkommen** V̄/I ⟨*irr*, -ge-, *s.*⟩: **j-m ~** b-ne yaklaşmak
**nähern** V̄/R ⟨h.⟩: **sich ~** (*dat* -*e*) yaklaşmak, yakınlaşmak
**nahestehen** V̄/I ⟨*irr*, -ge-, *h.*⟩ *fig*: **j-m ~** b-ne yakın olmak
**nahezu** ADV hemen hemen, neredeyse
**Näh|maschine** F̄ dikiş makinası **~nadel** F̄ dikiş iğnesi
**Nährboden** M̄ *für Bakterien* üreme ortamı; *fig* uygun ortam/zemin
**nähren** ⟨h.⟩ V̄/R: **sich ~ mit** ile beslenmek
**nahrhaft** ADJ besleyici
**Nährstoff** M̄ besleyici madde, besin maddesi
**Nahrung** F̄ ⟨-; *ohne pl*⟩ besin
**Nahrungs|aufnahme** F̄ beslenme **~kette** F̄ beslenme zinciri **~mangel** M̄ beslenme yetersizliği **~mittel** PL besin maddesi *pl*
**Nährwert** M̄ besin değeri
**Nähseide** F̄ ibrişim
**Naht** F̄ ⟨-; ⸚e⟩ dikiş; MED dikiş (yeri); *umg* **aus allen Nähten platzen** tıka basa dolu olmak **♀los** ADJ dikişsiz; *adv* **~ braun** her tarafı bronz(laşmış)
**Nahverkehrszug** M̄ yakın *mesafe treni*
**Nähzeug** N̄ dikiş takımı
**Nahziel** N̄ yakın hedef
**naiv** [na'i:f] ADJ çocuksu, saf; naif
**Naivität** F̄ ⟨-; *ohne pl*⟩ saflık
**Name** M̄ ⟨-ns; -n⟩ ad, isim; **wie ist Ihr**

# NAME | 824

**~?** adınız/isminiz nedir?; **im ~n von** (*od gen*) …/*-in* adına; **sich** (*dat*) **e-n ~n machen** isim yapmak

**Namenliste** F isim/ad listesi

**namenlos** ADJ adsız, meçhul, anonim

**namens** A ADV adında B PRÄP (*gen*) … adına

**Namens|schild** N isim plaketi **~tag** M isim günü **~vetter** M adaş **~zug** M imza

**namentlich** ADJ u. ADV ismen, ad/isim okunarak

**namhaft** ADJ (*beträchtlich*) gayet büyük, hatırı sayılır; (*berühmt*) tanınmış, isim sahibi

**nämlich** ADV (*das heißt*) yani, demek ki; *begründend* biliyorsun(uz), çünkü

**nanu** INT aa!, hayret!, bu da nereden çıktı?

**Nappa** N ⟨-(s); -s⟩, **~leder** N napa (derisi)

**Narbe** F ⟨-; -n⟩ yara izi; *fig* **~n hinterlassen** iz bırakmadan geçmemek

**narbig** ADJ yara izi olan

**Narkose** F ⟨-; -n⟩ MED narkoz **~facharzt** M anestezi uzman hekimi

**Narkoti|kum** N ⟨-s; Narkotika⟩ narkotik madde **⚥sieren** V/T ⟨*ohne* -ge-, *h.*⟩ *-e* narkoz vermek, uyuşturmak

**Narr** M ⟨-en; -en⟩ kaçık, deli; **j-n zum ~en halten** b-ni budala/aptal yerine koymak

**Narren|freiheit** F *deliye tanınan özgürlük* **⚥sicher** ADJ kesin emniyetli, *yanlış kullanılması imkansız*

**Narzisse** F ⟨-; -n⟩ BOT nergis, zerrin, fulya, kardelen

**Narziss|mus** M ⟨-; *ohne pl*⟩ PSYCH narsisizm **⚥tisch** ADJ narsis(çe)

**nasal** ADJ LING genizsi (*ses*) **~ieren** V/T ⟨*ohne* -ge-, *h.*⟩ genizsileş(tir)mek

**naschen** B & V/T ⟨*h.*⟩ (**an** *dat*, **von** *-i*) (gizlice) atıştırmak

**naschhaft** ADJ gizlice atıştırmaya düşkün

**Nase** F ⟨-; -n⟩ burun; **ich habe die ~ voll** (**von** *-den*) bana gına geldi, bıktım; **s-e ~ in alles** (**hinein**)**stecken** her şeye/işe burnunu sokmak; *umg* **auf die ~ fallen** boyunun ölçüsünü almak; *umg* **pro ~ einen Euro** adam/kişi başına bir avro; **j-m etw vor der ~ wegschnappen** bş-i b-den önce davranıp kapıvermek

**Nasen|bluten** N ⟨-s; *ohne pl*⟩ burun kanaması **~loch** N burun deliği **~schleimhaut** F burun mukozası **~spitze** F burun ucu **~spray** M, N burun spreyi **~tropfen** PL burun damlası *sg*

**Nashorn** N gergedan

**nass** ADJ yaş, ıslak; **durch und durch ~**, **~ bis auf die Haut, triefend ~** sırılsıklam, iliklerine kadar ıslanmış

**Nässe** F ⟨-; *ohne pl*⟩ ıslaklık, yaşlık

**nässen** V/I ⟨*h.*⟩ A V/T ıslatmak B V/I *Wunde* cerahat yapmak

**nasskalt** ADJ soğuk ve yağışlı

**Nassrasur** F sabunla traş

**Nation** [-'tsĭo:n] F ⟨-; -en⟩ millet, ulus

**national** [-tsĭo-] ADJ millî, ulusal; ülke çapında

**National|feiertag** M millî bayram **~flagge** F millî bayrak **~gericht** N GASTR millî yemek **~hymne** F millî marş **~ismus** M ⟨-; *ohne pl*⟩ milliyetçilik **~ist(in)** M(F) milliyetçi **⚥istisch** ADJ milliyetçi **~ität** F ⟨-; -en⟩ uyruk, tabiyet; **welcher ~ sind Sie?** uyruğunuz/tabiyetiniz nedir? **~mannschaft** F SPORT millî takım **~park** M millî park **~sozialismus** M nasyonal sosyalizm **~sozialist(in)** M(F) nasyonal sosyalist **⚥sozialistisch** ADJ nasyonal sosyalist(çe) **~spieler(in)** M(F) SPORT millî oyuncu **~tracht** F millî kıyafet

**Natrium** N ⟨-s; *ohne pl*⟩ sodyum

**Natron** N ⟨-s; *ohne pl*⟩ sodyum bikarbonat, *umg* karbonat

**Natter** F ⟨-; -n⟩ karayılan, engerek (yılanı)

**Natur** F ⟨-; *ohne pl*⟩ tabiat, doğa; **von ~** (**aus**) doğuştan, doğal olarak

**Naturalien** [-lĭən] PL: **in ~ zahlen** (-*in*) bedelini mal olarak ödemek

**naturalistisch** ADJ natüralist(çe)

**Naturell** N ⟨-s; -e⟩ (-*in*) yaradılış(ı), natura(sı)

**Natur|ereignis** N, **~erscheinung** F tabiat olayı **~forscher(in)** M(F) tabiat araştırmacısı **~freund(in)** M(F) tabiatsever **⚥gemäß** ADJ tabii ki, tabiatıyla, doğal olarak **~geschichte** F tabiat tarihi **~gesetz** N tabiat kanunu, doğa yasası **~gewalt** F *meist* PL tabiat(ın) güçleri *pl* **~heilkunde** F doğal tıp **~katastrophe** F doğal afet

**natürlich** **A** ADJ doğal, tabii **B** ADV tabii, doğal olarak, tabiatıyla ℒ**keit** F ⟨-; ohne pl⟩ tabiîlik, doğallık

**Natur|park** M doğal park **~produkt** N tabiî/doğal ürün **~schutz** M doğa (-yı) koruma; **unter ~** doğal koruma altında **~schützer(in)** M(F) doğa korumacı **~schutzgebiet** N doğal sit alanı **~talent** N doğuştan yetenekli **~wissenschaft** F tabiat bilimi, doğabilim **~wissenschaftler(in)** M(F) tabiat bilimcisi; doğabilimci ℒ**wissenschaftlich** ADJ doğabilimsel

**Navig|ation** [naviga'tsĭoːn] F ⟨-; ohne pl⟩ SCHIFF seyir; navigasyon ℒ**ieren** ⟨ohne -ge-, h.⟩ rota belirlemek

**Nazi** M ⟨-s; -s⟩ pej nasyonal sosyalist **~smus** M ⟨-; ohne pl⟩ nasyonal sosyalizm ℒ**stisch** ADJ nasyonal sosyalist(çe)

**n. Chr.** abk für nach Christus Milattan/İsa'dan Sonra (MS/İS)

**Nebel** M ⟨-s; -⟩ sis, duman; (Dunst) pus ℒ**haft** ADJ fig sisler içinde **~scheinwerfer** M sis farı **~schlussleuchte** F arka sis lambası

**neben** PRÄP **A** (akk) -in yanına; (dat -in) yanında; **direkt ~** hemen yanın(d)a **B** (dat) außer -in yanı sıra, -in dışında; (vergleichen mit) -le karşılaştırılınca; **~ anderen Dingen** diğer şeylerin yanında **~amtlich** ADJ yan görev olarak **~an** ADV bitişikte

**Neben|anschluss** M TEL ek hat **~apparat** M TEL dahili telefon **~ausgaben** PL yan/tali giderler **~bedeutung** F yan anlam

**nebenbei** ADV yanı sıra, ek olarak; (beiläufig) söz arasında, bu arada; **~ bemerkt** antrparantez

**Nebenberuf** M ikinci/yan meslek ℒ**lich** ADV ikinci/yan meslek olarak

**Neben|beschäftigung** F ikinci iş, yan geçim kaynağı **~buhler** M ⟨-s; -⟩ rakip âşık

**nebeneinander** ADV yan yana; **~ bestehen** bir arada var olmak (od yaşamak)

**Neben|einander** N ⟨-s; ohne pl⟩ beraberlik, biraradalık ℒ**einanderstellen** ⟨-ge-, h.⟩ yan yana koymak; (vergleichen) karşılaştırmak **~einkünfte** PL, **~einnahmen** PL yan/ek gelir sg **~erscheinung** F MED yan belirti **~fach** N yan bilim dalı; **als ~ studieren** -i yan bilim dalı olarak okumak **~fluss** M (bir ırmağın) yan kol(u) **~gebäude** N yan bina, müştemilat; (Anbau) ek/yan bina **~geräusch** N (yan) gürültü (dikkati dağıtan) **~haus** N bitişik ev ℒ**her** ADV yanısıra **~höhle** F MED sinüs **~kosten** PL ek maliyet sg, ek masraflar pl **~mann** M ⟨-(in)-⟩ yanın(d)a oturan (kişi) **~produkt** N yan ürün **~rolle** F THEAT yardımcı rol; fig önemsiz rol **~sache** F önemsiz şey ℒ**sächlich** ADJ önemsiz **~satz** M yan cümle, cümlecik ℒ**stehend** ADJ, ADV yanda, yan sütunda **~stelle** F yan hat **~straße** F yan sokak; (Landstraße) tali yol **~tisch** M yan masa **~verdienst** M ek kazanç **~wirkung** F yan etki **~zimmer** N bitişik oda

**neblig** ADJ sisli, puslu

**Necessaire** [nesɛ'sɛːr] N ⟨-s; -s⟩ temizlik çantası

**neck|en** VT ⟨h.⟩ b-ne takılmak, b-ni şakaya almak **~isch** ADJ takılmayı seven, şakacı

**Neffe** M ⟨-n; -n⟩ (erkek) yeğen

**Negation** [-'tsĭoːn] F ⟨-; -en⟩ olumsuzlama, yadsıma

**negativ** [-f] ADJ olumsuz, negatif

**Negativ** [-f] N ⟨-s; -e(-)⟩ FOTO negatif

**Neger** ⟨-s; -⟩ M, **-in** F ⟨-; -nen⟩ F neg! zenci

**negieren** ⟨ohne -ge-, h.⟩ olumsuzlamak, yadsımak

**Negligé** [negli'ʒeː] N ⟨-s; -s⟩ gecelik, sabahlık (kadın için)

**nehmen** VT ⟨nimmt, nahm, genommen, h.⟩ almak **j-m** (a. sich) **etw ~** b-nden bş-i almak; **etw zu sich** (dat) **~** birşeyler yemek, umg birşeyler atıştırmak; **an die Hand ~** eline almak, elinden tutmak; **es sich** (dat) **nicht ~ lassen zu** -meyi kimseye bırakmamak; fig **auf sich ~** üstüne almak, üstlenmek

**Neid** M ⟨-(e)s; ohne pl⟩ kıskanma, kıskançlık; **blass** (od **gelb, grün**) **vor ~ sein** kıskançlıktan kudurmak

**neid|en** VT ⟨h.⟩: **j-m etw ~** b-nin bş-ini kıskanmak, çekememek **~isch** ADJ (auf akk -e karşı) kıskanç **~los A** ADJ kıskanmayan **B** ADV kıskanmadan

**Neige** F ⟨-; -n⟩: **zur ~ gehen** Vorräte bitmek üzere olmak

**neigen** ⟨h.⟩ **A** VT eğmek; **~ zu** MED -e

eğilim göstermek; **ich neige zu der Ansicht, dass ...** -diğini düşünmek eğilimindeyim ▣ V/R: **sich ~ (vor** dat **-in** önünde) eğilmek
**nein** ADV hayır, umg a. yok
**Nein** N ⟨-s; (-s)⟩: **mit (e-m) ~ antworten** hayır cevabı vermek
**Nektar** M ⟨-s; -e⟩ nektar
**Nektarine** F ⟨-; -n⟩ BOT tüysüz şeftali
**Nelke** F ⟨-; -n⟩ (a. Gewürz₂) karanfil
**nennen** (nannte, genannt, h.) ▣ A V/T **-e** isim vermek; (erwähnen) söylemek, bildirmek; **man nennt ihn (sie, es)** ona ... diyorlar ▣ V/R: **sich ~** kendisini ... olarak tanıtmak
**nennenswert** ADJ kayda değer
**Nenner** M ⟨-s; -⟩ MATH payda; **etw auf e-n gemeinsamen ~ bringen** bir konuda asgarî müştereklini (od ortak paydayı) bulmak
**Nennwert** M WIRTSCH nominal değer; **zum ~** nominal değer üzerinden
**Neo|faschismus** M neofaşizm **~faschist(in)** M(F) neofaşist **₂faschistisch** ADJ neofaşist(çe)
**Neon** N ⟨-s; ohne pl⟩ neon **~leuchte** F neon tüpü, fl(u)oresan lamba **~licht** N fl(u)oresan ışığı **~reklame** F neon reklam
**Nepp** M ⟨-s; ohne pl⟩ umg kazık **₂en** V/T ⟨h.⟩ umg kazıklamak **~lokal** n umg kazıkçı lokal/restoran
**Nerv** [-f] M ⟨-s; -en⟩ sinir; **j-m auf die ~en fallen** (od **gehen**) b-nin sinirine dokunmak; **die ~en behalten (verlieren)** sinirlerine hakim olmak (olamamak) **₂en** V/T ⟨h.⟩ umg sinirlendirmek
**Nerven|arzt** [-f] M nörolog, sinir hastalıkları uzmanı **₂aufreibend** ADJ sinir yıpratıcı **~belastung** F sinir gerginliği **~bündel** N umg sinir küpü **~entzündung** F sinir iltihabı **~gas** N MIL sinir gazı **~kitzel** M ⟨-s; ohne pl⟩ büyük heyecan **~klinik** F nörolojik kliniği **₂krank** ADJ sinir hastası **~krieg** M fig sinir harbi **~sache** F umg sinir meselesi; **das ist reine ~!** bu safi sinir meselesi! **~säge** F umg baş belası **~schmerz** M nevralji **₂stark** ADJ sinirleri kuvvetli, metin **~system** N sinir sistemi **~zusammenbruch** M sinir krizi
**nervlich** [-f] ADJ sinirsel

**nerv|ös** [-f] ADJ sinirli, asabî **₂osität** F ⟨-; ohne pl⟩ sinirlilik, asabîlik; gerilim **~tötend** ADJ umg sinir bozucu
**Nerz** M ⟨-es; -e⟩ ZOOL vizon **~mantel** M vizon manto
**Nessel** F ⟨-; -n⟩ BOT ısırgan (otu); umg **sich in die ~n setzen** (kendi) başına dert açmak **~fieber** N MED ürtiker, kurdeşen
**Nest** N ⟨-s; -er⟩ yuva; umg pej cansız kasaba, küçük köy **~häkchen** N ailenin en küçük çocuğu **~wärme** F fig yuva sıcaklığı
**nett** ADJ kibar; Person a. sevimli, cana yakın; a. Sache hoş; **das ist sehr ~ von Ihnen** çok naziksiniz; **so ~ sein und etw** (od **etw zu**) **tun** kibarlık gösterip bş yapmak
**netto** ADV WIRTSCH net **₂einkommen** N net gelir **₂gewicht** N net ağırlık **₂lohn** M net ücret
**Netz** N ⟨-es; -e⟩ ağ; BAHN, ELEK şebeke; IT net **~anschluss** M ELEK şebeke bağlantısı **~ausfall** M ELEK genel elektrik kesilmesi **~haut** F ANAT ağtabaka **~kabel** N ELEK cereyan kablosu **~karte** F BAHN şebeke kartı **~schalter** M ELEK şalter **~stecker** M ELEK cereyan fişi **~teil** N ELEK trafo **~werk** N şebeke; IT ağ, net
**neu** ▣ A ADJ yeni; (frisch, erneut) a. taze; (~zeitlich) çağdaş, modern; **das ist mir ~!** bunu ilk defa duyuyorum!; **von ₂em** yeniden, tekrar; **seit ₂(est)em** (pek) kısa bir süreden beri; **viel ₂es** birçok yenilik/haber; **was gibt es ₂es?** ne var ne yok?; **~este Mode** (en) son moda ▣ B ADV yeni(den); **~ anfangen** yeniden başlamak; **~ eröffnen** yeni açmak; **~ gestalten** yeni(den) biçim vermek
**Neu|ankömmling** M yeni gelen (kişi) **~anschaffung** F yeni alınan (şey) **₂artig** ADJ yeni tür(de) **~auflage** F TYPO yeni baskı; fig ikinci baskı **~ausgabe** F yeni yayım/edisyon **~bau** M yeni bina **~bauwohnung** F yeni bir binadaki daire **~bearbeitung** F yeni biçim(lendirme); THEAT yeniden sahneleniş **~bildung** F yeni oluşum; LING yeni kelime **~druck** M tıpkıbasım **~einstellung** F yeni işe alma **~entdeckung** F yeni keşif
**neuerdings** ADV son zamanlarda

**Neuerer** M ⟨-s; -⟩ yenilikçi

**Neuerscheinung** F yeni yayın

**Neuerung** F ⟨-; -en⟩ yenilik

**neuestens** ADV son zamanlarda

**Neu|fassung** F yeni biçim/versiyon **Ձgebacken** ADJ *umg fig* çiçeği burnunda **Ձgeboren** ADJ yeni doğmuş; *fig* **ich fühle mich wie ~** kendimi yeniden doğmuş gibi hissediyorum **~gestaltung** F TECH yeniden düzenleme

**Neugier** F merak **Ձig** ADJ (**auf** *akk -e*) meraklı; **ich bin ~, ob …** -diğini merak ediyorum

**Neu|griechisch** N Yeni Yunanca **~heit** F ⟨-; -en⟩ yenilik **~igkeit** F ⟨-; -en⟩ haber, havadis **~jahr** N yılbaşı; **prost ~!** nice yıllara! **~jahrstag** M Yılbaşı (günü) **~land** N yeni arazi; **das ist ~ für mich** ben bu işin henüz yabancısıyım **Ձlich** ADV geçenlerde **~ling** M ⟨-s; -e⟩ (**in** *dat*, **auf e-m Gebiet** *-de*, … alanında) yeni (kişi) **Ձmodisch** ADJ *pej* yeni moda **~mond** M yeniay

**neun** ADJ dokuz **~hundert** ADJ dokuz yüz **~jährig** ADJ dokuz yıllık; dokuz yaşında **~malklug** ADJ *pej* ukala (dümbeleği)

**neunt** ADJ: **zu ~** dokuzu bir arada, dokuz kişi olarak

**neunte** ADJ dokuzuncu

**Neuntel** N ⟨-s; -⟩ dokuzda bir

**neuntens** ADV dokuzuncu olarak

**neun|zehn** ADJ on dokuz **~zig** ADJ doksan **Ձziger** M ⟨-s; -⟩, **Ձzigerin** F ⟨-; -nen⟩ doksan yaşında *adj*, doksanlık *adj* **Ձzigerjahre** doksanlı yıllar, doksanlar

**Neuordnung** F yeni düzen(leme)

**Neuorientierung** F yeni yöneliş

**Neural|gie** F ⟨-; -n⟩ MED nevralji **Ձgisch** ADJ MED nevraljik; **~er Punkt** *fig* hassas nokta

**Neu|regelung** F yeni düzenleme **~reiche** M, F ⟨-n; -n⟩: **die ~n** yeni zenginler, sonradan görmeler

**Neurolo|ge** M ⟨-n; -n⟩, **~gin** F ⟨-; -nen⟩ nörolog

**Neurose** F ⟨-; -n⟩ nevroz

**neurotisch** ADJ nevrotik

**Neuschnee** M taze kar

**Neusee|land** N Yeni Zelanda **~länder** M ⟨-s; -⟩, **~länderin** F ⟨-; -nen⟩ Yeni Zelandalı **Ձländisch** ADJ Yeni Zelanda(lı) *subst*

**neutral** ADJ nötr; tarafsız, yansız **~isieren** V/T ⟨*ohne -ge-, h.*⟩ nötrleştirmek **Ձität** F ⟨-; *ohne pl*⟩ tarafsızlık; nötrlük

**Neutrum** N ⟨-s; Neutra⟩ LING yansız

**Neu|verfilmung** F yeni çevirim **~wahl** F yeniden seçim; erken seçim **Ձwertig** ADJ yeni; gibi **~zeit** F ⟨-; *ohne pl*⟩ Yeniçağ

**neuzeitlich** ADJ Yeniçağ *subst*

**nicht** ADV değil; **es gibt ~, es ist ~ vorhanden** yok; **ich weiß (es) ~** bilmiyorum; **~ (ein)mal …** bile değil; **~ mehr** artık değil (*od* yok); **~ wahr?** değil mi?; **~ so … wie** kadar/gibi … değil; **~ besser (als)** (*-den*) daha iyi değil; **ich (auch) ~** ben (de) değil; **(bitte) ~!** (lütfen) (yap)ma *veya* olmasın!

**Nicht|achtung** F saygısızlık; riayetsizlik **~beachtung** F riayetsizlik

**Nichte** F ⟨-; -n⟩ (kız) yeğen

**Nicht|einhaltung** F yerine getirmeme **~einmischung** F POL (*-in*) iç işlerine karışmama **Ձexistent** ADJ yok, namevcut

**nichtig** ADJ JUR geçersiz, hükümsüz

**Nichtraucher|(in)** M(F) sigara içmeyen *adj* **~abteil** N BAHN sigara içilmeyen kompartıman **~gesetz** N sigara içmeyenleri koruma yasası **~zone** F sigara içilmeyen alan

**nichts** INDEF PR hiçbir şey (değil); **~ ahnend** hiçbir şeyden habersiz; **~ (anderes) als** *-den* başka bir şey değil; **~ da!** çek elini!, sakın ha!; **mir ~, dir ~** durup dururken; **so gut wie ~** yok denecek kadar az; **weiter ~?** hepsi bu kadar mı?; *umg* **wie ~** çabucak, kolayca

**Nichts** N ⟨-; *ohne pl*⟩ hiç(lik); **aus dem ~** hiçten/yoktan (*belirmek vs*); **ein ~** solda sıfır

**Nichtschwimmer|(in)** M(F) yüzme bilmeyen *adj* **~becken** N yüzme bilmeyenler havuzu

**nichtsdesto|trotz** ADV *umg*, **~weniger** ADV gene de, buna rağmen

**Nichts|könner(in)** M(F) *umg* beceriksiz **Ձsagend** ADJ önemsiz, boş **~tuer(in)** M(F) tembel, aylak

**Nicht|zahlung** F WIRTSCH ödememe **~zutreffende** N: **~s streichen** uygun olmayanı çiziniz

**Nickel** N ⟨-s; *ohne pl*⟩ nikel **~brille** F

nikel çerçeveli gözlük
**nicken** VI ⟨h.⟩ (evet diye) başını sallamak
**nie** ADV asla, hiçbir zaman; ~ **und nimmer** katiyen, asla; ~ **wieder** bir daha asla; **fast** ~ hemen hemen hiç; **noch** ~ daha hiç
**nieder** A ADJ alçak, aşağı B ADV: ~ **mit** kahrolsun ... **~brennen** ⟨irr, -ge-, h.⟩ A VT yakıp kül etmek B VI yanıp kül olmak; *Kerze* yanıp bitmek **~brüllen** VT ⟨-ge-, h.⟩: **j-n** ~ yuhalayıp susturmak **~drücken** VT ⟨-ge-, h.⟩ aşağıya doğru bastırmak; *fig* (-*in*) keyfini/moralini bozmak
**Nieder|frequenz** F ELEK düşük/alçak frekans **~gang** M ⟨-s; ohne pl⟩ çöküş, yıkılış **♀geschlagen** ADJ yılgın, cesareti kırık **~lage** F ⟨-; -n⟩ yenilgi, mağlubiyet; **e-e** ~ **erleiden** yenilgiye uğramak
**Niederlande** PL Hollanda *sg*
**Niederländ|er** M ⟨-s; -⟩, **-in** F ⟨-; -nen⟩ Hollandalı **♀isch** ADJ Hollanda *subst* **~isch** N Hollandaca
**niederlass|en** VR ⟨-s; -, -ge-, h.⟩: **sich** ~ -*e* yerleşmek; WIRTSCH şube açmak (**als** olarak) **♀ung** F ⟨-; -en⟩ müessese, kurum; (*Filiale*) şube
**nieder|legen** ⟨-ge-, h.⟩ A VT (*a. Waffen, Amt*) bırakmak; **etw schriftlich** ~ yazıya geçirmek B VR: **sich** ~ -*e* uzanmak, -*e* yatmak **~machen** VT ⟨-ge-, h.⟩ kırmak, katletmek; yerden yere vurmak **~reißen** VT ⟨irr, -ge-, h.⟩ yıkmak; yerle bir etmek
**Niederschlag** M METEO yağış; *radioaktiv* serpinti
**niederschlagen** A VT ⟨irr, -ge-, h.⟩ yere sermek; *Aufstand* bastırmak; JUR *Verfahren* durdurmak, bozmak B VR: **sich** ~ yağmak; *fig* (**in** *dat* -*e*) yansımak **niederschlags|arm** ADJ az yağışlı **~reich** ADJ bol yağışlı
**niederschmettern** VT ⟨-ge-, h.⟩: **j-n** ~ b-nin moralini bozmak
**Niederschrift** F ⟨-; -en⟩ kayıt, yazılı biçim
**niederstrecken** VT ⟨-ge-, h.⟩ yere sermek
**Niedertracht** F ⟨-; ohne pl⟩ alçaklık, aşağılık
**niederwerfen** VR ⟨irr, -ge-, h.⟩: **sich**

**vor j-m** ~ b-nin önünde yere kapanmak
**niedlich** ADJ şirin
**niedrig** A ADJ (*a. fig*) alçak; *Strafe* hafif B ADV: ~ **fliegen** alçaktan uçmak; ~ **halten** düşük tutmak
**niemals** ADV asla, hiçbir zaman
**niemand** INDEF PR hiç kimse; ~ **anders** (**als** -*in*) ta kendisi; ~ **von ihnen** onlardan hiçbiri
**Niemand** M ⟨-s; ohne pl⟩ *pej* solda sıfır **~sland** N ⟨-(e)s; ohne pl⟩ insansız bölge
**Niere** F ⟨-; -n⟩ ANAT, GASTR böbrek
**Nieren|beckenentzündung** F piyelit **~spender(in)** M[F] böbrek bağışlayan (kişi) **~stein** M böbrek taşı
**nieseln** VI ⟨h.⟩ çiselemek
**Nieselregen** M çisenti
**niesen** VI ⟨h.⟩ hapşırmak, aksırmak
**Niete¹** F ⟨-; -n⟩ TECH perçin
**Niete²** F ⟨-; -n⟩ *Los* boş; **e-e** ~ **ziehen** boş çekmek; *umg Person* beceriksiz
**Nihil|ismus** M ⟨-; ohne pl⟩ nihilizm **~ist** M ⟨-en; -en⟩, **-in** F ⟨-; -nen⟩ nihilist
**Nikolaustag** M Aziz Nikolaus günü (6 aralık)
**Nikotin** N ⟨-s; ohne pl⟩ CHEM nikotin **♀arm** ADJ nikotini az **♀frei** ADJ nikotinsiz
**Nilpferd** N hipopotam, suaygırı
**Nimmerwiedersehen** N: **auf** ~ gidiş o gidiş
**Nippel** M ⟨-s; -⟩ TECH nipel
**nippen** VI ⟨h.⟩ (**an** *dat* -*den*) bir yudum almak; *umg* bir fırt çekmek
**nirgends** ADV hiçbir yerde
**nirgendwo** ADV hiçbir yerde
**nirgendwohin** ADV hiçbir yere
**Nische** F ⟨-; -n⟩ duvar oyuğu, niş, girinti, oyma(lık)
**nisten** VI ⟨h.⟩ yuva yapmak
**Nitrat** N ⟨-s; -e⟩ CHEM nitrat
**Nitroglyzerin** N CHEM nitrogliserin
**Niveau** [ni'voː] N ⟨-s; -s⟩ düzey, seviye; *fig a*. standart; ~ **haben** (belli bir) seviyesi olmak/var; **das ist unter meinem** ~ bu benim seviyemin altında **♀los** ADJ seviyesiz, düzeysiz
**NO** *abk für Nordosten* M kuzeydoğu
**nobel** ADJ asil, soylu; *umg* (*großzügig*) bonkör; *umg* (*vornehm*) kibar **♀hotel** N seçkin otel, birinci sınıf otel
**Nobelpreis** M Nobel Ödülü **~trä-**

**ger(in)** M(F) Nobel Ödülü sahibi
**noch** A ADV daha, henüz; **~ besser (schlimmer)** daha (da) iyi (kötü); **~ ein(er)** bir ... daha; **~ (ein)mal** bir (kere) daha; **~ gestern** daha dün; **immer ~** hâlâ; **~ nicht(s)** daha değil (hiçbir şey); **~ nie** daha hiç (değil); **~ zwei Stunden** iki saat daha; **er hat nur ~ 10 Euro (Minuten)** onun artık sadece 10 avrosu (dakikası) var/kaldı; **(sonst) ~ etwas?** (daha) başka?; **sonst ~ Fragen?** başka soru var mı?; **ich möchte ~ etwas (Tee)** biraz daha (çay) istiyorum B KONJ **weder ... ~ ... ne ... ne (de) ...**
**noch|malig** ADJ bir dahaki, tekrar edilen **~mals** ADV bir (kere) daha
**Nomad|e** M ⟨-n; -n⟩, **-in** F ⟨-; -nen⟩ göçebe
**Nominal|einkommen** N nominal gelir **~wert** M nominal değer
**Nominativ** [-f] M ⟨-s; -e⟩ GRAM yalın hal
**nominell** ADJ itibarî, nominal
**nominieren** V/T ⟨ohne -ge-, h.⟩ aday göstermek
**Nonne** F ⟨-; -n⟩ rahibe
**Nonnenkloster** N rahibe manastırı
**Nonsens** M ⟨-(es)⟩ anlamsız *adj*; saçma (-lık)
**nonstop** [nɔnˈstɔp] ADV aralıksız, nonstop **~-Flug** M nonstop uçuş
**Nordamerika** N ⟨-s; ohne pl⟩ Kuzey Amerika
**norddeutsch** ADJ Kuzey Almanya(lı) *subst* **~e** M/F ⟨-n; -n⟩ Kuzey Almanyalı **~land** N Kuzey Almanya
**Norden** M ⟨-s; ohne pl⟩ kuzey; *nördlicher Landesteil* iç kuzeyi; **nach ~** kuzeye (doğru)
**Nordeuropa** N Kuzey Avrupa
**Nordeuropä|er(in)** M(F) Kuzey Avrupalı **~isch** ADJ Kuzey Avrupa(lı) *subst*
**nördlich** A ADJ kuzey(deki) B ADV: **~ von** *-in* kuzeyinde
**Nord|licht** N kuzey ışıkları *pl*; *umg* Kuzey Almanyalı **~osten** M kuzeydoğu **~östlich** A ADJ kuzeydoğu(daki) B ADV: **~ von** *-in* kuzeydoğusunda **~pol** M ⟨-s; ohne pl⟩ Kuzey Kutbu **~see** F Kuzey Denizi **~wärts** ADV kuzey yönünde **~west(en)** M kuzeybatı **~westlich** A ADJ kuzeybatı(daki) B ADV: **~ von** *-in* kuzeybatısında

**Nörgelei** F ⟨-; -en⟩ dırdır, mızmızlanma **ℓeln** V/I ⟨h.⟩ (**an** *dat -e*) dırdır etmek, mızmızlanmak **~ler** M ⟨-s; -⟩, **-in** F ⟨-; -nen⟩ mızmız, dırdırcı
**Norm** F ⟨-; -en⟩ standart, norm
**normal** ADJ normal; *umg* **nicht ganz ~** kafaca pek normal değil
**Normal** N ⟨-s; ohne pl⟩ AUTO *umg* normal (benzin) **~benzin** N normal benzin **ℓerweise** ADV normal olarak **~fall** M normal durum; **im ~** normal olarak, normalde **ℓisieren** V/R: **sich ~** ⟨ohne -ge-, h.⟩ normale dönmek **~verbraucher** M normal tüketici; *fig a*. Otto **~** sokaktaki adam **~zustand** M normal durum
**norm|en**, **~ieren** V/T ⟨ohne -ge-, h.⟩ standartlaştırmak, standardize etmek
**Norweg|en** N Norveç **~er** M ⟨-s; -⟩, **-in** F ⟨-; -nen⟩ Norveçli **ℓisch** ADJ Norveç(li) **~isch** N Norveççe
**Nostalgie** F ⟨-; ohne pl⟩ nostalji
**nostalgisch** ADJ nostaljik
**Not** F ⟨-; ⁻e⟩ darlık, zaruret; *(Mangel a.)* kıtlık; *(Elend, Leid)* sefalet; *(~fall)* acil durum; **in ~ sein** -*in* başı bertbe/belada olmak; **zur ~** gerekirse, ihtiyaç halinde; **~ leidend** sıkıntı çeken, yoksul
**Notar** M ⟨-s; -e⟩ noter **~iat** N ⟨-s; -e⟩ noterlik **ℓiell** ADV noterden, noterce **~in** F ⟨-; -nen⟩ noter (kadın)
**Not|arzt** M, **~ärztin** F acil hekim **~arztwagen** M cankurtaran arabası, ambülans **~aufnahme** F MED *im Krankenhaus* acil (servisi) **~ausgang** M imdat/tehlike çıkışı **~behelf** M geçici tedbir **~bremse** F imdat freni **~dienst** M: **~ haben** nöbetçi olmak; **Apotheke mit ~** nöbetçi eczane
**notdürftig** A ADJ *(spärlich)* pek az, yetersiz, kıt; *(provisorisch)* geçici, eğreti, derme çatma B ADV: **~ reparieren** idareten tamir etmek
**Note** F ⟨-; -n⟩ MUS, POL nota; *(Bankℓ)* banknot; *(Schulℓ)* not
**Notebook** [ˈnoutbuk] N ⟨-s;-s⟩ IT notebook
**Notenbank** F emisyon bankası; merkez bankası
**Notfall** M acil durum; **für den ~** acil durumlar için
**notfalls** ADV gerekirse
**notgedrungen** ister istemez; zorla

## NOTI | 830

**notier|en** ⟨ohne -ge-, h.⟩ **A** VT not etmek **B** VI WIRTSCH (mit -le) kote etmek; -den işlem görmek **◊ung** F ⟨-; -en⟩ WIRTSCH kota(syon)

**nötig** ADJ gerekli; ~ **haben** -e lazım/gerekli olmak

**nötigen** VT ⟨h.⟩ zorlamak

**Nötigung** F ⟨-; ohne pl⟩ JUR zorlama

**Notiz** F ⟨-; -en⟩ not; **sich** (dat) ~**en machen** not almak; **keine ~ nehmen von** -i dikkate almamak, -e aldırmamak **~block** M ⟨-s; -s⟩ bloknot **~buch** N not defteri

**Not|lage** F sıkıntılı/zor durum; (plötzlicher Notfall) acil durum **~lager** N barınak **◊landen** VI ⟨untrennb, -ge-, s.⟩ FLUG zorunlu iniş yapmak **~landung** F FLUG zorunlu iniş **~lösung** F geçici çözüm **~lüge** F zorunlu yalan **~maßnahme** F acil tedbir/önlem

**notorisch** ADJ uslanmaz, mahut, azılı

**Notruf** M TEL imdat telefonu **~nummer** F imdat numarası **~säule** F imdat telefonu **~signal** N imdat/tehlike işareti

**Not|sitz** M yedek koltuk **~stand** M POL olağanüstü durum/hal; **den nationalen ~ ausrufen** ülke çapında olağanüstü hal ilan etmek **~standsgebiet** N olağanüstü hal bölgesi; **bei Katastrophen** afet bölgesi **~stromaggregat** N jeneratör **~verband** M MED ilkyardım sargısı; **j-m e-n ~ anlegen** b-ine bş-ini sar(gıla)mak **~wehr** F ⟨-; ohne pl⟩ meşru müdafaa; **aus** (od **in**) **~** meşru müdafaa halinde

**notwendig** ADJ zorunlu, mecburi **◊keit** F ⟨-; -en⟩ zorunluluk, mecburiyet

**Novelle** [-v-] F ⟨-; -n⟩ (uzun) hikâye; POL kanun değişikliği

**November** [-v-] M ⟨-s; -⟩ kasım (ayı); **im ~** kasımda, kasım ayında

**Novize** [-v-] M ⟨-n; -n⟩ rahip adayı

**Nr.** abk für **Nummer** F numara (no.)

**Nu** M: **im ~** bir anda, çabucak

**Nuance** ['nyã:sə] F ⟨-; -n⟩ nüans, ince fark

**nüchtern** ADJ ayık; (sachlich) soğukkanlı, gerçekçi; **wieder ~ werden** ayılmak; **auf ~en Magen** aç karına

**Nudel** F ⟨-; -n⟩ makarna, erişte

**Nugat** ['nu:gat] M, N ⟨-s; -s⟩ nuga

**nuklear** [nukle'a:ɐ] ADJ nükleer **◊medizin** F ⟨-; ohne pl⟩ nükleer tıp **◊waffe** F nükleer silah

**null** ADJ sıfır; **~ Fehler** hatasız, sıfır yanlış; **~ Grad** sıfır derece; **gleich ~ sein** Chancen etc neredeyse sıfır olmak; umg **er hat ~ Ahnung** (davon) bu konuda bilgisi sıfır **~achtfünfzehn** ADJ umg harcıâlem

**Null|diät** F sıfır kalori perhizi **~lösung** F atom silahlarını sıfıra indirme **~punkt** M ELEK, TECH: **auf dem ~** sıfır noktasında **~runde** F ücret artışı getirmeyen toplu sözleşme **~tarif** M: **zum ~** ücretsiz **~wachstum** N WIRTSCH sıfır büyüme

**Nummer** F ⟨-; -n⟩ numara; Zeitung sayı; Größe numara, boy; umg **auf ~ sicher gehen** işi sağlama bağlamak

**nummerieren** VT ⟨ohne -ge-, h.⟩ numarala(ndır)mak

**Nummern|konto** N numara hesabı, şifreli hesap **~schild** N AUTO plaka

**nun** ADV şu anda; (also, na) evet şimdi, ee?; **von ~ an** bundan böyle; **was ~?** şimdi ne olacak?

**nur** ADV sadece, yalnızca; (bloß) a. ancak; (nichts als) sırf; **~ ein Mal** bir kerecik; **~ für Erwachsene** sadece yetişkinler (için); **~ noch** artık sadece; **~ so** (**zum Spaß**) sadece (şaka olsun diye) öyle; **er tut ~ so** o sırf/sadece öyle görünüyor; **nicht ~ ..., sondern auch ...** sade(ce) ... değil (üstelik) ...; **warte ~!** bekle hele!

**nuscheln** VI ⟨h.⟩ anlaşılmayacak şekilde konuşmak

**Nuss** F ⟨-; ⸚e⟩ (Hasel◊) fındık; (Wal◊) ceviz **~baum** M BOT ceviz ağacı; Möbel ceviz **~knacker** M ⟨-s; -⟩ fındıkkıran **~schale** F ceviz/fındık kabuğu

**Nutte** F ⟨-; -n⟩ umg fahişe, sokak kadını, vulg orospu

**Nutzanwendung** F ibret, ders

**nutz|bar** ADJ: **~ machen** faydalanılır hale getirmek **◊barkeit** F ⟨-; ohne pl⟩ kullanılırlık, fayda **~bringend** ADJ faydalı, verimli

**nütze** ADJ: **zu nichts ~ sein** hiç(bir) işe yaramamak; hiç kimseye faydası dokunmamak

**Nutzeffekt** M TECH verimlilik, randıman

**nutzen, nützen** ⟨h.⟩ **A** VI: **j-m ~**

## OBER

*b-ne* yaramak; **es nützt nichts (... zu tun)** (... yapmak) bir fayda getirmez B VT kullanmak; **Gelegenheit** -*den* yararlanmak

**Nutzen** M ⟨-s; *ohne pl*⟩ yarar, fayda; (*Gewinn*) kazanç, kâr; (*Vorteil*) avantaj; **~ ziehen aus** -*den* yarar sağlamak
**Nutzfläche** F AGR tarımsal alan
**Nutzlast** F saf yük
**Nutzleistung** F faydalı/gerçek güç
**nützlich** ADJ yararlı, faydalı; (*vorteilhaft*) avantajlı; **sich ~ machen** yardıma koşmak
**nutzlos** ADJ yararsız, faydasız, boş; **es ist ~, etw zu tun** -mek fayda getirmez
**Nutznießer** M ⟨-s; -⟩, **-in** F ⟨-; -nen⟩ yararlanan *adj*; JUR intifa hakkı sahibi
**Nutzpflanze** F faydalı bitki
**Nutzung** F ⟨-; -en⟩ yararlanma, faydalanma; (*Verwendung*) kullanım, kullanma
**~srecht** N intifa hakkı
**Nylon** ['nailɔn] ⟨-s; *ohne pl*⟩ naylon
**~strümpfe** PL naylon çorap *sg*
**Nymphomanin** [nʏmfo-] F ⟨-; -nen⟩ MED nemfoman

# O

**o, O** [oː] N ⟨-; -⟩ o, O
**o** INT **o ja!** tabii!
**o.** *abk* → **oben**
**O** *abk für* **Osten** M doğu
**o. Ä.** *abk* FÜR **oder Ähnlich(e, es)** ve benzer(ler)i(vb)
**Oase** F ⟨-; -n⟩ vaha; *fig* cennet
**ob** KONJ -ip -mediği; **als ~** sanki (... gibi), -mişçesine, güya; **so tun als ~** -miş gibi yapmak; *umg* (na) **und ~!** hem de nasıl!; **~ er wohl geht?** gidiyor mu acaba?
**OB** *abk* → **Oberbürgermeister**
**Obacht** F ⟨-; *ohne pl*⟩: **~ geben auf** (*akk*) -*e* dikkat etmek; (**gib**) **~!** dikkat (et)!
**Obdach** N ⟨-s; *ohne pl*⟩ barınacak yer
**⚥los** ADJ evsiz barksız; **~ werden** evsiz (barksız) kalmak **~lose** M,F ⟨-n; -n⟩ evsiz barksız (kişi) **~losenheim** N evsiz barksızlar yurdu

**Obduktion** [-'tsi̯oːn] F ⟨-; -en⟩ MED otopsi **⚥zieren** VT ⟨*ohne* -ge-, *h*.⟩ otopsi yapmak
**O-Beine** PL *umg* yay bacak *sg*
**o-beinig** ADJ *umg* yay bacaklı
**oben** ADV yukarıda; (*~auf*) en üstte; *an Gegenstand* -*in* en yukarısında; (*an der Oberfläche*) yüzeyde, üzerinde; *im Haus* yukarıda, üst katta; **da ~** şurada yukarıda; **links ~** yukarıda solda; **nach ~** yukarıya, *im Haus* üst kata; **siehe ~** yukarıya bak; **von ~** yukarıdan; *fig* tepeden inme; **von ~ bis unten** baştan aşağıya, *Person* tepeden tırnağa; **von ~ herab** *fig* tepeden bakarak; tepeden inme; **~ erwähnt** yukarıda anılan; **~ genannt** yukarıda adı geçen; *umg* **~ ohne** üstsüz
**obendrein** ADV üstelik, üstüne üstlük
**Ober** M ⟨-s; -⟩ (şef) garson
**Ober|arm** M üst kol **~arzt** M, **~ärztin** F servis şefi tabip **~befehlshaber** M MIL başkomutan **~begriff** M üst kavram **~bekleidung** F üst giyim **~bürgermeister(in)** M(F) büyükşehir belediye başkanı **~deck** N SCHIFF üst güverte
**obere** ADJ yukarı, üst; *fig a.* yüksek, üst
**Oberfläche** F yüzey; **an die ~ kommen** su yüzüne çıkmak
**oberflächlich** A ADJ yüzeysel; **~e Bekanntschaft** şöyle bir tanışıklık B ADV: **~ betrachtet** yüzeysel olarak bakılınca **⚥keit** F ⟨-; -⟩ yüzeysellik, sığlık
**Ober|geschoss** N, *österr* **~geschoß** N (üst) kat **~grenze** F üst sınır, azami had
**oberhalb** PRÄP (*gen*) -*in* yukarısında
**Ober|hand** F: **die ~ gewinnen** (über *akk*) -*e* karşı) üstünlük sağlamak **~haupt** N başkan, lider **~haus** N Lordlar Kamarası (*Ingiltere*) **~hemd** N gömlek, frenkgömleği **~herrschaft** F egemenlik
**Oberin** F ⟨-; -nen⟩ REL başrahibe
**oberirdisch** ADJ yeryüzünde, toprak üstünde; TECH havai
**Ober|kellner** M şef garson **~kiefer** M üst çene **~körper** M üst gövde, *umg* belden yukarısı **~landesgericht** N eyalet üst mahkemesi **~leitung** F üst düzey yönetimi; ELEK hava hattı **~lippe** F üst dudak **~schenkel** M

uyluk **~schicht** F *der Gesellschaft* üst tabaka **~schwester** F başhemşire **~seite** F üst taraf
**Oberst** M ⟨-en; -e⟩ MIL albay
**Oberstaatsanwalt** M başsavcı
**oberste** ADJ en (*höchste*) en yüksek; fig en yüksek derecede, şef, ilk
**Ober|studiendirektor(in)** M(F) lise müdürü **~stufe** F ⟨-; -⟩ lise(nin son üç sınıfı)
**Oberteil** N üst kısım
**obgleich** KONJ -diği halde, -in -mesine rağmen
**Obhut** F ⟨-; *ohne pl*⟩: **in s-e ~ nehmen** himayesi altına almak
**obig** ADJ yukarıdaki, yukarıda adı geçen
**Objekt** N ⟨-s; -e⟩ (*Immobilie*) emlak; FOTO konu; GRAM nesne **2iv** [-f] ADJ nesnel; (*unparteiisch*) a. tarafsız, objektif
**Objektiv** [-f] N ⟨-s; -e⟩ FOTO objektif
**objektivieren** [-v-] V/T ⟨*ohne ge-, h.*⟩ nesneleştirmek
**Objektivität** [-v-] F ⟨-; *ohne pl*⟩ nesnellik; tarafsızlık
**Obligation** ['ɔksa] F ⟨-; -en⟩ WIRTSCH tahvil, borçlanma senedi
**obligatorisch** ADJ zorunlu
**Oboe** F ⟨-; -n⟩ obua
**Observatorium** [-v-] N ⟨-s; -rien⟩ rasathane
**observieren** [-v-] V/T ⟨*ohne ge-, h.*⟩ Verdächtige gözlemek
**obskur** ADJ karanlık, şüpheli
**Obst** N ⟨-s; *ohne pl*⟩ meyva **~baum** M meyva ağacı **~garten** M meyva bahçesi **~händler(in)** M(F) manav **~kuchen** M meyvalı kek/pasta **~plantage** F meyva plantasyonu **~saft** M meyva suyu **~salat** M meyva salatası
**obszön** ADJ müstehcen **2ität** F ⟨-; -en⟩ müstehcenlik; müstehcen şey
**obwohl** KONJ -diği halde, -in -mesine rağmen
**Ochs|e** ['ɔksə] M ⟨-n; -en⟩ ZOOL öküz; *umg* fig budala **~enschwanzsuppe** F öküz kuyruğu çorbası
**ocker** ADJ toprak rengi
**Ocker** M ⟨-s; -⟩ toprak boyası
**od.** *abk für* oder veya
**öde** ADJ ıssız, boş kalan; fig (*langweilig, eintönig*) sıkıcı, monoton
**Ödem** N ⟨-s; -e⟩ MED ödem
**oder** KONJ veya, ya; **~ so** ya da şöyle; **~ vielmehr** daha doğrusu; **sie kommt doch, ~?** o geliyor, öyle değil mi?; **du kennst ihn ja nicht, ~ doch?** sen onu tanımıyorsun ki, yoksa tanıyor musun?; **entweder ... ~** ya ... ya (da); **~ aber** ya da
**Ofen** M ⟨-s; ⸚⟩ soba; (*BackⓔⒶ*) fırın; TECH ocak; *umg* **jetzt ist der ~ aus!** olan oldu!; *umg* **heißer ~** canavar gibi (*oto vs*) **~heizung** F soba(lı ısıtma) **~rohr** N soba borusu
**offen** Ⓐ ADJ açık; (*ehrlich*) açıkyürekli; **~e Rechnung** açık hesap; **~e Stelle** münhal iş/kadro; **~er Wein** açık (satılan) şarap; **die ~e See** açık deniz; **zu j-m ~ sein** b-le açık konuşmak Ⓑ ADV: **~ bleiben** açık/ortada kalmak; **~ gesagt** açıkçası; *Geschäft* **~ halten** açık tutmak; **~ s-e Meinung sagen** fikrini açıkça söylemek; **~ stehen** *Tür* açık olmak
**offenbar** ADV (*anscheinend*) görünüşe bakılırsa; (*offensichtlich*) açıkça
**offenbaren** V/T ⟨*ge-, h.*⟩ açığa vurmak; vahyetmek
**Offenbarung** F ⟨-; -en⟩ vahiy **~seid** M JUR yeminli varlık beyanı
**offenhalten** V/T ⟨*irr, -ge-, h.*⟩ fig, *Möglichkeiten* açık bırakmak
**Offenheit** F ⟨-; *ohne pl*⟩ açıklık, içtenlik
**offenherzig** ADJ açıkyürekli, dürüst; *Kleid hum* açık yakalı, dekolte
**offenkundig** ADJ apaçık, aşikâr
**offenlassen** V/T ⟨*irr, -ge-, h.*⟩ fig açık bırakmak
**offensichtlich** ADV apaçık, açıkça
**offensiv** [-f] ADJ saldırgan
**Offensive** [-və] F ⟨-; -n⟩ saldırı, hücum; **die ~ ergreifen** saldırıya geçmek
**offenstehen** V/I ⟨*irr, -ge-, h.*⟩: **j-m ~** fig b-ne açık olmak; *Rechnung* ödenmemiş olmak; **es steht Ihnen ~ zu** (yap)ıp (yap)mamakta serbestsiniz
**öffentlich** Ⓐ ADJ kamusal; **~e Mittel** kamu imkanları/bütçesi; **~e Verkehrsmittel** *pl* kamu ulaşım araçları; **~er Dienst** kamu hizmeti Ⓑ ADV: **~ auftreten** alenen ortaya çıkmak **2keit** F ⟨-; *ohne pl*⟩ kamu(oyu); **an die ~ bringen** kamuoyuna duyurmak; **in aller ~** alenen, herkesin gözü önünde **~rechtlich** ADJ kamusal (*kuruluş vs*)
**Offerte** F ⟨-; -n⟩ WIRTSCH teklif
**offiziell** ADJ resmi

**Offizier** M ⟨-s; -e⟩ MIL subay
**offiziös** ADJ yarı resmi
**offline** ['ɔflaɪn] ADJ IT off-line
**öffnen** A V/T açmak B V/R: **sich ~** ⟨h.⟩ açılmak
**Öffner** M ⟨-s; -⟩ açacak
**Öffnung** F ⟨-; -en⟩ aç(ıl)ma; (*Loch*) açıklık, delik **~szeiten** PL açılış saatleri
**Offsetdruck** M ofset baskı
**oft** ADV sık sık, çok defa
**öfter** ADV: **des Öfteren** sık sık
**oh** INT aa!
**OHG** *abk für* Offene Handelsgesellschaft F kollektif şirket (kol. şt.)
**Ohm** N ⟨-s; -⟩ ELEK ohm; **2sches Gesetz** N Ohm kanunu
**ohne** A PRÄP (*akk*) -siz B KONJ -meden, -meksizin; **~ mich!** beni saymayın!, ben yokum!; **~ ein Wort (zu sagen)** tek kelime söylemeden
**ohnehin** ADV nasıl olsa, zaten
**Ohn|macht** F ⟨-; -en⟩ baygınlık; (*Hilflosigkeit*) aciz; **in ~ fallen** bayılmak, kendinden geçmek **2mächtig** ADJ baygın; aciz; **~ werden** bayılmak, kendinden geçmek
**Ohr** N ⟨-s; -en⟩ kulak; *umg* **j-n übers ~ hauen** b-ni aldatmak/kandırmak; **bis über die ~en verliebt (verschuldet)** çok kötü âşık olmuş (borçlanmış) durumda; **viel um die ~en haben** işi başından aşkın olmak
**Ohren|arzt** M, **~ärztin** F kulak doktoru **2betäubend** ADJ kulakları sağır edici **~schmalz** N MED kulak yağı **~schmerzen** PL kulak ağrısı *sg* **~schützer** PL kulaklık *sg* **~sessel** M bejar koltuk **~zeuge** M kulak şahidi
**Ohr|feige** F ⟨-; -n⟩ tokat **2feigen** V/T ⟨h.⟩: **j-n** b-ni tokatlamak **~hörer** PL kulaklık *sg* **~läppchen** N ⟨-s; -⟩ kulak memesi **~ring** M küpe **~wurm** M ZOOL kulağakaçan; *umg* akla takılan melodi
**okkult** ADJ gizli; doğaüstü
**Öko|bewegung** F ekolojik hareket **~bilanz** F ekolojik bilanço **~laden** M ekolojik doğal ürünler mağazası
**Ökolog|e** M ⟨-n; -n⟩ çevrebilimci, ekolog **~ie** F ⟨-; *ohne pl*⟩ çevrebilim, ekoloji **~in** F ⟨-; -nen⟩ çevrebilimci, ekolog **2isch** ADJ çevre(bilim)sel, ekolojik
**Ökonom** M ⟨-en; -en⟩ iktisatçı **~ie** F ⟨-; -n⟩ iktisat, ekonomi; (*Sparsamkeit*) iktisat, tasarruf **~in** F ⟨-; -nen⟩ iktisatçı (kadın) **2isch** ADJ ekonomik, iktisatlı
**Ökosystem** N ekosistem, ekolojik sistem
**Okraschote** F ⟨-; -n⟩ bamya
**Oktan** N ⟨-s; *ohne pl*⟩ CHEM oktan **~zahl** F AUTO oktan (sayısı)
**Oktave** [-va] F ⟨-; -n⟩ MUS oktav
**Oktober** M ⟨-s; -⟩ ekim (ayı); **im ~** ekimde, ekim ayında
**okulieren** V/T ⟨*ohne ge-, h.*⟩ AGR -*e* gözaşısı yapmak
**Ökumene** F ⟨-; *ohne pl*⟩ bütün kiliselerin birliği
**ökumenisch** ADJ Hristiyanlık'ın birliğine ilişkin
**Öl** N ⟨-s; -e⟩ yağ; (*Erd2.*) petrol **~druck** M TECH yağ basıncı
**Oldtimer** ['oːltaɪmɐ] M ⟨-s; -⟩ oldtimer; *umg Person* eski toprak
**Oleander** M ⟨-s; -⟩ BOT zakkum
**ölen** V/T ⟨h.⟩ yağlamak
**Öl|farbe** F yağlıboya **~feld** N petrol üretim sahası **~filter** M, N AUTO yağ filtresi **~förderland** N petrol üreten ülke **~förderung** F petrol üretimi **~gemälde** N yağlıboya tablo **~gewinnung** F (sıvı) yağ üretimi **2haltig** ADJ yağlı **~heizung** F mazotlu kalorifer **2ig** ADJ yağlı
**oliv** [-f] ADJ zeytin yeşili, zeytunî
**Olive** [-va] F ⟨-; -n⟩ zeytin
**Oliven|baum** M zeytin ağacı **~öl** N zeytinyağı
**Öl|kanne** F yağdanlık **~krise** F petrol krizi **~kuchen** M TECH yağ küspesi **~lampe** F gaz(yağı) lambası **~leitung** F petrol borusu **~malerei** F yağlıboya resim **~messstab** M AUTO yağ ölçme çubuğu **~ofen** M gaz(yağı)/mazot sobası **~pest** F petrolle kirlenme **~quelle** F petrol kuyusu **~sardine** F (kutu) sardalya(sı) **~stand** M AUTO yağ durumu **~standsanzeiger** M AUTO yağ göstergesi **~tank** M yağ deposu **~tanker** M petrol tankeri **~teppich** M petrol tabakası **~ung** F TECH yağlama **~vorkommen** N petrol kaynakları *pl* **~wanne** F AUTO karter **~wechsel** M AUTO yağ değiştirme
**Olymp** M ⟨-s; *ohne pl*⟩ GEOG Olympos (dağı)

**Olympia...** IN ZSSGN Olimpiyat ...
**Olympiade** F ⟨-; -n⟩ Olimpiyat; *Spiele* Olimpiyat Oyunları *pl*
**olympisch** ADJ olimpik; **die 2en Spiele** Olimpiyat Oyunları
**Oma** F ⟨-; -s⟩ *umg* nine, büyükanne; *mütterlicherseits* anneanne; *väterlicherseits* babaanne
**Omelett** [ɔm(ə)ˈlɛt] N ⟨-s; -e *od* -s⟩, **~e** F ⟨-; -n⟩ omlet
**Omen** N ⟨-s; -⟩ alamet
**ominös** ADJ (*unheilvoll*) uğursuz; (*zweifelhaft*) şüpheli
**Omnibus** M otobüs
**onanieren** V/I ⟨*ohne* ge-, *h.*⟩ mastürbasyon yapmak
**ondulieren** V/T ⟨*ohne* ge-, *h.*⟩ ondüle etmek
**Onkel** M ⟨-s; -⟩ *väterlicherseits* amca; *mütterlicherseits* dayı; *angeheiratet* enişte
**online** [ˈɔnlaɪn] ADV it on-line
**Opa** M ⟨-s; -s⟩ *umg* dede, büyükbaba
**Open-Air-...** [ˈoʊpn ˈɛə-] açıkhava ...;
**Open-Air-Festival** n ⟨-s; -s⟩ açıkhava festivali
**Oper** F ⟨-; -n⟩ MUS opera
**operabel** ADJ MED ameliyatı mümkün
**Operation** [-ˈtsi̯oːn] F ⟨-; -en⟩ MED ameliyat; MIL harekât, operasyon
**Operations|basis** F MIL harekât üssü **~narbe** F ameliyat izi **~saal** M ameliyathane **~schwester** F MED ameliyat hemşiresi **~tisch** M ameliyat masası
**operativ** [-f] A ADJ MED **~er Eingriff** cerrahi müdahale B ADV MIL, WIRTSCH yöntemsel; *etw* **~ entfernen** *-i* ameliyatla almak
**Operette** F ⟨-; -n⟩ operet
**operieren** ⟨*ohne* ge-, *h.*⟩ A V/T MED **j-n ~** (**wegen** *-den*) ameliyat etmek; **sich ~ lassen** ameliyat olmak; **am Magen operiert werden** mide ameliyatı olmak, midesinden ameliyat olmak B V/I MED ameliyat yapmak; MIL harekâtta/operasyonda bulunmak; (*vorgehen*) hareket etmek, davranmak
**Opern|arie** F arya **~führer** M opera kılavuzu **~glas** N tiyatro dürbünü **~haus** N opera (*kuruluş, bina*) **~sänger(in)** M(F) opera şarkıcısı
**Opfer** N ⟨-s; -⟩ kurban; **~ bringen** fedakârlıklar yapmak; **zum ~ fallen** *-in* kurbanı olmak
**opferbereit** ADJ fedakâr **2schaft** F fedakârlık
**Opferfest** N *İslam* Kurban Bayramı
**Opfergabe** F kurban (sunma)
**opfern** V/T ⟨*h.*⟩ kurban etmek; *sein Leben* vermek, feda etmek
**Opium** N ⟨-s; *ohne pl*⟩ afyon
**Opponent** M ⟨-en; -en⟩, **-in** F ⟨-; -nen⟩ muhalif
**opponieren** V/I ⟨*ohne* ge-, *h.*⟩ (**gegen** *-e*) muhalefet etmek
**opportunistisch** ADJ oportünist(çe)
**Opposition** [-ˈtsi̯oːn] F ⟨-; -en⟩ (**gegen** *-e*) muhalefet **2ell** ADJ muhalif
**Oppositions|führer** M POL muhalefet lideri **~partei** F muhalefet partisi
**Optativ** M ⟨-s; -e⟩ GRAM dilek kipi
**Optik** F ⟨-; -en⟩ optik; dış görünüş; FOTO objektif, optik sistem; *fig* **nur der ~ wegen** sırf görünüşü kurtarmak için
**Optiker** M ⟨-s; -⟩, **-in** F ⟨-; -nen⟩ optiker, *umg* gözlükçü
**optimal** ADJ en iyi, optimal
**optimieren** V/T ⟨*ohne* ge-, *h.*⟩ optimize etmek
**Optimismus** M ⟨-; *ohne pl*⟩ iyimserlik
**Optimist** M ⟨-en; -en⟩, **-in** F ⟨-; -nen⟩ iyimser **2isch** ADJ iyimser
**Optimum** N ⟨-s; Optima⟩ optimum
**Option** [-ˈtsi̯oːn] F ⟨-; -en⟩ seçenek; WIRTSCH opsiyon, tercih
**optisch** ADJ optik
**Opus** N ⟨-; Opera⟩: MUS **~ 8** opus 8
**Orakel** N ⟨-s; -⟩ kehanet; kehanet yeri
**oral** ADJ, ADV ağızdan, oral
**orange** [oˈrãːʒ, oˈranʒ(ə)] ADJ turuncu, kavuniçi, portakal rengi
**Orange** [oˈrãːʒə, oˈranʒə] F ⟨-; -n⟩ portakal
**Orangensaft** M portakal suyu
**Orang-Utan** [oraŋˈuːtan] M ⟨-s; -s⟩ ZOOL orangutan
**Oratorium** N ⟨-s; Oratorien⟩ MUS oratoryo
**Orchester** [ɔrˈkɛstə] N ⟨-s; -⟩ orkestra
**Orchidee** [-ˈdeː(ə)] F ⟨-; -n⟩ BOT orkide
**Orden** M ⟨-s; -⟩ REL tarikat; (*Auszeichnung*) nişan, madalya
**Ordensschwester** F REL tarikat rahibesi
**ordentlich** A ADJ *Person, Zimmer,*

Haushalt düzenli, derli toplu, düzgün; (richtig, sorgfältig) doğru, özenli; (gründlich) esaslı; (anständig) terbiyeli; Leute namuslu; Mitglied olağan, tam; Gericht adlı; (beachtlich) hatırı sayılır; umg (tüchtig, kräftig) adamakıllı, esaslı **B** ADV **s-e Sache ~ machen** işini iyi yapmak; **sich ~ benehmen (anziehen)** terbiyeli davranmak (giyinmek)

**Order** F ⟨-; -s⟩ WIRTSCH sipariş (emri)

**ordern** V/T ⟨h.⟩ sipariş etmek

**Ordinalzahl** F MATH sıra sayısı

**ordinär** ADJ kaba, adi

**ordnen** V/T ⟨h.⟩ düzenlemek; (aufreihen) sıraya koymak; Akten dosyalamak; Angelegenheiten halletmek, çözmek

**Ordner** M ⟨-s; -⟩ bei Veranstaltungen güvenlik görevlisi; für Akten, IT klasör

**Ordnung** F ⟨-; ohne pl⟩ düzen; (Ordentlichkeit) düzenlilik, intizam; (Vorschriften) yönetmelik; (Anſ.) düzenleme, sıralama; (System) sistem, düzen; (Rang) derece, takım; **in ~** peki, iyi, tamam; TECH (iyi) işler durumda; **in ~ bringen** -i düzene sokmak, yoluna koymak; Zimmer toplamak; (reparieren) tamir etmek; umg **er ist in ~** o temizdir/sağlamdır; **es ist in ~** tamam, mesele yok; **(in) ~ halten** düzenli tutmak; **etw ist nicht in ~ (mit** -de) bir terslik var

**ordnungs|gemäß** **A** ADJ nizami **B** ADV usulünce **~halber** ADV usulen **~liebend** ADJ düzensever

**Ordnungsstrafe** F disiplin cezası

**ordnungswidrig** ADJ nizama aykırı

**Organ** N ⟨-s; -e⟩ MED organ; (Zeitung) -in organı; **ausführendes ~** yürütme organı **~bank** F ⟨-; -en⟩ MED organ bankası **~empfänger(in)** M(F) MED organ alıcısı **~erkrankung** F organik hastalık **~handel** M organ ticareti

**Organisation** [-'tsǐo:n] F ⟨-; -en⟩ organizasyon, düzenleme; örgüt, kuruluş

**Organisationstalent** N: **er hat** (od **ist ein**) **~** onda organizasyon becerisi var

**Organisator** M ⟨-s; -en⟩, **-in** F ⟨-; -nen⟩ organizatör, düzenleyen &isch ADJ organizasyonla ilgili

**organisch** ADJ organik

**organisieren** ⟨ohne ge-, h.⟩ **A** V/T organize etmek, düzenlemek; (beschaffen) bulup buluşturmak **B** V/R: **sich ~** örgütlenmek; gewerkschaftlich sendikalaşmak

**Organismus** M ⟨-; Organismen⟩ organizma

**Organist** M ⟨-en; -en⟩ orgçu, organist

**Organ|spende** F organ bağışı **~spender(in)** M(F) MED organ bağışlayan **~verpflanzung** F MED organ nakli

**Orgasmus** M ⟨-; Orgasmen⟩ orgazm

**Orgel** F ⟨-; -n⟩ MUS org

**Orgie** [-giə] F ⟨-; -n⟩ (sefahat) âlem(i)

**Orient** ['o:riənt] M ⟨-s; ohne pl⟩ Doğu, Şark; **der Vordere ~** Yakındoğu

**Orientalle** [oriɛn-] M ⟨-n; -n⟩, **-in** F ⟨-; -nen⟩ Doğulu, Şarklı

**orientalisch** ADJ Doğu(lu) subst

**orientieren** [oriɛn-] V/R ⟨ohne ge-, h.⟩: **sich ~ (nach, an** dat -e göre) yönünü belirlemek; **~ (über** akk hakkında) bilgilendirmek

**Orientierung** F ⟨-; ohne pl⟩: **die ~ verlieren** yönünü kaybetmek, umg pusulayı şaşırmak

**Orientierungs|punkt** M nirengi noktası **~sinn** M ⟨-s; ohne pl⟩ yön hissi **~stufe** F yöneliş sınıfları, 5.+6. ders yılı

**Original** N ⟨-s; -e⟩ orijinal, -in aslı; özgün adj; umg Person kendine özgü, orijinal adj **~fassung** F -in özgün biçimi &getreu ADJ aslına uygun **~kopie** F FILM etc orijinal kopya **~verpackung** F orijinal ambalaj

**originell** ADJ orijinal; (witzig) nüktedan, espritüel

**Orkan** M ⟨-s; -e⟩ kasırga &artig ADJ Sturm şiddetli, sert; Applaus alkış tufanı subst

**Ornament** N ⟨-s; -e⟩ süs(leme), tezyinat

**Ort**[1] M ⟨-s; -e⟩ yer; (~schaft) yerleşim merkezi, belde; (Stelle, Fleck) nokta; (Schauplatz) sahne

**Ort**[2] N ⟨-s; ⸚er⟩ **vor ~** olayın geçtiği yerde

**orten** V/T ⟨h.⟩ SCHIFF -in mevkiini tayin etmek

**orthodox** ADJ REL Ortodoks subst; fig köktenci, ortodoks

**Orthografl|ie** [-'fi:] F ⟨-; -n⟩ imla, yazım &isch ADV: **~ richtig** imla kurallarına uygun

**Orthopädl|e** M ⟨-n; -n⟩ MED ortopedist **~ie** F ⟨-; ohne pl⟩ ortopedi **~in**

# ORTH

F ⟨-; -nen⟩ ortopedist (kadın) **~isch** ADJ ortopedik

**örtlich** ADJ yerel; MED lokal; *adv* ~ **begrenzen (auf** *akk*) -*in* yerini (-*le*) kısıtlamak

**Ortsangabe** F yer belirtme
**ortsansässig** ADJ *bir yerin sakini*
**Ortschaft** F ⟨-; -en⟩ → Ort¹: **geschlossene ~** meskûn yer/belde
**Orts|gespräch** N TEL şehir içi telefon görüşmesi **~kenntnis** F: **~ besitzen** bir yeri bilmek **≗kundig** ADJ bir yeri iyi bilen **~name** M yer adı **~schild** N yer adı levhası **~sinn** M yön hissi **~tarif** M TEL şehir içi konuşma tarifesi **~teil** M mahalle **≗üblich** ADJ *bir yer için mutat* **~wechsel** M tebdili mekan **~zeit** F yerel/mahalli saat
**Ortung** F ⟨-; -en⟩ SCHIFF mevki tayini
**öS** HIST *abk für* Österreichischer Schilling M Avusturya şilini
**Öse** F ⟨-; -n⟩ kopça gözü, ilik, delik
**Ostblock** M ⟨-s; *ohne pl*⟩ HIST *neg!* Doğu Bloğu
**ostdeutsch** ADJ Doğu Alman(ya) *subst* **≗e** M,F ⟨-n; -n⟩ Doğu Almanyalı
**Osten** M ⟨-s; *ohne pl*⟩ doğu; **der Ferne ~** Uzakdoğu; **der Mittlere ~** Ortadoğu; **der Nahe ~** Yakındoğu; **nach ~** doğuya (doğru)
**Osteoporose** F ⟨-; -n⟩ MED osteoporoz; *umg* kemik erimesi
**Oster|ei** N Paskalya yumurtası **~hase** M Paskalya tavşanı
**Ostern** N ⟨-; -⟩ *christlich* Paskalya; *jüdisch* Hamursuz; **zu ~** Paskalya'da; **frohe ~!** Paskalyanız kutlu olsun!
**österr.** *abk für* österreichisch Avusturya(lı)
**Österreich** N Avusturya **~er** M ⟨-s; -⟩, **-in** F ⟨-; -nen⟩ Avusturyalı **≗isch** ADJ Avusturya(lı) *subst*
**Osteuropa** N Doğu Avrupa
**osteuropäisch** ADJ Doğu Avrupa(lı) *subst*
**östlich** A ADJ doğu B ADV: **~ von** -*in* doğusunda
**Östrogen** N ⟨-s; -e⟩ BIOL östrojen
**Ostsee** F Baltık Denizi
**ostwärts** ADV doğuya (doğru)
**Ostwind** M gündoğusu (rüzgârı)
**OSZE** F POL *abk für* Organisation für Sicherheit und Zusammenarbeit in Europa Avrupa Güvenliği ve İşbirliği Teşkilatı (AGİT)
**Oszillograf** M ⟨-en; -en⟩ osilograf
**Otter¹** M ⟨-s; -⟩ ZOOL su samuru
**Otter²** F ⟨-; -n⟩ ZOOL engerek yılanı
**out** [aut] ADJ demode
**outen** ['autən] VT ⟨*h.*⟩: **j-n (sich) ~ als** *b-nin (k-nin)* ... *olduğunu açığa vurmak*
**outsourcen** ['autso:rsən] VT *u.* VI ⟨*h.*⟩ WIRTSCH dışarıya iş vermek
**Ouvertüre** [uvɛr'ty:rə] F ⟨-; -n⟩ MUS **(zu ...)** uvertür(ü)
**oval** [-v-] ADJ oval, beyzi, elips biçiminde
**Oval** [-v-] N ⟨-s; -e⟩ oval/beyzi biçim
**Ovation** [ova'tsio:n] F ⟨-; -en⟩ alkış (coşkulu)
**Overheadprojektor** ['o:vəhɛdpro-'jɛktor] M tepegöz
**Ovulation** [ovula'tsio:n] F ⟨-; -en⟩ BIOL ovülasyon
**Oxidation** F ⟨-; -en⟩ CHEM oksitlenme
**oxidieren** VI ⟨*ohne ge-, h.*⟩ oksitlenmek
**Ozean** M ⟨-s; -e⟩ okyanus **≗isch** ADJ okyanus *subst*
**Ozon** N ⟨-s; *ohne pl*⟩ ozon **~alarm** M ÖKOL ozon alarmı **~loch** N ozon deliği **~schicht** F ⟨-; *ohne pl*⟩ ozon tabakası

# P

**p, P** [pe:] N ⟨-; -⟩ p, P
**p. A(dr).** *abk für* per Adresse eliyle (el.)
**paar** INDEF PR: **ein ~** birkaç, biraz
**Paar** N ⟨-s; -e⟩ çift; (*Ehe*≗) evli çift; (*Liebes*≗) iki sevgili; **ein ~ (neue) Schuhe** bir çift (yeni) ayakkabı
**paaren** VR ⟨*h.*⟩: **sich ~** çiftleşmek
**Paarlauf** N *Eiskunstlauf* ikili gösteri
**paarmal**: **ein ~** birkaç kez
**Paarung** F ⟨-; -en⟩ çiftleşme; SPORT eşleşme
**paarweise** ADV çifter çifter
**Pacht** F ⟨-; -en⟩ icar, kira; (*~zins*) icar/kira bedeli **≗en** VT ⟨*h.*⟩ kiralamak, icar tutmak

**Pächter** M ⟨-s; -⟩, **-in** F ⟨-; -nen⟩ icarcı, kiracı
**Pachtvertrag** M icar mukavelesi, kira sözleşmesi
**Pack**¹ M ⟨-s; -e *od* ⸚e⟩ (*Haufen*) yığın; (*Bündel*) deste, paket
**Pack**² N ⟨-s; *ohne pl*⟩ *pej* ayaktakımı, güruh
**Päckchen** N ⟨-s; -⟩ POST küçük paket; (*Packung*) paket
**Packeis** N (sabit) buz örtüsü
**packen** ⟨h.⟩ VT paketlemek; *Koffer* toplamak; *Paket* sarmak, paket etmek; *fig* (*mitreißen*) etkilemek, sürüklemek; *umg* **es ~** (*weggehen, aufbrechen*) (çekip) gitmek; *Prüfung* başarmak; (*ergreifen*) (**an** *dat* -den) yakalamak, tutmak
**Packen** M ⟨-s; -⟩ yığın; deste, paket
**packend** ADJ sürükleyici
**Pack|er** M ⟨-s; -⟩, **-in** F ⟨-; -nen⟩ ambalajcı, paketlemeci **~papier** N ambalaj/paket kâğıdı **~ung** F ⟨-; -en⟩ paket; (*Verpackung*) ambalaj(lama); MED, *Kosmetik* kompres **~ungsbeilage** F prospektüs, broşür
**Pädagog|e** M ⟨-n; -n⟩ eğitimci, pedagog **-in** F ⟨-; -nen⟩ eğitimci, pedagog **~ik** F ⟨-; *ohne pl*⟩ pedagoji **⸰isch** ADJ pedagojik; eğitimsel
**Paddel** N ⟨-s; -⟩ padıl **~boot** N padılbot
**paffen** *umg* A VI ⟨h.⟩ ağzından duman savurmak (içine çekmeden) B VT ⟨h.⟩ *Zigarette etc* içmek
**Page** ['pa:ʒə] M ⟨-n; -n⟩ *Hotel* komi
**pah** INT pöh!
**Paket** N ⟨-s; -e⟩ paket, koli **~annahme** F paket kabul gişesi **~ausgabe** F paket teslim gişesi **~karte** F koli gönderi formu **~post** F paket postası **~schalter** M paket gişesi **~zustellung** F paket tebligatı
**Pakistan** N Pakistan **~er** M ⟨-s; -⟩, **-in** F ⟨-; -nen⟩ Pakistanlı **~i** M ⟨-(s); -(s)⟩, ~ F ⟨-; -(s)⟩ Pakistanlı **⸰isch** ADJ Pakistan(lı) *adj*
**Pakt** M ⟨-s; -e⟩ pakt, antlaşma
**Palast** M ⟨-s; Paläste⟩ saray
**Palästin|a** N ⟨-s; *ohne pl*⟩ Filistin **~enser** M ⟨-s; -⟩, **~enserin** F ⟨-; -nen⟩ Filistinli **⸰ensisch** ADJ Filistin(li) *adj*
**Palatschinke** F ⟨-; -n⟩ GASTR krep
**Palaver** [-v-] N ⟨-s; -⟩ *umg* (boş) laf

**Palette** F ⟨-; -n⟩ *zum Transportieren und Stapeln* palet; (*Vielfalt*) yelpaze
**Palisade** F ⟨-; -n⟩ duvar, *aus Latten* set
**Palme** F ⟨-; -n⟩ palmiye (ağacı); *umg* **j-n auf die ~ bringen** b-nin tepesinin tasını attırmak
**Pampelmuse** F ⟨-; -n⟩ greyfrut
**Pamphlet** [pam'fle:t] N ⟨-s; -e⟩ kışkırtıcı politik yazı
**pampig** ADJ *umg* (*breiig*) lapamsı; (*frech, unfreundlich*) kaba, küstah
**panier|en** VT ⟨*ohne ge-, h.*⟩ pane etmek **⸰mehl** N galeta unu
**Panik** F ⟨-; -en⟩ panik; **in ~** panik içinde, paniğe kapılmış; **in ~ geraten** (**versetzen**) paniğe kapılmak (sokmak) **~mache** F ⟨-; *ohne pl*⟩ *pej* panik yaratma
**panisch** ADJ: **~e Angst haben** (**vor** *dat* -den) dehşete kapılmış olmak
**Panne** F ⟨-; -n⟩ arıza, bozukluk; (*Reifen⸰*) patlak
**Pannen|dienst** M, **~hilfe** F AUTO arıza servisi
**Panorama** N ⟨-s; Panoramen⟩ panorama
**panschen** ⟨h.⟩ VT *Wein etc* sulandırmak, *-e* su katmak
**Panther** M ⟨-s; -⟩ panter, leopar
**Pantoffel** M ⟨-s; -n⟩ terlik; *umg* **unter dem ~ stehen** kılıbık olmak **~held** M *umg* kılıbık (koca)
**Pantomime**¹ F ⟨-; -n⟩ pantomim
**Pantomime**² M ⟨-n; -n⟩ pantomimci
**Panzer** M ⟨-s; -⟩ MIL tank; (*Schutzhülle*) zırh; ZOOL kabuk **~abwehr** F MIL tanksavar **~glas** N kurşun geçirmez cam **~schrank** M zırhlı kasa
**Papa** M ⟨-s; -s⟩ baba(cığım)
**Papagei** M ⟨-s *od* -en; -en⟩ papağan
**Papier** N ⟨-s; -e⟩ kâğıt; **~e** *pl* kâğıtlar, belgeler **~geld** N ⟨-s; *ohne pl*⟩ kâğıt para **~korb** M kâğıt/çöp sepeti **~krieg** M *umg* bürokrasi, kırtasiyecilik **~serviette** F kâğıt peçete **~taschentuch** N kâğıt mendil **~tüte** F kesekâğıdı
**Pappbecher** M kâğıt bardak
**Pappe** F ⟨-; -n⟩ karton, *stärker* mukavva; *umg* **nicht von ~** az buz değil
**Pappel** F ⟨-; -n⟩ kavak
**pappen** ⟨h.⟩ A VI (*kleben, haften bleiben*) yapışmak, yapışıp kalmak B VT (*an-*

*kleben*) yapıştırmak
**Pappenstiel** M̄ *umg: das ist kein ~* bu iş oyuncak değil
**Papp|karton** M̄ karton kutu **~maschee** [papma'ʃeː] N̄ ⟨-s; -s⟩ pap(ye)maşe **~teller** M̄ kâğıt tabak
**Paprika** M̄ ⟨-s; -(s)⟩ *Gewürz* kırmızıbiber; *Schote* biber **~schote** F̄ dolmalık biber
**Papst** M̄ ⟨-(e)s; ⸚e⟩ Papa
**päpstlich** ADJ Papa(lık) *adj*
**Parabel** F̄ ⟨-; -n⟩ MATH parabol; (*Gleichnis*) mesel
**Parabolantenne** F̄ TV parabol anten
**Parade** F̄ ⟨-; -n⟩ MIL *etc* tören geçişi, resmigeçit **~beispiel** N̄ (uygun) örnek
**Paradies** N̄ ⟨-es; -e⟩ cennet ♀*isch* ADJ cennet *subst*, cennet gibi
**paradox** ADJ çelişkili, *umg* garip
**Paraffin** N̄ ⟨-s; -e⟩ CHEM parafin
**Paragraf** [-f] M̄ ⟨-en; -en⟩ JUR madde (md); (*Absatz*) paragraf
**parallel** ADJ ⟨mit, zu *-e*⟩ paralel, koşut
**Parallele** F̄ ⟨-; -n⟩ ⟨zu *-e*⟩ paralel(lik), koşutluk; benzerlik
**Parallelogramm** N̄ ⟨-s; -e⟩ MATH paralelkenar
**Parameter** M̄ MATH *etc* parametre, değişken
**paramilitärisch** ADJ paramiliter
**Paranoia** [-'noya] F̄ ⟨-; *ohne pl*⟩ MED paranoya
**paranoid** ADJ paranoyak
**Paranuss** F̄ Brezilya cevizi
**paraphieren** V̄T̄ ⟨*ohne ge-, h.*⟩ imzalamak, paraf(e) etmek
**Parapsychologie** F̄ parapsikoloji
**Parasit** M̄ ⟨-en; -en⟩ asalak, parazit
**parat** ADJ hazır, el altında
**Pärchen** N̄ ⟨-s; -⟩ (*Liebespaar*) iki sevgili; *Tiere* hayvan çifti
**pardon** [par'dõː] INT pardon!; affedersin(iz)!
**Parfüm** N̄ ⟨-s; -e, -s⟩ parfüm **~erie** F̄ ⟨-; -n⟩ parfümeri ♀*ieren* V̄R̄: *sich ~* ⟨*ohne ge-, h.*⟩ parfüm sürünmek
**Pariser** M̄ ⟨-s; -⟩ Parisli; *umg* (*Kondom*) kaput, lastik **~in** F̄ ⟨-; -nen⟩ Parisli (kadın)
**Parität** F̄ ⟨-; *ohne pl*⟩ (*zahlenmäßige Gleichheit, Gleichstellung*) eşitlik, denge; (*Währungs*♀) parite
**paritätisch** ADJ eşit katılımlı
**Park** M̄ ⟨-s; -s⟩ park **~anlage(n** PL̄⟩ F̄ park(lar), bahçe(ler) **~bank** F̄ park sırası **~deck** N̄ otopark katı
**parken** ⟨*h.*⟩ A V̄Ī park etmek/yapmak; *schräg ~* eğrilemesine park etmek B V̄T̄ AUTO park etmek; *in zweiter Reihe ~* ikinci sıraya park etmek; *de Autos* park etmiş arabalar; ♀ *verboten!* park etmek yasaktır
**Parkett** N̄ ⟨-s; -e⟩ parke; THEAT birinci, ön sıralar *pl* **~(fuß)boden** M̄ parke döşeme
**Park|gebühr** F̄ park ücreti **~haus** N̄ katlı otopark **~kralle** F̄ tekerlek kilitleyici pençe **~lücke** F̄ (boş) park yeri **~möglichkeit** F̄ park imkânı **~platz** M̄ otopark (alanı); (*Parklücke*) park yeri **~scheibe** F̄ *park süresi göstergesi* **~schein** N̄ (oto)park bileti **~scheinautomat** M̄ yanlış park eden **~uhr** F̄ park saati **~verbot** N̄ park yasağı; *hier ist ~* burada park yasağı var; *im ~ stehen* yanlış park etmiş olmak **~wächter** M̄ park bekçisi; AUTO otopark bekçisi
**Parlament** N̄ ⟨-s; -e⟩ parlamento **~arier** [-'riːe] M̄ ⟨-s; -⟩, **~arierin** F̄ ⟨-; -nen⟩ parlamenter ♀*arisch* ADJ parlamenter
**Parlamentswahlen** F̄/PL̄ genel seçim (-ler)
**Parmesan** M̄ ⟨-s; *ohne pl*⟩ Parma peyniri
**Parodie** F̄ ⟨-; -n⟩ ⟨*auf akk -in*⟩ parodi(si) ♀*ren* V̄T̄ ⟨*ohne ge-, h.*⟩ parodilemek, *-e* (alaylı) nazire yapmak
**Parodontose** F̄ ⟨-; -n⟩ MED parodontoz
**Parole** F̄ ⟨-; -n⟩ parola; POL slogan
**Partei** F̄ ⟨-; -en⟩ POL parti; taraf; *j-s ~ ergreifen* b-nin tarafını tutmak; *die ~ wechseln* karşı tarafa geçmek **~buch** N̄ parti üyelik belgesi **~chef(in)** M̄/F̄ parti başkanı **~ freund(in)** M̄/F̄ aynı partinin üyesi ♀*isch* ADJ taraflı ♀*lich* ADJ POL partizanca ♀*los* ADJ POL bağımsız **~mitglied** N̄ POL parti üyesi **~nahme** F̄ ⟨-; -n⟩ ⟨*für -den*⟩ taraf çıkma **~programm** N̄ POL parti programı **~tag** M̄ POL parti kongresi/kurultayı ♀*übergreifend* ADJ partilerüstü **~vorsitzende** M̄, F̄ parti başkanı **~zugehörigkeit** F̄ POL parti üyeliği
**Parterre** [-'tɛr(ə)] N̄ ⟨-s; -s⟩ zemin/giriş katı

**Partie** F ⟨-; -n⟩ *Spiel* parti, oyun; (*Teil*) parça, bölüm; WIRTSCH lot, parti; **e-e gute ~ machen** paralı bir karı/koca bulmak

**partiell** [par'tsĭɛl] ADJ kısmî

**Partikel¹** F ⟨-; -n⟩ GRAM kelimecik (çekimsiz)

**Partikel²** N ⟨-s; -⟩ parçacık, zerre

**Partisan** M ⟨-s, -en; -en⟩, **-in** F ⟨-; -nen⟩ çeteci

**Partitur** F ⟨-; -en⟩ MUS partisyon

**Partizip** F ⟨-; -ien⟩ GRAM ortaç

**Partner** M ⟨-s; -⟩, **-in** F ⟨-; -nen⟩ ortak, partner; (*Lebens*⁓) eş **~land** N ortak/partner ülke **~schaft** F ⟨-; -en⟩ hayat arkadaşlığı; ortaklık **~stadt** F kardeş kent

**Party** F ⟨-; -s⟩ parti, eğlence, toplantı; **auf e-e ~ gehen** bir partiye gitmek **~muffel** M umg eğlence toplantılarını sevmeyen **~raum** M eğlence salonu **~service** F büfe servisi

**Parzelle** F ⟨-; -n⟩ parsel

**parzellieren** VT ⟨ohne ge-, h.⟩ parsellemek

**Pascha** M ⟨-s; -s⟩ paşa; umg pej kadından hizmet bekleyen egoist erkek

**Pass** M ⟨-es; ⁓e⟩ (*Reise*⁓) pasaport; Sport pas; (*Gebirgs*⁓) geçit, bel

**passabel** ADJ yeterli, orta karar

**Passage** [-ʒə] F ⟨-; -n⟩ pasaj, geçit, geçiş; denizaşırı yolculuk

**Passagier** [-'ʒiːɐ] M ⟨-s; -e⟩, **-in** F ⟨-; -nen⟩ yolcu

**Passant** M ⟨-en; -en⟩, F ⟨-; -nen⟩ yaya; **~en** pl yoldan geçenler

**Passat(wind)** M ⟨-s; -e⟩ Alize rüzgarı

**Passbild** N vesikalık resim/fotoğraf

**passen** VI ⟨h.⟩ (*dat, auf akk,* **für**, *zu*) uymak; (*zusagen, genehm sein*) (j-m b-ne) uygun gelmek; *Kartenspiel* pas geçmek; **~ zu** (*farblich -in* rengi) *-e* uymak; **sie ~ gut zueinander** birbirlerine iyi uyuyorlar; **passt es Ihnen morgen?** sizce yarın uygun mu?; **das passt mir gar nicht** bu hiç de işime gelmiyor; **das passt (nicht) zu ihr** bu onun yapacağı iş (değil); umg **das könnte dir so ~!** böylesi senin işine gelir!; (*aufgeben*) *Kartenspiel u. fig* **ich passe!** benden paso!

**passend** ADJ uygun, uygun; umg **haben Sie es ~?** paranız bozuk mu?; **bei ~er Gelegenheit** uygun bir fırsatta, sırası gelince

**Passfoto** N ⟨-s; -s⟩ vesikalık resim

**passierbar** ADJ geçilebilir

**passieren** A VI ⟨ohne ge-, s.⟩ olmak, cereyan etmek, vukubulmak; **j-n ~ lassen** b-nin geçmesine izin vermek; **was ist passiert?** ne oldu? B VT ⟨ohne ge-, h.⟩ *Grenze etc* geçmek; *durch Sieb -den* geçirmek

**Passierschein** M geçiş belgesi, pasavan

**Passion** [-'sĭoːn] F ⟨-; -en⟩ (*Leidenschaft*) tutku; *Christi* İsa'nın çileleri

**passioniert** ADJ ateşli, *-e* tutkuyla bağlı

**passiv** [-f] ADJ edilgin, pasif; **~er Wortschatz** pasif kelime haznesi

**Passiv** [-f] N ⟨-s; -e⟩ GRAM edilgen çatı

**Passiva** [-v-] PL WIRTSCH pasifler

**Passivität** [-v-] F ⟨-; ohne pl⟩ edilginlik, pasiflik

**Passivrauchen** [-f-] N MED başkalarının içtiği tütünün dumanından etkilenme

**Pass|kontrolle** F pasaport kontrolü **~stelle** F pasaport şubesi

**Passstraße** F dağ geçidi

**Passwort** N IT şifre

**Paste** F ⟨-; -n⟩ macun, pat; TECH *a.* pasta

**Pastell** N ⟨-s; -e⟩ pastel **~farben** PL pastel boyası; pastel/uçuk renkler

**Pastete** F ⟨-; -n⟩ poğaça; (*Blätterteig*⁓) börek

**pasteurisieren** [pastøri'ziːrən] VT ⟨ohne ge-, h.⟩ pastörize etmek

**Pastille** F ⟨-; -n⟩ MED pastil

**Pastor** M ⟨-s; -en⟩, **-in** F ⟨-; -nen⟩ papaz (protestan)

**Pate** M ⟨-n; -n⟩ vaftiz babası; **~ stehen bei** *-in* oluşmasına katkıda bulunmak

**Patenkind** N vaftiz evladı

**Patenonkel** M vaftiz babası

**Patenschaft** F ⟨-; -en⟩ himaye; **die ~ übernehmen für** *-i* himayesine almak

**patent** ADJ umg iyi ve pratik; işbilir ve sempatik

**Patent** N ⟨-s; -e⟩ patent, ihtira; **zum ~ anmelden** *-in* patenti için başvurmak **~amt** N patent dairesi

**Patentante** F vaftiz annesi

**Patent|anwalt** M patent avukatı **⁓ieren** VT ⟨ohne ge-, h.⟩ patent tahsis etmek, umg patent vermek; **etw ~ lassen** patent tahsis ettirmek, umg *-in* patentini almak **~inhaber(in)** M(F) patent sahibi

**~lösung** F umg, **~rezept** N umg kesin çözüm/reçete

**Pater** M ⟨-s; -, Patres⟩ papaz (katolik)

**pathetisch** ADJ patetik, hamasî, tumturaklı, heybetli (ifade)

**Pathologe** M ⟨-n; -n⟩ patolog **~logie** F ⟨-; ohne pl⟩ patoloji **♀logisch** ADJ patolojik

**Pathos** N ⟨-; ohne pl⟩ tumturak, heybet

**Patient** [pa'tsi̯ɛnt] M ⟨-en; -en⟩ hasta (kişi); müşteri (hekimin) **~enkartei** F hasta fişi **~in** F ⟨-; -nen⟩ hasta (kadın)

**Patin** F ⟨-; -nen⟩ vaftiz annesi

**Patina** F ⟨-; ohne pl⟩ pas, küf

**Patriarch** M ⟨-en; -en⟩ Patrik

**patriarchalisch** ADJ ataerkil

**Patriot** M ⟨-en; -en⟩, **-in** F ⟨-; -nen⟩ yurtsever **♀isch** ADJ yurtsever(ce) **~ismus** M ⟨-; ohne pl⟩ yurtseverlik

**Patron** M ⟨-s; -e⟩ pir

**Patrone** F ⟨-; -n⟩ kartuş; Gewehr fişek

**Patrouille** [pa'trʊljə] F ⟨-; -n⟩ devriye

**patrouillieren** [patrʊl'ji:rən] VI ⟨ohne ge-, h.⟩ devriye gezmek

**patsch** INT şap!

**Patsche** F ⟨-; -n⟩ umg: **in der ~ sitzen** müşkül durumda olmak; **j-m aus der ~ helfen** b-ni müşkül bir durumdan kurtarmak

**patzen** VI ⟨h.⟩ umg falso/hata etmek

**Patzer** M ⟨-s; -⟩ umg hata

**patzig** ADJ umg ters (cevap vs)

**Pauke** F ⟨-; -n⟩ davul; umg fig **auf die ~ hauen** felekten bir gün çalmak; yerden yere çalmak; böbürlenmek; umg fig **mit ~n und Trompeten durchfallen** büyük bir başarısızlığa uğramak

**pauken** VI & VT ⟨h.⟩ umg (lernen) ineklemek

**pausbäckig** ADJ tombul yanaklı

**pauschal** A ADJ Summe götürü; Urteil toptan B ADV (undifferenziert) genelleyerek, genellemeyle

**Pauschale** F ⟨-; -n⟩ götürü (ücret) **~gebühr** F maktu harç **~reise** F birleşik tur/gezi **~urlaub** M kombine fiyatlı tatil **~urteil** N toptan yargı, genelleme

**Pause** F ⟨-; -n⟩ ara, mola; in Rede etc duraklama; Schule teneffüs; THEAT perde arası; SPORT devre arası; Kino ara, antrakt

**pausen** VT ⟨h.⟩ veraltend kopya etmek

**pausenlos** A ADJ aralıksız B durmadan, ara vermeden, kesintisiz

**Pausenzeichen** N Radio ara müziği; MUS sus işareti

**pausieren** VI ⟨ohne ge-, h.⟩ -e ara vermek

**Pauspapier** N yağlı kağıt, aydinger kağıdı

**Pavian** [-v-] M ⟨-s; -e⟩ şebek

**Pavillon** ['pavɪljɔn] M ⟨-s; -s⟩ pavyon; küçük köşk

**Pay-TV** ['pe:ti:vi:] N ücretli televizyon kanalı

**Pazifismus** M ⟨-; ohne pl⟩ pasifizm

**Pazifist** M ⟨-en; -en⟩, **-in** F ⟨-; -nen⟩ pasifist **♀isch** ADJ pasifist

**PC** [pe:'tse:] M ⟨-; -⟩ abk für Personalcomputer kişisel bilgisayar

**PC-Arbeitsplatz** [pe'tse:-] M bilgisayar başında yapılan görev

**Peanuts** ['pi:nats] PL hum ufak tefek şeyler, teferruat, çerez sg

**Pech¹** N ⟨-s; ohne pl⟩ talihsizlik, şansızlık; **~ haben (bei, mit** -de) talihi yaver gitmemiş olmak

**Pech²** N ⟨-s; ohne pl⟩ zift

**pechschwarz** ADJ umg kapkara

**Pech|strähne** F talihsizlik dönemi **~vogel** M umg işi hep ters giden

**Pedal** N ⟨-s; -e⟩ pedal

**Pedant** M ⟨-en; -en⟩ titiz, müşkülpesent **~erie** F ⟨-; ohne pl⟩ titizlik, müşkülpesentlik **♀isch** ADJ titiz, kılı kırk yaran

**Pediküre** F ⟨-; -n⟩ (Fußpflege) pedikür

**Pegel** M ⟨-s; -⟩ (Wasserstand) su düzeyi; Lautstärke etc ses yüksekliği

**Pegelstand** M von Wasser su düzeyi

**peilen** ⟨h.⟩ Standort, Richtung kerteriz etmek, Wassertiefe iskandil etmek; fig **die Lage ~** umg manzarayı çakmak

**Peilgerät** N radyo detektörü

**Pein** F ⟨-; ohne pl⟩ eziyet, ıstırap

**peinigen** VT ⟨h.⟩ -e eziyet etmek, ıstırap vermek

**peinlich** ADJ nahoş, utandırıcı; Schweigen, Situation a. sıkıntılı; **es war mir ~** çok utandım; **j-n ~ berühren** b-ni mahcup etmek; **~ genau** gayet dakit/titiz **♀keit** F ⟨-; -en⟩ Eigenschaft titizlik; Äußerung, Sache ayıp, falso, pot

**Peitsche** F ⟨-; -n⟩ kamçı, kırbaç

**peitschen** A VI ⟨s.⟩: **gegen etw ~** Re-

**gen** etc **-i** kamçılamak, kırbaçlamak; *Schüsse yağmak* **B** *VjT* ⟨*h.*⟩ kamçılamak, kırbaçlamak

**Peking** N̄ ⟨-s; *ohne pl*⟩ Pekin
**Pelikan** M̄ ⟨-s; -e⟩ pelikan (kuşu)
**Pelle** F̄ ⟨-; -n⟩ kabuk, zar
**pellen** ⟨*h.*⟩ **A** *VjT Kartoffeln, Eier* soymak **B** *VjR:* **sich ~** *Haut* soyulmak
**Pellkartoffel** F̄ haşlanmış patates (kabuğuyla)
**Pelz** M̄ ⟨-es; -e⟩ kürk; *unbearbeitet* post, deri ⚲**gefüttert** ADJ kürk astarlı **~geschäft** N̄ kürkçü dükkanı ⚲**ig** ADJ *Zunge* kuru ve tatsız **~mantel** M̄ kürk manto/palto
**Pendel** N̄ ⟨-s; -⟩ pandül, sarkaç
**Pendelbus** M̄ mekik otobüsü
**pendeln** *VjI* ⟨*s.*⟩: **zwischen X und Y ~** X ile Y arasında gidip gelmek
**Pendel|tür** F̄ çarpma kapı **~verkehr** M̄ mekik seferleri (*yakın iki istasyon arasında*); (*Berufsverkehr*) iş trafiği
**Pendler** M̄ ⟨-s; -⟩, **-in** F̄ ⟨-; -nen⟩ başka bir yerdeki işine gidip gelen
**penetrant** ADJ *Geruch* keskin; *Person* usandırıcı, sırnaşık
**peng** INT bum!, güm!
**penibel** ADJ aşırı titiz
**Penis** M̄ ⟨-; -se⟩ ANAT penis
**Penizillin** N̄ ⟨-s; -e⟩ MED penisilin
**pennen** *VjI* ⟨*h.*⟩ *umg* (*schlafen*) uyumak; **du hast gepennt!** (*nicht aufgepasst*) sen uyuyorsun?; aklın neredeydi?
**Penner** M̄ ⟨-s; -⟩, **-in** F̄ ⟨-; -nen⟩ *umg* (*Stadtstreicher*) berduş; (*langsamer Mensch*) mıymıntı
**Pension** [-'zio:n] F̄ ⟨-; -en⟩ (*Ruhegeld*) emekli maaşı (*memur*); (*Hotel*) pansiyon; **in ~** emekli; **in ~ gehen** emekliye ayrılmak
**Pensionär** M̄ ⟨-s; -e⟩, **-in** F̄ ⟨-; -nen⟩ emekli (*memur*)
**pension|ieren** [pɛnzio'ni:rən] *VjT* ⟨*ohne* ge-, *h.*⟩ emekliye ayırmak; **sich ~ lassen** (kendi isteğiyle) emekli olmak **~iert** ADJ emekli ⚲**ierung** F̄ ⟨-; -en⟩ emeklilik; emekli olma ⚲**ierungsalter** N̄ emeklilik yaşı
**pensionsberechtigt** ADJ emeklilik hakkı kazanmış
**Pensionsgast** M̄ pansiyon müşterisi, pansiyoner
**Pensum** N̄ ⟨-s; *Pensen*⟩ ödev

**Penthouse** ['pɛnthaus] N̄ ⟨-; -s⟩ çatı katı
**Pep** M̄ ⟨-(s)⟩ kıvraklık, canlılık
**Peperoni** F̄ ⟨-; -⟩ sivribiber
**per** PRÄP (pro) ... başına; (*durch, mit*) ile, yoluyla, eliyle; **~ Fax** faksla; **wir sind ~ du** senli benliyiz
**perfekt** ADJ tam, mükemmel, yetkin; *umg* **~ machen** bş-i karara bağlamak; **sie spricht ~ Englisch** mükemmel İngilizce konuşur
**Perfekt** N̄ ⟨-s; -e⟩ GRAM *Almancada* yaşantı geçmiş zamanı
**Perfektion** [-'tsio:n] F̄ ⟨-; *ohne pl*⟩ mükemmellik ⚲**ieren** [-'tsio-] *VjT* ⟨*ohne* ge-, *h.*⟩ mükemmelleştirmek **~ist** M̄ ⟨-en; -en⟩, **-in** F̄ ⟨-, -nen⟩ (aşırı) müşkülpesent
**perforieren** *VjT* ⟨*ohne* ge-, *h.*⟩ delmek, zımbalamak
**Pergament** N̄ ⟨-s; -e⟩ parşömen **~papier** N̄ parşömen kağıdı
**Period|e** F̄ ⟨-; -n⟩ devir, dönem; *der Frau* aybaşı, regl ⚲**isch** [-'zio-] ADJ periyodik; *Zeitschrift vs* süreli yayın
**Peripherie** [-f-] F̄ ⟨-; -n⟩ (*Randzone*) kenar/dış mahalleler *pl*; IT periferi; **an der ~ von** *-in* çevresinde/kenarında
**Perle** F̄ ⟨-; -n⟩ inci; (*Glas*⚲) boncuk; (*Schweiß*⚲) damla
**perlen** *VjI* ⟨*h.*⟩ *Sekt* etc köpürmek, pırıldamak
**Perlenkette** F̄ inci gerdanlık
**Perlmuschel** F̄ istiridye
**Perlmutt** N̄ ⟨-s; *ohne pl*⟩ sedef
**perplex** ADJ *umg* şaşkın
**Perser** M̄ ⟨-s; -⟩, **-in** F̄ ⟨-; -nen⟩ İranlı **~teppich** M̄ İran halısı
**Persianer** M̄ ⟨-s; -⟩, **~mantel** M̄ astrakan (manto)
**persisch** ADJ İran(lı) *subst*; Fars *subst*
**Persisch** N̄ Farsça
**Person** F̄ ⟨-; -en⟩ kişi, şahıs; THEAT etc *a.* karakter, rol; **pro ~** kişi başı(na); **ein Tisch für drei ~en** üç kişilik bir masa; **erste** etc **~** GRAM birinci ve (tekil/çoğul) şahıs
**Personal** N̄ ⟨-s; *ohne pl*⟩ personel, kadro; **zu wenig ~ haben** kadrosu eksik olmak **~abbau** M̄ personel azaltma **~abteilung** F̄ personel servisi **~akte** F̄ personel dosyası **~ausweis** M̄ kimlik (kartı/cüzdanı) **~büro** N̄ personel bü-

rosu **~chef** (**in** F̲) M̲ personel şefi
**~computer** M̲ kişisel bilgisayar, PC
**Personalien** [-li̅ən] P̲L̲ kimlik *sg*, kimlik bilgileri *pl*; **j-s ~ aufnehmen** b-nin kimliğini tesbit etmek
**Personal|kosten** P̲L̲ personel giderleri **~mangel** M̲ personel eksikliği **~politik** F̲ personel politikası **~pronomen** N̲ GRAM şahıs zamiri **~vertretung** F̲ personel temsilciliği
**personell**; **~e Veränderungen** F̲/P̲L̲ personel değişikliği *sg*
**Personen|beschreibung** F̲ eşkal **~kraftwagen** M̲ binek otomobili **~kreis** M̲ çevre, sözkonusu kişiler **~kult** M̲ kişinin putlaştırılması **~schaden** M̲ yaralanma, ölüm **~verkehr** M̲ yolcu trafiği **~wagen** M̲ BAHN yolcu vagonu; AUTO binek otomobili **~zug** M̲ yolcu treni
**personifizieren** V̲T̲ ⟨*ohne ge-*, *h.*⟩ kişileştirmek
**persönlich** A̲D̲J̲ kişisel, şahsi **⌾keit** F̲ ⟨-; -en⟩ kişilik, şahsiyet
**Perspektive** [-v-] F̲ ⟨-; -n⟩ Malerei, ARCH perspektif; bakış açısı; *fig* ümit
**perspektivisch** [-v-] A̲D̲J̲ perspektif; **etw ~ sehen (zeichnen)** bş-i perspektif olarak görmek (çizmek)
**Peru** N̲ ⟨-s; *ohne pl*⟩ Peru **~aner** M̲ ⟨-s; -⟩, **~anerin** F̲ ⟨-; -nen⟩ Perulu **⌾anisch** A̲D̲J̲ Peru(lu) *subst*
**Perücke** F̲ ⟨-; -n⟩ peruk(a), takma saç
**pervers** [-v-] A̲D̲J̲ sapık **⌾ität** F̲ ⟨-; -en⟩ sapıklık
**Pessar** N̲ ⟨-s; -e⟩ MED spiral
**Pessimismus** M̲ ⟨-; *ohne pl*⟩ kötümserlik, karamsarlık, pesimizm
**Pessimist** M̲ ⟨-en; -en⟩, **-in** F̲ ⟨-; -nen⟩ kötümser **⌾isch** A̲D̲J̲ kötümser
**Pest** F̲ ⟨-; *ohne pl*⟩ MED salgın hastalık, veba
**Pestizid** N̲ ⟨-s; -e⟩ AGR tarım ilacı
**Petersilie** [-liə] F̲ ⟨-; -n⟩ maydanoz
**Petroleum** [pe'tro:leum] N̲ ⟨-s; *ohne pl*⟩ gaz(yağı)
**petzen** V̲I̲ ⟨*h.*⟩ *umg* gammazlamak
**Pf.** HIST *abk für* Pfennig fenik
**Pfad** M̲ ⟨-s; -e⟩ patika, keçiyolu; IT path **~finder(in)** M̲/F̲ izci
**Pfahl** M̲ ⟨-s; Pfähle⟩ ARCH kazık **~bau** M̲ kazıklar üzerine kurulu bina
**Pfand** N̲ ⟨-s; ⸚er⟩ WIRTSCH rehin; (*Bürgschaft*) kefalet; (*Flaschen⸚ etc*) depozito; **~ zahlen** depozito ödemek
**pfändbar** A̲D̲J̲ haczi mümkün
**Pfandbrief** M̲ WIRTSCH (rehinli/ipotekli) borç senedi
**pfänden** V̲T̲ ⟨*h.*⟩ JUR **etw ~** bşi haczetmek, bşe haciz koymak
**Pfand|flasche** F̲ depozitolu şişe **~haus** N̲ rehin(ci) dükkânı **~leiher(in)** M̲/F̲ rehinci **~schein** M̲ rehin makbuzu/senedi
**Pfändung** F̲ ⟨-; -en⟩ JUR haciz
**Pfanne** F̲ ⟨-; -n⟩ tava; *umg fig* **j-n in die ~ hauen** b-ne dersini vermek
**Pfannkuchen** M̲ krep
**Pfarr|amt** N̲ papazlık (makamı/cemaati) **~ei** F̲ ⟨-; -en⟩ papazlık (makamı/cemaati) **~er** M̲ ⟨-s; -⟩ papaz **~erin** F̲ ⟨-; -nen⟩ kadın papaz (*protestan*) **~gemeinde** F̲ cemaat **~haus** N̲ papaz evi **~kirche** F̲ bölge kilisesi
**Pfau** M̲ ⟨-s; -e⟩ tavus(kuşu) **~enauge** N̲ BIOL tavus benekli kelebek
**Pfd.** *abk für* Pfund yarım kilo, libre
**Pfeffer** M̲ ⟨-s; -⟩ karabiber **~minz** N̲ ⟨-es; -e⟩ *Bonbon* nane şekeri; ⟨-; *ohne pl*⟩ *Geschmack* nane **~minze** F̲ BOT nane
**pfeffern** V̲T̲ ⟨*h.*⟩ -e karabiber ekmek
**Pfefferstreuer** M̲ ⟨-s; -⟩ karabiberlik
**Pfeife** F̲ ⟨-; -n⟩ düdük; ıslık; (*Tabaks⸚*) pipo
**pfeifen** V̲I̲ *u.* V̲T̲ ⟨pfiff, gepfiffen, *h.*⟩ düdük çalmak; ıslık çalmak; *umg* **~ auf** (*akk*) **-i** iplememek
**Pfeil** M̲ ⟨-s; -e⟩ ok
**Pfeiler** M̲ ⟨-s; -⟩ sütun, kolon, direk; (*Brücken⸚*) payanda
**pfeil|förmig** A̲D̲J̲ ok biçiminde **⌾spitze** F̲ ok ucu
**Pfennig** M̲ ⟨-s; -e⟩ HIST fenik; *fig* kuruş, metelik **~absatz** M̲ *Damenschuh* sivri topuk
**Pferch** M̲ ⟨-s; -e⟩ ağıl
**pferchen** V̲T̲ ⟨*h.*⟩ *fig* (**in** *akk* **-e**) tıkıştırmak
**Pferd** N̲ ⟨-s; -e⟩ at; **zu ~e** at sırtında
**Pferde|fuß** *umg fig*: **die Sache hat e-n ~** bu işte bir bit yeniği var **~koppel** F̲ at otlağı **~rennbahn** F̲ at yarışı parkuru **~rennen** N̲ at yarışı **~schwanz** M̲ *Frisur* atkuyruğu **~stall** M̲ at ahırı **~stärke** F̲ beygir gücü

~zucht F at yetiştiriciliği
**Pfiff** M ⟨-s; -e⟩ düdük sesi; ıslık; **mit ~** esprisi olan
**Pfifferling** M ⟨-s; -e⟩ horozmantarı; *umg* **keinen ~ wert** beş para etmez
**pfiffig** ADJ *Person* açıkgöz, zeki; *Idee* akıllıca
**Pfingst|en** N ⟨-; -⟩ REL Pantekot (yortusu); ~**montag** M *Pantekot haftasının pazartesi günü* ~**rose** F BOT şakayık
**Pfirsich** M ⟨-s; -e⟩ şeftali
**Pflanze** F ⟨-; -n⟩ bitki
**pflanzen** V/T ⟨h.⟩ dikmek
**Pflanzen|fett** N bitkisel yağ, vejetalin &**fressend** ZOOL ot yiyen, otobur ~**kunde** F bitkibilim ~**öl** N bitkisel yağ ~**schutzmittel** N bitki koruma ilacı
**pflanzlich** ADJ bitkisel
**Pflaster** N ⟨-s; -⟩ MED (yapışkan) plaster; (*Straßen*&) kaldırım; *umg fig* **ein teures ~** pahalı bir şehir *etc*; *umg fig* **ein heißes (gefährliches) ~** civcivli (tehlikeli) bir şehir *vs* ~**maler** M kaldırım resamı &**n** V/T ⟨h.⟩ (yolu/caddeyi) kaplamak ~**stein** M kaldırım taşı
**Pflaume** F ⟨-; -n⟩ erik; (*Back*&) erik kurusu; *umg* (*Versager*) beceriksiz
**Pflaumenmus** N erik ezmesi
**Pflege** F ⟨-; *ohne pl*⟩ bakım; *von Beziehungen* geliştir(il)me; **in ~ nehmen** -*in* bakımını üstlenmek
**pflegebedürftig** ADJ bakıma muhtaç
**Pflege|eltern** PL koruyucu anne-baba ~**fall** M bakıma muhtaç kişi ~**heim** N bakım yurdu ~**kind** N *koruyucu anne-babaya verilmiş çocuk* &**leicht** ADJ bakımı kolay, dertsiz
**pflegen** ⟨h.⟩ **A** V/T -*e* bakmak; *Haut a.* korumak; *fig Beziehungen* geliştirmek; *Brauch etc* sürdürmek, yaşatmak; **sie pflegte zu sagen** o hep ... derdi **B** V/R: **sich ~** kendine (iyi) bakmak
**Pflegepersonal** N MED bakım personeli
**Pfleger** M ⟨-s; -⟩, **-in** F ⟨-; -nen⟩ MED (hasta)bakıcı; (*Tier*&) hayvan bakıcısı/bekçisi
**Pflegeversicherung** F bakım sigortası
**pfleglich** ADJ: **etw ~ behandeln** bş-e iyi bakmak
**Pflicht** F ⟨-; -en⟩ görev &**bewusst** ADJ görevinin bilincinde, işine bağlı ~**bewusstsein** N görev bilinci ~**fach** N zorunlu ders ~**gefühl** N görev duygusu ~**teil** M, N JUR mahfuz hisse ~**übung** F SPORT zorunlu idman; **e-e eine ~** adet yerini bulsun diye ~**versicherung** F yasal/zorunlu sigorta ~**verteidiger(in)** M(F) JUR mahkemece atanan savunma avukatı
**Pflock** M ⟨-s; Pflöcke⟩ kazık
**pflücken** V/T ⟨h.⟩ koparmak, toplamak
**Pflug** M ⟨-s; Pflüge⟩ *einfach* saban; *schwerer* pulluk
**pflügen** V/T & V/I ⟨h.⟩ (tarla) sürmek
**Pforte** F ⟨-; -n⟩ (cümle) kapı(sı)
**Pförtner** M ⟨-s; -⟩ kapıcı
**Pfosten** M ⟨-s; -⟩ direk
**Pfote** F ⟨-; -n⟩ pençe, ön ayak
**Pfropf** M ⟨-s; -e⟩ *boruda tıkanma yaratan şey*; MED (*Blut*&) pıhtı
**pfropfen** V/T ⟨h.⟩ AGR *Obstbäume* aşılamak (*kalem aşısıyla*)
**Pfropfen** M ⟨-s; -⟩ tıkaç; tapa; MED tampon
**pfui** INT pöf!; yuh!
**Pfund** N ⟨-s; -e⟩ yarım kilo, libre; **10 ~** on libre &**weise** ADV yarım kilo halinde; *umg* çok
**Pfusch** M ⟨-s; *ohne pl*⟩ *umg* baştan savma iş, kötü iş &**en** V/I ⟨h.⟩ *umg* üstünkörü iş yapmak ~**er** M ⟨-s; -⟩, **-in** F ⟨-; -nen⟩ *umg* üstünkörü iş yapan (kişi)
**Pfütze** F ⟨-; -n⟩ su birikintisi, gölcük
**Phallussymbol** [f-] N fallik sembol
**Phänomen** [f-] N ⟨-s; -e⟩ fenomen, görüngü &**al** ADJ görüngüsel; *umg* akıllara durgunluk verici
**Phantasie** [f-] F *etc* → Fantasie *etc*
**Phantom** [f-] N ⟨-s; -e⟩ hayal
**Phantombild** [f-] N *e-s Verbrechers* robot resim
**Pharmaindustrie** [f-] F ilaç sanayii
**pharmazeutisch** [f-] ADJ eczacılık *subst*
**Pharmazie** [f-] F ⟨-; *ohne pl*⟩ eczacılık (bilimi)
**Phase** [f-] F ⟨-; -n⟩ evre, aşama; ELEK faz
**Philharmo|nie** [f-] F ⟨-; -n⟩ *Gebäude* konser salonu ~**niker** M ⟨-s, -⟩ *meist pl* filarmoni orkestrası
**Phillipinen** [f-] PL Filipinler
**Philolo|ge** [f-] M ⟨-n; -n⟩ filolog

**~gie** F ⟨-; -n⟩ filoloji **~gin** ⟨-; -nen⟩ filolog (kadını) **ᴅgisch** ADJ filolojik
**Philosoph** [filo'zo:f] M ⟨-en; -en⟩ düşünür, filozof **~ie** F ⟨-; ohne pl⟩ felsefe **ᴅieren** V/I ⟨ohne ge-, h.⟩ **(über** akk hakkında) felsefe yapmak **ᴅisch** ADJ felsefi
**phlegmatisch** [f-] ADJ ağırkanlı
**pH-neutral** [pe'ha:-] ADJ CHEM pH derecesi nötr
**Phonet|ik** [f-] F fonetik **ᴅisch** ADJ fonetik
**Phosphat** [fɔs'fa:t] N ⟨-s; -e⟩ CHEM fosfat **ᴅfrei** ADJ CHEM fosfatsız
**Phosphor** ['fɔsfɔ:ɐ] M ⟨-s; ohne pl⟩ CHEM fosfor **ᴅeszieren** V/I ⟨ohne ge-, h.⟩ fosforlanmak
**Photo(...)** [f-] etc → **Foto(...)** etc
**Phrase** [f-] F ⟨-; -n⟩ pej kalıpsöz, klişe (söz)
**pH-Wert** [pe'ha:-] M CHEM pH derecesi
**Physik** [f-] F ⟨-; ohne pl⟩ fizik **ᴅalisch** ADJ fiziksel, fiziki **~er** M ⟨-s; -⟩, **-in** F ⟨-; -nen⟩ fizikçi
**Physio|gnomie** [f-] F ⟨-; -n⟩ fizyonomi **~logie** F ⟨-; ohne pl⟩ fizyoloji **ᴅlogisch** ADJ fizyolojik **~therapeut(in)** M(F) MED fizyoterapist **~therapie** F fizyoterapi
**physisch** [f-] ADJ bedensel, bedeni
**Pianist** M ⟨-en; -en⟩, **-in** F ⟨-; -nen⟩ piyanist
**Piano** N ⟨-s; -s, Piani⟩ (Klavier) piyano
**Piccolo** M ⟨-s; -s⟩ Sekt küçük şişe köpüklü şarap **~flöte** F MUS pikolo flüt
**Pickel**[1] M ⟨-s; -⟩ (Spitzhacke) kazma
**Pickel**[2] M ⟨-s; -⟩ MED sivilce
**pickelig** ADJ sivilceli
**picken** V/T & V/I ⟨h.⟩ Vogel **(nach** -i) gagalamak
**Picknick** N ⟨-s; -s⟩ piknik **ᴅen** V/I ⟨h.⟩ piknik yapmak
**pieken** V/T u. V/I ⟨h.⟩ umg (stechen) batırmak
**piekfein** ADJ umg çok şık/kibar
**Piep** M ⟨-es; -e⟩ cik/düt (sesi); umg **er sagte keinen ~ mehr** (onun) gıkı çıkmaz oldu
**piepen** V/I ⟨h.⟩ Vogel cik cik etmek; ELEK ötmek, sinyal vermek; umg **bei dir piepts wohl?** sen aklını mı kaçırdın?
**piepsen** V/I tiz sesle konuşmak
**Pier** F ⟨-; -s⟩ SCHIFF rıhtım; iskele

**Piercing** [pɪəsɪŋ] N ⟨-s; ohne pl⟩ delme (küpe)
**Pietät** [pie'tɛ:t] F ⟨-; ohne pl⟩ saygı (Toten, Trauernden gegenüber)
**Pigment** N ⟨-s; -e⟩ pigment
**Pik** N ⟨-s; -s⟩ Kartenspiel maça
**pikant** ADJ baharatlı, acılı
**Pike** F ⟨-; -n⟩ umg fig: **etw von der ~ auf lernen** çekirdekten yetişmek
**pikiert** ADJ **(über** akk -e) içerlemiş
**Piktogramm** N ⟨-s; -e⟩ piktogram
**Pilger** M ⟨-s; -⟩ hacı
**Pilgerfahrt** F REL hac, ziyaret
**pilgern** V/I ⟨s.⟩ hacca gitmek; umg (hingehen) -e yollanmak
**Pille** F ⟨-; -n⟩ MED hap; fig **e-e bittere ~** acı ilaç; umg **die ~ nehmen** doğum kontrol hapı kullanmak; umg **die ~ danach** cinsel birleşmeden sonra kullanılacak doğum kontrol hapı **~nknick** M umg doğum kontrol hapının yaygınlaşmasıyla nüfus artışında ani düşme
**Pilot** M ⟨-en; -en⟩, **-in** F ⟨-; -nen⟩ FLUG pilot **~film** F TV deneme filmi (dizi) **~projekt** N pilot proje
**Pils** N ⟨-; -⟩, **~ener** N ⟨-s; -⟩ Pilsen birası
**Pilz** M ⟨-es; -e⟩ BOT, MED mantar; umg fig **wie ~e aus dem Boden schießen** mantar gibi yerden bitmek **~vergiftung** F mantar zehirlenmesi
**PIN-Code** M ⟨-s; -s⟩ kişisel şifre
**pingelig** ADJ umg (aşırı) titiz, sl kıl
**Pinguin** ['pɪŋguiːn] M ⟨-s; -e⟩ penguen
**Pinie** ['piːnɪə] F ⟨-; -n⟩ BOT fıstıkçamı
**Pinienkern** M çamfıstığı
**pinkeln** ⟨h.⟩ umg işemek; **~ gehen** umg çişe gitmek
**Pinnwand** F ilan tahtası
**Pinsel** M ⟨-s; -⟩ (boya) fırça(sı)
**pinseln** V/T (a. V/I) ⟨h.⟩ **-in** (fırçayla) resmini yapmak; **-i** (fırçayla) boyamak
**Pinzette** F ⟨-; -n⟩ cımbız
**Pionier** [-'niːɐ] M ⟨-s; -e⟩ öncü **~arbeit** F ⟨-; ohne pl⟩: **~ leisten für** -e öncülük etmek
**Pipeline** ['paɪplaɪn] F ⟨-; -s⟩ boru hattı
**Pipette** F ⟨-; -n⟩ MED, CHEM pipet
**Pirat** M ⟨-en; -en⟩ korsan
**Pirouette** [pi'ruɛtə] F ⟨-; -n⟩ piruet, çark
**Pisse** F ⟨-; ohne pl⟩ sl sidik
**pissen** V/I ⟨h.⟩ sl işemek

**Pistazie** [pıs'ta:tsīə] F ⟨-; -n⟩ şamfıstığı, antepfıstığı
**Piste** F ⟨-; -n⟩ FLUG pist
**Pistole** F ⟨-; -n⟩ tabanca
**Pizza** [-ts-] F ⟨-; -s⟩ GASTR pizza, pide
**Pizzeria** [-ts-] F ⟨-; -s⟩ pizzacı
**Pkw** ['pe:ka:ve:, pe:ka:'ve:] M ⟨-; -s⟩ *abk für* **Personenkraftwagen** M binek otomobili
**Pl.** *abk für* **Platz** M meydan
**Placebo** [pla'tse:bo] N ⟨-s; -s⟩ MED plasebo
**Plackerei** F ⟨-; -en⟩ *umg* didinme, eşek gibi çalışma
**plädieren** V/I ⟨*ohne* ge-, h.⟩ **(auf** *akk,* **für** *-in* lehinde) konuşmak, savunma yapma
**Plädoyer** [plɛdoa'je:] N ⟨-s; -s⟩ JUR son savunma (konuşması)
**Plage** F ⟨-; -n⟩ (*Insekten* *etc*) istila; (*Ärgernis*) bela, musibet
**plagen** ⟨h.⟩ **A** V/T rahatsız etmek; (*belästigen*) *-in* başına bela olmak; *stärker -e* eziyet etmek **B** V/R: **sich ~** zahmet çekmek, yorulmak **(mit** *-den*)
**Plagi|at** N ⟨-s; -e⟩ çalıntı, intihal **eren** V/I ⟨*ohne* ge-, h.⟩ çalıntı/intihal yapmak (*başkasının eserinden*)
**Plakat** N ⟨-s; -e⟩ afiş, duvar ilanı; *aus Pappe* pankart **ieren** V/I *u.* V/T ⟨*ohne* ge-, h.⟩ afişlemek **iv** [-f] ADJ çarpıcı
**Plakette** F ⟨-; -n⟩ (*Abzeichen*) plaket
**Plan** M ⟨-s; ¨-e⟩ plan; (*Absicht*) niyet; (*Stadt*) şehir planı/haritası; *fig* **Pläne schmieden** plan(lar) kurmak
**Plane** F ⟨-; -n⟩ branda
**planen** V/T ⟨h.⟩ planlamak
**Planer** M ⟨-s; -⟩ planlamacı
**Planet** M ⟨-en; -en⟩ gezegen
**Planetarium** N ⟨-s; Planetarien⟩ *Gebäude* planetaryum
**planieren** V/T ⟨*ohne* ge-, h.⟩ düzlemek
**Planierraupe** F TECH greyder
**Planke** F ⟨-; -n⟩ tahta, kereste
**Plankton** N ⟨-s; *ohne pl*⟩ plankton
**plan|los** ADJ plansız; (*ziellos*) amaçsız **~mäßig** **A** ADJ *Ankunft etc* tarifeye göre **B** ADV plan uyarınca **quadrat** N ⟨-s; -e⟩ haritanın bölümlendiği karelerden her biri
**Planschbecken** N eğlence havuzu
**planschen** V/I ⟨h.⟩ suyla oynamak
**Planstelle** F kadro (*açık veya dolu*)
**Plantage** [plan'ta:ʒə] F ⟨-; -n⟩ plantasyon
**Plan|ung** F ⟨-; -en⟩ *Projekt* planla(n)ma **~ungsstadium** N: **im ~** planlama safhasında **~wirtschaft** F planlı ekonomi
**Plappermaul** N *umg* boşboğaz, geveze
**plappern** V/I (*a.* V/I) ⟨h.⟩ *umg Kind etc* bıcır bıcır konuşmak; *pej* düşünmeden konuşmak
**plärren** V/I ⟨h.⟩ (*laut reden, lärmen*) patırtı etmek; (*laut weinen*) hüngürdemek
**Plasma** N ⟨-s; Plasmen⟩ plazma
**Plastik**[1] F ⟨-; -en⟩ (*Skulptur*) heykel
**Plastik**[2] N ⟨-s; *ohne pl*⟩ plastik; *umg* naylon **~becher** M plastik bardak **~folie** F plastik folyo; *umg* naylon **~geld** N *umg* plastik para **~tüte** F plastik torba
**plastisch** ADJ plastik; (*dreidimensional*) üç boyutlu; *fig* canlı; MED **-e Chirurgie** plastik cerrahi
**Plateau** [pla'to:] N ⟨-s; -s⟩ GEOG plato, yayla
**Platin** N ⟨-s; *ohne pl*⟩ platin
**platonisch** ADJ *Liebe* platonik
**platsch** INT şap!; cump!
**platschen** V/I *umg*: **~ gegen** *Regen etc* çarpmak; **~ auf** (*akk*) **-e** şaklamak; **ins Wasser ~** suya cump diye düşmek
**plätschern** V/I ⟨h.⟩ *Wasser* şıpırdamak; *im Wasser* suyla oynamak
**platt** ADJ (*flach*) yassı; (*eben*) düz; *fig* basmakalıp, bayat; *umg fig* şaşkın, afallamış; **~ drücken** yassılıtmak, bastırıp düzeltmek; *umg* **ich habe e-n en** lastiğim patladı (*od* inmiş)
**Platt** N ⟨-s; *ohne pl*⟩, **~deutsch(e)** N Kuzey Almanya diyalekti/dili
**Platte** F ⟨-; -n⟩ levha; (*Stein*) döşeme/kaldırım taşı; (*Paneel*) pano; (*Schall*) plak; (*Teller*) tabak; *umg* (*Glatze*) kabak kafa; **kalte ~** soğuk meze tabağı
**Platten|laufwerk** N IT sabit disk **~spieler** M pikap (*plak çalan*) **~teller** M tabla (*pikapta*)
**Platt|form** F platform; *fig* tartışma ortamı **~fuß** M MED düztaban (*ayak*); *umg* AUTO patlak lastik
**Plattitüde** F ⟨-; -n⟩ (*abgedroschene Redewendung*) klişe, beylik laf
**Platz** M ⟨-es; ¨-e⟩ (*Ort, Stelle*) yer; (*Lage*)

durum, konum, mevki; (Bauℤ) inşaat alanı; öffentlicher meydan, alan; (Sitzℤ) koltuk, (oturacak) yer; SPORT **auf ~ drei** üçüncü (derecede); **ist dieser ~ noch frei?** burası boş mu?; **~ machen für** -e yer açmak; (vorbeilassen) -e yol vermek; **~ nehmen** -e oturmak; **~ sparen** yerden kazanmak

**Platz|angst** F PSYCH umg (Klaustrophobie) klostrofobi **~anweiser(in)** M(F) teşrifatçı, yer gösterici
**Plätzchen** N ⟨-s; -⟩ yer (küçük, rahat), köşe; (Gebäck) kurabiye
**platzen** VI ⟨s.⟩ patlamak; fig (**vor** -den) patlamak; (reißen) çatlamak, yarılmak; fig Plan suya düşmek; WIRTSCH Wechsel karşılıksız çıkmak; umg **vor Neugier ~** meraktan çatlamak; umg fig **ins Zimmer ~** odaya dalmak
**platzieren** ⟨ohne ge-, h.⟩ A VT (hinstellen) yerleştirmek; Inserat (anbringen, einpassen) koymak B V/R: **sich als Dritter ~** derecelemede üçüncü olmak
**Platz|karte** F BAHN yer kuponu **~mangel** M yersizlik, yer darlığı **~patrone** F kurusıkı fişek **ℤraubend** ADJ fazla yer tutan **~regen** M sağanak **ℤsparend** ADJ az yer tutan **~verweis** M SPORT e-n **erhalten** sahadan çıkarılma cezası almak **~wunde** F MED açık yara, yırtık
**Plauderei** F ⟨-; -en⟩ sohbet, çene çalma
**plaudern** VI ⟨h.⟩ (**mit** -le) sohbet etmek, çene çalmak
**Play-back** ['pleıbæk] N ⟨-; -s⟩ TV play-back; **~ singen** play-back okumak/söylemek; **~ spielen** play-back çalmak
**Playboy** ['pleıbɔı] M ⟨-s; -s⟩ hovarda
**pleite** ADJ umg parasız, meteliksiz; **~ sein** meteliksiz olmak; **völlig ~ sein** beş parasız olmak
**Pleite** F ⟨-; -n⟩ umg WIRTSCH iflas; fig fiyasko; **~ machen** iflas etmek, top atmak
**pleitegehen** VI ⟨irr, -ge-, s.⟩ sıfırı tüketmek
**Plenum** N ⟨-s; Plenen⟩ genel meclis toplantısı
**Pleuelstange** F TECH biyel (kolu)
**Plissee** N ⟨-s; -s⟩ plise **~rock** M plise etek
**Plomb|e** F ⟨-; -n⟩ kurşun mühür; (Zahnℤ) (amalgam) dolgu **ℤieren** VT ⟨ohne ge-, h.⟩ kurşunla mühürlemek; -e dolgu yapmak
**plötzlich** A ADJ ani B ADV aniden, ansızın, birdenbire
**plump** ADJ (unbeholfen) hantal, sakar **ℤheit** F ⟨-; ohne pl⟩ körperliche hantallık, sakarlık; fig (plumpe Bemerkung etc) çam devirme
**plumps** INT cump! **~en** VI ⟨s.⟩ umg cump diye düşmek **ℤklo** N umg hela (çok basit)
**Plunder** M ⟨-s; ohne pl⟩ umg pılı pırtı, çerçöp
**Plünderer** ⟨-s; -⟩ yağmacı, talancı
**plünder|n** VI u. VT ⟨h.⟩ yağma etmek; umg Konto, Kühlschrank boşaltmak, -de bir şey bırakmamak **ℤung** F ⟨-; -en⟩ yağma, talan
**Plural** M ⟨-s; -e⟩ GRAM çoğul; **im ~** -in çoğulu
**Pluralismus** M ⟨-; ohne pl⟩ POL çoğulculuk
**pluralistisch** ADJ POL çoğulcu
**plus** A PRÄP MATH artı; **~ minus e-e Stunde** aşağı yukarı bir saat; **~ minus null abschneiden** -in kârı ve zararı eşit olmak B ADV: **10 Grad ~** artı on derece
**Plus** N ⟨-; -⟩ kazanç, kâr; **im ~ sein** kârda olmak; **~ machen** kâr yapmak **~betrag** M fazla miktar, kazanç
**Plüsch** M ⟨-s; -e⟩ pelüş
**Plüschtier** N pelüş hayvan (oyuncak)
**Pluspol** M ELEK artı kutup, faz
**Pluspunkt** M fig (Vorteil, Vorzug) avantaj; in Punktesystem artı puan
**Plusquamperfekt** N ⟨-s; -e⟩ GRAM Almancada önceleme geçmiş zamanı
**Plutonium** N ⟨-s; ohne pl⟩ NUKL plütonyum
**PLZ** abk für Postleitzahl F posta kodu
**Po** M ⟨-s; -s⟩ umg popo, kıç
**Pöbel** M ⟨-s; ohne pl⟩ pej avam, ayaktakımı **ℤhaft** ADJ pej avam (gibi)
**pochen** VI ⟨h.⟩ (klopfen) (**an** akk, **gegen** -e) vurmak; Herz çarpmak, küt küt atmak; zonklamak; **~ auf sein Recht** hakkını almak için dayatmak
**pochieren** [pɔ'ʃiːrən] VT ⟨ohne ge-, h.⟩ Ei kaynar suda pişirmek
**Pocken** PL MED çiçek sg **~impfung** F MED çiçek aşısı **~narbe** F çiçek bozuğu

**Podest** N ⟨-s; -e⟩ podyum, platform
**Podium** N ⟨-s; Podien⟩ seki, sahanlık
**Podiumsdiskussion** F panel (*tartışma*)
**Poesie** [poe'zi:] F ⟨-; *ohne pl*⟩ şiir (sanatı)
**Poet** [po'e:t] M ⟨-en; -en⟩, **-in** F ⟨-; -nen⟩ şair **≗isch** ADJ şairane
**Pogrom** N ⟨-s; -e⟩ katliam, soykırım
**Pointe** ['poɛ̃:tə] F ⟨-; -n⟩ *Geschichte* ana fikir, can alıcı nokta; (*Witz*) espri, nükte
**pointiert** [poɛ̃'ti:rt] ADJ iyi ve etkileyici (*ifade*)
**Pokal** M ⟨-s; -e⟩ SPORT kupa **~endspiel** N kupa finali **~sieger** M kupa galibi **~spiel** N kupa maçı
**Pökelfleisch** N tuzlanmış et
**pökeln** VT ⟨h.⟩ tuzlamak
**Poker** N ⟨-s; *ohne pl*⟩ poker
**pokern** VI ⟨h.⟩ poker oynamak; *fig* **um etw ~** bş için büyük riske girmek
**Pol** M ⟨-s; -e⟩ GEOG, ELEK kutup; *fig* **der ruhende ~** sükunetini (hiç) bozmayan
**polar** ADJ kutup **≗gebiet** N kutup bölgesi **~isieren** ⟨*ohne ge-*, h.⟩ A VT *Licht* polarize etmek, polarmak B V/R: **sich ~** *Meinungen etc* kutuplaşmak **≗kreis** M: **nördlicher** (*od* **südlicher**) **~** Kuzey (*od* Güney) Kutup Dairesi **≗stern** M Kutup Yıldızı
**Pole** M ⟨-n; -n⟩ Polonyalı
**Polemik** F ⟨-; -en⟩ polemik
**polemi|sch** ADJ tartışmalı, *Person* kavgacı **~sieren** V/I ⟨*ohne ge-*, h.⟩ (**gegen** *-e* karşı) polemiğe girmek
**Polen** N Polonya
**Police** [po'li:sə] F ⟨-; -n⟩ poliçe
**Polier** M ⟨-s; -e⟩ ustabaşı, işçibaşı
**polieren** VT ⟨*ohne ge-*, h.⟩ (cilalayıp) parlatmak
**Poliklinik** F poliklinik
**Polin** F ⟨-; -nen⟩ Polonyalı (kadın)
**Politesse** F ⟨-; -n⟩ polis memuresi
**Politik** F ⟨-; *ohne pl*⟩ politika, siyaset **~er** M ⟨-s; -⟩, **-in** F ⟨-; -nen⟩ politikacı
**politisch** ADJ politik, siyasi; **sie ist ~ tätig** aktif politikayla uğraşıyor; **~ interessiert sein** politikayla ilgilenmek; **~ korrekt** siyaseten doğru
**politisier|en** ⟨*ohne ge-*, h.⟩ A VI politikadan bahsetmek B VT politize etmek **≗ung** F ⟨-; *ohne pl*⟩ politikleşme, politize etme/olma

# POOL

**Politologie** F ⟨-; *ohne pl*⟩ siyasal bilgiler, politoloji
**Politur** [-'tu:ɐ] F ⟨-; -en⟩ cila
**Polizei** F ⟨-; -en⟩ polis; **die ~ rufen** polis çağırmak **~aufgebot** N polis operasyonu **~auto** N polis arabası **~beamte** M, **~beamtin** F polis memuru **~funk** M polis telsizi **~kontrolle** F polis kontrolü **≗lich** ADJ polis *subst*; polisçe, polis tarafından **~präsident** M emniyet müdürü **~präsidium** N emniyet müdürlüğü **~revier** N polis karakolu; (*Polizeibezirk*) karakol bölgesi **~schutz** M polis koruması **~staat** M polis devleti **~streife** F polis devriyesi **~stunde** F kapanma saati (*lokanta vs*) **~wache** F polis karakolu
**Polizist** M ⟨-en; -en⟩ polis (memuru) **~in** F ⟨-; -nen⟩ polis (memuresi), kadın polis
**Pollen** M ⟨-s; -⟩ BOT polen, çiçektozu
**polnisch** ADJ Polonya(lı) *subst*
**Polnisch** N Lehçe
**Polo** N ⟨-s; -s⟩ polo (oyunu)
**Polohemd** N ⟨-s; -en⟩ polo (*od* lakost®) gömlek
**Polster** N ⟨-s; -⟩ yün, kıtık, yumuşak dolgu; (*Kissen*) minder **~garnitur** F, **~möbel** PL yumuşak dolgulu mobilya
**polstern** VT ⟨h.⟩ kıtıkla doldurmak; (*wattieren*) *-e* pamuk/yün koymak koymak; *umg fig* **gut gepolstert** (*dick*) tombul
**Polsterung** F ⟨-; -en⟩ kıtıkla doldurma; yumuşak altlık
**Polterabend** M düğünden bir gece önceki eğlence
**poltern** VI ⟨h.⟩ patırtı etmek; kızıp bağırmak
**Polyamid** N ⟨-s; -e⟩ naylon®
**polyfon** [-f-] ADJ MUS çoksesli, polifonik
**polygam** ADJ poligam, çokeşli
**polyglott** ADJ çok dilli, çok dil bilen
**Polyp** M ⟨-en; -en⟩ ZOOL MED polip
**Pomade** F ⟨-; -n⟩ pomat
**Pommes frites** [pɔm'frɪt] PL patates kızartması *sg*, pomfrit
**Pomp** M ⟨-s; *ohne pl*⟩ debdebe, şaşaa **≗ös** ADJ debdebeli, şaşaalı
**Pony**[1] ['pɔni] N ⟨-s; -s⟩ *Pferd* midilli
**Pony**[2] ['pɔni] M ⟨-s; -s⟩ *Frisur* kâkül
**Pool** ['pu:l] M ⟨-s; -s⟩ WIRTSCH ortak fon

**Popcorn** [-k-] N ⟨-s; ohne pl⟩ patlamış mısır

**popelig** ADJ umg (mickrig) ufak, çelimsiz

**Popeline** [-'li:n(ə)] M ⟨-s; -⟩, F ⟨-; -⟩ poplin

**Popmusik** F pop müzik/müziği

**Popo** M ⟨-s; -s⟩ umg popo, kıç, kaide

**populär** ADJ sevilen, popüler

**Popularität** F ⟨-; ohne pl⟩ popülarite

**Pore** F ⟨-; -n⟩ gözenek

**Porno** N ⟨-s; -s⟩: **~film** M porno film, muzır film **~grafie** [-gra'fi:] F ⟨-; ohne pl⟩ pornografi **2grafisch** ADJ pornografik

**porös** ADJ gözenekli

**Porree** M ⟨-s; -s⟩ BOT pırasa

**Portal** N ⟨-s; -e⟩ cümle kapısı

**Portemonnaie** [pɔrtmɔ'ne:] N ⟨-s; -s⟩ cüzdan

**Portier** [pɔr'tie:] M ⟨-s; -s⟩ kapıcı

**Portion** [-'tsio:n] F ⟨-; -en⟩ pay, hisse, miktar, parça; bei Tisch porsiyon; kahvedenlik, çaydanlık (iki fincanlık)

**Porto** N ⟨-s; -s, Porti⟩ posta ücreti/parası **2frei** ADJ posta ücretsiz

**Porträt** [pɔr'trɛ:] N ⟨-s; -s⟩ portre **2ieren** VTT ⟨o ge-, h.⟩ -in portresini yapmak; fig tasvir etmek

**Portugal** N Portekiz

**Portugies|e** M ⟨-n; -n⟩, **-in** F ⟨-; -nen⟩ Portekizli **2isch** ADJ Portekiz(li) subst, **~isch** N Portekizce

**Portwein** M Porto şarabı

**Porzellan** N ⟨-s; -e⟩ porselen

**Posaune** F ⟨-; -n⟩ trombon

**Pose** F ⟨-; -n⟩ poz, duruş

**posieren** VTT ⟨ohne ge-, h.⟩ ⟨als olarak⟩ poz vermek

**Position** [-'tsio:n] F ⟨-; -en⟩ durum, konum; (Standpunkt) tavır; **~ beziehen** tavır almak

**positiv** [-f] ADJ u. ADV olumlu, pozitif

**Post®** F ⟨-; ohne pl⟩ posta; (~sachen) mektuplar pl, posta; (~amt) postane; **mit der ~** postayla **~agentur** F posta acentalığı **~amt** N postane **~anschrift** F mektup adresi **~anweisung** F posta havalesi **~beamte** M, **~beamtin** F posta(ne) memuru **~bote** M, **~botin** F posta müvezzii/dağıtıcısı; umg postacı

**Posten** M ⟨-s; -⟩ görev, memuriyet; (Wache) nöbetçi; (Rechnungs2) kalem; Waren parti; MIL **~ stehen** nöbet tutmak

**Poster** ['po:star] N ⟨-s; -⟩ poster

**Post|fach** N posta kutusu (P.K.) **~giroamt** [-'ʒi:-] N posta çeki idaresi

**posthum** ADJ -in vefatından sonra

**postieren** ⟨ohne ge-, h.⟩ A VT yerleştirmek, dikmek, koymak B VR: **sich ~** -e yerleşmek, dikilmek

**Post|karte** F posta kartı **2lagernd** ADV postrestant **~leitzahl** F posta kodu

**postmodern** ADJ postmodern

**Post|scheck** M posta çeki **~sendung** F posta gönderisi **~sparbuch** N posta tasarruf cüzdanı **~stempel** M posta damgası **~weg** M: **auf dem ~** postada **2wendend** ADV alır almaz ilk postayla; hemen **~wertzeichen** N posta pulu **~wurfsendung** F postayla (her eve) dağıtım **~zustellung** F posta tebliği

**potent** ADJ Liebhaber iktidarlı; (finanzkräftig) malî gücü olan

**Potenz** F ⟨-; -en⟩ sexuelle (cinsel) iktidar; MATH kuvvet; fig (Leistungsfähigkeit) yeterlik, performans

**Potenzial** N ⟨-s; -e⟩ potansiyel, gizilgüç

**potenziell** ADJ potansiyel

**potenzieren** VT ⟨ohne ge-, h.⟩ A VT MATH -in kuvvetini almak B VR: **sich ~** (sich steigern) katlanmak

**Potpourri** ['pɔtpuri] N ⟨-s; -s⟩ MUS potpuri

**Pracht** F ⟨-; ohne pl⟩ görkem, ihtişam **~exemplar** N umg olağanüstü bir parça/örnek

**prächtig** ADJ görkemli, ihtişamlı; umg fig fevkalade güzel, şahane

**Pracht|kerl** M umg harika bir adam/delikanlı **~straße** F lüks alışveriş caddesi

**prädestinieren** VT ⟨ohne ge-, h.⟩ (önceden) belirlemek

**Prädikat** N ⟨-s; -e⟩ (Zensur) not, derece; GRAM yüklem

**Präfix** N ⟨-es; -e⟩ GRAM önek

**prägen** VT ⟨h.⟩: **Münzen ~** (madenî) para basmak; fig **j-n ~** b-nin kişiliğini belirlemek

**pragmatisch** ADJ pragmatik

**prägnant** ADJ çarpıcı, özlü (Ausdruck)

**Prägung** F ⟨-; -en⟩ TECH kabartma baskı; *fig (Art)* mizaç

**prähistorisch** ADJ tarih öncesi

**prahlen** VI ⟨h.⟩ (**mit etw** *-le*) övünmek, gösteriş yapmak

**Prahler** M ⟨-s; -⟩ gösterişçi, övüngen ~**ei** F ⟨-; *ohne pl*⟩ gösteriş, övüngenlik **♀isch** ADJ övüngen, yüksekten atan; *(prunkend)* caka satan

**Praktik|ant** M ⟨-en; -en⟩, ~**antin** F ⟨-; -nen⟩ stajyer ~**en** PL uygulamalar ~**er** M ⟨-s; -⟩, ~**in** F ⟨-; -nen⟩ pratik(çi) ~**um** N ⟨-s; Praktika⟩ staj

**praktisch** A ADJ pratik; *(nützlich)* a. kullanışlı; ~**er Arzt** pratisyen hekim B ADV uygulamada, pratikte

**praktizieren** VI/T ⟨*ohne ge-, h.*⟩ JUR, MED (avukatlık/hekimlik) yapmak, icra etmek; ~**der Arzt** kendi muayenehanesinde çalışan hekim; ~**der Katholik** dini gereklerini yerine getiren Katolik

**Prälat** M ⟨-en; -en⟩ yüksek rütbeli Katolik ruhani reis

**Praline** F ⟨-; -n⟩ fondan, çikolatalı şekerleme

**prall** ADJ *Brieftasche* şişkin, dolu; *Busen* iri, dolgun; *Sonne* yakıcı, kızgın; ~ **gefüllt sein mit** -le tıka basa dolu olmak

**prallen** VI ⟨s.⟩: ~ **auf** *(akk)* od **gegen** -*e* çarpmak

**Präludium** N ⟨-s; Präludien⟩ prelüt

**Prämie** [-ɪə] F ⟨-; -n⟩ (*Versicherungs*♀) prim; (*Preis*) ikramiye

**prämieren, prämiieren** [-'mi:rən] VI/T ⟨*ohne ge-, h.*⟩ -*e* ödül/prim vermek

**Pranger** M ⟨-s; -⟩: **j-n an den ~ stellen** *fig* b-ni alenen eleştirmek

**Präparat** N ⟨-s; -e⟩ müstahzar

**präparieren** VI/T ⟨*ohne ge-, h.*⟩ hazırlamak; BIOL, MED tahnit etmek

**Präposition** [-'tsi̯oːn] F ⟨-; -en⟩ GRAM edat

**Prärie** F ⟨-; -n⟩ preri, geniş düzlük

**Präsens** N ⟨-; Präsentia⟩ GRAM *Almancada şimdiki ve geniş zaman*

**Präsent** N ⟨-s; -e⟩ hediye

**Präsentation** [-'tsi̯oːn] F ⟨-; -en⟩ prezantasyon, sunum

**präsentieren** VI/T ⟨*ohne ge-, h.*⟩ sunmak; **j-n (etw/sich) ~ als** *(vorstellen als)* b-ni-s-i/(kendini) ... olarak tanıtmak

**Präsenz** F ⟨-; *ohne pl*⟩ varlık, mevcudiyet

**Präsid|ent** M ⟨-en; -en⟩, ~**in** F ⟨-; -nen⟩ başkan; POL a. cumhurbaşkanı ~**entschaft** F ⟨-; -en⟩ başkanlık ~**ium** N ⟨-s; Präsidien⟩ başkanlık, genel müdürlük; (*Polizei*♀) emniyet merkezi/müdürlüğü

**prasseln** VI ⟨h.⟩ *Regen* tıpırdamak; *Feuer* çatırtılarla yanmak

**Präteritum** N ⟨-s; Präterita⟩ GRAM *Almancada hikâyeleme geçmiş zamanı*

**präventiv** [-f] ADJ koruyucu, önleyici

**Praxis** F ⟨-; Praxen⟩ pratik, uygulama; *Erfahrung* pratik, deneyim, tecrübe; (~*räume*) MED muayenehane; **in der ~** uygulamada, pratikte; **etw in die ~ umsetzen** bş-i uygulamaya/hayata geçirmek **♀bezogen** ADJ pratiğe/uygulamaya yönelik **♀nah** ADJ hayata yakın

**Präzedenzfall** M emsal (olay/durum); **e-n ~ schaffen** emsal yaratmak

**präzis** ADJ net, kesin, belirgin

**präzisieren** VI/T ⟨*ohne ge-, h.*⟩ netleştirmek

**Präzision** F ⟨-; *ohne pl*⟩ kesinlik, netlik, hassasiyet

**predigen** A VI ⟨h.⟩ vaaz vermek B VI/T vaaz etmek; -*den* ısrarla ve tekrar tekrar söz etmek

**Predigt** F ⟨-; -en⟩ vaaz

**Preis** M ⟨-es; -e⟩ fiyat, bedel; ödül; **zum ~ von** -*in* fiyatı: ...; **um jeden ~** her ne bahasına olursa olsun; **um keinen ~** (bedeli ne olursa olsun,) kesinlikle; **unter ~ verkaufen** maliyetin altında satmak; **der Große ~ von ...** Büyük ~ ... Ödülü

**Preisänderung** F fiyat değişikliği; ~**en vorbehalten** fiyatlarda değişiklik saklıdır ~**anstieg** M fiyat artışı ~**aufschlag** M zam ~**ausschreiben** N (ödüllü) yarışma **♀bewusst** ADJ fiyatların bilincinde ~**bindung** F tek fiyat uygulaması

**Preiselbeere** F kırmızı yabanmersini, gaskanaka

**Preisempfehlung** F tavsiye edilen fiyat

**preisen** VI/T ⟨pries, gepriesen, h.⟩ övmek, methetmek

**Preis|erhöhung** F fiyat artışı ~**ermäßigung** F fiyat indirimi, tenzilat ~**frage** F (*Preisaufgabe*) ödüllü bilmece/soru; (*Geldfrage*) fiyat meselesi **♀gekrönt** ADJ ödül almış; *Film etc* ödül ka-

zanmış, ödüllü **~gericht** N̄ ödül jürisi **ºgünstig** ADJ uygun fiyatlı, ehven **~klasse** F, **~lage** F fiyat kategorisi; **in welcher ~?** -in fiyatı ne mertebede? **preislich** ADV fiyatça, fiyat bakımından **Preis|liste** F fiyat listesi **~nachlass** M fiyatta indirim **~niveau** N fiyat düzeyi **~rätsel** N ödüllü bilmece/bulmaca **~richter(in)** M(F) jüri üyesi **~schild** N fiyat etiketi **~schwankung** F fiyat dalgalanması **~senkung** F ucuzla(t)ma **~steigerung** F pahalılaş(tır)ma **~stopp** M fiyatları dondurma **~träger(in)** M(F) ödül sahibi **~unterschied** M fiyat farkı **~vergleich** M fiyatları karşılaştırma **~verleihung** F ödül töreni
**preiswert** ADJ uygun fiyatlı, ehven
**prekär** ADJ nazik, müşkül
**prellen** V̄T ⟨h.⟩ fig dolandırmak; **j-n ~ um etw** b-ni dolandırıp bşe sahip olmak; **sich** (dat) **etw ~** MED bşini incitmek
**Prellung** F ⟨-; -en⟩ MED ezik, incime, burkulma
**Premiere** [prəˈmjɛːrə] F ⟨-; -n⟩ THEAT etc ilk gösterim, prömiyer
**Premierminister(in** F) [prəˈmjeː-] m başbakan
**preschen** V̄I ⟨s.⟩: **nach vorne ~** hızla ilerlemek
**Presse**[1] F ⟨-; -n⟩ TECH basım makinesi, pres; (Saftº) sıkacak
**Presse**[2] F ⟨-; ohne pl⟩ basın **~agentur** F basın ajansı **~ausweis** M basın kartı **~bericht** M (basındaki) haber **~erklärung** F basın bülteni, demeç **~fotograf(in)** M(F) foto muhabiri **~freiheit** F basın özgürlüğü **~konferenz** F basın toplantısı **~meldung** F haber
**pressen** V̄T ⟨h.⟩ (drücken) (**gegen, an, in, auf** -e) basmak; (zusammen~, aus~) sıkmak
**Presse|referent(in)** M(F) basın danışmanı **~sprecher(in)** M(F) basın sözcüsü **~vertreter(in)** M(F) basın temsilcisi
**pressieren** V̄I/UNPERS ⟨ohne ge-, h.⟩ acil olmak (iş); daralmak (zaman)
**Pressluft** F ⟨-; ohne pl⟩ basınçlı/sıkıştırılmış hava **~bohrer** M basınçlı hava matkabı **~hammer** M basınçlı hava çekici
**Pressung** F TECH (das Pressen) basım, baskı (CD)

**Prestige** [prɛsˈtiːʒə] N ⟨-s; ohne pl⟩ saygınlık, itibar, prestij **~verlust** M prestij kaybı
**Preuße** M ⟨-n; -n⟩ Prusyalı **~en** Prusya ºisch ADJ Prusya(lı) subst
**prick|eln** ⟨h.⟩ Ⓐ V̄I (stechen, kitzeln) dalamak, karıncalandırmak; gıdıklamak Ⓑ V̄I/UNPERS: **mir prickelt es auf der Haut** -im karıncalanıyor ºeln N ⟨-s; ohne pl⟩ karıncalanma; fig heyecan **~elnd** ADJ fig (aufregend) heyecan verici
**Priester** M ⟨-s; -⟩ rahip, papaz **~amt** N rahiplik (görevi) **~in** F ⟨-; -nen⟩ kadın rahip **~weihe** F b-ne rahiplik rütbesinin verilmesi
**prima** ADJ u. adv umg şahane, süper
**primär** Ⓐ ADJ birincil Ⓑ ADV öncelikle
**Primaten** PL ZOOL primatlar
**Primel** F ⟨-; -n⟩ BOT çuhaçiçeği
**primitiv** [-f] ADJ ilkel ºität F ⟨-; ohne pl⟩ ilkellik
**Primzahl** F MATH asal sayı
**Printer** ⟨-; -⟩ IT yazıcı, printer
**Prinz** M ⟨-en; -en⟩ prens **~essin** F ⟨-; -nen⟩ prenses
**Prinzip** N ⟨-s; -ien⟩ prensip, ilke; **aus (im) ~** ilke olarak, aslında ºiell [-ˈpi̯ɛl] ADJ ilkesel
**Priorität** F ⟨-; -en⟩ (**über** akk, **vor** dat -e göre) öncelik; **~en setzen** nelere öncelik verileceğini belirlemek
**Prise** F ⟨-; -n⟩ Salz etc çimdik, tutam
**Prisma** N ⟨-s; Prismen⟩ prizma
**Pritsche** F ⟨-; -n⟩ zum Liegen kerevet, peyke
**privat** [-v-] ADJ özel; (persönlich) a. kişisel, şahsi; **~ versichert** özel (hastalık) sigortalı; umg **ich bin ~ versichert** kendim ödüyorum; **j-n ~ sprechen** b-le özel görüşmek
**Privat|adresse** [-v-] F ev adresi **~angelegenheit** F özel iş **~besitz** M özel mülk; **in ~** özel mülkiyet altında, umg şahıs malı **~detektiv(in)** M(F) özel detektif **~eigentum** N özel mülk **~fernsehen** N özel televizyon **~gespräch** N TEL özel görüşme
**privatisier|en** [-v-] V̄T ⟨ohne ge-, h.⟩ WIRTSCH özelleştirmek ºung F ⟨-; -en⟩ özelleştirme
**Privat|klinik** [-v-] F özel klinik **~leben** N özel hayat **~patient(in)** M(F)

özel sigortalı hasta **~person** F sade vatandaş **~quartier** N özel geceleme imkanı **~sache** F şahsi konu; **das ist meine ~!** bu benim özel meselem **~schule** F özel okul **~unterricht** M özel ders **~wirtschaft** F özel sektör

**Privileg** [-v-] N ⟨-s; -ien⟩ imtiyaz, ayrıcalık

**privilegieren** [-v-] VT ⟨ohne ge-, h.⟩ -e imtiyaz vermek/tanımak

**pro** PRÄP için, beher, ... başına; **2 Euro ~ Stück** tanesi iki avro

**Pro** N: **das ~ und Kontra** lehte ve aleyhte olan (görüşler pl)

**Probe** F ⟨-; -n⟩ (Erprobung) deneme, test; (Muster, Beispiel) örnek, numune, eşantiyon; THEAT prova; **auf ~** deneme üzere; **auf die ~ stellen** -i denemek, -i test etmek; **~ fahren** deneme sürüşü yapmak **~alarm** M deneme alarmı **~aufnahme** F FILM, TV, MUS deneme çekimi/kaydı **~exemplar** N eşantiyon, deneme kopyası **~fahrt** F deneme/test sürüşü **~lauf** M TECH deneme, test

**proben** VI u. VT ⟨h.⟩ THEAT prova etmek

**probeweise** ADV denemek üzere; Person a. denenmek üzere

**Probezeit** F deneme süresi

**probieren** VT ⟨ohne ge-, h.⟩ denemek; (kosten) a. -nin tadına bakmak; umg **es bei j-m ~** b-ne yanaşmak

**Problem** N ⟨-s; -e⟩ sorun, mesele, problem; **vor e-m ~ stehen** bir sorunla karşı karşıya olmak

**Problematik** F ⟨-; ohne pl⟩ sorunsal **⁀isch** ADJ sorunlu **⁀isieren** VT u. VI ⟨ohne ge-, h.⟩ sorun haline getirmek; sorun olarak ortaya atmak

**Problem|fall** M sorun olan durum **⁀los** A ADJ sorunsuz B ADV verlaufen sorun çık(ar)madan

**Produkt** N ⟨-s; -e⟩ ürün, mamul **~haftung** F JUR üretici sorumluluğu

**Produktion** [-'tsio:n] F ⟨-; -en⟩ üretim; **in ~ gehen** -in üretimi başlamak

**Produktions|ausfall** M üretim kaybı **~kosten** PL üretim maliyeti sg **~menge** F üretim miktarı, çıktı hacmi **~mittel** PL üretim araçları **~rückgang** M üretimde gerileme **~steigerung** F üretim artışı

**produktiv** [-f-] ADJ verimli, üretken **⁀ität** F ⟨-; ohne pl⟩ verim(lilik), üretkenlik

**Produktpalette** F ürün yelpazesi

**Produzent** M ⟨-en; -en⟩, **-in** F ⟨-; -nen⟩ üretici, imalatçı; MUS, FILM, TV yapımcı

**produzieren** ⟨ohne ge-, h.⟩ A VT üretmek, imal etmek B VR: umg **sich ~** gösteriş yapmak

**profan** ADJ (gewöhnlich) alelade, gündelik

**professionell** ADJ profesyonel

**Professor** [-so:e] M ⟨-s; -en⟩, **-in** F ⟨-; -nen⟩ profesör; **~ für Mathematik** matematik profesörü

**Professur** [-'su:e] F ⟨-; -en⟩ profesörlük (kadrosu)

**Profi** M ⟨-s; -s⟩ umg profesyonel **~fußballer** M profesyonel futbolcu

**Profil** N ⟨-s; -e⟩ profil; (Reifen⁀) (lastik) tırtıl(ı); fig (Ausstrahlung) **an ~ gewinnen** kişilik kazanmak **⁀ieren** VR ⟨ohne ge-, h.⟩: **sich ~** kendini göstermek, ortaya çıkmak **⁀iert** ADJ Persönlichkeit etc kendine özgü

**Profit** M ⟨-s; -e⟩ kâr; **~ machen** kâr etmek **⁀abel** ADJ kârlı **⁀ieren** VI ⟨ohne ge-, h.⟩ **(von, bei** -den, -de) kâr etmek; fayda sağlamak

**profund** ADJ esaslı, derin, sağlam

**Prognose** F ⟨-; -n⟩ tahmin; MED prognoz

**Programm** N ⟨-s; -e⟩ program; TV (Kanal) a. kanal; IT yazılım, program **~änderung** F program değişikliği **⁀atisch** ADJ Rede etc hedefler belirleyen **⁀gesteuert** ADJ program kumandalı **~heft** N program dergisi

**programmier|bar** ADJ programlanabilir **~en** VT ⟨ohne ge-, h.⟩ programlamak; **programmiert sein auf** -e programlanmış olmak **⁀er** M ⟨-s; -⟩, **⁀erin** F ⟨-; -nen⟩ yazılımcı **⁀sprache** F yazılım dili **⁀ung** F ⟨-; -en⟩ programlama

**Programm|punkt** M programın maddesi **~steuerung** F TECH, IT program kumandası **~vorschau** F gelecek günün vs programı **~zeitschrift** F program dergisi

**Progression** [-'sio:n] F ⟨-; -en⟩ ilerleme

**progressiv** [-f] ADJ ilerleyen; ilerici
**Projekt** N ⟨-s; -e⟩ proje **~dauer** F proje(nin) ömrü **⚥gebunden** projeye bağlı
**Projektion** F ⟨-; -en⟩ projeksiyon
**Projektleiter(in)** M(F) proje yöneticisi
**Projektor** [-to:e] M ⟨-s; -en⟩ projektör, gösterici
**projizieren** V/T ⟨ohne ge-, h.⟩ ⟨auf akk -e⟩ yansıtma
**Proklam|ation** F ⟨-; -en⟩ ilan **⚥ieren** V/T ⟨ohne ge-, h.⟩ ilan etmek
**Pro-Kopf-|Einkommen** N kişi başına gelir **~Verbrauch** M kişi başına tüketim
**Prokur|a** F ⟨-; Prokuren⟩ ticari vekalet **~ist** M ⟨-en; -en⟩, **-in** F ⟨-; -nen⟩ ticarî vekil
**Proletar|iat** N ⟨-s; -e⟩ proletarya, emekçi sınıfı **⚥isch** ADJ proleter, emekçi *subst*
**Prolog** M ⟨-s; -e⟩ öndeyiş, prolog
**Promenade** F ⟨-; -n⟩ gezinti, piyasa; kordon boyu
**Promille** N ⟨-(s); -⟩ binde, bin üzerinden **~grenze** F alkol sınırı *(kanda)*
**prominent** ADJ tanınmış, önde gelen
**Prominenz** F ⟨-; ohne pl⟩ ileri gelenler *pl*
**Promotion** F ⟨-; -en⟩ doktora payesi
**promovieren** V/I ⟨ohne ge-, h.⟩ doktora yapmak; **in Geschichte ~** tarih doktorası yapmak
**prompt** ADJ *u.* ADV tez, çabuk, anî
**Pronomen** N ⟨-s; -, Pronomina⟩ GRAM zamir
**Propaganda** F ⟨-; ohne pl⟩ propaganda; WIRTSCH *(Werbung)* reklam
**propagandistisch** ADJ: **für ~e Zwecke** propaganda amacıyla
**propagieren** V/T ⟨ohne ge-, h.⟩ savunmak
**Propan(gas)** N ⟨-s; ohne pl⟩ propan (gazı)
**Propeller** M ⟨-s; -⟩ pervane
**Prophet** [-f-] M ⟨-en; -en⟩ peygamber **⚥isch** ADJ peygamberce, kâhince
**prophezeien** [-f-] V/T ⟨ohne ge-, h.⟩ önceden haber vermek **⚥ung** F ⟨-; -en⟩ kehanet
**prophylaktisch** [-f-] ADJ MED önleyici
**Prophylaxe** [-f-] F ⟨-; -n⟩ MED önleyici tedbir(ler)

**Proportion** [-'tsio:n] F ⟨-; -en⟩ oran (-tı) **⚥al** ADJ ⟨zu -/e⟩ (doğru) orantılı
**Proporz** M ⟨-es; -e⟩ POL nisbî temsil
**Prosa** F ⟨-; ohne pl⟩ düzyazı, nesir
**prosit!** INT: **~ Neujahr!** nice yıllara!
**Prospekt** M ⟨-es; -e⟩ broşür
**prost** INT şerefe!
**Prostata** F ⟨-; Prostatae⟩ ANAT prostat
**prostituieren** V/R ⟨ohne ge-, h.⟩: **sich ~** kendini satmak, fahişelik yapmak
**Prostituierte** F ⟨-n; -n⟩ hayat kadını, *umg* fahişe
**protegieren** [-'ʒi:-] V/T ⟨ohne ge-, h.⟩ himaye etmek; **von j-m protegiert werden** b-nin himayesi altında olmak
**Protein** N ⟨-s; -e⟩ protein
**Protektion** [-tsio-] F ⟨-; -en⟩ himaye
**protektionistisch** [-tsio-] ADJ WIRTSCH himayeci
**Protest** M ⟨-s; -e⟩ protesto; **aus ~** ⟨gegen -e⟩ protesto olarak
**Protestant** M ⟨-en; -en⟩, **-in** F ⟨-; -nen⟩ Protestan **⚥isch** ADJ Protestan
**protestieren** V/I ⟨ohne ge-, h.⟩ ⟨gegen -i⟩ protesto etmek
**Protest|kundgebung** F protesto mitingi **~marsch** M protesto yürüyüşü
**Prothese** F ⟨-; -n⟩ MED protez, *umg* takma organ; *umg* takma diş(ler)
**Protokoll** N ⟨-s; -e⟩ zabıt, tutanak; *(Diplomatie)* protokol; **~ führen** zabıt tutmak; **zu ~ geben** zapta geçirilmek üzere belirtmek; **ein ~ aufnehmen** *Polizei etc* zabıt tutmak
**Protokoll|ant** M ⟨-en; -en⟩, **~antin** F ⟨-; -nen⟩ zabıt tutan **~führer(in)** M(F) yazman, kâtip; JUR zabıt kâtibi
**protokollieren** V/T ⟨ohne ge-, h.⟩ -i zapta geçirmek
**Proton** N ⟨-s; -en⟩ proton
**Prototyp** M prototip
**protz|en** V/I ⟨h.⟩ *umg* şişinmek, çalım satmak **~ig** ADJ *umg* çalımlı
**Proviant** [-v-] M ⟨-s; -e⟩ erzak; *(Reise⚥)* kumanya, yolluk
**Provider** [pro'vaɪdɐ] M ⟨-s; -⟩ IT, Internet sunucu
**Provinz** [-v-] F ⟨-; -en⟩ il, vilayet; *fig pej* taşra **⚥iell** ADJ taşra(lı) *subst* **~ler** M ⟨-s; -⟩, **-in** F ⟨-; -nen⟩ *pej* taşralı, dışarlıklı
**Provision** [provi'zio:n] F ⟨-; -en⟩

WIRTSCH komisyon; **auf ~(sbasis)** komisyonla, konsinye olarak
**provisorisch** [-v-] ADJ geçici, eğreti
**Provisorium** [-v-] N ⟨-s; -rien⟩ geçici tedbir *etc*; MED geçici dolgu/protez
**Provo|kation** [provoka'tsĭo:n] F ⟨-; -en⟩ kışkırtma, provokasyon **⩎zieren** VT ⟨ohne ge-, h.⟩ tahrik etmek, kışkırtmak
**Prozedur** F ⟨-; -en⟩ işlem, prosedür
**Prozent** N ⟨-s; -e⟩ yüzde; *umg* **~e pl** indirim *sg*
**...prozentig** IN ZSSGN yüzde ...lik
**Prozentsatz** M yüzde oranı; yüzde ...'lik
**prozentual** A ADJ yüzdeli, yüzde üzerinden B ADV **~ am Gewinn beteiligt sein** kârdan yüzde almak
**Prozess** M ⟨-es; -e⟩ (*Vorgang*) süreç; JUR (*Rechtsstreit*) dava; (*Straf⩎*) yargılama; **j-m den ~ machen** b-ni dava etmek; **e-n ~ gewinnen (verlieren)** bir davayı kazanmak (kaybetmek); *fig* **kurzen ~ machen (mit -i)** halledivermek
**prozessieren** VI ⟨ohne ge-, h.⟩: **gegen j-n ~** b-ne karşı dava açmış olmak
**Prozession** [-'sĭo:n] F ⟨-; -en⟩ dinsel alay
**Prozesskosten** PL mahkeme masrafları
**Prozessor** [pro'tsɛso:e] M ⟨-s; -en⟩ IT işlemci
**prüde** ADJ aşırı erdemli/iffetli
**prüfen** VT ⟨h.⟩ sınamak; *Schüler* imtihan etmek, sınavdan geçirmek; (*nach~*) kontrol etmek, gözden geçirmek; (*über~*) denetlemek, muayene etmek, yoklamak; (*erproben*) test etmek; *Vorschlag etc* incelemek, düşünmek; **~der Blick** inceleyen bakış
**Prüfer** M ⟨-s; -⟩, **-in** F ⟨-; -nen⟩ sınav yapan; bes TECH kontrolör, denetçi
**Prüfling** M ⟨-s; -e⟩ sınava giren aday
**Prüfung** F ⟨-; -en⟩ sınav; test; yoklama, denetim **mündliche (schriftliche) ~** sözlü (yazılı) sınav
**Prüfungs|angst** F sınav heyecanı/ korkusu **~arbeit** F mezuniyet ödevi/çalışması **~aufgabe** F sınav sorusu
**Prügel** M ⟨-s; -⟩ (*Knüppel*) sopa; *umg pl* dayak; **~ bekommen** dayak yemek **~ei** F ⟨-; -en⟩ kavga, dövüş **~knabe** M şamar oğlanı

**prügeln** ⟨h.⟩ A VT dövmek, -e dayak atmak B V/R: **sich ~** dövüşmek
**Prunk** M ⟨-s; ohne pl⟩ debdebe, şaşaa **~stück** N e-r Sammlung şaheser, gözde **⩎voll** ADJ debdebeli, şaşaalı
**prusten** VI ⟨h.⟩ püskürtmek
**PS** A [pe:'|ɛs] *abk für Pferdestärke* F beygir gücü (BG) B [pe'|ɛs] *abk für Postskriptum* N not (*öz mektup sonunda*)
**Pseudonym** [psɔydo'nyːm] N ⟨-s; -e⟩ takma ad
**pst** INT (*still*) pıst!; (*hallo*) hişşt!
**Psyche** ['psyːçə] F ⟨-; -n⟩ ruh
**Psychiat|er** ['psyːçi̯atɐ] M ⟨-s; -⟩ psikiyatrist **-in** F ⟨-; ohne pl⟩ MED psikiyatri **⩎risch** ADJ psikiyatrik
**psychisch** ['psyːçɪʃ] ADJ ruhi, ruhsal, psişik; **~e Erkrankung** ruhi rahatsızlık
**Psycho|analyse** ['psyço|analyːzə] F ⟨-; ohne pl⟩ psikanaliz **~analytiker(in)** M(F) psikanalist
**Psycholog|e** [psyço'loːgə] M ⟨-n; -n⟩ psikolog **~ie** F ⟨-; ohne pl⟩ psikoloji **~in** F ⟨-; -nen⟩ psikolog (kadın) **⩎isch** ADJ psikolojik
**Psychopath** [psyçoˈpaːt] M ⟨-en; -en⟩, **-in** F ⟨-; -nen⟩ psikopat **⩎isch** ADJ psikopat(ça)
**Psycho|se** [psyçoːzə] F ⟨-; -n⟩ psikoz **⩎somatisch** ADJ psikosomatik **~terror** M psikolojik/manevi terör **~therapeut(in)** M(F) psikoterapist **⩎therapeutisch** ADJ psikoterapi *subst* **~therapie** F psikoterapi
**pubert|är** ADJ ergenlik *subst; pej* olgunluktan uzak **⩎ät** F ⟨-; ohne pl⟩ ergenlik
**Public Relations** ['pablɪk rɪ'leɪ̯ənz] F/PL halkla ilişkiler
**publik** ADJ: **~ sein** (*od* **werden**) (kamuoyunca) tanınmak; **~ machen** (kamuoyuna) tanıtmak; ifşa etmek
**Publikation** [-'tsĭo:n] F ⟨-; -en⟩ yayın
**Publikum** N ⟨-s; ohne pl⟩ izlerçevre; *Buch, Zeitung* okurlar *pl*; TV, THEAT *etc* seyirciler *pl*, izleyiciler *pl*; *Rundfunk* dinleyiciler *pl*; *Lokal etc* müşteriler *pl*; (*Öffentlichkeit*) kamuoyu
**Publikums|erfolg** M sahne *vs* başarısı **~geschmack** M seyircilerin *vs* zevki **~liebling** M kamuoyunun sevgilisi
**publizieren** VT ⟨ohne ge-, h.⟩ yayımlamak
**Publizistik** F ⟨-; ohne pl⟩ gazetecilik

(bilimi)
**Pudding** M ⟨-s; -e⟩ muhallebi, puding
**Pudel** M ⟨-s; -⟩ kaniş (köpeği)
**pudelnass** ADJ umg sırılsıklam
**pudelwohl** ADJ: umg sich ~ fühlen hayatından memnun olmak
**Puder** M, umg N ⟨-s; -⟩ pudra **~dose** F pudra kutusu
**pudern** VT u. VR: ⟨h.⟩: sich (dat) (das Gesicht) ~ yüzünü pudralamak
**Puderzucker** M pudra şekeri
**Puff** M, N ⟨-s; -e⟩ umg genelev
**Puffer** M ⟨-s; -⟩ BAHN etc tampon; fig (Abstand) pay; (Kartoffel♀) patates köftesi
**Pufferzone** F tampon bölge
**Puffmais** M patlamış mısır
**puh** INT oh!, hah!
**Pulli** M ⟨-s; -s⟩ umg, **Pullover** M ⟨-s; -⟩ kazak
**Pullunder** M ⟨-s; -⟩ süveter
**Puls** M ⟨-es; -e⟩ nabız; (~zahl) nabız (sayısı); **j-m den ~ fühlen** b-nin nabzına bakmak **~ader** F ANAT atardamar; **sich** (dat) **die ~n aufschneiden** bilek damarlarını kesmek **♀ieren** VI ⟨ohne ge-, h.⟩ *-in* nabzı atmak; **~des Leben** civcivli hayat **~schlag** M nabız (atışı)
**Pult** N ⟨-s; -e⟩ kürsü
**Pulver** [-fe, -ve] N ⟨-s; -⟩ toz (madde); (Schieß♀) barut; umg fig arpa, metelik **~fass** N barut fıçısı **~kaffee** M toz kahve, neskafe® **~schnee** M tozan
**Puma** M ⟨-s; -s⟩ puma
**pummelig** ADJ umg tombul
**Pump** M ⟨-s; ohne pl⟩ umg: **auf ~** veresiye, borçlanarak
**Pumpe** F ⟨-; -n⟩ pompa
**pumpen** VT ⟨h.⟩ pompalamak (a. v/i); umg (verleihen) borç vermek; **sich** (dat) **etw ~ (bei, von** -den) borç almak
**Pumps** [pœmps] M ⟨-; -⟩ Schuh iskarpin
**Punk** [paŋk] M ⟨-(s)⟩ pank
**Punker** ['paŋkɐ] M ⟨-s; -⟩, **-in** F ⟨-; -nen⟩ pankçı
**Punkt** M ⟨-es; -e⟩ nokta; (Tupfen) benek; (Spiel) puan; Liste madde; **~ für ~** madde madde; **um ~ zehn (Uhr)** saat tam onda; fig **bis zu e-m gewissen ~** belli bir dadeye/noktaya kadar; **in vielen ~en** birçok hususta; fig **der springende ~** canalıcı nokta; fig **die Sache auf den ~ bringen** işin özüne inmek; **wunder ~** bamteli

**punkten** ⟨ohne ge-, h.⟩ SPORT **A** VT puanla(ndır)mak **B** VI puan toplamak
**punktieren** VT ⟨ohne ge-, h.⟩ MED *-e* ponksiyon yapmak
**pünktlich A** ADJ dakik, zamanında; **~ sein** vaktinde gelmek **B** ADV: **~ um 10 (Uhr)** tam (saat) onda **♀keit** F ⟨-; ohne pl⟩ dakiklik
**Punkt|richter(in)** M(F) puantör **~sieg** M puan hesabıyla galibiyet
**Punsch** M ⟨-s; -e⟩ punç
**Pupille** F ⟨-; -n⟩ gözbebeği
**Puppe** F ⟨-; -n⟩ Spielzeug bebek; (Marionette) kukla; ZOOL koza
**Puppen|stube** F oyuncak bebek evi **~wagen** M oyuncak bebek arabası
**pur** ADJ saf, temiz, duru, halis; *Whisky* sek
**Püree** N ⟨-s; -s⟩ püre
**pürieren** VT ⟨ohne ge-, h.⟩ püre etmek
**puritanisch** ADJ püriten
**Purpur** M ⟨-s; ohne pl⟩ Farbton erguvan rengi, firfir
**Purzelbaum** M perende, takla
**purzeln** VI ⟨s.⟩ umg tepetakla düşmek
**Puste** F ⟨-; ohne pl⟩ umg: **außer ~ sein** nefesi kesilmek
**Pustel** F ⟨-; -n⟩ MED kabarcık, çıban
**pusten** VI ⟨h.⟩ umg üflemek
**Pute** F ⟨-; -n⟩ (dişi) hindi
**Puter** M ⟨-s; -⟩ (baba)hindi
**Putsch** M ⟨-es; -e⟩ (hükümet) darbe(si)
**putschen** VI ⟨h.⟩ darbe yapmak
**Putz** M ⟨-es⟩ ARCH sıva; **unter ~** ELEK sıvaaltı; umg **auf den ~ hauen** (feiern) vur patlasın çal oynasın yapmak; (angeben) böbürlenmek
**putzen A** VT ⟨h.⟩ temizlemek; *Metall a.* parlatmak, *Schuhe* boyamak; (wischen) silmek; **sich** (dat) **die Nase ~** burnunu silmek; **Zähne ~** dişlerini fırçalamak **B** VI temizlik yapmak; **~ gehen** als Putzfrau temizliğe gitmek **C** VR: **sich ~** *Tier* yalanıp temizlenmek
**Putzfrau** F temizlikçi kadın
**putzig** ADJ umg şirin
**Putz|lappen** M yer bezi **~mittel** N temizlik maddesi; parlatıcı
**putzmunter** ADJ *Kinder* uykusu olmayan, keyifli
**Putzzeug** N temizlik malzemesi
**Puzzle** ['pazəl] N ⟨-s; -s⟩ yapboz (oyunu)

**PVC** [peːfaʊˈtseːn] N ⟨-s; ohne pl⟩ abk für Polyvinylchlorid polivinilklorit (PVC)
**Pygmäe** [pygˈmɛːə] M ⟨-n; -n⟩ Pigme
**Pyjama** [pyˈdʒaːma] M ⟨-s; -s⟩ pijama
**Pyramide** F ⟨-; -n⟩ piramit
**Pyrenäen** PL: die ~ Pireneler, Pirene Dağları
**Python** F ⟨-; -s⟩ piton (yılanı)

# Q

**q, Q** [kuː] N ⟨-; -⟩
**Quacksalber** [ˈkvakzalbɐ] M ⟨-s; -⟩ şarlatan (hekim)
**Quaddel** [ˈkvadəl] F ⟨-; -n⟩ MED kabartı
**Quader** [ˈkvaːdɐ] M ⟨-s; -⟩ (Steinblock) kesme taş; MATH dikdörtgenler prizması
**Quadrant** M ⟨-en; -en⟩ MATH dörtlük
**Quadrat** N ⟨-s; -e⟩ kare ♀**isch** ADJ karе (şeklinde) **~meter** M, a. N metrekare **~meterpreis** M metrekare fiyatı
**quadrieren** VT ⟨ohne ge-, h.⟩ -in karesini almak
**quaken** VI ⟨h.⟩ Ente vak vak etmek; Frosch vıraklamak
**quäken** VI ⟨h.⟩ Lautsprecher, Stimme ötmek; Baby viyaklamak
**Qual** F ⟨-; -en⟩ eziyet; **ich hatte die ~ der Wahl** bana seçmek zor geldi
**quälen** ⟨h.⟩ **A** VT -e işkence etmek, -e eziyet etmek, fig -i sıkboğaz etmek, -in başını ağrıtmak **B** VR: **sich ~** kendine eziyet etmek
**Quälerei** F ⟨-; -en⟩ eziyet(li iş); eziyet (etme)
**Quälgeist** M ⟨-es; -er⟩ umg durmadan rahatsız eden kimse
**Qualifikation** [kvalifikaˈtsi̯oːn] F ⟨-; -en⟩ nitelik (kazanma)
**qualifizieren** VR ⟨ohne ge-, h.⟩: **sich ~ für** -e yeterlik kazanmak; **j-n ~ als** b-ne … yeterliği vermek
**qualifiziert** ADJ uzman, vasıflı, kalifiye
**Qualität** F ⟨-; -en⟩ nitelik; gute kalite
**qualitativ** [kvalitaˈtiːf] ADJ niteliksel, nitel

**Qualitäts|arbeit** F üstün işçilik **~erzeugnis** N kaliteli ürün **~kontrolle** F kalite kontrol(ü) **~management** N kalite yönetimi **~ware** F kaliteli mal
**Qualm** M ⟨-s; ohne pl⟩ koyu duman
**qualmen** VI ⟨h.⟩ duman çıkarmak, tütmek; umg fosur fosur sigara içmek
**qualvoll** ADJ eziyet içinde
**Quäntchen** N ⟨-s; -⟩ zerre(cik); **ein ~ Hoffnung** bir nebze ümit
**Quantentheorie** F kuvantum teorisi
**Quantität** F ⟨-; -en⟩ nicelik, miktar
**quantitativ** ADJ niceliksel, nicel
**Quantum** N ⟨-s; Quanten⟩ (Anteil, Portion) (**an** dat -de) -in payı
**Quarantäne** [karanˈtɛːnə] F ⟨-; -n⟩ karantina; **unter ~ stellen** karantinaya almak
**Quark** M ⟨-s; ohne pl⟩ lor peyniri; umg (Unsinn) gazoz ağacı
**Quartal** N ⟨-s; -e⟩ çeyrekyıl
**Quartett** N ⟨-s; -e⟩ MUS kuartet; dörtlü (grup)
**Quartier** [kvarˈtiːɐ] N ⟨-s; -e⟩ geceleyecek yer; **~ nehmen** (**bei** -e) inmek
**Quarz** M ⟨-es; -e⟩ kuvars **~uhr** F kuvars(lı) saat
**quasi** ADV adeta, bir tür, tabir caizse
**quasseln** VI & VT ⟨h.⟩ umg gevezelik etmek, konuşup durmak
**Quaste** F ⟨-; -n⟩ (Troddel) püskül; (Pinsel) badana fırçası
**Quatsch** M ⟨-es⟩ umg saçma(lık); **~ machen** aptallık etmek; gırgır geçmek; **~ reden** aptalca konuşmak
**quatschen** VI ⟨h.⟩ umg saçmalamak; (plaudern) gevezelik etmek
**Quatschkopf** M umg (Schwätzer) geveze; (Dummkopf) ahmak
**Quecksilber** N cıva
**Quelldatei** F IT kaynak dosya
**Quelle** F ⟨-; -n⟩ pınar, kaynak; (Öl?) kuyu; umg fig **an der ~ sitzen** suyun başını tutmuş olmak; **etw aus sicherer ~ wissen** emin bir kaynaktan bilmek
**quellen** **A** VT ⟨quellt, quellte, gequellt, h.⟩ Erbsen suya yatırmak **B** VI ⟨quillt, quoll, gequollen, s.⟩ şişmek, su çekmek; (**aus** -den) fışkırmak, kaynamak
**Quellen|angabe** F kaynak (gösterme) **~studium** N kaynakları inceleme
**Quell|gebiet** N nehrin kaynaklandığı

*bölge* **~wasser** N kaynak/memba suyu
**quengelig** ADJ Kind mızmız
**quengeln** VI ⟨h.⟩ Kind mızırdanmak; (nörgeln) vırvır/dırdır etmek
**quer** ['kveːɐ] ADV aykırı, çapraz (-lamasına), enine; (diagonal) verev, köşegenlemesine; (rechtwinklig) diklemesine; **~ durch, ~ über** (akk od dat -in) bir ucundan öbür ucuna
**Quer|achse** F enlemesine eksen **~balken** M travers, kiriş **~denker(in)** M(F) aykırı düşünen
**Quere** F: **j-m in die ~ kommen** ile çatışmak, b-nin işini bozmak
**Quer|flöte** F travers flüt **~format** N yatay boyut **~kopf** M umg dikkafalı **♀legen** V/R ⟨-ge-, h.⟩: umg **sich ~** terslik çıkarmak **~schiff** N ARCH çapraz nef/sahın **~schläger** M sekerek yanlamasına giden mermi
**Querschnitt** M (ara)kesit **♀(s)gelähmt** ADJ MED paraplejik (felçli) **~(s)lähmung** F parapleji (felci)
**Quer|straße** F bir caddeyi kesen cadde; **zweite ~ rechts** sağdan ikinci cadde(ye) **~summe** F MATH bir sayının basamaklarının toplamı
**Querulant** M ⟨-en; -en⟩ ters, kavgacı
**Querverbindung** F enine/çapraz bağlantı
**quetsch|en** ⟨h.⟩ A VT (in akk -e) sıkıştırmak; **sich** (dat) **die Hand in der Tür ~** elini kapıya sıkıştırmak B VR: MED bir yerini ezmek; **sich ~ in** (akk) -e sıkışmak **♀ung** F ⟨-; -en⟩ MED ez(il)me, çürük, bere
**quicklebendig** ADJ umg canlı, dipdiri
**quieken** VI ⟨h.⟩ viyaklamak
**quietsch|en** VI ⟨h.⟩ (vor dat -den) ciyaklamak; Bremsen, Reifen cayırdamak; Tür, Bett etc gıcırdamak **~vergnügt** ADJ umg keyiften dört köşe
**Quintessenz** F ⟨-; -en⟩ öz, cevher; canalıcı nokta
**Quintett** N ⟨-s; -e⟩ Musikstück kentet, kuintet; (fünf Leute) beşli
**Quirl** [kv-] M ⟨-s; -e⟩ çırpacak, mikser **♀en** V/T ⟨h.⟩ çırpmak, karıştırmak **♀ig** ADJ ele avuca sığmaz
**quitt** ADJ: **mit j-m ~ sein** b-le ödeşmiş olmak
**Quitte** F ⟨-; -n⟩ ayva
**quittieren** v/t ⟨ohne ge-, h.⟩ alındılamak; **j-m etw ~** b-ne bş-in makbuzunu vermek; fig **etw mit e-m Lächeln ~** bş-i bir gülümsemeyle karşılamak; **den Dienst ~** görevi bırakmak
**Quittung** F ⟨-; -en⟩ alındı, makbuz; **gegen ~** makbuz karşılığı
**Quiz** [kvɪs] N ⟨-; -⟩ yarışma programı **~frage** F ödüllü soru **~master** [-maːstɐ] M yarışma sunucusu
**Quote** F ⟨-; -n⟩ kota; pay; (Rate) oran
**Quotenregelung** F kota düzenlemesi
**Quotient** [kvo'tsi̯ɛnt] M ⟨-en; -en⟩ MATH bölüm, bölme (işlemi) sonucu

# R

**r, R** [ɛr] N ⟨-; -⟩ r, R
**r.** abk für rechts sağ(da)
® Zeichen für eingetragenes Warenzeichen tescilli marka
**RA** abk für Rechtsanwalt avukat (Av.)
**Rabatt** M ⟨-s; -e⟩ WIRTSCH **(auf** akk -de) indirim
**Rabbi** M ⟨-(s); -s⟩, **~ner** M ⟨-s; -⟩ REL haham
**Rabe** M ⟨-n; -n⟩ karga
**Raben|mutter** F a. hum hain ana **♀schwarz** ADJ kapkara **~vater** M a. hum hain baba
**rabiat** ADJ zorba(ca); öfkeli
**Rache** F ⟨-; ohne pl⟩ öç, intikam; **aus ~ für** (akk) -in öcünü almak için; **~ schwören** -in öcünü almaya ant içmek
**Rachen** M ⟨-s; -⟩ ANAT gırtlak, boğaz; Raubtier hayvan ağzı
**rächen** ⟨h.⟩ A V/T -in öcünü almak B V/R: **sich ~** öç almak; **sich an j-m ~ für** akk b-nden bş-in öcünü/intikamını almak
**Rächer** M ⟨-s; -⟩, **-in** F ⟨-; -nen⟩ intikam alan
**rachsüchtig** ADJ kinci, intikamcı
**Rachi|tis** F ⟨-; ohne pl⟩ MED raşitizm **♀tisch** ADJ raşitik
**Rad** N ⟨-s; ⁼er⟩ teker(lek); (Fahr♀) bisiklet; **~ fahren** bisiklete binmek; umg **unter die Räder kommen** gürültüye git-

mek
**Radar** M,N ⟨-s; ohne pl⟩ radar **~falle** F umg radar tuzağı **~gerät** N radar cihazı **~kontrolle** F radarla sürat kontrolü **~schirm** M radar ekranı
**Radau** M ⟨-s; ohne pl⟩ umg gürültü patırtı, şamata
**radebrechen** V/T, V/I ⟨radebricht, radebrechte, geradebrecht, h.⟩ umg çat pat konuşmak
**radeln** ⟨s.⟩ umg bisiklete binmek
**Rädelsführer** M elebaşı, çete reisi
**Radfahrer(in)** M(F) bisikletli, bisikletçi
**radier|en** V/T, V/I ⟨ohne ge-, h.⟩ silmek **2gummi** M (lastik) silgi **2ung** F ⟨-; -en⟩ gravür
**Radieschen** [ra'di:sçən] N ⟨-s; -⟩ BOT (kırmızı) turp
**radikal** ADJ köklü, kökten
**Radikale** M,F ⟨-n; -n⟩ kökenci
**radikal|isieren** V/T ⟨ohne ge-, h.⟩ radikalleştirmek **2ismus** M ⟨-; ohne pl⟩ köktencilik **2kur** F kökten çözüm; umg kazıyıp atma
**Radio** N ⟨-s; -s⟩ radyo; **im ~** radyoda; **~ hören** radyo dinlemek
**radioaktiv** [-f] ADJ PHYS radyoaktif **2ität** F ⟨-; ohne pl⟩ radyoaktivite
**Radio|apparat** M, **~gerät** N radyo (alıcısı) **~logie** F ⟨-; -n⟩ MED radyoloji **~rekorder** M radyolu kasetçalar **~sender** M radyo vericisi/istasyonu **~sendung** F radyo yayını **~wecker** M radyolu çalarsaat
**Radius** M ⟨-; Radien⟩ yarıçap
**Radkappe** F jant kapağı
**Radler**[1] N umg bira ve gazoz karışımı
**Radler**[2] M, **-in** F bisikletli, bisikletçi
**Radlerhose** F şort
**Rad|rennen** N bisiklet yarışı **~sport** M bisiklet sporu **~tour** F bisiklet turu **~wanderung** F bisiklet gezintisi **~weg** M bisiklet yolu
**raffen** ⟨h.⟩ V/T Kleid, Vorhang büzmek; umg (verstehen) çak(azla)mak; **etw an sich ~** bşi ele geçirmek
**Raffgier** F (mülkiyet) hırs(ı), açgözlülük
**Raffinerie** F ⟨-; -n⟩ CHEM rafineri
**Raffinesse** [-'nɛsə] F ⟨-; -n⟩ (Schläue) kurnazlık; (Eleganz) incelik
**raffiniert** ADJ (schlau) kurnaz, açıkgöz; rafine
**Rage** ['ra:ʒə] F ⟨-; ohne pl⟩ öfke; **j-n in** 

**~ bringen** b-ni (çok) öfkelendirmek
**ragen** V/I ⟨h.⟩: **~ aus** -den sivrilmek, -den yükselmek; horizontal -den çıkmak; **~ über** (akk) -in üstünden yükselmek
**Ragout** [ra'gu:] N ⟨-s; -s⟩ GASTR yahni, ragu
**Rahm** M ⟨-s; ohne pl⟩ krema
**rahmen** V/T ⟨h.⟩ çerçevelemek
**Rahmen** M ⟨-s; -⟩ çerçeve; (Gefüge) iskelet, yapı; (Hintergrund) fon, arka plan; (Bereich) alan, kapsam; **aus dem ~ fallen** dikkati çekmek, sıradışı olmak; **den ~ sprengen** -in kapsamını aşmak; **im ~ des Möglichen** mümkün olanın sınırları içinde
**Rahmen|abkommen** N bes POL çerçeve an(t)laşması **~bedingungen** genel şartlar pl **~handlung** F ana olay (romanda) **~programm** N çerçeve program
**Rakete** F ⟨-; -n⟩ roket, MIL a. füze
**Raketen|abschussbasis** F MIL füze rampası **~abwehrsystem** N füzesavar sistemi **~stützpunkt** M MIL füze üssü
**Raki** M rakı
**Rallye** ['rali], ['rɛli] F ⟨-; -s⟩, schweiz N ⟨-s; -s⟩ ral(l)i
**RAM** [ram] N ⟨-s; -s⟩ IT RAM
**Ramadan** N Ramazan (ayı)
**rammen** V/T ⟨h.⟩ -e toslamak, çarpmak
**Rampe** F ⟨-; -n⟩ rampa; THEAT sahne kenarı **~nlicht** N fig: **im ~ stehen** kamuoyunun dikkati -in üstünde olmak
**ramponieren** V/T ⟨ohne ge-; h.⟩ umg zedelemek, -e hasar vermek
**Ramsch** M ⟨-es⟩ değersiz, hurda, tapon (mal)
**ran...** IN ZSSGN buraya; bu tarafa (heran)
**Rand** M ⟨-s; ⁓er⟩ kenar; Seite a. marj; See, Straße a. kıyı; Glas a. ağız; Brille çerçeve; **am ~(e) des Ruins** (Krieges etc) yıkıma (savaşa etc) ramak kala
**Randa|lle** F ⟨-; ohne pl⟩ umg kargaşa **2lieren** V/I ⟨ohne ge-; h.⟩ kargaşa çıkarmak **~lierer** M ⟨-s; -⟩ kargaşacı, gürültücü; sokak serserisi, holigan
**Rand|bemerkung** F çıkma, kenar notu; fig dokunma, iğneleme **~gebiet** N Stadt varoşlar pl **~gruppe** F marjinal grup **2los** ADJ Brille çerçevesiz **~streifen** M AUTO banket **2voll** ADJ ağzına kadar (od lebalep) dolu

**Rang** M ⟨-s; ⁓e⟩ MIL rütbe; *Stellung* konum, sınıf; **erster ⁓** THEAT protokol yeri; **ersten ⁓es** birinci sınıf, birinci dereceden; **j-m den ⁓ ablaufen** b-nden üstün çıkmak; **Ränge** *pl Stadion* sıra(lar *pl*)

**rangieren** [raŋˈʒiːrən] ⟨*ohne ge-, h.*⟩ **A** Vᵢ ... sırada olmak, ... sırayı almak **B** Vᵣ AUTO, BAHN *-le* manevra yapmak; **⁓ vor** (*dat*) *-den* daha üstün olmak

**Rang|liste** F derecelendirme **⁓ordnung** F hiyerarşi, aşama sırası

**ranhalten** Vᵣ ⟨*irr, -ge-, h.*⟩ *umg:* **sich ⁓** gayret etmek, sebat göstermek

**ranken** Vᵢ *u.* Vᵣ ⟨*h.*⟩ *Pflanze* (**sich**) **⁓** sarılmak; *fig Gerücht, Sage* **sich ⁓ um** *-in* söylentisi/efsanesi olmak

**ran|lassen** Vᵣ ⟨*irr, -ge-, h.*⟩ *umg:* **j-n ⁓ an** (*akk*) b-ni *-in* yanına yaklaştırmak **⁓machen** Vᵣ ⟨*-ge-, h.*⟩ *umg:* **sich an j-n ⁓** b-ne yanaşmak **⁓nehmen** Vᵣ ⟨*irr, -ge-, h.*⟩ *umg:* **j-n ⁓** b-ni derse kaldırmak; b-nden daha çok verim istemek

**ranzig** ADJ bozulmuş, acılaşmış (*yağ*)

**Rap** [rɛp] M ⟨-(s); -s⟩ MUS rap, rep

**rapide** **A** ADJ hızlı **B** ADV hızla

**Raps** M ⟨-es; -e⟩ BOT kolza **⁓öl** N kolza yağı

**rar** ADJ seyrek, ender **♀ität** F ⟨-; -en⟩ *Sache* garip şey; (*Seltenheit*) ender şey

**rasant** *umg* ADJ *Tempo* (çılgın gibi) hızlı

**rasch** ADJ hızlı, çabuk; (*sofortig*) acil, ivedi

**rascheln** Vᵢ ⟨*h.*⟩ hışırdamak

**rasen** Vᵢ ⟨*s.*⟩ *umg* hızla gitmek, delice araba sürmek; ⟨*h.*⟩ *Sturm* şiddetle sürmek; **⁓ vor Begeisterung** coşkudan çılgına dönmek; **⁓ vor Wut** öfkeden köpürmek

**Rasen** M ⟨-s; -⟩ çim(en)

**rasend** ADJ *Tempo* çok hızlı, deli gibi; *wütend* öfkeli, hiddetli; *Schmerz* şiddetli; *Beifall* yeri göğü sarsan; **⁓ machen** çıldırtmak

**Rasenmäher** M ⟨-s; -⟩ çim biçme makinası

**Raser** M ⟨-s; -⟩ *umg deli gibi araba kullanan* **⁓ei** F ⟨-; -en⟩ *umg* (*schnelles Fahren*) deli gibi araba kullanma; (*Wut*) öfke çılgınlığı; **j-n zur ⁓ bringen** b-ni öfkeden çıldırtmak

**Rasier|apparat** M tıraş makinesi; **elektrischer ⁓** elektrikli tıraş makinesi **⁓creme** F tıraş kremi

**rasieren** ⟨*ohne ge-, h.*⟩ **A** Vᵣ tıraş etmek **B** Vᵣ: **sich ⁓** tıraş olmak

**Rasier|er** M ⟨-s; -⟩ tıraş makinesi **⁓klinge** F tıraş bıçağı, jilet **⁓messer** N ustura **⁓pinsel** M tıraş fırçası **⁓schaum** M tıraş köpüğü **⁓wasser** N tıraş losyonu

**Räson** [rɛˈzɔŋ] F ⟨-; *ohne pl*⟩: **j-n zur ⁓ bringen** b-nin aklını başına getirmek

**raspeln** Vᵣ ⟨*h.*⟩ rendelemek

**Rasse** F ⟨-; -n⟩ ırk; ZOOL cins, tür

**Rassel** F ⟨-; -n⟩ çıngırak, kaynana zırıltısı

**rasseln** Vᵢ ⟨*s.*⟩ çıngırdamak; *umg fig* **durch die Prüfung ⁓** sınavda çakmak

**Rassen|diskriminierung** F ırk ayırımcılığı **⁓hass** M ırkçı nefret **⁓trennung** F ırk ayırımı

**Rassismus** M ⟨-; *ohne pl*⟩ ırk ıçılık

**Rassist** M ⟨-en; -en⟩, **-in** F ⟨-; -nen⟩ ırkçı **♀isch** ADJ ırkçı, ırkçılıkla ilgili

**Rast** F ⟨-; -en⟩ mola; (*Pause a.*) ara; (**e-e**) **⁓ machen** mola vermek

**rasten** Vᵢ ⟨*h.*⟩ mola vermek

**Raster** N ⟨-s; -⟩ TV etc *fig* şema

**rastlos** ADJ dur durak bilmeyen, huzursuz

**Rast|platz** M dinlenme yeri; AUTO mola yeri **⁓stätte** F AUTO dinlenme tesisi

**Rasur** F ⟨-; -en⟩ tıraş

**Rat¹** M ⟨-s; Ratschläge⟩ öğüt; **j-m e-n ⁓ geben** b-ne akıl/öğüt vermek; **j-n um ⁓ fragen** b-ne akıl danışmak

**Rat²** M ⟨-s; ⁓e⟩ POL meclis, konsey, şûra; (*Ratsmitglied*) meclis üyesi

**Rate** F ⟨-; -n⟩ WIRTSCH taksit; (*Geburten♀ etc*) oran; **auf ⁓n** taksitle; **in ⁓n bezahlen** taksit taksit ödemek

**raten** Vᵣ *u.* Vᵢ ⟨*rät, riet, geraten, h.*⟩ öğütlemek, tavsiye etmek; (*er-*) tahmin etmek, bilmek; *Rätsel* çözmek; **j-m zu etw ⁓** b-ne bş-i tavsiye etmek; **rate mal!** bil bakalım!, tahmin et!

**Raten|kauf** M taksitli alım **⁓zahlung** F taksitli ödeme; taksit ödemesi

**Ratespiel** N bilmece (oyunu)

**Ratgeber** M ⟨-s; -⟩ danışman; (*Buch*) kılavuz (kitap)

**Rathaus** N belediye binası

**ratifizier|en** Vᵣ ⟨*ohne ge-, h.*⟩ onaylamak **♀ung** F ⟨-; -en⟩ onayla(n)ma

**Ration** [raˈtsi̯oːn] F ⟨-; -en⟩ pay, tayın

**rational** [ratsǐo'naːl] ADJ akılcı **~isieren** V/T ⟨ohne ge-, h.⟩ rasyonalize etmek **2isierung** F ⟨-; -en⟩ rasyonalizasyon **2ismus** M ⟨-; ohne pl⟩ rasyonalizm, akılcılık
**ration|ell** [ratsǐo'nɛl] ADJ rasyonel, etkin; (sparsam) ölçülü, hesaplı **~ieren** [-'niːrən] V/T ⟨ohne ge-, h.⟩ tayına/vesikaya bağlamak
**ratlos** ADJ çaresiz, şaşkın **2igkeit** F ⟨-; ohne pl⟩ çaresizlik
**ratsam** ADJ tavsiye edilir; yerinde
**Ratschlag** M ⟨-s; ⸚e⟩ öğüt, tavsiye
**Rätsel** N ⟨-s; -⟩ bilmece; (Geheimnis) muamma, sır; fig **vor e-m ~ stehen** bir bilmeceyle karşı karşıya olmak **2haft** ADJ akıl ermez, gizemli
**rätseln** V/I ⟨h.⟩: **~ über** (akk) -in sırrını çözmeye çalışmak
**Rätselraten** N ⟨-s; ohne pl⟩ bilmece çözme
**Rattan** N ⟨-s; ohne pl⟩ bambu (mobilya)
**Ratte** F ⟨-; -n⟩ sıçan
**rattern** V/I ⟨h.⟩ takırdamak
**rau** ADJ pürüzlü; Klima sert; Stimme kısık, boğuk; Hände etc çatlak, yarık; Hals iltihaplı
**Raub** M ⟨-s; ohne pl⟩ gasp, soygun; (Beute) ganimet, çalıntı mal **~bau** M ⟨-s; ohne pl⟩ talan, yağma, sömürme; **~ treiben an** (dat) -i talan etmek **~druck** M ⟨-s; -e⟩ korsan baskı
**rauben** V/T ⟨h.⟩ soymak; **j-m etw ~** b-nin bş-ini başetmek; fig b-nin bş-ini elinden almak
**Räuber** M ⟨-s; -⟩ haydut, eşkıya
**Raub|kopie** F Film, CD etc korsan kopya **~mord** M gasp cinayeti **~tier** N yırtıcı hayvan **~überfall** M soygun; a. yol kesme
**Rauch** M ⟨-s; ohne pl⟩ duman
**rauchen** V/I ⟨h.⟩ A V/T Tabak içmek; umg **e-e ~** bir sigara içmek B V/I sigara vs kullanmak; Schornstein, Brandherd tütmek; **Rauchen verboten!** sigara içmek yasaktır!
**Raucher** M ⟨-s; -⟩ sigara içen
**Räucheraal** M tütsülenmiş/füme yılan balığı
**Raucher|abteil** N sigara içilen kompartıman **~husten** M MED sigara öksürüğü **~in** F ⟨-; -nen⟩ sigara içen (kadın) **~kneipe** F sigara içenler lokali
**räuchern** V/T ⟨h.⟩ tütsülemek
**Räucherstäbchen** N tütsü/buhur çubuğu
**rauchig** ADJ fig Stimme puslu, pusarık
**Rauch|verbot** N sigara içme yasağı; **hier ist ~** burada sigara içme yasağı vardır **~vergiftung** F duman zehirlenmesi **~wolke** F duman bulutu
**Raufasertapete** F talaşlı duvar kağıdı
**Raufbold** M ⟨-s; -e⟩ kavgacı, belalı
**raufen** ⟨h.⟩ A V/T: **sich** (dat) **die Haare ~** saçını başını yolmak B V/I; V/R: (sich) **~ (mit** ile, **um** için/uğruna) dövüşmek, kavga etmek, boğuşmak
**Rauferei** F ⟨-; -en⟩ kavga, dövüşme
**rauflustig** ADJ kavgacı, bela arayan
**Raum** M ⟨-s; ⸚e⟩ mekân; (Zimmer) oda, salon; (Platz) yer; (Gebiet) alan; (Welt2) uzay; **im ~ München** Münih ve yöresinde **~anzug** M uzay elbisesi
**räumen** V/T ⟨h.⟩ Wohnung boşaltmak; Hotelzimmer a. terk etmek; s-e **Sachen ~ in** (akk) eşyalarını -e koymak/kaldırmak
**Raum|fähre** F uzay mekiği **~fahrt** F ⟨-; ohne pl⟩ uzay yolculuğu; uzay bilimi (Wissenschaft) **~fahrtzentrum** N uzay merkezi **~flug** M uzay uçuşu **~inhalt** M hacim, istiap **~kapsel** F uzay kapsülü
**räumlich** ADJ mekansal, mekansal; üç boyutlu
**Raum|schiff** N bemannt uzay gemisi **~sonde** F uzay aracı **~station** F uzay istasyonu
**Räumung** F ⟨-; -en⟩ boşaltma, bes WIRTSCH, JUR tahliye, tasfiye
**Räumungs|klage** F JUR tahliye davası **~verkauf** M WIRTSCH tasfiye satışı
**Raupe** F ⟨-; -n⟩ tırtıl
**Raureif** M kırağı, kırç
**raus** INT umg (çık) dışarı!
**Rausch** M ⟨-s; ⸚e⟩ sarhoşluk, kendinden geçme; **e-n ~ haben** sarhoş olmak; **s-n ~ ausschlafen** uyuyup ayılmak
**rauschen** A V/I ⟨h.⟩ Wind hışırdamak; Wasser şırıldamak; Bach uğuldamak; TECH, ELEK hışırtı/parazit yapmak B ⟨s.⟩ umg fig hızla geçip gitmek
**Rauschen** N ⟨-s; ohne pl⟩ hışırtı, şırıltı, uğultu; ELEK hışırtı, parazit
**rauschend** ADJ Applaus şiddetli
**Rauschgift** N uyuşturucu (madde) **~handel** M uyuşturucu ticareti

**~händler(in)** M(F) uyuşturucu satıcısı **~sucht** F uyuşturucu bağımlılığı **♀süchtig** ADJ uyuşturucu bağımlısı **~süchtige** M.F uyuşturucu bağımlısı
**raus|fliegen** ⟨irr, -ge-, h.⟩ umg kapı dışarı edilmek **~geben** ⟨irr, -ge-, h.⟩ umg çıkarıp vermek; Geld üstünü vermek **~kriegen** ⟨-ge-, h.⟩ umg (erfahren) öğrenmek, ortaya çıkarmak
**räuspern** V/R ⟨h.⟩: **sich ~** hafifçe öksürmek, genzini temizlemek
**raus|schmeißen** V/T ⟨irr, -ge-, h.⟩ umg dışarı atmak **♀Schmeißer** M ⟨-s; -⟩ umg Bar goril, bodigart **♀schmiss** M ⟨-es; -e⟩ umg dışarı at(ıl)ma
**Raute** F ⟨-; -n⟩ eşkenar dörtgen
**Rave** [re:v] M ⟨-(s); -s⟩ organize kitle eğlentisi
**Razzia** ['ratsia] F ⟨-; -zien⟩ (auf akk, in dat -e) baskın, arama tarama, Verkehr çevirme
**rd.** abk für rund yaklaşık/yuvarlak (olarak)
**Reagenzglas** N tüp
**reagieren** V/I ⟨ohne ge-, h.⟩ (auf akk -e) tepki göstermek
**Reaktion** [re|ak'tsio:n] F ⟨-; -en⟩ (auf akk -e) tepki
**reaktionär** [-'tsio:nɛːr] ADJ POL gerici
**Reaktionär** [-'tsio:nɛːr] M ⟨-s; -e⟩, **-in** F ⟨-; -nen⟩ gerici
**Reaktions|fähigkeit** [-'tsio:ns-] F ⟨-; ohne pl⟩, **~vermögen** N ⟨-; ohne pl⟩ tepki yeteneği
**reaktivieren** V/T ⟨ohne ge-, h.⟩ yeniden etkin hale getirmek, reaktive etmek
**Reaktor** M ⟨-s; -en⟩ PHYS reaktör **~kern** M reaktör çekirdeği **~sicherheit** F reaktör güvenliği
**real** [re'aːl] ADJ gerçek, reel; (konkret) somut **♀einkommen** N gerçek gelir
**realisieren** V/T ⟨ohne ge-, h.⟩ gerçekleştirmek; kavramak
**Real|ismus** M ⟨-; ohne pl⟩ gerçekçilik **~ist** M ⟨-en; -en⟩, **-in** F ⟨-; -nen⟩ gerçekçi **♀istisch** ADJ gerçekçi **~ität** F ⟨-; -en⟩ gerçek(lik), realite
**Realschule** F Art ortaokul (5.-10. sınıf)
**Rebell** M ⟨-en; -en⟩ asi **♀ieren** V/I ⟨ohne ge-, h.⟩ (**gegen** -e) isyan etmek **~ion** [-'lio:n] F ⟨-; -en⟩ isyan
**rebellisch** ADJ asi(ce)

**Rebstock** M BOT asma kütüğü
**rechen** V/T Laub etc tırmıklamak
**Rechen** M ⟨-s; -⟩ tırmık; bahçıvan tarağı
**Rechen|anlage** F bilgisayar (tesisi) **~aufgabe** F matematik ödevi **~fehler** M hesap hatası **~maschine** F hesap makinesi
**Rechenschaft** F ⟨-; ohne pl⟩: (**j-m**) **~ ablegen** (**über** akk -e hakkında) hesap/rapor vermek; **j-m ~ schuldig sein** b-ne hesap verecek olmak; **zur ~ ziehen** -den hesap sormak **~sbericht** M (çalışma vs) rapor(u)
**Rechenschieber** M hesap cetveli
**Rechenzentrum** N bilgisayar merkezi
**Recherch|e** [re'ʃɛrʃə] F ⟨-; -n⟩ araştırma **♀ieren** V/T u. V/I ⟨ohne ge-, h.⟩ araştırmak
**rechnen** ⟨h.⟩ **A** V/T hesaplamak; (veranschlagen) tahmin ve takdir etmek; **j-n ~ zu** b-ni -den saymak **B** V/I hesap etmek; **~ mit** (erwarten) beklemek; (bauen auf) -e güvenmek
**Rechner** M ⟨-s; -⟩ hesap makinesi; IT bilgisayar **♀gesteuert** ADJ bilgisayar güdümlü
**Rechnung** F ⟨-; -en⟩ hesaplama, hesap; WIRTSCH fatura; **die ~, bitte!** lütfen!; **auf ~** fatura karşılığı; **das geht auf meine ~** hesap benden; umg fig **auf s-e ~ kommen** alacağını almak
**Rechnungs|betrag** M fatura bedeli **~hof** M sayıştay **~prüfer(in)** M(F) muhasebe denetçisi **~prüfung** F muhasebe denetimi **~wesen** N ⟨-s; ohne pl⟩ muhasebe(cilik)
**recht A** ADJ a. POL sağ; (richtig) doğru; **auf der ~en Seite** sağ tarafta; **mir ist es ~** bence uygun; umg bana göre hava hoş **B** ADV haklı/doğru olarak; (ziemlich) oldukça, pek, çok; **j-m ~ geben** b-ne hak vermek **~ haben** haklı olmak; **ich weiß nicht ~** pek bilmiyorum; **erst ~** inadına; **es j-m ~ machen** b-ne yaranabilmek; **du kommst gerade ~** tam zamanında geldin
**Recht** N ⟨-s; -e⟩ hak; (Anspruch) (**auf** akk -e) hak; (Gesetzgebung) hukuk; (Gerechtigkeit) adalet; **~ sprechen** bir davaya bakmak; **gleiches ~** eşit hak; **im ~ sein** haklı olmak; **ein ~ haben auf**

(akk) -e hakkı olmak; **alle ~e vorbehalten** bütün hakları saklıdır/mahfuzdur; **mit ~, zu ~** haklı olarak; **von ~s wegen** kanuna göre; *umg* aslında
**Rechte¹** F ⟨-n; -n⟩ sağ el
**Rechte²** F ⟨-n; *ohne pl*⟩ POL sağ kanat
**Rechte³** M.F ⟨-n; -n⟩ POL sağcı
**Rechteck** N ⟨-s; -e⟩ dikdörtgen **⟂ig** ADJ dikdörtgen biçiminde
**rechtfertig|en** ⟨h.⟩ **A** VT doğrulamak, haklı çıkarmak **B** V/R: **sich ~** kendini savunmak; haklı çıkmak **⟂ung** F ⟨-; -en⟩ haklı çık(ar)ma
**rechthaberisch** ADJ inatçı, daima kendisini haklı gören
**rechtlich** ADJ kanunî, yasal, hukukî
**rechtlos** ADJ hiçbir hakkı olmayan
**rechtmäßig** ADJ yasal, meşru; *Anspruch, Besitzer* kanunî **⟂keit** F ⟨-; *ohne pl*⟩ yasallık, meşruluk
**rechts** ADV sağda; **nach ~** sağa; **~ abbiegen** sağa sapmak; **~ fahren** sağdan gitmek; **~ von** -*in* sağında; POL **~ stehen** sağcı (*od* sağ kanattan) olmak
**Rechts|abbieger** M ⟨-s; -⟩ AUTO sağa sapan *adj* **~anspruch** M (**auf** *akk* üzerinde) yasal hak **~anwalt** M avukat **~behelf** M JUR itiraz **~berater(in)** M(F) hukuk danışmanı **~bruch** M kanunsuzluk
**rechtschaffen** ADJ dürüst
**Rechtschreib|fehler** M imla yanlışı **~ung** F imla, yazım
**rechtsextrem** ADJ aşırı sağ **⟂ismus** M POL aşırı sağ(cılık) **⟂ist(in)** M(F) aşırı sağcı **~istisch** ADJ aşırı sağcı
**Rechts|fall** M hukukî olay, dava **~frage** F hukukî sorun **~grundsatz** M hukuk ilkesi **⟂gültig** ADJ hukuken geçerli
**Rechtshänder** M ⟨-s; -⟩, **-in** F ⟨-; -nen⟩ sağ elini kullanan; **~ sein** sağ elini kullanmak
**rechtskräftig** ADJ JUR yürürlükte, geçerli
**Rechtskurve** F sağ viraj
**Rechts|lage** F hukukî durum **~mittel** N JUR kanun yolu, itiraz; **ein ~ einlegen** bir kanun yoluna başvurmak
**Rechtspartei** F sağ parti
**Rechtspflege** F ⟨-; *ohne pl*⟩ yargı, adliye
**Rechtsprechung** F ⟨-; *ohne pl*⟩ yargı, içtihat
**rechts|radikal** ADJ POL kökten/radikal sağcı **⟂radikale** M.F radikal sağcı **⟂radikalismus** M sağ radikalizm/köktencilik **⟂ruck** M sağ oylarda patlama
**Rechtsschutz** M hukukî himaye **~versicherung** F hukukî yardım sigortası
**Rechtsstaat** M hukuk devleti **⟂lich** ADJ hukuk devleti ilkesine uygun **~lichkeit** F ⟨-; *ohne pl*⟩ hukuk devleti ilkesi
**Rechts|streit** M dava, hukukî ihtilaf **~weg** M yargı yolu; **auf dem ~** yargı yoluyla, yasal yoldan; **den ~ beschreiten** yasa yoluna başvurmak
**rechtswidrig** ADJ hukuka aykırı, gayri meşru, haksız
**recht|wink(e)lig** ADJ dikaçılı; dört köşeli **~zeitig** **A** ADJ zamanında; (*pünktlich*) dakik **B** ADV zamanında; (*pünktlich*) tam vaktinde
**Reck** N ⟨-s; -e⟩ SPORT barfiks
**recken** VT ⟨h.⟩ *Hals* uzatmak; *Arm, Bein* germek
**Recorder** → Rekorder
**recycel|n** [riˈsaɪkəln] VT ⟨*ohne ge-, h.*⟩ yeniden işlemek, dönüştürmek **⟂ling** [riˈsaɪklɪŋ] N ⟨-s; *ohne pl*⟩ yeniden işleme **⟂lingpapier** N yeniden işlenmiş kağıt, dönüşümlü kağıt
**Redakteur** [-ˈtøːr] M ⟨-s; -e⟩, **-in** F ⟨-; -nen⟩ redaktör
**Redaktion** [-ˈtsi̯oːn] F ⟨-; -en⟩ yazı işleri (kurulu *vs*), redaksiyon
**Rede** F ⟨-; -n⟩ konuşma, söz, nutuk; **zur ~ stellen** (**wegen** -*den* dolayı) b-ni sorguya çekmek; **nicht der ~ wert** (sözünü etmeye) değmez, önemsiz
**reden** VI *u.* VT ⟨h.⟩ (**mit** -*le*) konuşmak; *feierlich* (**über** *akk* hakkında) konuşma yapmak; (**nicht**) **mit sich** (*dat*) **~ lassen** söz dinle(me)mek; **du hast gut ~!** (senin için) söylemesi kolay!; **j-n zum Reden bringen** b-ni konuşturmak
**Redensart** F deyim
**Redeverbot** N konuşma yasağı
**Redewendung** F GRAM deyim
**redigieren** VT ⟨*ohne ge-, h.*⟩ düzeltmek, baskıya hazırlamak, redakte etmek
**Redner** M ⟨-s; -⟩, **-in** F ⟨-; -nen⟩ konuşmacı; hatip
**Rednerpult** N konuşmacı kürsüsü

**reduzieren** ⟨ohne ge-, h.⟩ **A** V/T ⟨auf akk -e⟩ indirmek, indirgemek **B** V/R: **sich ~** inmek, düşmek

**Reeder** M ⟨-s; -⟩ armatör **~ei** F ⟨-; -en⟩ gemicilik işletmesi

**reell** ADJ Preis makul; Chance gerçek; Firma sağlam

**Referat** N ⟨-s; -e⟩ rapor; (Vortrag) a. konuşma, bildiri; im Unterricht seminer tezi, bildiri; (Dienststelle) şube, bölüm; **ein ~ halten** bir bildiri sunmak

**Referendar** M ⟨-s; -e⟩, **-in** F ⟨-; -nen⟩ JUR, fürs Lehramt stajyer

**Referendum** N ⟨-s; Referenden od Referenda⟩ referandum, halk oylaması

**Referent** M ⟨-en; -en⟩, **-in** F ⟨-; -nen⟩ (Vortragender) konuşmacı; (Abteilungsleiter) şube müdürü; (Berater) **persönlicher ~ von** -in özel danışmanı

**Referenz** F ⟨-; -en⟩ tavsiye, referans; Person danışılacak kişi; **~en** pl diplomalar, belgeler

**referieren** V/T u. V/I ⟨ohne ge-, h.⟩ ⟨über akk hakkında⟩ bildiri sunmak, konuşma yapmak

**reflektieren** ⟨ohne ge-, h.⟩ V/T Licht yansıtmak

**Reflektor** M ⟨-s; -en⟩ reflektör

**Reflex** M ⟨-es; -e⟩ refleks, tepki; PSYCH tepke **~bewegung** F refleks hareketi

**reflexiv** [-f] ADJ GRAM dönüşlü **⮭pronomen** N GRAM dönüşlü zamir

**Reform** F ⟨-; -en⟩ reform **~ation** [-'tsi̯oːn] F ⟨-; -en⟩ a. HIST REL reform **⮭bedürftig** ADJ reforma ihtiyacı olan **~er** M ⟨-s; -⟩ -**in** F ⟨-; -nen⟩ reformcu

**Reformhaus** N doğal besin dükkanı

**reformieren** V/T ⟨ohne ge-, h.⟩ yeniden düzenlemek, reforme etmek

**Reformkost** F doğal besin

**Reformpolitik** F reform politikası

**Refrain** [ra'frɛː] M ⟨-s; -s⟩ nakarat, bağlantı

**Regal** N ⟨-s; -e⟩ raf, sergen **~wand** F bütün duvarı kaplayan raf

**Regatta** F ⟨-; Regatten⟩ tekne yarışı

**rege** ADJ (lebhaft) canlı; **geistig ~** zihnen canlı; **~n Anteil nehmen an** (dat) -i sıcak ilgiyle paylaşmak

**Regel** F ⟨-; -n⟩ kural; der Frau regl, aybaşı; **in der ~** genellikle; **die ~ sein** olağan olmak **~blutung** F MED aybaşı kanaması **~fall** M: **im ~** genelde

**regelmäßig** ADJ düzenli, kurallı **⮭keit** F ⟨-; ohne pl⟩ düzenlilik, kurallılık

**regeln** ⟨h.⟩ **A** V/T düzenlemek, düzeltmek; TECH a. ayarlamak; Angelegenheit etc halletmek **B** V/R: **sich ~** düzenlenmek, düzene girmek

**regelrecht A** ADJ usulüne uygun **B** (wirklich) düpedüz, baya(ğı)

**Regelung** F ⟨-; -en⟩ düzenleme; ayar (-lama); (Steuerung) TECH kontrol

**regelwidrig** ADJ kuraldışı; kurala aykırı **⮭keit** F kuraldışılık; usulsüzlük

**regen** ⟨h.⟩ **A** V/T hareket ettirmek **B** V/R: **sich ~** hareket etmek, kımıldamak, uyanmak

**Regen** M ⟨-s; -⟩ yağmur; ÖKOL **saurer ~** asitli yağmur; **bei ~** yağmurda, yağmurlu havada; yağmurca/yağarken

**Regenbogen** M gökkuşağı **~presse** F boyalı basın

**Regeneration** F ⟨-; -en⟩ yenilenme, gençleşme **~ationsfähigkeit** F k-ni yenileme yeteneği **⮭ieren** V/T u. V/R ⟨ohne ge-, h.⟩ (sich) ~ (k-ni) yenilemek

**Regen|fälle** PL yağışlar **~guss** M sağanak **~mantel** M yağmurluk **~rinne** F yağmur oluğu **~schauer** M sağanak **~schirm** M şemsiye

**Regent** M ⟨-en; -en⟩, **-in** F ⟨-; -nen⟩ yönetim başındaki prens veya vekili

**Regen|tag** M yağmurlu gün **~tropfen** M yağmur damlası **~wald** M tropik orman **~wasser** N yağmur suyu **~wetter** N yağmurlu hava **~wolke** F yağmur bulutu **~wurm** M yersolucanı **~zeit** F yağmur dönemi

**Reggae** ['rɛge:] M ⟨-(s)⟩ MUS reggae (müziği)

**Regie** [re'ʒiː] F ⟨-; ohne pl⟩ THEAT, FILM reji, yönetim; **~ führen (bei)** (-i) yönetmek; **unter der ~ von** -in yönetiminde; **in eigener ~** kendi yönetiminde **~anweisung** F oyun yazarının sahneleme notu **~assistent(in)** M(F) reji asistanı

**regieren** ⟨ohne ge-, h.⟩ **A** V/I hükum sürmek, iktidarda bulunmak **B** V/T yönetmek **⮭ung** F ⟨-; -en⟩ hükumet; yönetim; e-s Monarchen hükumdarlık, saltanat; **an der ~ sein** itidarda olmak; **an die ~ kommen** itidara geçmek

**Regierungs|bezirk** M il, vilayet **~bildung** F hükumetin kurulması **~chef(in)** M(F) hükumet başkanı **~er-**

**klärung** F hükümet protokolü **⦿fähig** ADJ hükümeti kurabilecek (nitelikte) **~krise** F hükümet bunalımı **~partei** F iktidar partisi **~sitz** M hükümet merkezi **~sprecher(in)** M(F) hükümet sözcüsü **~umbildung** F hükümet değişikliği **~wechsel** M hükümet değişikliği
**Regime** [reˈʒiːm] N ⟨-s; -⟩ POL rejim **~kritiker(in)** M(F) rejim karşıtı
**Regiment** N ⟨-s; -e⟩ POL egemenlik; MIL alay
**Region** [reˈɡi̯oːn] F ⟨-; -en⟩ bölge
**regional** ADJ bölgesel, yöresel **⦿bahn** F, **⦿express** M BAHN yakın ulaşım treni **⦿verwaltung** F bölgesel yönetim
**Regisseur** [reʒiˈsøːr] M ⟨-s; -e⟩, **-in** F ⟨-; -nen⟩ rejisör, yönetmen
**Register** N ⟨-s; -⟩ *in Büchern* dizin, endeks
**registrier|en** V/T ⟨*ohne ge-, h.*⟩ kaydetmek; tescil etmek; **sich ~ lassen** kaydolmak **⦿kasse** F yazar kasa **⦿ung** F ⟨-; -en⟩ kayıt, kaydolma
**Regler** M ⟨-s; -⟩ TECH regülatör
**reglos** ADJ kıpırtısız
**regnen** V/UNPERS ⟨h.⟩ (yağmur) yağmak; **es regnet in Strömen** (yağmur) bardaktan boşanırcasına yağıyor
**regnerisch** ADJ yağmurlu
**Regress** M ⟨-es; -e⟩ WIRTSCH, JUR tazminat talebi; (asıl borçluya) başvuru **~anspruch** M başvuru/müracaat hakkı **⦿pflichtig** ADJ tazminle yükümlü
**regulär** ADJ düzenli, nizamî; (*üblich*) olağan, normal
**regulier|bar** ADJ ayarlanabilir, düzenlenebilir; (*steuerbar*) yönetilebilir, kontrol edilebilir **~en** V/T ⟨*ohne ge-, h.*⟩ düzenlemek, ayarlamak; (*steuern*) yönetmek, kontrol etmek
**Regung** F ⟨-; -en⟩ hareket, kımıltı; (*Gefühls⦿*) duygu, heyecan; (*Eingebung*) esin, ilham
**regungslos** ADJ hareketsiz, cansız
**Reh** [reː] N ⟨-s; -e⟩ karaca
**Rehabilitation** F ⟨-; -en⟩ JUR, *fig* iadei itibar; MED rehabilitasyon
**Rehabilitationszentrum** N MED rehabilitasyon merkezi
**rehabilitieren** ⟨*ohne ge-, h.*⟩ A V/T MED rehabilite etmek, JUR *-in* itibarını iade etmek B V/R: **sich ~** JUR itibarını yeniden kazanmak
**Reh|bock** M ⟨-s; ⸚e⟩ erkek karaca **~braten** M karaca kızartması **~keule** F karaca budu **~rücken** M karaca sırtı
**Reible** F ⟨-; -n⟩, **~eisen** N törpü
**reiben** ⟨rieb, gerieben, *h.*⟩ A V/T ov(uştur)mak; rendelemek; **sich die Augen (Hände) ~** gözlerini (ellerini) ovuşturmak B V/R: **sich ~** sürtünmek
**Reib|ereien** PL sürtüşme *sg* **~fläche** F kibrit kutusunun ilaçlı yüzeyi
**Reibung** F ⟨-; -en⟩ TECH sürtünme, *fig* pürüz, nahoş durum **⦿slos** A ADJ sorunsuz, dertsiz B ADV **~ funktionieren** tıkır tıkır işlemek/yürümek **~sverlust** M TECH sürtünme kaybı
**reich** ADJ (**an** *dat* bakımından) zengin; *Ernte, Vorräte* bol, bereketli; **~e Auswahl** bol çeşitler *pl*
**Reich** N ⟨-s; -e⟩ imparatorluk, ülke, devlet; HIST **das Dritte ~** Nazi Almanyası; BOT, ZOOL âlem; *fig* **~ (gen)** ... dünyası; REL **das ~ Gottes** ebediyet
**reichen** ⟨*h.*⟩ A V/T: **j-m etw ~** b-ne bş-i uzatmak B V/I (*aus-*) yetmek, yeterli olmak; **~ bis** *-e* yetişmek, *-e* kadar uzanmak; **das reicht** bu (kadar) yeter; **mir reicht's!** burama geldi!, artık yeter!
**reichhaltig** ADJ zengin
**reichlich** A ADJ bol; *Zeit, Geld* fazlasıyla B ADV (*ziemlich*) oldukça; (*großzügig*) bol bol, cömertçe; *umg* (*ziemlich*) **~ spät** hayli geç
**Reichtum** M ⟨-s; ⸚er⟩ servet, zenginlik
**Reichweite** F er(iş)im; FLUG, MIL, *Funk* menzil; **in (außer) j-s ~** b-nin menzili içinde (dışında)
**reif** ADJ ergin, olgun
**Reif**[1] M ⟨-s; *ohne pl*⟩ kırağı; *Frost* don
**Reif**[2] M ⟨-s; -e⟩ (*Arm⦿*) bilezik
**Reife** F ⟨-; *ohne pl*⟩ erginlik, olgunluk; **mittlere ~** *Art* ortaokul mezuniyeti
**reifen** V/I ⟨*s.*⟩ ermek, olgunlaşmak; olgunlaşıp (**zu etw** bş) olmak
**Reifen** M ⟨-s; -⟩ AUTO *etc* (dış) lastik, tekerlek; *Spielgerät, a.* SPORT hulahop, halka **~druck** M lastik hava basıncı, *umg* lastiğin havası **~panne** F lastik patlaması **~wechsel** M lastik değiştirme
**reiflich** ADJ iyice, esaslı; **nach ~er Überlegung** iyice düşündükten sonra
**Reihe** [ˈraɪ̯ə] F ⟨-; -n⟩ dizi, sıra; (*Anzahl*) dizi; (*Serie*) seri; **der ~ nach** sırayla; **ich**

**bin an der ~** sıra bende; *umg* **aus der ~ tanzen** sıradışı olmak
**Reihen|folge** F sıralanış, sıra **~haus** N sıraev(ler *pl*) **~untersuchung** F MED muayene kampanyası **♀weise** ADV *umg fig* düzinelerce
**Reim** M ⟨-s; -e⟩ LIT kafiye, uyak
**reimen** ⟨*h.*⟩ **A** VIT *u.* VII (*Verse machen*) manzume yazmak **B** V/R: **sich ~ (auf -*le*)** kafiyeli olmak
**rein** **A** ADJ saf, katıksız, arı; (*sauber*) temiz; *Gewissen* masum, rahat; *Wahrheit* tam, gerçek; **~ machen** temizlemek; **etw ins Reine bringen** bş-i açıklığa kavuşturmak; **mit j-m ins Reine kommen** bile olan anlaşmazlığı gidermek; **mit sich** (*dat*) **im Reinen sein** içi rahat olmak; **ins Reine schreiben** temize çekmek **B** ADV (*nichts als*) sadece, yalnız, ancak, sırf
**Rein|erlös** M, **~ertrag** M net kâr/getiri
**Reinfall** M *umg* flop; (*Enttäuschung*) hayalkırıklığı **♀en** VII ⟨-ge-, *h.*⟩ *umg fig*: **auf j-n (etw) ~** b-ne-(bş-e) aldanmak
**Reingewinn** M safi/net kâr
**reinhängen** V/R ⟨-ge-, *h.*⟩ *umg*: (*engagieren*) **sich in etw** (*akk*) **(voll) ~** bş-e (bütün gücüyle) girişmek
**reinhauen** ⟨*irr*, -ge-, *h.*⟩ *umg beim Essen* yumulmak; **j-m e-e ~** b-ne bir tane geçirmek
**Reinheit** F ⟨-; *ohne pl*⟩ (*Sauberkeit*) temizlik; (*Klarheit*) berraklık
**reinig|en** VIT ⟨*h.*⟩ ~ temizlemek; *Luft* arıtmak; *chemisch -e kuru* temizleme yapmak **♀ung** F ⟨-; -en⟩ temizleme; arıtma; *chemische kuru* temizleme; *Firma* (kuru) temizleyici; **in der ~** temizleyicide; **in die ~ bringen** temizleyiciye vermek **♀ungsmilch** F temizleme sütü **♀ungsmittel** N temizleme (madde), deterjan
**Reinkarnation** [rɛɪnkarnaˈtsi̯oːn] F hulul, reenkarnasyon, yeniden diriliş
**reinlegen** VIT ⟨-ge-, *h.*⟩ *umg fig*: **j-n ~** b-ni aldatmak
**reinlich** ADJ temiz(liği seven), titiz **♀keit** F ⟨-; *ohne pl*⟩ temizlik, titizlik
**Reis** M ⟨-es⟩ pirinç; *gekochter* pilav
**Reisbrei** M pirinç lapası
**Reise** F ⟨-; -n⟩ gezi, yolculuk, seyahat; SCHIFF *a.* sefer; (*Rund♀*) tur; **e-e ~ machen** bir seyahat etmek; **gute ~!** iyi yolculuklar!; **auf ~n sein** geziye çıkmış olmak **~andenken** N hatıra, andaç **~apotheke** F yolcunun yanındaki ilaçları **~begleiter(in)** M(F) yol arkadaşı/refakatçisi **~bekanntschaft** F yolculukta tanışılan kimse **~beschreibung** F gezi yazısı **~büro** N seyahat acentası **~bus** M şehirlerarası otobüs **♀fertig** ADJ yolculuğa hazır **~fieber** N: **sie hat ~** onu yol(culuk) heyecanı sarmış **~führer** M *Person* turist rehberi; *Buch* yol rehberi **~gepäck** N yol bagajı **~gepäckversicherung** F bagaj sigortası **~gesellschaft** F (*Reisegruppe*) turist kafilesi; (*Reiseveranstalter*) seyahat şirketi **~gruppe** F turist kafilesi **~kosten** PL yol masrafları, seyahat giderleri **~land** N gezilen ülke **~leiter(in)** M(F) kafile başkanı **~lektüre** F yolda okunacak şey
**reiselustig** ADJ yolculuğu seven
**reisen** VII ⟨*s.*⟩ (**nach** -*e*) yolculuğa çıkmak; **durch Frankreich ~** Fransa'yı gezmek; **ins Ausland ~** yurtdışı gezisi yapmak; **zu j-m ~** uzaktaki b-nin yanına gitmek
**Reisen** N ⟨-s; *ohne pl*⟩ yolculuk, gezme
**Reisende** M, F ⟨-n; -n⟩ turist; (*Fahrgast*) yolcu
**Reise|pass** M pasaport **~prospekt** M seyahat broşürü **~route** F gezi güzergâhı **~rücktrittsversicherung** F geziden vazgeçme hali için tazminat sigortası **~ruf** M bir yolcuya yapılan acil duyuru **~scheck** M seyahat çeki **~spesen** PL yol giderleri, seyahat masrafları **~tasche** F yolcu çantası, valiz **~unterlagen** PL seyahat belgeleri **~veranstalter** M seyahat şirketi; tur operatörü **~verkehr** M tatil trafiği **~wecker** M *portatif* çalar saat **~wetterbericht** M tatil için hava raporu **~zeit** F gezi mevsimi **~ziel** N gidilecek/varılacak yer
**Reisfeld** N pirinç tarlası
**Reisig** N ⟨-s; *o pl*⟩ çalı çırpı
**Reismehl** N pirinç unu
**Reißaus** N: **~ nehmen** kirişi kırmak
**Reißbrett** N çizim masası
**reißen** ⟨*riss, gerissen*⟩ **A** VIT ⟨*h.*⟩ ayırmak, bölmek, koparmak; **etw an sich ~** bş-i ele geçirmek, bş-in üstüne oturmak;

**j-m etw aus der Hand ~** b-nin elinden bş-i çekip almak; **in Stücke ~** parçalamak B *V/t* ⟨s.⟩ çekmek; ⟨*h.*⟩: **~ an** (*dat*) çek(iştir)ip kurtulmaya çalışmak C *V/R* ⟨*h.*⟩: **sich ~ um** -*i* kapışmak, (için) savaşmak

**reißend** ADJ *Fluss* deli, şiddetli; **~en Absatz finden** peynir ekmek gibi satılmak

**Reißer** M ⟨-s; -⟩ *umg Film etc* revaç gören, izlenilen (film); çok okunan (kitap) **⚓isch** ADJ *Schlagzeile* sansasyonel; *Farben, Werbung* çekici, etkileyici

**reißfest** ADJ kopmaz; yırtılmaz

**Reiß|nagel** M raptiye **~verschluss** M fermuar; **den ~ aufmachen** fermuarı açmak; **den ~ zumachen** fermuarı kapamak/çekmek **~wolf** M kağıt ve kumaş parçalama makinası **~zwecke** F ⟨-; -n⟩ raptiye

**reiten** ⟨ritt, geritten⟩ A *V/i* ⟨s.⟩ atla gelmek/gitmek B *V/t* ⟨*h.*⟩ -e binmek

**Reiter** M ⟨-s; -⟩, **-in** F ⟨-; -nen⟩ atlı, binici; süvari

**Reit|lehrer(in)** MF binicilik öğretmeni **~pferd** N binek atı **~schule** F binicilik kursu **~sport** M binicilik sporu **~stall** M binek ahırı **~turnier** N binicilik turnuvası **~unterricht** M binicilik dersi

**Reiz** M ⟨-es; -e⟩ çekicilik; gıdıkla(n)ma; MED, PSYCH dürtü, uyarı; **den ~ verlieren** (**für** için) çekiciliğini kaybetmek

**reizbar** ADJ aşırı duyarlı, çabuk kızan, sinirli **⚓keit** F ⟨-; *ohne pl*⟩ sinirlilik

**reizen** *V/t* ⟨*h.*⟩ tahrik etmek; MED tahriş etmek; (*ärgern*) kızdırmak, sinirlendirmek; *besonders Tier* azdırmak; -*in* üzerine salmak; (*herausfordern*) kamçılamak, tahrik etmek; (*anziehen*) çekmek, cezbetmek; (*locken*) -*i* ayartmak

**reizend** ADJ çekici, alımlı; (*hübsch*) sevimli, hoş

**Reiz|gas** N göz yaşartıcı gaz **~klima** N bünyeyi uyaran iklim **⚓los** ADJ çekici olmayan, yavan, tatsız **~schwelle** F uyarılma eşiği **~thema** N tartışmalı (*od* nazik, hassas) konu **~ung** F ⟨-; -en⟩ *a.* MED tahriş; tahrik **⚓voll** ADJ ilginç, çekici, zevkli **~wäsche** F seksi çamaşır **~wort** N tahrik edici söz

**rekapitulieren** *V/t* ⟨*ohne ge-, h.*⟩ baştan gözden geçirmek

**rekeln** ⟨*h.*⟩: **sich ~** gerinmek

**Reklamation** F ⟨-; -en⟩ WIRTSCH şikâyet

**Reklame** F ⟨-; -n⟩ (*Werbung*) reklam; (*Anzeige*) reklam, ilan; **~ machen für** -*in* reklamını yapmak

**reklamieren** *V/i u. V/t* ⟨*ohne ge-, h.*⟩ şikâyet etmek

**rekonstruieren** *V/t* ⟨*ohne ge-, h.*⟩ ilk haliyle yeniden kurmak; -*in* nasıl cereyan ettiğini ortaya çıkarmak

**Rekonstruktion** F ⟨-; -en⟩ yeniden kur(ul)ma; canlandırma

**Rekord** M ⟨-s; -e⟩ rekor; **e-n ~ aufstellen** (**halten**) rekor kırmak (korumak)

**Rekorder** M ⟨-s; -⟩ teyp

**Rekord|geschwindigkeit** F rekor hız **~halter(in)** MF rekortmen **~zeit** F rekor süre

**Rekrut** M ⟨-en; -en⟩ MIL acemi er

**rekrutieren** *V/t* ⟨*ohne ge-, h.*⟩ MIL, *fig* ⟨A. *V/R*: **sich**⟩ **~ aus** -*den* toplanıp gelmek

**Rektor** M ⟨-s; -en⟩, **-in** F ⟨-; -nen⟩ *Schule* müdür; *Hochschule* rektör **~at** N ⟨-s; -e⟩ müdürlük; rektörlük

**Rel.** *abk für* Religion *F* din

**Relais** [rə'lɛː] N ⟨-; - [rə'lɛːs]⟩ ELEK röle

**Relation** [-'tsjoːn] F ⟨-; -en⟩ MATH orantı; **in ~ zu** ile orantılı olarak

**relativ** [-f] ⟨-⟩ A ADJ göreceli, nispî, bağıl B ADV nispeten **~ieren** [-v-] *V/t* -*in* önemini azaltmak **⚓ität** [-v-] F ⟨-; *ohne pl*⟩ bağıllık, rölativite **⚓itätstheorie** F rölativite teorisi/kuramı

**Relativ|pronomen** [-f] GRAM tamlama zamiri **~satz** M tamlama cümlesi

**relevant** [-v-] ADJ (**für** için) önemli, anlamlı

**Relief** [re'lïɛf] N ⟨-s; -s, -e⟩ kabartma, rölyef

**Religion** [-'gîoːn] F ⟨-; -en⟩ din

**Religions|freiheit** F din hürriyeti **~gemeinschaft** F dinî cemaat **~krieg** M din/inanç savaşı **~lehrer(in)** MF din dersi öğretmeni **~unterricht** M din dersi **~zugehörigkeit** F dinî mensubiyet, dinsel kimlik

**religiös** ADJ dinsel, dinî; *Person* dindar

**Relikt** N ⟨-s; -e⟩ kalıntı

**Reling** F ⟨-; -s⟩ SCHIFF küpeşte, güverte parmaklığı

**Reliquie** [re'liːkvîə] F ⟨-; -n⟩ REL kutsal emanet

**Remake** ['rime:k] N ⟨-s; -s⟩ FILM yeniden çekim
**rempeln** VT ⟨h.⟩ -e kasten çarpmak, -i itip kakmak
**Ren** N ⟨-s; -s⟩ ren geyiği
**Renaissance** [rənɛˈsãːs] F ⟨-; -n⟩ Rönesans, *fig* a yeniden doğuş
**Rendezvous** [rãdeˈvuː] N ⟨-; -⟩ randevu, buluşma
**Rendite** F ⟨-; -n⟩ WIRTSCH kazanç, gelir, verim
**renitent** ADJ inatçı
**Rennbahn** F yarış pisti/parkuru
**rennen** VI ⟨rannte, gerannt, s.⟩ (hızla) koşmak; **gegen etw ~** bş-e karşı yarışmak; **um die Wette ~** yarışmak
**Rennen** N ⟨-s; -⟩ yarış; (*Einzel*♀) koşu; **das ~ machen** (başarı) kazanmak
**Renner** M ⟨-s; -⟩ *umg* çok satan/sevilen *adj*
**Renn|fahrer** M *Auto* araba yarışçısı; *Rad* bisiklet yarışçısı **~pferd** N yarış atı **~rad** N yarış bisikleti **~strecke** F yarış pisti **~wagen** M yarış arabası
**Renommee** N şöhret, ün
**renommiert** ADJ (**wegen** -le) ünlü, şöhretli
**renovier|en** [-v-] VT ⟨ohne ge-, h.⟩ yenileştirmek, onarmak; *Innenraum* badana etmek, boyamak ♀**ung** F ⟨-; -en⟩ tamir, badana-boya işleri
**rentab|el** ADJ kârlı ♀**ilität** F ⟨-; *ohne pl*⟩ kârlılık
**Rente** F ⟨-; -n⟩ emeklilik (işçiler ve sözleşmeli *personel*); **in ~ gehen** emekli olmak
**Renten|alter** N emeklilik yaşı **~empfänger(in)** M(F) emekli/malul maaşı alan **~markt** M WIRTSCH sabit faizli bono piyasası **~versicherung** F emeklilik sigortası
**rentieren** V/R: ⟨ohne ge-, h.⟩: **sich ~** -e değmek
**Rentner** M ⟨-s; -⟩, **-in** F ⟨-; -nen⟩ emekli
**reorganisieren** VT ⟨ohne ge-, h.⟩ reorganize etmek, yeniden düzenlemek
**Rep.** *abk für* Republik ♀ cumhuriyet
**reparabel** ADJ tamiri mümkün
**Reparatur** F ⟨-; -en⟩ tamir, onarım; **zur ~ geben** tamire vermek ♀**anfällig** ADJ çok tamir çıkaran, çabuk bozulan **~arbeiten** PL tamir çalışmaları ♀**be-**

**dürftig** ADJ tamire muhtaç **~kosten** PL tamir masrafları **~werkstatt** F tamir atölyesi
**reparieren** VT ⟨ohne ge-, h.⟩ tamir etmek, onarmak
**Repertoire** [repɛrˈtoaːr] N ⟨-s; -s⟩ repertuar
**Reportage** [repɔrˈtaːʒə] F ⟨-; -en⟩ röportajı
**Reporter** M ⟨-s; -⟩, **-in** F ⟨-; -nen⟩ muhabir, röportajcı
**Repräsent|ant** M ⟨-en; -en⟩, **~antin** F ⟨-; -nen⟩ temsilci **~ation** [-'tsi̯oːn] F ⟨-; *ohne pl*⟩ temsil; sunum ♀**ativ** [-f] ADJ (**für** hakkında) fikir verebilecek nitelikte; (*würdig*) röprezentatif ♀**ieren** VT ⟨ohne ge-, h.⟩ temsil etmek
**Repressalie** [reprɛˈsaːli̯ə] F ⟨-; -n⟩ misilleme, karşılık; *pej* zorlama tedbiri
**reprivatisier|en** [-v-] VT ⟨ohne ge-, h.⟩ WIRTSCH yeniden özelleştirmek ♀**ung** F ⟨-; -en⟩ yeniden özelleştirme
**Reproduktion** [-ˈtsi̯oːn] F ⟨-; -en⟩ çoğaltma, kopya, röproduksiyon
**reproduzieren** VT ⟨ohne ge-, h.⟩ çoğaltmak, -*in* kopyasını yapmak, -i yeniden oluşturmak
**Reptil** N ⟨-s; -ien⟩ ZOOL sürüngen
**Republik** F ⟨-; -en⟩ cumhuriyet
**Republikaner** M ⟨-s; -⟩, **-in** F ⟨-; -nen⟩ cumhuriyetçi; *BRD* **die ~** aşırı sağcı bir parti
**republikanisch** ADJ cumhuriyet(çi)
**Requiem** ['reːkvi̯ɛm] N ⟨-s; -s⟩ MUS rekiyem
**Requisit** [-kv-] N ⟨-s; -en⟩ *umg* THEAT sahne malzemesi
**Reservat** [-v-] N ⟨-s; -e⟩ (*Wild*♀) doğal koruma bölgesi; (*Indianer*♀) Kızılderili arazisi
**Reserve** [-v-] F ⟨-; -n⟩ yedek; **stille ~n** WIRTSCH gizli ihtiyatlar *pl*; (*Zurückhaltung*) çekince **~bank** F ⟨-; ⁼e⟩ *Sport* yedek oyuncular *pl* **~kanister** M *AUTO* yedek bidon **~rad** N *AUTO* istepne, yedek lastik
**reservieren** [-v-] VT ⟨ohne ge-, h.⟩ ayırmak, rezerve/tahsis etmek; **j-m e-n Platz ~** b-ne bir yer ayırmak
**reserviert** [-v-] ADJ rezerve, tutulmuş; *fig* mesafeli, çekingen
**Reservierung** [-v-] F ⟨-; -en⟩ yer ayır(t)ma

**Reservoir** [rezɛr'voa:r] N ⟨-s; -e⟩ su deposu; fig yedekler
**Residenz** F ⟨-; -en⟩ saray, konak; konut; başşehir
**residieren** VI ⟨ohne ge-, h.⟩ konutu (bir yerde) olmak
**Resign|ation** F ⟨-; ohne pl⟩ teslimiyet, yılma; vazgeçme **♀ieren** VI ⟨ohne ge-; h.⟩ yılmak, teslim olmak; vazgeçmek **♀iert** ADJ yılmış, yılgın
**resistent** ADJ BIOL, MED (**gegen** -e) dirençli
**resolut** ADJ cabbar, işbilir
**Resolution** [-'tsĭo:n] F ⟨-; -en⟩ karar
**Resonanz** F ⟨-; -en⟩ PHYS, MUS rezonans; fig (*Echo*) (**auf** akk -in) yankısı
**resorbieren** VT ⟨ohne ge-, h.⟩ soğurmak, massetmek
**resozialisieren** VT ⟨ohne ge-; h.⟩ topluma (yeniden) kazandırmak
**Respekt** M ⟨-s; ohne pl⟩ (**vor** dat -e) saygı; **~!** helal olsun!, bravo! **♀abel** ADJ saygıdeğer **♀ieren** VT ⟨ohne ge-, h.⟩ saymak, *-e* saygı göstermek; *Regeln etc -e* uymak **♀los** ADJ saygısız **~losigkeit** F saygısızlık **♀voll** ADJ saygılı
**Ressentiment** [rɛsãti'mã:] N ⟨-s; -s⟩ önyargı, olumsuz duygu
**Ressort** [rɛ'so:r] N ⟨-s; -s⟩ şube; (*Zuständigkeit*) yetki alanı
**Rest** M ⟨-s; -e⟩ artık, kalıntı; kalan (miktar), bakiye; **das gab ihm den ~** bu ona son darbeyi indirdi; **~e** pl a. WIRTSCH kalıntılar, artıklar
**Restaurant** [rɛsto'rã:] N ⟨-s; -s⟩ lokanta, restoran
**restaurieren** VT ⟨ohne ge-, h.⟩ restore etmek
**Rest|bestand** M WIRTSCH bakiye **~betrag** M bakiye miktar **♀lich** ADJ (geri) kalan, sair **♀los** ADV tamamen, bütünüyle; **~ ausverkauft sein** çok satmış olmak; *umg* **~ zufrieden sein** *-den* gayet memnun olmak **~posten** M WIRTSCH seri sonu malı **~risiko** N hesaplanamayan riziko **~strafe** F JUR kalan ceza **~urlaub** M kullanılmamış izin
**Result|at** N ⟨-s; -e⟩ sonuç **♀ieren** VI ⟨ohne ge-, h.⟩ (**aus** *-in*) sonucu olmak
**Resüm|ee** N ⟨-s; -s⟩ özet **♀ieren** VT ⟨o ge-; h.⟩ özetlemek, toparlamak
**Retorte** F ⟨-; -n⟩ deney tüpü; fig **aus der ~** (*künstlich*) sunî, sentetik
**Retortenbaby** N tüp bebeği
**Retrospektive** [-v-] F ⟨-; -n⟩ toplu bakış, retrospektif
**retten** ⟨h.⟩ **A** VT (**aus, vor** dat *-den*) kurtarmak; **j-m das Leben ~** b-nin hayatını kurtarmak; **etw ist nicht mehr zu ~** bş artık iflah olmaz **B** VR: **sich ~** (**aus, vor** *-den*) kurtulmak, kendini kurtarmak
**Retter** M ⟨-s; -⟩, **-in** F ⟨-; -nen⟩ kurtarıcı
**Rettich** M ⟨-s; -e⟩ beyazturp
**Rettung** F ⟨-; -en⟩ (**aus, vor** dat *-den*) kurtuluş, kurtar(ıl)ma; **das war s-e ~** onu bu kurtardı; fig **letzte ~** son çare
**Rettungs|aktion** F kurtarma çalışmaları pl **~boot** N cankurtaran sandalı, filika **~dienst** M kurtarma servisi **♀los** ADJ: **~ verloren** (*verliebt*) iflah olmaz (derecede âşık) **~mannschaft** F kurtarma ekibi **~ring** M cankurtaran simidi
**reuen** VT ⟨h.⟩: **s-e Tat** (**das Geld**) **reute ihn** yaptığı şeyden (kazandığı paradan) pişmanlık duyuyor
**Revanch|e** [re'vã:ʃ(ə)] F ⟨-; -n⟩ rövanş **♀ieren** [revã'ʃi:rən] VR ⟨ohne ge-, h.⟩: **sich ~ für etw** *positiv* bş-in karşılığını vermek; *negativ* bş-in öcünü almak
**Revers** [re'vɛ:r] M, N ⟨-; -⟩ *Jacke* yaka
**revidieren** [-v-] VT ⟨ohne ge-, h.⟩ *Urteil* yeniden gözden geçirmek
**Revier** [re'vi:ɐ] N ⟨-s; -e⟩ bölge, çevre; ZOOL, fig alan; *umg* polis karakolu
**Revision** [revi'zĭo:n] F ⟨-; -en⟩ WIRTSCH denetim; JUR temyiz; (*Änderung*) düzeltme; **~ einlegen, in die ~ gehen** temyize gitmek
**Revolt|e** [-v-] F ⟨-; -n⟩ ayaklanma, isyan **♀ieren** VI ⟨ohne ge-, h.⟩ ayaklanmak, isyan etmek
**Revolution** [revolu'tsĭo:n] F ⟨-; -en⟩ devrim
**revolutionär** [-'tsĭo'nɛ:r] ADJ devrimci
**Revolutionär** M ⟨-s; -e⟩, **-in** F ⟨-; -nen⟩ devrimci
**revolutionieren** [-'tsĭo'ni:rən] VT ⟨ohne ge-, h.⟩ kökten değiştirmek, *-de* devrim yapmak
**Revolver** [re'vɔlvər] M ⟨-s; -⟩ tabanca, *umg* altıpatlar
**Revue** [rə'vy:] F ⟨-; -n⟩ magazin (*dergi*); THEAT revü; fig **etw ~ passieren lassen**

bş-i gözünün önünden geçirmek
**rezen|sieren** *VT ⟨ohne ge-, h.⟩* tanıtmak *(Buch etc)* **2sion** [-'zĭo:n] *F ⟨-; -en⟩* tanıtma yazısı
**Rezept** *N ⟨-s; -e⟩* MED reçete; *(Koch2)* yemek tarifi **2frei** *ADJ* reçetesiz (satılır)
**Rezeption** [-'tsĭo:n] *F ⟨-; -en⟩* resepsiyon
**rezeptpflichtig** *ADJ* reçete ile satılır
**Rezession** [-'tsĭo:n] *F ⟨-; -en⟩* WIRTSCH ekonomik durgunluk, resesyon
**rezitieren** *VT u. VI ⟨ohne ge-, h.⟩* inşat etmek; *Koran* tecvit üzere okumak
**R-Gespräch** *N* TEL ödemeli telefon görüşmesi
**Rhabarber** *M ⟨-s; ohne pl⟩* BOT ravent, ışkın
**Rhapsodie** *F ⟨-; -n⟩* MUS rapsodi
**Rhein** *M*: **der ~** Ren (nehri)
**Rheinland** *N*: **das ~** Renanya (bölgesi)
**Rheinland-Pfalz** *N Bundesland* Renanya-Palatina (eyaleti)
**Rhesus|affe** *M ⟨-s; ohne pl⟩* MED rhesus maymunu **~faktor** *M ⟨-s; ohne pl⟩* MED Rh(esus) faktörü
**Rhetorik** *F ⟨-; ohne pl⟩* hitabet, retorik
**rhetorisch** *ADJ* retorik
**Rheuma** *N ⟨-s; ohne pl⟩* MED romatizma **2tisch** *ADJ* MED romatizma(lı) **~tismus** *M ⟨-; ohne pl⟩* MED Rheumatismen) romatizma
**Rhinozeros** *N ⟨-(ses); -se⟩* gergedan
**Rhododendron** *N ⟨-s; Rhododendren⟩* BOT kumar
**rhythm|isch** ['rytmɪʃ] *ADJ* ritmik, ritimli **2us** ['rʏtmʊs] *M ⟨-; -men⟩* rit(i)m
**richten** ⟨h.⟩ **A** *VT* düzenlemek, yoluna koymak; hazırlamak; *Zimmer* toplamak; *Haar* yapmak; **~ an** *(akk) Frage* e yöneltmek; **~ auf** *(akk) Waffe, Kamera* -e doğrultmak **B** *VR*: **sich ~ nach** -e göre hareket etmek; *-i* örnek almak; *Mode, Beispiel* izlemek; *(abhängen von)* -e bağlı olmak; **ich richte mich ganz nach dir** ben sana göre hareket edeceğim; onu sana bırakıyorum
**Richter** *M ⟨-s; -⟩*, **-in** *F ⟨-; -nen⟩* JUR hakim, yargıç; hakem **2lich** *ADJ* yargıçlıkla ilgili, hakim ..., adli
**Richtfest** *N* çatı kurulunca yapılan eğlence
**Richtgeschwindigkeit** *F* AUTO (önerilen) standart hız

**richtig** **A** *ADJ* doğru; *(korrekt a.)* kusursuz; *echt, typisch, wahr, wirklich* gerçek **B** *ADV*: **~ nett** *(böse)* gerçekten sevimli (kızgın); **etw ~ machen** bşi doğru/düzgün yapmak; **meine Uhr geht ~** saatim doğru gidiyor; **es für ~ halten zu** (+ *inf*) -meyi doğru bulmak **C** *SUBST* **der, die Richtige** doğru(su); **das ist genau das Richtige (für için)** en doğrusu bu; **nichts Richtiges gelernt haben** doğru dürüst bir meslek öğrenmemiş olmak; **an den Richtigen (die Richtige) geraten** doğru insana çatmak; *umg* **sechs Richtige (im Lotto) haben** (Loto'da) banko tutturmak
**richtiggehend** **A** *ADJ (wirklich)* gerçek **B** *ADV* doğru
**Richtigkeit** *F ⟨-; ohne pl⟩* düzgünlük, doğruluk, gerçek
**richtigstellen** *VT fig ⟨-ge-, h.⟩* düzeltmek
**Richt|linien** *PL* ana hatlar, yönetmelik *sg* **~preis** *M* WIRTSCH tesbit edilen fiyat **~schnur** *F* perese, çırpı ipi; *fig* düstur, kural
**Richtung** *F ⟨-; -en⟩* istikamet, yön; **in ~ auf** *(akk)* ... yönünde; **aus (nach) allen ~en** her yönden; **in entgegengesetzter ~** ters/karşı yönde; *(Tendenz) umg fig* **die ~ stimmt** gidiş doğru
**Richtungs|änderung** *F*, **~wechsel** *M* POL yön değişikliği
**richtungweisend** *ADJ fig* yol gösterici, öncülük eden
**Richtwert** *M* standart değer
**riechen** ⟨roch, gerochen, h.⟩ **A** *VT -in* kokusunu almak **B** *VI* **(nach bş)** kokmak; **(an** *dat -i)* koklamak; *umg* **j-n nicht ~ können** b-nden zerre kadar hazzetmemek
**Riecher** *M ⟨-s; -⟩ umg*: **e-n guten ~ haben (für ... konusunda)** -in antenleri iyi çalışmak
**Riegel** *M ⟨-s; -⟩* sürgü; *Schokolade* kalıp; *fig* **e-r Sache** *(dat)* **e-n ~ vorschieben** gidişe bir dur demek
**Riemen** *M ⟨-s; -⟩ a.* TECH kayış; *(Gürtel)* kemer; SCHIFF kürek
**Riese** *M ⟨-n; -n⟩* dev
**rieseln** ⟨*s.*⟩ *Sand etc* ince ince akmak; *Schnee* serpiştirmek
**Riesen|erfolg** *M* muazzam başarı **2groß** *ADJ* → **riesig ~hunger** *M*: **~**

**haben** kurt gibi acıkmış olmak **~rad** N dönmedolap

**riesig** A ADJ kocaman, çok büyük, dev gibi B ADV çok, müthiş

**Riff** N ⟨-s; -e⟩ resif, sığ kayalar zinciri

**rigoros** ADJ ⟨streng⟩ sert, acımasız(ca)

**Rille** F ⟨-; -n⟩ yiv, oluk

**Rind** N ⟨-s; -er⟩ sığır; sığır eti

**Rinde** F ⟨-; -n⟩ kabuk

**Rinder|braten** M sığır rostosu/kızartması **~filet** N bonfile **~wahnsinn** M delidana hastalığı **~zucht** F sığırcılık

**Rind|fleisch** N sığır eti **~(s)leder** N sığır derisi **~vieh** N umg öküz (herif)

**Ring** M ⟨-s; -e⟩ halka, çember; (Finger2) yüzük; bes fig daire; AUTO çevreyolu; Buslinie ring seferi; SPORT ring

**Ringbuch** N halkalı klasör **~einlage** F klasör içi

**ringeln** A VT ⟨h.⟩ (um -e) sarmak, sarmalamak B VR ⟨h.⟩: **sich ~** kıvrılmak, sarılmak

**Ringelnatter** F ZOOL suyılanı

**ringen** ⟨rang, gerungen, h.⟩ A VI (mit -le) güreşmek; fig (um için) uğraşmak, savaşmak, pençeleşmek; **nach Atem ~** soluk/nefes alamamak, soluğu kesilmek B VT Hände ovuşturmak

**Ringer** M güreşçi, pehlivan

**Ring|finger** M yüzükparmağı **2förmig** ADJ halka biçiminde **~kampf** M güreş **~richter** M ring hakemi **~straße** F şehir merkezini çevreleyen ana cadde

**ringsum** ADV çepeçevre

**Rinne** F ⟨-; -n⟩ (Fahr2) tekerlek oluğu/yolu; (Dach2) oluk

**rinnen** VI ⟨rann, geronnen, s.⟩ akmak, damlamak, sızmak; ⟨strömen⟩ oluk oluk akmak

**Rinnstein** M suyolu, kaldırım oluğu

**Rippe** F ⟨-; -n⟩ ANAT kaburga; TECH dilim

**Rippenfell** N ANAT göğüs zarı **~entzündung** F MED plörezi, zatülcenp

**Risiko** N ⟨-s; -s od Risiken⟩ riziko, risk; **ein (kein) ~ eingehen** bir rizikoya gir(me)mek, bir riske atıl(ma)mak; **auf eigenes ~** kendi riskini göze alarak

**risiko|frei** ADJ rizikosuz **~freudig** ADJ riski seven, gözüpek **2gruppe** F riskli grup **~reich** ADJ yüksek rizikolu

**riskant** ADJ tehlikeli, riskli, rizikolu

**riskieren** VT ⟨ohne ge-, h.⟩ göze almak

**Riss** M ⟨-es; -e⟩ yırtık; (Sprung) çatlak; in der Haut çatlak, yarık; fig ayrılık, bozuşma **2ig** ADJ yırtık pırtık; Haut etc yarık; ⟨brüchig⟩ çatlak

**Ritt** M ⟨-s; -e⟩ binme, biniş, atlı gezinti

**Ritu|al** N ⟨-s; -e, -ien⟩ tören (usulü), rituel **2ell** ADJ rituel

**ritzen** VT ⟨h.⟩ çizmek, kazımak

**Riva|le** [-v-] M ⟨-n; -n⟩, **-in** F ⟨-; -nen⟩ rakip

**rival|isieren** [-v-] VI ⟨ohne ge-, h.⟩ rekabet etmek, yarışmak **2ität** F ⟨-; -en⟩ rekabet, yarışma

**Rizinusöl** N hintyağı

**rk.** abk für **römisch-katholisch** Romen Katolik

**Robbe** F ⟨-; -n⟩ fok, ayıbalığı

**Robe** F ⟨-; -n⟩ cüppe

**Roboter** M ⟨-s; -⟩ robot

**robust** ADJ güçlü, kuvvetli, dinç; ⟨strapazierfähig⟩ dayanıklı

**röcheln** VI ⟨h.⟩ hırıldamak

**Rochen** M ⟨-s; -⟩ vatoz (balığı)

**Rock¹** M ⟨-s; ⸚e⟩ etek; früher ceket

**Rock²** [rɔk] M ⟨-(s)⟩ MUS rock/rok (müziği) **~band** [-bɛnt] F rok grubu

**Rocker** M ⟨-s; -⟩ umg rokçu

**Rockmusik** F rok müziği

**Rodelbahn** F kızak pisti

**rodeln** VI kızak(la) kaymak

**roden** VT ⟨h.⟩ Land (tarla) açmak

**Rodler** M ⟨-s; -⟩, **-in** F ⟨-; -nen⟩ kızakçı

**Rodung** F ⟨-; -en⟩ açma, ağaç kökleme

**Roggen** M ⟨-s; -⟩ çavdar **~brot** N çavdar ekmeği

**roh** ADJ çiğ; ⟨unbearbeitet⟩ ham, işlenmemiş; Handlung kaba, gaddar; **mit ~er Gewalt** kaba kuvvetle

**Roh|bau** M ⟨-s; -ten⟩ ARCH kaba inşaat **~bilanz** F WIRTSCH kaba bilanço **~faser** F ham elyaf pl **~fassung** F taslak **~gewinn** M WIRTSCH gayrisafi kâr **~kost** F çiğ bitkisel yiyecek **~ling** M ⟨-s; -e⟩ umg kaba (insan); TECH işlenmemiş parça; IT boş CD **~material** N ham malzeme **~öl** N ham petrol **~produkt** N ham ürün

**Rohr** N ⟨-s; -e⟩ BOT kamış, saz; TECH boru **~bruch** M boru patlaması

**Röhrchen** N ince/küçük boru/tüp; **j-n**

**ins ~ blasen lassen** b-ne alkol muayenesi uygulamak
**Röhre** F ⟨-; -n⟩ tüp; (*Leitungs&, Luft&, Speise&*) boru; (*Bild&*) televizyon tüpü
**Rohr|kolben** M BOT sukamışı **~leitung** F boru hattı **~zange** F TECH boru anahtarı **~zucker** M şekerkamışı şekeri
**Roh|seide** F ham ipek, bürümcük **~stahl** M ham çelik
**Rohstoff** M hammadde **&arm** ADJ hammadde bakımından fakir **&reich** ADJ hammadde bakımından zengin
**Rohzustand** M ham/işlenmemiş hal
**Rollbahn** F FLUG (bağlantı) pisti
**Rolle** F ⟨-; -n⟩ makara, rulo; (*Rädchen*) küçük tekerlek; THEAT rol; **das spielt keine ~** fark etmez, ziyanı yok; **aus der ~ fallen** ters davranmak, fena hareket etmek
**rollen** A V/I ⟨s.⟩ yuvarlanmak B V/T ⟨h.⟩ yuvarlamak
**Rollenbesetzung** F rol dağılımı
**Rollenlager** N TECH rulmanlı yatak
**Rollen|spiel** N bir olayı oyun gibi canlandırma **~tausch** M rol değiştokuşu **~verteilung** F rol dağılımı
**Roller** M ⟨-s; -⟩ AUTO trotinet
**Roll|feld** N FLUG pist **~film** M FOTO makaralı film **~kragenpullover** M balıkçı yaka(lı) kazak **~laden** M (makaralı) kepenk; panjur
**Rollo** M ⟨-s; -s⟩ → Rollladen
**Roll|schuh** M paten; **~ laufen** paten kaymak **~stuhl** M tekerlekli sandalye **~stuhlfahrer(in)** M(F) tekerlekli sandalye kullanan **~treppe** F yürüyen merdiven
**Rom** N Roma
**Roman** M ⟨-s; -e⟩ roman
**Roman|ik** F ⟨-; *ohne pl*⟩ Roman üslubu/sanatı **&isch** ADJ Roman *subst* **~ist** M ⟨-en; -en⟩ Latin filoloğu
**Romanschriftsteller(in)** M(F) romancı
**Romantik** F ⟨-; *ohne pl*⟩ romantizm
**romantisch** ADJ romantik
**Romanze** F ⟨-; -n⟩ romans
**Röm|er** M ⟨-s; -⟩ Romalı; (*Glas*) ayaklı şarap kadehi **&isch** ADJ Roma(lı) *subst*
**röntgen** V/T ⟨h.⟩ MED -*in* röntgenini çekmek
**Röntgen|apparat** M röntgen cihazı **~arzt** M radyolog, *umg* röntgenci **~aufnahme** F röntgen filmi **~behandlung** F röntgen tedavisi **~bestrahlung** F röntgen uygulaması **~bild** N F röntgen filmi **~schirm** M röntgen ekranı **~strahlen** PL röntgen/x ışınları **~untersuchung** F röntgen muayenesi
**rosa, ~rot** ADJ pembe
**Rose** F ⟨-; -n⟩ gül; MED yılancık
**Rosenkohl** M Brüksel lahanası **~kranz** M REL tespih **~montag** M Karnaval pazartesisi **~stock** M gül (bitkisi) **~strauß** M gül demeti **~wasser** N gülsuyu
**rosig** ADJ *a. fig* tozpembe
**Rosine** F ⟨-; -n⟩ kuru üzüm
**Rosmarin** M ⟨-s; *ohne pl*⟩ BOT biberiye
**Ross** N ⟨-es; -e *od* Rösser⟩ at
**Rost**¹ M ⟨-s; -e⟩ parmaklık; (*Brat&*) ızgara
**Rost**² M ⟨-s; *ohne pl*⟩ pas
**rosten** V/I ⟨s. *od* h.⟩ paslanmak, pas tutmak; **nicht ~d** paslanmaz
**rösten** V/T ⟨h.⟩ *Kaffee* kavurmak; *Brot* kızartmak; *Fleisch* ızgarada pişirmek; *Kartoffeln* yağda kızartmak
**Rost|fleck** M pas lekesi **&frei** ADJ paslanmaz **&ig** ADJ paslı, paslanmış
**Röstkartoffeln** PL haşlanıp rendelenip tavada kızartılmış patates
**Rostschutzmittel** N pas önleyici madde
**rot** ADJ kırmızı; **das Rote Kreuz** Kızılhaç; **das Rote Meer** Kızıldeniz; **~ glühend** *adj* kor halinde/gibi; **~ werden** kızarmak; **in den ~en Zahlen stehen** borç içinde olmak
**Rot** N ⟨-s; -⟩ kırmızı; **die Ampel steht auf ~** kırmızı yanıyor
**Rotation** [-'tsjoːn] F ⟨-; -en⟩ rotasyon, dönüşüm, münavebe
**rot|blond** ADJ kızıla çalan sarışın **~braun** ADJ kızıl kahverengi; *Pferd* doru
**Rot|buche** F kayın, karagürgen **~dorn** M ⟨-s; -e⟩ kırmızı çiçekli akdiken
**Röte** F ⟨-; *ohne pl*⟩ kızıllık, kırmızılık; (*Scham&*) yüz kızarması

# RÜCK

**Röteln** PL MED kızamık sg
**röten** ⟨h.⟩ VR: **sich ~** kızarmak
**rothaarig** ADJ kızıl saçlı
**rotieren** VII ⟨ohne ge-, h.⟩ dönmek (ekseni etrafında)
**Rotkäppchen** N Kırmızı Başlıklı Kız
**Rotkehlchen** N kızılgerdan (kuşu)
**Rotkohl** M kırmızılahana
**rötlich** F kırmızımsı, kızılımsı
**Rot|stift** M kırmızı kalem; fig **den ~ ansetzen bei** -de kesinti/kısıntı yapmak **~wein** M kırmızı şarap **~wild** N geyik cinsleri
**rotzfrech** ADJ umg terbiyesiz, utanmaz
**Rouge** [ru:ʒ] N ⟨-s; -s [ru:ʒ]⟩ allık, ruj
**Roulade** [ru'la:də] F ⟨-; -n⟩ et sarması
**Roulett** [ru'lɛt] N ⟨-s; -s⟩ rulet
**Route** ['ru:tə] F ⟨-; -n⟩ yol, güzergâh
**Routine** [ru'ti:nə] F ⟨-; ohne pl⟩ rutin; (Erfahrung) pratik, tecrübe **~kontrolle** F mutat kontrol **~sache** F rutin iş/şey
**routiniert** ADJ tecrübeli, pratik sahibi
**Rowdy** ['raudi] M ⟨-s; -s⟩ kavgacı, serseri **~tum** N ⟨-s; ohne pl⟩ kavgacılık
**rubbeln** VII, VIT sürtmek; kazımak
**Rübe** F ⟨-; -n⟩ BOT şalgam; **Gelbe ~** havuç; **Rote ~** pancar
**rüberkommen** VII ⟨irr, -ge-, s.⟩ umg yankı uyandırmak
**Rubin** M ⟨-s; -e⟩ yakut
**Rubrik** F ⟨-; -en⟩ (Kategorie) sınıf, kategori; (Spalte) sütun
**Ruck** M ⟨-s; -e⟩ anî çekiş, silkme, sarsma, hareket; fig POL kayma; **in einem ~** anî bir hareketle; **sich** (dat) **e-n ~ geben** silkinmek
**Rückansicht** F arkadan görünüş
**Rückantwort** F cevap **~karte** F cevaplı posta kartı
**ruckartig** ADJ sarsıntılı, anî
**rück|bezüglich** ADJ GRAM dönüşlü **₂blende** F ⟨auf akk -e⟩ geri dönüş (Film etc) **₂blick** M ⟨auf akk -i⟩ yeniden gözden geçirme **~datieren** VT ⟨ohne ge-, h.⟩ -e eski tarih atmak
**rücken** A VII ⟨h.⟩ itmek B VI ⟨s.⟩ ilerlemek, kımıldamak; yol/yer vermek; **näher ~** sıkışmak, yaklaşmak; zeitlich yaklaşmak
**Rücken** M ⟨-s; -⟩ sırt, arka; **hinter j-s ~** b-nin arkasından; **j-m in den ~ fallen** b-ne kalleşlik etmek **~deckung** F fig arka (çıkma), destek **~lehne** F arkalık (Sessel etc) **~mark** N ANAT omurilik **~muskulatur** F sırt kasları pl **~schmerzen** PL sırt ağrısı sg **~schwimmen** N sırtüstü yüzme **~wind** M arkadan esen rüzgâr **~wirbel** M ANAT sırt omuru
**rückerstatt|en** VT ⟨ohne ge-, h.⟩ iade etmek, geri vermek **₂ung** F iade
**Rückfahr|karte** F gidiş-dönüş bileti **~scheinwerfer** M AUTO geri farı
**Rückfahrt** F dönüş (yolculuğu); **auf der ~** dönüşte
**Rück|fall** M MED depreşme, nüksetme; JUR suçun tekrarı **₂fällig** ADJ: **~ werden** JUR yeniden suç işlemek **~flug** M dönüş (uçuşu) **~frage** F daha geniş bilgi isteme; (karşı) soru
**rückfragen** VII ⟨rückgefragt, h.⟩ **(bei** -e⟩ yeniden sormak
**Rück|gabe** F iade, geri verme **~gang** M gerileme, azalma, düşüş **₂gängig** ADJ: **~ machen** geri almak, iptal etmek **~grat** N ⟨-s; -e⟩ ANAT omurga, belkemiği **₂gratlos** ADJ fig kişiliksiz, silik **~halt** M destek, arka **₂haltlos** ADJ çekintisiz; **j-m ~ vertrauen** b-ne tamamen güvenmek **~kauf** M geri alma, iştira **~kaufsrecht** N iştira hakkı **~kehr** F ⟨-; ohne pl⟩ (geri) dönüş **~kopplung** F ELEK geriiletim **~lagen** PL ihtiyatlar, rezervler, yedekler **~lauf** M geri sarma; geri(ye) akış **₂läufig** ADJ gerileyen, azalan; **~e Tendenz** azalma eğilimi **~licht** N AUTO arka lambası
**rücklings** ADV gerisin geriye, geri geri
**Rück|marsch** M dönüş yürüyüşü; MIL çekilme **~porto** N POST cevap/iade için posta ücreti
**Rückreise** F dönüş (yolculuğu) **~verkehr** M (izinden) dönüş trafiği **~welle** F yoğun dönüş trafiği
**Rückruf** M WIRTSCH (Ware) geri çağırma; TEL telefonla cevap
**Rucksack** M sırt çantası **~tourismus** M sırt çantası turizmi **~tourist(in)** M(F) sırt çantalı turist
**Rückschlag** M tepme; fig yeniden kötüleşme
**Rückschluss** M: **Rückschlüsse ziehen aus** -den ... sonucunu çıkarmak
**Rückschritt** M gerileme, geri adım

**̰lich** ADJ gerici
**Rück|seite** F arka yüz/sayfa **~sendung** F geri gönderme
**Rücksicht** F ⟨-; ohne pl⟩ saygı, (ince) düşünce; **aus ~ auf** (akk) -i düşünerek, -i gözeterek; **~ nehmen auf** (akk) -e dikkat etmek; **ohne ~ auf** -i kaale almadan **~nahme** F ⟨-; ohne pl⟩ (auf -i) gözetme
**rücksichtslos** ADJ (**gegen** -e karşı) saygısız, düşüncesiz; (skrupellos) acımasız, insafsız; fahren etc pervasızca, gözakara **̰igkeit** F ⟨-; ohne pl⟩ saygısızlık
**rücksichtsvoll** ADJ (**gegen** -e karşı) saygılı, dikkatli
**Rück|sitz** M AUTO arka koltuk **~spiegel** M AUTO dikiz aynası **~spiel** N rövanş maçı **~sprache** F ⟨-; -n⟩ görüş alma, danışma; **mit j-m ~ nehmen** (od **halten**) b-le görüşmek **~stand** M CHEM artıklar pl, kalıntı; **ich bin mit der Arbeit im ~** işi geciktirdim **̰ständig** ADJ fig geri (kafalı); Land geri kalmış; **~e Miete** (vaktinde) ödenmemiş kira **~stau** M tıkanma, tıkanıklık **~stoß** M tepme **~strahler** M AUTO reflektör **~taste** F geri tuşu
**Rücktritt** M istifa; vom Vertrag cayma, çekilme; **s-n ~ erklären** istifasını açıklamak **~sgesuch** N istifa dilekçesi **~srecht** N vazgeçme hakkı
**rückübersetz|en** V/T (**in** -e) tekrar kaynak dile çevirmek **̰ung** F geri çeviri
**rückvergüt|en** V/T ⟨ohne ge-, h.⟩ geri ödemek **̰ung** F geri ödeme
**rückversicher|n** V/T u. V/R: **sich ~** (sich vergewissern) -den emin olmak, -i sağlama bağlamak; Versicherung reasürans yapmak **̰ung** F emniyet; reasürans
**rückwärts** ADV geriye (doğru); **~ gehen** (od **fahren**) geri geri gitmek (araçla) **̰gang** M AUTO geri vites
**Rückweg** M dönüş yolu; **den ~ antreten** dönüş yoluna çıkmak
**ruckweise** ADV ite kaka, kesik kesik
**rückwirkend** ADJ: **etw gilt ~ ab** bş -den itibaren geriye dönük olarak geçerli
**Rück|wirkung** F (**auf** akk -e) geri etki; JUR makable şümul **~zahlung** F geri ödeme, itfa **~zieher** M ⟨-s; -⟩ vazgeçme, geri alma; umg **e-n ~ machen** yüzgeri etmek **~zug** M (geri) çekilme

**Rüde** M ⟨-n; -n⟩ erkek köpek (od kurt/tilki/sansar)
**Rudel** N ⟨-s; -⟩ sürü
**Ruder** N ⟨-s; -⟩ SCHIFF (Steuer̰) dümen; FLUG (Seiten̰) yan dümen; (Riemen) kürek; **am ~** dümen başında **~boot** N kayık
**rudern** A V/I ⟨h. od s.⟩ kürek çekmek; elini kolunu sallamak B V/T ⟨h.⟩ kürek çekerek götürmek
**Ruder|regatta** F kürek yarışı **~sport** M kürek sporu
**Ruf** M ⟨-s; -e⟩ ses; (Schrei) bağırış; (Ansehen) ün, şöhret, saygınlık
**rufen** V/I u. V/T ⟨rief, gerufen, h.⟩ seslenmek, çağırmak, bağırmak; **~ nach** -e seslenmek; **~ lassen** çağırtmak, getirtmek; **um Hilfe ~** yardım istemek, imdat diye bağırmak
**Rüffel** M ⟨-s; -⟩ umg azar, paylama
**Ruf|mord** M itibar zedeleme **~name** M b-nin önadları içinden hitap için kullanılanı **~nummer** F telefon numarası **~umleitung** F telefon yönlendirimi **~weite** F: **in** (**außer**) **~** ses erimi içinde (dışında)
**Rugby** ['ragbi] N ⟨-(s)⟩ rugby
**Rüge** F ⟨-; -n⟩ uyarma, azar(lama)
**rügen** V/T ⟨h.⟩ uyarmak, azarlamak
**Ruhe** ['ru:ə] F ⟨-; ohne pl⟩ (Stille) sessizlik, sükûnet; (Schweigen) suskunluk; (Erholung) dinlenme; (Stillstand), PHYS hareketsizlik; (Frieden) barış; (Gemüts̰) sakinlik; **zur ~ kommen** huzur bulmak, dinlenmek; **in aller ~ überlegen** sakin sakin düşünmek; **j-n in ~ lassen** b-ni rahat bırakmak; **lass mich in ~!** beni rahat/yalnız bırak!; **etw in ~ tun** bş-i sakin sakin yapmak; **die ~ behalten** soğukkanlılığını kaybetmemek; **sich zur ~ setzen** emekli olmak; **~, bitte!** lütfen sakin ol(un)! gürültü etme(yin) lütfen!
**ruhebedürftig** ADJ dinlenme ihtiyacında
**Ruhegehalt** N emekli maaşı (memurlar)
**ruhelos** ADJ huzursuz; kıpırdak **̰igkeit** F ⟨-; ohne pl⟩ huzursuzluk, gerginlik
**ruhen** V/I ⟨h.⟩ çalışmamak, işlememek; (**auf** dat -e) dayanmak, yaslanmak
**Ruhepause** F dinlenme molası, istirahat

**Ruheraum** M dinlenme odası
**Ruhestand** M emeklilik; **im ~** emekli; **in den ~ treten** emekli olmak; **in den ~ versetzen** emekliye ayırmak; **vorzeitiger ~** erken emeklilik
**Ruhestellung** F TECH hareketsizlik konumu
**Ruhestör|er** M ⟨-s; -⟩, **-in** F ⟨-; -nen⟩ huzuru bozan, rahatsızlık veren **~ung** F huzuru bozma, rahatsızlık; **öffentliche ~** JUR kamu huzurunu bozma
**Ruhetag** M dinlenme günü; *Lokal* kapalı gün; **Montag ~** pazartesi(leri) kapalı
**ruhig** ['ru:ɪç] A ADJ sakin; *(leise, schweigsam)* a. sessiz, gürültüsüz; *(Mensch)* a. soğukkanlı; *(unbewegt)* hareketsiz; TECH pürüzsüz, sarsıntısız; **bleiben** soğukkanlılığını korumak, sessiz kalmak; **keine ~e Minute haben** başını taşıyacak vakti olmamak B ADV: **~ verlaufen** sakin geçmek; *umg* **tu das ~!**-mene bak!
**Ruhm** M ⟨-s; *ohne pl*⟩ ün, şöhret; *bes* POL şan
**rühmen** ⟨h.⟩ A VT övmek B VR: **sich ~** övünmek
**Ruhr** F ⟨-; -en⟩ MED dizanteri
**Rührbesen** M çırpacak
**Rühreier** PL sahanda yumurta *sg*
**rühren** ⟨h.⟩ A VT karıştırmak; *fig innerlich* -e dokunmak, -i duygulandırmak; **er hat keinen Finger gerührt** parmağını bile oynatmadı; **zu Tränen ~** -in gözlerini yaşartmak; **das rührt mich gar nicht** bu beni hiç ilgilendirmez B VR: **sich ~** kımılda(n)mak, hareket etmek
**rührend** ADJ etkili, etkileyici; *(mitleidregend)* acıklı, dokunaklı
**Ruhrgebiet** N Ruhr Havzası
**rührselig** ADJ *pej* duygusal
**Rührung** F ⟨-; *ohne pl*⟩ duygulanma, acıma
**Ruin** M ⟨-s; *ohne pl*⟩ yıkım, yıkılış, felaket; **vor dem ~ stehen** uçurumun kenarında olmak
**Ruine** F ⟨-; -n⟩ harabe; yıkıntı
**ruinieren** VT ⟨*ohne ge-, h.*⟩ harap etmek, yıkmak, mahvetmek
**rülpsen** VI ⟨h.⟩ geğirmek
**Rülpser** M ⟨-s; -⟩ geğirme, geğirti
**Rum** M ⟨-s; -s⟩ rom
**Rumän|e** M ⟨-n; -n⟩ Rumen **~ien** N Romanya **~in** F ⟨-; -nen⟩ Rumen (kadı-nı) **isch** ADJ Rumen *subst*, Romanyalı *subst* **~isch** N Rumence
**Rummel** M ⟨-s; *ohne pl*⟩ *umg (Geschäftigkeit)* telaş, koşuşma; *(Reklame&)* *umg* şamatalı propaganda; **großen ~ machen um ...** hakkında büyük yaygara koparmak **~platz** M *umg* lunapark
**rumoren** VI ⟨h.⟩ *umg* gürültü yapmak; *Bauch fig* guruldamak
**Rumpelkammer** F sandık odası
**rumpeln** VI *umg* paldır küldür gitmek
**Rumpf** M ⟨-es; ⸚e⟩ ANAT beden, *a.* FLUG gövde; SCHIFF *a.* tekne
**rümpfen** VT ⟨h.⟩: **die Nase ~** *(über akk -e)* burun kıvırmak
**rund** A ADJ yuvarlak; *fig* mükemmel; **gerechnet** *umg* yuvarlak hesap; **~e 1000 Euro** *umg* yaklaşık 1000 avro; **Gespräche am ~en Tisch** yuvarlak masa görüşmeleri B ADV *(ungefähr)* aşağı yukarı; **~ um** *-in* çevresinde
**Rundblick** M panorama
**Runde** F ⟨-; -n⟩ dolaşma, tur; *Boxen raunt*; **die ~ machen** *Nachricht etc* (ağızdan ağıza) dolaşmak; **gerade so über die ~ n kommen** *umg* ancak gündeliği doğrultmak
**runden** VR ⟨h.⟩: **sich ~** berraklık kazanmak
**runderneuern** VT *Altreifen* kaplamak
**Rund|fahrt** F tur, gezi **~flug** M tur *(uçakla vs)*
**Rundfunk** M radyo (ve) televizyon; *veraltend* radyo; **im ~** radyoda; **im ~ übertragen** *(od senden)* radyodan yayımlamak **~anstalt** F radyo-televizyon kurumu **~gebühren** PL radyo-televizyon vergisi **~hörer(in)** M(F) radyo dinleyicisi **~programm** N radyo-televizyon programı **~sender** M radyo-televizyon istasyonu **~sprecher(in)** M(F) spiker **~station** F radyo istasyonu
**Rundgang** M gezinti, yürüyüş, tur
**rundlich** ADJ toplu, şişmanca
**Rundreise** F gezi turu
**Rundschreiben** N sirküler, genelge
**Rundung** F ⟨-; -en⟩ yuvarlaklık, kavis
**rundweg** ADV açıkça, doğrudan doğruya
**Rune** F ⟨-; -n⟩ run (harfi)
**runter...** IN ZSSGN *umg* → **herunter...**
**runterhauen** VT ⟨-ge-, h.⟩ *umg*: **j-m**

## RUNZ

e-e ~ b-ne bir tane indirmek
**Runzel** F ⟨-; -n⟩ (*Haut*) kırışık(lık)
**runz(e)lig** ADJ kırışık, buruşuk
**runzeln** V/T ⟨h.⟩: **die Stirn ~ (über** akk **-e)** kaşlarını çatmak
**Rüpel** M ⟨-s; -⟩ kaba adam, s/ hırbo
**♀haft** ADJ kaba(ca)
**rupfen** V/T ⟩ yolmak; *umg* **mit j-m ein Hühnchen ~ zu haben** b-le görülecek bir hesabı olmak
**ruppig** ADJ kaba, terbiyesiz; pejmürde
**Rüsche** F ⟨-; -n⟩ kırma, rüş
**Ruß** M ⟨-es⟩ is, kurum
**Russe** M ⟨-n; -n⟩ Rus
**Rüssel** M ⟨-s; -⟩ *Elefant* hortum; *Schwein* burun
**rußen** V/I ⟨h.⟩ tütmek, is çıkmak
**rußig** ADJ isli, kurumlu
**Russ|in** F ⟨-nen; -⟩ Rus (kadın) **♀isch** ADJ Rus(ça) ... **~isch** N Rusça **~land** N Rusya
**rüsten** ⟨h.⟩ **A** V/I MIL silahlanmak **B** V/R: **sich ~** hazırlanmak (**zu, für** ... için, -e); silahlanmak (**gegen** -e karşı)
**Rüster** F ⟨-; -n⟩ BOT karaağaç
**rüstig** ['rʏstɪç] ADJ dinç, canlı, hareketli
**rustikal** ADJ rustikal, köy üslubunda
**Rüstung** F ⟨-; -en⟩ MIL silahlanma; (*Ritter♀*) zırh
**Rüstungs|ausgaben** PL silahlanma harcamaları **~industrie** F silah sanayii **~stopp** M silahlanmanın durdurulması **~wettlauf** M silahlanma yarışı
**Rute** F ⟨-; -n⟩ kamçı
**Rutsch** M ⟨-es; -e⟩ *umg*: **in einem ~** bir çırpıda; *umg* **guten ~ (ins neue Jahr)!** iyi yıllar! **~bahn** F kaydırak
**Rutsch|e** F ⟨-; -n⟩ kaydırak; TECH eğik düzlem **♀en** V/I ⟨s.⟩ kaymak; *Auto etc* patinaj yapmak **♀ig** ADJ kaygan
**rütteln** ⟨h.⟩ **A** V/T çalkalamak, sallamak **B** V/I sarsmak; **an der Tür ~** kapıyı sarsalamak; **daran ist nicht zu ~!** bu tartışma götürmez!

# S

**s, S** [ɛs] N ⟨-; -⟩ s, S
**S** *abk für* **A** **Süden** M güney **B** **Schilling** M şilin
**s.** *abk für* **siehe** bakınız (bkz., bak.)
**S.** *abk für* **Seite** F sayfa (s.)
**Saal** M ⟨-s; Säle⟩ salon
**Saat** F ⟨-; -en⟩ tohum; ekme; ekin; *fig* (kötü) sonuçlar **~gut** N ⟨-s; *ohne pl*⟩ tohumluk
**Sabotage** [-'taːʒə] F ⟨-; -n⟩ sabotaj; *fig* baltalama **~akt** M sabotaj eylemi
**Saboteur** M ⟨-s; -e⟩ sabotajcı
**sabotieren** V/T ⟨*ohne ge-, h.*⟩ sabote etmek, baltalamak
**Sach|bearbeiter** M ⟨-s; -⟩ (**für** -*le*) görevli memur (*büroda*) **~beschädigung** F mal tahribatı **♀bezogen** ADJ (tamamen) konuya yönelik **~buch** N meslek/danışma kitabı **♀dienlich** ADJ: **~e Hinweise** PL olayı aydınlatmaya yarar bilgi sg
**Sache** F ⟨-; -n⟩ şey, nesne; (*Angelegenheit*) iş, konu; (*Streitfrage*) sorun; (*Anliegen*) amaç, gaye; JUR dava; **bei der ~ bleiben** konudan ayrılmamak; **für e-e gute ~ kämpfen** iyi bir amaç için mücadele etmek; s-e **~ gut machen** işini iyi yapmak; **in eigener ~** -*in* kendisiyle ilgili olarak; **das ist s-e ~!** bu onun bileceği iş!; **zur ~ kommen** konuya/sadede gelmek; **nicht zur ~ gehören** -*in* konuyla ilgisi olmamak; **~n** *pl* eşyalar; (*Kleidung*) elbiseler; *pej* pılıpırtı sg; *umg* **mit 100 ~n** (saatte) 100 kilometreyle
**Sachgebiet** N uzmanlık alanı
**sach|gemäß, ~gerecht** ADJ usulüne uygun
**Sachkapital** N ayni sermaye
**Sachkenntnis** F uzmanlık, bilgi
**sachkundig** ADJ: **sich ~ machen** gerekli bilgiyi edinmek
**Sachlage** F ⟨-; *ohne pl*⟩ durum, keyfiyet
**Sachleistung** F JUR ayni eda
**sachlich** **A** ADJ (*nüchtern*) gerçekçi; (*unparteiisch*) nesnel, tarafsız; *Gründe*

pratik, teknik **B** ADV: **~ richtig** içerikçe doğru ⚠**lichkeit** F ⟨-; ohne pl⟩ TECH nesnellik, objektiflik; ARCH işlevsellik
**Sachregister** N konu dizini
**Sachschaden** M maddî hasar
**Sachse** M ⟨-n; -n⟩, **Sächsin** F ⟨-; -nen⟩ Saksonyalı
**sächsisch** ADJ Saksonya(lı) subst
**Sachspende** F eşya bağışı, aynî yardım
**sacht(e)** **A** ADJ yumuşak, nazik **B** yavaş yavaş, hafifçe
**Sach|verhalt** M ⟨-s; -e⟩ durum, (konuyla ilgili) olgular pl **~verstand** M uzmanlık, bilgi **~verständige** F ⟨-n; -n⟩ uzman, eksper; JUR bilirkişi **~walter** M ⟨-s; -⟩ JUR tasfiye hakemi; savunucu **~wert** M aynî değer; malın kendi değeri **~zwang** M olayların/ortamın zorlaması
**Sack** M ⟨-s; ¨e⟩ çuval, torba; vulg (Hoden) torba
**Sackgasse** F çıkmaz sokak; fig çıkmaz, kördüğüm
**Sadismus** M ⟨-; ohne pl⟩ sadizm **~ist** M ⟨-en; -en⟩, **-in** F ⟨-; -nen⟩ sadist ⚠**istisch** ADJ sadist
**säen** VT u. VI ⟨h.⟩ ekmek (tohum)
**Safari** F ⟨-; -s⟩ Afrika'da turistik sefer
**Safe** [se:f] M ⟨-s; -s⟩ (çelik) kasa
**Safran** M ⟨-s; -e⟩ safran
**Saft** M ⟨-s; ¨e⟩ (öz)su ⚠**ig** ADJ sulu, diri, canlı; Witz kaba; Wiese gür; Preis tuzlu **~presse** F meyva sıkacağı
**Sage** F ⟨-; -n⟩ söylence, efsane
**Säge** F ⟨-; -n⟩ TECH testere **~fisch** M testere balığı **~mehl** N toz talaş
**sagen** VT u. VT ⟨h.⟩ söylemek; **die Wahrheit ~** gerçeği söylemek; **er lässt dir ~** sana söylememi istedi; **~ wir diyelim (ki); man sagt, er sei** diyorlar ki o; **er lässt sich nichts ~** hiç söz dinlemez; **das hat nichts zu ~** bu bir şey ifade etmez; **etw (nichts) zu ~ haben bei** -in bş-de sözü geç(me)mek; **~ wollen mit ...** ile demek istemek; **das sagt mir nichts** bu benim için hiçbir anlam ifade etmiyor; **unter uns gesagt** söz aramızda (kalsın); **sage und schreibe** tastamam
**sägen** VT u. VT ⟨h.⟩ (testereyle) kesmek/biçmek
**sagenhaft** ADJ efsanevî; umg fig şahane, inanılmaz, olağanüstü

**Säge|späne** PL talaş sg **~werk** N hızar, kereste fabrikası
**Sahne** F ⟨-; ohne pl⟩ krema; kaymak **~bonbon** M, N kremalı şekerleme **~torte** F kremalı turta
**sahnig** ADJ kaymaklı, kremalı; kaymak gibi
**Saison** [zɛˈzõ] F ⟨-; -s⟩ sezon, mevsim ⚠**abhängig** ADJ, ⚠**bedingt** ADJ sezona/mevsime bağlı ⚠**bereinigt** ADJ WIRTSCH mevsim ayarlı, mevsime göre arındırılmış
**Saite** F ⟨-; -n⟩ tel, yay
**Saiteninstrument** N yaylı çalgı
**Sakko** M ⟨-s; -s⟩ erkek ceket
**sakral** ADJ dinî, dinsel
**Sakrament** N ⟨-s; -e⟩ kilisede önemli bir tören; İsa'ya atfedilen kutsal edim; **~!** INT vay canına!
**Sakrileg** N ⟨-s; -e⟩ REL küfür, günah
**Sakristei** F ⟨-; -en⟩ kilise levazım odası
**Säkularismus** M ⟨-; ohne pl⟩ din ve devlet işlerinin ayrılığı, etwa: laisizm
**Salamander** M ⟨-s; -⟩ semender
**Salami** F ⟨-; -(s)⟩ salam
**Salat** M ⟨-s; -e⟩ BOT yeşilsalata, marul VS; GASTR salata; **da haben wir den ~!** gel çık işin içinden!
**Salat|besteck** N salata servis kaşığı-çatalı **~kopf** M baş salata **~öl** N salatalık yağ **~soße** F salata sosu
**Salbe** F ⟨-; -n⟩ merhem
**Salbei** M ⟨-s; -⟩ adaçayı
**salben** VT ⟨h.⟩ merhemle ovmak; kutsamak
**Saldo** M ⟨-s; Salden, Saldi, -s⟩ WIRTSCH bakiye **~übertrag** M ⟨-s; ¨e⟩ bakiye devri
**Saline** F ⟨-; -n⟩ tuzla
**Salmiak** [zalˈmiak] M ⟨-s; ohne pl⟩ CHEM amonyak, nışadır
**Salmonellen** PL salmonel (bakterisi) sg **~vergiftung** F MED salmonel zehirlenmesi
**Salon** [zaˈlõː] M ⟨-s; -s⟩ salon
**salonfähig** [zaˈlɔŋ-, zaˈloːn-] ADJ: **nicht ~** ele içine çık(arıl)maz
**salopp** ADJ özensiz, sallapati
**Salpeter** M ⟨-s; ohne pl⟩ CHEM güherçile **~säure** F CHEM nitrik asit, umg kezzap
**Salsa** M ⟨-; ohne pl⟩ MUS, **~musik** F MUS salsa (müziği)

**Salto** M ⟨-s; -s, Salti⟩ perende
**Salve** [-v-] F ⟨-; -n⟩ MIL salvo
**Salz** N ⟨-es; -e⟩ tuz **♀arm** ADJ az tuzlu
**Salzbergwerk** N tuz madeni
**salzen** V/T ⟨salzte, gesalzen, h.⟩ tuzlamak
**salz|haltig** ADJ tuzlu, tuz içeren **♀hering** M ringa salamurası **~ig** ADJ tuzlu **♀kartoffeln** PL haşlama patates (soyulmuş) **~los** ADJ tuzsuz **♀säure** F CHEM tuzruhu, hidroklorik asit **♀stange** F tuzlu çubuk, batonsale **♀streuer** M tuzluk **♀wasser** N tuzlu su
**Samen** M ⟨-s; -⟩ BOT tohum; MED sperma **~bank** F ⟨-; -en⟩ MED sperma bankası **~erguss** M boşalma **~flüssigkeit** F meni **~kapsel** F BOT tohum kapçığı **~korn** N BOT tohum tanesi **~spender** M sperma veren
**Sammel|aktion** F (para/eşya) toplama kampanyası **~band** M ⟨-s; ⁼e⟩ derleme (Buch) **~becken** N sarnıç; fig -in buluştuğu yer **~begriff** M üst kavram **~bestellung** F toplu sipariş **~büchse** F para toplama kumbarası **~fahrschein** M grup bileti **~konto** N ana/kollektif hesap **~mappe** F klasör
**sammeln** ⟨h.⟩ **A** V/T toplamak; (anhäufen) yığmak, biriktirmek **B** V/R: **sich ~** toplanmak; fig kendini toplamak
**Sammel|platz** M toplanma yeri **~punkt** M toplanma yeri; odak (noktası)
**Sammelsurium** N ⟨-s; Sammelsurien⟩ fig parça bohçası
**Sammler** M ⟨-s; -⟩, **-in** F ⟨-; -nen⟩ kolleksiyoncu **~wert** M kolleksiyon değeri
**Sammlung** F ⟨-; -en⟩ kolleksiyon
**Samstag** M cumartesi; **(am) ~** cumartesi günü
**samstags** cumartesi günleri
**samt** PRÄP ... -LE birlikte, ... dahil
**Samt** M ⟨-s; -e⟩ kadife
**sämtlich** ADJ: **~e** PL (alle) bütün; (Werke etc) a. toplu
**Sanatorium** N ⟨-s; Sanatorien⟩ sanatoryum
**Sand** M ⟨-s; -e⟩ kum; (~fläche) kumluk, kumsal; **wie ~ am Meer** denizde kum (gibi); **im ~(e) verlaufen** unutulup gitmek
**Sandale** F ⟨-; -n⟩ sandal (ayakkabı)
**Sandalette** F ⟨-; -n⟩ sandalet

**Sand|bahn** F kumlu pist **~bank** F ⟨-; ⁼e⟩ kumla, umg kumluk **~dorn** M ⟨-s; -e⟩ BOT yaban iğdesi **♀ig** ADJ kumlu **~kasten** M kum havuzu **~korn** N kum tanesi **~männchen** N çocukların gözüne uyku getiren kumu serpen masal figürü **~stein** M kumtaşı **~strand** M kumsal **~sturm** M kum fırtınası **~uhr** F kum saati
**sanft** **A** ADJ nazik; (mild) yumuşak; Tod sakin, kolay **B** ADV: **ruhe ~** nur sizlere yat **~mütig** ADJ uysal, yumuşak huylu
**Sänger** M ⟨-s; -⟩, **-in** F ⟨-; -nen⟩ şarkıcı
**sanier|en** ⟨ohne ge-, h.⟩ **A** V/T ARCH Stadtteil, Haus sıhhileştirmek; Umwelt (yeniden) canlandırmak; WIRTSCH yeniden sermayelendirmek **B** V/R: **sich ~** WIRTSCH umg ihya olmak **♀ung** F ⟨-; -en⟩ sıhhileştirme; canlandır(ıl)ma; yeniden sermayelendir(il)me **♀ungsgebiet** N sıhhileştirme bölgesi
**sanitär** ADJ sıhhî; **~e Anlagen** pl sıhhî tessisat koll
**Sanitäter** M ⟨-s; -⟩, **-in** F ⟨-; -nen⟩ sağlık memuru; sıhhiyeci
**Sanitätswagen** M ambülans, cankurtaran (arabası)
**Sankt** Aziz
**Sanktion** [-'tsĭo:n] F ⟨-; -en⟩ yaptırım; tasdik, onaylama **♀ieren** [-tsĭo:-] V/T ⟨ohne ge-, h.⟩ cezalandırmak; positiv onaylamak
**Saphir** ['za:fır] M ⟨-s; -e⟩ safir; pikap iğnesi **~nadel** F pikap iğnesi
**Sardelle** F ⟨-; -n⟩ hamsi, sardalya
**Sardine** F ⟨-; -n⟩ hamsi, sardalya
**Sarg** M ⟨-s; ⁼e⟩ tabut
**Sarkas|mus** M ⟨-; ohne pl⟩ istihza, sarkazm **♀tisch** ADJ iğneleyici, müstehzî
**Sarkophag** [-f-] M ⟨-s; -e⟩ lahit, sanduka
**Satan** M ⟨-s; -e⟩ şeytan **♀isch** ADJ şeytanî
**Satellit** M ⟨-en; -en⟩ uydu, peyk
**Satelliten|bild** N uydu resmi **~fernsehen** N uydu televizyonu **~foto** N uydu fotoğrafı **~schüssel** F uydu anteni **~staat** M uydu devlet **~stadt** F uydu kent **~übertragung** F uydudan naklen yayın
**Satin** [za'tɛ̃:] M ⟨-s; -s⟩ saten
**Satir|e** F ⟨-; -n⟩ (auf akk -e) hiciv, taşla-

ma ~iker M ⟨-s; -⟩ hicivci ≗isch ADJ hicivli, alaylı

satt ADJ tok; **ich bin ~** tokum, karnım doydu; **sich ~ essen** (**an** dat -le) karnını doyurmak

Sattel M ⟨-s; ⸚⟩ eyer; *Esel* semer ≗fest ADJ (**in** -de) -in yeri sağlam olmak

satteln VT ⟨h.⟩ eyerlemek; *-e* eyer/semer vurmak

Sattel|schlepper M AUTO çekici (kamyon); **~tasche** F heybe **~zeug** N eyer/semer takımı

satthaben VT ⟨irr, -ge-, h.⟩: **etw** (j-n) **~** (**sattbekommen**) bş-den (b-nden) usanmak/bıkmak, *-e* bş-den (b-nden) gına gelmek

sättig|en ⟨h.⟩ A VT *Neugier* gidermek; CHEM, WIRTSCH *Markt* doyurmak B VI *Essen* doyurucu olmak ≗ung F ⟨-; ohne pl⟩ *a.* CHEM doy(ur)ma

Satz M ⟨-es; ⸚e⟩ GRAM cümle, tümce; (*Sprung*) sıçrayış, atlama; *Volleyball etc* set; *Briefmarken, Geschirr etc* takım; WIRTSCH oran; MUS bölüm

Satz|aussage F GRAM yüklem **~bau** M ⟨-s; ohne pl⟩ cümle yapısı **~gefüge** N bağlı cümleler *pl* **~gegenstand** M GRAM özne **~lehre** F GRAM cümlebilgisi, sentaks **~teil** M GRAM cümle ögesi

Satzung F ⟨-; -en⟩ tüzük, yönetmelik

satzungsgemäß ADJ tüzüğe uygun

Satzzeichen N GRAM noktalama işareti

Sau F ⟨-; ⸚e⟩ ZOOL dişi domuz; *umg fig* pasaklı, sünepe; *umg* **unter aller ~** berbat mı berbat

sauber ADJ temiz; (*ordentlich*) düzenli, düzgün; (*anständig*) dürüst; *hum* terbiyeli, nazik, ince; **~ machen** temizlik yapmak; **etw ~ machen** bş-i temizlemek ≗keit F ⟨-; ohne pl⟩ temizlik; düzen; dürüstlük

säuber|n VT ⟨h.⟩ temizlemek; **~ von** *-den* temizlemek, arındırmak ≗ung F ⟨-; -en⟩, ≗ungsaktion F POL temizleme harekâtı, temizlik

Saubohne F bakla

Saudi- M ⟨-s; -s⟩, **~Araber(in)** M/F Suudi Arabistanlı **~Arabien** N Suudi Arabistan ≗arabisch ADJ Suudi (Arabistan) *subst*

saudumm ADJ *umg* ahmak

sauer ADJ ekşi; CHEM asitli; *Gurke* turşu; (*wütend*) (**auf** akk -e) kızgın, öfkeli; **~ werden** ekşimek, bozulmak; *fig* bozulmak, kızmak; **~ verdientes Geld** *umg* dinlenerek kazanılmış para; **~ reagieren auf** *-e* sert tepki göstermek; **saurer Regen** asitli yağmur

Sauer|ampfer M ⟨-s; ohne pl⟩ BOT kuzukulağı, ekşioğlak **~kirsche** F vişne **~kraut** N lahana salamurası

säuerlich ADJ ekşimsi, kekre

Sauermilch F süt kesiği

säuern VT ⟨h.⟩ ekşitmek

Sauerstoff M ⟨-s; ohne pl⟩ CHEM oksijen **~flasche** F oksijen tüpü **~mangel** M oksijen yetersizliği **~maske** F MED oksijen maskesi **~zelt** N oksijen çadırı

Sauerteig M mayalık hamur

saufen VT *u.* VI ⟨säuft, soff, gesoffen, h.⟩ *Tier* içmek; *umg Mensch* çok içmek, *umg* kafayı çekmek

Säufer M ⟨-s; -⟩ *umg* ayyaş, içkici **~ei** F ⟨-; -en⟩ *umg* ayyaşlık; *umg* içki içme

saugen VT *u.* VI ⟨sog *od* saugte, gesogen *od* gesaugt, h.⟩ (**an etw** -*i*) emmek

säugen VT ⟨h.⟩ *a.* ZOOL emzirmek; *-e* meme vermek

Säugetier N memeli (hayvan)

saugfähig ADJ emici

Säugling M ⟨-s; -e⟩ bebek

Säuglings|alter N: **im ~** bebeklik çağında **~nahrung** F bebek maması **~pflege** F bebek bakımı **~schwester** F bebek hemşiresi **~sterblichkeit** F bebek ölümleri *pl*

saukalt ADJ *umg* zehir gibi soğuk

Säule F ⟨-; -n⟩ sütun; (*Pfeiler*) direk

Säulendiagramm N çubuklu grafik

Säulengang M kemeraltı, revak

Saum M ⟨-s; ⸚e⟩ etek (ucu); (*Naht*) kenar, kıvrım

säumen VT ⟨h.⟩ *-in* kenarını bastırmak/ dikmek; (*umranden*) *-i* kıvırmak, *-e* kenar geçirmek; **die Straßen ~** yolun iki tarafına dizilmek

säumig ADJ ihmalci; WIRTSCH gecikmeli

Sauna F ⟨-; Saunen⟩ Fin hamamı, sauna; **in die ~ gehen** saunaya gitmek

Säure F ⟨-; -n⟩ CHEM asit

säure|beständig, **~fest** ADJ asite dayanıklı

Saure-Gurken-Zeit F *umg* WIRTSCH kesat zaman

**säure|haltig** ADJ asitli; **~löslich** ADJ asitte çözülen

**Saurier** [-rīe] M ⟨-s; -⟩ dinozor (türü hayvan)

**Saus in ~ und Braus leben** har vurup harman savurmak

**säuseln** VI ⟨h.⟩ vızıldamak; fısıldamak; *hum* tatlı tatlı konuşmak

**sausen** VI ⟨s.⟩ A *umg* vız/vın diye geçmek B ⟨h.⟩ vızlamak, hışırdamak; **~lassen** *umg* asmak, -e boşvermek; sepetlemek

**Saustall** M domuz ağılı; *fig* mezbele

**Saxofon** [-f-] N ⟨-s; -e⟩ saksofon

**S-Bahn** ['tsɛ-] F banliyö treni; *Linie* banliyö hattı **~hof** M banliyö istasyonu

**SC** *abk für* Sportclub M spor kulübü

**scannen** ['skɛnən] VT ⟨h.⟩ IT taramak

**Scanner** ['skɛnɐ] M ⟨-s; -⟩ IT tarayıcı

**Schabe** F ⟨-; -n⟩ ZOOL hamamböceği

**schaben** VT ⟨h.⟩ ⟨von *-den*⟩ kazımak

**Schabernack** M ⟨-s; -e⟩ muziplik, şaka

**schäbig** ADJ yırtık pırtık, eski püskü, pejmürde; *fig* cimri; *fig* darkafalı

**Schablone** F ⟨-; -n⟩ a. TECH şablon, kalıp

**schablonenhaft** ADJ *fig* basmakalıp

**Schach** N ⟨-s; -s⟩ satranç; **~!** şah!; **~ und matt!** şahmat!; **in ~ halten** *fig* -i denetim altında tutmak **~brett** N satranç tahtası **~computer** M satranç bilgisayarı **~figur** F satranç taşı **~matt** ADJ şahmat; *fig* yorgun, bitkin; *umg* haşat **~partie** F (bir el) satranç (oyunu)

**Schacht** M ⟨-s; -̈e⟩ boşluk, çukur; *Bergbau* kuyu

**Schachtel** F ⟨-; -n⟩ kutu; (*Papp*2) a. koli; **~ Zigaretten** (bir) paket sigara

**Schach|turnier** N satranç turnuvası **~zug** M taş sürme, hamle; *fig* ustaca hamle

**schade** *präd* ADJ: **es ist ~** çok yazık; **wie ~!** ne yazık!; **zu ~ für** -e *od* için fazla iyi

**Schädel** M ⟨-s; -⟩ ANAT kafatası **~basisbruch** M kafa tabanı kırığı **~bruch** M MED kafatası çatlaması/yarılması **~dach** N tepe

**schaden** VI ⟨h.⟩ zarar vermek; **der Gesundheit ~** sağlığa dokunmak; **das schadet nichts** bunun bir zararı yok/olmaz; **es könnte ihm nicht ~** ona iyi gelir, -se iyi olur

**Schaden** M ⟨-s; -̈⟩ ⟨an *dat* -e⟩ zarar; *bes* TECH arıza, bozukluk; (*Nachteil*) dezavantaj; WIRTSCH hasar; **~ nehmen** hasar görmek; **j-m ~ zufügen** b-ne zarar vermek, b-ne kötülük etmek

**Schadenersatz** M tazminat; **~ leisten** zararı tazmin etmek; **auf ~ (ver)klagen** -e karşı tazminat davası açmak **~klage** F tazminat davası **~pflichtig** ADJ tazminatla yükümlü

**Schadenfreiheitsrabatt** M AUTO hasarsızlık indirimi

**Schadenfreude** F başkalarının uğradığı zarara sevinme; **~ empfinden über** (*akk*) -e oh olsun demek; **voller ~** hınzırca

**schadenfroh** ADV hınzırca

**Schadens|fall** M hasar olayı/hali **~regulierung** F hasar tesviyesi **~versicherung** F hasar sigortası

**schadhaft** ADJ bozuk; (*mangelhaft*) kusurlu; *Haus* yıpranmış, harap; *Rohr* delik, çatlak; *Zähne* çürümüş

**schädig|en** VT ⟨h.⟩ -e hasar/zarar vermek **~ung** F ⟨-; -en⟩ zarar verme/görme

**schädlich** ADJ zararlı, -e dokunur; (*gesundheits~*) sağlığa zararlı **~keit** F ⟨-; *ohne pl*⟩ zarar(lılık)

**Schädling** M ⟨-s; -e⟩ ZOOL zararlı **~sbekämpfung** F ⟨-; *ohne pl*⟩ zararlılarla mücadele **~sbekämpfungsmittel** N zararlılarla mücadele ilacı; *umg* böcek ilacı

**schadlos** ADJ zararsız, ziyansız; **j-n (sich) ~ halten an** (*dat*) zararını *-den* çıkarmak

**Schadstoff** M zararlı madde; (*Umwelt*2) kirletici **~arm** ADJ AUTO düşük emisyonlu **~ausstoß** M ÖKOL emisyon **~belastung** F ÖKOL kirletme, kirlenme **~frei** ADJ AUTO emisyonsuz

**Schaf** N ⟨-s; -e⟩ koyun; **schwarzes ~** -in yüz karası **~bock** M ⟨-s; -̈e⟩ koç

**Schäfer** M ⟨-s; -⟩ çoban **~hund** M çoban köpeği

**schaffen** ⟨h.⟩ A VT ⟨schuf, geschaffen⟩ (*er~*) yaratmak; ⟨schaffte, geschafft⟩ (*bewirken, bereiten*) -e yol açmak, -e sebep olmak; (*bewältigen*) -in üstesinden gelmek; (*bringen*) götürmek; **es ~ -i** başarmak, becermek; *-de* başarılı ol-

**SCHÄ**

mak; **ich habe damit nichts zu ~** benim bununla hiçbir ilişkim yok; **ich bin geschafft!** öldüm!, bittim!; **das wäre geschafft** başardık sayılır B V/I ⟨schaffte, geschafft⟩: **j-m zu ~ machen** b-ni (çok) üzmek; **sich zu ~ machen an** (dat) *unbefugt* -i kurcalamak

**Schaffens|drang** M sanat ateşi, yaratma tutkusu **~kraft** F ⟨-; *ohne pl*⟩ yaratma gücü

**Schaffner** M ⟨-s; -⟩, **-in** F ⟨-; -nen⟩ biletçi; (*Zug*♀) kondüktör

**Schaf|herde** F koyun sürüsü **~pelz** M: **Wolf im ~** iki yüzlü, sureti haktan görünen **~skäse** M weich beyaz peynir; *hart* kaşar (peyniri); *allg* koyun peyniri

**Schaft** M ⟨-s; ⸚e⟩ TECH şaft, mil **~stiefel** M uzun konçlu çizme

**Schaf|wolle** F koyun yünü **~zucht** F koyunculuk

**Schah** [ʃaː] M ⟨-s; -s⟩ şah

**Schakal** M ⟨-s; -e⟩ çakal

**schäkern** V/I ⟨h.⟩ -LE şakalaşmak; *-le* cilveleşmek (*erkekle kadın*)

**schal** ADJ *Getränk* yavan, bayat

**Schal** M ⟨-s; -s, -e⟩ şal; (*Woll*♀) yün boyun atkısı

**Schale** F ⟨-; -n⟩ kâse, çanak; (*Eier*♀, *Nuss*♀ *etc*) kabuk

**schälen** ⟨h.⟩ A V/T (*-in* kabuğunu) soymak B V/R: **sich ~** *Haut* soyulmak

**Schall** M ⟨-s; -e, ⸚e⟩ ses **~dämmung** F ses yalıtımı/izolasyonu ♀**dämpfend** ADJ ses geçirmeyen **~dämpfer** M susturucu ♀**dicht** ADJ ses geçirmez ♀**en** V/I ⟨h.⟩ ses geçirmez ♀**end** ADJ: **~es Gelächter** kahkaha **~geschwindigkeit** F ses hızı; **mit doppelter ~** ses hızının iki katıyla **~mauer** F ⟨-; *ohne pl*⟩ ses duvarı **~platte** F plak ♀**schluckend** ADJ sesi yutan **~welle** F ses dalgası

**Schaltautomatik** F otomatik vites

**schalten** ⟨h.⟩ A V/I ELEK, TECH (**auf** akk *-e*) çevirmek; AUTO vites almak, vites değiştirmek; **in den dritten Gang ~** üçüncü vitese almak; *umg fig* anlamak, *umg* çakmak B V/T TECH (*şalteri*) çevirmek/kaldırmak; ELEK (*Verbindung herstellen*) devreyi kapatmak, *umg* açmak

**Schalter** M ⟨-s; -⟩ *Post etc* gişe; FLUG masa; ELEK şalter **~beamte** M gişe memuru **~schluss** M ⟨-es⟩ gişe/vezne kapanış saati **~stunden** PL gişe/vezne saatleri

**Schalt|hebel** M AUTO vites kolu **~jahr** N artık yıl **~kreis** M ELEK devre **~pult** N kumanda kürsüsü **~tafel** F ELEK kumanda panosu **~tag** M 29 şubat günü **~uhr** F timer, otomatik saat **~ung** F ⟨-; -en⟩ AUTO vites değiştirme; ELEK devre, bağlanma

**Scham** F ⟨-; *ohne pl*⟩ utanma, ar **~bein** N kasık/çatı kemiği

**schämen** V/R ⟨h.⟩: **sich ~** (*gen, wegen -den*) utanmak; **du solltest dich (was) ~!** utan!, ayıp (ettin)!

**Scham|gefühl** N ar, utanma duygusu **~haare** PL edep yeri kılları ♀**haft** ADJ utangaç **~lippen** PL dudak *sg* (*vajina*) ♀**los** ADJ utanmaz, arsız; (*unanständig*) edepsiz **~losigkeit** F ⟨-; *ohne pl*⟩ arsızlık; edepsizlik ♀**rot** ADJ **~ werden** *-in* (utançtan) yüzü kızarmak

**Schande** F ⟨-; *ohne pl*⟩ ayıp, rezalet; **j-m ~ machen** b-nin yüzkarası olmak; b-ni çok utandırmak

**schänden** V/T ⟨h.⟩ lekelemek, kirletmek; *-in* ırzına geçmek

**Schandfleck** M *Anblick* mezbelelik; *fig* yüzkarası

**schändlich** ADJ rezil(ce), namussuz(ca), kepaze

**Schandtat** F namussuzluk

**Schankstube** F içki verilen mekân (*lokantada vs*)

**Schanze** F ⟨-; -n⟩ istihkam; (*Ski*♀) atlama seddi

**Schanzentisch** M atlama platformu

**Schar** F ⟨-; -en⟩ sürü; küme, öbek, takım

**scharen** V/R ⟨h.⟩: **sich ~** (**um** *-in* etrafına *od* etrafında) toplanmak, toplaşmak

**scharf** A ADJ keskin; *Foto* net; (*deutlich*) açık(-seçik); *Hund* ısırgan, saldırgan; *Munition* hakiki; GASTR acı; (*erregt*) heyecanlı, ateşli; (*aufreizend*) kışkırtıcı, iç gıdıklayıcı; **~ sein auf** (akk) *-e* can atmak; *besonders sexuell -e* göz koymuş olmak; *umg* **~e Sachen** *pl* sert içkiler; **~er Protest** şiddetli protesto; **~es Tempo** yüksek hız B ADV: **~ bremsen** AUTO keskin fren yapmak; **~ einstellen** FOTO (**auf** akk *-e*) netlemek; **~ nachdenken** iyice düşünmek

**Schärfe** F ⟨-; *ohne pl*⟩ keskinlik; sertlik;

acılık
**schärfen** <u>VT</u> ⟨h.⟩ bilemek, keskinleştirmek
**Schärfentiefe** <u>F</u> FOTO netlik derinliği/alanı
**scharfkantig** <u>ADJ</u> keskin kenarlı
**scharfmachen** <u>VT</u> ⟨-ge-, h.⟩ umg: **j-n ~** b-ni kızıştırmak, kışkırtmak
**Scharfschütze** <u>M</u> (keskin) nişancı
**scharfsichtig** <u>ADJ</u> basiretli
**Scharlach** <u>M</u> ⟨-s; ohne pl⟩ MED kızıl (hastalığı) **²rot** <u>ADJ</u> erguvani
**Scharlatan** <u>M</u> ⟨-s; -e⟩ umg şarlatan
**Scharnier** [-'niːɐ] <u>N</u> ⟨-s; -e⟩ TECH reze, menteşe
**Schärpe** <u>F</u> ⟨-; -n⟩ eşarp, atkı; *an der Taille* kuşak
**scharren** <u>VI</u> ⟨h.⟩ (**mit den Füßen** ayaklarıyla) yeri eşelemek
**Scharte** <u>F</u> ⟨-; -n⟩ kertik, çentik
**Schaschlik** <u>M, N</u> ⟨-s; -s⟩ şiş kebabı
**Schatten** <u>M</u> ⟨-s; -⟩ gölge; (*schattiger Platz*) gölge(lik); **im ~** gölgede
**Schatten|dasein** <u>N</u>: **ein ~ führen** dikkati çekmeden yaşayıp gitmek **~kabinett** <u>N</u> POL gölge kabine **~seite** <u>F</u> olumsuz taraf **~spiel** <u>N</u> gölge oyunu (*Karagöz vs*)
**schattieren** <u>VT</u> ⟨ohne ge-, h.⟩ gölgele(ndir)mek (*Bild*)
**Schattierung** <u>F</u> ⟨-; -en⟩ nüans, ince fark; (*Hintergrund*) fon
**schattig** <u>ADJ</u> gölge, gölgeli(k)
**Schatz** <u>M</u> ⟨-es; ⸚e⟩ hazine, gömü; *fig* bir tanem, canım
**schätzen** <u>VT</u> ⟨h.⟩ tahmin etmek; *Wert* (**auf** *akk* olarak) -e değer biçmek; (*zu ~ wissen*) takdir etmek; (*hoch~*) -e saygı duymak; *umg* (*vermuten*) sanmak; **grob geschätzt** kaba bir tahminle
**Schätz|preis** <u>M</u> takdir fiyatı **~ung** <u>F</u> ⟨-; -en⟩ tahmin; takdir **²ungsweise** <u>ADV</u> tahminen **~wert** <u>M</u> takdir/tahmin değeri
**Schau** <u>F</u> ⟨-; -en⟩ *a.* TV gösteri, şov; (*Ausstellung*) sergi; **zur ~ stellen** sergilemek, göstermek; *umg* **e-e ~ abziehen** tantana yapmak; *umg* **j-m die ~ stehlen** b-ni arka plana atmak
**Schaubild** <u>N</u> diyagram
**Schauder** <u>M</u> ⟨-s; -⟩ ürperti, titreme **²haft** <u>ADJ</u> tüyler ürpertici, dehşetli
**schaudern** <u>VI</u> ⟨h.⟩ (**vor** *dat* -den) ürpermek, titremek
**schauen** <u>VI</u> ⟨h.⟩ bakmak (**auf** *akk* -e)
**Schauer** <u>M</u> ⟨-s; -⟩ (*Regen*⸚) sağanak; (*Schauder*) ürperme, titreme
**schauerartig** <u>ADJ</u>: **~e Regenfälle** sağanak halinde yağış(lar)
**schauerlich** <u>ADJ</u> dehşetli, korkunç
**Schauermärchen** <u>N</u> *umg* öcü masalı
**Schaufel** <u>F</u> ⟨-; -n⟩ kürek; (*Kehr*⸚) faraş
**schaufeln** <u>VT</u> ⟨h.⟩ küremek; (*graben*) kazmak
**Schaufenster** <u>N</u> vitrin **~bummel** <u>M</u> **e-n ~ machen** gezip vitrin(ler)e bakma, çarşı gezmesi **~dekoration** <u>F</u> vitrin dekorasyonu/süsü
**Schaukasten** <u>M</u> vitrin (*in Ausstellung*)
**Schaukel** <u>F</u> ⟨-; -n⟩ salıncak
**schaukeln** ⟨h.⟩ **A** <u>VI</u> sallanmak **B** <u>VT</u> sallamak; *umg* **wir werden die Sache** (*od* **das Kind**) **schon ~** kolay, biz o işi hallederiz
**Schaukelstuhl** <u>M</u> salıncaklı sandalye
**Schaulaufen** <u>N</u> artistik buz pateni gösterisi
**Schaulustige** <u>M, F, PL</u> seyirciler *pl* (*bir kazada*)
**Schaum** <u>M</u> ⟨-s; ⸚e⟩ köpük; **zu ~ schlagen** çırparak köpürtmek **~bad** <u>N</u> banyo köpüğü/şampuanı
**schäumen** <u>VI</u> ⟨h.⟩ köpürmek
**Schaum|gummi** <u>M</u> ⟨-s; -⟩ (p)lastik sünger **²ig** <u>ADJ</u> köpüklü **~löscher** <u>M</u> köpüklü yangın söndürücü **~schläger** <u>M</u> *Küche* çırpacak; *fig* tafracı, farfaracı **~schlägerei** <u>F</u> ⟨-; ohne pl⟩ afra-tafra **~stoff** <u>M</u> TECH köpük, *umg* stiropor **~wein** <u>M</u> köpüklü/köpüren şarap; *umg* şampanya
**Schau|packung** <u>F</u> WIRTSCH *vitrine konan boş ambalaj* **~platz** <u>M</u> olayın geçtiği yer; sahne **~prozess** <u>M</u> JUR propaganda amaçlı açık dava
**schaurig** <u>ADJ</u> (*unheimlich*) tüyler ürpertici, müthiş; (*grässlich*) korkunç, iğrenç
**Schauspiel** <u>N</u> THEAT oyun; *fig* seyir, büyük gösteri **~er** <u>M</u> oyuncu, aktör **~erei** <u>F</u> ⟨-; ohne pl⟩ *pej* tiyatro, maskaralık **~erin** <u>F</u> ⟨-; -nen⟩ kadın oyuncu, aktris **²erisch** <u>ADJ</u> *u.* <u>ADV</u> tiyatro sanatı yönünden **~schule** <u>F</u> tiyatro okulu, konservatuar
**Schausteller** <u>M</u> ⟨-s; -⟩ panayır satıcısı/göstericisi

**Scheck** M ⟨-s; -s⟩ (über akk -lik) çek **~betrug** M çek sahtekârlığı **~betrüger(in)** M(F) çek sahtekârı **~buch** N çek defteri/karnesi **~gebühr** F çek ücreti **~heft** N çek defteri; AUTO periyodik bakım karnesi **~karte** F çek kartı

**scheffeln** VT ⟨h.⟩ Geld yükünü tutmak, malı götürmek

**Scheibe** F ⟨-; -n⟩ disk; (Brot♀) dilim; (Fenster♀) cam; (Schieß♀) hedef (disk)

**Scheiben|bremse** F AUTO disk(li) fren **~waschanlage** F AUTO cam yıkayıcısı **~wischer** M AUTO cam sileceği, silecek

**Scheich** M ⟨-s, -s, -e⟩ şeyh

**Scheide** F ⟨-; -n⟩ kın; ANAT vajina

**scheiden** ⟨schied, geschieden⟩ **A** VT ⟨h.⟩ Ehe JUR boşamak (evliliği); **sich ~ lassen** (von -den) boşanmak **B** VI ⟨s.⟩: **~ aus** Amt -den çekilmek, -den ayrılmak; **hier ~ sich die Geister** bu konuda düşünceler/görüşler ayrılıyor

**Scheide|wand** F bölme (duvarı) **~weg** M yol ayırımı; **am ~ stehen** bir yol ayrımına gelmek

**Scheidung** F ⟨-; -en⟩ boşa(n)ma; **die ~ einreichen** boşanma davası açmak

**Scheidungs|grund** M boşanma sebebi **~klage** F boşanma davası

**Schein**[1] M ⟨-s; -e⟩ (Bescheinigung) belge; (Formular) form (dilekçe); (Geld♀) banknot

**Schein**[2] M ⟨-s; ohne pl⟩ (Licht♀) ışık; fig (dış görünüş) etw (nur) **zum ~ tun** bşi (sırf) göstermelik olarak yapmak; **dem ~ nach (zu urteilen)** görünüşe bakılırsa; **den ~ wahren** zevahiri kurtarmak; **der ~ trügt** görünüşe aldanmamalı

**scheinbar** ADJ u. ADV görünüşte

**scheinen** ⟨schien, geschienen, h.⟩ ışık vermek, parıldamak; **j-m ~ wie** b-ne ... gibi gelmek/görünmek; **wie es scheint** görünüğü kadarıyla; **er scheint nicht zu wollen** istemez görünüyor

**Scheinfirma** F paravan (od umg naylon) firma

**scheinheilig** **A** ADJ ikiyüzlü, sahte (dindar) **B** ADV umg **~ tun** ikiyüzlü davranmak

**Scheinwerfer** M ⟨-s; -⟩ projektör, ışıldak; AUTO far; THEAT spot **~licht** N projektör ışığı

**Scheiß...** IN ZSSGN sl lanet ..., sl bok ...

**Scheiße** F sl ⟨-; ohne pl⟩ bok, pislik

**scheißen** sl VI ⟨schiss, geschissen, h.⟩ sıçmak

**Scheitel** M ⟨-s; -⟩ saç ayrığı **~punkt** M MATH· tepe noktası

**scheitern** ⟨s.⟩ boşa çıkmak, başarmamak

**Schelle** F ⟨-; -n⟩ çıngırak; TECH bilezik

**Schellfisch** M mezgit (balığı)

**Schelm** M ⟨-s; -e⟩ şakacı, kerata

**Schema** N ⟨-s; -s, -ta⟩ şema, örnek; **nach ~ F** umg basmakalıp

**schematisch** ADJ Arbeit şematik; fig mekanik, monoton

**schematisieren** VT ⟨ohne ge-, h.⟩ şematize etmek, şemayla göstermek

**Schemel** M ⟨-s; -⟩ tabure

**schemenhaft** ADJ gölge/hayalet gibi; belli belirsiz

**Schenke** F ⟨-; -n⟩ meyhane, taverna

**Schenkel** M ⟨-s; -⟩ (Ober♀) but, uyluk; (Unter♀) baldır; MATH kol (açıda)

**schenken** VT ⟨h.⟩ -e hediye etmek (**zu** için); JUR bağışlamak, hibe etmek

**Schenkung** F ⟨-; -en⟩ JUR bağışlama, hibe **~ssteuer** F intikal vergisi **~surkunde** F bağışlama senedi

**scheppern** VI ⟨h.⟩ umg şangırdamak, zıngırdamak

**Scherbe** F ⟨-; -n⟩ cam vs kırığı

**Schere** F ⟨-; -n⟩ makas

**scheren**[1] VT ⟨schor, geschoren, h.⟩ Schaf kırkmak; Haar kesmek; Hecke budamak

**scheren**[2] VR ⟨h.⟩: umg **sich nicht ~ um ... -i** takmamak; **scher dich zum Teufel!** cehenneme kadar yolun var!

**Scherenschnitt** M siluet (kağıt işi)

**Schererei**en PL üzüntü, zahmet, dert

**Scherz** M ⟨-es; -e⟩ şaka; (s-n) **~ treiben mit** ile dalga(sını) geçmek; **im (zum) ~** şakadan, şaka olsun diye; **~ beiseite** şaka bir yana

**scherzen** VI ⟨h.⟩ (über akk -e) takılmak, şaka yapmak; **damit ist nicht zu ~** bu işin şakası yok

**scherzhaft** **A** ADJ şakacı, eğlendirici **B** ADV: **~ gemeint** şaka olarak söylenmiş

**scheu** ADJ çekingen, tutuk, utangaç; (ängstlich) ürkek, korkak

**Scheu** F ⟨-; ohne pl⟩ çekingenlik, utangaçlık, ürkeklik

**scheuen** ⟨h.⟩ **A** VI/T (vor -den) çekinmek, kaçınmak **B** VI/T: **keine Kosten (Mühe) ~** hiçbir masraftan (zahmetten) kaçınmamak **C** VR: **sich ~, etw zu tun** bş-i yapmaktan çekinmek
**Scheuerlappen** M yer bezi
**scheuern** ⟨h.⟩ **A** VI/T silmek, ovmak; umg **j-m e-e ~** b-ne bir tane yapıştırmak **B** VI/I (an dat -e) sürtmek
**Scheuklappe** F atgözlüğü
**Scheune** F ⟨-; -n⟩ çiftlik ambarı, samanlık
**Scheusal** N ⟨-s; -e⟩ umg gulyabani; iğrenç adj
**scheußlich** ADJ berbat; Verbrechen iğrenç, menfur
**Schicht** F ⟨-; -en⟩ tabaka, katman; (Farbɞ) kat; (Arbeitsɞ) vardiya, posta; (Gesellschaftsɞ) kesim, tabaka; **~ arbeiten** vardiya usulü çalışmak **~arbeit** F ⟨-; ohne pl⟩ vardiya işi **~arbeiter(in)** M(F) vardiya işçisi
**schichten** VI/T ⟨h.⟩ istif etmek, yığmak
**Schicht|unterricht** M çifte tedrisat **~wechsel** M vardiya değişimi **ɞweise** ADV kat kat; arbeiten vardiya usulü(yle)
**schick** ADJ şık, zarif
**Schick** M ⟨-s; ohne pl⟩ şıklık, zarafet, zariflik
**schicken** VI/T ⟨h.⟩ göndermek; (nach, zu -i) getirtmek, çağırmak; **sich ~** yakışık almak, uygun olmak
**Schickeria** F ⟨-; ohne pl⟩ umg züppeler pl, jet sosyete
**Schicksal** N ⟨-s; -e⟩ kader, yazgı; (Los) talih, kısmet; **das ~ herausfordern** kadere meydan okumak
**schicksalhaft** ADJ **für -in** kaderini belirleyen
**Schicksals|gefährte** M, **~gefährtin** F, **~genosse** M, **~genossin** F kader arkadaşı
**Schicksalsschlag** M kaderin darbesi
**Schiebedach** N AUTO açılır tavan **~fenster** N sürgülü pencere
**schieben** VI/T ⟨schob, geschoben, h.⟩ itmek, sürmek; (in akk -e) sokmak; **etw ~ auf** akk suçu -in üstüne atmak; umg **~ mit** (-in) karaborsasını (od kaçak olarak ticaretini) yapmak
**Schieber** M ⟨-s; -⟩ TECH sürgü, sürme; umg karaborsacı, kaçak mal satıcısı

**Schiebetür** F sürme kapı
**Schiebung** F ⟨-; -en⟩ WIRTSCH karaborsa, vurgun; SPORT şike; iltimas, hileli iş
**Schieds|gericht** N hakem mahkemesi; hakem kurulu **~richter** M hakem kurulu üyesi; SPORT hakem **~spruch** M hakem (kurulu) kararı **~verfahren** N tahkim usulü
**schief** **A** ADJ eğri; (schräg) çarpık; Turm etc yatık; fig Bild, Vergleich hatalı **B** ADV ters; **j-n ~ ansehen** b-ne yan bakmak
**Schiefer** M ⟨-s; -⟩ kayağantaş, arduvaz **~dach** N arduvaz örtülü dam **~platte** F, **~tafel** F arduvaz levha; yazı tahtası
**schief|gehen** VI ⟨irr, -ge-, s.⟩ ters gitmek, yürümemek **~lachen** VR ⟨-ge-, h.⟩ umg: **sich ~** gülmekten katılmak
**schielen** VI ⟨h.⟩ **-in** gözü şaşı olmak; şaşı bakmak; **~ auf** bir gözü -in bir gözü -de olmak
**Schienbein** N ANAT kaval kemiği, tibya
**Schiene** F ⟨-; -n⟩ BAHN etc ray; MED süyek, kırık tahtası
**schienen** VI/T ⟨h.⟩ MED süyeğe (od kırık tahtasına) koymak
**Schienen|netz** N demiryolu şebekesi **~verkehr** M demiryolu ulaşımı/trafiği
**Schierling** M ⟨-s; -e⟩ BOT baldıran
**Schieß|befehl** M atış emri; vur emri **~bude** F atış barakası
**schießen** ⟨schoss, geschossen⟩ **A** VI ⟨h.⟩ (**auf** akk -e) ateş etmek, kurşun sıkmak; ⟨s.⟩ (**aus** -den) bitmek, yetişmek **B** VI/T ⟨h.⟩ Tor atmak; Tier vurmak; **ein Gedanke schoss mir durch den Kopf** birden aklımdan bir fikir geçti
**Schieß|erei** F ⟨-; -en⟩ silahlı çatışma **~pulver** N barut **~scheibe** F hedef levhası, nişan(gâh) **~stand** M atış yeri, poligon
**Schiff** N ⟨-s; -e⟩ SCHIFF gemi; ARCH nef, sahın **ɞbar** ADJ gemiciliğe elverişli **~bau** M ⟨-s; ohne pl⟩ gemi yapımı **~bruch** M deniz kazası; **~ erleiden** karaya oturmak; fig baştankara etmek; **~ erleiden mit -de** çuvallamak **~brüchige** M,F ⟨-n; -n⟩ kazazede
**schiffen** VI ⟨h.⟩ sl (urinieren) işemek; **es schifft** sl yağmur yağıyor
**Schiffer** M ⟨-s; -⟩ umg gemici **~klavier** N akordeon **~knoten** M gemici

düğümü
**Schifffahrt** F ⟨-; ohne pl⟩ gemicilik, denizcilik
**Schifffahrts|linie** F denizcilik şirketi **~weg** M deniz trafiği güzergâhı
**Schiffs|arzt** M gemi hekimi **~besatzung** F gemi personeli
**Schiffschaukel** F kayık salıncak
**Schiffs|ladung** F gemi yükü; (Frachtgut) navlun **~reise** F gemi yolculuğu **~schraube** F uskur **~verkehr** M seyrüsefer; gemicilik **~werft** F tersane
**Schiit** [ʃi'iːt] M ⟨-en; -en⟩, **-in** F ⟨-; -nen⟩ Şii, **²isch** adj Şii subst
**Schikane** F ⟨-; -n⟩ eziyet, müşkilat; **aus reiner ~** sırf eziyet olsun diye; umg **mit allen ~n** her türlü konforu/teferruatı haiz
**schikan|ieren** VT ⟨ohne ge-, h.⟩ -e zorluk çıkarmak, -e eziyet etmek **~ös** ADJ kötü, eziyetçi
**Schild** N ⟨-s; -er⟩ levha; AUTO plaka; (Namens²,Firmen²) tabela, plaket; etw **im ~ führen** -in bir art niyeti olmak
**Schildbürger** M masal şehri Schilda halkından olan, «Karatepeli» **~streich** M ahmaklık; saçma eylem
**Schilddrüse** F ANAT kalkanbezi, tiroit
**schilder|n** VT ⟨h.⟩ anlatmak; anschaulich tasvir etmek **²ung** F ⟨-; -en⟩ anlatım, tasvir; sachliche rapor
**Schildkröte** F kaplumbağa; (Land²) a. kara kaplumbağası
**Schilf** N ⟨-s; -e⟩ kamış(lık), saz(lık) **~matte** F hasır **~rohr** N BOT kamış (sapı)
**schill|ern** VI ⟨h.⟩ pırıldamak, harelenmek **~ernd** ADJ yanardöner; fig güvenilmez
**Schilling** M ⟨-s; -e⟩ şilin
**Schimmel**[1] M ⟨-s; -⟩ ZOOL kır at
**Schimmel**[2] M ⟨-s; ohne pl⟩ küf **²ig** ADJ küflü **²n** VI ⟨h.⟩ küflenmek, küf tutmak **~pilz** M küf mantarı
**Schimmer** M ⟨-s; -⟩ (hafif) ışık, pırıltı; fig a. iz, eser, miktar; umg **keinen (blassen) ~ haben (von** -den) -in zerre kadar haberi olmamak
**schimmern** VI ⟨h.⟩ pırıldamak, ışımak
**schimmlig** ADJ küflü
**Schimpanse** M ⟨-n; -n⟩ şempanze
**schimpf|en** ⟨h.⟩ **A** VI (auf akk, über akk -e) kızmak, ağzına geleni söylemek; heftiger küfretmek, sövmek; **mit j-m ~** b-ni paylamak, azarlamak **B** VT: **j-n ~** b-ni paylamak, azarlamak **²wort** N ⟨-s; ̈-er, -e⟩ küfür, sövgü
**Schindel** F ⟨-; -n⟩ (çatı) padavra(sı)
**schinden** VR ⟨schund od schindete, geschunden, h.⟩: **sich ~** köle gibi çalışmak; **Eindruck ~ (wollen)** izlenim bırakmak (istemek); **Zeit ~** zaman kazanmaya çalışmak
**Schinder** m ⟨-s; -⟩ angaryacı **~ei** F ⟨-; -en⟩ yorucu iş, angarya
**Schindluder** N umg: **~ treiben mit** -i tepe tepe kullanmak; -e kötü davranmak
**Schinken** M ⟨-s; -⟩ jambon, pastırma; umg tuğla (gibi) kitap
**Schirm** M ⟨-s; -e⟩ (Regen²) şemsiye; (Sonnen²) güneş şemsiyesi; (Fernseh²) ekran; (Schutz²) siperlik, paravana; (Lampen²) abajur; (Glocke) lamba karpuzu **~herr(in)** M(F) hami, koruyucu **~herrschaft** F himaye, koruma; **unter der ~ von** -in himayesinde, -in desteği altında **~mütze** F kasket **~ständer** M şemsiyelik
**Schiss** M ⟨-es; -e⟩ sl sıçma; sl bok; **~ haben** -in ödü kopmak; **~ bekommen** -in ödü bokuna karışmak
**schizophren** [-f-] ADJ şizofren **²ie** F ⟨-; -n⟩ şizofreni
**Schlacht** F ⟨-; -en⟩ (meydan) savaş(ı); **e-e ~ liefern** savaşmak; (sich prügeln) dövüşmek
**schlachten** VT ⟨h.⟩ Tier kesmek
**Schlachtenbummler** M fig tuttuğu takımına deplasman maçına giden seyirci
**Schlächter** M ⟨-s; -⟩ kasap; fig katliam yapan cani **~ei** F ⟨-; -en⟩ kasap (dükkanı); fig katliam, kırım
**Schlacht|feld** N MIL savaş alanı; fig karışıklık, dağınıklık **~hof** M mezbaha **~plan** M fig eylem/çalışma planı **~schiff** N savaş gemisi **~ung** F ⟨-; -en⟩ kesim **~vieh** N kesimlik hayvan
**Schlacke** F ⟨-; -n⟩ cüruf, maden köpüğü; MED fazlalık
**schlackern** VI ⟨h.⟩ umg sallanmak, titremek; umg **mit den Ohren ~** hayretten hayrete düşmek
**Schlaf** M ⟨-s; ohne pl⟩ uyku; **e-n leichten (festen) ~ haben** -in uykusu hafif (derin) olmak **~anzug** M pijama **~couch** F çekyat

**Schläfe** F ⟨-; -n⟩ ANAT şakak
**schlafen** VIT ⟨schläft, schlief, geschlafen h.⟩ uyumak, uykuda olmak; **~ gehen, sich ~ legen** yatmaya gitmek, yatmak; **mit j-m ~** b-le yatmak/sevişmek
**schlaff** ADJ gevşek; *Haut, Muskeln* sarkık, pörsük; *(kraftlos)* cansız, güçsüz; *(weich)* yumuşak **♀heit** F ⟨-; ohne pl⟩ umg gevşeklik, pörsüklük
**Schlaf|gelegenheit** F yatacak yer **~krankheit** F uyku hastalığı **~lied** N ninni **♀los** ADJ uykusuz **~losigkeit** F ⟨-; ohne pl⟩ a. MED uykusuzluk **~mittel** N MED uyku ilacı **~mütze** F umg uykucu
**schläfrig** ADJ uykulu
**Schlaf|saal** M yatakhane **~sack** M uyku tulumu **~stadt** F fig yalnız konutların bulunduğu uydu şehir **~störungen** PL uyuma bozuklukları **~tablette** F MED uyku hapı **~trunk** M umg uyku şurubu; fig içki **♀trunken** ADJ mahmur, uyku sersemi **~wagen** M BAHN yataklı vagon **♀wandeln** VI ⟨ge-, h. od s.⟩ uyku(sun)da gezmek **~wandler** M ⟨-s; -⟩ uyurgezer **~zimmer** N yatak odası **~zimmerblick** M b-le yatma isteğini belli eden bakış
**Schlag** M ⟨-s; ⁼e⟩ vuruş, darbe; *(Ohrfeige)* tokat; *(Faust♀)* yumruk; MED inme, felç; *(Uhr♀)* çalma; *(Blitz♀)* düşme; *Tennis* smaç; ELEK çarpma; *Herz, Puls* atış; **j-m e-n ~ versetzen** b-ne bir darbe indirmek; **das war ein ~ für ihn** bu ona bir darbe oldu; **~ auf ~** durmadan, arka arkaya; **auf einen ~** birdenbire; **mich trifft der ~!** bu da mı başıma gelecekti?; **Leute s-s ~es** onun ayarı insanlar
**Schlag|abtausch** M (şiddetli) tartışma **~ader** F ANAT şahdamarı **~anfall** M MED inme, beyin kanaması **♀artig** A ADJ ani B ADV aniden, birdenbire, ansızın **~baum** M bariyer (inip kalkabilen) **~bohrer** M TECH darbeli matkap **~bolzen** M MIL ateşleme iğnesi
**Schläge** PL dayak *sg*
**schlagen** ⟨schlägt, schlug, geschlagen⟩ A VIT ⟨h.⟩ -e vurmak; *wiederholt* dövmek; *Eier* çırpmak; *(besiegen)* yenmek; *Nagel* (in *akk -e*) çakmak; **sich ~** (um için/uğruna) çarpışmak, dövüşmek, **sich geschlagen geben** pes etmek B VI ⟨h.⟩ *Herz, Puls* çarpmak, atmak; *Uhr*

çalmak; **nach j-m ~** b-ne vurmaya çalışmak; *fig* b-ne çekmek/benzemek; **um sich ~** sağa sola saldırmak; ⟨s.⟩ **mit dem Kopf ~ an** *(akk)* *(od* **gegen)** kafasıyla -e vurmak; **die Nachricht ist mir auf den Magen geschlagen** bu haber benim içime oturdu C VR ⟨h.⟩: **sich gut ~** (mücadelede) iyi sonuç almak; **sich auf j-s Seite ~** b-nin tarafına geçmek
**Schlager** M ⟨-s; -⟩ MUS pop şarkısı; *(Erfolgs♀)* sevilen/tutulan şarkı; WIRTSCH rağbet gören mal, *umg* çok satan mal
**Schläger** M ⟨-s; -⟩ *(Tennis♀)* raket; *(Golf♀)* (golf) sopa(sı); *Person* kavgacı **~ei** F ⟨-; -en⟩ çatışma, çarpışma, dövüş
**schlagfertig** ADJ hazırcevap; **~e Antwort** hazırcevaplık
**Schlag|instrument** N MUS vuruşlu çalgı **~kraft** F ⟨-; ohne pl⟩ güç, hissedilirlik; MIL vurucu güç **♀kräftig** ADJ güçlü, vurucu **~loch** N yol çukuru **~sahne** F dövülmüş krema; kremşanti **~seite** F SCHIFF yan yatma; **~ haben** *umg* yatmak; *umg Person* yalpalamak **~stock** M cop, sopa **~wort** N ⟨-s; -e⟩ parola, slogan; indeks maddesi **~wortkatalog** M indeks, fihrist **~zeile** F manşet; **~n machen** manşet olmak
**Schlagzeug** N MUS bateri **~er** M ⟨-s; -⟩ MUS baterist
**schlaksig** ADJ uzun boylu, çolpa (genç)
**Schlamassel** M, N ⟨-s; -⟩ *umg* karışıklık, çuvallama
**Schlamm** M ⟨-s; -e, ⁼e⟩ çamur **~bad** N MED çamur banyosu **♀ig** ADJ çamurlu **~packung** F MED çamur yakısı
**Schlampe** F ⟨-; -n⟩ *sl* pasaklı karı, sürtük **♀en** VI ⟨h.⟩ *umg* şişirme/üstünkörü iş görmek **~er** M ⟨-s; -⟩ *umg* şişirmeci **~erei** F ⟨-; -en⟩ *umg* şişirme iş, düzensizlik **♀ig** ADJ pasaklı; *Arbeit* şişirme
**Schlange** F ⟨-; -n⟩ ZOOL yılan; *(Menschen♀, Auto♀)* kuyruk; **falsche ~** hain *adj*; **~ stehen (nach, um için)** kuyrukta beklemek
**schlängeln** ⟨h.⟩: **sich ~** *Fluss, Weg etc* dolanmak; **sich ~ durch** *-den* kıvrıla kıvrıla geçmek
**Schlangen|biss** M yılan sokması **~gift** N yılan zehiri **~haut** F, **~leder** N yılan derisi **~linie** F kıvrım; **in ~n fahren** (arabayla) yalpalamak

# SCHL

**schlank** ADJ ince (boylu); ~ **machen** Kleid -i ince göstermek; **auf die ~e Linie achten** kilosuna dikkat etmek

**Schlankheitskur** F: **e-e ~ machen** zayıflama kürü/perhizi yapmak

**schlapp** ADJ gevşek, ölgün

**Schlappe** F ⟨-; -n⟩ başarısızlık, hezimet

**schlappmachen** V/I ⟨-ge-, h.⟩ umg yelkenleri suya indirmek

**Schlappschwanz** M umg sünepe

**Schlaraffenland** N ⟨-s; ohne pl⟩ masalda tembeller ülkesi

**schlau** ADJ (klug) akıllı, zeki; (listig) kurnaz, açıkgöz; **ich werde nicht ~ daraus** ben bu işi anlamadım

**Schlauberger** M ⟨-s; -⟩ umg açıkgöz, uyanık

**Schlauch** M ⟨-s; ⸚e⟩ hortum; tulum, kırba; **auf dem ~ stehen** umg -in jetonu geç düşmek **~boot** N şişirme bot

**schlauchen** ⟨h.⟩ V/T umg: **j-n ~ -in** pestilini çıkarmak

**Schlaufe** F ⟨-; -n⟩ ilmik, fiyonk

**schlecht** ADJ kötü, fena; Qualität, Leistung a. adi; **~ sein in etw -in** bş-i kötü olmak; **mir ist ~** fenalaştım, fenayım; **mir wird ~** fenalaşıyorum; **~ (krank) aussehen** fena (hasta) görünmek; **sich ~ fühlen** kendini kötü hissetmek; **~ gelaunt** -in keyfi bozuk; **~ werden** Fleisch etc bozulmak; **es geht ihm ~** durumu kötü/bozuk; **~ reden von** hakkında kötü konuşmak; **es steht ~ um ihn** durumu kötüye gidiyor; **~ daran sein** -in işi zor olmak; **heute geht es ~** bugün (durum) kötü; **~e Laune** keyifsizlik; **~e Zeiten** zor zaman(lar)

**schlechthin** ADV genel olarak, toptan, bütünüyle

**schlechtmachen** V/T ⟨-ge-, h.⟩: **j-n ~** b-ni karalamak, kötülemek

**Schlechtwetter|front** F kötü hava cephesi **~periode** F kötü hava dönemi

**schlecken** ⟨h.⟩ V/T yalamak

**Schlehe** ['ʃleːə] F ⟨-; -n⟩ BOT çalıdikeni; karadiken; yaban eriği

**schleich|en** V/I ⟨schlich, geschlichen, s.⟩ sürünmek; sessizce yaklaşmak, yavaşça sokulmak; **schleich dich!** yaylan! **~end** ADJ yavaş yavaş, hissetirmeden **⚥handel** M karaborsa, kaçak ticaret **⚥weg** M arka/gizli yol, kestirme; **auf ~en** (heimlich) gizliden gizliye; (unerlaubt) kaçak, gizli saklı **⚥werbung** F örtülü/kamufle reklam; **für etw ~ machen** bş-in örtülü reklamını yapmak

**Schleier** M ⟨-s; -⟩ örtü, perde; (Dunst) pus, ince sis **~eule** F peçelibaykuş

**schleierhaft** ADJ: **das ist mir (völlig) ~** bu benim için (tamamen) bir muamma

**Schleife** F ⟨-; -n⟩ ilmik, fiyonk; IT rutin

**schleifen** V/T ⟨schliff, geschliffen, h.⟩ (schärfen) bile(ği)lemek; (glätten) zımparalamak; Böden sistire yapmak; Edelstein, Glas kesmek, yontmak; (schleppen) sürü(kle)mek B V/I (am Boden yerde) sürünmek; (reiben) (**an** dat -e) sürt(ün)mek; **die Kupplung ~ lassen** AUTO debriyajı sürtmek

**Schleif|maschine** F zımpara/sistire makinası **~mittel** N, **~papier** N zımpara kağıdı **~stein** M bileği taşı

**Schleim** M ⟨-s; -e⟩ sümük; balgam; MED a. mukus **~haut** F MED mukoza **⚥ig** ADJ sümüksü; fig sümük gibi, sırnaşık **⚥lösend** ADJ MED balgam sökücü, ekspektoran

**schlemmen** V/I ⟨h.⟩ (tadını çıkararak) doyasıya yemek

**Schlemmer** M ⟨-s; -⟩ gurme **~ei** F ⟨-; ohne pl⟩ zevkle yiyip içme **~lokal** N gurme lokantası

**schlendern** V/I ⟨s.⟩ gezmek, dolaşmak (yavaş yavaş)

**Schleppe** F ⟨-; -n⟩ kuyruk (an Kleid)

**schleppen** ⟨h.⟩ A V/T sürüklemek; SCHIFF, AUTO (yedekte) çekmek B V/R: **sich ~** Person güçlükle ilerlemek; Sache uzayıp gitmek, uzamak, uzun sürmek

**schleppend** ADJ (träge) ağır, yavaş; (ermüdend) usandırıcı, yorucu; Redeweise ağır

**Schlepper** M ⟨-s; -⟩ AUTO çekici, SCHIFF yedekçi gemisi, römorkör; umg (Kundenwerber) çığırtkan **~bande** F kaçak göçmen getiren şebeke

**Schlepp|lift** M teleski **~netz** N trol (ağı) **~tau** N umg: **j-n ins ~ nehmen** b-ni çekip getirmek/götürmek; pej b-ne yardım etmek, yol göstermek **~zug** M SCHIFF römorkör kafilesi

**Schleuder** F ⟨-; -n⟩ (Trocken⚥) santrifüjlü kurutucu

**schleudern** ⟨h.⟩ **A** _VT_ fırlatmak, atmak, savurmak; _Wäsche_ (santrifüjle) sıkmak **B** _VI_ ⟨_a. s._⟩ AUTO savrulmak; **ins Schleudern kommen** savrulmaya başlamak

**Schleuder|preis** _M_ damping fiyatı **~sitz** _M_ FLUG fırlar koltuk **~ware** _F_ damping malı

**schleunigst** _ADV_ derhal, bir an önce, _umg_ çabucak

**Schleuse** _F_ ⟨-; -n⟩ savak; (_Kanal_⚡) yükseltme havuzu

**schleusen** _VT_ ⟨h.⟩ SCHIFF (kanaldan) geçirmek; _fig umg_ j-n **(durch** -_den_) (gizlice) geçirmek

**Schliche** _PL_: **j-m auf die ~ kommen** b-nin hilesini anlamak

**schlicht** **A** _ADJ_ sade, süssüz, basit _ADV_: **~ (und einfach)** düpedüz, basbayağı

**schlichten** ⟨h.⟩ **A** _VT_ Streit uzlaştırmak, yatıştırmak **B** _VI_ **(zwischen** _dat_ arasında) arabuluculuk yapmak

**Schlichter** _M_ ⟨-s; -⟩, **-in** _F_ ⟨-; -nen⟩ arabulucu

**Schlichtheit** _F_ ⟨-; _ohne pl_⟩ sadelik, gösterişsizlik

**Schlichtung** _F_ ⟨-; _ohne pl_⟩ uzlaştırma, arabulma

**schließen** ⟨schloss, geschlossen, h.⟩ **A** _VT_ kapanmak **B** _VT_ kapa(t)mak; (_beenden_) bitirmek; **aus** -_den_ anlam/sonuç çıkarmak; **von sich auf andere ~** kendinden pay biçmek; **nach ... zu ~** -_e give_

**Schließfach** _N_ BAHN kilitli bagaj dolabı; (_Bank_⚡) banka kasası; (_Postfach_) posta kutusu

**schließlich** _ADV_ en son(unda); (_am Ende_) sonunda, nihayet; (_immerhin_) ne de olsa

**Schließmuskel** _M_ MED büzgen, muassıra

**Schliff** _M_ ⟨-s; -e⟩ (_Glätte_) perdah(lama); _Kristall_ kesme; _Diamant_ tıraş (etme); **den letzten ~ geben** -_in_ son rötuşlarını yapmak

**schlimm** _ADJ_ kötü, fena; (_furchtbar_) berbat; **es sieht ~ aus** -_in_ hali berbat; **das ist nicht** (_od_ **halb so**) **~** pek (o kadar) vahim değil; **um so ~er** daha ca kötü (ya!); **das Schlimme daran** işin kötüsü; **auf das Schlimmste gefasst sein** en kötüsüne hazır olmak

**schlimmstenfalls** _ADV_ kötüsü gelirse, en kötü durumda

**Schlinge** _F_ ⟨-; -n⟩ ilmik; MED askı; **den Arm in der ~ tragen** -_in_ kolu askıda olmak

**Schlingel** _M_ ⟨-s; -⟩ madrabaz, üçkağıtçı; kerata

**schlingen** ⟨schlang, geschlungen, h.⟩ **A** _VT_ **(um** -_e_) sarmak, dolamak **B** _VR_: **sich ~ um** -_e_ sarılmak, dolanmak

**schlingern** _VI_ ⟨h.⟩ SCHIFF yalpalamak

**Schlingpflanze** _F_ sarmaşık (türü bitki)

**Schlips** _M_ ⟨-es; -e⟩ kravat, boyunbağı

**Schlitten** _M_ ⟨-s; -⟩ kızak

**schlittern** _VI_ ⟨s.⟩ kaymak; (_rutschen_) -_in_ ayağı kaymak

**Schlittschuh** _M_ paten; **~ laufen** paten kaymak **~läufer(in)** _M(F)_ paten kayan; patenci

**Schlitz** _M_ ⟨-es; -e⟩ yarık; (_Hosen_⚡) yırtmaç; (_Einwurf_⚡) delik, para atma deliği

**Schloss** _N_ ⟨-es; ⁼er⟩ kilit; (_Bau_) saray, şato; **ins ~ fallen** (_Tür_) aniden kapanmak; **hinter ~ und Riegel sitzen** hapiste yatmak

**Schlosser** _M_ ⟨-s; -⟩ tesviyeci

**Schloss|park** _M_ şato bahçesi **~ruine** _F_ şato harabesi

**schlottern** _VI_ ⟨h.⟩ **(vor** _dat_ -_den_) titremek; _umg_ Hose etc -_in_ üstünden dökülmek

**Schlucht** _F_ ⟨-; -en⟩ dağ geçidi, boğaz

**schluchzen** _VI_ ⟨h.⟩ hıçkırmak; hıçkırarak ağlamak

**Schluchzer** _M_ ⟨-s; -⟩ hıçkırık

**Schluck** _M_ ⟨-s; -e⟩ yudum; _kleiner umg_ fırt

**Schluckauf** _M_ ⟨-s; _ohne pl_⟩: **e-n ~ haben** -_i_ hıçkırık tutmak

**schlucken** ⟨h.⟩ **A** _VT_ yutmak; _umg_ (_glauben_) yutmak, yemek; _Tadel_ sineye çekmek; _Schall_ emmek, yutmak; _umg_ _Benzin_ çok yakmak **B** _VI_ yutmak

**Schlucker** _M_ ⟨-s; -⟩: **armer ~** zavallı, garip

**Schluckimpfung** _F_ MED ağızdan aşı

**schlummern** _VI_ ⟨h.⟩ (hafif) uyumak, biraz kestirmek

**schlummernd** _ADJ_ tavşan uykusunda

**Schlund** _M_ ⟨-es; ⁼e⟩ gırtlak (_Tiere_); ağız, kuyu

# SCHM

**schlüpfen** _V/i_ ⟨s.⟩ (**in** _akk_ **-e**) girivermek; (**aus** _-den_) çıkıvermek; ZOOL (yumurtadan) çıkmak
**Schlüpfer** _M_ ⟨-s; -⟩ külot
**Schlupfloch** _N_ (gizli) çıkış deliği; _fig_ saklanılan yer
**schlüpfrig** _ADJ_ kaygan; _fig_ güvenilmez, kaypak
**Schlupfwinkel** _M_ saklanılan yer, haydut yatağı
**schlurfen** _V/i_ ⟨s.⟩ ayak sürümek
**schlürfen** _V/t u. V/i_ ⟨h.⟩ höpürdetmek
**Schluss** _M_ ⟨-es; ⸚e⟩ son; (_Abs._) _a._ bitim, kapanış; (_~folgerung_) çıkarım, sonuç; **~ machen** bitirmek; (_sich trennen_) ayrılmak; **~ machen mit** _-i_ bitirmek; **am ~** son(un)da; **zum ~** son olarak; (**ganz**) **bis zum ~** (iyice) sonuna kadar; **~ für heute!** bugünlük bu kadar!
**Schluss|akt** _M_ THEAT son perde; _fig_ son safha, karar safhası **~bemerkung** _F_ kapanış sözleri _pl_ **~bilanz** _F_ WIRTSCH (yıllık) kapanış bilançosu
**Schlüssel** _M_ ⟨-s; -⟩ (**für, zu** _-in_) anahtar(ı) **~bein** _N_ ANAT köprücük kemiği **~blume** _F_ çuhaçiçeği **~bund** _M, N_ ⟨-s; -e⟩ anahtarlar _pl_ **~dienst** _M_ çilingir servisi **~erlebnis** _N_ _-in_ hayatını değiştiren yaşantı **~figur** _F_ anahtar kişi **~industrie** _F_ ana sanayi (dalları _pl_) **~kind** _N_ annesi-babası ev dışında çalıştığı için boynunda anahtar taşıyan çocuk **~loch** _N_ anahtar deliği **~stellung** _F_ kilit mevkii/konumu **~wort** _N_ ⟨-s; ⸚er⟩ kilit şifresi
**Schluss|feier** _F_ veda partisi, ... sonu eğlentisi **~folgerung** _F_ sonuç, çıkarım
**schlüssig** _ADJ_ _Beweis etc_ inandırıcı, kesin; **sich ~ werden** (**über** _akk_ hakkında) karara varmak
**Schluss|kurs** _M_ WIRTSCH kapanış kuru/fiyatı **~licht** _N_ AUTO etc arka lamba; **das ~ bilden** sonuncu olmak **~notierung** _F_ WIRTSCH kapanış kaydı **~pfiff** _M_ bitiş düdüğü **~phase** _F_ son aşama **~satz** _M_ MUS son bölüm **~strich** _M_: **e-n ~ unter etw ziehen** bş-e kesin bir son vermek **~verkauf** _M_ WIRTSCH mevsim sonu satışı **~wort** _N_ ⟨-s; -e⟩ kapanış sözleri _pl_
**schmackhaft** _ADJ_ lezzetli; **j-m etw ~ machen** b-nin bş-e iştahını kabartmak
**schmal** _ADJ_ dar; _Hüfte_ ince
**schmälern** _V/t_ ⟨h.⟩ _Verdienst_ azaltmak, değerinden düşürmek
**Schmal|film** _M_ 16 milimetrelik film **~spurbahn** _F_ dar hatlı demiryolu
**Schmalz¹** _N_ ⟨-es; -e⟩ eritilmiş (hayvani) yağ
**Schmalz²** _M_ ⟨-es⟩ _umg_ abartılı duygusallık
**schmalzig** _ADJ_ _umg_ duygusallığı abartılı
**schmarotzen** _V/i_ ⟨h.⟩ _umg_ (**bei** _-den_) otlakçılık etmek, geçinmek
**Schmarotzer** _M_ ⟨-s; -⟩ BOT, ZOOL parazit, asalak; _fig a. umg_ otlakçı, bedavacı
**schmatzen** _V/i_ ⟨h.⟩ şapırdatarak yemek
**schmecken** ⟨h.⟩ **A** _V/t_ _-in_ tadına bakmak **B** _V/i_: **~ nach ...** ... tadında olmak; **gut (schlecht) ~** _-in_ tadı iyi (kötü) olmak; **sich** (_dat_) **etw ~ lassen** bş-i afiyetle yemek; (**wie**) **schmeckt dir ...?** _-in_ tadı nasıl?; **es schmeckt säuerlich** ekşimsi bir tadı var; **es schmeckt nach nichts** tadı hiç yok
**Schmeichel|ei** _F_ ⟨-; -en⟩ gönül okşama, _pej_ pohpohlama **2haft** _ADJ_ gönül okşayıcı, _pej_ pohpohlayıcı
**schmeicheln** _V/i_ ⟨h.⟩ _-in_ gönlünü okşamak, _-e_ iltifat etmek; _pej_ _-e_ yağ yapmak; **sich geschmeichelt fühlen** iltifat görmek
**Schmeichler** _M_ ⟨-s; -⟩, **-in** _F_ ⟨-; -nen⟩ dalkavuk, yüze gülen, yağcı **2isch** _ADJ_ yaltakçı, yılışkan
**schmeißen** ⟨schmiss, geschmissen, _h._⟩ _umg_ **A** _V/t_ fırlatıp atmak; **den Laden ~** işi çekip çevirmek **B** _V/i_ **mit Geld um sich ~** parayı har vurup harman savurmak
**Schmeißfliege** _F_ ZOOL mavisineke
**schmelzen** ⟨schmilzt, schmolz, geschmolzen⟩ **A** _V/i_ ⟨s.⟩ erimek; _Schnee a._ çözülmek **B** _V/t_ ⟨h.⟩ eritmek; _Metall a._ ergitmek
**Schmelz|käse** _M_ eritme peyniri(i) **~punkt** _M_ ergime noktası **~tiegel** _M_ pota **~wasser** _N_ kar suyu
**Schmerz** _M_ ⟨-es; -en⟩ acı; _anhaltender_ ağrı; _stechender_ sancı; _fig_ keder, üzüntü; **~en haben** ağrı/sancı çekmek
**schmerzen** ⟨h.⟩ **A** _V/i_ acımak; ağrımak; sancımak **B** _V/t_ ağrıtmak, acıtmak;

*bes fig -e* acı vermek/çektirmek
**Schmerzens|geld** N manevi tazminat **~schrei** M acı çığlığı
**schmerz|frei** ADJ ağrısız, sancısız **ℒgrenze** F katlanırlık sınırı **~haft** ADJ ağrılı, *fig* zahmetli **~lich** ADJ üzücü, acıklı; *j-n ~ berühren* b-ne acı vermek (*manevi*) **~lindernd** ADJ: **~es Mittel** ağrı hafifletici ilaç **~los** ADJ ağrısız, acısız **ℒmittel** N ağrı kesici ilaç; zahmetsiz **~stillend** ADJ ağrı kesici **ℒtablette** F ağrı kesici tablet **ℒtherapie** F MED ağrı tedavisi
**Schmetterball** M smaç
**Schmetterling** M ⟨-s; -e⟩ ZOOL kelebek
**schmettern** ⟨h.⟩ 🅐 VT yere atmak/çarpmak; (yüksek sesle) söylemek/çalmak (*Lied*) 🅑 VI *Trompete* cayırdamak; *Vogel* şakımak
**Schmied** M ⟨-s; -e⟩ demirci
**Schmiedeeis|en** N ⟨-s; *ohne pl*⟩ dövme demir **ℒern** ADJ dövme demir(den)
**schmieden** VT ⟨h.⟩ dövmek (*Eisen*); *Pläne* kurmak, tasarlamak
**schmiegen** V/R: *sich ~ an* (akk) -e yapışmak, -e (tıpatıp) oturmak; *sich an j-n ~* -e sokulmak
**Schmiere**¹ F ⟨-; -n⟩ TECH gres yağı
**Schmiere**² F *umg*: *~ stehen* erkete durmak
**schmieren** VT ⟨h.⟩ TECH yağlamak; *Butter etc* (**auf** *akk* -e) sürmek; (*unsauber schreiben*) karalamak, çiziktirmek; *umg j-n ~* b-ne rüşvet vermek/yedirmek; *umg* **wie geschmiert** yağ gibi, tıkır tıkır; *j-m e-e ~* b-ne bir tane yapıştırmak
**Schmier|erei** F ⟨-; -en⟩ karalama; *an der Wand* duvar yazısı **~fett** N TECH gres yağı **~fink** M *umg* kirli veya yazısı kötü çocuk **~geld** N rüşvet (parası)
**schmierig** ADJ yağlı; (*schmutzig*) pis, kirli; (*unanständig*) açık saçık; *umg* (*kriecherisch*) yağcı, sırnaşık
**Schmier|mittel** N TECH yağlayıcı madde **~öl** N TECH (sıvı) yağ (*yağlayıcı*) **~seife** F arapsabunu
**Schminke** F ⟨-; -n⟩ düzgün, fondöten; makyaj **ℒen** ⟨h.⟩ V/R: *sich ~* makyaj yapmak; *sich* (*dat*) **die Lippen ~** dudaklarına ruj sürmek
**schmirgeln** VT ⟨h.⟩ zımparalamak
**Schmirgelpapier** N zımpara kağıdı

**schmollen** VI ⟨h.⟩ -e gücenmek, -e surat asmak
**Schmorbraten** M GASTR sote; buğuda pişmiş parça et
**schmoren** ⟨h.⟩ 🅐 VT yağda hafif kızartıp az suyla pişirmek 🅑 VI az suyla pişmek; **in der Sonne ~** güneşte pişmek; *j-n* (**in s-m eigenen Saft**) **~ lassen** b-ni inadına bekletmek
**Schmuck** ⟨-s; *ohne pl*⟩ süs, ziynet, takı; (*Zierde*) süs(leme), dekor(asyon), tezyinat
**schmücken** VT ⟨h.⟩ süslemek
**schmucklos** ADJ (*schlicht*) sade, gösterişsiz
**Schmuckstück** N süs, takı; *fig* değerli şey, müstesna parça
**schmudd(e)lig** ADJ *umg* pis, kirli
**Schmuggel** M ⟨-s; *ohne pl*⟩ kaçakçılık
**schmuggeln** ⟨h.⟩ 🅐 *v/t* kaçırmak, kaçak sokmak 🅑 *v/i* kaçakçılık yapmak
**Schmuggelware** F kaçak mal
**Schmuggler** M ⟨-s; -⟩, **-in** F ⟨-; -nen⟩ kaçakçı
**schmunzeln** VI ⟨h.⟩ (über *akk* -e) bıyık altından gülmek, gülümsemek
**schmusen** VI ⟨h.⟩ *umg* (**mit** *-i*) okşayıp sevmek; *Liebespaar* öpüşüp koklaşmak
**Schmutz** M ⟨-es⟩ kir; *stärker* pislik **~fink** M *umg* pis, kaşar **~fleck** M leke
**schmutzig** ADJ kirli; *stärker* pis; *~ machen* kirletmek; *sich ~ machen* üstünü (*od bir yerini*) kirletmek; *~ werden* kirlenmek, pislenmek
**Schnabel** M ⟨-s; ⸚⟩ ZOOL gaga; *umg* **halt den ~!** kapa çeneni!
**Schnalle** F ⟨-; -n⟩ toka
**schnallen** VT ⟨h.⟩ tokalamak; *umg* **ich schnalle das nicht!** bunu aklım basmıyor
**schnalzen** VI ⟨h.⟩: **mit der Zunge ~** dilini şaklatmak; **mit den Fingern ~** parmak şaklatmak
**schnappen** ⟨h.⟩ 🅐 VI: **~ nach** (ağzıyla) -i kapmaya çalışmak; **nach Luft ~** soluk alamamak 🅑 VT *umg* (*fangen*) enselemek **ℒschloss** N yaylı kilit **ℒschuss** M FOTO enstantane; **e-n ~ machen von j-m** b-nin habersiz resmini çekmek
**Schnaps** M ⟨-es; ⸚e⟩ rakı, (sert) içki **~brennerei** F taktirhane **~glas** N içki kadehi **~idee** F *umg* saçma/delice

fikir
**schnarchen** _VI_ ⟨h.⟩ horlamak, horuldamak
**schnarren** _VI_ ⟨h.⟩ gıcırdamak, zırıldamak
**schnattern** _VI_ ⟨h.⟩ takırdamak; _umg_ ötüp durmak
**schnauben** _VI_ ⟨h.⟩: **vor Wut ~** öfkesi burnundan çıkmak
**schnaufen** _VI_ ⟨h.⟩ nefes nefese kalmak; nefes almak
**Schnauzbart** _M_ bıyık
**Schnauze** _F_ ⟨-; -n⟩ ZOOL ağız ve burun; _umg_ FLUG, AUTO burun; _vulg_ (Mund) çene, gaga; _vulg_ **die ~ halten** çenesini kapamak
**schnäuzen** _VR_ ⟨h.⟩: **sich ~** sümkürmek, sümkürerek burun silmek
**Schnauzer** _M_ ⟨-s; -⟩ bıyık
**Schnecke** _F_ ⟨-; -n⟩ ZOOL salyangoz; (Nackt♀) sümüklüböcek; _Form_ helezon; **j-n zur ~ machen** b-ne giydirmek
**Schnecken|haus** _N_ salyangoz kabuğu **~tempo** _N_: **im ~** kaplumbağa hızıyla
**Schnee** _M_ ⟨-s; _ohne pl_⟩ kar **~ball** _M_ kartopu **~ballschlacht** _F_ kartopu oyunu **~ballsystem** _N_ ⟨-s; _ohne pl_⟩ WIRTSCH zincirleme satış sistemi ♀**bedeckt** _ADJ_ karlı, karla kaplı **~besen** _M_ çırpacak **~brille** _F_ kar gözlüğü **~fall** _M_ kar yağışı **~flocke** _F_ kar lapası/tanesi **~gestöber** _N_ ⟨-s; -⟩ kar fırtınası **~glätte** _F_ karlanma (yolda) **~glöckchen** _N_ ⟨-s; -⟩ BOT kardelen **~grenze** _F_ kar sınırı **~ketten** _PL_ AUTO kar zinciri _sg_ **~mann** _M_ kardanadam **~matsch** _M_ erimekte olan kar **~pflug** _M_ TECH kar kürüme aracı **~regen** _M_ sulusepken, karla karışık yağmur **~schaufel** _F_ kar küreği **~sturm** _M_ tipi **~verhältnisse** _PL_ kar yağması hali **~wehe** _F_ ⟨-; -n⟩ kar yığıntısı, kürtün ♀**weiß** _ADJ_ kar beyazı
**Schneidbrenner** _M_ ⟨-s; -⟩ TECH oksijenli kesici
**Schneide** _F_ ⟨-; -n⟩ ağız (bıçak vs)
**schneiden** ⟨schnitt, geschnitten, h.⟩ **A** _VT u. VI_ kesmek; **in Stücke ~** doğramak; **e-n Film** filmin kurgusunu/montajını yapmak **B** _VR_: **sich ~** bir yerini kesmek; _umg_ **da hat er sich aber geschnitten!** hava(sını) alır!

**Schneider**¹ _M_ ⟨-s; -⟩, **-in** _F_ ⟨-; -nen⟩ terzi
**Schneider**²: **aus dem ~ sein** düze çıkmış olmak
**Schneidezahn** _M_ kesici diş
**schneidig** _ADJ_ cesur, atılgan
**schneien** _V/UNPERS_ ⟨h.⟩: **es schneit** kar yağıyor
**Schneise** _F_ ⟨-; -n⟩ (Wald♀) ağaçsız orman yolu; FLUG koridor
**schnell** **A** _ADJ_ hızlı, süratli; _Handeln, Antwort a._ acele **B** _ADV_ çabuk, hızla; **es geht ~** uzun sürmez, çabuk olur; **(mach) ~!** acele et!; **auf dem ~sten Wege** _umg_ en çabuk yoldan; **~ wirkend** _adj_ etkisi hızlı
**Schnellboot** _N_ sürat motoru; MIL hücumbot
**schnellen** **A** _VI_ ⟨s.⟩ fırlamak, yükselmek **B** _VT_ ⟨h.⟩ fırlatmak; _Finger_ şıkırdatmak
**Schnell|feuerwaffe** _F_ otomatik ateşli silah **~gaststätte** _F_ fast food lokantası **~gericht** _N_ GASTR çabuk (hazırlanan) yemek, alaminüt **~hefter** _M_ telli dosya **~igkeit** _F_ ⟨-; _ohne pl_⟩ çabukluk; _Tempo_ hız, sürat **~imbiss**(**stube** _F_) _M_ büfe (sandviç vs) **~kochtopf** _M_ basınçlı (_od umg_ düdüklü) tencere **~kurs** _M_ yoğun/hızlı kurs ♀**lebig** _ADJ_ temposu hızlı (dönem vs) **~reinigung** _F_ ekspres kuru temizleme **~straße** _F_ AUTO çift yönlü karayolu **~verfahren** _N_ JUR ivedilikle görülen dava; **im ~** ivedilikle **~zug** _M_ ekspres
**schneuzen** → schnäuzen
**schniefen** _VI_ ⟨h.⟩ _umg_ burun çekmek
**Schnippchen** _N_: **j-m ein ~ schlagen** b-ne (zararsız) bir oyun oynamak
**schnippeln** _VT, VI_ ⟨h.⟩ doğramak; (an -i) kesip/doğrayıp durmak
**schnippen** ⟨h.⟩ **A** _VI_ (**mit den Fingern**) **~** parmak şıkırdatmak **B** _VT_ fiskeleyerek atmak
**schnippisch** _ADJ_ saygısız(ca), biraz küstah(ça)
**Schnipsel** _M, N_ ⟨-s; -⟩ kırpıntı
**Schnitt** _M_ ⟨-s; -e⟩ kesim; (Durch♀) ortalama; **im ~** ortalama olarak; _umg_ **s-n ~ machen** -den iyi para kırmak
**Schnittblumen** _PL_ vazo çiçekleri
**Schnitte** _F_ ⟨-; -n⟩ dilim; (belegte) yağlı ekmek (üstü peynirli vs)

**Schnitt|käse** M sert peynir *(kaşar vs)*; **~lauch** M BOT soğancık; **~muster** N (biçki) patron(u); **~punkt** M kesişme noktası; **~stelle** F IT arabirim, arayüz; **~wunde** F kesik/bıçak yarası; **~zeichnung** F TECH kesit (çizimi)
**Schnitzarbeit** F oyma işi
**Schnitzel** N ⟨-s; -⟩ GASTR kotlet; *(Wiener ~)* şnitsel
**schnitzen** VT ⟨h.⟩ *Holz* oymak
**Schnitzerei** F ⟨-; -en⟩ oymacılık; oyma işi
**schnodd(e)rig** ADJ umg saygısız(ca), küstah(ça)
**Schnorchel** M ⟨-s; -⟩ şnorkel
**schnorcheln** VI ⟨h.⟩ şnorkelle dalmak
**Schnörkel** M ⟨-s; -⟩ süs kıvrımı *(yazıda)*; **ohne ~** sade, süssüz
**schnorren** ⟨h.⟩ A VT umg **(bei** *-den)* otlanmak B VI umg otlakçılık yapmak
**Schnorrer** M ⟨-s; -⟩, **-in** F ⟨-; -nen⟩ umg otlakçı
**schnuck(e)lig** ADJ umg şirin, tatlı, tonton
**schnüffeln** VI ⟨h.⟩ **(an** *dat -i)* koklamak; umg fig her tarafı aramak, her yeri karıştırmak
**Schnüffler** M ⟨-s; -⟩ umg burnunu her yere sokan; *pej (Detektiv)* hafiye, detektif
**Schnuller** M ⟨-s; -⟩ emzik *(bebek)*
**Schnulze** F ⟨-; -n⟩ aşırı duygusal şarkı/film
**schnulzig** ADJ acılı, gözyaşı dolu
**Schnupfen** M ⟨-s; -⟩ MED nezle; **e-n ~ haben** nezle olmak; **e-n ~ bekommen** nezleye yakalanmak
**Schnupftabak** M enfiye
**Schnupperkurs** M deneme dersi
**schnuppern** VT u. VI ⟨h.⟩ **(an** *dat -i)* koklamak
**Schnur** [ʃnuːɐ] F ⟨-; ⁼e⟩ ip, sicim; ELEK kordon
**Schnürchen** N: **wie am ~** saat gibi, tıkır tıkır
**schnüren** VT ⟨h.⟩ iple bağlamak
**schnurgerade** ADV dosdoğru, dümdüz
**schnurlos** ADJ ELEK, TEL kordonsuz
**Schnurrbart** M bıyık
**schnurren** VI ⟨h.⟩ *Katze* mırıldamak; *Motor* gırıldamak
**Schnür|schuh** M bağ(cık)lı ayakkabı; **~senkel** M ⟨-s; -⟩ ayakkabı bağ(cığ)ı

**schnurstracks** ADV *(direkt)* doğrudan doğruya; *(sofort)* hemen
**Schock** M ⟨-s; -s⟩ şok; **unter ~ stehen** şok geçiriyor olmak
**schock|en** umg **~ieren** VT ⟨ohne ge-, h.⟩ şaşırtmak, şoke etmek; **geschockt/schockiert sein** şoke olmak
**schockierend** ADJ şoke edici
**Schocktherapie** F MED şok tedavisi
**Schokolade** F ⟨-; -n⟩ çikolata
**Schokoladeneis** n çikolatalı dondurma
**Schokoriegel** M çikolatalı gofret/çubuk
**Scholle** F ⟨-; -n⟩ *(Erd⚥)* kesek; *(Eis⚥)* buz kütlesi; ZOOL yaldızlı pisibalığı
**schon** ADV artık, çoktan, ... bile; *(jemals)* hiç; *(sogar ~)* hatta, ... bile; *in Fragen* acaba; **~ damals** daha o zamanlar; **~ immer** şimdiye kadar hep; **~ oft** şimdiye kadar sık sık; **~ wieder** şimdi gene; **~ 1968** daha 1968'de; **~ der Gedanke ...** ... düşüncesi bile; **hast (bist) du ~ einmal ...?** sen hiç ... mi?; **ich warte ~ seit 20 Minuten** tam 20 dakikadır burada bekliyorum; **ich kenne sie ~, aber** onu tanımasına tanıyorum, ama ...; **er macht das ~** o bunu yapar; **~ deswegen** daha bunun için bile; **~ gut!** tamam tamam!, zararı yok!; **na, wenn ~!** öyleyse ne olmuş?; **was macht das ~?** ne çıkar yani?
**schön** A ADJ güzel; *gut, angenehm, nett* iyi, hoş; *(na)* **~** pekâlâ; **e-s ~en Tages** günlerden bir gün; **~ wärs!** ner(e)de o bolluk?; umg **das wäre ja noch ~er!** umg hiç olur mu öyle şey? B ADV: **sich ~ machen** süslenmek *(Frau)*; **~ warm (kühl)** güzel sıcak (serin); **ganz ~ teuer (schnell)** bir hayli pahalı (hızlı); **j-n ganz ~ erschrecken (überraschen)** b-ni adamakıllı korkutmak (şaşırtmak)
**Schonbezug** M kılıf, tozluk
**schonen** ⟨h.⟩ A VT korumak, dikkatli kullanmak; *j-n, j-s Leben* b-nin hayatını bağışlamak B VR: **sich ~** gücünü idareli kullanmak, kendine dikkat etmek
**schonend** A ADJ özenli, nazik; *Mittel etc* yumuşak B ADV: **~ umgehen mit** *-i* dikkatli kullanmak
**Schoner** M ⟨-s; -⟩ SCHIFF uskuna, golet
**schöngeistig** ADJ entellektüel, düşünsel

**Schönheit** F ⟨-; -en⟩ güzellik
**Schönheits|chirurgie** F MED estetik cerrahi(si) **~fehler** M küçük kusur, zevke keder **~königin** F güzellik kraliçesi **~operation** F estetik ameliyatı **~pflege** F güzellik bakımı **~reparaturen** F/PL kiralık dairede boya ve badana işleri **~salon** M güzellik salonu **~wettbewerb** M güzellik yarışması
**Schonkost** F perhiz yemeği/yiyeceği
**Schonung** F ⟨-; -en⟩ bakım; (Ruhe) dinlenme; (Erhaltung) koruma, saklama; (Bäume) fidanlık, koru
**schonungslos** ADJ acımasız
**Schonwaschgang** M sentetik yıkama programı (çamaşır makinasi)
**Schönwetter|lage** F iyi hava dalgası **~periode** F iyi hava dönemi
**Schonzeit** F av yasağı mevsimi
**schöpfen** VT ⟨h.⟩ almak (kepçeyle sudan vs); fig sağlamak, temin etmek; Wasser su çekmek/almak; **(frische) Luft ~** (temiz) hava almak; **Verdacht ~ schöpfen** şüphelenmek
**Schöpfer** M ⟨-s; -⟩ (Gott) Yaradan; a. yaratan, yaratıcı **2isch** ADJ yaratıcı
**Schöpf|kelle** F, **~löffel** M kepçe
**Schöpfung** F ⟨-; -en⟩ yarat(ıl)ış
**Schöpfungsgeschichte** F REL tekvin, yaratılış efsanesi
**Schorf** M ⟨-s; -e⟩ MED yara kabuğu
**Schornstein** M baca **~feger** M ⟨-s; -⟩ baca temizleyicisi
**Schoß** M ⟨-es; ⸚e⟩ kucak; (Mutterleib) karın
**Schote** F ⟨-; -n⟩ BOT tohum kabuğu, kapçık, umg bezelye vs kabuğu
**Schotte** M ⟨-n; -n⟩ İskoçyalı
**Schotten** PL Stoffmuster ekose adj
**Schotter** M ⟨-s; -⟩ kırma taş; (kaba) çakıl
**Schott|in** F ⟨-; -nen⟩ İskoçyalı (kadın) **2isch** ADJ İskoçya(lı) subst; Waren İskoç, Skoç **~land** N İskoçya
**schraffieren** VT ⟨ohne ge-, h.⟩ taramak (çizim)
**schräg** A ADJ eğik, eğri, (yana) yatık, eğilmi; Linie etc verev, çapraz B ADV: **~ gegenüber** çarazlama karşısında
**Schräge** F ⟨-; -n⟩ eğim; eğik yüzey (dam vs)
**Schrägstrich** M GRAM eğik çizgi (/)
**Schramme** F ⟨-; -n⟩ yırtık, sıyırık, çizik

**schrammen** VT ⟨h.⟩ hafif yaralamak, sıyırmak
**Schrank** M ⟨-s; ⸚e⟩ dolap; (Wand2.) gömme dolap
**Schranke** F ⟨-; -n⟩ engel, bariyer; (Einschränkung) kısıtlama, sınır, had; BAHN (hemzemin) geçit; **~n setzen** kısıtlamalar koymak; **(sich) in ~n halten** sınırlı kalmak; **j-n in s-e ~n weisen** b-ne haddini bildirmek
**schrankenlos** ADJ sınırsız, kısıt(lama)sız
**Schrankenwärter** M BAHN geçit bekçisi
**Schrank|koffer** M gard(ı)rop valiz **~wand** F duvardan duvara dolap
**Schraube** F ⟨-; -n⟩ spitz vida; **mit Mutter** cıvata; umg **bei ihm ist e-e ~ locker** onun bir tahtası eksik
**schrauben** VT ⟨h.⟩ vidalamak
**Schrauben|schlüssel** M TECH somun anahtarı **~zieher** M ⟨-s; -⟩ TECH tornavida
**Schraub|stock** M ⟨-s; ⸚e⟩ mengene **~verschluss** M vidalı kapak
**Schrebergarten** M şehir yakınında dizi dizi kurulmuş küçük bahçelerden her biri
**Schreck** M ⟨-s; -e⟩ korku; **ach du ~!** hay aksi şeytan!
**schrecken** VT ⟨h.⟩ korkutmak; **das schreckt mich nicht** ben bundan korkmam
**Schrecken** M ⟨-s; -⟩ dehşet; **die ~ des Krieges** savaşın dehşeti; **in ~ versetzen** dehşet içinde bırakmak; **mit dem ~ davonkommen** bir korku geçirip kurtulmak
**Schreckens|herrschaft** F korku/dehşet rejimi **~nachricht** F dehşetli/kara haber **~tat** F hunharlık
**Schreckgespenst** N hortlak
**schreck|haft** ADJ ürkek, korkak, tavşan yürekli **~lich** A ADJ korkunç; stärker dehşet verici, dehşetli; Mord etc a. menfur, canavarca B ADV umg dehşet
**Schreckschuss** M havaya ateş
**Schrecksekunde** F dehşet ânı
**Schrei** M ⟨-s; -e⟩ bağırma; lauter haykırış; feryat; (Angst2.) çığlık; **der letzte ~** son moda adj
**Schreib|arbeit** F yazı işi **~block** M bloknot **~büro** N daktilo bürosu
**schreiben** VT u. VI ⟨schrieb, geschrie-

ben, h.⟩ (j-m b-ne; über *akk* hakkında) yazmak; (*tippen*) daktilo etmek; **sich mit j-m ~ b-le yazışmak; wie schreibt man ...?** ...nasıl yazılır? **e-e Arbeit ~** ödev/tez yazmak
**Schreiben** N̄ ⟨-s; -⟩ (*Brief*) yazı
**schreib|faul** ADJ (mektup) yazmaya üşenen **♀fehler** M̄ imla yanlışı **♀gerät** N̄ *yazı gereci* (*kalem, tebeşir vs*) **~geschützt** ADJ IT yazma korumalı **♀kraft** F̄ daktilo(graf) **♀maschine** F̄ daktilo, yazı makinesi; **mit der ~ geschrieben** daktilo edilmiş
**Schreibtisch** M̄ yazı masası
**Schreibung** F̄ ⟨-; -en⟩ yazılış
**Schreibwaren** PL kırtasiye *sg* **~geschäft** N̄ kırtasiyeci (dükkanı)
**Schreibweise** F̄ yazılış
**schreien** VI *u.* VT ⟨schrie, geschrien, *h.*⟩ (**um, nach** için, diye) bağırmak; *lauter* haykırmak; *kreischend* çığlık atmak, feryat etmek; **~ vor Schmerz (Angst)** acıdan (korkudan) bağırmak; **es war zum Schreien** çok komikti, çok güldük
**schreiend** ADJ *Farben* cart, frapan, göze batan; *Unrecht* apaçık
**Schreihals** M̄ *umg* yaygaracı
**Schrein** M̄ ⟨-s; -e⟩ sandık (*kutsal bş için*)
**Schreiner** M̄ ⟨-s; -⟩ marangoz, doğramacı, dülger
**schreiten** VI ⟨schritt, geschritten, *s.*⟩ yürümek (*mit großen Schritten*); *fig* **zu etw ~** bş-e girişmek; **zur Tat ~** harekete/eyleme geçmek
**Schrift** F̄ ⟨-; -en⟩ yazı; **~en** *pl* (*Werke*) eserler (*kitaplar*); **die Heilige ~** Kutsal Kitap
**Schrift|art** F̄ *Druck* yazı çeşidi/tipi, karakter **~deutsch** N̄ Alman yazı dili **~führer(in)** M̄/F̄ zabıt kâtibi **~führerin** F̄ *a.* zabıt kâtibesi
**schriftlich** A ADJ yazılı; **~e Prüfung** yazılı sınav B ADV yazılı olarak; *umg* **das kann ich dir ~ geben!** bu kesin böyle!
**Schrift|probe** F̄ yazı örneği **~satz** M̄ JUR yazılı açıklama/beyan **~sprache** F̄ yazı dili **~steller** M̄ ⟨-s; -⟩, **~stellerin** F̄ ⟨-; -nen⟩ yazar **♀stellerisch** ADJ yazarlıkla ilgili **~stück** N̄ belge, vesika **~verkehr** M̄, **~wechsel** M̄ yazışma
**schrill** ADJ tiz (sesli); keskin, kulak tırmalayıcı
**Schritt** M̄ ⟨-s; -e⟩ adım; **~e unternehmen** adımlar atmak; **~ halten mit** *-e* ayak uydurmak; **~ für ~** adım adım; **den ersten ~ tun** ilk adımı atmak; **wir sind keinen ~ weitergekommen** bir arpa boyu ilerleyemedik
**Schrittmacher** M̄ ⟨-s; -⟩ *fig* örnek alınan kişi; MED kalp pili
**schrittweise** ADV adım adım, gittikçe
**schroff** ADJ (*steil*) sarp, dik, yalçın; (*zerklüftet*) uçurumlu, yarıklı; *fig* sert, katı, sevimsiz; (*krass*) keskin, aşırı
**schröpfen** VT ⟨*h.*⟩ MED şişe çekmek; *umg* j-n **~** b-ni sağmak
**Schrot** M̄.N̄ ⟨-s; -e⟩ (*Getreide*) yarma, kırma; (*Gewehr♀*) saçma **~flinte** F̄ av tüfeği **~korn** N̄ saçma tanesi; yarma tanesi
**Schrott** M̄ ⟨-s; *ohne pl*⟩ hurda; *umg* **zu ~ fahren** (arabayı) kazada hurda etmek **~händler(in)** M̄/F̄ hurdacı **~platz** M̄ hurdalık (*yer*) **♀reif** ADJ hurdalık, külüstür **~wert** M̄ hurda değeri
**schrubben** VT ⟨*h.*⟩ ovmak, fırçayla temizlemek, silmek
**Schrubber** M̄ ⟨-s; -⟩ yer/tahta bezi
**schrullig** ADJ *umg* acayip, antika, kaçık
**schrumpfen** VI ⟨*s.*⟩ büzülmek, çekmek, küçülmek
**Schub** M̄ ⟨-s; ⸚e⟩ PHYS itme, itiş; MED evre, safha; (*Anfall*) nöbet, kriz **~fach** N̄ çekmece **~kraft** F̄ PHYS itme gücü **~lade** F̄ ⟨-; -n⟩ çekmece
**Schubs** M̄ ⟨-es; -e⟩ *umg* (dirsek) vuruş(u)
**schubsen** VT ⟨*h.*⟩ *umg* iteklemek
**schubweise** ADV nöbetler halinde
**schüchtern** ADJ çekingen, utangaç **♀heit** F̄ ⟨-; *ohne pl*⟩ çekingenlik, utangaçlık
**Schuft** M̄ ⟨-s; -e⟩ alçak (*od* adî, namussuz) herif
**schuft|en** VI ⟨*h.*⟩ *umg* eşek gibi çalışmak **♀erei** F̄ ⟨-; *ohne pl*⟩ eşek gibi çalışma
**Schuh** M̄ ⟨-s; -e⟩ ayakkabı, pabuç; **j-m etw in die ~e schieben** bş-i b-nin üstüne atmak; **wo drückt dich der ~?** ne sıkıntın var?
**Schuh|bürste** F̄ ayakkabı fırçası **~creme** F̄ ayakkabı boyası **~geschäft** N̄ ayakkabı mağazası **~größe**

**F̄** ayakkabı numarası; **welche ~ haben Sie?** kaç numara ayakkabı giyiyorsunuz? **~löffel** M̄ ayakkabı çekeceği **~macher** M̄ kunduracı, ayakkabıcı **~putzer** M̄ ‹-s; -› ayakkabı boyacısı **~sohle** F̄ taban; *Ersatz* pençe **~spanner** M̄ kalıp

**Schukostecker** M̄ ELEK topraklı fiş
**Schul|abgänger** M̄ ‹-s; -› mezun (*ilk ve orta okullar*) **~abschluss** M̄ mezuniyet **~alter** N̄ okul çağı/yaşı **~anfänger(in)** M̄/F̄ okula başlayan **~arbeiten** PL, **~aufgaben** PL ödev(ler) **~ausflug** M̄ okul gezisi **~bank** F̄: **die ~ drücken** dirsek çürütmek **~behörde** F̄ eğitimöğretim dairesi/bakanlığı **~beispiel** N̄ (für -e) tipik örnek **~besuch** M̄ okula gitme, öğrenim **~bildung** F̄ ‹-; ohne pl› eğitim, öğrenim (*ilk ve orta*)

**Schuld** F̄ ‹-; -en› suç; JUR *a.* cürüm; (*~gefühl*) suçluluk (duygusu); **die ~ auf sich nehmen** suçu (kendi) üzerine almak; **j-m die ~** (an etw) **geben** (bş-de) suçu b-ne yüklemek; **es ist (nicht) deine ~** suç senin (değil); **(tief) in j-s ~ stehen** *fig* b-ne (çok şey) borçlu olmak

**schuldbewusst** ADJ: **~e Miene** suçlu bakışlar *pl*
**schulden** V/T ‹h.›: **j-m etw ~** b-ne bş(-i) borçlu olmak
**Schulden** PL (*Geldschuld*) *sg*; **~ haben** (bei -e) *-in* borcu olmak; **~ machen** (bei j-m) borca girmek, (b-ne borçlanmak) **~berg** M̄ borç yığını **²frei** ADJ borçsuz; *Grundbesitz* ipoteksiz **~tilgung** F̄ borç ödeme(si), itfa
**Schuld|frage** F̄ sorumluluk meselesi/ konusu **~gefühl** N̄ suçluluk duygusu
**schuldhaft** ADJ JUR hatalı
**Schuldienst** M̄ ‹-s; ohne pl›: **im ~ sein** öğretmenlik yapmak
**schuldig** ADJ *bes* JUR (an *dat* -de) suçlu; (*verantwortlich*) -*den* sorumlu; **j-n für ~ befinden** b-ni bş-de suçlu bulmak, b-ni bş-den sorumlu tutmak; **j-n ~ sprechen** b-ni mahkum etmek; **sich ~ bekennen** suçunu kabul/ikrar etmek; **j-m etw ~ sein** b-ne bş-i borçlu olmak
**Schuldige** M.F ‹-n; -n› JUR suçlu; (*Verantwortliche*) sorumlu
**Schuldigkeit** F̄ ‹-; ohne pl› görev, yükümlülük

**schuldlos** ADJ (an *dat* -de) suçsuz, masum
**Schuld|ner** M̄ ‹-s; -› borçlu **~schein** M̄ borç senedi **~spruch** M̄ JUR mahkumiyet kararı **~verschreibung** F̄ WIRTSCH tahvil **~zuweisung** F̄ ‹-; -en› suçlama, itham
**Schule** F̄ ‹-; -n› okul; (*Strömung*) *a.* ekol, akım; **höhere ~** ortaokul ve lise; **auf** (*od* **in**) **der ~** okulda; **in die** (*od* **zur**) **~ gehen** okula gitmek; **in die ~ kommen** okula başlamak; **die ~ fängt an um** okul -de başlıyor
**schulen** V/T ‹h.›: **geschult** *Person* yetiştirilmiş, kurs görmüş; *Blick etc* tecrübeli
**Schüler** M̄ ‹-s; -› öğrenci **~austausch** M̄ öğrenci değişimi **~in** F̄ ‹-; -nen› (kız) öğrenci **~zeitung** F̄ okul gazetesi
**Schul|fach** N̄ ders **~ferien** PL okul tatili *sg* **²frei** *adj* tatil; **~ haben** *-in* okulu olmamak; **heute ist ~** bugün okul(lar) tatil **~funk** M̄ radyo/televizyon eğitim programı **~gelände** N̄ okul bahçesi/ arazisi **~geld** N̄ ‹-s; ohne pl› okul parası **~heft** N̄ okul defteri **~hof** M̄ okul bahçesi
**schulisch** ADJ: **~e Leistungen** okul başarısı
**Schul|jahr** N̄ ders yılı **~junge** M̄ okul çocuğu (*Junge*) **~kamerad(in)** M̄/F̄ okul arkadaşı **~kenntnisse** PL ders bilgileri **~klasse** F̄ sınıf (*çocuk grubu*) **~leiter** M̄ okul müdürü, **~leiterin** *f* okul müdiresi **~mädchen** N̄ okul çocuğu (*kız*) **~medizin** F̄ üniversite kökenli tıp **~ordnung** F̄ okul yönetmeliği **~pflicht** F̄ zorunlu eğitim **²pflichtig** ADJ: **~es Kind** okul çağındaki çocuk **~ranzen** M̄ okul (sırt) çantası **~rat** M̄ müfettiş (*ilk/orta öğretimde*) **~sprecher(in)** M̄/F̄ öğrenci temsilcisi **~stunde** F̄ ders saati (45 *dakika*) **~tasche** F̄ okul çantası

**Schulter** F̄ ‹-; -n› omuz; **~ an ~** omuz om(u)za; **j-m auf die ~ klopfen** b-nin omzuna vurmak (*onaylayarak*); **mit den ~n zucken** omuz silkmek **~blatt** N̄ ANAT kürek kemiği **²frei** ADJ omuzları açık (*giysi*); (*trägerlos*) askısız **²lang** ADJ *Haar* omuza kadar (inen) **~tasche** F̄ omuzdan askılı çanta
**Schulung** F̄ ‹-; -en› eğitim; *gezielt*

**kurs ~weg** M okul yolu **~wesen** N ⟨-s; *ohne pl*⟩ okul sistemi, tedrisat **~zeugnis** N ⟨okul⟩ karne(si)
**schummeln** VI ⟨h.⟩ *umg* hile yapmak
**schumm(e)rig** ADJ *umg* loş, yarı karanlık
**Schund** M ⟨-s; *ohne pl*⟩ değersiz şeyler *pl*; çerçöp, süprüntü, döküntü **~roman** M *pej* popüler roman
**schunkeln** VI ⟨h.⟩ kol kola girerek müzik eşliğinde sağa sola sallanmak
**Schuppe** F ⟨-; -n⟩ Fisch, Schlange pul; **~n** *pl* Kopfhaut kepek *sg*
**schuppen** ⟨h.⟩ A VT puluna ayıklamak B VR: **sich ~** (Schuppen bilden) pul bağlamak, pullanmak; (pul pul) dökülmek
**Schuppen** M ⟨-s; -⟩ *klein* kulübe; *groß* hangar; *umg* (Diskothek) disko
**schuppig** ADJ pullu; Kopfhaut kepekli
**schüren** VT ⟨h.⟩ yakmak, alevlendirmek; *fig* canlandırmak
**schürf|en** VI ⟨h.⟩ (nach *-i*) aramak (Erz); *fig -in* derinine inmek **ⵒwunde** F sıyrık (yarası)
**Schurke** M ⟨-n; -n⟩ *pej* alçak, hergele
**Schurwolle** F yeni yün
**Schurz** M ⟨-es; -e⟩ peştemal
**Schürze** F ⟨-; -n⟩ önlük, göğüslük
**Schürzenjäger** M *umg* çapkın; *sl* zampara
**Schuss** M ⟨-es; ⸚e⟩ Waffe atış; (Spritzer) tutam, yudum, az miktar, *umg* sıkım; *beim Skifahren* şos, frensiz iniş; *sl* (Droge) atım, sıkım; **ein ~ ins Schwarze** tam isabet; *umg* **weit vom ~** kenarda köşede, *-den* çok uzak(ta); **e-e Cola mit ~** alkol katılmış kola; **~ fahren** frensiz inmek; **gut in ~ sein** formunda (*od* iyi durumda) olmak; **in ~ bringen** iyice tamir etmek; **in ~ halten** bakımlı halde tutmak
**Schüssel** F ⟨-; -n⟩ (büyük) tas; (Servierⵒ) çanak, kâse; (Parabolantenne) çanak anten
**schusselig** ADJ *umg* beceriksiz, çolpa
**Schuss|linie** F: **in die ~ geraten** ateş hattına düşmek **~verletzung** F (ateşli silahla) yara(lanma) **~waffe** F ateşli silah **~wechsel** M müsadere **~weite** F: **außer ~** menzil dışı(nda) **~wunde** F kurşun/mermi yarası
**Schuster** M ⟨-s; -⟩ kundura tamircisi
**Schutt** M ⟨-s; *ohne pl*⟩ moloz, döküntü;

**in ~ und Asche liegen** yanmış yıkılmış (*od* yerle bir olmuş) olmak
**Schüttelfrost** M MED titreme nöbeti
**schütteln** VT ⟨h.⟩ silkelemek, sallamak; **den Kopf ~** («hayır» anlamında) başını sallamak
**schütten** VT ⟨h.⟩ dökmek, boşaltmak
**schütter** ADJ Haar seyrek, az, dökülmüş
**Schutz** M ⟨-es⟩ (**gegen, vor** *dat* -e karşı, -den) koruma; (Zuflucht) *-e* sığınma; Vorsichtsmaßnahme (*-e* karşı) önlem, emniyet; (Deckung) sığınak, siper; **~ suchen** (**vor** *-den*, **bei** *-e*) sığınmak; **j-n in ~ nehmen** b-ne arka çıkmak, kol kanat germek
**Schutz|anzug** M koruyucu elbise **~brief** M AUTO yol yardım sigortası (belgesi) **~brille** F koruyucu gözlük
**Schütze** M ⟨-n; -n⟩ nişancı; (Torⵒ) golcü; ASTROL yay burcu
**schützen** ⟨h.⟩ A VT (**gegen, vor** *dat -e* karşı, *-den*) korumak; (sichern) muhafaza etmek, saklamak B VR: **sich ~** (**vor** *-den*) korunmak
**Schutzengel** M koruyucu melek
**Schützengraben** M MIL avcı siperi
**Schutz|gebiet** N koloni, himaye bölgesi; (Naturⵒ) sit alanı **~geld** N haraç **~gelderpressung** F haraç alma, haraççılık **~gewahrsam** F JUR koruma hapsi **~heilige** M, F (koruyucu) pir **~helm** M kask, miğfer **~hülle** F TECH muhafaza **~impfung** F MED koruyucu aşı **~kleidung** F koruyucu elbise
**Schützling** M ⟨-s; -e⟩ koruma altındaki, korunan kişi
**schutzlos** ADJ korumasız; (wehrlos) savunmasız
**Schutz|macht** F himaye eden (devlet) **~marke** F: **eingetragene ~** tescilli marka **~maske** F koruyucu maske **~maßnahme** F koruma önlemi **~schild** M kalkan **~umschlag** M Buch gömlek **~vorrichtung** F koruma tertibatı **~zoll** M himaye gümrüğü
**schwabb(e)lig** ADJ pörsük, sarsak
**Schwab|e** M ⟨-n; -n⟩ Suebyalı **~en** N ⟨-s; *ohne pl*⟩ Suebya
**Schwäb|in** F ⟨-; -nen⟩ Suebyalı (kadın) **ⵒisch** ADJ Suebya(lı) *subst*
**schwach** ADJ güçsüz; Leistung, Augen, Gesundheit zayıf; Ton, Hoffnung, Erinne-

*rung* cılız, soluk; *(zart)* nazik, narin, hassas, ince; **schwächer werden** güçsüzleşmek; zayıflamak; *(nachlassen)* azalmak; **~ besucht** ziyaretçisi/müşterisi az

**Schwäche** F ⟨-; -n⟩ zayıflık, zafiyet; *fig* zaaf; *besonders im Alter* elden ayaktan düşme; *(Nachteil, Mangel)* kusur, eksik, noksan, zayıf taraf; **e-e ~ haben für** -e zaafı olmak **~anfall** M (ani) halsizlik, dermansızlık **~gefühl** N halsizlik, dermansızlık (hissi)

**schwächen** VT ⟨h.⟩ zayıflatmak, zayıf düşürmek; *(vermindern)* azaltmak

**Schwachheit** F ⟨-; ohne pl⟩ → Schwäche

**Schwachkopf** M *umg* kafasız, ahmak

**schwächlich** ADJ zayıf, cılız, çelimsiz; *(zart)* nazik, narin, hassas, ince **∘ling** M ⟨-s; -e⟩ zayıf, güçsüz

**schwach|sichtig** ADJ MED görme zayıflığı olan **~sinnig** ADJ MED geri zekâlı; *umg pej* aptal, salak

**Schwach|stelle** F zayıf nokta **~strom** M ⟨-s; ohne pl⟩ ELEK alçak gerilim, düşük voltaj

**Schwächung** F ⟨-; -en⟩ zayıf düş(ür)me

**Schwaden** M ⟨-s; -⟩ yoğun duman, gaz, sis vs bulutu

**schwafeln** VI ⟨h.⟩ *umg* saçmalamak, abuk sabuk konuşmak

**Schwager** M ⟨-s; ⸚⟩ *(Ehemann der Schwester)* enişte; *(Bruder des Ehemanns)* kayınbirader; *(Ehemänner von Schwestern)* bacanak

**Schwägerin** F ⟨-; -nen⟩ *(Ehefrau des Bruders)* yenge; *(Ehefrauen von Brüdern)* elti; *(Schwester des Ehemanns)* görümce; *(Schwester der Ehefrau)* baldız

**Schwalbe** F ⟨-; -n⟩ ZOOL kırlangıç; *(Fußball)* artistik düşüş

**Schwall** M ⟨-s; -e⟩ akın, büyük dalga; *bes fig a.* tufan

**Schwamm** M ⟨-s; ⸚e⟩ *a.* ZOOL sünger; BOT mantar; *(Haus⸚)* ev süngeri, tahta mantarı; *umg* **~ drüber!** bunun üstüne sünger çekelim!

**schwammig** ADJ sünger gibi; *Gesicht etc* şişkin; *(vage)* belirsiz, bulanık, lastikli

**Schwan** M ⟨-s; ⸚e⟩ kuğu

**schwanen** V|UNPERS ⟨h.⟩: **ihr schwante nichts Gutes** kötü bir şey olacağını hissediyordu

**schwanger** ['ʃvaŋɐ] ADJ hamile, *umg* gebe; **im vierten Monat ~** dört aylık hamile

**schwängern** VT ⟨h.⟩ hamile/gebe bırakmak

**Schwangerschaft** F ⟨-; -en⟩ hamilelik, gebelik

**Schwangerschafts|abbruch** M çocuk aldırma **~gymnastik** F doğuma hazırlık cimnastiği **~streifen** PL gebelik testi şeridi *sg* **~test** M gebelik testi

**schwanken** VI ⓐ ⟨h.⟩ sallanmak, yalpalamak; *Preise* oynamak; *Temperaturen* dalgalanmak; *fig* **~ zwischen ...** (dat) **und ...** *(unentschieden sein)* ... -le ... arasında kararsız kalmak; *Preise* -le ... arasında değişmek ⓑ ⟨s.⟩ *(wanken, torkeln)* sendelemek

**Schwankung** F ⟨-; -en⟩ değişme, dalgalanma, oynama

**Schwanz** M ⟨-es; ⸚e⟩ ZOOL, FLUG, ASTRON kuyruk; *sl (Penis)* kamış

**schwänzen** VI ⟨h.⟩ *umg*: **die Schule ~** okulu kırmak

**Schwarm** M ⟨-s; ⸚e⟩ ZOOL sürü, oğul; *(Menschen⸚)* kalabalık, *(Idol)* gözde; **du bist ihr ~** o kız sana tapıyor

**schwärmen** VI ⟨h.⟩ *Bienen etc* oğul vermek; **~ für etw** bş-e bayılmak; *(sich wünschen)* -*in* hayalini kurmak; **~ für** j-n b-ne hayran olmak; *(verliebt sein)* b-ne âşık olmak, *umg* b-ne vurgun olmak; **~ von** *(erzählen)* -den hayranlıkla bahsetmek; **ins Schwärmen geraten** *(von* -*i)* övmeye başlamak

**Schwärmer** M ⟨-s; -⟩ *pej* hayalci, idealist; hayran **~ei** F ⟨-; -en⟩ *pej* hayal (-cilik), ham hayal

**schwarz** ⓐ ADJ siyah; *fig* kara; **~ auf weiß** yazılı olarak; **mir wurde ~ vor (den) Augen** bana fenalık geldi; **da kann er warten, bis er ~ wird** beklesin, ağaç olsun; **der ~e Markt** kara piyasa; **~e Zahlen schreiben** WIRTSCH pozitif bilançoyla çalışmak; **~er Humor** kara mizah; ⓛes **Brett** ilan tahtası ⓑ ADV yasal olmayan, kanunsuz, yasak; *(auf dem Schwarzmarkt)* karaborsada(n)

**Schwarzarbeit** F ⟨-; ohne pl⟩ kaçak iş/ çalışma ⓛen VI ⟨-ge-, h.⟩ kaçak çalışmak **~er(in)** M(F) kaçak işçi

**schwarzärgern** VR ⟨-ge-, h.⟩: *umg*

**sich ~** çok kızmak
**Schwarzbrot** N̄ kepekli çavdar ekmeği
**Schwarze**¹ M, F ⟨-n; -n⟩ siyahî, zenci; **die ~n** pl siyahîler, zenciler
**Schwarze**² N̄: **ins ~ treffen** tam üstüne basmak, çuk oturtmak, iyi tutturmak
**Schwärze** F ⟨-; ohne pl⟩ siyahlık, karartı; (Drucker≗) matbaa mürekkebi
**schwärzen** V/T ⟨h.⟩ karartmak, siyahlaştırmak
**schwarz|fahren** V/I ⟨irr, -ge-, s.⟩ biletsiz yolculuk yapmak, umg kaçak gitmek **≗fahrer(in)** M(F) biletsiz yolcu **≗geld** N̄ kara para **~haarig** ADJ siyah saçlı
**Schwarz|handel** M̄ karaborsa; umg el altı ticareti; **im ~** karaborsada; umg el altından **~händler(in)** M(F) karaborsacı **~hörer(in)** M(F) ruhsatsız radyo dinleyicisi
**schwärzlich** ADJ siyahımsı
**Schwarzmarkt** M̄ karaborsa **~preis** M̄ karaborsa fiyatı
**schwarzseh|en** V/I ⟨irr, -ge-, h.⟩ -i kötü görmek, -de kötümser olmak; TV ruhsatsız televizyon seyretmek **≗er(in)** M(F) kötümser, geleceği kötü gören; TV ruhsatsız televizyon seyircisi
**Schwarzwald** M̄ Karaorman
**schwarz-weiß** siyah-beyaz; **Schwarz-Weiß-Film** m siyah-beyaz film
**schwätzen** V/I ⟨h.⟩ sohbet etmek; havadan sudan konuşmak; **dummes Zeug ~** aptal aptal konuşmak
**Schwätzer** M̄ ⟨-s; -⟩, **-in** F ⟨-; -nen⟩ umg geveze, boşboğaz
**schwatzhaft** ADJ geveze
**Schwebe** F: **in der ~ sein** JUR askıda olmak **~bahn** F Lasten varagele; Personen teleferik **~balken** M̄ SPORT denge kalası
**schweben** V/I ⟨s.⟩ askıda olmak; Vogel süzülerek uçmak; (gleiten) süzülmek; **in Gefahr ~** tehlikede olmak
**schwebend** ADJ JUR Verfahren askıda
**Schwed|e** M̄ ⟨-n; -n⟩ İsveçli **~en** N̄ İsveç **~in** F ⟨-; -nen⟩ İsveçli (kadın) **≗isch** ADJ İsveç(li) subst **~isch** N̄ İsveççe subst
**Schwefel** M̄ ⟨-s; ohne pl⟩ kükürt, CHEM a. sülfür **~dioxid** N̄ kükürt dioksit **≗haltig** ADJ kükürtlü

**schwefeln** V/T ⟨h.⟩ CHEM, TECH kükürtlemek
**Schwefelsäure** F CHEM sülfürik asit
**Schweif** M̄ ⟨-s; -e⟩ kuyruk (uzun, kabarık); kuyrukluyıldız kuyruğu
**schweifen** V/I ⟨s.⟩ dolaşmak, gez(ele)mek
**Schweige|geld** N̄ sus payı **~marsch** M̄ sessiz yürüyüş **~minute** F saygı duruşu
**schweigen** V/I ⟨schwieg, geschwiegen, h.⟩ susmak; **~ über** -in sözünü etmemek; **ganz zu ~ von** ... şöyle dursun
**Schweigen** N̄ ⟨-s; ohne pl⟩ susma, sessizlik
**schweigend** ADJ ses çıkarmayan, sessiz, suskun
**Schweigepflicht** F sır saklama yükümlülüğü
**schweigsam** ADJ az konuşan, suskun; (verschwiegen) ketum **≗keit** F ⟨-; ohne pl⟩ suskunluk; ketumiyet
**Schwein** N̄ ⟨-s; -e⟩ ZOOL domuz; umg pej (schmutziger Kerl) pis herif, (Lump) adi/ahlaksız herif; umg **~ haben** -in talihi yaver gitmek; şanslı olmak
**Schweine|braten** M̄ domuz kızartması **~fleisch** N̄ domuz eti **~hund** M̄ vulg teres, hıyar; **den inneren ~ überwinden** benliğindeki kötü unsuru yenebilmek **~kotelett** N̄ domuz pirzolası
**Schweinerei** F ⟨-; -en⟩ pislik; (Gemeinheit) adilik; (Schande) rezalet; (Unanständigkeit) ayıp
**Schweine|stall** M̄ domuz ağılı; fig mezbele **~zucht** F domuz yetiştiriciliği
**schweinisch** ADJ fig çok pis; Witz etc yakası açılmadık
**Schweins|haxe** F ⟨-; -n⟩ domuz paçası (yemeği) **~leder** N̄ domuz derisi
**Schweiß** M̄ ⟨-es; -e⟩ ter
**Schweißbrenner** M̄ TECH oksijenli kesici/hamlaç
**Schweißdrüse** F ter bezi
**schweißen** V/T ⟨h.⟩ TECH kaynak etmek
**Schweißer** M̄ ⟨-s; -⟩, **-in** F ⟨-; -nen⟩ TECH kaynakçı
**Schweiß|füße** PL çok terleyen ayaklar **≗gebadet** ADJ kan ter içinde **~geruch** M̄ ter kokusu
**Schweißnaht** F kaynak eki/dikişi
**Schweißperle** F ter damlası/boncuğu

# SCHW

**Schweißstelle** F TECH kaynak yeri
**Schweiz** F İsviçre
**Schweizer** A M ⟨-s; -⟩ İsviçreli B ADJ İsviçre subst **~deutsch** N İsviçre Almancası **~in** F ⟨-; -nen⟩ İsviçreli (kadın) **2isch** ADJ İsviçre(li) subst
**schwelen** VI ⟨h.⟩ için için yanmak
**schwelgen** VI ⟨h.⟩: **~ in** (dat) ... içinde kendinden geçmek
**Schwelle** F ⟨-; -n⟩ eşik; BAHN travers
**schwellen** VI ⟨schwillt, schwoll, geschwollen, s.⟩ şişmek
**Schwellen|angst** F karar korkusu/ürküntüsü **~land** N eşik ülke, gelişmekte olan ülke
**Schwellung** F ⟨-; -en⟩ şişme, şişkinlik
**Schwemme** F ⟨-; -n⟩ WIRTSCH ⟨an dat -de, bakımından⟩ aşırı mal arzı
**schwemmen** VI ⟨h.⟩: **an Land geschwemmt werden** sahile sürüklenmek/atılmak
**Schwenk|arm** M TECH sallantılı kol **2bar** ADJ döner, salıncaklı, hareketli
**schwenken** VI ⟨h.⟩ Fahne etc sallamak
**schwer** A ADJ ağır; (schwierig) zor, güç; çetin; Zigarre sert; Krankheit a. ciddi; (heftig) şiddetli; **~ beladen** yükü ağır, çok yüklü; **~ beleidigt** fena halde gücenmiş; **~ bewaffnet** tepeden tırnağa silahlı; **~ erziehbar** eğitimi güç, sorunlu; **es ~ haben** zorluk(lar) içinde olmak; **es fällt ihr ~ zu** ... ... yapmak ona çok ağır/zor geliyor; **~ machen: j-m etw ~ machen** b-ne bş-de zorluk çıkarmak; **j-m das Leben ~ machen** b-ne hayatı zehir etmek; **~ verdaulich** sindirimi/hazmı zor, ağır; **~ verletzt** ağır yaralı; **~ verständlich** zor anlaşılır; **100 Gramm ~ sein** 100 gram ağırlığında olmak, 100 gram çekmek/gelmek; **~ zu bekommen** umg temini güç; **~ zu sagen** söylemesi güç; **~ zu verstehen** anlaşılması güç; **~e Zeiten** sıkıntılı dönem sg; **~en Herzens** üzüle üzüle B ADV: **~ arbeiten** ağır çalışmak
**Schwerarbeit** F ağır iş
**schwerbehindert** MED ağır sakat/malul
**Schwerbehinderte** M,F MED ağır (derecede) özürlü
**Schwere** F ⟨-; ohne pl⟩ ağırlık; fig ciddiyet
**schwerelos** ADJ ağırlıksız **2igkeit** F ⟨-; ohne pl⟩ ağırlıksızlık
**schwerfallen** VI ⟨irr, -ge-, s.⟩ ağır/zor gelmek (dat -e)
**schwerfällig** ADJ hantal, ağırkanlı, sakar **2keit** F hantallık
**schwerhörig** ADJ ağır işiten **2keit** F işitme özürü
**Schwer|industrie** F ağır sanayi **~kraft** F ⟨-; ohne pl⟩ PHYS yerçekimi **~metall** N ağır metal **2mütig** ADJ melankolik, efkârlı **2nehmen** VT ⟨irr, -ge-, h.⟩ zor tarafından almak, önemsemek **~punkt** M PHYS ağırlık noktası; **~e bilden** öncelikleri saptamak **~punktstreik** M WIRTSCH belli yöre ve işletmelerde yapılan grev
**schwerreich** ADJ umg Karun gibi zengin
**Schwert** N ⟨-s; -er⟩ kılıç **~fisch** M kılıç(balığı) **~lilie** F süsen; mavi zambak
**schwertun** V/R ⟨irr, -ge-, h.⟩: **sich ~ mit** -de zorlanmak
**Schwer|verbrecher** M ağır suç işleyen; umg cani **~verletzte** M,F ağır yaralı
**schwerwiegend** ADJ ciddi, çok önemli
**Schwester** F ⟨-; -n⟩ (kız) kardeş, dial bacı, ältere abla; (Kranken2) hemşire; (Ordens2) rahibe
**Schwieger|eltern** PL kayınval(i)de (ile) kayınpeder **~mutter** F kayınval(i)de, umg kaynana **~sohn** M damat **~tochter** F gelin **~vater** M kayınpeder, umg kaynata
**Schwiele** F ⟨-; -n⟩ nasır
**schwielig** ADJ nasırlı
**schwierig** ADJ zor, güç **2keit** F ⟨-; -en⟩ zorluk, güçlük; **(j-m) ~en machen** (b-ne) güçlük çıkarmak; **in ~en geraten** zora düşmek; **~en haben, etw zu tun** bş-i yapmakta güçlük/zorluk çekmek
**Schwimm|bad** N yüzme havuzu (tesisi) **~becken** N yüzme havuzu
**schwimmen** VI ⟨schwamm, geschwommen, s.⟩ yüzmek; **~ gehen** yüzmeye gitmek
**Schwimmer**[1] M ⟨-s; -⟩, **-in** F ⟨-; -nen⟩ yüzücü
**Schwimmer**[2] M ⟨-s; -⟩ TECH şamandıra

# SCHW | 898

**Schwimm|flügel** PL şişirme kolluk sg **~halle** F kapalı yüzme havuzu **~verein** M yüzme kulübü **~weste** F cankurtaran yeleği

**Schwindel** M ⟨-; ohne pl⟩ baş dönmesi, göz kararması; fig hile, sahtekârlık, dolandırıcılık **~anfall** M MED ani baş dönmesi, fenalaşma **⦵erregend** ADJ başdöndürücü **~firma** F paravan şirket, umg naylon şirket

**schwindelfrei** ADJ: **~ sein** yüksek yerden başı dönmemek

**schwindeln** V/I ⟨h.⟩ yalan söylemek, umg palavra atmak

**schwinden** V/I ⟨schwand, geschwunden, s.⟩ Einfluss, Macht etc azalmak, (yavaş yavaş) kaybolmak

**Schwindler** M ⟨-s; -⟩, **-in** F ⟨-; -nen⟩ dolandırıcı, umg üçkâğıtçı; (Lügner) yalancı

**schwindlig** ADJ: **mir ist ~** başım dönüyor

**schwingen** V/T ⟨schwang, geschwungen, h.⟩ Fahne etc sallamak

**Schwingung** F ⟨-; -en⟩ titreşim; **etw in ~en versetzen** bş-i titreşime geçirmek

**schwingungsfrei** ADJ titreşimsiz

**Schwips** M ⟨-es; -e⟩ umg: **e-n ~ haben** çakırkeyif olmak

**schwirren** V/I ⟨s.⟩ vızlamak; besonders Insekt vızıldamak; ⟨h.⟩ **mir schwirrt der Kopf** beynim dönüyor

**schwitzen** V/I ⟨h.⟩ a. TECH (**vor** dat -den) terlemek; **ins Schwitzen kommen** zorlanmak, zora koşulmak

**schwören** V/T u. V/I ⟨schwor, geschworen, h.⟩ (**bei** üzerine) yemin etmek

**schwul** ADJ eşcinsel (erkek)

**schwül** ADJ boğucu, bunaltıcı, sıcak ve nemli (hava)

**Schwule** M ⟨-n; -n⟩ neg! eşcinsel, umg nonoş

**Schwüle** F ⟨-; ohne pl⟩ boğucu hava, bunaltıcı sıcak

**schwülstig** ADJ tumturaklı, tantanalı, aşırı süslü

**Schwund** M ⟨-es⟩ WIRTSCH fire; TECH MED ELEK kayıp

**Schwung** M ⟨-s; ⁼e⟩ atılım, hamle; fig şevk, coşku, canlılık; (Energie) güç, enerji; **in ~ bringen** harekete geçirmek; Per-

son coşturmak; **in ~ kommen** harekete gelmek; Person coşmak

**schwung|haft** ADJ WIRTSCH gelişen, canlı **~los** ADJ ölü, ölgün, durgun **~voll** A ADJ canlı, enerjik; Melodie hareketli, kıvrak B ADV şevkle, canlı canlı

**Schwur** M ⟨-s; ⁼e⟩ yemin, ant **~gericht** N JUR jürili mahkeme (ağır ceza)

**sechs** [zɛks] ADJ altı **⦵erpack** M altılı paket **~fach** ADJ u. ADV altı misli/kat

**Sechstagerennen** [zɛks-] N altı günlük bisiklet yarışı

**sechste** ['zɛkstə] ADJ altıncı

**Sechstel** N ⟨-s; -⟩ altıda bir

**sech|zehn** ['zɛçtse:(ə)n] ADJ on altı **~zig** ADJ altmış

**Sechziger**: **die Sechzigerjahre** altmışlar, altmışlı yıllar

**secondhand** ['sɛkəndˈhɛnt] ADV ikinci el, elden düşme **⦵shop** [-ʃɔp] M kullanılmış eşya dükkânı

**Sediment** N ⟨-s; -e⟩ tortu, çökelti

**See**[1] M ⟨-s; -n ['ze:(ə)n]⟩ göl

**See**[2] F ⟨-; ohne pl⟩ deniz; **an die ~ fahren** denize gitmek; **auf hoher ~** açık denizde; **in ~ stechen** denize açılmak

**See|bad** N dalı **~beben** N ⟨-s; -⟩ deniz (dibi) depremi **~blick** M deniz (od göl) manzarası **~fahrt** F ⟨-; -en⟩ denizcilik, seyrüsefer; (Seereise) deniz yolculuğu

**seefest** ADJ: (**nicht**) **~ sein** denize dayanıklı ol(ma)mak

**See|fisch** M deniz balığı **~fracht** F navlun, deniz yükü **~frachtbrief** M konşimento **~gang** M ⟨-; ohne pl⟩ dalgalar pl; **hoher ~** dalgalı deniz **~gras** N denizsazı **~hafen** M deniz limanı **~handel** M deniz ticareti **~hund** M fok, ayıbalığı **~igel** M denizkestanesi **~karte** F deniz haritası **⦵klar** ADJ (denize) açılmaya hazır **⦵krank** ADJ deniz tutmuş **~krankheit** F ⟨-; ohne pl⟩ deniz tutması **~lachs** M bir morina türü

**Seele** F ⟨-; -n⟩ ruh; **e-e gute** (**treue**) **~** iyi (sadık) bir can yoldaşı; **keine ~** kimsecikler (yok vs); **sich** (dat) **etw von der ~ reden** içini döküp ferahlamak

**Seelen|leben** N ⟨-s; ohne pl⟩ ruh hayatı, psikoloji **⦵los** ADJ ruhsuz, duygusuz **~massage** F umg hum gönül okşama **~qual** F vicdan azabı **~ruhe** F

# SEIN

iç huzuru **ruhig** ADV iç huzuruyla **verwandt** ADJ: ~ sein -in ruh akrabalığı olmak
**seelisch** ADJ ruhi, ruhsal; (Gemüts...) duygusal; ~e Belastung JUR manevî güçlük
**Seelöwe** M denizaslanı
**Seelsorg|e** F ⟨-; ohne pl⟩ rahiplik **~er** M ⟨-s; -⟩ rahip
**Seeluft** F ⟨-; ohne pl⟩ deniz havası **~macht** F deniz gücü **~mann** M ⟨-s; Seeleute⟩ gemici, denizci **~meile** F deniz mili **~not** F ⟨-; ohne pl⟩ batma tehlikesi **~not(rettungs)dienst** M deniz kurtarma servisi **~pferdchen** N denizatı **~räuber** M korsan **~reise** F deniz yolculuğu **~rose** F nilüfer, su zambağı **~schifffahrt** F açık deniz gemiciliği **~schlacht** F deniz savaşı **~stern** M denizyıldızı **~streitkräfte** PL deniz kuvvetleri **~tang** M BOT denizyosunu **tüchtig** ADJ denize elverişli (durum); (hochseetüchtig) açık denize dayanıklı **~weg** M deniz yolu; **auf dem ~** deniz yoluyla **~zunge** F dil(balığı)
**Segel** N ⟨-s; -⟩ yelken **~boot** N yelkenli (tekne) **~flieger** N planörcülük **~flieger(in)** M(F) planörcü **~flug** M planör uçuşu **~flugzeug** N planör **klar** ADJ harekete hazır **~klub** M yelkencilik kulübü
**segeln** V/I ⟨h. u. s.⟩ yelkenliyle gitmek, yelken açmak
**Segel|schiff** N yelkenli gemi **~sport** M yelken sporu **~tuch** N ⟨-s; -e⟩ yelkenbezi
**Segen** M ⟨-s; -⟩ kutsama, takdis; hayır; fig onay(lama); **s-n ~ geben** (**zu** -e) onayını/olurunu vermek
**Segler** M ⟨-s; -⟩, **-in** F ⟨-; -nen⟩ yelkenci
**segn|en** V/T ⟨h.⟩ takdis etmek, kutsamak **ung** F ⟨-; -en⟩ takdis, kutsama
**sehbehindert** ADJ görme özürlü
**sehen** ['ze:ən] ⟨sieht, sah, gesehen, h.⟩ A V/T görmek; Sendung, Spiel izlemek, seyretmek; (bemerken) fark etmek; **ich habe es kommen ~** böyle olacağı belliydi; **ich kann ihn (sie, es) nicht mehr ~!** bana ondan (bundan) gına geldi!; **sich ~ lassen** (kommen) -e uğramak; **sich gezwungen ~ zu** -mek zorunda kalmak; **sie (es) kann sich ~ lassen** -in bir kusuru olmamak; **wie ich die Dinge sehe** benim görüşüme göre; **siehst du erklärend** görüyorsun; **vorwurfsvoll** gördün mü B V/I (hin~) bakmak; **~ nach** (sich kümmern um) -e bakmak; (suchen) aramak; **siehe oben** (**unten**, **Seite** ...) yukarıya (aşağıya, sayfa -e) bak(ınız)
**sehenswert** ADJ gör(ül)meye değer
**Sehenswürdigkeit** F ⟨-; -en⟩ gör(ül)meye değer yer
**Seh|fehler** M görme kusuru **~kraft** F ⟨-; ohne pl⟩ görme kuvveti; umg göz (-ler)
**Sehne** F ⟨-; -n⟩ ANAT (kas) kiriş(i); (Bogen⟹) (yay) kirişi(i)
**sehnen** V/R ⟨h.⟩: **sich ~** (**nach** -i) özlemek; stärker -in hasretini çekmek, -e hasret kalmak; **sich danach ~ zu** -meyi çok arzulamak
**Sehnenzerrung** F MED kiriş zorlanması
**Sehnerv** M görme siniri
**sehnlichst** ADJ Wunsch en büyük/içten
**Sehnsucht** F ⟨-; ⸚e⟩ (**nach** -e) hasret, özlem; **~ haben** (**nach**) -i sehnen
**sehnsüchtig** ADJ hasret dolu, stärker sabırsız
**sehr** [ze:ɐ] ADV çok, şiddetli; mit Verb pek, fazlasıyla
**Seh|schärfe** F görme netliği, göz keskinliği **~schwäche** F görme zayıflığı **~störung** F görme bozukluğu **~test** M göz testi
**seicht** ADJ sığ; fig a. yüzeysel
**Seide** F ⟨-; -n⟩ ipek
**seiden** ADJ ipek(ten), ipekli
**Seiden|papier** N pelür/ince kağıt **~raupe** F ipekböceği tırtılı **~strümpfe** PL ipek çorap sg
**seidig** ADJ ipeksi, ipek gibi
**Seife** F ⟨-; -n⟩ sabun
**seifen** V/T ⟨h.⟩ sabunlamak
**Seifen|blase** F sabun köpüğünden balon **~lauge** F sabunlu su **~oper** F pej TV pembe dizi **~schale** F sabunluk **~schaum** M sabun köpüğü
**Seil** N ⟨-s; -e⟩ ip, halat **~bahn** F teleferik
**sein**¹ POSS PR onun; **~e**, **~er**, **~(e)s** onun, der, die, das Seine onunki; **die Seinen** onunkiler; **jedem das Seine** herkesin meşrebine göre; **das Seine tun** üstüne düşeni yapmak

# SEIN | 900

**sein²** VII ⟨ist, war, gewesen, s.⟩ olmak (*ekfiil*); (*bestehen, existieren*) a. var olmak, mevcut olmak; **er ist aus Rom** o Romalı (-dır); **lass das ~!** (bırak), yapma!, kes!; **muss(te) das ~?** şart mıydı bu?; **was soll das ~?** bu da nesi?; **es sei denn, dass** yeter ki ..., ola ki ...; **nun, wie ists?** ee, şimdi ne oluyor?

**Sein** N ⟨-s; *ohne pl*⟩ olma(k); PHIL varlık, varoluş

**seinerseits** ADV onun/kendi tarafından

**seinerzeit** ADV vaktiyle, o zaman(lar)

**seinesgleichen** INDEF PR *umg* -in eşi, emsali, benzeri

**seinetwegen** ADV (*für ihn*) onun için/ uğruna; (*wegen ihm*) onun yüzünden

**Seismograf** [-f] M ⟨-n; -n⟩ depremyazar, sismograf

**seit** A PRÄP *dat* -den beri, -den bu yana, -dir; **~ drei Jahren** üç yıldan beri, üç yıldır; **~ Kurzem** kısa bir süreden beri; **~ Langem** çoktan beri B KONJ -eli (beri), -diğinden beri

**seitdem** A ADV o zamandır, o zamandan beri B KONJ -eli (beri), -diğinden beri

**Seite** F ⟨-; -n⟩ taraf, yan; (*Buch*♀) sayfa, *fig* **auf der einen (anderen) ~** bir (öbür) taraftan; **auf der linken ~** sol tarafta; **auf j-s ~ sein** b-nin tarafında(n) olmak; **etw auf die ~ legen** para biriktirmek/ arttırmak; **j-m zur ~ stehen** b-ne destek olmak; **j-n auf s-e ~ bringen** (ziehen) b-ni kendi tarafına almak (çekmek); **starke (schwache) ~** kuvvetli (zayıf) taraf; **von dieser ~ betrachtet** bu taraftan bakınca

**Seiten|ansicht** F yan görünüş **~blick** M yandan bakış **~eingang** M yan giriş (kapısı) **~flügel** M ARCH yan bina **~hieb** M *fig* (**auf** *akk* **-e, gegen ~** karşı) taşlama, alaylı ima; *umg* taş atma

**seitens** PRÄP *gen* -in tarafından

**Seiten|schiff** N ARCH yan nef/sahın **~sprung** M *umg* kaçamak, *umg* hovardalık **~stechen** N ⟨-s; *ohne pl*⟩: **~ haben** böğür sancısı **~straße** F yan sokak **~streifen** M emniyet şeridi, banket **~tasche** F yan cep ♀**verkehrt** ADJ ters, sağı soluna gelmiş **~wechsel** M taraf değiştirme **~wind** M yandan gelen rüzgâr **~zahl** F sayfa numarası

**seither** [-'he:ɐ] ADV o zamandan beri

**seit|lich** ADJ yanda(n), yan **~wärts** ADV yan tarafa, yana doğru

**Sek.** *abk für* **Sekunde** F saniye (sn)

**Sekretär** M ⟨-s; -e⟩ kâtip, sekreter; (*Schreibtisch*) sekreter, yazı masası

**Sekretariat** N ⟨-s; -e⟩ sekreterlik, *Behörden* kalem (odası)

**Sekretärin** F ⟨-; -nen⟩ sekreter hanım

**Sekt** M ⟨-s; -e⟩ köpüklü şarap, *umg* şampanya

**Sekte** F ⟨-; -n⟩ tarikat

**Sektglas** N şampanya kadehi

**Sektierer** M ⟨-s; -⟩, **-in** F ⟨-; -nen⟩ sekter, bağnaz ♀**isch** ADJ sekter(ce), bağnaz(ca)

**Sektion** [-'tsio:n] F ⟨-; -en⟩ seksiyon; MED teşrih

**Sektor** M ⟨-s; -en⟩ sektör

**sekundär** ADJ ikincil, tali

**Sekunde** F ⟨-; -n⟩ saniye; **auf die ~ pünktlich** *umg* saniyesi saniyesine

**Sekundenzeiger** M saniye göstergesi

**selb** ADJ: **zur ~en Zeit** aynı anda/zamanda

**selbe** ADJ aynı

**selber** PRON kendi(si), bizzat

**selbst** A PRON **ich (du** *etc*) **~** ben kendim (sen kendin *vs*); (*ohne Hilfe*) **etw ~ tun** bş-i tek başına yapmak; **mach es ~** kendin yap; **von ~** kendiliğinden; **~ ernannt** sözümona, düzmece; **~ gebacken** evde pişirilmiş (fırında); **~ gemacht** *adj* kendi eliyle yapılmış, evde yapılmış B ADV bile

**Selbst** N ⟨-; *ohne pl*⟩ benlik, nefis

**Selbst|achtung** F özsaygısı, izzetinefis **~anklage** F kendini suçlama, suçlanma **~auslöser** M FOTO otomatik deklanşör **~bedienung** F selfservis; **mit ~** selfservis

**Selbstbedienungs|laden** M market **~restaurant** N selfservis lokanta(sı)

**Selbst|befriedigung** F (kendi) kendini tatmin, mastürbasyon **~beherrschung** F kendine/nefsine hakim olma; **die ~ verlieren** kendini kaybetmek, kendine hakim olamamak **~bestätigung** F *kendi değerini ispat* **~bestimmung** F ⟨-; *ohne pl*⟩ kendi kaderini belirleme **~bestimmungsrecht** N kendi kaderini belirleme hakkı **~betei-**

# SENA

**ligung** F katılım payı **~betrug** M (kendi) kendini aldatma **⚹bewusst** ADJ kendine güvenen, özgüven sahibi **~bewusstsein** N özgüven **~darstellung** F kendini anlatma **~disziplin** F şahsi disiplin **⚹los** ADJ özverili **~einschätzung** F kendini değerlendirme **~erhaltungstrieb** M varlığını koruma içgüdüsü **~erkenntnis** F kendinin farkında olma

**Selbst|gefällig, ~gerecht** ADJ kendini beğenmiş

**Selbstgespräch** N: **~e führen** kendi kendine konuşmak

**selbstherrlich** ADJ başına buyruk

**Selbsthilfe** F ⟨-; ohne pl⟩ kendi kendine yardım **~gruppe** F kendi kendine yardım grubu

**selbstklebend** ADJ kendiliğinden yapışan

**Selbst|kostenpreis** M WIRTSCH: **zum ~** maliyet fiyatına **~kritik** F özeleştiri **⚹kritisch** ADJ özeleştirili **~laut** M GRAM ünlü **⚹los** ADJ özverili **~medikation** F ⟨-; -en⟩ MED kendi ilacını kendi belirleme **~mitleid** N acınma, kendine acıma **~mord** M intihar **~mörder(in)** M(F) intihar eden **⚹mörderisch** ADJ intihar eder gibi; Geschwindigkeit yıldırım gibi **~mordversuch** M intihar girişimi **⚹sicher** ADJ kendinden emin **~sicherheit** F özgüven, kendine güvenme

**selbstständig** A ADJ bağımsız; beruflich a. serbest, müstakil; **sich ~ machen** kendi işini kurmak B ADV kendi başına; **~ denken** serbest/özgür düşünmek

**Selbstständig|e** M,F ⟨-n; -n⟩ serbest meslek sahibi **~keit** F ⟨-; ohne pl⟩ bağımsızlık; serbest çalışma

**Selbst|sucht** F ⟨-; ohne pl⟩ bencillik, egoizm **⚹süchtig** ADJ bencil(ce), egoist(ce) **⚹tätig** ADJ otomatik **~täuschung** F (kendi) kendini kandırma **~überschätzung** F kendinden fazla emin olma **~unterricht** M kendi kendine öğrenme **~verlag** M: **im ~** -in kendi yayını **~verpfleger** M ⟨-s; -⟩ yiyeceğini kendi getiren/sağlayan **~verpflegung** F ⟨-; ohne pl⟩ yiyeceğini kendi getirme/sağlama **⚹verschuldet** ADJ (kendi) hatasından dolayı **~versorger** M ⟨-s; -⟩ kendi tükettiğini üreten; umg kendi kendine yeten **~versorgung** F kendi tükettiğini üretme

**selbstverständlich** A ADJ kendiliğinden anlaşılan, açık, tabii; **das ist ~** bu açıklama gerektirmez B ADV tabii, kuşkusuz, elbette; **etw als ~ betrachten** bş-i tabii (olarak) görmek **⚹keit** F ⟨-; -en⟩ tabiilik, açıklık

**Selbst|verständnis** N kendini kavrayış/değerlendirme **~verteidigung** F kendini savunma **~vertrauen** N özgüven **~verwaltung** F özyönetim, özerklik, otonomi **~verwirklichung** F kendini gerçekleştirme **~wertgefühl** N ⟨-s; ohne pl⟩ özdeğer duygusu **⚹zerstörerisch** ADJ kendini mahveden **⚹zufrieden** ADJ kendinden hoşnut, umg (kendi) halinden memnun **~zweck** M kendine yeten amaç

**Seldschuken** PL HIST Selçuklular

**selektiv** [-f] A ADJ seçmeli B ADV seç(il)erek

**Selen** N ⟨-s; ohne pl⟩ CHEM selen(yum)

**selig** ADJ REL takdis edilmiş, aziz; (verstorben) merhum, rahmetli; fig fazlasıyla mutlu

**Sellerie** M ⟨-s; -⟩, österr F ⟨-; -n⟩ kereviz; (Stauden⚹) GASTR sapkerevizi

**selten** A ADJ ender, nadir; **~ sein** az/ender bulunmak B ADV ender/seyrek/nadir olarak; **höchst ~** umg kırk yılda bir

**Seltenheit** F ⟨-; -en⟩ enderlik, seyreklik; ender adj

**Selters** N ⟨-; ohne pl⟩, **~wasser** N ⟨-s; ⸚⟩ maden suyu

**seltsam** ADJ acayip, garip, tuhaf, yadırgatıcı

**seltsamerweise** ADV gariptir ki

**Semantik** F ⟨-; ohne pl⟩ anlambilim, semantik

**semantisch** ADJ anlamsal, anlambilimsel, semantik

**Semester** N ⟨-s; -⟩ sömestr(e), yarıyıl **~ferien** PL sömestr(e)/yarıyıl tatili sg

**Semikolon** N ⟨-s; -s, Semikola⟩ noktalı virgül

**Seminar** N ⟨-s; -e⟩ seminer

**Semit** M ⟨-en; -en⟩, **-in** F ⟨-; -nen⟩ Sami **⚹isch** ADJ Sami adj

**Semmel** F ⟨-; -n⟩ küçük ekmek, sandviç **~brösel** PL galeta unu sg

**Senat** M ⟨-(e)s; -e⟩ senato

**Senator** M ⟨-s; -en⟩, **-in** F ⟨-; -nen⟩

senatör
**Sende|bereich** M yayın alanı **~frequenz** F yayın frekansı
**senden**¹ VT ⟨sandte, gesandt, h.⟩ göndermek, yollamak
**senden**² VT ⟨h.⟩ Radio, TV yayınlamak
**Sender** M ⟨-s; -⟩ radyo/televizyon istasyonu; TECH (Anlage) verici
**Sende|reihe** F dizi yayın, yayın dizisi **~schluss** M ⟨-es⟩ kapanış, yayın sonu **~zeit** F yayın saati/kuşağı
**Sendung** F ⟨-; -en⟩ yayın, program; Waren mal gönderme, sevkiyat; POST gönderi; **auf ~ sein** yayında olmak
**Senf** M ⟨-s; -e⟩ hardal **~gurke** F hardal tohumlu salatalık turşusu
**sengen** ⟨h.⟩ VT yakmak, dağlamak; **~de Hitze** yakıcı sıcak
**senil** ADJ bunak **≗ität** F ⟨-; ohne pl⟩ bunaklık
**senior** ['zeːnioɐ] ADJ senyor
**Senior** [zeːˈnioɐ] M ⟨-s; -en⟩ yaşlı (adam)
**Seniorchef** M WIRTSCH iki şirket yöneticisinden yaşlı olanı
**Senioren** PL yaşlılar **~heim** huzurevi **~pass** M yaşlı pasosu
**Seniorin** M ⟨-; -nen⟩ yaşlı (kadın)
**Senke** F ⟨-; -n⟩ çukurluk, çöküntü
**senken** ⟨h.⟩ A VT batırmak, daldırmak; Stimme alçaltmak; Kopf eğmek; Kosten, Preise indirmek, düşürmek B V/R: **sich ~** batmak, dalmak; alçalmak, eğilmek, inmek, düşmek
**Senkfüße** M/PL MED düşük taban sg
**senkrecht** ADJ dikey, düşey B ADV: **~ nach oben** dimdik yukarı(ya); **~ nach unten** dimdik aşağı(ya)
**Senkrechtstarter** M ⟨-s; -⟩ FLUG dikilmesine havalanabilen uçak; umg birden başarıya ulaşan adj
**Senkung** F ⟨-; ohne pl⟩ bat(ır)ma; alçal(t)ma; eğ(il)me; in(dir)me, düş(ür)me, azal(t)ma
**Sensation** [-ˈtsioːn] F ⟨-; -en⟩ sansasyon
**sensationell** [-ˈtsioːn] ADJ sansasyonel, şok
**Sensations|mache** F ⟨-; ohne pl⟩ pej sansasyon(culuk) **~presse** F sansasyoncu basın
**sensibel** ADJ (für -e karşı) duyarlı
**sensibili|sieren** VT ⟨ohne ge-, h.⟩ duyarlı kılmak a **≗tät** F ⟨-; ohne pl⟩ duyarlık
**Sensor** M ⟨-s; -en⟩ sensor
**sentimental** ADJ duygusal, duygu yüklü **≗ität** F ⟨-; -en⟩ duygusallık, duygulu davranış
**separat** ADJ ayrı **≗ismus** M ⟨-; ohne pl⟩ POL ayrılıkçılık
**September** M ⟨-s; -⟩ eylül (ayı); **im ~** eylülde, eylül ayında
**Serail** M saray (doğu ülkelerinde)
**Serb|e** M ⟨-n; -n⟩ Sırp **~ien** N Sırbistan **~in** F ⟨-; -nen⟩ Sırp (kadın) **≗isch** ADJ Sırp subst, Sırbistan subst **~isch** N Sırpça
**Serie** [-ie] F ⟨-; -n⟩ sıra, seri; TV dizi; (Satz) takım; **in ~ bauen** etc seri halinde
**seriell** ADJ IT seriyel
**Serien|ausstattung** F standart donanım **≗mäßig** ADJ standart **~nummer** F seri numarası **~wagen** M AUTO standart model
**seriös** ADJ ciddi; (ehrlich) dürüst, namuslu
**Serpentine** F ⟨-; -n⟩ yılankavi yol, u virajı
**Serum** N ⟨-s; Seren⟩ serum
**Server** ['zœːevɐ] M IT sunucu, server
**Service**¹ [zɐrˈviːs] M ⟨-(s); -⟩ takım, set
**Service**² [ˈzœːevɪs] M ⟨-; -s⟩ (Bedienung) hizmet, servis, (Kundendienst) müşteri/tüketici servisi
**servier|en** [-v-] VT u. VI ⟨ohne ge-, h.⟩ servis yapmak **≗erin** F ⟨-; -nen⟩ servisçi, kadın garson **≗wagen** M servis masası (tekerlekli)
**Serviette** [-viː-] F ⟨-; -n⟩ peçete
**Servo|bremse** [-v-] F AUTO hidrolik fren **~lenkung** F AUTO hidrolik direksiyon
**Sesam** M ⟨-s; ohne pl⟩ susam; **~, öffne dich!** açıl susam açıl! **~kringel** F GASTR simit **~paste** F tahin **~samen** M susam tanesi
**Sessel** M ⟨-s; -⟩ koltuk **~lift** M telesiyej
**sesshaft** ADJ: **~ werden** -e yerleşmek
**Set** N,M ⟨-; -s⟩ takım; (Platzdeckchen) servis peçetesi
**Set-up** ['setˌap] M ⟨-s; -s⟩ IT setup
**setzen** ⟨h.⟩ A VT koymak; Person oturtmak B VI: **~ über** (akk) -den atlamak, -den sıçramak; Fluss geçmek; **wetten ~ auf** (akk) -e oynamak, koymak C V/R:

**sich ~ -e** oturmak; CHEM etc durulmak; **sich ~ auf** (akk) Pferd, Rad etc -e binmek; **sich ~ in** (akk) Auto etc -e oturmak, -e binmek, umg -e atlamak; **sich zu j-m ~** b-nin yanına oturmak; **~ Sie sich, bitte!** oturun lütfen!

**Setzer** M ⟨-s; -⟩ dizgici, mürettip **~ei** F ⟨-; -en⟩ mürettiphane

**Setzling** M ⟨-s; -e⟩ AGR fide, fidan; üretmek için havuza konan balık

**Seuche** F ⟨-; -n⟩ MED salgın

**Seuchengefahr** F salgın tehlikesi

**seufzen** V/I ⟨h.⟩ inlemek, oflamak

**Seufzer** M ⟨-s; -⟩ inilti, sızıltı

**Sex** M ⟨-(es)⟩ umg seks; → **Sexualität**; **~ haben** (od **machen**) seks yapmak

**Sexismus** M ⟨-; ohne pl⟩ cinsiyetçilik

**sexistisch** ADJ cinsiyetçi

**Sexualität** F ⟨-; ohne pl⟩ cinsellik, cinsiyet **~kunde** F ⟨-; ohne pl⟩ cinsellik dersi **~leben** N cinsel yaşam **~täter** M cinsel suçlu **~verbrechen** N cinsel suç

**sexuell** ADJ cinsel, cinsi; **~e Belästigung** (am Arbeitsplatz) (işyerinde) cinsel taciz; **~e Nötigung** cinsel zorlama; **~er Missbrauch** cinsel tecavüz

**sexy** ADJ seksi

**sezieren** V/T ⟨ohne ge-, h.⟩ teşrih etmek

**sFr** abk für **Schweizer Franken** M İsviçre Frangı

**Shampoo** ['ʃampu] N ⟨-s; -s⟩ şampuan

**Sherry** ['ʃɛri] M ⟨-s; -s⟩ GASTR şeri (tatlı İspanyol şarabı)

**Shop** [ʃɔp] M ⟨-s; -s⟩ dükkân

**Shorts** [ʃɔrts] PL şort sg

**Show** [ʃo:, ʃoʊ] F ⟨-; -s⟩ şov **~master** ['-maːstɐ] M ⟨-s; -⟩ TV sunucu

**Sibir|ien** N ⟨-s; -⟩, **-in** F ⟨-; -nen⟩ Sibiryalı **⟲isch** ADJ Sibirya(lı) subst

**sich** REFL PR kendini/kendine etc; kendilerini/kendilerine etc; kendinizi/kendinize etc; **~ ansehen** im Spiegel kendine bakmak

**Sichel** F ⟨-; -n⟩ orak; kräftiger tahra

**sicher** A ADJ (vor dat -e karşı) emin, güvenli; **~...** in Zssgn (widerstandsfähig) (gegen -e) dayanıklı; -e dayanır; (gewiss, überzeugt) (von -den) emin; (zuverlässig) güvenilir, sağlam; **in ~em Abstand** emniyet mesafesi bırakarak; **ein ~es Auftreten haben** kendine güvenli bir etki yapmak; **der Erfolg ist ihm ~** -in başaracağı kesin; (sich dat) **~ sein** emin olmak (e-r Sache bş-den; dass -diğinden, -eceğinden) B ADV fahren etc emniyetli, güvenli; (gewiss) elbette, şüphesiz; (wahrscheinlich) herhalde; **du bist ~** sen herhalde -sin; **du hast ~** sende ... vardır

**sichergehen** V/I: **um sicherzugehen** emin olmak için

**Sicherheit** F ⟨-; -en⟩ körperliche, MIL, TECH güvenlik, emniyet; POL teminat, güvence; (Bürgschaft) kefalet; (Gewissheit) kesinlik; (Können) ustalık, hüner; **öffentliche ~** kamu güvenliği; **soziale (innere) ~** sosyal (iç) güvenlik; (sich) **in ~ bringen** (kendini) emniyete almak; **in ~ sein** emniyette olmak; **mit ~** kesin(likle); **~ leisten** WIRTSCH teminatta bulunmak

**Sicherheits|beamte** M, **~beamtin** F güvenlik memuru **~faktor** M güvenlik faktörü **~glas** N ⟨-es⟩ emniyet camı, umg mikalı cam **~gurt** M emniyet kemeri **⟲halber** ADV emin olmak için **~kontrolle** F güvenlik/emniyet kontrolü **~kopie** F IT yedek kopya **~maßnahme** F emniyet/güvenlik tedbiri/önlemi **~nadel** F çengelli iğne **~risiko** N güvenlik rizikosu **~schloss** N emniyet kilidi **~ventil** N emniyet supabı

**sicherlich** ADV elbette, şüphesiz

**sichern** ⟨h.⟩ A V/T emniyet/güvenlik altına almak; TECH a. sağlamlaştırmak; (schützen) korumak; IT safe etmek; **sich** (dat) **etw ~** bş-i temin etmek, sağlama bağlamak B V/R: **sich ~ (gegen, vor** dat **-den)** korunmak, -e karşı k-ni korumak

**sicherstellen** V/T ⟨-ge-, h.⟩ garanti etmek; (beschlagnahmen) -e el koymak

**Sicherung** F ⟨-; -en⟩ garanti, teminat; JUR el koy(ul)ma; emniyete alma; TECH sağlamlaştır(ıl)ma; ELEK sigorta; IT yedekleme, safe

**Sicherungs|diskette** F IT yedek (-leme) disketi **~kasten** M ELEK sigorta kutusu **~kopie** F IT yedek kopya

**Sicht** F ⟨-; ohne pl⟩ görme, görüş; (Aus⟲) (auf akk ...) manzara(sı); **in** (außer) **~ kommen** görünmek, görülmek; ortaya çıkmak; **auf lange ~** uzun vadeli; **aus s-r**

~ onun açısından, ona göre; **(fällig) bei ~** görüldüğünde ödenecektir
**sichtbar** ADJ görülebilen, görülür
**sichten** VT ⟨h.⟩ görmek, keşfetmek; *fig* ayırmak, ayıklamak, gözden geçirmek
**Sichtfeld** N ⟨-s; -er⟩ görüş alanı
**sichtlich** ADV gözle görülür
**Sicht|schutz** M bir yere bakılmasını önleyen engel **~verhältnisse** PL ~ görüş şartları **~vermerk** M vize **~wechsel** M WIRTSCH görüldüğünde ödenir senet/poliçe **~weite** F görüş uzaklığı; **in (außer) ~** görüş uzaklığı içinde (dışında)
**sickern** VI ⟨s.⟩ sızmak, sızıntı yapmak, damla damla akmak
**sie** PERS PR o (dişil); *pl* onlar
**Sie** siz *(nezaket biçimi)*
**Sieb** N ⟨-s; -e⟩ *fein* elek, *grob* kalbur; *(Tee≈)* süzgeç
**sieben**[1] VT ⟨h.⟩ elekten/kalburdan geçirmek, *a. fig* elemek
**sieben**[2] yedi
**siebte** yedinci
**Siebtel** N yedide bir
**siebzehn** on yedi
**siebzig** yetmiş
**Siechtum** N ⟨-s; *ohne pl*⟩ müzmin ağır hastalık
**siedeln** VI ⟨h.⟩ -e yerleşmek, -i yurt edinmek
**sieden** A VT ⟨h.⟩ haşlamak, kaynatmak B VI haşlanmak, kaynamak; **~d heiß** kaynar
**Siedepunkt** M ⟨-s; *ohne pl*⟩ kaynama noktası
**Siedler** M ⟨-s; -⟩, **-in** F ⟨-; -nen⟩ -e yeni yerleşen
**Siedlung** F ⟨-; -en⟩ yerleşme, yerleşim; ARCH iskan bölgesi; *(Gartenstadt)* bahçelievler; *mit Hochhäusern* site
**Sieg** M ⟨-s; -e⟩ zafer; SPORT *etc a*. galibiyet; **den ~ davontragen** galibiyeti kapmak
**Siegel** N ⟨-s; -⟩ mühür **~lack** M mühür mumu **2n** ⟨h.⟩ mühürlemek **~ring** M mühürlü yüzük
**siegen** VI ⟨h.⟩ yenmek, -e galip gelmek
**Sieger** M ⟨-s; -⟩ galip, muzaffer **~ehrung** F SPORT madalya/kupa töreni **~in** F ⟨-; -nen⟩ galip **~mächte** PL POL galip devletler
**sieges|bewusst, ~sicher** ADJ galibiyetten emin

**siegreich** ADJ galip, *Heer etc a*. muzaffer
**siezen** VT ⟨h.⟩: **j-n ~** b-ne siz demek, b-le sizli bizli konuşmak
**Signal** N ⟨-s; -e⟩ işaret, sinyal
**signalisieren** VT ⟨*ohne ge-, h.*⟩ işaret etmek; *(andeuten)* sezdirmek
**Signatur** F ⟨-; -en⟩ imza *(tablo vs üstünde)*; *Bibliothek* tasnif numarası; *(kurze Unterschrift)* paraf
**signieren** VT ⟨*ohne ge-, h.*⟩ imzalamak
**Silbe** F ⟨-; -n⟩ hece
**Silbentrennung** F heceleme
**Silber** N ⟨-s; *ohne pl*⟩ gümüş **~besteck** N gümüş çatal-kaşık-bıçak (takımı) **~blick** M *umg* şehlalık **~distel** F BOT gümüşdikeni **2grau** ADJ gümüşî **~hochzeit** F evliliğin gümüş yıldönümü (25.) **~medaille** F gümüş madalya **~medaillengewinner(in)** M(F) gümüş madalya kazanan **~münze** F gümüş para
**silbern** ADJ gümüş(ten)
**Silhouette** [zi'lŭɛtə] F ⟨-; -n⟩ siluet; *e-r Stadt a*. ufuk çizgisi
**Silikat** N ⟨-s; -e⟩ silikat
**Silikon** N ⟨-s; -e⟩ silikon
**Silizium** N ⟨-s; *ohne pl*⟩ CHEM silisyum
**Silo** M ⟨-s; -s⟩ silo
**Silvester** [zɪl'vɛstɐ] N ⟨-s; -⟩, **~abend** M yılbaşı gecesi
**simpel** ADJ basit
**Simul|ant** M ⟨-en; -en⟩ MED simülân; *umg* hastalık numarası yapan; *fig* ikiyüzlü **~ator** M ⟨-s; -en⟩ TECH, MIL simülatör **2ieren** ⟨*ohne ge-, h.*⟩ A VT *(yapar)* gibi görünmek, ... numarası yapmak; *a*. TECH simüle etmek B VI hastaymış gibi yapmak
**simultan** ADJ anında, simültane, eşzamanlı **2dolmetschen** N ⟨-s; *ohne pl*⟩ simültane çeviri/çevirmenlik **2dolmetscher(in)** M(F) simültane çevirmen
**Sinfonie** F ⟨-; -n [-'niːən]⟩ senfoni **~orchester** N senfoni orkestrası
**sinfonisch** ADJ senfonik
**singen** VT *u*. VI ⟨sang, gesungen, h.⟩ *(şarkı vs)* söylemek; **richtig ~** akortlu söylemek
**Single**[1] ['zɪŋ(g)əl] F ⟨-; -s⟩ *Schallplatte* 45'lik plak; tekli CD
**Single**[2] ['zɪŋ(g)l] M ⟨-; -s⟩ yalnız yaşa-

yan, single **~haushalt** M̄ tek kişilik hane
**Singular** ['zıŋgula:e] M̄ ⟨-s; -e⟩ GRAM tekil; **im ~** -in tekili
**Singvogel** M̄ ötücü kuş
**sinken** V/i ⟨sank, gesunken, s.⟩ (untergehen) batmak; (niedriger werden) alçalmak; Preise düşmek
**Sinn** M̄ ⟨-es; -e⟩ duyu, his; (Verstand) anlayış; (Bedeutung) anlam; e-r Sache amaç, yarar; **sechster ~** altıncı his; **im ~ haben** -in aklında olmak; **es hat keinen ~** ⟨zu warten beklemenin⟩ bir anlamı yok; **damit habe ich nichts im ~** bununla bir ilgim yok; **j-m in den ~ kommen** b-nin aklına gelmek
**Sinnbild** N̄ simge, sembol **²lich** ADJ simgesel, sembolik
**sinnen** V/i: **~ auf** -i planlamak, düşünmek
**sinnentstellend** ADJ anlamı bozan
**Sinnes|organ** N̄ duyu organı **~täuschung** F yanılsama, idrak hatası **~wahrnehmung** F algı **~wandel** M̄ fikir değiştirme
**sinngemäß** ADJ JUR mealen (harfiyen değil)
**sinnlich** ADJ (die Sinne betreffend) duyusal; Begierden etc tensel, erotik **²keit** F ⟨-; ohne pl⟩ erotizm
**sinnlos** A ADJ manasız, saçma; (zwecklos) anlamsız B ADV aptalca; **~ betrunken** körkütük sarhoş; **~e Gewalt** anlamsız şiddet **²igkeit** F ⟨-; ohne pl⟩ baygınlık; anlamsızlık, saçmalık
**sinnverwandt** ADJ: **~es Wort** yakın anlamlı kelime
**sinnvoll** ADJ anlamlı; (nützlich) yararlı; (vernünftig) akla uygun, mantıklı
**Sintflut** F REL tufan
**Sinti** PL: **~ und Roma** Çingeneler
**Sinus** M̄ ⟨-; -, -se⟩ MATH sinüs **~kurve** F sinüs eğrisi
**Sippe** F ⟨-; -n⟩ sülale; pej akrabalar
**Sippschaft** F ⟨-; -en⟩ umg güruh
**Sirene** F ⟨-; -n⟩ siren, canavar düdüğü
**Sirup** M̄ ⟨-s; -e⟩ (Getränk) şurup; (Brotaufstrich) pekmez
**Sitte** F ⟨-; -n⟩ âdet; gelenek; **~n** pl ahlak koll; (Benehmen) görgü koll, terbiye koll
**Sittenlehre** F ahlak bilgisi
**sitten|streng** ADJ katı ahlaklı **~widrig** ADJ ahlaka aykırı

**Sittich** M̄ ⟨-s; -e⟩ muhabbetkuşu
**sittlich** ADJ ahlaki; (anständig) terbiyeli, edepli **²keitsverbrechen** N̄ ırza tecavüz suçu
**Situation** [-'tsi̯o:n] F ⟨-; -en⟩ durum; (Lage) a. konum
**Sitz** M̄ ⟨-es; -e⟩ oturma, oturuş; (Sessel) koltuk; e-s Kleides etc vücuda oturuş; **Firma mit ~ in Rom** merkezi Roma'da olan şirket
**Sitzblockade** F POL oturma direnişi
**Sitzecke** F Möbel oturma grubu
**sitzen** V/i ⟨saß, gesessen, h.⟩ -de oturmak; (sich befinden) bulunmak; (stecken) takılı/sokulu olmak; (passen) uymak, vücuda oturmak; umg (im Gefängnis) yatmak; **~ bleiben** oturmaya devam etmek, kalmak; Schule sınıfta kalmak; **~ bleiben auf** (dat) -i satamamak, ... elinde kalmak; **~ lassen** Freundin etc -i yüzüstü bırakmak; **das lasse ich nicht auf mir sitzen!** ben bu lafın vs altında kalmam!
**Sitz|gelegenheit** F oturacak yer **~ordnung** F oturma sırası/düzeni **~platz** M̄ oturacak yer **~streik** M̄ oturma grevi
**Sitzung** F ⟨-; -en⟩ toplantı; Rat oturum; Psychiater etc seans; JUR celse, duruşma
**Sitzungs|bericht** M̄ toplantı raporu **~periode** F Parlament dönem **~protokoll** N̄ toplantı vs tutanağı **~saal** M̄ toplantı (od JUR duruşma) salonu **~zimmer** N̄ toplantı odası
**Sizilian|er** M̄ ⟨-s; -⟩, **-in** F ⟨-; -nen⟩ Sicilyalı **²isch** ADJ Sicilya(lı) adj
**Sizilien** N̄ ⟨-s; ohne pl⟩ Sicilya
**Skala** [sk-] F ⟨-; -len, -s⟩ ölçek, cetvel; fig derece
**Skalpell** [sk-] N̄ ⟨-s; -e⟩ MED neşter, bisturi
**Skandal** [sk-] M̄ ⟨-s; -e⟩ rezalet, skandal **~blatt** N̄ paparazzi gazetesi **²ös** ADJ rezil, utanç verici **~presse** F boyalı basın
**Skandinav|ien** [sk-] N̄ ⟨-s; ohne pl⟩ İskandinavya **~ier** M̄ ⟨-s; -⟩, **-in** F ⟨-; -nen⟩ İskandinavyalı **²isch** ADJ İskandinavya(lı) subst
**Skateboard** ['ske:tbɔət] N̄ ⟨-s; -s⟩ skateboard; umg kaykay
**Skelett** [sk-] N̄ ⟨-s; -e⟩ iskelet
**Skepsis** [sk-] F ⟨-; ohne pl⟩ kuşku, şüphe

## SKEP | 906

**Skep|tiker** [sk-] M ⟨-s; -⟩ kuşkucu, şüpheci (kişi) &tisch ADJ kuşkucu, şüpheci
**Ski** [ʃiː] M ⟨-s; -er, -⟩ kayak; **~ laufen (fahren)** (kayak) kaymak **~anzug** M kayak elbisesi **~ausrüstung** F kayak takımı/teçhizatı **~bob** M kızak **~brille** F kayak gözlüğü **~fahren** N kayak kayma **~fahrer(in)** M(F) kayakçı **~fliegen** N, **~flug** M kayakla uzun atlama **~gebiet** N kayak bölgesi **~kurs** M kayak kursu **~langlauf** M kayak yürüyüşü **~laufen** N kayak kayma **~läufer(in)** M(F) kayakçı **~lehrer(in)** M(F) kayak öğretmeni **~lift** M teleski
**Skinhead** ['skınhɛt] M ⟨-s; -s⟩ (junger Neofaschist) dazlak
**Ski|piste** [ʃi:-] F kayak pisti **~springen** N kayakla atlama **~springer(in)** M(F) kayakla atlayan **~stiefel** M kayakçı botu **~stock** M kayak değneği **~urlaub** M kayak tatili **~zirkus** M umg birçok teleskiden oluşan büyük kayak merkezi
**Skizze** [sk-] F ⟨-; -n⟩ taslak, eskiz
**Skizzenbuch** N eskiz defteri
**skizzenhaft** ADJ kaba hatlarıyla, şematik olarak
**skizzieren** V/T ⟨ohne ge-, h.⟩ -in taslağını çıkarmak; fig ana hatlarıyla anlatmak
**Sklave** ['skla:və] M ⟨-n; -n⟩ köle, esir
**Sklavenhandel** [-v-] M köle ticareti
**Sklaverei** [skla:vəˈrai, -f-] F ⟨-; ohne pl⟩ kölelik
**Sklavin** [-v-] F ⟨-; -nen⟩ köle (kadın), cariye
**sklavisch** ['skla:vɪʃ, -f-] ADJ köle gibi
**Sklerose** [sk-] F ⟨-; -n⟩ MED skleroz, katılaşma
**Skonto** [sk-] M, N ⟨-s; -s⟩ WIRTSCH iskonto
**Skorpion** [skɔrˈpi̯oːn] M ⟨-s; -e⟩ akrep; ASTROL Akrep burcu; **(ein) ~ sein** Akrep burcundan olmak
**Skrupel** [sk-] M ⟨-s; -⟩ vicdan azabı; kuşku &los ADJ vicdansız
**Skulptur** [sk-] F ⟨-; -en⟩ heykel
**skurril** [sk-] ADJ maskara gibi, soytarıca
**Slalom** M ⟨-s; -s⟩ slalom **~läufer(in)** M(F) slalomcu
**Slaw|e** M ⟨-n; -n⟩, **-in** F ⟨-; -nen⟩ Slav &isch ADJ Slav subst
**Slip** M ⟨-s; -s⟩ slip, külot **~einlage** F pad
**Slowak|e** M Slovak(yalı) **~ei** F Slovakya **~in** F ⟨-; -nen⟩ Slovak(yalı) (kadın) &isch Slovak(ya) subst **~isch** N Slovakça
**Slowen|e** M ⟨-n; -n⟩ Sloven(yalı) **~ien** N Slovenya **~in** F ⟨-; -nen⟩ Sloven(yalı) (kadın) &isch ADJ Sloven(ya) subst **~isch** N Slovence
**Slum** [slam] M ⟨-s; -s⟩ kenar mahalle(ler pl); gecekondu semt(ler)i
**Smaragd** [sm-] M ⟨-s; -e⟩ zümrüt &grün ADJ zümrütî, zümrüt yeşili
**Smog** [smɔk] M ⟨-; -s⟩ smog **~alarm** M smog alarmı
**Smoking** ['smoːkɪŋ] M ⟨-s; -s⟩ smokin
**Snob** [sn-] M ⟨-s; -s⟩ züppe, snob **~ismus** M ⟨-; ohne pl⟩ züppelik &istisch ADJ züppece, snob
**so** A ADV öyle, böyle, şöyle; (auf diese Weise) bu/o şekilde, bu/o tarzda; (damit, dadurch) böylece, böylelikle, bu sayede; (solch) bu gibi; **~ groß wie ...** kadar/gibi büyük; **~ ein(e)** böyle bir; **~ ist es!** tam öyle!; **~ oder ~** öyle veya böyle; **~ sehr** o kadar çok; **~ viel wie möglich** olabildiğince çok; **doppelt ~ so viel** (wie -nin) iki katı; **~ viel steht fest** bu kadarı kesin; **~ weit** (bis jetzt) bu ana kadar; (bis hier) buraya kadar; **~ weit sein** hazır olmak; **es ist ~ weit** vakit tamam; **~ wenig wie möglich** mümkün olduğu kadar (od olabildiğince) az; **und ~ weiter** ve saire; **oder ~ etwas** ya da öyle bir şey; **oder ~** ya da buna benzer bir şey B KONJ (deshalb, daher) bu yüzden, bunun için; **~ leid es mir tut** maalesef ama C INT **~!** işte!; harika! (fertig) tamam!; **ach ~!** ha!, demek öyle!; **(na,) ~ was!**
**SO** abk für Südosten M güneydoğu
**s.o.** abk für siehe oben yukarıya bakınız (yuk. bkz.)
**sobald** KONJ (yap)ar (yap)maz
**Socke** F ⟨-; -n⟩ çorap, soket; umg **sich auf die ~n machen** yola tutmak; umg **von den ~n sein** -in (hayretten) aklı durmak
**Sockel** M ⟨-s; -⟩ temel; Statue, Möbel kaide, taban
**Soda** F ⟨-; ohne pl⟩ od N ⟨-s; ohne pl⟩ soda
**sodass** KONJ öyle ki
**Sodawasser** N soda, maden sodası

# SOND

**Sodbrennen** N ⟨-s; ohne pl⟩ MED mide yanması/ekşimesi
**soeben** ADV demin, (bir)az önce
**Sofa** N ⟨-s; -s⟩ kanepe, divan, sedir
**sofern** KONJ eğer, şayet; -in -mesi şartıyla; **~ nicht** eğer/şayet (yap)mazsa
**sofort** ADV hemen, derhal, dosdoğru; **(ab) ~ gültig** WIRTSCH derhal geçerli (olmak üzere)
**Sofortbildkamera** F FOTO polaroid fotoğraf makinesi
**Soforthilfe** F acil yardım
**sofortig** ADJ acil, derhal yapılan
**Sofortmaßnahme** F acil önlem
**Sofortprogramm** N acil program
**Software** [ˈsɔftvɛːɐ] F ⟨-; -s⟩ IT yazılım, program **~anbieter** M IT yazılımcı (firma) **~entwickler** M IT yazılımcı **~paket** N IT yazılım paketi
**sog.** abk für sogenannt ... adı verilen
**Sog** M ⟨-s; -e⟩ FLUG, SCHIFF girdap; fig cazibe
**sogar** [zoˈgaːɐ] ADV hatta, bile
**sogenannt** ADJ ... adı verilen
**Sohle** F ⟨-; -n⟩ taban
**Sohn** M ⟨-s; ⸚e⟩ oğul
**Soja|bohne** F BOT soya fasulyesi **~milch** F soyadan yapılan süt benzeri içecek **~soße** F soya sosu
**solange** KONJ -dikçe, -diği sürece
**Solar|batterie** [zoˈlaːr-] F güneş pili **~energie** F güneş enerjisi
**Solarium** N ⟨-s; Solarien⟩ solaryum
**Solarzelle** F fotopil
**solch** DEM PR böyle, bu(nun) gibi
**Sold** ⟨-s; -e⟩ MIL asker maaşı
**Soldat** M ⟨-en; -en⟩ asker
**solidarisch** ADJ dayanışma içinde; WIRTSCH JUR müteselsil; **sich ~ erklären mit** -i desteklediğini açıklamak
**solidarisieren** V/R ⟨ohne ge-, h.⟩ **sich ~ mit** ILE dayanışmaya geçmek
**Solidarität** F ⟨-; ohne pl⟩ dayanışma
**Solidaritätszuschlag** M dayanışma vergisi (Doğu Almanyanın kalkınması için)
**Solidarpakt** M POL emeklilik sigortası sistemi
**solide** ADJ (haltbar) sağlam, dayanıklı; Preise makul; Person tutarlı, güvenilir
**Solist** M ⟨-en; -en⟩, **-in** F ⟨-; -nen⟩ solist
**Soll** N ⟨-; -⟩ WIRTSCH borç; (Plan⚹) hedef; **~ und Haben** borç ve alacak; **sein** **~ erfüllen** kendinden beklenen yapmak
**sollen** ⟨h.⟩ **A** V/AUX ⟨soll, sollte, sollen⟩ geplant, bestimmt -meli/-ecek olmak; angeblich -diği söylenmek; verpflichtet -mesi istenmek; **soll ich ...?** (yap)ayım mı?; **was soll ich ...?** ne (yap)ayım?; **du solltest (nicht)** (yap)(ma)malısın; **er soll reich sein** zenginmiş **B** V/I ⟨soll, sollte, gesollt⟩: **was soll ich hier?** benim burada işim ne?; **was soll das?** bu da ne demek oluyor?
**Soll|leistung** F TECH nominal verim **~seite** F WIRTSCH borçlu taraf **~wert** M TECH nominal değer **~zinsen** PL WIRTSCH borç faizi sg
**solo** ADJ umg tek başına, yalnız
**Solo** N ⟨-s; -s, Soli⟩ solo
**solvent** [-v-] ADJ ödeme gücü olan
**Solvenz** [-v-] F ⟨-; -en⟩ ödeme gücü
**somatisch** ADJ MED somatik, bedeni
**somit** ADV böylece, bunun sonucu olarak
**Sommer** M ⟨-s; -⟩ yaz; **im ~** yazın **~anfang** M yaz baş(langıc)ı **~fahrplan** M yaz tarifesi **~ferien** PL yaz tatili sg **~kleidung** F yazlık giyim **⚹lich** ADJ yaz gibi **~reifen** PL AUTO normal/yazlık lastik **~schlussverkauf** M yaz sonu satışları pl **~spiele** PL: **Olympische ~** Yaz Olimpiyatları **~sprosse** F çil **⚹sprossig** ADJ çilli **~zeit** F ⟨-; ohne pl⟩ yaz (mevsimi); vorverlegte yaz saati (uygulaması)
**Sonder|anfertigung** F ısmarlama, sipariş üzerine (imalat) **~angebot** N özel indirim(li satış/mal) **~ausgabe** F TYPO özel sayı/baskı; **~n** olağanüstü harcama(lar)
**sonderbar** ADJ aca(y)ip, tuhaf
**Sonder|beauftragte** M,F özel görevli **~fahrt** F tarife dışı sefer **~fall** M özel durum, istisna
**sonderlich** ADV: **nicht ~** pek (iyi vs) değil
**Sonderling** M ⟨-s; -e⟩ garip, eksantrik adj **~müll** M zehirli çöp/atık
**sondern** KONJ: **nicht du, ~ ich** sen değil, ben; **nicht nur teuer, ~ auch schlecht** sadece pahalı değil, aynı zamanda kötü de
**Sonder|nummer** F özel/olağanüstü numara **~preis** M özel fiyat **~regelung** F özel uygulama **~schule** F öğ-

renme sorunlu çocuklar okulu **~zeichen** N ıt özel karakter **~zug** M özel/ek tren **~zulage** F özel zam
**sondieren** ⟨ohne ge-, h.⟩ **A** VT MED sondalamak **B** VI sondaj yapmak
**Sonnabend** M cumartesi
**sonnabends** ADV cumartesileri, cumartesi günlerı
**Sonne** F ⟨-; -n⟩ güneş
**sonnen** VR ⟨h.⟩: **sich ~** güneşlenmek
**Sonnen|aufgang** M güneşin doğuşu; **bei ~** şafakta **~bad** N ein ~ nehmen güneşlenmek **~bank** F solaryum bankı **~blume** F BOT ayçiçeği **~blumenkern** M ayçiçeği çekirdeği, umg çekirdek **~blumenöl** N (ayçiçek yağı **~brand** M güneş yanığı; e-n ~ haben güneşte yanmış olmak **~brille** F güneş gözlüğü **~creme** F güneş kremi **~deck** N SCHIFF üst güverte, umg güneşlenme güvertesi **~energie** F güneş enerjisi **~finsternis** F güneş tutulması **~licht** N gün(eş) ışığı; **bei ~** gün(eş) ışığında **~öl** N güneş yağı **~schein** M güneş ışığı **~schirm** M güneş şemsiyesi **~schutzcreme** F güneş kremi **~seite** F güneş alan taraf; fig -in hoş tarafı **~stich** M MED güneş çarpması; e-n ~ haben -i güneş çarpmış olmak **~strahl** M güneş ışını **~system** N güneş sistemi **~untergang** M güneşin batması, gurup; **bei ~** güneş batarken, gurup vakti **2verbrannt** ADJ güneşte yanmış **~wende** F gündönümü
**sonnig** ADJ güneşli; fig neşeli, iç açıcı
**Sonntag** M pazar; **(am) ~** pazar (günü)
**sonntags** ADV pazarları, pazar günleri
**Sonntagsdienst** M: **~ haben** -in pazar nöbeti olmak/var
**Sonntagsfahrer** M pej tecrübesiz şoför
**sonst** ADV (außerdem) ayrıca, başka; (andernfalls) yoksa, aksi takdirde; (normalerweise) genelde, her zaman; **~ jemand** umg başka biri; **~ nichts** başka bir şey yok, hepsi bu; **~ was** umg başka bir şey; **~ wie** umg başka bir şekilde; **~ wo** umg başka bir yerde; **~ wohin** başka bir yere; **alles wie ~** her şey eskisi gibi; **nichts ist wie ~** hiçbir şey eskisi gibi değil; **wer ~?** başka kim olacak?; **~ noch etwas?** başka bir eksik/arzunuz?
**sonstig** ADJ başka(ca), öbür, kalan

**sooft** [zo'|ɔft] KONJ -dikçe; **~ du willst** sen istedikçe, ne zaman istersen
**Sopran** M ⟨-s; -e⟩ MUS soprano (ses) **~istin** F ⟨-; -nen⟩ soprano (şarkıcı)
**Sorge** F ⟨-; -n⟩ merak; (Kummer) sıkıntı, kaygı, endişe; (Fürƨ) bakım; **finanzielle (berufliche) ~n** mali (meslekle ilgili) sıkıntılar; **sich** (dat) **~n machen** (um) -i merak etmek; **keine ~!** merak etme(yin)!
**sorgen** ⟨h.⟩ **A** VI: **~ für** -e bakmak; -i sağlamaya çalışmak **B** VR: **sich ~ (um** için) endişelenmek
**sorgenfrei** ADJ kedersiz, tasasız, rahat
**Sorgenkind** N endişe konusu olan adj (çocuk vs)
**Sorgerecht** N ⟨-s; ohne pl⟩ **(für** için) velayet hakkı
**Sorg|falt** F ⟨-; ohne pl⟩ titizlik, özen, dikkat; **große ~ verwenden auf** -e büyük özen göstermek **ƨfältig** ADJ özenli, dikkatli
**sorglos** ADJ dertsiz; (nachlässig) dikkatsiz, umuramaz **ƨigkeit** F ⟨-; ohne pl⟩ dikkatsizlik, umursamazlık
**Sorte** F ⟨-; -n⟩ **A** tür, cins, çeşit; WIRTSCH (Marke) a. marka **B** FIN **~n** dövizler
**sortieren** VT ⟨ohne ge-, h.⟩ **(nach** -e göre) ayırmak, seçmek, ayıklamak; (ordnen) düzenlemek
**Sortiment** N ⟨-s; -e⟩: **~ von** ... çeşitleri
**Sortimentsbuchhandel** M kitapçılık (perakende)
**sosehr** KONJ **(auch)** her ne kadar ... -se de
**Soße** F ⟨-; -n⟩ sos, salça
**Sound** [zaʊnt] M ⟨-s; -s⟩ MUS bir gruba vs özgü tını **~karte** F ⟨-; -n⟩ IT ses kartı
**sound|so** ADV umg filan, falan; **~ oft** bilmemkaç kere; **~ viel** bilmemne kadar; **~ viele** bilmemkaç, **Herr Soundso** filan bey **~soviel** ADJ umg bilmemkaçıncı; **am ƨen** ayın bilmemkaçında
**Soundtrack** ['zaʊntrɛk] M ⟨-s; -s⟩ FILM (orijinal) film müziği
**Souterrain** [zutɛ'rɛ:] N ⟨-s; -s⟩ bodrum katı(ndaki konut)
**Souvenir** [zuvə'ni:r] N ⟨-s; -s⟩ hediyelik eşya, yol hatırası
**souverän** [zuva'rɛ:n] ADJ POL egemen, bağımsız; fig üstün; soğukkanlı **ƨität** F

⟨-; ohne pl⟩ egemenlik; fig soğukkanlılık, -in üstünde olma
**so|viel** KONJ -diği kadar(ıyla); **~ ich weiß** bildiğim kadarıyla **~weit** KONJ -diği kadar(ıyla) **~wenig** KONJ ne kadar az da olsa **~wie** KONJ ve ayrıca; zeitlich -diği anda **~wieso** ADV zaten, esasen, nasıl olsa
**Sowjet** [zɔ'vjɛt, 'zɔvjɛt] M ⟨-s; -s⟩ Sovyet ♦**isch** ADJ HIST Sovyet subst **~union** F Sovyetler Birliği
**sowohl** KONJ: **~ Lehrer als (auch) Schüler** hem öğretmen hem (de) öğrenci
**sozial** ADJ sosyal, toplumsal
**Sozial|abbau** M ⟨-s; ohne pl⟩ POL pej sosyal imkanların gittikçe kısılması **~abgaben** PL sosyal kesintiler **~amt** N sosyal yardım dairesi **~arbeit** F sosyal çalışmanlık **~arbeiter(in)** M(F) sosyal çalışman
**Sozialdemokrat** M sosyal demokrat **~ie** F sosyal demokrasi **~in** F sosyal demokrat (kadın) ♦**isch** ADJ sosyal demokrat
**Sozialeinrichtungen** PL sosyal kuruluşlar
**Sozialhilfe** F sosyal yardım; **von der ~ leben** sosyal yardımla geçinmek
**Sozial|ismus** M ⟨-; ohne pl⟩ sosyalizm **~ist** M ⟨-en; -en⟩, **-in** F ⟨-; -nen⟩ sosyalist ♦**istisch** ADJ sosyalist
**sozialkritisch** ADJ toplum eleştirisi yapan
**Sozial|kunde** F ⟨-; ohne pl⟩ sosyal bilgiler **~leistungen** PL sosyal hizmetler **~plan** M büyük işçi çıkarımlarında gözetilen mağduriyet sırası **~politik** F sosyal politika ♦**politisch** ADJ sosyal politikaya ilişkin **~produkt** N millî hasıla **~staat** M sosyal devlet **~versicherung** F sosyal sigorta **~wohnung** F sosyal konut
**Soziolog|e** M ⟨-n; -n⟩ sosyolog, toplumbilimci **~ie** F ⟨-; ohne pl⟩ sosyoloji, toplumbilim **~in** F ⟨-; -nen⟩ sosyolog (kadın) ♦**isch** ADJ sosyolojik, toplumbilimsel
**Sozius** M ⟨-; -se⟩ WIRTSCH ortak, hissedar; sürücünün arkasında oturan
**sozusagen** ADV tabir caizse, nasıl demeli, bir tür
**Spachtel** M ⟨-s; -⟩ (I)spatula
**spachteln** V/T ⟨h.⟩ macun çekmek, spatulayla sürmek
**Spaghetti** [ʃpa'gɛti] PL spagetti, çubuk makarna
**spähen** ['ʃpɛːən] V/I ⟨h.⟩ **(nach** -i**)** gözlemek, -in yolunu gözlemek
**Spalier** [-'liːə] N ⟨-s; -e⟩ AGR ispalya; **ein ~ bilden, ~ stehen** iki geçeli dizilmek
**Spalt** M ⟨-s; -e⟩ (Riss) yarık, çatlak; (Öffnung) aralık, boşluk, gedik
**spaltbar** ADJ parçalanabilir; PHYS fisil
**Spalte** F ⟨-; -n⟩ A → **Spalt** B TYPO sütun
**spalten** ⟨spaltete, gespalten, h.⟩ A V/T yarmak, ayırmak; Staat bölmek B V/R: **sich ~** ayrılmak, bölünmek
**Spaltung** F ⟨-; -en⟩ yar(ıl)ma; PHYS fisyon; fig ayrılma, bozuşma; Staat bölünme
**Span** M ⟨-s; ⸚e⟩ yonga; **Späne** pl TECH talaş
**Spanferkel** N GASTR domuz çevirme(si)
**Spange** F ⟨-; -n⟩ toka, kopça
**Span|ien** N İspanya **~ier** M ⟨-s; -⟩, **-in** F ⟨-; -nen⟩ İspanyol ♦**isch** ADJ İspanya subst; İspanyol subst; **das kommt mir ~ vor!** (verdächtig) bence bunda bir bityeniği var!; (unverständlich) hiç anlamıyorum **~isch** N İspanyolca
**Spann** M ⟨-s; -e⟩ ağım, ayağın üst kısmı
**Spanne** F ⟨-; -n⟩ karış; WIRTSCH marj, aralık
**spannen** ⟨h.⟩ A V/T germek, sıkıştırmak; Leine çekmek; Gewehr horozu kaldırmak; Bogen germek, çekmek B V/I sıkmak, (çok) dar gelmek C V/R: **sich ~** gerilmek, çekilmek; **sich ~ über** -in üzerinde olmak (Brücke)
**spannend** ADJ sürükleyici, heyecanlı
**Spannkraft** F ⟨-; ohne pl⟩ TECH fren kuvveti; fig zindelik
**Spannung** F ⟨-; -en⟩ gerilim; ELEK a. voltaj; fig gerginlik, heyecan; **unter ~ (stehend)** gerilim altında; **mit (**od **voll) ~** gerilim/heyecan içinde
**spannungsgeladen** ADJ gerilimli, gergin
**Spannungs|messer** M ELEK voltmetre **~prüfer** M ELEK kontrol kalemi
**Spannweite** F ARCH kemer açıklığı
**Spanplatte** F yonga plakası; umg sunta®

**Sparbuch** N tasarruf cüzdanı
**Sparbüchse** F (tasarruf) kumbara(sı)
**sparen** ⟨h.⟩ A V/T (*ein~*) tasarruf etmek; (*zusammen~*) biriktirmek; **das hättest du dir ~ können!** yapmaması daha iyi olurdu B V/I tutumlu olmak; **~ für** (*od* **auf** *akk*) ... için para biriktirmek
**Sparer** M ⟨-s; -⟩, **-in** F ⟨-; -nen⟩ tasarruf sahibi, para biriktiren
**Spargel** M ⟨-s;-⟩ BOT kuşkonmaz, asparagus
**Spar|guthaben** N tasarruf mevduatı **~kasse** F tasarruf sandığı (*Bank*) **~konto** N tasarruf hesabı
**spärlich** ADJ az, seyrek, kıt; *Lohn, Wissen* yetersiz, az; *Besuch* ender, seyrek
**Spar|maßnahme** F tasarruf tedbiri **~paket** N tasarruf (tedbirleri) paketi **~prämie** F tasarruf primi **~programm** N POL tasarruf programı; *Waschmaschine etc* ekonomik program
**sparsam** A ADJ (mit *-de*) tutumlu, idareli B ADV: **~ leben** tutumlu/idareli yaşamak; **~ umgehen mit** *-i* idareli kullanmak **2keit** F ⟨-; *ohne pl*⟩ tutumluluk, idare
**Sparschwein** N kumbara (*domuz şeklinde*)
**spartanisch** ADJ: **~ leben** çok sade yaşamak
**Sparzins** M WIRTSCH tasarruf/mevduat faizi
**Spaß** M ⟨-es; ⁼e⟩ zevk, eğlence; (*Scherz*) şaka; **aus** (**nur zum**) **~** (sırf) şaka olsun diye; **es macht viel** (**keinen**) **~** çok (hiç) zevk ver(m)iyor; **j-m den ~ verderben** b-nin neşesini kaçırmak/bozmak; **er macht nur ~** sadece şaka yapıyor; **er macht keinen ~** hiç de şaka yapmıyor; **keinen ~ verstehen** şakadan anlamamak; **viel ~!** iyi eğlenceler! **~bremse** F: **voll die ~ sein** tam bir oyunbozan olmak; **du bist heute wieder voll die ~** bugün yine tam bir oyunbozansın
**spaßen** V/I ⟨h.⟩ *-e* şaka yapmak, *ile* alay etmek; **damit ist nicht zu ~!** bunun şakası olmaz! **er lässt mit sich ~** o şaka kaldırıyor
**spaßig** ADJ güldürücü, eğlendirici, zevkli
**Spaß|verderber** M ⟨-s; -⟩ oyunbozan **~vogel** M muzip
**Spast|iker** M ⟨-s; -⟩ MED spastik **2isch** ADJ spastik
**spät** ADJ *u.* ADV geç; **du bist ~ dran!** geç kaldın!; **von früh bis ~** sabahtan akşama (kadar); **wie ~ ist es?** saat kaç?; (**fünf Minuten**) **zu ~ kommen** (beş dakika) gecikmek (*od* geç kalmak); **am ~en Nachmittag** akşam üzeri; **bis ~er!** (sonra) görüşürüz!
**Spatel** M ⟨-s; -⟩ MED spatül, dilbasan
**Spaten** M ⟨-s; -⟩ kürek, bel küreği
**Spätentwickler** M gelişmesi gecikmeli çocuk
**spätestens** ADV en geç
**Spät|herbst** M sonbahar/güz sonları **~lese** F geç üzüm üzümden yapılma tatlı şarap **~schäden** PL MED geç beliren hasar(lar) **~schicht** F: **~ haben** gece vardiyasında çalışmak
**Spatz** M ⟨-en, -es; -en⟩ ZOOL serçe
**spazieren**: **~ fahren** arabayla gezmek/dolaşmak, *-i* (arabayla) gezdirmek/dolaştırmak; **~ gehen** gezmek, dolaşmak
**Spazier|fahrt** F araba *vs* gezintisi **~gang** M gezinti, dolaşma; **e-n ~ machen** gezinti/yürüyüş yapmak **~gänger** M ⟨-s; -⟩, **~gängerin** F ⟨-; -nen⟩ gezinti/yürüyüş yapan **~stock** M yürüyüş bastonu/değneği **~weg** M gezinti yolu
**Specht** M ⟨-s; -e⟩ ZOOL ağaçkakan
**Speck** M ⟨-s; -e⟩ içyağı (*deri altı*); (*Frühstücks2*) jambon
**speckig** ADJ (*schmierig*) yağlı
**Spediteur** ['tøːɐ] M ⟨-s; -e⟩ nakliyeci
**Spedition** [ʃpediˈtsi̯oːn] F ⟨-; -en⟩ nakliyat firması, nakliye ambarı
**Speditionskaufmann** M nakliyeci tacir
**Speer** [ʃpeːɐ] M ⟨-s; -e⟩ mızrak, kargı **~werfen** N cirit atma
**Speiche** F ⟨-; -n⟩ bisiklet/jant teli, tekerlek parmağı
**Speichel** M ⟨-s; *ohne pl*⟩ MED tükürük, salya
**Speicher** M ⟨-s; -⟩ ambar, ardiye; (*Wasser2*) depo, tank, hazne; (*Dachboden*) tavanarası; IT bellek **~adresse** F IT bellek adresi **~chip** M IT bellek yongası **~erweiterung** F IT ilave bellek **~funktion** F IT bellek işlevi **~kapazität** F IT bellek kapasitesi **~medium** N IT bellek ortamı
**speichern** V/T ⟨h.⟩ depolamak; IT belle-

**Speicher|platz** M IT bellek yeri **~schutz** M IT bellek korunum(u) **~ung** F ‹-; ohne pl› IT belleğe alma **~zugriff** M ‹-s; ohne pl› IT bellek erişimi

**Speise** F ‹-; -n› yiyecek; (Gericht) yemek **~eis** N dondurma **~kammer** F kiler **~karte** F yemek listesi **~leitung** F ELEK, TECH besleme hattı

**speisen** ‹h.› A VI yemek yemek B VI/T a. ELEK, TECH beslemek

**Speise|öl** N yemeklik (sıvı) yağ **~röhre** F ANAT yemek borusu **~saal** M yemek salonu **~wagen** M BAHN yemekli vagon, vagon restoran

**Speisung** F ‹-; -en› TECH besleme

**Spektakel** M ‹-s; ohne pl› şamata; skandal

**Spektrum** N ‹-s; Spektren› tayf; fig yelpaze, mozaik

**Spekulant** M ‹-en; -en› spekülatör; pej vurguncu

**Spekulation** [-'tsĭo:n] F ‹-; -en› spekülasyon; pej vurgun; WIRTSCH a. riske girme **~sgeschäft** N spekülatif işlemler

**spekulieren** VI ‹ohne ge-, h.› (auf akk -e, mit -le) borsada oynamak

**Spelunke** F ‹-; -n› umg salaş meyhane; batakhane

**spendabel** ADJ umg cömert, eliaçık

**Spende** F ‹-; -n› bağış, hibe; (Beitrag) yardım, katkı

**spenden** VI/T ‹h.› vermek, bağışlamak **Spenden|aktion** F bağış kampanyası **~konto** N bağış hesabı

**Spender** M ‹-s; -›, **-in** F ‹-; -nen› bağışçı; (Blut&) kan veren

**spendieren** VI/T ‹ohne ge-, h.›: **j-m etw ~** b-ne bş(-i) ısmarlamak

**Spengler** M ‹-s; -› (sıhhî) tesisatçı

**Sperma** N ‹-s; Spermen› sperm(a)

**Sperre** F ‹-; -n› (Schranke) engel, bariyer; (Barrikade) barikat; TECH kilit(leme), blokaj; WIRTSCH ambargo, yasak; PSYCH tutukluk, blokaj; **e-e ~ verhängen über** WIRTSCH -e ambargo uygulamak

**sperren** VI/T ‹h.› Straße (**für den Verkehr** trafiğe) kapa(t)mak; Gas, Telefon kesmek; Konto bloke etmek; Scheck durdurmak; **~ in** (akk) -e kapatmak, kilitlemek; **gesperrt gedruckt** espase dizilmiş;

**sich ~** (**gegen** -e karşı) direnmek, ayak diremek

**Sperr|frist** F WIRTSCH bekleme süresi; Versicherung tazminatsız süre **~gebiet** N yasak bölge **~gepäck** N hacimli eşya/bagaj **~holz** M ‹-es› kontrplak

**sperrig** ADJ battal, havaleli

**Sperr|klausel** F POL baraj (oy oranında) **~konto** N bloke hesap **~müll** M havaleli çöp **~stunde** F MIL sokağa çıkma yasağının başlama saati; eğlence yerlerinin kapanma saati

**Sperrung** F ‹-; -en› WIRTSCH blokaj

**Spesen** PL masraf(lar); yol harcamaları **♀frei** ADJ masrafsız **~konto** N masraf hesabı **~rechnung** F masraf faturası

**Spezial|ausbildung** F özel eğitim **~einheit** F özel tim/birlik **~gebiet** N uzmanlık alanı **~geschäft** N uzmanlaşmış mağaza

**spezialisieren** V/R ‹ohne ge-, h.›: **sich ~** (**auf** akk -de) uzmanlaşmak

**Spezialisierung** F ‹-; ohne pl› uzmanlık

**Spezialist** M ‹-en; -en›, **-in** F ‹-; -nen› uzman

**Spezialität** F ‹-; -en› spesiyalite **~enrestaurant** N spesiyal restoran

**speziell** ADJ özel, ayrı, belirli

**Spezies** ['ʃpe:tsĭɛs, 'sp-] F ‹-; -› tür (Tier)

**spezifisch** ADJ (**für**) -e özgü; **~es Gewicht** PHYS özgül ağırlık

**spicken** VI/T ‹h.› parça etin içine yağ, sarmısak vb sokmak; umg **gespickt mit Fehlern** yanlışları olan

**Spiegel** M ‹-s; -› ayna **~bild** N yansıma, (yansıyan) görüntü; fig kopya, suret **~ei** N GASTR sahanda yumurta **♀glatt** ADJ Wasser sütliman; Straße buz kaplı

**spiegeln** ‹h.› A VI (blenden) göz almak, parıldamak B VI/T yansıtmak C V/R: **sich ~** yansımak

**Spiegel|reflexkamera** F aynalı fotoğraf makinası **~schrift** F ters yazı (aynada okunan) **~ung** F ‹-; -en› yansıma; in der Luft serap

**Spiel** N ‹-s; -e› oyun; (Wett&) a. maç, karşılaşma; (Glücks&) kumar; **auf dem ~ stehen** tehlikede olmak; **aufs ~ setzen** ortaya koymak, tehlikeye atmak; **leichtes ~ haben** (**mit** -i) parmağının ucunda oynatmak; **ins ~ kommen** söz konusu olmak; **aus dem ~ lassen** işe karıştırmamak; *-e* ilişmemek; **mit j-m ein falsches ~ treiben** b-ne kötü oyun oynamak

**Spiel|art** F çeşit, versiyon, varyant; BIOL alt türler **~automat** M *umg* kumar makinası **~bank** F ⟨-; -en⟩ kumarhane

**spiel|en** VT *u.* VI ⟨*h.*⟩ (um -e) oynamak; (*darstellen*) *a.* canlandırmak; **Klavier** *etc* **~** piyano *vs* çalmak; **mit dem Gedanken ~ zu** -meyi tasarlamak, kafasından geçirmek; **s-e Beziehungen ~ lassen** torpil kullanmak **~end** ADV *fig* kolayca

**Spieler** M ⟨-s; -⟩ oyuncu; **Glücksspiel** kumarbaz

**Spielerei** F ⟨-; -en⟩ gayri ciddi iş; oyuncak gibi şey; fantezi *adj*

**Spielerin** F ⟨-; -nen⟩ oyuncu/kumarbaz (kadın)

**spielerisch** ADJ oyun gibi/olarak, ciddiye almadan; **mit ~er Leichtigkeit** büyük kolaylıkla

**Spiel|feld** N oyun alanı **~film** M (uzun metrajlı) film **~halle** F kumar salonu **~hölle** F *pej* kumarhane, kumar salonu **~kamerad(in)** M(F) oyun arkadaşı **~karte** F oyun kağıdı **~kasino** N kumarhane **~marke** F marka, fiş **~plan** M THEAT *etc* program **~platz** M oyun alanı **~raum** M *fig* hareket özgürlüğü **~regel** F oyun kuralı; **sich an die ~n halten** oyunu kuralına göre oynamak **~sachen** PL oyuncaklar **~schuld** F kumar borcu **~stand** M skor **~uhr** F müzikli saat **~verderber** M ⟨-s; -⟩ oyunbozan, *umg* mızıkçı **~waren** PL oyuncaklar, oyun eşyası (*dükkanda*) **~warengeschäft** N oyuncakçı (mağazası) **~zeit** F THEAT, SPORT sezon; (*Dauer*) oyun süresi; *Film* filmin süresi **~zeug** N oyuncak **~zeugpistole** F oyuncak tabanca

**Spieß** M ⟨-es; -e⟩ (*Brat2.*) şiş; *umg* den **~ umdrehen** *-i* kendi silahıyla vurmak

**Spießbürger(in)** M(F) → Spießer

**spießbürgerlich** ADJ *umg* → spießig

**Spießer** M ⟨-s; -⟩, **-in** F ⟨-; -nen⟩ *pej* dargörüşlü, küçük burjuva

**spießig** ADJ *pej* dargörüşlü, küçük burjuva

**Spießruten**: **~ laufen** *fig* yürürken alaylara, düşmanlıklara maruz kalmak

**Spikes** [ʃpaɪks] PL *Schuhe* kabara *sg*; *Autoreifen* çivi *sg* **~reifen** PL çivili lastik

**Spinat** M ⟨-s; -e⟩ ıspanak

**Spind** M *u.* N ⟨-s; -e⟩ dolap, asker dolabı

**Spinne** F ⟨-; -n⟩ örümcek

**spinnen** (spann, gesponnen, *h.*) A VT örmek, eğirmek; *fig* kurmak, hayal etmek B VI *umg fig* çıldırmış olmak; (*Unsinn reden*) saçmalamak

**Spinner** M ⟨-s; -⟩, **-in** F ⟨-; -nen⟩ *umg fig* çatlak, kaçık **~ei** F ⟨-; -en⟩ iplikçilik; iplik fabrikası; *umg fig* kaçıklık

**Spinnwebe** F ⟨-; -n⟩ örümcek ağı

**Spion** M ⟨-s; -e⟩ casus, ajan

**Spionage** [-'naːʒə] F ⟨-; *ohne pl*⟩ casusluk, ajanlık **~abwehr** F karşı-casusluk **~netz** N, **~ring** F casus şebekesi

**spionieren** VI ⟨*ohne ge-, h.*⟩ casusluk yapmak; *umg* (*schnüffeln*) gizlice gözetlemek/dinlemek

**Spionin** F ⟨-; -nen⟩ casus/ajan (kadın)

**Spirall|e** F ⟨-; -n⟩ spiral, sarmal, helezon; MED spiral **2.förmig** ADJ helezoni, sarmal

**Spiritismus** M ⟨-; *ohne pl*⟩ ispritizma

**Spiritist** M ⟨-en; -en⟩, **-in** F ⟨-; -nen⟩ ispritizmacı **2.isch** ADJ ispritizmayla ilgili

**Spirituosen** PL alkollü sert içkiler

**Spiritus** M ⟨-; -se⟩ ispirto **~kocher** M ispirto ocağı

**spitz** ADJ sivri (uçlu); *fig* iğneli, alaylı, anlamlı; *Winkel* dar; **~e Zunge** *fig* sivri dil

**Spitzbogen** M sivri kemer

**Spitze** F ⟨-; -n⟩ sivri uç, uç noktası; (*Baum2., Berg2., Turm2.*) tepe; (*Unternehmens2.*) üst düzey yöneticiler; (*Gewebe*) dantel; **etw auf die ~ treiben** bş-i son kertesine vardırmak; **an der ~ liegen** başı çekmek; **sich an die ~ setzen** başa geçmek; **~!** süper!, harika!

**Spitzel** M ⟨-s; -⟩ muhbir, jurnalci, casus, ajan

**spitzen** VT ⟨*h.*⟩ sivriltmek; *Bleistift* açmak; *Lippen* uzatmak; *Ohren* dikmek, kabartmak

**Spitzen|gehalt** N süper maaş **~geschwindigkeit** F azami hız **~kandidat(in)** M(F) başbakan adayı **~klasse** F birinci/lüks sınıf (*Ware, Sportler etc*) **~leistung** F TECH, ELEK azami güç/verim **~lohn** M tavan ücret **~produkt** N TECH üstün ürün **~rei-**

**ter(in)** _MF_ _fig_ en başarılı _adj_ **~zeit** _F_ en yoğun zaman (trafik); en kısa süre
**Spitzer** _M_ ⟨-s; -⟩ kalemtıraş
**spitzfindig** _ADJ_ kılı kırk yaran **♀keit** _F_ ⟨-; -en⟩: **das sind ~en** bunlar işin (yersiz) teferruatı
**Spitzname** _M_ takma ad, lakap
**spitzwink(e)lig** _ADJ_ MATH dik açılı
**Spleen** [ʃpli:n] _M_ ⟨-s, -e, -s⟩ tutku, _pej_ kaçıklık
**Splitter** _M_ ⟨-s; -⟩ kıymık
**splittern** _V/I_ ⟨h.⟩ parçalanmak, ufalanmak
**splitternackt** _ADJ_ _umg_ çırılçıplak, anadan doğma
**Splitterpartei** _F_ çok küçük parti
**Spoiler** ['ʃpɔylər] _M_ ⟨-s; -⟩ spoiler
**sponsern** _V/T_ ⟨h.⟩ desteklemek, -e sponsorluk etmek
**Sponsor** ['ʃpɔnzə, 'sp-] _M_ ⟨-s; -en⟩, **-in** [-zo:rɪn] _F_ ⟨-; -nen⟩ hami, sponsor
**Sponsoring** ['ʃpɔnzərɪŋ] _N_ ⟨-s; _ohne pl_⟩ WIRTSCH sponsorluk
**spontan** _ADJ_ kendiliğinden
**sporadisch** _ADJ_ seyrek
**Spore** _F_ ⟨-; -n⟩ BOT spor
**Sport** _M_ ⟨-s; _ohne pl_⟩ spor; **~ treiben** spor yapmak
**Sport|abzeichen** _N_ spor amblemi **~anlage** _F_ spor tesisi **~art** _F_ spor türü **~artikel** _M_ spor malzemesi **~arzt** _M_ spor hekimi **♀begeistert** _ADJ_ sporsever **~fest** _N_ spor bayramı **~flieger(in)** _MF_ spor pilotu **~geschäft** _N_ spor mağazası **~halle** _F_ spor salonu **~kleidung** _F_ spor giyimi **~ler(in)** _MF_ ⟨-s; -⟩, **-in** _F_ ⟨-; -nen⟩ sporcu **♀lich** _ADJ_ sportif; _Aussehen_ atletik; _Kleidung_ gündelik, spor; **sehr ~ sein** çok spor yapmak **~medizin** _F_ spor hekimliği **~platz** _M_ spor sahası **~reportage** _F_ spor röportajı **~reporter(in)** _MF_ spor muhabiri **~veranstaltung** _F_ spor gösterisi/karşılaşması **~verein** _M_ spor kulübü **~wagen** _M_ AUTO spor araba; (Kinder♀) portatif çocuk arabası **~zentrum** _N_ spor merkezi
**Spott** _M_ ⟨-s; _ohne pl_⟩ alay; _verächtlicher_ hor görme
**spottbillig** _ADJ_ _umg_ sudan ucuz
**spotten** _V/I_ ⟨h.⟩ (**über** _akk_ -le) alay etmek
**Spötter** _M_ ⟨-s; -⟩, **-in** _F_ ⟨-; -nen⟩ alay-

cı
**spöttisch** _ADJ_ _Worte_ alaylı, iğneli; _Person_ alaycı
**Spottpreis** _M_: **für e-n ~** yok pahasına
**sprachbegab|t** _ADJ_ (yabancı) dile yetenekli **♀ung** _F_ (yabancı) dil yeteneği
**Sprache** _F_ ⟨-; -n⟩ dil; (Sprechweise) konuşma; **zur ~ bringen (kommen)** dile getirmek (gelmek)
**Sprach|ebene** _F_ dil düzeyi **~eigenheit** _F_ dil özelliği
**Sprachenschule** _F_ yabancı dil okulu/kursu
**Sprach|fehler** _M_ MED dil/konuşma arızası **~führer** _M_ dil kılavuzu **~gebrauch** _M_ ⟨-s; _ohne pl_⟩: **im gewöhnlichen ~** gündelik dilde(ki anlamıyla) **~gefühl** _N_ ⟨-s; _ohne pl_⟩ dil duygusu **♀gewandt** _ADJ_ iyi konuşan **~kenntnisse**: **gute deutsche ~ erwünscht** Almancası iyi olanlar tercih olunur **♀kundig** _ADJ_ ülkenin dilini bilen; çok dil bilen **~kurs** _M_ dil kursu **~labor** _N_ dil laboratuarı **~lehre** _F_ dilbilgisi, gramer **♀lich** _ADJ_ dilsel, dille ilgili **♀los** _ADJ_ dili tutulmuş, dilsiz **~reise** _F_ dil öğrenme gezisi **~rohr** _N_ konuşma borusu, SCHIFF pasaparola; _fig_ -in sözcüsü **~störung** _F_ MED konuşma bozukluğu **~unterricht** _M_ dil dersi; **türkischer ~** Türkçe dersi
**Sprachwissenschaft** _F_ dilbilim **~ler(in)** _MF_ dilbilimci **♀lich** _ADJ_ dilbilimsel
**Spray** [ʃpre:] _M_ _u._ _N_ ⟨-s; -s⟩ sprey **♀en** ⟨h.⟩ püskürtmek (spreyle)
**Sprech|anlage** _F_ düofon **~blase** _F_ balon (çizgi-roman) **~chor** _M_: **im ~ rufen** koro halinde seslenmek
**sprechen** ⟨spricht, sprach, gesprochen, h.⟩ **A** _V/I_ (**mit** ile; **über** _akk_, **von** hakkında) konuşmak; **j-n zum Sprechen bringen** b-ni konuşturmak; **~ für** -in lehine olmak; **vieles spricht dafür (dagegen)** bunu destekleyen (buna karşı) birçok sebep var; **auf ihn bin ich nicht gut zu ~** ondan söz etmeyi hiç istemiyorum **B** _V/T_: **j-n ~** b-le konuşmak, b-ne ulaşmak; **nicht zu ~ sein** meşgul olmak
**Sprecher** _M_ ⟨-s; -⟩, **-in** _F_ ⟨-; -nen⟩ konuşmacı; (Ansager) spiker; (Wortführer) sözcü
**Sprechfunk** _M_ telsiz **~gerät** _N_ telsiz

cihazı
**Sprech|stunde** F görüşme saat(ler)i; *Amt* açılış saatleri *pl*; MED muayene saatleri *pl* **~zimmer** N muayene odası
**spreizen** VT ⟨h.⟩ yaymak, ayırmak, açmak
**Spreizfuß** M MED yayvan ayak
**sprengen** VT ⟨h.⟩ (**in die Luft**) havaya uçurmak; *Fels* parçalamak; *Wasser* serpmek; *Rasen* sulamak; *Versammlung* zorla dağıtmak
**Spreng|kopf** M MIL savaş başlığı **~körper** M patlayıcı cisim, bomba **~ladung** F *belli bir miktar patlayıcı madde* **~satz** M tahrip kalıbı **~stoff** M patlayıcı madde **~ung** F ⟨-; -en⟩ patlatma, havaya uçurma
**Sprich|wort** N ⟨-s; ¨er⟩ atasözü ⚥**wörtlich** ADJ atasözü gibi bilinen; *fig* herkesin bildiği
**sprießen** VI ⟨spross, gesprossen, s.⟩ topraktan çıkmak, bitmek, fışkırmak
**Springbrunnen** M fıskiye
**springen** VI ⟨sprang, gesprungen, s.⟩ sıçramak, atlamak; *Ball* zıplamak; *Glas* çatlamak; (*zerspringen*) kırılmak; (*platzen*) patlamak; **in die Höhe** (**zur Seite**) ~ yukarıya (yana, yan tarafa) sıçramak
**Springer** M ⟨-s; -⟩ *Schach* at; WIRTSCH ihtiyaca göre işe suşulan eleman
**Spring|flut** F deniz baskını (*ani*) **~seil** N ip (*ip atlamak için*)
**Sprint** M ⟨-s; -s⟩ kısa mesafe koşusu
**sprinten** VI koşmak; *umg* depara kalkmak
**Sprinter** M ⟨-s; -⟩, **-in** F ⟨-; -nen⟩ kısa mesafe koşucusu
**Sprit** M ⟨-s; -e⟩ *umg* (*Benzin*) benzin
**Spritze** F ⟨-; -n⟩ MED iğne; *Gerät* iğne, şırınga
**spritzen** VT VI ⟨h.⟩ (*versprühen*) püskürtmek; AUTO boyamak; *Rasen etc* sulamak; **j-m etw ~** b-ne bş iğnesi yapmak; **j-n nass ~** b-ni ıslatmak VI ⟨s.⟩ sıçramak; *Blut* fışkırmak
**Spritzer** M ⟨-s; -⟩ çamur *vs* lekesi; (*Schuss*) *bir sıkımlık içecek* (katkısı)
**Spritzguss** M TECH püskürtme döküm
**spritzig** ADJ *Wein* köpüren; *umg* esprili, neşeli, canlı (*oyun*, *üslup*)
**Spritz|pistole** F TECH püskürtme tabancası **~tour** F AUTO *umg*: **e-e ~ machen** kısa bir tur atmak

**spröde** ADJ kırılgan; *fig pej* erkeklerden kaçan (*gençkız*, *kadın*)
**Spross** M ⟨-es; -e⟩ AGR filiz, sürgün; *umg* (oğlan) çocuk
**Sprosse** F ⟨-; -n⟩ basamak, parmak (*merdiven*)
**Sprossen|fenster** N camları parmaklıklara oturtulmuş pencere **~wand** F SPORT yatay parmaklık
**Sprössling** M ⟨-s; -e⟩ *umg* (oğlan) çocuk
**Spruch** M ⟨-s; ¨e⟩ özdeyiş; (*Urteil*) karar **~band** N ⟨-s; ¨er⟩ pankart
**spruchreif** ADJ karar aşamasında, kesinleşmiş
**Sprudel** M ⟨-s; -⟩ soda, maden sodası
**Sprühdose** F sprey kutusu
**sprühen** ['ʃpryːən] ⟨h.⟩ A VT püskürtmek B VI *Funken* çıkmak; **~ vor** (*dat*) *Augen* -*den* parıldamak; ⟨s.⟩ (**irgendwohin**) -e sıçramak
**Sprühregen** M çisenti
**Sprung** M ⟨-s; ¨e⟩ sıçrama, atlama; (*Riss*) çatlak; **ein großer ~ nach vorn** büyük bir hamle; *umg* **auf dem ~ sein zu** bir acele -mek üzere olmak; **j-m auf die Sprünge helfen** küçük bir yardımla b-nin bş-i kendi yapmasını sağlamak
**Sprung|brett** N tramplen **~feder** F yay
**sprunghaft** A ADJ ani, fırlayıp düşen; *fig* maymun iştahlı B ADV: **~ ansteigen** (birden) fırlamak
**Sprung|latte** F SPORT çıta **~schanze** F *Ski* atlama pisti
**Spucke** F ⟨-; *ohne pl*⟩ *umg* tükürük
**spucken** ⟨h.⟩ A VI tükürmek; *umg* (*sich übergeben*) kusmak B VT *Blut* tükürmek, kusmak
**Spuk** ⟨-s; -e⟩ hayalet, hortlak; *fig* kâbus, karabasan
**spuken** VI/UNPERS ⟨h.⟩ (**in** *dat* -*de*) hortlaklar dolaşmak; **hier spukt es** burası tekin değil
**Spule** F ⟨-; -n⟩ makara, masura; ELEK bobin
**Spüle** F ⟨-; -n⟩ evye, bulaşık teknesi
**spulen** VT ⟨h.⟩ (makaraya) sarmak; (makaradan) boşaltmak
**spülen** VT u. VI ⟨h.⟩ (*aus*~) çalka(la)mak; *Toilette* sifonu çekmek; (**Geschirr**) bulaşık yıkamak

**Spül|maschine** F bulaşık makinası **~mittel** N bulaşık deterjanı **~ung** F ⟨-; -en⟩ MED lavman; WC sifon **~wasser** N bulaşık suyu

**Spulwurm** M MED barsak solucanı; askarit

**Spur** F ⟨-; -en⟩ iz; (Fahr2.) şerit; (Tonband2.) kanal; fig kalıntı, eser; **e-e ~ aufnehmen** bir iz keşfetmek; **j-m auf der ~ sein** b-nin peşinde olmak; **keine ~ von ...** -den eser/iz yok; **die ~ wechseln** şerit değiştirmek

**spürbar** ADJ hissedilir

**spuren** V/I ⟨h.⟩ iz bırakmak (karda); umg söz dinlemek

**spüren** V/T ⟨h.⟩ hissetmek, duymak; (ahnen) a. sezmek, sezinlemek; (wahrnehmen) algılamak; (merken) -in farkına varmak

**Spurenelement** N BIOL canlıya eser halinde gereken eleman

**Spürhund** M zağar; umg ispiyon

**spurlos** ADV iz bırakmadan; **nicht ~ an j-m vorübergehen** b-ni etkilemeden geçmemek

**Spurt** M ⟨-s; -s⟩ yarışta kısa süreli hızlanma

**spurten** V/I yarışta hızlanmak; fig çok koşmak, terlemek

**St.** A abk für **Sankt** Aziz, Sen B abk für **Stück** N tane, adet

**Staat** M ⟨-(e)s; -en⟩ devlet; **damit kannst du keinen ~ machen!** bunu el içine çıkaramazsın!

**Staatenbund** M devletler birliği, konfederasyon

**staatenlos** ADJ vatansız, tabiyetsiz

**Staatenlose** M,F ⟨-n; -n⟩ vatansız, tabiyetsiz

**staatlich** A ADJ devlet subst, kamusal, resmi; **~e Mittel** devlet/kamu imkanlarıyla B ADV: **~ gefördert** devletçe teşvik gören; **~ geprüft** devlet sınavından geçmiş

**Staats|akt** M devlet töreni **~aktion** F: umg **e-e ~ machen aus** -/ çok büyütmek **~angehörige** M,F vatandaş, yurttaş **~angehörigkeit** F ⟨-; -en⟩ uyruk, tabiyet, vatandaşlık; **doppelte ~** çifte vatandaşlık **~anleihe** F WIRTSCH devlet tahvili **~anwalt** M, **~anwältin** F savcı **~anwaltschaft** f savcılığı **~beamte** M, **~beamtin** F devlet memuru **~begräbnis** N resmi cenaze töreni **~besuch** M resmi ziyaret **~bürger(in)** M(F) yurttaş, vatandaş **2bürgerlich** ADJ: **~e Rechte** vatandaşlık hakları **~chef(in)** M(F) devlet başkanı **~dienst** M devlet hizmeti **2eigen** ADJ devlete ait, devlet subst **~examen** N devlet sınavı **~feiertag** M resmi tatil günü **~feind** M devlet/millet düşmanı **2feindlich** ADJ devleti yıkmaya yönelik **~form** F devlet biçimi, rejim **~gebiet** N egemenlik alanı (devlet) **~geheimnis** N umg: **das ist kein ~!** bunda saklanacak ne var! **~haushalt** M devlet bütçesi **~kasse** F hazine **~mann** M devlet adamı **~minister(in)** M(F) devlet bakanı **~ministerium** N bakanlığı **~oberhaupt** N, **~präsident(in** F) m devlet başkanı **~schulden** PL devlet borçları **~sekretär(in)** M(F) (bakanlık) müsteşar(ı) **~sicherheitsdienst** M devlet güvenlik servisi, umg gizli servis **~streich** M hükümet darbesi **~trauer** F resmi yas **~verbrechen** N devleti yıpratma suçu **~vertrag** M devletlerarası antlaşma **~wesen** N ⟨-s; ohne pl⟩ devlet (işleri) **~wissenschaft(en** PL) F siyasal bilimler, politoloji **~zuschuss** M devlet teşviği (mali)

**Stab** M ⟨-s; ¨e⟩ değnek, sırık; fig (üst düzey) kadro, MIL kurmay ...; (Staffel2.) bayrak çubuğu; (Dirigenten2.) şefin değneği

**Stäbchen** PL (Ess2.) çubuk sg

**Stabhochsprung** M sırıkla yüksek atlama

**stabil** ADJ istikrarlı; (robust) sağlam, dayanıklı; (gesund) zinde, sağlıklı

**stabilisier|en** ⟨ohne ge-, h.⟩ A V/T sağlamlaştırmak, stabilize etmek: B V/R: **sich ~** istikrar kazanmak **2ung** F ⟨-; -en⟩ stabilizasyon; istikrar tedbirleri

**Stabilität** F ⟨-; ohne pl⟩ istikrar; sağlamlık

**Stabreim** M kelime başı seslerinin benzeşmesi, aliterasyon

**Stabschef** M kurmay başkanı

**Stachel** M ⟨-s; -n⟩ BOT, ZOOL diken; Insekt iğne; Igel ok

**Stachelbeere** F BOT bektaşiüzümü

**Stacheldraht** M dikenli tel

**stachelig** ADJ dikenli, iğneli; batan

**Stachelschwein** N oklukirpi
**Stadion** ['ʃta:dĭɔn] N ‹-s; -dien› stadyum
**Stadium** ['ʃta:dĭʊm] N ‹-s; -dien› evre, aşama, basamak
**Stadt** [ʃtat] F ‹-; ⁼e› şehir, kent; **die ~ Berlin** Berlin şehri; **in der ~** şehirde; **in die ~ gehen (fahren** araçla**)** şehre inmek/gitmek
**Stadt|autobahn** F şehir/çevre otoyolu **♀bekannt** ADJ bütün şehrin bildiği/tanıdığı **~bevölkerung** F şehir nüfusu; şehirliler pl **~bezirk** M semt, **~bummel** m şehir gezintisi; **e-n ~ machen** şehri dolaşmak **~bild** N şehrin manzarası
**Städtchen** N ‹-s; -› küçük şehir; *kleiner kasaba*
**Städte|bau** M ‹-s; *ohne pl*› şehircilik **~partnerschaft** F şehir kardeşliği **~planung** F şehir planlaması
**Städter** M ‹-s; -›, **-in** F ‹-; -nen› şehirli
**Stadt|gebiet** N belediye sınırları içi **~gespräch** N şehiriçi telefon görüşmesi; *fig* şehrin gündemindeki konu
**städtisch** ADJ şehirli *subst*, kentsel; *Person* şehirli *subst*; POL belediye *subst*
**Stadt|mitte** F şehir merkezi **~plan** M şehir planı/haritası **~rand** M şehrin/kentin dış mahalleleri pl **~randsiedlung** F site, (yeni) yerleşim bölgesi **~rat** M *Gremium* belediye meclisi; *Person* **(Stadträtin** f**)** belediye meclisi üyesi **~rundfahrt** F şehir turu **~sanierung** F ARCH şehir sıhhileştirmesi **~staat** M şehir devleti **~teil** M semt **~tor** N şehir kapısı **~verkehr** M şehir trafiği **~verwaltung** F belediye **~viertel** N mahalle **~zentrum** N şehir merkezi
**Staffel** F ‹-; -n› bayrak yarışı (*od* takımı); FLUG, MIL uçak bölüğü **~lauf** M bayrak yarışı
**staffeln** VT ‹h.› *Steuern etc* kademelendirmek; *Arbeitszeit etc* (işi) posta posta yaptırmak
**Staffelung** F ‹-; -en› kademelen(dir)me
**Stagn|ation** F ‹-; -en› WIRTSCH durgunluk **♀ieren** VI ‹*ohne* ge-, h.› durgunlaşmak
**Stahl** M ‹-s; ⁼e› çelik **~arbeiter** M demir-çelik işçisi **~bau** M çelik konstrüksiyon **~beton** M betonarme **♀blau** ADJ çelik mavisi **~blech** N çelik saç
**stählen** ‹h.› **A** VT TECH *-e* su vermek **B** VR: **sich ~** *fig* çelikleşmek
**stählern** ADJ çelik(ten)
**Stahl|gürtelreifen** M çelik gövdeli radyal lastik **♀hart** ADJ çelik gibi sert **~helm** M çelik miğfer **~kammer** F çelik kasa dairesi **~rohrmöbel** PL çelik (boru) mobilya *sg* **~werk** N çelikhane **~wolle** F çelikyünü
**Stall** M ‹-s; ⁼e› ahır; (*Hühner*♀) kümes
**Stamm** M ‹-s; ⁼e› (*Baum*♀) gövde, *gefällt* tomruk; (*Volks*♀) kabile, boy; (*Geschlecht*) soy; *fig* (*Kern* e-r *Firma etc*) çekirdek **~aktie** F WIRTSCH adî hisse senedi **~aktionär(in)** M(F) WIRTSCH adî hissedar **~baum** M soyağacı, şecere **~buch** N ziyaretçi defteri **~datei** F ana dosya
**stammeln** VT ‹h.› kekelemek; *umg* kemküm etmek
**stammen** VI ‹h.›: **~ aus (von)** -den gelmek, -in kökeni -de olmak; *zeitlich* -den kalmış olma; **~ von** *Künstler etc* -in (eseri vs) olmak
**Stamm|gast** M devamlı müşteri **~halter** M *umg* evin erkek çocuk **~haus** N WIRTSCH ana şirket **~kapital** N WIRTSCH ana sermaye **~kneipe** F b-nin her zaman gittiği meyhane **~kunde** M, **~kundin** F devamlı müşteri **~lokal** N b-nin devamlı gittiği lokanta **~personal** N ana/çekirdek kadro **~platz** M b-nin her zaman oturduğu yer **~tisch** M birahanede *vs* müdavimlerin masası **~tischpolitiker** M politikadan bahsetme heveslisi **~verzeichnis** N IT ana/kök dizin **~wähler(in)** M(F) sadık seçmen
**stampfen** **A** VI ‹s.› SCHIFF baş-kıç yapmak **B** ‹h.›: **mit dem Fuß ~** ayağıyla yere vurmak
**Stand** M ‹-s; ⁼e› (*Halt*) duruş, durma; (*~platz*) durak; (*Verkaufs*♀) satış tezgâhı, standı; ASTRON konum; (*Wasser*♀ *etc*) yükseklik, seviye; (termometrenin *vs* gösterdiği) değer; *fig* (*Niveau, Höhe*) düzey; (*soziale Stellung*) konum, mevki; (*Klasse*) sınıf, zümre; (*Beruf*) meslek; (*Sport*) skor, (*End*♀) sonuç; (*Lage*) durum,

auf den neuesten ~ bringen güncelleştirmek; aus dem ~ durup dururken, durduk yerden; hız almadan; der ~ der Dinge şu anki durum; der neueste ~ der Technik (Wissenschaft) tekniğin (bilimin) son vardığı nokta; e-n schweren ~ haben -in durumu çok zor olmak

**Standard** M ⟨-s; -s⟩ standart **~brief** M POST standart mektup **~format** N IT standart format

**standardisieren** V/T ⟨ohne ge-, h.⟩ standartlaştırmak, standardize etmek

**Standardwerk** N temel başvuru kitabı

**Standbild** N heykel; *Video* görüntü durdurma

**Stand-by** ['stɛnt'baɪ] N ⟨-(s); -s⟩ FLUG bekleme listesi yolcusu; ELEK beklemede olma **~-Ticket** N FLUG rezervasyonsuz/stand-by bilet

**Ständer** M ⟨-s; -⟩ ARCH kiriş; (*Kleider*Ձ) portmanto; (*Zeitungs*Ձ) gazetelik

**Standes|amt** N nüfus/evlendirme dairesi **Ձamtlich** ADJ: **~e Trauung** medeni nikâh **~beamte** M, **~beamtin** F evlendirme memuru **Ձgemäß** ADJ (yüksek) sosyal konumuna uygun **~unterschied** M sosyal konum farkı

**standfest** ADJ TECH sağlam, devrilmez

**Standfoto** N FILM çalışma fotoğrafı

**standhaft** ADJ dayanıklı, metin; **~ bleiben** -e dayanmak **Ձigkeit** F ⟨-; ohne pl⟩ metanet; sağlamlık

**ständig** ADJ devamlı, değişmez; *Adresse* daimi; (*fest*) sabit; **etw ~ tun** bş-i sürekli yapmak

**Standlicht** N AUTO park lambası

**Standort** M -*in* bulunduğu yer; *Betrieb* kuruluş yeri; **Ihr ~** bulunduğunuz yer **~debatte** F POL endüstrinin kurulacağı yere ilişkin tartışmalar **~faktor** M WIRTSCH kuruluş yeri faktörü

**Stand|pauke** F *umg*: **j-m e-e ~ halten** (**über** hakkında) b-ni iyice azarlamak **~platz** M stand **~punkt** M *fig* görüş, tavır, bakış açısı; **den ~ vertreten, auf dem ~ stehen** (, **dass**) -diği görüşünü savunmak, -diği görüşünde olmak **~spur** F AUTO emniyet şeridi **~uhr** F boy saati

**Stange** F ⟨-; -n⟩ sırık; *kleiner* çubuk, sopa, değnek; (*Fahnen*Ձ) *a.* direk, gönder; *Zigaretten* karton; **Kleidung von der ~** *umg* harcıâlem giyim; **bei der ~ bleiben** konzentriert konu dışına çıkmamak; *beharrlich* sebat etmek; **j-n bei der ~ halten** b-nin -e devam etmesini sağlamak; **j-m die ~ halten** -*in* tarafını tutmak

**Stängel** M ⟨-s; -⟩ BOT sap, sapçık

**Stangenbohne** F sırık fasulyesi

**stänkern** V/I ⟨h.⟩ *umg*: **~ gegen** -e karşı fesat çıkarmak

**Stanniol** N ⟨-s; -e⟩ kalay yaprak

**Stanze** F ⟨-; -n⟩ TECH zımba

**stanzen** V/T ⟨h.⟩ zımbalamak, zımbayla kesmek

**Stapel** M ⟨-s; -⟩ istif, küme; (*Haufen*) yığın; **vom ~ lassen** SCHIFF denize indirmek (*kızaktan*); *fig* şaşırtıcı/kızdırıcı bş söylemek; **vom ~ laufen** SCHIFF denize indirilmek **~lauf** M SCHIFF denize indirme

**stapeln** V/T ⟨h.⟩ istiflemek, yığmak; **sich ~** yığılmak

**stapfen** V/I ⟨s.⟩ ağır adımlarla (od güçlükle) yürümek

**Star**[1] M ⟨-s; -e⟩ ZOOL sığırcık (kuşu); **grauer ~** MED katarakt; *umg* perde

**Star**[2] [ʃt-, st-] M ⟨-s; -s⟩ (*Film*Ձ) yıldız, star **~allüren** PL yıldız havaları **~gast** M misafir yıldız

**stark** A ADJ kuvvetli, güçlü; *Kaffee, Bier, Tabak* sert; *Raucher* azılı; *Regen, Erkältung* şiddetli; *Verkehr* yoğun, ağır; *umg* (*toll*) süper, şahane; *umg* **sich ~ machen für** bş için eyleme geçmek; **das Buch ist 150 Seiten ~** kitap 150 sayfa kalınlığında B ADV: **~ beeindruckt** çok etkilenmiş; **~ beschädigt** çok hasarlı

**Stärke** F ⟨-; -n⟩ güç, kuvvet; (*Intensität*) şiddet, yoğunluk; (*Maß*) derece; (*Wäsche*Ձ) kola; (*~mehl*) nişasta; **es ist nicht seine ~** iyi bildiği bir iş değil

**stärken** ⟨h.⟩ A V/T güçlendirmek, kuvvetlendirmek; *Wäsche etc* kolalamak B V/R: **sich ~** yeyip/içip güçlenmek

**stärkend** ADJ: **~es Mittel** kuvvet ilacı, tonik

**Starkstrom** M ⟨-s; ohne pl⟩ yüksek gerilim/voltaj **~leitung** F yüksek gerilim hattı

**Stärkung** F ⟨-; -en⟩ güçlendirme; (*Imbiss*) hafif yiyecek/içecek

**Stärkungsmittel** N kuvvet ilacı, tonik

**starr** ADJ kaskatı, gergin; (*unbeweglich*)

**hareketsiz**; TECH rijit; *Gesicht a.* donmuş; *Augen* donuk; **~ vor Kälte (Entsetzen)** soğuktan (dehşetten) donakalmak; **~er Blick** sabit bakış

**starren** V/I ⟨h.⟩ **(auf** *akk -e*) dik dik bakmak, *-in* bakışı takılıp kalmak

**starr|köpfig** ADJ inatçı; *umg* dikkafalı **♀sinn** M ⟨-s; *ohne pl*⟩ inatçılık, *umg* dikkafalılık

**Start** M ⟨-s; -s⟩ çıkış, başlangıç; SPORT start; FLUG, *Rakete* kalkış; **zum ~ freigeben** SPORT start vermek; FLUG kalkış izni vermek

**Start|automatik** F AUTO otomatik jikle **~bahn** F FLUG kalkış pisti **♀bereit** ADJ başlamaya hazır; FLUG kalkışa hazır

**starten** A V/I ⟨s.⟩ *(abfahren)* yola çıkmak; *(beginnen)* başlamak; FLUG kalkmak B V/T ⟨h.⟩ başlatmak; harekete geçirmek; *Motor*, IT çalıştırmak

**Starter¹** M ⟨-s; -⟩, **-in** F ⟨-; -nen⟩ SPORT başlatma hakemi

**Starter²** M ⟨-s; -⟩ AUTO marş motoru; ELEK starter

**Starterlaubnis** F FLUG kalkış izni

**Starthilfe** F: **j-m ~ geben** AUTO *-in* motoru çalıştırmasına yardım etmek; *-e* başlangıçta destek vermek **~kabel** N AUTO akü takviye kablosu; *umg* ara kablo

**Start|kapital** N başlangıç sermayesi **~schuss** M başlama atışı **~verbot** N FLUG **~ erhalten** kalkış yasağı almak **~zeichen** N başlama işareti

**Stasi** F ⟨-; *ohne pl*⟩ *umg abk* → Staatssicherheitsdienst *Eski Doğu Alman istihbarat servisi*

**Statik** F ⟨-; *ohne pl*⟩ ARCH statik **~er** M ⟨-s; -⟩, **-in** F ⟨-; -nen⟩ statik uzmanı

**Station** [-ˈtsi̯oːn] F ⟨-; -en⟩ istasyon, durak; *(Kranken♀)* koğuş, servis; **~ machen** yolculuğa ara vermek, konaklamak

**stationär** [ʃtatsi̯oˈnɛːɐ] ADJ MED **~e Behandlung** yatak tedavisi; **~er Patient** yatan hasta *(hastanede)*

**stationieren** [-tsi̯oː-] V/T ⟨*ohne ge-*, *h.*⟩ *-e* yerleştirmek; MIL *-de* konuşlandırmak

**Stations|arzt** M, **~ärztin** F servis şefi hekim **~schwester** F servis hemşiresi **~vorsteher** M BAHN istasyon şefi

**statisch** ADJ statik, dural, durağan **Statist** M ⟨-en; -en⟩ THEAT, FILM figüran

**Statistik** F ⟨-; -en⟩ istatistik **~er** M ⟨-s; -⟩, **-in** F ⟨-; -nen⟩ istatistikçi

**statistisch** ADJ sayısal, istatistiki, istatistiksel

**Stativ** [-f] N ⟨-s; -e⟩ FOTO sehpa

**statt** PRÄP *gen -in* yerine; **~ etw zu tun** -mek yerine, -mektense; **an j-s ~** b-nin yerine; **an Kindes ~ annehmen** çocuğu yerine bağrına basmak

**stattdessen** ADV (bunun) yerine

**Stätte** F ⟨-; -n⟩ yer, mahal; *e-s Unglücks -e* sahne olan yer

**statt|finden** V/I ⟨*irr*, *-ge-*, *h.*⟩ meydana gelmek; *(geschehen)* olmak, cereyan etmek; *Veranstaltung* yapılmak **~geben** V/I ⟨*irr*, *-ge-*, *h.*⟩ izin vermek; *Gesuch -i* kabul etmek **~haft** ADJ yasal, izinli

**stattlich** ADJ endamlı, yakışıklı; *Summe* önemli, hatırı sayılır

**Statue** [-tüə] F ⟨-; -n⟩ heykel

**Statur** F ⟨-; -en⟩ (vücut) yapı(sı); boy; *umg* boy pos

**Status** M ⟨-; -⟩ *sozialer* konum, mevki, statü **~symbol** N statü sembolü **~zeile** F IT bilgi çizgisi/çubuğu

**Statut** N ⟨-s; -en⟩ tüzük, yönetmelik

**Stau** M ⟨-s; -s, -e⟩ AUTO trafik tıkanıklığı; *(Rück♀)* kuyruk; MED tıkanıklık

**Staub** M ⟨-s; -e, ⸚e⟩ toz; **~ saugen** (elektrik süpürgesiyle) *-i* süpürmek; **~ wischen** toz almak/silmek

**Staub|allergie** F MED toz allerjisi **~beutel** M BOT başçık; TECH toz kesesi

**Staubecken** N su toplama bölgesi, su haznesi

**stauben** V/I ⟨h.⟩ toz yapmak/çıkarmak, tozutmak

**Staubfänger** M ⟨-s; -⟩ *pej* çok toz tutan süs eşyası

**Staubgefäß** N BOT erkek organ

**staubig** ADJ tozlu, tozla kaplı

**staubsaugen** V/I *u.* V/T ⟨ge-, h.⟩ (elektrik süpürgesiyle) *-i* süpürmek

**Staub|sauger** M ⟨-s; -⟩ elektrik süpürgesi, elektrikli süpürge **~tuch** N ⟨-s; ⸚er⟩ toz bezi

**Staudamm** M bent, baraj seti

**Staude** F ⟨-; -n⟩ *kökünden devamlı süren otsu bitki*

**stauen** ⟨h.⟩ A V/T *Fluss etc* biriktirmek,

toplamak **B** _V/R_: **sich ~** MED, _Verkehr_ tıkanmak

**staunen** _V/I_ ⟨h.⟩ **(über** _akk_ **-e)** şaşmak, hayret etmek

**Staunen** _N_ ⟨-s; _ohne pl_⟩ şaş(ır)ma, hayret

**Stausee** _M_ baraj gölü

**Stauung** _F_ ⟨-; -en⟩ tıkanma, toplanma, birikime

**Steak** [ste:k] _N_ ⟨-s; -s⟩ GASTR biftek

**stechen** ⟨sticht, stach, gestochen⟩ **A** _V/T_ batırmak; _Tier_ sokmak; **etw (irgendwohin) ~** bş-i _-e_ batırmak; _Kartenspiel_ **das Ass sticht den König** as papazdan üstündür; **j-n (sich) irgendwohin ~** b-nin (kendinin) bir yerine bş batırmak **B** _V/I_ ⟨s.⟩ batmak; _Organ_ sancımak; _Sonne_ yakmak; **j-m (sich) (irgendwohin) ~** b-nin (kendinin) bir yerine batmak; _Schiff_ **in See ~** denize açılmak; **j-m in die Augen ~** -in gözüne batmak

**stechend** _ADJ_ _Blick_ delici; _Schmerz, Geruch_ keskin

**Stech|karte** _F_ kontrol saati kartı **~mücke** _F_ sivrisinek **~palme** _F_ çobanpüskülü; dikenlidefne **~uhr** _F_ kontrol saati **~zirkel** _M_ çift iğneli pergel

**Steckbrief** _M_ JUR gıyabî tutuklama müzekkeresi **²lich** _ADV_ JUR: **er wird ~ gesucht** gıyabî tutuklama kararıyla aranıyor

**Steckdose** _F_ ELEK priz

**stecken** ⟨h.⟩ **A** _V/T_ sokmak; _irgendwohin_ koymak; **in** _akk_ **-e** takmak; **(an~) (an** _akk_ **-e)** iliştirmek, _-in_ üstüne takmak **B** _V/I_ umg ⟨_sich befinden_⟩ olmak; ⟨_festsitzen_⟩ sıkışıp kalmak; **~ bleiben** takılıp kalmak; **tief in Schulden ~** (gırtlağına kadar) borca batmış olmak; **wo steckst du denn (so lange)?** (bunca zaman) nerelerdeydin?; **da steckt er dahinter** bunda onun parmağı var

**Steckenpferd** _N_ _fig_ hobi, merak

**Stecker** _M_ ⟨-s; -⟩ ELEK fiş

**Steckkontakt** _M_ ELEK fiş ve priz

**Steckling** _M_ ⟨-s; -e⟩ BOT fide

**Steck|nadel** _F_ topluiğne **~schlüssel** _M_ TECH lokma anahtarı

**Steg** _M_ ⟨-s; -e⟩ yaya köprüsü; ⟨_Brett_⟩ (enli) tahta, kalas

**Stegreif** _M_: **aus dem ~** hazırlanmadan, doğaçlama olarak, irticalen; **aus dem ~ spielen** _etc_ doğaçlama çalmak _vs_

**stehen** ['ʃte:ən] ⟨stand, gestanden, h.⟩ _V/I_ durmak; ⟨_sich befinden, sein_⟩ bulunmak, olmak; ⟨_aufrecht ~_⟩ dik durmak; ⟨_auf den Füßen ~_⟩ ayakta durmak; **~ bleiben** durmak, durup kalmak; ⟨_stagnieren_⟩ duraklamak; **~ lassen** bırakmak; _Essen_ dokunmamak; _Schirm_ unutmak; **das kann man so nicht ~ lassen** bu böylece kabul edilemez; **j-n ~ lassen** b-ni bırakıp gitmek; **alles ~ und liegen lassen** her şeyi bırakıp gitmek; **sich** (_dat_) **e-n Bart ~ lassen** sakal bırakmak; **es steht ihr** ona yakışıyor; **wie (viel) steht es?** durum kaç kaç?; **hier steht, dass** burada şöyle yazılı; **wo steht das?** kim demiş onu?; **wie steht es mit ...?** _-e_ ne dersin(iz)?, ... (yap)alım mı?; **das Programm steht** program kesinleşti; umg **~ auf** (_akk_) _-in_ meraklısı/hayranı olmak; **gut (schlecht) mit j-m ~** _-in_ b-le arası iyi (kötü) olmak; **unter Alkohol (Drogen) ~** alkol (uyuşturucu) etkisinde olmak; **zu j-m ~** b-ne bağlı olmak, b-ni desteklemek; **zu s-m Versprechen ~** verdiği söze sadık olmak; **wie stehst du dazu?** bu konuda tavrın ne?

**Stehen** ['ʃte:ən] _N_ ⟨-s; _ohne pl_⟩: **im ~** ayakta

**stehend** _ADJ_ ayakta, dik; **~e Redensart** yerleşmiş deyim

**Stehimbiss** _M_ GASTR büfe

**Stehkragen** _M_ hakim yaka

**Stehlampe** _F_ ayaklı lamba

**stehlen** ⟨stiehlt, stahl, gestohlen, h.⟩ **A** _V/T_ çalmak; **j-m die Zeit ~** b-nin zamanını almak **B** _V/I_ hırsızlık etmek

**Steh|platz** _M_ THEAT ayakta duracak yer (bileti) **~vermögen** _N_ ⟨-s; _ohne pl_⟩ direnç, dayanıklılık

**steif** _ADJ_ sert, katı

**Steig|bügel** _M_ üzengi **~eisen** _N_ krampon, tırmanma demiri

**steigen** ⟨stieg, gestiegen, s.⟩ **A** _V/I_ ⟨_sich begeben_⟩ girmek; ⟨_klettern_⟩ tırmanmak, çıkmak; ⟨_hoch~, zunehmen_⟩ yükselmek; **~ in, ~ auf** (_akk_) _Fahrzeug_ -e binmek; **~ aus** (_od_ **von**) _-den_ inmek; **e-e Party ~ lassen** umg iyi bir eğlence yapmak **B** _V/T_: **Treppen ~** merdiven(den) çıkmak

**Steigen** _N_ ⟨-s; _ohne pl_⟩: **das ~ und Fallen** iniş çıkış(lar); _im_ **~ begriffen sein** yükselme halinde olmak

**steigend** _ADJ_ yükselen; **~e Tendenz**

artma eğilimi
**Steiger** M ⟨-s; -⟩ *Bergbau* ustabaşı
**steiger|n** ⟨h.⟩ **A** V/T çoğaltmak, arttırmak; (*verstärken*) yükseltmek; **seine Leistung ~** verimini arttırmak **B** V/I *Auktion* (**auf** *-e*) yükseltmek **C** V/R: **sich ~** çoğalmak, artmak **&ung** F ⟨-; -en⟩ çoğal(t)ma, art(tır)ma; yüksel(t)me; GRAM derecelendirme
**Steigung** F ⟨-; -en⟩ eğim, meyil; (*Hang*) yokuş, bayır
**steil** ADJ sarp, dik; **~e Karriere** hızla yükselen kariyer; **~ ansteigen** birden/hızla yükselmek
**Steil|hang** M dik yamaç, yar **~kurve** F eğimli viraj **~küste** F falez, yalıyar **~pass** M *Fußball* hava pası **~wandzelt** N bungalo çadırı
**Stein** M ⟨-s; -e⟩ taş; BOT çekirdek; (*Edel&.*) (değerli) taş; *Backgammon* pul; **den ~ ins Rollen bringen** *-i* harekete geçirmek; **mir fällt ein ~ vom Herzen** içime/yüreğime soğuk su serpildi
**Steinadler** M kayakartalı
**steinalt** ADJ Nuhu Nebi'den kalma
**Steinbock** M dağkeçisi; **(ein) ~ sein** Oğlak burcundan olmak
**Steinbruch** M taş ocağı
**Steinbutt** M kalkan(balığı)
**steinern** ADJ taş(tan); *fig* taş gibi
**Stein|gut** N ⟨-s; -e⟩ seramik, çömlek **&ig** ADJ taşlı, çakıllı **~kohle** F taşkömürü **~metz** M ⟨-en; -en⟩ taş ustası, mermerci **~obst** N sert çekirdekli meyvalar **~pilz** M BOT kuzumantarı **&reich** ADJ *umg* altın babası, acayip zengin **~schlag** M gevşek şev; *umg* taş düşmesi **~zeit** F ⟨-; *ohne pl*⟩ Taş Devri
**Steißbein** N ANAT kuyruksokumu kemiği
**Stelle** F ⟨-; -n⟩ yer; (*Punkt*) nokta; (*Arbeits&.*) işyeri; (*Behörde*) makam, merci; **an anderer ~** başka yerde; **an dieser ~** burada; **an erster ~** stehen (**kommen**) ilk sırada olmak (gelmek); **an ~ von** (*od gen*) *-in* yerine; **an j-s ~** b-nin yerin(d)e; **an die ~ treten von** (*od gen*) *-in* yerine geçmek; **auf der ~** derhal; **zur ~** hazır; **ich an deiner ~** (senin) yerinde olsam; **auf der ~ treten**, **nicht von der ~ kommen** yerinde saymak, ilerleyememek

**stellen** ⟨h.⟩ **A** V/T koymak; *Antrag* vermek; *Uhr, Falle* kurmak; *leiser, niedriger* kısmak; *lauter, höher* açmak; *Frage* yöneltmek, sormak; *zur Verfügung* **~** sağlamak; *Verbrecher etc* yakalamak; **s-e Uhr ~ nach** saatini *-e* göre ayarlamak **B** V/R: **sich (der Polizei) ~** (polise) teslim olmak; *fig* **gegen** *-e* karşı çıkmak/gelmek; **hinter** *akk fig -e* arka çıkmak; **schlafend ~** uyuyormuş gibi yapmak; **stell dich dorthin!** şurada dur!; **auf sich selbst gestellt sein** kendi başının çaresine bakmak
**Stellen|angebot** N iş teklifi; **ich habe ein ~** bir iş teklifi aldım **~gesuch** N iş başvuru dilekçesi **~markt** M iş piyasası **~suche** F: **ich bin auf ~** iş arıyorum **~vermittlung** F iş bulma (bürosu) **~wechsel** M iş(yerini) değiştirme
**stellenweise** ADV yer yer, kısmen
**Stellenwert** M değer(lik); **e-n hohen ~ haben** büyük bir değer taşımak (*für j-n* için)
**...stellig** IN ZSSGN ... haneli (*sayı*)
**Stellplatz** M AUTO (özel) park yeri
**Stellschraube** F TECH ayar vidası
**Stellung** F ⟨-; -en⟩ (*Lage*) durum; *sozial* konum, mevki; (*Arbeitsplatz*) iş, pozisyon; MIL **die ~ halten** mevziini korumak; **~ nehmen (zu** ... konusunda) tavır almak; **~ nehmen für** *-den* yana çıkmak; **~ nehmen gegen** *-e* karşı çıkmak **~nahme** F ⟨-; -n⟩ tavır, tutum, görüş
**stellungslos** ADJ işsiz, açıkta
**Stellungs|suche** F iş arama; **auf ~ sein** iş arıyor olmak **~suchende** M, F ⟨-n; -n⟩ iş arayan **~wechsel** M iş (-yerini) değiştirme
**stellv(ert).** ABK FÜR stellvertretend *-e* vekâleten, ... yerine (... y.)
**stellvertretend** **A** ADJ vekil, yardımcı **B** ADV → stellv(ert).
**Stellvertret|er** M ⟨-s; -⟩, **-in** F ⟨-; -nen⟩ temsilci; vekil, yardımcı **~ung** F WIRTSCH, JUR temsilcilik, vekâlet; **j-s ~ übernehmen** b-nin temsilciliğini üstlenmek
**Stemmeisen** N TECH keski, demir kalem
**stemmen** ⟨h.⟩ **A** V/T *Gewicht* kaldırmak **B** V/R: **sich ~ gegen** *-e* karşı koymak/durmak; *fig -e* direnmek

**Stempel** M ⟨-s; -⟩ damga; (Post⚥) posta damgası; Gold, Silber ayar damgası; TECH piston; ARCH payanda, destek **~kissen** N ıstampa

**stempeln** VT ⟨h.⟩ damgalamak; Gold, Silber -e ayar damgası vurmak; **~ gehen** işsizlik parası almak

**Stempeluhr** F kontrol saati

**Stengel** M → Stängel

**Steno|grafie** F ⟨-; -n⟩ steno(grafi) **⚥grafieren** ⟨ohne ge-, h.⟩ **A** VT steno yazmak **B** VT stenoyla yazmak **~gramm** N ⟨-s; -e⟩ stenogram, stenografik notlar pl **~typistin** F ⟨-; -nen⟩ stenodaktilograf

**Steppdecke** F yorgan

**Steppe** F ⟨-; -n⟩ step, bozkır

**steppen**[1] VT ⟨h.⟩ -e kapitone çekmek

**steppen**[2] VT ⟨h.⟩ step dansı yapmak

**Stepptanz** M step dansı

**Sterbe|fall** M vefat, cenaze **~hilfe** F ötanazi

**sterben** VT ⟨stirbt, starb, gestorben, s.⟩ (an dat -den) ölmek; **im Sterben liegen** ölüm döşeğinde olmak/yatmak

**sterbenskrank** ADJ ölümcül hasta

**Sterbens|wort** N, **~wörtchen** N: **kein ~ sagen** tek kelime söylememek, ima bile etmemek

**Sterbesakramente** PL ölmeden önceki dini vecibeler

**sterblich** ADJ ölümlü, fani; **gewöhnliche Sterbliche** siz biz gibi faniler **⚥keit** F ⟨-; ohne pl⟩ ölümlülük; ... ölümleri

**Stereoanlage** ['ʃteːreo, -'st-] F (stereo) müzik seti

**stereoskopisch** ADJ üç boyutlu

**steril** ADJ steril; MED a. kısır; fig düzenli ve soğuk **⚥isation** F ⟨-; -en⟩ MED, TECH sterilizasyon; kısırlaştırma **~isieren** VT ⟨ohne ge-, h.⟩ sterilize etmek; kısırlaştırmak **⚥ität** F ⟨-; ohne pl⟩ sterillik, mikropsuzluk

**Stern** M ⟨-s; -e⟩ yıldız **~bild** N ASTRON takımyıldız; des Tierkreises burç

**Sternenbanner** N ABD bayrağı

**Stern(en)himmel** M (yıldızlı) gökkubbe

**sternförmig** ADJ (zackig) yıldız biçiminde; varoşlardan merkeze doğru veya tersi

**sternhagelvoll** ADJ umg körkütük sarhoş

**sternklar** ADJ berrak, açık

**Stern|schnuppe** F ⟨-; -n⟩ akanyıldız, yıldız kayması **~stunde** F -in yıldızının parladığı saat **~warte** F ⟨-; -n⟩ rasathane

**stetig** ADJ devamlı, sürekli

**stets** ADV daima, her zaman

**Steuer**[1] N ⟨-s; -⟩ AUTO direksiyon (simidi); SCHIFF dümen, yeke; FLUG kumanda

**Steuer**[2] F ⟨-; -n⟩ vergi; **vor (nach) Abzug der ~n** vergi öncesi (sonrası)

**Steuer|abzug** M vergi kesintisi; an der Quelle stopaj **~aufkommen** N ⟨-s; -⟩ vergi gelirleri pl **~ausgleich** M vergi denkleştirimi **~befreiung** F vergi muafiyeti **⚥begünstigt** ADJ vergi indirimli **~belastung** F vergi yükü **~berater(in)** M(F) vergi danışmanı **~bescheid** M vergi bildirimi

**Steuerbord** M SCHIFF sancak (tarafı)

**steuerbord(s)** ADV SCHIFF sancakta; sancağa

**Steuer|delikt** N vergi suçu **~entlastung** F vergi yükünü azaltma **~erhöhung** F vergi artışı **~erklärung** F vergi beyanı/beyannamesi **~erleichterung** F vergi kolaylığı **~ermäßigung** F vergi indirimi **~flucht** F vergiden kaç(ın)ma **⚥frei** ADJ vergiden muaf; Waren gümrüksüz **~freibetrag** M vergiden muaf meblağ **~gelder** PL vergi gelirleri

**Steuergerät** N TECH kumanda cihazı

**Steuer|hinterziehung** F ⟨-; -en⟩ vergi kaçırma/kaçakçılığı **~karte** F vergi karnesi **~klasse** F vergi sınıfı

**Steuerknüppel** M FLUG kumanda kolu, levye

**steuerlich** ADJ vergi subst; **aus ~en Gründen** vergi sebepleriyle

**Steuermann** M SCHIFF dümenci

**Steuermarke** F vergi pulu

**steuern** ⟨h.⟩ **A** VT yönetmek, kullanmak, sürmek; Auto sürmek; TECH -e kumanda etmek; fig yönlendirmek **B** VT SCHIFF dümende olmak

**Steuer|oase** F, **~paradies** N vergi cenneti **⚥pflichtig** ADJ vergiye tabi; Zoll gümrüğe tabi **~politik** F vergi politikası **~progression** F vergide oran artışı

**Steuer|pult** N TECH kumanda masası **~rad** N SCHIFF dümen çarkı; AUTO di-

reksiyon simidi
**steuer|rechtlich** ADJ, ADV vergi hukuku subst **₂rückzahlung** F vergi iadesi **₂satz** M vergi oranı **₂senkung** F vergi indirimi
**Steuerung** F ⟨-; -en⟩ dümen/direksiyon tertibatı; ELEK, TECH kumanda; fig yönlendirme
**Steuer|veranlagung** F vergilendir(il)me **~vorauszahlung** F vergi ön ödemesi **~vorteil** M vergi avantajı **~zahler(in)** M(F) vergi mükellefi/yükümlüsü, umg vergi ödeyen
**Steward** ['stju:et, 'ʃt-] M ⟨-s; -s⟩ FLUG kabin görevlisi; SCHIFF kamarot
**Stewardess** ['stju:edɛs, 'ʃt-, -'dɛs] F ⟨-; -en⟩ FLUG hostes
**Stich** M ⟨-s; -e⟩ (Nadel₂) batma; (Insekten₂) sokma; (Messer₂) darbe; Nähen dikiş; Kartenspiel el alma; (Kupfer₂) gravür; **im ~ lassen** ortada (od yarı yolda) bırakmak; (verlassen) terk etmek
**Stichelei** F ⟨-; -en⟩ iğneleme, laf sokma
**sticheln** VI ⟨h.⟩ (**gegen** -i) iğnelemek
**Stichflamme** F birden parlayan alev, alev dili
**stichhaltig** ADJ inandırıcı, geçerli; (unwiderlegbar) inkâr edilemez; **nicht ~ sein** inandırıcı olmamak
**Stichprobe** F örnekleme; **Waren** rastgele örnek alma; **e-e ~ machen** rastgele kontrol etmek (od örnek almak)
**Stich|tag** M tespit edilen gün; son gün **~wahl** F son iki aday arasında seçim
**Stichwort** N **A** ⟨-s, -e⟩ THEAT replikte son söz; **~e** pl Notizen (madde madde) notlar pl; **das Wichtigste in ~en** önemli gelişmelerden haber başlıkları; **~ „Umwelt"** «çevre» başlığı (altında vs) **B** ⟨-s; ⸚er⟩ im Lexikon etc madde(başı kelime) **₂artig** ADV maddeler halinde(ki) **~verzeichnis** N konular dizini
**Stichwunde** F bıçak (şiş vs) yarası
**sticken** VT u. VI ⟨h.⟩ (nakış) işlemek
**Sticker** ['stɪkɐ] M ⟨-s; -⟩ yapıştırma, stiker
**Stickerei** F ⟨-; -en⟩ nakış, el işlemesi
**stickig** ADJ boğucu, havasız
**Stickoxid** N CHEM nitrik asit, kezzap
**Stickstoff** M ⟨-s; ohne pl⟩ CHEM azot, nitrojen **₂haltig** ADJ azotlu
**Stief...** IN ZSSGN Mutter etc üvey ...

**Stiefel** M ⟨-s; -⟩ çizme **~ette** F ⟨-; -n⟩ bot
**stiefeln** VI ⟨s.⟩ umg yürümek
**Stiefmütterchen** N ⟨-s; -⟩ BOT hercaimenekşe
**stiefmütterlich** ADV: **~ behandeln** -e üvey evlat muamelesi yapmak
**Stieglitz** M ⟨-es; -e⟩ saka (kuşu)
**Stiel** M ⟨-s; -e⟩ sap
**Stielaugen** umg: **~ machen** istekle/açgözle bakmak
**Stier** M ⟨-s; -e⟩ ZOOL boğa **~kampf** M boğa güreşi
**Stift¹** M ⟨-s; -e⟩ kalem; (Blei₂) kurşunkalem; (Kugelschreiber) tükenmez kalem; (Farb₂) boya kalemi; TECH pim; (Holz₂) ağaç çivi, kama
**Stift²** N ⟨-s; -e⟩ vakıf
**stiften** VT ⟨h.⟩ (spenden) bağışlamak, hibe etmek; (verursachen) çıkarmak, -e yol açmak
**Stifter** M ⟨-s; -⟩, **-in** F ⟨-; -nen⟩ bağışçı; vakıf kuran
**Stiftung** F ⟨-; -en⟩ bağış; Institution vakıf
**Stiftzahn** M çivili (takma) diş
**Stil** [ʃti:l, sti:l] M ⟨-s; -e⟩ stil, üslup, tarz; **in großem ~** geniş çapta; **das ist schlechter ~** bunun üslubu iyi değil
**Still|blüte** F gülünç ifade biçimi **~bruch** M üslup kayması **~ebene** F üslup düzeyi **₂echt** ADJ belli bir üsluba tam uyan **~gefühl** N üslup duygusu/endişesi
**stilisieren** VT ⟨ohne ge-, h.⟩ pej (**zu** gibi) görmek/göstermek (abartarak); Kunst stilize etmek, üsluplaştırmak
**Stilist** M ⟨-en; -en⟩ üslupçu **~ik** F ⟨-; ohne pl⟩ üslupbilgisi, biçembilim **₂isch** ADJ üslup bakımından, biçembilimsel
**still** ADJ sessiz, sakin, suskun; (unbewegt) hareketsiz, durgun; **sei(d) ~!** sus(un)!; **sich ~ verhalten** sakin davranmak; (körperlich) tek/sakin durmak; **~er Teilhaber** WIRTSCH komanditer ortak
**Stille** F ⟨-; ohne pl⟩ sessizlik, sükûnet; suskunluk; **in aller ~** sessizce; (heimlich) gizlice, (yabancı) intense kalmadan
**stillen** VT ⟨h.⟩ Baby emzirmek; Schmerz kesmek; Blutung dindirmek; Durst, Hunger, Neugier etc gidermek
**stillhalten** VI ⟨irr, -ge-, h.⟩ kımıldamamak, hareket etmemek

**Stillleben** N̄ *Malerei* natürmort
**stillleg|en** V/T ⟨-ge-, h.⟩ *Betrieb* kapamak; *Fahrzeug* trafikten çekmek; *Maschine* durdurmak; MED hareketsizleştirmek, kımıldamaz hale getirmek ♀**ung** F̄ ⟨-; -en⟩ kapa(n)ma
**stillliegen** V/I ⟨irr, -ge-, h.⟩ kapalı durmak (*işletme vs*)
**stillos** ADJ zevksiz, çirkin
**stillschweigen** V/I ⟨irr, -ge-, h.⟩ susmak
**Stillschweigen** N̄ ⟨-s; *ohne pl*⟩ sükût, susma; (**strengstes**) ~ **bewahren** (**über** hakkında) (kesinlikle) bir şey söylememek
**stillschweigend** A ADJ ayrıca belirtilmemiş, zımnî B ADV ayrıca belirtmeden, zımnen
**Stillstand** M̄ ⟨-s; *ohne pl*⟩ dur(akla)ma; *fig a.* durgunluk, kesatlık; *Verhandlungen* tıkanıklık, çıkmaz; **zum ~ bringen** durdurmak; **zum ~ kommen** durmak
**stillstehen** V/I ⟨irr, -ge-, h.⟩ durmak, duraklamak, çıkmaza girmek
**Stillzeit** F̄ emzirme zamanı
**Stilmöbel** PL belli bir üsluba ait mobilya, stil möble *sg*
**stilvoll** ADJ zevkli, uyumlu, zarif, şık
**Stimmabgabe** F̄ oy kullanma/verme
**Stimmband** N̄ ⟨-s; ⸚er⟩ ses teli
**stimmberechtigt** ADJ oy verme hakkına sahip
**Stimmbildung** F̄ MUS ses eğitimi
**Stimmbruch** M̄ ⟨-s; *ohne pl*⟩: **im ~ sein** *-in* sesi çatallaşmak (*Jüngling*)
**Stimme** F̄ ⟨-; -n⟩ ses; *Wahl* oy, rey
**stimmen** ⟨h.⟩ A V/I doğru/gerçek olmak; *Wahl* (**für** *-in* lehine; **gegen** *-in* aleyhine) oy kullanmak; **es stimmt etw nicht** (**damit** bu işte; **mit ihm** onda) bir yanlışlık var B V/T MUS akort etmek; **j-n traurig (fröhlich) ~** kederlendirmek (neşelendirmek)
**Stimmen|fang** M̄ oy avcılığı **~gleichheit** F̄: **bei ~** oyların eşit olması halinde **~mehrheit** F̄ oy çokluğu, çoğunluk
**Stimmenthaltung** F̄ çekimser oy (kullanma)
**Stimm|gabel** F̄ MUS diyapazon, sesçatalı ♀**haft** ADJ GRAM ötümlü **~lage** F̄ MUS ses, rejistr ♀**los** ADJ GRAM ötümsüz

**Stimmrecht** N̄ oy hakkı
**Stimmung** F̄ ⟨-; -en⟩ *fig* ruh hali; (*Atmosphäre*) atmosfer, hava; *allgemeine* genel hava, ortam; **in guter (gedrückter) ~ sein** *-in* keyfi yerinde (bozuk) olmak; **alle waren in ~** herkes eğleniyordu; **für ~ sorgen** eğlendirmek
**Stimmungs|barometer** N̄ umg ortamın göstergesi **~mache** F̄ ⟨-; *ohne pl*⟩ umg oy kamuoyunu yönlendirme
**stimmungsvoll** ADJ etkileyici
**Stimmzettel** M̄ oy pusulası
**Stimulans** ['ʃtiː-, 'stiː-] N̄ ⟨-; -lantia⟩ MED stimülans, uyarıcı
**stimulieren** V/T ⟨*ohne* ge-, h.⟩ uyarmak, canlandırmak
**Stinkbombe** F̄ pis kokan bir maddeyle dolu ampul (*oyuncak*)
**stinken** V/I ⟨stank, gestunken, h.⟩ (**nach** …) kokmak (*kötü*); umg **das (er** *etc*) **stinkt mir** bundan (ondan *vs*) bıktım
**stink|faul** ADJ umg miskin **~langweilig** ADJ umg çok sıkıcı **~reich** ADJ umg çok zengin
**Stinktier** N̄ ZOOL kokarca
**Stinkwut** F̄ umg: **e-e ~ haben** (**auf** *-e*) çok öfkelenmek
**Stipendiat** [ʃtipɛnˈdiːaːt] M̄ ⟨-en; -en⟩, **-in** F̄ ⟨-; -nen⟩ bursiyer
**Stipendium** [ʃtiˈpɛndiʊm] N̄ ⟨-s; -dien⟩ burs
**Stippvisite** F̄ kısa ziyaret, umg şöyle bir uğrama
**Stirn** F̄ ⟨-; -en⟩ alın **~band** N̄ ⟨-s; ⸚er⟩ alınlık, diyadem **~höhle** F̄ ANAT alın boşluğu **~höhlenentzündung** F̄ MED sinüzit **~runzeln** N̄ ⟨-s; *ohne pl*⟩ kaş çatma
**stöbern** V/I ⟨h.⟩ umg (**nach** *-i*) aramak (*ortalığı karıştırarak*)
**stochern** V/I ⟨h.⟩: **im Essen ~** yemeği karıştırıp durmak (*iştahsızca*); **in den Zähnen ~** dişlerini karıştırmak
**Stock** M̄ ⟨-s; ⸚e⟩ sopa; (~*werk*) kat; **im ersten ~** birinci katta
**stock|besoffen** ADJ umg körkütük sarhoş **~dunkel** ADJ umg zifirî karanlık
**Stöckelschuh** M̄ (uzun) topuklu ayakkabı
**stocken** V/I ⟨h.⟩ dur(ala)mak; (*unsicher werden*) tereddüte düşmek; *Verkehr* durmak, tıkanmak
**stockend** A ADJ *Stimme* tutuk B ADV:

**~ lesen (sprechen)** dura dura okumak (konuşmak)
**stockfinster** ADJ umg zifirî karanlık
**Stockfisch** M çiroz, kurutulmuş balık
**stock|konservativ** ADJ umg pej alabildiğine tutucu **~nüchtern** ADJ umg tamamen ayık **~sauer** ADJ umg alabildiğine kızgın **~steif** ADJ umg baston yutmuş gibi **~taub** ADJ umg iyice sağır
**Stockung** F ⟨-; -en⟩ WIRTSCH durgunluk
**Stockwerk** N kat; **im ersten ~** birinci katta
**Stoff** M ⟨-s; -e⟩ madde, malzeme; (Gewebe) dokuma, bez; (Tuch) kumaş; umg (Rauschgift) mal; umg (Sache) konu; fig (Thema) konu; **~ sammeln** malzeme toplamak
**Stoff|kreislauf** M ÖKOL malzeme dönüşümü **~muster** N kumaş deseni; (Probe) malzeme örneği **~tier** N bez hayvan (oyuncak) **~wechsel** M MED metabolizma
**stöhnen** V/I ⟨h.⟩ (vor dat -den) inlemek; fig (über akk -den) (yanıp) yakınmak
**stoisch** ADJ stoik
**Stola** [ʃt-, st-] F ⟨-; Stolen⟩ atkı, etol
**Stollen** M ⟨-s; -⟩ Bergbau tünel, galeri; Kuchen Noel keki; am Schuh krampon
**stolpern** V/I ⟨i.⟩ sendelemek, tökezlemek; **~ über** (akk) -e ayağı takılmak
**stolz** ADJ (auf akk -den dolayı) gururlu; onurlu
**Stolz** M ⟨-es⟩ (auf akk -den) gurur; onur
**stopfen** A V/T ⟨h.⟩ Socken tamir etmek; Loch ördeklemek; (pressen) (in akk -e) tıkı(ştır)mak, doldurmak B V/I MED Durchfall ishali kesmek; Essen peklik yapmak
**Stopfgarn** N delik örmeye yarayan iplik
**stopp** [ʃt-, st-] INT dur(un)!, stop!
**Stopp** [ʃtɔp, stɔp] M ⟨-s; -s⟩ dur(dur)ma; (Lohn2, Preis2) dondur(ul)ma
**Stoppel** F ⟨-; -n⟩ ekin anızı **~bart** M iki günlük sakal **2ig** ADJ tıraşsız
**stoppen** A V/I ⟨h.⟩ durmak B V/T durdurmak; Zeit -in zamanını ölçmek (kronometreyle)
**Stopp|schild** N AUTO dur levhası **~taste** F durdurma düğmesi **~uhr** F kronometre
**Stöpsel** M ⟨-s; -⟩ Waschbecken etc tapa, tıkaç
**Störaktion** F POL aksatma eylemi

**störanfällig** ADJ TECH ELEK çabuk arızalanan
**Storch** M ⟨-s; ⁼e⟩ leylek
**stören** ⟨h.⟩ A V/T bozmak; (belästigen) rahatsız etmek; (beeinträchtigen) (olumsuz) etkilemek; Versammlung aksatmak; **lassen Sie sich nicht ~** rahatsız olmayın; **darf ich Sie kurz ~?** sizi bir saniye rahatsız edebilir miyim?; **stört es Sie, wenn ich rauche?** sigara içersem rahatsız olur musunuz? B V/I (im Weg sein) -e engel olmak, rahatsızlık vermek; (lästig sein) sataşmak, bela olmak; (unangenehm sein) nahoş olmak, umg -e batmak; **störe ich?** rahatsız ediyor muyum?; **„Bitte nicht ~!"** lütfen rahatsız etmeyin(iz)! C V/R: **sich ~ an** (dat) -den rahatsız olmak
**störend** ADJ rahatsız edici/eden
**Störenfried** M ⟨-s; -e⟩ huzur bozan adj (devamlı)
**Stör|faktor** M arıza sebebi; fig -i aksatan adj **~fall** M TECH arıza (hali)
**stornieren** V/T (ohne ge-, h.) iptal etmek; Buchung iptal ettirmek **2ung** F ⟨-; -en⟩ iptal **2ungsgebühr** F iptal ücreti
**Storno** N ⟨-s; Storni⟩ iptal
**störrisch** ADJ inatçı, dikkafalı, umg söz dinlemez
**Störsender** M yayınları bozan korsan radyo vericisi
**Störung** F ⟨-; -en⟩ arıza, bozukluk; rahatsızlık; MED bozukluk; Radio parazit; **verzeihen Sie die ~!** affedersiniz, rahatsız ediyorum!
**störungsfrei** ADJ TECH arızasız
**Störungsstelle** F arıza servisi
**Stoß** M ⟨-es; ⁼e⟩ itiş; (Fuß2) tekme; (Schlag) darbe; (Erschütterung) sarsıntı, sars(ıl)ma; (Stapel) istif; **j-m e-n ~ versetzen** b-ne bir darbe indirmek; **sich** (dat) (od s-m Herzen) **e-n ~ geben** kendi içindeki direnci yenmek **~dämpfer** M ⟨-s; -⟩ AUTO amortisör
**stoßen** (stößt, stieß, gestoßen) A V/T ⟨h.⟩ itmek; **mit dem Fuß** tekmelemek; **von sich ~** yanına yanaştırmamak B V/R: **sich ~** ⟨h.⟩ çarpışmak, tokuşmak; **sich ~** (dat) -e vurmak/çarpmak; fig -de kusur bulmak, -den rahatsız olmak C V/I ⟨s.⟩: **mit dem Kopf ~ an** (akk od gegen) -e başını çarpmak; (entdecken) **~ auf**

(akk) -e (birdenbire) rastlamak; *Schwierigkeiten etc ile* karşılaşmak; *Öl etc* bulmak, keşfetmek

**Stoß|gebet** N ani tehlikede okunan kısa dua **~kraft** F ‹-; *ohne pl*› Idee *etc* etkileyicilik **~stange** F AUTO tampon **~verkehr** M yoğun trafik **~zahn** M fırlak diş (*fil, domuz*) **~zeit** F yoğun iş zamanı; *Verkehr* iş trafiği

**stottern** A V/I ‹h.› kekelemek B V/T kekeleyerek söylemek

**Str.** *abk für* **Straße** F cadde (Cad.); (*Nebenℒ*) sokak (Sok.)

**Straf|anstalt** F cezaevi **~antrag** M kovuşturma talebi; *umg* ceza talebi **~anzeige** F: **~ erstatten (gegen** *akk*) karşı suç duyurusunda bulunmak **~arbeit** F ceza ödevi ℒ**bar** ADJ cezayı gerektirir; **~e Handlung** suç, cezai fiil; **sich ~ machen** suç işlemek **~befehl** M JUR ceza müzekkeresi

**Strafe** F ‹-; -n› ceza; (*Geldℒ*) para cezası; **20 Euro ~ zahlen müssen** 20 avro ceza ödemek zorunda kalmak; **zur ~** ceza olarak

**strafen** V/T ‹h.› cezalandırmak

**Straferlass** M cezanın affı

**straff** ADJ gergin, dar; *fig* sıkı, katı; **~ sitzen** sıkıca oturmak (*Kleidung*)

**straffällig** ADJ: **~ werden** suç işlemek

**straffen** V/T ‹h.› germek

**straffrei** ADV: **~ ausgehen** cezasız kalmak ℒ**heit** F ‹-; *ohne pl*› ceza muafiyeti

**Straf|gebühr** F ceza resmi **~gefangene** M,F mahkûm, hükümlü **~gesetz** N ceza yasası/kanunu

**sträflich** A ADJ (*unverzeihlich*) affedilmez B ADV: **~ vernachlässigen** sorumsuzca ihmal etmek

**Sträfling** M ‹-s; -e› hükümlü

**Straf|mandat** N ceza müzekkeresi **~maß** N JUR ceza miktarı ℒ**mildernd** ADJ cezayı hafifletici ℒ**mündig** ADJ cezai ehliyeti olan **~predigt** F *umg* azar(lama), diskur **~prozess** M ceza davası **~prozessordnung** F ceza muhakemeleri usulü **~raum** M ceza sahası **~recht** N ‹-s; *ohne pl*› ceza hukuku ℒ**rechtlich** ADJ: **~ verfolgen** (... hakkında) ceza takibat yapmak **~register** N adli sicil **~sache** F ceza davası **~stoß** M ceza vuruşu

**~tat** F suç, cezai fiil; *schwere* cürüm **~verfahren** N ceza davası ℒ**versetzen** V/T cezaen nakletmek **~vollzug** M infaz **~vollzugsbeamte** M ceza infaz memuru ℒ**würdig** ADJ JUR cezayı hakkeden **~zettel** M *umg* ceza pusulası **~zölle** PL POL ceza gümrüğü

**Strahl** M ‹-s; -en› ışın; (*Blitzℒ*) şimşek; (*Wasserℒ*) huzme

**strahlen** V/I ‹h.› ışın yaymak; *Sonne* parlamak; *fig* (**vor** *dat* -den) *-in* gözleri parlamak

**Strahlen|belastung** F, **~dosis** F MED radyasyon dozu **~krankheit** F radyasyon hastalığı **~schutz** M radyasyondan korunma ℒ**verseucht** ADJ ÖKOL radyoaktif kirlenmeye uğramış, kontamine

**Strahler** M ‹-s; -› (*Lampe*) reflektörlü lamba; (*Heizℒ*) reflektörlü soba; (*Katzenauge*) reflektör, kedigözü

**Strahltriebwerk** N FLUG jet motoru

**Strahlung** F ‹-; -en› radyasyon, ışınım

**strahlungsarm** ADJ IT *Bildschirm* düşük radyasyonlu

**Strahlungs|belastung** F ÖKOL radyasyonla kirlenme **~energie** F radyasyon enerjisi

**Strähne** F ‹-; -n› saç lülesi, perçem

**strähnig** ADJ perçem perçem

**stramm** ADJ gergin, sıkı

**strammstehen** V/I ‹*irr, -ge-, h.*› MIL hazırolda durmak

**Strampelhöschen** N bodi (*bebek*)

**Strand** M ‹-s; ⁼e› deniz (*göl vs*) kıyısı, sahil; (*Badeℒ*) plaj; **am ~** sahilde **~bad** N plaj

**stranden** V/I ‹s.› SCHIFF karaya oturmak

**Strand|kleidung** F plaj giyimi **~korb** M tenteli hasır koltuk **~nähe** F: **in ~** sahile yakın **~promenade** F ‹-; -n› plaj gezinti yeri

**Strang** M ‹-s; ⁼e› ip, kement; ANAT kiriş

**strangulieren** [ʃtraŋguˈliːrən] V/T ‹*ohne ge-, h.*› (iple) boğmak

**Strapaze** F ‹-; -n› (büyük) zorluk, meşakkat

**strapazier|en** V/T ‹*ohne ge-, h.*› zorlamak; (*ermüden*) yormak; *Nerven etc* yıpratmak **~fähig** ADJ dayanıklı

**strapaziös** ADJ yorucu, meşakkatli;

*nervlich* yıpratıcı

**Straße** F ⟨-; -n⟩ yol, karayolu; *e-r Stadt etc* cadde, (Neben♀) sokak; (*Meerenge*) boğaz; **auf der ~** yolda, sokakta; **j-n auf die ~ setzen** b-ni kapı dışarı etmek

**Straßen|arbeiten** PL yol çalışmaları **~arbeiter** M yol işçisi

**Straßenbahn** F tramvay **~haltestelle** F tramvay durağı **~linie** F tramvay hattı

**Straßen|bau** M ⟨-s; *ohne pl*⟩ yol inşaatı **~belag** M yol kaplaması **~beleuchtung** F sokak ışıklandırması (*od umg* lambaları *pl*) **~benutzungsgebühr** F geçiş ücreti **~café** N kaldırım kahvesi **~fest** N trafiğe kapanan bir caddede semt sakinlerinin eğlentisi **~glätte** F kaygan yol **~graben** M şarampol **~händler(in)** M(F) sokak satıcısı **~junge** M sokak çocuğu **~karte** F yol haritası **~kehrer** M yol temizlik işçisi **~kehrmaschine** F yol süpürme makinası **~kreuzung** F kavşak, *umg* dörtyol (üçyol *vs*) ağzı **~lage** F AUTO yol tutuş **~lärm** M yol gürültüsü **~laterne** F sokak lambası **~musikant** M sokak çalgıcısı **~name** M sokak/caddede adı **~netz** N karayolu ağı **~rand** M yol kenarı; **am ~** yol kenarında **~schild** N sokak levhası **~sperre** F barikat; yolun kapatılması **~tunnel** M karayolu tüneli **~überführung** F üst geçit **~unterführung** F alt geçit **~verhältnisse** PL yol durumu **~verkehrsordnung** F karayolları trafik tüzüğü **~verzeichnis** N sokak adları dizini

**Stratege** M ⟨-n; -n⟩ strateji uzmanı **Strategie** F ⟨-; -n⟩ strateji **strategisch** ADJ stratejik **Stratosphäre** [-f-] F ⟨-; *ohne pl*⟩ stratosfer

**sträuben** V/R ⟨h.⟩: **sich ~ gegen** -e karşı koymak, direnmek

**Strauch** M ⟨-s; ⸗er⟩ çalı(lık)

**straucheln** V/I ⟨s.⟩ tökezlemek; *fig* yanlış yola sapmak

**Strauß**[1] M ⟨-es; ⸗e⟩ (*Blumen*♀) demet, buket

**Strauß**[2] M ⟨-es; -e⟩ ZOOL devekuşu

**streb|en** V/I ⟨h.⟩: **~ nach** ... uğraşmak, çaba göstermek **♀er** M ⟨-s; -⟩, **♀erin** F ⟨-; -nen⟩ *pej* gözü yüksekte

*adj* **~sam** ADJ gözü yüksekte

**Strecke** F ⟨-; -n⟩ uzaklık, yol; (*Route*) güzergâh; BAHN hat; (*Renn*♀) etap; (*Abschnitt, Fläche*) bölüm, parça; **auf der ~ bleiben** yarı yolda kalmak; **j-n zur ~ bringen** *Polizist* b-ni yakalamak

**strecken** ⟨h.⟩ A V/T uzatmak B V/R: **sich ~** uzanmak

**Streckennetz** N şebeke (*toplu ulaşımda*)

**Streckverband** M MED esnek sargı **Streetworker** ['striːtwoːɐkɐ] M ⟨-s; -⟩ uyuşturucu bağımlılarıyla ilgilenen sosyal çalışman

**Streich** M ⟨-s; -e⟩ oyun, muziplik; **j-m e-n (bösen) ~ spielen** b-ne (kötü) bir oyun oynamak

**streicheln** V/T ⟨h.⟩ okşamak

**streichen** ⟨strich, gestrichen, *h.*⟩ A V/T (*an~*) boyamak; (*schmieren*) (**auf** *akk* -e) sürmek; (*aus~*) -in üstünü çizmek, -i iptal etmek; **j-n von der Liste ~** b-ni listeden çıkarmak B V/I: **mit der Hand ~ über** (*akk*) -i sıvazlamak

**Streicher** MUS yaylı çalgı sanatçısı **Streichholz** N kibrit **~schachtel** F kibrit kutusu

**Streich|instrument** N MUS yaylı çalgı/saz **~orchester** N yaylı çalgılar orkestrası **~quartett** N yaylı çalgılar dörtlüsü

**Streichung** F ⟨-; -en⟩ iptal etme (*od* edilme)

**Streichwurst** F ekmeğe sürülen sucuk **Streife** F ⟨-; -n⟩ devriye; **~ gehen** devriye gezmek

**streifen** A V/T ⟨h.⟩ (*berühren*) -e değmek, hafifçe dokunmak; *Auto* sıyırıp geçmek, -e sürtmek; (*aus~*) -in üstünü çıkmek, -i sıyırmak; *Kugel* sıyırmak; *Ring* (**von** -den) sıyırıp çıkarmak; *Thema* -e (kısaca) değinmek; **mit e-m Blick ~** -e bir bakış fırlatmak B V/I ⟨s.⟩ amaçsızca gezmek; **durch den Wald** *etc* ormanı *vs* dolaşmak

**Streifen** M ⟨-s; -⟩ çizgi, çubuk; (*Papier*♀ *etc*) şerit

**Streifenwagen** M devriye arabası **Streif|licht** N ışık huzmesi; *fig* (**auf** *akk* -e) kısaca ışık tutma **~schuss** M sıyıran kurşun (yarası) **~zug** M gezi, dolaşma **Streik** M ⟨-s; -s⟩ WIRTSCH grev; **in den ~ treten** greve girmek; **wilder ~** yasadışı grev **~brecher** M ⟨-s; -⟩ grev kırıcı

**streiken** ⟨*h.*⟩ grev yapmak; *fig* bozulmak, işlememek
**Streik|ende** M, F ⟨-n; -n⟩ grevci, grev yapan **~posten** M grev gözcüsü **~recht** N ⟨-s; *ohne pl*⟩ grev hakkı
**Streit** M ⟨-s; -e⟩ (**über** *akk* hakkında, **um** için) kavga, çekişme; *handgreiflicher* dövüş, dalaşma; (*Diskussion*) tartışma; ~ **anfangen** kavga çıkarmak; ~ **suchen** kavga çıkarmaya çalışmak
**streitbar** ADJ kavgacı, tartışmayı seven
**streiten** ⟨stritt, gestritten, *h.*⟩ (*a.* **sich ~**) (**über** *akk* konusunda) kavga etmek, tartışmak, çekişmek; *handgreiflich* dövüşmek; **darüber lässt sich ~** bu tartışılır
**Streit|erei** F ⟨-; -en⟩ *umg* anlaşmazlık, kavga **~fall** M JUR anlaşmazlık, ihtilaf **~frage** F tartışma/kavga konusu **~gespräch** N (sözlü) tartışma; *tartışma biçimli öğretici nesir veya şiir*
**streitig** ADJ: **j-m etw ~ machen** b-nin ... üzerindeki hakkını reddetmek
**Streit|kräfte** PL MIL silahlı kuvvetler **~punkt** M anlaşmazlık konusu **~sache** F JUR dava **²süchtig** ADJ kavgacı, *umg* dalaşkan **~wert** m JUR dava değeri
**streng** Ⓐ ADJ sert, sıkı; *Kälte* şiddetli; *Strafe* ağır; (*unnachgiebig*) katı, acımasız Ⓑ ADV: **sich ~ halten an ~e** sıkı sıkıya uymak; ~ **genommen** aslına bakılırsa; ~ **verboten** (**vertraulich**) kesinlikle yasak (gizli)
**Strenge** F ⟨-; *ohne pl*⟩ sertlik, katılık, sıkılık
**strenggläubig** ADJ çok dindar
**Stress** M ⟨-es; -e⟩ stres; **im ~** stres altında
**stress|en** ⟨*h.*⟩ strese sokmak **~frei** ADJ stressiz **~geplagt** ADJ stresten muzdarip **~ig** ADJ stresli
**streuen** ⟨*h.*⟩ *a.* PHYS dağıtmak, yaymak; *Sand* serpmek, *Salz a.* ekmek; *Gehweg* -*e* kum atmak; -*e* tuz serpmek
**streunen** ⟨*h.*⟩ başıboş dolaşmak (*hayvan*); **~de Katze** sokak kedisi
**Strich** M ⟨-s; -e⟩ (*Linie*) çizgi; (*Skalen²*) kerte, derece; *fahişelik yapılan caddel semt*; **j-m e-n ~ durch die Rechnung machen** b-nin planını bozmak; **unter dem ~** hesap kitap, sonuçta; *umg* **auf den ~ gehen** sokakta fahişelik yapmak;

**gegen den ~** (-e) aykırı
**stricheln** VT ⟨*h.*⟩ taraklamak (*seyrek çizgiler*); **gestrichelte Linie** kesik çizgi (*yol şeridi*)
**Strich|er** M *umg*, **~junge** M *umg* eşcinsel erkek fahişe (*sokakta iş bekleyen*)
**Strichliste** F kontrol listesi
**Strichmädchen** N *umg* fahişe genç kız (*sokakta iş bekleyen*)
**Strichmännchen** N basit çizgilerle çizilmiş insan figürü
**Strichpunkt** M noktalı virgül
**strichweise** ADV *Regen* yer yer
**Strick** M ⟨-s; -e⟩ sicim; *dicker* halat
**stricken** Ⓐ VT ⟨*h.*⟩ örmek (*kazak vs*) Ⓑ VI örgü örmek
**Strick|jacke** F hırka **~leiter** F ip merdiven **~maschine** F örgü makinası; *gewerbliche* trikotaj makinası **~nadel** örgü şişi **~waren** PL örme eşya, triko **~wolle** F örgü yünü **~zeug** N örgü malzemesi
**striegeln** VT ⟨*h.*⟩ kaşağılamak
**Striemen** M ⟨-s; -⟩ kamçı *vs* izi
**strikt** ADJ kesin; **etw ~ ablehnen** bş-i kesinkes reddetmek
**Strip** [ˈʃtrɪp, strɪ-] M ⟨-s; -s⟩ *umg* striptiz; flaster
**Strippe** F ⟨-; -n⟩ *umg*: **an der ~ hängen** devamlı telefonla konuşmak
**strippen** [ˈʃtrɪp(ə)n, ˈstrɪ-] VI ⟨*h.*⟩ *umg* striptiz yapmak
**Stripper** ⟨-s; -⟩ M, **-in** F ⟨-; -nen⟩ *umg* striptizci
**strittig** ADJ tartışmalı; **~er Punkt** tartışmalı nokta
**Stroh** N ⟨-s; *ohne pl*⟩ saman; (*Dach²*) saz, dam otu **²blond** ADJ saman sarısı saçlı, samani **~blume** F samandan yapılma çiçek (*süs*) **~dach** N saz dam **~feuer** N saman alevi **~halm** M saman çöpü; *Getränke* kamış, pipet; **nach e-m ~ greifen, sich an e-n ~ klammern** saman çöpünden medet ummak **~hut** M hasır şapka **~witwe(r** M) F *umg* yaz bekârı
**Strom** M ⟨-s; ⸚e⟩ nehir, ırmak; *Strömung*, ELEK akım, cereyan; **ein ~ von** bir ... seli; **mit dem ~ schwimmen** imama uymak; **gegen den ~ schwimmen** akıntıya karşı kürek çekmek **²ab, ²abwärts** ADV akıntı yönünde **²auf, ²aufwärts** ADV akıntının tersi yönde

**~ausfall** M elektrik kesintisi
**strömen** V/I ⟨s.⟩ akmak; *Regen* bardaktan boşanırcasına yağmak; *fig Menschen etc* akın etmek
**Strom|erzeuger** M elektrik üreticisi **~erzeugung** F elektrik üretimi **~kreis** M ELEK devre **~leitung** F elektrik hattı ⚑**linienförmig** ADJ aerodinamik **~netz** N ELEK şebeke **~schnelle** F ⟨-; -n⟩ ivinti yeri; *umg* şiddetli akıntı **~spannung** F ELEK gerilim **~stärke** F ELEK akım şiddeti **~stoß** M elektrik çarpması
**Strömung** F ⟨-; -en⟩ akıntı; *fig* akım, eğilim
**Strom|verbrauch** M ELEK sarfiyat **~versorgung** F ELEK enerji temini **~zähler** M ELEK sayaç, *umg* saat
**Strophe** [-fə] F ⟨-; -n⟩ *Gedicht* kıta
**strotzen** V/I ⟨h.⟩: **~ von** (*od* **vor**) (dat) ile dolup taşmak; *Gesundheit etc* -den sağlık *vs* fışkırmak
**Strudel** M ⟨-s; -⟩ girdap, anafor; *strudel* (*meyvalı yufka çöreği*); *fig* karışıklık, hercümerç
**Struktur** [ʃtr-, str-] F ⟨-; -en⟩ yapı, strüktür ⚑**ell** ADJ yapısal; **~ bedingt** -in yapısından kaynaklanan **~krise** F POL yapısal rahatsızlık ⚑**schwach** ADJ POL azgelişmiş (*bölge*) **~wandel** M POL yapısal değişiklik
**Strumpf** M ⟨-s; ⸚e⟩ çorap **~hose** F külotlu çorap **~maske** F çorap maske
**struppig** ADJ dağınık (*saçlı*); *Hund* kaba tüylü
**Stube** F ⟨-; -n⟩ oda
**Stubenhocker** M ⟨-s; -⟩ *pej* evden çıkmayan
**stubenrein** ADJ eve pislemeyen (*hayvan*)
**Stuck** M ⟨-s; *ohne pl*⟩ ARCH kartonpiyer
**Stück** N ⟨-s; -e⟩ parça; (*~zahl*) adet; (*Teil*) *a.* kısım; *Zucker* tane; *Brot* lokma; THEAT oyun; **ein ~ Land** bir parça arazi; **im** (*od* **am**) **~ Käse** tek parça halinde, dilimlenmemiş; **2 Euro das ~** tanesi 2 avro; **j-n ein ~** (*Weges*) **begleiten** b-ne (yolda) bir süre eşlik etmek; **~ für ~** tane tane; parça parça; **wir sind ein gutes ~ weitergekommen** bir hayli ilerledik; **große ~e halten auf** -*e* çok değer vermek; **aus freien ~en** gönüllü olarak
**Stückelung** F ⟨-; -en⟩ WIRTSCH bölme

**Stück|liste** F TECH parça listesi **~preis** M birim fiyatı; parça başına fiyat ⚑**weise** ADV parça parça, tane tane; WIRTSCH parça başı **~werk** N ⟨-s; *ohne pl*⟩ *fig* eksik iş **~zahl** F adet, miktar, parça sayısı
**Student** M ⟨-en; -en⟩ öğrenci (*yüksekokul*); *umg* üniversiteli
**Studenten|ausweis** M öğrenci kimliği **~schaft** F ⟨-; -en⟩ öğrenciler (*bir üniversitedeki vs*) **~wohnheim** N öğrenci yurdu
**Studentin** F ⟨-; -nen⟩ öğrenci, *umg* üniversiteli (*kadın*)
**Studie** [-dĭə] F ⟨-; -n⟩ (**über** *akk* hakkında) inceleme
**Studien|abbrecher** [-ĭən-] M ⟨-s; -⟩ yüksek öğrenimi tamamlamayan **~abschluss** M yüksekokul mezuniyeti **~aufenthalt** M öğrenim amaçlı ziyaret **~beratung** F öğrenci danışmanlığı **~bewerber(in)** M/F üniversite adayı **~direktor(in)** M/F ortaokul müdürü; lise müdür yardımcısı **~fach** N bilimdalı **~gang** M yüksek öğrenim türü (*master vs*) **~gebühren** PL yüksekokul harçları **~platz** M üniversite adayının amaçladığı imkan **~rat** M, **~rätin** F lise öğretmeni **~referendar(in)** M/F stajyer öğretmen **~reise** F inceleme gezisi
**studieren** A V/T ⟨*ohne* ge-, h.⟩ ... öğrenimi görmek, *umg* okumak B V/I öğrenim görmek, *umg* üniversitede okumak, üniversiteye gitmek
**Studio** N ⟨-s; -s⟩ stüdyo
**Studium** N ⟨-s; *Studien*⟩ öğrenim, tahsil
**Stufe** F ⟨-; -n⟩ basamak; (*Niveau*) düzey; (*Stadium*) evre, aşama; **j-n auf eine ~ stellen mit** b-ni ile bir tutmak
**Stufenbarren** M SPORT asimetrik bar
**stufenlos** ADJ TECH kademesiz
**stufenweise** A ADJ kademeli, tedricî B ADV kademeli olarak, tedricen
**Stuhl**¹ M ⟨-s; ⸚e⟩ sandalye
**Stuhl**² M, **~gang** M ⟨-s; *ohne pl*⟩ MED büyük aptes; **~ haben** büyük aptes bozmak
**stülpen** V/T ⟨h.⟩ (**auf** *akk* -*in* üstüne) koymak; (**über** *akk* -*in* üstüne) geçirmek
**stumm** ADJ dilsiz; (*still*) sessiz
**Stummel** M ⟨-s; -⟩ (*Zahn*⚑) kırık diş kö-

kü; (Zigaretten℠) izmarit; (Kerzen℠) mum artığı
**Stummfilm** M sessiz film
**Stümper** M ⟨-s; -⟩ sakar, acemi çaylak
**stümperhaft** ADJ acemice, şişirme
**stumpf** ADJ kör
**Stumpf** M ⟨-s; ⸚e⟩ (Baum℠) kütük
**stumpfsinnig** ADJ anlayışsız; umg kalın kafalı; Arbeit tekdüze
**Stunde** F ⟨-; -n⟩ saat; (Unterrichts℠) ders
**stunden** VT ⟨h.⟩: **j-m etw ~** b-nin bş-ini ertelemek
**Stunden|geschwindigkeit** F saatte ortalama hız **~kilometer** PL saatte kilometre
**stundenlang** ADJ & ADV saatlerce; **nach ~em Warten** saatlerce bekledikten sonra
**Stunden|lohn** M saat ücreti **~plan** M ders programı **≈weise** ADJ u. ADV saat hesabı(yla) **~zeiger** M akrep
**stündlich** A ADJ & ADV saatte bir (gelen vs) B ADV her an, yakında (gelebilir vs)
**Stundung** F ⟨-; -en⟩ borç erteleme
**Stunt** ['stant] M ⟨-s; -s⟩ FILM dublör **~man** ['-mɛn] M ⟨-s; -men⟩ (erkek) dublör **~woman** ['-wʊmɛn] F ⟨-; -women⟩ (kadın) dublör
**stupide** ADJ ahmak(ça)
**Stups** M ⟨-es; -e⟩ hafifçe itme **≈en** VT ⟨h.⟩ umg hafifçe itmek
**Stupsnase** F hokka burun
**stur** ADJ umg dikkatalı **≈heit** F ⟨-; ohne pl⟩ umg dikkatalılık
**Sturm** M ⟨-s; ⸚e⟩ fırtına, kasırga; fig akın; **~ auf** (akk) WIRTSCH -e hücum, saldırı; **~ laufen gegen** -i şiddetle protesto etmek **~angriff** M MIL hücum **~bö** F ani rüzgâr darbesi
**stürmen** A VT ⟨h.⟩ -e saldırmak, -e hücum etmek B VI ⟨h.⟩: **es stürmt** fırtına var
**Stürmer** M ⟨-s; -⟩ SPORT forvet
**stürmisch** ADJ fırtınalı, kasırgalı; fig heyecanlı, ateşli
**Sturmwarnung** F fırtına uyarısı
**Sturz** M ⟨-es; ⸚e⟩ düşme; e-r Regierung etc düşürülme, devrilme **~bach** M sel
**stürzen** A VI ⟨s.⟩ düşmek; (rennen) koşmak, atılmak B VT ⟨h.⟩ düşürmek, devirmek; **j-n ins Unglück ~** b-ni felakete düşürmek C VR ⟨h.⟩: **sich ~ aus** kendini -den düşürmek; **sich ~ auf** akk -in üstüne atılmak, çullanmak; **sich in die Arbeit ~** kendini işe vermek; **sich in Unkosten ~** büyük masrafa girmek
**Sturzflug** M pike (uçuşu)
**Sturzhelm** M Motorrad kask
**Stute** F ⟨-; -n⟩ kısrak
**Stützbalken** M ARCH destek, dikme
**Stütze** F ⟨-; -n⟩ destek, dayanak
**stutzen** ⟨h.⟩ A VT Baum budamak; (kürzen) kısaltmak B VI şüphelenmek, ne diyeceğini bilememek, şaşalamak
**Stutzen** M ⟨-s; -⟩ kısa namlulu tüfek; TECH kısa boru parçası, ek; bileklik
**stützen** ⟨h.⟩ A VT desteklemek B VR: **sich ~ auf** (akk) -e dayanmak
**stutzig** ADJ: **j-n ~ machen** b-ni işkillendirmek/şaşırtmak
**Stütz|mauer** F istinat duvarı **~pfeiler** M ARCH payanda, destek **~punkt** M MIL üs; fig dayanak
**Styropor®** [ʃtyroˈpoːɐ] N ⟨-s; ohne pl⟩ stiropor
**s. u.** abk für siehe unten aşağıya bakınız (aş. bkz.)
**Subjekt** N ⟨-s; -e⟩ özne; umg aşağılık
**subjektiv** [-f] ADJ öznel, kişisel **≈ität** F ⟨-; ohne pl⟩ öznellik
**Sub|kontinent** M bir kıtanın büyük bir parçası (Hindistan gibi) **~kultur** F ⟨-; -en⟩ altkültür
**Sublim|at** N ⟨-s; -e⟩ CHEM süblime **≈ieren** VT ⟨ohne ge-, h.⟩ CHEM süblimleştirmek; PSYCH süblime etmek, yüceltmek
**Substantiv** [-tiːf] N ⟨-s; -e⟩ GRAM isim **≈ieren** [-v-] VT ⟨ohne ge-, h.⟩ GRAM isimleştirmek **≈isch** ADJ ADV GRAM isim olarak (kullanılan)
**Substanz** [zupˈstants] F ⟨-; -en⟩ cevher; madde; varlık; **das geht an die ~** bu insanı vs eritiyor **≈iell** ADJ temel, öze ilişkin
**subtil** ADJ ince, alttan alta etkili olan
**subtrahieren** [zʊptraˈhiːrən] VT ⟨ohne ge-, h.⟩ MATH çıkarmak
**subtropisch** ADJ dönencealtı
**Subunternehmer** M taşeron
**Subvention** [zʊpvɛnˈtsjoːn] F ⟨-; -en⟩ sübvansiyon; teşvik primi **≈ieren** VT ⟨ohne ge-, h.⟩ sübvansiyonla desteklemek
**Such|aktion** F arama girişimi/çalışma-

**ları ~dienst** M arama örgütü (kayıp kişileri)
**Suche** F ⟨-; ohne pl⟩ (**nach** -i) arama, arayış; **auf der ~ nach** -i ararken; **auf der ~ sein nach** -i aramakta olmak
**suchen** ⟨h.⟩ VT (u. VI ~ **nach**) aramak; **gesucht ... ...** aranıyor; (**mit j-m**) **Streit ~** -in canı (b-le) dalaşmak istemek; **was hat er hier zu ~?** o burada ne arıyor?; **er hat hier nichts zu ~** onun burada bir işi yok; **nach Worten ~** lafını toparlamaya çalışmak
**Sucher** M ⟨-s; -⟩ FOTO vizör
**Such|funktion** F IT arama işlevi **~gerät** N detektör **~maschine** F Internet arama motoru
**Sucht** F ⟨-; ⸚e⟩ (**nach** -e) bağımlılık; (Besessenheit) tutku
**suchterzeugend** ADJ MED bağımlılık yaratıcı
**süchtig** ADJ tiryaki; *stärker* (**nach** -e) bağımlı; **~ machen** bağımlı kılmak; **~ sein** bağımlı olmak
**Süchtige** M.F ⟨-n; -n⟩ bağımlı, müptela
**Suchtkranke** M.F MED bağımlılık hastası
**Suchtrupp** M arama ekibi
**Südafrika** N ⟨-s; ohne pl⟩ Güney Afrika **~ner(in)** M|F Güney Afrikalı **⸋nisch** ADJ Güney Afrika(lı) subst
**Südamerika** N ⟨-s; ohne pl⟩ Güney Amerika **~ner(in)** M|F Güney Amerikalı **⸋nisch** ADJ Güney Amerika(lı) subst
**süddeutsch** ADJ Güney Almanya(lı) subst **⸋e** M.F ⟨-n; -n⟩ Güney Almanyalı **⸋land** N Güney Almanya
**Süden** M ⟨-s; ohne pl⟩ güney; **im ~ von** (od gen) -in güneyinde, -den (daha) güneyde; **nach ~** güneye (doğru)
**Südeuropa** N ⟨-s; ohne pl⟩ Güney Avrupa
**Südeuropä|er(in)** M|F Güney Avrupalı **⸋isch** ADJ Güney Avrupa(lı) subst
**Südfrüchte** PL sıcak iklim meyvaları
**Südländ|er** M ⟨-s; -⟩, **-in** F ⟨-; -nen⟩ güneyli **⸋isch** ADJ güney, sıcak iklim subst
**südlich** A ADJ güney subst B PRÄP: **~ von** (od gen) -in güney kesiminde
**Südosten** M güneydoğu
**Südosteuropa** N Güneydoğu Avrupa
**südöstlich** A ADJ güneydoğu subst B PRÄP: **~ von** (od gen) -in güneydoğu kesiminde
**Südpol** M ⟨-s; ohne pl⟩ Güney Kutbu
**südwärts** ADV güneye doğru
**Südwest|en** M güneybatı **⸋lich** A ADJ güneybatı subst B PRÄP: **~ von** (od gen) -in güneybatı kesiminde
**Suff** M ⟨-s; ohne pl⟩ umg ayyaşlık; kafa çekme
**süffisant** ADJ kendini beğenmiş(çe)
**suggerieren** VT ⟨ohne ge-, h.⟩ telkin etmek
**Suggestion** F ⟨-; -en⟩ telkin
**suggestiv** [-f] ADJ telkin edici
**Suggestivfrage** F cevabı içinde soru
**sühnen** VT ⟨h.⟩ -in cezasını çekmek
**Suite** ['sviːt(ə)] F ⟨-; -n⟩ MUS süit; Hotel a. daire
**Sujet** [zyˈʒeː] N ⟨-s; -s⟩ konu (sanat eserinde)
**sukzessiv** [-f] ADJ tedricî, dereceli
**Sulfat** N ⟨-s; -e⟩ CHEM sülfat
**Sulfid** N ⟨-s; -e⟩ CHEM sülfit
**Sulfonamid** N ⟨-s; -e⟩ sülfamit
**Sultan** M ⟨-s; -e⟩ sultan, padişah
**Sultanine** F ⟨-; -n⟩ çekirdeksiz kuru üzüm
**Sülze** F ⟨-; -n⟩ jöle(li et)
**summarisch** ADJ toplu, toplam; (oberflächlich) yüzeysel
**Summe** F ⟨-; -n⟩ tutar, meblağ
**summen** VI u. VT ⟨h.⟩ Tier vızıldamak; (singen) mırıldanmak
**Summer** M ⟨-s; -⟩ ELEK vızıldak
**summieren** VR ⟨ohne ge-, h.⟩: **sich ~** (**auf** akk, **zu** -e) çıkmak, baliğ olmak
**Sumpf** M ⟨-s; ⸚e⟩ batak(lık) **⸋ig** ADJ batak(lık)
**Sund** M ⟨-s; -e⟩ boğaz (Baltık Denizi'nde)
**Sünde** F ⟨-; -n⟩ günah
**Sünden|bock** M ⟨-s; ⸚e⟩ günah keçisi **~erlass** M günahların affı **~fall** M REL ilk günah **~register** N b-nin işlediği günahların listesi
**Sünder** M ⟨-s; -⟩, **-in** F ⟨-; -nen⟩ günahkâr
**sündhaft** ADJ umg günahkâr; **~ teuer** ateş pahasına
**sündigen** VI ⟨h.⟩ (**gegen** -e) karşı günah işlemek; umg hum yeyip içmek
**super** ADJ u. INT umg süper
**Super** M ⟨-s; ohne pl⟩ AUTO umg süper **~benzin** N AUTO süper benzin
**Superlativ** [-f] M ⟨-s; -e⟩ aşırı övgü;

GRAM sıfatlarda üstünlük derecesi
**Supermacht** F̲ süper devlet
**Supermarkt** M̲ süpermarket
**supermodern** ADJ ultramodern
**Suppe** F̲ ⟨-; -n⟩ çorba
**Suppen|grün** N̲ çorbalık maydanoz, kereviz, havuç, pırasa demeti **~huhn** N̲ çorbalık tavuk **~löffel** M̲ çorba kaşığı **~schüssel** F̲ çorba servis kâsesi **~teller** M̲ çorba tabağı/kâsesi **~würfel** M̲ et/sebze suyu tableti
**Surfbrett** ['sɛ:f-] N̲ sörf tahtası
**surfen** ['sɔ:ef(ə)n] V̲I̲ ⟨h.⟩ a. im Internet sörf yapmak
**Surfer** ['sɔ:efe] M̲ ⟨-s; -⟩, **-in** F̲ ⟨-; -nen⟩ sörfçü
**surrealistisch** [zurea'lıstıʃ] ADJ gerçeküstü(cü), sürrealist(çe)
**suspekt** ADJ şüpheli
**suspendieren** V̲T̲ ⟨ohne ge-, h.⟩ el çektirmek, açığa almak
**Suspensorium** N̲ ⟨-s; Suspensorien⟩ MED kasıkbağı, süspansuar; (Armschlinge) kol askısı
**süß** ADJ tatlı; Kaffee şekerli; fig şeker (gibi), şirin **~en** V̲T̲ ⟨h.⟩ tatlandırmak
**Süßigkeiten** PL tatlılar, şekerlemeler
**süß|lich** ADJ tatlımsı; fig itici derecede tatlı **~sauer** ADJ mayhoş
**Süß|speise** F̲ tatlı (yemek çeşidi) **~stoff** M̲ tatlandırıcı **~warengeschäft** N̲ tatlıcı dükkânı **~wasser** N̲ ⟨-s; ohne pl⟩ tatlısu
**SW** abk für Südwesten M̲ güneybatı
**Sweatshirt** ['svɛtʃœrt] N̲ ⟨-s; -s⟩ svetşört
**Swimmingpool** ['svımıŋpu:l] M̲ ⟨-s; -s⟩ yüzme havuzu
**Symbiose** F̲ ⟨-; -n⟩ BIOL ortakyaşama
**Symbol** N̲ ⟨-s; -e⟩ (gen, für -in) simge, sembol **~figur** F̲ sembol; hum maskot
**Symbol|ik** F̲ ⟨-; ohne pl⟩ semboller pl, sembolizm 🙼**isch** ADJ simgesel, sembolik 🙼**isieren** V̲T̲ ⟨ohne ge-, h.⟩ simgelemek, sembolize etmek **~leiste** F̲ IT sembol çubuğu
**symmetrisch** ADJ simetrik, bakışımlı
**Sympath|ie** F̲ ⟨-; -n⟩ (für -ine) sempati; (Mitgefühl) dert ortaklığı; **~ empfinden für** -e sempati duymak **~iestreik** M̲ WIRTSCH destekleme grevi **~isant** M̲ ⟨-en; -en⟩, **~isantin** F̲ ⟨-; -nen⟩ sempatizan 🙼**isch** ADJ sempatik, canayakın;

**er ist mir ~** ben onu severim 🙼**isieren** V̲I̲ ⟨ohne ge-, h.⟩ **mit** -in sempatizanı olmak, -e yakınlık/sempati duymak
**Symphonie** [-f-] F̲ ⟨-; -n⟩ MUS senfoni **~orchester** N̲ senfoni orkestrası
**Symposium** N̲ ⟨-s; Symposien⟩ sempozyum
**Symptom** N̲ ⟨-s; -e⟩ belirti, semptom 🙼**atisch** ADJ (für için) semptomatik, tipik
**Synagoge** F̲ ⟨-; -n⟩ sinagog, havra
**synchron** [zʏn'kro:n] ADJ senkron, eşzamanlı **~isieren** V̲T̲ ⟨ohne ge-, h.⟩ senkronize etmek; FILM a. seslendirmek, -in dublajını yapmak
**Syndikat** N̲ ⟨-s; -e⟩ (Rechtsbeistand) hukuk müşavirliği; (Kartell) kartel
**Syndikus** M̲ ⟨-; -se⟩ hukuk müşaviri
**Syndrom** N̲ ⟨-s; -e⟩ MED sendrom
**Synode** F̲ ⟨-; -n⟩ kilise ruhani meclisi
**synonym** ADJ eşanlamlı, anlamdaş
**Synonym** N̲ ⟨-s; -e⟩ eşanlamlı, anlamdaş
**syntaktisch** ADJ IT sentaktik, GRAM a. sözdizimsel, cümlebilgisel
**Syntax** F̲ ⟨-; -en⟩ IT sentaks, GRAM a. sözdizimi, cümlebilgisi
**Synthese** F̲ ⟨-; -n⟩ sentez
**Synthesizer** ['zʏntəsaize] M̲ ⟨-s; -⟩ MUS sintesayzer
**synthetisch** ADJ sentetik
**Syphilis** ['zy:filıs] F̲ ⟨-; ohne pl⟩ MED frengi
**Syr|er** M̲ ⟨-s; -⟩, **-in** F̲ ⟨-; -nen⟩ Suriyeli **~ien** N̲ Suriye 🙼**isch** ADJ Suriye(li) subst
**System** N̲ ⟨-s; -e⟩ sistem, dizge **~absturz** M̲ IT sistem kilitlenmesi **~analyse** F̲ sistem analizi **~atik** F̲ ⟨-; -en⟩ sistematik 🙼**atisch** ADJ sistematik, dizgesel **~ausfall** M̲ IT sistem kilitlenmesi **~datei** F̲ IT sistem dosyası **~fehler** M̲ IT sistem hatası **~kritiker(in)** M(F) düzen eleştiricisi **~software** F̲ IT sistem yazılımı/programı **~steuerung** F̲ IT kontrol masası
**Szenario** N̲ ⟨-s; -s⟩ senaryo
**Szene** ['stse:nə] F̲ ⟨-; -n⟩ sahne; **sich in ~ setzen** gösteriş yapmak; **(j-m) e-e ~ machen** (-e) fena halde çıkışmak
**Szenenwechsel** M̲ sahne değişikliği
**Szenerie** F̲ ⟨-; -n⟩ mizansen, dekor; (Rundblick) panorama

# T

**t, T** [te:] N ⟨-; -⟩ t, T
**Tabak** M ⟨-s; -e⟩ tütün **~laden** M tütüncü (dükkanı) **~waren** PL tütün ürünleri ve malzemesi
**tabellarisch** ADJ *Lebenslauf etc* maddeler halinde, çizelge biçiminde
**Tabelle** F ⟨-; -n⟩ çizelge
**Tabellen|führer(in)** M(F) liste başı **~letzte** M,F liste sonuncusu **~spitze** F: **an der ~** liste başı(nda)
**Tablett** N ⟨-s; -e, -s⟩ tabla, tepsi
**Tablette** F ⟨-; -n⟩ tablet, hap
**tabu** ADJ tabu
**Tabu** N ⟨-s; -s⟩ tabu
**tabufrei** ADJ tabusuz, tabulardan uzak
**Tacho** M ⟨-s; -s⟩ *umg*, **~meter** M, *a.* N ⟨-s; -⟩ AUTO hız göstergesi, *umg* kilometre saati
**Tadel** M ⟨-s; -⟩ suç, kusur; *förmlich* kınama, tekdir **⚥los** ADJ noksansız, kusursuz; *Leben etc* masum; *(ausgezeichnet)* mükemmel
**tadeln** VT ⟨h.⟩ *(wegen -den dolayı)* eleştirmek, *-de* kusur bulmak; *förmlich* kınamak, *-e* ihtar (cezası) vermek
**Tadschikistan** N Tacikistan
**Tafel** F ⟨-; -n⟩ *Schule etc* (kara)tahta; *(Anschlag⚥)* ilan tahtası; *(Schild)* levha; *(Gedenk⚥)* plaket; *(Schokoladen⚥)* kalıp; *Essen* sofra **⚥fertig** ADJ hazır *(yemek)* **~geschirr** N sofra takımı
**täfeln** VT ⟨h.⟩ tahtayla kaplamak, *-e* lambri döşemek **⚥ung** F ⟨-; -en⟩ lambri
**Tafel|wasser** N içme suyu *(şişede)* **~wein** M sofra şarabı
**Taft** M ⟨-s; -e⟩ tafta
**Tag**¹ M ⟨-s; -e⟩ gün; **am** *(od* **bei) ~** gündüz(ün); **am helllichten ~** güpegündüz; **am nächsten ~** ertesi gün; **am ~ zuvor** bir önceki gün; **den ganzen ~** bütün gün; **~ für ~** günbegün; **~ und Nacht** gece gündüz; **jeden zweiten ~** günaşırı; **von e-m ~ auf den anderen** bugünden yarına; **welchen ~ haben wir heute?** bugün (günlerden) ne?; **alle zwei (paar) ~e** iki (birkaç) günde bir; **unter ~e** *Bergbau* yer altında; **heute (morgen) in 14 ~en** iki hafta *(od* 15 gün) sonra bugün (yarın); **e-s ~es** bir gün, günün birinde; **guten ~!** iyi günler!; *beim Vorstellen* merhaba!; **j-m guten ~ sagen** b-ne merhaba demek; **an den ~ bringen (kommen)** gün ışığına çıkarmak (çıkmak); **an den ~ legen** ortaya koymak, göstermek; *umg* **sie hat ihre ~e** onun regli/aybaşısı var
**Tag**² [tɛ:k] M ⟨-s; -s⟩ IT tag, HTML komutu
**Tagebau** M ⟨-s; *ohne pl*⟩ *Bergbau* açık işletme
**Tagebuch** N günlük, günce, hatıra defteri; **~ führen** günlük tutmak
**tagein** ADV: **~, tagaus** her gün, devamlı
**tagelang** ADV günlerce
**Tagelöhner** M ⟨-s; -⟩, **-in** F ⟨-; -nen⟩ gündelikçi
**tagen** VI ⟨h.⟩ toplanmak; JUR, *Parlament* oturumda olmak
**Tages|anbruch** M: **bei ~** gün doğarken **~ausflug** M günübirlik gezi **~creme** F gündüz kremi **~decke** F yatak örtüsü **~einnahme** F (PL) günlük gelir **~fahrt** F günübirlik gezi *(taşıtla)* **~gericht** N günün yemeği **~gespräch** N günün konusu **~karte** F günlük bilet; GASTR günün menüsü **~kasse** F THEAT *etc* **Karten an der ~ lösen** biletleri kapıdan almak **~kurs** M günlük kur *(döviz)* **~leistung** F günlük verim/randıman **~licht** N ⟨-s; *ohne pl*⟩ gün ışığı; **ans ~ bringen (kommen)** gün ışığına çıkarmak (çıkmak); **bei ~** gün ışığında **~lichtprojektor** M gün ışığı (diya *vs*) göstericisi **~mutter** F *çalışan anne-babaların çocuklarına kendi evinde bakan kadın* **~ordnung** F gündem; **auf der ~ stehen** gündemde olmak **~presse** F günün gazeteleri **~rückfahrkarte** F günlük gidiş-dönüş bileti **~satz** M *hastane* VS *günlük temel ücreti; gelire göre saptanan para cezası birimi* **~tour** F günlük tur **~zeit** F günün saati *(sabah, öğle vs)*; **zu jeder ~** her saat(te) **~zeitung** F günlük gazete
**tageweise** ADJ *u.* ADV gün hesabıyla
**tägl.** *abk* → täglich
**täglich** A ADJ günlük, her günkü B ADV her gün

**tags** ADV ~ darauf (**zuvor**) bir gün sonra (önce)
**Tagschicht** F gündüz vardiyası; ~ **haben** gündüz vardiyasında olmak
**tagsüber** ADV gündüzün, gündüzleri
**tagtäglich** ADV günbegün, gün sektirmeden
**Tagtraum** M hülya
**Tagung** F ⟨-; -en⟩ toplantı, kongre
**Tagungs|bericht** M kongre raporu **~ort** M kongre yeri/beldesi
**Taifun** M ⟨-s; -e⟩ tayfun, tufan
**Taille** ['taljə] F ⟨-; -n⟩ bel; *am Kleid a.* bel genişliği
**tailliert** [ta'ji:ɛt] ADJ *Kleid* beli oyuk/oturan
**Takt** M ⟨-s; -e⟩ MUS usul, ölçü; *einzelner mezür*; AUTO zaman; (*Feingefühl*) incelik; **aus dem ~ kommen** tempoyu şaşırmak; **den ~ halten** MUS tempoya uymak; **im 15-Minuten-Takt** 15 dakikada bir
**Taktgefühl** N ⟨-s; *ohne pl*⟩ ince düşünce, çelebilik
**taktieren** VI ⟨*ohne ge-, h.*⟩ taktik davranmak
**Taktik** F ⟨-; -en⟩ *fig* taktik **~er** M ⟨-s; -⟩, **-in** F ⟨-; -nen⟩ taktikçi
**taktisch** ADJ taktik *subst*
**taktlos** ADJ densiz, düşüncesiz
**Taktstock** M MUS şef değneği
**Taktstrich** M MUS bar
**taktvoll** ADJ çelebi, ince düşünceli, takt sahibi *subst*
**Tal** N ⟨-s; ⸚er⟩ vadi
**Talent** N ⟨-s; -e⟩ yetenek, kabiliyet; *Person* kabiliyetli (kişi); ~**e** *pl* yetenekler &iert ADJ yetenekli
**Talfahrt** F bayır aşağı gidiş; WIRTSCH *Kurs* düşüş, *Konjunktur* gerileme
**Talg** M ⟨-s; -e⟩ içyağı, donyağı **~drüse** F yağ bezi
**Talisman** M ⟨-s; -e⟩ tılsım, muska
**Talk|master** ['tɔ:kma:stər] M ⟨-s; -⟩ talkshow sunucusu **~show** ['tɔ:kʃo:] F talkshow
**Talsohle** F vadi tabanı; WIRTSCH düşüşün/gerilemenin sonu
**Talsperre** F bent, baraj
**Tamburin** [-ri:n] N ⟨-s; -e⟩ MUS tef; gergef, kasnak
**Tampon** ['tampɔn, tam'po:n] M ⟨-s; -s⟩ tampon
**Tandem** N ⟨-s; -s⟩ ikili; (~*fahrrad*) tandem

**Tang** M ⟨-s; -e⟩ BOT deniz yosunu
**Tangente** [taŋ'gɛntə] F ⟨-; -n⟩ MATH teğet
**tangieren** [taŋ'gi:rən] VT ⟨*ohne ge-, h.*⟩ MATH *-e* teğet olmak; *fig* ilgilendirmek
**Tango** ['taŋgo] M ⟨-s; -s⟩ tango
**Tank** M ⟨-s; -s⟩ depo (*sıvılar için*)
**tanken** VI ⟨*h.*⟩ benzin *vs* almak/doldurmak
**Tanker** M ⟨-s; -⟩ SCHIFF tanker
**Tank|stelle** F akaryakıt istasyonu, *umg* benzin istasyonu, *umg* benzinlik **~wart** M ⟨-s; -e⟩ *umg* benzinci
**Tanne** F ⟨-; -n⟩ çam (ağacı)
**Tannen|baum** M çam ağacı **~nadel** F çam iğnesi **~zapfen** M çam kozalağı
**Tante** F ⟨-; -n⟩ *mütterlicherseits* teyze; *väterlicherseits* hala; *angeheiratet* yenge **~-Emma-Laden** M küçük bakkal dükkanı
**Tantiemen** [tan'tiɛ:mən] PL kâr ikramiyesi *sg*; telif hakkı ücreti *sg*
**Tanz** M ⟨-es; ⸚e⟩ dans
**tanzen** VI (*u. VT*) ⟨*h.*⟩ dans etmek, oynamak
**Tänzer** M ⟨-s; -⟩ dans eden; (*Künstler*) dansçı **~in** F ⟨-; -nen⟩ dans eden (kadın); (*Künstlerin*) dansçı (kadın); *orientalisch* dansöz
**Tanz|fläche** F dans pisti **~kurs** M dans kursu **~lokal** N dans lokali **~musik** F dans müziği **~orchester** N dans orkestrası **~partner(in)** M(F) partöner
**Tapete** F ⟨-; -n⟩ duvar kağıdı
**Tapetenwechsel** M *umg fig* değişiklik, yenilik
**tapezieren** VT ⟨*ohne ge-, h.*⟩ kağıt(la) kaplamak
**tapfer** ADJ cesur; (*mutig*) yürekli, korkusuz &keit F ⟨-; *ohne pl*⟩ cesaret; yüreklilik
**tappen** VI ⟨*s.*⟩ paldır küldür yürümek; ⟨*h.*⟩ el yordamıyla aranmak; **im Dunkeln ~** emin olmamak, sallantıda kalmak
**Tara** F ⟨-; Taren⟩ WIRTSCH dara
**Tarif** M ⟨-s; -e⟩ tarife; (*Lohn*&) ücret tarifesi **~abschluss** M toplu sözleşme imzalanması **~autonomie** F ⟨-; -n⟩ toplu sözleşme özgürlüğü **~erhö-**

**hung** F (standart) ücret artışı **~konflikt** M toplu sözleşme anlaşmazlığı **♀lich** ADJ toplu sözleşme gereği **~lohn** M standart ücret **~partner** M toplu sözleşme tarafı **~runde** F işkollarındaki toplu görüşmelerin tamamı **~verhandlungen** PL toplu görüşmeler **~vertrag** M toplu sözleşme

**tarnen** VT ⟨h.⟩ kamufle etmek

**Tarn|farbe** F kamuflaj boyası **~organisation** F paravan örgüt **~ung** F ⟨-; -en⟩ kamuflaj

**Tarot** [ta:'ro:] N, M ⟨-s; -s⟩ taro(t)

**Tasche** F ⟨-; -n⟩ çanta; *an der Kleidung* cep; (*Hand♀*) el çantası; *etw aus der eigenen ~ bezahlen* bş-i kendi cebinden ödemek; *den Gewinn in die eigene ~ stecken* kârı cebe indirmek; *den Auftrag haben wir in der ~!* bu sipariş çantada keklik!; *tief in die ~ greifen (müssen)* bir hayli paradan çıkmak

**Taschen|buch** N cep kitabı **~dieb** M yankesici **~feuerzeug** N cep çakmağı **~format** N: *im ~* cebe sığacak boyda **~geld** N cep harçlığı **~kalender** M cep takvimi **~lampe** F el lambası/feneri **~messer** N çakı **~rechner** M elektronik (cep) hesap makinesi **~schirm** M katlanır şemsiye **~tuch** N mendil **~uhr** F cep saati **~wörterbuch** N cep sözlüğü

**Tasse** F ⟨-; -n⟩ fincan

**Tastatur** F ⟨-; -en⟩ klavye

**Taste** F ⟨-; -n⟩ tuş; (*Druck♀*) *a.* düğme

**tasten** A VI ⟨h.⟩ **-e** dokunmak B VI/I (*nach -i*) el yordamıyla aramak C V/R: *sich ~* el yordamıyla ilerlemek *vs*

**Tasten|instrument** N MUS klavyeli çalgı **~telefon** N tuşlu telefon

**Taster** M ⟨-s; -⟩ ELEK tuş anahtarı; TECH çap pergeli

**Tastsinn** M ⟨-s; *ohne pl*⟩ dokunma duyusu

**Tat** F ⟨-; -en⟩ hareket, iş; (*Handeln*) eylem, etkinlik; (*Straf♀*) cezaî fiil; *j-n auf frischer ~ ertappen* b-ni suçüstü yakalamak; *in der ~* gerçekten

**Tatar** N ⟨-(s)⟩ çiğ yenen baharatlı sığır kıyması

**Tatbestand** M JUR olay, olayın unsurları

**Tatendrang** M girişim hevesi, cüret

**tatenlos** ADJ hareketsiz, seyirci

**Täter** M ⟨-s; -⟩, **-in** F ⟨-; -nen⟩ eyleyen; JUR suçlu, mücrim

**tätig** ADJ etkin; (*geschäftig*) meşgul; *~ sein als ...* olarak çalışmak; *~ sein bei -de* çalışmak; *~ werden* harekete geçmek

**tätigen** VT ⟨h.⟩ yapmak, yerine getirmek

**Tätigkeit** F ⟨-; -en⟩ etkinlik; (*Arbeit*) iş, çalışma; (*Beruf*) meslek; *in ~* etkin, faal

**Tat|kraft** F ⟨-; *ohne pl*⟩ azim, enerji **♀kräftig** ADJ enerjik, azimli

**tätlich** ADJ: *~ werden* şiddete başvurmak; *~ werden gegen -e* saldırmak **♀keiten** PL saldırı *sg*

**Tatort** M JUR olay yeri

**Tätowierung** F ⟨-; -en⟩ dövme

**Tatsache** F olgu; *j-n vor vollendete ~n stellen* b-ne oldubitti/emrivaki yapmak; *~ ist, dass* ortadaki gerçek şu; *den ~n ins Auge blicken* gerçeklerden korkmamak

**Tatsachenbericht** M olay raporu

**tatsächlich** A ADJ gerçek, hakiki B ADV gerçekten, hakikaten, *umg* hakkaten

**tätscheln** VT ⟨h.⟩ okşamak, pışpışlamak

**Tatze** F ⟨-; -n⟩ ZOOL pençe

**Tau¹** N ⟨-s; -e⟩ halat

**Tau²** M ⟨-s; *ohne pl*⟩ çiy, şebnem

**taub** ADJ sağır; *auf einem Ohr -in* bir kulağı sağır; *fig ~ gegen, für -e, -e* karşı sağır; (*Finger etc*) hissiz, uyuşmuş

**Taube** F ⟨-; -n⟩ ZOOL, POL güvercin

**Taub|heit** F ⟨-; *ohne pl*⟩ sağırlık; hissizlik **♀stumm** ADJ sağır-dilsiz **~stumme** M,F ⟨-n; -n⟩ sağır-dilsiz

**tauchen** A VI ⟨s.⟩ dalmak (*nach -e*); SPORT dalıcılık yapmak B VT ⟨h.⟩ (*ein~*) (*in akk -e*) daldırmak, batırmak

**Taucher** M ⟨-s; -⟩, **-in** F ⟨-; -nen⟩ dalgıç; SPORT dalıcı **~anzug** M dalgıç elbisesi **~ausrüstung** F dalgıç malzemeleri *pl* **~brille** F dalgıç gözlüğü

**Tauchsieder** M ⟨-s; -⟩ ELEK ısıtaç

**tauen** A VI ⟨h./s.⟩ erimek, çözülmek B V/UNPERS ⟨h.⟩: *es taut* kar eriyor, don çözülüyor; çiy yağıyor

**Taufe** F ⟨-; -n⟩ vaftiz

**taufen** VT ⟨h.⟩ vaftiz etmek; *j-n auf den Namen Michael ~* b-ne Michael adını vermek (*dinî törenle*)

**Tauf|pate** M vaftiz babası **~patin** F

vaftiz annesi **~schein** M vaftiz belgesi
**taugen** VI ⟨h.⟩: **nicht ~ zu** (od **für**) -e yaramamak; **nichts ~** hiçbir işe yaramamak

**tauglich** ADJ (**für, zu** -e) elverişli, uygun; MIL askerliğe elverişli

**taumeln** VI ⟨s.⟩ sallanmak, sendelemek

**Tausch** M ⟨-es; -e⟩ değiştirme, umg takas, değiştokuş; **im ~ gegen** -e karşılık takas olarak

**tauschen** ⟨h.⟩ A VT değiş(tir)mek, takas etmek (**gegen** -le); (**wechseln**) değiştirmek; Geld bozdurmak B VI: **ich möchte nicht mit ihm ~** onun yerinde olmak istemezdim

**täuschen** ⟨h.⟩ A VT aldatmak; **sich ~ lassen** (**von** -e) aldanmak B VI aldatmak, aldatıcı olmak C VR: **sich ~** yanılmak; **sich in j-m ~** birisi hakkında hayal kırıklığına uğramak (od yanılmak)

**täuschend** ADJ Ähnlichkeit şaşırtıcı

**Tausch|geschäft** N WIRTSCH takas/barter işlemi; umg trampa, takas **~handel** M WIRTSCH takas ticareti **~objekt** N WIRTSCH takas birimi/kalemi

**Täuschung** F ⟨-; -en⟩ yanıltma, aldatma; JUR aldatma, dolandırma; (Irrtum) yanılma; **optische ~** göz yanılması

**Täuschungs|manöver** N şaşırtmaca, aldatmaca **~versuch** M aldatma çabası/denemesi

**tausend** ADJ bin

**Tausend** N ⟨-s; -e⟩: **zu ~en** binlerce(si); **~ und Abertausend** binlerce

**tausendfach** ADJ bin kat

**Tausendfüß(l)er** M ⟨-s; -⟩ ZOOL kırkayak

**tausendjährig** ADJ bin yıllık

**tausendmal** ADV bin kere/defa

**tausendst** ADJ bininci

**Tausendste** M, F ⟨-n; -n⟩ bininci

**tausendstel** ADJ: **eine ~ Sekunde** binde bir saniye

**Tausendstel** N ⟨-s; -⟩ binde bir

**Tauwetter** N erime|çözülme havası; fig POL yumuşama

**Tauziehen** N ⟨-s; ohne pl⟩ halat çekme yarışı; fig ~ (**um** için) mücadele, çekişme

**Taxameter** N, M ⟨-s; -⟩ taksimetre

**Taxator** M ⟨-s; -en⟩ tahminci, istimator

**Taxe** F ⟨-; -n⟩ harç, resim

**Taxi** N ⟨-s; -s⟩ taksi; **~ fahren** taksi şoförlüğü yapmak

**taxieren** VT ⟨ohne ge-, h.⟩ WIRTSCH JUR -e değer biçmek; umg **j-n ~** b-ni süzmek

**Taxi|fahrer(in)** M|F taksi şoförü **~stand** M taksi durağı

**Teak** ['ti:k] N ⟨-s; ohne pl⟩ tik (ağacı) **~holz** N tik

**Team** [ti:m] N ⟨-s;-s⟩ takım, ekip **~arbeit** F, **~work** ['ti:mvøek] N ⟨-s; ohne pl⟩ takım çalışması

**Technik** F ⟨-; -en⟩ (Wissenschaft) teknoloji; (Ingenieurwesen) mühendislik; (Verfahren, Ausstattung) teknik

**Techniker** M ⟨-s; -⟩, **-in** F ⟨-; -nen⟩ teknisyen, tekniker

**technisch** ADJ teknik; (technologisch) teknolojik; **~e Hochschule** teknik yüksekokul

**technisieren** VT ⟨ohne ge-, h.⟩ modernleştirmek

**Techno** ['tɛkno] N, M ⟨-s; ohne pl⟩ MUS tekno

**Technokrat** M ⟨-en; -en⟩, **-in** F ⟨-; -nen⟩ teknokrat

**Technologie** F ⟨-; -n⟩ teknoloji **~park** M teknopark **~transfer** M teknoloji transferi

**technologisch** ADJ teknolojik

**Teddybär** [-i-] M tedi, oyuncak ayı (bezden)

**Tee** M ⟨-s; -s⟩ çay **~beutel** M çay poşeti **~-Ei** ['te:|ai] N sallama çay yapmak için yumurta biçimli kapçık **~gebäck** N kurabiye **~haus** N çayhane **~kanne** F çaydanlık, demlik **~kessel** M çaydanlık **~löffel** M tatlı kaşığı

**Teer** [te:ɐ] M ⟨-s; -e⟩ katran

**teeren** VT ⟨h.⟩ katranlamak

**Tee|service** N çay takımı **~sieb** N çay süzgeci **~stube** F çay salonu **~tasse** F çay fincanı

**Teich** M ⟨-s; -e⟩ havuz; gölcük, gölet

**Teig** M ⟨-s; -e⟩ hamur **₂ig** hamurumsu, hamurlu **~waren** PL hamur işleri

**Teil** M, N ⟨-s; -e⟩ bölüm, kısım; (Anż) pay, hisse; (Bestandż) parça, unsur, öğe; **sein ~ beitragen** katkıda bulunmak; **zum ~** kısmen; **zum großen ~** büyük ölçüde; **zu gleichen ~en** eşit paylarla

**Teilansicht** F kısmi görünüş
**teilbar** ADJ bölünür, bölünebilir
**Teilbetrag** M ara toplam; (*Rate*) taksit
**Teilchen** N ‹-s; -› a. PHYS parçacık
**teilen** ‹h.› VIT (in akk -e; MATH **durch** -e) bölmek; (*j-s Ansicht, Schicksal etc*) paylaşmak; **die Kosten ~** masrafları paylaşmak; **sich** (*dat*) **etw ~** bşi-i bölüşmek/paylaşmak
**Teilerfolg** M kısmi başarı
**teilhaben** VI ‹irr, -ge-, h.›: **~ an** -*e* katılmak, -*i* paylaşmak
**Teil|haber** M ‹-s; -› WIRTSCH ortak, hissedar **~kaskoversicherung** F AUTO kısmi kasko sigortası **~lieferung** F kısmen teslim
**Teilnahme** F ‹-; ohne pl› (**an** *dat* -*e*) katılım, katılma; (*Interesse*) ilgi; (*Mitgefühl*) duygudaşlık **&berechtigt** ADJ -*e* katılmaya hakkı olan
**teilnahms|los** ADJ kayıtsız, ilgisiz; MED apatik **&losigkeit** F ‹-; ohne pl› kayıtsızlık, ilgisizlik; MED apati **~voll** ADJ (*interessiert*) ilgili; (*mitfühlend*) duygudaş
**teilnehmen** VI ‹irr, -ge-, h.› (**an** *dat*) -*e* katılmak
**Teilnehmer** M ‹-s; -›, **-in** F ‹-; -nen› katılımcı, iştirakçi; SPORT yarışmacı
**teils** ADV kısmen
**Teil|strecke** F *Reise, Rennen* etap **~strich** M TECH taksimat çizgisi **~stück** N parça, bölüm
**Teilung** F ‹-; -en› böl(ün)me
**teilweise** A ADJ kısmi B ADV kısmen
**Teilzahlung** F kısmi ödeme; (*Rate*) taksit; (*Ratenzahlung*) taksitle ödeme
**Teilzeit** F part time; **~ arbeiten** part time çalışmak **~arbeit** F part time iş/çalışma **&beschäftigt** ADJ part time çalışan **~beschäftigte** M,F part time çalışan **~beschäftigung** F part time çalış(tır)ma/iş
**Teint** [tɛ̃ː] M ‹-s; -s› ten, *umg* beniz
**Tel.** *abk für* Telefon telefon (tel.)
**Telearbeit** F evde vs, telefon bağlantılı bilgisayarda yapılan iş
**Telefax** N ‹-; -e› faks
**Telefon** ['teːlefoːn, tele'foːn] N ‹-s; -e› telefon; **am ~** telefonda; **ans ~ gehen** telefona bakmak **~anschluss** M telefon bağlantısı **~apparat** M telefon (cihazı)
**Telefonat** N ‹-s; -e› telefon konuşması
**Telefon|banking** [tele'foːnbɛŋkɪŋ] N ‹-s; ohne pl› telefon bankacılığı **~buch** N telefon rehberi **~gebühr** F telefon ücreti **~gespräch** N telefon konuşması/görüşmesi **~hörer** M telefon ahizesi
**telefon|ieren** VI ‹ohne ge-, h.› telefon etmek; **mit j-m ~** b-le telefonlaşmak; **sie telefoniert gerade** kendisi (şu an) telefonda **~isch** A ADJ telefon subst B ADV telefonla
**Telefon|karte** F telefon kartı **~netz** N telefon şebekesi **~nummer** F telefon numarası **~verbindung** F telefon bağlantısı **~zelle** F telefon kulübesi **~zentrale** F telefon santralı
**telegrafisch** ADJ: **~e Überweisung** telgraf havalesi
**Telegramm** N ‹-s; -e› telgraf, *umg* tel **~stil** M telgraf üslubu, kısa konuşma vs
**Teleheimarbeit** F → Telearbeit
**Telekommunikation** F telekomünikasyon **~sdienst** M telekomünikasyon hizmeti/kuruluşu
**Teleobjektiv** N teleobjektif; *umg* tele
**Telepathie** F ‹-; ohne pl› telepati
**telepathisch** ADJ telepatik
**Teleskop** N ‹-s; -e› teleskop
**Teller** M ‹-s; -› tabak; TECH disk
**Tempel** M ‹-s; -› tapınak, mabet
**Temperament** N ‹-s; -e› yaradılış, mizaç, huy; (*Schwung*) şevk, canlılık **&los** ADJ heyecansız, şevksiz **&voll** ADJ canlı, sıcakkanlı, atılgan
**Temperatur** F ‹-; -en› sıcaklık; MED ateş; **j-s ~ messen** b-nin ateşini ölçmek **~anstieg** M ateş yükselmesi **~sturz** M ani ateş düşmesi
**temperieren** VIT ‹ohne ge-, h.› uygun sıcaklığa getirmek
**Tempo** N ‹-s; -s, Tempi› sürat, hız; MUS tempo; **das ~ bestimmen** (**durchhalten, steigern**) tempoyu belirlemek (korumak, yükseltmek); **mit ~ ...** saatte ... km hızla **~limit** N ‹-s; -s, -e› AUTO hız kısıtlaması
**Tempus** N ‹-, Tempora› GRAM zaman
**Tendenz** F ‹-; -en› (**zu** -*e*) yönelme, eğilim
**tendenziös** [-'tsiøːs] ADJ taraflı
**tendieren** VI ‹ohne ge-, h.› (**zu** -*e*; **dazu, ... -meye**) eğilim göstermek

**Tennis** N ⟨-; ohne pl⟩ tenis **~ball** M tenis topu **~platz** M tenis kortu **~schläger** M tenis raketi **~spieler(in)** M(F) tenis oynayan, tenisçi **~turnier** N tenis turnuvası
**Tenor** M ⟨-s; ⸚e⟩ MUS tenor
**Tensid** N ⟨-(s); -e⟩ CHEM yüzey aktif/etkin madde
**Teppich** M ⟨-s; -e⟩ halı **~boden** M kaplama halı, umg duvardan duvara halı **~fliese** F halıfleks® **~händler** M halıcı
**Termin** M ⟨-s; -e⟩ (Geschäfts♀, Arzt♀) iş (doktor) randevusu; (vereinbarte Zeit) tarih ve saat; (letzter ~) son (teslim) tarih(i); **e-n ~ festsetzen** bir gün/randevu kararlaştırmak; **bis zu diesem ~** bu tarihe kadar; **sich** (dat) **e-n ~ geben lassen (bei -den)** gün/randevu almak
**Terminal** ['tɔːɐmɪnəl] N ⟨-s; -s⟩ IT, FLUG terminal
**Termin|druck** M: **unter ~ stehen** zaman darlığı çekmek ♀**gebunden** ADJ günlü, mühletli ♀**gemäß** ADJ & ADV gününde **~kalender** M ajanda
**Terminologie** F ⟨-; -n⟩ terminoloji; (Wissenschaft) terimbilim
**Terminplan** M takvim
**Termite** F ⟨-; -n⟩ ZOOL termit
**Terpentin** N,M ⟨-s; ohne pl⟩ CHEM terebentin
**Terrain** N ⟨-s; -s⟩ toprak, arazi; (Grundstück) arsa
**Terrasse** F ⟨-; -n⟩ teras, taraça
**terrassenförmig** ADJ taraçalandırılmış
**Terrassentür** F teras kapısı
**territorial** [-'rĭaːl] ADJ toprak subst, egemenlik subst
**Territorium** N ⟨-s; Territorien⟩ POL bir devletin toprakları; alan, saha, bölge
**Terror** M ⟨-s; ohne pl⟩ terör/şiddet **~anschlag** M terör/şiddet eylemi ♀**isieren** V/T ⟨ohne ge-, h.⟩ terörize etmek, baskı altında tutmak **~ismus** M ⟨-; ohne pl⟩ terörizm **~ist** M ⟨-en; -en⟩, **-in** F ⟨-; -nen⟩ terörist ♀**istisch** ADJ terör subst; terörist(çe) subst
**Terzett** N ⟨-s; -e⟩ MUS üçlü (grup), trio
**Tesafilm®** M umg seloteyp
**Test** M ⟨-s; -s, -e⟩ test
**Testament** N ⟨-s; -e⟩ vasiyet(name); REL Ahit; **sein ~ machen** vasiyetnamesini yapmak; **Altes ~** Eski Ahit, Tevrat; **Neues ~** Yeni Ahit, İncil ♀**arisch** ADJ ⟨ADV⟩ vasiyet gereği (olarak), vasiyetle ilgili (olarak)
**Testaments|eröffnung** F vasiyetnamenin açılması **~vollstrecker** M ⟨-s; -⟩ vasiyetnameyi icra eden
**Testbild** N TV deneme görüntüsü
**testen** V/T ⟨h.⟩ test etmek, denemek
**Test|lauf** M TECH deneme **~pilot** M deneme pilotu **~strecke** F deneme yolu/pisti
**Tetanus** M ⟨-; ohne pl⟩ MED tetanoz **~(schutz)impfung** F MED tetanoz aşısı
**teuer** ADJ pahalı, değerli; **wie ~ ist es?** kaça?, (-in high) ne kadar?
**Teuerung** F ⟨-; -en⟩ pahalılaşma
**Teuerungsrate** F pahalılık oranı
**Teufel** M ⟨-s; -⟩ şeytan; **j-n zum ~ jagen** b-ni defetmek; **der ~ war los** kıyamet koptu; **wer (wo, was) zum ~ ...?** Allah aşkına, kim (nerede, ne) ...?
**Teufelskerl** M umg yaman herif
**Teufelskreis** M kısır döngü
**teuflisch** ADJ şeytani, şeytanca, şeytan gibi
**Text** M ⟨-s; -e⟩ metin; unter Bild resimaltı; (Lied♀) şarkı sözü, güfte; THEAT rol, replik **~ausdruck** IT metin çıkışı **~baustein** M IT metin elemanı **~er** M ⟨-s; -⟩, **-in** F ⟨-; -nen⟩ Schlager şarkı sözü yazarı; (Werbe♀) metin yazarı
**Textilien** [-'tiːli̯ən] PL dokuma, tekstil
**Text|kritik** F metin/edebiyat eleştirisi **~verarbeitung** F ⟨-; -en⟩ metin/kelime işlem(i) **~verarbeitungssystem** N metin işlem sistemi (od işlemcisi)
**tgl.** abk → täglich
**TH** abk → Technische Hochschule
**Thailand** N Tayland
**Theater** [te'aːtɐ] N ⟨-s; -⟩ tiyatro; umg fig **~ machen (um)** bş-i çok büyütmek **~abonnement** N tiyatro abonman sistemi **~aufführung** F tiyatro gösterisi **~besuch** M tiyatroya gitme **~besucher(in)** M(F) tiyatro seyircisi **~karte** F tiyatro bileti **~kasse** F tiyatro gişesi **~probe** F tiyatro provası **~stück** N tiyatro oyunu **~vorstellung** F tiyatro gösterisi
**theatralisch** ADJ tiyatro subst; fig yap-

macıklı, teatral

**Thema** N ⟨-s; Themen⟩ konu; (*Leitgedanke*) anafikir, tema; GRAM, MUS tema; **beim ~ bleiben** konudan ayrılmamak; **das ~ wechseln** konuyu değiştirmek

**Thematik** F ⟨-; -en⟩ tema, konu; MUS işleniş/işleyiş

**Theologe** M ⟨-n; -n⟩ teolog, ilahiyatçı **~in** F ⟨-; -n⟩ teoloji, ilahiyat **~in** F ⟨-; -nen⟩ teolog/ilahiyatçı (kadın) **ℐisch** ADJ teolojik

**Theoretiker** M ⟨-s; -⟩, **-in** F ⟨-; -nen⟩ kuramcı, teorisyen

**theoretisch** ADJ kuramsal, teorik

**theoretisieren** VI ⟨*ohne ge-, h.*⟩ *pej* teoriye kaçmak

**Theorie** F ⟨-; -n⟩ kuram, teori; **in der ~** teoride

**Therapeut** M ⟨-en; -en⟩, **-in** F ⟨-; -nen⟩ terapist

**therapeutisch** ADJ terapi *subst*

**Therapie** F ⟨-; -n⟩ tedavi, terapi

**Thermal|bad** N ılıca/kaplıca (hamamı); *Ort* kaplıca beldesi **~quelle** F kaplıca

**Thermik** F ⟨-; *ohne pl*⟩ termik

**thermisch** ADJ termik

**Thermodynamik** F termodinamik

**Thermometer** N ⟨-s; -⟩ termometre, *umg* derece

**thermonuklear** ADJ termonükleer

**Thermostat** M ⟨-s, -en; -e(n)⟩ termostat

**These** F ⟨-; -n⟩ tez, sav, iddia

**Thrombose** F ⟨-; -n⟩ MED tromboz, pıhtı (oluşumu)

**Thron** M ⟨-s; -e⟩ taht

**thronen** VI ⟨*h.*⟩ tahtta oturmak; *fig* kurulup oturmak

**Thronfolge** F tahta çıkma sırası

**Thronfolger** M ⟨-s; -⟩, **-in** F ⟨-; -nen⟩ veliaht

**Thunfisch** M ton(balığı)

**Thymian** M ⟨-s; -e⟩ BOT kekik

**Tibet** N ⟨-s; *ohne pl*⟩ Tibet **~er** M ⟨-s; -⟩, **-in** F ⟨-; -nen⟩ Tibetli **ℐisch** ADJ Tibet(li) *subst* **~isch** N Tibetçe

**Tick** M ⟨-s; -s⟩ tik

**ticken** VI ⟨*h.*⟩ tıkırdamak, tıktak etmek

**Ticket** N ⟨-s; -s⟩ bilet

**tief** A ADJ derin; (*niedrig*) alçak; *Ton* pes, kalın; *Ausschnitt* açık B ADV: **~ greifend**
derin etkileri olan; **~ liegend** oyuk, çukur; **~ in Gedanken** dalgın dalgın; **~ schlafen** derin uyumak; **bis ~ in die Nacht** gecenin geç saatlerine kadar

**Tief** N ⟨-s; -s⟩ METEO alçak basınç; PSYCH çöküntü, depresyon; WIRTSCH durgunluk

**Tiefbau** M ⟨-s; *ohne pl*⟩ ARCH yeraltı inşaatı **~ingenieur** M inşaat altyapı mühendisi

**Tiefdruck** M ⟨-s; *ohne pl*⟩ alçak basınç; TYPO tifdruk (baskı) **~gebiet** N METEO alçak basınç alanı

**Tiefe** F ⟨-; -n⟩ derinlik; **~n** *pl* MUS baslar

**Tiefebene** F ova

**Tiefenpsychologie** F bilinçaltı psikolojisi

**Tiefenregler** M bas ayarı

**Tiefenschärfe** F FOTO netlik derinliği

**Tief|flug** M ⟨-s; *ohne pl*⟩ hava(tan) uçuş **~gang** M ⟨-s; *ohne pl*⟩ SCHIFF su çekimi; *fig* derin düşünce **~garage** F bina altı garajı

**tief|gefroren**, **~gekühlt** ADJ derin dondurulmuş

**Tiefkühl|fach** N derin dondurucu gözü **~kost** F donmuş yiyecek **~schrank** M derin dondurucu (*dolap*) **~truhe** F derin dondurucu (*sandık*)

**Tiefpunkt** M çöküntü; **e-n seelischen ~ haben** ruhsal bir çöküntü geçirmek

**Tiefschlag** M *Boxen* belden aşağıya vuruş

**tiefschürfend** ADJ derin, esaslı

**tiefschwarz** ADJ simsiyah, kapkara

**Tiefsee** F derin deniz

**tiefsinnig** ADJ derin anlamlı; *Person* derin düşünen

**Tiefstand** M ⟨-s; *ohne pl*⟩ en düşük seviye

**Tiegel** M ⟨-s; -⟩ pota

**Tier** N ⟨-s; -e⟩ hayvan; *umg* **großes** (*od* **hohes**) **~** kodaman **~art** F hayvan türü **~arzt** M, **~ärztin** F veteriner (hekim) **~handlung** F *ev hayvanları dükkanı* **~heim** N hayvan bakım yurdu

**tierisch** ADJ hayvansal, hayvani; *fig* hayvani, gaddar; *umg* korkunç, dehşet; **~e Fette** hayvansal yağlar

**Tierklinik** F hayvan hastanesi

**Tierkreis** M ⟨-es⟩ ASTROL burçlar kuşağı, zodyak **~zeichen** N burç

**tierlieb** ADJ hayvansever

**Tier|medizin** F ⟨-; *ohne pl*⟩ veteriner

hekimlik **~park** M̄ hayvanat bahçesi **~pfleger(in)** M̄/F̄ hayvan bakıcısı **~quälerei** F̄ ⟨-; -en⟩ hayvanlara eziyet **~reich** N̄ ⟨-s; ohne pl⟩ hayvanlar âlemi **~schutz** M̄ hayvan koruma **~schützer(in)** M̄/F̄ hayvan korumacı **~schutzverein** M̄ hayvan koruma derneği **~transport** M̄ (kesimlik) hayvan nakliyatı **~versuch** M̄ MED hayvan üzerinde deney **~versuchsgegner(in)** M̄/F̄ hayvanlar üzerinde deney karşıtı
**Tiger** M̄ ⟨-s; -⟩ (erkek) kaplan **~in** F̄ ⟨-; -nen⟩ (dişi) kaplan
**tilg|en** ⟨h.⟩ yok etmek; WIRTSCH *Schuld* geri ödemek; *Anleihe* rehinden kurtarmak **ℒung** F̄ ⟨-; -en⟩ WIRTSCH geri ödeme; itfa **ℒungsfonds** M̄ itfa fonu
**timen** ['taɪmən] V̄/T̄ ⟨h.⟩: zamanlamak; **gut (schlecht) getimt** iyi (kötü) zamanlanmış
**Timing** ['taɪmɪŋ] N̄ ⟨-s; -s⟩ zamanlama
**Tinktur** F̄ ⟨-; -en⟩ hulasa, ruh, tentür
**Tinte** F̄ ⟨-; -n⟩ mürekkep; *umg* **in der ~ sitzen** şapa oturmuş olmak
**Tinten|fisch** M̄ mürekkepbalığı **~klecks** M̄ mürekkep lekesi **~kuli** M̄ mürekkepli tükenmez(kalem) **~strahldrucker** M̄ IT püskürtmeli yazıcı
**Tipp** M̄ ⟨-s; -s⟩ ipucu; (*Rat*) öğüt, akıl; (*Andeutung*) ima; (*Wett*ℒ) tahmin; *an Polizei* ihbar
**tippen** ⟨h.⟩ V̄/Ī *umg Lotto, Toto* oynamak, kupon doldurmak; (*a. v/t*) *umg* (*schreiben*) daktilo etmek; **~ an** (*akk*) -e hafifçe vurmak; **~ auf** (*akk*) -i tahmin etmek
**Tippfehler** M̄ *umg* daktilo hatası
**Tippschein** M̄ *umg* lotto/toto kuponu
**tipptopp** ADJ & ADV *umg*: **~ sauber** tertemiz, çiçek gibi
**Tisch** M̄ ⟨-es; -e⟩ masa; **am ~ sitzen** masada oturmak; **bei ~** yemekte; **den ~ decken (abräumen)** sofrayı kurmak (kaldırmak); **reinen ~ machen (mit** *-i*) hale yola koymak; **unter den ~ fallen** kaynamak, gürültüye gitmek
**Tisch|decke** F̄ masa örtüsü **ℒfertig** ADJ hazır (*Essen*) **~gebet** N̄: **das ~ sprechen** sofra/yemek duasını okumak **~karte** F̄ yer kartı (*yemekte*) **~kopie-**

**939** | TODE

**rer** M̄ masaüstü fotokopi makinası
**Tischler** M̄ ⟨-s; -⟩ marangoz
**tischlern** ⟨h.⟩ **A** V̄/T̄ yapmak (*marangozluk ederek*) **B** V̄/Ī marangozluk yapmak
**Tisch|ordnung** F̄ oturma düzeni (*yemekte*) **~platte** F̄ masa tahtası **~rede** F̄ yemek söylevi **~tennis** N̄ masa tenisi **~tuch** N̄ sofra örtüsü; *auf dem Boden* sofra bezi **~wein** M̄ sofra şarabı
**Titan** N̄ ⟨-s; ohne pl⟩ CHEM titan
**Titel** M̄ ⟨-s; -⟩ unvan, ad; başlık **~bild** N̄ kapak resmi **~blatt** N̄ kapak sayfası **~geschichte** F̄ kapak konusu **~kampf** M̄ SPORT unvan mücadelesi **~melodie** F̄ FILM jenerik müziği **~rolle** F̄ THEAT *etc* başrol **~verteidiger** M̄ birinciliği/unvanını koruyan *adj*
**Toast¹** [to:st] M̄ ⟨-s; -e, -s⟩ kızarmış ekmek
**Toast²** [to:st] M̄: **einen ~ auf j-n ausbringen** b-nin şerefine kadeh kaldırmak
**toasten** ['to:st(ə)n] V̄/T̄ ⟨h.⟩ *Brot* kızartmak
**Toaster** ['to:-] M̄ ⟨-s; -⟩ ekmek kızartma makinası; *Imbissstube* tost makinası
**toben** V̄/Ī ⟨h./s.⟩ bağırıp tepinmek; *Kinder* gürültü yapmak
**tobsüchtig** ADJ kudurmuş, kuduz
**Tobsuchtsanfall** M̄ *umg*: **e-n ~ bekommen** kudurmak
**Tochter** F̄ ⟨-; ⸚⟩ kız (evlat) **~gesellschaft** F̄ WIRTSCH bağlı şirket (*bir ana şirkete*)
**Tod** M̄ ⟨-es; -e⟩ ölüm, vefat; **den ~ finden** ölmek; **j-n zu ~e erschrecken** b-nin korkudan ödünü koparmak; **j-n zu ~e langweilen** b-ni cansıkıntısından öldürmek
**todernst** ADJ ciddi mi ciddî
**Todes|ängste** PL: **~ ausstehen** ölüm korkuları çekmek **~anzeige** F̄ ölüm/vefat ilanı **~fall** M̄ ölüm **~gefahr** F̄ ölüm tehlikesi **~jahr** N̄ ölüm yılı **~kampf** M̄ can çekişme **~kandidat** M̄ *umg* ölüm mahkumu; *fig* büyük bir tehlikeye atılan **~opfer** N̄ ölü (*kaza, felaket vs*) **~stoß** M̄ öldürücü darbe **~strafe** F̄ JUR ölüm cezası **~tag** M̄ ölüm günü **~ursache** F̄ ölüm sebebi **~urteil** N̄ ölüm fermanı; *umg* idam kararı; *umg* **~verachtung** *f*: **mit ~** ölüme meydan okuyarak **~wunsch** M̄ öl-

me isteği
**Todfeind** M can düşmanı
**todkrank** ADJ ölümcül hasta
**tödlich** A ADJ *Unfall* ölümle sonuçlanan; *Dosis, Gift* öldürücü B ADV: **~ beleidigt** alabildiğine gücenmiş; **~ verunglücken** kazada ölmek; **sich ~ langweilen** cansıkıntısından patlamak
**todmüde** ADJ yorgunluktan ölmüş/bitmiş
**todschick** ADJ umg: **~ angezogen** alabildiğine şık giyimli
**todsicher** umg A ADJ: **e-e ~e Sache** şaşmaz/yüzdeyüz bir iş B ADV: **er kommt ~** yüzdeyüz gelir
**Todsünde** F REL büyük günah
**Tohuwabohu** N ⟨-(s); -s⟩ kargaşa
**toi** INT umg: **~, ~, ~!** nazar değmesin!, tu maşallah!; *(viel Glück)* bol şans!
**Toilette** [toa'lɛtə] F ⟨-; -n⟩ tuvalet; *öffentliche* umumi hela
**Toiletten|artikel** [toa'lɛtən-] M tuvalet malzemesi **~frau** F, **~mann** M tuvalete bakan (kadın/adam) **~papier** N tuvalet kağıdı **~tisch** M tuvalet masası
**tolerant** ADJ (**gegen** -e karşı) hoşgörülü
**Toleranz** F ⟨-; *ohne pl*⟩ hoşgörü; TECH tolerans, pay **~schwelle** F hoşgörü/ tolerans sınırı
**tolerieren** VT ⟨*ohne ge-, h.*⟩ hoşgörmek
**toll** ADJ umg enfes, harika, çılgın; **e-e ~e Sache, ein ~es Ding** harika bir şey; umg **ein ~er Kerl** çılgın bir adam
**tollen** VI bağırıp çağırmak, azmak
**Tollkirsche** F BOT güzelavratotu, beladon
**tollkühn** ADJ cüretkâr, deliduman
**Tollpatsch** M ⟨-s; -e⟩ beceriksiz, çolpa
**Toll|wut** F MED kuduz (hastalığı) **♀wütig** ADJ kuduz(lu), kudurmuş
**Tölpel** M ⟨-s; -⟩ hantal, orman kibarı
**Tomate** F ⟨-; -n⟩ domates
**Tomaten|mark** N domates salçası **~saft** M domates suyu
**Tombola** F ⟨-; -s⟩ tombala
**Tomografie** [-f-] F ⟨-; -n⟩ MED tomografi
**Tomogramm** N ⟨-s; -e⟩ MED tomografi
**Ton¹** M ⟨-s; -e⟩ GEOL kil, balçık
**Ton²** M ⟨-s; ⁼e⟩ *a.* TECH ses; *(Klang)* (ses) ton(u); *(Note)* nota; *(Betonung)* vurgu; *(Farb*⟨⟩⟩ *(renk)* ton(u); **er hat keinen ~ gesagt** ses çıkarmadı, gık demedi; **e-n anderen ~ anschlagen** ağız değiştirmek; **sie gibt den ~ an** hep onun dediği oluyor; **~ in ~** renkleri birbirine uygun
**tonangebend** ADJ belirleyici
**Ton|arm** M pikap kolu **~art** F MUS anahtar, makam **~aufnahme** F ses kaydı **~ausfall** M sesin gitmesi
**Tonband** N ⟨-s; ⁼er⟩ ses bandı; **auf ~ aufnehmen** banda almak/kaydetmek **~aufnahme** F ses/bant kaydı **~gerät** N ses kayıt cihazı, teyp
**tönen** VT ⟨*h.*⟩ hafifçe boyamak; *dunkler* koyulaştırmak
**Toner** M ⟨-s; -⟩ BÜRO toner
**Tonerde** F killi toprak
**Tonerkassette** F toner kaseti
**Tonfall** M ⟨-s; *ohne pl*⟩ *(Akzent)* şive, aksan; *(Art zu sprechen)* -in sesinin tonu
**Ton|film** M sesli film **~frequenz** F ses frekansı **~höhe** F PHYS ses yüksekliği/dikliği; umg ses inceliği-kalınlığı
**Tonikum** N ⟨-s; *Tonika*⟩ MED tonik
**Ton|ingenieur** M ses başyönetmeni, tonmayster **~kopf** M okuma kafası **~lage** F ses perdesi **~leiter** F MUS gam
**Tonnage** [tɔ'naːʒə] F ⟨-; -n⟩ SCHIFF tonaj, tonilato
**Tonne** F ⟨-; -n⟩ A fıçı; *(Regen*⟨⟩⟩ yağmur suyu biriktirme bidonu; *(Müll*⟨⟩⟩ çöp bidonu B ton *(1000 kg)*
**Ton|regler** M ton ayarı **~studio** N ses (kayıt) stüdyosu **~techniker** M ses yönetmeni
**Tönung** F ⟨-; -en⟩ tonlama, nüanslama
**Tonwaren** PL seramik eşya
**Top** N ⟨-s; -s⟩ top *(bluz)*
**Topf** M ⟨-s; ⁼e⟩ *(Koch*⟨⟩⟩ tencere; *(Blumen*⟨⟩⟩ saksı; *(Nacht*⟨⟩⟩ lazımlık
**Töpfchen** N ⟨-s; -⟩ *Kindersprache* lazımlık
**Töpfer** M ⟨-s; -⟩ seramikçi, *traditionell* çömlekçi **~ei** F ⟨-; -en⟩ seramikçilik, çömlekçilik; seramik **~in** F ⟨-; -nen⟩ seramikçi/çömlekçi (kadın) **~scheibe** F çömlekçi tornası **~waren** PL seramik eşya
**topfit** ADJ demir gibi *(zinde)*
**Topfpflanze** F saksı bitkisi
**Topografie** [-'fiː] F ⟨-; -n⟩ topoğrafya
**Topp** M ⟨-s; -e(n), -s⟩ SCHIFF cunda

# TRAG

**Tor** N̄ ⟨-s; -e⟩ kapı, cümle kapısı; SPORT kale; *geschossenes* gol
**Torbogen** M̄ kapı kemeri
**Torchance** F̄ gol fırsatı
**Torf** M̄ ⟨-s; *ohne pl*⟩ turba **~mull** M̄ kurutulmuş turba
**Torhüter(in)** M(F) *umg* bekçi; SPORT kaleci
**töricht** ADJ deli(ce), akılsız(ca)
**Torjäger(in)** M(F) golcü
**torkeln** V/I ⟨s.⟩ sendelemek, yalpalamak
**Torlinie** F̄ kale çizgisi
**Tornado** M̄ ⟨-s; -s⟩ tornado
**torpedieren** V/T ⟨*ohne ge-, h.*⟩ torpillemek; *fig* engellemek, baltalamak
**Torpedo** M̄ ⟨-s; -s⟩ torpido, torpil
**Tor|pfosten** M̄ SPORT kale direği **~raum** M̄ kale sahası
**Torschlusspanik** F̄ *umg fig* treni kaçırma korkusu
**Torschütze** M̄ SPORT golü atan
**Torso** M̄ ⟨-s; -s, Torsi⟩ torso
**Torte** F̄ ⟨-; -n⟩ turta, (yaş) pasta
**Tortur** F̄ ⟨-; -en⟩ eziyet, yorgunluk
**Torwart** M̄ ⟨-s; -e⟩ SPORT kaleci
**tosend** ADJ **~er Applaus** alkış tufanı
**tot** ADJ ölmüş, ölü; **sich ~ stellen** ölmüş gibi yapmak; **~ umfallen** düşüp ölmek; **~er Winkel** AUTO dikiz aynasının göstermediği açı
**total** A ADJ bütün, komple, genel B ADV büsbütün, tamamen, hepten
**Total|ausfall** M̄ TECH tamamen devre dışı kalma **~ausverkauf** M̄ tahliye satışı
**totalitär** ADJ POL totaliter
**Totalschaden** M̄ AUTO tam hasar
**totarbeiten** V/R ⟨-ge-, *h.*⟩ ölesiye çalışmak
**Tote** M,F ⟨-n; -n⟩ ölü; (*Leiche*) ceset
**töten** V/T ⟨*h.*⟩ öldürmek
**toten|blass** ADJ, **~bleich** ADJ beti benzi atmış, (ölü gibi) sapsarı **♀kopf** M̄ kurukafa **♀schein** M̄ ölüm bildirimi **♀starre** F̄ MED ölü katılığı **~still** ADJ (üstüne) ölü toprağı serpilmiş gibi **♀stille** F̄ ölüm sessizliği
**Tot|geburt** F̄ ölü doğum; *fig* ölü doğmuş *adj* **♀lachen** V/R ⟨-ge-, *h.*⟩ *umg* gülmekten kırılmak/ölmek **♀laufen** V/R ⟨*irr*, -ge-, *h.*⟩: **sich ~** başarısızlıkla sonuçlanmak

**Toto** N̄, *a.* M̄ ⟨-s; -s⟩ spor toto; **(im) ~ spielen** spor toto oynamak **~schein** M̄ spor toto kuponu
**Totschlag** M̄ ⟨-s; *ohne pl*⟩ JUR adam öldürme, katil
**totschlagen** V/T ⟨*irr*, -ge-, *h.*⟩ öldürmek; **die Zeit ~** vakit öldürmek
**Totschläger** M̄ katil; (*Stock*) usturpa
**totschweigen** V/T ⟨*irr*, -ge-, *h.*⟩ örtbas etmek, geçiştirmek; **j-n ~** -in hiç adını anmamak
**Tötung** F̄ ⟨-; -en⟩ JUR adam öldürme; *fahrlässige* taksirle adam öldürme, ölüme sebebiyet
**Touch** [tatʃ] M̄ ⟨-s; -s⟩ hava, atmosfer, karakter
**Touchscreen** ['tatʃskri:n] M̄ ⟨-s; -s⟩ IT dokunmalı ekran
**Toupet** [tu'pe:] N̄ ⟨-s; -s⟩ ilave saç
**toupieren** [tu-] V/T ⟨*ohne ge-, h.*⟩ kabartmak (*Haare*)
**Tour** [tu:r] F̄ ⟨-; -en⟩ tur; (*Ausflug*) gezi, gezinti; TECH devir; **auf ~en bringen** hızlandırmak; **auf ~en kommen** hızlanmak; **krumme ~en** çarpık/hileli işler
**Tourismus** [tu-] M̄ ⟨-; *ohne pl*⟩ turizm
**Tourist** [tu-] M̄ ⟨-en; -en⟩ turist
**Touristenklasse** [tu-] F̄ FLUG turistik mevki
**Tourist|ik** [tu-] F̄ ⟨-; *ohne pl*⟩ turizm **~in** F̄ ⟨-; -nen⟩ turist (kadın) **♀isch** ADJ turistik
**Tournee** [tʊr'ne:] F̄ ⟨-; -s, -n⟩ turne; **auf ~ gehen** turneye çıkmak
**Trab** M̄ ⟨-s; -e⟩ tırıs; **j-n auf ~ bringen** b-ni koşturmak, b-ne acele ettirmek; **j-n in ~ halten** b-ne nefes aldırmamak
**Trabantenstadt** F̄ uydukent
**Trabrennen** N̄ tırıs koşusu
**Tracht** F̄ ⟨-; -en⟩ yerel kıyafet; (*Schwester♀ etc*) üniforma; **e-e (gehörige) ~ Prügel** bir araba dayak/sopa
**trachten** V/I ⟨*h.*⟩: **j-m nach dem Leben ~** b-nin hayatına kastetmek
**Trachtenanzug** M̄ *yerel* takım elbise
**trächtig** ADJ ZOOL yüklü, gebe
**Trackball** ['trɛkbal] M̄ ⟨-s; -s⟩ IT trackball
**Tradition** [-'tsɪ̯o:n] F̄ ⟨-; -en⟩ gelenek
**traditionell** ADJ geleneksel
**tragbar** ADJ TECH portatif, taşınır; (*tolerierbar*) katlanılır, çekilir
**Trage** F̄ ⟨-; -n⟩ sedye

**träge** ADJ âtıl, üşengeç; PHYS âtıl, eylemsiz

**tragen** ‹trägt, trug, getragen, h.› **A** V/T taşımak; *Kleidung* giymiş olmak; *Schmuck, Brille* takmış olmak; *(er~)* çekmek, -e katlanmak; **zum Tragen kommen** *(wirksam werden)* etkili olmak; *(angewandt werden)* kullanılmak, uygulanmak **B** V/I *Früchte* meyve vermek; *(tragfähig sein)* çekmek, kaldırmak, -e yeterli olmak; **er hat schwer zu ~ (an)** ... ona çok yük oluyor; ... ona çok ağır geliyor **C** V/R: WIRTSCH **sich ~ (selbst)** sermayesini kurtarmak, rantabl olmak; **sich mit der Absicht** *(od* **dem Gedanken) ~ zu** -me niyetinde *(od* düşüncesinde) olmak

**tragend** ADJ ARCH taşıyıcı; THEAT başrol oynayan

**Träger** M ‹-s; -› taşıyıcı; *(Gepäck~)* hamal; *am Kleid* askı; TECH destek; ARCH putrel; *fig e-s Namens* taşıyan **⚡los** ADJ *Kleid etc* askısız **~rakete** F taşıyıcı füze

**Trage|tasche** F pazar çantası; plastik vs torba *(büyükçe);* für Babys portbebe **~tüte** F poşet, plastik *etc* torba

**tragfähig** ADJ TECH taşıyabilen, -e dayanıklı; *fig* kabul edilir, işe yarar **⚡keit** F ‹-; *ohne pl*› taşıma kapasitesi, dayanıklılık

**Tragfläche** F FLUG kanat

**Trag|flächenboot** N, **~flügelboot** N hidrofoil tekne

**Trägheit** F ‹-; *ohne pl*› tembellik, üşengeçlik; PHYS atalet

**Tragik** F ‹-; *ohne pl*› acıklı durum, trajedi

**Tragikomik** F trajikomedi
**tragikomisch** ADJ trajikomik
**Tragikomödie** F trajikomedi
**tragisch** ADJ trajik
**Tragödie** [-diə] F ‹-; -n› THEAT trajedi
**Tragweite** F ‹-; *ohne pl*› MIL yayılım; *fig* önem, etki; **von großer ~** çok önemli (sonuçları olan)

**Tragwerk** N FLUG kanatlar *pl*

**Trailer** ['trɛːlɐ] M ‹-s; -› FILM *-in* ara parçaları *pl;* AUTO karavan *(römork)*

**Trainer** ['trɛːnɐ] M ‹-s; -›, **-in** F ‹-; -nen› antrenör

**trainieren** [trɛˈniːrən] ‹*ohne ge-, h.*› **A** V/I antrenman yapmak **B** V/T çalıştırmak; *-e* antrenman yaptırmak; *-e* antrenörlük yapmak

**Training** ['trɛːnɪŋ] N ‹-s; -s› antrenman

**Trainingsanzug** M eşofman
**Trakt** M ‹-s; -e› *(Gebäude⚡)* kanat
**Traktor** M ‹-s; -en› TECH traktör
**trällern** V/T, V/I ‹*h.*› şakımak; *hum* şarkı söylemek (*kendi kendine*)
**Trampel** M, N ‹-s; -› *umg* hoyrat/çolpa *adj*

**trampeln** V/I ‹*h.*› *-i* ezip/çiğneyip geçmek *(dikkatsizlikle)*

**Trampelpfad** M keçiyolu, patika
**trampen** ['trɛmpən] V/I ‹*s.*› otostop yapmak

**Tramper** ['trɛmpɐ] M ‹-s; -›, **-in** F ‹-; -nen› otostopçu

**Trampolin** [-liːn] N ‹-s; -e› trambolin
**Tran** M ‹-s; -e› balıkyağı; *umg fig* **im ~** mahmur, sarhoş

**Trance** ['trãːs(ə)] F ‹-; -n› trans (hali)
**tranchieren** [trãˈʃiːrən] V/T ‹*ohne ge-, h.*› *-i* dilimlemek *(Fleisch)*

**Träne** F ‹-; -n› gözyaşı
**tränen** V/I ‹*h.*› yaşarmak *(göz)*
**Tränen|gas** N gözyaşı gazı **~sack** M gözyaşı kesesi

**Trank** M ‹-s; ⸚e› MED içecek
**tränken** V/T ‹*h.*› *-e* su vermek/içirmek; *Tuch etc* ıslatmak

**Transaktion** [-ˈtsjoːn] F ‹-; -en› işlem, faaliyet

**transatlantisch** ADJ transatlantik
**Transfer** M ‹-s; -s› transfer **⚡ieren** V/T ‹*ohne ge-, h.*› havale/transfer etmek

**Transform|ator** M ‹-s; -en› transformatör **⚡ieren** V/T ‹*ohne ge-, h.*› dönüştürmek

**Transfusion** [-ˈzjoːn] F ‹-; -en› MED kan nakli

**Transistor** M ‹-s; -en› ELEK transistör **~radio** N transistörlü radyo

**Transit** M ‹-s; -e› transit **~halle** F FLUG transit hali

**transitiv** [-f] ADJ GRAM geçişli
**Transit|passagier** M, **~reisende** M, F transit yolcu(su) **~raum** M FLUG transit salonu **~strecke** F transit yolu **~verkehr** M transit trafiği **~visum** N transit vizesi

**Transmission** F ‹-; -en› TECH transmisyon, aktarma

**transparent** ADJ şeffaf, saydam; *Kleidung a.* transparan

**Transparent** N ⟨-s; -e⟩ pankart
**Transplantat** N ⟨-s; -e⟩ MED aktarılan/aktarılacak organ **~ion** [-'tsi̯oːn] F ⟨-; -en⟩ MED organ nakli/aktarımı
**transplantieren** V/T ⟨ohne ge-, h.⟩ nakletmek, aktarmak
**Transport** M ⟨-s; -e⟩ taşıma; nakliyat, taşımacılık
**transportabel** ADJ TECH taşınabilir
**Transport|band** N ⟨-s; ⁓er⟩ TECH nakil bandı **~er** M ⟨-s; -⟩ AUTO panel, kamyonet
**transportfähig** ADJ Kranker nakledilecek durumda
**transportieren** V/T ⟨ohne ge-, h.⟩ nakletmek; (tragen) taşımak
**Transport|kosten** PL taşıma/nakliye masrafları **~mittel** N taşıma aracı **~schiff** N nakliye gemisi **~unternehmen** N nakliyat/taşıma şirketi **~unternehmer(in)** M(F) nakliyatçı, taşımacı **~versicherung** F nakliye/taşımacılık sigortası **~wesen** N ⟨-s; ohne pl⟩ nakliyat(çılık); taşımacılık
**Transvestit** [-v-] M ⟨-en; -en⟩ transseksüel, travesti
**transzendental** ADJ PHIL aşkın, transandantal
**Trapez** N ⟨-es; -e⟩ MATH yamuk; trapez
**trassieren** V/T ⟨ohne ge-, h.⟩ TECH saptamak, işaretlemek (güzergah); WIRTSCH (**auf** -e) keşide etmek
**Tratte** F ⟨-; -n⟩ WIRTSCH poliçe
**Traube** F ⟨-; -n⟩ salkım; (WeinΩ) üzüm salkımı; einzelne Beere üzüm (tanesi); fig küme, yığın
**Trauben|saft** M üzüm suyu **~sirup** M pekmez **~zucker** M glikoz
**trauen** ⟨h.⟩ **A** V/T evlendirmek, -in nikâhını kıymak; **sich ~ lassen** evlenmek, nikâh kıydırmak **B** V/I güvenmek, inanmak; **ich traute meinen Ohren (Augen) nicht** kulaklarıma (gözlerime) inanamadım **C** V/R: **sich ~, etw zu tun** bş yapmaya kalkışmayı cesaret etmek
**Trauer** F ⟨-; ohne pl⟩ (**um** için) yas, matem, (-in) yas(ı); **in ~** yaslı, matemde **~fall** M ölüm, vefat **~feier** F cenaze töreni **~marsch** M cenaze marşı
**trauern** V/I ⟨h.⟩ (**um** -in) yas(ını) tutmak
**Trauer|spiel** N umg tragedi **~weide** F BOT salkımsöğüt **~zug** M cenaze alayı

**Traum** M ⟨-s; ⁓e⟩ rüya, düş
**Trauma** N ⟨-s; Traumen, Traumata⟩ MED travma
**traumatisch** ADJ travmatik
**Traum|beruf** M ideal meslek/iş **~bild** N ideal; (Traumszene) rüya sahnesi; (Trugbild) hayal **~deutung** F rüya yorumu/tabiri
**träumen** ⟨h.⟩ **A** V/I rüya/düş görmek; **das hätte ich mir nicht ~ lassen** rüyamda görsem inanmazdım **B** V/T (**von** -i) rüyasında görmek; fig hayal etmek, (-in) rüyası(nı) görmek
**Träumer** M ⟨-s; -⟩ hayalci
**Traum|fabrik** F Hollywood vs **~frau** F umg -in hayalindeki kadın **Ωhaft** ADJ (**schön**) rüya gibi güzel **~haus** N umg -in hayalindeki ev **~mann** M umg -in hayalindeki erkek **~welt** F hayal dünyası
**traurig** ADJ Person (**über** akk, **wegen** -e) üzgün; Sache üzücü, acıklı; **~ stimmen** -e üzüntü vermek **Ωkeit** F ⟨-; ohne pl⟩ üzüntü, keder, hüzün
**Trau|ring** M alyans, nikâh yüzüğü **~schein** M evlenme belgesi **~ung** F ⟨-; -en⟩ evlenme töreni, nikâh **~zeuge** M, **~zeugin** F nikâh şahidi
**Travellerscheck** ['trɛvələrʃɛk] M seyahat çeki
**Travestie** F ⟨-; -n⟩ travesti
**Treck** M ⟨-s; -s⟩ kafile (göçmen vs)
**trecken** V/I ⟨s.⟩ çekmek, sürüklemek; kafile halinde göç etmek
**Trecker** M ⟨-s; -⟩ traktör
**Trecking** n ⟨-s; ohne pl⟩ trekking
**Treff** M ⟨-s; -s⟩ umg buluşma (yeri)
**treffen** ⟨trifft, traf, getroffen, h.⟩ **A** V/T -e isabet ettirmek; (j-m begegnen) b-le karşılaşmak, b-ne rastlamak; (betreffen) ilgilendirmek, nachteilig etkilemek; kränken incitmek, kırmak; Maßnahmen almak; **j-n am Arm** b-ni kolundan vurmak; **nicht ~** ıskalamak, isabet ettirememek; **das hat sie hart getroffen** bu onu kötü vurdu **B** V/I: **~ auf** rastlamak, isabet etmek **C** V/R: **sich mit j-m** ~ b-le buluşmak; **das trifft sich gut (schlecht)** bu iyi (kötü) bir tesadüf/rastlantı
**Treffen** N ⟨-s; -⟩ buluşma, görüşme
**treffend** ADJ Bemerkung etc uygun, isabetli, yerinde
**Treffer** M ⟨-s; -⟩ isabet; (Tor) gol; (Ge-

*winn*) ikramiye
**Treffpunkt** M buluşma yeri
**Treibeis** N yüzer buz (kütlesi)
**treiben** ⟨trieb, getrieben⟩ A V/T ⟨h.⟩ sür(ükle)mek, harekete geçirmek, yürütmek; yapmak, *umg* halt karıştırmak; TECH çalıştırmak, işletmek; (*j-n an~*) teşvik etmek, *umg* -e gaz vermek; **Blüten ~** çiçek vermek; **Sport ~** spor yapmak; **die Preise in die Höhe ~** *-in* piyasasını yükseltmek; **was hat ihn dazu getrieben?** onu buna sürükleyen ne oldu?; **was treibst du (zurzeit)?** (şu sıra) neler yapıyorsun?; **es zu weit ~** fazla ileri gitmek; **~de Kraft** itici güç B V/I ⟨s.⟩ *-in Wasser* sürüklenmek; **sich ~ lassen** sürüklenip gitmek
**Treiben** N ⟨-s; *ohne pl*⟩ (*Tun*) çalışma, işler *pl*; (*Vorgänge*) olaylar *pl*; **geschäftiges ~** hayhuy, koşuşma
**Treiber** M ⟨-s; -⟩ başkalarını işe koşan, sıkıştıran; IT sürücü
**Treib|gas** N itici gaz **~haus** N sera **~hauseffekt** M ⟨-s; *ohne pl*⟩ sera etkisi **~holz** N suların sürüklediği ağaç/tahta parçaları **~jagd** F sürek avı **~riemen** M TECH tahrik kayışı **~sand** M rüzgârın sürüklediği kum **~stoff** M yakıt
**Trend** M ⟨-s; -s⟩ (*zu -e*) eğilim, ... trendi **~wende** F POL eğilimde dönüş
**trennbar** ADJ ayrılabilir, bölünebilir
**trennen** ⟨h.⟩ A V/T ayırmak; (*teilen*) bölmek; (*getrennt halten*) ayrı tutmak; *Verbindung* kesmek B V/R: **sich ~** (birbirinden) ayrılmak; **sich ~ von etw** bş*-e* kıymak; **sich ~ von j-m** b*-nden* ayrılmak
**Trennlinie** F ara çizgi, ara hattı; fasıl
**Trennschärfe** F *Radio* ayırma kuvveti, selektivite
**Trennung** F ⟨-; -en⟩ ayırma, ayrılma; böl(ün)me; (*Diskriminierung*) ayırım; **seit ihrer ~** ayrılmalarından beri
**Trennungsstrich** M GRAM kısa çizgi, birleştirme çizgisi
**Trennwand** F bölme duvarı, ara duvar
**treppauf** ADV: **~, treppab** (merdivenden) bir aşağı, bir yukarı
**Treppe** F ⟨-; -n⟩ merdiven
**Treppen|absatz** M merdiven sahanlığı **~geländer** N tırabzan **~haus** N merdiven boşluğu; (*Flur*) merdiven dairesi
**Tresen** M ⟨-s; -⟩ banko, bar

**Tresor** M ⟨-s; -e⟩ (çelik) kasa **~fach** N kiralık kasa **~raum** M kasa dairesi
**Tret|auto** N pedallı araba **~boot** N deniz bisikleti
**treten** ⟨tritt, trat, getreten⟩ A V/I ⟨s.⟩ (ayak) basmak; (adımlayarak) gitmek; **~ auf** (*akk*) *-e* (*od -in* üstüne) basmak; **~ in** (*akk*) *-e* girmek; **ins Zimmer ~** odaya girmek; **zur Seite ~** kenara çekilmek; **bitte ~ Sie näher!** lütfen yaklaşın! B V/T ⟨h.⟩ tekmelemek; **nach j-m ~** b*-ne* tekme atmak
**treu** ADJ vefakâr; (*gesinnt*) sadık; (*ergeben*) (içten) bağlı; **sich** (*dat*) (**s-n Grundsätzen**) **~ bleiben** k*-ne* (ilkelerine) sadık kalmak
**Treue** F ⟨-; *ohne pl*⟩ vefa, sadakat, bağlılık; *eheliche* sadakat; **j-m die ~ halten** b*-ne* sadık kalmak
**Treueid** M sadakat/bağlılık yemini
**Treuhandanstalt** F HIST eski Doğu Alman devlet işletmelerini özelleştirme kurumu
**Treuhänder** M ⟨-s; -⟩ yeddiemin
**treuhänderisch** ADV: **etw ~ verwalten** bş*-i* yeddiemin olarak yönetmek
**Treuhandgesellschaft** F yeddiemin kuruluşu
**treuherzig** ADJ temiz yürekli, içten bağlı
**treulos** ADJ (**gegen** *-e* karşı) sadakatsiz **♀igkeit** F ⟨-; *ohne pl*⟩ sadakatsizlik
**Triathlon** N, M ⟨-s; -s⟩ SPORT triatlon
**Tribunal** N ⟨-s; -e⟩ mahkeme (*savaş suçluları vs için*)
**Tribüne** F ⟨-; -n⟩ (*Redner♀*) kürsü; (*Zuschauer♀*) tribün
**Trichine** F ⟨-; -n⟩ ZOOL trişin
**Trichter** M ⟨-s; -⟩ TECH huni; *umg* **auf den ~ kommen** sonunda anlamak
**trichterförmig** ADJ huni biçimli
**Trick** M ⟨-s; -s⟩ FILM *a.* trük **~aufnahme** F hileli çekim **~betrüger(in)** M(F) üçkâğıtçı; dolandırıcı **~film** M canlandırma filmi ♀reich ADJ hilesi bol **~skilaufen** N akrobasi kayakçılığı
**Trieb** M ⟨-s; -e⟩ BOT sürgün; içgüdü
**Triebfeder** F zemberek; *fig* güdü, itici güç
**triebhaft** ADJ içgüdüsel
**Triebkraft** F TECH hareket kuvveti; PSYCH dürtü, motivasyon

**Trieb|täter** M̄, **~verbrecher** M̄ cinsel suçlu
**Triebwagen** M̄ BAHN lokomotif
**Triebwerk** N̄ FLUG *etc* motor ve pervane; jet motoru **~schaden** M̄ motorda bozukluk
**triefen** V̄/Ī ⟨troff *od* triefte, getroffen *od* getrieft, *h.*⟩ damlamak, akmak, sızmak
**triftig** ADJ önemli; *Grund a.* inandırıcı
**Trikot** [tri'ko:] N̄ ⟨-s; -s⟩ SPORT forma; (*Tanz*♀) (dansçı) mayo(su)
**Triller** M̄ ⟨-s; -⟩ MUS sesi titretme, triy
**trillern** V̄/T, V̄/I ⟨*h.*⟩ *Vogel* şakımak; MUS sesi titretme
**Trillion** F̄ ⟨-; -en⟩ trilyon
**Trilogie** F̄ ⟨-; -n⟩ LIT, FILM üçleme
**Trimm-dich-Pfad** M̄ (aletli) koşu yolu
**trimmen** V̄/T ⟨*h.*⟩ *Tier* ~ **auf** … olarak yetiştirmek; **sich ~** spor yaparak zinde kalmak
**trinkbar** ADJ içilir, içilebilir
**trinken** V̄/T *u.* V̄/Ī ⟨trank, getrunken, *h.*⟩ içmek; ~ **auf** *akk* -e (*od* -in sağlığına *vs*) içmek; **etw zu ~** içecek (bir şey)
**Trinker** M̄ ⟨-s; -⟩, **-in** F̄ ⟨-; -nen⟩ içkici, ayyaş
**trinkfest** ADJ: **er ist ~** sıkı içkicidir, alkolden etkilenmez
**Trinkgeld** N̄ bahşiş; **j-m ein (e-en Euro) ~ geben** b-ne (bir avro) bahşiş vermek
**Trinkhalm** M̄ kamış (*içmek için*)
**Trink|kur** F̄ içme kürü **~spruch** M̄ *kadeh kaldırırken söylenen söz*
**Trinkwasser** N̄ ⟨-s; *ohne pl*⟩ içme suyu
**Trio** N̄ ⟨-s; -s⟩ *a.* MUS üçlü
**trippeln** V̄/Ī ⟨s.⟩ tıpış tıpış yürümek
**Tripper** M̄ ⟨-s; -⟩ MED *umg* belsoğukluğu
**trist** ADJ iç karartıcı
**Tritt** M̄ ⟨-s; -e⟩ adım; (*Fuß*♀) tekme; **j-m e-n ~ versetzen** b-ne tekme atmak
**Trittbrett** N̄ AUTO eşik **~fahrer(in)** M̄(F̄) *fig* bedavacı, avantacı
**Trittleiter** F̄ mutfak merdiveni
**Triumph** [tri'umf] M̄ ⟨-s; -e⟩ büyük başarı, zafer
**triumph|al** [trium'fa:l] ADJ mükemmel, fevkalade **~ieren** [trium'fi:rən] V̄/Ī ⟨*ohne ge-, h.*⟩ (**über** *akk* -e) galip gelmek
**trivial** [tri'vĭa:l] ADJ sıradan

**Trivialliteratur** F̄ sıradan/hafif edebiyat
**trocken** A ADJ kuru; *Boden* kurak; *Wein* sek B ADV: **sich ~ rasieren** (elektrikli) makinayla tıraş olmak
**Trocken|haube** F̄ (saç) kurutma başlığı **~heit** F̄ ⟨-; *ohne pl*⟩ kuruluk; (*Dürre*) kuraklık
**trockenlegen** V̄/T ⟨-ge-, *h.*⟩ *Sumpf* kurutmak, akaçlamak; *Baby* -in altını değiştirmek/almak
**Trocken|milch** F̄ süttozu **~rasierer** M̄ (elektrikli) tıraş makinası **~zeit** F̄ kuraklık (dönemi)
**trocknen** ⟨*h.*⟩ A V̄/T kurutmak, kurulamak B V̄/Ī kurumak
**Trockner** M̄ ⟨-s; -⟩ kurutucu, kurutma makinası
**Troddel** F̄ ⟨-; -n⟩ püskül
**Trödel** M̄ ⟨-s; *ohne pl*⟩ eski (eşya) **~laden** M̄ eskici (dükkanı) **~markt** M̄ bit pazarı
**trödeln** V̄/Ī ⟨*h.*⟩ oyalanmak, avarelik etmek
**Trödler** M̄ ⟨-s; -⟩, **-in** F̄ ⟨-; -nen⟩ eskici, hurdacı; (*Bummler*) haylaz, avare
**Trog** M̄ ⟨-s; ⸚e⟩ tekne, küvet
**Trommel** F̄ ⟨-; -n⟩ davul, trampet; TECH silindir, kazan **~fell** N̄ ANAT kulak zarı
**trommeln** ⟨*h.*⟩ A V̄/T: **~ auf** (*dat*) -in üstünde trampet çalmak B V̄/Ī davul çalmak
**Trompete** F̄ ⟨-; -n⟩ trompet, boru
**trompeten** V̄/T (V̄/Ī) ⟨*h.*⟩ trompet(le bş-i) çalmak
**Trompeter** M̄ ⟨-s; -⟩ trompetçi, borucu
**Tropen** P̄L tropikal kuşak *sg* **♀fest** ADJ MED tropik iklime dayanıklı **~wald** M̄ tropik orman
**Tropf** M̄ ⟨-s; -e⟩ MED (serum) damlatıcı (-sı); **am ~ hängen** serum şişesine bağlı olmak
**Tröpfchen** N̄ ⟨-s; -⟩ damlacık
**tröpfchenweise** ADV damla damla, gıdım gıdım
**tröpfeln** V̄/Ī/UNPERS ⟨*h.*⟩: **es tröpfelt** çiseliyor
**tropfen** V̄/Ī ⟨*h.*⟩ *Wasserhahn* damlamak
**Tropfen** M̄ ⟨-s; -⟩ damla; (*Schweiß*♀) boncuk; **ein edler** (*od* **guter**) **~** seçkin (*od* iyi) bir şarap; **ein ~ auf den heißen**

**Stein** devede kulak *(yardım, iyilik vs)*
**tropfenweise** ADV damla damla
**Tropfinfusion** F MED damlalıklı enfüzyon
**tropfnass** ADJ sırılsıklam *(ıslak/yaş)*
**Tropfstein** M damlataş **~höhle** F damlataş mağarası
**Trophäe** [tro'fɛːə] F ⟨-; -n⟩ zafer/av hatırası *(şey)*
**tropisch** ADJ tropikal
**Trosse** F ⟨-; -n⟩ SCHIFF palamar
**Trost** M ⟨-es; ohne pl⟩ avuntu, teselli; **ein schwacher ~** soğuk teselli
**trösten** ⟨h.⟩ A VT avutmak, teselli etmek B V/R: **sich ~** avunmak, teselli olmak
**tröstlich** ADJ avutucu, teselli edici
**trostlos** ADJ *Situation etc* ümitsiz; *Aussichten etc* iç açıcı olmayan; *Gegend etc* kasvetli, ıssız, perişan
**Trostlosigkeit** F ⟨-; ohne pl⟩ kasvet, perişanlık
**Trost|pflaster** N *hum* teselli **~preis** M teselli ödülü/ikramiyesi
**Trott** M ⟨-s; -e⟩ *Pferd* yorga; **in e-n ~ verfallen** tekdüzeliğe sapmak
**Trottel** M ⟨-s; -⟩ *umg* aptal, eşekbaşı
**trotz** PRÄP ⟨gen⟩ -e rağmen
**Trotz** M ⟨-es⟩ inat; **aus ~** inadına
**trotzdem** ADV buna rağmen
**trotzen** V/I ⟨h.⟩ *(widerstehen)* direnmek; *(stur sein)* inatçılık etmek
**trotzig** ADJ inatçı
**Trotzreaktion** F inat davranışı/tepkisi
**trübe** ADJ bulutlu; *Wasser* bulanık; *Licht* sönük, loş; *Himmel, Farben* kapalı, donuk; *Stimmung, Tag* hüzünlü, kasvetli
**Trubel** M ⟨-s; ohne pl⟩ kargaşa, *umg* hengâme
**trüben** VT ⟨h.⟩ *Glück, Freude* bozmak, gölgelemek
**trübselig** ADJ iç karartıcı **2keit** F ⟨-; ohne pl⟩ iç karartıcılık
**Trübsinn** M ⟨-s; ohne pl⟩ keder, elem
**trübsinnig** ADJ kederli, meyus
**trudeln** V/I ⟨s.⟩ döne döne düşmek
**Trüffel** F ⟨-; -n⟩ BOT yermantarı, domuzelması
**Trugbild** N hayal, kuruntu
**trügen** ⟨trog, getrogen, h.⟩ yanıltmak, aldatmak
**trügerisch** ADJ yanıltıcı, aldatıcı, yalan(cı)

**Trugschluss** M yanlış çıkarım; PHIL safsata
**Truhe** ['truːə] F ⟨-; -n⟩ sandık
**Trümmer** PL enkaz *sg*; yıkıntı *sg*, harabe *sg*; *(Schutt)* döküntü *sg*; *(Stücke)* parçalar
**Trümmerhaufen** M enkaz yığını
**Trumpf** M ⟨-s; ⸚e⟩ koz; **~ sein** koz olmak; *fig* **s-n ~ ausspielen** kozunu oynamak
**Trunkenheit** F ⟨-; ohne pl⟩ JUR sarhoşluk; **~ am Steuer** içkili araba kullanma
**Trunksucht** F ⟨-; ohne pl⟩ ayyaşlık, alkolizm
**Trupp** M ⟨-s; -s⟩ grup, takım; *(Such2)* ekip; MIL müfreze, tim
**Truppe** F ⟨-; -n⟩ MIL *(Einheit)* birlik, kıta; THEAT topluluk; **~n** *pl* MIL birlikler, kuvvetler
**Truppen|abbau** M birliklerin azaltılması **~abzug** M birliklerin çekilmesi **~transporter** M SCHIFF, FLUG birlik nakliye gemisi/uçağı **~übungsplatz** M manevra sahası
**Trust** [trast] M ⟨-s; -e, -s⟩ WIRTSCH tröst
**Truthahn** M hindi
**Tschech|e** M ⟨-n; -n⟩ Çek **~ei** F *umg, neg!* Çekya **~in** F ⟨-; -nen⟩ Çek (kadın) **2isch** ADJ Çek *subst* **~isch** N Çekçe; **~e Republik** Çek Cumhuriyeti
**tschüs, tschüss** INT hoşça kal, *umg* eyvallah
**T-Shirt** ['tiːʃøːt] N ⟨-s; -s⟩ tişört
**TU** [teː'uː] *abk für* Technische Universität F teknik üniversite
**Tube** F ⟨-; -n⟩ tüp
**Tuberkulose** F ⟨-; -n⟩ MED tüberküloz, *umg* verem
**Tuch** N ⟨-s; ⸚er⟩ *fein* kumaş; *einfach* bez; *(Hals2, Kopf2)* eşarp; *(Staub2)* toz bezi
**Tuchfühlung** F *umg:* **~ haben mit** -le temasta olmak
**tüchtig** ADJ hamarat; *(geschickt)* becerikli; *(leistungsfähig)* çalışkan, verimli; *umg fig (ordentlich)* adamakıllı; **~ zulangen** yemeğe saldırmak; **~ essen** çalakaşık yemek **2keit** F ⟨-; ohne pl⟩ *(Können)* yetenek, beceri, hüner, marifet; *(Fleiß)* çalışkanlık, verim
**Tücke** F ⟨-; -n⟩ hainlik; *(gizli)* hata; **s-e ~n haben** -*in* zayıf noktaları olmak
**tückisch** ADJ sinsi, kötü niyetli; *Krank-*

**heit** habis, kötü huylu; *(gefährlich)* hain, kalleş

**tüfteln** [V/I] ⟨h.⟩: ~ **(an** *dat* üzerinde) inceden inceye çalışmak, (*-i*) iyice geliştirmek

**Tüftler** [M] ⟨-s; -⟩, **-in** [F] ⟨-; -nen⟩ kılı kırk yararak çalışan, buluşlar yapan

**Tugend** [F] ⟨-; -en⟩ erdem, fazilet **²haft** [ADJ] erdemli, faziletli

**Tüll** [M] ⟨-s; -e⟩ tül(bent), krep

**Tulpe** [F] ⟨-; -n⟩ BOT lale

**tummeln** [V/R] ⟨h.⟩: **sich ~** koşuşmak, cirit atmak

**Tummelplatz** [M] *pej* buluşma yeri

**Tumor** [M] ⟨-s; -en⟩ MED tümör, ur

**Tümpel** [M] ⟨-s; -⟩ çamur birikintisi, (çamurlu) gölet

**Tumult** [M] ⟨-s; -e⟩ şamata, curcuna; *(Randale)* gürültü, karışıklık; *(Aufstand)* isyan, ayaklanma

**tun** [V/T] *u.* [V/I] ⟨*tat, getan, h.*⟩ yapmak, etmek; *Schritt* atmak; *umg (legen etc) -e* koymak; *(beschäftigt sein)* meşgul olmak; *umg* **j-m etw ~** b-ne bş yapmak; **dagegen müssen wir etw ~!** buna (karşı) bir şey yapmamız lazım!; **zu ~ haben** işi olmak; **ich weiß (nicht), was ich ~ soll** *(od muss)* ne yapacağımı bilmiyorum; **so ~, als ob** -miş gibi yapmak; **er hat nichts damit zu ~** onun bu işle hiç ilgisi yok

**Tünche** [F] ⟨-; -n⟩ (kireç) badana

**tünchen** [V/T] ⟨h.⟩ badanalamak, kireçlemek

**Tundra** [F] ⟨-; Tundren⟩ tundra

**Tunesien** [N] ⟨-s; *ohne pl*⟩ Tunus

**Tunesier** [M] ⟨-s; -⟩, **-in** [F] ⟨-; -nen⟩ Tunuslu

**tunesisch** [ADJ] Tunus(lu) *adj*

**Tunke** [F] ⟨-; -n⟩ sos, salça, yemeğin suyu

**tunken** [V/T] ⟨h.⟩ batırmak, banmak (**in** *akk* -e)

**Tunnel** [M] ⟨-s; -⟩ tünel

**tupfen** [V/T] ⟨h.⟩ MED tampon yapmak

**Tupfer** [M] ⟨-s; -⟩ MED tampon, *umg* pamuk tıkacı

**Tür** [F] ⟨-; -en⟩ kapı; **Tag der offenen ~** halka/müşteriye açık gün; *umg* **vor die ~ setzen** kovmak, kapının önüne koymak; *fig* **vor der ~ stehen** kapıya dayanmak

**Turban** [M] ⟨-s; -e⟩ HIST kavuk, sarık; *modisch* türban

**Turbine** [F] ⟨-; -n⟩ TECH türbin

**Turbo** [M] ⟨-s; -s⟩ AUTO turbo **~lader** [M] ⟨-s;-⟩ turbo **~motor** [M] turbo motor

**Turbo-Prop-Maschine** [F] FLUG türbinli uçak *(pervaneli)*

**turbulent** [ADJ] hummalı, velveleli

**Turbulenz** [F] ⟨-; -en⟩ girdap; *fig* velvele, huzursuzluk

**Türgriff** [M] kapı kolu; *(Knopf)* kapı tokmağı/topuzu

**Türke** [M] ⟨-n; -n⟩ Türk

**Türkei** [F] Türkiye

**türken** [V/T] ⟨h.⟩ *umg -e* hile karıştırmak, *-de* sahtekârlık yapmak

**Türkin** [F] ⟨-; -nen⟩ Türk (kadın)

**Türkis** [M] ⟨-es; -e⟩ firuze, türkuaz

**türkisch** [ADJ] Türk(iye) *subst*

**Türkisch** [N] Türkçe

**Türklingel** [F] kapı zili

**Türklinke** [F] kapı kolu

**Turkmen|e** [M] ⟨-n; -n⟩ Türkmen **~in** [F] Türkmen (kadın) **²isch** Türkmen(istan) *subst* **~isch** [N] Türkmence **~istan** [N] Türkmenistan

**Turm** [M] ⟨-s; ⸚e⟩ kule; *(Schach)* kale

**türmen** [A] [V/R] ⟨h.⟩: **sich ~** üst üste yığılmak, toplanmak, birikmek [B] [V/I] ⟨*s.*⟩ *umg* tüymek, sıvışmak

**Turmspitze** [F] kule ucu/külahı

**Turmuhr** [F] kule saati

**Turnanzug** [M] eşofman

**turnen** [V/I] ⟨h.⟩ jimnastik/cimnastik yapmak

**Turn|en** [N] ⟨-s; *ohne pl*⟩ jimnastik, cimnastik; *Schulfach* beden eğitimi **~er** [M] ⟨-s; -⟩, **-in** [F] ⟨-; -nen⟩ jimnastikçi **~gerät** [N] cimnastik aleti **~halle** [F] spor salonu **~hose** [F] jimnastik şortu

**Turnier** [N] ⟨-s; -e⟩ turnuva

**Turnschuh** [M] spor ayakkabısı

**Tür|öffner** [M] kapı otomatiği **~pfosten** [M] kapı direği **~rahmen** [M] kapı kasası **~schild** [N] kapı(daki isim) levhası

**turteln** [V/I] ⟨h.⟩ *umg Verliebte* bıcırdaşmak

**Turteltaube** [F] ZOOL kumru

**Tusch** [M] ⟨-s; -e⟩ MUS fanfar

**Tusche** [F] ⟨-; -n⟩ çini mürekkebi; *(Wimpern²)* maskara

**tuscheln** [V/I] ⟨h.⟩ fiskoslaşmak

**tuschen** [V/T] ⟨h.⟩ çini mürekkebiyle resim

yapmak; **sich** (dat) **die Wimpern ~** kirpiklerini boyamak

**Tuschkasten** M̲ suluboya kutusu

**Tuschzeichnung** F̲ kağıt üzerine siyah çini mürekkebiyle resim

**Tüte** F̲ ⟨-; -n⟩ torba, kesekağıdı; (Eis♀) külah

**tuten** V̲I̲ ⟨h.⟩ umg MUS boru çalmak; düdük/korna çalmak

**Tutor** M̲ ⟨-s; -en⟩, **-in** F̲ ⟨-; -nen⟩ fakültede ders veren ileri sömestre öğrencisi

**TÜV** [tyf] M̲ ⟨-; ohne pl⟩ teknik muayene; **nicht durch den ~ kommen** teknik muayeneye takılmak **~-Plakette** F̲ teknik muayene plaketi

**Typ** M̲ ⟨-s; -en⟩ tip; TECH a. model; umg Mann adam, herif; umg **er ist (nicht) mein ~** o benim tipim değil

**Type** F̲ ⟨-; -n⟩ (daktilo) harf(i); Person garip biri

**Typhus** ['ty:fʊs] M̲ ⟨-; ohne pl⟩ MED tifüs

**typisch** ADJ **(für** için) tipik, karakteristik; **das ist ~ für ihn!** ondan zaten işbu beklenirdi!

**Typus** M̲ ⟨-; Typen⟩ tip

**Tyrann** M̲ ⟨-en; -en⟩ zorba, zalim **~ei** F̲ ⟨-; -en⟩ zorbalık, zulüm ♀**isch** ADJ zalimce ♀**isieren** V̲T̲ ⟨ohne ge-, h.⟩ -e zulmetmek, -i ezmek; fig a. b-ne kabadayılık (od zorbalık) etmek

# U

**u, U** [u:] N̲ ⟨-; -⟩ u, U

**u.** abk für und ve

**u. a.** abk für unter anderem/anderen ezcümle, diğerlerinin yanısıra; **und andere(s) ve diğerleri** (vd)

**U-Bahn** F̲ metro **~hof** M̲ metro durağı **~netz** N̲ metro şebekesi

**übel** ADJ fena; **~ gelaunt** keyfi bozuk/kaçık; **~ riechend** fena kokulu; umg **(gar) nicht ~** hiç de fena değil; **mir ist ~** rahatsızım; **mir wird ~** fenalaşıyorum; **j-m etw ~ nehmen** b-ne bş-den dolayı küsmek/gücenmek

**Übel** N̲ ⟨-s; -⟩ kötülük; **das kleinere ~** ehveni şer

**Übelkeit** F̲ ⟨-; ohne pl⟩ bulantı

**Übeltäter(in)** M̲/F̲ suçlu; (Mörder) cani

**üben** ⟨h.⟩ A V̲I̲ alıştırma/idman yapmak B V̲T̲: **Klavier ~** piyano çalışmak

**über** A PRÄP (dat) Lage -in üstünde; (oberhalb) yukarısında; (akk) Richtung -in üstüne; (quer ~) üstünden/üzerinden geçerek; **~ München nach Rom** Münih üzerinden Roma'ya; **~ Nacht** gece (boyunca); **~s Jahr** yıl (boyunca); **~ der Arbeit** çalışırken; **er ist ~ siebzig (Jahre alt)** onun yaşı yetmişin üstünde; **~ Geschäfte (Politik) reden** işten (politikadan) bahsetmek; **~ die Auskunft** TEL istihbarattan B ADV: **~ und ~** büsbütün, tamamen

**überall** ADV her yerde; **~ in** (dat) -in her yerinde; **~, wo** her nerede ... -se

**überallher** ADV her yerden

**überallhin** ADV her yere

**überaltert** ADJ miadı dolmuş; personeli çok yaşlı (işletme vs)

**Überangebot** N̲ WIRTSCH (**an** dat bakımından) arz fazlası

**überängstlich** ADJ fazla korkak/ürkek

**überanstrengen** ⟨ohne -ge-, h.⟩ A V̲T̲ aşırı yormak/zorlamak B V̲/R̲: **sich ~** aşırı yorulmak/zorlanmak ♀**ung** F̲ ⟨-; ohne pl⟩ aşırı yorulma/zorlanma

**überarbeiten** ⟨ohne -ge-, h.⟩ A V̲T̲ Buch etc gözden geçirmek B V̲/R̲: **sich ~** fazla çalışmak, sürmenaj olmak

**überarbeitet** ADJ Buch etc gözden geçirilmiş; Person fazla çalışmış

**überaus** ADV son derece, gayet

**überbacken** ADJ üstü kızartılmış (fırında)

**überbeanspruchen** V̲T̲ ⟨ohne -ge-, h.⟩ TECH aşırı yüklemek/yormak; **j-n ~** b-ni fazla yormak

**Überbein** N̲ MED egzostoz, umg kemik çıkıntısı

**überbelegt** ADJ kapasitesini aşmış

**überbelichten** V̲T̲ ⟨ohne -ge-, h.⟩ FOTO fazla pozlamak **~et** ADJ fazla pozlanmış, umg açık çıkmış

**überbesetzt** ADJ kapasitesini aşmış

**überbewerten** V̲T̲ ⟨ohne -ge-, h.⟩ -e fazla önem vermek

**überbieten** V̲T̲ ⟨irr, ohne -ge-, h.⟩ Auktion (**um** ...) -in üstüne çıkmak; fig bş-i

geçmek; **j-n** ~ b-ne üstün gelmek
**Überbleibsel** N ⟨-s; -⟩ kalıntı; *Mahlzeit* artık; ~ **aus dem Mittelalter** Ortaçağ'dan kalma *adj*
**überblenden** VT ⟨ohne -ge-, h.⟩ FILM -e bindirme yapmak
**Überblick** M genel/toplu bakış; *-in* bütünü hakkında bilgi; ~ **über** *akk* -e genel bakış; **den ~ verlieren** *-in* içinden çıkamaz olmak
**überblicken** VT ⟨ohne -ge-, h.⟩ her yönüyle görmek; *Folgen, Risiko* bir bakışta kavramak
**überbringen** VT ⟨irr, ohne -ge-, h.⟩ getirmek, teslim etmek
**überbrücken** VT ⟨ohne -ge-, h.⟩ atlatmak, aşmak; ELEK ara kablosuyla bağlamak
**Überbrückungskredit** M WIRTSCH geçici bir darlığı atlatmak için alınan kredi
**überbuchen** VT ⟨ohne -ge-, h.⟩ WIRTSCH fazla kaydetmek; FLUG ... için fazla bilet satmak
**überdacht** ADJ kapalı (çatıyla örtülü)
**überdauern** VT ⟨ohne -ge-, h.⟩ *-den* uzun sürmek, *-den* uzun ömürlü olmak
**überdehnen** VT ⟨ohne -ge-, h.⟩ fazla esnetmek
**überdenken** VT ⟨irr, ohne -ge-, h.⟩ etraflıca düşünmek; **noch einmal** bir daha düşünmek
**überdeutlich** ADJ fazla belirgin
**überdies** ADV üstelik, bundan başka
**überdimensional** ADJ fazla büyük **~iert** ADJ büyük boyutlu; fazla büyük
**Überdosis** F aşırı doz
**überdrehen** VT ⟨ohne -ge-, h.⟩ TECH fazla döndürmek (*vida vs*); *fig* azmak, yerinde duramaz olmak
**Überdruck** M ⟨-s; ⸚e⟩ PHYS, TECH aşırı basınç **~kabine** F yüksek basınçlı kabin (*uçak*) **~ventil** N TECH basınç düşürme valfı
**Überdruss** M ⟨-es⟩ bıkkınlık
**überdrüssig** ADJ: **e-r Sache ~ sein** bş-den bıkmış olmak
**überdurchschnittlich** ADJ ortalamanın üstünde
**Übereifer** M gayretkeşlik
**übereifrig** ADJ gayretkeş
**übereignen** VT ⟨ohne -ge-, h.⟩: **j-m etw ~** b-ne bş-i devretmek; JUR temlik etmek **⸺ung** F ⟨-; -en⟩ JUR (**an** -e) temlik

**übereilen** VT ⟨ohne -ge-, h.⟩ aceleye getirmek; **nichts ~** hiçbir şeyi aceleye getirmemek
**übereilt** ADJ düşünmeden, aceleyle
**übereinander** ADV üst üste; ~ **sprechen** birbiri üzerine/hakkında ~**schlagen** VT ⟨irr, -ge-, h.⟩ *Beine* bacak bacak üstüne atmak
**übereinkommen** ⟨irr, -ge-, s.⟩ uzlaşmak, fikir birliğine varmak
**Übereinkunft** F ⟨-; ⸚e⟩ uzlaşma, fikir birliği
**übereinstimm|en** VI ⟨-ge-, h.⟩ *Angaben* birbirine uymak, birbiriyle çakışmak; *Farben etc* uymak; **mit j-m ~** (**in** *dat* hakkında) b-le aynı görüşte olmak **⸺ung** F ⟨-; -en⟩ görüş birliği, bağdaşma; **in ~ mit** b-le aynı görüşte olmak, bş-e uygun olarak
**überempfindlich** ADJ MED (**gegen** -e) karşı aşırı hassas
**überernährt** ADJ aşırı beslenmiş
**überfahren** VT ⟨irr, ohne -ge-, h.⟩ (arabayla) ezmek; *Ampel* kırmızıda geçmek
**Überfahrt** F SCHIFF karşı tarafa geçiş
**Überfall** M ⟨-s; ⸚e⟩ (**auf** *akk* -e) baskın; (*Raub*) soygun; (*Invasion*) saldırı, istila
**überfallen** VT ⟨irr, ohne -ge-, h.⟩ -e saldırmak, -i basmak; **auf der Straße** *-in* yolunu kesmek; MIL -e istila etmek
**überfällig** ADJ zamanı (çoktan) gelmiş; *Zahlung* vadesi dolmuş
**Überfallkommando** N *Polizei* baskın ekibi
**überfliegen** VT ⟨irr, ohne -ge-, h.⟩ *-in* üzerinden uçmak; *fig -e* göz gezdirmek; *umg* üstünkörü okumak
**überfließen** VI ⟨irr, -ge-, s.⟩ taşmak
**überflügeln** VT ⟨ohne -ge-, h.⟩ geçmek, geride bırakmak
**Überfluss** M ⟨-es⟩ bolluk; ~ **an** (*dat*) ... bolluğu; **im ~** bol bol; **zu allem ~** üstelik **~gesellschaft** F refah toplumu
**überflüssig** ADJ yersiz; (*unnötig*) fazla, gereksiz
**überfluten** VT ⟨ohne -ge-, h.⟩ sel/su basmak
**überfordern** VT ⟨ohne -ge-, h.⟩ *Kräfte, Geduld* -e fazla yüklenmek; *-i* fazla zorlamak; **j-n ~** b-nden çok şey beklemek
**überfragt** ADJ *umg*: **da bin ich ~** ben o

**Überfremdung** F ⟨-; -en⟩ neg! yabancılaşma, yabancı etkisiyle bozulma
**überführen** VT ⟨ohne -ge-, h.⟩: j-n e-r **Schuld** (gen) ~ b-nin bir suçu işlediğini ispat etmek; ⟨-ge-, h.⟩ götürmek, nakletmek
**Überführung** F ⟨-; -en⟩ JUR suçun ispatı; nakil (cenaze, fabrikadan araba); (Brücke) üstgeçit
**Überfülle** F ⟨-; ohne pl⟩ bolluk
**überfüllt** ADJ tıka basa dolu
**Überfunktion** F MED aşırı faaliyet, fazla çalışma
**Übergabe** F ⟨-; -n⟩ a. MIL teslim, devir
**Übergang** M ⟨-s; ⸚e⟩ geçme; fig geçiş
**übergangslos** ADV doğruca, kesintisiz
**Übergangs|lösung** F geçici çözüm **~regierung** F geçici hükümet **~stadium** N geçiş safhası **~zeit** F geçiş dönemi
**übergeben** ⟨irr, ohne -ge-, h.⟩ **A** VT teslim etmek; MIL bırakmak **B** V/R: **sich ~** kusmak
**übergehen**[1] VI ⟨irr, -ge-, s.⟩: **~ auf** (akk) Nachfolger etc b-ne geçmek; **in j-s Besitz ~** (akk) b-nin üzerine/mülkiyetine geçmek; **~ zu** -e geçmek
**übergehen**[2] VT ⟨irr, ohne -ge-, h.⟩ (überspringen) atlamak; (ignorieren) -e boş vermek, aldırmamak; (nicht berücksichtigen) ihmal/gözardı etmek
**übergeordnet** ADJ (wichtig) (daha) önemli; j-m ~ b-nin üstünde; e-r **Sache ~** bş-in bağlı olduğu
**Übergepäck** N FLUG fazla bagaj
**übergeschnappt** ADJ umg fıttırmış, oynatmış
**Übergewicht** N ⟨-s; ohne pl⟩ kilo fazlası; fig ağırlık, üstünlük; **~ haben** -in ağırlığı fazla olmak; **das ~ haben** (über akk -den) üstün olmak
**überglücklich** ADJ alabildiğine mutlu
**übergreifen** VI ⟨irr, -ge-, h.⟩ fig (**auf** akk -e) sıçramak, yayılmak
**übergreifend** ADV genel, -i aşan; → parteiübergreifend
**Übergriff** M ⟨-s; -e⟩ (**auf** akk -e) tecavüz, saldırı
**übergroß** ADJ kocaman, devasa
**Übergröße** F çok büyük beden/numara (Kleidung)
**überhaben** VT ⟨irr, -ge-, h.⟩ (zu viel haben) -in elinde fazla var/olmak; (überdrüssig) -den bıkmış olmak; Kleidung üste giymiş olmak
**überhandnehmen** VI ⟨irr, -ge-, h.⟩ fazla artmak/sıklaşmak
**Überhang** M ⟨-s; ⸚e⟩ ARCH çıkıntı; WIRTSCH fazla(lık)
**überhängen**[1] VI ⟨irr, -ge-, h.⟩ ARCH çıkıntı yapmak, sarkmak
**überhängen**[2] VT ⟨-ge-, h.⟩ sırtına/omuzuna almak (Tasche etc)
**überhäufen** VT ⟨ohne -ge-, h.⟩: **~ mit** Arbeit, Geschenke -e boğmak; ... yağdırmak
**überhaupt** ADV hiç; (sowieso, eigentlich) zaten, aslında; **~ nicht(s)** hiç(bir şey) değil
**überheblich** ADJ kibirli, kendini beğenmiş **&keit** F ⟨-; ohne pl⟩ kibir, kendini beğenmişlik, küstahlık
**überhitzen** VT ⟨ohne -ge-, h.⟩ aşırı ısıtmak/kızdırmak
**überhitzt** ADJ kız(ış)mış; fig fazla ateşli
**überhöht** ADJ aşırı, fazla yüksek
**überholen** VT ⟨ohne -ge-, h.⟩ (yetişip) geçmek; AUTO a. sollamak; TECH -i revizyondan geçirmek
**Überholmanöver** N AUTO sollama
**Überholspur** F sollama şeridi
**überholt** ADJ eski(miş), köhne
**Überholung** F ⟨-; -en⟩ TECH revizyon
**Überholverbot** N sollama yasağı
**überhören** VT ⟨ohne -ge-, h.⟩ işitmemek, duymamak; absichtlich duymazdan gelmek
**überirdisch** ADJ doğaüstü
**Überkapazität** F kapasite fazlası
**überkleben** VT ⟨ohne -ge-, h.⟩: **etw ~** -in üstünü (bş yapıştırarak) kapatmak
**überkochen** VI ⟨-ge-, s.⟩ taşmak (kaynarken)
**überkommen** VT ⟨irr, ohne -ge-, h.⟩: **j-n überkam etw** b-nin içini bş sardı/aldı (korku vs)
**überkonfessionell** ADJ mezheplerüstü
**überkronen** VT ⟨ohne -ge-, h.⟩ MED -in üstüne kuron geçirmek
**überladen**[1] VT ⟨irr, ohne -ge-, h.⟩ a. ELEK -i aşırı yüklemek
**überladen**[2] ADJ aşırı yüklü; mit Schmuck fazla süslü
**überlagern** ⟨ohne -ge-, h.⟩ **A** VT -in

**üstünü kaplamak/örtmek** B V/R: **sich ~ örtüşmek**; (*übereinstimmen*) çakışmak
**Überlandbus** M şehirlerarası otobüs
**Überlänge** F normali aşan uzunluk
**überlappend** ADJ üst üste binen, çakışan
**überlassen** V/T ⟨*irr, ohne -ge-, h.*⟩: **j-m etw ~** bş-i b-ne bırakmak/terketmek; **j-n sich selbst (s-m Schicksal) ~** b-ni kendi başına (kaderiyle başbaşa) bırakmak
**überlasten** V/T ⟨*ohne -ge-, h.*⟩ a. ELEK, TECH aşırı yüklemek; *fig* fazla zorlamak
**überlastet** ADJ aşırı yüklü
**Überlastung** F ⟨-; -en⟩ a. ELEK TECH aşırı yükle(n)me
**überlaufen**[1] V/I ⟨*irr, -ge-, s.*⟩ taşmak; POL (**zu** -*e*) geçmek; MIL -*in* tarafına geçmek
**überlaufen**[2] A V/I ⟨*irr, ohne -ge-, h.*⟩: **Angst überlief mich** içimi korku sardı B V/UNPERS: **es überlief mich heiß und kalt** tüylerim diken diken oldu
**überlaufen**[3] ADJ çok kalabalık
**Überläufer** M POL karşı tarafa kaçan; MIL kaçak
**überleben** ⟨*ohne -ge-, h.*⟩ A V/I sağ/hayatta kalmak B V/T -*den* uzun yaşamak; *fig* -*den* sağ çıkmak
**Überlebende** M, F ⟨-n; -n⟩ kurtulan, sağ kalan
**Überlebenschance** F sağ kalma ihtimali
**überlebensgroß** ADJ gerçek boyundan büyük
**überlegen**[1] V/T u. V/I ⟨*ohne -ge-, h.*⟩ (... *hakkında*) düşünmek; (-*i*) düşünüp taşınmak; **lassen Sie mich ~** bir düşüneyim; **ich habe es mir (anders) überlegt** fikrimi değiştirdim
**überlegen**[2] ADJ (*dat* -*den*) (**an** *dat* -*de*) üstün
**Überlegenheit** F ⟨-; *ohne pl*⟩ üstünlük
**überlegt** ADJ iyi düşünülmüş
**Überlegung** F ⟨-; -en⟩ düşünme, düşünüp taşınma; (*Gedanke*) düşünce; **~en anstellen** düşüncelere varmak
**überleit|en** V/I ⟨-ge-, h.⟩ (**zu** -*e*) götürmek, geçişi sağlamak (*konuya vs*) **♀ung** F ⟨-; -en⟩ geçiş
**überliefern** V/T ⟨*ohne -ge-, h.*⟩ nakletmek, anlatmak
**überliefert** ADJ geleneksel, söylenegelmiş
**Überlieferung** F ⟨-; -en⟩ (*Brauch*) gelenek; (*Sage*) rivayet
**überlisten** V/T ⟨*ohne -ge-, h.*⟩ aldatmak, *umg* faka bastırmak
**Übermacht** F ⟨-; *ohne pl*⟩ üstünlük, ezici güç; **in der ~ sein** güç bakımından üstün olmak
**übermächtig** ADJ güç bakımından üstün; *fig Gefühl etc* karşı konmaz
**übermalen** V/T ⟨*ohne -ge-, h.*⟩ -*in* üstünü (*boyayarak od resim yaparak*) kapamak
**Über|maß** N ⟨-es⟩ (**an** *dat* -*de*) aşırılık, fazlalık **♀mäßig** ADJ aşırı, ölçüsüz
**Übermensch** M üstün insan
**übermenschlich** ADJ insanüstü
**übermittel|n** V/T ⟨*ohne -ge-, h.*⟩ iletmek **♀ung** F ⟨-; -en⟩ gönderme, iletme
**übermorgen** ADV öbürgün; yarından sonra
**übermüd|et** ADJ bitkin, aşırı yorgun **♀ung** F ⟨-; -en⟩ bitkinlik, aşırı yorgunluk
**Übermut** M ⟨-s; *ohne pl*⟩ taşkınlık
**übermütig** ADJ taşkın; **~ sein** kendine fazla güvenmek
**übernächst** ADJ öbür; **~e Woche** bir sonraki hafta
**übernachten** V/I ⟨*ohne -ge-, h.*⟩ gecelemek, geceyi geçirmek
**übernächtigt** ADJ uykusuz (kalmış)
**Übernachtung** F ⟨-; -en⟩ geceleme; **~ und Frühstück** yatak ve kahvaltı
**Übernachtungsmöglichkeit** F geceleyecek yer
**Übernahme** F ⟨-; -n⟩ kabul etme; kendi üzerine alma/geçirme; WIRTSCH devralma; POL ele geçirme (*yönetimi*) **~angebot** N WIRTSCH devralma teklifi
**übernational** ADJ uluslarüstü
**übernatürlich** ADJ doğaüstü
**übernehmen** A V/T ⟨*irr, ohne -ge-, h.*⟩ devralmak; *Idee, Brauch, Namen* benimsemek; *Führung, Kosten, Risiko, Verantwortung* almak, üstlenmek B V/R: **sich ~** kaldıramayacağı yükün altına girmek
**überordnen** V/T ⟨-ge-, h.⟩ (*akk* -*i*, *dat* -*den*) üstün tutmak
**überparteilich** ADJ partilerüstü
**Überproduktion** F WIRTSCH aşırı

üretim

**überprüf|en** v/t ⟨ohne -ge-, h.⟩ gözden geçirmek, kontrol etmek, incelemek; *bes* POL araştırmak **⟲ung** F ⟨-; -en⟩ kontrol, inceleme; araştırma

**überquellen** v/i ⟨irr, -ge-, s.⟩ (**über** -den dışarıya) taşmak

**überqueren** v/t ⟨ohne -ge-, h.⟩ aşmak, -in karşı tarafına geçmek

**überragen** v/t ⟨ohne -ge-, h.⟩ -den daha yüksek olmak

**überragend** ADJ üstün, göze çarpan, göz alıcı

**überraschen** v/t ⟨ohne -ge-, h.⟩ şaşırtmak, -e sürpriz yapmak; **j-n bei etw ~** b-ni bş-de yakalamak

**überraschend** ADJ sürpriz

**Überraschung** F ⟨-; -en⟩ sürpriz

**Überraschungs|moment** N sürpriz unsuru **~sieg** M sürpriz zafer

**überreagieren** v/i ⟨ohne -ge-, h.⟩ -e aşırı tepki göstermek

**überred|en** v/t ⟨ohne -ge-, h.⟩: **j-n zu etw ~** b-ni bş-e ikna etmek **⟲ung** F ⟨-; ohne pl⟩ ikna **⟲ungskunst** F ikna kabiliyeti

**überregional** ADJ *Presse etc* bölgelerüstü

**überreich** ADJ: **~ sein an ...** bakımından olağanüstü zengin olmak

**überreich|en** v/t ⟨ohne -ge-, h.⟩ sunmak, takdim etmek **⟲ung** F ⟨-; ohne pl⟩ takdim, sun(ul)ma

**überreif** ADJ fazlasıyla olgun

**überreizt** ADJ aşırı heyecanlı; (*nervös*) çok sinirli, gergin

**Überrest** M artık, kalıntı

**Überrollbügel** M AUTO (takla) koruma kafesi, rol bar

**überrollen** v/t ⟨ohne -ge-, h.⟩ ezip geçmek

**überrumpeln** v/t ⟨ohne -ge-, h.⟩ (*überraschen*) gafil avlamak; (*überstimmen*) bastırmak, susturmak

**übersät** ADJ: **~ mit** ile kaplı, üstüne ... serpiştirilmiş

**übersättig|en** v/t ⟨ohne -ge-, h.⟩ WIRTSCH *Markt* aşırı doyurmak **⟲ung** F ⟨-; ohne pl⟩ WIRTSCH, CHEM aşırı doygunluk

**übersäuer|n** v/t ⟨ohne -ge-, h.⟩ MED fazla ekşitmek **⟲ung** F ⟨-; ohne pl⟩ MED asit fazlası

**Überschall|geschwindigkeit** F FLUG süpersonik hız; **mit ~ fliegen** sesten hızlı uçmak **~knall** M süpersonik ses patlaması

**überschatten** v/t ⟨ohne -ge-, h.⟩ *fig* -e gölge düşürmek

**überschätzen** v/t ⟨ohne -ge-, h.⟩ -e fazla değer vermek; bş-i (gözünde) fazla büyütmek, fazla önemsemek

**überschaubar** ADJ (*übersichtlich*) derli toplu, göze gelir; (*abschätzbar*) kestirilebilir

**überschneiden** v/r ⟨irr, ohne -ge-, h.⟩: **sich ~** çakışmak, üst üste gelmek; *Linien* kesişmek

**überschreiben** v/t ⟨irr, ohne -ge-, h.⟩ *Besitz* temlik etmek, devretmek

**überschreiten** v/t ⟨irr, ohne -ge-, h.⟩ -den geçmek; *fig* aşmak

**Überschrift** F başlık; *Schlagzeile* manşet

**Über|schuss** M ⟨-es; ⸚e⟩ (**an** *dat* -de) fazlalık **⟲schüssig** ADJ arta kalan, kullanılmamış **~schussproduktion** F WIRTSCH üretim fazlası

**überschütten** v/t ⟨ohne -ge-, h.⟩: **j-n ~ mit** b-ne ... yağdırmak

**Über|schwang** M ⟨-s; ohne pl⟩ duygu taşkınlığı **⟲schwänglich** ADJ aşırı duygusal/coşkulu

**überschwemm|en** v/t ⟨ohne -ge-, h.⟩ su basmak; WIRTSCH **den Markt mit etw ~** piyasayı bş-e boğmak **⟲ung** F ⟨-; -en⟩ sel/taşkın (felaketi); WIRTSCH aşırı arz, bş-e boğulma

**Übersee: in (nach) ~** denizaşırı ülkelerde (ülkelere) **~handel** M denizaşırı ticaret **⟲isch** ADJ denizaşırı

**übersehbar** ADJ → überschaubar

**übersehen** v/t ⟨irr, ohne -ge-, h.⟩ gözden kaçırmak; (*ignorieren*) gözardı etmek; (*überblicken*) -in tamamını/sonunu görebilmek; (*abschätzen*) kestirebilmek

**übersetzen¹** ⟨-ge-⟩ **A** v/i ⟨h. od s.⟩ karşı kıyıya geçmek **B** v/t ⟨h.⟩ karşı kıyıya geçirmek

**übersetzen²** ⟨ohne -ge-, h.⟩ **A** v/t (**aus** -*den*; **in** *akk* -*e*) çevirmek; tercüme etmek **B** v/i çeviri/tercüme yapmak

**Übersetzer** M ⟨-s; -⟩, **-in** F ⟨-; -nen⟩ çevirmen, tercüman

## ÜBER

**Übersetzung** F ⟨-; -en⟩ (aus -den, in -e) çeviri, tercüme; TECH aktarma (oranı)
**Übersetzungs|büro** N çeviri bürosu **~fehler** M çeviri/tercüme hatası **~programm** N, **~software** F IT çeviri yazılımı/programı
**Übersicht** F ⟨-; -en⟩ genel/toplu bakış; özet **♀lich** ADJ açık, belirgin, derlitoplu **~lichkeit** F ⟨-; ohne pl⟩ derlitopluluk, belirginlik
**Übersichtskarte** F genel harita
**übersiedeln** VI ⟨-ge-, s.⟩ (nach -e) göçmek, yerleşmek
**Übersied|ler** M ⟨-s; -⟩, **-in** F ⟨-; -nen⟩ göçmen **~lung** F ⟨-; -en⟩ göçme, taşınma
**übersinnlich** ADJ doğaüstü, deneyüstü
**überspannen** VT ⟨ohne -ge-, h.⟩ ARCH üstünü örtmek; fig abartmak
**überspannt** ADJ abartılı; (verrückt) kaçık, delibozuk **♀heit** F ⟨-; -en⟩ abartma; kaçıklık
**überspielen** VT ⟨ohne -ge-, h.⟩ kayıt etmek, almak, çekmek (banda vs); fig sezdirmemek, gizlemek
**überspitzt** ADJ abartılı
**überspringen¹** VI ⟨irr, -ge-, s.⟩ ELEK sıçramak
**überspringen²** VT ⟨irr, ohne -ge-, h.⟩ -in üstünden atlamak; (auslassen) geçmek, atlamak
**überstaatlich** ADJ devletlerüstü
**überstehen¹** VT ⟨irr, ohne -ge-, h.⟩ geçirmek, atlatmak; -den sağ kurtulmak; **das Schlimmste ist überstanden** en kötüsünü atlattık
**überstehen²** VI ⟨irr, -ge-, h.⟩ çıkıntı yapmak
**übersteigen** VT ⟨irr, ohne -ge-, h.⟩ aşmak, -in üstüne çıkmak
**übersteuern** VT ⟨ohne -ge-, h.⟩ AUTO savurtmak
**überstimmen** VT ⟨ohne -ge-, h.⟩ oy çokluğu ile yenmek; fig susturmak
**überstrahlen** VT ⟨ohne -ge-, h.⟩ aydınlatmak; fig gölgede bırakmak
**überstreichen** VT ⟨irr, -ge-, h.⟩: **mit Farbe ~** -in üstüne boya sürmek
**überstreifen** VT ⟨-ge-, h.⟩ sırtına geçirmek
**Überstunden** PL fazla mesai sg; **~ machen** fazla mesai yapmak **~zuschlag** M fazla mesai zammı
**überstürzen** ⟨ohne -ge-, h.⟩ **A** VT aceleye getirmek **B** V/R: **sich ~** Ereignisse birbirini kovalamak
**überstürzt** ADJ düşünmeden, aceleyle aşan
**übertariflich** ADJ standart sözleşmeyi aşan
**überteuert** ADJ aşırı pahalı
**übertönen** VT ⟨ohne -ge-, h.⟩ bastırmak (sesiyle)
**Übertrag** M ⟨-s; ⸚e⟩ WIRTSCH hesap aktarımı; aktarılacak yekûn
**übertragbar** ADJ (auf akk -e) devredilebilir; MED bulaşıcı; **nicht ~** devredilmez
**übertragen** ⟨irr, ohne -ge-, h.⟩ **A** VT (senden) yayınlamak; TECH, Bedeutung, Anwendung (auf akk -e) aktarmak; Krankheit bulaştırmak; Blut, Organ nakletmek; JUR, WIRTSCH (auf akk -e) devretmek, temlik etmek; **im ~en Sinne** mecazi olarak **B** V/R: **sich ~ auf -e** uygulanabilmek, aktarılabilmek; MED -e geçmek, bulaşmak
**Übertragung** F ⟨-; -en⟩ Rundfunk, TV yayın; TECH, Anwendung aktarma, aktarım, nakil; JUR devir, temlik; MED bulaş(tır)ma
**Übertragungsfehler** M IT aktarım hatası
**übertreffen** VT ⟨irr, ohne -ge-, h.⟩ (an dat, in dat -de) aşmak, -e üstün gelmek
**übertreib|en** VT & VI ⟨irr, ohne -ge-, h.⟩ abartmak, büyütmek; Tätigkeit aşırıya kaçmak **♀ung** F ⟨-; -en⟩ abartma, büyütme, aşırılık
**übertreten¹** VI ⟨irr, -ge-, s.⟩ POL etc karşı tarafa geçmek; REL (zu -e) ... olmak (din değiştirerek)
**übertreten²** VT ⟨irr, ohne -ge-, h.⟩ Gesetz -e karşı gelmek
**Übertretung** F ⟨-; -en⟩ ihlal, çiğneme
**übertrieben** ADJ abartılı
**Übertritt** M ⟨-s; -e⟩ POL etc karşı tarafa geçme; REL din değiştirme; **~ zum Islam** İslam dinine geçme
**übertrumpfen** VT ⟨ohne -ge-, h.⟩ fig -e üstün gelmek
**übertünchen** VT ⟨ohne -ge-, h.⟩ badana etmek
**übervölkert** ADJ aşırı yoğun nüfuslu
**übervorteilen** VT ⟨ohne ge- h.⟩ aldatmak, umg kazıklamak (alışverişte, sözleşmede)

# ÜBER | 954

**überwach|en** VT ⟨ohne -ge-, h.⟩ gözetmek, denetlemek; *Polizei* gözetim altında tutmak; MED abluka altında tutmak **2ung** F ⟨-; -en⟩ gözetim, denetim; gözlem
**überwältigen** VT ⟨ohne -ge-, h.⟩ yenmek, altetmek; **überwältigt sein von** *-den* çok etkilenmek
**überweis|en** VT ⟨irr, ohne -ge-, h.⟩ *Geld* (**auf ein Konto** bir hesaba; **j-m**, an **j-n** b-ne) havale etmek; *Patienten* (an *akk -e*) sevketmek **2ung** F ⟨-; -en⟩ *Geld* havale; (*Weiterleiten*) sevk **2ungsformular** N havale formu **2ungsschein** M MED sevk kağıdı
**überwerfen¹** VT ⟨irr, ohne -ge-, h.⟩ giyivermek, sırtına atmak
**überwerfen²** VR ⟨irr, ohne -ge-, h.⟩: **sich ~ (mit *-le*)** bozuşmak
**überwiegen** VI ⟨irr, ohne -ge-, h.⟩ ağır basmak
**überwiegend** A ADJ ağır basan; *Mehrheit* büyük B ADV daha çok, ağırlıklı olarak
**überwind|en** ⟨irr, ohne -ge-, h.⟩ A VT *Angst, Krankheit etc* yenmek B VR: **sich ~** duygularını bastırmak, kendini zorlamak; **sich ~, etw zu tun** kendini bş-i yapmaya zorlamak **2ung** F ⟨-; ohne *pl*⟩ aşma, yenme; (*Selbst2*) zorlanma; **es kostete mich ~** kendimi zorlamam gerekti
**überwintern** VI ⟨ohne -ge-, h.⟩ kışı geçirmek, kışlamak
**überwuchern** VT ⟨ohne -ge-, h.⟩ kaplamak (*bitki*)
**Überzahl** F ⟨-; ohne *pl*⟩: **in der ~ sein** çoğunlukta olmak, sayıca üstün olmak
**überzählig** ADJ (ihtiyaçtan) fazla
**überzeichnen** VT ⟨ohne -ge-, h.⟩ WIRTSCH fazla taahhüt etmek; abartarak canlandırmak/anlatmak
**überzeugen** ⟨ohne -ge-, h.⟩ A ADJ (**j-n von** b-ni *-e*) ikna etmek, inandırmak B VR: **sich ~ von** (, **dass**) (*-diğinden*) emin olmak; **sich selbst ~** bizzat görüp kanaat getirmek
**überzeugend** ADJ ikna edici; **wenig ~** pek ikna edici değil
**überzeugt** ADJ kani, ikna olmuş; *fest* inançlı; **~ sein** *a.* emin olmak
**Überzeugung** F ⟨-; -en⟩ kanaat, kanı; (*Glauben*) inanç; **der ~ sein, dass** *-diği* 

kanısında olmak; **zu der ~ gelangen, dass** *-diği* kanaatine varmak
**Überzeugungskraft** F ikna gücü
**überziehen¹** VT ⟨irr, -ge-, h.⟩ *-in* üzerine geçirmek
**überziehen²** VT ⟨ohne -ge-, h.⟩ *Konto* açığa çekmek, *-in* limitini aşmak
**Überziehung** F ⟨-; -en⟩ *Konto* açığa çekme, depasman **~skredit** M açık kredi, depasman kredisi
**Überzug** M kılıf
**üblich** ADJ alışılmış, alışılagelen; **es ist ~** âdet böyledir; **wie ~** alışılageldiği üzere, her zamanki gibi
**U-Boot** N denizaltı (*gemisi*)
**übrig** ADJ geri kalan; **~ haben** elinde fazla olmak; **~ sein** geri kalmak, artmak; **~ bleiben** (arta) kalmak; **es bleibt mir nichts anderes ~ (als zu)** bana (*-mek*ten) başka bir şey kalmıyor; **~ lassen** artık bırakmak, hepsini tüketmemek; **viel zu wünschen ~ lassen** çok eksiği var/olmak; **nichts zu wünschen ~ lassen** hiç eksiği yok/olmamak; **das** (*od* **alles**) **Übrige** geri kalan (her şey); **die Übrigen** *pl* gerisi *sg*, ötekiler, diğerleri
**übrigens** ADV ayrıca, bundan başka; sırası/aklıma gelmişken; *umg* şey …
**Übung** F ⟨-; -en⟩ alıştırma, egzersiz; *körperlich a.* idman; (*Erfahrung*) pratik, deneyim/tecrübe; **in ~** idmanlı; **aus der ~** idmansız
**Übungs|buch** N alıştırma kitabı **~sache** F pratik/tecrübe meselesi
**Ufer** N ⟨-s; -⟩ sahil, kıyı; **ans ~** kıyıya; **über die ~ treten** (*yatağından*) taşmak
**uferlos** ADJ uçsuz bucaksız, **ins 2e gehen** *-in* sonu gelmemek
**Uferpromenade** F kordon boyu; (*Spaziergang*) kıyıda gezinti
**Uferstraße** F sahil yolu
**UFO** ['u:fo] N ⟨-s; -s⟩ ufo (*uçan daire*)
**Uhr** [u:e] F ⟨-; -en⟩ saat; **nach meiner ~** benim saatime göre; **wie viel ~ ist es?** saat kaç?; **um vier ~** saat dörtte; **rund um die ~** geöffnet 24 saat açık
**Uhr|armband** N saat kayışı **~macher** M saatçi **~werk** N saat mekanizması **~zeiger** M saat ibresi **~zeigersinn** M: **im ~** saat yönünde, *umg* sağa doğru; **entgegen dem ~** saatin tersi yönünde; *umg* sola doğru **~zeit** F saat (*ayarı*)

**Uhu** ['u:hu] M ⟨-s; -s⟩ puhu (kuşu)
**Ukrain|e** F Ukrayna **~er** M ⟨-s; -⟩, **-in** F ⟨-; -nen⟩ Ukraynalı **2isch** ADJ Ukrayna(lı) subst
**UKW** [u:ka:'ve:] çok kısa dalga, a. FM; **auf ~** a. FM'de(n), FM kanalında(n)
**Ulme** F ⟨-; -n⟩ BOT karaağaç
**Ultimatum** N ⟨-s; Ultimaten⟩ ültimatom; **j-m ein ~ stellen** b-ne ültimatom vermek
**Ultra** M ⟨-s; -s⟩ POL aşırı, köktenci
**Ultrakurzwelle** F ELEK, RADIO çok kısa dalga
**ultrarot** ADJ enfraruj, kızılötesi
**Ultraschall** M MED ultrason **~aufnahme** F MED ultrasonografi; **~ machen** -in ultrasonografisini çekmek **~gerät** N MED ultrason cihazı **~untersuchung** F MED ultrasonografi
**ultraviolett** ADJ ültraviyole, morötesi
**um** A PRÄP ⟨akk⟩ çevresinde, etrafında; **~ den Baum (herum)** ağacın etrafında; **~ die Ecke** köşeyi dönünce; (bezüglich) **es steht schlecht ~ ihn** onun durumu kötü; **schade ~ sie!** ona yazık!; **~ j-s willen** (b-nin) aşkına, uğruna, için B ADV zeitlich **~ fünf (Uhr saat)** beşte; **~ Ostern (herum)** Paskalya sıralarında; **~ 10 % billiger** % 10 (oranında) daha ucuz; (ungefähr) **es kostet um 50 Euro (herum)** fiyatı 50 avro kadar C ADJ vorbei geçmiş, bitmiş; **die Zeit ist ~** süre doldu D KONJ: **~ zu** -mek için
**umadressieren** V/T ⟨ohne -ge-, h.⟩ -in adresini değiştirmek
**umarbeiten** V/T ⟨-ge-, h.⟩ düzeltmek, değiştirmek
**Umarbeitung** F ⟨-; -en⟩ düzeltme, değişiklik
**umarm|en** A V/T ⟨ohne -ge-, h.⟩ kucaklamak, -e sarılmak B V/R: **sich ~** kucaklaşmak, sarılmak **2ung** F ⟨-; -en⟩ kucaklaşma, sarılma
**Umbau** M ⟨-s; -e, -ten⟩ ARCH tadilat; THEAT sahne değişikliği
**umbauen** A V/I ⟨-ge-, h.⟩ değişiklik yapmak (binada, sahnede) B V/T **~ (zu)** değiştirip ... haline getirmek
**umbenennen** V/T ⟨irr, ohne -ge-, h.⟩ -in adını değiştirmek
**umbesetzen** V/T ⟨ohne -ge-, h.⟩: **e-e Stelle (Rolle) ~** bir kadroyu (rolü) başkasına vermek
**umbiegen** V/T ⟨irr, -ge-, h.⟩ bükmek, kıvırmak
**umbilden** V/T ⟨-ge-, h.⟩ yeniden kurmak (hükümet vs)
**umblättern** V/T ⟨-ge-, h.⟩ sayfayı (od sayfaları) çevirmek
**umbrechen** V/T A ⟨irr, -ge-, h.⟩ Ast büküp kırmak B ⟨irr, ohne -ge-, h.⟩ Text mizanpaj yapmak
**umbringen** ⟨irr, -ge-, h.⟩ A V/T öldürmek B V/R: **sich ~** intihar etmek; umg **sich (fast) ~ für** (od **wegen**) için deli divane olmak
**Umbruch** M ⟨-s; ⸚e⟩ dönüşüm, devrim; TYPO mizanpaj
**umbuch|en** ⟨-ge-, h.⟩ V/T değiştirmek (kaydı, rezervasyonu vs) **2ung** F ⟨-; -en⟩ kayıt/rezervasyon değişikliği
**umdenken** V/I ⟨irr, -ge-, h.⟩ düşünüşünü (od umg kafasını) değiştirmek
**Umdenken** N ⟨-s; ohne pl⟩ zihniyet değişikliği
**umdisponieren** V/I ⟨ohne -ge-, h.⟩ planı değiştirmek, umg yeniden ayarlamak
**umdrehen** ⟨-ge-, h.⟩ A V/T çevirmek, döndürmek B V/R: **sich ~** dönmek; **sich nach j-m ~** dönüp b-ne bakmak
**Umdrehung** F ⟨-; -en⟩ dönme; PHYS, TECH devir
**umeinander** ADV birbiri etrafında; **sich ~ kümmern** birbiriyle ilgilenmek
**Umerziehung** F ⟨-; ohne pl⟩ eğitme, düzeltme (zorla)
**umfahren¹** V/T ⟨irr, -ge-, h.⟩ arabayla devirmek (od çiğnemek)
**umfahren²** V/T ⟨irr, ohne -ge-, h.⟩ -in etrafını dolaşmak (arabayla)
**umfallen** V/I ⟨irr, -ge-, s.⟩ yere düşmek, devrilmek; (zusammenbrechen) çökmek, yıkılmak; **zum Umfallen müde** yorgunluktan yıkılacak halde
**Umfang** M ⟨-s; ⸚e⟩ çevre, çember; (Ausmaß) ölçü, boyut, kapsam; **in großem ~** büyük ölçüde
**umfangreich** ADJ (geniş) kapsamlı; (massig) (geniş) hacimli
**umfassen** V/T ⟨ohne -ge-, h.⟩ fig kapsamak; (enthalten) içermek
**umfassend** ADJ (geniş) kapsamlı; (vollständig) tam, eksiksiz
**Umfeld** N ⟨-s; -er⟩ çevre, ortam

**umformen** _VT_ ⟨-ge-, h.⟩ ELEK doğrultmak

**Umformer** _M_ ⟨-s; -⟩ ELEK doğrultucu, redresör

**Umfrage** _F_ ⟨-; -n⟩ (Meinungs≌) anket, soruşturma

**umfüllen** _VT_ ⟨-ge-, h.⟩ aktarmak, başka kaba doldurmak

**umfunktionieren** _VT_ ⟨ohne -ge-, h.⟩: **etw ~ in** bş-i ... haline getirmek (işlevini değiştirerek)

**Umgang** _M_ ⟨-s; ohne pl⟩ ilişki; kullanma, haşir neşir olma; **~ haben mit j-m** b-le görüşüyor olmak; **guten (schlechten) ~ haben** -in iyi (kötü) arkadaşları var/olmak; **beim ~ mit** -i kullanırken

**umgänglich** _ADJ_ geçimli, cana yakın

**Umgangs|formen** _PL_ görgü kuralları **~sprache** _F_ gündelik dil, konuşma dili; **die türkische ~** gündelik Türkçe **≌sprachlich** _ADJ_ gündelik dildeki

**umgarnen** _VT_ ⟨ohne -ge-, h.⟩ -e çok güleryüzlü davranmak

**umgeben**¹ ⟨irr, ohne -ge-, h.⟩ **A** _VT_ **(mit -le)** -in etrafını/çevresini sarmak **B** _V/r_ **sich ~ mit** -i etrafına toplamak

**umgeben**² _ADJ_ **(von -le)** çevrili

**Umgebung** _F_ ⟨-; -en⟩ çevre (Milieu) ortam, muhit

**umgehen**¹ _VI_ ⟨irr, -ge-, s.⟩: **gut ~ können mit j-m** -e nasıl davranılacağını iyi bilmek; _etw_ -in nasıl kullanılacağını iyi bilmek

**umgehen**² _VT_ ⟨irr, ohne -ge-, h.⟩ fig -den kaçınmak/sakınmak, _umg_ -e yan çizmek

**umgehend** _ADJ_ derhal, hemen

**Umgehung** _F_ ⟨-; ohne pl⟩ -den kaçınma; JUR kanun boşluklarından faydalanma

**Umgehungsstraße** _F_ çevre yolu

**umgekehrt** **A** _ADJ_ ters; **im ~en Falle** (bunun) tersi durumda; **in ~er Reihenfolge** sondan başa doğru **B** _ADV_ -in tersine

**umgestalten** _VT_ ⟨ohne -ge-, h.⟩ TECH yeniden düzenlemek

**umgraben** _VT_ ⟨irr, -ge-, h.⟩ (kazarak) -in altını üstüne getirmek

**umgrenzen** _VT_ ⟨ohne -ge-, h.⟩ çevrelemek, -in sınırlarını çizmek

**umgruppieren** _VT_ ⟨ohne -ge-, h.⟩ yeniden gruplandırmak

**Umgruppierung** _F_ ⟨-; -en⟩ yeni gruplandırma

**Umhang** _M_ ⟨-s; ⸚e⟩ atkı, pelerin

**umhängen** _VT_ ⟨-ge-, h.⟩ -in yerini değiştirmek (asılı bş-in); **sich** (dat) **etw ~** (kendi) sırtına geçirmek, boynuna/omuzuna asmak

**Umhängetasche** _F_ omuz çantası

**umhauen** _VT_ ⟨irr, -ge-, h.⟩ devirmek (baltayla vs); umg **j-n ~** b-ni mahvetmek, yere sermek

**umher** _ADV_ çepetraf, fırdolayı, oraya buraya

**umhinkönnen** _VI_ ⟨irr, -ge-, h.⟩: **nicht ~** -meden edememek

**umhören** _V/R_ ⟨ohne -ge-, h.⟩: **sich ~** sorup soruşturmak

**umhüll|en** _VT_ ⟨ohne -ge-, h.⟩ **(mit -e)** sarmak **≌ung** _F_ ⟨-; -en⟩ ambalaj, örtü, kılıf

**umkehr|en** ⟨-ge-⟩ **A** _VI_ ⟨s.⟩ geri dönmek **B** _VT_ ⟨h.⟩ Reihenfolge ters(ine) çevirmek **≌ung** _F_ ⟨-; -en⟩ ters(ine) çevirme

**umkippen** ⟨-ge-⟩ **A** _VT_ ⟨h.⟩ (umstoßen) devirmek **B** _VI_ ⟨s.⟩ devrilmek; umg (ohnmächtig werden) bayılmak; Gewässer -in tabii dengesi bozulmak

**umklammern** _VT_ ⟨ohne -ge-, h.⟩ -e sıkı sıkı sarılmak

**umklappen** _VT_ ⟨-ge-, h.⟩ çevirmek (kapak gibi)

**Umkleidekabine** _F_ Geschäft, Schwimmbad kabin

**umkleiden** _V/R_ ⟨-ge-, h.⟩: **sich ~** elbise değiştirmek

**Umkleideraum** _M_ SPORT soyunma odası

**umknicken** _VI_ ⟨-ge-, s.⟩: **(mit dem Fuß) ~** -in ayağı burkulmak

**umkommen** _VI_ ⟨irr, -ge-, s.⟩ ölmek; umg **~ vor** (dat) -den ölüyor olmak, öleyazmak

**Umkreis** _M_ ⟨-es⟩: **im ~ von** çapında

**umkreisen** _VT_ ⟨ohne -ge-, h.⟩ ASTRON -in çevresinde dönmek

**Umland** _N_ ⟨-s; ohne pl⟩ (yakın) çevre, -in yakınları

**Umlauf** _M_ ⟨-s; ⸚e⟩ dönme, dolaşım; PHYS, TECH devir; (Schreiben) sirküler; **in ~ sein** tedavülde olmak; **in ~ bringen** tedavüle çıkarmak

**Umlaufbahn** F yörünge
**umlaufen** VI ⟨irr, -ge-, s.⟩ -i dolaşmak, -in etrafını dolaşmak
**Umlaufkapital** N WIRTSCH döner sermaye
**Umlaut** M ⟨-s; -e⟩ Almanca'da ä, ö, ü, äu sesleri/harfleri
**umlegen** VT ⟨-ge-, h.⟩ Kosten (auf akk arasında) dağıtmak, bölmek; Hebel -in konumunu değiştirmek; sl (töten) gebertmek
**umleit|en** VT ⟨-ge-, h.⟩ çevirmek, aktarmak **₂ung** F ⟨-; -en⟩ aktarma (yolu), varyant **₂ungsschild** N aktarma levhası
**umlernen** VI ⟨-ge-, h.⟩ yeni bir meslek öğrenmek; düşünüşünü değiştirmek
**umliegend** ADJ çevredeki, etraftaki
**ummelden** VT ⟨-ge-, h.⟩: **sich ~** oturum kaydını değiştirmek
**ummodeln** VT ⟨-ge-, h.⟩ dönüştürmek
**umorganisieren** VT ⟨ohne -ge-, h.⟩ yeniden düzenlemek
**umpacken** VT ⟨-ge-, h.⟩ yeniden paketlemek
**umpflanzen** VT ⟨-ge-, h.⟩ şaşırtmak (bitki)
**umquartieren** VT ⟨ohne -ge-, h.⟩ başka yere yerleştirmek (geceleme için)
**umrand|en** VT ⟨ohne -ge-, h.⟩ pervazlamak, kenarlamak **₂ung** F ⟨-; -en⟩ pervaz, kenar
**umräumen** VT ⟨-ge-, h.⟩ Zimmer yeniden yerleştirmek; Sachen -in yer(ler)ini değiştirmek
**umrechn|en** VT ⟨-ge-, h.⟩ (in akk akk) çevirmek (başka bir birime) **₂ung** F ⟨-; -en⟩ çevirme **₂ungskurs** M döviz kuru
**umreißen** VT ⟨irr, -ge-, h.⟩ devirmek, yere sermek
**umringen** VT ⟨ohne -ge-, h.⟩ sarmak, ortaya almak
**Umriss** M ⟨-es; -e⟩ çevre çizgisi, kontur; fig taslak
**umrühren** VT ⟨-ge-, h.⟩ karıştırmak, çırpmak
**umrüsten** VT ⟨-ge-, h.⟩ TECH (auf akk -e) yeniden donatmak
**Umsatz** M ⟨-es; ⸚e⟩ WIRTSCH sermaye devri, iş hacmi; (Absatz) a. satışlar pl **~beteiligung** F satıştan hisse (personel için) **~rückgang** M satışlarda gerileme/azalma **~steigerung** F satışları arttırma; devir miktarında artış **~steuer** F satış vergisi
**umschalten** VT u. VI ⟨-ge-, h.⟩ şalteri/vitesi değiştirmek; **~ auf** (akk) TECH -e takmak, almak, getirmek; fig yeni bir duruma uymak
**Umschalttaste** F büyük harf tuşu
**umschichten** VT ⟨-ge-, h.⟩ yeniden istiflemek; fig yeniden yapılandırmak
**Umschichtung** F ⟨-; -en⟩: **soziale ~** toplumda yapısal değişim
**Umschlag** M ⟨-s; ⸚e⟩ (Brief₂) zarf; (Hülle) kılıf; (Buch₂) ceket, şömiz; an der Hose duble; MED kompres; WIRTSCH aktarma; fig (ani) değişim, dönme
**umschlagen** ⟨irr, -ge-⟩ **A** VT ⟨h.⟩ Baum kesmek; Ärmel, Kragen kıvırmak; WIRTSCH aktarmak **B** VI ⟨s.⟩ Boot alabora olmak; fig aniden değişmek/dönmek
**Umschlag|hafen** M aktarma limanı **~platz** M SCHIFF aktarma yeri
**umschließen** VT ⟨irr, ohne -ge-, h.⟩ kuşatmak, sarmak; kucaklamak
**umschnallen** VT ⟨-ge-, h.⟩ kuşanmak
**umschreiben¹** VT ⟨irr, -ge-, h.⟩ başka yazıya çevirmek; (auf -e) devretmek
**umschreiben²** VT ⟨irr, ohne -ge-, h.⟩ dolaylamak, başka sözlerle anlatmak
**Umschreibung¹** F ⟨-; -en⟩ yazı/kayıt değişikliği; WIRTSCH devir, temlik
**Umschreibung²** F ⟨-; -en⟩ dolaylama
**Umschrift** F ⟨-; -en⟩ çevriyazı, transkripsiyon
**umschuld|en** VT ⟨-ge-, h.⟩ tahvil etmek (borcu); Firma etc -in borcunu yenilemek **₂ung** F ⟨-; -en⟩ WIRTSCH borç/kredi yenileme
**umschulen** VT ⟨-ge-, h.⟩ beruflich yeni meslek edindirmek
**umschütten** VT ⟨-ge-, h.⟩ (verschütten) dökmek, boşaltmak
**umschwärmen** VT ⟨ohne -ge-, h.⟩ -in etrafında almak/sarmak; -i taparcasına sevmek
**Umschweife** PL: **ohne ~** kısacası
**umschwenken** VT ⟨-ge-, s.⟩ çark etmek, -den caymak
**Umschwung** M ⟨-s; ⸚e⟩ ani değişiklik, dönüşüm
**umsegeln** VT ⟨ohne -ge-, h.⟩ -in etrafını dolaşmak (yelkenliyle)

**umsehen** V/R ⟨*irr*, -ge-, *h.*⟩: **sich ~ bakınmak**, etrafına bakmak; **sich ~ nach ... bakmak**, aramak; (*zurückblicken*) (**nach** -*e*) dönüp bakmak

**umseitig** ADV [ADJ] arka sayfada(ki)

**umsetzen** VT ⟨-ge-, *h.*⟩ -*in* yerini değiştirmek; *Waren* satmak; *Geldwert* ciro etmek; **etw ~ in** *a*. CHEM dönüştürmek; **in die Praxis ~** uygulamaya geçirmek; **in die Tat ~** gerçekleştirmek

**Umsicht** F ⟨-; *ohne pl*⟩ dikkat, özen

**umsichtig** ADJ dikkatli, özenli

**umsiedeln** VT ⟨-ge-, *h.*⟩ -*i* başka konuta/yere yerleştirmek

**Umsiedler(in)** M(F) göçmen; *bir Doğu Avrupa ülkesinden Almanya'ya göçen*

**Umsiedlung** F ⟨-; -en⟩ yeniden yerleş(tir)me

**umso** CONJ: **~ mehr (weniger) (als** -*diği* için) bir o kadar daha çok (az)

**umsonst** ADV ücretsiz, parasız, *umg* bedava; (*vergebens*) boşuna, *umg* haybeye

**umspannen** VT ⟨*ohne* -ge-, *h.*⟩ sarmak, kucaklamak

**Umspannwerk** N transformatör, trafo

**umspielen** VT ⟨*ohne* -ge-, *h.*⟩ -*in* etrafında oynamak/dönmek

**umspringen** VI ⟨*irr*, -ge-, *s.*⟩: **mit j-m grob ~** b-ne kaba davranmak

**Umstand** M ⟨-s; ⸚e⟩ durum; (*Tatsache*) olgu; (*Einzelheit*) ayrıntı

**Umstände** PL şartlar; **j-m keine ~ machen** b-ne zahmet vermemek; **sich keine ~ machen** zahmet etmemek; **unter ~n** duruma göre; **unter diesen (keinen) ~n** bu şartlar (hiçbir şart) altında; **in anderen ~n sein** bebek beklemek, hamile olmak

**umständehalber** ADV şartların gereği olarak

**umständlich** ADJ (*ungeschickt*) sakar, hantal; (*kompliziert*) karışık, zahmetli; *Stil* çapraşık; **das ist (mir) viel zu ~** bu (benim için) fazla karışık/zahmetli

**Umstandskleid** N hamile elbisesi

**Umstandskrämer** M ⟨-s; -⟩, **-in** F ⟨-; -nen⟩ *umg* titiz, müşkülpesent

**Umstandswort** N ⟨-s; ⸚er⟩ GRAM zarf

**Umstehende** PL: **die ~n** seyirci duranlar

**umsteigen** VI ⟨*irr*, -ge-, *s.*⟩ (**nach** -*e*) aktarma yapmak; **~ auf** -*e* geçmek (*yeni sistem vs*)

**umstellen¹** VT ⟨*ohne* -ge-, *h.*⟩ kuşatmak, çember içine almak

**umstellen²** ⟨-ge-, *h.*⟩ **A** VT (**auf** *akk* -*e*) çevirmek; -*de* değişiklik yapmak; (*anpassen*) -*e* ayarlamak; (*platzieren*) yerini değiştirmek; (*strukturieren*) yeniden düzenlemek; *Uhr* ayarlamak; **auf Computer ~** bilgisayarlı sisteme geçirmek **B** V/R: **sich ~ auf** (*akk*) kendini bş-e alıştırmak; (*anpassen*) -*e* alışmak, ayak uydurmak

**Umstellung** F ⟨-; -en⟩ değişiklik; ayar (-lama); yeniden düzenle(n)me

**umstimmen** VT ⟨-ge-, *h.*⟩ (**j-n ~** b-nin) fikrini değiştirmek

**umstoßen** VT ⟨*irr*, -ge-, *h.*⟩ çarpıp devirmek; *fig* temelden değiştirmek

**umstritten** ADJ tartışmalı, çekişmeli

**umstrukturier|en** VT ⟨*ohne* -ge-, *h.*⟩ yeniden yapılandırmak **⁓ung** F ⟨-; -en⟩ yapı değişikliği

**umstülpen** VT ⟨-ge-, *h.*⟩ tersyüz etmek

**Umsturz** M ⟨-es; ⸚e⟩ devrim, darbe

**umstürzen** ⟨-ge-⟩ **A** VT ⟨*h.*⟩ devirmek **B** VI ⟨*s.*⟩ devrilmek

**Umstürzler** M ⟨-s; -⟩, **-in** F ⟨-; -nen⟩ POL devrimci, darbeci

**umstürzlerisch** ADJ devrimci

**Umsturzversuch** M darbe/devrim girişimi

**Umtausch** M ⟨-s; -e⟩ para değiştirme, döviz bozdurma; *Ware* değiştirme

**umtauschen** VT ⟨-ge-, *h.*⟩ *Geld* (**gegen** ... karşılığı) bozdurmak; *gekaufte Ware* değiştirmek

**Umtauschkurs** M döviz kuru

**umtopfen** VT ⟨-ge-, *h.*⟩ -*in* saksısını değiştirmek

**umtun** V/R ⟨*irr*, -ge-, *h.*⟩: **sich ~ (nach** -*i*) soruşturmak, sorup öğrenmek

**U-Musik** F hafif müzik

**Umverpackung** F dış ambalaj

**umwälzend** ADJ *fig* kökten değiştiren

**Umwälzpumpe** F devridaim pompası

**Umwälzung** F ⟨-; -en⟩ köklü değişiklik, devrim

**umwandeln** VT ⟨-ge-, *h.*⟩ (**in** *akk* -*e*) -*e* çevirmek; *a*. CHEM, ELEK, PHYS -*e* dönüştürmek; **sie ist wie umgewandelt** sanki bambaşka bir insan olmuş

**Umwandl|er** M ⟨-s; -⟩ dönüştürücü, konverter **⁓ung** F ⟨-; -en⟩ dönüşüm, dönüştürme

**Umweg** M ⟨-s; -e⟩ dolambaç; **e-n ~ machen** dolambaçlı yoldan gitmek; *fig* **auf ~en** dolambaçlı olarak

**Umwelt** F ⟨-; *ohne pl*⟩ (doğal/tabii) çevre **²bedingt** ADJ çevresel **²belastend** ADJ çevreyi kirleten **~belastung** F çevreyi kirletme **²bewusst** ADJ çevreci, çevre bilinci olan **~bewusstsein** N çevre bilinci **~forscher(in)** M(F) çevrebilimci **~forschung** F ⟨-; *ohne pl*⟩ çevrebilim, ekoloji **²freundlich** ADJ çevre dostu **~gipfel** M çevre sorunları zirvesi **~katastrophe** F çevre felaketi **~krise** F çevre bunalımı **~ministerium** N çevre bakanlığı **~politik** F çevre politikası **²politisch** ADJ çevre politikasıyla ilgili **~schäden** PL çevreye (verilen) zararlar **²schädlich** ADJ çevreye zararlı **~schutz** M çevre koruma **~schützer(in)** M(F) çevre korumacı, *umg* çevreci **~schutzpapier** N çevre dostu kağıt **~verschmutzer(in)** M(F) çevreyi kirleten **~verschmutzung** F ⟨-; -en⟩ çevre kirlenmesi **~zerstörung** F çevrenin yokedilmesi

**umwenden** V/R ⟨*irr*, -ge-, *h.*⟩: **sich ~** arkaya dönmek

**umwerben** V/T ⟨*irr*, *ohne* -ge-, *h.*⟩ -e talip olmak

**umwerfen** V/T ⟨*irr*, -ge-, *h.*⟩ devirmek

**umwerfend** ADJ: **~ komisch** alabildiğine gülünç

**umwickeln** V/T ⟨*ohne* -ge-, *h.*⟩ (**mit** -e) sarmak

**umziehen** ⟨*irr*, -ge-⟩ **A** V/I ⟨s.⟩ taşınmak **B** V/T ⟨*h.*⟩: **j-n ~** b-nin üstünü değiştirmek; **sich ~** üstünü değiştirmek

**umzingeln** V/T ⟨*ohne* -ge-, *h.*⟩ kuşatmak

**Umzug** M ⟨-s; ⸚e⟩ taşınma; (*Festzug*) geçit alayı

**Umzugsgut** N taşınır eşya
**unabänderlich** ADJ değiştirilmez
**unabhängig** ADJ (**von** -den) bağımsız; **~ davon, ob** -e bağlı olmaksızın
**Unabhängige** M, F ⟨-n; -n⟩ bağımsızlar *pl*
**Unabhängigkeit** F ⟨-; *ohne pl*⟩ bağımsızlık
**unabkömmlich** ADJ: **er ist ~** o yerinden ayrılamaz, onsuz edilemez
**unablässig** ADJ durmadan
**unabsehbar** ADJ: **auf ~e Zeit** belirsiz bir süre için
**unabsichtlich** A ADJ kasıtsız, istemeyerek B ADV **etw ~ tun** bş-i kazara yapmak
**unabwendbar** ADJ önü alınamaz
**unachtsam** ADJ dikkatsiz **²keit** F ⟨-; *ohne pl*⟩ dikkatsizlik
**unähnlich** ADJ -e benzemeyen, -den farklı
**unanfechtbar** ADJ (*endgültig*) kesin; (*fundiert*) şüphe/itiraz götürmez
**unangebracht** ADJ: **~ sein** yersiz olmak
**unangefochten** A ADJ şüpheden uzak; herkesçe kabul edilen B ADV itirazla karşılaşmadan
**unangemeldet** ADJ habersiz, *umg* pat diye
**unangemessen** ADJ yersiz; orantısız
**unangenehm** ADJ cansıkıcı; (*peinlich*) nahoş
**unangetastet** ADJ dokunulmamış
**unangreifbar** ADJ itiraz kabul etmez
**unannehmbar** ADJ kabul edilemez
**Unannehmlichkeiten** PL rahatsızlık *sg*, güçlük *sg*, zorluk *sg*; **j-m ~ bereiten** b-nin başına iş/dert çıkarmak; **er bekam ~** -*in* başı derde girdi
**unansehnlich** ADJ göze hoş gelmeyen, çirkin
**unanständig** ADJ yakışıksız, *stärker* edepsiz, müstehcen
**unantastbar** ADJ dokunulmaz
**unappetitlich** ADJ tatsız, yavan; *fig a.* tiksindirici, mide bulandırıcı
**Unart** F ⟨-; -en⟩ kötü alışkanlık, yakışıksız davranış
**unartig** ADJ arsız, yaramaz
**unästhetisch** ADJ estetik olmayan/dışı
**unaufdringlich** ADJ çekingen, alçakgönüllü
**unauffällig** ADJ göze çarpmayan
**unauffindbar** ADJ bulunamayan, kayıp
**unaufgefordert** ADV talep edilmeden; (*ungerufen*) çağrılmadan
**unaufhaltsam** ADJ durdurulmaz
**unaufhörlich** ADJ *u. adv* sürekli
**unauflös|bar, ~lich** ADJ CHEM, MATH çözülmez
**unaufmerksam** ADJ dikkatsiz; (*gedan-*

**UNAU** | 960

*kenlos)* düşüncesiz, dalgın
**unaufrichtig** ADJ ikiyüzlü, dürüst/içten olmayan **2keit** F ‹-; *ohne pl›* ikiyüzlülük, içtensizlik
**unaufschiebbar** ADJ ertelenmez
**unausführbar** ADJ uygulanmaz
**unausgefüllt** ADJ *Formular* doldurulmamış; *(leer)* boş, anlamsız *(hayat vs)*
**unausgeglichen** ADJ dengesiz, istikrarsız **2heit** F ‹-; *ohne pl›* dengesizlik, istikrarsızlık
**unausrottbar** ADJ soyu tüketilmez
**unausstehlich** ADJ çekilmez, katlanılmaz
**unausweichlich** ADJ kaçınılmaz
**unbändig** ADJ ele avuca sığmaz; *(riesig)* büyük
**unbarmherzig** ADJ merhametsiz **2keit** F ‹-; *ohne pl›* merhametsizlik
**unbeabsichtigt** ADJ yanlışlıkla, istemeyerek
**unbeachtet** ADJ hesaba katılmayan; ~ **bleiben** dikkati çekmemeye devam etmek; ~ **lassen** dikkate almamak
**unbeanstandet** ADJ: etw ~ **lassen** bş-e itiraz etmemek
**unbeantwortet** ADJ cevapsız
**unbearbeitet** ADJ işlenmemiş, ele alınmamış
**unbebaut** ADJ *Feld* işlenmemiş; *Grundstück* boş
**unbedacht** ADJ düşüncesizce
**unbedarft** ADJ *umg* tecrübesiz, saf
**unbedenklich** ADJ sakıncasız, güvenilir
**unbedeutend** ADJ önemsiz; *(geringfügig)* a. az, cüzi
**unbedingt** A ADJ mutlak, kesin B ADV kesinlikle, mutlaka, muhakkak
**unbefahrbar** ADJ geçilmez, aşılmaz, geçit vermez
**unbefangen** ADJ *(unparteiisch)* tarafsız, önyargısız; *(ohne Hemmung)* serbest, tutuk olmayan **2heit** F ‹-; *ohne pl›* a. JUR tarafsızlık; serbestlik, rahatlık
**unbefleckt** ADJ *(sauber)* lekesiz; *(keusch)* iffetli
**unbefriedigend** ADJ yetersiz, tatmin etmeyen
**unbefriedigt** ADJ tatmin olmamış
**unbefristet** ADJ süresiz
**unbefugt** ADJ yetkisiz
**Unbefugte** M,F ‹-n; -n›: **Zutritt für ~ verboten!** işi olmayan giremez!
**unbegabt** ADJ yeteneksiz, kabiliyetsiz
**unbegreiflich** ADJ anlaşılmaz, akıl almaz
**unbegrenzt** ADJ sınırsız
**unbegründet** ADJ temelsiz, gerekçesiz
**Unbehagen** N ‹-s; *ohne pl›* huzursuzluk, sıkıntı
**unbehaglich** ADJ: **sich ~ fühlen** huzursuzluk hissetmek
**unbehandelt** ADJ işlem görmemiş; *Stoff a.* doğal, natür
**unbehelligt** ADJ rahatsız edilmeyen
**unbeherrscht** ADJ *Äußerung etc* kontrolsüz; *Person* kendine hakim olamayan
**unbeholfen** ADJ sakar, beceriksiz, hantal **2heit** F ‹-; *ohne pl›* sakarlık, beceriksizlik, hantallık
**unbeirrbar** ADJ *(in -den)* şaşmaz
**unbeirrt** ADJ kararlı
**unbekannt** ADJ bilinmeyen, meçhul; **das war mir ~** bunu bilmiyordum
**unbekleidet** ADJ & ADV giyimsiz
**unbekümmert** ADJ pervasız; ~ **um** *-e* aldırmayan, aldırış etmeyen
**unbelastet** ADJ: ~ **sein** tasasız/dertsiz olmak; WIRTSCH borçsuz, ipoteksiz
**unbelehrbar** ADJ söz dinlemez, dikbaşlı
**unbeleuchtet** ADJ ışıklandırılmamış
**unbeliebt** ADJ *(bei)* tarafından) sevilmeyen; **er ist überall ~** onu kimse sevmez
**Unbeliebtheit** F ‹-; *ohne pl›* sevilmeme
**unbemannt** ADJ insansız *(uzay aracı vs)*
**unbemerkt** ADJ fark edilmeyen
**unbemittelt** ADJ parasız *(kimse)*
**unbenutzt** ADJ kullanılmamış
**unbequem** ADJ *Schuhe, Möbel* rahatsız; *(lästig)* cansıkıcı, ters
**unberechenbar** ADJ kestirilemez; *(Person) umg* sağı solu belli olmayan
**unberechtigt** ADJ yetkisiz; *(ungerechtfertigt)* haksız, sebepsiz ~**erweise** ADV yetkisiz olarak; haksızca, sebepsizce
**unberücksichtigt** ADJ hesaba katılmayan; **etw ~ lassen** bş-i hesaba katmamak
**unberührt** ADJ el değmemiş; ~ **bleiben von** *-den* etkilenmemek
**unbeschadet** PRÄP *(gen)* *-e* rağmen

**unbeschädigt** ADJ hasarsız, sağlam
**unbescheiden** ADJ arsız, küstah; *Preis* çok yüksek, fahiş
**unbescholten** ADJ JUR sabıkasız
**unbeschränkt** ADJ sınırsız, sonsuz; *Macht etc a.* mutlak, kesin
**unbeschreiblich** ADJ tasvire sığmaz
**unbeschrieben** ADJ üstü yazılmamış; **~es Blatt** *Person* suçsuz, geçmişi temiz
**unbeschwert** ADJ: **von** sırtında ... yükü olmayan
**unbesiegbar** ADJ yenilmez
**unbesiegt** ADJ yenilmemiş, namağlup
**unbesonnen** ADJ düşüncesiz, hoppa
**unbesorgt** A ADJ (**wegen** bakımından) endişesiz; **seien Sie (deswegen) ~!** (onun için) endişelenmeyin! B ADV endişesizce, rahat rahat
**unbespielt** ADJ *Tonband etc* boş
**unbeständig** ADJ kararsız, istikrarsız **~keit** F <-; *ohne pl*> istikrarsızlık
**unbestätigt** ADJ doğrulanmamış, onaylanmamış
**unbestechlich** ADJ rüşvet almaz, dürüst; *fig* şaşmaz, yanılmaz **~keit** F <-; *ohne pl*> dürüstlük
**unbestimmt** ADJ (*unsicher*) belirsiz, kesin olmayan; *Gefühl* bulanık; **auf ~e Zeit** süresiz, ikinci bir emre kadar
**unbeteiligt** ADJ (*nicht verwickelt*) (**an** *dat* -e) karışmamış; (*gleichgültig*) -e kayıtsız
**unbeträchtlich** ADJ cüzî, az
**unbeugsam** ADJ itaatsiz, söz dinlemez
**unbewacht** ADJ koruyucusuz, bekçisiz; *Augenblick* boş
**unbewaffnet** ADJ silahsız
**unbeweglich** ADJ taşınmaz; (*bewegungslos*) hareketsiz **~keit** F <-; *ohne pl*> hareketsizlik
**unbewohnbar** ADJ (içinde) oturulmaz
**unbewohnt** ADJ ıssız; *Gebäude* (içinde) oturulmayan, boş
**unbewusst** ADJ bilinçsiz, bilmeden
**unbezahlbar** ADJ fiyatı ödenemez; *fig* paha biçilemez
**unbezähmbar** ADJ ehlileşmez; *fig* uslanmaz
**unbezwingbar** ADJ yenilmez, altedilmez
**unblutig** A ADJ kansız B ADV kan ak(ıtıl)madan/dök(ül)meden
**unbrauchbar** ADJ kullanılmaz, *umg* işe yaramaz; **etw ~ machen** bş-i kullanılmaz hale getirmek **~keit** F <-; *ohne pl*> işe yaramazlık
**unbürokratisch** ADJ bürokratik olmayan
**unchristlich** ADJ Hristiyan(ca) olmayan
**und** KONJ ve; ile; ... de; **~ ob!** hem de nasıl!; *umg* **na ~?** n'olmuş yani?; **~ so weiter** (*od* **fort**) ve saire, *umg* falan filan; **~ wenn (auch)!** olsun!, isterse!
**undankbar** ADJ (**gegen** -e karşı) nankör; *Aufgabe* takdir edilmeyen **~keit** F <-; *ohne pl*> nankörlük
**undatiert** ADJ tarihsiz (*mektup vs*)
**undefinierbar** ADJ tarifsiz, acayip
**undemokratisch** ADJ demokratik olmayan
**undenkbar** ADJ düşünülemez
**undeutlich** ADJ muğlak, belirsiz
**undicht** ADJ sızıntılı, su/hava kaçıran
**Unding** N <-s; *ohne pl*>: **es ist ein ~** bu olur şey değil, bu bir garabet
**undiszipliniert** ADJ disiplinsiz
**undurch/dringlich** ADJ içine girilmez **~führbar** ADJ uygulanması imkansız **~lässig** ADJ (su, hava vs) geçirmez/sızdırmaz **~sichtig** ADJ saydam olmayan; *fig* akıl (sır) ermez, karanlık
**uneben** ADJ engebeli, düz olmayan **~heit** F <-; -en> *Oberfläche* pürüz; *Landschaft* tümsek, engebe
**unecht** ADJ sahte; (*künstlich*) suni, takma; (*imitiert*) taklit; *umg* (*geziert*) yapmacıklı
**unehelich** ADJ evlilik dışı
**unehrenhaft** ADJ şerefsiz
**unehrlich** ADJ namussuz; şerefsiz
**uneigennützig** ADJ kendini düşünmeyen
**uneingeschränkt** ADJ kısıtsız
**uneinheitlich** ADJ bir örnek olmayan, farklı (farklı)
**uneinig** ADJ: (**sich**) **~ sein** (**über** *akk* -de) kararsız olmak; aynı fikirde olmamak **~keit** F <-; *ohne pl*> anlaşmazlık
**unempfänglich** ADJ (**für** -den) kolay etkilenmez, -e kapalı/sağır
**unempfindlich** ADJ (**gegen** -e karşı) duyarsız; (*haltbar*) dayanıklı **~keit** F <-; *ohne pl*> (**gegen** -e karşı) duyarsızlık, dayanıklılık
**unendlich** A ADJ sonsuz, sınırsız; (*end-*

*los)* bitmez, tükenmez, bitmek bilmeyen **B** ADV: ~ **klein** sonsuz küçük(lükte); ~ **viel** sonsuz sayıda/miktarda
**Unendlichkeit** F ⟨-; ohne pl⟩ sonsuz (-luk)
**unentbehrlich** ADJ (für için) vazgeçilmez
**unentgeltlich** ADJ ücretsiz, karşılıksız
**unentrinnbar** ADJ kurtuluşu olmayan
**unentschieden** ADJ kesinleşmemiş; ~ **enden** SPORT berabere bitmek
**Unentschieden** N ⟨-s; -⟩ beraberlik
**unentschlossen** ADJ kararsız **2heit** F ⟨-; ohne pl⟩ kararsızlık
**unentschuldbar** ADJ affedilmez
**unentschuldigt** ADJ mazeretsiz; ~**es Fehlen** -e mazeretsiz olarak gelmeme
**unentwegt** ADJ sebatkâr
**unerbittlich** ADJ acımasız, kıran kırana
**unerfahren** ADJ acemi, deneyimsiz **2heit** F ⟨-; ohne pl⟩ acemilik
**unerforscht** ADJ araştırılmamış
**unerfreulich** ADJ cansıkıcı, nahoş
**unerfüllbar** ADJ yerine getirilemez
**unerfüllt** ADJ yerine getirilmemiş
**unerheblich** ADJ (für için) bir şey ifade etmeyen; *(geringfügig)* önemsiz
**unerhört** ADJ *umg* eşsiz, görülmemiş; ~! olmaz böyle şey!, görülmüş şey değil!
**unerkannt** ADV kim olduğu bilinmeden
**unerklärlich** ADJ açıklanamaz
**unerlässlich** ADJ vazgeçilmez, zorunlu
**unerlaubt** **A** ADJ *(unbefugt)* izinsiz; *(ungesetzlich)* yasadışı **B** izin almadan
**unerledigt** ADJ gereği yapılmamış; *(ungelöst)* halledilmemiş; ~**e Dinge** yarım kalmış işler
**unermesslich** ADJ ölçüye sığmaz
**unermüdlich** ADJ yorulmak bilmez
**unerquicklich** ADJ iç açıcı olmayan
**unerreichbar** ADJ ulaşılamayan
**unerreicht** ADJ ulaşılamamış
**unerschöpflich** ADJ bitmez (tükenmez)
**unerschrocken** ADJ korkusuz, yılmaz
**unerschütterlich** ADJ sarsılmaz, şaşmaz
**unerschwinglich** ADJ *Preise* fahiş; **für j-n ~ sein** biri için fazla pahalı olmak
**unersetzlich** ADJ yeri doldurulamaz; *Schaden etc* giderilemez; *Verlust* geri getirilemez
**unerträglich** ADJ çekilmez, dayanılmaz
**unerwähnt** ADJ: **etw ~ lassen** bş-in sözünü etmemek, bş-i geçiştirmek
**unerwartet** ADJ beklenmedik
**unerwidert** ADJ cevapsız
**unerwünscht** ADJ istenmeyen
**unfähig** ADJ **(zu tun** yapmaya) yeteneksiz, (yapmaktan) âciz; *(untauglich)* yetersiz **2keit** F ⟨-; ohne pl⟩ yeteneksizlik, aciz, yetersizlik
**unfair** ADJ centilmence olmayan
**Unfall** M ⟨-s; ⁼e⟩ kaza ~**arzt** M, ~**ärztin** F ilkyardım hekimi ~**bericht** M kaza raporu ~**flucht** F *kazadan sonra şoförün kaçması* **2frei** ADJ kazasız *(geçen şoförlük süresi; kullanılmış araba)* **2gefährdet** ADJ kaza tehlikesi olan ~**krankenhaus** N ilkyardım hastanesi ~**quote** F, ~**rate** F kaza oranı ~**station** F ilkyardım servisi, acil servis ~**stelle** F kaza yeri ~**tod** M kazada ölüm **2trächtig** ADJ kazalı ~**versicherung** F kaza sigortası ~**wagen** M çarpık araba *(kullanılmış)*; kaza yardım aracı
**unfass|bar**, ~**lich** ADJ akıl almaz
**unfehlbar** **A** ADJ yanılmaz **B** ADV kaçınılmaz biçimde **2keit** F ⟨-; ohne pl⟩ hatasızlık
**unfrankiert** ADJ pulsuz
**unfrei** ADJ POST ücreti ödenmemiş
**unfreiwillig** ADJ istemeden, gönülsüz; *Humor* bilinçsiz
**unfreundlich** ADJ **(zu** -e) kaba, nezaketsiz; *Zimmer, Tag* kasvetli, sıkıcı **2keit** F ⟨-; ohne pl⟩ kabalık, nezaketsizlik
**Unfriede** M ⟨-n; ohne pl⟩ uyuşmazlık
**unfruchtbar** ADJ kısır; *fig* verimsiz **2keit** F ⟨-; ohne pl⟩ kısırlık; *fig* verimsizlik
**Unfug** M ⟨-s; ohne pl⟩ JUR kamu huzurunu bozucu hareket; *umg* saçma, zırva; ~ **treiben** saçmalamak, zırvalamak
**Ungar** M ⟨-n; -n⟩, ~**in** F ⟨-; -nen⟩ Macar **2isch** ADJ Macar(istan) *subst* ~**isch** N Macarca
**Ungarn** N Macaristan
**ungeachtet** PRÄP *gen* -e bak(ıl)maksızın; *(trotz)* -e rağmen
**ungeahnt** ADJ akla gelmedik
**ungebeten** ADJ davetsiz

**ungebildet** ADJ eğitimsiz, cahil
**ungeboren** ADJ doğmamış
**ungebräuchlich** ADJ kullanılmayan, seyrek kullanılan (*kelime vs*)
**ungebunden** ADJ bağlı olmayan; *Buch* ciltsiz; *fig* rahat, resmiyetsiz
**ungedeckt** ADJ *Scheck etc* karşılıksız
**Ungeduld** F ⟨-; *ohne pl*⟩ sabırsızlık **ǫig** ADJ sabırsız
**ungeeignet** ADJ uygun olmayan, elverişsiz
**ungefähr** A ADJ yaklaşık; *Vorstellung etc* kaba B ADV yaklaşık olarak, kabaca, aşağı yukarı
**ungefährlich** ADJ tehlikesiz; (*sicher*) güvenilir, emin
**ungehalten** ADJ (*über -e*) kızgın
**ungehemmt** A ADJ rahat, serbest B ADV rahatça, çekinmeden
**ungeheuer** A ADJ olağanüstü, muazzam; *umg* harika, müthiş B ADV: **~ reich** korkunç zengin
**Ungeheuer** N ⟨-s; -⟩ canavar
**ungeheuerlich** ADJ rezilce; akıl ermez
**ungehindert** ADV serbestçe, *umg* elini kolunu sallaya sallaya
**ungehobelt** ADJ yontulmamış
**ungehorsam** ADJ itaatsiz, asi
**Ungehorsam** M ⟨-s; *ohne pl*⟩ itaatsizlik, başkaldırı
**ungeklärt** ADJ aydınlatılamamış; **~e Abwässer** arıtılmamış atık sular
**ungekündigt** ADJ: **in ~er Stellung** iş sözleşmesi feshedilmemiş halde
**ungekünstelt** ADJ yapmacıksız
**ungekürzt** ADJ *Buch etc* kısaltılmamış
**ungelegen** ADJ uygunsuz; **j-m ~ kommen** b-ne zamansız gelmek
**ungelenk** ADJ çolpa, kaba saba
**ungelernt** ADJ *Arbeiter* vasıfsız
**ungemein** ADV olağanüstü
**ungemütlich** ADJ rahatsız; *Person* kaba; **~ werden** kabalaşmak
**ungenannt** ADJ (adı) belirtilmemiş
**ungenau** ADJ kesin/dakik olmayan, belirsiz **ǫigkeit** F ⟨-; *-en*⟩ kesinsizlik, belirsizlik
**ungeniert** ['ʊnʒeniːɛt, ʊnʒe'niːɛt] ADJ utanmaz, sıkılmaz
**ungenießbar** ADJ *Essen* yenmez; *Getränk* içilmez; *umg Person* çekilmez
**ungenügend** ADJ yetersiz
**ungenutzt** ADJ faydalanılmamış; **e-e Gelegenheit ~ lassen** bir fırsattan faydalanmamak
**ungepflegt** ADJ bakımsız; *Person* paslaklı
**ungerade** ADJ *Zahl* tek
**ungerecht** ADJ haksız, adaletsiz
**ungerechtfertigt** ADJ haksız, gerekçesiz
**Ungerechtigkeit** F ⟨-; *-en*⟩ adaletsizlik
**ungern** A ADV (*widerwillig*) isteksizce, zorla B INT hayır!, olmasa daha iyi olur!
**ungerührt** ADJ (**von** *-den*) etkilenmemiş
**ungesagt** ADJ: **~ bleiben** söylenmemiş olmak
**ungesalzen** ADJ tuzsuz, tuzlanmamış
**ungeschehen** ADJ: **~ machen** telafi etmek
**Ungeschick** N ⟨-s; *ohne pl*⟩, **~lichkeit** F ⟨-; *ohne pl*⟩ beceriksizlik
**ungeschickt** ADJ beceriksiz, hantal
**ungeschlagen** ADJ yenilmemiş
**ungeschliffen** ADJ *Edelstein* tıraşsız; *Messer* bilenmemiş; *fig* kaba
**ungeschminkt** ADJ makyajsız
**ungeschoren** ADJ *Tier* kırkılmamış; **j-n ~ lassen** b-ne ilişmemek; **~ davonkommen** *umg* ucuz kurtulmak
**ungesetzlich** ADJ yasal olmayan, yasadışı, illegal, gayri meşru
**ungestört** ADJ *Ablauf* pürüzsüz, kesintisiz; rahatsız olmadan
**ungestraft** ADJ cezasız; **~ davonkommen** kurtulmak
**ungestüm** ADJ tezcanlı, deliduman
**ungesund** ADJ sağlıksız, sağlıklı olmayan
**ungeteilt** ADJ bölünmemiş, tam
**ungetrübt** ADJ bulanmamış; *fig* -den etkilenmemiş, haleldar olmamış
**Ungetüm** N ⟨-s; *-e*⟩ büyük, hantal şey
**ungewaschen** A ADJ yıkanmamış B ADV yıkanmadan
**ungewiss** ADJ *Person* emin olmayan, *Sache* kesin olmayan; **j-n im Ungewissen lassen** b-ni aydınlatmamak
**Ungewissheit** F ⟨-; *ohne pl*⟩ belirsizlik; **in ~ schweben** havada kalmak
**ungewöhnlich** ADJ alışılmamış, garip
**ungewohnt** ADJ yabancı, yadırganan; (*neu*) yeni; (*unüblich*) kullanılmayan
**ungewollt** ADJ gayri iradî, istemeden

**Ungeziefer** N ‹-s; ohne pl› haşarat, böcekler pl

**ungezogen** ADJ terbiyesiz **♫heit** F ‹-; ohne pl› terbiyesizlik

**ungezügelt** ADJ dizginsiz

**ungezwungen** ADJ teklifsiz, resmiyetten uzak

**ungiftig** ADJ zehirli olmayan

**unglaublich** ADJ inanılmaz, görülmedik

**unglaubwürdig** ADJ Person güvenilmez; inandırıcı olmayan

**ungleich** A ADJ (unähnlich) benzer olmayan, farklı; Chancen eşit olmayan B ADV çok, çok fazla **♫heit** F ‹-; ohne pl› eşitsizlik; (Verschiedenheit) farklılık

**ungleichmäßig** ADJ eşitsiz, eşit olmayan; (unregelmäßig) düzensiz

**Unglück** N ‹-s; -e› talihsizlik, uğursuzluk; (Unfall) kaza; stärker felaket; **~ bringen** uğursuzluk getirmek; **zu allem ~** ne talihsizlik ki

**unglücklich** ADJ mutsuz; (bedauernswert) talihsiz; Sache uğursuz

**unglücklicherweise** ADV maalesef

**unglückselig** ADJ bedbaht, talihsiz

**Unglücks|fall** M (Unfall) kaza; stärker felaket **~tag** M uğursuz gün **~zahl** F uğursuz sayı

**Ungnade** F ‹-; ohne pl› gözden düşme; **in ~ fallen (bei)** -in gözünden düşmek

**ungültig** ADJ geçersiz; **für ~ erklären** geçersiz/hükümsüz saymak, iptal etmek

**Ungunst** F ‹-; ohne pl› aksilik; **zu j-s ~en** b-nin aleyhine

**ungünstig** ADJ elverişsiz; (nachteilig) zararlı

**ungut** ADJ kötü, nahoş; **nichts für ~!** ama gücenme(yin)!; **~es Gefühl** (bei -de) nahoş bir his, huzursuzluk

**unhaltbar** ADJ Behauptung asılsız; Zustände hoşgörülemez

**unhandlich** ADJ taşınması zor, hantal

**unharmonisch** ADJ ahenksiz, armonisiz, uyumsuz

**Unheil** N ‹-s; ohne pl›: **~ anrichten** kötülük yapmak, fesat çıkarmak; **~ bringend** adj uğursuz

**unheilbar** ADJ çaresiz, tedavi edilemez

**unheilvoll** ADJ tehlikeli, felakete götüren

**unheimlich** A ADJ esrarengiz, tekin olmayan, ürkütücü; umg fig harika, olağanüstü B ADV umg: **~ viel(e)** pek çok; **~ gut** müthiş iyi

**unhöflich** ADJ nazik olmayan; stärker kaba, terbiyesiz **♫keit** F ‹-; ohne pl› kabalık, terbiyesizlik

**unhygienisch** ADJ temiz/hijyenik olmayan, sağlığa zararlı

**Uni** F ‹-; -s› umg üniversite

**uni(farben)** ['vni-, y'ni:-] adj düz (renkli)

**Uniform** F ‹-; -en› üniforma

**uniformiert** ADJ üniformalı

**Unikum** N ‹-s; Unika› kendine özgü adj, tek örnek; umg orijinal, egzantrik adj

**uninteressant** ADJ ilginç olmayan, cansıkıcı

**uninteressiert** ADJ (an -e) ilgisiz

**Union** [u'nĭo:n] F ‹-; -en› birlik (örgüt)

**universal** [-v-] ADJ evrensel; genel

**Universal|erbe** [-v-] M tek mirasçı **~mittel** N her derde deva, genel çözüm

**universell** [-v-] ADJ evrensel; (vielseitig) çok yönlü

**Universität** [-v-] F ‹-; -en› üniversite; **auf od an der ~** üniversitede; **die ~ besuchen** üniversitede okumak

**Universum** [-v-] N ‹-s; ohne pl› evren, kâinat

**unkenntlich** ADJ tanınmaz halde

**Unkenntnis** F ‹-; ohne pl› bilmezlik, habersizlik; **in ~** (gen) -i bilmeden; **j-n in ~ lassen** (über etw) b-ni (bş üzerine) aydınlatmamak

**unklar** ADJ net/berrak olmayan; (ungewiss) belirsiz; (verworren) karışık, karanlık; **im Unklaren sein über** akk hakkında) -in (net) bilgisi olmamak

**unklug** ADJ ihtiyatsız, düşüncesiz, akılsız

**unkompliziert** ADJ karışık olmayan, kolay

**unkontrollierbar** ADJ denetlenemez

**unkontrolliert** ADJ kontrolsüz, denetsiz

**Unkosten** PL harcamalar, masraflar

**Unkraut** N ‹-s; ¨er› yabani ot **~vernichtung** F yabani otların imhası **~vernichtungsmittel** N, **~vertilgungsmittel** N ot ilacı, herbisit

**unkritisch** ADJ eleştirel olmayan, kabullenici

**unkündbar** ADJ *Stellung* sürekli; *Vertrag* feshedilemez; **er ist ~** o işten çıkarılamaz
**unlängst** ADV yakın geçmişte
**unlauter** ADJ dürüst/içten olmayan; WIRTSCH **~er Wettbewerb** haksız rekabet
**unleserlich** ADJ okunaksız
**unliebsam** ADJ sevilmeyen; *(unangenehm)* nahoş
**unlogisch** ADJ mantıksız
**unlösbar** ADJ çözülemez, *fig* içinden çıkılamaz
**unlöslich** ADJ CHEM çözülmez
**Unlust** F ⟨-; *ohne pl*⟩: **mit ~** isteksiz, gönülsüz
**unmännlich** ADJ erkekliğe yakışmayan
**unmäßig** ADJ ölçüsüz, aşırı
**Unmenge** F ⟨-; -n⟩ çok büyük miktar/sayı
**Unmensch** M gaddar, canavar, vahşi **♦lich** ADJ insanlık dışı, gaddar **~lichkeit** F ⟨-; *ohne pl*⟩ gaddarlık, barbarlık
**unmerklich** ADJ fark edilmez, hissedilmez
**unmissverständlich** ADJ yanlış anlamaya meydan vermeyen, açık
**unmittelbar** A ADJ dolaysız B ADV: **~ bevorstehen** kapıya dayanmış olmak; **~ nach** (**hinter** *dat* -den) hemen sonra
**unmöbliert** ADJ mobilyasız
**unmodern** ADJ modası geçmiş, eski moda; *(nicht modisch)* moda olmayan
**unmöglich** A ADJ olanaksız, imkansız; **♦es leisten (verlangen)** imkansızı başarmak (istemek); **sich ~ machen** büyük ayıp etmek B ADV: **ich kann es ~ tun** yapmam mümkün değil
**unmoralisch** ADJ ahlaka aykırı
**unmotiviert** ADJ isteksiz, motive olmayan
**unmündig** ADJ reşit olmayan
**unmusikalisch** ADJ müzikten anlamaz
**Unmut** M ⟨-s; *ohne pl*⟩ (**über** *-den*) hoşnutsuzluk
**unnach|ahmlich** ADJ taklit edilemez, eşsiz **~giebig** ADJ boyun eğmez, dik başlı **~sichtig** ADJ hoşgörüsüz, katı
**unnahbar** ADJ yanına yaklaşılmaz, mesafeli
**unnatürlich** ADJ doğal olmayan, gayritabii; *(geziert)* yapmacıklı
**unnötig** ADJ gereksiz, lüzumsuz

**unnütz** ADJ faydasız, yararsız
**unordentlich** ADJ düzensiz, pasaklı, tertipsiz; *Zimmer etc* dağınık
**Unordnung** F ⟨-; *ohne pl*⟩ dağınıklık, karışıklık; **in ~ bringen** dağıtmak
**unorganisch** ADJ organik olmayan, anorganik
**unparteiisch** ADJ tarafsız, taraf tutmayan
**Unparteiische** M, F ⟨-n; -n⟩ arabulucu, hakem
**unpassend** ADJ uymayan; *(unschicklich)* yakışıksız; *(unangebracht)* yersiz
**unpassierbar** ADJ geçilmez, geçit vermez
**unpässlich** ADJ: **~ sein** rahatsız/keyifsiz olmak; **sich ~ fühlen** kendini rahatsız/keyifsiz hissetmek; **sie ist ~** regli var
**unpersönlich** ADJ şahsi olmayan
**unpolitisch** ADJ siyasi/politik olmayan; *(unpolitisiert)* politize olmamış
**unpraktisch** ADJ kullanışsız, pratik olmayan; *Person* beceriksiz
**unproblematisch** ADJ sorunsuz
**unproduktiv** ADJ WIRTSCH verimsiz, âtıl
**unpünktlich** ADJ dakik olmayan; gecikmiş **♦keit** F ⟨-; *ohne pl*⟩ dakik olmama
**unqualifiziert** ADJ kalifiye/nitelikli olmayan
**unrasiert** ADJ tıraşsız
**Unrat** M ⟨-s; *ohne pl*⟩ çöp, süprüntü
**unrationell** ADJ rasyonel/akılcı olmayan
**unrecht** ADJ haksız; *(falsch)* yanlış; **j-m ~ geben** b-ni haksız bulmak; **~ haben** haksız olmak; **j-m ~ tun** b-ne haksızlık yapmak
**Unrecht** N ⟨-s; *ohne pl*⟩ haksızlık; **zu ~** haksız yere
**unrechtmäßig** ADJ haksız, kanunsuz
**unreell** ADJ dürüst/düzgün olmayan
**unregelmäßig** ADJ düzensiz, kuraldışı **♦keit** F ⟨-; -en⟩ düzensizlik, kuralsızlık
**unreif** ADJ ham, olmamış; *fig* toy, gelişmemiş
**Unreife** F ⟨-; *ohne pl*⟩ *fig* gelişmemişlik, toyluk
**unrein** ADJ kirli, saf olmayan **♦heit** F ⟨-; -en⟩ kir(lilik), saf olmama
**unrentabel** ADJ verimsiz, rantabl olmayan

**unrichtig** ADJ doğru olmayan, yanlış **2keit** F ⟨-; -en⟩ (*Fehler*) hata; (*Unwahrheit*) asılsız olma

**Unruhe** F ⟨-; -n⟩ hareket, huzursuzluk, kargaşa; (*Besorgnis*) endişe, kaygı; **~n** pl POL karışıklık sg **~herd** M huzursuzluk odağı **~stifter(in)** M(F) huzursuzluk çıkaran

**unruhig** ADJ hareketli; (*innerlich*) huzursuz; (*besorgt*) endişeli, kaygılı; *See* dalgalı, çalkantılı

**uns** A PERS PR bizi, bize; *einander* birbirimizi, birbirimize; **ein Freund von ~** bir arkadaşımız B REFL PR kendimizi, kendimize

**unsachgemäß** ADJ gereğine uygun olmayan, acemice

**unsachlich** ADJ tarafsız/nesnel olmayan; **~ werden** nesnellikten ayrılmak

**un|sagbar, ~säglich** *adj* (*unbeschreiblich*) tarifsiz; (*unermesslich*) hadsiz hesapsız

**unsanft** ADJ sert, kaba, özensiz

**unsauber** ADJ kirli, pis; *fig Geschäfte, Methoden* pis, yasadışı

**unschädlich** ADJ zararsız; **~ machen** *fig* b-ni etkisiz hale getirmek

**unscharf** ADJ net olmayan, flu

**unschätzbar** ADJ paha biçilmez

**unscheinbar** ADJ göze çarpmayan, sade

**unschicklich** ADJ yakışık almayan

**unschlagbar** ADJ altedilemez

**unschlüssig** ADJ: **ich bin mir noch ~** (*über akk -e*) daha kararımı veremedim

**unschön** ADJ çirkin; *fig* nahoş

**Unschuld** F ⟨-; *ohne pl*⟩ masumiyet, suçsuzluk **2ig** ADJ (*an dat -de*) suçsuz, masum

**unselbstständig** ADJ bağımlı, kendi başına hareket edemeyen; **Einkünfte aus ~er Arbeit** WIRTSCH ücretli işten elde edilen gelirler **2keit** F ⟨-; *ohne pl*⟩ bağımlılık

**unser** POSS PR bizim; **~e, ~er, ~es** bizimki

**unser|einer, ~eins, ~esgleichen** INDEF PR *umg* bizim gibiler *pl*

**unseretwegen** ADV (*für uns*) bizim için; *negativ* bizim yüzümüzden

**unserige** POSS PR (F, PL *a*. unsrige): **der (die, das) 2** bizimki; **die Unsrigen** bizimkiler

**unseriös** ADJ gayri ciddî

**unsicher** ADJ (*gefährlich*) güvenmez, emniyetsiz; (*gefährdet*) tehlike altında; (*gehemmt*) güvensiz, sıkılgan; (*ungewiss*) güvenilir olmayan, belirsizlik; **die Gegend ~ machen** *hum* eğlenmeye çıkmak; *j-n* **~ machen** şaşırtmak, tereddüde düşürmek

**Unsicherheit** F ⟨-; *ohne pl*⟩ emniyetsizlik; tehlike; güvensizlik; belirsizlik **~sfaktor** *m* tehlike sebebi/faktörü

**unsichtbar** ADJ (*für -e*) görülmez, görünmez

**Unsinn** M ⟨-s; *ohne pl*⟩ saçmalık; **~ machen** saçmalamak **2ig** ADJ aptal; anlamsız; (*absurd*) saçma

**Unsitte** F kötü âdet; (*Missstand*) bela

**unsittlich** ADJ edepsiz, ahlaksız, ahlak dışı

**unsolide** ADJ *Arbeit etc* sağlam olmayan, güvenilmez; *Person a*. hoppa, uçarı

**unsozial** ADJ sosyal olmayan; *Verhalten* toplumdışı

**unsportlich** ADJ sportmenliğe aykırı; *Person* spor yapmayan

**unsterblich** A ADJ ölümsüz B ADV *umg* müthiş; **~ verliebt** (*in akk -e*) delicesine âşık **2keit** F ⟨-; *ohne pl*⟩ ölümsüzlük

**unstet** ADJ huzursuz, sebatsız

**Unstimmigkeiten** PL uyuşmazlık *sg*

**unsympathisch** ADJ sevimsiz, nahoş; **er (sie, es) ist mir ~** bana çok sevimsiz geliyor

**untätig** ADJ hareketsiz; (*müßig*) tembel **2keit** F ⟨-; *ohne pl*⟩ hareketsizlik; tembellik

**untauglich** ADJ (*für, zu* için, *-e*) uygun olmayan; *Person* yetersiz, ehliyetsiz; MIL askerliğe elverişsiz, *umg* çürük

**unten** ADV aşağıda; *an Gegenstand* -in aşağısında; (*ganz* ~) -in dibinde; *im Haus* alt katta; **da ~** şurada aşağıda; **links ~** solda aşağıda; **nach ~** aşağıya, *im Haus* alt kata; **siehe ~** aşağıya bakınız; *umg* **er ist bei mir ~ durch** o benim tamamen gözümden düştü; **~ erwähnt, ~ genannt** aşağıda zikredilen (*od* adı geçen)

**unter** PRÄP (*dat*) *Lage* -in altında; (*unterhalb*) -in aşağısında; (*zwischen*) -in arasında; *präp* (*akk*) *Richtung* -in altına; (*niedriger als*) -in aşağısına; (*zwischen*)

*-in* arasına; ~ **anderem** bunlar arasında, örneğin; ~ **uns (gesagt)** aramızda kalsın; **j-n ~ sich** (*dat*) **haben** b-ni emri altında bulundurmak; **was versteht man ~ ...?** ... denince ne anlaşılır?; ~ **der Hand verkaufen** eltaltından satmak

**Unter|abteilung** F̄ alt bölüm **~arm** M̄ önkol **~art** F̄ alt tür

**Unterbau**[1] M̄ ⟨-s; -ten⟩ altyapı

**Unterbau**[2] M̄ ⟨-s; *ohne pl*⟩ temel, esas

**unterbelicht|en** V/T ⟨*ohne* -ge-, *h.*⟩ FOTO *-e* az poz vermek **~et** ADJ *-in* pozu az, *umg* karanlık çekilmiş/çıkmış

**unterbeschäftigt** ADJ eksik istihdamlı, işi az

**unterbesetzt** ADJ eksik kadrolu

**unterbewerten** V/T ⟨*ohne* -ge-, *h.*⟩ küçümsemek

**unterbewusst** ADJ bilinçaltı(ndaki)

**Unterbewusstsein** N̄ ⟨-s; *ohne pl*⟩ bilinçaltı; **im ~** bilinçaltında

**unterbezahlt** ADJ az para alan

**unterbieten** V/T ⟨*irr, ohne* -ge-, *h.*⟩ *Angebot -den* düşük fiyat vermek; *Konkurrenz -den* ucuza satmak; *Rekord* (**um** *-le*) kırmak

**unterbinden** V/T ⟨*irr, ohne* -ge-, *h.*⟩ durdurmak; (*verhindern*) önlemek, engellemek

**unterbleiben** V/I ⟨*irr, ohne* -ge-, *s.*⟩ gerçekleşmemek, olmamak, yapılmamak

**unterbrech|en** V/T ⟨*irr, ohne* -ge-, *h.*⟩ *-e* ara vermek; TEL, *j-s Worte* kesmek **2ung** F̄ ⟨-; -en⟩ ara verme, kesinti

**unterbring|en** V/T ⟨*irr, ohne* -ge-, *h.*⟩ otele *vs* yerleştirmek; *Beschäftigung* (**in** *dat*, **bei** *-de*) işe yerleştirmek; **ein Buch bei e-m Verlag ~** bir kitaba yayınevi bulmak **2ung** F̄ ⟨-; -en⟩ yerleştir(il)me

**unterbuttern** V/T ⟨-ge-, *h.*⟩ *umg:* **j-n ~** *-in* kaynayıp gitmesine yolaçmak

**Unterdeck** N̄ SCHIFF alt güverte

**unterdrück|en** V/T ⟨*ohne* -ge-, *h.*⟩ *Gefühl* bastırmak; *Volk* ezmek, baskı altında tutmak **2er** M̄ ⟨-s; -⟩, **2erin** F̄ ⟨-; -nen⟩ zalim **2ung** F̄ ⟨-; -en⟩ baskı, zulüm

**untere** ADJ (daha) aşağı/alçak

**untereinander**[1] ADV alt alta

**untereinander**[2] ADV (kendi) aralarında

**unterentwickelt** ADJ az gelişmiş

**unterernährt** ADJ yetersiz/az beslenmiş

**Unterernährung** F̄ ⟨-; *ohne pl*⟩ yetersiz beslenme, kötü beslenme

**Unterfangen** N̄ ⟨-s; *ohne pl*⟩ girişim

**Unterführung** F̄ ⟨-; -en⟩ altgeçit

**Unterfunktion** F̄ MED hipofonksiyon, az çalışma

**Untergang** M̄ ⟨-s; ¨e⟩ ASTRON, SCHIFF batış, batma; *fig Reich, Kultur etc a.* yıkılış, çöküş

**Untergebene** M, F ⟨-n; -n⟩ *-in* emrindeki *adj*

**untergehen** V/I ⟨*irr,* -ge-, *s.*⟩ batmak; çökmek, yıkılmak

**untergeordnet** ADJ bağlı; (*zweitrangig*) tali

**Unter|geschoss** N̄, österr **~geschoß** N̄ giriş katı

**Untergewicht** N̄ ⟨-s; *ohne pl*⟩ zayıflık, kilo eksikliği; **~ haben** zayıf olmak

**untergliedern** V/T ⟨*ohne* -ge-, *h.*⟩ bölümlemek

**untergraben** V/T ⟨*irr, ohne* -ge-, *h.*⟩ *-in* altını oymak; *fig -i* delmek (*yasa vs*)

**Untergrund** M̄ ⟨-s; ¨e⟩ toprak/yer altı; POL yeraltı; **in den ~ gehen** yeraltına inmek **~bahn** F̄ metro **~bewegung** F̄ yeraltı mücadelesi **~kämpfer(in)** M(F) yeraltı mücadelecisi

**unterhalb** PRÄP (*gen od* **von**) *-in* aşağısında, *-in* aşağı taraf(lar)ında

**Unterhalt** M̄ ⟨-s; *ohne pl*⟩ geçim; JUR nafaka; ~ **zahlen** nafaka ödemek

**unterhalt|en** ⟨*irr, ohne* -ge-, *h.*⟩ **A** V/T *Publikum* eğlendirmek; *Familie* geçindirmek; *Beziehungen* sürdürmek **B** V/R: **sich ~** (**mit** ile; **über** *akk* hakkında) sohbet etmek, konuşmak; **sich gut ~** iyi eğlenmek **~sam** ADJ eğlendirici, eğlenceli

**Unterhalts|anspruch** M̄ JUR nafaka hakkı **~beihilfe** F̄ nafaka ek yardımı **2berechtigt** ADJ nafaka hakkı sahibi **~kosten** PL geçim masrafları **~pflicht** F̄ nafaka yükümlülüğü **2pflichtig** ADJ nafaka yükümlüsü **~zahlung** F̄ nafaka ödemesi

**Unterhaltung** F̄ ⟨-; -en⟩ konuşma, sohbet; (*Vergnügen*) eğlence

**Unterhaltungs|branche** F̄: **in der ~** eğlence sektöründe **~elektronik** F̄ elektronik eğlence aletleri **~musik** F̄ hafif müzik **~wert** M̄ ⟨-s; *ohne pl*⟩ bir

**yerin eğlenme imkanları bakımından değeri**

**Unterhändler** M ⟨-s; -⟩, **-in** F ⟨-; -nen⟩ arabulucu

**Unterhaus** N *britisches* Avam Kamarası

**Unterhemd** N *(Damen*♀*)* gömlek; *(Herren*♀*)* fanila; *ohne Ärmel* atlet

**Unterholz** N ⟨-es⟩ çalılık, çopra *(ormanda)*

**Unterhose** F külot, don

**unterirdisch** ADJ yer altı, toprak altı

**unterjochen** VT ⟨*ohne* -ge-, *h.*⟩ boyunduruğa almak

**unterjubeln** VT ⟨-ge-, *h.*⟩ *umg:* **j-m etw ~** b-ne bş-i sokuşturmak/kakalamak

**Unterkiefer** M altçene

**Unterkleid** N kombinezon, gömlek

**unterkommen** VI ⟨*irr, ohne* -ge-, *s.*⟩ kalacak yer bulmak, *-e* yerleşmek; *(Arbeit finden)* iş bulmak

**Unterkörper** M belden aşağısı

**unterkriegen** VT ⟨-ge-, *h.*⟩ *umg:* **j-n ~** b-ni altetmek

**Unterkühlung** F ⟨-; -en⟩ MED hipotermi, ısı kaybı

**Unterkunft** F ⟨-; ⸚e⟩ yatacak yer, konaklama; **~ und Verpflegung** yatak ve yemek

**Unterlage** F ⟨-; -n⟩ TECH alt destek, temel; *(Schreib*♀*)* altlık, sumen; **~n** *pl* belgeler; *(Angaben)* veriler, bilgiler

**Unterlass** M ⟨-es⟩: **ohne ~** durmadan

**unterlassen** VT ⟨*irr, ohne* -ge-, *h.*⟩ ihmal etmek, yapmamak; *(aufhören mit) -i* bırakmak

**Unterlassung** F ⟨-; -en⟩ ihmal

**Unterlassungsklage** F JUR meni müdahale davası

**unterlaufen** ⟨*irr, ohne* -ge-⟩ **A** VT ⟨*h.*⟩ *Verbot umg* delmek **B** VI ⟨*s.*⟩: **mir ist ein Fehler ~** bir hata yaptım

**unterlegen¹** VT ⟨-ge-, *h.*⟩ *-in* altına koymak

**unterlegen²** ADJ *(dat* -den*)* aşağı, düşük

**Unterlegene** M.F ⟨-n; -n⟩ yenik, mağlup; *(Schwächere)* zayıf

**Unterlegenheit** F ⟨-; -en⟩ aşağılık, zayıflık

**Unterleib** M karın altı

**unterliegen** VI ⟨*irr, ohne* -ge-, *s.*⟩ yenilmek, mağlup olmak, *-i* kaybetmek

**Unterlippe** F altdudak

**Untermalung** F ⟨-; -en⟩ fon *(rengi, müziği vs)*

**untermauern** VT ⟨*ohne* -ge-, *h.*⟩ *-in* altına duvar örmek; *fig* temellendirmek

**untermengen** VT ⟨-ge-, *h.*⟩ *-in* içine karıştırmak

**Untermensch** M alt insan *(Nazi dili)*

**Untermiete** F ⟨-; *ohne pl*⟩ kiracı yanında kiracılık; **in** *(od* **zur) ~ wohnen (bei** yanında**)** pansiyoner olarak kalmak

**Untermieter(in)** M(F) kiracının kiracısı

**unterminieren** ⟨*ohne* -ge-, *h.*⟩ → **untergraben**

**unternehmen** VT ⟨*irr, ohne* -ge-, *h.*⟩ *Reise* yapmak; **etw ~ (gegen** *-e* karşı**)** bir şey yapmak, bir girişimde bulunmak

**Unternehmen** N ⟨-s; -⟩ *(Firma)* kuruluş; *(Vorhaben)* girişim, teşebbüs

**Unternehmens|berater(in)** M(F) piyasa müşaviri, işletmecilik danışmanı **~beratung** F işletmecilik danışmanlığı **~führung** F ⟨-; *ohne pl*⟩ şirket yönetimi

**Unternehmer** M ⟨-s; -⟩, **-in** F ⟨-; -nen⟩ girişimci; *(Arbeitgeber)* işveren; *(Industrielle)* sanayici

**Unternehmertum** N ⟨-s; *ohne pl*⟩: **freies ~** serbest girişimcilik

**Unternehmungs|geist** M girişim ruhu ♀**lustig** ADJ girişken; *(aktiv)* faal

**Unteroffizier** M MIL assubay

**unterordn|en** ⟨-ge-, *h.*⟩ **A** VT tabi kılmak **B** VR: **sich j-m ~** b-nin emri altına girmek ♀**ung** F ⟨-; *ohne pl*⟩ emir altına alma/girme; BIOL alttakım

**unterprivilegiert** ADJ imtiyazsız, dezavantajlı

**Unterredung** F ⟨-; -en⟩ görüşme, konuşma

**Unterricht** M ⟨-s; *ohne pl*⟩ ders; *(Stunde)* ders saati; **~ geben** ders vermek

**unterrichten** ⟨*ohne* -ge-, *h.*⟩ **A** VT: **j-n ~** b-ne ders vermek; **etw ~** ... dersi vermek; *(informieren)* **(von, über** *akk -den*, hakkında*)* bilgi vermek **B** VI ders vermek, öğretmenlik yapmak **C** VR: **sich ~ (über** *akk* hakkında*)* bilgi edinmek

**Unterrichts|einheit** F ünite **~raum** M sınıf, derslik **~stunde** F ders saati

**Unterrichtung** F ⟨-; *ohne pl*⟩ haber *(verme)*, bilgilendirme; **zu Ihrer ~** bilgi edinmeniz için

**Unterrock** M jüpon
**untersagen** VİT ⟨ohne -ge-, h.⟩ yasaklamak
**Untersatz** M ⟨-es; ⸚e⟩ für Gläser bardakaltı, çay tabağı; für Blumentöpfe saksı altlığı; umg **fahrbarer ~** hum araba
**unterschätzen** VİT ⟨ohne -ge-, h.⟩ -e değerinden az değer biçmek; Können küçümsemek
**unterscheiden** ⟨irr, ohne -ge-, h.⟩ **A** VİT: **von** -den ayırmak, ayrı tutmak **B** Vİ **(zwischen** dat arasında) ayrım yapmak, fark gözetmek **C** V/R: **sich ~ (von** -den; **durch** -le) ayrılmak
**Unterscheidung** F ⟨-; -en⟩ ayırt etme, farklı olma
**Unterscheidungsmerkmal** N ayırıcı özellik
**Unterschenkel** M baldır
**Unterschicht** F alt tabaka
**Unterschied** M ⟨-s; -e⟩ ayrım, fark; **e-n ~ machen (zwischen A und B** A ile B arasında) fark gözetmek; **im ~ zu** -den farklı olarak
**unterschiedlich** ADJ farklı; (schwankend) değişen
**unterschlagen** VİT ⟨irr, ohne -ge-, h.⟩ Geld zimmetine geçirmek; Testament yok etmek; fig Fakten gizlemek
**Unterschlagung** F ⟨-; -en⟩ zimmete para geçirme; yolsuzluk; gizleme
**Unterschlupf** M ⟨-s; -e⟩ umg yatak (gizlenme yeri); (Zufluchtsort) sığınak, sığınacak yer
**unterschlüpfen** Vİ ⟨-ge-, s.⟩ -e sığınmak; **(bei** -in) yanında gizlenmek
**unterschreiben** VİT u. Vİ ⟨irr, ohne -ge-, h.⟩ imzalamak
**Unterschrift** F ⟨-; -en⟩ imza; (Bild⸗) altyazı **~enmappe** F imza dosyası **⸗sberechtigt** ADJ imzaya yetkili
**unterschwellig** ADJ alttan alta, sezdirmeden
**Unterseeboot** N denizaltı (gemisi)
**Unterseite** F alt taraf/yüz
**untersetzt** ADJ tıknaz, bodur
**unterst** ADJ en alt/aşağı, en dip
**Unterstand** M sundurma; MIL zeminlik
**unterstehen** ⟨irr, ohne -ge-, h.⟩ **A** Vİ -in emrinde bulunmak **B** V/R: **sich ~, etw zu tun** bş yapmaya kalkışmak; **untersteh dich!** haddini bil!, sakın ha!
**unterstellen**¹ ⟨-ge-, h.⟩ **A** VİT unter Dach etc -in altına koymak; (unterbringen) **(in** dat -e) yerleştirmek; (dalassen) **(bei** -de) bırakmak; (lagern) depoya koymak; (unterordnen) -i -in emrine vermek **B** V/R: **sich (vor** dat -den) sığınmak
**unterstellen**² VİT ⟨ohne -ge-, h.⟩ (annehmen) farz etmek, varsaymak; **j-m etw ~** b-ni bş-le suçlamak (haksız yere); **j-m ~, dass er ...** b-nin -diğini iddia etmek
**Unterstellung** F ⟨-; -en⟩ haksız suçlama
**unterstreichen** VİT ⟨irr, ohne -ge-, h.⟩ -in altını çizmek; fig vurgulamak
**Unterstufe** F ⟨-; -en⟩ ortaokul
**unterstütz|en** VİT ⟨ohne -ge-, h.⟩ desteklemek; ideell a. -e arka çıkmak **⸗ung** F ⟨-; -en⟩ destek(leme), yardım; **~ beziehen** destek almak
**untersuch|en** VİT ⟨ohne -ge-, h.⟩ araştırmak; MED muayene etmek; JUR soruşturmak; CHEM analiz etmek; Gepäck aramak **⸗ung** F ⟨-; -en⟩ araştırma; muayene; soruşturma; analiz
**Untersuchungs|ausschuss** M araştırma komisyonu **~gefangene** M,F soruşturma tutuklusu **~gefängnis** N tutukevi **~haft** F soruşturma tutukluluğu; **in ~ sein** soruşturma hapsinde olmak **~richter** M soruşturma hakimi
**Untertan** M ⟨-s, -en; -en⟩ tebaa, kul
**Untertasse** F tabak, fincan tabağı
**untertauchen** Vİ ⟨-ge-, s.⟩ dalmak; fig ortadan kaybolmak
**Unterteil** N,M alt kısım, alt parça
**unterteilen** VİT ⟨ohne -ge-, h.⟩ **(in** akk -e) böl(üştür)mek
**Unterteilung** F ⟨-; -en⟩ böl(üştür)me, bölümleme
**Untertitel** M alt başlık; FILM altyazı
**Unterton** M fig sez(dir)ilen duygu
**untertreib|en** VİT u. Vİ ⟨irr, ohne -ge-, h.⟩ olduğundan eksik göstermek **⸗ung** F ⟨-; -en⟩ küçük gösterme
**untertunneln** VİT ⟨ohne -ge-, h.⟩ -in altından tünel geçirmek
**untervermieten** VİT ⟨ohne -ge-, h.⟩ kiraya vermek (kiracı olarak)
**unterversichert** ADJ eksik sigortalı
**unterwandern** VİT ⟨ohne -ge-, h.⟩ sızmak (bir örgütün içine)
**Unterwäsche** F ⟨-; ohne pl⟩ iç çamaşırı

**Unterwasser...** IN ZSSGN su altı ...
**unterwegs** ADV yolda, gelirken/giderken; **viel ~ sein** sık sık yolda olmak
**unterweis|en** VT ⟨irr, ohne -ge-, h.⟩: **j-n ~ in etw** dat b-ne bş-i öğretmek **2ung** F ⟨-; -en⟩ öğretme, ders
**Unterwelt** F ⟨-; ohne pl⟩ yeraltı dünyası
**unterwerfen** ⟨irr, ohne -ge-, h.⟩ A VT tabi kılmak, boyunduruğu almak; e-r Prüfung sınavdan geçirmek B VR: **sich ~ dat** -in emri altına girmek
**Unterwerfung** F ⟨-; -en⟩ **(unter -in)** emri altına alma/girme
**unterwürfig** ADJ köle gibi/ruhlu
**unterzeichn|en** VT u. VI ⟨ohne -ge-, h.⟩ imzalamak **2ete** M, F ⟨-n; -n⟩ imzalayan, imza sahibi **2ung** F ⟨-; -en⟩ imzalama
**unterziehen¹** VT ⟨irr, -ge-, h.⟩ -in altına giymek
**unterziehen²** ⟨irr, ohne -ge-, h.⟩ A VT tabi tutmak B VR: **sich e-r Operation ~** ameliyat olmak; **sich e-r Prüfung ~** sınava girmek
**untragbar** ADJ portatif olmayan; fig katlanılmaz
**untrennbar** ADJ ayrılmaz, bölünmez
**untreu** ADJ sadakatsiz, vefasız
**Untreue** F ⟨-; ohne pl⟩ sadakatsizlik, vefasızlık
**untröstlich** ADJ teselli kabul etmeyen
**untrüglich** ADJ şaşmaz, kesin
**Untugend** F kötü alışkanlık; (Laster) kötü huy
**untypisch** ADJ tipik olmayan, atipik
**unüberbrückbar** ADJ bağdaşmaz
**unüberlegt** ADJ uluorta, düşünmeden
**unübersehbar** ADJ topluca görülemeyen, büyük
**unübersichtlich** ADJ Kurve etc sonu görünmeyen; (verworren) karışık
**unüber|trefflich** ADJ aşılmaz, daha iyisi bulunmaz **~troffen** ADJ aşılmamış, en üstün
**unüberwindlich** ADJ başa çıkılmaz, aşılmaz
**unumgänglich** ADJ kaçınılmaz
**unumschränkt** ADJ sınırsız; (absolut) mutlak
**unumstritten** ADJ tartışmasız kabul edilen; şüphe götürmez
**ununterbrochen** ADJ kesintisiz; (ständig) sürekli
**unveränderlich** ADJ değişmez; MATH sabit
**unverändert** ADJ değişmemiş, sabit
**unverantwortlich** ADJ sorumsuz
**unveräußerlich** ADJ satılamaz, elden çıkarılamaz; JUR devredilemez
**unverbesserlich** ADJ akıllanmaz, düzelmez
**unverbindlich** ADJ WIRTSCH bağlayıcı olmayan; Art etc tarafsız; (unengagiert) bağlanmayan
**unverbleit** ADJ kurşunsuz (benzin)
**unverblümt** ADJ apaçık
**unverbraucht** ADJ harcanmamış, eskimemiş
**unverdächtig** ADJ şüphe çekmeyen
**unverdaulich** ADJ sindirimi güç
**unverdient** ADJ haksız, hak edilmemiş **~ermaßen** ADV haksız yere, hakketmeden, hakkı olmadan
**unverdorben** ADJ bozulmamış
**unverdrossen** ADJ yorulmak bilmez, neşeli
**unverdünnt** ADJ inceltilmemiş, sulandırılmamış
**unvereinbar** ADJ bağdaşmaz, uyuşmaz
**unverfälscht** ADJ hakiki, umg su katılmamış
**unverfänglich** ADJ sinsi olmayan, tehlikesiz
**unverfroren** ADJ umg edepsiz, küstah **2heit** F ⟨-; ohne pl⟩ umg küstahlık
**unvergänglich** ADJ kalıcı **2keit** F ⟨-; ohne pl⟩ kalıcılık
**unvergessen** ADJ unutulmayan
**unvergesslich** ADJ unutulmaz
**unvergleichlich** ADJ eşsiz, kıyas kabul etmez
**unverhältnismäßig** ADV oran(tı)sız; **~ hoch** aşırı yüksek
**unverheiratet** ADJ evlenmemiş, bekâr
**unverhofft** ADJ umulmadık; (unerwartet) beklenmeyen, beklenmedik
**unverhohlen** ADJ açıktan açığa, açık açık
**unverkäuflich** ADJ satılık olmayan; (nicht nachgefragt) satılamayan
**unverkennbar** ADJ aşikâr, açık, belli
**unverletzlich** ADJ yaralanmaz; JUR dokunulmaz
**unverletzt** ADJ yaralanmamış

**unvermeidlich** ADJ kaçınılmaz, çaresiz
**unvermindert** ADJ hiç azalmayan
**unvermittelt** ADJ birdenbire, anî
**Unvermögen** N ‹-s; *ohne pl*› yeteneksizlik
**unvermögend** ADJ yoksul, parasız
**unvermutet** ADJ ani, beklenmedik
**Unvernunft** F ‹-; *ohne pl*› akıldışılık
**unvernünftig** ADJ akıldışı, makul olmayan; *(töricht)* akılsız
**unveröffentlicht** ADJ yayınlanmamış
**unverrichtet** ADJ: ~**er Dinge** ADV istenen olmadan
**unverschämt** ADJ küstah, arsız, edepsiz; *Preis etc* korkunç fazla, fahiş **&heit** F ‹-; *-en*› küstahlık, arsızlık, edepsizlik; *Bemerkung* küstahça/terbiyesizce söz; **die ~ haben zu** -mek küstahlığını göstermek
**unverschuldet** ADJ (ADV) suçsuz (olarak)
**unversehens** ADV beklenmedik bir anda
**unversehrt** ADJ yarasız, yaralanmamış; *Sache* sağlam
**unversichert** ADJ sigortasız
**unversiegbar** ADJ (suyu) bitmez tükenmez
**unversöhnlich** ADJ uzlaşmaz, barışmaz
**unverstanden** ADJ anlaşılmamış; **sich ~ fühlen** k-nin anlaşılmadığına inanmak
**unverständlich** ADJ *(undeutlich)* anlaşılmaz; *gedanklich* akıl almaz; **es ist mir ~, warum** niçin -diğine aklım ermiyor
**unversteuert** ADJ vergilendirilmemiş
**unversucht** ADJ: **nichts ~ lassen** her yola başvurmak
**unverträglich** ADJ *Person* geçimsiz; *Sache* bağdaşmaz; MED kontrendiken, *umg* dokunan
**unverwechselbar** ADJ karıştırılamaz, kendine özgü
**unverwundbar** ADJ yaralanmaz, şerbetli
**unverwüstlich** ADJ çok sağlam, *umg* evladiyelik
**unverzagt** ADJ korkusuz, yılmaz
**unverzeihlich** ADJ affedilmez, bağışlanmaz
**unverzinslich** ADJ: ~**es Darlehen** faizsiz kredi

**unverzüglich** A ADJ acil, çabuk B ADV derhal, zaman geçirmeden
**unvollendet** ADJ bit(iril)memiş, tamamlanmamış
**unvollkommen** ADJ mükemmel olmayan, noksan **&heit** F ‹-; *ohne pl*› noksanlık, kusurluluk
**unvollständig** ADJ tam olmayan, eksik
**unvorbereitet** ADJ hazırlıksız
**unvoreingenommen** ADJ önyargısız
**unvorhergesehen** ADJ önceden kestirilemeyen
**unvorschriftsmäßig** ADJ kurallara aykırı
**unvorsichtig** ADJ dikkatsiz, tedbirsiz **&keit** F ‹-; *ohne pl*› dikkatsizlik, tedbirsizlik
**unvorstellbar** ADJ akıl almaz, anlaşılmaz; *(undenkbar)* düşünülemez
**unvorteilhaft** ADJ kazançsız, yararsız; *Kleid* yakışmayan
**unwahr** ADJ yanlış, yalan, gerçekdışı **&heit** F ‹-; *-en*› gerçekdışı *adj*, yalan
**unwahrscheinlich** ADJ ihtimal dışı; *umg (toll)* olağanüstü, müthiş
**unwegsam** ADJ *Gelände* yolu bozuk, ulaşılması zor
**unweigerlich** ADV kaçınılmaz, kesin
**unweit** PRÄP *(gen)* -in yakınında
**Unwesen** N ‹-s; *ohne pl*›: **sein ~ treiben in** -de düzeni bozmak
**unwesentlich** ADJ ilgisiz (şey); *(geringfügig)* önemsiz
**Unwetter** N ‹-s; -› fırtına, kötü hava
**unwichtig** ADJ önemsiz
**unwiderlegbar** ADJ su götürmez
**unwiderruflich** A ADJ geri alınamaz, geri dönülemez B ADV: **es steht ~ fest, dass** şurası son derecede kesin ki
**unwiderstehlich** ADJ karşı konulmaz, dayanılmaz, çok çekici
**unwiederbringlich** ADJ (bir daha) yerine konulamaz
**Unwille** M ‹-ns› kızgınlık, öfke
**unwillig** ADJ *(über akk -e)* kızgın, öfkeli; *(widerwillig)* istemeyerek, gönülsüz
**unwillkommen** ADJ makbule geçmeyen, zamansız; *(unangenehm)* nahoş
**unwillkürlich** ADJ bilinçsizce; b-nin elinde olmayan; gayri iradî
**unwirklich** ADJ gerçek olmayan, hayalî
**unwirksam** ADJ etkisiz; JUR *etc* geçer-

siz, batıl
**unwirsch** ADJ haşin, katı; (*grob*) kaba
**unwirtlich** ADJ itici, sevimsiz
**unwirtschaftlich** ADJ ekonomik olmayan, kârsız
**unwissend** ADJ bilgisiz, cahil
**Unwissenheit** F ‹-; ohne pl› bilgisizlik, cehalet
**unwissenschaftlich** ADJ bilimsel olmayan, bilimdışı
**unwissentlich** ADV bilmeden, farkına varmadan
**unwohl** ADJ rahatsız, hasta; (*besorgt*) endişeli
**unwürdig** ADJ (*gen -e*) layık olmayan, yaraşmayan
**Unzahl** F: e-e ~ **von** bir alay/sürü
**unzählig** ADJ sayısız, çok sayıda
**unzeitgemäß** ADJ zamana uymayan, çağdışı
**unzerbrechlich** ADJ kırılmaz
**unzerstörbar** ADJ tahrip edilemez, bozulmaz
**unzertrennlich** ADJ ayrılmaz, bölünmez
**unzivilisiert** ADJ medenî olmayan
**Unzucht** F ‹-; ohne pl› JUR: **gewerbsmäßige ~** fuhuş
**unzüchtig** ADJ ahlaksız; *Literatur etc* müstehcen
**unzufrieden** ADJ (**mit** *-den*) memnunsuz, hoşnutsuz **♀heit** F ‹-; ohne pl› hoşnutsuzluk
**unzugänglich** ADJ erişilmez, ulaşılmaz
**unzulänglich** ADJ yetersiz; (*mangelhaft*) kusurlu **♀keit** F ‹-; -en› yetersizlik; kusur
**unzulässig** ADJ mubah olmayan; yasak
**unzumutbar** ADJ *-den* istenemez, beklenemez
**unzurechnungsfähig** ADJ JUR cezaî ehliyeti olmayan **♀keit** F ‹-; ohne pl› cezaî ehliyeti olmama
**unzureichend** ADJ yetersiz, eksik
**unzusammenhängend** ADJ tutarsız
**unzuständig** ADJ JUR (**für** için) yetkili olmayan
**unzutreffend** ADJ isabetsiz, uygun olmayan; **♀es bitte streichen!** uygun olmayanı çiziniz
**unzuverlässig** ADJ güvenilmez, *umg Person* ipiyle kuyuya inilmez

**unzweckmäßig** ADJ amaca uymayan
**unzweifelhaft** A ADJ şüphe götürmeyen B ADV şüphesiz
**Update** ['apdeɪt] N ‹-s; -s› güncelleme
**üppig** ADJ *Formen* dolgun; *Mahlzeit* çok zengin; *Vegetation* bereketli, çok bol
**Urabstimmung** ['u:e-] F WIRTSCH grev oylaması
**Urahn** ['u:e-] M ata
**uralt** [u:e-] ADJ çok yaşlı/eski
**Uran** N ‹-s; ohne pl› CHEM uranyum **♀haltig** ADJ uranyum içeren
**Uraufführung** ['u:e-] F THEAT ilk sahneleniş; FILM ilk gösterim
**urbar** ['u:e-] ADJ: **~ machen** yaşanır hale getirmek (*arazi*)
**Ur|bevölkerung, ~einwohner** ['u:e-] PL (asıl/ilk) yerliler
**ureigen** [u:e-] ADJ: **in Ihrem ~sten Interesse** tamamen sizin kendi çıkarınız için
**Urenkel** ['u:e-] M torunun oğlu **~in** F torunun kızı
**Urform** ['u:e-] F ilk biçim
**urgemütlich** [u:e-] ADJ *umg* alabildiğine rahat
**Urgeschichte** ['u:e-] F ‹-; ohne pl› tarihöncesi
**urgeschichtlich** [u:e-] ADJ tarihöncesine ait
**Urgestein** ['u:e-] N GEOL ilk kütle
**Urgewalt** ['u:e-] F büyük tabiat gücü (*rüzgâr vs*)
**Urgroßeltern** ['u:e-] PL nineyle dedenin annesi-babası
**Urheber** ['u:e-] M ‹-s; -› (*Täter*) aslî suçlu; (*Werk*) eser sahibi
**Urheberrecht** ['u:e-] N (**an** *dat -in*) patent/telif hakkı **♀lich** ADV: **~ geschützt** patent/telif hakları saklı
**Urin** M ‹-s; -e› idrar
**urinieren** VI ‹ohne ge-, h.› idrarını yapmak, *umg* işemek
**Urin|probe** F MED idrar örneği **~untersuchung** F idrar muayenesi
**Urknall** ['u:e-] M ‹-s; ohne pl› ilk patlama
**urkomisch** [u:e-] ADJ *umg* çok matrak
**Urkund|e** ['u:e-] F ‹-; -n› belge; (*Zeugnis, Ehren♀*) diploma **~enfälschung** F evrak sahtekârlığı **♀lich** ADV belgeye dayanarak; **etw ~ belegen** bş-i belgeleriyle ispat etmek

**Urlaub** ['u:ɐ-] M̄ ⟨-s; -e⟩ izin, tatil; **im ~** izinde, tatilde; **in ~ gehen** izne ayrılmak; tatile çıkmak; **e-n Tag (ein paar Tage) ~ nehmen** bir gün (birkaç gün) izin almak
**Urlauber** M̄ ⟨-s; -⟩, **-in** F̄ ⟨-; -nen⟩ tatilci **~strom** M̄ tatilci akını
**Urlaubs|anschrift** F̄ b-nin izne gittiği yerdeki adresi **~anspruch** M̄ izin hakkı **~geld** N̄ izin parası **~ort** M̄ tatil yeri **~reise** F̄ tatil yolculuğu **~tag** M̄ izin günü **~vertretung** F̄ Person izin yetkili vekil **~zeit** F̄ izin süresi, tatil zamanı
**Urmensch** ['u:ɐ-] M̄ ilk(el) insan
**Urne** F̄ ⟨-; -n⟩ kap, ayaklı vazo, kavanoz; (Wahl&.) seçim sandığı
**Urologe** M̄ ⟨-n; -n⟩ ürolog
**Urologie** F̄ ⟨-; ohne pl⟩ üroloji
**urplötzlich** [u:ɐ-] A ADJ çok anî; hiç beklenmeyen B ADV durup dururken
**Ursache** ['u:ɐ-] F̄ ⟨-; -n⟩ (gen, für -e) sebep, neden; (Grund) gerekçe; **keine ~!** bir şey değil!
**ursächlich** [u:ɐ-] ADJ nedensel; **~er Zusammenhang** sebep-sonuç ilişkisi, nedensellik
**Ursprung** ['u:ɐ-] M̄ ⟨-s; ⸚e⟩ kaynak, köken; **germanischen ~s** Cermen kökenli
**ursprünglich** ['u:ɐ-] ADJ orijinal, asıl; adv esasen
**Ursprungsland** ['u:ɐ-] N̄ WIRTSCH kaynak ülke, umg -in geldiği ülke
**Urteil** N̄ ⟨-s; -e⟩ yargı; JUR karar, hüküm; **sich** (dat) **ein ~ bilden** (**über** akk hakkında) bir yargıya varmak
**urteilen** V/I ⟨h.⟩ (**über** hakkında) hüküm vermek
**Urteils|begründung** F̄ JUR karar gerekçesi **&fähig** ADJ temyiz kudretini haiz
**Urtext** ['u:ɐ-] M̄ asıl (metin)
**urtümlich** [u:ɐ-] ADJ tabiî, bozulmamış, el değmemiş
**Ururenkel(in** F̄) ['u:ɐ-] M̄ torunun torunu
**Urwald** ['u:ɐ-] M̄ balta girmemiş orman; (Dschungel) cengel, cangıl
**urwüchsig** [u:ɐ-] ADJ (natürlich) tabiî; (einfach) sade
**Urzeit** ['u:ɐ-] F̄: **seit ~en** çok eskilerden beri; **vor ~en** çok eski zamanlarda

**Urzustand** ['u:ɐ-] M̄ ilk/baştaki durum
**Usbek|e** M̄ ⟨-n; -n⟩, **-in** F̄ ⟨-; -nen⟩ Özbek **&isch** Özbek(istan) subst **~isch** N̄ Özbekçe **~istan** N̄ Özbekistan
**User** ['ju:ze] M̄ ⟨-s; -⟩ IT kullanıcı
**usw.** abk für und so weiter ve saire (vs)
**Utensilien** PL alet-edevat koll
**Uterus** M̄ ⟨-s; Uteri⟩ ANAT rahim
**Utopie** F̄ ⟨-; -n⟩ ütopya, ütopi
**utopisch** ADJ ütopik, ütopik

**v, V** [fau] N̄ ⟨-; -⟩ v, V
**Vagabund** [v-] M̄ ⟨-en; -en⟩ serseri **&ieren** V/I ⟨ohne -ge-, h.⟩ serseri gibi dolaşmak, serserilik etmek
**vage** [v-] ADJ belirsiz, şüpheli
**Vagina** [v-] F̄ ⟨-; -nen⟩ ANAT vajina
**vakant** [v-] ADJ Arbeitsstelle açık, münhal
**Vakuum** ['va:kuʊm] N̄ ⟨-s; -kua⟩ vakum, boşluk **&verpackt** ADJ vakum ambalajlı
**Valuta** [v-] F̄ ⟨-; -ten⟩ WIRTSCH yabancı para; döviz
**Vampir** [vam'pi:ɐ] M̄ ⟨-s; -e⟩ vampir
**Vandalismus** [v-] M̄ ⟨-; ohne pl⟩ vandalizm
**Vanille** [va'nɪljə, va'nɪljə] F̄ ⟨-; ohne pl⟩ BOT vanilya **~zucker** M̄ vanilyalı şeker
**vari|abel** [v-] ADJ değişken **&abilität** F̄ ⟨-; ohne pl⟩ değişkenlik **&able** F̄ ⟨-; -n⟩ MATH değişken **&ante** F̄ ⟨-; -n⟩ (**zu** -in) varyant(ı) **&ation** F̄ ⟨-; -en⟩ varyasyon, çeşit; MUS çeşitleme
**Varieté** [varie'te:] N̄ ⟨-s; -s⟩ varyete/vodvil (tiyatrosu)
**variieren** [vari'i:rən] V/I ⟨ohne -ge-, h.⟩ değişmek, çeşitlilik göstermek; v/t çeşitlemek
**Vasall** [v-] M̄ ⟨-en; -en⟩ HIST vasal, tımarcı **~enstaat** M̄ biçimsel olarak bağımsız, gerçekte başka bir devlete bağımlı devlet
**Vase** [v-] F̄ ⟨-; -n⟩ vazo

**Vaseline** [v-] F ⟨-; ohne pl⟩ vazelin
**Vater** [f-] M ⟨-s; ⸚⟩ baba, peder **~figur** F PSYCH baba figürü **~land** N ⟨-s; ⸚er⟩ yurt, vatan **~landsliebe** F yurtseverlik, vatanseverlik
**väterlich** [f-] ADJ babadan kalma **~erseits** ADV baba tarafından; Onkel ~ amca; Tante ~ hala
**Vaterschaft** [f-] F ⟨-; ohne pl⟩ JUR babalık **~sklage** F JUR babalık davası
**Vaterunser** [f-] N ⟨-s; -⟩ REL Rabbimiz Duası
**Vati** [f-] M ⟨-s; -s⟩ umg Kindersprache baba(cığım)
**Vatikan** [vati'ka:n] M ⟨-s; ohne pl⟩ Vatikan
**V-Ausschnitt** ['faʊ-] M v yaka
**v. Chr.** abk für vor Christus Milat'tan'/İsa'dan Önce (MÖ/İÖ)
**Veganer** [ve'ga:nər] M ⟨-s; -⟩, **-in** F ⟨-; -nen⟩ süt ve yumurtayı da reddeden vejetaryen
**Vegetar|ier** [vege'ta:riɐ] M ⟨-s; -⟩, **-in** F ⟨-; -nen⟩ vejetaryen, umg etyemez ⚘isch ADJ etsiz (yiyecek)
**Vege|tation** [vegeta'tsi̯o:n] F ⟨-; -en⟩ bitki örtüsü ⚘tativ [-'ti:f] ADJ: **~es Nervensystem** vejetatif sinir sistemi ⚘tieren VI ⟨ohne -ge-, h.⟩ fig amaçsızca (ød sefilce) yaşamak; umg ot gibi yaşamak
**Vehikel** [ve'hi:kal] N ⟨-s; -⟩ (amaca götüren) araç; mağa külüstür (araba)
**Veilchen** [f-] N ⟨-s; -⟩ BOT menekşe; umg fig morartı, morgözlü
**veilchenblau** [f-] ADJ (menekşe) mor(u)
**Vektor** ['vɛkto:ɐ] M ⟨-s; -en⟩ MATH vektör
**Velours** [vəˈluːɐ] M ⟨-; -⟩ velur, kadife **~leder** N kadife deri
**Vene** ['veːnə] F ⟨-; -n⟩ ven, toplardamar
**Venenentzündung** [v-] F MED ven iltihabı
**Venezian|er** [veneˈtsi̯aːnər] M ⟨-s; -⟩, **-in** F ⟨-; -nen⟩ Venedikli ⚘isch ADJ Venedik subst
**Venezolan|er** [venetsoˈlaːnər] M ⟨-s; -⟩, **-in** F ⟨-; -nen⟩ Venezuelalı ⚘isch ADJ Venezuela subst
**venös** [veˈnøːs] ADJ MED venöz
**Ventil** [vɛnˈtiːl] N ⟨-s; -e⟩ valf, supap, kapakçık; fig çıkış (deliği)
**Ventilation** [vɛntila'tsi̯o:n] F ⟨-; -en⟩ havalandırma
**Ventilator** [venti'la:to:ɐ] M ⟨-s; -en⟩ vantilatör
**verabreden** [f-] ⟨ohne -ge-, h.⟩ A VT kararlaştırmak B V/R: **sich ~ (mit** -le) sözleşmek, randevulaşmak
**Verabredung** F ⟨-; -en⟩ sözleşme, randevulaşma; (Treffen) buluşma
**verabreichen** VT ⟨ohne -ge-, h.⟩: **j-m etw ~** MED b-ne bş-i vermek (ilaç vs)
**verabscheuen** VT ⟨ohne -ge-, h.⟩ -den nefret etmek, tiksinmek
**verabschied|en** ⟨ohne -ge-, h.⟩ A VT geçirmek, uğurlamak; (entlassen) işten çıkarmak, kovmak; Gesetz çıkarmak B V/R: **sich ~ (von** -e) veda etmek; voneinander vedalaşmak ⚘ung F ⟨-; -en⟩ geçirme, uğurlama; Gesetz çıkar(ıl)ma
**veracht|en** VT ⟨ohne -ge-, h.⟩ hor görmek, aşağısamak; (verschmähen) küçümsemek **~enswert** ADJ aşağılık, alçak
**verächtlich** ADJ Worte aşağılayıcı; Haltung aşağılık
**Verachtung** F ⟨-; ohne pl⟩ aşağılama; küçümseme
**veralbern** VT ⟨ohne -ge-, h.⟩ umg: **j-n ~** b-le dalga geçmek
**verallgemeiner|n** VT ⟨ohne -ge-, h.⟩ genellemek ⚘ung F ⟨-; -en⟩ genelleme
**veraltet** ADJ eskimiş, modası geçmiş
**Veranda** [v-] F ⟨-; -den⟩ veranda, camlı taraça
**veränderlich** ADJ değişken
**verändern** ⟨ohne -ge-, h.⟩ A V/R: **sich ~** değişmek; **sich zu s-m Vorteil (Nachteil) ~** olumlu (olumsuz) yönde değişmek B VT değiştirmek
**veränder|t** ADJ: **sie ist ganz ~** bambaşka biri oldu ⚘ung F ⟨-; -en⟩ değiş(tir)me, değişim
**verängstigt** ADJ (gözü) korkmuş, yılmış
**veranlagen** VT ⟨ohne -ge-, h.⟩ vergilendirmek
**veranlagt** ADJ **(zu, für** -e) yatkın; **künstlerisch ~ sein** -in sanat yeteneği olmak
**Veranlagung** F ⟨-; -en⟩ charakterliche yaradılış, huy; (Neigung) eğilim; (Talent) yetenek; vergilendirme
**veranlass|en** VT ⟨ohne -ge-, h.⟩ etw

~ bş-e sebep olmak; bş-i yaptırmak; **j-n zu etw ~** b-nin bş-i yapmasını sağlamak **2ung** F ⟨-; -en⟩ (**zu** için) sebep; **auf ~ von** (od gen) -in emri/teşviki ile

**veranschaulich|en** VT ⟨ohne -ge-, h.⟩: **sich** (dat) **etw ~** bş-i (somut olarak) gözünün önüne getirmek **2ung** F ⟨-; -en⟩: **zur ~ -i** somutlaştırmak üzere

**veranschlagen** VT ⟨ohne -ge-, h.⟩ WIRTSCH (**auf** akk olarak) tahmin etmek, değer biçmek; **zu hoch** (**niedrig**) **~** çok yüksek (düşük) değer biçmek

**veranstalten** VT ⟨ohne -ge-, h.⟩ düzenlemek, tertip etmek

**Veranstalter** M ⟨-s; -⟩, **-in** F ⟨-; -nen⟩ düzenleyen; SPORT, THEAT organizatör

**Veranstaltung** F ⟨-; -en⟩ toplantı, gösteri, şenlik vs; kulturell etkinlik; SPORT karşılaşma; Vorgang organizasyon **~skalender** M (etkinlikler) programı

**verantworten** VT ⟨ohne -ge-, h.⟩ -in sorumluluğunu üstlenmek; v/r: **sich ~** (**j-m gegenüber**) **für etw ~** (b-ne) bş-in hesabını vermek

**verantwortlich** ADJ sorumlu; **j-n ~ machen für** b-ni bş-den sorumlu tutmak **2keit** F sorumluluk

**Verantwortung** F ⟨-; ohne pl⟩ sorumluluk; **auf eigene ~** sorumluluğu kendine ait olmak üzere; **j-n zur ~ ziehen** b-nden hesap sormak

**Verantwortungs|bewusstsein** N, **~gefühl** N sorumluluk bilinci/duygusu **2los** ADJ sorumsuz **2voll** ADJ sorumluluğu(nu)n bilincinde

**veräppeln** VT ⟨ohne -ge-, h.⟩ umg: **j-n ~** b-ni işletmek

**verarbeiten** VT ⟨ohne -ge-, h.⟩ işlemek; fig sindirmek, -le hesaplaşmak; **etw ~ zu** işleyerek ... haline getirmek; **~de Industrie** imalat sanayii

**Verarbeitung** F ⟨-; -en⟩ (Herstellung) imalat, işleme; (Qualität) işçilik; fig sindir(il)me, hesaplaşma

**verärgern** VT ⟨ohne -ge-, h.⟩ kızdırmak, küstürmek

**verarmen** VI ⟨ohne -ge-, s.⟩ fakirleşmek

**verarmt** ADJ fakirleşmiş

**Verarmung** F ⟨-; -en⟩ fakirleşme

**verarschen** VT ⟨ohne -ge-, h.⟩ vulg: **j-n ~** (sich lustig machen) b-le dalga geçmek; (betrügen) b-ni kazıklamak

**verarzten** VT ⟨ohne -ge-, h.⟩ umg b-ni tedavi etmek

**verästeln** VR ⟨ohne -ge-, h.⟩: **sich ~** dallanmak; fig dallanıp budaklanmak

**verausgaben** VR ⟨ohne -ge-, h.⟩: **sich ~** bütün parasını harcamak, umg sıfırı tüketmek; fig bitkin düşmek

**veräußer|n** VT ⟨ohne -ge-, h.⟩ elden çıkarmak, satmak **2ung** F ⟨-; -en⟩ elden çıkarma, satış **2ungsgewinn** M satıştan (elde edilen) kâr

**Verb** [vɛrp] N ⟨-s; -en⟩ GRAM fiil, eylem

**verbal** ADJ sözlü; Fertigkeiten sözel

**verbalisieren** VT ⟨ohne -ge-, h.⟩ dile getirmek/dökmek (sözlü olarak)

**Verband** M ⟨-s; ⸚e⟩ MED sargı, pansuman; (Vereinigung) birlik

**Verband(s)|kasten** M ilkyardım kutusu **~material** N sargı malzemesi **~mull** M gaz bezi **~zeug** N sargı malzemesi

**verbann|en** VT ⟨ohne -ge-, h.⟩ (**aus** -den) kovmak, Land a. sürgün etmek **2ung** F ⟨-; -en⟩ kov(ul)ma, sürgün

**verbarrikadieren** VT u. VR ⟨ohne -ge-, h.⟩: **sich ~** etrafına barikat örmek

**verbauen** VT ⟨ohne -ge-, h.⟩ Aussicht kapatmak; (im Bau verwenden) kullanmak, harcamak; **j-m** (**sich**) **den Weg ~** b-nin (kendinin) önünü/yolunu kapatmak

**verbeamten** VT ⟨ohne -ge-, h.⟩: **j-n ~** memur kadrosuna almak

**verbeißen** ⟨irr, ohne -ge-, h.⟩ **A** VT: **er konnte sich ein Lächeln nicht ~** gülümsemeden edemedi **B** VR: **sich ~ in** (akk) -e aklını takmak

**verbergen** ⟨irr, ohne -ge-, h.⟩ **A** VT (**vor** dat -den) gizlemek, saklamak **B** VR: **sich ~** (**vor** dat -den) gizlenmek, saklanmak

**verbessern** ⟨ohne -ge-, h.⟩ **A** VT düzeltmek **B** VR: **sich ~** yanlışını doğrultmak

**Verbesserung** F ⟨-; -en⟩ düzeltme; TYPO tashih

**verbesserungsbedürftig** ADJ düzeltilmeye muhtaç

**Verbesserungsvorschlag** M düzeltme önerisi

**verbeug|en** VR ⟨ohne -ge-, h.⟩: **sich ~** (**vor** dat -in önünde) eğilmek **2ung** F

⟨-; -en⟩ eğilme, reverans; **e-e ~ machen** eğilmek

**verbeulen** <u>VT</u> ⟨ohne -ge-, h.⟩ yamultmak

**verbiegen** <u>VT</u> ⟨irr, ohne -ge-, h.⟩ eğriltmek, bükmek

**verbieten** <u>VT</u> ⟨irr, ohne -ge-, h.⟩ yasak etmek; *amtlich* yasaklamak

**verbilligen** <u>VT</u> ⟨ohne -ge-, h.⟩ ucuzlatmak

**verbilligt** <u>ADJ</u> ucuzlatılmış

**verbinden** <u>VT</u> ⟨irr, ohne -ge-, h.⟩ (*kombinieren*) bağlantı kurmak, birleştirmek; (*assoziieren*) *-e -i* çağrıştırmak; TEL *-i -e* bağlamak; MED ⟨*Wunde* sarmak; **j-n ~ b**-nin bir yerini sarmak; *a.* TECH **mit etw ~** bş-le bağlamak; (*vereinen*) kaynaştırmak; **j-m die Augen ~** b-nin gözlerini bağlamak; **mit e-r Tätigkeit verbunden sein** bir işe gönülden bağlı olmak; **ich verbinde Rom mit Regen** Roma denince aklıma yağmur geliyor; **ich verbinde Sie (mit)** sizi ⟨*-e*⟩ bağlıyorum; **falsch verbunden!** yanlış numara!

**verbindlich** <u>ADJ</u> (*für için*) bağlayıcı, zorunlu; *gefällig* nazik, iyiliksever

**Verbindlichkeiten** <u>PL</u> WIRTSCH borçlar, yükümlülükler

**Verbindung** <u>F</u> ⟨-; -en⟩ bağlantı; (*Kombination*) kombinasyon; CHEM bileşim; **sich in ~ setzen mit** b-le temasa geçmek, bağlantı kurmak; **in ~ stehen (bleiben)** temas halinde olmak

**Verbindungs|mann** <u>M</u> aracı **~stück** <u>N</u> TECH, ELEK bağlantı (parçası)

**verbissen** <u>ADJ</u> inatçı, hırslı **⚲heit** <u>F</u> ⟨-; ohne pl⟩ inat, hırs

**verbitten** <u>VT</u> ⟨irr, ohne -ge-, h.⟩: **sich** (*dat*) **etw ~** *-in* kesilmesini talep etmek (*kendine yönelik bir davranışın*); **das verbitte ich mir!** buna izin veremem!

**verbitter|t** <u>ADJ</u> küskün **⚲ung** <u>F</u> ⟨-; ohne pl⟩ acı; dargınlık

**verblassen** <u>VI</u> ⟨ohne -ge-, s.⟩ sararmak, solmak

**Verbleib** <u>M</u> ⟨-s; ohne pl⟩ *-in* kaldığı (*od* halen bulunduğu) yer

**verbleiben** <u>VI</u> ⟨irr, ohne -ge-, s.⟩ **wir sind so verblieben, dass** biz aramızda son şöyle kararlaştırmıştık ...

**verbleit** <u>ADJ</u> AUTO kurşunlu

**verblend|en** <u>VT</u> ⟨ohne -ge-, h.⟩ ARCH kaplamak (*cephe vs*); *-in* gözünü kamaştırmak **⚲ung** <u>F</u> ⟨-; -en⟩ ARCH kaplama

**verblichen** <u>ADJ</u> soluk; *hum* müteveffa

**verblöden** *umg* <u>A</u> <u>VI</u> ⟨ohne -ge-, s.⟩ (**bei** *-le*) aptallaşmak, bönleşmek <u>B</u> <u>VT</u> ⟨ohne -ge-, h.⟩ aptal etmek, ahmaklaştırmak

**verblüffen** <u>VT</u> ⟨ohne -ge-, h.⟩ hayrete düşürmek, şaşırtmak, *umg* afallatmak

**verblüffend** <u>ADJ</u> şaşırtıcı

**verblüfft** <u>ADJ</u> şaşkın, *umg* afallamış

**Verblüffung** <u>F</u> ⟨-; ohne pl⟩ hayret, şaşkınlık; **zu meiner ~** çok hayret ettiğim bir şey oldu ve ...

**verblühen** <u>VI</u> ⟨ohne -ge-, s.⟩ solmak, geçmek (*çiçek*)

**verbluten** <u>VI</u> ⟨ohne -ge-, s.⟩ kan kaybından ölmek

**verbohrt** <u>ADJ</u> *umg* inatçı, kafayı takmış

**verborgen** <u>ADJ</u> gizli; **~ halten** gizli tutmak; **im ⚲en** gizlice

**Verbot** <u>N</u> ⟨-s; -e⟩ yasak

**verboten** <u>ADJ</u> yasak(lanmış); **Rauchen ~!** sigara içmek yasak(tır)!

**Verbotsschild** <u>N</u> yasak levhası

**Verbrauch** <u>M</u> ⟨-s; ohne pl⟩ tüketim; **~ an** *dat* ... tüketimi

**verbrauchen** ⟨ohne -ge-, h.⟩ <u>A</u> <u>VT</u> tüketmek, harcamak <u>B</u> <u>VR</u>: **sich ~** tükenmek

**Verbraucher** <u>M</u> ⟨-s; -⟩, **-in** <u>F</u> ⟨-; -nen⟩ tüketici **~markt** <u>M</u> tüketim malları mağazası **~preise** <u>PL</u> tüketici fiyatları **~schutz** <u>M</u> tüketiciyi koruma **~steuer** <u>F</u> tüketim vergisi **~zentrale** <u>F</u> tüketiciyi koruma örgütü

**verbraucht** <u>ADJ</u> tükenmiş, harcanmış; **~e Luft** ağır hava, havasızlık

**Verbrechen** <u>N</u> ⟨-s; -⟩ cürüm, (ağır) suç

**Verbrecher** <u>M</u> ⟨-s; -⟩, **-in** <u>F</u> ⟨-; -nen⟩ mücrim, suçlu **⚲isch** <u>ADJ</u> kaatil gibi

**verbreiten** ⟨ohne -ge-, h.⟩ <u>A</u> <u>VT</u> yaymak <u>B</u> <u>VR</u>: **sich ~** yayılmak

**verbreitern** <u>VT</u> ⟨ohne -ge-, h.⟩ genişletmek

**Verbreitung** <u>F</u> ⟨-; ohne pl⟩ yay(ıl)ım, dağıt(ıl)ma

**verbrennen** ⟨irr, ohne -ge-⟩ <u>A</u> <u>VT</u> ⟨h.⟩ yakmak <u>B</u> <u>VI</u> ⟨s.⟩ yanmak

**Verbrennung** <u>F</u> ⟨-; -en⟩ yak(ıl)ma; TECH yanma; (*Wunde*) yanık

**verbrieft** <u>ADJ</u> senetli

**verbringen** <u>VT</u> ⟨irr, ohne -ge-, h.⟩ Zeit

geçirmek

**verbrühen** ⟨ohne -ge-, h.⟩ A V/T: **sich** (dat) **die Hand** elini haşlamak B V/R: **sich ~** yanmak, haşlanmak

**verbuchen** V/T ⟨ohne -ge-, h.⟩ (deftere/hesaba) geçirmek, kaydetmek; fig Erfolg etc elde etmek

**verbummeln** V/T ⟨ohne -ge-, h.⟩ umg Zeit öldürmek; Termin unutmak, atlamak; Überstunden -in yerine izin kullanmak

**Verbund** M ⟨-s; -e⟩ birleşik, kombine adj

**verbunden** ADJ: **mit ~en Augen** gözleri bağlı (olarak); **j-m ~ sein für** ... için teşekkür borçlu olmak; TEL **sein mit** -e bağlanmış olmak

**verbünden** V/R ⟨ohne -ge-, h.⟩: **sich ~** (**mit** -le) birleşmek, ittifak kurmak

**Verbundenheit** F ⟨-; ohne pl⟩ (**mit** -e) (içten) bağlılık

**Verbündete** M, F ⟨-n; -n⟩ müttefik, bağlaşık

**verbürgen** V/R ⟨ohne -ge-, h.⟩: **sich ~ für** garanti etmek

**verbüßen** V/T ⟨ohne -ge-, h.⟩: **e-e Strafe ~** bir cezayı çekmek

**verchromt** [-k-] ADJ kromajlı, krome

**Verdacht** M ⟨-s; -e⟩ kuşku, şüphe; JUR zan; **~ erregen** şüphe uyandırmak; **j-n im ~ haben (etw getan zu haben)** b-nden (od b-nin bş-i yaptığından) şüphelenmek; **in ~ kommen** şüphe uyandırmak; **~ schöpfen** şüphelenmek; **im ~ stehen, etw zu tun (getan zu haben)** bş-i yapmakla suçlanmak

**verdächtig** ADJ şüpheli

**Verdächtige** M, F ⟨-n; -n⟩ JUR şüpheli şahıs (henüz sanık olmayan)

**verdächtigen** V/T ⟨ohne -ge-, h.⟩ (gen -den) şüphelenmek, (gen -i) suçlamak **ung** F ⟨-; -en⟩ suçlama; (Unterstellung) isnat, iftira

**Verdachtsmoment** N şüphe unsuru

**verdammen** V/T ⟨ohne -ge-, h.⟩ lanetlemek; fig (**zu** -e) mahkum etmek

**verdammt** umg A ADJ kahrolası, lanet(li); **dazu ~ sein zu** (ömür boyu) -meye mahkum olmak B ADV çok, son derece C INT kahrolası!, (Allah) kahretsin!

**verdampfen** V/I ⟨ohne -ge-, s.⟩ buharlaşmak

**verdanken** V/T ⟨ohne -ge-, h.⟩: **j-m**

(**e-m Umstand** etc) **etw ~** b-ne (bir duruma vs) bş-i borçlu olmak

**verdauen** V/T ⟨ohne -ge-, h.⟩ sindirmek, hazmetmek **~lich** ADJ: **leicht ~** sindirimi kolay; **schwer ~** sindirimi zor **ung** F ⟨-; ohne pl⟩ sindirim, hazım

**Verdauungs|apparat** M sindirim sistemi **~störungen** PL sindirim güçlüğü sg, hazımsızlık sg; (Verstopfung) kabızlık sg, peklik sg

**Verdeck** N ⟨-s; -e⟩ AUTO açılır tavan

**verdecken** V/T ⟨ohne -ge-, h.⟩ örtmek, kapatmak, a. TECH gizlemek

**verdeckt** ADJ: **~er Ermittler** soruşturmayı gizli olarak yürüten memur

**verdenken** V/T ⟨ohne -ge-, h.⟩: **ich kann es ihm nicht ~** (, **dass**) ona (onun -mesine) gücenemem

**verderben** ⟨verdirbt, verdarb, verdorben⟩ A V/I ⟨s.⟩ Lebensmittel bozulmak B V/T ⟨h.⟩ bozmak; sich (dat) **die Augen** (**den Magen**) **~** gözünü (midesini) bozmak; **j-m die Freude ~** b-nin neşesini kaçırmak; **es mit j-m ~** b-le arasını bozmak

**Verderben** N ⟨-s; ohne pl⟩: **in sein ~ rennen** eceline susamış olmak

**verderblich** ADJ: **~e Waren** kısa ömürlü mallar

**verdeutlichen** V/T ⟨ohne -ge-, h.⟩: **j-m etw ~** b-ne bş-i açıklamak

**verdichten** ⟨ohne -ge-, h.⟩ A V/T TECH, CHEM yoğunlaştırmak B V/R: **sich ~** yoğunlaşmak

**verdicken** V/T ⟨ohne -ge-, h.⟩: **sich ~** koyul(aş)mak

**Verdickungsmittel** N ⟨-s; -⟩ kıvam artırıcı (madde)

**verdienen** ⟨ohne -ge-, h.⟩ A V/T Geld kazanmak; Lob, Strafe hakketmek; **er hat es nicht besser verdient!** müstahaktır! B V/I: **gut ~** iyi para kazanmak; **sich** (dat) **etw nebenbei ~** biraz yan gelir sağlamak

**Verdiener** M ⟨-s; -⟩, **-in** F ⟨-; -nen⟩ para kazanan, evin geçimini sağlayan; WIRTSCH kazanç sahibi

**Verdienst**[1] M ⟨-es; -e⟩ kazanç; (Lohn) ücret; (Gehalt) aylık

**Verdienst**[2] N ⟨-es; -e⟩ yararlık, hizmet; **es ist sein ~, dass** onun sayesindedir ki ...

**Verdienstausfall** M ⟨-s; ⸚e⟩ kazanç

**kaybı**
**verdient** ADJ *Strafe etc -in* hakkettiği; **sich ~ machen um** *-e* hizmeti geçmek/dokunmak
**verdientermaßen** ADV layıkıyla
**verdonnern** ⟨ohne -ge-, h.⟩ umg: **j-n ~, etw zu tun** b-ni bş-i yapmaya zorlamak
**verdoppeln** ⟨ohne -ge-, h.⟩ **A** V/T ikiye katlamak, ikilemek, çiftlemek **B** V/R: **sich ~** ikiye katlanmak **2(e)lung** F ⟨-; -en⟩ ikiye katla(n)ma
**verdorben** ADJ *Lebensmittel* bozuk, bozulmuş, kokmuş; *Magen* bozuk
**verdorren** V/I ⟨ohne -ge-, s.⟩ kurumak *(bitki)*
**verdrahten** V/T ⟨ohne -ge-, h.⟩ ELEK *-in* kablo bağlantılarını yapmak
**verdrängen** V/T ⟨ohne -ge-, h.⟩ kovmak; PHYS taşırmak; PSYCH bastırmak; *bewusst* unutmaya çalışmak; **j-n ~ vom ersten Platz** b-ni birincilikten indirmek; **j-n aus s-r Stellung ~** b-ni yerinden etmek, b-nin yerini almak **2ung** F ⟨-; -en⟩ SCHIFF maimahreç ton; PSYCH bilinçaltına itme, baskı
**verdrehen** V/T ⟨ohne -ge-, h.⟩ (yanlış od çok fazla) çevirmek; *fig* çarpıtmak; *Augen* döndürmek; **j-m den Kopf ~** b-nin aklını başından almak
**verdreht** ADJ umg şaşkın, kafası dağınık
**verdreifachen** ⟨ohne -ge-, h.⟩ **A** V/T üçe katlamak **B** V/R: **sich ~** üçe katlanmak
**verdrossen** ADJ canı sıkkın; *(überdrüssig)* bıkkın, bezgin **2heit** F ⟨-; ohne pl⟩ cansıkıntısı; bıkkınlık
**verdrücken** ⟨ohne -ge-, h.⟩ umg **A** V/T gövdeye indirmek **B** V/R: **sich ~** pır etmek
**Verdruss** M ⟨-es⟩ öfke, kızgınlık
**verdummen** ⟨ohne -ge-, h.⟩ **A** V/T aptallaştırmak **B** V/I ⟨s.⟩ aptallaşmak
**verdunkeln** ⟨ohne -ge-, h.⟩: **sich ~** kararmak; *Farben* koyul(aş)mak **2(e)lung** F ⟨-; -en⟩ JUR delillerin yok edilmesi; MIL karartma **2(e)lungsgefahr** F ⟨-; ohne pl⟩ JUR delillerin yok edilmesi tehlikesi
**verdünnen** V/T ⟨ohne -ge-, h.⟩ mit *Wasser* sulandırmak; *Farben* inceltmek; *Pflanzen* seyreltmek **2er** M ⟨-s; -⟩ CHEM inceltici, tiner
**Verdünnung** F ⟨-; -en⟩ inceltme, sulandırma; inceltici, tiner
**verdunsten** V/I ⟨ohne -ge-, s.⟩ buharlaşmak **2ung** F ⟨-; ohne pl⟩ buharlaşma
**verdursten** V/I ⟨ohne -ge-, s.⟩ susuzluktan ölmek
**verdutzt** ADJ şaşırmış, umg afallamış
**verebben** V/I ⟨ohne -ge-, s.⟩ yavaş yavaş dinmek
**veredeln** V/T ⟨ohne -ge-, h.⟩ asilleştirmek, kıymetlendirmek; *Baum* aşılamak; *Metall* arıtmak; AGR *Saat* ıslah etmek
**verehren** V/T ⟨ohne -ge-, h.⟩ *(ehren) -e* saygı göstermek; *(bewundern) -e* hayran olmak; *(anbeten) -e* tapmak **2er** M ⟨-s; -⟩, **2erin** F ⟨-; -nen⟩ hayran **2ung** F ⟨-; ohne pl⟩ saygı; hayranlık; tap(ın)ma
**~ungswürdig** ADJ saygıdeğer, muhterem
**vereidigen** V/T ⟨ohne -ge-, h.⟩ *-e* yemin ettirmek; JUR *Zeugen* yemin altına almak
**vereidigt** ADJ yeminli
**Vereidigung** F ⟨-; -en⟩ yemin (töreni); JUR yemin altına alma
**Verein** M ⟨-s; -e⟩ dernek; **eingetragener ~** tescilli dernek
**vereinbar** ADJ **(mit** *-le)* bağdaşır **~en** V/T ⟨ohne -ge-, h.⟩ kararlaştırmak **2keit** F ⟨-; ohne pl⟩ **(mit** *-le)* bağdaşırlık
**vereinbart** ADJ kararlaştırılmış; **zur ~en Zeit** kararlaştırılan zamanda
**Vereinbarung** F ⟨-; -en⟩ uzlaşma, sözleşme, anlaşma; **e-e ~ treffen** bir karara/uzlaşmaya varmak; **laut ~** kararlaştırıldığı üzere; **nach ~** anlaşmaya göre
**vereinen** V/T → vereinigen; **mit vereinten Kräften** kuvvet birliği ederek
**vereinfachen** V/T ⟨ohne -ge-, h.⟩ basitleştirmek, kolaylaştırmak **2ung** F ⟨-; -en⟩ basitleştirme, kolaylaştırma
**vereinheitlichen** V/T ⟨ohne -ge-, h.⟩ standartlaştırmak **2ung** F ⟨-; -en⟩ standartlaştırma
**vereinigen** **A** V/T ⟨ohne -ge-, h.⟩ **(zu** halinde) birleştirmek; *(verbinden)* bağlamak; **Vereinigte Staaten (von Amerika)** (Amerika) Birleşik Devletler(i) **B** V/R: **sich ~** birleşmek; bağlanmak
**Vereinigung** F ⟨-; -en⟩ birleşme; *(Bündnis)* birlik, ittifak

**vereinnahmen** ⟨VT⟩ ⟨ohne -ge-, h.⟩ umg fig esir almak

**vereinsam|en** ⟨VI⟩ ⟨ohne -ge-, s.⟩ yalnızlığa düşmek **₂ung** F ⟨-; ohne pl⟩ yalnızlık, kimsesizlik

**Vereinshaus** N dernek binası

**Vereinskasse** F dernek kasası

**vereinzelt** A ADJ dağınık, tek tük B ADV: **~ Regen** ara sıra yağmur

**vereisen** ⟨ohne -ge-⟩ A VT ⟨h.⟩ MED dondurmak B VI ⟨s.⟩ FLUG, Straße buzlanmak

**vereiteln** VT ⟨ohne -ge-, h.⟩ önlemek; Plan etc boşa çıkarmak, umg suya düşürmek

**vereitert** ADJ MED cerahatli, irinli

**verelenden** VI ⟨ohne -ge-, s.⟩ sefalete düşmek

**verenden** VI ⟨ohne -ge-, s.⟩ telef olmak, ölmek

**vereng|en** ⟨ohne -ge-, h.⟩: **sich ~** daralmak **₂ung** F ⟨-; -en⟩ daralma; Stelle boğaz

**vererben** ⟨irr, ohne -ge-, h.⟩ A VT: **j-m etw ~** b-ne bş-i miras bırakmak; MED b-ne bş-i geçirmek (kalıtımla) B VR: **sich ~ (auf** akk -e**)** geçmek

**vererb|t** ADJ miras kalmış, kalıtımla geçmiş **₂ung** F ⟨-; ohne pl⟩ BIOL kalıtım, soyaçekim

**verewigen** VT ⟨ohne -ge-, h.⟩ ölümsüzleştirmek, sonsuzlaştırmak

**verfahren** ⟨irr, ohne -ge-, h.⟩ A VI ⟨s.⟩ hareket etmek, yol/yöntem izlemek; **~ mit** -e muamele etmek B VT harcamak (araba kullanarak) C VR ⟨h.⟩: **sich ~** yolu şaşırmak, yolunu kaybetmek (arabayla)

**Verfahren** N ⟨-s; -⟩ yöntem, işlem; TECH teknik, metot; JUR usul; JUR dava; **ein ~ einleiten (gegen** aleyhinde**)** dava açmak

**Verfahrens|frage** F JUR usul sorunu **~technik** F kimya teknolojisi

**Verfall** M ⟨-s; ohne pl⟩ çürüme, bozulma; Haus harap olma; Niedergang çökme; WIRTSCH tahakkuk

**verfallen**¹ VI ⟨irr, ohne -ge-, s.⟩ çürümek, bozulmak; fig çökmek; Haus harap olmak; (ablaufen) -in süresi dolmak; Kranker eriyip gitmek; e-m Laster -in düşkünü olmak; **auf** (akk) **etw ~** -in aklına ... gelmek (garip bir fikir)

**verfallen**² ADJ bozulmuş; harap; süresi dolmuş; **j-m ~ sein** b-ne müptela/düşkün olmak

**Verfalls|datum** N son kullanma tarihi **~erscheinung** F çöküş belirtisi **~tag** M WIRTSCH tahakkuk tarihi; vade sonu

**verfälsch|en** VT ⟨ohne -ge-, h.⟩ -in sahtesini yapmak; Bericht etc a. çarpıtmak, saptırmak; Speisen etc -in içine yabancı madde karıştırmak **₂ung** F ⟨-; -en⟩ sahte(kârlık); çarpıtma

**verfangen** ⟨irr, ohne -ge-, h.⟩ A VI **(bei** -i**)** etkilemek; **das verfängt bei mir nicht** bu beni etkilemez, umg bu bana sökmez B VR: **sich ~ (in** dat -e**)** takılıp kalmak

**verfänglich** ADJ şüpheli, tehlikeli; (peinlich) yakışık almayan, talihsiz, ayıp

**verfärben** VR ⟨ohne -ge-, h.⟩: **sich ~** renk atmak; a. Person beti benzi solmak

**verfassen** VT ⟨ohne -ge-, h.⟩ kaleme almak, yazmak

**Verfasser** M ⟨-s; -⟩, **-in** F ⟨-; -nen⟩ yazar

**Verfassung** F ⟨-; -en⟩ durum, gesundheitlich sağlık durumu; seelisch ruhsal durum; POL anayasa

**Verfassungs|änderung** F anayasa değişikliği **~beschwerde** F anayasaya aykırılık davası **~bruch** M anayasayı çiğneme **₂feindlich** ADJ anayasayı ihlal eden **~gericht** N anayasa mahkemesi **~klage** F anayasaya aykırılık davası **₂mäßig** ADJ anayasal **~schutz** M anayasayı koruma örgütü (BRD) **₂widrig** ADJ anayasaya aykırı

**verfaulen** VI ⟨ohne -ge-, s.⟩ çürümek, bozulmak

**verfecht|en** ⟨irr, ohne -ge-, h.⟩ savunmak **₂er** M ⟨-s; -⟩, **₂erin** F ⟨-; -nen⟩ savunucu

**verfehlen** VT ⟨ohne -ge-, h.⟩ **(um** farkıyla**)** kaçırmak, ıskalamak

**verfehlt** ADJ yanlış, yersiz

**Verfehlung** F ⟨-; -en⟩ kusur, kabahat

**verfeinden** VR ⟨ohne -ge-, h.⟩: **sich mit j-m ~** b-le düşman olmak

**verfeindet** ADJ araları bozuk, düşman

**verfeiner|n** ⟨ohne -ge-, h.⟩ A VT inceltmek, geliştirmek B VR: **sich ~** incelmek, gelişmek **₂ung** F ⟨-; -en⟩ incelt(il)me, geliştir(il)me

**Verfettung** F ⟨-; -en⟩ MED yağlanma
**verfeuern** VT ⟨ohne -ge-, h.⟩ Munition, Holz etc yakmak
**verfilm|en** VT ⟨ohne -ge-, h.⟩ filme almak, sinemaya uyarlamak **ℒung** F ⟨-; -en⟩ filme al(ın)ma; (Film) (romanın vs) filmi
**verfilzen** VI ⟨ohne -ge-, h.⟩ keçeleşmek
**verfinstern** VR ⟨ohne -ge-, h.⟩: **sich ~** kararmak
**verflachen** A VI ⟨ohne -ge-, s.⟩ Gelände yassılanmak, düzleşmek; Gespräch yüzeyselleşmek B VT ⟨h.⟩ yassıltmak, düzleştirmek
**verflecht|en** VT ⟨irr, ohne -ge-, h.⟩: **sich ~** WIRTSCH bütünleşmek **ℒung** F ⟨-; -en⟩ WIRTSCH bütünleşme, entegrasyon
**verfliegen** ⟨irr, ohne -ge-⟩ A VI ⟨s.⟩ uçup gitmek B VR ⟨h.⟩: **sich ~** yolunu şaşırmak (uçarken)
**verflixt** ADJ umg: **~!** hay aksi şeytan!
**verflochten** ADJ WIRTSCH bütünleşmiş, entegre
**verflossen** ADJ Zeit geçmiş; umg **mein ~er Mann** eski eşim/kocam
**verfluchen** VT ⟨ohne -ge-, h.⟩ -e lanet etmek
**verflucht** ADJ → verdammt
**verflüchtigen** VR ⟨ohne -ge-, h.⟩: **sich ~** buharlaşmak; fig kaybolmak
**verflüssigen** ⟨ohne -ge-, h.⟩ A VT sıvılaştırmak B VR: **sich ~** sıvılaşmak
**verfolgen** VT ⟨ohne -ge-, h.⟩ izlemek, takip etmek; (jagen) kovalamak, -in izini sürmek, peşine düşmek; POL -e zulmetmek; **gerichtlich ~** kovuşturmak
**Verfolger** M ⟨-s; -⟩, **-in** F ⟨-; -nen⟩ izleyen, takip eden, sürdüren; (Verfechter) takipçi, savunucu
**Verfolgung** F ⟨-; -en⟩ izleme, takip; kovalama; zulüm; **gerichtliche ~** mahkeme soruşturması
**Verfolgungswahn** M MED izlenme korkusu
**verform|en** VT ⟨ohne -ge-, h.⟩: **sich ~** yamulmak, deforme olmak **ℒung** F ⟨-; -en⟩ yamulma, deformasyon
**verfrachten** VT ⟨ohne -ge-, h.⟩ taşımak, yüklemek; SCHIFF yüklemek (mal); umg **j-n in ein Taxi (ins Bett) ~** b-ni bir taksiye (yatağa) atmak

**verfremd|en** VT ⟨ohne -ge-, h.⟩ yabancılaştırmak, dikkati çeker hale getirmek **ℒung** F ⟨-; -en⟩ yabancılaştırma
**verfressen** ADJ umg obur
**verfroren** ADJ: **~ sein** çabuk üşür olmak; çok üşümüş olmak
**verfrüht** ADJ zamansız, erken
**verfügbar** ADJ elde olan, mevcut, hazır (bulunan)
**verfugen** VT ⟨ohne -ge-, h.⟩ TECH -in derzlerini doldurmak
**verfügen** ⟨ohne -ge-, h.⟩ A VT emretmek, karara bağlamak; **testamentarisch ~** vasiyet etmek B VI: **~ über** (akk) -e tasarruf etmek; (haben) elinde bulundurmak; **j-n** b-ni istediği gibi kullanmak
**Verfügung** F ⟨-; -en⟩ kararname, emir; **j-m zur ~ stehen** b-nin emrinde olmak; **j-m etw zur ~ stellen** bş-i b-nin emrine vermek
**Verfügungsgewalt** F ⟨-; ohne pl⟩ (über üzerinde) tasarruf yetkisi
**verführen** VT ⟨ohne -ge-, h.⟩ baştan çıkarmak, ayartmak; **~ etw zu tun** bş-i yapması için ayartmak
**Verführer** M ⟨-s; -⟩, **-in** F ⟨-; -nen⟩ baştan çıkaran, ayartan **ℒisch** ADJ ayartıcı; (verlockend) cazip, çekici
**Verführung** F ⟨-; -en⟩ ayartma, baştan çıkarma
**Verführungskünste** PL baştan çıkarıcılık sg
**verfünffachen** VT ⟨ohne -ge-, h.⟩: **sich ~** beşe katlanmak
**verfüttern** VT ⟨ohne -ge-, h.⟩ yedirmek (hayvana), vermek (yem)
**Vergabe** F ⟨-; -n⟩ tahsis etme; Auftrag verme; (Verschreibung) ihale
**vergällen** VT ⟨ohne -ge-, h.⟩ (denaturieren) yenmez/içilmez hale getirmek; fig zehir etmek
**vergammeln** umg A VI ⟨ohne -ge-, s.⟩ bozulmak, küflenmek, kokmak B VT ⟨ohne -ge-, h.⟩ kendini koyuvermek, sefilleşmek
**vergammelt** ADJ umg bozuk, kokmuş
**vergangen** ADJ geçmiş, geçen; **im ~en Jahr** geçen yıl
**Vergangenheit** F ⟨-; ohne pl⟩ geçmiş (zaman), mazi
**Vergangenheitsbewältigung** F geçmişle hesaplaşma
**vergänglich** ADJ geçici, fani; (sterblich)

ölümlü **♀keit** F ⟨-; ohne pl⟩ geçicilik, fanilik
**vergasen** VT ⟨ohne -ge-, h.⟩ CHEM gazlaştırmak; (töten) gazla zehirlemek
**Vergaser** M ⟨-s; -⟩ AUTO karbüratör
**Vergasung** F ⟨-; -en⟩ CHEM gazlaştırma; (Tötung) gazla zehirleme
**vergeben** ⟨irr, ohne -ge-, h.⟩ **A** VT vermek; **e-n Preis ~** bir ödül vermek; (verzeihen) j-m etw ~ b-nin bş-ini bağışlamak, affetmek **B** VI: **j-m ~** b-ni bağışlamak, affetmek
**vergebens** ADV boşuna, boş yere
**vergeblich A** ADJ yararsız, boş **B** ADV boş yere
**Vergebung** F ⟨-; ohne pl⟩: **j-n um ~ bitten** b-nden af dilemek
**vergegenwärtigen** VT ⟨ohne -ge-, h.⟩: **sich** (dat) **etw ~** bş-i gözlerinin önüne getirmek
**vergehen** ⟨irr, ohne -ge-, h.⟩ **A** VI ⟨s.⟩ Zeit geçmek; (nachlassen) a. kaybolmak; **~ vor** (dat) -den eriyip gitmek; **wie die Zeit vergeht!** zaman ne çabuk geçiyor! **B** VR ⟨h.⟩: **sich ~ an** (dat) b-ne tecavüz etmek; (vergewaltigen) b-nin ırzına geçmek
**Vergehen** N ⟨-s; -⟩ JUR suç, kabahat
**vergelten** VT ⟨irr, ohne -ge-, h.⟩: **j-m etw ~** b-ni bş-in karşılığını vermek/yapmak
**Vergeltung** F ⟨-; ohne pl⟩ misilleme; **als ~ für** -e misilleme olarak; **~ üben an** (dat) -e misilleme yapmak
**Vergeltungsmaßnahme** F misilleme (önlemi)
**vergesellschaften** VT ⟨ohne -ge-, h.⟩ WIRTSCH kamulaştırmak
**vergessen A** VT ⟨vergisst, vergaß, vergessen, h.⟩ unutmak **B** VR: **sich ~** kendini kaybetmek **♀heit** F ⟨-; ohne pl⟩: **in ~ geraten** unutulmak
**vergesslich** ADJ unutkan **♀keit** F ⟨-; ohne pl⟩ unutkanlık
**vergeuden** VT ⟨ohne -ge-, h.⟩ israf etmek, saçıp savurmak **♀ung** F ⟨-; -en⟩ israf, savurganlık
**vergewaltigen** VT ⟨ohne -ge-, h.⟩ -e tecavüz etmek **♀ung** F ⟨-; -en⟩ tecavüz
**vergewissern** VR ⟨ohne -ge-, h.⟩: **sich ~** (gen -den) emin olmak
**vergießen** VT ⟨irr, ohne -ge-, h.⟩ (verschütten) dökmek; Blut, Tränen a. akıtmak
**vergiftlen** VT ⟨ohne -ge-, h.⟩ zehirlemek **♀ung** F ⟨-; -en⟩ zehirle(n)me
**vergilbt** ADJ sararmış (beyazken)
**Vergissmeinnicht** N ⟨-s; -(e)⟩ BOT unutmabeni, mine
**vergittern** VT ⟨ohne -ge-, h.⟩ -e parmaklık takmak
**verglasen** VT ⟨ohne -ge-, h.⟩ -e cam takmak
**Vergleich** M ⟨-s; -e⟩ karşılaştırma; JUR uzlaşma; **e-n ~ anstellen** bir karşılaştırma yapmak; **im ~** (**zu** -le) karşılaştırıldığında
**vergleichbar** ADJ -e benzer
**vergleichen** ⟨irr, ohne -ge-, h.⟩ **A** VT (**mit** -le) karşılaştırmak; **ist nicht zu ~ mit** ile karşılaştırılamaz; **verglichen mit** ile karşılaştırıldığında **B** VR: **sich ~** (sich einigen) uzlaşmak; **sich ~ mit** kendini ... ile karşılaştırmak
**vergleichend** ADJ karşılaştırmalı
**Vergleichsverfahren** N JUR (iflasta) adli tasfiye, uzlaşma davası
**vergleichsweise** ADV nispeten, görece
**verglühen** VI ⟨ohne -ge-, s.⟩ kızışıp erimek
**vergnügen** VR ⟨ohne -ge-, h.⟩: **sich ~** eğlenmek
**Vergnügen** N ⟨-s; -⟩ sevinç, keyif; (Spaß) eğlence, zevk; **mit ~** seve seve, memnuniyetle; **viel ~!** iyi eğlenceler!; (**nur**) **zum ~** sırf eğlenmek için
**vergnüglich** ADJ eğlenceli
**vergnügt** ADJ neşeli, şen, keyifli
**Vergnügung** F ⟨-; -en⟩ eğlenme
**Vergnügungslpark** M lunapark **~reise** F eğlence gezisi **♀süchtig** ADJ eğlenceye düşkün **~viertel** N eğlence yerlerinin bulunduğu semt
**vergolden** VT ⟨ohne -ge-, h.⟩ altın(la) kaplamak; fig nura boğmak
**vergoldet** ADJ altın kaplama(lı)
**vergönnen** VT ⟨ohne -ge-, h.⟩: ihsan etmek; **es war ihr nicht vergönnt zu** (+ inf) ona -mek kısmet olmadı
**vergöttern** VT ⟨ohne -ge-, h.⟩ ilahlaştırmak, -e tapmak
**vergraben** VT ⟨irr, ohne -ge-, h.⟩ gömmek
**vergraulen** VT ⟨ohne -ge-, h.⟩ umg kaçırmak (rahatsız edip)

**vergreifen** V/R ⟨irr, ohne -ge-, h.⟩: sich ~ MUS yanlış (nota) çalmak; **sich im Ton** ~ küstahlık etmek; **sich ~ an j-m** (dat) b-ne el kaldırmak; (vergewaltigen) b-ne tecavüz etmek
**vergriffen** ADJ Buch tükenmiş
**vergrößer|n** ⟨ohne -ge-, h.⟩ A VT büyütmek; (vermehren) çoğaltmak; FOTO büyültmek, tab etmek B V/R: **sich ~** büyümek, çoğalmak ⟳ung F ⟨-; -en⟩ büyü(t)me, FOTO a. büyütme; FOTO büyültme, tab
**Vergrößerungsapparat** M agrandizör
**Vergrößerungsglas** N büyüteç
**Vergünstigung** F ⟨-; -en⟩ imtiyaz, öncelik; steuerliche vergi indirimi
**vergüt|en** VT ⟨ohne -ge-, h.⟩: **j-m etw** ~ b-ne (harcadığı parayı) ödemek; TECH islah etmek, Stahl -e su vermek ⟳ung F ⟨-; -en⟩ ödeme; Gehalt maaş, aylık
**verh.** abk für verheiratet evli
**verhaft|en** VT ⟨ohne -ge-, h.⟩ tutuklamak ⟳ung F ⟨-; -en⟩ tutukla(n)ma
**verhalten¹** V/R ⟨irr, ohne -ge-, h.⟩: **sich ~** davranmak; **sich ruhig ~** sakin davranmak
**verhalten²** ADJ u. ADV tutuk, çekingen
**Verhalten** N ⟨-s; ohne pl⟩ davranış, tutum, tavır
**verhaltens|auffällig** ADJ davranışıyla dikkati çeken (olumsuz) ⟳**forscher(in)** M/F davranışbilimci ⟳**forschung** F davranışbilim **~gestört** ADJ davranış bozukluğu gösteren ⟳**(maß)regeln** PL davranış kuralları ⟳**muster** N davranış şeması ⟳**therapie** F davranış tedavisi
**Verhältnis** N ⟨-ses; -se⟩ oran; (Beziehung) (**zu** -le) ilişki; umg (Liebes⟳) (**mit** -le) ilişki; (Einstellung) (**zu** -e) yaklaşım; **im ~ 1:10** 1'e 10 oranında; **ein gutes ~ zu j-m haben** -in b-le iyi bir ilişkisi olmak; **~se** pl durum sg; koşullar; **über s-e ~se leben** ayağını yorganına göre uzatmamak; **in guten ~sen leben** iyi şartlar altında yaşamak
**verhältnismäßig** ADV nispeten
**Verhältniswahl** F POL nispi temsil sistemine göre seçim
**Verhältniswort** N GRAM edat
**verhandeln** ⟨ohne -ge-, h.⟩ A VI (**über etw** bş hakkında) görüşmek B

VT görüşmek; JUR Fall -e bakmak
**Verhandlung** F ⟨-; -en⟩ görüşme, tartışma; JUR duruşma; Strafrecht yargılama; JUR **zur ~ kommen** görüşülmek
**Verhandlungs|basis** F pazarlığa esas olacak fiyat ⟳**bereit** ADJ pazarlığa hazır **~partner(in)** M/F taraf (pazarlıkta) **~runde** F pazarlık raundu **~tisch** M pazarlık masası
**verhangen** ADJ Himmel kapalı, çok bulutlu
**verhängen** VT ⟨ohne -ge-, h.⟩ (**mit** -le) örtmek; **e-e Strafe ~** (**über** akk -i) cezaya çarptırmak
**Verhängnis** N ⟨-ses; -se⟩ kötü kader, mukadderat; (Unheil) felaket: **j-m zum ~ werden** b-nin başına bela getirmek
**verhängnisvoll** ADJ vahim
**verharmlosen** VT ⟨ohne -ge-, h.⟩ zararsız göstermeye çalışmak
**verhärmt** ADJ kasvetten çökmüş
**verhärt|en** VT u. V/R ⟨ohne -ge-, h.⟩: **sich ~** sertleşmek, katılaşmak ⟳ung F ⟨-; -en⟩ MED sertlik, katılık
**verhaspeln** ⟨ohne -ge-, h.⟩: **sich ~ umg** -in dili dolaşmak
**verhasst** ADJ sevilmeyen, nefret edilen
**verhätscheln** VT ⟨ohne -ge-, h.⟩ nazlı alıştırmak
**verhauen** VT ⟨ohne -ge-, h.⟩ umg -e dayak atmak; Schule yüzüne gözüne bulaştırmak
**verheddern** V/R ⟨ohne -ge-, h.⟩ umg: **sich ~** eli ayağına dolaşmak
**verheerend** ADJ feci, korkunç; **~ wirken auf** -in üzerindeki etkisi yıkıcı olmak
**Verheerungen** PL: **~ anrichten** tahribat yapmak
**verhehlen** VT ⟨ohne -ge-, h.⟩ gizlemek, saklamak
**verheilen** VI ⟨ohne -ge-, s.⟩ Wunde iyileşmek
**verheimlichen** VT ⟨ohne -ge-, h.⟩ (dat OD vor -den) gizlemek, saklamak
**verheiraten** ⟨ohne -ge-, h.⟩ A VT (**mit** -le) evlendirmek B V/R: **sich ~** evlenmek
**verheiratet** ADJ evli
**verheißen** VT ⟨irr, ohne -ge-, h.⟩ vaat etmek
**verheißungsvoll** ADJ umut verici, geleceği parlak
**verhelfen** VI ⟨irr, ohne -ge-, h.⟩: **j-m**

**zu etw ~** b-ne bş-i elde etmesi için yardım etmek
**verherrlichen** _VT_ ⟨ohne -ge-, h.⟩ ululamak, engellemek; _umg_ göklere çıkarmak
**Verherrlichung** _F_ ⟨-; -en⟩ ululama
**verhexen** _VT_ ⟨ohne -ge-, h.⟩ _umg_: **es ist wie verhext!** hay aksi şeytan!
**verhindern** _VT_ ⟨ohne -ge-, h.⟩ önlemek, engellemek; **~, dass j-d etw tut** b-nin bş-i yapmasını engellemek
**verhindert** _ADJ_: **sie ist ~** (maalesef) gelemiyor; **ein ~er Künstler** _hum_ keşfedilmemiş sanatçı
**Verhinderung** _F_ ⟨-; -en⟩ engelle(n)me, önle(n)me
**verhöhnen** _VT_ ⟨ohne -ge-, h.⟩ alaya almak, küçümsemek
**Verhöhnung** _F_ ⟨-; -en⟩ alay, küçümseme
**verhökern** _VT_ ⟨ohne -ge-, h.⟩ _umg_ okutmak (_satmak_)
**Verhör** _N_ ⟨-s; -e⟩ _JUR_ sorgula(n)ma
**verhören** ⟨ohne -ge-, h.⟩ **A** _VT_ sorguya çekmek, sorgulamak **B** _VR_: **sich ~** yanlış duymak
**verhüllen** _VT_ ⟨ohne -ge-, h.⟩ örtmek, gizlemek
**verhundertfachen** _VT_ ⟨ohne -ge-, h.⟩ yüze katlamak, yüz katına yükseltmek
**verhungern** _VI_ ⟨ohne -ge-, s.⟩ açlıktan ölmek
**verhüt|en** _VT_ ⟨ohne -ge-, h.⟩ -den korumak **⦵ung** _F_ ⟨-; ohne pl⟩ önlem(e), tedbir (alma); _MED_ gebelikten korunma **⦵ungsmittel** _N_ _MED_ gebelikten korunma aracı/ilacı
**verinnerlichen** _VT_ ⟨ohne -ge-, h.⟩ özümsemek, kendine maletmek
**verirr|en** _VR_ ⟨ohne -ge-, h.⟩: **sich ~** yolunu kaybetmek, kaybolmak **⦵ung** _F_ ⟨-; ohne pl⟩ doğru yoldan ayrılma
**verjagen** _VT_ ⟨ohne -ge-, h.⟩ kovmak, sürüp atmak
**verjähren** _VI_ ⟨ohne -ge-, s.⟩ _JUR_ zamanaşımına uğramak
**verjähr|t** _ADJ_ zamanaşımına uğramış **⦵ung** _F_ ⟨-; -en⟩ zamanaşımı, müruru zaman **⦵ungsfrist** _F_ zamanaşımı süresi
**verjubeln** _VT_ ⟨ohne -ge-, h.⟩ _umg_ saçıp savurmak
**verjüngen** ⟨ohne -ge-, h.⟩ **A** _VT_: **die Mannschaft ~** takımı gençleştirmek **B** _VR_: **sich ~** gençleşmek; _TECH_ küçülmek; incelmek, daralmak (_ucuna doğru_)
**Verjüngung** _F_ ⟨-; -en⟩ gençleş(tir)me; _TECH_ daralma
**verkabeln** _VT_ ⟨ohne -ge-, h.⟩ _ELEK_ bağlamak, _-e_ kablo bağlamak
**verkalken** _VI_ ⟨ohne -ge-, h.⟩ _umg MED, TECH_ kireçlenmek; _umg_ **er ist völlig verkalkt** o hepten bunamış
**verkalkulieren** _VR_ ⟨ohne -ge-, h.⟩: **sich ~** hesapta yanılmak
**Verkalkung** _F_ ⟨-; -en⟩ _umg MED, TECH_ kireçlenme; _umg_ bunama
**verkannt** _ADJ_ değeri bilinmeyen
**verkanten** _VT_ ⟨ohne -ge-, h.⟩ kenarı üzerine dikmek
**verkappt** _ADJ_ maskeli, kamufle
**Verkauf** _M_ ⟨-s; =e⟩ satış; **zum ~ stehen**
**verkaufen** ⟨ohne -ge-, h.⟩ **A** _VT_ satmak; **zu ~** satılık **B** _VR_: **sich (gut) ~** (iyi) satılmak, _umg_ iyi gitmek
**Verkäufer** _M_ ⟨-s; -⟩, **-in** _F_ ⟨-; -nen⟩ satıcı; _im Geschäft_ tezgâhtar, satış elemanı
**verkäuflich** _ADJ_ satılıkı; **leicht (schwer) ~** kolay (zor) satılır
**Verkaufs|leiter** _M_ satış müdürü **~preis** _M_ satış fiyatı **~schlager** _M_ _umg_ yok satan _adj_ **~stand** _M_ stant, tezgâh **~wert** _M_ satış değeri
**Verkehr** _M_ ⟨-s; ohne pl⟩ trafik; (_Verkehrswesen_) ulaşım; _öffentlicher_ kamu ulaşımı; (_Umgang_) görüşme, temas; (_Geschäfts⦵_) işlem(ler _pl_); (_Geschlechts⦵_) cinsel ilişki; **aus dem ~ ziehen** _Geld_ tedavülden kaldırmak
**verkehren** ⟨ohne -ge-, h.⟩ **A** _VI_ (_a. _S.__) _Bus_ işlemek; **~ in** _e-m Lokal_ _-in_ devamlı müşterisi olmak; **bei j-m ~** b-nin sık sık misafiri olmak; **~ mit** ile sık görüşmek, ile ilişkisi var/olmak; **geschäftlich ~ mit** ile iş ilişkisi var/olmak **B** _VT_: **ins Gegenteil ~** tersine çevirmek
**Verkehrs|ader** _F_ anayol **~ampel** _F_ trafik lambası **~amt** _N_ trafik dairesi (_plaka, ehliyet işleri_) **~aufkommen** _N_ ⟨-s; ohne pl⟩ trafik yoğunluğu **~behinderung** _F_ trafiği tıkayan _adj_ **⦵beruhigt** _ADJ_ **~e Zone** araç trafiği kısıtlanmış bölge **~chaos** _N_ trafik keşmekeşi **~delikt** _N_ trafik suçu **~dichte** _F_ tra-

fik yoğunluğu **~durchsage** F̱ *Radio* trafik ve yol durumu haberi **~erziehung** F̱ trafik eğitimi **~flugzeug** N̄ yolcu uçağı **♀frei** ADJ taşıtlara kapalı **~funk** M̱ ⟨-s; *ohne pl*⟩ trafik haberleri veren radyo istasyonu
**verkehrsgünstig** ADV: ~ **gelegen** ulaşımı kolay (yerde)
**Verkehrs|insel** F̱ röfüj, trafik adası **~kontrolle** F̱ trafik kontrolü **~lage** F̱ trafik ve yol durumu **~meldung** F̱ trafik ve yol durumu haberi **~minister(in)** M/F ulaştırma bakanı **~ministerium** N̄ ulaştırma bakanlığı **~mittel** N̄ taşıt, taşıma aracı **~netz** N̄ yol şebekesi **~opfer** N̄ trafik kurbanı **~ordnung** F̱ trafik tüzüğü **~polizei** F̱ trafik polisi **~polizist(in)** M/F trafik polisi **~regel** F̱ rafik kuralı **♀reich** ADJ trafiği yoğun **~schild** N̄ trafik levhası **♀sicher** ADJ emin, güvenli (*araç, yol, davranış vs*) **~sicherheit** F̱ trafik güvenliği; AUTO yol güvenliği **~stau** M̱ trafik tıkanıklığı **~sünder** M̱ trafik suçlusu **~teilnehmer(in)** M/F *trafiğe katılan yaya, şoför veya yolcu* **~unfall** M̱ trafik kazası **~verbindung** F̱ trafik bağlantısı **~wert** M̱ WIRTSCH piyasa değeri, rayiç (değer) **~wesen** N̄ ⟨-s; *ohne pl*⟩ ulaşım; MIL, *Ministerium* ulaştırma **♀widrig** ADJ trafik kurallarına aykırı **~zeichen** N̄ trafik işareti
**verkehrt** ADJ *u.* ADV ⟨*falsch*⟩ ters, yanlış; ~ **(herum)** tepetaklak, başaşağı; *Pulli etc* tersyüz, (*Vorderteil nach hinten*) arkası önünde
**verkennen** V̄T ⟨*irr, ohne* -ge-, *h.*⟩ yanlış anlamak, değerlendirememek
**verkett|en** V̄T ⟨*ohne* -ge-, *h.*⟩ zincirle bağlamak **♀ung** F̱ ⟨-; -en⟩: ~ **unglücklicher Umstände** zincirleme terslikler
**verklagen** V̄T ⟨*ohne* -ge-, *h.*⟩ JUR (*auf akk, wegen* için) dava etmek, (*-e karşı*) dava açmak
**verklären** V̄T ⟨*ohne* -ge-, *h.*⟩ nurlandırmak; *fig* *-in* yalnız olumlu yanlarını görmek/göstermek
**verklärt** ADJ nurlu
**verkleid|en** ⟨*ohne* -ge-, *h.*⟩ **A** V̄T TECH kaplamak, kılıflamak; (*vertäfeln*) tahta/lambri kaplamak **B** V̄R: **sich ~ als** ... kılığına girmek **♀ung** F̱ ⟨-; -en⟩ kıyafet; kaplama; örtme; kılıf(lama)
**verkleiner|n** V̄T ⟨*ohne* -ge-, *h.*⟩ küçültmek **♀ung** F̱ ⟨-; -en⟩ küçültme **♀ungsform** F̱ GRAM küçültme eki almış kelime
**verklemmen** V̄R ⟨*ohne* -ge-, *h.*⟩: **sich** ~ sıkışmak
**verklemmt** ADJ sıkışmış, takılmış; *fig* (*aşırı*) tutuk
**verknallen** V̄R ⟨*ohne* -ge-, *h.*⟩ *umg*: **sich ~ (in j-n** b-ne) abayı yakmak; **verknallt sein in** (*akk*) b-ne abayı yakmış olmak
**Verknappung** F̱ ⟨-; -en⟩ kıtlaşma, azalma
**verkneifen** V̄T ⟨*irr, ohne* -ge-, *h.*⟩ *umg*: **sich** (*dat*) **etw** ~ bş-i içine atmak, kendini tutmak; **ich konnte mir ein Lächeln nicht ~** gülümsememei bastıramadım
**verkniffen** **A** ADJ asık suratlı **B** *adv* katı
**verknoten** V̄T ⟨*ohne* -ge-, *h.*⟩ düğümlemek
**verknüpfen** V̄T ⟨*ohne* -ge-, *h.*⟩ bağlamak, birleştirmek; **verknüpft sein mit** ile ilintili olmak
**verkochen** V̄ī ⟨*ohne* -ge-, *s.*⟩ *-in* kaynatıp suyunu gidermek
**verkohlen** **A** V̄ī ⟨*ohne* -ge-, *s.*⟩ kömürleşmek **B** V̄T ⟨*ohne* -ge-, *h.*⟩ *umg*: **j-n** ~ b-le matrak geçmek
**verkommen**[1] V̄ī ⟨*irr, ohne* -ge-, *s.*⟩ bozulmak, yozlaşmış
**verkommen**[2] ADJ bozulmuş, yoz (-laşmış)
**verkorken** V̄T ⟨*ohne* -ge-, *h.*⟩ mantarlamak (*şişe*)
**verkorksen** *umg* V̄T ⟨*ohne* -ge-, *h.*⟩: **sich** (*dat*) **den Magen** ~ mideyi bozmak; **verkorkste Sache** yaş iş
**verkörpern** V̄T ⟨*ohne* -ge-, *h.*⟩ canlandırmak
**Verkörperung** F̱ ⟨-; -en⟩ *-in* canlandırılmış hali
**verköstigen** V̄T ⟨*ohne* -ge-, *h.*⟩ yedirip içirmek
**verkrachen** V̄R ⟨*ohne* -ge-, *h.*⟩ *umg*: **sich ~ (mit** *-le*) kavga edip ayrılmak
**verkracht** ADJ *umg*: **mit j-m ~ sein** b-le kavgalı olmak; **~e Existenz** hayatta başarısız kalmış *adj*
**verkraften** V̄T ⟨*ohne* -ge-, *h.*⟩ *-in* hak-

# VERL

kından gelmek

**verkrampfen** V/R ⟨ohne -ge-, h.⟩: **sich ~** kasılmak

**verkriechen** V/R ⟨irr, ohne -ge-, h.⟩: **sich ~** sinmek, saklanmak

**verkrümeln** V/R ⟨ohne -ge-, h.⟩ umg: **sich ~** sıvışmak

**verkrümmt** ADJ MED deforme, çarpık

**Verkrümmung** F ⟨-; -en⟩: **~ der Wirbelsäule** omurga çarpıklığı

**verkrüppeln** ⟨ohne -ge-⟩ A V/T ⟨ohne -ge-, h.⟩ sakat etmek; *Baum* kötü budamak B V/I ⟨s.⟩ sakat kalmak

**verkrusten** V/I ⟨ohne -ge-, s.⟩ kabuk bağlamak

**verkühlen** V/R ⟨ohne -ge-, h.⟩: **sich ~** (kendini) üşütmek

**verkümmern** V/I ⟨ohne -ge-, s.⟩ dumura uğramak, cılızlaşmak

**verkünd|en** V/T ⟨ohne -ge-, h.⟩ bildirmek; *besonders öffentlich* duyurmak, ilan etmek **ung** F ⟨-; -en⟩ bildiri, duyuru; JUR tefhim

**verkuppeln** V/T ⟨ohne -ge-, h.⟩ umg: **j-n ~** (**an** *-le*) -in arasını yapmak

**verkürzen** ⟨ohne -ge-, h.⟩ A V/T (**um** ...) kısaltmak B V/I: **~ auf** farkı -e indirmek

**verladen** V/T ⟨irr, ohne -ge-, h.⟩ yüklemek; umg **j-n ~** b-ni aldatmak, kandırmak

**Verlag** M ⟨-s; -e⟩ yayınevi; *Getränke* dağıtım şirketi; **erschienen im ~ XY** XY yayınevinden çıkmış

**verlagern** ⟨ohne -ge-, h.⟩ A V/I (**auf** *akk -e*) kaydırmak B V/R: **sich ~** kaymak

**Verlagerung** F ⟨-; -en⟩ kayma

**Verlags|buchhandel** M yayıncılık **~buchhändler** M(F) yayıncı **~kauffrau** F yayınevi taciri (kadın) **~kaufmann** M yayınevi taciri (erkek) **~programm** N yayın(evi) programı **~wesen** N ⟨-s; ohne pl⟩ yayıncılık

**verlangen** ⟨ohne -ge-, h.⟩ A V/T istemek; (*beanspruchen*) talep etmek (*Recht*); (*erfordern*) gerektirmek; **die Rechnung ~** hesabı istemek; **er verlangt viel** onun talepleri yüksek; **Sie werden am Telefon verlangt** sizi telefondan istiyorlar B V/I: **~ nach** istemek, özlemek, arzulamak

**Verlangen** N ⟨-s; ohne pl⟩ (**nach** *-e*) istek, arzu; talep: **auf ~** istek üzerine, istendiğinde

**verlänger|n** V/T ⟨ohne -ge-, h.⟩ uzatmak **ung** F ⟨-; -en⟩ uza(t)ma; SPORT **es geht in die ~** uzatmalar oynanacak **ungsschnur** F ELEK ara/uzatma kablosu

**verlangsamen** V/T: **sich ~** ⟨ohne -ge-, h.⟩ yavaşlamak

**Verlass** M: **auf ihn ist ~** ona güvenilir; **auf ihn ist kein ~** ona güvenilmez

**verlassen¹** ⟨irr, ohne -ge-, h.⟩ A V/T terk etmek, *-den* ayrılmak; *im Stich lassen* yarı yolda (od yüzüstü) bırakmak B V/R: **sich ~ auf** j-n (*akk*) b-ne güvenmek

**verlassen²** ADJ terkedilmiş, metruk; *Person* yalnız, çaresiz

**verlässlich** ADJ güvenil(ebil)ir

**Verlauf** M ⟨-s; ⁼e⟩ gidiş, akış, gelişme **im ~ von** (*od gen*) ... sırasında, ... sürecinde; **im weiteren ~** ileride

**verlaufen** ⟨irr, ohne -ge-⟩ A V/I ⟨s.⟩ irgendwie gitmek; (*ablaufen*) geçmek; (*enden*) sona ermek B V/R: **sich ~** ⟨h.⟩ yolunu kaybetmek, kaybolmak

**verlauten** V/I ⟨ohne -ge-, s.⟩: **~ lassen** *-e -i* sızdırmak; **wie verlautet** bildirildiğine göre

**verleben** V/T ⟨ohne -ge-, h.⟩ *Zeit etc* geçirmek

**verlebt** ADJ gece hayatından çökmüş

**verlegen¹** V/T ⟨ohne -ge-, h.⟩ *-in* yerini değiştirmek; *zeitlich* ertelemek, tehir etmek; *Brille etc* (yanlış) bir yere koymak; *Buch* yayımlamak; TECH döşemek B V/R: **sich ~ auf** *-e* başlamak (*bir değişiklik olarak*)

**verlegen²** ADJ sıkılgan, utangaç

**Verlegenheit** F ⟨-; ohne pl⟩ sıkılganlık, utangaçlık; *Lage* sıkıntı, kötü durum; **j-n in ~ bringen** b-ni mahcup etmek **Verlegenheits|lösung** F idarei maslahat, geçici çözüm **~pause** F kısa sessizlik (*sıkıcı bir durumda*)

**Verleger** M ⟨-s; -⟩, **-in** F ⟨-; -nen⟩ yayıncı

**Verlegung** F ⟨-; -en⟩ yer değiştirme; *zeitlich* erteleme, tehir; TECH döşe(n)me

**verleiden** V/T ⟨ohne -ge-, h.⟩: **j-m etw ~** b-ni bş-den soğutmak, *stärker* tiksindirmek

**Verleih** M ⟨-s; -e⟩ kiralama; (*Firma*) dağıtımcı (şirket)

**verleihen** V/T ⟨irr, ohne -ge-, h.⟩ ödünç vermek; *gegen Miete* kiraya vermek, kira-

lamak; *Titel, Preis* vermek
**Verleih|er** M ⟨-s; -⟩ kiraya veren; FILM dağıtımcı **~ung** F ⟨-; -en⟩ ödül, unvan *vs* ver(il)me; (*Feier*) ödül töreni
**verleiten** VT ⟨*ohne* -ge-, *h.*⟩: **j-n zu etw ~** b-ni bş-e yöneltmek (*olumsuz*); **sich ~ lassen** (*zu* -e) sapmak (*etki altında*)
**verlernen** VT ⟨*ohne* -ge-, *h.*⟩ (gene) unutmak (*öğrenilmiş bş-i*)
**verlesen** ⟨*irr, ohne* -ge-, *h.*⟩ A VT (yüksek sesle) okumak B VR: **sich ~** yanlış okumak
**verletz|bar, ~lich** ADJ yaralanabilir, duyarlı, hassas
**verletz|en** ⟨*ohne* -ge-, *h.*⟩ A yaralamak; (*kränken*) incitmek, gücendirmek; *Gesetz etc* çiğnemek, ihlal etmek B VR: **sich ~ yaralanmak ~end** ADJ incitici
**Verletzte** M, F ⟨-n; -n⟩ yaralı
**Verletz|ung** F ⟨-; -en⟩ yaralanma; *fig* çiğneme, ihlal etme **~ungsgefahr** F yaralanma tehlikesi
**verleugn|en** VT ⟨*ohne* -ge-, *h.*⟩ inkâr etmek; **es lässt sich nicht ~, dass ich** edemez ki ...; **sich vor j-m ~ lassen** b-ne kendisi için «yok» dedirtmek **2ung** F ⟨-; -en⟩ inkâr, yadsıma
**verleumd|en** VT ⟨*ohne* -ge-, *h.*⟩ JUR -*e* iftira etmek **~erisch** ADJ iftira niteliğinde
**Verleumdung** F ⟨-, -en⟩ iftira **~skampagne** F iftira kampanyası **~sklage** F JUR iftira davası
**verlieben** VR: **sich ~** ⟨*ohne* -ge-, *h.*⟩ (*in akk* -*e*) âşık olmak, sevdalanmak, tutulmak
**verliebt** ADJ (*in akk* -*e*) âşık; *Blick etc* tutkun, sevdalı
**verlieren** ⟨verlor, verloren, *h.*⟩ A VT kaybetmek; **kein Wort darüber ~** -*in* hiç lafını açmamak; *umg* **er hat hier nichts verloren!** onun burada işi yok! B VI (*gegen* -*e* karşı) kaybetmek; **an Wert ~** değer kaybetmek C VR: **sich ~** kaybolup gitmek
**Verlier|er** M ⟨-s; -⟩, **-in** F ⟨-; -nen⟩ mağlup, yenilen **~seite** F: **auf der ~ sein** kaybedenler arasında olmak
**Verlies** N ⟨-es; -e⟩ zindan
**verloben** VR: **sich ~** ⟨*ohne* -ge-, *h.*⟩ (*mit* -*le*) nişanlanmak
**verlobt** ADJ (*mit* -*le*) nişanlı
**Verlobte** M, F ⟨-n; -n⟩ nişanlı

**Verlobung** F ⟨-; -en⟩ nişan(lanma)
**Verlobungs|anzeige** F nişan ilanı **~feier** F nişan töreni **~ring** M nişan yüzüğü
**verlock|en** VT ⟨*ohne* -ge-, *h.*⟩ (*zu etw* -*e*) imrendirmek, ayartmak **~end** ADJ çekici, cazip **2ung** F ⟨-; -en⟩ ayartı, çekicilik
**verlogen** ADJ yalan; *Person, Moral* ikiyüzlü **2heit** F ⟨-; *ohne pl*⟩ ikiyüzlülük
**verloren** ADJ kayıp, kaybolmuş; **~ gehen** kaybolmak; **~e Eier** çılbır; **an ihm ist ein Lehrer verloren gegangen** keşke öğretmen olsaymış!
**verlos|en** VT ⟨*ohne* -ge-, *h.*⟩ kura ile çekmek, çekilişe/piyangoya koymak **2ung** F ⟨-; -en⟩ piyango, çekiliş
**verlöten** VT ⟨*ohne* -ge-, *h.*⟩ TECH lehimlemek
**Verlust** M ⟨-s; -e⟩ kayıp, zarar; **mit ~ arbeiten** zararına çalışmak; **~e** *pl* MIL zayiat **~geschäft** N zararına iş **~meldung** F zarar bildirimi (*Steuer*); MIL zayiat haberi
**vermachen** VT ⟨*ohne* -ge-, *h.*⟩ miras (olarak) bırakmak
**Vermächtnis** N ⟨-ses; -se⟩ vasiyet
**vermähl|en** VR ⟨*ohne* -ge-, *h.*⟩: **sich ~** (*mit* -*le*) nikâhlanmak **2te** M, F ⟨-n; -n⟩: **die ~n** nikâhlılar **2ung** F ⟨-; -en⟩ nikâh
**vermarkt|en** VT ⟨*ohne* -ge-, *h.*⟩ pazarlamak **2ung** F ⟨-; -en⟩ pazarlama
**vermasseln** VT ⟨*ohne* -ge-, *h.*⟩ *umg*: **etw ~** bş-i yüzüne gözüne bulaştırmak
**vermehr|en** ⟨*ohne* -ge-, *h.*⟩ A VT çoğaltmak, (*um* ...) arttırmak B VR: **sich ~** çoğalmak, (*um* ...) artmak; BIOL, ZOOL üremek **2ung** F ⟨-; -en⟩ artış, çoğalma; BIOL üreme
**vermeidbar** ADJ kaçınılabilir
**vermeiden** ⟨*irr, ohne* -ge-, *h.*⟩ kaçınmak, çekinmek; **es ~, etw zu tun** bş yapmaktan kaçınmak
**vermeintlich** ADJ: **der ~e Dieb** *etc* hırsız *vs* sanılan kişi
**vermengen** VT ⟨*ohne* -ge-, *h.*⟩: karıştırmak, halletmek
**vermenschlichen** VT ⟨*ohne* -ge-, *h.*⟩ insanlaştırmak
**Vermerk** M ⟨-s; -e⟩ kayıt, not
**vermerken** VT ⟨*ohne* -ge-, *h.*⟩ -*e* not düşmek

**vermessen**[1] VT ⟨irr, ohne -ge-, h.⟩ ölçmek; amtlich -in kadastrosunu çıkarmak
**vermessen**[2] ADJ haddini bilmez
**Vermessenheit** F ⟨-; ohne pl⟩ haddini bilmezlik
**Vermessung** F ⟨-; -en⟩ kadastro **~singenieur** M kadastro mühendisi
**vermiesen** VT ⟨ohne -ge-, h.⟩ umg: **j-m etw ~** b-ni bş-den soğutmak, *stärker* tiksindirmek
**vermieten** VT ⟨ohne -ge-, h.⟩ kiraya vermek, kiralamak; **zu ~** kiralık
**Vermieter** M ⟨-s; -⟩ kiralayan, ev sahibi **~in** F ⟨-; -nen⟩ a. ev sahibesi
**Vermietung** F ⟨-; -en⟩ kiralama, kiraya verme
**verminen** VT ⟨ohne -ge-, h.⟩ MIL mayınlamak
**vermischen** ⟨ohne -ge-, h.⟩ **A** VT karıştırmak (**mit -le**) **B** VR: **sich ~** karışmak
**vermischt** ADJ karışık; **Vermischtes** muhtelif (*haberler, konular vs*)
**vermissen** VT ⟨ohne -ge-, h.⟩ -in yokluğunu fark etmek; (*sehr* ~) özlemek
**vermisst** ADJ kayıp; **j-n als ~ melden** b-nin kayıp olduğunu bildirmek
**Vermisste** M,F ⟨-n; -n⟩ kayıp (*kişi*)
**vermitteln** ⟨ohne -ge-, h.⟩ **A** VT aracılık etmek; *umg* bş-i ayarlamak; *Eindruck etc* bırakmak; **j-m etw ~** b-ne bş-i bulmak, sağlamak **B** VI (**zwischen** dat arasında) aracı olmak, *bei Streit* arabuluculuk yapmak
**Vermittler** M ⟨-s; -⟩ aracı, arabulucu; WIRTSCH aracı, komisyoncu
**Vermittlung** F ⟨-; -en⟩ aracılık, arabuluculuk; (*Herbeiführung*) sağlama; (*Beschaffung*) tedarik; *Stelle* acenta, büro; TEL santral; *Person* santral memuru **~sgebühr** F WIRTSCH komisyon **~sversuch** M arabuluculuk denemesi
**vermodern** VI ⟨ohne -ge-, s.⟩ çürümek, kokuşmak
**Vermögen** N ⟨-s; -⟩ *materiell* varlık, servet; *Fähigkeit* yeti, yetenek; **ein ~ kosten** dünyanın parası olmak
**vermögend** ADJ varlıklı, *umg* hali vakti yerinde
**Vermögens|beratung** F yatırım danışmanlığı **~bildung** F FIN servet biriktirimi, WIRTSCH sermaye oluşturma **~steuer** F varlık vergisi **~verhältnisse** PL mali durum sg **~verwalter(in)** M(F) portföy idarecisi **~werte** PL varlıklar **²wirksam** ADJ: **~e Leistungen** ücretlilere tasarruf için verilen ek ödenti
**vermummen** VR ⟨ohne -ge-, h.⟩: **sich ~** maske takmak; (*verkleiden*) kılık değiştirmek
**vermurksen** VT ⟨ohne -ge-, h.⟩ umg: **etw ~** bş-i berbat etmek
**vermut|en** VT ⟨ohne -ge-, h.⟩ beklemek, tahmin etmek **~lich** ADV tahminen
**Vermutung** F ⟨-; -en⟩ tahmin; *bloße* kuruntu, vehim; **die ~ liegt nahe, dass** -diği tahmin edilebilir
**vernachlässig|en** VT ⟨ohne -ge-, h.⟩ ihmal etmek, savsaklamak, boşlamak **²ung** F ⟨-; -en⟩ ihmal, savsaklama
**vernageln** VT ⟨ohne -ge-, h.⟩: **mit Brettern ~** tahta perdeyle kapatmak
**vernagelt** ADJ umg: **ich war wie ~** aklım almadı
**vernähen** VT ⟨ohne -ge-, h.⟩ dikmek, dikip kapatmak
**vernarben** VI ⟨ohne -ge-, s.⟩ *Wunde* kapanmak, iyileşmek
**vernarbt** ADJ kapanmış
**vernarrt** ADJ umg: **~ sein in** -e âşık olmak
**vernehmbar** ADJ duyulur
**vernehmen** VT ⟨irr, ohne -ge-, h.⟩ duymak, işitmek; JUR dinlemek, -in ifadesini almak
**Vernehmen** N: **dem ~ nach** söylendiğine göre
**vernehmlich** ADJ açık seçik duyulur gibi
**Vernehm|ung** F ⟨-; -en⟩ dinleme, sorgu(lama), ifade alma **²ungsfähig** ADJ ifade verebilir
**verneig|en** VR ⟨ohne -ge-, h.⟩: **sich ~** (**vor** dat *-in* önünde) eğilmek **²ung** F ⟨-; -en⟩ (**vor** dat *-in* önünde) eğilme
**vernein|en** ⟨ohne -ge-, h.⟩ **A** VT reddetmek **B** VI hayır demek, olumsuz cevap vermek **~end** ADJ menfi, olumsuz **²ung** F ⟨-; -en⟩ hayır cevabı; GRAM olumsuz(lama)
**vernetzen** VT ⟨ohne -ge-, h.⟩ ağlamak, ağla birleştirmek
**Vernetzung** F ⟨-; -en⟩ *a.* IT ağlama
**vernicht|en** VT ⟨ohne -ge-, h.⟩ yok etmek, ortadan kaldırmak; MIL *a.* imha et-

mek; (*ausrotten*) -in kökünü kazımak **~end** ADJ *Kritik* yıkıcı; *Niederlage* ezici; *Blick* öldürücü; **j-n ~ schlagen** *-i* hezimete uğratmak **ǀung** F ⟨-; -en⟩ yok etme/olma, imha **ǀungskrieg** M imha savaşı **ǀungslager** N imha kampı **ǀungspotential** N imha potansiyeli

**vernickeln** VT ⟨ohne -ge-, h.⟩ nikelajlamak

**verniedlichen** VT ⟨ohne -ge-, h.⟩ şirin göstermek

**vernieten** VT ⟨ohne -ge-, h.⟩ TECH perçinlemek

**Vernissage** [vɛrnɪˈsaːʒ(ə)] F ⟨-; -n⟩ sergi açılışı (*tören*)

**Vernunft** F ⟨-; *ohne pl*⟩ akıl; **~ annehmen** aklını başına devşirmek; *allmählich* akıllanmak; **j-n zur ~ bringen** b-nin aklını başına getirmek

**vernünftig** A ADJ (*klug*) akıllı; (*einsichtig*) makul; (*logisch*) mantıklı; **sei (doch) ~!** makul davran/düşün!; **e-n ~en Beruf ergreifen** aklıbaşında bir meslek edinmek B ADV: **~ reden** makulce konuşmak

**Vernunftmensch** M mantık tipi

**vernunftwidrig** ADJ akıldışı, mantıksız

**veröden** A VT ⟨ohne -ge-, h.⟩ MED sertleştirmek B VI ⟨s.⟩ tenhalaşmak, ıssızlaşmak

**veröffentlichǀen** VT ⟨ohne -ge-, h.⟩ yayınlamak **ǀung** F ⟨-; -en⟩ yayın

**verordnǀen** VT ⟨ohne -ge-, h.⟩ yazmak (*ilaç*), öngörmek (*tedavi*); *gesetzlich* emretmek **ǀung** F ⟨-; -en⟩ kararname; **ärztliche ~** hekim tavsiyesi

**verpachten** VT ⟨ohne -ge-, h.⟩ (*dat*, **an** *akk* -**e**) kiraya/icara vermek

**Verpächter** M ⟨-s; -⟩, -**in** F ⟨-; -nen⟩ kiraya/icara veren

**Verpachtung** F ⟨-; -en⟩ kira(lama), icar

**verpackǀen** VT ⟨ohne -ge-, h.⟩ paket etmek, paketlemek, TECH ambalajlamak; (*einwickeln*) kağıda sarmak **ǀung** F ⟨-; -en⟩ ambalaj(lama) **ǀungsabfall** M ambalaj atıkları *pl* **ǀungsmaterial** N ambalaj malzemesi

**verpassen** VT ⟨ohne -ge-, h.⟩ kaçırmak; *umg* **j-m e-e Uniform ~** b-nin sırtına bir üniforma geçirmek

**verpatzen** VT ⟨ohne -ge-, h.⟩ *umg* berbat etmek, bozmak

**verpesten** VT ⟨ohne -ge-, h.⟩ *umg*: **die Luft ~** havayı kokutmak/kirletmek

**verpetzen** VT ⟨ohne -ge-, h.⟩ *umg*: **j-n ~** b-ni gammazlamak

**verpfänden** VT ⟨ohne -ge-, h.⟩ rehne koymak

**verpfeifen** VT ⟨*irr, ohne -ge-, h.*⟩ *umg* ihbar etmek

**verpflanzǀen** VT ⟨ohne -ge-, h.⟩ MED nakletmek **ǀung** F ⟨-; -en⟩ organ/doku nakli

**verpflegǀen** VT ⟨ohne -ge-, h.⟩ beslemek, *umg* yedirip içirmek **ǀung** F ⟨-; -en⟩ iaşe, *umg* yedirip içirme

**verpflichten** VT ⟨ohne -ge-, h.⟩ A VT *Dienstleistende* tutmak; (*beauftragen*) **j-n zu etw ~** b-ni bş-le görevlendirmek (*od* yükümlü kılmak); *vertraglich* sözleşme altına almak B V/R: **sich ~, etw zu tun** bş-i yapmayı üstlenmek

**verpflichtet** ADJ: **~ sein (sich ~ fühlen), etw zu tun** bş-i yapmakla yükümlü olmak (hissetmek)

**Verpflichtung** F ⟨-; -en⟩ yükümlülük; (*Pflicht*) görev; WIRTSCH, JUR kefalet; yüküm, taahhüt

**verpfuschen** VT ⟨ohne -ge-, h.⟩ *umg* berbat etmek, bozmak

**verplanen** VT ⟨ohne -ge-, h.⟩ (*falsch planen*) yanlış planlamak; ... için öngörmek

**verplappern** V/R ⟨ohne -ge-, h.⟩ *umg*: **sich ~** ağzından bir şey kaçırmak

**verplempern** VT ⟨ohne -ge-, h.⟩ *umg*: çarçur etmek

**verpönt** ADJ: (*streng*) **~ sein** (gayet) ayıp sayılmak

**verprassen** VT ⟨ohne -ge-, h.⟩ *umg*: yemek, harcayıp geçmek

**verprügeln** VT ⟨ohne -ge-, h.⟩ dövmek, *umg* pataklamak

**verpuffen** VI ⟨ohne -ge-, s.⟩ CHEM parlamak; *fig* sönüp geçmek

**verpulvern** VT ⟨ohne -ge-, h.⟩ *umg*: çarçur etmek

**verputzen** VT ⟨ohne -ge-, h.⟩ ARCH sıvamak, sıva etmek; *umg* gövdeye indirmek

**verqualmt** ADJ dumandan göz gözü görmez

**verquollen** ADJ şişmiş, şişkin (*yüz*)

**Verrat** M ⟨-s; *ohne pl*⟩ (**an** *dat* -**e**) ihanet;

(Landes♀) vatana ihanet
**verraten** ⟨irr, ohne -ge-, h.⟩ **A** V̄T ele vermek, -e ihanet etmek; (erklären) açıklamak, umg açık etmek; **kannst du mir (mal) ~, warum?** söyler misin (hele), niçin …?; **nicht ~!** sen söyleme!, açık etme! **B** V̄R: **sich ~** kendini açığa vurmak
**Verräter** M̄ ⟨-s; -⟩, **-in** F̄ ⟨-; -nen⟩ hain, kalleş
**verräterisch** ADJ hain, kalleş
**verräuchert** ADJ dumanaltı
**verrechnen** ⟨ohne -ge-, h.⟩ **A** V̄T hesaba geçirmek (**mit** -e) mahsup etmek **B** V̄R: **sich ~** hesapta yanılmak; **sich um ein Euro verrechnet haben** hesapta bir avro yanılmış olmak
**Verrechnung** F̄ ⟨-; -en⟩ takas, mahsup; bir Scheckvermerk hesaba geçirilecektir **~skonto** N̄ takas/kliring hesabı **~sscheck** M̄ çizgili çek (hesaba geçirilmek üzere)
**verrecken** V̄I ⟨ohne -ge-, s.⟩ umg gebermek
**verregnet** ADJ yağmurlu
**verreiben** V̄T ⟨irr, ohne -ge-, h.⟩ Salbe ovarak yaymak
**verreisen** V̄I ⟨ohne -ge-, s.⟩ seyahate çıkmak (**geschäftlich** iş nedeniyle)
**verreißen** V̄T ⟨irr, ohne -ge-, h.⟩ Buch etc kötü eleştirmek
**verreist** ADJ seyahatte; **geschäftlich ~** iş seyahatinde
**verrenk|en** V̄T u. V̄R ⟨ohne -ge-, h.⟩: **sich** (dat) **etw ~** MED bir yerini burkmak; **sich** (dat) **den Hals ~** başını/boynunu uzatmak **♀ung** F̄ ⟨-; -en⟩ MED burk(ul)ma
**verrennen** V̄R ⟨irr, ohne -ge-, h.⟩: **sich ~ in** (akk -e) saplanıp kalmak (fikre)
**verrichten** V̄T ⟨ohne -ge-, h.⟩ yapmak, yerine getirmek
**verriegeln** V̄T ⟨ohne -ge-, h.⟩ sürgülemek
**verringer|n** ⟨ohne -ge-, h.⟩ **A** V̄T azaltmak, eksiltmek, düşürmek; **das Tempo ~** hızı azaltmak **B** V̄R: **sich ~** azalmak, eksilmek, düşmek **♀ung** F̄ ⟨-; -en⟩ azal(tıl)ma, eksil(til)me, düş(ürül)me
**verroh|en** V̄I ⟨ohne -ge-, h.⟩ kabalaşmak, hayvanlaşmak **♀ung** F̄ ⟨-; -en⟩ kabalaşma, hayvanlaşma
**verrosten** V̄I ⟨ohne -ge-, s.⟩ paslanmak
**verrostet** ADJ paslı, paslanmış
**verrotten** V̄I ⟨ohne -ge-, s.⟩ çürümek; fig köhneleşmek
**verrücken** V̄T ⟨ohne -ge-, h.⟩ kaydırmak, -in yerini değiştirmek
**verrückt** ADJ deli, çılgın; **~ nach …** delisi; **wie ~** deli gibi; **~ werden** delirmek, çıldırmak; **j-n ~ machen** b-ni delirtmek; **ich werd' ~!** aklımı kaçıracağım!
**Verrückt|e** M̄,F̄ ⟨-n; -n⟩ deli, çılgın, kaçık **~heit** F̄ ⟨-; -en⟩ delilik, çılgınlık
**verrücktspielen** V̄I ⟨-ge-, h.⟩ -e bir haller olmak
**Verruf** M̄: **in ~ bringen** itibardan düşürmek; **in ~ kommen** itibarını kaybetmek
**verrufen** ADJ adı kötüye çıkmış
**verrutschen** V̄I ⟨ohne -ge-, s.⟩ kaymak, yerinden oynamak
**Vers** [f-] M̄ ⟨-es; -e⟩ mısra, dize
**versachlichen** V̄T ⟨ohne -ge-, h.⟩ somutlaştırmak
**versagen** ⟨ohne -ge-, h.⟩ **A** V̄I başarısız kalmak; TECH a. çalışmamak, işlememek; Waffe tutukluk yapmak **B** V̄T **j-m etw ~** b-ne bş-i yasak etmek
**Versagen** N̄ ⟨-s; ohne pl⟩ çalışmama, hata; **menschliches ~** insan hatası
**Versager** M̄ ⟨-s; -s⟩, **-in** F̄ ⟨-; -nen⟩ başarısız (kişi)
**versalzen** V̄T ⟨ohne -ge-, h.⟩ -in tuzunu fazla kaçırmak
**versammeln** ⟨ohne -ge-, h.⟩ **A** V̄T toplamak, bir araya getirmek **B** V̄R: **sich ~** toplanmak, buluşmak
**Versammlung** F̄ ⟨-; -en⟩ toplantı, kurul, görüşme; zufällig topluluk
**Versammlungs|freiheit** F̄ toplantı özgürlüğü **~ort** M̄ toplantı yeri **~raum** M̄ toplantı salonu
**Versand** M̄ ⟨-s; ohne pl⟩ gönderme, sevk(iyat); (Transport) gönderi, gönderilen mal **~abteilung** F̄ sevkiyat bölümü **♀fertig** ADJ sevke hazır **~geschäft** N̄, **~handel** M̄ katalogtan yapılan siparişi postayla gönderme esasına dayalı ticaret **~haus** N̄ postayla çalışan ticarethane **~hauskatalog** M̄ postayla sipariş kataloğu **~kosten** PL sevk masrafları; posta giderleri **~papiere** PL sevk evrakı **~schein** M̄ sevk belgesi, irsal pusulası

**versauen** VT ⟨ohne -ge-, h.⟩ umg: **j-m etw ~** b-nin bş-ini berbat etmek

**versauern** VI ⟨ohne -ge-, s.⟩ ekşimek; *umg -in* beyni körelmek

**versaufen** VT ⟨irr, ohne -ge-, h.⟩ umg içkiye harcamak

**versäumen** VT ⟨ohne -ge-, h.⟩: **(es) ~ zu** -meyi ihmal etmek

**Versäumnis** N ⟨-ses; -se⟩ ihmal(kârlık) **~urteil** N JUR gıyabi karar

**verschachern** VT ⟨ohne -ge-, h.⟩ umg okutmak, satmak

**verschachtelt** ADJ çapraşık (*cümle*)

**verschaffen** VT ⟨ohne -ge-, h.⟩: **j-m etw ~** b-ne bş-i sağlamak/bulmak; **sich** (*dat*) **etw ~** elde etmek, edinmek, ele geçirmek

**verschal|en** VT ⟨ohne -ge-, h.⟩ ARCH -e kalıp yapmak **♀ung** F ⟨-; -en⟩ kalıp; tahta kaplama

**verschämt** ADJ utangaç, sıkılgan

**verschandeln** VT ⟨ohne -ge-, h.⟩ umg rezil etmek

**verschanzen** VR ⟨ohne -ge-, h.⟩: **sich ~ in** -*e* saklanmak

**verschärf|en** ⟨ohne -ge-, h.⟩ **A** VT (*verschlimmern*) kötüleştirmek, zorlaştırmak; *Kontrollen* sıkılaştırmak; (*erhöhen*) artırmak **B** VR: **sich ~** (*schlimmer werden*) kötüleşmek, zorlaşmak **♀ung** F ⟨-; -en⟩ kötüleşme, zorlaşma; *Gesetz* sertleş(tir)me

**verscharren** VT ⟨ohne -ge-, h.⟩ gömmek (*eşeleyerek*)

**verschätzen** VR ⟨ohne -ge-, h.⟩: **sich ~ (um)** tahminde ... yanılmak

**verschaukeln** VT ⟨ohne -ge-, h.⟩ umg: **j-n ~** b-ni aldatmak

**verschenken** VT ⟨ohne -ge-, h.⟩ hediye etmek

**verscherzen** VR ⟨ohne -ge-, h.⟩: **sich** (*dat*) **etw ~** ... kaybetmek (*b-nin güvenini vs, kendi kabahatiyle*)

**verscheuchen** VT ⟨ohne -ge-, h.⟩ ürkütmek, kaçırmak

**verschicken** VT ⟨ohne -ge-, h.⟩ yollamak, göndermek

**verschiebbar** ADJ kaydırılabilir, ertelenebilir

**Verschiebebahnhof** M manevra istasyonu

**verschieb|en** ⟨irr, ge-, h.⟩ **A** VT kaydırmak; *-in* yerini değiştirmek; *zeitlich* (*auf akk -e*) ertelemek **B** VR: **sich ~ -in** yeri değişmek; (*verrutschen*) kaymak; *Termin -e* kalmak **♀ung** F ⟨-; -en⟩ kay(dır)ma, ertele(n)me

**verschieden** ADJ çeşitli, muhtelif; (*von -den*) farklı, ayrı; **~ groß sein** farklı büyüklükte olmak; **~e** (+ *subst pl*) birçok, **♀es** çeşitli şeyler; **aus den ~sten Gründen** çok değişik sebeplerle

**verschiedenartig** ADJ çeşitli, türlü, değişik **♀keit** F ⟨-; ohne pl⟩ farklılık, değişiklik

**Verschiedenheit** F ⟨-; -en⟩ fark(lılık)

**verschiedentlich** ADV birçok kere (-ler)

**verschiff|en** VT ⟨ohne -ge-, h.⟩ göndermek (*gemiyle*) **♀ung** F ⟨-; -en⟩ gönderme (*gemiyle*)

**verschimmeln** VI ⟨ohne -ge-, s.⟩ küflenmek

**verschlafen**[1] ⟨irr, ohne -ge-, h.⟩ **A** VI uyuyup kalmak **B** VT uyuyup kaçırmak

**verschlafen**[2] ADJ uykulu, *fig* mahmur, uyku sersemi; *umg* miskin

**Verschlafenheit** F ⟨-; ohne pl⟩ mahmurluk, uyku sersemliği

**Verschlag** M ⟨-(e)s; ≃e⟩ kulübe (*tahta*)

**verschlagen**[1] ⟨irr, ohne -ge-, h.⟩: **j-m den Atem ~** b-nin soluğu kesilmek; **j-m die Sprache ~** b-nin dili tutulmak; **es hat ihn nach ... ~** yolu -*e* düştü

**verschlagen**[2] ADJ kurnaz, açıkgöz, cin gibi

**verschlampen** umg ⟨ohne -ge-⟩ **A** VT ⟨h.⟩ kaybetmek (*dikkatsizlik, düzensizlikten*) **B** VI ⟨s.⟩ harap olmak, bakımsız kalmak

**verschlechter|n** ⟨ohne -ge-, h.⟩ **A** VT bozmak, kötüleştirmek **B** VR: **sich ~** kötüleşmek, bozulmak **♀ung** F ⟨-; -en⟩ kötüleş(tiril)me, boz(ul)ma

**verschleiern** VT ⟨ohne -ge-, h.⟩ örtmek (*yüz*); *fig* gizlemek, örtbas etmek

**Verschleiß** M ⟨-es⟩ aşınma, yıpranma

**verschleiß|en** ⟨irr, ohne -ge-, h.⟩ **A** VT yıpratmak, eskitmek **B** VI u. VR: **sich ~** aşınmak, yıpranmak **♀erscheinung** F ⟨-; -en⟩ aşınma, yıpranma **~frei** ADJ aşınmaz **♀teil** N TECH aşınmaya tabi parça

**verschleppen** VT ⟨ohne -ge-, h.⟩ (*entführen*) kaçırmak; (*in die Länge ziehen*) uzatmak, geciktirmek; *Krankheit* ih-

mal etmek
**Verschleppte** M, F ⟨-n; -n⟩ kaçırılan (kişi)
**verschleudern** VT ⟨ohne -ge-, h.⟩ *Vermögen etc* israf etmek, *umg* çarçur etmek; WIRTSCH maliyetin altında satmak
**verschließen** ⟨*irr, ohne -ge-, h.*⟩ **A** VT kapa(t)mak; (*absperren*) kilitlemek; *fig* **die Augen ~ vor** *dat -i* görmezden gelmek **B** V/R: **sich ~** kapanmak; **sich j-s Argumenten ~** kendini b-nin açıklamalarına kapamak
**verschlimmern** VT *u.* V/R: **sich ~** ⟨*ohne -ge-, h.*⟩ → verschlechtern
**verschlingen** VT ⟨*irr, ohne -ge-, h.*⟩ yutmak; *fig Geld* yemek
**verschlossen** ADJ kilitli, kapalı; *fig Person* içine kapalı; **hinter ~en Türen** kapalı kapılar ardında
**verschlucken** ⟨*ohne -ge-, h.*⟩ **A** VT yutmak **B** V/R: **sich ~ (an** *dat -i*⟩ genzine kaçırmak
**Verschluss** M ⟨-es; ⸚e⟩ bağ, kapak, *ambalajı kapatmaya yarayan bş*; (*Schloss*) kilit; (*Deckel*) kapak; FOTO obtüratör; **unter ~** kilitli, kilit altında, mühürlü
**verschlüsseln** VT ⟨*ohne -ge-, h.*⟩ şifrelemek, kodlamak; **verschlüsselter Text** şifreli metin
**verschmähen** VT ⟨*ohne -ge-, h.*⟩ hor görmek, küçümsemek
**verschmerzen** VT ⟨*ohne -ge-, h.*⟩ *-in* acısına katlanmak
**verschmutz|en** ⟨*ohne -ge-*⟩ **A** VT ⟨*h.*⟩ pisletmek, *a. Umwelt* kirletmek **B** VI ⟨*s.*⟩ pislenmek, kirlenmek **≗ung** F ⟨-; -en⟩ pisletme/pislenme; kirlenme/kirletilme; *konkret a.* kirlilik
**verschnaufen** VI (*a. v/r* **sich ~**) ⟨*ohne -ge-, h.*⟩ *umg* nefes almak, soluklanmak
**verschneiden** VT ⟨*irr, ohne -ge-, h.*⟩ *Baum* budamak; *Stoff* yanlış kesmek/biçmek
**verschneit** ADJ karlı, karla kaplı
**Verschnitt** M ⟨-s; -e⟩ harman (*içki, tütün*); (*Abfall*) fire
**verschnörkelt** ADJ süslü (*yazı*)
**verschnupft** ADJ: **~ sein** MED nezleli olmak; *umg fig* b-ne dargın olmak
**verschnüren** VT ⟨*ohne -ge-, h.*⟩ bağlamak (*iple*)
**verschollen** ADJ kayıp; JUR öldüğü tahmin edilen (*kişi*)
**verschonen** VT ⟨*ohne -ge-, h.*⟩ *-e* kıyamamak; **j-n mit etw ~** b-ni bş-den kurtarmak, b-ni bş-le rahatsız etmemek
**verschönen** VT ⟨*ohne -ge-, h.*⟩: **j-m den Tag ~** b-nin gününe güzellik katmak
**verschöner|n** VT ⟨*ohne -ge-, h.*⟩ güzelleştirmek, süslemek **≗ung** F ⟨-; -en⟩ güzelleştirme
**verschossen** ADJ *umg*: **in j-n ~ sein** b-ne abayı yakmış olmak
**verschränken** VT ⟨*ohne -ge-, h.*⟩: **die Arme ~** kollarını kavuşturmak; **die Beine ~** bacak bacak üstüne atmak
**verschrauben** VT ⟨*ohne -ge-, h.*⟩ vidalamak
**verschreiben** ⟨*irr, ohne -ge-, h.*⟩ **A** VT MED (*j-m -e*; **gegen** *-e* karşı) ilaç yazmak **B** V/R: **sich ~** yanlış yazmak; **sich e-r Sache ~** kendini bir şeye adamak
**verschreibungspflichtig** ADJ MED reçeteyle satılan
**verschrotten** VT ⟨*ohne -ge-, h.*⟩ hurdaya çıkarmak
**verschüchtert** ADJ yılmış, pısmış, gözü korkmuş
**verschulden** ⟨*ohne -ge-, h.*⟩ **A** VT *-e* sebep olmak (*olumsuz*) **B** V/R: **sich ~** borçlanmak
**Verschulden** N ⟨-s; *ohne pl*⟩: **ohne mein ~** kusurum olmaksızın; **uns trifft kein ~** bizim suçumuz yok
**verschuldet** ADJ borçlu
**Verschuldung** F ⟨-; -en⟩ borçlanma, borçlar *pl*; **öffentliche ~** kamu borçları
**verschütten** VT ⟨*ohne -ge-, h.*⟩ *Flüssigkeit* dökmek; *Person* yıkıntı altında bırakmak
**verschwägert** ADJ sıhri (*od* par alyans) akraba
**verschweigen** VT ⟨*irr, ohne -ge-, h.*⟩ (*dat -den*) gizlemek, saklamak; (*nicht merken lassen*) (*dat -e*) belli etmemek
**verschweißen** VT ⟨*ohne -ge-, h.*⟩ kaynakla birleştirmek/kapatmak
**verschwend|en** VT ⟨*ohne -ge-, h.*⟩ israf etmek **≗er** M ⟨-s; -⟩, **≗erin** F ⟨-; -nen⟩ savurgan, müsrif **~erisch** ADJ savurgan, müsrif; (*üppig*) bol; *adv* **~ umgehen mit** *-i* bol bol harcamak **≗ung** F ⟨-; -en⟩ savurganlık, israf **≗ungssucht** F israfçılık, hovardalık
**verschwiegen** ADJ sır saklayan, ketum, *umg* ağzı sıkı; (*verborgen*) saklı, gizli

**‌heit** F ⟨-; ohne pl⟩ sır saklama, ketumiyet

**verschwimmen** VI ⟨irr, ohne -ge-, s.⟩ birbirine karışmak (renkler, şekiller)

**verschwinden** VI ⟨irr, ohne -ge-, s.⟩ yokolmak, gözden/ortadan kaybolmak; *umg* **verschwinde!** defol!

**Verschwinden** N ⟨-s; ohne pl⟩ kaybolma, yok olma

**verschwindend** adv: ~ **gering** yok denecek kadar az

**verschwitzen** VT ⟨ohne -ge-, h.⟩ terle ıslatmak/lekelemek; *umg* **etw** ~ bş-i unutup kaçırmak

**verschwitzt** ADJ terden ıslak/lekeli

**verschwommen** A ADJ bulanık; *fig Begriff etc* belirsiz; *Erinnerung* sisli B ADV: **sich nur** ~ **erinnern** hayal meyal hatırlamak

**verschwör|en** VR: **sich** ~ ⟨irr, ohne -ge-, h.⟩ komplo kurmak **2er** M ⟨-s; -⟩ komplocu **2ung** F ⟨-; -en⟩ komplo

**verschwunden** ADJ kayıp, yokolmuş

**versehen** ⟨irr, ohne -ge-, h.⟩ A VT *Amt, Haushalt* -e bakmak; ~ **mit** ile donatmak B VR: **sich** ~ yanlış görmek; **ehe man sichs versieht** ne oluyor demeye kalmadan

**Versehen** N ⟨-s; -⟩ yanlışlık, hata; **aus** ~ → *versehentlich*

**versehentlich** ADV yanlışlıkla, istemeyerek

**versehrt** ADJ yaralı

**Versehrte** M, F ⟨-n; -n⟩ sakat, malul

**versenden** VT ⟨irr, ohne -ge-, h.⟩ → *verschicken*

**Versendung** F ⟨-; -en⟩ gönderme, yolla(n)ma, sevk(iyat)

**versengen** VT ⟨ohne -ge-, h.⟩ (hafifçe) yakmak

**versenk|en** ⟨ohne -ge-, h.⟩ A v/t batırmak; TECH gömmek B VR: **sich** ~ dalmak *(derin düşüncelere)* **2ung** F ⟨-; -en⟩ batır(ıl)ma; göm(ül)me; THEAT iner-çıkar taban; meditasyon; *umg* **in der** ~ **verschwinden** unutulup gitmek

**versessen** ADJ: ~ **auf** *(akk)* -e düşkün, -in delisi/tutkunu

**versetzen** ⟨ohne -ge-, h.⟩ A VT -in yerini değiştirmek; *dienstlich* **(in** *akk*, **auf** *akk*, **nach** -e**)** atamak; *Schüler* (sınıf) geçirmek; *Schlag etc* indirmek, atmak; *(verpfänden)* rehin vermek; *umg* **j-n** ~ atlatmak; **in die Lage** ~ **zu** -i -ecek duruma getirmek B VR: **sich in j-s Lage** ~ kendini b-nin yerine koymak

**Versetzung** F ⟨-; -en⟩ ata(n)ma; *Schule* sınıf geç(ir)me; AGR şaşırtma; ~ **(in, auf) nach** -e tayin, atanma

**verseuch|en** VT ⟨ohne -ge-, h.⟩: ~ **mit etw** *Epidemie* -e bş-i bulaştırmak; *Radioaktivität* -e bş-i yaymak; *Gift* -i bş-le zehirlemek; *(verschmutzen)* -i bş-le kirletmek *(geniş kapsamlı olarak)* **2ung** F ⟨-; -en⟩ bulaşma, yayılma, zehirlenme, kirlenme *(geniş kapsamlı)*

**Versicherer** M ⟨-s; -⟩ sigortacı (şirket)

**versichern** ⟨ohne -ge-, h.⟩ A VT WIRTSCH sigortalamak; *(behaupten)* temin etmek B VR: **sich** ~ kendini sigorta ettirmek; *(sichergehen)* ~ **(, dass** -diğinden**)** emin olmak

**Versicherte** M, F ⟨-n; -n⟩ sigortalı **~nkarte** F sağlık sigortası kartı

**Versicherung** F ⟨-; -en⟩ sigorta; *Gesellschaft* sigorta şirketi; temin etme

**Versicherungs|agent** M sigorta acentesi **~anstalt** F sigorta şirketi/kurumu **~betrug** M sigorta sahtekârlığı **~gesellschaft** F sigorta şirketi/kurumu **~karte** F sigorta kartı **~nehmer** M ⟨-s; -⟩ sigorta edilen (kişi) **~nummer** F sigorta numarası **~police** F sigorta poliçesi **~prämie** F sigorta primi **~schein** M sigorta poliçesi **~schutz** M kuvertör, sigorta kapsamı **~vertreter** M sigorta acentesi **~wesen** N ⟨-s; ohne pl⟩ sigortacılık

**versickern** VI ⟨ohne -ge-, s.⟩ sızmak

**versiegeln** VT ⟨ohne -ge-, h.⟩ mühürle kapatmak; *Fußboden* -e cam cila yapmak

**versiegen** VI ⟨ohne -ge-, s.⟩ -in suyu çekilmek

**versiert** [v-] ADJ **(in** -de**)** tecrübeli, pişmiş

**versilbern** VT ⟨ohne -ge-, h.⟩ TECH gümüş(le) kaplamak; *umg* **etw** ~ okutmak, satmak

**Version** [vɛrˈzi̯oːn] F ⟨-; -en⟩ *(Fassung)* biçim; *(Auslegung)* yorum, anlatış; *Modell*, IT versiyon

**versklaven** [-v(ə)n, -f(ə)n] VT ⟨ohne -ge-, h.⟩ köleleştirmek

**verslumen** [-slam-] VI ⟨ohne -ge-, s.⟩ gecekondulaşmak

**Versmaß** N vezin, nazım ölçüsü

**versnobt** ADJ züppeleşmiş
**versoffen** ADJ umg ayyaş
**versöhn|en** ⟨ohne -ge-, h.⟩ A VT (mit -le) barıştırmak B VR: **sich ~ (mit** -le) barışmak **~lich** ADJ Person geçimli; Worte yatıştırıcı, barıştırıcı **2ung** F ⟨-; -en⟩ barışma
**versorg|en** VT ⟨ohne -ge-, h.⟩ **(mit** -i) -e sağlamak, temin/tedarik etmek; Familie, Wunde -e bakmak **2ung** F ⟨-; ohne pl⟩ sağlama, temin, tedarik; (Unterhalt) bakma, bakım; emekli memur, malul, dul, yetim maaşı
**Versorgungs|betrieb** M kamu hizmeti işletmesi **~empfänger(in)** M(F) devletten maaş alan emekli vs **~engpass** M arz (od iaşe) darboğazı **~güter** PL iaşe malları **~leitung** F besleme hattı **~lücke** F arz boşluğu **~schwierigkeiten** PL arz (od iaşe) sorunları
**verspannen** VT ⟨ohne -ge-, h.⟩ TECH germek
**verspannt** ADJ gergin
**verspät|en** VR ⟨ohne -ge-, h.⟩: **sich ~** geç kalmak **~et** ADJ geç, gecikmeli; Gratulation gecikmiş
**Verspätung** F ⟨-; -en⟩ gecikme; **bitte entschuldigen Sie meine ~** geciktiğim için kusura bakmayın; **20 Minuten ~ haben** 20 dakika gecikmeli olmak
**verspeisen** VT ⟨ohne -ge-, h.⟩ yemek, tüketmek
**versperren** VT ⟨ohne -ge-, h.⟩: **j-m die Sicht (den Weg) ~** b-nin görüşünü (yolunu) kapamak
**verspielen** VT ⟨ohne -ge-, h.⟩ Geld etc (kumarda) kaybetmek
**verspotten** VT ⟨ohne -ge-, h.⟩ İLE alay etmek, eğlenmek
**versprechen** ⟨irr, ohne -ge-, h.⟩ A VT söz vermek, vaadetmek; **sich** (dat) **zu viel ~ (von** -den) çok şey beklemek B VR: **sich ~** -in dili sürçmek
**Versprechen** N ⟨-s; -⟩ söz, vaat
**Versprecher** M ⟨-s; -⟩ dil sürçmesi
**Versprechung** F ⟨-; -en⟩: **j-m große ~en machen** b-ne büyük vaatlerde bulunmak
**ver|spritzen, ~sprühen** VT ⟨ohne -ge-, h.⟩ püskürtmek
**verstaatlich|en** VT ⟨ohne -ge-, h.⟩ devletleştirmek **2ung** F ⟨-; -en⟩ devletleştirme

**verstädter|n** A VT ⟨ohne -ge-, h.⟩ şehirleştirmek B VI ⟨ohne -ge-, h.⟩ şehirleşmek **2ung** F ⟨-; -en⟩ şehirleşme
**Verstand** M ⟨-s; ohne pl⟩ (Vernunft) akıl; (Geist) zihin; (Intelligenz) zekâ, umg kafa; **er ist nicht bei ~** onun aklı başında değil; **den ~ verlieren** aklını kaçırmak; **scharfer ~** keskin zekâ
**verstandesmäßig** ADJ mantıki, akılcı
**Verstandesmensch** M kafa insanı
**verständig** ADJ akla uygun; Person anlayışlı
**verständigen** ⟨ohne -ge-, h.⟩ A VT haberdar etmek; Arzt, Polizei çağırmak B VR: **sich ~** haberleşmek; (sich einigen) **(über** akk -de) anlaşmak
**Verständigung** F ⟨-; ohne pl⟩ haberleşme; (Einigung) anlaşma **~sschwierigkeiten** PL anlaşma zorlukları
**verständlich** ADJ anlaşılır; (hörbar) duyulabilen; **schwer (leicht) ~** anlaması zor (kolay); **j-m etw ~ machen** b-ne bş-i anlatmak/açıklamak; **sich ~ machen** derdini/meramını anlatmak
**verständlicherweise** ADV gayet tabii
**Verständnis** N ⟨-ses⟩ anlayış; (Mitgefühl) a. halden anlama; **(viel) ~ haben** (çok) anlayış göstermek; **~ haben für** -e karşı anlayışlı olmak; Kunst etc -den anlamak **2los** ADJ anlayışsız; Blick etc boş, anlamsız **2voll** ADJ anlayışlı, hoşgörülü
**verstärk|en** VT ⟨ohne -ge-, h.⟩ (stabiler machen) sağlamlaştırmak, pekiştirmek; (kräftiger machen) güçlendirmek, (steigern) arttırmak **2er** M ⟨-s; -⟩ amplifikatör **2ung** F ⟨-; -en⟩ sağlamlaştırma, pekiştirme; güçlendirme; arttırma; MIL takviye
**verstauben** VI ⟨ohne -ge-, s.⟩ tozlanmak
**verstaubt** ADJ tozlu, tozlanmış; fig köhne
**verstauch|en** VT ⟨ohne -ge-, h.⟩: **sich** (dat) **etw ~** MED bir yerini burkmak **2ung** F ⟨-; -en⟩ burkulma
**verstauen** VT ⟨ohne -ge-, h.⟩ istiflemek
**Versteck** N ⟨-s; -e⟩ saklanılan/saklanacak yer; von Verbrechern a. yatak
**verstecken** ⟨ohne -ge-, h.⟩ A VT **(vor** dat -den) saklamak B VR: **sich ~ (vor**

# VERS | 994

dat -den) saklanmak
**versteckt** ADJ gizli, saklı; **sich ~ halten** saklanmaya devam etmek; **~e Kamera** gizli kamera
**verstehen** ⟨irr, ohne -ge-, h.⟩ **A** V/T anlamak; umg çakmak; **Spaß ~** şakadan anlamak; **etw falsch ~** bş-i yanlış anlamak; **was ~ Sie unter** (dat) **...?** ... denince ne anlıyorsunuz?; **es ~ zu** -meyi bilmek; **davon versteht er gar nichts** o bundan hiç anlamaz; **zu ~ geben** sezdirmek, ima etmek **B** V/R: **sich ~** anlaşmak; akustisch a. anlayabilmek, duyabilmek; einsehen görmek, anlamak; sich im Klaren sein -i anlamış (od -in farkına varmış) olmak; **sich (gut) ~** (iyi) anlaşmak (**mit** -le); **es versteht sich von selbst** açıklamaya gerek yok **C** V/I: **~ Sie** erklärend anlıyorsunuz (değil mi?), fragend anlıyor musunuz?; **ich verstehe!** anlıyorum!
**versteiger|n** V/T ⟨ohne -ge-, h.⟩ artırma ile satmak **2ung** F ⟨-; -en⟩ artırma, müzayede
**verstellbar** ADJ ayarlanır
**verstell|en** ⟨ohne -ge-, h.⟩ **A** V/T (versperren) kapatmak; (umstellen) yerini değiştirmek, başka yere koymak; **Stimme** değiştirmek, tanınmayacak hale getirmek; TECH ayar etmek, ayarlamak; (falsch einstellen) -in ayarını bozmak, -i yanlış ayarlamak **B** V/R: **sich ~** fig rol yapmak; s-e Gefühle verbergen duygularını gizlemek **2ung** F ⟨-; ohne pl⟩ rol (yapma)
**versteuern** V/T ⟨ohne -ge-, h.⟩ -in vergisini ödemek; **zu ~de Einkünfte** vergiye tabi gelirler
**verstimmen** V/T ⟨ohne -ge-, h.⟩ (verärgern) kızdırmak, -in canını sıkmak; MUS -in akordunu bozmak
**verstimmt** ADJ MUS akortsuz; **Magen** bozuk; (verärgert) kızgın, canı sıkkın
**Verstimmung** F ⟨-; -en⟩ bozukluk; cansıkıntısı
**verstohlen** ADJ gizli, kaçamak
**verstopf|en** V/T ⟨ohne -ge-, h.⟩ tıkamak **~end** ADJ peklik yapıcı
**verstopft** ADJ tıkalı, tıkanık; **meine Nase ist ~** burnum tıkalı; MED **~ sein** peklik çekmek
**Verstopfung** F ⟨-; -en⟩ tıkanıklık; MED peklik, kabızlık
**verstorben** ADJ merhum

**Verstorbene** M, F ⟨-n; -n⟩ merhum, rahmetli; **die ~n** pl ölenler, ölmüşler
**verstört** ADJ şaşkın, bunamış
**Verstoß** M ⟨-es; ⸚e⟩ (**gegen** -e) karşı gelme, -i ihlal
**verstoßen** ⟨irr, h.⟩ **A** V/T (**aus** -den) kovmak **B** V/I: **~ gegen** -e karşı gelmek, -i ihlal etmek, -i çiğnemek
**verstrahlt** ADJ (yüksek) radyasyonlu
**verstreb|en** V/T ⟨ohne -ge-, h.⟩ TECH desteklemek **2ung** F ⟨-; -en⟩ TECH destek, payanda, kuşak
**verstreichen** ⟨irr, ohne -ge-⟩ **A** V/I ⟨s.⟩ Zeit geçmek; Frist dolmak **B** V/T ⟨h.⟩ sürmek, yaymak
**verstreuen** V/T ⟨ohne -ge-, h.⟩ saçmak, serpmek, dağıtmak
**verstricken** ⟨ohne -ge-, h.⟩ **A** V/T: **j-n ~ in** b-ni -e bulaştırmak **B** V/R: **sich ~ in** -e bulaşmak
**verstümmel|n** V/T ⟨ohne -ge-, h.⟩ sakatlamak; Text anlaşılmaz hale getirmek, umg kuşa benzetmek **2ung** F ⟨-; -en⟩ sakatlama
**verstummen** V/I ⟨ohne -ge-, s.⟩ susmak, -in sesi kesilmek; Geräusch etc kesilmek
**Versuch** M ⟨-s; -e⟩ deneme; Probe prova, test; PHYS etc deney; **e-n ~ machen mit** ile bir deneme yapmak; CHEM, MED TECH **~e anstellen** deneyler yapmak
**versuchen** ⟨ohne -ge-, h.⟩ (probieren) denemek; (kosten) -in tadına bakmak; (sich bemühen) **~ zu tun** yapmaya çalışmak; **es mit etw ~** (bir de) -i denemek
**Versuchs|bohrung** F deneme sondajı **~gelände** N deneme sahası **~kaninchen** N fig kobay, deneme tahtası **~person** F denek **~projekt** N pilot proje **~stadium** N deneme aşaması **~tier** N deney hayvanı **2weise** ADV denemek için, deneme olarak **~zwecke: zu ~n** deney/deneme amacıyla, test için
**Versuchung** F ⟨-; -en⟩ ayartma; REL a. günaha saptırma; **j-n in ~ führen** b-ni ayartmak, doğru yoldan saptırmak; **in ~ kommen** (od **sein**) ayartmaya kapılmak (od kapılmış olmak)
**versumpfen** V/I ⟨ohne -ge-, s.⟩ Boden bataklık hale gelmek; umg ipin ucunu kaçırmak (gece içip eğlenerek)

**versündigen** VR ⟨ohne -ge-, h.⟩: **sich ~ (an** -e) karşı günah işlemek
**versunken** ADJ fig: **~ in** (akk) -e dalmış
**versüßen** VT ⟨ohne -ge-, h.⟩ tatlandırmak
**vertagen** ⟨ohne -ge-, h.⟩ **A** VT (auf akk -e) ertelemek, JUR a. talik etmek **B** VR: **sich ~ (auf** akk -e) ertelemek (toplantıyı)
**Vertagung** F ⟨-; ohne pl⟩ ertele(n)me, sonraya bırak(ıl)ma, JUR talik
**vertauschen** VT ⟨ohne -ge-, h.⟩ **(gegen, mit** -le) değiş tokuş etmek; irrtümlich karıştırmak
**verteidig|en** ⟨ohne -ge-, h.⟩ **A** VT savunmak **B** VR: **sich ~** kendini savunmak
**Verteidiger** M ⟨-s; -⟩, **-in** F ⟨-; -nen⟩ JUR savunma avukatı; Fußball defans oyuncusu
**Verteidigung** F ⟨-; -en⟩ savunma; defans
**Verteidigungs|bereitschaft** F MIL teyakkuz **~bündnis** N savunma paktı **~minister** M savunma bakanı **~ministerium** N savunma bakanlığı **~rede** F savunma konuşması **~waffe** F savunma silahı
**verteilen** VT ⟨ohne -ge-, h.⟩ **(unter** akk -e, arasında) paylaştırmak; (austeilen) -e dağıtmak
**Verteiler** M ⟨-s; -⟩ WIRTSCH, AUTO distribütör **~kasten** M ELEK tevzi kutusu **~netz** N ELEK dağıtım şebekesi; WIRTSCH dağıtım ağı **~schlüssel** M WIRTSCH dağıtım kodu **~tafel** F ELEK tevzi tablosu
**Verteilung** F ⟨-; -en⟩ dağıtım, dağılım, tevzi(at)
**verteuer|n** ⟨ohne -ge-, h.⟩ **A** VT pahalandırmak **B** VR: **sich ~** pahalanmak **Øung** F ⟨-; -en⟩ pahalanma
**verteufeln** VT ⟨ohne -ge-, h.⟩ kötülemek, umg tu kaka etmek
**vertief|en** ⟨ohne -ge-, h.⟩ **A** VT derinleştirmek **B** VR: **sich ~ in** (akk) -e (od -in derinlerine) dalmak **Øung** F ⟨-; -en⟩ derinleştirme; Stelle çukur, oyuk; fig derinleşme
**vertikal** [v-] ADJ dikey, düşey
**Vertikale** [v-] F ⟨-; -n⟩ düşey
**vertilg|en** VT ⟨ohne -ge-, h.⟩ yok etmek, imha etmek; umg fig Essen silip süpürmek **Øung** F ⟨-; ohne pl⟩ yok etme, imha
**vertippen** VR ⟨ohne -ge-, h.⟩: **sich ~** yanlış yazmak (daktilo vs)
**verton|en** VT ⟨ohne -ge-, h.⟩ MUS -in müziğini yazmak **Øung** F ⟨-; -en⟩ müzik uyarlaması
**vertrackt** ADJ umg karışık, nahoş
**Vertrag** M ⟨-s; ⸚e⟩ sözleşme, akit, kontrat(o); POL an(t)laşma
**vertragen** ⟨irr, ohne -ge-, h.⟩ **A** VT kaldırmak, çekmek; **ich kann Alkohol nicht ~** alkol(ü) kaldıramıyorum; **er kann viel Spaß ~** o epey şaka kaldırır; umg **ich könnte einen Kaffee ~** bir kahveye hayır demem **B** VR: **sich (gut) ~ (mit** -in (ile) arası iyi olmak; **sich wieder ~** ile barışmak
**vertraglich** **A** ADJ sözleşmeye uygun **B** ADV sözleşme uyarınca
**verträglich** ADJ geçimli, uysal; Essen sindirimi kolay
**Vertrags|abschluss** M: **bei ~** sözleşme yapıldığında/akdedildiğinde **~bedingungen** PL sözleşme şartları **~bruch** M sözleşmenin ihlali **Øbrüchig** ADJ: **~ werden** sözleşmeyi ihlal etmek
**vertragschließend** ADJ sözleşme yapan
**Vertrags|entwurf** M sözleşme taslağı **Øgemäß** ADV sözleşme gereği **~gemeinschaft** F sözleşmeli taraflar pl **~händler** M yetkili bayi **~partei** F, **~partner(in)** M(F) sözleşmeli taraf **~punkt** M sözleşme maddesi **~werkstatt** F yetkili (tamir) servisi **Øwidrig** ADJ sözleşmeye aykırı
**vertrauen** VI ⟨ohne -ge-, h.⟩ ⟨dat, **auf** akk -e⟩ inanmak, güvenmek
**Vertrauen** N ⟨-s; ohne pl⟩ güven, inanç; **im ~ (gesagt)** aramızda kalsın; **~ haben zu** -in -e güveni var/olmak; **j-n ins ~ ziehen** -e açmak (bir sırrı)
**vertrauenerweckend** ADJ güven veren; **(wenig) ~ aussehen** (pek) güven verici görün(me)mek
**Vertrauens|arzt** M, **~ärztin** F sağlık sigortasında denetleme görevi yapan hekim **~beweis** M güvenin göstergesi **~bruch** M güveni kötüye kullanma **~frage** F: **die ~ stellen** güvenoyu istemek **~person** F güvenilir kişi (güç bir

**görev için)** ~**sache** F itimat meselesi ²**selig** ADJ körü körüne güvenen ~**stellung** F güvenilir kişilere verilen kadro ²**voll** ADJ güvenilir; güven dolu ~**votum** N güvenoyu ²**würdig** ADJ güven verici, güvene layık

**vertraulich** ADJ gizli, kişiye özel; **(plump)** ~ fazla samimi ²**keit** F ⟨-; -en⟩ gizlilik; samimiyet, teklifsizlik

**verträumt** ADJ hulyalı, dalgın

**vertraut** ADJ ⟨dat -e; mit -e⟩ alışık, yatkın; ~ **sein mit** ile tanışıklığı var/olmak; **sich ~ machen mit** -i öğrenmek

**Vertraute** M, F ⟨-n; -n⟩ sırdaş

**Vertrautheit** F ⟨-; ohne pl⟩ alışıklık, yatkınlık, tanışıklık

**vertreib|en** VT ⟨ohne -ge-, h.⟩ sürmek, kovmak; *Zeit* geçirmek; WIRTSCH satmak, dağıtmak ²**ung** F ⟨-; -en⟩ kov(ul)ma

**vertreibbar** ADJ savunulur, makul, uygun

**vertreten¹** VT ⟨irr, ohne -ge-, h.⟩ temsil etmek; JUR -e vekâlet etmek; **die Ansicht ~, dass** -diği görüşünü savunmak; **sich** ⟨dat⟩ **den Fuß ~** ayağını burkmak; *umg* **sich** ⟨dat⟩ **die Beine ~** şöyle bir yürümek

**vertreten²** ADJ: ~ **sein** hazır/mevcut bulunmak; temsil edilmekte olmak

**Vertreter** M ⟨-s; -⟩, -**in** F ⟨-; -nen⟩ temsilci, vekil; WIRTSCH acenta, (ticari) mümessil

**Vertretung** F ⟨-; -en⟩ vekâlet, temsilcilik; *Person* temsilci, vekil; **in ~** -e vekâleten, ... yerine; **j-s ~ übernehmen** -*in* vekâletini almak/üstlenmek

**Vertrieb** M ⟨-s; ohne pl⟩ WIRTSCH satış, pazarlama

**Vertriebene** M, F ⟨-n; -n⟩ (yurdundan) sürülen

**Vertriebs|abteilung** F satış/pazarlama bölümü ~**kosten** PL dağıtım/pazarlama maliyeti ~**leiter(in)** M(F) satış/pazarlama müdürü

**vertrocknen** VI ⟨ohne -ge-, s.⟩ kurumak

**vertrödeln** VT ⟨ohne -ge-, h.⟩ *umg Zeit* boşa harcamak

**vertrösten** VT ⟨ohne -ge-, h.⟩ ⟨**auf** *akk*⟩ için) avutup bekletmek

**vertun** VT ⟨irr, ohne -ge-, h.⟩ **A** VT boşa harcamak **B** VR: **sich ~** yanılmak

**vertuschen** VT ⟨ohne -ge-, h.⟩ örtbas etmek

**verübeln** VT ⟨ohne -ge-, h.⟩: **j-m etw ~** b-ne bş-den dolayı gücenmek

**verüben** VT ⟨ohne -ge-, h.⟩ işlemek, yapmak (*suikast vs*)

**verunglücken** VI ⟨ohne -ge-, s.⟩ kaza geçirmek; **tödlich ~** kazada ölmek

**Verunglückte** M, F ⟨-n; -n⟩ kazazede

**verunsichern** VT ⟨ohne -ge-, h.⟩: **j-n ~** *umg* b-nin güvenini sarsmak

**verunstalten** VT ⟨ohne -ge-, h.⟩ çirkinleştirmek, bozmak

**veruntreu|en** VT ⟨ohne -ge-, h.⟩ -*i* zimmetine geçirmek ²**ung** F ⟨-; -en⟩ yolsuzluk, zimmetine para geçirme

**verursachen** VT ⟨ohne -ge-, h.⟩ -e sebep olmak, yol açmak

**Verursacher** M ⟨-s; -⟩ sebep olan; ÖKOL kirleten

**verurteilen** VT ⟨ohne -ge-, h.⟩ yargılamak; JUR ⟨**zu** -*e*⟩ mahkûm etmek

**Verurteilte** M, F ⟨-n; -n⟩ JUR mahkûm olan/edilen

**Verurteilung** F ⟨-; -en⟩ yargılama; JUR mahkûmiyet

**vervielfältig|en** VT ⟨ohne -ge-, h.⟩ çoğaltmak; *Papier* teksir etmek ²**ung** F ⟨-; -en⟩ çoğal(t)ma; teksir

**vervierfachen** VT ⟨ohne -ge-, h.⟩ dört katına çıkarmak; **sich ~** dört katına çıkmak

**vervollkommn|en** ⟨ohne -ge-, h.⟩ **A** VT mükemmelleştirmek **B** VR: **sich ~** mükemmelleşmek ²**ung** F ⟨-; -en⟩ mükemmelleş(tir)me

**vervollständig|en** VT ⟨ohne -ge-, h.⟩ tamamlamak ²**ung** F ⟨-; -en⟩ tamamla(n)ma

**verw.** *abk für* **verwitwet** dul

**verwachsen** VI ⟨irr, ohne -ge-, s.⟩ *fig*: ~ **mit** ile iç içe geçmek, -*in* bir parçası haline gelmek

**verwackelt** ADJ FOTO titrek (çıkmış)

**verwählen** VR ⟨ohne -ge-, h.⟩ *umg*: **sich ~** yanlış numara çevirmek

**verwahren** VT ⟨ohne -ge-, h.⟩ **A** VT saklamak, muhafaza etmek **B** VR: **sich ~ gegen** -*e* direnmek, -*e* itiraz etmek

**verwahrlosen** VI ⟨ohne -ge-, s.⟩ bakımsız kalmak; ~ **lassen** bakımsız bırakmak

**verwahrlost** ADJ bakımsız, sefil

**Verwahrung** F ⟨-; ohne pl⟩ muhafaza, emanet; **in ~ nehmen** emanet almak; **(j-m) etw in ~ geben** b-ne bş-i emanet etmek/vermek
**verwaisen** VI ⟨ohne -ge-, s.⟩ öksüz kalmak
**verwaist** ADJ yetim, öksüz; fig terk edilmiş, boş, tenha
**verwalten** VT ⟨ohne -ge-, h.⟩ Firma etc yönetmek, idare etmek
**Verwalter** M ⟨-s; -⟩, **-in** F ⟨-; -nen⟩ yönetici, müdür
**Verwaltung** F ⟨-; -en⟩ yönetim, idare
**Verwaltungs|angestellte** M.F ⟨-n; -n⟩ yönetim görevlisi/memuru **~apparat** M yönetim mekanizması **~beamte** M idareci (devlet memuru) **~gericht** N yönetim mahkemesi **~kosten** PL idare masrafları **~rat** M WIRTSCH yönetim kurulu, idare heyeti ²**technisch** ADJ idari **~weg** M: **auf dem ~(e)** idari yoldan
**verwandeln** ⟨ohne -ge-, h.⟩ A VT değiştirmek; (umwandeln) **in** akk **~e** çevirmek, dönüştürmek B VR: **sich ~e** değişmek; **sich ~ in** akk **~e** dönüşmek
**Verwandlung** F ⟨-; -en⟩ değişme, dönüşme
**verwandt** ADJ akraba, hısım subst
**Verwandte** M.F ⟨-n; -n⟩ akraba, hısım; **der** (od **die**) **nächste ~** en yakın akraba
**Verwandtschaft** F ⟨-; ohne pl⟩ akrabalık ²**lich** ADJ: **~e Beziehung(en)** akrabalık ilişkisi (ilişkileri)
**Verwandtschaftsgrad** M akrabalık ilişkisi
**verwarn|en** VT ⟨ohne -ge-, h.⟩ uyarmak, ikaz etmek; offiziell -e uyarı cezası vermek ²**ung** F ⟨-; -en⟩ uyarı/ikaz (cezası)
**verwaschen** ADJ ağarmış (yıkanmaktan); fig vuzuhsuz, lastikli (ifade)
**verwechs|eln** VT ⟨ohne -ge-, h.⟩ (**mit** -le) karıştırmak (yanlışlıkla) ²**(e)lung** F ⟨-; -en⟩ karıştırma
**verwegen** ADJ cüretli, gözüpek
**verwehen** ⟨ohne -ge-, h.⟩ A VT Wind savurmak B VI savrulmak (rüzgârla)
**verwehren** VT ⟨ohne -ge-, h.⟩: **j-m den Zutritt ~ (zu)** b-nin (-e) girmesini engellemek
**verweichlichen** ⟨ohne -ge-⟩ A VT ⟨h.⟩: **j-n ~** hanımevladı etmek, zayıflatmak B VI ⟨s.⟩ hanımevladı olmak, zayıflamak
**verweichlicht** ADJ hanımevladı; zayıf
**verweiger|n** VT ⟨ohne -ge-, h.⟩ reddetmek; Befehl -e uymamak, -den kaçınmak ²**ung** F ⟨-; -en⟩ red(detme)
**verweilen** VI ⟨ohne -ge-, h.⟩ (**auf** -de) oyalanmak; **~ bei** -de kalmak, -e zaman ayırmak
**verweint** ADJ ağlamaktan kızarmış/şişmiş
**Verweis** M ⟨-es; -e⟩ ihtar (cezası); **j-m e-n ~ erteilen** (**wegen** -den dolayı) b-ne ihtar (cezası) vermek; (**auf** akk -e) gönderme
**verweisen** ⟨irr, ohne -ge-, h.⟩ A VT: **j-n an** akk **~** b-ni -e havale etmek; **j-n auf** akk **~** b-nin dikkatini -e çekmek; von der Schule kovmak; des Landes -den sınırdışı etmek B VI: **~ auf** (akk) -e gönderme yapmak
**verwelken** VI ⟨ohne -ge-, s.⟩ sararmak; fig solmak
**verwendbar** ADJ kullanılır ²**keit** F ⟨-; ohne pl⟩ kullanılırlık
**verwenden** VT ⟨irr, ohne -ge-, h.⟩ kullanmak; Zeit etc (**auf** akk -e) harcamak
**Verwendung** F ⟨-; -en⟩ kullanım; **ich habe dafür keine ~** bu işime yaramaz, buna ihtiyacım yok; **~ finden** (**bei** -de) işe yara(t)mak, kullan(ıl)mak **~smöglichkeit** F kullanım yeri/imkânı **~szweck** M kullanım amacı
**verwerf|en** ⟨irr, ohne -ge-, h.⟩ A VT reddetmek, geri çevirmek B VR: **sich ~** yamulmak, eğrilmek ²**ung** F ⟨-; -en⟩ ret, reddetme, reddedilme; fesih, iptal; GEOL fay
**verwertbar** ADJ değerlendirilir ²**keit** F ⟨-; ohne pl⟩ değerlendirilirlik
**verwert|en** VT ⟨ohne -ge-, h.⟩ değerlendirmek, kullanmak ²**ung** F ⟨-; -en⟩ WIRTSCH kullanma, -den faydalanma
**verwes|en** VI ⟨ohne -ge-, s.⟩ çürümek ²**ung** F ⟨-; ohne pl⟩ çürüme
**verwetten** VT ⟨ohne -ge-, h.⟩ bahiste kaybetmek
**verwickeln** VT ⟨ohne -ge-, h.⟩: **j-n in etw ~** b-ni -e karıştırmak, bulaştırmak
**verwickelt** ADJ çapraşık, karmaşık; **~ sein in** (akk) -e karışmış olmak; **~ werden in** (akk) -e karış(tırıl)mak

**Verwicklung** F ⟨-; -en⟩ karışıklık; *-e karış(tırıl)ma*
**verwildern** VI ⟨ohne -ge-, s.⟩ yabanileşmek
**verwilder|t** ADJ yabanileşmiş **₂ung** F ⟨-; ohne pl⟩ yabanileşme
**verwirken** VT ⟨ohne -ge-, h.⟩ kaybetmek *(kendi hatasıyla)*
**verwirklich|en** ⟨ohne -ge-, h.⟩ **A** VT gerçekleştirmek **B** V/R: **sich ~** gerçekleşmek; *kendi benliğinin gereklerini yerine getirmek* **₂ung** F ⟨-; ohne pl⟩ gerçekleş(tir)me
**verwirren** VT ⟨ohne -ge-, h.⟩ *-in* aklını/kafasını karıştırmak
**verwirrt** ADJ aklı/kafası karışık
**Verwirrung** F ⟨-; -en⟩ kafa karışıklığı, karışıklık; **es herrschte allgemeine ~** bir karışıklıktır gidiyordu
**verwischen** VT ⟨ohne -ge-, h.⟩ silerek bozmak; *Spuren* silmek
**verwittern** VI ⟨ohne -ge-, s.⟩ aşınmak, dağılmak *(hava şartlarının etkisiyle)*
**verwittert** ADJ aşınmış *(hava şartlarının etkisiyle)*; *fig Gesicht* yanık ve kırış kırış
**verwitwet** ADJ dul (kalmış)
**verwöhnen** VT ⟨ohne -ge-, h.⟩ şımartmak
**verwöhnt** ADJ şımarık, şımartılmış
**verworren** ADJ (karma)karışık; *(undeutlich)* çapraşık **₂heit** F ⟨-; ohne pl⟩ karışıklık; çapraşıklık
**verwundbar** ADJ yaralanır, zayıf **₂keit** F ⟨-; ohne pl⟩ yaralanırlık, zayıf nokta
**verwunden** VT ⟨ohne -ge-, h.⟩ yaralamak
**verwunderlich** ADJ şaşılacak, şaşırtıcı
**verwundern** ⟨ohne -ge-, h.⟩ **A** VT şaşırtmak **B** V/R: **sich ~ (über** akk *-e)* şaşırmak
**verwundert** ADJ; **j-n ~ ansehen** b-ne şaşkın şaşkın bakmak
**Verwunderung** F ⟨-; ohne pl⟩ şaşkınlık, hayret; **zu meiner ~** hayretle (gördüm ki vs)
**Verwundete** M,F ⟨-n; -n⟩ yaralı
**Verwundung** F ⟨-; -en⟩ yarala(n)ma
**verwünschen** VT ⟨ohne -ge-, h.⟩ (j-n *-e)* beddua/lanet etmek
**verwünscht** ADJ → *verdammt*
**Verwünschung** F ⟨-; -en⟩ beddua, lanet(leme)
**verwurzelt** ADJ kök salmış

**verwüst|en** VT ⟨ohne -ge-, h.⟩ kırıp geçirmek, harap etmek **₂ung** F ⟨-; -en⟩ tahribat, yıkım
**verzagt** ADJ cesareti kırılmış, ürkek
**verzählen** V/R: **sich ~** ⟨ohne -ge-, h.⟩ yanlış saymak
**verzahnt** ADJ: **miteinander ~** (birbiriyle) iç içe geçmiş
**verzapfen** VT ⟨ohne -ge-, h.⟩ TECH kamayla tutturmak; *umg* **Unsinn ~** zırvalamak
**verzaubern** VT ⟨ohne -ge-, h.⟩ büyülemek; **~ in** *(akk)* büyüyle *-e* çevirmek
**verzehnfachen** ⟨ohne -ge-, h.⟩ **A** VT on katına çıkarmak **B** V/R: **sich ~** on katına çıkmak
**Verzehr** M ⟨-s; ohne pl⟩ yeme, içme **₂en** VT ⟨ohne -ge-, h.⟩ yiyip içmek, tüketmek
**verzeichnen** VT ⟨ohne -ge-, h.⟩ kaydetmek; *fig (erzielen)* elde etmek; *(erleiden)* çekmek; **in e-r Liste ~** bir listeye almak; **Fortschritte sind nicht zu ~** ilerleme kaydedilmemişti
**Verzeichnis** N ⟨-ses; -se⟩ liste, çizelge; *amtliches* kayıt; *(Register)* dizin
**verzeihen** ⟨irr, ohne -ge-, h.⟩ **A** VT: **j-m etw ~** b-nin bş-ini affetmek, bağışlamak; **~ Sie bitte die Störung** affedersiniz, rahatsız ediyorum **B** V/I: **j-m ~** b-ni affetmek; **~ Sie bitte!** affedersiniz!
**verzeihlich** ADJ bağışlanabilir, affedilir
**Verzeihung** F ⟨-; ohne pl⟩: **j-n um ~ bitten** b-nden özür dilemek; **~!** pardon!, affedersiniz!
**verzerren** ⟨ohne -ge-, h.⟩ **A** VT çarpıtmak, bozmak **B** V/R: **sich ~** çarpılmak, bozulmak
**Verzerrung** F ⟨-; -en⟩ çarpılma, bozulma; MED fazla gerilme; TECH deformasyon
**verzetteln** ⟨ohne -ge-, h.⟩ **A** VT dağıtmak, harcamak **B** V/R: **sich ~ (in** dat, **mit** *-e)* dağılmak *(birçok işe birden başlayarak)*
**Verzicht** M ⟨-s; -e⟩ **(auf** akk *-den)* vazgeçme, JUR feragat
**verzichten** VI ⟨ohne -ge-, h.⟩: **auf** *(akk) -den* vazgeçmek, JUR feragat etmek; **zu j-s Gunsten ~** b-nin lehine feragat etmek
**Verzichterklärung** F JUR feragatname

**verziehen** ⟨*irr, ohne* -ge-⟩ **A** V/I ⟨s.⟩ (**nach** -*e*) taşınmak **B** V/T ⟨h.⟩ *Kind* şımartmak; **das Gesicht ~** suratını buruşturmak **C** V/R ⟨h.⟩: **sich ~** *Holz* eğrilmek, çarpılmak; *Gewitter etc* geçip gitmek; und (*verschwinden*) sıvışmak
**verzier|en** V/T ⟨*ohne* -ge-, *h.*⟩ süslemek **₂ung** F ⟨-; -en⟩ süs(leme), dekor
**verzinken** V/T ⟨*ohne* -ge-, *h.*⟩ TECH galvanize etmek
**verzinnen** V/T ⟨*ohne* -ge-, *h.*⟩ TECH kalaylamak
**verzins|en** ⟨*ohne* -ge-, *h.*⟩ **A** V/T faize bağlamak; -*in* faizini ödemek **B** V/R: **sich ~** faiz getirmek **₂ung** F ⟨-; -en⟩ faiz; (*Zinssatz*) faiz oranı
**verzöger|n** ⟨*ohne* -ge-, *h.*⟩ **A** V/T yavaşlatmak, geciktirmek; (*verschleppen*) sürüncemede bırakmak **B** V/R: **sich ~** gecikmek, yavaşlamak **₂ung** F ⟨-; -en⟩ gecik(tir)me, yavaşla(t)ma **₂ungstaktik** F sürünceme taktiği
**verzollen** V/T ⟨*ohne* -ge-, *h.*⟩ -*in* gümrüğünü ödemek; **haben Sie etw zu ~?** gümrüğe tabi bir şeyiniz var mı?
**verzück|t** ADJ hayran, vecd halinde **₂ung** F ⟨-; -en⟩: **in ~ geraten** (**über** -*e*) hayran kalmak
**Verzug** M ⟨-s; *ohne pl*⟩ gecikme; **im ~ sein** geç kalmış olmak; **in ~ geraten** gecikmek; **ohne ~** gecikmesiz
**Verzugszinsen** PL gecikme faizi *sg*
**verzweifeln** V/R ⟨*ohne* -ge-, *s.*⟩ (**an** *dat* -*den*) ümitsizliğe/yeise kapılmak
**verzweifelt** ADJ ümitsiz, yeis içinde
**Verzweiflung** F ⟨-; *ohne pl*⟩ ümitsizlik, yeis; **j-n zur ~ bringen** b-ni çileden çıkarmak
**Verzweiflungstat** F yeis içinde yapılan eylem
**verzweigen** V/R ⟨*ohne* -ge-, *h.*⟩: **sich ~** ayrılmak, dallanmak
**verzweigt** ADJ dallanıp budaklanmış
**Verzweigung** ⟨-; -en⟩ dallanıp budaklanma; *Straße* sapak; IT sapma
**verzwickt** ADJ *umg* çapraşık, güç
**Veteran** [ve-] M ⟨-en; -en⟩ MIL gazi; *fig* emektar
**Veterinär** [ve-] M ⟨-s; -e⟩, **-in** F ⟨-; -nen⟩ veteriner (hekim)
**Veto** ['ve:-] N ⟨-s; -s⟩: **sein ~ einlegen** (**gegen** -*i*) veto etmek **~recht** N ⟨-s; *ohne pl*⟩ veto hakkı

**Vetter** ['fɛtɐ] M ⟨-s; -n⟩ kuzen, amca (*od* dayı, hala, teyze) oğlu
**Vetternwirtschaft** F ⟨-; *ohne pl*⟩ iltimas(çılık), akraba kayırıcılığı
**vgl.** *abk für* **vergleiche** karşılaştır(ınız) (*krş.*)
**v. H.** *abk für* **vom Hundert** yüzde (%)
**Vibration** [vi-] F ⟨-; -en⟩ titreşim
**vibrieren** [vi-] ⟨*ohne* -ge-, *h.*⟩ titreşmek
**Video** ['vi-] N ⟨-s; -s⟩ video; **auf ~** videoda; **auf ~ aufnehmen** videoya almak **~aufnahme** F video çekimi **~aufzeichnung** F video kaydı **~clip** M klip, video klibi **~film** M video filmi **~gerät** N video (cihazı) **~kamera** F video kamera(sı) **~kassette** F video kaseti **~rekorder** M video (kayıt ve gösteri cihazı) **~spiel** N video oyunu **~technik** F video teknolojisi **~text** M teletekst **~thek** F ⟨-; -en⟩ videotek
**Vieh** [fi:] N ⟨-s; *ohne pl*⟩ (büyükbaş) hayvan, (*Klein₂*) (küçükbaş) hayvan, davar; **20 Stück ~** 20 baş hayvan **~bestand** M hayvan mevcudu **~futter** N hayvan yemi **~zucht** F hayvancılık **~züchter(in)** M(F) hayvancı
**viel** [f-] ADJ *u.* ADV çok, *umg* birsürü; **~e** *pl* birçok, *umg* birsürü; **das ~e Geld** bütün bu para: **~ besser** çok daha iyi; **~ teurer** çok daha pahalı; **~ zu viel** çok çok fazla; **~ zu wenig** çok çok az; **~ lieber** tercihan; **~ beschäftigt** çok meşgul; **~ diskutiert** çok tartışılan, tartışmalı; **~ gepriesen** çok övülen
**vieldeutig** ADJ (birden) çok anlama gelen
**Vieleck** N ⟨-s; -e⟩ MATH çokgen
**vielerlei** ADJ çok çeşitli, türlü türlü
**vielerorts** ADV çoğu yerde
**vielfach A** ADJ katmerli; **auf ~en Wunsch** yoğun istek üzerine **B** ADV çoğu defa, sık sık
**Vielfalt** F ⟨-; *ohne pl*⟩ (*gen,* **von** bakımından) çeşitlilik
**vielfältig** ADJ çeşitli, çok
**vielfarbig** ADJ çok renkli, ala(ca)
**Vielfraß** M ⟨-es; -e⟩ *umg* obur
**vielleicht** [fi'laɪçt] ADV belki
**vielmals** ADV: **(ich) danke (Ihnen) ~** size çok çok teşekkür ederim; **entschuldigen Sie ~** çok özür dilerim
**vielmehr** KONJ daha ziyade, doğrusu
**vielsagend** ADJ anlamlı, düşündürücü

## VIEL | 1000

**vielschichtig** ADJ çok tabakalı; *fig* çok yönlü
**vielseitig** ADJ çok yönlü; **er ist ~ interessiert** onun çeşitli merakları var; **auf ~en Wunsch** genel istek üzerine
**Vielseitigkeit** F ⟨-; *ohne pl*⟩ çok yönlülük
**vielsprachig** ADJ çok dil bilen
**vielstimmig** ADJ MUS çoksesli
**vielversprechend** ADJ (çok) ümit verici
**Vielvölkerstaat** M çok milletli devlet
**Vielzahl** F ⟨-; *ohne pl*⟩ büyük sayı
**vier** [fi:ɐ] ADJ dört; **unter ~ Augen** baş başa, yüz yüze; **auf allen ~en** dört ayak üzerinde; **zu viert sein** dört kişi olmak
**Vier** [fi:ɐ] F ⟨-; -en⟩: **e-e ~ bekommen** dört almak (*zayıf not*)
**Vierbeiner** M ⟨-s; -⟩ *umg* hayvan
**vierbeinig** ADJ dört ayaklı
**vierblätt(e)rig** ADJ dört yapraklı
**Viereck** N ⟨-s; -e⟩ dörtgen; (*Rechteck*) dikdörtgen; (*Quadrat*) kare
**viereckig** ADJ dörtköşeli; (*rechteckig*) dikdörtgen (şeklinde); (*quadratisch*) kare (şeklinde)
**Vierer** M ⟨-s; -⟩ dörtlü **~bob** M dörtlü kızak
**vierfach** ADJ dört kat/misli; **~e Ausfertigung** dört nüsha
**Vierfarbendruck** M dört renkli baskı
**vierhändig** ADJ *u.* ADV MUS dört elle
**vierhundert** ADJ dört yüz
**vierjährig** ADJ dört yıllık; *Lebensalter* dört yaşında
**Vierjährige** M, F ⟨-n; -n⟩ dört yaşındaki *adj*
**Vierkant** M, N ⟨-s; -e⟩ TECH dörtköşe
**Vierling** M ⟨-s; -e⟩ dördüz
**viermal** ADV dört kere/defa
**viermotorig** ADJ FLUG dört motorlu
**vierrädrig** ADJ dört tekerlekli
**vierseitig** ADJ MATH dört kenarlı
**Viersitzer** M ⟨-s; -⟩ AUTO dört kişilik
**vierspurig** ADJ *Straße* dört şeritli
**vierstellig** ADJ MATH dört basamaklı
**vierstimmig** ADJ MUS: **~ singen** dört sesten söylemek
**vierstöckig** ADJ dört katlı
**vierstündig** ADJ dört saatlik
**viert** ADJ: **sie waren zu ~** dört kişiydiler
**Viertaktmotor** M dört zamanlı motor
**vierte** ADJ dördüncü

**Viertel** ['fɪrt(ə)l] N ⟨-s; -⟩ çeyrek; (*Stadt2*) semt, mahalle; **~ vor** -*e* çeyrek var; **um ~ vor** -*e* çeyrek kala; **~ nach** -*i* çeyrek geçiyor; **um ~ nach** -*i* çeyrek geçe
**Viertel|finale** ['fɪrt(ə)l-] N çeyrek final **~jahr** N üç ay **2jährlich** A ADJ üç aylık B ADV üç ayda bir **~liter** M, N ⟨-s; -⟩ 250 gram
**vierteln** ['fɪrt(ə)ln] VT ⟨*ohne* -ge-, *h.*⟩ dörde (*od* dört parçaya) ayırmak
**Viertel|note** ['fɪrt(ə)l-] F çeyrek nota **~pfund** N 125 gram **~stunde** F çeyrek saat, *umg* on beş dakika
**viertens** ADV dördüncü olarak, dördüncüsü
**Vierviertaltakt** [fi:ɐ'fɪrt(ə)l-] M MUS dört dörtlük ölçü
**vierzehn** ['fɪr-] ADJ on dört; **~ Tage** *pl* iki hafta, *umg* on beş gün **~jährig** ADJ on dört yıllık; *Lebensalter* dört yaşında **~tägig** ADJ iki haftalık **~te** ADJ on dördüncü
**Vierzeiler** M ⟨-s; -⟩ dörtlük (*şiir*)
**vierzig** ['fɪr-] ADJ kırk; **sie ist Anfang (der) ~** kırklarının başında
**Vierziger** ['fɪr-] M ⟨-s; -⟩, **-in** F ⟨-; -nen⟩ kırkında(ki) *adj* **~jahre**: **die ~** (bin dokuz yüz *vs*) kırklı yıllar, kırklar
**vierzigste** ADJ kırkıncı
**Vietnam** [vjɛt'nam] N ⟨-s; *ohne pl*⟩ Vietnam **~ese** M ⟨-n; -n⟩, **~esin** F ⟨-; -nen⟩ Vietnamlı **2esisch** ADJ Vietnam(lı) *subst*
**Villa** [v-] F ⟨-; -len⟩ villa
**Viola** [v-] F ⟨-; Violen⟩ MUS viyola, alto
**violett** [v-] ADJ mor
**Violine** [v-] F ⟨-; -n⟩ MUS keman
**Violoncello** [violɔn'tʃɛlo] N MUS viyolonsel
**Virensuchprogramm** [v-] N IT virüs tarayıcı (program)
**Virolog|ie** [v-] F ⟨-; *ohne pl*⟩ viroloji **2isch** ADJ virolojik
**virtuell** [v-] ADJ sanal; IT **~e Realität** sanal gerçek
**virtuos** [v-] ADJ (çok) ustaca
**Virtuos|e** [v-] M ⟨-n; -n⟩, **-in** F ⟨-; -nen⟩ virtüöz, (büyük) usta **~ität** F ⟨-; *ohne pl*⟩ (büyük) ustalık
**virulent** [v-] ADJ hasta edici, zehirli
**Virus** [v-] N, M ⟨-; -ren⟩ MED, IT virüs **~infektion** F MED virüs enfeksiyonu

**Visier** [v-] N ⟨-s; -e⟩ *Helm* yüz siperi; *Waffe* nişangâh
**Vision** [vi'zĭo:n] F ⟨-; -en⟩ görü
**visionär** ADJ görü sahibi
**Visite** [vi'zi:tə] F ⟨-; -n⟩ MED vizite; **~ machen** vaziteye çıkmak
**Visitenkarte** F kartvizit
**visuell** [vi'zŭɛl] ADJ görsel
**Visum** [v-] N ⟨-s; -sa, -sen⟩ vize
**vital** [v-] ADJ *Person* canlı, hayat dolu; *Sache* açıdan önemde
**Vitalität** [v-] F ⟨-; ohne pl⟩ canlılık, enerji
**Vitamin** [v-] N ⟨-s; -e⟩ vitamin **⚠arm** ADJ az vitaminli **~bedarf** M vitamin ihtiyacı **~mangel** M vitamin eksikliği **~präparat** N vitamin (ilacı) **⚠reich** ADJ bol vitaminli
**Vitrine** [v-] F ⟨-; -n⟩ vitrin, camlı dolap
**Vize...** ['fi:tsə-] IN ZSSGN *Präsident etc* ... yardımcısı, ... vekili, ikinci ~ **~meister(in)** M(F) ikinci *(derecelemede)*
**Vogel** [f-] M ⟨-s; ¨-⟩ kuş; *umg* **e-n ~ haben** bir tahtası eksik olmak **~futter** N kuş yemi **~käfig** M kuş kafesi
**vögeln** B V/I ⟨ohne -ge-, h.⟩ *vulg* A V/T düzmek B V/I düzüşmek
**Vogel|nest** [f-] N kuş yuvası **~perspektive** F ⟨-; ohne pl⟩: **aus der ~** kuşbakışı **~scheuche** F ⟨-; -n⟩ korkuluk **~schutzgebiet** N kuş koruma alanı **~Strauß-Politik** F devekuşu politikası/stratejisi
**Vokabel** [v-] F ⟨-; -n⟩ (yabancı) kelime *(dil dersinde)* **~heft** N kelime defteri
**Vokal** [-] M ⟨-s; -e⟩ LING ünlü
**Volk** [f-] N ⟨-s; ¨-er⟩ halk; *(Leute)* ahali, insanlar *pl*
**Völker|kunde** [f-] F ⟨-; ohne pl⟩ etnoloji **~mord** M soykırım **~recht** N ⟨-s; ohne pl⟩ devletler hukuku **⚠rechtlich** ADJ *u.* ADV devletler hukukuna göre **~verständigung** F millet arasında iletişim/diyalog **~wanderung** F HIST Kavimler Göçü; *fig* kalabalık, akın akın insan
**Volks|abstimmung** [f-] F halk oylaması; referandum **~aufstand** M halk ayaklanması **~begehren** N referandum talebi *(halktan gelen)* **~entscheid** M referandum **~fest** N halk şenliği **~hochschule** F halk yüksek okulu, *Türkei* Halk Eğitim **~kunde** F ⟨-; ohne pl⟩ halkbilim, folklor *(araştırmaları)* **~lied** N halk şarkısı, *türkisches* türkü **~mund** M: **im ~** halk arasında **~musik** F halk müziği
**volksnah** ADJ halka yakın, popüler
**Volks|republik** F halk cumhuriyeti **~sport** M kitle sporu **~tanz** M halk oyunu/dansı **~tracht** F yerel kıyafet **~trauertag** M Nazi kurbanlarını ve şehitleri anma günü **~tum** N ⟨-s; ohne pl⟩ bir halkın özelliklerinin tamamı **⚠tümlich** ADJ halka özgü, popüler **~versammlung** F ülkenin veya bir yerin seçmenlerinin tamamı; miting **~vertreter(in)** M(F) parlamenter **~vertretung** F parlamento; *Türkei* Türkiye Büyük Millet Meclisi **~wirt(in)** M(F) iktisatçı, ekonomist **~wirtschaft** F (millî/sosyal) ekonomi **~wirtschaftler(in)** M(F) iktisatçı, ekonomist **~wirtschaftslehre** F makroekonomi **~zählung** F nüfus sayımı
**voll** [f-] A ADJ dolu; *(besetzt)* meşgul; *umg (satt)* tok; *umg (betrunken)* fitil gibi; *Haar* gür, sık; **~er** *ile* dolu; *Schmutz, Flecken etc a.* ile kaplı; **e-e ~e Stunde** tam bir saat; **mit ~er Lautstärke** sesi sonuna kadar açılmış; **~es Vertrauen** tam güven B ADV *(völlig)* tümüyle, tamamen; *zahlen etc* tam *(ücret ödemek vs)*; *umg (direkt, genau)* tam, (dos)doğru; **~ arbeiten** tam gün çalışmak; **~ besetzt** oturacak yeri kalmamış; **(nicht) für ~ nehmen** tam ciddiye al(ma)mak; **~ und ganz** baştan aşağı, büsbütün
**vollautomatisch** ADJ tam otomatik
**Voll|bad** N banyo küveti *(tam boy)*; küvette yıkanma/banyo **~bart** M sakal ve bıyık **~beschäftigung** F tam istihdam **~besitz** M: **im ~ seiner (ihrer) Kräfte** tamamen sağlam **~blut** N ⟨-s; ohne pl⟩ safkan *adj* **~bremsung** F: **e-e ~ machen** *umg* freni köklemek
**vollbringen** V/T ⟨*irr*, ohne -ge-, h.⟩ başarmak, becermek; *Wunder* yaratmak
**Volldampf** M: **mit ~** tam yol
**vollelektronisch** ADJ tamamen elektronik
**vollend|en** V/T ⟨ohne -ge-, h.⟩ tamamlamak, bitirmek **~et** ADJ tamamlanmış, bitmiş; **~e Tatsachen schaffen** fiilî durum yaratmak
**vollends** ADV tamamen, hepten

**Vollendung** F ⟨-; ohne pl⟩ tamamlama, bitirme
**Volleyball** ['vɔli-] M ⟨-s; ohne pl⟩ voleybol **~spiel** N voleybol maçı
**vollführen** VT ⟨ohne ge-, h.⟩ sahnelemek, sergilemek, gerçekleştirmek
**vollfüllen** VT ⟨-ge-, h.⟩ tamamen doldurmak
**Vollgas** N AUTO: **mit ~** tam gaz(la); **~ geben** tam gaz vermek
**vollgepackt, vollgepropft, vollgestopft** ADJ umg tıka basa dolu
**völlig** A ADJ tam, bütün; *Unsinn etc* baştan aşağı B ADV tamamıyla, büsbütün; **~ unmöglich** hiç olur şey değil
**volljährig** ADJ: **~ sein** reşit olmak/bulunmak; **~ werden** reşit olmak (od hale gelmek), JUR rüştünü ispat etmek **♀keit** F ⟨-; ohne pl⟩ JUR reşitlik
**Vollkaskoversicherung** F AUTO tam kasko sigorta(sı)
**vollkommen** A ADJ mükemmel, kusursuz B ADV tamamıyla, büsbütün **♀heit** F ⟨-; ohne pl⟩ mükemmellik, kusursuzluk
**Vollkorn|brot** N kepekli ekmek **~gebäck** N kepekeli çörek **~nudeln** PL kepekli makarna sg
**vollmachen** VT ⟨-ge-, h.⟩ umg *Kind* altına yapmak; **die Hosen ~** donuna yapmak
**Vollmacht** F ⟨-; -en⟩ yetki; JUR vekâlet (-name); **~ haben** yetkili olmak
**Vollmilch** F tam yağlı süt **~schokolade** F sütlü çikolata
**Vollmond** M ⟨-s; ohne pl⟩ dolunay
**vollmundig** ADJ tadı kuvvetli (şarap)
**Vollnarkose** F tam narkoz
**vollpacken** VT ⟨-ge-, h.⟩ (mit -*le*) tamamen doldurmak
**Vollpension** F tam pansiyon
**vollsaugen** VR ⟨-ge-, h.⟩: **sich ~ mit** -*i* emip şişmek
**vollschlank** ADJ balıketinde
**vollschreiben** VT ⟨irr, -ge-, h.⟩ doldurmak (*yazarak*)
**vollständig** A ADJ bütün, eksiksiz B ADV tamamen, hepten **♀keit** F ⟨-; ohne pl⟩ eksiksizlik
**vollstopfen** VT ⟨-ge-, h.⟩ tıka basa doldurmak
**vollstreckbar** ADJ JUR vacibülicra, vacibülifa

**vollstreck|en** VT ⟨ohne ge-, h.⟩ uygulamak; JUR infaz etmek **♀ung** F ⟨-; -en⟩ (*Zwangs♀*) icra; JUR infaz **♀ungsbefehl** M JUR icra emri
**vollsynthetisch** ADJ tamamen sentetik
**volltanken** VT ⟨-ge-, h.⟩ (depoyu) tam/ful doldurmak; **bitte ~!** (depoyu) ful yapar mısınız?
**Volltreffer** M tam isabet
**volltrunken** ADJ tamamen sarhoş
**Vollversammlung** F genel kurul
**Vollwaise** F öksüz ve yetim
**Vollwaschmittel** N çamaşır deterjanı (*her sıcaklık için*)
**Vollwert|ernährung** F değerinden kaybetmemiş ürünlerle beslenme **~gericht** N değerinden kaybetmemiş ürünlerden yapılmış yemek
**vollwertig** ADJ eşdeğer, *değerce* eksik olmayan
**vollzählig** ADJ eksiksiz, tam (sayıda); **wir sind ~** herkes burada
**vollziehen** ⟨irr, ohne -ge-, h.⟩ A ADJ gerçekleştirmek, yerine getirmek; JUR icra etmek; *Trauung* ~ nikâh kıymak B V/R: **sich ~** gerçekleşmek
**Vollzug** M ⟨-s; ohne pl⟩ JUR icra, ifa, tenfiz
**Vollzugs|anstalt** F cezaevi **~beamte** M ⟨-n; -n⟩ infaz memuru
**Volontär** [v-] M ⟨-s; -e⟩, **-in** F ⟨-; -nen⟩ (gönüllü) stajyer (*öz basında*)
**Volt** [v-] N ⟨-, -s; -⟩ ELEK volt
**Volumen** [v-] N ⟨-s; -, -mina⟩ hacim
**voluminös** [v-] ADJ hacimli
**von** [f-] PRÄP (dat) räumlich, zeitlich -den; *bei Passiv* (-*in*) tarafından; (*über*) üzerine, hakkında; **~ Hamburg** Hamburg'tan; **~ morgen an** yarından itibaren; **ein Freund ~ mir** (benim) bir arkadaşım; **die Freunde ~ Handan** Handan'ın arkadaşları; **ein Brief (Geschenk) ~ Ali** Ali'den bir mektup (hediye); **ein Buch (Bild) ~ Orwell (Picasso)** Orwell'in (Picasso'nun) bir kitabı (resmi); **sie nahm ~ dem Kuchen** pastadan aldı; **der König (Bürgermeister** *etc*) **~ ...** kıralı (belediye başkanı *vs*); **ein Kind ~ 10 Jahren** on yaşında bir çocuk; **müde ~ der Arbeit** çalışmaktan/işten yorulmuş; **ich habe ~ ihm gehört** adını/lafını işittim
**voneinander** ADV birbir(ler)inden

**vonseiten**: ~ **der Stadt** şehirce
**vonstattengehen** V/I ⟨irr, -ge-, s.⟩ gerçekleşmek, olmak
**vor** [fo:e] **A** PRÄP (dat) Lage -in önünde, weiter -in ilerisinde; (außerhalb) -in dışında; zeitlich, Reihenfolge -den önce; (in Gegenwart von) karşısında, yanında; (aufgrund von) -den (dolayı); ~ **allem** her şeyden önce, özellikle; ~ **Angst** korkudan; ~ **e-r Stunde** bir saat önce; **es ist 5 ~ 12** (saat) on ikiye beş var; **um 5 ~ 12** on ikiye beş kala; **etw ~ sich** (dat) **haben** bş-i daha yapacak vs olmak **B** PRÄP (akk) Richtung -in önüne, weiter -in ilerisine; (außerhalb) -in dışına; (zu) yanına, karşısına; ~ **sich hin** kendi kendine, kendi başına **C** ADV: ~ **und zurück** ileri geri; **Freiwillige ~!** gönüllüler (bir adım) öne!
**vorab** ['fo:e-] ADV önceden, peşinen
**Vorabend** M arife; **am ~** dat -in arifesinde
**Vorahnung** F önsezi
**voran** ADV önden; **mit dem Kopf ~** balıklama
**vorangehen** V/I ⟨irr, -ge-, s.⟩ önde gitmek; zeitlich -den önce gelmek
**vorankommen** V/I ⟨irr, -ge-, s.⟩ ilerlemek; **beruflich ~** meslekte ilerlemek
**Vorankündigung** F (önceden) duyuru
**Voranmeldung** F (önceden) başvuru
**Voranschlag** M (maliyet vs) tahmin(i)
**Voranzeige** F (önceden) duyuru; Film fragman, gelecek program
**Vorarbeit** F hazırlık çalışması
**vorarbeiten** V/I ⟨-ge-, h.⟩ önceden çalışmak (ileride alınacak izin karşılığı); hazırlık çalışması yapmak
**Vorarbeiter(in)** M(F) işçibaşı, formen
**voraus** ['fo:raus] ADV: **j-m ~ sein** b-nden ileri/üstün olmak
**Voraus** ADV: **im ~** önceden, şimdiden
**voraus|ahnen** [fo'raus]V/T ⟨-ge-, h.⟩ önceden sezmek **~berechnen** V/T ⟨ohne -ge-, h.⟩ önceden hesaplamak **~bezahlen** V/T ⟨ohne -ge-, h.⟩ peşin ödemek **~fahren** V/I ⟨irr, -ge-, s.⟩ önden gitmek (arabayla) **~gehen** V/I ⟨irr, -ge-, s.⟩ önde(n) gitmek; **e-r Sache ~** bş-den önce olmak/gelmek **~gesetzt** KONJ: **~, dass** -in -mesi şartıyla **~haben** V/T ⟨irr, -ge-, h.⟩: **etw (vor) j-m ~** b-ne göre bir üstünlüğü olmak
**Vorauskasse** F ⟨-; ohne pl⟩ WIRTSCH peşin ödeme
**vorausplanen** V/T, V/I ⟨-ge-, h.⟩ önceden planlamak
**Voraus|sage** F ⟨-; -n⟩ tahmin; Wetter hava tahmini **~sagen** V/T ⟨-ge-, h.⟩ tahmin etmek
**vorausschauend** ADJ ileriyi gören
**vorausschicken** V/T ⟨-ge-, h.⟩ Koffer etc önceden göndermek; (mitteilen) önceden belirtmek
**voraussehen** V/T ⟨irr, -ge-, h.⟩ (ahnen) önceden sezmek; (einschätzen) önceden kestirmek; **das war vorauszusehen** bu önceden belliydi
**voraussetz|en** V/T ⟨-ge-, h.⟩ şart koşmak; (annehmen) varsaymak, farz etmek **~ung** F ⟨-; -en⟩ şart, koşul; **unter der ~, dass** -in -mesi şartıyla; **die ~en erfüllen** şartları yerine getirmek
**Voraussicht** F ⟨-; ohne pl⟩ öngörü, önsezi, tahmin; **aller ~ nach** büyük bir olasılıkla **~lich A** ADJ beklenir, olası **B** ADV beklendiği üzere, umg belki; **er kommt ~ morgen** yarın gelmesi bekleniyor
**Vorauszahlung** F avans, ön ödeme
**Vorbau** M ⟨-s; -ten⟩ ARCH çıkıntı, balkon, cumba
**vorbauen** ⟨-ge-, h.⟩ **A** V/T: **etw ~** ARCH çıkıntı yapmak **B** V/I tedbir almak; tedbirli olmak
**Vorbedeutung** F ⟨-; -en⟩ belirti, emare; **gute ~** hayra alamet, uğur; **schlimme ~** uğursuzluk
**Vorbedingung** F ⟨-; -en⟩ ön şart/koşul
**Vorbehalt** M ⟨-s; -e⟩ çekince; **unter dem ~, dass** -mesi kaydıyla/koşuluyla **~en** V/T ⟨irr, ohne -ge-, h.⟩ **sich** (dat) **(das Recht) ~** zu -me hakkını saklı tutmak **~los** ADJ u. ADV kayıtsız şartsız
**vorbehandeln** V/T ⟨ohne -ge-, h.⟩ ön muameleden geçirmek
**vorbei** ADV: ~ **an** -in yanından geçerek; **~! karavana! 5 Uhr ~** saat 5'i geçti; **der Tag ist ~** gün bitti; **es ist aus und ~** geçti, bitti
**vorbei|fahren** V/I ⟨irr, -ge-, s.⟩ (an -in yanından) geçmek (arabayla) **~gehen** V/I ⟨irr, -ge-, s.⟩ (an -in yanından) geçmek (yürüyerek); fig geçmek, geçip git-

mek; (nicht treffen) ıskalamak **~kommen** *Vi* ⟨irr, -ge-, s.⟩ **(an etw** -in yanından) geçmek; *an e-m Hindernis* -in yanından geçebilmek; *umg (besuchen)* **(bei j-m** -e) uğramak **~lassen** *Vt* ⟨irr, -ge-, h.⟩ -e yol vermek/açmak *(geçmesi için)* **~marschieren** *Vi* ⟨ohne -ge-, s.⟩: **~an** -in yanından yürüyüp geçmek **~reden** *Vi* ⟨-ge-, h.⟩: **aneinander ~** birbirinin söylediğini anlamamak; **am Thema ~** konudan sapmak *(konuşurken)* **~schießen** *Vi* ⟨irr, -ge-, h.⟩ **(am Tor) ~** (kaleyi) ıskalamak **~ziehen** *Vi* ⟨irr, -ge-, s.⟩ **(an)** -in yanından geçip gitmek; *fig* Zeit geçmek

**vorbelastet** *ADJ* *JUR* sabıkalı; **erblich ~ sein** kalıtım bakımından sorunlu olmak

**Vorbemerkung** *F* ön açıklama

**vorbereit|en** ⟨ohne -ge-, h.⟩ **A** *Vt* hazırlamak **B** *Vr*: **sich ~** (auf *akk* -e) hazırlanmak **~end** *ADJ* hazırlık *subst* **⦵ung** *F* ⟨-; -en⟩ hazırlık; **~en treffen (für** -e) hazırlık yapmak; **in ~** hazırlanıyor

**Vorbesprechung** *F* ön görüşme

**vorbestell|en** *Vt* ⟨ohne -ge-, h.⟩ *Waren* önceden sipariş etmek; *Tisch, Zimmer etc a.* ayırtmak **⦵ung** *F* ⟨-; -en⟩ ön sipariş; rezervasyon

**vorbestraft** *ADJ*: **~ sein** sabıkalı olmak

**vorbeug|en** ⟨-ge-, h.⟩ **A** *Vi*: **e-r Sache** (*dat*) **~** bş-in önüne geçmek **B** *Vr*: **sich ~** öne eğilmek **~end** *ADJ* önleyici; *MED a.* koruyucu **⦵ung** *F* ⟨-; *ohne pl*⟩ önleme, koruma

**Vorbild** *N* ⟨-s; -er⟩ model, örnek; **(j-m) ein ~ sein** (b-ne) örnek olmak; **sich** (*dat*) **j-n zum ~ nehmen** b-ni örnek almak

**vorbildlich** *ADJ* örnek

**Vorbildung** *F* ⟨-; *ohne pl*⟩ -in eğitim durumu

**Vorbote** *M* ⟨-n; -n⟩ haberci, belirti, işaret

**vorbringen** *Vt* ⟨irr, -ge-, h.⟩ *JUR* ifade/beyan etmek

**vorchristlich** *ADJ* Hristiyanlık öncesi

**Vordach** *N* sundurma; *schmal* saçak

**vordatieren** *Vt* ⟨ohne -ge-, h.⟩ -e ileri bir tarih atmak

**Vordenker(in)** *M(F)* ⟨-s; -⟩ öncü düşünür

**vorder, ~e, ~er, ~es** [f-] *ADJ* ön (-deki)

**Vorder|achse** *F* ön dingil **~ansicht** *F* önden görünüş **~deck** *N* *SCHIFF* ön güverte, baş kasarası **~fuß** *M* ön ayak **~grund** *M* ⟨-s; *ohne pl*⟩ ön plan; **in den ~ rücken** ön plana geçmek; *etw* **in den ~ stellen** bş-i ön plana almak **⦵gründig** *ADJ* (*oberflächlich*) yüzeysel; (*durchschaubar*) asıl amacı hemen belli olan **~mann** *M*: **mein ~** önümdeki kişi/araba; **auf ~ bringen** disiplin/düzene sokmak; iyi işler hale getirmek **~rad** *N* ön tekerlek **~radantrieb** *M* önden çekiş **~seite** *F* ön taraf; *Münze* ön yüz **~sitz** *M* ön koltuk

**vorderst** *ADJ* en ön(deki)

**Vorder|teil** *M, N* ön kısım **~tür** *F* ön kapı **~zahn** *M* ön diş

**vordrängen** *Vr*: **sich ~** ⟨-ge-, h.⟩ öne geçmeye çalışmak

**vordringen** *Vi* ⟨irr, -ge-, s.⟩ ilerlemek (*güçlükleri aşarak*); **~ (bis) zu** -e (kadar) ilerle(yebil)mek

**vordringlich** **A** *ADJ* özellikle ivedi/acil **B** *ADV*: **~ behandeln** -i öncelikle ele almak

**Vordruck** *M* ⟨-s; -e⟩ form(üler), form dilekçe

**vorehelich** *ADJ* evlilik öncesi

**voreilig** *ADJ* aceleci, tez, atak; düşüncesiz; **~e Schlüsse ziehen** düşünmeden sonuç çıkarmak

**voreinander** *ADV* birbiri önünde/öne; karşılıklı; **Achtung ~** birbirine saygı; **sie haben Angst ~** birbirlerinden korkuyorlar

**voreingenommen** *ADJ* (gegenüber -e karşı) önyargılı, taraflı **⦵heit** *F* ⟨-; *ohne pl*⟩ önyargılılık

**vorenthalten** *Vt* ⟨irr, o -ge-, h.⟩: **j-m etw ~** b-ni bş-den mahrum bırakmak; b-nden bş-i gizlemek

**Vorentscheidung** *F* ön karar

**vorerst** *ADV* şimdilik

**Vorexamen** *N* ön sınav

**Vorfahr** *M* ⟨-en; -en⟩ ata, cet

**vorfahren** *Vi* ⟨irr, -ge-, s.⟩ **(vor** -in önüne) gelmek (*arabayla*)

**Vorfahrt** *F* ⟨-; *ohne pl*⟩ geçiş üstünlüğü; **~ haben** -in geçiş üstünlüğü var/olmak; **die ~ missachten** geçiş üstünlüğüne uymamak; **j-m die ~ nehmen** b-nin geçiş üstünlüğünü tanımamak; **(sich) die ~ erzwingen** zorla geçmek; **~ beachten!** yol ver!

**vorfahrt(s)|berechtigt** ADJ geçiş üstünlüğünü haiz **∼schild** N yol ver levhası **∼straße** F anayol
**Vorfall** M ⟨-s; ⁼e⟩ olay; MED prolaps
**vorfallen** VI ⟨irr, -ge-, s.⟩ olmak, meydana gelmek
**Vorfeld** N MIL ileri arazi; **im ∼** ön aşamada
**vorfinanzieren** VT ⟨ohne -ge-, h.⟩ önceden finanse etmek
**vorfinden** VT ⟨irr, -ge-, h.⟩ bulmak (bir yere varınca)
**Vorfreude** F dört gözle bekleme
**vorfühlen** VI ⟨-ge-, h.⟩: **bei j-m ∼** b-nin nabzını yoklamak
**vorführ|en** VT ⟨-ge-, h.⟩ Film göstermek; Gerät etc a. tanıtmak; JUR (**j-m** -in huzuruna) çıkarmak **∼ung** F ⟨-; -en⟩ gösterim; tanıtma **∼wagen** M AUTO acentaca tanıtım arabası olarak kullanılmış araba
**Vorgabe** F ⟨-; -n⟩ talimat; Wettrennen avans **∼zeit** F TECH işin yapılması için verilen süre
**Vorgang** M ⟨-s; ⁼e⟩ olay, oluşma; **im Büro** işlem; (Akte) dosya; BIOL, TECH süreç; **den ∼ schildern** olayı anlatmak
**Vorgänger** M ⟨-s; -⟩, **-in** F ⟨-; -nen⟩ öncel, selef
**Vorgarten** M ön bahçe
**vorgeben** VT ⟨irr, -ge-, h.⟩ iddia etmek, bildirmek (asılsız olarak); Wettrennen avans vermek; Arbeitsdauer tanımak, vermek (belli bir zaman)
**Vorgebirge** N burun
**vorgefasst** ADJ önceden oluşmuş (yargı, görüş)
**vorgefertigt** ADJ hazır, prefabrike
**vorgehen** VI ⟨irr, -ge-, s.⟩ (geschehen) olmak, vuku bulmak; (handeln) davranmak, hareket etmek; (wichtiger sein) -in öncelik taşımak; umg (früher gehen) önden gitmek; gerichtlich (**gegen j-n** b-ni) dava etmek; **meine Uhr geht zwei Minuten) vor** saatim (iki dakika) ileri gidiyor; **was geht hier vor?** burada neler oluyor?
**Vorgehen** N ⟨-s; ohne pl⟩ hareket, yöntem, usul
**vorgelagert** ADJ -in önünde bulunan; **∼e Inseln** kıyıya yakın adalar
**Vorgeschicht|e** F ⟨-; ohne pl⟩ tarih öncesi; a. MED evveliyat **∼lich** ADJ tarih öncesi subst
**Vorgeschmack** M ⟨-s; ohne pl⟩ ilk tat, ilk fikir (**auf** akk -e, **von** -in)
**Vorgesetzte** M,F ⟨-n; -n⟩ b-nin üstü, amir, şef, müdür
**Vorgespräche** PL ön görüşmeler
**vorgestern** ADV önceki/evvelki gün
**vorgestrig** ADJ önceki günkü
**vorgreifen** VI ⟨irr, -ge-, h.⟩ (dat -i) beklemeden davranmak
**vorhaben** VT ⟨irr, -ge-, h.⟩ tasarlamak, -e niyetlenek; **haben Sie heute Abend etwas vor?** bu akşam için bir planınız/ programınız var mı?; **was hat er jetzt wieder vor?** gene kafasında ne (oyunlar) kuruyor?
**Vorhaben** N ⟨-s; -⟩ plan, program; WIRTSCH, TECH proje, tasarı
**Vorhalle** F hal, giriş holü
**vorhalten** ⟨irr, -ge-, h.⟩ **A** VT: **j-m etw** ∼ fig b-ne bş-le suçlamak; stärker bş-i b-nin başına kakmak **B** VI sürmek, devam etmek
**Vorhaltungen** PL suçlama sg, başa kakma sg, takaza sg; **j-m ∼ machen** b-ni bş-le suçlamak
**Vorhand** F ⟨-; ohne pl⟩ Tennis forhent
**vorhanden** ADJ (verfügbar) var, mevcut, (elde) hazır; **∼ sein** var olmak, bulunmak; **es ist nichts mehr ∼** artık hiçbir şey kalmadı
**Vorhandensein** N ⟨-s; ohne pl⟩ (var) olma, hazır bulunma, mevcudiyet
**Vorhang** M ⟨-s; ⁼e⟩ (kalın) perde
**Vorhängeschloss** N asma kilit
**Vorhaut** F ANAT sünnet derisi
**vorher** ADV daha önce; **am Abend ∼** bir önceki akşam
**vorher|bestimmen** VT ⟨ohne -ge-, h.⟩ önceden belirlemek **∼gehen** VI ⟨irr, -ge-, s.⟩ (**e-r Sache** -den önce) olmak/gerçekleşmek
**vorherig** ADJ önceki
**Vorherrschaft** F ⟨-; ohne pl⟩ hakimiyet, üstünlük, egemenlik
**vorherrsch|en** VI ⟨-ge-, h.⟩ sık rastlanmak, hakim olmak **∼end** ADJ hakim, geçerli, genel
**Vorhersage** F ⟨-; -en⟩ tahmin; Wetter hava tahmini **∼n** VT ⟨-ge-, h.⟩ tahmin etmek
**vorhersehen** VT ⟨irr, -ge-, h.⟩ önceden görmek/anlamak, sezmek

**vorhin** ADV az önce, demin, henüz
**Vorhut** F ⟨-; -en⟩ MIL öncü
**vorig** ADJ önceki; **~e Woche** geçen hafta
**vorindustriell** ADJ endüstrileşme öncesi
**Vorjahr** N ⟨letztes Jahr⟩ geçen yıl; **vorangegangenes** (-den) bir önceki yıl
**vorjährig** ADJ geçen/önceki yıl subst
**Vorkämpfer(in)** M(F) fig öncü, bayraktar
**vorkauen** VT ⟨-ge-, h.⟩ umg: **j-m etw ~** bş-i çiğneyip b-nin ağzına vermek
**Vorkaufsrecht** N önalım/rüçhan hakkı
**Vorkehrungen** PL: **~ treffen** (gegen -e karşı) önlemler almak
**Vorkenntnisse** PL ön bilgi sg (in dat konusunda)
**vorknöpfen** VT ⟨-ge-, h.⟩ umg: **sich** (dat) **j-n ~** b-ne diskur geçmek
**vorkommen** VI ⟨irr, -ge-, s.⟩ bulunmak; ⟨geschehen⟩ olmak, cereyan etmek; **es kommt mir ... vor** bana ... gibi geliyor; **das darf nicht wieder ~!** bir daha olmasın!
**Vorkommen** N ⟨-s; -⟩ Bergbau maden yatağı, varlık
**Vorkommnis** N ⟨-ses; -se⟩ olay, hadise; **keine besonderen ~se** vukuat yok
**Vorkriegs...** IN ZSSGN savaş öncesi ...
**vorlad|en** VT ⟨irr, -ge-, h.⟩ JUR celp etmek **Qung** F ⟨-; -en⟩ celp(name), çağırı
**Vorlage** F ⟨-; -n⟩ model; ⟨Muster⟩ örnek; ⟨Zeichen⟩ kopya edilen model/örnek; ⟨Unterbreitung⟩ arz, ibraz; Parlament tasarı; Fußball ileri pas; **etw als ~ benutzen** bş-i örnek almak; **gegen ~** ibraz edildiğinde
**vorlassen** VT ⟨irr, -ge-, h.⟩ **(bei** -de**)** b-ne yol vermek; beim Schlangestehen b-ne sırasını vermek
**Vorlauf** M ⟨-s; ⸚e⟩ SPORT ilk koşu; **~... in Zssgn** TECH iptidaî ...
**Vorläufer** M öncü, ilk biçim
**vorläufig** A ADJ geçici B ADV geçici olarak; umg şimdilik
**vorlaut** ADJ çokbilmiş, ukala
**Vorleben** N ⟨-s; ohne pl⟩ -in geçmişi
**vorlegen** ⟨-ge-, h.⟩ A VT sunmak; Dokument ibraz etmek; ⟨zeigen⟩ göstermek; **ein schnelles Tempo ~** depara geçmek B VR: **sich ~** öne uzanmak
**Vorleger** M ⟨-s; -⟩ küçük halı, yaygı; ⟨Fußabtreter⟩ paspas
**vorlehnen** VR ⟨-ge-, h.⟩: **sich ~** öne eğilmek, sarkmak
**Vorleistung** F ⟨-; -en⟩ WIRTSCH avans, ön ödeme; POL taviz (önceden verilen)
**vorlesen** VT ⟨irr, -ge-, h.⟩ (sesli) okumak (birisine)
**Vorlesung** F ⟨-; -en⟩ **(über** akk üzerine; **vor** dat -e**)** ders (üniversitede); **e-e ~ halten** ders vermek; **~en hören** derslere girmek
**Vorlesungsverzeichnis** N sömestre programı
**vorletzte** ADJ sondan ikinci; **~ Nacht** önceki gece
**Vorliebe** F ⟨-; -n⟩ **(für** -e**)** eğilim, tutku; **etw mit ~ tun** bş yapmayı özellikle sevmek
**vorliebnehmen** VI ⟨irr, -ge-, h.⟩ **(mit** -le**)** yetinmek
**vorliegen** VI ⟨irr, -ge-, h.⟩: **es liegen ... vor** bu konuda ... var/bulunuyor; **was liegt gegen ihn vor?** onun hakkındaki suçlama ne?; **da muss ein Irrtum ~** bunda bir yanlışlık (söz konusu) olmalı
**vorliegend** ADJ elde bulunan, sözkonusu
**vorm.** A abk für **vormals** eski(den), önceki adıyla B abk für **vormittags** öğleden önceleri
**vormachen** VT ⟨-ge-, h.⟩ umg: **j-m etw ~** b-ne kıtır atmak; umg **sich** (dat) **(selbst) etw ~** (kendi) kendini kandırmak
**Vormachtstellung** F ⟨-; ohne pl⟩ POL üstünlük, liderlik, öncülük
**vormalig** ADJ önceki, eski
**vormals** ADV önce(leri), eskiden
**Vormarsch** M: **im** (od **auf dem) ~** ilerlemekte
**vormerken** VT ⟨-ge-, h.⟩: **(sich** dat**) etw ~** bş-i not etmek (ilerideki bş için); **j-n ~** b-nin adını kaydetmek; **sich ~ lassen** adını yazdırmak
**Vormieter(in)** M(F) önceki kiracı
**Vormittag** M ⟨-s; -e⟩ öğleden önce; **heute ~** bugün öğleden önce
**vormittags** ADV öğleden önceleri
**Vormund** M ⟨-s; -e, ⸚er⟩ vasi **~schaft** F ⟨-; -en⟩ vesayet
**vorn** ADV önde; zeitlich baştan (itibaren); **nach ~** öne doğru; **von ~** önden (itiba-

ren); **j-n von ~(e) sehen** b-ni önden görmek; **noch einmal von ~(e) (anfangen)** tekrar baştan (başlamak); **von ~ bis hinten** baştan sona

**Vorname** M̄ ad, isim, ön/küçük ad

**vornehm** ADJ kibar; (*edel, adlig*) asil; *umg* (*fein, teuer*) şık, zarif, *umg* fantezi, lüks; **~ tun** kibarlık taslamak

**vornehmen** V/T ⟨*irr, -ge-, h.*⟩ uygulamak; *Änderungen etc* yapmak; **sich** (*dat*) **etw ~** bş yapmaya karar vermek; **sich** (*dat*) **fest vorgenommen haben zu** yapmaya kesin kararlı olmak; **sich** (*dat*) **zu viel ~** *umg* boyundan büyük işe kalkışmak; **sich** (*dat*) **j-n ~** b-nden hesap sormak, b-ni azarlamak/paylamak

**vornherein** ADV: **von ~** baştan beri/itibaren

**Vorort** M̄ ⟨-s; -e⟩ banliyö, varoş **~(s)zug** M̄ banliyö treni

**Vorplatz** M̄ *-in* önündeki meydan

**Vorposten** M̄ MIL ileri karakol

**Vorprogramm** N̄ *Kino* gelecek program, fragmanlar *pl*

**vorprogrammieren** V/T ⟨*ohne -ge-, h.*⟩ (önceden) programlamak; *fig* **das war vorprogrammiert** bunun böyle olacağı belliydi

**Vorprüfung** F̄ ön sınav

**Vorrang** M̄ ⟨*ohne pl*⟩: **~ haben vor** (*dat*) ... karşısında (*od -e göre*) öncelik taşımak, *-den* önce gelmek

**vorrangig** ADJ: **~ behandeln** öncelikle ele almak

**Vorrat** M̄ ⟨-s; -e⟩ WIRTSCH stok; *Lebensmittel* rezerv; *Rohstoffe* kaynaklar *pl*, rezerver *pl*; **~ an** *dat* ... stoku; **e-n ~ anlegen** stok yapmak; **solange der ~ reicht** satışımız stoklarımızla sınırlıdır

**vorrätig** ADJ (elde) hazır; WIRTSCH (depoda) mevcut; **nicht (mehr) ~** mevcudu kalmamış

**Vorratskammer** F̄ kiler

**Vorraum** M̄ hol, sofa; *Büro* bekleme odası

**vorrechnen** V/T ⟨*-ge-, h.*⟩: **j-m etw ~** b-nin gözü önünde hesaplamak; *fig* b-ni bş-le suçlamak

**Vorrecht** N̄ imtiyaz, öncelik hakkı

**Vorredner(in)** M(F) önceki konuşmacı

**Vorrichtung** F̄ ⟨-; -en⟩ TECH düzenek, mekanizma

**vorrücken** ⟨*ohne -ge-, h.*⟩ A V/T ileriye itmek; *Brettspiel* sürmek B V/I ⟨*s.*⟩ MIL, *Zeit* ilerlemek

**Vorruhestand** M̄ erken emeklilik; **im ~ sein** erken emekli(ye ayrılmış) olmak

**Vorrunde** F̄ SPORT ön tur, ilk raunt

**vorsagen** V/T ⟨*irr, -ge-, h.*⟩: **j-m etw ~** b-ne (söyleyeceği) bş-i söylemek, (*zuflüstern*) fısıldamak; *v/i*: **j-m ~** b-ne kopya vermek (*sözlü*); suflörlük etmek

**Vorsaison** F̄ ön sezon, sözon öncesi

**Vorsatz** M̄ ⟨-es; -e⟩ karar; (*Absicht*) niyet; JUR kasıt, taammül

**vorsätzlich** ADJ isteyerek, bilerek, kasten; *bes* JUR taammüden

**Vorschau** F̄ ⟨-; -en⟩ program duyurusu; FILM gelecek program

**Vorschein** M̄ ⟨-s; *ohne pl*⟩: **zum ~ bringen** meydana çıkarmak; *fig* ortaya çıkarmak; **zum ~ kommen** görünmek, ortaya çıkmak

**vorschieben** V/T ⟨*irr, -ge-, h.*⟩ bahane etmek, mazeret göstermek

**vorschießen** V/T ⟨*irr, -ge-, h.*⟩ avans (olarak) vermek

**Vorschlag** M̄ ⟨-s; -e⟩ öneri, teklif; **auf j-s ~** b-nin önerisi üzerine; **darf ich e-n ~ machen?** bir teklifte bulunabilir miyim?

**vorschlagen** V/T ⟨*irr, -ge-, h.*⟩ önermek, teklif etmek; **~, etw zu tun** bş yapmayı önermek/teklif etmek

**vorschnell** ADJ acele, çabucak

**vorschreiben** V/T ⟨*irr, -ge-, h.*⟩ *fig* emretmek; **ich lasse mir nichts ~** ben kimseden emir almam; **das Gesetz schreibt vor, dass** kanun *-in* -mesini emrediyor

**Vorschrift** F̄ ⟨-; -en⟩ kural, yönetmelik, tüzük; (*Anweisung*) talimat; **nach ärztlicher ~** hekim talimatına uygun olarak; **Dienst nach ~** yönetmeliğe uygun hizmet/görev

**vorschrifts|mäßig** ADJ (*adv*) kuralına uygun, doğru (olarak) **~widrig** ADJ (ADV) kuralına aykırı, usulsüz (olarak)

**Vorschub** M̄: **e-r Sache ~ leisten** (olumsuz) bş-i desteklemek

**Vorschulalter** N̄ okul öncesi yaşı (5-6 yaş)

**Vorschule** F̄ ilkokul hazırlık sınıfı

**vorschulisch** ADJ okul öncesi *subst*

**Vorschuss** M̄ ⟨-es; -e⟩ (**auf** *akk -den*) avans

**vorschützen** V/T ⟨-ge-, h.⟩ -i bahane olarak göstermek, bahane etmek

**vorschweben** V/I ⟨-ge-, h.⟩: **mir schwebt ... vor** ben şunu tasarlıyorum: ...

**vorsehen** ⟨irr, -ge-, h.⟩ **A** V/T öngörmek; **das war nicht vorgesehen** bu hesapta yoktu; **j-n für e-n Posten ~** bir iş için b-ni öngörmek **B** V/R: **sich ~** (vor dat -den) kendini sakınmak

**Vorsehung** F ⟨-; ohne pl⟩: **die ~** kader, alınyazısı

**vorsetzen** V/T ⟨-ge-, h.⟩: **j-m etw ~** b-nin önüne bş-i koymak

**Vorsicht** F ⟨-; ohne pl⟩ (Sorgfalt) özen; (Wachsamkeit) uyanıklık; **~!** dikkat (et)!, dikkatli ol!; **~, Glas!** dikkat – kırılacak eşya!; **~, Stufe!** basamağa dikkat!

**vorsichtig** ADJ dikkatli, özenli; **~!** yavaş!

**vorsichtshalber** ADV ihtiyaten; umg ne olur ne olmaz (diye)

**Vorsichtsmaßnahme** F ihtiyat tedbiri; **~n treffen** tedbir almak

**Vorsilbe** F GRAM önek, öntakı

**vorsingen** ⟨irr, -ge-, h.⟩ **A** V/T: **j-m etw ~** b-ne şarkı söylemek **B** V/I: **j-n ~ lassen** b-ne şarkı söyletmek

**vorsintflutlich** ADJ umg Nuh Nebi' den kalma

**Vorsitz** M ⟨-es⟩ başkanlık; **den ~ haben** başkanlık etmek; **den ~ übernehmen** başkanlığı devralmak; **unter dem ~ von ...** (-in) başkanlığında

**Vorsitzende** M.F ⟨-n; -n⟩ başkan

**Vorsorge** F ⟨-; ohne pl⟩ tedbir, korunma; **~ treffen** (koruyucu) önlem almak

**vorsorgen** V/I ⟨-ge-, h.⟩ (für için) önceden bş yapmak

**Vorsorgeuntersuchung** F MED korunma muayenesi

**vorsorglich** **A** ADJ ihtiyati **B** ADV her ihtimale karşı, ihtiyaten

**Vorspann** M ⟨-s; -e⟩ FILM jenerik

**Vorspeise** F meze, ordövr

**Vorspiegelung** F ⟨-; -en⟩: (**unter) ~ falscher Tatsachen** yanlış olgular öne sürerek

**Vorspiel** N ⟨-s; -e⟩ MUS prelüd, uvertür, taksim, peşrev

**vorsprechen** V/I ⟨irr, -ge-, h.⟩ (**bei** -in yanına) bş-i söylemek için çıkmak; THEAT deneme rolüne çıkmak

**vorspringen** V/I ⟨irr, -ge-, s.⟩ ARCH ileri çıkmak, çıkıntı oluşturmak

**vorspringend** ADJ çıkma(lı), çıkıntı(lı)

**Vorsprung** M ⟨-s; ⁼e⟩ ARCH çıkma, cumba; SPORT önde bulunma, ara (farkı); **e-n ~ haben** (**von 10 Metern** 10 metre) ileride olmak

**vorspulen** V/T ileri(ye) sarmak

**Vorstadt** F banliyö, varoş

**Vorstand** M ⟨-s; ⁼e⟩ WIRTSCH yönetim (kurulu); Person başkan; **im ~ sitzen** yönetim kurulunda olmak

**Vorstands|etage** F yönetim katı **~mitglied** N yönetim kurulu üyesi **~sitzung** F yönetim kurulu toplantısı **~vorsitzende** M.F ⟨-n; -n⟩ yönetim kurulu başkanı

**vorstehen** V/I ⟨irr, -ge-, h.⟩ çıkıntı yapmak; (führen) dat -in başkanı olmak

**vorstehend** ADJ: **~e Zähne** fırlak dişler

**Vorsteher** M ⟨-s; -⟩, **-in** F ⟨-; -nen⟩ başkan, yönetici; (Orts?) muhtar

**vorstellbar** ADJ düşünülür, tasarlanır

**vorstellen** ⟨-ge-, h.⟩ **A** V/T Uhr (**um ...**) ileri almak; bedeuten anlamını taşımak; **j-n** (od **etw**) **j-m ~** b-ni (od bş-i) b-ne tanıtmak, takdim etmek; **darf ich Ihnen Herrn X ~?** sizi Bay X'le tanıştırabilir miyim?; **sich** (dat) **etw ~** bş-i tasavvur etmek; **stell dir vor!** gözünün önüne bir getir!; **so stelle ich mir ... vor** -in böyle olacağını düşünüyorum **B** V/R: **sich ~** kendini tanıtmak, takdim etmek; **sich bei e-r Firma ~** bir şirkete gidip görüşmek (işe girmek için)

**Vorstellung** F ⟨-; -en⟩ THEAT gösteri; Kino a. gösterim; (Gedanke) etc fikir, tasarı; (Erwartung) beklenti; **von j-m od etw** tanıtma, takdim; **falsche ~** yanlış tasavvur/beklenti; **sich** (dat) **e-e ~ machen** (**von** hakkında) bir fikir edinmek; **das entspricht nicht meinen ~en** bu benim düşündüğümü/tasarladığımı gibi değil

**Vorstellungsgespräch** N mülakat

**Vorstoß** M ⟨-es; ⁼e⟩ MIL, SPORT ileri hareket

**vorstoßen** V/I ⟨irr, -ge-, s.⟩ ileriye atılmak, hücuma geçmek; **~ in, ~ zu** -e dalmak

**Vorstrafe** F sabıka

**Vorstrafenregister** N adli dosya (hükümlünün)

**vorstrecken** V/T ⟨-ge-, h.⟩ Geld avans vermek
**Vorstufe** F ilk basamak/kademe
**vortasten** V/R ⟨-ge-, h.⟩: **sich ~ (bis zu)** el yordamıyla (-e kadar) ilerlemek
**vortäuschen** V/T ⟨-ge-, h.⟩: **j-m etw ~** b-ne karşı k-ne bş süsü vermek; *umg* b-ne bş numarası yapmak; **Interesse ~** ilgileniyormuş gibi görünmek
**Vorteil** M ⟨-s; -e⟩ avantaj; (*Nutzen*) yarar, çıkar, kazanç; **die Vor- und Nachteile** *-in* olumlu ve olumsuz yanları, avantajı ve dezavantajı; **im ~ sein (gegenüber** *-e* karşı) avantajlı olmak; **auf s-n eigenen ~ bedacht sein** kendi avantajını düşünmek; **~ ziehen aus** *-den* kendi çıkarını sağlamak
**vorteilhaft** ADJ yararlı, kazançlı
**Vortrag** M ⟨-s; ⸚e⟩ konuşma; (*Vorlesung*) (**über** *akk* üzerine) konferans; **e-n ~ halten (vor** *dat* -e) konferans vermek; *umg* **j-m e-n ~ halten** b-ne konferans çekmek; MUS yorum; (*Gedicht*⚹) okuma (*topluluğa*)
**vortragen** V/T ⟨irr, -ge-, h.⟩ (*äußern*) açıklamak, anlatmak, söylemek, bildirmek; MUS yorumlamak; *Gedicht* okumak
**Vortragende(r)** M, F ⟨-n; -n⟩ konferansçı; MUS yorumcu
**Vortragsreihe** F dizi konferanslar
**vortreten** V/I ⟨irr, -ge-, s.⟩ öne çıkmak; çıkıntı yapmak
**Vortritt** M ⟨-s; ohne pl⟩: **den ~ haben** (**vor** *dat* -den) önce gelmek; **j-m den ~ lassen** önceliği/sırayı b-ne bırakmak
**vorüber** ADV → vorbei
**vorübergehen** V/I ⟨irr, -ge-, s.⟩ (gelip) geçmek, geçip gitmek
**vorübergehend** A ADJ geçici B ADV geçici olmak, *umg* şimdilik
**Vorübung** F hazırlık talimi
**Vorurteil** N önyargı; **~e haben gegen** *-e* karşı önyargılı olmak
**vorurteilslos** ADJ önyargısız, yansız, tarafsız
**Vorvergangenheit** F GRAM öngeçmiş zaman (*-mişti vs*)
**Vorverhandlung** F hazırlık görüşmesi
**Vorverkauf** M ⟨-s; ohne pl⟩ THEAT *etc* ön satış
**Vorverkaufsstelle** F ön satış gişesi
**vorverlegen** V/T ⟨ohne -ge-, h.⟩ (**auf** *akk* -e) almak; (**um** ... ...) öne almak
**Vorverstärker** M ELEK preampliflikatör
**Vorvertrag** M ön sözleşme
**Vorwahl** F, **~nummer** F TEL alan kodu
**Vorwand** M ⟨-s; ⸚e⟩ bahane; (*Ausrede*) (sudan) mazeret; **unter dem ~ von** (*od* **dass**) (-diği) bahanesiyle/mazeretiyle
**vorwärmen** V/T ⟨-ge-, h.⟩ önceden ısıtmak
**Vorwarnung** F uyarı, önceden haber
**vorwärts** ADV ileri, ön(e doğru); **~!** haydi!, yürüyün!
**Vorwärtsgang** M AUTO ileri vites
**vorwärts|gehen** V/I ⟨irr, -ge-, s.⟩ ilerlemek; *fig a.* düzelmek **~kommen** V/I ⟨irr, -ge-, s.⟩ ilerlemek; *fig a.* (hayatta) başarı kazanmak
**Vorwäsche** F ⟨-; -n⟩ ön yıkama
**vorweg** ADV ön(ce)den, baştan
**Vorwegnahme** F ⟨-; ohne pl⟩ önceleme, ileriye atıf
**vorwegnehmen** V/T ⟨irr, -ge-, h.⟩ -i öne almak; hemen/baştan söylemek; *Text* ileriye atıf yapmak
**vorweihnachtlich** ADJ Noel öncesi *subst* (havasında v)
**Vorweihnachtszeit** F Noel öncesi
**vorweisen** V/T ⟨irr, -ge-, h.⟩ ortaya koymak, göstermek; **etw ~ können** *-in* gösterecek bş-i olmak
**vorwerfen** V/T ⟨irr, -ge-, h.⟩: **j-m etw ~** b-ni bş-den dolayı suçlamak, b-ne bş-den dolayı sitem etmek
**vorwiegend** ADV özellikle, daha ziyade, esasen
**Vorwort** N ⟨-s; -e⟩ önsöz
**Vorwurf** M ⟨-s; ⸚e⟩ sitem; (*Anschuldigung*) suçlama, itham; **j-m Vorwürfe machen** b-ne sitem etmek; b-ne ithamda/suçlamalarda bulunmak
**vorwurfsvoll** ADJ sitemli, suçlayıcı
**vorzählen** V/T ⟨ohne -ge-, h.⟩: **j-m etw ~** b-nin gözü önünde saymak
**Vorzeichen** N *fig* alamet, belirti
**vorzeichnen** V/T ⟨-ge-, h.⟩: **j-m etw ~** *fig* -NIN gideceği yolu göstermek
**vorzeigbar** ADJ el içine çıkar(ıl)ır
**vorzeigen** V/T ⟨-ge-, h.⟩ göstermek, ibraz etmek
**Vorzeit** F eski zaman; **der Mensch der ~** eski zaman insanı; **in grauer ~** vaktin

birinde
**vorzeitig** ADJ erken, zamanından önce; *negativ* zamansız
**Vorzensur** F *Schule* ders yılı içi notu; *Publikation* otosansür; **e-r ~ unterziehen** otosansürden geçirmek
**vorziehen** VT ⟨*irr, -ge-, h.*⟩ *Vorhänge etc* çekmek; *fig (dat -e)* öncelik vermek; *-e* tercih etmek
**Vorzimmer** N ön büro, sekreterlik; (*Wartezimmer*) bekleme odası **~dame** F sekreter hanım
**Vorzug** M ⟨-s; ⸚e⟩ (*Vorteil*) avantaj; (*gute Eigenschaft*) üstünlük, meziyet; **den ~ geben** (*dat*) *-e* öncelik tanımak
**vorzüglich** ADJ olağanüstü güzel, mükemmel, üstün
**Vorzugsaktien** PL imtiyazlı hisse senedi
**Vorzugspreis** M özel fiyat
**vorzugsweise** ADV tercihan
**votieren** [v-] VI ⟨*ohne -ge-, h.*⟩ oy kullanmak
**Votum** [v-] N ⟨-s; -ten, -ta⟩ oy, rey
**Voyeur** [voa'jø:ɐ] M ⟨-s; -e⟩ *umg* dikizci, röntgenci
**VP** *abk für Vollpension* F tam pansiyon
**vulgär** [vʊl'gɛːɐ] ADJ kaba, bayağı, adî
**Vulkan** [v-] M ⟨-s, -e⟩ yanardağ, volkan **~ausbruch** M yanardağ püskürmesi **≗isch** ADJ volkanik **≗isieren** VT ⟨*ohne -ge-, h.*⟩ TECH vülkanize etmek

# W

**w, W** [ve:] N ⟨-s; -⟩ w, W
**W** *abk für Westen* M batı
**Waage** F ⟨-; -n⟩ terazi, tartı; *fig* **sich** (*dat*) **die ~ halten** birbirine denk olmak; **er ist** (e-e) **~** o terazi burcundan
**waagerecht** ADJ yatay
**Waagschale** F kefe, terazinin gözü; **in die ~ werfen** kararı etkileyecek bir şey söylemek
**wabb(e)lig** ADJ peltemsi, bıngıl bıngıl
**wabbeln** VI ⟨*h.*⟩ bıngıldamak
**Wabe** F ⟨-; -n⟩ petek

**Wabenhonig** M petekli bal, gümeç balı
**wach** ADJ uyanık; **~ liegen** uyanık yatmak; **~ rütteln** (*wecken*) uyandırmak, ayıltmak (**aus** *-den*); **~ werden** uyanmak
**Wachablösung** F MIL nöbet değişimi
**Wache** F ⟨-; -n⟩ nöbet; *Person* nöbetçi; (*Polizei≗*) polis karakolu; **~ haben** *-in* nöbeti var/olmak; **~ halten, ~ stehen**, *umg* **~ schieben** nöbet tutmak
**wachen** VI ⟨*h.*⟩ (**über** *akk -e*) dikkat etmek, *-i* beklemek; **darüber ~, dass** *-mesini* kontrol etmek
**Wachhund** M bekçi köpeği
**Wachmann** M bekçi
**Wacholder** M ⟨-s; -⟩ BOT ardıç
**Wachposten** M MIL nöbetçi
**wachrufen** VT ⟨*irr, -ge-, h.*⟩ *fig* uyandırmak; *Erinnerungen* canlandırmak
**wachrütteln** VT ⟨*-ge-, h.*⟩ (*aufrütteln*) ayıltmak, uyarmak
**Wachs** [vaks] N ⟨-es; -e⟩ mum, balmumu
**wachsam** ['vax-] ADJ dikkatli, gözü açık; **~ sein** tetikte olmak
**Wachsamkeit** F ⟨-; *ohne pl*⟩ uyanıklık
**wachsen**[1] ['vaks(ə)n] VI ⟨*wächst, wuchs, gewachsen, s.*⟩ büyümek; *fig a.* gelişmek, çoğalmak
**wachsen**[2] ['vaks(ə)n] VT ⟨*h.*⟩ balmumu cilası sürmek, cilalamak
**Wachs|figurenkabinett** ['vaks-] N balmumu heykelleri sergisi **~kerze** F balmumu(ndan yapılmış) mum **~tuch** N muşamba
**Wachstum** ['vakstu:m] N ⟨-s; *ohne pl*⟩ büyüme, WIRTSCH *a.* kalkınma; *fig a.* gelişme; (**noch**) **im ~ begriffen** henüz büyüme halinde
**wachstums|fördernd** ['vaks-] ADJ büyümeyi teşvik edici **~hemmend** ADJ büyümeyi engelleyici **≗industrie** F büyüyen sanayi (dalı) **≗rate** F büyüme oranı/hızı
**Wächter** M ⟨-s; -⟩ gardiyan; (*Nacht≗*, *Parkplatz≗*) bekçi
**Wach(t)turm** M nöbetçi kulesi
**wackelig** ADJ oynak, gevşek; *Zahn* sallanan
**Wackelkontakt** M ELEK temassızlık
**wackeln** VI ⟨*h.*⟩ sallanmak, oynamak; **~ mit** *besonders Körperteil -i* sallamak, oynatmak; **mit den Hüften ~** (kalça) kı-

vırmak
**Wade** F ⟨-; -n⟩ baldır
**Wadenkrampf** M baldır krampı
**Waffe** F ⟨-; -n⟩ silah
**Waffel** F ⟨-; -n⟩ gofret **~eisen** N gofret aleti/makinası
**Waffen|besitz** M silah bulundurma **~gewalt** F: **mit ~** silah zoruyla **~handel** M silah ticareti **~händler(in)** M(F) silah tüccarı **~lager** N silah deposu **~lieferung** F silah sevkiyatı **~schein** M silah ruhsatı **~schmuggel** M silah kaçakçılığı **~stillstand** M mütareke; *zeitweiliger* ateşkes
**wagemutig** ADJ cüretkâr, gözüpek
**wagen** ⟨h.⟩ **A** V/T *-e* cüret/cesaret etmek; (*riskieren*) tehlikeye atmak; **es ~, etw zu tun** bşi yapmaya cüret/cesaret etmek **B** V/R: **sich aus dem Haus ~** evden çıkmaya cesaret etmek; **sich ~ an** *akk -e* soyunmak
**Wagen** M ⟨-s; -⟩ araba; BAHN vagon; **der Große ~** ASTRON Büyük Ayı
**wägen** V/T ⟨wog, gewogen, h.⟩ tartmak, ölçmek
**Wagenheber** M ⟨-s; -⟩ kriko
**Wagenladung** F BAHN vagon yükü
**Wagenpapiere** PL araba kağıtları
**Waggon** [vaˈgɔŋ, vaˈgõː, vaˈgoːn] M ⟨-s; -s⟩ vagon; (*Güter2.*) yük vagonu
**waghalsig** ADJ kellesi koltuğunda
**Wagnis** N ⟨-ses; -se⟩ tehlikeli iş; (*Risiko*) risk
**Wahl** F ⟨-; -en⟩ tercih; *andere* seçenek; (*Auslese*) seçme; (*Abstimmung*) POL seçim; **die ~ haben** seçim yapma durumunda olmak; **s-e ~ treffen** seçimini yapmak; **keine (andere) ~ haben** (başka) *-in* seçeneği yok/olmamak
**wählbar** ADJ seçilebilir
**wählen** **A** V/T ⟨h.⟩ seçmek, (*aus~*) seçip ayırmak; **j-n in ein Amt ~** b-ni bir göreve seçmek **B** V/I oy kullanmak; TEL numarayı çevirmek/tuşlamak
**Wähler** M ⟨-s; -⟩ seçmen
**Wahlergebnis** N seçim sonucu
**Wählerin** F ⟨-; nen⟩ seçmen (kadın)
**Wählerinitiative** F parti olmayan seç-

men birliği
**wählerisch** ADJ titiz, müşkülpesent
**Wahl|fach** N seçmeli ders **~gang** M (oylama) tur(u); **im ersten ~** birinci turda **~heimat** F ikinci vatan **~helfer(in)** M(F) seçim görevlisi **~jahr** N seçim yılı **~kabine** F oy verme kabini **~kampf** M seçim kampanyası **~kreis** M seçim bölgesi **~liste** F seçim listesi **~lokal** N sandık mahalli
**wahllos** ADJ gelişigüzel, rasgele
**Wahl|niederlage** F seçim yenilgisi **~pflicht** F seçme zorunluluğu **~plakat** N seçim afişi **~programm** N seçim programı **~recht** N ⟨-s; *ohne pl*⟩ seçme ve seçilme hakkı; **aktives ~** seçme hakkı; **allgemeines ~** genel seçimde seçme ve seçilme hakkı; **passives ~** seçilme hakkı **~rede** F seçim konuşması **~sieg** M seçim zaferi **~spruch** M seçim sloganı **~urne** F seçim sandığı **~versammlung** F seçim mitingi **2weise** ADV isteğe göre, seçimlik olarak **~zettel** M oy pusulası
**Wahn** M ⟨-s; *ohne pl*⟩ vehim, kuruntu; (*Besessenheit*) düşkünlük, tutkunluk **~sinn** M ⟨-s; *ohne pl*⟩ delilik, çılgınlık, cinnet **2sinnig** **A** ADJ çılgın, delirmiş, cinnet getirmiş; *umg fig a.* kaçık; *Angst, Schmerz etc* korkunç, çıldırtan **B** ADV *umg fig (sehr)* olağanüstü, çılgınca; **~ verliebt** delicesine âşık **~sinnige** M,F ⟨-n; -n⟩ deli, çıldırmış **~vorstellung** F kuruntu, sanrı **2witzig** ADJ çılgınca
**wahr** ADJ doğru; (*wirklich*) gerçek; (*echt*) hakiki, öz; *umg* **~ werden** gerçekleşmek
**wahren** V/T ⟨h.⟩ *Interessen, Rechte* korumak; **den Schein ~** durumu idare etmek, zevahiri kurtarmak
**während** **A** PRÄP (*gen*) esnasında, sırasında **B** *konj* (gel)-irken; *Gegensatz a.* oysa, (gel)-diği halde
**wahrhaben**: **nicht ~ wollen** *-in* gerçek olduğunu kabule yanaşmamak
**wahrhaft** ADJ gerçek, hakiki **~ig** ADV gerçekten, hakikaten
**Wahrheit** F ⟨-; -en⟩ gerçek, hakikat, doğru; **in ~** gerçekte, aslında; *umg* **j-m mal die ~ sagen** b-ne açık açık gerçeği söylemek
**wahrheits|gemäß**, **~getreu** **A** ADJ gerçeğe uygun/uyan **B** ADV olduğu

gibi
**wahrnehmbar** ADJ algılanır, farkedilir
**wahrnehm|en** VT ⟨irr, -ge-, h.⟩ algılamak, idrak etmek; *Gelegenheit, Vorteil* değerlendirmek, kaçırmamak; *Interessen* korumak, gözetmek **ung** F ⟨-; -en⟩ algı(lama), idrak; **sinnliche ~** duyusal algı; **j-n mit der ~ s-r Geschäfte (Interessen) beauftragen** b-ni işlerini (çıkarlarını) takiple görevlendirmek **ungsvermögen** N ⟨-s; ohne pl⟩ idrak kabiliyeti, algı yetisi
**wahrsagen** ⟨ge-, h.⟩ **A** VT söylemek, haber vermek (*bş-in olacağını*) **B** VI fal(a) bakmak; **j-m ~** b-nin falına bakmak
**Wahrsager** M ⟨-s; -⟩, **-in** F ⟨-; -nen⟩ falcı
**wahrscheinlich A** ADJ olası, muhtemel **B** ADV belki, olasılıkla **keit** F ⟨-; -en⟩ olasılık, ihtimal; **aller ~ nach** çok büyük olasılıkla
**Wahrung** F ⟨-; ohne pl⟩ koruma, ayakta tutma
**Währung** F ⟨-; -en⟩ para (sistemi)
**Währungs|abkommen** N para anlaşması **~einheit** F para birimi **~krise** F para krizi **~politik** F para politikası **~reform** F para reformu **~schlange** F para yılanı **~system** N para sistemi **~union** F para birliği
**Wahrzeichen** N simge, sembol; (*Logo*) amblem
**Waise** F ⟨-; -n⟩ *mutterlos* öksüz, *vaterlos* yetim; **(zur) ~ werden** öksüz/yetim kalmak
**Waisen|haus** N yetimhane, öksüzler yurdu **~kind** N → Waise **~knabe** M fig acemi çaylak
**Wal** M ⟨-s; -e⟩ balina
**Wald** M ⟨-s; ⸚er⟩ orman; (*Macchia*) fundalık; (*Schonung*) koru **~bestand** M orman varlığı **~brand** M orman yangını **~gebiet** N, **~gegend** F ormanlık bölge **~horn** N ⟨-s; ⸚er⟩ MUS korno **~lauf** M orman koşusu **~meister** M BOT asperula (odorata) **~rand** M: **am ~** ormana bitişik **reich** ADJ çok ormanlı **~schäden** PL orman tahribatı *sg* (özellikle çevre kirliliğinden) **~sterben** N ⟨-s; ohne pl⟩ ormanların ölmesi/yok olması
**Walfang** M ⟨-s; ohne pl⟩ balina avı
**Walfisch** M *umg* balina (balığı)
**Walis|er** M ⟨-s; -⟩ Galli; **die ~** Galliler **~erin** F ⟨-; -nen⟩ Galli (kadın) **isch** ADJ Gal(li) *subst* **~isch** N Galce
**walken** VT ⟨h.⟩ *Stoff* çırpmak, dövmek
**Wall** M ⟨-s; ⸚e⟩ set, bent
**Wallach** M ⟨-s; -e⟩ iğdiş at
**wall|fahren** VI ⟨ge-, s.⟩ REL hacca (*od* ziyaret yerine) gitmek **fahrer(in)** M(F) hacı **fahrt** F ⟨-; -en⟩ hac, ziyaret **fahrtsort** M ⟨-s; -e⟩ hac/ziyaret yeri
**Wallung** F ⟨-; -en⟩ MED kan hücumu, konjestiyon; **j-n in ~ bringen** b-nin kanını beynine çıkarmak
**Walnuss** F ⟨-; ⸚e⟩ BOT ceviz
**Walross** N ⟨-es; -e⟩ ZOOL suaygırı
**walten** VI ⟨h.⟩: **~ lassen** *Gnade etc* göstermek; **s-s Amtes ~** görevini yapmak
**Walze** F ⟨-; -n⟩ merdane, silindir
**walzen** VT ⟨h.⟩ silindirle ezmek; **-in** üstünden silindir geçirmek
**wälzen** ⟨h.⟩ **A** VT yuvarlamak; *Problem* düşünüp taşınmak **B** V/R: **sich ~** yuvarlanmak
**Walzer** M ⟨-s; -⟩ MUS vals
**Walzmaschine** F hadde (makinası)
**Walzwerk** N haddehane
**Wand** F ⟨-; ⸚e⟩ duvar; *fig a.* set, bariyer; THEAT **j-n an die ~ spielen** b-ni gölgede bırakmak; **j-n an die ~ stellen** b-ni kurşuna dizmek; **in s-n vier Wänden** kendi dört duvarı içinde
**Wandbehang** M duvar perdesi
**Wandel** M ⟨-s; ohne pl⟩ değişim, dönüşüm; **sich im ~ befinden** dönüşüm geçirmekte olmak
**wandelbar** ADJ değişken; (*unbeständig*) kararsız
**wandeln** V/R ⟨h.⟩: **sich ~** değişmek
**Wander|ausstellung** F gezici sergi **~bühne** F gezici tiyatro (grubu) **~düne** F GEOG göçmen kumul **~er** M ⟨-s; -⟩, **-in** F ⟨-; -nen⟩ yürüyüşçü, gezgin **~karte** F yürüyüş(çü) haritası
**wandern** VI ⟨s.⟩ yürüyüş yapmak, gezmek; (*umherstreifen*) dolanıp durmak; *fig Blick, Gedanken* dolaşmak
**Wander|pokal** M, **~preis** M çalenç, her yıl yeni şampiyona devredilen kupa/ödül **~schaft** F ⟨-; ohne pl⟩: **auf ~ sein (gehen)** ülkeyi/dünyayı dolaşmaya çıkmak **~schuhe** PL yürüyüşçü ayakkabısı *sg* **~ung** F ⟨-; -en⟩ yürüyüş **~weg** M yürüyüş yolu

**Wandgemälde** N duvar resmi
**Wandkalender** M duvar takvimi
**wandlungsfähig** ADJ değişme yeteneği olan
**Wand|malerei** F duvar resmi **~schrank** M gömme dolap; *für Betten* yüklük **~tafel** F yazı tahtası **~teppich** M duvar halısı **~uhr** F duvar saati
**Wange** F ⟨-; -n⟩ yanak
**wankelmütig** ADJ kararsız, sebatsız
**wanken** VI ⟨h.⟩ sallanmak; **ins Wanken geraten** sallanmaya/bocalamaya başlamak
**wann** ADV ne zaman?; **bis ~?** ne zamana kadar?; **seit ~?** ne zamandan beri
**Wanne** F ⟨-; -n⟩ tekne, leğen; (*Bade*⟨⟩) küvet
**Wanze** F ⟨-; -n⟩ ZOOL tahtakurusu; *umg* (*Abhörgerät*) gizli dinleme cihazı
**Wappen** N ⟨-s; -⟩ arma **~tier** N arma üstündeki hayvan resmi
**wappnen** VR ⟨h.⟩: **sich ~ (gegen** -e karşı) hazırlıklı olmak
**Ware** F ⟨-; -n⟩ mal; (*Produkt*) ürün
**Waren|angebot** N mal çeşitleri pl **~bestand** M stok mevcudu **~haus** N mağaza **~korb** M alışveriş sepeti **~lager** N mal deposu, ardiye **~probe** F mal örneği **~sendung** F mal gönderimi; POST mal örneği (gönderimi) **~test** M ürün kontrolü **~zeichen** N marka
**warm** A ADJ ılık, sıcak; *Essen* sıcak; **mir ist ~** bana sıcak geldi; ben üşümüyorum; *umg* **ich kann mit ihm nicht ~ werden** ben ona ısınamadım; **~ halten** sıcak tutmak; **~ laufen** *Motor* ısınmak (*çalışarak*); **~ stellen, ~ machen** ısıtmak B ADV *umg:* **die Wohnung kostet ~ ...** dairenin kirası ısıtma dahil ...
**Warmblüter** M ⟨-s; -⟩ sıcakkanlı (hayvan)
**Wärme** F ⟨-; *ohne pl*⟩ sıcaklık; PHYS (*~energie*) ısı **~behandlung** F TECH ısıl işlem; MED sıcak tedavisi **⟨⟩beständig** ADJ ısıya dayanıklı **~grad** M sıcaklık derecesi
**wärmen** A VT ⟨h.⟩ ısıtmak; **sich** (*dat*) **die Füße ~** ayaklarını ısıtmak B VI: **Wolle wärmt** yün sıcak tutar C VR: **sich ~** ısınmak
**Wärme|schutz** M ısı yalıtımı/izolas-

1013 ‖ WART

yonu **~technik** F ısı teknolojisi **~verlust** M ısı kaybı
**Wärmflasche** F termofor, sıcak su torbası
**Warmfront** F METEO sıcak hava cephesi
**warmhalten** VR ⟨*irr*, -ge-, *h.*⟩: **sich** (*dat*) **j-n ~** b-le iyi ilişkileri korumak
**Warmhalteplatte** F ısıtaç (*yemeği sıcak tutan*)
**warmherzig** ADJ canayakın, sıcak yürekli
**warmlaufen** VI ⟨*irr*, -ge-, *s.*⟩ *fig* ısınmak (*konuşarak*)
**Warmluftfront** F sıcak hava kütlesi
**Warmmiete** F yakıt dahil kira
**Warmwasser|bereiter** M şofben (*küçük*) **~heizung** F sıcaksulu kalorifer **~speicher** M termosifon; *groß* sıcaksu deposu **~versorgung** F sıcak su temini/tesisatı
**Warn|blinkanlage** F AUTO flaşör **~dreieck** N AUTO ikaz üçgeni
**warnen** VT ⟨h.⟩ (**vor** *dat -e* karşı) uyarmak, ikaz etmek; **j-n davor ~, etw zu tun** b-ni bş-i yapmaması için uyarmak
**Warn|schild** N ikaz levhası/işareti **~schuss** M e-n **~ abgeben** havaya ateş etmek **~signal** N ikaz sinyali **~streik** M WIRTSCH uyarı grevi **~ung** F ⟨-; -en⟩ uyarı, ikaz, ihtar **~zeichen** N uyarı işareti
**Warte** F: **von s-r ~ aus gesehen** onun açısından bakınca
**Warteliste** F yedekler listesi; **auf der ~ stehen** yedekler listesinde olmak
**warten**¹ VI ⟨h.⟩ (**auf** *akk -i*) beklemek; **darauf ~, dass j-d etw tut** b-nin bş-i yapmasını beklemek; **j-n ~ lassen** b-ni bekletmek; **lange auf sich ~ lassen** çok bekletmek, gecikmek; **na, warte!** bekle görürsün!
**warten**² VT ⟨h.⟩ TECH -*in* bakımını yapmak
**Warten** N ⟨-s; *ohne pl*⟩: **nach langem ~** uzun beklemelerden sonra
**Wärter** M ⟨-s; -⟩, **-in** F ⟨-; -nen⟩ (*Wächter*) bekçi; (*Gefängnis*⟨⟩) gardiyan; (*Tier*⟨⟩) bakıcı
**Warte|saal** M bekleme salonu **~schlange** F kuyruk, sıra **~zeit** F bekleme (süresi) **~zimmer** N bekleme odası

**Wartung** F ⟨-; -en⟩ TECH (teknik) bakım
**Wartungsanleitung** F bakım kılavuzu
**wartungsfrei** ADJ bakım istemeyen
**warum** [va'rum] ADV niçin, neden, niye
**Warze** F ⟨-; -n⟩ siğil
**was** A interr ne; ~? umg (wie bitte?) efendim?; umg (nanu!) yok ya(hu)!; umg (nicht wahr?) değil mi?; umg (warum?) niçin, ne demeye?; ~ **machen Sie?** gerade ne yapıyorsunuz?; beruflich işiniz ne?; ~ **musste er auch lügen?** niçin yalan söyledi ki? B REL PR: ~ **auch immer** her ne -se; **alles,** ~ **ich habe (brauche)** benim neyim varsa (bana ne lazımsa) hepsi; **ich weiß nicht,** ~ **ich tun (sagen) soll** ne yapacağımı (söyleyeceğimi) bilmiyorum; ..., **was mich ärgerte** ..., ki beni kızdıran bu oldu C PRON umg: (etwas) **das ist** ~ **anderes** o başka (bir şey)
**Wasch|anlage** F oto yıkama (tesisi) ~**anleitung** F yıkama talimatı ~**automat** M otomatik çamaşır makinası ❷**bar** ADJ yıkanır ~**bär** M çamaşırcıayı ~**becken** N lavabo
**Wäsche** F ⟨-; ohne pl⟩ (zu Waschendes) kirli(ler), çamaşır; (Waschen) (çamaşır) yıkama; (Bett❷) yatak takımı; (Tisch❷) sofra takımı; (Unter❷) iç çamaşırı; **in der** ~ çamaşırda; fig **schmutzige** ~ **waschen** kirli çamaşırları ortaya dökmek ~**beutel** M kirli torbası
**waschecht** ADJ Farben solmaz; fig gerçek, hakiki, öz(beöz)
**Wäsche|geschäft** N beyazıtçı mağazası ~**klammer** F çamaşır mandalı ~**korb** M çamaşır sepeti; für Schmutzwäsche kirli sepeti ~**leine** F çamaşır ipi
**waschen** ⟨wäscht, wusch, gewaschen, h.⟩ A VT yıkamak; umg fig Geld aklamak; **sich** (dat) **das Haar waschen** saçını yıkamak B V/R: **sich** ~ yıkanmak
**Wäscherei** F ⟨-; -en⟩ çamaşırhane; çamaşır yıkama salonu
**Wäsche|schleuder** F çamaşır sıkıcısı (santrifüjlü) ~**ständer** M çamaşır askılığı ~**trockner** M çamaşır kurutucusu
**Wasch|gang** M ~**gelegenheit** F elyüz yıkama imkânı ~**küche** F çamaşırlık; umg boğucu hava ~**lappen** M sabunlanma bezi ~**lauge** F sabunlu/deterjanlı su ~**maschine** F çamaşır makinesi ❷**maschinenfest** ADJ makinede yıkanabilir ~**mittel** N, ~**pulver** N çamaşır tozu, deterjan ~**raum** M çamaşır yıkama odası ~**salon** M çamaşır yıkama salonu, çamaşır evi ~**schüssel** F tas, badya, (küçük) leğen ~**straße** F oto yıkama yolu
**Waschung** F ⟨-; -en⟩ REL abdest, aptes; MED lavman
**Wasser** N ⟨-s; ⸚⟩ su; ~ **abweisend** su geçirmez; **fließendes (stehendes)** ~ akar (durgun) su; **sich über** ~ **halten** idare etmek, geçinebilmek
**wasserarm** ADJ kurak, suyu az
**Wasser|aufbereitungsanlage** F su temizleme tesisi ~**bad** N benmari; CHEM yıkama banyosu ~**ball** M sutopu ~**behälter** M su kabı ~**bett** N su yatağı ~**dampf** M su buharı ❷**dicht** ADJ su geçirmez; SCHIFF, TECH a. sızmaz/akmaz ~**fall** M çağlayan, şelale; **reden wie ein** ~ makara gibi konuşmak ~**farbe** F suluboya ❷**fest** ADJ suya dayanıklı ~**flasche** F su şişesi ~**flugzeug** N deniz uçağı ~**glas** N su bardağı; CHEM su camı ~**graben** M su hendeği ~**hahn** M musluk ❷**haltig** ADJ CHEM su içeren ~**haushalt** M MED su dengesi
**Wasser|kessel** M kazan ~**klosett** N klozet, alafranga tuvalet ~**knappheit** F su darlığı, susuzluk ~**kraft** F su enerjisi ~**kraftwerk** N hidroelektrik santral ~**leitung** F su borusu ~**linie** F SCHIFF su kesimi ❷**löslich** ADJ suda eriyen ~**mangel** M ⟨-s; ohne pl⟩ su kıtlığı; susuzluk
**Wassermann** M ⟨-s; ohne pl⟩ sucu; ASTROL **er ist (ein)** ~ o Kova burcundan
**Wassermelone** F karpuz
**wässern** V/T ⟨h.⟩ ıslatmak, suya koymak; Felder sulamak
**Wasser|pfeife** F nargile ~**pflanze** F su bitkisi ~**ratte** F susıçanı; umg suya girmeyi çok seven ~**rohr** N su borusu ~**schaden** M su hasarı ~**scheide** F GEOG subölümü ❷**scheu** ADJ suya girmeyi sevmeyen ~**schildkröte** F sukaplumbağası
**Wasser|schutz** M su koruma ~**gebiet** N su koruma alanı ~**polizei** F su polisi

**Wasser|ski** N ⟨-s; ohne pl⟩: ~ **laufen** su kayağı yapmak **~spiegel** M su yüzü **~sport** M su sporu **~stand** M su seviyesi **~standsanzeiger** M ⟨-s; -⟩ su seviye göstergesi

**Wasserstoff** M ⟨-s; ohne pl⟩ CHEM hidrojen **♀blond** ADJ umg saçı oksijenli **~bombe** F hidrojen bombası

**Wasser|strahl** M su huzmesi **~straße** F deniz yolu **~sucht** F ⟨-; ohne pl⟩ MED hidropsi, su inmesi **~tier** N su hayvanı **~tropfen** M su damlası **~verbrauch** M su sarfiyatı **~verschmutzung** F su kirlenmesi **~versorgung** F su temini **~vogel** M su kuşu **~waage** F su terazisi **~weg** M su yolu; auf dem ~ nehirden, denizden **~werfer** M püskürtücülü panzer **~werk** N su dağıtım tesisi **~zeichen** N filigran

**wäss(e)rig** ADJ sulu; j-m den Mund ~ **machen** (nach -le) b-nin ağzını sulandırmak

**waten** V/I ⟨s.⟩ bata çıka (zorla) yürümek

**watscheln** V/I ⟨s.⟩ paytak paytak yürümek

**Watt¹** N ⟨-s; -⟩ ELEK vat, watt

**Watt²** N ⟨-s; -en⟩ GEOG cezirde su üstünde kalan geniş arazi, → **Wattenmeer**

**Watte** F ⟨-; -n⟩ pamuk; in Kleidung vatka

**Wattebausch** M makyaj pamuğu; MED tampon

**Wattenmeer** N Kuzey Denizi'nin kara ile kıyıda arasındaki sığ kesimleri

**Wattestäbchen** N pamuklu çubuk

**wattieren** V/T ⟨ohne ge-, h.⟩ -e vatka geçirmek

**weben** V/T u. V/I ⟨wob od webte, gewoben od gewebt, h.⟩ dokumak

**Weber** M ⟨-s; -⟩ dokumacı **~ei** F ⟨-; -en⟩ dokumacılık; dokuma fabrikası/ atölyesi **~in** F ⟨-; -nen⟩ dokumacı

**Weberknecht** M örümcek türü (Opiliones)

**Webstuhl** M dokuma tezgâhı

**Wechsel** M ⟨-s; -⟩ -e değiştirme; (Geld♀) kambiyo; para bozma; (Bank♀) senet, poliçe; im ~ münavebeli

**Wechsel|bäder** [-ks-] PL art arda soğuk ve sıcak banyo **~geld** N (Kleingeld) bozuk para; (Rückgeld) paranın üstü **♀haft** ADJ değişken **~jahre** PL meno-

poz sg **~kurs** M kambiyo kuru

**wechseln** [-ks-] ⟨h.⟩ **A** V/T değiştirmek; Geld bozdurmak **B** V/I değişmek; (verschieden sein) farklı olmak

**wechselnd** [-ks-] ADJ sırayla, nöbetleşe

**Wechselschulden** [-ks-] PL WIRTSCH poliçe/senet borçları

**wechselseitig** [-ks-] ADJ karşılıklı; **~e Abhängigkeit** karşılıklı bağımlılık

**Wechsel|strom** [-ks-] M ELEK alternatif/dalgalı akım **~stube** F kambiyo bürosu **♀weise** ADV münavebeli/dönüşümlü olarak **~wirkung** f etkileşim

**Weckdienst** M uyandırma servisi

**wecken** V/T ⟨h.⟩ uyandırmak; fig Erinnerungen etc canlandırmak

**Wecker** M ⟨-s; -⟩ çalar saat; umg **j-m auf den ~ gehen** b-nin sinirine dokunmak

**Weckruf** M uyandırma sinyali

**Wedel** M ⟨-s; -⟩ BOT eğreltiotu sapı ve yaprağı

**wedeln** V/I ⟨h.⟩: **mit dem Schwanz ~** Hund kuyruğunu sallamak

**weder** konj **~ ... noch ...** ne ... ne (de) ...

**weg** ADV yok, gitmiş, uzağa/uzakta, kaybolmuş; **~ damit!** at(alım etc) gitsin!; **weit ~** çok uzak(ta); **Finger ~!** çek elini!, dokunma(yın)!; **~ (hier)!** git/gidin (buradan)!; umg defol!; **nichts wie ~** gidelim buradan!

**Weg** M ⟨-s; -e⟩ yol; (Straße) cadde, sokak; (Pfad) keçiyolu; (Fuß♀) yaya yolu; **auf den besten ~ sein zu** bu gidişle kesin -ecek olmak; **auf dem ~ der Besserung** iyileşme yolunda; **auf friedlichem (legalem) ~** barışçıl (yasal) yoldan; **sich auf den ~ machen** yol(un)a düşmek, yola çıkmak; **aus dem ~ räumen** ortadan kaldırmak; **etw in die ~e leiten** bş-i yoluna koymak; **im ~ stehen** (od sein) engel olmak; **j-m aus dem ~ gehen** b-nin yolundan çekilmek; b-ne bulaşmamaya çalışmak; **s-e eigenen ~e gehen** kendi yolundan gitmek

**wegbekommen** V/T ⟨irr, ohne -ge-, h.⟩ umg çıkarmak, gidermek, yok etmek; fig çakazlamak

**Wegbereiter** M ⟨-s; -⟩: **der ~ sein für** -in hazırlayıcısı olmak

**wegblasen** V/T ⟨irr, -ge-, h.⟩: **wie weg-**

**geblasen sein** uçup gitmiş gibi olmak
**wegbleiben** _VII_ ⟨irr, -ge-, s.⟩ uzak durmak, yaklaşmamak
**wegbringen** _VT_ ⟨irr, -ge-, h.⟩ götürmek
**wegen** PRÄP ⟨gen, umg dat⟩ -den dolayı; ⟨um ... willen⟩ (-in) yüzünden; ⟨infolge⟩ (-in) sonucu
**wegfahren** ⟨irr, -ge-⟩ **A** _VI_ ⟨s.⟩ gitmek, ayrılmak (arabayla) **B** _VT_ ⟨h.⟩ götürmek (arabayla)
**Wegfahrsperre** _F_: AUTO **elektronische ~** elektronik blokaj
**wegfallen** ⟨irr, -ge-, s.⟩ kaldırılmak, (artık) yapılmamak; ⟨aufhören⟩ durmak, durdurulmak
**Weggang** _M_ ⟨-s; ohne pl⟩ ayrılış, gidiş
**weggeben** _VT_ ⟨irr, -ge-, h.⟩ elden çıkarmak, başkasına vermek
**weggehen** _VI_ ⟨irr, -ge-, s.⟩ gitmek, ayrılmak; Fleck çıkmak; Ware iyi satılmak
**weghaben** _VT_ ⟨irr, -ge-, h.⟩ umg: **sein Teil ~** payını almış olmak; **etw ~** (in -den) iyi anlamak
**wegjagen** _VT_ ⟨-ge-, h.⟩ kov(ala)mak
**wegkommen** _VI_ ⟨irr, -ge-, s.⟩ umg kaçmak, sıvışmak; ⟨verloren gehen⟩ kaybolmak; **gut ~** iyi kurtulmak; ⟨sich retten⟩ paçayı iyi kurtarmak; **mach, dass du wegkommst!** çek git başımdan!; _schärfer_ yıkıl karşımdan!; **nicht ~ über** -in acısını unutamamak
**weglassen** _VT_ ⟨irr, -ge-, h.⟩ bırakmak, göndermek; ⟨überspringen⟩ umg atlamak
**weglaufen** _VI_ ⟨irr, -ge-, s.⟩ koşup gitmek; ⟨fliehen⟩ **j-m** (e-r **Sache** dat) **~** (od **vor** dat) -den kaçmak
**weglegen** _VT_ ⟨-ge-, h.⟩ bir kenara bırakmak
**wegmüssen** _VI_ ⟨irr, -ge-, h.⟩ umg -in gitmesi gerekmek; **ich muss jetzt weg** şimdi gitmem gerek; _unbedingt_ şimdi gitmek zorundayım
**wegnehmen** _VT_ ⟨irr, -ge-, h.⟩ Platz, Zeit almak; ⟨stehlen⟩ çalmak; **j-m etw ~** b-nin elinden bş-i almak
**wegrationalisieren** _VT_ ⟨ohne ge-, h.⟩ rasyonalizyona giderek kaldırmak
**wegräumen** _VT_ ⟨-ge-, h.⟩ toparlayıp (od kaldırıp) kaldırmak
**wegreißen** _VT_ ⟨irr, -ge-, h.⟩ yıkmak
**wegschaffen** _VT_ ⟨-ge-, h.⟩ alıp götürmek, çıkarmak
**wegschicken** _VT_ ⟨-ge-, h.⟩ göndermek; baştan savmak
**wegschnappen** _VT_ ⟨-ge-, h.⟩ umg: **(j-m) etw ~** bş-i (b-nin burnunun dibinden) kapmak
**wegsehen** _VI_ ⟨irr, -ge-, h.⟩ görmezden gelmek
**wegstecken** _VT_ ⟨-ge-, h.⟩ cebe atmak; **viel ~ müssen** çok (dert vs) çekmek
**wegtreten** _VI_ ⟨irr, -ge-, s.⟩ çekilmek, çıkmak, uzaklaşmak
**wegtun** _VT_ ⟨irr, -ge-, h.⟩ umg ortadan kaldırmak, çöpe atmak
**Wegweiser** _M_ ⟨-s; -s⟩ yol işareti
**wegwerf|en** _VT_ ⟨irr, -ge-, h.⟩ kaldırıp atmak, ziyan etmek **⁓flasche** _F_ umg kullanılıp atılan şişe **⁓gesellschaft** _F_ israf toplumu
**wegwischen** _VT_ ⟨-ge-, h.⟩ silip temizlemek
**wegziehen** ⟨irr, -ge-⟩ **A** _VI_ ⟨s.⟩ ayrılmak, başka yere taşınmak **B** _VT_ ⟨h.⟩ bir kenara çekmek
**weh** [ve:] ADJ ağrıyan, acı veren; → wehtun
**wehe** ['ve:ə] INT: **~ dir, wenn ...** (eğer) -se vay (senin) haline!
**Wehe** ['ve:ə] _F_ MED doğum sancısı
**wehen** ['ve:ən] _VI_ ⟨h.⟩ esmek; Fahne dalgalanmak
**wehleidig** ADJ her şeyden yakınan, mızmız, çıtkırıldım; Stimme ağlamaklı
**Wehmut** _F_ ⟨-; ohne pl⟩ hüzün, keder
**wehmütig** ADJ hüzünlü, kederli
**Wehr**[1] _N_ ⟨-s; -e⟩ savak, su bendi
**Wehr**[2] _F_: **sich zur ~ setzen** k-ni savunmak, savunmaya geçmek
**Wehrdienst** _M_ ⟨-s; ohne pl⟩ askerlik hizmeti/görevi; **s-n ~ ableisten** askerliğini yapmak **⁓verweigerer** _M_ ⟨-s; -⟩ askerlik görevini reddeden
**wehren** **A** _VR_ ⟨h.⟩: **sich ~** k-ni savunmak; fig **sich gegen etw ~** bş-e karşı koymak **B** _VI_: **den Anfängen ~** bş-e daha başından engel olmak
**Wehrersatzdienst** _M_ ⟨-s; ohne pl⟩ askerlik görevini reddedenlere yaptırılan sağlık vs hizmeti
**wehrlos** ADJ savunmasız; fig çaresiz
**Wehrmacht** _F_ ⟨-; ohne pl⟩ HIST Nazi döneminde Alman ordusu
**Wehr|pflicht** _F_ ⟨-; ohne pl⟩ zorunlu askerlik hizmeti **⁓pflichtig** ADJ asker-

lik yükümlüsü **~pflichtige** M̲ ⟨-n; -n⟩ askerlik yükümlüsü kişi
**wehtun** V̲İ̲ ⟨irr, -ge-, h.⟩: **j-m (sich** dat**) ~** b-nin (kendi) bir yerini acıtmak; fig **j-m ~** b-ni incitmek, yaralamak
**Weibchen** N̲ ⟨-s; -⟩ ZOOL dişi
**Weiberheld** M̲ kadın avcısı, kazanova
**weiblich** ADJ kadın subst, kadınca, kadınsı; sexuell dişi; GRAM dişil
**weich** ADJ yumuşak; (zart) nazik, duyarlı, ince; (gar) iyi pişmiş; **~ (gekocht)** Ei rafadan; **~ werden** yumuşamak
**Weiche** F̲ ⟨-; -n⟩ BAHN makas
**weichen** V̲İ̲ ⟨wich, gewichen, s.⟩ yol vermek (dat -e), -i -e bırakmak; (verschwinden) bırakıp gitmek, umg çekip gitmek; **j-m nicht von der Seite ~** b-nin yanından ayrılmamak
**Weichkäse** M̲ yumuşak, taze peynir çeşitleri
**Weich|macher** M̲ ⟨-s; -⟩ CHEM TECH yumuşatıcı **~spüler** M̲ ⟨-s; -⟩ çamaşır yumuşatıcı **~teile** PL karın boşluğu (organları) **~tier** N̲ ZOOL yumuşakça **~zeichner** M̲ yumuşak netleme filtresi
**Weide**[1] F̲ ⟨-; -n⟩ BOT söğüt
**Weide**[2] F̲ ⟨-; -n⟩ otlak, mera; **auf der ~** otlakta
**Weideland** N̲ otluk arazi
**weiden** ⟨h.⟩ A V̲İ̲ otlamak B V̲/̲T̲: **~ lassen** otlatmak C V̲/̲R̲: **sich ~ an** (dat) -e bakmaya doyamamak
**Weiden|baum** M̲ söğüt ağacı **~kätzchen** N̲ BOT söğüt tırtılsısı
**weiger|n** V̲/̲R̲ ⟨h.⟩: **sich ~ zu** -mekten kaçınmak **2ung** F̲ ⟨-; -en⟩ kaçınma, reddetme
**Weihbischof** M̲ piskopos yardımcısı
**Weihe** ['vaiə] F̲ ⟨-; -n⟩ REL takdis, kutsama (törenle); (Einweihen) açılış töreni
**weihen** ⟨h.⟩ A V̲/̲T̲ takdis etmek B V̲/̲R̲: **sich ~** kendini adamak; **dem Tode geweiht** ölüme adanmış
**Weiher** ['vaiər] M̲ ⟨-s; -⟩ küçük göl, gölet
**Weihnachten** N̲ ⟨-; -⟩ Noel; **zu ~** Noel'de; **frohe** (od **fröhliche) ~!** mutlu (oder neşeli) Noeller!; **auf Karten** Noelin(iz) kutlu olsun!
**weihnachtlich** ADJ umg Noel subst; Noel havasında
**Weihnachts|abend** M̲ Noel Gecesi (24 aralık) **~baum** M̲ Noel ağacı **~feiertag** M̲ Noel'in birinci günü (25 aralık); **zweiter ~** Noel'in ikinci günü (26 aralık) **~ferien** PL Noel tatili sg **~fest** N̲ Noel bayramı **~geld** N̲ Noel ikramiyesi (13. maaş) **~geschenk** N̲ Noel hediyesi **~lied** N̲ Noel ilahisi **~mann** M̲ Noel Baba **~markt** M̲ Noel pazarı **~tag** → Weihnachtsfeiertag
**Weih|rauch** M̲ ⟨-s; ohne pl⟩ günlük, buhur, tütsü **~wasser** N̲ ⟨-s; ohne pl⟩ kutsal su
**weil** konj -diği için; -diğinden (dolayı)
**Weilchen** N̲ ⟨-s; ohne pl⟩: **ein ~** birazcık
**Weile** F̲ ⟨-; ohne pl⟩: **e-e ~** bir süre
**Wein** M̲ ⟨-s; -e⟩ şarap; **j-m reinen ~ einschenken** b-ne işin doğrusunu anlatmak
**Wein|bau** M̲ ⟨-s; ohne pl⟩ bağcılık **~bauer** M̲ bağcı **~baugebiet** N̲ bağcılık bölgesi **~beere** F̲ üzüm tanesi **~berg** M̲ bağ **~bergschnecke** F̲ bağsalyangozu **~blatt** N̲ asma yaprağı **~brand** M̲ ⟨-s; ⁼e⟩ kanyak, umg konyak®
**weinen** V̲İ̲ ⟨h.⟩ ağlamak; **j-n zum Weinen bringen** b-ni ağlatmak
**weinerlich** ADJ ağlayan; besonders Stimme ağlamaklı
**Wein|essig** M̲ üzüm sirkesi **~fass** N̲ şarap fıçısı **~flasche** F̲ şarap şişesi **~gegend** F̲ bağlık arazi **~glas** N̲ şarap bardağı/kadehi **~gut** N̲ bağ **~händler(in)** M̲(̲F̲)̲ şarap tüccarı **~handlung** F̲ şaraphane **~karte** F̲ şarap listesi **~keller** M̲ şarap mahzeni; (Laden) şaraphane **~kelter** F̲ üzüm cenderesi **~kenner** M̲ şarap erbabı
**Weinkrampf** M̲ hıçkıra hıçkıra ağlama
**Wein|lese** F̲ ⟨-; -n⟩ bağbozumu **~probe** F̲ degüstasyon **2rot** ADJ bordo, şarabî **~stock** M̲ BOT bağ/asma kütüğü **~stube** F̲ taverna **~traube** F̲ üzüm (salkımı)
**weise** ADJ bilge
**Weise**[1] M̲ ⟨-n; -n⟩ bilge
**Weise**[2] F̲ ⟨-; -n⟩ yol, usul; MUS melodi; **auf diese (die gleiche) ~** bu (aynı) şekilde; **auf meine ~** kendi usulümce; **in keiner ~** kesinlikle, hiçbir şekilde; **Art und ~** tarz
**weisen** V̲/̲T̲ ⟨wies, gewiesen, h.⟩ gös-

termek; **j-m den Weg ~** b-ne yolu göstermek; **j-n von der Schule ~** b-ni okuldan uzaklaştırmak; **von sich** (dat) **~** kabul etmemek, üstüne almamak

**Weisheit** F ⟨-; -en⟩ bilgelik; **mit s-r ~ am Ende** cevherini tüketmiş olmak, artık bilememek

**Weisheitszahn** M yirmi yaş dişi

**weismachen** VT ⟨-ge-, h.⟩: **j-m ~, dass** b-ni -*in* -diğine inandırmak; *umg* b-ne -*in* -diğini yutturmak

**weiß** A ADJ beyaz, ak

**weissag|en** VT ⟨h.⟩: **~, dass** -*in* -eceği kehanetinde bulunmak **2er** M ⟨-s; -⟩, **2erin** F ⟨-; -nen⟩ kâhin **2ung** F ⟨-; -en⟩ kehanet

**weißblond** ADJ çok açık sarışın
**Weißbrot** N beyaz ekmek
**Weißdorn** M ⟨-s; -e⟩ BOT alıç
**Weiße** M,F ⟨-n; -n⟩ beyaz adam/kadın; **die ~** pl beyazlar
**weißen** VT ⟨h.⟩ (beyaz) badana etmek
**Weißglut** F ⟨-; ohne pl⟩ umg: **j-n zur ~ bringen** b-nin tepesinin tasını attırmak
**weißhaarig** ADJ beyaz/ak saçlı
**Weiß|kohl** M, **~kraut** N (beyaz) lahana
**weißlich** ADJ beyazımsı, beyazımtırak
**Weißmacher** M CHEM ağartıcı
**Weißruss|e** M ⟨-n; -n⟩ Beyaz Rus **2isch** ADJ Beyaz Rus(ya) subst **~land** N Beyaz Rusya
**Weißwein** M beyaz şarap
**Weisung** F ⟨-; -en⟩ emir, talimat
**Weisungsbefugnis** F emir yetkisi
**weit** A ADJ geniş; *Kleidung* bol; *Reise, Weg* uzun; **im ~esten Sinne** en geniş anlamıyla B ADV: **~ besser** çok daha iyi; **~ gefehlt!** *umg* ne gezer!; **~ gereist** çok yerler gezmiş; **~ hergeholt** inandırıcı olmayan; **das ist ~ hergeholt** nereden nereye; **es ~ bringen** başarılı olmak; epey yol katetmek; **ich bin so ~** ben hazırım; **~ und breit** görünürde, ortalıkta; **~ weg** (von -*den*) çok uzakta/uzağa; **zu ~ gehen** fazla ileri gitmek; **bei 2em nicht so gut** hiç mi hiç o kadar iyi değil; **von 2em** çok uzaktan

**weitab** çok uzakta, çok sapa
**weitaus** ADV çok daha (fazla)
**Weitblick** M ⟨-s; ohne pl⟩ uzakgörüşlülük
**weitblickend** ADJ uzakgörüşlü

**Weite** N: **das ~ suchen** kaçmak
**weiten** ⟨h.⟩ A VT genişletmek, esnetmek B VR: **sich ~** genişlemek; *Augen* büyümek
**weiter** ADV: **und so ~** ve saire; **nichts ~** hepsi bu kadar; **~ bestehen** sürüp gitmek; ayakta kalmak
**weiter|arbeiten** VI ⟨-ge-, h.⟩ çalışmaya devam etmek **~befördern** VT ⟨h.⟩ daha ileriye iletmek; *Rang* terfi ettirmek
**weiterbild|en** VR ⟨-ge-, h.⟩: **sich ~** kendini geliştirmek; *schulisch, beruflich* bilgisini iletmek **2ung** F ⟨-; ohne pl⟩ *berufliche* meslek ilerletme
**weiterbringen** VT ⟨irr, -ge-, h.⟩ ileriye götürmek; **das bringt mich (uns) nicht weiter** böyle bir adım ileri gidemeyiz
**weitere** ADJ başka, öteki, diğer, sair; **bis auf 2s** şimdilik, ikinci bir emre vs kadar; **ohne 2s** kolaylıkla; **alles Weitere** gerisi
**weiter|empfehlen** VT ⟨irr, ohne ge-, h.⟩ başkasına da tavsiye etmek **~entwickeln** ⟨ohne ge-, h.⟩ A VT daha da geliştirmek B VR: **sich ~** daha da gelişmek **~erzählen** VT ⟨ohne ge-, h.⟩ başkasına da anlatmak **~fahren** VI ⟨irr, -ge-, s.⟩ yola devam etmek (arabayla) **~führen** VT ⟨-ge-, h.⟩ daha ileriye götürmek **~geben** VT ⟨irr, -ge-, h.⟩ iletmek, geçirmek **~gehen** VI ⟨irr, -ge-, s.⟩ yola devam etmek, ilerlemek; (*dauern*) devam etmek, sürmek; **das kann so nicht ~!** bu (artık) böyle gidemez!

**weiterhin** ADV (*außerdem*) ayrıca, bundan başka; **etw ~ tun** bş-i hâlâ yapmak
**weiter|kämpfen** VI ⟨-ge-, h.⟩ mücadeleye devam etmek **~kommen** VI ⟨irr, -ge-, s.⟩ ilerlemek **~laufen** VI ⟨irr, -ge-, s.⟩ fig devam etmek **~leben** VI ⟨-ge-, h.⟩ yaşamaya devam etmek; hayatta olmak **~machen** VT u. VI ⟨-ge-, h.⟩ bş-e devam etmek **~sagen** VT ⟨-ge-, h.⟩ başkasına da söylemek **~verarbeiten** VT ⟨ohne ge-, h.⟩ tekrar işlemek; WIRTSCH tamamlamak
**Weiter|verarbeitung** F ⟨-; ohne pl⟩ tekrar işle(n)me **~verkauf** M ⟨-s; ohne pl⟩ (başkasına) satış
**weitgehend** A ADJ geniş kapsamlı; **ein ~er Vorschlag** çok kapsamlı bir tek-

# WELT

lif B ADV geniş ölçüde
**weither** ADV uzaktan, uzaklardan
**weithin** ADV uzaklara kadar; geniş ölçüde
**weitläufig** A ADJ geniş (bir alana yaylan); *(ausführlich)* ayrıntılı B ADV: *-in* uzağından; ayrıntılı olarak; **~ verwandt** uzaktan akraba
**weitreichend** ADJ geniş çapta etkili
**weitschweifig** ADJ fazla ayrıntılı
**weitsichtig** ADJ MED hipermetrop, fig ileri görüşlü **≗keit** F ‹-; *ohne pl*› hipermetropluk; fig ileri görüşlülük
**Weit|springer(in)** M(F) uzun atlamacı **~sprung** M ‹-s; *ohne pl*› uzun atlama
**weitverbreitet** ADJ çok yaygın
**weitverzweigt** ADJ dallı budaklı
**Weitwinkelobjektiv** N FOTO geniş açı, geniş açı(lı) objektif
**Weizen** M ‹-s; -› BOT buğday **~bier** N buğday birası **~grütze** F bulgur
**welch, ~e, ~er, ~es** A INT PR hangi; **welcher (von beiden)?** (ikisinden) hangisi? **welch ein Anblick!** ne manzara! B REL PR -en, -diği; ki ... C INDEF PR **brauchen Sie welches?** size -den (biraz) lazım mı?
**welk** ADJ solmuş; *Haut* gevşek, sarkık
**welken** V/I ‹s.› *Blumen* solmak
**Wellblech** N oluklu sac
**Welle** F ‹-; -n› dalga *(a. PHYS, fig);* TECH, MIL ‹mil›
**wellen** ‹h.› A V/T *Haar* sarmak B V/R: **sich ~** dalga dalga olmak
**Wellen|bad** N suni dalgalı (yüzme) havuz(u) **~band** N ELEK frekans bandı, kuşak **~bereich** M ELEK frekans alanı **~brecher** M SCHIFF dalgakıran **≗förmig** ADJ dalgalı **~länge** F ELEK dalga boyu; *umg* **die gleiche ~ haben** -in frekansları birbirine uymak **~linie** F dalgalı çizgi **~reiten** N dalga sörfü yapmak **~sittich** M ‹-s; -e› ZOOL muhabbet kuşu
**wellig** ADJ dalgalı
**Wellpappe** F oluklu mukavva
**Welpe** M ‹-n; -n› köpek (kurt/tilki) yavrusu
**Welt** F ‹-; -en› dünya, evren; **die große ~** uçsuz bucaksız dünya; **alle ~** herkes; **auf der ganzen ~** bütün dünyada; **das beste** *etc* ... **der ~** dünyanın en iyi *vs* -(s)i; **was in aller ~ ...?** kuzum, ne ...?; **aus der ~ schaffen** ortadan kaldırmak; **zur ~ bringen** dünyaya getirmek; **zur ~ kommen** dünyaya gelmek
**Welt|all** N ‹-s; *ohne pl*› kâinat, evren **~anschauung** F dünya görüşü **~ausstellung** F dünya fuarı **~bank** F ‹-; *ohne pl*› Dünya Bankası **≗berühmt** ADJ dünyaca ünlü **~bevölkerung** F dünya nüfusu **≗bewegend** ADJ önemli **~bild** N dünyayı algılayış **~bürger(in)** M(F) dünya vatandaşı
**Weltenbummler(in)** M(F) dünya gezgini
**Welt|erfolg** M dünya çapında başarı **≗fremd** ADJ dünyadan habersiz; kendi dünyasında yaşayan **~frieden** M dünya barışı **~geschichte** F ‹-; *ohne pl*› dünya tarihi **~gesundheitsorganisation** F **(WHO)** Dünya Sağlık Örgütü (WHO) **~handel** M dünya ticareti **~herrschaft** F ‹-; *ohne pl*› dünya egemenliği **~karte** F dünya haritası **~krieg** M dünya savaşı; **der Zweite ~** İkinci Dünya Savaşı **~kugel** F yerküre, yer yuvarlağı **~lage** F ‹-; *ohne pl*› uluslararası durum
**weltlich** ADJ dünyevi
**Welt|literatur** F ‹-; *ohne pl*› dünya edebiyatı **~macht** F büyük devlet, süper güç **≗männisch** ADJ çelebi, centilmen **~markt** M dünya piyasası **~meer** N okyanus **~meister(in)** M(F) dünya şampiyonu **~meisterschaft** F dünya şampiyonası **≗offen** ADJ dünyaya açık **~öffentlichkeit** F dünya kamuoyu **~rangliste** F dünya sıralaması **~raum** M ‹-s; *ohne pl*› uzay **~reich** N imparatorluk **~reise** F dünya gezisi/turu **~reisende** M, F dünya turu yapan *adj*
**Weltrekord** M dünya rekoru **~inhaber(in)** M(F), **~ler(in)** M(F) dünya rekortmeni
**Welt|religion** F dünya çapında yaygın *din* **~ruf** M: **von ~** dünyaca meşhur **~sicherheitsrat** M Dünya Güvenlik Konseyi **~sprache** F dünya dili, evrensel dil **~stadt** F büyükşehir **≗städtisch** ADJ büyükşehir *subst* **~untergang** M dünyanın sonu **~uraufführung** F dünya galası **~verbesserer** M ‹-s; -› dünyayı düzeltmeye kalkan *adj* **~währungsfonds** M Dünya Para

# WELT | 1020

Fonu **2weit** ADJ dünya çapında, evrensel **~wirtschaft** F ⟨-; ohne pl⟩ dünya ekonomisi **~wirtschaftskrise** F dünya ekonomik krizi **~wunder** N dünya(nın 7) harikası

**wem** PRON kime; **von ~** kimden

**Wende** F ⟨-; -n⟩ (Änderung) dönüşüm; e-s Jahres, Jahrhunderts son **~kreis** M GEOG dönence; AUTO dönüş çapı

**Wendeltreppe** F sarmal merdiven

**wenden**[1] ⟨h.⟩ **A** VT çevirmek; döndürmek **B** VI AUTO geri dönmek; U dönüşü yapmak; **bitte ~** lütfen sayfayı çevirin **C** VR: **sich zum Guten ~** iyiye dönmek

**wenden**[2] VR ⟨wandte, gewandt h.⟩: **sich an j-n ~** (um için) b-ne başvurmak; **sich ~ gegen** e-e karşı çıkmak

**Wendepunkt** M dönüm noktası

**wendig** ADJ Fahrzeug hareketli, kolay sürülür; Person becerikli; geistig uyanık

**Wendung** F ⟨-; -en⟩ dönüş; GRAM deyim; **e-e unerwartete ~ nehmen** beklenmedik bir yola dökülmek

**wenig** **A** ADJ az (sayıdaki) **B** INDEF PR u. ADV az; **~e** pl birkaç; **nur ~e** sadece birkaç(ı); **(in) ~er als** -den (daha) az; **~er werden** azalmak; **am ~sten** en az; **~ begeistert** pek hoşnut değil; **~ bekannt** az tanınan; **er spricht ~** az konuşur; **(nur) ein (klein) ~** (sadece) (küçük) bir parça; **nichts ~er als** kesinlikle değil

**wenigstens** ADV en azından, hiç değilse

**wenn** KONJ Bedingung eğer, şayet; Zeit -ince, -diği zaman; **(immer) ~** -dikçe, ne zaman -se; **~ ... nicht** eğer ... değilse/olmazsa; **~ auch** her ne kadar ... ise de; **wie** (od als) **~** -mış gibi, -mışçesine; **~ ich nur ~ wäre!** keşke ... olsaydım!; **und ~ nun ...?** (peki) ya ... ise?

**Wenn** N: **ohne ~ und Aber** hiç itirazsız, kayıtsız şartsız

**wer** **A** INT PR kim; **~ von euch?** hanginiz? **B** REL PR her kim ki; **~ auch (immer)** (her) kim olursa olsun **C** INDEF PR umg biri(si); fragend kimse; verneinend hiçbiri(si), hiç kimse

**Werbe|abteilung** F reklam servisi **~agentur** F reklam ajansı **~fachmann** M reklamcı **~fernsehen** N televizyon reklamları pl **~film** M reklam filmi **~funk** M radyo reklamları pl **~geschenk** N eşantiyon **~grafik**

F reklam grafiği **~grafiker(in)** M(F) reklam grafikeri **~kampagne** F reklam kampanyası **~kosten** PL reklam masrafları **~mittel** PL reklam araçları

**werben** ⟨wirbt, warb, geworben, h.⟩ **A** VT: **~ für** -in reklamını yapmak **B** VT Mitglieder, Kunden etc kazanmaya çalışmak; **j-n ~ für** b-ni -e kazanmak; **~ um** elde etmeye çalışmak

**Werbeslogan** M ⟨-s; -s⟩ reklam sloganı **~spot** M ⟨-s; -s⟩ reklam spotu

**Werbung** F ⟨-; ohne pl⟩ reklamcılık, promosyon, tanıtım; **~ machen für** -in reklamını yapmak

**Werbungskosten** PL Steuer meslek giderleri

**Werdegang** M ⟨-s; ohne pl⟩ beruflicher meslek hayatı

**werden** ⟨wird, wurde, geworden, s.⟩ **A** VI olmak; **blass ~** sararmak; **böse ~** kızmak; **es wird schon (wieder) ~!** düzelir (gene)!; **gesund ~** iyileşmek; **was soll nun ~?** ne olacak şimdi?; **was will er (einmal) ~?** (ileride) ne olmak istiyor? **wie sind die Fotos geworden?** resimler nasıl çıkmış? **B** V/AUX bei Passiv ⟨wurde, worden⟩: **geliebt ~** sevilmek; bei Futur **ich werde fahren** gideceğim; **es wird gleich regnen** hemen yağmur yağacak

**Werden** N ⟨-s; ohne pl⟩ oluşma, süreç; **im ~ sein** oluşmakta (od süreç halinde) olmak

**werfen** ⟨wirft, warf, geworfen, h.⟩ **A** VT (**nach** -e) atmak; **Bomben ~** bomba atmak; **Schatten ~** yapmak; fig düşürmek **B** VI: **mit etw (nach j-m) ~** (b-ne) bş atmak; **mit Geld um sich ~** para(ları) saçıp savurmak

**Werft** F ⟨-; -en⟩ tersane; FLUG uçak fabrikası, uçak bakım atölyesi

**Werk** N ⟨-s; -e⟩ eser, yapıt; gutes hayır; TECH düzenek, mekanizma; (Fabrik) işletme, atölye; **am ~ sein** etkin olmak; -in sebebi olmak; **ans ~ gehen** işe başlamak

**Werkbank** F ⟨-; ⸚e⟩ TECH çalışma tezgâhı

**Werken** N ⟨-s; ohne pl⟩ elişi dersi

**Werk|statt** F ⟨-; ⸚en⟩ atölye; (Reparatur2.) tamir(hane) **~stoff** M (katı) hammadde **~tag** M iş/mesai günü **2tags** ADV iş/mesai günlerinde

**werktätig** ADJ çalışan

**Werktätige** M, F ⟨-n; -n⟩: **die ~n çalışanlar**; POL emekçiler
**Werkzeug** N ⟨-s; -e⟩ alet(ler); alet-edevat **~kasten** M alet kutusu/sandığı **~macher** M alet yapımcısı
**Wermut** M ⟨-s; ohne pl⟩ BOT pelin, tarhun; vermut
**Wermutstropfen** M -in acı tarafı
**wert** ADJ değer; **... ~ sein** ... değerinde olmak; **das ist es (mir) nicht ~** (bence) buna değmez; **die Mühe (e-n Versuch) ~ zahmete** (denemeye) değer; **nichts ~** değersiz, umg para etmez; **viel ~** çok değerli; **sehenswert** gör(ül)meye değer
**Wert** M ⟨-s; -e⟩ değer, kıymet; (Sinn, Nutzen) önem, yarar; **~e** pl (Daten♀) veriler, sayılar; **... im ~ von e-m Euro** bir avro değerinde ...; **großen (wenig) ~ legen auf** (akk) bşe büyük (az) önem vermek; **keinen (nicht viel) ~ legen auf** akk hiç (çok) önem vermemek; **im ~ sinken (steigen)** -in değeri düşmek (yükselmek); **sich unter ~ verkaufen** değerinin altında satılmak
**Wertangabe** F değer bildirimi
**Wertarbeit** F yüksek işçilik
**werten** V/T ⟨h.⟩ değer biçmek; beurteilen değerlendirmek; **als Erfolg ~** başarı saymak (od olarak değerlendirmek)
**wertfrei** ADJ değer yargısı içermeyen B ADV değerlendirme yapmadan
**Wertgegenstand** M değerli eşya
**wertlos** ADJ değersiz **♀igkeit** F ⟨-; ohne pl⟩ değersizlik
**Wert|minderung** F değer kaybı **~papiere** PL WIRTSCH menkul değerler **~sachen** PL değerli eşyalar (ziynet vs) **~schöpfung** F FIN değer artışı, safi hasıla **~sendung** F POST değerli gönderi **~steigerung** F WIRTSCH değer artışı/kazanma **~stoff** M ÖKOL dönüştürülebilir malzeme (ambalaj vs)
**Wertung** F ⟨-; -en⟩ değer biçme, değerlendirme
**Wertverlust** M WIRTSCH değer kaybı
**wertvoll** ADJ değerli, kıymetli
**Wert|vorstellungen** PL (toplumsal) değerler **~zeichen** N değerli kağıt (banknot, çek, pul vs) **~zuwachs** M WIRTSCH değer artışı
**Wesen** N ⟨-s; -⟩ varlık; (Lebe♀) canlı (varlık); (~skern) öz, cevher; (Natur) tabiat, kişilik, karakter

**Wesensart** F ⟨-; ohne pl⟩ tabiat, karakter
**wesensfremd** ADJ -in özüne yabancı
**Wesenszug** M ayırıcı/temel özellik
**wesentlich** A ADJ temel, başlıca; beträchtlich önemli, esaslı; **im Wesentlichen** özünde, aslında B ADV: **~ besser** çok daha iyi
**weshalb** A adv niçin B KONJ -in niçin -diği
**Wespe** F ⟨-; -n⟩ yabanarısı; sarıcaarı
**Wespenstich** M (yaban)arı(sı) sokması
**wessen** ADV wer? kimin; neyin; **~ beschuldigt man ihn?** neyle suçlanıyor?
**westdeutsch** ADJ Batı Alman(ya) subst
**Westdeutsche** M, F ⟨-n; -n⟩ Batı Almanyalı
**Weste** F ⟨-; -n⟩ yelek
**Westen** M ⟨-s; ohne pl⟩ batı; **von ~** batıdan; **nach ~** batıya (doğru)
**Westentasche** F umg yelek cebi; **etw wie s-e ~ kennen** b-şi avucunun içi gibi bilmek
**Westeuro|pa** N Batı Avrupa **♀päisch** ADJ Batı Avrupa(lı) subst
**West|fale** M ⟨-n; -n⟩, **~fälin** F ⟨-; -nen⟩ Vestfalyalı **♀fälisch** ADJ Vestfalya(lı) subst
**westlich** A ADJ batı subst; (abendländisch) batı(lı) B PRÄP: **~ von** (od gen) -in batı kesiminde
**Westmächte** PL Batılı güçler
**westwärts** ADV batı yönünde, batıya doğru
**Westwind** M batı rüzgân
**Wettbewerb** M ⟨-s; -e⟩ yarışma; a. WIRTSCH rekabet; **in ~ stehen (mit -le)** rekabet halinde olmak
**wettbewerbsfähig** ADJ rekabet edebilen
**Wettbüro** N bahis bürosu
**Wette** F ⟨-; -n⟩ bahis; **e-e ~ schließen** bahse gir(iş)mek; **mit j-m um die ~ laufen** (od **fahren**) b-le koşma (od araba) yarışı yapmak
**Wetteifer** M rekabet/yarışma ruhu
**wetteifern** V/I ⟨ge-, h.⟩ **(mit ile, um için)** yarışmak, boy ölçüşmek
**wetten** V/I u. V/T ⟨h.⟩ bahse girmek; **mit j-m** (**auf** akk, **um**) **10 Euro ~** b-le 10 avroya bahse girmek; umg **~ ?** iddiaya var mısın?
**Wetter¹** N ⟨-s; -⟩ hava; **bei diesem ~**

bu/böyle havada
**Wetter²** M ⟨-s; -⟩, **-in** F ⟨-; -nen⟩ bahisçi
**Wetter|aussichten** PL havanın nasıl olacağı **~bedingungen** PL hava şartları **~bericht** M hava raporu **~dienst** M meteoroloji servisi **~fest** ADJ hava etkilerine dayanıklı **~frosch** M umg hum meteorolog **Ɫfühlig** ADJ havadan etkilenen **~hahn** M yelkovan **~karte** F meteoroloji haritası **~lage** F hava durumu **~leuchten** N ⟨-s; ohne pl⟩ ufukta şimşek çakması
**wettern** VI ⟨h.⟩ umg (**gegen** -e) kızıp bağırmak
**Wetter|satellit** M meteoroloji uydusu **~seite** F yağmur alan taraf **~station** F meteoroloji istasyonu **~sturz** M ani sıcaklık ve basınç düşmesi **~umschwung** M ani hava değişmesi **~vorhersage** F hava tahmini **Ɫwendisch** ADJ kararsız, fırıldak gibi
**Wett|fahrt** F yarış (arabayla) **~kampf** M yarış **~kämpfer(in)** M/F yarışçı **~lauf** M koşu, yarış; **~ mit der Zeit** zamanla yarış (od zamana karşı) yarış **~läufer(in)** M/F koşucu, yarışçı
**wettmachen** VT ⟨-ge-, h.⟩ gidermek, telafi etmek
**Wett|rennen** N koşu, yarış; fig umg sidik yarışı **~rüsten** N ⟨-s; ohne pl⟩ silahlanma yarışı **~streit** M yarış
**WEZ** abk für Westeuropäische Zeit Batı Avrupa Saati (ile)
**Whirlpool®** ['wa:lpu:l] M jakuzi
**Whisk(e)y** ['vıski] M ⟨-s; -s⟩ viski
**wichtig** ADJ önemli; **etw ~ nehmen** bş-i ciddiye almak
**Wichtigkeit** F ⟨-; ohne pl⟩ önem
**wichtigmachen** V/R ⟨-ge-, h.⟩: **sich ~** kurum satmak
**Wichtigtuer** M ⟨-s; -⟩ kasıntı(lı) **~ei** F ⟨-; ohne pl⟩ umg kasılma, kasıntılık **~in** F ⟨-; -nen⟩ kasıntı(lı) (kadın) **Ɫisch** ADJ kasıntılı
**wichtigtun** VI ⟨irr, -ge-, h.⟩ kurum satmak
**Wicke** F ⟨-; -n⟩ BOT burçak
**Wickel** M ⟨-s; -⟩ MED sargı, kompres **~kommode** F kundak masası
**wickeln** ⟨h.⟩ ▲ VT (windeln) -in bezini değiştirmek; Baby, ganz kundaklamak; **~ (um** -e, -in etrafına) sarmak; **etw in Papier ~** bş-i kağıda sarmak; ▣ V/R: **sich ~ (um** -e) sarılmak, dolanmak; **sich in e-e Decke ~** bir battaniyeye sarınmak
**Wickler** M ⟨-s; -⟩ bigudi
**Wicklung** F ⟨-; -en⟩ TECH sarım
**Widder** M ⟨-s; -⟩ koç; **er ist (ein) ~** o Koç burcundan
**wider** PRÄP (akk) **~ Erwarten** beklenin tersine; **~ Willen** b-nin iradesine karşı
**widerfahren** VI ⟨irr, ohne -ge-, s.⟩ olmak, -in başına gelmek; **j-m Gerechtigkeit ~ lassen** b-ne adil davranmak
**Widerhaken** M ters kanca
**Widerhall** M ⟨-s; -e⟩ yankı; **keinen ~ finden** yankı uyandırmamak
**widerhallen** VI ⟨ohne -ge-, h.⟩: **(von** -den) yankılanmak
**widerlegbar** ADJ çürütülür
**widerleg|en** VT ⟨ohne -ge-, h.⟩ çürütmek, -in tersini kanıtlamak **Ɫung** F ⟨-; -en⟩ çürüt(ül)me, -in tersini kanıtlama
**widerlich** ADJ iğrenç, tiksindirici
**widernatürlich** ADJ gayri tabiî, doğa dışı
**widerrechtlich** ADJ gayri meşru, kanuna aykırı; **~ betreten** izinsiz girmek; **sich** (dat) **etw ~ aneignen** hakkı olmadan sahiplenmek
**Widerrede** F itiraz; **keine ~!** itiraz yok!
**Widerruf** M geri alma, iptal; **(bis) auf ~** ikinci bir talimata kadar (geçerli)
**widerrufen** VT ⟨irr, ohne -ge-, h.⟩ Anordnung, Erlaubnis iptal etmek; Aussage, Geständnis geri almak
**widersetzen** V/R ⟨ohne -ge-, h.⟩: **sich (etw) ~** (bş-e) karşı koymak, direnmek
**widersinnig** ADJ anlamsız, tutarsız
**widerspenstig** ADJ inatçı, dikkafalı, söz dinlemez **Ɫkeit** F ⟨-; ohne pl⟩ inatçılık, dikkafalılık
**widerspiegeln** ⟨-ge-, h.⟩ ▲ VT yansıtmak ▣ V/R: **sich ~ (in** dat -de) yansımak
**widersprechen** VI ⟨irr, ohne -ge-, h.⟩ (j-m b-ne) itiraz etmek, karşı gelmek; **sich** (dat) **~** kendiyle çelişmek
**Widerspruch** M itiraz; çelişki; **im ~ stehen zu** ile çelişki içinde bulunmak
**widersprüchlich** ADJ çelişkili
**widerspruchslos** ADV itirazsız
**Widerstand** M ⟨-s; ⁼e⟩ (**gegen** -e) direnme, direniş, a. ELEK direnç; **~ leisten**

direnmek; **auf (heftigen) ~ stoßen** (şiddetli) direnişle karşılaşmak
**Widerstands|bewegung** F direniş hareketi **⒉fähig** ADJ **(gegen** -e) dayanıklı **~fähigkeit** F ⟨-; ohne pl⟩ **(gegen** -e) dayanıklılık **~kämpfer(in)** M(F) direnişci **~kraft** F direnç, direnme gücü **⒉los** ADV direnmeden
**widerstehen** V/I ⟨irr, ohne -ge-, h.⟩ dayanmak
**widerstreb|en** V/I ⟨ohne -ge-, h.⟩: **es widerstrebt mir, dies zu tun** bunu yapmak bana çok ters geliyor **~end** ADV istemeyerek, gönülsüzce
**widerwärtig** ADJ iğrenç, tiksinti verici
**Widerwille** M **(gegen** -e karşı) antipati; *Ekel* iğrenme, tiksinti
**widerwillig** ADJ isteksiz, gönülsüz
**widmen** A V/T ⟨h.⟩ ithaf etmek, adamak B V/R: **sich ~** -*le* (yakından) ilgilenmek; *stärker* -*e* k-ni adamak, k-ni vakfetmek
**Widmung** F ⟨-; -en⟩ ithaf
**widrig** ADJ ters, aksi, elverişsiz
**wie** A ADV nasıl?; **~ macht man das?** bu nasıl yapılır?; **~ ist er?** o nasıl?; **~ ist das Wetter?** hava nasıl?; **~ nennt man …?** -*e* ne denir?; **~ wäre** (*od* **ist, steht**) **es mit …?** -*e* ne dersin/dersiniz?; **~ gesagt** demiştim ya, söylediğim gibi; **und ~!** hem de nasıl! B *konj* gibi; **stark ~ ein Bär** ayı gibi kuvvetli; **~ neu (verrückt)** yeni (deli) gibi; **~ (zum Beispiel)** (örneğin) … gibi; **ich zeige dir, ~ nasıl (…)** sana göstereyim; **~ viel ne kadar; ~ viel kostet das?** bu kaça?; **~ viel Uhr?** saat kaç?; **~ viele** *pl* kaç; **ich hörte, ~ er es sagte** onun söylediğini duydum; **~ (auch) immer, ~ dem auch sei** (her) neyse
**wieder** ADV gene, tekrar, yine, yeniden, bir daha; **~ aufbauen** tekrar/yine kurmak; **~ aufführen** yine/tekrar sahnelemek; **~ aufleben lassen** (tekrar) canlandırmak; **~ aufnehmen** -*e* yine/tekrar başlamak; **~ beleben** *Wirtschaft* (tekrar) canlandırmak; **~ beschaffen** yine tekrar temin etmek; **~ einführen** tekrar/yine yürürlüğe koymak; **~ einsetzen (in** -*e*) tekrar/yine yerleştirmek; **~ entdecken** tekrar/yine bulmak; **~ eröffnen** tekrar/yine açmak; **~ finden** tekrar/yine bulmak; **~ sehen können** tekrar görebilmek; **~ verwenden** tekrar kullanmak; **~ verwerten** tekrar değerlendirmek; **~ wählen** tekrar seçmek; TEL tekrar çevirmek; **schon ~?** gene mi?; **ich bin gleich ~ da!** hemen dönüyorum/geliyorum!
**Wiederaufbau** M ⟨-s; ohne pl⟩ tekrar yapma/inşa; WIRTSCH tekrar yapılan(dır)ma;
**wiederaufbereit|en** V/T ⟨ohne -ge-, h.⟩ geri kazanmak/döndürmek; PHYS yeniden işlemek **⒉ung** ⟨-; -en⟩ geri kazanma/döndürme; yeniden işleme **⒉ungsanlage** F dönüştürme (*od* geri kazanma) tesisi
**wiederaufführen** V/T ⟨-ge-, h.⟩ yeniden sahnelemek
**Wiederaufleben** N ⟨-s; ohne pl⟩ tekrar canlanma
**Wiederaufnahme** F ⟨-; ohne pl⟩ tekrar başla(t)ma **~verfahren** N JUR tekrar görülen dava
**wiederaufnehmen** V/T ⟨irr, -ge-, h.⟩ yeniden başla(t)mak
**Wiederaufrüstung** F ⟨-; ohne pl⟩ yeniden silahlanma
**wiederbekommen** V/T ⟨irr, ohne -ge-, h.⟩ geri almak
**wiederbeleb|en** V/T ⟨ohne -ge-, h.⟩ diriltmek, canlandırmak, hayata döndürmek **⒉ung** F ⟨-; ohne pl⟩ hayata döndürme **⒉ungsversuch** M hayata döndürme çabaları pl
**wiederbeschaffen** V/T ⟨ohne -ge-, h.⟩ yeniden temin etmek/yerine koymak
**wiederbringen** V/T ⟨irr, -ge-, h.⟩ geri getirmek; (*zurückgeben*) geri vermek
**wiedereinführen** V/T ⟨-ge-, h.⟩ WIRTSCH yeniden ithal etmek
**Wieder|einführung** F ⟨-; ohne pl⟩ tekrar yürürlüğe koyma; WIRTSCH tekrar ithal **~eingliederung** F (**in** -*e*) tekrar uyum (sağlama) **~eintritt** M (**in** -*e*) tekrar girme **⒉entdecken** V/T ⟨ohne -ge-, h.⟩ yeniden keşfetmek/bulmak **~entdeckung** F tekrar keşif/bul(un)ma **~ergreifung** F ⟨-; ohne pl⟩ tekrar yakala(n)ma, tekrar ele geçir(il)me **⒉erkennen** V/T ⟨irr, ohne -ge-, h.⟩ (**an** *dat* -*den*) tanımak **⒉erlangen** V/T ⟨ohne -ge-, h.⟩ yeniden elde etmek **⒉eröffnen** V/T ⟨ohne -ge-, h.⟩ yeniden açmak **~eröffnung** F yeniden açılış **⒉finden** V/T ⟨irr, -ge-, h.⟩ yine bulmak; *fig*

yeniden kazanmak
**Wiedergabe** F ⟨-; ohne pl⟩ aktarma, verme (ses, görüntü), (Rückgabe) geri ver(il)me, iade **~gerät** N monitör, gösterme/çalma cihazı
**wiedergeben** VT ⟨irr, -ge-, h.⟩ (zurückgeben) geri vermek, iade etmek; (schildern) anlatmak; TECH, MUS aktarmak, vermek (ses, görüntü)
**Wiedergeburt** F REL yeniden doğuş; fig a. rönesans
**wiedergewinn|en** VT ⟨irr, ohne -ge-, h.⟩ TECH yeniden kazanmak, dönüştürmek **₂ung** F ⟨-; ohne pl⟩ TECH geri kazanım
**wiedergutmach|en** VT ⟨ -ge-, h.⟩ telafi/tazmin etmek **₂ung** F ⟨-; -en⟩ POL tazminat
**wiederhaben** VT ⟨irr, -ge-, h.⟩ umg geri almak
**wiederherstell|en** VT ⟨ -ge-, h.⟩ restore etmek; MED sağlığına kavuşturmak **₂ung** F ⟨-; -en⟩ MED -in sağlığına kavuşması
**wiederholbar** ADJ tekrarı mümkün
**wiederhol|en** ⟨ohne -ge-, h.⟩ A VT tekrar etmek B V/R: **sich ~** tekrara düşmek, fig Geschichte tekerrür etmek
**wiederholt** ADV tekrar tekrar
**Wiederholung** F ⟨-; -en⟩ tekrar (-lama)
**Wiederholungs|impfung** F MED ikinci vs aşı **~prüfung** F Schule bütünleme sınavı; yeniden girilen sınav **~taste** F TEL tekrar tuşu
**Wiederhören** N: **auf ~!** TEL görüşmek üzere!
**Wiederkehr** F ⟨-; ohne pl⟩ dönme, dönüş; yeniden olma **₂en** V/R ⟨-ge-, s.⟩ geri dönmek; (sich wiederholen) tekrarlamak
**wiederkommen** V/I ⟨irr, -ge-, s.⟩ gene gelmek; (zurück) dönmek
**wiedersehen** V/R ⟨irr, -ge-, h.⟩: **sich ~** tekrar görüşmek
**Wiedersehen** N ⟨-s; -⟩ (tekrar) görüşme; **auf ~!** allahaısmarladık!, güle güle!
**wiederum** ADV tekrar, bir daha, yeniden; (andererseits) öte yandan
**wiedervereinig|en** VT ⟨ohne -ge-, h.⟩ tekrar birleşmek **₂ung** F (yeniden) birleşme
**Wiederverkaufswert** M ⟨-s; ohne pl⟩ WIRTSCH perakende satış değeri; umg Gebrauchtwagen etc -in piyasası
**wiederverwend|bar** ADJ yeniden kullanılır **~en** VT ⟨ohne -ge-, h.⟩ yeniden kullanmak **₂ung** F ⟨-; -en⟩ tekrar kullanma
**wiederverwert|bar** ADJ dönüşümlü; (yeniden) değerlendirilebilir **~en** VT ⟨ohne -ge-, h.⟩ yeniden değerlendirmek **₂ung** F ⟨-; -en⟩ yeniden değerlendirme, geri kazanma
**Wieder|wahl** F ⟨-; ohne pl⟩ yeniden seç(il)me **₂wählen** VT ⟨ -ge-, h.⟩ yeniden seçmek
**Wiederzulassung** F ⟨-; -en⟩ ruhsat yenileme
**Wiege** F ⟨-; -n⟩ beşik
**wiegen¹** ⟨wog, gewogen, h.⟩ A VT tartmak B V/I... ağırlığında olmak, ... kilo gelmek C V/R: **sich ~** tartılmak
**wiegen²** VT ⟨h.⟩ sallamak, pışpışlamak
**wiegen³** VT u. V/R ⟨h.⟩: **j-n (sich) in Sicherheit ~** b-ne (k-ne) aldatıcı bir güven duygusu vermek
**Wiegenlied** N ninni
**wiehern** ['vi:ɐn] V/I ⟨h.⟩ kişnemek
**Wien** N Viyana
**Wiese** F ⟨-; -n⟩ çayır, çimen
**Wiesel** N ⟨-s; -⟩ ZOOL gelincik
**wieso** ADV niye, niçin; scharf ne diye
**vievielmal** INTR PR kaç kere
**wievielte** ADJ: **zum ~n Mal?** kaçıncı defa?; **den Wievielten haben wir heute?** bugün ayın kaçı?
**Wikinger** M ⟨-s; -⟩, **-in** F ⟨-; -nen⟩ Viking
**wild** ADJ vahşi, yabani fig (heftig) şiddetli, zorlu; umg ganz **~ sein auf** akk -e bitmek; **~ lebend** yaban subst, yabani; **~ wachsen** kendiliğinden (od yabani olarak) yetişmek; **~ wachsend** yabani, kendiliğinden biten
**Wild** N ⟨-s; ohne pl⟩ av hayvanı; (~braten) geyik eti **~bahn** F: **im freier ~** yabani olarak, serbestçe **~dieb** M ⟨-s; -e⟩ kaçak avcı **~ente** F yabanördeği
**Wilderer** M ⟨-s; -⟩ kaçak avcı
**wildfremd** ADJ tamamen yabancı
**Wild|gans** F yabankazı **~hüter** M av korucusu **~katze** F yabankedisi **~leder** N süet; (Fensterleder) güderi **₂ledern** ADJ süet(ten)
**Wildnis** F ⟨-; -se⟩ ıssız bölge, tenha

yerler *pl*
**Wild|schwein** N yabandomuzu **~wechsel** M yabani hayvan geçişi **~westfilm** M kovboy filmi
**Wille** M ⟨-ns⟩ irade, istenç; (*Absicht*) niyet, istek, kararlılık; **böser ~** kötü niyet; **guter ~** iyi niyet; **Letzter ~** vasiyet; **gegen meinen ~n** ben istemeden, isteğime aykırı olarak; **s-n ~ durchsetzen bei** -*e* istediğini kabul ettirmek; **j-m s-n ~n lassen** b-ni hareketinde serbest bırakmak; **ich kann mich beim besten ~n nicht erinnern** ne kadar uğraşsam da hatırlayamıyorum
**willen** PRÄP: **um** (*gen*) ... **~** ... uğruna/ aşkına
**willenlos** ADJ iradesiz, zayıf
**Willens|äußerung** F rıza açıklaması **~erklärung** F JUR irade/rıza beyanı **~freiheit** F ⟨-; *ohne pl*⟩ irade özgürlüğü **~kraft** F ⟨-; *ohne pl*⟩ irade gücü ²**stark** ADJ iradesi güçlü
**willfährig** ADJ uysal, uyumlu
**willig** ADJ uysal, itaatli
**willkommen** ADJ hoş; (**herzlich**) **~!** hoş geldin(iz)!; **j-n ~ heißen** b-ne hoş geldin(iz) demek
**Willkommen** N ⟨-s; -⟩ karşılama
**Willkür** F ⟨-; *ohne pl*⟩: **j-s ~ ausgeliefert sein** b-nin keyfine tabi olmak **~akt** M keyfi iş/eylem **~herrschaft** F ⟨-; -⟩ keyfi idare, despotizm ²**lich** ADJ keyfi; *Auswahl etc a.* rasgele
**wimmeln** V/I ⟨*h.*⟩: **von** kayna(ş)mak; **es wimmelt von Menschen** insan kaynıyor
**wimmern** V/I ⟨*h.*⟩ inlemek, sızlamak
**Wimper** F ⟨-; -n⟩ kirpik
**Wimperntusche** F rimel, maskara
**Wind** M ⟨-s; -e⟩ rüzgâr, yel; *umg* **~ bekommen von** -*in* kokusunu almak; **viel ~ machen (um** -*in*) çok yaygarasını koparmak; **in den ~ reden** havaya konuşmak
**Windbeutel** M GASTR beze; *fig* palavracı
**Winde**[1] F ⟨-; -n⟩ TECH çektirme, vinç, bocurgat, çıkrık
**Winde**[2] F ⟨-; -n⟩ BOT boruçiçeği, çıtsarmaşığı
**Windel** F ⟨-; -n⟩ (*Ganzkörper*²) kundak (bezi); (*Unterkörper*²) alt bezi
**windelweich** ADJ *umg fig*: **j-n ~ schlagen** b-ni eşek sudan gelesiye dövmek
**winden** V/R ⟨wand, gewunden, *h.*⟩: **sich ~** (**vor** *dat* -*den*) kıvranmak
**Windenergie** F ⟨-; *ohne pl*⟩ ÖKOL rüzgâr enerjisi
**Windeseile** F: **in ~** yıldırım hızıyla
**windgeschützt** ADJ kuytu, rüzgâr almayan
**Windhund** M ZOOL tazı; *umg* uçarı, güvenilmez *adj*
**windig** ADJ rüzgârlı
**Wind|jacke** F rüzgârlık, mont **~kanal** M TECH rüzgâr tüneli **~kraftanlage** F ÖKOL rüzgâr santralı **~licht** N gemici feneri; *rüzgârda yanabilen şamdan vs* **~mühle** F yeldeğirmeni **~pocken** PL MED suçiçeği **~richtung** F rüzgâr yönü ²**schief** ADJ *umg* yampiri, çarpık **~schutzscheibe** F AUTO ön cam **~stärke** F rüzgâr kuvveti ²**still** ADJ durgun, sakin **~stille** F durgunluk, sükunet **~stoß** M rüzgâr darbesi **~surfbrett** N sörf (tahtası) **~surfen** N ⟨-s; *ohne pl*⟩ sörf (sporu) **~surfer(in)** M(F) sörfçü
**Windung** F ⟨-; -en⟩ kıvrım; TECH yiv
**Wink** [vɪŋk] M ⟨-s; -e⟩ ELEK (*od* göz, baş) işareti, *fig* ima, üstü kapalı söz
**Winkel** ['vɪŋk(ə)l] M ⟨-s; -⟩ MATH açı; (*Ecke*) köşe **~eisen** N TECH köşebent **~halbierende** F ⟨-n; -n⟩ MATH açıortay **~maß** N TECH gönye **~messer** M ⟨-s; -⟩ MATH iletki
**winken** V/I ⟨winkte, *dial a.* gewunken, *h.*⟩ (**mit etw ~** -*i*) sallamak; (*Zeichen geben*) işaret etmek; **j-n herwinken** b-ni işaretle çağırmak; **e-m Taxi ~** taksiye el etmek
**Winter** M ⟨-s; -⟩ kış; **im ~** kışın **~anfang** M kış baş(langıc)ı **~ausrüstung** F kışlık donanım **~fahrplan** M kış tarifesi, kış seferleri ²**fest** ADJ BOT soğuğa dayanıklı; **~ machen** kışlık bakımını yapmak **~garten** M limonluk, kışbahçesi **~kurort** M SPORT kış sporları merkezi ²**lich** ADJ *subst*, kışlık **~reifen** M AUTO kar lastiği **~schlaf** M: **~ halten** kış uykusuna yatmak **~schlussverkauf** M kış sonu satışları *pl* **~spiele**: **Olympische ~** PL kış olimpiyatları **~sport** M kış sporu **~urlaub** M kış izni/tatili
**Winzer** M ⟨-s; -⟩ bağcı, üzüm üreticisi

**winzig** ADJ minicik, ufacık
**Winzling** M ⟨-s; -e⟩ umg küçücük adj
**Wipfel** M ⟨-s; -⟩ ağaç tepesi
**Wippe** F ⟨-; -n⟩ tahterevalli
**wippen** VI ⟨h.⟩ sallanmak, inip çıkmak
**wir** PERS PR biz; **~ drei** biz üçümüz; umg **~ sinds!** biziz!
**Wirbel** M ⟨-s; -⟩ ANAT omur; fig telaş; **e-n ziemlichen ~ verursachen** ortalığı telaşa vermek
**wirbellos** ADJ ZOOL omurgasız
**wirbeln** VI ⟨s.⟩ (hızla) dönmek; **Blätter** uçuşmak; **Wasser** girdap yapmak
**Wirbelsäule** F ANAT omurga, belkemiği
**Wirbelsturm** M kasırga, siklon
**Wirbeltier** N ZOOL omurgalı (hayvan)
**wirken** VI ⟨h.⟩ çalışmak, faaliyet göstermek; (aussehen) görünmek; **anregend ~ (auf** akk**) -in** (... üzerinde) uyarıcı etkisi var/olmak; **~ gegen** -e karşı etkili olmak; **überzeugend ~** inandırıcı bir izlenim bırakmak
**Wirken** N ⟨-s; ohne pl⟩ etkinlik; MED etkisini göstermek; TECH örmek
**wirklich** ADJ gerçek; (echt) sahici, hakiki, öz; **~?** sahi mi? **2keit** F ⟨-; ohne pl⟩ gerçeklik, hakikat; **in ~** gerçekte
**wirklichkeits|fremd** ADJ gerçekten uzak, hayata yabancı **~getreu** ADJ gerçeğe sadık (resim vs)
**wirksam** ADJ etkili; geçerli; **~ gegen** -e karşı etkili; **~ werden** yürürlüğe girmek **2keit** F ⟨-; ohne pl⟩ etkililik
**Wirkstoff** M ⟨-s; -e⟩ etkin/aktif madde
**Wirkung** F ⟨-; -en⟩ (auf -e, üzerinde) etki; **mit ~ vom ...** ... (tarihi) itibarıyla; **mit sofortiger ~** hemen geçerli olmak üzere; **s-e ~ erzielen** sonuç elde etmek; **s-e ~ tun** etkisini göstermek; **s-e ~ verfehlen** etkisiz kalmak
**Wirkungs|bereich** M etkinlik alanı **~grad** M TECH verimlilik, randıman **~kraft** F ⟨-; ohne pl⟩ etkili güç, etkililik **~kreis** M etkinlik alanı **2los** ADJ etkisiz, sonuç getirmeyen; **~ bleiben** etkisiz/sonuçsuz kalmak **2voll** ADJ etkili **~weise** F MED etki biçimi
**wirr** ADJ (kafası) karışık; **Haar** dağınık
**Wirr|en** PL karışıklık(lar pl) **~warr** M ⟨-s; ohne pl⟩ karışıklık, keşmekeş
**Wirsing** M ⟨-s; ohne pl⟩, **~kohl** M BOT Milano lahanası

**Wirt** M ⟨-s; -e⟩ ev sahibi; **Beruf** lokantacı **~in** F ⟨-; -nen⟩ a. ev sahibesi; lokantacı (kadın)
**Wirtschaft** F ⟨-; -en⟩ iktisat, ekonomi; (Geschäftswelt) iş dünyası; (Wirtshaus) birahane, lokanta
**wirtschaften** VI ⟨h.⟩: **schlecht ~** idaresiz davranmak; **sparsam ~ (mit** -i) idareli/iktisatlı kullanmak
**Wirtschaft|erin** F ⟨-; -nen⟩ ev işlerine bakan (od kahya) kadın **~ler** M ⟨-s; -⟩, **-in** F ⟨-; -nen⟩ iktisatçı
**wirtschaftlich** ADJ iktisadî, ekonomik; (sparsam) idareli, iktisatlı, ekonomik
**Wirtschafts|abkommen** N ekonomik anlaşma **~asylant(in)** M/F pej → Wirtschaftsflüchtling **~aufschwung** M ekonomik canlanma **~berater(in)** M/F iktisat danışmanı **~beziehungen** PL ekonomik/ticari ilişkiler **~flüchtling** M neg! ekonomik sebeplerle iltica eden, ekonomik sığınmacı **~geld** N ev/mutfak harçlığı **~gipfel** M ekonomik zirve toplantısı **~hilfe** F ekonomik yardım **~krise** F ekonomik bunalım **~macht** F ekonomik güç **~minister(in)** M/F ekonomi bakanı **~ministerium** N ekonomi bakanlığı **~politik** F ekonomi politikası **2politisch** ADJ ekonomik, ekonomi politikasına ilişkin **~prüfer(in)** M/F ekonomik denetim uzmanı **~raum** M: **Europäischer ~** Avrupa Ekonomik Alanı **~reform** F ekonomik reform **~standort** M yerleşme (bölgesi) (öz. endüstri) **~system** N ekonomi sistem/düzen **~teil** M Zeitung ekonomi sayfası/bölümü **~und Währungsunion** F ekonomi ve para birliği **~wachstum** N ekonomik büyüme/kalkınma **~wissenschaft** F ekonomi/iktisat (bilimi) **~ wissenschaftler(in)** M/F ekonomi/iktisat (uzmanı) **~wunder** N ekonomi mucizesi **~zweig** M işkolu, sektör
**Wirtshaus** N birahane, meyhane
**Wirtsleute** PL lokantacı vs karı-koca
**Wirtstier** N BIOL asalak taşıyan hayvan
**wischen** VT silmek
**Wischer** M ⟨-s; -⟩ AUTO silecek
**Wischerblatt** N silecek lastiği
**Wischtuch** N bez (silmek için)
**wispern** VT u. VI ⟨h.⟩ fısıldamak
**Wissbegier(de)** F öğrenme isteği/me-

rakı
**wissbegierig** ADJ (öğrenmeye) meraklı
**wissen** V/T u. V/I ⟨weiß, wusste, gewusst, h.⟩ bilmek; **(von -den)** haberi olmak; **ich möchte ~** bir bilsem; **ich will davon** (od **von ihm** etc) **nichts ~** ben o defteri kapattım; **man kann nie ~** bilemezsin; **weder ein noch aus ~** bir çıkar yol bulamamak; **soviel ich weiß** bildiğim kadarıyla; **weißt du biliyor musun?; weißt du noch?** hatırlıyor musun?; **woher weißt du das?** bunu nereden biliyorsun?
**Wissen** N ⟨-s; ohne pl⟩ bilgi; praktisches a. teknik ustalık/beceri; **meines ~s** bildiğime göre, bildiğim kadarıyla
**Wissenschaft** F ⟨-; -en⟩ bilim **~ler** M ⟨-s; -⟩, **-in** F ⟨-; -nen⟩ bilimci; veraltend bilim adamı, âlim, bilgin **²lich** ADJ bilimsel, ilmî
**Wissens|durst** M bilgi açlığı/susuzluğu **~gebiet** N bilim alanı **~lücke** F bilgi eksiği **~stand** M bilgi düzeyi **²wert** ADJ öğren(il)meye değer; **Wissenswertes** yararlı bilgiler pl; **alles Wissenswerte (über** akk) (hakkında/ile ilgili) bilinmesi gereken her şey
**wissentlich** A ADJ bilinçli, kasıtlı B ADV bile bile, bilinçli/kasıtlı olarak
**wittern** V/T ⟨-; -h.⟩ -in kokusunu almak
**Witterung** F ⟨-; -en⟩ hava (durumu); **bei jeder ~** her havada
**witterungs|beständig** ADJ hava şartlarına dayanıklı **²verhältnisse** PL hava şartları
**Witwe** F ⟨-; -n⟩ dul (kadın)
**Witwenrente** F dul maaşı
**Witwer** M ⟨-s; -⟩ dul (erkek)
**Witz** M ⟨-es; -e⟩ şaka, nükte, espri; (Geist) mizah ruhu, espri; **~e reißen** espriler yapmak
**witzeln** V/I ⟨h.⟩: **über j-n ~** b-ne takılmak
**witzig** ADJ güldürücü; (geistreich) esprili
**wo** A adv neyde; **wo ~?** nereden? B KONJ (da,) **~ ich wohne** benim oturduğum yerde C umg INT: **i wo, ach wo!** ne gezer!, nerde!
**woanders** ADV başka (bir) yerde
**wobei** A adv **~ bist du gerade?** şimdi ne yapmaktasın? B ADV: **~ mir einfällt** bu arada (şu) aklıma geldi
**Woche** F ⟨-; -n⟩ hafta; **~ um ~** her hafta, haftalar geçtikçe; umg **unter der ~** hafta içinde
**Wochen|arbeitszeit** F haftalık çalışma süresi **~bett** N ⟨-s; ohne pl⟩ MED lohusalık, lohusa yatağı **~ende** N hafta sonu; **am ~** hafta sonu(nda) **~karte** F haftalık kart/paso **²lang** A ADJ **~es Warten** haftalar süren bekleyiş B ADV haftalarca **~lohn** M haftalık (ücret) **~markt** M haftalık pazar **~schau** F TV haftaya bakış (programı) **~tag** M haftanın günü **²tags** ADV işgünleri(nde)
**wöchentlich** A ADJ haftalık B ADV her hafta; **einmal ~** haftada bir (kez)
**Wochenzeitung** F haftalık gazete
**Wöchnerin** F ⟨-; -nen⟩ lohusa
**Wodka** M ⟨-s; -s⟩ votka
**wodurch** A ADV ne şekilde B KONJ ... ki bu şekilde
**wofür** A ADV ne için, neye B KONJ ... ki bunun için
**Woge** F ⟨-; -n⟩ (büyük) dalga, fig a. kabarma
**wogegen** A INT PR neye karşı B KONJ ... ki buna karşı
**woher** [vo'he:ɐ] ADV u. KONJ nereden
**wohin** ADV u. KONJ nereye
**wohingegen** KONJ ... ki buna karşı
**wohl** ADV iyi, hoş; **mir ist nicht ~ dabei** bu işte benim içim rahat değil; **~ kaum** güçbela, hemen hemen (hiç); **~ oder übel** ister istemez; **das kann man ~ sagen!** tam üstüne bastın(ız)!
**Wohl** N ⟨-s; ohne pl⟩ (~befinden) sağlık, afiyet; **auf j-s ~ trinken** b-nin sağlığına içmek; **zum ~!** şerefe!, umg yarasın!
**wohlauf** ADJ: **~ sein** -in sağlığı yerinde olmak
**Wohlbefinden** N ⟨-s; ohne pl⟩ sağlık, afiyet
**wohlbehalten** ADJ sağ salim
**wohlbekannt** ADJ (iyi) bilinen, tanınmış
**Wohlergehen** N ⟨-s; ohne pl⟩ sağlık, esenlik, selamet
**wohlerzogen** ADJ terbiyeli
**Wohlfahrt** F ⟨-; ohne pl⟩ esenlik (toplumda); sosyal yardım (sistemi)
**Wohlfahrts|marke** F POST artılı pul **~organisation** F sosyal yardım kuruluşu **~staat** M sosyal devlet
**wohlfühlen** V/R ⟨-ge-, h.⟩: **sich ~** ken-

dini iyi hissetmek; **ich fühle mich nicht wohl** kendimi iyi hissetmiyorum;
**Wohlgefühl** N ‹-s; *ohne pl*› rahatlık (duygusu)
**wohlgemeint** ADJ iyi niyetli (*çaba vs*)
**wohlgemerkt** ADV iyice belirtilmeli ki
**wohlgenährt** ADJ besili, semiz
**wohlgesinnt** ADJ: **j-m ~ sein** b-ne iyi niyetle yaklaşmak
**wohlhabend** ADJ varlıklı, *umg* hali vakti yerinde
**wohlig** ADJ rahat, hoş, huzurlu
**Wohlklang** M ‹-s; *ohne pl*› hoş ses/tını
**wohlklingend** ADJ kulağa hoş gelen
**wohlriechend** ADJ hoş kokulu
**wohlschmeckend** ADJ tadı hoş
**Wohlstand** M ‹-s; *ohne pl*› refah
**Wohlstandsgesellschaft** F refah toplumu
**Wohltat** F *fig* hayırlı iş, iyilik; (*Erleichterung*) ferahlama, ferahlık, hoşluk; (*Segen*) nimet
**Wohltäter(in)** M(F) hayırsever, yardımsever
**wohltätig** ADJ yardımsever, hayırsever; **für ~e Zwecke** hayır için **2keit** F ‹-; *ohne pl*› hayırseverlik **2keitskonzert** N (... yararına) yardım konseri
**wohltuend** ADJ iyi gelen, dinlendirici
**wohltun** VI ‹*irr*, *-ge-*, *h.*› -e iyi gelmek
**wohlüberlegt** ADJ iyi(ce) düşünülmüş
**wohlverdient** ADJ -in layık olduğu, -in hakkettiği, hakkedilen, hakkedilmiş
**weislich** ADV iyice düşünerek, haklı sebeplerle
**Wohlwollen** N ‹-s; *ohne pl*› iyiniyet
**wohlwollend** ADJ iyiniyetli, dostça
**Wohn|anlage** F site **~bezirk** M konut bölgesi **~block** M blok **~einheit** F daire
**wohnen** VI ‹*h.*› (in *dat* -de; bei j-m -in yanında) oturmak; *vorübergehend* kalmak
**Wohn|fläche** F ARCH oturma alanı **~gebiet** N konut bölgesi **~geld** N kira yardımı **~gemeinschaft** F ortak konut (*birkaç kişinin paylaştığı ev*); **in e-r ~ leben** (mit *-le*) birlikte oturmak
**wohnhaft** ADJ (in *-de*) mukim, oturur
**Wohn|haus** N ev; *mehrstöckig* apartman (*konut olarak kullanılan*) **~heim** N yurt (*bina*) **~küche** F mutfak ve oturma odası (*bir arada*)
**wohnlich** ADJ rahat, konforlu

**Wohn|mobil** N ‹-s; -e› karavan (*kendi motoru olan*) **~ort** M *umg* -in oturduğu yer (*belde, mahalle vs*); JUR ikametgâh **~raum** M konut alanı **~schlafzimmer** N oturma ve yatak odası (*bir arada*) **~sitz** M JUR ikametgâh; **ohne festen ~** sabit ikametgâhı olmayan
**Wohnung** F ‹-; -en› konut/mesken, (apartman) daire(si); **meine ~** evim
**Wohnungs|amt** N konut ve kira yardımı dairesi **~bau** M ‹-s; *ohne pl*› konut yapımı **~markt** M konut piyasası **~miete** F konut kirası **~not** F ‹-; *ohne pl*› konut sıkıntısı **~schlüssel** M daire anahtarı **~suche** F *umg* ev arama **~suchende** M,F ‹-n; -n› *umg* ev arayan **~tür** F daire kapısı
**Wohn|verhältnisse** PL konut/oturma şartları **~viertel** N mahalle **~wagen** M karavan (*römork*) **~zimmer** N oturma odası, salon
**Wölbung** F ‹-; -en› şişkinlik, bombe
**Wolf** M ‹-s; ¨e› ZOOL kurt
**Wolfsmilch** F BOT sütleğen
**Wolfsrachen** M MED damak yarığı
**Wolke** F ‹-; -n› bulut; **aus allen ~n fallen** neye uğradığını şaşırmak
**Wolken|bruch** M sağanak, sel gibi yağmur **~decke** F bulutlar, bulut örtüsü **~kratzer** M ‹-s; -› gökdelen **2los** ADJ bulutsuz, açık
**wolkig** ADJ bulutlu, kapalı
**Wolldecke** F battaniye
**Wolle** F ‹-; -n› yün
**wollen**[1] ADJ yün(den), yünlü
**wollen**[2] A V/AUX ‹will, wollte, wollen, *h.*›: **tun ~** yapmak istemek; (*beabsichtigen*) -meye niyet etmek; **ich will lieber schlafen** ben uyumayı tercih ederim B VT *u.* VI ‹will, wollte, gewollt, *h.*› istemek; **lieber ~** tercih etmek; **wann (wenn) du willst** ne zaman (eğer) istersen; **sie will, dass ich komme** gelmemi istiyor; **was ~ Sie (von mir)?** (benden) ne istiyorsunuz?; **ob er will oder nicht** istese de istemese de; **wie du willst** nasıl istersen; **ich wollte, ich wäre (hätte) ...** isterdim ki ... olayım (-im olsun)
**Woll|jacke** F yünlü ceket; (*Strick2*) hırka **~knäuel** M, N yün yumağı **~socken** PL yün çorap(lar)
**Wollust** F ‹-; *ohne pl*› şehvet
**wollüstig** ADJ şehvetli

**womit** **A** ADV neyle; **~ kann ich dienen?** nasıl yardımcı olabilirim?; **~ hab' ich das verdient?** ne yaptım da bunu hakkettim? **B** KONJ ... ki bununla; **ich nicht sagen will** ki bununla ... demiş olmak istemem

**womöglich** ADV muhtemelen, bir olasılıkla

**wonach** **A** ADV: **~ fragt er?** ne(yi) soruyor? **B** KONJ ... ki bundan sonra

**Wonne** F ⟨-; -n⟩ büyük haz; **e-e wahre ~** büyük bir sevinç kaynağı

**woran** **A** ADV: **~ arbeitet er?** ne(yin) üzerinde çalışıyor?; **~ denkst du?** ne(yi) düşünüyorsun?; **~ liegt es, dass ...?** -mesi neden ileri geliyor?; **~ sieht man, welche ...?** hangisinin -diği nereden belli? **B** KONJ: **ich weiß nicht, ~ ich mit ihm bin** onun benim için ne ifade ettiğini bilmiyorum; **das, ~ ich dachte** benim düşündüğüm

**worauf** ADV: **~ wartest du (noch)?** (daha) ne bekliyorsun? **B** KONJ ... ki bunun üzerine; **etw, ~ ich bestehe** üzerinde ısrarla durduğum şey; **~ er sagte** o da bunun üzerine ... dedi

**woraus** **A** ADV neden; **~ ist es gemacht?** neden yapılma?; **~ schließt du das?** bu sonuca nereden varıyorsun? **B** KONJ ... ki bundan; **~ zu entnehmen war, dass** ki bundan *-in* -diği anlaşıldı

**worin** **A** ADV neyin içinde; **~ liegt der Unterschied?** fark nerede? **B** KONJ ... ki bunun içinde

**Workshop** ['vø:ekʃɔp] M ⟨-s; -s⟩ atölye

**Workstation** ['vø:ekste͜ɪʃn] F ⟨-; -s⟩ IT iş istasyonu

**Wort** N ⟨-(e)s; ̈-er⟩ kelime, sözcük; ⟨-s; -e⟩ söz, laf; **ein gutes ~ einlegen für** b-nden yana bir şey söylemek; **~ für ~** kelimesi kelimesine; **j-m ins ~ fallen** b-nin sözünü kesmek; **j-n beim ~ nehmen** b-nin sözünü senet saymak; **sein ~ brechen** sözünden dönmek, sözünü tutmamak; **sein ~ geben** söz vermek; **sein ~ halten** sözünü tutmak, sözünde durmak; **das ~ ergreifen** söz almak; **geflügelte ~e** özlü sözler; **in ~e fassen** dile dökmek; **mir fehlen die ~e** ifade edecek kelime bulamıyorum; **nicht zu ~(e) kommen** ağız açmaya fırsat bulamamak; **mit anderen ~en** başka (bir) deyişle

**Wort|art** F GRAM kelime türü **~bildung** F GRAM kelime türetme

**Wörterbuch** N sözlük

**Wort|führer** M sözcü **~gefecht** N ağız dalaşı **²getreu** ADJ kelimesi kelimesine (aslına uygun) **²gewandt** ADJ cerbezeli; *umg* ağzı laf yapan **²karg** ADJ az konuşan, *umg* lafı kıt **~laut** M ⟨-s; *ohne pl*⟩ metin, lafız, (tam) içerik

**wörtlich** **A** ADJ kelimesi kelimesine; **~e Rede** GRAM dolaysız ifade **B** ADV harfiyen, kelimesi kelimesine

**wort|los** ADJ sessiz(ce) **²meldung** F söz isteme/alma **~reich** ADJ kelime hazinesi geniş, *pej* sözü bol, ağzı kalabalık **²schatz** M kelime hazinesi **²spiel** N sözcük/kelime oyunu

**worüber** **A** ADV: **~ lachen Sie?** neye gülüyorsunuz? **B** KONJ ... ki bunun üstün(d)e; ... ki bu konuda

**worum** **A** ADV: **~ handelt es sich?** söz konusu (olan şey) nedir? **B** KONJ: **etw, ~ ich dich bitten möchte** senden rica etmek istediğim bir şey

**worunter** **A** ADV neyin altında **B** KONJ: **etw, ~ ich mir nichts vorstellen kann** bende hiçbir çağrışım uyandırmayan bir şey

**wovon** **A** ADV: **~ redest du?** neden bahsediyorsun? **B** KONJ ... ki bundan, ... ki bunun hakkında

**wovor** **A** ADV neyin önünde; **~ hast du Angst?** neden korkuyorsun? **B** KONJ ... ki onun önünde

**wozu** **A** ADV neye; (*warum*) niçin **B** KONJ ... ki bunun için

**Wrack** [vrak] N ⟨-s; -s⟩ batık, enkaz

**wringen** ['vrɪŋən] V/T ⟨wrang, gewrungen, *h.*⟩ sıkmak (*çamaşır*)

**Wucher** M ⟨-s; *ohne pl*⟩ tefecilik, vurgunculuk **~er** M ⟨-s; -⟩, **-in** F ⟨-; -nen⟩ tefeci, vurguncu **~miete** F fahiş kira

**wuchern** V/I ⟨*h. u. s.*⟩ BOT hızla büyümek, dal budak salmak

**Wucherpreis** M fahiş fiyat

**Wucherung** F ⟨-; -en⟩ MED yayılma, büyüme

**Wucherzinsen** PL fahiş faiz *sg*

**Wuchs** [vu:ks] M ⟨-es⟩ büyüme, gelişme; (*Gestalt*) boy, cüsse

**Wucht** [vʊxt] F ⟨-; *ohne pl*⟩ güç, kuv-

vet, ağırlık; *e-s Aufpralls etc* etki, şiddet; *umg* **das ist 'ne ~!** harika!
**wuchtig** ['vʊxtɪç] ADJ heybetli, ağır; (*kraftvoll*) güçlü, şiddetli
**wühlen** VI ⟨h.⟩: **~ in** (*dat*) *-i* karıştırmak, eşelemek
**Wühltisch** M WIRTSCH indirimli dökme mal tezgâhı
**wulstig** ADJ uzunca ve şişkin
**wund** ADJ yaralı, bereli (*vücut*); **sich ~ liegen** yata yata yara olmak; **~ reiben** (sürterek) yara etmek; **~e Stelle** yara (olan yer); **~er Punkt** hassas nokta
**Wundbrand** M ⟨-es⟩ MED yara iltihabı; gangren
**Wunde** F ⟨-; -n⟩ yara
**Wunder** N ⟨-s; -⟩ mucize; *fig a.* harika; **~ an ...** harikası; **(es ist) kein ~, dass du müde bist** yorulduğuna şaşmamalı
**wunderbar** ADJ harika, şahane; (*wie ein Wunder*) mucizevî **~erweise** ADV mucize kabilinden
**Wunder|ding** N şaşılası/garip şey **~doktor** M *pej* üfürükçü **~glaube** M mucizelere inanma **♀hübsch** ADJ harika güzel, çok hoş **~kerze** F maytap **~kind** N harika çocuk
**wunderlich** ADJ garip, şaşılacak, acayip, tuhaf
**Wundermittel** N mucizevî ilaç
**wundern** ⟨h.⟩: A VI: **es wundert mich** şaşıyorum B VR: **sich ~ (über** *akk* -*e*) şaş(ır)mak, hayret etmek
**wunder|schön** ADJ harika güzel **~voll** ADJ muhteşem, harikulade **♀werk** N olağanüstü bir iş, şaheser
**Wund|fieber** N MED yaranın yaptığı ateş **~starrkrampf** M ⟨-s; *ohne pl*⟩ MED tetanos, *umg* kazıklı humma
**Wunsch** M ⟨-s; ⁼e⟩ arzu, istek; (*Glück♀*) tebrik, kutlama; (*Bitte*) rica; **auf j-s (eigenen) ~** b-nin (kendinin) isteği üzerine; **nach ~** isteğe göre; **mit den (meinen) besten Wünschen** en iyi dilekler(im)le **~bild** N ideal, ülkü **~denken** N ⟨-s; *ohne pl*⟩ hüsnükuruntu
**Wünschel|rute** F çatal değnek (*maden yatağı vs aramak için*) **~rutengänger(in)** M(F) çatal değnekle maden yatağı vs arayan
**wünschen** ⟨h.⟩: A VI istemek, dilemek, arzu etmek; **sich** (*dat*) **etw ~ (zu** *için*) kendine bş-i istemek; **das habe ich mir (schon immer) gewünscht** bu (hep) istediğim bir şeydi; **alles, was man sich** (*dat*) **nur ~ kann** insanın istiyebileceği her şey; **ich wünschte, ich wäre (hätte)** isterdim ki ... olayım (-im olsun) B VI: **Sie ~?** buyurun?, arzunuz nedir?; **wie Sie ~** nasıl arzu ederseniz; **viel zu ~ übrig lassen** -*in* çok eksiği/hatası var/olmak
**wünschenswert** ADJ istenir
**wunschgemäß** ADV istendiği üzere
**Wunsch|kind** N isteyerek yapılan (*od yapılmış*) çocuk **~konzert** N dinleyici/seyirci istekleri programı **♀los** ADV: **~ glücklich** halinden memnun **~traum** M hayal, ideal **~zettel** F istenen hediyeler listesi
**Würde** F ⟨-; -n⟩ haysiyet, onur; (*Erhabenheit*) heybet; **unter meiner ~** bana yakışmaz, seviyemin altında
**würdelos** ADJ haysiyetsiz
**Würdenträger(in)** M(F) rütbe/makam sahibi
**würdevoll** ADJ haysiyetli; (*ehrwürdig*) saygıdeğer; (*erhaben*) haşmetli, heybetli
**würdig** ADJ (*gen -e*) lâyık; (*würdevoll*) saygıdeğer; **er ist dessen nicht ~** o buna lâyık değil
**würdig|en** VI ⟨h.⟩ değerlendirmek, takdir etmek; **j-n keines Blickes ~** bakmaya bile tenezzül etmemek **♀ung** F ⟨-; -en⟩ takdir, değerlendirme
**Wurf** M ⟨-s; ⁼e⟩ atış; ZOOL yavrular *pl* (*bir batından doğan*)
**Würfel** M ⟨-s; -⟩ küp; zar (*oyun*)
**würfeln** ⟨h.⟩: A VI (**um** *için*) zar atmak; (*spielen*) zar oynamak B VI *Kochgut* küp şeklinde doğramak; **e-e Sechs ~** altı/şeş atmak
**Würfelzucker** M kesmeşeker
**Wurf|geschoss** N, *österr* **~geschoß** N mermi
**Wurfsendung(en** PL⟩ F POST bütün evlere dağıtılan, *adressiz gönderi*
**Würgegriff** M *in* boğazını sıkma
**würgen** ⟨h.⟩: A VI boğmaya çalışmak (*boğaz sıkarak*) B VI öğürmek; kusacak gibi olmak; **~ an** (*dat*) -*i* yutmaya çalışmak
**Wurm** M ⟨-s; ⁼er⟩ ZOOL solucan
**wurmen** VI ⟨h.⟩ *umg* -*in* ağırına gitmek
**Wurm|fortsatz** M apandis **~kur** F

MED solucan tedavisi **~mittel** N̄ MED solucan ilacı **⩗stichig** ADJ kurtlu, kurtlanmış
**Wurst** F̄ ⟨-; ⸚e⟩ sucuk, sosis, salam vs; umg **es ist mir (völlig) wurst!** bana vız gelir tırıs gider
**Würstchen** N̄ ⟨-s; -⟩ sosis; **Wiener** etc ~ Viyana vs usulü sosis; umg **armes ~** zavallı **~bude** F̄, **~stand** M̄ sosis büfesi
**Würze** F̄ ⟨-; -n⟩ baharat; (Geschmack) tat, lezzet, çeşni
**Wurzel** F̄ ⟨-; -n⟩ kök; **zweite (dritte) ~** kare (küp) kök; **die ~ (aus) e-r Zahl ziehen** bir sayının küpünü almak; **~n schlagen** kök salmak
**Wurzel|behandlung** F̄ MED kök tedavisi **⩗los** ADJ köksüz; fig köklerinden kopmuş
**wurzeln** V/I ⟨h.⟩: **~ in** -e kök salmak
**Wurzelwerk** N̄ ⟨-s; ohne pl⟩ kökler pl
**Wurzel|zeichen** N̄ MATH kök işareti **~ziehen** N̄ ⟨-s; ohne pl⟩ MATH kök alma
**würzen** V/T ⟨h.⟩ baharatlamak
**würzig** ADJ baharatlı
**wuschelig** ADJ umg kıvırcık, kıvır kıvır (saç)
**Wust**[1] M̄ ⟨-s; ohne pl⟩ karışıklık, hercümerç; (Unmenge) muazzam miktar, yığın
**Wust**[2] F̄ abk für Warenumsatzsteuer F̄ mal satış vergisi (Avusturya ve İsviçre)
**Wüste** F̄ ⟨-; -n⟩ çöl
**Wüstling** M̄ ⟨-s; -e⟩ sefih, hovarda
**Wut** F̄ ⟨-; ohne pl⟩ (**auf** akk **-e**) öfke, kızgınlık; **e-e ~ bekommen** öfkelenmek; **e-e ~ haben** öfkeli olmak **~anfall** M̄ öfkelenme
**wüten** V/I ⟨h.⟩: **~ gegen** -e karşı hiddet göstermek, tahribat yapmak
**wütend** ADJ (**auf** akk **-e**; **über** akk **-e**) dolayı) öfkeli; **ein ~er Sturm** çok şiddetli bir fırtına; **j-n ~ machen** b-ni çileden çıkarmak, öfkeden kudurtmak
**wutentbrannt** ADJ öfkeden kudurmuş
**Wz.** abk für Warenzeichen alameti farika, (tescilli) marka

# X

**x, X** [ıks] N̄ ⟨-; -⟩ x, X; **ich habe x Leute gefragt** bu kadar kişiye sordum
**x-Achse** ['ıks-] F̄ MATH x ekseni
**X-Beine** ['ıks-] PL MED bitişik diz
**x-beinig** ['ıks-] ADJ bitişik dizli
**x-beliebig** ['ıks-] ADJ: **jede(r, -s) x-beliebige ...** rasgele (biri), herhangi (biri)
**X-Chromosom** ['ıks-] N̄ x kromozomu
**Xenon** N̄ ⟨-s; ohne pl⟩ CHEM ksenon
**Xerografie** [-f-] F̄ ⟨-; ohne pl⟩ fotokopi
**x-fach** ['ıks-] ADV bilmemkaç kere
**x-förmig** ['ıks-] ADJ çarpı biçiminde
**x-mal** ['ıks-] ADV defalarca, umg bin kere
**x-te** ['ıkste] ADJ umg: **zum ~n Male** kaçıncı defa
**Xylofon** [-f-] N̄ ⟨-s; -e⟩ MUS ksilofon

# Y

**y, Y** ['ʏpsilɔn] N̄ ⟨-; -⟩ y, Y
**y-Achse** ['ʏpsilɔn-] F̄ MATH y ekseni
**Y-Chromosom** ['ʏpsilɔn-] N̄ y kromozomu
**Yen** [j-] M̄ ⟨-(s); -(s)⟩ WIRTSCH yen
**Yoga** [j-] M̄ u. N̄ ⟨-; ohne pl⟩ yoga
**Yogi** [j-] M̄ ⟨-s; -s⟩ yogi, yoga üstadı
**Yuppie** ['jʊpi, 'japi] M̄ ⟨-s; -s⟩ yupi

# Z

**z, Z** [tsɛt] N̄ ⟨-; -⟩ z, Z
**Z.** abk für Zeile F̄ satır

**Zack** M *umg*: **auf ~ sein** (in *dat* -de) çok iyi olmak; **etw auf ~ bringen** halletmek
**Zacke** F ⟨-; -n⟩ çentik, kertik; *Säge, Kamm, Briefmarke* diş
**zacken** VT ⟨h.⟩ çentmek, kertmek, -e diş çekmek
**Zackenschere** F zikzaklı makas
**zackig** ADJ çentikli, kertikli; (*gezahnt*) dişli; *Linie, Blitz* zikzaklı; *Felsen* sivri
**zaghaft** ADJ çekingen, ürkek, kararsız **♀igkeit** F ⟨-; *ohne pl*⟩ çekingenlik, kararsızlık
**zäh** ADJ sert, sağlam **~flüssig** ADJ koyu, ağdalı; *Verkehr* ağır, yavaş
**Zähigkeit** F ⟨-; *ohne pl*⟩ dayanıklılık, sağlamlık
**Zahl** F ⟨-; -en⟩ sayı; (*Ziffer*) rakam; **genaue ~en** kesin rakamlar; **römische ~en** Roma rakamları
**zahlbar** ADJ (**an** *akk* -e, **bei** -de) ödenecek(tir)
**zählbar** ADJ sayılabilir
**zahlen** VI *u.* VT ⟨h.⟩ ödemek; **~, bitte!** hesap, lütfen
**zählen** VI *u.* VI ⟨h.⟩ saymak; **~ auf** *akk* -e güvenmek; **~ zu den Besten** *etc* en iyilerinden *etc* sayılmak
**Zahlen|angaben** PL sayısal veriler/değerler **~folge** F sayı dizisi **♀mäßig** A ADJ sayısal B ADV: **j-m ~ überlegen sein** b-nden sayıca üstün olmak **~schloss** N şifreli kilit
**Zähler** M ⟨-s; -⟩ (*Gas*♀) sayaç; MATH pay **~ablesung** F sayaç okuma **~stand** M *sayacın gösterdiği değer*
**Zahl|grenze** F bilet ücreti (*od* kıta) sınırı **♀los** ADJ sayısız, hesapsız **~meister** M SCHIFF, MIL hesap memuru, maaş kâtibi **♀reich** A ADJ pek çok, bol B ADV kalabalık halde **~tag** M ödeme günü (*maaş, senet vs*)
**Zahlung** F ⟨-; -en⟩ ödeme; **e-e ~ leisten** bir ödemede bulunmak; **etw in ~ geben** ödemenin bir kısmı yerine bş vermek; **etw in ~ nehmen** ödemenin bir kısmı yerine bş almak
**Zählung** F ⟨-; -en⟩ sayım; (*Volks*♀) nüfus sayımı
**Zahlungs|anweisung** F ödeme talimatı; (*Überweisung*) para havalesi **~aufforderung** F ödeme talebi **~aufschub** M borç erteleme **~auftrag** M ödeme talimatı **~bedingungen** PL ödeme şartları **~befehl** M ödeme emri
**Zahlungsbilanz** F ödemeler dengesi/bilançosu **~defizit** N ödemeler dengesi açığı **~überschuss** M ödemeler dengesi fazlalığı
**Zahlungs|einstellung** F ödemelerin durdurulması **~empfänger(in)** M(F) ödemeyi alan **~erleichterungen** PL ödeme kolaylıkları **♀fähig** ADJ ödeme gücü olan, ödeyebilir **~frist** F ödeme süresi/mühleti **♀kräftig** ADJ *umg* ödeme gücü yüksek **~mittel** N ödeme aracı, para; **gesetzliches ~** cari (*od* tedavüldeki) para **♀pflichtig** ADJ ödemekle yükümlü **~schwierigkeiten** PL ödeme zorlukları **~termin** M ödeme günü/tarihi **♀unfähig** ADJ âciz, borcunu ödeyemez **~verkehr** M ödeme işlemleri **~verpflichtung** F ödeme yükümlülüğü; **s-n ~en pünktlich nachkommen** ödeme yükümlülüklerini gecikmesiz yerine getirmek **~verzug** M ödemede gecikme; **in ~ geraten** ödemede gecikmek
**Zählwerk** N TECH sayaç
**Zahlwort** N ⟨-s; ̈-er⟩ GRAM sayı sıfatı
**zahm** ADJ evcil, uysal
**zähmbar** ADJ evcilleştirilebilir
**zähmen** A VT ⟨h.⟩ evcilleştirmek; *fig* uysallaştırmak B VR: **sich ~** kendine hakim olmak
**Zähmung** F ⟨-; *ohne pl*⟩ evcilleştirme; uysallaştırma
**Zahn** M ⟨-s; ̈-e⟩ diş; **die dritten Zähne** takma diş(ler); *fig* **der ~ der Zeit** zamanın etkisi/aşındırması; *fig* **j-m auf den ~ fühlen** b-nin nabzını yoklamak; *umg* **e-n ~ zulegen** gaza basmak
**Zahn|arzt** M diş hekimi/tabibi, *umg* dişçi **~arzthelferin** F ⟨-; -nen⟩ diş hekimi asistanı **~ärztin** F ⟨-; -nen⟩ diş hekimi/tabibi (kadın) **♀ärztlich** ADJ diş hekimliği *subst* **~arztpraxis** F diş hekimi muayenehanesi **~behandlung** F diş tedavisi **~belag** M dıştaşı, tartar **~bett** N dişyuvası **~bürste** F diş fırçası **~creme** F diş macunu
**zähneknirschend** ADV istemeye istemeye
**zahnen** ⟨h.⟩ VI diş çıkarmak
**zähnen** VT ⟨h.⟩ TECH tırtıllamak; -e diş çekmek

**Zahn|ersatz** M diş protezi, *umg* takma diş **~fäule** F diş çürüğü **~fleisch** N dişeti **~fleischbluten** N dişeti kanaması **~füllung** F dolgu **~hals** M diş boynu **~klinik** F diş kliniği **~kranz** M TECH dişli çember **~krone** F MED *dişin dişeti dışındaki kısmı* **~labor** N diş laboratuarı **⚲los** ADJ dişsiz **~lücke** F diş boşluğu **~medizin** F ⟨-; *ohne pl*⟩ diş hekimliği **~mediziner(in)** M(F) diş hekimi **~nerv** M diş siniri **~pasta** F, **~paste** F diş macunu **~pflege** F diş bakımı **~prothese** F diş protezi

**Zahnrad** N TECH dişli çark **~antrieb** M dişliyle tahrik **~bahn** F dişli demiryolu

**Zahn|schmerzen** PL diş ağrısı *sg* **~seide** F diş ipeği **~spange** F diş teli **~stange** F TECH dişli demir **~stein** M MED tartar **~stocher** M ⟨-s; -⟩ kürdan **~stummel** M kırılan dişten kalan parça **~technik** F diş teknisyenliği **~techniker(in)** M(F) diş teknisyeni **~weh** N ⟨-s; *ohne pl*⟩ diş ağrısı **~wurzel** F diş kökü

**Zander** M ⟨-s; -⟩ ZOOL sudak, uzunlevrek

**Zange** F ⟨-; -n⟩ pense; (*Kneif⚲*) kerpeten; (*Greif⚲, Zucker⚲*) maşa

**Zankapfel** M ⟨-s; *ohne pl*⟩ uğrunda savaşılan şey

**zanken** V/R ⟨h.⟩ (**um** için) kavga etmek, dalaşmak

**Zankerei** F ⟨-; -en⟩ dalaşma, hırlaşma

**zänkisch** ADJ kavgacı, huysuz

**Zäpfchen** N ⟨-s; -⟩ ANAT küçük dil; MED fitil, süpozitoru

**zapfen** V/T ⟨h.⟩ (fıçıdan) çekmek (*bira*)

**Zapfen** M ⟨-s; -⟩ (*Fasshahn*) fıçı musluğu; TECH (*Pflock*) kazık, mil; (*Spund*) tıpa, tıkaç; (*Verbindungs⚲*) yuva dili, erkek geçme parçası; (*Dreh⚲*) eksen, mil; BOT kozalak

**Zapfenstreich** M MIL kışlaya dönüş saati

**Zapf|hahn** M fıçı musluğu **~pistole** F AUTO yakıt musluğu/tabancası **~säule** F AUTO akaryakıt pompası

**Zappelei** F ⟨-; *ohne pl*⟩ *umg* kıpırdanıp/tepinip durma

**zapp(e)lig** ADJ *umg* rahat durmaz, kurtlu

**zappeln** V/I ⟨h.⟩ *umg*: **j-n ~ lassen** b-ni

(özellikle/inadına) bekletmek; *umg* **vor Aufregung ~** heyecandan yerinde duramamak

**Zappelphilipp** M ⟨-s; -e⟩ *umg* kurtlu

**zappen** ['zɛp(ə)n] V/I ⟨h.⟩ *umg* zapping yapmak

**Zar** [tsa:ɐ] M ⟨-en; -en⟩ çar

**Zarge** F ⟨-; -n⟩ TECH Tür kasa; *Geige* kasnak

**Zarin** F ⟨-; -nen⟩ çariçe

**zart** ADJ *Fleisch etc* yumuşak; *Farben etc* hoş; (*sanft*) hassas, nazik, ince

**zartbesaitet** ADJ duyarlı, ince duygulu

**zartbitter** ADJ acımtırak (*çikolata*)

**zartfühlend** ADJ ince duygulu, halden anlar

**zartgliedrig** ADJ narin yapılı

**Zartheit** F ⟨-; *ohne pl*⟩ narinlik, yumuşaklık

**zärtlich** ADJ sevecen, şefkatli **⚲keit** F ⟨-; -en⟩ sevecenlik; (*Liebkosung*) okşama

**Zäsur** F ⟨-; -en⟩ MUS durak; kesinti

**Zauber** M ⟨-s; *ohne pl*⟩ sihir, büyü **~ei** F ⟨-; *ohne pl*⟩ sihirbazlık, büyücülük **~er** M ⟨-s; -⟩ sihirbaz, büyücü **~formel** F tılsımlı söz **⚲haft** ADJ *fig* büyüleyici **~in** F ⟨-; -nen⟩ büyücü kadın **~kraft** F tılsım **~künstler(in)** M(F) sihirbaz, hokkabaz **~kunststück** N hokkabazlık

**zaubern** A V/T büyüyle elde etmek B V/I ⟨h.⟩ büyü yapmak; *im Zirkus etc* sihirbazlık yapmak

**Zauber|spruch** M sihirli söz, büyü ibaresi **~stab** M sihirli değnek, sihirbaz değneği **~trank** M tılsımlı içecek **~wort** N ⟨-s; -e⟩ sihirli söz

**zaudern** V/I ⟨h.⟩ çekinmek, tereddüt etmek

**Zaum** M ⟨-s; ̈-e⟩ at başlığı, dizgin ve gem; **(sich) im ~ halten** (kendini) dizginlemek

**zäumen** V/T ⟨h.⟩ dizginlemek

**Zaumzeug** N at başlığı

**Zaun** M ⟨-s; ̈-e⟩ çit, bahçe parmaklığı; **e-n Streit vom ~ brechen** hiç yoktan kavga çıkarmak **~gast** M bedava seyirci, *umg* beleşçi **~könig** M ZOOL çitkuşu, boklucabülbül **~pfahl** M çit kazığı; *umg* **ein Wink mit dem ~** fazla açık bir ima

**z. B.** *abk für* **zum Beispiel** mesela (mes.), örneğin (örn.)

**Zebrastreifen** M çizgili yaya geçidi
**Zeche¹** F ⟨-; -n⟩ *Bergbau* maden ocağı
**Zeche²** F ⟨-; -n⟩ içki masrafı; *fig* **die ~ bezahlen müssen** hesabı ödemek zorunda olmak/kalmak
**Zechpre!ler** M ⟨-s; -⟩ hesabı ödemeden kaçan; *fig* dolandırıcı
**Zecke** F ⟨-; -n⟩ kene
**Zeh** M ⟨-s; -en⟩, **~e** F ⟨-; -n⟩ ayak parmağı; **große (kleine) ~e** büyük (küçük) ayak parmağı; **j-m auf die ~en treten** b-ne baskı yapmak; *(kränken)* b-ni incitmek
**Zehennagel** M ayak tırnağı
**Zehenspitze** F ayak (parmakları) ucu; **auf ~n gehen** ayaklarının ucuna basarak yürümek
**zehn** ADJ on
**Zehner** M ⟨-s; -⟩ *umg* → Zehneuroschein
**Zehner|karte** F onluk bilet **~packung** F onluk ambalaj **~stelle** F MATH onlar basamağı/hanesi
**Zehneuroschein** M on avro(luk banknot)
**zehnfach** ADJ on kat
**Zehnfache** N ⟨-n; *ohne pl*⟩: **um das ~** *-in* on katı *(daha çok vs)*
**Zehnfingersystem** N on parmak metodu
**zehnjährig** ADJ: **ein ~es Kind** on yaşında(ki) bir çocuk; **~e Ehe** *etc* on yıllık evlilik vs
**Zehn|kampf** M *Leichtathletik* dekatlon **~kämpfer(in)** M(F) dekatloncu
**zehnmal** ADV on kez
**zehnt** ADJ onuncu
**zehntausend** ADJ on bin; **die oberen 2** toplumun kaymağı; **Zehntausende von ... -in** on binlercesi
**Zehntel** N ⟨-s; -⟩ onda (bir vs)
**Zehntelsekunde** F onda bir saniye
**zehntens** ADV onuncu olarak, onuncusu
**zehren** V/i ⟨h.⟩: **~ von** *-den* geçinmek *(hazır bş-den)*; **von s-m Kapital ~** sermayesini yemek; **~ an** *-i* yormak, tüketmek
**Zeichen** N ⟨-s; -⟩ işaret; *(Art⁎)* belirti; *(Signal)* a. sinyal; *(Merk⁎)* mim; **j-m ein ~ geben** b-ne işaret vermek; **ein ~ für** *(od* von*)* bir ... işareti; **ein (od zum) ~ meiner Dankbarkeit** teşekkürümün bir işareti olarak; **im ~ stehen von** *(od gen) -in* izini taşımak; **unser ~** sayı; **Ihr ~** ilgi
**Zeichen|block** M çizim (kağıdı) bloku **~code** M IT karakter kodu **~erklärung** F *(für, zu -de* kullanılan*)* işaretler *(haritada vs)* **~heft** N çizim *(umg* resim*)* defteri **~lehrer(in)** M(F) çizim/resim öğretmeni **~papier** N çizim kağıdı **~programm** N IT çizim programı **~satz** M IT karakter seti **~setzung** F ⟨-; *ohne pl*⟩ GRAM noktalama **~sprache** F işaret dili **~trickfilm** M çizgi film **~unterricht** M çizim dersi
**zeichnen** V/i *u.* V/t ⟨h.⟩ çizmek; *Scheck* imza etmek; *Aktien* taahhüt etmek; *fig* işaretlemek, işaret bırakmak; **er war von der Krankheit gezeichnet** hastalığın (derin) izlerini taşıyordu; **für e-n Fonds** bir fona taahhüt vermek; **verantwortlich ~ für** *-den* sorumlu olarak imzalamak
**Zeichner** M ⟨-s; -⟩, **-in** F ⟨-; -nen⟩ çizimci; WIRTSCH abone, taahhüt eden
**zeichnerisch** ADJ çizimci olarak; **~e Begabung haben**, **~ begabt sein** *-in* çizimci yeteneği var/olmak
**Zeichnung** F ⟨-; -en⟩ resim, çizim; *(Grafik)* grafik; ZOOL doğal renk/şekil; **e-e Anleihe zur ~ auflegen** senedi taahhüde sunmak
**zeichnungsberechtigt** ADJ imzaya yetkili
**Zeigefinger** M işaretparmağı
**zeigen** ⟨h.⟩ A V/t göstermek B V/R: **sich ~** görünmek, gözükmek; **sich von s-r besten Seite ~** iyi bir izlenim bırakmaya çalışmak C V/i: **~ auf** *(akk)* **(nach)** *-e* işaret etmek, *-i* göstermek D V/UNPERS: **es wird sich ~**, **wer recht hat** kimin haklı olduğu (daha) belli olacak
**Zeiger** M ⟨-s; -⟩ *(Uhr⁎)* gösterge, *kleiner* akrep, *großer* yelkovan; TECH gösterge, ibre, iğne
**Zeigestock** M değnek *(konuşmacı elinde)*
**Zeile** F ⟨-; -n⟩ satır; **j-m ein paar ~n schreiben** b-ne birkaç satır yazmak
**Zeilen|abstand** M satır arası/aralığı **~drucker** M IT satır yazıcı **~honorar** N *satır sayısına göre* harcanan fiyat **~vorschub** M satırbaşı (tuşu vs)
**zeilenweise** ADV satır satır; *(nach Zei-*

*len*) satır hesabıyla

**Zeisig** M ‹-s; -e› ZOOL karabaşlı iskete; *fig* uçarı

**Zeit** F ‹-; -en› zaman, vakit; (*~alter*) *a.* çağ, dönem; GRAM zaman; **die ~ ist um** vakit tamam/doldu; **die ~ nutzen** vakti değerlendirmek; **die ganze ~ (hindurch)** onca zaman (boyunca); **e-e lang ist**; **es wird ~, dass ...** -menin zamanı geliyor; **(für) einige ~** bir süre (için); **freie ~** boş zaman; **ich habe keine ~** (hiç) vaktim yok; **in der** (*od* **zur**) **~** (*gen*) (*-in*) zamanında; **in letzter ~** son zamanlarda; **in nächster ~** en yakın zamanda; **mit der ~** zamanla, yavaş yavaş; **mit der ~ gehen** zamana uymak; **seit dieser ~** o günden beri; **sich** (*dat*) **~ lassen** acele etmemek; **sich** (*dat*) **~ nehmen für ...** için zaman ayırmak; **von ~ zu ~** zaman zaman; **vor einiger ~** bir süre önce; **... aller ~en** bütün zamanların -(s)i; **das waren noch ~en** (o günler) ne günlerdi; *umg* (**ach,**) **du liebe ~!** bak sen şu işe!; → **zurzeit**

**Zeit|abschnitt** M süre, dönem, devir **~alter** N çağ, dönem **~angabe** F zamanı belirtme **~ansage** F TEL saat anonsu **~arbeit** F geçici iş, süresi sınırlı iş **~aufnahme** F FOTO uzun pozlu çekim **~aufwand** M (für) için zaman harcama; **mit großem ~ verbunden sein** çok zaman istemek/gerektirmek **~aufwendig** ADJ zaman isteyen **~begriff** M zaman kavramı **~bombe** F saatli bomba **~dauer** F süre **~differenz** F FLUG saat farkı **~dokument** N zaman(ın) belgesi **~druck** M ‹-s; *ohne pl*›: **unter ~ stehen** -in zamanı çok dar olmak

**Zeitenfolge** F GRAM temel ve yan cümle zamanları arasındaki ilişki

**Zeit|faktor** M zaman faktörü **~frage** F: **es ist e-e ~** bu bir zaman meselesi **~gefühl** N ‹-s; *ohne pl*› zaman duygusu **~geist** M zaman(ın) ruhu ²**gemäß** ADJ çağdaş, zamana uygun ²**genosse** M, **~genossin** F çağdaş ²**genössisch** ADJ çağdaş **~geschehen** N güncel olaylar **~geschichte** F ‹-; *ohne pl*› yakın geçmiş ve günümüz tarihi **~gewinn** M ‹-s; *ohne pl*› zaman kazanma ²**gleich** ADJ aynı anda

**zeitig** ADJ *u.* ADV erken

**Zeitkarte** F abone kartı, paso

**zeitkritisch** ADJ zaman(ını) eleştiren

**zeitlebens** ADV hayatı boyunca

**zeitlich** A ADJ zaman *subst*, zamansal B ADV: **etw ~ planen** (*od* **abstimmen**) bşının zamanını planlamak (*od* ayarlamak); **~ begrenzt** zamanca sınırlı; **es passt mir ~ nicht** zaman bakımından bana uymuyor

**zeitlos** ADJ modaya bağlı olmayan

**Zeit|lupe** F ‹-; *ohne pl*› FILM yavaşlatılmış hareket; **in ~** yavaşlatılmış hareketle **~not** F ‹-; *ohne pl*›: **in ~ sein** *-in* zamanı çok dar olmak **~plan** M program; (*Fahrplan etc*) tarife **~punkt** M an; (*Termin*) tarih; **zum ~** (*gen*) ...(-*in*) tarihinde; **zu e-m späteren ~** ileriki bir tarihte

**zeitraubend** ADJ zaman alıcı/isteyen

**Zeit|raum** M süre, zaman dilimi **~rechnung** F: **unserer ~** bizim takvimimizle **~schalter** M ELEK timer, taymer **~schrift** F dergi

**Zeitspanne** F süre, zaman dilimi

**zeitsparend** ADJ zamandan tasarruf eden/edici

**Zeitung** F ‹-; -en› gazete; **in der ~ steht, dass** gazetede -*in* -diği yazıyor

**Zeitungs|abonnement** N gazete abonmanı **~artikel** M gazete yazısı **~ausschnitt** M (gazete) kupürü(ü), kesik **~beilage** F gazete eki **~bericht** M gazete haberi **~ente** F *umg* balon (haber) **~händler(in)** M(F) gazete bayii **~junge** M gazete satan/dağıtan oğlan **~kiosk** M gazete büfesi **~leser(in)** M(F) gazete okuyucusu/okuru **~meldung** F gazete haberi **~notiz** F kısa haber **~papier** N gazete kağıdı **~redakteur(in)** M(F) sayfa sekreteri, *umg* gazeteci **~stand** M gazete satış standı **~ständer** M gazetelik **~stil** M gazete üslubu **~verkäufer(in)** M(F) gazeteci (*satıcı*) **~verleger(in)** M(F) gazete yayıncısı, *umg* gazete sahibi **~wesen** N ‹-s; *ohne pl*› gazetecilik; (*Presse*) basın

**Zeit|unterschied** M FLUG saat farkı **~verlust** M ‹-s; *ohne pl*› zaman kaybı; **den ~ aufholen** zaman kaybını telafi etmek **~verschwendung** F zaman israfı **~vertreib** M ‹-s; -e› zaman geçirme, oyalanma; **zum ~** zaman geçirmek için

**zeitweilig** A ADJ geçici B ADV zaman zaman, ara sıra
**zeitweise** ADV zaman zaman, ara sıra
**Zeit|wert** M WIRTSCH o/şu andaki değer **~wort** N ⟨-s; ⸚er⟩ GRAM fiil **~zeichen** N *Rundfunk* saat ayarı **~zone** F (dünya) saat dilimi **~zünder** M zaman ayarlı ateşleyici
**zelebrieren** VT ⟨ohne ge-, h.⟩ ... törenî yapmak
**Zell|atmung** F hücre solunumu **~bau** M ⟨-s; ohne pl⟩ hücre yapısı **~bildung** F hücre oluşumu
**Zelle** F ⟨-; -n⟩ hücre; TEL kulübe
**Zell|gewebe** N hücre dokusu **~kern** M hücre çekirdeği
**Zellophan** [-'fa:n] N ⟨-s; ohne pl⟩ selofan
**Zellstoff** M selüloz
**Zellteilung** F hücre bölünmesi
**zellular** ADJ hücresel
**Zellulitis** → Cellulitis
**Zelluloid** [-'loyt] N ⟨-s; ohne pl⟩ selüloit
**Zellulose** F ⟨-; -n⟩ selüloz
**Zellwand** F hücre çeperi
**Zelt** N ⟨-(e)s; -e⟩ çadır; **ein ~ aufschlagen (abbrechen)** çadır kurmak (sökmek); *umg* **s-e ~e aufschlagen** postunu sermek; **s-e ~e abbrechen** terki diyar etmek
**Zeltdach** N ARCH çadırörtüsü
**zelten** VI ⟨h.⟩ kamp yapmak; **Zelten verboten!** çadır kurmak yasaktır
**Zelt|lager** N çadır kampı **~platz** M kamp yeri; *gewerblich* kamping **~stadt** F çadırkent
**Zement** M ⟨-s; -e⟩ çimento
**zementieren** VT ⟨ohne ge-, h.⟩ çimentolamak; *fig* ayakta tutmak (*kötü bir durumu*)
**Zenit** M ⟨-s; ohne pl⟩: **im ~** dorukta, zirvede
**zensieren** VT ⟨ohne ge-, h.⟩ sansürlemek; *Schule* -e not vermek
**Zensor** M ⟨-s; -en⟩ sansür yetkilisi
**Zensur** F ⟨-; ohne pl⟩ sansür; *Schule* not; **der ~ unterliegen** sansüre tabi olmak; **gute ~en haben** *-in* notları iyi olmak
**Zentimeter** M, *a.* N ⟨-s, -⟩ santimetre
**Zentner** M ⟨-s; -⟩ elli kilo
**zentral** ADJ merkezi; **~ gelegen sein** merkezî bir yerde olmak; **das ~e Problem** ana sorun
**Zentralbank** F ⟨-; -en⟩ merkez bankası
**Zentrale** F ⟨-; -n⟩ merkez; (*Telefon*⸚) santral; TECH kontrol odası
**Zentralheizung** F kalorifer
**zentral|isieren** VT ⟨ohne ge-, h.⟩ merkezileştirmek **⸚ismus** M ⟨-; ohne pl⟩ POL merkeziyetçilik **~istisch** ADJ merkeziyetçi
**Zentral|komitee** N merkez komitesi **~massiv** N GEOG orta kütle **~nervensystem** N merkezi sinir sistemi **~organ** N resmi organ **~verband** M WIRTSCH federasyon
**zentrieren** VT ⟨ohne ge-, h.⟩ ortalamak
**zentrifugal** ADJ merkezkaçlı, santrifüjlü
**Zentrifugalkraft** F merkezkaç kuvveti
**Zentrifuge** F ⟨-; -n⟩ santrifüj
**zentrisch** ADJ merkezdeki
**Zentrum** N ⟨-s; Zentren⟩ merkez; **im ~ von München** Münih'in merkezinde; **sie stand im ~ des Interesses** ilginin merkezi halindeydi
**Zeppelin** [-li:n] M ⟨-s; -e⟩ FLUG zeplin
**Zepter** N ⟨-s; -⟩ asa (*hükümdarın*)
**zerbeißen** VT ⟨irr, ohne ge-, h.⟩ ısırıp parçalamak
**zer|bomben** VT ⟨ohne -ge-, h.⟩ bombalayarak yıkmak **~bombt** ADJ bombalanarak yıkılmış
**zerbrech|en** ⟨irr, ohne -ge-⟩ A VT ⟨h.⟩ kırmak, kırıp parçalamak B VI ⟨s.⟩ kırılmak **~lich** ADJ kırılır; **Vorsicht, ~!** dikkat kırılacak eşya!
**zerbröckeln** A VT ⟨ohne -ge-, h.⟩ ufalamak B VI ⟨ohne -ge-, s.⟩ ufalanmak
**zerdrücken** VT ⟨ohne -ge-, h.⟩ basıp öldürmek; *Kartoffeln* ezmek, püre yapmak; *Kleidung* buruşturmak
**zerebral** ADJ MED beyinsel
**Zeremon|ie** [tseremo'ni:, -'mo:niə] F ⟨-; -n⟩ tören, merasim **⸚iell** [-mo-'niɛl] ADJ tören *subst* **~iell** N ⟨-s; -e⟩ tören, teşrifat
**zerfallen**[1] VI ⟨irr, ohne -ge-, s.⟩ çözülmek; **~ in** çözülüp ... haline gelmek; **~ zu** CHEM ... olarak ayrışmak

**zerfallen²** ADJ kavgalı, küs
**zerfetzen** VT ⟨ohne -ge-, h.⟩ parça parça etmek
**zerfleddern** VT ⟨ohne -ge-, h.⟩ pıyrım pıyrım etmek
**zerfleischen** ⟨ohne -ge-, h.⟩ A VT paralamak; fig **einander ~** birbirine azap vermek B VR: **sich ~ (vor** -*in*) azabını çekmek
**zerfließen** VI ⟨irr, ohne -ge-, s.⟩ eriyip gitmek
**zerfressen¹** VT ⟨irr, ohne -ge-, h.⟩ yemek (*suretiyle zarar vermek*); CHEM, TECH aşındırmak
**zerfressen²** ADJ: **von Motten ~** güve yeniği(yle) dolu; **vom Rost ~** pas yemiş; **von Neid ~** kıskançlıktan erimiş
**zerfurcht** ADJ buruşuk, kırışık (*yüz*)
**zergehen** VI ⟨irr, ohne -ge-, s.⟩ erimek, eriyip gitmek
**zergliedern** VT ⟨ohne -ge-, h.⟩ parçalarına ayırmak (*anla(t)mak için*)
**zerhacken** VT ⟨ohne -ge-, h.⟩ kıymak, doğramak
**zerhauen** VT ⟨ohne -ge-, h.⟩ vurup parçalamak
**zerkauen** VT ⟨ohne -ge-, h.⟩ iyice çiğnemek
**zerkleinern** VT ⟨ohne -ge-, h.⟩ küçük küçük parçalamak; (*zermahlen*) öğütmek
**zerklüftet** ADJ yarık yarık
**zerknirscht** ADJ pişman; **~ sein (über** -*den*) pişman olmak
**Zerknirschung** F ⟨-; *ohne pl*⟩ pişmanlık
**zerknittern** A VT ⟨ohne -ge-, h.⟩ buruşturmak B VI ⟨s.⟩ buruşmak
**zerknüllen** VT ⟨ohne -ge-, h.⟩ (*kâğıdı*) buruşturmak
**zerkratzen** VT ⟨ohne -ge-, h.⟩ tırmalamak
**zerlassen** VT ⟨ohne -ge-, h.⟩ eritmek
**zerlaufen** VI ⟨irr, o -ge-, s.⟩ erimek
**zerlegbar** ADJ ayrılabilir; sökülebilir
**zerlegen** VT ⟨ohne -ge-, h.⟩ parçalarına ayırmak; *Möbel, Maschine a.* sökmek, demonte etmek; *Fleisch* dilimlemek; CHEM *u. fig* çözüm(leme)mek
**zerlöchert** ADJ delik deşik
**zerlumpt** ADJ üstü başı perişan (*od lime lime, yırtık pırtık*)
**zermahlen** VT ⟨irr, ohne -ge-, h.⟩ (*değirmende*) öğütmek
**zermalmen** VT ⟨ohne -ge-, h.⟩ ezip parçalamak, *umg -in* pestilini çıkarmak
**zermartern** VT ⟨ohne -ge-, h.⟩: **sich** (*dat*) **den Kopf ~** (**über** *üzerine*) kafa patlatmak
**zermürben** VT ⟨ohne -ge-, h.⟩ yıpratmak, *-in* direncini kırmak
**zerplatzen** VI ⟨ohne -ge-, s.⟩ (**vor** *dat -den*) patlamak
**zerquetschen** VT ⟨ohne -ge-, h.⟩ çiğneyip ezmek
**Zerrbild** N karikatür; (*Darstellung*) gerçeği çarpıtan anlatım; **ein ~ von ...** bozuntusu
**zerreden** VT ⟨ohne -ge-, h.⟩ konuşa konuşa mahvetmek
**zerreiben** VT ⟨irr, ohne -ge-, h.⟩ ezmek, öğütmek
**zerreißen** ⟨irr, ohne -ge-⟩ A VT ⟨h.⟩ yırtıp ayırmak, parçalamak; (*dat*) **die Hose ~** pantolonunu yırtmak B VI ⟨s.⟩ yırtılmak; *Seil* kopmak C VR: **sich (fast) ~** didinmek, uğraşmak
**zerren** ⟨h.⟩ A VT çekmek, sürüklemek; **sich** (*dat*) **e-n Muskel ~** MED *-in* lifi kopmak B VI (**an** *dat -i*) çek(iştir)mek, sürüklemek
**zerrinnen** VI ⟨irr, ohne -ge-, s.⟩ (*a. fig Geld*) eriyip gitmek; *Träume* yok olup gitmek
**Zerrung** F ⟨-; -en⟩ MED lif kopması
**zerrütt|en** VT ⟨ohne -ge-, h.⟩ sarsmak, bozmak **~et** ADJ *Ehe* JUR şiddetli geçimsizlikten dolayı yürümez halde; **~e Verhältnisse** sarsılmış durum *sg* (*od* ilişkiler *pl*) **⚫ung** F ⟨-; -en⟩ JUR şiddetli geçimsizlik
**zersägen** VT ⟨ohne -ge-, h.⟩ parça parça kesmek (*testereyle*)
**zerschellen** VI ⟨ohne -ge-, s.⟩ çarparak parçalanmak
**zerschlagen¹** ⟨irr, ohne -ge-, h.⟩ A VT vurup parçalamak; *fig* yok etmek, dağıtmak B VR: **sich ~** *Pläne etc* suya düşmek, sonuçsuz kalmak
**zerschlagen²** ADJ kırılmış, parça parça; *umg* **sich wie ~ fühlen** kendini çok bitkin hissetmek
**zerschlissen** ADJ partal, lime lime
**zerschmettern** VT ⟨ohne -ge-, h.⟩ paramparça etmek
**zerschneiden** VT ⟨irr, ohne -ge-, h.⟩

(parça parça) kesmek
**zersetz|en** ⟨ohne -ge-, h.⟩ VT parçalamak; VR: **sich ~** CHEM ayrışmak **ºung** F ⟨-; ohne pl⟩ CHEM ayrış(tır)ma; parçalama
**zersplittern** VI ⟨ohne -ge-, s.⟩ Glas tuz(la) buz olmak; VR: **sich ~** h. bölünmek, dağılmak
**zerspringen** VI ⟨irr, ohne -ge-, s.⟩ çatlamak, yarılmak; *völlig* paramparça olmak
**zerstampfen** VT ⟨ohne -ge-, h.⟩ ezmek (*ayakla çiğneyerek*); dövmek (*havanda*)
**zerstäub|en** VT ⟨ohne -ge-, h.⟩ püskürtmek, sıkmak **ºer** M ⟨-s; -⟩ püskürteç
**zerstechen** VT ⟨irr, o -ge-, h.⟩: **j-n ~** b-nin her tarafını sokmak (*Mücken etc*)
**zerstör|en** VT ⟨ohne -ge-, h.⟩ mahvetmek, tahrip etmek, yıkmak; **j-s Hoffnungen ~** b-nin ümitlerini kırmak **ºer** M ⟨-s, -⟩ tahrip eden, yıkıcı; MIL muhrip, destroyer **~erisch** ADJ yıkıcı **ºung** F ⟨-; -en⟩ yıkma, yıkım, tahrip
**Zerstörungs|trieb** M yıkma güdüsü **~werk** N tahrip, yıkma **~wut** F tahripkârlık, vandalizm
**zerstreu|en** ⟨ohne -ge-, h.⟩ VT serpmek, dağıtmak, yaymak VR: **sich ~** serpilmek, yayılmak; *Menge* dağılmak; *fig* eğlenmek, oyalanmak
**zerstreut** ADJ *fig* dalgın **ºheit** F ⟨-; ohne pl⟩ dalgınlık
**Zerstreuung** F ⟨-; -en⟩ *fig* eğlence, oyalanma
**zerstückeln** VT ⟨ohne -ge-, h.⟩ parçalamak, parça parça etmek
**zerteilen** ⟨ohne -ge-, h.⟩ VT bölmek, ayırmak VR: **sich ~** bölünmek, ayrılmak
**Zertifikat** N ⟨-s; -e⟩ sertifika, belge
**zertrampeln** VT ⟨ohne -ge-, h.⟩ çiğnemek, ezmek (*tepinerek*)
**zertrennen** VT ⟨ohne -ge-, h.⟩ parçalarına ayırmak; *Kleidung* sökmek
**zertreten** VT ⟨irr, ohne -ge-, h.⟩ çiğnemek, ezmek (*ayakla*)
**zertrümmern** VT ⟨ohne -ge-, h.⟩ harap etmek; MED dağıtmak
**zerwühlen** VT ⟨ohne -ge-, h.⟩ altüst etmek
**Zerwürfnis** N ⟨-ses; -se⟩ bozuşma, kavga
**zerzaust** ADJ darmadağın, karmakarışık
**zetern** VI ⟨h.⟩ *umg* yaygara koparmak; (*schimpfen*) sövüp saymak
**Zettel** M ⟨-s; -⟩ kağıt (parçası), pusula; (*Klebeº*) (yapışkan) etiket, çıkartma; (*Karteikarte*) fiş **~kartei** F kartotek
**Zeug** N ⟨-s; ohne pl⟩ madde, şey; *fig pej* pılı pırtı, zamazingo; (*Sachen*) eşya; **er hat das ~ dazu** onun buna yeteneği var; **dummes ~** saçmalık
**Zeuge** M ⟨-n; -n⟩ şahit, tanık; **~ der Anklage** iddia makamının şahidi; **~n der Vergangenheit** geçmişin tanıkları
**zeugen¹** VT ⟨h.⟩: **Mann ein Kind ~** çocuk yapmak (*od pej* peydahlamak)
**zeugen²** VI ⟨h.⟩ şahitlik etmek; **~ von** -e tanıklık etmek
**Zeugen|aussage** F JUR şahit ifadesi **~bank** F, **~stand** M şahit yeri (*duruşma salonunda*)
**Zeugin** F ⟨-; -nen⟩ şahit (kadın)
**Zeugnis** N ⟨-ses; -se⟩ *Schule* karne; (*Prüfungsº*) diploma; (*Arbeitsº*) bonservis; **~se** *pl* belgeler; **~ ablegen** (*od* **geben**) (**für, von** -*den*) söz etmek **~verweigerungsrecht** N JUR şahitlikten kaçınma hakkı
**Zeugung** F ⟨-; -en⟩ dölleme, ilkah
**Zeugungsakt** M dölleme edimi, çiftleşme
**zeugungsfähig** ADJ dölleme yeterliği olan **ºkeit** F ⟨-; ohne pl⟩ dölleme yeterliği
**zeugungsunfähig** ADJ dölleme yeterliği olmayan **ºkeit** F ⟨-; ohne pl⟩ dölleme yetersizliği, kısırlık
**z. Hd.** *abk für* **zu Händen (von)** ... dikkatine
**Zi.** A *abk für* **Zimmer** N oda B *abk für* **Ziffer** F sayı, rakam, numara (*no.*)
**Zicke** F ⟨-; -n⟩ cadaloz
**Zicken** *umg* **mach keine ~!** zıpırlık etme!
**zickig** ADJ *umg Mädchen*, *Frau* kaprisli
**Zickzack** M ⟨-s; -e⟩: **im ~ gehen** (*od* **fahren**) zikzak çizerek gitmek
**Ziege** F ⟨-; -n⟩ ZOOL (dişi) keçi; *umg* **blöde ~** pis karı
**Ziegel** M ⟨-s; -⟩ tuğla; (*Dachº*) kiremit **~dach** N kiremit(li) çatı **ºrot** ADJ kiremidi, tuğla kırmızısı **~stein** M tuğla
**Ziegen|bock** M ⟨-s; ¨-e⟩ teke, erkeç

**~fell** N̄ keçi postu **~käse** M̄ keçi peyniri **~leder** N̄ keçi derisi **~milch** F̄ keçi sütü **~peter** M̄ ⟨-s; ohne pl⟩ umg MED kabakulak

**Ziehbrunnen** M̄ zincirli kuyu

**ziehen** ⟨zog, gezogen⟩ **A** V/T ⟨h.⟩ çekmek; (schleppen) sürüklemek; Blumen yetiştirmek; (heraus~) (aus -den) çekip çıkarmak/almak; j-n ~ an (dat) bs-nin -den tutup çekmek; **auf sich** ~ Aufmerksamkeit, Augen üzerine çekmek; **j-n mit sich** (dat) ~ b-ni çekip götürmek; **nach sich** ~ -e yolaçmak **B** V/R ⟨h.⟩: **sich** ~ uzun sürmek; (dehnen) esnemek, uzamak **C** V/I ⟨h.⟩ (an dat -den) çekmek; ⟨s.⟩ (sich bewegen) gitmek; (um~) (nach -e) taşınmak; **den Tee drei Minuten ~ lassen** çayı üç dakika demlemek **D** V/UNPERS ⟨h.⟩: **es zieht** burada cereyan var; **es zog ihn nach Hause** evine/yurduna dönme isteği duydu

**Ziehen** N̄ ⟨-s; ohne pl⟩ MED çekilme, kasılma

**Ziehharmonika** F̄ ⟨-; -s, Ziehharmoniken⟩ akordeon

**Ziehung** F̄ ⟨-; -en⟩ Lotto etc çekiliş

**Ziel** N̄ ⟨-s; -e⟩ hedef; fig a. amaç, gaye; SPORT varış; **das ~ verfehlen** hedefi(ni) şaşmak; **sich** (dat) **ein ~ setzen** kendine bir hedef belirlemek; **sein ~ erreichen** hedefine ulaşmak; **sich** (dat) **zum ~ gesetzt haben, etw zu tun** bş yapmayı amaç edinmiş olmak; **(nicht) zum ~ führen** hedef(in)e ulaştırmak; **sein ~ aus dem Auge verlieren (im Auge behalten)** hedefini gözden kaybet(me)mek

**Zielanflug** M̄ FLUG hedefe varış
**zielbewusst** sebatkâr, azimli
**Zieleinlauf** M̄ hedefe varış, finiş
**zielen** V/I ⟨h.⟩ (auf akk -e) nişan almak
**Ziel|fernrohr** N̄ nişan dürbünü **&gerichtet** ADJ hedefe yönelik **~gruppe** F̄ hedef grup **~linie** F̄ varış çizgisi **&los** ADJ amaçsız, gayesiz, hedefsiz **~richter** M̄ varış hakemi **~scheibe** F̄ hedef (tahtası); fig a. boy hedefi **~setzung** F̄ ⟨-; -en⟩ hedef, amaç **&sicher** ADJ şaşmaz, hedefinden emin

**zielstrebig** ADJ sebatkâr, azimli **&keit** F̄ ⟨-; ohne pl⟩ sebat, azim

**Zielvorstellung** F̄ (arzulanan) hedef, ideal

**ziemlich** **A** ADJ oldukça büyük (çok, uzak vs) **B** ADV oldukça; **ich bin ~ sicher** oldukça eminim; **~ viel(e)** oldukça çok, epey; **so ~ alles** akla ne gelirse

**Zierde** F̄ ⟨-; -n⟩: **zur** ~ süs olarak; **e-e** ~ **für** -in süsü/incisi

**zieren** ⟨h.⟩ **A** V/T süslemek, güzelleştirmek **B** V/R: **sich** ~ nazlanmak

**Zier|fisch** M̄ süs balığı **~garten** M̄ süs bahçesi **~leiste** F̄ AUTO kromajlı çıta; Möbel kordon

**zierlich** ADJ zarif, nazik; Statur ufak tefek, minyon, narin

**Zierpflanze** F̄ süs bitkisi

**Ziffer** F̄ ⟨-; -n⟩ rakam **~blatt** N̄ (saat) kadran(ı), mine

**zig** ADJ umg birsürü

**Zigarette** F̄ ⟨-; -n⟩ sigara

**Zigaretten|automat** M̄ sigara otomatı **~packung** F̄ sigara paketi **~schachtel** F̄ sigara kutusu **~stummel** M̄ sigara izmariti

**Zigarillo** M̄ ⟨-s; -s⟩ küçük/ince puro

**Zigarre** F̄ ⟨-; -n⟩ puro, sigar

**Zigeuner** M̄ ⟨-s; -⟩, **-in** F̄ ⟨-; -nen⟩ neg! çingene **~leben** N̄ çingene hayatı

**Zikade** F̄ ⟨-; -n⟩ ZOOL ağustosböceği

**Zimmer** N̄ ⟨-s; -⟩ oda **~antenne** F̄ dahili anten **~einrichtung** F̄ mobilya **~kellner** M̄ oda servisi yapan garson **~lautstärke** F̄ dışarıya taşmayacak ses yüksekliği; **das Radio auf ~ stellen** radyonun sesini dışarıdan duyulmayacak kadar açmak **~mädchen** N̄ oda hizmetçisi (kız) **~mann** M̄ ⟨-s; Zimmerleute⟩ marangoz

**zimmern** V/T ⟨h.⟩ yapmak (marangozluk ederek)

**Zimmer|nachweis** M̄ otel/pansiyon bulma servisi **~nummer** F̄ oda numarası **~pflanze** F̄ salon bitkisi **~reservierung** F̄ oda rezervasyonu **~schlüssel** M̄ oda anahtarı **~service** M̄ oda servisi **~suche** F̄: **auf ~ sein** otel/pansiyon aramak **~temperatur** F̄ oda sıcaklığı **~vermittlung** F̄ → Zimmernachweis

**zimperlich** ADJ nanemolla

**Zimt** M̄ ⟨-s; -e⟩ tarçın

**Zink** N̄ ⟨-s; ohne pl⟩ çinko

**Zinke** F̄ ⟨-; -n⟩ Kamm tarak dişi; Gabel çatal ucu

**Zinn** N̄ ⟨-s; ohne pl⟩ CHEM kalay; legiertes kurşun-kalay alaşımı

**Zinne** F ⟨-; -n⟩ ARCH mazgal dişi
**Zinnober** M ⟨-s; -⟩ zincifre, cıva sülfür; *umg* tantana, velvele **♀rot** ADJ zincifre kırmızısı
**Zins** M ⟨-es; -en⟩ WIRTSCH (a. **~en** PL) faiz; **3% ~en bringen** yüzde üç faiz getirmek; **ohne ~en** faizsiz **~besteuerung** F faizi vergileme **♀bringend** ADJ faizi getiren
**Zinsenlast** F faiz borcu
**Zinsertrag** M faiz geliri/kazancı
**Zinseszins** M bileşik faiz, *umg* faizin faizi
**zins|günstig** ADJ uygun faizli, *umg* düşük faizli **~los** ADJ faizsiz **~rechnung** F faiz hesabı **♀satz** M faiz oranı **♀senkung** F faiz indirimi/düşüşü **♀verlust** M faiz kaybı
**Zionismus** M ⟨-; ohne pl⟩ siyonizm
**Zionist** M ⟨-en; -en⟩, **-in** F ⟨-; -nen⟩ siyonist **♀isch** ADJ siyonist
**Zipfel** M ⟨-s; -⟩ Tuch köşe; Wurst uç
**Zipfelmütze** F sivri külah
**Zirbeldrüse** F ANAT epifiz, kozalaksı bez
**Zirkapreis** M WIRTSCH yaklaşık fiyat
**Zirkel** M ⟨-s; -⟩ pergel; (Gruppe) grup
**Zirkeltraining** N kondisyon çalışması
**Zirkul|ation** F ⟨-; ohne pl⟩ dolaşım, dolanım **♀ieren** V/I ⟨ohne ge-, s.⟩ dolaşmak, tedavülde olmak; piyasada bulunmak
**Zirkumflex** M ⟨-es; -e⟩ GRAM düzeltme işareti
**Zirkus** M ⟨-; -se⟩ sirk; *umg* telaş, hengâme
**zischen** A V/I ⟨h.⟩ Fett cızırdamak; Sprudel fışırdamak, ⟨s.⟩ durch die Luft vınlayıp geçmek B V/T ⟨h.⟩ Worte kızgınlıkla, dişlerin arasından söylemek
**Zischlaut** M GRAM fışırtılı ünsüz
**ziselieren** V/T ⟨ohne ge-, h.⟩ hakketmek, kalemle işlemek
**Zisterne** F ⟨-; -n⟩ sarnıç
**Zitadelle** F ⟨-; -n⟩ iç kale
**Zitat** N ⟨-s; -e⟩ alıntı
**Zither** F ⟨-; -n⟩ MUS kanun
**zitieren** V/T u. V/I ⟨ohne ge-, h.⟩ alıntılamak; **falsch ~** yanlış alıntılamak/aktarmak
**Zitronat** N ⟨-s; -e⟩ limon şekeri
**Zitrone** F ⟨-; -n⟩ limon
**Zitronen|falter** M BIR kelebek türü (Gonepteryx rhamni) **~limonade** F limonata **~saft** M limon suyu **~säure** F limon asidi, sitrik asit **~schale** F limon kabuğu
**Zitrusfrüchte** PL narenciye, turunçgiller
**zitterig** ADJ titrek
**zittern** V/I ⟨h.⟩ (**vor** dat **-den**) titremek; **~ um** -in üstüne titremek
**Zittern** N ⟨-s; ohne pl⟩ titreme, titreyiş
**Zitterpappel** F BOT tellikavak
**Zivi** [-v-] M ⟨-s; -s⟩ *umg* askerliğe yerine sivil hizmet gören
**zivil** [-v-] ADJ sivil; Preis makul
**Zivil** [-v-] N ⟨-s; ohne pl⟩ sivil kıyafet; **Polizist** *m* **in ~** sivil polis
**Zivilbevölkerung** [-v-] F sivil halk
**Zivildienst** [-v-] M askerliği reddeden b-nin gördüğü sağlık vs hizmeti **~leistende** M ⟨-n; -n⟩ askerlik yerine sivil hizmet gören
**Zivil|fahnder(in** F) [-v-] M bir operasyonda görevli sivil polis memuru **~fahndung** F sivil memurların yürüttüğü operasyon **~gericht** N hukuk mahkemesi
**Zivilisation** [-'tsĭo:n] F ⟨-; -en⟩ uygarlık, medeniyet **♀isieren** V/T ⟨ohne ge-, h.⟩ uygarlaştırmak **~ist** M ⟨-en; -en⟩ sivil (kişi)
**Zivil|kammer** [-v-] F JUR hukuk mahkemesi (heyeti) **~klage** F JUR hukuk davası (başvurusu) **~prozess** M JUR hukuk davası **~prozessordnung** F hukuk muhakemeleri usulü **~recht** N ⟨-s; ohne pl⟩ medenî hukuk **♀rechtlich** ADJ medenî hukuk subst **~schutz** M sivil savunma **~stand** M medenî hal **~trauung** F medenî nikâh
**Zobel** M ⟨-s; -⟩ ZOOL samur; samur kürk
**zocken** V/I ⟨h.⟩ *umg* kumar oynamak
**Zocker** M ⟨-s; -⟩ *umg* kumarbaz
**Zoff** M ⟨-s; ohne pl⟩ *umg* anlaşmazlık, hırgür
**zögern** V/I ⟨h.⟩ çekinmek, tereddüt etmek; **ohne zu ~** çekinmeden
**Zögern** N ⟨-s; ohne pl⟩ çekinme, tereddüt
**zögernd** ADJ çekine çekine
**Zögling** M ⟨-s; -e⟩ (Pflegekind) yetiştirme; (Internatsschüler) yatılı öğrenci
**Zölibat** ⟨-s; ohne pl⟩ rahiplere evlenme yasağı
**Zoll**[1] M ⟨-s; -⟩ inç

**Zoll²** M ⟨-s; ⁻e⟩ (~behörde) gümrük; (~abgabe) gümrük (resmi) **~abfertigung** F gümrük işlemi **~amt** N gümrük dairesi **~beamte** M, **~beamtin** F gümrük memuru **~bestimmungen** PL gümrük mevzuatı
**zollen** VT ⟨h.⟩: **Anerkennung ~** takdir göstermek; **j-m Beifall ~** alkış yöneltmek
**Zoll|erklärung** F gümrük beyannamesi **~fahnder(in)** M(F) gümrük takibat memuru **~fahndung** F gümrük takibatı **~formalitäten** PL gümrük formaliteleri **⁰frei** ADJ gümrüksüz **~grenze** F gümrük sınırı **~kontrolle** F gümrük muayenesi
**Zöllner** M ⟨-s; -⟩, **-in** F ⟨-; -nen⟩ umg gümrükçü
**zoll|pflichtig** ADJ gümrük resmine tabi **⁰schranke** F gümrük engeli
**Zollstock** M (katlanır) metre
**Zollunion** F gümrük birliği
**Zollwert** M gümrük değeri
**Zombie** M ⟨-(s); -s⟩ zombi
**Zone** F ⟨-; -n⟩ bölge
**Zoo** M ⟨-s; -s⟩ hayvanat bahçesi **~besucher(in)** M(F) hayvanat bahçesini gezen **~handlung** F ev hayvanları dükkânı
**Zoologe** [tsoo-] M ⟨-n; -n⟩ zoolog **~ie** F ⟨-; ohne pl⟩ zooloji **~in** F ⟨-; -nen⟩ zoolog (kadın) **⁰isch** ADJ zoolojik; **~er Garten** → Zoo
**Zoom** [zu:m] M ⟨-s; -s⟩ FOTO, IT zum **~objektiv** N zum objektif(i)
**Zopf** M ⟨-s; ⁻e⟩ saç örgüsü
**Zorn** M ⟨-s; ohne pl⟩ (auf akk -e) öfke, gazap; **in ~ geraten** öfkeye kapılmak; **(der) ~ packte ihn** öfkeye kapıldı **~ausbruch** M öfke nöbeti **⁰ig** ADJ öfkeli, kızgın
**zott(e)lig** ADJ umg Haar uzun ve karışık **z. T.** abk für zum Teil kısmen
**zu** [tsu] A PRÄP ⟨dat⟩ Richtung -e; Ort, Zeit -de; Zweck, Anlass -meye, -mek için; **~ Beginn** başlangıçta; **komm ~ mir!** bana gel!; **sich ~ j-m setzen** b-nin yanına (karşısına) oturmak; **von Mann ~ Mann** erkek erkeğe; **~ Wasser und ~ Lande** denizde ve karada; **etw ~m Essen** yiyecek bir şey; **~m Vergnügen** zevk için; **j-n ~m Präsidenten wählen** b-ni başkan (-lığa) seçmek; **~ 3 Dollar das Kilo** kilosu 3 dolara; **werden ~** olmak, ... haline gelmek B ADV (haddinden) fazla; umg **~ sein** (geschlossen) kapalı; **~ sehr** çok fazla, fazlasıyla; **einer ~ viel** bir kişi fazla; **einer ~ wenig** bir kişi eksik; **ein ~ heißer Tag** aşırı sıcak bir gün; **(mach die) Tür ~!** kapıyı kapa!; **vier ~ zwei** dört iki; **wir sind ~ dritt** üç kişiyiz C konj kann -ebilir; muss -meli, -ecek; **es ist ~ erwarten** beklenebilir, beklenmeli (-dir); **nicht ~ gebrauchen** kullanılacak (od işe yarayacak) gibi değil; **ohne es ~ wissen** bilmeden
**zuallererst** ADV en başta
**zuallerletzt** ADV en sonda
**zubauen** VT ⟨-ge-, h.⟩ kapatmak (inşaatla)
**Zubehör** N ⟨-s; -e⟩ aksesuar, ek parçalar pl; **mit allem ~** ful aksesuar, bütün parçalarıyla
**zubeißen** VI ⟨irr, -ge-, h.⟩ (kuvvetle) ısırmak, dişlemek
**zubekommen** VT ⟨irr, ohne -ge-, h.⟩ umg: **etw ~** kapatabilmek
**zubereit|en** VT ⟨ohne -ge-, h.⟩ hazırlamak, Essen a. pişirmek **⁰ung** F ⟨-; -en⟩ hazırlama, pişirme
**zubilligen** VT ⟨-ge-, h.⟩ JUR: **j-m etw** b-ne bş tanımak
**zubinden** VT ⟨irr, -ge-, h.⟩ (bağlayıp) kapamak
**zubleiben** VI ⟨irr, -ge-, s.⟩ kapalı kalmak
**zublinzeln** VI ⟨-ge-, h.⟩ göz kırpmak
**Zubringer** M ⟨-s; -⟩: **~bus** M bağlantı otobüsü **~straße** F (otoyola) bağlantı yolu
**Zucchini** [tsu'ki:ni] PL ⟨-; -⟩ sakızkabağı sg
**Zucht** F ⟨-; -en⟩ ZOOL, BOT üretme, yetiştirme; AGR tarım; tür, ırk (Rasse); **~ und Ordnung** disiplin ve düzen
**züchten** VT ⟨h.⟩ ZOOL, BOT yetiştirmek
**Züchter** M ⟨-s; -⟩ yetiştirici
**Zuchthaus** N veraltet cezaevi; umg hapishane
**züchtig|en** VT ⟨h.⟩ dövmek **⁰ung** F ⟨-; -en⟩: **körperliche ~** dayak (cezası)
**Zuchtperle** F yetiştirilmiş inci
**Zuchttier** N damızlık hayvan
**Züchtung** F ⟨-; -en⟩ → Zucht
**Zuchtvieh** N damızlık sığır/davar
**zucken** VI ⟨h.⟩ seğirmek; ⟨s.⟩ Blitz çakmak

**zücken** V/T ⟨h.⟩ Waffe çekmek; umg Brieftasche etc davranıp çıkarmak

**Zucker** M ⟨-s; -⟩ şeker; umg MED **er hat ~** onun şekeri var; **mit ~** şekerli

**Zuckerbrot** N umg: **mit ~ und Peitsche** kâh severek kâh döverek

**Zucker|dose** F şekerlik **~erbse** F BOT şekerbezelye **~guss** M şekerli kuvertür **~hut** M kelle şeker **&krank** ADJ şeker hastası **~kranke** M, F ⟨-n; -n⟩ şeker hastası **~krankheit** F şeker hastalığı

**zuckern** V/T ⟨h.⟩ -e şeker koymak/serpmek

**Zuckerrohr** N BOT şekerkamışı
**Zuckerrübe** F şekerpancarı
**zuckersüß** ADJ şeker gibi (tatlı)
**Zuckerwatte** F keten helva(sı)
**Zuckerzange** F şeker maşası

**Zuckung** F ⟨-; -en⟩ seğirme, tik; krampfhafte çırpınma, kıvranma

**zudecken** A V/T ⟨-ge-, h.⟩ örtmek B V/R: **sich ~** örtünmek

**zudem** ADV ayrıca, (buna) ek olarak

**zudrehen** V/T ⟨-ge-, h.⟩ (çevirip) kapamak; **j-m den Rücken ~** b-ne sırt çevirmek

**zudringlich** ADJ rahatsız edici; umg sırnaşık; **gegenüber e-r Frau ~ werden** -e sarkıntılık etmek

**zudrücken** V/T ⟨-ge-, h.⟩ Auge yummak

**zueilen** V/I ⟨-ge-, s.⟩ **auf** -e (doğru) koşmak

**zueinander** ADV birbir(ler)ine; **Vertrauen ~ haben** birbir(ler)ine güvenmek

**zuerkennen** V/T ⟨irr, ohne -ge-, h.⟩ tanımak

**zuerst** ADV ilk olarak, en başta

**Zufahrt** F ⟨-; -en⟩ araç girişi (yol)
**Zufahrtsstraße** F bağlantı yolu

**Zufall** M ⟨-s; ̈e⟩ rastgeli, tesadüf; **glücklicher ~** umg mutlu rastlantı; **durch ~** rastlantı sonucu, tesadüfen; **etw dem ~ überlassen** bş-i şansa/tesadüfe bırakmak

**zufallen** V/I ⟨irr, -ge-, s.⟩ Tür etc çarpıp kapanmak; **mir fallen die Augen zu** gözlerim kapanıyor; **j-m ~** b-ne kısmet olmak; **ihm fällt alles nur so zu** ne istese (kendiliğinden) oluyor

**zufällig** A ADJ rastlantısal, tesadüfî B ADV rastlantıya, tesadüfen; **weißt du ~,**

**wo er ist?** o nerede, biliyor musun acaba?

**Zufalls|bekanntschaft** F tesadüfen tanışılmış biri **~treffer** M umg kör nişancılık

**zufliegen** V/I ⟨irr, -ge-, s.⟩ umg Tür etc çarparak kapanmak; **~ auf** -e (doğru) uçmak; **j-m ~** b-nin aklına kolayca girmek

**zufließen** V/I ⟨irr, -ge-, s.⟩ **-e** akmak

**Zuflucht** F ⟨-; -en⟩: **~ suchen** (od **finden**) -e sığınmak (**vor** dat -den, **bei** -e); **(s-e) ~ nehmen zu** -e başvurmak, -den çare aramak

**Zufluchtsort** M kaçılan/sığınılan yer

**zufolge** PRÄP (gen) ... gereğince, -e göre

**zufrieden** ADJ (**mit** -den) hoşnut, memnun **~geben** V/R ⟨irr, -ge-, h.⟩: **sich ~** (**mit** -le) yetinmek

**Zufriedenheit** F ⟨-; ohne pl⟩ hoşnutluk, memnuniyet

**zufrieden|lassen** V/T ⟨irr, -ge-, h.⟩ b-ni rahat bırakmak **~stellen** V/T ⟨-ge-, h.⟩ hoşnut etmek; **sie sind schwer zufriedenzustellen** onları memnun etmek güçtür **~stellend** ADJ memnun edici

**zufrieren** V/I ⟨irr, -ge-, s.⟩ (tamamen) donup kapanmak

**zufügen** V/T ⟨-ge-, h.⟩ yapmak (kötü bş); **j-m Schaden ~** b-ne zarar vermek; **j-m (ein) Unrecht ~** b-ne (bir) haksızlık etmek

**Zufuhr** F ⟨-; -en⟩ sağlama, temin, ikmal; **die ~ abschneiden** ikmal yollarını kesmek

**zuführen** ⟨-ge-, h.⟩ A V/T TECH iletmek; **dem Körper Nahrung ~** vücuda besin vermek; **j-n s-r (gerechten) Strafe ~** b-ne (hakkettiği) cezasını vermek B V/I: **auf etw ~** bş-e (doğru) gitmek/götürmek

**Zuführung** F ⟨-; -en⟩ ELEK besleme hattı

**Zug¹** M ⟨-s; ̈e⟩ BAHN tren; **mit dem ~ fahren** trene binmek, trenle gitmek

**Zug²** M ⟨-s; ̈e⟩ (Ziehen) çekme, çekiş; (Fest&) alay, kortej; (Schwimm&) kulaç; Schach hamle; (Griff etc) sap; Rauchen nefes, çekim; (Schluck) yudum, umg fırt; (~/luft) cereyan; **im ~e** (gen) ... çerçevesi içinde; **in e-m ~ bir defada; ~ um ~** adım adım; **etw in vollen Zügen genießen** bş-in doya doya tadına varmak;

*umg* **er kam nicht zum ~(e)** ona (kendini gösterecek) sıra gelmedi; **in groben Zügen** kaba hatlarıyla
**Zug³** M ⟨-s; ⁼e⟩ (*Gesichts*♀) yüz hattı; (*Charakter*♀) özellik; (*Hang*) eğilim
**Zugabe** F ⟨-; -n⟩ ek; TECH katkı; MUS *gösteriden sonra tekrarlanan parça*; isteriz! (*Zuruf*)
**Zugang** M ⟨-s; ⁼e⟩ (**zu** -e) giriş; (*Internet*♀) erişim; **ich finde keinen ~ zur modernen Musik** çağdaş müziğe ısınamıyorum
**zugänglich** ADJ (**für** için) ulaşılabilir; faydalanılabilir; **etw (der Allgemeinheit) ~ machen** bş-i kamunun faydalanmasına açmak ♀**keit** F ⟨-; *ohne pl*⟩ (**für** -*in*) kullanım(ın)a açık olma
**Zugangsstraße** F bağlantı yolu
**Zuganschluss** M aktarma treni
**Zugbegleiter(in)** M(F) kondüktör
**Zugbrücke** F kaldırma köprü
**zugeben** V/T ⟨*irr, -ge-, h.*⟩ eklemek; *fig* itiraf etmek
**zugegebenermaßen** ADV itiraf edilmeli ki
**zugehen** ⟨*irr, -ge-, s.*⟩ **A** V/I *Tür etc* kapanmak; **~ auf** (*akk*) -*e* yaklaşmak, -*e* doğru adım atmak; **er geht auf die achtzig zu** seksenine yaklaşıyor; **dem Ende ~** sonuna yaklaşmak **B** V/UNPERS **es geht auf 8 zu** saat sekize geliyor; **es ging lustig zu** çok neşeli oldu
**Zugehörigkeit** F ⟨-; *ohne pl*⟩ (**zu** -*e*) aidiyet, ait olma
**Zügel** M ⟨-s; -⟩ dizgin; **die ~ (fest) in der Hand halten** dizginleri (sıkı sıkı) elinde tutmak
**zügellos** ADJ azgın, haddini bilmeyen; (*unmoralisch*) sefih, hovarda ♀**igkeit** F ⟨-; *ohne pl*⟩ azgınlık; (*Unmoral*) sefahat
**zügeln** V/T ⟨*h.*⟩ *fig* -*i* dizginlemek, -*e* gem vurmak
**Zugeständnis** N ⟨-ses; -se⟩ ödün, taviz
**zugestehen** V/T ⟨*irr, ohne ge-, h.*⟩ itiraf/teslim etmek
**zugetan** ADJ: **~ sein** bağlılık/yakınlık duymak
**Zugewinn** M ⟨-s; -e⟩ ek kazanç
**Zugfeder** F TECH çekme/germe yayı
**Zugfestigkeit** F ⟨-; *ohne pl*⟩ TECH çekme direnci
**Zugführer(in)** M(F) makinist

**Zugfunk** M BAHN tren telsizi
**zugig** ADJ cereyanlı, esintili
**zügig** ADJ: **~ vorankommen** rahatça/hızlı yol almak
**Zug|kraft** F TECH çekici kuvvet; *fig* çekicilik **~kräftig** ADJ çekici
**zugleich** ADV aynı zamanda
**Zugluft** F ⟨-; *ohne pl*⟩ hava cereyanı
**Zugmaschine** F AUTO çekici araç
**Zugpersonal** N tren personeli
**Zugpferd** N koşum atı; *fig -in* itici gücü (*olan kişi*)
**Zugpflaster** M MED yakı
**zugreifen** V/I ⟨*irr, -ge-, h.*⟩ kapmak; *fig* kaçırmamak; **greifen Sie zu!** *bei Tisch* buyrun yemek alın!; *Werbung* fırsatı kaçırmayın!
**Zugriff** M ⟨-s; -e⟩ **A** yakalama, duruma el koyma; **er entzog sich dem ~ der Polizei** polisin elinden kaçtı **B** IT erişim
**Zugriffs|berechtigung** F IT erişim hakkı **~code** M IT erişim kodu **~geschwindigkeit** F IT erişim hızı **~möglichkeit** F IT erişim imkânı **~zeit** F IT erişim süresi
**zugrunde** ADV: **~ gehen** (**an** *dat* -*den*) mahvolmak, yok olmak; **e-r Sache etw ~ legen** bş-i bş-e dayandırmak; **e-r Sache ~ liegen** bş-nin temelinde olmak; **~ richten** mahvetmek
**Zugschaffner** M kondüktör
**Zugtelefon** N tren telefonu
**zugunsten** PRÄP (*gen*) (-*in*) lehine/yararına
**zugute|halten** V/T ⟨*irr, -ge-, h.*⟩: **j-m etw ~** b-şi hesaba katarak b-ni mazur görmek **~kommen** ⟨*irr, -ge-, s.*⟩ yaramak
**Zugverbindung** F tren bağlantısı
**Zugvogel** M göçmen kuş
**Zugzwang** M: **in ~ geraten** (belli) bir şekilde davranmak zorunda kalmak; **unter ~ stehen** (belli) bir şekilde davranmak zorunda olmak
**zuhaben** V/I ⟨*irr, -ge-, h.*⟩ *umg Laden* kapalı olmak
**zuhalten** V/T ⟨*irr, -ge-, h.*⟩ kapalı tutmak; **sich** (*dat*) **die Ohren (Augen, Nase) ~** (elleriyle) kulaklarını (gözlerini, burnunu) kapamak
**Zuhälter** M ⟨-s; -⟩ muhabbet tellalı; *umg* pezevenk
**Zuhause** N ⟨-s; *ohne pl*⟩ ev, yurt, baba

ocağı, sıla
**Zuhilfenahme** F: **unter ~ von** (od gen) *-den* faydalan(ıl)arak; **ohne ~ von** faydalanılmadan, faydalanılmadan
**zuhinterst** ADV en arkada/sonda
**zuhören** V/I ⟨-ge-, h.⟩ (dat *-i*) dinlemek
**Zuhörer** M ⟨-s; -⟩, **-in** F ⟨-; -nen⟩ dinleyici **~raum** M dinleyici salonu
**zujubeln** V/I ⟨-ge-, h.⟩: **j-m ~** b-ni alkışlamak
**zuklappen** ⟨-ge-⟩ A V/I ⟨h.⟩ kapamak B V/I ⟨s.⟩ kapanmak
**zukleben** V/T ⟨-ge-, h.⟩ *Umschlag* (yapıştırarak) kapamak
**zuknallen** V/T ⟨-ge-, h.⟩ (çarpıp) kapamak
**zuknöpfen** V/T ⟨-ge-, h.⟩ düğmelemek
**zukommen** V/I ⟨*irr*, -ge-, s.⟩: **~ auf** (*akk*) *-e* yaklaşmak; *fig -in* hissesine düşmek; **die Dinge auf sich ~ lassen** bekleyip görmek; **j-m etw ~ lassen** b-ne bş-i ulaştırmak; b-ne bir yardım *vs* yapmak
**Zukunft** F ⟨-; *ohne pl*⟩ gelecek, istikbal; **in ~** gelecekte, ileride; **in naher (nächster) ~** (en) yakın gelecekte; *umg* **das hat keine ~!** bundan ne hayır olur ne kasabı!
**zukünftig** A ADJ gelecek(teki), müstakbel B ADV gelecekte, ileride
**zukunftsbezogen** ADJ geleceğe dönük
**Zukunfts|forscher(in)** M(F) fütürolog **~forschung** F fütüroloji **~glaube** M geleceğe inanç **~musik** F: **das ist alles noch ~** bunlar henüz ham hayal **&orientiert** ADJ geleceğe yönelik **~pläne** PL gelecekle ilgili tasarılar
**zukunft(s)weisend** ADJ geleceğe yön verici, yol gösterici
**zulächeln** V/I ⟨-ge-, h.⟩: **j-m ~** b-ne gülümsemek
**Zulage** F ⟨-; -n⟩ ek ödeme, zam
**zulangen** V/I ⟨-ge-, h.⟩ *umg* → zugreifen; → zupacken
**zulassen** V/T ⟨*irr*, -ge-, h.⟩ *umg* kapalı bırakmak; (*erlauben*) izin vermek; *amtlich ~ -e* ruhsat vermek; **j-n zu etw ~** b-ne bş için izin vermek
**zulässig** ADJ izin verilmiş, uygun; JUR meşru; **~e (Höchst-)Belastung** izin verilen (azami) yük; **~e Höchstgeschwindigkeit** azami hız; **das ist (nicht) ~** buna izin var (yok)
**Zulassung** F ⟨-; -en⟩ izin; AUTO, *Dokument* ruhsat(name)
**Zulassungs|beschränkung** F ruhsat kısıtlaması **~nummer** F ruhsat numarası **~papiere** PL ruhsat belgeleri **~prüfung** F kabul/yeterlik sınavı; ruhsat kontrolü **~stelle** F ruhsat dairesi
**zulasten** PRÄP: **~ von ...** tarafından ödenmek üzere
**Zulauf** M ⟨-s; *ohne pl*⟩: **großen ~ haben** büyük rağbet görmek; TECH besleme borusu
**zulaufen** V/I ⟨*irr*, -ge-, s.⟩: **~ auf** *akk -e* (koşa koşa) yaklaşmak; **j-m ~** b-ni sahip edinmek; **spitz ~** ucuna doğru sivrilmek (*od incelmek*)
**zulegen** V/T ⟨-ge-, h.⟩ *umg*: **sich** (*dat*) **~** edinmek; *Namen* kendine takmak
**zuleide** ADV: **j-m etw ~ tun** b-ne kötülük etmek, zarar vermek
**zuleit|en** V/T ⟨-ge-, h.⟩ TECH beslemek, iletmek, götürmek **&ung** F ⟨-; -en⟩ TECH besleme kanalı; ELEK besleme hattı
**zuletzt** ADV en son, sonuncu olarak; (*schließlich*) nihayet; **bis ~** son ana kadar; **wann hast du ihn ~ gesehen?** onu en son ne zaman gördün?; **nicht ~** ve tabii (ki)
**zuliebe** ADV: **j-m ~** b-nin hatırı için, b-nin uğruna
**Zulieferer** M ⟨-s; -⟩ yan sanayi işletme(ci)si
**Zulieferindustrie** F yan sanayi
**zumachen** ⟨-ge-, h.⟩ A V/T kapatmak; (*zuknöpfen*) düğmelemek B V/I *Geschäft* kapanmak, kapatmak
**zumal** A KONJ (**da** *od* **weil**) özellikle -diği için, -diğine göre B ADV aynı anda, hep birden
**zumauern** V/T ⟨-ge-, h.⟩ (duvarla) kapatmak
**zumindest** ADV en azından, hiç değilse
**zumutbar** ADJ beklenebilir, istenebilir, makul
**zumute** ADV: **mir ist ... ~** kendimi ... hissediyorum
**zumuten** V/T ⟨-ge-, h.⟩: **j-m etw ~** b-nden bş-i beklemek; **sich** (*dat*) **zu viel ~** kendine aşırı yüklenmek, kendine çok güvenmek
**Zumutung** F ⟨-; -en⟩: **das ist e-e ~** bu aşırı bir beklenti/talep
**zunächst** ADV ilk olarak, en başta
**zunageln** V/T ⟨-ge-, h.⟩ çivilemek, ka-

patmak

**zunähen** _vt_ ⟨-ge-, h.⟩ dikmek, kapatmak

**Zunahme** _F_ ⟨-; -n⟩ (gen, an dat -de) artış

**Zuname** _M_ soyadı

**zünden** ⟨h.⟩ **A** _vt_ Bombe etc ateşlemek **B** _vi_ (Feuer fangen) tutuşmak; Motor çalışmak

**zündend** _ADJ_ fig coşturucu

**Zunder** _M_ ⟨-s; -⟩ fitil; _umg_ **brennen wie ~** çıra gibi tutuşmak; **j-m ~ geben** b-ne kötek atmak

**Zünder** _M_ ⟨-s; -⟩ ateşleme tertibatı

**Zünd|holz** _N_ kibrit **~kerze** _F_ AUTO buji **~punkt** _M_ CHEM tutuşma noktası **~schloss** _N_ kontak kilidi **~schlüssel** _M_ AUTO kontak anahtarı **~schnur** _F_ ateşleme fitili **~spule** _F_ ateşleme bobini **~stoff** _M_ ⟨-(e)s⟩ patlayıcı madde

**Zündung** _F_ ⟨-; -en⟩ AUTO ateşleme

**zunehmen** ⟨irr, -ge-, h.⟩ **A** _vi_ (an dat bakımından) artmak; Person kilo almak; Mond büyümek; Tage uzamak; **an Bedeutung ~** -in önemi artmak **B** _vt_: **ich habe 10 Pfund zugenommen** beş kilo şişmanladım (veya aldım)

**zunehmend** **A** _ADJ_ artan; **mit ~em Alter** yaş ilerledikçe; **bei ~em Mond** ay büyürken **B** _ADV_ gittikçe (artarak)

**zuneigen** _vr_ ⟨-ge-, h.⟩: **sich dem Ende ~** sonuna yaklaşmak

**Zuneigung** _F_ ⟨-; -en⟩ eğilim, sempati

**Zunge** _F_ ⟨-; -n⟩ dil; **es liegt mir auf der ~** dilimin ucunda

**Zungen|belag** _M_ MED dil pası **~brecher** _M_ ⟨-s; -⟩ yanıltmaca, _söylemesi zor_ (söz) **~kuss** _M_ dilden öpüş **~spitze** _F_ dil ucu

**zunichte|machen** _vt_ ⟨-ge-, h.⟩ boşa çıkarmak, heder etmek **~werden** _vi_ ⟨irr, -ge-, s.⟩ boşa çıkmak, heder olmak

**zunutze** _ADV_: **sich** (dat) **etw ~ machen** bş-den yararlanmak

**zuoberst** _ADV_ en üstte/üste

**zuordnen** _vt_ ⟨-ge-, h.⟩ dat -den saymak

**zupacken** _vi_ ⟨-ge-, h.⟩ kavramak, yakalamak, kapmak

**zupfen** ⟨h.⟩ **A** _vt_ MUS çektirmek; **j-n am Ärmel ~** b-nin kolunu çekiştirmek **B** _vi_: **~ an** -i çekiştirmek

**Zupfinstrument** _N_ çekme çalgı/saz

**zuprosten** _vi_ ⟨-ge-, h.⟩ dat -in şerefine kadeh kaldırmak

**zurechnen** _vt_ ⟨-ge-, h.⟩ -den saymak; (zuschreiben) atfetmek

**zurechnungsfähig** _ADJ_ JUR cezaî ehliyeti olan **⚲keit** _F_ ⟨-; ohne pl⟩ JUR cezaî ehliyet; **verminderte ~** kısıtlı cezaî ehliyet

**zurecht|biegen** _vt_ ⟨irr, -ge-, h.⟩ büküp doğrultmak; fig tekrar yoluna koymak **~finden** _vr_ ⟨irr, -ge-, h.⟩: **sich ~** yolunu bulmak; fig -in üstesinden gelmek **~kommen** _vi_ ⟨irr, -ge-, s.⟩: **~ mit** ile başa çıkmak; **mit j-m ~** b-le (iyi) anlaşıyor olmak **~legen** _vt_ ⟨h.⟩ hazır etmek; **sich** (dat) **etw ~** ne söyleyeceğini hazırlamak **~machen** ⟨-ge-, h.⟩ **A** _vt_ hazırlamak **B** _vr_: **sich ~** hazırlanmak, süslenmek **~rücken** _vt_ ⟨-ge-, h.⟩ düzeltmek **~stutzen** _vt_ ⟨-ge-, h.⟩ budayıp biçime sokmak

**zurechtweis|en** _vt_ ⟨irr, -ge-, h.⟩ azarlamak; -e haddini bildirmek **⚲ung** _F_ ⟨-; -en⟩ azar(lama)

**zureden** _vi_ ⟨-ge-, h.⟩: **j-m (gut) ~** b-ni yüreklendirmek; **auf ihr Zureden** onun yüreklendirmesiyle

**zureiten** ⟨irr, -ge-, h.⟩ **A** _vt_ ⟨h.⟩ ata baş öğretmek **B** _vi_ ⟨s.⟩: **~ auf** -e doğru gitmek (atla)

**zurichten** _vt_ ⟨-ge-, h.⟩ TECH işleme hazırlamak; işlemden geçirmek; **j-n übel ~** b-nin ağzını burnunu dağıtmak; **etw übel ~** bş-i darmadağın etmek

**zürnen** _vi_ ⟨h.⟩: **j-m ~** b-ne gücenmek

**Zurschaustellung** _F_ ⟨-; -en⟩ teşhir, gösteri

**zurück** _ADV_ geriye; (hinten) arkada, arkaya; **~ sein** dönmüş olmak

**Zurück** _N_: **es gibt kein ~ (mehr)** (artık) geri dönüş yok

**zurück|behalten** _vt_ ⟨irr, ohne ge-, h.⟩ alıkoymak, geri vermemek **~bekommen** _vt_ ⟨irr, ohne ge-, h.⟩ geri almak **~beordern** _vt_ ⟨ohne ge-, h.⟩ geri çağırmak **~beugen** ⟨-ge-, h.⟩ **A** _vt_ arkaya eğmek **B** _vr_: **sich ~** arkaya eğilmek **~bilden** _vr_ ⟨-ge-, h.⟩: **sich ~** (zamanla) küçülmek, eski halini almak **~bleiben** _vi_ ⟨irr, -ge-, s.⟩ geri/arkada kalmak **~blicken** _vi_ ⟨-ge-, h.⟩ dönüp bakmak (auf akk -e) **~bringen** _vt_ ⟨irr, -ge-, h.⟩ geri getirmek/götürmek;

j-n ins Leben ~ b-ni hayata döndürmek
**zurück|datieren** _VT_ ⟨ohne -ge-, h.⟩ (auf _akk_ ...) tarihini atmak *(geçmiş tarih)* **~denken** _VI_ ⟨irr, -ge-, h.⟩ geçmişi düşünmek; *(sich erinnern)* hatırlamak **~drängen** _VT_ ⟨-ge-, h.⟩ geri itmek; *Gefühle* bastırmak **~drehen** ⟨-ge-, h.⟩ geri çevirmek **~erobern** _VT_ ⟨ohne -ge-, h.⟩ yeniden ele geçirmek, geri almak **~erstatten** _VT_ ⟨ohne -ge-, h.⟩ iade etmek **~erwarten** _VT_ ⟨ohne -ge-, h.⟩ -in dönmesini beklemek
**zurückfahren** ⟨irr, -ge-, s.⟩ **A** _VI_ dönmek *(arabayla)*; rückwärts geri gitmek *(arabayla)* **B** _VT_ geri götürmek *(arabayla/arabayla)*
**zurückfallen** ⟨irr, -ge-, s.⟩ fig geri kalmak/düşmek; **~ in** -e tekrar dönmek; **~ auf** -e tekrar yansımak
**zurück|finden** _VI_ ⟨irr, -ge-, h.⟩ *(dönüş)* yolunu bul(abil)mek; *fig* -e geri dönmek **~fließen** _VI_ ⟨irr, -ge-, s.⟩ *Geld etc* kaynağına dönmek **~fordern** _VT_ ⟨-ge-, h.⟩ geri istemek **~führen** _VT_ ⟨-ge-, h.⟩ geri getirmek; *fig* (auf _akk_ -e) dayandırmak, bağlamak; **in die Heimat ~** memleketine göndermek
**zurückgeben** _VT_ ⟨irr, -ge-, h.⟩ geri vermek, iade etmek
**zurückgeblieben** _ADJ_ fig geri kalmış; *geistig* zihin özürlü
**zurückgehen** _VI_ ⟨irr, -ge-, s.⟩ geri gitmek/dönmek; *fig* azalmak; *(fallen)* düşmek; **etw ~ lassen** bş-i geri çevirmek/göndermek; **~ auf** -*den* kaynaklanmak; **bis ins 19. Jh. ~** 19. yy'ın ortalarına kadar uzanmak; **das Geschäft geht zurück** işte gerileme var
**zurückgezogen** _ADJ_ münzevi, keşiş gibi
**zurückgreifen** _VI_ ⟨irr, -ge-, h.⟩ ta eskiye gitmek; **auf** _akk_ **~** e başvurmak
**zurückhalt|en** ⟨irr, -ge-, h.⟩ **A** _VT_ alıkoymak, tutmak **B** _VR_: **sich ~** ihtiyatlı davranmak **C** _VI_: **~ mit** -*den* geri durmak; **mit s-r Meinung ~** fikrini açıklamaktan çekinmek **~end** _ADJ_ çekingen, ihtiyatlı, *umg* ağzı sıkı **~ung** _F_ ⟨-; ohne pl⟩ çekingenlik; *(Bescheidenheit)* tevazu
**zurück|kehren** ⟨-ge-, h.⟩ **~** (geri) dönmek **~kommen** ⟨irr, -ge-, s.⟩ geri gelmek, dönmek; **auf j-s Angebot ~** b-nin teklifine cevap vermek **~kön-**

**nen** _VI_ ⟨irr, -ge-, h.⟩ umg dönebilmek **~lassen** _VT_ ⟨irr, -ge-, h.⟩ (geride) bırakmak **~laufen** _VI_ ⟨irr, -ge-, s.⟩ dönmek *(koşarak/akarak)*
**zurück|legen** ⟨-ge-, h.⟩ **A** _VT_ geriye koymak; *Geld* bir kenara ayırmak; *Strecke* katetmek; **können Sie mir die Jacke bis morgen ~?** ceketi benim için yarına kadar ayırabilir misiniz? **B** _VR_: **sich ~** sırtüstü yatmak **~lehnen** _VR_ ⟨-ge-, h.⟩: **sich ~** arkaya yaslanmak **~liegen** _VI_ ⟨irr, -ge-, h.⟩ geride kalmış olmak; **5 Punkte (3 Meter) ~** 5 puan (3 metre) geride olmak
**zurück|melden** _VR_ ⟨-ge-, h.⟩: **sich ~ (bei -e)** döndüğünü bildirmek **~müssen** _VI_ ⟨irr, -ge-, h.⟩ umg dönmek zorunda olmak/kalmak
**Zurücknahme** _F_ ⟨-; ohne pl⟩ JUR geri al(ın)ma
**zurücknehmen** _VT_ ⟨irr, -ge-, h.⟩ geri almak
**zurück|prallen** _VI_ ⟨-ge-, s.⟩ çarpıp geri dönmek **~reichen** ⟨-ge-, h.⟩ **A** _VT_ geri vermek **B** _VI_: **~ bis** -e kadar uzanmak *(geçmişte)* **~reisen** _VI_ ⟨-ge-, s.⟩ dönüş yolculuğunda olmak **~rufen** ⟨irr, -ge-, h.⟩ **A** _VT_ geri çağırmak; TEL tekrar aramak; **etw ins Gedächtnis ~** bş-i hatırlamak **B** _VI_ TEL yeniden aramak
**zurück|schalten** ⟨-ge-, h.⟩ vites küçültmek **~scheuen** _VI_ ⟨-ge-, h.⟩ **(vor** -*den)* ürkmek **~schicken** _VT_ ⟨-ge-, h.⟩ geri göndermek **~schlagen** ⟨irr, -ge-, h.⟩ **A** _VT_ *Angriff etc* (geri) püskürtmek; *Decke, Verdeck etc* açmak **B** _VI_ geri vurmak; MIL misilleme yapmak **~schrecken** ⟨-ge-, s.⟩ **~ vor** *(dat)* -*den* korkmak, ürkmek; **vor nichts ~** hiçbir şeyden korkmamak **~sehnen** _VR_ ⟨-ge-, h.⟩: **sich ~ nach** -*i* özlemek **~setzen** ⟨-ge-, h.⟩ **A** _VT_: **j-n ~** b-ni ihmal etmek, incitmek **B** _VI_ az geri gitmek *(arabayla)* **~springen** _VI_ ⟨irr, -ge-, s.⟩ sıçrayıp eski konumunu almak; ARCH içerlek olmak **~spulen** _VT_ u. _VI_ ⟨-ge-, h.⟩ geri sarmak **~stecken** _VT_ ⟨-ge-, h.⟩ yerine koymak/sokmak; *fig* dizginlemek **~stellen** _VT_ ⟨-ge-, h.⟩ yerine koymak; *Uhr* geri almak; *fig* ertelemek, sonraya bırakmak **~stoßen** ⟨-ge-, h.⟩ **A** _VT_ geri itmek; *fig (anekeln)* tiksindir-

mek; *fig (kränken)* kırmak **B** _VT_ az geri gitmek *(arabayla)* **~strahlen** _VT_ ⟨-ge-, *h.*⟩ yansıtmak **~stufen** _VT_ ⟨-ge-, *h.*⟩ -in derecesini düşürmek **~treiben** _VT_ ⟨*irr*, -ge-, *h.*⟩ sürüyüp döndürmek **~treten** _VI_ ⟨*irr*, -ge-, *s.*⟩ gerilemek; **von e-m Amt ~** görevden istifa etmek; WIRTSCH, JUR **~ von** *-den* vazgeçmek, çekilmek

**zurück|verfolgen** _VT_ ⟨*ohne* -ge-, *h.*⟩ (**zu** *-e* kadar) bş-in izini sürmek *(geçmişte)* **~versetzen** _VT_ ⟨*ohne* -ge-, *h.*⟩ (**in** …) haline döndürmek *(eski)*; **wir fühlten uns ins Mittelalter zurückversetzt** Ortaçağ'a dönmüşüz gibi hissettik **~weichen** _VI_ ⟨*irr*, -ge-, *s.*⟩ MIL geri çekilmek; **~ vor** *-e* boyun eğmek **~weisen** _VT_ ⟨*irr*, -ge-, *h.*⟩ geri çevirmek, reddetmek; JUR reddetmek *(dava talebini)*; **j-n ~** b-ni refüze etmek **~werfen** _VT_ ⟨*irr*, -ge-, *s.*⟩ geri atmak; **um 10 Jahre ~** 10 yıl geri atmak **~wollen** _VT_ ⟨*irr*, -ge-, *h.*⟩ *umg* dönmek istemek **~zahlen** _VT_ ⟨-ge-, *h.*⟩ geri ödemek; *fig* *-den* öç almak

**zurückziehen** ⟨*irr*, -ge-, *h.*⟩ **A** _VT_ geri çekmek **B** _VR_: **sich ~** bir köşeye çekilmek, *a.* MIL geri çekilmek; **sich von j-m ~** b-le selamı sabahı kesmek; **sich zur Beratung ~** görüşmeye çekilmek

**zurückzucken** _VI_ ⟨-ge-, *s.*⟩ (**vor** *-den*) ürkmek

**Zuruf** _M_ ⟨-s; -e⟩: **durch ~** yaşa – varol sesleriyle

**zurufen** _VT_ ⟨*irr*, -ge-, *h.*⟩ **j-m etw ~** b-ne bş-i (bağırarak) söylemek

**zurzeit** _ADV_ şu sıra, halen

**Zusage** _F_ ⟨-; -n⟩ söz (verme), vaat; *(Einwilligung)* kabul, onay

**zusagen** _VT_ ⟨-ge-, *h.*⟩ *Einladung* kabul etmek; *(einwilligen)* onaylamak; **sein Kommen ~** gelmeye söz vermek; **j-m etw auf den Kopf ~** bş-i b-nin yüzüne karşı söylemek; **j-m ~** *(passen)* b-ne uygun gelmek; *(gefallen)* b-nin hoşuna gitmek

**zusammen** _ADV_ birlikte, beraber; **alle ~** hep beraber; **alles ~** hepsi beraber; **das macht ~** hepsi … ediyor; **~ mit** ile birlikte

**Zusammenarbeit** _F_ ⟨-; *ohne pl*⟩ işbirliği; **in ~ mit** *(-in)* işbirliğiyle

**zusammen|arbeiten** _VI_ ⟨-ge-, *h.*⟩ işbirliği yapmak, birlikte çalışmak **~bauen** _VT_ ⟨-ge-, *h.*⟩ TECH kurmak, monte etmek **~beißen** _VT_ ⟨*irr*, -ge-, *h.*⟩: **die Zähne ~** diş(ler)ini sıkmak **~bekommen** _VT_ ⟨*irr*, *ohne* -ge-, *h.*⟩ bir araya getirmek **~binden** _VT_ ⟨*irr*, -ge-, *h.*⟩ (bir araya) bağlamak **~brechen** _VI_ ⟨*irr*, -ge-, *s.*⟩ çökmek, yıkılmak **~bringen** _VT_ ⟨*irr*, -ge-, *h.*⟩ *Personen* bir araya getirmek; *Worte* yan yana getirmek

**Zusammenbruch** _M_ ⟨-s; ⸚e⟩ çökme, yıkılma, kriz

**zusammendrängen** _VT_ ⟨-ge-, *h.*⟩ bir yere sıkıştırmak; **sich ~** sıkışmak, yığışmak

**zusammen|drücken** _VT_ ⟨-ge-, *h.*⟩ sıkmak, ezmek **~fahren** _VI_ ⟨*irr*, -ge-, *s.*⟩ çarpışmak; *vor Schreck* (**bei** *-den*) ürkmek, sıçramak **~fallen** _VI_ ⟨*irr*, -ge-, *s.*⟩ yıkılmak, çökmek; **~ mit** ile çatışmak, aynı zamana rastlamak **~falten** _VT_ ⟨-ge-, *h.*⟩ katlamak

**zusammenfass|en** _VT_ ⟨-ge-, *h.*⟩ özetlemek **~end** _ADJ_ özetle, kısaca; **~ kann man sagen** özetle denebilir ki **ung** _F_ ⟨-; -en⟩ özet

**zusammen|finden** _VR_ ⟨*irr*, -ge-, *h.*⟩: **sich ~** buluşmak, bir araya gelmek **~fließen** _VI_ ⟨*irr*, -ge-, *s.*⟩ *Flüsse* birleşmek; *Farben* karışmak **fluss** _M_ kavşak, kavşıt **~fügen** _VT_ ⟨-ge-, *h.*⟩ TECH birleştirmek, takmak **~führen** _VT_ ⟨-ge-, *h.*⟩: **wieder ~** kavuşturmak **~gehen** _VI_ ⟨*irr*, -ge-, *s.*⟩ (**mit** *-le*) beraber gitmek; *fig* birlik olmak

**zusammengehör|en** _VI_ ⟨*ohne* -ge-, *h.*⟩ beraber olmak, bir bütün oluşturmak **~ig** _ADJ_ beraber olan, bir bütün oluşturan **igkeit** _F_ ⟨-; *ohne pl*⟩ beraberlik, birlik **igkeitsgefühl** _N_ ⟨-s; *ohne pl*⟩ beraberlik/birlik duygusu

**zusammengesetzt** _ADJ_ MATH: **~ sein aus** *-den* oluşmuş olmak; **~es Wort** bileşik kelime

**zusammengewürfelt** _ADJ_: (**bunt**) **~** karışık, derlenmiş, *pej* alaca bulaca; **~e Mannschaft** derleme takım

**Zusammenhalt** _M_ ⟨-s; *ohne pl*⟩ TECH birleşme, bağlantı; birlik, bağlılık

**zusammenhalten** **A** _VI_ ⟨*irr*, -ge-, *h.*⟩ *fig* birbirine bağlı olmak; *umg* yapışık olmak **B** _VT_ bir arada tutmak

**Zusammen|hang** M ⟨-s; ⸚e⟩ *(Beziehung)* ilişki, bağlantı; *e-s Textes etc* bağlam; **in diesem ~** bu bağlamda; **etw in ~ bringen mit** bş-i ile ilintiye sokmak; **im/in ~ stehen (mit)** (ile) ilişkisi/bağlantısı olmak **⸗hängen** VI ⟨-ge-, *h.*⟩ birbirine bağlı olmak, birbiriyle ilişkili olmak; **mit** ile bağlantılı olmak **⸗hängend** ADJ bir bütün oluşturan; *(konsequent)* tutarlı **⸗hang(s)los** ADJ tutarsız, ilgisiz

**zusammenklapp|bar** ADJ katlanır, portatif **~en** A VT ⟨-ge-, *h.*⟩ (katlayıp) kapatmak B VI ⟨s.⟩ *umg* yığılıp kalmak

**zusammen|kleben** VT *u.* VI ⟨-ge-, *h.*⟩ yapıştırmak **~knüllen** VT ⟨-ge-, *h.*⟩ buruşturup top etmek **~kommen** VI ⟨irr, -ge-, *s.*⟩ buluşmak, *umg* bir araya gelmek **⸗kunft** F ⟨-; ⸚e⟩ buluşma, toplantı

**zusammenlaufen** VI ⟨irr, -ge-, *s.*⟩ koşuşmak, üşüşmek; *(sich vereinigen)* birleşmek; *Stoff* çekmek

**zusammenleben** VI ⟨-ge-, *h.*⟩: **mit j-m ~** b-le beraber yaşamak

**Zusammenleben** N ⟨-s; *ohne pl*⟩: **das ~ mit ...** ile beraberlike, beraber hayat

**zusammenleg|en** ⟨-ge-, *h.*⟩ A VT bir araya getirmek, birleştirmek; *(falten)* katlamak B VI **(für** için**)** para toplamak **⸗ung** F ⟨-; -en⟩ WIRTSCH birleştir(il)me

**zusammennehmen** ⟨irr, -ge-, *h.*⟩ A VT *Mut, Kraft* toplamak B VR: **sich ~** kendini toplamak

**zusammen|packen** VT ⟨-ge-, *h.*⟩ toparlamak **~passen** VI ⟨-ge-, *h.*⟩ birbirine uymak; **mit** *-e* uymak **~pferchen** VT ⟨-ge-, *h.*⟩ *Tiere etc* bir araya tıkmak

**Zusammenprall** M ⟨-es; ⸚e⟩ çarpışma

**zusammen|prallen** VI ⟨-ge-, *s.*⟩ çarpışmak **~pressen** VT ⟨-ge-, *h.*⟩ sıkmak **~raffen** VT ⟨-ge-, *h.*⟩ toparlamak; *pej* malı götürmek **~rechnen** VT ⟨-ge-, *h.*⟩ toplamak *(sayıları)* **~reimen** VT ⟨-ge-, *h.*⟩: **sich** *(dat)* **etw ~** kendince açıklamak **~reißen** VR ⟨irr, -ge-, *h.*⟩: **sich ~** kendine hakim olmak, kendini toplamak **~rollen** ⟨-ge-, *h.*⟩ A VT dürmek, tomar/rulo etmek B VR: **sich ~** büzülmek, kıvrılmak, dürülmek **~rot-**

**ten** VR ⟨-ge-, *h.*⟩: **sich ~** *Personen* akın akın gelmek **~rücken** ⟨-ge-⟩ A VT ⟨*h.*⟩ birbirine yaklaştırmak, sıkıştırmak B VI ⟨*s.*⟩ sıkışmak, yanaşmak **~rufen** VT ⟨irr, -ge-, *h.*⟩ bir araya çağırmak

**zusammen|sacken** VI ⟨-ge-, *s.*⟩ **(in sich) ~** çökmek **~schieben** VT ⟨irr, -ge-, *h.*⟩ kapatmak (iç içe geçirerek) **~schlagen** A VT ⟨irr, -ge-, *h.*⟩ birbirine çarpmak; **j-n ~** b-ni acımasızca dövmek; **etw ~** bş-i darmağın etmek B VI ⟨*s.*⟩: **~ über** *(dat)* **-i** yıkmak, ezip geçmek **~schließen** ⟨irr, -ge-, *h.*⟩ A VT birleştirmek B VR: **sich ~** birleşmek **⸗schluss** M ⟨-es; ⸚e⟩ birlik; WIRTSCH birleşme; *zu einem Kartell* kartelleşme **~schreiben** VT ⟨irr, -ge-, *h.*⟩ derleyip yazmak; *Wörter* bitişik yazmak; **wird das zusammengeschrieben?** bu bitişik mi yazılır? **~schweißen** VT ⟨-ge-, *h.*⟩ TECH kaynak etmek

**Zusammensein** N ⟨-s; *ohne pl*⟩ beraberlik

**zusammensetz|en** ⟨-ge-, *h.*⟩ A VT bir araya getirmek; TECH monte etmek B VR: **sich ~ aus** *-den* oluşmak **⸗ung** F ⟨-; -en⟩ *a.* CHEM bileşim; TECH montaj

**zusammensinken** VI ⟨irr, -ge-, *s.*⟩ çökmek; *Kochgut* senmek

**zusammenstecken** ⟨-ge-, *h.*⟩ A VT takmak *(sokarak)* B VI *umg*: **immer ~** hep beraber olmak

**zusammenstell|en** VT ⟨-ge-, *h.*⟩ bir araya koymak, birleştirmek; *Liste etc* düzenlemek **⸗ung** F ⟨-; -en⟩ bileşim; *(Sammlung)* derleme

**Zusammenstoß** M ⟨-es; ⸚e⟩ çarp(ış)ma **⸗en** VI ⟨irr, -ge-, *s.*⟩ çarpışmak; *Linien etc* kavuşmak; **~ mit** ile çarpışmak; *fig* b-yle çatışmak

**zusammen|stürzen** VI ⟨-ge-, *s.*⟩ çökmek, yıkılmak **~tragen** VT ⟨irr, -ge-, *h.*⟩ toplamak, derlemek **~treffen** VI ⟨irr, -ge-, *s.*⟩ buluşmak, karşılaşmak; *zeitlich* çakışmak, aynı zamana denk gelmek **⸗treffen** N ⟨-s; -⟩ buluşma, çakışma; *besonderes* toplantı **~treten** VI ⟨irr, -ge-, *s.*⟩ ezmek; toplanmak **~trommeln** VT ⟨-ge-, *h.*⟩ *umg* bir araya çağırmak **~tun** A VT ⟨irr, -ge-, *h.*⟩ bir araya getirmek B VR: **sich ~** elbirliği yapmak **~wachsen** VI ⟨irr, -ge-, *s.*⟩ birleşmek, kaynaşmak

**zusammenwirk|en** V/I ⟨-ge-, h.⟩ beraberce etkili olmak; (*zusammenarbeiten*) işbirliği yapmak **en** N ⟨-s; *ohne pl*⟩ etkileşim, ortak etki; işbirliği

**zusammenzählen** V/T ⟨-ge-, h.⟩ *Zahlen* toplamak

**zusammenzieh|en** ⟨irr, -ge-, h.⟩ ◭ V/T (çekip) kısaltmak, büzmek; *Augenbrauen* çatmak; **mit j-m ~** b-le bir eve taşınmak ◳ V/R: **sich ~** kısalmak, büzülmek **ung** F ⟨-; -en⟩ büzme; MIL yığma, yığınak

**zusammenzucken** V/I ⟨-ge-, s.⟩ (acıyla) irkilmek, (korkuyla) sıçramak

**Zusatz** M ⟨-es; ⸚e⟩ ilave, ek; *chemischer etc* katkı maddesi **~abkommen** N ek anlaşma **~batterie** F ELEK ilave akü **~gerät** N TECH ek cihaz

**zusätzlich** ADJ ilaveten, ek olarak

**Zusatz|stoff** M CHEM katkı maddesi **~versicherung** F ek sigorta

**zuschanzen** V/T ⟨-ge-, h.⟩: **j-m etw ~** b-ne bş-i sağlamak (*umg* ayarlamak)

**zuschauen** V/I ⟨-ge-, h.⟩ bakmak; **j-m ~ (bei etw -rken)** b-ni seyretmek

**Zuschauer** M ⟨-s; -⟩, **-in** F ⟨-; -nen⟩ seyirci, izleyici **~raum** M THEAT salon **~reaktion** F seyircinin tepkisi

**zuschicken** V/T ⟨-ge-, h.⟩: **j-m etw ~** b-ne bş-i göndermek

**zuschieben** V/T ⟨irr, -ge-, h.⟩ kapatmak (*iterek*); **j-m etw ~** bş-i b-nin önüne sürmek; *fig* **j-m die Schuld (Verantwortung) ~** suçu (sorumluluğu) b-ne yüklemek

**zuschießen** ⟨irr, -ge-⟩ ◭ V/T ⟨h.⟩ *umg*: **~ zu** için (ayrıca) vermek (*para*) ◳ V/I ⟨s.⟩: **~ auf** b-ne (doğru) koşmak (*birdenbire*)

**Zuschlag** M ⟨-s; ⸚e⟩ zam, ek ücret; (*Gehalts*) ikramiye, prim; WIRTSCH en iyi teklifin kabulü

**zuschlagen** V/T ⟨irr, -ge-, h.⟩ *Tür etc* vurarak kapatmak; WIRTSCH **j-m etw ~** en iyi teklifi yapana vermek

**zuschließen** V/T ⟨irr, -ge-, h.⟩ kilitlemek

**zuschnappen** V/I ⟨-ge-, h.⟩ *Hund* kapmak; *Tür etc* ⟨s.⟩ kapanmak (*çarparak*)

**zuschneiden** V/T ⟨irr, -ge-, h.⟩ *Kleidung* biçmek; **zugeschnitten auf** (özellikle) için hazırlanmış; TECH kesmek (*ölçüye göre*)

**zuschnüren** V/T ⟨-ge-, h.⟩ bağlamak, kapatmak

**zuschrauben** V/T ⟨-ge-, h.⟩ vidalamak, kapatmak

**zuschreiben** V/T ⟨irr, -ge-, h.⟩ atfetmek, yüklemek; **das hast du dir selbst zuzuschreiben!** kendin ettin – kendin buldun

**Zuschrift** F ⟨-; -en⟩ mektup, cevap

**zuschulden** ADV: **sich** (*dat*) **etw (nichts) ~ kommen lassen** kabahati ol(ma)mak

**Zuschuss** M ⟨-es; ⸚e⟩ (ek) ödenek; *staatlich* teşvik, sübvansiyon **~betrieb** M sübvansiyonlu işletme

**zuschütten** V/T ⟨-ge-, h.⟩ toprak *vs* altında bırakmak

**zusehen** V/I ⟨irr, -ge-⟩: **j-m bei der Arbeit ~** b-ni çalışırken seyretmek; **untätig ~** elini kolunu bağlayıp seyretmek

**zusehends** ADV gözle görülür derecede; (*schnell*) hızla

**zusetzen** ⟨-ge-, h.⟩ ◭ V/T ilave etmek; *Geld* fazladan ödemek ◳ V/I: **j-m ~** b-ni sıkıştırmak, zorlamak

**zusicher|n** V/T ⟨-ge-, h.⟩ söz/güvence vermek **ung** F ⟨-; -en⟩ güvence, teminat

**zuspielen** V/T ⟨-ge-, h.⟩: **j-m den Ball ~** b-ne topu (*od* pas) vermek; **j-m etw ~** b-ne bş-i ayarlamak

**zuspitzen** V/R: ⟨-ge-, h.⟩ *Lage* ciddileşmek, tırmanmak

**zusprechen** ⟨irr, -ge-, h.⟩ ◭ V/T: **j-m Trost (Mut) ~** b-ne teselli (cesaret) verici sözler söylemek; **j-m etw ~** bş-i vermek, tanımak; JUR **die Kinder wurden der Mutter zugesprochen** çocuklar anneye verildi ◳ V/I: **j-m freundlich ~** b-le dostça konuşmak (*etkilemeye çalışarak*)

**Zuspruch** M ⟨-s; *ohne pl*⟩ cesaretlendirme; (*Trost*) teselli, avutma

**Zustand** M ⟨-s; ⸚e⟩ durum, hal, vaziyet; **das Haus ist in gutem ~** bina iyi durumda; **es herrschen katastrophale Zustände** şu anki durum bir felaket

**zustande** ADV: **~ bringen** gerçekleştirmek, yapmak; **~ kommen** gerçekleşmek, ortaya çıkmak; **es kam nicht ~** yapılamadı, olmadı

**zuständig** ADJ yetkili, ilgili **keit** F ⟨-; -en⟩ JUR (**für** *-e*) yetki; **das fällt nicht**

**in s-e ~** bu onun yetkisine girmez **2keitsbereich** M̄ yetki alanı/bölgesi
**zustecken** V̄T̄ ⟨-ge-, h.⟩: **j-m etw ~** b-ne (gizlice) bş-i vermek
**zustehen** V̄Ī ⟨irr, -ge-, h.⟩: **etw steht j-m zu** bş b-nin hakkı(dır)
**zusteigen** V̄Ī ⟨irr, -ge-, s.⟩ binmek (ara istasyondan vs); **ist jemand zugestiegen?** yeni (biletsiz) yolcu var mı?
**zustellen** V̄T̄ ⟨-ge-, h.⟩ teslim etmek
**Zustell|er** M̄ ⟨-s; -⟩, **-in** F̄ ⟨-; -nen⟩ dağıtıcı (posta vs); **~ung** F̄ ⟨-; -en⟩ teslim; tebliğ **~(ungs)gebühr** F̄ alıcının ödediği teslim ücreti
**zusteuern** ⟨-ge-⟩ A V̄T̄ ⟨h.⟩ umg -le katkıda bulunmak B V̄Ī ⟨s.⟩: **~ auf** SCHIFF -e (doğru) dümen tutmak
**zustimmen** V̄Ī ⟨dat -de⟩ aynı fikirde olmak; *billigen* ⟨dat -i⟩ uygun bulmak, onaylamak; **~d nicken** (evet diye) başını sallamak
**Zustimmung** F̄ ⟨-; ohne pl⟩ fikir birliği; (*Einwilligung*) onay; **j-s ~ finden** b-nden destek görmek
**zustoßen** V̄Ī ⟨irr, -ge-, s.⟩: **j-m ~** b-nin başına gelmek
**Zustrom** M̄ ⟨-s; ohne pl⟩: **~ kühler Meeresluft** denizden gelen serin hava akını
**zutage** ADV: **~ bringen** ortaya çıkarmak; **~ kommen** ortaya çıkmak
**Zutaten** PL malzemeler (*yemek tarifesi*)
**zuteil|en** V̄T̄ ⟨-ge-, h.⟩: **j-m etw ~** bş-i vermek, ayırmak (*pay olarak*); **j-m e-e Aufgabe ~** b-ne bir görev vermek **2ung** F̄ ⟨-; -en⟩ kontenjan, tahsisat
**zuteilwerden** V̄Ī ⟨irr, -ge-, s.⟩: **j-m ~** b-ne yöneltilmek, bahşolunmak; **j-m etw ~ lassen** b-ne bş yöneltmek, bahşetmek
**zutiefst** ADV derinden
**zutragen** ⟨irr, -ge-, h.⟩ A V̄T̄: **j-m etw ~** b-ne bşi (gizlice) bildirmek B V̄R̄: **sich ~** olmak, olup bitmek
**zutrauen** V̄T̄ ⟨-ge-, h.⟩: **j-m etw ~** b-nden bş-i beklemek (*davranışı*); **sich** ⟨dat⟩ **zu viel ~** kendine fazla güvenmek
**Zutrauen** N̄ ⟨-s; ohne pl⟩ (zu -e) güven
**zutraulich** ADJ sokulgan, canayakın; *Tier* insancılsı
**zutreffen** V̄Ī ⟨irr, -ge-, h.⟩ doğru/uygun olmak; **~ auf** (akk) -e uygun olmak; **~ für ...** için geçerli/doğru olmak

**zutreffend** ADJ doğru, uygun; **2es unterstreichen** uygun olanın altını çiziniz
**zutrinken** V̄Ī ⟨irr, -ge-, h.⟩: **j-m ~** b-nin sağlığına içmek
**Zutritt** M̄ ⟨-s; ohne pl⟩ girme; (*Zugang*) giriş; **~ verboten!** girmek yasaktır!; **sich** ⟨dat⟩ **gewaltsam ~ verschaffen** (zu -e) zor kullanarak girmek
**zutun** V̄T̄ ⟨irr, -ge-, h.⟩ kapatmak
**Zutun** N̄: **ohne mein ~** benim katkım olmadan
**zuungunsten** PRÄP (gen) (-in) aleyhine
**zuunterst** ADV en alt(t)a
**zuverlässig** ADJ güvenilir, inanılır; (*sicher*) emniyetli, sağlam; **aus ~er Quelle** güvenilir kaynaklardan **2keit** F̄ ⟨-; ohne pl⟩ güvenilirlik
**Zuversicht** F̄ ⟨-; ohne pl⟩ sağlam umut, geleceğe güven, iyimserlik; **voll(er) ~ sein** (**dass** -eceğinden) çok umutlu olmak **2lich** ADJ iyimser, umutlu **~lichkeit** 2lich F̄ ⟨-; ohne pl⟩ → Zuversicht
**zuviel** → zu
**zuvor** ADV daha önce, evvelce; **kurz ~** az (daha) önce; **am Tag ~** bir gün önce, önceki gün
**zuvorkommen** V̄Ī ⟨irr, -ge-, s.⟩ dat -den önce davranmak; (*verhindern*) önlemek
**zuvorkommend** ADJ yardımsever; (*höflich*) nazik
**Zuwachs** M̄ ⟨-es⟩ (an dat -de) artış, WIRTSCH büyüme
**zuwachsen** V̄Ī ⟨irr, -ge-, s.⟩ kapanmak (*bitkilerin büyümesiyle*); MED iyileşmek, kapanmak (*yara*)
**Zuwachsrate** F̄ WIRTSCH büyüme/artış oranı
**Zuwander|er** M̄, **-in** F̄ başka yerden gelip yerleşen
**zuwandern** V̄Ī ⟨-ge-, s.⟩ başka yerden gelip yerleşmek
**Zuwanderung** F̄ ⟨-; -en⟩ başka yerden gelip yerleşme
**zuwege** ADV: **~ bringen** -in üstesinden gelmek; *umg* (**noch**) **gut ~ sein** (henüz) gayet diriç olmak
**zuweilen** ADV bazen, zaman zaman
**zuweisen** V̄T̄ ⟨irr, -ge-, h.⟩ tahsis etmek, ayırmak
**zuwenden** ⟨irr, -ge-, h.⟩ A V̄T̄: **j-m den Rücken ~** b-ne sırtını dönmek;

**j-m etw ~ b-ne** bş-i yöneltmek B V/R: **sich ~** yönelmek
**Zuwendung** F A ⟨-; -en⟩ mali yardım B ⟨-; ohne pl⟩ şefkat
**zuwenig** → zu
**zuwerfen** V/T ⟨irr, -ge-, h.⟩ çarpmak (kapıyı); **j-m e-n Blick ~** b-ne bir bakış fırlatmak
**zuwider** ADJ: ... **ist mir ~** -den hiç hoşlanmam; *stärker* -den tiksinirim
**zuwiderhandeln** V/I ⟨-ge-, h.⟩ aykırı hareket etmek **2de** M,F ⟨-n; -n⟩ JUR aykırı hareket eden
**Zuwiderhandlung** F ⟨-; -en⟩ JUR (**gegen** -e) aykırı hareket
**zuwinken** V/I ⟨-ge-, h.⟩: **j-m ~** b-ne el (*od* mendil) sallamak, b-ne işaret etmek
**zuzahlen** V/T ⟨-ge-, h.⟩ ek olarak ödemek, *-in* üstüne vermek
**zuziehen** ⟨irr, -ge-⟩ A V/T ⟨h.⟩ *Vorhänge* kapatmak; *Schlinge etc* sıkı(ştır)mak; *Arzt etc -e* danışmak; **sich** (dat) **e-e Grippe ~** MED grip kapmak B V/I ⟨s.⟩ başka yerden gelip yerleşmek
**Zuzug** M ⟨-s; ⸚e⟩ takviye; başka yerden gelip yerleşme
**zuzüglich** PRÄP artı, ... ilavesiyle
**zw.** *abk für* **zwischen** arasına, arasında
**Zwang** M ⟨-s; ⸚e⟩ (*Notwendigkeit*) zorunluluk; (*Druck*) baskı; (*Gewalt*) zor; (*Nötigung*) zorlama; JUR cebir; **~ ausüben** (**auf** -e) baskı yapmak; **ohne ~** serbestçe, rahatça; **tu dir keinen ~ an!** kendini zora koşma!; **unter ~ handeln** JUR cebir altında hareket etmek; **gesellschaftliche Zwänge** toplumsal zorunluluklar
**zwängen** V/T ⟨h.⟩ (**in** akk -e) sıkıştırmak, tıkmak
**zwanglos** ADJ teklifsiz, senlibenli; *Kleidung* günlük; **sich ~ unterhalten** teklifsizce sohbet etmek **2igkeit** F ⟨-; ohne pl⟩ teklifsizlik, rahatlık
**Zwangs|anleihe** F zorunlu istikraz **~arbeit** F ⟨-; ohne pl⟩ zorla çalıştırma, angarya **~arbeiter(in)** M(F) zorla çalıştırılan işçi **~aufenthalt** M zorunlu ikamet **~einweisung** F (**in** -*e*) cebri havale (psikiyatri kliniğine vs) **2ernähren** V/T ⟨ohne -ge-, h.⟩ zorla beslemek **~handlung** F PSYCH zorunlu davranış **~herrschaft** F despotizm **~jacke** F deli gömleği **~lage** F sıkıntılı/zor durum
**zwangsläufig** ADV kaçınılmaz olarak
**Zwangs|maßnahme** F zorlayıcı önlem; POL yaptırım **~neurose** F obsesyon nevrozu **~räumung** F cebri tahliye **~umsiedler(in)** M(F) zorla göç ettirilen; tehcire uğramış **2versteigern** V/T ⟨ohne -ge-, h.⟩ zorla müzayedeye çıkarmak **~versteigerung** F cebri müzayede **~vollstreckung** F cebri icra **~vorstellung** F PSYCH obsesif düşünce, *umg* takıntı, saplantı
**zwangsweise** A ADJ zorunlu, cebri B ADV zorla, cebren
**zwanzig** ADJ yirmi; **~ (Jahre alt) sein** yirmisinde (yirmi yaşında) olmak; **sie ist Mitte (der) ~** yirmilerinin ortasında
**Zwanziger** ADJ: **die Goldenen ~** o altın yirmiler (*od* yirmili yıllar)
**Zwanzigerjahre** F ⟨-; ohne pl⟩: **die ~** yirmili yıllar
**zwanzigfach** ADJ *u.* ADV yirmi kat
**zwanzigjährig** ADJ yirmi yıllık; *Lebensalter* yirmi yaşında
**Zwanzigjährige** M,F ⟨-n; -n⟩: **die ~n** yirmi yaştakiler
**zwanzigste** ADJ yirminci
**Zwanzigstel** N ⟨-s; -⟩ yirmide (bir *etc*)
**zwar** ADV: **ich kenne ihn ~, aber ...** gerçi onu tanıyorum, ama ...; **und ~** şöyle ki
**Zweck** M ⟨-s; -e⟩ amaç; **ein Mittel zum ~** amaca götüren bir yol; **es hat keinen ~ (zu warten** beklemenin) bir faydası yok; **s-n ~ erfüllen** amacına uygun olmak, ihtiyacı karşılamak; **zu diesem ~** bu amaçla, bu amaca uygun
**Zweckbau** M ⟨-s; -ten⟩ güzelliğine özenilmeden yapılmış bina
**Zweckdenken** N ⟨-s; ohne pl⟩ faydacılık
**zweck|dienlich** ADJ amaca hizmet eden; **~e Hinweise** suçu *aydınlatmaya yarayan* ihbar **~entfremden** V/T ⟨ohne -ge-, h.⟩ amacından saptırmak (*od* başka şeye kullanmak) **~entsprechend** ADJ amacına uygun olarak **~fremd** ADJ öngörülenden başka bir amaca yönelik **~gebunden** ADJ amaca bağlı **~gemäß** ADJ amaca uygun
**zwecklos** ADJ faydasız, boş, anlamsız **2igkeit** F ⟨-; ohne pl⟩ faydasızlık, anlamsızlık

**zweckmäßig** ADJ kullanışlı, elverişli; *(angebracht)* yerinde, uygun **≗keit** F ‹-; *ohne pl*› kullanışlılık; uygunluk
**zwecks** PRÄP *(gen)* ... amacıyla
**Zwecksparen** N *belli amaçlı tasarruf*
**zweckwidrig** ADJ amac(ın)a aykırı
**zwei** ADJ iki
**Zwei** F ‹-; -en› iki (sayısı); *Schule* iyi (not)
**zweibändig** ADJ iki ciltlik
**Zwei|beiner** M ‹-s; -› *umg* iki ayaklı, insan **~bettzimmer** N iki kişilik/yataklı oda
**zweideutig** ADJ çiftanlamlı, *umg* lastikli; *(Witz)* açık-saçık **≗keit** F A ‹-; -en› çiftanlamlı *(od umg* lastikli) söz B ‹-; *ohne pl*› çiftanlamlılık, *umg* lastiklilik
**Zweidrittelmehrheit** F üçte iki çoğunluk
**zweieiig** ADJ: **~e Zwillinge** çift yumurta ikizleri
**Zweier** M ‹-s; -›: **mit (Steuermann)** *(dümencili)* iki kişilik kayık
**zweierlei** ADJ iki ayrı türlü; **mit ~ Maß messen** *-e* çifte standart uygulamak
**Zweieurostück** N iki avroluk (madeni para)
**zweifach** ADJ iki defa, çift; **in ~er Ausfertigung** iki nüsha halinde
**Zweifamilienhaus** N iki daireli ev
**zweifarbig** ADJ iki renkli
**Zweifel** M ‹-s; -› (an *dat* -den, wegen -den dolayı) şüphe, kuşku; **im ~ sein über** -den şüphe duyuyor olmak; **ihr kamen ~** içine şüphe(ler) düştü
**zweifelhaft** ADJ kuşkulu, şüpheli, güven vermeyen, kuşku uyandıran
**zweifellos** ADV kuşkusuz, şüphesiz
**zweifeln** Vİ ‹h.›: **~ an** *(dat)* -den şüphe etmek, kuşkulu olmak; **daran ist nicht zu ~** bundan şüphe yok
**Zweifelsfall** M: **im ~** icabında, bir belirsizlik varsa/olursa
**Zweig** M ‹-s; -e› dal
**zweigeschlechtig** ADJ BOT iki eşeyli
**zweigeteilt** ADJ ikiye bölünmüş
**zweigleisig** ADJ BAHN çift hatlı; **~ fahren** *fig* iki koldan ilerlemek
**Zweig|niederlassung** F şube; **~ im Ausland** yurtdışı şubesi **~stelle** F (yan) şube **~stellenleiter(in)** M(F) şube müdürü
**zweihändig** ADJ MUS iki elle

**zweijährig** ADJ iki yıllık; *Lebensalter* iki yaşında(ki)
**Zweijährige** M,F ‹-n; -n› iki yaşındaki
**Zweikampf** M düello
**zweimal** ADV iki defa/kere **~ig** ADJ iki kerelik
**zweimotorig** ADJ FLUG çift motorlu
**Zweiparteiensystem** N iki partili sistem
**zweiphasig** ADJ ELEK çift fazlı
**zweipolig** ADJ ELEK çift kutuplu
**Zweirad** N ‹-s; ⸚er› *umg* bisiklet ve motosiklet
**Zweireiher** M ‹-s; -› kruvaze (ceket vs)
**zweischneidig** ADJ iki kenarı keskin
**zweiseitig** ADJ iki sayfalık; **~ beschrieben** iki yüzü de yazılı
**Zweisitzer** M ‹-s; -› iki koltuklu (araba)
**zweispaltig** ADJ: **~ gedruckt** iki sütun halinde basılmış
**zweisprachig** ADJ ikidilli **≗keit** F ‹-; *ohne pl*› ikidillilik
**zwei|spurig** ADJ *Straße* çift şeritli; çift hatlı **~stellig** ADJ iki basamaklı/haneli **~stimmig** ADJ MUS iki sesli **~stöckig** ADJ iki katlı **~strahlig** ADJ FLUG iki (jet) motorlu **~stufig** ADJ TECH iki kademeli **~stündig** ADJ iki saatlik
**zweit** ADJ ikinci; **ein ~er ...** ikinci bir ...; **jede(r, -s) ~e ...** her iki ...-den biri(si); **wir sind zu ~** iki kişiyiz
**zweitältest** ADJ ikinci yaşlı
**zweitausend** ADJ iki bin
**zweitbest** ADJ ikinci *(değerlendirmede)*
**Zweiteiler** M ‹-s; -› *umg* döpiyes; bikini
**zweiteilig** ADJ iki parçalı
**zweitens** ADV ikinci olarak, ikincisi
**zweitklassig** ADJ ikinci sınıf
**zweitrangig** ADJ ikinci derecede(n)
**Zweit|schlüssel** M yedek anahtar **~schrift** F ‹-; -en› kopya **~stimme** F ikinci oy **~studium** N: **ein ~ beginnen** ikinci bir öğrenime başlamak **~wagen** M ikinci araba **~wohnung** F ikinci konut
**zweiwertig** ADJ CHEM iki değerli
**zweiwöchig** ADJ iki haftalık
**Zweizimmerwohnung** F iki odalı konut
**Zwerchfell** N ANAT diyafram
**Zwerg** M ‹-s; -e› cüce **~wuchs** M

MED BOT cücelik **²wüchsig** ADJ cüce, bodur

**Zwetsch(g)e** F ⟨-; -n⟩ mürdüm(eriği)
**Zwetsch(g)enwasser** N ⟨-s; ⁻⟩ mürdüm rakısı
**Zwickel** M ⟨-s; -⟩ ağ, apışlık; ARCH bingi, pandantif
**zwicken** VT u. VI ⟨h.⟩ çimdiklemek
**Zwickmühle** F umg açmaz; **in e-r ~ sein** (od **sitzen**) açmazda kalmak
**Zwieback** M ⟨-s; -e⟩ peksimet
**Zwiebel** F ⟨-; -n⟩ soğan **~suppe** F soğan çorbası **~turm** M soğankubbeli kule
**Zwielicht** N ⟨-s; ohne pl⟩ alacakaranlık; **ins ~ geraten** -in üzerine gölge düşmek, hakkında şüpheler belirmek **²ig** ADJ umg ne idüğü belirsiz
**Zwiespalt** M uyuşmazlık, anlaşmazlık
**zwiespältig** ADJ çelişkili
**Zwilling** M ⟨-s; -e⟩ ikiz; **er ist (ein) ~** o İkizler burcundan
**Zwillings|bruder** M ikiz (erkek) kardeş **~paar** N ikizler **~schwester** F ikiz (kız) kardeş
**zwingen** ⟨zwang, gezwungen, h.⟩ **A** VT u. VI zorlamak, mecbur etmek; **~ zu -e** zorlamak; **j-n ~, etw zu tun** b-ni bş yapmaya zorlamak; **ich sehe mich gezwungen zu ...** zorunda olduğumu görüyorum **B** VR: **sich ~ (, etw zu tun)** k-ni (bş yapmaya) zorlamak
**zwingend** ADJ zorlayıcı; (überzeugend) inandırıcı
**Zwinger** M ⟨-s; -⟩ (Hunde²) köpek kafesi (büyük)
**zwinkern** VI ⟨h.⟩ göz kırpmak
**zwirbeln** VT ⟨h.⟩ burmak (parmakla)
**Zwirn** M ⟨-s; -e⟩ iplik, (Baumwoll²) a. tire; (Nähseide) ibrişim; (Bindfaden) sicim
**zwischen** PRÄP (akk) arasına, aralarına; (dat) arasında, aralarında
**Zwischen|ablage** F IT ara bellek **~aufenthalt** M ara/kısa mola **~bemerkung** F ara değini **~bilanz** F WIRTSCH mizan, ara bilançosu; **e-e ~ ziehen** geçici bir bilanço çıkarmak **~blutung** F MED âdet arası kanaması **~deck** N SCHIFF ara güverte
**zwischendurch** ADV arada (bir)
**Zwischen|ergebnis** N geçici sonuç **~fall** M olay, vukuat; **ohne Zwischenfälle** olay çıkmadan **~finanzierung**

F ara finansman **~frage** F konuşmacının sözü kesilerek sorulan soru **~geschoss** N, österr **~geschoß** N asma kat **~glied** N ara parça **~händler(in)** M|F WIRTSCH komisyoncu
**Zwischenlager** N PHYS geçici stoklama alanı **²n** VT ⟨-ge-, h.⟩ geçici olarak stoklamak **~ung** F geçici stoklama
**zwischen|landen** VI ⟨-ge-, s.⟩ (in dat -e) ara iniş yapmak **²ung** F FLUG ara iniş; **ohne ~** doğru, non stop
**Zwischen|lösung** F ara/geçici çözüm **~mahlzeit** F ara öğün **²menschlich** ADJ insanlar arası; **~e Beziehungen** insani ilişkiler **~prüfung** F ara sınav **~raum** F ara(lık), açıklık, mesafe
**Zwischenruf** M bağırış, tezahürat, sataşma (kongrede vs) **~er(in)** M|F aradan bağıran
**zwischenstaatlich** ADJ devletlerarası
**Zwischen|stadium** N ara safha/evre **~station** F mola; **~ machen** mola vermek **~stecker** M ELEK, **~stück** N TECH, ELEK adaptör **~stufe** F orta kademe **~summe** F ara toplam **~töne** PL nüanslar **~urteil** N JUR ara kararı **~wand** F bölme, ara duvarı
**Zwischenzeit** F: **in der ~** bu arada **²lich** ADV bu arada
**Zwischenzeugnis** N (Schul²) yarıyıl karnesi; (Arbeits²) işten çıkmadan alınan bonservis
**Zwist** M ⟨-s; -e⟩ bozuşma, nifak **~igkeiten** PL anlaşmazlıklar, geçimsizlik sg
**zwitschern** VI ⟨h.⟩ (cıvıl cıvıl) ötmek
**Zwitter** M ⟨-s; -⟩ BIOL erselik, hermafrodit
**zwölf** ADJ on iki; **um ~ (Uhr)** (saat) on ikide; **fünf Minuten vor ~** on ikiye beş var/kala
**Zwölffingerdarm** M onikiparmak barsağı **~geschwür** N MED onikiparmak barsağı ülseri
**zwölft** ADJ on ikinci
**Zyankali** [tsy-] N ⟨-s; ohne pl⟩ CHEM potasyum siyanür
**zyklisch** ['tsy:klıʃ, 'tsyk-] ADJ devreden, dönüşlü
**Zyklus** ['tsy-] M ⟨-; -klen⟩ devir; Reihe seri, dizi
**Zylinder** [tsi'lındɐ, tsy-] M ⟨-s; -⟩ silin-

dir şapka; TECH silindir **~kopf** [tsi-'lındə, tsy-] M̄ silindir başlığı **~kopfdichtung** F̄ silindir başlığı contası
**zylindrisch** [tsy-] ADJ silindirik
**Zyniker** ['tsy:-] M̄ ⟨-s; -⟩, **-in** F̄ ⟨-; -nen⟩, kinik, alaycı
**zynisch** [tsy-] ADJ alaycı
**Zynismus** [tsy-] M̄ ⟨-; -men⟩ alaycılık
**Zypern** [tsy-] N̄ ⟨-s; ohne pl⟩ Kıbrıs

**Zypriot|e** [tsy-] M̄ ⟨-n; -n⟩, **-in** F̄ ⟨-; -nen⟩ Kıbrıslı ♀**isch** Kıbrıs(lı) subst
**Zyste** ['tsy-] F̄ ⟨-; -n⟩ kist
**Zysto|skopie** ['tsy-] F̄ ⟨-; -n⟩ MED sistoskopi **~statikum** ['tsy-] N̄ ⟨-s; -ka⟩ MED sitostatik
**zzgl.** abk für zuzüglich artı
**zzt.** abk für zurzeit halen

# Anhang

# Türkische Kurzgrammatik

## 1 Allgemeines

Die Vokale der Suffixe (grammatische Endungen und Wortbildungselemente) werden im Rahmen einer Vokalharmonie durch den Stammvokal des Wortes bestimmt.

Es werden weite und enge Vokale nach folgendem Schema unterschieden:

|              | ungerundet |   | gerundet |   |
|--------------|------------|---|----------|---|
| weite Vokale | a          | e | o        | ö |
| enge Vokale  | ı          | i | u        | ü |

Zum Beispiel haben Dativ, Lokativ, Ablativ und der Plural nur die weiten Vokale **a** oder **e**, der Akkusativ die engen Vokale **ı**, **i**, **u** oder **ü**:

| nom | el    | (die) Hand    | baş    | (der) Kopf    |
|-----|-------|---------------|--------|---------------|
| dat | el**e**   | der Hand      | baş**a**   | dem Kopf      |
| akk | el**i**   | die Hand      | baş**ı**   | den Kopf      |
| lok | el**de**  | in der Hand   | baş**ta**  | in dem Kopf   |
| abl | el**den** | aus der Hand  | baş**tan** | aus dem Kopf  |

## 2 Deklination

### Allgemeine Regeln für den Auslaut

a) Konsonantischer Auslaut unveränderlich:
   ev *(das) Haus* → evi
   baş *(der) Kopf* → başı

b) Konsonantischer Auslaut veränderlich:
   di**p** *Grund, Tiefe* → di**b**i         ekme**k** *Brot* → ekme**ğ**i
   ağa**ç** *Baum* → ağa**c**ı               ta**t** *Geschmack* → ta**d**ı

c) **Vokalischer Auslaut**
   Zwischen Wortstamm und Suffix tritt ein Bindekonsonant:

   | | | | |
   |---|---|---|---|
   | gece | *Nacht* | oda | *Zimmer* |
   | gece**n**in | *der Nacht* | oda**n**ın | *des Zimmers* |
   | gece**y**i | *die Nacht (Akkusativ)* | oda**y**ı | *das Zimmer* |

d) **Personalsuffixe der dritten Person:**

   | | | | |
   |---|---|---|---|
   | ev | *Haus* | baş | *Kopf* |
   | evi | *sein, ihr Haus* | başı | *sein, ihr Kopf* |

   | | | | | | | | |
   |---|---|---|---|---|---|---|---|
   | dip | *Grund, Tiefe* | ağaç | *Baum* | gece | *Nacht* | oda | *Zimmer* |
   | dibi | | ağacı | | gecesi | | odası | |

   | | | | | | | | |
   |---|---|---|---|---|---|---|---|
   | kapı | *Tür* | bitki | *Pflanze* | köprü | *Brücke* | büro | *Büro* |
   | kapısı | | bitkisi | | köprüsü | | bürosu | |

   duygu *Gefühl*
   duygusu

e) **Ausfall des letzten Vokals vor Antritt einer Endung (Elision):**

   | | | | | | | | |
   |---|---|---|---|---|---|---|---|
   | ağız | *Mund* | isim | *Name* | oğul | *Sohn* | gönül | *Herz, Seele* |
   | **ağzı** | | **ismi** | | **oğlu** | | **gönlü** | |

## Die Deklinationsendungen (Kasussuffixe)

| | | | | | | |
|---|---|---|---|---|---|---|
| *nom* | ev | *(das) Haus* | baş | iş | kız | yol |
| *gen* | evin | *des Hauses* | başın | işin | kızın | yolun |
| *dat* | eve | *dem Haus* | başa | işe | kıza | yola |
| *akk* | evi | *das Haus* | başı | işi | kızı | yolu |
| *lok* | evde | *in dem Haus* | başta | işte | kızda | yolda |
| *abl* | evden | *aus dem Haus* | baştan | işten | kızdan | yoldan |

| | | | | | | |
|---|---|---|---|---|---|---|
| *nom* | gün | mum | gece | oda | ekmek |
| *gen* | günün | mumun | gecenin | odanın | ekmeğin |
| *dat* | güne | muma | geceye | odaya | ekmeğe |
| *akk* | günü | mumu | geceyi | odayı | ekmeği |
| *lok* | günde | mumda | gecede | odada | ekmekte |
| *abl* | günden | mumdan | geceden | odadan | ekmekten |

**Ausnahme:** su (*Wasser*) – suyun, suya, suyu, suda, sudan

## Pluralbildung

Pluralsuffix: **-ler, -lar**

|     | (die) Häuser | (die) Köpfe | (die) Arbeiten | (die) Mädchen |
|-----|--------------|-------------|----------------|---------------|
| nom | evler        | başlar      | işler          | kızlar        |
| gen | evlerin      | başların    | işlerin        | kızların      |
| dat | evlere       | başlara     | işlere         | kızlara       |
| akk | evleri       | başları     | işleri         | kızları       |
| lok | evlerde      | balarda     | işlerde        | kızlarda      |
| abl | evlerden     | başlardan   | işlerden       | kızlardan     |

## Possessivsuffixe

| -im   | evim    | *mein Haus*      | başım    | *mein Kopf*      |
|-------|---------|------------------|----------|------------------|
| -in   | evin    | *dein Haus*      | başın    | *dein Kopf*      |
| -i    | evi     | *sein, ihr Haus* | başı     | *sein, ihr Kopf* |
| -imiz | evimiz  | *unser Haus*     | başımız  | *unser Kopf*     |
| -iniz | eviniz  | *euer, Ihr Haus* | başınız  | *euer, Ihr Kopf* |
| -leri | evleri  | *ihr Haus*       | başları  | *ihr Kopf*       |

Bei vokalischem Auslaut:

| -m   | odam    | *mein Zimmer*      |
|------|---------|--------------------|
| -n   | odan    | *dein Zimmer*      |
| -si  | odası   | *sein, ihr Zimmer* |
| -miz | odamız  | *unser Zimmer*     |
| -niz | odanız  | *euer, Ihr Zimmer* |
| -leri| odaları | *ihr Zimmer*       |

## Possessivsuffixe mit Kasusendungen

|     | evim    | *mein Haus*       | başım    | *mein Kopf*       |
|-----|---------|-------------------|----------|-------------------|
| nom | evim    | *mein Haus*       | başım    | *mein Kopf*       |
| gen | evimin  | *meines Hauses*   | başımın  | *meines Kopfes*   |
| dat | evime   | *meinem Haus*     | başıma   | *meinem Kopf*     |
| akk | evimi   | *mein Haus*       | başımı   | *meinen Kopf*     |
| lok | evimde  | *in meinem Haus*  | başımda  | *in meinem Kopf*  |
| abl | evimden | *aus meinem Haus* | başımdan | *aus meinem Kopf* |

|     | dein Haus | sein, ihr Haus | unser Haus | euer, Ihr Haus | ihr Haus |
| --- | --- | --- | --- | --- | --- |
| nom | ev**in** | ev**i** | ev**imiz** | ev**iniz** | ev**leri** |
| gen | ev**inin** | ev**inin** | ev**imizin** | ev**inizin** | ev**lerinin** |
| dat | ev**ine** | ev**ine** | ev**imize** | ev**inize** | ev**lerine** |
| akk | ev**ini** | ev**ini** | ev**imizi** | ev**inizi** | ev**lerini** |
| lok | ev**inde** | ev**inde** | ev**imizde** | ev**inizde** | ev**lerinde** |
| abl | ev**inden** | ev**inden** | ev**imizden** | ev**inizden** | ev**lerinden** |

## Plural mit Possessivsuffixen und Kasussuffixen

|     | meine Häuser | deine Häuser | seine, ihre Häuser |
| --- | --- | --- | --- |
| nom | ev**lerim** | ev**lerin** | ev**leri** |
| gen | ev**lerimin** | ev**lerinin** | ev**lerinin** |
| dat | ev**lerime** | ev**lerine** | ev**lerine** |
| akk | ev**lerimi** | ev**lerini** | ev**lerini** |
| lok | ev**lerimde** | ev**lerinde** | ev**lerinde** |
| abl | ev**lerimden** | ev**lerinden** | ev**lerinden** |

|     | unsere Häuser | eure, Ihre Häuser | ihre Häuser |
| --- | --- | --- | --- |
| nom | ev**lerimiz** | ev**leriniz** | ev**leri** |
| gen | ev**lerimizin** | ev**lerinizin** | ev**lerinin** |
| dat | ev**lerimize** | ev**lerinize** | ev**lerine** |
| akk | ev**lerimizi** | ev**lerinizi** | ev**lerini** |
| lok | ev**lerimizde** | ev**lerinizde** | ev**lerinde** |
| abl | ev**lerimizden** | ev**lerinizden** | ev**lerinden** |

# 3 Konjugation

## Suffixverb *sein*

### Präsens

*ich bin usw.*
(-y-)im, -üm, -ım, -um
-sin, -sün, -sın, -sun
ohne Endung oder: -dir, -dür, -dır, -dur
-(-y-)iz, -üz, -ız, -uz
-siniz, -sünüz, -sınız, -sunuz
ohne Endung oder: -dirler, -dürler, -dırlar, -durlar

### bestimmte Vergangenheit *oder* di-Vergangenheit

*ich war usw.*
-dim, -düm, -dım, -dum
-din, -dün, -dın, -dun
-di, -dü, -dı, -du
-dik, -dük, -dık, -duk
-diniz, -dünüz, -dınız, -dunuz
-diler, -düler, -dılar, -dular

### subjektive Vergangenheit *oder* miş-Vergangenheit

*ich war wohl, ich bin wohl gewesen*
**imiş**im
**imiş**sin
**imiş**
**imiş**iz
**imiş**siniz
**imiş**ler

Die Suffixe haben die engen Vokale:
-mişim, -müşüm, -müşsün, -müş, müşüz, -müşünüz, -müşler *usw.*

### Bedingungsform

| *wenn ich bin* | *wenn ich war* |
|---|---|
| isem | idiysem |
| isen | idiysen |
| ise | idiyse |
| isek | idiysek |
| iseniz | idiyseniz |
| iseler | idiyseler |

Die Suffixe haben die weiten Vokale:
-sem, -sam; -diysem, -düysem; -dıysam, -duysam *usw.*

| | | |
|---|---|---|
| verneint | *ich bin nicht* | **değilim** |
| fragend | *bin ich?* | **...miyim?, ...müyüm? ... ...mıyım?, ...muyum? ...** |
| fragend verneint | *bin ich nicht?* | **değil miyim?** |

## Vollverben auf -mek (-mak)

Stamm + Infinitivsuffix, z. B. **gel** + **mek** = **gelmek** *kommen*

| **almak** | **bilmek** | **çıkmak** | **görmek** | **bozmak** | **gülmek** | **bulmak** |
|---|---|---|---|---|---|---|
| *nehmen* | *wissen* | *hinausgehen* | *sehen* | *zerstören* | *lachen* | *finden* |

## Präsens

Im Wörterbuch ist hinter einsilbigen Verben das Suffix des r-Präsens (Aoristsuffix) in Klammern angegeben: gelir, alır, bilir, çıkar, görür, bozar, güler, bulur.

| bestimmtes Präsens, yor-Präsens | unbestimmtes Präsens, ir-Präsens | Optativ | Imperativ |
|---|---|---|---|
| *ich komme (jetzt)* | *ich komme, ich käme* | *ich möchte kommen* | *komm!* |
| geliyorum | gelirim | geleyim | gel! |
| geliyorsun | gelirsin | gelesin | gelsin |
| geliyor | gelir | gele | gelin(iz)! |
| geliyoruz | geliriz | gelelim | |
| geliyorsunuz | gelirsiniz | gelesiniz | gelin |
| geliyorlar | gelirler | geleler | gelsinler |
| | | | |
| *ich nehme* | *ich weiß* | *ich gehe hinaus* | *ich sehe* |
| alıyorum | biliyorum | çıkıyorum | görüyorum |
| alırım | bilirim | çıkarım | görürüm |
| | | | |
| *ich zerstöre* | *ich lache* | *ich finde* | |
| bozuyorum | gülüyorum | buluyorum | |
| bozarım | gülerim | bulurum | |

## Konditional I

| | real | | irreal |
|---|---|---|---|
| *wenn ich gerade komme* | *wenn ich gewöhnlich komme* | | *wenn ich käme* |
| geliyorsam | gelirsem | | gelsem |
| geliyorsan | gelirsen | | gelsen |
| geliyorsa | gelirse | | gelse |

| | | |
|---|---|---|
| geliyorsak | gelirsek | gelsek |
| geliyorsanız | gelirseniz | gelseniz |
| geliyorlarsa | gelirlerse (-seler) | gelseler |

## I. Vergangenheit (Imperfekt und Perfekt)

| „Augenzeugenbericht" | „Nicht-Augenzeugenbericht" |
|---|---|
| *ich kam,* | *ich kam wohl, ich bin wohl gekommen* |
| *ich bin gekommen* | |
| geldim | gelmişim |
| geldin | gelmişsin |
| geldi | gelmiş   gelmiştir *er ist (vielleicht / gewiss) gekommen* |
| geldik | gelmişiz |
| geldiniz | gelmişsiniz |
| geldiler | gelmişler |

| *ich kam,* | *ich käme,* | *ich kam* | *ich würde wohl* |
|---|---|---|---|
| *war im Begriff zu* | *wäre gekommen,* | *wohl gerade* | *kommen, ich* |
| *kommen* | *kam, pflegte zu* | | *pflegte (pflege) zu* |
| | *kommen* | | *kommen* |
| geliyordum | gelirdim | geliyormuşum | gelirmişim |
| geliyordun *usw.* | gelirdin | geliyormuşsun | gelirmişsin |

### Optativ der I. Vergangenheit

*wäre ich (doch) gekommen*
| | |
|---|---|
| geleydim | geleymişim |
| geleydin | geleymişsin *usw.* |

### Konditional II *oder* Konditional der I. Vergangenheit

| *wenn ich kam,* | *wenn ich wohl kam,* | *wenn ich käme,* |
|---|---|---|
| *wenn ich gekommen bin* | *gekommen bin* | *gekommen wäre* |
| geldiysem, geldimse | gelmişsem | gelseydim |
| geldiysen, geldinse | gelmişsen | gelseydin |
| *usw.* | *usw.* | *usw.* |

*wenn ich wohl käme,*
*wenn ich wohl gekommen wäre*
gel**sey**mişim
gel**sey**mişsin
*usw.*

## II. Vergangenheit (Plusquamperfekt)

| *ich war gekommen* (*seltene Form*) | | *ich war gekommen* (*übliche Form*) |
|---|---|---|
| gel**diy**dim | gel**dim**di | gel**miş**tim |
| gel**diy**din | gel**din**di | gel**miş**tin |
| gel**diy**di | gel**diy**di | gel**miş**ti |
| gel**diy**dik | gel**dik**ti | gel**miş**tik |
| gel**diy**diniz | gel**din**izdi | gel**miş**tiniz |
| gel**diy**diler | gel**dil**erdi | gel**miş**lerdi(-**miş**tiler) |

### Irreale Bedingungsform im Plusquamperfekt:

*wenn ich gekommen wäre*

| gelmiş ol**saydım** | gelmiş ol**saydık** |
|---|---|
| gelmiş ol**saydın** | gelmiş ol**saydınız** |
| gelmiş ol**saydı** | gelmiş ol**salardı** (-**saydılar**) |

## Futur

| Futur I | Futur II *oder* Futur der Vergangenheit | |
|---|---|---|
| *ich werde kommen, ich soll, muss kommen* | *ich werde gekommen sein; ich wäre gekommen, wollte (sollte) gerade kommen* | *ich werde wohl gekommen sein, ich werde wohl kommen* |
| gele**ceğ**im | gele**cek**tim | gele**cek**mişim |
| gele**cek**sin | gele**cek**tin | gele**cek**mişsin |
| gele**cek** | gele**cek**ti | gele**cek**miş |
| gele**ceğ**iz | gele**cek**tik | gele**cek**mişiz |
| gele**cek**siniz | gele**cek**tiniz | gele**cek**mişsiniz |
| gele**cek**ler | gele**cek**lerdi (-**ecek**tiler) | gele**cek**lermiş (-**ecek**mişler) |

### Bedingungsform:

| I. Futur (real) | II. Futur (irreal) | |
|---|---|---|
| *wenn ich kommen werde (will, soll)* | *wenn ich gekommen wäre, wenn ich hätte kommen wollen (sollen)* | |
| gel**ecek**sem | gel**ecek**tiysem *oder* | gel**ecek**timse |
| gel**ecek**sen | gel**ecek**tiysen | gel**ecek**tinse |
| gel**ecek**se | gel**ecek**tiyse | gel**ecek**tiyse |
| gel**ecek**sek | gel**ecek**tiysek | gel**ecek**tikse |
| gel**ecek**seniz | gel**ecek**tiyseniz | gel**ecek**tinizse |
| gel**ecek**lerse | gel**ecek**tiyseler | gel**ecek**lerdiyse |

### modales Futur:

| *ich will gerade kommen, ich bin im Begriff zu kommen* | *ich wollte gerade kommen, ich war im Begriff zu kommen* | *wenn ich nun komme, wenn ich (einmal/ überhaupt) käme* |
|---|---|---|
| gel**ecek** oluyorum | gel**ecek** oldum | gel**ecek** olursam |
| gel**ecek** oluyorsun | gel**ecek** oldun | gel**ecek** olursan |
| *usw.* | *usw.* | *usw.* |

### konzessives Futur:

*selbst wenn ich kommen sollte*
gel**ecek** olsam bile,
gel**ecek** olsan bile
*usw.*

### Verallgemeinernde Funktion:

z. B. **nereye** dön**ecek** olsam *wohin ich mich auch wende (wandte)* …

## Nezessitativ (Notwendigkeitsform)

| Präsens | Imperfekt – Perfekt | |
|---|---|---|
| *ich sollte (muss) kommen* | *ich musste kommen, ich habe (hätte) kommen müssen* | *ich musste wohl kommen, hätte wohl kommen müssen* |
| gel**meliy**im | gel**meliy**dim | gel**meliy**mişim |
| gel**meli**sin | gel**meli**ydin | gel**meli**ymişsin |
| gel**meli** | gel**meli**ydi | gel**meli**ymiş |
| gel**meliy**iz | gel**meli**ydik | gel**meli**ymişiz |
| gel**meli**siniz | gel**meli**ydiniz | gel**meli**ymişsiniz |
| gel**meli**ler | gel**meli**ydiler (**-meli**lerdi) | gel**meli**ymişler (**-meli**lermiş) |

### Bedingungsform des Nezessitativs:
*wenn ich kommen müsste, wenn ich kommen muss*

| | |
|---|---|
| Die Präsensform gel**meliy**sem ist selten. Stattdessen wird der substantivierte Infinitiv auf **-me + lazımsa** (auch **gerekirse, gerekiyorsa**) gebraucht. | gelme**m** lazımsa / gerekirse / gerekiyorsa<br>gelme**n**<br>gelme**si**<br>gelme**miz**<br>gelme**niz**<br>gelme**leri** |

### Bedingungsform der Vergangenheit des Nezessitativs:
*wenn ich kommen musste, habe (hätte) kommen müssen*

Die Form gel**meli** idiysem (oder gel**meli**ydiysem) ist selten. Stattdessen wird der substantivierte Infinitiv auf **-me + lazımdıysa** u.Ä. gebraucht:
gelme**m**, gelme**n** *usw*. **lazımdıysa** (*auch* **lazım idiyse, gerekirdiyse, gerekiyorduysa** …)

## Möglichkeitsform

| | | | |
|---|---|---|---|
| gele**bil**mek | *kommen können* | yaza**bil**mek | *schreiben können* |
| göre**bil**mek | *sehen können* | okuya**bil**mek | *lesen können* |
| gele**me**mek | *nicht kommen können* | yaza**ma**mak | *nicht schreiben können* |
| göre**me**mek | *nicht sehen können* | okuya**ma**mak | *nicht lesen können* |

| *ich kann kommen* | *kann ich kommen?* | *ich kann nicht kommen* | *kann ich nicht kommen?* |
|---|---|---|---|
| gelebilirim | gelebilir miyim? | gelemem | gelemez miyim? |
| gelebilirsin | gelebilir misin? | gelemezsin | gelemez misin? |
| gelebilir | gelebilir mi? | gelemez | gelemez mi? |
| gelebiliriz | gelebilir miyiz? | gelemeyiz | gelemez misiniz |
| gelebilirsiniz | gelebilir misiniz? | gelemezsiniz | gelemez misiniz? |
| gelebilirler | gelebilirler mi? | gelemezler | gelemezler mi? |

## Verneinte Verbformen

'gel**me**mek *nicht kommen*       'yaz**ma**mak *nicht schreiben*

Die **yor**-Formen haben -miyor, -müyor, -mıyor, -muyor:

| 'gel**mi**yor | *er kommt nicht* | 'gör**mü**yor | *er sieht nicht* |
| 'yap**mı**yor | *er macht nicht* | o'ku**mu**yor | *er liest nicht* |

An den verneinten Stamm treten die Suffixe der bejahten Form:

### bejahend:
| gel | 'gelme | *komm nicht!* |
|---|---|---|
| gelin(iz) | 'gelmeyin(iz) | *kommt nicht!, kommen Sie nicht!* |
| geleyim | 'gelmeyeyim | *ich möchte nicht kommen* |
| gelsem | 'gelmesem | *wenn ich nicht käme* |
| geldim | 'gelmedim | *ich kam nicht, ich bin nicht gekommen* |
| gelmişim | 'gelmemişim | *ich kam wohl nicht* |
| geleydim | 'gelmeyeydim | *wäre ich doch nicht gekommen* |
| geldiysem | 'gelmediysem | *wenn ich nicht kam,* |
| geldimse | 'gelmedimse | *nicht gekommen bin* |
| gelseydim | 'gelmeseydim | *wenn ich nicht käme, nicht gekommen wäre* |
| gelmiştim | 'gelmemiştim | *ich war nicht gekommen* |
| gelmiş olsaydım | 'gelmemiş olsaydım | *wenn ich nicht gekommen wäre* |
| geleceğim | 'gelmeyeceğim | *ich werde nicht kommen, soll (muss) nicht kommen* |
| gelecektim | 'gelmeyecektim | *ich würde (wollte) nicht kommen* |
| gelmeliyim | 'gelmemeliyim | *ich soll (sollte, darf) nicht kommen* |
| gelmeliydim | 'gelmemeliydim | *ich sollte (durfte) nicht kommen* |

## ir-Formen verneint:

| Präsens | -di-Vergangenheit | -miş-Vergangenheit |
|---|---|---|
| *ich komme nicht, käme nicht* | *ich pflegte nicht zu kommen* | *ich pflege, wie man sagt, nicht zu kommen, ich soll gewöhnlich nicht gekommen sein* |
| gel'**me**m | gel'**mez**dim | gel'**mez**mişim |
| gel'**mez**sin | gel'**mez**din | gel'**mez**mişsin |
| gel'**mez** | gel'**mez**di | gel'**mez**miş |
| gel'**me**yiz | gel'**mez**dik | gel'**mez**mişiz |
| gel'**mez**siniz | gel'**mez**diniz | gel'**mez**mişsiniz |
| gelmez'ler | gel'**mez**diler, *auch:* gelmez'lerdi | gel'**mez**mişler, *auch:* gelmez'lermiş |

## Passiv

### Passivsuffixe:
| | |
|---|---|
| 1. Stamm auf Konsonant (außer l) | + **il, ül, ıl, ul** |
| 2. Stamm auf Vokal | + **n** |
| 3. Stamm auf **l** | + **in, ün, ın, un** |

| **Beispiele:** | 1. yaz**ıl**mak | *geschrieben werden* |
|---|---|---|
| | 2. oku**n**mak | *gelesen werden* |
| | 3. alı**n**mak | *genommen werden* |

An den Passivstamm treten die Suffixe des Aktivs:

| **Präsens:** | yazılır, yazılıyor | es wird geschrieben |
|---|---|---|
| **Vergangenheit:** | yazıldı, yazılmış | es wurde geschrieben, ist geschrieben worden |
| **Futur:** | yazılacak | es wird geschrieben werden usw. |

# Konverben (= Partizipien, jedoch nicht für adverbialen Gebrauch)

## Präsens
adjektivisch (**-en**, **-an**)

| | | |
|---|---|---|
| aktivisch | gel**en** | *kommend, ... der kommt* |
| | yaz**an** | *schreibend, ... der schreibt* |
| passivisch | yazıl**an** | *geschrieben, ... der geschrieben worden ist* |
| | oku**nan** | *gelesen, ... der gelesen worden ist* |
| | gör**ülen** | *gesehen, ... der gesehen worden ist* |

## Perfekt

| | | |
|---|---|---|
| aktivisch: **-mış** (**-müş**, **-mış**, **muş**) | al**mış** | *genommen habend, ... der genommen hat* |
| | gel**miş** | *gekommen, ... der gekommen ist* |
| | | oft erweitert durch **olan**: **gelmiş olan, almış olan** usw |
| passivisch | yazıl**mış** (*bzw.* yazıl**mış olan**) | *geschrieben, ... der geschrieben wurde* |

## Futur

| | | |
|---|---|---|
| aktivisch: **-ecek** (**-acak**) | gel**ecek** (*bzw.* gel**ecek olan**) | *kommend, ... , der kommen wird* |
| | yaz**acak** (*bzw.* yaz**acak olan**) | *schreibend, ... , der schreiben wird* |
| passivisch (Gerundivum) | oku**nacak** kitap | *ein zu lesendes Buch* |

## Possessivpartizipien
(mit denen auch ein Teil der deutschen Relativsätze wiedergegeben wird):

| | | |
|---|---|---|
| **-diğ-** (**-düğ-, -dığ-, -duğ-**) | oku**duğum** kitap | *das Buch, das ich lese, gelesen habe* |
| | oku**dukları** kitap | *das Buch, das sie lesen, gelesen haben* |
| **-mış olduğ-** | **okumuş olduğum** kitap | *das Buch, das ich las, das ich gelesen habe* |
| **-eceğ-** (**-acağ-**) | **okuyacağım** kitap | *das Buch, das ich lesen werde (muss, soll)* |

## Verbaladverbien

| | | |
|---|---|---|
| **-ip (-üp, -ıp, -up)** | und | Çocuk bir kaşık çorba al**ıp** içer. *Das Kind nimmt einen Löffel Suppe und isst.* |
| **-erek (-arak)** | und; während; indem; nachdem; dadurch dass | Adam elini kaldır**arak**; „Sus" dedi. *Der Mann hob die Hand und sagte: „Schweig!"; Indem (Während) der Mann die Hand hob, sagte er: „Schweig!"* |
| **-ince (-ünce, -ınca, -unca)** | als; wenn; und; nachdem | Hoca çocuğun yaşlı gözlerini gör**ünce**, „Oğlum, niçin ağlıyorsun?" diye sorar. *Als der Hodscha die tränenden Augen des Kindes sieht, fragt er: „Junge, warum weinst du?"* |
| **-e ... -e (-a ... -a)** | indem; wenn ... viel: dadurch dass ... viel | Damlaya damlaya göl olur. *Durch vieles Tropfen entsteht ein See.* Güle güle! (= *lachend lachend*) *Auf Wiedersehen!, Alles Gute!* |
| **iken, -ken -irken (-ürken, -ırken, -urken)** | als ... (ist); wenn ... (ist); während; aber; obgleich | Çocuk**ken** (*od* çocuk **iken**) hepimiz biraz şairizdir. *Als Kinder (wenn wir Kinder sind), sind wir alle ein wenig Poeten.* O konuş**urken** hepimiz dinliyorduk. *Während er sprach, hörten wir alle zu.* |

# Wortbildungssuffixe im Türkischen

| | |
|---|---|
| **-a (-e)** | bildet Verbstämme aus Substantiven: yaş ((Lebens-)Alter) – yaş**a**mak *leben* |
| **'-a** [-a:] | arabisches Zeichen des unbestimmten Akkusativs, bildet Adverbien; → '-an, '-en: daim**a** (*immer, ständig*) |
| **-aç (-eç)** | oft in der Bedeutung „Vorrichtung": say-mak (*zählen*) – say**aç** (*Zähler*); kaldır-mak (*heben*) – kaldır**aç** (*Hebel*) |
| **-ak (-ek)** | bildet Adjektive und Substantive verschiedener Bedeutung, oft den Ort bezeichnend: dur-mak (*halten*) – dur**ak** (*Haltestelle*); uç-mak (*fliegen*) – uç**ak** (*Flugzeug*) |
| **-al (-el)** | dient zur Bildung von Adjektiven: ulus (*Nation*) – ulus**al** (*national*) |
| **'-an** | arabisches Akkusativzeichen, bildet Adverbien: nazar**an** (*im Vergleich zu*) |
| **-ane** | persisches Suffix: yek *ein* – yeg**âne** (*einzig, alleinig*) |
| **-at** | arabisches Pluralsuffix, verleiht dem Wort im Türkischen oft eine konkrete Bedeutung: teşkil (*Bildung*) – teşkil**at** (*Organisation(en)*) |
| **-ca (-ce)** | ehemaliger Äquativ, bildet Adverbien: kı'sa**ca** (*kurz (gesagt)*); Adjektive: kısa'**ca** (*recht kurz*); Substantive, die Sprachennamen sind: Al'man**ca** (*das Deutsche*) |
| **-cağız (-ceğiz)** | Diminutivsuffix, gewisses Mitgefühl ausdrückend: adam**cağız** (*der Ärmste*) |
| **-ce** → -ca | 'böyle**ce** (*auf diese Weise*); iyi'**ce** (*recht gut*); 'Çin**ce** (*das Chinesische*) |
| **-ceğiz** → -cağız | kedi (*Katze*) – kedi**ceğiz** (*Kätzchen*) |
| **-cı (-ci, -cu, -cü)** | bezeichnet eine Person, einen Besitzer, Berufsausübenden u. Ä.: ecza**cı** (*Apotheker*) |
| **-cık** | Diminutivsuffix: 'ufa**cık** (*winzig*); az (*wenig*) – azı**cık** (*ein bisschen*) |
| **-cılık** | bildet Abstrakta und bezeichnet die Beschäftigung, den Beruf, die Tendenz: fırın**cılık** (*Bäckerhandwerk*) |
| **-ci (-cü, -cı, -cu)** → -cı | gazete**ci** (*Journalist*) |

| | |
|---|---|
| -cik (-cük, -cık, -cuk) → -cık | 'ev**cik** (*Häuschen*) |
| -cilik (-cülük, -cılık, -culuk) → -cılık | kütüphane**cilik** (*Bibliothekarsdienst, Bibliothekswissenschaft*) |
| -cu → -cı | demiryol**cu** (*Eisenbahner*) |
| -cuk → -cık | maymun**cuk** (*Äffchen; Dietrich* (Türöffner)) |
| -culuk → -cılık | koyun**culuk** (*Schafzucht*) |
| -cü → -cı | büyü**cü** (*Zauberer*); gol**cü** (*Torjäger*) |
| -cük → -cık | göl**cük** (*Teich, Tümpel*) |
| -cülük → -cılık | öncü**lük** (*Führungskraft, führende Rolle, Pioniertum*) |
| -ç | zur Bildung von Substantiven: kazan-mak (*verdienen*) – kazan**ç** (*Gewinn*); bilin-mek (*gewusst werden*) – bilin**ç** (*Bewusstsein*); → a. -inç |
| -ça (-çe) → -ca | ah'mak**ça** (*dämlich*); hoş'**ça** (*recht angenehm*); A'rap**ça** (*das Arabische*) |
| -çağız (-çeğiz) → -cağız | çocuk**çağız** (*armes Kind*) |
| -çe → -ca | kö'pek**çe** (*wie ein Köter*); dik'**çe** (*recht steil*); 'Türk**çe** (*das Türkische*) |
| -çeğiz → -cağız | çiçek (*Blume*) – çiçek**çeğiz** (*Blümchen*) |
| -çı → -ci | balık**çı** (*Fischer*) |
| -çık → -cik | kitap**çık** (*Büchlein, Broschüre*) |
| -çılık → -cilik | inşaat**çılık** (*Bauwesen*) |
| -çi → -cı | iş**çi** (*Arbeiter*); diş**çi** (*Zahnarzt*) |
| -çik (-çük, -çık, -çuk) → -cik | dip**çik** (*Gewehrkolben*) |
| -çilik → -cılık | iş**çilik** (*Arbeit, Verarbeitung*) |
| -çu → -cı | musluk**çu** (*Klempner*) |
| -çuk → -cık | kurt**çuk** (*Larve, Raupe*) |
| -çuluk → -cılık | tavuk**çuluk** (*Hühnerzucht*) |
| -çü → -cı | gözlük**çü** (*Optiker*) |
| -çük → -cık | küp**çük** (*kleine Tonne*) |
| -çülük → -cılık | Atatürk**çülük** (*Kemalismus*) |

| | |
|---|---|
| **-dar** | persisch, wörtl. „habend", bezeichnet den Täter: hüküm (*Urteil, Macht*) – hüküm**dar** (*Herrscher*) |
| **-daş** | bezeichnet Personen, die etwas Gemeinsames verbindet: arka**daş** (von arka *Rücken*) *Kollege, Kollegin*; yol**daş** (*Reisegefährte, Reisegefährtin*) |
| **-e** → -a | tür (*Art*) – tür**e**mek (*sich verbreiten*) |
| **-eç** → -aç | büyült-mek (*vergrößern*) – büyült**eç** *Lupe* |
| **-ek** → -ak | ürk-mek (*erschrecken*) – ürk**ek** (*furchtsam*); dön-mek (*sich drehen*) – dön**ek** (*abtrünnig*) |
| **-el** → -al | kültür (*Kultur*) – kültür**el** (*kulturell*) |
| '**-en** → -an, -al | '**kısmen** (*teilweise*); '**naklen** ((*Rundfunk*): *live*) |
| **-ga (-ge)** | bildet Substantive mit konkreter Bedeutung: kavur-mak (*rösten*) – kavur**ga** (*gerösteter Mais od Weizen*) |
| **-gaç (-geç, -kaç, -keç)** | bildet Substantive und Adjektive: bur-mak (*drehen, winden*) – bur**gaç** (*Strudel*); utan-mak (*sich schämen, sich genieren*) – utan**gaç** (*schüchtern, verlegen*) |
| **-gan (-gen, -kan, -ken)** | Adjektive: saldır-mak (*angreifen*) – saldır**gan** (*aggressiv*) |
| **-ge** → -ga | süpür-mek (*ausfegen*) – süpür**ge** (*Besen*) |
| **-geç** → -gaç | yüz-mek (*schwimmen*) – yüz**geç** (*Flosse*); süz-mek (*seihen*) – süz**geç** (*Seiher, Sieb*) |
| **-gen** → -gan | edil-mek (*gemacht werden*) – edil**gen** (*passiv*) |
| **-gı (-gu, -gi, -gü, -ku, -ki, -kü)** | bildet Substantive, die oft Instrumente, aber auch Abstrakta bezeichnen: say-mak (*achten*) – say**gı** (*Achtung, Respekt*); çal-mak (*spielen*) – çal**gı** (*Musikinstrument*) |
| **-gıç (-guç, -giç, -güç)** | bildet Substantive und Adjektive: başlanmak (*begonnen werden*) – başlan**gıç** (*Anfang*) |
| **-gın (-gun, -gin, -gün, -kun, -kin, -kün)** | bildet Adjektive und Substantive: yanmak (*brennen*) – yan**gın** (*Brand*); bil-mek (*wissen*) – bil**gin** (*Wissenschaftler(in)*) |
| **-gi** → -gı | sev-mek (*lieben*) – sev**gi** (*Liebe*); ver-mek (*geben*) – ver**gi** (*Steuer*) |

| | |
|---|---|
| -giç → -gıç | bil-mek (*wissen*) – bil**giç** (*Besserwisser*) |
| -gin → -gın | ger-mek (*spannen*) – ger**gin** (*gespannt*) |
| -gu → -gı | duy-mak (*fühlen*) – duy**gu** (*Gefühl*); vur**gu** (*Akzent*) |
| -gun → -gın | ol-mak (*reifen*) – ol**gun** (*reif*) |
| -gü → -gı | gör-mek (*sehen; erfahren*) – gör**gü** (*gute Erziehung, gutes Benehmen*) |
| -gün → -gın | sür-mek (*(ver)treiben*) – sür**gün** (*Verbannung; Trieb (einer Pflanze)*) |
| -(h)ane | persisch „Haus", „Gebäude": hasta**hane**, (*meist*) hasta**ne** (*Krankenhaus*); kütüp**hane** (*Bibliothek*); posta**ne** (*Postamt*) |
| -ı (-i, -u, -ü) | Substantive aus Verben: yap-mak (*machen*) – yap**ı** (*Bau, Struktur*); başar-mak (*zustande bringen*) – başar**ı** (*Erfolg*) |
| -ı (-i, -u, -ü, -sı, -si, -su, -sü) | stellt zwischen zwei Substantiven eine kompositumähnliche Verbindung her: kiraz (*Kirsche*), ağaç (*Baum*) – kiraz ağac**ı** (*Kirschbaum*) |
| -ıcı (-ici, -ucu, -ücü) | Substantive und Verben: yarat-mak (*schaffen*) – yarat**ıcı** (*schöpferisch; Schöpfer*); al-mak (*nehmen; kaufen*) – al**ıcı** (*interessiert (am Kauf); Käufer*) |
| -ık (-ik, -uk, -ük) | Adjektive und Substantive: alış-mak (*sich gewöhnen*) – alış**ık** (*gewöhnt*); kır-mak (*brechen*) – kır**ık** (*gebrochen, Scherbe*) |
| -ılı (-ili, -ulu, -ülü) | Adjektive mit passivischer Bedeutung: yaz-mak (*schreiben*) – yaz**ılı** (*beschrieben, beschriftet, geschrieben*) |
| -ım (-im, -üm, -um) | bildet Substantive, die a) den Vorgang oder das Ergebnis einer Handlung bezeichnen: bak-mak (*schauen, (hin)sehen*) – bak**ım** (*Pflege, Wartung, Hinsicht*); b) die dadurch erzielte Menge: karış-mak (*sich mischen*) – karış**ım** (*Mischung*) |
| -ın (-in, -n, -un, -ün) | bildet reflexive Verben: tak-mak (*anstecken*) – tak**ın**mak (*sich etw anstecken*) |
| -'ın (-in, -un, -ün) | Substantive: akmak (*fließen*) – ak**ın** (*Einfall; Angriff; Strömung*) |
| '-ın (-in, -un, -ün) | Zeitadverbien; yaz (*Sommer*) – 'yaz**ın** (*im Sommer*) |
| -ınç (-inç, -unç, -ünç) | Substantive und Adjektive: bas-mak (*drücken, treten*) – bas**ınç** (*Druck*) |

| | |
|---|---|
| **-ış (-iş, -ş, -uş, -üş)** | 1. bildet substantivierte Infinitive, bezeichnet die Art der Handlung: bak-mak (*hinsehen*) – bak**ış** (*Blick*); <br> 2. bildet reziproke, Wechselseitigkeit ausdrückende Formen: döv-mek (*schlagen*) – döv**üş**mek (*miteinander kämpfen*) |
| **-ıt (-it, -t, -ut, -üt)** | Substantive: yap-mak (*machen*) – yap**ıt** (*Werk, Produkt*) |
| **-i → -ı** | dizmek (*aufstellen*) – dizi (*Reihe; Ordnung*) |
| **-î** | persisch, zur Bildung von Adjektiven der Farbe: kurşun (*Blei*) – kurşun**î** (*dunkelgrau*) |
| **-î** | arabisch, bildet Adjektive aus Substantiven: hayat (*Leben*) – hayat**î** (*lebenswichtig*); asker (*Soldat*) – asker**î** (*militärisch*) |
| **-ici (-ücü, -ıcı, -ucu)** | bildet Substantive und Adjektive; es bezeichnet meist eine dauernde Tätigkeit oder Eigenschaft: belirt-mek (*erklären*) – belirt**ici** (*kennzeichnend; Kennzeichen*) |
| **-ik → -ık** | bitiş**ik** (*aneinanderstoßend*); del**ik** (*leck; Loch*) |
| **-ili →-ılı** | dik-mek (*pflanzen; nähen*) – dik**ili** (*gepflanzt; genäht*) |
| **-im → -ım** | dil**im** (*Schnitte; Sektor*); ek-mek (*säen*) – ek**im** (*Aussaat; Oktober*); iç-mek (*trinken*) – iç**im** (*Trinken; Schluck*) |
| **-'in → -'ın** | ek-mek (*säen*) – ek**in** (*Saat, Getreide*) |
| **'-in → '-ın** | 'ilk**in** (*zunächst; zuerst*) |
| **-inç → -ınç** | bil**inç** (*Bewusstsein*) |
| **-istan** | persisch, bildet Länder- und Gebietsnamen: Bulgar (*Bulgare*) – Bulgar**istan** (*Bulgarien*) |
| **-iş → -ış** | git-mek (*gehen*) – gid**iş** (*Gehen; Fortgehen; Hinfahrt*) |
| **-it → -ıt** | geç-mek (*passieren*) – geç**it** (*Durchgang, Pass, Unter-/Überführung*) |
| **-iyat** | arabische Pluralendung, hat die Bedeutung von -kunde, -wesen: Şark (*Osten*) – Şark**iyat** (*Orientalistik*) |
| **-iye** | Substantivierung arabischer Adjektive auf -î: hariç (*draußen*); haricî (*äußer-; Außen-*) – haric**iye** (*äußere Erkrankungen; Außenpolitik; Diplomatie*) |
| **-iyet** | abstrakte Substantive arabischen Ursprungs: memnun (*zufrieden*) – memnun**iyet** (*Zufriedenheit*) |
| **-k** | bildet Substantive und Adjektive durch Anfügung an eine |

|  |  |
|---|---|
|  | vokalisch auslautende Verbwurzel: dile-mek (*wünschen*) – dile**k** (*Wunsch*); parla-mak (*glänzen*) – parla**k** (*glänzend*) |
| -kaç → -gaç | kıs-mak (*kneifen*) – kıs**kaç** (*Kneifzange, Klemme*) |
| -kan → -gan | çalış-mak (*arbeiten; sich bemühen*) – çalış**kan** (*fleißig*) |
| -kâr | persisch, wörtl. „machend": hizmet (*Dienst*) – hizmet**kâr** (*Dienstbote*) |
| -ken → -gan | et-mek (*tun, machen*) – et**ken** (*Faktor*) |
| -kı → -gı | as-mak (*hängen*) – as**kı** (*Kleiderbügel*); bas-mak (*drücken, treten*) – bas**kı** (*Druck, Auflage*) |
| -kın → -gın | bık-mak (*überdrüssig sein*) – bık**kın** (*überdrüssig*) |
| -ki¹ (-kü) | bildet Adjektive des Ortes und der Zeit: yukarı**ki** (*obig*); akşam**ki** (*abendlich*) |
| -ki² → -gı | tep-mek (*treten*) – tep**ki** (*Reaktion*) |
| -kin → -gın | seç-mek (*wählen*) – seç**kin** (*ausgewählt*) |
| -ku → -gı | uyu-mak (*schlafen*) – uy**ku** (*Schlaf*) |
| -kun → -gın | coş-mak (*stürmischer werden*) – coş**kun** (*stürmisch*) |
| -kü → -ki¹ | dün**kü** (*gestrig*) |
| -kün → -gın | düş-mek (*fallen*) – düş**kün** (*verfallen, hingegeben*); küs-mek (*böse sein*) – küs**kün** (*eingeschnappt*) |
| -l | bildet Adjektive: doğa (*Natur*) – doğa**l** (*natürlich*) |
| -la (-le) | bildet Verben aus Substantiven und Adjektiven: baş (*Kopf*) – baş**la**mak (*anfangen*); imza (*Unterschrift*) – imza**la**mak (*unterschreiben*) |
| -lan (-len) | a) Verben aus Adjektiven mit reflexiver Bedeutung: kuru (*trocken*) – kuru**lan**mak (*sich abtrocknen*) – b) Verben aus Substantiven: av (*Jagd*) – av**lan**mak (*jagen*) |
| -laş (-leş) | a) Verben mit reziproker Bedeutung: karşı (*gegenüberliegend*) – karşı**laş**mak (*sich begegnen*); mektup (*Brief*) – mektup**laş**mak (*briefwechseln*); b) Verben mit der Bedeutung ... *werden:* ağır (*schwer*) – ağır**laş**mak (*schwer(er) werden*) |
| -le → -la | temiz (*sauber*) – temiz**le**mek (*reinigen*) |
| -len → -lan | deli (*verrückt*) – deli**len**mek (*sich wie verrückt verhalten*); ses (*Stimme*) – ses**len**mek (*rufen*) |

| | |
|---|---|
| -leş → -laş | iyi (*gut*) – iyi**leş**mek (*sich bessern*) |
| '-leyin | bildet Zeitadverbien: aksam (*Abend*) – ak'şam**leyin** (*abends*) |
| -lı (-li, -lu, -lü) | a) bildet Substantive und Adjektive mit der Bedeutung *… beinhaltend:* dalga (*Welle*) – dalga**lı** (*wogend, wellenförmig*); b) bildet Substantive und Adjektive zur Anzeige der Herkunft: kasaba (*Kleinstadt*)〉 – kasaba**lı** (*Kleinstädter(in)*) |
| -lık (-lük, -lik, -luk) | bildet a) Adjektive und entsprechende konkrete Substantive: taş (*Stein*) – taş**lık** (*steinig; Steinfußboden*); b) konkrete Substantive mit der Bedeutung *etwas für …:* kitap (*Buch*) – kitap**lık** (*Bibliothek*); c) abstrakte Substantive: çıplak (*nackt*) – çıplak**lık** (*Nacktheit*); başkan (*Präsident*) – başkan**lık** (*Präsidium*) |
| -li → -lı | şeker (*Zucker*) – şeker**li** (*gezuckert*); Berlin (*Berlin*) – Berlin**li** (*Berliner (Person)*) |
| -lik → -lık | gece (*Nacht*) – gece**lik** *… für* (*die Nacht; Nachthemd*); güneş (*Sonne*) – güneş**lik** (*Sonnenblende*); güzel (*schön*) – güzel**lik** (*Schönheit*) |
| -lu → -lı | korku (*Angst*) – korku**lu** (*angstvoll, beängstigend*); İstanbul (*Istanbul*) – İstanbul**lu** (*Istanbuler(in)*) |
| -luk → -lık | dost (*Freund(in)*) – dost**luk** (*Freundschaft*); tuz (*Salz*) – tuz**luk** (*Salzgefäß*) |
| -lü → -lı | büyü (*Zauber*) – büyü**lü** (*Zauber-*); köy (*Dorf*) – köy**lü** (*Bauer (Bäuerin), Dorfbewohner(in)*) |
| -lük → -lık | göz (*Auge*) – göz**lük** (*Brille*); üstün (*überlegen*) – üstün**lük** (*Überlegenheit*) |
| | |
| -m | tritt an vokalisch auslautende Verbwurzeln: ye-mek (*essen*) – ye**m** (*Futter*); anla-mak (*verstehen*) – anla**m** (*Bedeutung*) |
| -ma (-me) | bildet den substantivierten Infinitiv: al-mak (*nehmen*) – al**ma** (*das Nehmen*) |
| -maklık (-meklik) | bildet den substantivierten Infinitiv: al**maklık** (*das Nehmen*) |
| -man (-men) | bezeichnet den Täter; bei Adjektiven eine Form der Steigerung: say-mak (*zählen, rechnen*) – say**man** (*Kassenwart*); şiş (*geschwollen*) – şiş**man** (*dick, fett*) |

| | |
|---|---|
| -mazlık (-mezlik) | bildet Verbalsubstantive: bak-mak (*hinsehen*) – bak**mazlık** (*das Nicht-Hinsehen*) |
| -me → -ma | git-mek (*gehen*) – git**me** (*das Gehen*) |
| -meklik → -maklık | git**meklik** (*das Gehen*) |
| -men → -man | öğret-mek (*lehren*) – öğret**men** (*Lehrer(in)*) |
| -ımsa (-imse, -msa, -mse, -umsa, -ümse) | bildet Verben: az (*wenig*) – az**ımsa**mak (*für (zu) wenig halten*) |
| -mse → -ımsa | kötü (*schlecht*) – kötü**mse**mek (*für schlecht halten*) |
| -ra (-re) | bezeichnet den Ort: 'bu**ra**da (*"an diesem Ort"* = *hier*); 'ne-**re**de (*"an welchem Ort"* = *wo*) |
| | |
| -sal (-sel) | bildet Adjektive: toplum (*Gesellschaft*) – toplum**sal** (*gesellschaftlich, sozial*) |
| -sel → -sal | bilim (*Wissenschaft*) – bilim**sel** (*wissenschaftlich*) |
| -sı → -ı | oda kapı**sı** (*Zimmertür*) |
| -sız (-süz, -siz, -suz) | dient zur Bildung von Adjektiven der Bedeutung ... *los*: taraf (*Seite*) – taraf**sız** (*neutral, unparteiisch*) |
| -si → -ı | ev kedi**si** (*Hauskatze*) |
| -siz → -sız | ses (*Stimme*); ses**siz** (*still*) |
| -stan → -istan | tritt an vokalisch auslautende Wörter: Ermeni (*Armenier(in)*) – Ermeni**stan** (*Armenien*) |
| -su → -ı | konserve kutu**su** (*Konservendose*) |
| -suz → -sız | çocuk (*Kind*); çocuk**suz** (*kinderlos*) |
| -sü → -ı | masa örtü**sü** (*Tischdecke*) |
| -süz → -siz | özür**süz** (*einwandfrei; unentschuldigt*) |
| -ş → -ıs | bei vokalisch auslautendem Verbstamm: anla**ş**mak (*sich (= einander) verstehen*) |
| | |
| -t | bildet kausative Verben: oyna-mak (*spielen*) – oyna**t**mak (*spielen lassen*) |
| -t (-it, -üt, -it, -ut) | wieder belebtes Suffix zur Bildung von Substantiven |
| -tar → -dar | bayrak (*Fahne*) – bayrak**tar** (*Fahnenträger*) |

| | |
|---|---|
| -taş → -daş | yurt (Vaterland) – yurttaş (Landsmann, Staatsbürger) |
| '-ten → -an | tritt an Substantive, die im Arabischen weiblich sind: madde (Stoff, Materie) – madde**ten** (materiell; faktisch) |
| -tı (-tü, -ti, -tu) | dient zur Bildung von Substantiven von passiven oder reflexiven Verbstämmen: bulan-mak (trübe werden) – bulantı (Trübung, Übelkeit) |
| -ti → -tı | söylen-mek (gesagt werden) – söy-len**ti** (Gerücht) |
| -tu → -tı | avun-mak (sich trösten) – avun**tu** (Trost) |
| -tü → -tı | gör-ün-mek (erscheinen) – görün**tü** (Erscheinung) |
| -u → -ı | doğ-mak (geboren werden) – doğu (Osten) |
| -u → -ı | Türkçe kurs**u** (Türkischkurs) |
| -ucu → -ıcı | boğ-mak (erwürgen) – boğ**ucu** (erstickend) |
| -uk → -ık | sol-mak (verwelken) – sol**uk** (verwelkt; matt; blass) |
| -ulu → -ılı | kur-mak (gründen, bilden) – kur**ulu** (zusammengesetzt, etabliert) |
| -um → -ım | dur-mak (halten, bleiben) – dur**um** (Lage; Fall; Kasus); otur--mak (sitzen) – otur**um** (Sitzung) |
| -un → -ın | sor-mak (fragen) – sor**un** (Problem) |
| -unç → -ınç | kork-mak (sich fürchten) – kork**unç** (fürchterlich) |
| -uş → -ış | uç-mak (fliegen) – uç**uş** (Flug) |
| -ut → -ıt | kon-mak (sich niederlassen) – kon**ut** (Wohnung) |
| -ü → -ı | öl-mek (sterben) – öl**ü** (tot; Tote(r)) |
| -ü → -ı | dağ köy**ü** (Gebirgsdorf) |
| -ücü → -ıcı | güldür-mek (j-n zum Lachen bringen) – güldür**ücü** (erheiternd) |
| -ük → -ık | **böl**-mek (teilen) – **böl**ük (Teil; Kompanie); düş-mek (fallen) – düş**ük** (niedrig) |
| -ülü → -ılı | ör-mek (flechten) – ör**ülü** (geflochten) |
| -üm → -ım | bük-mek (falten) – bük**üm** (Falz) |
| -'ün → -'ın | tüt-mek (rauchen) – tüt**ün** (Tabak) |
| '-ün → '-ın | güz (Herbst) – 'güz**ün** (im Herbst) |
| -ünç → -ınç | gül-mek (lachen) – gül**ünç** (lächerlich, komisch) |

| | |
|---|---|
| -üş → -ış | gör-mek (*sehen*) – gör**üş** (*Ansicht, Sicht*) |
| -üt → -ıt | gül-mek (*lachen*) – gül**üt** (*Gag, Ulk; Komik*) |
| -ye → -iye | mülkî (*zivil*) – mülk**iye** (*Verwaltungswesen*) |
| -yen → -an | bildet ein Adverb aus einem Adjektiv auf -î: mütemadî (*dauernd*) – mütemadi**yen** (*dauernd*) |
| -yıcı → -ıcı | tara-mak ((*durch*)*suchen,* (*durch*)*kämmen*) – tara**yıcı** (*Scanner*) |
| -yış → -ış | anla-mak (*verstehen*) – anla**yış** (*Verständnis*) |
| -yici → -ıcı | dinle-mek (*hören*) – dinle**yici** (*Hörer*) |
| -yin → '-ın | öğle (*Mittag*) – öğ'le**yin** (*mittags*) |
| -yiş → -ış | söyle-mek (*sagen*) – söyle**yiş** (*Aussprache*) |
| -yucu → -ıcı | oku-mak (*lesen*) – oku**yucu** (*Leser(in)*) |
| -yuş → -ış | kuru-mak (*trocknen*) – kuru**yuş** (*Trocknung*) |
| -yücü → -ıcı | yürü-mek (*laufen*) – yürü**yücü** (*Läufer(in)*) |
| -yüş → -ış | yürü-mek (*gehen*) – yürü**yüş** ((*Spazier*)*Gang, Marsch*) |

# Almanca Çekim Kuralları

## 1 İsim

Almanca isim çekimleri, kuvvetli, zayıf ve karışık denilen üç gruba ayrılırsa da, daha basit bir çekim sistemi göstermek mümkündür. Aşağıdaki kuralların uygulanmasıyla Almanca isimlerin büyük çoğunluğu doğru olarak çekimlenebilir.

### Genel Kural

1. Çoğulda Dativ (-e hali) çoğunlukla -n ile biter. Bir sözcüğün Nominativ (yalın) halinde -n varsa, Dativ'te ikinci bir -n eklenmez. Örneğin, **den Gärten** der Garten kelimesinin çoğul Dativ biçimidir. Asıl sözcüğün ünlüsü çoğulda Umlaut (¨) denilen incelmeye uğrarsa, **a, au, o, u** ünlüleri **ä, äu, ö, ü** şekillerini alır.

### Dişillik

2. Dişil isimler tekilde değişmez. Eğer
   a) çoğul biçimi **-en** ekiyle yapılıyorsa,
   b) tekilde **-e** (veya **-in**) ile biten bir kelime çoğulda **-n** (veya **-nen**) ekini alıyorsa,
   sözlükte çoğul şekli ayrıca gösterilmemiştir.

Örnekler:

| | | | |
|---|---|---|---|
| die Frau | die Frau**en** | die Maschine | die Maschine**n** |
| der Frau | der Frau**en** | der Maschine | der Maschine**n** |
| der Frau | den Frau**en** | der Maschine | den Maschine**n** |
| die Frau | die Frau**en** | die Maschine | die Maschine**n** |
| | | | |
| die Lehrerin | die Lehrerin**nen** | | |
| der Lehrerin | der Lehrerin**nen** | | |
| der Lehrerin | den Lehrerin**nen** | | |
| die Lehrerin | die Lehrerin**nen** | | |

Dişil isimlerin bu kurala uymayan çekimleri sözlükte şöyle gösterilir:

**Steuer** F̄ ⟨-; -n⟩ = die Steuer, (der Steuer), die Steuer**n**
**Tochter** F̄ ⟨-; ⸚⟩ = die Tochter, (der Tochter), die Töchter
**Hand** F̄ ⟨-; ⸚e⟩ = die Hand, (der Hand), die Hände.

## Erillik

3. Sözlükte ⟨-en⟩ veya ⟨-n⟩ takılarıyla gösterilen eril isimler şöyle çekimlenir:

| | | | |
|---|---|---|---|
| der Student | die Studenten | der Bote | die Boten |
| des Studenten | der Studenten | des Boten | der Boten |
| dem Studenten | den Studenten | dem Boten | den Boten |
| den Studenten | die Studenten | den Boten | die Boten |

## Erillik ve Nötrlük

4. Aşağıdaki örneklere göre çekimlenen eril ve nötr isimler için sözlükte ayrı bir açıklama yoktur:

| | | | |
|---|---|---|---|
| der Lehrer | die Lehrer | das Fenster | die Fenster |
| des Lehrers | der Lehrer | des Fensters | der Fenster |
| dem Lehrer | den Lehrern | dem Fenster | den Fenstern |
| den Lehrer | die Lehrer | das Fenster | die Fenster |

5. Kelimelerin çekimi, maddebaşı sözcüğün yanındaki parantez içinde verilmiştir. Noktalı virgül önündeki ek, *Genitiv* (-in) halini, arkasındaki ise çoğulu gösterir:

**Absenderin** F̄ ⟨-; -nen⟩ = die Absenderin, der Absenderin; die Absenderinnen
**Gärtner** M̄ ⟨-s; -⟩ = der Gärtner, des Gärtners; die Gärtner
**Herz** N̄ ⟨-ens; -en⟩ = das Herz, des Herzens; die Herzen

Bir isim, Genitiv veya çoğul biçiminde ek almıyorsa, sözlükte (-) işareti kullanılmıştır:

**Kaktus** M̄ ⟨-; -teen⟩ = der Kaktus, des Kaktus; die Kakteen
**Messer** M̄ ⟨-s; -⟩ = das Messer, des Messers; die Messer

## 2 Sıfat

Addan önce kullanılan sıfatın üç şekli vardır:

**1. Belirli tanımlık (*Artikel*) ile birlikte kullanılan sıfatın çekimi şöyledir:**

| | | |
|---|---|---|
| der alte Mann | die junge Frau | das kleine Kind |
| des alten Mannes | der jungen Frau | des kleinen Kindes |
| dem alten Mann(e) | der jungen Frau | dem kleinen Kind(e) |
| den alten Mann | die junge Frau | das kleine Kind |
| die alten Männer | die jungen Frauen | die kleinen Kinder |
| der alten Männer | der jungen Frauen | der kleinen Kinder |
| den alten Männern | den jungen Frauen | den kleinen Kindern |
| die alten Männer | die jungen Frauen | die kleinen Kinder |

**Not:** Bu kural tanımlık yerine geçebilen şu kelimeleri de kapsar: (tekil ve çoğulda) **dieser, jener, welcher, mancher, solcher;** (yalnız çoğulda) **alle, keine; meine, deine, seine, ihre, unsere, eu(e)re, ihre; irgendwelche, sämtliche.**

**2. Belirsiz tanımlık ile birlikte kullanılan sıfatın çekimi şöyledir:**

| | | |
|---|---|---|
| ein alter Mann | eine junge Frau | ein kleines Kind |
| eines alten Mannes | einer jungen Frau | eines kleinen Kindes |
| einem alten Mann | einer jungen Frau | einem kleinen Kind |
| einen alten Mann | eine junge Frau | ein kleines Kind |

**Not:** Bu kural, tanımlık yerine geçebilen şu kelimeleri de kapsar: **kein, mein, dein, sein, ihr, unser, euer, ihr, folgend-.**

**3. Tanımlık olmaksızın kullanılan sıfatın çekimi şöyledir:**

| | | |
|---|---|---|
| alter Wein | lange Zeit | frisches Brot |
| alten Weines | langer Zeit | frischen Brotes |
| altem Wein | langer Zeit | frischem Brot |
| alten Wein | lange Zeit | frisches Brot |
| alte Weine | böse Zeiten | frische Brote |
| alter Weine | böser Zeiten | frischer Brote |
| alten Weinen | bösen Zeiten | frischen Broten |
| alte Weine | böse Zeiten | frische Brote |

**Not:** Bu çekim şu durumlarda da geçerlidir:

a) Hem tekil, hem de çoğulda kendisi çekimsiz kalan **manch-, solch-, welch-** kelimelerinden sonra gelen sıfatlar için, örnek: **welch böse Zeit.**

b) Çoğulda kendisi de yukarıdaki sıfatlar gibi çekimlenen **andere, einige, etliche, mehrere, verschiedene, viele, wenige, folgende** kelimelerinden sonra gelen sıfatlar için, örnek: **einiger frischer Brote.**

Genitiv halinden sonra, sıfat (-er eki yerine) bazen -en ekiyle kullanılır, örnek: **einiger frischen Brote.**

## 4. Sıfatların derecelendirilmesi:

a) Umlaut ile incelebilen bir ünlü (a, o, u) içeren sıfatların artıklık (Komparativ) ve üstünlük (Superlativ) derecelerinde genellikle incelme görülmez. İncelme olayı tek heceli çok az sayıda sıfatta görülür:

| alt  | älter  | älteste  |
|------|--------|----------|
| groß | größer | größte   |
| klug | klüger | klügste  |

Aynı şekilde: **arg, arm, hart, kalt, lang, scharf, schwarz, stark.**
Kimi sıfatlar hem inceltmeli, hem de inceltmesiz olarak kullanılır:

| gesund | gesünder | gesündeste |
|--------|----------|------------|
|        | gesunder | gesundeste |

Aynı şekilde: **blass, glatt, karg, nass, schmal, fromm, rot.**

**hoch** ile **nahe** sıfatlarında ünlünün yanı sıra sonsesteki ünsüz de değişir.

| hoch | höher | höchste |
|------|-------|---------|
| nahe | näher | nächste |

b) Sonu **-el** ile biten sıfatların artıklık derecesinde **e** sesi düşer:

| dunkel | das dunklere Zimmer (ama üstünlük derecesinde düşme olmaz: das dunkelste Zimmer) |

Sonu **-en** veya **-er** ile biten sıfatlarda da bu **e** sesi düşebilir. Çift-ünlüden sonra düşme kesindir:

| | |
|---|---|
| bescheiden | ein bescheid(e)nerer Mensch |
| heiter | heit(e)reres Wetter |
| teuer | die teur**er**en Geräte |

c) Bileşik sıfatlarda genellikle bileşimin ikinci kısmı derecelendirilir:

**hochfliegendere** Pläne
die **altmodischsten** Hüte

Dikkat: Bileşik sıfatların ilk parçası kendi öz anlamını nispeten korumuşsa, derecelenebilir. Bu durumda ikinci sıfat ayrı yazılır:

| | |
|---|---|
| leicht fasslich | eine leichter fassliche Aufgabe |
| dicht bevölkert | eine dichter bevölkerte Stadt / die dichtest bevölkerte / die am dichtesten bevölkerte Stadt |

# 3 Zamirler

## Şahıs Zamirleri

### Tekil

| | | | | | | Kişisi olmayan veya genel „es" |
|---|---|---|---|---|---|---|
| *nom* | ich | du, Sie | er | sie | es | es |
| *gen* | meiner | deiner, Ihrer | seiner | ihrer | seiner | dessen, es |
| *dat* | mir | dir, Ihnen | ihm | ihr | ihm | – |
| *akk* | mich | dich, Sie | ihn | sie | es | es |

### Çoğul

| | | | |
|---|---|---|---|
| *nom* | wir | ihr, Sie | sie |
| *gen* | unser | euer, Ihrer | ihrer |
| *dat* | uns | euch, Ihnen | ihnen |
| *akk* | uns | euch, Sie | sie |

**Not:** Konuşma dilinde bazen vurgulu olan er, sie kelimeleri yerine **der, die** kullanılır.

## Belirli Tanımlıklar ve İşaret Zamirleri (veya Sıfatları)

### Tekil

| m | | | | | |
|---|---|---|---|---|---|
| | nom | der | dieser | jener | solcher |
| | gen | des | dieses | jenes | solches |
| | dat | dem | diesem | jenem | solchem |
| | akk | den | diesen | jenen | solchen |
| f | nom | die | diese | jene | solche |
| | gen | der | dieser | jener | solcher |
| | dat | der | dieser | jener | solcher |
| | akk | die | diese | jene | solche |
| n | nom | das | dies(es) | jenes | solches |
| | gen | des | dieses | jenes | solches |
| | dat | dem | diesem | jenem | solchem |
| | akk | das | dies(es) | jenes | solches |

### Çoğul

| m, f, n | | | | | |
|---|---|---|---|---|---|
| | nom | die | diese | jene | solche |
| | gen | der | dieser | jener | solcher |
| | dat | den | diesen | jenen | solchen |
| | akk | die | diese | jene | solche |

Belirli tanımlık konuşma dilinde bazen vurgulu bir işaret zamiri olarak da kullanılır.
Genitiv şekilleri şunlardır:

| m | dessen |
|---|---|
| f | derer |
| n | (dessen) |
| pl | derer; deren |

Çoğul Dativ biçimi şudur: denen

Sözü edilen kişi veya şeyler yeniden anılıyorsa, **deren, dessen** vs kelimeleri kullanılır.

Örnekler:
Ich erinnere mich **derer,** die an der Konferenz teilnahmen, noch gut; es waren **deren** sieben. Sagen Sie es allen **denen,** die nicht dabei waren.

Belirli tanımlığın ve **dieser, jener, solcher** kelimelerinin çekimi aynıdır. Bunlarda nötr cinsin Nominativ ve Akkusativ (-i hali) biçimleri şöyledir:

| | |
|---|---|
| **Tekil** | **dieses** *veya* **dies; jenes; solches** |
| **Çoğul** | die**se**, jene, solche vs |

## Belirsiz Tanımlık ve İyelik Zamirleri (veya Sıfatları)

| **Tekil** | m | f | n |
|---|---|---|---|
| *nom* | ein | eine | ein |
| *gen* | ein**es** | ein**er** | ein**es** |
| *dat* | ein**em** | ein**er** | ein**em** |
| *akk* | ein**en** | eine | ein |

**mein, dein, sein, unser, euer, ihr** ile **ein** kelimesinin olumsuz şekli olan **kein** aynı şekilde çekilir.
**unser** ve **euer** kelimelerindeki **-e-** harfi, takı eklendiği zaman düşebilir: **uns(e)res, uns(e)rem** vs gibi.

Çoğulda bütün cinsler için ekler şunlardır:
**-e** (die); **-er** (der); **-en** (den); **-e** (die)

İyelik adılları ve **ein**(e) sayı sıfatı, tanımlık aldığında **der, die Reisende** gibi çekilir:

| | | |
|---|---|---|
| der deine | die deine | die deinen |
| der eine | die eine | die einen |

Bu kelimeler tanımlık olmaksızın kullanılırsa, belirli tanımlık çekim eklerini alırlar:

| m: | **Tekil** | *nom* | einer, | meiner, | deiner | vs |
|---|---|---|---|---|---|---|
| | | *akk* | einen, | meinen, | deinen | |
| | **Çoğul** | | – | meine, | deine | vs |

Bunların *Genitiv* şekilleri kullanılmaz.

## İlgi Zamiri

### Tekil

| nom | der Mann, der ... | die Frau, die ... | das Kind, das ... |
| gen | der Mann, dessen | die Frau, deren | das Kind, dessen |
| dat | der Mann, dem | die Frau, der | das Kind, dem |
| akk | der Mann, den | die Frau, die | das Kind, das |

### Çoğul

| nom | die Männer, die | die Frauen, die | die Kinder, die |
| gen | die Männer, deren | die Frauen, deren | die Kinder, deren |
| dat | die Männer, denen | die Frauen, denen | die Kinder, denen |
| akk | die Männer, die | die Frauen, die | die Kinder, die |

İlgi zamirlerinden *der, die, das* yerine **welcher, welche, welches** de kullanıldığı olur. Fakat Genitiv'te sadece **dessen, deren, dessen; deren** (arasıra da **derer**) kelimeleri kullanılır.

## Dönüşlü Zamir

| *Akkusativ* | *Dativ* | |
|---|---|---|
| ich freue **mich** | ich kaufe **mir** | |
| du freust **dich** | du kaufst **dir** | |
| er freut **sich** | er kauft **sich** | |
| sie freut **sich** | sie kauft **sich** | |
| es freut **sich** | es kauft **sich** | etwas (*akk, bş-i*) |
| wir freuen **uns** | wir kaufen **uns** | |
| ihr freut **euch** | ihr kauft **euch** | |
| Sie freuen **sich** | Sie kaufen **sich** | |
| sie freuen **sich** | sie kaufen **sich** | |

## Soru Zamiri (veya Sıfatı)

| **Adıl** | | **Sıfat** | | | |
|---|---|---|---|---|---|
| *Kişiler* | *Nesneler* | *m* | *f* | *n* | *pl* |
| wer? | was? | welcher? | welche? | welches? | welche? |
| wessen? | wessen? | *Çekim ekleri belirli tanımlıktaki gibidir.* | | | |
| wem? | – | | | | |
| wen? | was? | | | | |

### Belirsiz Zamirler (veya Sıfatlar)

| jemand | niemand | etwas | nichts |
|---|---|---|---|
| jemand**es** | niemand**es** | *çekim eki yoktur* | *çekim eki yoktur* |
| jemand(**em**) | niemand(**em**) | | |
| jemand(**en**) | niemand(**en**) | | |

### Sıfat veya zamir:

| jeder | jede | jedes |
|---|---|---|

*Belirli tanımlığın çekim eklerini alır.*
Belirsiz zamirin *Genitiv'i* az kullanılır. Belirli sıfatın *Genitiv'i* çoğunlukla **jeden**'dir.

## 4 Fiil (Eylem)

Almancada bütün fiillerin mastarları **-en** veya **-n** ile biter: sag**en**, handel**n**.

Etken fiilin Perfekt ve Plusquamperfekt biçimlerinde yardımcı fiil olarak kullanılan haben veya sein şöyle gösterilmiştir:

**gehen** V/I ⟨ging, gegangen, *s.*⟩        ich bin gegangen
                                                 (*fahren* çekim örneğine bkz.)
**schreiben** V/T *u.* V/I ⟨schrieb, geschrieben, *h.*⟩    ich habe geschrieben

Bileşik fiillerin vurgulu olan öntakıları fiil çekimlenirken gövdeden ayrılır. Örneğin:

**abfahren** V/I ⟨irr, trennb, -ge-, *s.*, → *fahren*⟩    ich fahre ab, ich fuhr ab, ich bin abgefahren, ich war abgefahren, vs

Bileşik fiillerin vurgusuz olan öntakıları ayrılmaz:
**be-, ge-, ent-, (emp-), er-, miss-, ver-, zer-** öntakıları hiçbir zaman ayrılmaz.
**durch-, über-, um-, unter-, wieder-** öntakıları vurguluysa ayrılır, vurgusuzsa ayrılmaz:

**'umfahren** *arabayla çarpıp devirmek*        ich fahre ... um
**um'fahren** *arabayla etrafını dolaşmak*        ich umfahre

Öntakı gibi kullanılan bazı kelimeler vurgulu olsalar da ayrılmaz:
**'staubsaugen** V/I u. V/T ⟨ge-, h.⟩ (elektrik süpürgesiyle) -i süpürmek

## 1. Kurallı Fiil

Kurallı fiillerin çekimi şöyledir:

| ETKEN FİİL | EDİLGEN FİİL |

### Şimdiki Zaman

#### Şimdiki Zaman Mastarı

| loben | **ge**lobt werden |

#### Şimdiki Zaman Kipi (*Präsens*)

| ich lobe | ich werde gelobt |
| du lobst | du wirst gelobt |
| er, sie, es lobt | er, sie, es wird gelobt |
| wir lob**en** | wir werden gelobt |
| ihr lobt | ihr werdet gelobt |
| sie, Sie lob**en** | sie, Sie werden gelobt |

### Geçmiş Zaman

#### Birinci Geçmiş Zaman Kipi (*Präteritum veya Imperfekt*)

| ich lobte | ich wurde gelobt |
| du lobtest | du wurdest gelobt |
| er, sie, es lobte | er, sie, es wurde gelobt |
| wir lobten | wir wurden gelobt |
| ihr lobtet | ihr wurdet gelobt |
| sie, Sie lobten | sie, Sie wurden gelobt |

Gündelik dilde bu kipin yerine daha çok *Perfekt* kullanılır.

#### İkinci (Bileşik) Geçmiş Zaman Mastarı

| gelobt haben | gelobt worden sein |

## ETKEN FİİL EDİLGEN FİİL

### İkinci (Bileşik) Geçmiş Zaman Kipi (*Perfekt*)

| | |
|---|---|
| ich habe gelobt | ich bin gelobt worden |
| du hast gelobt | du bist gelobt worden |
| er, sie, es hat gelobt | er, sie, es ist gelobt worden |
| wir haben gelobt | wir sind gelobt worden |
| ihr habt gelobt | ihr seid gelobt worden |
| sie, Sie haben gelobt | sie, Sie sind gelobt worden |

Bir işin yapılmakta olduğunu anlatan edilgen fiil biçiminden başka o işin yapılmış, sonuçlandırılmış olduğunu gösteren ikinci bir edilgen fiil biçimi de vardır. Mastarı örneğin **vergessen sein** biçiminde olan bu edilgenlik sadece şimdiki zamanda ve birinci geçmiş zamanda kullanılır:

| | |
|---|---|
| ich bin vergessen | ich war vergessen |
| du bist vergessen | du warst vergessen |
| er, sie, es ist vergessen | er, sie, es war vergessen |
| wir sind vergessen | wir waren vergessen |
| ihr seid vergessen | ihr wart vergessen |
| sie, Sie sind vergessen | sie, Sie waren vergessen |

Die Tür wird geschlossen. *Kapı kapanıyor/kapanmakta*. (Eylem bitmemiştir).
Die Tür ist geschlossen. *Kapı kapanmış (kapalı)*. (Eylem bitmiştir).
**Not:** Son cümledeki **geschlossen** kelimesi aynı zamanda, fiil niteliğini kaybederek sıfat olmuştur.

### Üçüncü Geçmis Zaman Kipi (*Plusquamperfekt*)

| | |
|---|---|
| ich hatte gelobt | ich war gelobt worden |
| du hattest gelobt | du warst gelobt worden |
| vs | vs |

Sözü geçen bir geçmiş zaman diliminden daha önceki geçmişi dile getirir (Türkçe -*mişti*, -*diydi* ve -*mişmiş* ekleri gibi).

| ETKEN FİİL | EDİLGEN FİİL |

## Gelecek Zaman

### Birinci Gelecek Zaman Kipi (Futur veya Futur I)

| | |
|---|---|
| ich werde loben | ich werde gelobt werden |
| du wirst loben | du wirst gelobt werden |
| vs | vs |

Gündelik dilde, bu kipin kesinlik vurgusu taşımadığı hallerde daha çok *Präsens* kullanılır.

### İkinci Gelecek Zaman Kipi (Futur Perfekt veya Futur II)

| | |
|---|---|
| ich werde gelobt haben | ich werde gelobt worden sein |
| du wirst gelobt haben | du wirst gelobt worden sein |
| vs | vs |

Gelecekte sonuçlandırılmış olacak bir eylemi dile getirir: *övmüş/övülmüş olacağım* vs.

## Sanı Kipleri

### Birinci Sanı Kipi

| | |
|---|---|
| ich würde loben vs | ich würde gelobt werden vs |

### İkinci Sanı Kipi

| | |
|---|---|
| ich würde gelobt haben vs | ich würde gelobt worden sein vs |

Birinci sanı kipinin (Konjunktiv) üçüncü kişisi tekilde daima **-e** ile biter. Diğer kişilerde sanı ve bildirme kipi çekim ekleri aynıdır. Präsens'in ikinci tekil ve çoğul şahıs biçimleri **-st** ve **-t** eklerinden önce genellikle bir **-e-** alır.

Etken fiilde Präteritum ve Konjunktiv I kipleri arasında fark yoktur.

### Şimdiki Zaman Kipi (Präsens)

| | |
|---|---|
| ich lobe/lob**te**/**würde** loben | ich werde gelobt/**würde** gelobt werden |
| du lob**est** | du werd**est** gelobt |
| er, sie, es lob**e** | er, sie, es werd**e** gelobt |
| wir loben/lob**ten**/**würden** loben | wir werd**en**/**würden** gelobt werden |
| ihr lob**et** | ihr werd**et** gelobt |
| sie, Sie loben/lob**ten**/**würden** loben | sie, Sie werd**en**/**würden** gelobt werden |

| ETKEN FİİL | EDİLGEN FİİL |
|---|---|

**Birinci Geçmiş Zaman Kipi** (*Präteritum*)
*Bildirme Kipi*'ne bakınız:
**ich würde gelobt** *vs*

**İkinci Geçmiş Zaman Kipi** (*Perfekt*)

| ich habe gelobt/**hätte** gelobt *vs* | ich sei gelobt worden *vs* |
|---|---|

**Üçüncü Geçmiş Zaman Kipi** (*Plusquamperfekt*)

| ich hätte gelobt *vs* | ich wäre gelobt worden *vs* |
|---|---|

**Birinci Gelecek Zaman Kipi** (*Futur / Futur I*)

| ich werde loben/**würde** loben | ich werde gelobt werden/**würde** gelobt werden |
|---|---|
| du werdest loben | du werdest gelobt werden |
| *vs* | *vs* |

**İkinci Gelecek Zaman Kipi** (*Futur Perfekt / Futur II*)

| ich werde gelobt haben/**würde** gelobt haben *vs* | ich werde gelobt worden sein/**würde** gelobt worden sein *vs* |
|---|---|

## Emir Kipi (Imperativ)

### tekil

| lobe! | sei (werde) gelobt! *aber auch:* lass dich loben! |
|---|---|
| loben Sie! | seien Sie gelobt! *aber auch:* lassen Sie sich loben! |

### çoğul

| lobt!, lobet! | seid (werdet) gelobt! *aber auch:* lasst euch loben! |
|---|---|
| loben Sie! | seien Sie gelobt! *aber auch:* lassen Sie sich loben |

## Ortaçlar

**Şimdiki Zaman Ortacı** (*Partizip Präsens*): **lobend**

**Geçmiş Zaman Ortacı** (*Partizip Perfekt*): **gelobt**

## Ses Özellikleri:

Gövdesi **d** veya **t** ile sona eren fiillerde takıdan önce araya **e** sesi girmesi: du *find--e-st*, ihr *hielt-e-t*. Aynı durum (lm, ln, rm, rn dışında) gövdesi **m** veya **n** ile biten fiiller için de geçerlidir: du *atm-e-st*, sie *rechn-e-t* (ama: *lern-st*, du *qualm-st*).

Gövdesi **s, ß, ss, x** veya **z** ile biten fiillerde s sesinin düşmesi: reisen – du *reist*, mixen – du *mixt*, reizen – du *reizt*. Fiilin gövdesi **sch** sesiyle sona eriyorsa araya **e** girmez: du *wäschst*, du *herrschst*.

**-eln** ve **-ern** ile biten fiillerde, *Präsens*'in 1. ve 3. çoğul şahıslarında e sesinin düşmesi: handeln – wir *handeln*, sie *handeln*, ändern – wir *ändern*, sie *ändern*; sonu **-eln** ile biten fiillerde *Präsens*'in 1. tekil şahsı ile *Imperativ*'in 2. tekil şahsında da bu e sesi genellikle düşer: ich *handle*, ich *lächle*; *handle!*, *lächle!*; **-ern** *ile biten fiillerde* **e** *sesi genellikle korunur*: ich *ändere*, ich *wandere*; *ändere!*, *wandere!*

Çoğu kuraldışı fiillerde şimdiki *Präsens*'in 2. ve 3. tekil şahıslarında **a, au** veya **o** gövde ünlülerinin incelmesi (Umlaut): tragen – du *trägst*, er *trägt*, laufen – du *läufst*, er *läuft*, stoßen – du *stößt*, er *stößt*.

Bir grup kuraldışı fiillerde, *Präsens*'in 2. ve 3. tekil şahıslarında ve *Imperativ*'in 2. tekil şahsında **e/i** değişimi: geben – du *gibst*, er *gibt*; *gib!*, nehmen – du *nimmst*, er *nimmt*; *nimm!*, sehen – du *siehst*, er *sieht*; *sieh!*

## 2. Kuraldışı Fiil

Kuraldışı fiillerin çekim ekleri – üç kip dışında – kurallı fiillerin çekim ekleriyle aynıdır. Bunlar sözlükte *irr* kısaltmasıyla gösterilmiştir.

Perfekt'te 1. ve 3. tekil şahıslarda çekim eki yoktur:

ich lob**te**     *ama*     er, sie, es lob**te**    |    ich gab     *ama*    er, sie, es gab

Kuraldışı fiillerde Partizip Perfekt **-en** ile biter. Fiilin gövde ünlüsü çoğunlukla değişir:

ich habe ge**trunken**                    *mastar*: *trinken*.

Kuraldışı fiillerin Präteritum biçimi **-t-** eklenmesiyle değil, gövde ünlüsünün değiştirilmesiyle yapılır.

ich f**a**hre                          ich f**u**hr
du g**i**bst                           du g**a**bst

## ETKEN FİİL　　　　　　　　　　EDİLGEN FİİL

Präsens'in 2. ve 3. şahıslarında da fiilin gövde ünlüsü çoğu zaman değişir.

| | |
|---|---|
| ich fahre | wir fahren |
| du fährst | ihr fahrt |
| er, sie, es fährt | sie, Sie fahren |

Sanı kipinin (Konjunktiv) Präteritum biçiminde gövde ünlüsü çoğu kere incelir (Umlaut).

*bildirme kipi*　　　　　　　　　　*sanı kipi*
ich fuhr　　　　　　　　　　　　　ich führe

Karışık gruba giren fiillerde, Präteritum'da ve Partizip Perfekt'te fiilin gövde ünlüsü değişmekle birlikte, gövdenin sonuna kurallı fiillerin karakteristik takısı olan **-t-** eki de gelir.

brennen　　　　　　　　　　　　　gebra**nnt**

Kuraldışı fiillerin çekimi şöyledir: Çekim örneği: **fahren** v/t geçişli ve v/i geçişsiz

## Şimdiki Zaman

### Şimdiki Zaman Kipi (*Präsens*)

| | |
|---|---|
| ich fahre | ich werde gefahren |
| du fährst | du wirst gefahren |
| er, sie, es fährt | er, sie, es wird gefahren |
| wir fahren | wir werden gefahren |
| ihr fahrt | ihr werdet gefahren |
| sie, Sie fahren | sie, Sie werden gefahren |

## Geçmiş Zaman

### Birinci Geçmiş Zaman Kipi (*Präteritum / Imperfekt*)

| | |
|---|---|
| ich fuhr | ich wurde gefahren |
| du fuhrst | du wurdest gefahren |
| er, sie, es fuhr | er, sie, es wurde gefahren |
| wir fuhren | wir wurden gefahren |
| ihr fuhrt | ihr wurdet gefahren |
| sie, Sie fuhren | sie, Sie wurden gefahren |

| ETKEN FİİL | EDİLGEN FİİL |
|---|---|

### İkinci Geçmiş Zaman Kipi (Perfekt)

| | |
|---|---|
| *v/t* ich habe gefahren | ich bin gefahren worden |
| *v/i* ich bin gefahren | ich bin gefahren worden |
| *v/t* du hast gefahren | du bist gefahren worden |
| *v/i* du bist gefahren | du bist gefahren worden |
| *vs* | *vs* |

### Üçüncü Geçmiş Zaman Kipi (Plusquamperfekt)

| | |
|---|---|
| *v/t* ich hatte gefahren | ich war gefahren worden |
| *v/i* ich war gefahren | ich war gefahren worden |
| *vs* | *vs* |

## Gelecek Zaman

### Birinci Gelecek Zaman Kipi (Futur / Futur I)

| | |
|---|---|
| ich werde fahren *vs* | ich werde gefahren werden *vs* |

### İkinci Gelecek Zaman Kipi (Futur Perfekt / Futur II)

| | |
|---|---|
| *v/t* ich werde gefahren haben | ich werde gefahren worden sein |
| *v/i* ich werde gefahren sein | ich werde gefahren worden sein |
| *vs* | *vs* |

## Sanı Kipleri

### Birinci Sanı Kipi

| | |
|---|---|
| ich würde fahren *vs* | ich würde gefahren werden *vs* |

### İkinci Sanı Kipi

| | |
|---|---|
| *v/t* ich würde gefahren haben | ich würde gefahren worden sein |
| *v/i* ich würde gefahren sein | ich würde gefahren worden sein |
| *vs* | *vs* |

### Şimdiki Zamanın Sanı Kipi (Konjunktiv I)

| | |
|---|---|
| ich fahre/**würde** fahren | ich würde gefahren |
| du fahrest/**würdest** fahren | du würdest gefahren |
| *vs* | *vs* |

| ETKEN FİİL | EDİLGEN FİİL |

### Birinci Geçmiş Zamanın Tasarlama Kipi/Şart Kipi (*Konjunktiv II*)

| | |
|---|---|
| ich führe | ich würde gefahren |
| du führest | du würdest gefahren |
| er, sie, es führe | er, sie, es würde gefahren |
| wir führen | wir würden gefahren |
| ihr führet | ihr würdet gefahren |
| sie, Sie führen | sie, Sie würden gefahren |

### Emir Kipi

**tekil:** fahr(e)!, fahren Sie!
**çoğul:** fahrt!, fahren Sie!

Edilgen fiilin emir kipi biçimleri sadece bazı fiiller için kullanılır.

### Ortaçlar

**Şimdiki zaman ortacı:** fahrend
**Geçmiş zaman ortacı:** gefahren

Etken ve edilgen fiillerin öteki bütün kipleri için *loben* çekim örneğine bakınız.

# Almanca'nın Kuraldışı Fiilleri

| Infinitiv | Präsens (3. Person Sg) | Präteritum (3. Person Sg) | Perfekt (3. Person Sg) |
|---|---|---|---|
| backen | bäckt / backt | backte | hat gebacken |
| befehlen | befiehlt | befahl | hat befohlen |
| beginnen | beginnt | begann | hat begonnen |
| beißen | beißt | biss | hat gebissen |
| bergen | birgt | barg | hat geborgen |
| bersten | birst | barst | ist geborsten |
| betrügen | betrügt | betrog | hat betrogen |
| bewegen | bewegt | bewegte, *fig* bewog | hat bewegt, *fig* bewogen |
| biegen | biegt | bog | hat / ist gebogen |
| bieten | bietet | bot | hat geboten |
| binden | bindet | band | hat gebunden |
| bitten | bittet | bat | hat gebeten |
| blasen | bläst | blies | hat geblasen |
| bleiben | bleibt | blieb | ist geblieben |
| braten | brät | briet | hat gebraten |
| brechen | bricht | brach | hat / ist gebrochen |
| brennen | brennt | brannte | hat gebrannt |
| bringen | bringt | brachte | hat gebracht |
| denken | denkt | dachte | hat gedacht |
| dreschen | drischt | drosch | hat gedroschen |
| dringen | dringt | drang | ist gedrungen |
| dürfen | darf | durfte | hat gedurft |
| empfangen | empfängt | empfing | hat empfangen |
| empfehlen | empfiehlt | empfahl | hat empfohlen |
| empfinden | empfindet | empfand | hat empfunden |
| erschrecken | erschrickt | erschrak | ist erschrocken |
| erwägen | erwägt | erwog | hat erwogen |
| essen | isst | aß | hat gegessen |
| fahren | fährt | fuhr | hat / ist gefahren |
| fallen | fällt | fiel | ist gefallen |
| fangen | fängt | fing | hat gefangen |
| fechten | ficht | focht | hat gefochten |
| finden | findet | fand | hat gefunden |

| Infinitiv | Präsens (3. Person Sg) | Präteritum (3. Person Sg) | Perfekt (3. Person Sg) |
|---|---|---|---|
| flechten | flicht | flocht | hat geflochten |
| fliegen | fliegt | flog | hat / ist geflogen |
| fliehen | flieht | floh | ist geflohen |
| fließen | fließt | floss | ist geflossen |
| fressen | frisst | fraß | hat gefressen |
| frieren | friert | fror | hat gefroren |
| gären | gärt | gärte / gor | hat / ist gegoren |
| gebären | gebärt | gebar | hat geboren |
| geben | gibt | gab | hat gegeben |
| gedeihen | gedeiht | gedieh | ist gediehen |
| gehen | geht | ging | ist gegangen |
| gelingen | gelingt | gelang | ist gelungen |
| gelten | gilt | galt | hat gegolten |
| genesen | genest | genas | ist genesen |
| genießen | genießt | genoss | hat genossen |
| geraten | gerät | geriet | ist geraten |
| geschehen | geschieht | geschah | ist geschehen |
| gewinnen | gewinnt | gewann | hat gewonnen |
| gießen | gießt | goss | hat gegossen |
| gleichen | gleicht | glich | hat geglichen |
| gleiten | gleitet | glitt | ist geglitten |
| graben | gräbt | grub | hat gegraben |
| greifen | greift | griff | hat gegriffen |
| haben | hat | hatte | hat gehabt |
| halten | hält | hielt | hat gehalten |
| hängen | hängt | hing | hat gehangen |
| hauen | haut | haute / (hieb) | hat gehauen |
| heben | hebt | hob | hat gehoben |
| heißen | heißt | hieß | hat geheißen |
| helfen | hilft | half | hat geholfen |
| kennen | kennt | kannte | hat gekannt |
| klingen | klingt | klang | hat geklungen |
| kneifen | kneift | kniff | hat gekniffen |
| kommen | kommt | kam | ist gekommen |
| können | kann | konnte | hat gekonnt |
| kriechen | kriecht | kroch | ist gekrochen |

| Infinitiv | Präsens (3. Person Sg) | Präteritum (3. Person Sg) | Perfekt (3. Person Sg) |
|---|---|---|---|
| laden | lädt | lud | hat geladen |
| lassen | lässt | ließ | hat gelassen |
| laufen | läuft | lief | ist gelaufen |
| leiden | leidet | litt | hat gelitten |
| leihen | leiht | lieh | hat geliehen |
| lesen | liest | las | hat gelesen |
| liegen | liegt | lag | hat gelegen |
| lügen | lügt | log | hat gelogen |
| mahlen | mahlt | mahlte | hat gemahlen |
| meiden | meidet | mied | hat gemieden |
| melken | milkt / melkt | melkte / (molk) | hat gemelkt / gemolken |
| messen | misst | maß | hat gemessen |
| mögen | mag | mochte | hat gemocht |
| müssen | muss | musste | hat gemusst |
| nehmen | nimmt | nahm | hat genommen |
| nennen | nennt | nannte | hat genannt |
| pfeifen | pfeift | pfiff | hat gepfiffen |
| preisen | preist | pries | hat gepriesen |
| quellen | quillt | quoll | ist gequollen |
| raten | rät | riet | hat geraten |
| reiben | reibt | rieb | hat gerieben |
| reißen | reißt | riss | hat / ist gerissen |
| reiten | reitet | ritt | hat / ist geritten |
| rennen | rennt | rannte | ist gerannt |
| riechen | riecht | roch | hat gerochen |
| ringen | ringt | rang | hat gerungen |
| rinnen | rinnt | rann | ist geronnen |
| rufen | ruft | rief | hat gerufen |
| salzen | salzt | salzte | hat gesalzen |
| saufen | säuft | soff | hat gesoffen |
| saugen | saugt | sog / saugte | hat gesogen / gesaugt |
| schaffen | schafft | schuf | hat geschaffen |
| scheiden | scheidet | schied | hat / ist geschieden |
| scheinen | scheint | schien | hat geschienen |
| schelten | schilt | schalt | hat gescholten |

| Infinitiv | Präsens (3. Person Sg) | Präteritum (3. Person Sg) | Perfekt (3. Person Sg) |
|---|---|---|---|
| schieben | schiebt | schob | hat geschoben |
| schießen | schießt | schoss | hat / ist geschossen |
| schinden | schindet | schindete | hat geschunden |
| schlafen | schläft | schlief | hat geschlafen |
| schlagen | schlägt | schlug | hat geschlagen |
| schleichen | schleicht | schlich | ist geschlichen |
| schleifen | schleift | schliff | hat geschliffen |
| schließen | schließt | schloss | hat geschlossen |
| schlingen | schlingt | schlang | hat geschlungen |
| schmeißen | schmeißt | schmiss | hat geschmissen |
| schmelzen | schmilzt | schmolz | ist geschmolzen |
| schneiden | schneidet | schnitt | hat geschnitten |
| schreiben | schreibt | schrieb | hat geschrieben |
| schreien | schreit | schrie | hat geschrien |
| schreiten | schreitet | schritt | ist geschritten |
| schweigen | schweigt | schwieg | hat geschwiegen |
| schwellen | schwillt | schwoll | ist geschwollen |
| schwimmen | schwimmt | schwamm | hat / ist geschwommen |
| schwinden | schwindet | schwand | ist geschwunden |
| schwingen | schwingt | schwang | hat geschwungen |
| schwören | schwört | schwor | hat geschworen |
| sehen | sieht | sah | hat gesehen |
| sein | ist | war | ist gewesen |
| senden | sendet | sandte / sendete | hat gesandt / gesendet |
| singen | singt | sang | hat gesungen |
| sinken | sinkt | sank | ist gesunken |
| sinnen | sinnt | sann | hat gesonnen |
| sitzen | sitzt | saß | hat gesessen |
| sollen | soll | sollte | hat gesollt |
| spalten | spaltet | spaltete | hat gespalten |
| speien | speit | spie | hat gespien |
| spinnen | spinnt | spann | hat gesponnen |
| sprechen | spricht | sprach | hat gesprochen |
| sprießen | sprießt | spross | ist gesprossen |

| Infinitiv | Präsens (3. Person Sg) | Präteritum (3. Person Sg) | Perfekt (3. Person Sg) |
|---|---|---|---|
| springen | springt | sprang | ist gesprungen |
| stechen | sticht | stach | hat gestochen |
| stehen | steht | stand | hat gestanden |
| stehlen | stiehlt | stahl | hat gestohlen |
| steigen | steigt | stieg | ist gestiegen |
| sterben | stirbt | starb | ist gestorben |
| stinken | stinkt | stank | hat gestunken |
| stoßen | stößt | stieß | hat / ist gestoßen |
| streichen | streicht | strich | hat gestrichen |
| streiten | streitet | stritt | hat gestritten |
| tragen | trägt | trug | hat getragen |
| treffen | trifft | traf | hat getroffen |
| treiben | treibt | trieb | hat getrieben |
| treten | tritt | trat | hat / ist getreten |
| trinken | trinkt | trank | hat getrunken |
| trügen | trügt | trog | hat getrogen |
| tun | tut | tat | hat getan |
| verderben | verdirbt | verdarb | hat / ist verdorben |
| vergessen | vergisst | vergaß | hat vergessen |
| verlieren | verliert | verlor | hat verloren |
| verlöschen | verlischt | verlosch | ist verloschen |
| verzeihen | verzeiht | verzieh | hat verziehen |
| wachsen | wächst | wuchs | ist gewachsen |
| waschen | wäscht | wusch | hat gewaschen |
| weben | webt | wob | hat gewoben |
| wenden | wendet | wandte / wendete | hat gewandt / gewendet |
| werben | wirbt | warb | hat geworben |
| werden | wird | wurde | ist geworden |
| werfen | wirft | warf | hat geworfen |
| wiegen | wiegt | wog | hat gewogen |
| winden | windet | wand | hat gewunden |
| wissen | weiß | wusste | hat gewusst |
| wollen | will | wollte | hat gewollt |
| ziehen | zieht | zog | hat / ist gezogen |
| zwingen | zwingt | zwang | hat gezwungen |

# Zahlwörter | Sayı Sıfatları

## Grundzahlen | Asıl Sayılar

| | | | |
|---|---|---|---|
| 0 | *null* sıfır | 50 | *fünfzig* elli |
| 1 | *eins* bir | 51 | *einundfünfzig* elli bir |
| 2 | *zwei* iki | 60 | *sechzig* altmış |
| 3 | *drei* üç | 61 | *einundsechzig* altmış bir |
| 4 | *vier* dört | 70 | *siebzig* yetmiş |
| 5 | *fünf* beş | 71 | *einundsiebzig* yetmiş bir |
| 6 | *sechs* altı | 80 | *achtzig* seksen |
| 7 | *sieben* yedi | 81 | *einundachtzig* seksen bir |
| 8 | *acht* sekiz | 90 | *neunzig* doksan |
| 9 | *neun* dokuz | 91 | *einundneunzig* doksan bir |
| 10 | *zehn* on | 100 | *(ein)hundert* yüz |
| 11 | *elf* on bir | 101 | *hunderteins* yüz bir |
| 12 | *zwölf* on iki | 200 | *zweihundert* iki yüz |
| 13 | *dreizehn* on üç | 300 | *dreihundert* üç yüz |
| 14 | *vierzehn* on dört | 572 | *fünfhundertzweiundsiebzig* beş yüz yetmiş iki |
| 15 | *fünfzehn* on beş | | |
| 16 | *sechzehn* on altı | 1000 | *(ein)tausend* bin |
| 17 | *siebzehn* on yedi | 1966 | *tausendneunhundertsechsundsechzig (neunzehnhundertsechsundsechzig)* bin dokuz yüz altmış altı |
| 18 | *achtzehn* on sekiz | | |
| 19 | *neunzehn* on dokuz | | |
| 20 | *zwanzig* yirmi | | |
| 21 | *einundzwanzig* yirmi bir | 2000 | *zweitausend* iki bin |
| 22 | *zweiundzwanzig* yirmi iki | 1 000 000 | *eine Million* bir milyon |
| 23 | *dreiundzwanzig* yirmi üç | 2 000 000 | *zwei Millionen* iki milyon |
| 30 | *dreißig* otuz | | |
| 31 | *einunddreißig* otuz bir | 1 000 000 000 | *eine Milliarde* bir milyar |
| 40 | *vierzig* kırk | $10^{12}$ | *eine Billion* bir trilyon |
| 41 | *einundvierzig* kırk bir | $10^{15}$ | *eine Billiarde* bir katrilyon |

# Ordnungszahlen | Sıra Sayıları

1. *erste* birinci, ilk
2. *zweite* ikinci
3. *dritte* üçüncü
4. *vierte* dördüncü
5. *fünfte* beşinci
6. *sechste* altıncı
7. *sieb(en)te* yedinci
8. *achte* sekizinci
9. *neunte* dokuzuncu
10. *zehnte* onuncu
11. *elfte* on birinci
12. *zwölfte* on ikinci
13. *dreizehnte* on üçüncü
14. *vierzehnte* on dördüncü
15. *fünfzehnte* on beşinci
16. *sechzehnte* on altıncı
17. *siebzehnte* on yedinci
18. *achtzehnte* on sekizinci
19. *neunzehnte* on dokuzuncu
20. *zwanzigste* yirminci
21. *einundzwanzigste* yirmi birinci
22. *zweiundzwanzigste* yirmi ikinci
23. *dreiundzwanzigste* yirmi üçüncü
30. *dreißigste* otuzuncu
31. *einunddreißigste* otuz birinci
40. *vierzigste* kırkıncı
41. *einundvierzigste* kırk birinci
50. *fünfzigste* ellinci
51. *einundfünfzigste* elli birinci
60. *sechzigste* altmışıncı
61. *einundsechzigste* altmış birinci
70. *siebzigste* yetmişinci
71. *einundsiebzigste* yetmiş birinci
80. *achtzigste* sekseninci
81. *einundachtzigste* seksen birinci
90. *neunzigste* doksanıncı
91. *einundneunzigste* doksan birinci
100. *hundertste* yüzüncü
101. *hundert(und)erste* yüz birinci
200. *zweihundertste* iki yüzüncü
300. *dreihundertste* üç yüzüncü
572. *fünfhundertzweiundsiebzigste* beş yüz yetmiş ikinci
1000. *tausendste* bininci
2000. *zweitausendste* iki bininci
100 000. *hunderttausendste* yüz bininci
1 000 000. *millionste* milyonuncu

# Bruchzahlen | Kesirli Sayılar

| | | | |
|---|---|---|---|
| ½ | *ein halb* yarım | ¾ | *drei Viertel* dörtte üç, üç çeyrek |
| 1½ | *eineinhalb* bir buçuk | ⅒ | *ein Zehntel* onda bir |
| ⅓ | *ein Drittel* üçte bir | ⁹⁄₁₀ | *neun Zehntel* onda dokuz |
| ⅔ | *zwei Drittel* üçte iki | ¹⁄₁₀₀ | *ein Hundertstel* yüzde bir |
| ¼ | *ein Viertel* dörtte bir, çeyrek | ¹⁄₁₀₀₀ | *ein Tausendstel* binde bir |

**0,5** *null Komma fünf* sıfır virgül beş, sıfır onda beş
**2,8** *zwei Komma acht* iki virgül sekiz, iki onda sekiz

# Andere Zahlen | Diğer Sayılar

**erstens** ilk olarak, ilk önce, evvela
**zweitens** ikinci olarak

**drittens** üçüncü olarak

**einfach** tek
**zweifach, doppelt** iki misli, iki kat(ı), çift
**dreifach** üç misli, üç kat(ı)
**vierfach** dört misli, dört kat(ı) *vs*

**einmal** bir defa, bir kere, bir kez
**zweimal** iki defa, iki kere, iki kez
*vs*

**je ein(e, -er)** birer
**je zwei** ikişer
**je sechs** altışar

**7 + 8 = 15** *sieben und acht ist fünfzehn* yedi, sekiz daha on beş (eder); *sieben plus acht gleich fünfzehn* yedi artı sekiz eşit(tir) on beş

**10 − 3 = 7** *zehn weniger drei ist sieben* ondan üç çıktı yedi kaldı; *zehn minus drei gleich sieben* on eksi üç eşit(tir) yedi

**5 × 10 = 50** *fünf mal zehn ist (od macht) fünfzig* beş kere on elli (eder); *fünf mal zehn gleich fünzig* beş çarpı on eşit(tir) elli

**60 : 6 = 10** *sechzig (geteilt) durch sechs ist zehn* altmışta altı on kere var; *sechzig dividiert durch sechs gleich zehn* altmış bölü altı eşit(tir) on

# Abkürzungen und Symbole | Sözlükte Kullanılan Kısaltmalar

| | | |
|---|---|---|
| *a.* | auch | aynı zamanda |
| *abk* | Abkürzung | kısaltma |
| ADJ | Adjektiv, adjektivisch | sıfat |
| ADV | Adverb | zarf |
| AGR | Landwirtschaft | ziraat, tarım |
| *akk* | Akkusativ | -i hali, belirtme durumu |
| *allg* | allgemein | genel (olarak) |
| ANAT | Anatomie | anatomi |
| ARCH | Architektur | mimarlık |
| ART | Artikel | tanım edatı |
| ASTROL | Astrologie | astroloji |
| ASTRON | Astronomie | astronomi |
| AUTO | Auto und Kraftfahrzeuge | otomobilcilik |
| BAHN | Eisenbahn | demiryolu |
| *bes* | besonders | özellikle |
| BIOL | Biologie | biyoloji |
| *b-nde* | bei jemandem | biri(si)nde |
| *b-nden* | von jemandem | biri(si)nden |
| *b-ne* | jemandem | biri(si)ne |
| *b-ni* | jemanden | biri(si)ni |
| *b-nin* | jemandes | biri(si)nin |
| BOT | Botanik | botanik |
| *bş* | etwas | bir şey |
| *bşde* | bei etwas | bir şeyde |
| *bşden* | von etwas | bir şeyden |
| *bşe* | etwas, einer Sache | bir şeye |
| *bşi* | etwas, eine Sache | bir şeyi |
| *bşin* | von etwas, einer Sache | bir şeyin |
| *bşle* | mit etwas | bir şeyle |
| *b-yle* | mit jemandem | birisiyle |
| CHEM | Chemie | kimya |
| *dat* | Dativ | -e hali |
| *-de* | Lokativ | -de hali |
| *-den* | Ablativ | -den hali |

| | | |
|---|---|---|
| *dial* | Dialekt | yerel, halk ağzında |
| *-e* | Dativ | -e hali |
| *e-e* | eine | bir |
| ELEK | Elektrizität, Elektrotechnik | elektrik, elektroteknik |
| *e-m* | einem | birine |
| *e-n* | einen | birini |
| *e-r* | einer | birinin, birine |
| *e-s* | eines | birinin |
| *etc* | und so weiter | ve saire |
| *etw* | etwas | bir şey(i) |
| F̄, *f* | weiblich | dişil |
| *fig* | übertragen, bildlich | mecazî |
| FILM | Film, Kino | filmcilik, sinema |
| FIN | Finanzen | maliye, finans |
| FLUG | Luftfahrt | havacılık |
| FOTO | Fotografie | fotoğrafçılık |
| *gen* | Genitiv | -in hali |
| GEOG | Geografie | coğrafya |
| GEOL | Geologie | jeoloji, yerbilim |
| GRAM | Grammatik | dilbilgisi |
| *h.* | haben | geçmiş zaman „haben" fiiliyle |
| HIST | Geschichte | tarih |
| *hum* | humorvoll | şaka yollu |
| *-i* | Akkusativ | -i hali |
| *imp* | Imperativ, Befehlsform | emir kipi |
| *-in* | Genitiv | -in hali |
| *indef* | indefinit, unbestimmt | belirsiz |
| *inf* | Infinitiv | mastar |
| I̅N̅T̅ | Interjektion, Ausruf | ünlem |
| *iron* | ironisch | alay yollu |
| *irr* | unregelmäßig | kuraldışı |
| IT | Informatik | informatik, bilişim |
| *j-d* | jemand | bir kimse |
| *j-m* | jemandem | bir kimseye |
| *j-n* | jemanden | bir kimseyi |
| *j-s* | jemandes | bir kimsenin |
| JUR | Rechtswissenschaft | hukuk |
| *kaus* | Kausativ | ettirgen fiil |

| | | |
|---|---|---|
| *k-nde* | bei sich | kendi(si)nde |
| *k-nden* | von sich | kendi(si)nden |
| *k-ne* | seinem, sich | kendi(si)ne |
| *k-ni* | sein(e), sich (Akkusativ) | kendi(si)ni |
| *koll* | Kollektivwort | küme ismi |
| *komp* | Komparativ | karşılaştırma derecesi |
| KONJ | Konjunktion, Bindewort | bağlaç |
| *konjkt* | Konjunktiv | sanı kipi |
| LING | Linguistik, Sprachwissenschaft | dilbilimi |
| LIT | literarisch, Literatur | edebî, edebiyat |
| M, *m* | männlich | eril |
| MATH | Mathematik | matematik |
| MED | Medizin | tıp |
| METEO | Meteorologie | meteoroloji |
| MIL | Militär | askerî |
| MUS | Musik | müzik |
| N, *n* | Neutrum, sächlich | cinssiz sözcük |
| *neg!* | wird oft als abwertend empfunden | aşağılayıcı olarak algılanıyor |
| *nom* | Nominativ | yalın hal |
| *od* | oder | veya |
| *ohne ge-* | Perfekt ohne -ge- | geçmiş zaman kipinde -ge- yok |
| *ohne pl* | ohne Plural | çoğulu yok |
| *osm* | osmanischer Ausdruck | Osmanlıca |
| *pass* | Passiv | edilgen fül |
| *pej* | pejorativ, abwertend | aşağılayıcı, küçümseyici |
| *perf* | Perfekt | yaşantı geçmiş zamanı |
| PHIL | Philosophie | felsefe |
| PHYS | Physik | fizik |
| *pl* | Plural | çoğul |
| *poet* | poetisch | şairane |
| POL | Politik | politika |
| *postp* | Postposition | ilgeç, edat |
| *präd* | prädikativ | yüklem olarak |
| PRÄP | Präposition | ön-ilgeç, ön edat |
| *präs* | Präsens | şimdiki zaman |
| *prät* | Präteritum | şimdiki zamanın hikâyesi |